麦读
MyRead

走向上的路　追求正义与智慧

— 《中华人民共和国法律注释书系列》 —

主编简介 |

田朗亮，北京大学国际法学院客座教授，北京仲裁委员会/北京国际仲裁院、深圳国际仲裁院仲裁员。曾长期担任最高人民法院法官，系全国法院现行《民事诉讼文书样式》再审裁判文书样式的主要起草人。主要著作：《买卖合同纠纷裁判规则与案例适用》《民间借贷法律政策案例适用指南》。

李　超，天津市高级人民法院三级高级法官。长期从事民商事审判工作。在《人民司法》《法律适用》《民商法论丛》等期刊发表论文 30 余篇。主要著作：《民法解释与裁判思维》《海事海商法律适用注释书》《保理合同纠纷裁判规则与典型案例》《公产房纠纷裁判思路与法律适用》《法院审理房屋买卖案件观点集成》。

编者名单（按姓氏笔画为序）

王　星　田朗亮　孙　超　孙经纬

李　超　张洪川　赵　伟

中华人民共和国法律注释书系列

TREATISES ON THE LAWS OF
THE PEOPLE' S REPUBLIC OF CHINA

民事
诉讼法
注释书

田朗亮 李 超 主编

CIVIL
PROCEDURE
LAW
TREATISE

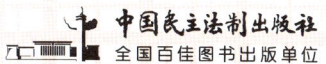

中国民主法制出版社
全国百佳图书出版单位

前　　言

2025 年 3 月 8 日,在第十四届全国人民代表大会第三次会议上,最高人民法院院长张军代表最高人民法院作工作报告。据报告统计,2024 年全国各级法院收案 4601.83 万件,其中审结民商事案件 2043.82 万件。这一数据不仅表明民商事纠纷解决在社会治理中的重要地位,更凸显《民事诉讼法》作为法治中国建设支柱性法律的重要价值。《民事诉讼法》是国家的基本法律,既是人民法院、诉讼当事人及其他诉讼参与人进行民事诉讼的行为准则,也是裁判机关平衡诉讼权利与义务的根本依据。从平等保障当事人诉权到规范司法程序运行,其贯穿于诉讼活动的始终,堪称国家治理体系现代化进程中的"程序法之魂"。

现行《民事诉讼法》于 1991 年 4 月 9 日经第七届全国人民代表大会第四次会议通过,先后经历了 2007 年、2012 年、2017 年、2021 年、2023 年五次修正,民事诉讼规则得以进一步优化和完善。特别是 2023 年进行的第五次修正,重点完善了涉外民事诉讼程序规则,新增了指定遗产管理人案件等特别程序,体现了对国际化和数字化时代需求的回应。

随着《民事诉讼法》第五次修正工作的完成,如何在司法实务中正确理解与适用新的法律规定,已经是摆在法律实务工作者面前的重要课题。目前,市场上关于《民事诉讼法》的学习、使用用书种类繁多,有的侧重于立法释义,有的侧重于理论解读,有的侧重于文件、案例汇编,但是很难找到一部真正适合法律实务工作者在实际办案过程中常翻常用的工具好书。我们认为,对于法律实务工作者来说,这类好书最重要的特征就是"想找的都有,有的都有用"。也就是说,书中不仅要融合法律规定、官方释义、权威案例、实务观点、业务答疑等内容，而且要以发现问题、解决问题为导向，通过体系化编排，将解题思路甚至是问题答案直接予以呈现。这就是我们编写本书的初衷和宗旨。

具体而言，本书内容主要包括以下四个部分。

一是官方释义要点。为了保证《民事诉讼法》条文释义的权威性和准确性，释义内容主要摘自全国人大常委会法制工作委员会组织编写的《中华人民共和国民事诉讼法释义》(王瑞贺主编,法律出版社2023年版))，以及最高人民法院组织编写的《中华人民共和国民事诉讼法理解与适用》(陶凯元、杨万明、王淑梅主编,人民法院出版社2024年版)，并对其归纳总结，提炼适用中的要点。

二是相关法律规定。该部分包括"相关立法""行政法规""司法解释""司法文件""其他规定"等主要栏目，其中对各栏目的范畴界定可参见本书"凡例"。另外，根据《民事诉讼法》的修正，《民事诉讼法解释》也于2020年、2022年进行了相应修正。为了方便读者理解和适用司法解释的重点条文，特在条文下关联"重点解读"，解读内容来自《最高人民法院新民事诉讼法司法解释理解与适用》(最高人民法院民法典贯彻实施工作领导小组办公室编著,人民法院出版社2022年版)一书。需要注意的是，2023年《民事诉讼法》修正后，最高人民法院尚未对《民事诉讼法解释》作出修正，考虑到2023年《民事诉讼法》的修正主要针对涉外民事诉讼程序规则，对此，本书重点收录了2021年12月31日最高人民法院印发的《全国法院涉外商事海事审判工作座谈会会议纪要》。该纪要基于2021年6月全国法院涉外商事海事审判工作座谈会的成果而形成，旨在统一裁判尺度、完善涉外法治规则体系，是我国涉外司法领域的重要指导性文件。对于该纪要的重点条文，同样在条文下关联"重点解读"，解读内容来自《〈全国法院涉外商事海事审判工作座谈会会议纪要〉理解与适用》(最高人民法院民事审判第四庭编著,人民法院出版社2023年版)一书。

三是各类权威案例。该部分包括"最高法指导性案例""最高检指导性案例""最高法公报案例""法院参考案例"。"最高法指导性案例""最高检指导性案例"收录最高人民法院、最高人民检察院发布的涉及

《民事诉讼法》的指导性案例。《最高人民法院关于案例指导工作的规定》明确规定，最高人民法院发布的指导性案例，各级人民法院审判类似案件时应当参照。为便于读者全面掌握指导性案例的裁判要义，本书按照发布时的格式及内容，尽量全文收录。"最高法公报案例"收录《最高人民法院公报》刊载的涉及民事诉讼程序的案例裁判摘要。"法院参考案例"主要收录《人民司法》《人民法院案例选》等刊物中刊载的民事诉讼程序案例，最高人民法院定期发布的民事诉讼程序典型案例，以及部分高级人民法院发布的涉及民事诉讼程序的参考性案例。尤其需要强调的是，对于2023年最高人民法院推动建立的面向全社会的人民法院案例库中涉及民事诉讼程序的案例也是"法院参考案例"的重要来源。

四是审判业务答疑。法答网是最高人民法院为全国四级法院干警提供法律政策运用、审判业务咨询答疑和学习交流服务的信息共享平台。通过法答网，法院干警可以就审判工作、学习和研究中涉及的法律适用、办案程序和司法政策等问题在线咨询。答疑专家依据法律、司法解释等规定，在规定时限内提出答疑意见，并经相关业务部门负责人审核同意，因此，相关答疑意见准确、权威。本书专列"审判业务答疑"栏目，收录最高人民法院定期公布的"法答网精选答问"。

通过本书内容，可以看出其具有以下特点：一是坚持释义依据的权威性。本书关于法律规范的阐释严格遵循立法原意，条文释义基础文本源自全国人大常委会法制工作委员会组织编纂的权威释义丛书及最高人民法院组织编写的条文理解与适用丛书，确保规范意旨的准确传导。二是坚持规范体系的整合性。本书对法律渊源进行系统性整合，以主条文为基点，横向关联同位阶法律规范，纵向整合行政法规、司法解释、司法文件、部门规章及其他规范性文件。在实体与程序上，进行双维统合，对主条文涉及的实体规范与程序规则进行要件化分解，实现法律适用的协同效应。在法律续造上，尽力实现体系衔接，特别编录最高人民法院针对法律适用疑难问题作出的批复、复函及会议纪要，完整呈现司法续造机制。三是坚持裁判规则的实用性。本书系统收录指导性案例、公报案例及人民法院案例库典型判例，对裁判要旨进行类型化提炼，对法律适用进行尺度校准，归纳各级法院在法律适用方面的裁判共识与分歧解决路径，尽量使读者能在其中了解裁判尺度、把握办案思路、掌握具体方法，从而有效提升法律适用的统一性和司法决策的可预期性。

需要说明的是，本书属于麦读"中华人民共和国法律注释书系列"，在该系列图书中，有专门的《民事执行注释书》，因此本书不再对《民事诉讼法》第三编执行程序进行注释。

本书追求专业性和实用性，编者以民商事审判一线办案法官为主。在编写上虽然力求保障方法上的一致性和整体水平上的均衡性，但限于编者写作时间有限，加之组织匆忙，差错在所难免，祈读者指正和见谅。

最后，感谢"麦读 MyRead"编辑团队的辛勤劳动和高效工作。

编　者

2025 年 5 月

凡　例

【立法·要点注释】释义内容来自全国人大常委会法制工作委员会、最高人民法院组织编写的有关释义书。鉴于本书体例,相关著作在前言中指明,在正文处不再列出。

【相关立法】与民事诉讼相关的法律。例如,《中华人民共和国民法典》(20210101),"20210101"为法律施行时间2021年1月1日;《中华人民共和国公司法》(19940701;20240701),"19940701"为法律施行时间1994年7月1日,"20240701"为截至目前法律最后一次修正后的施行时间2024年7月1日。

【行政法规】国务院制定的与民事诉讼相关的法规。行政法规名称的标注格式与"相关立法"相同。

【司法解释】最高人民法院、最高人民检察院依法就法律适用问题作出的解释。最高人民法院、最高人民检察院制定并发布的司法解释具有法律效力。例如,《最高人民法院关于适用〈中华人民共和国民事诉讼法〉的解释》(法释〔2015〕5号,20150204;经法释〔2022〕11号修正,20220410),"法释〔2015〕5号"为司法解释最初的发文字号,"20150204"为司法解释施行时间2015年2月4日,"法释〔2022〕11号"为司法解释最后一次修改的发文字号,"20220410"为司法解释最后一次修改后的施行时间2022年4月10日。【重点解读】是对司法解释中重点条文的注释。解读的内容来自最高人民法院组织编写的理解与适用图书。除前言指明的图书外,还包括最高人民法院民事审判第一庭编著的《最高人民法院新民事诉讼证据规定理解与适用》(人民法院出版社2020年版)。鉴于本书体例,上述著作在正文处不再列出。

【司法文件】最高人民法院及其相关部门发布的与民事诉讼相关的通知、意见、会议纪要等文件。例如,《全国法院涉外商事海事审判工作座谈会会议纪要》[最高人民法院民事审判第四庭,法(民四)明传〔2021〕60 号,20211231],"最高人民法院民事审判第四庭"为文件的发文单位,"法(民四)明传〔2021〕60 号"为文件的发文字号,"20211231"为文件的发文时间 2021 年 12 月 31 日。【重点解读】是对司法文件中重点条文的解读。解读的内容来自最高人民法院组织编写的理解与适用图书。鉴于本书体例,相关著作在前言中指明,在正文处不再列出。

【其他规定】部门规章以及部门规范性文件中与民事诉讼相关的规定。其他规定名称的标注格式与通常情形下"司法解释"的标注格式相同。

【审判业务答疑】最高人民法院定期公布的"法答网精选答问"中与民事诉讼有关的内容。

【最高法指导性案例】【最高检指导性案例】最高人民法院审判委员会、最高人民检察院检察委员会讨论通过并发布的与民事诉讼相关的案例。例如,"指导案例 200 号:斯万斯克蜂蜜加工公司申请承认和执行外国仲裁裁决案(20221227)",即指最高人民法院发布的第 200 号指导性案例,"20221227"为案例发布时间 2022 年 12 月 27 日。

【最高法公报案例】《最高人民法院公报》刊载的与民事诉讼相关的案例裁判摘要。例如,[宜兴市建工建筑安装有限责任公司与张某、张某山申请诉中财产保全损害赔偿责任纠纷案(2018-9)],"(2018-9)"是指该案例刊载于《最高人民法院公报》2018 年第 9 期。

【法院参考案例】与民事诉讼相关的典型案例(最高人民法院及部分高级人民法院发布的典型案例和参考案例、人民法院案例库入库案例、最高人民法院相关部门编写的刊物中刊载的案例)裁判要旨。

缩略语对照表*

序号	简称	全称
1	《民事诉讼法解释》	《最高人民法院关于适用〈中华人民共和国民事诉讼法〉的解释》(经法释〔2022〕11 号修正)
2	《民事诉讼法意见》	《最高人民法院关于适用〈中华人民共和国民事诉讼法〉若干问题的意见》(已失效)
3	《审判方式改革规定》	《最高人民法院关于民事经济审判方式改革问题的若干规定》(已失效)
4	《回避规定》	《最高人民法院关于审判人员在诉讼活动中执行回避制度若干问题的规定》(法释〔2011〕12 号)
5	《环境公益诉讼解释》	《最高人民法院关于审理环境民事公益诉讼案件适用法律若干问题的解释》(经法释〔2020〕20 号修正)
6	《消费公益诉讼解释》	《最高人民法院关于审理消费民事公益诉讼案件适用法律若干问题的解释》(经法释〔2020〕20 号修正)
7	《民事诉讼证据规定》	《最高人民法院关于民事诉讼证据的若干规定》(经法释〔2019〕19 号修正)

---

* 列入本对照表中的法律规范主要是在本书注释、答疑、案例中多次出现的常用司法解释及司法文件。本书法律文件中的法律规范是否使用简称、使用何简称依照正式文本确定。本书注释、答疑、案例中所涉及的法律、行政法规的简称,统一删去"中华人民共和国"并加书名号,而不再将其列入本对照表。

(续表)

序号	简称	全称
8	《举证时限规定通知》	《最高人民法院关于适用〈关于民事诉讼证据的若干规定〉中有关举证时限规定的通知》(法发〔2008〕42 号)
9	《民事送达意见》	《最高人民法院关于进一步加强民事送达工作的若干意见》(法发〔2017〕19 号)
10	《法院专递送达若干规定》	《最高人民法院关于以法院专递方式邮寄送达民事诉讼文书的若干规定》(法释〔2004〕13 号)
11	《财产保全规定》	《最高人民法院关于人民法院办理财产保全案件若干问题的规定》(经法释〔2020〕21 号修正)
12	《登记立案规定》	《最高人民法院关于人民法院登记立案若干问题的规定》(法释〔2015〕8 号)
13	《简易程序规定》	《最高人民法院关于适用简易程序审理民事案件的若干规定》(经法释〔2020〕20 号修正)
14	《审判监督程序解释》	《最高人民法院关于适用〈中华人民共和国民事诉讼法〉审判监督程序若干问题的解释》(经法释〔2020〕20 号修正)
15	《审监程序再审重审规定》	《最高人民法院关于民事审判监督程序严格依法适用指令再审和发回重审若干问题的规定》(法释〔2015〕7 号)
16	《执行工作规定》	《最高人民法院关于人民法院执行工作若干问题的规定(试行)》(经法释〔2020〕21 号修正)
17	《海事诉讼特别程序法解释》	《最高人民法院关于适用〈中华人民共和国海事诉讼特别程序法〉若干问题的解释》(法释〔2003〕3 号)
18	《海事法院受案范围规定》	《最高人民法院关于海事法院受理案件范围的规定》(法释〔2016〕4 号)
19	《第二次涉外商事海事纪要》	《第二次全国涉外商事海事审判工作会议纪要》(法发〔2005〕26 号)

（续表）

序号	简称	全称
20	《涉外民事关系法律适用法解释（一）》	《最高人民法院关于适用〈中华人民共和国涉外民事关系法律适用法〉若干问题的解释（一）》（经法释〔2020〕18号修正）
21	《涉外管辖规定》	《最高人民法院关于涉外民商事案件诉讼管辖若干问题的规定》（经法释〔2020〕20号修正）
22	《涉外送达规定》	《最高人民法院关于涉外民事或商事案件司法文书送达问题若干规定》（经法释〔2020〕20号修正）
23	《仲裁裁决执行规定》	《最高人民法院关于人民法院办理仲裁裁决执行案件若干问题的规定》（法释〔2018〕5号）
24	《仲裁司法审查规定》	《最高人民法院关于审理仲裁司法审查案件若干问题的规定》（法释〔2017〕22号）
25	《仲裁司法审查报核规定》	《最高人民法院关于仲裁司法审查案件报核问题的有关规定》（经法释〔2021〕21号修正）
26	《仲裁法解释》	《最高人民法院关于适用〈中华人民共和国仲裁法〉若干问题的解释》（法释〔2006〕7号）
27	《诉讼时效规定》	《最高人民法院关于审理民事案件适用诉讼时效制度若干问题的规定）》（经法释〔2020〕17号修正）
28	《民法典婚姻家庭编解释（一）》	《最高人民法院关于适用〈中华人民共和国民法典〉婚姻家庭编的解释（一）》（法释〔2020〕22号）
29	《民法典担保制度解释》	《最高人民法院关于适用〈中华人民共和国民法典〉有关担保制度的解释》（法释〔2020〕28号）
30	《建设工程施工合同解释（一）》	《最高人民法院关于审理建设工程施工合同纠纷案件适用法律问题的解释（一）》（法释〔2020〕25号）
31	《商品房买卖合同解释》	《最高人民法院关于审理商品房买卖合同纠纷案件适用法律若干问题的解释》（经法释〔2020〕17号修正）

（续表）

序号	简称	全称
32	《公司法解释(二)》	《最高人民法院关于适用〈中华人民共和国公司法〉若干问题的规定(二)》(经法释〔2020〕18号修正)
33	《企业破产法规定(二)》	《最高人民法院关于适用〈中华人民共和国企业破产法〉若干问题的规定(二)》(经法释〔2020〕18号修正)
34	《企业破产案件若干问题规定》	《最高人民法院关于审理企业破产案件若干问题的规定》(法释〔2002〕23号)
35	《票据纠纷规定》	《最高人民法院关于审理票据纠纷案件若干问题的规定》(经法释〔2020〕18号修正)
36	《侵害信息网络传播权纠纷规定》	《最高人民法院关于审理侵害信息网络传播权民事纠纷案件适用法律若干问题的规定》(经法释〔2020〕19号修正)
37	《专利权纠纷解释》	《最高人民法院关于审理侵犯专利权纠纷案件应用法律若干问题的解释》(法释〔2009〕21号)
38	《专利权纠纷解释(二)》	《最高人民法院关于审理侵犯专利权纠纷案件应用法律若干问题的解释(二)》(经法释〔2020〕19号修正)
39	《反不正当竞争法解释》	《最高人民法院关于适用〈中华人民共和国反不正当竞争法〉若干问题的解释》(法释〔2022〕9号)
40	《行政诉讼证据规定》	《最高人民法院关于行政诉讼证据若干问题的规定》(法释〔2002〕21号)
41	《刑事诉讼法解释》	《最高人民法院关于适用〈中华人民共和国刑事诉讼法〉的解释》(法释〔2021〕1号)

目　　录

第一编　总　　则

第二编 审判程序

第四编　涉外民事诉讼程序的特别规定

第一编 总 则

第一章　任务、适用范围和基本原则

第一条 【立法依据】中华人民共和国民事诉讼法以宪法为根据,结合我国民事审判工作的经验和实际情况制定。

【立法·要点注释】

本条明确了《民事诉讼法》的立法依据。《民事诉讼法》的立法依据包括:一是法律根据,即以《宪法》为根据;二是事实根据,即立足于我国的实际情况,并结合我国民事审判工作的经验。

【相关立法】

《中华人民共和国宪法》(19821204;20180311)

第五条　中华人民共和国实行依法治国,建设社会主义法治国家。

国家维护社会主义法制的统一和尊严。

一切法律、行政法规和地方性法规都不得同宪法相抵触。

一切国家机关和武装力量、各政党和各社会团体、各企业事业组织都必须遵守宪法和法律。一切违反宪法和法律的行为,必须予以追究。

任何组织或者个人都不得有超越宪法和法律的特权。

第三十三条　凡具有中华人民共和国国籍的人都是中华人民共和国公民。

中华人民共和国公民在法律面前一律平等。

国家尊重和保障人权。

任何公民享有宪法和法律规定的权利,同时必须履行宪法和法律规定的义务。

第二条 【立法目的】中华人民共和国民事诉讼法的任务,是保护当事人行使诉讼权利,保证人民法院查明事实,分清是非,正确适用法律,及时审理民事案件,确认民事权利义务关系,制裁民事违法行为,保护当事人的合法权益,教育公民自觉遵守法律,维护社会秩序、经济秩序,保障社会主义建设事业顺利进行。

【立法·要点注释】

1. 本条规定了《民事诉讼法》立法任务和目的。根据本条规定，《民事诉讼法》的立法任务体现在五个方面：保护当事人行使诉讼权利；保证人民法院查明事实，分清是非，正确适用法律，及时审理民事案件；确认民事权利义务关系，制裁民事违法行为，保护当事人的合法权益；教育公民自觉遵守法律；维护社会秩序、经济秩序，保障社会主义建设事业顺利进行。

2. 审判人员必须查清案件事实，分清是非，这是《民事诉讼法》的核心和基本要求，对此要严格按照《民事诉讼法》的规定，认真进行调查研究，广泛收集证据，全面进行分析，综合各种情况进行判断。审判人员必须正确适用法律，这是依法办事的要求，也是正确审理案件的保障。这里的"法律"应当从广义上理解，包括法律、行政法规、地方性法规和司法解释。在适用法律时，不仅要注意案件事实与法律规定之间的涵摄关系，也要注意不同法律规范之间是否存在冲突或者不一致，并且可以按照《立法法》的规定进行选择适用。及时审理案件是在正确、合法审理的前提下，对司法效率的要求，办案质量和办案效率必须同时兼顾。民事诉讼不仅涉及当事人之间的权利义务问题，还会涉及公共利益、公共秩序和善良风俗等问题，这些蕴含在民事活动中的法律价值、社会新风尚是民事诉讼的重要组成部分，也是《民事诉讼法》的立法目的之所在。

第三条　【适用范围】人民法院受理公民之间、法人之间、其他组织之间以及他们相互之间因财产关系和人身关系提起的民事诉讼，适用本法的规定。

【立法·要点注释】

1. 本条是关于《民事诉讼法》对人效力（对什么主体适用）和对物效力（对什么问题适用）的规定。

2. 本条所称的"公民"，是指具有中华人民共和国国籍的自然人。"法人"，是指具有民事权利能力和民事行为能力，依法独立享有民事权利和承担民事义务的组织。"法人"包括：营利法人、非营利法人和特别法人。"其他组织"，是指不具备法人资格的非法人组织。在适用该条时，需要注意的核心问题是：争议案件是否属于平等主体之间的民事法律关系。

3. 在适用中，要严格把握受理案件范围，即是否基于财产关系和人身关系产生的纠纷。财产关系，是指基于财产权利而形成的相互关系。财产权利一般包括物权，债权（合同之债、侵权之债、无因管理和不当得利之债），知识产权，股权，股票、债券、基金等投资性权利,继承权,以及法律规定的其他民事权利和利益。人身关系,是指基于人身权利而形成的相互关系。人身权利包括人格权和身份权。人格权,是自然人享有的生命权、身体权、健康权、姓名权、肖像权、名誉权、荣誉权、隐私权,以及基于人身自由、人格尊严产生的其他人格权益。法人和其他组织也享有名称权、名誉权、荣誉权。身份权包括亲权、配偶权、亲属权等因婚姻家庭关系等产生的人身权利。

【相关立法】

1.《中华人民共和国宪法》(19821204;20180311)

第三十二条　中华人民共和国保护在中国境内的外国人的合法权利和利益,在中国境内的外国人必须遵守中华人民共和国的法律。

中华人民共和国对于因为政治原因要求避难的外国人,可以给予受庇护的权利。

2.《中华人民共和国民法典》(20210101)

第二条　民法调整平等主体的自然人、法人和非法人组织之间的人身关系和财产关系。

【司法解释】

《最高人民法院关于适用〈中华人民共和国民事诉讼法〉的解释》(法释

〔2015〕5 号,20150204;经法释〔2022〕11 号修正,20220410)

第五十二条　民事诉讼法第五十一条规定的其他组织是指合法成立、有一定的组织机构和财产,但又不具备法人资格的组织,包括:

(一)依法登记领取营业执照的个人独资企业;

(二)依法登记领取营业执照的合伙企业;

(三)依法登记领取我国营业执照的中外合作经营企业、外资企业;

(四)依法成立的社会团体的分支机构、代表机构;

(五)依法设立并领取营业执照的法人的分支机构;

(六)依法设立并领取营业执照的商业银行、政策性银行和非银行金融机构的分支机构;

(七)经依法登记领取营业执照的乡镇企业、街道企业;

(八)其他符合本条规定条件的组织。

【司法文件】

1.《最高人民法院关于村民小组诉讼权利如何行使的复函》(〔2006〕民立他字第 23 号,20060714)

遵化市小厂乡头道城村第三村民小组(以下简称第三村民小组)可以作为民事诉讼当事人。以第三村民小组为当事人的诉讼应以小组长作为主要负责人提起。小组长以村民小组的名义起诉和行使诉讼权利应当参照《中华人民共和国村民委员会组织法》第十七条履行民主议定程序。① 参照《河北省村民委员会选举办法》第三十条，小组长被依法追究刑事责任的，自人民法院判决书生效之日起，其小组长职务相应终止，应由村民小组另行推选小组长进行诉讼。

2.《最高人民法院关于徐志君等十一人诉龙泉市龙渊镇第八村村委会土地征用补偿费分配纠纷一案的批复》（〔2002〕民立他字第4号，20020819）

……国家征用农民耕地的补偿费包括土地补偿费、安置补助费以及地上附着物和青苗的补偿费。土地补偿费归农村集体经济组织所有，只能用于发展生产和安排就业，不能挪用和私分。农村集体经济组织成员与农村集体经济组织因土地补偿费发生的争议，不属于平等主体之间的民事法律关系，不属于人民法院受理民事诉讼的范围。对此类争议，人民法院依法不予受理，应由有关行政部门协调解决。

至于因安置补助费发生的争议应否由人民法院受理，则应具体分析。需要安置的人员由农村集体经济组织安置的，安置补偿费支付给农村集体经济组织，由农村集体经济组织管理和使用。因此发生的争议，也不属于人民法院受理民事诉讼的范围，人民法院不应作为民事案件受理。对于不需要由农村集体经济组织安置的人员，安置补偿费应直接支付给有关人员。因此发生的纠纷，属于平等主体之间的民事权利义务争议，人民法院应作为民事案件受理。

地上附着物与青苗补偿费应归地上附着物及青苗的所有者所有。地上附着物与青苗的所有者因该项补偿费与集体经济组织发生的争议属于平等主体之间的民事权利义务争议，属于人民法院受理民事案件的范围，此类争议人民法院应当作为民事案件受理。

【法院参考案例】

1. 民办高校的举办行为及举办者身份问题是否属于人民法院受理民事案件的范围[西安点石投资管理有限公司、西安天元房地产开发有限责任公司与西安交大博通资讯股份有限公司、西安交通大学城市学院、西安交通大学损害公司利益责任纠纷案，最高人民法院（2012）民二终字第95号]

根据《民办教育促进法》《行政许可法》的相关规定，民办高校的举办行为及举办者身份均属于审批核准的范围，是教育行政部门行政许可需要审查的内容。民事诉讼的当事人要求按照

---

① 2010年修订的《村民委员会组织法》第28条已经对村民小组履行民主议定程序作出了专门规定。该条规定在2018年修正时没有变化。——编者注

公司法股东身份确认诉讼的方式对民办高校举办人的身份予以确认，其实质是要求人民法院对于教育行政部门行政许可的内容进行审查判断，根据《民事诉讼法》第3条之规定，该项诉请不属于人民法院受理民事案件的范围，人民法院应予以驳回。

当事人基于民办高校举办人身份而提出的其他具有财产内容的诉讼请求，例如对于民办高校的管理权、经营权及经营收益等，属于民事法律关系范畴，在举办人身份得以确认的基础上可以提起相应的民事诉讼。

2.图书质量纠纷案件是否属于民事诉讼受理范围[陈某祥诉上海新华传媒股份有限公司、商务印书馆合同纠纷案，上海市第二中级人民法院（2006）沪二中民一（民）终字第1747号]

编校质量，均是指图书所用文字、词语、语法、标点符号、数字用法、名称、计量单位、标题与行文的格式是否规范化，是否有违反出版条例的内容，版面格式是否规范统一等问题，而并非指图书内容正确与否的判断。判定图书编校质量差错应以国家正式颁布的法律法规、国家标准和相关行业制定的行业标准为依据。人民法院审理图书质量纠纷案件时，对图书内容的审查限于图书内容是否含有《出版管理条例》第26条、第27条（现为第25条、第26条）所规定的禁止性内容，对图书的其他内容部分，应不属于审理范畴，当事人就该

部分图书内容起诉的，当不属民事诉讼受理范围。

第四条 【空间效力】凡在中华人民共和国领域内进行民事诉讼，必须遵守本法。

【立法·要点注释】

1.本条是关于《民事诉讼法》空间效力的规定。中华人民共和国领域包括领土、领海和领空以及领土的延伸部分。无论诉讼主体是中国公民、法人和其他组织还是外国人、无国籍人、外国企业和组织，只要在中华人民共和国领域内进行民事诉讼活动，都必须遵守本法。

2.本条适用中，需要注意两个问题：第一，民族自治地方的人民代表大会根据《宪法》和本法的原则，结合当地民族的具体情况，可以制定变通或者补充规定并在当地适用；第二，我国香港特别行政区和澳门特别行政区不适用我国的《民事诉讼法》。

【相关立法】

1.《中华人民共和国宪法》（19821204；20180311）

第一百一十五条 自治区、自治州、自治县的自治机关行使宪法第三章第五节规定的地方国家机关的职权，同

时依照宪法、民族区域自治法和其他法律规定的权限行使自治权,根据本地方实际情况贯彻执行国家的法律、政策。

第一百一十六条 民族自治地方的人民代表大会有权依照当地民族的政治、经济和文化的特点,制定自治条例和单行条例。自治区的自治条例和单行条例,报全国人民代表大会常务委员会批准后生效。自治州、自治县的自治条例和单行条例,报省或者自治区的人民代表大会常务委员会批准后生效,并报全国人民代表大会常务委员会备案。

2.《中华人民共和国领海及毗连区法》(19920225)

第二条 中华人民共和国领海为邻接中华人民共和国陆地领土和内水的一带海域。

中华人民共和国的陆地领土包括中华人民共和国大陆及其沿海岛屿、台湾及其包括钓鱼岛在内的附属各岛、澎湖列岛、东沙群岛、西沙群岛、中沙群岛、南沙群岛以及其他一切属于中华人民共和国的岛屿。

中华人民共和国领海基线向陆地一侧的水域为中华人民共和国的内水。

第三条第一款 中华人民共和国领海的宽度从领海基线量起为十二海里。

第五条 中华人民共和国对领海的主权及于领海上空、领海的海床及底土。

3.《中华人民共和国民用航空法》
(19960301;20210429)

第二条 中华人民共和国的领陆和领水之上的空域为中华人民共和国领空。中华人民共和国对领空享有完全的、排他的主权。

4.《中华人民共和国香港特别行政区基本法》(19970701)

第十八条 在香港特别行政区实行的法律为本法以及本法第八条规定的香港原有法律和香港特别行政区立法机关制定的法律。

全国性法律除列于本法附件三者外,不在香港特别行政区实施。凡列于本法附件三之法律,由香港特别行政区在当地公布或立法实施。

全国人民代表大会常务委员会在征询其所属的香港特别行政区基本法委员会和香港特别行政区政府的意见后,可对列于本法附件三的法律作出增减,任何列入附件三的法律,限于有关国防、外交和其他按本法规定不属于香港特别行政区自治范围的法律。

全国人民代表大会常务委员会决定宣布战争状态或因香港特别行政区内发生香港特别行政区政府不能控制的危及国家统一或安全的动乱而决定香港特别行政区进入紧急状态,中央人民政府可发布命令将有关全国性法律在香港特别行政区实施。

5.《中华人民共和国澳门特别行政区基本法》(19991220)

第十八条 在澳门特别行政区实

行的法律为本法以及本法第八条规定的澳门原有法律和澳门特别行政区立法机关制定的法律。

全国性法律除列于本法附件三者外,不在澳门特别行政区实施。凡列于本法附件三的法律,由澳门特别行政区在当地公布或立法实施。

全国人民代表大会常务委员会在征询其所属的澳门特别行政区基本法委员会和澳门特别行政区政府的意见后,可对列于本法附件三的法律作出增减。列入附件三的法律应限于有关国防、外交和其他依照本法规定不属于澳门特别行政区自治范围的法律。

在全国人民代表大会常务委员会决定宣布战争状态或因澳门特别行政区内发生澳门特别行政区政府不能控制的危及国家统一或安全的动乱而决定澳门特别行政区进入紧急状态时,中央人民政府可发布命令将有关全国性法律在澳门特别行政区实施。

第五条　【同等原则和对等原则】 外国人、无国籍人、外国企业和组织在人民法院起诉、应诉,同中华人民共和国公民、法人和其他组织有同等的诉讼权利义务。

外国法院对中华人民共和国公民、法人和其他组织的民事诉讼权利加以限制的,中华人民共和国人民法院对该国公民、企业和组织的民事诉讼权利,实行对等原则。

【立法·要点注释】

1. 涉外民事诉讼,是指具有涉外因素的民事诉讼。涉外因素是指具有以下情况之一:一是诉讼主体涉外,即诉讼一方或者双方当事人是外国人、无国籍人、外国企业、外国组织,或者当事人一方或者双方的经常居住地在中华人民共和国领域外;二是作为诉讼标的的法律事实涉外,即引起当事人之间的民事法律关系发生、变更、消灭的法律事实发生在国外;三是诉讼标的物涉外,即当事人之间争议的标的物在国外。

2. 同等原则,也称为国民待遇原则,是指国家在一定范围内给予外国人与本国公民同等的待遇。适用时要注意,外国人享有的诉讼权利义务,是本国诉讼中的诉讼待遇,而非其母国的诉讼待遇。

3. 适用对等原则时,要注意以下问题:第一,对等原则的适用是有前提的,即"外国法院对中华人民共和国公民、法人和其他组织的民事诉讼权利加以限制的"。第二,对等原则的适用要把握好度,在针对外国法院对中华人民共和国公民、法人和其他组织的民事诉讼权利加以限制的,但我国立法上无对应规定的,应以相同性质、内容等加以限制。第三,对等原则的适用具有后置性,该原则是为了各国间相互尊重,平等交往,遇到相关问题时,应优先通过协商、谈判等方式友好解决。

【相关立法】

1.《中华人民共和国对外关系法》（20230701）

第三十八条 中华人民共和国依法保护在中国境内的外国人和外国组织的合法权利和利益。

国家有权准许或者拒绝外国人入境、停留居留，依法对外国组织在境内的活动进行管理。

在中国境内的外国人和外国组织应当遵守中国法律，不得危害中国国家安全、损害社会公共利益、破坏社会公共秩序。

2.《中华人民共和国外商投资法》（20200101）

第六条 在中国境内进行投资活动的外国投资者、外商投资企业，应当遵守中国法律法规，不得危害中国国家安全、损害社会公共利益。

3.《中华人民共和国公司法》（19940701；20240701）

第二百四十八条 经批准设立的外国公司分支机构，在中华人民共和国境内从事业务活动，应当遵守中国的法律，不得损害中国的社会公共利益，其合法权益受中国法律保护。

4.《中华人民共和国企业破产法》（20070601）

第五条 依照本法开始的破产程序，对债务人在中华人民共和国领域外的财产发生效力。

对外国法院作出的发生法律效力的破产案件的判决、裁定，涉及债务人在中华人民共和国领域内的财产，申请或者请求人民法院承认和执行的，人民法院依照中华人民共和国缔结或者参加的国际条约，或者按照互惠原则进行审查，认为不违反中华人民共和国法律的基本原则，不损害国家主权、安全和社会公共利益，不损害中华人民共和国领域内债权人的合法权益的，裁定承认和执行。

第六条 【民事案件审判权】 民事案件的审判权由人民法院行使。

人民法院依照法律规定对民事案件独立进行审判，不受行政机关、社会团体和个人的干涉。

【立法·要点注释】

1. 统一行使民事案件的审判权，一是指民事案件由各级人民法院和各专门人民法院审理，其他任何机关都无权行使民事案件的审判权；二是指由人民法院行使审判权，而不是由某个审判员或人民法院某个审判庭行使审判权。

2. 人民法院独立行使审判权，不受行政机关、社会团体和个人的干涉，是司法公正的重要保证。但并不意味着人民法院的审判工作不受任何监督和制约，一方面，人民法院作为国家机构的组成部分，审判工作作为行使国家权力的活动，必须接受党的领导，接受人民群众的监督，接受其他国家机关和社会组织的监督和制约。另一方面，法院系统内部的上下级法院之间的关系是监督和被监督的关系，最高人民法院有权监督地方各级人民法院和专门法院的审判工作，上级人民法院有权监督下级人民法院的审判工作。

【相关立法】

1.《中华人民共和国宪法》(19821204；20180311)

第一百二十八条　中华人民共和国人民法院是国家的审判机关。

第一百三十一条　人民法院依照法律规定独立行使审判权，不受行政机关、社会团体和个人的干涉。

2.《中华人民共和国人民法院组织法》(19800101；20190101)

第四条　人民法院依照法律规定独立行使审判权，不受行政机关、社会团体和个人的干涉。

3.《中华人民共和国各级人民代表大会常务委员会监督法》(20070101；20241108)

第六条　各级人民代表大会常务委员会对本级人民政府、监察委员会、人民法院和人民检察院的工作实施监督，实行正确监督、有效监督、依法监督，促进依法行政、依法监察、公正司法。

各级人民政府、监察委员会、人民法院和人民检察院应当严格依法行使职权、履行职责、开展工作，自觉接受本级人民代表大会常务委员会的监督。

【中央文件】①

1.《领导干部干预司法活动、插手具体案件处理的记录、通报和责任追究规定》（中共中央办公厅、国务院办公厅，中办发〔2015〕23 号，20150318)

第一条　为贯彻落实《中共中央关于全面推进依法治国若干重大问题的决定》有关要求，防止领导干部干预司法活动、插手具体案件处理，确保司法机关依法独立公正行使职权，根据宪法法律规定，结合司法工作实际，制定本规定。

第二条　各级领导干部应当带头遵守宪法法律，维护司法权威，支持司法机关依法独立公正行使职权。任何领导干部都不得要求司法机关违反法定职责或法定程序处理案件，都不得要

---

①　对相关人员的处分依据需结合2020 年 7 月 1 日施行的《公职人员政务处分法》以及条例被修订、废止等情况妥当把握。——编者注

求司法机关做有碍司法公正的事情。

第三条 对司法工作负有领导职责的机关，因履行职责需要，可以依照工作程序了解案件情况，组织研究司法政策，统筹协调依法处理工作，督促司法机关依法履行职责，为司法机关创造公正司法的环境，但不得对案件的证据采信、事实认定、司法裁判等作出具体决定。

第四条 司法机关依法独立公正行使职权，不得执行任何领导干部违反法定职责或法定程序、有碍司法公正的要求。

第五条 对领导干部干预司法活动、插手具体案件处理的情况，司法人员应当全面、如实记录，做到全程留痕，有据可查。

以组织名义向司法机关发文发函对案件处理提出要求的，或者领导干部身边工作人员、亲属干预司法活动、插手具体案件处理的，司法人员均应当如实记录并留存相关材料。

第六条 司法人员如实记录领导干部干预司法活动、插手具体案件处理情况的行为，受法律和组织保护。领导干部不得对司法人员打击报复。非因法定事由，非经法定程序，不得将司法人员免职、调离、辞退或者作出降级、撤职、开除等处分。

第七条 司法机关应当每季度对领导干部干预司法活动、插手具体案件处理情况进行汇总分析，报送同级党委政法委和上级司法机关。必要时，可以

立即报告。

党委政法委应当及时研究领导干部干预司法活动、插手具体案件处理的情况，报告同级党委，同时抄送纪检监察机关、党委组织部门。干预司法活动、插手具体案件处理的领导干部属于上级党委或者其他党组织管理的，应当向上级党委报告或者向其他党组织通报情况。

第八条 领导干部有下列行为之一的，属于违法干预司法活动，党委政法委按程序报经批准后予以通报，必要时可以向社会公开：

（一）在线索核查、立案、侦查、审查起诉、审判、执行等环节为案件当事人请托说情的；

（二）要求办案人员或办案单位负责人私下会见案件当事人或其辩护人、诉讼代理人、近亲属以及其他与案件有利害关系的人的；

（三）授意、纵容身边工作人员或者亲属为案件当事人请托说情的；

（四）为了地方利益或者部门利益，以听取汇报、开协调会、发文件等形式，超越职权对案件处理提出倾向性意见或者具体要求的；

（五）其他违法干预司法活动、妨碍司法公正的行为。

第九条 领导干部有本规定第八条所列行为之一，造成后果或者恶劣影响的，依照《中国共产党纪律处分条例》《行政机关公务员处分条例》《检察人员纪律处分条例（试行）》《人民

法院工作人员处分条例》、《中国人民解放军纪律条令》等规定给予纪律处分;造成冤假错案或者其他严重后果,构成犯罪的,依法追究刑事责任。

领导干部对司法人员进行打击报复的,依照《中国共产党纪律处分条例》、《行政机关公务员处分条例》、《检察人员纪律处分条例(试行)》、《人民法院工作人员处分条例》、《中国人民解放军纪律条令》等规定给予纪律处分;构成犯罪的,依法追究刑事责任。

第十条 司法人员不记录或者不如实记录领导干部干预司法活动、插手具体案件处理情况的,予以警告、通报批评;有两次以上不记录或者不如实记录情形的,依照《中国共产党纪律处分条例》、《行政机关公务员处分条例》、《检察人员纪律处分条例(试行)》、《人民法院工作人员处分条例》、《中国人民解放军纪律条令》等规定给予纪律处分。主管领导授意不记录或者不如实记录的,依纪依法追究主管领导责任。

第十一条 领导干部干预司法活动、插手具体案件处理的情况,应当纳入党风廉政建设责任制和政绩考核体系,作为考核干部是否遵守法律、依法办事、廉洁自律的重要依据。

第十二条 本规定所称领导干部,是指在各级党的机关、人大机关、行政机关、政协机关、审判机关、检察机关、军事机关以及公司、企业、事业单位、社会团体中具有国家工作人员身份的领导干部。

第十三条 本规定自 2015 年 3 月 18 日起施行。

2.《司法机关内部人员过问案件的记录和责任追究规定》(中央政法委,20150330)

第一条 为贯彻落实《中共中央关于全面推进依法治国若干重大问题的决定》有关要求,防止司法机关内部人员干预办案,确保公正廉洁司法,根据宪法法律规定,结合司法工作实际,制定本规定。

第二条 司法机关内部人员应当依法履行职责,严格遵守纪律,不得违反规定过问和干预其他人员正在办理的案件,不得违反规定为案件当事人转递涉案材料或者打探案情,不得以任何方式为案件当事人说情打招呼。

第三条 司法机关办案人员应当恪守法律,公正司法,不徇私情。对于司法机关内部人员的干预、说情或者打探案情,应当予以拒绝;对于不依正当程序转递涉案材料或者提出其他要求的,应当告知其依照程序办理。

第四条 司法机关领导干部和上级司法机关工作人员因履行领导、监督职责,需要对正在办理的案件提出指导性意见的,应当依照程序以书面形式提出,口头提出的,由办案人员记录在案。

第五条 其他司法机关的工作人员因履行法定职责需要,向办案人员了解正在办理的案件有关情况的,应当依照法律程序或者工作程序进行。

第六条 对司法机关内部人员过问案件的情况，办案人员应当全面、如实记录，做到全程留痕，有据可查。

第七条 办案人员如实记录司法机关内部人员过问案件的情况，受法律和组织保护。

司法机关内部人员不得对办案人员打击报复。办案人员非因法定事由，非经法定程序，不得被免职、调离、辞退或者给予降级、撤职、开除等处分。

第八条 司法机关纪检监察部门应当及时汇总分析司法机关内部人员过问案件的情况，并依照以下方式对司法机关内部人员违反规定干预办案的线索进行处置：

（一）机关内部人员违反规定干预办案的，由本机关纪检监察部门调查处理；

（二）本机关领导干部违反规定干预办案的，向负有干部管理权限的机关纪检监察部门报告情况；

（三）上级司法人员违反规定干预下级司法机关办案的，向干预人员所在司法机关纪检监察部门报告情况；

（四）其他没有隶属关系的司法机关人员违反规定干预办案的，向干预人员所在司法机关纪检监察部门通报情况。

干预人员所在司法机关纪检监察部门接到报告或者通报后，应当及时调查处理，并将结果通报办案单位所属司法机关纪检监察部门。

第九条 司法机关内部人员有下列行为之一的，属于违反规定干预办案，负有干部管理权限的司法机关按程序报经批准后予以通报，必要时可以向社会公开：

（一）在线索核查、立案、侦查、审查起诉、审判、执行等环节为案件当事人请托说情的；

（二）邀请办案人员私下会见案件当事人或其辩护人、诉讼代理人、近亲属以及其他与案件有利害关系的人的；

（三）违反规定为案件当事人或其辩护人、诉讼代理人、亲属转递涉案材料的；

（四）违反规定为案件当事人或其辩护人、诉讼代理人、亲属打探案情、通风报信的；

（五）其他影响司法人员依法公正处理案件的行为。

第十条 司法机关内部人员有本规定第九条所列行为之一，构成违纪的，依照《中国共产党纪律处分条例》、《行政机关公务员处分条例》、《人民法院工作人员处分条例》、《检察人员纪律处分条例（试行）》、《公安机关人民警察纪律条令》等规定给予纪律处分；构成犯罪的，依法追究刑事责任。

司法机关内部人员对如实记录过问案件情况的办案人员进行打击报复的，依照《中国共产党纪律处分条例》、《行政机关公务员处分条例》、《人民法院工作人员处分条例》、《检察人员纪律处分条例（试行）》、《公安机关人民警察纪律条令》等规定给予纪律处分；构成犯罪的，依法追究刑事责任。

第十一条　办案人员不记录或者不如实记录司法机关内部人员过问案件情况的，予以警告、通报批评；两次以上不记录或者不如实记录的，依照《中国共产党纪律处分条例》、《行政机关公务员处分条例》、《人民法院工作人员处分条例》、《检察人员纪律处分条例(试行)》、《公安机关人民警察纪律条令》等规定给予纪律处分。主管领导授意不记录或者不如实记录的，依法依纪追究主管领导责任。

第十二条　司法机关内部人员违反规定过问和干预办案的情况和办案人员记录司法机关内部人员过问案件的情况，应当纳入党风廉政建设责任制和政绩考核体系，作为考核干部是否遵守法律、依法办事、廉洁自律的重要依据。

第十三条　本规定所称司法机关内部人员，是指在法院、检察院、公安机关、国家安全机关、司法行政机关工作的人员。

司法机关离退休人员违反规定干预办案的，适用本规定。

第十四条　最高人民法院、最高人民检察院、公安部、国家安全部、司法部应当结合工作实际，制定本规定的实施办法，确保有关规定落到实处。

第十五条　本规定自下发之日起施行。

【司法文件】①

1.《人民法院落实〈领导干部干预司法活动、插手具体案件处理的记录、通报和责任追究规定〉的实施办法》**(最高人民法院，法发〔2015〕10号，20150820)

为落实中共中央办公厅、国务院办公厅《领导干部干预司法活动、插手具体案件处理的记录、通报和责任追究规定》(中办发〔2015〕23号，以下简称《规定》)，保障人民法院依法独立公正行使审判权，结合法院工作实际，制定本办法。

第一条　人民法院依照宪法和法律规定独立公正行使审判权，不受行政机关、社会团体和个人的干涉，不得执行任何组织、个人违反法定职责或者法定程序、有碍司法公正的要求。

第二条　人民法院以外的组织、个人在诉讼程序之外递转的涉及具体案件的函文、信件或者口头意见，人民法院工作人员均应当全面、如实、及时地予以记录，并留存相关材料，做到全程留痕、永久存储、有据可查。

领导干部以个人或者组织名义向人民法院提出案件处理要求的，或者领导干部身边工作人员、亲属干预司法活动、插手具体案件处理的，人民法院均应当记录，并留存相关材料。

第三条　人民法院应当依托信息

---

① 对相关人员的处分依据需结合2020年7月1日施行的《公职人员政务处分法》以及条例被修订、废止等情况妥当把握。——编者注

技术,在案件信息管理系统中设立外部人员过问信息专库,明确录入、存储、报送、查看和处理相关信息的流程和权限。外部人员过问信息录入案件信息管理系统时,应当同步录入外部人员过问信息专库。人民法院专门审判管理机构负责专库的维护和管理工作。

第四条 人民法院工作人员根据本办法第二条履行记录义务时,应当如实记录相关人员的姓名、所在单位与职务、来文来函的时间、内容和形式等情况;对于利用手机短信、微博客、微信、电子邮件等网络信息方式过问具体案件的,还应当记录信息存储介质情况;对于以口头方式过问具体案件的,还应当记录发生场所、在场人员等情况,其他在场的人民法院工作人员应当签字确认。

上述记录及相关函文、信件、视听资料、电子数据等,应当一并录入、分类存储。书面材料一律附随案件卷宗归档备查,其他材料归档时应当注明去向。

第五条 党政机关、行业协会商会、社会公益组织和依法承担行政职能的事业单位,受人民法院委托或者许可,依照工作程序就涉及国家利益、社会公共利益的案件提出的参考意见,可以不录入外部人员过问信息专库,但相关材料应当存入案件正卷备查。

第六条 人民法院应当每季度对外部人员过问信息专库中涉及领导干部过问的内容进行汇总分析,报送同级党委政法委和上一级人民法院;记录内容涉及同级党委或者党委政法委主要领导干部的,应当报送上一级党委政法委和上一级人民法院。人民法院认为领导干部干预司法活动、插手具体案件处理情节严重,可能造成冤假错案或者其他严重后果的,应当立即报告,并层报最高人民法院。

各高级人民法院应当加强辖区内法院贯彻实施《规定》情况的督促检查工作,将《规定》和本办法执行情况及时报告最高人民法院,并每半年向各省、自治区、直辖市党委政法委报送一次。

第七条 人民法院报送外部过问案件情况时,应当将领导干部的下述行为列为特别报告事项:

(一)在审判、执行等环节为案件当事人请托说情的;

(二)要求人民法院工作人员私下会见、联系案件当事人或者其辩护人、诉讼代理人、近亲属以及其他与案件有利害关系的人的;

(三)授意、纵容身边工作人员或者亲属为案件当事人请托说情的;

(四)以听取汇报、开协调会、发文件、打电话等形式,超越职权对案件处理提出倾向性意见或者具体要求的;

(五)要求人民法院立案、不予立案、拖延立案或者人为控制立案的;

(六)要求人民法院采取中止审理、延长审限、不计入审限等措施拖延结案或者压缩办案时间结案的;

（七）要求人民法院对保全标的物、执行标的物采取、暂缓或者解除扣押、查封和冻结措施的；

（八）要求人民法院选择特定鉴定机构、资产评估机构、拍卖机构或者破产企业资产管理人的；

（九）要求人民法院将执行案款优先发放给特定申请执行人的；

（十）要求人民法院对案件拖延执行或者作中止执行、终结执行处理的；

（十一）要求人民法院将刑事涉案财物发还特定被害人或者移交特定机关的；

（十二）要求人民法院对当事人采取强制措施，或者要求对被依法采取强制措施的当事人解除、变更强制措施的；

（十三）要求人民法院在减刑、假释案件审理过程中对罪犯从严或者从宽处理的；

（十四）批转案件当事人或者其辩护人、诉讼代理人、近亲属以及其他与案件有利害关系的人单方提交的涉案材料或者专家意见书的；

（十五）其它有必要作为特别报告事项的行为。

第八条　人民法院工作人员不记录或者不如实记录领导干部干预司法活动、插手具体案件处理情况的，应当予以警告、通报批评；有两次以上不记录或者不如实记录情形的，应当依照《人民法院工作人员处分条例》第五十四条规定给予纪律处分。主管领导授

意不记录或者不如实记录的，应当依照《人民法院工作人员处分条例》第七十六条规定给予纪律处分。

第九条　人民法院工作人员因严格执行《规定》和本办法，而在考评、晋升、履职等方面遭遇特定组织、个人的刁难、打击和报复时，可以向上一级人民法院提出控告。相关人民法院应当及时向同级党委政法委报告，必要时可以层报最高人民法院。

第十条　本办法所称领导干部，是指在各级党的机关、人大机关、行政机关、政协机关、检察机关、军事机关以及公司、企业、事业单位、社会团体中具有国家工作人员身份的领导干部，也包括离退休领导干部。

本办法所称人民法院工作人员，是指各级人民法院中依法履行审判、审判辅助、司法行政职能，在编在职的除工勤人员以外的人员。人民法院聘用人员参照适用。

人民法院领导干部过问案件、打探案情、请托说情的，适用《司法机关内部人员过问案件的记录和责任追究规定》及其实施办法。

第十一条　本办法由最高人民法院负责解释。各高级人民法院可以依照本办法制定实施细则，并报最高人民法院备案。

第十二条　本办法自2015年8月20日起施行。

2.《人民法院落实〈司法机关内部

人员过问案件的记录和责任追究规定〉**的实施办法》**（最高人民法院，法发〔2015〕11 号，20150820）

第一条 为落实中央政法委印发的《司法机关内部人员过问案件的记录和责任追究规定》，确保公正廉洁司法，结合人民法院工作实际，制定本办法。

第二条 人民法院工作人员遇有案件当事人及其关系人请托过问案件、说情打招呼或者打探案情的，应当予以拒绝。

第三条 人民法院工作人员遇有案件当事人及其关系人当面请托不按正当渠道转递涉案材料等要求的，应当告知其直接递交办案单位和办案人员，或者通过人民法院诉讼服务大厅等正当渠道递交。

对于案件当事人及其关系人通过非正当渠道邮寄的涉案材料，收件的人民法院工作人员应当视情退回或者销毁，不得转交办案单位或者办案人员。

第四条 人民法院工作人员遇有案件当事人及其关系人请托打听案件办理进展情况的，应当告知其直接向办案单位和办案人员询问，或者通过人民法院司法信息公开平台或者诉讼服务平台等正当渠道进行查询。案件当事人及其关系人反映询问、查询无结果的，可以建议案件当事人及其关系人向人民法院监察部门投诉。

第五条 人民法院工作人员因履行法定职责需要过问案件或者批转、转递涉案材料的，应当依照法定程序或相关工作程序进行，并且做到全程留痕，

永久保存。

人民法院工作人员非因履行法定职责或者非经法定程序或相关工作程序，不得向办案单位和办案人员过问正在办理的案件，不得向办案单位和办案人员批转、转递涉案材料。

第六条 人民法院领导干部和上级人民法院工作人员因履行法定职责，需要对正在办理的案件提出监督、指导意见的，应当依照法定程序或相关工作程序以书面形式提出，口头提出的，应当由办案人员如实记录在案。

第七条 人民法院办案人员应当将人民法院领导干部和上级人民法院工作人员因履行法定职责提出监督、指导意见的批示、函文、记录等资料存入案卷备查。

第八条 其他司法机关工作人员因履行法定职责，需要了解人民法院正在办理的案件有关情况的，人民法院办案人员应当要求对方出具法律文书或者公函等证明文件，将接洽情况记录在案，并存入案卷备查。对方未出具法律文书或者公函等证明文件的，可以拒绝提供情况。

第九条 人民法院应当在案件信息管理系统中设立司法机关内部人员过问案件信息专库，明确录入、存储、报送、查看和处理相关信息的责任权限和工作流程。人民法院监察部门负责专库的维护和管理工作。

第十条 人民法院办案人员在办案工作中遇有司法机关内部人员在法

定程序或相关工作程序之外过问案件情况的，应当及时将过问人的姓名、单位、职务以及过问案件的情况全面、如实地录入司法机关内部人员过问案件信息专库，并留存相关资料，做到有据可查。

第十一条　人民法院监察部门应当每季度对司法机关内部人员过问案件信息专库中录入的内容进行汇总分析。若发现司法机关内部人员违反规定过问案件的问题线索，应当按照以下方式进行处置：

（一）涉及本院监察部门管辖对象的问题线索，由本院监察部门直接调查处理；

（二）涉及上级人民法院监察部门管辖对象的问题线索，直接呈报有管辖权的上级人民法院监察部门调查处理；

（三）涉及下级人民法院监察部门管辖对象的问题线索，可以逐级移交有管辖权的人民法院监察部门调查处理，也可以直接进行调查处理；

（四）涉及其他司法机关人员的问题线索，直接移送涉及人员所在司法机关纪检监察部门调查处理。

人民法院纪检监察部门接到其他人民法院或者其他司法机关纪检监察部门移送的问题线索后，应当及时调查处理，并将调查处理结果通报移送问题线索的纪检监察部门。

第十二条　人民法院工作人员具有下列情形之一的，属于违反规定过问案件的行为，应当依照《人民法院工作人员处分条例》第三十三条规定给予纪律处分；涉嫌犯罪的，移送司法机关处理：

（一）为案件当事人及其关系人请托说情、打探案情、通风报信的；

（二）邀请办案人员私下会见案件当事人及其关系人的；

（三）不依照正当程序为案件当事人及其关系人批转、转递涉案材料的；

（四）非因履行职责或者非经正当程序过问他人正在办理的案件的；

（五）其他违反规定过问案件的行为。

第十三条　人民法院监察部门在报经本院主要领导批准后，可以将本院和辖区人民法院查处人民法院工作人员违反规定过问案件行为的情况在人民法院内部进行通报，必要时也可以向社会公开。

第十四条　人民法院办案人员具有下列情形之一的，属于违反办案纪律的行为，初次发生的，应当予以警告、通报批评；发生两次以上的，应当依照《人民法院工作人员处分条例》第五十四条规定给予纪律处分：

（一）对人民法院领导干部和上级人民法院工作人员口头提出的监督、指导意见不记录或者不如实记录的；

（二）对人民法院领导干部和上级人民法院工作人员提出监督、指导意见的批示、函文、记录等资料不装入案卷备查的；

（三）对其他司法机关工作人员了

解案件情况的接洽情况不记录、不如实记录或者不将记录及法律文书、联系公函等证明文件存入案卷的;

（四）对司法机关内部人员在法定程序或者相关工作程序之外过问案件的情况不录入，或者不如实录入司法机关内部人员过问案件信息专库的。

第十五条 人民法院监察部门对司法机关内部人员过问案件的问题线索不按规定及时处置或者调查处理的，应当由上级人民法院监察部门依照《人民法院工作人员处分条例》第六十九条规定给予纪律处分;涉嫌犯罪的，移送司法机关处理。

第十六条 人民法院领导干部授意人民法院监察部门对司法机关内部人员违反规定过问案件的问题线索不移送、不查处，或者授意下属不按规定对司法机关内部人员违规过问案件情况进行记录、存卷、入库的，应当分别依照《人民法院工作人员处分条例》第六十九条、第七十六条规定给予纪律处分。

第十七条 人民法院办案人员如实记录司法机关内部人员过问案件情况的行为，受法律和组织保护。

非因法定事由，非经法定程序，人民法院办案人员不得被免职、调离、辞退或者给予降级、撤职、开除等处分。

第十八条 人民法院工作人员对如实记录司法机关内部人员过问案件情况的办案人员进行打击报复或者具有辱骂、殴打、诬告等行为的，应当分别

依照《人民法院工作人员处分条例》第七十条、第九十八条规定给予纪律处分;涉嫌犯罪的，移送司法机关处理。

第十九条 人民法院工作人员执行本办法的情况，应当纳入考核评价体系，作为评价其是否遵守法律、依法办事、廉洁自律以及评先评优、晋职晋级的重要依据。

第二十条 因监管、惩治不力，导致职责范围内多次发生人民法院工作人员违反规定过问案件问题的，应当追究单位负责人的党风廉政建设主体责任和纪检监察部门的监督责任。

第二十一条 人民法院的党员干部违反本办法并同时违反《中国共产党纪律处分条例》的，应当在给予政纪处分的同时，给予相应的党纪处分。

第二十二条 本办法所称案件当事人及其关系人是指案件当事人或其辩护人、诉讼代理人、近亲属以及其他与案件或案件当事人有利害关系的人员;本办法所称人民法院领导干部是指各级人民法院及其直属单位内设机构副职以上领导干部;本办法所称人民法院工作人员，是指人民法院在编人员;本办法所称人民法院办案人员是指参与案件办理、评议、审核、审议的人民法院的院长、副院长、审委会委员、庭长、副庭长、合议庭成员、独任法官、审判辅助人员等人员。

人民法院退休离职人员、人民陪审员、聘用人员违反本办法的，参照本办法进行处理。

第二十三条　本办法由最高人民法院负责解释。

第二十四条　本办法自 2015 年 8 月 20 日起施行。最高人民法院此前颁布的《关于在审判工作中防止法院内部人员干扰办案的若干规定》同时废止。

3.《最高人民法院关于规范上下级人民法院审判业务关系的若干意见》

（法发〔2010〕61 号，20101228）

第一条　最高人民法院监督指导地方各级人民法院和专门人民法院的审判业务工作。上级人民法院监督指导下级人民法院的审判业务工作。监督指导的范围、方式和程序应当符合法律规定。

第二条　各级人民法院在法律规定范围内履行各自职责，依法独立行使审判权。

第三条　基层人民法院和中级人民法院对于已经受理的下列第一审案件，必要时可以根据相关法律规定，书面报请上一级人民法院审理：

（一）重大、疑难、复杂案件；

（二）新类型案件；

（三）具有普遍法律适用意义的案件；

（四）有管辖权的人民法院不宜行使审判权的案件。

第四条　上级人民法院对下级人民法院提出的移送审理请求，应当及时决定是否由自己审理，并下达同意移送决定书或者不同意移送决定书。

第五条　上级人民法院认为下级人民法院管辖的第一审案件，属于本意见第三条所列类型，有必要由自己审理的，可以决定提级管辖。

第六条　第一审人民法院已经查清事实的案件，第二审人民法院原则上不得以事实不清、证据不足为由发回重审。

第二审人民法院作出发回重审裁定时，应当在裁定书中详细阐明发回重审的理由及法律依据。

第七条　第二审人民法院因原审判决事实不清、证据不足将案件发回重审的，原则上只能发回重审一次。

第八条　最高人民法院通过审理案件、制定司法解释或者规范性文件、发布指导性案例、召开审判业务会议、组织法官培训等形式，对地方各级人民法院和专门人民法院的审判业务工作进行指导。

第九条　高级人民法院通过审理案件、制定审判业务文件、发布参考性案例、召开审判业务会议、组织法官培训等形式，对辖区内各级人民法院和专门人民法院的审判业务工作进行指导。

高级人民法院制定审判业务文件，应当经审判委员会讨论通过。最高人民法院发现高级人民法院制定的审判业务文件与现行法律、司法解释相抵触的，应当责令其纠正。

第十条　中级人民法院通过审理案件、总结审判经验、组织法官培训等形式，对基层人民法院的审判业务工作进行指导。

第十一条　本意见自公布之日起施行。

第七条　【以事实为根据，以法律为准绳原则】 人民法院审理民事案件，必须以事实为根据，以法律为准绳。

【立法·要点注释】

1. 以法律为准绳，要求人民法院在认定事实的基础上，以法律为客观尺度来分清是非，确认当事人的民事权利和义务。以事实为依据、以法律为准绳是一个有机的整体，事实是适用法律的基础和前提，法律是人民法院作出正确裁判的唯一标准和依据，二者缺一不可。

2. 证据是认定事实的基础，以事实为根据，一是要审查当事人提供的证据；二是对于当事人及其诉讼代理人因客观原因不能自行收集证据的，人民法院应主动调查收集；三是对于作为认定事实根据的证据，人民法院应当向当事人双方出示，经过当事人双方质证、辩论，由人民法院审查属实，才能作为定案的根据。

【相关立法】

1.《中华人民共和国民法典》(20210101)
第十条　处理民事纠纷，应当依照法律；法律没有规定的，可以适用习惯，但是不得违背公序良俗。

2.《中华人民共和国人民法院组织法》(19800101 ; 20190101)
第六条　人民法院坚持司法公正，以事实为根据，以法律为准绳，遵守法定程序，依法保护个人和组织的诉讼权利和其他合法权益，尊重和保障人权。

第八条　【诉讼权利平等原则】 民事诉讼当事人有平等的诉讼权利。人民法院审理民事案件，应当保障和便利当事人行使诉讼权利，对当事人在适用法律上一律平等。

【立法·要点注释】

当事人诉讼权利平等原则的适用，主要包括以下内容：一是在适用主体上，该原则适用于在人民法院进行民事诉讼活动的所有当事人。需要强调的是，诉讼权利平等并不意味着当事人所有的权利完全相同，权利义务的对等也意味着双方权利义务的平等。二是在适用的程序中，人民法院要保障和便利诉讼当事人行使诉讼权利。三是在适用法律上，对于当事人，不分民族、种族、性别、职业、社会出身、宗教信仰、教育程度、财产状况等，都应无差别对待。

【相关立法】

1.《中华人民共和国宪法》(19821204；20180311)

第三十三条　凡具有中华人民共和国国籍的人都是中华人民共和国公民。

中华人民共和国公民在法律面前一律平等。

国家尊重和保障人权。

任何公民享有宪法和法律规定的权利，同时必须履行宪法和法律规定的义务。

2.《中华人民共和国民法典》(20210101)

第四条　民事主体在民事活动中的法律地位一律平等。

第十四条　自然人的民事权利能力一律平等。

3.《中华人民共和国人民法院组织法》(19800101；20190101)

第五条　人民法院审判案件在适用法律上一律平等，不允许任何组织和个人有超越法律的特权，禁止任何形式的歧视。

【法院参考案例】

关联专利侵权之诉与确认不侵权之诉分散审理如何审判协调[某开发公司诉上海某公司、广州某公司、中国建筑某公司、某工程公司、江西某公司、中国某电子公司侵害发明专利权纠纷案，最高人民法院(2019)最高法知民辖终1号、2号，入库编号：2023-13-2-160-031]

涉及相同专利或者关联专利的侵权之诉与确认不侵权之诉，原则上应当合并审理；确有特殊情况，基于方便当事人诉讼、方便人民法院审理的考虑，宜分散审理的，最高人民法院知识产权法庭应当在二审程序中加强统筹协调，确保裁判标准一致。

第九条　【法院调解原则】人民法院审理民事案件，应当根据自愿和合法的原则进行调解；调解不成的，应当及时判决。

【立法·要点注释】

1.法院调解，也称为诉讼调解，是指在民事诉讼中，双方当事人在法官或者其他人员的组织下，就案件争议问题进行协商，解决纠纷的诉讼行为和结案方式。[①] 人民法院在调解中，要坚持两大原则：一是自愿原则，在调解过程中，当事人要完全自愿，不得勉强，由当事人自行决定；二是合法原则，在调解中

———
① 毕玉谦主编：《民事诉讼法学》(第2版)，中国政法大学出版社2021年版，第299页。

应以法律为准绳,调解程序、调解方法和调解内容不得违反法律,不得损害国家、集体和他人的合法权益。

2.法院在调解中,要注意以下问题:第一,部分类型案件不适用调解,《民事诉讼法解释》第143条规定适用特别程序、督促程序、公示催告程序的案件,婚姻等身份关系确认案件以及其他根据案件性质不能进行调解的案件,不得调解;第二,部分类型案件应先行调解,包括婚姻家庭纠纷和继承纠纷、劳务合同纠纷、交通事故和工伤事故引起的权利义务关系较为明确的损害赔偿纠纷、宅基地和相邻关系纠纷、合伙纠纷、诉讼标的额较小的纠纷;第三,调解活动可以在民事诉讼活动中的各个阶段,包括起诉阶段、开庭审理前准备阶段、调查阶段、辩论阶段以及上诉阶段;第四,调解活动原则上不公开,《民事诉讼法解释》第146条规定,对调解过程中获悉的国家秘密、商业秘密、个人隐私和其他不宜公开的信息,应当保守秘密,但为保护国家利益、社会公共利益、他人合法权益的除外;第五,调解达成协议,人民法院应当制作调解书,调解书经当事人签收后,即具有法律效力。但对于涉及调解和好的离婚案件、调解维持收养关系的案件、能够即时履行的案件,以及其他不需要制作调解书的案件达成的调解协议,人民法院可以不制作调解书,但应当记入笔录,由当事人、审判人员、书记员签名或盖章后,即具有法律效力。

【司法解释】

1.《最高人民法院关于适用〈中华人民共和国民事诉讼法〉的解释》(法释〔2015〕5号,20150204;经法释〔2022〕11号修正,20220410)

第一百四十五条 人民法院审理民事案件,应当根据自愿、合法的原则进行调解。当事人一方或者双方坚持不愿调解的,应当及时裁判。

人民法院审理离婚案件,应当进行调解,但不应久调不决。

2.《最高人民法院关于适用简易程序审理民事案件的若干规定》(法释〔2003〕15号,20031201;经法释〔2020〕20号修正,20210101)

第十四条 下列民事案件,人民法院在开庭审理时应当先行调解:

(一)婚姻家庭纠纷和继承纠纷;

(二)劳务合同纠纷;

(三)交通事故和工伤事故引起的权利义务关系较为明确的损害赔偿纠纷;

(四)宅基地和相邻关系纠纷;

(五)合伙合同纠纷;

(六)诉讼标的额较小的纠纷。

但是根据案件的性质和当事人的实际情况不能调解或者显然没有调解必要的除外。

3.《最高人民法院关于审理环境民

事公益诉讼案件适用法律若干问题的**解释》**(法释〔2015〕1号,20150107;经法释〔2020〕20号修正,20210101)

第二十五条 环境民事公益诉讼当事人达成调解协议或者自行达成和解协议后,人民法院应当将协议内容公告,公告期间不少于三十日。

公告期满后,人民法院审查认为调解协议或者和解协议的内容不损害社会公共利益的,应当出具调解书。当事人以达成和解协议为由申请撤诉的,不予准许。

调解书应当写明诉讼请求、案件的基本事实和协议内容,并应当公开。

第十条 【审判制度】人民法院审理民事案件,依照法律规定实行合议、回避、公开审判和两审终审制度。

【立法·要点注释】

1.关于合议制度,需要注意的是,人民法院在审理第一审民事案件时,除适用简易程序审理的民事案件和基层人民法院审理的基本事实清楚、权利义务关系明确的第一审民事案件,以及中级人民法院对第一审适用简易程序审结或不服裁定提起上诉的第二审民事案件,事实清楚、权利义务关系明确的,经双发当事人同意,可以由审判员一人独自审判,其他案件都由审判员或审判

员与人民陪审员组成合议庭进行审理。此外,特别程序中的选民资格案件和重大、疑难的非讼程序案件应当采用合议制。

2.关于公开审判制度,需要注意的是,除法律规定可以不公开的以外,原则上都应当公开进行。对于应当依法公开审理而没有公开审理的案件,二审法院可以撤销一审裁判发回重审;当事人申请再审的,人民法院可以决定再审。

3.两审终审制度并不适用于所有的民事案件,以下类型案件不适用该制度:一是适用小额诉讼的程序审理的案件;二是适用特别程序审理的案件,包括选民资格案件、宣告失踪或者宣告死亡案件、指定遗产管理人案件、认定公民无民事行为能力或者限制民事行为能力案件、认定财产无主案件、确认调解协议案件和实现担保物权案件;三是适用督促程序审理的案件;四是适用公示催告程序审理的案件;五是其他案件,如对人民法院作出的除不予受理裁定、对管辖权有异议裁定和驳回起诉裁定以外的裁定,当事人都不得上诉等。

【相关立法】

1.《中华人民共和国宪法》(19821204;20180311)

第一百三十条 人民法院审理案件,除法律规定的特别情况外,一律公开进行。被告人有权获得辩护。

2.《中华人民共和国人民法院组织法》（19800101；20190101）

第七条 人民法院实行司法公开，法律另有规定的除外。

第二十九条 人民法院审理案件，由合议庭或者法官一人独任审理。

合议庭和法官独任审理的案件范围由法律规定。

【司法解释】

1.《最高人民法院关于进一步加强合议庭职责的若干规定》（法释〔2010〕1号，20100201）

第一条 合议庭是人民法院的基本审判组织。合议庭全体成员平等参与案件的审理、评议和裁判，依法履行审判职责。

第二条 合议庭由审判员、助理审判员或者人民陪审员随机组成。合议庭成员相对固定的，应当定期交流。人民陪审员参加合议庭的，应当从人民陪审员名单中随机抽取确定。

2.《最高人民法院关于人民法院通过互联网公开审判流程信息的规定》（法释〔2018〕7号，20180901）

第一条 人民法院审判刑事、民事、行政、国家赔偿案件的流程信息，应当通过互联网向参加诉讼的当事人及其法定代理人、诉讼代理人、辩护人公开。

人民法院审判具有重大社会影响案件的流程信息，可以通过互联网或者其他方式向公众公开。

第二条 人民法院通过互联网公开审判流程信息，应当依法、规范、及时、便民。

第三条 中国审判流程信息公开网是人民法院公开审判流程信息的统一平台。各级人民法院在本院门户网站以及司法公开平台设置中国审判流程信息公开网的链接。

有条件的人民法院可以通过手机、诉讼服务平台、电话语音系统、电子邮箱等辅助媒介，向当事人及其法定代理人、诉讼代理人、辩护人主动推送案件的审判流程信息，或者提供查询服务。

3.《最高人民法院关于人民法院在互联网公布裁判文书的规定》（法释〔2016〕19号，20161001）

第一条 人民法院在互联网公布裁判文书，应当依法、全面、及时、规范。

第二条 中国裁判文书网是全国法院公布裁判文书的统一平台。各级人民法院在本院政务网站及司法公开平台设置中国裁判文书网的链接。

第三条 人民法院作出的下列裁判文书应当在互联网公布：

（一）刑事、民事、行政判决书；

（二）刑事、民事、行政、执行裁定书；

（三）支付令；

（四）刑事、民事、行政、执行驳回申诉通知书；

（五）国家赔偿决定书；

（六）强制医疗决定书或者驳回强制医疗申请的决定书；

（七）刑罚执行与变更决定书；

（八）对妨害诉讼行为、执行行为作出的拘留、罚款决定书，提前解除拘留决定书，因对不服拘留、罚款等制裁决定申请复议而作出的复议决定书；

（九）行政调解书、民事公益诉讼调解书；

（十）其他有中止、终结诉讼程序作用或者对当事人实体权益有影响、对当事人程序权益有重大影响的裁判文书。

第四条　人民法院作出的裁判文书有下列情形之一的，不在互联网公布：

（一）涉及国家秘密的；

（二）未成年人犯罪的；

（三）以调解方式结案或者确认人民调解协议效力的，但为保护国家利益、社会公共利益、他人合法权益确有必要公开的除外；

（四）离婚诉讼或者涉及未成年子女抚养、监护的；

（五）人民法院认为不宜在互联网公布的其他情形。

【司法文件】

1.《最高人民法院关于司法公开的六项规定》（法发〔2009〕58 号，20091208）

一、立案公开

立案阶段的相关信息应当通过便捷、有效的方式向当事人公开。各类案件的立案条件、立案流程、法律文书样式、诉讼费用标准、缓减免交诉讼费程序、当事人重要权利义务、诉讼和执行风险提示以及可选择的诉讼外纠纷解决方式等内容，应当通过适当的形式向社会和当事人公开。人民法院应当及时将案件受理情况通知当事人。对于不予受理的，应当将不予受理裁定书、不予受理再审申请通知书、驳回再审申请裁定书等相关法律文件依法及时送达当事人，并说明理由，告知当事人诉权权利。

二、庭审公开

建立健全有序开放、有效管理的旁听和报道庭审的规则，消除公众和媒体知情监督的障碍。依法公开审理的案件，旁听人员应当经过安全检查进入法庭旁听。因审判场所等客观因素所限，人民法院可以发放旁听证或者通过庭审视频、直播录播等方式满足公众和媒体了解庭审实况的需要。所有证据应当在法庭上公开，能够当庭认证的，应当当庭认证。除法律、司法解释规定可以不出庭的情形外，人民法院应当通知证人、鉴定人出庭作证。独任审判员、合议庭成员、审判委员会委员的基本情况应当公开，当事人依法有权申请回避。案件延长审限的情况应当告知当事人。人民法院对公开审理或者不公开审理的案件，一律在法庭内或者通过其他公开的方式公开宣告判决。

三、执行公开

执行的依据、标准、规范、程序以及

执行全过程应当向社会和当事人公开，但涉及国家秘密、商业秘密、个人隐私等法律禁止公开的信息除外。进一步健全和完善执行信息查询系统，扩大查询范围，为当事人查询执行案件信息提供方便。人民法院采取查封、扣押、冻结、划拨等执行措施后应及时告知双方当事人。人民法院选择鉴定、评估、拍卖等机构的过程和结果向当事人公开。执行款项的收取发放、执行标的物的保管、评估、拍卖、变卖的程序和结果等重点环节和重点事项应当及时告知当事人。执行中的重大进展应当通知当事人和利害关系人。

四、听证公开

人民法院对开庭审理程序之外的涉及当事人或者案外人重大权益的案件实行听证的，应当公开进行。人民法院对申请再审案件、涉法涉诉信访疑难案件、司法赔偿案件、执行异议案件以及对职务犯罪案件和有重大影响案件被告人的减刑、假释案件等，按照有关规定实行公开听证的，应当向社会发布听证公告。听证公开的范围、方式、程序等参照庭审公开的有关规定。

五、文书公开

裁判文书应当充分表述当事人的诉辩意见、证据的采信理由、事实的认定、适用法律的推理与解释过程，做到说理公开。人民法院可以根据法制宣传、法学研究、案例指导、统一裁判标准的需要，集中编印、刊登各类裁判文书。除涉及国家秘密、未成年人犯罪、个人隐私以及其他不适宜公开的案件和调解结案的案件外，人民法院的裁判文书可以在互联网上公开发布。当事人对于在互联网上公开裁判文书提出异议并有正当理由的，人民法院可以决定不在互联网上发布。为保护裁判文书所涉及的公民、法人和其他组织的正当权利，可以对拟公开发布的裁判文书中的相关信息进行必要的技术处理。人民法院应当注意收集社会各界对裁判文书的意见和建议，作为改进工作的参考。

六、审务公开

人民法院的审判管理工作以及与审判工作有关的其他管理活动应当向社会公开。各级人民法院应当逐步建立和完善互联网站和其他信息公开平台。探索建立各类案件运转流程的网络查询系统，方便当事人及时查询案件进展情况。通过便捷、有效的方式及时向社会公开关于法院工作的方针政策、各种规范性文件和审判指导意见以及非涉密司法统计数据及分析报告，公开重大案件的审判情况、重要研究成果、活动部署等。建立健全过问案件登记、说情干扰警示、监督情况通报等制度，向社会和当事人公开违反规定程序过问案件的情况和人民法院接受监督的情况，切实保护公众的知情监督权和当事人的诉讼权利。

全国各级人民法院要切实解放思想，更新观念，大胆创新，把积极主动地采取公开透明的措施与不折不扣地实现当事人的诉讼权利结合起来,把司法公开的实现程度当作衡量司法民主水平、评价法院工作的重要指标。最高人民法院将进一步研究制定司法公开制度落实情况的考评标准,并将其纳入人民法院工作考评体系,完善司法公开的考核评价机制。上级人民法院要加强对下级人民法院司法公开工作的指导,定期组织专项检查,通报检查结果,完善司法公开的督促检查机制。各级人民法院要加大对司法公开工作在资金、设施、人力、技术方面的投入,建立司法公开的物质保障机制。要疏通渠道,设立平台,认真收集、听取和处理群众关于司法公开制度落实情况的举报投诉或意见建议,建立健全司法公开的情况反馈机制。要细化和分解落实司法公开的职责,明确责任,对于在诉讼过程中违反审判公开原则或者在法院其他工作中违反司法公开相关规定的,要追究相应责任,同时要注意树立先进典型,表彰先进个人和单位,推广先进经验,建立健全司法公开的问责表彰机制。

本规定自公布之日起实施。本院以前发布的相关规定与本规定不一致的,以本规定为准。

2.《最高人民法院关于人民法院接受新闻媒体舆论监督的若干规定》(法发〔2009〕58号,20091208)

第一条　人民法院应当主动接受新闻媒体的舆论监督。对新闻媒体旁听案件庭审、采访报道法院工作、要求提供相关材料的,人民法院应当根据具体情况提供便利。

第二条　对于社会关注的案件和法院工作的重大举措以及按照有关规定应当向社会公开的其他信息,人民法院应当通过新闻发布会、记者招待会、新闻通稿、法院公报、互联网站等形式向新闻媒体及时发布相关信息。

第三条　对于公开审判的案件,新闻媒体记者和公众可以旁听。审判场所座席不足的,应当优先保证媒体和当事人近亲属的需要。有条件的审判法庭根据需要可以在旁听席中设立媒体席。记者旁听庭审应当遵守法庭纪律,未经批准不得录音、录像和摄影。

　　第十一条　【使用本民族语言文字原则】 各民族公民都有用本民族语言、文字进行民事诉讼的权利。

　　在少数民族聚居或者多民族共同居住的地区,人民法院应当用当地民族通用的语言、文字进行审理和发布法律文书。

　　人民法院应当对不通晓当地民族通用的语言、文字的诉讼参与人提供翻译。

【立法·要点注释】

在少数民族聚居或者多民族共同

居住的地区审理民事案件时,人民法院应注意以下几点:一是使用当地民族通用的语言审理案件;二是使用当地民族通用的文字发布法律文书,包括开庭通知、传票、裁定、判决书、调解书、决定等;三是对不懂当地民族通用的语言、文字的诉讼参与人,应当为他们提供翻译。

【相关立法】

1.《中华人民共和国宪法》(19821204;20180311)

第一百三十九条　各民族公民都有用本民族语言文字进行诉讼的权利。人民法院和人民检察院对于不通晓当地通用的语言文字的诉讼参与人,应当为他们翻译。

在少数民族聚居或者多民族共同居住的地区,应当用当地通用的语言进行审理;起诉书、判决书、布告和其他文书应当根据实际需要使用当地通用的一种或者几种文字。

2.《中华人民共和国民族区域自治法》(19841001;20010228)

第四十七条　民族自治地方的人民法院和人民检察院应当用当地通用的语言审理和检察案件,并合理配备通晓当地通用的少数民族语言文字的人员。对于不通晓当地通用的语言文字的诉讼参与人,应当为他们提供翻译。法律文书应当根据实际需要,使用当地

通用的一种或者几种文字。保障各民族公民都有使用本民族语言文字进行诉讼的权利。

【行政法规】

《诉讼费用交纳办法》(20070401)

第十二条第二款　人民法院依照民事诉讼法第十一条第三款规定提供当地民族通用语言、文字翻译的,不收取费用。

第十二条　【辩论原则】人民法院审理民事案件时,当事人有权进行辩论。

【立法·要点注释】

1. 辩论原则,是指当事人在民事诉讼活动中,有权就案件所争议的事实和法律问题,在人民法院的主持下进行辩论、各自陈述自己的主张和根据,互相进行反驳与答辩,以争取对自己有利的诉讼结果,维护自己的合法权益。辩论原则贯穿于民事诉讼的全过程,在判决作出之前,当事人均可通过法定形式开展辩论。当事人可以针对案件事实、法律适用、诉讼程序等进行全方位辩论。

2. 审判人员要保障当事人充分行使辩论权:一是为双方当事人提供均等的辩论机会;二是要积极引导辩论活动,促使当事人围绕核心问题发表辩论

意见;三是要维持良好的辩论秩序。

【法院参考案例】

1. 案件审理中,双方当事人对鉴定意见有异议,人民法院未通知鉴定人出庭,是否剥夺了当事人辩论权[乙公司诉甲公司建设工程合同纠纷再审案,《最高人民法院第二巡回法庭法官会议纪要(第一辑)》]

《民事诉讼法》规定了鉴定人出庭制度,根据《民事诉讼法》第78条(现为第81条)规定,鉴定人出庭作证的情形有两种,一是当事人对鉴定意见有异议,二是人民法院认为有必要。双方当事人均对鉴定意见提出书面异议,法院未通知鉴定人出庭作证,鉴定人未出庭陈述鉴定意见,亦未接受当事人的质询和询问。在鉴定人未出庭作证的情况下,当事人作为非专业人士难以对鉴定意见进行充分质证,人民法院未履行通知鉴定人出庭作证的义务,违反法定程序剥夺了当事人的辩论权。

2. 庭审直播中,一方当事人行使辩论权轻微影响他人名誉的,是否应认定侵犯对方名誉权[杨某诉申某名誉权纠纷案,江苏省泰州市姜堰区人民法院(2022)苏1204民初1665号]

庭审直播中,一方当事人行使辩论权时的陈述可能给另一方的名誉产生不利影响,但行为人主观上不存在恶意,其行为目的是在庭审辩论阶段的合

理抗辩,且情节轻微,并未造成恶劣影响,不应认定构成侵犯名誉权。

3. 法院依职权收集的证据未经庭审质证不得作为裁判依据[巢湖市某租赁公司与江西某建筑公司租赁合同纠纷案,安徽省高级人民法院(2020)皖民再38号,入库编号:2024-16-2-111-001]

人民法院依职权收集的证据,必须经当事人庭审质证,保障当事人行使辩论的权利;对当事人没有主张、没有经过辩论的事实,人民法院如果依职权探知并径行认定,必然会造成对当事人辩论权利的剥夺。

第十三条 【诚信原则和处分原则】 民事诉讼应当遵循诚信原则。

当事人有权在法律规定的范围内处分自己的民事权利和诉讼权利。

【立法·要点注释】

1. 诚信原则的适用主体,不仅仅包括当事人,同样包括法院、法官及其他诉讼参与人。对于当事人,违反诚信原则的行为主要包括以下几种:(1)滥用诉讼权利。滥用诉讼权利是指违反诚信原则,专门以损害对方当事人、第三人或社会公共利益为目的行使诉讼权

利的行为。（2）作出反悔或自相矛盾的行为。当事人不能反悔其先前行为或作出与自己先前行为相矛盾的行为。在案件审理中出现前后矛盾时，如不能合理解释，也未提供证据否定先前陈述的，通常采信当事人最初的陈述。但是，在特殊情况下，也允许其撤回先前的陈述。（3）作出虚假陈述。当事人在诉讼中必须真实地作事实陈述。对于法官，不得滥用自由裁量权，在处理程序问题和实体问题时必须以事实为根据、以法律为准绳，在行使自由裁量权时，要本着诚实、善意、公正的心态进行；要尊重当事人的程序主体地位，不能过分介入当事人之间的纠纷；要充分履行释明义务和保障当事人的知情权。对于其他诉讼参与人，诉讼代理人不得在诉讼中滥用代理权，代理时应对委托人和法院诚实；证人不得作伪证；鉴定人不得作出与事实不符的鉴定意见；翻译人不得故意作出与诉讼主体陈述或书写意愿不符的翻译等。

2. 法院要尊重当事人的处分权，同时要对当事人处分权的行使发挥监督作用。对于当事人申请撤诉的，人民法院有权进行审查并决定是否准予撤诉。

【相关立法】

1.《中华人民共和国宪法》（19821204；20180311）

第五十一条 中华人民共和国公民在行使自由和权利的时候，不得损害国家的、社会的、集体的利益和其他公民的合法的自由和权利。

2.《中华人民共和国民法典》（20210101）

第七条 民事主体从事民事活动，应当遵循诚信原则，秉持诚实，恪守承诺。

第一百五十四条 行为人与相对人恶意串通，损害他人合法权益的民事法律行为无效。

第五百零九条 当事人应当按照约定全面履行自己的义务。

当事人应当遵循诚信原则，根据合同的性质、目的和交易习惯履行通知、协助、保密等义务。

当事人在履行合同过程中，应当避免浪费资源、污染环境和破坏生态。

【司法解释】

1.《最高人民法院关于适用〈中华人民共和国民事诉讼法〉的解释》（法释〔2015〕5号，20150204；经法释〔2022〕11号修正，20220410）

第三百二十一条 第二审人民法院应当围绕当事人的上诉请求进行审理。

当事人没有提出请求的，不予审理，但一审判决违反法律禁止性规定，或者损害国家利益、社会公共利益、他人合法权益的除外。

**2.《最高人民法院关于知识产权侵

权诉讼中被告以原告滥用权利为由请求赔偿合理开支问题的批复》(法释〔2021〕11 号,20210603)

在知识产权侵权诉讼中,被告提交证据证明原告的起诉构成法律规定的滥用权利损害其合法权益,依法请求原告赔偿其因该诉讼所支付的合理的律师费、交通费、食宿费等开支的,人民法院依法予以支持。被告也可以另行起诉请求原告赔偿上述合理开支。

【司法文件】

1.《最高人民法院关于深入推进社会主义核心价值观融入裁判文书释法说理的指导意见》(法〔2021〕21 号,20210301)

一、深入推进社会主义核心价值观融入裁判文书释法说理,应当坚持以下基本原则:

(一)法治与德治相结合。以习近平新时代中国特色社会主义思想为指导,贯彻落实习近平法治思想,忠于宪法法律,将法律评价与道德评价有机结合,深入阐释法律法规所体现的国家价值目标、社会价值取向和公民价值准则,实现法治和德治相辅相成、相得益彰。

(二)以人民为中心。裁判文书释法说理应积极回应人民群众对公正司法的新要求和新期待,准确阐明事理,详细释明法理,积极讲明情理,力求讲究文理,不断提升人民群众对司法裁判的满意度,以司法公正引领社会公平正义。

(三)政治效果、法律效果和社会效果的有机统一。立足时代、国情、文化,综合考量法、理、情等因素,加强社会主义核心价值观的导向作用,不断提升司法裁判的法律认同、社会认同和情理认同。

2.《最高人民法院关于全面加强知识产权司法保护的意见》(法发〔2020〕11 号,20200415)

13. 依法制止不诚信诉讼行为。妥善审理因恶意提起知识产权诉讼损害责任纠纷,依法支持包括律师费等合理支出在内的损害赔偿请求。强化知识产权管辖纠纷的规则指引,规制人为制造管辖连接点、滥用管辖权异议等恶意拖延诉讼的行为。研究将违反法院令状、伪造证据、恶意诉讼等不诚信的诉讼行为人纳入全国征信系统。

【最高法指导性案例】

指导案例 82 号:王某某诉深圳歌力思服饰股份有限公司、杭州银泰世纪百货有限公司侵害商标权纠纷案(20170306)

【裁判要点】

当事人违反诚实信用原则,损害他人合法权益,扰乱市场正当竞争秩序,恶意取得、行使商标权并主张他人侵权的,人民法院应当以构成权利滥用为由,判决对其诉讼请求不予支持。

【基本案情】

深圳歌力思服装实业有限公司成

立于 1999 年 6 月 8 日。2008 年 12 月 18 日，该公司通过受让方式取得第 1348583 号"歌力思"商标，该商标核定使用于第 25 类的服装等商品之上，核准注册于 1999 年 12 月。2009 年 11 月 19 日，该商标经核准续展注册，有效期自 2009 年 12 月 28 日至 2019 年 12 月 27 日。深圳歌力思服装实业有限公司还是第 4225104 号"ELLASSAY"的商标注册人。该商标核定使用商品为第 18 类的(动物)皮；钱包；旅行包；文件夹(皮革制)；皮制带子；裘皮；伞；手杖；手提包；购物袋。注册有效期限自 2008 年 4 月 14 日至 2018 年 4 月 13 日。2011 年 11 月 4 日，深圳歌力思服装实业有限公司更名为深圳歌力思服饰股份有限公司(以下简称歌力思公司，即本案一审被告)。2012 年 3 月 1 日，上述"歌力思"商标的注册人相应变更为歌力思公司。

一审原告王某某于 2011 年 6 月申请注册了第 7925873 号"歌力思"商标，该商标核定使用商品为第 18 类的钱包、手提包等。王某某还曾于 2004 年 7 月 7 日申请注册第 4157840 号"歌力思及图"商标。后因北京市高级人民法院于 2014 年 4 月 2 日作出的二审判决认定，该商标损害了歌力思公司的关联企业歌力思投资管理有限公司的在先字号权，因此不应予以核准注册。

自 2011 年 9 月起，王某某先后在杭州、南京、上海、福州等地的"ELLASSAY"专柜，通过公证程序购买了带有"品牌中文名:歌力思,品牌英文名:ELLASSAY"字样吊牌的皮包。2012 年 3 月 7 日，王某某以歌力思公司及杭州银泰世纪百货有限公司(以下简称杭州银泰公司)生产、销售上述皮包的行为构成对王某某拥有的"歌力思"商标、"歌力思及图"商标权的侵害为由，提起诉讼。

【裁判结果】

杭州市中级人民法院于 2013 年 2 月 1 日作出(2012)浙杭知初字第 362 号民事判决，认为歌力思公司及杭州银泰公司生产、销售被诉侵权商品的行为侵害了王某某的注册商标专用权，判决歌力思公司、杭州银泰公司承担停止侵权行为、赔偿王某某经济损失及合理费用共计 10 万元及消除影响。歌力思公司不服，提起上诉。浙江省高级人民法院于 2013 年 6 月 7 日作出(2013)浙知终字第 222 号民事判决，驳回上诉、维持原判。歌力思公司及王某某均不服，向最高人民法院申请再审。最高人民法院裁定提审本案，并于 2014 年 8 月 14 日作出(2014)民提字第 24 号判决，撤销一审、二审判决，驳回王某某的全部诉讼请求。

【裁判理由】

法院生效裁判认为，诚实信用原则是一切市场活动参与者所应遵循的基本准则。一方面，它鼓励和支持人们通过诚实劳动积累社会财富和创造社会价值，并保护在此基础上形成的财产性权益，以及基于合法、正当的目的支配该财产性权益的自由和权利；另一方面,它又要求人们在市场活动中讲究信用、诚实不欺,在不损害他人合法利益、社会公共利益和市场秩序的前提下追求自己的利益。民事诉讼活动同样应当遵循诚实信用原则。一方面,它保障当事人有权在法律规定的范围内行使和处分自己的民事权利和诉讼权利;另一方面,它又要求当事人在不损害他人和社会公共利益的前提下,善意、审慎地行使自己的权利。任何违背法律目的和精神,以损害他人正当权益为目的,恶意取得并行使权利、扰乱市场正当竞争秩序的行为均属于权利滥用,其相关权利主张不应得到法律的保护和支持。

第 4157840 号"歌力思及图"商标迄今为止尚未被核准注册,王某某无权据此对他人提起侵害商标权之诉。对于歌力思公司、杭州银泰公司的行为是否侵害王某某的第 7925873 号"歌力思"商标权的问题,首先,歌力思公司拥有合法的在先权利基础。歌力思公司及其关联企业最早将"歌力思"作为企业字号使用的时间为 1996 年,最早在服装等商品上取得"歌力思"注册商标专用权的时间为 1999 年。经长期使用和广泛宣传,作为企业字号和注册商标的"歌力思"已经具有了较高的市场知名度,歌力思公司对前述商业标识享有合法的在先权利。其次,歌力思公司在本案中的使用行为系基于合法的权利基础,使用方式和行为性质均具有正当性。从销售场所来看,歌力思公司对被

诉侵权商品的展示和销售行为均完成于杭州银泰公司的歌力思专柜,专柜通过标注歌力思公司的"ELLASSAY"商标等方式,明确表明了被诉侵权商品的提供者。在歌力思公司的字号、商标等商业标识已经具有较高的市场知名度,而王某某未能举证证明其"歌力思"商标同样具有知名度的情况下,歌力思公司在其专柜中销售被诉侵权商品的行为,不会使普通消费者误认该商品来自王某某。从歌力思公司的具体使用方式来看,被诉侵权商品的外包装、商品内的显著部位均明确标注了"ELLASSAY"商标,而仅在商品吊牌之上使用了"品牌中文名:歌力思"的字样。由于"歌力思"本身就是歌力思公司的企业字号,且与其"ELLASSAY"商标具有互为指代关系,故歌力思公司在被诉侵权商品的吊牌上使用"歌力思"文字来指代商品生产者的做法并无明显不妥,不具有攀附王某某"歌力思"商标知名度的主观意图,亦不会为普通消费者正确识别被诉侵权商品的来源制造障碍。在此基础上,杭州银泰公司销售被诉侵权商品的行为亦不为法律所禁止。最后,王某某取得和行使"歌力思"商标权的行为难谓正当。"歌力思"商标由中文文字"歌力思"构成,与歌力思公司在先使用的企业字号及在先注册的"歌力思"商标的文字构成完全相同。"歌力思"本身为无固有含义的臆造词,具有较强的固有显著性,依常理判断,在完全没有接触或知悉的情况下,

因巧合而出现雷同注册的可能性较低。作为地域接近、经营范围关联程度较高的商品经营者，王某某对"歌力思"字号及商标完全不了解的可能性较低。在上述情形之下，王某某仍在手提包、钱包等商品上申请注册"歌力思"商标，其行为难谓正当。王某某以非善意取得的商标权对歌力思公司的正当使用行为提起的侵权之诉，构成权利滥用。

【最高法公报案例】

1. 恶意提起知识产权诉讼违反诚实信用原则[江苏中讯数码电子有限公司与山东比特智能科技股份有限公司因恶意提起知识产权诉讼损害责任纠纷案（2022-5）]

行为人在明知系争商标为他人在先使用并具有一定影响力的情况下，抢先注册系争商标并获得的商标权不具有实质上的正当性。行为人据此向在先使用人许可的关联方提起商标侵权诉讼的，该诉讼行为应认定为恶意提起知识产权诉讼，由此造成他人损害的，应当承担损害赔偿责任。

2. 当事人提出的诉求经判决生效后，又否认据以提起诉求的基本事实并申请再审的，违背诚实信用原则[天津市滨海商贸大世界有限公司与天津市天益工贸有限公司、王某锋财产权属纠纷案（2013-10）]

根据《民事诉讼法》第13条第1款的规定，民事诉讼应当遵循诚实信用原则。当事人提出诉讼请求并经人民法院作出生效判决后，又否认其据以提起诉讼请求的基本事实，并以此为由申请再审，违背诚实信用原则，人民法院不予支持。

《商品房买卖合同解释》第15条（现为第11条）关于解除权行使期限的规定仅适用于该解释所称的商品房买卖合同纠纷案件。对于其他房屋买卖合同解除权的行使期限，法律没有规定或者当事人没有约定的，应当根据《合同法》第95条（《民法典》第564条）的规定，在合理期限内行使。何为"合理期限"，由人民法院结合具体案情予以认定。

【法院参考案例】

1. 对不具备诉的利益的起诉，因现行立法未明文规定起诉需要具备诉的利益，故宜以诚实信用原则为依据，以滥用诉权为由予以驳回[重庆亿金科技有限公司诉李某新所有权确认纠纷案，重庆市沙坪坝区人民法院（2014）沙法民初字第00824号]

在确认之诉中，应从以下三个方面审查原告的起诉是否具备诉的利益：一是对象的妥当性，二是纠纷的成熟性，三是方法的妥当性。对不具备诉的利益的起诉，因现行立法未明文规定起诉需要具备诉的利益，故宜以诚实信用原则为依据,以滥用诉权为由予以驳回。

2. 部分继承人违背约定单独提起诉讼是否有悖诚信原则[王某甲、王某乙与某音乐学院、胡某某侵犯作品表演权纠纷案,最高人民法院(2021)最高法民申 3068 号]

著作权继承人行使诉讼权利,应当符合诚实信用原则,依法行使权利。如果著作权继承人就诉权行使已事先达成协议,明确约定必须由全部继承人共同作出决定,方能实施相关诉讼行为,部分继承人违反协议约定而单独提起诉讼的,人民法院应当裁定驳回其起诉。

3. 当事人因另案结果于己不利而自我否定已获法院支持的本案主张,是否有违诉讼诚信原则[申某某诉重庆某建设公司、盘州某房产公司等建设工程施工合同纠纷案,最高人民法院(2021)最高法民终 727 号,入库编号:2023-07-2-115-007]

当事人仅对一审法院未获支持的诉讼请求具有上诉利益,有权对该部分诉讼请求提出上诉。在一审法院审理中,如果当事人所作陈述不存在重大误解或受欺诈、胁迫等情形的,应当认定为其真实意思表示。当事人因另案结果于己不利而自我否定已获一审法院支持的本案主张,有违诉讼诚信,人民法院不予支持。

4. 滥用知识产权的认定和处理[北京某图科技发展有限公司诉李某良侵害发明专利权纠纷案,最高人民法院(2023)最高法知民终 235 号,入库编号:2024-13-2-160-016]

行使知识产权应当遵循诚实信用原则,且不得损害他人合法权益。当知识产权被侵害时,权利人可以依法行使诉权,但诉权的行使也应当遵循诚实信用原则,秉持善意,审慎行事。权利人故意以"诱导侵权""陷阱取证""误导性和解""故意一事两诉"等方式滥用知识产权的,人民法院应当依法采取有效措施予以规制,并可视情依据《最高人民法院关于知识产权侵权诉讼中被告以原告滥用权利为由请求赔偿合理开支问题的批复》,判令权利人承担对方当事人的诉讼合理开支。

第十四条 【检察监督原则】人民检察院有权对民事诉讼实行法律监督。

【立法·要点注释】

1. 检察监督,是指人民检察院有权对人民法院的诉讼活动和执行活动进行监督,监督的对象包括法院、法官和书记员,监督的方式包括抗诉和检察建议。检察监督的内容主要包括:一是对判决、裁定、调解书的监督。根据本法第219条第1款和第2款规定,最高人民检察院对各级人民法院已经发生法律效力的判决、裁定，上级人民检察院对下级人民法院已经发生法律效力的判决、裁定，发现有本法第 211 条规定情形之一的，或者发现调解书损害国家利益、社会公共利益的，应当提出抗诉。地方各级人民检察院对同级人民法院已经发生法律效力的判决、裁定，发现有本法第 211 条规定情形之一的，或者发现调解书损害国家利益、社会公共利益的，可以向同级人民法院提出检察建议，并报上级人民检察院备案；也可以提请上级人民检察院向同级人民法院提出抗诉。二是对违法审判行为的监督。根据本法规定，各级人民检察院对审判监督程序以外的其他审判程序中审判人员的违法行为，有权向同级人民法院提出检察建议。三是对执行活动的监督。检察机关执行监督属于有限监督，只有在执行活动存在违法行为的情况下才可以启动。

2. 关于检察监督的启动，除了人民检察院在履职过程中依法启动外，当事人可以依法申请人民检察院对民事诉讼活动实施法律监督。

【相关立法】

1.《中华人民共和国宪法》（19821204；20180311）

第一百三十四条　中华人民共和国人民检察院是国家的法律监督机关。

2.《中华人民共和国人民检察院组织法》（19800101；20190101）

第二条第一款　人民检察院是国家的法律监督机关。

第二十条　人民检察院行使下列职权：

……

（五）对诉讼活动实行法律监督；

（六）对判决、裁定等生效法律文书的执行工作实行法律监督；

……

（八）法律规定的其他职权。

第二十一条　人民检察院行使本法第二十条规定的法律监督职权，可以进行调查核实，并依法提出抗诉、纠正意见、检察建议。有关单位应当予以配合，并及时将采纳纠正意见、检察建议的情况书面回复人民检察院。

抗诉、纠正意见、检察建议的适用范围及其程序，依照法律有关规定。

【司法解释】

《人民检察院民事诉讼监督规则》（高检发释字〔2021〕1 号，20210801）

第一章　总　　则

第一条　为了保障和规范人民检察院依法履行民事检察职责，根据《中华人民共和国民事诉讼法》《中华人民共和国人民检察院组织法》和其他有关规定，结合人民检察院工作实际，制定本规则。

第二条　人民检察院依法独立行

使检察权,通过办理民事诉讼监督案件,维护司法公正和司法权威,维护国家利益和社会公共利益,维护自然人、法人和非法人组织的合法权益,保障国家法律的统一正确实施。

第三条　人民检察院通过抗诉、检察建议等方式,对民事诉讼活动实行法律监督。

第四条　人民检察院办理民事诉讼监督案件,应当以事实为根据,以法律为准绳,坚持公开、公平、公正和诚实信用原则,尊重和保障当事人的诉讼权利,监督和支持人民法院依法行使审判权和执行权。

第五条　负责控告申诉检察、民事检察、案件管理的部门分别承担民事诉讼监督案件的受理、办理、管理工作,各部门互相配合,互相制约。

第六条　人民检察院办理民事诉讼监督案件,实行检察官办案责任制,由检察官、检察长、检察委员会在各自职权范围内对办案事项作出决定,并依照规定承担相应司法责任。

第七条　人民检察院办理民事诉讼监督案件,根据案件情况,可以由一名检察官独任办理,也可以由两名以上检察官组成办案组办理。由检察官办案组办理的,检察长应当指定一名检察官担任主办检察官,组织、指挥办案组办理案件。

检察官办理案件,可以根据需要配备检察官助理、书记员、司法警察、检察技术人员等检察辅助人员。检察辅助人员依照有关规定承担相应的检察辅助事务。

第八条　最高人民检察院领导地方各级人民检察院和专门人民检察院的民事诉讼监督工作,上级人民检察院领导下级人民检察院的民事诉讼监督工作。

上级人民检察院认为下级人民检察院的决定错误的,有权指令下级人民检察院纠正,或者依法撤销、变更。上级人民检察院的决定,应当以书面形式作出,下级人民检察院应当执行。下级人民检察院对上级人民检察院的决定有不同意见的,可以在执行的同时向上级人民检察院报告。

上级人民检察院可以依法统一调用辖区的检察人员办理民事诉讼监督案件,调用的决定应当以书面形式作出。被调用的检察官可以代表办理案件的人民检察院履行相关检察职责。

第九条　人民检察院检察长或者检察长委托的副检察长在同级人民法院审判委员会讨论民事抗诉案件或者其他与民事诉讼监督工作有关的议题时,可以依照有关规定列席会议。

第十条　人民检察院办理民事诉讼监督案件,实行回避制度。

第十一条　检察人员办理民事诉讼监督案件,应当秉持客观公正的立场,自觉接受监督。

检察人员不得接受当事人及其诉讼代理人、特定关系人、中介组织请客送礼或者其他利益,不得违反规定会见当事人及其委托的人。

检察人员有收受贿赂、徇私枉法等行为的,应当追究纪律责任和法律责任。

检察人员对过问或者干预、插手民事诉讼监督案件办理等重大事项的行为,应当按照有关规定全面、如实、及时记录、报告。

第二章 回 避

第十二条 检察人员有《中华人民共和国民事诉讼法》第四十四条①规定情形之一的,应当自行回避,当事人有权申请他们回避。

前款规定,适用于书记员、翻译人员、鉴定人、勘验人等。

第十三条 检察人员自行回避的,可以口头或者书面方式提出,并说明理由。口头提出申请的,应当记录在卷。

第十四条 当事人申请回避,应当在人民检察院作出提出抗诉或者检察建议等决定前以口头或者书面方式提出,并说明理由。口头提出申请的,应当记录在卷。根据《中华人民共和国民事诉讼法》第四十四条第二款规定提出回避申请的,应当提供相关证据。

被申请回避的人员在人民检察院作出是否回避的决定前,应当暂停参与本案工作,但案件需要采取紧急措施的除外。

第十五条 检察人员有应当回避的情形,没有自行回避,当事人也没有申请其回避的,由检察长或者检察委员会决定其回避。

第十六条 检察长的回避,由检察委员会讨论决定;检察人员和其他人员的回避,由检察长决定。检察委员会讨论检察长回避问题时,由副检察长主持,检察长不得参加。

第十七条 人民检察院对当事人提出的回避申请,应当在三日内作出决定,并通知申请人。申请人对决定不服的,可以在接到决定时向原决定机关申请复议一次。人民检察院应当在三日内作出复议决定,并通知复议申请人。复议期间,被申请回避的人员不停止参与本案工作。

第三章 受 理

第十八条 民事诉讼监督案件的来源包括:

(一)当事人向人民检察院申请监督;

(二)当事人以外的自然人、法人和非法人组织向人民检察院控告;

(三)人民检察院在履行职责中发现。

第十九条 有下列情形之一的,当事人可以向人民检察院申请监督:

(一)已经发生法律效力的民事判决、裁定、调解书符合《中华人民共和国民事诉讼法》第二百零九条②第一款规定的;

---

① 对应 2023 年《民事诉讼法》第 47 条。——编者注

② 对应 2023 年《民事诉讼法》第 220 条。——编者注

（二）认为民事审判程序中审判人员存在违法行为的；

（三）认为民事执行活动存在违法情形的。

第二十条　当事人依照本规则第十九条第一项规定向人民检察院申请监督，应当在人民法院作出驳回再审申请裁定或者再审判决、裁定发生法律效力之日起两年内提出。

本条规定的期间为不变期间，不适用中止、中断、延长的规定。

人民检察院依职权启动监督程序的案件，不受本条第一款规定期限的限制。

第二十一条　当事人向人民检察院申请监督，应当提交监督申请书、身份证明、相关法律文书及证据材料。提交证据材料的，应当附证据清单。

申请监督材料不齐备的，人民检察院应当要求申请人限期补齐，并一次性明确告知应补齐的全部材料。申请人逾期未补齐的，视为撤回监督申请。

第二十二条　本规则第二十一条规定的监督申请书应当记明下列事项：

（一）申请人的姓名、性别、年龄、民族、职业、工作单位、住所、有效联系方式，法人或者非法人组织的名称、住所和法定代表人或者主要负责人的姓名、职务、有效联系方式；

（二）其他当事人的姓名、性别、工作单位、住所、有效联系方式等信息，法人或者非法人组织的名称、住所、负责人、有效联系方式等信息；

（三）申请监督请求；

（四）申请监督的具体法定情形及事实、理由。

申请人应当按照其他当事人的人数提交监督申请书副本。

第二十三条　本规则第二十一条规定的身份证明包括：

（一）自然人的居民身份证、军官证、士兵证、护照等能够证明本人身份的有效证件；

（二）法人或者非法人组织的统一社会信用代码证书或者营业执照副本、组织机构代码证书和法定代表人或者主要负责人的身份证明等有效证照。

对当事人提交的身份证明，人民检察院经核对无误留存复印件。

第二十四条　本规则第二十一条规定的相关法律文书是指人民法院在该案件诉讼过程中作出的全部判决书、裁定书、决定书、调解书等法律文书。

第二十五条　当事人申请监督，可以依照《中华人民共和国民事诉讼法》的规定委托诉讼代理人。

第二十六条　当事人申请监督符合下列条件的，人民检察院应当受理：

（一）符合本规则第十九条的规定；

（二）申请人提供的材料符合本规则第二十一条至第二十四条的规定；

（三）属于本院受理案件范围；

（四）不具有本规则规定的不予受理情形。

第二十七条　当事人根据《中华人

民共和国民事诉讼法》第二百零九条第一款的规定向人民检察院申请监督，有下列情形之一的，人民检察院不予受理：

（一）当事人未向人民法院申请再审的；

（二）当事人申请再审超过法律规定的期限的，但不可归责于其自身原因的除外；

（三）人民法院在法定期限内正在对民事再审申请进行审查的；

（四）人民法院已经裁定再审且尚未审结的；

（五）判决、调解解除婚姻关系的，但对财产分割部分不服的除外；

（六）人民检察院已经审查终结作出决定的；

（七）民事判决、裁定、调解书是人民法院根据人民检察院的抗诉或者再审检察建议再审后作出的；

（八）申请监督超过本规则第二十条规定的期限的；

（九）其他不应受理的情形。

第二十八条　当事人认为民事审判程序或者执行活动存在违法情形，向人民检察院申请监督，有下列情形之一的，人民检察院不予受理：

（一）法律规定可以提出异议、申请复议或者提起诉讼，当事人没有提出异议、申请复议或者提起诉讼的，但有正当理由的除外；

（二）当事人提出异议、申请复议或者提起诉讼后，人民法院已经受理并正在审查处理的，但超过法定期限未作出处理的除外；

（三）其他不应受理的情形。

当事人对审判、执行人员违法行为申请监督的，不受前款规定的限制。

第二十九条　当事人根据《中华人民共和国民事诉讼法》第二百零九条第一款的规定向人民检察院申请检察建议或者抗诉，由作出生效民事判决、裁定、调解书的人民法院所在地同级人民检察院负责控告申诉检察的部门受理。

人民法院裁定驳回再审申请或者逾期未对再审申请作出裁定，当事人向人民检察院申请监督的，由作出原生效民事判决、裁定、调解书的人民法院所在地同级人民检察院受理。

第三十条　当事人认为民事审判程序中审判人员存在违法行为或者民事执行活动存在违法情形，向人民检察院申请监督的，由审理、执行案件的人民法院所在地同级人民检察院负责控告申诉检察的部门受理。

当事人不服上级人民法院作出的复议裁定、决定等，提出监督申请的，由上级人民法院所在地同级人民检察院受理。人民检察院受理后，可以根据需要依照本规则有关规定将案件交由原审理、执行案件的人民法院所在地同级人民检察院办理。

第三十一条　当事人认为人民检察院不依法受理其监督申请的，可以向上一级人民检察院申请监督。上一级人民检察院认为当事人监督申请符合受理条件的,应当指令下一级人民检察院受理,必要时也可以直接受理。

第三十二条　人民检察院负责控告申诉检察的部门对监督申请,应当根据以下情形作出处理:

(一)符合受理条件的,应当依照本规则规定作出受理决定;

(二)不属于本院受理案件范围的,应当告知申请人向有关人民检察院申请监督;

(三)不属于人民检察院主管范围的,应当告知申请人向有关机关反映;

(四)不符合受理条件,且申请人不撤回监督申请的,可以决定不予受理。

第三十三条　负责控告申诉检察的部门应当在决定受理之日起三日内制作《受理通知书》,发送申请人,并告知其权利义务;同时将《受理通知书》和监督申请书副本发送其他当事人,并告知其权利义务。其他当事人可以在收到监督申请书副本之日起十五日内提出书面意见,不提出意见的不影响人民检察院对案件的审查。

第三十四条　负责控告申诉检察的部门应当在决定受理之日起三日内将案件材料移送本院负责民事检察的部门,同时将《受理通知书》抄送本院负责案件管理的部门。负责控告申诉检察的部门收到其他当事人提交的书面意见等材料,应当及时移送负责民事检察的部门。

第三十五条　当事人以外的自然人、法人和非法人组织认为人民法院民事审判程序中审判人员存在违法行为或者民事执行活动存在违法情形等,可以向同级人民检察院控告。控告由人民检察院负责控告申诉检察的部门受理。

负责控告申诉检察的部门对收到的控告,应当依据《人民检察院信访工作规定》等办理。

第三十六条　负责控告申诉检察的部门可以依据《人民检察院信访工作规定》,向下级人民检察院交办涉及民事诉讼监督的信访案件。

第三十七条　人民检察院在履行职责中发现民事案件有下列情形之一的,应当依职权启动监督程序:

(一)损害国家利益或者社会公共利益的;

(二)审判、执行人员有贪污受贿,徇私舞弊,枉法裁判等违法行为的;

(三)当事人存在虚假诉讼等妨害司法秩序行为的;

(四)人民法院作出的已经发生法律效力的民事公益诉讼判决、裁定、调解书确有错误,审判程序中审判人员存在违法行为,或者执行活动存在违法情形的;

(五)依照有关规定需要人民检察院跟进监督的;

(六)具有重大社会影响等确有必要进行监督的情形。

人民检察院对民事案件依职权启动监督程序,不受当事人是否申请再审的限制。

第三十八条 下级人民检察院提请抗诉、提请其他监督等案件，由上一级人民检察院负责案件管理的部门受理。

依职权启动监督程序的民事诉讼监督案件，负责民事检察的部门应当到负责案件管理的部门登记受理。

第三十九条 负责案件管理的部门接收案件材料后，应当在三日内登记并将案件材料和案件登记表移送负责民事检察的部门；案件材料不符合规定的，应当要求补齐。

负责案件管理的部门登记受理后，需要通知当事人的，负责民事检察的部门应当制作《受理通知书》，并在三日内发送当事人。

第四章 审 查
第一节 一般规定

第四十条 受理后的民事诉讼监督案件由负责民事检察的部门进行审查。

第四十一条 上级人民检察院认为确有必要的，可以办理下级人民检察院受理的民事诉讼监督案件。

下级人民检察院对受理的民事诉讼监督案件，认为需要由上级人民检察院办理的，可以报请上级人民检察院办理。

第四十二条 上级人民检察院可以将受理的民事诉讼监督案件交由下级人民检察院办理，并限定办理期限。交办的案件应当制作《交办通知书》，

并将有关材料移送下级人民检察院。下级人民检察院应当依法办理，不得将案件再行交办。除本规则第一百零七条规定外，下级人民检察院应当在规定期限内提出处理意见并报送上级人民检察院，上级人民检察院应当在法定期限内作出决定。

交办案件需要通知当事人的，应当制作《通知书》，并发送当事人。

第四十三条 人民检察院审查民事诉讼监督案件，应当围绕申请人的申请监督请求、争议焦点以及本规则第三十七条规定的情形，对人民法院民事诉讼活动是否合法进行全面审查。其他当事人在人民检察院作出决定前也申请监督的，应当将其列为申请人，对其申请监督请求一并审查。

第四十四条 申请人或者其他当事人对提出的主张，应当提供证据材料。人民检察院收到当事人提交的证据材料，应当出具收据。

第四十五条 人民检察院应当告知当事人有申请回避的权利，并告知办理案件的检察人员、书记员等的姓名、法律职务。

第四十六条 人民检察院审查案件，应当通过适当方式听取当事人意见，必要时可以听证或者调查核实有关情况，也可以依照有关规定组织专家咨询论证。

第四十七条 人民检察院审查案件，可以依照有关规定调阅人民法院的诉讼卷宗。

通过拷贝电子卷、查阅、复制、摘录等方式能够满足办案需要的，可以不调阅诉讼卷宗。

人民检察院认为确有必要，可以依照有关规定调阅人民法院的诉讼卷宗副卷，并采取严格保密措施。

第四十八条　承办检察官审查终结后，应当制作审查终结报告。审查终结报告应当全面、客观、公正地叙述案件事实，依据法律提出处理建议或者意见。

承办检察官通过审查监督申请书等材料即可以认定案件事实的，可以直接制作审查终结报告，提出处理建议或者意见。

第四十九条　承办检察官办理案件过程中，可以提请部门负责人召集检察官联席会议讨论。检察长、部门负责人在审核或者决定案件时，也可以召集检察官联席会议讨论。

检察官联席会议讨论情况和意见应当如实记录，由参加会议的检察官签名后附卷保存。部门负责人或者承办检察官不同意检察官联席会议多数人意见的，部门负责人应当报请检察长决定。

检察长认为必要的，可以提请检察委员会讨论决定。检察长、检察委员会对案件作出的决定，承办检察官应当执行。

第五十条　人民检察院对审查终结的案件，应当区分情况作出下列决定：

（一）提出再审检察建议；

（二）提请抗诉或者提请其他监督；

（三）提出抗诉；

（四）提出检察建议；

（五）终结审查；

（六）不支持监督申请；

（七）复查维持。

负责控告申诉检察的部门受理的案件，负责民事检察的部门应当将案件办理结果告知负责控告申诉检察的部门。

第五十一条　人民检察院在办理民事诉讼监督案件过程中，当事人有和解意愿的，可以引导当事人自行和解。

第五十二条　人民检察院受理当事人申请对人民法院已经发生法律效力的民事判决、裁定、调解书监督的案件，应当在三个月内审查终结并作出决定，但调卷、鉴定、评估、审计、专家咨询等期间不计入审查期限。

对民事审判程序中审判人员违法行为监督案件和对民事执行活动监督案件的审查期限，参照前款规定执行。

第五十三条　人民检察院办理民事诉讼监督案件，可以依照有关规定指派司法警察协助承办检察官履行调查核实、听证等职责。

第二节　听　证

第五十四条　人民检察院审查民事诉讼监督案件，认为确有必要的，可以组织有关当事人听证。

人民检察院审查民事诉讼监督案

件,可以邀请与案件没有利害关系的人大代表、政协委员、人民监督员、特约检察员、专家咨询委员、人民调解员或者当事人所在单位、居住地的居民委员会、村民委员会成员以及专家、学者等其他社会人士参加公开听证,但该民事案件涉及国家秘密、个人隐私或者法律另有规定不得公开的除外。

第五十五条 人民检察院组织听证,由承办检察官主持,书记员负责记录。

听证一般在人民检察院专门听证场所内进行。

第五十六条 人民检察院组织听证,应当在听证三日前告知听证会参加人案由、听证时间和地点。

第五十七条 参加听证的当事人和其他相关人员应当按时参加听证,当事人无正当理由缺席或者未经许可中途退席的,不影响听证程序的进行。

第五十八条 听证应当围绕民事诉讼监督案件中的事实认定和法律适用等问题进行。

对当事人提交的证据材料和人民检察院调查取得的证据,应当充分听取各方当事人的意见。

第五十九条 听证会一般按照下列步骤进行:

(一)承办案件的检察官介绍案件情况和需要听证的问题;

(二)当事人及其他参加人就需要听证的问题分别说明情况;

(三)听证员向当事人或者其他参加人提问;

(四)主持人宣布休会,听证员就听证事项进行讨论;

(五)主持人宣布复会,根据案件情况,可以由听证员或者听证员代表发表意见;

(六)当事人发表最后陈述意见;

(七)主持人对听证会进行总结。

第六十条 听证应当制作笔录,经当事人校阅后,由当事人签名或者盖章。拒绝签名盖章的,应当记明情况。

第六十一条 参加听证的人员应当服从听证主持人指挥。

对违反听证秩序的,人民检察院可以予以批评教育,责令退出听证场所;对哄闹、冲击听证场所,侮辱、诽谤、威胁、殴打检察人员等严重扰乱听证秩序的,依法追究相应法律责任。

第三节 调查核实

第六十二条 人民检察院因履行法律监督职责的需要,有下列情形之一的,可以向当事人或者案外人调查核实有关情况:

(一)民事判决、裁定、调解书可能存在法律规定需要监督的情形,仅通过阅卷及审查现有材料难以认定的;

(二)民事审判程序中审判人员可能存在违法行为的;

(三)民事执行活动可能存在违法情形的;

(四)其他需要调查核实的情形。

第六十三条 人民检察院可以采取以下调查核实措施:

（一）查询、调取、复制相关证据材料；

（二）询问当事人或者案外人；

（三）咨询专业人员、相关部门或者行业协会等对专门问题的意见；

（四）委托鉴定、评估、审计；

（五）勘验物证、现场；

（六）查明案件事实所需要采取的其他措施。

人民检察院调查核实，不得采取限制人身自由和查封、扣押、冻结财产等强制性措施。

第六十四条　有下列情形之一的，人民检察院可以向银行业金融机构查询、调取、复制相关证据材料：

（一）可能损害国家利益、社会公共利益的；

（二）审判、执行人员可能存在违法行为的；

（三）涉及《中华人民共和国民事诉讼法》第五十五条①规定诉讼的；

（四）当事人有伪造证据、恶意串通损害他人合法权益可能的。

人民检察院可以依照有关规定指派具备相应资格的检察技术人员对民事诉讼监督案件中的鉴定意见等技术性证据进行专门审查，并出具审查意见。

第六十五条　人民检察院可以就专门性问题书面或者口头咨询有关专业人员、相关部门或者行业协会的意见。口头咨询的，应当制作笔录，由接受咨询的专业人员签名或者盖章。拒

绝签名盖章的，应当记明情况。

第六十六条　人民检察院对专门性问题认为需要鉴定、评估、审计的，可以委托具备资格的机构进行鉴定、评估、审计。

在诉讼过程中已经进行过鉴定、评估、审计的，一般不再委托鉴定、评估、审计。

第六十七条　人民检察院认为确有必要的，可以勘验物证或者现场。勘验人应当出示人民检察院的证件，并邀请当地基层组织或者当事人所在单位派人参加。当事人或者当事人的成年家属应当到场，拒不到场的，不影响勘验的进行。

勘验人应当将勘验情况和结果制作笔录，由勘验人、当事人和被邀参加人签名或者盖章。

第六十八条　需要调查核实的，由承办检察官在职权范围内决定，或者报检察长决定。

第六十九条　人民检察院调查核实，应当由二人以上共同进行。

调查笔录经被调查人校阅后，由调查人、被调查人签名或者盖章。被调查人拒绝签名盖章的，应当记明情况。

第七十条　人民检察院可以指令下级人民检察院或者委托外地人民检察院调查核实。

人民检察院指令调查或者委托调

①　对应 2023 年《民事诉讼法》第 58 条。——编者注

查的,应当发送《指令调查通知书》或者《委托调查函》,载明调查核实事项、证据线索及要求。受指令或者受委托人民检察院收到《指令调查通知书》或者《委托调查函》后,应当在十五日内完成调查核实工作并书面回复。因客观原因不能完成调查的,应当在上述期限内书面回复指令或者委托的人民检察院。

人民检察院到外地调查的,当地人民检察院应当配合。

第七十一条 人民检察院调查核实,有关单位和个人应当配合。拒绝或者妨碍人民检察院调查核实的,人民检察院可以向有关单位或者其上级主管部门提出检察建议,责令纠正;涉嫌违纪违法犯罪的,依照规定移送有关机关处理。

第四节 中止审查和终结审查

第七十二条 有下列情形之一的,人民检察院可以中止审查:

(一)申请监督的自然人死亡,需要等待继承人表明是否继续申请监督的;

(二)申请监督的法人或者非法人组织终止,尚未确定权利义务承受人的;

(三)本案必须以另一案的处理结果为依据,而另一案尚未审结的;

(四)其他可以中止审查的情形。

中止审查的,应当制作《中止审查决定书》,并发送当事人。中止审查的原因消除后,应当及时恢复审查。

第七十三条 有下列情形之一的,人民检察院应当终结审查:

(一)人民法院已经裁定再审或者已经纠正违法行为的;

(二)申请人撤回监督申请,且不损害国家利益、社会公共利益或者他人合法权益的;

(三)申请人在与其他当事人达成的和解协议中声明放弃申请监督权利,且不损害国家利益、社会公共利益或者他人合法权益的;

(四)申请监督的自然人死亡,没有继承人或者继承人放弃申请,且没有发现其他应当监督的违法情形的;

(五)申请监督的法人或者非法人组织终止,没有权利义务承受人或者权利义务承受人放弃申请,且没有发现其他应当监督的违法情形的;

(六)发现已经受理的案件不符合受理条件的;

(七)人民检察院依职权启动监督程序的案件,经审查不需要采取监督措施的;

(八)其他应当终结审查的情形。

终结审查的,应当制作《终结审查决定书》,需要通知当事人的,发送当事人。

第五章 对生效判决、裁定、调解书的监督

第一节 一般规定

第七十四条 人民检察院发现人民法院已经发生法律效力的民事判决、裁定有《中华人民共和国民事诉讼法》

第二百条①规定情形之一的，依法向人民法院提出再审检察建议或者抗诉。

第七十五条　人民检察院发现民事调解书损害国家利益、社会公共利益的，依法向人民法院提出再审检察建议或者抗诉。

人民检察院对当事人通过虚假诉讼获得的民事调解书应当依照前款规定监督。

第七十六条　当事人因故意或者重大过失逾期提供的证据，人民检察院不予采纳。但该证据与案件基本事实有关并且能够证明原判决、裁定确有错误的，应当认定为《中华人民共和国民事诉讼法》第二百条第一项规定的情形。

人民检察院依照本规则第六十三条、第六十四条规定调查取得的证据，与案件基本事实有关并且能够证明原判决、裁定确有错误的，应当认定为《中华人民共和国民事诉讼法》第二百条第一项规定的情形。

第七十七条　有下列情形之一的，应当认定为《中华人民共和国民事诉讼法》第二百条第二项规定的"认定的基本事实缺乏证据证明"：

（一）认定的基本事实没有证据支持，或者认定的基本事实所依据的证据虚假、缺乏证明力的；

（二）认定的基本事实所依据的证据不合法的；

（三）对基本事实的认定违反逻辑推理或者日常生活法则的；

（四）认定的基本事实缺乏证据证明的其他情形。

第七十八条　有下列情形之一，导致原判决、裁定结果错误的，应当认定为《中华人民共和国民事诉讼法》第二百条第六项规定的"适用法律确有错误"：

（一）适用的法律与案件性质明显不符的；

（二）确定民事责任明显违背当事人约定或者法律规定的；

（三）适用已经失效或者尚未施行的法律的；

（四）违反法律溯及力规定的；

（五）违反法律适用规则的；

（六）明显违背立法原意的；

（七）适用法律错误的其他情形。

第七十九条　有下列情形之一的，应当认定为《中华人民共和国民事诉讼法》第二百条第七项规定的"审判组织的组成不合法"：

（一）应当组成合议庭审理的案件独任审判的；

（二）人民陪审员参与第二审案件审理的；

（三）再审、发回重审的案件没有另行组成合议庭的；

（四）审理案件的人员不具有审判资格的；

（五）审判组织或者人员不合法的

---

①　对应 2023 年《民事诉讼法》第 211 条。——编者注

其他情形。

第八十条　有下列情形之一的,应当认定为《中华人民共和国民事诉讼法》第二百条第九项规定的"违反法律规定,剥夺当事人辩论权利":

(一)不允许或者严重限制当事人行使辩论权利的;

(二)应当开庭审理而未开庭审理的;

(三)违反法律规定送达起诉状副本或者上诉状副本,致使当事人无法行使辩论权利的;

(四)违法剥夺当事人辩论权利的其他情形。

第二节　再审检察建议和提请抗诉

第八十一条　地方各级人民检察院发现同级人民法院已经发生法律效力的民事判决、裁定有下列情形之一的,可以向同级人民法院提出再审检察建议:

(一)有新的证据,足以推翻原判决、裁定的;

(二)原判决、裁定认定的基本事实缺乏证据证明的;

(三)原判决、裁定认定事实的主要证据是伪造的;

(四)原判决、裁定认定事实的主要证据未经质证的;

(五)对审理案件需要的主要证据,当事人因客观原因不能自行收集,书面申请人民法院调查收集,人民法院未调查收集的;

(六)审判组织的组成不合法或者依法应当回避的审判人员没有回避的;

(七)无诉讼行为能力人未经法定代理人代为诉讼或者应当参加诉讼的当事人,因不能归责于本人或者其诉讼代理人的事由,未参加诉讼的;

(八)违反法律规定,剥夺当事人辩论权利的;

(九)未经传票传唤,缺席判决的;

(十)原判决、裁定遗漏或者超出诉讼请求的;

(十一)据以作出原判决、裁定的法律文书被撤销或者变更的。

第八十二条　符合本规则第八十一条规定的案件有下列情形之一的,地方各级人民检察院一般应当提请上一级人民检察院抗诉:

(一)判决、裁定是经同级人民法院再审后作出的;

(二)判决、裁定是经同级人民法院审判委员会讨论作出的。

第八十三条　地方各级人民检察院发现同级人民法院已经发生法律效力的民事判决、裁定有下列情形之一的,一般应当提请上一级人民检察院抗诉:

(一)原判决、裁定适用法律确有错误的;

(二)审判人员在审理该案件时有贪污受贿,徇私舞弊,枉法裁判行为的。

第八十四条　符合本规则第八十二条、第八十三条规定的案件,适宜由同级人民法院再审纠正的,地方各级人民检察院可以向同级人民法院提出再审检察建议。

第八十五条　地方各级人民检察院发现民事调解书损害国家利益、社会公共利益的，可以向同级人民法院提出再审检察建议，也可以提请上一级人民检察院抗诉。

第八十六条　对人民法院已经采纳再审检察建议进行再审的案件，提出再审检察建议的人民检察院一般不得再向上级人民检察院提请抗诉。

第八十七条　人民检察院提出再审检察建议，应当制作《再审检察建议书》，在决定提出再审检察建议之日起十五日内将《再审检察建议书》连同案件卷宗移送同级人民法院，并制作决定提出再审检察建议的《通知书》，发送当事人。

人民检察院提出再审检察建议，应当经本院检察委员会决定，并将《再审检察建议书》报上一级人民检察院备案。

第八十八条　人民检察院提请抗诉，应当制作《提请抗诉报告书》，在决定提请抗诉之日起十五日内将《提请抗诉报告书》连同案件卷宗报送上一级人民检察院，并制作决定提请抗诉的《通知书》，发送当事人。

第八十九条　人民检察院认为当事人的监督申请不符合提出再审检察建议或者提请抗诉条件的，应当作出不支持监督申请的决定，并在决定之日起十五日内制作《不支持监督申请决定书》，发送当事人。

第三节　抗　诉

第九十条　最高人民检察院对各级人民法院已经发生法律效力的民事判决、裁定、调解书，上级人民检察院对下级人民法院已经发生法律效力的民事判决、裁定、调解书，发现有《中华人民共和国民事诉讼法》第二百条、第二百零八条①规定情形的，应当向同级人民法院提出抗诉。

第九十一条　人民检察院提出抗诉的案件，接受抗诉的人民法院将案件交下一级人民法院再审，下一级人民法院审理后作出的再审判决、裁定仍有明显错误的，原提出抗诉的人民检察院可以依职权再次提出抗诉。

第九十二条　人民检察院提出抗诉，应当制作《抗诉书》，在决定抗诉之日起十五日内将《抗诉书》连同案件卷宗移送同级人民法院，并由接受抗诉的人民法院向当事人送达再审裁定时一并送达《抗诉书》。

人民检察院应当制作决定抗诉的《通知书》，发送当事人。上级人民检察院可以委托提请抗诉的人民检察院将决定抗诉的《通知书》发送当事人。

第九十三条　人民检察院认为当事人的监督申请不符合抗诉条件的，应当作出不支持监督申请的决定，并在决定之日起十五日内制作《不支持监督申请决定书》，发送当事人。上级人民检

_____

①　对应 2023 年《民事诉讼法》第 219 条。——编者注

察院可以委托提请抗诉的人民检察院将《不支持监督申请决定书》发送当事人。

第四节 出 庭

第九十四条 人民检察院提出抗诉的案件，人民法院再审时，人民检察院应当派员出席法庭。

必要时，人民检察院可以协调人民法院安排人民监督员旁听。

第九十五条 接受抗诉的人民法院将抗诉案件交下级人民法院再审的，提出抗诉的人民检察院可以指令再审人民法院的同级人民检察院派员出庭。

第九十六条 检察人员出席再审法庭的任务是：

（一）宣读抗诉书；

（二）对人民检察院调查取得的证据予以出示和说明；

（三）庭审结束时，经审判长许可，可以发表法律监督意见；

（四）对法庭审理中违反诉讼程序的情况予以记录。

检察人员发现庭审活动违法的，应当待休庭或者庭审结束之后，以人民检察院的名义提出检察建议。

出庭检察人员应当全程参加庭审。

第九十七条 当事人或者其他参加庭审人员在庭审中对检察机关或者出庭检察人员有侮辱、诽谤、威胁等不当言论或者行为的，出庭检察人员应当建议法庭即时予以制止；情节严重的，应当建议法庭依照规定予以处理，并在庭审结束后向检察长报告。

第六章 对审判程序中审判人员违法行为的监督

第九十八条 《中华人民共和国民事诉讼法》第二百零八条第三款规定的审判程序包括：

（一）第一审普通程序；

（二）简易程序；

（三）第二审程序；

（四）特别程序；

（五）审判监督程序；

（六）督促程序；

（七）公示催告程序；

（八）海事诉讼特别程序；

（九）破产程序。

第九十九条 《中华人民共和国民事诉讼法》第二百零八条第三款的规定适用于法官、人民陪审员、法官助理、书记员。

第一百条 人民检察院发现同级人民法院民事审判程序中有下列情形之一的，应当向同级人民法院提出检察建议：

（一）判决、裁定确有错误，但不适用再审程序纠正的；

（二）调解违反自愿原则或者调解协议的内容违反法律的；

（三）符合法律规定的起诉和受理条件，应当立案而不立案的；

（四）审理案件适用审判程序错误的；

（五）保全和先予执行违反法律规定的；

（六）支付令违反法律规定的；

（七）诉讼中止或者诉讼终结违反法律规定的；

（八）违反法定审理期限的；

（九）对当事人采取罚款、拘留等妨害民事诉讼的强制措施违反法律规定的；

（十）违反法律规定送达的；

（十一）其他违反法律规定的情形。

第一百零一条　人民检察院发现同级人民法院民事审判程序中审判人员有《中华人民共和国法官法》第四十六条等规定的违法行为且可能影响案件公正审判、执行的，应当向同级人民法院提出检察建议。

第一百零二条　人民检察院依照本章规定提出检察建议的，应当制作《检察建议书》，在决定提出检察建议之日起十五日内将《检察建议书》连同案件卷宗移送同级人民法院，并制作决定提出检察建议的《通知书》，发送申请人。

第一百零三条　人民检察院认为当事人申请监督的审判程序中审判人员违法行为认定依据不足的，应当作出不支持监督申请的决定，并在决定之日起十五日内制作《不支持监督申请决定书》，发送申请人。

第七章　对执行活动的监督

第一百零四条　人民检察院对人民法院执行生效民事判决、裁定、调解书、支付令、仲裁裁决以及公证债权文书等法律文书的活动实行法律监督。

第一百零五条　人民检察院认为

人民法院在执行活动中可能存在怠于履行职责情形的，可以依照有关规定向人民法院发出《说明案件执行情况通知书》，要求说明案件的执行情况及理由。

第一百零六条　人民检察院发现人民法院在执行活动中有下列情形之一的，应当向同级人民法院提出检察建议：

（一）决定是否受理、执行管辖权的移转以及审查和处理执行异议、复议、申诉等执行审查活动存在违法、错误情形的；

（二）实施财产调查、控制、处分、交付和分配以及罚款、拘留、信用惩戒措施等执行实施活动存在违法、错误情形的；

（三）存在消极执行、拖延执行等情形的；

（四）其他执行违法、错误情形。

第一百零七条　人民检察院依照本规则第三十条第二款规定受理后交办的案件，下级人民检察院经审查认为人民法院作出的执行复议裁定、决定等存在违法、错误情形的，应当提请上级人民检察院监督；认为人民法院作出的执行复议裁定、决定等正确的，应当作出不支持监督申请的决定。

第一百零八条　人民检察院对执行活动提出检察建议的，应当经检察长或者检察委员会决定，制作《检察建议书》，在决定之日起十五日内将《检察建议书》连同案件卷宗移送同级人民法院，并制作决定提出检察建议的《通知书》，发送当事人。

第一百零九条　人民检察院认为当事人申请监督的人民法院执行活动不存在违法情形的，应当作出不支持监督申请的决定，并在决定之日起十五日内制作《不支持监督申请决定书》，发送申请人。

第一百一十条　人民检察院发现同级人民法院执行活动中执行人员存在违法行为的，参照本规则第六章有关规定执行。

第八章　案件管理

第一百一十一条　人民检察院负责案件管理的部门对民事诉讼监督案件的受理、期限、程序、质量等进行管理、监督、预警。

第一百一十二条　负责案件管理的部门发现本院办案活动有下列情形之一的，应当及时提出纠正意见：

（一）法律文书制作、使用不符合法律和有关规定的；

（二）违反办案期限有关规定的；

（三）侵害当事人、诉讼代理人诉讼权利的；

（四）未依法对民事审判活动以及执行活动中的违法行为履行法律监督职责的；

（五）其他应当提出纠正意见的情形。

情节轻微的，可以口头提示；情节较重的，应当发送《案件流程监控通知书》，提示办案部门及时查明情况并予以纠正；情节严重的，应当同时向检察

长报告。

办案部门收到《案件流程监控通知书》后，应当在十日内将核查情况书面回复负责案件管理的部门。

第一百一十三条　负责案件管理的部门对以本院名义制发民事诉讼监督法律文书实施监督管理。

第一百一十四条　人民检察院办理的民事诉讼监督案件，办结后需要向其他单位移送案卷材料的，统一由负责案件管理的部门审核移送材料是否规范、齐备。负责案件管理的部门认为材料规范、齐备，符合移送条件的，应当立即由办案部门按照规定移送；认为材料不符合要求的，应当及时通知办案部门补送、更正。

第一百一十五条　人民法院向人民检察院送达的民事判决书、裁定书或者调解书等法律文书，由负责案件管理的部门负责接收，并即时登记移送负责民事检察的部门。

第一百一十六条　人民检察院在办理民事诉讼监督案件过程中，当事人及其诉讼代理人提出有关申请、要求或者提交有关书面材料的，由负责案件管理的部门负责接收，需要出具相关手续的，负责案件管理的部门应当出具。负责案件管理的部门接收材料后应当及时移送负责民事检察的部门。

第九章　其他规定

第一百一十七条　人民检察院发现人民法院在多起同一类型民事案件中有下列情形之一的，可以提出检察

建议：

（一）同类问题适用法律不一致的；

（二）适用法律存在同类错误的；

（三）其他同类违法行为。

人民检察院发现有关单位的工作制度、管理方法、工作程序违法或者不当，需要改正、改进的，可以提出检察建议。

第一百一十八条　申请人向人民检察院提交的新证据是伪造的，或者对案件重要事实作虚假陈述的，人民检察院应当予以批评教育，并可以终结审查，但确有必要进行监督的除外；涉嫌违纪违法犯罪的，依照规定移送有关机关处理。

其他当事人有前款规定情形的，人民检察院应当予以批评教育；涉嫌违纪违法犯罪的，依照规定移送有关机关处理。

第一百一十九条　人民检察院发现人民法院审查和处理当事人申请执行、撤销仲裁裁决或者申请执行公证债权文书存在违法、错误情形的，参照本规则第六章、第七章有关规定执行。

第一百二十条　负责民事检察的部门在履行职责过程中，发现涉嫌违纪违法犯罪以及需要追究司法责任的行为，应当报检察长决定，及时将相关线索及材料移送有管辖权的机关或者部门。

人民检察院其他职能部门在履行职责中发现符合本规则规定的应当依

职权启动监督程序的民事诉讼监督案件线索，应当及时向负责民事检察的部门通报。

第一百二十一条　人民检察院发现作出的相关决定确有错误需要纠正或者有其他情形需要撤回的，应当经本院检察长或者检察委员会决定。

第一百二十二条　人民法院对人民检察院监督行为提出建议的，人民检察院应当在一个月内将处理结果书面回复人民法院。人民法院对回复意见有异议，并通过上一级人民法院向上一级人民检察院提出的，上一级人民检察院认为人民法院建议正确，应当要求下级人民检察院及时纠正。

第一百二十三条　人民法院对民事诉讼监督案件作出再审判决、裁定或者其他处理决定后，提出监督意见的人民检察院应当对处理结果进行审查，并填写《民事诉讼监督案件处理结果审查登记表》。

第一百二十四条　有下列情形之一的，人民检察院可以按照有关规定再次监督或者提请上级人民检察院监督：

（一）人民法院审理民事抗诉案件作出的判决、裁定、调解书仍有明显错误的；

（二）人民法院对检察建议未在规定的期限内作出处理并书面回复的；

（三）人民法院对检察建议的处理结果错误的。

第一百二十五条　地方各级人民检察院对适用法律确属疑难、复杂、本院难以决断的重大民事诉讼监督案件，可以向上一级人民检察院请示。

请示案件依照最高人民检察院关于办理下级人民检察院请示件、下级人民检察院向最高人民检察院报送公文的相关规定办理。

第一百二十六条 当事人认为人民检察院对同级人民法院已经发生法律效力的民事判决、裁定、调解书作出的不支持监督申请决定存在明显错误的，可以在不支持监督申请决定作出之日起一年内向上一级人民检察院申请复查一次。负责控告申诉检察的部门经初核，发现可能有以下情形之一的，可以移送本院负责民事检察的部门审查处理：

（一）有新的证据，足以推翻原判决、裁定的；

（二）有证据证明原判决、裁定认定事实的主要证据是伪造的；

（三）据以作出原判决、裁定的法律文书被撤销或者变更的；

（四）有证据证明审判人员审理该案件时有贪污受贿，徇私舞弊，枉法裁判等行为的；

（五）有证据证明检察人员办理该案件时有贪污受贿，徇私舞弊，滥用职权等行为的；

（六）其他确有必要进行复查的。

负责民事检察的部门审查后，认为下一级人民检察院不支持监督申请决定错误，应当以人民检察院的名义予以撤销并依法提出抗诉；认为不存在错

误，应当决定复查维持，并制作《复查决定书》，发送申请人。

上级人民检察院可以依职权复查下级人民检察院对同级人民法院已经发生法律效力的民事判决、裁定、调解书作出不支持监督申请决定的案件。

对复查案件的审查期限，参照本规则第五十二条第一款规定执行。

第一百二十七条 制作民事诉讼监督法律文书，应当符合规定的格式。

民事诉讼监督法律文书的格式另行制定。

第一百二十八条 人民检察院可以参照《中华人民共和国民事诉讼法》有关规定发送法律文书。

第一百二十九条 人民检察院发现制作的法律文书存在笔误的，应当作出《补正决定书》予以补正。

第一百三十条 人民检察院办理民事诉讼监督案件，应当按照规定建立民事诉讼监督案卷。

第一百三十一条 人民检察院办理民事诉讼监督案件，不收取案件受理费。申请复印、鉴定、审计、勘验等产生的费用由申请人直接支付给有关机构或者单位，人民检察院不得代收代付。

第十章 附 则

第一百三十二条 检察建议案件的办理，本规则未规定的，适用《人民检察院检察建议工作规定》。

第一百三十三条 民事公益诉讼监督案件的办理，适用本规则及有关公益诉讼检察司法解释的规定。

第一百三十四条　军事检察院等专门人民检察院对民事诉讼监督案件的办理，以及人民检察院对其他专门人民法院的民事诉讼监督案件的办理，适用本规则和其他有关规定。

第一百三十五条　本规则自2021年8月1日起施行，《人民检察院民事诉讼监督规则（试行）》同时废止。本院之前公布的其他规定与本规则内容不一致的，以本规则为准。

第十五条 【支持起诉原则】

机关、社会团体、企业事业单位对损害国家、集体或者个人民事权益的行为，可以支持受损害的单位或者个人向人民法院起诉。

【立法·要点注释】

1. 注意支持起诉单位在诉讼中的地位，支持起诉人不是案件当事人，不能以自己的名义起诉，被支持起诉人为原告。

2. 注意支持起诉与独立行使审判权的关系。支持起诉与独立行使审判权的性质不同，支持受害者起诉是对违法行为的干预，目的是保护国家、集体和个人的合法权益不受损害，更好地维护社会主义法治运行。而非法干涉法院审判是对合法行为的干预，目的是获取私利，破坏社会主义法治。

【相关立法】

1.《中华人民共和国水污染防治法》（19841101；20180101）

第九十九条　因水污染受到损害的当事人人数众多的，可以依法由当事人推选代表人进行共同诉讼。

环境保护主管部门和有关社会团体可以依法支持因水污染受到损害的当事人向人民法院提起诉讼。

国家鼓励法律服务机构和律师为水污染损害诉讼中的受害人提供法律援助。

2.《中华人民共和国劳动法》（19950101；20181229）

第三十条　用人单位解除劳动合同，工会认为不适当的，有权提出意见。如果用人单位违反法律、法规或者劳动合同，工会有权要求重新处理；劳动者申请仲裁或者提起诉讼的，工会应当依法给予支持和帮助。

3.《中华人民共和国工会法》（19920403；20220101）

第二十二条　企业、事业单位、社会组织处分职工，工会认为不适当的，有权提出意见。

用人单位单方面解除职工劳动合同时，应当事先将理由通知工会，工会认为用人单位违反法律、法规和有关合同，要求重新研究处理时，用人单位应当研究工会的意见，并将处理结果书面通知工会。

职工认为用人单位侵犯其劳动权益而申请劳动争议仲裁或者向人民法院提起诉讼的，工会应当给予支持和帮助。

第三十条　县级以上各级总工会依法为所属工会和职工提供法律援助等法律服务。

4.《中华人民共和国劳动合同法》（20080101；20130701）

第七十八条　工会依法维护劳动者的合法权益，对用人单位履行劳动合同、集体合同的情况进行监督。用人单位违反劳动法律、法规和劳动合同、集体合同的，工会有权提出意见或者要求纠正；劳动者申请仲裁、提起诉讼的，工会依法给予支持和帮助。

5.《中华人民共和国消费者权益保护法》（19940101；20140315）

第三十七条　消费者协会履行下列公益性职责：

……

（七）就损害消费者合法权益的行为，支持受损害的消费者提起诉讼或者依照本法提起诉讼；

……

6.《中华人民共和国产品质量法》（19930901；20181229）

第二十三条　保护消费者权益的社会组织可以就消费者反映的产品质量问题建议有关部门负责处理，支持消费者对因产品质量造成的损害向人民法院起诉。

7.《中华人民共和国证券法》（19990701；20200301）

第九十四条第二款　投资者保护机构对损害投资者利益的行为，可以依法支持投资者向人民法院提起诉讼。

8.《中华人民共和国妇女权益保障法》（19921001；20230101）

第七十三条第二款　受害妇女进行诉讼需要帮助的，妇女联合会应当给予支持和帮助。

第七十八条　国家机关、社会团体、企业事业单位对侵害妇女权益的行为，可以支持受侵害的妇女向人民法院起诉。

【司法解释】

1.《最高人民法院关于审理环境民事公益诉讼案件适用法律若干问题的解释》（法释〔2015〕1号，20150107；经法释〔2020〕20号修正，20210101）

第十一条　检察机关、负有环境资源保护监督管理职责的部门及其他机关、社会组织、企业事业单位依据民事诉讼法第十五条的规定，可以通过提供法律咨询、提交书面意见、协助调查取证等方式支持社会组织依法提起环境民事公益诉讼。

2.《人民检察院公益诉讼办案规则》
(高检发释字〔2021〕2 号,20210701)

第一百条　下列案件,人民检察院可以支持起诉:

(一)生态环境损害赔偿权利人提起的生态环境损害赔偿诉讼案件;

(二)适格主体提起的民事公益诉讼案件;

(三)英雄烈士等的近亲属提起的维护英雄烈士等的姓名、肖像、名誉、荣誉的民事诉讼案件;

(四)军人和因公牺牲军人、病故军人遗属提起的侵害军人荣誉、名誉和其他相关合法权益的民事诉讼案件;

(五)其他依法可以支持起诉的公益诉讼案件。

第一百零一条　人民检察院可以采取提供法律咨询、向人民法院提交支持起诉意见书、协助调查取证、出席法庭等方式支持起诉。

第一百零二条　人民检察院在向人民法院提交支持起诉意见书后,发现有以下不适合支持起诉情形的,可以撤回支持起诉:

(一)原告无正当理由变更、撤回部分诉讼请求,致使社会公共利益不能得到有效保护的;

(二)原告撤回起诉或者与被告达成和解协议,致使社会公共利益不能得到有效保护的;

(三)原告请求被告承担的律师费

以及为诉讼支出的其他费用过高,对社会公共利益保护产生明显不利影响的;

(四)其他不适合支持起诉的情形。

人民检察院撤回支持起诉的,应当制作《撤回支持起诉决定书》,在三日内提交人民法院,并发送原告。

第一百零三条　人民检察院撤回支持起诉后,认为适格主体提出的诉讼请求不足以保护社会公共利益,符合立案条件的,可以另行立案。

【司法文件】

《最高人民法院关于侵权行为导致流浪乞讨人员死亡,无赔偿权利人或者赔偿权利人不明的,民政部门能否提起民事诉讼的复函》(〔2010〕民一他字第23 号,20101209)

流浪乞讨人员因侵权行为导致死亡,无赔偿权利人或者赔偿权利人不明,在法律未明确授权的情况下,民政部门向人民法院提起民事诉讼的,人民法院不予受理。已经受理的,驳回起诉。

【最高检指导性案例】

1. 检例第 122 号:李某滨与李某峰财产损害赔偿纠纷支持起诉案(20211129)

【要旨】

因监护人侵害智力残疾的被监护人财产权,智力残疾人诉请赔偿损失存在障碍而请求支持起诉的,检察机关可以围绕法定起诉条件协助其收集证据,为其起诉维权提供帮助。在支持起诉程序中,检察机关应当依法履行支持起诉职能,保障当事人平等行使诉权。

【基本案情】

李某滨系三级智力残疾人,日常生活由弟弟李某峰照料。2017 年 1 月 24 日,李某峰以李某滨监护人身份与案外人季某签订房屋买卖协议,将登记在李某滨名下并实际为其所有的一套房屋以 130 万元价款出售给季某。签约后,售房款 130 万元转入李某峰银行账户内,房屋所有权变更登记至季某名下。2017 年 8 月 23 日,李某峰又将该售房款转入其个人名下另一银行账户内。2018 年 12 月 17 日,李某峰因肝脏疾病住院治疗。2018 年 12 月 24 日,李某峰与妻子杨某敏协议离婚,约定夫妻双方共同共有的天津市河西区的房产、所有存款及其他夫妻共同财产全部归杨某敏所有。2019 年 1 月至 6 月,李某峰陆续将上述 130 万元售房款转出,用于支付其肝脏移植手术费用。2019 年 7 月,李某峰病逝。2019 年 10 月,李某峰之女李某将李某峰银行账户内 204519.33 元返还给李某滨、李某峰姐姐李某光,剩余售房款未返还。

2020 年 1 月 13 日,天津市河西区人民法院(以下简称河西区法院)作出一审民事判决,认定李某滨为限制民事行为能力人,指定李某光为李某滨的监护人。后李某光向李某峰前妻杨某敏、女儿李某追索未返还的售房款未果。2020 年 1 月 21 日,李某滨向河西区法院提起民事诉讼,请求判令杨某敏、李某赔偿损失。因售房由原监护人李某峰实施,李某滨不了解售房价款、售房款去向等具体情节,无法提出具体的诉讼请求,河西区法院未予受理。

【检察机关履职过程】

受理情况。2020 年 1 月 21 日,李某滨以其系智力残疾人,无法收集法院受理案件所需证据为由,向天津市河西区人民检察院(以下简称河西区检察院)申请支持起诉,该院审查后予以受理。

审查过程。河西区检察院经向河西区法院了解情况后确认,法院认定李某滨为限制民事行为能力人、李某光为监护人的民事判决已生效。经向天津市规划和自然资源局了解,2017 年 1 月 24 日,李某峰以李某滨监护人名义与案外人季某签订房屋买卖协议,将李某滨名下房屋以 130 万元价格出售给季某并办理过户手续。河西区检察院与河西区司法局联系,帮助李某滨聘请法律援助律师,提供无偿法律服务。

支持起诉意见。2020 年 1 月 22 日,李某滨监护人李某光作为法定代理人再次向河西区法院提起财产损害赔偿诉讼,河西区检察院同日发出支持起诉意见书。检察机关认为,李某滨系三级智力残疾人,属于特殊群体,系支持起诉对象。李某滨名下房产被监护人李某峰售出后,售房款被李某峰私自挪用,李某滨的财产权益受到严重侵害,有权通过民事诉讼程序获得救济，是民事诉讼适格主体。本案有明确被告，具体的诉讼请求和事实、理由，属于人民法院受理民事诉讼的范围和受诉人民法院管辖，符合法定起诉受理条件。

裁判结果。2020年1月22日，河西区法院受理李某滨的起诉。2020年10月21日，河西区法院作出一审民事判决。法院认定，李某峰将李某滨名下房产出售并将售房款130万元私自挪用，其行为构成侵权，造成被监护人李某滨财产损失1095480.67元，应当承担侵权赔偿责任。杨某敏与李某峰原为夫妻关系，于2018年12月24日协议离婚，约定将夫妻共同财产中的天津市河西区的房产和其他夫妻共同财产全部归杨某敏所有，住院治疗费使用出售李某滨房产所得房款支付，属于恶意串通侵害他人财产。杨某敏是侵权行为的受益人，应在受益的财产范围内承担民事责任。据此，该院作出一审判决，判令杨某敏以天津市河西区房产市场价值1/2份额为限承担赔偿李某滨1095480.67元的责任。判决生效后，李某滨已于2020年12月17日收到判决确定给付的全部款项。

【指导意义】

（一）依法履行支持起诉职能，保障残疾人等特殊群体平等行使诉权。《民事诉讼法》第15条规定："机关、社会团体、企业事业单位对损害国家、集体或者个人民事权益的行为，可以支持受害的单位或者个人向人民法院起诉。"支持起诉的要义是支持受损害的单位或者个人起诉，特别是支持特殊群体能够通过行使诉权获得救济，保障双方当事人诉权实质平等。适用条件上，检察机关支持起诉原则上以有关行政机关、社会团体等部门履职后仍未实现最低维权目标为前提条件。在支持起诉程序中，检察机关应当秉持客观公正立场，遵循自愿原则、处分原则、诉权平等原则等民事诉讼基本原则，避免造成诉权失衡；可以综合运用提供法律咨询、协助收集证据、提出支持起诉意见、协调提供法律援助等方式为残疾人等特殊群体起诉维权提供帮助。支持起诉并非代替当事人行使诉权，检察机关不能独立启动诉讼程序。除有涉及国家利益、社会公共利益等重大影响的案件外，检察机关一般不出席法庭；出庭时可以宣读支持起诉意见书，但不参与举证、质证等其他庭审活动；当事人撤回起诉的，支持起诉程序自行终结，检察机关无须撤回支持起诉意见。

（二）被监护人的财产权受到监护人侵害，人民法院以诉讼请求不具体为由未予受理的，检察机关可以依申请支持其起诉。监护人应当履行法定职责，保护被监护人的人身权和财产权不受侵害。监护人擅自出售被监护人名下房产用于个人医疗、购房等个人支出，侵害被监护人财产权益的，被监护人有权请求监护人赔偿损失。客观上，智力残疾人等被监护人诉讼能力偏弱，在其权利受到侵害时，难以凭个人之力通过民事诉讼程序获得救济。检察机关对于履职过程中发现的残疾人合法权益受到侵害的线索，应当先行督促残疾人联合会、残疾人居住地的居民委员会、村民委员会等社会团体、自治组织为残疾人维权提供法律帮助。残疾人径行向人民法院起诉的，应当告知其有权申请法律援助。认知能力低下的残疾人因财产权受到侵害提起损害赔偿诉讼，人民法院未告知其有权申请法律援助，以其诉讼请求不具体为由未予受理的，在尊重其真实意愿的前提下，检察机关可以依申请支持起诉，帮助其获得法律救济。

（三）综合运用协助收集证据、协调提供法律援助等方式，为智力残疾人起诉维权提供帮助。依照《民事诉讼法》相关规定，原告起诉必须符合法定条件。智力残疾人作为限制行为能力人虽然可以实施与其智力、精神状况相适应的民事法律行为，但难以独立、充分围绕法定起诉条件收集证据，提出诉讼请求。在支持起诉程序中，检察机关可以通过提供法律咨询，加强释法说理，引导智力残疾人自行收集证据；智力残疾人无法自行收集的，检察机关可以依法协助其收集确定当事人具体诉讼请求、证明原被告与案件争议事实存在关联并符合起诉条件的相应证据。检察机关可以与司法行政部门协调，为智力残疾人提供法律援助，由法律援助人员作为智力残疾人的委托代理人参加诉讼。

2. 检例第 123 号：胡某祥、万某妹与胡某平赡养纠纷支持起诉案（20211129）

【要旨】

老年人依法起诉要求成年子女履行赡养义务，但是缺乏起诉维权能力的，检察机关可以依老年人提出的申请，支持其起诉维权。支持起诉的检察机关可以运用多元化解纠纷机制，修复受损家庭关系。案件办结后，可以开展案件回访，巩固办案效果。

【基本案情】

胡某祥、万某妹系夫妻。胡某祥现年 84 岁，基本丧失劳动能力。万某妹现年 75 岁，2019 年 7 月因出血性脑梗死、高血压、糖尿病等先后住院两次，丧失自理能力。胡某祥、万某妹夫妇育有五名子女且均已成家，其中长女胡某玉患有精神疾病无赡养能力，次子胡某平有赡养能力但拒绝赡养父母，其余三子女不同程度地承担赡养义务。胡某祥、万某妹夫妻每月收入不足 1400 元，无力支付医疗费、护理费，生活陷入困境。

【检察机关履职过程】

受理情况。2019 年 12 月 17 日，胡某祥、万某妹夫妇因次子胡某平不履行赡养义务，生活陷入困境，就起诉维权事宜向江西省南昌市青山湖区罗家镇司法所申请法律援助，并向江西省南昌市青山湖区人民检察院（以下简称青山湖区检察院）申请支持起诉，该院审查后予以受理。

审查过程。青山湖区检察院经询问当事人、实地走访等了解到，胡某祥、万某妹夫妇生活基本不能自理,次子胡某平以其父母不抚养孙辈、财产分配不均等为由拒不分担老人医疗费、护理费,经村民委员会调解未果。考虑到本案系家事纠纷,应联合司法所、村民委员会等引导调处缓解家庭矛盾,青山湖区检察院开展一系列有针对性的矛盾化解工作。一是主动约谈胡某平夫妇,向其宣讲《老年人权益保障法》等相关法律,阐明拒绝赡养老人的法律后果;二是主动邀请胡某平亲戚邻居参与矛盾化解,帮助胡某平夫妇认识到拒绝赡养老人带来的亲情损害,与社会主义核心价值观相悖。经多次调解,胡某平夫妇对父母的态度发生较大变化,愿意花钱请人护理,但其同意承担的费用与客观需要尚有一定差距,无法达成和解协议。

支持起诉意见。2019 年 12 月 23 日,胡某祥、万某妹向江西省南昌市青山湖区人民法院(以下简称青山湖区法院)提起诉讼,青山湖区检察院同日发出支持起诉意见书。检察机关认为,敬老爱老自古以来就是中华民族的传统美德。成年子女应当履行对父母经济供养、生活照料和精神慰藉的赡养义务,使患病的父母及时得到治疗和护理。胡某平作为胡某祥、万某妹之子,拒不履行赡养义务,有违法律规定。

裁判结果。青山湖区法院受理本案后,青山湖区检察院主动就前期矛盾纠纷化解情况与法院沟通,配合开展调解工作。在法院、检察院、派出所、司法所等共同努力下,当事人达成调解协议。2019 年 12 月 26 日,青山湖区法院作出民事调解书:(1)胡某祥、万某妹的生活费由其自理,子女胡会某、胡和某、胡某包及胡某平每月按顺序轮流负责护理父母胡某祥、万某妹,胡某平支付相应的护理费;(2)胡某祥、万某妹的医疗费用由子女胡某平、胡某包各负担一半。

本案办结后,青山湖区检察院与青山湖区法院会签《关于加强民事支持起诉工作的协作意见》、与江西省南昌市青山湖区司法局会签《关于建立支持起诉和法律援助工作联系机制的规定》。青山湖区检察院联合当地村委会,开展"送法进乡村"活动,结合本案及其他相关案例开展普法宣传,教育引导村民知法守法,促进村风改善和乡村治理。2020 年 12 月 30 日,青山湖区检察院联合法院、妇联、民政局、司法所以及村委会等相关单位,再次回访了胡某祥、万某妹夫妇。胡某祥反映,其子胡某平不仅及时给付医药费、护理费,还经常上门探望。胡某祥对检察机关等单位帮助修复受损家庭关系,实现家庭和睦,表示衷心感谢。

【指导意义】

(一)运用多元化解纠纷机制,修复受损家庭关系。支持老年人追索赡养费案件,属于家事纠纷,要把化解矛盾、消除对立、修复受损家庭关系作为价值追求,坚持和发展新时代"枫桥经验",将多元化解纠纷机制贯穿于支持起诉工作始终。要与司法行政机关、村委会、居委会基层群众性自治组织及人民调解组织等紧密合作，找准纠纷症结所在，做实做深矛盾化解工作，促使当事人达成和解协议。当事人未能达成和解协议诉至人民法院的，积极配合人民法院开展诉讼调解工作。通过人民调解、诉讼调解，最大限度地修复受损的家庭关系，树立优良家风，弘扬家庭美德。

（二）老年人缺乏起诉维权能力的，检察机关可以支持老年人起诉。百善孝为先。让老年人老有所养、老有所依是践行社会主义核心价值观的必然要求，是弘扬家庭美德的主要途径。成年子女不履行赡养义务的，缺乏劳动能力或者生活困难的父母有权要求成年子女给付赡养费。维护保障老年人合法权益是全社会的共同责任，县级以上人民政府负责老龄工作的机构，负责组织、协调、指导、督促有关部门做好老年人权益保障工作。基层群众性自治组织和依法设立的老年人组织亦负有维护老年人合法权益，为老年人服务的职责。检察机关履职中发现老年人合法权益受到侵害的，应当先行联系政府有关部门、基层群众性组织等为老年人维权提供帮助。老年人因年龄、身体、文化等原因不能独立提起诉讼追索赡养费而陷入生活困境的，其维权获得帮助后尚未解困的，检察机关可以支持老年人起诉，帮助老年人行使诉权，维护老年人的合法权益。

（三）积极开展案件回访，巩固办案效果。赡养包括经济帮助与亲情慰藉，缺一不可。新矛盾、新问题的出现可能造成修复的家庭关系再次破裂。办理此类案件，不能一诉了之，而要持续关注并巩固办案效果。灵活采取电话回访、实地回访、联合回访等形式，跟踪了解生效裁判执行情况和家庭关系现状，及时化解新矛盾、解决新问题。

3. 检例第 124 号：孙某宽等 78 人与某农业公司追索劳动报酬纠纷支持起诉案（20211129）

【要旨】

劳动报酬是进城务工人员维持生计的基本保障，用人单位未按照国家规定和劳动合同约定及时足额支付劳动报酬的，检察机关应当因案制宜，通过督促人力资源社会保障等单位履职尽责、支持起诉、移送拒不支付劳动报酬罪线索等方式保障进城务工人员获得劳动报酬。

【基本案情】

某农业公司负责温州市某现代农业园项目运营，招聘孙某宽等 78 名进城务工人员从事日常生产经营，但双方未签订劳动合同。2016 年 3 月，某农业公司资金周转困难，至 2017 年 11 月共拖欠 78 名进城务工人员工资 128.324 万元。2018 年 1 月初，78 名进城务工人员仍未能领到拖欠的工资，多次到有关部门上访。

【检察机关履职过程】

受理情况。2018 年 1 月，浙江省温州市龙湾区人民检察院(以下简称龙湾区检察院)在参与人力资源社会保障部门开展的进城务工人员讨薪专项监督活动中,发现某农业公司存在拖欠众多进城务工人员工资的线索。该院及时与人力资源社会保障、财政等部门共同努力,协调动用应急周转金50万元,为78名进城务工人员垫付部分工资。2018年4月11日,孙某宽等78名进城务工人员向龙湾区检察院申请支持起诉,请求检察机关为其起诉讨薪提供法律帮助。该院审查后予以受理。

审查过程。龙湾区检察院查明:经某农业公司与78名进城务工人员共同确认,2016年3月至2017年11月间,欠薪金额总计128.324万元。在前期开展矛盾化解工作的基础上,龙湾区检察院继续与78名进城务工人员、某农业公司沟通交流,引导双方当事人达成和解协议,但因某农业公司资金周转暂时困难未果。

支持起诉意见。2018年4月20日,孙某宽等78人向浙江省温州市龙湾区人民法院(以下简称龙湾区法院)提起诉讼,龙湾区检察院同日发出支持起诉意见书。检察机关认为,某农业公司长期拖欠众多进城务工人员劳动报酬总计128.324万元,进城务工人员作为支持起诉申请人请求某农业公司支付劳动报酬,事实清楚,证据充分,孙某宽等78人提起的诉讼应予受理。

裁判结果。2018年4月20日,龙湾区法院受理孙某宽等78人的起诉。

庭审前,检察机关认为,某农业公司系有发展潜力的企业,资金暂时周转困难,且有关单位已动用应急周转金垫付部分拖欠的劳动报酬,建议法院主持双方调解。在龙湾区法院、检察院共同努力下,当事人达成调解协议。2018年4月27日,龙湾区法院出具调解书,确认某农业公司于2018年5月27日前支付所欠孙某宽等78人的工资(扣除已领取的垫付金额)。某农业公司现已履行调解书确定的给付义务,经营状况良好。有关单位与某农业公司就50万元垫付款的后续处理已达成协议。

【指导意义】

(一)因案制宜,妥善解决欠薪问题。进城务工人员享有按时足额获得劳动报酬的权利。人力资源社会保障部门负有组织实施劳动保障监察、协调劳动者维权工作,依法查处涉劳动保障重大案件的职责。检察机关履职中发现拖欠劳动报酬线索的,应当甄别是否属于恶意欠薪。对于恶意欠薪,可能涉嫌拒不支付劳动报酬罪的,应当将犯罪线索移送公安机关立案审查。对于欠薪行为未构成犯罪的,可以协调人力资源社会保障部门履职尽责。对人力资源社会保障等职能部门履职后仍未能获得劳动报酬的,检察机关应当在尊重进城务工人员意愿的前提下,依法支持其起诉维权。

(二)依法履职,切实保护劳动者的合法权益。劳动报酬是进城务工人员维持生计的基本保障。根治进城务工人员欠薪问题，关乎进城务工人员切身利益，关乎社会和谐稳定。进城务工人员多在建筑、餐饮、快递等行业就业，因相关市场不规范、未签订劳动合同、法律知识欠缺等原因，部分进城务工人员起诉讨薪往往会遇到诸如确定用工主体难、明确诉讼请求难等问题。对经政府主管部门协调后仍未能获得劳动报酬的进城务工人员，检察机关应当及时通过提供法律咨询、协助收集证据等方式支持进城务工人员追索劳动报酬，维护其合法权益，促进社会和谐稳定。

（三）加强配合，保障进城务工人员获得劳动报酬的同时，服务保障企业发展。对于企业因经营管理、政策调整、市场变化等因素暂时无力支付进城务工人员工资的情形，可以运用多元化解纠纷机制，做好矛盾化解工作，引导进城务工人员与企业共渡难关。同时，加强与人力资源社会保障、财政、街道等单位协作配合，在为进城务工人员提供基本生活保障的前提下，为企业恢复正常经营提供缓冲期，服务保障企业发展。

4. 检例第 125 号：安某民等 80 人与某环境公司确认劳动关系纠纷支持起诉案（20211129）

【要旨】

劳动者要求用人单位补办社保登记、补缴社会保险费未果的，检察机关可以协助收集证据、提出支持起诉意见，支持劳动者起诉确认劳动关系，为其办理社保登记、补缴社会保险费提供帮助。

【基本案情】

安某民等 80 人自 2003 年起先后在南京市某环卫所（系事业单位，以下简称某环卫所）从事环卫工作。双方未订立劳动合同，也未办理社保登记、缴纳社会保险费。2012 年 11 月，某环卫所改制转企为某环境公司。安某民等 80 人继续在某环境公司工作，但仍未订立劳动合同。2018 年，安某民等 80 人多次向某环境公司提出补办社保登记手续、补缴入职以来社会保险费等诉求未果。2020 年 3 月 16 日，安某民等 80 人向劳动争议仲裁机构申请确认与某环境公司之间存在劳动关系。劳动争议仲裁机构以劳动者未提交与某环境公司存在劳动关系的初步证据为由未予受理。2020 年 3 月 31 日，安某民等 80 人诉至江苏省南京市玄武区人民法院（以下简称玄武区法院），请求确认与某环境公司存在劳动关系。

【检察机关履职过程】

受理情况。2020 年 4 月 20 日，安某民等 80 人因无法收集某环境公司改制的证据等原因，向江苏省南京市玄武区人民检察院（以下简称玄武区检察院）申请支持起诉，请求检察机关为其维权提供法律帮助，该院审查后予以受理。

审查过程。玄武区检察院从南京市玄武区城管局调取了某环卫所改制的相关文件，证明用人单位的沿革及 80 人事实劳动关系的承继，该证据与确认劳动关系及劳动者的工作年限密切相关。从相关街道办事处和某环境公司调取了某环卫所改制前后的工资发放签名表,证明安某民等 80 人与某环境公司存在劳动关系。经询问当事人、走访了解,玄武区检察院查明:安某民等 80 人在某环卫所从事环卫工作均已超过 10 年。某环卫所改制转企后,安某民等 80 人向某环境公司提出补办社保登记、补缴社会保险费未果而形成群体性诉求。经梳理相关证据材料、逐人逐项核对,某环境公司需补缴安某民等 80 人社会保险费共计 400 余万元。

支持起诉意见。2020 年 4 月 27 日,玄武区检察院分别向玄武区法院发出支持起诉意见书。检察机关认为,劳动者的合法权益受法律保护。安某民等 80 名劳动者与某环卫所存在事实劳动关系。某环卫所改制后,某环境公司承继其权利义务并延续与安某民等 80 人的劳动关系。安某民等 80 人提出的诉讼请求具有事实和法律依据。

裁判结果。玄武区法院一审审理中,玄武区检察院派员到庭宣读支持起诉意见书。2020 年 9 月,玄武区法院作出一审民事判决。法院认定,用人单位自用工之日起即与劳动者建立劳动关系。安某民等人在某环卫所从事环卫工作,即与该所建立劳动关系。后某环卫所改制转企,相应的权利义务应由某环境公司承继。遂确认安某民等人与某环境公司存在劳动关系。一审判决生效后,社保部门为安某民等人补办了

社保登记手续。玄武区检察院积极协调有关行政部门和用人单位确定社会保险费筹集方案并促成资金落实到位。后社保部门分别为 75 名环卫工人办理了补缴社会保险费手续。

【指导意义】

(一)劳动者提出补办社保登记、补缴社会保险费未果的,检察机关可以支持其起诉确认劳动关系,为其补办社保登记、补缴社会保险费提供帮助。国家建立基本养老保险、基本医疗保险等社会保险制度,保障劳动者在年老、患病、工伤、失业等情况下依法从国家和社会获得物质帮助的权利。用人单位应当依法为劳动者办理社会保险。实践中,部分用人单位未办理社保登记、未足额缴纳社会保险费,侵害了劳动者合法权益,使得劳动者难以实现老有所养、老有所医。检察机关履职中发现用人单位未依规为职工办理社会保险登记、未足额缴纳社会保险费的,应当先行协调政府责任部门履职尽责。经相关责任部门处理后仍未实现最低维权目标的,依照现行法律规定,劳动者诉请用人单位补办社保登记、补缴社会保险费存在客观障碍的,检察机关可依劳动者申请支持起诉确认劳动关系。人民法院确认劳动关系的生效裁判,可以作为办理社保登记、补缴社会保险费的依据。

(二)协助劳动者收集证据,为其起诉维权提供帮助。依照《民事诉讼法》相关规定,人民法院立案后发现不符合起诉条件的,裁定驳回原告的起

诉。据此，因无法独立、充分地围绕法定起诉条件收集证据，劳动者在诉讼中可能丧失司法救济的机会。检察机关在诉讼中可依申请围绕法定起诉条件协助劳动者补充相关证据。一是协助收集被告身份的完整信息，比如用人单位变更材料、改制文件等。二是协助收集与具体诉讼请求和事实相关的起诉必备证据。比如，完整的工资支付凭证或者记录、工作证、招工招聘登记表、考勤表等。检察机关支持起诉的目的是保障劳动者实现诉权平等，而非代替劳动者行使诉权，检察机关不能独立启动诉讼程序。对于具有重大社会意义或者法律意义的案件，经商人民法院，检察机关可以出庭宣读支持起诉意见书。

5. 检例第 126 号：张某云与张某森离婚纠纷支持起诉案（20211129）

【要旨】

反家庭暴力是国家、社会和每个家庭的共同责任，检察机关应当加强与公安机关、人民法院、工会、共产主义青年团、妇女联合会、残疾人联合会、居民委员会、村民委员会等单位、组织的协作配合，形成维护家庭暴力受害人合法权益的合力。在充分尊重家庭暴力受害人真实意愿的前提下，对惧于家庭暴力不敢起诉，未获得妇女联合会等单位帮助的，检察机关可依申请支持家庭暴力受害人起诉维权。

【基本案情】

2006 年 3 月 9 日，张某云与张某森登记结婚。2019 年 6 月，因张某森实施家庭暴力，张某云起诉离婚。河北省武邑县人民法院（以下简称武邑县法院）审理后认定，夫妻双方结婚十余年，因家庭琐事发生纠纷，夫妻关系不睦，但夫妻感情尚未破裂；虽然张某云提交因遭受家庭暴力受伤的照片，但未能提供充分证据证实达到《婚姻法》规定的"家庭暴力"并导致夫妻感情确已破裂的程度，考虑到双方婚后育有两个子女，且尚未成年，父母离婚往往会对孩子成长产生不利影响，为顾及双方子女利益，家庭关系稳定，社会和谐，判决不准张某云与张某森离婚。一审判决生效后，张某森与张某云继续分居。张某森仍时常殴打、恐吓张某云，导致张某云无法正常生活，夫妻关系并未改善，反而更加恶化。

【检察机关履职过程】

受理情况。2020 年 4 月 12 日，张某云以遭受家庭暴力请求离婚为由向河北省武邑县司法局申请法律援助。在该局指引下，张某云向河北省武邑县人民检察院（以下简称武邑县检察院）申请支持起诉，该院审查后予以受理。

审查过程。武邑县检察院通过询问张某云，查阅张某云母亲王某同报案材料、派出所出警记录、张某云伤情照片、微信聊天记录等调查核实工作，查明：张某森对张某云多次实施殴打，造成张某云面部、颈部多处淤青、眼球充血；张某森还对张某云实施经常性恐吓等精神强制，致使张某云在第一次离婚诉讼时不敢出庭。武邑县检察院对张某云进行心理疏导,引导其走出心理阴影;向其宣讲《反家庭暴力法》等相关法律规定,鼓励其敢于向家庭暴力说不,勇于维护自身合法权益。

支持起诉意见。2020 年 4 月 16 日,张某云再次向武邑县法院提起离婚诉讼,武邑县检察院同日发出支持起诉意见书。检察机关认为,张某云长期遭受家庭暴力,系家暴受害妇女,其合法权益依法应得到保护,根据《民事诉讼法》第 15 条之规定,可以支持其向人民法院起诉离婚。

裁判结果。2020 年 4 月 16 日,武邑县法院受理张某云的起诉。2020 年 5 月 28 日,武邑县法院作出一审民事判决,认定张某云遭受家庭暴力的事实,认为夫妻感情确已破裂,准予张某云与张某森离婚。一审判决后,张某森提出上诉。2020 年 7 月 15 日,河北省衡水市中级人民法院作出民事调解书,双方当事人同意离婚,并就子女抚养、夫妻共同财产分割等达成协议。

【指导意义】

(一)加强协作配合,形成保护家庭暴力受害人的合力。国家禁止任何形式的家庭暴力。"法不入家门"已成为历史,反对家庭暴力不仅是家事,更是国家和全社会的共同责任。《反家庭暴力法》第 4 条规定,县级以上人民政府有关部门、司法机关、人民团体、社会组织、居民委员会、村民委员会、企事业单位,应当依照本法和有关法律规定,做好反家庭暴力工作。第 6 条至第 10 条、第 14 条等诸多条款规定司法机关、行政机关、社会团体、群众性自治组织等在反家暴工作中的责任与义务。检察机关履职中发现家暴线索的,应当先行协调相关责任单位履职尽责。检察机关除做好家庭暴力受害人的法律宣讲、心理疏导外,可以与民政部门联系,将家庭暴力受害人安置到救助管理机构或者福利机构提供的临时庇护场所,提供临时生活帮助;可以引导家庭暴力受害人向公安机关报案、向人民法院申请人身保护令,保护其人身安全;对于涉嫌虐待犯罪的,可以引导家庭暴力受害人向人民法院提起刑事自诉追究加害人的刑事及附带民事赔偿责任。

(二)尊重家庭暴力受害人真实意愿,依申请支持其起诉维权。家庭暴力受害人享有婚姻自主权、人身损害赔偿请求权。家庭暴力受害人因害怕本人、父母、子女遭受报复等而不敢起诉维权,在获得妇女联合会等部门帮助下仍未能实现维权目标的,在充分尊重家庭暴力受害人真实意愿的前提下,检察机关可依其申请支持起诉,维护其合法权益。

【最高法公报案例】

受害人无近亲属或者近亲属不明,未经法律授权的民政局等有关机关、社会组织是否为适格诉讼主体[高淳县民政局诉王某胜、吕某、天安保险江苏分

公司交通事故人身损害赔偿纠纷案（2007-6）]

因交通事故引发的人身损害赔偿案件中，死亡受害人为城市生活无着的流浪乞讨人员，经公安部门刊发启事未发现其近亲属，政府民政部门作为原告提起民事诉讼，要求赔偿义务人承担赔偿责任的，因民政部门不是法律规定的赔偿权利人，与案件不存在民事权利义务关系，且其法定职责不包括代表或代替城市生活无着的流浪乞讨人员提起民事诉讼，故民政部门不是案件的适格诉讼主体，其起诉应依法驳回。

第十六条 【在线诉讼法律效力】经当事人同意，民事诉讼活动可以通过信息网络平台在线进行。

民事诉讼活动通过信息网络平台在线进行的，与线下诉讼活动具有同等法律效力。

【立法·要点注释】

1. 经当事人同意，即为不得强制或者变相强制当事人适用在线诉讼。当事人同意的方式，实践中至少可以包括：主动作出在线诉讼行为、口头同意、信息网络平台确认同意、线下书面同意等。只要是当事人的真实意思表示，并可以留痕追溯，均是作出同意的有效方式。当事人同意后又反悔的，《人民法院在线诉讼规则》明确当事人同意适用

在线诉讼后可以作出反悔，但需满足三个条件：第一，反悔应当在开展相应诉讼活动前的合理期限内提出；第二，反悔需通过申请方式提出，并经人民法院审查同意；第三，反悔不得基于恶意诉讼目的，如果能够认定当事人反悔是为了故意拖延诉讼或者增加对方当事人诉讼成本的，人民法院可以不予批准。依照《人民法院在线诉讼规则》第6条的规定，当事人已同意适用在线诉讼后，如果既不申请转为线下审理，又无其他正当理由，无故不作出相应诉讼行为或不参与在线诉讼活动的，人民法院应参照线下诉讼对应情形作出处理，以确保在线诉讼的严肃性和规范性。

2. 民事诉讼活动，是指从立案到执行的各个环节，具体包括在线庭审、证据交换、电子送达以及案件非同步审理等，这些环节均需要以同意为前提。

3. 对当事人作出不同选择的处理。部分当事人同意适用在线诉讼，部分当事人不同意适用在线诉讼，相应的诉讼环节可以采取"线上+线下"结合的方式进行。

【司法解释】

《人民法院在线诉讼规则》（法释〔2021〕12号，20210801）

第一条 人民法院、当事人及其他诉讼参与人等可以依托电子诉讼平台（以下简称"诉讼平台"），通过互联网或者专用网络在线完成立案、调解、证

据交换、询问、庭审、送达等全部或者部分诉讼环节。

在线诉讼活动与线下诉讼活动具有同等法律效力。

第二条　人民法院开展在线诉讼应当遵循以下原则：

（一）公正高效原则。严格依法开展在线诉讼活动，完善审判流程，健全工作机制，加强技术保障，提高司法效率，保障司法公正。

（二）合法自愿原则。尊重和保障当事人及其他诉讼参与人对诉讼方式的选择权，未经当事人及其他诉讼参与人同意，人民法院不得强制或者变相强制适用在线诉讼。

（三）权利保障原则。充分保障当事人各项诉讼权利，强化提示、说明、告知义务，不得随意减少诉讼环节和减损当事人诉讼权益。

（四）便民利民原则。优化在线诉讼服务，完善诉讼平台功能，加强信息技术应用，降低当事人诉讼成本，提升纠纷解决效率。统筹兼顾不同群体司法需求，对未成年人、老年人、残障人士等特殊群体加强诉讼引导，提供相应司法便利。

（五）安全可靠原则。依法维护国家安全，保护国家秘密、商业秘密、个人隐私和个人信息，有效保障在线诉讼数据信息安全。规范技术应用，确保技术中立和平台中立。

第三条　人民法院综合考虑案件情况、当事人意愿和技术条件等因素，可以对以下案件适用在线诉讼：

（一）民事、行政诉讼案件；

（二）……

（三）民事特别程序、督促程序、破产程序和非诉执行审查案件；

（四）民事、行政执行案件和刑事附带民事诉讼执行案件；

（五）其他适宜采取在线方式审理的案件。

第四条　人民法院开展在线诉讼，应当征得当事人同意，并告知适用在线诉讼的具体环节、主要形式、权利义务、法律后果和操作方法等。

人民法院应当根据当事人对在线诉讼的相应意思表示，作出以下处理：

（一）当事人主动选择适用在线诉讼的，人民法院可以不再另行征得其同意，相应诉讼环节可以直接在线进行；

（二）各方当事人均同意适用在线诉讼的，相应诉讼环节可以在线进行；

（三）部分当事人同意适用在线诉讼，部分当事人不同意的，相应诉讼环节可以采取同意方当事人线上、不同意方当事人线下的方式进行；

（四）当事人仅主动选择或者同意对部分诉讼环节适用在线诉讼的，人民法院不得推定其对其他诉讼环节均同意适用在线诉讼。

对人民检察院参与的案件适用在线诉讼的，应当征得人民检察院同意。

第五条　在诉讼过程中，如存在当事人欠缺在线诉讼能力、不具备在线诉讼条件或者相应诉讼环节不宜在线办理等情形之一的，人民法院应当将相应诉讼环节转为线下进行。

当事人已同意对相应诉讼环节适用在线诉讼，但诉讼过程中又反悔的，应当在开展相应诉讼活动前的合理期限内提出。经审查，人民法院认为不存在故意拖延诉讼等不当情形的，相应诉讼环节可以转为线下进行。

在调解、证据交换、询问、听证、庭审等诉讼环节中，一方当事人要求其他当事人及诉讼参与人在线下参与诉讼的，应当提出具体理由。经审查，人民法院认为案件存在案情疑难复杂、需证人现场作证、有必要线下举证质证、陈述辩论等情形之一的，相应诉讼环节可以转为线下进行。

第六条　当事人已同意适用在线诉讼，但无正当理由不参与在线诉讼活动或者不作出相应诉讼行为，也未在合理期限内申请提出转为线下进行的，应当依照法律和司法解释的相关规定承担相应法律后果。

第七条　参与在线诉讼的诉讼主体应当先行在诉讼平台完成实名注册。人民法院应当通过证件证照在线比对、身份认证平台认证等方式，核实诉讼主体的实名手机号码、居民身份证件号码、护照号码、统一社会信用代码等信息，确认诉讼主体身份真实性。诉讼主体在线完成身份认证后，取得登录诉讼平台的专用账号。

参与在线诉讼的诉讼主体应当妥善保管诉讼平台专用账号和密码。除有证据证明存在账号被盗用或者系统错误的情形外，使用专用账号登录诉讼平台所作出的行为，视为被认证人本人行为。

人民法院在线开展调解、证据交换、庭审等诉讼活动，应当再次验证诉讼主体的身份；确有必要的，应当在线下进一步核实身份。

第八条　人民法院、特邀调解组织、特邀调解员可以通过诉讼平台、人民法院调解平台等开展在线调解活动。在线调解应当按照法律和司法解释相关规定进行，依法保护国家秘密、商业秘密、个人隐私和其他不宜公开的信息。

第十七条　【民族自治地方的变通或者补充规定】民族自治地方的人民代表大会根据宪法和本法的原则，结合当地民族的具体情况，可以制定变通或者补充的规定。自治区的规定，报全国人民代表大会常务委员会批准。自治州、自治县的规定，报省或者自治区的人民代表大会常务委员会批准，并报全国人民代表大会常务委员会备案。

【立法·要点注释】

民族自治地方在制定变通或者补充规定时，不得违反《宪法》《民族区域自治法》的规定，要坚持《宪法》和本法的基本原则，要符合民族自治地方各民族的根本利益。对本法的变通或者补充规定的制定机关是该自治地方的人民代表大会，自治区的规定，报全国人民代表大会常务委员会批准；自治州、自治县的规定，报省或者自治区的人民代表大会常务委员会批准，并报全国人民代表大会常务委员会备案。

【相关立法】

1.《中华人民共和国宪法》（19821204；20180311）

第四条　中华人民共和国各民族一律平等。国家保障各少数民族的合法的权利和利益，维护和发展各民族的平等团结互助和谐关系。禁止对任何民族的歧视和压迫，禁止破坏民族团结和制造民族分裂的行为。

国家根据各少数民族的特点和需要，帮助各少数民族地区加速经济和文化的发展。

各少数民族聚居的地方实行区域自治，设立自治机关，行使自治权。各民族自治地方都是中华人民共和国不可分离的部分。

各民族都有使用和发展自己的语言文字的自由，都有保持或者改革自己的风俗习惯的自由。

第一百一十五条　自治区、自治州、自治县的自治机关行使宪法第三章第五节规定的地方国家机关的职权，同时依照宪法、民族区域自治法和其他法律规定的权限行使自治权，根据本地方实际情况贯彻执行国家的法律、政策。

第一百一十六条　民族自治地方的人民代表大会有权依照当地民族的政治、经济和文化的特点，制定自治条例和单行条例。自治区的自治条例和单行条例，报全国人民代表大会常务委员会批准后生效。自治州、自治县的自治条例和单行条例，报省或者自治区的人民代表大会常务委员会批准后生效，并报全国人民代表大会常务委员会备案。

2.《中华人民共和国立法法》（20000701；20230315）

第八十五条　民族自治地方的人民代表大会有权依照当地民族的政治、经济和文化的特点，制定自治条例和单行条例。自治区的自治条例和单行条例，报全国人民代表大会常务委员会批准后生效。自治州、自治县的自治条例和单行条例，报省、自治区、直辖市的人民代表大会常务委员会批准后生效。

自治条例和单行条例可以依照当地民族的特点，对法律和行政法规的规定作出变通规定，但不得违背法律或者行政法规的基本原则，不得对宪法和民族区域自治法的规定以及其他有关法律、行政法规专门就民族自治地方所作的规定作出变通规定。

第一百零一条　自治条例和单行条例依法对法律、行政法规、地方性法规作变通规定的,在本自治地方适用自治条例和单行条例的规定。

经济特区法规根据授权对法律、行政法规、地方性法规作变通规定的,在本经济特区适用经济特区法规的规定。

3.《中华人民共和国民族区域自治法》(19841001;20010228)

第十九条　民族自治地方的人民代表大会有权依照当地民族的政治、经济和文化的特点,制定自治条例和单行条例。自治区的自治条例和单行条例,报全国人民代表大会常务委员会批准后生效。自治州、自治县的自治条例和单行条例报省、自治区、直辖市的人民代表大会常务委员会批准后生效,并报全国人民代表大会常务委员会和国务院备案。

第二章　管　　辖

第一节　级别管辖

第十八条　【基层法院管辖】
基层人民法院管辖第一审民事案件,但本法另有规定的除外。

【立法·要点注释】

　　1. 在人民法院组织系统中,基层人民法院数量多、分布广,审判人员的数量多,并且没有审理上诉案件的任务,因此,一般而言,将第一审民事案件原则上都交给基层人民法院承担是比较符合法院工作均衡负担原则的。同时,由于民事纠纷的发生地、当事人住所地或者争议的财产所在地往往都与基层人民法院辖区相联系,由基层人民法院作为第一审法院既方便当事人诉讼,又便于人民法院进行案件的审理。

　　2. 根据本条规定,第一审民事案件原则上应由基层人民法院管辖。根据《人民法院组织法》第 24 条,基层人民法院包括:县、自治县人民法院,不设区的市人民法院,市辖区人民法院。根据

《人民法院组织法》第 26 条,基层人民法院根据地区、人口和案件情况,可以设立若干人民法庭。人民法庭是基层人民法院的组成部分。人民法庭的判决和裁定即基层人民法院的判决和裁定。当事人请求人民法院解决民事争议的,应当依照《民事诉讼法》关于地域管辖的规定,向有关基层人民法院(包括其派出法庭)提起诉讼,但依法应由中级人民法院、高级人民法院和最高人民法院管辖的第一审民事案件除外。

　　3. 除给付之诉外,在对确认之诉与形成之诉的诉讼标的额确定上,应当将确认合同效力、继续履行合同或者变更、解除、撤销合同等视为财产性诉讼请求。当事人请求确认部分合同条款的效力、继续履行部分合同义务或者变更、撤销部分合同条款的,应以诉讼请求涉及的合同标的额作为诉讼请求标的额,据以确定级别管辖。如当事人请求确认、变更、解除、撤销的是人身关系,且未提出财产性诉讼请求的,除非上级人民法院认为在本辖区内有重大影响的,否则应

由基层人民法院管辖。①

【相关立法】

《中华人民共和国人民法院组织法》(19800101；20190101)

第二十五条 基层人民法院审理第一审案件，法律另有规定的除外。

基层人民法院对人民调解委员会的调解工作进行业务指导。

第二十六条 基层人民法院根据地区、人口和案件情况，可以设立若干人民法庭。

人民法庭是基层人民法院的组成部分。人民法庭的判决和裁定即基层人民法院的判决和裁定。

【司法解释】

1.《最高人民法院关于审理劳动争议案件适用法律问题的解释(一)》(法释〔2020〕26号，20210101)

第三条 劳动争议案件由用人单位所在地或者劳动合同履行地的基层人民法院管辖。

劳动合同履行地不明确的，由用人单位所在地的基层人民法院管辖。

法律另有规定的，依照其规定。

【重点解读】本条第3款为新增规定，主要是考虑到法律有特别规定的情形。比如《劳动争议调解仲裁法》第49条规定，用人单位不服一裁终局案件的裁决的，可以自收到仲裁裁决书之日起30日内向劳动争议仲裁委员会所在地的中级人民法院申请撤销裁决。该条规定明显不同于本条第1款和第2款规定，属于法律的特别规定。这种情形下，应当依照法律规定确定管辖法院。

2.《最高人民法院关于适用〈中华人民共和国公司法〉若干问题的规定(二)》(法释〔2008〕6号，20080519；经法释〔2020〕18号修正，20210101)

第二十四条 解散公司诉讼案件和公司清算案件由公司住所地人民法院管辖。公司住所地是指公司主要办事机构所在地。公司办事机构所在地不明确的，由其注册地人民法院管辖。

基层人民法院管辖县、县级市或者区的公司登记机关核准登记公司的解散诉讼案件和公司清算案件；……

3.《最高人民法院关于审理企业破产案件若干问题的规定》(法释〔2002〕23号，20020901)

第一条 企业破产案件由债务人住所地人民法院管辖。债务人住所地指债务人的主要办事机构所在地。债务人无办事机构的，由其注册地人民法院管辖。

第二条 基层人民法院一般管辖县、县级市或者区的工商行政管理机关核准登记企业的破产案件；

----

① 陈杭平：《民事诉讼管辖精义：原理与实务》，法律出版社2022年版，第37页。

......

4.《最高人民法院关于第一审知识产权民事、行政案件管辖的若干规定》（法释〔2022〕13 号，20220501）

第三条　本规定第一条、第二条①规定之外的第一审知识产权民事、行政案件，由最高人民法院确定的基层人民法院管辖。

5.《最高人民法院关于涉外民商事案件管辖若干问题的规定》（法释〔2022〕18 号，20230101）

第一条　基层人民法院管辖第一审涉外民商事案件，法律、司法解释另有规定的除外。

6.《最高人民法院关于办理申请人民法院强制执行国有土地上房屋征收补偿决定案件若干问题的规定》（法释〔2012〕4 号，20120410）

第一条　申请人民法院强制执行征收补偿决定案件，由房屋所在地基层人民法院管辖，高级人民法院可以根据本地实际情况决定管辖法院。

7.《最高人民法院关于人民调解协议司法确认程序的若干规定》（法释〔2011〕5 号，20110330）

第二条　当事人申请确认调解协议的，由主持调解的人民调解委员会所在地基层人民法院或者它派出的法庭管辖。

人民法院在立案前委派人民调解委员会调解并达成调解协议，当事人申请司法确认的，由委派的人民法院管辖。

8.《最高人民法院关于互联网法院审理案件若干问题的规定》（法释〔2018〕16 号，20180907）

第二条　北京、广州、杭州互联网法院集中管辖所在市的辖区内应当由基层人民法院受理的下列第一审案件：

（一）通过电子商务平台签订或者履行网络购物合同而产生的纠纷；

（二）签订、履行行为均在互联网上完成的网络服务合同纠纷；

（三）签订、履行行为均在互联网上完成的金融借款合同纠纷、小额借款合同纠纷；

（四）在互联网上首次发表作品的著作权或者邻接权权属纠纷；

（五）在互联网上侵害在线发表或者传播作品的著作权或者邻接权而产生的纠纷；

（六）互联网域名权属、侵权及合同纠纷；

（七）在互联网上侵害他人人身权、财产权等民事权益而产生的纠纷；

（八）通过电子商务平台购买的产品，因存在产品缺陷，侵害他人人身、财产权益而产生的产品责任纠纷；

———————

①　内容详见本书第 19 条注释【司法解释】栏目下文件 6。——编者注

（九）检察机关提起的互联网公益诉讼案件；

（十）因行政机关作出互联网信息服务管理、互联网商品交易及有关服务管理等行政行为而产生的行政纠纷；

（十一）上级人民法院指定管辖的其他互联网民事、行政案件。

9.《最高人民法院关于铁路运输法院案件管辖范围的若干规定》（法释〔2012〕10号，20120801）①

第三条　下列涉及铁路运输、铁路安全、铁路财产的民事诉讼，由铁路运输法院管辖：

（一）铁路旅客和行李、包裹运输合同纠纷；

（二）铁路货物运输合同和铁路货物运输保险合同纠纷；

（三）国际铁路联运合同和铁路运输企业作为经营人的多式联运合同纠纷；

（四）代办托运、包装整理、仓储保管、接取送达等铁路运输延伸服务合同纠纷；

（五）铁路运输企业在装卸作业、线路维修等方面发生的委外劳务、承包等合同纠纷；

（六）与铁路及其附属设施的建设施工有关的合同纠纷；

（七）铁路设备、设施的采购、安装、加工承揽、维护、服务等合同纠纷；

（八）铁路行车事故及其他铁路运营事故造成的人身、财产损害赔偿纠纷；

（九）违反铁路安全保护法律、法规，造成铁路线路、机车车辆、安全保障设施及其他财产损害的侵权纠纷；

（十）因铁路建设及铁路运输引起的环境污染侵权纠纷；

（十一）对铁路运输企业财产权属发生争议的纠纷。

第四条　铁路运输基层法院就本规定第一条至第三条所列案件作出的判决、裁定，当事人提起上诉或铁路运输检察院提起抗诉的二审案件，由相应的铁路运输中级法院受理。

第五条　省、自治区、直辖市高级人民法院可以指定辖区内的铁路运输基层法院受理本规定第三条以外的其他第一审民事案件，并指定该铁路运输基层法院驻在地的中级人民法院或铁路运输中级法院受理对此提起上诉的案件。此类案件发生管辖权争议的，由该高级人民法院指定管辖。

省、自治区、直辖市高级人民法院可以指定辖区内的铁路运输中级法院受理对其驻在地基层人民法院一审民事判决、裁定提起上诉的案件。

省、自治区、直辖市高级人民法院对本院及下级人民法院的执行案件，认为需要指定执行的，可以指定辖区内的

---

①　部分专门法院亦存在级别管辖问题，但相关文件未作明确规定。为避免较多重复，相关文件的主要内容列于本条之下。——编者注

铁路运输法院执行。

第六条　各高级人民法院指定铁路运输法院受理案件的范围，报最高人民法院批准后实施。

10.《最高人民法院关于军事法院管辖民事案件若干问题的规定》（法释〔2025〕6号，20250501）

第一条　下列民事案件，由军事法院管辖：

（一）双方当事人均为军人或者军队单位的案件；

（二）认定案件基本事实的主要证据涉及军事秘密的案件；

（三）侵权行为发生在营区内的侵权责任纠纷，且当事人一方为军人或者军队单位的案件；

（四）军队聘用制文职人员与军队单位发生解除或者终止聘用合同争议，不服劳动人事争议仲裁裁决，依法提起诉讼的案件；

（五）申请宣告军人失踪或者死亡的案件；

（六）申请认定军人无民事行为能力或者限制民事行为能力以及相应的指定监护人的案件；

（七）军队设立选举委员会的选民资格案件；

（八）认定营区内无主财产案件。

军事法院依照本条第一款第一项受理民事案件后，根据当事人申请或者依职权追加地方当事人参加诉讼的，由军事法院继续审理。

第二条　下列民事案件，有关军事法院与地方人民法院都有权管辖，地方当事人向军事法院提起诉讼的，军事法院应当受理：

（一）军人或者军队单位执行职务过程中造成他人损害的侵权责任纠纷案件；

（二）当事人一方为军人的婚姻家庭纠纷案件；

（三）民事诉讼法第三十四条规定的不动产所在地、港口所在地、被继承人死亡时住所地或者主要遗产所在地在营区内，且当事人一方为军人或者军队单位的案件；

（四）地方当事人与军队医疗机构之间的医疗损害责任纠纷案件。

第三条　当事人一方是军人或者军队单位，且合同履行地或者标的物所在地在营区内的合同或者其他财产权益纠纷，当事人书面约定军事法院管辖，不违反法律关于级别管辖、专属管辖和专门管辖规定的，应当由军事法院管辖。

第四条　军事法院受理第一审民事案件，应当参照民事诉讼法关于级别管辖、地域管辖的规定确定。

当事人住所地省级行政区划内没有可以受理案件的第一审军事法院，或者处于交通十分不便的边远地区，双方当事人同意由地方人民法院管辖的，地方人民法院可以管辖，但本规定第一条第一款第二项规定的案件除外。

第八条　本规定所称军人是指中

国人民解放军的现役军官、军士、义务兵及具有军籍的学员,中国人民武装警察部队的现役警官、警士、义务兵及具有军籍的学员。军队中的文职人员、由军队管理的离退休人员、具有军队编制的职工,参照军人确定管辖。

军队单位是指中国人民解放军现役部队和预备役部队、中国人民武装警察部队及其编制内的企业事业单位。

营区是指由军队管理使用的区域,包括军事禁区、军事管理区,以及军队设立的临时驻地等。

11.《最高人民法院关于新疆生产建设兵团人民法院案件管辖权问题的若干规定》（法释〔2005〕4 号）,20050606)

第一条第一款 新疆生产建设兵团基层人民法院和中级人民法院分别行使地方基层人民法院和中级人民法院的案件管辖权,管辖兵团范围内的各类案件。

第三条 兵团人民法院管辖以下民事案件:

(一)垦区范围内发生的案件;

(二)城区内发生的双方当事人均为兵团范围内的公民、法人或者其他组织的案件;

(三)城区内发生的双方当事人一方为兵团范围内的公民、法人或者其他组织,且被告住所地在兵团工作区、生活区或者管理区内的案件。

对符合协议管辖和专属管辖条件的案件,依照民事诉讼法的有关规定确定管辖权。

【司法文件】

1.《最高人民法院关于调整高级人民法院和中级人民法院管辖第一审民商事案件标准的通知》（法发〔2015〕7 号,20150501)

四、婚姻、继承、家庭、物业服务、人身损害赔偿、名誉权、交通事故、劳动争议等案件,以及群体性纠纷案件,一般由基层人民法院管辖。

2.《最高人民法院关于审理公司强制清算案件工作座谈会纪要》（法发〔2009〕52 号,20091104)

2. 对于公司强制清算案件的管辖应当分别从地域管辖和级别管辖两个角度确定。地域管辖法院应为公司住所地的人民法院,即公司主要办事机构所在地法院;公司主要办事机构所在地不明确、存在争议的,由公司注册登记地人民法院管辖。级别管辖应当按照公司登记机关的级别予以确定,即基层人民法院管辖县、县级市或者区的公司登记机关核准登记公司的公司强制清算案件;……存在特殊原因的,也可参照适用《中华人民共和国企业破产法》第四条、《中华人民共和国民事诉讼法》第三十七条和第三十九条①的规定,确定公司强制清算案件的

---

① 对应 2023 年《民事诉讼法》第 38 条和第 39 条。——编者注

审理法院。

【最高法公报案例】

铁路运输法院辖区也是所属省高级人民法院辖区，与铁路及其附属设施的建设施工有关的合同纠纷如何确定管辖[准格尔旗鼎峰商贸有限责任公司与中铁十局集团有限公司铁路修建合同纠纷管辖权异议案(2014-3)]

在确定铁路运输法院专门管辖案件的级别管辖时，一方当事人住所地在铁路运输法院辖区，一方当事人住所地既不在铁路运输法院辖区，又不在铁路运输法院所在省份行政辖区，属于"当事人一方住所地不在省高级人民法院辖区"案件，即铁路运输法院辖区也是所属省高级人民法院辖区。

【法院参考案例】

1. 当事人提出管辖异议，认为对方故意虚高诉讼标的额、抬高案件级别管辖的，法院如何移送管辖[潘某华诉浙江省人民政府、嘉兴市人民政府建设工程施工合同纠纷案，最高人民法院(2017)最高法民辖终120号]

当事人提出民事级别管辖异议，认为对方故意虚高诉讼标的额、抬高案件级别管辖的，人民法院应当进行审查。如当事人诉请的标的额明显缺乏依据，审查确定其诉请的标的额存在虚高情形，且足以抬高案件级别管辖的，人民

法院可以依法认定级别管辖异议成立，裁定将案件移送有管辖权的人民法院审理。

2. 解除合同和继续履行合同的诉讼请求均属于财产性诉求，应否以合同金额确定案件标的额[程某华与宁波御融置业有限公司、湖北中梁地产有限公司、上海中梁地产集团有限公司合同纠纷案，最高人民法院(2019)最高法民辖终85号]

《民事诉讼法解释》第201条第2款规定："有多个财产性诉讼请求的，合并计算交纳诉讼费；诉讼请求中有多个非财产性诉讼请求的，按一件交纳诉讼费。"无论是要求解除合同的诉讼请求，还是要求继续履行合同的诉讼请求，均应视为对合同内容相关财产的处分，属于财产性诉求，应以合同金额确定案件标的额；同时要求违约金的，以合同金额和违约金数额合并计算诉讼标的额。

3. 用人单位对非一裁终局劳动仲裁裁决不服的，可否向有管辖权的基层人民法院提起诉讼[西藏远征包装有限公司劳动争议纠纷案，最高人民法院(2021)最高法民申3548号]

对于劳动仲裁机构作出的非一裁终局裁决，用人单位不服的，可以自收到仲裁裁决书之日起15日内向用人单位所在地或者劳动合同履行地的基层人民法院提起诉讼。用人单位向中级人民法院要求撤销仲裁裁决的，人民法

院应当向其告知向有管辖权的基层人民法院提起诉讼,用人单位坚持起诉的,法院应裁定不予受理。

第十九条 【中级法院管辖】 中级人民法院管辖下列第一审民事案件:

(一)重大涉外案件;

(二)在本辖区有重大影响的案件;

(三)最高人民法院确定由中级人民法院管辖的案件。

【立法·要点注释】

根据本条规定,中级人民法院管辖下列第一审民事案件:

1.重大涉外案件。涉外民事案件,一般是指民事法律关系的主体、内容、客体三者之一含有涉外因素的民事案件。一般而言,重大涉外案件主要包括以下几种情形:案件中居住在国外的当事人人数众多或者当事人分属多国国籍;案情复杂;案件的争议标的额较大。此类案件由中级人民法院作为一审法院管辖。

2.在本辖区有重大影响的案件。在中级人民法院辖区有重大影响的案件,一般是指案情复杂、涉及范围广、案件的争议标的金额较大,同时案件处理结果的影响超出了基层人民法院的辖区范围,致使基层人民法院已不便对其

行使管辖权的案件。此类案件由中级人民法院作为第一审管辖法院比较适宜。

3.最高人民法院确定由中级人民法院管辖的案件。基于某些案件的特殊性,最高人民法院会指定此类案件由中级人民法院管辖。主要包括两类:(1)海事、海商案件。海事、海商案件包括海事侵权纠纷案件,海商合同纠纷案件,其他海事、海商案件,海事执行案件以及请求海事保全案件等。(2)除专利行政案件外的其他专利纠纷案件,如专利申请权纠纷案件、专利权权属纠纷案件、侵犯专利权纠纷案件等。

【相关立法】

1.《中华人民共和国人民法院组织法》(19800101;20190101)

第二十三条 中级人民法院审理下列案件:

(一)法律规定由其管辖的第一审案件;

(二)基层人民法院报请审理的第一审案件;

(三)上级人民法院指定管辖的第一审案件;

(四)对基层人民法院判决和裁定的上诉、抗诉案件;

(五)按照审判监督程序提起的再审案件。

2.《中华人民共和国仲裁法》(19950901;

20180101）

第五十八条 当事人提出证据证明裁决有下列情形之一的,可以向仲裁委员会所在地的中级人民法院申请撤销裁决:

（一）没有仲裁协议的;

（二）裁决的事项不属于仲裁协议的范围或者仲裁委员会无权仲裁的;

（三）仲裁庭的组成或者仲裁的程序违反法定程序的;

（四）裁决所根据的证据是伪造的;

（五）对方当事人隐瞒了足以影响公正裁决的证据的;

（六）仲裁员在仲裁该案时有索贿受贿,徇私舞弊,枉法裁决行为的。

人民法院经组成合议庭审查核实裁决有前款规定情形之一的,应当裁定撤销。

人民法院认定该裁决违背社会公共利益的,应当裁定撤销。

3.《中华人民共和国海事诉讼特别程序法》（20000701）

第六条 海事诉讼的地域管辖,依照《中华人民共和国民事诉讼法》的有关规定。

下列海事诉讼的地域管辖,依照以下规定:

（一）因海事侵权行为提起的诉讼,除依照《中华人民共和国民事诉讼法》第二十九条至第三十一条的规定以外,还可以由船籍港所在地海事法院管辖;

（二）因海上运输合同纠纷提起的诉讼,除依照《中华人民共和国民事诉讼法》第二十八条的规定以外,还可以由转运港所在地海事法院管辖;

（三）因海船租用合同纠纷提起的诉讼,由交船港、还船港、船籍港所在地、被告住所地海事法院管辖;

（四）因海上保赔合同纠纷提起的诉讼,由保赔标的物所在地、事故发生地、被告住所地海事法院管辖;

（五）因海船的船员劳务合同纠纷提起的诉讼,由原告住所地、合同签订地、船员登船港或者离船港所在地、被告住所地海事法院管辖;

（六）因海事担保纠纷提起的诉讼,由担保物所在地、被告住所地海事法院管辖;因船舶抵押纠纷提起的诉讼,还可以由船籍港所在地海事法院管辖;

（七）因海船的船舶所有权、占有权、使用权、优先权纠纷提起的诉讼,由船舶所在地、船籍港所在地、被告住所地海事法院管辖。

第七条 下列海事诉讼,由本条规定的海事法院专属管辖:

（一）因沿海港口作业纠纷提起的诉讼,由港口所在地海事法院管辖;

（二）因船舶排放、泄漏、倾倒油类或者其他有害物质,海上生产、作业或者拆船、修船作业造成海域污染损害提起的诉讼,由污染发生地、损害结果地或者采取预防污染措施地海事法院管辖；

（三）因在中华人民共和国领域和有管辖权的海域履行的海洋勘探开发合同纠纷提起的诉讼，由合同履行地海事法院管辖。

第八条 海事纠纷的当事人都是外国人、无国籍人、外国企业或者组织，当事人书面协议选择中华人民共和国海事法院管辖的，即使与纠纷有实际联系的地点不在中华人民共和国领域内，中华人民共和国海事法院对该纠纷也具有管辖权。

第九条 当事人申请认定海上财产无主的，向财产所在地海事法院提出；申请因海上事故宣告死亡的，向处理海事事故主管机关所在地或者受理相关海事案件的海事法院提出。

第十条 海事法院与地方人民法院之间因管辖权发生争议，由争议双方协商解决；协商解决不了的，报请他们的共同上级人民法院指定管辖。

第十一条 当事人申请执行海事仲裁裁决，申请承认和执行外国法院判决、裁定以及国外海事仲裁裁决的，向被执行的财产所在地或者被执行人住所地海事法院提出。被执行的财产所在地或者被执行人住所地没有海事法院的，向被执行的财产所在地或者被执行人住所地的中级人民法院提出。

4.《全国人民代表大会常务委员会关于设立上海金融法院的决定》（20180428）

一、设立上海金融法院。

上海金融法院审判庭的设置，由最高人民法院根据金融案件的类型和数量决定。

二、上海金融法院专门管辖上海金融法院设立之前由上海市的中级人民法院管辖的金融民商事案件和涉金融行政案件。管辖案件的具体范围由最高人民法院确定。

上海金融法院第一审判决和裁定的上诉案件，由上海市高级人民法院审理。

5.《全国人民代表大会常务委员会关于设立北京金融法院的决定》（20210123）

一、设立北京金融法院。

北京金融法院审判庭的设置，由最高人民法院根据金融案件的类型和数量决定。

二、北京金融法院专门管辖以下案件：

（一）应由北京市的中级人民法院管辖的第一审金融民商事案件；

（二）应由北京市的中级人民法院管辖的以金融监管机构为被告的第一审涉金融行政案件；

（三）以住所地在北京市的金融基础设施机构为被告或者第三人，与其履行职责相关的第一审金融民商事案件和涉金融行政案件；

（四）北京市基层人民法院第一审金融民商事案件和涉金融行政案件判决、裁定的上诉、抗诉案件以及再审案件；

（五）依照法律规定应由其执行的

案件；

（六）最高人民法院确定由其管辖的其他金融案件。

北京金融法院第一审判决、裁定的上诉案件，由北京市高级人民法院审理。

6.《全国人民代表大会常务委员会关于设立成渝金融法院的决定》（20220301）

一、设立成渝金融法院。

成渝金融法院审判庭的设置，由最高人民法院根据金融案件的类型和数量决定。

二、成渝金融法院专门管辖以下案件：

（一）重庆市以及四川省属于成渝地区双城经济圈范围内的应由中级人民法院管辖的第一审金融民商事案件；

（二）重庆市以及四川省属于成渝地区双城经济圈范围内的应由中级人民法院管辖的以金融监管机构为被告的第一审涉金融行政案件；

（三）以住所地在重庆市以及四川省属于成渝地区双城经济圈范围内的金融基础设施机构为被告或者第三人，与其履行职责相关的第一审金融民商事案件和涉金融行政案件；

（四）重庆市以及四川省属于成渝地区双城经济圈范围内的基层人民法院第一审金融民商事案件和涉金融行政案件判决、裁定的上诉、抗诉案件以及再审案件；

（五）依照法律规定应由其执行的案件；

（六）最高人民法院确定由其管辖的其他金融案件。

成渝金融法院第一审判决、裁定的上诉案件，由重庆市高级人民法院审理。

7.《全国人民代表大会常务委员会关于设立海南自由贸易港知识产权法院的决定》（20210101）

一、设立海南自由贸易港知识产权法院。

海南自由贸易港知识产权法院审判庭的设置，由最高人民法院根据知识产权案件的类型和数量决定。

二、海南自由贸易港知识产权法院管辖以下案件：

（一）海南省有关专利、技术秘密、计算机软件、植物新品种、集成电路布图设计、涉及驰名商标认定及垄断纠纷等专业性、技术性较强的第一审知识产权民事、行政案件；

（二）前项规定以外的由海南省的中级人民法院管辖的第一审知识产权民事、行政和刑事案件；

（三）海南省基层人民法院第一审知识产权民事、行政和刑事判决、裁定的上诉、抗诉案件；

（四）最高人民法院确定由其管辖的其他案件。

应由海南自由贸易港知识产权法院审理的第一审知识产权刑事案件，由海南省人民检察院第一分院提起公诉。海南省基层人民法院第一审知识产权刑事判决、裁定的上诉、抗诉案件,由海南省人民检察院第一分院依法履行相应检察职责。

海南自由贸易港知识产权法院第一审判决、裁定的上诉案件,由海南省高级人民法院审理,法律有特殊规定的除外。

8.《全国人民代表大会常务委员会关于在北京、上海、广州设立知识产权法院的决定》(20140831)

一、在北京、上海、广州设立知识产权法院。

知识产权法院审判庭的设置,由最高人民法院根据知识产权案件的类型和数量确定。

二、知识产权法院管辖有关专利、植物新品种、集成电路布图设计、技术秘密等专业技术性较强的第一审知识产权民事和行政案件。

不服国务院行政部门裁定或者决定而提起的第一审知识产权授权确权行政案件,由北京知识产权法院管辖。

知识产权法院对第一款规定的案件实行跨区域管辖。在知识产权法院设立的三年内,可以先在所在省(直辖市)实行跨区域管辖。

三、知识产权法院所在市的基层人民法院第一审著作权、商标等知识产权民事和行政判决、裁定的上诉案件,由知识产权法院审理。

9.《全国人民代表大会常务委员会

关于在沿海港口城市设立海事法院的决定》(19841114)

一、根据需要在沿海一定的港口城市设立海事法院。

海事法院的设置或者变更、撤销,由最高人民法院决定。

海事法院的审判机构和办事机构的设置,由最高人民法院规定。

三、海事法院管辖第一审海事案件和海商案件,不受理刑事案件和其他民事案件。

各海事法院管辖区域的划分,由最高人民法院规定。

对海事法院的判决和裁定的上诉案件由海事法院所在地的高级人民法院管辖。

【司法解释】

1.《最高人民法院关于适用〈中华人民共和国民事诉讼法〉的解释》(法释〔2015〕5号,20150204;经法释〔2022〕11号修正,20220410)

第一条 民事诉讼法第十九条第一项规定的重大涉外案件,包括争议标的额大的案件、案情复杂的案件,或者一方当事人人数众多等具有重大影响的案件。

【重点解读】"当事人人数众多"是指哪一方,本条与《民事诉讼法意见》第1条规定不同。《民事诉讼法意见》第1条规定必须是指"居住在国外的当事人",而按照本条规定,没有作此区分,只要"一方当事人人数众多",就属于"重大涉外案件",不管其居住在国内还是国外。

第二条 专利纠纷案件由知识产权法院、最高人民法院确定的中级人民法院和基层人民法院管辖。

海事、海商案件由海事法院管辖。

【重点解读】知识产权法院职能和审级为中级人民法院,可以受理一审、二审和再审案件。知识产权法院所在市辖区内的第一审知识产权民事案件,除法律和司法解释规定应由知识产权法院管辖外,由基层人民法院管辖,不受诉讼标的额的限制。不具有知识产权民事案件管辖权的基层人民法院辖区内的知识产权案件,由所在地高级人民法院报请最高人民法院指定具有知识产权民事案件管辖权的基层人民法院跨区域管辖。当事人对知识产权法院所在市的基层人民法院作出的第一审著作权、商标、技术合同、不正当竞争等知识产权民事和行政判决、裁定提起的上诉案件,由知识产权法院审理。

第二百八十三条 公益诉讼案件由侵权行为地或者被告住所地中级人民法院管辖,但法律、司法解释另有规定的除外。

因污染海洋环境提起的公益诉讼,由污染发生地、损害结果地或者采取预防污染措施地海事法院管辖。

对同一侵权行为分别向两个以上人民法院提起公益诉讼的,由最先立案的人民法院管辖,必要时由它们的共同上级人民法院指定管辖。

第三百六十一条 实现担保物权案件属于海事法院等专门人民法院管辖的,由专门人民法院管辖。

2.《最高人民法院、最高人民检察院关于检察公益诉讼案件适用法律若干问题的解释》(法释〔2018〕6 号,20180302;经法释〔2020〕20 号修正,20210101)

第五条 市(分、州)人民检察院提起的第一审民事公益诉讼案件,由侵权行为地或者被告住所地中级人民法院管辖。

第二十条 人民检察院对破坏生态环境和资源保护,食品药品安全领域侵害众多消费者合法权益,侵害英雄烈士等的姓名、肖像、名誉、荣誉等损害社会公共利益的犯罪行为提起刑事公诉时,可以向人民法院一并提起附带民事公益诉讼,由人民法院同一审判组织审理。

人民检察院提起的刑事附带民事公益诉讼案件由审理刑事案件的人民法院管辖。

3.《最高人民法院关于审理消费民事公益诉讼案件适用法律若干问题的解释》(法释〔2016〕10 号,20160501;经法释〔2020〕20 号修正,20210101)

第三条 消费民事公益诉讼案件管辖适用《最高人民法院关于适用〈中华人民共和国民事诉讼法〉的解释》第

二百八十五条①的有关规定。

经最高人民法院批准，高级人民法院可以根据本辖区实际情况，在辖区内确定部分中级人民法院受理第一审消费民事公益诉讼案件。

4.《最高人民法院关于审理环境民事公益诉讼案件适用法律若干问题的解释》（法释〔2015〕1 号，20150107；经法释〔2020〕20 号修正，20210101）

第六条　第一审环境民事公益诉讼案件由污染环境、破坏生态行为发生地、损害结果地或者被告住所地的中级以上人民法院管辖。

中级人民法院认为确有必要的，可以在报请高级人民法院批准后，裁定将本院管辖的第一审环境民事公益诉讼案件交由基层人民法院审理。

同一原告或者不同原告对同一污染环境、破坏生态行为分别向两个以上有管辖权的人民法院提起环境民事公益诉讼的，由最先立案的人民法院管辖，必要时由共同上级人民法院指定管辖。

第七条　经最高人民法院批准，高级人民法院可以根据本辖区环境和生态保护的实际情况，在辖区内确定部分中级人民法院受理第一审环境民事公益诉讼案件。

中级人民法院管辖环境民事公益诉讼案件的区域由高级人民法院确定。

5.《最高人民法院关于审理生态环境损害赔偿案件的若干规定（试行）》（法释〔2019〕8 号，20190605；经法释〔2020〕17 号修正，20210101）

第三条　第一审生态环境损害赔偿诉讼案件由生态环境损害行为实施地、损害结果发生地或者被告住所地的中级以上人民法院管辖。

经最高人民法院批准，高级人民法院可以在辖区内确定部分中级人民法院集中管辖第一审生态环境损害赔偿诉讼案件。

中级人民法院认为确有必要的，可以在报请高级人民法院批准后，裁定将本院管辖的第一审生态环境损害赔偿诉讼案件交由具备审理条件的基层人民法院审理。

生态环境损害赔偿诉讼案件由人民法院环境资源审判庭或者指定的专门法庭审理。

6.《最高人民法院关于第一审知识产权民事、行政案件管辖的若干规定》（法释〔2022〕13 号，20220501）

第一条　发明专利、实用新型专利、植物新品种、集成电路布图设计、技术秘密、计算机软件的权属、侵权纠纷以及垄断纠纷第一审民事、行政案件由知识产权法院，省、自治区、直辖市人民政府所在地的中级人民法院和最高人民法院确定的中级人民法院管辖。

---

① 对应 2022 年《民事诉讼法解释》第283 条。——编者注

法律对知识产权法院的管辖有规定的，依照其规定。

第二条　外观设计专利的权属、侵权纠纷以及涉驰名商标认定第一审民事、行政案件由知识产权法院和中级人民法院管辖；经最高人民法院批准，也可以由基层人民法院管辖，但外观设计专利行政案件除外。

本规定第一条及本条第一款规定之外的第一审知识产权案件诉讼标的额在最高人民法院确定的数额以上的，以及涉及国务院部门、县级以上地方人民政府或者海关行政行为的，由中级人民法院管辖。

法律对知识产权法院的管辖有规定的，依照其规定。

7.《最高人民法院关于北京、上海、广州知识产权法院案件管辖的规定》（法释〔2014〕12号，20141103；经法释〔2020〕19号修正，20210101）

第一条　知识产权法院管辖所在市辖区内的下列第一审案件：

（一）专利、植物新品种、集成电路布图设计、技术秘密、计算机软件民事和行政案件；

（二）对国务院部门或者县级以上地方人民政府所作的涉及著作权、商标、不正当竞争等行政行为提起诉讼的行政案件；

（三）涉及驰名商标认定的民事案件。

第二条　广州知识产权法院对广东省内本规定第一条第（一）项和第（三）项规定的案件实行跨区域管辖。

第三条　北京市、上海市各中级人民法院和广州市中级人民法院不再受理知识产权民事和行政案件。

广东省其他中级人民法院不再受理本规定第一条第（一）项和第（三）项规定的案件。

北京市、上海市、广东省各基层人民法院不再受理本规定第一条第（一）项和第（三）项规定的案件。

第四条　案件标的既包含本规定第一条第（一）项和第（三）项规定的内容，又包含其他内容的，按本规定第一条和第二条的规定确定管辖。

第八条　知识产权法院所在省（直辖市）的基层人民法院在知识产权法院成立前已经受理但尚未审结的本规定第一条第（一）项和第（三）项规定的案件，由该基层人民法院继续审理。

除广州市中级人民法院以外，广东省其他中级人民法院在广州知识产权法院成立前已经受理但尚未审结的本规定第一条第（一）项和第（三）项规定的案件，由该中级人民法院继续审理。

8.《最高人民法院关于审理著作权民事纠纷案件适用法律若干问题的解释》（法释〔2002〕31号，20021015；经法释〔2020〕19号修正，20210101）

第二条　著作权民事纠纷案件，由中级以上人民法院管辖。

各高级人民法院根据本辖区的实

际情况,可以报请最高人民法院批准,由若干基层人民法院管辖第一审著作权民事纠纷案件。

9.《最高人民法院关于商标法修改决定施行后商标案件管辖和法律适用问题的解释》(法释〔2014〕4号,20140501;经法释〔2020〕19号修正,20210101)

第三条 第一审商标民事案件,由中级以上人民法院及最高人民法院指定的基层人民法院管辖。

涉及对驰名商标保护的民事、行政案件,由省、自治区人民政府所在地市、计划单列市、直辖市辖区中级人民法院及最高人民法院指定的其他中级人民法院管辖。

10.《最高人民法院关于审理商标案件有关管辖和法律适用范围问题的解释》(法释〔2002〕1号,20020121;经法释〔2020〕19号修正,20210101)

第二条第三款、第四款 商标民事纠纷第一审案件,由中级以上人民法院管辖。

各高级人民法院根据本辖区的实际情况,经最高人民法院批准,可以在较大城市确定1—2个基层人民法院受理第一审商标民事纠纷案件。

11.《最高人民法院关于审理涉及计算机网络域名民事纠纷案件适用法律若干问题的解释》(法释〔2001〕24号,20010724;经法释〔2020〕19号修正,20210101)

第二条第一款 涉及域名的侵权纠纷案件,由侵权行为地或者被告住所地的中级人民法院管辖。对难以确定侵权行为地和被告住所地的,原告发现该域名的计算机终端等设备所在地可以视为侵权行为地。

12.《最高人民法院关于审理申请注册的药品相关的专利权纠纷民事案件适用法律若干问题的规定》(法释〔2021〕13号,20210705)

第一条 当事人依据专利法第七十六条规定提起的确认是否落入专利权保护范围纠纷的第一审案件,由北京知识产权法院管辖。

13.《最高人民法院关于审理技术合同纠纷案件适用法律若干问题的解释》(法释〔2004〕20号,20050101;经法释〔2020〕19号修正,20210101)

第四十三条 技术合同纠纷案件一般由中级以上人民法院管辖。

各高级人民法院根据本辖区的实际情况并报经最高人民法院批准,可以指定若干基层人民法院管辖第一审技术合同纠纷案件。

其他司法解释对技术合同纠纷案件管辖另有规定的,从其规定。

合同中既有技术合同内容,又有其他合同内容,当事人就技术合同内容和其他合同内容均发生争议的,由具有技术合同纠纷案件管辖权的人民法院受理。

14.《最高人民法院关于审理垄断民事纠纷案件适用法律若干问题的解释》(法释〔2024〕6 号,20240701)

第四条　第一审垄断民事纠纷案件,由知识产权法院和最高人民法院指定的中级人民法院管辖。

15.《最高人民法院关于适用〈中华人民共和国公司法〉若干问题的规定(二)》(法释〔2008〕6 号,20080519;经法释〔2020〕18 号修正,20210101)

第二十四条　解散公司诉讼案件和公司清算案件由公司住所地人民法院管辖。公司住所地是指公司主要办事机构所在地。公司办事机构所在地不明确的,由其注册地人民法院管辖。

……中级人民法院管辖地区、地级市以上的公司登记机关核准登记公司的解散诉讼案件和公司清算案件。

16.《最高人民法院关于审理证券市场虚假陈述侵权民事赔偿案件的若干规定》(法释〔2022〕2 号,20220122)

第三条　证券虚假陈述侵权民事赔偿案件,由发行人住所地的省、自治区、直辖市人民政府所在的市、计划单列市和经济特区中级人民法院或者专门人民法院管辖。《最高人民法院关于证券纠纷代表人诉讼若干问题的规定》等对管辖另有规定的,从其规定。

省、自治区、直辖市高级人民法院可以根据本辖区的实际情况,确定管辖第一审证券虚假陈述侵权民事赔偿案件的其他中级人民法院,报最高人民法院备案。

17.《最高人民法院关于证券纠纷代表人诉讼若干问题的规定》(法释〔2020〕5 号,20200731)

第二条　证券纠纷代表人诉讼案件,由省、自治区、直辖市人民政府所在的市、计划单列市和经济特区中级人民法院或者专门人民法院管辖。

对多个被告提起的诉讼,由发行人住所地有管辖权的中级人民法院或者专门人民法院管辖;对发行人以外的主体提起的诉讼,由被告住所地有管辖权的中级人民法院或者专门人民法院管辖。

特别代表人诉讼案件,由涉诉证券集中交易的证券交易所、国务院批准的其他全国性证券交易场所所在地的中级人民法院或者专门人民法院管辖。

18.《最高人民法院关于对与证券交易所监管职能相关的诉讼案件管辖与受理问题的规定》(法释〔2005〕1 号,20050131;经法释〔2020〕20 号修正,20210101)

一、根据《中华人民共和国民事诉讼法》第三十七条①和《中华人民共和

① 对应 2023 年《民事诉讼法》第 38 条。——编者注

国行政诉讼法》第二十三条的有关规定,指定上海证券交易所和深圳证券交易所所在地的中级人民法院分别管辖以上海证券交易所和深圳证券交易所为被告或第三人的与证券交易所监管职能相关的第一审民事和行政案件。

二、与证券交易所监管职能相关的诉讼案件包括:

(一)证券交易所根据《中华人民共和国公司法》《中华人民共和国证券法》《中华人民共和国证券投资基金法》《证券交易所管理办法》等法律、法规、规章的规定,对证券发行人及其相关人员、证券交易所会员及其相关人员、证券上市和交易活动作出处理决定引发的诉讼;

(二)证券交易所根据国务院证券监督管理机构的依法授权,对证券发行人及其相关人员、证券交易所会员及其相关人员、证券上市和交易活动作出处理决定引发的诉讼;

(三)证券交易所根据其章程、业务规则、业务合同的规定,对证券发行人及其相关人员、证券交易所会员及其相关人员、证券上市和交易活动作出处理决定引发的诉讼;

(四)证券交易所在履行监管职能过程中引发的其他诉讼。

19.《最高人民法院关于审理期货纠纷案件若干问题的规定》(法释〔2003〕10 号,20030701;经法释〔2020〕18 号修正,20210101)

第七条 期货纠纷案件由中级人民法院管辖。

高级人民法院根据需要可以确定部分基层人民法院受理期货纠纷案件。

20.《最高人民法院关于审理期货纠纷案件若干问题的规定(二)》(法释〔2011〕1 号,20110117;经法释〔2020〕18 号修正,20210101)

第一条 以期货交易所为被告或者第三人的因期货交易所履行职责引起的商事案件,由期货交易所所在地的中级人民法院管辖。

第二条 期货交易所履行职责引起的商事案件是指:

(一)期货交易所会员及其相关人员、保证金存管银行及其相关人员、客户、其他期货市场参与者,以期货交易所违反法律法规以及国务院期货监督管理机构的规定,履行监督管理职责不当,造成其损害为由提起的商事诉讼案件;

(二)期货交易所会员及其相关人员、保证金存管银行及其相关人员、客户、其他期货市场参与者,以期货交易所违反其章程、交易规则、实施细则的规定以及业务协议的约定,履行监督管理职责不当,造成其损害为由提起的商事诉讼案件;

(三)期货交易所因履行职责引起的其他商事诉讼案件。

21.《最高人民法院关于审理企业破

产案件若干问题的规定》(法释〔2002〕23号,20020901)

第一条　企业破产案件由债务人住所地人民法院管辖。债务人住所地指债务人的主要办事机构所在地。债务人无办事机构的,由其注册地人民法院管辖。

第二条第二款、第三款　中级人民法院一般管辖地区、地级市(含本级)以上的工商行政管理机关核准登记企业的破产案件;

纳入国家计划调整的企业破产案件,由中级人民法院管辖。

22.《最高人民法院关于上海金融法院案件管辖的规定》(法释〔2018〕14号,20180810;经法释〔2021〕9号修正,20210422)

第一条　上海金融法院管辖上海市辖区内应由中级人民法院受理的下列第一审金融民商事案件:

(一)证券、期货交易、营业信托、保险、票据、信用证、独立保函、保理、金融借款合同、银行卡、融资租赁合同、委托理财合同、储蓄存款合同、典当、银行结算合同等金融民商事纠纷;

(二)资产管理业务、资产支持证券业务、私募基金业务、外汇业务、金融产品销售和适当性管理、征信业务、支付业务及经有权机关批准的其他金融业务引发的金融民商事纠纷;

(三)涉金融机构的与公司有关的纠纷;

(四)以金融机构为债务人的破产纠纷;

(五)金融民商事纠纷的仲裁司法审查案件;

(六)申请认可和执行香港特别行政区、澳门特别行政区、台湾地区法院金融民商事纠纷的判决、裁定案件,以及申请承认和执行外国法院金融民商事纠纷的判决、裁定案件。

第二条　下列金融纠纷案件,由上海金融法院管辖:

(一)境内投资者以发生在中华人民共和国境外的证券发行、交易活动或者期货交易活动损害其合法权益为由向上海金融法院提起的诉讼;

(二)境内个人或者机构以中华人民共和国境外金融机构销售的金融产品或者提供的金融服务损害其合法权益为由向上海金融法院提起的诉讼。

第三条　在上海证券交易所科创板上市公司的证券发行纠纷、证券承销合同纠纷、证券上市保荐合同纠纷、证券上市合同纠纷和证券欺诈责任纠纷等第一审民商事案件,由上海金融法院管辖。

第四条　以上海证券交易所为被告或者第三人的与证券交易所监管职能相关的第一审金融民商事和涉金融行政案件,由上海金融法院管辖。

第五条　以住所地在上海市并依法设立的金融基础设施机构为被告或者第三人的与其履行职责相关的第一审金融民商事案件,由上海金融法院管辖。

第十一条 上海市各中级人民法院在上海金融法院成立前已经受理但尚未审结的金融民商事案件和涉金融行政案件，由该中级人民法院继续审理。

23.《最高人民法院关于北京金融法院案件管辖的规定》（法释〔2021〕7号，20210316）

第一条 北京金融法院管辖北京市辖区内应由中级人民法院受理的下列第一审金融民商事案件：

（一）证券、期货交易、营业信托、保险、票据、信用证、独立保函、保理、金融借款合同、银行卡、融资租赁合同、委托理财合同、储蓄存款合同、典当、银行结算合同等金融民商事纠纷；

（二）资产管理业务、资产支持证券业务、私募基金业务、外汇业务、金融产品销售和适当性管理、征信业务、支付业务及经有权机关批准的其他金融业务引发的金融民商事纠纷；

（三）涉金融机构的与公司有关的纠纷；

（四）以金融机构为债务人的破产纠纷；

（五）金融民商事纠纷的仲裁司法审查案件；

（六）申请认可和执行香港特别行政区、澳门特别行政区、台湾地区法院金融民商事纠纷的判决、裁定案件，以及申请承认和执行外国法院金融民商事纠纷的判决、裁定案件。

第二条 下列金融纠纷案件，由北京金融法院管辖：

（一）境内投资者以发生在中华人民共和国境外的证券发行、交易活动或者期货交易活动损害其合法权益为由向北京金融法院提起的诉讼；

（二）境内个人或者机构以中华人民共和国境外金融机构销售的金融产品或者提供的金融服务损害其合法权益为由向北京金融法院提起的诉讼。

第三条 在全国中小企业股份转让系统向不特定合格投资者公开发行股票并在精选层挂牌的公司的证券发行纠纷、证券承销合同纠纷、证券交易合同纠纷、证券欺诈责任纠纷以及证券推荐保荐和持续督导合同、证券挂牌合同引起的纠纷等第一审民商事案件，由北京金融法院管辖。

第四条 以全国中小企业股份转让系统有限责任公司为被告或者第三人的与证券交易场所监管职能相关的第一审金融民商事和涉金融行政案件，由北京金融法院管辖。

第五条 以住所地在北京市并依法设立的金融基础设施机构为被告或者第三人的与其履行职责相关的第一审金融民商事案件，由北京金融法院管辖。

第十二条 北京市各中级人民法院在北京金融法院成立前已经受理但尚未审结的金融民商事案件和涉金融行政案件，由该中级人民法院继续审理。

24.《最高人民法院关于成渝金融法院案件管辖的规定》（法释〔2022〕20号，20230101）

第一条　成渝金融法院管辖重庆市以及四川省属于成渝地区双城经济圈范围内的应由中级人民法院受理的下列第一审金融民商事案件：

（一）证券、期货交易、营业信托、保险、票据、信用证、独立保函、保理、金融借款合同、银行卡、融资租赁合同、委托理财合同、储蓄存款合同、典当、银行结算合同等金融民商事纠纷；

（二）资产管理业务、资产支持证券业务、私募基金业务、外汇业务、金融产品销售和适当性管理、征信业务、支付业务及经有权机关批准的其他金融业务引发的金融民商事纠纷；

（三）涉金融机构的与公司有关的纠纷；

（四）以金融机构为债务人的破产纠纷；

（五）金融民商事纠纷的仲裁司法审查案件；

（六）申请认可和执行香港特别行政区、澳门特别行政区、台湾地区法院金融民商事纠纷的判决、裁定案件，以及申请承认和执行外国法院金融民商事纠纷的判决、裁定案件。

第二条　下列金融纠纷案件，由成渝金融法院管辖：

（一）境内投资者以发生在中华人民共和国境外的证券发行、交易活动或者期货和衍生品交易活动损害其合法权益为由向成渝金融法院提起的诉讼；

（二）境内个人或者机构以中华人民共和国境外金融机构销售的金融产品或者提供的金融服务损害其合法权益为由向成渝金融法院提起的诉讼。

第三条　以住所地在重庆市以及四川省属于成渝地区双城经济圈范围内依法设立的金融基础设施机构为被告或者第三人，与其履行职责相关的第一审金融民商事案件和涉金融行政案件，由成渝金融法院管辖。

第十条　重庆市以及四川省属于成渝地区双城经济圈范围内各中级人民法院在本规定施行前已经受理但尚未审结的金融民商事案件和涉金融行政案件，由该中级人民法院继续审理。

25.《最高人民法院关于涉外民商事案件管辖若干问题的规定》（法释〔2022〕18 号，20230101）

第二条　中级人民法院管辖下列第一审涉外民商事案件：

（一）争议标的额大的涉外民商事案件。

北京、天津、上海、江苏、浙江、福建、山东、广东、重庆辖区中级人民法院，管辖诉讼标的额人民币 4000 万元以上（包含本数）的涉外民商事案件；

河北、山西、内蒙古、辽宁、吉林、黑龙江、安徽、江西、河南、湖北、湖南、广西、海南、四川、贵州、云南、西藏、陕西、甘肃、青海、宁夏、新疆辖区中级人民法院，解放军各战区、总直属军事法院，新疆维吾尔自治区高级人民法院生产建设兵团分院所辖各中级人民法院,管辖诉讼标的额人民币2000万元以上(包含本数)的涉外民商事案件。

(二)案情复杂或者一方当事人人数众多的涉外民商事案件。

(三)其他在本辖区有重大影响的涉外民商事案件。

法律、司法解释对中级人民法院管辖第一审涉外民商事案件另有规定的,依照相关规定办理。

第四条 高级人民法院根据本辖区的实际情况,认为确有必要的,经报最高人民法院批准,可以指定一个或数个基层人民法院、中级人民法院分别对本规定第一条、第二条规定的第一审涉外民商事案件实行跨区域集中管辖。

依据前款规定实行跨区域集中管辖的,高级人民法院应及时向社会公布该基层人民法院、中级人民法院相应的管辖区域。

第五条 涉外民商事案件由专门的审判庭或合议庭审理。

第六条 涉外海事海商纠纷案件、涉外知识产权纠纷案件、涉外生态环境损害赔偿纠纷案件以及涉外环境民事公益诉讼案件,不适用本规定。

第七条 涉及香港、澳门特别行政区和台湾地区的民商事案件参照适用本规定。

26.《最高人民法院关于适用〈中华人民共和国海事诉讼特别程序法〉若干问题的解释》(法释〔2003〕3号,20030201)

第一条 在海上或者通海水域发生的与船舶或者运输、生产、作业相关的海事侵权纠纷、海商合同纠纷,以及法律或者相关司法解释规定的其他海事纠纷案件由海事法院及其上级人民法院专门管辖。

第二条 涉外海事侵权纠纷案件和海上运输合同纠纷案件的管辖,适用民事诉讼法第二十四章的规定;民事诉讼法第二十四章没有规定的,适用海事诉讼特别程序法第六条第二款(一)、(二)项的规定和民事诉讼法的其他有关规定。

第三条 海事诉讼特别程序法第六条规定的海船指适合航行于海上或者通海水域的船舶。

第十三条 当事人根据海事诉讼特别程序法第十一条的规定申请执行海事仲裁裁决,申请承认和执行国外海事仲裁裁决的,由被执行的财产所在地或者被执行人住所地的海事法院管辖;被执行的财产为船舶的,无论该船舶是否在海事法院管辖区域范围内,均由海事法院管辖。船舶所在地没有海事法院的,由就近的海事法院管辖。

前款所称财产所在地和被执行人住所地是指海事法院行使管辖权的地域。

第十四条 认定海事仲裁协议效力案件,由被申请人住所地、合同履行地或者约定的仲裁机构所在地的海事法院管辖。

第十五条　除海事法院及其上级人民法院外,地方人民法院对当事人提出的船舶保全申请应不予受理;地方人民法院为执行生效法律文书需要扣押和拍卖船舶的,应当委托船籍港所在地或者船舶所在地的海事法院执行。

27.《最高人民法院关于海事诉讼管辖问题的规定》(法释〔2016〕2号,20160301)

一、关于管辖区域调整

1. 根据航运经济发展和海事审判工作的需要,对大连、武汉海事法院的管辖区域作出如下调整:

(1)大连海事法院管辖下列区域:南自辽宁省与河北省的交界处、东至鸭绿江口的延伸海域和鸭绿江水域,其中包括黄海一部分、渤海一部分、海上岛屿;吉林省的松花江、图们江等通海可航水域及港口;黑龙江省的黑龙江、松花江、乌苏里江等通海可航水域及港口。

(2)武汉海事法院管辖下列区域:自四川省宜宾市合江门至江苏省浏河口之间长江干线及支线水域,包括宜宾、泸州、重庆、涪陵、万州、宜昌、荆州、城陵矶、武汉、九江、安庆、芜湖、马鞍山、南京、扬州、镇江、江阴、张家港、南通等主要港口。

2. 其他各海事法院依据此前最高人民法院发布的决定或通知确定的管辖区域对海事案件行使管辖权。

28.《最高人民法院关于审理海上货运代理纠纷案件若干问题的规定》(法释〔2012〕3号,20120501;经法释〔2020〕18号修正,20210101)

第一条　本规定适用于货运代理企业接受委托人委托处理与海上货物运输有关的货运代理事务时发生的下列纠纷:

(一)因提供订舱、报关、报检、报验、保险服务所发生的纠纷;

(二)因提供货物的包装、监装、监卸、集装箱装拆箱、分拨、中转服务所发生的纠纷;

(三)因缮制、交付有关单证、费用结算所发生的纠纷;

(四)因提供仓储、陆路运输服务所发生的纠纷;

(五)因处理其他海上货运代理事务所发生的纠纷。

第十三条　因本规定第一条所列纠纷提起的诉讼,由海事法院管辖

29.《最高人民法院关于审理海洋自然资源与生态环境损害赔偿纠纷案件若干问题的规定》(法释〔2017〕23号,20180115)

第二条　在海上或者沿海陆域内从事活动,对中华人民共和国管辖海域内海洋自然资源与生态环境造成损害,由此提起的海洋自然资源与生态环境损害赔偿诉讼,由损害行为发生地、损害结果地或者采取预防措施地海事法院管辖。

30.《最高人民法院关于适用〈中华人民共和国仲裁法〉若干问题的解释》（法释〔2006〕7号，20060908）

第十二条　当事人向人民法院申请确认仲裁协议效力的案件，由仲裁协议约定的仲裁机构所在地的中级人民法院管辖；仲裁协议约定的仲裁机构不明确的，由仲裁协议签订地或者被申请人住所地的中级人民法院管辖。

申请确认涉外仲裁协议效力的案件，由仲裁协议约定的仲裁机构所在地、仲裁协议签订地、申请人或者被申请人住所地的中级人民法院管辖。

涉及海事海商纠纷仲裁协议效力的案件，由仲裁协议约定的仲裁机构所在地、仲裁协议签订地、申请人或者被申请人住所地的海事法院管辖；上述地点没有海事法院的，由就近的海事法院管辖。

【司法文件】

1.《最高人民法院关于调整中级人民法院管辖第一审民事案件标准的通知》（法发〔2021〕27号，20211001）

一、当事人住所地均在或者均不在受理法院所处省级行政辖区的，中级人民法院管辖诉讼标的额5亿元以上的第一审民事案件。

二、当事人一方住所地不在受理法院所处省级行政辖区的，中级人民法院管辖诉讼标的额1亿元以上的第一审民事案件。

三、战区军事法院、总直属军事法院管辖诉讼标的额1亿元以上的第一审民事案件。

四、对新类型、疑难复杂或者具有普遍法律适用指导意义的案件，可以依照民事诉讼法第三十八条①的规定，由上级人民法院决定由其审理，或者根据下级人民法院报请决定由其审理。

五、本通知调整的级别管辖标准不适用于知识产权案件、海事海商案件和涉外涉港澳台民商事案件。

六、最高人民法院以前发布的关于中级人民法院第一审民事案件级别管辖标准的规定，与本通知不一致的，不再适用。

2.《最高人民法院关于调整高级人民法院和中级人民法院管辖第一审民事案件标准的通知》（法发〔2019〕14号，20190501）

一、中级人民法院管辖第一审民事案件的诉讼标的额上限原则上为50亿元（人民币），诉讼标的额下限继续按照《最高人民法院关于调整地方各级人民法院管辖第一审知识产权民事案件标准的通知》（法发〔2010〕5号）、《最高人民法院关于调整高级人民法院和中级人民法院管辖第一审民商事案件标准的通知》（法发〔2015〕7号）、《最高人民法院关于明确第一审涉外民商

① 对应2023年《民事诉讼法》第39条。——编者注

事案件级别管辖标准以及归口办理有关问题的通知》（法〔2017〕359 号）、《最高人民法院关于调整部分高级人民法院和中级人民法院管辖第一审民商事案件标准的通知》（法发〔2018〕13 号）等文件执行。

三、海事海商案件、涉外民事案件的级别管辖标准按照本通知执行。

四、知识产权民事案件的级别管辖标准按照本通知执行，但《最高人民法院关于知识产权法庭若干问题的规定》第二条所涉案件类型除外。

五、最高人民法院以前发布的关于第一审民事案件级别管辖标准的规定与本通知不一致的，不再适用。

3.《最高人民法院关于为深化新三板改革、设立北京证券交易所提供司法保障的若干意见》（法发〔2022〕17 号，20220623）

5. 对北京证券交易所及其上市公司所涉案件集中管辖。根据《最高人民法院关于北京金融法院案件管辖的规定》（法释〔2021〕7 号）相关规定，对于以北京证券交易所为被告或者第三人的与证券交易场所管理职能相关的第一审证券民事和行政案件，由北京金融法院管辖。为统一裁判标准，稳定市场司法预期，服务北京国家金融管理中心建设，参照《最高人民法院关于北京金融法院案件管辖的规定》第三条的规定，对北京证券交易所上市公司所涉证券发行纠纷、证券承销合同纠纷、证券

上市保荐合同纠纷、证券上市合同纠纷、证券交易合同纠纷和证券欺诈责任纠纷等第一审金融民商事案件，由北京金融法院试点集中管辖。

4.《全国法院审理债券纠纷案件座谈会纪要》（最高人民法院，法〔2020〕185 号，20200715）

11. 欺诈发行和虚假陈述案件的管辖。债券持有人、债券投资者以发行人、债券承销机构、债券服务机构等为被告提起的要求承担欺诈发行、虚假陈述民事责任的侵权纠纷案件，由省、自治区、直辖市人民政府所在的市、计划单列市和经济特区中级人民法院管辖。

多个被告中有发行人的，由发行人住所地有管辖权的人民法院管辖。

12. 破产案件的管辖。受托管理人、债券持有人申请发行人重整、破产清算的破产案件，以及发行人申请重整、和解、破产清算的破产案件，由发行人住所地中级人民法院管辖。

5.《全国法院民商事审判工作会议纪要》（最高人民法院，法〔2019〕254 号，20191108）

113.【重整计划监督期间的管理人报酬及诉讼管辖】……

重整计划执行期间，因重整程序终止后新发生的事实或者事件引发的有关债务人的民事诉讼，不适用《企业破产法》第 21 条有关集中管辖的规定。除重整计划有明确约定外，上述纠纷引

发的诉讼,不再由管理人代表债务人进行。

6.《最高人民法院关于审理上市公司破产重整案件工作座谈会纪要》(法〔2012〕261号,20121029)

二、关于上市公司破产重整案件的管辖

会议认为,上市公司破产重整案件应当由上市公司住所地的人民法院,即上市公司主要办事机构所在地法院管辖;上市公司主要办事机构所在地不明确、存在争议的,由上市公司注册登记地人民法院管辖。由于上市公司破产重整案件涉及法律关系复杂,影响面广,对专业知识和综合能力要求较高,人力物力投入较多,上市公司破产重整案件一般应由中级人民法院管辖。

7.《最高人民法院、中国证券监督管理委员会关于切实审理好上市公司破产重整案件工作座谈会纪要》(法〔2024〕309号,20241231)

二、关于上市公司破产重整案件的管辖

会议认为,上市公司破产重整案件涉及法律关系复杂,影响面广,案件管辖既要便利当事人参与程序,也要有利于债务风险的及时、有序化解和裁判尺度的统一,还要依法防范当事人为选择管辖法院而临时改变管辖连接点的行为。

5.案件管辖。上市公司破产重整

案件应当由上市公司住所地,即上市公司主要办事机构所在地中级人民法院管辖;上市公司主要办事机构所在地不能确定的,由上市公司注册登记地中级人民法院管辖。向人民法院提交(预)重整申请时,上市公司住所地应当在该法院辖区内连续存续1年以上。

8.《最高人民法院关于审理公司强制清算案件工作座谈会纪要》(法发〔2009〕52号,20091104)

2.对于公司强制清算案件的管辖应当分别从地域管辖和级别管辖两个角度确定。地域管辖法院应为公司住所地的人民法院,即公司主要办事机构所在地法院;公司主要办事机构所在地不明确、存在争议的,由公司注册登记地人民法院管辖。级别管辖应当按照公司登记机关的级别予以确定,即……中级人民法院管辖地区、地级市以上的公司登记机关核准登记公司的公司强制清算案件。存在特殊原因的,也可参照适用《中华人民共和国企业破产法》第四条、《中华人民共和国民事诉讼法》第三十七条和第三十九条①的规定,确定公司强制清算案件的审理法院。

9.《最高人民法院关于在中级人民法院设立清算与破产审判庭的工作方

---

① 对应2023年《民事诉讼法》第38条和第39条。——编者注

案》(法〔2016〕209 号,20160621)

三、职能范围

中级人民法院设立的清算与破产审判庭,职能范围主要包括:1. 审理公司强制清算与企业破产案件;2. 负责公司强制清算与企业破产案件审判工作的调研工作;3. 对下级法院公司强制清算与企业破产案件审判工作进行业务指导;4. 负责相关法院之间公司强制清算与企业破产案件的协调工作;5. 负责破产管理人的管理、培训等相关工作。

四、案件管辖

中级人民法院设立的清算与破产审判庭一般管辖地(市)级以上(含本级)工商行政管理机关核准登记公司(企业)的强制清算与破产案件。省、自治区、直辖市范围内中级人民法院因特殊情况需对公司强制清算与企业破产案件的地域管辖作出调整的,须经当地高级人民法院批准。

10.《最高人民法院关于调整地方各级人民法院管辖第一审知识产权民事案件标准的通知》(法发〔2010〕5 号,20100201)

一、高级人民法院管辖诉讼标的额在 2 亿元以上的第一审知识产权民事案件,以及诉讼标的额在 1 亿元以上且当事人一方住所地不在其辖区或者涉外、涉港澳台的第一审知识产权民事案件。

二、对于本通知第一项标准以下的第一审知识产权民事案件,除应当由经

最高人民法院指定具有一般知识产权民事案件管辖权的基层人民法院管辖的以外,均由中级人民法院管辖。

11.《最高人民法院关于明确第一审涉外民商事案件级别管辖标准以及归口办理有关问题的通知》(法〔2017〕359 号,20180101)

二、下列案件由涉外审判庭或专门合议庭审理:

(一)当事人一方或者双方是外国人、无国籍人、外国企业或者组织,或者当事人一方或者双方的经常居所地在中华人民共和国领域外的民商事案件;

(二)产生、变更或者消灭民事关系的法律事实发生在中华人民共和国领域外,或者标的物在中华人民共和国领域外的民商事案件;

(三)外商投资企业设立、出资、确认股东资格、分配利润、合并、分立、解散等与该企业有关的民商事案件;

(四)一方当事人为外商独资企业的民商事案件;

(五)信用证、保函纠纷案件,包括申请止付保全案件;

(六)对第一项至第五项案件的管辖权异议裁定提起上诉的案件;

(七)对第一项至第五项案件的生效裁判申请再审的案件,但当事人依法向原审人民法院申请再审的除外;

(八)跨境破产协助案件;

(九)民商事司法协助案件;

(十)最高人民法院《关于仲裁司

法审查案件归口办理有关问题的通知》确定的仲裁司法审查案件。

前款规定的民商事案件不包括婚姻家庭纠纷、继承纠纷、劳动争议、人事争议、环境污染侵权纠纷及环境公益诉讼。

三、海事海商及知识产权纠纷案件，不适用本通知。

四、涉及香港、澳门特别行政区和台湾地区的民商事案件参照适用本通知。

五、本通知自 2018 年 1 月 1 日起执行。之前已经受理的案件不适用本通知。

第二十条 【高级法院管辖】高级人民法院管辖在本辖区有重大影响的第一审民事案件。

【立法·要点注释】

高级人民法院包括：省高级人民法院、自治区高级人民法院和直辖市高级人民法院。高级人民法院的主要任务不是审判第一审民事案件，而是对省、自治区、直辖市内的基层人民法院和中级人民法院的民事审判工作进行指导、实行监督，总结和交流民事审判工作的经验，指导本辖区内的基层人民法院和中级人民法院的审判工作。此外，高级人民法院还要审理不服中级人民法院判决、裁定依法提起上诉的第二审民事案件以及当事人申请再审的案件等。因此，高级人民法院管辖第一审民事案

件的范围不宜太大，主要限于在本辖区有重大影响的第一审民事案件。

【相关立法】

《中华人民共和国人民法院组织法》（19800101；20190101）

第二十一条 高级人民法院审理下列案件：

（一）法律规定由其管辖的第一审案件；

（二）下级人民法院报请审理的第一审案件；

（三）最高人民法院指定管辖的第一审案件；

（四）对中级人民法院判决和裁定的上诉、抗诉案件；

（五）按照审判监督程序提起的再审案件；

（六）中级人民法院报请复核的死刑案件。

【司法解释】

1.《最高人民法院关于涉外民商事案件管辖若干问题的规定》（法释〔2022〕18 号，20230101）

第三条 高级人民法院管辖诉讼标的额人民币 50 亿元以上（包含本数）或者其他在本辖区有重大影响的第一审涉外民商事案件。

第四条 高级人民法院根据本辖区的实际情况，认为确有必要的，经报

最高人民法院批准,可以指定一个或数个基层人民法院、中级人民法院分别对本规定第一条、第二条规定的第一审涉外民商事案件实行跨区域集中管辖。

依据前款规定实行跨区域集中管辖的,高级人民法院应及时向社会公布该基层人民法院、中级人民法院相应的管辖区域。

2.《最高人民法院关于新疆生产建设兵团人民法院案件管辖权问题的若干规定》(法释〔2005〕4号,20050606)

第一条第二款　新疆维吾尔自治区高级人民法院生产建设兵团分院管辖原应当由高级人民法院管辖的兵团范围内的第一审案件、上诉案件和其他案件,其判决和裁定是新疆维吾尔自治区高级人民法院的判决和裁定。但兵团各中级人民法院判处死刑(含死缓)的案件的上诉案件以及死刑复核案件由新疆维吾尔自治区高级人民法院管辖。

第七条　新疆维吾尔自治区高级人民法院生产建设兵团分院所管辖第一审案件的上诉法院是最高人民法院。

第八条　对于新疆维吾尔自治区高级人民法院生产建设兵团分院审理再审案件所作出的判决、裁定,新疆维吾尔自治区高级人民法院不再进行再审。

【司法文件】

1.《最高人民法院关于调整高级人民法院和中级人民法院管辖第一审民事案件标准的通知》(法发〔2019〕14号,20190501)

二、高级人民法院管辖诉讼标的额50亿元(人民币)以上(包含本数)或者其他在本辖区有重大影响的第一审民事案件。

三、海事海商案件、涉外民事案件的级别管辖标准按照本通知执行。

四、知识产权民事案件的级别管辖标准按照本通知执行,但《最高人民法院关于知识产权法庭若干问题的规定》第二条所涉案件类型除外。

五、最高人民法院以前发布的关于第一审民事案件级别管辖标准的规定与本通知不一致的,不再适用。

2.《最高人民法院关于调整地方各级人民法院管辖第一审知识产权民事案件标准的通知》(法发〔2010〕5号,20100201)

一、高级人民法院管辖诉讼标的额在2亿元以上的第一审知识产权民事案件,以及诉讼标的额在1亿元以上且当事人一方住所地不在其辖区或者涉外、涉港澳台的第一审知识产权民事案件。

第二十一条 【最高法院管辖】最高人民法院管辖下列第一审民事案件：

（一）在全国有重大影响的案件；

（二）认为应当由本院审理的案件。

【立法·要点注释】

最高人民法院是我国的最高审判机关。最高人民法院的主要任务是对全国地方各级人民法院和军事法院、海事法院、知识产权法院、金融法院等专门人民法院实行审判监督，通过总结审判工作经验，作出有关适用法律、法规的批复、指示或者司法解释，对全国地方各级人民法院和专门人民法院的审判工作进行指导。此外，最高人民法院还要审理不服高级人民法院判决、裁定的上诉案件以及当事人申请再审的案件等。因此，最高人民法院管辖的第一审民事案件应当是极少数。本条规定了两类最高人民法院管辖的第一审民事案件：一是在全国有重大影响的案件；二是最高人民法院认为应当由本院审理的案件。至于什么是在全国有重大影响的案件，哪些案件属于应当由最高人民法院审理的案件，在审判实践中由最高人民法院根据实际情况予以把握。

【相关立法】

《中华人民共和国人民法院组织法》（19800101；20190101）

第十六条 最高人民法院审理下列案件：

（一）法律规定由其管辖的和其认为应当由自己管辖的第一审案件；

（二）对高级人民法院判决和裁定的上诉、抗诉案件；

（三）按照全国人民代表大会常务委员会的规定提起的上诉、抗诉案件；

（四）按照审判监督程序提起的再审案件；

（五）高级人民法院报请核准的死刑案件。

第十九条 最高人民法院可以设巡回法庭，审理最高人民法院依法确定的案件。

巡回法庭是最高人民法院的组成部分。巡回法庭的判决和裁定即最高人民法院的判决和裁定。

【司法解释】

1.《最高人民法院关于知识产权法庭若干问题的规定》（法释〔2018〕22号，20190101；经法释〔2023〕10号修正，20231101）

第一条 最高人民法院设立知识产权法庭，主要审理专利等专业技术性较强的知识产权上诉案件。

知识产权法庭是最高人民法院派出的常设审判机构，设在北京市。

知识产权法庭作出的判决、裁定、调解书和决定，是最高人民法院的判决、裁定、调解书和决定。

第二条　知识产权法庭审理下列上诉案件：

（一）专利、植物新品种、集成电路布图设计授权确权行政上诉案件；

（二）发明专利、植物新品种、集成电路布图设计权属、侵权民事和行政上诉案件；

（三）重大、复杂的实用新型专利、技术秘密、计算机软件权属、侵权民事和行政上诉案件；

（四）垄断民事和行政上诉案件。

知识产权法庭审理下列其他案件：

（一）前款规定类型的全国范围内重大、复杂的第一审民事和行政案件；

（二）对前款规定的第一审民事和行政案件已经发生法律效力的判决、裁定、调解书依法申请再审、抗诉、再审等适用审判监督程序的案件；

（三）前款规定的第一审民事和行政案件管辖权争议，行为保全裁定申请复议，罚款、拘留决定申请复议，报请延长审限等案件；

（四）最高人民法院认为应当由知识产权法庭审理的其他案件。

第十条　对知识产权法院、中级人民法院已经发生法律效力的本规定第二条第一款规定类型的第一审民事和行政案件判决、裁定、调解书，省级人民检察院向高级人民法院提出抗诉的，高级人民法院应当告知其由最高人民检察院依法向最高人民法院提出，并由知识产权法庭审理。

2.《最高人民法院关于设立国际商事法庭若干问题的规定》（法释〔2018〕11 号，20180701；经法释〔2023〕14 号修正，20240101）

第一条　最高人民法院设立国际商事法庭。国际商事法庭是最高人民法院的常设审判机构。

第二条　国际商事法庭受理下列案件：

（一）当事人依照民事诉讼法第二百七十七条的规定协议选择最高人民法院管辖且标的额为人民币 3 亿元以上的第一审国际商事案件；

（二）高级人民法院对其所管辖的第一审国际商事案件，认为需要由最高人民法院审理而获准许的；

（三）在全国有重大影响的第一审国际商事案件；

（四）依照本规定第十四条申请仲裁保全、申请撤销或者执行国际商事仲裁裁决的；

（五）最高人民法院认为应当由国际商事法庭审理的其他国际商事案件。

第十六条　当事人对国际商事法庭作出的已经发生法律效力的判决、裁定和调解书，可以依照民事诉讼法的规定向最高人民法院本部申请再审。

……

3.《最高人民法院关于巡回法庭审理案件若干问题的规定》（法释〔2015〕3号，20150201；经法释〔2016〕30号修正，20161228）

第一条 最高人民法院设立巡回法庭，受理巡回区内相关案件。第一巡回法庭设在广东省深圳市，巡回区为广东、广西、海南、湖南四省区。第二巡回法庭设在辽宁省沈阳市，巡回区为辽宁、吉林、黑龙江三省。第三巡回法庭设在江苏省南京市，巡回区为江苏、上海、浙江、福建、江西五省市。第四巡回法庭设在河南省郑州市，巡回区为河南、山西、湖北、安徽四省。第五巡回法庭设在重庆市，巡回区为重庆、四川、贵州、云南、西藏五省区。第六巡回法庭设在陕西省西安市，巡回区为陕西、甘肃、青海、宁夏、新疆五省区。最高人民法院本部直接受理北京、天津、河北、山东、内蒙古五省区市有关案件。

最高人民法院根据有关规定和审判工作需要，可以增设巡回法庭，并调整巡回法庭的巡回区和案件受理范围。

第二条 巡回法庭是最高人民法院派出的常设审判机构。巡回法庭作出的判决、裁定和决定，是最高人民法院的判决、裁定和决定。

第三条 巡回法庭审理或者办理巡回区内应当由最高人民法院受理的以下案件：

（一）全国范围内重大、复杂的第一审行政案件；

（二）在全国有重大影响的第一审民商事案件；

（三）不服高级人民法院作出的第一审行政或者民商事判决、裁定提起上诉的案件；

（四）对高级人民法院作出的已经发生法律效力的行政或者民商事判决、裁定、调解书申请再审的案件；

（五）刑事申诉案件；

（六）依法定职权提起再审的案件；

（七）不服高级人民法院作出的罚款、拘留决定申请复议的案件；

（八）高级人民法院因管辖权问题报请最高人民法院裁定或者决定的案件；

（九）高级人民法院报请批准延长审限的案件；

（十）涉港澳台民商事案件和司法协助案件；

（十一）最高人民法院认为应当由巡回法庭审理或者办理的其他案件。

巡回法庭依法办理巡回区内向最高人民法院提出的来信来访事项。

第四条 知识产权、涉外商事、海事海商、死刑复核、国家赔偿、执行案件和最高人民检察院抗诉的案件暂由最高人民法院本部审理或者办理。

第六条 当事人不服巡回区内高级人民法院作出的第一审行政或者民商事判决、裁定提起上诉的，上诉状应当通过原审人民法院向巡回法庭提出。当事人直接向巡回法庭上诉的，巡回法庭应当在五日内将上诉状移交原审人民法院。原审人民法院收到上诉状、答辩状,应当在五日内连同全部案卷和证据,报送巡回法庭。

第七条　当事人对巡回区内高级人民法院作出的已经发生法律效力的判决、裁定申请再审或者申诉的,应当向巡回法庭提交再审申请书、申诉书等材料。

第八条　最高人民法院认为巡回法庭受理的案件对统一法律适用有重大指导意义的,可以决定由本部审理。

巡回法庭对于已经受理的案件,认为对统一法律适用有重大指导意义的,可以报请最高人民法院本部审理。

第二节　地域管辖

第二十二条　【一般地域管辖】对公民提起的民事诉讼,由被告住所地人民法院管辖;被告住所地与经常居住地不一致的,由经常居住地人民法院管辖。

对法人或者其他组织提起的民事诉讼,由被告住所地人民法院管辖。

同一诉讼的几个被告住所地、经常居住地在两个以上人民法院辖区的,各该人民法院都有管辖权。

【立法·要点注释】

1.一般地域管辖也称普通管辖,是指以当事人住所地与法院辖区的关系来确定管辖法院。一般地域管辖的原则是"原告就被告",即民事诉讼由被告所在地人民法院管辖。

2.本条第1款规定,对公民提起的民事诉讼,由被告住所地人民法院管辖;被告住所地与经常居住地不一致的,由经常居住地人民法院管辖。这里所说的住所地,是指公民的户籍所在地;经常居住地,是指公民离开住所地至起诉时已连续居住1年以上的地方,但公民住院就医的地方除外。公民偶尔离开经常居住地,如探亲、休假等不构成"连续居住"的中断。在当事人提供居住证、村委会与居委会居住证明等证据出现矛盾时,应按照证据规则进行审查判断,必要时可组织双方当事人质证,依法确定经常居住地。

3.本条第2款规定,对法人或者其他组织提起的民事诉讼,由被告住所地人民法院管辖。这里所说的法人或者其他组织的住所地,是指其主要办事机构所在地。根据有关司法解释的规定,法人或者其他组织的主要办事机构所在地不能确定的,法人或者其他组织的注册地或者登记地为住所地。《民事诉讼法解释》还对"原告就被告"原则进行了细化。

4.本条第3款规定,同一诉讼的几个被告住所地、经常居住地在两个以上人民法院辖区的,各该人民法院都有管辖权,原告可以向任何一个被告住所地或者经常居住地人民法院提起诉讼。

【相关立法】

1.《中华人民共和国民法典》(20210101)

第二十五条 自然人以户籍登记或者其他有效身份登记记载的居所为住所;经常居所与住所不一致的,经常居所视为住所。

第六十三条 法人以其主要办事机构所在地为住所。依法需要办理法人登记的,应当将主要办事机构所在地登记为住所。

2.《中华人民共和国公司法》(19940701;20240701)

第八条 公司以其主要办事机构所在地为住所。

3.《中华人民共和国海事诉讼特别程序法》(20000701)

第六条 海事诉讼的地域管辖,依照《中华人民共和国民事诉讼法》的有关规定。

下列海事诉讼的地域管辖,依照以下规定:

(一)因海事侵权行为提起的诉讼,除依照《中华人民共和国民事诉讼法》第二十九条至第三十一条的规定以外,还可以由船籍港所在地海事法院管辖;

(二)因海上运输合同纠纷提起的诉讼,除依照《中华人民共和国民事诉讼法》第二十八条的规定以外,还可以由转运港所在地海事法院管辖;

(三)因海船租用合同纠纷提起的诉讼,由交船港、还船港、船籍港所在地、被告住所地海事法院管辖;

(四)因海上保赔合同纠纷提起的诉讼,由保赔标的物所在地、事故发生地、被告住所地海事法院管辖;

(五)因海船的船员劳务合同纠纷提起的诉讼,由原告住所地、合同签订地、船员登船港或者离船港所在地、被告住所地海事法院管辖;

(六)因海事担保纠纷提起的诉讼,由担保物所在地、被告住所地海事法院管辖;因船舶抵押纠纷提起的诉讼,还可以由船籍港所在地海事法院管辖;

(七)因海船的船舶所有权、占有权、使用权、优先权纠纷提起的诉讼,由船舶所在地、船籍港所在地、被告住所地海事法院管辖。

【司法解释】

1.《最高人民法院关于适用〈中华人民共和国民事诉讼法〉的解释》(法释〔2015〕5号,20150204;经法释〔2022〕11号修正,20220410)

第三条 公民的住所地是指公民的户籍所在地,法人或者其他组织的住所地是指法人或者其他组织的主要办事机构所在地。

法人或者其他组织的主要办事机构所在地不能确定的,法人或者其他组织的注册地或者登记地为住所地。

【重点解读】《民法典》第 25 条规定，自然人以户籍登记或者其他有效身份登记记载的居所为住所；经常居所与住所不一致的，经常居所视为住所。第 63 条规定，法人以其主要办事机构所在地为住所。依法需要办理法人登记的，应当将主要办事机构所在地登记为住所。2018 年《公司法》第 10 条规定，公司以其主要办事机构所在地为住所。本司法解释与法律规定保持一致。不能确定主要办事机构所在地时，以法人或者其他组织的注册地或者登记地为住所地。办事机构所在地是指执行法人或者其他组织的业务活动、决定和处理组织事务的机构所在地。在办事机构只有一个的情况下，该机构的所在地即为住所地；在办事机构有多个并位于不同的地方时，则以主要办事机构所在地为住所地。在无法确定主要办事机构所在地时，以法人或者其他组织的注册地或者登记地为住所地。在一般情况下，法人或者其他组织的主要办事机构所在地、注册地或者登记地、住所地是重合的。

第四条　公民的经常居住地是指公民离开住所地至起诉时已连续居住一年以上的地方，但公民住院就医的地方除外。

【重点解读】第一，偶尔离开经常居住地，如探亲、休假等并不构成"连续居住"的中断。第二，在当事人提供居住证、村委会与居委会居住证明等证据出现矛盾时，应按照证据规则进行审查判断，必要时可组织双方当事人质证，依法确定经常居住地。

第五条　对没有办事机构的个人合伙、合伙型联营体提起的诉讼，由被告注册登记地人民法院管辖。没有注册登记，几个被告又不在同一辖区的，被告住所地的人民法院都有管辖权。

【重点解读】合伙是指两个以上的自然人、法人或者其他组织，根据合伙合同共同出资、共同经营，依照合同约定或者法律规定承担责任的组织。个人合伙以及合伙型联营体具有团体性特点，应当进行工商注册登记，可以成立办事机构，虽不能独立承担民事责任，但可以作为当事人参加民事诉讼。因此，其作为被告被起诉时，应该参照本解释第 3 条关于法人或者其他组织住所地的规定，确定案件管辖的法院。当个人合伙以及合伙型联营体没有注册登记时，只能以参加合伙的个人或企业等作为原告、被告。在这种情况下，不需考虑合伙的特点，按照"原告就被告"的原则确定管辖即可。

第六条　被告被注销户籍的，依照民事诉讼法第二十三条规定确定管辖；原告、被告均被注销户籍的，由被告居住地人民法院管辖。

第七条　当事人的户籍迁出后尚未落户，有经常居住地的，由该地人民法院管辖；没有经常居住地的，由其原户籍所在地人民法院管辖。

第八条　双方当事人都被监禁或

者被采取强制性教育措施的,由被告原住所地人民法院管辖。被告被监禁或者被采取强制性教育措施一年以上的,由被告被监禁地或者被采取强制性教育措施地人民法院管辖。

第二十三条 债权人申请支付令,适用民事诉讼法第二十二条规定,由债务人住所地基层人民法院管辖。

2.《最高人民法院关于适用〈中华人民共和国民法典〉合同编通则若干问题的解释》(法释〔2023〕13 号,20231205)

第三十五条 债权人依据民法典第五百三十五条的规定对债务人的相对人提起代位权诉讼的,由被告住所地人民法院管辖,但是依法应当适用专属管辖规定的除外。

债务人或者相对人以双方之间的债权债务关系订有管辖协议为由提出异议的,人民法院不予支持。

第三十八条 债权人向人民法院起诉债务人后,又向同一人民法院对债务人的相对人提起代位权诉讼,属于该人民法院管辖的,可以合并审理。不属于该人民法院管辖的,应当告知其向有管辖权的人民法院另行起诉;在起诉债务人的诉讼终结前,代位权诉讼应当中止。

第三十九条 在代位权诉讼中,债务人对超过债权人代位请求数额的债权部分起诉相对人,属于同一人民法院管辖的,可以合并审理。不属于同一人民法院管辖的,应当告知其向有管辖权的人民法院另行起诉;在代位权诉讼终

结前,债务人对相对人的诉讼应当中止。

第四十四条 债权人依据民法典第五百三十八条、第五百三十九条的规定提起撤销权诉讼的,应当以债务人和债务人的相对人为共同被告,由债务人或者相对人的住所地人民法院管辖,但是依法应当适用专属管辖规定的除外。

两个以上债权人就债务人的同一行为提起撤销权诉讼的,人民法院可以合并审理。

第四十六条第一款、第二款 债权人在撤销权诉讼中同时请求债务人的相对人向债务人承担返还财产、折价补偿、履行到期债务等法律后果的,人民法院依法予以支持。

债权人请求受理撤销权诉讼的人民法院一并审理其与债务人之间的债权债务关系,属于该人民法院管辖的,可以合并审理。不属于该人民法院管辖的,应当告知其向有管辖权的人民法院另行起诉。

【最高法公报案例】

当事人能否以其不是适格被告提出管辖权异议[鸿润锦源(厦门)房地产开发有限公司与彭某浑、鸿润集团房地产投资有限公司商品房预售合同纠纷案(2006-12)]

管辖权异议是指当事人对案件是否属于人民法院受理范围或者是否由受诉人民法院管辖提出的异议。当事

人有权提出管辖权异议,但当事人以其不是适格被告为由提出管辖权异议,不符合上述规定,不属于管辖权异议。当事人是否属于适格被告,应当经人民法院实体审理确定。

【法院参考案例】

1. 如何确定经常居住地[方某与张某离婚后财产纠纷案,最高人民法院(2020)最高法民辖 92 号]

认定公民的经常居住地,需从三个方面予以考虑:其一,被告必须在该地住满 1 年;其二,1 年时间必须是连续的,不能中断;其三,到起诉为止,被告还在该地居住。具体到本案,从法院查明的情况看,至起诉时,尚无法确定被告经常居住地。因此,本案应由被告户籍地法院管辖。

2. 当事人未提供证据材料证明实际住所地与登记注册地不一致的,以登记注册地确定案件管辖法院[曲某诉某林木业开发公司林业承包合同纠纷案,最高人民法院(2022)最高法民辖 52 号,入库编号:2024-01-2-132-001]

法人或者其他组织的住所地是指法人或者其他组织的主要办事机构所在地。公司登记机关登记的公司住所地发生变更的,应当在迁入新住所地前申请变更登记。在无证据证明公司主要办事机构所在地与其登记的住所地不同的情况下,应当根据登记的住所地确定案件管辖法院。

3. 法院能否在管辖权异议阶段审查原告主体是否适格[振发能源集团有限公司与深圳英大资本管理有限公司管辖权异议案,最高人民法院(2018)最高法民辖终 415 号]

管辖协议作为合同的组成部分或者合同附属的争议解决协议,是当事人意思自治的体现,各方均应接受其拘束,诚信参与诉讼。对当事人以诉讼主体是否适格、是否存在真实的权利义务关系等为由提出管辖权异议的,需准确把握程序性审查和实体审理的边界,不宜在管辖权异议阶段审查原告主体是否适格问题。

4. 普通共同诉讼中,在答辩期内未提起管辖权异议的被告对驳回其他被告管辖权异议的裁定有无上诉权[黄某涵诉中信银行股份有限公司泉州分行等金融借款合同纠纷管辖权异议案,最高人民法院(2018)最高法民辖终 372 号]

在普通共同诉讼中,其中一个共同诉讼人的诉讼行为对其他共同诉讼人不发生效力。故对普通共同诉讼来说,一个共同诉讼人提起管辖权异议,其效力不能及于他人。在答辩期内未提出管辖权异议的被告,应视为其已默认原告的管辖请求,就驳回其他被告管辖权异议的裁定,不具有相应的上诉利益,不享有上诉权。

5. 在人民法院认定起诉时法院对案件不具有管辖权,而后续程序中出现可能使该法院具有管辖权的新事实的,如何确定管辖[圣奥化学科技有限公司诉山西翔宇化工有限公司破产管理人、山西运城晋腾化学科技有限公司、陈某刚侵害技术秘密纠纷案,最高人民法院(2020)最高法知民辖终68号]

确定案件管辖原则上以起诉时为准,起诉时对案件具有管辖权的人民法院,不因确定管辖的事实在诉讼过程中发生变化而影响其管辖权,此所谓管辖权恒定原则。但是,在人民法院认定其对案件不具有管辖权的情况下,则缺乏管辖权恒定原则的适用前提。此时,如果在后续程序中出现可能使得该人民法院对案件具有管辖权的新事实的,则应该根据新事实确定管辖。

第二十三条 【一般地域管辖的例外规定】下列民事诉讼,由原告住所地人民法院管辖;原告住所地与经常居住地不一致的,由原告经常居住地人民法院管辖:

(一)对不在中华人民共和国领域内居住的人提起的有关身份关系的诉讼;

(二)对下落不明或者宣告失踪的人提起的有关身份关系的诉讼;

(三)对被采取强制性教育措施的人提起的诉讼;

(四)对被监禁的人提起的诉讼。

【立法·要点注释】

本条是关于一般地域管辖的例外规定。一般地域管辖的"原告就被告"原则,在某些特殊情况下无法适用或者适用后将对原告、法院极为不便。为此,本条规定了几种例外情形,在这些情形下,案件由原告住所地人民法院管辖;原告的住所地与经常居住地不一致的,由经常居住地人民法院管辖。这些例外情形包括:

第一,对不在中华人民共和国领域内居住的人提起的有关身份关系的诉讼。被告不在中国领域内居住、与身份关系有关的诉讼案件,如涉及婚姻关系、亲子关系、收养关系的案件等,由原告住所地或者经常居住地人民法院管辖。

第二,对下落不明或者宣告失踪的人提起的有关身份关系的诉讼。在被告下落不明或者已经宣告失踪的情况下,根本无法确定其住所地或者经常居住地,此时,由原告住所地或者经常居住地人民法院管辖,可以方便原告行使诉权。必须明确,这一项只适用于因身份关系提起的诉讼,如离婚诉讼、解除赡养关系等身份方面的诉讼,不能扩大到财产权益诉讼和侵权方面等其他的诉讼。

第三,对正在被采取强制性教育措施的人提起的诉讼。被采取强制性教育措施的人由于离开了住所地或者经常居住地,集中在特定场所接受强制性教育,人身自由受到一定的限制。如果要求原告向强制性教育机构所在地的人民法院起诉,将对原告行使诉权十分不便,因此本条规定在此种情形下,由原告住所地或者经常居住地人民法院管辖。

第四,对被监禁的人提起的诉讼。被监禁的人,无论是已决犯还是未决犯,都丧失了人身自由,脱离了住所地或者经常居住地。如果要求原告向被告监禁地人民法院起诉,将对原告行使诉权十分不便,大大增加其诉讼成本,因此本条规定此种情形由原告住所地或者经常居住地人民法院行使管辖权。

除上述四种情况外,最高人民法院根据司法实践的需要,对"原告就被告"原则的适用进行了以下补充规定:(1)追索赡养费、扶养费、抚养费案件的几个被告住所地不在同一辖区的,可以由原告住所地人民法院管辖;(2)夫妻一方离开住所地超过1年,另一方起诉离婚的案件,由原告住所地人民法院管辖。

【司法解释】

《最高人民法院关于适用〈中华人民共和国民事诉讼法〉的解释》(法释〔2015〕5号,20150204;经法释〔2022〕11号修正,20220410)

第九条　追索赡养费、扶养费、抚养费案件的几个被告住所地不在同一辖区的,可以由原告住所地人民法院管辖。

【重点解读】追索赡养费等的诉讼的原告,显然处于弱者地位。在几个被告住所地不在同一辖区的情况下,再行依据被告住所地确定管辖,势必增加原告累。赋予原告选择向自己住所地法院起诉的权利,进一步体现了对弱势群体的保护性管辖。但是,如果原告坚持向被告住所地法院起诉,根据《民事诉讼法》第22条的相关规定,被告住所地法院当然具有管辖权。

第十条　不服指定监护或者变更监护关系的案件,可以由被监护人住所地人民法院管辖。

【重点解读】本条规定"可以"由被监护人住所地法院管辖,并非排斥被告住所地法院管辖。因此,与本解释第9条的规定相似,如果原告坚持向被告住所地法院起诉,根据《民事诉讼法》第22条的相关规定,被告住所地法院当然具有管辖权。

第十一条　双方当事人均为军人或者军队单位的民事案件由军事法院管辖。

【重点解读】对于涉军离婚的诉讼管辖,应区别以下情形:第一,双方当事人都是军人的,由军事法院专门管辖,地方法院没有管辖权。第二,非军人一方对军人一方提起离婚诉讼,如果军人一方为非文职军人，非军人一方可以选择向自己的住所地人民法院起诉，该地方法院可以受理；军人一方为文职军人的，非军人一方可以选择向军人住所地法院起诉，该地方法院可以受理。第三，军人一方对非军人一方提起离婚诉讼，如果军人一方向非军人一方住所地法院起诉，该地方法院可以受理。

第十二条 夫妻一方离开住所地超过一年，另一方起诉离婚的案件，可以由原告住所地人民法院管辖。

夫妻双方离开住所地超过一年，一方起诉离婚的案件，由被告经常居住地人民法院管辖；没有经常居住地的，由原告起诉时被告居住地人民法院管辖。

【重点解读】关于流动人口经常居住地的认定，根据本解释第4条的规定，是指公民离开住所地至起诉时已连续居住1年以上的地方。但是，具体到夫妻双方离开住所地超过1年，一方起诉离婚的案件，被告没有经常居住地这一特定情形，为减少原告方诉累，本解释规定只要原告证明被告有固定住所，即可向被告暂住地法院起诉。同时，这也为人民法院下一步的审理、执行提供了便利。

第十三条 在国内结婚并定居国外的华侨，如定居国法院以离婚诉讼须由婚姻缔结地法院管辖为由不予受理，当事人向人民法院提出离婚诉讼的，由婚姻缔结地或者一方在国内的最后居住地人民法院管辖。

第十四条 在国外结婚并定居国外的华侨，如定居国法院以离婚诉讼须由国籍所属国法院管辖为由不予受理，当事人向人民法院提出离婚诉讼的，由一方原住所地或者在国内的最后居住地人民法院管辖。

第十五条 中国公民一方居住在国外，一方居住在国内，不论哪一方向人民法院提起离婚诉讼，国内一方住所地人民法院都有权管辖。国外一方在居住国法院起诉，国内一方向人民法院起诉的，受诉人民法院有权管辖。

【重点解读】在本条适用过程中，应注意国外一方在居住国法院起诉，国内一方向国内起诉的人民法院，必须是国内一方住所地的人民法院，而不是国内任意一个人民法院都有权管辖。

第十六条 中国公民双方在国外但未定居，一方向人民法院起诉离婚的，应由原告或者被告原住所地人民法院管辖。

第十七条 已经离婚的中国公民，双方均定居国外，仅就国内财产分割提起诉讼的，由主要财产所在地人民法院管辖。

【重点解读】对于已经离婚的中国公民且双方均定居国外的离婚诉讼，如果仅就国内财产分割发生纠纷，应当依据本条关于特殊地域管辖的规定，向主要财产所在地人民法院提起诉讼，而不能依据一般地域管辖的规定，向当事人在国内的原住所地法院提起诉讼。离婚后财产分割纠纷，不涉及离婚等身份事项，是纯粹的财产分割纠纷，本条规定由主要财产所在地人民法院管辖,是一种特殊的地域管辖。本条规定的主要财产所在地,是指当事人请求分割的财产中价值最大财产的所在地。如果有多项财产,分别处于不同法院的管辖区域,则应当按照各法院管辖区域内财产的价值确定主要财产。同时要注意,本条所规定的主要财产所在地,包括不动产所在地,也包括其他财产所在地。本条规定是为便利当事人诉讼、便于法院审理而设计的一种特殊管辖规则,如果主要财产不是不动产且与不动产财产不在同一地点的,可以由该主要财产所在地的法院管辖该案件。

【法院参考案例】

对被监禁或被采取强制性教育措施的人提起民事诉讼的案件管辖[江某与黄某指定管辖案,最高人民法院(2016)最高法民辖终 19 号]

《民事诉讼法解释》第 8 条是对原、被告双方均被采取强制性教育措施或者被监禁时,确定案件地域管辖的规定,对于只有被告方当事人被采取强制性教育措施或者被监禁时,应适用《民事诉讼法》第 22 条第 3 项和第 4 项(现为第 23 条第 3 项和第 4 项)的规定,由原告住所地人民法院管辖;原告住所地与经常居住地不一致的,由原告经常居住地人民法院管辖。

第二十四条　【合同纠纷的地域管辖】因合同纠纷提起的诉讼,由被告住所地或者合同履行地人民法院管辖。

【立法·要点注释】

1. 本条规定,因合同纠纷提起的诉讼,由被告住所地或者合同履行地人民法院管辖。因合同发生纠纷,有的是因合同是否成立发生的争议;有的是因合同变更发生的争议;还有的是因合同的履行发生的争议。法律规定因合同纠纷提起的诉讼,由被告住所地或者合同履行地人民法院管辖,便于法院查明案情,便于在必要时及时采取财产保全等紧急措施,以利于合同纠纷的正确解决。

2. 司法实践中,如何确认合同履行地是比较复杂的问题。一般来说,合同履行地是指合同规定履行义务和接受该义务的地点,主要是指合同标的物交接的地点。合同的种类不同,合同履行地也有所不同。

【相关立法】

《中华人民共和国海事诉讼特别程序法》(20000701)

第六条　海事诉讼的地域管辖,依照《中华人民共和国民事诉讼法》的有关规定。

下列海事诉讼的地域管辖,依照以下规定:

……

(三)因海船租用合同纠纷提起的诉讼,由交船港、还船港、船籍港所在地、被告住所地海事法院管辖;

……

(五)因海船的船员劳务合同纠纷提起的诉讼,由原告住所地、合同签订地、船员登船港或者离船港所在地、被告住所地海事法院管辖;

……

【司法解释】

1.《最高人民法院关于适用〈中华人民共和国民事诉讼法〉的解释》(法释〔2015〕5号,20150204;经法释〔2022〕11号修正,20220410)

第十八条 合同约定履行地点的,以约定的履行地点为合同履行地。

合同对履行地点没有约定或者约定不明确,争议标的为给付货币的,接收货币一方所在地为合同履行地;交付不动产的,不动产所在地为合同履行地;其他标的,履行义务一方所在地为合同履行地。即时结清的合同,交易行为地为合同履行地。

合同没有实际履行,当事人双方住所地都不在合同约定的履行地的,由被告住所地人民法院管辖。

【重点解读】1. 根据本条规定,确定合同履行地法院管辖时,分三个层面处理。首先,当事人在合同中对合同履行地点有约定的,则按照约定确定合同履行地,从而确定合同履行地管辖法院,不考虑该合同是否已经实际履行以及实际履行地点是否与约定的不同。其次,如果当事人在合同中对履行地点没有约定或者约定不明确的,则按照合同纠纷中争议标的的种类来分别确定合同履行地。具体分为三种情形:一是争议的标的是给付货币的,则以接收货币一方的所在地为合同履行地;二是争议标的为交付不动产的,以不动产所在地作为合同的履行地;三是争议标的为前述给付货币和交付不动产之外的其他标的的,如动产、财产权利的交付等,则以履行义务一方所在地为合同履行地。最后,本条规定了按照合同履行地确定管辖法院的特例:当事人虽然在合同中约定了履行地,但没有实际履行,且当事人双方住所地都不在合同约定的履行地的,则直接由被告住所地人民法院管辖,不再适用合同履行地确定管辖法院。对比《民法典》第510条对合同履行地的实体法上的规定,本条规定在吸收前述实体性规定内容的基础上,增加“争议标的”的限制条件,体现了诉讼法规则的适用场景,又突破了《民法典》有关合同履行的多层次规定,将其压缩为“当事人约定—外观性判断”两个层次,省略其间的补充协议、根据合同条款或交易习惯确定等步骤。本条将实体法上的兜底性规定提升至一般性判断依据,体现了实体法与诉讼法关于合同履行地的不同功能和价值。①

2. 关于争议标的的理解问题。本条第 2 款规定了按照争议标的的种类分别确定合同履行地，所谓"争议标的"，就是指当事人诉讼请求所指向的合同义务内容，因此，可以称为"涉诉债务"。合同履行地就是合同义务的履行地，合同义务履行地根据合同义务的履行情况，可以是一个履行地，也可以是不同的履行地。双务合同和多务合同，当事人分别负有不同的合同义务，通常每一合同义务都有其履行地，即使是单务合同，如果存在两项以上的不同合同义务时，也可能出现两个以上履行地的情况。发生合同纠纷时，也要以争议的合同义务来确定履行地。对争议标的的理解，特别注意不能把争议标的等同于诉讼请求。合同纠纷中，诉讼请求是基于合同关系主张对方承担的合同责任，主要是违约责任。合同履行地不能按照诉讼请求种类确定，只能依照争议的合同义务确定，也即按诉讼请求所指向的合同义务确定。

3. 关于争议标的为给付货币的理解问题。本条规定的"争议标的为给付货币"，是指争议的合同义务是以给付货币为内容。最为典型的合同义务为给付货币的合同是借款合同。如果贷款方起诉借款方要求还本付息，争议标的则为借款方负有的向贷款方归还本金和支付利息的义务，接收货币的一方就是贷款方，贷款方可以以其所在地为合同履行地，向该地人民法院提起诉

讼。如果在借款合同签订后，贷款方违约未交付借款，借款方起诉要求贷款方发放借款的，争议标的就是贷款方负有的向借款方发放借款的义务，接受货币的一方就是借款方，此时借款方可以以其所在地为合同履行地，向该地的人民法院提起诉讼。借款合同中，贷款方需交付借款，借款方需归还借款，双方都有可能成为接收货币的一方，债权人和债务人都有可能成为接收货币的一方，其所在地也都有可能成为合同履行义务一方所在地。借款合同之外的其他合同，如果争议的合同义务内容为给付货币的，也可以适用本条关于接收货币一方所在地为合同履行地的规定确定管辖法院。例如，买卖合同约定买方负有先支付货款的义务，卖方后交付货物，买方未按照合同支付货款，卖方起诉要求买方支付货款的，争议标的为给付货币，卖方为接收货币一方，卖方所在地可以认定为合同履行地。

4. 关于其他标的以履行义务一方所在地为合同履行地的理解问题。其他标的是指货币和不动产以外的其他标的，包括动产、财产权利等。实践中应当注意，当事人起诉要求对方支付金钱，也即诉讼请求是给付金钱，该金钱给付请求既可能是基于合同中给付货币义务产生的，也可能是基于非给付货

————————

① 陈杭平:《民事诉讼管辖精义:原理与实务》，法律出版社 2022 年版，第 118—119 页。

币义务产生的。此时不能直接依据诉讼请求确定争议标的，而应按照诉讼请求所指向的合同义务内容来确定争议标的。如买卖合同，甲为出卖货物方，乙为买受方，如甲起诉要求乙支付货款，甲为买卖合同实体履行合同义务一方，需交付货物才能支付货款，甲所在地为合同履行地；如乙起诉要求甲支付违约金或者赔偿损失，争议标的为甲负有的交付货物的义务，则甲为履行义务一方，甲所在地为合同履行地。这与民事诉讼法"原告就被告"的原则是相一致的。这样规定，合同履行地的认定是单一并且是确定的，当事人在合同签订时对管辖是有预期的，不会因争议的产生发生管辖的不确定和混乱。

5. 关于有多个合同履行义务如何确定履行地的问题。合同项下的义务可能是单一的，也可能是多个的，应当将履行合同主要义务所在地确定为合同履行地。何为主要义务要结合合同履行的实体内容来确定。主要义务履行地无法确定，两个以上合同履行地的人民法院都有管辖权的，依照《民事诉讼法》第36条的规定确定管辖法院。

6. 合同履行地应当以书面约定为准，包括以合同书、信件和数据电文(包括电报、电传、传真、电子数据交换和电子邮件)等形式达成的约定，将书面形式从合同书、信件扩展到数据电文等有形形式，是现代信息社会发展的必然要求，也为近年来的我国立法所确认。

7. 关于约定的地点与实际履行地发生冲突的处理问题。当事人在合同中约定某一具体义务的履行地，不仅有实体法上的意义，还可能有诉讼法上的意义。约定由合同签订地、履行地人民法院管辖，但实际签订地、履行地与约定的签订地、履行地不一致时，应当以约定地作为确定管辖权的依据，因为若当事人约定合同履行地，表明双方对管辖有预期，故应尊重当事人的约定。

8. 关于约定不明确的合同履行地问题。实践中，有两种较为常见的约定不明确的管辖协议。一是约定由守约方所在地法院管辖。判断何方当事人守约，需要经过实体审理方能确定，在确定管辖权的阶段无法判明，这类约定不明确的管辖协议无法执行，应当认定为无效。《最高人民法院关于金利公司与金海公司经济纠纷案件管辖问题的复函》(法函〔1995〕89号)认为，"如甲、乙双方发生争议，由守约方所在地人民法院管辖"的约定无效。最高人民法院(2010)民二终字第39号民事裁定也认为，约定由守约方所在地法院管辖的协议无效。二是约定由当地法院管辖。由于何为当地指代不明，常常产生争议。有的理解为当事人住所地，有的理解为合同履行地，有的根据合同类型理解为工程所在地。我们认为，应当综合考量当事人的意思、合同类型及其他因素，能够确定何为当地的，应当认定为有效；不能确定的，应当认定为约定不明确。最高人民法院在(2010)民申字第809号裁定书中认为，在施工合同中约定"在合同执行中发生争议,双方应协商解决;协商不成向当地人民法院起诉"所称的当地,系指工程所在地(即合同履行地)。

9.关于未履行合同的合同履行地确定问题。在对管辖争议处理时,主要根据当事人的主张对合同是否履行作形式审查。如果合同没有履行,合同对履行地有约定的依照约定确定管辖,但是,当事人双方住所地均不在合同约定的履行地的,由被告住所地人民法院管辖;合同没有约定履行地也没有实际履行的,也应由被告住所地人民法院管辖。但不能违反专属管辖和级别管辖的规定。

第十九条　财产租赁合同、融资租赁合同以租赁物使用地为合同履行地。合同对履行地有约定的,从其约定。

第二十条　以信息网络方式订立的买卖合同,通过信息网络交付标的的,以买受人住所地为合同履行地;通过其他方式交付标的的,收货地为合同履行地。合同对履行地有约定的,从其约定。

【重点解读】1.准确界定通过互联网等信息网络订立的买卖合同范围。《侵害信息网络传播权纠纷规定》第2条规定:"本规定所称信息网络,包括以计算机、电视机、固定电话机、移动电话机等电子设备为终端的计算机互联网、广播电视网、固定通信网、移动通信网等信息网络,以及向公众开放的局域网络。"因此,通过上述媒介订立的买卖合

同,均可视为以互联网等信息网络方式订立的买卖合同。

2.准确把握不同性质的互联网信息网络买卖合同的履行地。以信息网络方式订立的买卖合同的标的有无形的数字化产品(如通过信息网络提供权利人许可的可传播的作品、表演、录音录像制品;权利人或其他受托人通过上传到网络服务器、设置共享文件或者利用文件分享软件等方式,将作品、表演、录音录像制品置于信息网络中,使公众能够在个人选定的时间和地点以有偿下载、浏览或者其他方式获得无形的数字化产品),也有有形的商品(如通过邮寄等方式送达的有形商品等)。这两类不同形式买卖合同的履行地的确定以方便确定、便利诉讼为原则,因此规定:通过信息网络交付标的的,以买受人住所地为合同履行地;通过其他方式交付标的的,收货地为合同履行地。

3.合同对履行地有约定的,从其约定。以互联网等信息网络方式订立的买卖合同,如果双方对合同履行地有明确约定的,从其约定。约定若为格式条款,应符合《民法典》第496条的规定。《民法典》第497条规定:"有下列情形之一的,该格式条款无效:(一)具有本法第一编第六章第三节和本法第五百零六条规定的无效情形;(二)提供格式条款一方不合理地免除或者减轻其责任、加重对方责任、限制对方主要权利;(三)提供格式条款一方排除对方主要权利。"

2.《最高人民法院关于适用〈中华人民共和国民法典〉有关担保制度的解释》（法释〔2020〕28 号,20210101)

第二十一条 主合同或者担保合同约定了仲裁条款的,人民法院对约定仲裁条款的合同当事人之间的纠纷无管辖权。

债权人一并起诉债务人和担保人的,应当根据主合同确定管辖法院。

债权人依法可以单独起诉担保人且仅起诉担保人的,应当根据担保合同确定管辖法院。

【重点解读】本条司法解释主要解决两个问题:第一,如何确定担保纠纷的主管,主要解决诉讼与仲裁的关系问题;第二,如何确定担保纠纷的级别管辖与地域管辖,即当以诉讼方式解决担保纠纷时,如何确定案件的管辖法院。在主管方面,根据本条规定,主合同或者担保合同约定了仲裁条款的,则人民法院对约定仲裁条款的合同当事人之间的纠纷无管辖权。虽然担保债务是从债务,但担保法律关系与主债权债务法律关系是相互独立的,担保合同当事人是否受仲裁管辖,应当看法律关系当事人之间是否达成有效的仲裁协议,主合同中的仲裁条款不必然约束担保合同当事人。在管辖方面,遵循民事诉讼基本原则确定案件的级别管辖与地域管辖。如果债权人一并起诉债务人和担保人的,应当根据主合同确定管辖法院,即首先根据主债权债务的标的额等因素来确定级别管辖,然后根据主合同

来确定地域管辖。如果主合同当事人约定了有效的协议管辖的,不论担保合同当事人是否约定了协议管辖条款,也不论担保合同当事人协议选择的法院是否与主合同一致,都应当按照主合同中的协议管辖条款来确定管辖法院;如果主合同中没有约定协议管辖条款,无论担保合同中是否约定了协议管辖条款,均应当遵循民事诉讼法定管辖原则,由被告住所地或者主合同履行地的人民法院管辖。如果债权人依法单独起诉担保人而没有起诉债务人的,则根据担保合同确定管辖法院。①

3.《最高人民法院关于审理民间借贷案件适用法律若干问题的规定》（法释〔2015〕18 号,20150901;经法释〔2020〕17 号修正,20210101)

第三条 借贷双方就合同履行地未约定或者约定不明确,事后未达成补充协议,按照合同相关条款或者交易习惯仍不能确定的,以接受货币一方所在地为合同履行地。

4.《最高人民法院关于审理劳动争议案件适用法律问题的解释(一)》（法释〔2020〕26 号,20210101)

第三条 劳动争议案件由用人单

<hr>

① 最高人民法院民事审判第二庭:《最高人民法院民法典担保制度司法解释理解与适用》,人民法院出版社 2021 年版,第229—230 页。

位所在地或者劳动合同履行地的基层
人民法院管辖。

劳动合同履行地不明确的,由用人
单位所在地的基层人民法院管辖。

法律另有规定的,依照其规定。

**5.《最高人民法院关于审理存单纠
纷案件的若干规定》**(法释〔1997〕8 号,
19971213;经法释〔2020〕18 号修正,
20210101)

第四条　存单纠纷案件的管辖

依照《中华人民共和国民事诉讼
法》第二十三条①的规定,存单纠纷案
件由被告住所地人民法院或出具存单、
进账单、对账单或与当事人签订存款合
同的金融机构住所地人民法院管辖。
住所地与经常居住地不一致的,由经常
居住地人民法院管辖。

**6.《最高人民法院关于审理期货纠
纷案件若干问题的规定》**(法释〔2003〕
10 号,20030701;经法释〔2020〕18 号修
正,20210101)

**第四条　**人民法院应当依据民事
诉讼法第二十三条、第二十八条和第三
十四条②的规定确定期货纠纷案件的
管辖。

**第五条　**在期货公司的分公司、营
业部等分支机构进行期货交易的,该分
支机构住所地为合同履行地。

因实物交割发生纠纷的,期货交易
所住所地为合同履行地。

**第六条　**侵权与违约竞合的期货

纠纷案件,依当事人选择的诉由确定管
辖。当事人既以违约又以侵权起诉的,
以当事人起诉状中在先的诉讼请求确
定管辖。

**7.《最高人民法院关于审理垄断民
事纠纷案件适用法律若干问题的解释》**
(法释〔2024〕6 号,20240701)

**第五条　**垄断民事纠纷案件的地
域管辖,根据案件具体情况,依照民事
诉讼法及相关司法解释有关侵权纠纷、
合同纠纷等的管辖规定确定。

**8.《最高人民法院关于适用〈中华人
民共和国海事诉讼特别程序法〉若干问题
的解释》**(法释〔2003〕3 号,20030201)

**第八条　**因船员劳务合同纠纷直
接向海事法院提起的诉讼,海事法院应
当受理。

**第十条　**与船舶担保或者船舶优
先权有关的借款合同纠纷,由被告住所
地、合同履行地、船舶的船籍港、船舶所
在地的海事法院管辖。

**9.《最高人民法院关于审理独立保
函纠纷案件若干问题的规定》**(法释
〔2016〕24 号,20161201;经法释〔2020〕18
号修正,20210101)

----

① 对应 2023 年《民事诉讼法》第 24
条。——编者注

② 对应 2023 年《民事诉讼法》第 24
条、第 29 条和第 35 条。——编者注

第二十一条第一款 受益人和开立人之间因独立保函而产生的纠纷案件,由开立人住所地或被告住所地人民法院管辖,独立保函载明由其他法院管辖或提交仲裁的除外。当事人主张根据基础交易合同争议解决条款确定管辖法院或提交仲裁的,人民法院不予支持。

【司法文件】

《全国法院审理债券纠纷案件座谈会纪要》(最高人民法院,法〔2020〕185号,20200715)

10. 债券违约案件的管辖。受托管理人、债券持有人以发行人或者增信机构为被告提起的要求依约偿付债券本息或者履行增信义务的合同纠纷案件,由发行人住所地人民法院管辖。债券募集文件与受托管理协议另有约定的,从其约定。

债券募集文件与受托管理协议中关于管辖的约定不一致,根据《最高人民法院关于适用〈中华人民共和国民事诉讼法〉若干问题的解释》第三十条第一款的规定不能确定管辖法院的,由发行人住所地人民法院管辖。

本纪要发布之前,人民法院以原告住所地为合同履行地确定管辖的案件,尚未开庭审理的,应当移送发行人住所地人民法院审理;已经生效尚未申请执行的案件,应当向发行人住所地人民法院申请强制执行;已经执行尚未结的案件,应当交由发行人住所地人民法院继续执行。

【法院参考案例】

1. 保证合同纠纷的管辖法院应否依据主合同确定[陕西省国际信托股份有限公司诉成都置信实业(集团)有限公司、银川置信投资发展有限公司保证合同纠纷案,最高人民法院(2019)最高法民辖终341号]

保证合同纠纷中,债权人仅将保证人列为被告,要求保证人承担保证责任,未将被保证人列为被告的,若保证人为一般保证人,受诉法院应将被保证人追加为被告,保证合同纠纷的管辖法院应依据主合同确定。案件级别管辖应当依据受诉法院受理案件时施行的级别管辖标准予以确定。

2. 包含专利权转让条款的股权转让协议纠纷如何确定管辖[荥阳某铝业公司诉苏州某宝纳丽金公司专利权转让合同纠纷案,最高人民法院(2019)最高法知民辖终158号]

基于包含专利权转让条款的股权转让合同产生的纠纷,原则上属于股权转让合同纠纷,而非专利权转让合同纠纷,不宜作为专利案件确定管辖。

3. 民间借贷如何通过区分出借与还款两种情形确定合同履行地[黄某新、甘肃荔昌家居有限责任公司、曾某

钦与戴某九民间借贷纠纷案,最高人民法院(2017)最高法民辖终 245 号]

本案系民间借贷纠纷,争议标的为给付货币,接收货币一方所在地为合同履行地,但"接收货币一方所在地"实践中存在两种情形,即出借人所在地和借款人所在地。当双方当事人在案涉借款是否出借事项上产生争议时,以借款人所在地为合同履行地;当双方当事人在案涉借款及其利息是否归还事项上产生争议时,以出借人所在地为合同履行地。

4. 能否以原告诉讼请求指向金钱给付义务而认定案件争议标的即为给付货币[山东崇文教育科技有限公司与吉林中软吉大信息技术有限公司技术合同纠纷案,最高人民法院(2021)最高法知民辖终 334 号]

当事人在合同中明确约定的履行地点为合同履行地,否则视为没有约定或约定不明。《民事诉讼法解释》第 18 条第 2 款规定明确了合同履行地的确定规则,即根据当事人诉讼请求和结合合同履行义务来确定合同履行地。诉讼请求为给付金钱的,不应简单地以诉讼请求指向金钱给付义务而认定争议标的即为给付货币,而应根据合同具体内容明确其所指向的合同义务。

5.《民事诉讼法解释》第 18 条"接收货币一方所在地为合同履行地"中的"一方"如何理解[杨某平与宁夏申银

特钢股份有限公司、黄某股权转让纠纷案,最高人民法院(2019)最高法民辖终 195 号]

根据《民事诉讼法解释》规定,标的是给付货币的,接收货币一方所在地为合同履行地。这里的"一方"应当指合同一方,即合同的权利义务主体,而不是任何其他依据合同主张权利的非合同当事人。否则,如允许非合同当事人也适用上述规则,合同履行地显然陷入了随时变动的状态。非合同一方作为原告依据合同提起给付货币的诉讼时,不应以其所在地作为合同履行地确定地域管辖。

6. 原告诉求被告支付货币是否须符合合同特征性义务,才能适用"接收货币一方所在地为合同履行地"的规定确定管辖法院[堆龙东为实业有限公司、成素百悦大地矿业有限公司与王某银合同纠纷案,最高人民法院(2019)最高法民辖终 385 号]

认定合同履行地需要先确认当事人之间的争议标的,争议标的是指双方发生纠纷的合同类型或性质所决定的主要或特征性义务。因此可能存在支付货币仅是交易对价,而非合同特征性义务情形,此时原告向法院起诉主张被告支付货币的,则不属于"争议标的为给付货币的"情形,从而适用以"接收货币一方所在地为合同履行地"的规定确定管辖法院。

7. 债权受让人对基础合同债务人提起诉讼的,应当依据原合同当事人确定"接收货币一方"所在地［丁某平诉莫某江、顾某华民间借贷纠纷案,上海市普陀区人民法院（2019）沪 0107 民初 13686 号,入库编号：2024-01-2-103-006］

债权转让后,债权受让人起诉原债务人的,合同履行地应当依据被转让的基础合同确定。基础合同没有明确约定合同履行地的,应当依据《民事诉讼法解释》第 18 条第 2 款规定,并结合民事合同性质、起诉主体、当事人诉讼请求所指向的合同义务等确定合同履行地。债权转让后,债权受让人虽享有原合同债权人的权利,但债务人的利益（包括程序上的管辖利益）不应因债权转让行为而遭受损害,故合同履行地（包括接受货币一方所在地）与案件管辖法院仍应当按照原合同和原合同当事人确定,不能以债权受让人（新债权人）作为合同当事人来确定合同履行地。

8. 合同中同时约定履约地和交货地的,如何确定管辖法院［同鑫公司与同发公司、朱某、谢某毅、谢某买卖合同纠纷案,最高人民法院（2021）最高法民辖 57 号］

合同双方当事人既约定履约地,又同时约定交货地的,交货地属于合同实际履行时双方当事人约定的交货地,履约地属于程序法意义上双方当事人约

定的合同履行地,合同履行地人民法院对案件具有管辖权。

9. 双方通过微信买卖货物纠纷,如何确定管辖［曹某明与钟某松、楚某买卖合同纠纷案,最高人民法院（2022）最高法民辖 22 号］

信息网络,包括以计算机、电视机、固定电话机、移动电话机等电子设备为终端的计算机互联网、广播电视网、固定通信网、移动通信网等信息网络,以及向公众开放的局域网络。原、被告通过微信交流达成买卖协议以定购货物,并约定收货地,该买卖协议属于以信息网络方式订立的买卖合同。根据《民事诉讼法解释》规定,以信息网络方式订立的买卖合同,通过信息网络交付标的的,以买受人住所地为合同履行地;通过其他方式交付标的的,收货地为合同履行地。合同对履行地有约定的,从其约定。本案收货地作为合同履行地,其基层人民法院有管辖权。

10. 信息网络买卖合同管辖纠纷中,通过邮寄方式交付的,收货地的人民法院是否具有案件管辖权［韩某鑫与珠海市浩逸公司、北京口袋时尚科技有限公司信息网络买卖合同纠纷案,最高人民法院（2021）最高法民辖 53 号］

以信息网络订立的买卖合同纠纷提起的诉讼,通过邮寄方式交付的,且有证据证明收货地的,收货地可作为合同履行地,合同履行地的人民法院对案

件具有管辖权。

> **第二十五条　【保险合同纠纷的地域管辖】** 因保险合同纠纷提起的诉讼,由被告住所地或者保险标的物所在地人民法院管辖。

【立法·要点注释】

保险合同,是指投保人支付保险费给保险人,保险人对于投保人因自然灾害或者意外事故等所致的损害或者责任承担赔偿责任或者支付一定金额的合同。因保险合同发生的纠纷,是指投保人或者保险受益人与保险人之间发生的争议。保险标的物,是投保人与保险人订立的保险合同所指向的对象,如财产、人身健康或生命等。因保险合同纠纷提起的诉讼,被告住所地、保险标的物所在地人民法院都有管辖权。

【相关立法】

《中华人民共和国海事诉讼特别程序法》(20000701)

第六条　海事诉讼的地域管辖,依照《中华人民共和国民事诉讼法》的有关规定。

下列海事诉讼的地域管辖,依照以下规定:

……

(四)因海上保赔合同纠纷提起的诉讼,由保赔标的物所在地、事故发生地、被告住所地海事法院管辖;

……

【司法解释】

1.《最高人民法院关于适用〈中华人民共和国民事诉讼法〉的解释》(法释〔2015〕5 号,20150204;经法释〔2022〕11 号修正,20220410)

第二十一条　因财产保险合同纠纷提起的诉讼,如果保险标的物是运输工具或者运输中的货物,可以由运输工具登记注册地、运输目的地、保险事故发生地人民法院管辖。

因人身保险合同纠纷提起的诉讼,可以由被保险人住所地人民法院管辖。

【重点解读】本条第 2 款规定的是特殊地域管辖,其并不排斥法律关于一般地域管辖的规定。因此,人身保险合同纠纷发生后,原告一方如果向被告住所地人民法院提起诉讼,被告住所地人民法院是可以管辖的。

2.《最高人民法院关于适用〈中华人民共和国保险法〉若干问题的解释(四)》(法释〔2018〕13 号,20180901;经法释〔2020〕18 号修正,20210101)

第十二条　保险人以造成保险事故的第三者为被告提起代位求偿权之诉的,以被保险人与第三者之间的法律关系确定管辖法院。

3.《最高人民法院关于适用〈中华人民共和国海事诉讼特别程序法〉若干问题的解释》（法释〔2003〕3号，20030201）

第六条　海事诉讼特别程序法第六条第二款（四）项的保赔标的物所在地指保赔船舶的所在地。

【审判业务答疑】

《法答网精选答问（第十五批）——立案受理专题》（20250109）

问题4：《民事诉讼法解释》第21条规定的"运输工具登记注册地"怎样理解？

答疑意见：根据《民法典》第225条的规定，船舶、航空器和机动车等运输工具属于特殊动产，其物权的设立、变更、转让和消灭，未经登记，不得对抗善意第三人。如船舶的所有权的取得、转让和消灭，应当依据《船舶登记条例》第5条的规定，向船舶登记机关进行登记；机动车的相关权属登记应当按照《机动车登记规定》第2条第3款的规定，向县级公安机关交通管理部门车辆管理所等办理相关机动车登记业务。故《民事诉讼法解释》第21条规定的运输工具登记注册地，应是指相关运输工具的登记机关的所在地，而非相关运输工具权属人的所在地，如车辆，应当是登记车辆权属的车辆管理所的所在地。一般情况下，当事人的住所地与其所有车辆权属登记的管理所所在地是一致的。但是，如果因为迁移等原因导致当事人的住所地与其所有车辆权属登记的管理所所在地不一致时，应当以其车辆权属登记的管理所所在地作为"运输工具登记注册地"。

【最高法指导性案例】

指导案例25号：华泰财产保险有限公司北京分公司诉李志贵、天安财产保险股份有限公司河北省分公司张家口支公司保险人代位求偿权纠纷案（20140126）

【裁判要点】

因第三者对保险标的的损害造成保险事故，保险人向被保险人赔偿保险金后，代位行使被保险人对第三者请求赔偿的权利而提起诉讼的，应当根据保险人所代位的被保险人与第三者之间的法律关系，而不应当根据保险合同法律关系确定管辖法院。第三者侵害被保险人合法权益的，由侵权行为地或者被告住所地法院管辖。

【基本案情】

2011年6月1日，华泰财产保险有限公司北京分公司（简称华泰保险公司）与北京亚大锦都餐饮管理有限公司（简称亚大锦都餐饮公司）签订机动车辆保险合同，被保险车辆的车牌号为京A82368，保险期间自2011年6月5日0时起至2012年6月4日24时止。2011年11月18日，陈某某驾驶被保险车辆行驶至北京市朝阳区机场高速公路上时,与李志贵驾驶的车牌号为冀GA9120 的车辆发生交通事故,造成被保险车辆受损。经交管部门认定,李志贵负事故全部责任。事故发生后,华泰保险公司依照保险合同的约定,向被保险人亚大锦都餐饮公司赔偿保险金83878 元,并依法取得代位求偿权。基于肇事车辆系在天安财产保险股份有限公司河北省分公司张家口支公司(简称天安保险公司)投保了机动车交通事故责任强制保险,华泰保险公司于2012 年10 月诉至北京市东城区人民法院,请求判令被告肇事司机李志贵和天安保险公司赔偿83878 元,并承担诉讼费用。

被告李志贵的住所地为河北省张家口市怀来县沙城镇,被告天安保险公司的住所地为张家口市怀来县沙城镇燕京路东108 号,保险事故发生地为北京市朝阳区机场高速公路上,被保险车辆行驶证记载所有人的住址为北京市东城区工体北路新中西街8 号。

【裁判结果】

北京市东城区人民法院于2012 年12 月17 日作出(2012)东民初字第13663 号民事裁定:对华泰保险公司的起诉不予受理。宣判后,当事人未上诉,裁定已发生法律效力。

【裁判理由】

法院生效裁判认为:根据《保险法》第60 条的规定,保险人的代位求偿权是指保险人依法享有的,代位行使被保险人向造成保险标的损害负有赔偿责任的第三者请求赔偿的权利。保险人代位求偿权源于法律的直接规定,属于保险人的法定权利,并非基于保险合同而产生的约定权利。因第三者对保险标的的损害造成保险事故,保险人向被保险人赔偿保险金后,代位行使被保险人对第三者请求赔偿的权利而提起诉讼的,应根据保险人所代位的被保险人与第三者之间的法律关系确定管辖法院。第三者侵害被保险人合法权益,因侵权行为提起的诉讼,依据《民事诉讼法》第28 条(现为第29 条)的规定,由侵权行为地或者被告住所地法院管辖,而不适用财产保险合同纠纷管辖的规定,不应以保险标的物所在地作为管辖依据。本案中,第三者实施了道路交通侵权行为,造成保险事故,被保险人对第三者有侵权损害赔偿请求权;保险人行使代位权起诉第三者的,应当由侵权行为地或者被告住所地法院管辖。现二被告的住所地及侵权行为地均不在北京市东城区,故北京市东城区人民法院对该起诉没有管辖权,应裁定不予受理。

【法院参考案例】

保险人确定承保条件的基础的合同与保险合同之间在实体与程序上具有法律独立性,保险合同的管辖是否受其他民事合同影响[神龙汽车有限公司与华泰财产保险股份有限公司保险合同纠纷管辖权争议案,最高人民法院

(2000)经终字第 295 号]

保险公司与投保人签订的分期付款购车保险协议,是双方当事人依据保险法的规定而成立的保险合同。在保险合同法律关系中,其他民事合同的权利义务虽是保险人确定承保条件的基础,但其不能改变两个合同在实体与程序上的法律独立性,其他民事合同与保险合同之间不存在主从关系。因此,被告住所地或者保险标的物所在地人民法院有管辖权。

第二十六条 【票据纠纷的地域管辖】因票据纠纷提起的诉讼,由票据支付地或者被告住所地人民法院管辖。

【立法·要点注释】

票据是指由出票人签发的、写明在一定的时间、地点由本人或者指定他人按照票面所载文义,向收款人或者持票人无条件支付一定金额的有价证券。票据分为本票、汇票和支票三种。所谓票据纠纷,是指出票人或者付款人与收款人或者持票人之间因票据承兑等发生的争议。例如,银行对票据持有人拒付一定的金额而发生的纠纷,以及票据系伪造而银行以该票据向票据持有人进行支付而发生的纠纷等。票据支付地,即票据上载明的付款地。因票据纠纷提起的诉讼,由票据支付地法院管辖,既便于当事人进行诉讼,又便于法院查清事实,及时审判和执行。

本条适用的重点在于票据支付地的确定。票据支付地,是指票据上载明的票据付款地。根据《票据法》第23条、第76条、第86条规定,汇票上未记载付款地的,付款人的营业场所、住所或者经常居住地为付款地;本票上未记载付款地的,出票人的营业场所为付款地;支票上未记载付款地的,付款人的营业场所为付款地。根据《票据纠纷规定》第6条第2款的规定,票据上载明付款地的,票据纠纷可由票据上载明的付款地法院管辖;票据上未载明付款地的,根据不同情形,可由汇票付款人或者代理付款人的营业场所、住所或者经常居住地,本票出票人的营业场所,支票付款人或者代理付款人的营业场所所在地法院管辖。

【相关立法】

《中华人民共和国票据法》(19960101;20040828)

第二十三条第三款 汇票上未记载付款地的,付款人的营业场所、住所或者经常居住地为付款地。

第七十六条第二款 本票上未记载付款地的,出票人的营业场所为付款地。

第八十六条第二款 支票上未记载付款地的,付款人的营业场所为付款地。

【司法解释】

1.《最高人民法院关于审理票据纠纷案件若干问题的规定》（法释〔2000〕32号,20001121;经法释〔2020〕18号修正,20210101）

第六条　因票据纠纷提起的诉讼,依法由票据支付地或者被告住所地人民法院管辖。

票据支付地是指票据上载明的付款地,票据上未载明付款地的,汇票付款人或者代理付款人的营业场所、住所或者经常居住地,本票出票人的营业场所,支票付款人或者代理付款人的营业场所所在地为票据付款地。代理付款人即付款人的委托代理人,是指根据付款人的委托代为支付票据金额的银行、信用合作社等金融机构。

第三十四条　票据丧失后,失票人在票据权利时效届满以前请求出票人补发票据,或者请求债务人付款,在提供相应担保的情况下因债务人拒绝付款或者出票人拒绝补发票据提起诉讼的,由被告住所地或者票据支付地人民法院管辖。

2.《最高人民法院关于适用〈中华人民共和国民事诉讼法〉的解释》（法释〔2015〕5号,20150204;经法释〔2022〕11号修正,20220410）

第三百六十条　实现票据、仓单、提单等有权利凭证的权利质权案件,可以由权利凭证持有人住所地人民法院管辖;无权利凭证的权利质权,由出质登记地人民法院管辖。

【重点解读】第一,当财产登记地与财产所在地不一致时,是否专属于财产所在地人民法院管辖?如同一笔债权的抵押物分布于某市A、B、C三个区的三处房产,而登记机关在该市A区。A区人民法院受理后,被申请人向人民法院提出了管辖权异议,认为财产所在地在B、C区,不应该由A区人民法院管辖。此种情况下,到底由哪个区的人民法院管辖?这里涉及2021年《民事诉讼法》第34条与第203条规定如何适用的问题。《民事诉讼法》第34条规定,因不动产纠纷提起的诉讼,由不动产所在地人民法院专属管辖。《民事诉讼法》第203条规定,申请实现担保物权案件由担保财产所在地或者担保物权登记地基层人民法院管辖。对此问题,有不同意见。一种意见认为,不动产专属管辖系《民事诉讼法》之特别规定,应当予以适用;另一种意见认为,2012年《民事诉讼法》增设了实现担保物权的特别程序,并以方便当事人行使权利为原则,兼采了两种地域管辖标准,其本身亦系特别程序中的特殊规定,不适用诉讼程序中的不动产专属管辖之规定。如为实现一笔债权还要分别向多个抵押房产所在地人民法院提出实现担保物权申请,则无法体现实现担保物权案件程序关注抵押权实现的便捷需求,降低抵押权实现的成本的立法本意。我们认为,《民事诉讼法》第34条规定的不动产专属管辖,主要是指因不动产的权利确认、分割、相邻关系等引起的物权纠纷,而实现不动产抵押权等担保物权的案件是特别程序案件,应适用第203条的特别规定,由不动产登记地人民法院管辖。

第二,实现担保物权案件是否属于《民事诉讼法》第203条规定的"担保财产所在地或者担保物权登记地基层人民法院"专属管辖?换句话说,当事人是否可以对此类案件适用约定管辖及应诉管辖?我们认为,依据非讼法理,非讼案件的管辖,虽然在法律条文中没有"专属管辖"的用语,但由于非讼管辖的目的在于追求迅速及符合公益目的的需求,且其经常涉及第三人的权益,其管辖似有定性为专属管辖的必要;且依其性质,并不能适用约定管辖及应诉管辖。此外,在实现担保物权的案件中原主合同中约定的管辖法院与《民事诉讼法》第203条规定的管辖法院不一致时,是否以第203条规定为准?我们认为,实现担保物权案件是特别程序,主合同中约定的管辖法院并不必然就对实现担保物权的案件适用,此时应按《民事诉讼法》第203条的规定处理。

第三,实现担保物权案件的管辖法院是否恒定?在司法实践中可能存在担保物权人在担保财产所在地申请立案后,担保财产被转移出立案法院辖区的情形,此时是否还由立案受理人民法院管辖?我们认为依据本司法解释第37条的规定,管辖是恒定的。本司法解释第37条规定:"案件受理后,受诉人民法院的管辖权不受当事人住所地、经常居住地变更的影响。"参照诉讼案件的管辖原理,受理人民法院可以继续受理案件的审查,不受担保物变动的影响,这不但可以减少当事人的诉累,同时也能够避免被申请人通过不断变更担保物的所在地来规避法院的审查。

第四百五十五条　人民法院依照民事诉讼法第二百二十八条①规定终结公示催告程序后,公示催告申请人或者申报人向人民法院提起诉讼,因票据权利纠纷提起的,由票据支付地或者被告住所地人民法院管辖;因非票据权利纠纷提起的,由被告住所地人民法院管辖。

【重点解读】1. 关于本条规定与《票据纠纷规定》第6条规定如何衔接适用的问题

为与《民法典》相关规定相适应,2020年,最高人民法院对《票据纠纷规定》进行了修正。在该次修正过程中,关于是否有必要区别票据权利纠纷和非票据权利纠纷分别规定管辖法院,仍然是争议的问题。倾向意见认为,应尊重2021年《民事诉讼法》关于票据纠纷管辖法院的规定,不再区分两种票据纠纷分别确定管辖法院。具体理由为:一

————

① 对应2023年《民事诉讼法》第232条。——编者注

是虽《民事诉讼法》屡次修改,但其关于票据纠纷的管辖法院的规定一直未变,均不区分票据权利纠纷和非票据权利纠纷,而统一规定了确定管辖法院的原则。2021 年《民事诉讼法》第 26 条仍然规定:"因票据纠纷提起的诉讼,由票据支付地或者被告住所地人民法院管辖。"二是在审判实务中适用 2000 年《票据纠纷规定》的规定时存在争管辖的问题,不利于实现诉讼公正与诉讼效率的统一。三是非票据权利纠纷也存在与票据支付地相关联的情形,根据确定管辖的"两便"原则,也可由票据支付地法院管辖。据此,2020 年《票据纠纷规定》不再区别规定票据纠纷的管辖法院,其删除了 2000 年《票据纠纷规定》第 7 条的规定,在第 6 条规定:"因票据纠纷提起的诉讼,依法由票据支付地或者被告住所地人民法院管辖。票据支付地是指票据上载明的付款地,票据上未载明付款地的,汇票付款人或者代理付款人的营业场所、住所或者经常居住地,本票出票人的营业场所,支票付款人或者代理付款人的营业场所所在地为票据付款地。代理付款人即付款人的委托代理人,是指根据付款人的委托代为支付票据金额的银行、信用合作社等金融机构。"

2021 年修正《民事诉讼法》后,原《民事诉讼法解释》所引用的条文序号与 2021 年《民事诉讼法》出现了不一致,相关条文表述也亟待调整。2022年 1 月,最高人民法院启动《民事诉讼法解释》修改工作,该次修改,主要是严格对照 2021 年《民事诉讼法》有关规定对原《民事诉讼法解释》条文序号和条文表述进行适应性修改。而原《民事诉讼法解释》与其他相关规定实质内容的冲突,待下次修改后一并解决,故本条规定未对原《民事诉讼法解释》与 2020年《票据纠纷规定》相冲突的内容进行修改。鉴于未作修改的原因并非表明其不同意 2020 年《票据纠纷规定》的规定,故不能以两者规定不同而不适用2020 年《票据纠纷规定》的规定。基于前述分析,鉴于原《民事诉讼法解释》关于票据纠纷管辖法院的规定是根据2000 年《票据纠纷规定》第 6 条、第 7条规定进行的规定,而上述规定已经修改,故在司法实务中,在 2020 年《票据纠纷规定》施行后,关于票据纠纷管辖法院的确定,应该按照该规定处理。

关于票据纠纷的种类,《民事案件案由规定》第八部分第 340—350 条规定了如下 11 个案由:票据付款请求权纠纷、票据追索权纠纷、票据交付请求权纠纷、票据返还请求权纠纷、票据损害责任纠纷、票据利益返还请求权纠纷、汇票回单签发请求权纠纷、票据保证纠纷、确认票据无效纠纷、票据代理纠纷、票据回购纠纷。

2. 关于票据支付地的理解

为避免在审判实践中对票据纠纷管辖中的"票据支付地"有不同理解,2020 年《票据纠纷规定》第 6 条第 2 款对票据支付地进行了规定,即:"票据支付地是指票据上载明的付款地,票据上未载明付款地的,汇票付款人或者代理付款人的营业场所、住所或者经常居住地,本票出票人的营业场所,支票付款人或者代理付款人的营业场所所在地为票据付款地。代理付款人即付款人的委托代理人,是指根据付款人的委托代为支付票据金额的银行、信用合作社等金融机构。"

【法院参考案例】

票据纠纷中票据支付地及管辖法院如何确定? [恒丰银行股份有限公司泉州分行与通榆县农村信用合作社及河南省金色田野农业发展有限公司票据追索权纠纷案,最高人民法院(2019)最高法民辖终11号]

汇票上未载明付款地的,汇票付款人或者代理付款人的营业场所、住所或者经常居住地为票据支付地,可由汇票付款人或者代理付款人的营业场所、住所或者经常居住地法院管辖。

第二十七条 【公司纠纷的地域管辖】 因公司设立、确认股东资格、分配利润、解散等纠纷提起的诉讼,由公司住所地人民法院管辖。

【立法·要点注释】

1. 实践中,人民法院在处理公司纠纷案件时,通常需要调阅公司的注册登记资料以及其他与争议有关的档案资料、公司的财务会计资料、公司会议决议等,有的案件还需要调阅公司股东会、董事会的决议意见等。为了方便诉讼、提高诉讼效率,本条明确规定将公司设立、确认股东资格、分配利润、解散等纠纷案件,交由公司住所地的人民法院管辖。

2. 关于公司住所地的认定。依据《民法典》第63条规定,法人以其主要办事机构所在地为住所。依法需要办理法人登记的,应当将主要办事机构所在地登记为住所。依据《公司法》第8条规定,公司以其主要办事机构所在地为住所。依据《公司法解释(二)》第24条规定,公司住所地是指公司主要办事机构所在地。公司办事机构所在地不明确的,由其注册地人民法院管辖。因此,公司的主要办事机构所在地为其住所地,办事机构所在地不明确的,则以其注册地为住所地。办事机构所在地,是指执行公司业务活动、决定和处理组织事务的机构所在地。主要办事机构所在地,则指统率公司业务的机构所在地。当公司只设一个办事机构时,该办事机构所在地即为公司住所地;当公司设有多个办事机构时,则以其主要办事机构所在地为公司住所地,如总公司所在地、总行所在地等。与此同时，公司主要办事机构也要与公司的经营场所相区别，经营场所是指公司进行业务活动所必需的一切场地，是公司进行经营的必要条件。公司经营场所除公司住所外，还包括其他各种固定地点和设施，如生产场地、销售网点等，设有分支机构的公司还包括分支机构的所在地。住所则是公司经营管理及业务活动的核心机构所在地。

3.关于公司诉讼范围的确定。本条所称的"公司纠纷"，并非泛指与公司有关的一切民事纠纷，而是特指涉及公司之组织法性质的纠纷，通常影响多数利害关系人的多项法律关系的变动，法院所作的判决具有超越诉讼当事人的对世效力。①《民事诉讼法解释》第22条以及《公司法解释（二）》第24条对相关情形作出了补充规定。至于未明确列明的与公司有关的诉讼是否由公司住所地法院管辖，则要结合纠纷是否涉及公司利益、对该纠纷的审理是否适用《公司法》等多方面因素进行综合分析判断。例如，公司股东与股东之间的出资违约责任诉讼、股权转让诉讼及公司与股东之间的出资纠纷等，属于具有给付之诉性质的诉讼。该类诉讼虽然或多或少牵涉公司，但或者属于传统的民事纠纷范畴，或者虽涉及公司法上的权利义务关系，但并不具有组织法上纠纷的性质，也不涉及多项法律关系，因此，可以适用一般的民事诉讼程序进行受理和裁判。

【相关立法】

1.《中华人民共和国民法典》（20210101）

第六十三条　法人以其主要办事机构所在地为住所。依法需要办理法人登记的，应当将主要办事机构所在地登记为住所。

2.《中华人民共和国公司法》（19940701；20240701）

第八条　公司以其主要办事机构所在地为住所。

3.《中华人民共和国企业破产法》（20070601）

第三条　破产案件由债务人住所地人民法院管辖。

第二十一条　人民法院受理破产申请后，有关债务人的民事诉讼，只能向受理破产申请的人民法院提起。

【司法解释】

1.《最高人民法院关于适用〈中华人民共和国民事诉讼法〉的解释》（法释〔2015〕5号，20150204；经法释〔2022〕11号修正，20220410）

第二十二条　因股东名册记载、请求变更公司登记、股东知情权、公司决

————

①　陈杭平：《民事诉讼管辖精义：原理与实务》，法律出版社2022年版，第129页。

议、公司合并、公司分立、公司减资、公司增资等纠纷提起的诉讼，依照民事诉讼法第二十七条规定确定管辖。

【**重点解读**】《民法典》和《公司法》对公司住所地的确定都有相应规定。《民法典》第63条规定，法人以其主要办事机构所在地为住所。2018年《公司法》第10条规定，公司以其主要办事机构所在地为住所。《公司法解释（二）》第24条也进一步明确，解散公司诉讼案件、公司清算案件由公司住所地人民法院管辖。公司住所地是指公司主要办事机构所在地，公司办事机构所在地不明确的，由其注册地人民法院管辖。

2.《最高人民法院关于适用〈中华人民共和国公司法〉若干问题的规定（二）》（法释〔2008〕6号，20080519；经法释〔2020〕18号修正，20210101）

第二十四条第一款 解散公司诉讼案件和公司清算案件由公司住所地人民法院管辖。公司住所地是指公司主要办事机构所在地。公司办事机构所在地不明确的，由其注册地人民法院管辖。

3.《最高人民法院关于审理企业破产案件若干问题的规定》（法释〔2002〕23号，20020901）

第一条 企业破产案件由债务人住所地人民法院管辖。债务人住所地指债务人的主要办事机构所在地。债务人无办事机构的，由其注册地人民法

院管辖。

【司法文件】

《最高人民法院关于审理公司强制清算案件工作座谈会纪要》（法发〔2009〕52号，20091104）

2.对于公司强制清算案件的管辖应当分别从地域管辖和级别管辖两个角度确定。地域管辖法院应为公司住所地的人民法院，即公司主要办事机构所在地法院；公司主要办事机构所在地不明确、存在争议的，由公司注册登记地人民法院管辖。……

【法院参考案例】

1.损害公司利益责任纠纷管辖法院如何确定〔谭某仁与云南永保特种水泥有限责任公司、西南水泥有限公司损害公司利益责任纠纷案，最高人民法院（2019）最高法民辖终325号〕

有关公司设立、确认股东资格、分配利润、公司解散等公司组织行为的诉讼，往往涉及与公司组织相关的多数利害关系人的多项法律关系变动，常出现就同一个公司的同一个组织法行为提起多个诉讼的情形。为避免案件管辖过于分散，影响司法效率或产生相同事实相异判决，民事诉讼法对公司诉讼管辖作出特殊地域管辖规定。以特定董事、股东损害公司利益为由提起诉讼，不符合公司组织诉讼的上述特征，应适

用民事诉讼法地域管辖的一般规定而非特殊地域管辖规定。

2. 股权转让纠纷管辖法院如何确定[华阳国际产业投资集团有限公司与刘某烽股权转让纠纷案，最高人民法院（2020）最高法民辖终 22 号]

股权转让纠纷不是公司的组织行为，而是因当事人之间的协议纠纷引起，其性质仍属于合同纠纷，可以类比民事诉讼法中合同纠纷管辖的一般规定。

3. 股东资格确认纠纷可以根据协议约定的出资数额确定案件的级别管辖[张某某诉某科创机械公司、骆某某股东资格确认纠纷案，四川省成都市中级人民法院（2021）川 01 民辖终 157 号，入库编号：2024-01-2-262-001]

股东资格确认纠纷实际解决的是当事人之间的股权归属问题。在无其他证据证明股权实际价值的情况下，可以根据当事人约定的股权价值认定案件的诉讼标的额，并据此确定案件的级别管辖。

第二十八条 【运输合同纠纷的地域管辖】 因铁路、公路、水上、航空运输和联合运输合同纠纷提起的诉讼，由运输始发地、目的地或者被告住所地人民法院管辖。

【立法·要点注释】

运输合同纠纷，是指承运人与托运人、旅客在履行运输合同中发生的权利义务争议。例如，因托运的货物被损坏、丢失引起的纠纷；旅客因乘坐运输工具时人身受到伤害引起的纠纷等。对这类纠纷，运输始发地（客运或货运合同规定的出发地点）、目的地（合同约定的客运、货运最终到达地）、被告住所地三地人民法院都有管辖权。这样便于当事人进行诉讼，也便于法院了解案情调查取证，使纠纷得到及时解决。

实践中，应注意运输目的地是指旅客或货物的最终到达地，不能将中转地也视为运输目的地。同时，根据最高人民法院相关司法解释的规定，铁路运输合同纠纷应由铁路运输法院专门管辖，海上、通海水域的运输合同纠纷应由海事法院专门管辖。

【相关立法】

《中华人民共和国海事诉讼特别程序法》（20000701）

第六条　海事诉讼的地域管辖，依照《中华人民共和国民事诉讼法》的有关规定。

下列海事诉讼的地域管辖，依照以下规定：

……

（二）因海上运输合同纠纷提起的

诉讼，除依照《中华人民共和国民事诉讼法》第二十八条的规定以外，还可以由转运港所在地海事法院管辖；

……

【司法解释】

《最高人民法院关于适用〈中华人民共和国海事诉讼特别程序法〉若干问题的解释》(法释〔2003〕3号，20030201)

第二条　涉外海事侵权纠纷案件和海上运输合同纠纷案件的管辖，适用民事诉讼法第二十四章的规定；民事诉讼法第二十四章没有规定的，适用海事诉讼特别程序法第六条第二款(一)、(二)项的规定和民事诉讼法的其他有关规定。

第五条　海事诉讼特别程序法第六条第二款(二)项规定的起运港、转运港和到达港指合同约定的或者实际履行的起运港、转运港和到达港。合同约定的起运港、转运港和到达港与实际履行的起运港、转运港和到达港不一致的，以实际履行的地点确定案件管辖。

第二十九条　【侵权纠纷的地域管辖】因侵权行为提起的诉讼，由侵权行为地或者被告住所地人民法院管辖。

【立法·要点注释】

1. 侵权行为，是指加害人不法侵害他人财产权益或者人身权益的行为。根据本条规定，侵权行为发生后，受害人既可以向侵权行为地人民法院起诉，也可以向被告住所地人民法院起诉。根据《民事诉讼法解释》的规定，本条中的"侵权行为地"，包括侵权行为实施地、侵权结果发生地。信息网络侵权行为实施地包括实施被诉侵权行为的计算机等信息设备所在地，侵权结果发生地包括被侵权人住所地。因产品、服务质量不合格造成他人财产、人身损害提起诉讼的，产品制造地、产品销售地、服务提供地、侵权行为地和被告住所地人民法院都有管辖权。

2. 与合同案件的法定管辖限于某一个或几个特定的法院不同，有些侵权案件的侵权行为实施地或结果地可以特别广泛。例如，反不正当竞争案件中，不正当竞争者的一个违法广告可能在全国市场上给同行业者的市场销售带来影响。其同行可以因不正当竞争行为对任何一个地方市场上产生的损失请求损害赔偿，不正当竞争行为地将不限于某一地或某几个地方，而是国内任何一个地方，其所在地法院都有管辖权。

【相关立法】

《中华人民共和国海事诉讼特别程序法》(20000701)

第六条　海事诉讼的地域管辖，依照《中华人民共和国民事诉讼法》的有关规定。

下列海事诉讼的地域管辖,依照以下规定:

(一)因海事侵权行为提起的诉讼,除依照《中华人民共和国民事诉讼法》第二十九条至第三十一条的规定以外,还可以由船籍港所在地海事法院管辖;

……

【司法解释】

1.《最高人民法院关于适用〈中华人民共和国民事诉讼法〉的解释》(法释〔2015〕5号,20150204;经法释〔2022〕11号修正,20220410)

第二十四条 民事诉讼法第二十九条规定的侵权行为地,包括侵权行为实施地、侵权结果发生地。

第二十五条 信息网络侵权行为实施地包括实施被诉侵权行为的计算机等信息设备所在地,侵权结果发生地包括被侵权人住所地。

第二十六条 因产品、服务质量不合格造成他人财产、人身损害提起的诉讼,产品制造地、产品销售地、服务提供地、侵权行为地和被告住所地人民法院都有管辖权。

【重点解读】产品责任是一种侵权责任,是产品的生产者、销售者因其生产的产品、出售的产品造成他人人身、财产损害而依法应承担的赔偿责任。我国《民法典》第1202条规定:"因产品存在缺陷造成他人损害的,生产者应当承担侵权责任。"第1203条规定:"因产品存在缺陷造成他人损害的,被侵权人可以向产品的生产者请求赔偿,也可以向产品的销售者请求赔偿。产品缺陷由生产者造成的,销售者赔偿后,有权向生产者追偿。因销售者的过错使产品存在缺陷的,生产者赔偿后,有权向销售者追偿。"产品责任发生后,被侵权人可以产品的制造者、销售者为被告,向人民法院提起侵权损害赔偿之诉。随着社会生产力发展和生活水平的提高,人民群众消费的对象已不仅为产品,还包括了服务等新型商品。例如,近年来频频发生的旅游服务侵权纠纷就是新类型的侵权纠纷,而旅游服务提供地实际上就是此类纠纷的侵权行为地。

第二十七条 当事人申请诉前保全后没有在法定期间起诉或者申请仲裁,给被申请人、利害关系人造成损失引起的诉讼,由采取保全措施的人民法院管辖。

当事人申请诉前保全后在法定期间内起诉或者申请仲裁,被申请人、利害关系人因保全受到损失提起的诉讼,由受理起诉的人民法院或者采取保全措施的人民法院管辖。

【重点解读】第一,当事人申请诉前保全措施后,没有在法定期间内起诉或者申请仲裁,被申请人、利害关系人认为造成损失提起诉讼的,应当向采取保全措施的人民法院提起。

第二,当事人申请采取诉前保全措

施后,起诉或申请仲裁的,被申请人、利害关系人认为造成损失提起诉讼的,应当由受理起诉的人民法院或者采取保全措施的人民法院管辖。

第二百八十三条 公益诉讼案件由侵权行为地或者被告住所地中级人民法院管辖,但法律、司法解释另有规定的除外。

因污染海洋环境提起的公益诉讼,由污染发生地、损害结果地或者采取预防污染措施地海事法院管辖。

对同一侵权行为分别向两个以上人民法院提起公益诉讼的,由最先立案的人民法院管辖,必要时由它们的共同上级人民法院指定管辖。

2.《最高人民法院关于因申请诉中财产保全损害责任纠纷管辖问题的批复》(法释〔2017〕14 号,20170810)

为便于当事人诉讼,诉讼中财产保全的被申请人、利害关系人依照《中华人民共和国民事诉讼法》第一百零五条①规定提起的因申请诉中财产保全损害责任纠纷之诉,由作出诉中财产保全裁定的人民法院管辖。

3.《最高人民法院关于审理环境民事公益诉讼案件适用法律若干问题的解释》(法释〔2015〕1 号,20150107;经法释〔2020〕20 号修正,20210101)

第六条第一款 第一审环境民事公益诉讼案件由污染环境、破坏生态行为发生地、损害结果地或者被告住所地

的中级以上人民法院管辖。

4.《最高人民法院、最高人民检察院关于检察公益诉讼案件适用法律若干问题的解释》(法释〔2018〕6 号,20180302;经法释〔2020〕20 号修正,20210101)

第五条第一款 市(分、州)人民检察院提起的第一审民事公益诉讼案件,由侵权行为地或者被告住所地中级人民法院管辖。

5.《最高人民法院关于审理生态环境损害赔偿案件的若干规定(试行)》(法释〔2019〕8 号,20190605;经法释〔2020〕17 号修正,20210101)

第三条第一款 第一审生态环境损害赔偿诉讼案件由生态环境损害行为实施地、损害结果发生地或者被告住所地的中级以上人民法院管辖。

6.《最高人民法院关于审理期货纠纷案件若干问题的规定》(法释〔2003〕10 号,20030701;经法释〔2020〕18 号修正,20210101)

第四条 人民法院应当依据民事诉讼法第二十三条、第二十八条和第三十四条②的规定确定期货纠纷案件的

---

① 对应 2023 年《民事诉讼法》第 108 条。——编者注

② 对应 2023 年《民事诉讼法》第 24 条、第 29 条和第 35 条。——编者注

管辖。

第六条　侵权与违约竞合的期货纠纷案件，依当事人选择的诉由确定管辖。当事人既以违约又以侵权起诉的，以当事人起诉状中在先的诉讼请求确定管辖。

7.《最高人民法院关于审理证券市场虚假陈述侵权民事赔偿案件的若干规定》（法释〔2022〕2号，20220122）

第三条　证券虚假陈述侵权民事赔偿案件，由发行人住所地的省、自治区、直辖市人民政府所在的市、计划单列市和经济特区中级人民法院或者专门人民法院管辖。《最高人民法院关于证券纠纷代表人诉讼若干问题的规定》等对管辖另有规定的，从其规定。

省、自治区、直辖市高级人民法院可以根据本辖区的实际情况，确定管辖第一审证券虚假陈述侵权民事赔偿案件的其他中级人民法院，报最高人民法院备案。

8.《最高人民法院关于审理著作权民事纠纷案件适用法律若干问题的解释》（法释〔2002〕31号，20021015；经法释〔2020〕19号修正，20210101）

第四条　因侵害著作权行为提起的民事诉讼，由著作权法第四十七条、第四十八条①所规定侵权行为的实施地、侵权复制品储藏地或者查封扣押地、被告住所地人民法院管辖。

前款规定的侵权复制品储藏地，是指大量或者经常性储存、隐匿侵权复制品所在地；查封扣押地，是指海关、版权等行政机关依法查封、扣押侵权复制品所在地。

第五条　对涉及不同侵权行为实施地的多个被告提起的共同诉讼，原告可以选择向其中一个被告的侵权行为实施地人民法院提起诉讼；仅对其中某一被告提起的诉讼，该被告侵权行为实施地的人民法院有管辖权。

9.《最高人民法院关于审理侵害信息网络传播权民事纠纷案件适用法律若干问题的规定》（法释〔2012〕20号，20130101；经法释〔2020〕19号修正，20210101）

第十五条　侵害信息网络传播权民事纠纷案件由侵权行为地或者被告住所地人民法院管辖。侵权行为地包括实施被诉侵权行为的网络服务器、计算机终端等设备所在地。侵权行为地和被告住所地均难以确定或者在境外的，原告发现侵权内容的计算机终端等设备所在地可以视为侵权行为地。

【重点解读】本条与《民事诉讼法解释》第25条规定系特殊与一般的关系，《民事诉讼法解释》第25条中的"信息网络侵权行为"针对的是发生在信息网络环境下，通过信息网络实施的侵权行为，并未限于特定类型的民事权

---

①　对应2020年《著作权法》第52条、第53条。——编者注

利或者权益。与之不同的是，本条规定的"信息网络传播权"，则是《著作权法》第 10 条第 1 款规定的著作权人享有的法定权利，即"以有线或者无线方式向公众提供，使公众可以在其选定的时间和地点获得作品的权利"。本条是针对信息网络传播权这一特定类型的民事权利，对侵害信息网络传播权纠纷民事案件的管辖作出的特别规定。在确定侵害信息网络传播权民事纠纷案件的管辖时，应当以本条为依据，只有在"侵权行为地和被告住所地均难以确定或者在境外"的例外情形下，才可以将"原告发现侵权内容的计算机终端等设备所在地"视为侵权行为地。基于信息网络传播权的性质和特点，侵害信息网络传播权的行为一旦发生，随之导致"公众可以在其选定的时间和地点获得作品"，其侵权结果涉及的地域范围具有随机性、广泛性，不是一个固定的地点，不宜作为确定管辖的依据。

10.《最高人民法院关于审理商标民事纠纷案件适用法律若干问题的解释》（法释〔2002〕32 号，20021016；经法释〔2020〕19 号修正，20210101）

第六条　因侵犯注册商标专用权行为提起的民事诉讼，由商标法第十三条、第五十七条所规定侵权行为的实施地、侵权商品的储藏地或者查封扣押地、被告住所地人民法院管辖。

前款规定的侵权商品的储藏地，是指大量或者经常性储存、隐匿侵权商品所在地；查封扣押地，是指海关等行政机关依法查封、扣押侵权商品所在地。

第七条　对涉及不同侵权行为实施地的多个被告提起的共同诉讼，原告可以选择其中一个被告的侵权行为实施地人民法院管辖；仅对其中某一被告提起的诉讼，该被告侵权行为实施地的人民法院有管辖权。

11.《最高人民法院关于审理专利纠纷案件适用法律问题的若干规定》（法释〔2001〕21 号，20010701；经法释〔2020〕19 号修正，20210101）

第二条　因侵犯专利权行为提起的诉讼，由侵权行为地或者被告住所地人民法院管辖。

侵权行为地包括：被诉侵犯发明、实用新型专利权的产品的制造、使用、许诺销售、销售、进口等行为的实施地；专利方法使用行为的实施地，依照该专利方法直接获得的产品的使用、许诺销售、销售、进口等行为的实施地；外观设计专利产品的制造、许诺销售、销售、进口等行为的实施地；假冒他人专利的行为实施地。上述侵权行为的侵权结果发生地。

第三条　原告仅对侵权产品制造者提起诉讼，未起诉销售者，侵权产品制造地与销售地不一致的，制造地人民法院有管辖权；以制造者与销售者为共同被告起诉的，销售地人民法院有管辖权。

销售者是制造者分支机构，原告在

销售地起诉侵权产品制造者制造、销售行为的,销售地人民法院有管辖权。

12.《最高人民法院关于审理涉及计算机网络域名民事纠纷案件适用法律若干问题的解释》(法释〔2001〕24号,20010724;经法释〔2020〕19号修正,20210101)

第二条第一款　涉及域名的侵权纠纷案件,由侵权行为地或者被告住所地的中级人民法院管辖。对难以确定侵权行为地和被告住所地的,原告发现该域名的计算机终端等设备所在地可以视为侵权行为地。

13.《最高人民法院关于审理植物新品种纠纷案件若干问题的解释》(法释〔2001〕5号,20010214;经法释〔2020〕19号修正,20210101)

第四条　以侵权行为地确定人民法院管辖的侵害植物新品种权的民事案件,其所称的侵权行为地,是指未经品种权所有人许可,生产、繁殖或者销售该授权植物新品种的繁殖材料的所在地,或者为商业目的将该授权品种的繁殖材料重复使用于生产另一品种的繁殖材料的所在地。

14.《最高人民法院关于审理垄断民事纠纷案件适用法律若干问题的解释》(法释〔2024〕6号,20240701)

第五条　垄断民事纠纷案件的地域管辖,根据案件具体情况,依照民事

诉讼法及相关司法解释有关侵权纠纷、合同纠纷等的管辖规定确定。

15.《最高人民法院关于适用〈中华人民共和国反不正当竞争法〉若干问题的解释》(法释〔2022〕9号,20220320)

第二十六条　因不正当竞争行为提起的民事诉讼,由侵权行为地或者被告住所地人民法院管辖。

当事人主张仅以网络购买者可以任意选择的收货地作为侵权行为地的,人民法院不予支持。

第二十七条　被诉不正当竞争行为发生在中华人民共和国领域外,但侵权结果发生在中华人民共和国领域内,当事人主张由该侵权结果发生地人民法院管辖的,人民法院应予支持。

16.《最高人民法院关于适用〈中华人民共和国海事诉讼特别程序法〉若干问题的解释》(法释〔2003〕3号,20030201)

第二条　涉外海事侵权纠纷案件和海上运输合同纠纷案件的管辖,适用民事诉讼法第二十四章的规定;民事诉讼法第二十四章没有规定的,适用海事诉讼特别程序法第六条第二款(一)、(二)项的规定和民事诉讼法的其他有关规定。

第四条　海事诉讼特别程序法第六条第二款(一)项规定的船籍港指被告船舶的船籍港。被告船舶的船籍港不在中华人民共和国领域内,原告船舶的船籍港在中华人民共和国领域内的,

由原告船舶的船籍港所在地的海事法院管辖。

17.《最高人民法院关于审理海洋自然资源与生态环境损害赔偿纠纷案件若干问题的规定》（法释〔2017〕23号，20180115）

第二条 在海上或者沿海陆域内从事活动，对中华人民共和国管辖海域内海洋自然资源与生态环境造成损害，由此提起的海洋自然资源与生态环境损害赔偿诉讼，由损害行为发生地、损害结果地或者采取预防措施地海事法院管辖。

18.《最高人民法院关于审理独立保函纠纷案件若干问题的规定》（法释〔2016〕24号，20161201；经法释〔2020〕18号修正，20210101）

第二十一条第二款 独立保函欺诈纠纷案件由被请求止付的独立保函的开立人住所地或被告住所地人民法院管辖，当事人书面协议由其他法院管辖或提交仲裁的除外。当事人主张根据基础交易合同或独立保函的争议解决条款确定管辖法院或提交仲裁的，人民法院不予支持。

【司法文件】

《全国法院审理债券纠纷案件座谈会纪要》（最高人民法院，法〔2020〕185号，20200715）

11. 欺诈发行和虚假陈述案件的管辖。债券持有人、债券投资者以发行人、债券承销机构、债券服务机构等为被告提起的要求承担欺诈发行、虚假陈述民事责任的侵权纠纷案件，由省、自治区、直辖市人民政府所在的市、计划单列市和经济特区中级人民法院管辖。

多个被告中有发行人的，由发行人住所地有管辖权的人民法院管辖。

【最高法指导性案例】

指导案例 223 号：张某龙诉北京某蝶文化传播有限公司、程某、马某侵害作品信息网络传播权纠纷案（20231207）

【裁判要点】

侵害作品信息网络传播权的侵权结果发生地具有不确定性，不应作为确定管辖的依据。在确定侵害作品信息网络传播权民事纠纷案件的管辖时，应当适用《侵害信息网络传播权纠纷规定》第15条的规定，即由侵权行为地或者被告住所地人民法院管辖。

【基本案情】

原告张某龙以被告北京某蝶文化传播有限公司、程某、马某擅自在相关网站上发布、使用其享有著作权的写真艺术作品，侵害其作品信息网络传播权为由，向其住所地的河北省秦皇岛市中级人民法院提起诉讼。被告马某以本案应当适用《侵害信息网络传播权纠纷规定》第15条的规定确定管辖，秦皇岛市为原告住所地，不是侵权行为地或被告住所地为由,对本案管辖权提出异议,请求将本案移送侵权行为地和被告住所地的北京互联网法院审理。

【裁判结果】

河北省秦皇岛市中级人民法院于2021年6月2日作出(2021)冀03知民初27号民事裁定,驳回马某提出的管辖权异议。马某不服一审裁定,提起上诉。河北省高级人民法院于2021年8月24日作出(2021)冀民辖终66号民事裁定,撤销一审裁定,将本案移送北京互联网法院审理。北京互联网法院、北京市高级人民法院经审查认为,河北省高级人民法院将本案移送北京互联网法院审理不当,遂报请最高人民法院指定管辖。最高人民法院于2022年8月22日作出(2022)最高法民辖42号民事裁定,确定本案由北京互联网法院审理。

【裁判理由】

最高人民法院认为,《民事诉讼法解释》第25条规定:"信息网络侵权行为实施地包括实施被诉侵权行为的计算机等信息设备所在地,侵权结果发生地包括被侵权人住所地。"该规定中的"信息网络侵权行为"针对的是通过信息网络对一般民事权利实施的侵权行为。但"信息网络传播权",是《著作权法》第10条第1款规定的著作权人享有的法定权利,即"以有线或者无线方式向公众提供,使公众可以在其选定的时间和地点获得作品的权利"。基于信息网络传播权的性质和特点,侵害信息

网络传播权的行为一旦发生,随之导致"公众可以在其选定的时间和地点获得作品",其侵权行为涉及的地域范围具有不确定性。故《侵害信息网络传播权纠纷规定》第15条规定:"侵害信息网络传播权民事纠纷案件由侵权行为地或者被告住所地人民法院管辖。侵权行为地包括实施被诉侵权行为的网络服务器、计算机终端等设备所在地。侵权行为地和被告住所地均难以确定或者在境外的,原告发现侵权内容的计算机终端等设备所在地可以视为侵权行为地。"因此,《侵害信息网络传播权纠纷规定》第15条是针对信息网络传播权这一特定类型的民事权利,对侵害信息网络传播权纠纷民事案件的管辖作出的特别规定。在确定侵害信息网络传播权民事纠纷案件的管辖时,应当以《侵害信息网络传播权纠纷规定》第15条为依据。

本案中,秦皇岛市为原告住所地,不属于《侵害信息网络传播权纠纷规定》第15条规定的侵权行为地或被告住所地。本案也不存在《侵害信息网络传播权纠纷规定》第15条规定的"侵权行为地和被告住所地均难以确定或者在境外"的例外情形。因此,河北省秦皇岛市中级人民法院对于本案没有管辖权,河北省高级人民法院将本案移送北京互联网法院并无不当。

【最高法公报案例】

1. 环境民事公益诉讼中,数个法院都有管辖权时如何确定法院管辖[北京市朝阳区自然之友环境研究所、中华环保联合会与中国石油天然气股份有限公司、中国石油天然气股份有限公司吉林油田分公司环境污染公益诉讼案(2019-4)]

环境民事公益诉讼案件中,社会组织将实施环境污染行为的法人分支机构以及设立该分支机构的法人一并列为被告提起诉讼,应当确认该法人系适格被告。在数个法院对案件有管辖权时,应当遵循环境公益诉讼的特殊规律,将案件交由污染行为实施地、损害结果地人民法院管辖,以便准确查明事实,依法确定责任,保障受损生态环境得到及时有效修复。

2. 销售侵犯商业秘密所制造的侵权产品不属于侵犯商业秘密行为,是否将侵权产品的销售地视为使用商业秘密的侵权结果发生地[四维实业(深圳)有限公司、四维企业股份有限公司与艾利丹尼森公司、艾利(广州)有限公司、艾利(昆山)有限公司、艾利(中国)有限公司、南海市里水意利印刷厂、佛山市环市镇东升汾江印刷厂经营部侵犯商业秘密纠纷管辖权异议案(2009-8)]

根据《反不正当竞争法》第 10 条(现为第 9 条)的规定,销售侵犯商业秘密所制造的侵权产品并不属于该法所规定的侵犯商业秘密的行为。

通常情况下,使用商业秘密的过程就是制造侵权产品的过程,当侵权产品制造完成时,使用商业秘密的侵权结果即同时发生。因此,使用商业秘密的行为实施地和结果发生地通常是重合的,不宜将侵权产品的销售地视为使用商业秘密的侵权结果发生地。

【法院参考案例】

1. 当事人请求惩罚性赔偿是否应当按侵权之诉确定管辖[吴某刚与宽城区任福源参茸特产批发商行网络购物合同纠纷案,最高人民法院(2021)最高法民辖 31 号]

消费者向经营者请求赔偿,固然存在买卖合同,但其提起惩罚性赔偿诉讼请求,请求权基础为侵权赔偿责任,由此提起的损害赔偿请求之诉应当认定为侵权责任纠纷,应当依照诉争的实际上的产品责任而不是网络购物合同纠纷确定管辖。

2. 网络购买方随意选择的网络购物收货地是否作为网络销售行为地[宁波奥克斯空调有限公司与珠海格力电气股份有限公司侵害实用新型专利权纠纷案,最高人民法院(2018)最高法民辖终 93 号]

被诉侵权产品系通过网络进行销

售,依据网络销售商的被诉销售行为地确定案件管辖权时,被诉销售行为地的认定既要有利于管辖的确定性、避免当事人随意制造管辖连结点,又要便利权利人维权。在网络环境下,销售行为地原则上包括网络销售商主要经营地、被诉侵权产品储藏地、发货地或者查封扣押地等,但网络购买方可以随意选择的网络购物收货地通常不宜作为网络销售行为地。

3. 被诉侵权产品系通过网络销售,销售者待购买者提交订单后才从第三方购买相应货物,第三方的发货地是否可以构成以该销售者为被告的侵权案件管辖连结点[厦门某卫浴科技有限公司与汾阳市某美甲店侵害实用新型专利权纠纷管辖权异议案,最高人民法院(2023)最高法知民辖终 170 号,入库编号:2024-13-2-160-002]

被诉侵权产品系通过网络销售,销售者待购买者提交订单后才从第三方购买相应货物,并指示该第三方直接将货物寄送给购买者的,该第三方的交付行为应当认定为销售者的交付行为,其发货地应当认定为销售者的发货地,该发货地可以构成以该销售者为被告的侵权案件管辖连结点。

4. 作为管辖连结点的信息网络侵权行为如何认定[宁波某仪器公司诉杭州某仪器公司侵害实用新型专利权纠纷案,最高人民法院(2019)最高法知

民辖终 13 号]

《民事诉讼法解释》第 25 条规定的作为管辖连结点的信息网络侵权行为系指在信息网络上完整实施的侵权行为;若侵权行为仅部分环节在线上实施,则不构成上述信息网络侵权行为,不能适用上述司法解释之规定确定管辖。

5. 若侵权行为实施地所对应的侵权行为并非本案被诉侵权行为,是否因其与涉案纠纷不具有实质关联而不构成该案管辖连结点[淄博市临淄瑞铄化工配件有限公司与天津固特节能环保科技有限公司侵害实用新型专利权纠纷管辖权异议案,最高人民法院(2022)最高法知民辖终 310 号]

侵权行为实施地所称的侵权行为通常应为本案被诉侵权行为,若侵权行为实施地所对应的侵权行为并非本案被诉侵权行为,则其与涉案纠纷不具有实质关联而不构成该案管辖连结点。

6. 发明专利临时保护期使用费纠纷是否适用民事诉讼法中侵权诉讼的管辖原则[浙江杭州鑫富药业股份有限公司诉山东新发药业有限公司、上海爱分缇国际贸易有限公司发明专利临时保护期使用费纠纷及侵犯发明专利权纠纷管辖权异议申请再审案,最高人民法院(2008)民申字第 81 号]

发明专利临时保护期使用费纠纷虽然不属于一般意义上的侵犯专利权

纠纷,但在本质上也是与专利有关的一类侵权纠纷,是涉及专利权人对其发明专利技术在临时保护期所享有的收取使用费的权利的侵权纠纷。因此,应当依据民事诉讼法中有关侵权诉讼的管辖确定原则来确定发明专利临时保护期使用费纠纷的管辖。

7. 侵害商业秘密纠纷案中侵权结果发生地的认定[湖北某某环境工程有限公司诉郑州某某电力清洗有限公司、陈某某等侵害商业秘密纠纷案,最高人民法院(2013)民提字第 16 号,入库编号:2023-09-2-176-011]

侵害商业秘密纠纷案中,侵权结果地应当理解为侵权行为直接产生的结果发生地,不能仅以权利人认为受到损害为由,就认为原告所在地就是侵权结果发生地。

8. 不正当竞争纠纷是否应当按照侵权纠纷的规定确定管辖[央视国际网络有限公司诉新传在线(北京)信息技术有限公司等不正当竞争纠纷案,北京市东城区人民法院(2016)京 0101 民初22016 号]

不正当竞争纠纷,应当按照侵权纠纷的规定确定管辖;法人的主要办事机构所在地不能确定的,法人的注册地为住所地。

9. 涉境外不正当竞争行为的管辖[中国某集团三家公司诉某电信集团的

瑞典公司、美国公司、中国公司不正当竞争纠纷案,最高人民法院(2021)最高法知民辖终 300 号,入库编号:2023-13-2-488-001]

当事人因境外不正当竞争行为在中国境内受到损失而提起诉讼的,该被诉境外不正当竞争行为对中国境内市场竞争秩序产生不利影响的结果地,可以作为案件管辖连结点。

10. 涉境外垄断行为的垄断民事纠纷案件如何确定管辖[中国某通讯公司等诉瑞典某通讯公司等滥用市场支配地位纠纷案,最高人民法院(2019)最高法知民辖终 32 号,入库编号:2023-13-2-184-006]

当事人因境外垄断行为在中国境内受到损失而提起诉讼的,该被诉境外垄断行为对中国境内市场竞争产生排除、限制影响的结果地可以作为案件管辖连结点。

第三十条　【交通事故损害赔偿纠纷的地域管辖】 因铁路、公路、水上和航空事故请求损害赔偿提起的诉讼,由事故发生地或者车辆、船舶最先到达地、航空器最先降落地或者被告住所地人民法院管辖。

【立法·要点注释】

铁路、公路、水上、航空事故是车辆、船舶或者航空器的所有人或管理人的侵权行为造成的。例如，火车相撞、脱轨；汽车倾覆，撞击了其他车辆、人员；轮船相撞、沉没；内河航船撞坏了码头造成财产损害或者人身伤亡；航空器坠毁；因排油、抛物造成环境污染和人身伤亡等。因这些事故产生的损害赔偿纠纷，法律规定事故发生地、车辆最先到达地（事故发生后，车辆第一个停靠站）、船舶最先到达地（事故发生后，船舶第一个停靠港或者沉没地）、航空器最先降落地（飞机、飞艇、卫星等最先降落地或者因事故而坠落地）、被告住所地人民法院都有权管辖。这些纠纷由本条确定的法院管辖，对法院查明事故原因、损害的程度和应当承担的民事责任等情况是有利的，也便于及时审判和进行赔偿。

【司法解释】

《最高人民法院关于审理铁路运输人身损害赔偿纠纷案件适用法律若干问题的解释》（法释〔2010〕5 号，20100316；经法释〔2021〕19 号修正，20220101）

第一条　人民法院审理铁路行车事故及其他铁路运营事故造成的铁路运输人身损害赔偿纠纷案件，适用本解释。

铁路运输企业在客运合同履行过程中造成旅客人身损害的赔偿纠纷案件，不适用本解释；与铁路运输企业建立劳动合同关系或者形成劳动关系的铁路职工在执行职务中发生的人身损害，依照有关调整劳动关系的法律规定及其他相关法律规定处理。

第二条　铁路运输人身损害的受害人以及死亡受害人的近亲属为赔偿权利人，有权请求赔偿。

第三条　赔偿权利人要求对方当事人承担侵权责任的，由事故发生地、列车最先到达地或者被告住所地铁路运输法院管辖。

前款规定的地区没有铁路运输法院的，由高级人民法院指定的其他人民法院管辖。

第三十一条　【海事损害事故赔偿纠纷的地域管辖】 因船舶碰撞或者其他海事损害事故请求损害赔偿提起的诉讼，由碰撞发生地、碰撞船舶最先到达地、加害船舶被扣留地或者被告住所地人民法院管辖。

【立法·要点注释】

1. 本条是关于因船舶碰撞或者其他海事损害事故请求损害赔偿提起诉讼管辖的规定。船舶碰撞，是指船舶在海上或者与海相通的可航水域发生接触造成损害的事故。本条规定的其他海损事故，是指船舶在航行过程中，除碰撞以外发生的触礁、触岸、搁浅、浪损、失火、爆炸、沉没、失踪等事故。依照本条规定，因船舶碰撞或者其他海损事故造成财产、人身损害，原告追索损害赔偿的诉讼，以下四个地方的人民法院都有管辖权：其一，碰撞发生地，即船舶发生碰撞的具体地点；其二，碰撞船舶最先到达地，即船舶碰撞事故发生后，受害船舶最先到达的港口所在地；其三，加害船舶被扣留地，即加害船舶实施侵权行为后继续航行，后被有关机关扣留的具体地点；其四，被告住所地，一般是加害船舶的船籍港所在地，即对船舶进行登记，获得航行权的具体港口。之所以这样规定，主要是便于法院查明事故原因，分清责任，及时审判，使受害者及时得到赔偿。

2. 在我国，因船舶碰撞或者其他海事损害事故请求损害赔偿提起的诉讼，由海口海事法院、广州海事法院、厦门海事法院、上海海事法院、青岛海事法院、天津海事法院、大连海事法院、武汉海事法院、宁波海事法院、北海海事法院和南京海事法院等11个海事法院专门管辖。

3. 需要注意的是，第一，《海事诉讼特别程序法》第6条第2款第1项规定，"因海事侵权行为提起的诉讼，除依照《中华人民共和国民事诉讼法》第二十九条至第三十一条的规定以外，还可以由船籍港所在地海事法院管辖"。该

规定增加了船籍港所在地的连结点。第二，《海事诉讼特别程序法》第23条第2款赋予了海事法院具有扣押"姊妹船"的权限，可以扣押对海事请求负有责任的船舶所有人、光船承租人、定期租船人或者航次租船人除当事船舶以外的其他船舶，故加害船舶的"姊妹船"被扣留地，也可视为加害船舶扣留地。第三，对发生在我国管辖海域外的海损事故引起的纠纷，因事故海域不属我国管辖，故无法适用碰撞发生地的管辖连结点。《最高人民法院关于审理发生在我国管辖海域相关案件若干问题的规定（一）》第5条第2款规定，因在公海等我国管辖海域外发生海损事故，请求损害赔偿在我国法院提起的诉讼，由事故船舶最先到达地、船舶被扣押地或者被告住所地海事法院管辖，未规定碰撞发生地法院管辖。

【相关立法】

《中华人民共和国海事诉讼特别程序法》（20000701）

第六条 海事诉讼的地域管辖，依照《中华人民共和国民事诉讼法》的有关规定。

下列海事诉讼的地域管辖，依照以下规定：

（一）因海事侵权行为提起的诉讼，除依照《中华人民共和国民事诉讼法》第二十九条至第三十一条的规定以外，还可以由船籍港所在地海事法院

管辖；

……

【司法解释】

1.《最高人民法院关于审理发生在我国管辖海域相关案件若干问题的规定（一）》（法释〔2016〕16 号，20160802）

第五条　因在我国管辖海域内发生海损事故，请求损害赔偿提起的诉讼，由管辖该海域的海事法院、事故船舶最先到达地的海事法院、船舶被扣押地或者被告住所地海事法院管辖。

因在公海等我国管辖海域外发生海损事故，请求损害赔偿在我国法院提起的诉讼，由事故船舶最先到达地、船舶被扣押地或者被告住所地海事法院管辖。

事故船舶为中华人民共和国船舶的，还可以由船籍港所在地海事法院管辖。

第六条　在我国管辖海域内，因海上航运、渔业生产及其他海上作业造成污染，破坏海洋生态环境，请求损害赔偿提起的诉讼，由管辖该海域的海事法院管辖。

污染事故发生在我国管辖海域外，对我国管辖海域造成污染或污染威胁，请求损害赔偿或者预防措施费用提起的诉讼，由管辖该海域的海事法院或采取预防措施地的海事法院管辖。

2.《最高人民法院关于审理船舶油污损害赔偿纠纷案件若干问题的规定》（法释〔2011〕14 号，20110701；经法释〔2020〕18 号修正，20210101）

第一条　船舶发生油污事故，对中华人民共和国领域和管辖的其他海域造成油污损害或者形成油污损害威胁，人民法院审理相关船舶油污损害赔偿纠纷案件，适用本规定。

第二条　当事人就油轮装载持久性油类造成的油污损害提起诉讼、申请设立油污损害赔偿责任限制基金，由船舶油污事故发生地海事法院管辖。

油轮装载持久性油类引起的船舶油污事故，发生在中华人民共和国领域和管辖的其他海域外，对中华人民共和国领域和管辖的其他海域造成油污损害或者形成油污损害威胁，当事人就船舶油污事故造成的损害提起诉讼、申请设立油污损害赔偿责任限制基金，由油污损害结果地或者采取预防油污措施地海事法院管辖。

第三十二条　【海难救助费用纠纷的地域管辖】因海难救助费用提起的诉讼，由救助地或者被救助船舶最先到达地人民法院管辖。

【立法·要点注释】

1. 本条是关于因海难救助费用提起诉讼管辖的规定。海难救助，是指在海上或者与海相通的可航水域，对遇险的船舶和其他财产进行的救助。实施救助的，可能是从事救助的专业单位，也可能是邻近或者经过的船舶。救助活动完成后，实施救助的一方有权要求被救助的一方给付一定的报酬，即海难救助费用。救助费用，是指救助方在救助作业中直接支付的合理费用以及实际使用救助设备、投入救助人员的合理费用。

2. 根据本条规定，因追索海难救助费用提起的诉讼，救助地（即实施救助行为或者救助结果发生地）、被救助船舶最先到达地（即被救助船舶经营脱离险情后的最初到达地）的人民法院都有管辖权。

3. 适用本条，还需要注意以下几点。第一，《海事诉讼特别程序法》第4条规定：海事法院受理当事人因海事侵权纠纷、海商合同纠纷以及法律规定的其他海事纠纷提起的诉讼。《海事诉讼特别程序法解释》第1条进一步规定：在海上或者通海水域发生的与船舶或者运输、生产、作业相关的海事侵权纠纷、海商合同纠纷，以及法律或者相关司法解释规定的其他海事纠纷案件由海事法院及其上级人民法院专门管辖。因此，因海难救助费用提起的诉讼，在我国由海事法院专门管辖。第二，在海难救助中，被救助对象除船舶外还可能包括货物等其他财产，因此，《海事诉讼特别程序法解释》第9条规定了因海难救助费用提起的诉讼，还可以由被救助的船舶以外的其他获救财产所在地的

海事法院管辖。第三，海难救助费用纠纷不适用被告住所地的一般地域管辖原则。由被告住所地人民法院管辖，往往不便于该类案件当事人进行诉讼，也不利于人民法院行使审判权。如果海难救助费用纠纷发生在不同救助方之间，相较被告住所地法院，由救助地或者被救助船舶最先到达地法院管辖更有利于查清案件事实，确定救助费用的分配。第四，对发生在我国管辖海域外的海难救助引起的纠纷，因救助地不属我国管辖，故无法适用海难救助地的管辖连结点，因此只能向被救助船舶最先到达地或其他获救财产所在地的海事法院提起诉讼。

【司法解释】

《最高人民法院关于适用〈中华人民共和国海事诉讼特别程序法〉若干问题的解释》（法释〔2003〕3号，20030201）

第九条　因海难救助费用提起的诉讼，除依照民事诉讼法第三十二条的规定确定管辖外，还可以由被救助的船舶以外的其他获救财产所在地的海事法院管辖。

第三十三条 【共同海损纠纷的地域管辖】因共同海损提起的诉讼，由船舶最先到达地、共同海损理算地或者航程终止地的人民法院管辖。

【立法·要点注释】

1. 共同海损，是指在同一海上航程中，船舶、货物和其他财产遭遇共同危险，为了共同安全，有意地、合理地采取措施所直接造成的特殊牺牲、支付的特殊费用。例如，为灭火而引海水入舱；为避免全船覆没而将全部或部分货物抛进大海；为进行船舶紧急修理而自动搁浅等。无论在航程中还是在航程结束后发生的船舶或者货物因迟延所造成的损失，包括船期损失和行市损失以及其他间接损失，均不得列入共同海损。船舶因发生意外、牺牲或者其他特殊情况而损坏时，为了安全完成本航程，驶入避难港口、避难地点或者驶回装货港口、装货地点进行必要的修理，在该港口或者地点额外停留期间所支付的港口费、船员工资、给养，船舶所消耗的燃料、物料，为修理而卸载、储存、重装或者搬移船上货物、燃料、物料以及其他财产所造成的损失、支付的费用，应当列入共同海损。为代替可以列为共同海损的特殊费用而支付的额外费用，可以作为代替费用列入共同海损；但是，列入共同海损的代替费用的金额，不得超过被代替的共同海损的特殊费用。

2. 共同海损理算，是指具有一定专业知识、专业水平的机构和人员，按照理算规则，对共同海损损失的费用和金额进行确定，各受益方该分摊的价值，以及各受益方该分摊共同海损金额进行的审核和计算工作。共同海损的牺牲和支付的费用经过理算，应由有关各方按比例分担。如果共同海损的受益人对共同海损的构成与否及分担比例等问题发生争议而诉诸法院，这就是共同海损诉讼。

3. 根据本条规定，因共同海损提起的诉讼，船舶最先到达地、共同海损理算地或者航程终止地人民法院都有管辖权。船舶最先到达地，是对遇难船舶采取挽救措施，继续航行后最初到达的港口所在地。航程终止地，是发生共同海损船舶的航程终点。共同海损理算地，是处理共同海损损失，理算共同海损费用的工作机构所在地。我国共同海损理算机构是中国国际贸易促进委员会，地点在北京。

4. 共同海损纠纷的管辖法院未规定共同海损发生地，主要是海损发生后可能难以确定具体地点，此时依照发生地不能准确确定管辖法院，因此，本条没有将共同海损发生地作为此类案件的管辖标准。

第三十四条　【专属管辖】下列案件，由本条规定的人民法院专属管辖：

（一）因不动产纠纷提起的诉讼，由不动产所在地人民法院管辖；

（二）因港口作业中发生纠纷

提起的诉讼,由港口所在地人民法院管辖;

(三)因继承遗产纠纷提起的诉讼,由被继承人死亡时住所地或者主要遗产所在地人民法院管辖。

【立法·要点注释】

1. 专属管辖,是指对某些特定类型的案件,法律强制规定只能由特定的人民法院行使管辖权。凡是专属管辖的案件,只能由法律明文规定的人民法院管辖,其他人民法院均无管辖权,从而排除了一般地域管辖和特殊地域管辖的适用。对于专属管辖的案件,当事人双方无权以协议或者约定的方式变更管辖法院,从而排除协议管辖的适用。专属管辖是排斥其他类型的法定管辖,也是排斥协议管辖的管辖制度。

2. 因不动产纠纷提起的诉讼,由不动产所在地人民法院管辖。不动产,是指土地以及土地上的附着物,如建筑物、农作物、森林、草原等。因不动产纠纷提起的诉讼,主要是因不动产的所有权、使用权、占有等发生纠纷而引起的诉讼,以及相邻不动产之间因通行、通风、采光等相邻关系发生争议而引起的诉讼等。法律规定这类诉讼由不动产所在地人民法院管辖,便于受诉人民法院勘验现场,调查收集证据,也便于裁判生效后的执行工作。

3. 因港口作业中发生纠纷提起的诉讼,由港口所在地人民法院管辖。港口作业中发生的纠纷主要有两类:一是在港口进行货物装卸、驳运、保管等作业中发生的纠纷;二是船舶在港口作业中,由于违规操作造成他人人身或者财产损害的侵权纠纷。因此类纠纷提起的诉讼,由港口所在地人民法院管辖。

4. 因继承遗产纠纷提起的诉讼,由被继承人死亡时住所地或者主要遗产所在地人民法院管辖。遗产是指自然人死亡时遗留的个人合法财产,包括动产和不动产。继承人为继承被继承人的遗产发生纠纷诉诸法院的诉讼,称为继承遗产诉讼。继承遗产诉讼,由被继承人死亡时住所地或者主要遗产所在地人民法院管辖。被继承人死亡时住所地与主要遗产所在地一致的,则该地方的人民法院具有管辖权;不一致的,则这两个地方的人民法院都有管辖权,当事人可以任选其中一个人民法院提起诉讼。如果被继承人的遗产分散在几个人民法院辖区,应以遗产的数量和价值来确定主要遗产所在地,进而确定管辖法院。这样确定管辖,有利于人民法院正确确定继承开始的时间、继承人与被继承人之间的关系以及遗产的范围和分配等问题。如果主要遗产是不动产,应当按照遗产纠纷来确定管辖法院,即此类案件由被继承人死亡时住所地或者主要遗产所在地人民法院管辖,而不是作为不动产纠纷来确定管辖法院。

【相关立法】

《中华人民共和国海事诉讼特别程序法》(20000701)

第七条　下列海事诉讼,由本条规定的海事法院专属管辖:

(一)因沿海港口作业纠纷提起的诉讼,由港口所在地海事法院管辖;

(二)因船舶排放、泄漏、倾倒油类或者其他有害物质,海上生产、作业或者拆船、修船作业造成海域污染损害提起的诉讼,由污染发生地、损害结果地或者采取预防污染措施地海事法院管辖;

(三)因在中华人民共和国领域和有管辖权的海域履行的海洋勘探开发合同纠纷提起的诉讼,由合同履行地海事法院管辖。

【司法解释】

1.《最高人民法院关于适用〈中华人民共和国民事诉讼法〉的解释》(法释〔2015〕5号,20150204;经法释〔2022〕11号修正,20220410)

第二十八条　民事诉讼法第三十四条第一项规定的不动产纠纷是指因不动产的权利确认、分割、相邻关系等引起的物权纠纷。

农村土地承包经营合同纠纷、房屋租赁合同纠纷、建设工程施工合同纠纷、政策性房屋买卖合同纠纷,按照不动产纠纷确定管辖。

不动产已登记的,以不动产登记簿记载的所在地为不动产所在地;不动产未登记的,以不动产实际所在地为不动产所在地。

【重点解读】不动产纠纷仅限于部分物权纠纷。因不动产物权确认、使用、收益、处分和保护等发生的纠纷统称为不动产物权纠纷。实践中,区分不动产物权纠纷与不动产债权纠纷会产生一些争议,如确认房屋抵押合同无效纠纷究竟属于哪一类纠纷。最高人民法院《民事案件案由规定》明确,按照物权变动原因与结果相区分的原则,确定纠纷的性质和案由。对于因物权变动的原因关系,即债权性质的合同关系产生的纠纷,如物权设立原因关系方面的担保合同纠纷,物权转让原因关系方面的买卖合同纠纷,均是债权纠纷;对于因物权设立、权属、效力、使用、收益等物权关系产生的纠纷,则是物权纠纷。《民事案件案由规定》列举了不动产物权纠纷6类二级案由和34类三级案由(不包括质权纠纷),基于专属管辖属于强行性规定,不允许当事人通过合意进行变通,其适用应当尽可能限定在确有必要的范围内。因此,本条第1款将适用专属管辖的不动产纠纷限定在"因不动产的权利确认、分割、相邻关系等引起的物权纠纷"。除此以外的其他不动产物权纠纷,不适用专属管辖。

有些涉及不动产的合同纠纷具有一定特殊性。例如,农村土地承包经营合同纠纷、房屋租赁合同纠纷、政策性房屋买卖合同纠纷，双方的争议除涉及合同的订立、履行等，还涉及当地的土地承包经营政策和房地产宏观调控政策，由不动产所在地法院专属管辖，有利于统一裁判尺度以及配合当地政府处理该类案件引起的群体性纠纷。又如，建设工程施工合同纠纷往往涉及建筑物工程造价评估、质量鉴定、留置权优先受偿、执行拍卖等，由建筑物所在地法院管辖有利于案件的审理与执行。因此，本条第2款规定几类特殊合同纠纷适用专属管辖："农村土地承包经营合同纠纷、房屋租赁合同纠纷、建设工程施工合同纠纷、政策性房屋买卖合同纠纷，按照不动产纠纷确定管辖。"

不动产所在地如何确定？不动产实际所在地就是不动产所在地。我国对土地与房屋等实行登记制，凡经有关政府部门登记的，不动产登记簿记载的所在地为不动产所在地。在实践中，不动产实际所在地与登记簿记载的所在地是重合的。

继承纠纷中涉及不动产的，是不动产纠纷专属管辖优先抑或继承遗产纠纷专属管辖优先？由于《民事诉讼法》没有明确规定，其第34条第1项与第3项之间有可能发生冲突。现将不动产纠纷限于本解释界定的不动产物权纠纷，该问题不解自破。

第二百三十三条 反诉的当事人应当限于本诉的当事人的范围。

反诉与本诉的诉讼请求基于相同法律关系、诉讼请求之间具有因果关系，或者反诉与本诉的诉讼请求基于相同事实的，人民法院应当合并审理。

反诉应由其他人民法院专属管辖，或者与本诉的诉讼标的及诉讼请求所依据的事实、理由无关联的，裁定不予受理，告知另行起诉。

第三百二十九条 人民法院依照第二审程序审理案件，认为第一审人民法院受理案件违反专属管辖规定的，应当裁定撤销原裁判并移送有管辖权的人民法院。

2.《最高人民法院关于适用〈中华人民共和国海事诉讼特别程序法〉若干问题的解释》（法释〔2003〕3号，20030201）

第十一条 海事诉讼特别程序法第七条（三）项规定的有管辖权的海域指中华人民共和国的毗连区、专属经济区、大陆架以及有管辖权的其他海域。

第十二条 海事诉讼特别程序法第七条（三）项规定的合同履行地指合同的实际履行地；合同未实际履行的，为合同约定的履行地。

【审判业务答疑】

《法答网精选答问（第十五批）——立案受理专题》（20250109）

问题5：签订建设工程施工合同，缴纳保证金后未施工，现要求返还保证金，是否适用专属管辖？

答疑意见：《民事诉讼法》第34条

第 1 项规定，"因不动产纠纷提起的诉讼，由不动产所在地人民法院管辖"。《民事诉讼法解释》第 28 条第 2 款规定："农村土地承包经营合同纠纷、房屋租赁合同纠纷、建设工程施工合同纠纷、政策性房屋买卖合同纠纷，按照不动产纠纷确定管辖。"上述司法解释规定的建设工程施工合同纠纷，并未明确排除建设工程施工合同订立后没有实际履行而产生的解除合同、返还保证金纠纷的情形。在起诉与受理阶段，案由的确定应当依据当事人的诉讼请求。当事人依据建设工程施工合同诉请返还保证金，属于因履行建设工程施工合同引发的纠纷。案涉合同是否实际履行，在起诉与受理阶段不能查明，只有通过实体审理才能查明。故在法律、司法解释没有明确规定的情况下，不宜仅以建设工程施工合同未实际履行为由，排除《民事诉讼法》及其司法解释关于不动产纠纷专属管辖规定的适用。

【法院参考案例】

1. 装饰装修合同纠纷应否按照不动产纠纷确定管辖[北京某空间展示有限公司诉上海某薄膜发电有限公司装饰装修合同纠纷案，最高人民法院（2020）最高法民辖 93 号，入库编号：2023-01-2-115-003]

《民事诉讼法解释》第 28 条规定的建设工程施工合同纠纷，不限于《民事案件案由规定》的"建设工程合同纠纷"项下的第四级案由"建设工程施工合同纠纷"，还应包括该项下的建设工程价款优先受偿权纠纷、建设工程分包合同纠纷、建设工程监理合同纠纷，装饰装修合同纠纷等其他与建设工程施工相关的纠纷。因此，当事人因履行装饰装修合同发生纠纷，应当按照不动产纠纷确定管辖。

2. 不涉及林木、林地权属确认、分割问题的林木、林地权属转让合同纠纷是否适用不动产纠纷专属管辖规定[过某某诉辽宁某农业综合开发有限公司种植、养殖回收合同纠纷案，最高人民法院（2022）最高法民辖 69 号，入库编号：2023-01-2-128-001]

当事人起诉要求解除林木所有权及林地使用权转让合同的，因诉讼标的不涉及林木、林地权属的确认、分割问题，故不属于不动产纠纷，也不符合应当按照不动产纠纷确定管辖的情形，不适用不动产纠纷专属管辖规定。

3. 共有产权保障住房买卖合同纠纷可以按照不动产纠纷确定管辖[上海嘉和置业有限公司诉陈某祥、陈某俊房屋买卖合同纠纷案，上海市普陀区人民法院（2021）沪 0107 民初 25146 号，入库编号：2024-01-2-091-002]

政策性房屋买卖合同纠纷应按照不动产纠纷确定管辖，由不动产所在地人民法院专属管辖。共有产权保障住房买卖合同约定了政府住房保障实施机构为共有产权保障住房的管理人，对共有产权保障住房享有回购、收回等权利的，表明该类合同担负一定的房地产宏观调控功能，属于政策性房屋买卖合同，发生纠纷应由不动产所在地人民法院专属管辖。

4.上跨铁路的公路立交桥建设工程施工合同纠纷适用不动产专属管辖
[中铁某局诉四平市甲公司、四平市乙公司、中铁沈阳局某工程建设指挥部等建设工程施工合同纠纷案，吉林省高级人民法院（2023）吉民辖终 10 号，入库编号：2023-07-2-115-008]

"铁路附属设施"指依附归属于铁路的设备、设施以及铁路专用的建筑物、构筑物等，其存在目的是保护、养护铁路以及为铁路运输的安全、畅通服务。公路桥梁工程虽上跨于铁路之上，但与铁路及其附属设施并不存在依附归属关系，既不属于铁路财产，也不为铁路运输、铁路安全服务，并非铁路附属设施，由此发生的建设工程施工合同纠纷，不属于铁路运输法院专门管辖范围，应当按照《民事诉讼法》第 34 条的规定，由不动产所在地人民法院专属管辖。

5.当事人将建设施工合同与相关的其他合同一并起诉时应依据建设施工合同确定管辖法院[某文化传播公司诉某文化创意公司建设工程合同纠纷案，最高人民法院（2022）最高法民辖77 号，入库编号：2023-01-2-115-001]

当事人将建设工程施工合同及相关联的其他合同一并起诉的，由于两份合同系针对同一工程项目，且同时履行，存在关联关系，原告一并起诉后，被告未提出管辖权异议且提出了反诉，在此情形下，人民法院可以一并审理，并按照不动产纠纷确定管辖法院。

第三十五条 【协议管辖】合同或者其他财产权益纠纷的当事人可以书面协议选择被告住所地、合同履行地、合同签订地、原告住所地、标的物所在地等与争议有实际联系的地点的人民法院管辖，但不得违反本法对级别管辖和专属管辖的规定。

【立法·要点注释】

1.协议管辖，又称合意管辖或者约定管辖，是指双方当事人在纠纷发生之前或发生之后，以合意方式约定解决他们之间纠纷的管辖法院。协议选择管辖法院是意思自治原则在民事诉讼领域的延伸和体现，有助于实现当事人双方诉讼机会的均等。

2.合同或者其他财产权益纠纷的双方当事人可以协议选择管辖法院，因人身权益产生的民事纠纷的当事人不能协议选择管辖法院。这里的合同纠纷包括因合同订立、履行、变更、解除、违约等所产生的纠纷;其他财产权益纠纷包括因物权、知识产权中的财产权而产生的民事纠纷。

3.可以协议选择的法院应当是被告住所地、合同履行地、合同签订地、原告住所地、标的物所在地等与争议有实际联系的地点的人民法院。在可以选择的法院范围上,一方面,"等与争议有实际联系的地点"的人民法院,只要是与争议有实际联系的地点的人民法院,合同或者其他财产权益纠纷的当事人都可以协议选择。另一方面,"等与争议有实际联系的地点"也是对选择管辖法院的范围进行必要的限制,当事人不可以协议选择与争议没有实际联系的地点的法院。在实践中,"与争议有实际联系的地点"除了被告住所地、合同履行地、合同签订地、原告住所地、标的物所在地外,还包括侵犯物权或者知识产权等财产权益的行为发生地等。此外,根据《民事诉讼法解释》第29条,书面协议包括书面合同中的协议管辖条款或者诉讼前以书面形式达成的选择管辖的协议。

4.实践中,当事人在合同中约定某一具体义务的履行地,不仅有实体法上的意义,还可能有诉讼法上的意义。约定由合同签订地、履行地人民法院管辖,但实际签订地、履行地与约定的签订地、履行地不一致时,应当以约定地作为确定管辖权的依据,因为若当事人约定合同履行地,表明双方对管辖有预

期,故应尊重当事人的约定。与此同时,关于约定不明确的合同履行地问题,实践中有两种较为常见的约定不明确的管辖协议。一是约定由守约方所在地法院管辖。判断何方当事人守约,需要经过实体审理方能确定,在确定管辖权的阶段无法判明,这类约定不明确的管辖协议无法执行,应当认定为无效。二是约定由当地法院管辖。由于何为当地指代不明,常常产生争议。有的理解为当事人住所地,有的理解为合同履行地,有的根据合同类型理解为工程所在地。我们认为,应当综合考量当事人的意思、合同类型及其他因素,能够确定何为当地的,应当认定为有效;不能确定的,应当认定为约定不明确。

5.协议选择管辖法院不得违反本法对级别管辖和专属管辖的规定。当事人协议选择的管辖法院,不能违反本法关于级别管辖的规定,也就是说,当事人协议选择的法院只能是一审法院,不能协议选择二审和再审法院,而且,选择的一审法院应当符合法律和最高人民法院确定的管辖标准。当事人协议选择的管辖法院也不能违反本法关于专属管辖的规定。根据修改后《民事诉讼法》第34条的规定,下列案件,由本条规定的人民法院专属管辖:因不动产纠纷提起的诉讼,由不动产所在地人民法院管辖;因港口作业中发生纠纷提起的诉讼,由港口所在地人民法院管辖;因继承遗产纠纷提起的诉讼,由被继承人死亡时住所地或者主要遗产所

在地人民法院管辖。虽然本条规定财产权益纠纷的当事人可以选择管辖法院，但是其中属于不动产纠纷的，只能由不动产所在地的人民法院管辖，当事人不能通过协议选择其他法院。

6. 当事人协议管辖应当采用书面形式。这是协议管辖的形式要件，要求当事人双方必须以书面合同的形式选择管辖法院，口头协议无效。当事人达成的选择管辖法院的书面协议，必须符合《民法典》的有关规定。从形式上，书面协议可以采取合同书的形式，包括书面合同中的协议管辖条款，也可以采取信件和数据电文（包括电报、电传、传真、电子数据交换和电子邮件）等可以有形地表现当事人双方协议选择管辖法院意思表示的形式。从协议内容上，应当体现当事人双方选择管辖法院的真实意愿，一方不能将自己的意志强加给另一方。当事人达成的选择管辖法院的协议内容也要合法。双方当事人订立有效的选择管辖法院的协议后，可以在双方协商一致的情况下，变更已经选择的管辖法院，选择其他与争议有实际联系的人民法院处理争议。

7. 2023年《民事诉讼法》修改后，在涉外编管辖一章单独增加了涉外协议管辖的规定，由此《民事诉讼法》关于协议管辖制度的规定又重回"双轨制"，即国内民事诉讼的协议管辖，适用本条；涉外民事诉讼的协议管辖，适用修改后的《民事诉讼法》第277条的规定，即涉外民事纠纷的当事人书面协议

选择人民法院管辖的，可以由人民法院管辖。也就是说，涉外协议管辖不要求所选择的法院与争议有实际联系。

【相关立法】

《中华人民共和国海事诉讼特别程序法》（20000701）

第八条 海事纠纷的当事人都是外国人、无国籍人、外国企业或者组织，当事人书面协议选择中华人民共和国海事法院管辖的，即使与纠纷有实际联系的地点不在中华人民共和国领域内，中华人民共和国海事法院对该纠纷也具有管辖权。

【司法解释】

1.《最高人民法院关于适用〈中华人民共和国民事诉讼法〉的解释》（法释〔2015〕5号，20150204；经法释〔2022〕11号修正，20220410）

第二十九条 民事诉讼法第三十五条规定的书面协议，包括书面合同中的协议管辖条款或者诉讼前以书面形式达成的选择管辖的协议。

【重点解读】在审查管辖权异议案件中，针对当事人一方提出的管辖协议未成立、管辖协议系伪造等问题，法院应当进行审查。这种审查是针对程序问题的实质审查，如同对当事人提出管辖协议无效必须审查其效力一样。不能因为对管辖协议成立与否的审查可

能与案件的实体审理有牵连、有影响，就回避这个问题。毕竟程序公正是实体公正的前提与基础。

第三十条　根据管辖协议，起诉时能够确定管辖法院的，从其约定；不能确定的，依照民事诉讼法的相关规定确定管辖。

管辖协议约定两个以上与争议有实际联系的地点的人民法院管辖，原告可以向其中一个人民法院起诉。

【重点解读】理解本条应注意两点：第一，即使当事人约定的管辖法院不够明确，但只要根据管辖协议约定的地域能够确定具体管辖法院的，管辖协议按照有效处理。常见的情形是，当事人仅约定了某一地域的法院，可以按照级别管辖标准往上确定具体的法院（上级法院相对于下级法院而言是唯一的），但不能按照级别管辖的标准从上级法院往下确定具体的法院（一个上级法院对应的下级法院一般有多个，特殊情况除外）。例如，约定"由天津市的法院管辖"，而案件恰好应当由天津高院作为一审法院的，该案由天津高院管辖，该管辖协议有效；如该案仅达到天津基层法院的管辖标准，由于天津基层法院有多个而无法确定具体的法院，该管辖协议无效，只能按照法定管辖规定确定法院。还有一种常见情况，当事人已约定某一具体基层法院管辖，纠纷发生后超出该院级别管辖标准，是否一律以违反级别管辖为由而认定约定无效？这种约定表明双方当事人愿意在该法

院所在地进行诉讼，地域管辖是明确的。出于保护当事人的正当预期，应当认定双方选择的地域管辖是有效的，可以结合级别管辖标准确定具体的管辖法院。第二，管辖协议约定两个以上与争议有实际联系的地点的人民法院管辖，原告可以向其中一个人民法院起诉，该法院具有管辖权。只要当事人协议选择了与争议有实际联系地点的管辖法院，可以是一处，也可以是多处，一旦当事人发生纠纷，就可以按协议之约定，选择向其中一个法院起诉。如果双方基于同一法律关系或同一法律事实分别向不同的法院起诉，同样先受理的法院取得管辖权。

第三十一条　经营者使用格式条款与消费者订立管辖协议，未采取合理方式提请消费者注意，消费者主张管辖协议无效，人民法院应予支持。

【重点解读】理解本条应注意两点：第一，关于如何理解本条规定中的"合理的方式"。实践中，消费者往往关注实体方面的条文要多一些，容易忽视争议解决条款，也不太了解争议解决条款给自己将来可能带来的影响。如果经营者未采取合理方式提请消费者注意涉管辖格式条款，该管辖协议可能无效。这样的规定会督促经营者履行提请注意义务。第二，是否主张管辖协议无效，由消费者决定。管辖协议排除了相对方依法选择管辖法院的权利，也易造成相对方的诉讼不方便，但如果经营者已经采取了合理方式提请消费者

注意,即使造成消费者诉讼明显不便,因为消费者已经被告知不利的后果,仍然选择协议管辖,这一意思表示应该得到尊重,不能再认定管辖协议无效。只有当经营者未采取合理的方式提请消费者注意时,消费者主张管辖协议无效,才能得到法院支持。当然在这种情况下,也可以不主张管辖协议无效而接受管辖协议的约束,法院不应依职权介入审查,这也是尊重当事人权利的体现。

第三十二条　管辖协议约定由一方当事人住所地人民法院管辖,协议签订后当事人住所地变更的,由签订管辖协议时的住所地人民法院管辖,但当事人另有约定的除外。

【重点解读】在管辖协议约定由一方当事人住所地人民法院管辖,且没有明确具体的地址的情况下,若该当事人在签订协议时已经离开户籍所在地,则只有当实际居住地符合经常住所地(至起诉时已连续居住1年以上)要件时,该实际居住地的法院才具有管辖权,否则仍应由当事人的户籍所在地法院管辖。

第三十三条　合同转让的,合同的管辖协议对合同受让人有效,但转让时受让人不知道有管辖协议,或者转让协议另有约定且原合同相对人同意的除外。

【重点解读】若转让合同无效,不影响协议管辖条款的效力。协议管辖条款作为合同争议解决条款,具有独立性。合同的变更、解除、终止或者无效,不影响协议管辖条款的效力。

第三十四条　当事人因同居或者在解除婚姻、收养关系后发生财产争议,约定管辖的,可以适用民事诉讼法第三十五条规定确定管辖。

【重点解读】当事人对本条规定的财产争议约定管辖法院的,必须是与争议有实际联系地点的法院,否则约定无效,应按法定管辖确定管辖的法院。

2.《最高人民法院关于适用〈中华人民共和国民法典〉有关担保制度的解释》(法释〔2020〕28号,20210101)

第二十一条　主合同或者担保合同约定了仲裁条款的,人民法院对约定仲裁条款的合同当事人之间的纠纷无管辖权。

债权人一并起诉债务人和担保人的,应当根据主合同确定管辖法院。

债权人依法可以单独起诉担保人且仅起诉担保人的,应当根据担保合同确定管辖法院。

3.《最高人民法院关于审理期货纠纷案件若干问题的规定》(法释〔2003〕10号,20030701;经法释〔2020〕18号修正,20210101)

第四条　人民法院应当依据民事诉讼法第二十三条、第二十八条和第三十四条①的规定确定期货纠纷案件的管辖。

---

①　对应2023年《民事诉讼法》第24条、第29条和第35条。——编者注

4.《最高人民法院关于互联网法院审理案件若干问题的规定》（法释〔2018〕16 号,20180907）

第三条 当事人可以在本规定第二条确定的合同及其他财产权益纠纷范围内,依法协议约定与争议有实际联系地点的互联网法院管辖。

电子商务经营者、网络服务提供商等采取格式条款形式与用户订立管辖协议的,应当符合法律及司法解释关于格式条款的规定。

5.《最高人民法院关于军事法院管辖民事案件若干问题的规定》（法释〔2025〕6 号,20250501）

第三条 当事人一方是军人或者军队单位,且合同履行地或者标的物所在地在营区内的合同或者其他财产权益纠纷,当事人书面约定军事法院管辖,不违反法律关于级别管辖、专属管辖和专门管辖规定的,应当由军事法院管辖。

【司法文件】

1.《最高人民法院关于金利公司与金海公司经济纠纷案件管辖问题的复函》（法函〔1995〕89 号,19950705）
金利公司与金海公司在再次补充协议中约定,"如甲、乙双方发生争议,由守约方所在地人民法院管辖"。该约定不符合《民事诉讼法》第二十五条①的规定,应认定协议管辖的条款无效。本案应由被告所在地的人民法院管辖。接

此函后,请你院依法撤销一审判决和一、二审裁定,将本案移送有管辖权的法院。

2.《民事诉讼程序繁简分流改革试点问答口径（二）》（最高人民法院,法〔2020〕272 号,20201023）

八、当事人申请司法确认能否约定选择管辖法院?

答:协议管辖是一种诉讼管辖规则,不适用于特别程序案件。因此,司法确认案件不能协议约定管辖,当事人应当严格按《实施办法》②第四条的规定,向有管辖权的人民法院提出申请。

【审判业务答疑】

《法答网精选答问（第十五批）——立案受理专题》（20250109）

问题 2:人身保险合同团体险中,签订合同的双方（用人单位与保险公司）约定管辖能否约束被保险人（员工）?

答疑意见:依据《中国保监会关于促进团体保险健康发展有关问题的通知》（保监发〔2015〕14 号）第 1 条的规定,团体保险是指投保人为特定团体成员投保,由保险公司以一份保险合同提

---

① 对应 2023 年《民事诉讼法》第 35 条。——编者注
② 即《最高人民法院关于民事诉讼程序繁简分流改革试点实施办法》。——编者注

供保险保障的人身保险。团体险的保险合同,属于利他合同,职工为被保险人,受益人一般为职工本人或其近亲属。职工作为被保险人虽然没有参与订立保险合同,但是其财产或人身受保险合同保障。既然被保险人依据合同约定享有相关权利,亦应依据合同约定承担相应义务,这种义务既有保险法规定的实体法上的义务,也包括程序法上的义务。所以,团体保险合同中的协议管辖条款,对被保险人亦具有约束力。

【最高法公报案例】

1. 管辖约定应体现双方当事人真实意思表示且达成合意,若协议中管辖条款在成立要件上存在重大瑕疵,能否认定存在有效的管辖条款[招商银行股份有限公司无锡分行与中国光大银行股份有限公司长春分行委托合同纠纷管辖权异议案(2016-7)]

合同效力是对已经成立的合同是否具有合法性的评价,依法成立的合同,始对当事人具有法律约束力。《合同法》第57条关于"合同无效、被撤销或者终止的,不影响合同中独立存在的有关解决争议方法的条款的效力"[1]的规定适用于已经成立的合同,"有关解决争议方法的条款"应当符合法定的成立条件。合同一方当事人签订的协议上没有加盖真实的公章或法定代表人签章,故协议中管辖条款在成立要件上存在重大瑕疵,不能认定存在有效的管辖条款。

审查管辖权异议,注重程序公正和司法效率,既要妥当保护当事人的管辖异议权,又要及时矫正、遏制当事人错用、滥用管辖异议权。确定管辖权应当以起诉时为标准,结合诉讼请求对当事人提交的证据材料进行形式要件审查以确定管辖。

案件移送后,当事人的诉讼请求是否在另案中通过反诉解决,超出了管辖异议的审查和处理的范围,应由受移送的人民法院结合当事人对诉权的处分等情况,依据《民事诉讼法解释》第232条、第233条等的有关规定依法处理。

2. 主合同与补充合同签订地不同,如何确定管辖法院[德国亚欧交流有限责任公司与绥芬河市青云经贸有限公司合作协议纠纷案(2007-6)]

涉外合同的当事人在合同中明确约定由合同签订地法院管辖,随后又在其他地方就合同的未尽事宜签订补充协议,但补充协议并未修改原约定管辖条款的,合同中约定管辖的条款的效力不因补充协议的签订而改变,当事人之间发生的合同纠纷应当由合同签订地法院管辖。

---

① 《民法典》第507条规定,合同不生效、无效、被撤销或者终止的,不影响合同中有关解决争议方法的条款的效力。——编者注

【法院参考案例】

1. 劳动争议案件是否适用协议管辖[李某东与北京海天致远劳务服务有限公司劳务争议案,最高人民法院(2020)最高法民辖24号]

协议管辖的适用领域为合同或者其他财产权益纠纷,因身份关系产生民事纠纷的不能协议选择管辖法院。用人单位与劳动者之间的劳动关系,具有人身属性,不适用协议管辖的有关规定。

2. 管辖权异议应根据当事人诉请所依据的法律关系以及当事人提交的诉讼材料进行形式审查确定案件管辖权,可否在管辖权异议审查阶段,对含有协议管辖条款的案涉基础合同真实性进行鉴定[感知科技有限公司诉感知集团有限公司、无锡感安软件有限公司等6家公司合同纠纷案,上海市高级人民法院(2021)沪民辖终3号]

管辖权异议审查属程序问题,应根据当事人诉请所依据的法律关系以及当事人提交的诉讼材料进行形式审查确定案件管辖权,不宜在管辖权异议审查阶段,对含有协议管辖条款的案涉基础合同真实性进行鉴定。为保障当事人依照法律规定享有的起诉权利,在民事诉讼法没有规定协议管辖可以附条件的情况下,不得附条件。《民事诉讼法解释》第18条分别针对争议标的为

给付货币、交付不动产和其他标的,只考虑了给付之诉的情形。单纯地请求解除合同的形成之诉,其争议标的并非合同中的具体义务,而是合同法律关系是否解除的问题,不能据此规定来确定合同履行地。

3. 债务人出具的欠条中载明管辖法院的,是否可视为双方的协议管辖条款[刘某武与徐某劳务合同纠纷案,最高人民法院(2022)最高法民辖110号]

涉案欠条虽载明"该纠纷由兴化法院管辖",但欠条系徐某单方面出具的对当事人之间债权债务关系的确认,现无其他证据材料用以证明刘某武、徐某就协议管辖达成一致意思表示,该协议管辖条款不成立。

4. 如何认定"根据管辖协议,起诉时能够确定管辖法院"[溧阳某公司诉广安某化工公司承揽合同纠纷案,最高人民法院(2020)最高法民辖31号]

对于协议管辖的效力,应当结合具体案件情况,在充分保障当事人意思自治情况下,根据起诉时是否能够确定管辖法院来判断。所谓在起诉时能够确定管辖法院,既指当事人在管辖协议中已经写明的管辖法院,也指当事人在管辖协议中虽没有写明具体法院名称,但在起诉时结合起诉主体、诉讼标的额能够指向与争议有实际联系,且级别和地域均明确的法院。对于当事人仅约定某一地域,但未约定管辖法院的,如果

结合诉讼标的额能够在起诉时确定具体法院的，应当认定管辖协议有效；无法确定的，则不能再通过其他连结点定管辖法院。

5.当事人约定某个地域法院管辖能否对应到具体明确级别管辖法院［王某诉马某合同纠纷案，最高人民法院（2021）最高法民辖60号］

当事人仅约定了某一地域的法院管辖，不能按照级别管辖的标准从上级法院往下确定具体的法院，应当按照法定管辖规定确定法院。

6.当事人签订的协议管辖条款约定"原告住所地"的"原告"范围应否限定为合同签订主体［南昌某企业管理有限公司重庆渝北分公司诉刘某追偿权纠纷案，最高人民法院（2022）最高法民辖20号，入库编号：2023-01-2-143-002］

当事人签订合同约定"原告住所地"法院管辖，在合同签订时，"原告"虽无法具体确定，但根据合同相对性原则，能够明确的是"原告"应为合同签订主体，"原告住所地"应当限定在原债权人住所地或者债务人住所地。合同转让后，合同受让人起诉债务人的，其实质是行使原债权人对债务人的请求权，不能将合同受让人的住所地解释为合同约定的"原告住所地"。

7.约定"向违约方所在地法院提起诉讼"的管辖协议是否有效［天津市中

铁物京钢材有限公司与天津冶金轧一物流有限公司仓储合同纠纷案，最高人民法院（2019）最高法民辖6号］

双方在合同中约定，一方违约的，向违约方所在地法院提起诉讼。根据该约定，确定管辖法院，首先要判断是哪一方"违约"。但对当事人违约的认定属于实体审理范畴，无法在管辖权异议审理阶段予以确定。故上述约定属于协议管辖约定不明的情形，应根据民事诉讼法的相关规定确定管辖法院。

8.约定"由各自所在地法院管辖"的管辖协议是否有效［青岛金实房地产开发投资有限公司与中国华西企业有限公司管辖权异议案，最高人民法院（2013）民一终字第129号］

合同双方当事人约定，发生纠纷各自可向所在地人民法院起诉。当事人的真实意思是，涉案合同发生争议后，任何一方当事人作为原告提起诉讼，都可选择原告所在地人民法院作为管辖法院，该协议选择管辖的约定是明确的。该约定可认为是选择由原告所在地人民法院管辖，如不违反有关级别管辖和专属管辖的规定，则该约定应为有效。

9.约定"任意一方住所地法院解决"的管辖协议是否有效［柳州钢铁股份有限公司与中信银行股份有限公司厦门分行、厦门拓兴成集团有限责任公司金融借款合同纠纷管辖权异议案，最

高人民法院(2014)民二终字第5号]

在因诉争合同发生的纠纷当中,任意一方合同主体既有可能成为案件的原告,也有可能成为案件的被告,因此协议管辖条款中约定"将争议提交任意一方住所地人民法院通过诉讼方式解决",可以理解为当事人协议选择了原告住所地或被告住所地法院管辖。这种约定管辖符合《民事诉讼法》第34条(现为第35条)之规定,是当事人真实意思表示,约定的内容清晰明确,且不违反级别管辖和专属管辖的规定。

10. 双方约定将争议诉至一方分支机构所在地是否违反协议管辖的规定[彼高家居用品(上海)有限公司与上海京汇美饰建筑工程有限公司买卖合同纠纷案,最高人民法院(2021)最高法民辖2号]

法人的住所地是指法人的主要办事机构所在地,主要办事机构所在地不确定的,法人的注册地或者登记地为住所地。据此,住所地不当然是工商注册登记地址。双方合同约定发生纠纷则将争议诉至某一方所在地法院,并在合同中载明该方所在地为该方分支机构的住所地,该约定并无违反《民事诉讼法》第34条(现为第35条)协议管辖的规定。

11. 双方约定"可向合同签订地法院起诉"的"可"字系选择性还是排他性约定[辽宁金帝建工集团有限责任公司与鞍山龙之梦长峰房地产开发有限

公司、鞍山龙之乡置业有限公司建设工程施工合同纠纷案,最高人民法院(2014)民提字第154号]

协议双方约定所使用的"可"字,系目前国内当事人进行协议管辖时的常用术语,"双方可向合同签订地有管辖权的人民法院起诉"的约定,应视为双方对管辖法院作出了单一确定的选择,应当解释为由被选择的法院行使排他性管辖权。

12. 法人当事人约定"原告所在地法院管辖"的,是否可解释为"原告住所地法院管辖"[上海阿拉丁生化科技股份有限公司与广州赛意信息科技股份有限公司计算机软件开发合同纠纷案,最高人民法院(2020)最高法知民辖终166号]

本着对当事人意思自治和契约自由精神的尊重,即使当事人在协议管辖条款有关管辖地法院的文字表述不够精准、明确,但只要通过探寻当事人的真实意思表示,能够具体地确定纠纷解决所指向的管辖法院的,就不应当简单地认定当事人关于合同纠纷地域管辖法院的约定不明。双方在合同协议管辖条款中使用的是"原告所在地法院"的表述,但鉴于合同双方当事人均为法人,基于对双方当事人真实意思表示的探求,该条款中的"原告所在地"的含义,可以合理解释为"原告住所地"。

13. 合同约定的签订地与实际签订

地不符如何处理[上海博威生物医药有限公司与舟山紫荆投资管理合伙企业合伙纠纷案,最高人民法院(2019)最高法民辖终509号]

合同约定的签订地与实际签订地不符,应当认定约定的签订地为合同签订地;合同没有约定签订地,双方当事人签字或者盖章不在同一地点的,应当认定最后签字或者盖章的地点为合同签订地。

14. 协议管辖如何选择与争议有实际联系地点的法院[中储某物流分公司诉潘某其他合同纠纷案,最高人民法院(2020)最高法民辖29号,入库编号:2024-01-2-483-003]

协议管辖应当选择被告住所地、合同履行地、合同签订地、原告住所地、标的物所在地等与争议有实际联系的地点的人民法院。其中,与争议有实际联系应当是指有直接的、客观外在的联系,不能将仅存在偶然性联系或者间接性联系作为确定的标准。如果双方当事人协议选择的法院并非与争议有实际联系地点的法院,应当认定协议管辖无效。

因分公司不具有法人资格,其民事责任最终将由总公司承担,如果在分公司签订的管辖协议中,约定总公司住所地法院,应认为与争议有实际联系。但如果约定分公司所在总公司的关联公司或者控股公司地点的,因与争议缺乏客观直接的联系,应认定管辖协议无效。

15. 互联网借贷系列合同中将非双方住所地及履行地记载为签约地,并约定该签约地法院管辖的条款是否有效[郭某铭与重庆度小满小额贷款有限公司等小额借款合同纠纷案,最高人民法院(2022)最高法民辖27号]

协议载明签署地/履行地,并约定发生争议,由该地法院管辖。但出借人、借款人住所地均不在上述地点,现有证据材料无法证明当事人系在此地签订并履行借款协议,该地与双方争议没有实际联系。此类互联网借贷纠纷,出借方一方主体特定,借款方一方主体不特定,存在着面广量大的情形,虽然协议选择管辖法院,系双方当事人的明确约定,但在无证据材料可证明该选择地与争议有实际联系的情况下,如就此认定选择地人民法院是管辖法院,势必造成大量案件通过协议管辖进入约定法院,破坏正常的民事诉讼管辖秩序,故该协议管辖条款无效。

16. 当事人关于债权转让后产生争议由受让人住所地法院管辖的约定无效[黄某诉吴某华民间借贷纠纷案,上海市普陀区人民法院(2024)沪0107民初8524号,入库编号:2024-01-2-103-008]

合同或其他财产权益纠纷的当事人可以书面选择与争议有实际联系地点的人民法院管辖。当事人在合同中预先约定债权转让后争议由新受让人住所地法院管辖的,系合同当事人为第三方即债权受让方将来涉诉约定的协议管辖条款,债权受让方不确定亦不可能参与缔结这一协议管辖条款,"受让方所在地法院"不属于订立合同时与争议有实际联系地点的人民法院,故该项约定应当认定无效。

17. 担保协议中管辖协议条款对担保人追偿权的受让人是否有效[任某某诉南宁某幼儿园等追偿权纠纷案,最高人民法院(2022)最高法民辖 63 号,入库编号:2023-01-2-143-001]

担保人与债务人约定了协议管辖,担保人履行担保责任后,将其对债务人的追偿权转让,受让人提起追偿权诉讼的,担保人与债务人之间的管辖协议对合同受让人有效,但转让时受让人不知道有管辖协议,或者转让协议另有约定且原合同相对人同意的除外。

18. 主合同和担保合同均约定了管辖条款,债权人一并起诉债务人和担保人的管辖确定规则[某银行成都锦江支行与四川某国际经贸公司、成渝某科技公司等金融借款合同纠纷案,成渝金融法院(2024)渝 87 民辖终 221 号,入库编号:2024-01-2-103-007]

主合同和担保合同均约定了管辖条款,债权人一并起诉债务人和担保人的,审查涉主从合同案件的管辖权时,无须审查判定从合同的效力及其中管辖约定的效力。管辖权异议审查应当坚持形式审查为主的原则。合同不生

效、无效、被撤销或者终止的,不影响合同中有关解决争议方法的条款的效力。

19. 管辖协议违反级别管辖如何处理[湖北鸿鑫建筑工程有限公司与北京六建集团有限责任公司建设工程分包合同纠纷案,最高人民法院(2019)最高法民辖终 37 号]

双方当事人在合同中明确约定了管辖法院,但鉴于当事人协议约定管辖时难以知悉争议实际发生的金额和相关人民法院的级别管辖,只要当事人约定的地域管辖明确,在约定法院所属或所辖行政区域内具有相应级别管辖权的人民法院,可以依据协议约定行使管辖权。

20. 管辖协议违反专门管辖如何处理[庆丰集团松原嘉丰粮食经贸有限公司与营口港务股份有限公司仓储合同纠纷管辖权异议案,最高人民法院(2010)民四终字第 34 号]

协议管辖的约定内容不仅应遵守级别管辖和专属管辖的规定,一般也不应当违背法律关于专门管辖的规定。因为法律关于专门人民法院与其他地方人民法院之间的分工与权限即各自职责范围的规定,具有必须执行的严肃性;我国《民事诉讼法》的有关规定未赋予管辖协议具有调整案件是在专门法院还是普通法院审理的功能,且案件一审是由专门法院管辖还是由地方普通法院管辖,不仅会因此改变法律规定

的特定案件的管辖级别，也会改变特定案件的诉讼途径。这样的结果显然违反《民事诉讼法》的相关规定精神，故违反法律关于专门管辖规定的管辖协议条款应认定无效。

第三十六条 【共同管辖】 两个以上人民法院都有管辖权的诉讼，原告可以向其中一个人民法院起诉；原告向两个以上有管辖权的人民法院起诉的，由最先立案的人民法院管辖。

【立法·要点注释】

1. 共同管辖，是指依照法律规定两个以上的人民法院对同一诉讼案件都有管辖权。这种情况既可以因诉讼主体或诉讼客体的原因发生，也可以因法律的直接规定而发生。在几个人民法院对同一案件都有管辖权的情况下，就形成了管辖权的冲突。解决管辖权冲突的最主要的办法，是赋予原告选择权，原告可以向其中任一法院起诉。如果原告向两个以上有管辖权的人民法院起诉，由最先立案的人民法院管辖。

2. 共同管辖和选择管辖，实际上是同一个问题，只不过共同管辖是从法院角度讲的，选择管辖则是从当事人角度讲的。从两者的关系来看，共同管辖是选择管辖的前提，只有一个案件存在共同管辖时，当事人才能从中选择一个法

院起诉。法律规定共同管辖和选择管辖的目的是使地域管辖的确定具有一定的灵活性，方便当事人诉讼。①

3. 在本条的适用上，《民事诉讼法解释》第36条对"先立案的法院有管辖权"原则作出了进一步的细化规定：两个以上人民法院都有管辖权的诉讼，先立案的人民法院不得将案件移送给另一个有管辖权的人民法院。人民法院在立案前发现其他有管辖权的人民法院已先立案的，不得重复立案；立案后发现其他有管辖权的人民法院已先立案的，裁定将案件移送给先立案的人民法院。如果原告向多个法院起诉，又无法确定多个法院在立案时间上的次序，则应当协商确定其中一个法院行使管辖权；无法协商确定的，应当报请共同上级法院指定管辖。另外，根据《最高人民法院关于进一步完善委派调解机制的指导意见》（法发〔2020〕1号）第4条、第5条规定，对于当事人起诉到人民法院的纠纷，经当事人申请或者人民法院引导后当事人同意调解的，人民法院可以在登记立案前，委派特邀调解组织或者特邀调解员进行调解，委派调解的案件编立"诉前调"字号，涉及管辖权争议的，先立"诉前调"字号的法院视为最先立案的人民法院。《最高人民法院关于人民法院深化"分调裁审"机制改革的意见》（法发〔2020〕8号）第

---

① 张卫平：《民事诉讼法》（第5版），法律出版社2019年版，第114页。

12 条也明确了"诉前调解先诉管辖原则",即因双方达不成调解协议转立案的,在发生管辖权争议时,以编立"诉前调"字号时间作为确定先诉管辖的依据。

【司法解释】

1.《最高人民法院关于适用〈中华人民共和国民事诉讼法〉的解释》(法释〔2015〕5号,20150204;经法释〔2022〕11号修正,20220410)

第三十六条　两个以上人民法院都有管辖权的诉讼,先立案的人民法院不得将案件移送给另一个有管辖权的人民法院。人民法院在立案前发现其他有管辖权的人民法院已先立案的,不得重复立案;立案后发现其他有管辖权的人民法院已先立案的,裁定将案件移送给先立案的人民法院。

第二百八十三条　公益诉讼案件由侵权行为地或者被告住所地中级人民法院管辖,但法律、司法解释另有规定的除外。

因污染海洋环境提起的公益诉讼,由污染发生地、损害结果地或者采取预防污染措施地海事法院管辖。

对同一侵权行为分别向两个以上人民法院提起公益诉讼的,由最先立案的人民法院管辖,必要时由它们的共同上级人民法院指定管辖。

第三百五十二条　调解组织自行开展的调解,有两个以上调解组织参与

的,符合民事诉讼法第二百零一条①规定的各调解组织所在地人民法院均有管辖权。

双方当事人可以共同向符合民事诉讼法第二百零一条规定的其中一个有管辖权的人民法院提出申请;双方当事人共同向两个以上有管辖权的人民法院提出申请的,由最先立案的人民法院管辖。

2.《最高人民法院关于审理劳动争议案件适用法律问题的解释(一)》(法释〔2020〕26号,20210101)

第四条　劳动者与用人单位均不服劳动争议仲裁机构的同一裁决,向同一人民法院起诉的,人民法院应当并案审理,双方当事人互为原告和被告,对双方的诉讼请求,人民法院应当一并作出裁决。在诉讼过程中,一方当事人撤诉的,人民法院应当根据另一方当事人的诉讼请求继续审理。双方当事人就同一仲裁裁决分别向有管辖权的人民法院起诉的,后受理的人民法院应当将案件移送给先受理的人民法院。

3.《最高人民法院关于审理环境民事公益诉讼案件适用法律若干问题的解释》(法释〔2015〕1号,20150107;经法释〔2020〕20号修正,20210101)

第六条　第一审环境民事公益诉

---

①　对应 2023 年《民事诉讼法》第 205 条。——编者注

讼案件由污染环境、破坏生态行为发生地、损害结果地或者被告住所地的中级以上人民法院管辖。

中级人民法院认为确有必要的，可以在报请高级人民法院批准后，裁定将本院管辖的第一审环境民事公益诉讼案件交由基层人民法院审理。

同一原告或者不同原告对同一污染环境、破坏生态行为分别向两个以上有管辖权的人民法院提起环境民事公益诉讼的，由最先立案的人民法院管辖，必要时由共同上级人民法院指定管辖。

4.《最高人民法院关于审理商标民事纠纷案件适用法律若干问题的解释》（法释〔2002〕32 号，20021016；经法释〔2020〕19 号修正，20210101）

第七条　对涉及不同侵权行为实施地的多个被告提起的共同诉讼，原告可以选择其中一个被告的侵权行为实施地人民法院管辖；仅对其中某一被告提起的诉讼，该被告侵权行为实施地的人民法院有管辖权。

5.《最高人民法院关于审理垄断民事纠纷案件适用法律若干问题的解释》（法释〔2024〕6 号，20240701）

第八条　两个以上原告同一垄断行为向有管辖权的同一人民法院分别提起诉讼的，人民法院可以合并审理。

两个以上原告同一垄断行为向有管辖权的不同人民法院分别提起诉讼的，后立案的人民法院发现其他有管辖权的人民法院已先立案的，应当裁定将案件移送先立案的人民法院；受移送的人民法院可以合并审理。

人民法院可以要求当事人提供与被诉垄断行为相关的行政执法、仲裁、诉讼等情况。当事人拒不如实提供的，可以作为认定其是否遵循诚信原则和构成滥用权利等的考量因素。

6.《最高人民法院关于适用〈中华人民共和国海事诉讼特别程序法〉若干问题的解释》（法释〔2003〕3 号，20030201）

第十六条　两个以上海事法院都有管辖权的诉讼，原告可以向其中一个海事法院起诉；原告向两个以上有管辖权的海事法院起诉的，由最先立案的海事法院管辖。

7.《最高人民法院关于审理海事赔偿责任限制相关纠纷案件的若干规定》（法释〔2010〕11 号，20100915；经法释〔2020〕18 号修正，20210101）

第二条　同一海事事故中，不同的责任人在起诉前依据海事诉讼特别程序法第一百零二条的规定向不同的海事法院申请设立海事赔偿责任限制基金的，后立案的海事法院应当依照民事诉讼法的规定，将案件移送先立案的海事法院管辖。

第三条　责任人在诉讼中申请设立海事赔偿责任限制基金的，应当向受理相关海事纠纷案件的海事法院提出。

相关海事纠纷由不同海事法院受

理,责任人申请设立海事赔偿责任限制基金的,应当依据诉讼管辖协议向最先立案的海事法院提出;当事人之间未订立诉讼管辖协议的,向最先立案的海事法院提出。

第四条　海事赔偿责任限制基金设立后,设立基金的海事法院对海事请求人就与海事事故相关纠纷向责任人提起的诉讼具有管辖权。

海事请求人向其他海事法院提起诉讼的,受理案件的海事法院应当依照民事诉讼法的规定,将案件移送设立海事赔偿责任限制基金的海事法院,但当事人之间订有诉讼管辖协议的除外。

8.《最高人民法院关于人民法院执行工作若干问题的规定(试行)》(法释〔1998〕15 号,19980708;经法释〔2020〕21 号修正,20210101)

13. 两个以上人民法院都有管辖权的,当事人可以向其中一个人民法院申请执行;当事人向两个以上人民法院申请执行的,由最先立案的人民法院管辖。

【司法文件】

《全国法院民商事审判工作会议纪要》(最高人民法院,法〔2019〕254 号,20191108)

79.【共同管辖的案件移送】原告以发行人、上市公司以外的虚假陈述行为人被告提起诉讼,被告申请追加发行人或者上市公司为共同被告的,人民法院应予准许。人民法院在追加后发现其他有管辖权的人民法院已先行受理因同一虚假陈述引发的民事赔偿案件的,应当按照民事诉讼法司法解释第36 条的规定,将案件移送给先立案的人民法院。

【最高法公报案例】

双方当事人协议约定可向各自住所地人民法院起诉的案件,任何一方提起诉讼且为其住所地法院立案受理后,是否排斥了另一方住所地人民法院的管辖[阿拉山口公司诉宁夏秦毅公司买卖合同纠纷管辖权异议案(2005-8)]

双方当事人协议约定可向各自住所地人民法院起诉的案件,任何一方提起诉讼且为其住所地法院立案受理后,另一方要求其住所地人民法院重复立案或将案件移送其住所地人民法院的,应予驳回。

第三节　移送管辖和指定管辖

第三十七条　【移送管辖】人民法院发现受理的案件不属于本院管辖的,应当移送有管辖权的人民法院,受移送的人民法院应当受理。受移送的人民法院认为受移送的案件依照规定不属于本院管辖的,应当报请上级人民法院指定管辖,不得再自行移送。

【立法·要点注释】

1. 移送管辖，是指没有管辖权的人民法院接受原告起诉后，发现原告起诉的案件不属于自己管辖的，查明这个案件应当由哪个法院管辖，主动移送有管辖权的人民法院管辖。设立移送管辖制度是为了适应各种复杂的实际情况，解决管辖中有争议的问题，从而避免案件因管辖不明等原因而拖延审理，损害当事人的合法权益。

2. 根据本条的规定，人民法院移送案件应当具备以下三个条件：(1)移送案件的人民法院对该民事案件没有管辖权。对案件有管辖权的人民法院不得推脱责任而将案件移送到其他人民法院。(2)移送案件的人民法院已经受理了该民事案件。对于尚未受理的民事案件不存在移送的问题。(3)受移送的人民法院对该民事案件有管辖权。移送管辖有两种：一是同级人民法院之间的移送管辖，它属于地域管辖的范围。二是上下级人民法院间的移送，它属于级别管辖方面的移送。

3. 实践中，有三种情况需要注意：第一，两个以上人民法院都有管辖权的民事案件。对于这类案件，先立案的人民法院不得将案件移送给另一个有管辖权的人民法院。人民法院在立案前发现其他有管辖权的人民法院已先立案的，不得重复立案；立案后发现其他有管辖权的人民法院已先立案的，裁定将案件移送给先立案的人民法院。第二，案件受理后，当事人住所地、经常居住地发生变化。出现这种情况的，受诉人民法院的管辖权不受当事人住所地、经常居住地变更的影响，受诉人民法院更不得将案件移送到当事人变更后的住所地、经常居住地人民法院管辖。第三，有管辖权的人民法院受理案件后，行政区域发生变更。出现这种情况的，受理案件时有管辖权的人民法院不得以行政区域变更为由，将案件移送给变更后有管辖权的人民法院。

4. 根据本条的规定，受移送的人民法院应当受理被移送的案件。受移送的人民法院认为受移送的案件依照规定不属于本院管辖的，应当报请上级人民法院指定管辖，不得再自行移送。不得再自行移送包括既不能把移送来的案件再退回原移送的法院，也不能再移送给其他法院，只能报请上一级人民法院指定管辖。这样规定的目的有二：一是避免原告多跑路，方便当事人诉讼；二是避免案件由于互相推诿，拖延诉讼时间，使当事人的合法权益得不到及时保护。

5. 移送管辖也有相应的限制，即应诉管辖。本法第130条第2款规定了应诉管辖制度，也称默示管辖制度。这是指当事人没有管辖协议，但法院推定当事人之间形成了由受诉法院管辖合意的一项制度。应诉管辖需要具备两个条件：一是当事人未在答辩期内提出管辖权异议并应诉答辩或者提出反诉。

应诉管辖之所以被称为默示协议管辖，是因为法律推定了双方当事人就受诉法院有管辖权达成合意。仅仅未在答辩期内提出管辖权异议，并不足以推定被告具有认可管辖法院的意思表示。因此，应诉管辖条件还包括当事人应诉答辩，即当事人针对双方争议的法律关系和对方提出的诉讼请求提出反驳和异议。二是应诉管辖不得违反专属管辖和级别管辖的规定。专属管辖和级别管辖是国家根据行使司法审判职权的需要，对于特定类型的纠纷或基于上下级法院之间的职能分工而作出的专门规定。根据本法第 35 条规定，书面协议管辖尚不能违反专属管辖和级别管辖的规定，默示的管辖协议更应如此。符合应诉管辖的条件时，应当视为受诉人民法院有管辖权，从而构成对移送管辖的限制。

6. 移送管辖应当注意以下几个问题：第一，注意区分管辖权异议裁定和移送管辖裁定。对于当事人提出的管辖权异议，人民法院应当以裁定形式进行答复。根据一审或二审生效管辖权异议裁定，有管辖权的人民法院可以继续对案件进行实体审理。移送管辖的裁定属于不可诉裁定，不符合本法第157 条第 1 款第1—3 项情形。第二，尊重当事人的管辖选择权。当人民法院移送案件时，发现有数个其他人民法院有管辖权的，应尊重原告的意见，保障原告的选择权。只有当原告拒绝选择时，才由法院依职权决定。第三，移送

管辖只能进行一次。受移送的法院认为自己没有管辖权，不能再行移送或退回，应当按照管辖权争议处理程序报请共同上级人民法院指定管辖。第四，不得重复立案。人民法院在立案前发现其他有管辖权的人民法院已经先立案的，不得重复立案；立案后发现其他有管辖权的人民法院已先行立案的，裁定将案件移送给先立案的人民法院。

【司法解释】

1.《最高人民法院关于适用〈中华人民共和国民事诉讼法〉的解释》（法释〔2015〕5 号，20150204；经法释〔2022〕11 号修正，20220410）

第三十五条 当事人在答辩期间届满后未应诉答辩，人民法院在一审开庭前，发现案件不属于本院管辖的，应当裁定移送有管辖权的人民法院。

【重点解读】第一，当人民法院移送案件时发现有数个其他人民法院有管辖权的，应尊重原告的意见，即原告有选择权，只有当原告拒绝选择时，才由人民法院决定。

第二，移送管辖只能进行一次。受移送的法院认为自己没有管辖权的，不能再行移送或退回移送法院，应该按照管辖权争议处理程序，报请共同上级人民法院指定管辖。

第三十六条 两个以上人民法院都有管辖权的诉讼，先立案的人民法院不得将案件移送给另一个有管辖权的

人民法院。人民法院在立案前发现其他有管辖权的人民法院已先立案的，不得重复立案；立案后发现其他有管辖权的人民法院已先立案的，裁定将案件移送给先立案的人民法院。

【重点解读】立案的起算时间以受诉法院决定受理原告起诉并将其内容登记在册为准。法院收到起诉状后，可能需要审查以及告知原告修改诉状后，才决定登记立案，故不能将原告提交诉状的时间作为立案的起算时间。

第三十七条 案件受理后，受诉人民法院的管辖权不受当事人住所地、经常居住地变更的影响。

【重点解读】受诉人民法院不得将案件移送当事人变更后的住所地、经常居住地人民法院管辖。

第三十八条 有管辖权的人民法院受理案件后，不得以行政区域变更为由，将案件移送给变更后有管辖权的人民法院。判决后的上诉案件和依审判监督程序提审的案件，由原审人民法院的上级人民法院进行审判；上级人民法院指令再审、发回重审的案件，由原审人民法院再审或者重审。

【重点解读】人民法院受理案件后，不得因行政区域变更而改变法院管辖，否则会造成司法资源的巨大浪费并给当事人造成损失。在实践中，可能会发生这样的情况：某二审法院在审理上诉案件过程中，因行政区域变更，原审法院对应的上级法院已改变。此时，虽然原审法院已不是某二审法院的下级

法院，某二审法院发回重审的案件仍应由原审法院重审。

第三十九条 人民法院对管辖异议审查后确定有管辖权的，不因当事人提起反诉、增加或者变更诉讼请求等改变管辖，但违反级别管辖、专属管辖规定的除外。

人民法院发回重审或者按第一审程序再审的案件，当事人提出管辖异议的，人民法院不予审查。

第二百一十一条 对本院没有管辖权的案件，告知原告向有管辖权的人民法院起诉；原告坚持起诉的，裁定不予受理；立案后发现本院没有管辖权的，应当将案件移送有管辖权的人民法院。

第三百二十九条 人民法院依照第二审程序审理案件，认为第一审人民法院受理案件违反专属管辖规定的，应当裁定撤销原裁判并移送有管辖权的人民法院。

2.《最高人民法院关于审理技术合同纠纷案件适用法律若干问题的解释》
（法释〔2004〕20号，20050101；经法释〔2020〕19号修正，20210101）

第四十五条第一款 第三人向受理技术合同纠纷案件的人民法院就合同标的技术提出权属或者侵权请求时，受诉人民法院对此也有管辖权的，可以将权属或者侵权纠纷与合同纠纷合并审理；受诉人民法院对此没有管辖权的，应当告知其向有管辖权的人民法院

另行起诉或者将已经受理的权属或者侵权纠纷案件移送有管辖权的人民法院。权属或者侵权纠纷另案受理后,合同纠纷应当中止诉讼。

3.《最高人民法院关于审理垄断民事纠纷案件适用法律若干问题的解释》(法释〔2024〕6 号,20240701)

第七条　案件立案时的案由并非垄断民事纠纷,人民法院受理后经审查发现属于垄断民事纠纷,但受诉人民法院并无垄断民事纠纷案件管辖权的,应当将案件移送有管辖权的人民法院。

4.《最高人民法院关于军事法院管辖民事案件若干问题的规定》(法释〔2025〕6 号,20250501)

第五条　军事法院发现受理的民事案件属于地方人民法院管辖的,应当移送有管辖权的地方人民法院,受移送的地方人民法院应当受理。

地方人民法院认为受移送的案件不属于本院管辖的,应当报请上级人民法院处理,不得再自行移送。

地方人民法院发现受理的民事案件属于军事法院管辖的,参照第一款规定办理。军事法院认为受移送的案件不属于本院管辖的,参照第二款规定办理。

第六条　军事法院与地方人民法院依照本规定第五条移送管辖之前,可以先行协商。

军事法院与地方人民法院之间因管辖权发生争议,由争议双方通过会商机制解决;协商不成的,报请各自的上级法院协商解决;仍然协商不成的,报请最高人民法院指定管辖。

【司法文件】

1.《最高人民法院关于进一步规范民事案件移送管辖和指定管辖工作的通知》(法明传〔2023〕107 号,20230506)

一、在起诉与受理阶段,人民法院发现案件不属于本院管辖的,告知原告向有管辖权的人民法院起诉;坚持起诉的,裁定不予受理。

二、人民法院立案后,当事人在答辩期间届满后未应诉答辩,人民法院在一审开庭前,发现案件不属于本院管辖的,裁定移送有管辖权的人民法院,受移送的人民法院应当受理。已经开庭审理的,不得再行移送,但违反级别管辖、专属管辖、专门管辖规定的除外。

三、受移送的人民法院认为受移送的案件不属于本院管辖的,应当报请上级人民法院指定管辖,不得再自行移送或者直接将移送的案件退回原受理法院。

四、管辖权争议跨省、自治区、直辖市的,受移送的人民法院应当与原受理人民法院进行协商,协商解决不了的,受移送的人民法院层报其所属的高级人民法院,高级人民法院应当在收到报请指定管辖之日起三十日内,发函与原受理人民法院所属的高级人民法院进行协商。原受理人民法院所属的高级人民法院，应当在收到协商函之日起三十日内，出具书面回复意见。

五、双方协商不成的，受移送人民法院所属的高级人民法院应当及时报请最高人民法院指定管辖。存在适用法律疑难问题情形的，可以提交本院审判委员会讨论，决定是否报请最高人民法院指定管辖。

2.《对十三届全国人大二次会议第5785 号建议的答复》（最高人民法院，20190722）

移送管辖是人民法院在受理民事案件后，发现本院对案件无管辖权，依法将案件移送给有管辖权的法院审理的制度。既包括同级法院之间的移送，也包括不同级法院之间的移送。《中华人民共和国民事诉讼法》（以下简称《民事诉讼法》）赋予人民法院依职权进行移送管辖，有利于及时纠正错误管辖，减轻当事人诉累，提升审判效率。

一、关于依职权移送管辖的具体情形问题

《民事诉讼法》第三十六条①规定，人民法院发现受理的案件不属于本院管辖的，应当移送有管辖权的人民法院，受移送的人民法院应当受理。受移送的人民法院认为受移送的案件依照规定不属于本院管辖的，应当报请上级人民法院指定管辖，不得再自行移送。根据该条规定，移送管辖需要符合以下条件：一是移送法院已经受理案件。移

送管辖的前提是案件已经受理。如果受理之前发现案件不归本院管辖，应当告知起诉人向有管辖权的法院起诉；如果起诉人坚持向本院起诉，应当裁定不予受理。在立案前发现其他有管辖权的人民法院已先立案的，不得重复立案。二是移送法院对案件无管辖权，立案后发现其他有管辖权的人民法院已先立案的，应当裁定将案件移送给先立案的人民法院。三是只能向有管辖权的法院移送。四是移送管辖只能进行一次。移送管辖的裁定对受移送的法院具有约束力，受移送的法院应当受理。受移送的人民法院认为受移送的案件依照规定不属于本院管辖的，不得将案件退回原法院，也不得再自行移送给其他有管辖权的人民法院，而应当报请上级人民法院指定管辖。这是为防止法院之间就管辖权问题无休止地推诿、拖延诉讼，影响当事人诉权行使和人民法院的审判效率。同时，根据《民事诉讼法》相关规定，有三种情况人民法院不得依职权移送管辖：一是两个以上人民法院都有管辖权的民事案件。先立案的人民法院不得将案件移送给另一个有管辖权的人民法院。二是案件受理后，当事人住所地、经常居住地发生变化。受诉人民法院的管辖权不受当事人住所地、经常居住地变更的影响，受诉人民法院更不得将案件移送到

---

① 对应 2023 年《民事诉讼法》第 37 条。——编者注

当事人变更后的住所地、经常居住地人民法院管辖。三是有管辖权的人民法院受理案件后,行政区域发生变更。受理案件时有管辖权的人民法院不得以行政区域变更为由,将案件移送给变更后有管辖权的人民法院。综上,针对依职权移送管辖,《民事诉讼法》规定了较为全面的适用条件及排除性条件,人民法院并不能任意裁定移送管辖。当然,正如您所说,《民事诉讼法》第三十六条的规定原则性比较强,司法实践中,个别法院确实存在任意移送管辖、推托管辖的问题。对此,《最高人民法院关于适用〈中华人民共和国民事诉讼法〉的解释》对指定管辖程序进行了完善,规定了上级法院通过裁定方式指定管辖法院,及时保障当事人诉讼权利,维护管辖秩序。从我们调研情况来看,各级人民法院对于依职权移送管辖的适用条件和情形把握较为准确,争议不大,因此,目前并无必要专门出台司法解释进一步明确依职权移送管辖的具体情形等。

二、关于当事人能否对依职权移送管辖裁定上诉的问题

《民事诉讼法》第一百五十四条①规定,对管辖权有异议的裁定可以上诉。从文义解释和体系解释角度看,这里的管辖权异议,指的是当事人认为审理某一案件的第一审人民法院对案件没有管辖权的,可以提出管辖权异议。《民事诉讼法》第一百二十七条②,即人民法院受理案件后,当事人对管辖权有异议的,应当在提交答辩状期间提出。人民法院对当事人提出的异议,应当审查。异议成立的,裁定将案件移送有管辖权的人民法院;异议不成立的,裁定驳回。可以看出,人民法院对当事人提出的管辖权异议,有两种裁定形式,一是当事人异议成立裁定将案件移送有管辖权的法院;二是当事人异议不成立裁定驳回其异议。需要指出的是,当事人提出管辖权异议是《民事诉讼法》第一百五十四条规定的"对管辖权有异议的裁定"的核心要素。因此,人民法院依职权作出的移送管辖裁定,是不允许上诉的裁定。从依职权移送管辖的目的来看,管辖作为民事诉讼的重要制度,是民事程序运作的前提,对于保障当事人诉权具有重要意义,法律规定人民法院发现本院受理的案件无管辖权时应移送有管辖权人民法院,目的是及时纠正管辖错误,属于人民法院行使职权,解决内部具体分工和协调问题。同时,若当事人对于法院依职权移送管辖有异议,可向受移送人民法院提出管辖权异议。因为依职权作出的移送裁定无关当事人关于管辖的主观意思,不涉及"一事不再理"原则问题,对此,《民事诉讼法》并未排除当事人具有提出管辖权异议的诉讼权利。

---

①　对应 2023 年《民事诉讼法》第 157 条。——编者注

②　对应 2023 年《民事诉讼法》第 130 条。——编者注

【最高法公报案例】

未在一审答辩期内提出异议致案件进入实体审理阶段，法院是否需要移送管辖[北京智扬伟博科技发展有限公司与创思生物技术工程（东莞）有限公司、河南省开封市城市管理局居间合同纠纷案（2009-7）]

民事诉讼原告起诉时列明多个被告，因其中一个被告的住所地在受理案件的人民法院辖区内，故受理案件的人民法院可以依据被告住所地确定管辖权。其他被告如果认为受理案件的人民法院没有管辖权，应当在一审答辩期内提出管辖权异议，未在此期间提出异议的，因案件已经进入实体审理阶段，管辖权已经确定，即使受理案件的人民法院辖区内的被告不是案件的适格被告，人民法院亦可裁定驳回原告对该被告的起诉，并不影响案件实体审理，无须再移送管辖。

【法院参考案例】

1. 在现行法律没有明确规定的情况下，裁定移送管辖不能成为管辖权异议的客体，当事人对受移送法院管辖移送案件提出异议的，法院应否依职权审查[齐茂（中国）有限公司诉许某等执行异议之诉案，上海市高级人民法院（2021）沪民辖终 145 号]

移送管辖是法院依职权纠正管辖错误的职权行为，裁定一经作出即生效，当事人不得上诉和申请再审。在现行法律没有明确规定的情况下，裁定移送管辖不能成为管辖权异议的客体，当事人对受移送法院管辖移送案件提出异议的，法院不得适用管辖权异议程序处理，应当依职权审查。如认为移送错误的，应当依法报请上级法院指定管辖。

2. 除违反级别管辖和专属管辖外，人民法院开庭审理后可否移送管辖[刘某诉林某、黄某退伙纠纷案，最高人民法院（2020）最高法民辖 33 号，入库编号：2023-01-2-287-001]

受诉人民法院发现案件不属于本院管辖，有权依据《民事诉讼法》第36条（现为第 37 条）之规定，将案件移送有管辖权的法院；同时，为了保护诉讼当事人的合法诉讼权利，避免因为法院对于管辖权的认识存在分歧而损害当事人的利益，减少当事人的诉累，对有关案件移送作了必要限制。首先，如果当事人提起管辖权异议，法院应该在管辖权异议期间解决相关管辖权争议，如果法院已经就相关管辖权争议作出裁定，即使之后认为自己没有管辖权，亦应该继续审理。其次，如果当事人没有提出管辖权异议，且已经应诉答辩，则视为当事人接受管辖，如果法院认为自己没有管辖权，应该在被告应诉前移送相关案件至有管辖权的人民法院。如果被告已经应诉答辩，即使法院认为自己没有管辖权,也不宜再行移送。最后,如果被告没有应诉答辩,则在一审开庭前,法院认为自己没有管辖权,可以移送相关案件至有管辖权的人民法院;如果案件已经开庭审理,则即使法院认为自己没有管辖权,也不宜再行移送,但违反级别管辖和专属管辖规定的除外。

3. 法院可否移送管辖发回重审案件[陈某诉徐某民间借贷纠纷案,最高人民法院(2020)最高法民辖43号,入库编号:2023-01-2-103-003]

上级人民法院指令再审、发回重审的案件,由原审人民法院再审或者重审。再审或者重审期间当事人提出管辖异议的,人民法院不予审查;审理法院认为没有管辖权的,也不得依职权再自行移送管辖。

4. 当事人在诉讼过程中变更其主张的法律关系的性质导致法院无管辖权的,应否将案件移送至其他有管辖权的法院[能拓能源股份有限公司与邢某刚技术委托开发合同纠纷管辖权异议案,最高人民法院(2021)最高法知民辖终211号]

民事案件的案由应当依据当事人主张的民事法律关系性质确定。在诉讼过程中,当事人主张的法律关系性质与法院根据案件事实进行审理作出的认定不一致的,如果当事人变更法律关系的性质和诉讼请求导致法院无管辖

权,应当将案件移送至其他有管辖权的法院审理。

> **第三十八条　【指定管辖】**有管辖权的人民法院由于特殊原因,不能行使管辖权的,由上级人民法院指定管辖。
>
> 人民法院之间因管辖权发生争议,由争议双方协商解决;协商解决不了的,报请它们的共同上级人民法院指定管辖。

【立法·要点注释】

1. 指定管辖,是指由于种种特殊原因,有管辖权的法院不能行使管辖权,或者由于几个人民法院对案件的管辖发生争议,或者移送来的案件也不属于本院管辖时,需要由上级法院指定某一法院管辖。被指定的人民法院因被指定取得了对该案的管辖权。规定指定管辖是对法定管辖的补充,其目的是使人民法院早日确定管辖权,及时进行审判,使当事人的合法权益尽快得到保护。

2. 根据本条的规定和本法第37条的规定,在以下三种情况下会出现指定管辖:第一,受移送的人民法院认为移送来的案件不属于本院管辖时,报请上级人民法院指定管辖。由上级人民法院指定本辖区内的其他法院管辖,进行审判。第二,有管辖权的人民法院由于

特殊原因，不能行使管辖权的，由上级人民法院指定管辖。这里的"由于特殊原因，不能行使管辖权"，是指由于法律上或者事实上的原因，致使按法律规定受诉的人民法院无法或者难以行使管辖权。例如，一个基层人民法院受理了一个因不动产提起诉讼的案件，而该不动产正由该法院使用，该法院的全体审判人员与本案有利害关系，需要回避，因而不应对该案件进行审判。该法院就可以报请上级人民法院指定管辖。又如，有管辖权的人民法院所在地发生了严重的自然灾害，致使该法院无法办案，当事人和其他诉讼参与人无法进行诉讼活动。该案件需要由有管辖权的法院的上一级人民法院指定其他法院管辖。第三，人民法院之间因管辖权发生争议，由争议双方协商解决；协商解决不了的，报请它们的共同上级人民法院指定管辖。这里的"管辖权发生争议"，主要指两个以上人民法院，由于管辖区域不明，或者有共同管辖权的案件、多种地域管辖并存的案件，或者对管辖的规定产生了不同理解，引起推诿或争抢而发生的争议。在这种情况下，应当由争议双方法院协商解决，解决不了的，再报请其共同上级人民法院指定管辖。这里的"共同上级人民法院"，是指如果双方为同属一个地、市辖区的基层人民法院的，由该地、市的中级人民法院及时指定管辖；同属一个省、自治区、直辖市的两个人民法院的，由该省、自治区、直辖市的高级人民法院及

时指定管辖；双方为跨省、自治区、直辖市的人民法院的，由最高人民法院及时指定管辖。报请上级人民法院指定管辖时，应当逐级进行。此外，指定管辖的，应当作出裁定。对报请上级人民法院指定管辖的案件，下级人民法院应当中止审理。指定管辖裁定作出前，下级人民法院对案件作出判决、裁定的，上级人民法院应当在裁定指定管辖的同时，一并撤销下级人民法院的判决、裁定。

3. 应当注意的是：第一，上级法院指定管辖的裁定不可上诉。指定管辖是对法定管辖的补充，目的是确保人民法院早日明确管辖权，及时审判，避免当事人之间的争议久拖不决、合法权益难以得到及时救济。上级法院的指定管辖裁定是针对存在管辖权争议的下级法院通过报请程序而作出，不属于本法第157条第1款第1—3项规定的情形，不能上诉。第二，指定管辖只能撤销处理管辖争议期间作出的抢先判决。处理管辖争议期间是指下级法院报请上级法院指定处理期间，对该期间以外作出的裁定和判决，应当通过审判监督程序解决。

【相关立法】

《中华人民共和国海事诉讼特别程序法》(20000701)

第十条 海事法院与地方人民法院之间因管辖权发生争议，由争议双方

协商解决;协商解决不了的,报请他们的共同上级人民法院指定管辖。

【司法解释】

1.《最高人民法院关于适用〈中华人民共和国民事诉讼法〉的解释》(法释〔2015〕5 号,20150204;经法释〔2022〕11 号修正,20220410)

第四十条　依照民事诉讼法第三十八条第二款规定,发生管辖权争议的两个人民法院因协商不成报请它们的共同上级人民法院指定管辖时,双方为同属一个地、市辖区的基层人民法院的,由该地、市的中级人民法院及时指定管辖;同属一个省、自治区、直辖市的两个人民法院的,由该省、自治区、直辖市的高级人民法院及时指定管辖;双方为跨省、自治区、直辖市的人民法院,高级人民法院协商不成的,由最高人民法院及时指定管辖。

依照前款规定报请上级人民法院指定管辖时,应当逐级进行。

【重点解读】报请共同上级人民法院指定管辖前,发生管辖权争议的人民法院必须进行协商,严禁双方未经协商直接报请指定管辖。

第四十一条　人民法院依照民事诉讼法第三十八条第二款规定指定管辖的,应当作出裁定。

对报请上级人民法院指定管辖的案件,下级人民法院应当中止审理。指定管辖裁定作出前,下级人民法院对案件作出判决、裁定的,上级人民法院应当在裁定指定管辖的同时,一并撤销下级人民法院的判决、裁定。

【重点解读】1. 上级人民法院指定管辖的裁定不可上诉

上级人民法院指定管辖的裁定不属于《民事诉讼法》第 157 条第 1 款第 1—3 项规定的情形,是有管辖权的下级人民法院由于特殊原因不能行使管辖权,或者由于几个法院对案件的管辖发生异议,或者移送来的案件也不属于本院管辖时,需要由上级人民法院指定某一法院管辖的裁定。指定管辖是对法定管辖的补充,其目的是使法院早日确定管辖权,及时审判,使当事人的合法权益尽快得到保护。上级人民法院的指定管辖裁定是针对两个争议管辖的下级人民法院的请示作出的,不得上诉。

2. 指定管辖裁定只能撤销在处理管辖争议期间作出的抢先裁判

下级人民法院之间发生管辖争议,报请共同上级人民法院指定管辖期间,应当中止对案件的审理。如果非在报请指定管辖期间作出的裁定或判决已经发生法律效力,结合本解释管辖权异议裁定不得申请再审的规定,非管辖争议期间作出的裁定或判决应当通过审判监督程序解决。

3. 如何界定上级人民法院指定管辖期间

我们认为,为确保管辖争议处理的有效性,法院之间就发生的管辖争议报请上级人民法院指定处理期间,可以认定为上级人民法院指定管辖期间。

第二百八十三条 公益诉讼案件由侵权行为地或者被告住所地中级人民法院管辖,但法律、司法解释另有规定的除外。

因污染海洋环境提起的公益诉讼,由污染发生地、损害结果地或者采取预防污染措施地海事法院管辖。

对同一侵权行为分别向两个以上人民法院提起公益诉讼的,由最先立案的人民法院管辖,必要时由它们的共同上级人民法院指定管辖。

2.《最高人民法院关于审理环境民事公益诉讼案件适用法律若干问题的解释》(法释〔2015〕1 号,20150107;经法释〔2020〕20 号修正,20210101)

第六条 第一审环境民事公益诉讼案件由污染环境、破坏生态行为发生地、损害结果地或者被告住所地的中级以上人民法院管辖。

中级人民法院认为确有必要的,可以在报请高级人民法院批准后,裁定将本院管辖的第一审环境民事公益诉讼案件交由基层人民法院审理。

同一原告或者不同原告对同一污染环境、破坏生态行为分别向两个以上有管辖权的人民法院提起环境民事公益诉讼的,由最先立案的人民法院管辖,必要时由共同上级人民法院指定管辖。

3.《最高人民法院关于适用〈中华人民共和国企业破产法〉若干问题的规定(二)》(法释〔2013〕22 号,20130916;经法释〔2020〕18 号修正,20210101)

第四十七条第三款 受理破产申请的人民法院,如对有关债务人的海事纠纷、专利纠纷、证券市场因虚假陈述引发的民事赔偿纠纷等案件不能行使管辖权的,可以依据民事诉讼法第三十七条[①]的规定,由上级人民法院指定管辖。

4.《最高人民法院关于人民法院执行工作若干问题的规定(试行)》(法释〔1998〕15 号,19980708;经法释〔2020〕21 号修正,20210101)

14. 人民法院之间因执行管辖权发生争议的,由双方协商解决;协商不成的,报请双方共同的上级人民法院指定管辖。

5.《最高人民法院关于适用〈中华人民共和国海事诉讼特别程序法〉若干问题的解释》(法释〔2003〕3 号,20030201)

第十七条 海事法院之间因管辖权发生争议,由争议双方协商解决;协商解决不了的,报请最高人民法院指定管辖。

6.《最高人民法院关于铁路运输法院案件管辖范围的若干规定》(法释

---

① 对应 2023 年《民事诉讼法》第 38 条。——编者注

〔2012〕10 号,20120801)

第五条 省、自治区、直辖市高级人民法院可以指定辖区内的铁路运输基层法院受理本规定第三条以外的其他第一审民事案件,并指定该铁路运输基层法院驻在地的中级人民法院或铁路运输中级法院受理对此提起上诉的案件。此类案件发生管辖权争议的,由该高级人民法院指定管辖。

省、自治区、直辖市高级人民法院可以指定辖区内的铁路运输中级法院受理对其驻在地基层人民法院一审民事判决、裁定提起上诉的案件。

省、自治区、直辖市高级人民法院对本院及下级人民法院的执行案件,认为需要指定执行的,可以指定辖区内的铁路运输法院执行。

第六条 各高级人民法院指定铁路运输法院受理案件的范围,报最高人民法院批准后实施。

7.《最高人民法院关于军事法院管辖民事案件若干问题的规定》(法释〔2025〕6 号,20250501)

第六条 军事法院与地方人民法院依照本规定第五条移送管辖之前,可以先行协商。

军事法院与地方人民法院之间因管辖权发生争议,由争议双方通过会商机制解决;协商不成的,报请各自的上级法院协商解决;仍然协商不成,报请最高人民法院指定管辖。

8.《最高人民法院关于新疆生产建设兵团人民法院案件管辖权问题的若干规定》(法释〔2005〕4 号,20050606)

第六条 兵团各级人民法院与新疆维吾尔自治区地方各级人民法院之间因管辖权发生争议的,由争议双方协商解决;协商不成的,报请新疆维吾尔自治区高级人民法院决定管辖。

【司法文件】

1.《全国法院破产审判工作会议纪要》(最高人民法院,法〔2018〕53 号,20180304)

35.实质合并审理的管辖原则与冲突解决。采用实质合并方式审理关联企业破产案件的,应由关联企业中的核心控制企业住所地人民法院管辖。核心控制企业不明确的,由关联企业主要财产所在地人民法院管辖。多个法院之间对管辖权发生争议的,应当报请共同的上级人民法院指定管辖。

38.关联企业破产案件的协调审理与管辖原则。多个关联企业成员均存在破产原因但不符合实质合并条件的,人民法院可根据相关主体的申请对多个破产程序进行协调审理,并可根据程序协调的需要,综合考虑破产案件审理的效率、破产申请的先后顺序、成员负债规模大小、核心控制企业住所地等因素,由共同的上级法院确定一家法院集中管辖。

**2.张勇健:《在全国涉外商事海事审

判庭长座谈会上的讲话》(20160407)①

第一，关于破产衍生海事纠纷的管辖。

依据 2016 年 3 月 1 日开始施行的海事法院受案范围的规定，海事法院受理案件的范围有了大幅度的增加，从原来的 63 项海事案件类型增加至 108 项。这是根据形势发展和实践的需要，为了充分发挥海事法院的职能作用，积极行使国家海洋司法管辖权，服务保障海洋强国战略作出的调整。自该规定实施以来，各海事法院的收案数量和案件类型都有了较大的变化。但同时也应当注意，对于不属于该司法解释规定范围的案件，不能扩大解释、盲目受理。近年来，随着航运市场的低迷，很多大型航运及造船企业面临破产或者重组。依照《企业破产法》第 21 条和《企业破产法规定（二）》第 47 条第 3 款的规定，人民法院受理破产申请后，所有有关债务人的民事诉讼案件，包括海事纠纷案件，原则上只能由受理破产申请的法院集中管辖，海事法院不应直接受理有关债务人的海事纠纷案件；如果有些海事纠纷确实案情比较复杂、影响较大或者专业技术性较强，受理破产申请的人民法院认为其难以审理的，可以依照《民事诉讼法》第 37 条第 1 款②的规定报请上级人民法院指定海事法院管辖。

【法院参考案例】

1. 破产派生诉讼系知识产权案件， 破产审理法院发现其不具备知识产权案件管辖权的，如何确定管辖法院[圣奥化学科技有限公司诉山西翔宇化工有限公司破产管理人、山西运城晋腾化学科技有限公司、陈某刚侵害技术秘密纠纷案，最高人民法院（2020）最高法知民辖终 68 号]

根据《企业破产法》第 21 条的规定，作为债务人的被告进入破产清算程序影响本案管辖权的确定，有关债务人的破产派生诉讼应由受理破产申请的法院管辖。该破产派生诉讼为知识产权案件，破产审理法院发现其不具备知识产权案件管辖权的，可根据《民事诉讼法》的相关规定报请其上级法院指定管辖。

2. 当事人互为原被告选择向跨省级行政辖区法院起诉发生管辖争议后如何处理[某科技有限公司诉某风能公司买卖合同纠纷案，最高人民法院（2020）最高法民辖 60 号，入库编号：2023-01-2-084-001]

当事人基于同一法律关系或者同一法律事实而发生纠纷，以不同诉讼请求分别向不同的法院起诉，为避免裁判之间的冲突，宜将多个案件交由同一个法院合并审理。如果其中一个法院立

---

① 该讲话实为司法政策范畴，鉴于本书未设相关栏目，且讲话一般也以文件形式下发，因此放置在本栏目下。——编者注

② 对应 2023 年《民事诉讼法》第 38 条第 1 款。——编者注

案后发现对于案件没有管辖权,应当裁定将案件移送有管辖权的人民法院合并审理;如果受理人民法院都有管辖权,后立案的人民法院应当裁定将案件移送先立案的人民法院合并审理。两个以上人民法院之间因管辖权发生争议,应先行协商解决管辖争议,协商不成报请共同上级人民法院指定管辖。

3. 统筹协调具有重复诉讼因素的多起关联案件予以集中管辖的适用[张某武诉仪征市某材料公司、甲工程公司、乙工程公司侵害实用新型专利权纠纷案,最高人民法院(2019)最高法知民终 447、470 号,入库编号:2023-13-2-160-062]

权利人基于同一专利权,针对同一被诉侵权产品,向同一被诉侵权产品制造商提起多起专利侵权纠纷案件,以不同使用者实际使用的被诉侵权产品作为各案中主张赔偿的事实依据,且各案中的被诉侵权产品均系在同一时期内制造,各案被诉制造行为实为同一行为,为避免重复判决、实现诉讼经济和保证裁判结果协调,上级人民法院可以视情况指定其中一个法院集中管辖。

第三十九条　【管辖权的转移】上级人民法院有权审理下级人民法院管辖的第一审民事案件;确有必要将本院管辖的第一审民事案件交下级人民法院审理的,应当报请其上级人民法院批准。

下级人民法院对它所管辖的第一审民事案件,认为需要由上级人民法院审理的,可以报请上级人民法院审理。

【立法·要点注释】

1. 为了解决有管辖权的人民法院由于特殊原因不能或者不宜行使管辖权的问题,本条规定了管辖权转移制度。所谓管辖权转移,是指上级人民法院有权审理下级人民法院管辖的第一审民事案件,也可以把本院管辖的第一审民事案件交下级人民法院审理,以及下级人民法院对它所管辖的第一审民事案件,认为需要由上级人民法院审理的,报请上级人民法院审理。管辖权转移实质是一种将案件提上来、放下去管辖的制度。这种提上来、放下去管辖的案件,不受级别管辖和地域管辖的限制。人民法院对于提上来、放下去的案件,不得拒不执行,或者不受理。

2. 本条规定的管辖权转移不同于本法规定的移送管辖。不同之处有三:一是移送管辖是指没有管辖权的法院把案件移送给有管辖权的法院审判;管辖权转移是指有管辖权的法院将案件转移给原来没有管辖权的法院。二是管辖权转移限于上下级法院之间,是对级别管辖的补充;移送管辖除了可能在上下级法院之间发生外,还可能在同级法院之间发生。三是程序上不完全相同。在管辖权转移中,当下级人民法院报请上级人民法院审判案件时,须经上级人民法院批准。上级人民法院提审下级人民法院有管辖权的案件,下级人民法院必须执行;上级人民法院在确有必要时将应由自己审理的案件交由下级人民法院审理时,应当经其上级人民法院批准。在移送管辖中,移送管辖不必经上级人民法院批准,受移送的人民法院不得再自行将案件移送给其他人民法院,如果认为不属于本院管辖的,应当报请上级人民法院指定管辖。

3. 上级人民法院审理下级人民法院管辖的第一审民事案件,主要有两种情况:一种情况是上级人民法院有权审理下级人民法院管辖的第一审民事案件。在实践中,上级人民法院如果认为有管辖权的下级人民法院在审理第一审民事案件时,在执行政策和法律上与有关部门争议较大,审理起来较困难,可以将该案件提审,下级人民法院已经受理的,应当将该案件的材料及时移交上级人民法院。另一种情况是下级人民法院对它所管辖的第一审民事案件,认为需要由上级人民法院审理的,可以报请上级人民法院审理。这里的"需要"可以是案件本身的需要,如案情重大、特别复杂、涉及面很广,下级人民法院审理确有困难;也可以是某种特殊原因的需要,如由于自然灾害,下级人民法院审理确有困难。下级人民法院报请上级人民法院审理应由自己管辖的民事案件时,应当取得上级人民法院的

同意,上级人民法院认为案件仍应由下级人民法院审理的,下级人民法院应当服从上级人民法院的决定。

4. 上级人民法院在确有必要时,可以将本院管辖的第一审民事案件交下级人民法院审理,但应当报请其上级人民法院批准。本条适用存在两项限制:第一,从适用情形上,将下交管辖权的前提限制在"确有必要"。根据司法实践,有些案件如在破产案件中衍生的诉讼案件、涉及金融系统性风险或者群体性纠纷等第一审民事案件,必要时上级人民法院可以交下级人民法院审理。考虑到民事案件的广泛性和复杂性,如何确定"确有必要",在法律中难以作出明确界定,可由最高人民法院根据司法实践作出司法解释,对"确有必要"的情形作出规定,对上级人民法院交下级人民法院管辖的案件进行严格限制。根据《民事诉讼法解释》第42条规定,下列第一审民事案件,人民法院依照《民事诉讼法》第39条第1款的规定,可以在开庭前交下级人民法院审理:破产程序中有关债权人的诉讼案件;当事人人数众多且不方便诉讼的案件;最高人民法院确定的其他类型案件。第二,从下交管辖权的程序上,履行报批程序,即将本院管辖的第一审民事案件交下级人民法院审理的,"应当报请其上级人民法院批准"。如中级人民法院欲将其管辖的某第一审民事案件交基层人民法院审理,应当在下交前,报请省(自治区、直辖市)高级人民法院批准。

高级人民法院经审查认为,中级人民法院下交管辖权确有必要的,可以准许中级人民法院下交基层人民法院审理该第一审民事案件,基层人民法院必须审理该案件;如果高级人民法院认为,中级人民法院下交管辖权不属于"确有必要"的情形,应当不予准许下交审理,中级人民法院应当审理该案件。

【司法解释】

1.《最高人民法院关于适用〈中华人民共和国民事诉讼法〉的解释》(法释〔2015〕5 号,20150204;经法释〔2022〕11 号修正,20220410)

第四十二条　下列第一审民事案件,人民法院依照民事诉讼法第三十九条第一款规定,可以在开庭前交下级人民法院审理:

(一)破产程序中有关债务人的诉讼案件;

(二)当事人人数众多且不方便诉讼的案件;

(三)最高人民法院确定的其他类型案件。

人民法院交下级人民法院审理前,应当报请其上级人民法院批准。上级人民法院批准后,人民法院应当裁定将案件交下级人民法院审理。

【重点解读】1."上交下"的案件需报请上级人民法院批准

本解释虽然规定"破产程序中有关债务人的诉讼案件""当事人人数众多

且不方便诉讼的案件"可以交下级人民法院审理,但也必须依照法律规定的程序,报上级人民法院批准。

2."上交下"的裁定不能上诉

"上交下"的裁定不属于《民事诉讼法》第 157 条第 1 款第 1—3 项规定的情形,而是上级人民法院就应当属于本院管辖的案件交下级人民法院审理作出的裁定,该裁定不得上诉。

2.《最高人民法院关于适用〈中华人民共和国企业破产法〉若干问题的规定(二)》(法释〔2013〕22 号,20130916;经法释〔2020〕18 号修正,20210101)

第四十七条第一款、第二款　人民法院受理破产申请后,当事人提起的有关债务人的民事诉讼案件,应当依据企业破产法第二十一条的规定,由受理破产申请的人民法院管辖。

受理破产申请的人民法院管辖的有关债务人的第一审民事案件,可以依据民事诉讼法第三十八条①的规定,由上级人民法院提审,或者报请上级人民法院批准后交下级人民法院审理。

3.《最高人民法院关于审理企业破产案件若干问题的规定》(法释〔2002〕23 号,20020901)

第三条　上级人民法院审理下级人民法院管辖的企业破产案件,或者将

---

①　对应 2023 年《民事诉讼法》第 39 条。——编者注

本院管辖的企业破产案件移交下级人民法院审理，以及下级人民法院需要将自己管辖的企业破产案件交由上级人民法院审理的，依照民事诉讼法第三十九条的规定办理；省、自治区、直辖市范围内因特殊情况需对个别企业破产案件的地域管辖作调整的，须经共同上级人民法院批准。

4.《最高人民法院关于第一审知识产权民事、行政案件管辖的若干规定》（法释〔2022〕13 号，20220501）

第四条 对新类型、疑难复杂或者具有法律适用指导意义等知识产权民事、行政案件，上级人民法院可以依照诉讼法有关规定，根据下级人民法院报请或者自行决定提级审理。

确有必要将本院管辖的第一审知识产权民事案件交下级人民法院审理的，应当依照民事诉讼法第三十九条第一款的规定，逐案报请其上级人民法院批准。

5.《最高人民法院关于人民法院执行工作若干问题的规定（试行）》（法释〔1998〕15 号，19980708；经法释〔2020〕21 号修正，20210101）

15. 基层人民法院和中级人民法院管辖的执行案件，因特殊情况需要由上级人民法院执行的，可以报请上级人民法院执行。

【司法文件】

《最高人民法院关于加强和规范案件提级管辖和再审提审工作的指导意见》（法发〔2023〕13 号，20230801）

第二条 本意见所称"提级管辖"，是指根据《中华人民共和国刑事诉讼法》第二十四条、《中华人民共和国民事诉讼法》第三十九条、《中华人民共和国行政诉讼法》第二十四条的规定，下级人民法院将所管辖的第一审案件转移至上级人民法院审理，包括上级人民法院依下级人民法院报请提级管辖、上级人民法院依职权提级管辖。

第四条 下级人民法院对已经受理的第一审刑事、民事、行政案件，认为属于下列情形之一，不宜由本院审理的，应当报请上一级人民法院审理：

（一）涉及重大国家利益、社会公共利益的；

（二）在辖区内属于新类型，且案情疑难复杂的；

（三）具有诉源治理效应，有助于形成示范性裁判，推动同类纠纷统一、高效、妥善化解的；

（四）具有法律适用指导意义的；

（五）上一级人民法院或者其辖区内人民法院之间近三年裁判生效的同类案件存在重大法律适用分歧的；

（六）由上一级人民法院一审更有利于公正审理的。

上级人民法院对辖区内人民法院

已经受理的第一审刑事、民事、行政案件，认为属于上述情形之一，有必要由本院审理的，可以决定提级管辖。

第五条　"在辖区内属于新类型，且案情疑难复杂的"案件，主要指案件所涉领域、法律关系、规制范围等在辖区内具有首案效应或者相对少见，在法律适用上存在难点和争议。

"具有诉源治理效应，有助于形成示范性裁判，推动同类纠纷统一、高效、妥善化解的"案件，是指案件具有示范引领价值，通过确立典型案件的裁判规则，能够对处理类似纠纷形成规范指引，引导当事人作出理性选择，促进批量纠纷系统化解，实现纠纷源头治理。

"具有法律适用指导意义的"案件，是指法律、法规、司法解释、司法指导性文件等没有明确规定，需要通过典型案件裁判进一步明确法律适用；司法解释、司法指导性文件、指导性案例发布时所依据的客观情况发生重大变化，继续适用有关规则审理明显有违公平正义。

"由上一级人民法院一审更有利于公正审理的"案件，是指案件因所涉领域、主体、利益等因素，可能受地方因素影响或者外部干预，下级人民法院不宜行使管辖权。

第六条　下级人民法院报请上一级人民法院提级管辖的案件，应当经本院院长或者分管院领导批准，以书面形式请示。请示应当包含案件基本情况、报请提级管辖的事实和理由等内容，并

附必要的案件材料。

第七条第一款　民事、行政第一审案件报请提级管辖的，应当在当事人答辩期届满后，至迟于案件法定审理期限届满三十日前向上一级人民法院报请。

第八条　上一级人民法院收到案件报请提级管辖的请示和材料后，由立案庭编立"辖"字号，转相关审判庭组成合议庭审查。上一级人民法院应当在编立案号之日起三十日内完成审查，但法律和司法解释对审查时限另有规定的除外。

合议庭经审查并报本院院长或者分管院领导批准后，根据本意见所附诉讼文书样式，作出同意或者不同意提级管辖的法律文书。相关法律文书一经作出即生效。

第九条　上级人民法院根据本意见第二十一条规定的渠道，发现下级人民法院受理的第一审案件可能需要提级管辖的，可以及时与相关人民法院沟通，并书面通知提供必要的案件材料。

上级人民法院认为案件应当提级管辖的，经本院院长或者分管院领导批准后，根据本意见所附诉讼文书样式，作出提级管辖的法律文书。

第十条　上级人民法院作出的提级管辖法律文书，应当载明以下内容：

（一）案件基本信息；

（二）本院决定提级管辖的理由和分析意见。

上级人民法院不同意提级管辖的，应当在相关法律文书中载明理由和分

析意见。

第十一条 上级人民法院决定提级管辖的，应当在作出法律文书后五日内，将法律文书送原受诉人民法院。原受诉人民法院收到提级管辖的法律文书后，应当在五日内送达当事人，并在十日内将案卷材料移送上级人民法院。上级人民法院应当在收到案卷材料后五日内立案。对检察机关提起公诉的案件，上级人民法院决定提级管辖的，应当书面通知同级人民检察院，原受诉人民法院应当将案卷材料退回同级人民检察院，并书面通知当事人。

上级人民法院决定不予提级管辖的，应当在作出法律文书后五日内，将法律文书送原受诉人民法院并退回相关案卷材料。案件由原受诉人民法院继续审理。

第十二条 上级人民法院决定提级管辖的案件，应当依法组成合议庭适用第一审普通程序审理。

原受诉人民法院已经依法完成的送达、保全、鉴定等程序性工作，上级人民法院可以不再重复开展。

第十三条 中级人民法院、高级人民法院决定提级管辖的案件，应当报上一级人民法院立案庭备案。

第十四条 按照本意见提级管辖的案件，审理期限自上级人民法院立案之日起重新计算。

下级人民法院向上级人民法院报送提级管辖请示的期间和上级人民法院审查处理期间，均不计入案件审理期限。

对依报请不同意提级管辖的案件，自原受诉人民法院收到相关法律文书之日起恢复案件审限计算。

【法院参考案例】

提级管辖后是否仍可以仲裁协议提出主管异议［亚洲光学股份有限公司等与富士胶片株式会社等委托加工合同纠纷，最高人民法院（2019）最高法商初2号］

上级法院仅以下级法院违反级别管辖的规定为由裁定提级管辖，但并未对是否存在仲裁协议、法院是否有管辖权问题作出裁定的，当事人仍有权以存在仲裁协议为由对法院管辖权提出异议。

第三章　审判组织

第四十条　【一审审判组织】人民法院审理第一审民事案件，由审判员、人民陪审员共同组成合议庭或者由审判员组成合议庭。合议庭的成员人数，必须是单数。

适用简易程序审理的民事案件，由审判员一人独任审理。基层人民法院审理的基本事实清楚、权利义务关系明确的第一审民事案件，可以由审判员一人适用普通程序独任审理。

人民陪审员在参加审判活动时，除法律另有规定外，与审判员有同等的权利义务。

【立法·要点注释】

1. 关于合议制。合议制就是 3 名以上审判人员（法官、人民陪审员）组成审判庭，对案件行使人民法院的审判权，依法作出裁判的制度。

2. 关于独任制。独任制是指由审判员 1 人对具体案件进行审理和裁判的制度。人民法院审理民事案件应以合议制为原则，但对简单的案件可以适用独任制。

3. 人民陪审员制度。根据《人民陪审员法》第 15 条，人民法院审判第一审刑事、民事、行政案件，有下列情形之一的，由人民陪审员和法官组成合议庭进行：（1）涉及群体利益、公共利益的；（2）人民群众广泛关注或者其他社会影响较大的；（3）案情复杂或者有其他情形，需要由人民陪审员参加审判的。人民法院审判前款规定的案件，法律规定由法官独任审理或者由法官组成合议庭审理的，从其规定。对于审判员与人民陪审员在合议庭中的人数比例，本条未作明确规定，人民法院可以根据实际需要确定，但需要注意的是，合议庭的人数必须是 3 人以上的单数。人民陪审员是否实质参加审判活动应不以是否庭前阅卷、庭中发问作为判断标准，而应当着力于合议权、意见发表权的正当、有序、规范行使。

4. "基本事实清楚"是指案件的关键事实总体清楚，需要进一步查明案件的部分事实或者其他关联事实。但查明这些事实需要经过补充举证质证、评估、鉴定、审计、调查取证等程序和环节，在简易程序的审限内难以完成。

5."权利义务关系明确"是指案件法律关系清晰,诉争的法律关系性质确定,需要适用的法律条文明确,当事人对法律条文的解释和适用也没有争议。

【相关立法】

1.《中华人民共和国人民法院组织法》(19800101;20190101)

第二十九条 人民法院审理案件,由合议庭或者法官一人独任审理。

合议庭和法官独任审理的案件范围由法律规定。

第三十条 合议庭由法官组成,或者由法官和人民陪审员组成,成员为三人以上单数。

合议庭由一名法官担任审判长。院长或者庭长参加审理案件时,由自己担任审判长。

审判长主持庭审、组织评议案件,评议案件时与合议庭其他成员权利平等。

第三十四条 人民陪审员依照法律规定参加合议庭审理案件。

第三十六条 各级人民法院设审判委员会。审判委员会由院长、副院长和若干资深法官组成,成员应当为单数。

审判委员会会议分为全体会议和专业委员会会议。

中级以上人民法院根据审判工作需要,可以按照审判委员会委员专业和工作分工,召开刑事审判、民事行政审判等专业委员会会议。

第三十七条 审判委员会履行下列职能:

(一)总结审判工作经验;

(二)讨论决定重大、疑难、复杂案件的法律适用;

(三)讨论决定本院已经发生法律效力的判决、裁定、调解书是否应当再审;

(四)讨论决定其他有关审判工作的重大问题。

最高人民法院对属于审判工作中具体应用法律的问题进行解释,应当由审判委员会全体会议讨论通过;发布指导性案例,可以由审判委员会专业委员会会议讨论通过。

第三十八条 审判委员会召开全体会议和专业委员会会议,应当有其组成人员的过半数出席。

审判委员会会议由院长或者院长委托的副院长主持。审判委员会实行民主集中制。

审判委员会举行会议时,同级人民检察院检察长或者检察长委托的副检察长可以列席。

第三十九条 合议庭认为案件需要提交审判委员会讨论决定的,由审判长提出申请,院长批准。

审判委员会讨论案件,合议庭对其汇报的事实负责,审判委员会委员对本人发表的意见和表决负责。审判委员会的决定,合议庭应当执行。

审判委员会讨论案件的决定及其

理由应当在裁判文书中公开,法律规定不公开的除外。

2.《中华人民共和国人民陪审员法》
(20180427)

第二条　公民有依法担任人民陪审员的权利和义务。

人民陪审员依照本法产生,依法参加人民法院的审判活动,除法律另有规定外,同法官有同等权利。

第三条　人民陪审员依法享有参加审判活动、独立发表意见、获得履职保障等权利。

人民陪审员应当忠实履行审判职责,保守审判秘密,注重司法礼仪,维护司法形象。

第四条　人民陪审员依法参加审判活动,受法律保护。

人民法院应当依法保障人民陪审员履行审判职责。

人民陪审员所在单位、户籍所在地或者经常居住地的基层群众性自治组织应当依法保障人民陪审员参加审判活动。

第五条　公民担任人民陪审员,应当具备下列条件:

(一)拥护中华人民共和国宪法;

(二)年满二十八周岁;

(三)遵纪守法、品行良好、公道正派;

(四)具有正常履行职责的身体条件。

担任人民陪审员,一般应当具有高中以上文化程度。

第六条　下列人员不能担任人民陪审员:

(一)人民代表大会常务委员会的组成人员,监察委员会、人民法院、人民检察院、公安机关、国家安全机关、司法行政机关的工作人员;

(二)律师、公证员、仲裁员、基层法律服务工作者;

(三)其他因职务原因不适宜担任人民陪审员的人员。

第七条　有下列情形之一的,不得担任人民陪审员:

(一)受过刑事处罚的;

(二)被开除公职的;

(三)被吊销律师、公证员执业证书的;

(四)被纳入失信被执行人名单的;

(五)因受惩戒被免除人民陪审员职务的;

(六)其他有严重违法违纪行为,可能影响司法公信的。

第十三条　人民陪审员的任期为五年,一般不得连任。

第十四条　人民陪审员和法官组成合议庭审判案件,由法官担任审判长,可以组成三人合议庭,也可以由法官三人与人民陪审员四人组成七人合议庭。

第十五条　人民法院审判第一审刑事、民事、行政案件,有下列情形之一的,由人民陪审员和法官组成合议庭进行:

（一）涉及群体利益、公共利益的；

（二）人民群众广泛关注或者其他社会影响较大的；

（三）案情复杂或者有其他情形，需要由人民陪审员参加审判的。

人民法院审判前款规定的案件，法律规定由法官独任审理或者由法官组成合议庭审理的，从其规定。

第十六条　人民法院审判下列第一审案件，由人民陪审员和法官组成七人合议庭进行：

（一）可能判处十年以上有期徒刑、无期徒刑、死刑，社会影响重大的刑事案件；

（二）根据民事诉讼法、行政诉讼法提起的公益诉讼案件；

（三）涉及征地拆迁、生态环境保护、食品药品安全，社会影响重大的案件；

（四）其他社会影响重大的案件。

第十七条　第一审刑事案件被告人、民事案件原告或者被告、行政案件原告申请由人民陪审员参加合议庭审判的，人民法院可以决定由人民陪审员和法官组成合议庭审判。

第十八条　人民陪审员的回避，适用审判人员回避的法律规定。

第十九条　基层人民法院审判案件需要由人民陪审员参加合议庭审判的，应当在人民陪审员名单中随机抽取确定。

中级人民法院、高级人民法院审判案件需要由人民陪审员参加合议庭审判的，在其辖区内的基层人民法院的人民陪审员名单中随机抽取确定。

第二十条　审判长应当履行与案件审判相关的指引、提示义务，但不得妨碍人民陪审员对案件的独立判断。

合议庭评议案件，审判长应当对本案中涉及的事实认定、证据规则、法律规定等事项及应当注意的问题，向人民陪审员进行必要的解释和说明。

第二十一条　人民陪审员参加三人合议庭审判案件，对事实认定、法律适用，独立发表意见，行使表决权。

第二十二条　人民陪审员参加七人合议庭审判案件，对事实认定，独立发表意见，并与法官共同表决；对法律适用，可以发表意见，但不参加表决。

第二十三条　合议庭评议案件，实行少数服从多数的原则。人民陪审员同合议庭其他组成人员意见分歧的，应当将其意见写入笔录。

合议庭组成人员意见有重大分歧的，人民陪审员或者法官可以要求合议庭将案件提请院长决定是否提交审判委员会讨论决定。

第二十七条　人民陪审员有下列情形之一，经所在基层人民法院会同司法行政机关查证属实的，由院长提请同级人民代表大会常务委员会免除其人民陪审员职务：

（一）本人因正当理由申请辞去人民陪审员职务的；

（二）具有本法第六条、第七条所列情形之一的；

（三）无正当理由，拒绝参加审判活动，影响审判工作正常进行的；

（四）违反与审判工作有关的法律及相关规定，徇私舞弊，造成错误裁判或者其他严重后果的。

人民陪审员有前款第三项、第四项所列行为的，可以采取通知其所在单位、户籍所在地或者经常居住地的基层群众性自治组织、人民团体，在辖区范围内公开通报等措施进行惩戒；构成犯罪的，依法追究刑事责任。

【司法解释】

1.《最高人民法院关于人民法院合议庭工作的若干规定》（法释〔2002〕25号，20020817）

第一条　人民法院实行合议制审判第一审案件，由法官或者由法官和人民陪审员组成合议庭进行；人民法院实行合议制审判第二审案件和其他应当组成合议庭审判的案件，由法官组成合议庭进行。

人民陪审员在人民法院执行职务期间，除不能担任审判长外，同法官有同等的权利义务。

2.《最高人民法院关于进一步加强合议庭职责的若干规定》（法释〔2010〕1号，20100201）

第一条　合议庭是人民法院的基本审判组织。合议庭全体成员平等参与案件的审理、评议和裁判，依法履行审判职责。

第二条　合议庭由审判员、助理审判员或者人民陪审员随机组成。合议庭成员相对固定的，应当定期交流。人民陪审员参加合议庭的，应当从人民陪审员名单中随机抽取确定。

3.《最高人民法院关于适用〈中华人民共和国民事诉讼法〉的解释》（法释〔2015〕5号，20150204；经法释〔2022〕11号修正，20220410）

第二百九十二条　人民法院对第三人撤销之诉案件，应当组成合议庭开庭审理。

4.《最高人民法院关于适用〈中华人民共和国人民陪审员法〉若干问题的解释》（法释〔2019〕5号，20190501）

第一条　根据人民陪审员法第十五条、第十六条的规定，人民法院决定由人民陪审员和法官组成合议庭审判的，合议庭成员确定后，应当及时告知当事人。

第二条　对于人民陪审员法第十五条、第十六条规定之外的第一审普通程序案件，人民法院应当告知刑事案件被告人、民事案件原告和被告、行政案件原告，在收到通知五日内有权申请由人民陪审员参加合议庭审判案件。

人民法院接到当事人在规定期限内提交的申请后，经审查决定由人民陪审员和法官组成合议庭审判的，合议庭成员确定后，应当及时告知当事人。

第三条 人民法院应当在开庭七日前从人民陪审员名单中随机抽取确定人民陪审员。

人民法院可以根据案件审判需要，从人民陪审员名单中随机抽取一定数量的候补人民陪审员，并确定递补顺序，一并告知当事人。

因案件类型需要具有相应专业知识的人民陪审员参加合议庭审判的，可以根据具体案情，在符合专业需求的人民陪审员名单中随机抽取确定。

第四条 人民陪审员确定后，人民法院应当将参审案件案由、当事人姓名或名称、开庭地点、开庭时间等事项告知参审人民陪审员及候补人民陪审员。

必要时，人民法院可以将参加审判活动的时间、地点等事项书面通知人民陪审员所在单位。

第五条 人民陪审员不参加下列案件的审理：

（一）依照民事诉讼法适用特别程序、督促程序、公示催告程序审理的案件；

（二）申请承认外国法院离婚判决的案件；

（三）裁定不予受理或者不需要开庭审理的案件。

第六条 人民陪审员不得参与审理由其以人民调解员身份先行调解的案件。

第七条 当事人依法有权申请人民陪审员回避。人民陪审员的回避，适用审判人员回避的法律规定。人民陪审员回避事由经审查成立的，人民法院应当及时确定递补人选。

第八条 人民法院应当在开庭前，将相关权利和义务告知人民陪审员，并为其阅卷提供便利条件。

第九条 七人合议庭开庭前，应当制作事实认定问题清单，根据案件具体情况，区分事实认定问题与法律适用问题，对争议事实问题逐项列举，供人民陪审员在庭审时参考。事实认定问题和法律适用问题难以区分的，视为事实认定问题。

第十条 案件审判过程中，人民陪审员依法有权参加案件调查和调解工作。

第十一条 庭审过程中，人民陪审员依法有权向诉讼参加人发问，审判长应当提示人民陪审员围绕案件争议焦点进行发问。

第十二条 合议庭评议案件时，先由承办法官介绍案件涉及的相关法律、证据规则，然后由人民陪审员和法官依次发表意见，审判长最后发表意见并总结合议庭意见。

第十三条 七人合议庭评议时，审判长应当归纳和介绍需要通过评议讨论决定的案件事实认定问题，并列出案件事实问题清单。人民陪审员全程参加合议庭评议，对于事实认定问题，由人民陪审员和法官在共同评议的基础上进行表决。对于法律适用问题，人民陪审员不参加表决，但可以发表意见，并记录在卷。

第十四条　人民陪审员应当认真阅读评议笔录,确认无误后签名。

第十五条　人民陪审员列席审判委员会讨论其参加审理的案件时,可以发表意见。

第十六条　案件审结后,人民法院应将裁判文书副本及时送交参加该案审判的人民陪审员。

第十七条　中级、基层人民法院应当保障人民陪审员均衡参审,结合本院实际情况,一般在不超过30件的范围内合理确定每名人民陪审员年度参加审判案件的数量上限,报高级人民法院备案,并向社会公告。

第十八条　人民法院应当依法规范和保障人民陪审员参加审判活动,不得安排人民陪审员从事与履行法定审判职责无关的工作。

5.《最高人民法院关于具有专门知识的人民陪审员参加环境资源案件审理的若干规定》(法释〔2023〕4号,20230801)

第一条　人民法院审理的第一审环境资源刑事、民事、行政案件,符合人民陪审员法第十五条规定,且案件事实涉及复杂专门性问题的,由不少于一名具有专门知识的人民陪审员参加合议庭审理。

前款规定外的第一审环境资源案件,人民法院认为有必要的,可以由具有专门知识的人民陪审员参加合议庭审理。

第二条　符合下列条件的人民陪审员,为本规定所称具有专门知识的人民陪审员:

(一)具有环境资源领域专门知识;

(二)在环境资源行政主管部门、科研院所、高等院校、企业、社会组织等单位从业三年以上。

第三条　人民法院参与人民陪审员选任,可以根据环境资源审判活动需要,结合案件类型、数量等特点,协商司法行政机关确定一定数量具有专门知识的人民陪审员候选人。

第四条　具有专门知识的人民陪审员任期届满后,人民法院认为有必要的,可以商请本人同意后协商司法行政机关经法定程序再次选任。

第五条　需要具有专门知识的人民陪审员参加案件审理的,人民法院可以根据环境资源案件的特点和具有专门知识的人民陪审员选任情况,在符合专业需求的人民陪审员名单中随机抽取确定。

第六条　基层人民法院可以根据环境资源案件审理的需要,协商司法行政机关选任具有专门知识的人民陪审员。

设立环境资源审判专门机构的基层人民法院,应当协商司法行政机关选任具有专门知识的人民陪审员。

设立环境资源审判专门机构的中级人民法院,辖区内基层人民法院均未设立环境资源审判专门机构的,应当指定辖区内不少于一家基层人民法院协商司法行政机关选任具有专门知识的人民陪审员。

第七条　基层人民法院审理的环境资源案件，需要具有专门知识的人民陪审员参加合议庭审理的，组成不少于一名具有专门知识的人民陪审员参加的三人合议庭。

基层人民法院审理的可能判处十年以上有期徒刑且社会影响重大的环境资源刑事案件，以及环境行政公益诉讼案件，需要具有专门知识的人民陪审员参加合议庭审理的，组成不少于一名具有专门知识的人民陪审员参加的七人合议庭。

第八条　中级人民法院审理的环境民事公益诉讼案件、环境行政公益诉讼案件、生态环境损害赔偿诉讼案件以及其他具有重大社会影响的环境污染防治、生态保护、气候变化应对、资源开发利用、生态环境治理与服务等案件，需要具有专门知识的人民陪审员参加合议庭审理的，组成不少于一名具有专门知识的人民陪审员参加的七人合议庭。

第九条　实行环境资源案件跨区域集中管辖的中级人民法院审理第一审环境资源案件，需要具有专门知识的人民陪审员参加合议庭审理的，可以从环境资源案件集中管辖区域内基层人民法院具有专门知识的人民陪审员名单中随机抽取确定。

第十条　铁路运输法院等没有对应同级人民代表大会的法院审理第一审环境资源案件，需要具有专门知识的人民陪审员参加合议庭审理的，在其所在地级市辖区或案件管辖区域内基层人民法院具有专门知识的人民陪审员名单中随机抽取确定。

第十一条　符合法律规定的审判人员应当回避的情形，或所在单位与案件有利害关系的，具有专门知识的人民陪审员应当自行回避。当事人也可以申请具有专门知识的人民陪审员回避。

第十二条　审判长应当依照人民陪审员法第二十条的规定，对具有专门知识的人民陪审员参加的下列工作，重点进行指引和提示：

（一）专门性事实的调查；

（二）就是否进行证据保全、行为保全提出意见；

（三）庭前会议、证据交换和勘验；

（四）就是否委托司法鉴定，以及鉴定事项、范围、目的和期限提出意见；

（五）生态环境修复方案的审查；

（六）环境民事公益诉讼案件、生态环境损害赔偿诉讼案件的调解、和解协议的审查。

第十三条　具有专门知识的人民陪审员参加环境资源案件评议时，应当就案件事实涉及的专门性问题发表明确意见。

具有专门知识的人民陪审员就该专门性问题发表的意见与合议庭其他成员不一致的，合议庭可以将案件提请院长决定是否提交审判委员会讨论决定。有关情况应当记入评议笔录。

第十四条　具有专门知识的人民陪审员可以参与监督生态环境修复、验收和修复效果评估。

第十五条　具有专门知识的人民陪审员参加环境资源案件的审理，本规定没有规定的，适用《最高人民法院关于适用〈中华人民共和国人民陪审员法〉若干问题的解释》的规定。

6.《最高人民法院关于审理生态环境损害赔偿案件的若干规定（试行）》（法释〔2019〕8 号，20190605；经法释〔2020〕17 号修正，20210101）

第四条　人民法院审理第一审生态环境损害赔偿诉讼案件，应当由法官和人民陪审员组成合议庭进行。

7.《最高人民法院关于设立国际商事法庭若干问题的规定》（法释〔2018〕11 号，20180701；经法释〔2023〕14 号修正，20240101）

第五条　国际商事法庭审理案件，由三名或者三名以上法官组成合议庭。

合议庭评议案件，实行少数服从多数的原则。少数意见可以在裁判文书中载明。

8.《最高人民法院关于人民法院办理执行异议和复议案件若干问题的规定》（法释〔2015〕10 号，20150505；经法释〔2020〕21 号修正，20210101）

第十一条　人民法院审查执行异议或者复议案件，应当依法组成合议庭。

指令重新审查的执行异议案件，应当另行组成合议庭。

办理执行实施案件的人员不得参与相关执行异议和复议案件的审查。

9.《最高人民法院关于审理劳动争议案件适用法律问题的解释（一）》（法释〔2020〕26 号，20210101）

第二十二条　用人单位依据调解仲裁法第四十九条规定向中级人民法院申请撤销仲裁裁决，中级人民法院作出的驳回申请或者撤销仲裁裁决的裁定为终审裁定。

第二十三条　中级人民法院审理用人单位申请撤销终局裁决的案件，应当组成合议庭开庭审理。经过阅卷、调查和询问当事人，对没有新的事实、证据或者理由，合议庭认为不需要开庭审理的，可以不开庭审理。

中级人民法院可以组织双方当事人调解。达成调解协议的，可以制作调解书。一方当事人逾期不履行调解协议的，另一方可以申请人民法院强制执行。

10.《最高人民法院关于审理企业破产案件若干问题的规定》（法释〔2002〕23 号，20020901）

第十五条　人民法院决定受理企业破产案件后，应当组成合议庭，并在十日内完成下列工作：

（一）将合议庭组成人员情况书面通知破产申请人和被申请人，并在法院公告栏张贴企业破产受理公告。公告内容应当写明：破产申请受理时间、债务人名称、申报债权的期限、地点和逾期未申报债权的法律后果、第一次债权人会议召开的日期、地点；

（二）在债务人企业发布公告，要求保护好企业财产，不得擅自处理企业的账册、文书、资料、印章，不得隐匿、私分、转让、出售企业财产；

（三）通知债务人立即停止清偿债务，非经人民法院许可不得支付任何费用；

（四）通知债务人的开户银行停止债务人的结算活动，并不得扣划债务人款项抵扣债务。但经人民法院依法许可的除外。

11.《最高人民法院关于审理仲裁司法审查案件若干问题的规定》（法释〔2017〕22号，20180101）

第十一条 人民法院审查仲裁司法审查案件，应当组成合议庭并询问当事人。

12.《最高人民法院关于中国公民申请承认外国法院离婚判决程序问题的规定》〔法（民）发〔1991〕21号，19910813；经法释〔2020〕20号修正，20210101〕

第七条 人民法院审查承认外国法院离婚判决的申请，由三名审判员组成合议庭进行，作出的裁定不得上诉。

13.《最高人民法院关于认可和执行台湾地区法院民事判决的规定》（法释〔2015〕13号，20150701；经法释〔2024〕14号修正，20250101）

第十条 对申请认可台湾地区法院民事判决的案件，人民法院应当组成合议庭进行审查。

14.《最高人民法院关于人身安全保护令案件相关程序问题的批复》（法释〔2016〕15号，20160713）

三、关于人身安全保护令案件适用程序等问题。人身安全保护令案件适用何种程序，反家庭暴力法中没有作出直接规定。人民法院可以比照特别程序进行审理。家事纠纷案件中的当事人向人民法院申请人身安全保护令的，由审理该案的审判组织作出是否发出人身安全保护令的裁定；如果人身安全保护令的申请人在接受其申请的人民法院内无正在进行的家事案件诉讼，由法官以独任审理的方式审理。至于是否需要就发出人身安全保护令问题听取被申请人的意见，则由承办法官视案件的具体情况决定。

【司法文件】

1.《〈中华人民共和国人民陪审员法〉实施中若干问题的答复》（最高人民法院、司法部，法发〔2020〕29号，

20200811)

1. 新疆维吾尔自治区生产建设兵团法院如何选任人民陪审员?

答:没有对应同级人民代表大会的兵团基层人民法院人民陪审员的名额由兵团分院确定,经公示后确定的人民陪审员人选,由基层人民法院院长提请兵团分院任命。在未设立垦区司法局的垦区,可以由师(市)司法局会同垦区人民法院、公安机关组织开展人民陪审员选任工作。

2.《人民陪审员法》第六条第一项所指的监察委员会、人民法院、人民检察院、公安机关、国家安全机关、司法行政机关的工作人员是否包括行政编制外人员?

答:上述工作人员包括占用行政编制和行政编制外的所有工作人员。

3. 乡镇人民代表大会主席团的成员能否担任人民陪审员?

答:符合担任人民陪审员条件的乡镇人民代表大会主席团成员,不是上级人民代表大会常务委员会组成人员的,可以担任人民陪审员,法律另有禁止性规定的除外。

4. 人民代表大会常务委员会的工作人员能否担任人民陪审员?

答:人民代表大会常务委员会的工作人员,符合担任人民陪审员条件的,可以担任人民陪审员,法律另有禁止性规定的除外。

5. 人民代表大会常务委员会的组成人员、法官、检察官,以及人民法院、人民检察院的其他工作人员,监察委员会、公安机关、国家安全机关、司法行政机关的工作人员离任后能否担任人民陪审员?

答:(1)人民代表大会常务委员会的组成人员,监察委员会、人民法院、人民检察院、公安机关、国家安全机关、司法行政机关的工作人员离任后,符合担任人民陪审员条件的,可以担任人民陪审员。上述人员担任人民陪审员的比例应当与其他人员的比例适当平衡。

(2)法官、检察官从人民法院、人民检察院离任后二年内,不得担任人民陪审员。

(3)法官从人民法院离任后,曾在基层人民法院工作的,不得在原任职的基层人民法院担任人民陪审员;检察官从人民检察院离任后,曾在基层人民检察院工作的,不得在与原任职的基层人民检察院同级、同辖区的人民法院担任人民陪审员。

(4)法官从人民法院离任后,担任人民陪审员的,不得参与原任职人民法院的审判活动;检察官从人民检察院离任后,担任人民陪审员的,不得参与原任职人民检察院同级、同辖区的人民法院的审判活动。

6. 劳动争议仲裁委员会的仲裁员能否担任人民陪审员?

答:劳动争议仲裁委员会的仲裁员不能担任人民陪审员。

7. 被纳入失信被执行人名单的公民能否担任人民陪审员?

答:公民被纳入失信被执行人名单期间,不得担任人民陪审员。人民法院撤销或者删除失信信息后,公民符合法定条件的,可以担任人民陪审员。

8.公民担任人民陪审员不得超过两次,是否包括《人民陪审员法》实施前以及在不同人民法院任职的情形?

答:公民担任人民陪审员总共不得超过两次,包括《人民陪审员法》实施前任命以及在不同人民法院任职的情形。

9.有独立请求权的第三人是否可以申请由人民陪审员参加合议庭审判案件?

答:有独立请求权的第三人可以依据《人民陪审员法》相关规定申请由人民陪审员参加合议庭审判案件。

10.人民法院可否吸收人民陪审员参加减刑、假释案件的审理?

答:人民法院可以结合案件情况,吸收人民陪审员参加减刑、假释案件审理,但不需要开庭审理的除外。

11.人民陪审员是否可以参加案件执行工作?

答:根据《人民陪审员法》,人民陪审员参加第一审刑事、民事、行政案件的审判。人民法院不得安排人民陪审员参加案件执行工作。

12.人民法院可以根据案件审判需要,从人民陪审员名单中随机抽取一定数量的候补人民陪审员,并确定递补顺序,一并告知当事人。如果原定陪审员因故无法到庭,由候补人民陪审员参与案件审理,是否需要就变更合议庭成员另行告知双方当事人?候补人民陪审员的递补顺序,应如何确定?

答:人民法院已一并告知候补人民陪审员名单的,如变更由候补人民陪审员参加陪审的,无需另行告知当事人。确定候补人民陪审员的递补顺序,可按照姓氏笔画排序等方式确定。

13.根据《最高人民法院关于适用〈中华人民共和国人民陪审员法〉若干问题的解释》,七人合议庭开庭前和评议时,应当制作事实认定问题清单。审判实践中,如何制作事实认定问题清单?

答:事实认定问题清单应当立足全部案件事实,重点针对案件难点和争议的焦点内容。刑事案件中,可以以犯罪构成要件事实为基础,主要包括构成犯罪的事实、不构成犯罪的事实,以及有关量刑情节的事实等。民事案件中,可以根据不同类型纠纷的请求权规范基础,归纳出当事人争议的要件事实。行政案件中,主要包括审查行政行为合法性所必须具备的事实。

14.合议庭评议案件时,人民陪审员和法官可否分组分别进行评议、表决?

答:合议庭评议案件时,人民陪审员和法官应当共同评议、表决,不得分组进行。

15.案件审结后,人民法院将裁判文书副本送交参加该案审判的人民陪审员时,能否要求人民陪审员在送达回证上签字？

答：人民陪审员不是受送达对象，不能要求人民陪审员在送达回证上签字。人民法院将裁判文书副本送交人民陪审员时，可以以适当方式请人民陪审员签收后存档。

16. 如何把握人民陪审员年度参审数上限一般不超过30件的要求？对于人民陪审员参与审理批量系列案件的，如何计算案件数量？

答：个别案件量大的人民法院可以结合本院实际情况，提出参审数上限在30件以上设置的意见，层报高级人民法院备案后实施。高级人民法院应统筹辖区整体情况从严把握。

人民陪审员参加审理批量系列案件的，可以按一定比例折算案件数以核定是否超出参审数上限。具体折算比例，由高级人民法院确定。

17. 对于人民陪审员参审案件数占第一审案件数的比例即陪审率，是否可以设定考核指标？

答：《人民陪审员法》及相关司法解释规定了人民陪审员参审案件范围和年度参审数上限，要严格执行相关规定。人民法院不得对第一审案件总体陪审率设定考核指标，但要对第一审案件总体陪审率、人民陪审员参加七人合议庭等情况进行统计监测。

18. 人民陪审员是否适用法官法中法官任职回避的规定？

答：人民陪审员适用民事、刑事、行政诉讼法中诉讼回避的规定，不适用法官法中法官任职回避的规定。

19. 人民陪审员在参加庭审等履职过程中，着装有何要求？

答：人民陪审员在参加庭审等履职过程中，着装应当端庄、得体，但不得配发、穿着统一制服。

2.《民事诉讼程序繁简分流改革试点实施办法》（最高人民法院，法〔2020〕11号，20200115）

第十六条 基层人民法院适用小额诉讼程序、简易程序审理的案件，由法官一人独任审理。

基层人民法院审理的事实不易查明，但法律适用明确的案件，可以由法官一人适用普通程序独任审理。

3.《民事诉讼程序繁简分流改革试点问答口径（一）》（最高人民法院，法〔2020〕105号，20200415）

七、人民法院审查司法确认案件能否适用合议制？

答：可以。《民事诉讼法》第一百七十八条①规定了特别程序案件的审判组织，明确选民资格案件或者重大、疑难的案件，由审判员组成合议庭审查，其他案件由审判员一人独任审查。实践中，对于司法确认案件，总体上以适用独任制为原则，以合议制为例外。同时，试点法院应当加强对民间借贷等

① 对应2023年《民事诉讼法》第185条。——编者注

案件司法确认审查甄别工作，切实防范恶意串通调解、虚假诉讼等行为。对于待确认调解协议的标的额特别巨大，并存在虚假调解可能的，由合议庭审查更显慎重。按照级别管辖标准，一些司法确认案件虽然应当由中级人民法院、专门人民法院受理，但标的额不大，法律关系较为简单，也可以由审判员一人独任审查。

二十二、《实施办法》①第十六条关于独任制普通程序案件"事实不易查明，但法律适用明确"的适用标准，应当如何理解？

答：根据《实施办法》第十六条第二款，独任制普通程序案件的适用标准为"事实不易查明，但法律适用明确"，在案件类型和案由上不作具体限制。对"事实不易查明，但法律适用明确"标准的把握，应当整体考虑，不宜孤立理解。所谓"法律适用明确"，是指事实查明之后，无论结果是正或反，都能形成清晰、明了的法律关系，有明确的法律规范与之对应，在解释和适用上基本不存在空白与争议。所谓"事实不易查明"，主要是指查明事实需要经过评估、鉴定、审计、调查取证等耗时较长的程序，但一旦查明，法官一人即可认定事实与法律关系，并作出裁判。

4.《最高人民法院"一站式"国际商事纠纷多元化解决平台工作指引（试行）》（法〔2023〕247号，20240130）

第二十四条 国际商事法庭收到当事人关于申请撤销内地仲裁裁决或者认可和执行境外仲裁裁决的材料后，认为所涉纠纷符合本指引第二条适用范围的，应予立案。

国际商事法庭受理案件后，应当组成合议庭审理，并询问当事人。根据审理案件的需要，国际商事法庭可以要求国际商事仲裁机构作出说明或者向相关仲裁机构调阅仲裁案卷。

国际商事法庭应当在受理案件之日起两个月内作出裁定，并在裁定书送达当事人后，通过"一站式"平台告知国际商事仲裁机构。

5.《最高人民法院关于健全完善人民法院审判委员会工作机制的意见》（法发〔2019〕20号，20190802）

5. 各级人民法院设审判委员会。审判委员会由院长、副院长和若干资深法官组成，成员应当为单数。

审判委员会可以设专职委员。

6. 审判委员会会议分为全体会议和专业委员会会议。

专业委员会会议是审判委员会的一种会议形式和工作方式。中级以上人民法院根据审判工作需要，可以召开刑事审判、民事行政审判等专业委员会会议。

专业委员会会议组成人员应当根

---

① 即《最高人民法院关于民事诉讼程序繁简分流改革试点实施办法》。——编者注

据审判委员会委员的专业和工作分工确定。审判委员会委员可以参加不同的专业委员会会议。专业委员会会议全体组成人员应当超过审判委员会全体委员的二分之一。

7.审判委员会的主要职能是：

（1）总结审判工作经验；

（2）讨论决定重大、疑难、复杂案件的法律适用；

（3）讨论决定本院已经发生法律效力的判决、裁定、调解书是否应当再审；

（4）讨论决定其他有关审判工作的重大问题。

最高人民法院审判委员会通过制定司法解释、规范性文件及发布指导性案例等方式，统一法律适用。

8.各级人民法院审理的下列案件，应当提交审判委员会讨论决定：

（1）涉及国家安全、外交、社会稳定等敏感案件和重大、疑难、复杂案件；

（2）本院已经发生法律效力的判决、裁定、调解书等确有错误需要再审的案件；

（3）同级人民检察院依照审判监督程序提出抗诉的刑事案件；

（4）法律适用规则不明的新类型案件；

（5）拟宣告被告人无罪的案件；

（6）拟在法定刑以下判处刑罚或者免予刑事处罚的案件；高级人民法院、中级人民法院拟判处死刑的案件，应当提交本院审判委员会讨论决定。

9.各级人民法院审理的下列案件，可以提交审判委员会讨论决定：

（1）合议庭对法律适用问题意见分歧较大，经专业（主审）法官会议讨论难以作出决定的案件；

（2）拟作出的裁判与本院或者上级法院的类案裁判可能发生冲突的案件；

（3）同级人民检察院依照审判监督程序提出抗诉的重大、疑难、复杂民事案件及行政案件；

（4）指令再审或者发回重审的案件；

（5）其他需要提交审判委员会讨论决定的案件。

10.合议庭或者独任法官认为案件需要提交审判委员会讨论决定的，由其提出申请，层报院长批准；未提出申请，院长认为有必要的，可以提请审判委员会讨论决定。

其他事项提交审判委员会讨论决定的，参照案件提交程序执行。

21.审判委员会全体会议和专业委员会会议讨论案件或者事项，一般按照各自全体组成人员过半数的多数意见作出决定，少数委员的意见应当记录在卷。

经专业委员会会议讨论的案件或者事项，无法形成决议或者院长认为有必要的，可以提交全体会议讨论决定。

经审判委员会全体会议和专业委员会会议讨论的案件或者事项，院长认为有必要的，可以提请复议。

22.审判委员会讨论案件或者事项的决定,合议庭、独任法官或者相关部门应当执行。审判委员会工作部门发现案件处理结果与审判委员会决定不符的,应当及时向院长报告。

24.审判委员会讨论案件的决定及其理由应当在裁判文书中公开,法律规定不公开的除外。

6.《最高人民法院关于完善人民法院专业法官会议工作机制的指导意见》

(法发〔2021〕2号,20210106)

一、专业法官会议是人民法院向审判组织和院庭长(含审判委员会专职委员,下同)履行法定职责提供咨询意见的内部工作机制。

四、专业法官会议讨论案件的法律适用问题或者与事实认定高度关联的证据规则适用问题,必要时也可以讨论其他事项。独任庭、合议庭办理案件时,存在下列情形之一的,应当建议院庭长提交专业法官会议讨论:

(一)独任庭认为需要提交讨论的;

(二)合议庭内部无法形成多数意见,或者持少数意见的法官认为需要提交讨论的;

(三)有必要在审判团队、审判庭、审判专业领域之间或者辖区法院内统一法律适用的;

(四)属于《最高人民法院关于完善人民法院司法责任制的若干意见》第24条规定的"四类案件"范围的;

(五)其他需要提交专业法官会议讨论的。

院庭长履行审判监督管理职责时,发现案件存在前款情形之一的,可以提交专业法官会议讨论;综合业务部门认为存在前款第(三)(四)项情形的,应当建议院庭长提交专业法官会议讨论。

各级人民法院应当结合审级职能定位、受理案件规模、内部职责分工、法官队伍状况等,进一步细化专业法官会议讨论范围。

十二、拟提交审判委员会讨论决定的案件,应当由专业法官会议先行讨论。但存在下列情形之一的,可以直接提交审判委员会讨论决定:

(一)依法应当由审判委员会讨论决定,但独任庭、合议庭与院庭长之间不存在分歧的;

(二)专业法官会议组成人员与审判委员会委员重合度较高,先行讨论必要性不大的;

(三)确因其他特殊事由无法或者不宜召开专业法官会议讨论,由院长决定提交审判委员会讨论决定的。

第四十一条 【二审和再审审判组织】人民法院审理第二审民事案件,由审判员组成合议庭。合议庭的成员人数,必须是单数。

中级人民法院对第一审适用简易程序审结或者不服裁定提起上诉的第二审民事案件,事实清楚、权利义务关系明确的,经双方当事人同意,可以由审判员一人独任审理。

发回重审的案件,原审人民法院应当按照第一审程序另行组成合议庭。

审理再审案件,原来是第一审的,按照第一审程序另行组成合议庭;原来是第二审的或者是上级人民法院提审的,按照第二审程序另行组成合议庭。

【立法·要点注释】

1. 第二审合议制。合议庭成员必须是审判员,而不能有人民陪审员。合议庭必须是由多人组成,必须是单数。实践中,一般由3位审判员组成。某些特殊情况下,具体人数可以由第二审人民法院根据需要确定。

2. 第二审独任制。第一,适用二审独任制的法院层级仅限于中级人民法院。第二,二审独任制的适用范围为两类案件:第一类是,第一审适用简易程序审结的第二审案件。需要明确的是,此类案件的一审程序必须是简易程序。"审结"意味着案件的审理全部程序都是简易程序。如果案件在适用简易程序审理后,转为普通程序,则此类案件的审结程序属于普通程序,二审是不能适用独任制的。第二类是,不服裁定提起上诉的第二审案件,包括本法第157

条第1款第1—3项规定的情形,即对"不予受理""对管辖权有异议""驳回起诉"的裁定提起上诉的案件。除了这两类案件之外,其他所有上诉案件,不论案情是否清晰、法律关系是否复杂,都不得适用独任制。第三,二审独任制的适用条件。其一,事实清楚、权利义务关系明确。所谓"事实清楚",就是经过第一审的审理,案件的主要事实已经查明,当事人在上诉过程中对案件事实也没有太大争议,不需要当事人提出新事实和新证据,案件事实不需要进一步查明、不需要重新鉴定等。所谓"权利义务关系明确",就是当事人之间的法律关系清晰,权利义务关系明了,当事人对法律适用也不存在大的分歧。其二,双方当事人同意。双方当事人同意是二审独任制适用的前提条件。因此,人民法院在决定适用独任制前,应当通过书面或口头方式征求双方当事人意见。当事人必须以书面或者口头方式作出同意的明确意思表示,当事人口头表示同意的,人民法院应当记录在案并由当事人签字确认。当事人未明确表示同意的,人民法院不得推定或者变相强制其同意。仅一方当事人表示同意,或一方当事人明确表示不同意的,均不得适用独任制。

3. 重审和再审案件。第一,重审案件应当适用合议制。重审案件必须另行组成合议庭,审判程序必须适用普通程序,而不能适用简易程序。第二,再审案件应当适用合议制。再审案件必须另行组成合议庭，审判程序必须适用普通程序，而不能适用简易程序。

【司法解释】

《最高人民法院关于适用〈中华人民共和国民事诉讼法〉的解释》（法释〔2015〕5号，20150204；经法释〔2022〕11号修正，20220410）

第四十五条 在一个审判程序中参与过本案审判工作的审判人员，不得再参与该案其他程序的审判。

发回重审的案件，在一审法院作出裁判后又进入第二审程序的，原第二审程序中审判人员不受前款规定的限制。

【重点解读】由于干部交流、调动等原因，有的审判人员是某案件一审的承办法官，可能在该案件上诉后又成为二审的审判人员，这时依据本条第1款的规定，其就不能再参与到该审理程序中。

再审程序与发回重审程序存在本质不同，而且2021年《民事诉讼法》第214条第2款明确规定："人民法院审理再审案件，应当另行组成合议庭。"对于发回重审案件，《民事诉讼法》第41条第3款明确规定："发回重审的案件，原审人民法院应当按照第一审程序另行组成合议庭。"但对于发回重审案件再上诉时的第二审程序，《民事诉讼法》并未规定原审理该二审案件的审判人员不能参与新的二审程序，故本条第2款明确规定了发回重审的案件，在

一审法院作出裁判后又进入第二审程序的，原第二审程序中的审判人员可以继续参与该案的审理。因为发回重审后的案件与原来案件并非由原审法院相同审判人员审理，该案件又上诉后再由原来的二审审判人员继续审理也并无不妥，并不违反《民事诉讼法》的规定。

本条第1款中"审判程序"的界定问题。为维护程序公正，发挥本条第1款规定之应有作用，对此审判程序不宜作从宽解释，审理前的程序，比如先行调解程序、立案调解程序等，都不应理解为案件的审判程序，审判人员参与这些程序也不属于参与审判工作。同时，此审判程序必须是"同一案件"的不同审判程序，对于调解协议的司法确认案件，被人民法院依法裁定驳回后，当事人又重新起诉的，由于两个案件的诉讼标的根本不同，因此不属于同一案件，故也不能适用本条规定。此外，此"审判程序"目前也不宜包括对于某些疑难案件，审判委员会进行讨论的程序，因为这一程序不是一个独立的案件审理程序，且审判委员会成员较多，有其自身的案件讨论程序，有关审判委员会委员回避的问题将适时出台相应的司法解释予以规范。

【司法文件】

1.《民事诉讼程序繁简分流改革试点实施办法》（最高人民法院，法〔2020〕11

号,20200115)

第十八条　第二审人民法院审理上诉案件应当组成合议庭审理。但事实清楚、法律适用明确的下列案件,可以由法官一人独任审理:

(一)第一审适用简易程序审理结案的;

(二)不服民事裁定的。

第十九条　由法官一人独任审理的第一审或者第二审案件,审理过程中出现本办法第十七条第(一)至(五)项或者第(九)项所列情形之一的,人民法院应当裁定组成合议庭审理,并将合议庭组成人员及相关事项书面通知双方当事人。

由独任审理转为合议庭审理的案件,审理期限自人民法院立案之日起计算,已经作出的诉讼行为继续有效。双方当事人已确认的事实,可以不再举证、质证。

第二十七条　本办法仅适用于北京、上海市辖区内中级人民法院、基层人民法院,南京、苏州、杭州、宁波、合肥、福州、厦门、济南、郑州、洛阳、武汉、广州、深圳、成都、贵阳、昆明、西安、银川市中级人民法院及其辖区内基层人民法院,北京、上海、广州知识产权法院,上海金融法院,北京、杭州、广州互联网法院。

本办法所称的人民法院,是指纳入试点的人民法院;所称的第二审人民法院,包括纳入试点的中级人民法院、知识产权法院和金融法院;所称的中级人民法院、基层人民法院包括试点地区内的铁路运输中级法院和基层法院。

2.《民事诉讼程序繁简分流改革试点问答口径(一)》(最高人民法院,法〔2020〕105号,20200415)

二十七、如何把握第二审案件适用独任制的条件?

答:第二审案件适用独任制,应当从以下两个方面把握:第一,关于适用案件范围。适用独任制审理的第二审案件仅限于"第一审适用简易程序审理结案的上诉案件"和"民事裁定类上诉案件",实践中不得扩大。对一审独任法官适用普通程序审结的上诉案件、采取合议制审结的上诉案件、报请解决管辖权争议的案件等,均不得适用独任制。第二,关于适用标准。对于上述两类案件,并非一律适用独任制,还应当满足"事实清楚、法律适用明确"的标准,对事实待查明、法律适用难度大的案件不宜适用独任制。在独任审理过程中发现上述情形的,一般应当转换为合议制审理。独任法官认为原判事实错误或法律适用错误拟作出改判,以及因认定基本事实不清拟发回重审的,一般应当提交专业法官会议讨论。

【法院参考案例】

二审中当事人明确表示不同意独任制审理如何处理[天津犇鑫建筑劳务公司等与刘某民间借贷纠纷案,北京市

第三中级人民法院（2021）京 03 民终 15833 号]

该案一审适用简易程序独任审理，一审宣判后，当事人提出上诉。二审审理中，上诉人对二审法院适用独任制审理提出异议。二审法院鉴于当事人明确表示不同意独任制审理，该案转由合议庭审理并书面告知当事人合议庭组成。

第四十二条 【不适用独任制的情形】 人民法院审理下列民事案件，不得由审判员一人独任审理：

（一）涉及国家利益、社会公共利益的案件；

（二）涉及群体性纠纷，可能影响社会稳定的案件；

（三）人民群众广泛关注或者其他社会影响较大的案件；

（四）属于新类型或者疑难复杂的案件；

（五）法律规定应当组成合议庭审理的案件；

（六）其他不宜由审判员一人独任审理的案件。

【立法·要点注释】

1. 涉及国家利益、社会公共利益的案件，因为案件所涉利益特殊且重大，即便表面上事实清楚、法律关系简单，但需要统筹考虑相关利益的涉及广度、关联深度、覆盖群体、政策依据、政策制定部门和案件审理难度等多重因素，有必要组成合议庭审理。

2. 涉及群体性纠纷，可能影响社会稳定的案件。群体性纠纷就是诉争纠纷的当事人一方或者双方为多人的特殊纠纷。常见的群体性纠纷有：当事人人数众多，可能引发群体性事件的；案件的审理过程或者结果可能或者已经引发社会广泛关注，存在激化社会矛盾风险的；个案的审理具有示范效应，可能引发后续批量诉讼的；可能对特定行业产业发展、特定群体利益、社会和谐稳定产生较大影响的。

3. 人民群众广泛关注或者其他社会影响较大的案件。所谓人民群众广泛关注的案件，就是在一定时期、一定地域甚至全国范围内，受到人民群众普遍关注的案件。所谓社会影响较大的案件，就是在短期内或者长期对社会公共利益存在重大影响的案件。

4. 新类型或者疑难复杂的案件。所谓新类型案件，就是在本辖区内首次出现或不属于常见类型，没有明确可供参考的案例，法律适用难度较大的案件。所谓疑难复杂案件，就是案件的事实查明、认定存在较大困难，或者法律关系非常复杂，法律适用难度很大或者影响重大。

【相关立法】

《中华人民共和国人民陪审员法》

（20180427）

第十五条　人民法院审判第一审刑事、民事、行政案件，有下列情形之一的，由人民陪审员和法官组成合议庭进行：

（一）涉及群体利益、公共利益的；

（二）人民群众广泛关注或者其他社会影响较大的；

（三）案情复杂或者有其他情形，需要由人民陪审员参加审判的。

人民法院审判前款规定的案件，法律规定由法官独任审理或者由法官组成合议庭审理的，从其规定。

第十六条　人民法院审判下列第一审案件，由人民陪审员和法官组成七人合议庭进行：

（一）可能判处十年以上有期徒刑、无期徒刑、死刑，社会影响重大的刑事案件；

（二）根据民事诉讼法、行政诉讼法提起的公益诉讼案件；

（三）涉及征地拆迁、生态环境保护、食品药品安全，社会影响重大的案件；

（四）其他社会影响重大的案件。

第十七条　第一审刑事案件被告人、民事案件原告或者被告、行政案件原告申请由人民陪审员参加合议庭审判的，人民法院可以决定由人民陪审员和法官组成合议庭审判。

【司法文件】

1.《民事诉讼程序繁简分流改革试点实施办法》（最高人民法院，法〔2020〕11号，20200115）

第十七条　基层人民法院审理的案件，具备下列情形之一的，应当依法组成合议庭，适用普通程序审理：

（一）涉及国家利益、公共利益的；

（二）涉及群体性纠纷，可能影响社会稳定的；

（三）产生较大社会影响，人民群众广泛关注的；

（四）新类型或者疑难复杂的；

（五）与本院或者上级人民法院已经生效的类案判决可能发生冲突的；

（六）发回重审的；

（七）适用审判监督程序的；

（八）第三人起诉请求改变或者撤销生效判决、裁定、调解书的；

（九）其他不宜采用独任制的案件。

2.《最高人民法院关于进一步完善"四类案件"监督管理工作机制的指导意见》（法发〔2021〕30号，20211105）

二、本意见所称"四类案件"，是指符合下列情形之一的案件：

（一）重大、疑难、复杂、敏感的；

（二）涉及群体性纠纷或者引发社会广泛关注，可能影响社会稳定的；

（三）与本院或者上级人民法院的类案裁判可能发生冲突的；

（四）有关单位或者个人反映法官有违法审判行为的。

三、"重大、疑难、复杂、敏感"的案件主要包括下列案件：涉及国家利益、社会公共利益的；对事实认定或者法律适用存在较大争议的；具有首案效应的新类型案件；具有普遍法律适用指导意义的；涉及国家安全、外交、民族、宗教等敏感案件。

四、"涉及群体性纠纷或者引发社会广泛关注，可能影响社会稳定"的案件主要包括下列案件：当事人或者被害人人数众多，可能引发群体性事件的；可能或者已经引发社会广泛关注，存在激化社会矛盾风险的；具有示范效应、可能引发后续批量诉讼的；可能对特定行业产业发展、特定群体利益、社会和谐稳定产生较大影响的。

五、"与本院或者上级人民法院的类案裁判可能发生冲突"的案件主要包括下列案件：与本院或者上级人民法院近三年类案生效裁判可能发生冲突的；与本院正在审理的类案裁判结果可能发生冲突，有必要统一法律适用的；本院近三年类案生效裁判存在重大法律适用分歧，截至案件审理时仍未解决的。

六、"有关单位或者个人反映法官有违法审判行为"的案件主要包括下列案件：当事人、诉讼代理人、辩护人、利害关系人实名反映参与本案审理的法官有违法审判行为，并提供具体线索的；当事人、诉讼代理人、辩护人实名反映案件久拖不决，经初步核实确属违反审判执行期限管理规定的；有关部门通过审务督察、司法巡查、案件评查、信访接待或者受理举报、投诉等方式，发现法官可能存在违法审判行为的；承办审判组织在"三个规定"记录报告平台反映存在违反规定干预过问案件情况，可能或者已经影响司法公正的。

有关单位或者个人反映审判辅助人员有违纪违法行为，可能或者已经影响司法公正的，参照上述情形监督管理。

九、立案阶段识别标注的"四类案件"，可以指定分案。审理"四类案件"，应当依法组成合议庭，一般由院庭长担任审判长，并根据案件所涉情形、复杂程度等因素，综合确定合议庭组成人员和人数。

案件进入审理阶段后被识别标注为"四类案件"的，院庭长可以根据案件所涉情形、进展情况，按权限决定作出下述调整，调整结果应当及时通知当事人，并在办案平台注明原因：

（一）由独任审理转为合议庭审理；

（二）调整承办法官；

（三）调整合议庭组成人员或者人数；

（四）决定由自己担任审判长。

第四十三条　【独任制向合议制转换】人民法院在审理过程中，发现案件不宜由审判员一人独任审理的，应当裁定转由合议庭审理。

当事人认为案件由审判员一人独任审理违反法律规定的，可以向人民法院提出异议。人民法院对当事人提出的异议应当审查，异议成立的，裁定转由合议庭审理；异议不成立的，裁定驳回。

【立法·要点注释】

1. 当事人提出异议启动独任制转合议制。需要注意三个方面：一是异议的主体包括原告、被告和第三人等任何一方当事人。二是异议的时间。当事人的异议既可以在开庭审理前提出，如果转换事由在开庭审理后才发现的，也可以在法庭辩论终结前提出。三是异议的方式。当事人提出异议一般应当以书面形式作出，同时必须说明应当由独任制转为合议制的具体理由和法律依据。当事人当庭口头提出异议的，也应当说明具体理由和法律依据，并记入笔录。

2. 审判组织转换前，已经开过庭的，案件转由合议庭审理后，应当再次开庭，审判组织转换前已经依法完成的诉讼行为继续有效，双方当事人已确认的事实，可以不再举证、质证。

3. 在案件审理由独任制转换为合议制的过程中，基层法院在实践中一般情况采取口头裁定的方式告知当事人，并书面送达合议庭成员告知书。

【司法解释】

《最高人民法院关于适用简易程序审理民事案件的若干规定》（法释〔2003〕15号，20031201；经法释〔2020〕20号修正，20210101）

第三条　当事人就适用简易程序提出异议，人民法院认为异议成立的，或者人民法院在审理过程中发现不宜适用简易程序的，应当将案件转入普通程序审理。

第十三条　当事人一方或者双方就适用简易程序提出异议后，人民法院应当进行审查，并按下列情形分别处理：

（一）异议成立的，应当将案件转入普通程序审理，并将合议庭的组成人员及相关事项以书面形式通知双方当事人；

（二）异议不成立的，口头告知双方当事人，并将上述内容记入笔录。

转入普通程序审理的民事案件的审理期限自人民法院立案的次日起开始计算。

【司法文件】

1.《民事诉讼程序繁简分流改革试

点问答口径（一）》（最高人民法院，法〔2020〕105号，20200415）

二十三、简易程序转换为普通程序后，能否采取独任制审理？

答：案件由简易程序转换为普通程序审理后，符合"事实不易查明，但法律适用明确"的标准，并且不属于《实施办法》①第十七条规定的应当组成合议庭审理情形的，可以采取独任制审理。由简易程序转换为普通程序审理的，须按《民事诉讼法》第一百六十三条②的规定作出裁定，并通知当事人。试点法院应当将简易程序转换为独任制普通程序审理的案件情况纳入院庭长审判监督事项。

二十四、符合哪些情形，独任制应当转换为合议制审理？

答：独任制转换为合议制不受审理程序限制，独任制适用小额诉讼程序、简易程序、普通程序、第二审程序审理的案件，符合《实施办法》第十七条第一至五项或者第九项所列情形之一的，均应当转换为合议制审理。实践中，应当综合考虑《中华人民共和国人民陪审员法》第十五条、第十六条规定的需要人民陪审员参审的案件类型，以及《最高人民法院关于完善人民法院司法责任制的若干意见》第二十四条、《最高人民法院关于完善人民法院审判权力和责任清单的指导意见》第八条规定的应当纳入院庭长个案监督范围的"四类案件"类型。属于"四类案件"的，原则上都应当适用合议制审理。

二十五、独任制转换为合议制的裁定是否必须采用书面形式？之后能否再转回独任制？

答：独任制转换为合议制应当以裁定方式作出，可以采用书面或者口头形式，作出裁定后应当将合议庭组成人员及相关事项以书面形式通知双方当事人。对于之前适用小额诉讼程序或简易程序审理的，裁定中应当一并明确审理程序的转换。独任制转换为合议制后，即使审理过程中原有的审判组织转换情形消失，也应当继续由合议庭审理。

二十六、独任制转换为合议制的裁定应当由谁作出？

答：案件审理过程中出现需要转换审判组织的情形，转换可以由独任法官自行提出，也可以由院庭长依个案监督职权提出。经审查需要转换的，由合议庭作出转换裁定。试点法院可以结合案件情况和工作流程，自行确定审判组织转换的报批程序。

2.《民事诉讼程序繁简分流改革试点问答口径（二）》（最高人民法院，法〔2020〕272号，20201023）

十九、当事人能否对一审普通程序适用独任制提出异议？如果可以，如何

————

①　即《最高人民法院关于民事诉讼程序繁简分流改革试点实施办法》。——编者注

②　对应2023年《民事诉讼法》第170条。——编者注

操作？

答：可以提出异议。《实施办法》①第十六条规定，"基层人民法院审理的案件事实不易查明，但法律适用明确的案件，可以由法官一人适用普通程序独任审理"。独任制普通程序案件有确定的适用范围和条件，实践中是否依法合理适用，涉及当事人的重大程序利益，应当允许当事人提出异议。

第一，关于异议的请求。当事人的异议请求，仅限于案件是否应当适用独任制审理，而不包括是否应当适用普通程序。根据《民事诉讼法》及其司法解释的规定，对人民法院已经确定适用普通程序审理的案件，当事人不得就审理程序再提出异议。

第二，关于异议的事由。当事人提出异议的事由包括以下两个方面：一是案件符合《实施办法》第十七条规定的应当适用合议制的情形；二是案件不符合独任制普通程序案件"事实不易查明，但法律适用明确"的适用条件。

第三，关于异议的程序。人民法院应当在《一审普通程序独任审理通知书》中，或者在作出转为独任制普通程序审理的裁定时，告知当事人提出异议的权利。当事人应当在独任法官适用普通程序开庭审理前提出异议。异议由独任法官负责审查。经审查，异议成立的，由合议庭作出组成合议庭审理的裁定；异议不成立的，口头告知当事人，并记入笔录。

二十、当事人能否对二审独任制适用提出异议，如果可以，如何操作？

答：可以提出异议。根据《实施办法》第十九条的规定，二审独任制适用范围限于"事实清楚、法律适用明确"的"第一审适用简易程序审理结案"和"不服民事裁定"的案件。二审独任制是否依法合理适用，涉及审判组织形式是否合法，应当允许当事人提出异议。

第一，关于异议的事由。当事人提出异议的事由主要包括以下三个方面：一是案件符合《实施办法》第十九条的规定，应当适用合议制审理；二是案件不符合二审独任制"事实清楚、法律适用明确"的适用条件；三是案件不符合二审独任制适用范围，不属于"第一审适用简易程序审理结案"和"不服民事裁定"案件。

第二，关于异议的程序。人民法院应当在《二审案件独任审理通知书》中，告知当事人提出异议的权利。当事人应当在开庭审理前提出异议。异议由独任法官负责审查。经审查，异议成立的，由合议庭作出组成合议庭审理的裁定；异议不成立的，口头告知当事人，并记入笔录。

二十一、已经开庭审理的二审独任制案件，依法转为合议庭审理后，是否需要再次开庭？

答：已经开庭审理的二审独任制案件，依法转为合议庭审理后，并不要求

————

① 即《最高人民法院关于民事诉讼程序繁简分流改革试点实施办法》。——编者注

一律再次开庭。案件是否需要再次开庭，应当由合议庭根据《民事诉讼法》第一百六十九条①的规定，结合案件具体情况确定。

案件存在下列情形的，应当再次开庭：（一）开庭后，当事人又提出新的事实、证据和理由，申请再次开庭审理的；（二）案件审理过程中产生较大社会影响，人民群众广泛关注的；（三）案件属于新类型或者疑难复杂，合议庭认为有必要通过再次开庭查明相关案件事实的。

第四十四条 【合议庭审判长的产生】 合议庭的审判长由院长或者庭长指定审判员一人担任；院长或者庭长参加审判的，由院长或者庭长担任。

【立法·要点注释】

担任审判长的人员有三种情况：一是院长担任审判长。根据《人民法院组织法》的规定，人民法院院长负责本院全面工作，监督本院审判工作，管理本院行政事务。人民法院副院长协助院长工作。在院长参与合议庭的情形下，应当由院长担任审判长。二是庭长担任审判长。庭长是审判业务庭的负责人员，包括庭长和副庭长。如果合议庭的组成人员中有庭长或者副庭长，则应当由庭长或者副庭长担任审判长。当然，院长和庭长都参与合议庭时，则依

法应当由院长担任审判长。三是审判员担任审判长。这种情形是指合议庭由审判员和人民陪审员组成时，审判长必须由审判员担任，而不能由人民陪审员担任。

【相关立法】

《中华人民共和国人民法院组织法》（19800101；20190101）

第三十条 合议庭由法官组成，或者由法官和人民陪审员组成，成员为三人以上单数。

合议庭由一名法官担任审判长。院长或者庭长参加审理案件时，由自己担任审判长。

审判长主持庭审、组织评议案件，评议案件时与合议庭其他成员权利平等。

【司法解释】

《最高人民法院关于人民法院合议庭工作的若干规定》（法释〔2002〕25号，20020817）

第二条 合议庭的审判长由符合审判长任职条件的法官担任。

院长或者庭长参加合议庭审判案件的时候，自己担任审判长。

第四条 合议庭的审判活动由审

---

① 对应 2023 年《民事诉讼法》第176条。——编者注

判长主持,全体成员平等参与案件的审理、评议、裁判,共同对案件认定事实和适用法律负责。

第六条　审判长履行下列职责:

(一)指导和安排审判辅助人员做好庭前调解、庭前准备及其他审判业务辅助性工作;

(二)确定案件审理方案、庭审提纲、协调合议庭成员的庭审分工以及做好其他必要的庭审准备工作;

(三)主持庭审活动;

(四)主持合议庭对案件进行评议;

(五)依照有关规定,提请院长决定将案件提交审判委员会讨论决定;

(六)制作裁判文书,审核合议庭其他成员制作的裁判文书;

(七)依照规定权限签发法律文书;

(八)根据院长或者庭长的建议主持合议庭对案件复议;

(九)对合议庭遵守案件审理期限制度的情况负责;

(十)办理有关审判的其他事项。

【司法文件】

1.《最高人民法院关于完善院长、副院长、庭长、副庭长参加合议庭审理案件制度的若干意见》(法发〔2007〕14号,20070330)

第一条　各级人民法院院长、副院长、庭长、副庭长除参加审判委员会审理案件以外,每年都应当参加合议庭或者担任独任法官审理案件。

第二条　院长、副院长、庭长、副庭长参加合议庭审理下列案件:

(一)疑难、复杂、重大案件;

(二)新类型案件;

(三)在法律适用方面具有普遍意义的案件;

(四)认为应当由自己参加合议庭审理的案件。

第三条　最高人民法院的院长、副院长、庭长、副庭长办理案件的数量标准,由最高人民法院规定。

地方各级人民法院的院长、副院长、庭长、副庭长办理案件的数量标准,由本级人民法院根据本地实际情况规定。中级人民法院、基层人民法院规定的办案数量应当报高级人民法院备案。

院长、副院长、庭长、副庭长应当选择一定数量的案件,亲自担任承办人办理。

第四条　院长、副院长、庭长、副庭长办理案件,应当起到示范作用。同时注意总结审判工作经验,规范指导审判工作。

第五条　院长、副院长、庭长、副庭长参加合议庭审理案件,依法担任审判长,与其他合议庭成员享有平等的表决权。

院长、副院长参加合议庭评议时,多数人的意见与院长、副院长的意见不一致的,院长、副院长可以决定将案件提交审判委员会讨论。合议庭成员中的非审判委员会委员应当列席审判委员会。

第六条 院长、副院长、庭长、副庭长办理案件，开庭时间一经确定，不得随意变动。

第七条 院长、副院长、庭长、副庭长参加合议庭审理案件，应当作为履行审判职责的一项重要工作，纳入对其工作的考评和监督范围。

2.《最高人民法院司法责任制实施意见(试行)》(法发〔2017〕20号,20170801)

二、审判组织与人员

(一)合议庭和审判团队

5. 合议庭审判长一般由资历较深的法官担任，也可以由承办法官担任。

院长及其他院领导、庭长、副庭长参加审判案件，由其担任审判长。

7. 院长及其他院领导、庭长、副庭长可以审理下列案件：

(1)重大、疑难、复杂、新类型案件；

(2)具有指导意义的案件；

(3)经高级人民法院审判委员会讨论决定，在本院适用二审程序、审判监督程序、国家赔偿监督程序审理的案件；

(4)对本院生效案件启动审判监督程序、国家赔偿监督程序进行再审、重新审理的案件；

(5)其他有必要由院长及其他院领导、庭长、副庭长审理的案件。

院长及其他院领导审理上述案件

时，由审判管理办公室协调配合审判业务庭室和相关职能部门，做好指定分案、审判团队配备、诉讼程序运转、司法公开、新闻宣传等服务保障工作。

8. 审判长除承担由合议庭成员共同承担的审判职责外，还应当履行以下审判职责：

(1)确定案件审理方案、庭审提纲，协调合议庭成员庭审分工并指导做好其他庭审准备工作；

(2)主持、指挥庭审活动；

(3)主持合议庭评议；

(4)将合议庭处理意见分歧较大的案件提交专业法官会议讨论，或按程序层报赔偿委员会、审判委员会讨论；

(5)依照权限签署法律文书；

(6)依法行使其他审判权力。

审判长自己承办案件时，应当同时履行承办法官的职责。

3.《最高人民法院关于加强各级人民法院院庭长办理案件工作的意见(试行)》(法发〔2017〕10号,20170501)

一、各级人民法院院庭长入额后应当办理案件，包括独任审理案件、参加合议庭作为承办法官审理案件、参加合议庭担任审判长或作为合议庭成员参与审理案件，禁止入额后不办案、委托办案、挂名办案，不得以听取汇报、书面审查、审批案件等方式代替办案。

二、各级人民法院院庭长应当根据分管的审判工作，结合专业背景和个人专长办理案件，重点审理重大、疑难、复杂、新类型和在法律适用方面具有普遍指导意义的案件。

三、各级人民法院院庭长应当作为承办法官办理一定数量的案件。主持或参加专业法官会议、审判委员会、协调督办重大敏感案件、接待来访、指挥执行等事务应当计入工作量，纳入岗位绩效考核，但不能以此充抵办案数量。

四、基层、中级人民法院的庭长每年办案量应当达到本部门法官平均办案量的50%—70%。

基层人民法院院长办案量应当达到本院法官平均办案量的5%—10%，其他入额院领导应当达到本院法官平均办案量的30%—40%。

中级人民法院院长办案量应当达到本院法官平均办案量的5%，其他入额院领导应当达到本院法官平均办案量的20%—30%。

基层、中级人民法院可以根据本院的收结案情况，结合完成审判工作任务的需要，在本意见规定的最低标准基础上，适当提高本院院庭长独立承办和参与审理的案件数量。

高级人民法院和最高人民法院院庭长办案数量的最低标准，分别由高级人民法院和最高人民法院规定。

各级人民法院应当综合考虑法院审级、领导职务、分管领域、所承担的审判管理监督事务和行政事务工作量等因素，综合运用案件权重系数等方法测算平均办案量，合理确定院庭长每年独立承办和参与审理案件的数量要求，并

在办公办案系统公开。办案数量的最低标准应当根据审判工作任务、法官员额编制、辅助人员配置变化情况及时调整。

五、各级人民法院应当建立保障院庭长办案的工作机制。实行审判团队改革的基层人民法院，庭长、副庭长应当直接编入审判团队，承担相关案件的审判和监督职责；探索将院长、副院长和其他入额院领导编入相应的审判团队审理案件。

各级人民法院应当结合实际，为院庭长配备必要的法官助理和书记员，让院庭长能够集中精力投入开庭审理、评议案件、撰写文书等办案核心事务。

各级人民法院应当严格执行《关于保护司法人员依法履行法定职责规定》及其实施办法，积极争取地方党委政府支持，进一步精简会议文件，压缩管理流程，确保院庭长有更多时间和精力投入办案工作。

六、院庭长分案应当以指定分案为主。各级人民法院应当健全立案环节的甄别分流机制，推动将重大、疑难、复杂、新类型和在法律适用方面具有普遍意义的案件优先分配给院庭长审理。对于特别重大、疑难、复杂的案件，可以依法由院长、副院长、审判委员会委员组成合议庭审理。

七、各级人民法院院庭长办理案件，应当起到示范、引领和指导作用。鼓励院庭长开示范庭，加大院庭长办案的庭审直播工作力度。院庭长办理案

件应当同时注意总结审判工作经验，统一裁判尺度，规范指导审判工作。

八、各级人民法院院庭长办案任务完成情况应当公开接受监督。各高级人民法院审判管理部门负责每年度辖区各法院院庭长办案量的测算核定，逐月通报辖区各级人民法院院长、副院长、审判委员会专职委员、其他入额院领导的办案任务完成情况，包括办案数量、案件类型、审判程序、参与方式、开庭数量、审判质量等。各院审判管理部门负责本院庭长、副庭长办案量的测算核定和定期通报。

上级人民法院应当定期对下级人民法院院庭长办案情况开展督察，对办案不达标的要进行通报，存在委托办案、挂名办案等问题的，一经发现，严肃问责。

九、各级人民法院院庭长办案绩效应当纳入对其工作的考评和监督范围。院庭长年度办案绩效达不到考核标准的，应当退出员额。院庭长因承担重要专项工作、协调督办重大敏感案件等原因，需要酌情核减年度办案任务的，应当报上一级人民法院审批备案。

十、本意见所称院庭长，除特别列明的以外，包括进入法官员额的院长、副院长、审判委员会专职委员、其他入额的院领导、庭长、副庭长和其他有审判职称的审判（执行）业务部门负责人。

第四十五条 【合议庭的评议规则】合议庭评议案件，实行少数服从多数的原则。评议应当制作笔录，由合议庭成员签名。评议中的不同意见，必须如实记入笔录。

【立法·要点注释】

1. 在合议庭成员中有人民陪审员时，人民陪审员的表决权是有差异的，在参加3人合议庭时，人民陪审员对于事实认定和法律适用都有发表意见的权利和表决权，而在参加7人合议庭时，人民陪审员仅对事实认定有表决权，而对于法律适用仅能发表意见，不能参加表决。

2. 评议应当制作笔录，由合议庭成员签名。评议中的不同意见，必须如实记入笔录。根据此规定：首先，合议庭合议时必须制作笔录。这是法律的强制性要求，合议庭在评议案件时，应当以笔录的形式记录合议情况，将合议庭成员发表的意见如实记录。其次，笔录必须由合议庭成员签名。合议笔录记载了合议庭成员的意见，这种记录具有法律效力。因此，需要合议庭成员对自己意见的准确性予以确认，这就需要合议庭成员在笔录上签字确认笔录的真实性。最后，笔录应当如实全面记载各种不同意见。合议庭成员的不同意见，不论是对事实认定的不同意见，还是对法律适用的不同意见，无论是普通法官

的不同意见，还是院长、庭长的不同意
见，抑或人民陪审员的不同意见，都必
须如实准确记载、存档。

3. 合议庭笔录属于案件副卷材料，
不对外公开，当事人也无权查阅。

【相关立法】

《中华人民共和国人民法院组织法》

（19800101;20190101）

第三十一条　合议庭评议案件应
当按照多数人的意见作出决定，少数人
的意见应当记入笔录。评议案件笔录
由合议庭全体组成人员签名。

第三十二条　合议庭或者法官独
任审理案件形成的裁判文书，经合议庭
组成人员或者独任法官签署，由人民法
院发布。

第三十三条　合议庭审理案件，法
官对案件的事实认定和法律适用负责;
法官独任审理案件，独任法官对案件的
事实认定和法律适用负责。

人民法院应当加强内部监督，审判
活动有违法情形的，应当及时调查核
实，并根据违法情形依法处理。

第三十四条　人民陪审员依照法
律规定参加合议庭审理案件。

【司法解释】

**1.《最高人民法院关于人民法院合
议庭工作的若干规定》**（法释〔2002〕25
号,20020817）

第五条　合议庭承担下列职责:

（一）根据当事人的申请或者案件
的具体情况，可以作出财产保全、证据
保全、先予执行等裁定;

（二）确定案件委托评估、委托鉴
定等事项;

（三）依法开庭审理第一审、第二
审和再审案件;

（四）评议案件;

（五）提请院长决定将案件提交审
判委员会讨论决定;

（六）按照权限对案件及其有关程
序性事项作出裁判或者提出裁判意见;

（七）制作裁判文书;

（八）执行审判委员会决定;

（九）办理有关审判的其他事项。

第七条　合议庭接受案件后,应当
根据有关规定确定案件承办法官，或者
由审判长指定案件承办法官。

第八条　在案件开庭审理过程中,
合议庭成员必须认真履行法定职责,遵
守《中华人民共和国法官职业道德基本
准则》中有关司法礼仪的要求。

第九条　合议庭评议案件应当在
庭审结束后五个工作日内进行。

第十条　合议庭评议案件时,先由
承办法官对认定案件事实、证据是否确
实、充分以及适用法律等发表意见,审
判长最后发表意见;审判长作为承办法
官的,由审判长最后发表意见。对案件
的裁判结果进行评议时,由审判长最后
发表意见。审判长应当根据评议情况
总结合议庭评议的结论性意见。

合议庭成员进行评议的时候,应当认真负责,充分陈述意见,独立行使表决权,不得拒绝陈述意见或者仅作同意与否的简单表态。同意他人意见的,也应当提出事实根据和法律依据,进行分析论证。

合议庭成员对评议结果的表决,以口头表决的形式进行。

第十一条 合议庭进行评议的时候,如果意见分歧,应当按多数人的意见作出决定,但是少数人的意见应当写入笔录。

评议笔录由书记员制作,由合议庭的组成人员签名。

第十二条 合议庭应当依照规定的权限,及时对评议意见一致或者形成多数意见的案件直接作出判决或者裁定。但是对于下列案件,合议庭应当提请院长决定提交审判委员会讨论决定:

(一)拟判处死刑的;

(二)疑难、复杂、重大或者新类型的案件,合议庭认为有必要提交审判委员会讨论决定的;

(三)合议庭在适用法律方面有重大意见分歧的;

(四)合议庭认为需要提请审判委员会讨论决定的其他案件,或者本院审判委员会确定的应当由审判委员会讨论决定的案件。

第十三条 合议庭对审判委员会的决定有异议,可以提请院长决定提交审判委员会复议一次。

第十四条 合议庭一般应当在作出评议结论或者审判委员会作出决定后的五个工作日内制作出裁判文书。

第十五条 裁判文书一般由审判长或者承办法官制作。但是审判长或者承办法官的评议意见与合议庭评议结论或者审判委员会的决定有明显分歧的,也可以由其他合议庭成员制作裁判文书。

对制作的裁判文书,合议庭成员应当共同审核,确认无误后签名。

第十六条 院长、庭长可以对合议庭的评议意见和制作的裁判文书进行审核,但是不得改变合议庭的评议结论。

第十七条 院长、庭长在审核合议庭的评议意见和裁判文书过程中,对评议结论有异议的,可以建议合议庭复议,同时应当对要求复议的问题及理由提出书面意见。

合议庭复议后,庭长仍有异议的,可以将案件提请院长审核,院长可以提交审判委员会讨论决定。

第十八条 合议庭应当严格执行案件审理期限的有关规定。遇有特殊情况需要延长审理期限的,应当在审限届满前按规定的时限报请审批。

2.《最高人民法院关于进一步加强合议庭职责的若干规定》(法释〔2010〕1号,20100201)

第三条 承办法官履行下列职责:

(一)主持或者指导审判辅助人员进行庭前调解、证据交换等庭前准备工作；

（二）拟定庭审提纲，制作阅卷笔录；

（三）协助审判长组织法庭审理活动；

（四）在规定期限内及时制作审理报告；

（五）案件需要提交审判委员会讨论的，受审判长指派向审判委员会汇报案件；

（六）制作裁判文书提交合议庭审核；

（七）办理有关审判的其他事项。

第四条　依法不开庭审理的案件，合议庭全体成员均应当阅卷，必要时提交书面阅卷意见。

第五条　开庭审理时，合议庭全体成员应当共同参加，不得缺席、中途退庭或者从事与该庭审无关的活动。合议庭成员未参加庭审、中途退庭或者从事与该庭审无关的活动，当事人提出异议的，应当纠正。合议庭仍不纠正的，当事人可以要求休庭，并将有关情况记入庭审笔录。

第六条　合议庭全体成员均应当参加案件评议。评议案件时，合议庭成员应当针对案件的证据采信、事实认定、法律适用、裁判结果以及诉讼程序等问题充分发表意见。必要时，合议庭成员还可提交书面评议意见。

合议庭成员评议时发表意见不受追究。

第七条　除提交审判委员会讨论的案件外，合议庭对评议意见一致或者形成多数意见的案件，依法作出判决或者裁定。下列案件可以由审判长提请院长或者庭长决定组织相关审判人员共同讨论，合议庭成员应当参加：

（一）重大、疑难、复杂或者新类型的案件；

（二）合议庭在事实认定或法律适用上有重大分歧的案件；

（三）合议庭意见与本院或上级法院以往同类型案件的裁判有可能不一致的案件；

（四）当事人反映强烈的群体性纠纷案件；

（五）经审判长提请且院长或者庭长认为确有必要讨论的其他案件。

上述案件的讨论意见供合议庭参考，不影响合议庭依法作出裁判。

【司法文件】

1.《最高人民法院司法责任制实施意见（试行）》（法发〔2017〕20号，20170801）

三、审判流程

（六）评议

42.承办法官应当将所有案件材料上传办案平台，确保其他合议庭成员在评议前通过办案平台查阅有关卷宗材料。

43.承办法官对案件事实负主要责任，应当全面客观介绍案情，说明类案与关联案件检索情况，提出拟处理意见。

44. 所有合议庭成员均应对事实认定、法律适用发表意见，重点说明证据采信情况及拟作出裁判结果的理由。合议庭成员发表最终处理意见时，应当按法官资历由低到高的顺序进行。

45. 合议时，书记员应当全面、准确记录合议过程，合议笔录应由合议庭成员审核确认后上传办案平台。

2.《最高人民法院关于规范合议庭运行机制的意见》（法发〔2022〕31号，20221101）

一、合议庭是人民法院的基本审判组织。合议庭全体成员平等参与案件的阅卷、庭审、评议、裁判等审判活动，对案件的证据采信、事实认定、法律适用、诉讼程序、裁判结果等问题独立发表意见并对此承担相应责任。

二、合议庭可以通过指定或者随机方式产生。因专业化审判或者案件繁简分流工作需要，合议庭成员相对固定的，应当定期轮换交流。属于"四类案件"或者参照"四类案件"监督管理的，院庭长可以按照其职权指定合议庭成员。以指定方式产生合议庭的，应当在办案平台全程留痕，或者形成书面记录入卷备查。

合议庭的审判长由院庭长指定。院庭长参加合议庭的，由院庭长担任审判长。

合议庭成员确定后，因回避、工作调动、身体健康、廉政风险等事由，确需调整成员的，由院庭长按照职权决定，调整结果应当及时通知当事人，并在办案平台标注原因，或者形成书面记录入卷备查。

法律、司法解释规定"另行组成合议庭"的案件，原合议庭成员及审判辅助人员均不得参与办理。

三、合议庭审理案件时，审判长除承担由合议庭成员共同承担的职责外，还应当履行以下职责：

（一）确定案件审理方案、庭审提纲，协调合议庭成员庭审分工，指导合议庭成员或者审判辅助人员做好其他必要的庭审准备工作；

（二）主持、指挥庭审活动；

（三）主持合议庭评议；

（四）建议将合议庭处理意见分歧较大的案件，依照有关规定和程序提交专业法官会议讨论或者审判委员会讨论决定；

（五）依法行使其他审判权力。

审判长承办案件时，应当同时履行承办法官的职责。

四、合议庭审理案件时，承办法官履行以下职责：

（一）主持或者指导审判辅助人员做好庭前会议、庭前调解、证据交换等庭前准备工作及其他审判辅助工作；

（二）就当事人提出的管辖权异议及保全、司法鉴定、证人出庭、非法证据排除申请等提请合议庭评议；

（三）全面审核涉案证据，提出审查意见；

（四）拟定案件审理方案、庭审提纲，根据案件审理需要制作阅卷笔录；

（五）协助审判长开展庭审活动；

（六）参与案件评议，并先行提出处理意见；

（七）根据案件审理需要，制作或者指导审判辅助人员起草审理报告、类案检索报告等；

（八）根据合议庭评议意见或者审判委员会决定，制作裁判文书等；

（九）依法行使其他审判权力。

五、合议庭审理案件时，合议庭其他成员应当共同参与阅卷、庭审、评议等审判活动，根据审判长安排完成相应审判工作。

六、合议庭应当在庭审结束后及时评议。合议庭成员确有客观原因难以实现线下同场评议的，可以通过人民法院办案平台采取在线方式评议，但不得以提交书面意见的方式参加评议或者委托他人参加评议。合议庭评议过程不向未直接参加案件审理工作的人员公开。

合议庭评议案件时，先由承办法官对案件事实认定、证据采信以及适用法律等发表意见，其他合议庭成员依次发表意见。审判长应当根据评议情况总结合议庭评议的结论性意见。

审判长主持评议时，与合议庭其他成员权利平等。合议庭成员评议时，应当充分陈述意见，独立行使表决权，不得拒绝陈述意见；同意他人意见的，应当提供事实和法律根据并论证理由。

合议庭成员对评议结果的表决以口头形式进行。评议过程应当以书面形式完整记入笔录，评议笔录由审判辅助人员制作，由参加合议的人员和制作人签名。评议笔录属于审判秘密，非经法定程序和条件，不得对外公开。

七、合议庭评议时，如果意见存在分歧，应当按照多数意见作出决定，但是少数意见应当记入笔录。

合议庭可以根据案情或者院庭长提出的监督意见复议。合议庭无法形成多数意见时，审判长应当按照有关规定和程序建议院庭长将案件提交专业法官会议讨论，或者由院长将案件提交审判委员会讨论决定。专业法官会议讨论形成的意见，供合议庭复议时参考；审判委员会的决定，合议庭应当执行。

八、合议庭发现审理的案件属于"四类案件"或者有必要参照"四类案件"监督管理的，应当按照有关规定及时向院庭长报告。

对于"四类案件"或者参照"四类案件"监督管理的案件，院庭长可以按照职权要求合议庭报告案件审理进展和评议结果，就案件审理涉及的相关问题提出意见，视情建议合议庭复议。院庭长对审理过程或者评议、复议结果有异议的，可以决定将案件提交专业法官会议讨论，或者按照程序提交审判委员会讨论决定，但不得直接改变合议庭意见。院庭长监督管理的情况应当在办案平台全程留痕，或者形成书面记录入卷备查。

九、合议庭审理案件形成的裁判文书，由合议庭成员签署并共同负责。合议庭其他成员签署前，可以对裁判文书提出修改意见，并反馈承办法官。

十、由法官组成合议庭审理案件的，适用本意见。依法由法官和人民陪审员组成合议庭的运行机制另行规定。执行案件办理过程中需要组成合议庭评议或者审核的事项，参照适用本意见。

第四十六条 【审判人员依法办案】 审判人员应当依法秉公办案。

审判人员不得接受当事人及其诉讼代理人请客送礼。

审判人员有贪污受贿，徇私舞弊，枉法裁判行为的，应当追究法律责任；构成犯罪的，依法追究刑事责任。

【立法·要点注释】

依法秉公办案应当包括以下几层含义：一是人民法院审判人员审理民事案件，在任何时候、任何情况下，都必须严格遵守本法和其他法律的相关规定，绝不能抛弃法律规定，凭自己的主观臆断，自行其是；二是审判人员在诉讼活动中，不仅要严格遵守本法的基本原则，而且要严格遵守具体的诉讼程序以及各项具体规定，切实保障诉讼双方当事人在平等的基础上行使诉讼权利，履行诉讼义务；三是在诉讼过程中，审判人员要在依法办案方面作出榜样，同时又要使参加诉讼活动的当事人和其他诉讼参与人严格遵守和执行法律；四是审判人员必须合法、公正地处理民事案件，在民事案件中，不论当事人是什么级别、职务多高，审判人员都应当一视同仁，适用法律一律平等。

【相关立法】

1.《中华人民共和国法官法》(19950701；20191001)

第三条 法官必须忠实执行宪法和法律，维护社会公平正义，全心全意为人民服务。

第四条 法官应当公正对待当事人和其他诉讼参与人，对一切个人和组织在适用法律上一律平等。

第五条 法官应当勤勉尽责，清正廉明，恪守职业道德。

第六条 法官审判案件，应当以事实为根据，以法律为准绳，秉持客观公正的立场。

第七条 法官依法履行职责，受法律保护，不受行政机关、社会团体和个人的干涉。

第十条 法官应当履行下列义务：

（一）严格遵守宪法和法律；

（二）秉公办案，不得徇私枉法；

（三）依法保障当事人和其他诉讼

参与人的诉讼权利；

（四）维护国家利益、社会公共利益，维护个人和组织的合法权益；

（五）保守国家秘密和审判工作秘密，对履行职责中知悉的商业秘密和个人隐私予以保密；

（六）依法接受法律监督和人民群众监督；

（七）通过依法办理案件以案释法，增强全民法治观念，推进法治社会建设；

（八）法律规定的其他义务。

2.《中华人民共和国刑法》（19800101；20240301）

第三百八十五条　国家工作人员利用职务上的便利，索取他人财物的，或者非法收受他人财物，为他人谋取利益的，是受贿罪。

国家工作人员在经济往来中，违反国家规定，收受各种名义的回扣、手续费，归个人所有的，以受贿论处。

第三百九十九条　司法工作人员徇私枉法、徇情枉法，对明知是无罪的人而使他受追诉、对明知是有罪的人而故意包庇不使他受追诉，或者在刑事审判活动中故意违背事实和法律作枉法裁判的，处五年以下有期徒刑或者拘役；情节严重的，处五年以上十年以下有期徒刑；情节特别严重的，处十年以上有期徒刑。

在民事、行政审判活动中故意违背事实和法律作枉法裁判，情节严重的，

处五年以下有期徒刑或者拘役；情节特别严重的，处五年以上十年以下有期徒刑。

在执行判决、裁定活动中，严重不负责任或者滥用职权，不依法采取诉讼保全措施、不履行法定执行职责，或者违法采取诉讼保全措施、强制执行措施，致使当事人或者其他人的利益遭受重大损失的，处五年以下有期徒刑或者拘役；致使当事人或者其他人的利益遭受特别重大损失的，处五年以上十年以下有期徒刑。

司法工作人员收受贿赂，有前三款行为的，同时又构成本法第三百八十五条规定之罪的，依照处罚较重的规定定罪处罚。

【司法解释】

《最高人民法院关于进一步加强合议庭职责的若干规定》（法释〔2010〕1号，20100201）

第十条　合议庭组成人员存在违法审判行为的，应当按照《人民法院审判人员违法审判责任追究办法（试行）》等规定追究相应责任。合议庭审理案件有下列情形之一的，合议庭成员不承担责任：

（一）因对法律理解和认识上的偏差而导致案件被改判或者发回重审的；

（二）因对案件事实和证据认识上的偏差而导致案件被改判或者发回重审的；

（三）因新的证据而导致案件被改判或者发回重审的；

（四）因法律修订或者政策调整而导致案件被改判或者发回重审的；

（五）因裁判所依据的其他法律文书被撤销或变更而导致案件被改判或者发回重审的；

（六）其他依法履行审判职责不应当承担责任的情形。

第十一条　执行工作中依法需要组成合议庭的，参照本规定执行。

【司法文件】

1.《最高人民法院关于完善人民法院司法责任制的若干意见》（法发〔2015〕13号，20150921）

四、审判责任的认定和追究

（一）审判责任范围

25.法官应当对其履行审判职责的行为承担责任，在职责范围内对办案质量终身负责。

法官在审判工作中，故意违反法律法规的，或者因重大过失导致裁判错误并造成严重后果的，依法应当承担违法审判责任。

法官有违反职业道德准则和纪律规定，接受案件当事人及相关人员的请客送礼、与律师进行不正当交往等违纪违法行为，依照法律及有关纪律规定另行处理。

26.有下列情形之一的，应当依纪依法追究相关人员的违法审判责任：

（1）审理案件时有贪污受贿、徇私舞弊、枉法裁判行为的；

（2）违反规定私自办案或者制造虚假案件的；

（3）涂改、隐匿、伪造、偷换和故意损毁证据材料的，或者因重大过失丢失、损毁证据材料并造成严重后果的；

（4）向合议庭、审判委员会汇报案情时隐瞒主要证据、重要情节和故意提供虚假材料的，或者因重大过失遗漏主要证据、重要情节导致裁判错误并造成严重后果的；

（5）制作诉讼文书时，故意违背合议庭评议结果、审判委员会决定的，或者因重大过失导致裁判文书主文错误并造成严重后果的；

（6）违反法律规定，对不符合减刑、假释条件的罪犯裁定减刑、假释的，或者因重大过失对不符合减刑、假释条件的罪犯裁定减刑、假释并造成严重后果的；

（7）其他故意违背法定程序、证据规则和法律明确规定违法审判的，或者因重大过失导致裁判结果错误并造成严重后果的。

27.负有监督管理职责的人员等因故意或者重大过失，怠于行使或者不当行使审判监督权和审判管理权导致裁判错误并造成严重后果的，依照有关规定应当承担监督管理责任。追究其监督管理责任的，依照干部管理有关规定和程序办理。

28.因下列情形之一，导致案件按

照审判监督程序提起再审后被改判的,不得作为错案进行责任追究：

(1)对法律、法规、规章、司法解释具体条文的理解和认识不一致,在专业认知范围内能够予以合理说明的；

(2)对案件基本事实的判断存在争议或者疑问,根据证据规则能够予以合理说明的；

(3)当事人放弃或者部分放弃权利主张的；

(4)因当事人过错或者客观原因致使案件事实认定发生变化的；

(5)因出现新证据而改变裁判的；

(6)法律修订或者政策调整的；

(7)裁判所依据的其他法律文书被撤销或者变更的；

(8)其他依法履行审判职责不应当承担责任的情形。

(二)审判责任承担

29.独任制审理的案件,由独任法官对案件的事实认定和法律适用承担全部责任。

30.合议庭审理的案件,合议庭成员对案件的事实认定和法律适用共同承担责任。

进行违法审判责任追究时,根据合议庭成员是否存在违法审判行为、情节、合议庭成员发表意见的情况和过错程度合理确定各自责任。

31.审判委员会讨论案件时,合议庭对其汇报的事实负责,审判委员会委员对本人发表的意见及最终表决负责。

案件经审判委员会讨论的,构成违法审判责任追究情形时,根据审判委员会委员是否故意曲解法律发表意见的情况,合理确定委员责任。审判委员会改变合议庭意见导致裁判错误的,由持多数意见的委员共同承担责任,合议庭不承担责任。审判委员会维持合议庭意见导致裁判错误的,由合议庭和持多数意见的委员共同承担责任。

合议庭汇报案件时,故意隐瞒主要证据或者重要情节,或者故意提供虚假情况,导致审判委员会作出错误决定的,由合议庭成员承担责任,审判委员会委员根据具体情况承担部分责任或者不承担责任。

审判委员会讨论案件违反民主集中制原则,导致审判委员会决定错误的,主持人应当承担主要责任。

32.审判辅助人员根据职责权限和分工承担与其职责相对应的责任。法官负有审核把关职责的,法官也应当承担相应责任。

33.法官受领导干部干预导致裁判错误的,且法官不记录或者不如实记录,应当排除干预而没有排除的,承担违法审判责任。

(三)违法审判责任追究程序

34.需要追究违法审判责任的,一般由院长、审判监督部门或者审判管理部门提出初步意见,由院长委托审判监督部门审查或者提请审判委员会进行讨论,经审查初步认定有关人员具有本意见所列违法审判责任追究情形的,人民法院监察部门应当启动违法审判责任追究程序。

各级人民法院应当依法自觉接受人大、政协、媒体和社会监督，依法受理对法官违法审判行为的举报、投诉，并认真进行调查核实。

35. 人民法院监察部门应当对法官是否存在违法审判行为进行调查，并采取必要、合理的保护措施。在调查过程中，当事法官享有知情、辩解和举证的权利，监察部门应当对当事法官的意见、辩解和举证如实记录，并在调查报告中对是否采纳作出说明。

36. 人民法院监察部门经调查后，认为应当追究法官违法审判责任的，应当报请院长决定，并报送省（区、市）法官惩戒委员会审议。

高级人民法院监察部门应当派员向法官惩戒委员会通报当事法官的违法审判事实及拟处理建议、依据，并就其违法审判行为和主观过错进行举证。当事法官有权进行陈述、举证、辩解、申请复议和申诉。

法官惩戒委员会根据查明的事实和法律规定作出无责、免责或者给予惩戒处分的建议。

法官惩戒委员会工作章程和惩戒程序另行制定。

37. 对应当追究违法审判责任的相关责任人，根据其应负责任依照《中华人民共和国法官法》等有关规定处理：

（1）应当给予停职、延期晋升、退出法官员额或者免职、责令辞职、辞退

等处理的，由组织人事部门按照干部管理权限和程序依法办理；

（2）应当给予纪律处分的，由纪检监察部门依照有关规定和程序依法办理；

（3）涉嫌犯罪的，由纪检监察部门将违法线索移送有关司法机关依法处理。

免除法官职务，必须按法定程序由人民代表大会罢免或者提请人大常委会作出决定。

五、加强法官的履职保障

38. 在案件审理的各个阶段，除非确有证据证明法官存在贪污受贿、徇私舞弊、枉法裁判等严重违法审判行为外，法官依法履职的行为不得暂停或者终止。

39. 法官依法审判不受行政机关、社会团体和个人的干涉。任何组织和个人违法干预司法活动、过问和插手具体案件处理的，应当依照规定予以记录、通报和追究责任。

领导干部干预司法活动、插手具体案件和司法机关内部人员过问案件的，分别按照《领导干部干预司法活动、插手具体案件处理的记录、通报和责任追究规定》和《司法机关内部人员过问案件的记录和责任追究规定》及其实施办法处理。

40. 法官因依法履职遭受不实举报、诬告陷害，致使名誉受到损害的，或者经法官惩戒委员会等组织认定不应追究法律和纪律责任的，人民法院监察

部门、新闻宣传部门应当在适当范围以适当形式及时澄清事实,消除不良影响,维护法官良好声誉。

41.人民法院或者相关部门对法官作出错误处理的,应当赔礼道歉、恢复职务和名誉、消除影响,对造成经济损失的依法给予赔偿。

42.法官因接受调查暂缓等级晋升的,后经有关部门认定不构成违法审判责任,或者法官惩戒委员会作出无责或者免责建议的,其等级晋升时间从暂缓之日起连续计算。

43.依法及时惩治当庭损毁证据材料、庭审记录、法律文书和法庭设施等妨碍诉讼活动或者严重藐视法庭权威的行为。依法保护法官及其近亲属的人身和财产安全,依法及时惩治在法庭内外恐吓、威胁、侮辱、跟踪、骚扰、伤害法官及其近亲属等违法犯罪行为。

侵犯法官人格尊严,或者泄露依法不能公开的法官及其亲属隐私,干扰法官依法履职的,依法追究有关人员责任。

44.加大对妨碍法官依法行使审判权、诬告陷害法官、藐视法庭权威、严重扰乱审判秩序等违法犯罪行为的惩罚力度,研究完善配套制度,推动相关法律的修改完善。

2.《最高人民法院、最高人民检察院、公安部、国家安全部、司法部关于进一步规范司法人员与当事人、律师、特殊关系人、中介组织接触交往行为的若干规定》(高检发纪字〔2015〕6 号,20150922)

第二条　司法人员与当事人、律师、特殊关系人、中介组织接触、交往,应当符合法律纪律规定,防止当事人、律师、特殊关系人、中介组织以不正当方式对案件办理进行干涉或者施加影响。

第三条　各级司法机关应当建立公正、高效、廉洁的办案机制,确保司法人员与当事人、律师、特殊关系人、中介组织无不正当接触、交往行为,切实防止利益输送,保障案件当事人的合法权益,维护国家法律统一正确实施,维护社会公平正义。

第五条　严禁司法人员与当事人、律师、特殊关系人、中介组织有下列接触交往行为:

(一)泄露司法机关办案工作秘密或者其他依法依规不得泄露的情况;

(二)为当事人推荐、介绍诉讼代理人、辩护人,或者为律师、中介组织介绍案件,要求、建议或者暗示当事人更换符合代理条件的律师;

(三)接受当事人、律师、特殊关系人、中介组织请客送礼或者其他利益;

(四)向当事人、律师、特殊关系人、中介组织借款、租借房屋,借用交通工具、通讯工具或者其他物品;

(五)在委托评估、拍卖等活动中徇私舞弊,与相关中介组织和人员恶意串通、弄虚作假、违规操作等行为;

(六)司法人员与当事人、律师、特殊关系人、中介组织的其他不正当接触交往行为。

第六条 司法人员在案件办理过程中，应当在工作场所、工作时间接待当事人、律师、特殊关系人、中介组织。因办案需要，确需与当事人、律师、特殊关系人、中介组织在非工作场所、非工作时间接触的，应依照相关规定办理审批手续并获批准。

第七条 司法人员在案件办理过程中因不明情况或者其他原因在非工作时间或非工作场所接触当事人、律师、特殊关系人、中介组织的，应当在三日内向本单位纪检监察部门报告有关情况。

3.《最高人民法院、司法部关于规范法官和律师相互关系维护司法公正的若干规定》（法发〔2004〕9号，20040319）

第二条 法官应当严格依法办案，不受当事人及其委托的律师利用各种关系、以不正当方式对案件审判进行的干涉或者施加的影响。

律师在代理案件之前及其代理过程中，不得向当事人宣称自己与受理案件法院的法官具有亲朋、同学、师生、曾经同事等关系，并不得利用这种关系或者以法律禁止的其他形式干涉或者影响案件的审判。

第三条 法官不得私自单方面会见当事人及其委托的律师。

律师不得违反规定单方面会见法官。

第四条 法官应当严格执行回避制度，如果与本案当事人委托的律师有亲朋、同学、师生、曾经同事等关系，可能影响案件公正处理的，应当自行申请回避，是否回避由本院院长或者审判委员会决定。

律师因法定事由或者根据相关规定不得担任诉讼代理人或者辩护人的，应当谢绝当事人的委托，或者解除委托代理合同。

第五条 法官应当严格执行公开审判制度，依法告知当事人及其委托的律师本案审判的相关情况，但是不得泄露审判秘密。

律师不得以各种非法手段打听案情，不得违法误导当事人的诉讼行为。

第六条 法官不得为当事人推荐、介绍律师作为其代理人、辩护人，或者暗示更换承办律师，或者为律师介绍代理、辩护等法律服务业务，并且不得违反规定向当事人及其委托的律师提供咨询意见或者法律意见。

律师不得明示或者暗示法官为其介绍代理、辩护等法律服务业务。

第七条 法官不得向当事人及其委托律师索取或者收取礼品、金钱、有价证券等；不得借婚丧喜庆事宜向律师索取或者收取礼品、礼金；不得接受当事人及其委托律师的宴请；不得要求或者接受当事人及其委托律师出资装修住宅、购买商品或者进行各种娱乐、旅游活动；不得要求当事人及其委托的律师报销任何费用；不得向当事人及其委托的律师借用交通工具、通讯工具或者其他物品。

当事人委托的律师不得借法官或者其近亲属婚丧喜庆事宜馈赠礼品、金钱、有价证券等；不得向法官请客送礼、行贿或者指使、诱导当事人送礼、行贿；不得为法官装修住宅、购买商品或者出资邀请法官进行娱乐、旅游活动；不得为法官报销任何费用；不得向法官出借交通工具、通讯工具或者其他物品。

第八条　法官不得要求或者暗示律师向当事人索取财物或者其他利益。

当事人委托的律师不得假借法官的名义或者以联络、酬谢法官为由，向当事人索取财物或者其他利益。

第九条　法官应当严格遵守法律规定的审理期限，合理安排审判事务，遵守开庭时间。

律师应当严格遵守法律规定的提交诉讼文书的期限及其他相关程序性规定，遵守开庭时间。

法官和律师均不得借故延迟开庭。法官确有正当理由不能按期开庭，或者律师确有正当理由不能按期出庭的，人民法院应当在不影响案件审理期限的情况下，另行安排开庭时间，并及时通知当事人及其委托的律师。

第十条　法官在庭审过程中，应当严格按照法律规定的诉讼程序进行审判活动，尊重律师的执业权利，认真听取诉讼双方的意见。

律师应当自觉遵守法庭规则，尊重法官权威，依法履行辩护、代理职责。

第十一条　法官和律师在诉讼活动中应当严格遵守司法礼仪，保持良好的仪表，举止文明。

第十二条　律师对于法官有违反本规定行为的，可以自行或者通过司法行政部门、律师协会向有关人民法院反映情况，或者署名举报，提出追究违纪法官党纪、政纪或者法律责任的意见。

法官对于律师有违反本规定行为的，可以直接或者通过人民法院向有关司法行政部门、律师协会反映情况，或者提出给予行业处分、行政处罚直至追究法律责任的司法建议。

第十三条　当事人、案外人发现法官或者律师有违反本规定行为的，可以向有关人民法院、司法行政部门、纪检监察部门、律师协会反映情况或者署名举报。

第十四条　人民法院、司法行政部门、律师协会对于法官、律师违反本规定的，应当视其情节，按照有关法律、法规或者规定给予处理；构成犯罪的，依法追究刑事责任。

第十五条　对法官和律师在案件执行过程中的纪律约束，按照本规定执行。

对人民法院其他工作人员和律师辅助人员的纪律约束，参照本规定的有关内容执行。

第四章 回 避

第四十七条 【回避制度适用主体范围】审判人员有下列情形之一的，应当自行回避，当事人有权用口头或者书面方式申请他们回避：

（一）是本案当事人或者当事人、诉讼代理人近亲属的；

（二）与本案有利害关系的；

（三）与本案当事人、诉讼代理人有其他关系，可能影响对案件公正审理的。

审判人员接受当事人、诉讼代理人请客送礼，或者违反规定会见当事人、诉讼代理人的，当事人有权要求他们回避。

审判人员有前款规定的行为的，应当依法追究法律责任。

前三款规定，适用于法官助理、书记员、司法技术人员、翻译人员、鉴定人、勘验人。

【立法·要点注释】

1. 所谓有利害关系，是指案件的处理结果会影响本案审判人员法律上的利益，或者审判人员与本案存在程序上或者职务上的利害关系。

2. 当事人申请全院或全庭回避的，没有法律依据。《民事诉讼法》对回避的规定针对的是案件审判人员及相关人员，其对象并非某个法院或庭室，因此，当事人关于案件审理法院和庭室应当整体回避的请求，无法律依据。

3. 审判人员与本案当事人、诉讼代理人有其他关系，可能影响对案件公正审理。所谓其他关系，是指除前两种情形之外的其他关系，且这种关系足以影响审判人员对案件的公正审理。通常来说，比如审判人员与本案当事人、诉讼代理人是关系密切的朋友、同学、师生、战友、曾经的同事，或者曾经与当事人、诉讼代理人有私人恩怨等。在这些关系当中，虽然审判人员与当事人或者诉讼代理人并非近亲属，也不存在经济上、法律上的直接利害关系，但审判人员也是常人，难免有亲疏远近的情感，容易产生倾向性，往往难以秉公审理案件，因此，也应当主动自行回避。当然，如果审判人员虽然与当事人或者诉讼代理人存在其他关系，但这些关系对公正审理并不会造成任何影响，则没有回避的必要。

4.案件被二审法院裁定指令审理的不属于需要回避的情形。

【相关立法】

1.《中华人民共和国法官法》（19950701；20191001）

第二十四条　法官的配偶、父母、子女有下列情形之一的，法官应当实行任职回避：

（一）担任该法官所任职人民法院辖区内律师事务所的合伙人或者设立人的；

（二）在该法官所任职人民法院辖区内以律师身份担任诉讼代理人、辩护人，或为诉讼案件当事人提供其他有偿法律服务的。

第三十六条　法官从人民法院离任后两年内，不得以律师身份担任诉讼代理人或者辩护人。

法官从人民法院离任后，不得担任原任职法院办理案件的诉讼代理人或者辩护人，但是作为当事人的监护人或者近亲属代理诉讼或者进行辩护的除外。

法官被开除后，不得担任诉讼代理人或者辩护人，但是作为当事人的监护人或者近亲属代理诉讼或者进行辩护的除外。

2.《中华人民共和国公务员法》（20060101；20190601）

第七十四条　公务员之间有夫妻关系、直系血亲关系、三代以内旁系血亲关系以及近姻亲关系的，不得在同一机关双方直接隶属于同一领导人员的职位或者有直接上下级领导关系的职位工作，也不得在其中一方担任领导职务的机关从事组织、人事、纪检、监察、审计和财务工作。

公务员不得在其配偶、子女及其配偶经营的企业、营利性组织的行业监管或者主管部门担任领导成员。

因地域或者工作性质特殊，需要变通执行任职回避的，由省级以上公务员主管部门规定。

第七十八条　法律对公务员回避另有规定的，从其规定。

3.《中华人民共和国人民陪审员法》（20180427）

第十八条　人民陪审员的回避，适用审判人员回避的法律规定。

4.《全国人民代表大会常务委员会关于司法鉴定管理问题的决定》（20051001；20150424）

九、在诉讼中，对本决定第二条所规定的鉴定事项发生争议，需要鉴定的，应当委托列入鉴定人名册的鉴定人进行鉴定。鉴定人从事司法鉴定业务，由所在的鉴定机构统一接受委托。

鉴定人和鉴定机构应当在鉴定人和鉴定机构名册注明的业务范围内从事司法鉴定业务。

鉴定人应当依照诉讼法律规定实

行回避。

【司法解释】

1.《最高人民法院关于适用〈中华人民共和国民事诉讼法〉的解释》（法释〔2015〕5 号，20150204；经法释〔2022〕11 号修正，20220410）

第四十三条 审判人员有下列情形之一的，应当自行回避，当事人有权申请其回避：

（一）是本案当事人或者当事人近亲属的；

（二）本人或者其近亲属与本案有利害关系的；

（三）担任过本案的证人、鉴定人、辩护人、诉讼代理人、翻译人员的；

（四）是本案诉讼代理人近亲属的；

（五）本人或者其近亲属持有本案非上市公司当事人的股份或者股权的；

（六）与本案当事人或者诉讼代理人有其他利害关系，可能影响公正审理的。

【重点解读】需要把握的是与有关司法解释规定的新旧衔接适用问题，比如与《回避规定》内容的衔接问题等。我们认为，根据"新法优于旧法"的基本原理，在旧的司法解释规定与新规定存在冲突时，当然要用新规定。但新规定对相关问题并没有明确列举而原有司法解释对此有明确规定的，则应适用原司法解释的规定。换言之，在审判实

践中，对于《回避规定》与现行《民事诉讼法》及本解释不冲突的，应当继续适用。

第四十四条 审判人员有下列情形之一的，当事人有权申请其回避：

（一）接受本案当事人及其受托人宴请，或者参加由其支付费用的活动的；

（二）索取、接受本案当事人及其受托人财物或者其他利益的；

（三）违反规定会见本案当事人、诉讼代理人的；

（四）为本案当事人推荐、介绍诉讼代理人，或者为律师、其他人员介绍代理本案的；

（五）向本案当事人及其受托人借用款物的；

（六）有其他不正当行为，可能影响公正审理的。

【重点解读】1. 本条规定内容涉及审判人员履职乃至形象上的廉洁公正性问题，若存在本条规定情形的，并非仅本案回避即可，违反相应的纪律规定或者《刑法》的，当然要追究相应的责任。

2. 审判人员存在的本条规定的情形可能已被查处，但具体到某案的回避问题上，则应按照"谁主张，谁举证"的一般规则，由提出回避要求的当事人或者其诉讼代理人举证证明存在上述情形。

3. 从现实情况出发，本条规定的情形适用于审判人员自行回避的可能性

或许不大,但并非没有可能。比如,在审判人员所实施的本条规定的行为情节并不严重,尚不能达到承担刑事责任或者较为严重的纪律处分的程度时,其可以继续本职工作,而当事人又未申请其回避的情况下,为准确把握本条规定的立法本意,似应可以适用自行回避的规定。当然,这在本条规定中未予明确,还需实践中进一步探索研究。

第四十五条　在一个审判程序中参与过本案审判工作的审判人员,不得再参与该案其他程序的审判。

发回重审的案件,在一审法院作出裁判后又进入第二审程序的,原第二审程序中审判人员不受前款规定的限制。

第四十六条　审判人员有应当回避的情形,没有自行回避,当事人也没有申请其回避的,由院长或者审判委员会决定其回避。

【重点解读】要把握本条适用的前提条件,即必须以应当回避的审判人员没有自行回避、当事人也没有申请其回避为前提。在上述前提下,决定回避的主体只能是本法院院长或是审判委员会,对此必须严格依照文义进行解释。该依职权决定回避采用的程序形式应属于决定的范畴,本条条文中对此也已经明确。至于本院院长或是审判委员会决定的具体程序和先后顺序等,本解释并无明确规定,需要人民法院根据具体案情依法作出相应的处理。

关于依职权决定回避情形的期限问题。为防止诉讼拖延,影响案件审理效率,此决定程序的期限不宜过长,而宜参考《民事诉讼法》第50条规定的"人民法院对当事人提出的回避申请,应当在申请提出的三日内,以口头或者书面形式作出决定",即以3日为限。

第四十七条　人民法院应当依法告知当事人对合议庭组成人员、独任审判员和书记员等人员有申请回避的权利。

【重点解读】1.人民法院需要把握好履行告知义务的时间节点。结合以往审判实践的做法以及《民事诉讼法》的相关规定,一般在开庭时应当告知当事人有申请回避的权利,但应当在人民法院庭审开始之前就告知当事人审判人员。对此,应该严格依照《民事诉讼法》的相关规定予以确定,以充分保障当事人的知情权和申请回避的权利。

2.关于告知义务的范围问题。本条规定采用了不完全列举加概括的方式对告知义务的范围作出了规定,但对于究竟告知到什么程度,并没有明确限定,需要各地法院结合自身情况以及信息化发展程度等综合考虑予以明确,但同时也要考虑不给审判人员增加过重负担,不宜将告知范围设定得过于宽泛,侵扰审判人员的正常生活。

3.关于诉讼调解中当事人申请回避的问题。本解释对此没有规定,但从体系解释上讲,诉讼调解也是一项重要的案件处理程序,故有关回避的规定对诉讼调解同样适用。对此,《回避规定》第6条规定:"人民法院依法调解案件,应当告知当事人及其法定代理人有申请回避的权利,以及主持调解工作的审判人员及其他参与调解工作的人员的姓名、职务等相关信息。"该条规定应当继续适用。

第四十八条 民事诉讼法第四十七条所称的审判人员,包括参与本案审理的人民法院院长、副院长、审判委员会委员、庭长、副庭长、审判员和人民陪审员。

第四十九条 书记员和执行员适用审判人员回避的有关规定。

【重点解读】1.关于本条与《回避规定》第14条的衔接适用问题。《回避规定》第14条规定:"人民陪审员、书记员和执行员适用审判人员回避的有关规定,但不属于本规定第十三条所规定人员的,不适用本规定第八条、第九条的规定。"本条规定仅涉及审判或者执行程序中自行回避、当事人申请回避的具体情形的适用问题,故未将《回避规定》的上述但书情形纳入。我们认为,这并未否定《回避规定》第14条但书条款规定的效力,因为其侧重点并不同,该但书条款针对的是从业回避的问题。《回避规定》第8条、第9条对离任审判人员以及现任审判人员的近亲属从业回避作出了规定。《回避规定》第14条中所谓"不属于本规定第十三条所规定的人员",主要是指人民法院中不在编的书记员和执行员。不在编的书记员和执行员适用审判人员回避的有关规定,但不适用《回避规定》第8条、第9

条的从业回避规定,其理由主要为:第一,根据相关诉讼法的规定,在案件办理过程中,书记员和执行员应当适用审判人员回避的有关规定。第二,根据我国现实国情和保障就业原则,对于不占行政编制的书记员和执行员不应加以过多限制,不宜适用《回避规定》第8条、第9条主要针对审判人员及法院其他工作人员作出的从业回避规定。考虑到这一但书规定与本条所规定的角度并不相同,基于司法解释的体系考虑,本条未将该但书条款纳入,但不致影响该但书规定情形继续适用的效力。

2.关于本条规定的"适用审判人员回避的有关规定"的范围问题。我们认为,这显然不能局限于本章关于回避规定的内容,还应当包括《民事诉讼法》关于回避的规定以及《回避规定》等司法解释中不与本解释内容相冲突的规定。

2.《最高人民法院关于审判人员在诉讼活动中执行回避制度若干问题的规定》(法释〔2011〕12号,20110613)

第一条 审判人员具有下列情形之一的,应当自行回避,当事人及其法定代理人有权以口头或者书面形式申请其回避:

(一)是本案的当事人或者与当事人有近亲属关系的;

(二)本人或者其近亲属与本案有利害关系的;

(三)担任过本案的证人、翻译人

员、鉴定人、勘验人、诉讼代理人、辩护人的；

（四）与本案的诉讼代理人、辩护人有夫妻、父母、子女或者兄弟姐妹关系的；

（五）与本案当事人之间存在其他利害关系，可能影响案件公正审理的。

本规定所称近亲属，包括与审判人员有夫妻、直系血亲、三代以内旁系血亲及近姻亲关系的亲属。

第二条　当事人及其法定代理人发现审判人员违反规定，具有下列情形之一的，有权申请其回避：

（一）私下会见本案一方当事人及其诉讼代理人、辩护人的；

（二）为本案当事人推荐、介绍诉讼代理人、辩护人，或者为律师、其他人员介绍办理该案件的；

（三）索取、接受本案当事人及其受托人的财物、其他利益，或者要求当事人及其受托人报销费用的；

（四）接受本案当事人及其受托人的宴请，或者参加由其支付费用的各项活动的；

（五）向本案当事人及其受托人借款，借用交通工具、通讯工具或者其他物品，或者索取、接受当事人及其受托人在购买商品、装修住房以及其他方面给予的好处的；

（六）有其他不正当行为，可能影响案件公正审理的。

第三条　凡在一个审判程序中参与过本案审判工作的审判人员，不得再参与该案其他程序的审判。但是，经过第二审程序发回重审的案件，在一审法院作出裁判后又进入第二审程序的，原第二审程序中合议庭组成人员不受本条规定的限制。

第四条　审判人员应当回避，本人没有自行回避，当事人及其法定代理人也没有申请其回避的，院长或者审判委员会应当决定其回避。

第五条　人民法院应当依法告知当事人及其法定代理人有申请回避的权利，以及合议庭组成人员、书记员的姓名、职务等相关信息。

第六条　人民法院依法调解案件，应当告知当事人及其法定代理人有申请回避的权利，以及主持调解工作的审判人员及其他参与调解工作的人员的姓名、职务等相关信息。

第七条　第二审人民法院认为第一审人民法院的审理有违反本规定第一条至第三条规定的，应当裁定撤销原判，发回原审人民法院重新审判。

第八条　审判人员及法院其他工作人员从人民法院离任后二年内，不得以律师身份担任诉讼代理人或者辩护人。

审判人员及法院其他工作人员从人民法院离任后，不得担任原任职法院所审理案件的诉讼代理人或者辩护人，但是作为当事人的监护人或者近亲属代理诉讼或者进行辩护的除外。

本条所规定的离任，包括退休、调离、解聘、辞职、辞退、开除等离开法院工作岗位的情形。

本条所规定的原任职法院,包括审判人员及法院其他工作人员曾任职的所有法院。

第九条　审判人员及法院其他工作人员的配偶、子女或者父母不得担任其所任职法院审理案件的诉讼代理人或者辩护人。

第十条　人民法院发现诉讼代理人或者辩护人违反本规定第八条、第九条的规定的,应当责令其停止相关诉讼代理或者辩护行为。

第十一条　当事人及其法定代理人、诉讼代理人、辩护人认为审判人员有违反本规定行为的,可以向法院纪检、监察部门或者其他有关部门举报。受理举报的人民法院应当及时处理,并将相关意见反馈给举报人。

第十二条　对明知具有本规定第一条至第三条规定情形不依法自行回避的审判人员,依照《人民法院工作人员处分条例》的规定予以处分。

对明知诉讼代理人、辩护人具有本规定第八条、第九条规定情形之一,未责令其停止相关诉讼代理或者辩护行为的审判人员,依照《人民法院工作人员处分条例》的规定予以处分。

第十三条　本规定所称审判人员,包括各级人民法院院长、副院长、审判委员会委员、庭长、副庭长、审判员和助理审判员。

本规定所称法院其他工作人员,是指审判人员以外的在编工作人员。

第十四条　人民陪审员、书记员和执行员适用审判人员回避的有关规定,但不属于本规定第十三条所规定人员的,不适用本规定第八条、第九条的规定。

3.《最高人民法院关于适用〈中华人民共和国人民陪审员法〉若干问题的解释》(法释〔2019〕5号,20190501)

第七条　当事人依法有权申请人民陪审员回避。人民陪审员的回避,适用审判人员回避的法律规定。

人民陪审员回避事由经审查成立的,人民法院应当及时确定递补人选。

4.《最高人民法院关于具有专门知识的人民陪审员参加环境资源案件审理的若干规定》(法释〔2023〕4号,20230801)

第十一条　符合法律规定的审判人员应当回避的情形,或所在单位与案件有利害关系的,具有专门知识的人民陪审员应当自行回避。当事人也可以申请具有专门知识的人民陪审员回避。

5.《最高人民检察院关于指派、聘请有专门知识的人参与办案若干问题的规定(试行)》(高检发释字〔2018〕1号,20180403)

第六条　有专门知识的人的回避,适用《中华人民共和国刑事诉讼法》《中华人民共和国民事诉讼法》《中华人民共和国行政诉讼法》等法律规定中有关鉴定人回避的规定。

【司法文件】

1.《最高人民法院关于对配偶父母子女从事律师职业的法院领导干部和审判执行人员实行任职回避的规定》（法发〔2020〕13号,20200506）

第一条　人民法院工作人员的配偶、父母、子女、兄弟姐妹、配偶的父母、配偶的兄弟姐妹、子女的配偶、子女配偶的父母具有律师身份的,该工作人员应当主动向所在人民法院组织(人事)部门报告。

第二条　人民法院领导干部和审判执行人员的配偶、父母、子女有下列情形之一的,法院领导干部和审判执行人员应当实行任职回避:

(一)担任该领导干部和审判执行人员所任职人民法院辖区内律师事务所的合伙人或者设立人的;

(二)在该领导干部和审判执行人员所任职人民法院辖区内以律师身份担任诉讼代理人、辩护人,或者为诉讼案件当事人提供其他有偿法律服务的。

第三条　人民法院在选拔任用干部时,不得将符合任职回避条件的人员作为法院领导干部和审判执行人员的拟任人选。

第四条　人民法院在招录补充工作人员时,应当向拟招录补充的人员释明本规定的相关内容。

第五条　符合任职回避条件的法院领导干部和审判执行人员,应当自本规定生效之日或者任职回避条件符合之日起三十日内主动向法院组织(人事)部门提出任职回避申请,相关人民法院应当按照有关规定为其另行安排工作岗位,确定职务职级待遇。

第六条　符合任职回避条件的法院领导干部和审判执行人员没有按规定主动提出任职回避申请的,相关人民法院应当按照有关程序免去其所任领导职务或者将其调离审判执行岗位。

第七条　应当实行任职回避的法院领导干部和审判执行人员的任免权限不在人民法院的,相关人民法院应当向具有干部任免权的机关提出为其办理职务调动或者免职等手续的建议。

第八条　符合任职回避条件的法院领导干部和审判执行人员具有下列情形之一的,应当根据情节给予批评教育、诫勉、组织处理或者处分:

(一)隐瞒配偶、父母、子女从事律师职业情况的;

(二)不按规定主动提出任职回避申请的;

(三)采取弄虚作假手段规避任职回避的;

(四)拒不服从组织调整或者拒不办理公务交接的;

(五)具有其他违反任职回避规定行为的。

第九条　法院领导干部和审判执行人员的配偶、父母、子女采取隐名代理等方式在该领导干部和审判执行人员所任职人民法院辖区内从事律师职业的,应当责令该法院领导干部和审判执行人员辞去领导职务或者将其调离审判执行岗位,其本人知情的,应当根据相关规定从重处理。

第十条 因任职回避调离审判执行岗位的法院工作人员,任职回避情形消失后,可以向法院组织(人事)部门申请调回审判执行岗位。

第十一条 本规定所称父母,是指生父母、养父母和有扶养关系的继父母。

本规定所称子女,是指婚生子女、非婚生子女、养子女和有扶养关系的继子女。

本规定所称从事律师职业,是指担任律师事务所的合伙人、设立人,或者以律师身份担任诉讼代理人、辩护人,或者以律师身份为诉讼案件当事人提供其他有偿法律服务。

本规定所称法院领导干部,是指各级人民法院的领导班子成员及审判委员会委员。

本规定所称审判执行人员,是指各级人民法院立案、审判、执行、审判监督、国家赔偿等部门的领导班子成员、法官、法官助理、执行员。

本规定所称任职人民法院辖区,包括法院领导干部和审判执行人员所任职人民法院及其所辖下级人民法院的辖区。专门人民法院及其他管辖区域与行政辖区不一致的人民法院工作人员的任职人民法院辖区,由解放军军事法院和相关高级人民法院根据有关规定或者实际情况确定。

2.《最高人民法院、最高人民检察院、公安部、国家安全部、司法部关于进一步规范司法人员与当事人、律师、特殊关系人、中介组织接触交往行为的若干规定》(高检发纪字〔2015〕6号,20150922)

第四条 审判人员、检察人员、侦查人员在诉讼活动中,有法律规定的回避情形的,应当自行回避,当事人及其法定代理人也有权要求他们回避。

审判人员、检察人员、侦查人员的回避,应当依法按程序批准后执行。

第八条 司法人员从司法机关离任后,不得担任原任职单位办理案件的诉讼代理人或者辩护人,但是作为当事人的监护人或者近亲属代理诉讼或者进行辩护的除外。

第十四条 本规定所称"司法人员",是指在法院、检察院、公安机关、国家安全机关、司法行政机关依法履行审判、执行、检察、侦查、监管职责的人员。

本规定所称"特殊关系人",是指当事人的父母、配偶、子女、同胞兄弟姊妹和与案件有利害关系或可能影响案件公正处理的其他人。

本规定所称"中介组织",是指依法通过专业知识和技术服务,向委托人提供代理性、信息技术服务性等中介服务的机构,主要包括受案件当事人委托从事审计、评估、拍卖、变卖、检验或者破产管理等服务的中介机构。公证机构、司法鉴定机构参照"中介组织"适用本规定。

3.《最高人民法院技术咨询、技术审核工作管理规定》（法办发〔2007〕5号,20070901）

第二十四条　担任技术咨询、技术审核工作的司法技术人员有下列情形之一的,应当主动回避:

（一）是本案的当事人或者当事人的近亲属;

（二）本人或其近亲属和本案有利害关系;

（三）本人或其近亲属担任过本案的证人、鉴定人、勘验人、辩护人、诉讼代理人;

（四）与本案当事人有其他关系,可能影响技术咨询、技术审核的结论。

4.《最高人民法院关于知识产权法院技术调查官参与诉讼活动若干问题的暂行规定》（法〔2014〕360号,20141231）

五、当事人有权申请技术调查官回避。技术调查官的回避,参照适用民事诉讼法、行政诉讼法等有关审判人员回避的规定。

5.《最高人民法院、司法部关于规范法官和律师相互关系维护司法公正的若干规定》（法发〔2004〕9号,20040319）

第四条　法官应当严格执行回避制度,如果与本案当事人委托的律师有亲朋、同学、师生、曾经同事等关系,可能影响案件公正处理的,应当自行申请回避,是否回避由本院院长或者审判委员会决定。

律师因法定事由或者根据相关规定不得担任诉讼代理人或者辩护人的,应当谢绝当事人的委托,或者解除委托代理合同。

6.《人民法院司法鉴定工作暂行规定》（最高人民法院,法发〔2001〕23号,20011116）

第九条　有下列情形之一的,鉴定人应当回避:

（一）鉴定人系案件的当事人,或者当事人的近亲属;

（二）鉴定人的近亲属与案件有利害关系;

（三）鉴定人担任过本案的证人、辩护人、诉讼代理人;

（四）其他可能影响准确鉴定的情形。

第十四条　有下列情形之一需要重新鉴定的,人民法院应当委托上级法院的司法鉴定机构做重新鉴定:

（一）鉴定人不具备相关鉴定资格的;

（二）鉴定程序不符合法律规定的;

（三）鉴定结论与其他证据有矛盾的;

（四）鉴定材料有虚假,或者原鉴定方法有缺陷的;

（五）鉴定人应当回避没有回避，而对其鉴定结论有持不同意见的；

（六）同一案件具有多个不同鉴定结论的；

（七）有证据证明存在影响鉴定人准确鉴定因素的。

7.《人民法院委托评估专业技术评审工作规范》（最高人民法院办公厅等，法办〔2019〕364号，20191122）

五、专业技术评审人员有下列情形之一的，应当从专业技术评审人员名单库中除名，且五年内不得再次入库：

（一）专业技术评审期间就评审事项与当事人、利害关系人、出具评估报告的评估机构或参加评估的人员不正当接触的；

（二）泄露专业技术评审意见及专业技术评审工作情况的；

（三）利用评审事项谋取私利或为他人谋取利益的；

（四）串通表决或诱导表决的；

（五）应当回避而未主动申请回避的；

（六）违反所属行业协会自律管理规定，受到自律惩戒的。

专业技术评审人员有下列情形之一的，应当从专业技术评审人员名单库中除名，不得再次入库：

（一）因违反《中华人民共和国资产评估法》等法律法规被相关行政管理部门予以警告、责令停止从业、没收违法所得，或构成犯罪，被依法追究刑事

责任的；

（二）被判处刑罚的；

（三）被人民法院依法纳入失信被执行人名单的。

最高人民法院应当向社会公开除名情况。

十、专家组成员有下列情形之一的，应当回避：

（一）是本案当事人、利害关系人、诉讼代理人或当事人、利害关系人、诉讼代理人近亲属的；

（二）与本案当事人、利害关系人、诉讼代理人有其他关系，可能影响专业技术评审的；

（三）与本案有利害关系的；

（四）与评估对象有利害关系的；

（五）除受行政部门委托外，近五年曾参与过对评估对象的评估工作的；

（六）本人或所在评估机构在过去五年曾为当事人、利害关系人提供过评估服务的；

（七）近五年曾经或现登记、注册在出具评估报告的评估机构的；

（八）与评估报告署名的评估人员有近亲属关系，或有其他关系可能影响专业技术评审的；

（九）可能影响专业技术评审的其他情形。

当事人、利害关系人提供证据证明专家组成员具有前款规定情形的，应当向人民法院书面提出申请。人民法院应当按照本规范第六条第二款规定办理。

第四十八条 【回避申请】当事人提出回避申请,应当说明理由,在案件开始审理时提出;回避事由在案件开始审理后知道的,也可以在法庭辩论终结前提出。

被申请回避的人员在人民法院作出是否回避的决定前,应当暂停参与本案的工作,但案件需要采取紧急措施的除外。

【立法·要点注释】

1. 法院在开庭前就应当告知当事人合议庭组成人员,以便让其有时间了解情况,准备材料。合议庭的审判长或者独任审判员在开庭审理时,于宣布审判人员、书记员等人员的名单后,应主动询问当事人是否申请回避。

2. 当事人申请回避的法律后果。对于当事人申请回避的,被申请回避的法院工作人员应当立即暂停与本案有关的工作,除非需要采取紧急措施。司法实践中,常有被申请回避的法官认为回避的理由明显不成立而未暂停与本案有关的工作;也有当事人当庭提出回避申请,被申请的法官认为为避免增加当事人诉累,向当事人征求意见是否可先开庭,再暂停工作,此均不符合回避规定。

3. 当事人在不同时间节点申请回避的处理方式。如果当事人在案件审理开始时就知道回避事由,法庭调查开始前明确表示不申请回避,而后又申请

回避,因其申请回避权已丧失,人民法院对此可不再作出是否回避的决定。案件审结后申请回避的,如果全部庭审结束后当事人才知道回避事由,且该事由确属审判人员应当回避的情形,但申请回避的法定时间已过,人民法院对此仍需要区别对待,依法作出处理。由于此时当事人已无权申请回避,人民法院无须就回避申请再向当事人作出口头或者书面决定,也可不答复当事人。经调查,审判人员与本案确有利害关系,该事由很可能影响案件的公正审理的,人民法院应当依照本法规定,要求应当回避的审判人员自行回避。

【法院参考案例】

当事人没有正当理由仍坚持提出回避申请的行为如何定性［杜某司法罚款案,广东省广州市中级人民法院(2018)粤01司惩2号］

当事人在没有实质事由的情况下提出回避申请,事后也未就其回避事由作出明确说明更未提交证明材料的,经法庭多次释明并告知申请回避的法定要求和法律后果后,当事人仍坚持提出回避申请,属于妨害审判活动有序进行、滥用诉讼权利的行为。

第四十九条 【回避决定权人】院长担任审判长或者独任审判员时的回避,由审判委员会决

定;审判人员的回避,由院长决定;其他人员的回避,由审判长或者独任审判员决定。

【立法·要点注释】

1. 该条中所称"院长"不宜包括副院长,副院长或其他院领导的回避,由院长决定即可,无须经审判委员会讨论并作出决定。

2. 审判委员会委员若有回避的情形,也应当属于回避的主体。

【司法文件】

《最高人民法院关于健全完善人民法院审判委员会工作机制的意见》(法发〔2019〕20号,20190802)

14. 提交审判委员会讨论决定的案件,审判委员会委员有应当回避情形的,应当自行回避并报院长决定;院长的回避,由审判委员会决定。

审判委员会委员的回避情形,适用有关法律关于审判人员回避情形的规定。

第五十条　【回避决定程序与救济】人民法院对当事人提出的回避申请,应当在申请提出的三日内,以口头或者书面形式作出决定。申请人对决定不服的,可以在接到决定时申请复议一次。复议期间,被申请回避的人员,不停止参与本案的工作。人民法院对复议申请,应当在三日内作出复议决定,并通知复议申请人。

【立法·要点注释】

1. 回避决定作出的形式。审判长或者独任审判员对于当事人提出的回避申请,如果理由明显不充分,也缺乏事实依据,可以当庭口头驳回其申请;如果当事人提出的回避申请,事实清楚、证据充分确凿,也可以口头决定回避。当事人申请审判人员回避需要由院长作出决定,当事人申请院长回避则需要审判委员会作出决定。一般而言,由于涉及当事人的重大诉讼权利,尽量以书面形式作出决定。

2. 关于复议。复议机关为原审人民法院,申请复议的次数为1次,被申请回避人员复议期间不停止参与本案的工作。

3. 对于法院作出回避决定后,被决定回避的人员已经完成的诉讼行为的效力问题。第一,对于尚未审结的案件。如果被决定回避的人员是案件的合议庭成员,法院应当重新组织开庭;如果被决定回避的人员是鉴定人,其鉴定意见不管是否符合真实,均不得作为证据,法院应重新组织鉴定。若被决定回避的人员还没有对诉讼活动产生实质影响,不宜将所有的原诉讼活动推倒重来。如告知合议庭组成人员通知书中，某一合议庭成员属于回避对象，但该案由承办人自行组织调查、听证，该合议庭成员没有参与，后来该合议庭成员因及时回避也没有参与后续的合议等事项。在这种情况下，原调查、听证的效力就不宜受到影响。第二，对于已经审结案件。审判人员违反回避制度属于严重程序瑕疵，影响裁判结果的公正性，必须发回重审或者再审。

第五章 诉讼参加人

第一节 当事人

第五十一条 【当事人范围】公民、法人和其他组织可以作为民事诉讼的当事人。

法人由其法定代表人进行诉讼。其他组织由其主要负责人进行诉讼。

【立法·要点注释】

1. 民事诉讼当事人,是指因民事上的权利义务关系发生纠纷,以自己的名义进行诉讼,并受人民法院裁判拘束的利害关系人。民事诉讼当事人一般应当具有三个特征:第一,以自己的名义进行诉讼。第二,与案件有直接利害关系。当事人原则上是发生民事争议的一方,与案件有直接利害关系。第三,受人民法院裁判拘束。

2. 公民,通常是指具有一个国家国籍,并根据该国的宪法和法律规定享有权利并承担义务的人。

3. 法人,是指具有民事权利能力和民事行为能力,依法独立享有民事权利和承担民事义务的组织。

4. 其他组织,包括个人独资企业、合伙企业等。其他组织虽然不具备法人资格,但它们能够以自己的名义独立地进行民事活动,承担相应的民事责任。

5. 法定代表人和主要负责人的诉讼行为是以法人和其他组织的名义进行的,对法人和其他组织具有拘束力。在诉讼过程中法定代表人和主要负责人的更换,只是代表职务的具体人的更换,而不是诉讼当事人的更换,原法定代表人或主要负责人已经进行的诉讼行为仍然有效。

【相关立法】

1.《中华人民共和国民法典》(20210101)

第十三条 自然人从出生时起到死亡时止,具有民事权利能力,依法享有民事权利,承担民事义务。

第十六条 涉及遗产继承、接受赠与等胎儿利益保护的,胎儿视为具有民事权利能力。但是,胎儿娩出时为死体的,其民事权利能力自始不存在。

第四十条　自然人下落不明满二年的,利害关系人可以向人民法院申请宣告该自然人为失踪人。

第四十五条　失踪人重新出现,经本人或者利害关系人申请,人民法院应当撤销失踪宣告。

失踪人重新出现,有权请求财产代管人及时移交有关财产并报告财产代管情况。

第四十六条　自然人有下列情形之一的,利害关系人可以向人民法院申请宣告该自然人死亡:

(一) 下落不明满四年;

(二) 因意外事件,下落不明满二年。

因意外事件下落不明,经有关机关证明该自然人不可能生存的,申请宣告死亡不受二年时间的限制。

第五十条　被宣告死亡的人重新出现,经本人或者利害关系人申请,人民法院应当撤销死亡宣告。

第五十四条　自然人从事工商业经营,经依法登记,为个体工商户。个体工商户可以起字号。

第五十五条　农村集体经济组织的成员,依法取得农村土地承包经营权,从事家庭承包经营的,为农村承包经营户。

第五十七条　法人是具有民事权利能力和民事行为能力,依法独立享有民事权利和承担民事义务的组织。

第五十九条　法人的民事权利能力和民事行为能力,从法人成立时产生,到法人终止时消灭。

第六十七条　法人合并的,其权利和义务由合并后的法人享有和承担。

法人分立的,其权利和义务由分立后的法人享有连带债权,承担连带债务,但是债权人和债务人另有约定的除外。

第七十二条　清算期间法人存续,但是不得从事与清算无关的活动。

法人清算后的剩余财产,按照法人章程的规定或者法人权力机构的决议处理。法律另有规定的,依照其规定。

清算结束并完成法人注销登记时,法人终止;依法不需要办理法人登记的,清算结束时,法人终止。

第七十四条　法人可以依法设立分支机构。法律、行政法规规定分支机构应当登记的,依照其规定。

分支机构以自己的名义从事民事活动,产生的民事责任由法人承担;也可以先以该分支机构管理的财产承担,不足以承担的,由法人承担。

第七十五条　设立人为设立法人从事的民事活动,其法律后果由法人承受;法人未成立的,其法律后果由设立人承受,设立人为二人以上的,享有连带债权,承担连带债务。

设立人为设立法人以自己的名义从事民事活动产生的民事责任,第三人有权选择请求法人或者设立人承担。

第七十六条　以取得利润并分配给股东等出资人为目的成立的法人,为营利法人。

营利法人包括有限责任公司、股份有限公司和其他企业法人等。

第八十七条 为公益目的或者其他非营利目的成立，不向出资人、设立人或者会员分配所取得利润的法人，为非营利法人。

非营利法人包括事业单位、社会团体、基金会、社会服务机构等。

第八十八条 具备法人条件，为适应经济社会发展需要，提供公益服务设立的事业单位，经依法登记成立，取得事业单位法人资格；依法不需要办理法人登记的，从成立之日起，具有事业单位法人资格。

第九十条 具备法人条件，基于会员共同意愿，为公益目的或者会员共同利益等非营利目的设立的社会团体，经依法登记成立，取得社会团体法人资格；依法不需要办理法人登记的，从成立之日起，具有社会团体法人资格。

第九十二条 具备法人条件，为公益目的以捐助财产设立的基金会、社会服务机构等，经依法登记成立，取得捐助法人资格。

依法设立的宗教活动场所，具备法人条件的，可以申请法人登记，取得捐助法人资格。法律、行政法规对宗教活动场所有规定的，依照其规定。

第九十六条 本节规定的机关法人、农村集体经济组织法人、城镇农村的合作经济组织法人、基层群众性自治组织法人，为特别法人。

第九十七条 有独立经费的机关和承担行政职能的法定机构从成立之日起，具有机关法人资格，可以从事为履行职能所需要的民事活动。

第九十九条 农村集体经济组织依法取得法人资格。

法律、行政法规对农村集体经济组织有规定的，依照其规定。

第一百条 城镇农村的合作经济组织依法取得法人资格。

法律、行政法规对城镇农村的合作经济组织有规定的，依照其规定。

第一百零一条 居民委员会、村民委员会具有基层群众性自治组织法人资格，可以从事为履行职能所需要的民事活动。

未设立村集体经济组织的，村民委员会可以依法代行村集体经济组织的职能。

第一百零二条 非法人组织是不具有法人资格，但是能够依法以自己的名义从事民事活动的组织。

非法人组织包括个人独资企业、合伙企业、不具有法人资格的专业服务机构等。

第二百七十七条 业主可以设立业主大会，选举业主委员会。业主大会、业主委员会成立的具体条件和程序，依照法律、法规的规定。

地方人民政府有关部门、居民委员会应当对设立业主大会和选举业主委员会给予指导和协助。

第二百八十条 业主大会或者业主委员会的决定，对业主具有法律约束力。

业主大会或者业主委员会作出的决定侵害业主合法权益的，受侵害的业主可以请求人民法院予以撤销。

第二百八十六条　业主应当遵守法律、法规以及管理规约，相关行为应当符合节约资源、保护生态环境的要求。对于物业服务企业或者其他管理人执行政府依法实施的应急处置措施和其他管理措施，业主应当依法予以配合。

业主大会或者业主委员会，对任意弃置垃圾、排放污染物或者噪声、违反规定饲养动物、违章搭建、侵占通道、拒付物业费等损害他人合法权益的行为，有权依照法律、法规以及管理规约，请求行为人停止侵害、排除妨碍、消除危险、恢复原状、赔偿损失。

业主或者其他行为人拒不履行相关义务的，有关当事人可以向有关行政主管部门报告或者投诉，有关行政主管部门应当依法处理。

2.《中华人民共和国公司法》（19940701；20240701）

第二条　本法所称公司，是指依照本法在中华人民共和国境内设立的有限责任公司和股份有限公司。

第三条　公司是企业法人，有独立的法人财产，享有法人财产权。公司以其全部财产对公司的债务承担责任。

公司的合法权益受法律保护，不受侵犯。

第四条　有限责任公司的股东以其认缴的出资额为限对公司承担责任；股份有限公司的股东以其认购的股份为限对公司承担责任。

公司股东对公司依法享有资产收益、参与重大决策和选择管理者等权利。

第十条　公司的法定代表人按照公司章程的规定，由代表公司执行公司事务的董事或者经理担任。

担任法定代表人的董事或者经理辞任的，视为同时辞去法定代表人。

法定代表人辞任的，公司应当在法定代表人辞任之日起三十日内确定新的法定代表人。

第十一条　法定代表人以公司名义从事的民事活动，其法律后果由公司承受。

公司章程或者股东会对法定代表人职权的限制，不得对抗善意相对人。

法定代表人因执行职务造成他人损害的，由公司承担民事责任。公司承担民事责任后，依照法律或者公司章程的规定，可以向有过错的法定代表人追偿。

第十三条　公司可以设立子公司。子公司具有法人资格，依法独立承担民事责任。

公司可以设立分公司。分公司不具有法人资格，其民事责任由公司承担。

第一百八十九条　董事、高级管理人员有前条规定的情形的，有限责任公司的股东、股份有限公司连续一百八十日以上单独或者合计持有公司百分之一以上股份的股东,可以书面请求监事会向人民法院提起诉讼;监事有前条规定的情形的,前述股东可以书面请求董事会向人民法院提起诉讼。

监事会或者董事会收到前款规定的股东书面请求后拒绝提起诉讼,或者自收到请求之日起三十日内未提起诉讼,或者情况紧急、不立即提起诉讼将会使公司利益受到难以弥补的损害的,前款规定的股东有权为公司利益以自己的名义直接向人民法院提起诉讼。

他人侵犯公司合法权益,给公司造成损失的,本条第一款规定的股东可以依照前两款的规定向人民法院提起诉讼。

公司全资子公司的董事、监事、高级管理人员有前款规定情形,或者他人侵犯公司全资子公司合法权益造成损失的,有限责任公司的股东、股份有限公司连续一百八十日以上单独或者合计持有公司百分之一以上股份的股东,可以依照前三款规定书面请求全资子公司的监事会、董事会向人民法院提起诉讼或者以自己的名义直接向人民法院提起诉讼。

第一百九十条 董事、高级管理人员违反法律、行政法规或者公司章程的规定,损害股东利益的,股东可以向人民法院提起诉讼。

第二百四十三条 本法所称外国公司,是指依照外国法律在中华人民共

和国境外设立的公司。

第二百四十四条 外国公司在中华人民共和国境内设立分支机构,应当向中国主管机关提出申请,并提交其公司章程、所属国的公司登记证书等有关文件,经批准后,向公司登记机关依法办理登记,领取营业执照。

外国公司分支机构的审批办法由国务院另行规定。

第二百四十七条 外国公司在中华人民共和国境内设立的分支机构不具有中国法人资格。

外国公司对其分支机构在中华人民共和国境内进行经营活动承担民事责任。

3.《中华人民共和国劳动合同法》

(20080101;20130701)

第五十六条 用人单位违反集体合同,侵犯职工劳动权益的,工会可以依法要求用人单位承担责任;因履行集体合同发生争议,经协商解决不成的,工会可以依法申请仲裁、提起诉讼。

4.《中华人民共和国著作权法》

(19910601;20210601)

第八条 著作权人和与著作权有关的权利人可以授权著作权集体管理组织行使著作权或者与著作权有关的权利。依法设立的著作权集体管理组织是非营利法人,被授权后可以以自己的名义为著作权人和与著作权有关的权利人主张权利,并可以作为当事人进

行涉及著作权或者与著作权有关的权利的诉讼、仲裁、调解活动。

著作权集体管理组织根据授权向使用者收取使用费。使用费的收取标准由著作权集体管理组织和使用者代表协商确定,协商不成的,可以向国家著作权主管部门申请裁决,对裁决不服的,可以向人民法院提起诉讼;当事人也可以直接向人民法院提起诉讼。

著作权集体管理组织应当将使用费的收取和转付、管理费的提取和使用、使用费的未分配部分等总体情况定期向社会公布,并应当建立权利信息查询系统,供权利人和使用者查询。国家著作权主管部门应当依法对著作权集体管理组织进行监督、管理。

著作权集体管理组织的设立方式、权利义务、使用费的收取和分配,以及对其监督和管理等由国务院另行规定。

5.《中华人民共和国企业破产法》(20070601)

第二十五条 管理人履行下列职责:

(一)接管债务人的财产、印章和账簿、文书等资料;

(二)调查债务人财产状况,制作财产状况报告;

(三)决定债务人的内部管理事务;

(四)决定债务人的日常开支和其他必要开支;

(五)在第一次债权人会议召开之

前,决定继续或者停止债务人的营业;

(六)管理和处分债务人的财产;

(七)代表债务人参加诉讼、仲裁或者其他法律程序;

(八)提议召开债权人会议;

(九)人民法院认为管理人应当履行的其他职责。

本法对管理人的职责另有规定的,适用其规定。

6.《中华人民共和国反家庭暴力法》(20160301)

第十三条 家庭暴力受害人及其法定代理人、近亲属可以向加害人或者受害人所在单位、居民委员会、村民委员会、妇女联合会等单位投诉、反映或者求助。有关单位接到家庭暴力投诉、反映或者求助后,应当给予帮助、处理。

家庭暴力受害人及其法定代理人、近亲属也可以向公安机关报案或者依法向人民法院起诉。

单位、个人发现正在发生的家庭暴力行为,有权及时劝阻。

【司法解释】

1.《最高人民法院关于适用〈中华人民共和国民事诉讼法〉的解释》(法释〔2015〕5号,20150204;经法释〔2022〕11号修正,20220410)

第五十条 法人的法定代表人以依法登记的为准,但法律另有规定的除外。依法不需要办理登记的法人,以其正职负责人为法定代表人；没有正职负责人的，以其主持工作的副职负责人为法定代表人。

法定代表人已经变更，但未完成登记，变更后的法定代表人要求代表法人参加诉讼的，人民法院可以准许。

其他组织，以其主要负责人为代表人。

【重点解读】根据《民事诉讼法》第51条的规定，法人由其法定代表人进行诉讼。在有的情形下，发生诉讼时，不由登记的法定代表人参加诉讼。例如，根据2018年《公司法》第184条第7项的规定，清算组在清算期间有权代表公司参与民事诉讼活动。《公司法解释（二）》第10条规定："公司依法清算结束并办理注销登记前，有关公司的民事诉讼，应当以公司的名义进行。公司成立清算组的，由清算组负责人代表公司参加诉讼；尚未成立清算组的，由原法定代表人代表公司参加诉讼。"《企业破产案件若干问题规定》第50条规定："清算组的主要职责是：……（八）代表破产企业参加诉讼和仲裁活动；……"

第五十一条 在诉讼中，法人的法定代表人变更的，由新的法定代表人继续进行诉讼，并应向人民法院提交新的法定代表人身份证明书。原法定代表人进行的诉讼行为有效。

前款规定，适用于其他组织参加的诉讼。

【重点解读】诉讼过程中，法人的法定代表人变更的，应当注意以下问题：第一，新的法定代表人应当出具身份证明。如果已经完成变更登记，应当出具相关部门登记文件以及法定代表人的身份证明；如果尚未完成变更登记，要出具法人作出变更法定代表人的证明文件以及法定代表人的身份证明。第二，法定代表人在诉讼中的活动就是法人的活动，也是法人意志的体现，其行为所产生的权利和义务都要由法人承担。法定代表人的变更，只是执行职务的具体人员的变更，不是当事人的变更。因此，原法定代表人所为的诉讼行为应当继续有效，新的法定代表人不能因为法定代表人的变更而否认原法定代表人所为诉讼行为的效力。根据本条第2款规定，其他组织的主要负责人变更的，由其变更后的主要负责人作为代表人参加诉讼并出具身份证明文件，原代表人进行的诉讼行为继续有效。

第五十二条 民事诉讼法第五十一条规定的其他组织是指合法成立、有一定的组织机构和财产，但又不具备法人资格的组织，包括：

（一）依法登记领取营业执照的个人独资企业；

（二）依法登记领取营业执照的合伙企业；

（三）依法登记领取我国营业执照的中外合作经营企业、外资企业；

（四）依法成立的社会团体的分支机构、代表机构；

（五）依法设立并领取营业执照的法人的分支机构；

（六）依法设立并领取营业执照的商业银行、政策性银行和非银行金融机构的分支机构；

（七）经依法登记领取营业执照的乡镇企业、街道企业；

（八）其他符合本条规定条件的组织。

【重点解读】其他组织可以作为民事主体进行必要的民事活动，也可以作为民事诉讼主体以自己的名义参加民事诉讼，但其他组织毕竟不是独立的民事责任主体，在其财产不足以单独承担民事责任时，对其他组织负责的法人就要代其承担民事责任或者由行为人承担民事责任。

审判实践中，在当事人只选择法人的分支机构作为被告的情况下，法院可以直接判决法人的分支机构承担法律责任。在原告选择法人为被告，而不以法人的分支机构为被告的情况下，要根据法人的分支机构责任能力大小以及是否有特殊法律规定区别处理。法人的分支机构如果具有较强的偿付能力或者是有特殊的法律规定的，应当以法人的分支机构为被告，而不能以法人为被告。在原告以法人的分支机构与法人为共同被告的情况下，法人的分支机构如果没有较强的支付能力，在判决分支机构承担责任的同时，可以判决法人承担补充责任。

第五十三条 法人非依法设立的分支机构，或者虽依法设立，但没有领取营业执照的分支机构，以设立该分支机构的法人为当事人。

【重点解读】审判实践中需要注意本条与本解释第52条第5项的区别。根据该项规定，法人依法设立并领取营业执照的分支机构，可以作为其他组织成为民事诉讼当事人，具备民事诉讼主体资格。

第五十五条 在诉讼中，一方当事人死亡，需要等待继承人表明是否参加诉讼的，裁定中止诉讼。人民法院应当及时通知继承人作为当事人承担诉讼，被继承人已经进行的诉讼行为对承担诉讼的继承人有效。

【重点解读】上诉的案件中，如果出现当事人死亡情形，人民法院依然要按照一般规定，先中止案件的审理，然后依法通知其权利义务承继者参加诉讼，是否终结上诉案件则需要根据《民事诉讼法》第154条的规定进行判断。本解释第320条规定："上诉案件的当事人死亡或者终止的，人民法院依法通知其权利义务承继者参加诉讼。需要终结诉讼的，适用民事诉讼法第一百五十四条规定。""权利义务承继者"相比"继承人"的范围更大，因为其从自然人当事人扩大到了其他类型当事人。

本解释第400条规定，再审申请人死亡或者终止，无权利义务承继者或者权利义务承继者声明放弃再审申请的，或在给付之诉中，负有给付义务的被申请人死亡或者终止，无可供执行的财产，也没有应当承担义务的人的，人民法院应当终结审查。再审审查过程中，一方当事人死亡,首先应当按照一般规定中止再审查,并等待死亡当事人的继承人或权利义务承继者承担权利或义务。再审申请人死亡或者终止,无权利义务承继者或者权利义务承继者声明放弃再审申请的,由法院裁定终结再审查;但对于被申请人死亡的情况,仅在给付之诉中出现负有给付义务的被申请人死亡或者终止,无可供执行的财产,也没有应当承担义务的人时,才会由法院裁定终结案件,也即除给付之诉外的其他类型案件中,即使被申请人死亡,法院依然要对再审申请进行审查。

第五十六条　法人或者其他组织的工作人员执行工作任务造成他人损害的,该法人或者其他组织为当事人。

【重点解读】第一,《民法典》中的用人单位与《民事诉讼法》中的法人或者其他组织存在细微差别,用人单位的范围比法人或者其他组织的范围要广一些,在适用中应注意把握。在民事诉讼中,法人和其他组织具有独立的诉讼主体资格,其工作人员造成他人伤害的,法人或者其他组织都可以作为用人单位为其工作人员承担民事责任。

第二,《民法典》规定的用人单位的工作人员,应当不限于劳动者,还当然地包括公务员、参照公务员进行管理的其他工作人员、事业单位实行聘任制的人员等;不仅包括一般工作人员,还包括用人单位的法定代表人、负责人、公司董事、监事、高级管理人员、清算人

等;不仅包括正式在编人员,也包括临时雇佣人员。

第三,"执行工作任务"应当理解为工作人员执行职务时的行为。在判断工作人员的侵权行为是否属于执行工作任务时,除一般原则外,还必须考虑其他特殊因素,如行为的内容、时间、地点、场合,行为之名义(以用人单位名义或以个人名义),行为的受益人(用人单位受益或个人受益),以及是否与用人单位意志有关联等。例如,工作人员在执行职务中,以执行职务的方法,故意致他人损害,以达到个人的不法目的,虽然其内在动机是出于个人的目的,但其行为与职务有着内在联系,因此也应认为是执行职务的行为,属于用人单位侵权行为,应由用人单位承担侵权责任。

第五十七条　提供劳务一方因劳务造成他人损害,受害人提起诉讼的,以接受劳务一方为被告。

【重点解读】本条规定解决了在劳务关系情形下提供劳务一方因劳务致人损害,受害人如何起诉的问题,个人之间提供劳务的关系属于雇佣关系是适用本条规定的前提。

本条规定不适用于因承揽关系产生的侵权责任纠纷,对于承揽人在完成工作中造成第三人损害的,受害人应当直接起诉侵权人,而不能起诉定作人。

第五十八条　在劳务派遣期间,被派遣的工作人员因执行工作任务造成他人损害的,以接受劳务派遣的用工单

位为当事人。当事人主张劳务派遣单位承担责任的，该劳务派遣单位为共同被告。

【重点解读】本条"当事人主张劳务派遣单位承担责任的"中的"当事人"范围，包括劳务派遣侵权案件中的受害人，也包括用工单位。也就是说，如果用工单位认为劳务派遣单位在选任工作人员方面存在过错，也可以要求其承担赔偿责任。审判实践中应当注意，在劳务派遣侵权案件中，受害人可以单独起诉用工单位，如果受害人和用工单位都没有主张劳务派遣单位承担侵权责任，人民法院在审理过程中认为有必要的，可以进行释明，由当事人决定是否追加被告。

第六十一条　当事人之间的纠纷经人民调解委员会或者其他依法设立的调解组织调解达成协议后，一方当事人不履行调解协议，另一方当事人向人民法院提起诉讼的，应以对方当事人为被告。

【重点解读】实践中，当事人除可依本条规定就相关民事纠纷另行提起诉讼外，还可以在司法确认申请被人民法院驳回后，另行提起诉讼。

第六十二条　下列情形，以行为人为当事人：

（一）法人或者其他组织应登记而未登记，行为人即以该法人或者其他组织名义进行民事活动的；

（二）行为人没有代理权、超越代理权或者代理权终止后以被代理人名

义进行民事活动的，但相对人有理由相信行为人有代理权的除外；

（三）法人或者其他组织依法终止后，行为人仍以其名义进行民事活动的。

【重点解读】对于未经被代理人追认的代理行为，在诉讼中也应以行为人为当事人。

第六十三条　企业法人合并的，因合并前的民事活动发生的纠纷，以合并后的企业为当事人；企业法人分立的，因分立前的民事活动发生的纠纷，以分立后的企业为共同诉讼人。

【重点解读】法人分立过程中，只要法人与债权人之间的债务承担协议不存在无效事由，就对各方当事人产生法律约束力，协议的效力还应当优先于法律的任意性规定。因此，《民法典》规定债权人和债务人另有约定的，协议能够排除适用各分立后法人承担连带责任的法律规定。当然，协议优先原则还要受一定限制：各分立后法人的债务承担约定，必须经债权人同意才能产生对债权人的约束力。否则，债权人可以根据企业法人财产原则，依法追究有关责任主体的民事责任，有关责任主体不能以分立协议中关于债务承担的约定来对抗债权人的主张。但这也只是实体责任承担问题，对于诉讼主体资格来说，当事人依然可以列分立后的企业为共同诉讼人。

第六十四条　企业法人解散的，依法清算并注销前，以该企业法人为当事

人；未依法清算即被注销的，以该企业法人的股东、发起人或者出资人为当事人。

【重点解读】吊销企业法人营业执照是市场监督管理机关采取的责令企业停止经营活动的管理措施。在吊销营业执照期间，企业仅停止了营业执照范围内的生产经营活动，企业法人资格仍然存在，企业法人民事主体资格并没有消灭，仍然具有民事诉讼主体地位。

企业法人处于清算或破产阶段，民事主体资格仍然存续，亦能以企业法人名义进行民事诉讼。

企业法人营业执照被吊销时，如果企业没有被其他组织接管，仍应由法定代表人代表诉讼，如被其他组织接管，由接管组织代表诉讼。企业处于清算或者破产阶段，成立了清算组或确定了管理人的，由清算组或管理人代表债务人参加诉讼，没有清算组或管理人的，仍由法定代表人参加诉讼。由清算组、管理人或其他组织代表企业参加诉讼的，在法律文书首部当事人法定代表人的位置，直接列清算组或清算组负责人、破产管理人、其他组织，不再列法定代表人。清算组、破产管理人可以是自然人，也可以是律师事务所、会计师事务所等中介机构。如果是自然人，直接写自然人姓名；如果是单位，可以直接写单位名称，如清算组有负责人的，可以列明清算组负责人，清算组未指定负责人的，可以不予列明。清算组、管理人可以依据《民事诉讼法》的规定，再

委托诉讼代理人参加民事诉讼活动。

第六十八条 居民委员会、村民委员会或者村民小组与他人发生民事纠纷的，居民委员会、村民委员会或者有独立财产的村民小组为当事人。

第六十九条 对侵害死者遗体、遗骨以及姓名、肖像、名誉、荣誉、隐私等行为提起诉讼的，死者的近亲属为当事人。

2.《最高人民法院关于适用〈中华人民共和国民事诉讼法〉审判监督程序若干问题的解释》（法释〔2008〕14号，20081201；经法释〔2020〕20号修正，20210101）

第二十九条 民事再审案件的当事人应为原审案件的当事人。原审案件当事人死亡或者终止的，其权利义务承受人可以申请再审并参加再审诉讼。

3.《最高人民法院关于适用〈中华人民共和国民法典〉总则编若干问题的解释》（法释〔2022〕6号，20220301）

第四条 涉及遗产继承、接受赠与等胎儿利益保护，父母在胎儿娩出前作为法定代理人主张相应权利的，人民法院依法予以支持。

第十四条 人民法院审理宣告失踪案件时，下列人员应当认定为民法典第四十条规定的利害关系人：

（一）被申请人的近亲属；

（二）依据民法典第一千一百二十八条、第一千一百二十九条规定对被申请人有继承权的亲属；

（三）债权人、债务人、合伙人等与被申请人有民事权利义务关系的民事主体，但是不申请宣告失踪不影响其权利行使、义务履行的除外。

4.《最高人民法院关于适用〈中华人民共和国民法典〉婚姻家庭编的解释（一）》（法释〔2020〕22号，20210101）

第九条　有权依据民法典第一千零五十一条规定向人民法院就已办理结婚登记的婚姻请求确认婚姻无效的主体，包括婚姻当事人及利害关系人。其中，利害关系人包括：

（一）以重婚为由的，为当事人的近亲属及基层组织；

（二）以未到法定婚龄为由的，为未到法定婚龄者的近亲属；

（三）以有禁止结婚的亲属关系为由的，为当事人的近亲属。

第十四条　夫妻一方或者双方死亡后，生存一方或者利害关系人依据民法典第一千零五十一条的规定请求确认婚姻无效的，人民法院应当受理。

第十五条　利害关系人依据民法典第一千零五十一条的规定，请求人民法院确认婚姻无效的，利害关系人为原告，婚姻关系当事人双方为被告。

夫妻一方死亡的，生存一方为被告。

第十八条　行为人以给另一方当事人或者其近亲属的生命、身体、健康、名誉、财产等方面造成损害为要挟，迫使另一方当事人违背真实意愿结婚的，可以认定为民法典第一千零五十二条所称的"胁迫"。

因受胁迫而请求撤销婚姻的，只能是受胁迫一方的婚姻关系当事人本人。

第八十七条　承担民法典第一千零九十一条规定的损害赔偿责任的主体，为离婚诉讼当事人中无过错方的配偶。

人民法院判决不准离婚的案件，对于当事人基于民法典第一千零九十一条提出的损害赔偿请求，不予支持。

在婚姻关系存续期间，当事人不起诉离婚而单独依据民法典第一千零九十一条提起损害赔偿请求的，人民法院不予受理。

5.《最高人民法院关于审理人身损害赔偿案件适用法律若干问题的解释》（法释〔2003〕20号，20040501；经法释〔2022〕14号修正，20220501）

第一条　因生命、身体、健康遭受侵害，赔偿权利人起诉请求赔偿义务人赔偿物质损害和精神损害的，人民法院应予受理。

本条所称"赔偿权利人"，是指因侵权行为或者其他致害原因直接遭受人身损害的受害人以及死亡受害人的近亲属。

本条所称"赔偿义务人"，是指因自己或者他人的侵权行为以及其他致害原因依法应当承担民事责任的自然人、法人或者非法人组织。

6.《最高人民法院关于确定民事侵权精神损害赔偿责任若干问题的解释》（法释〔2001〕7号，20010310；经法释〔2020〕17号修正，20210101）

第一条　因人身权益或者具有人身意义的特定物受到侵害，自然人或者其近亲属向人民法院提起诉讼请求精神损害赔偿的，人民法院应当依法予以受理。

第三条　死者的姓名、肖像、名誉、荣誉、隐私、遗体、遗骨等受到侵害，其近亲属向人民法院提起诉讼请求精神损害赔偿的，人民法院应当依法予以支持。

7.《最高人民法院关于在民事审判工作中适用〈中华人民共和国工会法〉若干问题的解释》（法释〔2003〕11号，20030709；经法释〔2020〕17号修正，20210101）

第一条　人民法院审理涉及工会组织的有关案件时，应当认定依照工会法建立的工会组织的社团法人资格。具有法人资格的工会组织依法独立享有民事权利，承担民事义务。建立工会的企业、事业单位、机关与所建工会以及工会投资兴办的企业，根据法律和司法解释的规定，应当分别承担各自的民事责任。

8.《最高人民法院关于审理劳动争议案件适用法律问题的解释（一）》（法释〔2020〕26号，20210101）

第二十六条　用人单位与其它单位合并的，合并前发生的劳动争议，由合并后的单位为当事人；用人单位分立为若干单位的，其分立前发生的劳动争议，由分立后的实际用人单位为当事人。

用人单位分立为若干单位后，具体承受劳动权利义务的单位不明确的，分立后的单位均为当事人。

第二十八条　劳动者在用人单位与其他平等主体之间的承包经营期间，与发包方和承包方双方或者一方发生劳动争议，依法提起诉讼的，应当将承包方和发包方作为当事人。

第二十九条　劳动者与未办理营业执照、营业执照被吊销或者营业期限届满仍继续经营的用人单位发生争议的，应当将用人单位或者其出资人列为当事人。

第三十条　未办理营业执照、营业执照被吊销或者营业期限届满仍继续经营的用人单位，以挂靠等方式借用他人营业执照经营的，应当将用人单位和营业执照出借方列为当事人。

9.《最高人民法院关于适用〈中华人民共和国公司法〉若干问题的规定（二）》（法释〔2008〕6号，20080519；经法释〔2020〕18号修正，20210101）

第四条　股东提起解散公司诉讼应当以公司为被告。

原告以其他股东为被告一并提起诉讼的，人民法院应当告知原告将其他股东变更为第三人;原告坚持不予变更的,人民法院应当驳回原告对其他股东的起诉。

原告提起解散公司诉讼应当告知其他股东,或者由人民法院通知其参加诉讼。其他股东或者有关利害关系人申请以共同原告或者第三人身份参加诉讼的,人民法院应予准许。

10.《最高人民法院关于审理证券市场虚假陈述侵权民事赔偿案件的若干规定》(法释〔2022〕2 号,20220122)

第二十条　发行人的控股股东、实际控制人组织、指使发行人实施虚假陈述,致使原告在证券交易中遭受损失的,原告起诉请求直接判令该控股股东、实际控制人依照本规定赔偿损失的,人民法院应当予以支持。

控股股东、实际控制人组织、指使发行人实施虚假陈述,发行人在承担赔偿责任后要求该控股股东、实际控制人赔偿实际支付的赔偿款、合理的律师费、诉讼费用等损失的,人民法院应当予以支持。

11.《最高人民法院关于适用〈中华人民共和国保险法〉若干问题的解释(二)》(法释〔2013〕14 号,20130608;经法释〔2020〕18 号修正,20210101)

第二十条　保险公司依法设立并取得营业执照的分支机构属于《中华人民共和国民事诉讼法》第四十八条①规定的其他组织,可以作为保险合同纠纷

案件的当事人参加诉讼。

12.《最高人民法院关于审理著作权民事纠纷案件适用法律若干问题的解释》(法释〔2002〕31 号,20021015;经法释〔2020〕19 号修正,20210101)

第六条　依法成立的著作权集体管理组织,根据著作权人的书面授权,以自己的名义提起诉讼,人民法院应当受理。

13.《最高人民法院关于审理侵害植物新品种权纠纷案件具体应用法律问题的若干规定》(法释〔2007〕1 号,20070201;经法释〔2020〕19 号修正,20210101)

第一条　植物新品种权所有人(以下称品种权人)或者利害关系人认为植物新品种权受到侵害的,可以依法向人民法院提起诉讼。

前款所称利害关系人,包括植物新品种实施许可合同的被许可人、品种权财产权利的合法继承人等。

独占实施许可合同的被许可人可以单独向人民法院提起诉讼;排他实施许可合同的被许可人可以和品种权人共同起诉,也可以在品种权人不起诉时,自行提起诉讼;普通实施许可合同的被许可人经品种权人明确授权,可以提起诉讼。

① 对应 2023 年《民事诉讼法》第 51 条。——编者注

14.《最高人民法院关于审理商标民事纠纷案件适用法律若干问题的解释》（法释〔2002〕32号，20021016；经法释〔2020〕19号修正，20210101）

第四条 商标法第六十条第一款规定的利害关系人，包括注册商标使用许可合同的被许可人、注册商标财产权利的合法继承人等。

在发生注册商标专用权被侵害时，独占使用许可合同的被许可人可以向人民法院提起诉讼；排他使用许可合同的被许可人可以和商标注册人共同起诉，也可以在商标注册人不起诉的情况下，自行提起诉讼；普通使用许可合同的被许可人经商标注册人明确授权，可以提起诉讼。

15.《最高人民法院关于产品侵权案件的受害人能否以产品的商标所有人为被告提起民事诉讼的批复》（法释〔2002〕22号，20020728；经法释〔2020〕20号修正，20210101）

经研究，我们认为，任何将自己的姓名、名称、商标或者可资识别的其他标识体现在产品上，表示其为产品制造者的企业或个人，均属于《中华人民共和国民法典》和《中华人民共和国产品质量法》规定的"生产者"。本案中美国通用汽车公司为事故车的商标所有人，根据受害人的起诉和本案的实际情况，本案以通用汽车公司、通用汽车海外公司、通用汽车巴西公司为被告并无不当。

【司法文件】

1.《全国法院审理债券纠纷案件座谈会纪要》（最高人民法院，法〔2020〕185号，20200715）

会议认为，同期发行债券的持有人利益诉求高度同质化且往往人数众多，采用共同诉讼的方式能够切实降低债券持有人的维权成本，最大限度地保障债券持有人的利益，也有利于提高案件审理效率，节约司法资源，实现诉讼经济。案件审理中，人民法院应当根据当事人的协议约定或者债券持有人会议的决议，承认债券受托管理人或者债券持有人会议推选的代表人的法律地位，充分保障受托管理人、诉讼代表人履行统一行使诉权的职能。对于债券违约合同纠纷案件，应当以债券受托管理人或者债券持有人会议推选的代表人集中起诉为原则，以债券持有人个别起诉为补充。

5.债券受托管理人的诉讼主体资格。债券发行人不能如约偿付债券本息或者出现债券募集文件约定的违约情形时，受托管理人根据债券募集文件、债券受托管理协议的约定或者债券持有人会议决议的授权，以自己的名义代表债券持有人提起、参加民事诉讼，或者申请发行人破产重整、破产清算的，人民法院应当依法予以受理。

受托管理人应当向人民法院提交符合债券募集文件、债券受托管理协议或者债券持有人会议规则的授权文件。

6. 债券持有人自行或者共同提起诉讼。在债券持有人会议决议授权受托管理人或者推选代表人代表部分债券持有人主张权利的情况下，其他债券持有人另行单独或者共同提起、参加民事诉讼，或者申请发行人破产重整、破产清算的，人民法院应当依法予以受理。

债券持有人会议以受托管理人怠于行使职责为由作出自行主张权利的有效决议后，债券持有人根据决议单独、共同或者代表其他债券持有人向人民法院提起诉讼，申请发行人破产重整或者破产清算的，人民法院应当依法予以受理。

7. 资产管理产品管理人的诉讼地位。通过各类资产管理产品投资债券的，资产管理产品的管理人根据相关规定或者资产管理文件的约定以自己的名义提起诉讼的，人民法院应当依法予以受理。

8. 债券交易对诉讼地位的影响。债券持有人以债券质押式回购、融券交易、债券收益权转让等不改变债券持有人身份的方式融资的，不影响其诉讼主体资格的认定。

2.《最高人民法院关于村民小组诉讼权利如何行使的复函》（〔2006〕民立他字第23号，20060714）

遵化市小厂乡头道城村第三村民小组（以下简称第三村民小组）可以作为民事诉讼当事人。以第三村民小组为当事人的诉讼应以小组长作为主要负责人提起。小组长以村民小组的名义起诉和行使诉讼权利应当参照《中华人民共和国村民委员会组织法》第十七条履行民主议定程序。① 参照《河北省村民委员会选举办法》第三十条，小组长被依法追究刑事责任的，自人民法院判决书生效之日起，其小组长职务相应终止，应由村民小组另行推选小组长进行诉讼。

【最高法公报案例】

1. 业主委员会诉讼主体资格的认定

[徐州西苑艺君花园(一期)业主委员会诉徐州中川房地产开发有限公司物业管理用房所有权确认纠纷案(2014-6)]

业主委员会依照《物权法》第75条（《民法典》第277条）第1款规定成立，具有一定目的、名称、组织机构与场所，管理相应财产，是《民事诉讼法》第49条（现为第51条）第1款规定的"其他组织"。业主委员会依据业主共同或业主大会决议，在授权范围内，以业主委员会名义从事法律行为，具备诉讼主体资格。

---

① 2010年修订的《村民委员会组织法》第28条已经对村民小组履行民主议定程序作出了专门规定。该条规定在2018年修正时没有变化。——编者注

2. 对公司僵局具有过错的一方是否有权提起公司解散之诉[仕丰科技有限公司与富钧新型复合材料(太仓)有限公司、第三人永利集团有限公司解散纠纷案(2014-2)]

《公司法》第 183 条(现为第 231 条)既是公司解散诉讼的立案受理条件,同时也是判决公司解散的实质审查条件,公司能否解散取决于公司是否存在僵局且符合《公司法》第 183 条规定的实质条件,而不取决于公司僵局产生的原因和责任。即使一方股东对公司僵局的产生具有过错,其仍然有权提起公司解散之诉,过错方起诉不应等同于恶意诉讼。

【审判业务答疑】

《法答网精选答问(第十批)》(20241031)

问题 4:《民事诉讼法》中的"其他组织"与《民法典》中的"非法人组织"是否同一概念?"非法人组织"是否具备诉讼主体资格?

答疑意见:《民法典》中的"非法人组织"和《民事诉讼法》中的"其他组织"是基于不同规范目的而作出的规定。"非法人组织"所要解决的是民事主体资格问题,即某个组织能否以自己的名义从事民事活动、承担民事责任;而"其他组织"主要解决民事诉讼主体资格问题,即某个组织能否以自己名义参与到诉讼活动中。二者并非同一概念。根据《民法典》第 102 条第 1 款关于"非法人组织是不具有法人资格,但是能够依法以自己的名义从事民事活动的组织"的规定,非法人组织能够以自己名义从事民事活动,如果因此与其他民事主体发生民事纠纷,可以自己名义参与到民事诉讼活动中,作为民事诉讼当事人,具备诉讼主体资格,由此就落入了"其他组织"的范围。

从范围上看,《民事诉讼法》中的"其他组织"是一个更广泛的概念,除"非法人组织"外,"其他组织"还可包括其他类型的主体,如法人分支机构、业主委员会等。以业主委员会为例,其不符合《民法典》第 102 条至第 108 条所规定的非法人组织的特征。但根据《民法典》第 280 条第 2 款的规定,业主大会或者业主委员会作出的决定侵害业主合法权益的,受侵害的业主可以请求人民法院予以撤销。据此,在业主撤销权纠纷中,业主大会或者业主委员会可以作为民事诉讼当事人参与到诉讼活动中,具备诉讼主体资格。也就是说,业主委员会虽不是《民法典》所规定的"非法人组织",但属于《民事诉讼法》上规定的"其他组织"。

需要注意的是,并非除"自然人、法人"之外的任何组织都可认定为"其他组织"。《民事诉讼法解释》第 52 条对于"其他组织"的定义和范围作了明确规定,并列举了相应情形。"其他组织"首先应当是依照法律规定的程序和条件成立,法律上予以认可的组织,同时应当具备一定的组织机构和财产。如果未经依法成立，则不具有"其他组织"的资格，不属于民事诉讼当事人。例如，没有依法领取营业执照的法人分支机构，不能认定为"其他组织"，在诉讼中，应以设立该分支机构的法人为当事人。

【法院参考案例】

1. 商业银行、政策性银行和非银行金融机构的分支机构是否具备原告的诉讼主体资格[中国民生银行股份有限公司太原分行与山西三佳新能源科技集团有限公司、介休市绵山风景区开发有限责任公司等合同纠纷案，最高人民法院(2017)最高法民辖终 69 号]

最高人民法院经审查认为，《民事诉讼法》第 48 条(现为第 51 条)规定，公民、法人和其他组织可以作为民事诉讼的当事人。《民事诉讼法解释》第 52 条第 6 项规定："民事诉讼法第四十八条规定的其他组织是指合法成立、有一定的组织机构和财产，但又不具备法人资格的组织，包括依法设立并领取营业执照的商业银行、政策性银行和非银行金融机构的分支机构。"民生银行太原分行作为中国民生银行股份有限公司的分支机构，在山西省工商行政管理局依法注册登记，并领取了营业执照。民生银行太原分行依法具备作为本案原告的主体资格。

2. 登记的抵押权人为银行分支机构，作为该分支机构的总行是否有权作为原告主张抵押权[刘某云与湘潭农村商业银行股份有限公司及湘潭市海陆金属材料有限公司等金融借款合同纠纷案，最高人民法院(2017)最高法民申 4254 号]

虽登记的抵押权人为银行分支机构，但作为该分支机构的总行当然有权主张抵押权，抵押人有关总行无权向其主张抵押权的主张，没有法律依据。

3. 没有参与合同签署的一方在何种情况下可以作为诉讼主体[沅陵县自然资源局、沅陵县土地储备中心与王某合同纠纷案，最高人民法院(2021)最高法民申 3579 号]

对于没有参与合同签署的一方，其在合同的实际履行过程中实际承受了主要权利并参与了主要义务履行，可以将其认定为合同的一方当事人。合同另一方对其提起诉讼的，其可以作为适格被告。

4. 当事人重合的情况下是否有诉的利益[毕某逸与山东宝陆地产有限公司等民间借贷纠纷案，最高人民法院(2021)最高法民再 199 号]

人民法院受理公民之间、法人之间、其他组织之间以及他们相互之间因财产关系和人身关系提起的民事诉讼。在原被告诉讼主体存在重合的情况下，当事人缺乏诉的利益；在当事人重合的情形消除后，当事人具有诉的利益。

5. 公司未注销登记前, 主体资格是否消灭［张某敏与福州港务集团、兴业银行、招商局轮船公司、福马集团、王某荣、张某南股票权利确认纠纷案, 最高人民法院（2021）最高法民终 1042 号］

公司被吊销营业执照仅是公司出现解散事由, 应依法进行清算后注销登记。在公司未注销登记前, 主体资格并未消灭。公司清算期间, 仍应以自己的名义进行民事诉讼, 公司实际出资人以自己的名义提起有关公司的民事诉讼, 缺乏法律依据。

6. 企业法人被吊销营业执照后至被注销登记是否具备诉讼主体资格［甘肃省工矿材料集团公司与厦门市中汽国投贸易有限公司、一审被告及二审上诉人广州市花都区恒发房地产开发公司案外人执行异议之诉案, 最高人民法院（2021）最高法民申 2470 号］

吊销企业法人营业执照, 是工商行政管理机关依据国家工商行政法规对违法的企业法人作出的一种行政处罚。企业法人被吊销营业执照后, 应当依法进行清算, 清算程序结束并办理工商注销登记后, 该企业法人才归于消灭。因此, 企业法人被吊销营业执照后至被注销登记前, 该企业法人仍应视为存续, 可以自己的名义进行诉讼活动, 即具备诉讼主体资格。

7. 法院已经裁定终结公司破产程序, 但在未提交证据证明公司已被注销的情况下, 公司的主体资格是否存在［丁某银与信阳市燃料公司与破产有关的纠纷案, 最高人民法院（2021）最高法民申 5079 号］

根据《公司法解释（二）》第 10 条的规定, 公司依法清算结束并办理注销登记前, 有关公司的民事诉讼, 应当以公司名义进行。尽管法院已经裁定终结公司破产程序, 但在未提交证据证明公司已被注销的情况下, 公司的法人资格仍为存续状态, 有权提起民事诉讼。

8. 国企债务人能否突破合同相对性就债权转让合同的效力提起诉讼［内蒙古绿蒙食品工业有限责任公司与内蒙古祥越房地产开发有限公司等所有权确认纠纷案, 最高人民法院（2021）最高法民申 5223 号］

一般而言, 债务人并非债权转让合同的签约人, 在债权转让法律关系中, 债权人对债务人仅负有通知义务, 债务人不能突破合同相对性就债权转让合同的效力提起诉讼。《金融不良债权转让案件工作座谈会纪要》之所以赋予国有企业债务人就不良债权转让合同提起无效之诉的诉权, 是因国有企业具备企业法人和国有资产管理机构代理人的双重身份, 可最大限度地防止国有资产流失。故该会议纪要仅赋予了国有企业债务人原告主体资格, 非国有企业债务人不能参照适用。

9. 个体工商户如何确定诉讼主体

[夏某与刘某英侵害实用新型专利权纠纷案，最高人民法院（2021）最高法知民终 1468 号]

在诉讼中，以营业执照上登记的经营者为当事人，有字号的以营业执照上登记的字号为当事人，但同时应当注明该字号经营者的基本信息。字号是对当事人主体名称的表述，是否存在字号，亦并不影响责任主体的确定。

10. 业主委员会对于业主共有事项和物业共同管理事项可否以自己名义提起诉讼[某小区业主委员会诉某房地产开发公司、某建筑公司房屋买卖合同纠纷案，最高人民法院（2021）最高法民再 344 号]

业主委员会根据业主大会的授权对外代表业主进行民事活动，可以成为民事诉讼活动的主体。业主委员会符合"其他组织"条件，是业主大会决议的执行机构，根据业主大会的授权对外代表业主进行民事活动，对于业主共有事项和物业共同管理事项，可以自己名义提起诉讼。业主委员会诉讼请求涉及的配套设施未建设及退还前期物业费等问题，属于业主共有事项和物业共同管理事项，人民法院应予受理。业主委员会诉讼请求涉及的开发商履行商品房买卖合同约定的不动产权确权登记义务及承担逾期办证违约金等问题，属于业主专有事项，即使其具有业主大会的授权，人民法院亦不予受理。

11. 业主委员会的选举结果未经备案不影响其诉讼主体资格[福建省某物业管理有限公司诉福州市台江区某业主委员会物业服务合同纠纷案，福建省高级人民法院（2022）闽民再 304 号，入库编号：2023-07-2-121-003]

业主委员会成立及成员的选任是业主自治权行使的结果，是对外代表全体业主、维护全体业主整体利益的手段、形式、载体。因所有权核心权能是基于真实意思表示的处分权，除非法律、行政法规有强制性规定，否则应尊重所有权人基于整体利益而为的团体意思表示，即业主委员会不因任期届满而丧失诉讼主体资格。《物业管理条例》第 16 条规定了业主委员会应当自选举产生之日起 30 日内，向物业所在地的区、县人民政府房地产行政主管部门和街道办事处、乡镇人民政府备案，该条中的备案为程序性要求，属行政主管部门单纯接受备案的行为，未备案对于业主委员会的诉讼主体资格并不产生影响。

第五十二条　【诉讼权利义务】当事人有权委托代理人，提出回避申请，收集、提供证据，进行辩论，请求调解，提起上诉，申请执行。

当事人可以查阅本案有关材料，并可以复制本案有关材料和法律文书。查阅、复制本案有关材料的范围和办法由最高人民法院规定。

当事人必须依法行使诉讼权利,遵守诉讼秩序,履行发生法律效力的判决书、裁定书和调解书。

【立法·要点注释】

1. 当事人的诉讼权利。第一,委托诉讼代理人的权利。当事人不便亲自进行诉讼,或者虽能亲自诉讼,但需要别人提供法律帮助时,有权依照法律规定委托代理人代为诉讼。这既有利于当事人充分维护自己的合法权益,又有利于诉讼程序的顺利进行。第二,申请回避的权利。当事人认为审判人员、法官助理、书记员、司法技术人员、翻译人员、鉴定人或者勘验人是本案的当事人或者当事人、诉讼代理人的近亲属的,或者与本案有利害关系的,或者与本案当事人、诉讼代理人有其他关系可能影响对案件的公正审理的,有权申请他们回避。第三,收集、提供证据的权利。当事人为维护自己的民事权利,使人民法院作出有利于自己的判决,有权向有关单位和个人收集证据,并将收集到的证据提供给法院,以证明自己的诉讼请求合理合法,反驳对方的诉讼请求。第四,进行辩论的权利。在人民法院主持下,当事人有权就案件事实和争议问题各自陈述自己的主张和根据,反驳对方的诉讼请求,就有争议的事实和法律适用问题展开辩论。第五,请求调解的权利。在诉讼中,当事人有权请求人民法院用调解方式解决双方的纠纷。第六,提起上诉的权利。我国民事案件实行两审终审制。当事人不服第一审人民法院的判决、裁定,有权在法定的上诉期内提起上诉,请求上级人民法院撤销或者变更下级人民法院的裁判,但是法律规定不准上诉的裁定和本法规定一审终审的案件除外。第七,申请执行的权利。人民法院的判决、裁定、调解书发生法律效力后,一方当事人不履行的,对方当事人有权申请人民法院以司法强制手段来实现自己的民事权利。第八,查阅并复制本案有关材料和法律文书的权利。当事人为行使诉讼权利,有权查阅并复制法庭笔录、法庭上出示的有关证据等与本案有关的材料,以及起诉状、答辩状等法律文书。查阅、复制本案有关材料的范围和办法由最高人民法院规定。此项权利具有以下作用:其一,增加人民法院审判案件的公开性和透明性,有利于当事人对人民法院的审判活动实行监督;其二,使当事人对各种审理笔录和法律文书中的缺漏及时提出补正,以维护他们的合法权益;其三,使当事人了解审判活动的进程,调整自己的诉讼活动;其四,使当事人掌握一定的庭审材料,为上诉和申诉打下良好的基础。

2. 当事人的诉讼义务。第一,依法行使诉讼权利。当事人的诉讼权利不是绝对的,必须依照《民事诉讼法》的有关规定进行诉讼。比如,起诉要符合法定条件,要按照人民法院通知的时间到庭,上诉要在法定期间提出等。不依法行使诉讼权利,当事人的民事权利也不能得到有效的保护。针对有的当事人违反诚信原则,滥用诉讼权利,恶意提起诉讼损害第三人利益等行为,本法第13条规定,民事诉讼应当遵循诚信原则。第二,遵守诉讼秩序。良好的诉讼秩序是保证人民法院审判活动顺利进行的前提,当事人必须依法遵守。例如,不得哄闹法庭等。破坏诉讼秩序,构成妨害民事诉讼行为的,就要承担相应的法律责任。第三,履行发生法律效力的判决书、裁定书和调解书。人民法院的判决书、裁定书和调解书是人民法院审判权的体现,当事人有义务履行。当事人拒绝履行的,人民法院有权采取强制执行措施。

【司法解释】

《最高人民法院关于诉讼代理人查阅民事案件材料的规定》(法释〔2002〕39号,20021207;经法释〔2020〕20号修正,20210101)

第一条 代理民事诉讼的律师和其他诉讼代理人有权查阅所代理案件的有关材料。但是,诉讼代理人查阅案件材料不得影响案件的审理。

诉讼代理人为了申请再审的需要,可以查阅已经审理终结的所代理案件有关材料。

【司法文件】

《人民法院诉讼档案管理办法》(最高人民法院、国家档案局,法〔2013〕283号,20140101)

第十六条 案件当事人持身份证或者其他有效身份证明(当事人是法人的,应持法定代表人身份证明、工商登记证明复印件),可以查阅诉讼档案正卷有关内容。

律师持执业证、律师事务所介绍信、当事人授权委托书、当事人身份证明复印件,可以查阅诉讼档案正卷有关内容。

其他诉讼代理人持身份证或者其他有效身份证明、当事人授权委托书、当事人身份证明复印件,可以查阅诉讼档案正卷有关内容。

第十七条 当事人或者诉讼代理人可以申请复制所查阅的档案材料。经批准复制的材料,由档案工作人员核对无误后,加盖人民法院档案证明专用章,与档案原件具有同等的效力。

第十八条 借阅、调阅人民法院诉讼档案的有关部门和人员,应当在六个月内归还,确因工作需要继续使用的,应当办理续借手续,续借时间不得超过三个月。对逾期不还的,各级人民法院档案机构应当及时催还并通报。

第十九条 诉讼档案归还时,档案工作人员应当认真检查卷内材料,如发现卷内材料有短缺、涂改、污损等情况,应当及时报告并追查。

第五十三条 【自行和解】双方当事人可以自行和解。

【立法·要点注释】

1. 和解，是指当事人双方自行协商，就实体权利的处分达成协议，从而解决争议的活动。

2. 和解分为诉讼外的和解与诉讼中的和解。诉讼外的和解，是民事主体在诉讼外进行的民事行为，不具有任何诉讼上的意义和效力。诉讼中的和解，是当事人双方在诉讼进行中自行协商，达成协议。在诉讼过程中，当事人双方可以自行和解，人民法院同意当事人和解的，可以通过原告撤诉的方式结束诉讼程序。

【司法解释】

1.《**最高人民法院关于审理环境民事公益诉讼案件适用法律若干问题的解释**》(法释〔2015〕1 号，20150107；经法释〔2020〕20 号修正，20210101)

第二十五条 环境民事公益诉讼当事人达成调解协议或者自行达成和解协议后，人民法院应当将协议内容公告，公告期间不少于三十日。

公告期满后，人民法院审查认为调解协议或者和解协议的内容不损害社会公共利益的，应当出具调解书。当事人以达成和解协议为由申请撤诉的，不予准许。

调解书应当写明诉讼请求、案件的基本事实和协议内容，并应当公开。

2.《**最高人民法院关于人民法院民事调解工作若干问题的规定**》(法释〔2004〕12 号，20041101；经法释〔2020〕20 号修正，20210101)

第二条 当事人在诉讼过程中自行达成和解协议的，人民法院可以根据当事人的申请依法确认和解协议制作调解书。双方当事人申请庭外和解的期间，不计入审限。

当事人在和解过程中申请人民法院对和解活动进行协调的，人民法院可以委派审判辅助人员或者邀请、委托有关单位和个人从事协调活动。

【最高法指导性案例】

指导案例 2 号：吴梅诉四川省眉山西城纸业有限公司买卖合同纠纷案(20111220)

【裁判要点】

民事案件二审期间，双方当事人达成和解协议，人民法院准许撤回上诉的，该和解协议未经人民法院依法制作调解书，属于诉讼外达成的协议。一方当事人不履行和解协议，另一方当事人申请执行一审判决的，人民法院应予支持。

【基本案情】

原告吴梅系四川省眉山市东坡区吴梅收旧站业主，从事废品收购业务。

约自 2004 年开始,吴梅出售废书给被告四川省眉山西城纸业有限公司(简称西城纸业公司)。2009 年 4 月 14 日双方通过结算,西城纸业公司向吴梅出具欠条载明:今欠到吴梅书款壹佰玖拾柒万元整(￥1970000.00)。同年 6 月 11 日,双方又对后期货款进行了结算,西城纸业公司向吴梅出具欠条载明:今欠到吴梅废书款伍拾肆万捌仟元整(￥548000.00)。因经多次催收上述货款无果,吴梅向眉山市东坡区人民法院起诉,请求法院判令西城纸业公司支付货款 251.8 万元及利息。被告西城纸业公司对欠吴梅货款 251.8 万元没有异议。

一审法院经审理后判决:被告西城纸业公司在判决生效之日起 10 日内给付原告吴梅货款 251.8 万元及违约利息。宣判后,西城纸业公司向眉山市中级人民法院提起上诉。二审审理期间,西城纸业公司于 2009 年 10 月 15 日与吴梅签订了一份还款协议,商定西城纸业公司的还款计划,吴梅则放弃了支付利息的请求。同年 10 月 20 日,西城纸业公司以自愿与对方达成和解协议为由申请撤回上诉。眉山市中级人民法院裁定准予撤诉后,因西城纸业公司未完全履行和解协议,吴梅向一审法院申请执行一审判决。眉山市东坡区人民法院对吴梅申请执行一审判决予以支持。西城纸业公司向眉山市中级人民法院申请执行监督,主张不予执行原一审判决。

【裁判结果】

眉山市中级人民法院于 2010 年 7 月 7 日作出(2010)眉执督字第 4 号复函认为:根据吴梅的申请,一审法院受理执行已生效法律文书并无不当,应当继续执行。

【裁判理由】

法院认为:西城纸业公司对于撤诉的法律后果应当明知,即一旦法院裁定准予其撤回上诉,眉山市东坡区人民法院的一审判决即为生效判决,具有强制执行的效力。虽然二审期间双方在自愿基础上达成的和解协议对相关权利义务作出约定,西城纸业公司因该协议的签订而放弃行使上诉权,吴梅则放弃了利息,但是该和解协议属于双方当事人诉讼外达成的协议,未经人民法院依法确认制作调解书,不具有强制执行力。西城纸业公司未按和解协议履行还款义务,违背了双方约定和诚实信用原则,故对其以双方达成和解协议为由,主张不予执行原生效判决的请求不予支持。

> **第五十四条 【诉讼请求和反诉】** 原告可以放弃或者变更诉讼请求。被告可以承认或者反驳诉讼请求,有权提起反诉。

【立法·要点注释】

1. 诉讼请求,是指原告通过人民法

院对被告提出的实体权利请求。其中给付之诉的诉讼请求是交付某项财物或者为一定的行为,确认之诉的诉讼请求是对某一法律关系的确定,变更之诉的诉讼请求是改变或者消灭某种法律关系。

2. 放弃诉讼请求,是指原告起诉后放弃对被告的实体权利请求。放弃诉讼请求是对实体权利的处分。在诉讼过程中,原告有权根据自己的实际情况全部或者部分放弃自己对被告的实体权利请求。

3. 变更诉讼请求,是指原告向人民法院起诉后,依法增加或者减少已经提出的实体权利请求。

4. 承认诉讼请求,是指被告对原告提出的实体权利的请求表示认可。承认诉讼请求,有的是无条件的,即承认对方提出的事实或者全部请求;有的只是部分承认对方的请求。被告承认诉讼请求,是被告的诉讼权利,人民法院对此应当认真进行调查研究,仔细分析,判断原告、被告有无相互串通,规避法律,损害国家利益、社会公共利益和他人合法权益的情况,然后决定可否将该种承认作为定案的根据。

5. 反驳诉讼请求,是指被告提出证据或者理由反对原告的诉讼请求。这是被告为维护自己的权利,实现审判上的保护所采取的一种诉讼手段。包括从实体上反驳,即以实体法的规定为理由,反对原告关于实体权利的请求;从程序上反驳,即以程序法的规定证明原

告违反了诉讼程序的要求。

6. 反诉,是指诉讼开始后,本诉的被告以本诉的原告为被告提出的具有对抗性的独立的诉讼请求。反诉的目的在于抵销、排斥或者吞并本诉的诉讼请求。

7. 在司法实践中,原告增加诉讼请求、被告提出反诉应当在法庭辩论结束前。当事人增加、变更诉讼请求或者提出反诉的,人民法院应当根据案件具体情况重新确定举证期限。

【行政法规】

《诉讼费用交纳办法》(20070401)

第二十一条 当事人在诉讼中变更诉讼请求数额,案件受理费依照下列规定处理:

(一)当事人增加诉讼请求数额的,按照增加后的诉讼请求数额计算补交;

(二)当事人在法庭调查终结前提出减少诉讼请求数额的,按照减少后的诉讼请求数额计算退还。

【司法解释】

1.《最高人民法院关于适用〈中华人民共和国民事诉讼法〉的解释》(法释〔2015〕5号,20150204;经法释〔2022〕11号修正,20220410)

第二百三十二条 在案件受理后,法庭辩论结束前,原告增加诉讼请求,

被告提出反诉,第三人提出与本案有关的诉讼请求,可以合并审理的,人民法院应当合并审理。

第二百三十三条　反诉的当事人应当限于本诉的当事人的范围。

反诉与本诉的诉讼请求基于相同法律关系、诉讼请求之间具有因果关系,或者反诉与本诉的诉讼请求基于相同事实的,人民法院应当合并审理。

反诉应由其他人民法院专属管辖,或者与本诉的诉讼标的及诉讼请求所依据的事实、理由无关联的,裁定不予受理,告知另行起诉。

【重点解读】人民法院受理反诉后,应当在同一程序中合并审理本诉和反诉。当然,在审理过程中,人民法院根据案件具体情况可以合并辩论,也可以分开辩论。对于本诉和反诉,人民法院应当分别作出裁判,各裁判可以同时作出也可以分别作出。

第二百三十八条　当事人申请撤诉或者依法可以按撤诉处理的案件,如果当事人有违反法律的行为需要依法处理的,人民法院可以不准许撤诉或者不按撤诉处理。

法庭辩论终结后原告申请撤诉,被告不同意的,人民法院可以不予准许。

【重点解读】原告撤诉后其实体权利并不受影响,其仍可以搜集证据再次提起诉讼。但是被告参加诉讼的成本得不到弥补,且面临重新被起诉的风险,造成诉累。因此,审判实践中法院应询问被告是否同意原告撤诉,避免原告滥用权利损害被告的利益。

第二百三十九条　人民法院准许本诉原告撤诉的,应当对反诉继续审理;被告申请撤回反诉的,人民法院应予准许。

【重点解读】1.本诉原告未撤诉,被告申请撤回反诉的处理。对于被告撤回反诉的申请,人民法院不能直接准许,仍然应当按照本司法解释第238条的规定审查被告撤回反诉是否存在违反法律的行为而不应准许撤诉的情形。如果不存在违反法律的行为,则应当准许被告撤回反诉;如果经审查发现存在违反法律的行为,则应当裁定不予准许撤诉。此外,被告(反诉原告)在反诉法庭辩论终结后申请撤回反诉,原告(反诉被告)不同意的,人民法院也可以裁定不予准许。人民法院裁定不准撤回反诉的,原告(反诉被告)经传票传唤,无正当理由拒不到庭的,可以缺席判决。

2.反诉继续审理的案号问题。反诉后,本诉与反诉合并审理,本诉与反诉共同使用一个案号,共同使用一个案由,双方互为原、被告,本诉与反诉在程序上相互牵连。本诉撤诉后,人民法院应当以该案号作出撤诉裁定。由于本诉的撤回不影响反诉的审理,而反诉又没有独立的案号,这时反诉继续审理仍然使用本诉的案号,并作出判决,不必另行更换案号。

第二百五十一条　二审裁定撤销一审判决发回重审的案件,当事人申请变更、增加诉讼请求或者提出反诉,第三人提出与本案有关的诉讼请求的,依照民事诉讼法第一百四十三条规定处理。

【重点解读】1.可以合并不等于必须合并。人民法院根据案件审理需要,有权自行决定是否合并审理。如果法院决定不合并审理,则应仅对原诉讼请求是否成立进行审理。

2.关于增加、变更诉讼请求以及提出反诉时的举证期限问题。当事人在一审举证期限届满前增加、变更诉讼请求或者提出反诉,或者依照《民事诉讼证据规定》第53条的规定根据法庭审理情况变更诉讼请求的,人民法院应当根据案件的具体情况重新指定举证期限。当事人对举证期限有约定的,应依照《民事诉讼证据规定》第51条的规定处理。

第二百五十二条 再审裁定撤销原判决、裁定发回重审的案件,当事人申请变更、增加诉讼请求或者提出反诉,符合下列情形之一的,人民法院应当准许:

(一)原审未合法传唤缺席判决,影响当事人行使诉讼权利的;

(二)追加新的诉讼当事人的;

(三)诉讼标的物灭失或者发生变化致使原诉讼请求无法实现的;

(四)当事人申请变更、增加的诉讼请求或者提出的反诉,无法通过另诉解决的。

第三百二十六条 在第二审程序中,原审原告增加独立的诉讼请求或者原审被告提出反诉的,第二审人民法院可以根据当事人自愿的原则就新增加的诉讼请求或者反诉进行调解;调解不成的,告知当事人另行起诉。

双方当事人同意由第二审人民法院一并审理的,第二审人民法院可以一并裁判。

【重点解读】二审法院进行调解必须根据当事人的自愿,并将调解的相关情况制作笔录入卷。对当事人在二审中新提出的诉讼请求进行一并审理是基于当事人放弃上诉权和审级利益这一前提,因此必须在征得各方当事人明确同意的情况下,才可依本条规定处理。

2.《最高人民法院、最高人民检察院关于检察公益诉讼案件适用法律若干问题的解释》(法释〔2018〕6号,20180302;经法释〔2020〕20号修正,20210101)

第十六条 人民检察院提起的民事公益诉讼案件中,被告以反诉方式提出诉讼请求的,人民法院不予受理。

3.《最高人民法院关于审理环境民事公益诉讼案件适用法律若干问题的解释》(法释〔2015〕1号,20150107;经法释〔2020〕20号修正,20210101)

第十七条 环境民事公益诉讼案件审理过程中,被告以反诉方式提出诉讼请求的,人民法院不予受理。

4.《最高人民法院关于审理消费民事公益诉讼案件适用法律若干问题的解释》(法释〔2016〕10 号,20160501;经法释〔2020〕20 号修正,20210101)

第十一条　消费民事公益诉讼案件审理过程中,被告提出反诉的,人民法院不予受理。

【司法文件】

《全国法院民商事审判工作会议纪要》(最高人民法院,法〔2019〕254 号,20191108)

26.【股东代表诉讼的反诉】股东依据《公司法》第 151 条第 3 款①的规定提起股东代表诉讼后,被告以原告股东恶意起诉侵犯其合法权益为由提起反诉的,人民法院应予受理。被告以公司在案涉纠纷中应当承担侵权或者违约等责任为由对公司提出的反诉,因不符合反诉的要件,人民法院应当裁定不予受理;已经受理的,裁定驳回起诉。

36.【合同无效时的释明问题】在双务合同中,原告起诉请求确认合同有效并请求继续履行合同,被告主张合同无效的,或者原告起诉请求确认合同无效并返还财产,而被告主张合同有效的,都要防止机械适用"不告不理"原则,仅就当事人的诉讼请求进行审理,而应向原告释明变更或者增加诉讼请求,或者向被告释明提出同时履行抗辩,尽可能一次性解决纠纷。例如,基于合同有给付行为的原告请求确认合同无效,但并未提出返还原物或者折价补偿、赔偿损失等请求的,人民法院应当向其释明,告知其一并提出相应诉讼请求;原告请求确认合同无效并要求被告返还原物或者赔偿损失,被告基于合同也有给付行为的,人民法院同样应当向被告释明,告知其也可以提出返还请求;人民法院经审理认定合同无效的,除了要在判决书"本院认为"部分对同时返还作出认定外,还应当在判项中作出明确表述,避免因判令单方返还而出现不公平的结果。

第一审人民法院未予释明,第二审人民法院认为应当对合同不成立、无效或者被撤销的法律后果作出判决的,可以直接释明并改判。当然,如果返还财产或者赔偿损失的范围确实难以确定或者双方争议较大的,也可以告知当事人通过另行起诉等方式解决,并在裁判文书中予以明确。

当事人按照释明变更诉讼请求或者提出抗辩的,人民法院应当将其归纳为案件争议焦点,组织当事人充分举证、质证、辩论。

第五十五条　【共同诉讼】当事人一方或者双方为二人以上,其诉讼标的是共同的,或者诉讼标的是同一种类、人民法院认为可以合并审理并经当事人同意的,为共同诉讼。

① 对应 2023 年《公司法》第 189 条第 3 款。——编者注

> 共同诉讼的一方当事人对诉讼标的有共同权利义务的，其中一人的诉讼行为经其他共同诉讼人承认，对其他共同诉讼人发生效力；对诉讼标的没有共同权利义务的，其中一人的诉讼行为对其他共同诉讼人不发生效力。

【立法·要点注释】

1. 必要的共同诉讼，是当事人一方或者双方为二人以上，其诉讼标的是共同的诉讼，其特点在于共同诉讼的一方当事人对诉讼标的有不可分的共同的权利义务。它基于以下两种情况产生：基于同一物权或者连带债权债务产生或基于同一事实和法律上的原因产生。必要的共同诉讼，共同诉讼人对诉讼标的的有共同的权利义务，其中一人不参加诉讼，争议的权利义务关系以及当事人之间的权利义务关系就难以确定，因此，如果人民法院发现必须共同进行诉讼的当事人没有参加诉讼的，应当追加其为当事人，通知其参加诉讼。典型必要的共同诉讼形态包括：（1）以他人之间的法律关系为对象提起的确认之诉或者形成之诉。在此类诉讼中，牵涉该法律关系的所有主体须作为共同被告。比如，利害关系人丙向人民法院请求确认甲、乙之间的婚姻关系无效。（2）在三人及以上的主体之间并非按份共有，而是具有不可分的财产共有关系等情形中，如果共有人围绕共有财产发生诉讼，原则上所有的共有人都应当成为共同诉讼人。（3）作为审理对象的法律关系指向的标的物为共有财产，或者参加该法律关系的一方主体为共有人。只要诉讼的实体内容牵涉不可分的共有财产，共有人原则上都应当成为共同诉讼人。（4）共同侵权损害赔偿诉讼中，各侵权人原则上应当作为共同诉讼人参加诉讼。存在例外的是，道路交通事故损害赔偿诉讼中，承保机动车强制保险的保险人虽然不是共同侵权人，但由于其在强制保险责任限额范围内承担先行赔偿的义务，故应当作为共同诉讼人参加诉讼。（5）扩大的"诉讼标的共同"的情形。包括：个体工商户登记的经营者与实际经营者；从事民事活动的挂靠人与被挂靠人；企业法人与分立后的企业；业务介绍信、合同专用章、盖章的空白合同书或者银行账户的出借单位与借用人；相对人针对代理人与被代理人提起的诉讼。

2. 普通的共同诉讼，是当事人一方或者双方为二人以上，其诉讼标的为同一种类，人民法院认为可以合并审理并经当事人同意的诉讼，其特点在于共同诉讼的一方当事人对诉讼标的没有共同的权利义务，是一种可分之诉，只是因为它们的诉讼标的属于同一种类，人民法院为审理方便，才将它们作为共同诉讼审理。普通的共同诉讼，共同诉讼人之间没有共同的利害关系，可以将他们作为各自独立的诉讼分别审理。但如作为共同诉讼合并审理必须符合四个条件:共同的被告必须在一个人民法院的辖区内;几个诉讼必须属于同一诉讼程序;当事人同意作为共同诉讼合并审理;必须符合合并审理的目的,即合并审理后,可以简化程序,节省时间和费用,否则应当分别审理。

【相关立法】

1.《中华人民共和国民法典》(20210101)

第二百九十九条　共同共有人对共有的不动产或者动产共同享有所有权。

第三百一十条　两个以上组织、个人共同享有用益物权、担保物权的,参照适用本章的有关规定。

第五百一十八条　债权人为二人以上,部分或者全部债权人均可以请求债务人履行债务的,为连带债权;债务人为二人以上,债权人可以请求部分或者全部债务人履行全部债务的,为连带债务。

连带债权或者连带债务,由法律规定或者当事人约定。

第一千一百六十八条　二人以上共同实施侵权行为,造成他人损害的,应当承担连带责任。

第一千一百九十七条　网络服务提供者知道或者应当知道网络用户利用其网络服务侵害他人民事权益,未采取必要措施的,与该网络用户承担连带责任。

2.《中华人民共和国海事诉讼特别程序法》(20000701)

第九十五条　保险人行使代位请求赔偿权利时,被保险人已经向造成保险事故的第三人提起诉讼的,保险人可以向受理该案的法院提出变更当事人的请求,代位行使被保险人对第三人请求赔偿的权利。

被保险人取得的保险赔偿不能弥补第三人造成的全部损失的,保险人和被保险人可以作为共同原告向第三人请求赔偿。

【司法解释】

1.《最高人民法院关于适用〈中华人民共和国民事诉讼法〉的解释》(法释〔2015〕5号,20150204;经法释〔2022〕11号修正,20220410)

第五十四条　以挂靠形式从事民事活动,当事人请求由挂靠人和被挂靠人依法承担民事责任的,该挂靠人和被挂靠人为共同诉讼人。

【重点解读】应当根据一方当事人的请求来确定另一方当事人。当事人如果只主张挂靠人或者只主张被挂靠人独立承担责任的,人民法院应当只列挂靠人或被挂靠人一方为当事人。当事人主张挂靠人和被挂靠人共同承担民事责任的,人民法院应当将其列为共同诉讼人。人民法院在审查时可以向只列一方为被告的原告给予适当释明。如果原告在起诉时只列挂靠人或被挂靠人一方的,人民法院经审理依法判决后,当事人不能以遗漏诉讼当事人为由要求发回重审或者申请再审。在二审程序中,可以申请追加当事人或者另行起诉。

第五十八条 在劳务派遣期间,被派遣的工作人员因执行工作任务造成他人损害的,以接受劳务派遣的用工单位为当事人。当事人主张劳务派遣单位承担责任的,该劳务派遣单位为共同被告。

第五十九条 在诉讼中,个体工商户以营业执照上登记的经营者为当事人。有字号的,以营业执照上登记的字号为当事人,但应同时注明该字号经营者的基本信息。

营业执照上登记的经营者与实际经营者不一致的,以登记的经营者和实际经营者为共同诉讼人。

第六十条 在诉讼中,未依法登记领取营业执照的个人合伙的全体合伙人为共同诉讼人。个人合伙有依法核准登记的字号的,应在法律文书中注明登记的字号。全体合伙人可以推选代表人;被推选的代表人,应由全体合伙人出具推选书。

第六十三条 企业法人合并的,因合并前的民事活动发生的纠纷,以合并后的企业为当事人;企业法人分立的,因分立前的民事活动发生的纠纷,以分立后的企业为共同诉讼人。

第六十四条 企业法人解散的,依法清算并注销前,以该企业法人为当事人;未依法清算即被注销的,以该企业法人的股东、发起人或者出资人为当事人。

第六十五条 借用业务介绍信、合同专用章、盖章的空白合同书或者银行账户的,出借单位和借用人为共同诉讼人。

第六十六条 因保证合同纠纷提起的诉讼,债权人向保证人和被保证人一并主张权利的,人民法院应当将保证人和被保证人列为共同被告。保证合同约定为一般保证,债权人仅起诉保证人的,人民法院应当通知被保证人作为共同被告参加诉讼;债权人仅起诉被保证人的,可以只列被保证人为被告。

第六十七条 无民事行为能力人、限制民事行为能力人造成他人损害的,无民事行为能力人、限制民事行为能力人和其监护人为共同被告。

【重点解读】一般来说,在无民事行为能力人、限制民事行为能力人有多个监护人为共同被告的情形下,其参加诉讼的法定代理人只能为其中一人,作为无民事行为能力人、限制民事行为能力人的法定代理人,由于有其他监护人的监督,很难侵害被监护人的利益。但在监护人和法定代理人均仅为一人的情况下,就需要防止无民事行为能力人、限制民事行为能力人的法定代理人在诉讼中侵害被监护人的合法权益。

第七十条 在继承遗产的诉讼中,部分继承人起诉的,人民法院应通知其他继承人作为共同原告参加诉讼;被通知的继承人不愿意参加诉讼又未明确表示放弃实体权利的,人民法院仍应将其列为共同原告。

【重点解读】"其他继承人"应当是同一顺序的未起诉的其他继承人,即继承开始后,先由第一顺序的配偶、子女、父母继承,第二顺序的继承人不得继承;没有第一顺序继承人继承的,才可以由第二顺序继承人继承。在同一顺序中,部分继承人起诉的,才发生本条规定的追加未起诉的其他继承人作为共同原告的情形。不是同一顺序的,即使该继承人未起诉,也不得追加其为共同原告。

被通知的同一顺序的其他继承人不愿意参加诉讼又未明确表示放弃实体权利的,人民法院需要将列为共同原告。如果该继承人放弃实体权利的,人民法院无须将列为共同原告。

第七十一条 原告起诉被代理人和代理人,要求承担连带责任的,被代理人和代理人为共同被告。

原告起诉代理人和相对人,要求承担连带责任的,代理人和相对人为共同被告。

【重点解读】除了法律直接规定之外,被代理人和代理人列为共同被告的前提是当事人起诉请求被代理人和代理人承担连带责任。如果当事人只起诉被代理人或者代理人之中的一人,根据连带责任的法理,被代理人或者代理人均负有全部履行的义务(事后可以向另一方追偿)。该情形下,未被起诉的

被代理人或者代理人,并非必须共同进行诉讼的当事人,人民法院不需要追加未被起诉的被代理人或者代理人参加诉讼。

第七十二条 共有财产权受到他人侵害,部分共有权人起诉的,其他共有权人为共同诉讼人。

【重点解读】注意结合《民法典》相关规定以及当事人约定,对因共有物的管理、处分、修缮及共有关系不明对共有关系性质推定等引发的纠纷,审查判断属于共同共有还是按份共有,再根据《民事诉讼法》以及本解释的相关规定,判断是属于必要的共同诉讼还是普通的共同诉讼,确定是否追加其他共同诉讼人参加诉讼,以充分保护相关当事人的诉讼权利。

第七十三条 必须共同进行诉讼的当事人没有参加诉讼的,人民法院应当依照民事诉讼法第一百三十五条的规定,通知其参加;当事人也可以向人民法院申请追加。人民法院对当事人提出的申请,应当进行审查,申请理由不成立的,裁定驳回;申请理由成立的,书面通知被追加的当事人参加诉讼。

第七十四条 人民法院追加共同诉讼的当事人时,应当通知其他当事人。应当追加的原告,已明确表示放弃实体权利的,可不予追加;既不愿意参加诉讼,又不放弃实体权利的,仍应追加为共同原告,其不参加诉讼,不影响人民法院对案件的审理和依法作出判决。

【重点解读】严格按照程序处理，追加当事人的，应当及时通知其他当事人，以便为其他当事人提供质疑、抗辩的机会。对应当追加的原告，不愿意参加诉讼或者明确放弃实体权利的，应当及时释明，确保其意思表示真实，依法保护当事人诉讼权利，避免争议和误解。

2.《最高人民法院关于适用〈中华人民共和国民法典〉合同编通则若干问题的解释》（法释〔2023〕13号，20231205）

第三十七条 债权人以债务人的相对人为被告向人民法院提起代位权诉讼，未将债务人列为第三人的，人民法院应当追加债务人为第三人。

两个以上债权人以债务人的同一相对人为被告提起代位权诉讼的，人民法院可以合并审理。债务人对相对人享有的债权不足以清偿其对两个以上债权人负担的债务的，人民法院应当按照债权人享有的债权比例确定相对人的履行份额，但是法律另有规定的除外。

第四十四条 债权人依据民法典第五百三十八条、第五百三十九条的规定提起撤销权诉讼的，应当以债务人和债务人的相对人为共同被告，由债务人或者相对人的住所地人民法院管辖，但是依法应当适用专属管辖规定的除外。

两个以上债权人就债务人的同一行为提起撤销权诉讼的，人民法院可以合并审理。

3.《最高人民法院关于审理商品房买卖合同纠纷案件适用法律若干问题的解释》（法释〔2003〕7号，20030601；经法释〔2020〕17号修正，20210101）

第二十二条 买受人未按照商品房担保贷款合同的约定偿还贷款，亦未与担保权人办理不动产抵押登记手续，担保权人起诉买受人，请求处分商品房买卖合同项下买受人合同权利的，应当通知出卖人参加诉讼；担保权人同时起诉出卖人时，如果出卖人为商品房担保贷款合同提供保证的，应当列为共同被告。

第二十三条 买受人未按照商品房担保贷款合同的约定偿还贷款，但是已经取得不动产权属证书并与担保权人办理了不动产抵押登记手续，抵押权人请求买受人偿还贷款或者就抵押的房屋优先受偿的，不应当追加出卖人为当事人，但出卖人提供保证的除外。

4.《最高人民法院关于审理建设工程施工合同纠纷案件适用法律问题的解释(一)》（法释〔2020〕25号，20210101）

第十五条 因建设工程质量发生争议的，发包人可以以总承包人、分包人和实际施工人为共同被告提起诉讼。

5.《最高人民法院关于审理劳动争议案件适用法律问题的解释（一）》（法释〔2020〕26号，20210101）

第三十一条 当事人不服劳动争议仲裁机构作出的仲裁裁决，依法提起诉讼,人民法院审查认为仲裁裁决遗漏了必须共同参加仲裁的当事人的,应当依法追加遗漏的人为诉讼当事人。

被追加的当事人应当承担责任的,人民法院应当一并处理。

6.《最高人民法院关于审理民间借贷案件适用法律若干问题的规定》(法释〔2015〕18号,20150901;经法释〔2020〕17号修正,20210101)

第四条 保证人为借款人提供连带责任保证,出借人仅起诉借款人的,人民法院可以不追加保证人为共同被告;出借人仅起诉保证人的,人民法院可以追加借款人为共同被告。

保证人为借款人提供一般保证,出借人仅起诉保证人的,人民法院应当追加借款人为共同被告;出借人仅起诉借款人的,人民法院可以不追加保证人为共同被告。

7.《最高人民法院关于审理涉及农村土地承包纠纷案件适用法律问题的解释》(法释〔2005〕6号,20050901;经法释〔2020〕17号修正,20210101)

第六条 因发包方违法收回、调整承包地,或者因发包方收回承包方弃耕、撂荒的承包地产生的纠纷,按下列情形,分别处理:

(一)发包方未将承包地另行发包,承包方请求返还承包地的,应予支持;

(二)发包方已将承包地另行发包

给第三人,承包方以发包方和第三人为共同被告,请求确认其所签订的承包合同无效、返还承包地并赔偿损失的,应予支持。但属于承包方弃耕、撂荒情形的,对其赔偿损失的诉讼请求,不予支持。

前款第(二)项所称的第三人,请求受益方补偿其在承包地上的合理投入的,应予支持。

8.《最高人民法院关于适用〈中华人民共和国民法典〉有关担保制度的解释》(法释〔2020〕28号,20210101)

第四十五条 当事人约定当债务人不履行到期债务或者发生当事人约定的实现担保物权的情形,担保物权人有权将担保财产自行拍卖、变卖并就所得的价款优先受偿的,该约定有效。因担保人的原因导致担保物权人无法自行对担保财产进行拍卖、变卖,担保物权人请求担保人承担因此增加的费用的,人民法院应予支持。

当事人依照民事诉讼法有关"实现担保物权案件"的规定,申请拍卖、变卖担保财产,被申请人以担保合同约定仲裁条款为由主张驳回申请的,人民法院经审查后,应当按照以下情形分别处理:

(一)当事人对担保物权无实质性争议且实现担保物权条件已经成就的,应当裁定准许拍卖、变卖担保财产;

(二)当事人对实现担保物权有部分实质性争议的,可以就无争议的部分

裁定准许拍卖、变卖担保财产,并告知可以就有争议的部分申请仲裁;

(三)当事人对实现担保物权有实质性争议的,裁定驳回申请,并告知可以向仲裁机构申请仲裁。

债权人以诉讼方式行使担保物权的,应当以债务人和担保人作为共同被告。

9.《最高人民法院关于适用〈中华人民共和国民法典〉侵权责任编的解释(一)》(法释〔2024〕12号,20240927)

第四条　无民事行为能力人、限制民事行为能力人造成他人损害,被侵权人请求监护人承担侵权责任,或者合并请求监护人和受托履行监护职责的人承担侵权责任的,人民法院应当将无民事行为能力人、限制民事行为能力人列为共同被告。

第六条　行为人在侵权行为发生时不满十八周岁,被诉时已满十八周岁的,被侵权人请求原监护人承担侵权人应承担的全部责任的,人民法院应予支持,并在判决中明确,赔偿费用可以先从被监护人财产中支付,不足部分由监护人支付。

前款规定情形,被侵权人仅起诉行为人的,人民法院应当向原告释明申请追加原监护人为共同被告。

第十四条　无民事行为能力人或者限制民事行为能力人在幼儿园、学校或者其他教育机构学习、生活期间,受到教育机构以外的第三人人身损害,第

三人、教育机构作为共同被告且依法应承担侵权责任的,人民法院应当在判决中明确,教育机构在人民法院就第三人的财产依法强制执行后仍不能履行的范围内,承担与其过错相应的补充责任。

被侵权人仅起诉教育机构的,人民法院应当向原告释明申请追加实施侵权行为的第三人为共同被告。

第三人不确定的,未尽到管理职责的教育机构先行承担与其过错相应的责任;教育机构承担责任后向已经确定的第三人追偿的,人民法院依照民法典第一千二百零一条的规定予以支持。

10.《最高人民法院关于审理食品药品纠纷案件适用法律若干问题的规定》(法释〔2013〕28号,20140315;经法释〔2021〕17号修正,20211201)

第二条　因食品、药品存在质量问题造成消费者损害,消费者可以分别起诉或者同时起诉销售者和生产者。

消费者仅起诉销售者或者生产者的,必要时人民法院可以追加相关当事人参加诉讼。

11.《最高人民法院关于审理食品安全民事纠纷案件适用法律若干问题的解释(一)》(法释〔2020〕14号,20210101)

第三条　电子商务平台经营者违反食品安全法第六十二条和第一百三十一条规定,未对平台内食品经营者进

行实名登记、审查许可证，或者未履行报告、停止提供网络交易平台服务等义务，使消费者的合法权益受到损害，消费者主张电子商务平台经营者与平台内食品经营者承担连带责任的，人民法院应予支持。

12.《最高人民法院关于审理网络消费纠纷案件适用法律若干问题的规定(一)》(法释〔2022〕8号，20220315)

第十五条 网络直播营销平台经营者对依法需取得食品经营许可的网络直播间的食品经营资质未尽到法定审核义务，使消费者的合法权益受到损害，消费者依据食品安全法第一百三十一条等规定主张网络直播营销平台经营者与直播间运营者承担连带责任的，人民法院应予支持。

第十六条 网络直播营销平台经营者知道或者应当知道网络直播间销售的商品不符合保障人身、财产安全的要求，或者有其他侵害消费者合法权益行为，未采取必要措施，消费者依据电子商务法第三十八条等规定主张网络直播营销平台经营者与直播间运营者承担连带责任的，人民法院应予支持。

第十七条 直播间运营者知道或者应当知道经营者提供的商品不符合保障人身、财产安全的要求，或者有其他侵害消费者合法权益行为，仍为其推广，给消费者造成损害，消费者依据民法典第一千一百六十八条等规定主张直播间运营者与提供该商品的经营者承担连带责任的，人民法院应予支持。

第十八条 网络餐饮服务平台经营者违反食品安全法第六十二条和第一百三十一条规定，未对入网餐饮服务提供者进行实名登记、审查许可证，或者未履行报告、停止提供网络交易平台服务等义务，使消费者的合法权益受到损害，消费者主张网络餐饮服务平台经营者与入网餐饮服务提供者承担连带责任的，人民法院应予支持。

13.《最高人民法院关于审理人身损害赔偿案件适用法律若干问题的解释》(法释〔2003〕20号，20040501;经法释〔2022〕14号修正，20220501)

第二条 赔偿权利人起诉部分共同侵权人的，人民法院应当追加其他共同侵权人作为共同被告。赔偿权利人在诉讼中放弃对部分共同侵权人的诉讼请求的，其他共同侵权人对被放弃诉讼请求的被告应当承担的赔偿份额不承担连带责任。责任范围难以确定的，推定各共同侵权人承担同等责任。

人民法院应当将放弃诉讼请求的法律后果告知赔偿权利人，并将放弃诉讼请求的情况在法律文书中叙明。

14.《最高人民法院关于审理利用信息网络侵害人身权益民事纠纷案件适用法律若干问题的规定》(法释〔2014〕11号，20141010;经法释〔2020〕17号修正，20210101)

第二条 原告依据民法典第一千

一百九十五条、第一千一百九十七条的规定起诉网络用户或者网络服务提供者的,人民法院应予受理。

原告仅起诉网络用户,网络用户请求追加涉嫌侵权的网络服务提供者为共同被告或者第三人的,人民法院应予准许。

原告仅起诉网络服务提供者,网络服务提供者请求追加可以确定的网络用户为共同被告或者第三人的,人民法院应予准许。

15.《最高人民法院关于审理道路交通事故损害赔偿案件适用法律若干问题的解释》(法释〔2012〕19号,20121221;经法释〔2020〕17号修正,20210101)

第二十二条 人民法院审理道路交通事故损害赔偿案件,应当将承保交强险的保险公司列为共同被告。但该保险公司已经在交强险责任限额范围内予以赔偿且当事人无异议的除外。

人民法院审理道路交通事故损害赔偿案件,当事人请求将承保商业三者险的保险公司列为共同被告的,人民法院应予准许。

16.《最高人民法院关于审理医疗损害责任纠纷案件适用法律若干问题的解释》(法释〔2017〕20号,20171214;经法释〔2020〕17号修正,20210101)

第二条 患者因同一伤病在多个医疗机构接受诊疗受到损害,起诉部分或者全部就诊的医疗机构的,应予受理。

患者起诉部分就诊的医疗机构后,当事人依法申请追加其他就诊的医疗机构为共同被告或者第三人的,应予准许。必要时,人民法院可以依法追加相关当事人参加诉讼。

第三条 患者因缺陷医疗产品受到损害,起诉部分或者全部医疗产品的生产者、销售者、药品上市许可持有人和医疗机构的,应予受理。

患者仅起诉医疗产品的生产者、销售者、药品上市许可持有人、医疗机构中部分主体,当事人依法申请追加其他主体为共同被告或者第三人的,应予准许。必要时,人民法院可以依法追加相关当事人参加诉讼。

患者因输入不合格的血液受到损害提起侵权诉讼的,参照适用前两款规定。

17.《最高人民法院关于审理涉及会计师事务所在审计业务活动中民事侵权赔偿案件的若干规定》(法释〔2007〕12号,20070615)

第三条 利害关系人未对被审计单位提起诉讼而直接对会计师事务所提起诉讼的,人民法院应当告知其对会计师事务所和被审计单位一并提起诉讼;利害关系人拒不起诉被审计单位的,人民法院应当通知被审计单位作为共同被告参加诉讼。

利害关系人对会计师事务所的分

支机构提起诉讼的,人民法院可以将该会计师事务所列为共同被告参加诉讼。

利害关系人提出被审计单位的出资人虚假出资或者出资不实、抽逃出资,且事后未补足的,人民法院可以将该出资人列为第三人参加诉讼。

第十一条　会计师事务所与其分支机构作为共同被告的,会计师事务所对其分支机构的责任部分承担连带赔偿责任。

18.《最高人民法院关于审理使用人脸识别技术处理个人信息相关民事案件适用法律若干问题的规定》(法释〔2021〕15 号,20210801)

第十三条　基于同一信息处理者处理人脸信息侵害自然人人格权益发生的纠纷,多个受害人分别向同一人民法院起诉的,经当事人同意,人民法院可以合并审理。

19.《最高人民法院关于适用〈中华人民共和国民法典〉继承编的解释(一)》(法释〔2020〕23 号,20210101)

第四十四条　继承诉讼开始后,如继承人、受遗赠人中有既不愿参加诉讼,又不表示放弃实体权利的,应当追加为共同原告;继承人已书面表示放弃继承、受遗赠人在知道受遗赠后六十日内表示放弃受遗赠或者到期没有表示的,不再列为当事人。

20.《最高人民法院关于审理涉彩礼纠纷案件适用法律若干问题的规定》(法释〔2024〕1 号,20240201)

第四条　婚约财产纠纷中,婚约一方及其实际给付彩礼的父母可以作为共同原告;婚约另一方及其实际接收彩礼的父母可以作为共同被告。

离婚纠纷中,一方提出返还彩礼诉讼请求的,当事人仍为夫妻双方。

21.《最高人民法院关于适用〈中华人民共和国公司法〉若干问题的规定(二)》(法释〔2008〕6 号,20080519;经法释〔2020〕18 号修正,20210101)

第四条　股东提起解散公司诉讼应当以公司为被告。

原告以其他股东为被告一并提起诉讼的,人民法院应当告知原告将其他股东变更为第三人;原告坚持不予变更的,人民法院应当驳回原告对其他股东的起诉。

原告提起解散公司诉讼应当告知其他股东,或者由人民法院通知其参加诉讼。其他股东或者有关利害关系人申请以共同原告或者第三人身份参加诉讼的,人民法院应予准许。

22.《最高人民法院关于适用〈中华人民共和国公司法〉若干问题的规定(四)》(法释〔2017〕16 号,20170901;经法释〔2020〕18 号修正,20210101)

第十三条　股东请求公司分配利润案件,应当列公司为被告。

一审法庭辩论终结前,其他股东基

于同一分配方案请求分配利润并申请参加诉讼的，应当列为共同原告。

23.《最高人民法院关于审理证券市场虚假陈述侵权民事赔偿案件的若干规定》（法释〔2022〕2 号，20220122）

第二十一条　公司重大资产重组的交易对方所提供的信息不符合真实、准确、完整的要求，导致公司披露的相关信息存在虚假陈述，原告起诉请求判令该交易对方与发行人等责任主体赔偿由此导致的损失的，人民法院应当予以支持。

第二十二条　有证据证明发行人的供应商、客户，以及为发行人提供服务的金融机构等明知发行人实施财务造假活动，仍然为其提供相关交易合同、发票、存款证明等予以配合，或者故意隐瞒重要事实致使发行人的信息披露文件存在虚假陈述，原告起诉请求判令其与发行人等责任主体赔偿由此导致的损失的，人民法院应当予以支持。

第二十三条　承担连带责任的当事人之间的责任分担与追偿，按照民法典第一百七十八条的规定处理，但本规定第二十条第二款规定的情形除外。

保荐机构、承销机构等责任主体以存在约定为由，请求发行人或者其控股股东、实际控制人补偿其因虚假陈述所承担的赔偿责任的，人民法院不予支持。

24.《最高人民法院关于适用〈中华人民共和国保险法〉若干问题的解释（四）》（法释〔2018〕13 号，20180901；经法释〔2020〕18 号修正，20210101）

第十三条　保险人提起代位求偿权之诉时，被保险人已经向第三者提起诉讼的，人民法院可以依法合并审理。

保险人行使代位求偿权时，被保险人已经向第三者提起诉讼，保险人向受理该案的人民法院申请变更当事人，代位行使被保险人对第三者请求赔偿的权利，被保险人同意的，人民法院应予准许；被保险人不同意的，保险人可以作为共同原告参加诉讼。

第十五条　被保险人对第三者应负的赔偿责任确定后，被保险人不履行赔偿责任，且第三者以保险人为被告或者以保险人与被保险人为共同被告提起诉讼时，被保险人尚未向保险人提出直接向第三者赔偿保险金的请求的，可以认定为属于保险法第六十五条第二款规定的"被保险人怠于请求"的情形。

25.《最高人民法院关于审理存单纠纷案件的若干规定》（法释〔1997〕8 号，19971213；经法释〔2020〕18 号修正，20210101）

第八条　对存单质押的认定和处理

存单可以质押。存单持有人以伪造、变造的虚假存单质押的，质押合同无效。接受虚假存单质押的当事人如以该存单质押为由起诉金融机构，要求兑付存款优先受偿的,人民法院应当判决驳回其诉讼请求,并告知其可另案起诉出质人。

存单持有人以金融机构开具的、未有实际存款或与实际存款不符的存单进行质押,以骗取或占用他人财产的,该质押关系无效。接受存单质押的人起诉的,该存单持有人与开具存单的金融机构为共同被告。利用存单骗取或占用他人财产的存单持有人对侵犯他人财产权承担赔偿责任,开具存单的金融机构因其过错致他人财产权受损,对所造成的损失承担连带赔偿责任。接受存单质押的人在审查存单的真实性上有重大过失的,开具存单的金融机构仅对所造成的损失承担补充赔偿责任。明知存单虚假而接受存单质押的,开具存单的金融机构不承担民事赔偿责任。

以金融机构核押的存单出质的,即便存单系伪造、变造、虚开,质押合同均为有效,金融机构应当依法向质权人兑付存单所记载的款项。

26.《最高人民法院关于审理与企业改制相关的民事纠纷案件若干问题的规定》(法释〔2003〕1 号,20030201;经法释〔2020〕18 号修正,20210101)

第七条 企业以其优质财产与他人组建新公司,而将债务留在原企业,债权人以新设公司和原企业作为共同被告提起诉讼主张债权的,新设公司应当在所接收的财产范围内与原企业共同承担连带责任。

27.《最高人民法院关于适用〈中华人民共和国企业破产法〉若干问题的规定(三)》(法释〔2019〕3 号,20190328;经法释〔2020〕18 号修正,20210101)

第九条 债务人对债权表记载的债权有异议向人民法院提起诉讼的,应将被异议债权人列为被告。债权人对债权表记载的他人债权有异议的,应将被异议债权人列为被告;债权人对债权表记载的本人债权有异议的,应将债务人列为被告。

对同一笔债权存在多个异议人,其他异议人申请参加诉讼的,应当列为共同原告。

28.《最高人民法院关于审理专利纠纷案件适用法律问题的若干规定》(法释〔2001〕21 号,20010701;经法释〔2020〕19 号修正,20210101)

第三条 原告仅对侵权产品制造者提起诉讼,未起诉销售者,侵权产品制造地与销售地不一致的,制造地人民法院有管辖权;以制造者与销售者为共同被告起诉的,销售地人民法院有管辖权。

销售者是制造者分支机构,原告在销售地起诉侵权产品制造者制造、销售行为的,销售地人民法院有管辖权。

29.《最高人民法院关于审理垄断民事纠纷案件适用法律若干问题的解释》(法释〔2024〕6 号,20240701)

第八条 两个以上原告因同一垄

断行为向有管辖权的同一人民法院分别提起诉讼的,人民法院可以合并审理。

两个以上原告因同一垄断行为向有管辖权的不同人民法院分别提起诉讼的,后立案的人民法院发现其他有管辖权的人民法院已先立案的,应当裁定将案件移送先立案的人民法院;受移送的人民法院可以合并审理。

人民法院可以要求当事人提供与被诉垄断行为相关的行政执法、仲裁、诉讼等情况。当事人拒不如实提供的,可以作为认定其是否遵循诚信原则和构成滥用权利等的考量因素。

第九条 原告无正当理由而根据影响地域、持续时间、实施场合、损害范围等因素对被告的同一垄断行为予以拆分,分别提起数个诉讼的,由最先受理诉讼的人民法院合并审理。

30.《最高人民法院关于审理生态环境侵权责任纠纷案件适用法律若干问题的解释》(法释〔2023〕5 号,20230901)

第五条 两个以上侵权人分别污染环境、破坏生态造成同一损害,每一个侵权人的行为都足以造成全部损害,被侵权人根据民法典第一千一百七十一条的规定请求侵权人承担连带责任的,人民法院应予支持。

第六条 两个以上侵权人分别污染环境、破坏生态,每一个侵权人的行为都不足以造成全部损害,被侵权人根据民法典第一千一百七十二条的规定

请求侵权人承担责任的,人民法院应予支持。

侵权人主张其污染环境、破坏生态行为不足以造成全部损害的,应当承担相应举证责任。

第七条 两个以上侵权人分别污染环境、破坏生态,部分侵权人的行为足以造成全部损害,部分侵权人的行为只造成部分损害,被侵权人请求足以造成全部损害的侵权人对全部损害承担责任,并与其他侵权人就共同造成的损害部分承担连带责任的,人民法院应予支持。

被侵权人依照前款规定请求足以造成全部损害的侵权人与其他侵权人承担责任的,受偿范围应以侵权行为造成的全部损害为限。

第八条 两个以上侵权人分别污染环境、破坏生态,部分侵权人能够证明其他侵权人的侵权行为已先行造成全部或者部分损害,并请求在相应范围内不承担责任或者减轻责任的,人民法院应予支持。

第九条 两个以上侵权人分别排放的物质相互作用产生污染物造成他人损害,被侵权人请求侵权人承担连带责任的,人民法院应予支持。

第十条 为侵权人污染环境、破坏生态提供场地或者储存、运输等帮助,被侵权人根据民法典第一千一百六十九条的规定请求行为人与侵权人承担连带责任的,人民法院应予支持。

第十四条 存在下列情形之一的,

排污单位与第三方治理机构应当根据民法典第一千一百六十八条的规定承担连带责任：

（一）第三方治理机构按照排污单位的指示，违反污染防治相关规定排放污染物的；

（二）排污单位将明显存在缺陷的环保设施交由第三方治理机构运营，第三方治理机构利用该设施违反污染防治相关规定排放污染物的；

（三）排污单位以明显不合理的价格将污染物交由第三方治理机构处置，第三方治理机构违反污染防治相关规定排放污染物的；

（四）其他应当承担连带责任的情形。

第二十一条 环境影响评价机构、环境监测机构以及从事环境监测设备和防治污染设施维护、运营的机构存在下列情形之一，被侵权人请求其与造成环境污染、生态破坏的其他责任人根据环境保护法第六十五条的规定承担连带责任的，人民法院应予支持：

（一）故意出具失实评价文件的；

（二）隐瞒委托人超过污染物排放标准或者超过重点污染物排放总量控制指标的事实的；

（三）故意不运行或者不正常运行环境监测设备或者防治污染设施的；

（四）其他根据法律规定应当承担连带责任的情形。

31.《最高人民法院关于审理环境

民事公益诉讼案件适用法律若干问题的解释》（法释〔2015〕1号，20150107；经法释〔2020〕20号修正，20210101）

第十条 人民法院受理环境民事公益诉讼后，应当在立案之日起五日内将起诉状副本发送被告，并公告案件受理情况。

有权提起诉讼的其他机关和社会组织在公告之日起三十日内申请参加诉讼，经审查符合法定条件的，人民法院应当将其列为共同原告；逾期申请的，不予准许。

公民、法人和其他组织以人身、财产受到损害为由申请参加诉讼的，告知其另行起诉。

32.《最高人民法院关于审理海洋自然资源与生态环境损害赔偿纠纷案件若干问题的规定》（法释〔2017〕23号，20180115）

第五条 在人民法院依照本规定第四条的规定发布公告之日起三十日内，或者书面告知之日起七日内，对同一损害有权提起诉讼的其他机关申请参加诉讼，经审查符合法定条件的，人民法院应当将其列为共同原告；逾期申请的，人民法院不予准许。裁判生效后另行起诉的，人民法院参照《最高人民法院关于审理环境民事公益诉讼案件适用法律若干问题的解释》第二十八条的规定处理。

对于不同损害，可以由各依法行使海洋环境监督管理权的机关分别提起诉讼;索赔人共同起诉或者在规定期限内申请参加诉讼的,人民法院依照民事诉讼法第五十二条①第一款的规定决定是否按共同诉讼进行审理。

33.《最高人民法院关于审理消费民事公益诉讼案件适用法律若干问题的解释》(法释〔2016〕10 号,20160501;经法释〔2020〕20 号修正,20210101)

第七条 人民法院受理消费民事公益诉讼案件后,依法可以提起诉讼的其他机关或者社会组织,可以在一审开庭前向人民法院申请参加诉讼。

人民法院准许参加诉讼的,列为共同原告;逾期申请的,不予准许。

34.《最高人民法院关于在民事审判工作中适用〈中华人民共和国工会法〉若干问题的解释》(法释〔2003〕11 号,20030709;经法释〔2020〕17 号修正,20210101)

第五条 根据工会法第四十三条②和民事诉讼法的有关规定,上级工会向人民法院申请支付令或者提起诉讼,要求企业、事业单位拨缴工会经费的,人民法院应当受理。基层工会要求参加诉讼的,人民法院可以准许其作为共同申请人或者共同原告参加诉讼。

35.《最高人民法院关于适用〈中华人民共和国海事诉讼特别程序法〉若干问题的解释》(法释〔2003〕3 号,20030201)

第六十六条 保险人依据海事诉讼特别程序法第九十五条的规定请求变更当事人或者请求作为共同原告参加诉讼的,海事法院应当予以审查并作出是否准予的裁定。当事人对裁定不服的,可以提起上诉。

36.《最高人民法院关于审理海事赔偿责任限制相关纠纷案件的若干规定》(法释〔2010〕11 号,20100915;经法释〔2020〕18 号修正,20210101)

第十条 债权人提起确权诉讼时,依据海商法第二百零九条的规定主张责任人无权限制赔偿责任的,应当以书面形式提出。案件的审理不适用海事诉讼特别程序法规定的确权诉讼程序,当事人对海事法院作出的判决、裁定可以依法提起上诉。

两个以上债权人主张责任人无权限制赔偿责任的,海事法院可以将相关案件合并审理。

【司法文件】

1.《最高人民法院关于人民法院受理共同诉讼案件问题的通知》(法〔2005〕270 号,20060101)

一、当事人一方或双方人数众多的共同诉讼,依法由基层人民法院受理。

---

① 对应 2023 年《民事诉讼法》第 55 条。——编者注

② 对应 2021 年《工会法》第 44 条。——编者注

受理法院认为不宜作为共同诉讼受理的,可分别受理。

在高级人民法院辖区内有重大影响的上述案件,由中级人民法院受理。如情况特殊,确需高级人民法院作为一审民事案件受理的,应当在受理前报最高人民法院批准。

法律、司法解释对知识产权,海事、海商,涉外等民事纠纷案件的级别管辖另有规定的,从其规定。

2.《全国法院民商事审判工作会议纪要》(最高人民法院,法〔2019〕254号,20191108)

13.【诉讼地位】人民法院在审理公司人格否认纠纷案件时,应当根据不同情形确定当事人的诉讼地位:

(1)债权人对债务人公司享有的债权已经由生效裁判确认,其另行提起公司人格否认诉讼,请求股东对公司债务承担连带责任的,列股东为被告,公司为第三人;

(2)债权人对债务人公司享有的债权提起诉讼的同时,一并提起公司人格否认诉讼,请求股东对公司债务承担连带责任的,列公司和股东为共同被告;

(3)债权人对债务人公司享有的债权尚未经生效裁判确认,直接提起公司人格否认诉讼,请求公司股东对公司债务承担连带责任的,人民法院应当向债权人释明,告知其追加公司为共同被告。债权人拒绝追加的,人民法院应当裁定驳回起诉。

79.【共同管辖的案件移送】原告以发行人、上市公司以外的虚假陈述行为人为被告提起诉讼,被告申请追加发行人或者上市公司为共同被告的,人民法院应予准许。人民法院在追加后发现其他有管辖权的人民法院已先行受理因同一虚假陈述引发的民事赔偿案件的,应当按照民事诉讼法司法解释第36条的规定,将案件移送给先立案的人民法院。

81.【立案登记】多个投资者就同一虚假陈述向人民法院提起诉讼,可以采用代表人诉讼方式对案件进行审理的,人民法院在登记立案时可以根据原告起诉状中所描述的虚假陈述的数量、性质及其实施日、揭露日或者更正日等时间节点,将投资者作为共同原告统一立案登记。原告主张被告实施了多个虚假陈述的,可以分别立案登记。

104.【票据清单交易、封包交易案件的处理原则】在村镇银行、农信社等作为直贴行,农信社、农商行、城商行、股份制银行等多家金融机构共同开展以商业承兑汇票为基础的票据清单交易、封包交易引发的纠纷案件中,在商业承兑汇票的出票人等实际用资人不能归还票款的情况下,为实现纠纷的一次性解决,出资银行以实际用资人和参与交易的其他金融机构为共同被告,请求实际用资人归还本息、参与交易的其他金融机构承担与其过错相适应的赔偿责任的,人民法院依法予以支持。

出资银行仅以整个交易链条的部分当事人为被告提起诉讼的，人民法院应当向其释明，其应当申请追加参与交易的其他当事人作为共同被告。出资银行拒绝追加实际用资人为被告的，人民法院应当驳回其诉讼请求；出资银行拒绝追加参与交易的其他金融机构为被告的，人民法院在确定其他金融机构的过错责任范围时，应当将未参加诉讼的当事人应当承担的相应份额作为考量因素，相应减轻本案当事人的责任。在确定参与交易的其他金融机构的过错责任范围时，可以参照其收取的"通道费""过桥费"等费用的比例以及案件的其他情况综合加以确定。

3.《全国法院审理债券纠纷案件座谈会纪要》（最高人民法院，法〔2020〕185 号，20200715）

14. 案件的集中审理。为节约司法资源，对于由债券持有人自行主张权利的债券违约纠纷案件，以及债券持有人、债券投资者依法提起的债券欺诈发行、虚假陈述侵权赔偿纠纷案件，受诉人民法院可以根据债券发行和交易的方式等案件具体情况，以民事诉讼法第五十二条、第五十三条、第五十四条①、证券法第九十五条和《最高人民法院关于适用〈中华人民共和国民事诉讼法〉若干问题的解释》的相关规定为依据，引导当事人选择适当的诉讼方式，对案件进行审理。

4.《最高人民法院关于人民法院在审理企业破产和改制案件中切实防止债务人逃废债务的紧急通知》（法〔2001〕105 号，20010810）

十、人民法院审理国有企业改制案件，对企业出售中，卖方隐瞒或遗漏原企业债务的，应当由卖方对所隐瞒或遗漏的债务向原企业的债权人承担责任；对企业股份合作制改造及吸收合并中，被兼并或被改制企业原资产管理人隐瞒或遗漏债务的，应当由被兼并或被改制企业原资产管理人对所隐瞒或遗漏的债务承担民事责任；对借企业分立剥离企业有效资产，以逃避债务的，应当将分立后的企业列为共同被告，并依法确认由其承担连带责任。

5.《全国法院知识产权审判工作会议关于审理技术合同纠纷案件若干问题的纪要》（最高人民法院，法〔2001〕84 号，20010619）

96. 中介人一般不作为委托人与第三人之间的技术合同诉讼的当事人，但下列情况除外：

（1）中介人与技术合同一方当事人恶意串通损害另一方利益的，恶意串通的双方应列为共同被告，承担连带责任；

（2）中介人隐瞒技术合同一方当事人的真实情况给另一方造成损失的，

_____

① 对应 2023 年《民事诉讼法》第 55 条、第 56 条、第 57 条。——编者注

中介人应列为被告，并依其过错承担相应的责任；

（3）因中介人不履行技术中介合同或者中介条款约定的其他义务，导致技术合同不能依约履行的，可以根据具体情况将中介人列为诉讼当事人。

6.《最高人民法院关于做好涉及网吧著作权纠纷案件审判工作的通知》

（法发〔2010〕50 号，20101125）

五、网吧经营者请求追加涉案影视作品提供者为共同被告，可根据案件的具体情况决定是否追加其参加诉讼。

7.《最高人民法院关于西施兰注册商标侵权纠纷案有关问题请示的批复》

（19941203）

根据你院请示报告所述，河南省轻工业品进出口公司（商标注册人）与西施兰联合企业有限公司（商标使用人）签订的是独占许可合同，并报商标局备案，合法有效，应依法保护。在合同有效期内，被许可人依据合同取得了"西施兰"牌注册商标的独占使用权，有权禁止他人使用该注册商标；发生侵犯注册商标专用权的行为，直接受侵害的是被许可人的权益。根据商标法及其实施细则关于保护注册商标专用权，以及民事诉讼法关于起诉条件的有关规定，西施兰联合企业有限公司依据其享有的独占使用权，可以和商标注册人作为共同原告向人民法院起诉，也可以单独起诉。

8.《最高人民法院关于审理彩礼纠纷案件中能否将对方当事人的父母列为共同被告的答复》（20170826）

对十二届全国人大五次会议第 1385 号建议的答复：

您提出的关于提请最高人民法院对涉婚赠与行为法律效力及时出台合乎法理的司法解释的建议收悉，现答复如下：

您认为涉婚赠与行为是附条件的赠与，在没有与对方缔结婚姻或最终离婚的情况下，赠与行为所附条件不复存在，我们同意您的观点。

对于婚前给付财物的性质问题，有学者称为附条件赠与行为，即以结婚为目的一方给予对方财物，一般数额较大。附条件赠与行为，如果条件不成或条件消失，给付方可请求返还。在农村特别是经济相对不发达地区来说，结婚给付财物（俗称彩礼）的现象比较普遍，通常是因旧俗所累，并非自愿。当两人因种种原因不能成婚时，一方要求另一方予以返还，法院一般应予支持，这也符合公平的法律理念和民间的风俗习惯。

针对审判实践中越来越多的彩礼纠纷，为了统一裁判标准，最高人民法院《关于适用〈中华人民共和国婚姻法〉若干问题的解释（二）》第十条①明确规定："当事人请求返还按照习俗给

————————

① 对应《民法典婚姻家庭编解释（一）》第 5 条。——编者注

付的彩礼的,如果查明属于以下情形,人民法院应当予以支持:(一)双方未办理结婚登记手续的;(二)双方办理结婚登记手续但确未共同生活的;(三)婚前给付并导致给付人生活困难的。适用前款第(二)、(三)项的规定,应当以双方离婚为条件"。上述司法解释中"双方未办理结婚登记手续",并非针对双方已共同生活的情形,如果双方确已共同生活但最终未能办理结婚登记手续,给付彩礼方请求返还彩礼的,人民法院可以根据双方共同生活的时间、是否生育子女、彩礼数额并结合当地风俗习惯等因素,确定是否返还以及具体返还的数额。

人民法院审理彩礼纠纷案件的案由是"婚约财产纠纷",据有关统计,全国法院2014年一审受理的"婚约财产纠纷"为23092件,2015年为26088件,2016年为24545件。在实际生活中,彩礼的给付人和接受人并非仅限于男女双方,还可能包括男女双方的父母和亲属,这些人均可成为返还彩礼诉讼的当事人。在中国的传统习俗中,儿女的婚姻被认为是终生大事,一般由父母一手操办,送彩礼也大都由父母代送,且多为家庭共有财产。而在诉讼中大多数也是由当事人本人或父母起诉,因此应诉方以起诉人不适格作为抗辩时,法院不予采信,以最大限度地保护公民的财产权利。对于被告的确定问题也是如此,诉讼方通常把对方当事人的父母列为共同被告,要求他们承担连带责任,

一般习俗是父母送彩礼,也是父母代收彩礼,故将当事人父母列为共同被告是适当的。

9.《第二次全国涉外商事海事审判工作会议纪要》(最高人民法院,法发〔2005〕26号,20051226)

8.人民法院根据《中华人民共和国民事诉讼法》的规定仅对主合同纠纷或者担保合同纠纷享有管辖权,原告以主债务人和担保人为共同被告向人民法院提起诉讼的,人民法院可以对主合同纠纷和担保合同纠纷一并管辖,但主合同或者担保合同当事人订有仲裁协议或者管辖协议,约定纠纷由仲裁机构仲裁或者外国法院排他性管辖的,人民法院对订有此类协议的主合同纠纷或者担保合同纠纷不享有管辖权。

9.担保合同的主债务人在我国境外,债权人在我国仅起诉担保人的,人民法院应根据《中华人民共和国民事诉讼法》的相关规定行使管辖权。在审理过程中,如发现依据担保合同的准据法,担保人享有先诉抗辩权或者该案需要先确定主合同债权额的,可以根据不同情况分别作如下处理:(1)人民法院对主合同纠纷享有管辖权的,可以要求原告在一定期限内追加主债务人为共同被告;(2)人民法院对主合同纠纷不享有管辖权的,应裁定中止审理,并指定一定的期限,告知债权人对主债务人提起诉讼或仲裁,或者以其他方式确定主债权额。债权人在指定的期限内对

主债务人提起诉讼或仲裁,或者经其他方式可以明确主债权额的,人民法院应在债权人提交相应的生效裁判文书或者其他证明文件后恢复审理。

债权人在指定的期限内拒绝申请追加主债务人为共同被告,或者未对主债务人提起诉讼或仲裁,或者经其他方式仍未能明确主债权额,且人民法院调解不成的,裁定驳回债权人的起诉。

13. 外国企业在我国境内依法设立并领取营业执照的分支机构,具有民事诉讼主体资格,可以作为当事人参加诉讼。因分支机构不能独立承担民事责任,其作为被告时,人民法院可以根据原告的申请追加设立该分支机构的外国企业为共同被告。

外国企业在我国境内设立的代表机构不具有诉讼主体资格的,涉及代表机构的纠纷案件应由外国企业作为当事人参加诉讼。

14. 根据《中华人民共和国民事诉讼法》第四十九条①和《最高人民法院关于适用〈中华人民共和国民事诉讼法〉若干问题的意见》第40条②的规定,外国企业、自然人在我国境内设立的"三来一补"企业具有民事诉讼主体资格,可以作为当事人参加诉讼。因"三来一补"企业不能独立承担民事责任,其作为被告时,人民法院可以根据原告的申请追加设立该"三来一补"企业的外国企业、自然人为共同被告。

【最高法公报案例】

当事人依据多个法律关系合并提出多项诉讼请求的,如何处理[甘肃华远实业有限公司等与兰州银行股份有限公司庆阳分行等金融借款合同纠纷案(2021-1)]

当事人依据多个法律关系合并提出多项诉讼请求,虽各个法律关系之间具有一定事实上的关联性,但是若并非基于同一事实或者诉讼标的并非同一或同类,经人民法院释明后,当事人仍不分别起诉的,可以裁定驳回起诉。

【法院参考案例】

挂靠人和被挂靠人可否作为共同被告[石家庄英杰建筑装饰工程有限公司、北京凡德国际贸易有限公司等债权转让合同纠纷案,最高人民法院(2016)最高法民申3743号]

最高人民法院认为,韵尚公司与项目部、建工集团二分公司签订《钢材买卖合同》,并依约供应钢材;英杰公司作为案涉钢材的实际购买人、使用人,对欠付韵尚公司6258415元货款并无异议。《民事诉讼法解释》第54条规定:

---

① 对应2023年《民事诉讼法》第51条。——编者注

② 对应2022年《民事诉讼法解释》第52条。——编者注

"以挂靠形式从事民事活动,当事人请求由挂靠人和被挂靠人依法承担民事责任的,该挂靠人和被挂靠人为共同诉讼人。"凡德公司作为承接案涉债权的合法债权人,请求挂靠人英杰公司与被挂靠人建工集团及建工集团二分公司共同给付钢材款,有相应的事实和法律依据。英杰公司关于建工集团和英杰公司并未违约的主张,由于与本案已经查明的事实不符,且未提供证据予以证明,本院不予支持。一审、二审法院根据合同约定以及本案实际情况,未支持建工集团及建工集团二分公司请求对合同约定的日千分之一的违约金进行调整的请求,系自由裁量权的正当行使,并无不当,且建工集团及建工集团二分公司对此并未申请再审,英杰公司该项申请再审理由理据不足,本院不予支持。

第五十六条 【当事人人数确定的代表人诉讼】 当事人一方人数众多的共同诉讼,可以由当事人推选代表人进行诉讼。代表人的诉讼行为对其所代表的当事人发生效力,但代表人变更、放弃诉讼请求或者承认对方当事人的诉讼请求,进行和解,必须经被代表的当事人同意。

【立法·要点注释】

1. 人数众多且确定的共同诉讼,是指当事人一方人数众多但起诉时人数可以确定的共同诉讼。人数众多且确定的共同诉讼具有以下两个特点:(1)诉讼标的是同一种类的。(2)提起诉讼的人数众多但在起诉时是确定的。

2. 关于代表人诉讼。起诉时,当事人人数能够确定。如果当事人一方人数众多在起诉时还不能够确定的,则不适用代表人诉讼。根据诉讼标的是同一的或者同一种类的,代表人诉讼既可以是必要的共同诉讼,也可以是普通的共同诉讼。属于必要的共同诉讼情形的,不愿意推选代表人的当事人,可以自己名义参加诉讼。属于普通的共同诉讼情形的,不愿意推选代表人的当事人,既可以自己名义参加诉讼,也可以另行起诉。

【相关立法】

1.《中华人民共和国旅游法》(20131001;20181026)

第九十四条 旅游者与旅游经营者发生纠纷,旅游者一方人数众多并有共同请求的,可以推选代表人参加协商、调解、仲裁、诉讼活动。

2.《中华人民共和国水污染防治法》(19841101;20180101)

第九十九条　因水污染受到损害的当事人人数众多的，可以依法由当事人推选代表人进行共同诉讼。

环境保护主管部门和有关社会团体可以依法支持因水污染受到损害的当事人向人民法院提起诉讼。

国家鼓励法律服务机构和律师为水污染损害诉讼中的受害人提供法律援助。

【司法解释】

1.《最高人民法院关于适用〈中华人民共和国民事诉讼法〉的解释》（法释〔2015〕5号，20150204；经法释〔2022〕11号修正，20220410）

第六十条　在诉讼中，未依法登记领取营业执照的个人合伙的全体合伙人为共同诉讼人。个人合伙有依法核准登记的字号的，应在法律文书中注明登记的字号。全体合伙人可以推选代表人；被推选的代表人，应由全体合伙人出具推选书。

第七十五条　民事诉讼法第五十六条、第五十七条和第二百零六条①规定的人数众多，一般指十人以上。

第七十六条　依照民事诉讼法第五十六条规定，当事人一方人数众多在起诉时确定的，可以由全体当事人推选共同的代表人，也可以由部分当事人推选自己的代表人；推选不出代表人的当事人，在必要的共同诉讼中可以自己参加诉讼，在普通的共同诉讼中可以另行起诉。

【重点解读】推选代表人参加诉讼的适用条件，区分必要的共同诉讼和普通的共同诉讼情形，对于推选不出代表人或者未参加推选的当事人，告知其根据本解释的本条规定，决定自己参加诉讼还是另行起诉。

第七十八条　民事诉讼法第五十六条和第五十七条规定的代表人为二至五人，每位代表人可以委托一至二人作为诉讼代理人。

2.《最高人民法院关于证券纠纷代表人诉讼若干问题的规定》（法释〔2020〕5号，20200731）②

第一条　本规定所指证券纠纷代表人诉讼包括因证券市场虚假陈述、内幕交易、操纵市场等行为引发的普通代表人诉讼和特别代表人诉讼。

普通代表人诉讼是依据民事诉讼法第五十三条、第五十四条③、证券法第九十五条第一款、第二款规定提起的诉讼；特别代表人诉讼是依据证券法第九十五条第三款规定提起的诉讼。

---

① 对应 2023 年《民事诉讼法》第 210 条。——编者注

② 本文件中的普通代表人诉讼关涉《民事诉讼法》第 56 条、第 57 条，为避免重复，完整内容参见第 57 条注释。——编者注

③ 2017 年《民事诉讼法》第 53 条、第 54 条对应 2023 年《民事诉讼法》第 56 条、第 57 条。——编者注

第五十七条 【当事人人数不确定的代表人诉讼】诉讼标的是同一种类、当事人一方人数众多在起诉时人数尚未确定的，人民法院可以发出公告，说明案件情况和诉讼请求，通知权利人在一定期间向人民法院登记。

向人民法院登记的权利人可以推选代表人进行诉讼；推选不出代表人的，人民法院可以与参加登记的权利人商定代表人。

代表人的诉讼行为对其所代表的当事人发生效力，但代表人变更、放弃诉讼请求或者承认对方当事人的诉讼请求，进行和解，必须经被代表的当事人同意。

人民法院作出的判决、裁定，对参加登记的全体权利人发生效力。未参加登记的权利人在诉讼时效期间提起诉讼的，适用该判决、裁定。

【立法·要点注释】

1.人数不确定的涉及多数人权益的共同诉讼，是指诉讼标的是同一种类，当事人一方人数众多但起诉时人数尚未确定的共同诉讼。人数不确定的涉及多数人权益的共同诉讼具有以下三个特点：（1）诉讼标的是同一种类。（2）提起诉讼时，受害人是不确定的。（3）并非所有受害人都提起了诉讼，有些受害人甚至不知道诉讼的发生。

2.关于集团诉讼，需要注意以下方面：第一，集团诉讼的诉讼标的是同一种类，属于普通的共同诉讼，是可分之诉。第二，集团诉讼起诉时当事人人数不确定。如果人数已经确定，就应适用本法第56条规定的人数众多且确定的共同诉讼制度。第三，向人民法院登记的权利人，应当举证证明其与对方当事人的法律关系以及受到的损害。人民法院据此审查该权利人的申请是否符合诉讼标的为同一种类。能够证明的，权利人即可成为该集团诉讼的当事人；证明不了的，不予登记，权利人可以另行起诉。第四，同意代表人参加诉讼的当事人无须自己参加庭审等后续诉讼程序。第五，人数众多的一方当事人可以推选2—5人作为代表人，每名代表人可以委托1—2人作为诉讼代理人。第六，未参加登记的权利人须在诉讼时效期间向人民法院提起诉讼，才可适用判决、裁定。第七，判决、裁定效力的扩张，是指适用该判决、裁定中人民法院认定的事实、理由以及确定的确认、给付的原则和计算方法，至于具体确认、给付多少，则须根据权利人的具体情况决定。

【相关立法】

1.《中华人民共和国证券法》(19990701；20200301)

第九十五条 投资者提起虚假陈

述等证券民事赔偿诉讼时，诉讼标的是同一种类，且当事人一方人数众多的，可以依法推选代表人进行诉讼。

对按照前款规定提起的诉讼，可能存在有相同诉讼请求的其他众多投资者的，人民法院可以发出公告，说明该诉讼请求的案件情况，通知投资者在一定期间向人民法院登记。人民法院作出的判决、裁定，对参加登记的投资者发生效力。

投资者保护机构受五十名以上投资者委托，可以作为代表人参加诉讼，并为经证券登记结算机构确认的权利人依照前款规定向人民法院登记，但投资者明确表示不愿意参加该诉讼的除外。

2.《中华人民共和国期货和衍生品法》（20220801）

第五十七条　交易者提起操纵市场、内幕交易等期货民事赔偿诉讼时，诉讼标的是同一种类，且当事人一方人数众多的，可以依法推选代表人进行诉讼。

【司法解释】

1.《最高人民法院关于适用〈中华人民共和国民事诉讼法〉的解释》（法释〔2015〕5号，20150204；经法释〔2022〕11号修正，20220410）

第七十五条　民事诉讼法第五十六条、第五十七条和第二百零六条①规规

定的人数众多，一般指十人以上。

第七十七条　根据民事诉讼法第五十七条规定，当事人一方人数众多在起诉时不确定的，由当事人推选代表人。当事人推选不出的，可以由人民法院提出人选与当事人协商；协商不成的，也可以由人民法院在起诉的当事人中指定代表人。

第七十八条　民事诉讼法第五十六条和第五十七条规定的代表人为二至五人，每位代表人可以委托一至二人作为诉讼代理人。

第七十九条　依照民事诉讼法第五十七条规定受理的案件，人民法院可以发出公告，通知权利人向人民法院登记。公告期间根据案件的具体情况确定，但不得少于三十日。

【重点解读】本条仅规定了通知权利人采用公告的形式以及公告应当载明的申请登记的期限，并未明确公告的内容以及公告张贴的具体要求。对此，本解释对公告送达、宣告失踪或者死亡、除权公告的内容、张贴方式等作出了规定，人民法院在实践中可以参考借鉴。

第八十条　根据民事诉讼法第五十七条规定向人民法院登记的权利人，应当证明其与对方当事人的法律关系和所受到的损害。证明不了的，不予登记，权利人可以另行起诉。人民法院的

_____

① 对应2023年《民事诉讼法》第210条。——编者注

裁判在登记的范围内执行。未参加登记的权利人提起诉讼，人民法院认定其请求成立的，裁定适用人民法院已作出的判决、裁定。

2.《最高人民法院关于证券纠纷代表人诉讼若干问题的规定》(法释〔2020〕5号，20200731)

一、一般规定

第一条　本规定所指证券纠纷代表人诉讼包括因证券市场虚假陈述、内幕交易、操纵市场等行为引发的普通代表人诉讼和特别代表人诉讼。

普通代表人诉讼是依据民事诉讼法第五十三条、第五十四条①、证券法第九十五条第一款、第二款规定提起的诉讼；特别代表人诉讼是依据证券法第九十五条第三款规定提起的诉讼。

第二条　证券纠纷代表人诉讼案件，由省、自治区、直辖市人民政府所在的市、计划单列市和经济特区中级人民法院或者专门人民法院管辖。

对多个被告提起的诉讼，由发行人住所地有管辖权的中级人民法院或者专门人民法院管辖；对发行人以外的主体提起的诉讼，由被告住所地有管辖权的中级人民法院或者专门人民法院管辖。

特别代表人诉讼案件，由涉诉证券集中交易的证券交易所、国务院批准的其他全国性证券交易场所所在地的中级人民法院或者专门人民法院管辖。

第三条　人民法院应当充分发挥多元解纷机制的功能，按照自愿、合法原则，引导和鼓励当事人通过行政调解、行业调解、专业调解等非诉讼方式解决证券纠纷。

当事人选择通过诉讼方式解决纠纷的，人民法院应当及时立案。案件审理过程中应当着重调解。

第四条　人民法院审理证券纠纷代表人诉讼案件，应当依托信息化技术手段开展立案登记、诉讼文书送达、公告和通知、权利登记、执行款项发放等工作，便利当事人行使诉讼权利、履行诉讼义务，提高审判执行的公正性、高效性和透明度。

二、普通代表人诉讼

第五条　符合以下条件的，人民法院应当适用普通代表人诉讼程序进行审理：

（一）原告一方人数十人以上，起诉符合民事诉讼法第一百一十九条②规定和共同诉讼条件；

（二）起诉书中确定二至五名拟任代表人且符合本规定第十二条规定的代表人条件；

（三）原告提交有关行政处罚决定、刑事裁判文书、被告自认材料、证券交易所和国务院批准的其他全国性证

---

①　2017年《民事诉讼法》第53条、第54条对应2023年《民事诉讼法》第56条、第57条。——编者注

②　对应2023年《民事诉讼法》第122条。——编者注

券交易场所等给予的纪律处分或者采取的自律管理措施等证明证券侵权事实的初步证据。

不符合前款规定的，人民法院应当适用非代表人诉讼程序进行审理。

第六条　对起诉时当事人人数尚未确定的代表人诉讼，在发出权利登记公告前，人民法院可以通过阅卷、调查、询问和听证等方式对被诉证券侵权行为的性质、侵权事实等进行审查，并在受理后三十日内以裁定的方式确定具有相同诉讼请求的权利人范围。

当事人对权利人范围有异议的，可以自裁定送达之日起十日内向上一级人民法院申请复议，上一级人民法院应当在十五日内作出复议裁定。

第七条　人民法院应当在权利人范围确定后五日内发出权利登记公告，通知相关权利人在指定期间登记。权利登记公告应当包括以下内容：

（一）案件情况和诉讼请求；

（二）被告的基本情况；

（三）权利人范围及登记期间；

（四）起诉书中确定的拟任代表人选姓名或者名称、联系方式等基本信息；

（五）自愿担任代表的权利人，向人民法院提交书面申请和相关材料的期限；

（六）人民法院认为必要的其他事项。

公告应当以醒目的方式提示，代表人的诉讼权限包括代表原告参加开庭

审理，变更、放弃诉讼请求或者承认对方当事人的诉讼请求，与被告达成调解协议，提起或者放弃上诉，申请执行，委托诉讼代理人等，参加登记视为对代表人进行特别授权。

公告期间为三十日。

第八条　权利人应在公告确定的登记期间向人民法院登记。未按期登记的，可在一审开庭前向人民法院申请补充登记，补充登记前已经完成的诉讼程序对其发生效力。

权利登记可以依托电子信息平台进行。权利人进行登记时，应当按照权利登记公告要求填写诉讼请求金额、收款方式、电子送达地址等事项，并提供身份证明文件、交易记录及投资损失等证据材料。

第九条　人民法院在登记期间届满后十日内对登记的权利人进行审核。不符合权利人范围的投资者，人民法院不确认其原告资格。

第十条　权利登记公告前已就同一证券违法事实提起诉讼且符合权利人范围的投资者，申请撤诉并加入代表人诉讼的，人民法院应当予以准许。

投资者申请撤诉并加入代表人诉讼的，列为代表人诉讼的原告，已经收取的诉讼费予以退还；不申请撤诉的，人民法院不准许其加入代表人诉讼，原诉讼继续进行。

第十一条　人民法院应当将审核通过的权利人列入代表人诉讼原告名单，并通知全体原告。

第十二条 代表人应当符合以下条件：

（一）自愿担任代表人；

（二）拥有相当比例的利益诉求份额；

（三）本人或者其委托诉讼代理人具备一定的诉讼能力和专业经验；

（四）能忠实、勤勉地履行维护全体原告利益的职责。

依照法律、行政法规或者国务院证券监督管理机构的规定设立的投资者保护机构作为原告参与诉讼，或者接受投资者的委托派工作人员或委派诉讼代理人参与案件审理活动的，人民法院可以指定该机构为代表人，或者在被代理的当事人中指定代表人。

申请担任代表人的原告存在与被告有关联关系等可能影响其履行职责情形的，人民法院对其申请不予准许。

第十三条 在起诉时当事人人数确定的代表人诉讼，应当在起诉前确定获得特别授权的代表人，并在起诉书中就代表人的推选情况作出专项说明。

在起诉时当事人人数尚未确定的代表人诉讼，应当在起诉书中就拟任代表人人选及条件作出说明。在登记期间向人民法院登记的权利人对拟任代表人人选均没有提出异议，并且登记的权利人无人申请担任代表人的，人民法院可以认定由该二至五名人选作为代表人。

第十四条 在登记期间向人民法院登记的权利人对拟任代表人的人选提出异议，或者申请担任代表人的，人民法院应当自原告范围审核完毕后十日内在自愿担任代表人的原告中组织推选。

代表人的推选实行一人一票，每位代表人的得票数应当不少于参与投票人数的50%。代表人人数为二至五名，按得票数排名确定，通过投票产生二名以上代表人的，为推选成功。首次推选不出的，人民法院应当即时组织原告在得票数前五名的候选人中进行二次推选。

第十五条 依据前条规定推选不出代表人的，由人民法院指定。

人民法院指定代表人的，应当将投票情况、诉讼能力、利益诉求份额等作为考量因素，并征得被指定代表人的同意。

第十六条 代表人确定后，人民法院应当进行公告。

原告可以自公告之日起十日内向人民法院申请撤回权利登记，并可以另行起诉。

第十七条 代表人因丧失诉讼行为能力或者其他事由影响案件审理或者可能损害原告利益的，人民法院依原告申请，可以决定撤销代表人资格。代表人不足二人时，人民法院应当补充指定代表人。

第十八条 代表人与被告达成调解协议草案的，应当向人民法院提交制作调解书的申请书及调解协议草案。申请书应当包括以下内容：

（一）原告的诉讼请求、案件事实以及审理进展等基本情况；

（二）代表人和委托诉讼代理人参加诉讼活动的情况；

（三）调解协议草案对原告的有利因素和不利影响；

（四）对诉讼费以及合理的公告费、通知费、律师费等费用的分摊及理由；

（五）需要特别说明的其他事项。

第十九条　人民法院经初步审查，认为调解协议草案不存在违反法律、行政法规的强制性规定、违背公序良俗以及损害他人合法权益等情形的，应当自收到申书后十日内向全体原告发出通知。通知应当包括以下内容：

（一）调解协议草案；

（二）代表人请求人民法院制作调解书的申书；

（三）对调解协议草案发表意见的权利以及方式、程序和期限；

（四）原告有异议时，召开听证会的时间、地点及报名方式；

（五）人民法院认为需要通知的其他事项。

第二十条　对调解协议草案有异议的原告，有权出席听证会或者以书面方式向人民法院提交异议的具体内容及理由。异议人未出席听证会的，人民法院应当在听证会上公开其异议的内容及理由，代表人及其委托诉讼代理人、被告应当进行解释。

代表人和被告可以根据听证会的情况，对调解协议草案进行修改。人民法院应当将修改后的调解协议草案通知所有原告，并对修改的内容作出重点提示。人民法院可以根据案件的具体情况，决定是否再次召开听证会。

第二十一条　人民法院应当综合考虑当事人赞成和反对意见、本案所涉法律和事实情况、调解协议草案的合法性、适当性和可行性等因素，决定是否制作调解书。

人民法院准备制作调解书的，应当通知提出异议的原告，告知其可以在收到通知后十日内向人民法院提交退出调解的申请。未在上述期间内提交退出申请的原告，视为接受。

申请退出的期间届满后，人民法院应当在十日内制作调解书。调解书经代表人和被告签收后，对被代表的原告发生效力。人民法院对申请退出原告的诉讼继续审理，并依法作出相应判决。

第二十二条　代表人变更或者放弃诉讼请求、承认对方当事人诉讼请求、决定撤诉的，应当向人民法院提交书面申请，并通知全体原告。人民法院收到申请后，应当根据原告所提异议情况，依法裁定是否准许。

对于代表人依据前款规定提交的书面申请，原告自收到通知之日起十日内未提出异议的，人民法院可以裁定准许。

第二十三条　除代表人诉讼案件外，人民法院还受理其他基于同一证券违法事实发生的非代表人诉讼案件的，原则上代表人诉讼案件先行审理，非代表人诉讼案件中止审理。但非代表人诉讼案件具有典型性且先行审理有利于及时解决纠纷的除外。

第二十四条 人民法院可以依当事人的申请，委托双方认可或者随机抽取的专业机构对投资损失数额、证券侵权行为以外其他风险因素导致的损失扣除比例等进行核定。当事人虽未申请但案件审理确有需要的，人民法院可以通过随机抽取的方式委托专业机构对有关事项进行核定。

对专业机构的核定意见，人民法院应当组织双方当事人质证。

第二十五条 代表人请求败诉的被告赔偿合理的公告费、通知费、律师费等费用的，人民法院应当予以支持。

第二十六条 判决被告承担民事赔偿责任的，可以在判决主文中确定赔偿总额和损害赔偿计算方法，并将每个原告的姓名、应获赔偿金额等以列表方式作为民事判决书的附件。

当事人对计算方法、赔偿金额等有异议的，可以向人民法院申请复核。确有错误的，人民法院裁定补正。

第二十七条 一审判决送达后，代表人决定放弃上诉的，应当在上诉期间届满前通知全体原告。

原告自收到通知之日起十五日内未上诉，被告在上诉期间内亦未上诉的，一审判决在全体原告与被告之间生效。

原告自收到通知之日起十五日内上诉的，应当同时提交上诉状，人民法院收到上诉状后，对上诉的原告按上诉处理。被告在上诉期间内未上诉的，一审判决在未上诉的原告与被告之间生效，二审裁判的效力不及于未上诉的原告。

第二十八条 一审判决送达后，代表人决定上诉的，应当在上诉期间届满前通知全体原告。

原告自收到通知之日起十五日内决定放弃上诉的，应当通知一审法院。被告在上诉期间内未上诉的，一审判决在放弃上诉的原告与被告之间生效，二审裁判的效力不及于放弃上诉的原告。

第二十九条 符合权利人范围但未参加登记的投资者提起诉讼，且主张的事实和理由与代表人诉讼生效判决、裁定所认定的案件基本事实和法律适用相同的，人民法院审查具体诉讼请求后，裁定适用已经生效的判决、裁定。适用已经生效裁判的裁定中应当明确被告赔偿的金额，裁定一经作出立即生效。

代表人诉讼调解结案的，人民法院对后续涉及同一证券违法事实的案件可以引导当事人先行调解。

第三十条 履行或者执行生效法律文书所得财产，人民法院在进行分配时，可以通知证券登记结算机构等协助执行义务人依法协助执行。

人民法院应当编制分配方案并通知全体原告，分配方案应当包括原告范围、债权总额、扣除项目及金额、分配的基准及方法、分配金额的受领期间等内容。

第三十一条　原告对分配方案有异议的，可以依据民事诉讼法第二百二十五条①的规定提出执行异议。

三、特别代表人诉讼

第三十二条　人民法院已经根据民事诉讼法第五十四条第一款、证券法第九十五条第二款的规定发布权利登记公告的，投资者保护机构在公告期间受五十名以上权利人的特别授权，可以作为代表人参加诉讼。先受理的人民法院不具有特别代表人诉讼管辖权的，应当将案件及时移送有管辖权的人民法院。

不同意加入特别代表人诉讼的权利人可以提交退出声明，原诉讼继续进行。

第三十三条　权利人范围确定后，人民法院应当发出权利登记公告。权利登记公告除本规定第七条的内容外，还应当包括投资者保护机构基本情况、对投资者保护机构的特别授权、投资者声明退出的权利及期间、未声明退出的法律后果等。

第三十四条　投资者明确表示不愿意参加诉讼的，应当在公告期间届满后十五日内向人民法院声明退出。未声明退出的，视为同意参加该代表人诉讼。

对于声明退出的投资者，人民法院不再将其登记为特别代表人诉讼的原告，该投资者可以另行起诉。

第三十五条　投资者保护机构依据公告确定的权利人范围向证券登记结算机构调取的权利人名单，人民法院应当予以登记，列入代表人诉讼原告名单，并通知全体原告。

第三十六条　诉讼过程中由于声明退出等原因导致明示授权投资者的数量不足五十名的，不影响投资者保护机构的代表人资格。

第三十七条　针对同一代表人诉讼，原则上应当由一个投资者保护机构作为代表人参加诉讼。两个以上的投资者保护机构分别受五十名以上投资者委托，且均决定作为代表人参加诉讼的，应当协商处理；协商不成的，由人民法院指定其中一个作为代表人参加诉讼。

第三十八条　投资者保护机构应当采取必要措施，保障被代表的投资者持续了解案件审理的进展情况，回应投资者的诉求。对投资者提出的意见和建议不予采纳的，应当对投资者做好解释工作。

第三十九条　特别代表人诉讼案件不预交案件受理费。败诉或者部分败诉的原告申请减交或者免交诉讼费的，人民法院应当依照《诉讼费用交纳办法》的规定，视原告的经济状况和案件的审理情况决定是否准许。

第四十条　投资者保护机构作为

---

①　对应2023年《民事诉讼法》第236条。——编者注

代表人在诉讼中申请财产保全的,人民法院可以不要求提供担保。

第四十一条 人民法院审理特别代表人诉讼案件,本部分没有规定的,适用普通代表人诉讼中关于起诉时当事人人数尚未确定的代表人诉讼的相关规定。

四、附则

第四十二条 本规定自 2020 年 7 月 31 日起施行。

【司法文件】

《全国法院民商事审判工作会议纪要》(最高人民法院,法〔2019〕254 号,20191108)

83.【选定代表人】权利登记的期间届满后,人民法院应当通知当事人在指定期间内完成代表人的推选工作。推选不出代表人的,人民法院可以与当事人商定代表人。人民法院在提出人选时,应当将当事人诉讼请求的典型性和利益诉求的份额等作为考量因素,确保代表行为能够充分、公正地表达投资者的诉讼主张。国家设立的投资者保护机构以自己的名义提起诉讼,或者接受投资者的委托指派工作人员或者委托诉讼代理人参与案件审理活动的,人民法院可以商定该机构或者其代理的当事人作为代表人。

第五十八条 【公益诉讼】对污染环境、侵害众多消费者合法权益等损害社会公共利益的行为,法律规定的机关和有关组织可以向人民法院提起诉讼。

人民检察院在履行职责中发现破坏生态环境和资源保护、食品药品安全领域侵害众多消费者合法权益等损害社会公共利益的行为,在没有前款规定的机关和组织或者前款规定的机关和组织不提起诉讼的情况下,可以向人民法院提起诉讼。前款规定的机关或者组织提起诉讼的,人民检察院可以支持起诉。

【立法·要点注释】

1. 从我国的现行管理体制和减少滥诉风险的角度看,为了使公益诉讼制度既能在我国适度开展,同时又能有序进行,目前提起公益诉讼的主体不宜过宽。行政主管部门等有关机关作为公共利益的主要维护者和公共事务的管理者,作为诉讼主体较为合适,既可以促使其依法积极行政,也可以利用诉讼救济的方式弥补其行政手段的不足。

2. 提起公益诉讼的机关原则上应当与案件涉及的公共利益相关联,如对污染海洋行为提起公益诉讼的机关应当是海洋环境监督管理部门等相关机关,市场监督管理部门等不涉及海洋环境管理的机关不能提起涉及海洋环境污染的公益诉讼。考虑到我国的机关较多，为了避免引起混乱，本条规定"法律规定的机关"可以提起诉讼。也就是说，可以提起公益诉讼的机关，要有明确的法律依据。对可以提起公益诉讼的组织也应作一定的条件限制，例如，由特别法对设立时间、设立宗旨、组织结构、经费情况等作一定限制，并要求经过特定机关的专门许可。提起公益诉讼的组织，原则上也应当与所起诉的事项有一定关联，如对污染环境的行为，《环境保护法》第 58 条规定，对污染环境、破坏生态，损害社会公共利益的行为，符合下列条件的社会组织可以向人民法院提起诉讼：(1)依法在设区的市级以上人民政府民政部门登记；(2)专门从事环境保护公益活动连续 5 年以上且无违法记录。对侵害众多消费者利益的行为，根据《消费者权益保护法》第 47 条规定，对侵害众多消费者合法权益的行为，中国消费者协会以及在省、自治区、直辖市设立的消费者协会，可以向人民法院提起诉讼。

【相关立法】

1.《中华人民共和国反垄断法》(20080801；20220801)

第六十条　经营者实施垄断行为，给他人造成损失的，依法承担民事责任。

经营者实施垄断行为，损害社会公共利益的，设区的市级以上人民检察院可以依法向人民法院提起民事公益诉讼。

2.《中华人民共和国个人信息保护法》(20211101)

第七十条　个人信息处理者违反本法规定处理个人信息，侵害众多个人的权益的，人民检察院、法律规定的消费者组织和由国家网信部门确定的组织可以依法向人民法院提起诉讼。

3.《中华人民共和国环境保护法》(19891226；20150101)

第五十八条　对污染环境、破坏生态，损害社会公共利益的行为，符合下列条件的社会组织可以向人民法院提起诉讼：

（一）依法在设区的市级以上人民政府民政部门登记；

（二）专门从事环境保护公益活动连续五年以上且无违法记录。

符合前款规定的社会组织向人民法院提起诉讼，人民法院应当依法受理。

提起诉讼的社会组织不得通过诉讼牟取经济利益。

4.《中华人民共和国消费者权益保护法》(19940101；20140315)

第三十七条　消费者协会履行下列公益性职责：

（一）向消费者提供消费信息和咨

询服务,提高消费者维护自身合法权益的能力,引导文明、健康、节约资源和保护环境的消费方式;

(二)参与制定有关消费者权益的法律、法规、规章和强制性标准;

(三)参与有关行政部门对商品和服务的监督、检查;

(四)就有关消费者合法权益的问题,向有关部门反映、查询,提出建议;

(五)受理消费者的投诉,并对投诉事项进行调查、调解;

(六)投诉事项涉及商品和服务质量问题的,可以委托具备资格的鉴定人鉴定,鉴定人应当告知鉴定意见;

(七)就损害消费者合法权益的行为,支持受损害的消费者提起诉讼或者依照本法提起诉讼;

(八)对损害消费者合法权益的行为,通过大众传播媒介予以揭露、批评。

各级人民政府对消费者协会履行职责应当予以必要的经费等支持。

消费者协会应当认真履行保护消费者合法权益的职责,听取消费者的意见和建议,接受社会监督。

依法成立的其他消费者组织依照法律、法规及其章程的规定,开展保护消费者合法权益的活动。

第四十七条 对侵害众多消费者合法权益的行为,中国消费者协会以及在省、自治区、直辖市设立的消费者协会,可以向人民法院提起诉讼。

5.《中华人民共和国英雄烈士保护法》(20180501)

第二十五条 对侵害英雄烈士的姓名、肖像、名誉、荣誉的行为,英雄烈士的近亲属可以依法向人民法院提起诉讼。

英雄烈士没有近亲属或者近亲属不提起诉讼的,检察机关依法对侵害英雄烈士的姓名、肖像、名誉、荣誉,损害社会公共利益的行为向人民法院提起诉讼。

负责英雄烈士保护工作的部门和其他有关部门在履行职责过程中发现第一款规定的行为,需要检察机关提起诉讼的,应当向检察机关报告。

英雄烈士近亲属依照第一款规定提起诉讼的,法律援助机构应当依法提供法律援助服务。

6.《中华人民共和国军人地位和权益保障法》(20210801)

第六十二条 侵害军人荣誉、名誉和其他相关合法权益,严重影响军人有效履行职责使命,致使社会公共利益受到损害的,人民检察院可以根据民事诉讼法、行政诉讼法的相关规定提起公益诉讼。

7.《中华人民共和国妇女权益保障法》(19921001;20230101)

第七十七条 侵害妇女合法权益,导致社会公共利益受损的,检察机关可以发出检察建议;有下列情形之一的,检察机关可以依法提起公益诉讼:

（一）确认农村妇女集体经济组织成员身份时侵害妇女权益或者侵害妇女享有的农村土地承包和集体收益、土地征收征用补偿分配权益和宅基地使用权益；

（二）侵害妇女平等就业权益；

（三）相关单位未采取合理措施预防和制止性骚扰；

（四）通过大众传播媒介或者其他方式贬低损害妇女人格；

（五）其他严重侵害妇女权益的情形。

8.《中华人民共和国无障碍环境建设法》（20230901）

第六十三条　对违反本法规定损害社会公共利益的行为，人民检察院可以提出检察建议或者提起公益诉讼。

【司法解释】

1.《最高人民法院关于适用〈中华人民共和国民事诉讼法〉的解释》（法释〔2015〕5号，20150204；经法释〔2022〕11号修正，20220410）

第二百八十二条　环境保护法、消费者权益保护法等法律规定的机关和有关组织对污染环境、侵害众多消费者合法权益等损害社会公共利益的行为，根据民事诉讼法第五十八条规定提起公益诉讼，符合下列条件的，人民法院应当受理：

（一）有明确的被告；

（二）有具体的诉讼请求；

（三）有社会公共利益受到损害的初步证据；

（四）属于人民法院受理民事诉讼的范围和受诉人民法院管辖。

第二百八十三条　公益诉讼案件由侵权行为地或者被告住所地中级人民法院管辖，但法律、司法解释另有规定的除外。

因污染海洋环境提起的公益诉讼，由污染发生地、损害结果地或者采取预防污染措施地海事法院管辖。

对同一侵权行为分别向两个以上人民法院提起公益诉讼的，由最先立案的人民法院管辖，必要时由它们的共同上级人民法院指定管辖。

【重点解读】由于环境资源固有的整体性，往往与行政区划人为的分割性存在着天然的冲突，一旦发生区域性、流域性的污染，提起环境公益诉讼程序，首先面临的是管辖权冲突的问题。《环境公益诉讼解释》第7条规定："经最高人民法院批准，高级人民法院可以根据本辖区环境和生态保护的实际情况，在辖区内确定部分中级人民法院受理第一审环境民事公益诉讼案件。中级人民法院管辖环境民事公益诉讼案件的区域由高级人民法院确定。"这是人民法院贯彻中央司法改革和人民法院"四五改革纲要"精神，根据环境公益诉讼案件跨区域、跨流域的特点，规定经最高人民法院批准，高级人民法院可以根据本辖区环境和生态保护的实际情况,在辖区内确定部分中级人民法院受理第一审环境民事公益诉讼案件,并确定各中级人民法院的辖区。另外,关于由最高人民法院直接对跨省、跨流域案件指定管辖问题,因法律对此未进行限制,不需专门规定,最高人民法院可以根据实际需要直接指定管辖法院。

第二百八十四条 人民法院受理公益诉讼案件后,应当在十日内书面告知相关行政主管部门。

第二百八十五条 人民法院受理公益诉讼案件后,依法可以提起诉讼的其他机关和有关组织,可以在开庭前向人民法院申请参加诉讼。人民法院准许参加诉讼的,列为共同原告。

【重点解读】本解释和《环境公益诉讼解释》《消费公益诉讼解释》均同时规定了集中管辖和申请参加诉讼制度,但对两种制度的适用关系未作明确。正确处理两者的关系要解决的主要问题是:如果超过了申请参加公益诉讼的期限,原告能否另行提起公益诉讼。

这一问题的核心在于原告的起诉权是否会因其他原告行使起诉权而受影响。原告分别向不同的人民法院对同一损害社会公共利益的行为提起公益诉讼的,由最先立案的人民法院管辖,这主要依据《民事诉讼法》第36条的规定,即"两个以上人民法院都有管辖权的诉讼,原告可以向其中一个人民法院起诉;原告向两个以上有管辖权的人民法院起诉的,由最先立案的人民法

院管辖"。该条规定适用于私益诉讼时,由于诉讼的当事人完全相同,因此,分别向两个以上法院起诉的,案件已经受理时,后一起诉可以按照一事不再理的规定处理,即后诉人民法院可以裁定不予受理。但公益诉讼如果是不同原告分别起诉,则无法适用一事不再理原则,不能按照重复起诉而不受理后诉公益诉讼案件。

本解释第289条和《环境公益诉讼解释》第28条第1款,只是规定对公益诉讼案件作出生效判决后,依法有权对同一损害社会公共利益行为提起诉讼的机关和有关组织再提起公益诉讼的,人民法院一般不予受理,并没有规定在公益诉讼审理过程中,其他有权提起公益诉讼的原告是否可以提起诉讼。

鉴于我国现行法律和司法解释均未明确规定后诉原告起诉时不予受理,为保护原告的诉权,特别是考虑到各原告的诉讼请求不一定完全相同的情况,人民法院不宜作严格的限制。本解释起草过程中,曾经专门针对此问题,在本条规定增加一款规定,原告另行提起公益诉讼的,根据诉讼请求的情况,可以合并审理。但应当注意,按照本解释集中管辖的规定,其他适格原告再行提起诉讼的,应当向受理公益诉讼案件的人民法院提起,向其他人民法院起诉的,其他人民法院不能受理。

第二百八十六条 人民法院受理公益诉讼案件,不影响同一侵权行为的受害人根据民事诉讼法第一百二十

条规定提起诉讼。

【重点解读】1. 公益诉讼和私益诉讼并行时程序的处理。对于就同一侵权行为，法律规定的机关和有关组织提起公益诉讼，受害人提起私益诉讼，两个程序之间必须进行协调，不能分别进行，否则可能会出现就同一事实作出不同判决的矛盾。对此有两种观点：一种观点认为，私益诉讼应当优先。理由是：第一，公益诉讼是在私益诉讼无法实现对权利的救济时才可以适用的一种诉讼程序，如果能够通过私益诉讼进行救济，则应当优先适用私益诉讼程序；第二，私人权益受到损害时，应当优先保护私人权益，这是私益保护优先于公益保护原则的要求；第三，公益诉讼往往费时耗力，如果公益诉讼优先，则对私益的保护会不够及时。另一种观点认为，公益诉讼应当优先。理由是：第一，公益诉讼的主体为有关机关和社会组织，它们往往都有专业人员和专业能力，能更好地完成诉讼；第二，公益诉讼保护的是社会公共利益，而私益诉讼保护的是私人权益，公益诉讼实现了社会公共利益的保护时，也就同时救济了私人权益；第三，涉及社会公共利益的案件，往往受害人人数众多，有时诉讼标的额很小，整个私益诉讼完成周期过长，而且诉讼成本过高。一旦公益诉讼完成，则对受害人救济将非常简单和迅捷。本解释草案中曾经有两个方案，但最终我们认为，两者如何协调，不能简单地"一刀切"，目前实践经验不够，司

法解释先不作规定。实践中，可以考虑依当事人的申请而对两个案件先后处理。私益诉讼的原告以公益诉讼已经提起为由申请中止审理的，人民法院可以准许。《消费公益诉讼解释》第10条对此作了明确规定："消费民事公益诉讼案件受理后，因同一侵权行为受到损害的消费者请求对其根据民事诉讼法第一百一十九条规定提起的诉讼予以中止，人民法院可以准许。"公益诉讼的原告以私益诉讼已经提起为由申请中止诉讼，人民法院可以先待私益诉讼审理完再恢复审理。另一个可以考虑的因素是在先受理的案件的审理阶段，如果先诉已经开完庭，即将作出裁判，那么原则上人民法院不宜再中止诉讼。

2. 私益诉讼能否与公益诉讼合并审理。《环境公益诉讼解释》第10条第3款规定："公民、法人和其他组织以人身、财产受到损害为由申请参加诉讼的，告知其另行起诉。"《消费公益诉讼解释》第9条规定："人民法院受理消费民事公益诉讼案件后，因同一侵权行为受到损害的消费者申请参加诉讼的，人民法院应当告知其根据民事诉讼法第一百一十九条规定主张权利。"可见，二者均排除了私益诉讼并入公益诉讼处理的可能。

第二百八十七条 对公益诉讼案件，当事人可以和解，人民法院可以调解。

当事人达成和解或者调解协议后，人民法院应当将和解或者调解协议进

行公告。公告期间不得少于三十日。

公告期满后,人民法院经审查,和解或者调解协议不违反社会公共利益的,应当出具调解书;和解或者调解协议违反社会公共利益的,不予出具调解书,继续对案件进行审理并依法作出裁判。

第二百八十八条 公益诉讼案件的原告在法庭辩论终结后申请撤诉的,人民法院不予准许。

第二百八十九条 公益诉讼案件的裁判发生法律效力后,其他依法具有原告资格的机关和有关组织就同一侵权行为另行提起公益诉讼的,人民法院裁定不予受理,但法律、司法解释另有规定的除外。

2.《最高人民法院关于审理消费民事公益诉讼案件适用法律若干问题的解释》(法释〔2016〕10 号,20160501;经法释〔2020〕20 号修正,20210101)

第一条 中国消费者协会以及在省、自治区、直辖市设立的消费者协会,对经营者侵害众多不特定消费者合法权益或者具有危及消费者人身、财产安全危险等损害社会公共利益的行为提起消费民事公益诉讼的,适用本解释。

法律规定或者全国人大及其常委会授权的机关和社会组织提起的消费民事公益诉讼,适用本解释。

3.《最高人民法院关于审理环境民事公益诉讼案件适用法律若干问题的

解释》(法释〔2015〕1 号,20150107;经法释〔2020〕20 号修正,20210101)

第一条 法律规定的机关和有关组织依据民事诉讼法第五十五条①、环境保护法第五十八条等法律的规定,对已经损害社会公共利益或者具有损害社会公共利益重大风险的污染环境、破坏生态的行为提起诉讼,符合民事诉讼法第一百一十九条②第二项、第三项、第四项规定的,人民法院应予受理。

第二条 依照法律、法规的规定,在设区的市级以上人民政府民政部门登记的社会团体、基金会以及社会服务机构等,可以认定为环境保护法第五十八条规定的社会组织。

第三条 设区的市,自治州、盟、地区,不设区的地级市,直辖市的区以上人民政府民政部门,可以认定为环境保护法第五十八条规定的"设区的市级以上人民政府民政部门"。

第四条 社会组织章程确定的宗旨和主要业务范围是维护社会公共利益,且从事环境保护公益活动的,可以认定为环境保护法第五十八条规定的"专门从事环境保护公益活动"。

社会组织提起的诉讼所涉及的社会公共利益,应与其宗旨和业务范围具有关联性。

---

① 对应 2023 年《民事诉讼法》第 58 条。——编者注

② 对应 2023 年《民事诉讼法》第 122 条。——编者注

第五条　社会组织在提起诉讼前五年内未因从事业务活动违反法律、法规的规定受过行政、刑事处罚的，可以认定为环境保护法第五十八条规定的"无违法记录"。

4.《最高人民法院关于审理生态环境损害赔偿案件的若干规定（试行）》（法释〔2019〕8号，20190605；经法释〔2020〕17号修正，20210101）

第一条　具有下列情形之一，省级、市地级人民政府及其指定的相关部门、机构，或者受国务院委托行使全民所有自然资源资产所有权的部门，因与造成生态环境损害的自然人、法人或者其他组织经磋商未达成一致或者无法进行磋商的，可以作为原告提起生态环境损害赔偿诉讼：

（一）发生较大、重大、特别重大突发环境事件的；

（二）在国家和省级主体功能区规划中划定的重点生态功能区、禁止开发区发生环境污染、生态破坏事件的；

（三）发生其他严重影响生态环境后果的。

前款规定的市地级人民政府包括设区的市，自治州、盟、地区，不设区的地级市，直辖市的区、县人民政府。

5.《最高人民法院关于审理海洋自然资源与生态环境损害赔偿纠纷案件若干问题的规定》（法释〔2017〕23号，20180115）

第三条　海洋环境保护法第五条①规定的行使海洋环境监督管理权的机关，根据其职能分工提起海洋自然资源与生态环境损害赔偿诉讼，人民法院应予受理。

6.《最高人民法院、最高人民检察院关于办理海洋自然资源与生态环境公益诉讼案件若干问题的规定》（法释〔2022〕15号，20220515）

第一条　本规定适用于损害行为发生地、损害结果地或者采取预防措施地在海洋环境保护法第二条第一款②规定的海域内，因破坏海洋生态、海洋水产资源、海洋保护区而提起的民事公益诉讼、刑事附带民事公益诉讼和行政公益诉讼。

第二条　依据海洋环境保护法第八十九条③第二款规定，对破坏海洋生态、海洋水产资源、海洋保护区，给国家造成重大损失的，应当由依照海洋环境保护法规定行使海洋环境监督管理权的部门，在有管辖权的海事法院对侵权人提起海洋自然资源与生态环境损害赔偿诉讼。

有关部门根据职能分工提起海洋自然资源与生态环境损害赔偿诉讼的，

—————

①　对应2023年《海洋环境保护法》第4条。——编者注

②　对应2023年《海洋环境保护法》第2条第1款。——编者注

③　对应2023年《海洋环境保护法》第114条。——编者注

人民检察院可以支持起诉。

第三条 人民检察院在履行职责中发现破坏海洋生态、海洋水产资源、海洋保护区的行为，可以告知行使海洋环境监督管理权的部门依据本规定第二条提起诉讼。在有关部门仍不提起诉讼的情况下，人民检察院就海洋自然资源与生态环境损害，向有管辖权的海事法院提起民事公益诉讼的，海事法院应予受理。

第四条 破坏海洋生态、海洋水产资源、海洋保护区，涉嫌犯罪的，在行使海洋环境监督管理权的部门没有另行提起海洋自然资源与生态环境损害赔偿诉讼的情况下，人民检察院可以在提起刑事公诉时一并提起附带民事公益诉讼，也可以单独提起民事公益诉讼。

第五条 人民检察院在履行职责中发现对破坏海洋生态、海洋水产资源、海洋保护区的行为负有监督管理职责的部门违法行使职权或者不作为，致使国家利益或者社会公共利益受到侵害的，应当向有关部门提出检察建议，督促其依法履行职责。

有关部门不依法履行职责的，人民检察院依法向被诉行政机关所在地的海事法院提起行政公益诉讼。

7.《最高人民法院关于审理垄断民事纠纷案件适用法律若干问题的解释》（法释〔2024〕6号，20240701）

第十二条 经营者实施垄断行为损害社会公共利益，设区的市级以上人

民检察院依法提起民事公益诉讼的，适用与公益诉讼有关的法律和司法解释的规定，但本解释另有规定的除外。

8.《最高人民法院、最高人民检察院关于检察公益诉讼案件适用法律若干问题的解释》（法释〔2018〕6号，20180302；经法释〔2020〕20号修正，20210101）

第十三条 人民检察院在履行职责中发现破坏生态环境和资源保护，食品药品安全领域侵害众多消费者合法权益，侵害英雄烈士等的姓名、肖像、名誉、荣誉等损害社会公共利益的行为，拟提起公益诉讼的，应当依法公告，公告期间为三十日。

公告期满，法律规定的机关和有关组织、英雄烈士等的近亲属不提起诉讼的，人民检察院可以向人民法院提起诉讼。

人民检察院办理侵害英雄烈士等的姓名、肖像、名誉、荣誉的民事公益诉讼案件，也可以直接征询英雄烈士等的近亲属的意见。

第十五条 人民检察院依据民事诉讼法第五十五条①第二款的规定提起民事公益诉讼，符合民事诉讼法第一百一十九条②第二项、第三项、第四项

---

① 对应2023年《民事诉讼法》第58条。——编者注

② 对应2023年《民事诉讼法》第122条。——编者注

及本解释规定的起诉条件的,人民法院应当登记立案。

9.《人民检察院公益诉讼办案规则》（高检发释字〔2021〕2号,20210701）

第九十六条 有下列情形之一,社会公共利益仍然处于受损害状态的,人民检察院应当提起民事公益诉讼:

(一)生态环境损害赔偿权利人未启动生态环境损害赔偿程序,或者经过磋商未达成一致,赔偿权利人又不提起诉讼的;

(二)没有适格主体,或者公告期满后适格主体不提起诉讼的;

(三)英雄烈士等没有近亲属,或者近亲属不提起诉讼的。

第九十八条 人民检察院可以向人民法院提出要求被告停止侵害、排除妨碍、消除危险、恢复原状、赔偿损失等诉讼请求。

针对不同领域案件,还可以提出以下诉讼请求:

(一)破坏生态环境和资源保护领域案件,可以提出要求被告以补植复绿、增殖放流、土地复垦等方式修复生态环境的诉讼请求,或者支付生态环境修复费用,赔偿生态环境受到损害至修复完成期间服务功能丧失造成的损失、生态环境功能永久性损害造成的损失等诉讼请求,被告违反法律规定故意污染环境、破坏生态造成严重后果的,可以提出惩罚性赔偿诉讼请求;

(二)食品药品安全领域案件,可以提出要求被告召回并依法处置相关食品药品以及承担相关费用和惩罚性赔偿等诉讼请求;

(三)英雄烈士等的姓名、肖像、名誉、荣誉保护案件,可以提出要求被告消除影响、恢复名誉、赔礼道歉等诉讼请求。

人民检察院为诉讼支出的鉴定评估、专家咨询等费用,可以在起诉时一并提出由被告承担的诉讼请求。

【司法文件】

《最高人民法院、民政部、环境保护部关于贯彻实施环境民事公益诉讼制度的通知》（法〔2014〕352号,20141226）

一、人民法院受理和审理社会组织提起的环境民事公益诉讼,可根据案件需要向社会组织的登记管理机关查询或者核实社会组织的基本信息,包括名称、住所、成立时间、宗旨、业务范围、法定代表人或者负责人、存续状态、年检信息、从事业务活动的情况以及登记管理机关掌握的违法记录等,有关登记管理机关应及时将相关信息向人民法院反馈。

二、社会组织存在通过诉讼牟取经济利益情形的,人民法院应向其登记管理机关发送司法建议,由登记管理机关依法对其进行查处,查处结果应向社会公布并通报人民法院。

三、人民法院受理环境民事公益诉讼后,应当在十日内通报对被告行为负有监督管理职责的环境保护主管部门。环境保护主管部门收到人民法院受理环境民事公益诉讼案件线索后，可以根据案件线索开展核查；发现被告行为构成环境行政违法的，应当依法予以处理，并将处理结果通报人民法院。

四、人民法院因审理案件需要，向负有监督管理职责的环境保护主管部门调取涉及被告的环境影响评价文件及其批复、环境许可和监管、污染物排放情况、行政处罚及处罚依据等证据材料的，相关部门应及时向人民法院提交，法律法规规定不得对外提供的材料除外。

五、环境民事公益诉讼当事人达成调解协议或者自行达成和解协议的，人民法院应当将协议内容告知负有监督管理职责的环境保护主管部门。相关部门对协议约定的修复费用、修复方式等内容有意见和建议的，应及时向人民法院提出。

六、人民法院可以判决被告自行组织修复生态环境，可以委托第三方修复生态环境，必要时也可以商请负有监督管理职责的环境保护主管部门共同组织修复生态环境。对生态环境损害修复结果，人民法院可以委托具有环境损害评估等相关资质的鉴定机构进行鉴定，必要时可以商请负有监督管理职责的环境保护主管部门协助审查。

七、人民法院判决被告承担的生态环境修复费用、生态环境受到损害至恢复原状期间服务功能损失等款项，应当用于修复被损害的生态环境。提起环境民事公益诉讼的原告在诉讼中所需的调查取证、专家咨询、检验、鉴定等必要费用，可以酌情从上述款项中支付。

八、人民法院应将判决执行情况及时告知提起环境民事公益诉讼的社会组织。

【最高法指导性案例】

1. 指导案例 131 号：中华环保联合会诉德州晶华集团振华有限公司大气污染责任民事公益诉讼案(20191226)

【裁判要点】

企业事业单位和其他生产经营者多次超过污染物排放标准或者重点污染物排放总量控制指标排放污染物，环境保护行政管理部门作出行政处罚后仍未改正，原告依据《环境公益诉讼解释》第1条规定的"具有损害社会公共利益重大风险的污染环境、破坏生态的行为"对其提起环境民事公益诉讼的，人民法院应予受理。

【基本案情】

被告德州晶华集团振华有限公司（以下简称振华公司）成立于2000年，经营范围包括电力生产、平板玻璃、玻璃空心砖、玻璃深加工、玻璃制品制造等。2002年12月，该公司600T/D优质超厚玻璃项目通过环境影响评价的审批，2003年11月，通过"三同时"验收。2007年11月，该公司高档优质汽车原片项目通过环境影响评价的审批，2009年2月，通过"三同时"验收。

根据德州市环境保护监测中心站的监测，2012 年 3 月、5 月、8 月、12 月，2013 年 1 月、5 月、8 月，振华公司废气排放均能达标。2013 年 11 月、2014 年 1 月、5 月、6 月、11 月，2015 年 2 月排放二氧化硫、氮氧化物及烟粉尘存在超标排放情况。德州市环境保护局分别于 2013 年 12 月、2014 年 9 月、2014 年 11 月、2015 年 2 月对振华公司进行行政处罚，处罚数额均为 10 万元。2014 年 12 月，山东省环境保护厅对其进行行政处罚，处罚数额 10 万元。2015 年 3 月 23 日，德州市环境保护局责令振华公司立即停产整治，2015 年 4 月 1 日之前全部停产，停止超标排放废气污染物。原告中华环保联合会起诉之后，2015 年 3 月 27 日，振华公司生产线全部放水停产，并于德城区天衢工业园以北养马村新选厂址，原厂区准备搬迁。

本案审理阶段，为证明被告振华公司超标排放造成的损失，2015 年 12 月，原告中华环保联合会与环境保护部环境规划院订立技术咨询合同，委托其对振华公司排放大气污染物致使公私财产遭受损失的数额，包括污染行为直接造成的财产损坏、减少的实际价值，以及为防止污染扩大、消除污染而采取必要合理措施所产生的费用进行鉴定。2016 年 5 月，环境保护部环境规划院环境风险与损害鉴定评估研究中心根据已经双方质证的人民法院调取的证据作出评估意见，鉴定结果为：振华公司位于德州市德城区市区内，周围多为居民小区，原有浮法玻璃生产线 3 条，1# 浮法玻璃生产线已于 2011 年 10 月全面停产，2# 生产线 600t/d 优质超厚玻璃生产线和 3# 生产线 400t/d 高档优质汽车玻璃原片生产线仍在生产。(1) 污染物性质，主要为烟粉尘、二氧化硫和氮氧化物。根据《德州晶华集团振华有限公司关于落实整改工作的情况汇报》有关资料显示：截止到 2015 年 3 月 17 日，振华公司浮法二线未安装或未运行脱硫和脱硝治理设施；浮法三线除尘、脱硫设施已于 2014 年 9 月投入运行。(2) 污染物超标排放时段的确认，二氧化硫超标排放时段为 2014 年 6 月 10 日—2014 年 8 月 17 日，共计 68 天，氮氧化物超标排放时段为 2013 年 11 月 5 日—2014 年 6 月 23 日、2014 年 10 月 22 日—2015 年 1 月 27 日，共计 327 天，烟粉尘超标排放时段为 2013 年 11 月 5 日—2014 年 6 月 23 日，共计 230 天。(3) 污染物排放量，在鉴定时段内，由于企业未安装脱硫设施造成二氧化硫全部直接排放进入大气的超标排放量为 255 吨，由于企业未安装脱硝设施造成氮氧化物全部直接排放进入大气的排放量为 589 吨，由于企业未安装除尘设施或除尘设施处理能力不够造成烟粉尘部分直接排放进入大气的排放量为 19 吨。(4) 单位污染物处理成本，根据数据库资料，二氧化硫单位治理成本为 0.56 万元/吨，氮氧化物单位治理成本为 0.68 万元/吨，烟粉尘单位治理成本为 0.33 万元/吨。(5) 虚拟治理成本,根据《环境空气质量标准》《环境损害鉴定评估推荐方法(第Ⅱ版)》《突发环境事件应急处置阶段环境损害评估技术规范》,本案项目处环境功能二类区,生态环境损害数额为虚拟治理成本的3—5倍,本报告取参数5,二氧化硫虚拟治理成本共计713万元,氮氧化物虚拟治理成本2002万元,烟粉尘虚拟治理成本31万元。鉴定结论:被告企业在鉴定期间超标向空气排放二氧化硫共计255吨、氮氧化物共计589吨、烟粉尘共计19吨,单位治理成本分别按0.56万元/吨、0.68万元/吨、0.33万元/吨计算,虚拟治理成本分别为713万元、2002万元、31万元,共计2746万元。

【裁判结果】

德州市中级人民法院于2016年7月20日作出(2015)德中环公民初字第1号民事判决:(1)被告德州晶华集团振华有限公司于本判决生效之日起30日内赔偿因超标排放污染物造成的损失2198.36万元,支付至德州市专项基金账户,用于德州市大气环境质量修复;(2)被告德州晶华集团振华有限公司在省级以上媒体向社会公开赔礼道歉;(3)被告德州晶华集团振华有限公司于本判决生效之日起10日内支付原告中华环保联合会所支出的评估费10万元;(4)驳回原告中华环保联合会其他诉讼请求。

【裁判理由】

法院生效裁判认为,根据《环境公益诉讼解释》第1条规定,"法律规定的机关和有关组织依据民事诉讼法第五十五条、环境保护法第五十八条等法律的规定,对已经损害社会公共利益或者具有损害社会公共利益重大风险的污染环境、破坏生态的行为提起诉讼,符合民事诉讼法第一百一十九条第二项、第三项、第四项规定的,人民法院应予受理";第18条规定,"对污染环境、破坏生态,已经损害社会公共利益或者具有损害社会公共利益重大风险的行为,原告可以请求被告承担停止侵害、排除妨碍、消除危险、恢复原状、赔偿损失、赔礼道歉等民事责任"。法院认为,企业事业单位和其他生产经营者超过污染物排放标准或者重点污染物排放总量控制指标排放污染物的行为可以视为是具有损害社会公共利益重大风险的行为。被告振华公司超量排放的二氧化硫、氮氧化物、烟粉尘会影响大气的服务价值功能。其中,二氧化硫、氮氧化物是酸雨的前导物,超量排放可致酸雨从而造成财产及人身损害,烟粉尘的超量排放将影响大气能见度及清洁度,亦会造成财产及人身损害。被告振华公司自2013年11月起,多次超标向大气排放二氧化硫、氮氧化物、烟粉尘等污染物,经环境保护行政管理部门多次行政处罚仍未改正,其行为属于司法解释规定的"具有损害社会公共利益重大风险的行为",故被告振华公司是本案的适格被告。

2. 指导案例 75 号：中国生物多样性保护与绿色发展基金会诉宁夏瑞泰科技股份有限公司环境污染公益诉讼案（20161228）

【裁判要点】

1. 社会组织的章程虽未载明维护环境公共利益，但工作内容属于保护环境要素及生态系统的，应认定符合《环境公益诉讼解释》第 4 条关于"社会组织章程确定的宗旨和主要业务范围是维护社会公共利益"的规定。

2.《环境公益诉讼解释》第 4 条规定的"环境保护公益活动"，既包括直接改善生态环境的行为，也包括与环境保护相关的有利于完善环境治理体系、提高环境治理能力、促进全社会形成环境保护广泛共识的活动。

3. 社会组织起诉的事项与其宗旨和业务范围具有对应关系，或者与其所保护的环境要素及生态系统具有一定联系的，应认定符合《环境公益诉讼解释》第 4 条关于"与其宗旨和业务范围具有关联性"的规定。

【基本案情】

2015 年 8 月 13 日，中国环境保护与绿色发展基金会（以下简称绿发会）向宁夏回族自治区中卫市中级人民法院提起诉讼称：宁夏瑞泰科技股份有限公司（以下简称瑞泰公司）在生产过程中违规将超标废水直接排入蒸发池，造成腾格里沙漠严重污染，截至起诉时仍然没有整改完毕。请求判令瑞泰公司：（1）停止非法污染环境行为；（2）对造成环境污染的危险予以消除；（3）恢复生态环境或者成立沙漠环境修复专项基金并委托具有资质的第三方进行修复；（4）针对第 2 项和第 3 项诉讼请求，由法院组织原告、技术专家、法律专家、人大代表、政协委员共同验收；（5）赔偿环境修复前生态功能损失；（6）在全国性媒体上公开赔礼道歉等。

绿发会向法院提交了基金会法人登记证书，显示绿发会是在中华人民共和国民政部登记的基金会法人。绿发会提交的 2010—2014 年度检查证明材料，显示其在提起本案公益诉讼前 5 年年检合格。绿发会亦提交了 5 年内未因从事业务活动违反法律、法规的规定而受到行政、刑事处罚的无违法记录声明。此外，绿发会章程规定，其宗旨为"广泛动员全社会关心和支持生物多样性保护和绿色发展事业，保护国家战略资源，促进生态文明建设和人与自然和谐，构建人类美好家园"。在案件的一审、二审及再审期间，绿发会向法院提交了其自 1985 年成立至今，一直实际从事包括举办环境保护研讨会、组织生态考察、开展环境保护宣传教育、提起环境民事公益诉讼等活动的相关证据材料。

【裁判结果】

宁夏回族自治区中卫市中级人民法院于 2015 年 8 月 19 日作出（2015）卫民公立字第 6 号民事裁定，以绿发会不能认定为《环境保护法》第 58 条规定的"专门从事环境保护公益活动"的社会组织为由，裁定对绿发会的起诉不予受理。绿发会不服，向宁夏回族自治区高级人民法院提起上诉。该院于2015年11月6日作出（2015）宁民公终字第6号民事裁定，驳回上诉，维持原裁定。绿发会又向最高人民法院申请再审。最高人民法院于2016年1月22日作出（2015）民申字第3377号民事裁定，裁定提审本案；并于2016年1月28日作出（2016）最高法民再47号民事裁定，裁定本案由宁夏回族自治区中卫市中级人民法院立案受理。

【裁判理由】

法院生效裁判认为：本案系社会组织提起的环境污染公益诉讼。本案的争议焦点是绿发会应否认定为专门从事环境保护公益活动的社会组织。

《民事诉讼法》第55条（现为第58条）规定了环境民事公益诉讼制度，明确法律规定的机关和有关组织可以提起环境公益诉讼。《环境保护法》第58条规定："对污染环境、破坏生态，损害社会公共利益的行为，符合下列条件的社会组织可以向人民法院提起诉讼：（一）依法在设区的市级以上人民政府民政部门登记；（二）专门从事环境保护公益活动连续五年以上且无违法记录。符合前款规定的社会组织向人民法院提起诉讼，人民法院应当依法受理。"《环境公益诉讼解释》第4条进一步明确了对于社会组织"专门从事环境保护公益活动"的判断标准，即"社会组织章程确定的宗旨和主要业务范围是维护社会公共利益，且从事环境保护

公益活动的，可以认定为《环境保护法》第五十八条规定的'专门从事环境保护公益活动'。社会组织提起的诉讼所涉及的社会公共利益，应与其宗旨和业务范围具有关联性"。有关本案绿发会是否可以作为"专门从事环境保护公益活动"的社会组织提起本案诉讼，应重点从其宗旨和业务范围是否包含维护环境公共利益，是否实际从事环境保护公益活动，以及所维护的环境公共利益是否与其宗旨和业务范围具有关联性等三个方面进行审查。

一、关于绿发会章程规定的宗旨和业务范围是否包含维护环境公共利益的问题。社会公众所享有的在健康、舒适、优美环境中生存和发展的共同利益，表现形式多样。对于社会组织宗旨和业务范围是否包含维护环境公共利益，应根据其内涵而非简单依据文字表述作出判断。社会组织章程即使未写明维护环境公共利益，但若其工作内容属于保护各种影响人类生存和发展的天然的和经过人工改造的自然因素的范畴，包括对大气、水、海洋、土地、矿藏、森林、草原、湿地、野生生物、自然遗迹、人文遗迹、自然保护区、风景名胜区、城市和乡村等环境要素及其生态系统的保护，均可以认定为宗旨和业务范围包含维护环境公共利益。

我国1992年签署的联合国《生物多样性公约》指出，生物多样性是指陆地、海洋和其他水生生态系统及其所构成的生态综合体，包括物种内部、物种

之间和生态系统的多样性。《环境保护法》第30条规定，"开发利用自然资源，应当合理开发，保护生物多样性，保障生态安全，依法制定有关生态保护和恢复治理方案并予以实施。引进外来物种以及研究、开发和利用生物技术，应当采取措施，防止对生物多样性的破坏"。可见，生物多样性保护是环境保护的重要内容，亦属维护环境公共利益的重要组成部分。

绿发会章程中明确规定，其宗旨为"广泛动员全社会关心和支持生物多样性保护和绿色发展事业，保护国家战略资源，促进生态文明建设和人与自然和谐，构建人类美好家园"，符合联合国《生物多样性公约》和《环境保护法》保护生物多样性的要求。同时，"促进生态文明建设""人与自然和谐""构建人类美好家园"等内容契合绿色发展理念，亦与环境保护密切相关，属于维护环境公共利益的范畴。故应认定绿发会的宗旨和业务范围包含维护环境公共利益内容。

二、关于绿发会是否实际从事环境保护公益活动的问题。环境保护公益活动，不仅包括植树造林、濒危物种保护、节能减排、环境修复等直接改善生态环境的行为，还包括与环境保护有关的宣传教育、研究培训、学术交流、法律援助、公益诉讼等有利于完善环境治理体系，提高环境治理能力，促进全社会形成环境保护广泛共识的活动。绿发会在本案一审、二审及再审期间提交的

历史沿革、公益活动照片、环境公益诉讼立案受理通知书等相关证据材料，虽未经质证，但在立案审查阶段，足以显示绿发会自1985年成立以来长期实际从事包括举办环境保护研讨会、组织生态考察、开展环境保护宣传教育、提起环境民事公益诉讼等环境保护活动，符合《环境保护法》和《环境公益诉讼解释》的规定。同时，上述证据亦证明绿发会从事环境保护公益活动的时间已满5年，符合《环境保护法》第58条关于社会组织从事环境保护公益活动应5年以上的规定。

三、关于本案所涉及的社会公共利益与绿发会宗旨和业务范围是否具有关联性的问题。依据《环境公益诉讼解释》第4条的规定，社会组织提起的公益诉讼涉及的环境公共利益，应与社会组织的宗旨和业务范围具有一定关联。此项规定旨在促使社会组织所起诉的环境公共利益保护事项与其宗旨和业务范围具有对应或者关联关系，以保证社会组织具有相应的诉讼能力。因此，即使社会组织起诉事项与其宗旨和业务范围不具有对应关系，但若与其所保护的环境要素或者生态系统具有一定的联系，亦应基于关联性标准确认其主体资格。本案环境公益诉讼系针对腾格里沙漠污染提起。沙漠生物群落及其环境相互作用所形成的复杂而脆弱的沙漠生态系统，更加需要人类的珍惜利用和悉心呵护。绿发会起诉认为瑞泰公司将超标废水排入蒸发池，严重破

坏了腾格里沙漠本已脆弱的生态系统，所涉及的环境公共利益之维护属于绿发会宗旨和业务范围。

此外，绿发会提交的基金会法人登记证书显示，绿发会是在中华人民共和国民政部登记的基金会法人。绿发会提交的 2010—2014 年度检查证明材料，显示其在提起本案公益诉讼前 5 年年检合格。绿发会还按照《环境公益诉讼解释》第 5 条的规定提交了其 5 年内未因从事业务活动违反法律、法规的规定而受到行政、刑事处罚的无违法记录声明。据此，绿发会亦符合《环境保护法》第 58 条，《环境公益诉讼解释》第 2 条、第 3 条、第 5 条对提起环境公益诉讼社会组织的其他要求，具备提起环境民事公益诉讼的主体资格。

【最高法公报案例】

智能电视生产者对其生产销售的智能电视未提供即时一键关闭功能，消费者权益保护组织可否提起民事公益诉讼［江苏省消费者权益保护委员会诉乐融致新电子科技（天津）有限公司消费民事公益诉讼案（2022-8）］

智能电视开启时开机广告自动播放，如果智能电视生产者同时也是开机广告的经营者，其有义务明确提示消费者产品含有开机广告内容，并告知能否一键关闭。智能电视生产者对其生产销售的智能电视未提供即时一键关闭功能，消费者权益保护组织为维护众多不特定消费者合法权益，提起民事公益诉讼要求智能电视生产者提供开机广告一键关闭功能的，人民法院应予支持。

【法院参考案例】

1. 检察机关可否基于案涉船舶沉没的现状、造成海洋生态环境损害风险等提起民事公益诉讼［河北省唐山市人民检察院诉某航运公司沉船打捞民事公益诉讼案，天津市高级人民法院（2023）津民终 156 号］

法院经审理认为，某航运公司怠于打捞所属沉船，致使曹妃甸周边海洋生态环境安全以及航行安全均存在重大风险。行政执法与提起民事公益诉讼是为实现海洋环境保护目的而设定的不同方式和路径，两者并不存在冲突。在法律规定的有关部门不提起诉讼的情况下，检察机关基于案涉船舶沉没的现状，可能造成海洋生态环境损害风险、航行安全风险及其次生风险，有权提起民事公益诉讼。该沉船长期未打捞，违反了我国法律和行政法规的规定，给周边海域的海洋生态环境和航行安全带来了重大安全隐患和风险，依法应当消除危险、恢复原状，判决某航运公司于判决生效之日起 90 日内完成打捞案涉沉船的全部作业。

2. 公告期满后有权提起公益诉讼的主体不提起诉讼的，如何处理［山东省烟台市人民检察院针对公益林被毁

提起公益诉讼案,山东省烟台市中级人民法院(2021)鲁06民初280号]

人民检察院拟提起公益诉讼依法公告,公告期满后,法律规定的机关和有关组织不提起诉讼的,人民检察院可以向人民法院提起诉讼。

3. 针对第三方机构接受政府委托编制环境影响报告提起环境民事公益诉讼是否符合受理条件[北京某环境研究所诉电建集团某研究院有限公司生态环境保护民事公益诉讼案,最高人民法院(2021)最高法民申5645号,入库编号:2023-11-2-466-016]

根据《民事诉讼法解释》第284条(现为第282条)、《环境公益诉讼解释》第8条的规定,被告行为具有损害社会公共利益之可能,是人民法院受理环境民事公益诉讼的必要条件。第三方机构接受政府委托编制的环境影响报告,其本身并不会对环境公共利益产生实际影响,故不符合人民法院受理环境民事公益诉讼的条件。

4. 侵权行为对环境公共安全造成损害危险的,国家规定的机关或者法律规定的组织是否可以提起预防性环境污染民事公益诉讼[山东省济南市人民检察院诉济南某肿瘤医院有限公司、济南市某人民医院、中国人民解放军某部队医院环境污染民事公益诉讼案,山东省高级人民法院(2023)鲁民终143号]

侵权行为,虽未造成现实损害,但对环境公共安全造成损害危险的,国家规定的机关或者法律规定的组织可以提起预防性环境污染民事公益诉讼。人民法院可以采取禁止令保全措施给予救济,及时制止损害的发生或继续扩大。对于具有严重危害环境公共安全危险的情形,人民法院可以裁定先予执行。

不作为侵权是侵权行为的一种特殊形式。侵权人分别实施不作为侵权行为,造成同一危险,且每一个人实施的不作为侵权行为,都足以造成危险发生的,各侵权人应当对消除危险承担连带责任。

5. 民事检察公益诉讼中财产保全措施如何适用[浙江省杭州市人民检察院诉林某民生态破坏民事公益诉讼案,浙江省杭州市中级人民法院(2022)浙01民初2105号,入库编号:2024-11-2-466-006]

人民检察院虽然具有法律监督职能,但在环境民事公益诉讼中以检察申请方式启动财产保全程序更为适宜。

第五十九条　【第三人和第三人撤销之诉】对当事人双方的诉讼标的,第三人认为有独立请求权的,有权提起诉讼。

对当事人双方的诉讼标的,第三人虽然没有独立请求权,但案件处理结果同他有法律上的利害关系的,可以申请参加诉讼,或者由

人民法院通知他参加诉讼。人民法院判决承担民事责任的第三人，有当事人的诉讼权利义务。

前两款规定的第三人，因不能归责于本人的事由未参加诉讼，但有证据证明发生法律效力的判决、裁定、调解书的部分或者全部内容错误，损害其民事权益的，可以自知道或者应当知道其民事权益受到损害之日起六个月内，向作出该判决、裁定、调解书的人民法院提起诉讼。人民法院经审理，诉讼请求成立的，应当改变或者撤销原判决、裁定、调解书；诉讼请求不成立的，驳回诉讼请求。

【立法·要点注释】

1. 民事诉讼第三人。民事诉讼的第三人，是指对当事人争议的诉讼标的具有独立的请求权，或者虽无独立的请求权，但案件处理结果同他有法律上的利害关系，从而参加到他人已开始的诉讼中去的人。第三人参加诉讼的时间，本法没有规定，从诉讼理论上说，应当在诉讼进行中、人民法院作出判决前参加。第三人具体包括两种：第一，有独立请求权的第三人，是指对当事人之间争议的诉讼标的的全部或者一部分，以独立的实体权利人的资格，提出诉讼请求而参加诉讼的人。有独立请求权的第三人参加诉讼，既不同意原告的诉讼请求，也不同意被告的诉讼请求，因为不论原告胜诉还是被告胜诉，都将损害他的民事权利，他以独立的实体权利人的资格，向人民法院提起了一个新的诉讼，他在诉讼中的地位相当于原告，享有原告的诉讼权利，承担原告的诉讼义务，本诉的原、被告即作为他的被告。第二，无独立请求权的第三人，是指对他人之间争议的诉讼标的没有独立的实体权利，只是参加到诉讼中，以维护自己利益的人。无独立请求权的第三人，对原、被告争议的诉讼标的没有独立的请求权，因此，他无权承认、变更或者放弃原、被告争议的诉讼请求，无权请求对原、被告的争议实行和解。但是，无独立请求权的第三人同诉讼结果有法律上的利害关系，诉讼可能涉及他的实体权利，因此其参加诉讼，有权委托诉讼代理人，提供证据，对涉及自己利益的事实和证据进行辩论，如果法院判决他承担民事责任，他即有当事人的一切诉讼权利义务。无独立请求权的第三人参加诉讼的途径有两条：一是根据自己的请求，二是由人民法院通知。

2. 第三人撤销之诉。第一，实践中，第三人提起撤销之诉的撤销事由主要有以下几类：（1）当事人恶意串通进行诉讼，损害其利益；（2）第三人对原判决、裁定、调解书所处分的财产拥有物上请求权；（3）原诉遗漏了必要的共同诉讼当事人，损害了其利益。第二，第三人提起的撤销之诉是依据新事实提起的新诉，对新诉的裁判，第三人和原诉的当事人可以提起上诉。第三，在执行过程中，第三人发现原裁判损害自己利益的，既可以按照本条第3款的规定提起第三人撤销之诉，也可以按照本法第238条的规定以案外人身份提起执行异议，若对执行法院所作的执行异议裁定不服，认为原裁判错误的，可以依照审判监督程序提起再审。执行标的与原裁判无关的，该案外人只能依照本法第238条的规定，自执行法院作出的执行异议裁定送达之日起15日内向人民法院提起诉讼。

【司法解释】

1.《最高人民法院关于适用〈中华人民共和国民事诉讼法〉的解释》（法释〔2015〕5号，20150204；经法释〔2022〕11号修正，20220410）

第八十一条 根据民事诉讼法第五十九条的规定，有独立请求权的第三人有权向人民法院提出诉讼请求和事实、理由，成为当事人；无独立请求权的第三人，可以申请或者由人民法院通知参加诉讼。

第一审程序中未参加诉讼的第三人，申请参加第二审程序的，人民法院可以准许。

【重点解读】原告在起诉状中直接列写第三人的，视为其申请人民法院追加该第三人参加诉讼。是否通知第三人参加诉讼，由人民法院审查决定。

有独立请求权的第三人经人民法院传票传唤，无正当理由拒不到庭的，或者未经法庭许可中途退庭的，可以按撤诉处理。

有独立请求权的第三人参加诉讼后，原告申请撤诉，人民法院在准许原告撤诉后，有独立请求权的第三人作为另案原告，原案原告、被告作为另案被告，诉讼继续进行。

双方当事人和第三人都提起上诉的，均列为上诉人。人民法院可以依职权确定第二审程序中当事人的诉讼地位。

无独立请求权的第三人以及有独立请求权的第三人，因不能归责于本人的事由未参加诉讼，但有证据证明发生法律效力的判决、裁定、调解书的部分或者全部内容错误，损害其民事权益的，可以自知道或者应当知道其民事权益受到损害之日起6个月内，向作出该判决、裁定、调解书的人民法院提起诉讼。人民法院经审理，诉讼请求成立的，应当改变或者撤销原判决、裁定、调解书；诉讼请求不成立的，驳回诉讼请求。

第八十二条 在一审诉讼中，无独立请求权的第三人无权提出管辖异议，无权放弃、变更诉讼请求或者申请撤诉，被判决承担民事责任的，有权提起上诉。

【重点解读】无独立请求权的第三人虽不像有独立请求权的第三人那样，具有完全的当事人诉讼地位，但无独立请求权的第三人参加诉讼后也是当事人,为了依法保护其合法民事权益而需要行使诉讼权利,如有权了解原告起诉、被告答辩的事实和理由,并向人民法院递交陈述意见书,陈述自己对该争议的意见。在庭审中,无独立请求权的第三人可以陈述意见,提供证据,参加法庭辩论等,人民法院依法应予以保护。

第二百九十条 第三人对已经发生法律效力的判决、裁定、调解书提起撤销之诉的,应当自知道或者应当知道其民事权益受到损害之日起六个月内,向作出生效判决、裁定、调解书的人民法院提出,并应当提供存在下列情形的证据材料:

(一)因不能归责于本人的事由未参加诉讼;

(二)发生法律效力的判决、裁定、调解书的全部或者部分内容错误;

(三)发生法律效力的判决、裁定、调解书内容错误损害其民事权益。

【重点解读】1.诉讼程序上的第三人和提起撤销之诉的第三人的关系

从《民事诉讼法》第59条规定来看,诉讼程序中的第三人与提起撤销之诉的第三人在概念上完全相同,但从第三人参加诉讼和第三人提起撤销之诉的立法目的和司法实务来看,两者有根本区别。在实务操作中,要注意及时转变第三人制度的司法理念。在诉讼中包括一审和二审中,都要尽可能地将符合法律规定条件的第三人追加进诉讼,即使是有独立请求权的第三人,一旦发现,也宜依一定方式告知其依法参加诉讼,以避免生效裁判作出后,第三人再提起第三人撤销之诉,从而维护生效裁判的安定性,也有利于提高诉讼效率,及时化解社会纠纷。对此,本解释第81条规定:"根据民事诉讼法第五十九条的规定,有独立请求权的第三人有权向人民法院提出诉讼请求和事实、理由,成为当事人;无独立请求权的第三人,可以申请或者由人民法院通知参加诉讼。第一审程序中未参加诉讼的第三人,申请参加第二审程序的,人民法院可以准许。"第325条规定:"必须参加诉讼的当事人或者有独立请求权的第三人,在第一审程序中未参加诉讼,第二审人民法院可以根据当事人自愿的原则予以调解;调解不成的,发回重审。"

2.遗漏的必要共同诉讼当事人能否提起第三人撤销之诉

经过研究,本解释规定的可以提起第三人撤销之诉的第三人,不包括必要共同诉讼当事人。理由是:第一,必要共同诉讼当事人的诉讼地位,只能是当事人,而不可能是第三人,即使其未参加原诉讼,符合广义的案外人的概念,但也不属于《民事诉讼法》第59条前两款规定的第三人的范畴。第二,2021年《民事诉讼法》第207条第8项规定,应当参加诉讼的当事人因不能归责于本人或者其诉讼代理人的事由未参加诉讼的,可以作为当事人申请再审的事由。此处的应当参加诉讼的当事人,应当是指《民事诉讼法》第135条规定的必须共同进行诉讼的当事人,其义与必要共同诉讼当事人相同。在此要特别强调的是,《民事诉讼法》和本解释规定的共同诉讼人,并非均指必要共同诉讼当事人。

应当注意,《民事诉讼法》第135条规定的必须共同进行诉讼的当事人意义上的必要共同诉讼当事人,才是真正的必要共同诉讼当事人,只有所有共同诉讼人都参加诉讼,作为共同原告或者共同被告,才是符合法定的诉讼条件的诉讼。除了诉讼标的是同一的要件外,共同诉讼人之间具有不可替代或者分割之法律关系,实践中经常作为必要共同诉讼当事人对待的连带责任人,因其各自独立地承担全部责任,则不属于必要共同诉讼当事人。原告同时起诉了连带责任人的,也为共同诉讼,但一般称为类似的必要共同诉讼。从实践中看,典型的必要共同诉讼,也即必须共同进行诉讼的当事人有遗产分割前各继承人为一方的诉讼、第三人撤销合同诉讼、第三人主张合同无效诉讼、第三人主张婚姻无效诉讼等。

对遗漏的必要共同诉讼当事人的权利保护,本解释规定了两种申请再审的程序。一是在执行过程中,遗漏的必要共同诉讼当事人提出执行标的的异议后,则可以按照2021年《民事诉讼法》第234条的规定,申请再审。本解释第421条规定:"根据民事诉讼法第二百三十四条规定,案外人对驳回其执行异议的裁定不服,认为原判决、裁定、调解书内容错误损害其民事权益的,可以自执行异议裁定送达之日起六个月内,向作出原判决、裁定、调解书的人民法院申请再审。"二是在执行程序之外,遗漏的必要共同诉讼当事人,可以根据2021年《民事诉讼法》第207条申请再审。本解释第420条规定:"必须共同进行诉讼的当事人因不能归责于本人或者其诉讼代理人的事由未参加诉讼的,可以根据民事诉讼法第二百零七条第八项规定,自知道或者应当知道之日起六个月内申请再审,但符合本解释第四百二十一条规定情形的除外。"

第二百九十一条　人民法院应当在收到起诉状和证据材料之日起五日内送交对方当事人,对方当事人可以自收到起诉状之日起十日内提出书面意见。

人民法院应当对第三人提交的起诉状、证据材料以及对方当事人的书面意见进行审查。必要时,可以询问双方当事人。

经审查,符合起诉条件的,人民法院应当在收到起诉状之日起三十日内立案。不符合起诉条件的,应当在收到起诉状之日起三十日内裁定不予受理。

【重点解读】人民法院接到第三人撤销之诉的起诉状和证据材料时,不能当场登记立案,而应当先按照本条第1款和第2款规定向对方当事人送交起诉状和证据材料,并等待对方当事人在10日内提交书面意见。

本条规定了对第三人撤销之诉要进行适当的实质审查，即第三人提起撤销之诉时必须提交本解释第388条规定的相关证据材料，对这些材料立案时要进行相应的审查。如果提交的证据材料明显不能证明生效裁判内容错误、生效裁判内容损害其民事权益的，不予受理。但立案阶段的审查，不同于对证据的审理，不需要对证据进行质证，也无须达到审查属实的程度。对此，立案法官应当准确地把握，既不能让立案证据材料的审查流于形式，也不能按照审理程序进行，这一点难度较大。

第二百九十二条 人民法院对第三人撤销之诉案件，应当组成合议庭开庭审理。

第二百九十三条 民事诉讼法第五十九条第三款规定的因不能归责于本人的事由未参加诉讼，是指没有被列为生效判决、裁定、调解书当事人，且无过错或者无明显过错的情形。包括：

（一）不知道诉讼而未参加的；

（二）申请参加未获准许的；

（三）知道诉讼，但因客观原因无法参加的；

（四）因其他不能归责于本人的事由未参加诉讼的。

【重点解读】1. 有独立请求权第三人和无独立请求权第三人在过错认定上的区别问题

《民事诉讼法》第59条对有独立请求权的第三人和无独立请求权的第三人参加诉讼的方式作了不同的规定。有独立请求权的第三人参加诉讼的方式只有一种即"提起诉讼"，其可以向原审法院起诉提出对诉讼标的的请求，成为案件的当事人。无独立请求权的第三人参加诉讼有两种方式：一是第三人申请参加诉讼；二是由人民法院通知其参加诉讼。由人民法院通知第三人参加诉讼，主要是当事人申请人民法院通知第三人参加诉讼，也有少数是人民法院依职权通知第三人参加诉讼。正是因为参加诉讼的方式不同，在有独立请求权的第三人和无独立请求权的第三人未参加诉讼是否有明显过错的认定上，有明显的区别。

有独立请求权的第三人只能通过提起诉讼参与到诉讼中，人民法院不能依职权通知其参加诉讼，其他当事人也无权申请其参加诉讼，其是否参加诉讼，完全取决于自己的意愿。同时，有独立请求权的第三人参加诉讼，是其对系争的诉讼标的有全部或者部分的独立请求权，在判断其自身权利是否会因为诉讼而受到损害时，一般情况下在诉讼提起后就很容易判断。因此，有独立请求权的第三人知道诉讼的存在，且能够了解到诉讼标的的基本情况，就应当参加诉讼，如未参加诉讼，又无妨碍提起诉讼之客观事由的，通常可以认定其有明显的过错。例如，夫妻双方离婚并分割财产，诉讼中丈夫的父母作为案件的证人出庭作证，对分割财产情况也很清楚，判决生效后认为其中分割给女方的房屋是其出资购买的，侵害了其民事权益,提起了第三人撤销之诉。人民法院则认定第三人未参加诉讼,属于归责于其本人的原因,因此没有支持其请求。

无独立请求权的第三人对诉讼标的没有独立的请求权,案件的处理结果与其有法律上的利害关系,因此在诉讼进行过程中,处理结果出来之前,通常难以判断。无独立请求权的第三人即使知道诉讼已经存在,人民法院未通知其参加诉讼,当事人也未申请该第三人参加诉讼,则其未申请参加诉讼的,一般不能认定其有明显的过错。

2.人民法院未通知第三人参加诉讼是否构成不能归责于第三人本人的事由问题

在本解释起草过程中,曾经有意见认为,在人民法院未通知第三人参加诉讼的情形中,应当认定第三人未参加诉讼没有明显过错。经研究,本解释没有采纳这种意见。从实践情况来看,人民法院未通知第三人参加诉讼,是最为常见的第三人提出其未参加诉讼没有过错的事由。但由人民法院通知第三人参加诉讼,只适用于无独立请求权的第三人,而不适用于有独立请求权的第三人参加诉讼情形,有独立请求权的第三人以此证明其无过错,不能成立。无独立请求权的第三人参加诉讼,可以由人民法院通知其参加诉讼,也可以申请参加诉讼,仅以人民法院未通知其参加诉讼为由即认定其无过错也不妥当。通常情况下,无独立请求权的第三人在人

民法院未通知其参加诉讼时,可以作为其无过错的初步标准,同时,还要看无独立请求权的第三人对诉讼的了解情况以及其参加诉讼的必要性。如果能够证明无独立请求权的第三人对诉讼非常清楚,对诉讼结果与其利害关系能够作出判断,其未参加诉讼的,应当视为其有明显过错。

第二百九十四条　民事诉讼法第五十九条第三款规定的判决、裁定、调解书的部分或者全部内容,是指判决、裁定的主文,调解书中处理当事人民事权利义务的结果。

【**重点解读**】1.关于可撤销判决主文内容问题

第一,并非判决主文的所有内容都可以成为第三人撤销之诉撤销的对象。根据《民事诉讼法》第155条第1款第3项的规定,判决主文包括两部分内容:一是判决结果内容;二是诉讼费用负担内容。前者作为判决确定当事人民事权利义务的内容,具有实体法上的确定性,可以成为第三人撤销之诉的对象并无疑问。而后者,虽然属于当事人应当承担之民事义务内容,但诉讼费用仅为程序上发生之事项,仅在当事人之间有法律效力,不会对案外人的利益产生影响,因此,不宜作为第三人撤销之诉的撤销对象。

第二,并非所有类型的判决都可以作为第三人撤销之诉的撤销对象。判决分为确认判决、形成判决和给付判决三类。确认判决和给付判决具有实体

法上的确定性，判决结果产生既判力，因此，可以作为第三人撤销之诉的对象。有观点认为，形成判决其目的在于变更某一法律关系，此种判决不具有既判力，因此，不宜作为第三人撤销之诉的撤销对象。

2.关于裁定能否作为第三人撤销之诉的对象问题

从整体上来看，裁定主要适用于程序事项，涉及民事实体权利的裁定并不多。关于程序事项的裁定，如有错误，因其不具有既判力，自然也不会损害第三人的利益，也无适用第三人撤销之诉的必要。涉及实体内容的裁定，如特别程序中涉及实体内容的裁定，本解释已经明确规定不适用第三人撤销之诉；财产保全的裁定、行为保全的裁定和先予执行的裁定，虽然发生错误时，可能侵害第三人的合法权益，但也没有必要通过提起第三人撤销之诉予以撤销。保全的裁定如果错误，如将第三人的财产进行保全，第三人可以直接请求实施保全措施的法院撤销关于该财产保全的裁定；如果诉讼程序已经终结，第三人可以直接起诉要求保全申请人承担损害赔偿责任，而不必对裁定提起撤销之诉。《民事诉讼法》第59条之所以把裁定作为撤销之诉的对象，有学者认为，也许是以再审的客体作为参照而作出的。

但也应当注意，对于人民法院作出的具有实体内容的裁定，如果损害第三人的合法权益且无其他救济途径时，则

有赋予第三人提起第三人撤销之诉的必要。如2021年《民事诉讼法》第289条规定的人民法院作出的承认和执行外国法院作出的发生法律效力的判决、裁定的裁定，本解释第491条规定的发生所有权转移的拍卖成交裁定或者以物抵债裁定，裁定内容具有实体法内容，如果损害第三人权益，有必要赋予其提起第三人撤销之诉的机会。

第二百九十五条 对下列情形提起第三人撤销之诉的，人民法院不予受理：

（一）适用特别程序、督促程序、公示催告程序、破产程序等非讼程序处理的案件；

（二）婚姻无效、撤销或者解除婚姻关系等判决、裁定、调解书中涉及身份关系的内容；

（三）民事诉讼法第五十七条规定的未参加登记的权利人对代表人诉讼案件的生效裁判；

（四）民事诉讼法第五十八条规定的损害社会公共利益行为的受害人对公益诉讼案件的生效裁判。

第二百九十六条 第三人提起撤销之诉，人民法院应当将该第三人列为原告，生效判决、裁定、调解书的当事人列为被告，但生效判决、裁定、调解书中没有承担责任的无独立请求权的第三人列为第三人。

第二百九十七条 受理第三人撤销之诉案件后，原告提供相应担保，请求中止执行的，人民法院可以准许。

第二百九十八条　对第三人撤销或者部分撤销发生法律效力的判决、裁定、调解书内容的请求,人民法院经审理,按下列情形分别处理:

（一）请求成立且确认其民事权利的主张全部或部分成立的,改变原判决、裁定、调解书内容的错误部分;

（二）请求成立,但确认其全部或部分民事权利的主张不成立,或者未提出确认其民事权利请求的,撤销原判决、裁定、调解书内容的错误部分;

（三）请求不成立的,驳回诉讼请求。

对前款规定裁判不服,当事人可以上诉。

原判决、裁定、调解书的内容未改变或者未撤销的部分继续有效。

【重点解读】1. 关于撤销判决与改变判决的关系问题

虽然《民事诉讼法》第 59 条第 3 款规定,第三人撤销之诉的诉讼请求成立时,人民法院应当作出改变或者撤销判决,且改变排在撤销之前。这是否意味着,第三人撤销之诉应当以改变判决为主,或者改变判决和撤销判决可以任意选择适用?对此,应当把握以下几点。

（1）以撤销判决为原则。第三人撤销之诉,从性质上讲是形成之诉,这是共识。第三人撤销之诉的目的在于除去生效判决、裁定、调解书中损害第三人合法民事权益的内容,从而保护第三人的合法民事权利。因此,第三人撤销之诉的判决原则上只撤销前诉裁判

文书的部分或全部内容,关于撤销后如何重新安排实体权利义务,要求第三人另行起诉解决,是一种相当合理的做法。

（2）改变判决的适用应当有严格的条件限制。首先,作出改变判决的,必须以第三人撤销诉讼请求为限。第三人没有请求改变原判决、裁定、调解书错误内容的,人民法院不得作出改变判决,只能作撤销判决。其次,第三人撤销之诉的诉讼请求改变原判决、裁定、调解书的内容,提出的独立的民事权利主张应当与撤销内容直接关联,即与原诉讼标的相关。如果是与原诉讼标的没有直接关系的新的民事权利主张,人民法院不宜一并审理。如原审将某物所有权判归原审原告,第三人主张其是该物的所有权人的,该权利主张实质上是第三人撤销之诉成立的基础,审理第三人撤销之诉时必须以确定第三人对该物的所有权为前提,于此情形下,可以在撤销原判决的同时,确认第三人对该物的所有权。如原审当事人之间就买卖合同关系予以诉争,第三人以《民法典》第 538 条、第 539 条、第 540 条规定的撤销权为由主张撤销原判决,同时提出请求原审当事人向其履行他们之间的另一债权的,则不能认定两个债权之间直接关联而一并审理。

（3）适用改变判决时,可以根据原生效判决是一审生效判决还是二审生效判决而有所区别。如果第三人撤销之诉是对一审生效判决提起的,对于第

三人提出的民事权利主张，如果认为有必要直接改变原审裁判文书全部或部分内容，可以直接作出改变判决。如此，当事人提起上诉后二审法院完全可以维持原判、改判或者发回重审，也不会带来审级方面的问题。如果第三人撤销之诉是对二审生效判决提起的，对第三人提出的新的民事权利主张，原则上可以仅作撤销判决，特殊情况作改变判决更为妥当。换言之，可以对《民事诉讼法》第59条第3款关于法院"改变"前诉裁判文书的规定作一定程度的限缩解释，即只有在原审当事人并未上诉，针对一审即生效的裁判文书而提起的第三人撤销之诉由前诉一审法院管辖的情况下，法院才可能作出改变原审裁判文书的判决。因为根据《民事诉讼法》第59条第3款关于管辖的规定，很多情况下是前诉二审法院作为一审法院，受理并审理第三人撤销之诉案件的，如果决定撤销后直接就各方当事人的实体权利义务重新加以认定并作出安排，往往会带来审级上移和上级法院负担过重等弊端。如果法院仅仅判决撤销原审裁判文书，则不论上诉到哪个层级的法院，都可只就撤销与否作出判断，各方权利义务的重新安排则留待当事人向有管辖权的一审法院另行主张，这就不会产生管辖上移及增加上级法院负担等问题。当然，在这样的情形之下，如果法院认为确有必要在作出撤销裁判的同时直接重新安排当事人之间的权利义务，也可以考虑采用裁定终结

撤销之诉程序，作出对本案进行再审的裁定，并由审理撤销之诉的合议庭继续进行再审案件的实体审理这种做法。

2. 关于调解书的撤销与改变问题

《民事诉讼法》将调解书作为第三人撤销之诉的对象，主要考虑到调解书内容具有安排当事人之间民事权利义务的内容，一旦错误，也可能损害第三人的合法权益，特别是考虑到近年来当事人恶意串通损害第三人合法权益的案件数量有上升趋势，为保护第三人的实体权利，适用第三人撤销之诉是合理的。对于调解书提起的第三人撤销之诉，原则上以撤销调解书为合理做法。第三人撤销之诉请求成立时，撤销整个调解书自无疑问，但第三人仅请求撤销调解书部分内容的，人民法院能否判决撤销调解书的部分内容，则应当根据具体情况来处理。如果调解书的内容各部分不可分，则不能只撤销调解书的部分内容，应当全部撤销调解书。如果调解书的内容可分，撤销部分后不影响其他部分继续有效的，人民法院可以撤销调解书的部分内容。

3. 关于原诉讼当事人对被撤销或者改变的内容是否可以另行提起诉讼问题

从本条第3款规定来看，第三人撤销之诉判决撤销或者改变原判决、裁定、调解书以后，未撤销或者未改变的内容对原当事人继续有效，撤销或者改变的内容失去效力，如此就会带来一个问题：如果原诉当事人对被撤销或者改

变的内容仍有民事争议,如何救济?是否允许另行提起诉讼?我们认为,对于第三人撤销之诉判决撤销的部分,如果因撤销判决而使其失去效力,当事人之间就该部分内容涉及的民事权利义务,符合《民事诉讼法》第122条规定条件的,可以另行提起诉讼解决,不受"一事不再理"原则的限制。如果不符合民事起诉条件,如原诉当事人恶意串通损害第三人合法权益的,原本即不存在可诉之利益,自无从另行起诉。对于第三人撤销之诉判决改变的内容,对第三人与原诉讼当事人具有法律上的效力,仅于原诉当事人之间也无法再行起诉。

第二百九十九条　第三人撤销之诉案件审理期间,人民法院对生效判决、裁定、调解书裁定再审的,受理第三人撤销之诉的人民法院应当裁定将第三人的诉讼请求并入再审程序。但有证据证明原审当事人之间恶意串通损害第三人合法权益的,人民法院应当先行审理第三人撤销之诉案件,裁定中止再审诉讼。

第三百条　第三人诉讼请求并入再审程序审理的,按照下列情形分别处理:

(一)按照第一审程序审理的,人民法院应当对第三人的诉讼请求一并审理,所作的判决可以上诉;

(二)按照第二审程序审理的,人民法院可以调解,调解达不成协议的,应当裁定撤销原判决、裁定、调解书,发回一审法院重审,重审时应当列明第三人。

第三百零一条　第三人提起撤销之诉后,未中止生效判决、裁定、调解书执行的,执行法院对第三人依照民事诉讼法第二百三十四条①规定提出的执行异议,应予审查。第三人不服驳回执行异议裁定,申请对原判决、裁定、调解书再审的,人民法院不予受理。

案外人对人民法院驳回其执行异议裁定不服,认为原判决、裁定、调解书内容错误损害其合法权益的,应当根据民事诉讼法第二百三十四条规定申请再审,提起第三人撤销之诉的,人民法院不予受理。

【重点解读】关于第三人提起撤销之诉与依照2021年《民事诉讼法》第234条规定申请再审的条件问题。本解释第421条对案外人依照2021年《民事诉讼法》第234条规定申请再审的条件作了明确规定:"根据民事诉讼法第二百三十四条规定,案外人对驳回其执行异议的裁定不服,认为原判决、裁定、调解书内容错误损害其民事权益的,可以自执行异议裁定送达之日起六个月内,向作出原判决、裁定、调解书的人民法院申请再审。"该规定关于申请再审的条件与第三人提起撤销之诉的条件相比,就实体条件而言,完全相同,都是生效判决、裁定、调解书内容错误且损害第三人的民事权益;在程序条件

① 对应2023年《民事诉讼法》第238条。——编者注

上，两者有所不同，单就权利保护的期间看，申请再审的期间起算点始自人民法院驳回其执行异议裁定送达之日，较之于第三人撤销之诉的自知道或者应当知道生效判决、裁定、调解书内容错误损害其民事权益之日，更有利于第三人。就管辖法院来看，两类诉讼也完全相同。在审查两类案件时，在实体条件上应当注意保持完全一致。

2.《最高人民法院关于适用〈中华人民共和国民法典〉合同编通则若干问题的解释》（法释〔2023〕13号，20231205）

第三十七条 债权人以债务人的相对人为被告向人民法院提起代位权诉讼，未将债务人列为第三人的，人民法院应当追加债务人为第三人。

两个以上债权人以债务人的同一相对人为被告提起代位权诉讼的，人民法院可以合并审理。债务人对相对人享有的债权不足以清偿其对两个以上债权人负担的债务的，人民法院应当按照债权人享有的债权比例确定相对人的履行份额，但是法律另有规定的除外。

第四十七条 债权转让后，债务人向受让人主张其对让与人的抗辩的，人民法院可以追加让与人为第三人。

债务转移后，新债务人主张原债务人对债权人的抗辩的，人民法院可以追加原债务人为第三人。

当事人一方将合同权利义务一并转让后，对方就合同权利义务向受让人主张抗辩或者受让人就合同权利义务向对方主张抗辩的，人民法院可以追加让与人为第三人。

3.《最高人民法院关于审理商品房买卖合同纠纷案件适用法律若干问题的解释》（法释〔2003〕7号，20030601；经法释〔2020〕17号修正，20210101）

第二十一条 以担保贷款为付款方式的商品房买卖合同的当事人一方请求确认商品房买卖合同无效或者撤销、解除合同的，如果担保权人作为有独立请求权第三人提出诉讼请求，应当与商品房担保贷款合同纠纷合并审理；未提出诉讼请求的，仅处理商品房买卖合同纠纷。担保权人就商品房担保贷款合同纠纷另行起诉的，可以与商品房买卖合同纠纷合并审理。

商品房买卖合同被确认无效或者被撤销、解除后，商品房担保贷款合同也被解除的，出卖人应当将收受的购房贷款和购房款的本金及利息分别返还担保权人和买受人。

4.《最高人民法院关于审理存单纠纷案件的若干规定》（法释〔1997〕8号，19971213；经法释〔2020〕18号修正，20210101）

第六条 对以存单为表现形式的借贷纠纷案件的认定和处理

……

（三）当事人的确定

出资人起诉金融机构的,人民法院应通知用资人作为第三人参加诉讼;出资人起诉用资人的,人民法院应通知金融机构作为第三人参加诉讼;公款私存的,人民法院在查明款项的真实所有人基础上,应通知款项的真实所有人为权利人参加诉讼,与存单记载的个人为共同诉讼人。该个人申请退出诉讼的,人民法院可予准许。

5.《最高人民法院关于审理民间借贷案件适用法律若干问题的规定》(法释〔2015〕18号,20150901;经法释〔2020〕17号修正,20210101)

第二十二条 法人的法定代表人或者非法人组织的负责人以单位名义与出借人签订民间借贷合同,有证据证明所借款项系法定代表人或者负责人个人使用,出借人请求将法定代表人或者负责人列为共同被告或者第三人的,人民法院应予准许。

法人的法定代表人或者非法人组织的负责人以个人名义与出借人订立民间借贷合同,所借款项用于单位生产经营,出借人请求单位与个人共同承担责任的,人民法院应予支持。

6.《最高人民法院关于审理融资租赁合同纠纷案件适用法律问题的解释》(法释〔2014〕3号,20140301;经法释〔2020〕17号修正,20210101)

第十三条 出卖人与买受人因买卖合同发生纠纷,或者出租人与承租人因融资租赁合同发生纠纷,当事人仅对其中一个合同关系提起诉讼,人民法院经审查后认为另一合同关系的当事人与案件处理结果有法律上的利害关系的,可以通知其作为第三人参加诉讼。

承租人与租赁物的实际使用人不一致,融资租赁合同当事人未对租赁物的实际使用人提起诉讼,人民法院经审查后认为租赁物的实际使用人与案件处理结果有法律上的利害关系的,可以通知其作为第三人参加诉讼。

承租人基于买卖合同和融资租赁合同直接向出卖人主张受领租赁物、索赔等买卖合同权利的,人民法院应通知出租人作为第三人参加诉讼。

7.《最高人民法院关于审理建设工程施工合同纠纷案件适用法律问题的解释(一)》(法释〔2020〕25号,20210101)

第四十三条 实际施工人以转包人、违法分包人为被告起诉的,人民法院应当依法受理。

实际施工人以发包人为被告主张权利的,人民法院应当追加转包人或者违法分包人为本案第三人,在查明发包人欠付转包人或者违法分包人建设工程价款的数额后,判决发包人在欠付建设工程价款范围内对实际施工人承担责任。

8.《最高人民法院关于审理技术合同纠纷案件适用法律若干问题的解释》(法释〔2004〕20号,20050101,经法释

〔2020〕19号修正,20210101)

第四十四条 一方当事人以诉讼争议的技术合同侵害他人技术成果为由请求确认合同无效,或者人民法院在审理技术合同纠纷中发现可能存在该无效事由的,人民法院应当依法通知有关利害关系人,其可以作为有独立请求权的第三人参加诉讼或者依法向有管辖权的人民法院另行起诉。

利害关系人在接到通知后15日内不提起诉讼的,不影响人民法院对案件的审理。

9.《最高人民法院关于审理旅游纠纷案件适用法律若干问题的规定》(法释〔2010〕13号,20101101;经法释〔2020〕17号修正,20210101)

第四条 因旅游辅助服务者的原因导致旅游经营者违约,旅游者仅起诉旅游经营者的,人民法院可以将旅游辅助服务者追加为第三人。

第五条 旅游经营者已投保责任险,旅游者因保险责任事故仅起诉旅游经营者的,人民法院可以应当事人的请求将保险公司列为第三人。

10.《最高人民法院关于审理劳动争议案件适用法律问题的解释(一)》(法释〔2020〕26号,20210101)

第二十七条 用人单位招用尚未解除劳动合同的劳动者,原用人单位与劳动者发生的劳动争议,可以列新的用人单位为第三人。

原用人单位以新的用人单位侵权为由提起诉讼的,可以列劳动者为第三人。

原用人单位以新的用人单位和劳动者共同侵权为由提起诉讼的,新的用人单位和劳动者列为共同被告。

11.《最高人民法院关于适用〈中华人民共和国民法典〉有关担保制度的解释》(法释〔2020〕28号,20210101)

第四十二条 抵押权依法设立后,抵押财产毁损、灭失或者被征收等,抵押权人请求按照原抵押权的顺位就保险金、赔偿金或者补偿金等优先受偿的,人民法院应予支持。

给付义务人已经向抵押人给付了保险金、赔偿金或者补偿金,抵押权人请求给付义务人向其给付保险金或者补偿金的,人民法院不予支持,但是给付义务人接到抵押权人要求向其给付的通知后仍然向抵押人给付的除外。

抵押权人请求给付义务人向其给付保险金、赔偿金或者补偿金的,人民法院可以通知抵押人作为第三人参加诉讼。

12.《最高人民法院关于审理独立保函纠纷案件若干问题的规定》(法释〔2016〕24号,20161201;经法释〔2020〕18号修正,20210101)

第十九条 保函申请人在独立保函欺诈诉讼中仅起诉受益人的,独立保函的开立人、指示人可以作为第三人申请参加，或由人民法院通知其参加。

13.《最高人民法院关于审理医疗损害责任纠纷案件适用法律若干问题的解释》（法释〔2017〕20号，20171214；经法释〔2020〕17号修正，20210101）

第二条　患者因同一伤病在多个医疗机构接受诊疗受到损害，起诉部分或者全部就诊的医疗机构的，应予受理。

患者起诉部分就诊的医疗机构后，当事人依法申请追加其他就诊的医疗机构为共同被告或者第三人的，应予准许。必要时，人民法院可以依法追加相关当事人参加诉讼。

第三条　患者因缺陷医疗产品受到损害，起诉部分或者全部医疗产品的生产者、销售者、药品上市许可持有人和医疗机构的，应予受理。

患者仅起诉医疗产品的生产者、销售者、药品上市许可持有人、医疗机构中部分主体，当事人依法申请追加其他主体为共同被告或者第三人的，应予准许。必要时，人民法院可以依法追加相关当事人参加诉讼。

患者因输入不合格的血液受到损害提起侵权诉讼的，参照适用前两款规定。

14.《最高人民法院关于审理利用信息网络侵害人身权益民事纠纷案件适用法律若干问题的规定》（法释〔2014〕11号，20141010；经法释〔2020〕17号修正，20210101）

第二条　原告依据民法典第一千一百九十五条、第一千一百九十七条的规定起诉网络用户或者网络服务提供者的，人民法院应予受理。

原告仅起诉网络用户，网络用户请求追加涉嫌侵权的网络服务提供者为共同被告或者第三人的，人民法院应予准许。

原告仅起诉网络服务提供者，网络服务提供者请求追加可以确定的网络用户为共同被告或者第三人的，人民法院应予准许。

15.《最高人民法院关于审理信用证纠纷案件若干问题的规定》（法释〔2005〕13号，20060101；经法释〔2020〕18号修正，20210101）

第十四条　人民法院在审理信用证欺诈案件过程中，必要时可以将信用证纠纷与基础交易纠纷一并审理。

当事人以基础交易欺诈为由起诉的，可以将与案件有关的开证行、议付行或者其他信用证法律关系的利害关系人列为第三人；第三人可以申请参加诉讼，人民法院也可以通知第三人参加诉讼。

16.《最高人民法院关于适用〈中华人民共和国公司法〉若干问题的规定（二）》（法释〔2008〕6号，20080519；经法释〔2020〕18号修正，20210101）

第四条　股东提起解散公司诉讼

应当以公司为被告。

原告以其他股东为被告一并提起诉讼的，人民法院应当告知原告将其他股东变更为第三人；原告坚持不予变更的，人民法院应当驳回原告对其他股东的起诉。

原告提起解散公司诉讼应当告知其他股东，或者由人民法院通知其参加诉讼。其他股东或者有关利害关系人申请以共同原告或者第三人身份参加诉讼的，人民法院应予准许。

第二十三条 清算组成员从事清算事务时，违反法律、行政法规或者公司章程给公司或者债权人造成损失，公司或者债权人主张其承担赔偿责任的，人民法院应依法予以支持。

有限责任公司的股东、股份有限公司连续一百八十日以上单独或者合计持有公司百分之一以上股份的股东，依据公司法第一百五十一条①第三款的规定，以清算组成员有前款所述行为为由向人民法院提起诉讼的，人民法院应予受理。

公司已经清算完毕注销，上述股东参照公司法第一百五十一条第三款的规定，直接以清算组成员为被告、其他股东为第三人向人民法院提起诉讼的，人民法院应予受理。

17.《最高人民法院关于适用〈中华人民共和国公司法〉若干问题的规定（四）》（法释〔2017〕16号，20170901；经法释〔2020〕18号修正，20210101）

第三条 原告请求确认股东会或者股东大会、董事会决议不成立、无效或者撤销决议的案件，应当列公司为被告。对决议涉及的其他利害关系人，可以依法列为第三人。

一审法庭辩论终结前，其他有原告资格的人以相同的诉讼请求申请参加前款规定诉讼的，可以列为共同原告。

第二十四条 符合公司法第一百五十一条②第一款规定条件的股东，依据公司法第一百五十一条第二款、第三款规定，直接对董事、监事、高级管理人员或者他人提起诉讼的，应当列公司为第三人参加诉讼。

一审法庭辩论终结前，符合公司法第一百五十一条第一款规定条件的其他股东，以相同的诉讼请求申请参加诉讼的，应当列为共同原告。

18.《最高人民法院关于审理外商投资企业纠纷案件若干问题的规定（一）》（法释〔2010〕9号，20100816；经法释〔2020〕18号修正，20210101）

第六条 外商投资企业股权转让合同成立后，转让方和外商投资企业不履行报批义务，受让方以转让方为被告、以外商投资企业为第三人提起诉讼，请求转让方与外商投资企业在一定

---

① 对应2023年《公司法》第189条。——编者注

② 对应2023年《公司法》第189条。——编者注

期限内共同履行报批义务的,人民法院应予支持。受让方同时请求在转让方和外商投资企业于生效判决确定的期限内不履行报批义务时自行报批的,人民法院应予支持。

转让方和外商投资企业拒不根据人民法院生效判决确定的期限履行报批义务,受让方另行起诉,请求解除合同并赔偿损失的,人民法院应予支持。赔偿损失的范围可以包括股权的差价损失、股权收益及其他合理损失。

19.《最高人民法院关于审理期货纠纷案件若干问题的规定》(法释〔2003〕10 号,20030701;经法释〔2020〕18 号修正,20210101)

第四十九条　期货交易所未代期货公司履行期货合约,期货公司应当根据客户请求向期货交易所主张权利。

期货公司拒绝代客户向期货交易所主张权利的,客户可直接起诉期货交易所,期货公司可作为第三人参加诉讼。

20.《最高人民法院关于审理期货纠纷案件若干问题的规定(二)》(法释〔2011〕1 号,20110117;经法释〔2020〕18 号修正,20210101)

第一条　以期货交易所为被告或者第三人的因期货交易所履行职责引起的商事案件,由期货交易所所在地的中级人民法院管辖。

21.《最高人民法院关于对与证券交易所监管职能相关的诉讼案件管辖与受理问题的规定》(法释〔2005〕1 号,20050131;经法释〔2020〕20 号修正,20210101)

一、根据《中华人民共和国民事诉讼法》第三十七条①和《中华人民共和国行政诉讼法》第二十三条的有关规定,指定上海证券交易所和深圳证券交易所所在地的中级人民法院分别管辖以上海证券交易所和深圳证券交易所为被告或第三人的与证券交易所监管职能相关的第一审民事和行政案件。

22.《最高人民法院关于适用〈中华人民共和国民法典〉婚姻家庭编的解释(一)》(法释〔2020〕22 号,20210101)

第十六条　人民法院审理重婚导致的无效婚姻案件时,涉及财产处理的,应当准许合法婚姻当事人作为有独立请求权的第三人参加诉讼。

【司法文件】

《全国法院民商事审判工作会议纪要》(最高人民法院,法〔2019〕254 号,20191108)

13.【诉讼地位】人民法院在审理公司人格否认纠纷案件时,应当根据不同情形确定当事人的诉讼地位:

---

① 对应 2023 年《民事诉讼法》第 38 条。——编者注

（1）债权人对债务人公司享有的债权已经由生效裁判确认，其另行提起公司人格否认诉讼，请求股东对公司债务承担连带责任的，列股东为被告，公司为第三人；

（2）债权人对债务人公司享有的债权提起诉讼的同时，一并提起公司人格否认诉讼，请求股东对公司债务承担连带责任的，列公司和股东为共同被告；

（3）债权人对债务人公司享有的债权尚未经生效裁判确认，直接提起公司人格否认诉讼，请求公司股东对公司债务承担连带责任的，人民法院应当向债权人释明，告知其追加公司为共同被告。债权人拒绝追加的，人民法院应当裁定驳回起诉。

【最高法指导性案例】

1. 指导案例 148 号：高光诉三亚天通国际酒店有限公司、海南博超房地产开发有限公司等第三人撤销之诉案（20210219）

【裁判要点】

公司股东对公司法人与他人之间的民事诉讼生效裁判不具有直接的利益关系，不符合《民事诉讼法》第 56 条（现为第 59 条）规定的第三人条件，其以股东身份提起第三人撤销之诉的，人民法院不予受理。

【基本案情】

2005 年 11 月 3 日，高光和邹某某作为公司股东（发起人）发起成立海南博超房地产开发有限公司（以下简称博超公司），高光、邹某某出资比例各占50%，邹某某任该公司执行董事、法定代表人。

2011 年 6 月 16 日，博超公司、三亚南海岸旅游服务有限公司（以下简称南海岸公司）、三亚天通国际酒店有限公司（以下简称天通公司）、北京天时房地产开发有限公司（以下简称天时公司）四方共同签署了《协议书》，对位于海南省三亚市三亚湾海坡开发区的碧海华云酒店（现为天通国际酒店）的现状、投资额及酒店产权确认、酒店产权过户手续的办理、工程结算及结算资料的移交、违约责任等方面均作明确约定。2012 年 8 月 1 日，天通公司以博超公司和南海岸公司为被告、天时公司为第三人向海南省高级人民法院提起合资、合作开发房地产合同纠纷之诉，提出碧海华云酒店（现为天通国际酒店）房屋所有权（含房屋占用范围内的土地使用权）归天通公司所有以及博超公司向天通公司支付违约金 720 万元等诉讼请求。海南省高级人民法院作出(2012)琼民一初字第 3 号民事判决，支持了天通公司的诉讼请求，判决作出后，各方当事人均未提出上诉。

2012 年 8 月 28 日，高光以博超公司经营管理发生严重困难，继续存续将会使股东利益遭受重大损失为由起诉请求解散公司。2013 年 9 月 12 日，海南省海口市中级人民法院作出(2013)

海中法民二初字第 5 号民事判决,判决解散博超公司。博超公司不服该判决,提出上诉。2013 年 12 月 19 日,海南省高级人民法院就该案作出(2013)琼民二终字第 35 号民事判决,判决驳回上诉,维持原判。2014 年 9 月 18 日,海口市中级人民法院指定海南天皓律师事务所担任博超公司管理人,负责博超公司的清算。

2015 年 4 月 20 日,博超公司管理人以天通公司、天时公司、南海岸公司为被告,向海南省高级人民法院起诉:请求确认博超公司于 2011 年 6 月 16 日签订的《协议书》无效,将位于海南省三亚市三亚湾路海坡度假区 15370.84 平方米的土地使用权及 29851.55 平方米的地上建筑物返还过户登记至博超公司管理人名下。海南省高级人民法院裁定驳回了博超公司管理人的起诉。诉讼过程中,天时公司、天通公司收到该案诉讼文书后与博超公司管理人联系并向其提供了(2012)琼民一初字第 3 号民事判决的复印件。高光遂据此向海南省高级人民法院就(2012)琼民一初字第 3 号民事判决提起本案第三人撤销之诉。

【裁判结果】

海南省高级人民法院于 2016 年 8 月 23 日作出(2015)琼民一初字第 43 号民事裁定书,驳回原告高光的起诉。高光不服,提起上诉。最高人民法院于 2017 年 6 月 22 日作出(2017)最高法民终 63 号民事裁定书,驳回上诉,维持原裁定。

【裁判理由】

最高人民法院认为:本案系高光针对已生效的海南省高级人民法院(2012)琼民一初字第 3 号民事判决而提起的第三人撤销之诉。第三人撤销之诉制度的设置功能,主要是为了保护受错误生效裁判损害的未参加原诉的第三人的合法权益。由于第三人本人以外的原因未能参加原诉,导致人民法院作出了错误裁判,在这种情形下,法律赋予本应参加原诉的第三人有权通过另诉的方式撤销原生效裁判。因此,提起第三人撤销之诉的主体必须符合本应作为第三人参加原诉的身份条件。本案中,高光不符合以第三人身份参加该案诉讼的条件。

1. 高光对(2012)琼民一初字第 3 号民事判决案件的诉讼标的没有独立请求权,不属于该案有独立请求权的第三人。有独立请求权的第三人,是指对当事人之间争议的诉讼标的,有权以独立的实体权利人的资格提出诉讼请求的主体。在(2012)琼民一初字第 3 号民事判决案件中,天通公司基于其与博超公司订立的《协议书》提出各项诉讼请求,海南省高级人民法院基于《协议书》的约定进行审理并作出判决。高光只是博超公司的股东之一,并不是《协议书》的合同当事人一方,其无权基于该协议约定提出诉讼请求。

2. 高光不属于(2012)琼民一初字第 3 号民事判决案件无独立请求权的

第三人。无独立请求权的第三人，是指虽然对当事人双方的诉讼标的没有独立请求权，但案件处理结果同他有法律上的利害关系的主体。第三人同案件处理结果存在的法律上的利害关系，可能是直接的，也可能是间接的。本案中，(2012)琼民一初字第3号民事判决只确认了博超公司应承担的法律义务，未判决高光承担民事责任，故高光与(2012)琼民一初字第3号民事判决的处理结果并不存在直接的利害关系。关于是否存在间接利害关系的问题。通常来说，股东和公司之间系天然的利益共同体。公司股东对公司财产享有资产收益权，公司的对外交易活动、民事诉讼的胜败结果一般都会影响到公司的资产情况，从而间接影响到股东的收益权利。从这个角度看，股东与公司进行的民事诉讼的处理结果具有法律上的间接利害关系。但是，由于公司利益和股东利益具有一致性，公司对外活动应推定为股东整体意志的体现，公司在诉讼活动中的主张也应认定为代表股东的整体利益。因此，虽然公司诉讼的处理结果会间接影响到股东的利益，但股东的利益和意见已经在诉讼过程中由公司所代表和表达，则不应再追加股东作为第三人参加诉讼。本案中，虽然高光是博超公司的股东，但博超公司与南海岸公司、天时公司、天通公司的诉讼活动中，股东的意见已为博超公司所代表，则作为股东的高光不应再以无独立请求权的第三人身份参加该案诉讼。至于不同股东之间的分歧所导致的利益冲突，应由股东与股东之间、股东与公司之间依法另行处理。

2. 指导案例149号：长沙广大建筑装饰有限公司诉中国工商银行股份有限公司广州粤秀支行、林传武、长沙广大建筑装饰有限公司广州分公司等第三人撤销之诉案(20210219)

【裁判要点】

公司法人的分支机构以自己的名义从事民事活动，并独立参加民事诉讼，人民法院判决分支机构对外承担民事责任，公司法人对该生效裁判提起第三人撤销之诉的，其不符合《民事诉讼法》第56条(现为第59条)规定的第三人条件，人民法院不予受理。

【基本案情】

2011年7月12日，林传武与中国工商银行股份有限公司广州粤秀支行(以下简称工商银行粤秀支行)签订《个人借款／担保合同》。长沙广大建筑装饰有限公司广州分公司(以下简称长沙广大广州分公司)出具《担保函》，为林传武在工商银行粤秀支行的贷款提供连带责任保证。后因林传武欠付款项，工商银行粤秀支行向法院起诉林传武、长沙广大广州分公司等，请求林传武偿还欠款本息，长沙广大广州分公司承担连带清偿责任。此案经广东省广州市天河区人民法院一审、广州市中级人民法院二审，判令林传武清偿欠付本金及利息等，其中一项为判令长沙广大广州分公司对林传武的债务承担带连带清偿责任。

2017年,长沙广大建筑装饰有限公司(以下简称长沙广大公司)向广州市中级人民法院提起第三人撤销之诉,以生效判决没有将长沙广大公司列为共同被告参与诉讼,并错误认定《担保函》性质,导致长沙广大公司无法主张权利,请求撤销广州市中级人民法院作出的(2016)粤01民终第15617号民事判决。

【裁判结果】

广州市中级人民法院于2017年12月4日作出(2017)粤01民撤10号民事裁定:驳回原告长沙广大建筑装饰有限公司的起诉。宣判后,长沙广大建筑装饰有限公司提起上诉。广东省高级人民法院于2018年6月22日作出(2018)粤民终1151号民事裁定:驳回上诉,维持原裁定。

【裁判理由】

法院生效裁判认为:《民事诉讼法》第56条规定:"对当事人双方的诉讼标的,第三人认为有独立请求权的,有权提起诉讼。对当事人双方的诉讼标的,第三人虽然没有独立请求权,但案件处理结果同他有法律上的利害关系的,可以申请参加诉讼,或者由人民法院通知他参加诉讼。人民法院判决承担民事责任的第三人,有当事人的诉讼权利义务。前两款规定的第三人,因不能归责于本人的事由未参加诉讼,但有证据证明发生法律效力的判决、裁定、调解书的部分或者全部内容错误,

损害其民事权益的,可以自知道或者应当知道其民事权益受到损害之日起六个月内,向作出该判决、裁定、调解书的人民法院提起诉讼。……"依据上述法律规定,提起第三人撤销之诉的"第三人"是指有独立请求权的第三人,或者案件处理结果同他有法律上的利害关系的无独立请求权第三人,但不包括当事人双方。在已经生效的(2016)粤01民终15617号案件中,被告长沙广大广州分公司系长沙广大公司的分支机构,不是法人,但其依法设立并领取工商营业执照,具有一定的运营资金和在核准的经营范围内经营业务的行为能力。根据《民法总则》第74条第2款(《民法典》第74条第2款)"分支机构以自己的名义从事民事活动,产生的民事责任由法人承担;也可以先以该分支机构管理的财产承担,不足以承担的,由法人承担"的规定,长沙广大公司在(2016)粤01民终15617号案件中,属于承担民事责任的当事人,其诉讼地位不是《民事诉讼法》第56条规定的第三人。因此,长沙广大公司以第三人的主体身份提出本案诉讼不符合第三人撤销之诉的法定适用条件。

3. 指导案例150号:中国民生银行股份有限公司温州分行诉浙江山口建筑工程有限公司、青田依利高鞋业有限公司第三人撤销之诉案(20210219)

【裁判要点】

建设工程价款优先受偿权与抵押

权指向同一标的物,抵押权的实现因建设工程价款优先受偿权的有无以及范围大小受到影响的,应当认定抵押权的实现同建设工程价款优先受偿权案件的处理结果有法律上的利害关系,抵押权人对确认建设工程价款优先受偿权的生效裁判具有提起第三人撤销之诉的原告主体资格。

【基本案情】

中国民生银行股份有限公司温州分行(以下简称温州民生银行)因与青田依利高鞋业有限公司(以下简称青田依利高鞋业公司)、浙江依利高鞋业有限公司等金融借款合同纠纷一案诉至浙江省温州市中级人民法院(以下简称温州中院),温州中院判令:(1)浙江依利高鞋业有限公司于判决生效之日起10日内偿还温州民生银行借款本金5690万元及期内利息、期内利息复利、逾期利息;(2)如浙江依利高鞋业有限公司未在上述第1项确定的期限内履行还款义务,温州民生银行有权以拍卖、变卖被告青田依利高鞋业公司提供抵押的坐落于青田县船寮镇赤岩工业区房产及工业用地的所得价款优先受偿……上述判决生效后,因该案各被告未在判决确定的期限内履行义务,温州民生银行向温州中院申请强制执行。

在执行过程中,温州民生银行于2017年2月28日获悉,浙江省青田县人民法院向温州中院发出编号为(2016)浙1121执2877号的《参与执行分配函》,以(2016)浙1121民初1800号民事判决为依据,要求温州中院将该判决确认的浙江山口建筑工程有限公司(以下简称山口建筑公司)对青田依利高鞋业公司享有的559.3万元建设工程款债权优先于抵押权和其他债权受偿,对坐落于青田县船寮镇赤岩工业区建设工程项目折价或拍卖所得价款优先受偿。

温州民生银行认为案涉建设工程于2011年10月21日竣工验收合格,但山口建筑公司直至2016年4月20日才向法院主张优先受偿权,显然已超过了6个月的期限,故请求撤销(2016)浙1121民初1800号民事判决,并确认山口建筑公司就案涉建设工程项目折价、拍卖或变卖所得价款不享有优先受偿权。

【裁判结果】

浙江省云和县人民法院于2017年12月25日作出(2017)浙1125民撤1号民事判决:(1)撤销浙江省青田县人民法院(2016)浙1121民初1800号民事判决书第1项;(2)驳回原告中国民生银行股份有限公司温州分行的其他诉讼请求。一审宣判后,浙江山口建筑工程有限公司不服,向浙江省丽水市中级人民法院提起上诉。丽水市中级人民法院于2018年4月25日作出(2018)浙11民终446号民事判决书,判决驳回上诉,维持原判。浙江山口建筑工程有限公司不服,向浙江省高级人民法院申请再审。浙江省高级人民法院于2018年12月14日作出(2018)浙民申 3524 号民事裁定书,驳回浙江山口建筑工程有限公司的再审申请。

【裁判理由】

法院生效裁判认为:第三人撤销之诉的审理对象是原案生效裁判,为保障生效裁判的权威性和稳定性,第三人撤销之诉的立案审查相比一般民事案件更加严格。正如山口建筑公司所称,《民事诉讼法解释》第 292 条(现为第 290 条)规定,第三人提起撤销之诉的,应当提供存在发生法律效力的判决、裁定、调解书的全部或者部分内容错误情形的证据材料,即在受理阶段需对原生效裁判内容是否存在错误从证据材料角度进行一定限度的实质审查。但前述司法解释规定本质上仍是对第三人撤销之诉起诉条件的规定,起诉条件与最终实体判决的证据要求存在区别,前述司法解释规定并不意味着第三人在起诉时就要完成全部的举证义务,第三人在提起撤销之诉时应对原案判决可能存在错误并损害其民事权益的情形提供初步证据材料加以证明。温州民生银行提起撤销之诉时已经提供证据材料证明自己是同一标的物上的抵押权人,山口建筑公司依据原案生效判决第 1 项要求参与抵押物折价或者拍卖所得价款的分配将直接影响温州民生银行债权的优先受偿,而且山口建筑公司自案涉工程竣工验收至提起原案诉讼远远超过 6 个月期限,山口建筑公司主张在 6 个月内行使建设工程价款优先权时并未采取起诉、仲裁等具备公示

效果的方式。因此,从起诉条件审查角度看,温州民生银行已经提供初步证据证明原案生效判决第 1 项内容可能存在错误并将损害其抵押权的实现。其提起诉讼要求撤销原案生效判决主文第 1 项符合法律规定的起诉条件。

4. 指导案例 151 号:台州德力奥汽车部件制造有限公司诉浙江建环机械有限公司管理人浙江安天律师事务所、中国光大银行股份有限公司台州温岭支行第三人撤销之诉案(20210219)

【裁判要点】

在银行承兑汇票的出票人进入破产程序后,对付款银行于法院受理破产申请前 6 个月内从出票人还款账户划扣票款的行为,破产管理人提起请求撤销个别清偿行为之诉,法院判决予以支持的,汇票的保证人与该生效判决具有法律上的利害关系,具有提起第三人撤销之诉的原告主体资格。

【基本案情】

2014 年 3 月 21 日,中国光大银行股份有限公司台州温岭支行(以下简称光大银行温岭支行)分别与浙江建环机械有限公司(以下简称建环公司)、台州德力奥汽车部件制造有限公司(以下简称德力奥公司)等签订《综合授信协议》《最高额保证合同》,约定光大银行温岭支行在 2014 年 4 月 1 日至 2015 年 3 月 31 日期间向建环公司提供最高额 520 万元的授信额度,德力奥公司等为该授信协议项下最高本金余额 520

万元提供连带责任保证。2014 年 4 月 2 日，光大银行温岭支行与建环公司签订《银行承兑协议》，建环公司提供 50%保证金（260 万元），光大银行温岭支行向建环公司出具承兑汇票 520 万元，汇票到期日为 2014 年 10 月 2 日。2014 年 10 月 2 日，陈某 1 将 260 万元汇至陈某 2 兴业银行的账户，然后陈某 2 将 260 万元汇至其在光大银行温岭支行的账户，再由陈某 2 将 260 万元汇至建环公司在光大银行温岭支行的还款账户。2014 年 10 月 8 日，光大银行温岭支行在建环公司的上述账户内扣划 2563430.83 元，并陆续支付持票人承兑汇票票款共 37 笔，合计 520 万元。

2015 年 1 月 4 日，浙江省玉环县人民法院受理建环公司的破产重整申请，并指定浙江安天律师事务所担任管理人（以下简称建环公司管理人）。因重整不成，浙江省玉环县人民法院裁定终结建环公司的重整程序并宣告其破产清算。2016 年 10 月 13 日，建环公司管理人提起请求撤销个别清偿行为之诉，浙江省玉环县人民法院于 2017 年 1 月 10 日作出（2016）浙 1021 民初 7201 号民事判决，判令光大银行温岭支行返还建环公司管理人 2563430.83 元及利息损失。光大银行温岭支行不服提起上诉，浙江省台州市中级人民法院于 2017 年 7 月 10 日作出（2016）浙 10 民终 360 号二审判决：驳回上诉，维持原判。

2018 年 1 月，光大银行温岭支行因保证合同纠纷一案将德力奥公司等诉至温岭市人民法院。原、被告均不服一审判决，上诉至台州市中级人民法院，二审判决德力奥公司等连带偿还光大银行温岭支行垫付款本金及利息等。

德力奥公司遂向台州市中级人民法院起诉撤销浙江省玉环县人民法院（2016）浙 1021 民初 7201 号民事判决第 1 项及台州市中级人民法院（2016）浙 10 民终 360 号民事判决。

【裁判结果】

台州市中级人民法院于 2019 年 3 月 15 日作出（2018）浙 10 民撤 2 号民事判决：驳回原告台州德力奥汽车部件制造有限公司的诉讼请求。台州德力奥汽车部件制造有限公司不服，上诉至浙江省高级人民法院。浙江省高级人民法院于 2019 年 7 月 15 日作出（2019）浙民终 330 号民事判决：（1）撤销台州市中级人民法院（2018）浙 10 民撤 2 号民事判决；（2）撤销台州市中级人民法院（2016）浙 10 民终 360 号民事判决和浙江省玉环县人民法院（2016）浙 1021 民初 7201 号民事判决第 1 项"限被告中国光大银行股份有限公司台州温岭支行于判决生效后 1 个月内返还原告浙江建环机械有限公司管理人浙江安天律师事务所人民币 2563430.83 元，并从 2016 年 10 月 13 日起按中国人民银行规定的同期同类贷款基准利率赔偿利息损失"；（3）改判浙江省玉环县人民法院（2016）浙 1021 民初 7201 号民事判决第 2 项"驳回原告浙江建环机械有限公司管理人浙江安天律师事务所的其余诉讼请求"为"驳回原告浙江建环机械有限公司管理人浙江安天律师事务所的全部诉讼请求";(4)驳回台州德力奥汽车部件制造有限公司的其他诉讼请求。浙江建环机械有限公司管理人浙江安天律师事务所不服,向最高人民法院申请再审。最高人民法院于2020年5月27日作出(2020)最高法民申2033号民事裁定:驳回浙江建环机械有限公司管理人浙江安天律师事务所的再审申请。

【裁判理由】

最高人民法院认为:关于德力奥公司是否有权提起第三人撤销之诉的问题。若案涉汇票到期前建环公司未能依约将票款足额存入其在光大银行温岭支行的账户,基于票据无因性以及光大银行温岭支行作为银行承兑汇票的第一责任人,光大银行温岭支行须先行向持票人兑付票据金额,然后再向出票人(本案即建环公司)追偿,德力奥公司依约亦需承担连带偿付责任。由于案涉汇票到期前,建环公司依约将票款足额存入了其在光大银行温岭支行的账户,光大银行温岭支行向持票人兑付了票款,故不存在建环公司欠付光大银行温岭支行票款的问题,德力奥公司亦就无须承担连带偿付责任。但是,由于建环公司破产管理人针对建环公司在汇票到期前向其在光大银行温岭支行账户的汇款行为提起请求撤销个别清偿行为之诉,若建环公司破产管理人的

诉求得到支持,德力奥公司作为建环公司申请光大银行温岭支行开具银行承兑汇票的保证人即要承担连带还款责任,故原案的处理结果与德力奥公司有法律上的利害关系,应当认定德力奥公司属于《民事诉讼法》第56条(现为第59条)规定的无独立请求权第三人。

5. 指导案例152号:鞍山市中小企业信用担保中心诉汪薇、鲁金英第三人撤销之诉案(20210219)

【裁判要点】

债权人申请强制执行后,被执行人与他人在另外的民事诉讼中达成调解协议,放弃其取回财产的权利,并大量减少债权,严重影响债权人债权实现,符合《合同法》第74条(《民法典》第538条、第539条)规定的债权人行使撤销权条件的,债权人对民事调解书具有提起第三人撤销之诉的原告主体资格。

【基本案情】

2008年12月,鞍山市中小企业信用担保中心(以下简称担保中心)与台安县农村信用合作社黄沙坨信用社(以下简称黄沙坨信用社)签订保证合同,为汪薇经营的鞍山金桥生猪良种繁育养殖厂(以下简称养殖厂)在该信用社的贷款提供连带责任担保。汪薇向担保中心出具一份个人连带责任保证书,为借款人的债务提供反担保。后因养殖厂及汪薇没有偿还贷款,担保中心于2010年4月向黄沙坨信用社支付代偿款2973197.54元。2012年担保中心以

养殖厂、汪薇等为被告起诉至铁东区人民法院，要求养殖厂及汪薇等偿还代偿款。辽宁省鞍山市铁东区人民法院于2013年6月作出判决：（1）汪薇于该判决书生效之日起15日内给付担保中心代偿银行欠款2973197.54元及银行利息；（2）张某某以其已办理的抵押房产对前款判项中的本金及利息承担抵押担保责任；（3）驳回担保中心的其他诉讼请求。该判决已经发生法律效力。

2010年12月汪薇将养殖厂转让给鲁金英，转让费450万元，约定合同签订后立即给付163万余元，余款于2011年12月1日全部付。如鲁金英不能到期付款，养殖厂的所有资产仍归汪薇，首付款作违约金归汪薇所有。合同签订后，鲁金英支付了约定的首付款。汪薇将养殖厂交付鲁金英，但鲁金英未按约定支付剩余转让款。2014年1月，铁东区人民法院基于担保中心的申请，从鲁金英处执行其欠汪薇资产转让款30万元，将该款交给了担保中心。

汪薇于2013年11月起诉鲁金英，请求判令养殖厂的全部资产归其所有；鲁金英承担违约责任。辽宁省鞍山市中级人民法院经审理认为，汪薇与鲁金英签订的《资产转让合同书》合法有效，鲁金英未按合同约定期限支付余款构成违约。据此作出（2013）鞍民三初字第66号民事判决：（1）鲁金英将养殖厂的资产归还汪薇所有；（2）鲁金英赔偿汪薇实际损失及违约金1632573元。其中应扣除鲁金英代汪薇偿还的30万

元，实际履行中由汪薇给付鲁金英30万元。鲁金英向辽宁省高级人民法院提上诉。该案二审期间，汪薇和鲁金英自愿达成调解协议。辽宁省高级人民法院于2014年8月作出（2014）辽民二终字第00183号民事调解书予以确认。调解协议主要内容为养殖厂归鲁金英所有，双方同意将原转让款450万元变更为3132573元，鲁金英已给付汪薇1632573元，再给付150万元，不包括鲁金英已给付担保中心的30万元等。

鲁金英依据调解书向担保中心、执行法院申请回转已被执行的30万元，担保中心知悉汪薇和鲁金英买卖合同纠纷诉讼及调解书内容，随即提起本案第三人撤销之诉。

【裁判结果】

辽宁省高级人民法院于2017年5月23日作出（2016）辽民撤8号民事判决：（1）撤销辽宁省高级人民法院（2014）辽民二终字第00183号民事调解书和鞍山市中级人民法院（2013）鞍民三初字第66号民事判决书；（2）被告鲁金英于判决生效之日起10日内，将金桥生猪良种繁育养殖厂的资产归还被告汪薇所有；（3）被告鲁金英已给付被告汪薇的首付款1632573元作为实际损失及违约金赔偿汪薇，但应从中扣除代替汪薇偿还担保中心的30万元，即实际履行中由汪薇给付鲁金英30万元。鲁金英不服，提起上诉。最高人民法院于2018年5月30日作出（2017）最高法民终626号民事判决：（1）维持

辽宁省高级人民法院(2016)辽民撤 8 号民事判决第 1 项;(2)撤销辽宁省高级人民法院(2016)辽民撤 8 号民事判决第 2 项、第 3 项;(3)驳回鞍山市中小企业信用担保中心的其他诉讼请求。

【裁判理由】

最高人民法院判决认为,本案中,虽然担保中心与汪薇之间基于贷款代偿形成的债权债务关系,与汪薇和鲁金英之间因转让养殖厂形成的买卖合同关系属两个不同法律关系,但是,汪薇系为创办养殖厂与担保中心形成案涉债权债务关系,与黄沙坨信用社签订借款合同的主体亦为养殖厂,故汪薇和鲁金英转让的养殖厂与担保中心对汪薇债权的形成存在关联关系。在汪薇与鲁金英因养殖厂转让发生纠纷提起诉讼时,担保中心对汪薇的债权已经生效民事判决确认并已进入执行程序。在该案诉讼及判决执行过程中,铁东区人民法院已裁定冻结了汪薇对养殖厂(投资人鲁金英)的到期债权。鲁金英亦已向铁东区人民法院确认其欠付汪薇转让款及数额,同意通过法院向担保中心履行,并已实际给付了 30 万元。铁东区人民法院也对养殖厂的相关财产予以查封冻结,并向养殖厂送达了协助执行通知书。故汪薇与鲁金英因养殖厂资产转让合同权利义务的变化与上述对汪薇财产的执行存在直接牵连关系,并可能影响担保中心的利益。《合同法》第 74 条规定:"债务人以明显不合理的低价转让财产,对债权人造成损

害,并且受让人知道该情形的,债权人也可以请求人民法院撤销债务人的行为。"因本案汪薇和鲁金英系在诉讼中达成以 3132573 元交易价转让养殖厂的协议,该协议经人民法院作出(2014)辽民二终字第 00183 号民事调解书予以确认并已发生法律效力。在此情形下,担保中心认为汪薇与鲁金英该资产转让行为符合《合同法》第 74 条规定的情形,却无法依据《合同法》第 74 条规定另行提起诉讼行使撤销权。故本案担保中心与汪薇之间虽然属于债权债务关系,但基于担保中心对汪薇债权形成与汪薇转让的养殖厂之间的关联关系,法院对汪薇因养殖厂转让形成的到期债权在诉讼和执行程序中采取的保全和执行措施使得汪薇与鲁金英买卖合同纠纷案件处理结果对担保中心利益产生的影响,以及担保中心主张受损害的民事权益因(2014)辽民二终字第 00183 号民事调解书而存在根据《合同法》第 74 条提起撤销权诉讼障碍等本案基本事实,可以认定汪薇和鲁金英买卖合同纠纷案件处理结果与担保中心具有法律上的利害关系,担保中心有权提起本案第三人撤销之诉。

6. 指导案例 153 号:永安市燕诚房地产开发有限公司诉郑耀南、远东(厦门)房地产发展有限公司等第三人撤销之诉案(20210219)

【裁判要点】

债权人对确认债务人处分财产行

为的生效裁判提起第三人撤销之诉的，在出现债务人进入破产程序、无财产可供执行等影响债权人债权实现的情形时，应当认定债权人知道或者应当知道该生效裁判损害其民事权益，提起诉讼的 6 个月期间开始起算。

【基本案情】

2003 年 5 月，福建省高级人民法院受理郑耀南诉远东（厦门）房地产发展有限公司（以下简称远东厦门公司）借款纠纷一案。2003 年 6 月 2 日，该院作出（2003）闽民初字第 2 号民事调解书，确认远东厦门公司共结欠郑耀南借款本息共计人民币 123129527.72 元，之后的利息郑耀南自愿放弃；如果远东厦门公司未按还款计划返还任何一期欠款，郑耀南有权要求提前清偿所有未返还欠款。远东厦门公司由在香港注册的远东房地产发展有限公司（以下简称香港远东公司）独资设立，法定代表人为张琼月。雷远思为永安市燕诚房地产开发有限公司（以下简称燕诚公司）法定代表人。张琼月与雷远思同为香港远东公司股东、董事，各持香港远东公司 50% 股份。雷远思曾向福建省人民检察院申诉，该院于 2003 年 8 月 19 日向福建省高级人民法院发出《检察建议书》，建议对（2003）闽民初字第 2 号案件依法再审。福建省高级人民法院向福建省公安厅出具《犯罪线索移送函》，认为郑耀南与张琼月涉嫌恶意串通侵占远东厦门公司资产，进而损害香港远东公司的合法权益。

2015 年 4 月 8 日，郑耀南与高某珍签订《债权转让协议书》并进行了公证，约定把（2003）闽民初字第 2 号民事调解书项下的全部债权转让给高某珍；截至协议签订之日，债权转让的对价已支付完毕；协议签署后，高某珍可以自己名义直接向远东厦门公司主张上述全部债权权益，享有合法的债权人权益。2015 年 4 月 10 日，远东厦门公司声明知悉债权转让事宜。

2015 年 12 月 21 日，福建省厦门市中级人民法院裁定受理案外人对远东厦门公司的破产清算申请，并指定福建英合律师事务所为破产管理人。破产管理人于 2016 年 3 月 15 日向燕诚公司发出《远东厦门公司破产一案告知函》，告知远东厦门公司债权人查阅债权申报材料事宜，其中破产管理人目前接受的债权申报信息统计如下：1.……5. 燕诚公司申报 14158920 元；6. 高某珍申报 312294743.65 元；合计 725856487.91 元。如债权人在查阅债权申报材料后，对他人申报的债权有异议，请于 3 月 18 日前向破产管理人书面提出。

燕诚公司以（2003）闽民初字第 2 号案件是当事人恶意串通转移资产的虚假诉讼、影响其作为破产债权人的利益为由，向福建省高级人民法院提交诉状请求撤销（2003）闽民初字第 2 号民事调解书。

【裁判结果】

福建省高级人民法院于 2017 年 7 月 31 日作出（2016）闽民撤 6 号民事裁

定书,驳回永安市燕诚房地产开发有限公司的起诉。永安市燕诚房地产开发有限公司不服一审裁定,向最高人民法院提起上诉。最高人民法院于2018年9月21日作出(2017)最高法民终885号民事裁定:(1)撤销福建省高级人民法院(2016)闽民撤6号民事裁定;(2)指令福建省高级人民法院审理。

【裁判理由】

最高人民法院认为:根据《民事诉讼法》第56条(现为第59条)第3款的规定,第三人可以自知道或者应当知道其民事权益受到损害之日起6个月内,向人民法院提起诉讼。该6个月起诉期间的起算点,为当事人知道或者应当知道其民事权益受到损害之日。本案中,在远东厦门公司有足够资产清偿所有债务的前提下,(2003)闽民初字第2号民事调解书对燕诚公司债权的实现没有影响;在远东厦门公司正常生产经营的情况下,亦难以确定(2003)闽民初字第2号民事调解书会对燕诚公司的债权造成损害。但是,在远东厦门公司因不能足额清偿所欠全部债务而进入破产程序,燕诚公司、郑耀南债权的受让人高某珍均系其破产债权人,且高某珍依据(2003)闽民初字第2号民事调解书申报债权的情况下,燕诚公司破产债权的实现程度会因高某珍破产债权所依据的(2003)闽民初字第2号民事调解书而受到损害,故应认定燕诚公司在获知远东厦门公司进入破产程序的信息后才会知道或者应当知道其民

事权益受到损害。燕诚公司于2016年3月15日签收破产管理人制作的有关债权人申报材料,其于2016年9月12日向福建省高级人民法院提交诉状请求撤销(2003)闽民初字第2号民事调解书,未超过6个月的起诉期间。虽然燕诚公司时任总经理雷远思于2003年7月就(2003)闽民初字第2号案件提出过申诉,但其系以香港远东公司股东、董事以及远东厦门公司董事、总经理的身份为保护远东厦门公司的利益而非燕诚公司的债权提出的申诉,且此时燕诚公司是否因(2003)闽民初字第2号民事调解书而遭受损害并不确定,也就不存在其是否知道或者应当知道,进而依照《民事诉讼法》第56条第3款的规定起算6个月起诉期间的问题。

【法院参考案例】

1. 无独立请求权第三人是否享有独立的诉讼地位[丹东君澳食品有限公司与沈阳亚欧物资有限公司、王某、张某晶及一审第三人广发银行股份有限公司沈阳分行房屋买卖合同纠纷案,最高人民法院(2015)民申字第2299号]

无独立请求权第三人在诉讼中依附于本诉一方当事人而存在,不享有独立的诉讼地位,在人民法院没有判决其承担民事责任的情形下,无独立请求权第三人没有上诉权及申请再审权。

2. 第三人在参加一审诉讼时未提

出独立的诉讼请求，应否认定为有独立请求权的第三人[信达公司与博源公司、益宁公司、成伟公司建设工程施工合同纠纷案，最高人民法院（2021）最高法民申 3137 号]

第三人在参加一审诉讼时仅提交和发表陈述意见，未向一审法院提交起诉状，亦未提出独立的诉讼请求，不应认定为有独立请求权的第三人。因一审法院未判决该第三人承担任何民事责任，判决结果亦未涉及其实体权益，故其不具有就本案提起上诉的权利。

3. 通过虚假诉讼确定债权的债权人可否作为适格原告提起第三人撤销之诉[宋某某诉王某某、张某某第三人撤销之诉纠纷案，最高人民法院（2019）最高法民再 364 号，入库编号：2023-07-2-470-001]

当事人捏造事实、虚构债权并通过虚假诉讼得到确认后提起第三人撤销之诉，因其实际上对已发生法律效力的判决所涉及的财产和权益并不真正享有民事权益，无请求权，故不属于与案件有直接利害关系的原告，该起诉不符合法定起诉条件，应当驳回起诉。

4. 普通债权的受让人是否符合第三人撤销之诉的主体条件[化德县某能源公司诉中冶某公司第三人撤销之诉案，最高人民法院（2021）最高法民终 825 号，入库编号：2023-01-2-470-001]

受让借款合同债权的普通债权人，对另案建设工程施工合同纠纷的诉讼标的不具有独立请求权，与该案处理结果亦不具有法律上的利害关系，不属于《民事诉讼法》第 56 条（现为第 59 条）规定的第三人，无权针对另案生效裁判提起第三人撤销之诉。

5. 普通金钱债权人基于申请执行所享有的顺位利益，可否提起第三人撤销之诉[某建设公司诉某信托公司、某投资公司等第三人撤销之诉案，最高人民法院（2021）最高法民终 579 号，入库编号：2024-01-2-470-001]

当事人基于保全、执行措施享有的执行顺位利益，不属第三人撤销之诉救济的特别民事权益，其执行顺位利益能否实现与生效裁判之间并无法律上的利害关系。当事人以另案裁判影响其执行顺位受偿为由提起第三人撤销之诉的，不符合法律规定。

6. 仅就土地使用权享有抵押权的抵押权人，能否对确认他人就该土地上的工程享有建设工程价款优先受偿权的生效裁判提起第三人撤销之诉[某银行芜湖分行、安徽某建设有限公司、芜湖某房地产开发有限公司第三人撤销之诉案，最高人民法院（2021）最高法民终 456 号，入库编号：2023-07-2-470-002]

承包人的建设工程价款优先受偿权所涉房屋与他人抵押权所涉的土地

虽然相互关联,但是建设工程价款优先受偿权的客体系扣除土地价值之后的建设工程,不及于建设工程所占用的土地使用权;虽根据房地一体原则,对案涉工程及所占有的土地应一同拍卖,但是并不影响抵押权人所享有的抵押权的效力和范围。因此,对土地使用权享有抵押权的抵押权人对建设工程价款优先受偿权的判决不具备提起第三人撤销之诉的主体资格。

7. 公司的法定代表人在前案诉讼过程中已知晓诉讼的存在,公司可否提起第三人撤销之诉[日照某新能源公司诉山东某物产公司、潍坊某港口公司、潍坊某码头公司第三人撤销之诉案,最高人民法院(2021)最高法民终 1122号,入库编号:2023-10-2-470-001]

公司的法定代表人在前案诉讼过程中已知晓诉讼存在的,可以视为公司已知晓诉讼的存在。在前案裁判作出后,公司以不能归责于本人的事由未参加诉讼为由提起第三人撤销之诉的,人民法院不予支持。

8. 第三人撤销之诉案件中对原告主体资格如何认定[梁某某、原某某等与郝某某、张某甲等第三人撤销之诉纠纷案,山西省晋城市中级人民法院(2023)晋 05 民终 907 号,入库编号:2024-16-2-470-002]

第三人撤销之诉的原告应是《民事诉讼法》第 59 条规定的第三人。非无

其他救济途径且原诉系虚假诉讼情形的,不得随意将普通债权人纳入第三人范畴。

9. 案外人不服民事调解书,主张生效裁判损害其实体权利的可申请再审[沈阳市铁西区某街道办事处村民委员会诉郭某、沈阳某石油有限公司民间借贷纠纷案,最高人民法院(2014)民申字第 813 号,入库编号:2023-16-2-103-026]

案外人申请再审程序与第三人撤销之诉不能同时适用,案涉民事调解书是由最高人民法院经二审程序作出,案外人依据《民事诉讼法》第 56 条(现为第 59 条)规定提起撤销之诉会实质上丧失上诉权利,故案外人可选择申请再审程序。案外人主张生效裁判损害其实体权利的,应当进行实质性审查。

10. 第三人撤销之诉无独立请求权第三人的主体资格认定[胡某华诉陈某平、程某宝、张某娟、浙江某房地产开发有限公司×分公司第三人撤销之诉纠纷案,浙江省高级人民法院(2016)浙民终 851 号,入库编号:2023-16-2-470-002]

《民事诉讼法》第 59 条第 2 款是对无独立请求权第三人的规定,普通债权人原则上不具备第三人撤销之诉的原告主体资格要件,租赁权亦不例外。

11. 第三人撤销之诉的对象仅为已

经生效的判决、裁定、调解书主文所确定的内容[某石化公司诉某供应站、某燃料公司第三人撤销之诉案,浙江省舟山市中级人民法院(2015)浙舟民受终字第4号,入库编号:2024-16-2-470-003]

《民事诉讼法》第59条第3款规定的判决、裁定、调解书的部分或者全部内容,指的是判决、裁定的主文,调解书中处理当事人民事权利义务结果的内容。第三人认为生效裁判的事实认定以及裁判说理部分损害其民事权益提起撤销之诉的,人民法院不予支持。

12. 因本人原因没有参加诉讼的民事主体不能提起第三人撤销之诉[黄某甲与王某某、黄某乙第三人撤销之诉二审案,浙江省宁波市中级人民法院(2014)浙甬民二终字第682号,入库编号:2024-16-2-470-001]

第三人在原案诉讼进程中,知道或者应当知道原案诉讼存在,但未向原审法院提起诉讼或者提出参加诉讼申请的,除客观上有妨碍其提起诉讼的正当事由存在外,属于其对未参加诉讼存在过错,应视为其行使处分权的结果,不符合"因不能归责于本人的事由"的情形,依法不能提起第三人撤销之诉。

第二节 诉讼代理人

第六十条 【法定诉讼代理人】无诉讼行为能力人由他的监护人作为法定代理人代为诉讼。法定代理人之间互相推诿代理责任的,由人民法院指定其中一人代为诉讼。

【立法·要点注释】

1. 法定代理人,是指根据法律规定行使代理权的人。

2. 法定诉讼代理权,是基于法律的直接规定而发生的,无民事行为能力人或限制民事行为能力人的监护人以法定诉讼代理人身份参加诉讼,既是他们依法享有的一项权利,又是他们对被代理人和社会应尽的一项义务。

3. 在无民事行为能力人和限制民事行为能力人侵权案件中,其监护人应作为共同被告参加诉讼,即成为诉讼的当事人,而非法定代理人。将其监护人列为共同被告,利于人民法院查清案件事实、分清责任,同时也利于执行程序的快速终结。

【相关立法】

《中华人民共和国民法典》(20210101)

第二十三条 无民事行为能力人、限制民事行为能力人的监护人是其法定代理人。

第二十四条 不能辨认或者不能完全辨认自己行为的成年人,其利害关系人或者有关组织,可以向人民法院申请认定该成年人为无民事行为能力人或者限制民事行为能力人。

被人民法院认定为无民事行为能力人或者限制民事行为能力人的,经本人、利害关系人或者有关组织申请,人民法院可以根据其智力、精神健康恢复的状况,认定该成年人恢复为限制民事行为能力人或者完全民事行为能力人。

本条规定的有关组织包括:居民委员会、村民委员会、学校、医疗机构、妇女联合会、残疾人联合会、依法设立的老年人组织、民政部门等。

第一百六十三条　代理包括委托代理和法定代理。

委托代理人按照被代理人的委托行使代理权。法定代理人依照法律的规定行使代理权。

第一百七十五条　有下列情形之一的,法定代理终止:

(一)被代理人取得或者恢复完全民事行为能力;

(二)代理人丧失民事行为能力;

(三)代理人或者被代理人死亡;

(四)法律规定的其他情形。

【司法解释】

《最高人民法院关于适用〈中华人民共和国民事诉讼法〉的解释》(法释〔2015〕5号,20150204;经法释〔2022〕11号修正,20220410)

第八十三条　在诉讼中,无民事行为能力人、限制民事行为能力人的监护人是他的法定代理人。事先没有确定监护人的,可以由有监护资格的人协商确定;协商不成的,由人民法院在他们之中指定诉讼中的法定代理人。当事人没有民法典第二十七条、第二十八条规定的监护人的,可以指定民法典第三十二条规定的有关组织担任诉讼中的法定代理人。

【重点解读】关于无诉讼行为能力人、无民事行为能力人、限制民事行为能力人、监护人、法定代理人等制度,涉及《民法典》《民事诉讼法》等实体法和程序法的多个条文,而监护人的确定范围及其确定、指定程序,也由《民法典》而非《民事诉讼法》作出规定,人民法院在办理涉及无诉讼行为能力人的法定代理人确定事宜时,应当注意结合实体法和程序法的相关规定,依法办理。

【法院参考案例】

无诉讼行为能力人能否单独参与诉讼活动?〔杜某古、杜某确认合同效力纠纷案,吉林省延边朝鲜族自治州中级人民法院(2021)吉24民终2101号〕

诉讼中的原告应当具备诉讼行为能力。没有诉讼行为能力,直接起诉并单独参与诉讼不符合法律规定。

第六十一条　【委托诉讼代理人】当事人、法定代理人可以委托一至二人作为诉讼代理人。

下列人员可以被委托为诉讼代理人：

（一）律师、基层法律服务工作者；

（二）当事人的近亲属或者工作人员；

（三）当事人所在社区、单位以及有关社会团体推荐的公民。

【立法·要点注释】

1. 当事人是自然人的，其近亲属可以作为诉讼代理人，根据《民法典》的规定，近亲属包括：配偶、父母、子女、兄弟姐妹、祖父母、外祖父母、孙子女、外孙子女。当事人是法人或者其他组织的，其工作人员可以作为诉讼代理人。

2. 当事人所在社区、单位以及有关社会团体推荐的公民。"社区"主要是指当事人所在的居委会、村委会。当事人所在单位可以在单位中推荐一人为当事人代理诉讼，但被推荐的人作为诉讼代理人必须经当事人同意或授权。

3. 有关社会团体推荐的公民。社会团体指依法或经有关部门批准成立的，有章程、有名称、有一定数量成员、有经费来源、有办事机构、有办公地点的非营利法人。除了依法登记成立、取得法人资格的社会团体外，还有一些社会团体依法不需要办理法人登记，一经成立就具有法人资格：一类是参加中国人民政治协商会议的人民团体；另一类

是由国务院机构编制管理机关核定，并经国务院批准免于登记的团体。

【司法解释】

《最高人民法院关于适用〈中华人民共和国民事诉讼法〉的解释》（法释〔2015〕5号，20150204；经法释〔2022〕11号修正，20220410）

第八十四条 无民事行为能力人、限制民事行为能力人以及其他依法不能作为诉讼代理人的，当事人不得委托其作为诉讼代理人。

第八十五条 根据民事诉讼法第六十一条第二款第二项规定，与当事人有夫妻、直系血亲、三代以内旁系血亲、近姻亲关系以及其他有抚养、赡养关系的亲属，可以当事人近亲属的名义作为诉讼代理人。

【重点解读】本条对当事人近亲属范围作出的扩张性规定，便于当事人的近亲属作为诉讼代理人参加诉讼，尤其是在未成年人案件中，对孤儿未成年人，有利于其近亲属有更多的机会参加诉讼，依法维护其合法权益。

第八十六条 根据民事诉讼法第六十一条第二款第二项规定，与当事人有合法劳动人事关系的职工，可以当事人工作人员的名义作为诉讼代理人。

【重点解读】关于"合法劳动人事关系"证明材料，诉讼代理人应当提交委托人单位介绍信、本人身份证、上岗证或工作证等身份证明，也可以是劳动

合同、工资表、社会保险资料等证明材料，以证实自己与委托单位的关系。

第八十七条　根据民事诉讼法第六十一条第二款第三项规定，有关社会团体推荐公民担任诉讼代理人的，应当符合下列条件：

（一）社会团体属于依法登记设立或者依法免予登记设立的非营利性法人组织；

（二）被代理人属于该社会团体的成员，或者当事人一方住所地位于该社会团体的活动地域；

（三）代理事务属于该社会团体章程载明的业务范围；

（四）被推荐的公民是该社会团体的负责人或者与该社会团体有合法劳动人事关系的工作人员。

专利代理人经中华全国专利代理人协会推荐，可以在专利纠纷案件中担任诉讼代理人。

【司法文件】

《第八次全国法院民事商事审判工作会议（民事部分）纪要》（最高人民法院，法〔2016〕399号，20161121）

36. 以当事人的工作人员身份参加诉讼活动，应当按照《最高人民法院关于适用〈中华人民共和国民事诉讼法〉的解释》第八十六条的规定，至少应当提交以下证据之一加以证明：

（1）缴纳社保记录凭证；

（2）领取工资凭证；

（3）其他能够证明其为当事人工作人员身份的证据。

【法院参考案例】

1. 授权委托书不满足形式要件如何处理［广东奥凯电子有限公司与深圳市康某某科技有限公司及原审被告王某某买卖合同纠纷案，广东省深圳市中级人民法院（2021）粤03民终6284号］

授权委托书须满足《民事诉讼法》第59条（现第62条）第1款规定的形式要件，即有书面的委托人签字或者盖章，始能证明有代理权，否则应按照《民事诉讼法》第170条（现第177条）作出缺席判决。

2. 公司未能提交与受托人之间存在劳动合同关系证明材料的如何处理［山东春华农业科技有限公司与北京兆信信息技术股份有限公司计算机软件开发合同纠纷案，最高人民法院（2021）最高法知民终350号］

公司未提交与受托人之间存在劳动合同关系的证明材料，不能证明所委托的出庭人系公司工作人员，且公司亦未主张受托人属于《民事诉讼法》规定的其他代理情形并提供证明，故在法院举行的公开开庭审理中，公司应被视为未到庭参加诉讼，本案按撤诉处理。

3. 目标公司不设监事会的如何委托诉讼代理人［李某章、河南金建建设有限公司与姚某明、青海金达成矿业有限责任公司以及原审被告青海保信会计师事务所有限公司、李某合同纠纷案,最高人民法院(2021)最高法民申2454号]

目标公司不设监事会,依法选举的监事可以参照《公司法》相关规定代表公司委托诉讼代理人。

第六十二条 【委托诉讼代理权的取得和权限】 委托他人代为诉讼,必须向人民法院提交由委托人签名或者盖章的授权委托书。

授权委托书必须记明委托事项和权限。诉讼代理人代为承认、放弃、变更诉讼请求,进行和解,提起反诉或者上诉,必须有委托人的特别授权。

侨居在国外的中华人民共和国公民从国外寄交或者托交的授权委托书,必须经中华人民共和国驻该国的使领馆证明;没有使领馆的,由与中华人民共和国有外交关系的第三国驻该国的使领馆证明,再转由中华人民共和国驻该第三国使领馆证明,或者由当地的爱国华侨团体证明。

【立法·要点注释】

1. 委托他人代为诉讼,必须向人民法院提交由委托人签名或者盖章的授权委托书。法律要求授权委托书必须采用书面形式,而且要由当事人、法定代理人签名或者盖章,以表明委托诉讼代理人是当事人、法定代理人的意思表示,当事人、法定代理人对委托诉讼代理人在代理权限范围内的诉讼活动负责。

2. 授权委托书必须记明委托事项和权限。要求授权委托书记明代理事项,实际是要当事人、法定代理人写明委托他人干什么,代理诉讼的标的是什么。代理权限的范围,实际是划分当事人、法定代理人与诉讼代理人责任的范围,因此,委托代理人必须写明代理权限,是委托代理人申请回避、提供证据、陈述事实、进行辩论、申请诉讼保全和证据保全、请求调解、提出反诉、上诉、申请执行,还是仅就其中一项或者几项授权代理。

3. 诉讼代理人代为放弃、变更诉讼请求,进行和解,提起反诉或者上诉,必须有委托人的特别授权。上述诉讼行为,涉及实体权利的处分,因此,当事人、法定代理人必须在授权委托书中特别注明,没有注明的,委托代理人的行为无法律效力,人民法院不予承认,当事人、法定代理人也可以不接受。

【司法解释】

1. 《最高人民法院关于适用〈中华人民共和国民事诉讼法〉的解释》(法释〔2015〕5号,20150204;经法释〔2022〕11号修正,20220410)

第八十八条　诉讼代理人除根据民事诉讼法第六十二条规定提交授权委托书外，还应当按照下列规定向人民法院提交相关材料：

（一）律师应当提交律师执业证、律师事务所证明材料；

（二）基层法律服务工作者应当提交法律服务工作者执业证、基层法律服务所出具的介绍信以及当事人一方位于本辖区内的证明材料；

（三）当事人的近亲属应当提交身份证件和与委托人有近亲属关系的证明材料；

（四）当事人的工作人员应当提交身份证件和与当事人有合法劳动人事关系的证明材料；

（五）当事人所在社区、单位推荐的公民应当提交身份证件、推荐材料和当事人属于该社区、单位的证明材料；

（六）有关社会团体推荐的公民应当提交身份证件和符合本解释第八十七条规定条件的证明材料。

第八十九条　当事人向人民法院提交的授权委托书，应当在开庭审理前送交人民法院。授权委托书仅写"全权代理"而无具体授权，诉讼代理人无权代为承认、放弃、变更诉讼请求，进行和解，提出反诉或者提起上诉。

适用简易程序审理的案件，双方当事人同时到庭并径行开庭审理的，可以当场口头委托诉讼代理人，由人民法院记入笔录。

【重点解读】对当事人提交的授权委托书应当注意审查其授权权限，在诉讼代理人代为承认、放弃、变更诉讼请求，进行和解、调解，提起反诉或者上诉时，应当注意审查其是否有特别授权，以免引起不必要的争议。

2.《最高人民法院关于知识产权民事诉讼证据的若干规定》（法释〔2020〕12 号，20201118）

第十条　在一审程序中已经根据民事诉讼法第五十九条①、第二百六十四条②的规定办理授权委托书公证、认证或者其他证明手续的，在后续诉讼程序中，人民法院可以不再要求办理该授权委托书的上述证明手续。

3.《最高人民法院关于民事诉讼委托代理人在执行程序中的代理权限问题的批复》（法复〔1997〕1 号，19970123）

根据民事诉讼法的规定，当事人在民事诉讼中有权委托代理人。当事人委托代理人时，应当依法向人民法院提交记明委托事项和代理人具体代理权限的授权委托书。如果当事人在授权委托书中没有写明代理人在执行程序中有代理权及具体的代理事项，代理人在执行程序中没有代理权，不能代理当事人直接领取或者处分标的物。

【法院参考案例】

特别授权的委托诉讼代理人是否有权代表当事人进行和解[旭昌达实业(河源)有限公司、蔡某权与林某湖、张某麟、河源中诺商贸有限公司股权转让纠纷案，最高人民法院(2021)最高法民申4204号]

委托权限为特别授权的委托诉讼代理人，在有相应授权的情况下有权代表当事人进行和解。授权当事人未提供证据证明委托诉讼代理人所代理的调解并非其真实意思表示的情况下，该调解依法有效。

第六十三条 【诉讼代理权的变更和解除】诉讼代理人的权限如果变更或者解除，当事人应当书面告知人民法院，并由人民法院通知对方当事人。

【立法·要点注释】

诉讼代理权变更或解除前已实施的诉讼行为不因变更或解除而失效。诉讼代理权的解除的情形包括诉讼代理人主动辞去委托、被代理人解除委托。

第六十四条 【诉讼代理人的权利】代理诉讼的律师和其他诉讼代理人有权调查收集证据，可以查阅本案有关材料。查阅本案有关材料的范围和办法由最高人民法院规定。

【立法·要点注释】

1. 调查收集证据。根据本法规定，当事人对自己的主张，有提供证据的责任，只有在当事人及其诉讼代理人因客观原因不能收集证据或者人民法院认为有必要时，人民法院才主动调查、收集证据。为了使当事人更好地承担提供证据的责任，赋予其诉讼代理人收集证据的权利是十分必要的。诉讼代理人可以调查收集书证、物证、视听资料、电子数据、证人证言，并要求对某一事实进行鉴定等。有关单位和个人对诉讼代理人调查取证的工作应当支持。

2. 查阅本案有关材料。有关材料，一般指法庭审理过程中所有的证据材料、庭审笔录及起诉状、答辩状、代理意见书等在法庭审理中涉及的材料。诉讼代理人在诉讼中查阅案件材料限于案件审判卷和执行卷的正卷，包括起诉书、答辩书、庭审笔录及各种证据材料等。案件审理终结后，可以查阅案件审判卷的正卷。诉讼代理人查阅案件材料可以摘抄或者复印。涉及国家秘密的案件材料，依照国家有关规定办理。查阅案件材料中涉及国家秘密、商业秘密和个人隐私的，诉讼代理人应当保密。

【相关立法】

《中华人民共和国律师法》(19970101；20180101)

第三十五条　受委托的律师根据案情的需要,可以申请人民检察院、人民法院收集、调取证据或者申请人民法院通知证人出庭作证。

律师自行调查取证的,凭律师执业证书和律师事务所证明,可以向有关单位或者个人调查与承办法律事务有关的情况。

【司法解释】

《最高人民法院关于诉讼代理人查阅民事案件材料的规定》(法释〔2002〕39号,20021207；经法释〔2020〕20号修正,20210101)

第一条　代理民事诉讼的律师和其他诉讼代理人有权查阅所代理案件的有关材料。但是,诉讼代理人查阅案件材料不得影响案件的审理。

诉讼代理人为了申请再审的需要,可以查阅已经审理终结的所代理案件有关材料。

第二条　人民法院应当为诉讼代理人阅卷提供便利条件,安排阅卷场所。必要时,该案件的书记员或者法院其他工作人员应当在场。

第三条　诉讼代理人在诉讼过程中需要查阅案件有关材料的,应当提前与该案件的书记员或者审判人员联系；查阅已经审理终结的案件有关材料的,应当与人民法院有关部门工作人员联系。

第四条　诉讼代理人查阅案件有关材料应当出示律师证或者身份证等有效证件。查阅案件有关材料应当填写查阅案件有关材料阅卷单。

第五条　诉讼代理人在诉讼中查阅案件材料限于案件审判卷和执行卷的正卷,包括起诉书、答辩书、庭审笔录及各种证据材料等。

案件审理终结后,可以查阅案件审判卷的正卷。

第六条　诉讼代理人查阅案件有关材料后,应当及时将查阅的全部案件材料交回书记员或者其他负责保管案卷的工作人员。

书记员或者法院其他工作人员对诉讼代理人交回的案件材料应当当面清查,认为无误后在阅卷单上签注。阅卷单应当附卷。

诉讼代理人不得将查阅的案件材料携出法院指定的阅卷场所。

第七条　诉讼代理人查阅案件材料可以摘抄或者复印。涉及国家秘密的案件材料,依照国家有关规定办理。

复印案件材料应当经案卷保管人员的同意。复印已经审理终结的案件有关材料,诉讼代理人可以要求案卷管理部门在复印材料上盖章确认。

复印案件材料可以收取必要的费用。

第八条　查阅案件材料中涉及国家秘密、商业秘密和个人隐私的,诉讼代理人应当保密。

第九条　诉讼代理人查阅案件材料时不得涂改、损毁、抽取案件材料。

人民法院对修改、损毁、抽取案卷材料的诉讼代理人,可以参照民事诉讼法第一百一十一条①第一款第(一)项的规定处理。

第十条　民事案件的当事人查阅案件有关材料的,参照本规定执行。

【司法文件】

《**最高人民法院关于依法切实保障律师诉讼权利的规定**》(法发〔2015〕16号,20151229)

二、依法保障律师阅卷权。对律师申请阅卷的,应当在合理时间内安排。案卷材料被其他诉讼主体查阅的,应当协调安排各方阅卷时间。律师依法查阅、摘抄、复制有关卷宗材料或者查看庭审录音录像的,应当提供场所和设施。有条件的法院,可提供网上卷宗查阅服务。

六、依法保障律师申请调取证据的权利。律师因客观原因无法自行收集证据的,可以依法向人民法院书面申请调取证据。律师申请调取证据符合法定条件的,法官应当准许。

第六十五条 【**离婚诉讼代理的特别规定**】离婚案件有诉讼代理人的,本人除不能表达意思的以外,仍应出庭;确因特殊情况无法出庭的,必须向人民法院提交书面意见。

【立法·要点注释】

离婚案件不同于其他民事案件,离婚案件涉及的是身份关系,它直接关系家庭的存废,因此,解除还是维持这种身份关系,应当十分慎重,必须由当事人本人表达意见,而不宜由诉讼代理人转达。同时,根据我国《民法典》规定,夫妻能否离婚,主要取决于感情是否确已破裂,而关于这个问题,诉讼代理人往往把握不准,难以就具体情节进行陈述、辩论和说明。而且,人民法院审理离婚案件应当进行调解,如果当事人不出庭,调解则无法进行。因此,离婚案件委托了诉讼代理人的,原则上本人还要出庭。但是,在实践中,也有一些离婚案件当事人无法出庭的特殊情况。比如,当事人是精神障碍患者,不能正确表达自己的意思,要其出庭没有意义;又如,当事人正在患传染病,或正在国外不便亲自到庭,因此,法律在原则

---

① 对应 2023 年《民事诉讼法》第 114条。——编者注

规定外,允许有例外。但前述两项例外也略有不同,对于不能表达意思的当事人,不仅可以不出庭,而且无须提交书面意见;而对于因特殊情况不能出庭的,当事人必须要将是否同意离婚的书面意见提交给人民法院。

【司法解释】

《最高人民法院关于适用〈中华人民共和国民事诉讼法〉的解释》(法释〔2015〕5号,20150204;经法释〔2022〕11号修正,20220410)

第一百四十八条　当事人自行和解或者调解达成协议后,请求人民法院按照和解协议或者调解协议的内容制作判决书的,人民法院不予准许。

无民事行为能力人的离婚案件,由其法定代理人进行诉讼。法定代理人与对方达成协议要求发给判决书的,可根据协议内容制作判决书。

第六章 证 据

第六十六条 【证据的种类】证据包括：

(一)当事人的陈述；

(二)书证；

(三)物证；

(四)视听资料；

(五)电子数据；

(六)证人证言；

(七)鉴定意见；

(八)勘验笔录。

证据必须查证属实，才能作为认定事实的根据。

【立法·要点注释】

1.证据是指证明案件事实是否客观存在的材料，可以用于证明案件事实的材料，都是证据。

2.当事人的陈述，是指案件的当事人向人民法院提出的关于案件事实和证明这些事实情况的陈述。

3.书证，是指以文字、符号所记录或表示的，以证明待证事实的文书。

4.物证，是指用物品的外形、特征、质量等说明待证事实的一部分或全部的物品。

5.视听资料，是指用录音、录像的方法记录下来的有关案件事实的材料。

6.电子数据，是指与案件事实有关的电子邮件、网上聊天记录、电子签名、网络访问记录等电子形式的证据。

7.证人证言，是指证人以口头或书面方式向人民法院所作的对案件事实的陈述。

8.鉴定意见，是指具备资格的鉴定人对民事案件中出现的专门性问题，通过鉴别和判断后作出的书面意见。

9.勘验笔录，是指人民法院对能够证明案件事实的现场或者不能、不便拿到的物证，就地进行分析、检验、勘查后作出的记录。

10.本条第1款所提到的证据，只是可以用于证明案件事实的材料，其内容是否真实还需要查证。因此，本条第2款明确规定："证据必须查证属实，才能作为认定事实的根据。"证据的查证应当通过法定程序进行，主要是指证据应当在法庭上出示，并由当事人互相质证。当事人在法庭上出示各自证据，互相质证，开展辩论，直接对抗，更有利于发现事实真相。人民法院通过质证等法定程序审查这些证据的真实性和合法性,同时,也对各种证据之间的相互联系以及它们与待证事实的关系进行审查。只有经过人民法院认真、细致地调查和分析,查证属实后,这些证据才能作为认定事实的根据。未查证属实的证据,不得作为认定事实的根据。

11. 这里所指的证据种类实质上是指作为证据资料的不同表现形式,而不是指证据的表现形式仅有 8 种。从人类认识的有限角度而言,法律关于证据种类的规定,应当视为对主要证据的列举。①

【相关立法】

1.《中华人民共和国反家庭暴力法》(20160301)

第二十条　人民法院审理涉及家庭暴力的案件,可以根据公安机关出警记录、告诫书、伤情鉴定意见等证据,认定家庭暴力事实。

2.《中华人民共和国电子签名法》(20050401;20190423)

第五条　符合下列条件的数据电文,视为满足法律、法规规定的原件形式要求:

(一)能够有效地表现所载内容并可供随时调取查用;

(二)能够可靠地保证自最终形成时起,内容保持完整、未被更改。但是,在数据电文上增加背书以及数据交换、储存和显示过程中发生的形式变化不影响数据电文的完整性。

3.《中华人民共和国道路交通安全法》(20040501;20210429)

第七十三条　公安机关交通管理部门应当根据交通事故现场勘验、检查、调查情况和有关的检验、鉴定结论,及时制作交通事故认定书,作为处理交通事故的证据。交通事故认定书应当载明交通事故的基本事实、成因和当事人的责任,并送达当事人。

4.《中华人民共和国海上交通安全法》(19840101;20210901)

第八十五条　海上交通事故调查组应当自事故发生之日起九十日内提交海上交通事故调查报告;特殊情况下,经负责组织事故调查组的部门负责人批准,提交事故调查报告的期限可以适当延长,但延长期限最长不得超过九十日。事故技术鉴定所需时间不计入事故调查期限。

海事管理机构应当自收到海上交通事故调查报告之日起十五个工作日内作出事故责任认定书,作为处理海上交通事故的证据。

事故损失较小、事实清楚、责任明确的,可以依照国务院交通运输主管部门的规定适用简易调查程序。

---

① 张卫平:《民事诉讼法》(第 6 版),法律出版社 2023 年版,第 43 页。

海上交通事故调查报告、事故责任认定书应当依照有关法律、行政法规的规定向社会公开。

【司法解释】

1.《最高人民法院关于适用〈中华人民共和国民事诉讼法〉的解释》（法释〔2015〕5号，20150204；经法释〔2022〕11号修正，20220410）

第一百一十六条 视听资料包括录音资料和影像资料。

电子数据是指通过电子邮件、电子数据交换、网上聊天记录、博客、微博客、手机短信、电子签名、域名等形成或者存储在电子介质中的信息。

存储在电子介质中的录音资料和影像资料，适用电子数据的规定。

【重点解读】 1. 视听资料有以下特点：首先，录像带等物质载体，是以其记录的内容来对待证事实发挥证明作用的，没有物质载体就不存在视听资料证据。在这一点上，视听资料与书证十分相近。其次，视听资料具有高度的准确性和直观性，其在形成过程中一般不受录制人主观因素的影响而造成对案件事实的歪曲。只要录制对象正确、录制方法得当、录制设备正常，视听资料就能十分准确地记录案件事实。借助相应的技术设备，视听资料就能够直接再现一定的案件事实。最后，视听资料的收集和审查具有科学性。视听资料的形成需要借助录音机、录像机等设备，人们可以使用一定的设备来制作视听资料，也可以借助一定的设备对其进行伪造或篡改。因此，对其真实性的检测也要依赖相应的科学技术和设备，通过鉴定等方法得出结论。

2. 电子数据即电子证据，是2012年《民事诉讼法》新增加的证据类型。由于电子证据是以电子形式存储在电子介质之上的，与传统的证据形式相比，其在保存方式上需要借助一定的电子介质。电子证据在本质上是一种电子信息，可以实现精确复制，可以在虚拟空间里无限快速传播，在传播方式上与传统证据只能在物理空间传递存在明显的差异。电子证据是以电子计算机及其他电子设备为基础的证据，没有专门的电子设备主件，没有相应的播放、检索、显示设备，电子证据只能停留在电子存储介质之中，无法被人们感知。因此，电子证据在感知方式上必须借助电子设备，而且必须依赖于特定的系统软件环境，如果软件环境发生变化，存储在电子介质上的信息可能无法显示或者无法正确显示。此外，电子证据与传统证据形式相比更具有稳定性和安全性的特点，对于电子证据的修改、复制或者删除能够通过技术手段分析认定和识别。

2.《最高人民法院关于民事诉讼证据的若干规定》（法释〔2001〕33号，20020401；经法释〔2019〕19号修正，20200501）

第十四条 电子数据包括下列信息、电子文件：

（一）网页、博客、微博客等网络平台发布的信息；

（二）手机短信、电子邮件、即时通信、通讯群组等网络应用服务的通信信息；

（三）用户注册信息、身份认证信息、电子交易记录、通信记录、登录日志等信息；

（四）文档、图片、音频、视频、数字证书、计算机程序等电子文件；

（五）其他以数字化形式存储、处理、传输的能够证明案件事实的信息。

3.《最高人民法院关于知识产权民事诉讼证据的若干规定》（法释〔2020〕12号，20201118）

第七条 权利人为发现或者证明知识产权侵权行为，自行或者委托他人以普通购买者的名义向被诉侵权人购买侵权物品所取得的实物、票据等可以作为起诉被诉侵权人侵权的证据。

被诉侵权人基于他人行为而实施侵害知识产权行为所形成的证据，可以作为权利人起诉其侵权的证据，但被诉侵权人仅基于权利人的取证行为而实施侵害知识产权行为的除外。

第三十一条 当事人提供的财务账簿、会计凭证、销售合同、进出货单据、上市公司年报、招股说明书、网站或者宣传册等有关记载，设备系统存储的交易数据，第三方平台统计的商品流通

数据，评估报告，知识产权许可使用合同以及市场监管、税务、金融部门的记录等，可以作为证据，用以证明当事人主张的侵害知识产权赔偿数额。

4.《最高人民法院关于审理著作权民事纠纷案件适用法律若干问题的解释》（法释〔2002〕31号，20021015；经法释〔2020〕19号修正，20210101）

第七条 当事人提供的涉及著作权的底稿、原件、合法出版物、著作权登记证书、认证机构出具的证明、取得权利的合同等，可以作为证据。

在作品或者制品上署名的自然人、法人或者非法人组织视为著作权、与著作权有关权益的权利人，但有相反证明的除外。

5.《最高人民法院关于适用〈中华人民共和国保险法〉若干问题的解释（二）》（法释〔2013〕14号，20130608，经法释〔2020〕18号修正，20210101）

第十八条 行政管理部门依据法律规定制作的交通事故认定书、火灾事故认定书等，人民法院应当依法审查并确认其相应的证明力，但有相反证据能够推翻的除外。

6.《最高人民法院关于审理道路交通事故损害赔偿案件适用法律若干问题的解释》（法释〔2012〕19号，20121221；经法释〔2020〕17号修正，20210101）

第二十四条 公安机关交通管理

部门制作的交通事故认定书,人民法院应依法审查并确认其相应的证明力,但有相反证据推翻的除外。

7.《最高人民法院关于审理铁路运输人身损害赔偿纠纷案件适用法律若干问题的解释》(法释〔2010〕5号,20100316;经法释〔2021〕19号修正,20220101)

第十一条 有权作出事故认定的组织依照《铁路交通事故应急救援和调查处理条例》等有关规定制作的事故认定书,经庭审质证,对于事故认定书所认定的事实,当事人没有相反证据和理由足以推翻的,人民法院应当作为认定事实的根据。

8.《最高人民法院关于生态环境侵权民事诉讼证据的若干规定》(法释〔2023〕6号,20230901)

第二十四条 负有环境资源保护监督管理职责的部门在其职权范围内制作的处罚决定等文书所记载的事项推定为真实,但有相反证据足以推翻的除外。

人民法院认为有必要的,可以依职权对上述文书的真实性进行调查核实。

第二十五条 负有环境资源保护监督管理职责的部门及其所属或者委托的监测机构在行政执法过程中收集的监测数据、形成的事件调查报告、检验检测报告、评估报告等材料,以及公安机关单独或者会同负有环境资源保护监督管理职责的部门提取样品进行检测获取的数据,经当事人质证,可以作为认定案件事实的根据。

【最高法公报案例】

当事人实际履行行为与书面合同文件表现出的效果意思出现差异时,如何处理[洪某凤与昆明安钡佳房地产开发有限公司房屋买卖合同纠纷案(2016-1)]

合同在性质上属于原始证据、直接证据,应当重视其相对于传来证据、间接证据所具有的较高证明力,并将其作为确定当事人法律关系性质的逻辑起点和基本依据。若要否定书面证据所体现的法律关系,并确定当事人之间存在缺乏以书面证据为载体的其他民事法律关系,必须在证据审核方面给予更为审慎的分析研判。

在两种解读结果具有同等合理性的场合,应朝着有利于书面证据所代表法律关系成立的方向作出判定,借此传达和树立重诺守信的价值导向。

透过解释确定争议法律关系的性质,应当秉持使争议法律关系项下权利义务更加清楚,而不是更加模糊的基本价值取向。在没有充分证据佐证当事人之间存在隐藏法律关系且该隐藏法律关系真实并终局地对当事人产生约束力的场合,不宜简单否定既存外化法律关系对当事人真实意思的体现和反映,避免当事人一方不当摆脱既定权利义务约束的结果出现。

第六十七条　【举证责任与查证】当事人对自己提出的主张,有责任提供证据。

当事人及其诉讼代理人因客观原因不能自行收集的证据,或者人民法院认为审理案件需要的证据,人民法院应当调查收集。

人民法院应当按照法定程序,全面地、客观地审查核实证据。

【立法·要点注释】

1. 原告对自己诉讼请求所依据的事实,被告对自己答辩或反诉所根据的事实,第三人对自己提出的请求等,都应当提出证据,也就是说,当事人各自不同的主张,都应当由提出这一主张的当事人提出证据,加以证明。当事人对自己提出的诉讼请求所依据的事实或者反驳对方诉讼请求所依据的事实有责任提供证据加以证明。没有证据或者证据不足以证明当事人的事实主张的,由负有举证责任的当事人承担不利后果。人民法院应当向当事人说明举证的要求及法律后果,促使当事人在合理期限内积极、全面、正确、诚实地完成举证。

2. 人民法院对于当事人提供的证据,应当全面地、客观地审查核实,不能片面地、主观地确认证据的证明效力。在以下情况,人民法院应当主动地收集证据:(1)当事人及诉讼代理人因客观原因不能自行收集的证据。(2)人民法院认为审理案件需要的证据。总之,《民事诉讼法》一方面规定当事人应当提供证据,另一方面规定人民法院应当全面地、客观地审查核实证据并可以主动调查收集证据,以上两方面结合起来即为《民事诉讼法》规定的举证责任原则。

3. 由于民事诉讼贯彻处分原则和辩论原则,故作为裁判依据的证据应当由当事人提出,当事人收集有困难的可向法院申请提出,所以一般情况下,法院不宜依职权主动收集。①

【相关立法】

1.《中华人民共和国民法典》(20210101)

第一千二百二十二条　患者在诊疗活动中受到损害,有下列情形之一的,推定医疗机构有过错:

(一)违反法律、行政法规、规章以及其他有关诊疗规范的规定;

(二)隐匿或者拒绝提供与纠纷有关的病历资料;

(三)遗失、伪造、篡改或者违法销毁病历资料。

第一千二百三十条　因污染环境、破坏生态发生纠纷,行为人应当就法律规定的不承担责任或者减轻责任的情形及其行为与损害之间不存在因果关

①　张卫平:《民事诉讼法》(第6版),法律出版社2023年版,第260页。

系承担举证责任。

第一千二百五十三条 建筑物、构筑物或者其他设施及其搁置物、悬挂物发生脱落、坠落造成他人损害，所有人、管理人或者使用人不能证明自己没有过错的，应当承担侵权责任。所有人、管理人或者使用人赔偿后，有其他责任人的，有权向其他责任人追偿。

第一千二百五十五条 堆放物倒塌、滚落或者滑落造成他人损害，堆放人不能证明自己没有过错的，应当承担侵权责任。

第一千二百五十六条 在公共道路上堆放、倾倒、遗撒妨碍通行的物品造成他人损害的，由行为人承担侵权责任。公共道路管理人不能证明已经尽到清理、防护、警示等义务的，应当承担相应的责任。

第一千二百五十七条 因林木折断、倾倒或者果实坠落等造成他人损害，林木的所有人或者管理人不能证明自己没有过错的，应当承担侵权责任。

第一千二百五十八条 在公共场所或者道路上挖掘、修缮安装地下设施等造成他人损害，施工人不能证明已经设置明显标志和采取安全措施的，应当承担侵权责任。

窨井等地下设施造成他人损害，管理人不能证明尽到管理职责的，应当承担侵权责任。

2.《中华人民共和国个人信息保护法》（20211101）

第六十九条第一款 处理个人信息侵害个人信息权益造成损害，个人信息处理者不能证明自己没有过错的，应当承担损害赔偿等侵权责任。

3.《中华人民共和国电子商务法》（20190101）

第六十二条 在电子商务争议处理中，电子商务经营者应当提供原始合同和交易记录。因电子商务经营者丢失、伪造、篡改、销毁、隐匿或者拒绝提供前述资料，致使人民法院、仲裁机构或者有关机关无法查明事实的，电子商务经营者应当承担相应的法律责任。

4.《中华人民共和国商标法》（19830301；20191101）

第六十三条 侵犯商标专用权的赔偿数额，按照权利人因被侵权所受到的实际损失确定；实际损失难以确定的，可以按照侵权人因侵权所获得的利益确定；权利人的损失或者侵权人获得的利益难以确定的，参照该商标许可使用费的倍数合理确定。对恶意侵犯商标专用权，情节严重的，可以在按照上述方法确定数额的一倍以上五倍以下确定赔偿数额。赔偿数额应当包括权利人为制止侵权行为所支付的合理开支。

人民法院为确定赔偿数额，在权利人已经尽力举证，而与侵权行为相关的账簿、资料主要由侵权人掌握的情况下，可以责令侵权人提供与侵权行为相关的账簿、资料；侵权人不提供或者提供虚假的账簿、资料的，人民法院可以参考权利人的主张和提供的证据判定赔偿数额。

权利人因被侵权所受到的实际损失、侵权人因侵权所获得的利益、注册商标许可使用费难以确定的，由人民法院根据侵权行为的情节判决给予五百万元以下的赔偿。

人民法院审理商标纠纷案件，应权利人请求，对属于假冒注册商标的商品，除特殊情况外，责令销毁；对主要用于制造假冒注册商标的商品的材料、工具，责令销毁，且不予补偿；或者在特殊情况下，责令禁止前述材料、工具进入商业渠道，且不予补偿。

假冒注册商标的商品不得在仅去除假冒注册商标后进入商业渠道。

第六十四条　注册商标专用权人请求赔偿，被控侵权人以注册商标专用权人未使用注册商标提出抗辩的，人民法院可以要求注册商标专用权人提供此前三年内实际使用该注册商标的证据。注册商标专用权人不能证明此前三年内实际使用过该注册商标，也不能证明因侵权行为受到其他损失的，被控侵权人不承担赔偿责任。

销售不知道是侵犯注册商标专用权的商品，能证明该商品是自己合法取得并说明提供者的，不承担赔偿责任。

5.《中华人民共和国专利法》(19850401；20210601）

第六十六条　专利侵权纠纷涉及新产品制造方法的发明专利的，制造同样产品的单位或者个人应当提供其产品制造方法不同于专利方法的证明。

专利侵权纠纷涉及实用新型专利或者外观设计专利的，人民法院或者管理专利工作的部门可以要求专利权人或者利害关系人出具由国务院专利行政部门对相关实用新型或者外观设计进行检索、分析和评价后作出的专利权评价报告，作为审理、处理专利侵权纠纷的证据；专利权人、利害关系人或者被控侵权人也可以主动出具专利权评价报告。

6.《中华人民共和国著作权法》(19910601；20210601）

第五十四条　侵犯著作权或者与著作权有关的权利的，侵权人应当按照权利人因此受到的实际损失或者侵权人的违法所得给予赔偿；权利人的实际损失或者侵权人的违法所得难以计算的，可以参照该权利使用费给予赔偿。对故意侵犯著作权或者与著作权有关的权利，情节严重的，可以在按照上述方法确定数额的一倍以上五倍以下给予赔偿。

权利人的实际损失、侵权人的违法所得、权利使用费难以计算的，由人民法院根据侵权行为的情节，判决给予五百元以上五百万元以下的赔偿。

赔偿数额还应当包括权利人为制止侵权行为所支付的合理开支。

人民法院为确定赔偿数额,在权利人已经尽了必要举证责任,而与侵权行为相关的账簿、资料等主要由侵权人掌握的,可以责令侵权人提供与侵权行为相关的账簿、资料等;侵权人不提供,或者提供虚假的账簿、资料等的,人民法院可以参考权利人的主张和提供的证据确定赔偿数额。

人民法院审理著作权纠纷案件,应权利人请求,对侵权复制品,除特殊情况外,责令销毁;对主要用于制造侵权复制品的材料、工具、设备等,责令销毁,且不予补偿;或者在特殊情况下,责令禁止前述材料、工具、设备等进入商业渠道,且不予补偿。

第五十九条 复制品的出版者、制作者不能证明其出版、制作有合法授权的,复制品的发行者或者视听作品、计算机软件、录音录像制品的复制品的出租者不能证明其发行、出租的复制品有合法来源的,应当承担法律责任。

在诉讼程序中,被诉侵权人主张其不承担侵权责任的,应当提供证据证明已经取得权利人的许可,或者具有本法规定的不经权利人许可而可以使用的情形。

7.《中华人民共和国证券法》(19990701;20200301)

第八十九条 根据财产状况、金融资产状况、投资知识和经验、专业能力等因素,投资者可以分为普通投资者和专业投资者。专业投资者的标准由国务院证券监督管理机构规定。

普通投资者与证券公司发生纠纷的,证券公司应当证明其行为符合法律、行政法规以及国务院证券监督管理机构的规定,不存在误导、欺诈等情形。证券公司不能证明的,应当承担相应的赔偿责任。

8.《中华人民共和国劳动争议调解仲裁法》(20080501)

第六条 发生劳动争议,当事人对自己提出的主张,有责任提供证据。与争议事项有关的证据属于用人单位掌握管理的,用人单位应当提供;用人单位不提供的,应当承担不利后果。

【行政法规】

《保障农民工工资支付条例》(20200501)

第五十条 农民工与用人单位就拖欠工资存在争议,用人单位应当提供依法由其保存的劳动合同、职工名册、工资支付台账和清单等材料;不提供的,依法承担不利后果。

【司法解释】

1.《最高人民法院关于适用〈中华人民共和国民事诉讼法〉的解释》(法释〔2015〕5号,20150204;经法释〔2022〕11号修正,20220410)

第九十条 当事人对自己提出的诉讼请求所依据的事实或者反驳对方

诉讼请求所依据的事实,应当提供证据加以证明,但法律另有规定的除外。

在作出判决前,当事人未能提供证据或者证据不足以证明其事实主张的,由负有举证证明责任的当事人承担不利的后果。

【重点解读】本条是关于举证责任含义的规定。理论上通常认为,举证责任具有双重含义,即行为意义的举证责任和结果意义的举证责任。行为意义的举证责任也称为主观上的举证责任,是指当事人在具体的民事诉讼中,为避免败诉的风险而面向法院提出证据证明其主张的一种行为责任。结果意义的举证责任又称客观上的证明责任,是指待证事实的存在与否不能确定、真伪不明时,由哪一方当事人对不利后果进行负担的责任和风险。

《民事诉讼法》第 67 条第 1 款规定,是我国民事诉讼立法上关于举证责任的法律渊源。从内容上看,这一规定只体现了当事人对其事实主张的证明义务,具有明显的行为意义的举证责任的特征。其并未涉及待证事实真伪不明时的裁判规则和依据,结果意义的举证责任内容无从体现。由于"对法院的审判职能而言,除了审理当事人所提出的事实主张以及评估有关证据的证明价值外,法院还兼有对诉讼效果的裁判功能。所谓诉讼效果,既包括在诉讼过程中当事人的证明行为,也包括法官询情或在当事人证明行为基础上的查明行为(包括司法认知等证明方式)所产生的诉讼效果",结合《民事诉讼法》第 67 条第 2 款的规定,在待证事实真伪不明时,势必加重人民法院调查收集证据的负担,也不利于保持法院的中立立场,实现当事人诉讼利益的平等保护。为此,2001 年《民事诉讼证据规定》以市场经济对民事诉讼制度的要求为导向,延续肇始于 20 世纪 80 年代的民事审判方式改革的基本思路,通过明确举证责任的含义,强化当事人的举证责任。该规定第 2 条规定,当事人对自己提出的诉讼请求所依据的事实或者反驳对方诉讼请求所依据的事实有责任提供证据加以证明。没有证据或者证据不足以证明当事人的事实主张的,由负有举证责任的当事人承担不利后果。尽管由于 2001 年《民事诉讼证据规定》中缺乏举证责任分配的一般规则的明确规定,该条文的内容仍然较多地含有行为意义的举证责任特征,结果意义的举证责任不明显,但在理解上举证责任包括双重含义,已经形成普遍共识。因此,本解释延续了 2001 年《民事诉讼证据规定》的表述方式,同时在第 91 条规定了举证责任分配的一般规则,在体系和内容上更科学。本条并未采纳举证责任或证明责任的概念,而是使用举证证明责任的表述,其目的在于强调:(1)明确当事人在民事诉讼中负有提供证据的行为意义的责任,只要当事人在诉讼中提出了己有利的事实主张的,就应当提供证据;(2)当事人提供证据的行为意义的举证责任,应当围绕其诉讼请求所依据的事实或者反驳对方诉讼请求所依据的事实进行；(3)当事人在诉讼中提供证据,应当达到证明待证事实的程度,如果不能使事实得到证明,则当事人应当承担相应的不利后果。在具体内容上,举证证明责任与举证责任、证明责任内容一致。

审判实践中应当注意的问题:其一,凡当事人提出的于己有利的事实主张,均有提供证据进行证明的义务和责任,主张于己不利的事实的,属于自认规则的范畴,并不涉及举证责任问题。其二,结果意义的举证责任在待证事实真伪不明时发生作用,此处的待证事实系指当事人主张的诉讼标的之权利义务或法律关系的要件事实,间接事实或者辅助事实真伪不明只有反射到要件事实之上,致使要件事实发生真伪不明时,才发生结果意义的举证责任,也才有证明责任判决适用的余地。

第九十一条 人民法院应当依照下列原则确定举证证明责任的承担,但法律另有规定的除外:

(一)主张法律关系存在的当事人,应当对产生该法律关系的基本事实承担举证证明责任;

(二)主张法律关系变更、消灭或者权利受到妨害的当事人,应当对该法律关系变更、消灭或者权利受到妨害的基本事实承担举证证明责任。

【重点解读】本条是关于举证责任分配的一般规则的规定,理论依据是法律要件分类说中规范说的理论。

审判实践中在涉及举证责任分配问题时,首先应当注意的是,举证责任的分配具有法定性,即举证责任是由法律分配而在原则上并不能由法官来分配。因此,法官只能根据本条的规定,在对民事实体法规范进行类别分析的基础上,识别权利发生规范、权利消灭规范、权利限制规范和权利妨碍规范,并以此为基础确定举证责任的负担。法官在举证责任分配问题上是适用法律的过程,是通过对实体法规范的分析发现法律确定的举证责任分配规则的过程,而非创造举证责任分配规则。其次,本条第2项系采取"法律关系变更"的表述,对其可以与权利限制作同一理解。最后,本条的"基本事实"应当理解为要件事实,即实体法律关系或者权利构成要件所依赖的事实。在民事诉讼法上,在诉讼程序问题上有时基本事实也可能被解读为包括诉讼主体等程序事项的事实。但本条是有关举证责任分配的规定,不涉及程序方面的事实,因此在解读上应当完全立足于实体法规范。

第九十二条 一方当事人在法庭审理中,或者在起诉状、答辩状、代理词等书面材料中,对于己不利的事实明确表示承认的,另一方当事人无需举证证明。

对于涉及身份关系、国家利益、社会公共利益等应当由人民法院依职权调查的事实,不适用前款自认的规定。

自认的事实与查明的事实不符的,

人民法院不予确认。

【重点解读】本条是关于诉讼上自认的规定。本条借鉴大陆法系国家和地区的立场,将诉讼上的自认作为举证责任的例外对待。根据本条规定,诉讼上的自认不限于在法庭或者与法庭具有相似功能的场合作出的承认,在诉讼材料中承认的于己不利的事实,也具有自认的效力。对证据的认可与自认无关,本条仅保留对事实承认的内容。

审判实践中,有关自认规则的具体适用,应当以《民事诉讼证据规定》为依据。"自认的事实与查明的事实不符",是指当事人于诉讼上自认的事实,与法官依据法律、司法解释的规定已经形成内心确信的事实不相符,且当事人的自认亦不能动摇法官的心证的情形。2019 年《民事诉讼证据规定》第 8 条第 2 款修改为"自认的事实与已经查明的事实不符",表述更明确。

第九十三条　下列事实,当事人无须举证证明:

(一)自然规律以及定理、定律;

(二)众所周知的事实;

(三)根据法律规定推定的事实;

(四)根据已知的事实和日常生活经验法则推定出的另一事实;

(五)已为人民法院发生法律效力的裁判所确认的事实;

(六)已为仲裁机构生效裁决所确认的事实;

(七)已为有效公证文书所证明的事实。

前款第二项至第四项规定的事实,当事人有相反证据足以反驳的除外;第五项至第七项规定的事实,当事人有相反证据足以推翻的除外。

【重点解读】本条是关于诉讼上自认之外免证事实的规定。审判实践中应当注意的是,2019 年《民事诉讼证据规定》对本条规定的内容进行了修改,对本条第 1 款所列举的免证事实的反证要求进行了调整,将"已为仲裁机构生效裁决所确认的事实"的反证要求由"当事人有相反证据足以推翻"修改为"当事人有相反证据足以反驳"。由于仲裁机构并非具有社会管理职能的组织,仲裁裁决本身不属于公文书证,因此对于仲裁裁决的反证不需要按照公文书证的标准,达到"有相反证据足以推翻"的程度,而应当按照私文书证的反证标准,以有"相反证据足以反驳"作为其反证标准。由于本司法解释仅就证据部分的原则性、框架性的问题进行规定,具体问题的规定由《民事诉讼证据规定》完成,二者之间相当于"普通法"和"特别法"的关系。虽然本解释在 2019 年之后又进行了两次修改,但均不涉及证据部分的内容。审判实践中有关证据问题,应当以 2019 年修正的《民事诉讼证据规定》为准。

第九十四条　民事诉讼法第六十七条第二款规定的当事人及其诉讼代理人因客观原因不能自行收集的证据包括:

(一)证据由国家有关部门保存,

当事人及其诉讼代理人无权查阅调取的；

（二）涉及国家秘密、商业秘密或者个人隐私的；

（三）当事人及其诉讼代理人因客观原因不能自行收集的其他证据。

当事人及其诉讼代理人因客观原因不能自行收集的证据，可以在举证期限届满前书面申请人民法院调查收集。

【重点解读】其一，对于当事人及其诉讼代理人提出调查收集证据的申请，人民法院应当审查是否具有本条规定的因客观原因不能自行收集证据的情形，避免出现只要当事人申请人民法院就进行调查收集、损害法院中立地位的情形。其二，对于当事人书面申请有困难，或者简易程序中无书面申请必要的，人民法院应当将当事人口头申请的内容予以明确记录，由当事人签字或捺印，以此替代书面申请。

第九十五条 当事人申请调查收集的证据，与待证事实无关联、对证明待证事实无意义或者其他无调查收集必要的，人民法院不予准许。

【重点解读】有关证据关联性的判断，难点在于间接证据与待证事实的关联性问题上。许多情况下，由于直接证据不易获得，需要借助间接证据证明间接事实，再依据经验法则推论主要事实。在这种情况下，往往需要根据案件的具体情况特别是待证事实的具体情况，结合有关证据存在的条件等因素，进行综合判断。

第九十六条 民事诉讼法第六十七条第二款规定的人民法院认为审理案件需要的证据包括：

（一）涉及可能损害国家利益、社会公共利益的；

（二）涉及身份关系的；

（三）涉及民事诉讼法第五十八条规定诉讼的；

（四）当事人有恶意串通损害他人合法权益可能的；

（五）涉及依职权追加当事人、中止诉讼、终结诉讼、回避等程序性事项的。

除前款规定外，人民法院调查收集证据，应当依照当事人的申请进行。

【重点解读】本条是关于人民法院认为审理案件需要的证据的规定。审判实践中应当注意的是，本解释对于人民法院依职权主动调查收集证据持谨慎立场，本条规定的5项情形非常明确，没有兜底条款，也没有扩大适用的余地。实践中确有当事人因诉讼能力不足而发生举证困难的情形，人民法院应当在不影响中立性，遵守法律、司法解释的前提下，通过释明权的行使，引导当事人提出调查收集证据的申请。凡不符合本条规定，又没有当事人申请为前提的，人民法院依职权调查收集证据的行为，均属于违反法定程序的行为。

第一百零五条 人民法院应当按照法定程序，全面、客观地审核证据，依照法律规定，运用逻辑推理和日常生活经验法则,对证据有无证明力和证明力大小进行判断,并公开判断的理由和结果。

第一百一十二条　书证在对方当事人控制之下的,承担举证证明责任的当事人可以在举证期限届满前书面申请人民法院责令对方当事人提交。

申请理由成立的,人民法院应当责令对方当事人提交,因提交书证所产生的费用,由申请人负担。对方当事人无正当理由拒不提交的,人民法院可以认定申请人所主张的书证内容为真实。

【重点解读】第一,应当正确理解本条适用条件。并非书证在对方当事人控制之下,人民法院都可以根据承担举证责任的当事人申请,责令持有人提交。不承担举证责任的当事人控制书证,只是本条适用的充分条件,具体判断上还要结合待证事实是否因该证据不被提交而真伪不明、当事人是否有可以不提交的正当理由或者其他不可归责于己的客观情况,如书证因不可抗力而灭失。

第二,人民法院责令当事人提供证据,应当使用裁定。2019 年《民事诉讼证据规定》第 46 条第 3 款予以明确。

第三,本条和《民事诉讼证据规定》中的证明妨害,都适用于诉讼中的妨害行为,对于诉讼之前的妨害行为不适用。

第四,书证持有人因提供书证而产生的费用,由申请人负担。持有书证的当事人基于承担举证责任的当事人的

申请提供证据,使申请人能够有机会避免诉讼真伪不明的结果,增加胜诉的机会,由此而产生的费用,自然应当由申请人负担。

第五,2019 年《民事诉讼证据规定》实施后,关于本条规定的适用应当按照其第 45 条至第 48 条规定的条件、程序处理。特别是违反“书证提出命令”的后果,2019 年《民事诉讼证据规定》根据不同情况规定了不同后果,即一般性违反书证提出义务的,认定申请人主张的书证内容为真实;存在本解释第 113 条规定的妨害书证使用的情形的,认定以该书证证明的案件事实为真实。

第一百一十三条　持有书证的当事人以妨碍对方当事人使用为目的,毁灭有关书证或者实施其他致使书证不能使用行为的,人民法院可以依照民事诉讼法第一百一十四条规定,对其处以罚款、拘留。

第一百一十五条　单位向人民法院提出的证明材料,应当由单位负责人及制作证明材料的人员签名或者盖章,并加盖单位印章。人民法院就单位出具的证明材料,可以向单位及制作证明材料的人员进行调查核实。必要时,可以要求制作证明材料的人员出庭作证。

单位及制作证明材料的人员拒绝人民法院调查核实,或者制作证明材料的人员无正当理由拒绝出庭作证的,该证明材料不得作为认定案件事实的根据。

【重点解读】单位出具的证明材料必须符合形式上的要求，即必须同时有单位盖章、单位负责人签字或者盖章、制作证明材料的人员签字或者盖章，不符合这种形式上要求的证明材料没有证据效力。

第二百二十九条 当事人在庭审中对其在审理前的准备阶段认可的事实和证据提出不同意见的，人民法院应当责令其说明理由。必要时，可以责令其提供相应证据。人民法院应当结合当事人的诉讼能力、证据和案件的具体情况进行审查。理由成立的，可以列入争议焦点进行审理。

【重点解读】本条是关于禁反言规则的规定。一方当事人有义务从事对方所预期的一定行为，实际上实施的却是完全违背对方预期的行为时，这种行为就被认为是背信行为而应当受到禁止。禁反言主要防止一方当事人以及其他诉讼参与人出现前后相互矛盾的诉讼行为，从而损害对方当事人的利益，破坏民事诉讼的整体进展。构成禁反言，应当具备当事人及其他诉讼参与人实施了前后相互矛盾的诉讼行为，前一诉讼行为已经得到对方的承认或者信任，所以前后矛盾的诉讼行为损害了对方当事人的利益。当然，禁反言原则主要是从衡平法上发展来的，除考虑对方当事人利益损害以外，还可以考虑对诉讼程序完整性的影响程度。在适用时，还要考虑和平衡当事人之间的利益状态。2012年《民事诉讼法》还没有专门针对禁反言的规定，但《海事诉讼特别程序法》第85条已有规定：“当事人不能推翻其在《海事事故调查表》中的陈述和已经完成的举证，但有新的证据，并有充分的理由说明该证据不能在举证期间内提交的除外。”但该规定是否可以适用到一般的民事诉讼，还值得进一步研究。

2.《最高人民法院关于民事诉讼证据的若干规定》（法释〔2001〕33号，20020401；经法释〔2019〕19号修正，20200501）

第一条 原告向人民法院起诉或者被告提出反诉，应当提供符合起诉条件的相应的证据。

【重点解读】证据材料在起诉阶段的全部使命就是要证明民事权益争议存在的客观性、已然性和利益相关性。其中，民事权益争议的客观性主要是指争议存在的实在性；民事权益争议的已然性是指民事权益的争议已经实际发生，而不是将要发生或可能发生；民事权益争议的利益相关性是指争议本身与自己的诉讼请求具有法律上的利害关系，这种利害关系只是法律上的利害关系，而不是要求事实上的利害关系。因此，法院对原告在起诉时应附的证据材料只是作一些法律上和形式上的初步审查，而不对其真实性作实质审查，故对原告在起诉时所附证据的数量和质量均不宜作出过于苛刻的要求。

第二条 人民法院应当向当事人

说明举证的要求及法律后果,促使当事人在合理期限内积极、全面、正确、诚实地完成举证。

当事人因客观原因不能自行收集的证据,可申请人民法院调查收集。

第三条　在诉讼过程中,一方当事人陈述的于己不利的事实,或者对于己不利的事实明确表示承认的,另一方当事人无需举证证明。

在证据交换、询问、调查过程中,或者在起诉状、答辩状、代理词等书面材料中,当事人明确承认于己不利的事实的,适用前款规定。

【重点解读】自认不能简单归属或等同于当事人的陈述,也不同于普通的证人证言,自认具有如下特征:(1)自认必须发生在诉讼过程中。只有当事人在诉讼过程中的自认才能够产生相应的法律后果。当事人在诉讼外对不利于自己的案件事实的承认是影响法官心证的因素,而非免除当事人举证责任的法定事由。(2)自认是当事人陈述于己不利的事实,或者对于己不利的事实明确表示承认。(3)自认一般应当明确表示,默示自认必须符合法定条件。自认对当事人举证责任的免除和对法院法定程序的改变,充分证明了自认对民事诉讼的约束力和影响力。为了确保自认的真实性和自愿性,我们对自认的成立限定了较为严格的条件,即自认必须是明确表示承认。如果当事人默示自认,即对另一方当事人的陈述既不承认也不否认的,只有在审判人员

进行释明后仍然默示的,才能视为承认。(4)自认必须具有合法性。当事人的自认不能改变现行法律的规定,即不能与现行有效的法律相冲突。

第四条　一方当事人对于另一方当事人主张的于己不利的事实既不承认也不否认,经审判人员说明并询问后,其仍然不明确表示肯定或者否定的,视为对该事实的承认。

【重点解读】拟制自认的成立限于被告接到起诉状时起至法庭辩论终结时止的期间内。对于当事人在诉讼过程之外所为之消极沉默,仅能作为证据交由审判人员审查判断,而不能构成本条所规定的拟制自认,也不能产生免除当事人举证责任的效力。赋予诉讼中的拟制自认以确定的法律效力,更符合尊重当事人处分诉讼权利的司法原则,有利于查明案情、节省司法开支、提高诉讼效率。因此,只有在诉讼中形成的、当事人在法官面前作出的消极应对诉讼的行为才能构成法律上的拟制自认。

拟制自认也是当事人行使处分权的表现。当发生拟制自认时,法律已经认为当事人就拟制事实达成了共识并予以处分,故拟制自认的效力等同于当事人明示的自认,此时可适用本规定第3条的规定,"另一方当事人无需举证证明",免除另一方当事人的举证证明责任,法官一般不得也无需再就当事人拟制自认之事实另行调查取证。

第五条　当事人委托诉讼代理人

参加诉讼的，除授权委托书明确排除的事项外，诉讼代理人的自认视为当事人的自认。

当事人在场对诉讼代理人的自认明确否认的，不视为自认。

第六条 普通共同诉讼中，共同诉讼人中一人或者数人作出的自认，对作出自认的当事人发生效力。

必要共同诉讼中，共同诉讼人中一人或者数人作出自认而其他共同诉讼人予以否认的，不发生自认的效力。其他共同诉讼人既不承认也不否认，经审判人员说明并询问后仍然不明确表示意见的，视为全体共同诉讼人的自认。

【重点解读】部分必要共同诉讼人的自认行为，在其他共同诉讼人不予认可的情况下，不仅对其他人没有约束力，对自认者本人也不发生法律效力。实践中，若一人自认对全体共同诉讼人有效，则可能出现一人的诉讼行为处分全体共同诉讼人利益的结果；若一人自认仅对其本人有效，又可能出现同一法律关系中的共同诉讼人诉讼利益不一致的局面。这两种情形均可能使共同诉讼人陷入不利的诉讼境地，影响法官查明案件的客观真相。自认的客体只能与自认的当事人有关，共同诉讼中一人的自认即已逾越了只与本人有关的范围，依据民事实体法，在未得到全体利害关系人的一致同意之前，没有单独免除对方义务的权利，所以自认不发生一般的拘束力，而只能作为普通意义上的证据。

关于必要共同诉讼人的自认规定，本条还参考了拟制自认的处理原则。自认的成立要求当事人双方对事实认识的一致性，因此其他必要共同诉讼人是否成立自认，取决于与对方当事人之间一致性的达成。共同诉讼人对自认者的自认既不承认也不否认，不进行必要争辩，经审判人员说明和询问后仍不表态的，可视为其与对方当事人就该案件事实亦达成一致，从而在共同诉讼人之间产生共同效力，视为全体共同诉讼人的自认。

第七条 一方当事人对于另一方当事人主张的于己不利的事实有所限制或者附加条件予以承认的，由人民法院综合案件情况决定是否构成自认。

第八条 《最高人民法院关于适用〈中华人民共和国民事诉讼法〉的解释》第九十六条第一款规定的事实，不适用有关自认的规定。

自认的事实与已经查明的事实不符的，人民法院不予确认。

第九条 有下列情形之一，当事人在法庭辩论终结前撤销自认的，人民法院应当准许：

（一）经对方当事人同意的；

（二）自认是在受胁迫或者重大误解情况下作出的。

人民法院准许当事人撤销自认的，应当作出口头或者书面裁定。

【重点解读】自认一旦成立生效，如若无特定的情形发生，一般不被允许撤销，否则可能会对对方当事人造成诉讼程序上的突袭情形,使得对方无法及时进行正常举证。这样不仅会破坏诉讼程序中的公平原则,对对方当事人的合法权益造成严重的损害,也会使法院就相关问题要面对重新取证审理甚至重新进行判决情况的发生,从而破坏司法程序的平衡,故当事人不得随意撤销其作出的自认事实。本条规定严格限定自认的撤销,正是民事诉讼应当遵循诚实信用原则的体现和要求。当然,民事诉讼所奉行的诚实信用原则又决定了司法裁判应当建立在当事人诉答真实的基础之上,如果当事人因各种原因在不能抗拒或者不敢抗拒时作出了违背其真实意思的承认,人民法院应当给予其矫正和救济的机会。本条规定即明确了存在以下情形,应当允许当事人在法庭辩论终结前撤销自认:经对方当事人同意的,自认可以撤销;当事人在受胁迫或者重大误解情况下作出的自认,应当准许撤销。

第十条 下列事实,当事人无须举证证明:

(一)自然规律以及定理、定律;

(二)众所周知的事实;

(三)根据法律规定推定的事实;

(四)根据已知的事实和日常生活经验法则推定出的另一事实;

(五)已为仲裁机构的生效裁决所确认的事实;

(六)已为人民法院发生法律效力的裁判所确认的基本事实;

(七)已为有效公证文书所证明的事实。

前款第二项至第五项事实,当事人有相反证据足以反驳的除外;第六项、第七项事实,当事人有相反证据足以推翻的除外。

【重点解读】当先前有关案件的事实为人民法院的裁判所确定时,便对与之相关联的尚未作出裁判的另一案件的待证事实产生预决的效力。其中,已为先前裁判所确认而作为后一未决案件待证事实的事实,在诉讼法上称为预决的事实。预决的事实之所以不需要证明,一是因为该事实已为人民法院经正当证明程序所查明,客观上无再次证明的必要;二是因为该事实已为人民法院裁判所认定,该裁判具有法律约束力,此种约束力也包括对该事实认定上的不可更改性。预决事实具有预决的效力,须具备一定条件,主要有:(1)先行案件的法院裁判须是生效的(即确定);(2)先行案件裁判所确定的事实与后行案件存在着相关性,即先行案件裁判所确定的事实构成后行案件事实(的一部分或者全部);(3)预决事实的证明须遵循正当程序保障原则。

发生法律效力的裁判的范围如何?从地域上看,本项规定将"发生法律效力的裁判"明确规定为"人民法院"作出,故此处所涉之司法裁判排除了域外法院裁判,既不包括外国法院作出的裁判,也不涉及我国港澳台地区法院的裁判。从裁判的法律关系性质和案件类型看,就人民法院而言主要有民事、行政、刑事三大类生效裁判。这三类生效裁判所确认的基本事实对后行民事案件事实认定的不同影响，需要具体分析。在具体判断预决事实对后行诉讼的预决效力时，应当综合考量诉讼公正效率、维护判决统一性与三大诉讼的异同等因素，合理权衡它们之间的冲突，以确定合理的处理方法。分析如下：

首先，关于民事诉讼、行政诉讼中的预决事实对于后行的民事诉讼的预决效力问题。原则上，民事诉讼、行政诉讼中的预决事实，对于后行的民事诉讼具有预决的效力。

先行民事裁判中确认的基本事实对后行民事诉讼具有约束力，此自不待言，并且在三大诉讼生效裁判中占有相当大比例。应指出，为生效民事判决所预决的事实，主要是指人民法院通过普通程序作出的判决中认定的事实。依特别程序作出的判决中认定的事实是否也具有预决效力，需要具体分析。这类判决中认定的事实是法院作出判决时的事实状态。判决作出后，有关事实状态可能发生变化，因此法律允许法院依据新的事实状态作出新判决，撤销原判决。故不能笼统地讲依特别程序所作的判决中认定的事实也有预决效力。如法院宣告某人为无民事行为能力人、限制民事行为能力人，或宣告失踪、死亡的判决，可能不足以使这一事实成为预决事实，尤其是在有证据表明被宣告人已成年或精神状态恢复正常，或被宣告失踪、死亡的人有出现的信息时，则

不能认为原宣告判决中的事实有预决效力。这其实和对于法院生效裁判确认之事实，允许对方当事人提出反证来推翻的规定也是一致的。

因为民事诉讼、行政诉讼在证明标准方面相差不大，而且考虑到维护裁判统一性，故一般情况下行政裁判中的预决事实，对于后行的民事诉讼相关联的事项也具有相应的预决效力，比如维持人民政府所作的土地确权决定的行政判决，在后行的有关该土地的侵权诉讼中具有预决效力。

其次，刑事裁判中的预决事实对于后行民事诉讼的预决效力问题。我们认为，根据裁判统一性的要求，民事判决与刑事判决对于同一事实真实性的认定应当是一致的，并且相对民事诉讼而言，刑事诉讼中拥有更多更有效的查明事实的手段和措施，且证明标准更高，民事诉讼的证明标准虽为优势盖然性，但尽量逼近案件真相也是民事诉讼所追求的理念，所以刑事判决预决事实在后行的民事诉讼中一般情况下有预决效力。但是，这种预决效力也存在一定例外，应局限在一定范围之内。比如对于无罪判决中预决事实的效力问题，应当具体分析：(1) 以被指控的违法行为不存在或者被告人并未参与违法行为等为由而作出的该被告人无罪判决，对以该被告人违法行为为由提起的侵权之诉则应当具有预决效力。(2) 无罪判决的作出是因为证据不足、案件事实不清，即未达到刑事案件的证明标

准，但是可能符合民事、行政诉讼的证明标准。在刑事附带民事诉讼或者后行的民事诉讼或行政诉讼中，应当根据民事、行政诉讼的证明标准和实体要件事实作出判决，而不受无罪判决所否定的事实的拘束。我国司法解释允许当事人提供相反证据推翻预决事实。本规定明确规定"当事人有相反证据足以推翻的除外"，《行政诉讼证据规定》第70 条中也规定：如果发现裁判文书或者裁决文书认定的事实有重大问题的，应当中止诉讼，通过法定程序予以纠正后恢复诉讼。

最后，如果从程序保障的角度来看，当出现以下情况时，先行的民事诉讼、行政诉讼和刑事诉讼确认的事实对后行民事诉讼不具有预决的效力：(1)先行的民事诉讼、行政诉讼和刑事诉讼，违背正当程序保障原则，没有给予当事人或公诉人充分主张事实和提出证据并对案件事实证据充分发表意见的机会，或者在当事人主导的诉讼制度中，将当事人未提出的事实或证据作为裁判的基础等。(2)基于正当程序保障原则，当事人以外的其他人在先行的民事诉讼、行政诉讼中，被告人以外的其他人在先行的刑事诉讼中，没有机会就案件事实证据充分发表意见，那么，在该人为当事人的后行民事诉讼或行政诉讼或为被告人的后行刑事诉讼中，该人就预决事实的效力提出了有根据的异议，法官则不应认可预决事实的效力。(3)如果当事人能够证明先行的民事判决、行政判决或者刑事判决的作出存在欺诈或串通，或者提出了在先行诉讼中因正当理由而没有提出的新证据等，法官则不应认可预决事实的效力。此外，法官在考虑到包括收集证据在内的所有情况以后，认为采纳预决事实将会对诉讼的公正性造成显著不利影响时，则不应采纳预决事实，但法官对此应作出充分说明。

第十六条　当事人提供的公文书证系在中华人民共和国领域外形成的，该证据应当经所在国公证机关证明，或者履行中华人民共和国与该所在国订立的有关条约中规定的证明手续。

中华人民共和国领域外形成的涉及身份关系的证据，应当经所在国公证机关证明并经中华人民共和国驻该国使领馆认证，或者履行中华人民共和国与该所在国订立的有关条约中规定的证明手续。

当事人向人民法院提供的证据是在香港、澳门、台湾地区形成的，应当履行相关的证明手续。

【重点解读】按照本条第 1 款前段的规定，对于中华人民共和国领域外形成的证据进行的手续限制，有一般限制和特殊限制之分。一般情况下，当事人向人民法院提供中国境外形成的证据的，对于公文书证而言，该证据应当经所在国公证机关证明；对于涉及身份关系的证据，应当经所在国公证机关证明并经中华人民共和国驻该国使领馆认证，才具有效力。应说明的是，我国驻外使领馆,包括大使馆、总领事馆、领事馆等,是我国在国外行使涉外公证认证职能的机构。在我国驻外使领馆内,具体行使涉外公证认证职能的部门是领事部,我国驻外使领馆内的其他部门,如教育处、文化处、商务处,无权出具涉外公证认证文书。比如外方当事人自中国境外寄交或者托交的委托中国律师为其诉讼代理人的"授权委托书",即是证明代理人获得授权以及代理权限的证据。此种境外形成的授权文件要取得人民法院的认可,必须符合2017年《民事诉讼法》第264条的规定:"在中华人民共和国领域内没有住所的外国人、无国籍人、外国企业和组织委托中华人民共和国律师或者其他人代理诉讼,从中华人民共和国领域外寄交或者托交的授权委托书,应当经所在国公证机关证明,并经中华人民共和国驻该国使领馆认证,或者履行中华人民共和国与该所在国订立的有关条约中规定的证明手续后,才具有效力。"不难看出,本条第1款规定与《民事诉讼法》上述规定内容基本一致。

根据本条第1款后段规定,对在域外形成的证据,还可以"履行我国与该所在国订立的有关条约中规定的证明手续",这是对域外形成证据的特殊限制。2017年《民事诉讼法》第276条第1款规定:"根据中华人民共和国缔结或者参加的国际条约,或者按照互惠原则,人民法院和外国法院可以相互请求,代为送达文书、调查取证以及进行

其他诉讼行为。"我国已于1997年加入海牙私法会议订立之《关于从国外调取民事或商事证据的公约》,对于国家之间协助取证的程序问题,应主要依据该公约、我国《民事诉讼法》以及中国与有关国家签署的双边司法协助协定中的有关规定进行。根据中法、中波、中蒙等司法协助协定的要求,调查取证请求书的格式应与协定附录中示范样本相符。调查请求书所附文件必须要有被请求一方文字译本。调查取证的方式:(1)被请求方的法院代为调查取证方式,适用本国法律,必要时可以实施本国法律规定的强制措施。(2)缔约一方可以通过本国派驻缔约国另一方的外交代表或领事代表机关,直接向另一方领域内的本国国民调查取证,但须遵循缔约国另一方的法律,并不得采取任何强制措施。在完成调查取证后,被请求一方的法院,应通过双方的中央机关转送调查取证的执行情况。双方代为调查取证都不收取费用,但有关鉴定人员、翻译人员的报酬,应由请求一方负担。

第十七条 当事人向人民法院提供外文书证或者外文说明资料,应当附有中文译本。

第十八条 双方当事人无争议的事实符合《最高人民法院关于适用〈中华人民共和国民事诉讼法〉的解释》第九十六条第一款规定情形的,人民法院可以责令当事人提供有关证据。

【重点解读】证据属于民事诉讼的

实体内容。在辩论主义的诉讼模式下，诉讼的实体内容由当事人决定，法院仅在特殊情况下，出于保护社会公共利益、公序良俗等需要进行有限的介入。处分原则是民事诉讼的核心之一。当事人就无争议的事实免于承担举证责任，是当事人基于处分原则在民事诉讼中对其实体权利和诉讼权利的处分。法院也只有在法定的特殊情形下，才能行使国家职权进行诉讼干预，令当事人对无争议的事实提供证据，承担举证责任。

第二十条　当事人及其诉讼代理人申请人民法院调查收集证据，应当在举证期限届满前提交书面申请。

申请书应当载明被调查人的姓名或者单位名称、住所地等基本情况、所要调查收集的证据名称或者内容、需要由人民法院调查收集证据的原因及其要证明的事实以及明确的线索。

第四十五条　当事人根据《最高人民法院关于适用〈中华人民共和国民事诉讼法〉的解释》第一百一十二条的规定申请人民法院责令对方当事人提交书证的，申请书应当载明所申请提交的书证名称或者内容、需要以该书证证明的事实及事实的重要性、对方当事人控制该书证的根据以及应当提交该书证的理由。

对方当事人否认控制书证的，人民法院应当根据法律规定、习惯等因素，结合案件的事实、证据，对于书证是否在对方当事人控制之下的事实作出综合判断。

第四十六条　人民法院对当事人提交书证的申请进行审查时，应当听取对方当事人的意见，必要时可以要求双方当事人提供证据、进行辩论。

当事人申请提交的书证不明确、书证对于待证事实的证明无必要、待证事实对于裁判结果无实质性影响、书证未在对方当事人控制之下或者不符合本规定第四十七条情形的，人民法院不予准许。

当事人申请理由成立的，人民法院应当作出裁定，责令对方当事人提交书证；理由不成立的，通知申请人。

第四十七条　下列情形，控制书证的当事人应当提交书证：

（一）控制书证的当事人在诉讼中曾经引用过的书证；

（二）为对方当事人的利益制作的书证；

（三）对方当事人依照法律规定有权查阅、获取的书证；

（四）账簿、记账原始凭证；

（五）人民法院认为应当提交书证的其他情形。

前款所列书证，涉及国家秘密、商业秘密、当事人或第三人的隐私，或者存在法律规定应当保密的情形的，提交后不得公开质证。

第四十八条　控制书证的当事人无正当理由拒不提交书证的，人民法院可以认定对方当事人所主张的书证内容为真实。

控制书证的当事人存在《最高人民法院关于适用〈中华人民共和国民事诉讼法〉的解释》第一百一十三条规定情形的，人民法院可以认定对方当事人主张以该书证证明的事实为真实。

第八十五条 人民法院应当以证据能够证明的案件事实为根据依法作出裁判。

审判人员应当依照法定程序，全面、客观地审核证据，依据法律的规定，遵循法官职业道德，运用逻辑推理和日常生活经验，对证据有无证明力和证明力大小独立进行判断，并公开判断的理由和结果。

【重点解读】本条是证据裁判主义和认定证据的基本原则的规定。证据裁判主义，又称为证据为本，就是说在司法活动中认定案件事实必须以证据为本源，司法证明活动必须以证据为基石。换言之，司法裁判必须建立在证据的基础上，因此又称为"证据裁判主义"。这是人类在摒弃了神明裁判和主观断案的司法证明之后确立的一项司法原则。

从历史渊源上看，证据制度大致经历了从"神示证据制度"到"法定证据制度"再到"自由心证证据制度"的发展过程。20世纪30年代以后，各国逐渐对传统自由心证制度进行改造，抛弃其非理性、非民主的因素，既强调法官的心证自由，也强调法律规则对法官心证必要的制约，强调心证过程与结果的公开。由此产生的现代自由心证制度，

为世界各国所普遍接受。

关于证据证明力大小的判断，是由审判人员根据法律规定，遵循法官职业道德，运用逻辑推理和日常生活经验综合在案证据进行判断，而非根据单一证据或数个证据进行比较进行评判。

3.《最高人民法院关于生态环境侵权民事诉讼证据的若干规定》（法释〔2023〕6号，20230901）

第一条 人民法院审理环境污染责任纠纷案件、生态破坏责任纠纷案件和生态环境保护民事公益诉讼案件，适用本规定。

生态环境保护民事公益诉讼案件，包括环境污染民事公益诉讼案件、生态破坏民事公益诉讼案件和生态环境损害赔偿诉讼案件。

第二条 环境污染责任纠纷案件、生态破坏责任纠纷案件的原告应当就以下事实承担举证责任：

（一）被告实施了污染环境或者破坏生态的行为；

（二）原告人身、财产受到损害或者有遭受损害的危险。

第三条 生态环境保护民事公益诉讼案件的原告应当就以下事实承担举证责任：

（一）被告实施了污染环境或者破坏生态的行为，且该行为违反国家规定；

（二）生态环境受到损害或者有遭受损害的重大风险。

第四条 原告请求被告就其污染环境、破坏生态行为支付人身、财产损害赔偿费用，或者支付民法典第一千二百三十五条规定的损失、费用的，应当就其主张的损失、费用的数额承担举证责任。

第五条 原告起诉请求被告承担环境污染、生态破坏责任的，应当提供被告行为与损害之间具有关联性的证据。

人民法院应当根据当事人提交的证据，结合污染环境、破坏生态的行为方式、污染物的性质、环境介质的类型、生态因素的特征、时间顺序、空间距离等因素，综合判断被告行为与损害之间的关联性是否成立。

第六条 被告应当就其行为与损害之间不存在因果关系承担举证责任。

被告主张不承担责任或者减轻责任的，应当就法律规定的不承担责任或者减轻责任的情形承担举证责任。

第九条 对于人民法院在生态环境保护民事公益诉讼生效裁判中确认的基本事实，当事人在因同一污染环境、破坏生态行为提起的人身、财产损害赔偿诉讼中无需举证证明，但有相反证据足以推翻的除外。

第十条 对于可能损害国家利益、社会公共利益的事实，双方当事人未主张或者无争议，人民法院认为可能影响裁判结果的，可以责令当事人提供有关证据。

前款规定的证据，当事人申请人民

法院调查收集，符合《最高人民法院关于适用〈中华人民共和国民事诉讼法〉的解释》第九十四条规定情形的，人民法院应当准许；人民法院认为有必要的，可以依职权调查收集。

第十一条 实行环境资源案件集中管辖的法院，可以委托侵权行为实施地、侵权结果发生地、被告住所地等人民法院调查收集证据。受委托法院应当在收到委托函次日起三十日内完成委托事项，并将调查收集的证据及有关笔录移送委托法院。

受委托法院未能完成委托事项的，应当向委托法院书面告知有关情况及未能完成的原因。

第十四条 人民法院调查收集、保全或者勘验涉及环境污染、生态破坏专门性问题的证据，应当遵守相关技术规范。必要时，可以通知鉴定人到场，或者邀请负有环境资源保护监督管理职责的部门派员协助。

第十五条 当事人向人民法院提交证据后申请撤回该证据，或者声明不以该证据证明案件事实的，不影响其他当事人援引该证据证明案件事实以及人民法院对该证据进行审查认定。

当事人放弃使用人民法院依其申请调查收集或者保全的证据的，按照前款规定处理。

第二十六条 对于证明环境污染、生态破坏案件事实有重要意义的书面文件、数据信息或者录音、录像等证据在对方当事人控制之下的，承担举证责任的当事人可以根据《最高人民法院关于适用〈中华人民共和国民事诉讼法〉的解释》第一百一十二条的规定,书面申请人民法院责令对方当事人提交。

第二十七条 承担举证责任的当事人申请人民法院责令对方当事人提交证据的,应当提供有关证据的名称、主要内容、制作人、制作时间或者其他可以将有关证据特定化的信息。根据申请人提供的信息不能使证据特定化的,人民法院不予准许。

人民法院应当结合申请人是否参与证据形成过程、是否接触过该证据等因素,综合判断其提供的信息是否达到证据特定化的要求。

第二十八条 承担举证责任的当事人申请人民法院责令对方当事人提交证据的,应当提出证据由对方当事人控制的依据。对方当事人否认控制有关证据的,人民法院应当根据法律规定、当事人约定、交易习惯等因素,结合案件的事实、证据作出判断。

有关证据虽未由对方当事人直接持有,但在其控制范围之内,其获取不存在客观障碍的,人民法院应当认定有关证据由其控制。

第二十九条 法律、法规、规章规定当事人应当披露或者持有的关于其排放的主要污染物名称、排放方式、排放浓度和总量、超标排放情况、防治污染设施的建设和运行情况、生态环境开发利用情况、生态环境违法信息等环境信息,属于《最高人民法院关于民事诉讼证据的若干规定》第四十七条第一款第三项规定的"对方当事人依照法律规定有权查阅、获取的书证"。

4.《最高人民法院关于审理生态环境损害赔偿案件的若干规定(试行)》(法释〔2019〕8 号,20190605;经法释〔2020〕17 号修正,20210101)

第七条 被告反驳原告主张的,应当提供证据加以证明。被告主张具有法律规定的不承担责任或者减轻责任情形的,应当承担举证责任。

5.《最高人民法院关于审理环境民事公益诉讼案件适用法律若干问题的解释》(法释〔2015〕1 号,20150107;经法释〔2020〕20 号修正,20210101)

第十四条 对于审理环境民事公益诉讼案件需要的证据,人民法院认为必要的,应当调查收集。

对于应当由原告承担举证责任且为维护社会公共利益所必要的专门性问题,人民法院可以委托具备资格的鉴定人进行鉴定。

6.《最高人民法院关于审理生态环境侵权纠纷案件适用惩罚性赔偿的解释》(法释〔2022〕1 号,20220120)

第四条 被侵权人主张侵权人承担惩罚性赔偿责任的,应当提供证据证明以下事实:

(一)侵权人污染环境、破坏生态的行为违反法律规定;

（二）侵权人具有污染环境、破坏生态的故意；

（三）侵权人污染环境、破坏生态的行为造成严重后果。

第五条　人民法院认定侵权人污染环境、破坏生态的行为是否违反法律规定，应当以法律、法规为依据，可以参照规章的规定。

第六条　人民法院认定侵权人是否具有污染环境、破坏生态的故意，应当根据侵权人的职业经历、专业背景或者经营范围，因同一或者同类行为受到行政处罚或者刑事追究的情况，以及污染物的种类、污染环境、破坏生态行为的方式等因素综合判断。

第七条　具有下列情形之一的，人民法院应当认定侵权人具有污染环境、破坏生态的故意：

（一）因同一污染环境、破坏生态行为，已被人民法院认定构成破坏环境资源保护犯罪的；

（二）建设项目未依法进行环境影响评价，或者提供虚假材料导致环境影响评价文件严重失实，被行政主管部门责令停止建设后拒不执行的；

（三）未取得排污许可证排放污染物，被行政主管部门责令停止排污后拒不执行，或者超过污染物排放标准或者重点污染物排放总量控制指标排放污染物，经行政主管机关责令限制生产、停产整治或者给予其他行政处罚后仍不改正的；

（四）生产、使用国家明令禁止生产、使用的农药，被行政主管部门责令改正后拒不改正的；

（五）无危险废物经营许可证而从事收集、贮存、利用、处置危险废物经营活动，或者知道或者应当知道他人无许可证而将危险废物提供或者委托给其从事收集、贮存、利用、处置等活动的；

（六）将未经处理的废水、废气、废渣直接排放或者倾倒的；

（七）通过暗管、渗井、渗坑、灌注，篡改、伪造监测数据，或者以不正常运行防治污染设施等逃避监管的方式，违法排放污染物的；

（八）在相关自然保护区域、禁猎（渔）区、禁猎（渔）期使用禁止使用的猎捕工具、方法猎捕、杀害国家重点保护野生动物、破坏野生动物栖息地的；

（九）未取得勘查许可证、采矿许可证，或者采取破坏性方法勘查开采矿产资源的；

（十）其他故意情形。

第八条　人民法院认定侵权人污染环境、破坏生态行为是否造成严重后果，应当根据污染环境、破坏生态行为的持续时间、地域范围，造成环境污染、生态破坏的范围和程度，以及造成的社会影响等因素综合判断。

侵权人污染环境、破坏生态行为造成他人死亡、健康严重损害，重大财产损失，生态环境严重损害或者重大不良社会影响的，人民法院应当认定为造成严重后果。

7.《最高人民法院关于适用〈中华人民共和国民法典〉婚姻家庭编的解释（一）》（法释〔2020〕22号，20210101）

第三十九条 父或者母向人民法院起诉请求否认亲子关系，并已提供必要证据予以证明，另一方没有相反证据又拒绝做亲子鉴定的，人民法院可以认定否认亲子关系一方的主张成立。

父或者母以及成年子女起诉请求确认亲子关系，并提供必要证据予以证明，另一方没有相反证据又拒绝做亲子鉴定的，人民法院可以认定确认亲子关系一方的主张成立。

8.《最高人民法院关于适用〈中华人民共和国民法典〉婚姻家庭编的解释（二）》（法释〔2025〕1号，20250201）

第三条 夫妻一方的债权人有证据证明离婚协议中财产分割条款影响其债权实现，请求参照适用民法典第五百三十八条或者第五百三十九条规定撤销相关条款的，人民法院应当综合考虑夫妻共同财产整体分割及履行情况、子女抚养费负担、离婚过错等因素，依法予以支持。

第五条 婚前或者婚姻关系存续期间，当事人约定将一方所有的房屋转移登记至另一方或者双方名下，离婚诉讼时房屋所有权尚未转移登记，双方对房屋归属或者分割有争议且协商不成的，人民法院可以根据当事人诉讼请求，结合给予目的，综合考虑婚姻关系存续时间、共同生活及孕育共同子女情况、离婚过错、对家庭的贡献大小以及离婚时房屋市场价格等因素，判决房屋归其中一方所有，并确定是否由获得房屋一方对另一方予以补偿以及补偿的具体数额。

婚前或者婚姻关系存续期间，一方将其所有的房屋转移登记至另一方或者双方名下，离婚诉讼中，双方对房屋归属或者分割有争议且协商不成的，如果婚姻关系存续时间较短且给予方无重大过错，人民法院可以根据当事人诉讼请求，判决该房屋归给予方所有，并结合给予目的，综合考虑共同生活及孕育共同子女情况、离婚过错、对家庭的贡献大小以及离婚时房屋市场价格等因素，确定是否由获得房屋一方对另一方予以补偿以及补偿的具体数额。

给予方有证据证明另一方存在欺诈、胁迫、严重侵害给予方或者其近亲属合法权益、对给予方有扶养义务而不履行等情形，请求撤销前两款规定的民事法律行为的，人民法院依法予以支持。

第九条 夫妻一方转让用夫妻共同财产出资但登记在自己名下的有限责任公司股权，另一方以未经其同意侵害夫妻共同财产利益为由请求确认股权转让合同无效的，人民法院不予支持，但有证据证明转让人与受让人恶意串通损害另一方合法权益的除外。

第十一条 夫妻一方以另一方可继承的财产为夫妻共同财产、放弃继承侵害夫妻共同财产利益为由主张另一方放弃继承无效的，人民法院不予支持，但有证据证明放弃继承导致放弃一方不能履行法定扶养义务的除外。

第十二条　父母一方或者其近亲属等抢夺、藏匿未成年子女，另一方向人民法院申请人身安全保护令或者参照适用民法典第九百九十七条规定申请人格权侵害禁令的，人民法院依法予以支持。

抢夺、藏匿未成年子女一方以另一方存在赌博、吸毒、家庭暴力等严重侵害未成年子女合法权益情形，主张其抢夺、藏匿行为有合理事由的，人民法院应当告知其依法通过撤销监护人资格、中止探望或者变更抚养关系等途径解决。当事人对其上述主张未提供证据证明且未在合理期限内提出相关请求的，人民法院依照前款规定处理。

第二十条　离婚协议约定将部分或者全部夫妻共同财产给予子女，离婚后，一方在财产权利转移之前请求撤销该约定的，人民法院不予支持，但另一方同意的除外。

一方不履行前款离婚协议约定的义务，另一方请求其承担继续履行或者因无法履行而赔偿损失等民事责任的，人民法院依法予以支持。

双方在离婚协议中明确约定子女可以就本条第一款中的相关财产直接主张权利，一方不履行离婚协议约定的义务，子女请求参照适用民法典第五百二十二条第二款规定，由该方承担继续履行或者因无法履行而赔偿损失等民事责任的，人民法院依法予以支持。

离婚协议约定将部分或者全部夫妻共同财产给予子女，离婚后，一方有证据证明签订离婚协议时存在欺诈、胁迫等情形，请求撤销该约定的，人民法院依法予以支持；当事人同时请求分割该部分夫妻共同财产的，人民法院依照民法典第一千零八十七条规定处理。

第二十一条　离婚诉讼中，夫妻一方有证据证明在婚姻关系存续期间因抚育子女、照料老年人、协助另一方工作等负担较多义务，依据民法典第一千零八十八条规定请求另一方给予补偿的，人民法院可以综合考虑负担相应义务投入的时间、精力和对双方的影响以及给付方负担能力、当地居民人均可支配收入等因素，确定补偿数额。

9.《最高人民法院关于适用〈中华人民共和国民法典〉物权编的解释（一）》（法释〔2020〕24 号，20210101）

第十四条　受让人受让不动产或者动产时，不知道转让人无处分权，且无重大过失的，应当认定受让人为善意。

真实权利人主张受让人不构成善意的，应当承担举证证明责任。

第十五条　具有下列情形之一的，应当认定不动产受让人知道转让人无处分权：

（一）登记簿上存在有效的异议登记；

（二）预告登记有效期内，未经预

告登记的权利人同意;

(三)登记簿上已经记载司法机关或者行政机关依法裁定、决定查封或者以其他形式限制不动产权利的有关事项;

(四)受让人知道登记簿上记载的权利主体错误;

(五)受让人知道他人已经依法享有不动产物权。

真实权利人有证据证明不动产受让人应当知道转让人无处分权的,应当认定受让人具有重大过失。

第十六条 受让人受让动产时,交易的对象、场所或者时机等不符合交易习惯的,应当认定受让人具有重大过失。

10.《最高人民法院关于审理劳动争议案件适用法律问题的解释(一)》(法释〔2020〕26号,20210101)

第四十四条 因用人单位作出的开除、除名、辞退、解除劳动合同、减少劳动报酬、计算劳动者工作年限等决定而发生的劳动争议,用人单位负举证责任。

11.《最高人民法院关于审理建设工程施工合同纠纷案件适用法律问题的解释(一)》(法释〔2020〕25号,20210101)

第六条 建设工程施工合同无效,一方当事人请求对方赔偿损失的,应当就对方过错、损失大小、过错与损失之

间的因果关系承担举证责任。

损失大小无法确定,一方当事人请求参照合同约定的质量标准、建设工期、工程价款支付时间等内容确定损失大小的,人民法院可以结合双方过错程度、过错与损失之间的因果关系等因素作出裁判。

第三十二条 当事人对工程造价、质量、修复费用等专门性问题有争议,人民法院认为需要鉴定的,应当向负有举证责任的当事人释明。当事人经释明未申请鉴定,虽申请鉴定但未支付鉴定费用或者拒不提供相关材料的,应当承担举证不能的法律后果。

一审诉讼中负有举证责任的当事人未申请鉴定,虽申请鉴定但未支付鉴定费用或者拒不提供相关材料,二审诉讼中申请鉴定,人民法院认为确有必要的,应当依照民事诉讼法第一百七十条①第一款第三项的规定处理。

12.《最高人民法院关于审理民间借贷案件适用法律若干问题的规定》(法释〔2015〕18号,20150901;经法释〔2020〕17号修正,20210101)

第十五条 原告仅依据借据、收据、欠条等债权凭证提起民间借贷诉讼,被告抗辩已经偿还借款的,被告应当对其主张提供证据证明。被告提供相应证据证明其主张后,原告仍应就借

————————

① 对应2023年《民事诉讼法》第177条。——编者注

贷关系的存续承担举证责任。

被告抗辩借贷行为尚未实际发生并能作出合理说明的，人民法院应当结合借贷金额、款项交付、当事人的经济能力、当地或者当事人之间的交易方式、交易习惯、当事人财产变动情况以及证人证言等事实和因素，综合判断查证借贷事实是否发生。

第十六条　原告仅依据金融机构的转账凭证提起民间借贷诉讼，被告抗辩转账系偿还双方之前借款或者其他债务的，被告应当对其主张提供证据证明。被告提供相应证据证明其主张后，原告仍应就借贷关系的成立承担举证责任。

第十七条　依据《最高人民法院关于适用〈中华人民共和国民事诉讼法〉的解释》第一百七十四条第二款之规定，负有举证责任的原告无正当理由拒不到庭，经审查现有证据无法确认借贷行为、借贷金额、支付方式等案件主要事实，人民法院对原告主张的事实不予认定。

13.《最高人民法院关于审理银行卡民事纠纷案件若干问题的规定》（法释〔2021〕10号，20210525）

第四条　持卡人主张争议交易为伪卡盗刷交易或者网络盗刷交易的，可以提供生效法律文书、银行卡交易时真卡所在地、交易行为地、账户交易明细、交易通知、报警记录、挂失记录等证据材料进行证明。

发卡行、非银行支付机构主张争议交易为持卡人本人交易或者其授权交易的，应当承担举证责任。发卡行、非银行支付机构可以提供交易单据、对账单、监控录像、交易身份识别信息、交易验证信息等证据材料进行证明。

第五条　在持卡人告知发卡行其账户发生非因本人交易或者本人授权交易导致的资金或者透支数额变动后，发卡行未及时向持卡人核实银行卡的持有及使用情况，未及时提供或者保存交易单据、监控录像等证据材料，导致有关证据材料无法取得的，应承担举证不能的法律后果。

第六条　人民法院应当全面审查当事人提交的证据，结合银行卡交易行为地与真卡所在地距离、持卡人是否进行了基础交易、交易时间和报警时间、持卡人用卡习惯、银行卡被盗刷的次数及频率、交易系统、技术和设备是否具有安全性等事实，综合判断是否存在伪卡盗刷交易或者网络盗刷交易。

14.《最高人民法院关于审理票据纠纷案件若干问题的规定》（法释〔2000〕32号，20001121；经法释〔2020〕18号修正，20210101）

第八条　票据诉讼的举证责任由提出主张的一方当事人承担。

依照票据法第四条第二款、第十条、第十二条、第二十一条的规定，向人民法院提起诉讼的持票人有责任提供诉争票据。该票据的出票、承兑、交付、背书转让涉嫌欺诈、偷盗、胁迫、恐吓、暴力等非法行为的,持票人对持票的合法性应当负责举证。

第九条 票据债务人依照票据法第十三条的规定,对与其有直接债权债务关系的持票人提出抗辩,人民法院合并审理票据关系和基础关系的,持票人应当提供相应的证据证明已经履行了约定义务。

第十条 付款人或者承兑人被人民法院依法宣告破产的,持票人因行使追索权而向人民法院提起诉讼时,应当向受理法院提供人民法院依法作出的宣告破产裁定书或者能够证明付款人或者承兑人破产的其他证据。

15.《最高人民法院关于审理期货纠纷案件若干问题的规定》(法释〔2003〕10号,20030701;经法释〔2020〕18号修正,20210101)

第五十六条 期货公司应当对客户的交易指令是否入市交易承担举证责任。

确认期货公司是否将客户下达的交易指令入市交易,应当以期货交易所的交易记录、期货公司通知的交易结算结果与客户交易指令记录中的品种、买卖方向是否一致,价格、交易时间是否相符为标准,指令交易数量可以作为参考。但客户有相反证据证明其交易指令未入市交易的除外。

16.《最高人民法院关于审理证券市场虚假陈述侵权民事赔偿案件的若干规定》(法释〔2022〕2号,20220122)

第十一条 原告能够证明下列情形的,人民法院应当认定原告的投资决定与虚假陈述之间的交易因果关系成立:

(一)信息披露义务人实施了虚假陈述;

(二)原告交易的是与虚假陈述直接关联的证券;

(三)原告在虚假陈述实施日之后、揭露日或更正日之前实施了相应的交易行为,即在诱多型虚假陈述中买入了相关证券,或者在诱空型虚假陈述中卖出了相关证券。

第十二条 被告能够证明下列情形之一的,人民法院应当认定交易因果关系不成立:

(一)原告的交易行为发生在虚假陈述实施前,或者是在揭露或更正之后;

(二)原告在交易时知道或者应当知道存在虚假陈述,或者虚假陈述已经被证券市场广泛知悉;

(三)原告的交易行为是受到虚假陈述实施后发生的上市公司的收购、重大资产重组等其他重大事件的影响;

(四)原告的交易行为构成内幕交易、操纵证券市场等证券违法行为的;

(五)原告的交易行为与虚假陈述不具有交易因果关系的其他情形。

第十四条 发行人的董事、监事、高级管理人员和其他直接责任人员主张对虚假陈述没有过错的，人民法院应当根据其工作岗位和职责、在信息披露资料的形成和发布等活动中所起的作用、取得和了解相关信息的渠道、为核验相关信息所采取的措施等实际情况进行审查认定。

前款所列人员不能提供勤勉尽责的相应证据，仅以其不从事日常经营管理、无相关职业背景和专业知识、相信发行人或者管理层提供的资料、相信证券服务机构出具的专业意见等理由主张其没有过错的，人民法院不予支持。

第十五条　发行人的董事、监事、高级管理人员依照证券法第八十二条第四款的规定，以书面方式发表附具体理由的意见并依法披露的，人民法院可以认定其主观上没有过错，但在审议、审核信息披露文件时投赞成票的除外。

第十六条　独立董事能够证明下列情形之一的，人民法院应当认定其没有过错：

（一）在签署相关信息披露文件之前，对不属于自身专业领域的相关具体问题，借助会计、法律等专门职业的帮助仍然未能发现问题的；

（二）在揭露日或更正日之前，发现虚假陈述后及时向发行人提出异议并监督整改或者向证券交易场所、监管部门书面报告的；

（三）在独立意见中对虚假陈述事项发表保留意见、反对意见或者无法表示意见并说明具体理由的，但在审议、审核相关文件时投赞成票的除外；

（四）因发行人拒绝、阻碍其履行职责，导致无法对相关信息披露文件是否存在虚假陈述作出判断，并及时向证券交易场所、监管部门书面报告的；

（五）能够证明勤勉尽责的其他情形。

独立董事提交证据证明其在履职期间能够按照法律、监管部门制定的规章和规范性文件以及公司章程的要求履行职责的，或者在虚假陈述被揭露后及时督促发行人整改且效果较为明显的，人民法院可以结合案件事实综合判断其过错情况。

外部监事和职工监事，参照适用前两款规定。

第十七条　保荐机构、承销机构等机构及其直接责任人员提交的尽职调查工作底稿、尽职调查报告、内部审核意见等证据能够证明下列情形的，人民法院应当认定其没有过错：

（一）已经按照法律、行政法规、监管部门制定的规章和规范性文件、相关行业执业规范的要求，对信息披露文件中的相关内容进行了审慎尽职调查；

（二）对信息披露文件中没有证券服务机构专业意见支持的重要内容，经过审慎尽职调查和独立判断，有合理理由相信该部分内容与真实情况相符；

（三）对信息披露文件中证券服务机构出具专业意见的重要内容，经过审慎核查和必要的调查、复核，有合理理由排除了职业怀疑并形成合理信赖。

在全国中小企业股份转让系统从

事挂牌和定向发行推荐业务的证券公司,适用前款规定。

第十八条　会计师事务所、律师事务所、资信评级机构、资产评估机构、财务顾问等证券服务机构制作、出具的文件存在虚假陈述的,人民法院应当按照法律、行政法规、监管部门制定的规章和规范性文件,参考行业执业规范规定的工作范围和程序要求等内容,结合其核查、验证工作底稿等相关证据,认定其是否存在过错。

证券服务机构的责任限于其工作范围和专业领域。证券服务机构依赖保荐机构或者其他证券服务机构的基础工作或者专业意见致使其出具的专业意见存在虚假陈述,能够证明其对所依赖的基础工作或者专业意见经过审慎核查和必要的调查、复核,排除了职业怀疑并形成合理信赖的,人民法院应当认定其没有过错。

第十九条　会计师事务所能够证明下列情形之一的,人民法院应当认定其没有过错:

(一)按照执业准则、规则确定的工作程序和核查手段并保持必要的职业谨慎,仍未发现被审计的会计资料存在错误的;

(二)审计业务必须依赖的金融机构、发行人的供应商、客户等相关单位提供不实证明文件,会计师事务所保持了必要的职业谨慎仍未发现的;

(三)已对发行人的舞弊迹象提出警告并在审计业务报告中发表了审慎

审计意见的;

(四)能够证明没有过错的其他情形。

17.《最高人民法院关于审理使用人脸识别技术处理个人信息相关民事案件适用法律若干问题的规定》(法释〔2021〕15 号,20210801)

第六条　当事人请求信息处理者承担民事责任的,人民法院应当依据民事诉讼法第六十四条①及《最高人民法院关于适用〈中华人民共和国民事诉讼法〉的解释》第九十条、第九十一条,《最高人民法院关于民事诉讼证据的若干规定》的相关规定确定双方当事人的举证责任。

信息处理者主张其行为符合民法典第一千零三十五条第一款规定情形的,应当就此所依据的事实承担举证责任。

信息处理者主张其不承担民事责任的,应当就其行为符合本规定第五条规定的情形承担举证责任。

18.《最高人民法院关于审理食品药品纠纷案件适用法律若干问题的规定》(法释〔2013〕28 号,20140315;经法释〔2021〕17 号修正,20211201)

第五条　消费者举证证明所购买食品、药品的事实以及所购食品、药品

----

① 对应 2023 年《民事诉讼法》第 67 条。——编者注

不符合合同的约定,主张食品、药品的生产者、销售者承担违约责任的,人民法院应予支持。

消费者举证证明因食用食品或者使用药品受到损害,初步证明损害与食用食品或者使用药品存在因果关系,并请求食品、药品的生产者、销售者承担侵权责任的,人民法院应予支持,但食品、药品的生产者、销售者能证明损害不是因产品不符合质量标准造成的除外。

第六条　食品的生产者与销售者应当对于食品符合质量标准承担举证责任。认定食品是否安全,应当以国家标准为依据;对地方特色食品,没有国家标准的,应当以地方标准为依据。没有前述标准的,应当以食品安全法的相关规定为依据。

19.《最高人民法院关于审理医疗损害责任纠纷案件适用法律若干问题的解释》(法释〔2017〕20 号,20171214;经法释〔2020〕17 号修正,20210101)

第四条　患者依据民法典第一千二百一十八条规定主张医疗机构承担赔偿责任的,应当提交到该医疗机构就诊、受到损害的证据。

患者无法提交医疗机构或者其医务人员有过错、诊疗行为与损害之间具有因果关系的证据,依法提出医疗损害鉴定申请的,人民法院应予准许。

医疗机构主张不承担责任的,应当就民法典第一千二百二十四条第一款

规定情形等抗辩事由承担举证证明责任。

第五条　患者依据民法典第一千二百一十九条规定主张医疗机构承担赔偿责任的,应当按照前条第一款规定提交证据。

实施手术、特殊检查、特殊治疗的,医疗机构应当承担说明义务并取得患者或者患者近亲属明确同意,但属于民法典第一千二百二十条规定情形的除外。医疗机构提交患者或者患者近亲属明确同意证据的,人民法院可以认定医疗机构尽到说明义务,但患者有相反证据足以反驳的除外。

第六条　民法典第一千二百二十二条规定的病历资料包括医疗机构保管的门诊病历、住院志、体温单、医嘱单、检验报告、医学影像检查资料、特殊检查(治疗)同意书、手术同意书、手术及麻醉记录、病理资料、护理记录、出院记录以及国务院卫生行政主管部门规定的其他病历资料。

患者依法向人民法院申请医疗机构提交由其保管的与纠纷有关的病历资料等,医疗机构未在人民法院指定期限内提交的,人民法院可以依照民法典第一千二百二十二条第二项规定推定医疗机构有过错,但是因不可抗力等客观原因无法提交的除外。

第七条　患者依据民法典第一千二百二十三条规定请求赔偿的,应当提交使用医疗产品或者输入血液、受到损害的证据。

患者无法提交使用医疗产品或者输入血液与损害之间具有因果关系的证据，依法申请鉴定的，人民法院应予准许。

医疗机构，医疗产品的生产者、销售者、药品上市许可持有人或者血液提供机构主张不承担责任的，应当对医疗产品不存在缺陷或者血液合格等抗辩事由承担举证证明责任。

20.《最高人民法院关于知识产权民事诉讼证据的若干规定》（法释〔2020〕12号，20201118）

第一条 知识产权民事诉讼当事人应当遵循诚信原则，依照法律及司法解释的规定，积极、全面、正确、诚实地提供证据。

第二条 当事人对自己提出的主张，应当提供证据加以证明。根据案件审理情况，人民法院可以适用民事诉讼法第六十五条①第二款的规定，根据当事人的主张及待证事实、当事人的证据持有情况、举证能力等，要求当事人提供有关证据。

第三条 专利方法制造的产品不属于新产品的，侵害专利权纠纷的原告应当举证证明下列事实：

（一）被告制造的产品与使用专利方法制造的产品属于相同产品；

（二）被告制造的产品经由专利方法制造的可能性较大；

（三）原告为证明被告使用了专利方法尽到合理努力。

原告完成前款举证后，人民法院可以要求被告举证证明其产品制造方法不同于专利方法。

第四条 被告依法主张合法来源抗辩的，应当举证证明合法取得被诉侵权产品、复制品的事实，包括合法的购货渠道、合理的价格和直接的供货方等。

被告提供的被诉侵权产品、复制品来源证据与其合理注意义务程度相当的，可以认定其完成前款所称举证，并推定其不知道被诉侵权产品、复制品侵害知识产权。被告的经营规模、专业程度、市场交易习惯等，可以作为确定其合理注意义务的证据。

第五条 提起确认不侵害知识产权之诉的原告应当举证证明下列事实：

（一）被告向原告发出侵权警告或者对原告进行侵权投诉；

（二）原告向被告发出诉权行使催告及催告时间、送达时间；

（三）被告未在合理期限内提起诉讼。

第六条 对于未在法定期限内提起行政诉讼的行政行为所认定的基本事实，或者行政行为认定的基本事实已为生效裁判所确认的部分，当事人在知识产权民事诉讼中无须再证明，但有相反证据足以推翻的除外。

第八条 中华人民共和国领域外

① 对应2023年《民事诉讼法》第68条。——编者注

形成的下列证据,当事人仅以该证据未办理公证、认证等证明手续为由提出异议的,人民法院不予支持:

（一）已为发生法律效力的人民法院裁判所确认的;

（二）已为仲裁机构生效裁决所确认的;

（三）能够从官方或者公开渠道获得的公开出版物、专利文献等;

（四）有其他证据能够证明真实性的。

第九条　中华人民共和国领域外形成的证据,存在下列情形之一的,当事人仅以该证据未办理认证手续为由提出异议的,人民法院不予支持:

（一）提出异议的当事人对证据的真实性明确认可的;

（二）对方当事人提供证人证言对证据的真实性予以确认,且证人明确表示如作伪证愿意接受处罚的。

前款第二项所称证人作伪证,构成民事诉讼法第一百一十一条①规定情形的,人民法院依法处理。

第十条　在一审程序中已经根据民事诉讼法第五十九条②、第二百六十四条③的规定办理授权委托书公证、认证或者其他证明手续的,在后续诉讼程序中,人民法院可以不再要求办理该授权委托书的上述证明手续。

第二十四条　承担举证责任的当事人书面申请人民法院责令控制证据的对方当事人提交证据,申请理由成立的,人民法院应当作出裁定,责令其提交。

第二十五条　人民法院依法要求当事人提交有关证据,其无正当理由拒不提交、提交虚假证据、毁灭证据或者实施其他致使证据不能使用行为的,人民法院可以推定对方当事人就该证据所涉证明事项的主张成立。

当事人实施前款所列行为,构成民事诉讼法第一百一十一条规定情形的,人民法院依法处理。

第二十六条　证据涉及商业秘密或者其他需要保密的商业信息的,人民法院应当在相关诉讼参与人接触该证据前,要求其签订保密协议、作出保密承诺,或者以裁定等法律文书责令其不得出于本案诉讼之外的任何目的披露、使用、允许他人使用在诉讼程序中接触到的秘密信息。

当事人申请对接触前款所称证据的人员范围作出限制,人民法院经审查认为确有必要的,应当准许。

第二十九条　人民法院指派技术调查官参与庭前会议、开庭审理的,技术调查官可以就案件所涉技术问题询问当事人、诉讼代理人、有专门知识的人、证人、鉴定人、勘验人等。

---

①　对应 2023 年《民事诉讼法》第 114 条。——编者注

②　对应 2023 年《民事诉讼法》第 62 条。——编者注

③　对应 2023 年《民事诉讼法》第 275 条。——编者注

21.《最高人民法院关于审理侵害知识产权民事案件适用惩罚性赔偿的解释》（法释〔2021〕4 号，20210303）

第三条 对于侵害知识产权的故意的认定，人民法院应当综合考虑被侵害知识产权客体类型、权利状态和相关产品知名度、被告与原告或者利害关系人之间的关系等因素。

对于下列情形，人民法院可以初步认定被告具有侵害知识产权的故意：

（一）被告经原告或者利害关系人通知、警告后，仍继续实施侵权行为的；

（二）被告或其法定代表人、管理人是原告或者利害关系人的法定代表人、管理人、实际控制人的；

（三）被告与原告或者利害关系人之间存在劳动、劳务、合作、许可、经销、代理、代表等关系，且接触过被侵害的知识产权的；

（四）被告与原告或者利害关系人之间有业务往来或者为达成合同等进行过磋商，且接触过被侵害的知识产权的；

（五）被告实施盗版、假冒注册商标行为的；

（六）其他可以认定为故意的情形。

第四条 对于侵害知识产权情节严重的认定，人民法院应当综合考虑侵权手段、次数，侵权行为的持续时间、地域范围、规模、后果，侵权人在诉讼中的行为等因素。

被告有下列情形的，人民法院可以认定为情节严重：

（一）因侵权被行政处罚或者法院裁判承担责任后，再次实施相同或者类似侵权行为的；

（二）以侵害知识产权为业；

（三）伪造、毁坏或者隐匿侵权证据；

（四）拒不履行保全裁定；

（五）侵权获利或者权利人受损巨大；

（六）侵权行为可能危害国家安全、公共利益或者人身健康；

（七）其他可以认定为情节严重的情形。

22.《最高人民法院关于审理涉及计算机网络域名民事纠纷案件适用法律若干问题的解释》（法释〔2001〕24 号，20010724；经法释〔2020〕19 号修正，20210101）

第五条 被告的行为被证明具有下列情形之一的，人民法院应当认定其具有恶意：

（一）为商业目的将他人驰名商标注册为域名的；

（二）为商业目的注册、使用与原告的注册商标、域名等相同或近似的域名，故意造成与原告提供的产品、服务或者原告网站的混淆，误导网络用户访问其网站或其他在线站点的；

（三）曾要约高价出售、出租或者以其他方式转让该域名获取不正当利益的；

（四）注册域名后自己并不使用也未准备使用，而有意阻止权利人注册该域名的；

（五）具有其他恶意情形的。

被告举证证明在纠纷发生前其所持有的域名已经获得一定的知名度，且能与原告的注册商标、域名等相区别，或者具有其他情形足以证明其不具有恶意的，人民法院可以不认定被告具有恶意。

23.《最高人民法院关于审理商标案件有关管辖和法律适用范围问题的解释》（法释〔2002〕1 号，20020121；经法释〔2020〕19 号修正，20210101）

第十条　人民法院受理的侵犯商标专用权纠纷案件，已经过工商行政管理部门处理的，人民法院仍应当就当事人民事争议的事实进行审查。

24.《最高人民法院关于审理侵害植物新品种权纠纷案件具体应用法律问题的若干规定（二）》（法释〔2021〕14 号，20210707）

第十五条　人民法院为确定赔偿数额，在权利人已经尽力举证，而与侵权行为相关的账簿、资料主要由被诉侵权人掌握的情况下，可以责令被诉侵权人提供与侵权行为相关的账簿、资料；被诉侵权人不提供或者提供虚假账簿、资料的，人民法院可以参考权利人的主张和提供的证据判定赔偿数额。

25.《最高人民法院关于审理垄断民事纠纷案件适用法律若干问题的解释》（法释〔2024〕6 号，20240701）

第十条　反垄断执法机构认定构成垄断行为的处理决定在法定期限内未被提起行政诉讼或者已为人民法院生效裁判所确认，原告在相关垄断民事纠纷案件中据此主张该处理决定认定的基本事实为真实的，无需再行举证证明，但有相反证据足以推翻的除外。

必要时，人民法院可以要求作出处理决定的反垄断执法机构对该处理决定的有关情况予以说明。反垄断执法机构提供的信息、材料等尚未公开的，人民法院应当依职权或者依申请采取合理保护措施。

26.《最高人民法院关于技术调查官参与知识产权案件诉讼活动的若干规定》（法释〔2019〕2 号，20190501）

第一条　人民法院审理专利、植物新品种、集成电路布图设计、技术秘密、计算机软件、垄断等专业技术性较强的知识产权案件时，可以指派技术调查官参与诉讼活动。

第二条　技术调查官属于审判辅助人员。

人民法院可以设置技术调查室，负责技术调查官的日常管理，指派技术调查官参与知识产权案件诉讼活动、提供技术咨询。

第三条　参与知识产权案件诉讼活动的技术调查官确定或者变更后，应当在三日内告知当事人，并依法告知当事人有权申请技术调查官回避。

第四条 技术调查官的回避，参照适用刑事诉讼法、民事诉讼法、行政诉讼法等有关其他人员回避的规定。

第五条 在一个审判程序中参与过案件诉讼活动的技术调查官，不得再参与该案其他程序的诉讼活动。

发回重审的案件，在一审法院作出裁判后又进入第二审程序的，原第二审程序中参与诉讼的技术调查官不受前款规定的限制。

第六条 参与知识产权案件诉讼活动的技术调查官就案件所涉技术问题履行下列职责：

（一）对技术事实的争议焦点以及调查范围、顺序、方法等提出建议；

（二）参与调查取证、勘验、保全；

（三）参与询问、听证、庭前会议、开庭审理；

（四）提出技术调查意见；

（五）协助法官组织鉴定人、相关技术领域的专业人员提出意见；

（六）列席合议庭评议等有关会议；

（七）完成其他相关工作。

第七条 技术调查官参与调查取证、勘验、保全的，应当事先查阅相关技术资料，就调查取证、勘验、保全的方法、步骤和注意事项等提出建议。

第八条 技术调查官参与询问、听证、庭前会议、开庭审理活动时，经法官同意，可以就案件所涉技术问题向当事人及其他诉讼参与人发问。

技术调查官在法庭上的座位设在法官助理的左侧，书记员的座位设在法官助理的右侧。

第九条 技术调查官应当在案件评议前就案件所涉技术问题提出技术调查意见。

技术调查意见由技术调查官独立出具并签名，不对外公开。

第十条 技术调查官列席案件评议时，其提出的意见应当记入评议笔录，并由其签名。

技术调查官对案件裁判结果不具有表决权。

第十一条 技术调查官提出的技术调查意见可以作为合议庭认定技术事实的参考。

合议庭对技术事实认定依法承担责任。

第十二条 技术调查官参与知识产权案件诉讼活动的，应当在裁判文书上署名。技术调查官的署名位于法官助理之下、书记员之上。

第十三条 技术调查官违反与审判工作有关的法律及相关规定，贪污受贿、徇私舞弊，故意出具虚假、误导或者重大遗漏的不实技术调查意见的，应当追究法律责任；构成犯罪的，依法追究刑事责任。

第十四条 根据案件审理需要，上级人民法院可以对本辖区内各级人民法院的技术调查官进行调派。

人民法院审理本规定第一条所称

案件时,可以申请上级人民法院调派技术调查官参与诉讼活动。

27.《最高人民法院关于审理涉及公证活动相关民事案件的若干规定》(法释〔2014〕6号,20140606;经法释〔2020〕20号修正,20210101)

第四条 当事人、公证事项的利害关系人提供证据证明公证机构及其公证员在公证活动中具有下列情形之一的,人民法院应当认定公证机构有过错:

(一)为不真实、不合法的事项出具公证书的;

(二)毁损、篡改公证书或者公证档案的;

(三)泄露在执业活动中知悉的商业秘密或者个人隐私的;

(四)违反公证程序、办证规则以及国务院司法行政部门制定的行业规范出具公证书的;

(五)公证机构在公证过程中未尽到充分的审查、核实义务,致使公证书错误或者不真实的;

(六)对存在错误的公证书,经当事人、公证事项的利害关系人申请仍不予纠正或者补正的;

(七)其他违反法律、法规、国务院司法行政部门强制性规定的情形。

【司法文件】

1.《最高人民法院、最高人民检察院、公安部、司法部关于进一步加强虚假诉讼犯罪惩治工作的意见》(法发〔2021〕10号,20210310)

第二十一条 对于存在虚假诉讼犯罪嫌疑的民事案件,人民法院可以依职权调查收集证据。

当事人自认的事实与人民法院、人民检察院依职权调查并经审理查明的事实不符的,人民法院不予确认。

2.《最高人民法院关于全面加强知识产权司法保护的意见》(法发〔2020〕11号,20200415)

3.加强商业标志权益保护。综合考虑商标标志的近似程度、商品的类似程度、请求保护商标的显著性和知名度等因素,依法裁判侵害商标权案件和商标授权确权案件,增强商标标志的识别度和区分度。充分运用法律规则,在法律赋予的裁量空间内作出有效规制恶意申请注册商标行为的解释,促进商标申请注册秩序正常化和规范化。加强驰名商标保护,结合众所周知的驰名事实,依法减轻商标权人对于商标驰名的举证负担。加强地理标志保护,依法妥善处理地理标志与普通商标的权利冲突。

17.不断完善技术事实查明机制。适当扩大技术调查人员的来源,充实全国法院技术调查人才库,建立健全技术调查人才共享机制。构建技术调查官、技术咨询专家、技术鉴定人员、专家辅助人参与诉讼活动的技术事实查明机制,提高技术事实查明的中立性、客观性、科学性。

【最高法公报案例】

1. 签订合同的一方当事人主张对方向法院提供的合同文本原件不真实,举证责任如何分配[福建三木集团股份有限公司与福建省泉州市煌星房地产发展有限公司商品房预售合同纠纷案(2006-5)]

当事人对自己提出的诉讼请求所依据的事实或反驳对方诉讼请求所依据的事实有责任提供证据加以证明。当事人向人民法院提供书证的,应当提供原件,并在人民法院指定的举证期限内积极、全面、正确地完成举证义务。因此,签订合同的一方当事人主张对方向法院提供的合同文本原件不真实,即应当向法院提供自己持有的合同文本原件及其他相关证据;如果不能向法院提供合同文本原件,亦不能提供其他确有证明力的证据以否定对方当事人提供的合同文本原件的真实性,人民法院应当依据优势证据原则,认定对方当事人提供的合同文本原件真实。

2. 夫妻婚内债务虚假诉讼证明责任的认定[赵某诉项某敏、何某琴民间借贷纠纷案(2014-12)]

夫妻一方具有和第三人恶意串通、通过虚假诉讼虚构婚内债务嫌疑的,该夫妻一方单方自认债务,并不必然免除

"出借人"对借贷关系成立并生效的事实应承担的举证责任。

借款人配偶未参加诉讼且出借人及借款人均未明确表示放弃该配偶可能承担的债务份额的,为查明案件事实,应依法追加与案件审理结果具有利害关系的借款人配偶作为第三人参加诉讼,以形成实质性的对抗。

出借人仅提供借据佐证借贷关系的,应深入调查辅助性事实以判断借贷合意的真实性,如举债的必要性、款项用途的合理性等。出借人无法提供证据证明借款交付事实的,应综合考虑出借人的经济状况、资金来源、交付方式、在场见证人等因素判断当事人陈述的可信度。对于大额借款仅有借据而无任何交付凭证、当事人陈述有重大疑点或矛盾之处的,应依据证据规则认定"出借人"未完成举证义务,判决驳回其诉讼请求。

3. 民事诉讼证明原则和日常经验法则的运用[盐城市天孜食品有限公司诉盐城市自来水有限公司供用水合同纠纷案(2020-3)]

在供水合同关系中,供水方自来水公司承担的安装、更换、维修水表以及供水等义务是一种公共服务。用水方系被动接受水表和计量结果。水表更换前后,在用水方生产量基本不变且无管道跑水故障的情况下,水表显示用于生产的用水量却大幅增加,有悖常理。由此引发争议时,人民法院应当根据民

事诉讼证明原则和日常经验法则,对案件事实作出综合判断并公平合理地确定计算方法和损失数额。

第六十八条　【举证期限及逾期后果】当事人对自己提出的主张应当及时提供证据。

人民法院根据当事人的主张和案件审理情况,确定当事人应当提供的证据及其期限。当事人在该期限内提供证据确有困难的,可以向人民法院申请延长期限,人民法院根据当事人的申请适当延长。当事人逾期提供证据的,人民法院应当责令其说明理由;拒不说明理由或者理由不成立的,人民法院根据不同情形可以不予采纳该证据,或者采纳该证据但予以训诫、罚款。

【立法·要点注释】

1. 当事人及时提供证据义务是指在民事诉讼中,当事人应当根据诉讼进行情况,在合理、适当的期间内对自己的主张提供证据。当事人违反及时提供证据义务的,根据不同情形应当承担一定的法律后果。

2. 举证期限。首先,人民法院应当根据当事人的主张和案件审理情况来确定举证期限。民事案件情况复杂,赋予人民法院在确定举证期限问题上一

定的自由裁量权是实践的需要,但人民法院的这一裁量权也不是不受限制的,应当根据当事人的主张和案件审理情况来确定。其次,人民法院要确定的一般是具体证据的举证期限,而不是对整个案件的所有证据笼统地确定一个举证期限。在案件审理过程中,人民法院应当明确当事人应当提供的具体证据,确定该具体证据的举证期限。因此,人民法院在民事案件审理过程中确定当事人的举证期限不一定是一次性的。最后,当事人可以向人民法院提出其在举证期限内提供该证据确有困难的证明,并申请延长举证期限,人民法院经审查后,如情况属实,应当根据当事人的申请适当延长当事人就该证据的举证期限,如情况不属实,驳回当事人的申请。

3. 逾期提供证据的法律后果。对于当事人逾期提供证据所应承担的法律后果,情况复杂,特别是在是否采纳该证据以及适用条件的问题上,争议很大。从我国实际情况看,司法实践中律师的诉讼代理尚不普遍充分,有的当事人对自身的程序利益认识还比较模糊,一些相关的配套制度,包括当事人调查收集证据制度、证人伪证制裁制度、法官释明义务制度等还不完善,对逾期提供证据的当事人处以严厉制裁的条件尚不具备。同时,民事案件类型众多、情况复杂,对复杂程度不一的案件、重要性不同的证据、主观过失不同的当事人,应当承担的法律后果应有区别,在

《民事诉讼法》中统一作出规定是不合适的。基于此，本条第2款对当事人逾期提供证据的法律后果作了规定。根据这一规定，首先，当事人逾期提供证据的，人民法院应当责令其说明理由，当事人应当向人民法院说明其逾期提供证据的理由，如果当事人拒不说明逾期提供证据的理由或者人民法院经审查后，认为当事人提出的逾期提供证据的理由不能成立的，应当根据不同情形处理，可以不予采纳该证据，或者采纳该证据但对当事人予以训诫、罚款。这些不同情形包括该证据在该民事案件中的作用、当事人主观恶意的大小、逾期提供证据造成的损害等。人民法院应当在充分考虑案件的整体情况后作出合理决定。

【司法解释】

1.《最高人民法院关于适用〈中华人民共和国民事诉讼法〉的解释》（法释〔2015〕5号，20150204；经法释〔2022〕11号修正，20220410）

第九十九条 人民法院应当在审理前的准备阶段确定当事人的举证期限。举证期限可以由当事人协商，并经人民法院准许。

人民法院确定举证期限，第一审普通程序案件不得少于十五日，当事人提供新的证据的第二审案件不得少于十日。

举证期限届满后，当事人对已经提供的证据，申请提供反驳证据或者对证据来源、形式等方面的瑕疵进行补正的，人民法院可以酌情再次确定举证期限，该期限不受前款规定的限制。

第一百条 当事人申请延长举证期限的，应当在举证期限届满前向人民法院提出书面申请。

申请理由成立的，人民法院应当准许，适当延长举证期限，并通知其他当事人。延长的举证期限适用于其他当事人。

申请理由不成立的，人民法院不予准许，并通知申请人。

第一百零一条 当事人逾期提供证据的，人民法院应当责令其说明理由，必要时可以要求其提供相应的证据。

当事人因客观原因逾期提供证据，或者对方当事人对逾期提供证据未提出异议的，视为未逾期。

第一百零二条 当事人因故意或者重大过失逾期提供的证据，人民法院不予采纳。但该证据与案件基本事实有关的，人民法院应当采纳，并依照民事诉讼法第六十八条、第一百一十八条第一款的规定予以训诫、罚款。

当事人非因故意或者重大过失逾期提供的证据，人民法院应当采纳，并对当事人予以训诫。

当事人一方要求另一方赔偿因逾期提供证据致使其增加的交通、住宿、就餐、误工、证人出庭作证等必要费用的，人民法院可予支持。

【重点解读】本条是关于逾期提供证据的法律后果的规定。本条内容可以从以下几个方面理解：第一，根据当事人逾期提供证据的主观过错程度，适用不同的责任和后果。第二，当事人因故意或者重大过失逾期提供证据的，原则上发生证据失权的后果，但该证据涉及基本事实的证明的，不失权但要予以训诫、罚款。第三，对于非故意或者重大过失逾期提供证据的，均不发生证据失权后果，人民法院均应采纳但应对当事人予以训诫。第四，无论当事人逾期提供证据是基于什么程度的主观过错，均不能免除对方当事人要求其赔偿相应损失的责任。

第三百八十五条　再审申请人提供的新的证据，能够证明原判决、裁定认定基本事实或者裁判结果错误的，应当认定为民事诉讼法第二百零七条①第一项规定的情形。

对于符合前款规定的证据，人民法院应当责令再审申请人说明其逾期提供该证据的理由；拒不说明理由或者理由不成立的，依照民事诉讼法第六十八条第二款和本解释第一百零二条的规定处理。

第三百八十六条　再审申请人证明其提交的新的证据符合下列情形之一的，可以认定逾期提供证据的理由成立：

（一）在原审庭审结束前已经存在，因客观原因于庭审结束后才发现的；

（二）在原审庭审结束前已经发现，但因客观原因无法取得或者在规定的期限内不能提供的；

（三）在原审庭审结束后形成，无法作为此另行提起诉讼的。

再审申请人提交的证据在原审中已经提供，原审人民法院未组织质证且未作为裁判根据的，视为逾期提供证据的理由成立，但原审人民法院依照民事诉讼法第六十八条规定不予采纳的除外。

2.《最高人民法院关于民事诉讼证据的若干规定》（法释〔2001〕33号，20020401；经法释〔2019〕19号修正，20200501）

第二条　人民法院应当向当事人说明举证的要求及法律后果，促使当事人在合理期限内积极、全面、正确、诚实地完成举证。

当事人因客观原因不能自行收集的证据，可申请人民法院调查收集。

第四十九条　被告应当在答辩期届满前提出书面答辩，阐明其对原告诉讼请求及所依据的事实和理由的意见。

第五十条　人民法院应当在审理前的准备阶段向当事人送达举证通知书。

举证通知书应当载明举证责任的分配原则和要求、可以向人民法院申请

———————
① 对应2023年《民事诉讼法》第211条。——编者注

调查收集证据的情形、人民法院根据案件情况指定的举证期限以及逾期提供证据的法律后果等内容。

第五十一条　举证期限可以由当事人协商，并经人民法院准许。

人民法院指定举证期限的，适用第一审普通程序审理的案件不得少于十五日，当事人提供新的证据的第二审案件不得少于十日。适用简易程序审理的案件不得超过十五日，小额诉讼案件的举证期限一般不得超过七日。

举证期限届满后，当事人提供反驳证据或者对已经提供的证据的来源、形式等方面的瑕疵进行补正的，人民法院可以酌情再次确定举证期限，该期限不受前款规定的期间限制。

第五十二条　当事人在举证期限内提供证据存在客观障碍，属于民事诉讼法第六十五条①第二款规定的"当事人在该期限内提供证据确有困难"的情形。

前款情形，人民法院应当根据当事人的举证能力、不能在举证期限内提供证据的原因等因素综合判断。必要时，可以听取对方当事人的意见。

【**重点解读**】"确有困难"限于客观障碍。当事人在举证期限内提交证据材料确有困难，这是举证期限延长的必备条件。从符合民事诉讼实际需要、防止举证期限延长规定被滥用的角度出发，2017 年《民事诉讼法》第 65 条规定的"确有困难"应限于客观障碍，主要包括两种情形：一是指因不可抗力、社

会事件等原因，当事人在法定期限内无法完成举证。例如，因山洪、地震、战争等原因交通中断，当事人在法定举证期限内无法完成异地取证等情况；证人外出尚没有找到、收集有关证据材料尚需时间等。二是当事人具有客观上不能举证或难以举证的情形，主要是指需要勘验、鉴定、评估、审计才能证明的；涉及国家秘密、商业秘密的资料；当事人提供的证据相互矛盾，且已不能继续举证的；当事人及其诉讼代理人因客观原因不能自行收集的其他证据。如属第二种情形，当事人亦可在举证期限届满前以书面形式向人民法院申请调查收集。

第五十三条　诉讼过程中，当事人主张的法律关系性质或者民事行为效力与人民法院根据案件事实作出的认定不一致的，人民法院应当将法律关系性质或者民事行为效力作为焦点问题进行审理。但法律关系性质对裁判理由及结果没有影响，或者有关问题已经当事人充分辩论的除外。

存在前款情形，当事人根据法庭审理情况变更诉讼请求的，人民法院应当准许并可以根据案件的具体情况重新指定举证期限。

【**重点解读**】在当事人主张的法律关系性质或者民事行为效力与人民法院根据案件事实作出的认定不一致时，

① 对应 2023 年《民事诉讼法》第 68 条。——编者注

当事人可以根据法庭审理情况变更诉讼请求，也可以坚持原来的主张不予变更。赋予当事人这种选择权，是民事诉讼处分原则的具体体现。处分原则是民事诉讼法理论中的一项基本原则，是指当事人有权在民事诉讼中依法处分自己的实体权利和诉讼权利。变更诉讼请求，从形式上看是法律赋予当事人的一项诉讼权利，但最终关涉实体权利能否实现。在司法实践中，可能存在当事人因种种原因坚持原诉讼请求而不愿变更的情形，根据处分原则，如果当事人坚持原来的主张，人民法院不得要求当事人必须变更诉讼请求，并且应当及时作出裁判，但这并不妨碍当事人今后再以人民法院认定的法律关系或者民事行为效力为基础另行起诉。

第五十四条　当事人申请延长举证期限的，应当在举证期限届满前向人民法院提出书面申请。

申请理由成立的，人民法院应当准许，适当延长举证期限，并通知其他当事人。延长的举证期限适用于其他当事人。

申请理由不成立的，人民法院不予准许，并通知申请人。

【重点解读】无论人民法院是否准许当事人的申请，均应通知当事人。在准许延长举证期限的情况下，不仅应通知申请人，还应同时通知其他当事人。通知可以采取书面形式，也可以口头通知。

第五十五条　存在下列情形的，举证期限按照如下方式确定：

（一）当事人依照民事诉讼法第一百二十七条①规定提出管辖权异议的，举证期限中止，自驳回管辖权异议的裁定生效之日起恢复计算；

（二）追加当事人、有独立请求权的第三人参加诉讼或者无独立请求权的第三人经人民法院通知参加诉讼的，人民法院应当依照本规定第五十一条的规定为新参加诉讼的当事人确定举证期限，该举证期限适用于其他当事人；

（三）发回重审的案件，第一审人民法院可以结合案件具体情况和发回重审的原因，酌情确定举证期限；

（四）当事人增加、变更诉讼请求或者提出反诉的，人民法院应当根据案件具体情况重新确定举证期限；

（五）公告送达的，举证期限自公告期届满之次日起计算。

第五十六条　人民法院依照民事诉讼法第一百三十三条②第四项的规定，通过组织证据交换进行审理前准备的，证据交换之日举证期限届满。

证据交换的时间可以由当事人协商一致并经人民法院认可，也可以由人民法院指定。当事人申请延期举证经人民法院准许的，证据交换日相应

①　对应 2023 年《民事诉讼法》第 130 条。——编者注

②　对应 2023 年《民事诉讼法》第 136 条。——编者注

顺延。

【重点解读】本条是关于证据交换时间的确定、证据交换与举证期限关系的规定。举证时限和证据交换是密切相关的制度，证据交换的日期与举证期限必须保持一致，举证期限延长导致证据交换日期顺延。在诉讼程序中实行证据交换的，无论是通过当事人协商的方式还是人民法院指定的方式确定证据交换之日，证据交换之日举证期限届满，之后再行提交的证据视为逾期提交证据。如果允许当事人在整个诉讼过程中不受任何时间和条件的限制随时提出证据，那么设立证据交换制度所要发挥的整理证据和固定争点的基础功能就无从体现落实。

第五十七条 证据交换应当在审判人员的主持下进行。

在证据交换的过程中，审判人员对当事人无异议的事实、证据应记录在卷；对有异议的证据，按照需要证明的事实分类记录在卷，并记载异议的理由。通过证据交换，确定双方当事人争议的主要问题。

第五十八条 当事人收到对方的证据后有反驳证据需要提交的，人民法院应当再次组织证据交换。

【重点解读】本条是关于再次证据交换的规定。2019年修改时删除了关于证据交换次数的规定并非鼓励当事人多次进行证据交换，而是因为案件情况复杂，证据交换的次数宜由法官根据实际情况予以确定，不必作硬性规定。

司法实践中，有些案件较为复杂，例如建设工程施工合同纠纷，往往涉及工程造价鉴定，核对付款金额等，需要多次进行证据交换。而有些案件系因当事人故意拖延诉讼，不断提出新的主张和证据。较为有效的方式是尽快确定实质争议焦点，降低当事人提出新的争点和证据的随意性，进而控制证据交换的次数。

第五十九条 人民法院对逾期提供证据的当事人处以罚款的，可以结合当事人逾期提供证据的主观过错程度、导致诉讼迟延的情况、诉讼标的金额等因素，确定罚款数额。

3.《最高人民法院关于审理票据纠纷案件若干问题的规定》（法释〔2000〕32号，20001121；经法释〔2020〕18号修正，20210101）

第十一条 在票据诉讼中，负有举证责任的票据当事人应当在一审人民法院法庭辩论结束以前提供证据。因客观原因不能在上述举证期限以内提供的，应当在举证期限届满以前向人民法院申请延期。延长的期限由人民法院根据案件的具体情况决定。

票据当事人在一审人民法院审理期间隐匿票据、故意有证不举，应当承担相应的诉讼后果。

【司法文件】

《最高人民法院关于适用〈关于民

事诉讼证据的若干规定〉中有关举证时限规定的通知》（法发〔2008〕42号，20081211）①

一、关于第三十三条第三款规定的举证期限问题。《证据规定》第三十三条第三款规定的举证期限是指在适用一审普通程序审理民事案件时，人民法院指定当事人提供证据证明其主张的基础事实的期限，该期限不得少于三十日。但是人民法院在征得双方当事人同意后，指定的举证期限可以少于三十日。前述规定的举证期限届满后，针对某一特定事实或特定证据或者基于特定原因，人民法院可以根据案件的具体情况，酌情指定当事人提供证据或者反证的期限，该期限不受"不得少于三十日"的限制。

二、关于适用简易程序审理案件的举证期限问题。适用简易程序审理的案件，人民法院指定的举证期限不受《证据规定》第三十三条第三款规定的限制，可以少于三十日。简易程序转为普通程序审理，人民法院指定的举证期限少于三十日的，人民法院应当为当事人补足不少于三十日的举证期限。但在征得当事人同意后，人民法院指定的举证期限可以少于三十日。

三、关于当事人提出管辖权异议后的举证期限问题。当事人在一审答辩期内提出管辖权异议的，人民法院应当在驳回当事人管辖权异议的裁定生效后，依照《证据规定》第三十三条第三款的规定，重新指定不少于三十日的举

证期限。但在征得当事人同意后，人民法院可以指定少于三十日的举证期限。

四、关于对人民法院依职权调查收集的证据提出相反证据的举证期限问题。人民法院依照《证据规定》第十五条调查收集的证据在庭审中出示后，当事人要求提供相反证据的，人民法院可以酌情确定相应的举证期限。

五、关于增加当事人时的举证期限问题。人民法院在追加当事人或者有独立请求权的第三人参加诉讼的情况下，应当依照《证据规定》第三十三条第三款的规定，为新参加诉讼的当事人指定举证期限。该举证期限适用于其他当事人。

六、关于当事人申请延长举证期限的问题。当事人申请延长举证期限经人民法院准许的，为平等保护双方当事人的诉讼权利，延长的举证期限适用于其他当事人。

七、关于增加、变更诉讼请求以及提出反诉时的举证期限问题。当事人在一审举证期限内增加、变更诉讼请求或者提出反诉，或者人民法院依照《证据规定》第三十五条的规定告知当事人可以变更诉讼请求后，当事人变更诉讼请求的，人民法院应当根据案件的具体情况重新指定举证期限。当事人对举证期限有约定的，依照《证据规定》第

---

① 2019年《民事诉讼证据规定》对举证时限问题已作出新的规定，对相关问题应依新规定妥当把握。——编者注

三十三条第二款的规定处理。

八、关于二审新的证据举证期限的问题。在第二审人民法院审理中，当事人申请提供新的证据的，人民法院指定的举证期限，不受"不得少于三十日"的限制。

九、关于发回重审案件举证期限问题。发回重审的案件，第一审人民法院在重新审理时，可以结合案件的具体情况和发回重审的原因等情况，酌情确定举证期限。如果案件是因违反法定程序被发回重审的，人民法院在征求当事人的意见后，可以不再指定举证期限或者酌情指定举证期限。但案件因遗漏当事人被发回重审的，按照本通知第五条处理。如果案件是因认定事实不清、证据不足发回重审的，人民法院可以要求当事人协商确定举证期限，或者酌情指定举证期限。上述举证期限不受"不得少于三十日"的限制。

十、关于新的证据的认定问题。人民法院对于"新的证据"，应当依照《证据规定》第四十一条、第四十二条、第四十三条、第四十四条的规定，结合以下因素综合认定：

（一）证据是否在举证期限或者《证据规定》第四十一条、第四十四条规定的其他期限内已经客观存在；

（二）当事人未在举证期限或者司法解释规定的其他期限内提供证据，是否存在故意或者重大过失的情形。

【法院参考案例】

当事人对逾期举证存在故意或重大过失的，该逾期证据如何认定[北京骏景凯逸酒家有限公司诉王某某劳动合同纠纷案，北京市第一中级人民法院（2012）一中民终字第11069号]

当事人对逾期举证存在故意或重大过失的，该逾期证据失权。凯逸公司应存有王某某全部工资支付记录，但其无正当理由拒不提供完整的工资表，造成王某某工资标准一节事实难以查清，其主观存在过错，客观上存在妨碍行为，属于较为典型的证明妨碍。二审宣判后，凯逸公司又提交了有王某某签字、制表人为张某辉的10月份工资表原件（未经王某某质证），显示王某某月工资为11000元，作为新证据证明王某某存在重复领取10月份工资的情形，要求启动再审程序。本案中，凯逸公司在申请再审时提交的工资表原件在原审举证期限内已然存在，且凯逸公司主观故意导致该证据未在举证期间提交，不属于民诉法规定的新证据范畴。凯逸公司的证明妨碍行为，违反了诚实信用原则，应承担相应的不利后果。这种恶意或重大过失行为不仅侵犯了相对一方当事人的诉讼权利与合法利益，而且还严重制约了法院通过司法程序发现事实真相的能动性。此时法院采取的证据失权措施使凯逸公司也为其实施的证明妨碍行为付出了相应的成本与代价,使其得不偿失。二审法院也正是希望通过该案的判决,倡导当事人在民事诉讼中遵循诚实信用原则,如实陈述案件事实,依法行使诉讼权利,建立公正、高效、权威的民事诉讼秩序。

第六十九条　【人民法院签收证据】人民法院收到当事人提交的证据材料,应当出具收据,写明证据名称、页数、份数、原件或者复印件以及收到时间等,并由经办人员签名或者盖章。

【立法·要点注释】

本条是关于证据收据的规定。收据是人民法院收到当事人证据材料的凭证,能够有效防止证据丢失、更改或者被抽换。根据本条规定,人民法院在收到当事人提交的证据材料后,应当仔细核对证据的名称、页数、份数、原件或者复印件等,确认当事人提交证据的时间,并在收据上写明上述事项。负责接收证据材料的经办人员应当在收据上签名或者盖章,然后将收据出具给提交证据材料的当事人。

【司法解释】

《最高人民法院关于民事诉讼证据的若干规定》(法释〔2001〕33号,20020401;

经法释〔2019〕19号修正,20200501)

第十九条　当事人应当对其提交的证据材料逐一分类编号,对证据材料的来源、证明对象和内容作简要说明,签名盖章,注明提交日期,并依照对方当事人人数提出副本。

人民法院收到当事人提交的证据材料,应当出具收据,注明证据的名称、份数和页数以及收到的时间,由经办人员签名或者盖章。

第七十条　【人民法院调查取证】人民法院有权向有关单位和个人调查取证,有关单位和个人不得拒绝。

人民法院对有关单位和个人提出的证明文书,应当辨别真伪,审查确定其效力。

【立法·要点注释】

1. 调取证据是人民法院行使审判权所进行的重要职权活动。人民法院调取证据时,任何单位和个人都有义务协助。如果有关单位和个人拒绝或者妨碍调查取证的,人民法院可以根据《民事诉讼法》的相关规定,采取针对妨害民事诉讼的强制措施。

2. 人民法院对机关、团体、企业事业单位和个人提交的证明文书,应当审查确定其效力。对证明文书的审查主要从两方面进行。首先,应当对证明文书的形式证明力进行审查,即对书证的真伪作出确认。此外,应当从实质上看证明文书是否能证明待证的事实。只有形式和实质上符合要求的证明文书,人民法院才能确认其证明力。在我国,有的机关、团体、企事业单位提交的证明文件一般来说具有一定的证明力,但是,有时也会出现与事实不符的内容。因此,对于人民法院来说,不论证明文书是谁出具的,都不能理所当然地将它们作为认定事实的依据。人民法院应当通过对证明文书的审查、辨别其真伪。

【司法解释】

1.《最高人民法院关于适用〈中华人民共和国民事诉讼法〉的解释》(法释〔2015〕5号,20150204;经法释〔2022〕11号修正,20220410)

第九十七条 人民法院调查收集证据,应当由两人以上共同进行。调查材料要由调查人、被调查人、记录人签名、捺印或者盖章。

2.《最高人民法院关于民事诉讼证据的若干规定》(法释〔2001〕33号,20020401;经法释〔2019〕19号修正,20200501)

第二十一条 人民法院调查收集的书证,可以是原件,也可以是经核对无误的副本或者复制件。是副本或者复制件的,应当在调查笔录中说明来源和取证情况。

第二十二条 人民法院调查收集的物证应当是原物。被调查人提供原物确有困难的,可以提供复制品或者影像资料。提供复制品或者影像资料的,应当在调查笔录中说明取证情况。

第二十三条 人民法院调查收集视听资料、电子数据,应当要求被调查人提供原始载体。

提供原始载体确有困难的,可以提供复制件。提供复制件的,人民法院应当在调查笔录中说明其来源和制作经过。

人民法院对视听资料、电子数据采取证据保全措施的,适用前款规定。

第二十四条 人民法院调查收集可能需要鉴定的证据,应当遵守相关技术规范,确保证据不被污染。

第四十四条 摘录有关单位制作的与案件事实相关的文件、材料,应当注明出处,并加盖制作单位或者保管单位的印章,摘录人和其他调查人员应当在摘录件上签名或者盖章。

摘录文件、材料应当保持内容相应的完整性。

第七十一条 【证据的公开与质证】证据应当在法庭上出示,并由当事人互相质证。对涉及国家秘密、商业秘密和个人隐私的证据应当保密,需要在法庭出示的,不得在公开开庭时出示。

【立法·要点注释】

1. 本条是关于法庭质证的规定。人民法院在当事人提供证据和主动调查收集证据的基础上要将证据作为认定事实的依据，应当将证据拿到法庭上出示，经当事人互相质证、辩论，这样才能保证证据的真实性和可靠性，避免认定事实的证据出现偏差。

2. 作为认定事实根据的证据，必须在法庭上出示。经当事人互相质证，是人民法院审查核实证据最重要、最基本的方式。对于出示的证据，双方当事人无异议的，人民法院可以确认该证据的证明效力。如果一方当事人对证据提出异议，人民法院则应当对该证据作进一步的调查和核实，而不能将有异议的证据作为认定事实的依据。

3. 对于涉及国家秘密、商业秘密或者个人隐私的证据，本法首先规定应当保密；在规定应当保密的同时，本法规定，涉及国家秘密、商业秘密或者个人隐私的证据需要在法庭出示的，虽应出示，但不得在公开开庭时出示。国家秘密是关系国家安全和利益，依照法定程序确定，在一定时间内只限一定范围的人员知悉的事项。国家秘密受法律保护，一切国家机关、武装力量、政党、社会团体、企业事业单位和公民都有保守国家秘密的义务。商业秘密是民事主体依法享有的知识产权的重要客体之一，是指不为公众所知悉、具有商业价值并经权利人采取相应保密措施的技术信息、经营信息等商业信息。无论是经营者，还是经营者以外的其他自然人、法人和非法人组织，均不得实施侵犯商业秘密的行为。隐私是自然人的私人生活安宁和不愿为他人知晓的私密空间、私密活动、私密信息。自然人享有隐私权，任何组织或者个人不得以刺探、侵扰、泄露、公开等方式侵害他人的隐私权。

4. 当事人在证据交换过程中认可并记录在卷的证据，无须进行质证，可以作为认定案件事实的依据，但审判人员应当在庭审中对此说明。质证一般采取一证一质，逐个进行的方法，也可以在对方同意的情况下，对一组有关联的证据一并予以质证。案件有两个以上独立的诉讼请求的，当事人可以分别围绕其诉讼请求逐个予以质证。①

【司法解释】

1.《最高人民法院关于适用〈中华人民共和国民事诉讼法〉的解释》（法释〔2015〕5号，20150204；经法释〔2022〕11号修正，20220410）

第一百零三条　证据应当在法庭上出示，由当事人互相质证。未经当事人质证的证据，不得作为认定案件事实的根据。

---

① 张卫平:《民事诉讼法》（第6版），法律出版社2023年版，第288页。

当事人在审理前的准备阶段认可的证据，经审判人员在庭审中说明后，视为质证过的证据。

涉及国家秘密、商业秘密、个人隐私或者法律规定应当保密的证据，不得公开质证。

第一百零四条 人民法院应当组织当事人围绕证据的真实性、合法性以及与待证事实的关联性进行质证，并针对证据有无证明力和证明力大小进行说明和辩论。

能够反映案件真实情况、与待证事实相关联、来源和形式符合法律规定的证据，应当作为认定案件事实的根据。

【重点解读】本条是关于质证的内容的规定。我国学者一般认为，证据的真实性、关联性、合法性是证据的三种属性或三个特征。

证据的真实性也被称为证据的客观性，是指一切民事诉讼证据都必须是客观存在的真实情况，它是不以人的意志为转移的，任何人的想象、揣测和臆造，都不能成为民事诉讼的证据，这是民事诉讼证据的最本质的特征。

关联性是证据必备的自然属性，是证据能够被采纳的首要条件，在证据规则中发挥着基础性和根本性的作用。所谓关联性，是指证据必须同案件事实存在某种联系，并因此对证明案情具有实际意义。

证据的合法性包括证据应当符合法定的形式以及证据的形成和获得要合法。但实践中，形式的合法性通常只

有法律有明确的特定要求时才被考虑，而证据形成、获得途径的合法性主要是结合实体法的规定并考虑价值衡量的因素来综合判断。

证明力也称证据力，是指由法官对证据的可信性和关联性加以判断所产生的对案件事实的证明效力，是证据对于法官形成内心确信或强化这种内心确信所具有的作用和价值。

第一百零五条 人民法院应当按照法定程序，全面、客观地审核证据，依照法律规定，运用逻辑推理和日常生活经验法则，对证据有无证明力和证明力大小进行判断，并公开判断的理由和结果。

【重点解读】本条是关于人民法院审查判断证据的原则的规定，是在借鉴现代自由心证原则的基本内容的基础上，结合我国民事诉讼立法和审判实践情况作出的规定。

第一百零六条 对以严重侵害他人合法权益、违反法律禁止性规定或者严重违背公序良俗的方法形成或者获取的证据，不得作为认定案件事实的根据。

【重点解读】本条是关于非法证据的判断标准的规定。在非法证据的判断上，应当综合考量实体公正与程序正义的冲突，目的合法与手段违法的冲突，保护自己合法权益与侵犯他人合法权益的冲突，保护合法权益与维护法律秩序的冲突，以将非法证据排除规则建立在各种冲突的最佳平衡点上。

第一百零七条　在诉讼中,当事人为达成调解协议或者和解协议作出妥协而认可的事实,不得在后续的诉讼中作为对其不利的根据,但法律另有规定或者当事人均同意的除外。

第一百零八条　对负有举证证明责任的当事人提供的证据,人民法院经审查并结合相关事实,确信待证事实的存在具有高度可能性的,应当认定该事实存在。

对一方当事人为反驳负有举证证明责任的当事人所主张事实而提供的证据,人民法院经审查并结合相关事实,认为待证事实真伪不明的,应当认定该事实不存在。

法律对于待证事实所应达到的证明标准另有规定的,从其规定。

【重点解读】本条是关于证明标准的规定。证明标准也称证明要求、证明度,是指在诉讼证明活动中,对于当事人之间争议的事实,法官根据证明的情况对该事实作出肯定或者否定性评价的最低要求。本条文从本证和反证的相互比较的角度出发对盖然性规则进行描述。在诉讼证明的过程中,对待证事实负有举证责任的当事人所进行的证明活动为本证,不负有举证责任的当事人提供证据对本证进行反驳的证明活动为反证。本证证明活动的目的在于使法官对待证事实的存在与否形成内心确信,这种内心确信应当满足证明评价的最低要求即法定的证明标准。而反证的证明活动,其目的在于动摇法官对于本证所形成的内心确信,使其达不到证明评价的最低要求。因此,对于反证而言,其证明的程度要求相比本证要低,只需要使待证事实陷于真伪不明即可。本条对于本证与反证的证明标准和要求的规定非常明确;对待证事实负有举证责任的当事人所进行的本证,需要使法官的内心确信达到高度可能性即高度盖然性的程度才能被视为完成证明责任;反证则只需要使本证对待证事实的证明陷于真伪不明的状态,即达到目的。

第一百零九条　当事人对欺诈、胁迫、恶意串通事实的证明,以及对口头遗嘱或者赠与事实的证明,人民法院确信该待证事实存在的可能性能够排除合理怀疑的,应当认定该事实存在。

【重点解读】本条是关于提高证明标准的特殊情形的规定。在我国的民事实体法上,存在要求提高或者降低证明标准的法律规定。本条主要是根据实体法的规定,对欺诈、胁迫、恶意串通的事实的证明提高证明标准,规定需要达到排除合理怀疑的程度。对于降低证明标准的情形虽未规定,但从立法的相关条文中,可以推导出降低证明标准的内容。如《民事诉讼法》第47条规定,审判人员"与本案当事人、诉讼代理人有其他关系,可能影响对案件公正审理的",这里的"可能"一词,即意味着属于降低证明标准的情形。

第一百一十四条　国家机关或者其他依法具有社会管理职能的组织,在其职权范围内制作的文书所记载的事项推定为真实,但有相反证据足以推翻的除外。必要时,人民法院可以要求制作文书的机关或者组织对文书的真实性予以说明。

【重点解读】本条是关于公文书证证明力规则的规定。公文书是与私文书相对应的概念,是指具有公共信用的公共管理机关在行使公权力的过程中基于权限所制作的文书。私文书是指公文书之外的文书。公文书和私文书作为证据使用时为公文书证和私文书证。

依本条规定:其一,公文书证的制作主体是国家机关和其他依法具有社会管理职能的组织。在我国,国家机关和按照国家机关管理或者行使社会管理职能的共青团、妇女联合会、行业协会等,均具有公共信用或者社会公信力,均可以成为公文书证的制作主体。其二,公文书证是适格的主体在其职权范围内制作的,是依照法定程序和方式作出的。非依照法定职权范围或者不符合法定程序或方式的文书,不具有公文书证的效力。其三,本条规定了公文书证的反证规则,即有相反证据足以推翻,这是公文书证反证的典型特征,即反证者承担相反事实的本证责任。其四,人民法院在审查公文书证时,认为必要时即人民法院对公文书证的真实性有疑问时,可以依职权核实,要求制作主体进行说明。

第二百二十条 民事诉讼法第七

十一条、第一百三十七条、第一百五十九条规定的商业秘密,是指生产工艺、配方、贸易联系、购销渠道等当事人不愿公开的技术秘密、商业情报及信息。

2.《最高人民法院关于民事诉讼证据的若干规定》(法释〔2001〕33 号,20020401;经法释〔2019〕19 号修正,20200501)

第三十四条 人民法院应当组织当事人对鉴定材料进行质证。未经质证的材料,不得作为鉴定的根据。

经人民法院准许,鉴定人可以调取证据、勘验物证和现场、询问当事人或者证人。

第六十条 当事人在审理前的准备阶段或者人民法院调查、询问过程中发表过质证意见的证据,视为质证过的证据。

当事人要求以书面方式发表质证意见,人民法院在听取对方当事人意见后认为有必要的,可以准许。人民法院应当及时将书面质证意见送交对方当事人。

第六十一条 对书证、物证、视听资料进行质证时,当事人应当出示证据的原件或者原物。但有下列情形之一的除外:

(一)出示原件或者原物确有困难并经人民法院准许出示复制件或者复制品的;

(二)原件或者原物已不存在,但有证据证明复制件、复制品与原件或者原物一致的。

第六十二条　质证一般按下列顺序进行：

（一）原告出示证据，被告、第三人与原告进行质证；

（二）被告出示证据，原告、第三人与被告进行质证；

（三）第三人出示证据，原告、被告与第三人进行质证。

人民法院根据当事人申请调查收集的证据，审判人员对调查收集证据的情况进行说明后，由提出申请的当事人与对方当事人、第三人进行质证。

人民法院依职权调查收集的证据，由审判人员对调查收集证据的情况进行说明后，听取当事人的意见。

【重点解读】本条是关于质证程序的规定。就证据本身而言，并不因为调查主体的不同，而具有不同的证明力。人民法院根据当事人的申请调查收集的证据，审判人员应在法庭上进行说明，这里的说明是指在庭上宣读、出示、展现证据，即对诸如证据的来源、调查收集过程、证据的内容等进行客观的说明，而不能对证据的实质内容进行解释和说明，更不能先行确认。而人民法院依职权调取的证据，审判人员除对证据来源、调查收集过程及内容进行说明外，还应对证明事项进行说明。无论是人民法院依当事人申请还是依职权调查收集证据，当事人均不能与法官就证据本身的问题询问辩驳，法官也无须答辩或者反驳，始终处于中立和听证的

地位。

第八十二条　经法庭许可，当事人可以询问鉴定人、勘验人。

询问鉴定人、勘验人不得使用威胁、侮辱等不适当的言语和方式。

第八十五条　人民法院应当以证据能够证明的案件事实为根据依法作出裁判。

审判人员应当依照法定程序，全面、客观地审核证据，依据法律的规定，遵循法官职业道德，运用逻辑推理和日常生活经验，对证据有无证明力和证明力大小独立进行判断，并公开判断的理由和结果。

第八十六条　当事人对于欺诈、胁迫、恶意串通事实的证明，以及对于口头遗嘱或赠与事实的证明，人民法院确信该待证事实存在的可能性能够排除合理怀疑的，应当认定该事实存在。

与诉讼保全、回避等程序事项有关的事实，人民法院结合当事人的说明及相关证据，认为有关事实存在的可能性较大的，可以认定该事实存在。

【重点解读】本条是提高和降低证明标准的情形的规定。本条规定是在《民事诉讼法解释》第 109 条规定基础上补充、完善而来，即在该条基础上增加了第 2 款降低证明标准的情形。降低证明标准的情形主要针对民事诉讼程序中的程序性事项，从保障当事人诉讼权利、推进诉讼程序出发，对于程序性事项降低证明标准，符合审判实际的需要。

第八十七条 审判人员对单一证据可以从下列方面进行审核认定：

（一）证据是否为原件、原物，复制件、复制品与原件、原物是否相符；

（二）证据与本案事实是否相关；

（三）证据的形式、来源是否符合法律规定；

（四）证据的内容是否真实；

（五）证人或者提供证据的人与当事人有无利害关系。

第八十八条 审判人员对案件的全部证据，应当从各证据与案件事实的关联程度、各证据之间的联系等方面进行综合审查判断。

第八十九条 当事人在诉讼过程中认可的证据，人民法院应当予以确认。但法律、司法解释另有规定的除外。

当事人对认可的证据反悔的，参照《最高人民法院关于适用〈中华人民共和国民事诉讼法〉的解释》第二百二十九条的规定处理。

第九十条 下列证据不能单独作为认定案件事实的根据：

（一）当事人的陈述；

（二）无民事行为能力人或者限制民事行为能力人所作的与其年龄、智力状况或者精神健康状况不相当的证言；

（三）与一方当事人或者其代理人有利害关系的证人陈述的证言；

（四）存有疑点的视听资料、电子数据；

（五）无法与原件、原物核对的复制件、复制品。

第九十一条 公文书证的制作者根据文书原件制作的载有部分或者全部内容的副本，与正本具有相同的证明力。

在国家机关存档的文件，其复制件、副本、节录本经档案部门或者制作原本的机关证明其内容与原本一致的，该复制件、副本、节录本具有与原本相同的证明力。

第九十二条 私文书证的真实性，由主张以私文书证证明案件事实的当事人承担举证责任。

私文书证由制作者或者其代理人签名、盖章或捺印的，推定为真实。

私文书证上有删除、涂改、增添或者其他形式瑕疵的，人民法院应当综合案件的具体情况判断其证明力。

第九十三条 人民法院对于电子数据的真实性，应当结合下列因素综合判断：

（一）电子数据的生成、存储、传输所依赖的计算机系统的硬件、软件环境是否完整、可靠；

（二）电子数据的生成、存储、传输所依赖的计算机系统的硬件、软件环境是否处于正常运行状态，或者不处于正常运行状态时对电子数据的生成、存储、传输是否有影响；

（三）电子数据的生成、存储、传输所依赖的计算机系统的硬件、软件环境是否具备有效的防止出错的监测、核查手段；

（四）电子数据是否被完整地保存、传输、提取，保存、传输、提取的方法是否可靠；

（五）电子数据是否在正常的往来活动中形成和存储；

（六）保存、传输、提取电子数据的主体是否适当；

（七）影响电子数据完整性和可靠性的其他因素。

人民法院认为有必要的，可以通过鉴定或者勘验等方法，审查判断电子数据的真实性。

第九十四条　电子数据存在下列情形的，人民法院可以确认其真实性，但有足以反驳的相反证据的除外：

（一）由当事人提交或者保管的于己不利的电子数据；

（二）由记录和保存电子数据的中立第三方平台提供或者确认的；

（三）在正常业务活动中形成的；

（四）以档案管理方式保管的；

（五）以当事人约定的方式保存、传输、提取的。

电子数据的内容经公证机关公证的，人民法院应当确认其真实性，但有相反证据足以推翻的除外。

第九十五条　一方当事人控制证据无正当理由拒不提交，对待证事实负有举证责任的当事人主张该证据的内容不利于控制人的，人民法院可以认定该主张成立。

【重点解读】本条是关于证明妨害规则的规定。审判实务中，鉴于有关事实及证据材料分布的不均衡，时常出现事实和证据材料不掌握在举证人一方或者不在其支配的范围，并由此导致掌握事实和证据材料的一方当事人往往采取不当措施妨碍举证人的举证，妨碍人的这种行为不仅损害了举证一方当事人的诉讼权利，还对人民法院查明相关事实，解决当事人纷争带来了不利影响。证明妨害规则为一般证明责任的补充，是在特殊的情形下，基于公平的原则，对负有证明责任的当事人之举证责任的减轻，从而避免机械适用证明责任规则作出裁判带来的不公平。

关于证明妨害主体的确定问题。行为主体并不限于证据持有主体或者直接实施证明妨害行为的主体。实践中，一方当事人虽未直接持有相关证据，但基于其与证据持有主体之间存在特定的关系，对证据持有主体一方具有一定的掌控力，影响着证据持有主体相关行为的实施。在此情况下，应将证据持有主体的妨害行为视为一方当事人的行为，由其承担相应的法律后果。

关于适用推定的释明问题。证明妨害的法律后果为推定当事人的主张成立。由此，在适用推定时，审判人员应向当事人进行释明，告知持有证据一方当事人无正当理由拒不提供证据的法律后果，以便证据持有一方当事人及时行使相关权利。对此问题进行说明，从而赋予当事人对适用推定的程序保障权，防止事实认定和裁判的突袭。

第九十六条　人民法院认定证人

证言,可以通过对证人的智力状况、品德、知识、经验、法律意识和专业技能等的综合分析作出判断。

第九十七条 人民法院应当在裁判文书中阐明证据是否采纳的理由。

对当事人无争议的证据,是否采纳的理由可以不在裁判文书中表述。

3.《最高人民法院关于生态环境侵权民事诉讼证据的若干规定》(法释〔2023〕6号,20230901)

第七条 被告证明其排放的污染物、释放的生态因素、产生的生态影响未到达损害发生地,或者其行为在损害发生后才实施且未加重损害后果,或者存在其行为不可能导致损害发生的其他情形的,人民法院应当认定被告行为与损害之间不存在因果关系。

第八条 对于发生法律效力的刑事裁判、行政裁判因未达到证明标准未予认定的事实,在因同一污染环境、破坏生态行为提起的生态环境侵权民事诉讼中,人民法院根据有关事实和证据确信待证事实的存在具有高度可能性的,应当认定该事实存在。

第二十四条 负有环境资源保护监督管理职责的部门在其职权范围内制作的处罚决定等文书所记载的事项推定为真实,但有相反证据足以推翻的除外。

人民法院认为有必要的,可以依职权对上述文书的真实性进行调查核实。

第二十五条 负有环境资源保护

监督管理职责的部门及其所属或者委托的监测机构在行政执法过程中收集的监测数据、形成的事件调查报告、检验检测报告、评估报告等材料,以及公安机关单独或者会同负有环境资源保护监督管理职责的部门提取样品进行检测获取的数据,经当事人质证,可以作为认定案件事实的根据。

第三十条 在环境污染责任纠纷、生态破坏责任纠纷案件中,损害事实成立,但人身、财产损害赔偿数额难以确定的,人民法院可以结合侵权行为对原告造成损害的程度、被告因侵权行为获得的利益以及过错程度等因素,并可以参考负有环境资源保护监督管理职责的部门的意见等,合理确定。

第三十一条 在生态环境保护民事公益诉讼案件中,损害事实成立,但生态环境修复费用、生态环境受到损害至修复完成期间服务功能丧失导致的损失、生态环境功能永久性损害造成的损失等数额难以确定的,人民法院可以根据污染环境、破坏生态的范围和程度等已查明的案件事实,结合生态环境及其要素的稀缺性、生态环境恢复的难易程度、防治污染设备的运行成本、被告因侵权行为获得的利益以及过错程度等因素,并可以参考负有环境资源保护监督管理职责的部门的意见等,合理确定。

4.《最高人民法院关于知识产权民事诉讼证据的若干规定》(法释〔2020〕

12号，20201118）

第三十二条　当事人主张参照知识产权许可使用费的合理倍数确定赔偿数额的，人民法院可以考量下列因素对许可使用费证据进行审核认定：

（一）许可使用费是否实际支付及支付方式，许可使用合同是否实际履行或者备案；

（二）许可使用的权利内容、方式、范围、期限；

（三）被许可人与许可人是否存在利害关系；

（四）行业许可的通常标准。

5.《最高人民法院关于审理建设工程施工合同纠纷案件适用法律问题的解释（一）》（法释〔2020〕25号，20210101）

第三十四条　人民法院应当组织当事人对鉴定意见进行质证。鉴定人将当事人有争议且未经质证的材料作为鉴定依据的，人民法院应当组织当事人就该部分材料进行质证。经质证认为不能作为鉴定依据的，根据该材料作出的鉴定意见不得作为认定案件事实的依据。

【最高法公报案例】

1.当事人不同意对证据质证，法院是否可以决定主持质证[东方公司广州办事处与中山市工业原材料公司等借款担保合同纠纷案（2005-6）]

对于当事人在二审中提供的证据材料，法院可以根据个案情况决定主持质证。经质证后的证据可以作为认定事实的依据。

最高人民法院认为：原审判决判令建设总公司对上述借款不承担担保责任的理由就是债权人没有在保证期间内向其主张权利。二审质证时，广州办事处向本院提交了两份载明时间为1998年6月16日，催款金额分别为1611031.25美元和325万美元的《催款通知书》，以此证明其向主债务人原材料公司和保证人建设总公司主张权利没有超过2年诉讼时效和2年保证期间。虽然原材料公司和建设总公司不同意对上述证据材料进行质证，但也认可其曾分别以借款人和保证人的身份在该《催款通知书》上签字盖章。本院认为，由于本案系二审，对于当事人在二审中提供的证据材料，本院可以根据个案情况决定主持质证。原材料公司和建设总公司以广州办事处直至二审期间才提供上述证据材料，已超过举证期限为由，不同意质证，并不影响本院根据个案情况对上述证据材料予以审查和采信。因原材料公司和建设总公司对其《催款通知书》上加盖公章一事予以认可，故应当认定该《催款通知书》是真实的。广州办事处向主债务人原材料公司和保证人建设总公司主张权利没有超过2年诉讼时效和2年保证期间。建设总公司应当对上述325万美元的借款本息承担连带责任。

2. 当事人妨碍举证的,是否可以推定对方主张成立[石某林诉泰州市华仁电子资讯有限公司著作权侵权纠纷案(2009-3)]

在计算机软件侵权纠纷中,判断是否存在侵权行为的主要方法之一是比较软件著作权人、被控侵权人双方的软件源程序之间是否相同或者构成实质性相同。《民事诉讼证据规定》第75条(现为第95条)规定:"有证据证明一方当事人持有证据无正当理由拒不提供,如果对方当事人主张该证据的内容不利于证据持有人,可以推定该主张成立。"软件的源程序一般由开发者持有,在被控侵权人无正当理由拒绝提供软件源程序供直接比对,而因技术的限制无法从被控侵权产品中直接读出其软件的源程序的情形下,如果软件著作权人已经证明了被控侵权人的软件在软件设计缺陷等方面与著作权人的软件确实存在相同或相似之处,可以证明被控侵权人持有但拒不提供的源程序的内容不利于被控侵权人的,人民法院可以直接根据前述规定,判定双方软件之间构成实质性相同,由被控侵权人承担民事责任。

【法院参考案例】

1. 关于噪声污染的认定,如何审查判断证据[姜某波与荆某噪声污染责任纠纷案,最高人民法院发布环境资源审判典型案例(2014)]

依据日常经验法则和事实推定规则,经营者在生产活动中产生的声音已超出了一般公众的容忍程度、符合噪声污染的判定标准的,应认定该声音对相邻权人产生的损害已客观存在。在经营者不能出具相反证据证明相邻权人未因该声音造成损害的前提下,即使相邻权人受到的损害表面上不明显,亦应认定损害后果已出现,经营者应对相邻权人的身心损害承担相应的民事赔偿责任。

乌鲁木齐市中级人民法院认为:钢铁制品在装卸、运送或者加工过程中产生的声音超出一般公众普遍可忍受的程度。本案中,荆某院落与姜某波居所一墙相隔,荆某在院落中放置工具加工材料时所产生的声音势必能传入到其他居民的居室内,已成为干扰周围居民生活的环境噪声。噪声污染对人体健康可能造成损害,是为公众普遍认可的。姜某波称其因噪声无法休息导致精神受到伤害符合日常生活经验法则,应推定属实。荆某否认噪声污染给姜某波造成了实际损害,应举证证明,但荆某不能举出其院落中发出的噪声对姜某波的身体健康未产生损害的证据。一审判决根据荆某加工钢铁制品产生的噪声的时间、两家距离的远近、噪声的大小酌情支持2000元精神损害抚慰金并无不当。

2. 在公安机关形成的询问笔录在民事诉讼中能否直接认定具有证据能

力[广州市商业银行越秀支行与中国农业银行岳阳市云溪支行、广州名鑫实业发展有限公司、珠海协利租赁有限公司侵权纠纷案,最高人民法院(2008)民二终字第3号]

民事案件的当事人或其工作人员被公安机关依法传唤,其在公安机关形成的询问笔录在民事诉讼中就其证据属性而言,仍为证人证言。不能认为"由公安机关依法根据一种比民事诉讼更为严肃的刑事诉讼程序获取的证人证言,只要取证程序合法,即具有证据能力"。询问笔录在民事诉讼中的采信同样应当适用证据规则的有关规定。根据证据规则,与一方当事人有利害关系的证人证言不能单独作为认定案件事实的依据。

第七十二条　【公证证据】经过法定程序公证证明的法律事实和文书,人民法院应当作为认定事实的根据,但有相反证据足以推翻公证证明的除外。

【立法·要点注释】

1. 公证证明是公证机构根据当事人的申请,依法定程序对法律事实和文书作出的确认其真实性、合法性的证明。根据我国《公证法》的规定,公证机构是依法设立,不以营利为目的,依法独立行使公证职能,承担民事责任的

证明机构。遵守法律、坚持公正的原则是法律对公证活动的最基本要求。由于公证机构对于申请的事项要经过审查,公证证明由公证机构出具并经过法定程序制作,因此,公证机构作出的证明,一般都具有真实性和可靠性,它们往往有助于人民法院查明案件的真实情况,有效地预防或解决纠纷。

2. 基于公证证明的特点,在民事诉讼活动中,人民法院应当将公证证明作为认定事实的依据,也就是说,经公证证明的法律事实和文书,人民法院一般予以确认。公证证明的证明效力高于其他种类的证据。

3. 根据《民事诉讼法》的规定,一切证据必须经过法定程序查证属实,才能作为认定事实的根据。因此,不是所有的公证证明都理所当然地可以作为人民法院定案的依据。人民法院应当本着实事求是的态度对待公证证明,如果由于公证机构工作失误或者其他原因,致使公证证明出现错误的,那么,只要有相反的证据足以推翻公证证明的,人民法院就应当否认公证证明的效力。

【相关立法】

《中华人民共和国公证法》(20060801;20180101)

第三十六条　经公证的民事法律行为、有法律意义的事实和文书,应当作为认定事实的根据,但有相反证据足以推翻该项公证的除外。

【司法解释】

1.《最高人民法院关于适用〈中华人民共和国民事诉讼法〉的解释》（法释〔2015〕5号,20150204;经法释〔2022〕11号修正,20220410）

第九十三条 下列事实,当事人无须举证证明:

……

（七）已为有效公证文书所证明的事实。

前款第二项至第四项规定的事实,当事人有相反证据足以反驳的除外;第五项至第七项规定的事实,当事人有相反证据足以推翻的除外。

2.《最高人民法院关于民事诉讼证据的若干规定》（法释〔2001〕33号,20020401;经法释〔2019〕19号修正,20200501）

第十条 下列事实,当事人无须举证证明:

……

（七）已为有效公证文书所证明的事实。

前款第二项至第五项事实,当事人有相反证据足以反驳的除外;第六项、第七项事实,当事人有相反证据足以推翻的除外。

第九十四条第二款 电子数据的内容经公证机关公证的,人民法院应当确认其真实性,但有相反证据足以推翻

的除外。

3.《最高人民法院关于知识产权民事诉讼证据的若干规定》（法释〔2020〕12号,20201118）

第三十条 当事人对公证文书提出异议,并提供相反证据足以推翻的,人民法院对该公证文书不予采纳。

当事人对公证文书提出异议的理由成立的,人民法院可以要求公证机构出具说明或者补正,并结合其他相关证据对该公证文书进行审核认定。

【其他规定】

《办理保全互联网电子证据公证的指导意见》（中国公证协会,公协字〔2012〕049号,20120222）

第二条 本指导意见所称保全互联网电子证据,是指公证机构利用计算机设备和技术,通过接入广域网固定、提取电子证据的活动。

保全网上招标和网上拍卖电子证据以及保管电子数据业务不属于本指导意见规范的范围。

第三条 公证机构派员外出办理保全互联网电子证据公证的,应当由二人共同办理,其中一人应当是承办公证员,另一人可以是公证员助理。

公证人员到现场办理保全互联网电子证据公证时,为便于保全证据,可以不表明身份。

第四条 公证机构受理公证申请

后,除按照《公证程序规则》的规定向当事人进行告知外,还应当重点告知下列内容并载入询问笔录:

(一)当事人申请保全的内容不得侵犯他人通信秘密、个人隐私,申请保全的方式不得反法律、法规的禁止性规定;

(二)公证人员可以对当事人提出的提取、固定证据的方法、操作程序以及使用的设备提出建议,当事人有权决定是否予以采纳。如果当事人的最终决定违反法律规定,公证机构应当不予公证。因当事人最终决定采用的方法、操作程序以及当事人提供的设备存在瑕疵,导致当事人或者第三人利益受损的,当事人应当承担法律责任;

(三)公证机构仅对提取、固定互联网电子证据的过程的真实性作出证明,不保证所保全的电子证据必然发生对当事人有利的影响,也不保证所保全的电子证据必然被人民法院或者其他使用者采信;

(四)当事人申请保全网上聊天记录、电子邮件的,公证人员应当告知其如果不能证明对方的真实身份,则保全的电子信息可能不具有证据效力;

(五)当事人申请保全的电子邮件存储在大型公共网站邮件服务器以外的邮件服务器内的,公证人员应当告知当事人公证机构仅证明电子邮件被提取时的客观状况,不证明电子邮件被提取之前的客观状况;

(六)当事人申请办理保全互联

购物证据公证的,公证人员应当建议当事人对网络订购、支付货款和接收网购物品的全过程办理公证。

第五条　公证机构在审查公证事项时,应当询问当事人并制作询问笔录,询问笔录除按照《公证程序规则》第二十九条的规定应当载明的内容外,还应当重点载明下列内容:

(一)当事人申请公证的目的或者用途;

(二)当事人与申请保全的互联网电子证据之间的利害关系;

(三)当事人申请保全互联网电子证据的种类、名称以及目前的存储介质状况;

(四)提取、固定互联网电子证据的时间、地点和所使用的主要的或者特殊的方法、软件、设备;

(五)当事人有关提取、固定互联网电子证据的特殊要求。

第六条　当事人申请办理保全互联网电子证据公证,应当提交与保全的事项有利害关系的证明材料,申请保全的互联网电子证据本身足以证明其与保全的事项有利害关系的除外。

第七条　公证机构办理保全互联网电子证据公证,应当在公证机构的办公场所使用公证机构的计算机和公证机构的网络接口接入互联网,否则,应当对所使用的计算机进行清洁性检查。

第八条　公证机构办理保全互联网电子证据公证,可以使用本单位的移动硬盘、存储卡、U盘、光盘、录音机、录像机、照相机、手机等移动存储介质，也可以使用当事人或者第三人提供的移动存储介质。使用当事人或者第三人提供的移动存储介质应当对移动存储介质进行清洁性检查。

提取的电子证据存入移动存储介质后，应当由当事人和公证人员共同封存。封存之前，移动存储介质应当始终在公证人员的监控之中。

提取的电子证据需要附在公证书之后的，建议使用一次性刻录光盘并采用终结方式刻录。

第九条 公证机构办理保全互联网电子证据公证，可以采用下载、截屏、实时打印、存储打印、录像、照相、利用软件同步录像、文字记录等多种方式提取、固定证据。

对登陆、下载、截屏、保存等指令输入过程能够实时打印的，如果提取证据的环境允许，建议优先采用"实时打印+录像"的方式提取、固定证据。

涉及网页中动态形象的保全和利用专业软件提取的证据，建议采用录像的方式提取、固定证据，同时对主要内容实时打印（例如，体现影视作品的版权、演创人员姓名等部分的截图）。

第十条 公证机构在办理保全互联网电子证据时，可以采取下列措施保证所保全电子证据的完整性：

（一）打印件无法完整体现页面全部内容的，公证机构应当同时采用录像或者照相方式提取、固定证据，并在现场记录中对打印件无法完整体现页面

全部内容的情形予以记录；

（二）当事人因保全的影视作品集数较多、播放时间较长，仅申请对部分内容进行保全的，公证机构在现场记录中应当载明在页面上（包括广告、海报、节目单等）该影视作品的每一集是否都有显示，对每一集点击后是否都能播放。同时，应当将含有作品名称、版权人、制作公司、出品公司等作品基本信息的内容一并保全。公证人员在征得当事人同意的情况下，可以对影视作品的每一集随机（或者重点）选取部分内容进行播放，并对播放画面进行截屏打印和录像保全；

（三）对登陆、下载、截屏、保存等指令输入过程实施截屏打印形成的纸质文件均应当附于公证书内并留存附卷。如果截屏打印文件数量过多不便全部打印的，可以将与当事人诉求关联性最密切的部分截屏打印（例如，长篇小说的封面、目录、首页、末页、版权页等），然后将全部截屏文件刻录光盘封存后一并附于公证书内并留存附卷；

（四）保全网页的目的是用于解决网页设计侵权纠纷的，除对网页实时打印外，还应当对网页的源代码实时打印，必要时公证人员可以要求当事人聘请专业人员进行操作；

（五）保全的网页中如果载有"权利声明"、"政府主管机关网站备案（许可）信息"及"联系方式"的，公证人员应当一并保全；

（六）当事人因登陆互联网实施观

看、阅读、下载、购物而支付费用的，公证人员可以根据当事人的申请，对其付费过程和付费凭证一并予以保全；

（七）当事人需要保全部分电子信息内容的，应当保证所保全的内容不得与该电子信息的整体内容有矛盾或者引起歧义；

（八）如果因截屏保存或者截屏打印的内容有遗漏，当事人要求补充保全遗漏内容的，公证人员应当重新进行保全。

第十一条　公证机构办理保全互联网电子证据公证，应当制作现场记录。现场记录应当记录接入互联网的全部操作步骤及下列内容：

（一）操作人员和记录人员；

（二）保全的时间和地点；

（三）接入互联网的设备和接口，保全所使用的计算机以及移动存储介质在接入互联网之前的控制人；

（四）未使用公证机构的网络接口、计算机及移动存储介质的原因以及进行清洁性检查的情况；

（五）计算机所使用的操作系统、浏览器及其他相关软件的名称、版本；

（六）下载、安装、启动截屏软件或者屏幕录像软件等特殊软件的过程以及软件的名称、版本；

（七）接入互联网以及接入后的全部操作步骤，包括输入的指令、打开浏览器、对话框的名称和所在位置、回车、空格、拖拉滚动条、下载、截屏、同步录像、保存、实时打印、存储打印、关闭浏

览器、断开互联网、重启等；

（八）存储所提取证据的操作过程和移动存储介质的保管过程；

（九）复制所提取证据的操作过程，存储复制证据的介质的提供者，所提取证据的复制品的数量和保管者；

（十）登录收费网站、会员网站提取、固定证据的，应当记录登录的账号（账户名、用户名）。

第十二条　公证机构办理保全互联网电子证据公证，需要到网吧、会所等公共场所（下称保全地点）保全证据的，现场记录除载明本指导意见第十一条规定的内容外，还应当载明下列内容：

（一）保全地点的详细地址，必要时可以对保全地点的外观进行拍照；

（二）进入、离开保全地点的时间；

（三）公证人员随机挑选计算机的过程；

（四）对计算机进行清洁性检查的过程；

（五）使用当事人提供的移动存储介质的，对移动存储介质进行清洁性检查的过程；

（六）在保全地点通过网络传输将提取、固定的证据发回公证机构控制的电子邮箱的，应当载明电子邮件传输的操作过程和公证人员回到公证机构下载电子邮件的过程。

第十三条　实名制邮箱的注册人或者非实名制邮箱的密码持有人申请办理保全互联网电子邮件公证的，应当

保证其申请登录邮箱保全电子邮件的行为不会侵犯他人的通信秘密、个人隐私。公证机构受理后，应当审查保全电子邮件的行为是否存在侵犯他人通信秘密、个人隐私的情形。

法人或者其他组织申请保全其员工使用的用于公务的电子邮箱内的邮件，应当提交其与该员工签订的有关公务邮箱仅用于公务的书面约定，或者经该员工书面同意，或者由该员工亲自操作提取、固定相关电子邮件。

第十四条 对网购物品的接收进行保全的，公证人员应当携带网购物品由现场回到公证机构封存。启封、核验网购物品应当尽量保存原包装的完整性，封存网购物品要尽量避免封条遮挡原包装或者物品的文字、图片等外观标识，必要时应当另行包装封存，封条上应当由当事人和公证人员共同签字（盖章）。接收的网购物品和售货凭证记载不一致的，公证机构应当在现场记录和公证证词中予以注明。

【法院参考案例】

1. 批量公证取证的公证文书证明力的认定标准［某某盛塑胶电子（深圳）有限公司诉福安市某某电子产品经营部专利权权属、侵权纠纷案，最高人民法院（2020）最高法民申 4927 号，入库编号：2023-09-2-160-035］

对不同销售主体进行公证取证时，公证人员应当对每一个公证购买的商

品及其购买票据即时封装封签，并在公证书上完整、准确记录公证过程。公证文书不能如实反映公证的真实情况，保证公证行为客观、公正的，不能作为认定事实的根据。当事人对公证文书提出的异议理由成立，公证机构出具说明或者补正，并结合其他相关证据，仍不能反映案件真实情况的，人民法院对该公证文书的证明力不予确认。

2. 当事人对公证证据存在争议时法院如何认定［上海某公司诉曲靖某超市商标权权属、侵权纠纷案，最高人民法院（2021）最高法民申 7565 号，入库编号：2023-09-2-159-032］

经公证的民事法律行为、有法律意义的事实和文书，如果另一方当事人无相反证据足以推翻该项公证的，法院应当将公证的证据作为认定事实的根据。

第七十三条 【书证和物证】书证应当提交原件。物证应当提交原物。提交原件或者原物确有困难的，可以提交复制品、照片、副本、节录本。

提交外文书证，必须附有中文译本。

【立法·要点注释】

1. 本条是关于书证、物证提交的规定。当事人提交书证的，应当提交原

件。所谓"原件"，是指文书制作人作出的最初定稿、签字的原本或者加盖印章与原本有同一效力的正本。在实践中，不少原件由国家机关、团体、企事业单位内部归档、保存。如果当事人提交原件确有困难的，比如，原件难以取得或者无法借出的，当事人可以提交复制品、照片、副本、节录本。其中"复制品"是指影印件等；"照片"主要指与原件明暗程度相同的影像；"副本"是指加盖公章或签字的，与原本和正本同一内容的抄送本，它与原本、正本具有同一的效力；"节录本"是指原本、正本、副本的主要内容，即从这些文本中摘录下来的。应当指出的是，提交照片、副本、节录本必须附有有关机关的证明。

2. 当事人提交的书证是外文的，必须附有中文的译本。这是因为在我国审理民事案件，人民法院必须使用我国的语言和文字。否则，有损我们国家的主权，也不利于民事诉讼活动的顺利进行。因此，本条规定，当事人提交外文书证的，必须同时提交外文书证的中文译本。

【司法解释】

1.《最高人民法院关于适用〈中华人民共和国民事诉讼法〉的解释》（法释〔2015〕5 号，20150204；经法释〔2022〕11 号修正，20220410）

第一百一十一条　民事诉讼法第七十三条规定的提交书证原件确有困难，包括下列情形：

（一）书证原件遗失、灭失或者毁损的；

（二）原件在对方当事人控制之下，经合法通知提交而拒不提交的；

（三）原件在他人控制之下，而其有权不提交的；

（四）原件因篇幅或者体积过大而不便提交的；

（五）承担举证证明责任的当事人通过申请人民法院调查收集或者其他方式无法获得书证原件的。

前款规定情形，人民法院应当结合其他证据和案件具体情况，审查判断书证复制品等能否作为认定案件事实的根据。

第一百一十二条　书证在对方当事人控制之下的，承担举证证明责任的当事人可以在举证期限届满前书面申请人民法院责令对方当事人提交。

申请理由成立的，人民法院应当责令对方当事人提交，因提交书证所产生的费用，由申请人负担。对方当事人无正当理由拒不提交的，人民法院可以认定申请人所主张的书证内容为真实。

第一百一十三条　持有书证的当事人以妨碍对方当事人使用为目的，毁灭有关书证或者实施其他致使书证不能使用行为的，人民法院可以依照民事诉讼法第一百一十四条规定，对其处以罚款、拘留。

第一百一十四条　国家机关或者其他依法具有社会管理职能的组织，在其职权范围内制作的文书所记载的事项推定为真实,但有相反证据足以推翻的除外。必要时,人民法院可以要求制作文书的机关或者组织对文书的真实性予以说明。

第一百一十五条　单位向人民法院提出的证明材料,应当由单位负责人及制作证明材料的人员签名或者盖章,并加盖单位印章。人民法院就单位出具的证明材料,可以向单位及制作证明材料的人员进行调查核实。必要时,可以要求制作证明材料的人员出庭作证。

单位及制作证明材料的人员拒绝人民法院调查核实,或者制作证明材料的人员无正当理由拒绝出庭作证的,该证明材料不得作为认定案件事实的根据。

2.《最高人民法院关于民事诉讼证据的若干规定》(法释〔2001〕33号,20020401;经法释〔2019〕19号修正,20200501)

第十一条　当事人向人民法院提供证据,应当提供原件或者原物。如需自己保存证据原件、原物或者提供原件、原物确有困难的,可以提供经人民法院核对无异的复制件或者复制品。

第十二条　以动产作为证据的,应当将原物提交人民法院。原物不宜搬移或者不宜保存的,当事人可以提供复制品、影像资料或者其他替代品。

人民法院在收到当事人提交的动产或者替代品后,应当及时通知双方当事人到人民法院或者保存现场查验。

第十三条　当事人以不动产作为证据的,应当向人民法院提供该不动产的影像资料。

人民法院认为有必要的,应当通知双方当事人到场进行查验。

第十七条　当事人向人民法院提供外文书证或者外文说明资料,应当附有中文译本。

第二十一条　人民法院调查收集的书证,可以是原件,也可以是经核对无误的副本或者复制件。是副本或者复制件的,应当在调查笔录中说明来源和取证情况。

第二十二条　人民法院调查收集的物证应当是原物。被调查人提供原物确有困难的,可以提供复制品或者影像资料。提供复制品或者影像资料的,应当在调查笔录中说明取证情况。

第七十四条 【视听资料】人民法院对视听资料,应当辨别真伪,并结合本案的其他证据,审查确定能否作为认定事实的根据。

【立法·要点注释】

1. 视听资料是通过现代科学技术手段,记录案件的真实情况,并使案件得以再现的证据。视听资料可以通过声音、图像、储存的数据和资料形象地反映一定的法律事实。

2. 科学技术的发展也使伪造视听资料变得极其容易，当事人通过对视听资料的剪辑、编排、加工，往往可以制作出对自己有利的证据，或者虚造出新的证据。因此，人民法院对于视听资料，应当辨别其真伪。同时，根据案件的情况确定视听资料是在法律关系发生时或者纠纷发生时形成的，还是复制的。当事人对视听资料有无进行剪裁或伪造，在必要的时候，人民法院可以请专业人员对其进行科学的鉴定。此外，人民法院还应当结合本案的书证、物证、证人证言等其他证据，对视听资料进行综合分析和判断。

3. 视听资料必须是合法取得的，才具有证据效力，虽然证据都必须具有合法性，但由于视听资料的获得与其他形式的证据相比较，在其收集过程中常有侵害合法权利或违反法律的现象发生，更要强调其合法性。非法获得的视听资料，包括使用法律、法规禁止的手段窃听、窃照所获得的视听资料，以侵害他人隐私权的方式取得的视听资料。对于所谓"偷录、偷拍证据"的合法性问题要根据具体情况加以判断，不能简单地认为一概合法或一概非法。①

【司法解释】

1.《最高人民法院关于适用〈中华人民共和国民事诉讼法〉的解释》（法释〔2015〕5号，20150204；经法释〔2022〕11号修正，20220410）

第一百一十六条　视听资料包括录音资料和影像资料。

电子数据是指通过电子邮件、电子数据交换、网上聊天记录、博客、微博客、手机短信、电子签名、域名等形成或者存储在电子介质中的信息。

存储在电子介质中的录音资料和影像资料，适用电子数据的规定。

2.《最高人民法院关于民事诉讼证据的若干规定》（法释〔2001〕33号，20020401；经法释〔2019〕19号修正，20200501）

第十五条　当事人以视听资料作为证据的，应当提供存储该视听资料的原始载体。

当事人以电子数据作为证据的，应当提供原件。电子数据的制作者制作的与原件一致的副本，或者直接来源于电子数据的打印件或其他可以显示、识别的输出介质，视为电子数据的原件。

第二十三条　人民法院调查收集视听资料、电子数据，应当要求被调查人提供原始载体。

提供原始载体确有困难的，可以提供复制件。提供复制件的，人民法院应当在调查笔录中说明其来源和制作经过。

人民法院对视听资料、电子数据采取证据保全措施的，适用前款规定。

---

① 张卫平：《民事诉讼法》（第6版），法律出版社2023年版，第249页。

【法院参考案例】

手机录制视频取得的电子证据的效力认定［苏某诉湖北某某旅游文化发展有限公司某某山庄著作权权属、侵权纠纷案，最高人民法院（2021）最高法民再213号，入库编号：2023-09-2-158-058］

对原告使用智能手机拍摄的点播使用涉案音乐作品的音乐电视的视频，被告没有相反证据证明被更改过，同时结合原告拍摄的被告经营场所的照片、被告开具的消费单据等证据，能够形成完整的证据链，运用正常的逻辑推理，结合日常生活经验，综合各种因素足以认定被告使用涉案音乐作品的行为具有高度可能性的，应当对该事实予以认定。

第七十五条 【证人的义务】 凡是知道案件情况的单位和个人，都有义务出庭作证。有关单位的负责人应当支持证人作证。

不能正确表达意思的人，不能作证。

【立法·要点注释】

1. 人民法院审理案件，查明事实，必须依靠知道案情的各方证人，对于证人来说，出庭作证是法律规定的义务。

因此，知道案件情况的人都应当积极配合人民法院的审理工作，向法庭陈述自己耳闻目睹的事实或者间接了解的情况。有关单位的负责人应当支持证人作证。由于证人作证是法律规定的义务，所以，国家机关、社会团体、企事业单位的负责人在本单位人员作证时，应当给予支持并提供方便，以保证证人能履行好法律规定的义务。

2. 精神障碍患者、痴呆、年幼无知或者其他不能正确表达意思的人，不能作为证人。应当指出的是，生理上有缺陷的人，只要这种缺陷不会成为其了解一定事实的障碍，仍可以作为证人。待证事实与其年龄、智力状况或者精神健康状况相适应的无民事行为能力人和限制民事行为能力人，一般也可以作为证人。

3. 证言与其他证据相比，具有一定的主观因素，证言真实性的程度容易受证人主观意识的干扰。因此出庭作证的证人应当客观陈述其亲身感知的事实，尽量排除证人作证的主观臆断、猜测或者推断，在作证时也不得使用猜测、推断或者评论性语言。①

【司法解释】

1.《最高人民法院关于适用〈中华人民共和国民事诉讼法〉的解释》（法释

---

① 张卫平：《民事诉讼法》（第6版），法律出版社2023年版，第249页。

〔2015〕5 号,20150204;经法释〔2022〕11 号修正,20220410)

第一百一十七条　当事人申请证人出庭作证的,应当在举证期限届满前提出。

符合本解释第九十六条第一款规定情形的,人民法院可以依职权通知证人出庭作证。

未经人民法院通知,证人不得出庭作证,但双方当事人同意并经人民法院准许的除外。

【重点解读】第一,人民法院对证人的通知,是证人获准出庭作证的标志,也是证人出庭作证的前提。原则上在没有人民法院通知的情况下,证人不能出庭作证。但如果双方当事人均同意未经人民法院通知的证人作证的,在人民法院准许的前提下,可以作为例外情形。

第二,2019 年《民事诉讼证据规定》第 69 条、第 70 条是对申请证人出庭作证的申请书内容和通知证人出庭作证的通知书内容、不予准许当事人申请的情形作出的规定。适用本条规定时,应当结合 2019 年《民事诉讼证据规定》第 69 条、第 70 条的内容。

2.《最高人民法院关于民事诉讼证据的若干规定》(法释〔2001〕33 号,20020401;经法释〔2019〕19 号修正,20200501)

第六十七条　不能正确表达意思的人,不能作为证人。

待证事实与其年龄、智力状况或者

精神健康状况相适应的无民事行为能力人和限制民事行为能力人,可以作为证人。

第七十六条　【证人出庭作证】经人民法院通知,证人应当出庭作证。有下列情形之一的,经人民法院许可,可以通过书面证言、视听传输技术或者视听资料等方式作证:

(一)因健康原因不能出庭的;

(二)因路途遥远,交通不便不能出庭的;

(三)因自然灾害等不可抗力不能出庭的;

(四)其他有正当理由不能出庭的。

【立法·要点注释】

1. 证人有出庭作证的义务。民事诉讼中的证人出庭义务,是指证人负有在人民法院进行法庭审理时出庭接受询问的义务。

2. 证人确有困难的,可以不出庭作证。证人负有出庭义务,但并不是说在任何情况下都应当出庭。由于各种主客观因素的影响以及从利于诉讼、方便诉讼的角度考虑,在下列几种情形下,证人可以不出庭作证:(1)因健康原因不能出庭。证人由于身患疾病等健康原因不能出庭作证的,可以其他方式作证。(2)因路途遥远,交通不便不能出庭的。这里的路途遥远与交通不便是相对应的。只有在路途遥远,且交通不便,使得证人出庭作证不合理或者不可行的情况下,证人才可以不出庭作证。(3)因自然灾害等不可抗力不能出庭的。不可抗力是指不可预见、不能避免且不能克服的客观情况。证人由于自然灾害等不可抗力不能出庭作证的,也可以采取其他方式作证。(4)其他有正当理由不能出庭的。除了上述3种情形外,其他有正当理由不能出庭的,经人民法院审查核实后,也可以不出庭作证。

3.证人不出庭时的其他作证方式。(1)通过书面证言的方式作证。书面证言是证人出庭作证以外的最为简便和常见的作证方式。证人不能出庭的,可以提交其亲笔书写的书面证言,也可以他人记录的证言笔录的形式作证。(2)通过视听传输技术的方式作证。通过视听传输技术作证能够更为全面地反映证人作证的现场情况,并能够使质证和询问证人的程序及时展开,更有利于法庭正确地审核判断证据,从而更好地保障证人证言的真实性。(3)通过视听资料的方式作证。视听资料与书面证言相比,可以比较全面地反映证人作证的环境,能够更好地保证证言的可信性。

【相关立法】

《中华人民共和国未成年人保护法》(19920101;20240426)

第一百一十条　公安机关、人民检察院、人民法院讯问未成年犯罪嫌疑人、被告人,询问未成年被害人、证人,应当依法通知其法定代理人或者其成年亲属、所在学校的代表等合适成年人到场,并采取适当方式,在适当场所进行,保障未成年人的名誉权、隐私权和其他合法权益。

人民法院开庭审理涉及未成年人案件,未成年被害人、证人一般不出庭作证;必须出庭的,应当采取保护其隐私的技术手段和心理干预等保护措施。

【司法解释】

1.《最高人民法院关于适用〈中华人民共和国民事诉讼法〉的解释》(法释〔2015〕5号,20150204;经法释〔2022〕11号修正,20220410)

第一百一十九条　人民法院在证人出庭作证前应当告知其如实作证的义务以及作伪证的法律后果,并责令其签署保证书,但无民事行为能力人和限制民事行为能力人除外。

证人签署保证书适用本解释关于当事人签署保证书的规定。

第一百二十条　证人拒绝签署保证书的,不得作证,并自行承担相关费用。

2.《最高人民法院关于民事诉讼证据的若干规定》(法释〔2001〕33号,20020401;经法释〔2019〕19号修正,20200501)

第六十八条　人民法院应当要求证人出庭作证,接受审判人员和当事人的询问。证人在审理前的准备阶段或者人民法院调查、询问等双方当事人在场时陈述证言的,视为出庭作证。

双方当事人同意证人以其他方式作证并经人民法院准许的,证人可以不出庭作证。

无正当理由未出庭的证人以书面等方式提供的证言,不得作为认定案件事实的根据。

第六十九条　当事人申请证人出庭作证的,应当在举证期限届满前向人民法院提交申请书。

申请书应当载明证人的姓名、职业、住所、联系方式,作证的主要内容,作证内容与待证事实的关联性,以及证人出庭作证的必要性。

符合《最高人民法院关于适用〈中华人民共和国民事诉讼法〉的解释》第九十六条第一款规定情形的,人民法院应当依职权通知证人出庭作证。

第七十条　人民法院准许证人出庭作证申请的,应当向证人送达通知书并告知双方当事人。通知书中应当载明证人作证的时间、地点,作证的事项、要求以及作伪证的法律后果等内容。

当事人申请证人出庭作证的事项与待证事实无关,或者没有通知证人出庭作证必要的,人民法院不予准许当事人的申请。

第七十一条　人民法院应当要求证人在作证之前签署保证书,并在法庭上宣读保证书的内容。但无民事行为能力人和限制民事行为能力人作为证人的除外。

证人确有正当理由不能宣读保证书的,由书记员代为宣读并进行说明。

证人拒绝签署或者宣读保证书的,不得作证,并自行承担相关费用。

证人保证书的内容适用当事人保证书的规定。

【重点解读】本条是关于证人具结的规定。有关内容是在《民事诉讼法解释》第119条、第120条的基础上作出的补充规定。主要增加了证人具结时宣读保证书的内容。证人作证时的具结,对于促进证人如实作证,维护司法权威具有十分积极的作用。实践证明,宣读保证书比单纯签署保证书更有利于对证人心理形成威慑,具结效果更理想。

审判实践中,因人民法院的疏忽等原因准许未签署和宣读保证书的证人作证的,除证人系无民事行为能力人和限制民事行为能力人外,证人证言不具有证据能力,不能作为认定案件事实的依据。

第七十二条　证人应当客观陈述其亲身感知的事实,作证时不得使用猜测、推断或者评论性语言。

证人作证前不得旁听法庭审理,作

证时不得以宣读事先准备的书面材料的方式陈述证言。

证人言辞表达有障碍的，可以通过其他表达方式作证。

【重点解读】本条是关于证人作证方式的规定。证人证言是证人对其亲身感知的案件事实作出的客观陈述，是对过去发生的其亲身经历的事实的回忆和重现。证人证言的形成过程是证人感知、记忆、陈述的过程。为了尽可能地接近和还原客观事实，证人应当如实陈述其亲身感知的客观情况。证人提供的证言应当是对其亲历事实的客观陈述，不能掺杂个人的主观臆断和评价，证人在法庭上陈述的与案件无关的事实，以及对案件事实所作的猜测、推断、评论甚至对案件中相关法律问题的意见等，并不是对客观事实的重现和陈述，均不属于证人证言的范畴。证人在其证言中作出的猜测、推断或评论性语言，对于人民法院查明客观案件事实会产生误导和影响，不利于法官查明客观案件事实，因此，证人在作证过程中应当仅就其感知和亲身经历的客观情况作出如实陈述，不得使用猜测、推断或者评论性语言。

第七十三条 证人应当就其作证的事项进行连续陈述。

当事人及其法定代理人、诉讼代理人或者旁听人员干扰证人陈述的，人民法院应当及时制止，必要时可以依照民事诉讼法第一百一十条①的规定进行处罚。

第七十四条 审判人员可以对证人进行询问。当事人及其诉讼代理人经审判人员许可后可以询问证人。

询问证人时其他证人不得在场。

人民法院认为有必要的，可以要求证人之间进行对质。

第七十六条 证人确有困难不能出庭作证，申请以书面证言、视听传输技术或者视听资料等方式作证的，应当向人民法院提交申请书。申请书中应当载明不能出庭的具体原因。

符合民事诉讼法第七十三条②规定情形的，人民法院应当准许。

第七十七条 证人经人民法院准许，以书面证言方式作证的，应当签署保证书；以视听传输技术或者视听资料方式作证的，应当签署保证书并宣读保证书的内容。

第七十八条 当事人及其诉讼代理人对证人的询问与待证事实无关，或者存在威胁、侮辱证人或不适当引导等情形的，审判人员应当及时制止。必要时可以依照民事诉讼法第一百一十条、第一百一十一条③的规定进行处罚。

证人故意作虚假陈述，诉讼参与人或者其他人以暴力、威胁、贿买等方法妨碍证人作证，或者在证人作证后以侮

---

① 对应 2023 年《民事诉讼法》第 113 条。——编者注

② 对应 2023 年《民事诉讼法》第 76 条。——编者注

③ 对应 2023 年《民事诉讼法》第 114 条。——编者注

辱、诽谤、诬陷、恐吓、殴打等方式对证人打击报复的,人民法院应当根据情节,依照民事诉讼法第一百一十一条的规定,对行为人进行处罚。

第九十八条　对证人、鉴定人、勘验人的合法权益依法予以保护。

当事人或者其他诉讼参与人伪造、毁灭证据,提供虚假证据,阻止证人作证,指使、贿买、胁迫他人作伪证,或者对证人、鉴定人、勘验人打击报复的,依照民事诉讼法第一百一十条、第一百一十一条的规定进行处罚。

3.《最高人民法院关于知识产权民事诉讼证据的若干规定》(法释〔2020〕12号,20201118)

第二十七条　证人应当出庭作证,接受审判人员及当事人的询问。

双方当事人同意并经人民法院准许,证人不出庭的,人民法院应当组织当事人对该证人证言进行质证。

第七十七条　【证人出庭作证费用的承担】 证人因履行出庭作证义务而支出的交通、住宿、就餐等必要费用以及误工损失,由败诉一方当事人负担。当事人申请证人作证的,由该当事人先行垫付;当事人没有申请,人民法院通知证人作证的,由人民法院先行垫付。

【立法·要点注释】

1. 证人出庭费用的范围。这些费用包括证人因履行出庭作证义务而支出的交通、住宿、就餐等必要费用和误工损失两部分。证人履行作证义务支出的交通、住宿、就餐等必要费用,应当由法院确定一个以普通公民的行、住、食为基础的差旅费标准,根据证人的住所远近、交通状况、生活水平决定,不能过高也不能过低。《民事诉讼法解释》第118条第1款规定,《民事诉讼法》第77条规定的证人因履行出庭作证义务而支出的交通、住宿、就餐等必要费用,按照机关事业单位工作人员差旅费和补贴标准计算;误工损失按照国家上年度职工日平均工资标准计算。

2. 证人出庭费用的负担主体。证人出庭费用属于诉讼费用的一部分,从诉讼费用负担的原则来看,应当由败诉一方当事人负担更为合理,这也是规范、警戒、惩罚民事违法当事人的一种客观需要。为提高证人出庭作证的积极性,证人作证完毕就应当支付其出庭费用,但从证人出庭作证到确定哪一方当事人败诉有一段时间,因此,本条还对证人出庭作证费用的垫付作了规定。如果当事人申请证人作证的,由该当事人先行垫付;当事人没有申请,人民法院通知证人作证的,则由人民法院先行垫付。

【司法解释】

1.《最高人民法院关于适用〈中华人民共和国民事诉讼法〉的解释》（法释〔2015〕5号，20150204；经法释〔2022〕11号修正，20220410）

第一百一十八条 民事诉讼法第七十七条规定的证人因履行出庭作证义务而支出的交通、住宿、就餐等必要费用，按照机关事业单位工作人员差旅费用和补贴标准计算；误工损失按照国家上年度职工日平均工资标准计算。

人民法院准许证人出庭作证申请的，应当通知申请人预缴证人出庭作证费用。

2.《最高人民法院关于民事诉讼证据的若干规定》（法释〔2001〕33号，20020401；经法释〔2019〕19号修正，20200501）

第七十五条 证人出庭作证后，可以向人民法院申请支付证人出庭作证费用。证人有困难需要预先支取出庭作证费用的，人民法院可以根据证人的申请在出庭作证前支付。

第七十八条 【当事人陈述】 人民法院对当事人的陈述，应当结合本案的其他证据，审查确定能否作为认定事实的根据。

当事人拒绝陈述的，不影响人民法院根据证据认定案件事实。

【立法·要点注释】

1. 本条是关于当事人陈述作为证据的规定。当事人的陈述往往带有片面性，审判人员应当把当事人的陈述和所掌握的其他证据如书证、物证、证人证言等结合起来，进行综合分析判断，审查其是否反映案件的真实情况。只有与案件事实有关，并且反映真实情况的陈述，才能作为人民法院认定案件事实的依据。

2. 有时当事人由于种种原因在案件审理时拒绝作出陈述，在这种情况下，如果人民法院掌握的书证、物证、证人证言等证据足以证明案件真实情况的，那么，人民法院即可以根据这些证据认定事实、作出判决。当事人拒绝向人民法院陈述的，不影响人民法院对案件的审理和判决，有其他证据就可以认定案件事实的，即使没有当事人陈述，人民法院也应当根据其他证据认定案件事实。

3. 因为当事人陈述是在诉讼中的陈述，故在证据交换中，不存在当事人陈述这类证据，而且无法就此种证据进行交换。在法院的判决书中也很少直接将当事人陈述作为证据的，仅仅是作为当事人对案件事实的描述。①

---

① 张卫平：《民事诉讼法》（第6版），法律出版社2023年版，第257页。

【司法解释】

1.《最高人民法院关于适用〈中华人民共和国民事诉讼法〉的解释》（法释〔2015〕5 号,20150204;经法释〔2022〕11号修正,20220410）

第一百一十条　人民法院认为有必要的,可以要求当事人本人到庭,就案件有关事实接受询问。在询问当事人之前,可以要求其签署保证书。

保证书应当载明据实陈述、如有虚假陈述愿意接受处罚等内容。当事人应当在保证书上签名或者捺印。

负有举证证明责任的当事人拒绝到庭、拒绝接受询问或者拒绝签署保证书,待证事实又欠缺其他证据证明的,人民法院对其主张的事实不予认定。

第一百二十二条　当事人可以依照民事诉讼法第八十二条的规定,在举证期限届满前申请一至二名具有专门知识的人出庭,代表当事人对鉴定意见进行质证,或者对案件事实所涉及的专业问题提出意见。

具有专门知识的人在法庭上就专业问题提出的意见,视为当事人的陈述。

人民法院准许当事人申请的,相关费用由提出申请的当事人负担。

【重点解读】第一,专家辅助人能否参与法庭审理,取决于人民法院的决定,人民法院认为当事人申请专家辅助人出庭没有必要的,可以驳回当事人的申请。

第二,专家辅助人的诉讼地位是诉讼辅助人,因此,其出席法庭审理时不能被视为证人在证人席陈述意见,而是与当事人及其诉讼代理人在法庭上的位置保持一致。

第三,专家辅助人是否具备相应的资格和能力,取决于当事人的认识,人民法院对专家辅助人不作资格上的审查。

2.《最高人民法院关于民事诉讼证据的若干规定》（法释〔2001〕33 号,20020401;经法释〔2019〕19 号修正,20200501）

第六十三条　当事人应当就案件事实作真实、完整的陈述。

当事人的陈述与此前陈述不一致的,人民法院应当责令其说明理由,并结合当事人的诉讼能力、证据和案件具体情况进行审查认定。

当事人故意作虚假陈述妨碍人民法院审理的,人民法院应当根据情节,依照民事诉讼法第一百一十一条①的规定进行处罚。

【重点解读】本条第 1 款规定了当事人真实陈述义务,要求当事人应当就案件事实作真实、完整的陈述。我们认为,这里的"真实"同样是指主观真实,而非客观真实,当事人的陈述应与其主观认知相一致,当明知另一方当事人的

_____

①　对应 2023 年《民事诉讼法》第114条。——编者注

陈述与事实相符,不进行否定性的争论。这里规定的"完整",首先强调当事人的陈述不能是片面的、局部的,而应该是对案件事实完整的陈述。如果当事人仅陈述部分事实,而隐瞒了其他事实,经其省略加工后陈述的事实可能无法完全反映案件真实情况,进而妨碍法院发现真实并作出正确的裁判。要求当事人完整地陈述案件事实,是积极层面的真实义务,目的在于防止当事人刻意隐瞒、歪曲事实真相。本条第2款规定是针对当事人陈述前后不一致情形的处理。由于当事人是法律关系的直接参与者,与案件结果有直接利害关系,这决定了其陈述存在主观性和不稳定性的特点,而且往往虚实结合、真伪并存。审判实践中,经常会出现当事人陈述前后不一致的情形,这时需要当事人说明理由,对于当事人陈述的证明效力,则要结合当事人的诉讼能力、证据和案件具体情况进行审查认定。

第六十四条 人民法院认为有必要的,可以要求当事人本人到场,就案件的有关事实接受询问。

人民法院要求当事人到场接受询问的,应当通知当事人询问的时间、地点、拒不到场的后果等内容。

第六十五条 人民法院应当在询问前责令当事人签署保证书并宣读保证书的内容。

保证书应当载明保证据实陈述,绝无隐瞒、歪曲、增减,如有虚假陈述应当接受处罚等内容。当事人应当在保证

书上签名、捺印。

当事人有正当理由不能宣读保证书的,由书记员宣读并进行说明。

第六十六条 当事人无正当理由拒不到场、拒不签署或宣读保证书或者拒不接受询问的,人民法院应当综合案件情况,判断待证事实的真伪。待证事实无其他证据证明的,人民法院应当作出不利于该当事人的认定。

第九十条 下列证据不能单独作为认定案件事实的根据:

(一)当事人的陈述;

(二)无民事行为能力人或者限制民事行为能力人所作的与其年龄、智力状况或者精神健康状况不相当的证言;

(三)与一方当事人或者其代理人有利害关系的证人陈述的证言;

(四)存有疑点的视听资料、电子数据;

(五)无法与原件、原物核对的复制件、复制品。

【重点解读】本条规定明确了补强规则在我国民事诉讼中的适用范围,既适用于言词证据,又适用于物证、书证和视听资料。我国补强规则的适用条件是:(1)存在需要被补强的证据,该证据符合证据的基本属性,具备基本的证据资格。如果当事人提交的某一证据本身存在内容不真实、与案件事实无关、不具有关联性、取得方式违法等情况的,应依法予以排除,不具备作为被补强证据的前提条件,没有适用补强规则的必要。换言之,被补强证据必须具

备证明能力，补强规则只涉及证据的证明力问题。本条规定的 5 种证据即属于被补强的证据。（2）被补强的证据在证明力方面存在一定的缺陷，例如，本条第 1 项、第 3 项、第 4 项、第 5 项均涉及证据的真实性存在瑕疵，本条第 2 项非完全民事行为能力人所作的与其年龄、智力状况或精神健康状况不相当的证言，属于证据能力存在瑕疵，因而都不具有单独的证据价值，需要结合其他证据补强其证明力。（3）被补强证据的缺陷足以严重影响该证据的证明力，导致该证据不能单独作为认定案件事实的根据。被补强的证据虽然具备证据能力，但达不到认定案件事实所需的证明力强度，此时，若没有补强证据，该被补强证据的证明力只能视为零，不能作为认定案件事实的根据。如本条第 3 项，"与一方当事人或者其代理人有利害关系"这一因素，致使该证人所作的证言的真实性，从常理看存在可疑之处，从而降低了其证言的证明力强度，需要补强证据予以补强。证人证言也可能存在"证人表达能力较差"的缺陷，但一般情况下这一弱点并不影响该证言的证明力，因而也无须适用补强规则。

第七十九条　【申请鉴定】当事人可以就查明事实的专门性问题向人民法院申请鉴定。当事人申请鉴定的，由双方当事人协商确定具备资格的鉴定人；协商不成的，由人民法院指定。

当事人未申请鉴定，人民法院对专门性问题认为需要鉴定的，应当委托具备资格的鉴定人进行鉴定。

【立法·要点注释】

1. 关于鉴定程序的启动，申请鉴定是当事人的一项权利，人民法院应当予以保护。对查明案件事实的专门性问题需要进行鉴定的，当事人有权向人民法院提出申请。对双方当事人均申请鉴定，或者一方当事人申请、另一方当事人同意的，人民法院应当启动鉴定程序；如果只有一方当事人申请鉴定，鉴定的内容为查明案件事实的专门性问题，即使另一方当事人不同意，人民法院一般也应当启动鉴定程序。

2. 鉴定意见属于证据的一种，申请鉴定是当事人履行自己举证责任的内容。但在某些情况下，虽然当事人没有申请鉴定，但人民法院认为审理案件需要对专门性问题进行鉴定，比如，某些专门性问题可能涉及有损国家利益、社会公共利益或者他人合法权益的事实，需要进行鉴定，在这种情况下，人民法院应当委托有资格的鉴定人进行鉴定。

3. 关于鉴定人的确定，本条规定了两种方式：协商和指定。为在程序上公正地保障当事人的诉讼权利，应当由双方当事人协商确定鉴定人。人民法院指定鉴定人，只能发生在双方当事人无法达成一致意见、协商不成的情况下。在人民法院主动依职权启动鉴定的情况下，由于双方当事人都没有意愿进行鉴定，所以可以由人民法院直接指定鉴定人。

4.虽然当事人可以协商选择鉴定人，但是决定和委托鉴定仍然是人民法院的工作，因此，双方当事人协商意见一致的，经人民法院审查同意后向双方当事人宣布并向鉴定人出具委托鉴定函。

【相关立法】

《全国人民代表大会常务委员会关于司法鉴定管理问题的决定》（20051001；20150424）

一、司法鉴定是指在诉讼活动中鉴定人运用科学技术或者专门知识对诉讼涉及的专门性问题进行鉴别和判断并提供鉴定意见的活动。

二、国家对从事下列司法鉴定业务的鉴定人和鉴定机构实行登记管理制度：

（一）法医类鉴定；

（二）物证类鉴定；

（三）声像资料鉴定；

（四）根据诉讼需要由国务院司法行政部门商最高人民法院、最高人民检察院确定的其他应当对鉴定人和鉴定机构实行登记管理的鉴定事项。

法律对前款规定事项的鉴定人和鉴定机构的管理另有规定的，从其规定。

三、国务院司法行政部门主管全国鉴定人和鉴定机构的登记管理工作。省级人民政府司法行政部门依照本决定的规定，负责对鉴定人和鉴定机构的登记、名册编制和公告。

四、具备下列条件之一的人员，可以申请登记从事司法鉴定业务：

（一）具有与所申请从事的司法鉴定业务相关的高级专业技术职称；

（二）具有与所申请从事的司法鉴定业务相关的专业执业资格或者高等院校相关专业本科以上学历，从事相关工作五年以上；

（三）具有与所申请从事的司法鉴定业务相关工作十年以上经历，具有较强的专业技能。

因故意犯罪或者职务过失犯罪受过刑事处罚的，受过开除公职处分的，以及被撤销鉴定人登记的人员，不得从事司法鉴定业务。

五、法人或者其他组织申请从事司法鉴定业务的，应当具备下列条件：

（一）有明确的业务范围；

（二）有在业务范围内进行司法鉴定所必需的仪器、设备；

（三）有在业务范围内进行司法鉴定所必需的依法通过计量认证或者实验室认可的检测实验室；

（四）每项司法鉴定业务有三名以上鉴定人。

六、申请从事司法鉴定业务的个人、法人或者其他组织，由省级人民政府司法行政部门审核,对符合条件的予以登记,编入鉴定人和鉴定机构名册并公告。

省级人民政府司法行政部门应当根据鉴定人或者鉴定机构的增加和撤销登记情况,定期更新所编制的鉴定人和鉴定机构名册并公告。

七、侦查机关根据侦查工作的需要设立的鉴定机构,不得面向社会接受委托从事司法鉴定业务。

人民法院和司法行政部门不得设立鉴定机构。

八、各鉴定机构之间没有隶属关系;鉴定机构接受委托从事司法鉴定业务,不受地域范围的限制。

鉴定人应当在一个鉴定机构中从事司法鉴定业务。

九、在诉讼中,对本决定第二条所规定的鉴定事项发生争议,需要鉴定的,应当委托列入鉴定人名册的鉴定人进行鉴定。鉴定人从事司法鉴定业务,由所在的鉴定机构统一接受委托。

鉴定人和鉴定机构应当在鉴定人和鉴定机构名册注明的业务范围内从事司法鉴定业务。

鉴定人应当依照诉讼法律规定实行回避。

十、司法鉴定实行鉴定人负责制度。鉴定人应当独立进行鉴定,对鉴定意见负责并在鉴定书上签名或者盖章。多人参加的鉴定,对鉴定意见有不同意见的,应当注明。

十一、在诉讼中,当事人对鉴定意见有异议的,经人民法院依法通知,鉴定人应当出庭作证。

十二、鉴定人和鉴定机构从事司法鉴定业务,应当遵守法律、法规,遵守职业道德和职业纪律,尊重科学,遵守技术操作规范。

十三、鉴定人或者鉴定机构有违反本决定规定行为的,由省级人民政府司法行政部门予以警告,责令改正。

鉴定人或者鉴定机构有下列情形之一的,由省级人民政府司法行政部门给予停止从事司法鉴定业务三个月以上一年以下的处罚;情节严重的,撤销登记:

(一)因严重不负责任给当事人合法权益造成重大损失的;

(二)提供虚假证明文件或者采取其他欺诈手段,骗取登记的;

(三)经人民法院依法通知,拒绝出庭作证的;

(四)法律、行政法规规定的其他情形。

鉴定人故意作虚假鉴定,构成犯罪的,依法追究刑事责任;尚不构成犯罪的,依照前款规定处罚。

十四、司法行政部门在鉴定人和鉴定机构的登记管理工作中,应当严格依法办事,积极推进司法鉴定的规范化、法制化。对于滥用职权、玩忽职守,造成严重后果的直接责任人员,应当追究相应的法律责任。

十五、司法鉴定的收费标准由省、自治区、直辖市人民政府价格主管部门会同同级司法行政部门制定。

十六、对鉴定人和鉴定机构进行登记、名册编制和公告的具体办法,由国务院司法行政部门制定,报国务院批准。

十七、本决定下列用语的含义是:

(一)法医类鉴定,包括法医病理鉴定、法医临床鉴定、法医精神病鉴定、法医物证鉴定和法医毒物鉴定。

(二)物证类鉴定,包括文书鉴定、痕迹鉴定和微量鉴定。

(三)声像资料鉴定,包括对录音带、录像带、磁盘、光盘、图片等载体上记录的声音、图像信息的真实性、完整性及其所反映的情况过程进行的鉴定和对记录的声音、图像中的语言、人体、物体作出种类或者同一认定。

【司法解释】

1.《最高人民法院关于适用〈中华人民共和国民事诉讼法〉的解释》(法释〔2015〕5号,20150204;经法释〔2022〕11号修正,20220410)

第一百二十一条 当事人申请鉴定,可以在举证期限届满前提出。申请鉴定的事项与待证事实无关联,或者对证明待证事实无意义的,人民法院不予准许。

人民法院准许当事人鉴定申请的,应当组织双方当事人协商确定具备相应资格的鉴定人。当事人协商不成的,由人民法院指定。

符合依职权调查收集证据条件的,人民法院应当依职权委托鉴定,在询问当事人的意见后,指定具备相应资格的鉴定人。

【重点解读】在当事人申请鉴定时,应当对当事人申请鉴定的事项进行审查。如果当事人申请鉴定的事项与待证事实无关联,则鉴定意见必然因欠缺证据的关联性而不具有证据能力,启动鉴定程序没有必要且会造成审判资源的浪费。申请鉴定的事项对于证明案件事实无意义的,也属于没有必要进行鉴定的情形,人民法院不应准许当事人的申请。

2.《最高人民法院关于民事诉讼证据的若干规定》(法释〔2001〕33号,20020401;经法释〔2019〕19号修正,20200501)

第三十条 人民法院在审理案件过程中认为待证事实需要通过鉴定意见证明的,应当向当事人释明,并指定提出鉴定申请的期间。

符合《最高人民法院关于适用〈中华人民共和国民事诉讼法〉的解释》第九十六条第一款规定情形的,人民法院应当依职权委托鉴定。

第三十一条 当事人申请鉴定,应当在人民法院指定期间内提出,并预交鉴定费用。逾期不提出申请或者不预交鉴定费用的,视为放弃申请。

对需要鉴定的待证事实负有举证责任的当事人,在人民法院指定期间内无正当理由不提出鉴定申请或者不预交鉴定费用，或者拒不提供相关材料，致使待证事实无法查明的，应当承担举证不能的法律后果。

【重点解读】根据本条规定，造成客观上无法启动鉴定程序或者说鉴定不能的，包含三种情形：第一种情形，是无正当理由未在人民法院指定期间内提出申请的。一般而言，法院指定的期间，是在综合衡量案件的具体情况下作出的，特别是本次修改后的申请期限问题，赋予了当事人更为宽松的条件，当事人有充分的时间考虑和准备，故其再超期不提申请，将承担由此可能造成的不利后果。第二种情形，是当事人未预交鉴定费用。当事人申请鉴定，应以预交鉴定费用为程序要件，应当预交鉴定费用而未预交的，鉴定机构有权拒绝鉴定。因此，当事人虽然在法院指定期间内提出了鉴定申请，但不向法院或鉴定机构预交鉴定费用，实质上与不提出鉴定申请的效果是同样的，都未能依法启动鉴定程序。第三种情形，是当事人拒不提供相关材料。司法鉴定人执业，享有查阅与鉴定有关的案卷材料、询问与鉴定事项有关的当事人、证人的权利。委托人提供虚假情况，或拒不提供鉴定所需材料的，或者认为提供鉴定的材料不足要求补充材料而不补充，无法作出结论时，鉴定人有权拒绝鉴定。用于鉴定的材料，也是一种证据，适用有关证据的规则。在鉴定材料的提供问题上，不能严格按照举证责任分配规则分配

的理论，由负有举证责任的一方当事人提供，因为显然有时候有些材料不为其掌握，或者在对方当事人手中，或者在第三方处。这种情形，应当要求持有鉴定所用材料的当事人积极履行举证义务，全面收集和完整提供鉴定所需要的相关材料。因此，本条规定，从狭义理解，指的应是负有举证责任且掌握、持有鉴定所需的相关材料的申请人，虽然提出了鉴定申请，但拒不向鉴定机构提供鉴定所需的与本案相关的材料，致使法院对案件争议的事实无法通过鉴定意见予以认定。需要鉴定的事项也属于待证事实的一种，只是由于涉及专门性问题，超出了法官专业知识范围而必须进行专业性的鉴定以查明事实真相。这些专业性的事实与其他普通案件事实一样，同属于当事人举证责任范畴。负有举证责任的当事人，必须证明该事实，如果不及时申请鉴定，在待证事实无法查清时，其将承担举证不能的不利后果。

第三十二条　人民法院准许鉴定申请的，应当组织双方当事人协商确定具备相应资格的鉴定人。当事人协商不成的，由人民法院指定。

人民法院依职权委托鉴定的，可以在询问当事人的意见后，指定具备相应资格的鉴定人。

人民法院在确定鉴定人后应当出具委托书，委托书中应当载明鉴定事项、鉴定范围、鉴定目的和鉴定期限。

第四十条　当事人申请重新鉴定，

存在下列情形之一的,人民法院应当准许:

(一)鉴定人不具备相应资格的;

(二)鉴定程序严重违法的;

(三)鉴定意见明显依据不足的;

(四)鉴定意见不能作为证据使用的其他情形。

存在前款第一项至第三项情形的,鉴定人已经收取的鉴定费用应当退还。拒不退还的,依照本规定第八十一条第二款的规定处理。

对鉴定意见的瑕疵,可以通过补正、补充鉴定或者补充质证、重新质证等方法解决的,人民法院不予准许重新鉴定的申请。

重新鉴定的,原鉴定意见不得作为认定案件事实的根据。

第四十一条 对于一方当事人就专门性问题自行委托有关机构或者人员出具的意见,另一方当事人有证据或者理由足以反驳并申请鉴定的,人民法院应予准许。

3.《最高人民法院关于生态环境侵权民事诉讼证据的若干规定》(法释〔2023〕6号,20230901)

第十六条 对于查明环境污染、生态破坏案件事实的专门性问题,人民法院经审查认为有必要的,应当根据当事人的申请或者依职权委托具有相应资格的机构、人员出具鉴定意见。

第十七条 对于法律适用、当事人责任划分等非专门性问题,或者虽然属于专门性问题,但可以通过法庭调查、勘验等其他方式查明的,人民法院不予委托鉴定。

第十八条 鉴定人需要邀请其他机构、人员完成部分鉴定事项的,应当向人民法院提出申请。

人民法院经审查认为确有必要的,在听取双方当事人意见后,可以准许,并告知鉴定人对最终鉴定意见承担法律责任;主要鉴定事项由其他机构、人员实施的,人民法院不予准许。

第十九条 未经人民法院准许,鉴定人邀请其他机构、人员完成部分鉴定事项的,鉴定意见不得作为认定案件事实的根据。

前款情形,当事人申请退还鉴定费用的,人民法院应当在三日内作出裁定,责令鉴定人退还;拒不退还的,由人民法院依法执行。

第二十条 鉴定人提供虚假鉴定意见的,该鉴定意见不得作为认定案件事实的根据。人民法院可以依照民事诉讼法第一百一十四条的规定进行处理。

鉴定事项由其他机构、人员完成,其他机构、人员提供虚假鉴定意见的,按照前款规定处理。

第二十一条 因没有鉴定标准、成熟的鉴定方法、相应资格的鉴定人等原因无法进行鉴定,或者鉴定周期过长、费用过高的,人民法院可以结合案件有关事实、当事人申请的有专门知识的人的意见和其他证据,对涉及专门性问题的事实作出认定。

4.《最高人民法院关于知识产权民事诉讼证据的若干规定》（法释〔2020〕12号，20201118）

第十九条 人民法院可以对下列待证事实的专门性问题委托鉴定：

（一）被诉侵权技术方案与专利技术方案、现有技术的对应技术特征在手段、功能、效果等方面的异同；

（二）被诉侵权作品与主张权利的作品的异同；

（三）当事人主张的商业秘密与所属领域已为公众所知悉的信息的异同、被诉侵权的信息与商业秘密的异同；

（四）被诉侵权物与授权品种在特征、特性方面的异同，其不同是否因非遗传变异所致；

（五）被诉侵权集成电路布图设计与请求保护的集成电路布图设计的异同；

（六）合同涉及的技术是否存在缺陷；

（七）电子数据的真实性、完整性；

（八）其他需要委托鉴定的专门性问题。

第二十条 经人民法院准许或者双方当事人同意，鉴定人可以将鉴定所涉部分检测事项委托其他检测机构进行检测，鉴定人对根据检测结果出具的鉴定意见承担法律责任。

第二十一条 鉴定业务领域未实行鉴定人和鉴定机构统一登记管理制度的，人民法院可以依照《最高人民法院关于民事诉讼证据的若干规定》第三十二条规定的鉴定人选任程序，确定具有相应技术水平的专业机构、专业人员鉴定。

第二十二条 人民法院应当听取各方当事人意见，并结合当事人提出的证据确定鉴定范围。鉴定过程中，一方当事人申请变更鉴定范围，对方当事人无异议的，人民法院可以准许。

第二十三条 人民法院应当结合下列因素对鉴定意见进行审查：

（一）鉴定人是否具备相应资格；

（二）鉴定人是否具备解决相关专门性问题应有的知识、经验及技能；

（三）鉴定方法和鉴定程序是否规范，技术手段是否可靠；

（四）送检材料是否经过当事人质证且符合鉴定条件；

（五）鉴定意见的依据是否充分；

（六）鉴定人有无应当回避的法定事由；

（七）鉴定人在鉴定过程中有无徇私舞弊或者其他影响公正鉴定的情形。

5.《最高人民法院关于审理医疗损害责任纠纷案件适用法律若干问题的解释》（法释〔2017〕20号，20171214；经法释〔2020〕17号修正，20210101）

第八条 当事人依法申请对医疗损害责任纠纷中的专门性问题进行鉴定的，人民法院应予准许。

当事人未申请鉴定，人民法院对前

款规定的专门性问题认为需要鉴定的，应当依职权委托鉴定。

第九条 当事人申请医疗损害鉴定的，由双方当事人协商确定鉴定人。

当事人就鉴定人无法达成一致意见，人民法院提出确定鉴定人的方法，当事人同意的，按照该方法确定；当事人不同意的，由人民法院指定。

鉴定人应当从具备相应鉴定能力、符合鉴定要求的专家中确定。

第十条 委托医疗损害鉴定的，当事人应当按照要求提交真实、完整、充分的鉴定材料。提交的鉴定材料不符合要求的，人民法院应当通知当事人更换或者补充相应材料。

在委托鉴定前，人民法院应当组织当事人对鉴定材料进行质证。

第十一条 委托鉴定书，应当有明确的鉴定事项和鉴定要求。鉴定人应当按照委托鉴定的事项和要求进行鉴定。

下列专门性问题可以作为申请医疗损害鉴定的事项：

（一）实施诊疗行为有无过错；

（二）诊疗行为与损害后果之间是否存在因果关系以及原因力大小；

（三）医疗机构是否尽到了说明义务、取得患者或者患者近亲属明确同意的义务；

（四）医疗产品是否有缺陷、该缺陷与损害后果之间是否存在因果关系以及原因力的大小；

（五）患者损伤残疾程度；

（六）患者的护理期、休息期、营养期；

（七）其他专门性问题。

鉴定要求包括鉴定人的资质、鉴定人的组成、鉴定程序、鉴定意见、鉴定期限等。

6.《最高人民法院关于审理环境民事公益诉讼案件适用法律若干问题的解释》（法释〔2015〕1号，20150107；经法释〔2020〕20号修正，20210101）

第十四条 对于审理环境民事公益诉讼案件需要的证据，人民法院认为必要的，应当调查收集。

对于应当由原告承担举证责任且为维护社会公共利益所必要的专门性问题，人民法院可以委托具备资格的鉴定人进行鉴定。

7.《最高人民法院关于审理建设工程施工合同纠纷案件适用法律问题的解释（一）》（法释〔2020〕25号，20210101）

第二十八条 当事人约定按照固定价结算工程价款，一方当事人请求对建设工程造价进行鉴定的，人民法院不予支持。

第二十九条 当事人在诉讼前已经对建设工程价款结算达成协议，诉讼中一方当事人申请对工程造价进行鉴定的，人民法院不予准许。

第三十条 当事人在诉讼前共同委托有关机构、人员对建设工程造价出具咨询意见，诉讼中一方当事人不认可该咨询意见申请鉴定的,人民法院应予准许,但双方当事人明确表示受该咨询意见约束的除外。

第三十一条 当事人对部分案件事实有争议的,仅对有争议的事实进行鉴定,但争议事实范围不能确定,或者双方当事人请求对全部事实鉴定的除外。

第三十二条 当事人对工程造价、质量、修复费用等专门性问题有争议,人民法院认为需要鉴定的,应当向负有举证责任的当事人释明。当事人经释明未申请鉴定,虽申请鉴定但未支付鉴定费用或者拒不提供相关材料的,应当承担举证不能的法律后果。

一审诉讼中负有举证责任的当事人未申请鉴定,虽申请鉴定但未支付鉴定费用或者拒不提供相关材料,二审诉讼中申请鉴定,人民法院认为确有必要的,应当依照民事诉讼法第一百七十条①第一款第三项的规定处理。

第三十三条 人民法院准许当事人的鉴定申请后,应当根据当事人申请及查明案件事实的需要,确定委托鉴定的事项、范围、鉴定期限等,并组织当事人对争议的鉴定材料进行质证。

8.《最高人民法院关于审理侵害植物新品种权纠纷案件具体应用法律问题的若干规定(二)》(法释〔2021〕14号,20210707)

第二十条 侵害品种权纠纷案件涉及的专门性问题需要鉴定的,由当事

人在相关领域鉴定人名录或者国务院农业、林业主管部门向人民法院推荐的鉴定人中协商确定;协商不成的,由人民法院从中指定。

【司法文件】

1.《最高人民法院对外委托鉴定、评估、拍卖等工作管理规定》(法办发〔2007〕5号,20070901)

第一章 总 则

第一条 为规范最高人民法院对外委托鉴定、评估、拍卖等工作,保护当事人的合法权益,维护司法公正,根据《中华人民共和国刑事诉讼法》、《中华人民共和国民事诉讼法》、《中华人民共和国行政诉讼法》、《全国人大常委会关于司法鉴定管理问题的决定》和《最高人民法院关于地方各级人民法院设立司法技术辅助工作机构的通知》的规定,结合最高人民法院对外委托鉴定、评估、拍卖等工作实际,制定本规定。

第二条 对外委托鉴定、评估、拍卖等工作是指人民法院审判和执行工作中委托专门机构或专家进行鉴定、检验、评估、审计、拍卖、变卖和指定破产清算管理人等工作,并进行监督协调的司法活动。

第三条 最高人民法院司法辅助

① 对应2023年《民事诉讼法》第177条。——编者注

工作部门负责统一办理审判、执行工作中需要对外委托鉴定、检验、评估、审计、拍卖、变卖和指定破产清算管理人等工作。

第四条 涉及到举证时效、证据的质证与采信、评估基准日、拍卖保留价的确定,拍卖撤回、暂缓与中止等影响当事人相关权利义务的事项由审判、执行部门决定。

第五条 对外委托鉴定、评估、拍卖等工作按照公开、公平、择优的原则,实行对外委托名册制度,最高人民法院司法辅助工作部门负责《最高人民法院司法技术专业机构、专家名册》(以下简称《名册》)的编制和对入册专业机构、专家的工作情况进行监督和协调。

第二章 收 案

第六条 最高人民法院的审判、执行部门在工作中对需要进行对外委托鉴定、检验、评估、审计、拍卖、变卖和指定破产清算管理人等工作的,应当制作《对外委托工作交接表》(格式表附后),同相关材料一起移送司法辅助工作部门。

地方各级人民法院和专门人民法院需要委托最高人民法院对外委托鉴定、评估、拍卖等工作的,应当层报最高人民法院。

第七条 对外委托鉴定、检验、评估、审计、变卖和指定破产清算管理人等工作时,应当移交以下材料:

(一)相关的卷宗材料;

(二)经法庭质证确认的当事人举证材料;

(三)法院依职权调查核实的材料;

(四)既往鉴定、检验、评估、审计、变卖和指定破产清算管理人报告文书;

(五)申请方当事人和对方当事人及其辩护人、代理人的通讯地址、联系方式,代理人的代理权限;

(六)与对外委托工作有关的其他材料。

第八条 对外委托拍卖的案件移送时应当移交以下材料:

(一)执行所依据的法律文书;

(二)拍卖财产的评估报告副本和当事人确认价格的书面材料;

(三)拍卖标的物的相关权属证明复印件;

(四)拍卖标的物的来源和瑕疵情况说明;

(五)拍卖财产现状调查表;

(六)当事人授权书复印件;

(七)当事人及其他相关权利人的基本情况及联系方式;

(八)被执行人履行债务的情况说明。

第九条 对外委托的收案工作由司法辅助工作部门的专门人员负责,按以下程序办理:

(一)审查移送手续是否齐全;

(二)审查、核对移送材料是否齐全,是否符合要求;

(三)制作案件移送单并签名,报司法辅助工作部门负责人签字并加盖部门公章。由司法辅助工作部门和审判、执行部门各存一份备查；

（四）进行收案登记。

第十条　司法辅助工作部门负责人指定对外委托案件的监督、协调员。监督、协调员分为主办人和协办人。

主办人负责接收案件，保管对外委托的卷宗等材料，按照委托要求与协办人办理对外委托工作；协办人应积极配合主办人完成工作。

第十一条　主办人接到案件后应在 3 个工作日内提出初审意见，对不具备委托条件的案件应制作《不予委托意见书》说明理由，报司法辅助工作部门负责人审批后，办理结案手续，并于 3 个工作日内将案件材料退回审判、执行部门。

第三章　选择专业机构与委托

第十二条　选择鉴定、检验、评估、审计专业机构，指定破产清算管理人实行协商选择与随机选择相结合的方式。选择拍卖专业机构实行随机选择的方式。

凡需要由人民法院依职权指定的案件由最高人民法院司法辅助工作部门按照随机的方式，选择对外委托的专业机构，然后进行指定。

第十三条　司法辅助工作部门专门人员收案后，除第十一条第二款的情况外，应当在 3 个工作日内采取书面、电传等有效方式，通知当事人按指定的时间、地点选择专业机构或专家。

第十四条　当事人不按时到场，也

未在规定期间内以书面形式表达意见的，视为放弃选择专业机构的权利。

第十五条　选择专业机构在司法辅助工作部门专门人员的主持下进行，选择结束后，当事人阅读选择专业机构笔录，并在笔录上签字。

第十六条　协商选择程序如下：

（一）专门人员告知当事人在选择程序中的权利、义务；

（二）专门人员向当事人介绍《名册》中相关专业的所有专业机构或专家的情况。当事人听取介绍后协商选择双方认可的专业机构或专家，并告知专门人员和监督、协调员；

（三）当事人协商一致选择名册以外的专业机构或专家的，司法辅助工作部门应对选择的专业机构进行资质、诚信、能力的程序性审查，并告知双方应承担的委托风险；

（四）审查中发现专业机构或专家没有资质或有违法违规行为的，应当要求双方当事人重新选择；

（五）发现双方当事人选择有可能损害国家利益、集体利益或第三方利益的，应当终止协商选择程序，采用随机选择方式；

（六）有下列情形之一的，采用随机选择方式：

1. 当事人都要求随机选择的；

2. 当事人双方协商不一致的；

3. 一方当事人表示放弃协商选择权利，或一方当事人无故缺席的。

第十七条　随机选择程序主要有

两种：

（一）计算机随机法

1. 计算机随机法应当统一使用最高人民法院确定的随机软件；

2. 选择前，专门人员应当向当事人介绍随机软件原理、操作过程等基本情况，并进行操作演示；

3. 专门人员从计算机预先录入的《名册》中选择所有符合条件的专业机构或专家列入候选名单；

4. 启动随机软件，最终选定的候选者当选。

（二）抽签法

1. 专门人员向当事人说明抽签的方法及相关事项；

2. 专门人员根据移送案件的需要，从《名册》中选出全部符合要求的候选名单，并分别赋予序号；

3. 当事人全部到场的，首先确定做签者和抽签者，由专门人员采用抛硬币的方法确定一方的当事人为做签者，另外一方当事人为抽签者。做签者按候选者的序号做签，抽签者抽签后当场交给专门人员验签。专门人员验签后应当将余签向当事人公示；

4. 当事人一方不能到场的，由专门人员做签，到场的当事人抽签。当事人抽签后，专门人员当场验签确定，并将余签向当事人公示。

第十八条 名册中的专业机构仅有一家时，在不违反回避规定的前提下，即为本案的专业机构。

第十九条 专业机构或专家确定

后，当事人应当签字确认。对没有到场的当事人应先通过电话、传真送达，再邮寄送达。

第二十条 采用指定方法选择的，司法辅助工作部门负责人到场监督，专门人员应向当事人出示《名册》中所有相关专业机构或专家的名单，由专门人员采用计算机随机法、抽签法中的一种方法选择专业机构或专家。

第二十一条 指定选择时，对委托要求超出《名册》范围的，专门人员应根据委托要求从具有相关专业资质的专业机构或专家中选取，并征求当事人意见。当事人也可以向本院提供相关专业机构或专家的信息，经专门人员审查认为符合委托条件的，应当听取其他当事人意见。

第二十二条 重大、疑难、复杂案件的委托事项，选择专业机构或专家时，应邀请院领导或纪检监察部门和审判、执行部门人员到场监督。

第二十三条 应当事人或合议庭的要求，对重大、疑难、复杂或涉及多学科的专门性问题，司法技术辅助工作部门可委托有资质的专业机构组织相关学科的专家进行鉴定。

组织鉴定由3名以上总数为单数的专家组组成。

第二十四条 专业机构确定后，监督、协调员应在3个工作日内通知专业机构审查材料，专业机构审查材料后同意接受委托的，办理委托手续，并由专业机构出具接受材料清单交监督、协调员存留。审查材料后不接受委托的，通知当事人在 3 个工作日内重新选择或者由司法辅助工作部门重新指定。

第二十五条 向非拍卖类专业机构出具委托书时，应当明确委托要求、委托期限、送检材料、违约责任，以及标的物的名称、规格、数量等情况。

向拍卖机构出具委托书时，应当明确拍卖标的物的来源、存在的瑕疵、拍卖保留价、保证金及价款的支付方式、期限，写明对标的物瑕疵不承担担保责任，并附有该案的民事判决书、执行裁定书、拍卖标的物清单及评估报告复印件等文书资料。

委托书应当统一加盖最高人民法院司法辅助工作部门对外委托专用章。

第二十六条 司法精神疾病鉴定在正式对外委托前，监督、协调员应当根据委托要求和专业机构鉴定所需的被鉴定人基本情况，做委托前的先期调查工作，将所调查的材料与其它委托材料一并交专业机构。监督、协调员应在调查材料上签名。

第二十七条 监督、协调员向专业机构办理移交手续后，应于 3 个工作日内通知双方当事人，按指定时间、地点在监督、协调员主持下与专业机构商谈委托费用。委托费用主要由当事人与专业机构协商，委托费用数额应结合案件实际情况，以参照行业标准为主，协商为辅的方式进行，监督、协调员不得干涉。报价悬殊较大时，监督、协调员可以调解。对故意乱要价的要制止。

确定委托费用数额后，交费一方当事人于 3 个工作日内将委托费用交付委托方。

对于当事人无故逾期不缴纳委托费用的，可中止委托，并书面告知专业机构；当事人即时缴纳委托费用的，仍由原专业机构继续进行鉴定。

第二十八条 对于商谈后不能确定委托费用的，监督、协调员应告知双方当事人可重新启动选择专业机构程序，重新选择专业机构。

公诉案件的对外委托费用在人民法院的预算费用中支付。

第四章 监督协调

第二十九条 专业机构接受委托后，监督、协调员应当审查专业机构专家的专业、执业资格，对不具有相关资质的应当要求换人。专业机构坚持指派不具有资质的专家从事委托事项的，经司法辅助工作部门负责人批准后撤回对该机构的委托，重新选择专业机构。

第三十条 对外委托的案件需要勘验现场的，监督、协调员应提前 3 个工作日通知专业机构和当事人。任何一方当事人无故不到场的，不影响勘验工作的进行。勘验应制作勘验笔录。

第三十一条 需要补充材料的，应由监督、协调员通知审判或执行部门依照法律法规提供。补充的材料须经法庭质证确认或主办法官审核签字。当事人私自向专业机构或专家个人送交的材料不得作为鉴定的依据。

第三十二条 专业机构出具报告

初稿,送交监督、协调员。需要听证的,监督、协调员应在 3 个工作日内通知专业机构及当事人进行听证,并做好记录。对报告初稿有异议的当事人,应在规定期限内提出证据和书面材料,期限由监督、协调员根据案情确定,最长不得超过 10 个工作日。

第三十三条 对当事人提出的异议及证据材料,专业机构应当认真审查,自主决定是否采纳,并说明理由。需要进行调查询问时,由监督、协调员与专业机构共同进行,专业机构不得单独对当事人进行调查询问。

第三十四条 专业机构一般应在接受委托后的 30 个工作日内完成工作,重大、疑难、复杂的案件在 60 个工作日内完成。因委托中止在规定期限内不能完成,需要延长期限的,专业机构应当提交书面申请,并按法院重新确定的时间完成受委托工作。

第三十五条 专业机构在规定时间内没有完成受委托的工作,经二次延长时间后仍不能完成的,应终止委托,收回委托材料及全部委托费用,并通知当事人重新选择专业机构。对不能按时完成委托工作的专业机构,一年内不再向其委托。

第三十六条 对外委托拍卖案件时,监督、协调员应当履行以下职责:

(一)审查拍卖师执业资格;

(二)监督拍卖展示是否符合法律规定;

(三)监督拍卖机构是否按照拍卖

期限发布拍卖公告;并对拍卖公告的内容进行审核;

(四)检查拍卖人对竞买人的登记记录;

(五)审查拍卖人是否就拍卖标的物瑕疵向竞买人履行了告知义务;

(六)定向拍卖时审查竞买人的资格或者条件;

(七)审查优先购买权人的权利是否得到保障;

(八)拍卖多项财产时,其中部分财产卖得的价款足以清偿债务和支付相关费用的,审查对剩余财产的拍卖是否符合规定;对不可分或分别拍卖可能严重减损其价值的,监督拍卖机构是否采用了合并拍卖的方式;

(九)审查是否有暂缓、撤回、停止拍卖的情况出现;

(十)拍卖成交后,监督买受人是否在规定期限内交付价款;

(十一)审核拍卖报告的内容及所附材料是否全面妥当;

(十二)监督拍卖机构是否有其他违反法律法规的行为。

第五章 结　案

第三十七条 对外委托案件应当以出具鉴定报告、审计报告、评估报告、清算报告等报告形式结案,或者以拍卖成交、流拍、变卖、终止委托或不予委托的方式结案。

第三十八条 以出具报告形式结案的,监督、协调员应在收到正式报告后 5 个工作日内制作委托工作报告,载明委托部门或单位、委托内容及要求、选择专业机构的方式方法、专业机构的工作过程、对其监督情况等事项，报告书由监督、协调员署名；经司法辅助工作部门负责人签发后加盖司法辅助工作部门印章；填写案件移送清单，与委托材料、委托结论报告、委托工作报告等一并送负责收案的专门人员，由其移送委托方。

第三十九条　具有下列情形之一，影响对外委托工作期限的，应当中止委托：

（一）确因环境因素（如台风、高温）暂时不能进行鉴定工作的；

（二）暂时无法进行现场勘验的；

（三）暂时无法获取必要的资料的；

（四）其他情况导致对外委托工作暂时无法进行的。

第四十条　具有下列情形之一的，应当终结对外委托：

（一）无法获取必要材料的；

（二）申请人不配合的；

（三）当事人撤诉或调解结案的；

（四）其它情况致使委托事项无法进行的。

第四十一条　中止对外委托和终结对外委托的，都应向审判、执行部门出具正式的说明书。

第六章　编制与管理人民法院专业机构、专家名册

第四十二条　法医、物证、声像资料三类鉴定的专业机构名册从司法行政管理部门编制的名册中选录编制。其他类别的专业机构、专家名册由相关行业协会或主管部门推荐，按照公开、公平、择优的原则选录编制。

名册中同专业的专业机构应不少于3个，同专业的专业机构不足3个的除外。

第四十三条　司法辅助工作部门应对名册中的专业机构、专家履行义务的情况进行监督。对不履行法定义务或者违反相关规定的专业机构，司法辅助工作部门应当及时予以指正，视情节轻重，停止其一次至多次候选资格；对乱收鉴定费、故意出具错误鉴定结论、不依法履行出庭义务的，撤销其入册资格，通报给司法行政管理部门和行业协会或行业主管部门；对情节恶劣，造成严重后果的，应报有关部门追究其法律责任。

第七章　回　避

第四十四条　监督、协调员有下列情形之一的，应当主动申请回避，当事人也有权申请回避：

（一）是本案的当事人或者当事人的近亲属的；

（二）本人或其近亲属和本案有利害关系的；

（三）本人或其近亲属担任过本案的证人、鉴定人、勘验人、辩护人或诉讼代理人的；

（四）本人的近亲属在将要选择的相关类专业机构工作的；

（五）向本案的当事人推荐专业机

构的；

（六）与本案当事人有其他关系，可能影响对案件进行公正处理的。

第四十五条 监督、协调员有第四十四条规定的回避情形的，应在1个工作日内主动提出回避申请，报司法辅助工作部门负责人审批。

第四十六条 发现专业机构有需要回避的情形时，监督、协调员应向司法辅助工作部门负责人提出重新选择专业机构的建议，由司法辅助工作部门负责人批准后重新选择专业机构。专业机构的承办人员有回避情形的，监督、协调员应当要求专业机构更换承办人员。

第八章 附　　则

第四十七条 法院工作人员在对外委托司法辅助工作中有以下行为的，按照《人民法院违法审判责任追究办法（试行）》和《人民法院审判纪律处分办法（试行）》追究责任：

（一）泄露审判机密；

（二）要求当事人选择某一专业机构；

（三）与专业机构或当事人恶意串通损害他人合法权益；

（四）接受当事人或专业机构的吃请、钱物等不正当利益；

（五）违反工作程序或故意不作为；

（六）未经司法辅助工作部门擅自对外委托；

（七）其他违法违纪行为。

构成犯罪的，依法追究其刑事责任。

2.《最高人民法院关于人民法院民事诉讼中委托鉴定审查工作若干问题的规定》（法〔2020〕202号，20200901）

一、对鉴定事项的审查

1.严格审查拟鉴定事项是否属于查明案件事实的专门性问题，有下列情形之一的，人民法院不予委托鉴定：

（1）通过生活常识、经验法则可以推定的事实；

（2）与待证事实无关联的问题；

（3）对证明待证事实无意义的问题；

（4）应当由当事人举证的非专门性问题；

（5）通过法庭调查、勘验等方法可以查明的事实；

（6）对当事人责任划分的认定；

（7）法律适用问题；

（8）测谎；

（9）其他不适宜委托鉴定的情形。

2.拟鉴定事项所涉鉴定技术和方法争议较大的，应当先对其鉴定技术和方法的科学可靠性进行审查。所涉鉴定技术和方法没有科学可靠性的，不予委托鉴定。

二、对鉴定材料的审查

3.严格审查鉴定材料是否符合鉴定要求，人民法院应当告知当事人不提供符合要求鉴定材料的法律后果。

4.未经法庭质证的材料（包括补充

材料），不得作为鉴定材料。

当事人无法联系、公告送达或当事人放弃质证的，鉴定材料应当经合议庭确认。

5. 对当事人有争议的材料，应当由人民法院予以认定，不得直接交由鉴定机构、鉴定人选用。

三、对鉴定机构的审查

6. 人民法院选择鉴定机构，应当根据法律、司法解释等规定，审查鉴定机构的资质、执业范围等事项。

7. 当事人协商一致选择鉴定机构的，人民法院应当审查协商选择的鉴定机构是否具备鉴定资质及符合法律、司法解释等规定。发现双方当事人的选择有可能损害国家利益、集体利益或第三方利益的，应当终止协商选择程序，采用随机方式选择。

8. 人民法院应当要求鉴定机构在接受委托后 5 个工作日内，提交鉴定方案、收费标准、鉴定人情况和鉴定人承诺书。

重大、疑难、复杂鉴定事项可适当延长提交期限。

鉴定人拒绝签署承诺书的，人民法院应当要求更换鉴定人或另行委托鉴定机构。

四、对鉴定人的审查

9. 人民法院委托鉴定机构指定鉴定人的，应当严格依照法律、司法解释等规定，对鉴定人的专业能力、从业经验、业内评价、执业范围、鉴定资格、资质证书有效期以及是否有依法回避的

情形等进行审查。

特殊情形人民法院直接指定鉴定人的，依照前款规定进行审查。

五、对鉴定意见书的审查

10. 人民法院应当审查鉴定意见书是否具备《最高人民法院关于民事诉讼证据的若干规定》第三十六条规定的内容。

11. 鉴定意见书有下列情形之一的，视为未完成委托鉴定事项，人民法院应当要求鉴定人补充鉴定或重新鉴定：

（1）鉴定意见和鉴定意见书的其他部分相互矛盾的；

（2）同一认定意见使用不确定性表述的；

（3）鉴定意见书有其他明显瑕疵的。

补充鉴定或重新鉴定仍不能完成委托鉴定事项的，人民法院应当责令鉴定人退回已经收取的鉴定费用。

六、加强对鉴定活动的监督

12. 人民法院应当向当事人释明不按期预交鉴定费用及鉴定人出庭费用的法律后果，并对鉴定机构、鉴定人收费情况进行监督。

公益诉讼可以申请暂缓交纳鉴定费用和鉴定人出庭费用。

符合法律援助条件的当事人可以申请暂缓或减免交纳鉴定费用和鉴定人出庭费用。

13. 人民法院委托鉴定应当根据鉴定事项的难易程度、鉴定材料准备情

况,确定合理的鉴定期限,一般案件鉴定时限不超过 30 个工作日,重大、疑难、复杂案件鉴定时限不超过 60 个工作日。

鉴定机构、鉴定人因特殊情况需要延长鉴定期限的,应当提出书面申请,人民法院可以根据具体情况决定是否延长鉴定期限。

鉴定人未按期提交鉴定书的,人民法院应当审查鉴定人是否存在正当理由。如无正当理由且人民法院准许当事人申请另行委托鉴定的,应当责令原鉴定机构、鉴定人退回已经收取的鉴定费用。

14. 鉴定机构、鉴定人超范围鉴定、虚假鉴定、无正当理由拖延鉴定、拒不出庭作证、违规收费以及有其他违法违规情形的,人民法院可以根据情节轻重,对鉴定机构、鉴定人予以暂停委托、责令退还鉴定费用、从人民法院委托鉴定专业机构、专业人员备选名单中除名等惩戒,并向行政主管部门或者行业协会发出司法建议。鉴定机构、鉴定人存在违法犯罪情形的,人民法院应当将有关线索材料移送公安、检察机关处理。

人民法院建立鉴定人黑名单制度。鉴定机构、鉴定人有前款情形的,可列入鉴定人黑名单。鉴定机构、鉴定人被列入黑名单期间,不得进入人民法院委托鉴定专业机构、专业人员备选名单和相关信息平台。

15. 人民法院应当充分运用委托鉴定信息平台加强对委托鉴定工作的管理。

16. 行政诉讼中人民法院委托鉴定,参照适用本规定。

3.《最高人民法院、司法部关于建立司法鉴定管理与使用衔接机制的意见》(司发通〔2016〕98 号,20161009)

一、加强沟通协调,促进司法鉴定管理与使用良性互动

建立司法鉴定管理与使用衔接机制,规范司法鉴定工作,提高司法鉴定质量,是发挥司法鉴定作用,适应以审判为中心的诉讼制度改革的重要举措。人民法院和司法行政机关要充分认识司法鉴定管理与使用衔接机制对于促进司法公正、提高审判质量与效率的重要意义,立足各自职能定位,加强沟通协调,共同推动司法鉴定工作健康发展,确保审判活动的顺利进行。

司法行政机关要严格按照《决定》规定履行登记管理职能,切实加强对法医类、物证类、声像资料、环境损害司法鉴定以及根据诉讼需要由司法部商最高人民法院、最高人民检察院确定的其他应当实行登记管理的鉴定事项的管理,严格把握鉴定机构和鉴定人准入标准,加强对鉴定能力和质量的管理,规范鉴定行为,强化执业监管,健全淘汰退出机制,清理不符合规定的鉴定机构和鉴定人,推动司法鉴定工作依法有序进行。

人民法院要根据审判工作需要,规范鉴定委托,完善鉴定材料的移交程

序,规范技术性证据审查工作,规范庭审质证程序,指导和保障鉴定人出庭作证,加强审查判断鉴定意见的能力,确保司法公正。

人民法院和司法行政机关要以问题为导向,进一步理顺司法活动与行政管理的关系,建立常态化的沟通协调机制,开展定期和不定期沟通会商,协调解决司法鉴定委托与受理、鉴定人出庭作证等实践中的突出问题,不断健全完善相关制度。

人民法院和司法行政机关要积极推动信息化建设,建立信息交流机制,开展有关司法鉴定程序规范、名册编制、公告等政务信息和相关资料的交流传阅,加强鉴定机构和鉴定人执业资格、能力评估、奖惩记录、鉴定人出庭作证等信息共享,推动司法鉴定管理与使用相互促进。

二、完善工作程序,规范司法鉴定委托与受理

委托与受理是司法鉴定的关键环节,是保障鉴定活动顺利实施的重要条件。省级司法行政机关要适应人民法院委托鉴定需要,依法科学、合理编制鉴定机构和鉴定人名册,充分反映鉴定机构和鉴定人的执业能力和水平,在向社会公告的同时,提供多种获取途径和检索服务,方便人民法院委托鉴定。

人民法院要加强对委托鉴定事项特别是重新鉴定事项的必要性和可行性的审查,择优选择与案件审理要求相适应的鉴定机构和鉴定人。

司法行政机关要严格规范鉴定受理程序和条件,明确鉴定机构不得违规接受委托;无正当理由不得拒绝接受人民法院的鉴定委托;接受人民法院委托鉴定后,不得私自接受当事人提交而未经人民法院确认的鉴定材料;鉴定机构应规范鉴定材料的接收和保存,实现鉴定过程和检验材料流转的全程记录和有效控制;鉴定过程中需要调取或者补充鉴定材料的,由鉴定机构或者当事人向委托法院提出申请。

三、加强保障监督,确保鉴定人履行出庭作证义务

鉴定人出庭作证对于法庭通过质证解决鉴定意见争议具有重要作用。人民法院要加强对鉴定意见的审查,通过强化法庭质证解决鉴定意见争议,完善鉴定人出庭作证的审查、启动和告知程序,在开庭前合理期限以书面形式告知鉴定人出庭作证的相关事项。人民法院要为鉴定人出庭提供席位、通道等,依法保障鉴定人出庭作证时的人身安全及其他合法权益。经人民法院同意,鉴定人可以使用视听传输技术或者同步视频作证室等作证。刑事法庭可以配置同步视频作证室,供依法应当保护或其他确有保护必要的鉴定人作证时使用,并可采取不暴露鉴定人外貌、真实声音等保护措施。

鉴定人在人民法院指定日期出庭发生的交通费、住宿费、生活费和误工补贴,按照国家有关规定应当由当事人承担的,由人民法院代为收取。

司法行政机关要监督、指导鉴定人依法履行出庭作证义务。对于无正当理由拒不出庭作证的，要依法严格查处，追究鉴定人和鉴定机构及机构代表人的责任。

四、严处违法违规行为，维持良好司法鉴定秩序

司法鉴定事关案件当事人切身利益，对于司法鉴定违法违规行为必须及时处置，严肃查处。司法行政机关要加强司法鉴定监督，完善处罚规则，加大处罚力度，促进鉴定人和鉴定机构规范执业。监督信息应当向社会公开。鉴定人和鉴定机构对处罚决定有异议的，可依法申请行政复议或者提起行政诉讼。人民法院在委托鉴定和审判工作中发现鉴定机构或鉴定人存在违规受理、无正当理由不按照规定或约定时限完成鉴定、经人民法院通知无正当理由拒不出庭作证等违法违规情形的，可暂停委托其从事人民法院司法鉴定业务，并告知司法行政机关或发出司法建议书。司法行政机关按照规定的时限调查处理，并将处理结果反馈人民法院。鉴定人或者鉴定机构经依法认定有故意作虚假鉴定等严重违法行为的，由省级人民政府司法行政部门给予停止从事司法鉴定业务三个月至一年的处罚；情节严重的，撤销登记；构成犯罪的，依法追究刑事责任；人民法院可视情节不再委托其从事人民法院司法鉴定业务；在执业活动中因故意或者重大过失给当事人造成损失的，依法承担民事责任。

人民法院和司法行政机关要根据本地实际情况，切实加强沟通协作，根据本意见建立灵活务实的司法鉴定管理与使用衔接机制，发挥司法鉴定在促进司法公正、提高司法公信力、维护公民合法权益和社会公平正义中的重要作用。

【其他规定】

《司法鉴定程序通则》（司法部，司法部令第 132 号，20160501）

第一章　总　　则

第一条　为了规范司法鉴定机构和司法鉴定人的司法鉴定活动，保障司法鉴定质量，保障诉讼活动的顺利进行，根据《全国人民代表大会常务委员会关于司法鉴定管理问题的决定》和有关法律、法规的规定，制定本通则。

第二条　司法鉴定是指在诉讼活动中鉴定人运用科学技术或者专门知识对诉讼涉及的专门性问题进行鉴别和判断并提供鉴定意见的活动。司法鉴定程序是指司法鉴定机构和司法鉴定人进行司法鉴定活动的方式、步骤以及相关规则的总称。

第三条　本通则适用于司法鉴定机构和司法鉴定人从事各类司法鉴定业务的活动。

第四条　司法鉴定机构和司法鉴定人进行司法鉴定活动，应当遵守法律、法规、规章，遵守职业道德和执业纪

律、尊重科学,遵守技术操作规范。

第五条　司法鉴定实行鉴定人负责制度。司法鉴定人应当依法独立、客观、公正地进行鉴定,并对自己作出的鉴定意见负责。司法鉴定人不得违反规定会见诉讼当事人及其委托的人。

第六条　司法鉴定机构和司法鉴定人应当保守在执业活动中知悉的国家秘密、商业秘密,不得泄露个人隐私。

第七条　司法鉴定人在执业活动中应当依照有关诉讼法律和本通则规定实行回避。

第八条　司法鉴定收费执行国家有关规定。

第九条　司法鉴定机构和司法鉴定人进行司法鉴定活动应当依法接受监督。对于有违反有关法律、法规、规章规定行为的,由司法行政机关依法给予相应的行政处罚;对于有违反司法鉴定行业规范行为的,由司法鉴定协会给予相应的行业处分。

第十条　司法鉴定机构应当加强对司法鉴定人执业活动的管理和监督。司法鉴定人违反本通则规定的,司法鉴定机构应当予以纠正。

第二章　司法鉴定的委托与受理

第十一条　司法鉴定机构应当统一受理办案机关的司法鉴定委托。

第十二条　委托人委托鉴定的,应当向司法鉴定机构提供真实、完整、充分的鉴定材料,并对鉴定材料的真实性、合法性负责。司法鉴定机构应当核对并记录鉴定材料的名称、种类、数量、性状、保存状况、收到时间等。

诉讼当事人对鉴定材料有异议的,应当向委托人提出。

本通则所称鉴定材料包括生物检材和非生物检材、比对样本材料以及其他与鉴定事项有关的鉴定资料。

第十三条　司法鉴定机构应当自收到委托之日起七个工作日内作出是否受理的决定。对于复杂、疑难或者特殊鉴定事项的委托,司法鉴定机构可以与委托人协商决定受理的时间。

第十四条　司法鉴定机构应当对委托鉴定事项、鉴定材料等进行审查。对属于本机构司法鉴定业务范围,鉴定用途合法,提供的鉴定材料能够满足鉴定需要的,应当受理。

对于鉴定材料不完整、不充分,不能满足鉴定需要的,司法鉴定机构可以要求委托人补充;经补充后能够满足鉴定需要的,应当受理。

第十五条　具有下列情形之一的鉴定委托,司法鉴定机构不得受理:

(一)委托鉴定事项超出本机构司法鉴定业务范围的;

(二)发现鉴定材料不真实、不完整、不充分或者取得方式不合法的;

(三)鉴定用途不合法或者违背社会公德的;

(四)鉴定要求不符合司法鉴定执业规则或者相关鉴定技术规范的;

(五)鉴定要求超出本机构技术条件或者鉴定能力的;

(六)委托人就同一鉴定事项同时

委托其他司法鉴定机构进行鉴定的；

（七）其他不符合法律、法规、规章规定的情形。

第十六条 司法鉴定机构决定受理鉴定委托的，应当与委托人签订司法鉴定委托书。司法鉴定委托书应当载明委托人名称、司法鉴定机构名称、委托鉴定事项、是否属于重新鉴定、鉴定用途、与鉴定有关的基本案情、鉴定材料的提供和退还、鉴定风险，以及双方商定的鉴定时限、鉴定费用及收取方式、双方权利义务等其他需要载明的事项。

第十七条 司法鉴定机构决定不予受理鉴定委托的，应当向委托人说明理由，退还鉴定材料。

第三章 司法鉴定的实施

第十八条 司法鉴定机构受理鉴定委托后，应当指定本机构具有该鉴定事项执业资格的司法鉴定人进行鉴定。

委托人有特殊要求的，经双方协商一致，也可以从本机构中选择符合条件的司法鉴定人进行鉴定。

委托人不得要求或者暗示司法鉴定机构、司法鉴定人按其意图或者特定目的提供鉴定意见。

第十九条 司法鉴定机构对同一鉴定事项，应当指定或者选择二名司法鉴定人进行鉴定；对复杂、疑难或者特殊鉴定事项，可以指定或者选择多名司法鉴定人进行鉴定。

第二十条 司法鉴定人本人或者其近亲属与诉讼当事人、鉴定事项涉及的案件有利害关系，可能影响其独立、客观、公正进行鉴定的，应当回避。

司法鉴定人曾经参加过同一鉴定事项鉴定的，或者曾经作为专家提供过咨询意见的，或者曾被聘请为有专门知识的人参与过同一鉴定事项法庭质证的，应当回避。

第二十一条 司法鉴定人自行提出回避的，由其所属的司法鉴定机构决定；委托人要求司法鉴定人回避的，应当向该司法鉴定人所属的司法鉴定机构提出，由司法鉴定机构决定。

委托人对司法鉴定机构作出的司法鉴定人是否回避的决定有异议的，可以撤销鉴定委托。

第二十二条 司法鉴定机构应当建立鉴定材料管理制度，严格监控鉴定材料的接收、保管、使用和退还。

司法鉴定机构和司法鉴定人在鉴定过程中应当严格依照技术规范保管和使用鉴定材料，因严重不负责任造成鉴定材料损毁、遗失的，应当依法承担责任。

第二十三条 司法鉴定人进行鉴定，应当依下列顺序遵守和采用该专业领域的技术标准、技术规范和技术方法：

（一）国家标准；

（二）行业标准和技术规范；

（三）该专业领域多数专家认可的技术方法。

第二十四条 司法鉴定人有权了解进行鉴定所需的案件材料，可以查阅、复制相关资料,必要时可以询问诉讼当事人、证人。

经委托人同意,司法鉴定机构可以派员到现场提取鉴定材料。现场提取鉴定材料应当由不少于二名司法鉴定机构的工作人员进行,其中至少一名应为该鉴定事项的司法鉴定人。现场提取鉴定材料时,应当有委托人指派或者委托的人员在场见证并在提取记录上签名。

第二十五条 鉴定过程中,需要对无民事行为能力人或者限制民事行为能力人进行身体检查的,应当通知其监护人或者近亲属到场见证;必要时,可以通知委托人到场见证。

对被鉴定人进行法医精神病鉴定的,应当通知委托人或者被鉴定人的近亲属或者监护人到场见证。

对需要进行尸体解剖的,应当通知委托人或者死者的近亲属或者监护人到场见证。

到场见证人员应当在鉴定记录上签名。见证人员未到场,司法鉴定人不得开展相关鉴定活动,延误时间不计入鉴定时限。

第二十六条 鉴定过程中,需要对被鉴定人身体进行法医临床检查的,应当采取必要措施保护其隐私。

第二十七条 司法鉴定人应当对鉴定过程进行实时记录并签名。记录可以采取笔记、录音、录像、拍照等方式。记录应当载明主要的鉴定方法和过程,检查、检验、检测结果,以及仪器设备使用情况等。记录的内容应当真实、客观、准确、完整、清晰,记录的文本资料、音像资料等应当存入鉴定档案。

第二十八条 司法鉴定机构应当自司法鉴定委托书生效之日起三十个工作日内完成鉴定。

鉴定事项涉及复杂、疑难、特殊技术问题或者鉴定过程需要较长时间的,经本机构负责人批准,完成鉴定的时限可以延长,延长时限一般不得超过三十个工作日。鉴定时限延长的,应当及时告知委托人。

司法鉴定机构与委托人对鉴定时限另有约定的,从其约定。

在鉴定过程中补充或者重新提取鉴定材料所需的时间,不计入鉴定时限。

第二十九条 司法鉴定机构在鉴定过程中,有下列情形之一的,可以终止鉴定:

(一)发现有本通则第十五条第二项至第七项规定情形的;

(二)鉴定材料发生耗损,委托人不能补充提供的;

(三)委托人拒不履行司法鉴定委托书规定的义务、被鉴定人拒不配合或者鉴定活动受到严重干扰,致使鉴定无法继续进行的;

(四)委托人主动撤销鉴定委托,或者委托人、诉讼当事人拒绝支付鉴定费用的;

(五)因不可抗力致使鉴定无法继续进行的;

（六）其他需要终止鉴定的情形。

终止鉴定的，司法鉴定机构应当书面通知委托人，说明理由并退还鉴定材料。

第三十条 有下列情形之一的，司法鉴定机构可以根据委托人的要求进行补充鉴定：

（一）原委托鉴定事项有遗漏的；

（二）委托人就原委托鉴定事项提供新的鉴定材料的；

（三）其他需要补充鉴定的情形。

补充鉴定是原委托鉴定的组成部分，应当由原司法鉴定人进行。

第三十一条 有下列情形之一的，司法鉴定机构可以接受办案机关委托进行重新鉴定：

（一）原司法鉴定人不具有从事委托鉴定事项执业资格的；

（二）原司法鉴定机构超出登记的业务范围组织鉴定的；

（三）原司法鉴定人应当回避没有回避的；

（四）办案机关认为需要重新鉴定的；

（五）法律规定的其他情形。

第三十二条 重新鉴定应当委托原司法鉴定机构以外的其他司法鉴定机构进行；因特殊原因，委托人也可以委托原司法鉴定机构进行，但原司法鉴定机构应当指定原司法鉴定人以外的其他符合条件的司法鉴定人进行。

接受重新鉴定委托的司法鉴定机构的资质条件应当不低于原司法鉴定机构，进行重新鉴定的司法鉴定人中应当至少有一名具有相关专业高级专业技术职称。

第三十三条 鉴定过程中，涉及复杂、疑难、特殊技术问题的，可以向本机构以外的相关专业领域的专家进行咨询，但最终的鉴定意见应当由本机构的司法鉴定人出具。

专家提供咨询意见应当签名，并存入鉴定档案。

第三十四条 对于涉及重大案件或者特别复杂、疑难、特殊技术问题或者多个鉴定类别的鉴定事项，办案机关可以委托司法鉴定行业协会组织协调多个司法鉴定机构进行鉴定。

第三十五条 司法鉴定人完成鉴定后，司法鉴定机构应当指定具有相应资质的人员对鉴定程序和鉴定意见进行复核；对于涉及复杂、疑难、特殊技术问题或者重新鉴定的鉴定事项，可以组织三名以上的专家进行复核。

复核人员完成复核后，应当提出复核意见并签名，存入鉴定档案。

第四章 司法鉴定意见书的出具

第三十六条 司法鉴定机构和司法鉴定人应当按照统一规定的文本格式制作司法鉴定意见书。

第三十七条 司法鉴定意见书应当由司法鉴定人签名。多人参加的鉴定，对鉴定意见有不同意见的，应当注明。

第三十八条 司法鉴定意见书应当加盖司法鉴定机构的司法鉴定专

用章。

第三十九条　司法鉴定意见书应当一式四份,三份交委托人收执,一份由司法鉴定机构存档。司法鉴定机构应当按照有关规定或者与委托人约定的方式,向委托人发送司法鉴定意见书。

第四十条　委托人对鉴定过程、鉴定意见提出询问的,司法鉴定机构和司法鉴定人应当给予解释或者说明。

第四十一条　司法鉴定意见书出具后,发现有下列情形之一的,司法鉴定机构可以进行补正:

(一)图像、谱图、表格不清晰的;

(二)签名、盖章或者编号不符合制作要求的;

(三)文字表达有瑕疵或者错别字,但不影响司法鉴定意见的。

补正应当在原司法鉴定意见书上进行,由至少一名司法鉴定人在补正处签名。必要时,可以出具补正书。

对司法鉴定意见书进行补正,不得改变司法鉴定意见的原意。

第四十二条　司法鉴定机构应当按照规定将司法鉴定意见书以及有关资料整理立卷、归档保管。

第五章　司法鉴定人出庭作证

第四十三条　经人民法院依法通知,司法鉴定人应当出庭作证,回答与鉴定事项有关的问题。

第四十四条　司法鉴定机构接到出庭通知后,应当及时与人民法院确认司法鉴定人出庭的时间、地点、人数、费用、要求等。

第四十五条　司法鉴定机构应当支持司法鉴定人出庭作证,为司法鉴定人依法出庭提供必要条件。

第四十六条　司法鉴定人出庭作证,应当举止文明,遵守法庭纪律。

第六章　附　　则

第四十七条　本通则是司法鉴定机构和司法鉴定人进行司法鉴定活动应当遵守和采用的一般程序规则,不同专业领域对鉴定程序有特殊要求的,可以依据本通则制定鉴定程序细则。

第四十八条　本通则所称办案机关,是指办理诉讼案件的侦查机关、审查起诉机关和审判机关。

第四十九条　在诉讼活动之外,司法鉴定机构和司法鉴定人依法开展相关鉴定业务的,参照本通则规定执行。

【最高法公报案例】

1. 另案审理中作出的鉴定意见只宜作为本案一般书证[陈某浴与内蒙古昌宇石业有限公司合同纠纷案(2016-3)]

当事人在案件审理中提出的人民法院另案审理中作出的鉴定意见,只宜作为一般书证,根据《民事诉讼法》第76 条(现为第79 条)、第78 条(现为第81 条)的规定,鉴定意见只能在本案审理中依法申请、形成和使用。

2. 伪造、变造签章时如何认定合同文本是否为真实意思表示[建行浦东分行诉中基公司等借款合同纠纷案(2004

-7)]

有争议的合同文本经司法鉴定认定，一方当事人的签名系伪造，印章系变造，且经当事人举证和人民法院查证，均不能证明变造的印章为该当事人自己加盖或授意他人加盖，也不能证明该当事人有明知争议合同文本的存在而不予否认，或者在其他业务活动中使用过变造印章，或者明知他人使用变造印章而不予否认等情形，故不能认定或推定争议合同文本为该当事人真实意思的表示。

第八十条 【鉴定人职责】鉴定人有权了解进行鉴定所需要的案件材料，必要时可以询问当事人、证人。

鉴定人应当提出书面鉴定意见，在鉴定书上签名或者盖章。

【立法·要点注释】

1. 鉴定人实施鉴定，就鉴定所需的案件材料，自然有权予以了解，否则将无从进行鉴定。只要鉴定需要，即使某些材料涉及国家秘密、商业秘密或者个人隐私，经人民法院许可，鉴定人也有权了解。有关当事人在诉讼中应当根据鉴定人的要求，将其掌握、控制的所有开展鉴定活动所必需的有关物件材料或者其他相关资料交与鉴定人。对诉讼卷宗和存于法院的证物，也应允许

鉴定人利用。出于鉴定需要，鉴定人经过人民法院的许可，还可以向当事人、证人询问与鉴定有关的情况。

2. 鉴定人依法接受委托，经过科学鉴定，不管鉴定结果的性质如何，都应当按照规定和要求提出书面鉴定意见。提出书面鉴定意见是鉴定人进行鉴定必须履行的一项义务。一般说来，书面鉴定意见应当包括委托人姓名或者名称、委托鉴定的内容、委托鉴定的材料、鉴定的依据及使用的科学技术手段、对鉴定过程的说明、明确的鉴定结论和对鉴定人鉴定资格的说明等内容。最后，鉴定人还要在鉴定书上签名或者盖章。

【司法解释】

1.《最高人民法院关于民事诉讼证据的若干规定》（法释〔2001〕33号，20020401；经法释〔2019〕19号修正，20200501）

第三十三条 鉴定开始之前，人民法院应当要求鉴定人签署承诺书。承诺书中应当载明鉴定人保证客观、公正、诚实地进行鉴定，保证出庭作证，如作虚假鉴定应当承担法律责任等内容。

鉴定人故意作虚假鉴定的，人民法院应当责令其退还鉴定费用，并根据情节，依照民事诉讼法第一百一十一条①的规定进行处罚。

---

① 对应2023年《民事诉讼法》第114条。——编者注

第三十四条　人民法院应当组织当事人对鉴定材料进行质证。未经质证的材料，不得作为鉴定的根据。

经人民法院准许，鉴定人可以调取证据、勘验物证和现场、询问当事人或者证人。

第三十五条　鉴定人应当在人民法院确定的期限内完成鉴定，并提交鉴定书。

鉴定人无正当理由未按期提交鉴定书的，当事人可以申请人民法院另行委托鉴定人进行鉴定。人民法院准许的，原鉴定人已经收取的鉴定费用应当退还；拒不退还的，依照本规定第八十一条第二款的规定处理。

第三十六条　人民法院对鉴定人出具的鉴定书，应当审查是否具有下列内容：

（一）委托法院的名称；

（二）委托鉴定的内容、要求；

（三）鉴定材料；

（四）鉴定所依据的原理、方法；

（五）对鉴定过程的说明；

（六）鉴定意见；

（七）承诺书。

鉴定书应当由鉴定人签名或者盖章，并附鉴定人的相应资格证明。委托机构鉴定的，鉴定书应当由鉴定机构盖章，并由从事鉴定的人员签名。

2.《最高人民法院关于审理医疗损害责任纠纷案件适用法律若干问题的解释》（法释〔2017〕20 号，20171214；经法释〔2020〕17 号修正，20210101）

第十二条　鉴定意见可以按照导致患者损害的全部原因、主要原因、同等原因、次要原因、轻微原因或者与患者损害无因果关系，表述诊疗行为或者医疗产品等造成患者损害的原因力大小。

第八十一条　【鉴定人出庭作证的义务】当事人对鉴定意见有异议或者人民法院认为鉴定人有必要出庭的，鉴定人应当出庭作证。经人民法院通知，鉴定人拒不出庭作证的，鉴定意见不得作为认定事实的根据；支付鉴定费用的当事人可以要求返还鉴定费用。

【立法·要点注释】

1. 鉴定意见是对民事诉讼中涉及的查明事实的专门性问题进行鉴别和判断形成的意见，属于证据的一种，对于案件的定性具有直接影响，有必要进行质证，这是对当事人诉讼权利的程序保障。鉴定人出庭作证，接受当事人的发问，回答有关鉴定争议的问题，并说明鉴定的过程、依据等，是鉴定人的义务，也是保证鉴定意见真实性、合法性和证明力的重要形式。否则，鉴定意见的证明力无从产生，不得作为认定事实的根据。

2. 鉴定人出庭作证主要有两种情

况：一种情况是当事人对鉴定意见有异议。鉴定人提出书面鉴定意见后，人民法院应当将鉴定意见发送双方当事人，双方当事人均对鉴定意见表示没有异议的，可以在开庭时不再对鉴定意见进行质证，直接认可鉴定意见的证明力。如果双方当事人或者一方当事人对鉴定意见提出异议，则需要在开庭时对鉴定意见进行质证，此时，鉴定人应当出庭接受当事人的质询和提问，回答有争议的问题。另一种情况是人民法院认为鉴定人有必要出庭的。有的时候双方当事人对鉴定意见均没有异议，但人民法院根据案件审理需要认为鉴定人有必要出庭作证，此时，虽然双方当事人对鉴定意见均没有异议，但人民法院还是应当通知鉴定人出庭作证。

3. 关于鉴定人不出庭作证的后果，经人民法院通知，鉴定人拒不出庭作证的，首先是鉴定意见不得作为认定事实的根据，即鉴定意见将失去证据作用。鉴定人拒绝出庭作证，如果仅规定其鉴定意见不被法院接受作为认定事实的根据，就是把鉴定人不出庭作证的不利后果归于当事人，鉴定人无须承担任何责任。这对当事人来说是很不合理的，特别是已经支付了鉴定费用的当事人，更会起到纵容鉴定人不出庭作证的负面作用。因此，本条进一步规定，经人民法院通知，鉴定人拒绝出庭作证的，支付鉴定费用的当事人可以要求返还鉴定费用。

【司法解释】

1.《最高人民法院关于民事诉讼证据的若干规定》（法释〔2001〕33 号，20020401；经法释〔2019〕19 号修正，20200501）

第三十七条 人民法院收到鉴定书后，应当及时将副本送交当事人。

当事人对鉴定书的内容有异议的，应当在人民法院指定期间内以书面方式提出。

对于当事人的异议，人民法院应当要求鉴定人作出解释、说明或者补充。人民法院认为有必要的，可以要求鉴定人对当事人未提出异议的内容进行解释、说明或者补充。

第三十八条 当事人在收到鉴定人的书面答复后仍有异议的，人民法院应当根据《诉讼费用交纳办法》第十一条的规定，通知有异议的当事人预交鉴定人出庭费用，并通知鉴定人出庭。有异议的当事人不预交鉴定人出庭费用的，视为放弃异议。

双方当事人对鉴定意见均有异议的，分摊预交鉴定人出庭费用。

第三十九条 鉴定人出庭费用按照证人出庭作证费用的标准计算，由败诉的当事人负担。因鉴定意见不明确或者有瑕疵需要鉴定人出庭的，出庭费用由其自行负担。

人民法院委托鉴定时已经确定鉴定人出庭费用包含在鉴定费用中的，不再通知当事人预交。

第四十二条 鉴定意见被采信后，鉴定人无正当理由撤销鉴定意见的，人民法院应当责令其退还鉴定费用，并可以根据情节，依照民事诉讼法第一百一十一条①的规定对鉴定人进行处罚。当事人主张鉴定人负担由此增加的合理费用的，人民法院应予支持。

人民法院采信鉴定意见后准许鉴定人撤销的，应当责令其退还鉴定费用。

第七十九条 鉴定人依照民事诉讼法第七十八条②的规定出庭作证的，人民法院应当在开庭审理三日前将出庭的时间、地点及要求通知鉴定人。

委托机构鉴定的，应当由从事鉴定的人员代表机构出庭。

第八十条 鉴定人应当就鉴定事项如实答复当事人的异议和审判人员的询问。当庭答复确有困难的，经人民法院准许，可以在庭审结束后书面答复。

人民法院应当及时将书面答复送交当事人，并听取当事人的意见。必要时，可以再次组织质证。

第八十一条 鉴定人拒不出庭作证的，鉴定意见不得作为认定案件事实的根据。人民法院应当建议有关主管部门或者组织对拒不出庭作证的鉴定人予以处罚。

当事人要求退还鉴定费用的，人民法院应当在三日内作出裁定，责令鉴定人退还；拒不退还的，由人民法院依法执行。

当事人因鉴定人拒不出庭作证申请重新鉴定的，人民法院应当准许。

2.《最高人民法院关于审理医疗损害责任纠纷案件适用法律若干问题的解释》（法释〔2017〕20号，20171214；经法释〔2020〕17号修正，20210101）

第十三条 鉴定意见应当经当事人质证。

当事人申请鉴定人出庭作证，经人民法院审查同意，或者人民法院认为鉴定人有必要出庭的，应当通知鉴定人出庭作证。双方当事人同意鉴定人通过书面说明、视听传输技术或者视听资料等方式作证的，可以准许。

鉴定人因健康原因、自然灾害等不可抗力或者其他正当理由不能按期出庭的，可以延期开庭；经人民法院许可，也可以通过书面说明、视听传输技术或者视听资料等方式作证。

无前款规定理由，鉴定人拒绝出庭作证，当事人对鉴定意见又不认可的，对该鉴定意见不予采信。

第十五条 当事人自行委托鉴定人作出的医疗损害鉴定意见，其他当事人认可的，可予采信。

当事人共同委托鉴定人作出的医

---

① 对应2023年《民事诉讼法》第114条。——编者注

② 对应2023年《民事诉讼法》第81条。——编者注

疗损害鉴定意见,一方当事人不认可的,应当提出明确的异议内容和理由。经审查,有证据足以证明异议成立的,对鉴定意见不予采信;异议不成立的,应予采信。

3.《最高人民法院关于审理建设工程施工合同纠纷案件适用法律问题的解释(一)》(法释〔2020〕25号,20210101)

第三十四条 人民法院应当组织当事人对鉴定意见进行质证。鉴定人将当事人有争议且未经质证的材料作为鉴定依据的,人民法院应当组织当事人就该部分材料进行质证。经质证认为不能作为鉴定依据的,根据该材料作出的鉴定意见不得作为认定案件事实的依据。

【司法文件】

《对关于〈民事诉讼法〉第七十八条理解问题的答复》(最高人民法院,20141031)

根据民事诉讼法第78条①"当事人对鉴定意见有异议或者人民法院认为鉴定人有必要出庭的,鉴定人应当出庭作证"的规定,鉴定人需要出庭作证有两种情形:一是当事人对鉴定意见有异议;二是人民法院认为鉴定人有必要出庭的。只要属于两种情形之一的,鉴定人经人民法院依法通知,应当出庭作证。

第八十二条 【有专门知识的人出庭】当事人可以申请人民法院通知有专门知识的人出庭,就鉴定人作出的鉴定意见或者专业问题提出意见。

【立法·要点注释】

1. 如何认定"有专门知识的人"。本条规定的所谓"有专门知识的人",有的将其称为"诉讼辅助人""专家辅助人"等,是指在科学、技术以及其他专业知识方面具有特殊的专门知识或者经验,根据当事人的申请并经人民法院通知,出庭就鉴定人作出的鉴定意见或者案件事实所涉及的专门问题进行说明或者发表专业意见的人。这里所称的"专门知识"应当是指不为一般法官和当事人所掌握而只有一定范围的专家熟知的那些知识。有专门知识的人应当能够证明自己在该专门领域内作为真正的专家具备应有的经验,并被证明合格,能够对案件涉及的专门性问题作出合理证明。"有专门知识的人"没有固定的标准或者认定的程序,由人民法院在司法审判实践中根据案件的具体情况来确定。

2. 有专门知识的人出庭的程序。

① 对应2023年《民事诉讼法》第81条。——编者注

根据本条规定，需要有专门知识的人出庭的，应当由当事人向人民法院提出申请，说明理由。人民法院接受申请后，应当进行审查，如果符合法律规定，理由充分，就应当通知有专门知识的人出庭；如果不符合法律规定或者理由不成立，就应当驳回当事人的申请。从本条规定来看，有专门知识的人出庭，只能在当事人申请的情况下启动，人民法院不能依职权主动通知有专门知识的人出庭。

3.有专门知识的人出庭的作用。根据本条规定，有专门知识的人出庭，主要是对鉴定人作出的鉴定意见或者专业问题提出意见。因此，有专门知识的人出庭，主要有两个作用：一是对鉴定人作出的鉴定意见提出意见。为保证鉴定意见的科学性、准确性和公正性，当事人申请人民法院通知有专门知识的人出庭，由其根据其专业知识，对鉴定意见提出意见，寻找鉴定中可能存在的问题，从而为法官甄别鉴定意见、作出科学判断、提高内心确信提供参考，保证案件的公正审理。"有专门知识的人出庭"对鉴定意见提出意见这一制度设计本身在客观上也会进一步增强鉴定人的责任意识从而对鉴定意见产生正面的促进作用，增强鉴定意见的科学性。同时，这样也会在一定程度上减少重复鉴定的发生，能够节约诉讼资源，提高审判工作的效率，促进案件的尽快解决。二是对专业问题提出意见。在民事诉讼中，有些问题涉及某一专门领域的专门知识，这些专门问题有的无法或者无须通过鉴定解决，但对于审理案件、认定案件事实又具有一定甚至决定性的作用。有专门知识的人出庭，就专业问题进行说明，回答询问，提出自己的意见，能够帮助法官和当事人对这些专业问题作出适当理解，澄清不当的认识，克服因法官知识结构的局限和特殊专门经验的缺乏而对正确认定案件事实所产生的不利影响，从而使得对案件事实的认定，能够建立在对专业人才充分运用的基础上，具备广泛的科学性和充分的客观性，保证案件判决的公正、合理。

【司法解释】

1.《最高人民法院关于适用〈中华人民共和国民事诉讼法〉的解释》（法释〔2015〕5号，20150204；经法释〔2022〕11号修正，20220410）

第一百二十二条　当事人可以依照民事诉讼法第八十二条的规定，在举证期限届满前申请一至二名具有专门知识的人出庭，代表当事人对鉴定意见进行质证，或者对案件事实所涉及的专业问题提出意见。

具有专门知识的人在法庭上就专业问题提出的意见，视为当事人的陈述。

人民法院准许当事人申请的，相关费用由提出申请的当事人负担。

【重点解读】第一，专家辅助人能

否参与到法庭审理,取决于人民法院的决定,人民法院认为当事人申请专家辅助人出庭没有必要的,可以驳回当事人的申请。

第二,专家辅助人的诉讼地位是诉讼辅助人,因此,其出席法庭审理时不能被视为证人在证人席陈述意见,而是与当事人及其诉讼代理人在法庭上的位置保持一致。

第三,专家辅助人是否具备相应的资格和能力,取决于当事人的认识,人民法院对专家辅助人不作资格上的审查。

第一百二十三条 人民法院可以对出庭的具有专门知识的人进行询问。经法庭准许,当事人可以对出庭的具有专门知识的人进行询问,当事人各自申请的具有专门知识的人可以就案件中的有关问题进行对质。

具有专门知识的人不得参与专业问题之外的法庭审理活动。

【重点解读】专家辅助人在法庭上的活动限于与专门性问题相关的范围,专门性问题之外的其他问题,专家辅助人不能参与。故在法庭对涉及专门性问题的事实调查结束后,应当责令专家辅助人退出审判区。专家辅助人在有关专门性问题的事实调查过程中超出专门性问题范围发表意见、进行陈述的,审判人员应当及时制止。

2.《最高人民法院关于民事诉讼证据的若干规定》(法释〔2001〕33号,

20020401;经法释〔2019〕19号修正,20200501)

第八十三条 当事人依照民事诉讼法第七十九条①和《最高人民法院关于适用〈中华人民共和国民事诉讼法〉的解释》第一百二十二条的规定,申请有专门知识的人出庭的,申请书中应当载明有专门知识的人的基本情况和申请的目的。

人民法院准许当事人申请的,应当通知双方当事人。

第八十四条 审判人员可以对有专门知识的人进行询问。经法庭准许,当事人可以对有专门知识的人进行询问,当事人各自申请的有专门知识的人可以就案件中的有关问题进行对质。

有专门知识的人不得参与对鉴定意见质证或者就专业问题发表意见之外的法庭审理活动。

3.《最高人民法院关于生态环境侵权民事诉讼证据的若干规定》(法释〔2023〕6号,20230901)

第二十二条 当事人申请有专门知识的人出庭,就鉴定意见或者污染物认定、损害结果、因果关系、生态环境修复方案、生态环境修复费用、生态环境受到损害至修复完成期间服务功能丧失导致的损失、生态环境功能永久性损害造成的损失等专业问题提出意见的,

---

① 对应2023年《民事诉讼法》第82条。——编者注

人民法院可以准许。

对方当事人以有专门知识的人不具备相应资格为由提出异议的,人民法院对该异议不予支持。

第二十三条　当事人就环境污染、生态破坏的专门性问题自行委托有关机构、人员出具的意见,人民法院应当结合本案的其他证据,审查确定能否作为认定案件事实的根据。

对方当事人对该意见有异议的,人民法院应当告知提供意见的当事人可以申请出具意见的机构或者人员出庭陈述意见;未出庭的,该意见不得作为认定案件事实的根据。

4.《最高人民法院关于知识产权民事诉讼证据的若干规定》(法释〔2020〕12 号,20201118)

第二十八条　当事人可以申请有专门知识的人出庭,就专业问题提出意见。经法庭准许,当事人可以对有专门知识的人进行询问。

5.《最高人民法院关于审理医疗损害责任纠纷案件适用法律若干问题的解释》(法释〔2017〕20 号,20171214;经法释〔2020〕17 号修正,20210101)

第十四条　当事人申请通知一至二名具有医学专门知识的人出庭,对鉴定意见或者案件的其他专门性事实问题提出意见,人民法院准许的,应当通知具有医学专门知识的人出庭。

前款规定的具有医学专门知识的人提出的意见,视为当事人的陈述,经质证可以作为认定案件事实的根据。

6.《最高人民法院关于审理环境民事公益诉讼案件适用法律若干问题的解释》(法释〔2015〕1 号,20150107;经法释〔2020〕20 号修正,20210101)

第十五条　当事人申请通知有专门知识的人出庭,就鉴定人作出的鉴定意见或者就因果关系、生态环境修复方式、生态环境修复费用以及生态环境受到损害至修复完成期间服务功能丧失导致的损失等专门性问题提出意见的,人民法院可以准许。

前款规定的专家意见经质证,可以作为认定事实的根据。

7.《最高人民法院关于审理垄断民事纠纷案件适用法律若干问题的解释》(法释〔2024〕6 号,20240701)

第十一条　当事人可以向人民法院申请一至二名具有案件所涉领域、经济学等专门知识的人员出庭,就案件的专门性问题进行说明。

当事人可以向人民法院申请委托专业机构或者专业人员就案件的专门性问题提出市场调查或者经济分析意见。该专业机构或者专业人员可以由双方当事人协商确定;协商不成的,由人民法院指定。人民法院可以参照民事诉讼法及相关司法解释有关鉴定意见的规定,对该专业机构或者专业人员提出的市场调查或者经济分析意见进行审查判断。

一方当事人就案件的专门性问题自行委托有关专业机构或者专业人员提出市场调查或者经济分析意见,该意见缺乏可靠的事实、数据或者其他必要基础资料佐证,或者缺乏可靠的分析方法,或者另一方当事人提出证据或者理由足以反驳的,人民法院不予采信。

【最高法指导性案例】

指导案例 84 号:礼来公司诉常州华生制药有限公司侵害发明专利权纠纷案(20170306)

【裁判要点】

1. 药品制备方法专利侵权纠纷中,在无其他相反证据情形下,应当推定被诉侵权药品在药监部门的备案工艺为其实际制备工艺;有证据证明被诉侵权药品备案工艺不真实的,应当充分审查被诉侵权药品的技术来源、生产规程、批生产记录、备案文件等证据,依法确定被诉侵权药品的实际制备工艺。

2. 对于被诉侵权药品制备工艺等复杂的技术事实,可以综合运用技术调查官、专家辅助人、司法鉴定以及科技专家咨询等多种途径进行查明。

【法院参考案例】

当事人对鉴定意见有异议,是否可以既申请鉴定人出庭接受质询,又申请专家辅助人出庭作证[首都医科大学附属北京同仁医院与张某某等医疗损害责任纠纷案,北京市第二中级人民法院(2015)二中民终字第 02572 号]

诊疗行为往往涉及专业性较强的技术性问题,有必要通过申请鉴定来进行解决,故鉴定意见是处理医疗损害责任纠纷案件的重要依据。人民法院依法委托有关鉴定机构和鉴定人进行鉴定并由他们作出的鉴定意见,当事人没有足以推翻的证据和理由的,可以认定其证明力。本案中,审理法院最终依据合法有效的鉴定意见认为医疗机构的过错诊疗行为与患者右肾切除有因果关系,建议承担共同责任,并参考病历资料等证据,认定医疗机构承担 50% 的赔偿责任。

当事人主张鉴定程序违法,比如对于鉴定人未适用回避制度而申请重新鉴定的,应当承担相应的举证证明责任。当事人对于鉴定意见有异议,可以申请鉴定人出庭接受质询。当事人也可以就有关专门事实问题申请专家辅助人出庭。当事人对于申请鉴定人出庭作证还是申请专家辅助人,在一审程序和二审程序中均可以,人民法院依法审查后可以予以准许。申请专家辅助人的当事人,既可以是原告方,也可以是被告方,即使该方当事人已经申请鉴定人出庭接受质询,仍然可以申请专家辅助人出庭作证。

第八十三条　【勘验笔录】勘验物证或者现场,勘验人必须出示人民法院的证件,并邀请当地基层组织或者当事人所在单位派人参加。当事人或者当事人的成年家属应当到场,拒不到场的,不影响勘验的进行。

有关单位和个人根据人民法院的通知,有义务保护现场,协助勘验工作。

勘验人应当将勘验情况和结果制作笔录,由勘验人、当事人和被邀参加人签名或者盖章。

【立法·要点注释】

1. 在民事诉讼中,当事人争议的标的物,有些是无法移动或者难以携带、搬运到法院的。这些物件有时会成为人民法院审理案件的重要证据。在此情况下,人民法院就需要对这些物件进行勘验。

2. 人民法院勘验物证或者现场的,勘验人必须出示人民法院的证件,以表明勘验人的身份和具体执行的勘验任务。同时人民法院应当邀请勘验物证所在地的基层组织或者有关单位派人前来参加。比如,可以邀请当事人所在的工作单位、村民委员会、居民委员会、公安局派出所、人民调解委员会等组织派人参加。邀请当地基层组织或者有关单位参加勘验工作,有利于勘验工作

准确、顺利地进行。

3. 人民法院勘验时,如果当事人是公民的,应当通知当事人或者他的成年家属到场;如果当事人是法人或者其他组织的,应当通知其法定代表人或者其他组织的负责人到场,以便他们了解勘验的情况,保护其合法权益。当事人或者其成年家属、法定代表人或者其他组织的负责人拒不到场的,不影响人民法院的勘验工作,勘验工作可以照常进行。

4. 有关单位和个人有义务协助人民法院的勘验工作。在接到人民法院的通知后,有关单位和个人应当对勘验现场进行保护,并配合人民法院完成勘验任务。人民法院在勘验时,可以对物证或者现场进行拍照和测量,并将勘验情况和结果制作成笔录,分别交勘验人、当事人和被邀请参加的有关单位或个人签名或者盖章。对于绘制的现场图,应当注明绘制的时间、方位、测绘人姓名、身份等内容。勘验笔录作为证据之一,人民法院开庭审理时,应当当庭宣读,以便双方当事人以及其他到庭人员了解勘验的情况和结果。

5. 勘验笔录必须是在勘验过程中当场制作,完整反映勘验的经过和结果,不能根据人员的记忆制作。[1]

① 张卫平:《民事诉讼法》(第6版),法律出版社2023年版,第256页。

【司法解释】

1.《最高人民法院关于适用〈中华人民共和国民事诉讼法〉的解释》（法释〔2015〕5号,20150204;经法释〔2022〕11号修正,20220410）

第一百二十四条 人民法院认为有必要的,可以根据当事人的申请或者依职权对物证或者现场进行勘验。勘验时应当保护他人的隐私和尊严。

人民法院可以要求鉴定人参与勘验。必要时,可以要求鉴定人在勘验中进行鉴定。

【重点解读】审判实践中应当注意的是,勘验是法院比较特殊的职权行为,既可以被理解为调查收集证据的方式,也可以被理解为核实证据的手段。因此,在勘验的启动上,法院拥有较大的职权,在其认为有必要时,即可以根据当事人的申请或者依职权决定启动勘验。

2.《最高人民法院关于民事诉讼证据的若干规定》（法释〔2001〕33号,20020401;经法释〔2019〕19号修正,20200501）

第四十三条 人民法院应当在勘验前将勘验的时间和地点通知当事人。当事人不参加的,不影响勘验进行。

当事人可以就勘验事项向人民法院进行解释和说明,可以请求人民法院注意勘验中的重要事项。

人民法院勘验物证或者现场,应当制作笔录,记录勘验的时间、地点、勘验人、在场人、勘验的经过、结果,由勘验人、在场人签名或者盖章。对于绘制的现场图应当注明绘制的时间、方位、测绘人姓名、身份等内容。

第八十四条 【证据保全】在证据可能灭失或者以后难以取得的情况下,当事人可以在诉讼过程中向人民法院申请保全证据,人民法院也可以主动采取保全措施。

因情况紧急,在证据可能灭失或者以后难以取得的情况下,利害关系人可以在提起诉讼或者申请仲裁前向证据所在地、被申请人住所地或者对案件有管辖权的人民法院申请保全证据。

证据保全的其他程序,参照适用本法第九章保全的有关规定。

【立法·要点注释】

1. 证据保全是指在证据可能灭失或者以后难以取得的情况下,人民法院依申请或者依职权予以调查收集和固定保护的行为。根据证据保全适用的阶段不同,可以将证据保全分为诉讼证据保全和诉前证据保全。

2. 诉讼证据保全是指在诉讼进行过程中,在证据可能灭失或者以后难以取得的情况下,人民法院依申请或者依职权对证据予以调查收集和固定保护的行为。本条第1款主要规定了诉讼证据保全的启动主体和条件。

根据本条第1款的规定,诉讼证据保全程序的启动有两种途径:一是依当事人申请而启动,二是人民法院依职权主动启动。一般情况下应当由当事人自行收集证据,只有在证据可能灭失或者今后难以取得的情况下,人民法院才能介入。只有在人民法院认为必要时,才可以在当事人不申请的前提下,依职权主动采取证据保全措施。采取证据保全措施应当以下列条件作为前提:首先,只有在诉讼进行过程中才能采取诉讼证据保全措施。在诉讼开始之前,当事人只能提出诉前证据保全申请,人民法院也不得主动采取证据保全措施。其次,被保全的证据必须与案件待证事实有联系。人民法院只需要审查所要保全的证据与待证事实之间在形式上是否具有关联性即可,而实质上的关联性如何以及证据对待证事实所具有证明价值的大小和强弱则需要等到庭审质证之后才能得出结论。最后,须证据可能灭失或者以后难以取得。所谓证据可能灭失,有的是由客观原因引起的,比如,作为证据的物品由于自身原因可能腐烂、变质,证人因年迈或者疾病等即将死亡等;有的是由主观原因引起的,比如当事人或者第三人可能故意毁损证据材料等。所谓证据以后难以取得,是指证据虽然不至于灭失,但如果不采取保全措施,将来获取它会遇到

相当大的困难或者成本过高,比如,证人即将出国留学或者定居,很长一段时间内都不会回国等。

3.诉前证据保全是指在提起诉讼或者申请仲裁前,因情况紧急,在证据可能灭失或者以后难以取得的情况下,人民法院依利害关系人申请对证据予以调查收集和固定保护的行为。

根据本条第2款的规定,采取诉前证据保全措施须符合下列条件:第一,在提起诉讼或者申请仲裁前才能采取诉前证据保全措施。第二,须利害关系人提出申请。由于尚未进入诉讼或者仲裁程序,所以还不存在当事人,只能是利害关系人提出申请。这里的利害关系人,是指民事权益可能受到损害或者与他人发生民事权益纠纷的人。是否属于利害关系人,应当由人民法院审查判断予以确定。第三,须情况紧急,证据可能灭失或者以后难以取得。这里与诉讼证据保全相比,多了一个情况紧急的条件。是否情况紧急,应当由人民法院根据具体情况进行分析判断。第四,须向证据所在地、被申请人住所地或者对案件有管辖权的人民法院申请。由于尚未提起诉讼或者申请仲裁,案件管辖法院无法确定,为便于利害关系人保护其合法权益,也为了便于人民法院采取证据保全措施,本款规定了利害关系人可以向三类人民法院提出申请,即证据所在地、被申请人住所地或者对案件有管辖权的人民法院。

4.根据本条第3款的规定,证据保

全的其他程序,参照适用本法第九章保
全的有关规定。本法中的"保全"与证
据保全具有相似之处,第九章对保全已
经作了较为详细的规定。因此,本条对
于证据保全仅作了较为原则的规定,其
他程序的内容,可以参照适用第九章的
有关规定。

5. 法院采取证据保全措施时,应当
根据不同证据的特点,采取不同的方
法。对证人证言,应当采取做笔录或录
音的方法;对书证的保全,应当采取拍
照、复印的方法;对物证的保全,可以采
取通过现场勘验、制作笔录、绘图、拍
照、录像、保存原物的方法等,客观真实
地反映证据。①

【相关立法】

1.《中华人民共和国著作权法》
(19910601;20210601)

第五十七条　为制止侵权行为,在
证据可能灭失或者以后难以取得的情
况下,著作权人或者与著作权有关的权
利人可以在起诉前依法向人民法院申
请保全证据。

2.《中华人民共和国专利法》(19850401;
20210601)

第七十三条　为了制止专利侵权
行为,在证据可能灭失或者以后难以取
得的情况下,专利权人或者利害关系人
可以在起诉前依法向人民法院申请保
全证据。

3.《中华人民共和国商标法》(19830301;
20191101)

第六十六条　为制止侵权行为,在
证据可能灭失或者以后难以取得的情
况下,商标注册人或者利害关系人可以
依法在起诉前向人民法院申请保全
证据。

4.《中华人民共和国仲裁法》(19950901;
20180101)

第四十六条　在证据可能灭失或
者以后难以取得的情况下,当事人可以
申请证据保全。当事人申请证据保全
的,仲裁委员会应当将当事人的申请提
交证据所在地的基层人民法院。

**5.《中华人民共和国海事诉讼特别
程序法》**(20000701)

第六十二条　海事证据保全是指
海事法院根据海事请求人的申请,对有
关海事请求的证据予以提取、保存或者
封存的强制措施。

【行政法规】

《计算机软件保护条例》(19911001;
20130301)

第二十七条　为了制止侵权行为,
在证据可能灭失或者以后难以取得的
情况下,软件著作权人可以依照《中华

---

①　张卫平:《民事诉讼法》(第6版),
法律出版社2023年版,第260页。

人民共和国著作权法》第五十一条①的规定，在提起诉讼前向人民法院申请保全证据。

【司法解释】

1.《最高人民法院关于适用〈中华人民共和国民事诉讼法〉的解释》（法释〔2015〕5号，20150204；经法释〔2022〕11号修正，20220410）

第九十八条　当事人根据民事诉讼法第八十四条第一款规定申请证据保全的，可以在举证期限届满前书面提出。

证据保全可能对他人造成损失的，人民法院应当责令申请人提供相应的担保。

【重点解读】其一，证据保全的范围，立法和司法解释均无限制性规定，原则上各种证据形式均可以成为证据保全的对象，只不过根据证据形式和具体情况的不同，采取不同的保全方法，如对于证人证言，可以采取提前询问或者制作笔录的方式进行保全。

其二，保全的证据是用以证明双方当事人之间争议事实的证据，因此保全的证据并非仅供申请人在诉讼中作为支持自己事实主张的依据，双方当事人对保全的证据均可以加以利用。

2.《最高人民法院关于民事诉讼证据的若干规定》（法释〔2001〕33号，20020401；经法释〔2019〕19号修正，

20200501）

第二十五条　当事人或者利害关系人根据民事诉讼法第八十一条②的规定申请证据保全的，申请书应当载明需要保全的证据的基本情况、申请保全的理由以及采取何种保全措施等内容。

当事人根据民事诉讼法第八十一条第一款的规定申请证据保全的，应当在举证期限届满前向人民法院提出。

法律、司法解释对诉前证据保全有规定的，依照其规定办理。

第二十六条　当事人或者利害关系人申请采取查封、扣押等限制保全标的物使用、流通等保全措施，或者保全可能对证据持有人造成损失的，人民法院应当责令申请人提供相应的担保。

担保方式或者数额由人民法院根据保全措施对证据持有人的影响、保全标的物的价值、当事人或者利害关系人争议的诉讼标的金额等因素综合确定。

第二十七条　人民法院进行证据保全，可以要求当事人或者诉讼代理人到场。

根据当事人的申请和具体情况，人民法院可以采取查封、扣押、录音、录像、复制、鉴定、勘验等方法进行证据保全，并制作笔录。

在符合证据保全目的的情况下，人

① 对应2020年《著作权法》第57条。——编者注
② 对应2023年《民事诉讼法》第84条。——编者注

民法院应当选择对证据持有人利益影响最小的保全措施。

第二十八条 申请证据保全错误造成财产损失，当事人请求申请人承担赔偿责任的，人民法院应予支持。

第二十九条 人民法院采取诉前证据保全措施后，当事人向其他有管辖权的人民法院提起诉讼的，采取保全措施的人民法院应当根据当事人的申请，将保全的证据及时移交受理案件的人民法院。

第九十九条 本规定对证据保全没有规定的，参照适用法律、司法解释关于财产保全的规定。

除法律、司法解释另有规定外，对当事人、鉴定人、有专门知识的人的询问参照适用本规定中关于询问证人的规定；关于书证的规定适用于视听资料、电子数据；存储在电子计算机等电子介质中的视听资料，适用电子数据的规定。

3.《最高人民法院关于生态环境侵权民事诉讼证据的若干规定》(法释〔2023〕6号,20230901)

第十二条 当事人或者利害关系人申请保全环境污染、生态破坏相关证据的，人民法院应当结合下列因素进行审查，确定是否采取保全措施：

（一）证据灭失或者以后难以取得的可能性；

（二）证据对证明待证事实有无必要；

（三）申请人自行收集证据是否存在困难；

（四）有必要采取证据保全措施的其他因素。

第十三条 在符合证据保全目的的情况下，人民法院应当选择对证据持有人利益影响最小的保全措施，尽量减少对保全标的物价值的损害和对证据持有人生产、生活的影响。

确需采取查封、扣押等限制保全标的物使用的保全措施的，人民法院应当及时组织当事人对保全的证据进行质证。

4.《最高人民法院关于知识产权民事诉讼证据的若干规定》(法释〔2020〕12号,20201118)

第十一条 人民法院对于当事人或者利害关系人的证据保全申请，应当结合下列因素进行审查：

（一）申请人是否已就其主张提供初步证据；

（二）证据是否可以由申请人自行收集；

（三）证据灭失或者以后难以取得的可能性及其对证明待证事实的影响；

（四）可能采取的保全措施对证据持有人的影响。

第十二条 人民法院进行证据保全，应当以有效固定证据为限，尽量减少对保全标的物价值的损害和对证据持有人正常生产经营的影响。

证据保全涉及技术方案的，可以采

取制作现场勘验笔录、绘图、拍照、录音、录像、复制设计和生产图纸等保全措施。

第十三条 当事人无正当理由拒不配合或者妨害证据保全,致使无法保全证据的,人民法院可以确定由其承担不利后果。构成民事诉讼法第一百一十一条①规定情形的,人民法院依法处理。

第十四条 对于人民法院已经采取保全措施的证据,当事人擅自拆装证据实物、篡改证据材料或者实施其他破坏证据的行为,致使证据不能使用的,人民法院可以确定由其承担不利后果。构成民事诉讼法第一百一十一条规定情形的,人民法院依法处理。

第十五条 人民法院进行证据保全,可以要求当事人或者诉讼代理人到场,必要时可以根据当事人的申请通知有专门知识的人到场,也可以指派技术调查官参与证据保全。

证据为案外人持有的,人民法院可以对其持有的证据采取保全措施。

第十六条 人民法院进行证据保全,应当制作笔录、保全证据清单,记录保全时间、地点、实施人、在场人、保全经过、保全标的物状态,由实施人、在场人签名或者盖章。有关人员拒绝签名或者盖章的,不影响保全的效力,人民法院可以在笔录上记明并拍照、录像。

第十七条 被申请人对证据保全的范围、措施、必要性等提出异议并提供相关证据,人民法院经审查认为异议

理由成立的,可以变更、终止、解除证据保全。

第十八条 申请人放弃使用被保全证据,但被保全证据涉及案件基本事实查明或者其他当事人主张使用的,人民法院可以对该证据进行审查认定。

5.《最高人民法院关于审理消费民事公益诉讼案件适用法律若干问题的解释》（法释〔2016〕10 号,20160501；经法释〔2020〕20 号修正,20210101）

第八条 有权提起消费民事公益诉讼的机关或者社会组织,可以依据民事诉讼法第八十一条②规定申请保全证据。

6.《最高人民法院关于适用〈中华人民共和国公司法〉若干问题的规定（二）》（法释〔2008〕6 号,20080519；经法释〔2020〕18 号修正,20210101）

第三条 股东提起解散公司诉讼时,向人民法院申请财产保全或者证据保全的,在股东提供担保且不影响公司正常经营的情形下,人民法院可予以保全。

7.《最高人民法院关于审理侵害植物新品种权纠纷案件具体应用法律问

---

① 对应 2023 年《民事诉讼法》第 114 条。——编者注

② 对应 2023 年《民事诉讼法》第 84 条。——编者注

题的若干规定》(法释〔2007〕1 号,20070201;经法释〔2020〕19 号修正,20210101)

第五条　品种权人或者利害关系人向人民法院提起侵害植物新品种权诉讼前,可以提出行为保全或者证据保全请求,人民法院经审查作出裁定。

人民法院采取证据保全措施时,可以根据案件具体情况,邀请有关专业技术人员按照相应的技术规程协助取证。

8.《最高人民法院关于审理侵害植物新品种权纠纷案件具体应用法律问题的若干规定(二)》(法释〔2021〕14 号,20210707)

第十六条　被诉侵权人有抗拒保全或者擅自拆封、转移、毁损被保全物等举证妨碍行为,致使案件相关事实无法查明的,人民法院可以推定权利人就该证据所涉证明事项的主张成立。构成民事诉讼法第一百一十一条①规定情形的,依法追究法律责任。

9.《最高人民法院关于审理涉及农村土地承包经营纠纷调解仲裁案件适用法律若干问题的解释》(法释〔2014〕1 号,20140124;经法释〔2020〕17 号修正,20210101)

第八条　农村土地承包仲裁委员会依法向人民法院提交当事人证据保全申请的,应当提供下列材料:

(一)证据保全申请书;

(二)农村土地承包仲裁委员会发

出的受理案件通知书;

(三)申请人的身份证明;

(四)申请保全证据的具体情况。

对证据保全的具体程序事项,适用本解释第五、六、七条关于财产保全的规定。

10.《最高人民法院关于适用〈中华人民共和国海事诉讼特别程序法〉若干问题的解释》(法释〔2003〕3 号,20030201)

第四十七条　诉讼前申请海事证据保全,适用海事诉讼特别程序法第六十四条的规定。

外国法院已受理相关海事案件或者有关纠纷已经提交仲裁,当事人向中华人民共和国的海事法院提出海事证据保全申请,并提供被保全的证据在中华人民共和国领域内的相关证据的,海事法院应当受理。

第四十八条　海事请求人申请海事证据保全,申请书除应当依照海事诉讼特别程序法第六十五条的规定载明相应内容外,还应当载明证据收集、调取的有关线索。

第四十九条　海事请求人在采取海事证据保全的海事法院提起诉讼后,可以申请复制保全的证据材料;相关海事纠纷在中华人民共和国领域内的其他海事法院或者仲裁机构受理的,受诉

———————
① 对应 2023 年《民事诉讼法》第 114 条。——编者注

法院或者仲裁机构应海事请求人的申请可以申请复制保全的证据材料。

第五十条 利害关系人对海事法院作出的海事证据保全裁定提出异议,海事法院经审查认为理由不成立的,应当书面通知利害关系人。

【法院参考案例】

衡量是否符合证据保全条件,需要考量哪些因素[浙江中隧桥波形钢腹板有限公司诉郑州恒天大建桥梁钢构有限公司、河南大建波形钢腹板有限公司、成都华川公路建设集团有限公司侵害发明专利权纠纷案,最高人民法院(2020)最高法知民终2号]

在侵权行为通常较为隐蔽的知识产权领域中,人民法院在衡量个案情形是否符合法律关于依申请证据保全的条件时,应当基于申请人提交的初步证据和在案事实,充分运用日常生活经验和逻辑推理,在全面审查申请保全所依据的初步证据与待证事实之间的关联性、证据保全的必要性和可行性等因素的基础上,对是否准许证据保全申请作出综合判断。审判实践中,证据保全是否存在必要性,一般需要审查以下几个方面:申请保全的证据是否与案件事实存在关联性,并具有较强证明力;申请保全的证据是否存在灭失或者以后难以取得的紧迫性;申请人是否穷尽了合理合法的取证手段仍不能取得相关证据。

第七章 期间、送达

第一节 期 间

第八十五条 【期间种类、计算】期间包括法定期间和人民法院指定的期间。

期间以时、日、月、年计算。期间开始的时和日，不计算在期间内。

期间届满的最后一日是法定休假日的，以法定休假日后的第一日为期间届满的日期。

期间不包括在途时间，诉讼文书在期满前交邮的，不算过期。

【立法·要点注释】

1. 期间，是指当事人、其他诉讼参与人以及人民法院进行民事诉讼或者审理民事案件时应当遵守的时间期限。期日，是指人民法院确定的进行某一诉讼行为的具体时间，如人民法院开庭审理案件的日期、原告与被告之间交换证据的日期、人民法院宣告判决的日期等。

2. 如果期间是以月为单位计算的，1个月一般按公历中的月份天数计算，不分大月、小月；如果期间是以年为单位计算的，1年一般按365天计算，不分平年、闰年。以月计算的，期间届满的日期，应当是届满那个月对应于开始月份的那一天；如果没有对应于开始月份的那一天的，应当为届满那个月的最后一天。

3. 期满前是否交邮，应当以邮局的邮戳为准。只要邮戳上的时间可以证明在期间届满之前，当事人已经将需要邮寄的诉讼文书交付邮局的，就不算过期。

【相关立法】

《中华人民共和国民法典》（20210101）

第二百条 民法所称的期间按照公历年、月、日、小时计算。

第二百零一条 按照年、月、日计算期间的，开始的当日不计入，自下一日开始计算。

按照小时计算期间的，自法律规定或者当事人约定的时间开始计算。

第二百零二条 按照年、月计算期

间的,到期月的对应日为期间的最后一日;没有对应日的,月末日为期间的最后一日。

第二百零三条　期间的最后一日是法定休假日的,以法定休假日结束的次日为期间的最后一日。

期间的最后一日的截止时间为二十四时;有业务时间的,停止业务活动的时间为截止时间。

第二百零四条　期间的计算方法依照本法的规定,但是法律另有规定或者当事人另有约定的除外。

【行政法规】

《全国年节及纪念日放假办法》
(19491223;20250101)

第二条　全体公民放假的节日:

(一)元旦,放假1天(1月1日);

(二)春节,放假4天(农历除夕、正月初一至初三);

(三)清明节,放假1天(农历清明当日);

(四)劳动节,放假2天(5月1日、2日);

(五)端午节,放假1天(农历端午当日);

(六)中秋节,放假1天(农历中秋当日);

(七)国庆节,放假3天(10月1日至3日)。

第三条　部分公民放假的节日及纪念日:

(一)妇女节(3月8日),妇女放假半天;

(二)青年节(5月4日),14周岁以上的青年放假半天;

(三)儿童节(6月1日),不满14周岁的少年儿童放假1天;

(四)中国人民解放军建军纪念日(8月1日),现役军人放假半天。

第四条　少数民族习惯的节日,由各少数民族聚居地区的地方人民政府,按照各该民族习惯,规定放假日期。

第五条　二七纪念日、五卅纪念日、七七抗战纪念日、九三抗战胜利纪念日、九一八纪念日、教师节、护士节、记者节、植树节等其他节日、纪念日,均不放假。

第六条　全体公民放假的假日,如果适逢周六、周日,应当在工作日补假。部分公民放假的假日,如果适逢周六、周日,则不补假。

第七条　全体公民放假的假日,可合理安排统一放假调休,结合落实带薪年休假等制度,实际形成较长假期。除个别特殊情形外,法定节假日假期前后连续工作一般不超过6天。

【司法解释】

《最高人民法院关于适用〈中华人民共和国民事诉讼法〉的解释》(法释〔2015〕5号,20150204;经法释〔2022〕11号修正,20220410)

第一百二十五条　依照民事诉讼

法第八十五条第二款规定,民事诉讼中以时起算的期间从次时起算;以日、月、年计算的期间从次日起算。

【重点解读】期间不包括在途时间。诉讼文书在期满前交邮的,不算过期。

第一百二十六条　民事诉讼法第一百二十六条规定的立案期限,因起诉状内容欠缺通知原告补正的,从补正后交人民法院的次日起算。由上级人民法院转交下级人民法院立案的案件,从受诉人民法院收到起诉状的次日起算。

第一百二十七条　民事诉讼法第五十九条第三款、第二百一十二条①以及本解释第三百七十二条、第三百八十二条、第三百九十九条、第四百二十条、第四百二十一条规定的六个月,民事诉讼法第二百三十条②规定的一年,为不变期间,不适用诉讼时效中止、中断、延长的规定。

【重点解读】民事诉讼中的不变期间,是指一经法律规定,非有法定情形任何人不得予以变更的期间。例如,上诉期间、申请再审的期间等。

第一百二十八条　再审案件按照第一审程序或者第二审程序审理的,适用民事诉讼法第一百五十二条、第一百八十三条规定的审限。审限自再审立案的次日起算。

第一百二十九条　对申请再审案件,人民法院应当自受理之日起三个月内审查完毕,但公告期间、当事人和解期间等不计入审查期限。有特殊情况

需要延长的,由本院院长批准。

第八十六条　【期间顺延】当事人因不可抗拒的事由或者其他正当理由耽误期限的,在障碍消除后的十日内,可以申请顺延期限,是否准许,由人民法院决定。

【立法·要点注释】

1. 因为当事人主观上的故意或者过失,耽误期限的,其原因在于当事人自己,其责任也由当事人自己承担,即不存在顺延期限的问题。因不可抗拒的事由或者其他正当理由耽误期限的,其原因不在于当事人,其责任也不应当由当事人承担,《民事诉讼法》规定可以通过一定的程序和方式进行补救,即按照本条规定,在障碍消除后的10日内向人民法院申请顺延期限。

2. 顺延申请应当向有权作出决定的法院提出。耽误期间的事由,既可能发生在一审程序中,也可能发生在二审程序、再审程序中。在哪个程序发生耽误,就应当向正在审理案件的法院申请顺延。但是,如果耽误上诉期间的,应当向作出裁判的一审人民法院提出申请;申请再审期间的顺延,应当向申请

①　对应 2023 年《民事诉讼法》第 216 条。——编者注
②　对应 2023 年《民事诉讼法》第 234 条。——编者注

再审的法院提出申请。

【司法文件】

1.《最高人民法院关于为稳定就业提供司法服务和保障的意见》（法发〔2022〕36号,20221226）

13. 准确适用期限顺延规定。当事人依据民事诉讼法第八十六条规定申请顺延期限的,应当根据疫情防控形势变化以及当事人提供的证据情况综合考虑是否准许,依法保护当事人诉讼权利。当事人及其诉讼代理人等因受疫情影响不能正常出庭参加诉讼,符合条件的,依法在线开展诉讼活动。当事人受疫情影响耽误起诉期限的,对耽误的时间依法予以扣除。劳动争议当事人提供证据证明其因受疫情影响无法在法定仲裁时效期间内申请仲裁,主张仲裁时效中止的,人民法院应当依法支持。

2.《最高人民法院关于依法妥善审理涉新冠肺炎疫情民事案件若干问题的指导意见（一）》（法发〔2020〕12号,20200416）

七、依法顺延诉讼期间。因疫情或者疫情防控措施耽误法律规定或者人民法院指定的诉讼期限,当事人根据《中华人民共和国民事诉讼法》第八十三条规定申请顺延期限的,人民法院应当根据疫情形势以及当事人提供的证据情况综合考虑是否准许,依法保护当事人诉讼权利。当事人系新冠肺炎确

诊患者、疑似新冠肺炎患者、无症状感染者以及相关密切接触者,在被依法隔离期间诉讼期限届满,根据该条规定申请顺延期限的,人民法院应予准许。

【法院参考案例】

因疫情或者疫情防控措施耽误诉讼期限的,可否要求顺延〔湖南北山建设集团股份有限公司与阳光财产保险股份有限公司湖南省分公司因申请诉中财产保全损害责任纠纷案,最高人民法院(2021)最高法民申6111号〕

因疫情或者疫情防控措施耽误法律规定或者人民法院指定的诉讼期限,当事人根据《民事诉讼法》规定申请顺延期限的,人民法院应当根据疫情形势以及当事人提供的证据情况综合考虑是否准许,依法保护当事人诉讼权利。

第二节　送　达

第八十七条 【送达回证】送达诉讼文书必须有送达回证,由受送达人在送达回证上记明收到日期,签名或者盖章。

受送达人在送达回证上的签收日期为送达日期。

【立法·要点注释】

1. 送达,是指法院依照法定方式和

程序,将诉讼文书送交当事人和其他诉讼参与人的行为。

2.送达回证,是指人民法院制作的用以证明受送达人收到人民法院所送达的诉讼文书的书面凭证。

3.人民法院向当事人或者其他诉讼参与人送达诉讼文书,无论采取何种送达方式,都应当有送达回证,让受送达人在送达回证上签收,签收的日期即是送达日期。但是,实践中也存在两种例外情形:一是在公告送达中,公告期间届满的日期即是送达日期。二是在邮寄送达中,以回执上注明的收件日期为送达日期。

【司法解释】

1.《最高人民法院关于适用〈中华人民共和国民事诉讼法〉的解释》(法释〔2015〕5号,20150204;经法释〔2022〕11号修正,20220410)

第一百三十七条 当事人在提起上诉、申请再审、申请执行时未书面变更送达地址的,其在第一审程序中确认的送达地址可以作为第二审程序、审判监督程序、执行程序的送达地址。

第一百四十一条 人民法院在定期宣判时,当事人拒不签收判决书、裁定书的,应视为送达,并在宣判笔录中记明。

2.《最高人民法院关于适用简易程序审理民事案件的若干规定》(法释〔2003〕15号,20031201;经法释〔2020〕

20号修正,20210101)

第五条 当事人应当在起诉或者答辩时向人民法院提供自己准确的送达地址、收件人、电话号码等其他联系方式,并签名或者按指印确认。

送达地址应当写明受送达人住所地的邮政编码和详细地址;受送达人是有固定职业的自然人的,其从业的场所可以视为送达地址。

第九条 被告到庭后拒绝提供自己的送达地址和联系方式的,人民法院应当告知其拒不提供送达地址的后果;经人民法院告知后被告仍然拒不提供的,按下列方式处理:

(一)被告是自然人的,以其户籍登记中的住所或者经常居所为送达地址;

(二)被告是法人或者非法人组织的,应当以其在登记机关登记、备案中的住所为送达地址。

人民法院应当将上述告知的内容记入笔录。

第十条 因当事人自己提供的送达地址不准确、送达地址变更未及时告知人民法院,或者当事人拒不提供自己的送达地址而导致诉讼文书未能被当事人实际接收的,按下列方式处理:

(一)邮寄送达的,以邮件回执上注明的退回之日视为送达之日;

(二)直接送达的,送达人当场在送达回证上记明情况之日视为送达之日。

上述内容,人民法院应当在原告起

诉和被告答辩时以书面或者口头方式告知当事人。

第二十八条 当庭宣判的案件,除当事人当庭要求邮寄送达的以外,人民法院应当告知当事人或者诉讼代理人领取裁判文书的期间和地点以及逾期不领取的法律后果。上述情况,应当记入笔录。

人民法院已经告知当事人领取裁判文书的期间和地点的,当事人在指定期间内领取裁判文书之日即为送达之日;当事人在指定期间内未领取的,指定领取裁判文书期间届满之日即为送达之日,当事人的上诉期从人民法院指定领取裁判文书期间届满之日的次日起开始计算。

3.《最高人民法院关于审理申请注册的药品相关的专利权纠纷民事案件适用法律若干问题的规定》(法释〔2021〕13号,20210705)

第十三条 人民法院依法向当事人在国务院有关行政部门依据衔接办法所设平台登载的联系人、通讯地址、电子邮件等进行的送达,视为有效送达。当事人向人民法院提交送达地址确认书后,人民法院也可以向该确认书载明的送达地址送达。

【司法文件】

《最高人民法院关于进一步加强民事送达工作的若干意见》(法发〔2017〕19号,20170719)

一、送达地址确认书是当事人送达地址确认制度的基础。送达地址确认书应当包括当事人提供的送达地址、人民法院告知事项、当事人对送达地址的确认、送达地址确认书的适用范围和变更方式等内容。

二、当事人提供的送达地址应当包括邮政编码、详细地址以及受送达人的联系电话等。同意电子送达的,应当提供并确认接收民事诉讼文书的传真号、电子信箱、微信号等电子送达地址。当事人委托诉讼代理人的,诉讼代理人确认的送达地址视为当事人的送达地址。

三、为保障当事人的诉讼权利,人民法院应当告知送达地址确认书的填写要求和注意事项以及拒绝提供地址、提供虚假地址或者提供地址不准确的法律后果。

四、人民法院应当要求当事人对其填写的送达地址及法律后果等事项进行确认。当事人确认的内容应当包括当事人已知晓人民法院告知的事项及送达地址确认书的法律后果,保证送达地址准确、有效,同意人民法院通过其确认的地址送达诉讼文书等,并由当事人或者诉讼代理人签名、盖章或者捺印。

五、人民法院应当在登记立案时要求当事人确认送达地址。当事人拒绝确认送达地址的,依照《最高人民法院关于登记立案若干问题的规定》第七条的规定处理。

六、当事人在送达地址确认书中确

认的送达地址,适用于第一审程序、第二审程序和执行程序。当事人变更送达地址,应当以书面方式告知人民法院。当事人未书面变更的,以其确认的地址为送达地址。

七、因当事人提供的送达地址不准确、拒不提供送达地址、送达地址变更未书面告知人民法院,导致民事诉讼文书未能被受送达人实际接收的,直接送达的,民事诉讼文书留在该地址之日为送达之日;邮寄送达的,文书被退回之日为送达之日。

八、当事人拒绝确认送达地址或以拒绝应诉、拒接电话、避而不见送达人员、搬离原住所等躲避、规避送达,人民法院不能或无法要求其确认送达地址的,可以分别以下列情形处理:

(一)当事人在诉讼所涉及的合同、往来函件中对送达地址有明确约定的,以约定的地址为送达地址;

(二)没有约定的,以当事人在诉讼中提交的书面材料中载明的自己的地址为送达地址;

(三)没有约定、当事人也未提交书面材料或者书面材料中未载明地址的,以一年内进行其他诉讼、仲裁案件中提供的地址为送达地址;

(四)无以上情形的,以当事人一年内进行民事活动时经常使用的地址为送达地址。

人民法院按照上述地址进行送达的,可以同时以电话、微信等方式通知受送达人。

九、依第八条规定仍不能确认送达地址的,自然人以其户籍登记的住所或者在经常居住地登记的住址为送达地址,法人或者其他组织以其工商登记或其他依法登记、备案的住所地为送达地址。

十三、可以根据实际情况,有针对性地探索提高送达质量和效率的工作机制,确定由专门的送达机构或者由各审判、执行部门进行送达。在不违反法律、司法解释规定的前提下,可以积极探索创新行之有效的工作方法。

第八十八条 【直接送达】送达诉讼文书,应当直接送交受送达人。受送达人是公民的,本人不在交他的同住成年家属签收;受送达人是法人或者其他组织的,应当由法人的法定代表人、其他组织的主要负责人或者该法人、组织负责收件的人签收;受送达人有诉讼代理人的,可以送交其代理人签收;受送达人已向人民法院指定代收人的,送交代收人签收。

受送达人的同住成年家属,法人或者其他组织的负责收件的人,诉讼代理人或者代收人在送达回证上签收的日期为送达日期。

【立法·要点注释】

1. 直接送达,是指人民法院指派专人包括执行送达任务的书记员、司法警察或者其他工作人员将应当送达的诉讼文书,直接当面交付给受送达人本人签收或者法律明确规定的相关人的送达方式。

2.对于受送达人是公民的,本条规定"应当直接送交受送达人,本人不在交他的同住成年家属签收",这里涉及的送达场所主要指当事人的住所。

【司法解释】

《最高人民法院关于适用〈中华人民共和国民事诉讼法〉的解释》(法释〔2015〕5号,20150204;经法释〔2022〕11号修正,20220410)

第一百三十条第一款　向法人或者其他组织送达诉讼文书,应当由法人的法定代表人、该组织的主要负责人或者办公室、收发室、值班室等负责收件的人签收或者盖章,拒绝签收或者盖章的,适用留置送达。

第一百三十一条　人民法院直接送达诉讼文书的,可以通知当事人到人民法院领取。当事人到达人民法院,拒绝签署送达回证的,视为送达。审判人员、书记员应当在送达回证上注明送达情况并签名。

人民法院可以在当事人住所地以外向当事人直接送达诉讼文书。当事人拒绝签署送达回证的,采用拍照、录像等方式记录送达过程即视为送达。审判人员、书记员应当在送达回证上注明送达情况并签名。

第一百三十二条　受送达人有诉讼代理人的,人民法院既可以向受送达人送达,也可以向其诉讼代理人送达。受送达人指定诉讼代理人为代收人的,向诉讼代理人送达时,适用留置送达。

第一百三十三条　调解书应当直接送达当事人本人,不适用留置送达。当事人本人因故不能签收的,可由其指定的代收人签收。

第八十九条　【留置送达】受送达人或者他的同住成年家属拒绝接收诉讼文书的,送达人可以邀请有关基层组织或者所在单位的代表到场,说明情况,在送达回证上记明拒收事由和日期,由送达人、见证人签名或者盖章,把诉讼文书留在受送达人的住所;也可以把诉讼文书留在受送达人的住所,并采用拍照、录像等方式记录送达过程,即视为送达。

【立法·要点注释】

1.留置送达,是指受送达人无正当理由拒绝签收诉讼文书时,送达人依法将送达文书放置在受送达人的住所即产生送达法律效力的送达方式。留置送达是在直接送达不能进行时所采取的一种送达方式,是直接送达的一种最直接的补充方式,它与直接送达具有同等的效力。

2.2012 年《民事诉讼法》修改时对原有的留置送达制度作了修改,体现在两个方面:一是在受送达人或者他的同住成年家属拒绝接收诉讼文书的情况下,将原来"应当"邀请有关基层组织或者所在单位的代表到场修改为"可以",增加了留置送达的灵活性;二是在无法邀请有关基层组织、所在单位的代表到场或者上述见证人拒绝见证的情况下,送达人也可以把诉讼文书留在受送达人的住所,并采用拍照、录像等方式记录送达过程,即视为送达。

【相关立法】

《中华人民共和国海事诉讼特别程序法》(20000701)

第八十一条　有义务接受法律文书的人拒绝签收,送达人在送达回证上记明情况,经送达人、见证人签名或者盖章,将法律文书留在其住所或者办公处所的,视为送达。

【司法解释】

1.《最高人民法院关于适用〈中华人民共和国民事诉讼法〉的解释》(法释〔2015〕5 号,20150204;经法释〔2022〕11 号修正,20220410)

第一百三十条第二款　民事诉讼法第八十九条规定的有关基层组织和所在单位的代表,可以是受送达人住所地的居民委员会、村民委员会的工作人员以及受送达人所在单位的工作人员。

2.《最高人民法院关于适用简易程序审理民事案件的若干规定》(法释〔2003〕15 号,20031201;经法释〔2020〕20 号修正,20210101)

第十一条　受送达的自然人以及他的同住成年家属拒绝签收诉讼文书的,或者法人、非法人组织负责收件的人拒绝签收诉讼文书的,送达人应当依据民事诉讼法第八十六条①的规定邀请有关基层组织或者所在单位的代表到场见证,被邀请的人不愿到场见证的,送达人应当在送达回证上记明拒收事由、时间和地点以及被邀请人不愿到场见证的情形,将诉讼文书留在受送达人的住所或者从业场所,即视为送达。

受送达人的同住成年家属或者法人、非法人组织负责收件的人是同一案件中另一方当事人的,不适用前款规定。

3.《最高人民法院关于涉外民事或商事案件司法文书送达问题若干规定》(法释〔2006〕5 号,20060822;经法释〔2020〕20 号修正,20210101)

第十二条　人民法院向受送达人在中华人民共和国领域内的法定代表人、主要负责人、诉讼代理人、代表机构以及有权接受送达的分支机构、业务代

---

① 对应 2023 年《民事诉讼法》第 89 条。——编者注

办人送达司法文书,可以适用留置送达的方式。

【司法文件】

《最高人民法院关于进一步加强民事送达工作的若干意见》(法发〔2017〕19 号,20170719)

十六、在送达工作中,可以借助基层组织的力量和社会力量,加强与基层组织和有关部门的沟通、协调,为做好送达工作创造良好的外部环境。有条件的地方可以要求基层组织协助送达,并可适当支付费用。

第九十条 【电子送达】经受送达人同意,人民法院可以采用能够确认其收悉的电子方式送达诉讼文书。通过电子方式送达的判决书、裁定书、调解书,受送达人提出需要纸质文书的,人民法院应当提供。

采用前款方式送达的,以送达信息到达受送达人特定系统的日期为送达日期。

【立法·要点注释】

受送达人同意既可以是明示同意,也可以是默示同意,具体包括以下情形:第一,明确表示同意,即受送达人主动提出适用电子送达或者填写送达地

址确认书。第二,作出事前约定,即受送达人对在诉讼中适用电子送达已作出过约定,但此时需考察送达条款是否属于格式条款,若提供制式合同一方未尽到提示说明义务的,对方当事人可以要求确认该条款无效。第三,作出事中表示行为,即受送达人在提交的起诉状、答辩状中主动提供用于接收送达的电子地址,但未明确是否用于接受电子送达。此时一般应向当事人作进一步确认,明确该地址用途和功能是用于联系还是接受送达。当事人仅登录使用电子诉讼平台,不宜直接认定为同意电子送达。第四,作出事后的认可,即受送达人通过回复收悉、参加诉讼等方式接受已经完成的电子送达,并且未明确表示不同意电子送达。受送达人接受送达后,又表示不同意电子送达的,应当认定已完成的送达有效,但此后不宜再适用电子送达。人民法院可以通过电话确认、诉讼平台在线确认、线下发送电子送达确认书等方式,确认受送达人是否同意电子送达,以及受送达人接收电子送达的具体方式和地址,并告知电子送达的适用范围、效力、送达地址变更方式以及其他需告知的送达事项。

【司法解释】

1.《最高人民法院关于适用〈中华人民共和国民事诉讼法〉的解释》(法释〔2015〕5 号,20150204;经法释〔2022〕11号修正,20220410)

第一百三十五条 电子送达可以采用传真、电子邮件、移动通信等即时收悉的特定系统作为送达媒介。

民事诉讼法第九十条第二款规定的到达受送达人特定系统的日期，为人民法院对应系统显示发送成功的日期，但受送达人证明到达其特定系统的日期与人民法院对应系统显示发送成功的日期不一致的，以受送达人证明到达其特定系统的日期为准。

【重点解读】电子送达以到达对方特定系统的日期为送达日期，不论受送达人是否真正实际接收并了解送达文书的内容，只要受送达人同意以电子送达方式接收诉讼文书，并自行提供了接受送达的传真号码或电子邮箱地址或通信设备号码，人民法院将诉讼文书发送到受送达人指定的电子信息系统时，就视为送达已经完成并发生相应的送达效力。因受送达人原因未实际接收到诉讼文书的责任由受送达人自行承担，受送达人不得以其并未实际接收到诉讼文书为由主张送达不生效力。本解释补充规定，受送达人有证据证明到达其特定系统的日期与人民法院对应系统显示发送成功的日期不一致的，以到达受送达人特定系统的日期为准。

第一百三十六条 受送达人同意采用电子方式送达的，应当在送达地址确认书中予以确认。

【重点解读】准确确认当事人同意电子送达的意思表示。《人民法院在线诉讼规则》第29条第2款规定："具备

下列情形之一的，人民法院可以确定受送达人同意电子送达：（一）受送达人明确表示同意的；（二）受送达人在诉讼前对适用电子送达已作出约定或者承诺的；（三）受送达人在提交的起诉状、上诉状、申请书、答辩状中主动提供用于接收送达的电子地址的；（四）受送达人通过回复收悉、参加诉讼等方式接受已经完成的电子送达，并且未明确表示不同意电子送达的。"对当事人同意电子送达的意见，应当按照上述规则确定。司法实践中，要注意避免分散和多头送达，同一内容材料原则上只应采取一种送达方式，以便确定送达生效时间，便于当事人行使后续诉讼权利。

第二百六十一条 适用简易程序审理案件，人民法院可以依照民事诉讼法第九十条、第一百六十二条的规定采取捎口信、电话、短信、传真、电子邮件等简便方式传唤双方当事人、通知证人和送达诉讼文书。

以简便方式送达的开庭通知，未经当事人确认或者没有其他证据证明当事人已经收到的，人民法院不得缺席判决。

适用简易程序审理案件，由审判员独任审判，书记员担任记录。

2.《人民法院在线诉讼规则》（法释〔2021〕12号，20210801）

第二十九条 经受送达人同意，人民法院可以通过送达平台，向受送达人的电子邮箱、即时通讯账号、诉讼平台

专用账号等电子地址,按照法律和司法解释的相关规定送达诉讼文书和证据材料。

具备下列情形之一的,人民法院可以确定受送达人同意电子送达:

(一)受送达人明确表示同意的;

(二)受送达人在诉讼前对适用电子送达已作出约定或者承诺的;

(三)受送达人在提交的起诉状、上诉状、申请书、答辩状中主动提供用于接收送达的电子地址的;

(四)受送达人通过回复收悉、参加诉讼等方式接受已经完成的电子送达,并且未明确表示不同意电子送达的。

第三十条 人民法院可以通过电话确认、诉讼平台在线确认、线下发送电子送达确认书等方式,确认受送达人是否同意电子送达,以及受送达人接收电子送达的具体方式和地址,并告知电子送达的适用范围、效力、送达地址变更方式以及其他需告知的送达事项。

第三十一条 人民法院向受送达人主动提供或者确认的电子地址送达的,送达信息到达电子地址所在系统时,即为送达。

受送达人未提供或者未确认有效电子送达地址,人民法院向能够确认为受送达人本人的电子地址送达的,根据下列情形确定送达是否生效:

(一)受送达人回复已收悉,或者根据送达内容已作出相应诉讼行为的,即为完成有效送达;

(二)受送达人的电子地址所在系统反馈受送达人已阅知,或者有其他证据可以证明受送达人已经收悉的,推定完成有效送达,但受送达人能够证明存在系统错误、送达地址非本人使用或者非本人阅知等未收悉送达内容的情形除外。

人民法院开展电子送达,应当在系统中全程留痕,并制作电子送达凭证。电子送达凭证具有送达回证效力。

对同一内容的送达材料采取多种电子方式发送受送达人的,以最先完成的有效送达时间作为送达生效时间。

第三十二条 人民法院适用电子送达,可以同步通过短信、即时通讯工具、诉讼平台提示等方式,通知受送达人查阅、接收、下载相关送达材料。

第三十三条 适用在线诉讼的案件,各方诉讼主体可以通过在线确认、电子签章等方式,确认和签收调解协议、笔录、电子送达凭证及其他诉讼材料。

3.《最高人民法院关于互联网法院审理案件若干问题的规定》(法释〔2018〕16号,20180907)

第十五条 经当事人同意,互联网法院应当通过中国审判流程信息公开网、诉讼平台、手机短信、传真、电子邮件、即时通讯账号等电子方式送达诉讼文书及当事人提交的证据材料等。

当事人未明确表示同意,但已经约定发生纠纷时在诉讼中适用电子送达的，或者通过回复收悉、作出相应诉讼行为等方式接受已经完成的电子送达，并且未明确表示不同意电子送达的，可以视为同意电子送达。

经告知当事人权利义务，并征得其同意，互联网法院可以电子送达裁判文书。当事人提出需要纸质版裁判文书的，互联网法院应当提供。

第十六条 互联网法院进行电子送达，应当向当事人确认电子送达的具体方式和地址，并告知电子送达的适用范围、效力、送达地址变更方式以及其他需告知的送达事项。

受送达人未提供有效电子送达地址的，互联网法院可以将能够确认为受送达人本人的近三个月内处于日常活跃状态的手机号码、电子邮箱、即时通讯账号等常用电子地址作为优先送达地址。

第十七条 互联网法院向受送达人主动提供或者确认的电子地址进行送达的，送达信息到达受送达人特定系统时，即为送达。

互联网法院向受送达人常用电子地址或者能够获取的其他电子地址进行送达的，根据下列情形确定是否完成送达：

（一）受送达人回复已收到送达材料，或者根据送达内容作出相应诉讼行为的，视为完成有效送达。

（二）受送达人的媒介系统反馈受送达人已阅知，或者有其他证据可以证明受送达人已经收悉的，推定完成有效

送达，但受送达人能够证明存在媒介系统错误、送达地址非本人所有或者使用、非本人阅知等未收悉送达内容的情形除外。

完成有效送达的，互联网法院应当制作电子送达凭证。电子送达凭证具有送达回证效力。

第十九条 互联网法院在线审理的案件，审判人员、法官助理、书记员、当事人及其他诉讼参与人等通过在线确认、电子签章等在线方式对调解协议、笔录、电子送达凭证及其他诉讼材料予以确认的，视为符合《中华人民共和国民事诉讼法》有关"签名"的要求。

4.《最高人民法院关于人民法院通过互联网公开审判流程信息的规定》（法释〔2018〕7号，20180901）

第十四条 经受送达人书面同意，人民法院可以通过中国审判流程信息公开网向民事、行政案件的当事人及其法定代理人、诉讼代理人电子送达除判决书、裁定书、调解书以外的诉讼文书。

采用前款方式送达的，人民法院应当按照本规定第五条采集、核对受送达人的身份信息，并为其开设个人专用的即时收悉系统。诉讼文书到达该系统的日期为送达日期，由系统自动记录并生成送达回证归入电子卷宗。

已经送达的诉讼文书需要更正的，应当重新送达。

【司法文件】

1.《最高人民法院关于进一步加强民事送达工作的若干意见》（法发〔2017〕19号，20170719）

十、在严格遵守民事诉讼法和民事诉讼法司法解释关于电子送达适用条件的前提下，积极主动探索电子送达及送达凭证保全的有效方式、方法。有条件的法院可以建立专门的电子送达平台，或以诉讼服务平台为依托进行电子送达，或者采取与大型门户网站、通信运营商合作的方式，通过专门的电子邮箱、特定的通信号码、信息公众号等方式进行送达。

十一、采用传真、电子邮件方式送达的，送达人员应记录传真发送和接收号码、电子邮件发送和接收邮箱、发送时间、送达诉讼文书名称，并打印传真发送确认单、电子邮件发送成功网页，存卷备查。

十二、采用短信、微信等方式送达的，送达人员应记录收发手机号码、发送时间、送达诉讼文书名称，并将短信、微信等送达内容拍摄照片，存卷备查。

十四、对于移动通信工具能够接通但无法直接送达、邮寄送达的，除判决书、裁定书、调解书外，可以采取电话送达的方式，由送达人员告知当事人诉讼文书内容，并记录拨打、接听电话号码、通话时间、送达诉讼文书内容，通话过程应当录音以存卷备查。

2.《民事诉讼程序繁简分流改革试点实施办法》（最高人民法院，法〔2020〕11号，20200115）

第二十四条 经受送达人同意，人民法院可以通过中国审判流程信息公开网、全国统一送达平台、传真、电子邮件、即时通讯账号等电子方式送达诉讼文书和当事人提交的证据材料。

具备下列情形之一的，人民法院可以确定受送达人同意电子送达：

（一）受送达人明确表示同意的；

（二）受送达人对在诉讼中适用电子送达已作出过约定的；

（三）受送达人在提交的起诉状、答辩状中主动提供用于接收送达的电子地址的；

（四）受送达人通过回复收悉、参加诉讼等方式接受已经完成的电子送达，并且未明确表示不同意电子送达的。

第二十五条 经受送达人明确表示同意，人民法院可以电子送达判决书、裁定书、调解书等裁判文书。当事人提出需要纸质裁判文书的，人民法院应当提供。

第二十六条 人民法院向受送达人主动提供或者确认的电子地址进行送达的，送达信息到达电子地址所在系统时，即为送达。

受送达人同意电子送达但未主动提供或者确认电子地址，人民法院向能够获取的受送达人电子地址进行送达的，根据下列情形确定是否完成送达：

（一）受送达人回复已收到送达材料，或者根据送达内容作出相应诉讼行为的，视为完成有效送达；

（二）受送达人的电子地址所在系统反馈受送达人已阅知，或者有其他证据可以证明受送达人已经收悉的，推定完成有效送达，但受送达人能够证明存在系统错误、送达地址非本人使用或者非本人阅知等未收悉送达内容的情形除外。

完成有效送达的，人民法院应当制作电子送达凭证。电子送达凭证具有送达回证效力。

3.《民事诉讼程序繁简分流改革试点问答口径（一）》（最高人民法院，法〔2020〕105号，20200415）

三十五、开展电子送达，如何认定"受送达人同意"？

答：电子送达以受送达人同意为前提条件，符合以下情形的，人民法院可以确认受送达人同意：第一，明确表示同意，即主动提出适用电子送达或者填写送达地址确认书。第二，作出事前约定，即纠纷发生前已对在诉讼中适用电子送达作出约定，但此时需考察送达条款是否属于格式条款，若提供制式合同一方未尽到提示说明义务的，对方当事人可以要求确认该条款无效。第三，作出事中行为表示，即在起诉状、答辩状中提供了相关电子地址，但未明确是否用于接受电子送达。此时一般应向当事人作进一步确认，明确该地址用途和

功能是用于联系还是接受送达。当事人仅登录使用电子诉讼平台，不宜直接认定为同意电子送达。第四，作出事后的认可，即受送达人通过回复收悉、参加诉讼等方式接受已经完成的电子送达。受送达人接受送达后，又表示不同意电子送达的，应当认定已完成的送达有效，但此后不宜再适用电子送达。

三十六、电子送达可以采取哪些具体方式？

答：电子送达可以通过中国审判流程信息公开网、全国统一送达平台、即时通讯工具等多种方式进行，但应当在统一规范的平台上进行。采取即时通讯工具送达的，应当通过人民法院的官方微信、微博等账号发出，并在审判系统中留痕确认，生成电子送达凭证。实践中要注意避免分散和多头送达，同一文书原则上只采取一种电子送达方式，如果送达后无法确认该种方式送达效力的，可以继续采取其他电子送达方式。

三十七、如何确定电子送达生效时间？

答：根据《实施办法》①第二十六条规定，电子送达在不同情形下分别适用"到达生效"和"收悉生效"两种标准，对应生效时间有所不同。第一，对当事人主动提供或确认的电子地址，送达信

---

① 即《最高人民法院关于民事诉讼程序繁简分流改革试点实施办法》。——编者注

息到达受送达人特定电子地址的时间为送达生效时间。第二，对向能够获取的受送达人电子地址进行送达的以"确认收悉"的时间点作为送达生效时间，具体包括：回复收悉时间、系统反馈已阅知时间等。上述时间点均存在时，应当以最先发生的时间作为送达生效时间。

【法院参考案例】

受送达人主张因无法判断短信真伪而导致耽误参加庭审的理由是否成立[甘肃源祥房地产开发有限公司与甘肃古典建设集团有限公司建设工程施工合同纠纷案，最高人民法院（2019）最高法民申 3879 号]

受送达人已经收到法院发送的开庭短信，其主张因无法判断短信真伪而导致耽误参加庭审，以及法院未能穷尽其他送达方式而直接以短信方式通知开庭违反法定程序的理由不能成立。

第九十一条　【委托送达、邮寄送达】直接送达诉讼文书有困难的，可以委托其他人民法院代为送达，或者邮寄送达。邮寄送达的，以回执上注明的收件日期为送达日期。

【立法·要点注释】

1. 委托送达，是指受诉人民法院在直接送达诉讼文书有困难的情况下，委托受送达人所在地的人民法院代为送达的方式。这里的委托人必须是受诉人民法院，当事人及其他诉讼参与人无权委托其他人民法院送达诉讼文书。委托法院必须向受托法院出具委托函，将委托的事项和要求、受送达人的地址明确告知受委托的人民法院，并附需要送达的诉讼文书和送达回证。

2. 邮寄送达，是指在人民法院直接送达诉讼文书有困难时，通过邮政机构将诉讼文书挂号寄给或者以专递方式交给受送达人的方式。

【司法解释】

1.《最高人民法院关于适用〈中华人民共和国民事诉讼法〉的解释》（法释〔2015〕5 号，20150204；经法释〔2022〕11 号修正，20220410）

第一百三十四条　依照民事诉讼法第九十一条规定，委托其他人民法院代为送达的，委托法院应当出具委托函，并附需要送达的诉讼文书和送达回证，以受送达人在送达回证上签收的日期为送达日期。

委托送达的，受委托人民法院应当自收到委托函及相关诉讼文书之日起十日内代为送达。

2.《最高人民法院关于以法院专递方式邮寄送达民事诉讼文书的若干规定》(法释〔2004〕13 号,20050101)

第一条 人民法院直接送达诉讼文书有困难的,可以交由国家邮政机构(以下简称邮政机构)以法院专递方式邮寄送达,但有下列情形之一的除外:

(一)受送达人或者其诉讼代理人、受送达人指定的代收人同意在指定的期间内到人民法院接受送达的;

(二)受送达人下落不明的;

(三)法律规定或者我国缔结或者参加的国际条约中约定有特别送达方式的。

第二条 以法院专递方式邮寄送达民事诉讼文书的,其送达与人民法院送达具有同等法律效力。

第三条 当事人起诉或者答辩时应当向人民法院提供或者确认自己准确的送达地址,并填写送达地址确认书。当事人拒绝提供的,人民法院应当告知其拒不提供送达地址的不利后果,并记入笔录。

第四条 送达地址确认书的内容应当包括送达地址的邮政编码、详细地址以及受送达人的联系电话等内容。

当事人要求对送达地址确认书中的内容保密的,人民法院应当为其保密。

当事人在第一审、第二审和执行终结前变更送达地址的,应当及时以书面方式告知人民法院。

第五条 当事人拒绝提供自己的送达地址,经人民法院告知后仍不提供的,自然人以其户籍登记中的住所地或者经常居住地为送达地址;法人或者其他组织以其工商登记或者其他依法登记、备案中的住所地为送达地址。

第六条 邮政机构按照当事人提供或者确认的送达地址送达的,应当在规定的日期内将回执退回人民法院。

邮政机构按照当事人提供或确认的送达地址在五日内投送三次以上未能送达,通过电话或者其他联系方式又无法告知受送达人的,应当将邮件在规定的日期内退回人民法院,并说明退回的理由。

第七条 受送达人指定代收人的,指定代收人的签收视为受送达人本人签收。

邮政机构在受送达人提供或确认的送达地址未能见到受送达人的,可以将邮件交给与受送达人同住的成年家属代收,但代收人是同一案件中另一方当事人的除外。

第八条 受送达人及其代收人应当在邮件回执上签名、盖章或者捺印。

受送达人及其代收人在签收时应当出示其有效身份证件并在回执上填写该证件的号码;受送达人及其代收人拒绝签收的,由邮政机构的投递员记明情况后将邮件退回人民法院。

第九条 有下列情形之一的,即为送达:

(一)受送达人在邮件回执上签名、盖章或者捺印的;

（二）受送达人是无民事行为能力或者限制民事行为能力的自然人，其法定代理人签收的；

（三）受送达人是法人或者其他组织，其法人的法定代表人、该组织的主要负责人或者办公室、收发室、值班室的工作人员签收的；

（四）受送达人的诉讼代理人签收的；

（五）受送达人指定的代收人签收的；

（六）受送达人的同住成年家属签收的。

第十条　签收人是受送达人本人或者是受送达人的法定代表人、主要负责人、法定代理人、诉讼代理人的，签收人应当当场核对邮件内容。签收人发现邮件内容与回执上的文书名称不一致的，应当当场向邮政机构的投递员提出，由投递员在回执上记明情况后将邮件退回人民法院。

签收人是受送达人办公室、收发室和值班室的工作人员或者是与受送达人同住成年家属，受送达人发现邮件内容与回执上的文书名称不一致的，应当在收到邮件后的三日内将该邮件退回人民法院，并以书面方式说明退回的理由。

第十一条　因受送达人自己提供或者确认的送达地址不准确、拒不提供送达地址、送达地址变更未及时告知人民法院、受送达人本人或者受送达人指定的代收人拒绝签收，导致诉讼文书未

能被受送达人实际接收的，文书退回之日视为送达之日。

受送达人能够证明自己在诉讼文书送达的过程中没有过错的，不适用前款规定。

3.《最高人民法院关于适用简易程序审理民事案件的若干规定》（法释〔2003〕15 号，20031201；经法释〔2020〕20 号修正，20210101）

第二十九条　当事人因交通不便或者其他原因要求邮寄送达裁判文书的，人民法院可以按照当事人自己提供的送达地址邮寄送达。

人民法院根据当事人自己提供的送达地址邮寄送达的，邮件回执上注明收到或者退回之日即为送达之日，当事人的上诉期从邮件回执上注明收到或者退回之日的次日起开始计算。

4.《最高人民法院关于涉外民事或商事案件司法文书送达问题若干规定》（法释〔2006〕5 号，20060822；经法释〔2020〕20 号修正，20210101）

第八条　受送达人所在国允许邮寄送达的，人民法院可以邮寄送达。

邮寄送达时应附有送达回证。受送达人未在送达回证上签收但在邮件回执上签收的，视为送达，签收日期为送达日期。

自邮寄之日起满三个月，如果未能收到送达与否的证明文件，且根据各种情况不足以认定已经送达的，视为不能

用邮寄方式送达。

【司法文件】

1.《最高人民法院关于进一步加强民事送达工作的若干意见》（法发〔2017〕19号，20170719）

十七、要树立全国法院一盘棋意识，对于其他法院委托送达的诉讼文书，要认真、及时进行送达。鼓励法院之间建立委托送达协作机制，节约送达成本，提高送达效率。

2.《最高人民法院对外委托鉴定、评估、拍卖等工作管理规定》（法办发〔2007〕5号，20070901）

第十九条 专业机构或专家确定后，当事人应当签字确认。对没有到场的当事人应先通过电话、传真送达，再邮寄送达。

【法院参考案例】

1. 在未经直接送达的情况下，可否选择邮寄送达［周某与吕某兵、广州牛集餐饮管理有限公司追加、变更被执行人异议案，最高人民法院（2021）最高法民申6568号］

当事人认为诉讼文书未由法院工作人员直接送达，而是选择邮寄送达，违反了《法院专递送达若干规定》第1条第1款关于"人民法院直接送达诉讼文书有困难的，可以交由国家邮政机构

以法院专递方式邮寄送达"的规定。最高人民法院认为，邮寄送达也是法院送达的方式之一，且为降低诉讼成本、减少当事人诉累、提高司法效率，法院专递送达已成为诉讼文书送达的重要途径，一审法院在以邮寄方式无法送达当事人的情况下，以公告形式向其送达诉讼文书，并无不当。

2. 法院可否按照与身份证上住址不符的地址邮寄诉讼文书［云南师宗煤业公司与广西交通公司合同纠纷案，最高人民法院（2020）最高法民申6200号］

在没有证据证明被告的住址或者约定送达地址为起诉状载明的住址情况下，一审法院按照与身份证上住址不符的地址邮寄诉讼文书，造成送达不能，损害了被告正常参加诉讼的权利，该缺席判决审判程序严重违法。

3. 人民法院通过邮寄方式首次向受送达人送达诉讼文书，受送达人予以签收的，可否将该邮寄地址视为当事人确认的送达地址［郑州易鑫企业管理有限公司与中国东方资产管理股份有限公司河南省分公司金融借款合同纠纷案，最高人民法院（2020）最高法民终192号］

人民法院通过邮寄方式首次向受送达人送达诉讼文书，受送达人予以签收的，则该邮寄地址视为当事人确认的送达地址。后人民法院再次按照上述地址向受送达人送达诉讼文书，因无人

签收而被退回的,退回之日视为送达之日。

4. 原审法院最初按工商登记的地址向被告邮寄应诉材料被签收,之后可否按该地址向被告邮寄送达[渤海现代物流股份有限公司与上海吉联新软件股份有限公司计算机软件开发合同纠纷案,最高人民法院(2020)最高法知民终1740号]

原审法院最初按工商登记的地址向被告邮寄应诉材料被签收,之后按该地址向被告邮寄管辖权异议裁定和开庭传票均未被签收,但最后按该地址向被告邮寄宣判传票及原审判决书又被签收。即使被告注销上述电话号码,但其未提交证据证明将变更联系电话的情况告知原告或原审法院。管辖权异议裁定及开庭传票等邮件因"收件人不在收件地址,电话无人接听"导致邮件被退回系由于被告的原因,邮件被退回即应视为送达。

5. 人民法院可否按照受送达公司工商登记住所地邮寄送达[双鸭山市金海煤炭有限责任公司与芜湖中集瑞江汽车有限公司承揽合同纠纷案,最高人民法院(2016)最高法民申1321号]

公司住所是公司必要登记事项,对外具有公示性,人民法院按照受送达公司工商登记住所地邮寄送达开庭传票等材料,在邮件妥投签收情况下,应当视为有效送达。该受送达公司主张其

实际住所地与工商登记内容不一致,但是因其并未及时变更工商登记,应自行承担由此产生的后果。

6. 法院按照合同约定的送达地址送达诉讼材料被退回后,是否还有必要公告送达[张某羽与浙江稠州商业银行股份有限公司福州分行等金融借款合同纠纷案,最高人民法院(2020)最高法民申2088号]

当事人在合同中对送达地址进行了约定,该约定不违反法律规定,对双方具有法律约束力。进入诉讼程序后,法院依据该合同约定的送达地址向合同一方(被告)送达诉讼材料被退回,退回之日应视为送达之日。在此基础上,法院为慎重起见,仍进一步受送达人公告送达诉讼材料,已充分保障了其诉讼权利。据此,法院送达方式并无不妥,其送达程序不违反法律规定。

7. 人民法院按照合同约定的送达地址向受送达人邮寄送达是否有效[福建华浦房地产开发有限公司与平安银行股份有限公司福州分行等借款合同纠纷案,最高人民法院(2020)最高法民申5381号]

根据《民事送达意见》的规定,合同双方对送达地址作出的约定是其真实意思表示,不违反法律规定,对各方具有约束力。人民法院按照上述地址向受送达人邮寄送达应诉通知书、开庭传票等相关诉讼文书,均被退回,则诉

讼文书退回之日视为送达之日,人民法院无须再以受送达人下落不明为由进行公告送达。

第九十二条 【转交送达之一】受送达人是军人的,通过其所在部队团以上单位的政治机关转交。

【立法·要点注释】

1. 转交送达的对象。根据《国防法》第71条规定,该法所称军人,是指在中国人民解放军服现役的军官、军士、义务兵等人员。

2. 转交送达的主体。转交送达一般适用于地方人民法院向军人送达诉讼文书的情形。军事法院在办理民事案件过程中,一般采取直接送达方式向军人送达。地方人民法院向军人送达,须通过部队团以上单位的政治机关转交。需要注意的是,只能通过部队团以上单位的政治机关转交,既不得通过团以下的单位转交,也不得通过团以上单位的其他机关转交。

3. 转交送达的程序。受诉人民法院应当向部队团以上政治机关提供受送达人信息,需要送达的诉讼文书,并附送达回证。代为转交的受送达人所在部队团以上单位的政治机关在收到诉讼文书后,必须立即交受送达人签收。

4. 转交送达的效力。转交送达与

直接送达具有同等法律效力,部队反馈的受送达人在送达回证上签收的日期为送达日期。

第九十三条 【转交送达之二】受送达人被监禁的,通过其所在监所转交。
受送达人被采取强制性教育措施的,通过其所在强制性教育机构转交。

【立法·要点注释】

人民法院向被监禁或者被采取强制性教育措施的人送达时,也应向监所或者强制性教育机构提供受送达人的基本信息、诉讼文书和送达回证,代为转交的机关、单位收到诉讼文书后,必须立即交受送达的被监禁人或者被采取强制性教育措施的人签收,以在送达回证上的签收日期为送达日期。

【法院参考案例】

在受送达人被刑事羁押的情况下可否按其送达地址确认书记载的地址送达开庭传票[吕某玲与洛阳农村商业银行股份有限公司等借款合同纠纷案,最高人民法院(2018)最高法民申93号]

法院在受送达人被刑事羁押的情况下仍按其送达地址确认书记载的地址送达开庭传票,后传票因"原址查无此人"被退回,导致受送达人未参与案件审理。受送达人系因被刑事羁押不能参加诉讼,不属于《民事诉讼法》规定的"无正当理由拒不到庭"的情形。据此,二审法院未依法送达诉讼文书即缺席判决,剥夺了其诉讼权利,违反了法定程序,应当予以纠正。

第九十四条　【转交送达日期】代为转交的机关、单位收到诉讼文书后,必须立即交受送达人签收,以在送达回证上的签收日期,为送达日期。

【立法·要点注释】

本条适用的情形仅是转交送达。在人民法院可以对军人以及被限制人身自由的人直接送达时,则按照直接送达的方式送达即可。比如,对于关在监狱的罪犯,人民法院向其送达时,如果监狱允许人民法院的工作人员依法会见罪犯,在接到人民法院要求协助送达的通知后,可以安排好会见的时间、场所,人民法院的工作人员即可以直接到监狱向罪犯送达诉讼文书,并要求受送达人签收。这种情况下不属于转交送达,而是直接送达。

第九十五条　【公告送达】受送达人下落不明,或者用本节规定的其他方式无法送达的,公告送达。自发出公告之日起,经过三十日,即视为送达。

公告送达,应当在案卷中记明原因和经过。

【立法·要点注释】

1.公告送达,是指在受送达人下落不明或者以其他方式无法送达的情况下,人民法院通过适当的媒介将需要送达的诉讼文书的有关内容进行公告,经过一定时间后视为送达的方式。

2.下落不明,是指受送达人没有音讯,无法以电话、邮寄等方式联系。其原因既可能是受送达人确实不知道诉讼情况未能主动联系法院,也可能是由于通信条件等客观原因暂无法与法院联系,还可能是为了逃避诉讼故意不与法院联系或躲避法院工作人员的主动联系。总之,下落不明的状态应具备时间意义上的延展性,只有该状态持续了一段时间,法院才能认定该"下落不明"为法律意义上的下落不明状态。

3.其他方式无法送达,是指除公告送达外的其他法定送达方式均无法送达给受送达人。公告送达是在其他送达方式不能送达时方可使用的一种补充性送达方式。

4.公告送达的要求包括两个方面:其一,公告送达应在案卷中记明原因。公告送达的原因有两种:一是受送达人下落不明,二是通过其他方式无法向受送达人送达。人民法院采取公告送达，必须在案件中记载采取公告送达的原因，并附必要的材料予以佐证。其二，公告送达还应在案件中记载公告送达经过。无论人民法院采取何种具体的公告送达方式，记载的内容都应包括公告送达的具体公告方式、公告的期间。

【司法解释】

1.《最高人民法院关于适用〈中华人民共和国民事诉讼法〉的解释》（法释〔2015〕5号，20150204；经法释〔2022〕11号修正，20220410）

第一百三十八条 公告送达可以在法院的公告栏和受送达人住所地张贴公告，也可以在报纸、信息网络等媒体上刊登公告，发出公告日期以最后张贴或者刊登的日期为准。对公告送达方式有特殊要求的，应当按要求的方式进行。公告期满，即视为送达。

人民法院在受送达人住所地张贴公告的，应当采取拍照、录像等方式记录张贴过程。

【重点解读】第一，严格公告送达适用条件。《民事送达意见》第15条规定："要严格适用民事诉讼法关于公告送达的规定，加强对公告送达的管理，充分保障当事人的诉讼权利。只有在受送达人下落不明，或者用民事诉讼法第一编第七章第二节规定的其他方式无法送达的，才能适用公告送达。"

第二，关于公告送达的期限和方式。《民事诉讼法》第95条将公告送达期限从60天缩短为30天，有利于进一步缩短审理周期，降低诉讼成本、防止诉讼拖延。实践中，人民法院可以依据本解释第138条的规定，采取线下和线上两种公告形式，特别是在互联网时代背景下，应当大力推行线上电子公告送达，充分发挥线上公告覆盖广、传播快、易查询、成本低等优势，提升公告送达的有效性。需要注意的是，各地人民法院自建的网站平台，不属于"信息网络媒体"，不宜作为线上公告送达的有效方式。最高人民法院将依托人民法院公告网，建立完善统一、权威、规范的公告送达平台，作为发布线上电子公告统一渠道，全面提升公告送达的覆盖面、精准度和规范性。

第三，公告送达适用于在线庭审案件。

第一百三十九条 公告送达应当说明公告送达的原因；公告送达起诉状或者上诉状副本的，应当说明起诉或者上诉要点，受送达人答辩期限及逾期不答辩的法律后果；公告送达传票，应当说明出庭的时间和地点及逾期不出庭的法律后果；公告送达判决书、裁定书的，应当说明裁判主要内容，当事人有权上诉的，还应当说明上诉权利、上诉期限和上诉的人民法院。

第一百四十条 适用简易程序的案件，不适用公告送达。

2.《最高人民法院关于依据原告起

诉时提供的被告住址无法送达应如何处理问题的批复》(法释〔2004〕17号,20041202)

人民法院依据原告起诉时所提供的被告住址无法直接送达或者留置送达,应当要求原告补充材料。原告因客观原因不能补充或者依据原告补充的材料仍不能确定被告住址的,人民法院应当依法向被告公告送达诉讼文书。人民法院不得仅以原告不能提供真实、准确的被告住址为由裁定驳回起诉或者裁定终结诉讼。

因有关部门不准许当事人自行查询其他当事人的住址信息,原告向人民法院申请查询的,人民法院应当依原告的申请予以查询。

3.《最高人民法院关于严格规范民商事案件延长审限和延期开庭问题的规定》(法释〔2018〕9号,20180426;经法释〔2019〕4号修正,20190328)

第四条第四款　适用简易程序的案件,不适用公告送达。

4.《人民法院在线诉讼规则》(法释〔2021〕12号,20210801)

第二十三条　需要公告送达的案件,人民法院可以在公告中明确线上或者线下参与庭审的具体方式,告知当事人选择在线庭审的权利。被公告方当事人未在开庭前向人民法院表示同意在线庭审的,被公告方当事人适用线下庭审。其他同意适用在线庭审的当事

人,可以在线参与庭审。

5.《最高人民法院关于互联网法院审理案件若干问题的规定》(法释〔2018〕16号,20180907)

第十八条　对需要进行公告送达的事实清楚、权利义务关系明确的简单民事案件,互联网法院可以适用简易程序审理。

【司法文件】

1.《最高人民法院关于进一步加强民事送达工作的若干意见》(法发〔2017〕19号,20170719)

十五、要严格适用民事诉讼法关于公告送达的规定,加强对公告送达的管理,充分保障当事人的诉讼权利。只有在受送达人下落不明,或者用民事诉讼法第一编第七章第二节规定的其他方式无法送达的,才能适用公告送达。

2.《民事诉讼程序繁简分流改革试点实施办法》(最高人民法院,法〔2020〕11号,20200115)

第十二条　事实清楚、权利义务关系明确的简单案件,需要公告送达的,可以适用简易程序审理。

【法院参考案例】

1.一审法院采用公告方式送达,二审法院如何送达[红韵公司与农利村委

会、韩某成、程强公司、丰盛公司、贺某、辛某敏民间借贷纠纷案，最高人民法院（2021）最高法民申 7166 号]

受送达人下落不明，一审法院系采用公告方式向受送达人送达诉讼文书。而二审法院在开庭传票、判决书等诉讼文书无法邮寄送达的情况下，既未采取直接送达等其他方式，也未进行公告送达，剥夺了受送达人辩论的权利，属于程序违法。

2. 通过邮寄方式送达被退回后可否径行公告送达[杜某华与浙江承御天澍网络科技有限公司计算机软件开发合同纠纷案，最高人民法院（2020）最高法知民申 6 号]

通过邮寄方式向受送达人送达起诉状、举证通知书、应诉通知书等材料被退回后，未采取过其他送达方式，直接公告送达前述应诉材料的，违反"受送达人下落不明，或者用本节规定的其他方式无法送达的，公告送达"的规定。

第八章　调　　解

第九十六条　【调解原则】人民法院审理民事案件,根据当事人自愿的原则,在事实清楚的基础上,分清是非,进行调解。

【立法·要点注释】

诉讼调解的两项原则,即自愿原则和事实清楚、分清是非原则。诉讼调解自愿原则,是指在民事诉讼过程中,人民法院对案件进行调解,必须充分尊重当事人及其他诉讼参与人的意愿,以当事人自愿为调解活动的前提。事实清楚、分清是非原则,是指人民法院对案件进行调解应当以案件事实的清楚和是非责任的分清为基础。在调解过程中,人民法院还要遵循合法原则,即诉讼调解活动以及调解协议的内容不得违反法律之规定,既包括诉讼调解的程序必须合法,还要求当事人所达成的调解协议的内容不得违背法律的禁止性规定,不得损害国家、社会公共利益和他人利益。

【司法解释】

1.《最高人民法院关于适用〈中华人民共和国民事诉讼法〉的解释》(法释〔2015〕5号,20150204;经法释〔2022〕11号修正,20220410)

第一百四十二条　人民法院受理案件后,经审查,认为法律关系明确、事实清楚,在征得当事人双方同意后,可以径行调解。

【重点解读】以径行调解的方式予以办理应具备三个前提条件:(1)法律关系明确;(2)事实清楚;(3)双方当事人同意。法律关系明确,是指人民法院能明确区分谁是责任的承担者,谁是权利的享有者;事实清楚,是指当事人对争议的主要事实陈述基本一致,并能提供相应的证据,无须人民法院调查收集证据即可查明事实;当事人双方同意,是指能否径行调解要取决于当事人双方的合意,如果当事人不愿意调解,人民法院就不能违背当事人的意志强行调解。人民法院对受理的案件,经审查当事人的诉辩后,发现具备这三个条件的,就可以不经当事人举证质证、法庭调查、辩论而径行调解。

适用径行调解不完全等同于先行调解。《简易程序规定》第14条规定："下列民事案件，人民法院在开庭审理时应当先行调解：（一）婚姻家庭纠纷和继承纠纷；（二）劳务合同纠纷；（三）交通事故和工伤事故引起的权利义务关系较为明确的损害赔偿纠纷；（四）宅基地和相邻关系纠纷；（五）合伙合同纠纷；（六）诉讼标的额较小的纠纷。但是根据案件的性质和当事人的实际情况不能调解或者显然没有调解必要的除外。"也就是说，这些案件类型中，并不是所有案件都可以适用径行调解，只有法律关系明确和事实清楚的，并且在征得当事人同意的条件下，才可以径行调解。

对复杂案件不适用径行调解，但并非不能进行调解。我们认为，对于事关民生和群体利益、需要政府和相关部门配合的案件，可能影响社会和谐稳定的群体性案件、集团诉讼案件、当事人之间情绪严重对立的案件，相关法律法规没有规定或者规定不明确、适用法律有一定困难的案件等相对复杂的案件，也可以在符合法定条件的情形下，适用调解程序，不放弃任何调解机会和调解成功的可能，以有效缓和当事人之间的对立情绪，排查不稳定因素，促进当事人之间矛盾化解，维护社会和谐稳定。

法律关系不明确、事实难以查清的案件不适用径行调解，但并不妨碍其他形式调解的适用。因为此类案件的审理往往很困难，调解解决则更有利于彻底解决纠纷。我们认为，人民法院对当事人自愿调解的民事案件，应当调解，特别是以下案件都可以在征求当事人的意愿后进行调解：涉及群体利益，需要政府和相关部门配合的案件；人数众多的共同诉讼、集团诉讼案件；案情复杂，当事人之间情绪严重对立，且双方都难以形成证据优势的案件；相关法律法规没有规定或者规定不明确，在适用法律方面有一定困难的案件；敏感性强、社会关注程度高的案件；申诉复查案件和再审案件。

第一百四十三条 适用特别程序、督促程序、公示催告程序的案件，婚姻等身份关系确认案件以及其他根据案件性质不能进行调解的案件，不得调解。

【重点解读】第一，婚姻关系等身份关系确认案件不得调解，但非婚姻、身份确认外的其他类型案件除法律另有明确规定外，可以进行调解。比如，人民法院可以调解维持收养关系，对于解除婚姻关系也可以进行调解。

第二，对"其他根据案件性质，不能进行"调解的把握。这里包括不能进行调解和不宜进行调解的情形。不能进行调解的是一种客观情形，主要是指其他法律的明确规定。比如婚姻效力等依案件性质不能进行调解的民事案件和依当事人的实际情况不能调解的案件。不宜调解的是一种主观情形。当前，民事纠纷呈现出主体多元、诉求多样的特征,相应地也要求解决纠纷的渠道和形式的多元。不宜进行调解的情形包括:(1)当事人均坚决反对调解,没有调解意愿和诚意,或者双方意见差别很大;(2)调解之后效果不好,比如一方当事人假调解之名行转移、变卖和隐匿财产之实,企图侵害对方当事人实体权益或借故拖延诉讼,侵害当事人程序利益的;(3)社会关注需要发挥司法的评价、教育、预测等功能,需要为社会公众确立行为规则和行为导向的案件,特别是在有利于形成新的市场交易规则、规范商事行为、倡导诚信经营的商事案件中,调解就消解了司法本应发挥的示范性功能。诸如此类情况,当事人又不同意调解或没有调解意愿的,就应坚决采取判决等其他解纷方式。

第一百四十四条 人民法院审理民事案件,发现当事人之间恶意串通,企图通过和解、调解方式侵害他人合法权益的,应当依照民事诉讼法第一百一十五条的规定处理。

【重点解读】第一,正确把握实践中常见的几种虚假和解、调解的情形。当事人间恶意串通,通过和解、调解侵害他人的利益的情形中,"他人"不仅包括本案的案外人,还可以包括本案的当事人本人。"恶意"应当仅指故意,而不包括主观上的重大过失和过失。"受侵害的利益"不仅包括实体利益,而且包括程序利益。在实践中一般对下列情形应当重点把握:(1)案件双方当事人恶意串通,虚构民事法律关系、捏造案件事实,达成虚假协议,骗取法院调解书,侵害他人权益;(2)双方当事人恶意串通,在诉讼中对相关事实作出虚假自认,进行虚假和解或者骗取法院调解书,侵害他人权益;(3)夫妻假离婚,利用离婚和解、调解转移财产,逃避债务,侵害债权人利益;(4)在普通债务诉讼过程中,一方当事人与亲友串通,以假借条等形式虚构夫妻关系存续期间的共同债务,侵害另案离婚诉讼中对方当事人利益;(5)当事人利用现有证据,虚构法律事实及法律关系提起诉讼或重复诉讼进行和解、调解,导致另案的诉讼拖延,而侵害他人在另案诉讼中的权益;(6)非实体权利主体的当事人(如破产管理人、失踪人财产管理人)与对方当事人串通,诈害实际受和解、调解约束的实体权利主体;(7)委托代理人、代表人等实际实施诉讼行为的人员与对方当事人恶意串通,假借和解、调解损害委托人、推举人、其他共同诉讼人或所在单位等名义当事人的利益;(8)行为人伪造代理手续,冒充他人名义提起或参加诉讼而进行和解、调解;(9)行为人假借案外人员或单位在明知或应知的情况下,为行为人出具虚假证明或鉴定、评估,而进行和解、调解等。

第二,实践中较多发生虚假和解、调解的案件类型。主要集中在民间借贷案件,涉离婚案件财产纠纷,破产企业或已经资不抵债的其他组织的财产纠纷案件,交通事故损害赔偿案件,保险理赔案件,个人为被告的财产纠纷案件,拆迁区划范围内的自然人作为诉讼主体的分家析产、继承、房屋买卖合同纠纷案件,国有、集体企业,尤其是正在改制中的国有、集体企业为被告的财产纠纷案件,驰名商标认定案件等。在这些案件的和解、调解中,尤其要防止侵害他人权益状况的发生。

第三,人民法院应当依职权对和解、调解结果进行审查。实践中一般认为,和解、调解争议的最终解决取决于当事人双方的合意,是以当事人放弃部分权利来实现的,是否查清事实、分清是非,与调解方案的达成以及案件的顺利结案并无必要的关联。也正因为如此,法官在调解过程中审查意识普遍缺乏,不注意依职权对当事人之间的和解、调解方案是否侵害他人合法权益予以审查,使一些当事人有可乘之机,通过和解、调解的合法形式掩盖非法目的。同时,和解、调解的隐蔽性与合意性使其公开性不足,和解、调解的过程与结果不易为外部所知,关联案件之间缺乏信息交换渠道,更易造成对案外第三方利益的侵害。

第四,通过调解规范来发现、识别、认定虚假和解、调解。《民事诉讼法》第115条规定的是对妨害民事诉讼行为的强制措施,那如何发现、识别、认定虚假诉讼?首先,要在调解中加强程序审查与实体审查。如在程序上要注意审查当事人身份情况;注意审查原告起诉的事实、理由是否明显不合常理;加

强对委托权限的审查及对当事人地址及联系方式的审核。在实体上要注意案件事实的审查,特别是对"无争议诉讼"的审查;对双方当事人身份及利害关系的审核;达成和解、调解协议的,要注意和解、调解协议是否当事人真实意思表示及合法性的审核。其次,要充分利用信息平台实现防控资源共享。有条件的法院可在内网信息平台上建立"当事人核查"功能,可以核查当事人在其他法院是否有相关案件,使法官能迅速审查当事人和解、调解协议的合法性,防止当事人借和解、调解恶意侵害第三方合法利益。这可以避免因信息沟通不及时等情况给虚假诉讼的行为人造成可乘之机,也可以在一定范围内遏制恶意诉讼案件的发生。最后,要加强对和解、调解中恶意行为的追责与惩罚力度。对认定为恶意的案件,可视情节对行为人进行训诫、责令具结悔过、拘留或处以一定数额的罚款,对情节严重者要从严惩处。民事和解、调解中的虚假诉讼行为构成犯罪的,依法追究行为人刑事责任,加强法院与公安、检察机关的协调配合。对律师帮助当事人从事恶意诉讼行为的,及时向司法行政部门发出司法建议;对当事人恶意制造虚假诉讼的行为,加强与征信部门的沟通,定期将当事人不良信息输入征信系统。和解、调解不仅仅是一个结果,更是一个过程,在整个过程中不仅要关注当事人是否有诚意、能否达成调解协议,更要关注对证据材料的认真审核,

以及认真记录调解笔录和细心制作调解书,让调解过程更多地留下明晰的印记。这样不仅是对当事人负责,也是对调解人员自身负责,因为日后一旦出现问题,这些工作都可以起到让事实再现、让过程重复的作用,对于纠纷的妥善解决无疑是大有裨益的。

第一百四十五条 人民法院审理民事案件,应当根据自愿、合法的原则进行调解。当事人一方或者双方坚持不愿调解的,应当及时裁判。

人民法院审理离婚案件,应当进行调解,但不应久调不决。

【重点解读】自愿达成的调解协议超出当事人的诉讼请求是否准许。只要是当事人自愿,调解协议内容超出诉讼请求的,人民法院可以准许。当事人之间可能会有多个纠纷,在协商解决其中一个纠纷时,他们也会对各项法律关系的解决一并予以考虑和协商,以达成"一揽子协议"。这样"一揽子协议"的内容可能就会超出当事人的诉讼请求范围,只要出于当事人的自愿而达成,且超出诉讼请求范围的调解协议内容经人民法院审查不侵害国家、集体和他人合法权益,不违反法律强制性规定,就可以确认该调解协议合法有效。

实践中考察调解是否符合合法原则的要点。合法性包括实体合法性和程序合法性。前者要求合法体现在调解协议内容的公正和不违反法律、行政法规禁止性规定两方面。而后者则一般从调解的方式、程序、内容来确定:一

是考虑调解协议的达成是否违法。在法律允许的幅度内,当事人可以自由处分自己的权利,因此不要求调解协议必须严格依法制定,只要不违反法律强制性规定,就属于当事人意思自治的范围。二是考虑调解协议是否内容明确,是否可以获得现实的强制执行力,如果执行内容不明确和不规范,调解协议也就没有多大意义。比如,在调解过程中要考虑到义务人履约的能力、是否需要调解书履行保证条款、财产保全等措施来增强调解协议的可执行性,是否会致使履行过程中,又滋生新的矛盾等。

2.《最高人民法院关于人民法院民事调解工作若干问题的规定》(法释〔2004〕12号,20041101;经法释〔2020〕20号修正,20210101)

第十七条 人民法院对刑事附带民事诉讼案件进行调解,依照本规定执行。

3.《最高人民法院关于适用简易程序审理民事案件的若干规定》(法释〔2003〕15号,20031201;经法释〔2020〕20号修正,20210101)

第十四条 下列民事案件,人民法院在开庭审理时应当先行调解:

(一)婚姻家庭纠纷和继承纠纷;

(二)劳务合同纠纷;

(三)交通事故和工伤事故引起的权利义务关系较为明确的损害赔偿纠纷;

（四）宅基地和相邻关系纠纷；

（五）合伙合同纠纷；

（六）诉讼标的额较小的纠纷。

但是根据案件的性质和当事人的实际情况不能调解或者显然没有调解必要的除外。

4.《最高人民法院关于适用〈中华人民共和国民法典〉婚姻家庭编的解释（一）》（法释〔2020〕22号，20210101）

第十一条 人民法院受理请求确认婚姻无效案件后，原告申请撤诉的，不予准许。

对婚姻效力的审理不适用调解，应当依法作出判决。

涉及财产分割和子女抚养的，可以调解。调解达成协议的，另行制作调解书；未达成调解协议的，应当一并作出判决。

5.《最高人民法院关于审理涉及农村土地承包纠纷案件适用法律问题的解释》（法释〔2005〕6号，20050901；经法释〔2020〕17号修正，20210101）

第五条 承包合同中有关收回、调整承包地的约定违反农村土地承包法第二十七条、第二十八条、第三十一条规定的，应当认定该约定无效。

第六条 因发包方违法收回、调整承包地，或者因发包方收回承包方弃耕、撂荒的承包地产生的纠纷，按照下列情形，分别处理：

（一）发包方未将承包地另行发包，承包方请求返还承包地的，应予支持；

（二）发包方已将承包地另行发包给第三人，承包方以发包方和第三人为共同被告，请求确认其所签订的承包合同无效、返还承包地并赔偿损失的，应予支持。但属于承包方弃耕、撂荒情形的，对其赔偿损失的诉讼请求，不予支持。

前款第（二）项所称的第三人，请求受益方补偿其在承包地上的合理投入的，应予支持。

第十五条 因承包方不收取流转价款或者向对方支付费用的约定产生纠纷，当事人协商变更无法达成一致，且继续履行又显失公平的，人民法院可以根据发生变更的客观情况，按照公平原则处理。

第二十四条 人民法院在审理涉及本解释第五条、第六条第一款第（二）项及第二款、第十五条的纠纷案件时，应当着重进行调解。必要时可以委托人民调解组织进行调解。

6.《最高人民法院关于适用〈中华人民共和国公司法〉若干问题的规定（二）》（法释〔2008〕6号，20080519；经法释〔2020〕18号修正，20210101）

第五条 人民法院审理解散公司诉讼案件，应当注重调解。当事人协商同意由公司或者股东收购股份，或者以减资等方式使公司存续，且不违反法律、行政法规强制性规定的，人民法院应予支持。当事人不能协商一致使公司存续的，人民法院应当及时判决。

经人民法院调解公司收购原告股份的，公司应当自调解书生效之日起六个月内将股份转让或者注销。股份转让或者注销之前，原告不得以公司收购其股份为由对抗公司债权人。

7.《最高人民法院关于适用〈中华人民共和国公司法〉若干问题的规定（五）》（法释〔2019〕7 号，20190429；经法释〔2020〕18 号修正，20210101）

第五条　人民法院审理涉及有限责任公司股东重大分歧案件时，应当注重调解。当事人协商一致以下列方式解决分歧，且不违反法律、行政法规的强制性规定的，人民法院应予支持：

（一）公司回购部分股东股份；

（二）其他股东受让部分股东股份；

（三）他人受让部分股东股份；

（四）公司减资；

（五）公司分立；

（六）其他能够解决分歧，恢复公司正常经营，避免公司解散的方式。

8.《最高人民法院关于证券纠纷代表人诉讼若干问题的规定》（法释〔2020〕5 号，20200731）

第三条　人民法院应当充分发挥多元解纷机制的功能，按照自愿、合法原则，引导和鼓励当事人通过行政调解、行业调解、专业调解等非诉讼方式解决证券纠纷。

当事人选择通过诉讼方式解决纠纷的，人民法院应当及时立案。案件审理过程中应当着重调解。

9.《人民法院在线调解规则》（法释〔2021〕23 号，20220101）①

第一条　在立案前或者诉讼过程中依托人民法院调解平台开展在线调解的，适用本规则。

第二条　在线调解包括人民法院、当事人、调解组织或者调解员通过人民法院调解平台开展的在线申请、委派委托、音视频调解、制作调解协议、申请司法确认调解协议、制作调解书等全部或者部分调解活动。

第三条　民事、行政、执行、刑事自诉以及被告人、罪犯未被羁押的刑事附带民事诉讼等法律规定可以调解或者和解的纠纷，可以开展在线调解。

行政、刑事自诉和刑事附带民事诉讼案件的在线调解，法律和司法解释另有规定的，从其规定。

第四条　人民法院采用在线调解方式应当征得当事人同意，并综合考虑案件具体情况、技术条件等因素。

第五条　人民法院审判人员、专职或者兼职调解员、特邀调解组织和特邀调解员以及人民法院邀请的其他单位

---

① 鉴于在线调解规则具有一定的独立性，保持文件完整更有利于读者对规则的全面把握。——编者注

或者个人，可以开展在线调解。

在线调解组织和调解员的基本情况、纠纷受理范围、擅长领域、是否收费、作出邀请的人民法院等信息应当在人民法院调解平台进行公布，方便当事人选择。

第六条 人民法院可以邀请符合条件的外国人入驻人民法院调解平台，参与调解当事人一方或者双方为外国人、无国籍人、外国企业或者组织的民商事纠纷。

符合条件的港澳地区居民可以入驻人民法院调解平台，参与调解当事人一方或者双方为香港特别行政区、澳门特别行政区居民、法人或者非法人组织以及大陆港资澳资企业的民商事纠纷。

符合条件的台湾地区居民可以入驻人民法院调解平台，参与调解当事人一方或者双方为台湾地区居民、法人或者非法人组织以及大陆台资企业的民商事纠纷。

第七条 人民法院立案人员、审判人员在立案前或者诉讼过程中，认为纠纷适宜在线调解的，可以通过口头、书面、在线等方式充分释明在线调解的优势，告知在线调解的主要形式、权利义务、法律后果和操作方法等，引导当事人优先选择在线调解方式解决纠纷。

第八条 当事人同意在线调解的，应当在人民法院调解平台填写身份信息、纠纷简要情况、有效联系电话以及接收诉讼文书电子送达地址等，并上传电子化起诉申请材料。当事人在电子

诉讼平台已经提交过电子化起诉申请材料的，不再重复提交。

当事人填写或者提交电子化起诉申请材料确有困难的，人民法院可以辅助当事人将纸质材料作电子化处理后导入人民法院调解平台。

第九条 当事人在立案前申请在线调解，属于下列情形之一的，人民法院退回申请并分别予以处理：

（一）当事人申请调解的纠纷不属于人民法院受案范围，告知可以采用的其他纠纷解决方式；

（二）与当事人选择的在线调解组织或者调解员建立邀请关系的人民法院对该纠纷不具有管辖权，告知选择对纠纷有管辖权的人民法院邀请的调解组织或者调解员进行调解；

（三）当事人申请调解的纠纷不适宜在线调解，告知到人民法院诉讼服务大厅现场办理调解或者立案手续。

第十条 当事人一方在立案前同意在线调解的，由人民法院征求其意见后指定调解组织或者调解员。

当事人双方同意在线调解的，可以在案件管辖法院确认的在线调解组织和调解员中共同选择调解组织或者调解员。当事人同意由人民法院指定调解组织或者调解员，或者无法在同意在线调解后两个工作日内共同选择调解组织或者调解员的，由人民法院指定调解组织或者调解员。

人民法院应当在收到当事人在线调解申请后三个工作日内指定调解组

织或者调解员。

第十一条　在线调解一般由一名调解员进行，案件重大、疑难复杂或者具有较强专业性的，可以由两名以上调解员调解，并由当事人共同选定其中一人主持调解。无法共同选定的，由人民法院指定一名调解员主持。

第十二条　调解组织或者调解员应当在收到人民法院委派委托调解信息或者当事人在线调解申请后三个工作日内，确认接受人民法院委派委托或者当事人调解申请。纠纷不符合调解组织章程规定的调解范围或者行业领域，明显超出调解员擅长领域或者具有其他不适宜接受情形的，调解组织或者调解员可以写明理由后不予接受。

调解组织或者调解员不予接受或者超过规定期限未予确认的，人民法院、当事人可以重新指定或者选定。

第十三条　主持或者参与在线调解的人员有下列情形之一，应当在接受调解前或者调解过程中进行披露：

（一）是纠纷当事人或者当事人、诉讼代理人近亲属的；

（二）与纠纷有利害关系的；

（三）与当事人、诉讼代理人有其他可能影响公正调解关系的。

当事人在调解组织或者调解员披露上述情形后或者明知其具有上述情形，仍同意调解的，由该调解组织或者调解员继续调解。

第十四条　在线调解过程中，当事人可以申请更换调解组织或者调解员；

更换后，当事人仍不同意且拒绝自行选择的，视为当事人拒绝调解。

第十五条　人民法院对当事人一方立案前申请在线调解的，应当征询对方当事人的调解意愿。调解员可以在接受人民法院委派调解之日起三个工作日内协助人民法院通知对方当事人，询问是否同意调解。

对方当事人拒绝调解或者无法联系对方当事人的，调解员应当写明原因，终结在线调解程序，即时将相关材料退回人民法院，并告知当事人。

第十六条　主持在线调解的人员应当在组织调解前确认当事人参与调解的方式，并按照下列情形作出处理：

（一）各方当事人均具备使用音视频技术条件的，指定在同一时间登录人民法院调解平台；无法在同一时间登录的，征得各方当事人同意后，分别指定时间开展音视频调解；

（二）部分当事人不具备使用音视频技术条件的，在人民法院诉讼服务中心、调解组织所在地或者其他便利地点，为其参与在线调解提供场所和音视频设备。

各方当事人均不具备使用音视频技术条件或者拒绝通过音视频方式调解的，确定现场调解的时间、地点。

在线调解过程中，部分当事人提出不宜通过音视频方式调解的，调解员在征得其他当事人同意后，可以组织现场调解。

第十七条　在线调解开始前，主持

调解的人员应当通过证件证照在线比对等方式核实当事人和其他参与调解人员的身份，告知虚假调解法律后果。立案前调解的，调解员还应当指导当事人填写《送达地址确认书》等相关材料。

第十八条 在线调解过程中，当事人可以通过语音、文字、视频等形式自主表达意愿，提出纠纷解决方案。除共同确认的无争议事实外，当事人为达成调解协议作出妥协而认可的事实、证据等，不得在诉讼程序中作为对其不利的依据或者证据，但法律另有规定或者当事人均同意的除外。

第十九条 调解员组织当事人就所有或者部分调解请求达成一致意见的，应当在线制作或者上传调解协议，当事人和调解员应当在调解协议上进行电子签章；由调解组织主持达成调解协议的，还应当加盖调解组织电子印章，调解组织没有电子印章的，可以将加盖印章的调解协议上传至人民法院调解平台。

调解协议自各方当事人均完成电子签章之时起发生法律效力，并通过人民法院调解平台向当事人送达。调解协议有给付内容的，当事人应当按照调解协议约定内容主动履行。

第二十条 各方当事人在立案前达成调解协议的，调解员应当记入调解笔录并按诉讼外调解结案，引导当事人自动履行。依照法律和司法解释规定可以申请司法确认调解协议的，当事人可以在线提出申请，人民法院经审查符合法律规定的，裁定调解协议有效。

各方当事人在立案后达成调解协议的，可以请求人民法院制作调解书或者申请撤诉。人民法院经审查符合法律规定的，可以制作调解书或者裁定书结案。

第二十一条 经在线调解达不成调解协议，调解组织或者调解员应当记录调解基本情况、调解不成的原因、导致其他当事人诉讼成本增加的行为以及需要向人民法院提示的其他情况。人民法院按照下列情形作出处理：

（一）当事人在立案前申请在线调解的，调解组织或者调解员可以建议通过在线立案或者其他途径解决纠纷，当事人选择在线立案的，调解组织或者调解员应当将电子化调解材料在线推送给人民法院，由人民法院在法定期限内依法登记立案；

（二）立案前委派调解的，调解不成后，人民法院应当依法登记立案；

（三）立案后委托调解的，调解不成后，人民法院应当恢复审理。

审判人员在诉讼过程中组织在线调解的，调解不成后，应当及时审判。

第二十二条 调解员在线调解过程中，同步形成电子笔录，并确认无争议事实。经当事人双方明确表示同意的，可以以调解录音录像代替电子笔录，但无争议事实应当以书面形式确认。

电子笔录以在线方式核对确认后，

与书面笔录具有同等法律效力。

第二十三条　人民法院在审查司法确认申请或者出具调解书过程中，发现当事人可能采取恶意串通、伪造证据、捏造事实、虚构法律关系等手段实施虚假调解行为，侵害他人合法权益的，可以要求当事人提供相关证据。当事人不提供相关证据的，人民法院不予确认调解协议效力或者出具调解书。

经审查认为构成虚假调解的，依照《中华人民共和国民事诉讼法》等相关法律规定处理。发现涉嫌刑事犯罪的，及时将线索和材料移送有管辖权的机关。

第二十四条　立案前在线调解期限为三十日。各方当事人同意延长的，不受此限。立案后在线调解，适用普通程序的调解期限为十五日，适用简易程序的调解期限为七日，各方当事人同意延长的，不受此限。立案后延长的调解期限不计入审理期限。

委派委托调解或者当事人申请调解的调解期限，自调解组织或者调解员在人民法院调解平台确认接受委派委托或确认接受当事人申请之日起算。审判人员主持调解的，自各方当事人同意之日起算。

第二十五条　有下列情形之一的，在线调解程序终结：

（一）当事人达成调解协议；

（二）当事人自行和解，撤回调解申请；

（三）在调解期限内无法联系到当事人；

（四）当事人一方明确表示不愿意继续调解；

（五）当事人分歧较大且难以达成调解协议；

（六）调解期限届满，未达成调解协议，且各方当事人未达成延长调解期限的合意；

（七）当事人一方拒绝在调解协议上签章；

（八）其他导致调解无法进行的情形。

第二十六条　立案前调解需要鉴定评估的，人民法院工作人员、调解组织或者调解员可以告知当事人诉前委托鉴定程序，指导通过电子诉讼平台或者现场办理等方式提交诉前委托鉴定评估申请，鉴定评估期限不计入调解期限。

诉前委托鉴定评估经人民法院审查符合法律规定的，可以作为证据使用。

第二十七条　各级人民法院负责本级在线调解组织和调解员选任确认、业务培训、资质认证、指导入驻、权限设置、业绩评价等管理工作。上级人民法院选任的在线调解组织和调解员，下级人民法院在征得其同意后可以确认为本院在线调解组织和调解员。

第二十八条　人民法院可以建立婚姻家庭、劳动争议、道路交通、金融消费、证券期货、知识产权、海事海商、国际商事和涉港澳台侨纠纷等专业行业特邀调解名册,按照不同专业邀请具备相关专业能力的组织和人员加入。

最高人民法院建立全国性特邀调解名册,邀请全国人大代表、全国政协委员、知名专家学者、具有较高知名度的调解组织以及较强调解能力的人员加入,参与调解全国法院有重大影响、疑难复杂、适宜调解的案件。

高级人民法院、中级人民法院可以建立区域性特邀调解名册,参与本辖区法院案件的调解。

第二十九条 在线调解组织和调解员在调解过程中,存在下列行为之一的,当事人可以向作出邀请的人民法院投诉:

(一)强迫调解;

(二)无正当理由多次拒绝接受人民法院委派委托或者当事人调解申请;

(三)接受当事人请托或者收受财物;

(四)泄露调解过程、调解协议内容以及调解过程中获悉的国家秘密、商业秘密、个人隐私和其他不宜公开的信息,但法律和行政法规另有规定的除外;

(五)其他违反调解职业道德应当作出处理的行为。

人民法院经核查属实的,应当视情形作出解聘等相应处理,并告知有关主管部门。

【司法文件】

1.《最高人民法院关于民商事案件繁简分流和调解速裁操作规程(试行)》(法发〔2017〕14号,20170508)

第一条 民商事简易纠纷解决方式主要有先行调解、和解、速裁、简易程序、简易程序中的小额诉讼、督促程序等。

人民法院对当事人起诉的民商事纠纷,在依法登记立案后,应当告知双方当事人可供选择的简易纠纷解决方式,释明各项程序的特点。

先行调解包括人民法院调解和委托第三方调解。

第二条 人民法院应当指派专职或兼职程序分流员。

程序分流员负责以下工作:

(一)根据案件事实、法律适用、社会影响等因素,确定案件应当适用的程序;

(二)对系列性、群体性或者关联性案件等进行集中分流;

(三)对委托调解的案件进行跟踪、提示、指导、督促;

(四)做好不同案件程序之间转换衔接工作;

(五)其他与案件分流、程序转换相关的工作。

第三条 人民法院登记立案后,程序分流员认为适宜调解的,在征求当事人意见后,转入调解程序;认为应当适用简易程序、速裁的,转入相应程序,进行快速审理;认为应当适用特别程序、普通程序的,根据业务分工确定承办部门。

登记立案前,需要制作诉前保全裁定书、司法确认裁定书、和解备案的,由程序分流员记录后转办。

第四条　案件程序分流一般应当在登记立案当日完成,最长不超过三日。

第五条　程序分流后,尚未进入调解或审理程序时,承办部门和法官认为程序分流不当的,应当及时提出,不得自行将案件退回或移送。

程序分流员认为异议成立的,可以将案件收回并重新分配。

第六条　在调解或审理中,由于出现或发现新情况,承办部门和法官决定转换程序的,向程序分流员备案。已经转换过一次程序的案件,原则上不得再次转换。

第七条　案件适宜调解的,应当出具先行调解告知书,引导当事人先行调解,当事人明确拒绝的除外。

第八条　先行调解告知书包括以下内容:

(一)先行调解特点;

(二)自愿调解原则;

(三)先行调解人员;

(四)先行调解程序;

(五)先行调解法律效力;

(六)诉讼费减免规定;

(七)其他相关事宜。

第九条　下列适宜调解的纠纷,应当引导当事人委托调解:

(一)家事纠纷;

(二)相邻关系纠纷;

(三)劳动争议纠纷;

(四)交通事故赔偿纠纷;

(五)医疗纠纷;

(六)物业纠纷;

(七)消费者权益纠纷;

(八)小额债务纠纷;

(九)申请撤销劳动争议仲裁裁决纠纷。

其他适宜调解的纠纷,也可以引导当事人委托调解。

第十条　人民法院指派法官担任专职调解员,负责以下工作:

(一)主持调解;

(二)对调解达成协议的,制作调解书;

(三)对调解不成适宜速裁的,径行裁判。

第十一条　人民法院调解或者委托调解的,应当在十五日内完成。各方当事人同意的,可以适当延长,延长期限不超过十五日。调解期间不计入审理期限。

当事人选择委托调解的,人民法院应当在三日内移交相关材料。

第十二条　委托调解达成协议的,调解人员应当在三日内将调解协议提交人民法院,由法官审查后制作调解书或者准许撤诉裁定书。

不能达成协议的,应当书面说明调

解情况。

第十三条 人民法院调解或者委托调解未能达成协议，需要转换程序的，调解人员应当在三日内将案件材料移送程序分流员，由程序分流员转入其他程序。

第十四条 经委托调解达成协议后撤诉，或者人民调解达成协议未经司法确认，当事人就调解协议的内容或者履行发生争议的，可以提起诉讼。

人民法院应当就当事人的诉讼请求进行审理，当事人的权利义务不受原调解协议的约束。

第十五条 第二审人民法院在征得当事人同意后，可以在立案后移送审理前由专职调解员或者合议庭进行调解，法律规定不予调解的情形除外。

二审审理前的调解应当在十日内完成。各方当事人同意的，可以适当延长，延长期限不超过十日。调解期间不计入审理期限。

第十六条 当事人同意先行调解的，暂缓预交诉讼费。委托调解达成协议的，诉讼费减半交纳。

第十七条 人民法院先行调解可以在诉讼服务中心、调解组织所在地或者双方当事人选定的其他场所开展。

先行调解可以通过在线调解、视频调解、电话调解等远程方式开展。

第十八条 人民法院建立诉调对接管理系统，对立案前第三方调解的纠纷进行统计分析，与审判管理系统信息共享。

诉调对接管理系统按照"诉前调"字号对第三方调解的纠纷逐案登记，采集当事人情况、案件类型、简要案情、调解组织或调解员、处理时间、处理结果等基本信息，形成纠纷调解信息档案。

2.《最高人民法院关于诉前调解中委托鉴定工作规程（试行）》（法办〔2023〕275号，20230801）

第一条 在诉前调解过程中，人民法院可以根据当事人申请依托人民法院委托鉴定系统提供诉前委托鉴定服务。

第二条 诉前鉴定应当遵循当事人自愿原则。当事人可以共同申请诉前鉴定。一方当事人申请诉前鉴定的，应当征得其他当事人同意。

第三条 下列纠纷，人民法院可以根据当事人申请委托开展诉前鉴定：

（一）机动车交通事故责任纠纷；

（二）医疗损害责任纠纷；

（三）财产损害赔偿纠纷；

（四）建设工程合同纠纷；

（五）劳务合同纠纷；

（六）产品责任纠纷；

（七）买卖合同纠纷；

（八）生命权、身体权、健康权纠纷；

（九）其他适宜进行诉前鉴定的纠纷。

第四条 有下列情形之一的，人民法院不予接收当事人诉前鉴定申请：

（一）申请人与所涉纠纷没有直接

利害关系;

（二）没有明确的鉴定事项、事实和理由;

（三）没有提交鉴定所需的相关材料;

（四）具有其他不适宜委托诉前鉴定情形的。

第五条　人民法院以及接受人民法院委派的调解组织在诉前调解过程中，认为纠纷适宜通过鉴定促成调解，但当事人没有申请的，可以向当事人进行释明，并指定提出诉前鉴定申请的期间。

第六条　诉前鉴定申请书以及相关鉴定材料可以通过人民法院调解平台在线提交。申请人在线提交确有困难的，人民法院以及接受人民法院委派的调解组织可以代为将鉴定申请以及相关材料录入扫描上传至人民法院调解平台。

诉前鉴定申请书应当写明申请人、被申请人的姓名、住所地等身份信息，申请鉴定事项、事实和理由以及有效联系方式。

第七条　主持调解的人员应当在收到诉前鉴定申请五个工作日内对鉴定材料是否齐全、申请事项是否明确进行审核，并组织当事人对鉴定材料进行协商确认。

审核过程中认为需要补充、补正的，应当一次性告知。申请人在指定期间内未补充、补正，或者补充、补正后仍不符合诉前鉴定条件的，予以退回并告

知理由。

第八条　主持调解的人员经审核认为符合诉前鉴定条件的，应当报请人民法院同意。人民法院准许委托诉前鉴定的，由主持调解的人员通过人民法院调解平台将鉴定材料推送至人民法院委托鉴定系统。人民法院不予准许的，主持调解的人员应当向申请人进行释明并做好记录。

第九条　人民法院指派法官或者司法辅助人员指导接受委派的调解组织开展诉前鉴定工作，规范审核诉前鉴定申请、组织协商确认鉴定材料等行为。

第十条　人民法院组织当事人协商确定具备相应资格的鉴定机构。当事人协商不成的，通过人民法院委托鉴定系统随机确定。

第十一条　人民法院负责司法技术工作的部门以"诉前调"字号向鉴定机构出具委托书、移送鉴定材料、办理相关手续。

委托书上应当载明鉴定事项、鉴定范围、鉴定目的和鉴定期限。

第十二条　人民法院应当通知申请人在指定期间内向鉴定机构预交鉴定费用。逾期未交纳的，视为申请人放弃申请，由调解组织继续调解。

第十三条　人民法院负责司法技术工作的部门应当督促鉴定机构在诉前鉴定结束后及时将鉴定书上传至人民法院委托鉴定系统。人民法院以及主持调解的人员在线接收后，及时送交

给当事人。

鉴定机构在线上传或者送交鉴定书确有困难的，人民法院可以通过线下方式接收。

第十四条　人民法院以及接受委派的调解组织应当督促鉴定机构及时办理诉前委托鉴定事项，并可以通过人民法院委托鉴定系统进行在线催办、督办。

鉴定机构无正当理由未按期提交鉴定书的，人民法院可以依当事人申请另行委托鉴定机构进行诉前鉴定。

第十五条　诉前鉴定过程中，有下列情形之一的，诉前鉴定终止：

（一）申请人逾期未补充鉴定所需的必要材料；

（二）申请人逾期未补交鉴定费用；

（三）申请人无正当理由拒不配合鉴定；

（四）被申请人明确表示不愿意继续进行鉴定；

（五）其他导致诉前鉴定不能进行的情形。

第十六条　当事人对鉴定书内容有异议，但同意诉前调解的，由调解组织继续调解；不同意继续调解并坚持起诉的，由人民法院依法登记立案。

第十七条　经诉前调解未达成调解协议的，调解组织应当将全部鉴定材料连同调解材料一并在线推送至人民法院，由人民法院依法登记立案。

第十八条　当事人无正当理由就

同一事项重复提出诉前鉴定申请的，人民法院不予准许。

第十九条　人民法院对于当事人恶意利用诉前鉴定拖延诉前调解时间、影响正常诉讼秩序的行为，应当依法予以规制，并作为审查当事人在诉讼过程中再次提出委托鉴定申请的重要参考。

第九十七条　【调解组织形式】人民法院进行调解，可以由审判员一人主持，也可以由合议庭主持，并尽可能就地进行。

人民法院进行调解，可以用简便方式通知当事人、证人到庭。

【立法·要点注释】

1. 关于调解中审判人员的组成。法院调解是在人民法院审判人员主持下进行的。本条规定人民法院进行调解，可以由审判员一人主持，也可以由合议庭主持。适用简易程序审理的民事案件，由独任审判员一人主持进行调解；适用普通程序审理的第一审民事案件，可以由合议庭或者独任审判员主持调解，也可以由合议庭成员中的一名审判员主持调解，第二审程序与审判监督程序中的调解亦然。

2. 关于调解的地点。人民法院进行调解，可以在法院内进行，但应尽可能就地进行。

3. 关于调解的传唤方式。本条规

定人民法院进行调解,可以用简便方式通知当事人、证人到庭。人民法院的调解活动,可以在任何一个诉讼阶段,根据案件的具体情况、当事人的思想变化而随时进行,其形式是多样化的,所以可以用简便方式通知当事人、证人到某一地点进行调解,如采用口头或者电话通知等方式,而不必像开庭那样发传票。法院调解时,双方当事人都应出庭,原则上要采取面对面的形式进行调解,但必要时也可以分别对双方当事人做调解工作。当事人不能出庭而委托诉讼代理人参加调解的,必须有当事人的特别授权。离婚案件当事人确因特殊情况无法出庭参加调解的,除本人不能表达意志的以外,应当出具书面意见。对无民事行为能力的当事人进行调解,应当由其法定代理人代为参加。

【司法解释】

1.《最高人民法院关于适用〈中华人民共和国民事诉讼法〉的解释》(法释〔2015〕5号,20150204;经法释〔2022〕11号修正,20220410)

第一百四十六条 人民法院审理民事案件,调解过程不公开,但当事人同意公开的除外。

调解协议内容不公开,但为保护国家利益、社会公共利益、他人合法权益,人民法院认为确有必要公开的除外。

主持调解以及参与调解的人员,对调解过程以及调解过程中获悉的国家秘密、商业秘密、个人隐私和其他不宜公开的信息,应当保守秘密,但为保护国家利益、社会公共利益、他人合法权益的除外。

【重点解读】调解过程不公开,但并不能关闭法庭上的录音录像设备。不能关闭法庭上的录音录像设备,仅是这些录音录像资料不能对外公开而已。

调解保密并不是绝对的,调解如果存在下列情形,当然没有保密的义务:(1)双方当事人均同意公开的。调解是合意型纠纷解决方式,当事人可以自由处分自己的权利,放弃调解保密性的保护未尝不可。(2)第三人主张的信息。调解协议约束双方当事人,但是对案外第三人不产生约束力。一旦第三人在诉讼过程中提出调解信息,法官就不受调解保密性的约束而可采纳为证据。(3)先前存在的调解信息。调解过程中经常会出示事先存在的事实、声明、文件以及其他证据,这些调解信息不经过调解程序也可以获悉,特别是信息是公共记录或者公共文件的,此时就没有保密的必要。(4)为保护国家利益、社会公共利益、案外人合法权益,人民法院认为确有必要的,那么调解信息的保密应当予以解除。比如调解信息涉及当事人意图犯罪或者实施有害行为或者正在实施犯罪或有害行为,如果仍然适用调解保密性,就会纵容犯罪或者有害行为的发生,导致社会公共利益受到侵蚀。此时,法官可以将关涉公共利益的信息采纳作为证据。(5)法律另有明确规定的。

第一百四十七条 人民法院调解案件时，当事人不能出庭的，经其特别授权，可由其委托代理人参加调解，达成的调解协议，可由委托代理人签名。

离婚案件当事人确因特殊情况无法出庭参加调解的，除本人不能表达意志的以外，应当出具书面意见。

【重点解读】委托代理诉讼特别授权要列明授权事项。当事人提交的授权委托书只写"全权代理"而无具体授权的，诉讼代理人无权代为承认、放弃、变更诉讼请求，进行和解，提起反诉或者上诉。口头委托记入笔录的应当明确授权事项。如果仅笼统地表明"全权代理"而无具体授权内容，则法律上只认为系一般授权代理，诉讼代理人无权代理参加和解、调解活动。

2.《最高人民法院关于审判人员在诉讼活动中执行回避制度若干问题的规定》（法释〔2011〕12 号，20110613）

第六条 人民法院依法调解案件，应当告知当事人及其法定代理人有申请回避的权利，以及主持调解工作的审判人员及其他参与调解工作的人员的姓名、职务等相关信息。

3.《最高人民法院关于适用〈中华人民共和国人民陪审员法〉若干问题的解释》（法释〔2019〕5 号，20190501）

第六条 人民陪审员不得参与审理由其以人民调解员身份先行调解的案件。

第十条 案件审判过程中，人民陪审员依法有权参加案件调查和调解工作。

4.《最高人民法院关于人民法院民事调解工作若干问题的规定》（法释〔2004〕12 号，20041101；经法释〔2020〕20 号修正，20210101）

第三条 人民法院应当在调解前告知当事人主持调解人员和书记员姓名以及是否申请回避等有关诉讼权利和诉讼义务。

第五条 当事人申请不公开进行调解的，人民法院应当准许。

调解时当事人各方应当同时在场，根据需要也可以对当事人分别作调解工作。

第九十八条 【协助调解】人民法院进行调解，可以邀请有关单位和个人协助。被邀请的单位和个人，应当协助人民法院进行调解。

【立法·要点注释】

有关单位和个人一经法院邀请，就负有协助人民法院调解的义务，而不能无故推诿拒绝。有关单位和个人在协助法院调解时，同样应当遵循自愿原则、事实清楚、分清是非原则以及合法原则。

【司法解释】

1.《最高人民法院关于人民法院民事调解工作若干问题的规定》（法释〔2004〕12号,20041101;经法释〔2020〕20号修正,20210101）

第一条　根据民事诉讼法第九十五条①的规定,人民法院可以邀请与当事人有特定关系或者与案件有一定联系的企业事业单位、社会团体或者其他组织,和具有专门知识、特定社会经验、与当事人有特定关系并有利于促成调解的个人协助调解工作。

经各方当事人同意,人民法院可以委托前款规定的单位或者个人对案件进行调解,达成调解协议后,人民法院应当依法予以确认。

2.《最高人民法院关于人民法院特邀调解的规定》（法释〔2016〕14号,20160701）

第一条　特邀调解是指人民法院吸纳符合条件的人民调解、行政调解、商事调解、行业调解等调解组织或者个人成为特邀调解组织或者特邀调解员,接受人民法院立案前委派或者立案后委托依法进行调解,促使当事人在平等协商基础上达成调解协议、解决纠纷的一种调解活动。

第二条　特邀调解应当遵循以下原则:

（一）当事人平等自愿;

（二）尊重当事人诉讼权利;

（三）不违反法律、法规的禁止性规定;

（四）不损害国家利益、社会公共利益和他人合法权益;

（五）调解过程和调解协议内容不公开,但是法律另有规定的除外。

第三条　人民法院在特邀调解工作中,承担以下职责:

（一）对适宜调解的纠纷,指导当事人选择名册中的调解组织或者调解员先行调解;

（二）指导特邀调解组织和特邀调解员开展工作;

（三）管理特邀调解案件流程并统计相关数据;

（四）提供必要场所、办公设施等相关服务;

（五）组织特邀调解员进行业务培训;

（六）组织开展特邀调解业绩评估工作;

（七）承担其他与特邀调解有关的工作。

第四条　人民法院应当指定诉讼服务中心等部门具体负责指导特邀调解工作,并配备熟悉调解业务的工作人员。

人民法庭根据需要开展特邀调解工作。

———————

①　对应2023年《民事诉讼法》第98条。——编者注

第五条 人民法院开展特邀调解工作应当建立特邀调解组织和特邀调解员名册。建立名册的法院应当为入册的特邀调解组织或者特邀调解员颁发证书，并对名册进行管理。上级法院建立的名册，下级法院可以使用。

第六条 依法成立的人民调解、行政调解、商事调解、行业调解及其他具有调解职能的组织，可以申请加入特邀调解组织名册。品行良好、公道正派、热心调解工作并具有一定沟通协调能力的个人可以申请加入特邀调解员名册。

人民法院可以邀请符合条件的调解组织加入特邀调解组织名册，可以邀请人大代表、政协委员、人民陪审员、专家学者、律师、仲裁员、退休法律工作者等符合条件的个人加入特邀调解员名册。

特邀调解组织应当推荐本组织中适合从事特邀调解工作的调解员加入名册，并在名册中列明；在名册中列明的调解员，视为人民法院特邀调解员。

第七条 特邀调解员在入册前和任职期间，应当接受人民法院组织的业务培训。

第八条 人民法院应当在诉讼服务中心等场所提供特邀调解组织和特邀调解员名册，并在法院公示栏、官方网站等平台公开名册信息，方便当事人查询。

第九条 人民法院可以设立家事、交通事故、医疗纠纷等专业调解委员会，并根据特定专业领域的纠纷特点，设定专业调解委员会的入册条件，规范专业领域特邀调解程序。

第十条 人民法院应当建立特邀调解组织和特邀调解员业绩档案，定期组织开展特邀调解评估工作，并及时更新名册信息。

第十一条 对适宜调解的纠纷，登记立案前，人民法院可以经当事人同意委派给特邀调解组织或者特邀调解员进行调解；登记立案后或者在审理过程中，可以委托给特邀调解组织或者特邀调解员进行调解。

当事人申请调解的，应当以口头或者书面方式向人民法院提出；当事人口头提出的，人民法院应当记入笔录。

第十二条 双方当事人应当在名册中协商确定特邀调解员；协商不成的，由特邀调解组织或者人民法院指定。当事人不同意指定的，视为不同意调解。

第十三条 特邀调解一般由一名调解员进行。对于重大、疑难、复杂或者当事人要求由两名以上调解员共同调解的案件，可以由两名以上调解员调解，并由特邀调解组织或者人民法院指定一名调解员主持。当事人有正当理由的，可以申请更换特邀调解员。

第十四条 调解一般应当在人民法院或者调解组织所在地进行，双方当事人也可以在征得人民法院同意的情况下选择其他地点进行调解。

特邀调解组织或者特邀调解员接

受委派或者委托调解后,应当将调解时间、地点等相关事项及时通知双方当事人,也可以通知与纠纷有利害关系的案外人参加调解。

调解程序开始之前,特邀调解员应当告知双方当事人权利义务、调解规则、调解程序、调解协议效力、司法确认申请等事项。

第十五条 特邀调解员有下列情形之一的,当事人有权申请回避:

(一)是一方当事人或者其代理人近亲属的;

(二)与纠纷有利害关系的;

(三)与纠纷当事人、代理人有其他关系,可能影响公正调解的。

特邀调解员有上述情形的,应当自行回避;但是双方当事人同意由该调解员调解的除外。

特邀调解员的回避由特邀调解组织或者人民法院决定。

第十六条 特邀调解员不得在后续的诉讼程序中担任该案的人民陪审员、诉讼代理人、证人、鉴定人以及翻译人员等。

第十七条 特邀调解员应当根据案件具体情况采用适当的方法进行调解,可以提出解决争议的方案建议。特邀调解员为促成当事人达成调解协议,可以邀请对达成调解协议有帮助的人员参与调解。

第十八条 特邀调解员发现双方当事人存在虚假调解可能的,应当中止调解,并向人民法院或者特邀调解组织报告。

人民法院或者特邀调解组织接到报告后,应当及时审查,并依据相关规定作出处理。

第十九条 委派调解达成调解协议,特邀调解员应当将调解协议送达双方当事人,并提交人民法院备案。

委派调解达成的调解协议,当事人可以依照民事诉讼法、人民调解法等法律申请司法确认。当事人申请司法确认的,由调解组织所在地或者委派调解的基层人民法院管辖。

第二十条 委托调解达成调解协议,特邀调解员应当向人民法院提交调解协议,由人民法院审查并制作调解书结案。达成调解协议后,当事人申请撤诉的,人民法院应当依法作出裁定。

第二十一条 委派调解未达成调解协议的,特邀调解员应当将当事人的起诉状等材料移送人民法院;当事人坚持诉讼的,人民法院应当依法登记立案。

委托调解未达成调解协议的,转入审判程序审理。

第二十二条 在调解过程中,当事人为达成调解协议作出妥协而认可的事实,不得在诉讼程序中作为对其不利的根据,但是当事人均同意的除外。

第二十三条 经特邀调解组织或者特邀调解员调解达成调解协议的,可以制作调解协议书。当事人认为无需制作调解协议书的,可以采取口头协议方式,特邀调解员应当记录协议内容。

第二十四条 调解协议书应当记载以下内容：

（一）当事人的基本情况；

（二）纠纷的主要事实、争议事项；

（三）调解结果。

双方当事人和特邀调解员应当在调解协议书或者调解笔录上签名、盖章或者捺印；由特邀调解组织主持达成调解协议的，还应当加盖调解组织印章。

委派调解达成调解协议，自双方当事人签名、盖章或者捺印后生效。委托调解达成调解协议，根据相关法律规定确定生效时间。

第二十五条 委派调解达成调解协议后，当事人就调解协议的履行或者调解协议的内容发生争议的，可以向人民法院提起诉讼，人民法院应当受理。一方当事人以原纠纷向人民法院起诉，对方当事人以调解协议提出抗辩的，应当提供调解协议书。

经司法确认的调解协议，一方当事人拒绝履行或者未全部履行的，对方当事人可以向人民法院申请执行。

第二十六条 有下列情形之一的，特邀调解员应当终止调解：

（一）当事人达成调解协议的；

（二）一方当事人撤回调解请求或者明确表示不接受调解的；

（三）特邀调解员认为双方分歧较大且难以达成调解协议的；

（四）其他导致调解难以进行的情形。

特邀调解员终止调解的，应当向委派、委托的人民法院书面报告，并移送相关材料。

第二十七条 人民法院委派调解的案件，调解期限为 30 日。但是双方当事人同意延长调解期限的，不受此限。

人民法院委托调解的案件，适用普通程序的调解期限为 15 日，适用简易程序的调解期限为 7 日。但是双方当事人同意延长调解期限的，不受此限。延长的调解期限不计入审理期限。

委派调解和委托调解的期限自特邀调解组织或者特邀调解员签字接收法院移交材料之日起计算。

第二十八条 特邀调解员不得有下列行为：

（一）强迫调解；

（二）违法调解；

（三）接受当事人请托或收受财物；

（四）泄露调解过程或调解协议内容；

（五）其他违反调解员职业道德的行为。

当事人发现存在上述情形的，可以向人民法院投诉。经审查属实的，人民法院应当予以纠正并作出警告、通报、除名等相应处理。

第二十九条 人民法院应当根据实际情况向特邀调解员发放误工、交通等补贴，对表现突出的特邀调解组织和特邀调解员给予物质或者荣誉奖励。补贴经费应当纳入人民法院专项预算。

人民法院可以根据有关规定向有关部门申请特邀调解专项经费。

【司法文件】

《最高人民法院关于进一步完善委派调解机制的指导意见》（法发〔2020〕1号，20200109）

一、指导思想。以习近平新时代中国特色社会主义思想为指导，坚持和发展新时代"枫桥经验"，完善诉源治理机制，切实把非诉讼纠纷解决机制挺在前面，满足广大人民群众多元、高效、便捷的解纷需求。坚持依法、自愿、依程序原则开展委派调解工作，不断推动完善党委领导、政府负责、民主协商、社会协同、公众参与、法治保障、科技支撑的社会治理体系，建设人人有责、人人尽责、人人享有的社会治理共同体。

二、调解范围。对于涉及民生利益的纠纷，除依法不适宜调解的，人民法院可以委派特邀调解组织或者特邀调解员开展调解。对于物业管理、交通事故赔偿、消费者权益保护、医疗损害赔偿等类型化纠纷，人民法院要发挥委派调解的示范作用，促进有效化解纠纷。

三、专业解纷。人民法院应当加强与相关部门的对接，充分发挥行政机关在行政调解、行政裁决机制上的优势，发挥行业性、专业性调解组织的专业优势，发挥公证、鉴定机构和相关领域专家咨询意见的作用，为纠纷化解提供专业支持，提升委派调解专业水平。

四、引导告知。对于当事人起诉到人民法院的纠纷，经当事人申请或者人民法院引导后当事人同意调解的，人民法院可以在登记立案前，委派特邀调解组织或者特邀调解员进行调解，并由当事人签署《委派调解告知书》。当事人不同意调解的，应在收到《委派调解告知书》时签署明确意见。人民法院收到当事人不同意委派调解的书面材料后，应当及时将案件转入诉讼程序。

五、立案管辖。委派调解案件，编立"诉前调"字号，在三日内将起诉材料转交特邀调解组织或者特邀调解员开展调解。涉及管辖权争议的，先立"诉前调"字号的法院视为最先立案的人民法院。

六、司法保障。人民法院要积极为行政机关、人民调解委员会、社会综合治理中心、矛盾纠纷调处中心以及其他接受委派的调解组织开展调解工作提供必要的司法保障。

七、鉴定评估。探索开展诉前鉴定评估。对于交通事故赔偿、医疗损害赔偿以及其他侵权责任纠纷，通过鉴定评估能够促成双方调解的，经当事人申请后特邀调解组织或者特邀调解员应当报请人民法院同意，由人民法院依程序组织鉴定或者评估。委派调解中的鉴定、评估期间，不计入委派调解的期限。

八、材料衔接。完善调解与诉讼的材料衔接机制。委派调解中已经明确告知当事人相关权利和法律后果并经当事人同意的调解材料，经人民法院审查,符合法律及司法解释规定的,可以作为诉讼材料使用。

九、调解期限。人民法院委派调解的期限为 30 日。经双方当事人同意,可以延长调解期限。委派调解期限自特邀调解组织或者特邀调解员确认接收法院移交材料之日起计算。未能在期限内达成协议或者当事人明确拒绝继续调解的,应当依法及时转入诉讼程序。

十、结案报告。委派调解案件因调解不成终止的,接受委派的特邀调解员应当出具结案报告,与相关调解材料一并移交人民法院。结案报告应当载明终止调解的原因、案件争议焦点、当事人交换证据情况、无争议事实记载、导致其他当事人诉讼成本增加的行为以及其他需要向法院提示的情况等内容,对涉及的专业性问题可以在结案报告中提出明确意见。

十一、协议履行。当事人经委派调解达成调解协议的,应当遵照诚实信用原则,及时、充分履行协议约定的内容。当事人向作出委派调解的人民法院申请司法确认的,人民法院应当依法受理。

十二、惩戒机制。对于当事人滥用权利、违反诚信原则、故意阻碍调解等导致其他当事人诉讼成本增加的行为,人民法院可以酌情增加其诉讼费用的负担部分。无过错一方当事人提出赔偿诉前调解额外支出请求的,人民法院可以酌情支持。

十三、指导监督。人民法院应当指派法官指导委派调解工作,规范调解行为,提升调解质量。法官对调解过程中存在违规行为的特邀调解员,可以通过批评教育、责令改正等方式监督。特邀调解组织或者特邀调解员无法胜任职务的,人民法院应当根据有关规定将其从特邀调解名册中移除。

十四、平台建设。人民法院要加强调解平台的建设、应用和推广,加强调解平台与其他机构调解平台的对接,完善诉讼与非诉讼纠纷解决方式对接机制,实现调解案件网上办理、调解数据网上流转、调解信息网上共享,全面提升多元解纷能力。

十五、数据利用。充分利用人民法院大数据管理和服务平台、人民法院调解平台的数据资源,健全完善委派调解案件管理系统,为指导委派调解的法官业绩考评提供数据支持,为人民法院审判管理提供统计依据。强化司法大数据的监测预警功能,健全矛盾纠纷风险研判机制,为党委政府提供决策参考。

十六、激励机制。加大委派调解在绩效考评体系中的权重,细化激励机制配套细则和工作方案。对于促成当事人自动履行调解协议的调解法官、特邀调解员,通过绩效考核给予奖励激励;对于在调解工作中有显著成绩或者有其他突出事迹的调解组织和调解员,按照国家规定给予表彰奖励,并将有关工作情况作为其他各类评先评优的重要依据,最大限度调动调解法官、特邀调解组织、特邀调解员等各类调解主体的工作积极性。

十七、保障机制。积极争取当地党委和政府支持，进一步提高委派调解工作人员、场所、设施和经费等配套保障水平，加强人员培训管理。

　　第九十九条　【调解协议】调解达成协议，必须双方自愿，不得强迫。调解协议的内容不得违反法律规定。

【立法·要点注释】

1.虽然调解必须坚持当事人自愿原则，但同时也应注重人民法院主导作用的发挥，对有调解可能的案件，人民法院应当尽量创造条件进行调解。

2.调解是人民法院行使审判权和当事人行使处分权相结合的产物，对调解协议合法性的要求不能机械地理解。虽然当事人自愿的，不一定都合法，但鉴于《民事诉讼法》对调解与判决的不同要求，对调解协议的合法性应当作宽松的理解，允许其有一定的灵活性。应当在不违反原则即不违反法律中禁止性规定的前提下，允许当事人在合法的范围内行使处分权。

【司法解释】

1.《最高人民法院关于适用〈中华

人民共和国民事诉讼法〉的解释》（法释〔2015〕5号，20150204；经法释〔2022〕11号修正，20220410）

第一百四十四条　人民法院审理民事案件，发现当事人之间恶意串通，企图通过和解、调解方式侵害他人合法权益的，应当依照民事诉讼法第一百一十五条的规定处理。

2.《最高人民法院关于人民法院民事调解工作若干问题的规定》（法释〔2004〕12号，20041101；经法释〔2020〕20号修正，20210101）

第六条　当事人可以自行提出调解方案，主持调解的人员也可以提出调解方案供当事人协商时参考。

第七条　调解协议内容超出诉讼请求的，人民法院可以准许。

第八条　人民法院对于调解协议约定一方不履行协议应当承担民事责任的，应予准许。

调解协议约定一方不履行协议，另一方可以请求人民法院对案件作出裁判的条款，人民法院不予准许。

第九条　调解协议约定一方提供担保或者案外人同意为当事人提供担保的，人民法院应当准许。

案外人提供担保的，人民法院制作调解书应当列明担保人，并将调解书送交担保人。担保人不签收调解书的，不影响调解书生效。

当事人或者案外人提供的担保符合民法典规定的条件时生效。

第十条 调解协议具有下列情形之一的，人民法院不予确认：

（一）侵害国家利益、社会公共利益的；

（二）侵害案外人利益的；

（三）违背当事人真实意思的；

（四）违反法律、行政法规禁止性规定的。

第十一条 当事人不能对诉讼费用如何承担达成协议的，不影响调解协议的效力。人民法院可以直接决定当事人承担诉讼费用的比例，并将决定记入调解书。

3.《最高人民法院关于适用简易程序审理民事案件的若干规定》（法释〔2003〕15号，20031201；经法释〔2020〕20号修正，20210101）

第十五条 调解达成协议并经审判人员审核后，双方当事人同意该调解协议经双方签名或者按指印生效的，该调解协议自双方签名或者按指印之日起发生法律效力。当事人要求摘录或者复制该调解协议的，应予准许。

调解协议符合前款规定，且不属于不需要制作调解书的，人民法院应当另行制作民事调解书。调解协议生效后一方拒不履行的，另一方可以持民事调解书申请强制执行。

4.《最高人民法院关于证券纠纷代表人诉讼若干问题的规定》（法释〔2020〕5号，20200731）

第十八条 代表人与被告达成调解协议草案的，应当向人民法院提交制作调解书的申请书及调解协议草案。申请书应当包括以下内容：

（一）原告的诉讼请求、案件事实以及审理进展等基本情况；

（二）代表人和委托诉讼代理人参加诉讼活动的情况；

（三）调解协议草案对原告的有利因素和不利影响；

（四）对诉讼费以及合理的公告费、通知费、律师费等费用的分摊及理由；

（五）需要特别说明的其他事项。

第十九条 人民法院经初步审查，认为调解协议草案不存在违反法律、行政法规的强制性规定、违背公序良俗以及损害他人合法权益等情形的，应当自收到申请书后十日内向全体原告发出通知。通知应当包括以下内容：

（一）调解协议草案；

（二）代表人请求人民法院制作调解书的申请书；

（三）对调解协议草案发表意见的权利以及方式、程序和期限；

（四）原告有异议时，召开听证会的时间、地点及报名方式；

（五）人民法院认为需要通知的其他事项。

第二十条 对调解协议草案有异议的原告，有权出席听证会或者以书面方式向人民法院提交异议的具体内容及理由。异议人未出席听证会的，人民法院应当在听证会上公开其异议的内容及理由，代表人及其委托诉讼代理人、被告应当进行解释。

代表人和被告可以根据听证会的情况，对调解协议草案进行修改。人民法院应当将修改后的调解协议草案通知所有原告，并对修改的内容作出重点提示。人民法院可以根据案件的具体情况，决定是否再次召开听证会。

第二十一条　人民法院应当综合考虑当事人赞成和反对意见、本案所涉法律和事实情况、调解协议草案的合法性、适当性和可行性等因素，决定是否制作调解书。

人民法院准备制作调解书的，应当通知提出异议的原告，告知其可以在收到通知后十日内向人民法院提交退出调解的申请。未在上述期间内提交退出申请的原告，视为接受。

申请退出的期间届满后，人民法院应当在十日内制作调解书。调解书经代表人和被告签收后，对被代表的原告发生效力。人民法院对申请退出原告的诉讼继续审理，并依法作出相应判决。

【司法文件】

《最高人民法院关于深入开展虚假诉讼整治工作的意见》（法〔2021〕281号，20211110）

八、慎查调解协议，确保真实合法。当事人对诉讼标的无实质性争议，主动

达成调解协议并申请人民法院出具调解书的，应当审查协议内容是否符合案件基本事实、是否违反法律规定、是否涉及案外人利益、是否规避国家政策。调解协议涉及确权内容的，应当在查明权利归属的基础上决定是否出具调解书。不能仅以当事人可自愿处分民事权益为由，降低对调解协议所涉法律关系真实性、合法性的审查标准，尤其要注重审查调解协议是否损害国家利益、社会公共利益或者他人合法权益。当事人诉前达成调解协议，申请司法确认的，应当着重审查调解协议是否存在违反法律、行政法规强制性规定、违背公序良俗或者侵害国家利益、社会公共利益、他人合法权益等情形；诉前调解协议内容涉及物权、知识产权确权的，应当裁定不予受理，已经受理的，应当裁定驳回申请。

【法院参考案例】

对调解协议是否损害案外人利益的问题应否进行审查[太原市尖草坪区阳曲农村信用合作社与山西通盛房地产有限公司等房屋买卖合同纠纷案，最高人民法院（2009）民监字第255号]

调解应建立在事实清楚、分清是非的基础之上。法院在调解过程中，应对调解协议中处分的标的物上是否有案外人利益，即当事人是否对标的物享有完整的处分权这一基本事实进行审查。在大力倡导以调解方式结案、促进司法

和谐的背景下,应注意防止当事人采用调解方式损害第三人利益或国家、集体利益。

> **第一百条 【调解书】** 调解达成协议,人民法院应当制作调解书。调解书应当写明诉讼请求、案件的事实和调解结果。
>
> 调解书由审判人员、书记员署名,加盖人民法院印章,送达双方当事人。
>
> 调解书经双方当事人签收后,即具有法律效力。

【立法·要点注释】

1. 当事人就部分诉讼请求达成调解协议的,人民法院可以就此先行确认并制作调解书。要确定无独立请求权的第三人承担义务的,应经第三人的同意,调解书应当同时送达第三人。当事人自行和解或者调解达成协议后,请求人民法院按照和解协议或者调解协议的内容制作判决书的,人民法院不予准许。但例外情形是,无民事行为能力人的离婚案件,由其法定代理人进行诉讼。法定代理人与对方达成协议要求发给判决书的,可根据协议内容制作判决书。

2. 不影响调解书生效的几种情形。一是担保人不签收文书的情形。调解协议约定一方提供担保或者案外人同意为当事人提供担保的,人民法院应当准许。案外人提供担保的,人民法院制作调解书应当列明担保人,并将调解书送交担保人。担保人不签收调解书的,不影响调解书生效。二是对调解书的内容既不享有权利又不承担义务的当事人不签收调解书的,不影响调解书的效力。

3. 当事人以民事调解书与调解协议的原意不一致为由提出异议,人民法院审查后认为异议成立的,应当根据调解协议作出裁定,补正民事调解书的相关内容。

4. 一般情况下,调解书应当直接送达当事人本人,不适用留置送达和公告送达。当事人本人因故不能签收的,可由其指定的代收人签收。调解书经各方当事人签收后,方具有法律效力。此种情形的例外在于,当事人各方同意在调解协议上签名或者盖章后即发生法律效力的,经人民法院审查确认后,应当记入笔录或者将调解协议附卷,并由当事人、审判人员、书记员签名或者盖章后即具有法律效力。在这种情形下,当事人请求制作调解书的,人民法院审查确认后可以制作调解书送交当事人。当事人拒收调解书的,不影响调解协议的效力。对此类调解书,可以采用公告送达或留置送达的方式。

【司法解释】

1.《最高人民法院关于适用〈中华

人民共和国民事诉讼法〉的解释》(法释〔2015〕5号,20150204;经法释〔2022〕11号修正,20220410)

第一百四十八条　当事人自行和解或者调解达成协议后,请求人民法院按照和解协议或者调解协议的内容制作判决书的,人民法院不予准许。

无民事行为能力人的离婚案件,由其法定代理人进行诉讼。法定代理人与对方达成协议要求发给判决书的,可根据协议内容制作判决书。

第一百四十九条　调解书需经当事人签收后才发生法律效力的,应当以最后收到调解书的当事人签收的日期为调解书生效日期。

【重点解读】调解书的签收日既可以是调解书的生效日期,也可以不是调解书的生效日期。人民法院可以当庭告知当事人到人民法院领取民事调解书的具体日期,在领取日签收调解书为调解书生效日期。依照《民事诉讼法》第101条第1款第4项的规定,在当事人达成调解协议的次日起10日内将民事调解书发送给当事人,达成调解协议的日期为调解书的生效日期,而发送调解书的日期或者收到调解书的日期并不是其生效日期。如果当事人以民事调解书与调解协议的原意不一致为由提出异议,人民法院审查后认为异议成立的,应当根据调解协议裁定补正民事调解书的相关内容。调解协议达成日期为调解书生效日期,而作出补正民事调解书的裁定日期或送达该补正裁定

的日期不是生效日期。

未经当场协商,而采取书面传阅形式达成的调解协议制作调解书的生效日期的认定。当事人通常情形下是通过当场协商达成一致的调解意见,但也存在部分当事人因特定情形未到场协商,而事后予以追认的。如果符合《民事诉讼法》第101条第1款第4项的规定,参照本条解释规定,应当以最后一位当事人签收日期为调解协议的生效日期。当事人申请制作调解书的,调解书的送交日不是生效日期。如果需要送达调解书的,应当以最后一位承担权利义务的当事人签收调解书的日期为调解书生效日期。

当事人在空白送达回证上签收调解书的效力。实务中存在当事人达成调解协议,而申请人民法院制作调解书,但调解书制作需要经过一定程序,而当事人因紧急原因,不能等待领取正式制作的调解书,从而在空白送达回证上签字的情形。因为当事人已经达成调解协议,其在空白送达回证上签名的行为,应当视为已经签收调解书。

调解书可以有条件地适用电子送达。人民法院依照《民事诉讼法》第90条第1款的规定,采用电子方式向当事人送达调解书的,以送达信息到达受送达人特定系统的日期为送达日期。在调解书需经当事人签收后才发生法律效力的场合,如果最后收到调解书的当事人的送达方式为电子送达,则应当以送达信息到达其特定系统的日期为调

解书生效日期。

调解书可以向特别授权的代理人送达。调解书送达给特别授权的代理人的，视为当事人签收，发生法律效力。

调解书送达排除留置送达。因为留置送达是一种拟制"本人"知悉诉讼文书的制度，与当事人接受自愿调解的真实意思并不符合，故调解书不适用留置送达，而应由当事人"签收"。

第一百五十条 人民法院调解民事案件，需由无独立请求权的第三人承担责任的，应当经其同意。该第三人在调解书送达前反悔的，人民法院应当及时裁判。

【重点解读】 无独立请求权的第三人具有达成调解协议后的反悔权。无独立请求权的第三人需要承担责任的，在判决中与当事人具有同等诉讼地位。但第三人经调解同意承担责任，因为其没有参加之前进行的诉讼程序，其程序权利并没有得到保障，所以其达成的调解协议与当事人同意调解协议相比，不具有同等法律效力。第三人在调解书送达前反悔的，人民法院需再作出裁判。

第二百六十二条 人民法庭制作的判决书、裁定书、调解书，必须加盖基层人民法院印章，不得用人民法庭的印章代替基层人民法院的印章。

第二百七十条 适用简易程序审理的案件，有下列情形之一的，人民法院在制作判决书、裁定书、调解书时，对认定事实或者裁判理由部分可以适当简化：

（一）当事人达成调解协议并需要制作民事调解书的；

（二）一方当事人明确表示承认对方全部或者部分诉讼请求的；

（三）涉及商业秘密、个人隐私的案件，当事人一方要求简化裁判文书中的相关内容，人民法院认为理由正当的；

（四）当事人双方同意简化的。

【重点解读】 本条采取的是有限列举的方式，这就说明除了上述四种情况外，其他情况下即使适用简易程序审理也不能随意简化裁判文书的内容。

简化的部分仅限于事实认定和裁判理由部分，其他部分诸如当事人信息、裁判主文部分均不可简化，尤其是后者必须准确、详尽地写明，否则可能造成执行过程中出现执行不便的问题，如判决主文只写明被告应当赔礼道歉，但并没有写明赔礼道歉的方式、期限等，就会给执行造成操作困难。

第五百二十八条 涉外民事诉讼中，经调解双方达成协议，应当制发调解书。当事人要求发给判决书的，可以依协议的内容制作判决书送达当事人。

2.《最高人民法院关于人民法院民事调解工作若干问题的规定》（法释〔2004〕12号，20041101；经法释〔2020〕20号修正，20210101）

第二条 当事人在诉讼过程中自行达成和解协议的，人民法院可以根据当事人的申请依法确认和解协议制作调解书。双方当事人申请庭外和解的期间,不计入审限。

当事人在和解过程中申请人民法院对和解活动进行协调的,人民法院可以委派审判辅助人员或者邀请、委托有关单位和个人从事协调活动。

第十二条　对调解书的内容既不享有权利又不承担义务的当事人不签收调解书的,不影响调解书的效力。

第十三条　当事人以民事调解书与调解协议的原意不一致为由提出异议,人民法院审查后认为异议成立的,应当根据调解协议裁定补正民事调解书的相关内容。

第十四条　当事人就部分诉讼请求达成调解协议的,人民法院可以就此先行确认并制作调解书。

当事人就主要诉讼请求达成调解协议,请求人民法院对未达成协议的诉讼请求提出处理意见并表示接受该处理结果的,人民法院的处理意见是调解协议的一部分内容,制作调解书的记入调解书。

第十五条　调解书确定的担保条款条件或者承担民事责任的条件成就时,当事人申请执行的,人民法院应当依法执行。

不履行调解协议的当事人按照前款规定承担了调解书确定的民事责任后,对方当事人又要求其承担民事诉讼法第二百五十三条①规定的迟延履行责任的,人民法院不予支持。

第十六条　调解书约定给付特定标的物的,调解协议达成前该物上已经存在的第三人的物权和优先权不受影响。第三人在执行过程中对执行标的物提出异议的,应当按照民事诉讼法第二百二十七条②规定处理。

3.《最高人民法院关于人民法院在互联网公布裁判文书的规定》(法释〔2013〕26 号,20140101;经法释〔2016〕19 号修正,20161001)

第四条　人民法院作出的裁判文书有下列情形之一的,不在互联网公布:

(一)涉及国家秘密的;

(二)未成年人犯罪的;

(三)以调解方式结案或者确认人民调解协议效力的,但为保护国家利益、社会公共利益、他人合法权益确有必要公开的除外;

(四)离婚诉讼或者涉及未成年子女抚养、监护的;

(五)人民法院认为不宜在互联网公布的其他情形。

4.《最高人民法院关于审理环境民事公益诉讼案件适用法律若干问题的解释》(法释〔2015〕1 号,20150107;经

---

① 　对应 2023 年《民事诉讼法》第 264 条。——编者注

② 　对应 2023 年《民事诉讼法》第 238 条。——编者注

法释〔2020〕20 号修正,20210101)

第二十五条 环境民事公益诉讼当事人达成调解协议或者自行达成和解协议后,人民法院应当将协议内容公告,公告期间不少于三十日。

公告期满后,人民法院审查认为调解协议或者和解协议的内容不损害社会公共利益的,应当出具调解书。当事人以达成和解协议为由申请撤诉的,不予准许。

调解书应当写明诉讼请求、案件的基本事实和协议内容,并应当公开。

5.《最高人民法院关于审理海洋自然资源与生态环境损害赔偿纠纷案件若干问题的规定》(法释〔2017〕23 号,20180115)

第十一条 海洋自然资源与生态环境损害赔偿诉讼当事人达成调解协议或者自行达成和解协议的,人民法院依照《最高人民法院关于审理环境民事公益诉讼案件适用法律若干问题的解释》第二十五条的规定处理。

6.《最高人民法院关于适用简易程序审理民事案件的若干规定》(法释〔2003〕15 号,20031201;经法释〔2020〕20 号修正,20210101)

第十六条 人民法院可以当庭告知当事人到人民法院领取民事调解书的具体日期,也可以在当事人达成调解协议的次日起十日内将民事调解书发送给当事人。

第十七条 当事人以民事调解书与调解协议的原意不一致为由提出异议,人民法院审查后认为异议成立的,应当根据调解协议裁定补正民事调解书的相关内容。

7.《最高人民法院关于适用〈中华人民共和国民事诉讼法〉审判监督程序若干问题的解释》(法释〔2008〕14 号,20081201;经法释〔2020〕20 号修正,20210101)

第二十五条 当事人在再审审理中经调解达成协议的,人民法院应当制作调解书。调解书经各方当事人签收后,即具有法律效力,原判决、裁定视为被撤销。

8.《最高人民法院关于审理涉及驰名商标保护的民事纠纷案件应用法律若干问题的解释》(法释〔2009〕3 号,20090501;经法释〔2020〕19 号修正,20210101)

第十三条 在涉及驰名商标保护的民事纠纷案件中,人民法院对于商标驰名的认定,仅作为案件事实和判决理由,不写入判决主文;以调解方式审结的,在调解书中对商标驰名的事实不予认定。

9.《最高人民法院关于证券纠纷代表人诉讼若干问题的规定》(法释〔2020〕5 号,20200731)

第二十一条　人民法院应当综合考虑当事人赞成和反对意见、本案所涉法律和事实情况、调解协议草案的合法性、适当性和可行性等因素，决定是否制作调解书。

人民法院准备制作调解书的，应当通知提出异议的原告，告知其可以在收到通知后十日内向人民法院提交退出调解的申请。未在上述期间内提交退出申请的原告，视为接受。

申请退出的期间届满后，人民法院应当在十日内制作调解书。调解书经代表人和被告签收后，对被代表的原告发生效力。人民法院对申请退出原告的诉讼继续审理，并依法作出相应判决。

【司法文件】

《全国法院民商事审判工作会议纪要》（最高人民法院，法〔2019〕254号，20191108）

27.【股东代表诉讼的调解】公司是股东代表诉讼的最终受益人，为避免因原告股东与被告通过调解损害公司利益，人民法院应当审查调解协议是否为公司的意思。只有在调解协议经公司股东（大）会、董事会决议通过后，人民法院才能出具调解书予以确认。至于具体决议机关，取决于公司章程的规定。公司章程没有规定的，人民法院应当认定公司股东（大）会为决议机关。

【最高法公报案例】

1. 人民法院在二审程序中如何就当事人的上诉请求开展调解［江西银行股份有限公司南昌洪城支行与上海神州数码有限公司等借款合同纠纷案（2022-7）］

部分当事人对一审民事判决中的部分判项提起上诉的，人民法院在二审程序中可以就当事人的上诉请求开展调解工作，对当事人达成的调解协议依法审查后，予以确认并制作调解书。调解书送达后，一审判决即视为撤销。

对于上诉请求和调解书中并未涉及的其余一审判项，经审查与调解书不相冲突也未损害各方当事人合法权益的，可以在二审判决中予以确认。

2. 有限责任公司的股东向公司的董事、监事、高管人员或者他人提起股东代表诉讼后，达成调解协议的，人民法院确认该调解协议效力有何特殊要求［浙江和信电力开发有限公司、金华市大兴物资有限公司与通和置业投资有限公司、广厦控股创业投资有限公司、上海富沃企业发展有限公司、通和投资控股有限公司损害公司权益纠纷案（2009-6）］

有限责任公司的股东依照《公司法》第152条（现为第189条）的规定，向公司的董事、监事、高管人员或者他人提起股东代表诉讼后，经人民法院主持,诉讼各方达成调解协议的,该调解协议不仅要经过诉讼各方一致同意,还必须经过提起股东代表诉讼的股东所在的公司和该公司未参与诉讼的其他股东同意后,人民法院才能最终确认该调解协议的法律效力。

第一百零一条　【不制作调解书的情形】 下列案件调解达成协议,人民法院可以不制作调解书:

（一）调解和好的离婚案件;

（二）调解维持收养关系的案件;

（三）能够即时履行的案件;

（四）其他不需要制作调解书的案件。

对不需要制作调解书的协议,应当记入笔录,由双方当事人、审判人员、书记员签名或者盖章后,即具有法律效力。

【立法·要点注释】

1. 这些案件具有以下特征:一是属于确认、变更之诉的案件。这些案件没有给付的内容,不存在调解协议达成后,一方当事人不履行义务需要强制执行的情况。二是虽然属于给付之诉,但是能够即时履行,也不存在一方当事人不履行义务需要强制执行的情况。

2. 调解笔录与调解书在法律上具有同等的法律效力,同是人民法院审结案件的一种法律形式。

【司法解释】

《最高人民法院关于适用〈中华人民共和国民事诉讼法〉的解释》（法释〔2015〕5号,20150204;经法释〔2022〕11号修正,20220410）

第一百五十一条　根据民事诉讼法第一百零一条第一款第四项规定,当事人各方同意在调解协议上签名或者盖章后即发生法律效力的,经人民法院审查确认后,应当记入笔录或者将调解协议附卷,并由当事人、审判人员、书记员签名或者盖章后即具有法律效力。

前款规定情形,当事人请求制作调解书的,人民法院审查确认后可以制作调解书送交当事人。当事人拒收调解书的,不影响调解协议的效力。

【重点解读】 法院依照《民事诉讼法》第101条第1款第4项规定,根据双方当事人的调解协议制成调解书后,如果当事人一方拒绝签收,则不影响调解协议的效力,依据调解协议制作的调解书发生法律效力,法官无须对该案件进行判决。

调解协议结果与调解书结果不一致的处理。当事人以民事调解书与调解协议的原意不一致为由提出异议,人民法院审查后认为异议成立的,应当根据调解协议裁定补正民事调解书的相关内容。

当事人达成调解协议签字后生效的,只要调解协议已经法院确认,在法院送交时,当事人是否签收调解书,不影响调解协议的效力。如果当事人达成调解协议后未申请人民法院制作调解书,而认为在达成调解协议时存在对法律法规缺乏了解导致协议显失公平、出于特殊原因导致达成调解协议意思表示不真实等不符合合同成立、生效条件的情形,或者具有可变更、可撤销情形的,可以调解协议申请人民法院制作调解书后,根据《民事诉讼法》第212条的规定通过审判监督程序予以救济。

再审程序中,当事人不申请制作调解书的处理方式。再审案件经调解达成调解协议并经当事人、法官、书记员签名或者盖章后生效的,当事人不申请制作调解书的,人民法院应当裁定终结再审程序。

符合《民事诉讼法》第101条第1款第4项规定情形制作的调解书,人民法院送交调解书的生效日期,与不依此条而制作调解书的送达生效日期是不一致的。应注意的是,前者是"送交",而后者是"送达"。送交不产生效力问题,以调解协议达成一致日期为生效日期,而送达日期则是调解书生效的日期。

第一百零二条 【调解失败】调解未达成协议或者调解书送达前一方反悔的,人民法院应当及时判决。

【立法·要点注释】

调解书经法定程序送达生效后或调解协议经记入调解笔录由各方当事人、审判人员、书记员签字或盖章生效后,当事人反悔的,人民法院不得另行作出判决。此时,调解书或调解协议已经发生法律效力,当事人必须受其约束。当事人有异议的,如果确有证据证明调解违反自愿原则或者调解协议的内容违反法律的,只能通过审判监督程序解决。

【司法解释】

《最高人民法院关于适用〈中华人民共和国民事诉讼法〉的解释》(法释〔2015〕5号,20150204;经法释〔2022〕11号修正,20220410)

第一百五十条 人民法院调解民事案件,需由无独立请求权的第三人承担责任的,应当经其同意。该第三人在调解书送达前反悔的,人民法院应当及时裁判。

【重点解读】无独立请求权的第三人具有达成调解协议后的反悔权。无独立请求权的第三人需要承担责任的,在判决中与当事人具有同等诉讼地位。但第三人经调解同意承担责任,因为其没有参加之前进行的诉讼程序,其程序权利并没有得到保障,所以其达成的调解协议与当事人同意调解协议相比,不具有同等法律效力。第三人在调解书送达前反悔的,人民法院需再作出裁判。

【法院参考案例】

签订调解协议的当事人在何种情况下有反悔的权利[岳阳市汇辰房地产开发有限公司与岳阳中林置业投资有限公司、湖南泰山工程有限公司建设用地使用权转让合同纠纷案,最高人民法院(2014)民提字第 104 号]

诉讼中达成的调解协议性质不同于一般民事合同,其与诉讼密切相关,虽是为解决已发生的诉讼纠纷而由各方当事人自愿达成的协议,但其以法院调解书的形式表现出来,才具有强制执行力,在法院制作的调解书送达之前,签订调解协议的当事人有反悔的权利。

第九章　保全和先予执行

第一百零三条　【诉讼中保全】人民法院对于可能因当事人一方的行为或者其他原因，使判决难以执行或者造成当事人其他损害的案件，根据对方当事人的申请，可以裁定对其财产进行保全、责令其作出一定行为或者禁止其作出一定行为；当事人没有提出申请的，人民法院在必要时也可以裁定采取保全措施。

人民法院采取保全措施，可以责令申请人提供担保，申请人不提供担保的，裁定驳回申请。

人民法院接受申请后，对情况紧急的，必须在四十八小时内作出裁定；裁定采取保全措施的，应当立即开始执行。

【立法·要点注释】

1. 财产保全，是指人民法院作出裁定，对一方当事人的财产采取查封、扣押、冻结等保全措施，防止该当事人转移、处分被保全的财产，以保证将来生效判决的执行。如在金钱给付之诉中，为保证日后生效判决得以顺利执行，以判决可能支付的数额为限对被告的财产进行保全，以防止被告转移财产。

2. 行为保全，是指人民法院作出裁定，责令一方当事人作出一定行为，或者禁止其作出一定行为，防止该当事人正在实施或者将要实施的行为给申请人造成不可弥补的损害。2012 年修改《民事诉讼法》时增加规定了行为保全制度。一般而言，行为保全包括两层含义：第一层含义是要求被申请人作出或者禁止被申请人作出某种行为，如禁止被申请人处分标的物、要求被申请人停止实施侵权行为等；第二层含义是暂时确定申请人与被申请人之间的权利义务，如要求被申请人支付工资、赔偿金、扶养费、赡养费、医疗费用等。本章除规定保全外，还规定了先予执行制度，先予执行制度主要适用于支付赡养费、扶养费、抚养费、抚恤金、医疗费用、劳动报酬以及其他紧急情形，与行为保全制度在一定程度上有所重合。因此，本法中的保全制度仅指上述第一层含义，第二层含义包含在先予执行制度中。

【相关立法】①

1.《中华人民共和国外国中央银行财产司法强制措施豁免法》（20051025）

第一条　中华人民共和国对外国中央银行财产给予财产保全和执行的司法强制措施的豁免；但是，外国中央银行或者其所属国政府书面放弃豁免的或者指定用于财产保全和执行的财产除外。

2.《中华人民共和国海事诉讼特别程序法》（20000701）

第十二条　海事请求保全是指海事法院根据海事请求人的申请，为保障其海事请求的实现，对被请求人的财产所采取的强制措施。

第十四条　海事请求保全不受当事人之间关于该海事请求的诉讼管辖协议或者仲裁协议的约束。

第十五条　海事请求人申请海事请求保全，应当向海事法院提交书面申请。申请书应当载明海事请求事项、申请理由、保全的标的物以及要求提供担保的数额，并附有关证据。

第十六条　海事法院受理海事请求保全申请，可以责令海事请求人提供担保。海事请求人不提供的，驳回其申请。

第十七条　海事法院接受申请后，应当在四十八小时内作出裁定。裁定采取海事请求保全措施的，应当立即执行；对不符合海事请求保全条件的，裁定驳回其申请。

当事人对裁定不服的，可以在收到裁定书之日起五日内申请复议一次。海事法院应当在收到复议申请之日起五日内作出复议决定。复议期间不停止裁定的执行。

利害关系人对海事请求保全提出异议，海事法院经审查，认为理由成立的，应当解除对其财产的保全。

第五十一条　海事强制令是指海事法院根据海事请求人的申请，为使其合法权益免受侵害，责令被请求人作为或者不作为的强制措施。

第五十三条　海事强制令不受当事人之间关于该海事请求的诉讼管辖协议或者仲裁协议的约束。

第五十四条　海事请求人申请海事强制令，应当向海事法院提交书面申请。申请书应当载明申请理由，并附有关证据。

第五十五条　海事法院受理海事强制令申请，可以责令海事请求人提供担保。海事请求人不提供的，驳回其申请。

第五十六条　作出海事强制令，应当具备下列条件：

---

①　一般认为，人格权侵害禁止令制度与人身安全保护令制度可以不依托相关诉讼而独立存在，与行为保全制度表象类似，而实质不同。另外，仲裁财产保全与诉讼财产保全同样存在制度运行上的差异。——编者注

（一）请求人有具体的海事请求；

（二）需要纠正被请求人违反法律规定或者合同约定的行为；

（三）情况紧急，不立即作出海事强制令将造成损害或者使损害扩大。

第五十七条　海事法院接受申请后，应当在四十八小时内作出裁定。裁定作出海事强制令的，应当立即执行；对不符合海事强制令条件的，裁定驳回其申请。

第五十九条　被请求人拒不执行海事强制令的，海事法院可以根据情节轻重处以罚款、拘留；构成犯罪的，依法追究刑事责任。

对个人的罚款金额，为一千元以上三万元以下。对单位的罚款金额，为三万元以上十万元以下。

拘留的期限，为十五日以下。

3.《中华人民共和国民法典》（20210101）

第九百九十七条　民事主体有证据证明行为人正在实施或者即将实施侵害其人格权的违法行为，不及时制止将使其合法权益受到难以弥补的损害的，有权依法向人民法院申请采取责令行为人停止有关行为的措施。

4.《中华人民共和国反家庭暴力法》（20160301）

第二十三条　当事人因遭受家庭暴力或者面临家庭暴力的现实危险，向人民法院申请人身安全保护令的，人民法院应当受理。

当事人是无民事行为能力人、限制民事行为能力人，或者因受到强制、威吓等原因无法申请人身安全保护令的，其近亲属、公安机关、妇女联合会、居民委员会、村民委员会、救助管理机构可以代为申请。

第二十四条　申请人身安全保护令应当以书面方式提出；书面申请确有困难的，可以口头申请，由人民法院记入笔录。

第二十五条　人身安全保护令案件由申请人或者被申请人居住地、家庭暴力发生地的基层人民法院管辖。

第二十六条　人身安全保护令由人民法院以裁定形式作出。

第二十七条　作出人身安全保护令，应当具备下列条件：

（一）有明确的被申请人；

（二）有具体的请求；

（三）有遭受家庭暴力或者面临家庭暴力现实危险的情形。

第二十八条　人民法院受理申请后，应当在七十二小时内作出人身安全保护令或者驳回申请；情况紧急的，应当在二十四小时内作出。

第二十九条　人身安全保护令可以包括下列措施：

（一）禁止被申请人实施家庭暴力；

（二）禁止被申请人骚扰、跟踪、接触申请人及其相关近亲属；

（三）责令被申请人迁出申请人住所；

（四）保护申请人人身安全的其他措施。

第三十条 人身安全保护令的有效期不超过六个月，自作出之日起生效。人身安全保护令失效前，人民法院可以根据申请人的申请撤销、变更或者延长。

第三十一条 申请人对驳回申请不服或者被申请人对人身安全保护令不服的，可以自裁定生效之日起五日内向作出裁定的人民法院申请复议一次。人民法院依法作出人身安全保护令的，复议期间不停止人身安全保护令的执行。

第三十二条 人民法院作出人身安全保护令后，应当送达申请人、被申请人、公安机关以及居民委员会、村民委员会等有关组织。人身安全保护令由人民法院执行，公安机关以及居民委员会、村民委员会等应当协助执行。

5.《中华人民共和国仲裁法》（19950901；20180101）

第二十八条 一方当事人因另一方当事人的行为或者其他原因，可能使裁决不能执行或者难以执行的，可以申请财产保全。

当事人申请财产保全的，仲裁委员会应当将当事人的申请依照民事诉讼法的有关规定提交人民法院。

申请有错误的，申请人应当赔偿被申请人因财产保全所遭受的损失。

6.《中华人民共和国农村土地承包经营纠纷调解仲裁法》（20100101）

第二十六条 一方当事人因另一方当事人的行为或者其他原因，可能使裁决不能执行或者难以执行的，可以申请财产保全。

当事人申请财产保全的，农村土地承包仲裁委员会应当将当事人的申请提交被申请人住所地或者财产所在地的基层人民法院。

申请有错误的，申请人应当赔偿被申请人因财产保全所遭受的损失。

【司法解释】

1.《最高人民法院关于适用〈中华人民共和国民事诉讼法〉的解释》（法释〔2015〕5号，20150204；经法释〔2022〕11号修正，20220410）

第一百五十二条 人民法院依照民事诉讼法第一百零三条、第一百零四条规定，在采取诉前保全、诉讼保全措施时，责令利害关系人或者当事人提供担保的，应当书面通知。

利害关系人申请诉前保全的，应当提供担保。申请诉前财产保全的，应当提供相当于请求保全数额的担保；情况特殊的，人民法院可以酌情处理。申请诉前行为保全的，担保的数额由人民法院根据案件的具体情况决定。

在诉讼中，人民法院依申请或者依职权采取保全措施的，应当根据案件的具体情况，决定当事人是否应当提供担保以及担保的数额。

【重点解读】保全担保方式不仅限于现金。担保可以分为人的担保和物的担保,人的担保包括保证人的担保和当事人签订的定金合同,物的担保又包括抵押、质押、留置。

要注意本条与《财产保全规定》的衔接。《财产保全规定》第5条第1款、第3款是对本条的进一步细化规定。两者相比较,《财产保全规定》细化了本条规定中"应当根据案件的具体情况,决定当事人是否应当提供担保以及担保的数额"的规定,明确了诉讼财产保全中要求申请保全人提供担保数额的上限,增加了追加担保的情形及拒不追加的后果。《财产保全规定》施行后,适用时应以《财产保全规定》第5条规定为准。

本条第3款与《财产保全规定》第9条均规定了是否需要提供担保的判断标准。两者相比较:一是适用范围不同。本条适用于诉讼中申请保全,既包括当事人申请财产保全,也包括人民法院依职权采取保全措施;《财产保全规定》第9条仅适用于当事人在诉讼中申请财产保全的情形。同时第9条第2款明确法律文书生效后,进入执行程序前,可以不要求提供担保。二是关于当事人在诉讼中申请财产保全的判断标准。《财产保全规定》第9条对本条的"案件的具体情况"作了反向列举,明确了"诉讼中申请财产保全"情况下,可以不要求提供担保的六种情形,应注

意结合适用。

第一百六十一条　对当事人不服一审判决提起上诉的案件,在第二审人民法院接到报送的案件之前,当事人有转移、隐匿、出卖或者毁损财产等行为,必须采取保全措施的,由第一审人民法院依当事人申请或者依职权采取。第一审人民法院的保全裁定,应当及时报送第二审人民法院。

【重点解读】当事人没有上诉或不上诉,而在上诉期间,当事人有转移、隐匿、出卖或者毁损财产等行为,必须采取保全措施的,也可以参照本司法解释的精神,由一审法院采取保全措施。

第一百六十二条　第二审人民法院裁定对第一审人民法院采取的保全措施予以续保或者采取新的保全措施的,可以自行实施,也可以委托第一审人民法院实施。

再审人民法院裁定对原保全措施予以续保或者采取新的保全措施的,可以自行实施,也可以委托原审人民法院或者执行法院实施。

【重点解读】在二审程序或再审程序中当事人申请保全,因为一审或原生效裁判的卷宗材料在二审法院或再审法院,所以由二审法官或再审法官根据具体案件情况作出裁定。也就是说,二审期间或再审期间的裁定由二审法院或再审法院作出,不同于上诉期间的裁定均由一审法院作出。

案件在二审或再审法院审理期间需要办理续封、续冻手续时,为避免有

关金融机构、国土、房地产管理部门误将其视为轮候查封,在办理保全措施的续封、续冻手续时,应尽可能委托原作出保全裁定的法院办理续封、续冻手续。当然,无论是二审法院或再审法院自行办理续封、续冻手续,还是委托一审法院实施或委托原审法院以及执行法院实施,都不能将其作为轮候查封对待;即使有另案法院在前轮候查封,也不能将其作为轮候查封对待。

第一百六十三条 法律文书生效后,进入执行程序前,债权人因对方当事人转移财产等紧急情况,不申请保全将可能导致生效法律文书不能执行或者难以执行的,可以向执行法院申请采取保全措施。债权人在法律文书指定的履行期间届满后五日内不申请执行的,人民法院应当解除保全。

【重点解读】适用此类保全应当同时具备以下几个条件:第一,申请此类保全,当事人必须向法院提交书面申请。法院一般不主动依职权采取诉讼保全措施。第二,当事人应当提供生效的法律文书,且采取保全措施的案件必须是给付之诉,即该案的判决或调解结果具有财产给付内容;在法律文书生效之后至法律文书送达之前这一期间,当事人申请保全的,可以不提供法律文书。第三,申请人申请保全的范围应当是判决内容,即判决确定债务人履行义务的范围,法院应根据判决内容予以保全。第四,申请保全的时间点必须在法律文书生效之后,案件尚未进入执行程

序。第五,必须基于对方当事人转移财产等行为或者其他原因等紧急情况,可能导致将来生效法律文书不能执行或难以执行。所谓对方当事人转移财产等行为,是指恶意将争议的诉讼标的物或者与案件有关财产毁损、变卖、转移、挥霍或者抽逃资金等。所谓其他原因,主要是客观上的原因,如自然规律、变质、腐坏等使争议的标的物无法保存,必须及时处理,保存价款,以减少当事人的损失。同时,应当注意此处的可能,不是主观猜测的可能性,而是要具有客观现实性的可能性。

第一,关于"法律文书生效后,进入执行程序前"这一期间的把握,主要是涉及四个期间:一是终审判决宣判之日起至最后收到送达裁判文书的当事人签收时止的期间。二是法律文书生效后至文书确定履行期间届满之前的期间;此期间判决内容已确定,但义务人履行期间还未届满,裁判文书还未发生强制执行效力。三是执行案件立案后到发出执行通知书期间,这一期间可采取相应的执行措施,如采取查封、扣押、冻结等措施。四是对履行期间届满后,在执行时效期间内,至申请执行立案前。"法律不保护权利上的睡眠者",当履行期间届满后,出现对方当事人转移财产等紧急情况,债权人完全可以通过申请执行,由执行法院采取查封、扣押、冻结等措施来解决。但从"债权人在法律文书确定的履行期间届满后五日内不申请执行的,人民法院应当解除

保全"来看，似乎可以倒推出当出现法律文书确定的履行期届满超出五日后，在执行时效期间才申请执行的，不能适用该规定解除保全。因此，在期限的把握上主要是前两种。

保全费用的承担。对于当事人申请财产保全，按照《民事诉讼法》以及《诉讼费用交纳办法》规定，应由申请人交纳相关的保全费用。对于这项保全费用，人民法院在裁判案件时，一并决定由当事人负担。该费用最终由谁承担，由实施该项保全的法院根据案件的实际情况作出书面决定，该保全费用是由债务人承担，或是债权人承担，或是债务人和债权人共同承担。对此决定，当事人不可提起上诉。

债权人根据本条司法解释，在进入执行程序前申请采取保全措施的，一般情况下，不需要由申请人提供担保。

第一百六十四条 对申请保全人或者他人提供的担保财产，人民法院应当依法办理查封、扣押、冻结等手续。

2.《最高人民法院关于人民法院办理财产保全案件若干问题的规定》（法释〔2016〕22 号，20161201；经法释〔2020〕21 号修正，20210101）

第一条 当事人、利害关系人申请财产保全，应当向人民法院提交申请书，并提供相关证据材料。

申请书应当载明下列事项：

（一）申请保全人与被保全人的身份、送达地址、联系方式；

（二）请求事项和所根据的事实与理由；

（三）请求保全数额或者争议标的；

（四）明确的被保全财产信息或者具体的被保全财产线索；

（五）为财产保全提供担保的财产信息或资信证明，或者不需要提供担保的理由；

（六）其他需要载明的事项。

法律文书生效后，进入执行程序前，债权人申请财产保全的，应当写明生效法律文书的制作机关、文号和主要内容，并附生效法律文书副本。

第二条 人民法院进行财产保全，由立案、审判机构作出裁定，一般应当移送执行机构实施。

第三条 仲裁过程中，当事人申请财产保全的，应当通过仲裁机构向人民法院提交申请书及仲裁案件受理通知书等相关材料。人民法院裁定采取保全措施或者裁定驳回申请的，应当将裁定书送达当事人，并通知仲裁机构。

第四条 人民法院接受财产保全申请后，应当在五日内作出裁定；需要提供担保的，应当在提供担保后五日内作出裁定；裁定采取保全措施的，应当在五日内开始执行。对情况紧急的，必须在四十八小时内作出裁定；裁定采取保全措施的，应当立即开始执行。

第五条 人民法院依照民事诉讼

法第一百条①规定责令申请保全人提供财产保全担保的，担保数额不超过请求保全数额的百分之三十；申请保全的财产系争议标的的，担保数额不超过争议标的价值的百分之三十。

利害关系人申请诉前财产保全的，应当提供相当于请求保全数额的担保；情况特殊的，人民法院可以酌情处理。

财产保全期间，申请保全人提供的担保不足以赔偿可能给被保全人造成的损失的，人民法院可以责令其追加相应的担保；拒不追加的，可以裁定解除或者部分解除保全。

第六条 申请保全人或第三人为财产保全提供财产担保的，应当向人民法院出具担保书。担保书应当载明担保人、担保方式、担保范围、担保财产及其价值、担保责任承担等内容，并附相关证据材料。

第三人为财产保全提供保证担保的，应当向人民法院提交保证书。保证书应当载明保证人、保证方式、保证范围、保证责任承担等内容，并附相关证据材料。

对财产保全担保，人民法院经审查，认为违反民法典、公司法等有关法律禁止性规定的，应当责令申请保全人在指定期限内提供其他担保；逾期未提供的，裁定驳回申请。

第七条 保险人以其与申请保全人签订财产保全责任险合同的方式为财产保全提供担保的，应当向人民法院出具担保书。

担保书应当载明，因申请财产保全错误，由保险人赔偿被保全人因保全所遭受的损失等内容，并附相关证据材料。

第八条 金融监管部门批准设立的金融机构以独立保函形式为财产保全提供担保的，人民法院应当依法准许。

第九条 当事人在诉讼中申请财产保全，有下列情形之一的，人民法院可以不要求提供担保：

（一）追索赡养费、扶养费、抚育费、抚恤金、医疗费用、劳动报酬、工伤赔偿、交通事故人身损害赔偿的；

（二）婚姻家庭纠纷案件中遭遇家庭暴力且经济困难的；

（三）人民检察院提起的公益诉讼涉及损害赔偿的；

（四）因见义勇为遭受侵害请求损害赔偿的；

（五）案件事实清楚、权利义务关系明确，发生保全错误可能性较小的；

（六）申请保全人为商业银行、保险公司等由金融监管部门批准设立的具有独立偿付债务能力的金融机构及其分支机构的。

法律文书生效后，进入执行程序前，债权人申请财产保全的，人民法院可以不要求提供担保。

第十条 当事人、利害关系人申请

---

① 对应 2023 年《民事诉讼法》第 103 条。——编者注

财产保全,应当向人民法院提供明确的被保全财产信息。

当事人在诉讼中申请财产保全,确因客观原因不能提供明确的被保全财产信息,但提供了具体财产线索的,人民法院可以依法裁定采取财产保全措施。

第十八条　申请保全人申请续行财产保全的,应当在保全期限届满七日前向人民法院提出;逾期申请或者不申请的,自行承担不能续行保全的法律后果。

人民法院进行财产保全时,应当书面告知申请保全人明确的保全期限届满日以及前款有关申请续行保全的事项。

第十九条　再审审查期间,债务人申请保全生效法律文书确定给付的财产的,人民法院不予受理。

再审审理期间,原生效法律文书中止执行,当事人申请财产保全的,人民法院应当受理。

第二十八条　海事诉讼中,海事请求人申请海事请求保全,适用《中华人民共和国海事诉讼特别程序法》及相关司法解释。

3.《最高人民法院关于适用〈中华人民共和国民法典〉婚姻家庭编的解释(一)》(法释〔2020〕22号,20210101)

第八十五条　夫妻一方申请对配偶的个人财产或者夫妻共同财产采取保全措施的,人民法院可以在采取保全

措施可能造成损失的范围内,根据实际情况,确定合理的财产担保数额。

4.《最高人民法院关于适用〈中华人民共和国民法典〉有关担保制度的解释》(法释〔2020〕28号,20210101)

第二十六条　一般保证中,债权人以债务人为被告提起诉讼的,人民法院应予受理。债权人未就主合同纠纷提起诉讼或者申请仲裁,仅起诉一般保证人的,人民法院应当驳回起诉。

一般保证中,债权人一并起诉债务人和保证人的,人民法院可以受理,但是在作出判决时,除有民法典第六百八十七条第二款但书规定的情形外,应当在判决书主文中明确,保证人仅对债务人财产依法强制执行后仍不能履行的部分承担保证责任。

债权人未对债务人的财产申请保全,或者保全的债务人的财产足以清偿债务,债权人申请对一般保证人的财产进行保全的,人民法院不予准许。

5.《最高人民法院关于审理劳动争议案件适用法律问题的解释(一)》(法释〔2020〕26号,20210101)

第四十九条　在诉讼过程中,劳动者向人民法院申请采取财产保全措施,人民法院经审查认为申请人经济确有困难,或者有证据证明用人单位存在欠薪逃匿可能的,应当减轻或者免除劳动者提供担保的义务,及时采取保全措施。

人民法院作出的财产保全裁定中，应当告知当事人在劳动争议仲裁机构的裁决书或者在人民法院的裁判文书生效后三个月内申请强制执行。逾期不申请的，人民法院应当裁定解除保全措施。

6.《最高人民法院关于生态环境侵权案件适用禁止令保全措施的若干规定》(法释〔2021〕22号，20220101)

第一条 申请人以被申请人正在实施或者即将实施污染环境、破坏生态行为，不及时制止将使申请人合法权益或者生态环境受到难以弥补的损害为由，依照民事诉讼法第一百条、第一百零一条①规定，向人民法院申请采取禁止令保全措施，责令被申请人立即停止一定行为的，人民法院应予受理。

第二条 因污染环境、破坏生态行为受到损害的自然人、法人或者非法人组织，以及民法典第一千二百三十四条、第一千二百三十五条规定的"国家规定的机关或者法律规定的组织"，可以向人民法院申请作出禁止令。

第三条 申请人提起生态环境侵权诉讼时或者诉讼过程中，向人民法院申请作出禁止令的，人民法院应当在接受申请后五日内裁定是否准予。情况紧急的，人民法院应当在接受申请后四十八小时内作出。

因情况紧急，申请人可在提起诉讼前向污染环境、破坏生态行为实施地、损害结果发生地或者被申请人住所地

等对案件有管辖权的人民法院申请作出禁止令，人民法院应当在接受申请后四十八小时内裁定是否准予。

第四条 申请人向人民法院申请作出禁止令的，应当提交申请书和相应的证明材料。

申请书应当载明下列事项：

(一)申请人与被申请人的身份、送达地址、联系方式等基本情况；

(二)申请禁止的内容、范围；

(三)被申请人正在实施或者即将实施污染环境、破坏生态行为，以及如不及时制止将使申请人合法权益或者生态环境受到难以弥补损害的情形；

(四)提供担保的财产信息，或者不需要提供担保的理由。

第五条 被申请人污染环境、破坏生态行为具有现实而紧迫的重大风险，如不及时制止将对申请人合法权益或者生态环境造成难以弥补损害的，人民法院应当综合考量以下因素决定是否作出禁止令：

(一)被申请人污染环境、破坏生态行为被行政主管机关依法处理后仍继续实施；

(二)被申请人污染环境、破坏生态行为对申请人合法权益或者生态环境造成的损害超过禁止被申请人一定行为对其合法权益造成的损害；

(三)禁止被申请人一定行为对国

---

① 对应2023年《民事诉讼法》第103条、第104条。——编者注

家利益、社会公共利益或者他人合法权益产生的不利影响；

（四）其他应当考量的因素。

第六条　人民法院审查申请人禁止令申请，应当听取被申请人的意见。必要时，可进行现场勘查。

情况紧急无法询问或者现场勘查的，人民法院应当在裁定准予申请人禁止令申请后四十八小时内听取被申请人的意见。被申请人意见成立的，人民法院应当裁定解除禁止令。

第七条　申请人在提起诉讼时或者诉讼过程中申请禁止令的，人民法院可以责令申请人提供担保，不提供担保的，裁定驳回申请。

申请人提起诉讼前申请禁止令的，人民法院应当责令申请人提供担保，不提供担保的，裁定驳回申请。

第八条　人民法院裁定准予申请人禁止令申请的，应当根据申请人的请求和案件具体情况确定禁止令的效力期间。

第九条　人民法院准予或者不准予申请人禁止令申请的，应当制作民事裁定书，并送达当事人，裁定书自送达之日起生效。

人民法院裁定准予申请人禁止令申请的，可以根据裁定内容制作禁止令张贴在被申请人住所地、污染环境、破坏生态行为实施地、损害结果发生地等相关场所，并可通过新闻媒体等方式向社会公开。

第十二条　被申请人不履行禁止令的，人民法院可依照民事诉讼法第一百一十一条①的规定追究其相应法律责任。

第十三条　侵权行为实施地、损害结果发生地在中华人民共和国管辖海域内的海洋生态环境侵权案件中，申请人向人民法院申请责令被申请人立即停止一定行为的，适用海洋环境保护法、海事诉讼特别程序法等法律和司法解释的相关规定。

7.《最高人民法院关于审查知识产权纠纷行为保全案件适用法律若干问题的规定》（法释〔2018〕21 号，20190101）

第一条　本规定中的知识产权纠纷是指《民事案件案由规定》中的知识产权与竞争纠纷。

第二条　知识产权纠纷的当事人在判决、裁定或者仲裁裁决生效前，依据民事诉讼法第一百条、第一百零一条②规定申请行为保全的，人民法院应当受理。

知识产权许可合同的被许可人申请诉前责令停止侵害知识产权行为的，独占许可合同的被许可人可以单独向人民法院提出申请；排他许可合同的被许可人在权利人不申请的情况下，可以单独提出申请；普通许可合同的被许可

---

①　对应 2023 年《民事诉讼法》第 114条。——编者注

②　对应 2023 年《民事诉讼法》第 103条、第 104 条。——编者注

人经权利人明确授权以自己的名义起诉的,可以单独提出申请。

第四条 向人民法院申请行为保全,应当递交申请书和相应证据。申请书应当载明下列事项:

(一)申请人与被申请人的身份、送达地址、联系方式;

(二)申请采取行为保全措施的内容和期限;

(三)申请所依据的事实、理由,包括被申请人的行为将会使申请人的合法权益受到难以弥补的损害或者造成案件裁决难以执行等损害的具体说明;

(四)为行为保全提供担保的财产信息或资信证明,或者不需要提供担保的理由;

(五)其他需要载明的事项。

第五条 人民法院裁定采取行为保全措施前,应当询问申请人和被申请人,但因情况紧急或者询问可能影响保全措施执行等情形除外。

人民法院裁定采取行为保全措施或者裁定驳回申请的,应当向申请人、被申请人送达裁定书。向被申请人送达裁定书可能影响采取保全措施的,人民法院可以在采取保全措施后及时向被申请人送达裁定书,至迟不得超过五日。

当事人在仲裁过程中申请行为保全的,应当通过仲裁机构向人民法院提交申请书、仲裁案件受理通知书等相关材料。人民法院裁定采取行为保全措施或者裁定驳回申请的,应当将裁定书送达当事人,并通知仲裁机构。

第六条 有下列情况之一,不立即采取行为保全措施即足以损害申请人利益的,应当认定属于民事诉讼法第一百条、第一百零一条规定的"情况紧急":

(一)申请人的商业秘密即将被非法披露;

(二)申请人的发表权、隐私权等人身权利即将受到侵害;

(三)诉争的知识产权即将被非法处分;

(四)申请人的知识产权在展销会等时效性较强的场合正在或者即将受到侵害;

(五)时效性较强的热播节目正在或者即将受到侵害;

(六)其他需要立即采取行为保全措施的情况。

第七条 人民法院审查行为保全申请,应当综合考量下列因素:

(一)申请人的请求是否具有事实基础和法律依据,包括请求保护的知识产权效力是否稳定;

(二)不采取行为保全措施是否会使申请人的合法权益受到难以弥补的损害或者造成案件裁决难以执行等损害;

(三)不采取行为保全措施对申请人造成的损害是否超过采取行为保全措施对被申请人造成的损害;

(四)采取行为保全措施是否损害社会公共利益;

（五）其他应当考量的因素。

第八条　人民法院审查判断申请人请求保护的知识产权效力是否稳定，应当综合考量下列因素：

（一）所涉权利的类型或者属性；

（二）所涉权利是否经过实质审查；

（三）所涉权利是否处于宣告无效或者撤销程序中以及被宣告无效或者撤销的可能性；

（四）所涉权利是否存在权属争议；

（五）其他可能导致所涉权利效力不稳定的因素。

第九条　申请人以实用新型或者外观设计专利权为依据申请行为保全的，应当提交由国务院专利行政部门作出的检索报告、专利权评价报告或者专利复审委员会维持该专利权有效的决定。申请人无正当理由拒不提交的，人民法院应当裁定驳回其申请。

第十一条　申请人申请行为保全的，应当依法提供担保。

申请人提供的担保数额，应当相当于被申请人可能因执行行为保全措施所遭受的损失，包括责令停止侵权行为所涉产品的销售收益、保管费用等合理损失。

在执行行为保全措施过程中，被申请人可能因此遭受的损失超过申请人担保数额的，人民法院可以责令申请人追加相应的担保。申请人拒不追加的，可以裁定解除或者部分解除保全措施。

第十九条　申请人同时申请行为保全、财产保全或者证据保全的，人民法院应当依法分别审查不同类型保全申请是否符合条件，并作出裁定。

为避免被申请人实施转移财产、毁灭证据等行为致使保全目的无法实现，人民法院可以根据案件具体情况决定不同类型保全措施的执行顺序。

第二十条　申请人申请行为保全，应当依照《诉讼费用交纳办法》关于申请采取行为保全措施的规定交纳申请费。

8.《最高人民法院关于审理申请注册的药品相关的专利权纠纷民事案件适用法律若干问题的规定》（法释〔2021〕13 号，20210705）

第十条　专利权人或者利害关系人在专利法第七十六条所称诉讼中申请行为保全，请求禁止药品上市许可申请人在相关专利权有效期内实施专利法第十一条规定的行为的，人民法院依照专利法、民事诉讼法有关规定处理；请求禁止药品上市申请行为或者审评审批行为的，人民法院不予支持。

9.《最高人民法院关于审理侵犯商业秘密民事案件适用法律若干问题的规定》（法释〔2020〕7 号，20200912）

第十五条　被申请人试图或者已经以不正当手段获取、披露、使用或者允许他人使用权利人所主张的商业秘密，不采取行为保全措施会使判决难以执行或者造成当事人其他损害，或者将会使权利人的合法权益受到难以弥补的损害的，人民法院可以依法裁定采取行为保全措施。

前款规定的情形属于民事诉讼法第一百条、第一百零一条①所称情况紧急的，人民法院应当在四十八小时内作出裁定。

10.《最高人民法院关于涉网络知识产权侵权纠纷几个法律适用问题的批复》（法释〔2020〕9 号，20200914）

一、知识产权权利人主张其权利受到侵害并提出保全申请，要求网络服务提供者、电子商务平台经营者迅速采取删除、屏蔽、断开链接等下架措施的，人民法院应当依法审查并作出裁定。

11.《最高人民法院关于适用〈中华人民共和国公司法〉若干问题的规定（二）》（法释〔2008〕6 号，20080519；经法释〔2020〕18 号修正，20210101）

第三条　股东提起解散公司诉讼时，向人民法院申请财产保全或者证据保全的，在股东提供担保且不影响公司正常经营的情形下，人民法院可予以保全。

12.《最高人民法院关于冻结、拍卖上市公司国有股和社会法人股若干问题的规定》（法释〔2001〕28 号，20010930）

第三条　人民法院对股权采取冻结、拍卖措施时，被保全人和被执行人

应当是股权的持有人或者所有权人。被冻结、拍卖股权的上市公司非依据法定程序确定为案件当事人或者被执行人，人民法院不得对其采取保全或执行措施。

第四条　人民法院在审理案件过程中，股权持有人或者所有权人作为债务人，如有偿还能力的，人民法院一般不应对其股权采取冻结保全措施。

人民法院已对股权采取冻结保全措施的，股权持有人、所有权人或者第三人提供了有效担保，人民法院经审查符合法律规定的，可以解除对股权的冻结。

第七条　人民法院采取保全措施，所冻结的股权价值不得超过股权持有人或者所有权人的债务总额。股权价值应当按照上市公司最近期报表每股资产净值计算。

股权冻结的效力及于股权产生的股息以及红利、红股等孳息，但股权持有人或者所有权人仍可享有因上市公司增发、配售新股而产生的权利。

13.《最高人民法院关于审理企业破产案件若干问题的规定》（法释〔2002〕23 号，20020901）

第五十三条　清算组对破产财产应当及时登记、清理、审计、评估、变价。必要时，可以请求人民法院对破产企业

---

① 对应 2023 年《民事诉讼法》第 103 条、第 104 条。——编者注

财产进行保全。

14.《最高人民法院关于适用〈中华人民共和国企业破产法〉若干问题的规定(二)》(法释〔2013〕22 号,20130916;经法释〔2020〕18 号修正,20210101)

第六条　破产申请受理后,对于可能因有关利益相关人的行为或者其他原因,影响破产程序依法进行的,受理破产申请的人民法院可以根据管理人的申请或者依职权,对债务人的全部或者部分财产采取保全措施。

15.《最高人民法院关于证券纠纷代表人诉讼若干问题的规定》(法释〔2020〕5 号,20200731)

第四十条　投资者保护机构作为代表人在诉讼中申请财产保全的,人民法院可以不要求提供担保。

16.《最高人民法院关于审理期货纠纷案件若干问题的规定》(法释〔2003〕10 号,20030701;经法释〔2020〕18 号修正,20210101)

第五十八条　人民法院保全与会员资格相应的会员资格费或者交易席位,应当依法裁定不得转让该会员资格,但不得停止该会员交易席位的使用。人民法院在执行过程中,有权依法采取强制措施转让该交易席位。

第六十一条　客户、自营会员为债务人的,人民法院可以对其保证金、持仓依法采取保全和执行措施。

17.《最高人民法院关于审理票据纠纷案件若干问题的规定》(法释〔2000〕32 号,20001121;经法释〔2020〕18 号修正,20210101)

第七条　人民法院在审理、执行票据纠纷案件时,对具有下列情形之一的票据,经当事人申请并提供担保,可以依法采取保全措施或者执行措施:

(一)不履行约定义务,与票据债务人有直接债权债务关系的票据当事人所持有的票据;

(二)持票人恶意取得的票据;

(三)应付对价而未付对价的持票人持有的票据;

(四)记载有"不得转让"字样而用于贴现的票据;

(五)记载有"不得转让"字样而用于质押的票据;

(六)法律或者司法解释规定有其他情形的票据。

18.《最高人民法院关于民事执行中变更、追加当事人若干问题的规定》(法释〔2016〕21 号,20161201;经法释〔2020〕21 号修正,20210101)

第二十九条　执行法院审查变更、追加被执行人申请期间,申请人申请对被申请人的财产采取查封、扣押、冻结措施的,执行法院应当参照民事诉讼法第一百条①的规定办理。

———————

① 对应 2023 年《民事诉讼法》第 103 条。——编者注

申请执行人在申请变更、追加第三人前,向执行法院申请查封、扣押、冻结该第三人财产的,执行法院应当参照民事诉讼法第一百零一条①的规定办理。

19.《最高人民法院关于审理海事赔偿责任限制相关纠纷案件的若干规定》(法释〔2010〕11 号,20100915;经法释〔2020〕18 号修正,20210101)

第八条　海事赔偿责任限制基金设立后,海事请求人基于责任人依法不能援引海事赔偿责任限制抗辩的海事赔偿请求,可以对责任人的财产申请保全。

20.《最高人民法院关于审理涉船员纠纷案件若干问题的规定》(法释〔2020〕11 号,20200929)

第七条　具有船舶优先权的海事请求,船员未申请限制船舶继续营运,仅申请对船舶采取限制处分、限制抵押等保全措施的,应予支持。船员主张该保全措施构成《中华人民共和国海商法》第二十八条规定的船舶扣押的,不予支持。

21.《最高人民法院关于适用〈中华人民共和国海事诉讼特别程序法〉若干问题的解释》(法释〔2003〕3 号,20030201)

第十八条　海事诉讼特别程序法第十二条规定的被请求人的财产包括船舶、船载货物、船用燃油以及船用物料。对其他财产的海事请求保全适用民事诉讼法有关财产保全的规定。

第十九条　海事诉讼特别程序法规定的船载货物指处于承运人掌管之下,尚未装船或者已经装载于船上以及已经卸载的货物。

第二十二条　利害关系人对海事法院作出的海事请求保全裁定提出异议,经审查认为理由不成立的,应当书面通知利害关系人。

第二十七条　海事诉讼特别程序法第十八条第二款、第七十四条规定的提供给海事请求人的担保,除被请求人和海事请求人有约定的外,海事请求人应当返还;海事请求人不返还担保的,该担保至海事请求保全期间届满之次日失效。

第四十一条　诉讼或者仲裁前申请海事强制令的,适用海事诉讼特别程序法第五十三条的规定。

外国法院已受理相关海事案件或者有关纠纷已经提交仲裁的,当事人向中华人民共和国的海事法院提出海事强制令申请,并向法院提供可以执行海事强制令的相关证据的,海事法院应当受理。

第四十二条　海事法院根据海事诉讼特别程序法第五十七条规定,准予申请人海事强制令申请的,应当制作民事裁定书并发布海事强制令。

---

①　对应 2023 年《民事诉讼法》第 104 条。——编者注

第四十三条 海事强制令由海事法院执行。被申请人、其他相关单位或者个人不履行海事强制令的,海事法院应当依据民事诉讼法的有关规定强制执行。

第四十四条 利害关系人对海事法院作出海事强制令的民事裁定提出异议,海事法院经审查认为理由不成立的,应当书面通知利害关系人。

第四十五条 海事强制令发布后十五日内,被请求人未提出异议,也未就相关的海事纠纷提起诉讼或者申请仲裁的,海事法院可以应申请人的请求,返还其提供的担保。

22.《最高人民法院关于人身安全保护令案件相关程序问题的批复》(法释〔2016〕15号,20160713)

一、关于人身安全保护令案件是否收取诉讼费的问题。同意你院倾向性意见,即向人民法院申请人身安全保护令,不收取诉讼费用。

二、关于申请人身安全保护令是否需要提供担保的问题。同意你院倾向性意见,即根据《中华人民共和国反家庭暴力法》请求人民法院作出人身安全保护令的,申请人不需要提供担保。

三、关于人身安全保护令案件适用程序等问题。人身安全保护令案件适用何种程序,反家庭暴力法中没有作出直接规定。人民法院可以比照特别程序进行审理。家事纠纷案件中的当事人向人民法院申请人身安全保护令的,

由审理该案的审判组织作出是否发出人身安全保护令的裁定;如果人身安全保护令的申请人在接受其申请的人民法院并无正在进行的家事案件诉讼,由法官以独任审理的方式审理。至于是否需要就发出人身安全保护令问题听取被申请人的意见,则由承办法官视案件的具体情况决定。

四、关于复议问题。对于人身安全保护令的被申请人提出的复议申请和人身安全保护令的申请人就驳回裁定提出的复议申请,可以由原审判组织进行复议;人民法院认为必要的,也可以另行指定审判组织进行复议。

23.《最高人民法院关于办理人身安全保护令案件适用法律若干问题的规定》(法释〔2022〕17号,20220801)

第一条 当事人因遭受家庭暴力或者面临家庭暴力的现实危险,依照反家庭暴力法向人民法院申请人身安全保护令的,人民法院应当受理。

向人民法院申请人身安全保护令,不以提起离婚等民事诉讼为条件。

第二条 当事人因年老、残疾、重病等原因无法申请人身安全保护令,其近亲属、公安机关、民政部门、妇女联合会、居民委员会、村民委员会、残疾人联合会、依法设立的老年人组织、救助管理机构等,根据当事人意愿,依照反家庭暴力法第二十三条规定代为申请的,人民法院应当依法受理。

第三条 家庭成员之间以冻饿或

者经常性侮辱、诽谤、威胁、跟踪、骚扰等方式实施的身体或者精神侵害行为，应当认定为反家庭暴力法第二条规定的"家庭暴力"。

第四条 反家庭暴力法第三十七条规定的"家庭成员以外共同生活的人"一般包括共同生活的儿媳、女婿、公婆、岳父母以及其他有监护、扶养、寄养等关系的人。

第五条 当事人及其代理人对因客观原因不能自行收集的证据，申请人民法院调查收集，符合《最高人民法院关于适用〈中华人民共和国民事诉讼法〉的解释》第九十四条第一款规定情形的，人民法院应当调查收集。

人民法院经审查，认为办理案件需要的证据符合《最高人民法院关于适用〈中华人民共和国民事诉讼法〉的解释》第九十六条规定的，应当调查收集。

第六条 人身安全保护令案件中，人民法院根据相关证据，认为申请人遭受家庭暴力或者面临家庭暴力现实危险的事实存在较大可能性的，可以依法作出人身安全保护令。

前款所称"相关证据"包括：

（一）当事人的陈述；

（二）公安机关出具的家庭暴力告诫书、行政处罚决定书；

（三）公安机关的出警记录、讯问笔录、询问笔录、接警记录、报警回执等；

（四）被申请人曾出具的悔过书或者保证书等；

（五）记录家庭暴力发生或者解决过程等的视听资料；

（六）被申请人与申请人或者其近亲属之间的电话录音、短信、即时通讯信息、电子邮件等；

（七）医疗机构的诊疗记录；

（八）申请人或者被申请人所在单位、民政部门、居民委员会、村民委员会、妇女联合会、残疾人联合会、未成年人保护组织、依法设立的老年人组织、救助管理机构、反家暴社会公益机构等单位收到投诉、反映或者求助的记录；

（九）未成年子女提供的与其年龄、智力相适应的证言或者亲友、邻居等其他证人证言；

（十）伤情鉴定意见；

（十一）其他能够证明申请人遭受家庭暴力或者面临家庭暴力现实危险的证据。

第七条 人民法院可以通过在线诉讼平台、电话、短信、即时通讯工具、电子邮件等简便方式询问被申请人。被申请人未发表意见的，不影响人民法院依法作出人身安全保护令。

第八条 被申请人认可存在家庭暴力行为，但辩称申请人有过错的，不影响人民法院依法作出人身安全保护令。

第九条 离婚等案件中，当事人仅以人民法院曾作出人身安全保护令为由，主张存在家庭暴力事实的，人民法院应当根据《最高人民法院关于适用〈中华人民共和国民事诉讼法〉的解释》第一百零八条的规定，综合认定是否存在该事实。

第十条　反家庭暴力法第二十九条第四项规定的"保护申请人人身安全的其他措施"可以包括下列措施：

（一）禁止被申请人以电话、短信、即时通讯工具、电子邮件等方式侮辱、诽谤、威胁申请人及其相关近亲属；

（二）禁止被申请人在申请人及其相关近亲属的住所、学校、工作单位等经常出入场所的一定范围内从事可能影响申请人及其相关近亲属正常生活、学习、工作的活动。

第十一条　离婚案件中，判决不准离婚或者调解和好后，被申请人违反人身安全保护令实施家庭暴力的，可以认定为民事诉讼法第一百二十七条第七项规定的"新情况、新理由"。

第十二条　被申请人违反人身安全保护令，符合《中华人民共和国刑法》第三百一十三条规定的，以拒不执行判决、裁定罪定罪处罚；同时构成其他犯罪的，依照刑法有关规定处理。

24.《最高人民法院关于审理涉及农村土地承包经营纠纷调解仲裁案件适用法律若干问题的解释》（法释〔2014〕1号，20140124；经法释〔2020〕17号修正，20210101）

第四条　农村土地承包仲裁委员会依法向人民法院提交当事人财产保全申请的，申请财产保全的当事人为申请人。

农村土地承包仲裁委员会应当提交下列材料：

（一）财产保全申请书；

（二）农村土地承包仲裁委员会发出的受理案件通知书；

（三）申请人的身份证明；

（四）申请保全财产的具体情况。

人民法院采取保全措施，可以责令申请人提供担保，申请人不提供担保的，裁定驳回申请。

第五条　人民法院对农村土地承包仲裁委员会提交的财产保全申请材料，应当进行审查。符合前条规定的，应予受理；申请材料不齐全或不符合规定的，人民法院应当告知农村土地承包仲裁委员会需要补齐的内容。

人民法院决定受理的，应当于三日内向当事人送达受理通知书并告知农村土地承包仲裁委员会。

第六条　人民法院受理财产保全申请后，应当在十日内作出裁定。因特殊情况需要延长的，经本院院长批准，可以延长五日。

人民法院接受申请后，对情况紧急的，必须在四十八小时内作出裁定；裁定采取保全措施的，应当立即开始执行。

第七条　农村土地承包经营纠纷仲裁中采取的财产保全措施，在申请保全的当事人依法提起诉讼后，自动转为诉讼中的财产保全措施，并适用《最高人民法院关于适用〈中华人民共和国民事诉讼法〉的解释》第四百八十七条①关于查封、扣押、冻结期限的规定。

【司法文件】

1.《全国法院民商事审判工作会议纪要》（最高人民法院，法〔2019〕254号，20191108）

95.【信托财产的诉讼保全】信托财产在信托存续期间独立于委托人、受托人、受益人各自的固有财产。委托人将其财产委托给受托人进行管理，在信托依法设立后，该信托财产即独立于委托人未设立信托的其他固有财产。受托人因承诺信托而取得的信托财产，以及通过对信托财产的管理、运用、处分等方式取得的财产，均独立于受托人的固有财产。受益人对信托财产享有的权利表现为信托受益权，信托财产并非受益人的责任财产。因此，当事人因其与委托人、受托人或者受益人之间的纠纷申请对存管银行或者信托公司专门账户中的信托资金采取保全措施的，除符合《信托法》第17条规定的情形外，人民法院不应当准许。已经采取保全措施的，存管银行或者信托公司能够提供证据证明该账户为信托账户的，应当立即解除保全措施。对信托公司管理的其他信托财产的保全，也应当根据前述规则办理。

当事人申请对受益人的受益权采取保全措施的，人民法院应当根据《信托法》第47条的规定进行审查，决定是否采取保全措施。决定采取保全措施的，应当将保全裁定送达受托人和受益人。

96.【信托公司固有财产的诉讼保全】除信托公司作为被告外，原告申请对信托公司固有资金账户的资金采取保全措施的，人民法院不应准许。信托公司作为被告，确有必要对其固有财产采取诉讼保全措施的，必须强化善意执行理念，防范发生金融风险。要严格遵守相应的适用条件与法定程序，坚决杜绝超标的执行。在采取具体保全措施时，要尽量寻求依法平等保护各方利益的平衡点，优先采取方便执行且对信托公司正常经营影响最小的执行措施，能采取"活封""活扣"措施的，尽量不进行"死封""死扣"。在条件允许的情况下，可以为信托公司预留必要的流动资金和往来账户，最大限度降低对信托公司正常经营活动的不利影响。信托公司申请解除财产保全符合法律、司法解释规定情形的，应当在法定期限内及时解除保全措施。

2.《全国法院审理债券纠纷案件座谈会纪要》（最高人民法院，法〔2020〕185号，20200715）

13. 允许金融机构以自身信用提供财产保全担保。诉讼中，对证券公司、信托公司、基金公司、期货公司等由金融监

---

① 对应 2022 年《民事诉讼法解释》第485 条。——编者注

管部门批准设立的具有独立偿付债务能力的金融机构及其分支机构以其自身财产作为信用担保的方式提出的财产保全申请,根据《最高人民法院关于人民法院办理财产保全案件若干问题的规定》(法释〔2016〕22号)第九条规定的精神,人民法院可以予以准许。

3.《最高人民法院关于审理涉电子商务平台知识产权民事案件的指导意见》(法发〔2020〕32号,20200910)

九、因情况紧急,电子商务平台经营者不立即采取商品下架等措施将会使其合法利益受到难以弥补的损害的,知识产权权利人可以依据《中华人民共和国民事诉讼法》第一百条、第一百零一条①的规定,向人民法院申请采取保全措施。

因情况紧急,电子商务平台经营者不立即恢复商品链接、通知人不立即撤回通知或者停止发送通知等行为将会使其合法利益受到难以弥补的损害的,平台内经营者可以依据前条所述法律规定,向人民法院申请采取保全措施。

知识产权权利人、平台内经营者的申请符合法律规定的,人民法院应当依法予以支持。

4.《最高人民法院、住房和城乡建设部、中国人民银行关于规范人民法院保全执行措施确保商品房预售资金用于项目建设的通知》(法〔2022〕12号,20220111)

一、商品房预售资金监管是商品房预售制度的重要内容,是保障房地产项目建设、维护购房者权益的重要举措。人民法院冻结预售资金监管账户的,应当及时通知当地住房和城乡建设主管部门。

人民法院对预售资金监管账户采取保全、执行措施时要强化善意文明执行理念,坚持比例原则,切实避免因人民法院保全、执行预售资金监管账户内的款项导致施工单位工程进度款无法拨付到位,商品房项目建设停止,影响项目竣工交付,损害广大购房人合法权益。

除当事人申请执行因建设该商品房项目而产生的工程建设进度款、材料款、设备款等债权案件之外,在商品房项目完成房屋所有权首次登记前,对于预售资金监管账户中监管额度内的款项,人民法院不得采取扣划措施。

二、商品房预售资金监管账户被人民法院冻结后,房地产开发企业、商品房建设工程款债权人、材料款债权人、租赁设备款债权人等请求以预售资金监管账户资金支付工程建设进度款、材料款、设备款等项目建设所需资金,或者购房人因购房合同解除申请退还购房款,经项目所在地住房和城乡建设主管部门审核同意的,商业银行应当及时支付,并将付款情况及时向人民法院

---

① 对应2023年《民事诉讼法》第103条、第104条。——编者注

报告。

住房和城乡建设主管部门应当依法妥善处理房地产开发企业等主体的资金使用申请,未尽监督审查义务违规批准用款申请,导致资金挪作他用,损害保全申请人或者执行申请人权利的,依法承担相应责任。

三、开设监管账户的商业银行接到人民法院冻结预售资金监管账户指令时,应当立即办理冻结手续。

商业银行对于不符合资金使用要求和审批手续的资金使用申请,不予办理支付、转账手续。商业银行违反法律规定或合同约定支付、转账的,依法承担相应责任。

四、房地产开发企业提供商业银行等金融机构出具的保函,请求释放预售资金监管账户相应额度资金的,住房和城乡建设主管部门可以予以准许。

预售资金监管账户被人民法院冻结,房地产开发企业直接向人民法院申请解除冻结并提供担保的,人民法院应当根据《中华人民共和国民事诉讼法》第一百零四条、《最高人民法院关于适用〈中华人民共和国民事诉讼法〉的解释》第一百六十七条的规定审查处理。

五、人民法院工作人员在预售资金监管账户的保全、执行过程中,存在枉法裁判执行、违法查封随意解封、利用刑事手段插手民事经济纠纷等违法违纪问题的,要严肃予以查处。

住房和城乡建设主管部门、商业银行等相关单位工作人员在预售资金监管账户款项监管、划拨过程中,滥用职权、玩忽职守、徇私舞弊的,依法追究法律责任。

5.《最高人民法院、最高人民检察院、公安部、民政部关于依法处理监护人侵害未成年人权益行为若干问题的意见》(法发〔2014〕24号,20150101)

22. 未成年人救助保护机构或者其他临时照料人可以根据需要,在诉讼前向未成年人住所地、监护人住所地或者侵害行为地人民法院申请人身安全保护裁定。

未成年人救助保护机构或者其他临时照料人也可以在诉讼中向人民法院申请人身安全保护裁定。

23. 人民法院接受人身安全保护裁定申请后,应当按照民事诉讼法第一百条、第一百零一条、第一百零二条①的规定作出裁定。经审查认为存在侵害未成年人人身安全危险的,应当作出人身安全保护裁定。

人民法院接受诉讼前人身安全保护裁定申请后,应当在四十八小时内作出裁定。接受诉讼中人身安全保护裁定申请,情况紧急的,也应当在四十八小时内作出裁定。人身安全保护裁定应当立即执行。

24. 人身安全保护裁定可以包括下列内容中的一项或者多项:

————

① 对应2023年《民事诉讼法》第103条、第104条、第105条。——编者注

（一）禁止被申请人暴力伤害、威胁未成年人及其临时照料人；

（二）禁止被申请人跟踪、骚扰、接触未成年人及其临时照料人；

（三）责令被申请人迁出未成年人住所；

（四）保护未成年人及其临时照料人人身安全的其他措施。

【最高法指导性案例】

指导案例 217 号：慈溪市博某塑料制品有限公司诉永康市联某工贸有限公司、浙江天某网络有限公司等侵害实用新型专利权纠纷案（20231207）

【裁判要点】

1. 涉电子商务平台的知识产权侵权纠纷案件中，被诉侵权人向人民法院申请行为保全，请求责令电子商务平台经营者恢复链接或者服务的，人民法院应当予以审查。

2. 被诉侵权人因涉嫌侵害专利权被采取断开链接或者暂停服务等措施后，涉案专利权被宣告无效但相关专利确权行政诉讼尚未终结期间，被诉侵权人申请采取行为保全措施以恢复链接或者服务，其初步证明或者合理说明，不予恢复将导致其遭受市场竞争优势、商业机会严重丧失等无法弥补的损害，采取恢复链接或者服务的行为保全措施对权利人可能造成的损害不会超过不采取行为保全措施对被诉侵权人造成的损害，且不损害社会公共利益的，

人民法院可以裁定准许。

3. 人民法院采取前述行为保全措施，可以责令被诉侵权人在本案判决生效前不得提取其通过电子商务平台销售被诉侵权产品的收款账户中一定数额款项作为担保。提供担保的数额应当综合考虑权利人的赔偿请求额、采取保全措施错误可能给权利人造成的损失、采取保全措施后被诉侵权人的可得利益等情况合理确定。担保金可以采取固定担保金加动态担保金的方式。

【基本案情】

慈溪市博某塑料制品有限公司（以下简称博某公司）系"具有新型桶体结构的平板拖把清洁工具"实用新型专利（以下简称涉案专利）及"一种用于平板拖把挤水和清洗的拖把桶"实用新型专利（以下简称 180.2 号专利）的专利权人。博某公司认为永康市联某工贸有限公司（以下简称联某公司）在浙江天某网络有限公司（以下简称天某公司）经营的"天某网"上销售的"拖把神器"构成对上述两专利权的侵犯，故向浙江省宁波市中级人民法院（以下简称宁波中院）提起本案及另案案号为（2019）浙 02 知民初 368 号（以下简称 368 号案）两起诉讼。宁波中院依博某公司的财产保全申请两案各冻结联某公司支付宝账户余额 316 万元。因博某公司向天某公司发起投诉，联某公司向天某公司申诉，并出具《知识产权保证金承诺函》，同意缴存 100 万元保证金于其支付宝账户内，并同意支付宝公

司及天某公司冻结其网店自2019年11月10日22点起的全店所有销售收入。

宁波中院一审认定本案侵权成立，判令联某公司等停止侵权、连带赔偿损失，天某公司立即删除、断开被诉侵权产品的销售链接。同日，博某公司再次就被诉侵权产品向天某公司发起投诉。随后，天某公司删除了被诉侵权产品在"天某网"上的销售链接。

联某公司等向最高人民法院提起上诉。二审中，涉案专利权被国家知识产权局宣告全部无效，博某公司表示将就此提起行政诉讼。2020年11月5日，联某公司向最高人民法院提出反向行为保全申请，请求法院责令天某公司立即恢复申请人在"天某网"上的产品销售链接，并称被诉侵权产品系其"爆款产品"，"双十一"即将来临，不恢复链接将使其遭受难以弥补的损失。截至行为保全申请提出之日，368号案尚在一审审理中，其所涉180.2号专利仍处于有效状态；联某公司支付宝账户余额共被冻结1560万元，其中828万元为联某公司同意冻结的其网店自2019年11月10日22点起的全店所有销售收入。

【裁判结果】

最高人民法院于2020年11月6日作出(2020)最高法知民终993号民事裁定：(1)天某公司立即恢复联某公司在"天某网"购物平台上的被诉侵权产品销售链接；(2)冻结联某公司名下的支付宝账户余额632万元，期限至本案判决生效之日；(3)自恢复被诉侵权产品销售链接之日起至本案判决生效之日，如联某公司恢复链接后被诉侵权产品的销售总额的50%超过632万元，则应将超出部分的销售额的50%留存在其支付宝账户内，不得提取。

【裁判理由】

最高人民法院认为：

一、关于联某公司作为被诉侵权人是否具有提起行为保全申请的主体资格

电子商务平台经营者在收到知识产权权利人含有侵权初步证据的通知时，具有采取删除、屏蔽、断开链接、终止交易和服务等必要措施的法定义务。而对于电子商务平台经营者在何种情况下可以应平台内经营者的申请采取恢复链接等措施，我国法律没有相关规定。《民事诉讼法》第100条（现为第103条）所规定的行为保全措施的申请人并不限于原告。在涉电子商务平台知识产权侵权纠纷中，允许被诉侵权的平台内经营者在符合《民事诉讼法》第100条规定的条件下申请行为保全，要求电子商务平台经营者采取恢复链接等行为保全措施，对于合理平衡知识产权权利人、电子商务平台经营者和平台内经营者的合法利益，促进电子商务市场健康发展具有重要意义。

由于专利权等通过行政授权取得权利的知识产权在民事侵权诉讼过程中，可能因被宣告无效、提起行政诉讼等程序而使权利处于不确定状态，且平

台内经营者的经营状况等在诉讼过程中也可能发生重大变化。此时，平台内经营者因情况紧急，不恢复链接将会使其合法利益受到难以弥补的损害，向人民法院申请行为保全，要求电子商务平台经营者采取恢复链接等行为保全措施的，人民法院应当予以受理，并依据《民事诉讼法》第 100 条及相关司法解释的规定进行审查。本案中，涉案专利在二审中被国家知识产权局宣告无效，其有效性因权利人即将提起行政诉讼而处于不确定状态。作为被删除产品链接的联某公司具有提起恢复链接行为保全申请的主体资格。

二、关于本案应否采取恢复链接行为保全措施

在确定是否依被诉侵权人的申请采取恢复链接行为保全措施时应主要考虑以下因素：申请人的请求是否具有事实基础和法律依据；不恢复链接是否会对申请人造成难以弥补的损害；恢复链接对专利权人可能造成的损害是否会超过不恢复链接对被诉侵权人造成的损害；恢复链接是否会损害社会公共利益；是否存在不宜恢复链接的其他情形。具体到本案：

（一）联某公司的请求是否具有事实基础和法律依据。本案为侵害实用新型专利权纠纷。我国实用新型专利的授权并不经过实质审查，其权利稳定性较弱。为了平衡专利权人的利益及同业竞争者、社会公众的利益，维护正常、有序的网络运营环境，专利权人要

求电子商务平台经营者删除涉嫌侵害实用新型专利权的产品销售链接时，应当提交由专利行政部门作出的专利权评价报告。专利权人无正当理由不提交的，电子商务平台经营者可以拒绝删除链接，但法院经审理后认定侵权的除外。本案中，天某公司在原审法院认定侵权成立后及时删除了被诉侵权产品的销售链接，但二审中涉案专利权已被国家知识产权局因缺乏新颖性而被宣告全部无效，博某公司即将提起行政诉讼，专利有效性处于不确定状态。联某公司因本案诉讼及 368 号案，截至 2020 年 11 月 5 日支付宝账户余额共被冻结 1560 万元，正常生产经营受到严重影响。在此情况下，联某公司要求天某公司恢复产品链接具有事实与法律依据。

（二）不恢复链接是否会对申请人造成难以弥补的损害。在涉电子商务平台知识产权侵权纠纷中，删除、屏蔽、断开商品销售链接不仅将使该商品无法在电子商务平台上销售，而且还将影响该商品之前累积的访问量、搜索权重及账户评级，进而降低平台内经营者的市场竞争优势。因此，确定"难以弥补的损害"应考量是否存在以下情形之一：（1）不采取行为保全措施是否会使申请人的商誉等人身性质的权利受到无法挽回的损害；（2）不采取行为保全措施是否会导致申请人市场竞争优势或商业机会严重丧失，导致即使因错误删除链接等情况可以请求金钱赔偿，但损失非常大或者非常复杂以至于无法

准确计算其数额。

本案中，被诉侵权产品主要通过联某公司在"天某网"上的涉案网店进行销售，且根据原审查明的事实，2019 年 11 月 13 日被诉侵权产品累计销量为 283693 件；2019 年 12 月 4 日，原审法院组织各方当事人进行证据交换时的累计销量为 352996 件；2020 年 1 月 13 日，原审庭审时的累计销量为 594347 件。这一方面说明被诉侵权产品的销量大，另一方面也说明其累计的访问量及搜索权重较大，断开销售链接对其网络销售利益影响较大。特别是在"双十一"等特定销售时机，是否恢复链接将对被诉侵权人的商业利益产生巨大影响。在涉案专利权效力处于不确定状态的情况下，通过恢复链接行为保全措施使平台内经营者能够在"双十一"等特定销售时机正常上线经营，能够避免其利益受到不可弥补的损害。

（三）恢复链接对专利权人可能造成的损害是否会超过不恢复链接对被诉侵权人造成的损害。被诉侵权产品与涉案专利产品虽为同类产品，但市场上类似产品众多，并不会导致博某公司的专利产品因恢复链接而被完全替代。而且，法院已经考虑到因恢复链接可能给博某公司带来的损失，并将冻结联某公司支付宝账户相应金额及恢复链接后继续销售的部分可得利益，联某公司也明确表示同意。在此情况下，相较于不恢复链接对联某公司正常经营的影响，恢复链接对博某公司可能造成的损

害较小。

（四）恢复链接是否会损害社会公共利益。在专利侵权纠纷中，社会公共利益一般考量的是公众健康、环保以及其他重大社会利益。本案被诉侵权产品系用于家庭日常生活的拖把桶，恢复链接时考量的重要因素是是否会对公众健康、环保造成影响，特别是需要考虑是否会对消费者的人身财产造成不应有的损害，而本案无证据表明被诉侵权产品存在上述可能损害公共利益的情形。

（五）是否存在不宜恢复链接的其他情形。本案被诉侵权产品除涉嫌侵害涉案专利权外，还在 368 号案中涉嫌侵害博某公司 180.2 号专利，且 180.2 号专利目前仍处于有效状态。但首先，368 号案尚在一审审理中，被诉侵权产品是否侵权、现有技术抗辩是否成立尚不确定。其次，368 号案中博某公司赔偿损失的诉讼请求已经通过冻结联某公司支付宝账户余额 316 万元的财产保全措施予以保障。再次，在确定本案行为保全担保金额时，已考虑 368 号案的情况酌情提高了联某公司的担保金额并将冻结联某公司恢复链接后继续销售的部分可得利益。因本行为保全措施系针对本案诉讼，担保金额冻结至本案判决生效之日，届时，如果 368 号案仍在审理中，博某公司可以在该案中通过申请行为保全等措施维护自身合法权益，由法院根据该案情况决定是否采取行为保全措施。因此，不存在博某公司就 180.2 号专利所享有的权利难

以得到保障的情况。被诉侵权产品还因涉嫌侵害180.2号专利权而涉诉的事实不影响本案行为保全措施的采取。

三、关于担保金额的确定

行为保全担保金额的确定既要合理又要有效。既要考虑行为保全措施实施后对被申请人可能造成的损害，也要防止过高的担保金额对申请人的生产经营造成不合理影响。在涉电子商务平台专利侵权纠纷中，恢复链接行为保全措施担保金额的确定，一方面应考虑恢复链接后可能给权利人造成的损害，确保权利人就该损害另行主张赔偿的权利得到充分保障；另一方面也应合理确定申请人恢复链接后的可得利益，避免因冻结过多的销售收入不合理影响其资金回笼和后续经营。本案中，博某公司在本案及368号案中均要求被诉侵权人赔偿经济损失316万元，原审法院均已采取财产保全措施。但考虑到被诉侵权产品在删除链接前销售数额较大、恢复链接将可能导致博某公司的损失扩大等因素，为最大限度保护专利权人的利益，将综合博某公司在两案中的赔偿主张、恢复链接后联某公司的可得利益等因素酌定担保金额。鉴于联某公司的可得利益将随产品销售而不断增加，除固定担保金外，本案将增加动态担保金。由于联某公司的销售收入中还含有成本、管理费用等，为防止过高的担保金额对联某公司的生产经营造成不合理影响，在考虑本案及368号案所涉专利贡献率的情况下，酌情将动态担保金确定为联某公司销售额的50%。

【最高法公报案例】

拒不遵守行为保全裁定所确定的不作为义务如何处理[康文森无线许可有限公司与华为技术有限公司、华为终端有限公司、华为软件技术有限公司确认不侵害专利权及标准必要专利许可纠纷案（2022-1）]

禁止被申请人为一定行为的行为保全措施具有特殊性，如果被申请人拒不遵守行为保全裁定所确定的不作为义务，违法实施了改变原有状态的行为，则其故意违法行为构成对行为保全裁定的持续性违反和对原有状态的持续性改变，应视为其每日均实施了违法行为，可以视情处以每日罚款并按日累计。

【法院参考案例】

1. 针对企业创始人的网络侵权言论是否可以裁定行为保全[某科技有限责任公司诉凌某某网络侵权责任纠纷案，北京互联网法院（2021）京0491民初51722号]

关于在网络环境中，企业名誉受损申请行为保全的法律适用问题。能否在该类案件适用诉中行为保全制度，主要考虑两个要件。一方面要注意判断被诉行为存在侵害申请人名誉权可能性的高低。判断该可能性的高低，人民法院要注意审查被诉行为是否对申请人具有明确的指向，且是否存在明显贬损性质。另一方面要注意判断如不采取措施是否可能造成难以弥补的损害。相较于传统媒体，网络自媒体传播速度更快，受众人群更广，其针对企业发布的言论对于企业经营发展影响更大，负面贬损评价则易使得该主体处于劣势地位，从而丧失投资、交易等机会。因此人民法院在该类案件中应当要结合网络环境的特点，判断被诉行为在网络传播中的持续性是否会对企业正常经营产生严重不良影响。在被诉行为构成较高侵权可能性，如不采取措施可能造成难以弥补的损害的情况下，应当及时适用诉讼救济制度，限制言论的发酵和损害后果的扩大。

2. 二审审理过程中可依申请发布诉中禁令[海某中国皮革城股份有限公司与重庆空港某皮革城管理有限公司侵害商标权及不正当竞争纠纷案，重庆市高级人民法院（2016）渝民终536号，入库编号：2023-09-2-159-013]

在侵害商标权及不正当竞争纠纷案件中，一审法院已经认定被控侵权人构成侵权，但被控侵权人在二审审理过程中仍继续从事被诉商标侵权及不正当竞争行为的，若被控侵权人的该行为最终被认定侵权的可能性较大，且不及时制止该行为将对权利人的竞争优势、市场份额造成难以弥补的损害后果的，则在权利人提供适当担保的前提下，人民法院可以对被控侵权人的商标侵权及不正当竞争行为发布诉中临时禁令。

3. 诉中行为保全损害责任纠纷案件由作出行为保全裁定的人民法院管辖[新疆某管理咨询公司等诉上海某空间管理公司因申请财产保全损害责任纠纷案，最高人民法院（2020）最高法民辖终3号，入库编号：2023-01-2-392-001]

《最高人民法院关于因申请诉中财产保全损害责任纠纷管辖问题的批复》规定，诉中财产保全损害责任纠纷之诉，由作出诉中财产保全裁定的人民法院管辖。该批复在表述中虽未涉及诉中行为保全，但诉中行为保全措施与诉中财产保全措施均规定在《民事诉讼法》第100条（现为第103条）中，二者在制度设置目的和功效上并无差别。故对于因诉中行为保全引起的损害责任纠纷案件，可以适用上述批复精神判定案件管辖法院。

第一百零四条 【诉前保全】 利害关系人因情况紧急，不立即申请保全将会使其合法权益受到难以弥补的损害的，可以在提起诉讼或者申请仲裁前向被保全财产所在地、被申请人住所地或者对案件有管辖权的人民法院申请采取保全措施。申请人应当提供担保，不提供担保的，裁定驳回申请。

人民法院接受申请后,必须在四十八小时内作出裁定;裁定采取保全措施的,应当立即开始执行。

申请人在人民法院采取保全措施后三十日内不依法提起诉讼或者申请仲裁的,人民法院应当解除保全。

【立法·要点注释】

诉讼前保全,又称诉前保全,是指在起诉或者仲裁前,对于因情况紧急,不立即申请保全将会使利害关系人的合法权益遭受到难以弥补的损害,依据利害关系人的申请而采取的保全措施。

诉前保全申请的管辖原则上不受当事人之间管辖协议或者仲裁协议的约束,仍应依照本条第1款规定确定管辖。

【相关立法】

1.《中华人民共和国专利法》(19850401;20210601)

第七十二条 专利权人或者利害关系人有证据证明他人正在实施或者即将实施侵犯专利权、妨碍其实现权利的行为,如不及时制止将会使其合法权益受到难以弥补的损害的,可以在起诉前依法向人民法院申请采取财产保全、责令作出一定行为或者禁止作出一定行为的措施。

2.《中华人民共和国著作权法》(19910601;20210601)

第五十六条 著作权人或者与著作权有关的权利人有证据证明他人正在实施或者即将实施侵犯其权利、妨碍其实现权利的行为,如不及时制止将会使其合法权益受到难以弥补的损害的,可以在起诉前依法向人民法院申请采取财产保全、责令作出一定行为或者禁止作出一定行为等措施。

3.《中华人民共和国商标法》(19830301;20191101)

第六十五条 商标注册人或者利害关系人有证据证明他人正在实施或者即将实施侵犯其注册商标专用权的行为,如不及时制止将会使其合法权益受到难以弥补的损害的,可以依法在起诉前向人民法院申请采取责令停止有关行为和财产保全的措施。

4.《中华人民共和国海事诉讼特别程序法》(20000701)

第十三条 当事人在起诉前申请海事请求保全,应当向被保全的财产所在地海事法院提出。

第十九条 海事请求保全执行后,有关海事纠纷未进入诉讼或者仲裁程序的,当事人就该海事请求,可以向采取海事请求保全的海事法院或者其他有管辖权的海事法院提起诉讼,但当事人之间订有诉讼管辖协议或者仲裁协议的除外。

第五十二条 当事人在起诉前申请海事强制令,应当向海事纠纷发生地海事法院提出。

第六十一条 海事强制令执行后,有关海事纠纷未进入诉讼或者仲裁程序的,当事人就该海事请求,可以向作出海事强制令的海事法院或者其他有管辖权的海事法院提起诉讼,但当事人之间订有诉讼管辖协议或者仲裁协议的除外。

【司法解释】

1.《最高人民法院关于适用〈中华人民共和国民事诉讼法〉的解释》(法释〔2015〕5号,20150204;经法释〔2022〕11号修正,20220410)

第二十七条 当事人申请诉前保全后没有在法定期间起诉或者申请仲裁,给被申请人、利害关系人造成损失引起的诉讼,由采取保全措施的人民法院管辖。

当事人申请诉前保全后在法定期间内起诉或者申请仲裁,被申请人、利害关系人因保全受到损失提起的诉讼,由受理起诉的人民法院或者采取保全措施的人民法院管辖。

第一百五十二条 人民法院依照民事诉讼法第一百零三条、第一百零四条规定,在采取诉前保全、诉讼保全措施时,责令利害关系人或者当事人提供担保,应当书面通知。

利害关系人申请诉前保全的,应当提供担保。申请诉前财产保全的,应当提供相当于请求保全数额的担保;情况特殊的,人民法院可以酌情处理。申请诉前行为保全的,担保的数额由人民法院根据案件的具体情况决定。

在诉讼中,人民法院依申请或者依职权采取保全措施的,应当根据案件的具体情况,决定当事人是否应当提供担保以及担保的数额。

第一百六十条 当事人向采取诉前保全措施以外的其他有管辖权的人民法院起诉的,采取诉前保全措施的人民法院应当将保全手续移送受理案件的人民法院。诉前保全的裁定视为移送人民法院作出的裁定。

【重点解读】保全属于当事人诉讼活动中的一部分,是处理案件实体争议的附属部分,人民法院在实际取得审理案件争议权后,应一并取得与诉讼有关的附随权力。当案件被移送后,移送前法院所实施的法律行为和采取的法律措施,对当事人继续有效,对受移送的法院有约束力。同时,受移送的法院有权依法对移送前法院所实施的行为和措施进行审查和处理。

由于法律没有明确规定申请人(利害关系人)只能向采取诉前保全措施的法院提起诉讼,因此,申请人(利害关系人)有权选择采取诉前财产保全措施的法院,也有权选择其他有管辖权的法院。采取诉前保全措施的法院不得因申请人(利害关系人)没有在该法院起诉,就不按要求移送相关采取诉前保全措施的手续、材料、保全费以及担保金等。

关于受移送人民法院在原财产保全期限届满后的续封、续冻效力的问题。本司法解释明确规定诉前保全的裁定视为受移送人民法院作出的裁定，不仅效力等同，而且时间等同。受移送人民法院作出保全续封裁定、续冻手续时，不能将此续封手续视为轮候查封，特别是有另案法院轮候查封时，此续封手续也不能排在另案法院的轮候查封之后。

2.《最高人民法院关于诉前财产保全几个问题的批复》（法释〔1998〕29号，19981205）

一、人民法院受理当事人诉前财产保全申请后，应当按照诉前财产保全标的金额并参照《中华人民共和国民事诉讼法》关于级别管辖和专属管辖的规定，决定采取诉前财产保全措施。

二、采取财产保全措施的人民法院受理申请人的起诉后，发现所受理的案件不属于本院管辖的，应当将案件和财产保全申请费一并移送有管辖权的人民法院。

案件移送后，诉前财产保全裁定继续有效。

因执行诉前财产保全裁定而实际支出的费用，应由受诉人民法院在申请费中返还给作出诉前财产保全的人民法院。

3.《最高人民法院关于人民法院发现本院作出的诉前保全裁定和在执行程序中作出的裁定确有错误以及人民检察院对人民法院作出的诉前保全裁定提出抗诉人民法院应当如何处理的批复》（法释〔1998〕17号，19980805）

一、人民法院院长对本院已经发生法律效力的诉前保全裁定和在执行程序中作出的裁定，发现确有错误，认为需要撤销的，应当提交审判委员会讨论决定后，裁定撤销原裁定。

二、人民检察院对人民法院作出的诉前保全裁定提出抗诉，没有法律依据，人民法院应当通知其不予受理。

4.《最高人民法院关于审查知识产权纠纷行为保全案件适用法律若干问题的规定》（法释〔2018〕21号，20190101）

第三条　申请诉前行为保全，应当向被申请人住所地具有相应知识产权纠纷管辖权的人民法院或者对案件具有管辖权的人民法院提出。

当事人约定仲裁的，应当向前款规定的人民法院申请行为保全。

第十条　在知识产权与不正当竞争纠纷行为保全案件中，有下列情形之一的，应当认定属于民事诉讼法第一百零一条①规定的"难以弥补的损害"：

（一）被申请人的行为将会侵害申请人享有的商誉或者发表权、隐私权等

---

①　对应2023年《民事诉讼法》第104条。——编者注

人身性质的权利且造成无法挽回的损害；

（二）被申请人的行为将会导致侵权行为难以控制且显著增加申请人损害；

（三）被申请人的侵害行为将会导致申请人的相关市场份额明显减少；

（四）对申请人造成其他难以弥补的损害。

5.《最高人民法院关于审理侵害植物新品种权纠纷案件具体应用法律问题的若干规定》（法释〔2007〕1 号,20070201；经法释〔2020〕19 号修正,20210101）

第五条 品种权人或者利害关系人向人民法院提起侵害植物新品种权诉讼前,可以提出行为保全或者证据保全请求,人民法院经审查作出裁定。

人民法院采取证据保全措施时,可以根据案件具体情况,邀请有关专业技术人员按照相应的技术规程协助取证。

6.《最高人民法院关于审理独立保函纠纷案件若干问题的规定》（法释〔2016〕24 号,20161201；经法释〔2020〕18 号修正,20210101）

第十三条 独立保函的申请人、开立人或指示人发现有本规定第十二条情形的,可以在提起诉讼或申请仲裁前,向开立人住所地或其他对独立保函欺诈纠纷案件具有管辖权的人民法院申请中止支付独立保函项下的款项,也可以在诉讼或仲裁过程中提出申请。

7.《最高人民法院关于适用〈中华人民共和国海事诉讼特别程序法〉若干问题的解释》（法释〔2003〕3 号,20030201）

第二十条 海事诉讼特别程序法第十三条规定的被保全的财产所在地指船舶的所在地或者货物的所在地。当事人在诉讼前对已经卸载但在承运人掌管之下的货物申请海事请求保全,如果货物所在地不在海事法院管辖区域的,可以向卸货港所在地的海事法院提出,也可以向货物所在地的地方人民法院提出。

第二十一条 诉讼或者仲裁前申请海事请求保全适用海事诉讼特别程序法第十四条的规定。

外国法院已受理相关海事案件或者有关纠纷已经提交仲裁,但涉案财产在中华人民共和国领域内,当事人向财产所在地的海事法院提出海事请求保全申请的,海事法院应当受理。

【司法文件】

《最高人民法院关于规范和加强办理诉前保全案件工作的意见》（法〔2024〕42 号,20240301）

第二条 本意见所称"诉前保全",包括人民法院依照利害关系人申请,根据《中华人民共和国民事诉讼法》第八十四条、第一百零四条的规定,采取的财产保全、证据保全、行为保全。

本意见所称"申请人",是指《中华人民共和国民事诉讼法》第八十四条、

第一百零四条规定的"利害关系人"。

第三条　对申请人提出的诉前保全申请，被保全财产（证据）所在地、被申请人住所地或者对案件有管辖权的人民法院不得以诉前保全不方便实施、起诉登记立案方可申请诉讼保全等为由拒绝受理。

第四条　申请人线下提交的诉前保全材料不符合要求的，人民法院应当场一次性告知补正。申请人补正的，人民法院必须在收到补正材料之时起四十八小时内作出是否准许的裁定。

申请人在非工作时间通过线上提交诉前保全材料的，人民法院自收到诉前保全申请后的第一个工作日开始之时起计算期间。

第五条　申请人基于同一事实和理由同时申请诉前行为保全、人格权侵害禁令或者人身安全保护令，或者申请不明确的，人民法院应当释明三项法律制度的功能定位和适用情形，引导申请人选择更有利于维护自身合法权益的法律制度。

第六条　申请人申请诉前保全的，人民法院应当告知申请人在采取保全措施后三十日内不依法提起诉讼或者申请仲裁将解除保全的法律后果。

第七条　人民法院在受理诉前保全案件前，应当审查当事人提供的担保是否符合法律规定。申请人申请诉前财产保全的，应当提供相当于请求保全数额的担保，但情况紧急且特殊的例外。

申请诉前证据保全、行为保全的，担保的数额由人民法院根据具体情况决定。

第八条　申请人申请诉前财产保全，存在下列情形之一的，人民法院可以酌情确定担保数额：

（一）追索赡养费、抚养费、抚育费、抚恤金、医疗费用、劳动报酬、工伤赔偿；

（二）婚姻家庭纠纷中经济困难；

（三）因见义勇为遭受侵害请求损害赔偿；

（四）其他可以酌情确定担保数额的情形。

第九条　申请人申请诉前行为保全，存在下列情形之一的，人民法院可以酌情确定担保数额：

（一）婚姻家庭纠纷申请诉前行为保全；

（二）因人格权正在或者即将受到侵害申请行为保全；

（三）其他可以酌情确定担保数额的情形。

第十条　申请人申请诉前财产保全，提供被保全财产的信息符合下列情形之一的，人民法院可以认定为明确的被保全财产信息：

（一）被保全财产为不动产的，提供了房产证复印件、产权查询单等权属证明材料，或者所有权人名称、产权证号或者预售网签号、不动产所在行政区域、道路、楼盘名称、具体房号等不动产具体信息；

（二）被保全财产为银行存款的，提供了储户姓名、开户银行名称、账号等存款的具体信息；

（三）被保全财产为机动车辆的，提供了车辆保管人或者控制人信息、机动车车牌号、车辆登记管理机关等具体信息；请求扣押的，提供了该机动车具体停放位置；

（四）被保全财产为有限责任公司或者非上市股份有限公司股权的，提供了具体公司名称、统一社会信用代码及注册（或者托管）机构、出资额度和股权份额等信息；被保全财产为上市公司股票或者其他可供保全的有价证券的，提供了相应账户信息及交易场所或者证券公司名称及地址；

（五）被保全财产为到期债权的，提供了债权人名称、债务人名称及住所、债权数额、债权到期时间、债权凭证或者相关证明材料；

（六）被保全财产为国债、基金的，提供了国债、基金的名称、种类、数量、登记机关；

（七）被保全财产为专利权、商标权、著作权等知识产权的，提供了权利证书登记号码或者其他权属证明；

（八）被保全财产为其他财产的，提供了财产的名称、种类、规格、数量、价值、所有权人、具体存放位置等详细情况以及相关证据材料。

第十一条 诉前财产保全的被申请人存在下列情形之一，导致或者可能导致丧失债务履行能力的，人民法院可以认定为情况紧急：

（一）有转移、隐匿、变卖财产的行为；

（二）有抽逃资金等逃避债务履行的行为；

（三）生产经营状况严重恶化；

（四）丧失商业信誉；

（五）被列为失信被执行人；

（六）导致或者可能导致丧失债务履行能力的其他情形。

第十二条 申请诉前行为保全存在下列情形之一的，人民法院可以认定为情况紧急：

（一）申请人的人身权益正在或者即将面临被非法侵害的危险；

（二）申请人的财产权益正在或者即将面临被非法侵害的危险；

（三）被申请人的行为会导致侵权行为难以控制且可能增加申请人损害；

（四）申请人的权益正在或者即将造成难以弥补的损害的其他情形。

第十三条 人民法院审查诉前行为保全申请，应当综合考量以下因素：

（一）申请人的请求是否具有事实基础和法律依据；

（二）不采取诉前行为保全措施是否会使申请人的合法权益受到难以弥补的损害；

（三）不采取诉前行为保全措施对申请人造成的损害是否超过采取行为保全措施对被申请人造成的损害；

（四）采取诉前行为保全措施对国家利益、社会公共利益可能产生的影响；

（五）其他应当考量的因素。

第十四条　申请人同时申请财产保全、行为保全、证据保全的，人民法院应当作出一个是否准许的裁定；存在影响保全措施实施等情形的，可以分别作出裁定。

第十五条　对下列财产，人民法院不得采取诉前财产保全措施：

（一）被申请人及其所扶养和抚育家属生活所必需的生活、教育、医疗等物品和费用；

（二）农民工工资专用账户资金和工资保证金，但法律另有规定以及起诉请求支付该专用账户对应项目的农民工工资的除外；

（三）金融机构交存在人民银行的存款准备金和备付金；

（四）信托财产人民币专用存款账户；

（五）社会保险机构开设的社会保险基金账户；

（六）证券经营机构、期货经纪机构的交易保证金，信用证开证保证金、独立保函保证金，但失去保证金用途的除外；

（七）工会等社团组织专项经费；

（八）人民法院已裁定受理破产申请的债务人财产；

（九）学校、幼儿园、医疗机构、养老机构等为公益目的成立的非营利法人的教育设施、医疗卫生设施、养老服务设施和其他公益设施；

（十）用于防控、应急、救援等承担疫情防控、应急处置等任务的财产；

（十一）法律、行政法规或者司法解释规定的其他不得查封、扣押、冻结的财产。

第十六条　在能够实现保全目的的情况下，人民法院应当选择采取对被申请人生活、生产经营活动影响较小的财产进行保全。

由人民法院指定被申请人保管的生活、生产经营性财产，如果继续使用对该财产的价值无重大影响的，可以允许被申请人继续使用。

第十七条　人民法院准许诉前保全财产的价值，应当与申请人申请保全的数额相当，不得明显超标的、超范围保全。

发现明显超标的保全的，人民法院应当根据当事人的申请或者依职权及时解除明显超标的部分保全，但该被保全财产为不可分物且被保全人无其他可供保全的财产，或者提供的担保置换财产不能足额保全的除外。

第十九条　人民法院裁定采取保全措施的，应当向申请人、被申请人送达裁定书。向被申请人送达裁定书可能影响采取保全措施的，人民法院应当在采取保全措施之时起最迟不得超过四十八小时，向被申请人送达裁定书。

第二十条　存在下列情形之一的，人民法院应当及时解除诉前保全：

（一）人民法院发现存在保全错误；

（二）申请人申请解除保全，或者

被申请人申请解除保全,申请人同意;

(三)申请人在人民法院采取保全措施后三十日内不依法提起诉讼或者申请仲裁;

(四)已被采取诉前财产保全措施的被申请人作为债务人已经进入破产程序;

(五)法律、行政法规或者司法解释规定解除诉前保全的其他情形。

第二十四条 诉前保全人民法院发现申请人向对案件有管辖权人民法院起诉的,应当与对案件有管辖权的人民法院沟通、对接,移送保全手续。诉前保全手续移送后,诉前保全的裁定视为受移送人民法院作出。

第二十五条 人民法院立案部门负责裁定是否准许诉前保全和采取行为保全、证据保全措施,执行部门负责采取诉前财产保全措施。人民法院应当加强审判管理,有序衔接诉前保全的立案、执行部门工作,确保裁定采取诉前保全措施后立即开始执行。

第二十六条 采取诉前保全措施的人民法院对案件没有管辖权的,在双方当事人同意的情况下,可以组织进行诉前调解,引导通过非诉方式化解矛盾纠纷。

【法院参考案例】

1. 诉前行为保全申请的具体审查标准[某系统公司、某技术公司诉某信息公司、谌某申请诉前行为保全纠纷案,上海市浦东新区人民法院(2019)沪0115行保1号,入库编号:2024-09-2-432-001]

人民法院审查涉知识产权的诉前行为保全时,应综合考量申请人的请求是否具有事实基础和法律依据、不采取保全措施是否会对申请人造成难以弥补的损害、采取行为保全措施是否会导致当事人间利益显著失衡以及是否会损害社会公共利益等因素。在判定申请人的行为保全请求是否具有事实和法律依据时,应主要考量申请人胜诉的可能性。如果被申请人的行为将导致侵权行为难以控制且显著增加申请人损害或者被申请人的侵害行为将会导致申请人的相关市场份额明显减少的,可以认定为会对申请人造成难以弥补的损害。对社会公共利益的考量应当从严审查,只有在涉及公众健康、环保及其他重大社会利益的情况下方可认定为社会公共利益。

2. 诉前行为保全的判断要件[浙江唐某影视股份有限公司诉上海灿某文化传播有限公司、世纪某某(北京)国际文化传媒有限公司申请诉前行为保全纠纷案,北京知识产权法院(2016)京73行保复1号,入库编号:2023-09-2-432-002]

审查是否应当责令被申请人停止相关行为,主要考虑以下因素:申请人是否是权利人或利害关系人;申请人在本案中是否有胜诉可能性;是否具有紧迫性,以及不立即采取措施是否可能使申请人的合法权益受到难以弥补的损害;损害平衡性,即不责令被申请人停止相关行为对申请人造成的损害是否大于责令被申请人停止相关行为对被申请人造成的损害;责令被申请人停止相关行为是否损害社会公共利益;申请人是否提供了相应的担保。

第一百零五条　【保全范围】
保全限于请求的范围,或者与本案有关的财物。

【立法·要点注释】

所谓"与本案有关的财物",是指本案的诉争标的,或者当事人在诉讼请求中没有直接涉及,但是与日后本案生效判决的强制执行相关联的财物。在财产保全案件中,可能出现两种情形:一种情形是请求保全的标的可能就是本案诉争标的,毫无疑问,申请人可以直接申请对该财产申请保全,如双方当事人就房屋权属发生争议,为防止实际控制房屋的一方不当处置该房产,另一方当事人可以申请查封该房屋。另一种情形是诉讼请求是给付金钱,并不涉及特定财物,根据民法原理,债务是以债务人的全部财产作为担保的,为强制执行生效判决,债务人的所有财产都可以作为执行标的,因此,债权人可以申请对债务人所有财产中相当于诉讼请求的部分进行保全,以保证日后生效判决得以顺利执行。

【法院参考案例】

1. 应根据被保全财产的市场价值、权利负担等情形综合判断是否存在超标的查封情形[甲投资公司、甲置业公司、甲房地产公司、王某琴与乙置业公司、甲控股公司、王某春、乙房地产公司执行复议案,最高人民法院(2021)最高法执复 24 号,入库编号:2023-17-5-202-019]

判断是否存在明显超保全标的查封、扣押或冻结情形,应通过综合考量被保全财产的市场价值、其上是否附有其他优先受偿债权等权利负担情形,进行客观合理的价值估定。如果查封的财产价值明显超过法律文书确定的债权额及执行费用的,则构成超标的查封。

2. 保全程序中不能直接保全被保全人为一人股东的案外人一人有限公司的财产[丁某云与黄某、某置地公司执行监督案,最高人民法院(2021)最高法执监 252 号,入库编号:2023-17-5-203-011]

财产保全应限于请求的范围,或者与本案有关的财物。一人有限责任公司具有独立于公司一人股东的独立法人人格;虽然一人股东作为被保全人,但该一人股东的一人有限责任公司并非当事人保全裁定的保全义务人,执行机构不得在保全阶段未经法定程序对被保全人开办的一人有限责任公司财产直接采取保全措施。

第一百零六条 【财产保全方式】财产保全采取查封、扣押、冻结或者法律规定的其他方法。人民法院保全财产后,应当立即通知被保全财产的人。

财产已被查封、冻结的,不得重复查封、冻结。

【立法·要点注释】

1. 查封,是一种针对不动产的临时性措施,是指把被执行人的财产清查封闭贴上封条,就地封存,不准任何人转移和处理。封条是由执行机构制作的表明实施查封机构、时间等内容并加盖执行机构所在法院印章的条幅。被查封的财产,执行员可以指定被执行人保管,被执行人拒绝保管或者保管不善造成损失,由他自己承担;执行员也可以指定其他人保管,被执行财产由他人保管的,所需费用由被执行人负担。

2. 扣押也是一种临时性的措施,一般用于动产,是指把被执行人的财产就地或者运到另外的场所,加以扣留,避免被执行人占有、使用和处分。被扣押的财产可以由人民法院保管,也可以由有关单位和个人保管,保管人员不得任

意使用该项财物,保管中发生的费用,由被执行人负担。

3. 冻结,是指人民法院向银行、证券公司等金融机构发出协助执行通知书,不准被执行人在一定期限内提取和转移该项存款、证券的执行措施。

4. 法律规定的其他办法,是指法律规定的除查封、扣押、冻结以外的其他执行措施,如清点被保全的财产,并责令被申请人保管,保管期间可以使用,但不得变卖、转移、毁损和隐匿;对不动产和特定的动产(如车辆、船舶等)进行财产保全,可以采用扣押有关财产权证照并通知有关产权登记部门不予办理该项财产的转移手续的财产保全措施;对债务人到期应得的收益,可以通知有关单位限制其支取;被申请人对第三人有到期债权的,人民法院可以通知该第三人不得向被申请人清偿;对季节性商品、鲜活、易腐烂变质以及其他不宜长期保存的物品采取保全措施时,可以责令当事人及时处理,由人民法院保存价款等。

【相关立法】

《中华人民共和国海事诉讼特别程序法》(20000701)

第二十一条 下列海事请求,可以申请扣押船舶:

(一)船舶营运造成的财产灭失或者损坏;

(二)与船舶营运直接有关的人身

伤亡；

（三）海难救助；

（四）船舶对环境、海岸或者有关利益方造成的损害或者损害威胁；为预防、减少或者消除此种损害而采取的措施；为此种损害而支付的赔偿；为恢复环境而实际采取或者准备采取的合理措施的费用；第三方因此种损害而蒙受或者可能蒙受的损失；以及与本项所指的性质类似的损害、费用或者损失；

（五）与起浮、清除、回收或者摧毁沉船、残骸、搁浅船、被弃船或者使其无害有关的费用，包括与起浮、清除、回收或者摧毁仍在或者曾在该船上的物件或者使其无害的费用，以及与维护放弃的船舶和维持其船员有关的费用；

（六）船舶的使用或者租用的协议；

（七）货物运输或者旅客运输的协议；

（八）船载货物（包括行李）或者与其有关的灭失或者损坏；

（九）共同海损；

（十）拖航；

（十一）引航；

（十二）为船舶营运、管理、维护、维修提供物资或者服务；

（十三）船舶的建造、改建、修理、改装或者装备；

（十四）港口、运河、码头、港湾以及其他水道规费和费用；

（十五）船员的工资和其他款项，包括应当为船员支付的遣返费和社会保险费；

（十六）为船舶或者船舶所有人支付的费用；

（十七）船舶所有人或者光船承租人应当支付或者他人为其支付的船舶保险费（包括互保费）；

（十八）船舶所有人或者光船承租人应当支付的或者他人为其支付的与船舶有关的佣金、经纪费或者代理费；

（十九）有关船舶所有权或者占有的纠纷；

（二十）船舶共有人之间有关船舶的使用或者收益的纠纷；

（二十一）船舶抵押权或者同样性质的权利；

（二十二）因船舶买卖合同产生的纠纷。

第二十二条　非因本法第二十一条规定的海事请求不得申请扣押船舶，但为执行判决、仲裁裁决以及其他法律文书的除外。

第二十三条　有下列情形之一的，海事法院可以扣押当事船舶：

（一）船舶所有人对海事请求负有责任，并且在实施扣押时是该船的所有人；

（二）船舶的光船承租人对海事请求负有责任，并且在实施扣押时是该船的光船承租人或者所有人；

（三）具有船舶抵押权或者同样性质的权利的海事请求；

（四）有关船舶所有权或者占有的海事请求；

（五）具有船舶优先权的海事请求。

海事法院可以扣押对海事请求负有责任的船舶所有人、光船承租人、定期租船人或者航次租船人在实施扣押时所有的其他船舶，但与船舶所有权或者占有有关的请求除外。

从事军事、政府公务的船舶不得被扣押。

第二十四条 海事请求人不得因同一海事请求申请扣押已被扣押过的船舶，但有下列情形之一的除外：

（一）被请求人未提供充分的担保；

（二）担保人有可能不能全部或者部分履行担保义务；

（三）海事请求人因合理的原因同意释放被扣押的船舶或者返还已提供的担保；或者不能通过合理措施阻止释放被扣押的船舶或者返还已提供的担保。

第二十五条 海事请求人申请扣押当事船舶，不能立即查明被请求人名称的，不影响申请的提出。

第二十六条 海事法院在发布或者解除扣押船舶命令的同时，可以向有关部门发出协助执行通知书，通知书应当载明协助执行的范围和内容，有关部门有义务协助执行。海事法院认为必要，可以直接派员登轮监护。

第二十七条 海事法院裁定对船舶实施保全后，经海事请求人同意，可以采取限制船舶处分或者抵押等方式允许该船舶继续营运。

第二十八条 海事请求保全扣押船舶的期限为三十日。

海事请求人在三十日内提起诉讼或者申请仲裁以及在诉讼或者仲裁过程中申请扣押船舶的，扣押船舶不受前款规定期限的限制。

第二十九条 船舶扣押期间届满，被请求人不提供担保，而且船舶不宜继续扣押的，海事请求人可以在提起诉讼或者申请仲裁后，向扣押船舶的海事法院申请拍卖船舶。

第三十条 海事法院收到拍卖船舶的申请后，应当进行审查，作出准予或者不准予拍卖船舶的裁定。

当事人对裁定不服的，可以在收到裁定书之日起五日内申请复议一次。海事法院应当在收到复议申请之日起五日内作出复议决定。复议期间停止裁定的执行。

第三十一条 海事请求人提交拍卖船舶申请后，又申请终止拍卖的，是否准许由海事法院裁定。海事法院裁定终止拍卖船舶的，为准备拍卖船舶所发生的费用由海事请求人承担。

第三十二条 海事法院裁定拍卖船舶，应当通过报纸或者其他新闻媒体发布公告。拍卖外籍船舶的，应当通过对外发行的报纸或者其他新闻媒体发布公告。

公告包括以下内容：

（一）被拍卖船舶的名称和国籍；

（二）拍卖船舶的理由和依据；

（三）拍卖船舶委员会的组成；

（四）拍卖船舶的时间和地点；

（五）被拍卖船舶的展示时间和地点；

（六）参加竞买应当办理的手续；

（七）办理债权登记事项；

（八）需要公告的其他事项。

拍卖船舶的公告期间不少于三十日。

第三十三条　海事法院应当在拍卖船舶三十日前，向被拍卖船舶登记国的登记机关和已知的船舶优先权人、抵押权人和船舶所有人发出通知。

通知内容包括被拍卖船舶的名称、拍卖船舶的时间和地点、拍卖船舶的理由和依据以及债权登记等。

通知方式包括书面方式和能够确认收悉的其他适当方式。

第三十四条　拍卖船舶由拍卖船舶委员会实施。拍卖船舶委员会由海事法院指定的本院执行人员和聘请的拍卖师、验船师三人或者五人组成。

拍卖船舶委员会组织对船舶鉴定、估价；组织和主持拍卖；与竞买人签订拍卖成交确认书；办理船舶移交手续。

拍卖船舶委员会对海事法院负责，受海事法院监督。

第三十五条　竞买人应当在规定的期限内向拍卖船舶委员会登记。登记时应当交验本人、企业法定代表人或者其他组织负责人身份证明和委托代理人的授权委托书，并交纳一定数额的买船保证金。

第三十六条　拍卖船舶委员会应当在拍卖船舶前，展示被拍卖船舶，并提供察看被拍卖船舶的条件和有关资料。

第三十七条　买受人在签署拍卖成交确认书后，应当立即交付不低于百分之二十的船舶价款，其余价款在成交之日起七日内付清，但拍卖船舶委员会与买受人另有约定的除外。

第三十八条　买受人付清全部价款后，原船舶所有人应当在指定的期限内于船舶停泊地以船舶现状向买受人移交船舶。拍卖船舶委员会组织和监督船舶的移交，并在船舶移交后与买受人签署船舶移交完毕确认书。

移交船舶完毕，海事法院发布解除扣押船舶命令。

第三十九条　船舶移交后，海事法院应当通过报纸或者其他新闻媒体发布公告，公布船舶已经公开拍卖并移交给买受人。

第四十条　买受人接收船舶后，应当持拍卖成交确认书和有关材料，向船舶登记机关办理船舶所有权登记手续。原船舶所有人应当向原船舶登记机关办理船舶所有权注销登记。原船舶所有人不办理船舶所有权注销登记的，不影响船舶所有权的转让。

第四十一条　竞买人之间恶意串通的，拍卖无效。参与恶意串通的竞买人应当承担拍卖船舶费用并赔偿有关损失。海事法院可以对参与恶意串通的竞买人处最高应价百分之十以上百分之三十以下的罚款。

第四十二条 除本节规定的以外，拍卖适用《中华人民共和国拍卖法》的有关规定。

第四十三条 执行程序中拍卖被扣押船舶清偿债务的，可以参照本节有关规定。

第四十四条 海事请求人为保障其海事请求的实现，可以申请扣押船载货物。

申请扣押的船载货物，应当属于被请求人所有。

第四十五条 海事请求人申请扣押船载货物的价值，应当与其债权数额相当。

第四十六条 海事请求保全扣押船载货物的期限为十五日。

海事请求人在十五日内提起诉讼或者申请仲裁以及在诉讼或者仲裁过程中申请扣押船载货物的，扣押船载货物不受前款规定期限的限制。

第四十七条 船载货物扣押期间届满，被请求人不提供担保，而且货物不宜继续扣押的，海事请求人可以在提起诉讼或者申请仲裁后，向扣押船载货物的海事法院申请拍卖货物。

对无法保管、不易保管或者保管费用可能超过其价值的物品，海事请求人可以申请提前拍卖。

第四十八条 海事法院收到拍卖船载货物的申请后，应当进行审查，在七日内作出准予或者不准予拍卖船载货物的裁定。

当事人对裁定不服的，可以在收到裁定书之日起五日内申请复议一次。海事法院应当在收到复议申请之日起五日内作出复议决定。复议期间停止裁定的执行。

第四十九条 拍卖船载货物由海事法院指定的本院执行人员和聘请的拍卖师组成的拍卖组织实施，或者由海事法院委托的机构实施。

拍卖船载货物，本节没有规定的，参照本章第二节拍卖船舶的有关规定。

第五十条 海事请求人对与海事请求有关的船用燃油、船用物料申请海事请求保全，适用本节规定。

【司法解释】

1.《最高人民法院关于适用〈中华人民共和国民事诉讼法〉的解释》（法释〔2015〕5号，20150204；经法释〔2022〕11号修正，20220410）

第一百五十三条 人民法院对季节性商品、鲜活、易腐烂变质以及其他不宜长期保存的物品采取保全措施时，可以责令当事人及时处理，由人民法院保存价款；必要时，人民法院可予以变卖，保存价款。

第一百五十四条 人民法院在财产保全中采取查封、扣押、冻结财产措施时，应当妥善保管被查封、扣押、冻结的财产。不宜由人民法院保管的，人民法院可以指定被保全人负责保管；不宜由被保全人保管的，可以委托他人或者申请保全人保管。

查封、扣押、冻结担保物权人占有的担保财产，一般由担保物权人保管；由人民法院保管的，质权、留置权不因采取保全措施而消灭。

【重点解读】关于保管费用的负担。保管费用属于其他诉讼费用，应在案件作出处理时一并处理。

查封、扣押、冻结担保物权人占有的担保财产，由人民法院保管的，质权、留置权不因转移占有而消灭。也就是说，只有人民法院基于财产保全措施对质物、留置物占有时，才不改变动产占有的优先权，即质权人、留置权人的优先权不消灭。

第一百五十五条　由人民法院指定被保全人保管的财产，如果继续使用对该财产的价值无重大影响，可以允许被保全人继续使用；由人民法院保管或者委托他人、申请保全人保管的财产，人民法院和其他保管人不得使用。

第一百五十六条　人民法院采取财产保全的方法和措施，依照执行程序相关规定办理。

第一百五十七条　人民法院对抵押物、质押物、留置物可以采取财产保全措施，但不影响抵押权人、质权人、留置权人的优先受偿权。

第一百五十八条　人民法院对债务人到期应得的收益，可以采取财产保全措施，限制其支取，通知有关单位协助执行。

第一百五十九条　债务人的财产

不能满足保全请求，但对他人有到期债权的，人民法院可以依债权人的申请裁定该他人不得对本案债务人清偿。该他人要求偿付的，由人民法院提存财物或者价款。

【重点解读】审判实践中应注意对分期履行的债权如何保全的问题。人民法院在采取保全措施时，只能保全已到期的对他人的部分债权，对未到期债权原则上不得保全。但可以在保全之前征求该他人的意见，如果该他人同意一次性保全的，可以一次性保全；如果该他人只同意对已到期部分债权保全的，则法院只能分期保全，不得一次性将未到期部分债权予以保全。

2.《最高人民法院关于人民法院办理财产保全案件若干问题的规定》（法释〔2016〕22号，20161201；经法释〔2020〕21号修正，20210101）

第十一条　人民法院依照本规定第十条第二款规定作出保全裁定的，在该裁定执行过程中，申请保全人可以向已经建立网络执行查控系统的执行法院，书面申请通过该系统查询被保全人的财产。

申请保全人提出查询申请的，执行法院可以利用网络执行查控系统，对裁定保全的财产或者保全数额范围内的财产进行查询，并采取相应的查封、扣押、冻结措施。

人民法院利用网络执行查控系统未查询到可供保全财产的，应当书面告知申请保全人。

第十二条 人民法院对查询到的被保全人财产信息,应当依法保密。除依法保全的财产外,不得泄露被保全人其他财产信息,也不得在财产保全、强制执行以外使用相关信息。

第十三条 被保全人有多项财产可供保全的,在能够实现保全目的的情况下,人民法院应当选择对其生产经营活动影响较小的财产进行保全。

人民法院对厂房、机器设备等生产经营性财产进行保全时,指定被保全人保管的,应当允许其继续使用。

第十四条 被保全财产系机动车、航空器等特殊动产的,除被保全人下落不明的以外,人民法院应当责令被保全人书面报告该动产的权属和占有、使用等情况,并予以核实。

第十五条 人民法院应当依据财产保全裁定采取相应的查封、扣押、冻结措施。

可供保全的土地、房屋等不动产的整体价值明显高于保全裁定载明金额的,人民法院应当对该不动产的相应价值部分采取查封、扣押、冻结措施,但该不动产在使用上不可分或者分割会严重减损其价值的除外。

对银行账户内资金采取冻结措施的,人民法院应当明确具体的冻结数额。

第十六条 人民法院在财产保全中采取查封、扣押、冻结措施,需要有关单位协助办理登记手续的,有关单位应

当在裁定书和协助执行通知书送达后立即办理。针对同一财产有多个裁定书和协助执行通知书的,应当按照送达的时间先后办理登记手续。

第十七条 利害关系人申请诉前财产保全,在人民法院采取保全措施后三十日内依法提起诉讼或者申请仲裁的,诉前财产保全措施自动转为诉讼或仲裁中的保全措施;进入执行程序后,保全措施自动转为执行中的查封、扣押、冻结措施。

依前款规定,自动转为诉讼、仲裁中的保全措施或者执行中的查封、扣押、冻结措施的,期限连续计算,人民法院无需重新制作裁定书。

第二十条 财产保全期间,被保全人请求对被保全财产自行处分,人民法院经审查,认为不损害申请保全人和其他执行债权人合法权益的,可以准许,但应当监督被保全人按照合理价格在指定期限内处分,并控制相应价款。

被保全人请求对作为争议标的的被保全财产自行处分的,须经申请保全人同意。

人民法院准许被保全人自行处分被保全财产的,应当通知申请保全人;申请保全人不同意的,可以依照民事诉讼法第二百二十五条①规定提出异议。

第二十一条 保全法院在首先采取查封、扣押、冻结措施后超过一年未

---

① 对应 2023 年《民事诉讼法》第 236 条。——编者注

对被保全财产进行处分的,除被保全财产系争议标的外,在先轮候查封、扣押、冻结的执行法院可以商请保全法院将被保全财产移送执行。但司法解释另有特别规定的,适用其规定。

保全法院与在先轮候查封、扣押、冻结的执行法院就移送被保全财产发生争议的,可以逐级报请共同的上级法院指定该财产的执行法院。

共同的上级法院应当根据被保全财产的种类及所在地、各债权数额与被保全财产价值之间的关系等案件具体情况指定执行法院,并督促其在指定期限内处分被保全财产。

3.《最高人民法院关于审查知识产权纠纷行为保全案件适用法律若干问题的规定》(法释〔2018〕21号,20190101)

第十三条 人民法院裁定采取行为保全措施的,应当根据申请人的请求或者案件具体情况等因素合理确定保全措施的期限。

裁定停止侵害知识产权行为的效力,一般应当维持至案件裁判生效时止。

人民法院根据申请人的请求、追加担保等情况,可以裁定继续采取保全措施。申请人请求续行保全措施的,应当在期限届满前七日内提出。

第十五条 人民法院采取行为保全的方法和措施,依照执行程序相关规定处理。

4.《最高人民法院关于人民法院对注册商标权进行财产保全的解释》(法释〔2001〕1号,20010121;经法释〔2020〕19号修正,20210101)

第一条 人民法院根据民事诉讼法有关规定采取财产保全措施时,需要对注册商标权进行保全的,应当向国家知识产权局商标局(以下简称商标局)发出协助执行通知书,载明要求商标局协助保全的注册商标的名称、注册人、注册证号码、保全期限以及协助执行保全的内容,包括禁止转让、注销注册商标、变更注册事项和办理商标权质押登记等事项。

第二条 对注册商标权保全的期限一次不得超过一年,自商标局收到协助执行通知书之日起计算。如果仍然需要对该注册商标权继续采取保全措施的,人民法院应当在保全期限届满前向商标局重新发出协助执行通知书,要求继续保全。否则,视为自动解除对该注册商标权的财产保全。

第三条 人民法院对已经进行保全的注册商标权,不得重复进行保全。

5.《最高人民法院关于审理专利纠纷案件适用法律问题的若干规定》(法释〔2001〕21号,20010701;经法释〔2020〕19号修正,20210101)

第九条 人民法院对专利权进行财产保全,应当向国务院专利行政部门发出协助执行通知书,载明要求协助执行的事项,以及对专利权保全的期限,并附人民法院作出的裁定书。

对专利权保全的期限一次不得超过六个月，自国务院专利行政部门收到协助执行通知书之日起计算。如果仍然需要对该专利权继续采取保全措施的，人民法院应当在保全期限届满前向国务院专利行政部门另行送达继续保全的协助执行通知书。保全期限届满前未送达的，视为自动解除对该专利权的财产保全。

人民法院对出质的专利权可以采取财产保全措施，质权人的优先受偿权不受保全措施的影响；专利权人与被许可人已经签订的独占实施许可合同，不影响人民法院对该专利权进行财产保全。

人民法院对已经进行保全的专利权，不得重复进行保全。

6.《最高人民法院关于人民法院民事执行中查封、扣押、冻结财产的规定》（法释〔2004〕15号，20050101；经法释〔2020〕21号修正，20210101）

第二十九条 财产保全裁定和先予执行裁定的执行适用本规定。

7.《最高人民法院关于人民法院办理仲裁裁决执行案件若干问题的规定》（法释〔2018〕5号，20180301）

第七条 被执行人申请撤销仲裁裁决并已由人民法院受理的，或者被执行人、案外人对仲裁裁决执行案件提出不予执行申请并提供适当担保的，执行

法院应当裁定中止执行。中止执行期间，人民法院应当停止处分性措施，但申请执行人提供充分、有效的担保请求继续执行的除外；执行标的的查封、扣押、冻结期限届满前，人民法院可以根据当事人申请或者依职权办理续行查封、扣押、冻结手续。

申请撤销仲裁裁决、不予执行仲裁裁决案件司法审查期间，当事人、案外人申请对已查封、扣押、冻结之外的财产采取保全措施的，负责审查的人民法院参照民事诉讼法第一百条①的规定处理。司法审查后仍需继续执行的，保全措施自动转为执行中的查封、扣押、冻结措施；采取保全措施的人民法院与执行法院不一致的，应当将保全手续移送执行法院，保全裁定视为执行法院作出的裁定。

8.《最高人民法院关于扣押与拍卖船舶适用法律若干问题的规定》（法释〔2015〕6号，20150301）

第一条 海事请求人申请对船舶采取限制处分或者抵押等保全措施的，海事法院可以依照民事诉讼法的有关规定，裁定准许并通知船舶登记机关协助执行。

前款规定的保全措施不影响其他海事请求人申请扣押船舶。

第八条 船舶扣押后，海事请求人

_____

① 对应2023年《民事诉讼法》第103条。——编者注

依据海事诉讼特别程序法第十九条的规定,向其他有管辖权的海事法院提起诉讼的,可以由扣押船舶的海事法院继续实施保全措施。

第十五条 船舶经海事法院拍卖、变卖后,对该船舶已采取的其他保全措施效力消灭。

9.《最高人民法院关于适用〈中华人民共和国海事诉讼特别程序法〉若干问题的解释》(法释〔2003〕3 号,20030201)

第二十八条 船舶被扣押期间产生的各项维持费用和支出,应当作为为债权人共同利益支出的费用,从拍卖船舶的价款中优先拨付。

第二十九条 海事法院根据海事诉讼特别程序法第二十七条的规定准许已经实施保全的船舶继续营运的,一般仅限于航行于国内航线上的船舶完成本航次。

第三十条 申请扣押船舶的海事请求人在提起诉讼或者申请仲裁后,不申请拍卖被扣押船舶的,海事法院可以根据被申请人的申请拍卖船舶。拍卖所得价款由海事法院提存。

第三十一条 海事法院裁定拍卖船舶,应当通过报纸或者其他新闻媒体连续公告三日。

第三十二条 利害关系人请求终止拍卖被扣押船舶的,是否准许,海事法院应当作出裁定;海事法院裁定终止拍卖船舶的,为准备拍卖船舶所发生的费用由利害关系人承担。

第三十三条 拍卖船舶申请人或者利害关系人申请终止拍卖船舶的,应当在公告确定的拍卖船舶日期届满七日前提出。

第三十四条 海事请求人和被请求人应当按照海事法院的要求提供海事诉讼特别程序法第三十三条规定的已知的船舶优先权人、抵押权人和船舶所有人的有关确切情况。

第三十五条 海事诉讼特别程序法第三十八条规定的船舶现状指船舶展示时的状况。船舶交接时的状况与船舶展示时的状况经评估确有明显差别的,船舶价款应当作适当的扣减,但属于正常损耗或者消耗的燃油不在此限。

第三十六条 海事请求人申请扣押船载货物的价值应当与其请求的债权数额相当,但船载货物为不可分割的财产除外。

第三十七条 拍卖的船舶移交后,海事法院应当及时通知相关的船舶登记机关。

第三十八条 海事请求人申请扣押船用燃油、物料的,除适用海事诉讼特别程序法第五十条的规定外,还可以适用海事诉讼特别程序法第三章第一节的规定。

第三十九条 二十总吨以下小型船艇的扣押和拍卖,可以依照民事诉讼法规定的扣押和拍卖程序进行。

第四十条 申请人依据《中华人民共和国商法》第八十八条规定申请拍

卖留置的货物的,参照海事诉讼特别程序法关于拍卖船载货物的规定执行。

【司法文件】

1.《最高人民法院办公厅关于在财产保全和执行工作中对危险标的物加强安全监管的紧急通知》(法办〔2019〕259号,20190802)

一、在财产保全和执行程序中,如有其他更适宜的财产可以保全或执行,人民法院一般不对危险物品、重大危险源等标的物采取保全或执行措施。

危险物品,是指易燃易爆物品、危险化学品、放射性物品等能够危及人身安全和财产安全的物品。

重大危险源,是指长期地或者临时地生产、搬运、使用或者储存危险物品,且危险物品的数量等于或者超过临界量的单元(包括场所和设施)。

二、人民法院对疑似危险物品、重大危险源的保全或执行标的物,应当进行现场调查,并向安全生产监督管理部门、生产经营单位等有关单位了解情况,明确相关标的物的危险性及其他性质特点。

三、人民法院确需对危险物品、重大危险源采取财产保全或者执行措施的,应当向上一级人民法院备案。

四、人民法院在财产保全或者执行程序中查封、扣押、处置危险物品、重大危险源等标的物时,应当邀请安全生产监督管理部门有关人员到场,通知生产经营单位有关负责人到场,并制作笔录。笔录应当载明下列内容:

(一)执行措施开始及完成时间;

(二)危险物品、重大危险源的名称、性质、数量、位置;

(三)危险物品、重大危险源的占有、使用、保管情况;

(四)执行措施的法律后果;

(五)其他应当记录的事项。

执行人员、保管人以及到场人员应当在笔录上签名。

五、人民法院对危险物品、重大危险源采取查封、扣押措施后,一般应指定生产经营单位负责保管,并责令其依法履行安全风险管理职责,建立专门的安全管理制度,采取可靠的安全措施,接受有关主管部门依法实施的监督管理。

六、人民法院对危险物品、重大危险源采取财产保全或者执行措施的,应当根据《中华人民共和国安全生产法》等法律规定,加强与安全生产监督管理部门协调,将危险物品、重大危险源及有关安全措施、应急措施报安全生产监督管理部门和有关部门备案。

七、人民法院在查封、扣押、处置危险物品、重大危险源的过程中,对依法应当由有关主管部门审批的,应当在有关主管部门依照有关法律、法规的规定和国家标准或者行业标准审批后采取保全或执行措施。

八、查封、扣押危险物品、重大危险源后,应当在执行程序中依照法定期限要求及时处置财产。确有合理理由的，可以不受法定期限的限制，但应当说明理由，并报执行局长或者相关负责人审批。

2.《最高人民法院关于对工业企业结构调整专项奖补资金不宜采取财产保全措施和执行措施的通知》（法〔2017〕220号，20170719）

根据《国务院关于钢铁行业化解过剩产能实现脱困发展的意见》（国发〔2016〕6号）、《国务院关于煤炭行业化解过剩产能实现脱困发展的意见》（国发〔2016〕号）、《财政部工业企业结构调整专项奖补资金管理办法》（财建〔2016〕253号）的规定，工业企业结构调整专项奖补资金系中央财政为支持地方政府和中央企业推动钢铁、煤炭等行业化解过剩产能工作而设立的专项资金。该资金专项用于相关国有企业职工以及符合条件的非国有企业职工的分流安置工作，目的在于去除钢铁、煤炭等行业的过剩产能，推进供给侧结构性改革。因此，除为实现企业职工权利，审理、执行因企业职工分流安置工作形成的纠纷外，人民法院在审理、执行涉及有关国有和非国有钢铁、煤炭企业的其他纠纷时，不宜对工业企业结构调整专项奖补资金采取保全和执行措施。

各高级人民法院收到本通知后，要立即组织辖区人民法院对正在审理、执行中的案件进行自查，发现相关工业企业结构调整专项奖补资金已被冻结，或者已经划拨但未发放的，除为实现企业职工权利，审理、执行因企业职工分流安置工作形成的纠纷外，应立即解除冻结措施，退还相关款项。

各级人民法院应结合账户性质、资金来源、发放程序、审批手续等因素准确判断资金性质，同时保障各方当事人的权利，既要避免因普通经济纠纷冻结、扣划工业企业结构调整专项奖补资金，也要防止债务人恶意借奖补资金之名逃避债务。

3.《最高人民法院关于对注册商标专用权进行财产保全和执行等问题的复函》（〔2001〕民三函字第3号，20020109）

根据民事诉讼法和我院有关司法解释的规定，你局在同一天内接到两份以上对同一注册商标进行保全的协助执行通知书时，应当按照收到文书的先后顺序，协助执行在先收到的协助执行通知书；同时收到文书无法确认先后顺序时，可以告知有关法院按照《最高人民法院关于人民法院执行工作若干问题的规定（试行）》第125条①关于"两个或两个以上人民法院在执行相关案件中发生争议的，应当协商解决。协商不成，逐级报请上级法院，直至报请共同的上级法院协调处理"的规定进行协商以及报请协调处理。在有关法院

———————
① 对应2020年《执行工作规定》第67条。——编者注

协商以及报请协调处理期间,你局可以暂不办理协助执行事宜。

二、关于你局在依据法院的生效判决办理权利人变更手续过程中,另一法院要求协助保全注册商标的协助执行问题

《最高人民法院关于人民法院执行工作若干问题的规定(试行)》第88条①第一款规定,各债权人对执行标的物均无担保物权的,按照执行法院采取执行措施的先后顺序受偿。根据这一规定,对于某一法院依据已经发生法律效力的裁判文书要求你局协助办理注册商标专用权权利人变更等手续后,另一法院对同一注册商标以保全原商标专用权人财产的名义再行保全,又无权利质押情形的,同意你局来函中提出的处理意见,即协助执行在先采取执行措施法院的裁判文书,并将协助执行的情况告知在后采取保全措施的法院。

三、关于法院已经保全注册商标后,另一法院宣告其注册人进入破产程序并要求你局再行协助保全该注册商标的问题

根据《中华人民共和国企业破产法(试行)》第11条②的规定,人民法院受理破产案件后,对债务人财产的其他民事执行程序必须中止。人民法院应当按照这一规定办理相关案件。在具体处理问题上,你局可以告知审理破产案件的法院有关注册商标已被保全的情况,由该法院通知在先采取保全措施的法院自行解除保全措施。你局收到有

关解除财产保全措施的通知后,应立即协助执行审理破产案件法院的裁定。你局也可以告知在先采取保全措施的法院有关商标注册人进入破产程序的情况,由其自行决定解除保全措施。

四、关于法院裁决将注册商标作为标的的执行时应否适用商标法实施细则第二十一条规定的问题

根据商标法实施细则第二十一条的规定,转让注册商标的,商标注册人对其在同一种或者类似商品上注册的相同或者近似的商标,必须一并办理。法院在执行注册商标专用权的过程中,应当根据上述规定的原则,对注册商标及相同或者类似商品上相同和近似的商标一并进行评估、拍卖、变卖等,并在采取执行措施时,裁定将相同或近似注册商标一并予以执行。商标局在接到法院有关部门转让注册商标的裁定时,如发现无上述内容,可以告知执行法院,由执行法院补充裁定后再协助执行。

来函中所涉及的具体案件,可按照上述意见处理。

第一百零七条 【保全解除】 财产纠纷案件,被申请人提供担保的,人民法院应当裁定解除保全。

---

① 对应 2020 年《执行工作规定》第 55 条。——编者注
② 对应 2006 年《企业破产法》第 19 条。——编者注

【立法·要点注释】

根据本条规定,只有财产纠纷案件,人民法院才可以根据被申请人提供的担保裁定解除保全。保全包括财产保全和行为保全,并不是所有的保全都可以因为被申请人提供了担保而裁定解除。所谓财产纠纷案件,主要是指原告提出的诉讼请求涉及财产归属、要求被告承担金钱或者可以金钱计算的给付义务的案件,包括涉及财产归属的确认之诉、给付内容为金钱或者物的给付之诉案件。这里规定的财产纠纷案件并不完全等同于财产保全案件,一部分行为保全案件也涉及财产纠纷,如侵犯知识产权中的财产权案件、普通的侵权案件等,也属于本条的适用范围。

【相关立法】

1.《中华人民共和国企业破产法》（20070601）

第十九条　人民法院受理破产申请后,有关债务人财产的保全措施应当解除,执行程序应当中止。

2.《中华人民共和国海事诉讼特别程序法》（20000701）

第十七条　海事法院接受申请后,应当在四十八小时内作出裁定。裁定采取海事请求保全措施的,应当立即执行;对不符合海事请求保全条件的,裁定驳回其申请。

当事人对裁定不服的,可以在收到裁定书之日起五日内申请复议一次。海事法院应当在收到复议申请之日起五日内作出复议决定。复议期间不停止裁定的执行。

利害关系人对海事请求保全提出异议,海事法院经审查,认为理由成立的,应当解除对其财产的保全。

第十八条　被请求人提供担保,或者当事人有正当理由申请解除海事请求保全的,海事法院应当及时解除保全。

海事请求人在本法规定的期间内,未提起诉讼或者未按照仲裁协议申请仲裁的,海事法院应当及时解除保全或者返还担保。

【司法解释】

1.《最高人民法院关于适用〈中华人民共和国民事诉讼法〉的解释》（法释〔2015〕5 号,20150204;经法释〔2022〕11 号修正,20220410）

第一百六十五条　人民法院裁定采取保全措施后,除作出保全裁定的人民法院自行解除或者其上级人民法院决定解除外,在保全期限内,任何单位不得解除保全措施。

【重点解读】关于原作出诉中保全裁定的人民法院移送管辖后,受移送人民法院是否有权解除保全裁定的问题。原作出诉中保全裁定的人民法院移送管辖,其实质是对案件进行移送。财产保全属于当事人诉讼活动的一部分,是处理案件实体争议的附属部分,受移送人民法院在实际取得审理案件争议权后,也应一并取得与诉讼有关的附随权力。也就是说,受移送人民法院依法取得对原保全裁定予以变更或解除的权力。

第一百六十六条 裁定采取保全措施后,有下列情形之一的,人民法院应当作出解除保全裁定:

(一)保全错误的;

(二)申请人撤回保全申请的;

(三)申请人的起诉或者诉讼请求被生效裁判驳回的;

(四)人民法院认为应当解除保全的其他情形。

解除以登记方式实施的保全措施的,应当向登记机关发出协助执行通知书。

【重点解读】人民法院认为应当解除保全的其他情形。该项规定是兜底条款,也是人民法院依职权解除保全的弹性条款。实践中应当解除保全的其他情形主要包括:第一,申请人没有在法定期限内向法院起诉或申请仲裁。由于采取保全措施限制了财产的流转,若利害关系人申请保全后不在一定期限内起诉或申请仲裁,双方的法律关系仍处于不稳定状态,无法通过法院或仲裁机构的裁决明确其权利义务,从而无法达到保全的目的,因此,利害关系人申请保全后未在法定期限内提起诉讼或者申请仲裁,而继续采取保全措施的,人民法院应当依职权解除保全。第

二,申请人在诉讼过程中已申请撤诉并经人民法院裁定准许。此时,由于当事人之间的诉讼基于裁定准许撤诉已不存在,继续采取保全措施的目的也已不存在。第三,对案外人善意取得的与案件有关的财产,一般也不得采取保全措施,采取了保全措施的,应当解除。因为保全应当限于与本案有关的财物,即当事人争议的财产,或被告的应承担实体责任的财产。为维护交易的稳定和安全,保护善意第三人的利益,第三人善意取得了与案件有关的财产后,即成为该财产的合法所有权人,如果不解除对案外人(第三人)财产的保全,将损害案外人(第三人)的利益。第四,双方当事人同意和解的。在诉讼过程中,当事人有权在法律规定的范围内处分自己的民事权利和诉讼权利,双方当事人同意和解的,人民法院应当及时作出裁定解除保全措施。第五,人民法院确认被申请人申请复议意见成立,而作出新裁定,撤销原保全裁定的。

第一百六十七条 财产保全的被保全人提供其他等值担保财产且有利于执行的,人民法院可以裁定变更保全标的物为被保全人提供的担保财产。

【重点解读】被保全人或其他担保人提供担保财产的价值与法院已保全财产的价值等值,并且提供担保的财产易于执行,或者执行的成本要比处理先前保全财产的成本低,上述两个条件应当同时具备才能变更保全标的物。

人民法院根据实际情况决定是否

变更保全标的物为被保全人提供的担保财产时,可以裁定变更,并非必须裁定变更,要以是否便捷、有利于实现债权人利益为要件。

第一百六十八条 保全裁定未经人民法院依法撤销或者解除,进入执行程序后,自动转为执行中的查封、扣押、冻结措施,期限连续计算,执行法院无需重新制作裁定书,但查封、扣押、冻结期限届满的除外。

【重点解读】法院在裁定书中应写明保全措施的期限,并说明保全裁定在超过保全期限后就失去法律效力,以提示申请人到时是否申请续行保全。人民法院冻结被执行人的银行存款的期限不得超过1年,查封、扣押动产的期限不得超过2年,查封不动产、冻结其他财产权的期限不得超过3年。申请执行人申请延长期限的,人民法院应当在查封、扣押、冻结期限届满前办理续行查封、扣押、冻结手续,续行期限不得超过前款规定的期限。

2.《最高人民法院关于人民法院办理财产保全案件若干问题的规定》(法释〔2016〕22号,20161201;经法释〔2020〕21号修正,20210101)

第二十二条 财产纠纷案件,被保全人或第三人提供充分有效担保请求解除保全,人民法院应当裁定准许。被保全人请求对作为争议标的的财产解除保全的,须经申请保全人同意。

第二十三条 人民法院采取财产保全措施后,有下列情形之一的,申请保全人应当及时申请解除保全:

(一)采取诉前财产保全措施后三十日内不依法提起诉讼或者申请仲裁的;

(二)仲裁机构不予受理仲裁申请、准许撤回仲裁申请或者按撤回仲裁申请处理的;

(三)仲裁申请或者请求被仲裁裁决驳回的;

(四)其他人民法院对起诉不予受理、准许撤诉或者按撤诉处理的;

(五)起诉或者诉讼请求被其他人民法院生效裁判驳回的;

(六)申请保全人应当申请解除保全的其他情形。

人民法院收到解除保全申请后,应当在五日内裁定解除保全;对情况紧急的,必须在四十八小时内裁定解除保全。

申请保全人未及时申请人民法院解除保全,应当赔偿被保全人因财产保全所遭受的损失。

被保全人申请解除保全,人民法院经审查认为符合法律规定的,应当在本条第二款规定的期间内裁定解除保全。

3.《最高人民法院关于生态环境侵权案件适用禁止令保全措施的若干规定》(法释〔2021〕22号,20220101)

第十一条 申请人在人民法院作出诉前禁止令后三十日内不依法提起诉讼的,人民法院应当在三十日届满后五日内裁定解除禁止令。

禁止令效力期间内，申请人、被申请人或者利害关系人以据以作出裁定的事由发生变化为由，申请解除禁止令的，人民法院应当在收到申请后五日内裁定是否解除。

4.《最高人民法院关于审查知识产权纠纷行为保全案件适用法律若干问题的规定》（法释〔2018〕21号，20190101）

第十二条 人民法院采取的行为保全措施，一般不因被申请人提供担保而解除，但是申请人同意的除外。

第十七条 当事人申请解除行为保全措施，人民法院收到申请后经审查符合《最高人民法院关于适用〈中华人民共和国民事诉讼法〉的解释》第一百六十六条规定的情形的，应当在五日内裁定解除。

申请人撤回行为保全申请或者申请解除行为保全措施的，不因此免除民事诉讼法第一百零五条①规定的赔偿责任。

5.《最高人民法院关于适用〈中华人民共和国企业破产法〉若干问题的规定（二）》（法释〔2013〕22号，20130916；经法释〔2020〕18号修正，20210101）

第七条 对债务人财产已采取保全措施的相关单位，在知悉人民法院已裁定受理有关债务人的破产申请后，应当依照企业破产法第十九条的规定及时解除对债务人财产的保全措施。

第八条 人民法院受理破产申请后至破产宣告前裁定驳回破产申请，或者依据企业破产法第一百零八条的规定裁定终结破产程序的，应当及时通知原已采取保全措施并已依法解除保全措施的单位按照原保全顺位恢复相关保全措施。

在已依法解除保全的单位恢复保全措施或者表示不再恢复之前，受理破产申请的人民法院不得解除对债务人财产的保全措施。

6.《最高人民法院关于审理船舶油污损害赔偿纠纷案件若干问题的规定》（法释〔2011〕14号，20110701；经法释〔2020〕18号修正，20210101）

第二十三条 对油轮装载持久性油类造成的油污损害，利害关系人没有在异议期内对船舶所有人主张限制赔偿责任提出异议，油污损害赔偿责任限制基金设立后，海事法院应当解除对船舶所有人的财产采取的保全措施或者发还为解除保全措施而提供的担保。

第二十四条 对油轮装载持久性油类造成的油污损害，利害关系人在异议期内对船舶所有人主张限制赔偿责任提出异议的，人民法院在认定船舶所有人有权限制赔偿责任的裁决生效后，应当解除对船舶所有人的财产采取的保全措施或者发还为解除保全措施而提供的担保。

---

① 对应2023年《民事诉讼法》第108条。——编者注

7.《最高人民法院关于适用〈中华人民共和国海事诉讼特别程序法〉若干问题的解释》(法释〔2003〕3号,20030201)

第二十五条　海事请求保全扣押船舶超过三十日、扣押货物或者其他财产超过十五日,海事请求人未提起诉讼或者未按照仲裁协议申请仲裁的,海事法院应当及时解除保全或者返还担保。

海事请求人未在期限内提起诉讼或者申请仲裁,但海事请求人和被请求人协议进行和解或者协议约定了担保期限的,海事法院可以根据海事请求人的申请,裁定认可该协议。

第二十六条　申请人为申请扣押船舶提供限额担保,在扣押船舶期限届满时,未按照海事法院的通知追加担保的,海事法院可以解除扣押。

第一百零八条　【保全错误赔偿】申请有错误的,申请人应当赔偿被申请人因保全所遭受的损失。

【立法·要点注释】

被申请人根据本条要求申请人赔偿损失的,应当同时满足以下条件:(1)保全错误并被人民法院裁定撤销,但由于达成和解而由申请人向法院申请撤销保全措施的除外;(2)被申请人的损害与申请人的错误申请之间存在因果关系;(3)在诉讼时效期间内主张权利。因诉讼保全导致被申请人受到损害的,被申请人可以向审理本案的人民法院起诉,由该法院将该案合并审理;申请人错误申请诉前保全的,根据《民事诉讼法解释》第27条规定,当事人申请诉前保全后没有在法定期间起诉或者申请仲裁,给申请人、利害关系人造成损失引起的诉讼,由采取保全措施的人民法院管辖。

【相关立法】

《中华人民共和国海事诉讼特别程序法》(20000701)

第二十条　海事请求人申请海事请求保全错误的,应当赔偿被请求人或者利害关系人因此所遭受的损失。

第六十条　海事请求人申请海事强制令错误的,应当赔偿被请求人或者利害关系人因此所遭受的损失。

【司法解释】

1.《最高人民法院关于因申请诉中财产保全损害责任纠纷管辖问题的批复》(法释〔2017〕14号,20170810)

为便于当事人诉讼,诉讼中财产保全的被申请人、利害关系人依照《中华人民共和国民事诉讼法》第一百零五条①规定提起的因申请诉中财产保全损害责任纠纷之诉,由作出诉中财产保

———————
①　对应2023年《民事诉讼法》第108条。——编者注

全裁定的人民法院管辖。

2.《最高人民法院关于当事人申请财产保全错误造成案外人损失应否承担赔偿责任问题的解释》（法释〔2005〕11号，20050824）

根据《中华人民共和国民法通则》第一百零六条①、《中华人民共和国民事诉讼法》第九十六条②等法律规定，当事人申请财产保全错误造成案外人损失的，应当依法承担赔偿责任。

3.《最高人民法院关于审查知识产权纠纷行为保全案件适用法律若干问题的规定》（法释〔2018〕21号，20190101）

第十六条 有下列情形之一的，应当认定属于民事诉讼法第一百零五条③规定的"申请有错误"：

（一）申请人在采取行为保全措施后三十日内不依法提起诉讼或者申请仲裁；

（二）行为保全措施因请求保护的知识产权被宣告无效等原因自始不当；

（三）申请责令被申请人停止侵害知识产权或者不正当竞争，但生效裁判认定不构成侵权或者不正当竞争；

（四）其他属于申请有错误的情形。

第十八条 被申请人依据民事诉讼法第一百零五条规定提起赔偿诉讼，申请人申请诉前行为保全后没有起诉或者当事人约定仲裁的，由采取保全措施的人民法院管辖；申请人已经起诉

的，由受理起诉的人民法院管辖。

4.《最高人民法院关于审理票据纠纷案件若干问题的规定》（法释〔2000〕32号，20001121；经法释〔2020〕18号修正，20210101）

第七十一条 当事人因申请票据保全错误而给他人造成损失的，应当依法承担民事责任。

5.《最高人民法院关于人民法院办理执行异议和复议案件若干问题的规定》（法释〔2015〕10号，20150505；经法释〔2020〕21号修正，20210101）

第七条 当事人、利害关系人认为执行过程中或者执行保全、先予执行裁定过程中的下列行为违法提出异议的，人民法院应当依照民事诉讼法第二百二十五条④规定进行审查：

（一）查封、扣押、冻结、拍卖、变卖、以物抵债、暂缓执行、中止执行、终结执行等执行措施；

（二）执行的期间、顺序等应当遵守的法定程序；

（三）人民法院作出的侵害当事

---

① 对应《民法典》第176条。——编者注

② 对应2023年《民事诉讼法》第108条。——编者注

③ 对应2023年《民事诉讼法》第108条。——编者注

④ 对应2023年《民事诉讼法》第236条。——编者注

人、利害关系人合法权益的其他行为。

被执行人以债权消灭、丧失强制执行效力等执行依据生效之后的实体事由提出排除执行异议的，人民法院应当参照民事诉讼法第二百二十五条规定进行审查。

除本规定第十九条规定的情形外，被执行人以执行依据生效之前的实体事由提出排除执行异议的，人民法院应当告知其依法申请再审或者通过其他程序解决。

6.《最高人民法院关于适用〈中华人民共和国海事诉讼特别程序法〉若干问题的解释》(法释〔2003〕3 号，20030201)

第二十三条　被请求人或者利害关系人依据海事诉讼特别程序法第二十条的规定要求海事请求人赔偿损失，向采取海事请求保全措施的海事法院提起诉讼的，海事法院应当受理。

第二十四条　申请扣押船舶错误造成的损失，包括因船舶被扣押在停泊期间产生的各项维持费用与支出、船舶被扣押造成的船期损失和被申请人为使船舶解除扣押而提供担保所支出的费用。

第四十六条　被请求人依据海事诉讼特别程序法第六十条的规定要求海事请求人赔偿损失的，由发布海事强制令的海事法院受理。

【最高法公报案例】

1. 如何理解当事人申请保全所应尽到的注意义务[宜兴市建工建筑安装有限责任公司与张某、张某山申请诉中财产保全损害赔偿责任纠纷案(2018-9)]

由于当事人的法律知识、对案件事实的举证证明能力、对法律关系的分析判断能力各不相同，通常达不到司法裁判所要求的专业水平，因此当事人对诉争事实和权利义务的判断未必与人民法院的裁判结果一致。对当事人申请保全所应尽到的注意义务的要求不应过于苛责。如果仅以保全申请人的诉讼请求是否得到支持作为申请保全是否错误的依据，必然会对善意当事人依法通过诉讼保全程序维护自己权利造成妨碍，影响诉讼保全制度功能的发挥。而且侵权行为以过错责任为原则，无过错责任必须要有法律依据，无过错责任中并不包含申请保全错误损害赔偿责任。因此，申请保全错误，须以申请人主观存在过错为要件，不能仅以申请人的诉讼请求未得到支持为充分条件。

2. 法院生效判决支持的诉讼请求额少于保全财产数额是否应认定保全存在错误[李某辉诉柴某生财产损害赔偿纠纷案(2014-3)]

向人民法院申请采取保全措施是当事人的诉讼权利，但申请有错误的，申请人应当赔偿被申请人因保全所遭受的损失。如何判断当事人的申请是否错误,《民事诉讼法》对此并没有作出规定。判断申请人的申请是否存在错误,应当结合具体案情,通过审查申请人是否存在通过保全损害被申请人合法权益的过错、保全的对象是否属于权属有争议的标的物、被申请人是否存在损失、是否为了保证判决的执行等因素予以考虑,不宜简单地以判决支持的请求额与保全财产数额的差异判断申请人是否有错误。

【法院参考案例】

1. 申请保全错误造成财产损失,赔偿应适用何种归责原则[顺泽公司与宁潇公司、人保汉中分公司申请财产保全损害责任纠纷案,最高人民法院(2021)最高法民申 2326 号]

申请保全错误造成财产损失属于一般侵权行为,应适用过错责任原则。原告应证明保全申请人进行财产保全存在故意或违反合理注意义务,不能仅依据保全申请人的诉讼请求未获得法院支持断定申请保全存在过错。

2. 如何判断申请人申请财产保全是否存在过错[双兴海阳分公司、双兴公司与张某珍、鸿辉公司、智慧云公司申请诉中财产保全损害责任纠纷案,最高人民法院(2021)最高法民申 1056 号]

判断申请人申请财产保全是否存在过错,要根据其诉讼请求及所依据的事实和理由考察其提起的诉讼是否合理,或者结合申请保全的标的额、对象及方式等考察其申请财产保全是否适当。

3. 是否应以裁判结果来认定保全申请是否存在过错[鹏筑公司与华两公司、平安保险四川分公司因申请诉前财产保全损害责任纠纷案,最高人民法院(2021)最高法民申 4799 号]

财产保全制度的目的在于保障将来生效判决的执行,故申请人在提出财产保全申请时,仅需尽到合理的注意义务即可。由于当事人对诉争事实和权利义务的判断未必与人民法院的裁判结果一致,如果仅以裁判结果来认定保全申请是否存在过错,则对申请人的诉讼能力和预判能力要求过高。因错误申请保全的损害赔偿责任以过错责任为归责原则。判断申请人是否存在过错的标准为申请人对出现财产保全的错误是否存在故意或重大过失。

4. 申请财产保全的金额明显超过合理范围,应否认定申请人存在过错[安悦汽车物资有限公司与江苏沙钢集团有限公司因申请诉中财产保全损害责任纠纷案,最高人民法院(2021)最高法民终 4392 号]

申请诉中财产保全的金额应合理参考实际损失金额,而不应简单地以合同项下的货款金额加上此前未结算的剩余货款，作为申请财产保全金额的计算依据。对不存在的损失部分进行财产保全，有违保全制度的初衷。申请财产保全的金额明显超过合理范围，应当认定申请人存在过错，属于申请保全错误的情形，申请人就此应承担损害赔偿责任。

5. 财产保全申请人承担损害赔偿责任有何要件[立通公司与秦某江申请诉中财产保全损害责任纠纷案，最高人民法院(2021)最高法民终 503 号]

因财产保全损害责任的法律关系性质上属侵权民事责任，故认定财产保全申请人是否应当承担损害赔偿责任，依法应从以下四个方面进行判断：一是申请人申请财产保全有错误；二是确有实际损失的存在；三是损失的出现与财产保全错误申请有因果关系；四是申请人对错误财产保全具有过错。

6. 申请财产保全和行为保全错误造成被申请人损失的，申请人应当承担赔偿责任[江苏某进出口贸易有限公司、某地毯有限公司诉许某因申请知识产权临时措施损害责任纠纷案，江苏省高级人民法院(2003)苏民三终字第0071 号，入库编号：2023-09-2-170-001]

专利权人的专利权最终被宣告无效，专利权人提出财产保全和停止侵犯专利权申请给被申请人造成损失的，属于《民事诉讼法》及相关司法解释规定的"申请有错误"，被申请人据此请求申请人依法予以赔偿的，人民法院应予支持。

7. 判断申请保全人是否有过错不能仅以其诉讼请求能否得到人民法院生效判决支持为判断依据[某石化工贸有限公司诉新疆某(集团)有限责任公司申请财产保全损害责任纠纷案，最高人民法院(2020)最高法民终 590 号，入库编号：2024-16-2-392-001]

判断申请保全人是否具有过错，应当根据申请保全人在申请保全时是否尽到必要的合理的注意义务。财产保全侵权应当以过错为责任要件，即申请人仅在有过错的情况下才承担赔偿责任。申请保全人保全权利的行使不能仅以其诉讼请求能否得到人民法院生效判决支持为判断依据。

8. 诉讼保全责任险作为财产保全担保方式时保险人对保全申请人担保追偿权的司法认定[某财产保险股份有限公司无锡分公司诉常某某追偿权纠纷案，江苏省无锡市中级人民法院(2021)苏 02 民终 5952 号，入库编号：2024-08-2-143-001]

诉讼财产保全责任险作为财产保全担保方式时，保险人与保全申请人、保全被申请人之间存在保险和保证双重法律关系。在保险人依据其与保全被申请人之间的保证合同关系向保全被申请人履行保证责任之后，保险人享有对保全申请人的担保追偿权。如果保全申请人在诉讼保全责任险中的保险金给付请求权成立，则保全申请人对保险人的保险金给付请求权与保险人对保全申请人的担保追偿权构成抵销，保险人无权主张担保追偿权。

保险人担保追偿权成立的前提是保险金给付请求权不能成立。保险人不承担保险责任是保险人解除保险合同的法律后果，保险人不具有合同解除权或者没有解除保险合同的，不得以投保人违反如实告知义务为由拒绝赔偿，在此情况下，保全申请人的保险金给付请求权成立，某保险公司应当按照保险合同的约定向保全申请人履行给付保险金的义务。对保险人而言，若认为保全申请人存在未履行如实告知义务等情形，应及时行使合同解除权，以此免除其在诉讼保全责任险中的保险金给付义务，进而确定一旦承担诉讼保全赔偿责任，保险人对保全申请人的追偿权得以成立。

9. 申请保全系为了确保仲裁利益得到实现且保全行为适当的，不属于保全申请有错误[三亚某开发有限公司诉海南某房地产投资顾问有限公司申请财产保全损害责任纠纷案，海南省高级人民法院（2022）琼民再27号，入库编号：2023-16-2-392-002]

保全申请有错误的，申请人应当赔偿被申请人因保全所遭受的损失。申请人申请保全的目的系确保仲裁利益

得到实现且保全行为适当的，不属于保全申请有错误。被申请人未举证证明申请人申请保全错误并造成其损失的，应承担举证不能的后果。

10. 侵害专利权纠纷诉讼中申请财产保全有无错误的判断[宁波某工具有限公司诉浙江某新能源动力科技股份有限公司因申请财产保全损害责任纠纷案，最高人民法院（2020）最高法知民终521号，入库编号：2023-13-2-392-001]

《民事诉讼法》规定，保全申请有错误的，申请人应当赔偿被申请人因保全所遭受的损失。根据民事诉讼的性质特点与基本原则，是否错误的判断要素大体指向恰当的市场主体审慎、基本的商业伦理道德，以及公平的市场竞争秩序。在侵害专利权纠纷案件中，因专利权效力稳定性和权利边界清晰性弱于普通物权、技术事实查明较为复杂、侵权判断专业性较强等特点，对申请财产保全有无错误的判断应注意此类纠纷区别于一般民事侵权纠纷的特殊性，需结合案件具体事实予以分析。具体到实用新型专利侵权纠纷中的财产保全申请，需着重考察专利权效力稳定性，以审查申请行为是否符合审慎原则，进而判定申请有无错误。

第一百零九条 【先予执行适用范围】 人民法院对下列案件，根据当事人的申请，可以裁定先予

执行：

（一）追索赡养费、扶养费、抚养费、抚恤金、医疗费用的；

（二）追索劳动报酬的；

（三）因情况紧急需要先予执行的。

【立法·要点注释】

1. 先予执行，是指人民法院在审理民事案件中，因当事人一方生活或生产的急需，在作出判决之前，根据当事人的申请，裁定一方当事人给付另一方当事人一定数额的款项或者特定物，或者停止实施某些行为，并立即执行的法律制度。

2. 追索赡养费、扶养费、抚养费的案件，通常情形下的支付对象是老人、妇女、儿童等弱势群体，追索的赡养费、扶养费、抚养费一般是他们的基本生活保障。追索抚恤金的案件，一般是指军人、国家机关工作人员以及其他人员因公牺牲或伤残的，依法应当对牺牲者的家属或者伤残者本人发给抚恤金而未发的案件。追索医疗费用的案件，不能一概而论，只有遇到不先予执行会使正在进行的医疗措施难以继续，严重影响申请人生命、健康的情况时，才能先予执行。如果医疗救治虽正在进行，但是申请人有能力支付费用的，也就无须予先执行。

【相关立法】

1.《中华人民共和国老年人权益保障法》（19961001；20181229）

第七十五条　老年人与家庭成员因赡养、扶养或者住房、财产等发生纠纷，可以申请人民调解委员会或者其他有关组织进行调解，也可以直接向人民法院提起诉讼。

人民调解委员会或者其他有关组织调解前款纠纷时，应当通过说服、疏导等方式化解矛盾和纠纷；对有过错的家庭成员，应当给予批评教育。

人民法院对老年人追索赡养费或者扶养费的申请，可以依法裁定先予执行。

2.《中华人民共和国海事诉讼特别程序法》（20000701）

第七十九条　设立海事赔偿责任限制基金和先予执行等程序所涉及的担保，可以参照本章规定。

【司法解释】

1.《最高人民法院关于适用〈中华人民共和国民事诉讼法〉的解释》（法释〔2015〕5号，20150204；经法释〔2022〕11号修正，20220410）

第一百六十九条　民事诉讼法规定的先予执行，人民法院应当在受理案件后终审判决作出前采取。先予执行应当限于当事人诉讼请求的范围,并以当事人的生活、生产经营的急需为限。

第一百七十条 民事诉讼法第一百零九条第三项规定的情况紧急,包括:

(一)需要立即停止侵害、排除妨碍的;

(二)需要立即制止某项行为的;

(三)追索恢复生产、经营急需的保险理赔费的;

(四)需要立即返还社会保险金、社会救助资金的;

(五)不立即返还款项,将严重影响权利人生活和生产经营的。

【重点解读】社会救助是最古老最基本的社会保障方式,体现了浓厚的人道主义思想,是社会保障的最后一道防护线和安全网。社会救助是国家和其他社会主体对于遭受灾害、失去劳动能力或者其他低收入公民给予物质帮助或精神救助,以维持其基本生活需求,保障其最低生活水平的各种措施。社会救助资金要与执行救助金相区别。执行救助金,是指人民法院受理的执行案件因穷尽执行手段,被执行人仍无履行法定义务的能力,导致案件无法执行,对生活确有困难、迫切需要救助的当事人进行必要救助而设立的专用资金。执行救助金是为了解决执行程序中的问题,不宜与先予执行的相关资金相混淆。

2.《最高人民法院关于审理涉船员纠纷案件若干问题的规定》(法释〔2020〕11号,20200929)

第五条 与船员登船、在船工作、离船遣返无关的劳动争议提交劳动争议仲裁委员会仲裁,仲裁庭根据船员的申请,就船员工资和其他劳动报酬、工伤医疗费、经济补偿或赔偿金裁决先予执行的,移送地方人民法院审查。

船员申请扣押船舶的,仲裁庭应将扣押船舶申请提交船籍港所在地或者船舶所在地的海事法院审查,或交地方人民法院委托船籍港所在地或者船舶所在地的海事法院审查。

【最高法指导性案例】

指导案例209号:浙江省遂昌县人民检察院诉叶继成生态破坏民事公益诉讼案(20221230)

【裁判要点】

生态恢复性司法的核心理念为及时修复受损生态环境,恢复生态功能。生态环境修复具有时效性、季节性、紧迫性的,不立即修复将导致生态环境损害扩大的,属于《民事诉讼法》第109条第3项规定的"因情况紧急需要先予执行的"情形,人民法院可以依法裁定先予执行。

【基本案情】

2018年11月初,被告叶继成雇请他人在浙江省遂昌县妙高街道龙潭村村后属于龙潭村范围内(土名"龙潭湾")的山场上清理枯死松木,其间滥伐活松树89株。经鉴定,叶继成滥伐的立木蓄积量为 22.9964 立方米,折合材积 13.798 立方米,且案发山场属于国家三级公益林。根据林业专家出具的修复意见,叶继成应在案涉山场补植 2—3 年生木荷、枫香等阔叶树容器苗 1075 株。浙江省遂昌县人民检察院认为不需要追究叶继成的刑事责任,于 2019 年 7 月作出不起诉决定,但叶继成滥伐公益林山场林木的行为造成森林资源损失,破坏生态环境,遂于 2020 年 3 月 27 日提起环境民事公益诉讼。由于遂昌县春季绿化造林工作即将结束,公益诉讼起诉人在起诉同时提出先予执行申请,要求叶继成根据前述专家修复意见原地完成补植工作。后由于种植木荷、枫香等阔叶树的时间节点已过,难以购置树苗,经林业专家重新进行修复评估,认定根据案涉林木损毁价值及补植费用 9658.4 元核算,共需补植 1—2 年生杉木苗 1288 株。检察机关据此于 2020 年 4 月 2 日变更诉讼请求和先予执行申请,要求叶继成按照重新出具的修复意见进行补植。

【裁判结果】

浙江省丽水市中级人民法院于 2020 年 3 月 31 日作出(2020)浙 11 民初 35 号裁定,裁定准予先予执行,要求被告叶继成在收到裁定书之日起 30 日内在案发山场及周边完成补植复绿工作。叶继成根据变更后的修复意见,于 2020 年 4 月 7 日完成补植,浙江省遂昌县自然资源和规划局于当日验收。

浙江省丽水市中级人民法院于 2020 年 5 月 11 日作出(2020)浙 11 民初 35 号判决:(1)被告叶继成自收到本院(2020)浙 11 民初 35 号民事裁定书之日起 30 日内在"龙潭湾"山场补植 1—2 年生杉木苗 1288 株,连续抚育 3 年(截止于 2023 年 4 月 7 日),且种植当年成活率不低于 95%,3 年后成活率不低于 90%。(2)如果被告叶继成未按本判决的第 1 项履行判决确定的义务,则需承担生态功能修复费用 9658.4 元。宣判后,双方当事人均未上诉,判决已生效。

【裁判理由】

法院生效裁判认为,森林生态环境修复需要考虑节气及种植气候等因素,如果未及时采取修复措施补种树苗,不仅增加修复成本,影响修复效果,而且将导致生态环境受到损害至修复完成期间的服务功能损失进一步扩大。叶继成滥伐林木、破坏生态环境的行为清楚明确,而当时正是植树造林的有利时机,及时补种树苗有利于新植树木的成活和生态环境的及时有效恢复。基于案涉补植树苗的季节性要求和修复生态环境的紧迫性,本案符合《民事诉讼法》第 106 条第 3 项规定的因情况紧急需要先予执行的情形,故对公益诉讼起诉人的先予执行申请予以准许。

林地是森林资源的重要组成部分,是林业发展的根本。林地资源保护是生态文明建设中的重要环节,对于应对全球气候变化、改善生态环境有着重要作用。被告叶继成违反《森林法》第 23

条(现为第 39 条)、第 32 条(现为第 56 条)的规定,未经许可,在公益林山场滥伐林木,数量较大,破坏了林业资源和生态环境,对社会公共利益造成了损害,应当承担相应的环境侵权责任。综合全案事实和鉴定评估意见,人民法院对公益诉讼起诉人要求叶继成承担生态环境修复责任的主张予以支持。

【最高法公报案例】

销售商是否可以申请法院先予恢复因权利人投诉而被电子商务平台删除的销售链接[郑州曳头网络科技有限公司与浙江天猫网络有限公司、丁某梅等侵害外观设计专利权先予执行案(2023-7)]

权利人向电子商务平台投诉平台内销售商侵害其知识产权,电子商务平台根据《电子商务法》相关规定删除相关商品的销售链接后,销售商可以申请法院裁定要求电子商务平台先予恢复被删除的销售链接。人民法院应综合考虑销售商品侵权的可能性、删除销售链接是否可能会给销售商造成难以弥补的损害、销售商提供担保情况、删除或恢复链接是否有损社会公共利益等因素,裁定是否先予恢复被删除的销售链接。

第一百一十条　【先予执行条件】人民法院裁定先予执行的,应当符合下列条件:

(一)当事人之间权利义务关系明确,不先予执行将严重影响申请人的生活或者生产经营的;

(二)被申请人有履行能力。

人民法院可以责令申请人提供担保,申请人不提供担保的,驳回申请。申请人败诉的,应当赔偿被申请人因先予执行遭受的财产损失。

【立法·要点注释】

本条对适用先予执行的条件作出规定,人民法院裁定先予执行的,应当符合下列条件:

1. 当事人之间的诉是给付之诉。诉可以分为确认之诉、变更之诉和给付之诉。适用先予执行的案件一般来说是给付之诉,因为具有执行性是给付之诉的一个特点,只有具有可以执行内容的案件才能先予执行。

2. 当事人之间权利义务关系明确。当事人之间的权利义务关系明确,是指该案件的事实十分清楚,当事人之间的是非责任显而易见。例如,一位老年人无劳动收入也无其他经济来源,该老年人有两个成年子女,这一老年人起诉两个成年子女要求支付赡养费,在这种情况下,当事人之间的权利义务关系非常明确,人民法院可以根据原告的申请,在诉讼请求的限度内,裁定被告预先给付一定数额的金钱。

3. 不先予执行将严重影响申请人

的生活或者生产经营。不先予执行将严重影响申请人的生活或者生产经营的，主要指两种情况：一是申请人是依靠被告履行义务而维持正常生活的，在法院作出生效判决前，如果不裁定先予执行，原告将难以维持正常的生活。二是原告的生产经营活动，须依靠被告提供一定的条件或履行一定的义务才能进行，在法院作出生效判决前，如果不裁定先予执行，将严重影响原告的生产经营活动。如有的原告缺少生产经营资金，急需被告支付货款购置生产原料，如不先予执行将使原告停产甚至破产的，法院应根据申请及时裁定先予执行。

4. 被申请人有履行能力。被申请人有履行能力也是先予执行的必备条件，如果被申请人无履行能力，先予执行也就无法进行，因为此时如果裁定先予执行，可能会使被申请人无法维持生活或者生产经营，甚至破产，人民法院作为国家的审判机关，不仅要维护申请人的合法权益，也要维护被申请人的合法权益。因此，在这种情况下，不宜裁定先予执行。

5. 当事人需提出申请。只有当事人生活或者生产经营十分困难，并主动申请，人民法院才能作出对被告先予执行的裁定，人民法院不能依职权主动作出先予执行的裁定，这一点不同于诉讼保全制度。

上述五个条件，缺一不可。人民法院对当事人申请先予执行的案件，只有

在案件的基本事实清楚，当事人间的权利义务关系明确，被申请人负有给付、返还或者赔偿义务，先予执行的财产为申请人生产、生活所急需，不先予执行会造成更大损失的情况下，才能采取先予执行的措施。

【法院参考案例】

为解决权利人生活或生产经营的急迫需要，是否可以裁定义务人预先履行义务［南京梦金园珠宝首饰公司诉江苏紫金茂业珠宝公司因经营需要情况紧急申请先予执行案，江苏省南京市中级人民法院（2016）苏 01 民终 7941 号］

先予执行是人民法院在案件受理后、作出判决前，为解决权利人生活或生产经营的急迫需要，依法裁定义务人预先履行义务的制度。申请人举证证明其与被申请人存在明确的保管合同关系，并提供保管的物品归属于申请人的有效证据，若不先予返还该物品，将对申请人的生产经营活动造成严重影响的，符合《民事诉讼法》第 106 条、第 107 条（现为第 109 条、第 110 条）关于先予执行适用范围和条件的规定。对申请人先予执行的请求，人民法院应当予以准许。

第一百一十一条　【复议】当事人对保全或者先予执行的裁定不服的，可以申请复议一次。复议期间不停止裁定的执行。

【立法·要点注释】

1. 根据本条规定,当事人对保全或者先予执行的裁定不服的,可以申请复议。本条中的"不服"应当包括两种情形:一是申请人申请保全或者先予执行,人民法院裁定不予保全或者不予先予执行的。申请人认为其申请保全、先予执行完全符合本法规定的要件,法院裁定不予保全、不予先予执行是不正确的。二是被申请人认为保全和先予执行裁定存在错误。这里的错误,包含不应当保全或者先予执行,以及保全或者先予执行的范围过大。

2. 本条中的"申请复议"指的是向作出裁定的人民法院申请,并不是向上一级人民法院申请。

【相关立法】

《中华人民共和国海事诉讼特别程序法》(20000701)

第十七条 海事法院接受申请后,应当在四十八小时内作出裁定。裁定采取海事请求保全措施的,应当立即执行;对不符合海事请求保全条件的,裁定驳回其申请。

当事人对裁定不服的,可以在收到裁定书之日起五日内申请复议一次。海事法院应当在收到复议申请之日起五日内作出复议决定。复议期间不停止裁定的执行。

利害关系人对海事请求保全提出异议,海事法院经审查,认为理由成立的,应当解除对其财产的保全。

第五十八条 当事人对裁定不服的,可以在收到裁定书之日起五日内申请复议一次。海事法院应当在收到复议申请之日起五日内作出复议决定。复议期间不停止裁定的执行。

利害关系人对海事强制令提出异议,海事法院经审查,认为理由成立的,应当裁定撤销海事强制令。

【司法解释】

1.《最高人民法院关于适用〈中华人民共和国民事诉讼法〉的解释》(法释〔2015〕5 号,20150204;经法释〔2022〕11 号修正,20220410)

第一百七十一条 当事人对保全或者先予执行裁定不服的,可以自收到裁定书之日起五日内向作出裁定的人民法院申请复议。人民法院应当在收到复议申请后十日内审查。裁定正确的,驳回当事人的申请;裁定不当的,变更或者撤销原裁定。

【重点解读】对申请人复议申请的审查。对申请人不符合要求的申请,法院应当先以通知要求其补充,再以裁定驳回。法院可以书面审方式进行审查。

对被申请人复议申请的审查。可组织双方当事人提供相应的证据,不宜仅进行书面审,宜采取传唤双方当事人以言词辩论的方式进行审查。

第一百七十二条 利害关系人对保全或者先予执行的裁定不服申请复议的,由作出裁定的人民法院依照民事诉讼法第一百一十一条规定处理。

第一百七十三条 人民法院先予执行后,根据发生法律效力的判决,申请人应当返还因先予执行所取得的利益,适用民事诉讼法第二百四十条①的规定。

【重点解读】执行回转裁定的内容以申请人依先予执行裁定从被申请人处取得的财产及其孳息为限。如果当事人之间对孳息的数额或范围有争议,在执行回转程序中由执行机构进行确定,存在事实和法律障碍的,可由当事人就孳息的数额或范围问题另行提起诉讼。

2.《最高人民法院关于人民法院办理财产保全案件若干问题的规定》(法释〔2016〕22 号,20161201;经法释〔2020〕21 号修正,20210101)

第二十四条 财产保全裁定执行中,人民法院发现保全裁定的内容与被保全财产的实际情况不符的,应当予以撤销、变更或补正。

第二十五条 申请保全人、被保全人对保全裁定或者驳回申请裁定不服的,可以自裁定书送达之日起五日内向作出裁定的人民法院申请复议一次。人民法院应当自收到复议申请后十日

内审查。

对保全裁定不服申请复议的,人民法院经审查,理由成立的,裁定撤销或变更;理由不成立的,裁定驳回。

对驳回申请裁定不服申请复议的,人民法院经审查,理由成立的,裁定撤销,并采取保全措施;理由不成立的,裁定驳回。

第二十六条 申请保全人、被保全人、利害关系人认为保全裁定实施过程中的执行行为违反法律规定提出书面异议的,人民法院应当依照民事诉讼法第二百二十五条②规定审查处理。

第二十七条 人民法院对诉讼争议标的以外的财产进行保全,案外人对保全裁定或者保全裁定实施过程中的执行行为不服,基于实体权利对被保全财产提出书面异议的,人民法院应当依照民事诉讼法第二百二十七条③规定审查处理并作出裁定。案外人、申请保全人对该裁定不服的,可以自裁定送达之日起十五日内向人民法院提起执行异议之诉。

人民法院裁定案外人异议成立后,申请保全人在法律规定的期间内未提起执行异议之诉的,人民法院应当自起

---

① 对应 2023 年《民事诉讼法》第 244 条。——编者注

② 对应 2023 年《民事诉讼法》第 236 条。——编者注

③ 对应 2023 年《民事诉讼法》第 238 条。——编者注

诉期限届满之日起七日内对该被保全财产解除保全。

3.《最高人民法院关于生态环境侵权案件适用禁止令保全措施的若干规定》（法释〔2021〕22 号,20220101）

第十条 当事人、利害关系人对人民法院裁定准予或者不准予申请人禁止令申请不服的,可在收到裁定书之日起五日内向作出裁定的人民法院申请复议一次。人民法院应当在收到复议申请后十日内审查并作出裁定。复议期间不停止裁定的执行。

4.《最高人民法院关于审查知识产权纠纷行为保全案件适用法律若干问题的规定》（法释〔2018〕21 号,20190101）

第十四条 当事人不服行为保全裁定申请复议的,人民法院应当在收到复议申请后十日内审查并作出裁定。

5.《最高人民法院关于审理民事、行政诉讼中司法赔偿案件适用法律若干问题的解释》（法释〔2016〕20 号,20161001）

第一条 人民法院在民事、行政诉讼过程中,违法采取对妨害诉讼的强制措施、保全措施、先予执行措施,或者对判决、裁定及其他生效法律文书执行错误,侵犯公民、法人和其他组织合法权益并造成损害的,赔偿请求人可以依法向人民法院申请赔偿。

第三条 违法采取保全措施,包括以下情形：

（一）依法不应当采取保全措施而采取的；

（二）依法不应当解除保全措施而解除,或者依法应当解除保全措施而不解除的；

（三）明显超出诉讼请求的范围采取保全措施的,但保全财产为不可分割物且被保全人无其他财产或者其他财产不足以担保债权实现的除外；

（四）在给付特定物之诉中,对与案件无关的财物采取保全措施的；

（五）违法保全案外人财产的；

（六）对查封、扣押、冻结的财产不履行监管职责,造成被保全财产毁损、灭失的；

（七）对季节性商品或者鲜活、易腐烂变质以及其他不宜长期保存的物品采取保全措施,未及时处理或者违法处理,造成物品毁损或者严重贬值的；

（八）对不动产或者船舶、航空器和机动车等特定动产采取保全措施,未依法通知有关登记机构不予办理该保全财产的变更登记,造成该保全财产所有权被转移的；

（九）违法采取行为保全措施的；

（十）其他违法情形。

第四条 违法采取先予执行措施,包括以下情形：

（一）违反法律规定的条件和范围先予执行的；

（二）超出诉讼请求的范围先予执行的；

（三）其他违法情形。

【司法文件】

《最高人民法院关于执行权合理配置和科学运行的若干意见》(法发〔2011〕15 号,20111019)

17. 当事人、案外人对财产保全、先予执行的裁定不服申请复议的,由作出裁定的立案机构或者审判机构按照民事诉讼法第九十九条①的规定进行审查。

当事人、案外人、利害关系人对财产保全、先予执行的实施行为提出异议的,由执行局根据异议事项的性质按照民事诉讼法第二百零二条②或者第二百零四条③的规定进行审查。

当事人、案外人的异议既指向财产保全、先予执行的裁定,又指向实施行为的,一并由作出裁定的立案机构或者审判机构分别按照民事诉讼法第九十九条和第二百零二条或者第二百零四条的规定审查。

【法院参考案例】

1. 案外人、申请保全人对保全裁定不服的,如何处理〔中国华融资产管理股份有限公司吉林省分公司与王某杰及一审被告吉林市金晟房地产开发有限公司、吉林市天然城市房地产开发有限公司、天然城市开发集团有限公司、蓝某申请执行人执行异议之诉案,最高人民法院(2021)最高法民终 912 号〕

人民法院对诉讼争议标的以外的财产进行保全,案外人对保全裁定或者保全裁定实施过程中的执行行为不服,基于实体权利对被保全财产提出书面异议的,人民法院应当依照《民事诉讼法》规定审查处理并作出裁定。案外人、申请保全人对该裁定不服的,可以自裁定送达之日起 15 日内向人民法院提起执行异议之诉。人民法院裁定案外人异议成立后,申请保全人在法律规定的期间内未提起执行异议之诉的,人民法院应当自起诉期限届满之日起 7 日内对该被保全财产解除保全。

2. 被保全人对保全裁定提起执行异议的,不予支持〔陕西某公司与银川某公司、成都某公司等保证合同纠纷执行复议案,最高人民法院(2020)最高法执复 125 号,入库编号:2023-17-5-202-011〕

人民法院依据保全裁定对被执行人名下的银行存款采取冻结措施,符合

---

①　对应 2023 年《民事诉讼法》第 111 条。——编者注

②　对应 2023 年《民事诉讼法》第 236 条。——编者注

③　对应 2023 年《民事诉讼法》第 238 条。——编者注

保全裁定确定的内容。被保全人认为不应对该公司采取财产保全措施，请求撤销保全裁定，是对该保全裁定不服。依照相关法律规定，可以向作出该保全裁定的人民法院申请复议一次，而不应通过执行异议程序解决争议。

第十章　对妨害民事诉讼的强制措施

第一百一十二条　【拘传】人民法院对必须到庭的被告,经两次传票传唤,无正当理由拒不到庭的,可以拘传。

【立法·要点注释】

1. 拘传是指在人民法院开庭审理案件或办理执行案件时,对必须到庭的被告或必须到场的被执行人经过两次传票传唤,在其无正当理由拒不到庭或到场的情况下,人民法院依法强制其到庭参加诉讼活动或者到场接受询问的一种强制措施。

2. 在适用时需要注意以下几点:一是拘传的对象是必须到庭的被告,包括负有赡养、抚养、扶养义务和不到庭就无法查清案情的被告;给国家、集体或他人造成损害的未成年人的法定代理人,如其必须到庭,也可以适用拘传。二是经两次传票传唤,指人民法院传唤的次数不得少于两次,传唤必须使用传票,口头传唤的不属于本条规定的传唤情形。三是无正当理由,一般指没有不可抗力、意外事件等被告无法到庭的特

殊情况,是否属于正当理由,需根据具体情况判断。四是必须符合相关的程序要求,对符合拘传条件的被告,应由案件独任审判员或合议庭提出拘传被告到庭的意见和理由,层报院长批准,经院长批准后,必须用拘传票,拘传票应送达被拘传人。在拘传前,执行拘传的法院工作人员应向被拘传人说明拒不到庭的后果,如果被拘传人经过批评教育认识到错误,能够主动到庭参加诉讼的,可以不对其强制拘传。

【司法解释】

《最高人民法院关于适用〈中华人民共和国民事诉讼法〉的解释》(法释〔2015〕5号,20150204;经法释〔2022〕11号修正,20220410)

第一百七十四条　民事诉讼法第一百一十二条规定的必须到庭的被告,是指负有赡养、抚育、扶养义务和不到庭就无法查清案情的被告。

人民法院对必须到庭才能查清案件基本事实的原告,经两次传票传唤,无正当理由拒不到庭的,可以拘传。

【重点解读】拘传是短时间限制被

拘传人人身自由的强制措施，其适用是以保障民事诉讼活动的顺利进行为依据的。尽管本条对拘传的适用对象进行了界定，但并不意味着只要是本条所指的这些类型案件的被告，或者符合本条规定条件的原告，在经人民法院两次传票传唤，无正当理由拒不到庭时就必须拘传。实际上，是否拘传还要由审判人员根据案件具体情况来决定，特别是对于原告适用拘传措施，要严格按照本条的规定执行，不能扩大适用，否则不仅会影响当事人的人身权利，也会给司法权威造成损害。

第一百七十五条　拘传必须用拘传票，并直接送达被拘传人；在拘传前，应当向被拘传人说明拒不到庭的后果，经批评教育仍拒不到庭的，可以拘传其到庭。

【重点解读】拘传是手段，不是目的，因此在执行拘传的过程中，应首先对被拘传人进行批评教育，只有对经批评教育仍拒不到庭的，方可拘传其到庭。同时，对抗拒拘传的被拘传人可以采取适当的强制方法，包括使用戒具，迫使其到庭。在拘传事由结束后，应时恢复被拘传人的人身自由。

第四百八十二条　对必须接受调查询问的被执行人、被执行人的法定代表人、负责人或者实际控制人，经依法传唤无正当理由拒不到场的，人民法院可以拘传其到场。

人民法院应当及时对被拘传人进行调查询问，调查询问的时间不得超过八小时；情况复杂，依法可能采取拘留措施的，调查询问的时间不得超过二十四小时。

人民法院在本辖区以外采取拘传措施时，可以将被拘传人拘传到当地人民法院，当地人民法院应予协助。

【司法文件】

《最高人民法院关于认真贯彻实施民事诉讼法及相关司法解释有关规定的通知》（法〔2017〕369号，20171229）

一、在审理案件中，应当依法审慎适用拘传措施。对必须到庭的被告，人民法院适用拘传的，应当符合民事诉讼法第一百零九条[①]和《民诉法解释》第一百七十四条规定，限于负有赡养、抚育、扶养义务或者是不到庭就无法查清案情的被告。有独立请求权的第三人参加的民事诉讼、被告提出反诉的诉讼，本诉原告相对于有独立请求权的第三人、反诉人处于被告地位，可以依照上述法律和司法解释规定适用拘传。

对于原告经传票传唤无正当理由拒不到庭或者未经法庭许可中途退庭的，应当依照民事诉讼法第一百四十三条[②]规定按撤诉处理。依照民事诉讼

---

① 对应2023年《民事诉讼法》第112条。——编者注

② 对应2023年《民事诉讼法》第146条。——编者注

法第一百四十五条①、《民诉法解释》第二百三十八条规定，当事人有违反法律的行为需要依法处理，人民法院裁定不准撤诉或者不按撤诉处理的案件，原告经传票传唤无正当理由拒不到庭的，应当依照民事诉讼法第一百四十五条第二款规定缺席判决。属于民事诉讼法第一百一十二条②规定的虚假诉讼或者第五十五条③规定的公益诉讼案件，对不到庭就无法查明案件基本事实的原告，可以依照《民诉法解释》第一百七十四条第二款规定适用拘传。

对当事人适用拘传的，应当严格依照《民诉法解释》第一百七十五条规定的程序进行。

第一百一十三条 【对违反法庭规则、扰乱法庭秩序行为的强制措施】诉讼参与人和其他人应当遵守法庭规则。

人民法院对违反法庭规则的人，可以予以训诫，责令退出法庭或者予以罚款、拘留。

人民法院对哄闹、冲击法庭，侮辱、诽谤、威胁、殴打审判人员，严重扰乱法庭秩序的人，依法追究刑事责任；情节较轻的，予以罚款、拘留。

【立法·要点注释】

1. 诉讼参与人，是指在民事诉讼活动过程中，参与诉讼活动的人，包括当事人（共同诉讼人）、诉讼代理人、诉讼中的第三人、证人、鉴定人、勘验人、翻译人员等。其他人，是指未参与诉讼活动，但关心诉讼活动进行的人，如旁听人员。

2. 法庭规则主要包括以下内容：《人民法院法庭规则》第 17 条规定，全体人员在庭审活动中应当服从审判长或独任审判员的指挥，尊重司法礼仪，遵守法庭纪律，不得实施下列行为：（1）鼓掌、喧哗；（2）吸烟、进食；（3）拨打或接听电话；（4）对庭审活动进行录音、录像、拍照或使用移动通信工具等传播庭审活动；（5）其他危害法庭安全或妨害法庭秩序的行为。检察人员、诉讼参与人发言或提问，应当经审判长或独任审判员许可。旁听人员不得进入审判活动区，不得随意站立、走动，不得发言和提问。媒体记者经许可对庭审活动进行录音、录像、拍照或使用移动通信工具等传播庭审活动，应当在指定的时间及区域进行，不得影响或干扰庭审活动。该规则第 20 条规定，行为人实施下列行为之一，危及法庭安全或扰乱法庭秩序的，根据相关法律规定，予以罚款、拘留；构成犯罪的，依法追究其

---

① 对应 2023 年《民事诉讼法》第 148 条。——编者注

② 对应 2023 年《民事诉讼法》第 115 条。——编者注

③ 对应 2023 年《民事诉讼法》第 58 条。——编者注

刑事责任：(1)非法携带枪支、弹药、管制刀具或者爆炸性、易燃性、放射性、毒害性、腐蚀性物品以及传染病病原体进入法庭；(2)哄闹、冲击法庭；(3)侮辱、诽谤、威胁、殴打司法工作人员或诉讼参与人；(4)毁坏法庭设施，抢夺、损毁诉讼文书、证据；(5)其他危害法庭安全或扰乱法庭秩序的行为。该规则第26条规定，外国人、无国籍人旁听庭审活动，外国媒体记者报道庭审活动，应当遵守本规则。

3. 对违反法庭纪律，采取的强制措施包括：一是训诫，主要适用于违反法庭规则情节轻微的人，训诫一般当场进行，由合议庭或独任审判员决定，训诫的内容应当记入庭审笔录，在执行程序中，执行人员对被执行人或其他人妨碍执行的行为也可以进行训诫。二是责令退出法庭，严厉程度和制裁力度强于训诫，由合议庭或独任审判员决定，并将相关事实记录笔录。三是罚款、拘留，比训诫、责令退出法庭更为严厉的强制措施，可以单独适用，也可以合并适用。

4. 对于哄闹、冲击法庭，侮辱、诽谤、威胁、殴打审判人员，严重扰乱法庭秩序的，情节严重或造成严重后果的，人民法院应当依法追究行为人的刑事责任。行为人的行为可能构成扰乱法庭秩序罪、侮辱罪、故意伤害罪等。

【相关立法】

《中华人民共和国刑法》(19800101；20240301)

第三百零九条 有下列扰乱法庭秩序情形之一的，处三年以下有期徒刑、拘役、管制或者罚金：

(一)聚众哄闹、冲击法庭的；

(二)殴打司法工作人员或者诉讼参与人的；

(三)侮辱、诽谤、威胁司法工作人员或者诉讼参与人，不听法庭制止，严重扰乱法庭秩序的；

(四)有毁坏法庭设施，抢夺、损毁诉讼文书、证据等扰乱法庭秩序行为，情节严重的。

【司法解释】

1.《最高人民法院关于适用〈中华人民共和国民事诉讼法〉的解释》(法释〔2015〕5号，20150204；经法释〔2022〕11号修正，20220410)

第一百七十六条 诉讼参与人或者其他人有下列行为之一的，人民法院可以适用民事诉讼法第一百一十三条规定处理：

(一)未经准许进行录音、录像、摄影的；

(二)未经准许以移动通信等方式现场传播审判活动的；

(三)其他扰乱法庭秩序，妨害审

判活动进行的。

有前款规定情形的,人民法院可以暂扣诉讼参与人或者其他人进行录音、录像、摄影、传播审判活动的器材,并责令其删除有关内容;拒不删除的,人民法院可以采取必要手段强制删除。

【重点解读】第一,在当前的司法实践中,干扰庭审活动、严重影响审判工作严肃性的行为时有发生,因此审判人员在开庭审理案件时,要敢于适用强制措施制止扰乱法庭秩序的行为,充分发挥强制措施的作用,以维护法庭秩序,保障司法权威;特别是对严重扰乱法庭秩序的人,应依法追究其刑事责任。

第二,对违反法庭规则的人,要依法适用训诫、责令退出法庭、罚款、拘留等强制措施,即要根据违反法庭规则行为的性质、情节以及造成的后果等,适用相应的强制措施,防止畸轻畸重。

第三,要加强庭审安全检查,及时查找各种隐患和漏洞,将风险防范关口前移;同时要着力构建、优化庭审秩序管理的长效机制,对敏感案件、当事人积怨较深的民事案件,要提前做好预案、管控风险,确保庭审活动的顺利进行。

第一百七十七条　训诫、责令退出法庭由合议庭或者独任审判员决定。训诫的内容、被责令退出法庭者的违法事实应当记入庭审笔录。

【重点解读】第一,训诫和责令退出法庭均是即时性的强制措施,其适用对象均是违反法庭规则的人,因此在适用这两项强制措施时应注意及时性和有效性,如果对违反法庭规则的人在采取训诫措施无效的情况下,即应采取更进一步的责令退出法庭,甚至罚款、拘留等措施,而不宜反复训诫,影响庭审活动的严肃性和权威性。

第二,训诫要有针对性,要简明扼要,同时要让被训诫人清楚明了其行为的违法性和对庭审秩序造成的损害,并责令其认识和改正错误,作出不再实施扰乱法庭秩序行为的承诺。

第三,如果被责令退出法庭者不主动退出法庭的,应由司法警察强制其退出。

第四,训诫的内容以及被责令退出法庭者的违反法庭秩序的事实应当记入庭审笔录,以确保对强制措施的适用有据可查。

2.《中华人民共和国人民法院法庭规则》(法发〔1993〕40号,19940101;经法释〔2016〕7号修正,20160501)

第三条　法庭分设审判活动区和旁听区,两区以栏杆等进行隔离。

审理未成年人案件的法庭应当根据未成年人身心发展特点设置区域和席位。

有新闻媒体旁听或报道庭审活动时,旁听区可以设置专门的媒体记者席。

第六条　进入法庭的人员应当出示有效身份证件,并接受人身及携带物品的安全检查。

持有效工作证件和出庭通知履行职务的检察人员、律师可以通过专门通道进入法庭。需要安全检查的，人民法院对检察人员和律师平等对待。

第七条 除经人民法院许可，需要在法庭上出示的证据外，下列物品不得携带进入法庭：

（一）枪支、弹药、管制刀具以及其他具有杀伤力的器具；

（二）易燃易爆物、疑似爆炸物；

（三）放射性、毒害性、腐蚀性、强气味性物质以及传染病病原体；

（四）液体及胶状、粉末状物品；

（五）标语、条幅、传单；

（六）其他可能危害法庭安全或妨害法庭秩序的物品。

第九条 公开的庭审活动，公民可以旁听。

旁听席位不能满足需要时，人民法院可以根据申请的先后顺序或者通过抽签、摇号等方式发放旁听证，但应当优先安排当事人的近亲属或其他与案件有利害关系的人旁听。

下列人员不得旁听：

（一）证人、鉴定人以及准备出庭提出意见的有专门知识的人；

（二）未获得人民法院批准的未成年人；

（三）拒绝接受安全检查的人；

（四）醉酒的人、精神病人或其他精神状态异常的人；

（五）其他有可能危害法庭安全或妨害法庭秩序的人。

依法有可能封存犯罪记录的公开庭审活动，任何单位或个人不得组织人员旁听。

依法不公开的庭审活动，除法律另有规定外，任何人不得旁听。

第十四条 庭审活动开始前，书记员应当宣布本规则第十七条规定的法庭纪律。

第十五条 审判人员进入法庭以及审判长或独任审判员宣告判决、裁定、决定时，全体人员应当起立。

第十七条 全体人员在庭审活动中应当服从审判长或独任审判员的指挥，尊重司法礼仪，遵守法庭纪律，不得实施下列行为：

（一）鼓掌、喧哗；

（二）吸烟、进食；

（三）拨打或接听电话；

（四）对庭审活动进行录音、录像、拍照或使用移动通信工具等传播庭审活动；

（五）其他危害法庭安全或妨害法庭秩序的行为。

检察人员、诉讼参与人发言或提问，应当经审判长或独任审判员许可。

旁听人员不得进入审判活动区，不得随意站立、走动，不得发言和提问。

媒体记者经许可实施第一款第四项规定的行为，应当在指定的时间及区域进行，不得影响或干扰庭审活动。

第十九条 审判长或独任审判员对违反法庭纪律的人员应当予以警告；

对不听警告的,予以训诫;对训诫无效的,责令其退出法庭;对拒不退出法庭的,指令司法警察将其强行带出法庭。

行为人违反本规则第十七条第一款第四项规定的,人民法院可以暂扣其使用的设备及存储介质,删除相关内容。

第二十六条　外国人、无国籍人旁听庭审活动,外国媒体记者报道庭审活动,应当遵守本规则。

第一百一十四条　【妨害民事诉讼行为的范围及对其采取的强制措施】诉讼参与人或者其他人有下列行为之一的,人民法院可以根据情节轻重予以罚款、拘留;构成犯罪的,依法追究刑事责任:

(一)伪造、毁灭重要证据,妨碍人民法院审理案件的;

(二)以暴力、威胁、贿买方法阻止证人作证或者指使、贿买、胁迫他人作伪证的;

(三)隐藏、转移、变卖、毁损已被查封、扣押的财产,或者已被清点并责令其保管的财产,转移已被冻结的财产的;

(四)对司法工作人员、诉讼参加人、证人、翻译人员、鉴定人、勘验人、协助执行的人,进行侮辱、诽谤、诬陷、殴打或者打击报复的;

(五)以暴力、威胁或者其他方法阻碍司法工作人员执行职务的;

(六)拒不履行人民法院已经发生法律效力的判决、裁定的。

人民法院对有前款规定的行为之一的单位,可以对其主要负责人或者直接责任人员予以罚款、拘留;构成犯罪的,依法追究刑事责任。

【立法·要点注释】

诉讼参与人、其他人妨害民事诉讼的行为不仅表现为扰乱法庭秩序,在证据的收集、保全财产的处理、司法工作人员执行职务、其他诉讼参与人参与诉讼活动等民事诉讼的多个方面,都可能出现妨害诉讼活动正常进行的行为。该条对实践中常见、多发的妨害民事诉讼行为规定相应的制裁措施,以维护正常的诉讼秩序,保障诉讼活动顺利进行。对本条规定的妨害行为,人民法院可以适用的强制措施为罚款、拘留。构成犯罪的,依法追究刑事责任。对于单位实施本条所列妨害民事诉讼行为的,人民法院可以对单位的主要负责人或者直接责任人员予以罚款、拘留;构成犯罪的,依法追究刑事责任。

【司法解释】

1.《最高人民法院关于适用〈中华人民共和国民事诉讼法〉的解释》(法释〔2015〕5号,20150204;经法释〔2022〕11

号修正,20220410)

第一百一十三条 持有书证的当事人以妨碍对方当事人使用为目的,毁灭有关书证或者实施其他致使书证不能使用行为的,人民法院可以依照民事诉讼法第一百一十四条规定,对其处以罚款、拘留。

第一百八十七条 民事诉讼法第一百一十四条第一款第五项规定的以暴力、威胁或者其他方法阻碍司法工作人员执行职务的行为,包括:

(一)在人民法院哄闹、滞留,不听从司法工作人员劝阻的;

(二)故意毁损、抢夺人民法院法律文书、查封标志的;

(三)哄闹、冲击执行公务现场,围困、扣押执行或者协助执行公务人员的;

(四)毁损、抢夺、扣留案件材料、执行公务车辆、其他执行公务器械、执行公务人员服装和执行公务证件的;

(五)以暴力、威胁或者其他方法阻碍司法工作人员查询、查封、扣押、冻结、划拨、拍卖、变卖财产的;

(六)以暴力、威胁或者其他方法阻碍司法工作人员执行职务的其他行为。

【重点解读】第一,妨害民事诉讼强制措施针对的必须是从起诉到执行程序终结这一诉讼期间实施的行为,因此如果诉讼参与人或者其他人在案件已经审理或者已执行完毕后的上访等过程中在人民法院哄闹、滞留等,就不能作为妨害民事诉讼行为适用本条规定进行处理,而应按照有关法律的规定,交由有关部门处理。比如,对扰乱人民法院工作秩序的,可依照《治安管理处罚法》的规定,交由公安机关对其进行处理,如果构成犯罪的,可由公安机关立案侦查,依法追究其刑事责任。

第二,司法实践中,以暴力、威胁或者其他方法阻碍司法工作人员执行职务的情形不仅限于本条第1—5项规定的情形,对于诉讼参与人或者其他人实施的不属于本条第1—5项规定的阻碍司法工作人员执行职务行为的,人民法院可以适用本条第6项的规定进行处理。

第三,本条规定的行为均是在司法工作人员执行职务时直接施加于司法工作人员的妨害民事诉讼行为,如果不是在司法工作人员执行职务时所实施的行为,即使采取了暴力、威胁等方法,也不适用本条的规定,而应适用《民事诉讼法》和本解释其他条款的规定对行为人进行处理。比如,当事人在法庭审理结束后离开法院前对审判人员进行威胁、殴打的,即应适用《民事诉讼法》第114条第1款第4项关于对司法工作人员进行侮辱、诽谤、诬陷、殴打或者打击报复的规定对其进行处理。

第一百八十八条 民事诉讼法第一百一十四条第一款第六项规定的拒不履行人民法院已经发生法律效力的判决、裁定的行为,包括:

(一)在法律文书发生法律效力后

隐藏、转移、变卖、毁损财产或者无偿转让财产、以明显不合理的价格交易财产、放弃到期债权、无偿为他人提供担保等，致使人民法院无法执行的；

（二）隐藏、转移、毁损或者未经人民法院允许处分已向人民法院提供担保的财产的；

（三）违反人民法院限制高消费令进行消费的；

（四）有履行能力而拒不按照人民法院执行通知履行生效法律文书确定的义务的；

（五）有义务协助执行的个人接到人民法院协助执行通知书后，拒不协助执行的。

第一百八十九条　诉讼参与人或者其他人有下列行为之一的，人民法院可以适用民事诉讼法第一百一十四条的规定处理：

（一）冒充他人提起诉讼或者参加诉讼的；

（二）证人签署保证书后作虚假证言，妨碍人民法院审理案件的；

（三）伪造、隐藏、毁灭或者拒绝交出有关被执行人履行能力的重要证据，妨碍人民法院查明被执行人财产状况的；

（四）擅自解冻已被人民法院冻结的财产的；

（五）接到人民法院协助执行通知书后，给当事人通风报信，协助其转移、隐匿财产的。

第五百零三条　被执行人不履行

法律文书指定的行为，且该项行为只能由被执行人完成的，人民法院可以依照民事诉讼法第一百一十四条第一款第六项规定处理。

被执行人在人民法院确定的履行期间内仍不履行的，人民法院可以依照民事诉讼法第一百一十四条第一款第六项规定再次处理。

2.《最高人民法院关于民事诉讼证据的若干规定》（法释〔2001〕33号，20020401；经法释〔2019〕19号修正，20200501）

第九十八条　对证人、鉴定人、勘验人的合法权益依法予以保护。

当事人或者其他诉讼参与人伪造、毁灭证据，提供虚假证据，阻止证人作证，指使、贿买、胁迫他人作伪证，或者对证人、鉴定人、勘验人打击报复的，依照民事诉讼法第一百一十条、第一百一十一条①的规定进行处罚。

3.《最高人民法院关于知识产权民事诉讼证据的若干规定》（法释〔2020〕12号，20201118）

第九条　中华人民共和国领域外形成的证据，存在下列情形之一的，当事人仅以该证据未办理认证手续为由提出异议的，人民法院不予支持：

（一）提出异议的当事人对证据的

---

① 对应2023年《民事诉讼法》第113条、第114条。——编者注

真实性明确认可的；

（二）对方当事人提供证人证言对证据的真实性予以确认，且证人明确表示如作伪证愿意接受处罚的。

前款第二项所称证人作伪证，构成民事诉讼法第一百一十一条①规定情形的，人民法院依法处理。

第十三条 当事人无正当理由拒不配合或者妨害证据保全，致使无法保全证据的，人民法院可以确定由其承担不利后果。构成民事诉讼法第一百一十一条规定情形的，人民法院依法处理。

第十四条 对于人民法院已经采取保全措施的证据，当事人擅自拆装证据实物、篡改证据材料或者实施其他破坏证据的行为，致使证据不能使用的，人民法院可以确定由其承担不利后果。构成民事诉讼法第一百一十一条规定情形的，人民法院依法处理。

第二十五条 人民法院依法要求当事人提交有关证据，其无正当理由拒不提交、提交虚假证据、毁灭证据或者实施其他致使证据不能使用行为的，人民法院可以推定对方当事人就该证据所涉证明事项的主张成立。

当事人实施前款所列行为，构成民事诉讼法第一百一十一条规定情形的，人民法院依法处理。

4.《最高人民法院关于审理申请注册的药品相关的专利权纠纷民事案件适用法律若干问题的规定》（法释〔2021〕

13 号，20210705）

第八条 当事人对其在诉讼中获取的商业秘密或者其他需要保密的商业信息负有保密义务，擅自披露或者在该诉讼活动之外使用、允许他人使用的，应当依法承担民事责任。构成民事诉讼法第一百一十一条②规定情形的，人民法院应当依法处理。

第九条 药品上市许可申请人向人民法院提交的申请注册的药品相关技术方案，与其向国家药品审评机构申报的技术资料明显不符，妨碍人民法院审理案件的，人民法院依照民事诉讼法第一百一十一条的规定处理。

5.《最高人民法院关于审理侵犯商业秘密民事案件适用法律若干问题的规定》（法释〔2020〕7 号，20200912）

第二十一条 对于涉及当事人或者案外人的商业秘密的证据、材料，当事人或者案外人书面申请人民法院采取保密措施的，人民法院应当在保全、证据交换、质证、委托鉴定、询问、庭审等诉讼活动中采取必要的保密措施。

违反前款所称的保密措施的要求，擅自披露商业秘密或者在诉讼活动之外使用或者允许他人使用在诉讼中接触、获取的商业秘密的，应当依法承担

---

① 对应 2023 年《民事诉讼法》第 114 条。——编者注

② 对应 2023 年《民事诉讼法》第 114 条。——编者注

民事责任。构成民事诉讼法第一百一十一条①规定情形的,人民法院可以依法采取强制措施。构成犯罪的,依法追究刑事责任。

6.《最高人民法院关于审理票据纠纷案件若干问题的规定》(法释〔2000〕32号,20001121;经法释〔2020〕18号修正,20210101)

第三十八条　对于伪报票据丧失的当事人,人民法院在查明事实、裁定终结公示催告或者诉讼程序后,可以参照民事诉讼法第一百一十一条②的规定,追究伪报人的法律责任。

7.《最高人民法院关于诉讼代理人查阅民事案件材料的规定》(法释〔2002〕39号,20021207;经法释〔2020〕20号修正,20210101)

第九条　诉讼代理人查阅案件材料时不得涂改、损毁、抽取案件材料。

人民法院对修改、损毁、抽取案卷材料的诉讼代理人,可以参照民事诉讼法第一百一十一条③第一款第(一)项的规定处理。

8.《最高人民法院关于限制被执行人高消费的若干规定》(法释〔2010〕8号,20101001;经法释〔2015〕17号修正,20150722)

第十一条第一款　被执行人违反限制消费令进行消费的行为属于拒不履行人民法院已经发生法律效力的判决、裁定的行为,经查证属实的,依照《中华人民共和国民事诉讼法》第一百一十一条④的规定,予以拘留、罚款;情节严重,构成犯罪的,追究其刑事责任。

9.《最高人民法院关于人民法院强制执行股权若干问题的规定》(法释〔2021〕20号,20220101)

第八条　人民法院冻结被执行人股权的,可以向股权所在公司送达协助执行通知书,要求其在实施增资、减资、合并、分立等对被冻结股权所占比例、股权价值产生重大影响的行为前向人民法院书面报告有关情况。人民法院收到报告后,应当及时通知申请执行人,但是涉及国家秘密、商业秘密的除外。

股权所在公司未向人民法院报告即实施前款规定行为的,依照民事诉讼法第一百一十四条的规定处理。

股权所在公司或者公司董事、高级管理人员故意通过增资、减资、合并、分立、转让重大资产、对外提供担保等行为导致被冻结股权价值严重贬损,影响申请执行人债权实现的,申请执行人可

---

①　对应2023年《民事诉讼法》第114条。——编者注

②　对应2023年《民事诉讼法》第114条。——编者注

③　对应2023年《民事诉讼法》第114条。——编者注

④　对应2023年《民事诉讼法》第114条。——编者注

以依法提起诉讼。

10.《最高人民法院关于人民法院执行工作若干问题的规定(试行)》(法释〔1998〕15 号,19980708;经法释〔2020〕21 号修正,20210101)

57. 被执行人或其他人有下列拒不履行生效法律文书或者妨害执行行为之一的,人民法院可以依照民事诉讼法第一百一十一条①的规定处理:

(1)隐藏、转移、变卖、毁损向人民法院提供执行担保的财产的;

(2)案外人与被执行人恶意串通转移被执行人财产的;

(3)故意撕毁人民法院执行公告、封条的;

(4)伪造、隐藏、毁灭有关被执行人履行能力的重要证据,妨碍人民法院查明被执行人财产状况的;

(5)指使、贿买、胁迫他人对被执行人的财产状况和履行义务的能力问题作伪证的;

(6)妨碍人民法院依法搜查的;

(7)以暴力、威胁或其他方法妨碍或抗拒执行的;

(8)哄闹、冲击执行现场的;

(9)对人民法院执行人员或协助执行人员进行侮辱、诽谤、诬陷、围攻、威胁、殴打或者打击报复的;

(10)毁损、抢夺执行案件材料、执行公务车辆、其他执行器械、执行人员服装和执行公务证件的。

【司法文件】

1.《最高人民法院关于依法制裁规避执行行为的若干意见》(法〔2011〕195 号,20110527)

15. 对规避执行行为加大民事强制措施的适用。被执行人既不履行义务又拒绝报告财产或者进行虚假报告、拒绝交出或者提供虚假财务会计凭证、协助执行义务人拒不协助执行或者妨碍执行、到期债务第三人提出异议后又擅自向被执行人清偿等,给申请执行人造成损失的,应当依法对相关责任人予以罚款、拘留。

16. 对构成犯罪的规避执行行为加大刑事制裁力度。被执行人隐匿财产、虚构债务或者以其他方法隐藏、转移、处分可供执行的财产,拒不交出或者隐匿、销毁、制作虚假财务会计凭证或资产负债表等相关资料,以虚假诉讼或者仲裁手段转移财产、虚构优先债权或者申请参与分配,中介机构提供虚假证明文件或者提供的文件有重大失实,被执行人、担保人、协助义务人有能力执行而拒不执行或者拒不协助执行等,损害申请执行人或其他债权人利益,依照刑法的规定构成犯罪的,应当依法追究行为人的刑事责任。

----

① 对应 2023 年《民事诉讼法》第 114 条。——编者注

2.《最高人民法院关于推进破产案件依法高效审理的意见》(法发〔2020〕14号，20200415)

20. 债务人的有关人员或者其他人员有故意作虚假陈述，或者伪造、销毁债务人的账簿等重要证据材料，或者对管理人进行侮辱、诽谤、诬陷、殴打、打击报复等违法行为的，人民法院除依法适用企业破产法规定的强制措施外，可以依照民事诉讼法第一百一十一条①等规定予以处理。

【法院参考案例】

1. 实体胜诉是否影响对妨害民事诉讼行为依法采取强制措施［东莞某公司诉深圳市某公司侵害实用新型专利权纠纷案，最高人民法院（2021）最高法知司惩1号，入库编号：2023-13-2-160-065］

被诉侵权方在法院进行现场勘验时，拒绝提供开机密码、故意将开机密码作废、拒绝法院采取输入密码之外的其他手段开机运行设备的，都属于举证妨碍行为的具体表现方式。被诉侵权方由此取得不利诉讼结果后提起上诉，二审诉讼过程中又提交了一审中拒绝提交的证据，或申请法院再行勘验以查清技术事实的，可被认定为具有妨碍举证的主观故意。二审中即使采纳了其新提交的证据并作出对其有利的裁判，也应依法对其上述行为予以制裁。法定代表人指示公司工作人员采取举证

妨碍行为的，亦应予以制裁。

2. 违反限制高消费司法惩戒措施的适用［金某与王某执行实施案，吉林省珲春市人民法院（2023）吉2404司惩4号，入库编号：2024-17-5-101-035］

被执行人名下无财产可供执行，但其通过公开网络视频显示的消费行为远超其向法院报备的财产情况，且被执行人不能证明相关消费行为为纯获利益的，应当认定其违反人民法院限制消费令，依法可以对其采取拘留、罚款等措施。

3. 股东知情权纠纷案件中执行措施的适用［张某某与上海某实业公司执行实施案，上海市闵行区人民法院（2020）沪0112执3807号，入库编号：2024-17-5-101-019］

股东知情权执行兼具物之交付与行为执行的特点，执行程序中可以采取搜查、向有关机关调取资料等直接执行措施，也可以采取限制消费、制发《预处罚通知书》责令履行等间接执行措施。在执行程序中，可以直接准许符合条件的人员辅助股东行使知情权。

第一百一十五条　【对虚假诉讼、调解行为的处罚】 当事人之间恶意串通，企图通过诉讼、调解等方式侵害国家利益、社会公共利益

---

① 对应2023年《民事诉讼法》第114条。——编者注

或者他人合法权益的,人民法院应当驳回其请求,并根据情节轻重予以罚款、拘留;构成犯罪的,依法追究刑事责任。

当事人单方捏造民事案件基本事实,向人民法院提起诉讼,企图侵害国家利益、社会公共利益或者他人合法权益的,适用前款规定。

【立法·要点注释】

1. 实践中,一些当事人滥用诉权,制造虚假诉讼、恶意诉讼,企图通过欺骗法院的行为取得有利于自身的裁判,不仅可能侵犯他人合法权益,还会造成大量司法资源浪费,具有社会危害性。近年来,随着我国对虚假诉讼打击力度的加大,以及执行程序中案外人异议等制度的设置,当事人恶意串通将被法院查封的财产另案确权或者分割的情形已经大为减少。但是不容否认的是,仍有相当一部分当事人,恶意串通,通过虚假的案外人异议及异议之诉,阻却执行程序进行,导致债权人的合法权益无法得以及时实现。

2. 虚假诉讼的构成要件包括:一是当事人恶意串通或单方捏造民事案件基本事实。对于当事人的主观状态很难直接证明,往往需要通过当事人实施的客观行为来推定,如伪造证据、倒签借款协议、自认虚假事实等。二是通过诉讼、调解等方式。对于调解,需要注意的是,此处仅指法院主持下的调解活动,不包括其他调解。对于仲裁方式,因《仲裁法》《民事诉讼法》已经对撤销仲裁裁决、不予执行仲裁裁决等制度作出了规定,虚假仲裁的问题就不纳入本条规范。三是侵害国家利益、社会公共利益或他人合法权益。

3. 当事人实施虚假诉讼,需要承担相应的法律责任。法官在审理案件时如果认定当事人实施了虚假诉讼,应当驳回其请求,并根据情节轻重予以罚款、拘留;构成犯罪的,依法追究刑事责任。

【相关立法】

《中华人民共和国刑法》(19800101;20240301)

第三百零七条之一 以捏造的事实提起民事诉讼,妨害司法秩序或者严重侵害他人合法权益的,处三年以下有期徒刑、拘役或者管制,并处或者单处罚金;情节严重的,处三年以上七年以下有期徒刑,并处罚金。

单位犯前款罪的,对单位判处罚金,并对其直接负责的主管人员和其他直接责任人员,依照前款的规定处罚。

有第一款行为,非法占有他人财产或者逃避合法债务,又构成其他犯罪的,依照处罚较重的规定定罪从重处罚。

司法工作人员利用职权,与他人共同实施前三款行为的,从重处罚;同时构成其他犯罪的,依照处罚较重的规定定罪从重处罚。

【司法解释】

1.《最高人民法院关于适用〈中华人民共和国民事诉讼法〉的解释》(法释〔2015〕5号,20150204;经法释〔2022〕11号修正,20220410)

第一百四十四条　人民法院审理民事案件,发现当事人之间恶意串通,企图通过和解、调解方式侵害他人合法权益的,应当依照民事诉讼法第一百一十五条的规定处理。

第一百九十条　民事诉讼法第一百一十五条规定的他人合法权益,包括案外人的合法权益、国家利益、社会公共利益。①

第三人根据民事诉讼法第五十九条第三款规定提起撤销之诉,经审查,原案当事人之间恶意串通进行虚假诉讼的,适用民事诉讼法第一百一十五条规定处理。

【重点解读】关于对第三人撤销之诉中的恶意串通虚假诉讼行为人的处理问题。根据《民事诉讼法》第59条第3款的规定,第三人因不能归责于本人的事由未参加诉讼,但有证据证明发生法律效力的判决、裁定、调解书的部分或者全部内容错误,损害其民事权益的,可以自知道或者应当知道其民事权益受到损害之日起6个月内,向作出该判决、裁定、调解书的人民法院提起诉

讼。在当事人之间恶意串通进行的虚假诉讼中,由于被侵害的案外人并没有参加到诉讼之中,因此这样的行为很难在立案受理环节和审理环节中被人民法院发现,在相关的判决、裁定或者调解书作出之后,第三人按照《民事诉讼法》第59条第3款的规定提起撤销之诉,人民法院经审查发现原案当事人系恶意串通进行虚假诉讼的,即应按照《民事诉讼法》第115条的规定对有关当事人予以罚款、拘留;构成犯罪的,依法追究刑事责任。

第一百九十一条　单位有民事诉讼法第一百一十五条或者第一百一十六条规定行为的,人民法院应当对该单位进行罚款,并可以对其主要负责人或者直接责任人员予以罚款、拘留;构成犯罪的,依法追究刑事责任。

【重点解读】人民法院对于存在恶意串通进行虚假诉讼或者逃避执行义务行为的单位,一经发现即应采取罚款的强制措施,不能选择性适用强制措施,对单位不予处理;如果单位的行为构成犯罪的,应按照《民事诉讼法》第115条或者第116条的规定,依法追究单位的刑事责任。而对于单位的主要负责人或者直接责任人员不是必须要采取罚款、拘留的强制措施,也即是否采取强制措施以及采取何种强制措施,

---

①　2023年修正的《民事诉讼法》将国家利益、社会公共利益、他人合法权益并列规定。——编者注

由人民法院根据实际情况决定。但如果主要负责人或者直接责任人员的行为构成犯罪的,必须要依法追究其刑事责任。此外,恶意串通进行虚假诉讼或者逃避执行义务是严重妨碍民事诉讼的行为,人民法院必须要用好用足强制措施,维护司法权威。

2.《最高人民法院、最高人民检察院关于办理虚假诉讼刑事案件适用法律若干问题的解释》(法释〔2018〕17号,20181001)

第一条 采取伪造证据、虚假陈述等手段,实施下列行为之一,捏造民事法律关系,虚构民事纠纷,向人民法院提起民事诉讼的,应当认定为刑法第三百零七条之一第一款规定的"以捏造的事实提起民事诉讼":

(一)与夫妻一方恶意串通,捏造夫妻共同债务的;

(二)与他人恶意串通,捏造债权债务关系和以物抵债协议的;

(三)与公司、企业的法定代表人、董事、监事、经理或者其他管理人员恶意串通,捏造公司、企业债务或者担保义务的;

(四)捏造知识产权侵权关系或者不正当竞争关系的;

(五)在破产案件审理过程中申报捏造的债权的;

(六)与被执行人恶意串通,捏造债权或者对查封、扣押、冻结财产的优先权、担保物权的;

(七)单方或者与他人恶意串通,捏造身份、合同、侵权、继承等民事法律关系的其他行为。

隐瞒债务已经全部清偿的事实,向人民法院提起民事诉讼,要求他人履行债务的,以"以捏造的事实提起民事诉讼"论。

向人民法院申请执行基于捏造的事实作出的仲裁裁决、公证债权文书,或者在民事执行过程中以捏造的事实对执行标的提出异议、申请参与执行财产分配的,属于刑法第三百零七条之一第一款规定的"以捏造的事实提起民事诉讼"。

第二条 以捏造的事实提起民事诉讼,有下列情形之一的,应当认定为刑法第三百零七条之一第一款规定的"妨害司法秩序或者严重侵害他人合法权益":

(一)致使人民法院基于捏造的事实采取财产保全或者行为保全措施的;

(二)致使人民法院开庭审理,干扰正常司法活动的;

(三)致使人民法院基于捏造的事实作出裁判文书、制作财产分配方案,或者立案执行基于捏造的事实作出的仲裁裁决、公证债权文书的;

(四)多次以捏造的事实提起民事诉讼的;

(五)曾因以捏造的事实提起民事诉讼被采取民事诉讼强制措施或者受过刑事追究的;

(六)其他妨害司法秩序或者严重

侵害他人合法权益的情形。

第三条　以捏造的事实提起民事诉讼，有下列情形之一的，应当认定为刑法第三百零七条之一第一款规定的"情节严重"：

（一）有本解释第二条第一项情形，造成他人经济损失一百万元以上的；

（二）有本解释第二条第二项至第四项情形之一，严重干扰正常司法活动或者严重损害司法公信力的；

（三）致使义务人自动履行生效裁判文书确定的财产给付义务或者人民法院强制执行财产权益，数额达到一百万元以上的；

（四）致使他人债权无法实现，数额达到一百万元以上的；

（五）非法占有他人财产，数额达到十万元以上的；

（六）致使他人因为不执行人民法院基于捏造的事实作出的判决、裁定，被采取刑事拘留、逮捕措施或者受到刑事追究的；

（七）其他情节严重的情形。

第四条　实施刑法第三百零七条之一第一款行为，非法占有他人财产或者逃避合法债务，又构成诈骗罪，职务侵占罪，拒不执行判决、裁定罪，贪污罪等犯罪的，依照处罚较重的规定定罪从重处罚。

第五条　司法工作人员利用职权，与他人共同实施刑法第三百零七条之一前三款行为的，从重处罚；同时构成

滥用职权罪，民事枉法裁判罪，执行判决、裁定滥用职权罪等犯罪的，依照处罚较重的规定定罪从重处罚。

第六条　诉讼代理人、证人、鉴定人等诉讼参与人与他人通谋，代理提起虚假民事诉讼，故意作虚假证言或者出具虚假鉴定意见，共同实施刑法第三百零七条之一前三款行为的，依照共同犯罪的规定定罪处罚；同时构成妨害作证罪，帮助毁灭、伪造证据罪等犯罪的，依照处罚较重的规定定罪从重处罚。

第七条　采取伪造证据等手段篡改案件事实，骗取人民法院裁判文书，构成犯罪的，依照刑法第二百八十条、第三百零七条等规定追究刑事责任。

第八条　单位实施刑法第三百零七条之一第一款行为的，依照本解释规定的定罪量刑标准，对其直接负责的主管人员和其他直接责任人员定罪处罚，并对单位判处罚金。

第九条　实施刑法第三百零七条之一第一款行为，未达到情节严重的标准，行为人系初犯，在民事诉讼过程中自愿具结悔过，接受人民法院处理决定，积极退赃、退赔的，可以认定为犯罪情节轻微，不起诉或者免予刑事处罚；确有必要判处刑罚的，可以从宽处罚。

司法工作人员利用职权，与他人共同实施刑法第三百零七条之一第一款行为的，对司法工作人员不适用本条第一款规定。

第十条　虚假诉讼刑事案件由虚假民事诉讼案件的受理法院所在地或

者执行法院所在地人民法院管辖。有刑法第三百零七条之一第四款情形的，上级人民法院可以指定下级人民法院将案件移送其他人民法院审判。

第十一条 本解释所称裁判文书，是指人民法院依照民事诉讼法、企业破产法等民事法律作出的判决、裁定、调解书、支付令等文书。

3.《最高人民法院关于审理民间借贷案件适用法律若干问题的规定》(法释〔2015〕18号，20150901；经法释〔2020〕17号修正，20210101)

第十八条 人民法院审理民间借贷纠纷案件时发现有下列情形之一的，应当严格审查借贷发生的原因、时间、地点、款项来源、交付方式、款项流向以及借贷双方的关系、经济状况等事实，综合判断是否属于虚假民事诉讼：

（一）出借人明显不具备出借能力；

（二）出借人起诉所依据的事实和理由明显不符合常理；

（三）出借人不能提交债权凭证或者提交的债权凭证存在伪造的可能；

（四）当事人双方在一定期限内多次参加民间借贷诉讼；

（五）当事人无正当理由拒不到庭参加诉讼，委托代理人对借贷事实陈述不清或者陈述前后矛盾；

（六）当事人双方对借贷事实的发生没有任何争议或者诉辩明显不符合常理；

（七）借款人的配偶或者合伙人、案外人的其他债权人提出有事实依据的异议；

（八）当事人在其他纠纷中存在低价转让财产的情形；

（九）当事人不正当放弃权利；

（十）其他可能存在虚假民间借贷诉讼的情形。

第十九条 经查明属于虚假民间借贷诉讼，原告申请撤诉的，人民法院不予准许，并应当依据民事诉讼法第一百一十二条①之规定，判决驳回其请求。

诉讼参与人或者其他人恶意制造、参与虚假诉讼，人民法院应当依据民事诉讼法第一百一十一条、第一百一十二条和第一百一十三条②之规定，依法予以罚款、拘留；构成犯罪的，应当移送有管辖权的司法机关追究刑事责任。

单位恶意制造、参与虚假诉讼的，人民法院应当对该单位进行罚款，并可以对其主要负责人或者直接责任人员予以罚款、拘留；构成犯罪的，应当移送有管辖权的司法机关追究刑事责任。

【司法文件】

1.《最高人民法院关于深入开展虚

---

① 对应2023年《民事诉讼法》第115条。——编者注

② 对应2023年《民事诉讼法》第114条、第115条、第116条。——编者注

假诉讼整治工作的意见》（法〔2021〕281号，20211110）

二、精准甄别查处，依法保护诉权。单独或者与他人恶意串通，采取伪造证据、虚假陈述等手段，捏造民事案件基本事实，虚构民事纠纷，向人民法院提起民事诉讼，损害国家利益、社会公共利益或者他人合法权益，妨害司法秩序的，构成虚假诉讼。向人民法院申请执行基于捏造的事实作出的仲裁裁决、调解书及公证债权文书，在民事执行过程中以捏造的事实对执行标的提出异议、申请参与执行财产分配的，也属于虚假诉讼。诉讼代理人、证人、鉴定人、公证人等与他人串通，共同实施虚假诉讼的，属于虚假诉讼行为人。在整治虚假诉讼的同时，应当依法保护当事人诉权。既要防止以保护当事人诉权为由，放松对虚假诉讼的甄别、查处，又要防止以整治虚假诉讼为由，当立案不立案，损害当事人诉权。

三、把准特征表现，做好靶向整治。各级人民法院要积极总结司法实践经验，准确把握虚假诉讼的特征表现，做到精准施治、靶向整治。对存在下列情形的案件，要高度警惕、严格审查，有效防范虚假诉讼：原告起诉依据的事实、理由不符合常理；诉讼标的额与原告经济状况严重不符；当事人之间存在亲属关系、关联关系等利害关系，诉讼结果可能涉及案外人利益；当事人之间不存在实质性民事权益争议，在诉讼中没有实质性对抗辩论；当事人的自认不符合

常理；当事人身陷沉重债务负担却以明显不合理的低价转让财产、以明显不合理的高价受让财产或者放弃财产权利；认定案件事实的证据不足，当事人却主动迅速达成调解协议，请求人民法院制作调解书；当事人亲历案件事实却不能完整准确陈述案件事实或者陈述前后矛盾等。

四、聚焦重点领域，加大整治力度。民间借贷纠纷，执行异议之诉，劳动争议，离婚析产纠纷，诉离婚案件一方当事人的财产纠纷，企业破产纠纷，公司分立（合并）纠纷，涉驰名商标的商标纠纷，涉拆迁的离婚、分家析产、继承、房屋买卖合同纠纷，涉房屋限购和机动车配置指标调控等宏观调控政策的买卖合同、以物抵债纠纷等各类纠纷，是虚假诉讼易发领域。对上述案件，各级人民法院应当重点关注、严格审查，加大整治虚假诉讼工作力度。

五、坚持分类施策，提高整治实效。人民法院认定为虚假诉讼的案件，原告申请撤诉的，不予准许，应当根据民事诉讼法第一百一十二条①规定，驳回其诉讼请求。虚假诉讼行为情节恶劣、后果严重或者多次参与虚假诉讼、制造系列虚假诉讼案件的，要加大处罚力度。虚假诉讼侵害他人民事权益的，行为人应当承担赔偿责任。人民法院在办理案件过程中发现虚假诉讼涉嫌犯罪的，

----

① 对应2023年《民事诉讼法》第115条。——编者注

应当依法及时将相关材料移送刑事侦查机关；公职人员或者国有企事业单位人员制造、参与虚假诉讼的，应当通报所在单位或者监察机关；律师、基层法律服务工作者、鉴定人、公证人等制造、参与虚假诉讼的，可以向有关行政主管部门、行业协会发出司法建议，督促及时予以行政处罚或者行业惩戒。司法工作人员利用职权参与虚假诉讼的，应当依法从严惩处，构成犯罪的，应当依法从严追究刑事责任。

八、慎查调解协议，确保真实合法。当事人对诉讼标的无实质性争议，主动达成调解协议并申请人民法院出具调解书的，应当审查协议内容是否符合案件基本事实、是否违反法律规定、是否涉及案外人利益、是否规避国家政策。调解协议涉及确权内容的，应当在查明权利归属的基础上决定是否出具调解书。不能仅以当事人可自愿处分民事权益为由，降低对调解协议所涉法律关系真实性、合法性的审查标准，尤其要注重审查调解协议是否损害国家利益、社会公共利益或者他人合法权益。当事人诉前达成调解协议，申请司法确认的，应当着重审查调解协议是否存在违反法律、行政法规强制性规定、违背公序良俗或者侵害国家利益、社会公共利益、他人合法权益等情形；诉前调解协议内容涉及物权、知识产权确权的，应当裁定不予受理，已经受理的，应当裁定驳回申请。

2.《最高人民法院关于在民事诉讼中防范与惩治虚假诉讼工作指引（一）》（法〔2021〕287号，20211111）

1. 人民法院认定存在虚假诉讼时综合考虑下列因素：

（1）行为人单独或者与他人恶意串通；

（2）采取伪造证据、虚假陈述等手段；

（3）捏造民事案件基本事实，虚构民事纠纷；

（4）向人民法院提起民事诉讼；

（5）妨害司法秩序或者侵害他人合法权益。

17. 对于当事人恶意串通实施虚假诉讼的，人民法院根据情节轻重，依照民事诉讼法第一百一十二条①予以罚款、拘留；发现涉嫌犯罪的，及时移送有管辖权的机关处理。

18. 对于当事人单方实施虚假诉讼的，以及一方当事人和诉讼当事人之外的他人进行恶意串通，实施虚假诉讼的，人民法院根据情节轻重，依照民事诉讼法第一百一十一条②第一款第一项、第二项予以罚款、拘留；发现涉嫌犯罪的，及时移送有管辖权的机关处理。

19. 对申请执行人、被执行人等在执行中实施虚假诉讼的，人民法院根据

---

① 对应2023年《民事诉讼法》第115条。——编者注

② 对应2023年《民事诉讼法》第114条。——编者注

情节轻重,依照民事诉讼法第一百一十三条①等予以罚款、拘留;发现涉嫌犯罪的,及时移送有管辖权的机关处理。

20.人民法院决定对虚假诉讼行为人采取强制措施的,综合考虑案件审理的具体情况、诉讼的不同阶段、当事人受到的损失以及对人民法院诉讼秩序造成的影响等因素。

21.人民法院发现当事人可能存在虚假诉讼嫌疑的,可以依法进行释明,告知法律后果。当事人申请撤诉的,人民法院可以准许。

当事人意图恶意制造或者改变管辖,人民法院依照民事诉讼法第三十六条②将案件移送管辖,或者依照民事诉讼法第一百一十九条③、第一百二十四条④第四项裁定不予受理。

22.人民法院经查明认定属于虚假诉讼,原告申请撤诉的,人民法院不予准许,依照民事诉讼法第一百一十二条的规定驳回诉讼请求,同时依法决定采取相应民事强制措施。

23.经审查后,认定当事人基于捏造的事实获取仲裁裁决或者调解书、公证债权文书、支付令等生效法律文书申请执行的,人民法院依照民事诉讼法第二百三十七条⑤、第二百三十八条⑥等裁定不予执行;认定当事人以捏造事实提出异议的,人民法院依照民事诉讼法第二百二十五条⑦裁定驳回异议。

案外人在民事执行过程中以捏造的事实对执行标的提出异议,人民法院依照民事诉讼法第二百二十七条⑧等规定采取驳回异议等措施。

24.对于以涉嫌虚假诉讼为由提起的第三人撤销之诉、执行异议之诉、案外人申请再审,以及依照职权启动审判监督程序的案件,各级人民法院依法及时认定虚假诉讼,保护当事人合法权益。

25.对于以涉嫌虚假诉讼为由提起的第三人撤销之诉,尤其起诉主张撤销的生效法律文书是调解书的,人民法院综合判断起诉是否符合法律规定的要件,通过询问、调阅案件卷宗等方式进行审查,不能简单以起诉时没有提供足够证据材料为由不作进一步审查,亦不能对主张涉虚假诉讼的起诉不作适当实质审查即予以受理。

26.各级人民法院在执行异议之诉程序中应着重增强防范和惩治虚假诉

---

① 对应 2023 年《民事诉讼法》第 116 条。——编者注

② 对应 2023 年《民事诉讼法》第 37 条。——编者注

③ 对应 2023 年《民事诉讼法》第 122 条。——编者注

④ 对应 2023 年《民事诉讼法》第 127 条。——编者注

⑤ 对应 2023 年《民事诉讼法》第 248 条。——编者注

⑥ 对应 2023 年《民事诉讼法》第 249 条。——编者注

⑦ 对应 2023 年《民事诉讼法》第 236 条。——编者注

⑧ 对应 2023 年《民事诉讼法》第 238 条。——编者注

讼的意识和能力，严防被执行人与案外人恶意串通虚构事实，利用该程序拖延和逃避执行，损害原诉当事人的合法权益和司法裁判权威。

27.对于案外人以涉嫌虚假诉讼为由提出的再审申请，人民法院充分听取各方当事人意见，进一步审查生效裁判据以认定事实、适用法律的证据的真实性、合法性和关联性，必要时可以依据当事人申请或依职权调查核实。

28.对于因涉嫌虚假诉讼造成生效裁判确有错误的案件，但是不符合第三人撤销之诉、执行异议之诉及案外人申请再审受理条件的，人民法院依照职权启动审判监督程序予以纠正。

29.当事人依据人民法院已经生效裁判或者仲裁机构已经生效仲裁裁决所确认的事实提起新的诉讼，该确认的事实系在之前诉讼或者仲裁过程中当事人自认的，新的诉讼对方当事人不予认可、主张提起诉讼的当事人承担举证责任的，人民法院予以支持。

30.受害人因虚假诉讼导致民事权益受到损害，依照民法典第一千一百六十五条第一款的规定请求损害赔偿的，人民法院予以受理。

受害人就下列损失请求损害赔偿的，人民法院予以支持：

（1）受害人为应对虚假诉讼及索赔而产生的律师费、差旅费、调查取证费等直接经济损失；

（2）受害人因虚假诉讼所造成预期利润减少等间接经济损失；

（3）虚假诉讼给受害人造成的其他经济损失。

人民法院根据上述损失与虚假诉讼的因果关系确定实施虚假诉讼的当事人应当承担的损害赔偿责任。

在受害人的损失难以确定的情况下，可以综合考虑提起虚假诉讼的当事人的主观过错程度、侵权行为的性质和情节、受害人遭受损失的严重程度等因素，酌情确定赔偿数额。

实施虚假诉讼侵害他人人身权益造成严重精神损害，受害人主张依据民法典第一千一百八十三条的规定请求赔偿精神损害的，人民法院予以受理。

31.人民法院工作人员实施或者参与实施虚假诉讼的，应当依照法律法规从严处理；构成犯罪的，依法从严追究刑事责任。

32.公职人员或者国有企事业单位人员实施或者参与实施虚假诉讼的，人民法院通报所在单位或者监察机关。发现涉嫌犯罪的，及时移送有管辖权的机关处理。

33.经审查认定诉讼代理人有以下行为之一的，人民法院依照民事诉讼法第一百一十一条、第一百一十二条的规定决定采取强制措施：

（1）违规接受对方当事人或者案外人给付的财物或者其他利益，与对方当事人或者案外人恶意串通，侵害委托人合法权益的；

（2）知道或者应当知道系虚假证据而仍然向法院提交，或者指使、威胁、利诱他人向法院提交的；

（3）指使或者帮助委托人或者他人伪造、隐匿、毁灭证据，指使、威胁、利诱证人不作证或者作伪证的；

（4）明知违背事实进行虚假陈述，或者虚构法律关系和相应事实进行抗辩的；

（5）采取其他不正当手段干扰民事诉讼活动正常进行的。

律师或者基层法律服务工作者实施前款行为的，人民法院向司法行政部门、行业协会建议视情形给予罚款、没收违法所得、停止执业或者吊销执业证书等处罚。发现涉嫌犯罪的，及时移送有管辖权的机关处理。

34. 鉴定机构、鉴定人参与实施虚假诉讼的，人民法院根据情节轻重，依照民事诉讼法第一百一十一条、第一百一十二条的规定决定采取强制措施。同时，可以责令退还鉴定费用，从法院委托鉴定专业机构备选名单中予以除名，建议主管部门、行业协会按照相关规定进行处理。发现涉嫌犯罪的，及时移送有管辖权的机关处理。

35. 公证机构、公证员参与实施虚假诉讼的，人民法院依照《中华人民共和国公证法》第四十二条的规定进行处理，建议司法行政部门对公证机构给予警告、罚款、停业整顿等处罚。发现涉嫌犯罪的，及时移送有管辖权的机关处理。

36. 国家机关或者其他承担社会公共管理职能单位提供虚假证明文书等，妨碍人民法院审理案件的，人民法院依

照民事诉讼法第一百一十一条的规定，对其主要负责人或者直接责任人员予以罚款、拘留；发现涉嫌犯罪的，及时移送有管辖权的机关处理。

37. 人民法院探索建立虚假诉讼失信人公开制度，研究与社会征信平台接轨，增加虚假诉讼违法犯罪成本。对于参与虚假诉讼的被执行人，人民法院应当依照《最高人民法院关于公布失信被执行人名单信息的若干规定》第一条第三项的规定，将其纳入失信被执行人名单，予以信用惩戒。

3.《最高人民法院关于防范和制裁虚假诉讼的指导意见》（法发〔2016〕13号，20160620）

1. 虚假诉讼一般包含以下要素：（1）以规避法律、法规或国家政策谋取非法利益为目的；（2）双方当事人存在恶意串通；（3）虚构事实；（4）借用合法的民事程序；（5）侵害国家利益、社会公共利益或者案外人的合法权益。

4.《最高人民法院、最高人民检察院、公安部、司法部关于进一步加强虚假诉讼犯罪惩治工作的意见》（法发〔2021〕10号，20210310）

第二十二条　对于故意制造、参与虚假诉讼犯罪活动的民事诉讼当事人和其他诉讼参与人，人民法院应当加大罚款、拘留等对妨害民事诉讼的强制措施的适用力度。

民事诉讼当事人、其他诉讼参与人

实施虚假诉讼,人民法院向公安机关移送案件有关材料前,可以依照民事诉讼法的规定先行予以罚款、拘留。

对虚假诉讼刑事案件被告人判处罚金、有期徒刑或者拘役的,人民法院已经依照民事诉讼法的规定给予的罚款、拘留,应当依法折抵相应罚金或者刑期。

第二十三条 人民检察院可以建议人民法院依照民事诉讼法的规定,对故意制造、参与虚假诉讼的民事诉讼当事人和其他诉讼参与人采取罚款、拘留等强制措施。

【最高法指导性案例】

指导案例68号:上海欧宝生物科技有限公司诉辽宁特莱维置业发展有限公司企业借贷纠纷案(20160919)

【裁判要点】

人民法院审理民事案件中发现存在虚假诉讼可能时,应当依职权调取相关证据,详细询问当事人,全面严格审查诉讼请求与相关证据之间是否存在矛盾,以及当事人诉讼中言行是否违背常理。经综合审查判断,当事人存在虚构事实、恶意串通、规避法律或国家政策以谋取非法利益,进行虚假民事诉讼情形的,应当依法予以制裁。

【法院参考案例】

案外人以捏造的事实提起民事诉讼又申请撤诉未被准许后应驳回诉讼请求并予处罚[侯某某诉上海某某企业发展有限公司案外人执行异议纠纷案,上海市宝山区人民法院(2018)沪0113民初16670号,入库编号:2023-07-2-471-003]

原告捏造事实,试图利用虚假民事诉讼阻却执行,侵害债权人合法权益,在原告申请撤诉未被人民法院准许后,人民法院应当依法判决驳回原告全部诉讼请求,并根据情节对原告的虚假诉讼行为予以制裁。

第一百一十六条 【对恶意串通逃避履行法律文书确定义务的强制措施】 被执行人与他人恶意串通,通过诉讼、仲裁、调解等方式逃避履行法律文书确定的义务的,人民法院应当根据情节轻重予以罚款、拘留;构成犯罪的,依法追究刑事责任。

【立法·要点注释】

1. 实践中,一些有履行能力的被执行人通常采取各种手段规避执行,与他人恶意串通,通过虚假诉讼或者仲裁手段转移财产、虚构优先债权参与分配等,而且手段日趋隐蔽,直接损害了债权人的合法权益,浪费司法资源,极大地损害了司法权威,必须采取有效手段加以遏制,必要时要依法运用刑罚手段严厉打击。

2. 恶意串通逃避执行行为的构成要件主要包括：一是恶意串通，被执行人和他人之间必须有共同故意，以逃避执行为目的，明知会损害申请执行人的利益仍故意为之。二是通过诉讼、仲裁、调解等方式，此处的调解除包括法院主持下的诉讼中调解外，还包括根据《人民调解法》等法律进行的调解活动。三是逃避履行法律文书确定的义务，此处的法律文书，包括判决书、调解书、裁定书、仲裁裁决、公证债权文书、支付令以及法律规定由人民法院执行的其他法律文书。

3. 恶意实施串通逃避执行行为的，人民法院应当根据情节轻重予以罚款、拘留；构成犯罪的，依法追究刑事责任。

【相关立法】

1.《中华人民共和国刑法》（19800101；20240301）

第三百一十三条　对人民法院的判决、裁定有能力执行而拒不执行，情节严重的，处三年以下有期徒刑、拘役或者罚金；情节特别严重的，处三年以上七年以下有期徒刑，并处罚金。

单位犯前款罪的，对单位判处罚金，并对其直接负责的主管人员和其他直接责任人员，依照前款的规定处罚。

2.《全国人民代表大会常务委员会关于〈中华人民共和国刑法〉第三百一

十三条的解释》（20020829）

刑法第三百一十三条规定的"人民法院的判决、裁定"，是指人民法院依法作出的具有执行内容并已发生法律效力的判决、裁定。人民法院为依法执行支付令、生效的调解书、仲裁裁决、公证债权文书等所作的裁定属于该条规定的裁定。

下列情形属于刑法第三百一十三条规定的"有能力执行而拒不执行，情节严重"的情形：

（一）被执行人隐藏、转移、故意毁损财产或者无偿转让财产、以明显不合理的低价转让财产，致使判决、裁定无法执行的；

（二）担保人或者被执行人隐藏、转移、故意毁损或者转让已向人民法院提供担保的财产，致使判决、裁定无法执行的；

（三）协助执行义务人接到人民法院协助执行通知书后，拒不协助执行，致使判决、裁定无法执行的；

（四）被执行人、担保人、协助执行义务人与国家机关工作人员通谋，利用国家机关工作人员的职权妨害执行，致使判决、裁定无法执行的；

（五）其他有能力执行而拒不执行，情节严重的情形。

国家机关工作人员有上述第四项行为的，以拒不执行判决、裁定罪的共犯追究刑事责任。国家机关工作人员收受贿赂或者滥用职权，有上述第四项行为的，同时又构成刑法第三百八十五条、第三百九十七条规定之罪的，依照处罚较重的规定定罪处罚。

【司法解释】

1.《最高人民法院关于适用〈中华人民共和国民事诉讼法〉的解释》（法释〔2015〕5号，20150204；经法释〔2022〕11号修正，20220410）

第一百八十三条 民事诉讼法第一百一十三条至第一百一十六条规定的罚款、拘留可以单独适用，也可以合并适用。

第一百九十一条 单位有民事诉讼法第一百一十五条或者第一百一十六条规定行为的，人民法院应当对该单位进行罚款，并可以对其主要负责人或者直接责任人员予以罚款、拘留；构成犯罪的，依法追究刑事责任。

第三百一十三条 案外人执行异议之诉审理期间，人民法院不得对执行标的进行处分。申请执行人请求人民法院继续执行并提供相应担保的，人民法院可以准许。

被执行人与案外人恶意串通，通过执行异议、执行异议之诉妨害执行的，人民法院应当依照民事诉讼法第一百一十六条规定处理。申请执行人因此受到损害的，可以提起诉讼要求被执行人、案外人赔偿。

2.《最高人民法院、最高人民检察院关于办理拒不执行判决、裁定刑事案件适用法律若干问题的解释》（法释〔2024〕13号，20241201）

第一条 被执行人、协助执行义务人、担保人等负有执行义务的人，对人民法院的判决、裁定有能力执行而拒不执行，情节严重的，应当依照刑法第三百一十三条的规定，以拒不执行判决、裁定罪处罚。

本解释所称负有执行义务的人，包括自然人和单位。

第二条 刑法第三百一十三条规定的"人民法院的判决、裁定"，是指人民法院依法作出的具有执行内容并已发生法律效力的判决、裁定。人民法院为依法执行支付令、生效的调解书、仲裁裁决、公证债权文书等所作的裁定属于该条规定的裁定。

第三条 负有执行义务的人有能力执行而拒不执行，且具有下列情形之一，应当认定为全国人民代表大会常务委员会关于刑法第三百一十三条的解释中规定的"其他有能力执行而拒不执行，情节严重的情形"：

（一）以放弃债权、放弃债权担保等方式恶意无偿处分财产权益，或者恶意延长到期债权的履行期限，或者以虚假和解、虚假转让等方式处分财产权益，致使判决、裁定无法执行的；

（二）实施以明显不合理的高价受让他人财产、为他人的债务提供担保等恶意减损责任财产的行为，致使判决、裁定无法执行的；

（三）伪造、毁灭、隐匿有关履行能

力的重要证据,以暴力、威胁、贿买方法阻止他人作证或者指使、贿买、胁迫他人作伪证,妨碍人民法院查明负有执行义务的人财产情况,致使判决、裁定无法执行的;

(四)具有拒绝报告或者虚假报告财产情况、违反人民法院限制消费令等拒不执行行为,经采取罚款、拘留等强制措施后仍拒不执行的;

(五)经采取罚款、拘留等强制措施后仍拒不交付法律文书指定交付的财物、票证或者拒不迁出房屋、退出土地,致使判决、裁定无法执行的;

(六)经采取罚款、拘留等强制措施后仍拒不履行协助行使人身权益等作为义务,致使判决、裁定无法执行,情节恶劣的;

(七)经采取罚款、拘留等强制措施后仍违反人身安全保护令、禁止从事相关职业决定等不作为义务,造成被害人轻微伤以上伤害或者严重影响被害人正常的工作生活的;

(八)以恐吓、辱骂、聚众哄闹、威胁等方法或者以拉拽、推搡等消极抗拒行为,阻碍执行人员进入执行现场,致使执行工作无法进行,情节恶劣的;

(九)毁损、抢夺执行案件材料、执行公务车辆和其他执行器械、执行人员服装以及执行公务证件,致使执行工作无法进行的;

(十)其他有能力执行而拒不执行,情节严重的情形。

第四条　负有执行义务的人有能力执行而拒不执行,且具有下列情形之一,应当认定属于"情节特别严重"的情形:

(一)通过虚假诉讼、虚假仲裁、虚假公证等方式妨害执行,致使判决、裁定无法执行的;

(二)聚众冲击执行现场,致使执行工作无法进行的;

(三)以围攻、扣押、殴打等暴力方法对执行人员进行人身攻击,致使执行工作无法进行的;

(四)因拒不执行,致使申请执行人自杀、自残或者造成其他严重后果的;

(五)其他情节特别严重的情形。

第五条　有能力执行是指负有执行义务的人有全部执行或者部分执行给付财产义务或履行特定行为义务的能力。

在认定负有执行义务的人的执行能力时,应当扣除负有执行义务的人及其所扶养家属的生活必需费用。

第六条　行为人为逃避执行义务,在诉讼开始后、裁判生效前实施隐藏、转移财产等行为,在判决、裁定生效后经查证属实,要求其执行而拒不执行的,可以认定其有能力执行而拒不执行,情节严重,以拒不执行判决、裁定罪追究刑事责任。

前款所指诉讼开始后,一般是指被告接到人民法院应诉通知后。

第七条　全国人民代表大会常务委员会关于刑法第三百一十三条的解

释和本解释中规定的"致使判决、裁定无法执行",一般是指人民法院依据法律及相关规定采取执行措施后仍无法执行的情形,包括判决、裁定全部无法执行,也包括部分无法执行。

第八条 案外人明知负有执行义务的人有能力执行而拒不执行人民法院的判决、裁定,与其通谋,协助实施隐藏、转移财产等拒不执行行为,致使判决、裁定无法执行的,以拒不执行判决、裁定罪的共犯论处。

第九条 负有执行义务的人有能力执行而拒不执行人民法院的判决、裁定,同时构成拒不执行判决、裁定罪,妨害公务罪,袭警罪,非法处置查封、扣押、冻结的财产罪等犯罪的,依照处罚较重的规定定罪处罚。

第十条 拒不执行支付赡养费、扶养费、抚养费、抚恤金、医疗费用、劳动报酬等判决、裁定,构成犯罪的,应当依法从重处罚。

第十一条 实施刑法第三百一十三条规定的拒不执行判决、裁定行为,情节显著轻微危害不大的,不认为是犯罪;在提起公诉前,履行全部或者部分执行义务,犯罪情节轻微的,可以依法不起诉。在一审宣告判决前,履行全部或者部分执行义务,犯罪情节轻微的,可以依法从轻或者免除处罚。

第十二条 对被告人以拒不执行判决、裁定罪追诉时,对其故意毁损、无偿处分、以明显不合理价格处分、虚假转让等方式违法处置的财产,应当依法

予以追缴或者责令退赔,交由执行法院依法处置。

第十三条 人民检察院应当结合侦查移送情况对涉案财产进行审查,在提起公诉时对涉案财产提出明确处理意见。人民法院应当依法作出判决,对涉案财产作出处理。

第十四条 申请执行人有证据证明同时具有下列情形,人民法院认为符合刑事诉讼法第二百一十条第三项规定的,以自诉案件立案审理:

(一)负有执行义务的人拒不执行判决、裁定,侵犯了申请执行人的人身、财产权利,应当依法追究刑事责任的;

(二)申请执行人曾经提出控告,而公安机关或者人民检察院对负有执行义务的人不予追究刑事责任的。

自诉人在判决宣告前,可以同被告人自行和解或者撤回自诉。

第十五条 拒不执行判决、裁定刑事案件,一般由执行法院所在地人民法院管辖。

【司法文件】

1.《最高人民法院关于深入开展虚假诉讼整治工作的意见》(法〔2021〕281号,20211110)

九、严格依法执行,严防虚假诉讼。在执行异议、复议、参与分配等程序中应当加大对虚假诉讼的查处力度。对可能发生虚假诉讼的情形应当重点审查。从诉讼主体、证据与案件事实的关

联程度、各证据之间的联系等方面，全面审查案件事实及法律关系的真实性，综合判断是否存在以捏造事实对执行标的提出异议、申请参与分配或者其他导致人民法院错误执行的行为。对涉嫌虚假诉讼的案件，应当传唤当事人、证人到庭，就相关案件事实当庭询问。主动向当事人释明参与虚假诉讼的法律后果，引导当事人诚信诉讼。认定为虚假诉讼的案件，应当裁定不予受理或者驳回申请；已经受理的，应当裁定驳回其请求。

十、加强执行审查，严查虚假非诉法律文书。重点防范依据虚假仲裁裁决、仲裁调解书、公证债权文书等非诉法律文书申请执行行为。在非诉法律文书执行中，当事人存在通过恶意串通、捏造事实等方式取得生效法律文书申请执行嫌疑的，应当依法进行严格实质审查。加大依职权调取证据力度，结合当事人关系、案件事实、仲裁和公证过程等多方面情况审查判断相关法律文书是否存在虚假情形，是否损害国家利益、社会公共利益或者他人合法权益。存在上述情形的，应当依法裁定不予执行，必要时可以向仲裁机构或者公证机关发出司法建议。

十一、加强证据审查，查处虚假执行异议之诉。执行异议之诉是当前虚假诉讼增长较快的领域，要高度重视执行异议之诉中防范和惩治虚假诉讼的重要性、紧迫性。正确分配举证责任，无论是案外人执行异议之诉还是申请

执行人执行异议之诉，均应当由案外人就其对执行标的享有足以排除强制执行的民事权益承担举证责任。严格审查全案证据的真实性、合法性、关联性，对涉嫌虚假诉讼的案件，可以通过传唤案外人到庭陈述、通知当事人提交原始证据、依职权调查核实等方式，严格审查案外人权益的真实性、合法性。

十二、厘清法律关系，防止恶意串通逃避执行。执行异议之诉涉及三方当事人之间多个法律关系，利益冲突主要发生在案外人与申请执行人之间，对于被执行人就涉案外人权益相关事实的自认，应当审慎认定。被执行人与案外人具有亲属关系、关联关系等利害关系，诉讼中相互支持，缺乏充分证据证明案外人享有足以排除强制执行的民事权益的，不应支持案外人主张。案外人依据执行标的被查封、扣押、冻结后作出的另案生效确权法律文书，提起执行异议之诉主张排除强制执行的，应当注意审查是否存在当事人恶意串通等事实。

2.《最高人民法院关于防范和制裁虚假诉讼的指导意见》（法发〔2016〕13号，20160620）

8. 在执行公证债权文书和仲裁裁决书、调解书等法律文书过程中，对可能存在双方恶意串通、虚构事实的，要加大实质审查力度，注重审查相关法律文书是否损害国家利益、社会公共利益或者案外人的合法权益。如果存在上述情形，应当裁定不予执行。必要时，可向仲

裁机构或者公证机关发出司法建议。

10. 在第三人撤销之诉、案外人执行异议之诉、案外人申请再审等案件审理中，发现已经生效的裁判涉及虚假诉讼的，要及时予以纠正，保护案外人诉权和实体权利；同时也要防范有关人员利用上述法律制度，制造虚假诉讼，损害原诉讼中合法权利人利益。

12. 对虚假诉讼参与人，要适度加大罚款、拘留等妨碍民事诉讼强制措施的法律适用力度；虚假诉讼侵害他人民事权益的，虚假诉讼参与人应当承担赔偿责任；虚假诉讼违法行为涉嫌虚假诉讼罪、诈骗罪、合同诈骗罪等刑事犯罪的，民事审判部门应当依法将相关线索和有关案件材料移送侦查机关。

第一百一十七条 【对拒不履行协助义务的单位的强制措施】有义务协助调查、执行的单位有下列行为之一的，人民法院除责令其履行协助义务外，并可以予以罚款：

（一）有关单位拒绝或者妨碍人民法院调查取证的；

（二）有关单位接到人民法院协助执行通知书后，拒不协助查询、扣押、冻结、划拨、变价财产的；

（三）有关单位接到人民法院协助执行通知书后，拒不协助扣留被执行人的收入、办理有关财产权证照转移手续、转交有关票证、证照或者其他财产的；

（四）其他拒绝协助执行的。

人民法院对有前款规定的行为之一的单位，可以对其主要负责人或者直接责任人员予以罚款；对仍不履行协助义务的，可以予以拘留；并可以向监察机关或者有关机关提出予以纪律处分的司法建议。

【立法·要点注释】

人民法院在审理案件过程中，有些证据材料由案外人掌握，需要相关单位配合人民法院调查取证。有关单位保存或持有证据的，应当将证据提交给人民法院，不得以任何借口拒绝提交。在民事执行过程中，也需要通过有关单位的配合查找被执行人、了解其财产状况。有义务协助执行的单位主要指执行标的物的掌管者、持有人或者有权决定是否给付的人。在对拒不履行协助义务的单位采取强制措施时，应注意要本着教育和制裁相结合的原则，对单位的主要负责人或者直接责任人员的拘留是有条件的，应当首先适用罚款，同时责令改正。如果罚款和责令改正后，有关单位履行了协助义务，对单位的主要负责人或者直接责任人员就不再予以拘留，只有拒不改正的，才可以拘留。

【司法解释】

1.《最高人民法院关于适用〈中华

人民共和国民事诉讼法〉的解释》（法释〔2015〕5号,20150204;经法释〔2022〕11号修正,20220410）

第一百九十二条　有关单位接到人民法院协助执行通知书后,有下列行为之一的,人民法院可以适用民事诉讼法第一百一十七条规定处理:

（一）允许被执行人高消费的;

（二）允许被执行人出境的;

（三）拒不停止办理有关财产权证照转移手续、权属变更登记、规划审批等手续的;

（四）以需要内部请示、内部审批,有内部规定等为由拖延办理的。

【重点解读】人民法院对有本条规定的行为之一的单位及其主要负责人或者直接责任人员可以予以罚款;在采取上述强制措施后,有关单位的主要负责人或者直接责任人员仍不履行协助义务的,人民法院可对其予以拘留,并可以向监察机关或者有关机关提出予以纪律处分的司法建议。也即,对单位的主要负责人或者直接责任人员采取拘留措施的条件是适用罚款措施没有效果;如果适用罚款措施后,有关单位纠正了违法行为,就不能再对其主要负责人或者直接责任人员予以拘留。此外,单位不履行协助调查、执行义务的,《民事诉讼法》第117条没有规定可以追究刑事责任,这是我们要加以注意的。

2.《最高人民法院关于审理利用信息网络侵害人身权益民事纠纷案件适用法律若干问题的规定》（法释〔2014〕11号,20141010;经法释〔2020〕17号修正,20210101）

第三条　原告起诉网络服务提供者,网络服务提供者以涉嫌侵权的信息系网络用户发布为由抗辩的,人民法院可以根据原告的请求及案件的具体情况,责令网络服务提供者向人民法院提供能够确定涉嫌侵权的网络用户的姓名（名称）、联系方式、网络地址等信息。

网络服务提供者无正当理由拒不提供的,人民法院可以依据民事诉讼法第一百一十四条[①]的规定对网络服务提供者采取处罚等措施。

原告根据网络服务提供者提供的信息请求追加网络用户为被告的,人民法院应予准许。

3.《最高人民法院关于适用〈中华人民共和国民法典〉婚姻家庭编的解释（一）》（法释〔2020〕22号,20210101）

第六十八条　对于拒不协助另一方行使探望权的有关个人或者组织,可以由人民法院依法采取拘留、罚款等强制措施,但是不能对子女的人身、探望行为进行强制执行。

4.《最高人民法院关于审理期货纠

① 对应2023年《民事诉讼法》第117条。——编者注

纷案件若干问题的规定（二）》（法释〔2011〕1 号，20110117；经法释〔2020〕18 号修正，20210101）

第八条 人民法院在办理案件过程中，依法需要通过期货交易所、期货公司查询、冻结、划拨资金或者有价证券的，期货交易所、期货公司应当予以协助。应当协助而拒不协助的，按照《中华人民共和国民事诉讼法》第一百一十四条①之规定办理。

第一百一十八条 【罚款和拘留】对个人的罚款金额，为人民币十万元以下。对单位的罚款金额，为人民币五万元以上一百万元以下。

拘留的期限，为十五日以下。

被拘留的人，由人民法院交公安机关看管。在拘留期间，被拘留人承认并改正错误的，人民法院可以决定提前解除拘留。

【立法·要点注释】

1. 人民法院对个人或单位采取罚款措施时，应当根据其实施妨害民事诉讼行为的性质、情节、后果，当地的经济发展水平，以及诉讼标的额等因素，在限额内确定相应的罚款金额。

2. 在决定拘留期限时，人民法院应根据妨害民事诉讼行为人行为的性质及对诉讼影响的大小，决定拘留的天

数，采取强制措施应当适度，以达到教育行为人、制止妨害行为的目的即可。

3. 人民法院应随时了解被拘留人的情况，确有悔改表现的，可以提前解除拘留，对于决定提前解除拘留的，应报经院长批准，并作出提前解除拘留决定书，交负责看管的公安机关执行。

【司法解释】

《最高人民法院关于适用〈中华人民共和国民事诉讼法〉的解释》（法释〔2015〕5 号，20150204；经法释〔2022〕11 号修正，20220410）

第一百九十三条 人民法院对个人或者单位采取罚款措施时，应当根据其实施妨害民事诉讼行为的性质、情节、后果，当地的经济发展水平，以及诉讼标的额等因素，在民事诉讼法第一百一十八条第一款规定的限额内确定相应的罚款金额。

第一百一十九条 【拘传、罚款、拘留的适用程序】拘传、罚款、拘留必须经院长批准。

拘传应当发拘传票。

罚款、拘留应当用决定书。对决定不服的，可以向上一级人民法院申请复议一次。复议期间不停止执行。

① 对应 2023 年《民事诉讼法》第 117 条。——编者注

【立法·要点注释】

为了保障当事人的合法权益,避免当事人遭受非法的拘传、罚款、拘留,适用强制措施应当遵守法定的程序,由合议庭或独任审判员提出意见,层报院长审查批准后方可进行。同时,拘传应当发拘传票,罚款、拘留应当用决定书。此外,还规定了对罚款、拘留不服的救济途径,即可以向上一级法院申请复议一次。

【相关立法】

1.《中华人民共和国企业破产法》（20070601）

第一百二十六条　有义务列席债权人会议的债务人的有关人员,经人民法院传唤,无正当理由拒不列席债权人会议的,人民法院可以拘传,并依法处以罚款。债务人的有关人员违反本法规定,拒不陈述、回答,或者作虚假陈述、回答的,人民法院可以依法处以罚款。

2.《全国人民代表大会和地方各级人民代表大会代表法》（19920403;20250312）

第三十九条　县级以上的各级人民代表大会代表,非经本级人民代表大会主席团许可,在本级人民代表大会闭会期间,非经本级人民代表大会常务委员会许可,不受逮捕或者刑事审判。如果因为是现行犯被拘留,执行拘留的机关应当立即向该级人民代表大会主席团或者人民代表大会常务委员会报告。

对县级以上的各级人民代表大会代表,如果采取法律规定的其他限制人身自由的措施,应当经该级人民代表大会主席团或者人民代表大会常务委员会许可。

人民代表大会主席团或者常务委员会受理有关机关依照本条规定提请许可的申请,应当审查是否存在对代表在人民代表大会各种会议上的发言和表决进行法律追究,或者对代表提出建议、批评和意见等其他执行职务行为打击报复的情形,并据此作出决定。

乡、民族乡、镇的人民代表大会代表,如果被逮捕、受刑事审判,或者被采取法律规定的其他限制人身自由的措施,执行机关应当立即报告乡、民族乡、镇的人民代表大会。

【司法解释】

《最高人民法院关于适用〈中华人民共和国民事诉讼法〉的解释》（法释〔2015〕5 号,20150204;经法释〔2022〕11号修正,20220410）

第一百七十五条　拘传必须用拘传票,并直接送达被拘传人;在拘传前,应当向被拘传人说明拒不到庭的后果,经批评教育仍拒不到庭的,可以拘传其到庭。

第一百七十七条　训诫、责令退出法庭由合议庭或者独任审判员决定。训诫的内容、被责令退出法庭者的违法事实应当记入庭审笔录。

第一百七十八条 人民法院依照民事诉讼法第一百一十三条至第一百一十七条的规定采取拘留措施的,应经院长批准,作出拘留决定书,由司法警察将被拘留人送交当地公安机关看管。

第一百七十九条 被拘留人不在本辖区的,作出拘留决定的人民法院应当派员到被拘留人所在地的人民法院,请该院协助执行,受委托的人民法院应当及时派员协助执行。被拘留人申请复议或者在拘留期间承认并改正错误,需要提前解除拘留的,受委托人民法院应当向委托人民法院转达或者提出建议,由委托人民法院审查决定。

【重点解读】审判实践中,作出拘留决定的人民法院在遇到需要异地采取拘留措施的情形时,不能将被拘留人带离其所在地执行拘留,而要严格按照本条的规定办理委托执行手续,受委托人民法院也应当积极予以协助和配合,不能推诿或者拖延办理。

第一百八十条 人民法院对被拘留人采取拘留措施后,应当在二十四小时内通知其家属;确实无法按时通知或者通知不到的,应当记录在案。

第一百八十一条 因哄闹、冲击法庭,用暴力、威胁等方法抗拒执行公务等紧急情况,必须立即采取拘留措施的,可在拘留后,立即报告院长补办批准手续。院长认为拘留不当的,应当解除拘留。

第一百八十二条 被拘留人在拘留期间认错悔改的,可以责令其具结悔过,提前解除拘留。提前解除拘留,应报经院长批准,并作出提前解除拘留决定书,交负责看管的公安机关执行。

第一百八十三条 民事诉讼法第一百一十三条至第一百一十六条规定的罚款、拘留可以单独适用,也可以合并适用。

第一百八十四条 对同一妨害民事诉讼行为的罚款、拘留不得连续适用。发生新的妨害民事诉讼行为的,人民法院可以重新予以罚款、拘留。

第一百八十五条 被罚款、拘留的人不服罚款、拘留决定申请复议的,应当自收到决定书之日起三日内提出。上级人民法院应当在收到复议申请后五日内作出决定,并将复议结果通知下级人民法院和当事人。

第一百八十六条 上级人民法院复议时认为强制措施不当的,应当制作决定书,撤销或者变更下级人民法院作出的拘留、罚款决定。情况紧急的,可以在口头通知后三日内发出决定书。

【司法文件】

《最高人民法院关于人民法院执行公开的若干规定》(法发〔2006〕35号,20070101)

第九条 人民法院采取拘留、罚款、拘传等强制措施的,应当依法向被采取强制措施的人出示有关手续,并说明对其采取强制措施的理由和法律依据。采取强制措施后,应当将情况告知其他当事人。

采取拘留或罚款措施的,应当在决定书中告知被拘留或者被罚款的人享有向上级人民法院申请复议的权利。

第一百二十条　【强制措施由法院决定】采取对妨害民事诉讼的强制措施必须由人民法院决定。任何单位和个人采取非法拘禁他人或者非法私自扣押他人财产追索债务的,应当依法追究刑事责任,或者予以拘留、罚款。

【立法·要点注释】

对妨害民事诉讼和执行的人采取强制措施只有人民法院有权采取,其他任何单位和个人都无权决定对妨害民事诉讼的人采取强制措施。需要特别注意的是,有关单位和个人非法拘禁他人,或者非法私自扣押他人财产追索债务的,只有发生在民事审判和执行程序中,人民法院才能依据本条规定对其予以拘留、罚款。如果上述行为不是发生在民事诉讼和执行过程中,人民法院就不能按妨害民事诉讼来采取强制措施,而应由其他有关部门依法处理。对于有关单位和个人在诉讼、执行程序之外,为追索债务实施非法拘禁他人和非法扣押他人财产的行为,尚未构成犯罪的,受害人可以根据《治安管理处罚法》第 40 条、第 49 条的规定,请求公安机关对行为人进行行政处罚;情节严重构成犯罪的,应直接根据《刑法》和《刑事诉讼法》的规定,追究行为人的刑事责任。

【相关立法】

《中华人民共和国宪法》(19821204;20180311)

第三十七条　中华人民共和国公民的人身自由不受侵犯。

任何公民,非经人民检察院批准或者决定或者人民法院决定,并由公安机关执行,不受逮捕。

禁止非法拘禁和以其他方法非法剥夺或者限制公民的人身自由,禁止非法搜查公民的身体。

第十一章 诉讼费用

第一百二十一条 【诉讼费用】当事人进行民事诉讼,应当按照规定交纳案件受理费。财产案件除交纳案件受理费外,并按照规定交纳其他诉讼费用。

当事人交纳诉讼费用确有困难的,可以按照规定向人民法院申请缓交、减交或者免交。

收取诉讼费用的办法另行制定。

【立法·要点注释】

1. 诉讼费用有两种:一种是案件受理费,另一种是其他诉讼费用。

2. 案件受理费,是指原告起诉,法院受理该案件时,由原告向法院交纳的费用。

3. 其他诉讼费用,主要是指人民法院在审理民事案件过程中实际支出的,应当由当事人支付的费用。其他诉讼费用包括两种:(1)申请费。申请费包括:①申请执行人民法院发生法律效力的判决、裁定、调解书,仲裁机构依法作出的裁决和调解书,公证机构依法赋予强制执行效力的债权文书;②申请保全措施;③申请支付令;④申请公示催告;⑤申请撤销仲裁裁决或者认定仲裁协议效力;⑥申请破产;⑦申请海事强制令、共同海损理算、设立海事赔偿责任限制基金、海事债权登记、船舶优先权催告;⑧申请承认和执行外国法院判决、裁定和在中华人民共和国领域外作出的仲裁裁决。(2)证人、鉴定人、翻译人员、理算人员在人民法院指定日期出庭发生的交通费、住宿费、生活费和误工补贴。

【相关立法】

1.《中华人民共和国法律援助法》(20220101)

第五十三条 人民法院应当根据情况对受援人缓收、减收或者免收诉讼费用;对法律援助人员复制相关材料等费用予以免收或者减收。

公证机构、司法鉴定机构应当对受援人减收或者免收公证费、鉴定费。

2.《中华人民共和国反家庭暴力法》(20160301)

第十九条 法律援助机构应当依法为家庭暴力受害人提供法律援助。

人民法院应当依法对家庭暴力受害人缓收、减收或者免收诉讼费用。

3.《中华人民共和国保险法》（19951001；20150424）

第六十六条 责任保险的被保险人因给第三者造成损害的保险事故而被提起仲裁或者诉讼的，被保险人支付的仲裁或者诉讼费用以及其他必要的、合理的费用，除合同另有约定外，由保险人承担。

4.《中华人民共和国企业破产法》（20070601）

第四十一条 人民法院受理破产申请后发生的下列费用，为破产费用：

（一）破产案件的诉讼费用；

（二）管理、变价和分配债务人财产的费用；

（三）管理人执行职务的费用、报酬和聘用工作人员的费用。

5.《中华人民共和国海商法》（19930701）

第二十四条 因行使船舶优先权产生的诉讼费用，保存、拍卖船舶和分配船舶价款产生的费用，以及为海事请求人的共同利益而支付的其他费用，应当从船舶拍卖所得价款中先行拨付。

6.《中华人民共和国海事诉讼特别程序法》（20000701）

第一百一十九条 拍卖船舶所得价款及其利息，或者海事赔偿责任限制基金及其利息，应当一并予以分配。

分配船舶价款时，应当由责任人承担的诉讼费用，为保存、拍卖船舶和分配船舶价款产生的费用，以及为债权人的共同利益支付的其他费用，应当从船舶价款中先行拨付。

清偿债务后的余款，应当退还船舶原所有人或者海事赔偿责任限制基金设立人。

【行政法规】

《诉讼费用交纳办法》（20070401）
第一章 总 则

第一条 根据《中华人民共和国民事诉讼法》（以下简称民事诉讼法）和《中华人民共和国行政诉讼法》（以下简称行政诉讼法）的有关规定，制定本办法。

第二条 当事人进行民事诉讼、行政诉讼，应当依照本办法交纳诉讼费用。

本办法规定可以不交纳或者免予交纳诉讼费用的除外。

第三条 在诉讼过程中不得违反本办法规定的范围和标准向当事人收取费用。

第四条 国家对交纳诉讼费用确有困难的当事人提供司法救助，保障其依法行使诉讼权利，维护其合法权益。

第五条 外国人、无国籍人、外国

企业或者组织在人民法院进行诉讼,适用本办法。

外国法院对中华人民共和国公民、法人或者其他组织,与其本国公民、法人或者其他组织在诉讼费用交纳上实行差别对待的,按照对等原则处理。

第二章 诉讼费用交纳范围

第六条 当事人应当向人民法院交纳的诉讼费用包括:

(一)案件受理费;

(二)申请费;

(三)证人、鉴定人、翻译人员、理算人员在人民法院指定日期出庭发生的交通费、住宿费、生活费和误工补贴。

第七条 案件受理费包括:

(一)第一审案件受理费;

(二)第二审案件受理费;

(三)再审案件中,依照本办法规定需要交纳的案件受理费。

第八条 下列案件不交纳案件受理费:

(一)依照民事诉讼法规定的特别程序审理的案件;

(二)裁定不予受理、驳回起诉、驳回上诉的案件;

(三)对不予受理、驳回起诉和管辖权异议裁定不服,提起上诉的案件;

(四)行政赔偿案件。

第九条 根据民事诉讼法和行政诉讼法规定的审判监督程序审理的案件,当事人不交纳案件受理费。但是,下列情形除外:

(一)当事人有新的证据,足以推翻原判决、裁定,向人民法院申请再审,人民法院经审查决定再审的案件;

(二)当事人对人民法院第一审判决或者裁定未提出上诉,第一审判决、裁定或者调解书发生法律效力后又申请再审,人民法院经审查决定再审的案件。

第十条 当事人依法向人民法院申请下列事项,应当交纳申请费:

(一)申请执行人民法院发生法律效力的判决、裁定、调解书,仲裁机构依法作出的裁决和调解书,公证机构依法赋予强制执行效力的债权文书;

(二)申请保全措施;

(三)申请支付令;

(四)申请公示催告;

(五)申请撤销仲裁裁决或者认定仲裁协议效力;

(六)申请破产;

(七)申请海事强制令、共同海损理算、设立海事赔偿责任限制基金、海事债权登记、船舶优先权催告;

(八)申请承认和执行外国法院判决、裁定和国外仲裁机构裁决。

第十一条 证人、鉴定人、翻译人员、理算人员在人民法院指定日期出庭发生的交通费、住宿费、生活费和误工补贴,由人民法院按照国家规定标准代为收取。

当事人复制案件卷宗材料和法律文书应当按实际成本向人民法院交纳工本费。

第十二条 诉讼过程中因鉴定、公

告、勘验、翻译、评估、拍卖、变卖、仓储、保管、运输、船舶监管等发生的依法应当由当事人负担的费用,人民法院根据谁主张、谁负担的原则,决定由当事人直接支付给有关机构或者单位,人民法院不得代收代付。

人民法院依照民事诉讼法第十一条第三款规定提供当地民族通用语言、文字翻译的,不收取费用。

第三章　诉讼费用交纳标准

第十三条　案件受理费分别按照下列标准交纳:

(一)财产案件根据诉讼请求的金额或者价额,按照下列比例分段累计交纳:

1. 不超过 1 万元的,每件交纳 50 元;

2. 超过 1 万元至 10 万元的部分,按照 2.5% 交纳;

3. 超过 10 万元至 20 万元的部分,按照 2% 交纳;

4. 超过 20 万元至 50 万元的部分,按照 1.5% 交纳;

5. 超过 50 万元至 100 万元的部分,按照 1% 交纳;

6. 超过 100 万元至 200 万元的部分,按照 0.9% 交纳;

7. 超过 200 万元至 500 万元的部分,按照 0.8% 交纳;

8. 超过 500 万元至 1000 万元的部分,按照 0.7% 交纳;

9. 超过 1000 万元至 2000 万元的部分,按照 0.6% 交纳;

10. 超过 2000 万元的部分,按照 0.5% 交纳。

(二)非财产案件按照下列标准交纳:

1. 离婚案件每件交纳 50 元至 300 元。涉及财产分割,财产总额不超过 20 万元的,不另行交纳;超过 20 万元的部分,按照 0.5% 交纳。

2. 侵害姓名权、名称权、肖像权、名誉权、荣誉权以及其他人格权的案件,每件交纳 100 元至 500 元。涉及损害赔偿,赔偿金额不超过 5 万元的,不另行交纳;超过 5 万元至 10 万元的部分,按照 1% 交纳;超过 10 万元的部分,按照 0.5% 交纳。

3. 其他非财产案件每件交纳 50 元至 100 元。

(三)知识产权民事案件,没有争议金额或者价额的,每件交纳 500 元至 1000 元;有争议金额或者价额的,按照财产案件的标准交纳。

(四)劳动争议案件每件交纳 10 元。

(五)行政案件按照下列标准交纳:

1. 商标、专利、海事行政案件每件交纳 100 元;

2. 其他行政案件每件交纳 50 元。

(六)当事人提出案件管辖权异议,异议不成立的,每件交纳 50 元至 100 元。

省、自治区、直辖市人民政府可以结合本地实际情况在本条第(二)项、第(三)项、第(六)项规定的幅度内制定具体交纳标准。

第十四条 申请费分别按照下列标准交纳：

(一)依法向人民法院申请执行人民法院发生法律效力的判决、裁定、调解书,仲裁机构依法作出的裁决和调解书,公证机关依法赋予强制执行效力的债权文书,申请承认和执行外国法院判决、裁定以及国外仲裁机构裁决的,按照下列标准交纳：

1. 没有执行金额或者价额的,每件交纳 50 元至 500 元。

2. 执行金额或者价额不超过 1 万元的,每件交纳 50 元;超过 1 万元至 50 万元的部分,按照 1.5% 交纳;超过 50 万元至 500 万元的部分,按照 1% 交纳;超过 500 万元至 1000 万元的部分,按照 0.5% 交纳;超过 1000 万元的部分,按照 0.1% 交纳。

3. 符合民事诉讼法第五十五条①第四款规定,未参加登记的权利人向人民法院提起诉讼的,按照本项规定的标准交纳申请费,不再交纳案件受理费。

(二)申请保全措施的,根据实际保全的财产数额按照下列标准交纳：

财产数额不超过 1000 元或者不涉及财产数额的,每件交纳 30 元;超过 1000 元至 10 万元的部分,按照 1% 交纳;超过 10 万元的部分,按照 0.5% 交纳。但是,当事人申请保全措施交纳的费用最多不超过 5000 元。

(三)依法申请支付令的,比照财产案件受理费标准的 1/3 交纳。

(四)依法申请公示催告的,每件交纳 100 元。

(五)申请撤销仲裁裁决或者认定仲裁协议效力的,每件交纳 400 元。

(六)破产案件依据破产财产总额计算,按照财产案件受理费标准减半交纳,但是,最高不超过 30 万元。

(七)海事案件的申请费按照下列标准交纳：

1. 申请设立海事赔偿责任限制基金的,每件交纳 1000 元至 1 万元;

2. 申请海事强制令的,每件交纳 1000 元至 5000 元;

3. 申请船舶优先权催告的,每件交纳 1000 元至 5000 元;

4. 申请海事债权登记的,每件交纳 1000 元;

5. 申请共同海损理算的,每件交纳 1000 元。

第十五条 以调解方式结案或者当事人申请撤诉的,减半交纳案件受理费。

第十六条 适用简易程序审理的案件减半交纳案件受理费。

第十七条 对财产案件提起上诉的,按照不服一审判决部分的上诉请求数额交纳案件受理费。

第十八条 被告提起反诉、有独立请求权的第三人提出与本案有关的诉

---

① 对应 2023 年《民事诉讼法》第 57 条。——编者注

讼请求,人民法院决定合并审理的,分别减半交纳案件受理费。

第十九条　依照本办法第九条规定需要交纳案件受理费的再审案件,按照不服原判决部分的再审请求数额交纳案件受理费。

第四章　诉讼费用的交纳和退还

第二十条　案件受理费由原告、有独立请求权的第三人、上诉人预交。被告提起反诉,依照本办法规定需要交纳案件受理费的,由被告预交。追索劳动报酬的案件可以不预交案件受理费。

申请费由申请人预交。但是,本办法第十条第(一)项、第(六)项规定的申请费不由申请人预交,执行申请费执行后交纳,破产申请费清算后交纳。

本办法第十一条规定的费用,待实际发生后交纳。

第二十一条　当事人在诉讼中变更诉讼请求数额,案件受理费依照下列规定处理:

(一)当事人增加诉讼请求数额的,按照增加后的诉讼请求数额计算补交;

(二)当事人在法庭调查终结前提出减少诉讼请求数额的,按照减少后的诉讼请求数额计算退还。

第二十二条　原告自接到人民法院交纳诉讼费用通知次日起 7 日内交纳案件受理费;反诉案件由提起反诉的当事人自提起反诉次日起 7 日内交纳案件受理费。

上诉案件的案件受理费由上诉人向人民法院提交上诉状时预交。双方当事人都提起上诉的,分别预交。上诉人在上诉期内未预交诉讼费用的,人民法院应当通知其在 7 日内预交。

申请费由申请人在提出申请时或者在人民法院指定的期限内预交。

当事人逾期不交纳诉讼费用又未提出司法救助申请,或者申请司法救助未获批准,在人民法院指定期限内仍未交纳诉讼费用的,由人民法院依照有关规定处理。

第二十三条　依照本办法第九条规定需要交纳案件受理费的再审案件,由申请再审的当事人预交。双方当事人都申请再审的,分别预交。

第二十四条　依照民事诉讼法第三十六条、第三十七条、第三十八条①、第三十九条规定移送、移交的案件,原受理人民法院应当将当事人预交的诉讼费用随案移交接收案件的人民法院。

第二十五条　人民法院审理民事案件过程中发现涉嫌刑事犯罪并将案件移送有关部门处理的,当事人交纳的案件受理费予以退还;移送后民事案件需要继续审理的,当事人已交纳的案件受理费不予退还。

第二十六条　中止诉讼、中止执行的案件,已交纳的案件受理费、申请费不予退还。中止诉讼、中止执行的原因消除,恢复诉讼、执行的,不再交纳案件

---

①　对应 2023 年《民事诉讼法》第 37 条、第 38 条、第 130 条。——编者注

受理费、申请费。

第二十七条 第二审人民法院决定将案件发回重审的,应当退还上诉人已交纳的第二审案件受理费。

第一审人民法院裁定不予受理或者驳回起诉的,应当退还当事人已交纳的案件受理费;当事人对第一审人民法院不予受理、驳回起诉的裁定提起上诉,第二审人民法院维持第一审人民法院作出的裁定的,第一审人民法院应当退还当事人已交纳的案件受理费。

第二十八条 依照民事诉讼法第一百三十七条①规定终结诉讼的案件,依照本办法规定已交纳的案件受理费不予退还。

第五章 诉讼费用的负担

第二十九条 诉讼费用由败诉方负担,胜诉方自愿承担的除外。

部分胜诉、部分败诉的,人民法院根据案件的具体情况决定当事人各自负担的诉讼费用数额。

共同诉讼当事人败诉的,人民法院根据其对诉讼标的的利害关系,决定当事人各自负担的诉讼费用数额。

第三十条 第二审人民法院改变第一审人民法院作出的判决、裁定的,应当相应变更第一审人民法院对诉讼费用负担的决定。

第三十一条 经人民法院调解达成协议的案件,诉讼费用的负担由双方当事人协商解决;协商不成的,由人民法院决定。

第三十二条 依照本办法第九条第(一)项、第(二)项的规定应当交纳案件受理费的再审案件,诉讼费用由申请再审的当事人负担;双方当事人都申请再审的,诉讼费用依照本办法第二十九条的规定负担。原审诉讼费用的负担由人民法院根据诉讼费用负担原则重新确定。

第三十三条 离婚案件诉讼费用的负担由双方当事人协商解决;协商不成的,由人民法院决定。

第三十四条 民事案件的原告或者上诉人申请撤诉,人民法院裁定准许的,案件受理费由原告或者上诉人负担。

行政案件的被告改变或者撤销具体行政行为,原告申请撤诉,人民法院裁定准许的,案件受理费由被告负担。

第三十五条 当事人在法庭调查终结后提出减少诉讼请求数额的,减少请求数额部分的案件受理费由变更诉讼请求的当事人负担。

第三十六条 债务人对督促程序未提出异议的,申请费由债务人负担。债务人对督促程序提出异议致使督促程序终结的,申请费由申请人负担;申请人另行起诉的,可以将申请费列入诉讼请求。

第三十七条 公示催告的申请费由申请人负担。

第三十八条 本办法第十条第

---

① 对应 2023 年《民事诉讼法》第 154 条。——编者注

（一）项、第（八）项规定的申请费由被执行人负担。

执行中当事人达成和解协议的，申请费的负担由双方当事人协商解决；协商不成的，由人民法院决定。

本办法第十条第（二）项规定的申请费由申请人负担，申请人提起诉讼的，可以将该申请费列入诉讼请求。

本办法第十条第（五）项规定的申请费，由人民法院依照本办法第二十九条规定决定申请费的负担。

第三十九条　海事案件中的有关诉讼费用依照下列规定负担：

（一）诉前申请海事请求保全、海事强制令的，申请费由申请人负担；申请人就有关海事请求提起诉讼的，可将上述费用列入诉讼请求；

（二）诉前申请海事证据保全的，申请费由申请人负担；

（三）诉讼中拍卖、变卖被扣押船舶、船载货物、船用燃油、船用物料发生的合理费用，由申请人预付，从拍卖、变卖价款中先行扣除，退还申请人；

（四）申请设立海事赔偿责任限制基金、申请债权登记与受偿、申请船舶优先权催告案件的申请费，由申请人负担；

（五）设立海事赔偿责任限制基金、船舶优先权催告程序中的公告费用由申请人负担。

第四十条　当事人因自身原因未能在举证期限内举证，在二审或者再审期间提出新的证据致使诉讼费用增加的，增加的诉讼费用由该当事人负担。

第四十一条　依照特别程序审理案件的公告费，由起诉人或者申请人负担。

第四十二条　依法向人民法院申请破产的，诉讼费用依照有关法律规定从破产财产中拨付。

第四十三条　当事人不得单独对人民法院关于诉讼费用的决定提起上诉。

当事人单独对人民法院关于诉讼费用的决定有异议的，可以向作出决定的人民法院院长申请复核。复核决定应当自收到当事人申请之日起 15 日内作出。

当事人对人民法院决定诉讼费用的计算有异议的，可以向作出决定的人民法院请求复核。计算确有错误的，作出决定的人民法院应当予以更正。

第六章　司法救助

第四十四条　当事人交纳诉讼费用确有困难的，可以依照本办法向人民法院申请缓交、减交或者免交诉讼费用的司法救助。

诉讼费用的免交只适用于自然人。

第四十五条　当事人申请司法救助，符合下列情形之一的，人民法院应当准予免交诉讼费用：

（一）残疾人无固定生活来源的；

（二）追索赡养费、扶养费、抚育费、抚恤金的；

（三）最低生活保障对象、农村特困定期救济对象、农村五保供养对象或者领取失业保险金人员，无其他收入的；

（四）因见义勇为或者为保护社会公共利益致使自身合法权益受到损害，本人或者其近亲属请求赔偿或者补偿的；

（五）确实需要免交的其他情形。

第四十六条 当事人申请司法救助，符合下列情形之一的，人民法院应当准予减交诉讼费用：

（一）因自然灾害等不可抗力造成生活困难，正在接受社会救济，或者家庭生产经营难以为继的；

（二）属于国家规定的优抚、安置对象的；

（三）社会福利机构和救助管理站；

（四）确实需要减交的其他情形。

人民法院准予减交诉讼费用的，减交比例不得低于30%。

第四十七条 当事人申请司法救助，符合下列情形之一的，人民法院应当准予缓交诉讼费用：

（一）追索社会保险金、经济补偿金的；

（二）海上事故、交通事故、医疗事故、工伤事故、产品质量事故或者其他人身伤害事故的受害人请求赔偿的；

（三）正在接受有关部门法律援助的；

（四）确实需要缓交的其他情形。

第四十八条 当事人申请司法救助，应当在起诉或者上诉时提交书面申请、足以证明其确有经济困难的证明材料以及其他相关证明材料。

因生活困难或者追索基本生活费用申请免交、减交诉讼费用的，还应当提供本人及其家庭经济状况符合当地民政、劳动保障等部门规定的公民经济困难标准的证明。

人民法院对当事人的司法救助申请不予批准的，应当向当事人书面说明理由。

第四十九条 当事人申请缓交诉讼费用经审查符合本办法第四十七条规定的，人民法院应当在决定立案之前作出准予缓交的决定。

第五十条 人民法院对一方当事人提供司法救助，对方当事人败诉的，诉讼费用由对方当事人负担；对方当事人胜诉的，可以视申请司法救助的当事人的经济状况决定其减交、免交诉讼费用。

第五十一条 人民法院准予当事人减交、免交诉讼费用的，应当在法律文书中载明。

第七章 诉讼费用的管理和监督

第五十二条 诉讼费用的交纳和收取制度应当公示。人民法院收取诉讼费用按照其财务隶属关系使用国务院财政部门或者省级人民政府财政部门印制的财政票据。案件受理费、申请费全额上缴财政，纳入预算，实行收支两条线管理。

人民法院收取诉讼费用应当向当事人开具缴费凭证，当事人持缴费凭证到指定代理银行交费。依法应当向当事人退费的,人民法院应当按照国家有关规定办理。诉讼费用缴库和退费的具体办法由国务院财政部门商最高人民法院另行制定。

在边远、水上、交通不便地区,基层巡回法庭当场审理案件,当事人提出向指定代理银行交纳诉讼费用确有困难的,基层巡回法庭可以当场收取诉讼费用,并向当事人出具省级人民政府财政部门印制的财政票据;不出具省级人民政府财政部门印制的财政票据的,当事人有权拒绝交纳。

第五十三条　案件审结后,人民法院应当将诉讼费用的详细清单和当事人应当负担的数额书面通知当事人,同时在判决书、裁定书或者调解书中写明当事人各方应当负担的数额。

需要向当事人退还诉讼费用的,人民法院应当自法律文书生效之日起 15 日内退还有关当事人。

第五十四条　价格主管部门、财政部门按照收费管理的职责分工,对诉讼费用进行管理和监督;对违反本办法规定的乱收费行为,依照法律、法规和国务院相关规定予以查处。

第八章　附　　则

第五十五条　诉讼费用以人民币为计算单位。以外币为计算单位的,依照人民法院决定受理案件之日国家公布的汇率换算成人民币计算交纳;上诉案件和申请再审案件的诉讼费用,按照第一审人民法院决定受理案件之日国家公布的汇率换算。

第五十六条　本办法自 2007 年 4 月 1 日起施行。

【司法解释】

1.《最高人民法院关于适用〈中华人民共和国民事诉讼法〉的解释》(法释〔2015〕5 号,20150204;经法释〔2022〕11 号修正,20220410)

第一百九十四条　依照民事诉讼法第五十七条审理的案件不预交案件受理费,结案后按照诉讼标的额由败诉方交纳。

第一百九十五条　支付令失效后转入诉讼程序的,债权人应当按照《诉讼费用交纳办法》补交案件受理费。

支付令被撤销后,债权人另行起诉的,按照《诉讼费用交纳办法》交纳诉讼费用。

【重点解读】支付令失效后案件自动转入诉讼程序,无须债权人另行起诉,但要补交案件受理费。债权人原预交的申请费,根据《诉讼费用交纳办法》第 36 条的规定,债务人提出异议导致督促程序终结,并非败诉,因此,支付令申请费只能先由申请支付令的债权人负担,但其可将申请费作为一项新的债权在普通诉讼程序中提出主张。

第一百九十六条　人民法院改变原判决、裁定、调解结果的,应当在裁判文书中对原审诉讼费用的负担一并作出处理。

第一百九十七条 诉讼标的物是证券的，按照证券交易规则并根据当事人起诉之日前最后一个交易日的收盘价、当日的市场价或者其载明的金额计算诉讼标的金额。

【重点解读】常遇到当事人起诉的标的物是特定物，且要求返还原物的情形。此种情形，如何计算特定物的价额以确定诉讼费用，《诉讼费用交纳办法》对此并没有规定，而且如何计算特定物价额还关涉人民法院级别管辖的确定。在起诉受理阶段，当事人主张的标的物是特定物的，不能要求当事人对其主张的特定物进行鉴定来确定价额，不能以此增加当事人的负担。因此，对特定物如何计算价额在案件受理审查阶段尤为重要。审判实践中常见的特定物如证券，包括资本证券、货物证券、货币证券等。本条对于诉讼标的物是证券的，如何计算诉讼标的金额进行了规定，即根据证券交易规则并按照当事人起诉之日前最后一个交易日的收盘价、当日的市场价或者载明的金额来计算诉讼标的金额。这里的交易日的收盘价是针对资本证券而言的，当日的市场价是针对货物证券而言的，载明的金额是针对货币证券而言的。

第一百九十八条 诉讼标的物是房屋、土地、林木、车辆、船舶、文物等特定物或者知识产权，起诉时价值难以确定的，人民法院应当向原告释明主张过高或者过低的诉讼风险，以原告主张的价值确定诉讼标的金额。

第一百九十九条 适用简易程序审理的案件转为普通程序的，原告自接到人民法院交纳诉讼费用通知之日起七日内补交案件受理费。

原告无正当理由未按期足额补交的，按撤诉处理，已经收取的诉讼费用退还一半。

第二百条 破产程序中有关债务人的民事诉讼案件，按照财产案件标准交纳诉讼费，但劳动争议案件除外。

第二百零一条 既有财产性诉讼请求，又有非财产性诉讼请求的，按照财产性诉讼请求的标准交纳诉讼费。

有多个财产性诉讼请求的，合并计算交纳诉讼费；诉讼请求中有多个非财产性诉讼请求的，按一件交纳诉讼费。

第二百零二条 原告、被告、第三人分别上诉的，按照上诉请求分别预交二审案件受理费。

同一方多人共同上诉的，只预交一份二审案件受理费；分别上诉的，按照上诉请求分别预交二审案件受理费。

【重点解读】在同一方当事人存在多人提出上诉的情况下，应当以各当事人的诉讼请求是否相同作为诉讼费交纳的判断标准。如果诉讼请求虽然相同，但当事人的诉讼地位不同、利益不同，分别提出上诉的，仍然应分别预交二审案件受理费。

第二百零三条 承担连带责任的当事人败诉的，应当共同负担诉讼费用。

第二百零四条 实现担保物权案

件,人民法院裁定拍卖、变卖担保财产的,申请费由债务人、担保人负担;人民法院裁定驳回申请的,申请费由申请人负担。

申请人另行起诉的,其已经交纳的申请费可以从案件受理费中扣除。

【重点解读】申请实现担保物权案件应当交纳诉讼费用。本条明确申请实现担保物权案件,人民法院裁定拍卖、变卖担保财产的,申请费由债务人、担保人负担;人民法院裁定驳回申请的,申请费由申请人负担。这里的申请人是指抵押权人、质权人、留置权人以及其他有权申请人;其他有权申请人是指出质人、财产被留置的债务人或者所有权人等法律规定有权请求实现担保物权的人。实现担保物权的申请被人民法院裁定驳回后,申请人另行起诉的,其已经交纳的申请费可以从案件受理费中扣除,不必退还。

第二百零五条　拍卖、变卖担保财产的裁定作出后,人民法院强制执行的,按照执行金额收取执行申请费。

第二百零六条　人民法院决定减半收取案件受理费的,只能减半一次。

【重点解读】仅案件受理费存在减半情形,并不包括申请费。

第二百零七条　判决生效后,胜诉方预交但不应负担的诉讼费用,人民法院应当退还,由败诉方向人民法院交纳,但胜诉方自愿承担或者同意败诉方直接向其支付的除外。

当事人拒不交纳诉讼费用的,人民

法院可以强制执行。

2.《最高人民法院关于审理证券市场虚假陈述侵权民事赔偿案件的若干规定》(法释〔2022〕2 号,20220122)

第二十条　发行人的控股股东、实际控制人组织、指使发行人实施虚假陈述,致使原告在证券交易中遭受损失的,原告起诉请求直接判令该控股股东、实际控制人依照本规定赔偿损失的,人民法院应当予以支持。

控股股东、实际控制人组织、指使发行人实施虚假陈述,发行人在承担赔偿责任后要求该控股股东、实际控制人赔偿实际支付的赔偿款、合理的律师费、诉讼费用等损失的,人民法院应当予以支持。

3.《最高人民法院关于证券纠纷代表人诉讼若干问题的规定》(法释〔2020〕5 号,20200731)

第三十九条　特别代表人诉讼案件不预交案件受理费。败诉或者部分败诉的原告申请减交或者免交诉讼费的,人民法院应当依照《诉讼费用交纳办法》的规定,视原告的经济状况和案件的审理情况决定是否准许。

4.《最高人民法院关于适用〈中华人民共和国企业破产法〉若干问题的规定(一)》(法释〔2011〕22 号,20110926)

第九条　破产案件的诉讼费用,应根据企业破产法第四十三条的规定,从债务人财产中拨付。相关当事人以申请人未预先交纳诉讼费用为由,对破产申请提出异议的,人民法院不予支持。

5.《最高人民法院关于在民事审判工作中适用〈中华人民共和国工会法〉若干问题的解释》（法释〔2003〕11号,20030709;经法释〔2020〕17号修正,20210101）

第八条　工会组织就工会经费的拨缴向人民法院申请支付令的,应当按照《诉讼费用交纳办法》第十四条的规定交纳申请费;督促程序终结后,工会组织另行起诉的,按照《诉讼费用交纳办法》第十三条规定的财产案件受理费标准交纳诉讼费用。

6.《最高人民法院关于民事诉讼证据的若干规定》（法释〔2001〕33号,20020401;经法释〔2019〕19号修正,20200501）

第三十八条　当事人在收到鉴定人的书面答复后仍有异议的,人民法院应当根据《诉讼费用交纳办法》第十一条的规定,通知有异议的当事人预交鉴定人出庭费用,并通知鉴定人出庭。有异议的当事人不预交鉴定人出庭费用的,视为放弃异议。

双方当事人对鉴定意见均有异议的,分摊预交鉴定人出庭费用。

7.《最高人民法院关于人民法院民事调解工作若干问题的规定》（法释

〔2004〕12号,20041101;经法释〔2020〕20号修正,20210101）

第十一条　当事人不能对诉讼费用如何承担达成协议的,不影响调解协议的效力。人民法院可以直接决定当事人承担诉讼费用的比例,并将决定记入调解书。

8.《最高人民法院关于审理环境民事公益诉讼案件适用法律若干问题的解释》（法释〔2015〕1号,20150107;经法释〔2020〕20号修正,20210101）

第三十三条　原告交纳诉讼费用确有困难,依法申请缓交的,人民法院应予准许。

败诉或者部分败诉的原告申请减交或者免交诉讼费用的,人民法院应当依照《诉讼费用交纳办法》的规定,视原告的经济状况和案件的审理情况决定是否准许。

9.《最高人民法院关于审查知识产权纠纷行为保全案件适用法律若干问题的规定》（法释〔2018〕21号,20190101）

第二十条　申请人申请行为保全,应当依照《诉讼费用交纳办法》关于申请采取行为保全措施的规定交纳申请费。

10.《最高人民法院关于人身安全保护令案件相关程序问题的批复》（法释〔2016〕15号,20160713）

一、关于人身安全保护令案件是否

收取诉讼费的问题。同意你院倾向性意见,即向人民法院申请人身安全保护令,不收取诉讼费用。

11.《最高人民法院关于人民法院执行工作若干问题的规定(试行)》(法释〔1998〕15 号,19980708;经法释〔2020〕21 号修正,20210101)

21. 执行申请费的收取按照《诉讼费用交纳办法》办理。

12.《最高人民法院关于认可和执行台湾地区仲裁裁决的规定》(法释〔2015〕14 号,20150701)

第二十一条 申请认可和执行台湾地区仲裁裁决,应当参照《诉讼费用交纳办法》的规定,交纳相关费用。

13.《最高人民法院关于内地与香港特别行政区法院相互认可和执行民商事案件判决的安排》(法释〔2024〕2 号,20240129)

第十八条 内地与香港特别行政区法院相互认可和执行的财产给付范围,包括判决确定的给付财产和相应的利息、诉讼费、迟延履行金、迟延履行利息,不包括税收、罚款。

前款所称"诉讼费",在香港特别行政区是指讼费评定证明书核定或者命令支付的费用。

14.《最高人民法院关于内地与澳门特别行政区相互认可和执行仲裁裁决的

安排》(法释〔2007〕17 号,20080101)

第八条 申请人依据本安排申请认可和执行仲裁裁决的,应当根据执行地法律的规定,交纳诉讼费用。

15.《最高人民法院关于内地与澳门特别行政区相互认可和执行民商事判决的安排》(法释〔2006〕2 号,20060401)

第十九条 申请人依据本安排申请认可和执行判决,应当根据被请求方法律规定,交纳诉讼费用、执行费用。

申请人在生效判决作出地获准缓交、减交、免交诉讼费用的,在被请求方法院申请认可和执行判决时,应当享有同等待遇。

【司法文件】

1.《最高人民法院关于适用〈诉讼费用交纳办法〉的通知》(法发〔2007〕16 号,20070420)

一、关于《办法》①实施后的收费衔接

2007 年 4 月 1 日以后人民法院受理的诉讼案件和执行案件,适用《办法》的规定。

2007 年 4 月 1 日以前人民法院受理的诉讼案件和执行案件,不适用《办法》的规定。

对 2007 年 4 月 1 日以前已经作出

---

① 即《诉讼费用交纳办法》。——编者注

生效裁判的案件依法再审的，适用《办法》的规定。人民法院对再审案件依法改判的，原审诉讼费用的负担按照原审时诉讼费用负担的原则和标准重新予以确定。

二、关于当事人未按照规定交纳案件受理费或者申请费的后果

当事人逾期不按照《办法》第二十条规定交纳案件受理费或者申请费并且没有提出司法救助申请，或者申请司法救助未获批准，在人民法院指定期限内仍未交纳案件受理费或者申请费的，由人民法院依法按照当事人自动撤诉或者撤回申请处理。

三、关于诉讼费用的负担

《办法》第二十九条规定，诉讼费用由败诉方负担，胜诉方自愿承担的除外。对原告胜诉的案件，诉讼费用由被告负担，人民法院应当将预收的诉讼费用退还原告，再由人民法院直接向被告收取，但原告自愿承担或者同意被告直接向其支付的除外。

当事人拒不交纳诉讼费用的，人民法院应当依法强制执行。

四、关于执行申请费和破产申请费的收取

《办法》第二十条规定，执行申请费和破产申请费不由申请人预交，执行申请费执行后交纳，破产申请费清算后交纳。自2007年4月1日起，执行申请费由人民法院在执行生效法律文书确定的内容之外直接向被执行人收取，破产申请费由人民法院在破产清算后，从破产财产中优先拨付。

五、关于司法救助的申请和批准程序

《办法》对司法救助的原则、形式、程序等作出了规定，但对司法救助的申请和批准程序未作规定。为规范人民法院司法救助的操作程序，最高人民法院将于近期对《关于对经济确有困难的当事人提供司法救助的规定》进行修订，及时向全国法院颁布施行。

六、关于各省、自治区、直辖市案件受理费和申请费的具体交纳标准

《办法》授权各省、自治区、直辖市人民政府可以结合本地实际情况，在第十三条第(二)、(三)、(六)项和第十四条第(一)项规定的幅度范围内制定各地案件受理费和申请费的具体交纳标准。各高级人民法院要商同级人民政府，及时就上述条款制定本省、自治区、直辖市案件受理费和申请费的具体交纳标准，并尽快下发辖区法院执行。

2.《最高人民法院关于对经济确有困难的当事人提供司法救助的规定》（法发〔2005〕6号，20050405）

第一条 为了使经济确有困难的当事人能够依法行使诉讼权利，维护其合法权益，根据《中华人民共和国民事诉讼法》、《中华人民共和国行政诉讼法》和《人民法院诉讼收费办法》，制定本规定。

第二条 本规定所称司法救助，是指人民法院对于当事人为维护自己的

合法权益,向人民法院提起民事、行政诉讼,但经济确有困难的,实行诉讼费用的缓交、减交、免交。

第三条 当事人符合本规定第二条并具有下列情形之一的,可以向人民法院申请司法救助:

(一)追索赡养费、扶养费、抚育费、抚恤金的;

(二)孤寡老人、孤儿和农村"五保户";

(三)没有固定生活来源的残疾人、患有严重疾病的人;

(四)国家规定的优抚、安置对象;

(五)追索社会保险金、劳动报酬和经济补偿金的;

(六)交通事故、医疗事故、工伤事故、产品质量事故或者其他人身伤害事故的受害人,请求赔偿的;

(七)因见义勇为或为保护社会公共利益致使自己合法权益受到损害,本人或者近亲属请求赔偿或经济补偿的;

(八)进城务工人员追索劳动报酬或其他合法权益受到侵害而请求赔偿的;

(九)正在享受城市居民最低生活保障、农村特困户救济或者领取失业保险金,无其他收入的;

(十)因自然灾害等不可抗力造成生活困难,正在接受社会救济,或者家庭生产经营难以为继的;

(十一)起诉行政机关违法要求农民履行义务的;

(十二)正在接受有关部门法律援助的;

(十三)当事人为社会福利机构、敬老院、优抚医院、精神病院、SOS儿童村、社会救助站、特殊教育机构等社会公共福利单位的;

(十四)其他情形确实需要司法救助的。

第四条 当事人请求人民法院提供司法救助,应在起诉或上诉时提交书面申请和足以证明其确有经济困难的证明材料。其中因生活困难或者追索基本生活费用申请司法救助的,应当提供本人及其家庭经济状况符合当地民政、劳动和社会保障等部门规定的公民经济困难标准的证明。

第五条 人民法院对当事人司法救助的请求,经审查符合本规定第三条所列情形的,立案时应准许当事人缓交诉讼费用。

第六条 人民法院决定对一方当事人司法救助,对方当事人败诉的,诉讼费用由对方当事人交纳;拒不交纳的强制执行。

对方当事人胜诉的,可视申请司法救助当事人的经济状况决定其减交、免交诉讼费用。决定减交诉讼费用的,减交比例不得低于30%。符合本规定第三条第二项、第九项规定情形的,应免交诉讼费用。

第七条 对当事人请求缓交诉讼费用的,由承办案件的审判人员或合议庭提出意见,报庭长审批;对当事人请求减交、免交诉讼费用的,由承办案件的审判人员或合议庭提出意见，经庭长审核同意后，报院长审批。

第八条 人民法院决定对当事人减交、免交诉讼费用的，应在法律文书中列明。

第九条 当事人骗取司法救助的，人民法院应当责令其补交诉讼费用；拒不补交的，以妨害诉讼行为论处。

3.《最高人民法院关于诉讼收费监督管理的规定》(法发〔2007〕第30号，20070920)

第一条 诉讼收费范围和收费标准应当严格执行《诉讼费用交纳办法》，不得提高收费标准。

第二条 当事人交纳诉讼费用确有困难的，可以依照《诉讼费用交纳办法》向人民法院申请缓交、减交或者免交诉讼费用的司法救助。对不符合司法救助情形的，不应准予免交、减交或者缓交。

第三条 诉讼收费严格实行"收支两条线"管理的规定，各级人民法院应当严格按照有关规定将依法收取的诉讼按照规定及时上缴同级财政，纳入预算管理，不得擅自开设银行帐户收费，不得截留、坐支、挪用、私分诉讼费用。

第四条 各级人民法院收取诉讼费用应当到指定的价格主管部门办理收费许可证。

第五条 各级人民法院应当严格执行收费公示制度的有关规定，在立案场所公示收费许可证，诉讼费用交纳范围、交纳项目、交纳标准，以及投诉部门和电话等。

第六条 各级人民法院收取诉讼费用应当按照财务隶属关系使用国务院财政部门或者省级人民政府财政部门印制的财政票据，不得私自印制或者使用任何其他票据进行收费。

第七条 基层人民法院的人民法庭按照有关规定当场收取诉讼费用的，必须向当事人出具省级人民政府财政部门印制的财政票据，并及时将收取的诉讼费用缴入指定代理银行。

第八条 各级人民法院不得违反规定预收执行申请费和破产申请费用。

第九条 各级人民法院应当按照实际成本向当事人、辩护人以及代理人等收取复制案件卷宗材料、审判工作的声像档案和法律文书的工本费。实际成本按照人民法院所在地省级价格、财政部门的规定执行。

第十条 诉讼费用结算完毕后，各级人民法院按照规定应当退还当事人诉讼费用的，应当及时办理退还手续；案件经审理需移送、移交的，应当及时办理随案移交诉讼费用的手续，不得影响当事人诉讼；当事人需要补缴诉讼费用的，应当及时督促补缴。

第十一条 各级人民法院不得向法院内部各部门下达收费任务和指标，不得以诉讼收费数额的多少作为对部门或个人奖惩的依据，不得将诉讼费用的收取与奖金、福利、津贴等挂钩。

第十二条 各级人民法院应当对

本院收取诉讼费用的情况每年进行一次自查。上级人民法院应当对所辖法院收取诉讼费用的情况有计划地开展检查。对检查中发现的问题,应当及时纠正。

各级人民法院应当按照有关规定接受并配合有关职能部门对诉讼收费情况的监督检查。

第十三条　各级人民法院监察部门负责受理对违反规定收取诉讼费用行为的举报,并查处违反规定收取诉讼费用的行为。

第十四条　各级人民法院监察部门对于违反规定收取诉讼费用的行为,应当认真进行调查。查证属实的,应当依照最高人民法院有关纪律处分的规定对直接责任人员进行处理。对于违反规定收取诉讼费用,严重损害当事人利益,造成恶劣影响的,还应当追究有关领导和责任人员的责任。

4.《最高人民法院、司法部关于民事诉讼法律援助工作的规定》(司发通〔2005〕77号,20051201)

第九条　人民法院依据法律援助机构给予法律援助的决定,准许受援的当事人司法救助的请求的,应当根据《司法救助规定》第五条的规定,先行对当事人作出缓交诉讼费用的决定,待案件审结后再根据案件的具体情况,按照《司法救助规定》第六条的规定决定诉讼费用的负担。

5.《最高人民法院关于进一步完善委派调解机制的指导意见》(法发〔2020〕1号,20200109)

十二、惩戒机制。对于当事人滥用权利、违反诚信原则、故意阻碍调解等导致其他当事人诉讼成本增加的行为,人民法院可以酌情增加其诉讼费用的负担部分。无过错一方当事人提出赔偿诉前调解额外支出请求的,人民法院可以酌情支持。

6.《全国法院审理债券纠纷案件座谈会纪要》(最高人民法院,法〔2020〕185号,20200715)

34.破产管理人无正当理由不予确认债权的赔偿责任。债券发行人进入破产程序后,受托管理人根据债券募集文件或者债券持有人会议决议的授权,依照债券登记机关出具的债券持仓登记文件代表全体债券持有人所申报的破产债权,破产管理人应当依法及时予以确认。因破产管理人无正当理由不予确认而导致的诉讼费用、律师费用、差旅费用等合理支出以及由此导致债权迟延清偿期间的利息损失,受托管理人另行向破产管理人主张赔偿责任的,人民法院应当予以支持。

7.《全国法院涉外商事海事审判工作座谈会会议纪要》〔最高人民法院民事审判第四庭,法(民四)明传〔2021〕60号,20211231〕

17.【庭审中翻译费用的承担】诉

讼过程中翻译人员出庭产生的翻译费用，根据《诉讼费用交纳办法》第十二条第一款的规定，由主张翻译或者负有翻译义务的一方当事人直接预付给翻译机构，人民法院不得代收代付。

人民法院应当在裁判文书中载明翻译费用，并根据《诉讼费用交纳办法》第二十九条的规定确定由败诉方负担。部分胜诉、部分败诉的，人民法院根据案件的具体情况决定当事人各自负担的数额。

【审判业务答疑】

《法答网精选答问(第八批)》(20240801)

问题2：环境民事公益诉讼中应当由败诉被告承担的鉴定费用，可否从其他环境民事公益诉讼案件获赔的生态环境修复费用中垫付？

答疑意见：依照《诉讼费用交纳办法》的相关规定，环境民事公益诉讼中产生的鉴定费用属于诉讼费用的范畴，被告败诉的，应当承担相应的鉴定费用。有关费用垫付的问题，虽然《环境公益诉讼解释》第24条规定"人民法院判决被告承担的生态环境修复费用、生态环境受到损害至修复完成期间服务功能丧失导致的损失、生态环境功能永久性损害造成的损失等款项，应当用于修复被损害的生态环境。其他环境民事公益诉讼中败诉原告所需承担的调查取证、专家咨询、检验、鉴定等必要费用，可以酌情从上述款项中支付"，但是

这一规定仅是明确了败诉原告所需承担的检验、鉴定等必要费用，可以酌情从其他环境民事公益诉讼中获赔的款项中支付。此主要考虑的是，原告提起公益诉讼的目的是维护相应的社会公共利益，行为具有公益性，即使在其败诉的情形下，酌情从其他案件剩余的修复费用或者损失赔偿金中支付败诉原告应当负担的费用，如此规定也有利于鼓励和支持原告依法提起环境民事公益诉讼。显然，这一规范目的并不能适用于污染环境、破坏生态的败诉被告。因此，从其他环境民事公益诉讼案件中获赔的生态环境修复费用中垫付本案败诉被告应当承担的鉴定费用缺乏法律依据，且与《诉讼费用交纳办法》的规定做法不符。

【法院参考案例】

1. 诉讼保全担保费如何负担［中辉建设集团有限公司与岳阳东辉房地产开发有限公司等建设工程施工合同纠纷案，最高人民法院（2021）最高法民申66号］

关于诉讼保全担保费是否属胜诉方支出的合理必要费用的问题，实践中，通常需结合案件具体情况予以综合判断。当事人申请财产保全时可采用多种担保方式，并非必然产生保全担保费用。又因案涉合同对该费用的负担并未作出约定，故原审法院综合考虑全案情况，没有支持中辉公司关于应由东

辉公司承担该项费用的主张,并无不当。

2. 案件诉讼费问题是否属于再审审查案件的审理范围[恒瑞丰(北京)投资有限公司与聚创科技园发展管理(烟台)有限公司、李某芳债权人撤销权纠纷案,最高人民法院(2021)最高法民申 162 号]

依据《民事诉讼法》及司法解释的规定,案件诉讼费问题并不属于再审审查案件的审理范围。债权人撤销权之诉的诉讼费用的计算根据《最高人民法院关于〈债权人撤销权之诉案件性质、诉讼费用咨询〉的回复意见》存在定额收费与以诉讼标的额数额计算诉讼费两种不同的做法,目前尚未有统一规定。原判决根据《诉讼费用交纳办法》的规定并无不妥。

3. 当事人未按《诉讼费交纳通知》缴费有何法律后果[大同市云中水泥有限责任公司与镇江建工建设集团有限公司建设工程施工合同纠纷案,最高人民法院(2021)最高法民申 7536 号]

人民法院向当事人(原告)发送的《诉讼费交纳通知》中仅记载了缴费时限、逾期缴费的法律后果,但并未载明当事人需交纳的诉讼费具体数额、收取诉讼费用的专户名称等信息,不符合人民法院关于催交诉讼费通知书的规定。当事人(原告)在接到上述缴费通知后未在限定时间内缴纳诉讼费的,法院不得按当事人(原告)自动撤诉处理。

4. 当事人对诉讼费用的负担有异议如何处理[锡海律师事务所与陈某盛等委托合同纠纷申请再审案,最高人民法院(2021)最高法民申 7511 号]

诉讼费用不属于《民事诉讼法》规定的再审申请事由,故对于再审申请人关于诉讼费用负担有误的再审申请理由,人民法院不予审查。当事人对诉讼费用的负担如有异议,可依据《诉讼费交纳办法》的相关规定申请复核。

第二编 审判程序

第十二章　第一审普通程序

第一节　起诉和受理

第一百二十二条　【起诉条件】起诉必须符合下列条件：

（一）原告是与本案有直接利害关系的公民、法人和其他组织；

（二）有明确的被告；

（三）有具体的诉讼请求和事实、理由；

（四）属于人民法院受理民事诉讼的范围和受诉人民法院管辖。

【立法·要点注释】

1.原告是与本案有直接利害关系的公民、法人和其他组织。所谓"原告与本案有直接利害关系"，是指当事人自己的民事权益受到侵害或者与他人发生争议。只有为保护自己的民事权益而提起诉讼的人，才是本案的合格原告。例如，在损害赔偿诉讼中，与本案有直接利害关系的原告，是认为自己民事权益受到侵害而主张侵权人负赔偿责任的公民、法人和其他组织；因合同

纠纷提起诉讼的原告，应当是合同的一方、因对方不履行合同中的义务而依合同主张权利的公民、法人和其他组织。又如，在离婚诉讼中，有直接利害关系的原告，是指提出解除婚姻关系的夫妻一方。

2.有明确的被告。原告提起诉讼，应当明确被告是谁，也就是要明确原告与谁发生了民事争议，或者是谁可能承担民事责任。没有明确的被告，只有起诉的人，而无应诉的人的，人民法院无从进行审判活动，因而也就不可能受理。

3.有具体的诉讼请求和事实、理由。具体的诉讼请求，是指原告必须明确其起诉所要解决的问题，也就是向人民法院提出保护自己民事权益的具体内容。一般有以下几种类型：一是请求人民法院确认某种法律关系或者法律事实，比如请求确认双方的收养关系，请求确认某公民失踪或者死亡；二是请求对方当事人履行给付义务，比如请求对方赔偿损失，请求对方偿还贷款本息，请求对方履行合同约定的义务；三是请求变更或者消灭一定的民事法律关系，比如请求离婚，请求变更或者撤

销合同。

4.属于人民法院受理民事诉讼的范围和受诉人民法院管辖。(1)属于人民法院受理民事诉讼的范围。这主要是指符合本法第3条规定的公民之间、法人之间、其他组织之间以及他们相互之间因财产关系和人身关系提起的民事诉讼。例如,因婚姻、继承、侵权赔偿、抚养、赡养、相邻关系、合同、劳动以及海事海商等纠纷提起的诉讼都属于民事诉讼的范围。如果起诉事项不属于人民法院受理民事诉讼的范围,受诉人民法院应当告知起诉人向有关机关申请解决。(2)属于受诉人民法院管辖。原告提起的诉讼,除须属于民事诉讼的范围外,还必须是根据本法的有关规定,属于受理该案的人民法院管辖。如果起诉事项不属于受诉人民法院管辖,受诉人民法院应当告知起诉人向有管辖权的人民法院起诉。

【相关立法】

1.《中华人民共和国妇女权益保障法》(19921001;20230101)

第六十八条 夫妻双方应当共同负担家庭义务,共同照顾家庭生活。

女方因抚育子女、照料老人、协助男方工作等负担较多义务的,有权在离婚时要求男方予以补偿。补偿办法由双方协议确定;协议不成的,可以向人民法院提起诉讼。

第六十九条 离婚时,分割夫妻共有的房屋或者处理夫妻共同租住的房屋,由双方协议解决;协议不成的,可以向人民法院提起诉讼。

第七十五条 妇女在农村集体经济组织成员身份确认等方面权益受到侵害的,可以申请乡镇人民政府等进行协调,或者向人民法院起诉。

乡镇人民政府应当对村民自治章程、村规民约、村民会议、村民代表会议的决定以及其他涉及村民利益事项的决定进行指导,对其中违反法律、法规和国家政策规定,侵害妇女合法权益的内容责令改正;受侵害妇女向农村土地承包仲裁机构申请仲裁或者向人民法院起诉的,农村土地承包仲裁机构或者人民法院应当依法受理。

2.《中华人民共和国老年人权益保障法》(19961001;20181229)

第七十三条 老年人合法权益受到侵害的,被侵害人或者其代理人有权要求有关部门处理,或者依法向人民法院提起诉讼。

人民法院和有关部门,对侵犯老年人合法权益的申诉、控告和检举,应当依法及时受理,不得推诿、拖延。

第七十五条 老年人与家庭成员因赡养、扶养或者住房、财产等发生纠纷,可以申请人民调解委员会或者其他有关组织进行调解,也可以直接向人民法院提起诉讼。

人民调解委员会或者其他有关组织调解前款纠纷时,应当通过说服、疏导等方式化解矛盾和纠纷;对有过错的家庭成员,应当给予批评教育。

人民法院对老年人追索赡养费或者扶养费的申请,可以依法裁定先予执行。

3.《中华人民共和国未成年人保护法》(19920101;20240426)

第一百零六条　未成年人合法权益受到侵犯,相关组织和个人未代为提起诉讼的,人民检察院可以督促、支持其提起诉讼;涉及公共利益的,人民检察院有权提起公益诉讼。

4.《中华人民共和国精神卫生法》(20130501;20180427)

第八十二条　精神障碍患者或者其监护人、近亲属认为行政机关、医疗机构或者其他有关单位和个人违反本法规定侵害患者合法权益的,可以依法提起诉讼。

5.《中华人民共和国残疾人保障法》(19910515;20181026)

第六十条　残疾人的合法权益受到侵害的,有权要求有关部门依法处理,或者依法向仲裁机构申请仲裁,或者依法向人民法院提起诉讼。

对有经济困难或者其他原因确需法律援助或者司法救助的残疾人,当地法律援助机构或者人民法院应当给予帮助,依法为其提供法律援助或者司法救助。

第六十四条　违反本法规定,在职工的招用等方面歧视残疾人的,由有关主管部门责令改正;残疾人劳动者可以依法向人民法院提起诉讼。

6.《中华人民共和国反家庭暴力法》(20160301)

第十三条　家庭暴力受害人及其法定代理人、近亲属可以向加害人或者受害人所在单位、居民委员会、村民委员会、妇女联合会等单位投诉、反映或者求助。有关单位接到家庭暴力投诉、反映或者求助后,应当给予帮助、处理。

家庭暴力受害人及其法定代理人、近亲属也可以向公安机关报案或者依法向人民法院起诉。

单位、个人发现正在发生的家庭暴力行为,有权及时劝阻。

7.《中华人民共和国个人信息保护法》(20211101)

第五十条　个人信息处理者应当建立便捷的个人行使权利的申请受理和处理机制。拒绝个人行使权利的请求的,应当说明理由。

个人信息处理者拒绝个人行使权利的请求的,个人可以依法向人民法院提起诉讼。

第七十条　个人信息处理者违反本法规定处理个人信息,侵害众多个人的权益的,人民检察院、法律规定的消费者组织和由国家网信部门确定的组织可以依法向人民法院提起诉讼。

8.《中华人民共和国英雄烈士保护法》（20180501）

第二十五条 对侵害英雄烈士的姓名、肖像、名誉、荣誉的行为，英雄烈士的近亲属可以依法向人民法院提起诉讼。

英雄烈士没有近亲属或者近亲属不提起诉讼的，检察机关依法对侵害英雄烈士的姓名、肖像、名誉、荣誉，损害社会公共利益的行为向人民法院提起诉讼。

负责英雄烈士保护工作的部门和其他有关部门在履行职责过程中发现第一款规定的行为，需要检察机关提起诉讼的，应当向检察机关报告。

英雄烈士近亲属依照第一款规定提起诉讼的，法律援助机构应当依法提供法律援助服务。

9.《中华人民共和国农村土地承包法》（20030301；20190101）

第五十五条 因土地承包经营发生纠纷的，双方当事人可以通过协商解决，也可以请求村民委员会、乡（镇）人民政府等调解解决。

当事人不愿协商、调解或者协商、调解不成的，可以向农村土地承包仲裁机构申请仲裁，也可以直接向人民法院起诉。

10.《中华人民共和国农村土地承包经营纠纷调解仲裁法》（20100101）

第四条 当事人和解、调解不成

者不愿和解、调解的，可以向农村土地承包仲裁委员会申请仲裁，也可以直接向人民法院起诉。

第四十八条 当事人不服仲裁裁决的，可以自收到裁决书之日起三十日内向人民法院起诉。逾期不起诉的，裁决书即发生法律效力。

11.《中华人民共和国海域使用管理法》（20020101）

第三十一条 因海域使用权发生争议，当事人协商解决不成的，由县级以上人民政府海洋行政主管部门调解；当事人也可以直接向人民法院提起诉讼。

在海域使用权争议解决前，任何一方不得改变海域使用现状。

第四十四条 违反本法第二十三条规定，阻挠、妨害海域使用权人依法使用海域的，海域使用权人可以请求海洋行政主管部门排除妨害，也可以依法向人民法院提起诉讼；造成损失的，可以依法请求损害赔偿。

12.《中华人民共和国土壤污染防治法》（20190101）

第九十六条 污染土壤造成他人人身或者财产损害的，应当依法承担侵权责任。

土壤污染责任人无法认定，土地使用权人未依照本法规定履行土壤污染风险管控和修复义务，造成他人人身或者财产损害的，应当依法承担侵权责任。

土壤污染引起的民事纠纷，当事人可以向地方人民政府生态环境等主管部门申请调解处理，也可以向人民法院提起诉讼。

第九十七条　污染土壤损害国家利益、社会公共利益的，有关机关和组织可以依照《中华人民共和国环境保护法》《中华人民共和国民事诉讼法》《中华人民共和国行政诉讼法》等法律的规定向人民法院提起诉讼。

13.《中华人民共和国水污染防治法》（19841101；20180101）

第九十七条　因水污染引起的损害赔偿责任和赔偿金额的纠纷，可以根据当事人的请求，由环境保护主管部门或者海事管理机构、渔业主管部门按照职责分工调解处理；调解不成的，当事人可以向人民法院提起诉讼。当事人也可以直接向人民法院提起诉讼。

14.《中华人民共和国产品质量法》（19930901；20181229）

第四十七条　因产品质量发生民事纠纷时，当事人可以通过协商或者调解解决。当事人不愿通过协商、调解解决或者协商、调解不成的，可以根据当事人各方的协议向仲裁机构申请仲裁；当事人各方没有达成仲裁协议或者仲裁协议无效的，可以直接向人民法院起诉。

15.《中华人民共和国消费者权益保护法》（19940101；20140315）

第三十五条　人民法院应当采取措施，方便消费者提起诉讼。对符合《中华人民共和国民事诉讼法》起诉条件的消费者权益争议，必须受理，及时审理。

第三十九条　消费者和经营者发生消费者权益争议的，可以通过下列途径解决：

（一）与经营者协商和解；

（二）请求消费者协会或者依法成立的其他调解组织调解；

（三）向有关行政部门投诉；

（四）根据与经营者达成的仲裁协议提请仲裁机构仲裁；

（五）向人民法院提起诉讼。

第四十七条　对侵害众多消费者合法权益的行为，中国消费者协会以及在省、自治区、直辖市设立的消费者协会，可以向人民法院提起诉讼。

16.《中华人民共和国旅游法》（20131001；20181026）

第九十二条　旅游者与旅游经营者发生纠纷，可以通过下列途径解决：

（一）双方协商；

（二）向消费者协会、旅游投诉受理机构或者有关调解组织申请调解；

（三）根据与旅游经营者达成的仲裁协议提请仲裁机构仲裁；

（四）向人民法院提起诉讼。

17.《中华人民共和国慈善法》(20160901；20240905)

第四十一条　捐赠人应当按照捐赠协议履行捐赠义务。捐赠人违反捐赠协议逾期未交付捐赠财产，有下列情形之一的，慈善组织或者其他接受捐赠的人可以要求交付；捐赠人拒不交付的，慈善组织和其他接受捐赠的人可以依法向人民法院申请支付令或者提起诉讼：

（一）捐赠人通过广播、电视、报刊、互联网等媒体公开承诺捐赠的；

（二）捐赠财产用于本法第三条第一项至第三项规定的慈善活动，并签订书面捐赠协议的。

捐赠人公开承诺捐赠或者签订书面捐赠协议后经济状况显著恶化，严重影响其生产经营或者家庭生活的，经向公开承诺捐赠地或者书面捐赠协议签订地的县级以上人民政府民政部门报告并向社会公开说明情况后，可以不再履行捐赠义务。

第四十二条　捐赠人有权查询、复制其捐赠财产管理使用的有关资料，慈善组织应当及时主动向捐赠人反馈有关情况。

慈善组织违反捐赠协议约定的用途，滥用捐赠财产的，捐赠人有权要求其改正；拒不改正的，捐赠人可以向县级以上人民政府民政部门投诉、举报或者向人民法院提起诉讼。

第五十条　慈善信托的委托人根据需要，可以确定信托监察人。

信托监察人对受托人的行为进行监督，依法维护委托人和受益人的权益。信托监察人发现受托人违反信托义务或者难以履行职责的，应当向委托人报告，并有权以自己的名义向人民法院提起诉讼。

18.《中华人民共和国红十字会法》(19931031；20170508)

第二十一条　红十字会应当按照募捐方案、捐赠人意愿或者捐赠协议处分其接受的捐赠款物。

捐赠人有权查询、复制其捐赠财产管理使用的有关资料，红十字会应当及时主动向捐赠人反馈有关情况。

红十字会违反募捐方案、捐赠人意愿或者捐赠协议约定的用途，滥用捐赠财产的，捐赠人有权要求其改正；拒不改正的，捐赠人可以向人民政府民政部门投诉、举报或者向人民法院提起诉讼。

19.《中华人民共和国民用航空法》(19960301；20210429)

第一百三十一条　有关航空运输中发生的损失的诉讼，不论其根据如何，只能依照本法规定的条件和赔偿责任限额提出，但是不妨碍谁有权提起诉讼以及他们各自的权利。

第一百三十六条　由几个航空承运人办理的连续运输，接受旅客、行李或者货物的每一个承运人应当受本法规定的约束，并就其根据合同办理的运输区段作为运输合同的订约一方。

对前款规定的连续运输,除合同明文约定第一承运人应当对全程运输承担责任外,旅客或者其继承人只能对发生事故或者延误的运输区段的承运人提起诉讼。

托运行李或者货物的毁灭、遗失、损坏或者延误,旅客或者托运人有权对第一承运人提起诉讼,旅客或者收货人有权对最后承运人提起诉讼,旅客、托运人和收货人均可以对发生毁灭、遗失、损坏或者延误的运输区段的承运人提起诉讼。上述承运人应当对旅客、托运人或者收货人承担连带责任。

第一百四十三条 对实际承运人履行的运输提起的诉讼,可以分别对实际承运人或者缔约承运人提起,也可以同时对实际承运人和缔约承运人提起;被提起诉讼的承运人有权要求另一承运人参加应诉。

第一百六十八条 仅在下列情形下,受害人可以直接对保险人或者担保人提起诉讼,但是不妨碍受害人根据有关保险合同或者担保合同的法律规定提起直接诉讼的权利:

(一)根据本法第一百六十七条第(一)项、第(二)项规定,保险或者担保继续有效的;

(二)经营人破产的。

除本法第一百六十七条第一款规定的抗辩权,保险人或者担保人对受害人依照本章规定提起的直接诉讼不得以保险或者担保的无效或者追溯力终止为由进行抗辩。

20.《中华人民共和国劳动法》(19950101;20181229)

第八十三条 劳动争议当事人对仲裁裁决不服的,可以自收到仲裁裁决书之日起十五日内向人民法院提起诉讼。一方当事人在法定期限内不起诉又不履行仲裁裁决的,另一方当事人可以申请人民法院强制执行。

第八十四条 因签订集体合同发生争议,当事人协商解决不成的,当地人民政府劳动行政部门可以组织有关各方协调处理。

因履行集体合同发生争议,当事人协商解决不成的,可以向劳动争议仲裁委员会申请仲裁;对仲裁裁决不服的,可以自收到仲裁裁决书之日起十五日内向人民法院提起诉讼。

21.《中华人民共和国劳动合同法》(20080101;20130701)

第五十六条 用人单位违反集体合同,侵犯职工劳动权益的,工会可以依法要求用人单位承担责任;因履行集体合同发生争议,经协商解决不成的,工会可以依法申请仲裁、提起诉讼。

第七十七条 劳动者合法权益受到侵害的,有权要求有关部门依法处理,或者依法申请仲裁、提起诉讼。

22.《中华人民共和国劳动争议调解仲裁法》(20080501)

第五条 发生劳动争议,当事人不愿协商、协商不成或者达成和解协议后不履行的,可以向调解组织申请调解;不愿调解、调解不成或者达成调解协议后不履行的,可以向劳动争议仲裁委员会申请仲裁;对仲裁裁决不服的,除本法另有规定外,可以向人民法院提起诉讼。

第二十九条 劳动争议仲裁委员会收到仲裁申请之日起五日内,认为符合受理条件的,应当受理,并通知申请人;认为不符合受理条件的,应当书面通知申请人不予受理,并说明理由。对劳动争议仲裁委员会不予受理或者逾期未作出决定的,申请人可以就该劳动争议事项向人民法院提起诉讼。

第四十三条 仲裁庭裁决劳动争议案件,应当自劳动争议仲裁委员会受理仲裁申请之日起四十五日内结束。案情复杂需要延期的,经劳动争议仲裁委员会主任批准,可以延期并书面通知当事人,但是延长期限不得超过十五日。逾期未作出仲裁裁决的,当事人可以就该劳动争议事项向人民法院提起诉讼。

仲裁庭裁决劳动争议案件时,其中一部分事实已经清楚,可以就该部分先行裁决。

第四十八条 劳动者对本法第四十七条规定的仲裁裁决不服的,可以自收到仲裁裁决书之日起十五日内向人民法院提起诉讼。

第四十九条 用人单位有证据证明本法第四十七条规定的仲裁裁决有下列情形之一,可以自收到仲裁裁决书之日起三十日内向劳动争议仲裁委员会所在地的中级人民法院申请撤销裁决:

(一)适用法律、法规确有错误的;

(二)劳动争议仲裁委员会无管辖权的;

(三)违反法定程序的;

(四)裁决所根据的证据是伪造的;

(五)对方当事人隐瞒了足以影响公正裁决的证据的;

(六)仲裁员在仲裁该案时有索贿受贿、徇私舞弊、枉法裁决行为的。

人民法院经组成合议庭审查核实裁决有前款规定情形之一的,应当裁定撤销。

仲裁裁决被人民法院裁定撤销的,当事人可以自收到裁定书之日起十五日内就该劳动争议事项向人民法院提起诉讼。

第五十条 当事人对本法第四十七条规定以外的其他劳动争议案件的仲裁裁决不服的,可以自收到仲裁裁决书之日起十五日内向人民法院提起诉讼;期满不起诉的,裁决书发生法律效力。

23.《中华人民共和国社会保险法》
(20110701;20181229)

第八十三条 用人单位或者个人认为社会保险费征收机构的行为侵害

自己合法权益的,可以依法申请行政复议或者提起行政诉讼。

用人单位或者个人对社会保险经办机构不依法办理社会保险登记、核定社会保险费、支付社会保险待遇、办理社会保险转移接续手续或者侵害其他社会保险权益的行为,可以依法申请行政复议或者提起行政诉讼。

个人与所在用人单位发生社会保险争议的,可以依法申请调解、仲裁,提起诉讼。用人单位侵害个人社会保险权益的,个人也可以要求社会保险行政部门或者社会保险费征收机构依法处理。

24.《中华人民共和国工会法》(19920403;20220101)

第二十一条 工会帮助、指导职工与企业、实行企业化管理的事业单位、社会组织签订劳动合同。

工会代表职工与企业、实行企业化管理的事业单位、社会组织进行平等协商,依法签订集体合同。集体合同草案应当提交职工代表大会或者全体职工讨论通过。

工会签订集体合同,上级工会应当给予支持和帮助。

企业、事业单位、社会组织违反集体合同,侵犯职工劳动权益的,工会可以依法要求企业、事业单位、社会组织予以改正并承担责任;因履行集体合同发生争议,经协商解决不成的,工会可以向劳动争议仲裁机构请求仲裁,仲裁机构不予受理或者对仲裁裁决不服的,可以向人民法院提起诉讼。

第四十七条 工会的财产、经费和国家拨给工会使用的不动产,任何组织和个人不得侵占、挪用和任意调拨。

第五十条 工会对违反本法规定侵犯其合法权益的,有权提请人民政府或者有关部门予以处理,或者向人民法院提起诉讼。

第五十五条 违反本法第四十七条规定,侵占工会经费和财产拒不返还的,工会可以向人民法院提起诉讼,要求返还,并赔偿损失。

25.《中华人民共和国职业病防治法》(20020501;20181229)

第四十九条 职业病诊断、鉴定过程中,在确认劳动者职业史、职业病危害接触史时,当事人对劳动关系、工种、工作岗位或者在岗时间有争议的,可以向当地的劳动人事争议仲裁委员会申请仲裁;接到申请的劳动人事争议仲裁委员会应当受理,并在三十日内作出裁决。

当事人在仲裁过程中对自己提出的主张,有责任提供证据。劳动者无法提供由用人单位掌握管理的与仲裁主张有关的证据的,仲裁庭应当要求用人单位在指定期限内提供;用人单位在指定期限内不提供的,应当承担不利后果。

劳动者对仲裁裁决不服的,可以依法向人民法院提起诉讼。

用人单位对仲裁裁决不服的,可以在职业病诊断、鉴定程序结束之日起十五日内依法向人民法院提起诉讼;诉讼期间,劳动者的治疗费用按照职业病待遇规定的途径支付。

26.《中华人民共和国公务员法》

(20060101;20190601)

第一百零五条 聘任制公务员与所在机关之间因履行聘任合同发生争议的,可以自争议发生之日起六十日内申请仲裁。

省级以上公务员主管部门根据需要设立人事争议仲裁委员会,受理仲裁申请。人事争议仲裁委员会由公务员主管部门的代表、聘用机关的代表、聘任制公务员的代表以及法律专家组成。

当事人对仲裁裁决不服的,可以自接到仲裁裁决书之日起十五日内向人民法院提起诉讼。仲裁裁决生效后,一方当事人不履行的,另一方当事人可以申请人民法院执行。

27.《中华人民共和国就业促进法》

(20080101;20150424)

第六十二条 违反本法规定,实施就业歧视的,劳动者可以向人民法院提起诉讼。

28.《中华人民共和国公司法》(19940701;20240701)

第八十九条 有下列情形之一的,对股东会该项决议投反对票的股东可以请求公司按照合理的价格收购其股权:

(一)公司连续五年不向股东分配利润,而公司该五年连续盈利,并且符合本法规定的分配利润条件;

(二)公司合并、分立、转让主要财产;

(三)公司章程规定的营业期限届满或者章程规定的其他解散事由出现,股东会通过决议修改章程使公司存续。

自股东会决议作出之日起六十日内,股东与公司不能达成股权收购协议的,股东可以自股东会决议作出之日起九十日内向人民法院提起诉讼。

公司的控股股东滥用股东权利,严重损害公司或者其他股东利益的,其他股东有权请求公司按照合理的价格收购其股权。

公司因本条第一款、第三款规定的情形收购的本公司股权,应当在六个月内依法转让或者注销。

第一百八十八条 董事、监事、高级管理人员执行职务违反法律、行政法规或者公司章程的规定,给公司造成损失的,应当承担赔偿责任。

第一百八十九条 董事、高级管理人员有前条规定的情形的,有限责任公司的股东、股份有限公司连续一百八十日以上单独或者合计持有公司百分之一以上股份的股东,可以书面请求监事会向人民法院提起诉讼;监事有前条规定的情形的,前述股东可以书面请求董事会向人民法院提起诉讼。

监事会或者董事会收到前款规定的股东书面请求后拒绝提起诉讼，或者自收到请求之日起三十日内未提起诉讼，或者情况紧急、不立即提起诉讼将会使公司利益受到难以弥补的损害的，前款规定的股东有权为公司利益以自己的名义直接向人民法院提起诉讼。

他人侵犯公司合法权益，给公司造成损失的，本条第一款规定的股东可以依照前两款的规定向人民法院提起诉讼。

公司全资子公司的董事、监事、高级管理人员有前条规定情形，或者他人侵犯公司全资子公司合法权益造成损失的，有限责任公司的股东、股份有限公司连续一百八十日以上单独或者合计持有公司百分之一以上股份的股东，可以依照前三款规定书面请求全资子公司的监事会、董事会向人民法院提起诉讼或者以自己的名义直接向人民法院提起诉讼。

第一百九十条　董事、高级管理人员违反法律、行政法规或者公司章程的规定，损害股东利益的，股东可以向人民法院提起诉讼。

29.《中华人民共和国合伙企业法》
（19970801；20070601）

第四十九条　合伙人有下列情形之一的，经其他合伙人一致同意，可以决议将其除名：

（一）未履行出资义务；

（二）因故意或者重大过失给合伙企业造成损失；

（三）执行合伙事务时有不正当行为；

（四）发生合伙协议约定的事由。

对合伙人的除名决议应当书面通知被除名人。被除名人接到除名通知之日，除名生效，被除名人退伙。

被除名人对除名决议有异议的，可以自接到除名通知之日起三十日内，向人民法院起诉。

第六十八条　有限合伙人不执行合伙事务，不得对外代表有限合伙企业。

有限合伙人的下列行为，不视为执行合伙事务：

（一）参与决定普通合伙人入伙、退伙；

（二）对企业的经营管理提出建议；

（三）参与选择承办有限合伙企业审计业务的会计师事务所；

（四）获取经审计的有限合伙企业财务会计报告；

（五）对涉及自身利益的情况，查阅有限合伙企业财务会计账簿等财务资料；

（六）在有限合伙企业中的利益受到侵害时，向有责任的合伙人主张权利或者提起诉讼；

（七）执行事务合伙人怠于行使权利时，督促其行使权利或者为了本企业的利益以自己的名义提起诉讼；

（八）依法为本企业提供担保。

第一百零三条　合伙人违反合伙协议的,应当依法承担违约责任。

合伙人履行合伙协议发生争议的,合伙人可以通过协商或者调解解决。不愿通过协商、调解解决或者协商、调解不成的,可以按照合伙协议约定的仲裁条款或者事后达成的书面仲裁协议,向仲裁机构申请仲裁。合伙协议中未订立仲裁条款,事后又没有达成书面仲裁协议的,可以向人民法院起诉。

30.《中华人民共和国企业破产法》
（20070601）

第四十八条　债权人应当在人民法院确定的债权申报期限内向管理人申报债权。

债务人所欠职工的工资和医疗、伤残补助、抚恤费用,所欠的应当划入职工个人账户的基本养老保险、基本医疗保险费用,以及法律、行政法规规定应当支付给职工的补偿金,不必申报,由管理人调查后列出清单并予以公示。职工对清单记载有异议的,可以要求管理人更正;管理人不予更正的,职工可以向人民法院提起诉讼。

第五十八条　依照本法第五十七条规定编制的债权表,应当提交第一次债权人会议核查。

债务人、债权人对债权表记载的债权无异议的,由人民法院裁定确认。

债务人、债权人对债权表记载的债权有异议的,可以向受理破产申请的人民法院提起诉讼。

31.《中华人民共和国证券法》（19990701；20200301）

第四十四条　上市公司、股票在国务院批准的其他全国性证券交易场所交易的公司持有百分之五以上股份的股东、董事、监事、高级管理人员,将其持有的该公司的股票或者其他具有股权性质的证券在买入后六个月内卖出,或者在卖出后六个月内又买入,由此所得收益归该公司所有,公司董事会应当收回其所得收益。但是,证券公司因购入包销售后剩余股票而持有百分之五以上股份,以及有国务院证券监督管理机构规定的其他情形的除外。

前款所称董事、监事、高级管理人员、自然人股东持有的股票或者其他具有股权性质的证券,包括其配偶、父母、子女持有的及利用他人账户持有的股票或者其他具有股权性质的证券。

公司董事会不按照第一款规定执行的,股东有权要求董事会在三十日内执行。公司董事会未在上述期限内执行的,股东有权为了公司的利益以自己的名义直接向人民法院提起诉讼。

公司董事会不按照第一款的规定执行的,负有责任的董事依法承担连带责任。

第九十四条　投资者与发行人、证券公司等发生纠纷,双方可以向投资者保护机构申请调解。普通投资者与证券公司发生证券业务纠纷,普通投资者提出调解请求的,证券公司不得拒绝。

投资者保护机构对损害投资者利益的行为,可以依法支持投资者向人民法院提起诉讼。

发行人的董事、监事、高级管理人员执行公司职务时违反法律、行政法规或者公司章程的规定给公司造成损失,发行人的控股股东、实际控制人等侵犯公司合法权益给公司造成损失,投资者保护机构持有该公司股份的,可以为公司的利益以自己的名义向人民法院提起诉讼,持股比例和持股期限不受《中华人民共和国公司法》规定的限制。

32.《中华人民共和国证券投资基金法》(20040601;20150424)

第四十六条　基金份额持有人享有下列权利:

(一)分享基金财产收益;

(二)参与分配清算后的剩余基金财产;

(三)依法转让或者申请赎回其持有的基金份额;

(四)按照规定要求召开基金份额持有人大会或者召集基金份额持有人大会;

(五)对基金份额持有人大会审议事项行使表决权;

(六)对基金管理人、基金托管人、基金服务机构损害其合法权益的行为依法提起诉讼;

(七)基金合同约定的其他权利。

公开募集基金的基金份额持有人有权查阅或者复制公开披露的基金信息资料;非公开募集基金的基金份额持有人对涉及自身利益的情况,有权查阅基金的财务会计账簿等财务资料。

33.《中华人民共和国信托法》(20011001)

第六十五条　信托监察人有权以自己的名义,为维护受益人的利益,提起诉讼或者实施其他法律行为。

第七十三条　公益事业管理机构违反本法规定的,委托人、受托人或者受益人有权向人民法院起诉。

34.《中华人民共和国票据法》(19960101;20040828)

第十五条　票据丧失,失票人可以及时通知票据的付款人挂失止付,但是,未记载付款人或者无法确定付款人及其代理付款人的票据除外。

收到挂失止付通知的付款人,应当暂停支付。

失票人应当在通知挂失止付后三日内,也可以在票据丧失后,依法向人民法院申请公示催告,或者向人民法院提起诉讼。

35.《中华人民共和国著作权法》(19910601;20210601)

第八条　著作权人和与著作权有关的权利人可以授权著作权集体管理组织行使著作权或者与著作权有关的权利。依法设立的著作权集体管理组织是非营利法人,被授权后可以以自己的名义为著作权人和与著作权有关的权利人主张权利,并可以作为当事人进行涉及著作权或者与著作权有关的权利的诉讼、仲裁、调解活动。

著作权集体管理组织根据授权向使用者收取使用费。使用费的收取标准由著作权集体管理组织和使用者代表协商确定,协商不成的,可以向国家著作权主管部门申请裁决,对裁决不服的,可以向人民法院提起诉讼;当事人也可以直接向人民法院提起诉讼。

著作权集体管理组织应当将使用费的收取和转付、管理费的提取和使用、使用费的未分配部分等总体情况定期向社会公布,并应当建立权利信息查询系统,供权利人和使用者查询。国家著作权主管部门应当依法对著作权集体管理组织进行监督、管理。

著作权集体管理组织的设立方式、权利义务、使用费的收取和分配,以及对其监督和管理等由国务院另行规定。

第六十条　著作权纠纷可以调解,也可以根据当事人达成的书面仲裁协议或者著作权合同中的仲裁条款,向仲裁机构申请仲裁。

当事人没有书面仲裁协议,也没有在著作权合同中订立仲裁条款的,可以直接向人民法院起诉。

36.《中华人民共和国商标法》(19830301;20191101)

第六十条　有本法第五十七条所列侵犯注册商标专用权行为之一,引起纠纷的,由当事人协商解决;不愿协商或者协商不成的,商标注册人或者利害关系人可以向人民法院起诉,也可以请求工商行政管理部门处理。

工商行政管理部门处理时,认定侵权行为成立的,责令立即停止侵权行为,没收、销毁侵权商品和主要用于制造侵权商品、伪造注册商标标识的工具,违法经营额五万元以上的,可以处违法经营额五倍以下的罚款,没有违法经营额或者违法经营额不足五万元的,可以处二十五万元以下的罚款。对五年内实施两次以上商标侵权行为或者有其他严重情节的,应当从重处罚。销售不知道是侵犯注册商标专用权的商品,能证明该商品是自己合法取得并说明提供者的,由工商行政管理部门责令停止销售。

对侵犯商标专用权的赔偿数额的争议,当事人可以请求进行处理的工商行政管理部门调解,也可以依照《中华人民共和国民事诉讼法》向人民法院起诉。经工商行政管理部门调解,当事人未达成协议或者调解书生效后不履行的,当事人可以依照《中华人民共和国民事诉讼法》向人民法院起诉。

37.《中华人民共和国专利法》(19850401;20210601)

第六十五条　未经专利权人许可,实施其专利,即侵犯其专利权,引起纠纷的,由当事人协商解决;不愿协商或者协商不成的,专利权人或者利害关系人可以向人民法院起诉,也可以请求管理专利工作的部门处理。管理专利工作的部门处理时，认定侵权行为成立的，可以责令侵权人立即停止侵权行为，当事人不服的，可以自收到处理通知之日起十五日内依照《中华人民共和国行政诉讼法》向人民法院起诉；侵权人期满不起诉又不停止侵权行为的，管理专利工作的部门可以申请人民法院强制执行。进行处理的管理专利工作的部门应当事人的请求，可以就侵犯专利权的赔偿数额进行调解；调解不成的，当事人可以依照《中华人民共和国民事诉讼法》向人民法院起诉。

第七十六条　药品上市审评审批过程中，药品上市许可申请人与有关专利权人或者利害关系人，因申请注册的药品相关的专利权产生纠纷的，相关当事人可以向人民法院起诉，请求就申请注册的药品相关技术方案是否落入他人药品专利权保护范围作出判决。国务院药品监督管理部门在规定的期限内，可以根据人民法院生效裁判作出是否暂停批准相关药品上市的决定。

药品上市许可申请人与有关专利权人或者利害关系人也可以就申请注册的药品相关的专利权纠纷，向国务院专利行政部门请求行政裁决。

国务院药品监督管理部门会同国务院专利行政部门制定药品上市许可审批与药品上市许可申请阶段专利权纠纷解决的具体衔接办法，报国务院同意后实施。

38.《中华人民共和国反不正当竞争法》（19931201；20190423）

第十七条　经营者违反本法规定，给他人造成损害的，应当依法承担民事责任。

经营者的合法权益受到不正当竞争行为损害的，可以向人民法院提起诉讼。

因不正当竞争行为受到损害的经营者的赔偿数额，按照其因被侵权所受到的实际损失确定；实际损失难以计算的，按照侵权人因侵权所获得的利益确定。经营者恶意实施侵犯商业秘密行为，情节严重的，可以在按照上述方法确定数额的一倍以上五倍以下确定赔偿数额。赔偿数额还应当包括经营者为制止侵权行为所支付的合理开支。

经营者违反本法第六条、第九条规定，权利人因被侵权所受到的实际损失、侵权人因侵权所获得的利益难以确定的，由人民法院根据侵权行为的情节判决给予权利人五百万元以下的赔偿。

39.《中华人民共和国电子商务法》（20190101）

第四十三条　平台内经营者接到转送的通知后，可以向电子商务平台经营者提交不存在侵权行为的声明。声明应当包括不存在侵权行为的初步证据。

电子商务平台经营者接到声明后，应当将该声明转送发出通知的知识产权权利人，并告知其可以向有关主管部门投诉或者向人民法院起诉。电子商务平台经营者在转送声明到达知识产权权利人后十五日内，未收到权利人已经投诉或者起诉通知的，应当及时终止所采取的措施。

第六十条 电子商务争议可以通过协商和解，请求消费者组织、行业协会或者其他依法成立的调解组织调解，向有关部门投诉，提请仲裁，或者提起诉讼等方式解决。

40.《中华人民共和国种子法》（20001201；20220301）

第七十三条 当事人就植物新品种的申请权和植物新品种权的权属发生争议的，可以向人民法院提起诉讼。

41.《中华人民共和国人民调解法》（20110101）

第三十二条 经人民调解委员会调解达成调解协议后，当事人之间就调解协议的履行或者调解协议的内容发生争议的，一方当事人可以向人民法院提起诉讼。

第三十三条 经人民调解委员会调解达成调解协议后，双方当事人认为有必要的，可以自调解协议生效之日起三十日内共同向人民法院申请司法确认，人民法院应当及时对调解协议进行审查，依法确认调解协议的效力。

人民法院依法确认调解协议有效，一方当事人拒绝履行或者未全部履行的，对方当事人可以向人民法院申请强制执行。

人民法院依法确认调解协议无效的，当事人可以通过人民调解方式变更原调解协议或者达成新的调解协议，也可以向人民法院提起诉讼。

42.《中华人民共和国反外国制裁法》（20210610）

第十二条 任何组织和个人均不得执行或者协助执行外国国家对我国公民、组织采取的歧视性限制措施。

组织和个人违反前款规定，侵害我国公民、组织合法权益的，我国公民、组织可以依法向人民法院提起诉讼，要求其停止侵害、赔偿损失。

43.《中华人民共和国台湾同胞投资保护法》（19940305；20200101）

第十三条 台湾同胞投资者与其他省、自治区和直辖市的公司、企业、其他经济组织或者个人之间发生的与投资有关的争议，当事人可以通过协商或者调解解决。

当事人不愿协商、调解的，或者经协商、调解不成的，可以依据合同中的仲裁条款或者事后达成的书面仲裁协议，提交仲裁机构仲裁。

当事人未在合同中订立仲裁条款，事后又未达成书面仲裁协议的，可以向人民法院提起诉讼。

44.《中华人民共和国归侨侨眷权益保护法》（19910101；20090827）

第二十三条　归侨、侨眷合法权益受到侵害时，被侵害人有权要求有关主管部门依法处理，或者向人民法院提起诉讼。归国华侨联合会应当给予支持和帮助。

45.《中华人民共和国海上交通安全法》（19840101；20210901）

第一百一十五条　因海上交通事故引发民事纠纷的，当事人可以依法申请仲裁或者向人民法院提起诉讼。

46.《中华人民共和国海事诉讼特别程序法》（20000701）

第十九条　海事请求保全执行后，有关海事纠纷未进入诉讼或者仲裁程序的，当事人就该海事请求，可以向采取海事请求保全的海事法院或者其他有管辖权的海事法院提起诉讼，但当事人之间订有诉讼管辖协议或者仲裁协议的除外。

第六十一条　海事强制令执行后，有关海事纠纷未进入诉讼或者仲裁程序的，当事人就该海事请求，可以向作出海事强制令的海事法院或者其他有管辖权的海事法院提起诉讼，但当事人之间订有诉讼管辖协议或者仲裁协议的除外。

第七十二条　海事证据保全后，有关海事纠纷未进入诉讼或者仲裁程序的，当事人就该海事请求，可以向采取证据保全的海事法院或者其他有管辖权的海事法院提起诉讼，但当事人之间

订有诉讼管辖协议或者仲裁协议的除外。

第八十八条　当事人就共同海损的纠纷，可以协议委托理算机构理算，也可以直接向海事法院提起诉讼。海事法院受理未经理算的共同海损纠纷，可以委托理算机构理算。

第九十条　当事人可以不受因同一海损事故提起的共同海损诉讼程序的影响，就非共同海损损失向责任人提起诉讼。

第九十四条　保险人行使代位请求赔偿权利时，被保险人未向造成保险事故的第三人提起诉讼的，保险人应当以自己的名义向该第三人提起诉讼。

第一百零九条　设立海事赔偿责任限制基金以后，当事人就有关海事纠纷应当向设立海事赔偿责任限制基金的海事法院提起诉讼，但当事人之间订有诉讼管辖协议或者仲裁协议的除外。

【司法解释】

1.《最高人民法院关于适用〈中华人民共和国民事诉讼法〉的解释》（法释〔2015〕5号，20150204；经法释〔2022〕11号修正，20220410）

第二百零八条　人民法院接到当事人提交的民事起诉状时，对符合民事诉讼法第一百二十二条的规定，且不属于第一百二十七条规定情形的，应当登记立案；对当场不能判定是否符合起诉条件的，应当接收起诉材料，并出具注

明收到日期的书面凭证。

需要补充必要相关材料的,人民法院应当及时告知当事人。在补齐相关材料后,应当在七日内决定是否立案。

立案后发现不符合起诉条件或者属于民事诉讼法第一百二十七条规定情形的,裁定驳回起诉。

【重点解读】审判实践中要注意区分诉的成立要件与诉讼成立要件。《民事诉讼法》第 122 条规定的起诉要件为诉讼成立要件,系判断当事人提起诉讼能否成立的形式要件。若原告起诉不符合该起诉要件,法院应以原告之诉不合法为由通过裁定形式驳回起诉。但若案件实质涉及原告的权利保护要件是否成立时,应由法院对案件进行实体审理后加以判断。如果其提起的诉讼请求缺乏权利保护要件,即诉讼请求不能成立的,则法院应以原告之诉不能得到支持为由通过判决形式驳回。

另外,如果当事人起诉主张的法律关系的性质或民事法律行为的效力与法院根据案件事实作出的认定不一致,法院应向当事人释明,由其变更诉讼请求;如当事人经释明后,仍坚持原诉讼请求的,法院应就当事人主张的法律关系和合同效力进行实体审理并作出判断。在此判断基础上也应以实体判决的形式对当事人的诉讼请求进行判断,而不能以裁定驳回当事人起诉的形式认定当事人无诉权。

第二百零九条 原告提供被告的姓名或者名称、住所等信息具体明确,

足以使被告与他人相区别的,可以认定为有明确的被告。

起诉状列写被告信息不足以认定明确的被告的,人民法院可以告知原告补正。原告补正后仍不能确定明确的被告的,人民法院裁定不予受理。

【重点解读】本条是关于如何认定"有明确的被告"的规定。根据《民事诉讼法》第 122 条第 2 项的规定,"有明确的被告"是原告起诉的条件之一。对"有明确的被告"的理解,在立案阶段,对"有明确的被告"的判断主要考察被告是否符合可识别的标准。从《民事诉讼法》第 122 条和第 124 条及本条司法解释的规定来看,人民法院在确定是否受理原告起诉的问题上,主要应从被告的身份、住所地两方面去审查。原告是否有证据证明其与被告存在某种法律关系,不是立案阶段审查的问题,而是审理阶段实体裁判的内容。至于明确的被告,其审查标准在于能否将被告同其他单位或者自然人区别开来。故本条第 1 款规定了原告在起诉时,必须提交能够证明被告身份的相关材料,如被告的姓名或者名称、住所、联系方式、身份证件号码或组织机构代码等,这既便于送达诉讼文书,也便于在执行阶段建立诚信系统。本条第 2 款规定了若原告不能提供被告的详细信息,从而无法识别被告身份的,可视同被告不明确,人民法院应当通知当事人限期补正,当事人在合理期限内未补正的,可以被告不明确为由裁定不予受理。当然,原告

因客观因素限制无法准确提供被告的身份、住所信息的，人民法院可以依职权进行核查。

从本条规定来看，原告只要能够通过提供被告的姓名或者名称、住所等信息，使被告与他人相区别，则被告就是能够被识别的，即可以认定为有明确的被告。而对于起诉状中写的被告信息不足以认定明确的被告的，人民法院可以告知其补正。比如，原告起诉张三偿还借款，为此提供了张三系某村人的信息，但是经人民法院审查，该村有三个张三，而原告并不能明确是哪一个张三向其借款，在此情况下，人民法院应告知原告予以补正。如果原告能够提供该张三的身份证件号码，则原告的补正符合被告可区别于他人的可识别标准。如果原告补正后仍不能确定明确的被告的，人民法院则应裁定不予受理。

根据本条的要求，只要原告能够提供可以识别被告的信息，即使其不能提供被告的住所，或者提供的被告的住所并非客观、准确的住所，人民法院也应予以受理。在被告的住所并不明确，且法院查证不能的情况下，人民法院应向当事人释明通过公告方式向被告送达。另外，在人民法院实施立案登记制的情况下，对于案件的实体审理属于立案之后的处理，因此，在立案阶段，无论原告与被告是否实质上具有某种法律关系，即被告是否是与原告具有法律关系的合适的应当承担责任的被告，均不影响人民法院受理该案。至于人民法院在立案后，经过实体审理，认定原告所起诉的被告并不合适，被告与原告并无相应的法律关系，则应判决驳回原告的诉讼请求，在此情况下则属于人民法院实体审理之后的处理问题。

第二百七十七条　人民法院受理小额诉讼案件后，发现起诉不符合民事诉讼法第一百二十二条规定的起诉条件的，裁定驳回起诉。裁定一经作出即生效。

第二百八十六条　人民法院受理公益诉讼案件，不影响同一侵权行为的受害人根据民事诉讼法第一百二十二条规定提起诉讼。

第三百零三条　案外人提起执行异议之诉，除符合民事诉讼法第一百二十二条规定外，还应当具备下列条件：

（一）案外人的执行异议申请已经被人民法院裁定驳回；

（二）有明确的排除对执行标的执行的诉讼请求，且诉讼请求与原判决、裁定无关；

（三）自执行异议裁定送达之日起十五日内提起。

人民法院应当在收到起诉状之日起十五日内决定是否立案。

第三百零四条　申请执行人提起执行异议之诉，除符合民事诉讼法第一百二十二条规定外，还应当具备下列条件：

（一）依案外人执行异议申请，人民法院裁定中止执行；

（二）有明确的对执行标的继续执

行的诉讼请求,且诉讼请求与原判决、裁定无关;

（三）自执行异议裁定送达之日起十五日内提起。

人民法院应当在收到起诉状之日起十五日内决定是否立案。

第四百五十一条 判决公告之日起,公示催告申请人有权依据判决向付款人请求付款。

付款人拒绝付款,申请人向人民法院起诉,符合民事诉讼法第一百二十二条规定的起诉条件的,人民法院应予受理。

2.《最高人民法院关于民事诉讼证据的若干规定》（法释〔2001〕33 号,20020401;经法释〔2019〕19 号修正,20200501）

第一条 原告向人民法院起诉或者被告提出反诉,应当提供符合起诉条件的相应的证据。

3.《最高人民法院关于适用〈中华人民共和国民法典〉婚姻家庭编的解释（一）》（法释〔2020〕22 号,20210101）

第三条 当事人提起诉讼仅请求解除同居关系的,人民法院不予受理;已经受理的,裁定驳回起诉。

当事人因同居期间财产分割或者子女抚养纠纷提起诉讼的,人民法院应当受理。

第四条 当事人仅以民法典第一千零四十三条为依据提起诉讼的,人民

法院不予受理;已经受理的,裁定驳回起诉。

第五十五条 离婚后,父母一方要求变更子女抚养关系的,或者子女要求增加抚养费的,应当另行提起诉讼。

第六十五条 人民法院作出的生效的离婚判决中未涉及探望权,当事人就探望权问题单独提起诉讼的,人民法院应予受理。

第六十九条 当事人达成的以协议离婚或者到人民法院调解离婚为条件的财产以及债务处理协议,如果双方离婚未成,一方在离婚诉讼中反悔的,人民法院应当认定该财产以及债务处理协议没有生效,并根据实际情况依照民法典第一千零八十七条和第一千零八十九条的规定判决。

当事人依照民法典第一千零七十六条签订的离婚协议中关于财产以及债务处理的条款,对男女双方具有法律约束力。登记离婚后当事人因履行上述协议发生纠纷提起诉讼的,人民法院应当受理。

第七十七条 离婚时双方对尚未取得所有权或者尚未取得完全所有权的房屋有争议且协商不成的,人民法院不宜判决房屋所有权的归属,应当根据实际情况判决由当事人使用。

当事人就前款规定的房屋取得完全所有权后,有争议的,可以另行向人民法院提起诉讼。

第八十一条 婚姻关系存续期间,夫妻一方作为继承人依法可以继承的

遗产,在继承人之间尚未实际分割,起诉离婚时另一方请求分割的,人民法院应当告知当事人在继承人之间实际分割遗产后另行起诉。

第八十七条　承担民法典第一千零九十一条规定的损害赔偿责任的主体,为离婚诉讼当事人中无过错方的配偶。

人民法院判决不准离婚的案件,对于当事人基于民法典第一千零九十一条提出的损害赔偿请求,不予支持。

在婚姻关系存续期间,当事人不起诉离婚而单独依据民法典第一千零九十一条提起损害赔偿请求的,人民法院不予受理。

第八十八条　人民法院受理离婚案件时,应当将民法典第一千零九十一条等规定中当事人的有关权利义务,书面告知当事人。在适用民法典第一千零九十一条时,应当区分以下不同情况:

(一)符合民法典第一千零九十一条规定的无过错方作为原告基于该条规定向人民法院提起损害赔偿请求的,必须在离婚诉讼的同时提出。

(二)符合民法典第一千零九十一条规定的无过错方作为被告的离婚诉讼案件,如果被告不同意离婚也不基于该条规定提起损害赔偿请求的,可以就此单独提起诉讼。

(三)无过错方作为被告的离婚诉讼案件,一审时被告未基于民法典第一千零九十一条规定提出损害赔偿请求,二审期间提出的,人民法院应当进行调解;调解不成的,告知当事人另行起诉。双方当事人同意由第二审人民法院一并审理的,第二审人民法院可以一并裁判。

4.《最高人民法院关于适用〈中华人民共和国民法典〉继承编的解释(一)》(法释〔2020〕23 号,20210101)

第二十一条　依照民法典第一千一百三十一条规定可以分给适当遗产的人,在其依法取得被继承人遗产的权利受到侵犯时,本人有权以独立的诉讼主体资格向人民法院提起诉讼。

5.《最高人民法院关于审理劳动争议案件适用法律问题的解释(一)》(法释〔2020〕26 号,20210101)

第一条　劳动者与用人单位之间发生的下列纠纷,属于劳动争议,当事人不服劳动争议仲裁机构作出的裁决,依法提起诉讼的,人民法院应予受理:

(一)劳动者与用人单位在履行劳动合同过程中发生的纠纷;

(二)劳动者与用人单位之间没有订立书面劳动合同,但已形成劳动关系后发生的纠纷;

(三)劳动者与用人单位因劳动关系是否已经解除或者终止,以及应否支付解除或者终止劳动关系经济补偿金发生的纠纷;

(四)劳动者与用人单位解除或者终止劳动关系后,请求用人单位返还其收取的劳动合同定金、保证金、抵押金、抵押物发生的纠纷，或者办理劳动者的人事档案、社会保险关系等移转手续发生的纠纷；

（五）劳动者以用人单位未为其办理社会保险手续，且社会保险经办机构不能补办导致其无法享受社会保险待遇为由，要求用人单位赔偿损失发生的纠纷；

（六）劳动者退休后，与尚未参加社会保险统筹的原用人单位因追索养老金、医疗费、工伤保险待遇和其他社会保险待遇而发生的纠纷；

（七）劳动者因为工伤、职业病，请求用人单位依法给予工伤保险待遇发生的纠纷；

（八）劳动者依据劳动合同法第八十五条规定，要求用人单位支付加付赔偿金发生的纠纷；

（九）因企业自主进行改制发生的纠纷。

第五条 劳动争议仲裁机构以无管辖权为由对劳动争议案件不予受理，当事人提起诉讼的，人民法院按照以下情形分别处理：

（一）经审查认为该劳动争议仲裁机构对案件确无管辖权的，应当告知当事人向有管辖权的劳动争议仲裁机构申请仲裁；

（二）经审查认为该劳动争议仲裁机构有管辖权的，应当告知当事人申请仲裁，并将审查意见书面通知该劳动争议仲裁机构；劳动争议仲裁机构仍不受理，当事人就该劳动争议事项提起诉讼

的，人民法院应予受理。

第六条 劳动争议仲裁机构以当事人申请仲裁的事项不属于劳动争议为由，作出不予受理的书面裁决、决定或者通知，当事人不服依法提起诉讼的，人民法院应当分别情况予以处理：

（一）属于劳动争议案件的，应当受理；

（二）虽不属于劳动争议案件，但属于人民法院主管的其他案件，应当依法受理。

第八条 劳动争议仲裁机构为纠正原仲裁裁决错误重新作出裁决，当事人不服依法提起诉讼的，人民法院应当受理。

第十条 当事人不服劳动争议仲裁机构作出的预先支付劳动者劳动报酬、工伤医疗费、经济补偿或者赔偿金的裁决，依法提起诉讼的，人民法院不予受理。

用人单位不履行上述裁决中的给付义务，劳动者依法申请强制执行的，人民法院应予受理。

第十二条 劳动争议仲裁机构逾期未作出受理决定或仲裁裁决，当事人直接提起诉讼的，人民法院应予受理，但申请仲裁的案件存在下列事由的除外：

（一）移送管辖的；

（二）正在送达或者送达延误的；

（三）等待另案诉讼结果、评残结论的；

（四）正在等待劳动争议仲裁机构

开庭的；

（五）启动鉴定程序或者委托其他部门调查取证的；

（六）其他正当事由。

当事人以劳动争议仲裁机构逾期未作出仲裁裁决为由提起诉讼的，应当提交仲裁机构出具的受理通知书或者其他已接受仲裁申请的凭证、证明。

第十三条　劳动者依据劳动合同法第三十条第二款和调解仲裁法第十六条规定向人民法院申请支付令，符合民事诉讼法第十七章督促程序规定的，人民法院应予受理。

依据劳动合同法第三十条第二款规定申请支付令被人民法院裁定终结督促程序后，劳动者就劳动争议事项直接提起诉讼的，人民法院应当告知其先向劳动争议仲裁机构申请仲裁。

依据调解仲裁法第十六条规定申请支付令被人民法院裁定终结督促程序后，劳动者依据调解协议直接提起诉讼的，人民法院应予受理。

第十五条　劳动者以用人单位的工资欠条为证据直接提起诉讼，诉讼请求不涉及劳动关系其他争议的，视为拖欠劳动报酬争议，人民法院按照普通民事纠纷受理。

第二十四条　当事人申请人民法院执行劳动争议仲裁机构作出的发生法律效力的裁决书、调解书，被申请人提出证据证明劳动争议仲裁裁决、调解书有下列情形之一，并经审查核实的，人民法院可以根据民事诉讼法第二

百三十七条①规定，裁定不予执行：

（一）裁决的事项不属于劳动争议仲裁范围，或者劳动争议仲裁机构无权仲裁的；

（二）适用法律、法规确有错误的；

（三）违反法定程序的；

（四）裁决所根据的证据是伪造的；

（五）对方当事人隐瞒了足以影响公正裁决的证据的；

（六）仲裁员在仲裁该案时有索贿受贿、徇私舞弊、枉法裁决行为的；

（七）人民法院认定执行该劳动争议仲裁裁决违背社会公共利益的。

人民法院在不予执行的裁定书中，应当告知当事人在收到裁定书之次日起三十日内，可以就该劳动争议事项向人民法院提起诉讼。

第五十一条　当事人在调解仲裁法第十条规定的调解组织主持下达成的具有劳动权利义务内容的调解协议，具有劳动合同的约束力，可以作为人民法院裁判的根据。

当事人在调解仲裁法第十条规定的调解组织主持下仅就劳动报酬争议达成调解协议，用人单位不履行调解协议确定的给付义务，劳动者直接提起诉讼的，人民法院可以按照普通民事纠纷受理。

————

①　对应 2023 年《民事诉讼法》第 248 条。——编者注

6.《最高人民法院关于人民法院审理事业单位人事争议案件若干问题的规定》（法释〔2003〕13号，20030905）

第二条 当事人对依照国家有关规定设立的人事争议仲裁机构所作的人事争议仲裁裁决不服，自收到仲裁裁决之日起十五日内向人民法院提起诉讼的，人民法院应当依法受理。一方当事人在法定期间内不起诉又不履行仲裁裁决，另一方当事人向人民法院申请执行的，人民法院应当依法执行。

7.《最高人民法院关于审理涉及农村土地承包纠纷案件适用法律问题的解释》（法释〔2005〕6号，20050901；经法释〔2020〕17号修正，20210101）

第二条 当事人自愿达成书面仲裁协议的，受诉人民法院应当参照《最高人民法院关于适用〈中华人民共和国民事诉讼法〉的解释》第二百一十五条、第二百一十六条的规定处理。

当事人未达成书面仲裁协议，一方当事人向农村土地承包仲裁机构申请仲裁，另一方当事人提起诉讼的，人民法院应予受理，并书面通知仲裁机构。但另一方当事人接受仲裁管辖后又起诉的，人民法院不予受理。

当事人对仲裁裁决不服并在收到裁决书之日起三十日内提起诉讼的，人民法院应予受理。

8.《最高人民法院关于审理涉及农村土地承包经营纠纷调解仲裁案件适用法律若干问题的解释》（法释〔2014〕1号，20140124；经法释〔2020〕17号修正，20210101）

第一条 农村土地承包仲裁委员会根据农村土地承包经营纠纷调解仲裁法第十八条规定，以超过申请仲裁的时效期间为由驳回申请后，当事人就同一纠纷提起诉讼的，人民法院应予受理。

第二条 当事人在收到农村土地承包仲裁委员会作出的裁决书之日起三十日后或者签收农村土地承包仲裁委员会作出的调解书后，就同一纠纷向人民法院提起诉讼的，裁定不予受理；已经受理的，裁定驳回起诉。

第三条 当事人在收到农村土地承包仲裁委员会作出的裁决书之日起三十日内，向人民法院提起诉讼，请求撤销仲裁裁决的，人民法院应当告知当事人就原纠纷提起诉讼。

9.《最高人民法院关于审理存单纠纷案件的若干规定》（法释〔1997〕8号，19971213；经法释〔2020〕18号修正，20210101）

第一条 存单纠纷案件的范围

（一）存单持有人以存单为重要证据向人民法院提起诉讼的纠纷案件；

（二）当事人以进账单、对账单、存款合同等凭证为主要证据向人民法院提起诉讼的纠纷案件；

（三）金融机构向人民法院起诉要求确认存单、进账单、对账单、存款合同

等凭证无效的纠纷案件;

(四)以存单为表现形式的借贷纠纷案件。

第三条 存单纠纷案件的受理与中止

存单纠纷案件当事人向人民法院提起诉讼,人民法院应当依照《中华人民共和国民事诉讼法》第一百一十九条①的规定予以审查,符合规定的,均应受理。

人民法院在受理存单纠纷案件后,如发现犯罪线索,应将犯罪线索及时书面告知公安或检察机关。如案件当事人因伪造、变造、虚开存单或涉嫌诈骗,有关国家机关已立案侦查,存单纠纷案件确须待刑事案件结束后才能审理的,人民法院应当中止审理。对于追究有关当事人的刑事责任不影响对存单纠纷案件审理的,人民法院应对存单纠纷案件有关当事人是否承担民事责任以及承担民事责任的大小依法及时进行认定和处理。

10.《最高人民法院关于审理民间借贷案件适用法律若干问题的规定》(法释〔2015〕18 号,20150901;经法释〔2020〕17 号修正,20210101)

第二条 出借人向人民法院提起民间借贷诉讼时,应当提供借据、收据、欠条等债权凭证以及其他能够证明借贷法律关系存在的证据。

当事人持有的借据、收据、欠条等债权凭证没有载明债权人,持有债权凭证的当事人提起民间借贷诉讼的,人民法院应予受理。被告对原告的债权人资格提出有事实依据的抗辩,人民法院经审查认为原告不具有债权人资格的,裁定驳回起诉。

第五条 人民法院立案后,发现民间借贷行为本身涉嫌非法集资等犯罪的,应当裁定驳回起诉,并将涉嫌非法集资等犯罪的线索、材料移送公安或者检察机关。

公安或者检察机关不予立案,或者立案侦查后撤销案件,或者检察机关作出不起诉决定,或者经人民法院生效判决认定不构成非法集资等犯罪,当事人又以同一事实向人民法院提起诉讼的,人民法院应予受理。

第八条 借款人涉嫌犯罪或者生效判决认定其有罪,出借人起诉请求担保人承担民事责任的,人民法院应予受理。

11.《最高人民法院关于审理融资租赁合同纠纷案件适用法律问题的解释》(法释〔2014〕3 号,20140301;经法释〔2020〕17 号修正,20210101)

第十条 出租人既请求承租人支付合同约定的全部未付租金又请求解除融资租赁合同的,人民法院应告知其依照民法典第七百五十二条的规定作出选择。

———————

① 对应 2023 年《民事诉讼法》第 122 条。——编者注

出租人请求承租人支付合同约定的全部未付租金，人民法院判决后承租人未予履行，出租人再行起诉请求解除融资租赁合同、收回租赁物的，人民法院应予受理。

12.《最高人民法院关于审理旅游纠纷案件适用法律若干问题的规定》（法释〔2010〕13 号，20101101；经法释〔2020〕17 号修正，20210101）

第二条 以单位、家庭等集体形式与旅游经营者订立旅游合同，在履行过程中发生纠纷，除集体以合同一方当事人名义起诉外，旅游者个人提起旅游合同纠纷诉讼的，人民法院应予受理。

13.《最高人民法院关于审理预付式消费民事纠纷案件适用法律若干问题的解释》（法释〔2025〕4 号，20250501）

第二条 不记名预付卡的持卡人起诉请求经营者承担民事责任的，人民法院应当依法受理。记名预付卡的实际持卡人与预付卡记载的持卡人不一致，但提供其系合法持卡人的初步证据，起诉请求经营者承担民事责任的，人民法院应当依法受理。

消费者提供其与经营者存在预付式消费合同关系的其他初步证据，起诉请求经营者承担民事责任的，人民法院应当依法受理。

第三条 监护人与经营者订立预付式消费合同，约定由经营者向被监护人兑付商品或者提供服务，监护人因预付式消费合同纠纷以被监护人名义起诉，请求经营者承担民事责任的，人民法院应当向监护人释明应以其本人名义起诉。

被监护人因接受商品或者服务权益受到损害，起诉请求经营者承担责任的，人民法院应当依法受理。

第四条 经营者允许他人使用其营业执照或者以其他方式允许他人使用其名义与消费者订立预付式消费合同，消费者请求经营者承担民事责任，经营者以其并非实际经营者为由提出抗辩的，人民法院对其抗辩不予支持。

14.《最高人民法院关于审理建设工程施工合同纠纷案件适用法律问题的解释（一）》（法释〔2020〕25 号，20210101）

第十五条 因建设工程质量发生争议的，发包人可以以总承包人、分包人和实际施工人为共同被告提起诉讼。

第四十三条 实际施工人以转包人、违法分包人为被告起诉的，人民法院应当依法受理。

实际施工人以发包人为被告主张权利的，人民法院应当追加转包人或者违法分包人为本案第三人，在查明发包人欠付转包人或者违法分包人建设工程价款的数额后，判决发包人在欠付建设工程价款范围内对实际施工人承担责任。

15.《最高人民法院关于适用〈中

华人民共和国民法典〉有关担保制度的解释》(法释〔2020〕28 号,20210101)

第二十六条　一般保证中,债权人以债务人为被告提起诉讼的,人民法院应予受理。债权人未就主合同纠纷提起诉讼或者申请仲裁,仅起诉一般保证人的,人民法院应当驳回起诉。

一般保证中,债权人一并起诉债务人和保证人的,人民法院可以受理,但是在作出判决时,除有民法典第六百八十七条第二款但书规定的情形外,应当在判决书主文中明确,保证人仅对债务人财产依法强制执行后仍不能履行的部分承担保证责任。

债权人未对债务人的财产申请保全,或者保全的债务人的财产足以清偿债务,债权人申请对一般保证人的财产进行保全的,人民法院不予准许。

第六十六条　同一应收账款同时存在保理、应收账款质押和债权转让,当事人主张参照民法典第七百六十八条的规定确定优先顺序的,人民法院应予支持。

在有追索权的保理中,保理人以应收账款债权人或者应收账款债务人为被告提起诉讼,人民法院应予受理;保理人一并起诉应收账款债权人和应收账款债务人的,人民法院可以受理。

应收账款债权人向保理人返还保理融资款本息或者回购应收账款债权后,请求应收账款债务人向其履行应收账款债务的,人民法院应予支持。

16.《最高人民法院关于审理人身损害赔偿案件适用法律若干问题的解释》(法释〔2003〕20 号,20040501;经法释〔2022〕14 号修正,20220501)

第一条　因生命、身体、健康遭受侵害,赔偿权利人起诉请求赔偿义务人赔偿物质损害和精神损害的,人民法院应予受理。

本条所称"赔偿权利人",是指因侵权行为或者其他致害原因直接遭受人身损害的受害人以及死亡受害人的近亲属。

本条所称"赔偿义务人",是指因自己或者他人的侵权行为以及其他致害原因依法应当承担民事责任的自然人、法人或者非法人组织。

17.《最高人民法院关于确定民事侵权精神损害赔偿责任若干问题的解释》(法释〔2001〕7 号,20010310;经法释〔2020〕17 号修正,20210101)

第一条　因人身权益或者具有人身意义的特定物受到侵害,自然人或者其近亲属向人民法院提起诉讼请求精神损害赔偿的,人民法院应当依法予以受理。

第二条　非法使被监护人脱离监护,导致亲子关系或者近亲属间的亲属关系遭受严重损害,监护人向人民法院起诉请求赔偿精神损害的,人民法院应当依法予以受理。

18.《最高人民法院关于审理利用

信息网络侵害人身权益民事纠纷案件适用法律若干问题的规定》(法释〔2014〕11号,20141010;经法释〔2020〕17号修正,20210101)

第二条　原告依据民法典第一千一百九十五条、第一千一百九十七条的规定起诉网络用户或者网络服务提供者的,人民法院应予受理。

原告仅起诉网络用户,网络用户请求追加涉嫌侵权的网络服务提供者为共同被告或者第三人的,人民法院应予准许。

原告仅起诉网络服务提供者,网络服务提供者请求追加可以确定的网络用户为共同被告或者第三人的,人民法院应予准许。

19.《最高人民法院关于审理医疗损害责任纠纷案件适用法律若干问题的解释》(法释〔2017〕20号,20171214;经法释〔2020〕17号修正,20210101)

第二条　患者因同一伤病在多个医疗机构接受诊疗受到损害,起诉部分或者全部就诊的医疗机构的,应予受理。

患者起诉部分就诊的医疗机构后,当事人依法申请追加其他就诊的医疗机构为共同被告或者第三人的,应予准许。必要时,人民法院可以依法追加相关当事人参加诉讼。

第三条　患者因缺陷医疗产品受到损害,起诉部分或者全部医疗产品的生产者、销售者、药品上市许可持有人和医疗机构的,应予受理。

患者仅起诉医疗产品的生产者、销售者、药品上市许可持有人、医疗机构中部分主体,当事人依法申请追加其他主体为共同被告或者第三人的,应予准许。必要时,人民法院可以依法追加相关当事人参加诉讼。

患者因输入不合格的血液受到损害提起侵权诉讼的,参照适用前两款规定。

20.《最高人民法院关于审理道路交通事故损害赔偿案件适用法律若干问题的解释》(法释〔2012〕19号,20121221;经法释〔2020〕17号修正,20210101)

第二十三条　被侵权人因道路交通事故死亡,无近亲属或者近亲属不明,未经法律授权的机关或者有关组织向人民法院起诉主张死亡赔偿金的,人民法院不予受理。

侵权人以已向未经法律授权的机关或有关组织支付死亡赔偿金为理由,请求保险公司在交强险责任限额范围内予以赔偿的,人民法院不予支持。

被侵权人因道路交通事故死亡,无近亲属或者近亲属不明,支付被侵权人医疗费、丧葬费等合理费用的单位或者个人,请求保险公司在交强险责任限额范围内予以赔偿的,人民法院应予支持。

21.《最高人民法院关于审理食品药品纠纷案件适用法律若干问题的规

定》(法释〔2013〕28 号,20140315;经法释〔2021〕17 号修正,20211201)

第二条　因食品、药品存在质量问题造成消费者损害,消费者可以分别起诉或者同时起诉销售者和生产者。

消费者仅起诉销售者或者生产者的,必要时人民法院可以追加相关当事人参加诉讼。

22.《最高人民法院关于产品侵权案件的受害人能否以产品的商标所有人为被告提起民事诉讼的批复》(法释〔2002〕22 号,20020728;经法释〔2020〕17 号修正,20210101)

任何将自己的姓名、名称、商标或者可资识别的其他标识体现在产品上,表示其为产品制造者的企业或个人,均属于《中华人民共和国民法典》和《中华人民共和国产品质量法》规定的"生产者"。本案中美国通用汽车公司为事故车的商标所有人,根据受害人的起诉和本案的实际情况,本案以通用汽车公司、通用汽车海外公司、通用汽车巴西公司为被告并无不当。

23.《最高人民法院关于审理证券市场虚假陈述侵权民事赔偿案件的若干规定》(法释〔2022〕2 号,20220122)

第二条　原告提起证券虚假陈述侵权民事赔偿诉讼,符合民事诉讼法第一百二十二条规定,并提交以下证据或者证明材料的,人民法院应当受理:

(一)证明原告身份的相关文件;

(二)信息披露义务人实施虚假陈述的相关证据;

(三)原告因虚假陈述进行交易的凭证及投资损失等相关证据。

人民法院不得仅以虚假陈述未经监管部门行政处罚或者人民法院生效刑事判决的认定为由裁定不予受理。

24.《最高人民法院关于审理生态环境侵权纠纷案件适用惩罚性赔偿的解释》(法释〔2022〕1 号,20220120)

第三条　被侵权人在生态环境侵权纠纷案件中请求惩罚性赔偿的,应当在起诉时明确赔偿数额以及所依据的事实和理由。

被侵权人在生态环境侵权纠纷案件中没有提出惩罚性赔偿的诉讼请求,诉讼终结后又基于同一污染环境、破坏生态事实另行起诉请求惩罚性赔偿的,人民法院不予受理。

25.《最高人民法院关于审理涉及公证活动相关民事案件的若干规定》(法释〔2014〕6 号,20140606;经法释〔2020〕20 号修正,20210101)

第一条　当事人、公证事项的利害关系人依照公证法第四十三条规定向人民法院起诉请求民事赔偿的,应当以公证机构为被告,人民法院应作为侵权责任纠纷案件受理。

第二条　当事人、公证事项的利害关系人起诉请求变更、撤销公证书或者确认公证书无效的,人民法院不予受理,告知其依照公证法第三十九条规定可以向出具公证书的公证机构提出复查。

26.《最高人民法院关于适用〈中华人民共和国公司法〉若干问题的规定(二)》(法释〔2008〕6 号,20080519;经法释〔2020〕18 号修正,20210101)

第十二条　公司清算时,债权人对清算组核定的债权有异议的,可以要求清算组重新核定。清算组不予重新核定,或者债权人对重新核定的债权仍有异议,债权人以公司为被告向人民法院提起诉讼请求确认的,人民法院应予受理。

第二十三条　清算组成员从事清算事务时,违反法律、行政法规或者公司章程给公司或者债权人造成损失,公司或者债权人主张其承担赔偿责任的,人民法院应依法予以支持。

有限责任公司的股东、股份有限公司连续一百八十日以上单独或者合计持有公司百分之一以上股份的股东,依据公司法第一百五十一条①第三款的规定,以清算组成员有前款所述行为为由向人民法院提起诉讼的,人民法院应予受理。

公司已经清算完毕注销,上述股东参照公司法第一百五十一条第三款的规定,直接以清算组成员为被告、其他股东为第三人向人民法院提起诉讼的,人民法院应予受理。

27.《最高人民法院关于适用〈中华人民共和国公司法〉若干问题的规定(四)》(法释〔2017〕16 号,20170901;经法释〔2020〕18 号修正,20210101)

第二条　依据民法典第八十五条、公司法第二十二条第二款②请求撤销股东会或者股东大会、董事会决议的原告,应当在起诉时具有公司股东资格。

第七条　股东依据公司法第三十三条、第九十七条③或者公司章程的规定,起诉请求查阅或者复制公司特定文件材料的,人民法院应当依法予以受理。

公司有证据证明前款规定的原告在起诉时不具有公司股东资格的,人民法院应当驳回起诉,但原告有初步证据证明在持股期间其合法权益受到损害,请求依法查阅或者复制其持股期间的公司特定文件材料的除外。

第二十三条　监事会或者不设监事会的有限责任公司的监事依据公司法第一百五十一条④第一款规定对董事、高级管理人员提起诉讼的,应当列公司为原告,依法由监事会主席或者不设监事会的有限责任公司的监事代表

_____

①　对应 2023 年《公司法》第 189 条。——编者注

②　对应 2023 年《公司法》第 26 条第 1 款。——编者注

③　对应 2023 年《公司法》第 57 条、110 条。——编者注

④　对应 2023 年《公司法》第 189 条。——编者注

公司进行诉讼。

董事会或者不设董事会的有限责任公司的执行董事依据公司法第一百五十一条第一款规定对监事提起诉讼的，或者依据公司法第一百五十一条第三款规定对他人提起诉讼的，应当列公司为原告，依法由董事长或者执行董事代表公司进行诉讼。

第二十四条　符合公司法第一百五十一条第一款规定条件的股东，依据公司法第一百五十一条第二款、第三款规定，直接对董事、监事、高级管理人员或者他人提起诉讼的，应当列公司为第三人参加诉讼。

一审法庭辩论终结前，符合公司法第一百五十一条第一款规定条件的其他股东，以相同的诉讼请求申请参加诉讼的，应当列为共同原告。

28.《最高人民法院关于适用〈中华人民共和国公司法〉若干问题的规定（五）》（法释〔2019〕7 号，20190429；经法释〔2020〕18 号修正，20210101）

第一条　关联交易损害公司利益，原告公司依据民法典第八十四条、公司法第二十一条①规定请求控股股东、实际控制人、董事、监事、高级管理人员赔偿所造成的损失，被告仅以该交易已经履行了信息披露、经股东会或者股东大会同意等法律、行政法规或者公司章程规定的程序为由抗辩的，人民法院不予支持。

公司没有提起诉讼的，符合公司法第一百五十一条②第一款规定条件的股东，可以依据公司法第一百五十一条第二款、第三款规定向人民法院提起诉讼。

第二条　关联交易合同存在无效、可撤销或者对公司不发生效力的情形，公司没有起诉合同相对方的，符合公司法第一百五十一条第一款规定条件的股东，可以依据公司法第一百五十一条第二款、第三款规定向人民法院提起诉讼。

29.《最高人民法院关于人民法院强制执行股权若干问题的规定》（法释〔2021〕20 号，20220101）

第八条　人民法院冻结被执行人股权的，可以向股权所在公司送达协助执行通知书，要求其在实施增资、减资、合并、分立等对被冻结股权所占比例、股权价值产生重大影响的行为前向人民法院书面报告有关情况。人民法院收到报告后，应当及时通知申请执行人，但是涉及国家秘密、商业秘密的除外。

股权所在公司未向人民法院报告即实施前款规定行为的，依照民事诉讼法第一百一十四条③的规定处理。

---

①　对应 2023 年《公司法》第 22 条。——编者注

②　对应 2023 年《公司法》第 189 条。——编者注

③　对应 2023 年《民事诉讼法》第 117 条。——编者注

股权所在公司或者公司董事、高级管理人员故意通过增资、减资、合并、分立、转让重大资产、对外提供担保等行为导致被冻结股权价值严重贬损,影响申请执行人债权实现的,申请执行人可以依法提起诉讼。

30.《最高人民法院关于审理与企业改制相关的民事纠纷案件若干问题的规定》(法释〔2003〕1号,20030201;经法释〔2020〕18号修正,20210101)

第一条 人民法院受理以下平等民事主体间在企业产权制度改造中发生的民事纠纷案件:

(一)企业公司制改造中发生的民事纠纷;

(二)企业股份合作制改造中发生的民事纠纷;

(三)企业分立中发生的民事纠纷;

(四)企业债权转股权纠纷;

(五)企业出售合同纠纷;

(六)企业兼并合同纠纷;

(七)与企业改制相关的其他民事纠纷。

第二条 当事人起诉符合本规定第一条所列情形,并符合民事诉讼法第一百一十九条①规定的起诉条件的,人民法院应当予以受理。

第十一条 企业在进行股份合作制改造时,参照公司法的有关规定,公告通知了债权人。企业股份合作制改造后,债权人就原企业资产管理人(出

资人)隐瞒或者遗漏的债务起诉股份合作制企业的,如债权人在公告期内申报过该债权,股份合作制企业在承担民事责任后,可再向原企业资产管理人(出资人)追偿。如债权人在公告期内未报过该债权,则股份合作制企业不承担民事责任,人民法院可告知债权人另行起诉原企业资产管理人(出资人)。

第二十八条 出售企业时,参照公司法的有关规定,出卖人公告通知了债权人。企业售出后,债权人就出卖人隐瞒或者遗漏的原企业债务起诉买受人的,如债权人在公告期内申报过该债权,买受人在承担民事责任后,可再行向出卖人追偿。如债权人在公告期内未申报过该债权,则买受人不承担民事责任。人民法院可告知债权人另行起诉出卖人。

31.《最高人民法院关于适用〈中华人民共和国企业破产法〉若干问题的规定(二)》(法释〔2013〕22号,20130916;经法释〔2020〕18号修正,20210101)

第十三条 破产申请受理后,管理人未依据企业破产法第三十一条的规定请求撤销债务人无偿转让财产、以明显不合理价格交易、放弃债权行为的,债权人依据民法典第五百三十八条、第五百三十九条等规定提起诉讼,请求撤销债务人上述行为并将因此追回的财

———————

① 对应2023年《民事诉讼法》第122条。——编者注

产归入债务人财产的,人民法院应予受理。

相对人以债权人行使撤销权的范围超出债权人的债权抗辩的,人民法院不予支持。

第二十七条 权利人依据企业破产法第三十八条的规定向管理人主张取回相关财产,管理人不予认可,权利人以债务人为被告向人民法院提起诉讼请求行使取回权的,人民法院应予受理。

权利人依据人民法院或者仲裁机关的相关生效法律文书向管理人主张取回所涉争议财产,管理人以生效法律文书错误为由拒绝其行使取回权的,人民法院不予支持。

32.《最高人民法院关于适用〈中华人民共和国保险法〉若干问题的解释(二)》(法释〔2013〕14 号,20130608;经法释〔2020〕18 号修正,20210101)

第十九条 保险事故发生后,被保险人或者受益人起诉保险人,保险人以被保险人或者受益人未要求第三者承担责任为由抗辩不承担保险责任的,人民法院不予支持。

财产保险事故发生后,被保险人就其所受损失从第三者取得赔偿后的不足部分提起诉讼,请求保险人赔偿的,人民法院应予依法受理。

33.《最高人民法院关于审理票据纠纷案件若干问题的规定》(法释〔2000〕

32 号,20001121;经法释〔2020〕18 号修正,20210101)

第二条 依照票据法第十条的规定,票据债务人(即出票人)以在票据未转让时的基础关系违法、双方不具有真实的交易关系和债权债务关系、持票人应付对价而未付对价为由,要求返还票据而提起诉讼的,人民法院应当依法受理。

第三条 依照票据法第三十六条的规定,票据被拒绝承兑、被拒绝付款或者汇票、支票超过提示付款期限后,票据持有人背书转让的,被背书人以背书人为被告行使追索权而提起诉讼的,人民法院应当依法受理。

第二十三条 票据丧失后,失票人直接向人民法院申请公示催告或者提起诉讼的,人民法院应当依法受理。

34.《最高人民法院关于审理海上保险纠纷案件若干问题的规定》(法释〔2006〕10 号,20070101;经法释〔2020〕18 号修正,20210101)

第十三条 保险人在行使代位请求赔偿权利时,未依照海事诉讼特别程序法的规定,向人民法院提交其已经向被保险人实际支付保险赔偿凭证的,人民法院不予受理;已经受理的,裁定驳回起诉。

35.《最高人民法院关于审理涉船员纠纷案件若干问题的规定》(法释〔2020〕11 号,20200929)

第一条 船员与船舶所有人之间的劳动争议不涉及船员登船、在船工作、离船遣返，当事人直接向海事法院提起诉讼的，海事法院告知当事人依照《中华人民共和国劳动争议调解仲裁法》的规定处理。

第二条 船员与船舶所有人之间的劳务合同纠纷，当事人向原告住所地、合同签订地、船员登船港或者离船港所在地、被告住所地海事法院提起诉讼的，海事法院应予受理。

36.《最高人民法院关于审理侵害知识产权民事案件适用惩罚性赔偿的解释》（法释〔2021〕4 号，20210303）

第二条 原告请求惩罚性赔偿的，应当在起诉时明确赔偿数额、计算方式以及所依据的事实和理由。

原告在一审法庭辩论终结前增加惩罚性赔偿请求的，人民法院应当准许；在二审中增加惩罚性赔偿请求的，人民法院可以根据当事人自愿的原则进行调解，调解不成的，告知当事人另行起诉。

37.《最高人民法院关于审理著作权民事纠纷案件适用法律若干问题的解释》（法释〔2002〕31 号，20021015；经法释〔2020〕19 号修正，20210101）

第五条 对涉及不同侵权行为实施地的多个被告提起的共同诉讼，原告可以选择向其中一个被告的侵权行为实施地人民法院提起诉讼；仅对其中某一被告提起的诉讼，该被告侵权行为实施地的人民法院有管辖权。

第六条 依法成立的著作权集体管理组织，根据著作权人的书面授权，以自己的名义提起诉讼，人民法院应当受理。

38.《最高人民法院关于审理注册商标、企业名称与在先权利冲突的民事纠纷案件若干问题的规定》（法释〔2008〕3 号，20080218；经法释〔2020〕19 号修正，20210101）

第一条 原告以他人注册商标使用的文字、图形等侵犯其著作权、外观设计专利权、企业名称等在先权利为由提起诉讼，符合民事诉讼法第一百一十九条①规定的，人民法院应当受理。

原告以他人使用在核定商品上的注册商标与其在先的注册商标相同或者近似为由提起诉讼的，人民法院应当根据民事诉讼法第一百二十四条②第（三）项的规定，告知原告向有关行政主管机关申请解决。但原告以他人超出核定商品的范围或者以改变显著特征、拆分、组合等方式使用的注册商标，与其注册商标相同或者近似为由提起诉讼的，人民法院应当受理。

第二条 原告以他人企业名称与

---

① 对应 2023 年《民事诉讼法》第 122 条。——编者注

② 对应 2023 年《民事诉讼法》第 127 条。——编者注

其在先的企业名称相同或者近似,足以使相关公众对其商品的来源产生混淆,违反反不正当竞争法第六条第(二)项的规定为由提起诉讼,符合民事诉讼法第一百一十九条规定的,人民法院应当受理。

39.《最高人民法院关于审理商标民事纠纷案件适用法律若干问题的解释》(法释〔2002〕32 号,20021016;经法释〔2020〕19 号修正,20210101)

第四条　商标法第六十条第一款规定的利害关系人,包括注册商标使用许可合同的被许可人、注册商标财产权利的合法继承人等。

在发生注册商标专用权被侵害时,独占使用许可合同的被许可人可以向人民法院提起诉讼;排他使用许可合同的被许可人可以和商标注册人共同起诉,也可以在商标注册人不起诉的情况下,自行提起诉讼;普通使用许可合同的被许可人经商标注册人明确授权,可以提起诉讼。

第五条　商标注册人或者利害关系人在注册商标续展宽展期内提出续展申请,未获核准前,以他人侵犯其注册商标专用权提起诉讼的,人民法院应当受理。

40.《最高人民法院关于审理侵犯专利权纠纷案件应用法律若干问题的解释》(法释〔2009〕21 号,20100101)

第十八条　权利人向他人发出侵犯专利权的警告,被警告人或者利害关系人经书面催告权利人行使诉权,自权利人收到该书面催告之日起一个月内或者自书面催告发出之日起二个月内,权利人不撤回警告也不提起诉讼,被警告人或者利害关系人向人民法院提起请求确认其行为不侵犯专利权的诉讼的,人民法院应当受理。

41.《最高人民法院关于审理侵犯专利权纠纷案件应用法律若干问题的解释(二)》(法释〔2016〕1 号,20160401;经法释〔2020〕19 号修正,20210101)

第二条　权利人在专利侵权诉讼中主张的权利要求被国务院专利行政部门宣告无效的,审理侵犯专利权纠纷案件的人民法院可以裁定驳回权利人基于该无效权利要求的起诉。

有证据证明宣告上述权利要求无效的决定被生效的行政判决撤销的,权利人可以另行起诉。

专利权人另行起诉的,诉讼时效期间从本条第二款所称行政判决书送达之日起计算。

42.《最高人民法院关于审理申请注册的药品相关的专利权纠纷民事案件适用法律若干问题的规定》(法释〔2021〕13 号,20210705)

第三条　专利权人或者利害关系人依据专利法第七十六条起诉的,应当按照民事诉讼法第一百一十九条①第三项的规定提交下列材料：

（一）国务院有关行政部门依据衔接办法所设平台中登记的相关专利信息，包括专利名称、专利号、相关的权利要求等；

（二）国务院有关行政部门依据衔接办法所设平台中公示的申请注册药品的相关信息，包括药品名称、药品类型、注册类别以及申请注册药品与所涉及的上市药品之间的对应关系等；

（三）药品上市许可申请人依据衔接办法作出的四类声明及声明依据。

药品上市许可申请人应当在一审答辩期内，向人民法院提交其向国家药品审评机构申报的、与认定是否落入相关专利权保护范围对应的必要技术资料副本。

第四条 专利权人或者利害关系人在衔接办法规定的期限内未向人民法院提起诉讼的，药品上市许可申请人可以向人民法院起诉，请求确认申请注册药品未落入相关专利权保护范围。

43.《最高人民法院关于审理涉及计算机网络域名民事纠纷案件适用法律若干问题的解释》（法释〔2001〕24号，20010724；经法释〔2020〕19号修正，20210101）

第一条 对于涉及计算机网络域名注册、使用等行为的民事纠纷，当事人向人民法院提起诉讼，经审查符合民事诉讼法第一百一十九条②规定的，人

民法院应当受理。

44.《最高人民法院关于审理侵害植物新品种权纠纷案件具体应用法律问题的若干规定》（法释〔2007〕1号，20070201；经法释〔2020〕19号修正，20210101）

第一条 植物新品种权所有人（以下称品种权人）或者利害关系人认为植物新品种权受到侵害的，可以依法向人民法院提起诉讼。

前款所称利害关系人，包括植物新品种实施许可合同的被许可人、品种权财产权利的合法继承人等。

独占实施许可合同的被许可人可以单独向人民法院提起诉讼；排他实施许可合同的被许可人可以和品种权人共同起诉，也可以在品种权人不起诉时，自行提起诉讼；普通实施许可合同的被许可人经品种权人明确授权，可以提起诉讼。

45.《最高人民法院关于审理侵犯商业秘密民事案件适用法律若干问题的规定》（法释〔2020〕7号，20200912）

第二十六条 对于侵犯商业秘密行为，商业秘密独占使用许可合同的被许可人提起诉讼的，人民法院应当依法

---

① 对应2023年《民事诉讼法》第122条。——编者注

② 对应2023年《民事诉讼法》第122条。——编者注

受理。

排他使用许可合同的被许可人和权利人共同提起诉讼，或者在权利人不起诉的情况下自行提起诉讼的，人民法院应当依法受理。

普通使用许可合同的被许可人和权利人共同提起诉讼，或者经权利人书面授权单独提起诉讼的，人民法院应当依法受理。

46.《最高人民法院关于审理环境民事公益诉讼案件适用法律若干问题的解释》（法释〔2015〕1 号，20150107；经法释〔2020〕20 号修正，20210101）

第一条　法律规定的机关和有关组织依据民事诉讼法第五十五条①、环境保护法第五十八条等法律的规定，对已经损害社会公共利益或者具有损害社会公共利益重大风险的污染环境、破坏生态的行为提起诉讼，符合民事诉讼法第一百一十九条②第二项、第三项、第四项规定的，人民法院应予受理。

第二十八条　环境民事公益诉讼案件的裁判生效后，有权提起诉讼的其他机关和社会组织就同一污染环境、破坏生态行为另行起诉，有下列情形之一的，人民法院应予受理：

（一）前案原告的起诉被裁定驳回的；

（二）前案原告申请撤诉被裁定准许的，但本解释第二十六条规定的情形除外。

环境民事公益诉讼案件的裁判生效后，有证据证明存在前案审理时未发现的损害，有权提起诉讼的机关和社会组织另行起诉的，人民法院应予受理。

第二十九条　法律规定的机关和社会组织提起环境民事公益诉讼的，不影响因同一污染环境、破坏生态行为受到人身、财产损害的公民、法人和其他组织依据民事诉讼法第一百一十九条的规定提起诉讼。

第三十条　已为环境民事公益诉讼生效裁判认定的事实，因同一污染环境、破坏生态行为依据民事诉讼法第一百一十九条规定提起诉讼的原告、被告均无需举证证明，但原告对该事实有异议并有相反证据足以推翻的除外。

对于环境民事公益诉讼生效裁判就被告是否存在法律规定的不承担责任或者减轻责任的情形、行为与损害之间是否存在因果关系、被告承担责任的大小等所作的认定，因同一污染环境、破坏生态行为依据民事诉讼法第一百一十九条规定提起诉讼的原告主张适用的，人民法院应予支持，但被告有相反证据足以推翻的除外。被告主张直接适用对其有利的认定的，人民法院不予支持，被告仍应举证证明。

47.《最高人民法院关于审理消费

---

① 对应 2023 年《民事诉讼法》第 58 条。——编者注

② 对应 2023 年《民事诉讼法》第 122 条。——编者注

民事公益诉讼案件适用法律若干问题的解释》(法释〔2016〕10号,20160501;经法释〔2020〕20号修正,20210101)

第九条 人民法院受理消费民事公益诉讼案件后,因同一侵权行为受到损害的消费者申请参加诉讼的,人民法院应当告知其根据民事诉讼法第一百一十九条①规定主张权利。

第十条 消费民事公益诉讼案件受理后,因同一侵权行为受到损害的消费者请求对其根据民事诉讼法第一百一十九条规定提起的诉讼予以中止,人民法院可以准许。

第十六条 已为消费民事公益诉讼生效裁判认定的事实,因同一侵权行为受到损害的消费者根据民事诉讼法第一百一十九条规定提起的诉讼,原告、被告均无需举证证明,但当事人对该事实有异议并有相反证据足以推翻的除外。

消费民事公益诉讼生效裁判认定经营者存在不法行为,因同一侵权行为受到损害的消费者根据民事诉讼法第一百一十九条规定提起的诉讼,原告主张适用的,人民法院可予支持,但被告有相反证据足以推翻的除外。被告主张直接适用对其有利认定的,人民法院不予支持,被告仍应承担相应举证证明责任。

48.《最高人民法院、最高人民检察院关于检察公益诉讼案件适用法律若干问题的解释》(法释〔2018〕6号,20180302;经法释〔2020〕20号修正,20210101)

第十五条 人民检察院依据民事诉讼法第五十五条②第二款的规定提起民事公益诉讼,符合民事诉讼法第一百一十九条③第二项、第三项、第四项及本解释规定的起诉条件的,人民法院应当登记立案。

49.《最高人民法院关于审理矿业权纠纷案件适用法律若干问题的解释》(法释〔2017〕12号,20170727;经法释〔2020〕17号修正,20210101)

第二十一条 勘查开采矿产资源造成环境污染,或者导致地质灾害、植被毁损等生态破坏,国家规定的机关或者法律规定的组织提起环境公益诉讼的,人民法院应依法予以受理。

国家规定的机关或者法律规定的组织为保护国家利益、环境公共利益提起诉讼的,不影响因同一勘查开采行为受到人身、财产损害的自然人、法人和非法人组织依据民事诉讼法第一百一十九条④的规定提起诉讼。

---

① 对应2023年《民事诉讼法》第122条。——编者注

② 对应2023年《民事诉讼法》第58条。——编者注

③ 对应2023年《民事诉讼法》第122条。——编者注

④ 对应2023年《民事诉讼法》第122条。——编者注

50.《**最高人民法院关于执行和解若干问题的规定**》(法释〔2018〕3 号,20180301;经法释〔2020〕21 号修正,20210101)

第九条　被执行人一方不履行执行和解协议的,申请执行人可以申请恢复执行原生效法律文书,也可以就履行执行和解协议向执行法院提起诉讼。

第十五条　执行和解协议履行完毕,申请执行人因被执行人迟延履行、瑕疵履行遭受损害的,可以向执行法院另行提起诉讼。

第十六条　当事人、利害关系人认为执行和解协议无效或者应予撤销的,可以向执行法院提起诉讼。执行和解协议被确认无效或者撤销后,申请执行人可以据此申请恢复执行。

被执行人以执行和解协议无效或者应予撤销为由提起诉讼的,不影响申请执行人申请恢复执行。

【司法文件】

1.《**最高人民法院关于印发修改后的〈民事案件案由规定〉的通知**》(法〔2020〕347 号,20210101)

5.正确认识民事案件案由的性质与功能。案由体系的编排制定是人民法院进行民事审判管理的手段。各级人民法院应当依法保障当事人依照法律规定享有的起诉权利,不得将修改后的《案由规定》等同于民事诉讼法第一百一十九条①规定的起诉条件,不得以当事人的诉请在修改后的《案由规定》中没有相应案由可以适用为由,裁定不予受理或者驳回起诉,损害当事人的诉讼权利。

2.《**最高人民法院关于立案是否要提供被告人身份证信息的答复**》(20190916)

根据《最高人民法院关于适用〈中华人民共和国民事诉讼法〉的解释》第二百零九条规定,原告起诉时提供被告的姓名或者名称、住所等信息具体明确,足以使被告与他人相区别的,可以认定为有明确的被告。《最高人民法院关于人民法院登记立案若干问题的规定》第六条第三项也作出了与前述内容一致的规定。因此,只要原告提供具体明确的足以使被告或者被告人与他人相区别的姓名或者名称、住所等信息,即使没有自然人被告身份证号码,也应该依法登记立案。如原告提交的起诉状列写被告信息不足以认定明确的被告,人民法院可以告知原告补正;原告补正后仍不能确定明确的被告的,人民法院裁定不予受理。

在实际中,能使被告区别于他人的信息很多,如姓名、性别、年龄、住址、社会关系、身份证号码、工作单位、其他户籍登记内容等等。信息越多,越利于确定具体的被告。当然,原告如果在起诉阶段能够提供被告的身份证号码,一方

---

①　对应 2023 年《民事诉讼法》第 122 条。——编者注

面有利于被告身份的识别,足以使被告与他人相区别,另一方面有利于后续诉讼活动的顺利进行。

3.《全国法院涉外商事海事审判工作座谈会会议纪要》[最高人民法院民事审判第四庭,法(民四)明传〔2021〕60号,20211231]

5.【"有明确被告"的认定】原告对住所地在中华人民共和国领域外的被告提起诉讼,能够提供该被告存在的证明的,即符合民事诉讼法第一百二十二条第二项规定的"有明确的被告"。被告存在的证明可以是处于有效期内的被告商业登记证、身份证明、合同书等文件材料,不应强制要求原告就上述证明办理公证认证手续。

4.《第二次全国涉外商事海事审判工作会议纪要》(最高人民法院,法发〔2005〕26号,20051226)

17. 外国当事人作为被告时,应针对不同情况分别作如下处理:(1)原告起诉时提供了被告存在的证明,但未提供被告的明确住址或者依据原告所提供的被告住址无法送达(公告送达除外)的,应要求原告补充提供被告的明确住址。依据原告补充的材料仍不能确定被告住址的,应依法向被告公告送达相关司法文书;(2)原告起诉时没有提供被告存在的证明,但根据起诉状所列明的被告的姓名、名称、住所、法定代表人的姓名等情况对被告按照法定的

送达途径(公告送达除外)能够送达的,送达后被告不在法定的期限内应诉答辩,又拒不到庭的,可以依法缺席审判;(3)原告在起诉时没有提供被告存在的证明,根据起诉状所列明的情况对被告按照法定的送达途径(公告送达除外)无法送达的,应要求原告补充提供被告存在的证明,原告拒不提供或者补充提供后仍无法确定被告真实存在的,可以认定为没有明确的被告,应根据《中华人民共和国民事诉讼法》第一百零八条①第(二)项的规定裁定驳回原告的起诉。

【审判业务答疑】

1.《法答网精选答问(第七批)》(20240718)

问题4:原告向同一被告同时提出两个具有先后顺位、存在冲突但相互关联的诉讼请求,能否在一案中处理?

答疑意见:可以在一案中处理。原告向同一被告同时提出两个具有先后顺位、存在冲突但相互关联的诉讼请求的情形,理论上通常称为客观预备合并之诉。在此情形下,如果先位诉请得到支持,则不必再审理备位诉请;如果先位诉请未获支持,则需对备位诉请继续审理并作出裁判。客观预备合并之诉理论符合诉讼便利与经济原则,有利于

———————
① 对应2023年《民事诉讼法》第122条。——编者注

一次性解决纠纷，已经在司法实践中得到探索和应用，并取得积极成效。例如，在（2019）最高法民再 152 号民事裁定中，作为某公司股东的再审申请人认为公司股东会决议损害其利益，为了能在一案中获得充分救济，其分别基于决议无效与有效提出前后两个不同诉讼请求，原审法院以诉讼请求相互矛盾故无法确定其具体请求为由，裁定驳回起诉。最高人民法院再审认为，申请人提出要求确认股东会决议无效与确认依据该股东会决议产生的相关股东权益归其所有的两个诉讼请求虽然矛盾，但诉讼要素齐全，均符合《民事诉讼法》规定的立案标准，当事人可以在前一个诉讼请求不被支持时，退一步选择主张后一个请求，不应以诉讼请求不明确为由驳回起诉。

除上述列举情形外，客观预备合并之诉理论还可以适用于请求返还原物与如果原物灭失请求损害赔偿、确认依交易取得所有权与如果未取得所有权请求承担违约责任等情形。目前客观预备合并之诉尚无法律、司法解释层面的明确规定，司法实践中可根据《民事诉讼法》等法律的基本精神，结合理论与实践已经取得的成果进一步加强探索，不断完善相关规则，充分发挥其应有的功能效用。

2.《法答网精选答问（第三批）》（20240321）

问题 3：遗产管理人是否有独立的诉权？

答疑意见：《民法典》规定了遗产管理人制度，但未对遗产管理人是否具有独立诉权进行明确，因此对于遗产诉讼中遗产管理人能否以自己的名义起诉或应诉问题，目前尚存争议。从立法目的来看，遗产管理人制度是为了保障遗产的完整性和安全性，公平、有序地分配遗产，使遗产上各项权利得以实现的一项综合性制度。为保障遗产管理人基于遗产管理目的而实施相应民事行为的实体权利，包括对债权债务的处分权等，应当认可遗产管理人在遗产管理期间享有相应的诉权。从起诉条件来看，根据《民事诉讼法》第 122 条规定，起诉必须符合下列条件：（1）原告是与本案有直接利害关系的公民、法人和其他组织；（2）有明确的被告；（3）有具体的诉讼请求和事实、理由；（4）属于人民法院受理民事诉讼的范围和受诉人民法院管辖。遗产管理人在履行遗产管理职责时提起民事诉讼的，可视为满足"与本案有直接利害关系"的条件。

司法实践在一定程度上也肯定了遗产管理人的独立诉讼地位。如根据《最高人民法院关于民事执行中变更、追加当事人若干问题的规定》第 2 条第 1 款、第 10 条第 1 款规定，遗产管理人在执行程序中可以作为执行人、被执行人。最高人民法院在（2020）最高法民再 111 号翁某、吕某第三人撤销之诉再审案中认为，一般情况下，遗产管理人及受托人进行遗产收集，为遗产管理、分配创造条件，有利于遗嘱受益人权利的实现，也有利于及时按照遗嘱分配遗产。因此，遗产管理人及受托人在收集遗产过程中遇到障碍，无法及时收集并有效管理遗产时，有权以自己名义对相关民事主体提起民事诉讼以保证遗产安全。

需要明确的是，即使承认遗产管理人享有相对独立的诉权，这种诉权的行使也应当被限定于遗产管理人的职责履行范围之内；与履行遗产管理职责无关的诉讼主张，不应得到支持。在法律、司法解释未明确遗产管理人的独立诉权之前，有必要对"遗产管理人在民事诉讼中的独立主体地位"持审慎态度，避免给大量的继承诉讼带来实操层面的困难。司法实践中，不同的案件还需结合案件事实情况后再分析适用。

【法院参考案例】

1. 争议事实借助其他事实、行为方与当事人所主张的权益发生实际联系，是否属于"直接利害关系"[广东城协建筑规划设计院有限公司与广东中顺美地房地产开发有限责任公司、成都市中顺城投投资有限公司等公司增资纠纷案，最高人民法院（2014）民二终字第15号]

作为民事案件的起诉条件，当事人与案件所具有的直接利害关系，应理解为案件事实径行对当事人主张的权益产生影响，当事人可作为争议法律关系的一方主体。如争议事实借助其他事实、行为方与当事人所主张的权益发生实际联系，则不符合"直接利害关系"的情形。

2. "有明确的被告"是否要求被告适格[黄山金马集团有限公司与中国环境保护公司、黄山金马股份有限公司出资纠纷案，最高人民法院（2013）民提字第42号]

被告不存在是否"适格"的问题，仅存在是否"明确"的问题。人民法院不应以被告不是争议的法律关系中的义务主体或责任主体为由，裁定驳回原告对被告的起诉。只要原告提出了明确的被告，且符合其他起诉条件，人民法院就应当受理并进入实体审理程序，以判决形式对双方权利义务和民事责任作出裁判。如果人民法院经过依法审理，最终确认被告不应承担民事责任，可以判决驳回原告的诉讼请求。

3. 当事人请求确认事实或事实关系，是否属于诉的内容[黄某与陈某端、陈某辉、广州南华高尔夫俱乐部有限公司借款、担保合同纠纷案，最高人民法院（2020）最高法民终258号]

所谓诉，是指当事人向法院提出的，请求法院就特定的法律主张或权利主张进行裁判的诉讼行为。诉的内容有两个因素，诉讼标的与诉讼理由。诉的标的是原告依法提出的，与被告有争议并要求法院通过审判解决的法律关系及权利主张。诉的理由是原告提出诉讼请求所依据的事实，是指引起当事人之间实体法律关系发生、变更、消灭的事实或者权利受到侵害或法律关系发生争议的事实。从诉的类型看，一般可分为给付之诉、确认之诉、变更之诉。其中确认之诉在于确认当事人之间的法律关系存在或者不存在，其客体是法律关系，不包括事实和事实关系。本案原告请求确认其实际借款金额为5.1亿元、利息按约定计算的诉讼请求属于事实和事实关系，不属于诉的内容，不属于人民法院审理范围。

4. 裁定驳回起诉和判决驳回诉讼请求如何区分［庆丰农业生产资料集团有限责任公司与锦州渤海海洋实业有限公司等民间借贷纠纷案，最高人民法院（2020）最高法民终605号］

《民事诉讼法》第119条（现为第122条）规定的起诉要件为诉讼成立要件，系判断当事人提起诉讼能否成立的形式要件。如果原告起诉不符合该条规定，人民法院应以原告之诉不合法为由，通过裁定形式驳回起诉。但若案件实质上涉及原告的权利保护要件是否成立时，应由人民法院对案件进行实体审理后加以判断。如果其提起的诉讼请求缺乏权利保护要件，即诉讼请求不成立的，人民法院应以原告之诉不能得到支持为由，通过判决形式驳回诉讼请求。

5. 适格原告的判断标准［黄某某诉青岛某置业有限公司、青岛某典当公司、黄某坡合同纠纷案，最高人民法院（2021）最高法民再191号］

合同纠纷案件的起诉人虽非签订合同的主体，但是其与案件具有直接利害关系，即为适格原告。至于原告的诉讼请求是否应予支持、被告是否认可原告主张的案件事实均非否定原告诉权的理由。

6. 合作建设法律关系中项目公司能否作为缔约过失责任纠纷适格的原告［御某公司诉优某公司、昌某公司缔约过失责任纠纷案，最高人民法院（2020）最高法民再4号］

项目公司按照合作建设合同的约定依法设立后，独立享有民事权利，承担民事义务。其与合作双方签订三方合作补充协议，系三方合作补充协议的签约主体，在该三方合作补充协议已被人民法院生效判决确定无效的情形下，提起缔约过失责任诉讼，与本案具有直接利害关系，享有诉讼权利，为本案适格原告。

7. 出借资质的承包人是否具有原告主体资格［莘县某建设公司诉山东某置业公司建设工程施工合同纠纷案，最高人民法院（2022）最高法民再96号，入库编号：2024-01-2-115-001］

根据合同相对性原则，签订合同的承包人对外有承担民事责任的风险，其与本案具有法律上的利害关系,享有法律规定的原告主体资格。另案生效判决已判令承继人对案涉工程的相关欠款承担民事责任,并已实际执行。原审法院认定承继人不是实际施工人与本案无利害关系,缺乏事实与法律依据,不符合民事权利义务相一致的公平原则。

法律规定并未有就出借资质的承包人的诉权问题作出禁止性规定。《建设工程施工合同解释(一)》第43条突破合同相对性原则,赋予实际施工人直接起诉发包人的权利。该条款是为实际施工人提供的特殊救济途径,该例外情形并未否定承包人基于合同提起诉讼的权利。

8. 原告与票据具有直接利害关系,能否以原告不是持票人为由驳回起诉[某甲公司诉某乙公司、某丙公司票据追索权纠纷案,最高人民法院(2021)最高法民再182号,入库编号:2023-16-2-341-001]

票据纠纷是因行使票据权利或者《票据法》上的非票据权利而引起的纠纷。凡符合《民事诉讼法》规定的起诉条件,人民法院都应当受理。直接利害关系是指原告与票据在权益上的关联性,不能以原告不是持票人为由驳回起诉。原告是否已享有票据或非票据权利属于实体审理范畴,不能以此为由驳回起诉。

9. 承继注销公司权利义务的主体可否提起诉讼[青岛某置业有限公司诉青岛某房地产公司合同纠纷案,最高人民法院(2021)最高法民再76号,入库编号:2023-01-2-483-002]

合同债权债务的承继人依据原合同起诉,与案件具有直接利害关系,具有原告主体资格。即便法院查明认定的合同性质与原告主张的合同性质不同,也不影响原告依据合同提起诉讼的权利。

10. 相关部门对工程项目重新审计的建议是否影响民事案件的受理[滨州某建设公司诉滨州开发区管委会委托代建合同纠纷案,最高人民法院(2021)最高法民再366号,入库编号:2024-01-2-483-002]

人民法院受理案件应以《民事诉讼法》关于案件受理条件的法律规定为判断标准。当事人依据相关证据起诉,有明确的被告和具体的诉讼请求及事实、理由,符合法律规定的起诉条件,属于人民法院民事案件的受案范围。有关部门因相关人员涉嫌犯罪建议对工程项目进行审计,以及案件是否涉及虚假审计,均属实体审理查明内容,不影响民事案件的受理。

11. 建设工程承包人、实际施工人已经就工程价款结算达成协议,实际施工人提起请求支付工程价款及确认享有优先受偿权的诉讼,人民法院应予受

理[凌某某诉江苏某建设有限公司、青岛某置业有限公司建设工程合同纠纷案,最高人民法院(2021)最高法民再201号,入库编号:2023-01-2-115-004]

建设工程承包人、实际施工人已经就工程价款结算达成协议,实际施工人以承包人为被告提起诉讼,请求支付工程价款及确认在建设工程折价或拍卖价款在工程款范围内享有优先受偿权,符合《民事诉讼法》规定的起诉条件。至于实际施工人关于支付工程价款及优先受偿权的请求应否支持,需由人民法院实体审理认定并作出判决。被告对原告的诉讼请求是否存在实质异议,不影响原告依法提起诉讼的权利。

12.债务人以不良债权涉及政策性财务挂账为由,起诉请求确认不良债权转让合同无效的,人民法院应予受理[上海某投资咨询公司诉济南某银行、济南某十二家供销社等确认合同无效纠纷案,最高人民法院(2021)最高法民再31号,入库编号:2024-01-2-076-001]

本案系因金融不良资产转让引发的确认转让合同无效纠纷案,虽然案涉债权涉及政策性财务挂账的认定问题,但国务院和相关部门关于供销合作社财务挂账处理的有关规定,是国家针对特定时期、特定部门、特定行业基于政策原因产生的债权债务采取的一种特殊处置措施,由中央、地方政府给予一定时期的停息、财政补贴等政策优惠,但"不调整债权和债务关系"。当事人以案涉不良债权转让行为损害国有资产等为由,提出不良债权转让合同无效诉讼,并提供了相关证据材料,有具体的诉讼请求及事实、理由的,符合法律规定的起诉条件。按照《最高人民法院关于审理涉及金融不良债权转让案件工作座谈会纪要》第5条"国有企业的诉权及相关诉讼程序"的规定,在受让人向国有企业债务人主张债权的诉讼中,国有企业债务人以不良债权转让行为损害国有资产等为由,提出不良债权转让合同无效抗辩的,人民法院应告知其向同一人民法院另行提起不良债权转让合同无效的诉讼。故国有企业债务人提出不良债权转让合同无效诉讼,人民法院应予受理。

第一百二十三条 【起诉方式】起诉应当向人民法院递交起诉状,并按照被告人数提出副本。

书写起诉状确有困难的,可以口头起诉,由人民法院记入笔录,并告知对方当事人。

【立法·要点注释】

原告起诉有两种方式:一为书面方式,二为口头方式。两种方式中以书面方式为主,只有在起诉人"书写起诉状确有困难"的情况下,为便利其行使起诉的权利，才可以允许原告口头起诉。此处所说的"书写起诉状确有困难"，主要是指原告本人因文化水平、法律知识欠缺或者疾病等身体原因所造成的自行书写起诉状确有困难的情形，同时也包括原告为无民事行为能力人或限制民事行为能力人时，其法定代理人因类似原因而造成的书写起诉状确有困难的情形。在这两种情形下，都可以口头起诉。

【相关立法】

《中华人民共和国海事诉讼特别程序法》（20000701）

第八十二条 原告在起诉时、被告在答辩时，应当如实填写《海事事故调查表》。

第八十三条 海事法院向当事人送达起诉或者答辩状时，不附送有关证据材料。

第九十六条 保险人依照本法第九十四条、第九十五条的规定提起诉讼或者申请参加诉讼的，应当向受理该案的海事法院提交保险人支付保险赔偿的凭证，以及参加诉讼应当提交的其他文件。

【司法文件】

《法官行为规范》（最高人民法院，法发〔2010〕54号，20101206）

第十一条 当事人口头起诉

（一）告知应当递交书面诉状；

（二）当事人不能书写诉状且委托他人代写有困难的，要求其明确诉讼请求、如实提供案件情况和联络方式，记入笔录并向其宣读，确认无误后交其签名或者捺印。

【法院参考案例】

立案后发现起诉材料存在瑕疵，人民法院可否依职权查明［吕某、羊某等专利权权属纠纷案，最高人民法院（2021）最高法知民终1180号］

对原告主体资格的形式审查通常在立案阶段进行，立案后审理过程中，如果发现起诉材料存在瑕疵，法院应当向当事人释明并要求其补正，必要时，应当依职权予以查明。

第一百二十四条 【起诉状】起诉状应当记明下列事项：

（一）原告的姓名、性别、年龄、民族、职业、工作单位、住所、联系方式，法人或者其他组织的名称、住所和法定代表人或者主要负责人的姓名、职务、联系方式；

（二）被告的姓名、性别、工作单位、住所等信息，法人或者其他组织的名称、住所等信息；

（三）诉讼请求和所根据的事实与理由；

（四）证据和证据来源，证人姓名和住所。

【立法·要点注释】

在起诉状记明事项中区分原、被告分别处理，是2012年《民事诉讼法》修改时增加的内容：首先，关于原告应记明事项，除原来法律规定的"姓名、性别、年龄、民族、职业、工作单位和住所"外，增加一项内容即"联系方式"。其次，关于起诉状应记明的有关被告的事项修改为"被告的姓名、性别、工作单位、住所等信息，法人或者其他组织的名称、住所等信息"。与第1项有关原告应记明事项相比，并未要求记明被告"联系方式"，而只是原则规定被告姓名、性别、工作单位、住所等能够确定其身份的信息，这是因为提交起诉状的原告往往并不掌握被告的确切联系方式，只要能够提供其他足以确定被告身份的信息，满足本法第122条第2项"有明确的被告"的条件即可。有关被告"联系方式"等信息，根据本法第128条的规定，应当由被告在提交答辩状时向法院提供。

【司法解释】

1.《最高人民法院关于适用〈中华人民共和国民事诉讼法〉的解释》（法释〔2015〕5号，20150204；经法释〔2022〕11号修正，20220410）

第二百零九条 原告提供被告的姓名或者名称、住所等信息具体明确，足以使被告与他人相区别的，可以认定为有明确的被告。

起诉状列写被告信息不足以认定明确的被告的，人民法院可以告知原告补正。原告补正后仍不能确定明确的被告的，人民法院裁定不予受理。

第二百一十条 原告在起诉状中有谩骂和人身攻击之辞的，人民法院应当告知其修改后提起诉讼。

【重点解读】原告在起诉状中有谩骂和人身攻击之辞，人民法院不存在向被告送达起诉状副本的问题，而是直接告知原告修改后再行向人民法院提起诉讼，即人民法院对于原告的起诉不予立案。如果经人民法院的告知，原告拒不修改的，人民法院则应采取不予立案的方式处理。

第二百二十二条 原告在起诉状中直接列写第三人的，视为其申请人民法院追加该第三人参加诉讼。是否通知第三人参加诉讼，由人民法院审查决定。

2.《最高人民法院关于人民法院登记立案若干问题的规定》（法释〔2015〕8号，20150501）

第四条 民事起诉状应当记明以下事项：

（一）原告的姓名、性别、年龄、民族、职业、工作单位、住所、联系方式，法人或者其他组织的名称、住所和法定代表人或者主要负责人的姓名、职务、联系方式；

（二）被告的姓名、性别、工作单位、住所等信息，法人或者其他组织的名称、住所等信息；

（三）诉讼请求和所根据的事实与理由；

（四）证据和证据来源；

（五）有证人的，载明证人姓名和住所。

行政起诉状参照民事起诉状书写。

3.《人民法院在线诉讼规则》（法释〔2021〕12号，20210801）

第九条 当事人采取在线方式提交起诉材料的，人民法院应当在收到材料后的法定期限内，在线作出以下处理：

（一）符合起诉条件的，登记立案并送达案件受理通知书、交纳诉讼费用通知书、举证通知书等诉讼文书；

（二）提交材料不符合要求的，及时通知其补正，并一次性告知补正内容和期限，案件受理时间自收到补正材料后次日重新起算；

（三）不符合起诉条件或者起诉材料经补正仍不符合要求，原告坚持起诉的，依法裁定不予受理或者不予立案；

当事人已在线提交符合要求的起诉状等材料的，人民法院不得要求当事人再提供纸质件。

上诉、申请再审、特别程序、执行等案件的在线受理规则，参照本条第一款、第二款规定办理。

第十一条 当事人可以在诉讼平台直接填写录入起诉状、答辩状、反诉状、代理意见等诉讼文书材料。

当事人可以通过扫描、翻拍、转录等方式，将线下的诉讼文书材料或者证据材料作电子化处理后上传至诉讼平台。诉讼材料为电子数据，且诉讼平台与存储该电子数据的平台已实现对接的，当事人可以将电子数据直接提交至诉讼平台。

当事人提交电子化材料确有困难的，人民法院可以辅助当事人将线下材料作电子化处理后导入诉讼平台。

4.《最高人民法院关于审理侵犯专利权纠纷案件应用法律若干问题的解释（二）》（法释〔2016〕1号，20160401；经法释〔2020〕19号修正，20210101）

第一条 权利要求书有两项以上权利要求的，权利人应当在起诉状中载明据以起诉被诉侵权人侵犯其专利权的权利要求。起诉状对此未记载或者记载不明的，人民法院应当要求权利人明确。经释明，权利人仍不予明确的，人民法院可以裁定驳回起诉。

【法院参考案例】

原告的诉讼请求不明确且拒不修正起诉状，法院可否裁定不予受理或驳回起诉［陈某涛、沈某诉绿地控股集团股份有限公司、绿地控股集团杭州东城房地产开发有限公司垄断及不正当竞争纠纷案，最高人民法院（2021）最高

法知民终 2524 号]

尽管原告可以针对同一被告就双方之间相关联或者同种类的数个法律关系同时起诉,但法院决定是否一并受理、合并审理。如法院经审查发现原告同时就多种法律关系起诉,导致难以理清各项诉求与法律关系、案件事实之间对应关系的,可向其释明需要修改、补正起诉状。起诉人可择一或分别起诉。法院释明其修改补正起诉状、明确诉请后,其仍坚持按原诉请起诉的,法院可认定其起诉不符合《民事诉讼法》规定的立案条件,并裁定不予受理。

第一百二十五条　【先行调解】当事人起诉到人民法院的民事纠纷,适宜调解的,先行调解,但当事人拒绝调解的除外。

【立法·要点注释】

1. 先行调解的适用范围,主要指向法院立案前或者立案后不久的调解。当事人向人民法院提起诉讼,递交起诉状或者口头起诉之后,人民法院尚未立案,根据案件具体情况,人民法院认为适宜调解的,可以先行调解。当事人不同意调解或者在商定、指定时间内不能达成调解协议的,人民法院应当依法及时立案。案件受理之后开庭审理前,人民法院仍然可以进行调解。

2. 先行调解的适用条件,主要是两项,二者缺一不可:其一,人民法院认为"适宜调解"。"适宜"的判断标准由人民法院根据案件的具体情况具体掌握。一般来说,家庭矛盾、邻里纠纷等民间纠纷适宜调解,其他案件如果事实基本清楚、当事人之间争议不大也"适宜"调解。其二,当事人不拒绝。调解的一项基本原则是当事人自愿,如果当事人明确表示不同意调解:尚未立案的,人民法院应当依法及时立案;已经受理立案的,应当依法及时判决。当事人不拒绝不仅包括当事人明示同意,还包括默示同意。调解过程中,当事人未明确拒绝调解的,可以视为同意调解。

【司法解释】

1.《最高人民法院关于证券纠纷代表人诉讼若干问题的规定》(法释〔2020〕5号,20200731)

第二十九条　符合权利人范围但未参加登记的投资者提起诉讼,且主张的事实和理由与代表人诉讼生效判决、裁定所认定的案件基本事实和法律适用相同的,人民法院审查具体诉讼请求后,裁定适用已经生效的判决、裁定。适用已经生效裁判的裁定中应当明确被告赔偿的金额,裁定一经作出立即生效。

代表人诉讼调解结案的,人民法院对后续涉及同一证券违法事实的案件可以引导当事人先行调解。

2.《最高人民法院关于适用〈中华人民共和国人民陪审员法〉若干问题的解释》（法释〔2019〕5号，20190501）

第六条 人民陪审员不得参与审理由其以人民调解员身份先行调解的案件。

【司法文件】

《最高人民法院关于人民法院进一步深化多元化纠纷解决机制改革的意见》（法发〔2016〕14号，20160628）

27.探索建立调解前置程序。探索适用调解前置程序的纠纷范围和案件类型。有条件的基层人民法院对家事纠纷、相邻关系、小额债务、消费者权益保护、交通事故、医疗纠纷、物业管理等适宜调解的纠纷，在征求当事人意愿的基础上，引导当事人在登记立案前由特邀调解组织或者特邀调解员先行调解。

第一百二十六条 【立案和受理】人民法院应当保障当事人依照法律规定享有的起诉权利。对符合本法第一百二十二条的起诉，必须受理。符合起诉条件的，应当在七日内立案，并通知当事人；不符合起诉条件的，应当在七日内作出裁定书，不予受理；原告对裁定不服的，可以提起上诉。

【立法·要点注释】

1.本条规定的立案期间和不予受理的期间，都是从人民法院收到当事人的起诉状的次日起计算。人民法院因起诉状内容欠缺令原告补正的，立案或不予受理的期间自补正后交法院的次日起计算。由上级人民法院转交下级人民法院，或者由基层法院转交有关人民法庭受理的案件，从受诉法院或人民法庭收到起诉状的次日起计算。

2.关于人民法院对起诉条件的审查。根据本法规定，原告向法院提起诉讼后，人民法院将对起诉进行审查以便决定是否受理，审查分为两个部分：其一，对起诉状的形式审查，主要是看起诉状记明的事项是否符合第124条的规定，即是否记明原告姓名、性别、联系方式及被告姓名、性别等能够确定其身份的信息，是否记明诉讼请求和所根据的事实，是否记明证据和证据来源等。如果起诉状不符合形式要求，法院可以要求原告补齐相应的事项信息。其二，对起诉要件的实质审查，主要是看起诉是否符合《民事诉讼法》第122条的规定，原告是否为与本案有直接利害关系的公民、法人和其他组织，是否有明确的被告，是否有具体的诉讼请求和事实、理由，是否属于人民法院受理民事诉讼的范围和受诉人民法院管辖。不符合起诉实质要件的，人民法院应当在7日内作出裁定书，通知原告不予受理。

3.对不符合起诉条件的,应当在7日内以书面形式作出不予受理的裁定,不允许仅作出口头裁定。

【司法解释】

1.《最高人民法院关于适用〈中华人民共和国民事诉讼法〉的解释》(法释〔2015〕5号,20150204;经法释〔2022〕11号修正,20220410)

第一百二十六条　民事诉讼法第一百二十六条规定的立案期限,因起诉状内容欠缺通知原告补正的,从补正后交人民法院的次日起算。由上级人民法院转交下级人民法院立案的案件,从受诉人民法院收到起诉状的次日起算。

2.《最高人民法院关于严格执行案件审理期限制度的若干规定》(法释〔2000〕29号,20000928;经法释〔2008〕18号修正,20081231)

第六条　第一审人民法院收到起诉书(状)或者执行申请书后,经审查认为符合受理条件的应当在七日内立案;收到自诉人自诉状或者口头告诉的,经审查认为符合自诉案件受理条件的应当在十五日内立案。

改变管辖的刑事、民事、行政案件,应当在收到案卷材料后的三日内立案。

第二审人民法院应当在收到第一审人民法院移送的上(抗)诉材料及案卷材料后的五日内立案。

发回重审或指令再审的案件,应当在收到发回重审或指令再审裁定及案卷材料后的次日内立案。

按照审判监督程序重新审判的案件,应当在作出提审、再审裁定(决定)的次日立案。

第七条　立案机构应当在决定立案的三日内将案卷材料移送审判庭。

3.《最高人民法院关于人民法院登记立案若干问题的规定》(法释〔2015〕8号,20150501)

第一条　人民法院对依法应该受理的一审民事起诉、行政起诉和刑事自诉,实行立案登记制。

第二条　对起诉、自诉,人民法院应当一律接收诉状,出具书面凭证并注明收到日期。

对符合法律规定的起诉、自诉,人民法院应当当场予以登记立案。

对不符合法律规定的起诉、自诉,人民法院应当予以释明。

第三条　人民法院应当提供诉状样本,为当事人书写诉状提供示范和指引。

当事人书写诉状确有困难的,可以口头提出,由人民法院记入笔录。符合法律规定的,予以登记立案。

第四条　民事起诉状应当记明以下事项:

(一)原告的姓名、性别、年龄、民族、职业、工作单位、住所、联系方式,法人或者其他组织的名称、住所和法定代表人或者主要负责人的姓名、职务、联系方式；

（二）被告的姓名、性别、工作单位、住所等信息，法人或者其他组织的名称、住所等信息；

（三）诉讼请求和所根据的事实与理由；

（四）证据和证据来源；

（五）有证人的，载明证人姓名和住所。

行政起诉状参照民事起诉状书写。

第六条　当事人提出起诉、自诉的，应当提交以下材料：

（一）起诉人、自诉人是自然人的，提交身份证明复印件；起诉人、自诉人是法人或者其他组织的，提交营业执照或者组织机构代码证复印件、法定代表人或者主要负责人身份证明书；法人或者其他组织不能提供组织机构代码的，应当提供组织机构被注销的情况说明；

（二）委托起诉或者代为告诉的，应当提交授权委托书、代理人身份证明、代为告诉人身份证明等相关材料；

（三）具体明确的足以使被告或者被告人与他人相区别的姓名或者名称、住所等信息；

（四）起诉状原本和与被告或者被告人及其他当事人人数相符的副本；

（五）与诉请相关的证据或者证明材料。

第七条　当事人提交的诉状和材料不符合要求的，人民法院应当一次性书面告知在指定期限内补正。

当事人在指定期限内补正的，人民法院决定是否立案的期间，自收到补正材料之日起计算。

当事人在指定期限内没有补正的，退回诉状并记录在册；坚持起诉、自诉的，裁定或者决定不予受理、不予立案。

经补正仍不符合要求的，裁定或者决定不予受理、不予立案。

第八条　对当事人提出的起诉、自诉，人民法院当场不能判定是否符合法律规定的，应当作出以下处理：

（一）对民事、行政起诉，应当在收到起诉状之日起七日内决定是否立案；

（二）对刑事自诉，应当在收到自诉状次日起十五日内决定是否立案；

（三）对第三人撤销之诉，应当在收到起诉状之日起三十日内决定是否立案；

（四）对执行异议之诉，应当在收到起诉状之日起十五日内决定是否立案。

人民法院在法定期间内不能判定起诉、自诉是否符合法律规定的，应当先行立案。

第九条　人民法院对起诉、自诉不予受理或者不予立案的，应当出具书面裁定或者决定，并载明理由。

第十条　人民法院对下列起诉、自诉不予登记立案：

（一）违法起诉或者不符合法律规定的；

（二）涉及危害国家主权和领土完整的；

（三）危害国家安全的；

（四）破坏国家统一和民族团结的；

（五）破坏国家宗教政策的；

（六）所诉事项不属于人民法院主管的。

第十一条　登记立案后，当事人未在法定期限内交纳诉讼费的，按撤诉处理，但符合法律规定的缓、减、免交诉讼费条件的除外。

第十二条　登记立案后，人民法院立案庭应当及时将案件移送审判庭审理。

第十三条　对立案工作中存在的不接收诉状、接收诉状后不出具书面凭证、不一次性告知当事人补正诉状内容，以及有案不立、拖延立案、干扰立案、既不立案又不作出裁定或者决定等违法违纪情形，当事人可以向受诉人民法院或者上级人民法院投诉。

人民法院应当在受理投诉之日起十五日内，查明事实，并将情况反馈当事人。发现违法违纪行为的，依法依纪追究相关人员责任；构成犯罪的，依法追究刑事责任。

第十七条　本规定的"起诉"，是指当事人提起民事、行政诉讼；"自诉"，是指当事人提起刑事自诉。

第十八条　强制执行和国家赔偿申请登记立案工作，按照本规定执行。

上诉、申请再审、刑事申诉、执行复议和国家赔偿申诉案件立案工作，不适用本规定。

第十九条　人民法庭登记立案工作，按照本规定执行。

【司法文件】

《最高人民法院关于为跨境诉讼当事人提供网上立案服务的若干规定》

（法发〔2021〕7号，20210203）

第一条　人民法院为跨境诉讼当事人提供网上立案指引、查询、委托代理视频见证、登记立案服务。

本规定所称跨境诉讼当事人，包括外国人、香港特别行政区、澳门特别行政区（以下简称港澳特区）和台湾地区居民，经常居所地位于国外或者港澳台地区的我国内地公民以及在国外或者港澳台地区登记注册的企业和组织。

第二条　为跨境诉讼当事人提供网上立案服务的案件范围包括第一审民事、商事起诉。

第三条　人民法院通过中国移动微法院为跨境诉讼当事人提供网上立案服务。

第四条　跨境诉讼当事人首次申请网上立案的，应当由受诉法院先行开展身份验证。身份验证主要依托国家移民管理局出入境证件身份认证平台等进行线上验证；无法线上验证的，由受诉法院在线对当事人身份证件以及公证、认证、转递、寄送核验等身份证明材料进行人工验证。

身份验证结果应当在3个工作日内在线告知跨境诉讼当事人。

第五条 跨境诉讼当事人进行身份验证应当向受诉法院在线提交以下材料：

（一）外国人应当提交护照等用以证明自己身份的证件；企业和组织应当提交身份证明文件和代表该企业和组织参加诉讼的人有权作为代表人参加诉讼的证明文件，证明文件应当经所在国公证机关公证，并经我国驻该国使领馆认证。外国人、外国企业和组织所在国与我国没有建立外交关系的，可以经过该国公证机关公证，经与我国有外交关系的第三国驻该国使领馆认证，再转由我国驻第三国使领馆认证。如我国与外国人、外国企业和组织所在国订立、缔结或者参加的国际条约、公约中对证明手续有具体规定，从其规定，但我国声明保留的条款除外；

（二）港澳特区居民应当提交港澳特区身份证件或者港澳居民居住证、港澳居民来往内地通行证等用以证明自己身份的证件；企业和组织应当提交身份证明文件和代表该企业和组织参加诉讼的人有权作为代表人参加诉讼的证明文件，证明文件应当经过内地认可的公证人公证，并经中国法律服务（香港）有限公司或者中国法律服务（澳门）有限公司加章转递；

（三）台湾地区居民应当提交台湾地区身份证件或者台湾居民居住证、台湾居民来往大陆通行证等用以证明自己身份的证件；企业和组织应当提交身份证明文件和代表该企业和组织参加诉讼的人有权作为代表人参加诉讼的证明。证明文件应当通过两岸公证书使用查证渠道办理；

（四）经常居所地位于国外或者港澳台地区的我国内地公民应当提交我国公安机关制发的居民身份证、户口簿或者普通护照等用以证明自己身份的证件，并提供工作签证、常居证等证明其在国外或者港澳台地区合法连续居住超过一年的证明材料。

第六条 通过身份验证的跨境诉讼当事人委托我国内地律师代理诉讼，可以向受诉法院申请线上视频见证。

线上视频见证由法官在线发起，法官、跨境诉讼当事人和受委托律师三方同时视频在线。跨境诉讼当事人应当使用中华人民共和国通用语言或者配备翻译人员，法官应当确认受委托律师和其所在律师事务所以及委托行为是否确为跨境诉讼当事人真实意思表示。在法官视频见证下，跨境诉讼当事人、受委托律师签署有关委托代理文件，无需再办理公证、认证、转递等手续。线上视频见证后，受委托律师可以代为开展网上立案、网上交费等事项。

线上视频见证的过程将由系统自动保存。

第七条 跨境诉讼当事人申请网上立案应当在线提交以下材料：

（一）起诉状；

（二）当事人的身份证明及相应的公证、认证、转递、寄送核验等材料；

（三）证据材料。

上述材料应当使用中华人民共和国通用文字或者有相应资质翻译公司翻译的译本。

第八条 跨境诉讼当事人委托代理人进行诉讼的授权委托材料包括：

(一)外国人、外国企业和组织的代表人在我国境外签署授权委托书,应当经所在国公证机关公证,并经我国驻该国使领馆认证;所在国与我国没有建立外交关系的,可以经过该国公证机关公证,经与我国有外交关系的第三国驻该国使领馆认证,再转由我国驻第三国使领馆认证;在我国境内签署授权委托书,应当在法官见证下签署或者经内地公证机构公证;如我国与外国人、外国企业和组织所在国订立、缔结或者参加的国际条约、公约中对证明手续有具体规定,从其规定,但我国声明保留的条款除外;

(二)港澳特区居民、港澳特区企业和组织的代表人在我国内地以外签署授权委托书,应当经过内地认可的公证人公证,并经中国法律服务(香港)有限公司或者中国法律服务(澳门)有限公司加章转递;在我国内地签署授权委托书,应当在法官见证下签署或者经内地公证机构公证;

(三)台湾地区居民在我国大陆以外签署授权委托书,应当通过两岸公证书使用查证渠道办理;在我国大陆签署授权委托书,应当在法官见证下签署或者经大陆公证机构公证;

(四)经常居所地位于国外的我国内地公民从国外寄交或者托交授权委托书,必须经我国驻该国的使领馆证明;没有使领馆的,由与我国有外交关系的第三国驻该国的使领馆证明,再转由我国驻该第三国使领馆证明,或者由当地爱国华侨团体证明。

第九条 受诉法院收到网上立案申请后,应当作出以下处理:

(一)符合法律规定的,及时登记立案;

(二)提交诉状和材料不符合要求的,应当一次性告知当事人在15日内补正。当事人难以在15日内补正材料,可以向受诉法院申请延长补正期限至30日。当事人未在指定期限内按照要求补正,又未申请延长补正期限的,立案材料作退回处理;

(三)不符合法律规定的,可在线退回材料并释明具体理由;

(四)无法即时判定是否符合法律规定的,应当在7个工作日内决定是否立案。

跨境诉讼当事人可以在线查询处理进展以及立案结果。

第十条 跨境诉讼当事人提交的立案材料中包含以下内容的,受诉法院不予登记立案:

(一)危害国家主权、领土完整和安全;

(二)破坏国家统一、民族团结和宗教政策;

(三)违反法律法规,泄露国家秘密,损害国家利益;

（四）侮辱诽谤他人，进行人身攻击、谩骂、诋毁，经法院告知仍拒不修改；

（五）所诉事项不属于人民法院管辖范围；

（六）其他不符合法律规定的起诉。

第十一条 其他诉讼事项，依据《中华人民共和国民事诉讼法》的规定办理。

【法院参考案例】

立案登记制施行后，人民法院对当事人的起诉是否符合法律规定的条件如何审查［杨某财产损害赔偿纠纷案，最高人民法院(2018)最高法民终886号］

人民法院实行立案登记制度，但根据《登记立案规定》第10条第1项关于人民法院对违法起诉或者不符合法律规定的起诉不予登记立案的规定，人民法院仍需对当事人的起诉是否符合法律规定的条件进行形式审查。

第一百二十七条 【审查起诉】 人民法院对下列起诉，分别情形，予以处理：

（一）依照行政诉讼法的规定，属于行政诉讼受案范围的，告知原告提起行政诉讼；

（二）依照法律规定，双方当事人达成书面仲裁协议申请仲裁、不得向人民法院起诉的，告知原告向仲裁机构申请仲裁；

（三）依照法律规定，应当由其他机关处理的争议，告知原告向有关机关申请解决；

（四）对不属于本院管辖的案件，告知原告向有管辖权的人民法院起诉；

（五）对判决、裁定、调解书已经发生法律效力的案件，当事人又起诉的，告知原告申请再审，但人民法院准许撤诉的裁定除外；

（六）依照法律规定，在一定期限内不得起诉的案件，在不得起诉的期限内起诉的，不予受理；

（七）判决不准离婚和调解和好的离婚案件，判决、调解维持收养关系的案件，没有新情况、新理由，原告在六个月内又起诉的，不予受理。

【立法·要点注释】

1. 依照《宪法》等法律的规定，人民法院与其他国家机关在职权范围上有着明确的分工，凡依法应当由其他机关处理的争议，人民法院无权处理。例如，行政机关工作人员对其机关给予的行政处分不服的，不属于人民法院的管辖范围，如果被处分的人向人民法院起诉，人民法院应当告知其向有关行政机关申请解决。

2. 对已经发生法律效力的判决、裁定、调解书，当事人必须履行，不得以同一事实和同一诉讼标的再次提起诉讼。如果当事人认为已生效的判决、裁定有错误,只能按照本法第 210 条的规定,向上一级人民法院申请再审,通过再审程序解决。但是,经人民法院裁定准许撤诉的,当事人可以再行起诉。原告申请撤诉,只是其对诉讼权利的处分,并不意味着放弃实体权利,从诉讼程序上讲,人民法院用裁定方式准许原告的撤诉申请,仅意味着同意原告对自己诉讼权利的处分,当事人还可以同一事实和理由,就同一诉讼标的再次提起诉讼。

3. 依法在一定期限内不得起诉的案件,主要是指依据《民法典》第 1082 条的规定,女方在怀孕期间、分娩后 1 年内或者终止妊娠后 6 个月内,男方不得提出离婚;但是,女方提出离婚或者人民法院认为确有必要受理男方离婚请求的除外。原告撤诉或者按撤诉处理的离婚案件,没有新情况、新理由,6 个月内又起诉的,也不予受理。但是,如果在 6 个月内,双方有了新的冲突,感情进一步恶化,即有新情况、新理由,原告又起诉的,人民法院应当予以受理。没有新情况、新理由,原告在 6 个月后又起诉的,人民法院也应当予以受理。没有新情况、新理由,被告在 6 个月内向人民法院起诉的,同样应当予以受理。

【相关立法】

1.《中华人民共和国民法典》(20210101)

第一千零八十二条　女方在怀孕期间、分娩后一年内或者终止妊娠后六个月内,男方不得提出离婚;但是,女方提出离婚或者人民法院认为确有必要受理男方离婚请求的除外。

2.《中华人民共和国仲裁法》(19950901;20180101)

第五条　当事人达成仲裁协议,一方向人民法院起诉的,人民法院不予受理,但仲裁协议无效的除外。

第九条　仲裁实行一裁终局的制度。裁决作出后,当事人就同一纠纷再申请仲裁或者向人民法院起诉的,仲裁委员会或者人民法院不予受理。

裁决被人民法院依法裁定撤销或者不予执行的,当事人就该纠纷可以根据双方重新达成的仲裁协议申请仲裁,也可以向人民法院起诉。

第二十六条　当事人达成仲裁协议,一方向人民法院起诉未声明有仲裁协议,人民法院受理后,另一方在首次开庭前提交仲裁协议的,人民法院应当驳回起诉,但仲裁协议无效的除外;另一方在首次开庭前未对人民法院受理该案提出异议的,视为放弃仲裁协议,人民法院应当继续审理。

3.《中华人民共和国体育法》(19951001;20230101)

第九十七条　体育仲裁裁决书自作出之日起发生法律效力。

裁决作出后,当事人就同一纠纷再

申请体育仲裁或者向人民法院起诉的，体育仲裁委员会或者人民法院不予受理。

【司法解释】

1.《最高人民法院关于适用〈中华人民共和国民事诉讼法〉的解释》（法释〔2015〕5号，20150204；经法释〔2022〕11号修正，20220410）

第二百零八条　人民法院接到当事人提交的民事起诉状时，对符合民事诉讼法第一百二十二条的规定，且不属于第一百二十七条规定情形的，应当登记立案；对当场不能判定是否符合起诉条件的，应当接收起诉材料，并出具注明收到日期的书面凭证。

需要补充必要相关材料的，人民法院应当及时告知当事人。在补齐相关材料后，应当在七日内决定是否立案。

立案后发现不符合起诉条件或者属于民事诉讼法第一百二十七条规定情形的，裁定驳回起诉。

第二百一十一条　对本院没有管辖权的案件，告知原告向有管辖权的人民法院起诉；原告坚持起诉的，裁定不予受理；立案后发现本院没有管辖权的，应当将案件移送有管辖权的人民法院。

【重点解读】人民法院依职权加以审查的管辖权仅限于级别管辖和专属管辖，对于级别管辖、专属管辖之外的管辖权问题，当事人未提出管辖异议，并应诉答辩的，则应视为受诉人民法院有管辖权。

第二百一十二条　裁定不予受理、驳回起诉的案件，原告再次起诉，符合起诉条件且不属于民事诉讼法第一百二十七条规定情形的，人民法院应予受理。

【重点解读】根据本条的规定，人民法院经审查只要符合起诉条件的，原则上应根据《民事诉讼法》第126条的规定，在7日内立案，并通知当事人。但是对于当事人的起诉存在《民事诉讼法》第127条规定的情形的，则应分别情形处理，而不应作为民事案件立案受理。

第二百一十三条　原告应当预交而未预交案件受理费，人民法院应当通知其预交，通知后仍不预交或者申请减、缓、免未获批准而仍不预交的，裁定按撤诉处理。

第二百一十四条　原告撤诉或者人民法院按撤诉处理后，原告以同一诉讼请求再次起诉的，人民法院应予受理。

原告撤诉或者按撤诉处理的离婚案件，没有新情况、新理由，六个月内又起诉的，比照民事诉讼法第一百二十七条第七项的规定不予受理。

第二百一十五条　依照民事诉讼法第一百二十七条第二项的规定，当事人在书面合同中订有仲裁条款，或者在发生纠纷后达成书面仲裁协议，一方向人民法院起诉的，人民法院应当告知原告向仲裁机构申请仲裁,其坚持起诉的,裁定不予受理,但仲裁条款或者仲裁协议不成立、无效、失效、内容不明确无法执行的除外。

第二百一十六条 在人民法院首次开庭前,被告以有书面仲裁协议为由对受理民事案件提出异议的,人民法院应当进行审查。

经审查符合下列情形之一的,人民法院应当裁定驳回起诉:

(一)仲裁机构或者人民法院已经确认仲裁协议有效的;

(二)当事人没有在仲裁庭首次开庭前对仲裁协议的效力提出异议的;

(三)仲裁协议符合仲裁法第十六条规定且不具有仲裁法第十七条规定情形的。

【重点解读】适用本条规定时,应注意时间节点。如果被告在人民法院受理案件阶段提出异议,应适用本解释第 215 条的规定予以处理。如果被告在首次开庭后提出异议,人民法院应当继续审理。

第二百一十七条 夫妻一方下落不明,另一方诉至人民法院,只要求离婚,不申请宣告下落不明人失踪或者死亡的案件,人民法院应当受理,对下落不明人公告送达诉讼文书。

【重点解读】本条明确了对夫妻一方下落不明,另一方向人民法院起诉仅要求离婚的案件,人民法院应当受理。但如果另一方申请宣告失踪或死亡的案件,应符合《民事诉讼法》第 190 条、第 191 条规定的限制条件,即申请宣告失踪,被申请人下落不明应满 2 年;申请宣告死亡,被申请人下落不明应满 4 年,或者因意外事件下落不明满 2 年,或者因意外事件下落不明,经有关机关证明该公民不可能生存的。

第二百一十八条 赡养费、扶养费、抚养费案件,裁判发生法律效力后,因新情况、新理由,一方当事人再行起诉要求增加或者减少费用的,人民法院应作为新案受理。

【重点解读】应注意的是,本条对赡养费、扶养费、抚养费的案件作为新案受理,只涉及赡养费、扶养费、抚养费的增加或减少的问题,并不涉及前案的事实和法律关系的重新认定问题。

第二百一十九条 当事人超过诉讼时效期间起诉的,人民法院应予受理。受理后对方当事人提出诉讼时效抗辩,人民法院经审理认为抗辩事由成立的,判决驳回原告的诉讼请求。

【重点解读】根据民事诉讼理论,起诉阶段当事人行使的是程序意义上的诉权,法院仅审查原告是否具有程序意义上的诉权,法院的审查是一种形式审查。诉讼时效期间是否经过,均不影响法院受理案件。因此,当事人超过诉讼时效期间提起的诉讼,人民法院应予受理。关于诉讼时效的效力,学界通说认为,我国关于诉讼时效的效力应采抗辩权发生说。抗辩权发生说意味着,如果义务人援引抗辩权,权利人的权利将转化为自然权利,法院不予保护。如果义务人不援引抗辩权,则权利人的权利仍然是一种完整的权利,法院仍予以保护。基于此,《诉讼时效规定》第2条规定:"当事人未提出诉讼时效抗辩,人民法院不应对诉讼时效问题进行释明。"本条亦规定,在对方当事人提出诉讼时效抗辩的情况下,人民法院经审理认为抗辩事由成立的,判决驳回原告的诉讼请求。

第二百四十七条 当事人就已经提起诉讼的事项在诉讼过程中或者裁判生效后再次起诉,同时符合下列条件的,构成重复起诉:

(一)后诉与前诉的当事人相同;

(二)后诉与前诉的诉讼标的相同;

(三)后诉与前诉的诉讼请求相同,或者后诉的诉讼请求实质上否定前诉裁判结果。

当事人重复起诉的,裁定不予受理;已经受理的,裁定驳回起诉,但法律、司法解释另有规定的除外。

【重点解读】本条借鉴大陆法系国家的理论,对一事不再理原则的适用标准作出规定。大陆法系国家遵循从主观和客观两个方面来判断一事不再理原则的构成。主观方面,即考察当事人的同一性;客观方面,即考察审理对象(诉讼对象)是否相同。这也是本条的基本思路。

1.一事不再理原则的主观方面:当事人相同。一般而言,形式当事人和正当当事人(实质当事人、适格当事人)的区分对于一事不再理原则下确定同一当事人的范围没有意义。无论当事人在诉讼中仅为形式当事人,还是正当当事人,都要承受作为诉讼结果的判决的既判力约束,不能就相同的诉讼标的或审理对象再次提起诉讼。具有同一性的当事人包括以下六种。

一是通常当事人。通常当事人是判决效力所及的最直接的主体,因此,其受一事不再理原则的约束,自不待言。

二是诉讼担当人。诉讼担当人,是指就他人的诉讼标的的权利义务有当事人的诉讼实施权,从而为他人担当诉讼的人。以诉讼实施权行使的依据为标准,诉讼担当可分为法定诉讼担当和任意诉讼担当两种情形。前者是指有法律明文规定的诉讼担当,后者是指在法律规定的范围内,通过约定的方式产生的诉讼担当。我国《企业破产法》规定的破产管理人、《民法典》合同编中的代位权人即属于法定诉讼担当人,《民事诉讼法》第56条、第57条规定的代表人诉讼中的诉讼代表人属于任意诉讼担当人。诉讼担当人的诉讼结果对被担当人具有约束力,在判断一事不再理的构成时,诉讼担当人与被担当人具有同一性。

三是诉讼参加人。一个诉讼提起后,原、被告双方之外的第三人参与到诉讼之中的情形,称为诉讼参加。该参加到他人诉讼中的人为诉讼参加人。我国《民事诉讼法》中规定的有独立请求权第三人相当于大陆法系国家的主参加人,因其以独立诉讼的方式参加到他人的诉讼之中,在诉讼中具有当事人的地位,当然受一事不再理原则的约束。我国的无独立请求权第三人在实践中则存在辅助当事人诉讼和独立诉讼两种情况。前者相当于大陆法系的从参加人,在诉讼中仅仅处于辅助地位,故不受一事不再理原则的约束;后者因其独立参加诉讼,实质上具有当事人的地位,应当受一事不再理原则的约束。

四是当事人的继受人。当事人的继受人,是指通过继受而承受诉讼标的权利义务关系,从而承受当事人地位的人。包括因自然人当事人死亡或者法人、设有代表人或管理人的非法人组织当事人合并,而发生的继受情形;也包括因法律行为或者法律规定或法院拍卖等国家公法行为而受让诉讼标的的权利义务的人。

五是为当事人或者其继受人占有请求的标的物的人。其是指在诉讼标的的为以给付特定物为目的的请求权时,如该特定物被诉讼外的他人为当事人或其继受人占有而非为自己占有的情形。

六是既判力效力所及的一般第三人。其主要指在有关身份关系的人事诉讼和公司关系的诉讼中所作出的具有形成效力的判决,具有对世效力,在原告胜诉时任何人均不得再次起诉。

2.一事不再理原则的客观方面:诉讼对象的同一性。一事不再理原则的客观方面,即所谓一事不再理中“一事”的问题,是一事不再理原则的核心问题。它是一事不再理原则中最为核心和本质的内容。诉讼对象又称诉讼标的或诉讼物,是指法院在民事诉讼中审理和判断的对象。关于诉讼标的,存在多种理论上的学说,概括起来大致有实体法诉讼标的理论(旧实体法说)、新诉讼标的理论(诉讼法说,包括二分肢说、一分肢说等)、新实体法说、诉讼标的的相对论等观点。不同的诉讼标的的理论决定着对诉讼内容不同的理解,也决定着一事不再理原则的作用范围。我们认为,依实体法诉讼标的理论来理解,比较符合我国民事诉讼的实际状况。实体法诉讼标的的理论(旧实体法说)从实体法上的请求权出发来界定诉讼标的,认为诉讼标的乃是原告在诉讼上所为一定具体实体法之权利主张。原告起诉时,在诉状中必须具体表明其所主张之实体权利或法律关系。这与我国民事诉讼实践中长期以来对审判对象的理解是一致的。将诉讼标的理解为当事人在实体法上的权利义务或者法律关系,简便易行,法院审理范围十分明确,诉讼程序秩序稳定,当事人攻击防御目标集中。至于旧实体法说中遭到批判的请求权竞合情况下出现复数诉讼标的的问题,可以结合实体法的规定,通过诉讼法上的特别处理加以解决。至于当事人一次纠纷不能一次性解决的问题,则可以通过扩展法官释明义务,在一定程度上予以缓解。旧实体法说所具有的这种优势及其与我国民事诉讼实践需求的契合度,是其他诉讼标的理论所无法比拟的。

诉讼请求是建立在诉讼标的基础上的具体声明,在采旧实体法说理解诉讼标的的前提下,具体的请求内容对于诉讼中识别诉讼标的及厘清其范围具有实际意义。因此,本条将诉讼请求的同一性也作为一事不再理原则适用的判断标准。本条第1款第3项中的"后诉的诉讼请求实质上否定前诉裁判结果"主要是指后诉提起相反请求的情况。

审判实践中应当注意的问题:第一,当事人相同,不受当事人在前诉与后诉中的诉讼地位的影响,即使前后诉原告和被告地位完全相反,仍然应当认定当事人为同一。例如,甲起诉乙要求确认房屋所有权,乙又起诉甲同样要求就房屋使用权进行确认,两诉之间的当事人是相同的。第二,在前诉与后诉当事人相同、诉讼标的同一的情形下,后诉提起与前诉相反的诉讼请求的,如甲起诉乙请求确认法律关系有效,乙又起诉甲请求确认法律关系无效的,构成一事不再理。第三,一般而言,给付之诉中隐含确认之诉的内容,如果甲起诉乙请求依法律关系进行给付,乙又起诉甲请求确认法律关系无效的,属于后诉的请求实质上否定前诉裁判结果的情形。

第二百四十八条 裁判发生法律效力后,发生新的事实,当事人再次提起诉讼的,人民法院应当依法受理。

【重点解读】本条是关于不适用一事不再理原则的情况的规定。当事人再次提起诉讼的条件为发生新的事实。从民事诉讼法理论上看,判决生效后,当事人不得就已经判决的同一案件再行起诉,即判决具有既判力。而从既判力的效力范围看,既判力具有主观范围、客观范围和时间范围。既判力的时间范围,即既判力的基准时或标准时,是法院确定终局判决所判断的当事人之间诉争事实状态或权利状态存在的特定时间点。既判力基准时所针对的是确定判决对所判断事项产生既判力的时间点问题。从大陆法系的理论主张看,通说认为,"发生既判力的判决只确认特定时刻的权利状态,而不是确认所有未来的权利状态……涉及实质判力的时刻与双方当事人在诉讼进行中能提起新的事实主张的截止时刻相同"。也就是说,既判力的基准时为"事实审言词辩论终结时"。因确定判决是对特定时点上当事人之间的实体法律关系状态的判断,故确定判决仅对基准时之前发生的事项具有既判力,对基准时之后的事项没有既判力。基准时后发生新的事实,不受既判力的拘束,当事人可再次提起诉讼。

从我国《民事诉讼法》的规定看,在"有错必纠"司法观念的影响下,既判力制度在《民事诉讼法》上未有明确规定。因既判力决定着一事不再理原则作用的范围,在既判力制度缺位的情况下,一事不再理原则的效力范围较难以明确，亦导致审判实践中对一事不再理原则适用的不一致。在此情况下，结合司法实践，并借鉴域外既判力基准时的相关理论，本条对不适用一事不再理原则的情况进行了规定。本条明确了裁判发生法律效力后，发生新的事实，当事人再次提起诉讼的，不适用一事不再理原则，人民法院应当依法受理。因确定判决仅对基准时之前发生的事项具有既判力，对基准时之后的事项没有既判力。裁判发生法律效力后发生新的事实，为既判力基准时之后发生，并未被生效判决所确认，不在诉讼系中，亦不应受既判力的拘束。因发生了新的事实，从而使确定判决所认定的权利发生变动，当事人基于该事实再次提起的诉讼，不适用一事不再理原则，法院对此应予以受理。

需注意的是，新的事实为生效裁判发生法律效力后发生的事实，而不是原生效裁判未查明或涉及的事实，亦不是当事人在原审中未提出的事实。应当指出的是，原审结束前就已经存在的事实，当事人应当主张而未主张的事实，也不属于新的事实。

实务中，在裁判发生法律效力后，当事人以发生新的事实为由，再次向法院提起诉讼的，人民法院对原告的起诉应当依法受理。但当事人的起诉应符合《民事诉讼法》规定的起诉和受理的条件，人民法院对此也应当依法进行审查。人民法院的审查仅是一种形式审查，仅审查"新的事实"是否有证据，至

于该"新的事实"是否属实，在起诉的受理阶段无须审查，而有待受理后进行审查处理。当事人主张的新的事实不成立的，人民法院应裁定驳回起诉。

第二百四十九条　在诉讼中，争议的民事权利义务转移的，不影响当事人的诉讼主体资格和诉讼地位。人民法院作出的发生法律效力的判决、裁定对受让人具有拘束力。

受让人申请以无独立请求权的第三人身份参加诉讼的，人民法院可予准许。受让人申请替代当事人承担诉讼的，人民法院可以根据案件的具体情况决定是否准许；不予准许的，可以追加其为无独立请求权的第三人。

【重点解读】实务中，应注意区分受让人以何种身份申请参加诉讼。该身份会影响人民法院准许其参加诉讼的方式。对于受让人申请以无独立请求权第三人身份参加诉讼，人民法院决定准许的，实践中多采用书面通知或笔录告知的形式。应当注意的是，对于受让人申请替代当事人承担诉讼，人民法院决定准许的，应当作出裁定。

对于受让人申请替代当事人承担诉讼的，人民法院应对受让人的申请进行审查。人民法院审查的主要内容为诉讼标的的转移是否存在，有必要时，人民法院可询问当事人、第三人等。

第二百五十条　依照本解释第二百四十九条规定，人民法院准许受让人替代当事人承担诉讼的，裁定变更当事人。

变更当事人后，诉讼程序以受让人为当事人继续进行，原当事人应当退出诉讼。原当事人已经完成的诉讼行为对受让人具有拘束力。

【重点解读】本解释第 249 条规定的诉讼承继原因，仅限于"受让人申请替代当事人承担诉讼"的情形，并不包括原当事人申请承担的情形。也就是说，人民法院作出变更当事人的裁定，针对的是受让人提出的替代当事人承担诉讼的申请。在人民法院和对方当事人对权利义务的转移不知情，且受让人（特定继受人）未提出替代当事人承担诉讼的申请时，仍应由原当事人（让与人）进行诉讼并终结。即使原当事人（让与人）提出了诉讼权利义务转移的声明，但受让人（特定继受人）不申请续行诉讼的，人民法院不得裁定变更当事人。受让人申请替代当事人承担诉讼，并非必然导致当事人变更，是否准许应由法院审查决定。人民法院应综合考虑受让人替代当事人承担诉讼是否影响对方当事人的预期、是否符合诉讼经济原则、是否有利于判决的执行等因素，决定是否裁定变更当事人。

2.《最高人民法院关于适用〈中华人民共和国民法典〉婚姻家庭编的解释（一）》（法释〔2020〕22 号，20210101）

第三条　当事人提起诉讼仅请求解除同居关系的，人民法院不予受理；已经受理的，裁定驳回起诉。

当事人因同居期间财产分割或者子女抚养纠纷提起诉讼的，人民法院应当受理。

第四条　当事人仅以民法典第一千零四十三条为依据提起诉讼的，人民法院不予受理；已经受理的，裁定驳回起诉。

第八十七条　承担民法典第一千零九十一条规定的损害赔偿责任的主体，为离婚诉讼当事人中无过错方的配偶。

人民法院判决不准离婚的案件，对于当事人基于民法典第一千零九十一条提出的损害赔偿请求，不予支持。

在婚姻关系存续期间，当事人不起诉离婚而单独依据民法典第一千零九十一条提起损害赔偿请求的，人民法院不予受理。

3.《最高人民法院关于办理人身安全保护令案件适用法律若干问题的规定》（法释〔2022〕17 号，20220801）

第十一条　离婚案件中，判决不准离婚或者调解和好后，被申请人违反人身安全保护令实施家庭暴力的，可以认定为民事诉讼法第一百二十七条第七项规定的"新情况、新理由"。

4.《最高人民法院关于适用〈中华人民共和国民法典〉物权编的解释（一）》（法释〔2020〕24 号，20210101）

第一条　因不动产物权的归属，以及作为不动产物权登记基础的买卖、赠与、抵押等产生争议，当事人提起民事诉讼的,应当依法受理。当事人已经在行政诉讼中申请一并解决上述民事争议,且人民法院一并审理的除外。

第二条　当事人有证据证明不动产登记簿的记载与真实权利状态不符、其为该不动产物权的真实权利人,请求确认其享有物权的,应予支持。

第三条　异议登记因民法典第二百二十条第二款规定的事由失效后,当事人提起民事诉讼,请求确认物权归属的,应当依法受理。异议登记失效不影响人民法院对案件的实体审理。

5.《最高人民法院关于审理行政协议案件若干问题的规定》(法释〔2019〕17号,20200101)

第三条　因行政机关订立的下列协议提起诉讼的,不属于人民法院行政诉讼的受案范围:

(一)行政机关之间因公务协助等事由而订立的协议;

(二)行政机关与其工作人员订立的劳动人事协议。

6.《最高人民法院关于审理涉及国有土地使用权合同纠纷案件适用法律问题的解释》(法释〔2005〕5号,20050801;经法释〔2020〕17号修正,20210101)

第十六条　在下列情形下,合作开发房地产合同的当事人请求分配房地产项目利益的,不予受理;已经受理的,驳回起诉:

(一)依法需经批准的房地产建设项目未经有批准权的人民政府主管部门批准;

(二)房地产建设项目未取得建设工程规划许可证;

(三)擅自变更建设工程规划。

因当事人隐瞒建设工程规划变更的事实所造成的损失,由当事人按照过错承担。

7.《最高人民法院关于审理涉及农村土地承包纠纷案件适用法律问题的解释》(法释〔2005〕6号,20050901;经法释〔2020〕17号修正,20210101)

第一条　下列涉及农村土地承包民事纠纷,人民法院应当依法受理:

(一)承包合同纠纷;

(二)承包经营权侵权纠纷;

(三)土地经营权侵权纠纷;

(四)承包经营权互换、转让纠纷;

(五)土地经营权流转纠纷;

(六)承包地征收补偿费用分配纠纷;

(七)承包经营权继承纠纷;

(八)土地经营权继承纠纷。

农村集体经济组织成员因未实际取得土地承包经营权提起民事诉讼的,人民法院应当告知其向有关行政主管部门申请解决。

农村集体经济组织成员就用于分配的土地补偿费数额提起民事诉讼的,人民法院不予受理。

8.《最高人民法院关于审理涉及农

村土地承包经营纠纷调解仲裁案件适用法律若干问题的解释》(法释〔2014〕1号,20140124;经法释〔2020〕17号修正,20210101)

第二条 当事人在收到农村土地承包仲裁委员会作出的裁决书之日起三十日后或者签收农村土地承包仲裁委员会作出的调解书后,就同一纠纷向人民法院提起诉讼的,裁定不予受理;已经受理的,裁定驳回起诉。

9.《最高人民法院关于审理生态环境侵权纠纷案件适用惩罚性赔偿的解释》(法释〔2022〕1号,20220120)

第三条 被侵权人在生态环境侵权纠纷案件中请求惩罚性赔偿的,应当在起诉时明确赔偿数额以及所依据的事实和理由。

被侵权人在生态环境侵权纠纷案件中没有提出惩罚性赔偿的诉讼请求,诉讼终结后又基于同一污染环境、破坏生态事实另行起诉请求惩罚性赔偿的,人民法院不予受理。

10.《最高人民法院关于审理道路交通事故损害赔偿案件适用法律若干问题的解释》(法释〔2012〕19号,20121221;经法释〔2020〕17号修正,20210101)

第二十三条 被侵权人因道路交通事故死亡,无近亲属或者近亲属不明,未经法律授权的机关或者有关组织向人民法院起诉主张死亡赔偿金的,人民法院不予受理。

侵权人以已向未经法律授权的机关或者有关组织支付死亡赔偿金为理由,请求保险公司在交强险责任限额范围内予以赔偿的,人民法院不予支持。

被侵权人因道路交通事故死亡,无近亲属或者近亲属不明,支付被侵权人医疗费、丧葬费等合理费用的单位或者个人,请求保险公司在交强险责任限额范围内予以赔偿的,人民法院应予支持。

11.《最高人民法院关于适用〈中华人民共和国公司法〉若干问题的规定(一)》(法释〔2006〕3号,20060509;经法释〔2014〕2号修正,20140301)

第三条 原告以公司法第二十二条第二款①、第七十四条②第二款规定事由,向人民法院提起诉讼时,超过公司法规定期限的,人民法院不予受理。

12.《最高人民法院关于适用〈中华人民共和国公司法〉若干问题的规定(二)》(法释〔2008〕6号,20080519;经法释〔2020〕18号修正,20210101)

第二条 股东提起解散公司诉讼,同时又申请人民法院对公司进行清算的,人民法院对其提出的清算申请不受理。人民法院可以告知原告,在人民

---

① 对应2023年《公司法》第26条第1款。——编者注

② 对应2023年《公司法》第89条。——编者注

法院判决解散公司后,依据民法典第七十条、公司法第一百八十三条①和本规定第七条的规定,自行组织清算或者另行申请人民法院对公司进行清算。

第六条　人民法院关于解散公司诉讼作出的判决,对公司全体股东具有法律约束力。

人民法院判决驳回解散公司诉讼请求后,提起该诉讼的股东或者其他股东又以同一事实和理由提起解散公司诉讼的,人民法院不予受理。

13.《最高人民法院关于审理与企业改制相关的民事纠纷案件若干问题的规定》(法释〔2003〕1 号,20030201;经法释〔2020〕18 号修正,20210101)

第三条　政府主管部门在对企业国有资产进行行政性调整、划转过程中发生的纠纷,当事人向人民法院提起民事诉讼的,人民法院不予受理。

14.《最高人民法院关于适用〈中华人民共和国企业破产法〉若干问题的规定(二)》(法释〔2013〕22 号,20130916;经法释〔2020〕18 号修正,20210101)

第二十三条第一款　破产申请受理后,债权人就债务人财产向人民法院提起本规定第二十一条第一款所列诉讼的,人民法院不予受理。

15.《最高人民法院关于审理企业破产案件若干问题的规定》(法释〔2002〕23 号,20020901)

第九条　债权人申请债务人破产,债务人对债权人的债权提出异议,人民法院认为异议成立的,应当告知债权人先行提起民事诉讼。破产申请不予受理。

第十二条　人民法院经审查发现有下列情况的,破产申请不予受理:

(一)债务人有隐匿、转移财产等行为,为了逃避债务而申请破产的;

(二)债权人借破产申请毁损债务人商业信誉,意图损害公平竞争的。

16.《最高人民法院关于审理证券市场虚假陈述侵权民事赔偿案件的若干规定》(法释〔2022〕2 号,20220122)

第二条　原告提起证券虚假陈述侵权民事赔偿诉讼,符合民事诉讼法第一百二十二条规定,并提交以下证据或者证明材料的,人民法院应当受理:

(一)证明原告身份的相关文件;

(二)信息披露义务人实施虚假陈述的相关证据;

(三)原告因虚假陈述进行交易的凭证及投资损失等相关证据。

人民法院不得仅以虚假陈述未经监管部门行政处罚或者人民法院生效刑事判决的认定为由裁定不予受理。

17.《最高人民法院关于对与证券交易所监管职能相关的诉讼案件管辖

---

①　对应 2023 年《公司法》第 232 条。——编者注

与受理问题的规定》（法释〔2005〕1号，20050131；经法释〔2020〕20号修正，20210101）

三、投资者对证券交易所履行监管职责过程中对证券发行人及其相关人员、证券交易所会员及其相关人员、证券上市和交易活动做出的不直接涉及投资者利益的行为提起的诉讼，人民法院不予受理。

18.《最高人民法院关于审理票据纠纷案件若干问题的规定》（法释〔2000〕32号，20001121；经法释〔2020〕18号修正，20210101）

第四条 持票人不先行使付款请求权而先行使追索权遭拒绝提起诉讼的，人民法院不予受理。除有票据法第六十一条第二款和本规定第三条所列情形外，持票人只能在首先向付款人行使付款请求权而得不到付款时，才可以行使追索权。

19.《最高人民法院关于审理劳动争议案件适用法律问题的解释（一）》（法释〔2020〕26号，20210101）

第七条 劳动争议仲裁机构以申请仲裁的主体不适格为由，作出不予受理的书面裁决、决定或者通知，当事人不服依法提起诉讼，经审查确属主体不适格的，人民法院不予受理；已经受理的，裁定驳回起诉。

第九条 劳动争议仲裁机构仲裁的事项不属于人民法院受理的案件范围，当事人不服依法提起诉讼的，人民法院不予受理；已经受理的，裁定驳回起诉。

第十条 当事人不服劳动争议仲裁机构作出的预先支付劳动者劳动报酬、工伤医疗费、经济补偿或者赔偿金的裁决，依法提起诉讼的，人民法院不予受理。

用人单位不履行上述裁决中的给付义务，劳动者依法申请强制执行的，人民法院应予受理。

第十一条 劳动争议仲裁机构作出的调解书已经发生法律效力，一方当事人反悔提起诉讼的，人民法院不予受理；已经受理的，裁定驳回起诉。

第十八条 仲裁裁决的类型以仲裁裁决书确定为准。仲裁裁决书未载明该裁决为终局裁决或者非终局裁决，用人单位不服该仲裁裁决向基层人民法院提起诉讼的，应当按照以下情形分别处理：

（一）经审查认为该仲裁裁决为非终局裁决的，基层人民法院应予受理；

（二）经审查认为该仲裁裁决为终局裁决的，基层人民法院不予受理，但应告知用人单位可以自收到不予受理裁定书之日起三十日内向劳动争议仲裁机构所在地的中级人民法院申请撤销该仲裁裁决；已经受理的，裁定驳回起诉。

20.《最高人民法院关于审理涉及公证活动相关民事案件的若干规定》

（法释〔2014〕6 号，20140606；经法释〔2020〕20 号修正，20210101）

第二条　当事人、公证事项的利害关系人起诉请求变更、撤销公证书或者确认公证书无效的，人民法院不予受理，告知其依照公证法第三十九条规定可以向出具公证书的公证机构提出复查。

第三条　当事人、公证事项的利害关系人对公证书所公证的民事权利义务有争议的，可以依照公证法第四十条规定就该争议向人民法院提起民事诉讼。

当事人、公证事项的利害关系人对具有强制执行效力的公证债权文书的民事权利义务有争议直接向人民法院提起民事诉讼的，人民法院依法不予受理。但是，公证债权文书被人民法院裁定不予执行的除外。

21.《最高人民法院关于审理侵害植物新品种权纠纷案件具体应用法律问题的若干规定（二）》（法释〔2021〕14 号，20210707）

第二条　品种权转让未经国务院农业、林业主管部门登记、公告，受让人以品种权人名义提起侵害品种权诉讼的，人民法院不予受理。

22.《最高人民法院关于审理环境民事公益诉讼案件适用法律若干问题的解释》（法释〔2015〕1 号，20150107；经法释〔2020〕20 号修正，20210101）

第十七条　环境民事公益诉讼案件审理过程中，被告以反诉方式提出诉讼请求的，人民法院不予受理。

23.《最高人民法院关于审理消费民事公益诉讼案件适用法律若干问题的解释》（法释〔2016〕10 号，20160501；经法释〔2020〕20 号修正，20210101）

第十一条　消费民事公益诉讼案件审理过程中，被告提出反诉的，人民法院不予受理。

第十五条　消费民事公益诉讼案件的裁判发生法律效力后，其他依法具有原告资格的机关或者社会组织就同一侵权行为另行提起消费民事公益诉讼的，人民法院不予受理。

24.《最高人民法院关于确认仲裁协议效力几个问题的批复》（法释〔1998〕27 号，19981105）

二、在仲裁法实施后依法重新组建仲裁机构前，当事人在仲裁协议中约定了仲裁机构，一方当事人申请仲裁，另一方当事人向人民法院起诉的，经人民法院审查，按照有关规定能够确定新的仲裁机构的，仲裁协议有效。对当事人的起诉，人民法院不予受理。

三、当事人对仲裁协议的效力有异议，一方当事人申请仲裁机构确认仲裁协议效力，另一方当事人请求人民法院确认仲裁协议无效，如果仲裁机构先于人民法院接受申请并已作出决定，人民法院不予受理；如果仲裁机构接受申请后尚未作出决定,人民法院应予受理,同时通知仲裁机构终止仲裁。

25.《最高人民法院关于审理海上保险纠纷案件若干问题的规定》(法释〔2006〕10号,20070101;经法释〔2020〕18号修正,20210101)

第十三条 保险人在行使代位请求赔偿权利时,未依照海事诉讼特别程序法的规定,向人民法院提交其已经向被保险人实际支付保险赔偿凭证的,人民法院不予受理;已经受理的,裁定驳回起诉。

26.《最高人民法院关于适用〈中华人民共和国海事诉讼特别程序法〉若干问题的解释》(法释〔2003〕3号,20030201)

第六十五条 保险人依据海事诉讼特别程序法第九十五条规定行使代位请求赔偿权利,应当以自己的名义进行;以他人名义提起诉讼的,海事法院应不予受理或者驳回起诉。

【审判业务答疑】

1.《法答网精选答问(第十五批)——立案受理专题》(20250109)

问题3:股东提起代表诉讼,公司与被告之间的仲裁协议有无约束力?

答疑意见:在其他责任主体对公司负有违约之债或者侵权之债时,如公司怠于或者拒绝提起诉讼,股东可以代表公司提起诉讼。股东代表诉讼案件的

管辖问题,应当根据其基础法律关系属于合同纠纷或者侵权纠纷来具体判断。如果案件是侵权之诉,一般无事先达成仲裁协议的情况。但是在合同之诉中,如果公司与他人事先订有书面仲裁协议,股东就该仲裁协议约定仲裁的事项提起股东代表诉讼,人民法院依法不予受理,告知其依据仲裁协议申请仲裁。

2.《法答网精选答问(第八批)》(20240801)

问题1:图书数据库著作权侵权案件中,同一作品在总库的传播行为已经由在先案件处理,之后原告就该作品在数据库镜像站的传播行为再次提起诉讼,是否属于重复诉讼?判赔标准如何确定?

答疑意见:《民事诉讼法解释》第247条规定:"当事人就已经提起诉讼的事项在诉讼过程中或者裁判生效后再次起诉,同时符合下列条件的,构成重复起诉:(一)后诉与前诉的当事人相同;(二)后诉与前诉的诉讼标的相同;(三)后诉与前诉的诉讼请求相同,或者后诉的诉讼请求实质上否定前诉裁判结果。当事人重复起诉的,裁定不予受理;已经受理的,裁定驳回起诉,但法律、司法解释另有规定的除外。"依据上述规定,关于涉信息网络传播权的重复诉讼问题,司法实践中应区分具体情况,审查侵权人实施了几个侵权行为。如果侵权人未经许可将作品置于信息网络之中,只是同时开通了不同的端

口,这时有必要在一个诉讼中对整体的损害赔偿统筹考虑;对于当事人针对不同的端口或数据库(如数据库总库、数据库镜像站)分别起诉的情形,人民法院应当加强释明工作,引导当事人通过一个诉讼解决,以减轻其诉累。如果侵权人最初只开通一个端口,人民法院判决停止侵害后,侵权人又开通一个新端口,那么前后两个行为属于不同的侵权行为,后提起的诉讼并不属于重复诉讼。

关于判赔标准问题。《最高人民法院关于依法加大知识产权侵权行为惩治力度的意见》第 7 条规定:"人民法院应当充分运用举证妨碍、调查取证、证据保全、专业评估、经济分析等制度和方法,引导当事人积极、全面、正确、诚实举证,提高损害赔偿数额计算的科学性和合理性,充分弥补权利人损失。"司法实践中,人民法院应当准确适用《著作权法》第 54 条等规定,按照权利人的实际损失或者侵权人的违法所得计算,在实际损失或者违法所得难以计算的情形下,参照权利使用费等标准计算赔偿数额。在穷尽相关手段和办法后仍不能查明并计算的,才可以适用法定赔偿,考虑作品类型、侵权行为性质、损害后果等情节综合确定具体数额。遇到同一权利人提起系列案件的,要统筹权利救济与合理维权的关系,既要注意判赔的尺度大致保持平衡,也要注意不同案件之间的差异,并遵循"总量控制"原则,防止赔偿总额高于权利人因侵权遭受的实际损失。

【法院参考案例】

被告提起后诉实质系意图否定、变更前诉裁判结果的,是否违反"一事不再理"原则[刘某诉付某等股权转让纠纷案,黑龙江省高级人民法院(2021)黑民申 4478 号]

人民法院就合同继续履行及违约责任作出裁判后,该案被告又以合同无效为由诉至法院请求予以确认,性质为就前诉已实体处理完毕的事项重新提起诉讼,实质系意图否定、变更前诉裁判结果,违反"一事不再理"原则,依法应驳回起诉。

第二节　审理前的准备

第一百二十八条 【送达起诉状、提出答辩状】人民法院应当在立案之日起五日内将起诉状副本发送被告,被告应当在收到之日起十五日内提出答辩状。答辩状应当记明被告的姓名、性别、年龄、民族、职业、工作单位、住所、联系方式;法人或者其他组织的名称、住所和法定代表人或者主要负责人的姓名、职务、联系方式。人民法院应当在收到答辩状之日起五日内将答辩状副本发送原告。

被告不提出答辩状的,不影响人民法院审理。

【立法·要点注释】

1. 如果原告是口头起诉的，人民法院也应在 5 日内将口述笔录的复制本发送被告。

2. 如果被告不提出答辩状，或逾期不作出答辩，不影响人民法院对案件的审理，即并不影响民事诉讼程序下一阶段的进行。

【相关立法】

《中华人民共和国海事诉讼特别程序法》(20000701)

第八十二条　原告在起诉时、被告在答辩时，应当如实填写《海事事故调查表》。

第八十三条　海事法院向当事人送达起诉状或者答辩状时，不附送有关证据材料。

【司法解释】

1.《最高人民法院关于民事诉讼证据的若干规定》（法释〔2001〕33 号，20020401；经法释〔2019〕19 号修正，20200501）

第四十九条　被告应当在答辩期届满前提出书面答辩，阐明其对原告诉讼请求及所依据的事实和理由的意见。

2.《最高人民法院关于以法院专递方式邮寄送达民事诉讼文书的若干规定》（法释〔2004〕13 号，20050101）

第三条　当事人起诉或者答辩时应当向人民法院提供或者确认自己准确的送达地址，并填写送达地址确认书。当事人拒绝提供的，人民法院应当告知其拒不提供送达地址的不利后果，并记入笔录。

3.《人民法院在线诉讼规则》（法释〔2021〕12 号，20210801）

第十一条　当事人可以在诉讼平台直接填写录入起诉状、答辩状、反诉状、代理意见等诉讼文书材料。

当事人可以通过扫描、翻拍、转录等方式，将线下的诉讼文书材料或者证据材料作电子化处理后上传至诉讼平台。诉讼材料为电子数据，且诉讼平台与存储该电子数据的平台已实现对接的，当事人可以将电子数据直接提交至诉讼平台。

当事人提交电子化材料确有困难的，人民法院可以辅助当事人将线下材料作电子化处理后导入诉讼平台。

4.《最高人民法院关于审理环境民事公益诉讼案件适用法律若干问题的解释》（法释〔2015〕1 号，20150107；经法释〔2020〕20 号修正，20210101）

第十条　人民法院受理环境民事公益诉讼后，应当在立案之日起五日内将起诉状副本发送被告，并公告案件受理情况。

有权提起诉讼的其他机关和社会组织在公告之日起三十日内申请参加诉讼,经审查符合法定条件的,人民法院应当将其列为共同原告;逾期申请的,不予准许。

公民、法人和其他组织以人身、财产受到损害为由申请参加诉讼的,告知其另行起诉。

第一百二十九条　【诉讼权利义务告知】人民法院对决定受理的案件,应当在受理案件通知书和应诉通知书中向当事人告知有关的诉讼权利义务,或者口头告知。

【立法·要点注释】

人民法院分别发送给原告、被告的受理案件通知书和应诉通知书中关于诉讼权利义务的内容主要有以下几个方面:根据本法第47条规定,当事人有权对本案的审判人员、法官助理、书记员、司法技术人员、翻译人员、鉴定人、勘验人提出回避申请。根据本法第52条、第53条、第54条及其他有关条款的规定,当事人有权委托代理人,收集、提供证据,进行辩论,请求调解和自行和解,提起上诉,申请执行,查阅本案有关材料,复制本案有关材料和法律文书。当事人必须依法行使诉讼权利,遵守诉讼秩序,履行发生法律效力的判决书、裁定书和调解书。原告可以放弃或

者变更诉讼请求,被告可以承认或者反驳诉讼请求,有权提起反诉。另外,根据《民事诉讼证据规定》第50条的规定,人民法院应当在审理前的准备阶段向当事人送达举证通知书。

【司法解释】

1.《最高人民法院关于适用〈中华人民共和国民法典〉婚姻家庭编的解释(一)》(法释〔2020〕22号,20210101)

第十二条　人民法院受理离婚案件后,经审理确属无效婚姻的,应当将婚姻无效的情形告知当事人,并依法作出确认婚姻无效的判决。

第八十一条　婚姻关系存续期间,夫妻一方作为继承人依法可以继承的遗产,在继承人之间尚未实际分割,起诉离婚时另一方请求分割的,人民法院应当告知当事人在继承人之间实际分割遗产后另行起诉。

第八十八条　人民法院受理离婚案件时,应当将民法典第一千零九十一条等规定中当事人的有关权利义务,书面告知当事人。在适用民法典第一千零九十一条时,应当区分以下不同情况:

(一)符合民法典第一千零九十一条规定的无过错方作为原告基于该条规定向人民法院提起损害赔偿请求的,必须在离婚诉讼的同时提出。

(二)符合民法典第一千零九十一条规定的无过错方作为被告的离婚诉

讼案件,如果被告不同意离婚也不基于该条规定提起损害赔偿请求的,可以就此单独提起诉讼。

(三)无过错方作为被告的离婚诉讼案件,一审时被告未基于民法典第一千零九十一条规定提出损害赔偿请求,二审期间提出的,人民法院应当进行调解;调解不成的,告知当事人另行起诉。双方当事人同意由第二审人民法院一并审理的,第二审人民法院可以一并裁判。

2.《最高人民法院关于人民法院通过互联网公开审判流程信息的规定》(法释〔2018〕7号,20180901)

第四条 人民法院应当在受理案件通知书、应诉通知书、参加诉讼通知书、出庭通知书中,告知当事人及其法定代理人、诉讼代理人、辩护人通过互联网获取审判流程信息的方法和注意事项。

3.《最高人民法院关于人民法院在互联网公布裁判文书的规定》(法释〔2016〕19号,20161001)

第五条 人民法院应当在受理案件通知书、应诉通知书中告知当事人在互联网公布裁判文书的范围,并通过政务网站、电子触摸屏、诉讼指南等多种方式,向公众告知人民法院在互联网公布裁判文书的相关规定。

4.《人民法院在线诉讼规则》(法

释〔2021〕12号,20210801)

第二十三条 需要公告送达的案件,人民法院可以在公告中明确线上或者线下参与庭审的具体方式,告知当事人选择在线庭审的权利。被公告方当事人未在开庭前向人民法院表示同意在线庭审的,被公告方当事人适用线下庭审。其他同意适用在线庭审的当事人,可以在线参与庭审。

第一百三十条 【管辖权异议、应诉管辖】人民法院受理案件后,当事人对管辖权有异议的,应当在提交答辩状期间提出。人民法院对当事人提出的异议,应当审查。异议成立的,裁定将案件移送有管辖权的人民法院;异议不成立的,裁定驳回。

当事人未提出管辖异议,并应诉答辩或者提出反诉的,视为受诉人民法院有管辖权,但违反级别管辖和专属管辖规定的除外。

【立法·要点注释】

1.管辖权异议的提出与法院的审查处理。管辖权异议,是指人民法院受理案件后,当事人对人民法院对案件是否有管辖权提出异议,这是当事人的一项诉讼权利。受诉人民法院收到当事人提出的管辖权异议后,应当认真进行审查,必要时需召集双方当事人听证。

对当事人所提出的管辖权异议，区别情况作出不同的处理：

其一，当事人就地域管辖权提出异议。经审查，异议成立的，受诉人民法院裁定将案件移送有管辖权的人民法院处理；异议不成立的，裁定驳回。当事人对裁定不服的，可以在裁定书送达之日起 10 日内向上一级人民法院提出上诉。当事人未提出上诉或者上诉被驳回的，受诉人民法院应通知双方当事人参加诉讼。当事人对管辖权问题申请再审的，不影响受诉人民法院对该案件的审理。

其二，当事人就级别管辖权提出异议。级别管辖是上下级法院之间在一审案件审理方面的分工。受诉人民法院审查后认为没有管辖权的，应将案件移送给有管辖权的人民法院。受诉人民法院拒不移送，当事人向上级人民法院反映并就此提出异议的，如情况属实确有必要移送，上级人民法院应当通知受诉人民法院将案件移送给有管辖权的人民法院；受诉人民法院拒不移送且作出实体判决的，上级人民法院应当以程序违法为由撤销受诉人民法院的判决，并将案件移送给有管辖权的人民法院审理。

其三，当事人在答辩期内以双方自愿达成书面仲裁协议为由向仲裁机构申请仲裁为由提出管辖权异议，受诉人民法院应当依法进行审查。如果仲裁条款、仲裁协议有效，人民法院对该案无管辖权，当事人提出的异议成立，受诉人民法院依法应裁定驳回原告的起诉，告知当事人向仲裁机构申请仲裁；如果仲裁条款、仲裁协议无效、失效或者内容不明确，只要符合本法第 122 条受理条件规定，受诉人民法院就应裁定驳回当事人对管辖权提出的异议。

2. 应诉管辖。所谓应诉管辖，学理上也称为默示或者拟制的合意管辖。在 2012 年修改《民事诉讼法》时，将应诉管辖的适用范围由原来的涉外民事案件扩大到非涉外民事案件，不仅为当事人减少诉累，也为法院管辖赋予正当的法律依据，节省司法资源，体现公正与效率。2023 年修改《民事诉讼法》时，有意见提出，为进一步扩大我国法院对涉外民事案件的管辖权，在应诉管辖方面，可在形式上不强调须受级别管辖和专属管辖的限制。涉外民事案件的当事人未提出管辖权异议，并应诉答辩或者提出反诉的，即可视为人民法院有管辖权。如果受诉人民法院违反了本法关于级别管辖和专属管辖的限制，也可在先将管辖权争取到我国国内后，再根据移送管辖和指定管辖等规定进行管辖权的调整。经研究，2023 年修改专门在涉外编增加一条规定（即第 278 条）："当事人未提出管辖异议，并应诉答辩或者提出反诉的，视为人民法院有管辖权。"由此，关于应诉管辖问题，本法在涉外编和非涉外编作了规定，且表述上有所区分。此外，2023 年修改《民事诉讼法》的过程中，有意见提出，应当吸收有关司法解释的规定，增加"提出反诉"作为当事人应诉管辖的情形。经研究，提出反诉意味着当事人已经接受本诉管辖，并在此基础上以吸收、吞并对方的诉讼请求为目的提起了诉讼，自然应当视为受诉人民法院有管辖权。因此，本条和涉外编应诉管辖的条文都将"提出反诉"作为应诉管辖的情形加以规定。需要说明的是，基于应诉管辖规定在涉外编与非涉外编的不同考虑，本条的应诉管辖须受到级别管辖和专属管辖规定的限制，即不得违反本法有关级别管辖和专属管辖的规定。

【司法解释】

1.《最高人民法院关于适用〈中华人民共和国民事诉讼法〉的解释》（法释〔2015〕5号，20150204；经法释〔2022〕11号修正，20220410）

第二百二十三条 当事人在提交答辩状期间提出管辖异议，又针对起诉状的内容进行答辩的，人民法院应当依照民事诉讼法第一百三十条第一款的规定，对管辖异议进行审查。

当事人未提出管辖异议，就案件实体内容进行答辩、陈述或者反诉的，可以认定为民事诉讼法第一百三十条第二款规定的应诉答辩。

【重点解读】司法实践中，经常出现的一种情形就是，当事人一方面认为受理案件法院没有管辖权，因此提出管辖异议；另一方面，当事人又担心管辖

异议被人民法院裁定驳回后，来不及提交书面答辩状。故当事人往往会同时提交管辖权异议申请书和书面答辩状或先后提交管辖权异议申请书和书面答辩状。此种情况下，当事人针对起诉状的内容进行了答辩，是否应当视为应诉答辩，则应结合2021年《民事诉讼法》第130条第2款进行分析。该款内容为"当事人未提出管辖异议，并应诉答辩的，视为受诉人民法院有管辖权，但违反级别管辖和专属管辖规定的除外。"从文义解释和体系解释可知，立法者认为，应诉管辖必须同时满足两个条件，缺一不可：一是当事人未提出管辖异议；二是应诉答辩。显然，前述同时提交管辖权异议申请书和书面答辩状的情形不符合应诉管辖的条件。至于在提交答辩状期间内，当事人先提交书面答辩状后提交管辖权异议申请书的，也应认定为不符合上述应诉管辖的条件。因此，当事人只要在提交答辩状期间提出了管辖异议，无论其是否针对起诉状的内容进行答辩，都应当认为其行使了管辖异议的诉讼权利，人民法院应当依照《民事诉讼法》第130条第1款的规定，对管辖异议进行审查

本条第2款是对《民事诉讼法》第130条规定的应诉答辩表现形式的规定。针对2021年《民事诉讼法》第130条第2款规定的"当事人未提出管辖异议，并应诉答辩的，视为受诉人民法院有管辖权"，本条第2款对应诉答辩的具体情形进行了规定。关于答辩应具

有什么内容，《民事诉讼证据规定》第49条规定："被告应当在答辩期届满前提出书面答辩，阐明其对原告诉讼请求及所依据的事实和理由的意见。"依该条规定，答辩状主要包括两方面的内容：一是被告对原告的诉讼请求的认诺、否认或部分否认，对于否认的部分应当提出依据的事实理由或法律理由；二是被告对原告所依据的事实及理由的自认、否认或部分否认，对于否认的部分也应当提出依据的事实理由或法律理由。司法实践中，常有被告答辩的范围超过原告主张及请求的范围，由于法院仅在原告的请求及主张的事实范围内进行审理，因此，被告的答辩也应限于该范围内。因此，不管答辩是针对诉讼请求的认诺、否认或部分否认，还是针对原告所依据的事实及理由的自认、否认或部分否认，都是在案件实体范围内进行的，不涉及案件审理的程序事项。一旦当事人就案件是否属于法院主管、是否属于受理案件法院管辖等程序性事项发表答辩意见，则说明其已事实上通过答辩形式提出了管辖权异议，自然就不属于本条所指应诉答辩的范畴。因此，本条将应诉答辩限定在就案件实体内容进行答辩、陈述或者反诉的范围内，只有针对案件实体方面内容的答辩才可认定为《民事诉讼法》规定的应诉答辩。而且有必要强调的是，依据《民事诉讼法》第130条的规定，应诉管辖不得违反级别管辖和专属管辖的规定，当人民法院的管辖违反《民事诉讼法》第18条、第19条、第20条、第21条及第34条等有关级别管辖和专属管辖的规定时，受诉法院就不能因当事人的应诉答辩获得管辖权。

审判实践中应当注意：第一，关于第三人是否有权提出管辖权异议。根据1990年《最高人民法院关于第三人能否对管辖权提出异议问题的批复》可知，有独立请求权的第三人主动参加他人已开始的诉讼，应视为承认和接受了受诉法院的管辖，因而不发生对管辖权提出异议的问题；无独立请求权的第三人参加他人已开始的诉讼，是通过支持一方当事人的主张，维护自己的利益。由于他在诉讼中始终辅助一方当事人，并以一方当事人的主张为转移。所以，他无权对受诉法院的管辖权提出异议。另外，由于《民事诉讼法》第59条第2款规定人民法院判决承担民事责任的无独立请求权第三人，有当事人的诉讼权利义务。该条反向解释即为，人民法院未判决承担民事责任之前，无独立请求权第三人就不是当事人。而根据《民事诉讼法》第130条的规定，只有当事人才可以提出管辖权异议，故无独立请求权第三人是不能提出管辖权异议的。第二，关于管辖权异议审理期间原告申请撤诉的处理。实践中，可能出现被告提出管辖权异议后，原告提出撤诉的情形。此时，从法理而言，受理案件法院应先对管辖权异议这一程序性事项进行处理，然后再由有管辖权的法院审查撤诉申请是否合法。但是为提高司法效率,个案中也可以考虑让被告先撤回管辖权异议,然后再准许原告撤回起诉。

2.《最高人民法院关于审理民事级别管辖异议案件若干问题的规定》(法释〔2009〕17号,20100101;经法释〔2020〕20号修正,20210101)

第一条　被告在提交答辩状期间提出管辖权异议,认为受诉人民法院违反级别管辖规定,案件应当由上级人民法院或者下级人民法院管辖的,受诉人民法院应当审查,并在受理异议之日起十五日内作出裁定:

(一)异议不成立的,裁定驳回;

(二)异议成立的,裁定移送有管辖权的人民法院。

第二条　在管辖权异议裁定作出前,原告申请撤回起诉,受诉人民法院作出准予撤回起诉裁定的,对管辖权异议不再审查,并在裁定书中一并写明。

第三条　提交答辩状期间届满后,原告增加诉讼请求金额致使案件标的额超过受诉人民法院级别管辖标准,被告提出管辖权异议,请求由上级人民法院管辖的,人民法院应当按照本规定第一条审查并作出裁定。

第四条　对于应由上级人民法院管辖的第一审民事案件,下级人民法院不得报请上级人民法院交其审理。

第五条　被告以受诉人民法院同时违反级别管辖和地域管辖规定为由提出管辖权异议的,受诉人民法院应当一并作出裁定。

第六条　当事人未依法提出管辖权异议,但受诉人民法院发现其没有级别管辖权的,应当将案件移送有管辖权的人民法院审理。

第七条　对人民法院就级别管辖异议作出的裁定,当事人不服提起上诉的,第二审人民法院应当依法审理并作出裁定。

第八条　对于将案件移送上级人民法院管辖的裁定,当事人未提出上诉,但受移送的上级人民法院认为确有错误的,可以依职权裁定撤销。

第九条　经最高人民法院批准的第一审民事案件级别管辖标准的规定,应当作为审理民事级别管辖异议案件的依据。

3.《最高人民法院关于海事诉讼管辖问题的规定》(法释〔2016〕2号,20160301)

三、关于海事海商纠纷管辖权异议案件的审理

1.当事人不服管辖权异议裁定的上诉案件由海事法院所在地的高级人民法院负责海事海商案件的审判庭审理。

2.发生法律效力的管辖权异议裁定违反海事案件专门管辖确需纠正的,人民法院可依照《中华人民共和国民事诉讼法》第一百九十八条①规定再审。

---

① 对应2023年《民事诉讼法》第209条。——编者注

【司法文件】

《最高人民法院关于第三人能否对管辖权提出异议问题的批复》〔法（经）复〔1990〕9 号，19900728〕

一、有独立请求权的第三人主动参加他人已开始的诉讼，应视为承认和接受了受诉法院的管辖，因而不发生对管辖权提出异议的问题；如果是受诉法院依职权通知他参加诉讼，则他有权选择是以有独立请求权的第三人的身份参加诉讼，还是以原告身份向其他有管辖权的法院另行起诉。

二、无独立请求权的第三人参加他人已开始的诉讼，是通过支持一方当事人的主张，维护自己的利益。由于他在诉讼中始终辅助一方当事人，并以一方当事人的主张为转移。所以，他无权对受诉法院的管辖权提出异议。

【最高法指导性案例】

指导案例 56 号：韩凤彬诉内蒙古九郡药业有限责任公司等产品责任纠纷管辖权异议案（20151119）

【裁判要点】

当事人在一审提交答辩状期间未提出管辖异议，在二审或者再审发回重审时提出管辖异议的，人民法院不予审查。

【基本案情】

原告韩凤彬诉被告内蒙古九郡药业有限责任公司（以下简称九郡药业）、上海云洲商厦有限公司（以下简称云洲商厦）、上海广播电视台（以下简称上海电视台）、大连鸿雁大药房有限公司（以下简称鸿雁大药房）产品质量损害赔偿纠纷一案，辽宁省大连市中级人民法院于 2008 年 9 月 3 日作出（2007）大民权初字第 4 号民事判决。九郡药业、云洲商厦、上海电视台不服，向辽宁省高级人民法院提起上诉。该院于 2010 年 5 月 24 日作出（2008）辽民一终字第 400 号民事判决。该判决发生法律效力后，再审申请人九郡药业、云洲商厦向最高人民法院申请再审。

最高人民法院于同年 12 月 22 日作出（2010）民申字第 1019 号民事裁定，提审本案，并于 2011 年 8 月 3 日作出（2011）民提字第 117 号民事裁定，撤销一、二审民事判决，发回辽宁省大连市中级人民法院重审。在重审中，九郡药业和云洲商厦提出管辖异议。

【裁判结果】

辽宁省大连市中级人民法院于 2012 年 2 月 29 日作出（2011）大审民再初字第 7 号民事裁定，认为该院重审此案系接受最高人民法院指令，被告之一鸿雁大药房住所地在辽宁省大连市中山区，遂裁定驳回九郡药业和云洲商厦对管辖权提出的异议。九郡药业、云洲商厦提出上诉，辽宁省高级人民法院于 2012 年 5 月 7 日作出（2012）辽立一民再终字第 1 号民事裁定，认为原告韩凤彬在向大连市中级人民法院提起诉讼时，即将住所地在大连市的鸿雁大药房列为被告之一，且在原审过程中提交了在鸿雁大药房购药的相关证据并经庭审质证，鸿雁大药房属适格被告，大连市中级人民法院对该案有管辖权，遂裁定驳回上诉，维持原裁定。九郡药业、云洲商厦后分别向最高人民法院申请再审。最高人民法院于 2013 年 3 月 27 日作出（2013）民再申字第 27 号民事裁定，驳回九郡药业和云洲商厦的再审申请。

【裁判理由】

法院生效裁判认为：对于当事人提出管辖权异议的期间，《民事诉讼法》第 127 条（现为第 130 条）明确规定：当事人对管辖权有异议的，应当在提交答辩状期间提出。当事人未提出管辖异议，并应诉答辩的，视为受诉人民法院有管辖权。由此可知，当事人在一审提交答辩状期间未提出管辖异议，在案件二审或者再审时才提出管辖权异议的，根据管辖恒定原则，案件管辖权已经确定，人民法院对此不予审查。本案中，九郡药业和云洲商厦是案件被通过审判监督程序裁定发回一审法院重审，在一审法院的重审中才就管辖权提出异议的。最初一审时原告韩凤彬的起诉状送达给九郡药业和云洲商厦，九郡药业和云洲商厦在答辩期内并没有对管辖权提出异议，说明其已接受了一审法院的管辖，管辖权已确定。而且案件经过一审、二审和再审，所经过的程序仍

具有程序上的效力，不可逆转。本案是经审判监督程序发回一审法院重审的案件，虽然按照第一审程序审理，但是发回重审的案件并非一个初审案件，案件管辖权早已确定。就管辖而言，因民事诉讼程序的启动始于当事人的起诉，确定案件的管辖权，应以起诉时为标准，起诉时对案件有管辖权的法院，不因确定管辖的事实在诉讼过程中发生变化而影响其管辖权。当案件诉至人民法院，经人民法院立案受理，诉状送达给被告，被告在答辩期内未提出管辖异议，表明案件已确定了管辖法院，此后不因当事人住所地、经常居住地的变更或行政区域的变更而改变案件的管辖法院。在管辖权已确定的前提下，当事人无权再就管辖权提出异议。如果在重审中当事人仍可就管辖权提出异议，无疑会使已稳定的诉讼程序处于不确定的状态，破坏诉讼程序的安定、有序，拖延诉讼，不仅降低诉讼效率，浪费司法资源，而且不利于纠纷的解决。因此，基于管辖恒定原则、诉讼程序的确定性以及公正和效率的要求，不能支持重审案件当事人再就管辖权提出的异议。据此，九郡药业和云洲商厦就本案管辖权提出异议，没有法律依据，原裁定驳回其管辖异议并无不当。

综上，九郡药业和云洲商厦的再审申请不符合《民事诉讼法》第 200 条（现为第 211 条）第 6 项规定的应当再审情形，故依照该法第 204 条（现为第 215 条）第 1 款的规定，裁定驳回九郡

药业和云洲商厦的再审申请。

【法院参考案例】

1. 一审答辩期间未提管辖异议的被告是否有针对法院作出的驳回管辖异议的裁定提起上诉的权利[小米通讯技术有限公司与杭州鸿雁电器有限公司、原审被告上海创米数联智能科技发展股份有限公司等侵害实用新型专利权纠纷管辖权异议上诉案,最高人民法院(2022)最高法知民辖终 272 号]

根据《民事诉讼法》第 130 条的规定,当事人未在一审答辩期间提出管辖异议,应视为其放弃异议权利,接受原审法院的管辖,系其对自身诉讼权利的处分行为,且原审裁定并未影响当事人的程序性权利,裁定结果亦与管辖确定规则相符,故当事人针对原审裁定没有程序上的上诉权益,不能享有上诉权。

2. 管辖权依法确定后,可否因据以确定管辖的依据发生变化而改变[中国工商银行辽宁省分行营业部与中国人民保险公司武汉分公司证券部武胜营业处不当得利纠纷案,最高人民法院(2008)民提字第 10 号]

人民法院通过形式审查依法确定管辖权后,即便经实体审理后发现据以确定管辖的主要证据不实,基于管辖恒定、程序安定及诉讼经济等原则的考量,对一方当事人要求变更管辖权的诉讼主张,人民法院不予支持。

3. 判断人民法院是否具有管辖权应以哪个时间节点为依据[赤水中南投资置业管理有限公司与江苏南通三建集团股份有限公司建设工程施工合同纠纷案,最高人民法院(2017)最高法民辖终 129 号]

管辖恒定原则是指人民法院对相关民事案件是否具有管辖权应当以当事人起诉的时间为准,即在当事人起诉时具有管辖权的人民法院不因确定管辖的因素在诉讼过程中发生变化而受到影响。

4. 合同纠纷管辖权异议案件中,如何认定合同性质的依据[广州广淼模型设计有限公司与广州能欣文化科技有限公司计算机软件开发合同纠纷管辖权异议案,最高人民法院(2021)最高法知民辖终 230 号]

合同性质的认定应根据合同约定的主要权利义务的内容进行判断,案涉合同符合计算机软件开发合同的特征,合同中既有计算机软件开发合同内容又涉及其他合同内容,双方当事人就计算机软件开发合同内容和其他内容发生争议,向具有计算机软件开发合同纠纷案件管辖权的人民法院提起诉讼,并无不当。

5. 人民法院在管辖权异议程序中的审理范围是否以当事人的管辖权异议理由为限[某重型装备集团股份有限公司诉烟台某核电设备有限公司侵害

发明专利权纠纷案,最高人民法院(2020)最高法知民辖终 361 号,入库编号:2023-13-2-160-037]

人民法院在管辖权异议程序中的审查范围不以当事人的管辖权异议理由为限;原受诉法院不具有管辖权的,案件移送也不以当事人管辖权异议所请求的受移送法院为限。

6.人民法院可否对管辖权异议先行裁定[华某技术有限公司诉亚某公司、亚某服务公司、亚某信息服务(北京)有限公司等公司侵害发明专利权纠纷案,最高人民法院(2023)最高法知民辖终 242 号,入库编号:2024-13-2-160-001]

在一案具有多个被告的情况下,各被告可以分别行使各自的诉讼权利提出管辖权异议,受诉法院在不影响其他被告诉讼权利的前提下,可以就部分被告在先提出的管辖权异议先行作出裁定。

7.如何确定管辖连结点[某某公司诉赵某等侵害外观设计专利权纠纷案,最高人民法院(2022)最高法民辖 91 号,入库编号:2023-09-2-160-050]

原告对多个被告合并起诉,通常对有无初步证据证明被告与涉案事实存在一定关联进行形式审查,即可确定管辖连结点,人民法院无须对被告是否构成侵权以及承担民事责任等实体内容进行审查。

8.除违反级别管辖和专属管辖外,人民法院开庭审理后不得移送管辖[刘某诉林某、黄某退伙纠纷案,最高人民法院(2020)最高法民辖 33 号,入库编号:2023-01-2-287-001]

受诉人民法院发现案件不属于本院管辖,有权依据《民事诉讼法》第 36 条(现为第 37 条)之规定,将案件移送有管辖权的法院;同时,为了保护诉讼当事人的合法诉讼权利,避免因为法院对于管辖权的认识存在分歧而损害当事人的利益,减少当事人的诉累,对有关案件移送作了必要限制。首先,如果当事人提起管辖权异议,法院应该在管辖权异议期间解决相关管辖权争议,如果法院已经就相关管辖权争议作出裁定,即使之后认为自己没有管辖权,亦应该继续审理。其次,如果当事人没有提出管辖权异议,且已经应诉答辩,则视为当事人接受管辖,如果法院认为自己没有管辖权,应该在被告应诉前移送相关案件至有管辖权的人民法院。如果被告已经应诉答辩,即使法院认为自己没有管辖权,也不宜再行移送。最后,如果被告没有应诉答辩,则在一审开庭前,法院认为自己没有管辖权,可以移送相关案件至有管辖权的人民法院;如果案件已经开庭审理,则即使法院认为自己没有管辖权,也不宜再行移送,但违反级别管辖和专属管辖规定的除外。

第一百三十一条　【告知合议庭组成】审判人员确定后,应当在三日内告知当事人。

【立法·要点注释】

人民法院在告知当事人后,可以根据需要对审判人员进行必要的调整,因情况变化必须调整审判人员的,应当于调整后 3 日内告知当事人。在开庭前 3 日内决定调整审判人员的,原定的开庭日期应予顺延。

【司法解释】

1.《最高人民法院关于审判人员在诉讼活动中执行回避制度若干问题的规定》(法释〔2011〕12 号,20110613)

第五条　人民法院应当依法告知当事人及其法定代理人有申请回避的权利,以及合议庭组成人员、书记员的姓名、职务等相关信息。

第六条　人民法院依法调解案件,应当告知当事人及其法定代理人有申请回避的权利,以及主持调解工作的审判人员及其他参与调解工作的人员的姓名、职务等相关信息。

2.《最高人民法院关于人民法院合议庭工作的若干规定》(法释〔2002〕25 号,20020817)

第三条　合议庭组成人员确定后,除因回避或者其他特殊情况,不能继续参加案件审理的之外,不得在案件审理过程中更换。更换合议庭成员,应当报请院长或者庭长决定。合议庭成员的更换情况应当及时通知诉讼当事人。

第一百三十二条　【审核取证】审判人员必须认真审核诉讼材料,调查收集必要的证据。

【立法·要点注释】

1. 所谓诉讼材料,是指原告、被告双方向受诉人民法院提交的起诉状、答辩状,以及他们各自提交的有关证据材料。必要的证据,是指对于认定事实、适用法律必不可少的证据材料。

2. 审核诉讼材料,主要是指承办案件的审判人员对原告的起诉状、被告的答辩状以及他们提出的证据和其他诉讼材料进行审查和核实。具体包括:再次审查案件是否属于人民法院受案范围和受诉人民法院管辖,发现该案件不属于人民法院受理范围的,裁定驳回起诉,发现不属于本院管辖的,移送有管辖权的人民法院管辖;了解原告的诉讼请求和被告对诉讼请求的反驳是否还需要一定的证明材料,如需要,通知当事人补正;审查被告是否提出了反诉,反诉是否符合条件,反诉的诉讼请求是什么,有何事实和理由;查明有无必要对证据进行鉴定或者勘验,是否需要人民法院调查、收集必要的证据，是否需要对可能灭失的证据采取保全措施；确定是否有必要按法定程序通知其他人参加诉讼。通过审核，可以使审判人员对案情有初步了解，掌握矛盾的焦点和争议的实质，把握案件的中心环节及案件能否进入开庭审理阶段。因此，审核诉讼材料是审判前准备工作中的必要步骤，对于案件能否及时开庭审理具有重要的意义。

3. 人民法院调查、收集证据分为两种情形：一是人民法院依职权主动调查、收集与案件有关的证据；二是人民法院依当事人的申请，调查、收集与案件有关的证据。两种情形适用条件是不一样的。根据本法第67条第1款的规定，当事人对自己提出的主张，有责任提供证据。在审判实践中，有一些证据材料是当事人难以自行收集，但对于查明案件事实却不可缺少的，如涉及土地、房屋、公安、存款等方面的证据，需要由人民法院依职权调取。根据本法第67条第2款规定，当事人及其诉讼代理人因客观原因不能自行收集的证据，或者人民法院认为审理案件需要的证据，人民法院应当调查收集。根据《民事诉讼法解释》第94条第1款规定，当事人及其诉讼代理人因客观原因不能自行收集的证据包括：（1）证据由国家有关部门保存，当事人及其诉讼代理人无权查阅的；（2）涉及国家秘密、商业秘密或者个人隐私的；（3）当事人及其诉讼代理人因客观原因不能自行

收集的其他证据。

【司法解释】

1.《最高人民法院关于适用〈中华人民共和国民事诉讼法〉的解释》（法释〔2015〕5号，20150204；经法释〔2022〕11号修正，20220410）

第九十四条 民事诉讼法第六十七条第二款规定的当事人及其诉讼代理人因客观原因不能自行收集的证据包括：

（一）证据由国家有关部门保存，当事人及其诉讼代理人无权查阅调取的；

（二）涉及国家秘密、商业秘密或者个人隐私的；

（三）当事人及其诉讼代理人因客观原因不能自行收集的其他证据。

当事人及其诉讼代理人因客观原因不能自行收集的证据，可以在举证期限届满前书面申请人民法院调查收集。

第九十五条 当事人申请调查收集的证据，与待证事实无关联、对证明待证事实无意义或者其他无调查收集必要的，人民法院不予准许。

第九十六条 民事诉讼法第六十七条第二款规定的人民法院认为审理案件需要的证据包括：

（一）涉及可能损害国家利益、社会公共利益的；

（二）涉及身份关系的；

（三）涉及民事诉讼法第五十八条

规定诉讼的；

（四）当事人有恶意串通损害他人合法权益可能的；

（五）涉及依职权追加当事人、中止诉讼、终结诉讼、回避等程序性事项的。

除前款规定外，人民法院调查收集证据，应当依照当事人的申请进行。

第九十七条　人民法院调查收集证据，应当由两人以上共同进行。调查材料要由调查人、被调查人、记录人签名、捺印或者盖章。

2.《最高人民法院关于民事诉讼证据的若干规定》（法释〔2001〕33 号，20020401；经法释〔2019〕19 号修正，20200501）

第二条　人民法院应当向当事人说明举证的要求及法律后果，促使当事人在合理期限内积极、全面、正确、诚实地完成举证。

当事人因客观原因不能自行收集的证据，可申请人民法院调查收集。

第二十一条　人民法院调查收集的书证，可以是原件，也可以是经核对无误的副本或者复制件。是副本或者复制件的，应当在调查笔录中说明来源和取证情况。

第二十二条　人民法院调查收集的物证应当是原物。被调查人提供原物确有困难的，可以提供复制品或者影像资料。提供复制品或者影像资料的，应当在调查笔录中说明取证情况。

第二十三条　人民法院调查收集视听资料、电子数据，应当要求被调查人提供原始载体。

提供原始载体确有困难的，可以提供复制件。提供复制件的，人民法院应当在调查笔录中说明其来源和制作经过。

人民法院对视听资料、电子数据采取证据保全措施的，适用前款规定。

第二十四条　人民法院调查收集可能需要鉴定的证据，应当遵守相关技术规范，确保证据不被污染。

3.《最高人民法院关于生态环境侵权民事诉讼证据的若干规定》（法释〔2023〕6 号，20230901）

第十条　对于可能损害国家利益、社会公共利益的事实，双方当事人未主张或者无争议，人民法院认为可能影响裁判结果的，可以责令当事人提供有关证据。

前款规定的证据，当事人申请人民法院调查收集，符合《最高人民法院关于适用〈中华人民共和国民事诉讼法〉的解释》第九十四条规定情形的，人民法院应当准许；人民法院认为有必要的，可以依职权调查收集。

第十一条　实行环境资源案件集中管辖的法院，可以委托侵权行为实施地、侵权结果发生地、被告住所地等人民法院调查收集证据。受委托法院应当在收到委托函次日起三十日内完成委托事项，并将调查收集的证据及有关笔录移送委托法院。

受委托法院未能完成委托事项的，应当向委托法院书面告知有关情况及未能完成的原因。

第十二条 当事人或者利害关系人申请保全环境污染、生态破坏相关证据的，人民法院应当结合下列因素进行审查，确定是否采取保全措施：

（一）证据灭失或者以后难以取得的可能性；

（二）证据对证明待证事实有无必要；

（三）申请人自行收集证据是否存在困难；

（四）有必要采取证据保全措施的其他因素。

4.《最高人民法院关于办理人身安全保护令案件适用法律若干问题的规定》（法释〔2022〕17 号，20220801）

第五条 当事人及其代理人对因客观原因不能自行收集的证据，申请人民法院调查收集，符合《最高人民法院关于适用〈中华人民共和国民事诉讼法〉的解释》第九十四条第一款规定情形的，人民法院应当调查收集。

人民法院经审查，认为办理案件需要的证据符合《最高人民法院关于适用〈中华人民共和国民事诉讼法〉的解释》第九十六条规定的，应当调查收集。

5.《最高人民法院关于审理侵犯商业秘密民事案件适用法律若干问题的

规定》（法释〔2020〕7 号，20200912）

第二十二条 人民法院审理侵犯商业秘密民事案件时，对在侵犯商业秘密犯罪刑事诉讼程序中形成的证据，应当按照法定程序，全面、客观地审查。

由公安机关、检察机关或者人民法院保存的与被诉侵权行为具有关联性的证据，侵犯商业秘密民事案件的当事人及其诉讼代理人因客观原因不能自行收集，申请调查收集的，人民法院应当准许，但可能影响正在进行的刑事诉讼程序的除外。

6.《最高人民法院关于审理环境民事公益诉讼案件适用法律若干问题的解释》（法释〔2015〕1 号，20150107；经法释〔2020〕20 号修正，20210101）

第十四条 对于审理环境民事公益诉讼案件需要的证据，人民法院认为必要的，应当调查收集。

对于应当由原告承担举证责任且为维护社会公共利益所必要的专门性问题，人民法院可以委托具备资格的鉴定人进行鉴定。

第一百三十三条 【法院调查程序】人民法院派出人员进行调查时，应当向被调查人出示证件。

调查笔录经被调查人校阅后，由被调查人、调查人签名或者盖章。

【立法·要点注释】

　　人民法院派出的审判员或书记员进行调查时,应当向被调查人出示表明调查人员身份的证件,取得被调查人的信任和合作。调查应当由两人以上共同进行。调查时应当制作调查笔录,调查完毕后应当将制作的调查笔录送请被调查人校阅,经核对准确后,由被调查人、调查人、记录人在笔录末尾处签名、捺印或者盖章。调查中摘抄的有关材料,除应注明原材料的名称、出处外,还应由有关单位和个人盖章。未经上述程序取得的调查材料,不具备证明效力,不得据以作出裁判。

第一百三十四条　【委托调查】人民法院在必要时可以委托外地人民法院调查。

　　委托调查,必须提出明确的项目和要求。受委托人民法院可以主动补充调查。

　　受委托人民法院收到委托书后,应当在三十日内完成调查。因故不能完成的,应当在上述期限内函告委托人民法院。

【立法·要点注释】

　　委托调查是一种法定调查方式,受委托的人民法院有义务协助调查取证。委托调查,必须提出明确的项目和要求。为了保证调查事项的完整性并以此满足诉讼活动的客观需要,受委托的人民法院除根据委托调查的项目和要求进行调查外,如果发现与委托项目有关的证据,可以主动补充调查。受委托的人民法院收到委托书后,应当在 30 日内完成调查,并将调查材料函复委托人民法院。如果因故不能完成,或者需要延长期限完成,应当在上述期限内函告委托人民法院。

第一百三十五条　【追加当事人】必须共同进行诉讼的当事人没有参加诉讼的,人民法院应当通知其参加诉讼。

【立法·要点注释】

　　1. 追加当事人,是指人民法院发现对诉讼标的具有共同权利或义务的当事人未参加诉讼时,依职权追加其为案件的原告或被告的诉讼行为。追加当事人只存在于必要的共同诉讼中,普通的共同诉讼不会发生追加当事人的问题。若争议的诉讼标的是同一的,则该共同诉讼是必要的共同诉讼;若争议的诉讼标的是同种类的,则该共同诉讼是普通的共同诉讼。

　　2. 必要的共同诉讼,必须具备两个条件:一是一方或双方当事人为两人以上,二是诉讼标的是共同的。例如,合伙关系中基于合伙财产的诉讼,共同继承人基于被继承财产的诉讼。当事人在实体法律关系中存在共同的利害关系,享有共同的权利或者承担共同的义务,体现在诉讼法律关系中即诉讼标的是共同的,它要求共同诉讼人必须一同起诉或应诉;未一同起诉或应诉的,应予以追加。对于必要的共同诉讼,法院应当合并审理,且作出合一判决,避免因分别审理和判决导致分割实体权利义务的内在联系,产生相互矛盾的判决。

3. 所谓普通的共同诉讼,是指当事人一方或双方为两人以上,其诉讼标的是同一种类的,法院将其合并审理的诉讼。诉讼标的是同种类的,是指各个共同诉讼人与对方当事人争议的法律关系的性质相同,即他们各自享有的权利或承担的义务属于同一类型。例如,一加害人对数人实施了加害行为,数个受害人作为共同诉讼人分别向加害人提出损害赔偿请求。在普通的共同诉讼中,当事人的权利义务都是各自独立的,只是因为他们之间存在一定的关联者在性质上是同一类型的,基于审判上的便利,经当事人同意,法院可以合并审理。普通的共同诉讼中,当事人之间没有共同的权利义务关系,不是必须共同参加诉讼,因此,不会产生追加当事人的问题,人民法院也不得擅自追加。

4. 必须共同进行诉讼的当事人没有参加诉讼的,除人民法院有权通知其参加诉讼以外,当事人也可以向人民法院申请追加。人民法院对当事人提出的申请,应当进行审查,申请理由不成立的,裁定驳回;申请理由成立的,书面通知应被追加的当事人。人民法院依法追加共同诉讼的当事人时,应当通知其他当事人。

5. 人民法院依法追加原告时,如果应当追加的原告已经明确表示放弃实体权利,可不予追加;既不愿意参加诉讼,又不放弃实体权利的,仍应追加为共同原告,其不参加诉讼,不影响人民法院对案件的审理和判决。人民法院依法追加被告时,不以其本人和案内所有其他诉讼当事人的主观意愿为转移,均应通知追加,即便其不来参加诉讼,也不影响人民法院对案件的审理与判决,且判决生效以后,对其同样具有约束力。但是,如果应当追加的被告属于依法必须到庭的被告,在经人民法院通知追加后拒不到庭参加诉讼,经两次传票传唤,无正当理由拒不到庭时,可以对其实施拘传。

【相关立法】

《中华人民共和国海事诉讼特别程序法》(20000701)

第九十七条 对船舶造成油污损害的赔偿请求,受损害人可以向造成油污损害的船舶所有人提出,也可以直接向承担船舶所有人油污损害责任的保险人或者提供财务保证的其他人提出。

油污损害责任的保险人或者提供财务保证的其他人被起诉的，有权要求造成油污损害的船舶所有人参加诉讼。

【司法解释】

1.《最高人民法院关于适用〈中华人民共和国民事诉讼法〉的解释》（法释〔2015〕5号,20150204;经法释〔2022〕11号修正,20220410）

第七十三条　必须共同进行诉讼的当事人没有参加诉讼的，人民法院应当依照民事诉讼法第一百三十五条的规定，通知其参加;当事人也可以向人民法院申请追加。人民法院对当事人提出的申请，应当进行审查，申请理由不成立的，裁定驳回;申请理由成立的，书面通知被追加的当事人参加诉讼。

第七十四条　人民法院追加共同诉讼的当事人时，应当通知其他当事人。应当追加的原告，已明确表示放弃实体权利的，可不予追加;既不愿意参加诉讼，又不放弃实体权利的，仍应追加为共同原告，其不参加诉讼，不影响人民法院对案件的审理和依法作出判决。

第二百二十二条　原告在起诉状中直接列写第三人的，视为其申请人民法院追加该第三人参加诉讼。是否通知第三人参加诉讼，由人民法院审查决定。

【重点解读】由于案件处理结果同第三人有法律上利害关系，因此，一般

情况下，第三人会主动参加诉讼。如果第三人不同意参加诉讼，法院是否可以直接通知其参加诉讼？我们认为，根据现行法律规定，为了提高诉讼效率，如果无独立请求权的第三人符合参加诉讼的条件，法院可以依职权通知第三人参加诉讼。但是，如果案外人与当事人一方存在仲裁条款、约定管辖条款或者属于专属管辖范围时，法院不应通知该案外人作为无独立请求权的第三人参加诉讼。法院应准确甄别无独立请求权的第三人，防止错误通知给案外人造成诉累，甚至损害案外人的诉讼权利。司法实践中有的原告起诉时对法律关系的判断不准确，将其他诉讼参与人列为第三人，如在企业系约主体情况下，将实际签约或者收付款项的工作人员列为第三人，该工作人员并不符合法律规定的第三人条件，应将其作为证人。有的当事人为了规避管辖规定，将真正的被告作为无独立请求权的第三人追加到虚构的诉讼中，对此种情况，法院应注意甄别。

2.《最高人民法院关于适用〈中华人民共和国民法典〉继承编的解释（一）》（法释〔2020〕23号,20210101）

第四十四条　继承诉讼开始后，如继承人、受遗赠人中有既不愿参加诉讼，又不表示放弃实体权利的，应当追加为共同原告;继承人已书面表示放弃继承、受遗赠人在知道受遗赠后六十日内表示放弃受遗赠或者到期没有表示

的,不再列为当事人。

3.《最高人民法院关于审理人身损害赔偿案件适用法律若干问题的解释》

（法释〔2003〕20 号,20040501;经法释〔2022〕14 号修正,20220501）

第二条 赔偿权利人起诉部分共同侵权人的,人民法院应当追加其他共同侵权人作为共同被告。赔偿权利人在诉讼中放弃对部分共同侵权人的诉讼请求的,其他共同侵权人对被放弃诉讼请求的被告应当承担的赔偿份额不承担连带责任。责任范围难以确定的,推定各共同侵权人承担同等责任。

人民法院应当将放弃诉讼请求的法律后果告知赔偿权利人,并将放弃诉讼请求的情况在法律文书中叙明。

4.《最高人民法院关于审理食品药品纠纷案件适用法律若干问题的规定》

（法释〔2013〕28 号,20140315;经法释〔2021〕17 号修正,20211201）

第二条 因食品、药品存在质量问题造成消费者损害,消费者可以分别起诉或者同时起诉销售者和生产者。

消费者仅起诉销售者或者生产者的,必要时人民法院可以追加相关当事人参加诉讼。

第十条 未取得食品生产资质与销售资质的民事主体,挂靠具有相应资质的生产者与销售者,生产、销售食品,造成消费者损害,消费者请求挂靠者与被挂靠者承担连带责任的,人民法院应予支持。

消费者仅起诉挂靠者或者被挂靠者的,必要时人民法院可以追加相关当事人参加诉讼。

5.《最高人民法院关于审理医疗损害责任纠纷案件适用法律若干问题的解释》（法释〔2017〕20 号,20171214;经法释〔2020〕17 号修正,20210101）

第二条 患者因同一伤病在多个医疗机构接受诊疗受到损害,起诉部分或者全部就诊的医疗机构的,应予受理。

患者起诉部分就诊的医疗机构后,当事人依法申请追加其他就诊的医疗机构为共同被告或者第三人的,应予准许。必要时,人民法院可以依法追加相关当事人参加诉讼。

第三条 患者因缺陷医疗产品受到损害,起诉部分或者全部医疗产品的生产者、销售者、药品上市许可持有人和医疗机构的,应予受理。

患者仅起诉医疗产品的生产者、销售者、药品上市许可持有人、医疗机构中部分主体,当事人依法申请追加其他主体为共同被告或者第三人的,应予准许。必要时,人民法院可以依法追加相关当事人参加诉讼。

患者因输入不合格的血液受到损害提起侵权诉讼的,参照适用前两款规定。

6.《最高人民法院关于审理利用信

息网络侵害人身权益民事纠纷案件适用法律若干问题的规定》(法释〔2014〕11号,20141010;经法释〔2020〕17号修正,20210101)

第二条　原告依据民法典第一千一百九十五条、第一千一百九十七条的规定起诉网络用户或者网络服务提供者的,人民法院应予受理。

原告仅起诉网络用户,网络用户请求追加涉嫌侵权的网络服务提供者为共同被告或者第三人的,人民法院应予准许。

原告仅起诉网络服务提供者,网络服务提供者请求追加可以确定的网络用户为共同被告或者第三人的,人民法院应予准许。

第三条　原告起诉网络服务提供者,网络服务提供者以涉嫌侵权的信息系网络用户发布为由抗辩的,人民法院可以根据原告的请求及案件的具体情况,责令网络服务提供者向人民法院提供能够确定涉嫌侵权的网络用户的姓名(名称)、联系方式、网络地址等信息。

网络服务提供者无正当理由拒不提供的,人民法院可以依据民事诉讼法第一百一十四条①的规定对网络服务提供者采取处罚等措施。

原告根据网络服务提供者提供的信息请求追加网络用户为被告的,人民法院应予准许。

7.《最高人民法院关于审理劳动争议案件适用法律问题的解释(一)》(法释〔2020〕26号,20210101)

第三十一条　当事人不服劳动争议仲裁机构作出的仲裁裁决,依法提起诉讼,人民法院审查认为仲裁裁决遗漏了必须共同参加仲裁的当事人的,应当依法追加遗漏的人为诉讼当事人。

被追加的当事人应当承担责任的,人民法院应当一并处理。

8.《最高人民法院关于审理商品房买卖合同纠纷案件适用法律若干问题的解释》(法释〔2003〕7号,20030601;经法释〔2020〕17号修正,20210101)

第二十三条　买受人未按照商品房担保贷款合同的约定偿还贷款,但是已经取得不动产权属证书并与担保权人办理了不动产抵押登记手续,抵押权人请求买受人偿还贷款或者就抵押的房屋优先受偿的,不应当追加出卖人为当事人,但出卖人提供保证的除外。

9.《最高人民法院关于审理民间借贷案件适用法律若干问题的规定》(法释〔2015〕18号,20150901;经法释〔2020〕17号修正,20210101)

第四条　保证人为借款人提供连带责任保证,出借人仅起诉借款人的,人民法院可以不追加保证人为共同被告;出借人仅起诉保证人的,人民法院

----

① 对应2023年《民事诉讼法》第117条。——编者注

可以追加借款人为共同被告。

保证人为借款人提供一般保证,出借人仅起诉保证人的,人民法院应当追加借款人为共同被告;出借人仅起诉借款人的,人民法院可以不追加保证人为共同被告。

【司法文件】

《第二次全国涉外商事海事审判工作会议纪要》(最高人民法院,法发〔2005〕26号,20051226)

13. 外国企业在我国境内依法设立并领取营业执照的分支机构,具有民事诉讼主体资格,可以作为当事人参加诉讼。因分支机构不能独立承担民事责任,其作为被告时,人民法院可以根据原告的申请追加设立该分支机构的外国企业为共同被告。

外国企业在我国境内设立的代表机构不具有诉讼主体资格的,涉及代表机构的纠纷案件应由外国企业作为当事人参加诉讼。

14. 根据《中华人民共和国民事诉讼法》第四十九条①和《最高人民法院关于适用〈中华人民共和国民事诉讼法〉若干问题的意见》第40条②的规定,外国企业、自然人在我国境内设立的"三来一补"企业具有民事诉讼主体资格,可以作为当事人参加诉讼。因"三来一补"企业不能独立承担民事责任,其作为被告时,人民法院可以根据原告的申请追加设立该"三来一补"企

业的外国企业、自然人为共同被告。

15. 人民法院在审理案件过程中查明外国当事人被宣告破产或者进入清算程序的,应通知外国当事人的破产财产管理人或者清算人参加诉讼。

【法院参考案例】

对于必要共同诉讼和普通共同诉讼的处理有何不同[李某生与辽宁昊宇房地产开发有限公司等民间借贷纠纷案,最高人民法院(2016)最高法民终198号]

合并审理是人民法院将两个或两个以上的诉合并在同一个程序中进行审理,目的是方便当事人诉讼,减轻当事人不必要的诉累,防止人民法院在审理关联问题时作出相互矛盾的判决。普通共同诉讼和必要共同诉讼均属于人民法院可以合并审理的案件,但两者之间存在差别。对于必要共同诉讼,人民法院必须合并审理,而对于普通共同诉讼,则需要经人民法院审查并在双方当事人同意的基础上方能合并审理。如果存在当事人故意将普通共同诉讼一并起诉,期望通过合并审理增加诉讼的标的额,提高法院审级,在人民法院向当事人释明应分别向有管辖权的法

---

① 对应2023年《民事诉讼法》第51条。——编者注

② 对应2022年《民事诉讼法解释》第52条。——编者注

院起诉,当事人又拒绝分别起诉的情况下,人民法院可以依法裁定驳回起诉。

第一百三十六条　【开庭准备程序】人民法院对受理的案件,分别情形,予以处理:

(一)当事人没有争议,符合督促程序规定条件的,可以转入督促程序;

(二)开庭前可以调解的,采取调解方式及时解决纠纷;

(三)根据案件情况,确定适用简易程序或者普通程序;

(四)需要开庭审理的,通过要求当事人交换证据等方式,明确争议焦点。

【立法·要点注释】

1.本条规定的开庭前准备程序是指以法院主导为原则,在正式开庭审理前按一定方式、程序实施的并由当事人及其他诉讼参与人参加的一系列诉讼活动的总和。其具体包括法院根据案件的具体情形进行繁简分流,对于适宜通过非诉机制或者特别程序解决的纠纷,采取调解或者督促程序定分止争;对于必须通过诉讼机制解决的纠纷,法院根据案件性质,选择适宜的审理程序,指示当事人交换证据、明确争议焦点,为下一阶段的集中开庭审理做好准备。

2.本条第1项规定人民法院对于"当事人没有争议,符合督促程序规定条件的,可以转入督促程序"。这里的"符合督促程序规定条件",指符合本法第225条第1款规定的督促程序适用条件:"债权人请求债务人给付金钱、有价证券,符合下列条件的,可以向有管辖权的基层人民法院申请支付令:(一)债权人与债务人没有其他债务纠纷的;(二)支付令能够送达债务人的。"

3.开庭前"可以调解的",应遵循自愿和合法的原则,当事人拒绝调解的,应尊重当事人的意愿,及时开庭审理。

4.民事诉讼中的庭前证据交换,是指人民法院在案件开庭审理前,组织当事人及其诉讼代理人在指定的时间和地点互相交换已经持有的、证明各自诉讼主张的各种证据的活动。强调庭前准备活动,是现代诉讼程序的重要特点。本条规定的证据交换与焦点明确,是在法院的指挥和管理下进行的。具体而言,是否需要在开庭审理前明确争议焦点,是通过要求当事人以证据交换的方式还是以其他方式明确争议焦点,如何确定证据交换的日期等诸项事宜,都是法院根据案件的具体情况作出判断,并在其主导下组织当事人及其他诉讼参加人完成的,方式与方法可以灵活掌握。

【司法解释】

1.《最高人民法院关于适用〈中华人民共和国民事诉讼法〉的解释》（法释〔2015〕5号,20150204;经法释〔2022〕11号修正,20220410）

第二百二十四条　依照民事诉讼法第一百三十六条第四项规定,人民法院可以在答辩期届满后,通过组织证据交换、召集庭前会议等方式,作好审理前的准备。

【重点解读】在证据交换的具体操作方面,《民事诉讼证据规定》作出了明确规定。根据《民事诉讼证据规定》,通过组织证据交换进行审理前准备的,证据交换之日举证期限届满。证据交换的时间可以由当事人协商一致并经人民法院认可,也可以由人民法院指定。当事人申请延期举证经人民法院准许的,证据交换日相应顺延。证据交换应当在审判人员的主持下进行。在证据交换的过程中,审判人员对当事人无异议的事实、证据应当记录在卷;对有异议的证据,按照需要证明的事实分类记录在卷,并记载异议的理由。通过证据交换,确定双方当事人争议的主要问题。在实际操作中,双方当事人应当对其提交的证据材料逐一分类编号,对证据材料的来源、证明对象和内容作简要说明,并提供给对方查验和发表意见。当事人可以就证据的来源询问对方,并可就复印件与原物原件进行比对、发表意见。通过证据交换,双方当事人可以互相了解对方的证据和理由,也便于针对对方的证据进一步提供反驳的证据和理由。

在当事人交换证据过程中,一方当事人收到对方交换的证据后提出反驳证据的,应当允许对方当事人就反驳证据再次举证反驳。为平等保护当事人的诉讼权利,应当再次组织证据交换。关于证据交换的次数,2001年《民事诉讼证据规定》曾作出了一般不得超过两次的限制。但是考虑到实践中,案件情况差别较大,重大、疑难和案情特别复杂的案件,证据繁杂,事实查明难,允许多次证据交换是必然的。至于是多次交换还是一次交换,由法官根据案件事实和证据交换的情况自行决定。因此2019年修正《民事诉讼证据规定》取消了对证据交换次数的限制性规定,在第58条规定了"当事人收到对方的证据后有反驳证据需要提交的,人民法院应当再次组织证据交换"。

另外,需要注意的是,审前准备程序的构筑理念主要基于当事人主义的模式选择和价值取向,即法官处于一种消极的裁判者的地位,法官在庭前一般不应当受到来自任何一方证据、观点的不当影响,一般不参与收集和调查证据,否则,法官的中立性和客观性就不能得到真正的维护。因此,在审前程序的设置上应仅限于对案件有关证据材料的提出和双方争议焦点的发现,从而亦为法官提供一种形式审查的契机。

因此,必须弱化法官调查取证的职能作用,避免法官对案件进行实质审查的任何倾向。

第二百二十五条　根据案件具体情况,庭前会议可以包括下列内容:

(一)明确原告的诉讼请求和被告的答辩意见;

(二)审查处理当事人增加、变更诉讼请求的申请和提出的反诉,以及第三人提出的与本案有关的诉讼请求;

(三)根据当事人的申请决定调查收集证据,委托鉴定,要求当事人提供证据,进行勘验,进行证据保全;

(四)组织交换证据;

(五)归纳争议焦点;

(六)进行调解。

【重点解读】法官在答辩期间以及举证期限届满后组织当事人进行证据交换,对双方提交的证据不进行实体性审查,只作程序上的归纳和整理。对当事人交换的证据,法官就有异议的事实证据以及无异议的事实证据进行分类固定。证据交换结束后,法官形成书面笔录和证据清单,由法官和当事人共同签名确认。需要指出的是,法官在起诉与答辩阶段,对双方提交的证据不能进行实体性审查,只能作程序上的归纳与整理,只能就有异议的事实证据进行分类固定,不能作出实体上的认定。

庭前会议由法官主持,由双方当事人及其诉讼代理人、证人参加。会议的主要内容是由法官组织各方当事人交换证据材料及清单,由提供证据一方说

明证据所要证明的主要问题,明确案件的争执点,并告知双方当事人对没有争执的事实不再质证,以及法庭开庭调查的事项及重点。其目的在于帮助当事人双方快速形成争议焦点;为当事人提供收集证据的手段,以便使开庭审理时双方的对抗和防御能够建立在具体充分材料的基础上,并防止任何一方在开庭时"突袭",使法庭审理陷于被动状态;使当事人双方在充分知悉彼此证据基础上对诉讼结果进行预测,并进一步选择和解。

第二百二十六条　人民法院应当根据当事人的诉讼请求、答辩意见以及证据交换的情况,归纳争议焦点,并就归纳的争议焦点征求当事人的意见。

【重点解读】归纳案件的争议焦点是很重要的一项内容。因为所有的庭审活动,都是围绕当事人之间的争议焦点展开的。如果争议焦点不明确,会导致庭审辩论的空洞化和形式化,使案件呈现分割式的审理方式,当事人之间缺乏真正的对抗,严重影响诉讼的效率和效益,并在一定程度上损害诉讼的公正性。同时,争议焦点的确定也是区分简易程序与普通程序的一个标准。根据《民事诉讼法》的相关规定,目前法院将案件主要划分为简易案件和普通案件,但对于如何区分案件繁简,立法上还没有明确规定。案件的繁与简通常并不能直观地看出,在实际的审理过程中很多案件由简易程序转入普通程序即是明证。区分案件的繁与简,通常从

诉讼标的额大小、是否存在争议焦点、争议焦点的分歧大小以及案件的复杂程度及其影响范围等方面加以明确。因此，考验法官业务能力一个很重要的方面，就是能否准确地归纳案件的争议焦点。通常来讲，争议焦点在开庭审理前就应当确立下来，一般是通过审前程序来确定案件的争议焦点。人民法院适用普通程序审理案件，以开庭审理的方式进行。庭前准备工作是否充分，决定了开庭的质量。在审前准备阶段，重点工作就是做好证据交换，明确双方当事人的争议焦点。如果原告和被告双方缺乏充分的交涉，将会导致双方当事人在起诉和答辩中难以全部表达对案件和对对方观点的理解。为了解决这一问题，在诉讼之初设置了诉答程序。但诉答程序的首要功能是启动诉讼，其次才是整理争议焦点，所以过多地寄希望于诉答程序是不现实的，要达成整理争议焦点的目的，还需要通过建立证据交换、审前会议等制度来实现。

2.《最高人民法院关于民事诉讼证据的若干规定》（法释〔2001〕33号，20020401；经法释〔2019〕19号修正，20200501）

第五十六条 人民法院依照民事诉讼法第一百三十三条①第四项的规定，通过组织证据交换进行审理前准备的，证据交换之日举证期限届满。

证据交换的时间可以由当事人协商一致并经人民法院认可，也可以由人民法院指定。当事人申请延期举证经人民法院准许的，证据交换日相应顺延。

第五十七条 证据交换应当在审判人员的主持下进行。

在证据交换的过程中，审判人员对当事人无异议的事实、证据应当记录在卷；对有异议的证据，按照需要证明的事实分类记录在卷，并记载异议的理由。通过证据交换，确定双方当事人争议的主要问题。

第五十八条 当事人收到对方的证据后有反驳证据需要提交的，人民法院应当再次组织证据交换。

3.《最高人民法院关于严格规范民商事案件延长审限和延期开庭问题的规定》（法释〔2018〕9号，20180426；经法释〔2019〕4号修正，20190328）

第四条 基层人民法院及其派出的法庭审理事实清楚、权利义务关系明确、争议不大的简单民商事案件，适用简易程序。

基层人民法院及其派出的法庭审理符合前款规定目标的额为各省、自治区、直辖市上年度就业人员年平均工资两倍以下的民商事案件，应当适用简易程序，法律及司法解释规定不适用简易程序的案件除外。

适用简易程序审理的民商事案件，证据交换、庭前会议等庭前准备程序与

---

① 对应2023年《民事诉讼法》第136条。——编者注

开庭程序一并进行，不再另行组织。

适用简易程序的案件，不适用公告送达。

4.《人民法院在线诉讼规则》（法释〔2021〕12号，20210801）

第十四条　人民法院根据当事人选择和案件情况，可以组织当事人开展在线证据交换，通过同步或者非同步方式在线举证、质证。

各方当事人选择同步在线交换证据的，应当在人民法院指定的时间登录诉讼平台，通过在线视频或者其他方式，对已经导入诉讼平台的证据材料或者线下送达的证据材料副本，集中发表质证意见。

各方当事人选择非同步在线交换证据的，应当在人民法院确定的合理期限内，分别登录诉讼平台，查看已经导入诉讼平台的证据材料，并发表质证意见。

各方当事人均同意在线证据交换，但对具体方式无法达成一致意见的，适用同步在线证据交换。

第二十二条　适用在线庭审的案件，应当按照法律和司法解释的相关规定开展庭前准备、法庭调查、法庭辩论等庭审活动，保障当事人申请回避、举证、质证、陈述、辩论等诉讼权利。

第二十三条　需要公告送达的案件，人民法院可以在公告中明确线上或者线下参与庭审的具体方式，告知当事人选择在线庭审的权利。被公告方当事人未在开庭前向人民法院表示同意在线庭审的，被公告方当事人适用线下庭审。其他同意适用在线庭审的当事人，可以在线参与庭审。

5.《最高人民法院关于互联网法院审理案件若干问题的规定》（法释〔2018〕16号，20180907）

第八条　互联网法院受理案件后，可以通过原告提供的手机号码、传真、电子邮箱、即时通讯账号等，通知被告、第三人通过诉讼平台进行案件关联和身份验证。

被告、第三人应当通过诉讼平台了解案件信息，接收和提交诉讼材料，实施诉讼行为。

第九条　互联网法院组织在线证据交换的，当事人应当将在线电子数据上传、导入诉讼平台，或者将线下证据通过扫描、翻拍、转录等方式进行电子化处理后上传至诉讼平台进行举证，也可以运用已经导入诉讼平台的电子数据证明自己的主张。

【司法文件】

《最高人民法院关于进一步推进案件繁简分流优化司法资源配置的若干意见》（法发〔2016〕21号，20160912）

2.推进立案环节案件的甄别分流。地方各级人民法院根据法律规定，科学制定简单案件与复杂案件的区分标准和分流规则，采取随机分案为主、指定分案为辅的方式,确保简单案件由人民法庭、速裁团队及时审理,系列性、群体性或关联性案件原则上由同一审判组织审理。对于繁简程度难以及时准确判断的案件,立案、审判及审判管理部门应当及时会商沟通,实现分案工作的有序高效。

4. 发挥民事案件快速审判程序的优势。根据民事诉讼法及其司法解释规定,积极引导当事人双方约定适用简易程序审理民事案件。对于标的额超过规定标准的简单民事案件,或者不属于民事诉讼法第一百五十七条①第一款规定情形但标的额在规定标准以下的民事案件,当事人双方约定适用小额诉讼程序的,可以适用小额诉讼程序审理。依法适用实现担保物权案件特别程序。积极引导当事人将债权人请求债务人给付金钱、有价证券的案件转入督促程序,推广使用电子支付令。

9. 发挥庭前会议功能。法官或者受法官指导的法官助理主持召开庭前会议,解决核对当事人身份、组织交换证据目录、启动非法证据排除等相关程序性事项。对于适宜调解的案件,积极通过庭前会议促成当事人和解或者达成调解协议。对于庭前会议已确认的无争议事实和证据,在庭审中作出说明后,可以简化庭审举证和质证;对于有争议的事实和证据,征求当事人意见后归纳争议焦点。

第三节　开庭审理

第一百三十七条　【审理方式】人民法院审理民事案件,除涉及国家秘密、个人隐私或者法律另有规定的以外,应当公开进行。

离婚案件,涉及商业秘密的案件,当事人申请不公开审理的,可以不公开审理。

【立法·要点注释】

1. 公开审理是人民法院审判案件的一项基本原则,是开庭审理的主要形式,本条规定正是公开审判原则的具体实施。公开审理包括两个内容:一是对群众公开,指民事案件的审判过程,包括审理过程和宣告判决的过程,都允许群众旁听,法院应当在开庭审理前将审理案件的日期予以公告,以便群众旁听;二是对社会公开,指允许新闻记者对庭审过程作采访,并允许其对审理过程作报道,将案件向社会披露。

2. 法定不公开审理,主要是指涉及国家秘密、个人隐私的案件。根据《保守国家秘密法》的规定,所谓国家秘密,是关系国家安全和利益,依照法定程序确定,在一定时间内只限一定范围的人

---

① 对应 2023 年《民事诉讼法》第 160 条。——编者注

员知悉的事项。根据国家秘密的泄露使国家的安全和利益遭受损害程度的不同，国家秘密分为绝密、机密、秘密三级，绝密级国家秘密是最重要的国家秘密，泄露会使国家安全和利益遭受特别严重的损害；机密级国家秘密是重要的国家秘密，泄露会使国家安全和利益遭受严重的损害；秘密级国家秘密是一般的国家秘密，泄露会使国家安全和利益遭受损害。凡是涉及国家秘密的案件一律不公开审理，以免国家秘密泄露，给国家的安全和利益造成损失。所谓个人隐私，是自然人的私人生活安宁和不愿为他人知晓的私密空间、私密活动、私密信息。为了保护当事人的合法权益，不使当事人因为案件的审理而受到不必要的消极影响，本条规定涉及个人隐私的案件不公开审理。

3. 依当事人申请而不公开审理的案件。离婚案件涉及当事人感情问题，还可能涉及家庭私生活，这些方面可能是当事人所不愿意向社会公开的，为了尊重当事人的隐私权，当事人申请不公开审理的，可以不公开审理。所谓商业秘密，根据有关司法解释的规定，是指生产工艺、配方、贸易联系、购销渠道等当事人不愿公开的技术秘密、商业情报及信息。由于公开审理可能会造成商业秘密的泄露，给当事人造成难以挽回的损失，因此本条规定，在审理民事案件过程中，当事人可以以案件涉及商业秘密为由，申请不公开审理。

4. 人民法院对不公开审理的案件，也要公开宣告判决。

【司法解释】

1.《最高人民法院关于适用〈中华人民共和国民事诉讼法〉的解释》（法释〔2015〕5 号，20150204；经法释〔2022〕11 号修正，20220410）

第二百二十条　民事诉讼法第七十一条、第一百三十七条、第一百五十九条规定的商业秘密，是指生产工艺、配方、贸易联系、购销渠道等当事人不愿公开的技术秘密、商业情报及信息。

【重点解读】商业秘密不仅在侵权民事案件，还在其他如技术合同、加工承揽、货物买卖等诉讼案件中涉及，当事人的生产工艺、购销渠道等对当事人的价值比案件本身的价值更大，法院在民事诉讼中应注意保护商业秘密，根据《民事诉讼法》第 71 条、第 137 条、第 159 条的规定，涉及商业秘密的证据需要在法庭出示的，不得在公开开庭时出示；涉及商业秘密的案件，当事人申请不公开审理的，可以不公开审理；公众对涉及商业秘密案件的生效裁判文书的查阅权应受到限制。此外，对涉及商业秘密的卷宗应限制阅卷权。

2.《中华人民共和国人民法院法庭规则》（法发〔1993〕40 号，19940101；经法释〔2016〕7 号修正，20160501）

第九条　公开的庭审活动，公民可以旁听。

旁听席位不能满足需要时，人民法院可以根据申请的先后顺序或者通过抽签、摇号等方式发放旁听证，但应当优先安排当事人的近亲属或其他与案件有利害关系的人旁听。

下列人员不得旁听：

（一）证人、鉴定人以及准备出庭提出意见的有专门知识的人；

（二）未获得人民法院批准的未成年人；

（三）拒绝接受安全检查的人；

（四）醉酒的人、精神病人或其他精神状态异常的人；

（五）其他有可能危害法庭安全或妨害法庭秩序的人。

依法有可能封存犯罪记录的公开庭审活动，任何单位或个人不得组织人员旁听。

依法不公开的庭审活动，除法律另有规定外，任何人不得旁听。

第十一条 依法公开进行的庭审活动，具有下列情形之一的，人民法院可以通过电视、互联网或其他公共媒体进行图文、音频、视频直播或录播：

（一）公众关注度较高；

（二）社会影响较大；

（三）法治宣传教育意义较强。

3.《人民法院在线诉讼规则》（法释〔2021〕12号，20210801）

第二十七条 适用在线庭审的案件，应当按照法律和司法解释的相关规定公开庭审活动。

对涉及国家安全、国家秘密、个人隐私的案件，庭审过程不得在互联网上公开。对涉及未成年人、商业秘密、离婚等民事案件，当事人申请不公开审理的，在线庭审过程可以不在互联网上公开。

未经人民法院同意，任何人不得违法违规录制、截取、传播涉及在线庭审过程的音频视频、图文资料。

【司法文件】

1.《最高人民法院关于进一步深化家事审判方式和工作机制改革的意见（试行）》（法发〔2018〕12号，20180718；经法发〔2021〕12号修正，20210324）

36.涉及个人隐私的家事案件，人民法院应当不公开审理。

涉及未成年人的家事案件，如果公开审理不利于保护未成年人利益的，人民法院应当不公开审理。

离婚案件，在开庭前，人民法院应当询问当事人是否申请不公开审理。当事人申请不公开的，可以不公开审理。

其他家事案件，当事人申请不公开审理的，人民法院经审查认为不宜公开审理的，可以不公开审理。

2.《最高人民法院关于人民法院直播录播庭审活动的规定》（法发〔2010〕48号，20101121）

第一条 人民法院通过电视、互联

网或者其他公共传媒系统对公开开庭审理案件的庭审过程进行图文、音频、视频的直播、录播，应当遵循依法、真实、规范的原则。

第二条　人民法院可以选择公众关注度较高、社会影响较大、具有法制宣传教育意义的公开审理的案件进行庭审直播、录播。

对于下列案件，不得进行庭审直播、录播：

（一）涉及国家秘密、商业秘密、个人隐私、未成年人犯罪等依法不公开审理的案件；

（二）检察机关明确提出不进行庭审直播、录播并有正当理由的刑事案件；

（三）当事人明确提出不进行庭审直播、录播并有正当理由的民事、行政案件；

（四）其他不宜庭审直播、录播的案件。

第三条　人民法院进行庭审直播、录播，应当严格按照法律规定的公开范围进行，涉及未成年人、被害人或者证人保护等问题，以及其他不宜公开的内容的，应当进行相应的技术处理。

第一百三十八条　【巡回审理】人民法院审理民事案件，根据需要进行巡回审理，就地办案。

【立法·要点注释】

所谓巡回审理、就地办案，就是指人民法院派出流动法庭，轮流到民事案件发生地就近审理简单的民事案件。根据本条规定，人民法院可以根据需要决定是否巡回审理，就地办案。

【司法解释】

1.《最高人民法院关于巡回法庭审理案件若干问题的规定》（法释〔2015〕3号，20150201；经法释〔2016〕30号修正，20161228）

第九条　巡回法庭根据审判工作需要，可以在巡回区内巡回审理案件、接待来访。

2.《最高人民法院关于知识产权法庭若干问题的规定》（法释〔2018〕22号，20190101；经法释〔2023〕10号修正，20231101）

第五条　知识产权法庭可以根据案件情况到实地或者原审人民法院所在地巡回审理案件。

【司法文件】

1.《最高人民法院关于全面加强人民法庭工作的决定》（法发〔2005〕16号，20050919）

7.基层人民法院可根据需要设立

巡回审判点，由人民法庭定期或不定期对案件进行巡回审理。巡回审判点应当有相对固定的审判场所和必要的办案设施。

22. 人民法庭除在法庭所在地对案件进行开庭审理外，可以根据需要在案件发生地、当事人所在地或巡回审判点对案件进行巡回审理。在巡回审理期间，双方当事人请求人民法庭解决纠纷的，如果该请求符合起诉立案条件，可以当即立案、当即开庭。当即开庭确有困难的，应当在确定开庭时间和地点后及时告知当事人。

2.《最高人民法院关于大力推广巡回审判方便人民群众诉讼的意见》（法发〔2010〕59号，20101222）

二、立足本地实际，切实增强大力推广巡回审判方便人民群众诉讼的针对性

4. 西部边远地区、少数民族地区以及其他群众诉讼不便地区的基层人民法院，特别是人民法庭，应当逐步确立以巡回审判为主的工作机制。通过大力推广巡回审判，全面提高巡回审判工作质效，切实解决当前在一定程度上存在的司法权不能切实覆盖、人民群众日益增长的司法需求难以得到有效满足的问题。

5. 经济发达和较为发达地区的基层人民法院和人民法庭，要以着力化解经济社会发展中的矛盾纠纷，着力解决影响社会稳定的突出问题，着力提供更

加便捷有效的司法服务为出发点开展巡回审判工作。通过大力推广巡回审判，力争做到审判工作优质高效开展与服务当地经济社会又好又快发展两不误、两促进。

三、明确原则目标，坚持制度化、规范化，努力追求巡回审判的高质量和高效率

6. 巡回审判要遵循"面向农村、面向基层、面向群众"和"方便人民群众诉讼，方便人民法院依法独立、公正、高效行使审判权"原则，弘扬公正、廉洁、为民的司法核心价值观，以最大限度满足人民群众日益增长的司法服务需求和化解矛盾、定纷止争为目的，实现法律效果和社会效果的有机统一。注重发挥以案施教、法制宣传的社会功能，凸显司法为民、司法效益的价值追求。

7. 注意发挥人民法庭在大力推广巡回审判工作中的重要作用，确有必要的，基层人民法院也可根据需要组织专门力量开展巡回审判工作。继续贯彻最高人民法院《关于全面加强人民法庭工作的决定》有关人民法庭可以直接立案的规定精神，切实解决人民群众"告状难"问题。按照有利于消除当事人对抗心理和充分实现巡回审判功能要求选择巡回审判地点，针对可能引发的突发事件，还应做好应急预案，维护巡回审判的顺利进行。

8. 建立基层人民法院特别是人民法庭与人民调解组织、村民自治组织、基层司法所等的联系网络，切实增强巡

回审判的针对性,防止有限司法资源的浪费。进一步切实贯彻"调解优先、调判结合"司法原则,最大限度地实现诉讼与非诉讼纠纷解决方式的衔接。

9. 加大巡回审判点的建设力度,切实解决巡回审判场所不足的问题。根据当地具体情况,加强与公安、司法行政部门的沟通和联系,在派出人民法庭覆盖不到的地方,充分利用派出所、司法所等现有资源建立相对固定、规范的巡回审判点。

10. 科学合理地确定人员编制,争取编制管理部门的支持,利用新增政法专项编制,倾斜、充实基层一线,合理配置人力资源,为大力推广巡回审判新机制提供编制组织保障。在西部边远、少数民族地区,要立足当地,积极培养和录取精通双语的少数民族法官和工作人员,为适应西部边远、少数民族地区巡回审判工作打下坚实基础。

11. 尽快解决人民法庭恢复或新建、物质装备和经费保障问题。做好边远地区、少数民族地区及其他群众诉讼不便地区人民法庭恢复或新建工作,解决巡回半径过大的实际问题。根据辖区或者覆盖区域的人口分布、交通条件等情况,配备能够满足巡回审判工作的特种车辆、活动板房(帐篷)、移动办公设备和通讯工具,构建信息共享的网络系统以及必要的网络终端工具,扩大电子签章的使用等,并将维修、养护、油料、巡回审判补助等费用以及折旧、报废等问题纳入法院预算经费范围,确保

巡回审判工作的顺利开展。

第一百三十九条 【开庭通知及公告】人民法院审理民事案件,应当在开庭三日前通知当事人和其他诉讼参与人。公开审理的,应当公告当事人姓名、案由和开庭的时间、地点。

【立法·要点注释】

鉴于开庭日期是法院根据审理前准备情形单方决定的,人民法院应当在开庭 3 日前用通知书通知诉讼代理人、证人、鉴定人、勘验人、翻译人员等出席庭审,对当事人应当采用传票传唤。这一规定是要求人民法院将开庭通知书至迟在开庭 3 日以前送达当事人和其他诉讼参与人,而不是开庭前 3 日内才送到,更不是开庭前 3 日才发出开庭通知。提前发出开庭通知的主要目的是给当事人和其他诉讼参与人留有充裕的时间,按时参加庭审。当事人或者其他诉讼参与人在外地的,应当留有必要的在途时间。

【司法解释】

《最高人民法院关于适用〈中华人民共和国民事诉讼法〉的解释》(法释〔2015〕5 号,20150204;经法释〔2022〕11 号修正,20220410)

第二百二十七条 人民法院适用普通程序审理案件,应当在开庭三日前用传票传唤当事人。对诉讼代理人、证人、鉴定人、勘验人、翻译人员应当用通知书通知其到庭。当事人或者其他诉讼参与人在外地的,应当留有必要的在途时间。

【重点解读】司法实践中有的法院不向诉讼代理人、证人送达开庭通知,用传票传唤诉讼代理人、证人,或者用电话通知诉讼参与人,开庭时在送达回证上补签字,这些通知方式均与法律规定不符。

第一百四十条 【庭前准备】开庭审理前,书记员应当查明当事人和其他诉讼参与人是否到庭,宣布法庭纪律。

开庭审理时,由审判长或者独任审判员核对当事人,宣布案由,宣布审判人员、法官助理、书记员等的名单,告知当事人有关的诉讼权利义务,询问当事人是否提出回避申请。

【立法·要点注释】

1. 审判长或者独任审判员宣布案由及开始庭审,对依法不公开审理的案件应当说明理由。原告经传票传唤,无正当理由拒不到庭的,可以按撤诉处理;被告经传票传唤,无正当理由拒不到庭的,审判长可以宣布缺席审理并说明传票送达合法和缺席审理的根据,如果经两次合法传唤仍未到庭并属于法律规定必须到庭的情形,可以适用拘传;无独立请求权的第三人,无正当理由拒不到庭的,不影响案件的审理;当事人提供的证人在人民法院通知的开庭日期没有正当理由拒不到庭的,由提供该证人的当事人承担举证不能的责任。

2. 审判长或者独任审判员应当询问各方当事人是否申请回避,当事人提出回避申请的,合议庭应当宣布休庭。根据《民事诉讼法》第49条的规定,院长担任审判长或者独任审判员时的回避,由审判委员会决定;审判人员的回避,由院长决定;其他人员的回避,由审判长或者独任审判员决定。

3. 2023年修改《民事诉讼法》,对宣布名单的人员范围作了扩大,由"审判人员、书记员"扩大至"审判人员、法官助理、书记员等"。

【司法解释】

《中华人民共和国人民法院法庭规则》(法发〔1993〕40号,19940101;经法释〔2016〕7号修正,20160501)

第十四条 庭审活动开始前,书记员应当宣布本规则第十七条规定的法庭纪律。

第十五条 审判人员进入法庭以及审判长或独任审判员宣告判决、裁定、决定时,全体人员应当起立。

第十七条 全体人员在庭审活动中应当服从审判长或独任审判员的指挥,尊重司法礼仪,遵守法庭纪律,不得实施下列行为:

(一)鼓掌、喧哗;

(二)吸烟、进食;

(三)拨打或接听电话;

(四)对庭审活动进行录音、录像、拍照或使用移动通信工具等传播庭审活动;

(五)其他危害法庭安全或妨害法庭秩序的行为。

检察人员、诉讼参与人发言或提问,应当经审判长或独任审判员许可。

旁听人员不得进入审判活动区,不得随意站立、走动,不得发言和提问。

媒体记者经许可实施第一款第四项规定的行为,应当在指定的时间及区域进行,不得影响或干扰庭审活动。

第一百四十一条 【法庭调查顺序】 法庭调查按照下列顺序进行:

(一)当事人陈述;

(二)告知证人的权利义务,证人作证,宣读未到庭的证人证言;

(三)出示书证、物证、视听资料和电子数据;

(四)宣读鉴定意见;

(五)宣读勘验笔录。

【立法·要点注释】

1. 法庭调查,是指人民法院依照法定程序,在法庭上对案件事实进行调查,对各种证据予以核实的诉讼活动。法庭调查是开庭审理的核心,是案件进入实体审理后的主要阶段,主要任务是进一步明确当事人的诉讼请求,在当事人均在场的情况下,通过法院的直接审理,查明案件事实,审查核实证据,从而全面揭示案情,为认定案件事实、正确适用法律提供依据。

2. 证人出庭作证的,法庭应查明证人身份,告知证人的权利义务以及作伪证应负的法律责任。证人应当就其所知道的案件事实向法庭作全面、客观的陈述,审判人员可以对证人的陈述加以引导,还可以就有关事实询问证人。证人作证后,应征询双方当事人对证人证言的意见。经法庭许可,当事人及其诉讼代理人、第三人可以向证人发问。证人有两个以上的,应分别出庭作证。几个证人的证言之间有矛盾的,可以当庭对质核实。对确有正当理由不能出庭的证人作出的书面证言,应当当庭宣读,当事人及其诉讼代理人、第三人可以发表对证言的意见。

3. 作为证明案件事实证据的书证、物证、视听资料和电子数据都应当在法庭上出示。对涉及国家秘密、商业秘密和个人隐私的证据应当保密,需要在法庭上出示的,不得在公开开庭时出示。

当事人及其诉讼代理人、第三人可以就出示的证据陈述自己的意见,以辨明真伪,必要时可以责令提供书证的当事人或其他人对书证的内容作出说明。物证原物无法在法庭上出示的,可以出示物证的照片或者复制品。案件的视听资料应在法庭上播放,必要时,应由录制人员说明录制情况和经过,回答法庭提出的问题。

【司法解释】

1.《最高人民法院关于适用〈中华人民共和国民事诉讼法〉的解释》(法释〔2015〕5号,20150204;经法释〔2022〕11号修正,20220410)

第二百二十八条 法庭审理应当围绕当事人争议的事实、证据和法律适用等焦点问题进行。

【重点解读】第一,开庭时告知当事人,庭审只会围绕审理前准备阶段所确定的争议焦点进行,其余问题一般不再审理,故当事人的意见应在审理前准备阶段提出,不能抱有突袭的心态而有所保留。

第二,对于当事人所提出的事实争议焦点,法官应释明属于哪一类事实争点,如当事人就"是否尽了注意义务"争辩,那么此事实可能属于间接事实,而主要事实则是"是否有过失",人民法院应提示当事人围绕主要事实提供证据材料、发表意见。

第三,法官要引导当事人围绕争议焦点来陈述或辩论。首先,若当事人重复陈述争点以外的事实,法官可以引导其围绕争议焦点陈述。比如,当事人一直在陈述对方动机的恶劣性,或者重复强调自己受到损害后的悲惨境遇,或其他无法律意义的事实,此时法官应引导当事人陈述有法律意义的事实。其次,如果法庭在审理某一确定争点,但是当事人在陈述过程中又提到了对另外的争点的意见,为了避免混乱,此时法官应引导其按正确的争点顺序陈述意见,当然如果两争点联系紧密,或者从属于同一主要事实争点,法官也可视情况允许。

第四,如果当事人在辩论中对某些争点如被忽略的法律适用争点没有提及,法官可询问当事人对该争点是否发表意见。

第五,开庭审理时,对双方当事人在审理前准备阶段已经确认无异议的事实,在作出说明后,一般可不再审理。但涉及身份关系、国家利益、社会公共利益等的除外。

第二百二十九条 当事人在庭审中对其在审理前的准备阶段认可的事实和证据提出不同意见的,人民法院应当责令其说明理由。必要时,可以责令其提供相应证据。人民法院应当结合当事人的诉讼能力、证据和案件的具体情况进行审查。理由成立的,可以列入争议焦点进行审理。

【重点解读】《民事诉讼法》并未明确规定禁反言原则,更未规定庭前准备过程中当事人对其认可的事实与证据庭审中予以否认的处理，但参照《海事诉讼特别程序法》第 85 条的规定，"当事人不能推翻其在《海事事故调查表》中的陈述和已经完成的举证，但有新的证据，并有充分的理由说明该证据不能在举证期间内提交的除外"，结合《民事诉讼法》诚信原则的确立，应认可当事人在审理前准备阶段无异议的事实和证据的证明力，在此后庭审中，当事人对此予以否认的，应负有说明理由义务，并由法院进行必要的审查。

审判实践中应当注意：

第一，《民事诉讼法》第 136 条第 4 项规定通过要求当事人交换证据等方式，明确争议焦点。这从立法层面明确了庭前证据交换程序，是建设以庭审为中心的现代民事诉讼程序结构的重要基础。在证据交换过程中，审判人员对当事人无争议的事实、证据应当记录在卷；对有异议的证据，按照需要证明的事实分类记录在卷，并记载异议的理由，通过证据交换，确定双方当事人争议的主要问题。

第二，禁反言原则主要是从衡平法发展来的，除了考虑对方当事人利益损害外，还应该考虑对诉讼程序完整性的影响程度，考虑和平衡当事人之间的利益状态。当事人在庭审中对于此前庭前准备阶段认可的事实和证据予以否认的，人民法院应当责令其说明理由，必要时责令其提供支持其理由的证据。

第三，从我国目前实际情况看，司法实践中律师代理诉讼尚不普遍充分，有的当事人对自身程序利益认识还比较模糊，一些相关的配套制度，包括法官阐明义务制度还不完善，当事人诉讼能力有待提高，对于当事人庭审中对于此前准备过程中认可的证据和事实的否认，不宜"一刀切"地机械适用禁反言原则予以否定，应当结合当事人诉讼能力、相应的证据和案件具体情况对当事人的理由进行审查，理由成立的，可以列入争议焦点进行审理。

第二百三十条　人民法院根据案件具体情况并征得当事人同意，可以将法庭调查和法庭辩论合并进行。

2.《最高人民法院关于互联网法院审理案件若干问题的规定》（法释〔2018〕16 号，20180907）

第十三条　互联网法院可以视情决定采取下列方式简化庭审程序：

（一）开庭前已经在线完成当事人身份核实、权利义务告知、庭审纪律宣示的，开庭时可以不再重复进行；

（二）当事人已经在线完成证据交换的，对于无争议的证据，法官在庭审中说明后，可以不再举证、质证；

（三）经征得当事人同意，可以将当事人陈述、法庭调查、法庭辩论等庭审环节合并进行。对于简单民事案件，庭审可以直接围绕诉讼请求或者案件要素进行。

第一百四十二条 【当事人庭审权利】 当事人在法庭上可以提出新的证据。

当事人经法庭许可，可以向证人、鉴定人、勘验人发问。

当事人要求重新进行调查、鉴定或者勘验的，是否准许，由人民法院决定。

【立法·要点注释】

法庭调查对于案件的审理结果具有重要影响，明确当事人在法庭调查阶段的诉讼权利，有利于当事人及时行使权利，维护自己的实体权益。提供证据是当事人的一项权利。当事人可以在起诉和受理的阶段提供，也可以在法院审理前的阶段提供，同样，在法庭调查阶段也有权提出新的证据。在法庭辩论阶段，如果发现当事人提出了新的证据，那么应将辩论阶段转换为调查阶段，等到审判人员对所提出的新证据调查核实完毕，再重新恢复法庭辩论。

【司法解释】

1.《最高人民法院关于适用〈中华人民共和国民事诉讼法〉的解释》（法释〔2015〕5号，20150204；经法释〔2022〕11号修正，20220410）

第二百三十一条 当事人在法庭上提出新的证据的，人民法院应当依照民事诉讼法第六十八条第二款规定和本解释相关规定处理。

【重点解读】《民事诉讼法》关于举证期限的规定仍过于原则，本条为指引性规定，2019年修正《民事诉讼证据规定》对举证期限作了进一步细化。以下问题需要在审判实践中注意。

1. 关于举证期限的确定。2019年修正《民事诉讼证据规定》充分尊重当事人的程序权利，贯彻民事诉讼的处分原则，仍然规定了由人民法院指定和当事人协商并经人民法院准许两种举证期限确定方式。同时，根据《民事诉讼法》修改试点精神，根据不同的审理程序确定了不同的举证期限：人民法院指定举证期限的，适用第一审普通程序审理的案件不得少于15日，当事人提供新的证据的第二审案件不得少于10日。适用简易程序审理的案件不得超过15日，小额诉讼案件的举证期限一般不得超过7日。另外，举证期限届满后，当事人提供反驳证据或者对已经提供的证据的来源、形式等方面的瑕疵进行补正的，人民法院可以酌情再次确定举证期限，该期限不受前述期间的限制。

2. 关于逾期举证的处理。对于逾期提供证据的，人民法院应当为逾期提供证据的当事人和对方当事人提供程序上的保障，使当事人对于逾期提供证据的原因有陈述和质疑的机会。只要当事人在举证期限内提供证据确有困难向人民法院申请延长举证期限的，人民法院应当适当延长举证期限。人民法院对当事人申请的审查，限于是否存在期限内提供证据"确有困难"的情形，是否导致诉讼迟延。是否妨碍诉讼效率不再是人民法院决定延长举证期限的考量因素。对于当事人逾期提供证据的理由，在理解上应当以是否存在客观原因作为理由是否正当的标准。关于逾期举证的后果，应当根据逾期提供证据的当事人的主观过错程度确定，即过错程度轻微的，对应的后果较轻，反之亦然。当事人逾期提供证据情节较轻的，人民法院可以合并采取《民事诉讼法》第68条第2款规定的训诫、罚款的强制措施，即当事人由于一般过失逾期提供证据的，人民法院在采纳该证据的同时可以对其并处训诫和罚款；但当事人由于故意或者重大过失逾期提供证据的，发生证据失权的后果，当事人提供的证据将不被采纳，此时当事人已经承担最为严厉的后果，无再采取训诫、罚款措施的必要。

2.《最高人民法院关于民事诉讼证据的若干规定》（法释〔2001〕33号，20020401；经法释〔2019〕19号修正，20200501）

第四十条 当事人申请重新鉴定，存在下列情形之一的，人民法院应当准许：

（一）鉴定人不具备相应资格的；

（二）鉴定程序严重违法的；

（三）鉴定意见明显依据不足的；

（四）鉴定意见不能作为证据使用的其他情形。

存在前款第一项至第三项情形的，鉴定人已经收取的鉴定费用应当退还。拒不退还的，依照本规定第八十一条第二款的规定处理。

对鉴定意见的瑕疵，可以通过补正、补充鉴定或者补充质证、重新质证等方法解决的，人民法院不予准许重新鉴定的申请。

重新鉴定的，原鉴定意见不得作为认定案件事实的根据。

第四十一条 对于一方当事人就专门性问题自行委托有关机构或者人员出具的意见，另一方当事人有证据或者理由足以反驳并申请鉴定的，人民法院应予准许。

第五十一条 举证期限可以由当事人协商，并经人民法院准许。

人民法院指定举证期限的，适用第一审普通程序审理的案件不得少于十五日，当事人提供新的证据的第二审案件不得少于十日。适用简易程序审理的案件不得超过十五日，小额诉讼案件的举证期限一般不得超过七日。

举证期限届满后，当事人提供反驳证据或者对已经提供的证据的来源、形式等方面的瑕疵进行补正的，人民法院可以酌情再次确定举证期限，该期限不受前款规定的期间限制。

第五十二条 当事人在举证期限内提供证据存在客观障碍，属于民事诉讼法第六十五条第二款规定的"当事人在该期限内提供证据确有困难"的情形。

前款情形,人民法院应当根据当事人的举证能力、不能在举证期限内提供证据的原因等因素综合判断。必要时,可以听取对方当事人的意见。

第五十三条　诉讼过程中,当事人主张的法律关系性质或者民事行为效力与人民法院根据案件事实作出的认定不一致的,人民法院应当将法律关系性质或者民事行为效力作为焦点问题进行审理。但法律关系性质对裁判理由及结果没有影响,或者有关问题已经当事人充分辩论的除外。

存在前款情形,当事人根据法庭审理情况变更诉讼请求的,人民法院应当准许并可以根据案件的具体情况重新指定举证期限。

第五十四条　当事人申请延长举证期限的,应当在举证期限届满前向人民法院提出书面申请。

申请理由成立的,人民法院应当准许,适当延长举证期限,并通知其他当事人。延长的举证期限适用于其他当事人。

申请理由不成立的,人民法院不予准许,并通知申请人。

第六十条　当事人在审理前的准备阶段或者人民法院调查、询问过程中发表过质证意见的证据,视为质证过的证据。

当事人要求以书面方式发表质证意见,人民法院在听取对方当事人意见后认为有必要的,可以准许。人民法院应当及时将书面质证意见送交对方当事人。

第六十一条　对书证、物证、视听资料进行质证时,当事人应当出示证据的原件或者原物。但有下列情形之一的除外:

(一)出示原件或者原物确有困难并经人民法院准许出示复制件或者复制品的;

(二)原件或者原物已不存在,但有证据证明复制件、复制品与原件或者原物一致的。

第六十二条　质证一般按下列顺序进行:

(一)原告出示证据,被告、第三人与原告进行质证;

(二)被告出示证据,原告、第三人与被告进行质证;

(三)第三人出示证据,原告、被告与第三人进行质证。

人民法院根据当事人申请调查收集的证据,审判人员对调查收集证据的情况进行说明后,由提出申请的当事人与对方当事人、第三人进行质证。

人民法院依职权调查收集的证据,由审判人员对调查收集证据的情况进行说明后,听取当事人的意见。

3.《最高人民法院关于知识产权民事诉讼证据的若干规定》(法释〔2020〕12号,20201118)

第二十七条　证人应当出庭作证,

接受审判人员及当事人的询问。

双方当事人同意并经人民法院准许，证人不出庭的，人民法院应当组织当事人对该证人证言进行质证。

第二十八条　当事人可以申请有专门知识的人出庭，就专业问题提出意见。经法庭准许，当事人可以对有专门知识的人进行询问。

第二十九条　人民法院指派技术调查官参与庭前会议、开庭审理的，技术调查官可以就案件所涉技术问题询问当事人、诉讼代理人、有专门知识的人、证人、鉴定人、勘验人等。

4.《人民法院在线诉讼规则》（法释〔2021〕12 号，20210801）

第十四条　人民法院根据当事人选择和案件情况，可以组织当事人开展在线证据交换，通过同步或者非同步方式在线举证、质证。

各方当事人选择同步在线交换证据的，应当在人民法院指定的时间登录诉讼平台，通过在线视频或者其他方式，对已经导入诉讼平台的证据材料或者线下送达的证据材料副本，集中发表质证意见。

各方当事人选择非同步在线交换证据的，应当在人民法院确定的合理期限内，分别登录诉讼平台，查看已经导入诉讼平台的证据材料，并发表质证意见。

各方当事人均同意在线证据交换，但对具体方式无法达成一致意见的，适用同步在线证据交换。

5.《最高人民法院关于审理建设工程施工合同纠纷案件适用法律问题的解释（一）》（法释〔2020〕25 号，20210101）

第三十三条　人民法院准许当事人的鉴定申请后，应当根据当事人申请及查明案件事实的需要，确定委托鉴定的事项、范围、鉴定期限等，并组织当事人对争议的鉴定材料进行质证。

第三十四条　人民法院应当组织当事人对鉴定意见进行质证。鉴定人将当事人有争议且未经质证的材料作为鉴定依据的，人民法院应当组织当事人就该部分材料进行质证。经质证认为不能作为鉴定依据的，根据该材料作出的鉴定意见不得作为认定案件事实的依据。

6.《最高人民法院关于审理医疗损害责任纠纷案件适用法律若干问题的解释》（法释〔2017〕20 号，20171214；经法释〔2020〕17 号修正，20210101）

第十条　委托医疗损害鉴定的，当事人应当按照要求提交真实、完整、充分的鉴定材料。提交的鉴定材料不符合要求的，人民法院应当通知当事人更换或者补充相应材料。

在委托鉴定前，人民法院应当组织当事人对鉴定材料进行质证。

第十三条　鉴定意见应当经当事人质证。

当事人申请鉴定人出庭作证，经人

民法院审查同意,或者人民法院认为鉴定人有必要出庭的,应当通知鉴定人出庭作证。双方当事人同意鉴定人通过书面说明、视听传输技术或者视听资料等方式作证的,可以准许。

鉴定人因健康原因、自然灾害等不可抗力或者其他正当理由不能按期出庭的,可以延期开庭;经人民法院许可,也可以通过书面说明、视听传输技术或者视听资料等方式作证。

无前款规定理由,鉴定人拒绝出庭作证,当事人对鉴定意见又不认可的,对该鉴定意见不予采信。

第十四条 当事人申请通知一至二名具有医学专门知识的人出庭,对鉴定意见或者案件的其他专门性事实问题提出意见,人民法院准许的,应当通知具有医学专门知识的人出庭。

前款规定的具有医学专门知识的人提出的意见,视为当事人的陈述,经质证可以作为认定案件事实的根据。

【司法文件】

《最高人民法院关于人民法院民事诉讼中委托鉴定审查工作若干问题的规定》(法〔2020〕202号,20200901)

一、对鉴定事项的审查

1. 严格审查拟鉴定事项是否属于查明案件事实的专门性问题,有下列情形之一的,人民法院不予委托鉴定:

(1)通过生活常识、经验法则可以推定的事实;

(2)与待证事实无关联的问题;

(3)对证明待证事实无意义的问题;

(4)应当由当事人举证的非专门性问题;

(5)通过法庭调查、勘验等方法可以查明的事实;

(6)对当事人责任划分的认定;

(7)法律适用问题;

(8)测谎;

(9)其他不适宜委托鉴定的情形。

2. 拟鉴定事项所涉鉴定技术和方法争议较大的,应当先对其鉴定技术和方法的科学可靠性进行审查。所涉鉴定技术和方法没有科学可靠性的,不予委托鉴定。

二、对鉴定材料的审查

3. 严格审查鉴定材料是否符合鉴定要求,人民法院应当告知当事人不提供符合要求鉴定材料的法律后果。

4. 未经法庭质证的材料(包括补充材料),不得作为鉴定材料。

当事人无法联系、公告送达或当事人放弃质证的,鉴定材料应当经合议庭确认。

5. 对当事人有争议的材料,应当由人民法院予以认定,不得直接交由鉴定机构、鉴定人选用。

【法院参考案例】

审理过程中发生的事实应否纳入审理范围[肇庆亚洲铝厂有限公司与中

国建设银行股份有限公司肇庆市分行等金融借款合同纠纷案,最高人民法院(2019)最高法民终 1949 号]

在金钱之债履行过程中,不排除存在债权人起诉后、审理过程中甚至判决送达后,债务人仍持续向债权人还款的可能。一般而言,人民法院审理查明的事实是原告起诉前所发生的事实,但为便利当事人诉讼,高效解决争议,《民事诉讼法》第 139 条第 1 款(现为第 142 条第 1 款)规定:"当事人在法庭上可以提出新的证据",表明现行《民事诉讼法》对将起诉之后、审理过程中发生的事实纳入审理范围并不持排斥态度。但为避免审理范围过于不确定,《民事诉讼法解释》第 232 条规定,在案件受理后,法庭辩论终结前,原告增加诉讼请求,被告提出反诉,第三人提出与本案有关的诉讼请求,可以合并审理的,人民法院应当合并审理。该规定对将新的事实纳入审理范围的时间进行了必要的限制。本案一审法院立案时间为 2015 年 9 月 14 日,亚铝厂于 2017 年 10 月 25 日庭审陈述的事实涉及至 2016 年 11 月 11 日其已偿还的利息数额,如对该法庭辩论终结前抵作利息的"其余还款"的还款时间、具体构成、对应的数额等能在一审审理中查明,与仅查明"其余还款均抵作利息"相比,前者更有助于消除判决执行过程中的不确定性。为避免当事人讼累,增加判决执行的确定性和可操作性,对于在庭审辩论终结前可以查明的相关数额,以在

事实查明部分予以查明并在判决主文中明确载明为宜。

第一百四十三条　【诉的合并】原告增加诉讼请求,被告提出反诉,第三人提出与本案有关的诉讼请求,可以合并审理。

【立法·要点注释】

1. 原告增加诉讼请求。作为民事实体权利的主张人和民事诉讼的发起人,原告对自己的实体权利和诉讼权利拥有处分权,可以根据自身情况和诉讼形势的变化调整诉讼请求,包括在已提出的诉讼请求不足以满足自己的主张时,增加新的诉讼请求。在司法实践中,原告在诉讼过程中要求增加诉讼请求时,一般向审理本案的审判长或者独任审判员提出,审判长或者独任审判员根据本案的具体情况以及当事人新的诉讼请求,认为合并审理更有利于案件处理和纠纷解决的,可以合并审理。

2. 被告提出反诉。作为民事纠纷的另一方,被告对自己的实体权利和诉讼权利有与原告相同的处分权。根据本法第 54 条的规定,被告可以承认或者反驳原告提出的诉讼请求,也有权提起反诉。反诉是指在已经开始的民事诉讼程序中,被告针对原告提出的与本诉有牵连的诉讼请求。被告提出反诉的目的是抵销或者吞并本诉的诉讼请

求,或者使本诉的诉讼请求失去意义。反诉有4个条件:(1)反诉是在本诉进行过程中提起的,如果本诉尚未提起,或者本诉已经审理终结,就不能提出反诉。(2)反诉的被告必须是本诉的原告,即反诉与本诉的当事人必须相同,只是他们之间的诉讼地位互换而已。(3)本诉与反诉的诉讼标的或者诉讼理由必须有联系。(4)提起反诉的目的是抵消或者吞并本诉的诉讼请求,或者使本诉的诉讼请求失去存在的意义。

3. 第三人提出与本案有关的诉讼请求。本法第59条第1款规定,对当事人双方的诉讼标的,第三人认为有独立请求权的,有权提起诉讼。第三人在诉讼过程中提出与本案有关的诉讼请求时,人民法院根据案件的具体情况及第三人提出的诉讼请求,认为合并审理可以避免程序上的重复,节省时间和人力、物力,防止作出相互矛盾的裁判的,可以合并审理。例如,甲和乙订立了房屋租赁合同,约定甲将房屋租赁给乙。后乙因甲未履行合同而起诉甲。在案件的审理过程中,第三人丙称自己是房屋所有人而起诉甲和乙。这里原告乙和被告甲之间的诉讼可以称为本诉,第三人丙提出的诉讼可以称为第三人之诉。尽管这里第三人丙的起诉与本诉不是基于同一法律关系,也不是基于同一事实,但丙的诉讼请求与本诉的诉讼标的密切相关,人民法院可以决定将这两个诉合并审理。不管是原告、被告还是第三人提出了新的诉讼请求,是否合

并审理,都应当由人民法院依据民事诉讼的基本理论和案件的实际情况决定。

4. 从司法实践经验来看,将原告的新的诉讼请求、被告的反诉以及第三人的起诉与本诉合并审理,应当有利于解决纠纷,简化诉讼程序。如果人民法院根据新旧诉讼请求的实际内容,结合案件的具体情况,认为合并审理并不能同时解决几个方面的问题,也不能简化诉讼程序,反而会给案件的处理增加困难,或者不利于当事人、第三人及其他诉讼参与人进行诉讼,人民法院可以作出不合并审理的决定。人民法院对于不合并审理的案件,应当告知当事人另行起诉,或者对第三人的起诉另行立案审理。

5. 对于原告、被告和第三人而言,将原告的新的诉讼请求、被告的反诉以及第三人的起诉与本诉合并审理,可以有效降低诉讼成本。例如,《诉讼费用交纳办法》第18条规定:"被告提起反诉、有独立请求权的第三人提出与本案有关的诉讼请求,人民法院决定合并审理的,分别减半交纳案件受理费。"

【相关立法】

《中华人民共和国海事诉讼特别程序法》(20000701)

第九十一条 当事人就同一海损事故向受理共同海损案件的海事法院提起非共同海损的诉讼,以及对共同海损分摊向责任人提起追偿诉讼的,海事

法院可以合并审理。

【司法解释】

1.《最高人民法院关于适用〈中华人民共和国民事诉讼法〉的解释》（法释〔2015〕5号，20150204；经法释〔2022〕11号修正，20220410）

第八十一条　根据民事诉讼法第五十九条的规定，有独立请求权的第三人有权向人民法院提出诉讼请求和事实、理由，成为当事人；无独立请求权的第三人，可以申请或者由人民法院通知参加诉讼。

第一审程序中未参加诉讼的第三人，申请参加第二审程序的，人民法院可以准许。

第二百二十一条　基于同一事实发生的纠纷，当事人分别向同一人民法院起诉的，人民法院可以合并审理。

【重点解读】对于本条的理解应把握以下几点。

1.诉的合并的标准

法律事实是法律规范所规定的能够引起法律关系产生、变更或消灭的现象，可以合并的诉讼应"基于同一事实"发生，各单纯之诉所依据的事实关系或者法律关系应有牵连，具有一致性或者重叠性。如果各单纯之诉所依据的事实关系或者法律关系并不具有一致性，或者重叠性较小以至于不足以产生相互矛盾的裁判，则认为各单纯之诉并不符合合并的要件。

从司法实践看，存在下述情形时可以认为诉的牵连性较为紧密：(1)各个诉的当事人诉求指向同一法律关系，如基于同一个合同关系，合同甲方请求继续履行合同，而合同乙方起诉请求确认合同无效或者申请撤销合同；或者合同甲方请求支付价款，合同乙方主张履行不符合约定，甲方应赔偿损失。(2)各个诉的当事人诉求基于同一事实而产生，但是存在多个法律关系，例如基于同一交通事故，有多个受害人和责任人，成立多个人身损害赔偿法律关系，有可能发生多起诉讼，但是各案在事实认定及对当事人在侵权事件中的责任比例划分应具有一致性，故宜合并审理。又如，在离婚诉讼中，因离婚行为产生三个法律关系——离婚关系，子女抚养关系以及财产分割关系，通常应在一个案件中合并审理。除非财产分割纠纷过于复杂，为避免拖延婚姻关系的处理，则可以分别处理。(3)各个诉之间涉及的法律关系存在主从关系。如在借款纠纷中，借款人与出借人、担保人分别签订借款合同和担保合同，出借人分别起诉借款人和担保人。担保合同纠纷中担保人的责任与借款合同中出借人的责任具有一致性，应合并审理。(4)各个诉之间的当事人存在不真正连带债务。产生不真正连带债务是因存在不同的法律关系，基于同一损害事实，数个债务人对债权人负有同一给付义务。例如，劳动者在工作时间、工作地点因工作原因遭受第三人的人身侵害，劳动者可以基于侵权行为向第三人主张赔偿，同时，劳动者可以基于劳动合同关系，向用人单位主张赔偿，用人单位赔偿后可以向第三人追偿。如果劳动者同时提起两个诉讼，则可以合并审理，有助于确定终局责任承担者。

2. 诉的合并的启动和决定

诉讼的启动权在当事人，当事人对程序问题亦有处分权，例如申请撤诉，但是为了保证诉讼的公正及效率，法院对诉讼程序有控制权，对程序事项有裁决权。当事人可以向法院申请合并诉讼，由法院根据案件的牵连程度等考量因素作出决定；在当事人未申请合并情况下，法院认为有必要合并的，也可以自行决定合并审理。根据本司法解释第232条的规定，当事人提出反诉，第三人提出与本案有关的诉讼请求的时间为法庭辩论结束前，参照该规定，当事人应在法庭辩论结束前提出诉的合并申请。

在案件的审理过程中，应注意如下问题：（1）做好释明工作，发现存在相互关联的案件，应及时向当事人释明是否申请合并案件。（2）注意审查需要合并的案件是否属于同一诉讼程序。如果发现当事人申请合并的诉讼不能适用同一诉讼程序，法院应分别审理。例如，股东请求解散公司诉讼属于诉讼案件中的变更之诉，适用普通程序；公司清算属于非诉案件。公司解散案件和公司清算案件不能合并审理。（3）合并审

理的方式。对于合并审理的内涵，学理上有不同的认识，一般包括共同开庭，适用同一诉讼程序，由同一审判组织审理，共同调解、宣判等。我们认为，诉的合并可以是两个诉讼合并为一个案件，如本诉、反诉的合并；也可以由同一审判组织审理，而仍为两个独立的案件。合并审理的本质应为由同一审判组织审理，一般应共同开庭，共同调解和判决。在两个诉合并为一个案件时，可以作出合一的判决。如果一个案件对另一个案件有先决效力，可以对有先决效力的案件先行宣判。（4）法院在决定是否合并多个诉讼时应从立法目的出发，审查合并诉讼是否有利于查清案件事实、厘定当事人具体责任，防止相互矛盾的事实认定和裁判结果。如果诉的合并无法实现上述程序功能和价值，则应避免将缺乏牵连性的诉讼合并，导致不必要的诉讼拖延。

第二百三十二条 在案件受理后，法庭辩论结束前，原告增加诉讼请求，被告提出反诉，第三人提出与本案有关的诉讼请求，可以合并审理的，人民法院应当合并审理。

第二百三十三条 反诉的当事人应当限于本诉的当事人的范围。

反诉与本诉的诉讼请求基于相同法律关系、诉讼请求之间具有因果关系，或者反诉与本诉的诉讼请求基于相同事实的，人民法院应当合并审理。

反诉应由其他人民法院专属管辖，或者与本诉的诉讼标的及诉讼请求所

依据的事实、理由无关联的,裁定不予受理,告知另行起诉。

【重点解读】民事诉讼中的反诉,是指在已经开始的民事诉讼程序中,被告针对原告提出的与本诉有牵连的诉讼请求。被告反诉,旨在通过反诉,抵消或者吞并本诉的诉讼请求,或者使本诉的诉讼请求失去意义。提起反诉是被告的一项诉讼权利,《民事诉讼法》规定反诉制度的目的,一方面是便于法院通过对反诉与本诉的合并审理,以同一诉讼程序解决相关民事纠纷,提高诉讼效率;另一方面则是避免因分别审理而造成的裁判矛盾。《民事诉讼法》仅规定了被告有权提起反诉,但并没有规定反诉的构成要件,导致实践中哪些构成反诉、哪些不构成反诉比较混乱,需要明确。本条即规定了反诉的主体要求和客观构成要件,理解本条应当注意把握以下四个方面。

1.反诉的主体要求

反诉的主体要求即反诉中的原、被告主体资格,主要包括两方面:一是提起反诉的主体,即谁有资格提起反诉;二是提起反诉的对象,即向谁提起。反诉只能由本诉的被告向本诉的原告提起,反诉实际上是变更原诉当事人的相互地位,原告变为被告,被告变为原告。反诉与本诉并存于同一诉讼程序之中,使双方当事人都同时居于原告与被告的双重诉讼地位。反诉的当事人包含了反诉的原告与被告两方面,无论是提起反诉的主体,抑或是反诉的对象,如

果超越了本诉当事人的范围,则均不构成反诉,需要另行起诉。由于我国民事诉讼中的第三人制度可为当事人之外的第三人参与诉讼提供一定的路径,所以理论上禁止第三人提起反诉。

2.反诉的客观构成要件

(1)构成反诉的实质要件。反诉的实质要件是指反诉与本诉之间必须具有牵连关系,它是构成反诉的核心要件。所谓反诉与本诉有牵连关系,是指反诉标的及请求与本诉标的及请求有牵连,这种牵连包括法律上的牵连和事实上的牵连,即反诉与本诉的诉讼请求必须在事实或法律上有牵连关系。只有具备了这种牵连性,反诉才能成立,因而反诉实质要件就是决定被告提出的反请求是否属于反诉范畴的条件。主流观点认为,反诉与本诉的牵连关系包括反诉的诉讼请求与本诉的诉讼请求基于同一法律事实或者属于同一法律关系,由于这种牵连,反诉与本诉就可以相互排斥、抵消、吞并。具体来讲,本诉与反诉的牵连关系主要表现为:一是诉讼请求基于相同法律关系。例如,在买卖合同纠纷中,一方以对方短少货款为由请求给付货款并支付利息,对方以货物质量不符合约定为由请求修理、更换、重作并赔偿损失。二是诉讼请求之间具有因果关系。通常表现为诉讼请求相互冲突或抵消,如原告起诉离婚,被告反诉确认婚姻无效。三是本诉与反诉的诉讼请求建立在相同事实基础上。例如,两人互殴,一方诉请损害

赔偿,对方反诉损害赔偿。这也是判断构成反诉的主要标准。

(2)构成反诉的程序性要件。除了上述实质要件外,构成反诉的程序性要件也必不可少,具体包括以下四个方面。

第一,反诉起诉条件的要求。反诉同本诉一样,首先必须符合《民事诉讼法》第122条规定的起诉条件:原告是与本案有直接利害关系的公民、法人和其他组织;有明确的被告;有具体的诉讼请求和事实、理由;属于人民法院受理民事诉讼的范围和受诉人民法院管辖。

第二,反诉管辖法院的要求。管辖权是法院对特定诉讼行使审判权的前提,故受诉法院须对反诉具有管辖权。反诉只能向受理本诉的同一人民法院提起,且不能违反法律对专属管辖的规定。反诉是在本诉进行中提起的,并且要利用本诉的诉讼程序一并进行审理,因此反诉只能向受理本诉的法院提起。审理本诉的法院对反诉的管辖权,可以基于牵连管辖而获得,但如果反诉属于另一法院专属管辖,受理本诉的法院则无权管辖,本诉的被告只能向有专属管辖权的法院另行起诉。专属管辖多因涉及公共利益而具有强制性,不允许随意变更,具有不可改变性、排他性,由某一法院专属管辖的案件,其他任何法院都无权管辖。这是法律强制性规定,不得违反。

第三,反诉程序上的要求。反诉与本诉应当适用同种诉讼程序,以便于合并审理。这里的同一程序是指普通程序和简易程序,不包括非诉讼程序,因为在非诉讼程序中被告不能提起反诉。只有反诉和本诉适用同一程序,才能将反诉与本诉合并审理,以达到简化诉讼程序之目的。

第四,提起反诉的时间要求。反诉的提起是以本诉的存在为前提的,当然应当在本诉的进行中提起,但最迟什么时间提起才有效,《民事诉讼法》对此并没有明确的规定。根据本司法解释第232条的规定,在案件受理后,法庭辩论结束前,被告提出反诉,可以合并审理的,人民法院应当合并审理。即反诉应当在法庭辩论结束之前提起,这样法庭可以将本诉与反诉合并审理,集中进行法庭调查,在查明案件事实、分清是非的基础上进行裁判,这样较之于将两诉分别审理可以省去许多重复程序,既能提高诉讼效率又能准确有效地解决民事纠纷。需要注意的是,这里的"法庭辩论结束前"既包括一审程序中的法庭辩论结束前,也包括二审程序中的法庭辩论结束前。换言之,本诉被告在本诉的一审程序、二审程序和再审程序中均可提起反诉。根据本司法解释第326条的规定,在第二审程序中,原审被告提出反诉的,第二审人民法院可以根据当事人自愿的原则就反诉进行调解,调解不成的,告知当事人另行起诉。

3.本诉与反诉应当合并审理

合并审理,就是把两个或两个以上

的诉合并在一个程序中进行审理。合并审理既能贯彻"两便"原则，减轻当事人和人民法院不必要的讼累，从而节约司法资源；又能防止法院在处理有关联的问题中作出相互矛盾的裁判，从而保证法院裁判的正确性和统一性。关于反诉的审理，我国《民事诉讼法》的规定是可以合并审理。《民事诉讼法》第 143 条规定："原告增加诉讼请求，被告提出反诉，第三人提出与本案有关的诉讼请求，可以合并审理。"从立法字面含义理解，反诉与本诉可以合并审理，也可以不合并审理。可见合并审理并非反诉的目的，只是一种解决纠纷的方式，分开审理也不应影响反诉的成立。我国立法没有对本诉与反诉的合并审理程序加以明确和细化。本司法解释第 232 条明确规定，本诉与反诉可以合并审理的，应当合并审理。本条则特别强调，当反诉与本诉的请求基于相同法律关系、具有因果关系或基于相同事实时，应当合并审理。因为这类反诉与本诉联系紧密，在事实认定和责任的归属等方面容易处于交叉重叠状态，合并审理有利于事实的认定、纠纷的解决和裁判矛盾的剔除。

4. 不构成反诉的处理

由于构成反诉必须具有上述主客观要件，对于被告提出的诉讼请求应由其他法院专属管辖，或者与本诉的诉讼标的及诉讼请求所依据的事实、理由无关联的，则不能构成反诉，被告主张的，人民法院不予受理，告知其另行起诉。

第二百五十一条　二审裁定撤销一审判决发回重审的案件，当事人申请变更、增加诉讼请求或者提出反诉，第三人提出与本案有关的诉讼请求的，依照民事诉讼法第一百四十三条规定处理。

第二百五十二条　再审裁定撤销原判决、裁定发回重审的案件，当事人申请变更、增加诉讼请求或者提出反诉，符合下列情形之一的，人民法院应当准许：

（一）原审未合法传唤缺席判决，影响当事人行使诉讼权利的；

（二）追加新的诉讼当事人的；

（三）诉讼标的物灭失或者发生变化致使原诉讼请求无法实现的；

（四）当事人申请变更、增加的诉讼请求或者提出的反诉，无法通过另诉解决的。

2.《最高人民法院关于审理民事级别管辖异议案件若干问题的规定》（法释〔2009〕17 号，20100101；经法释〔2020〕20 号修正，20210101）

第三条　提交答辩状期间届满后，原告增加诉讼请求金额致使案件标的额超过受诉人民法院级别管辖标准，被告提出管辖权异议，请求由上级人民法院管辖的，人民法院应当按照本规定第一条审查并作出裁定。

3.《最高人民法院关于适用〈中华人民共和国民法典〉婚姻家庭编的解释

（一）》（法释〔2020〕22号，20210101）

第十三条 人民法院就同一婚姻关系分别受理了离婚和请求确认婚姻无效案件的，对于离婚案件的审理，应当待请求确认婚姻无效案件作出判决后进行。

4.《最高人民法院关于适用〈中华人民共和国民法典〉有关担保制度的解释》（法释〔2020〕28号，20210101）

第六十四条 在所有权保留买卖中，出卖人依法有权取回标的物，但是与买受人协商不成，当事人请求参照民事诉讼法"实现担保物权案件"的有关规定，拍卖、变卖标的物的，人民法院应予准许。

出卖人请求取回标的物，符合民法典第六百四十二条规定的，人民法院应予支持；买受人以抗辩或者反诉的方式主张拍卖、变卖标的物，并在扣除买受人未支付的价款以及必要费用后返还剩余款项的，人民法院应当一并处理。

5.《最高人民法院关于审理劳动争议案件适用法律问题的解释（一）》（法释〔2020〕26号，20210101）

第十四条 人民法院受理劳动争议案件后，当事人增加诉讼请求的，如该诉讼请求与讼争的劳动争议具有不可分性，应当合并审理；如属独立的劳动争议，应当告知当事人向劳动争议仲裁机构申请仲裁。

6.《最高人民法院关于审理商品房买卖合同纠纷案件适用法律若干问题的解释》（法释〔2003〕7号，20030601；经法释〔2020〕17号修正，20210101）

第二十一条 以担保贷款为付款方式的商品房买卖合同的当事人一方请求确认商品房买卖合同无效或者撤销、解除合同的，如果担保权人作为有独立请求权第三人提出诉讼请求，应当与商品房担保贷款合同纠纷合并审理；未提出诉讼请求的，仅处理商品房买卖合同纠纷。担保权人就商品房担保贷款合同纠纷另行起诉的，可以与商品房买卖合同纠纷合并审理。

商品房买卖合同被确认无效或者被撤销、解除后，商品房担保贷款合同也被解除的、出卖人应当将收受的购房贷款和购房款的本金及利息分别返还担保权人和买受人。

7.《最高人民法院关于审理建设工程施工合同纠纷案件适用法律问题的解释（一）》（法释〔2020〕25号，20210101）

第十六条 发包人在承包人提起的建设工程施工合同纠纷案件中，以建设工程质量不符合合同约定或者法律规定为由，就承包人支付违约金或者赔偿修理、返工、改建的合理费用等损失提出反诉的，人民法院可以合并审理。

8.《最高人民法院关于审理技术合同纠纷案件适用法律若干问题的解释》（法释〔2004〕20号，20050101；经法释

〔2020〕19号修正，20210101）

第四十五条　第三人向受理技术合同纠纷案件的人民法院就合同标的技术提出权属或者侵权请求时，受诉人民法院对此也有管辖权的，可以将权属或者侵权纠纷与合同纠纷合并审理；受诉人民法院对此没有管辖权的，应当告知其向有管辖权的人民法院另行起诉或者将已经受理的权属或者侵权纠纷案件移送有管辖权的人民法院。权属或者侵权纠纷另案受理后，合同纠纷应当中止诉讼。

专利实施许可合同诉讼中，被许可人或者第三人向国家知识产权局请求宣告专利权无效的，人民法院可以不中止诉讼。在案件审理过程中专利权被宣告无效的，按照专利法第四十七条第二款和第三款的规定处理。

9.《最高人民法院关于审理使用人脸识别技术处理个人信息相关民事案件适用法律若干问题的规定》（法释〔2021〕15号，20210801）

第十三条　基于同一信息处理者处理人脸信息侵害自然人人格权益发生的纠纷，多个受害人分别向同一人民法院起诉的，经当事人同意，人民法院可以合并审理。

10.《最高人民法院关于适用〈中华人民共和国保险法〉若干问题的解释（四）》（法释〔2018〕13号，20180901；经法释〔2020〕18号修正，20210101）

第十三条　保险人提起代位求偿权之诉时，被保险人已经向第三者提起诉讼的，人民法院可以依法合并审理。

保险人行使代位求偿权时，被保险人已经向第三者提起诉讼，保险人向受理该案的人民法院申请变更当事人，代位行使被保险人对第三者请求赔偿的权利，被保险人同意的，人民法院应予准许；被保险人不同意的，保险人可以作为共同原告参加诉讼。

11.《最高人民法院关于审理票据纠纷案件若干问题的规定》（法释〔2000〕32号，20001121；经法释〔2020〕18号修正，20210101）

第九条　第九条票据债务人依照票据法第十三条的规定，对与其有直接债权债务关系的持票人提出抗辩，人民法院合并审理票据关系和基础关系的，持票人应当提供相应的证据证明已经履行了约定义务。

12.《最高人民法院关于审理侵害植物新品种权纠纷案件具体应用法律问题的若干规定（二）》（法释〔2021〕14号，20210707）

第十九条　他人未经许可，自品种权初步审查合格公告之日起至被授予品种权之日止，生产、繁殖或者销售该授权品种的繁殖材料，或者为商业目的将该授权品种的繁殖材料重复使用于生产另一品种的繁殖材料，权利人对此主张追偿利益损失的，人民法院可以按照临时保护期使用费纠纷处理,并参照有关品种权实施许可费,结合品种类型、种植时间、经营规模、当时的市场价值等因素合理确定该使用费数额。

前款规定的被诉行为延续到品种授权之后,权利人对品种权临时保护期使用费和侵权损害赔偿均主张权利的,人民法院可以合并审理,但应当分别计算处理。

13.《最高人民法院关于审理垄断民事纠纷案件适用法律若干问题的解释》(法释〔2024〕6 号,20240701)

第八条 两个以上原告因同一垄断行为向有管辖权的同一人民法院分别提起诉讼的,人民法院可以合并审理。

两个以上原告因同一垄断行为向有管辖权的不同人民法院分别提起诉讼的,后立案的人民法院发现其他有管辖权的人民法院已先立案的,应当裁定将案件移送先立案的人民法院;受移送的人民法院可以合并审理。

人民法院可以要求当事人提供与被诉垄断行为相关的行政执法、仲裁、诉讼等情况。当事人拒不如实提供的,可以作为认定其是否遵循诚信原则和构成滥用权利等的考量因素。

14.《最高人民法院关于审理信用证纠纷案件若干问题的规定》(法释〔2005〕13 号,20060101;经法释〔2020〕18 号修正,20210101)

第十四条 人民法院在审理信用证欺诈案件过程中,必要时可以将信用证纠纷与基础交易纠纷一并审理。

当事人以基础交易欺诈为由起诉的,可以将与案件有关的开证行、议付行或者其他信用证法律关系的利害关系人列为第三人;第三人可以申请参加诉讼,人民法院也可以通知第三人参加诉讼。

15.《最高人民法院关于审理海事赔偿责任限制相关纠纷案件的若干规定》(法释〔2010〕11 号,20100915;经法释〔2020〕18 号修正,20210101)

第十条 债权人提起确权诉讼时,依据海商法第二百零九条的规定主张责任人无权限制赔偿责任的,应当以书面形式提出。案件的审理不适用海事诉讼特别程序法规定的确权诉讼程序,当事人对海事法院作出的判决、裁定可以依法提起上诉。

两个以上债权人主张责任人无权限制赔偿责任的,海事法院可以将相关案件合并审理。

16.《最高人民法院关于审理消费民事公益诉讼案件适用法律若干问题的解释》(法释〔2016〕10 号,20160501;经法释〔2020〕20 号修正,20210101)

第十一条 消费民事公益诉讼案件审理过程中,被告提出反诉的,人民法院不予受理。

17.《最高人民法院关于审理环境民事公益诉讼案件适用法律若干问题的解释》(法释〔2015〕1号,20150107;经法释〔2020〕20号修正,20210101)

第十七条 环境民事公益诉讼案件审理过程中,被告以反诉方式提出诉讼请求的,人民法院不予受理。

【司法文件】

1.《全国法院破产审判工作会议纪要》(最高人民法院,法〔2018〕53号,20180304)

六、关联企业破产

会议认为,人民法院审理关联企业破产案件时,要立足于破产关联企业之间的具体关系模式,采取不同方式予以处理。既要通过实质合并审理方式处理法人人格高度混同的关联关系,确保全体债权人公平清偿,也要避免不当采用实质合并审理方式损害相关利益主体的合法权益。

32.关联企业实质合并破产的审慎适用。人民法院在审理企业破产案件时,应当尊重企业法人人格的独立性,以对关联企业成员的破产原因进行单独判断并适用单个破产程序为基本原则。当关联企业成员之间存在法人人格高度混同、区分各关联企业成员财产的成本过高、严重损害债权人公平清偿利益时,可例外适用关联企业实质合并破产方式进行审理。

33.实质合并申请的审查。人民法院收到实质合并申请后,应当及时通知相关利害关系人并组织听证,听证时间不计入审查时间。人民法院在审查实质合并申请过程中,可以综合考虑关联企业之间资产的混同程序及其持续时间、各企业之间的利益关系、债权人整体清偿利益、增加企业重整的可能性等因素,在收到申请之日起三十日内作出是否实质合并审理的裁定。

34.裁定实质合并时利害关系人的权利救济。相关利害关系人对受理法院作出的实质合并审理裁定不服的,可以自裁定书送达之日起十五日内向受理法院的上一级人民法院申请复议。

35.实质合并审理的管辖原则与冲突解决。采用实质合并方式审理关联企业破产案件的,应由关联企业中的核心控制企业住所地人民法院管辖。核心控制企业不明确的,由关联企业主要财产所在地人民法院管辖。多个法院之间对管辖权发生争议的,应当报请共同的上级人民法院指定管辖。

36.实质合并审理的法律后果。人民法院裁定采用实质合并方式审理破产案件的,各关联企业成员之间的债权债务归于消灭,各成员的财产作为合并后统一的破产财产,由各成员的债权人在同一程序中按照法定顺序公平受偿。采用实质合并方式进行重整的,重整计划草案中应当制定统一的债权分类、债权调整和债权受偿方案。

37.实质合并审理后的企业成员存续。适用实质合并规则进行破产清算的,破产程序终结后各关联企业成员均应予以注销。适用实质合并规则进行和解或重整的,各关联企业原则上应当合并为一个企业。根据和解协议或重整计划,确有需要保持个别企业独立的,应当依照企业分立的有关规则单独处理。

38. 关联企业破产案件的协调审理与管辖原则。多个关联企业成员均存在破产原因但不符合实质合并条件的,人民法院可根据相关主体的申请对多个破产程序进行协调审理,并可根据程序协调的需要,综合考虑破产案件审理的效率、破产申请的先后顺序、成员负债规模大小、核心控制企业住所地等因素,由共同的上级法院确定一家法院集中管辖。

39. 协调审理的法律后果。协调审理不消灭关联企业成员之间的债权债务关系,不对关联企业成员的财产进行合并,各关联企业成员的债权人仍以该企业成员财产为限依法获得清偿。但关联企业成员之间不当利用关联关系形成的债权,应当劣后于其他普通债权顺序清偿,且该劣后债权人不得就其他关联企业成员提供的特定财产优先受偿。

2.《全国法院民商事审判工作会议纪要》(最高人民法院,法〔2019〕254号,20191108)

26.【股东代表诉讼的反诉】股东依据《公司法》第 151 条①第 3 款的规定提起股东代表诉讼后,被告以原告股东恶意起诉侵犯其合法权益为由提起反诉的,人民法院应予受理。被告以公司在案涉纠纷中应当承担侵权或者违约等责任为由对公司提出的反诉,因不符合反诉的要件,人民法院应当裁定不予受理;已经受理的,裁定驳回起诉。

70.【保兑仓交易的合并审理】当事人就保兑仓交易中的不同法律关系的相对方分别或者同时向同一人民法院起诉的,人民法院可以根据民事诉讼法司法解释第 221 条的规定,合并审理。当事人未起诉某一方当事人的,人民法院可以依职权追加未参加诉讼的当事人为第三人,以便查明相关事实,正确认定责任。

3.《涉外商事海事审判实务问题解答(一)》(最高人民法院,20040408)

64. 当事人以基础交易欺诈为由起诉的,可否将其与信用证法律关系合并审理?

答:当事人以基础交易存在欺诈为由起诉的,人民法院根据案情,可以将基础交易纠纷与信用证法律关系合并审理。当事人可以将与案件有关的开证行、议付行或其他信用证权利受让人作为利害关系人列为第三人;当事人未列第三人的,人民法院根据案情,可以追加第三人;当事人主动申请作为第三人参加诉讼的,也

---

① 对应 2023 年《公司法》第 189 条。——编者注

应当准许。人民法院经过实体审理确认欺诈成立的,应当以判决的方式,终止支付信用证项下的款项。

【法院参考案例】

1. 反诉和本诉是否合并审理如何确定[陈某与汪某委托合同纠纷案,最高人民法院(2020)最高法民申 3283 号]

反诉的当事人应当限于本诉的当事人的范围,反诉与本诉的诉讼请求基于相同法律关系、诉讼请求之间具有因果关系,或者反诉与本诉的诉讼请求基于相同事实的,人民法院应当合并审理。本案再审申请人陈某系在汪某起诉其委托合同纠纷一案中提起反诉,其反诉请求包括要求案外人郑某承担连带清偿责任,该项反诉请求的当事人已超出本诉当事人的范围。此外,陈某的反诉请求系基于委托诉讼代理合同及民间借贷合同,而汪某本诉请求系基于委托经营管理合同,因此陈某的反诉与汪某的本诉请求不属于相同法律关系,亦非基于相同事实,故裁定驳回陈某的再审申请。

2. 反诉请求可否超出本诉审理范围[恒智清洁能源(深圳)有限公司与高某华、王某辉等股权转让合同纠纷案,最高人民法院(2021)最高法民终 815 号]

反诉与本诉的诉讼请求基于相同法律关系、诉讼请求之间具有因果关系,或者反诉与本诉的诉讼请求基于相同事实的,人民法院应当合并审理。本诉与反诉之间应当具有牵连性,两者诉讼请求一并予以审理。本诉是本案产生并进行审理的基础,反诉应建立在反诉与本诉的诉讼请求是基于相同法律关系或相同事实的基础上。虽高某华、王某辉于案件审理过程中撤回起诉,但因反诉源于本诉,本诉撤回起诉后反诉仍可在与本诉牵连相关范围内继续审理。况本案中虽高某华、王某辉撤回一审诉讼请求,但恒智公司并未因此撤回反诉请求,始终保持反诉原告的诉讼地位,亦表明其对于作为反诉原告参与本案诉讼提出反诉请求并不持异议,因此其基于反诉所提出的诉讼请求应与本诉具有牵连性,不应超出本诉审理范围。因本诉与反诉系基于牵连关系而产生合并审理的基础,如在股权转让合同纠纷中引入其他与本诉无关的法律关系,不但不符合我国反诉制度的规定,也使得诉讼关系复杂化,难以实现反诉制度合理配置司法资源的目的。

3. 原告在法庭辩论终结前增加诉讼请求的,何种情况下不予准许[行知技术有限公司与南京光辉互动网络科技股份有限公司、孙某凯侵害计算机软件著作权纠纷案,最高人民法院(2020)最高法知民终 1926 号]

《民事诉讼法解释》第 232 条规定:"在案件受理后,法庭辩论结束前,原告增加诉讼请求,被告提出反诉,第三人提出与本案有关的诉讼请求,可以合并审理的,人民法院应当合并审理。"所以,人民法院对于原告增加的诉讼请求予以合并审理至少应满足如下要件:其一,该增加的诉讼请求在法庭辩论终结前提出;其二,该增加的诉讼请求可以与原诉讼请求合并审理。基于此,原告增加诉讼请求虽然在法庭辩论终结前提出,但如果该增加的诉讼请求内容与本案争议的法律关系不属于同一法律关系,法院不予准许其该项增加的诉讼请求,并告知其可另行起诉的,并不违反法定程序,亦不影响原告的诉讼权利。

4. 侵害技术秘密之诉和专利权权属之诉可否合并审理[大连某公司诉何某、苏州某公司侵害技术秘密及专利权权属纠纷案,最高人民法院(2019)最高法知民终672号]

侵害技术秘密之诉与专利权权属之诉系基于同一事实或者裁判结果相互牵连的,适宜在一个案件中合并审理。

5. 职务发明创造权属纠纷中发明人确认之诉和权属之诉可否合并审理[深圳市某精密仪器股份有限公司诉广州某生物技术股份有限公司、王某等专利权权属纠纷案,最高人民法院(2021)最高法知民终2146号]

职务发明创造专利权或者专利申请权权属纠纷的原告同时提出确认发明人之诉,有关发明人均参与诉讼的,人民法院可以在一案中一并审理,也可以分立两案但作合并审理。

第一百四十四条　【法庭辩论】法庭辩论按照下列顺序进行:

(一)原告及其诉讼代理人发言;

(二)被告及其诉讼代理人答辩;

(三)第三人及其诉讼代理人发言或者答辩;

(四)互相辩论。

法庭辩论终结,由审判长或者独任审判员按照原告、被告、第三人的先后顺序征询各方最后意见。

【立法·要点注释】

法庭辩论是在法庭调查的基础上,双方当事人运用法庭调查已查实的证据和有关法律规定,对认定案件事实、确定诉讼请求等方面仍有争议的问题进行辩论,反驳对方的意见,阐明自己主张的正确性。通过法庭辩论,便于认定事实,辨明是非,使人民法院作出正确的裁判。

【司法解释】

1.《最高人民法院关于适用〈中华人民共和国民事诉讼法〉的解释》(法释〔2015〕5号,20150204;经法释〔2022〕11号修正,20220410)

第二百三十条　人民法院根据案件具体情况并征得当事人同意，可以将法庭调查和法庭辩论合并进行。

2.《最高人民法院关于互联网法院审理案件若干问题的规定》（法释〔2018〕16号，20180907）

第十三条　互联网法院可以视情决定采取下列方式简化庭审程序：

（一）开庭前已经在线完成当事人身份核实、权利义务告知、庭审纪律宣示的，开庭时可以不再重复进行；

（二）当事人已经在线完成证据交换的，对于无争议的证据，法官在庭审中说明后，可以不再举证、质证；

（三）经征得当事人同意，可以将当事人陈述、法庭调查、法庭辩论等庭审环节合并进行。对于简单民事案件，庭审可以直接围绕诉讼请求或者案件要素进行。

第一百四十五条　【法庭调解】法庭辩论终结，应当依法作出判决。判决前能够调解的，还可以进行调解，调解不成的，应当及时判决。

【立法·要点注释】

调解是民事诉讼的一个基本原则，贯穿民事诉讼的整个过程。本法之所以在本条强调法庭辩论后的调解，是因

为有些民事案件，诉讼开始时，双方当事人争执很大，互不相让，不愿进行调解。法庭辩论终结后，案件已经查清，是非也已分明，双方当事人比较愿意接受调解。因此，民事案件判决前，能够调解的，审判人员仍可进行调解，如果当事人不愿意调解或者经过调解双方当事人达不成协议，人民法院应当依法判决。法庭辩论后的调解不要能调不调，更不要久调不决，这样才能充分实现调解的意义。

【司法解释】

《最高人民法院关于适用〈中华人民共和国民法典〉婚姻家庭编的解释（一）》（法释〔2020〕22号，20210101）

第十一条　人民法院受理请求确认婚姻无效案件后，原告申请撤诉的，不予准许。

对婚姻效力的审理不适用调解，应当依法作出判决。

涉及财产分割和子女抚养的，可以调解。调解达成协议的，另行制作调解书；未达成调解协议的，应当一并作出判决。

第一百四十六条　【按撤诉处理】原告经传票传唤，无正当理由拒不到庭的，或者未经法庭许可中途退庭的，可以按撤诉处理；被告反诉的，可以缺席判决。

【立法·要点注释】

1. 原告经人民法院传票传唤，没有正当理由拒不到庭的，可以视为放弃自身的诉讼请求，是一种对自己诉讼权利的消极处分，可以按照撤诉处理。如果被告提出反诉，为了保障被告的合法权益，人民法院可以缺席判决。按撤诉处理，是人民法院在审理过程中，依法对原告经传票传唤无正当理由拒不到庭或者未经法庭准许中途退庭行为进行处理的一种方式。按撤诉处理，要按照撤诉是否符合法律规定来掌握，对符合撤诉条件的，按撤诉处理；对不符合撤诉条件的，人民法院应当继续审理。根据本法规定，适用缺席判决的，有以下4种情况：（1）被告经合法传唤，无正当理由拒不到庭的，或者未经法庭许可中途退庭的；（2）宣判前，原告申请撤诉，人民法院裁定不准撤诉，经传票传唤原告无正当理由拒不到庭的；（3）原告经传票传唤，无正当理由拒不到庭或者未经法庭许可中途退庭，又不宜按撤诉处理的；（4）在被告提出反诉的情况下，原告经传票传唤无正当理由拒不到庭的，或者未经法庭许可中途退庭的。

2. 有独立请求权的第三人，也是独立起诉的主体，只是由于本诉的存在，其以第三人的身份参加到本诉的审理中。如果原告申请撤诉，人民法院在准许原告撤诉后，有独立请求权的第三人还可以作为另案原告，原案原告、被告作为另案被告，诉讼另行进行。第三人的诉讼权利和相关义务在其请求范围内与原告相同，所以司法实践中，对经人民法院传票传唤，无正当理由拒不到庭的，或者未经法庭许可中途退庭的第三人，往往比照本条的规定，按撤诉处理。

【司法解释】

1.《最高人民法院关于适用〈中华人民共和国民事诉讼法〉的解释》（法释〔2015〕5号，20150204；经法释〔2022〕11号修正，20220410）

第一百九十九条　适用简易程序审理的案件转为普通程序的，原告自接到人民法院交纳诉讼费用通知之日起七日内补交案件受理费。

原告无正当理由未按期足额补交的，按撤诉处理，已经收取的诉讼费用退还一半。

第二百一十三条　原告应当预交而未预交案件受理费，人民法院应当通知其预交，通知后仍不预交或者申请减、缓、免未获批准而仍不预交的，裁定按撤诉处理。

第二百一十四条　原告撤诉或者人民法院按撤诉处理后，原告以同一诉讼请求再次起诉的，人民法院应予受理。

原告撤诉或者按撤诉处理的离婚案件，没有新情况、新理由，六个月内又起诉的，比照民事诉讼法第一百二十七条第七项的规定不予受理。

第二百三十四条　无民事行为能力人的离婚诉讼,当事人的法定代理人应当到庭;法定代理人不能到庭的,人民法院应当在查清事实的基础上,依法作出判决。

【重点解读】在离婚案件中,无民事行为能力人无论是作为原告还是被告,其第一顺序监护人系配偶,如果其作为法定代理人参加诉讼,就会出现配偶的代理人身份和诉讼主体身份相冲突的情况,即配偶自己和自己打离婚官司的情况,此为法律所禁止。故在审判实践中,可由其第二顺序监护人(即父母、子女)代为起诉或应诉,以维护无民事行为能力人的婚姻权、财产权及其他合法权益。

第二百三十五条　无民事行为能力的当事人的法定代理人,经传票传唤无正当理由拒不到庭,属于原告方的,比照民事诉讼法第一百四十六条的规定,按撤诉处理;属于被告方的,比照民事诉讼法第一百四十七条的规定,缺席判决。必要时,人民法院可以拘传其到庭。

第二百三十六条　有独立请求权的第三人经人民法院传票传唤,无正当理由拒不到庭的,或者未经法庭许可中途退庭的,比照民事诉讼法第一百四十六条的规定,按撤诉处理。

第二百三十八条　当事人申请撤诉或者依法可以按撤诉处理的案件,如果当事人有违反法律的行为需要依法

处理的,人民法院可以不准许撤诉或者不按撤诉处理。

法庭辩论终结后原告申请撤诉,被告不同意的,人民法院可以不予准许。

【重点解读】撤诉权属于当事人的处分权,但是该权利受到一定限制,即应在法律准许的范围内行使,不得违反法律,不得损害国家、集体、第三人的利益。根据现行法律规定,原告撤诉后其实体权利并不受影响,其仍可以搜集证据再次提起诉讼。但是被告参加诉讼的成本得不到弥补,且面临重新被起诉的风险,造成诉累。因此,审判实践中法院应询问被告是否同意原告撤诉,避免原告滥用权利损害被告的利益。

第二百四十条　无独立请求权的第三人经人民法院传票传唤,无正当理由拒不到庭,或者未经法庭许可中途退庭的,不影响案件的审理。

2.《最高人民法院关于人民法院登记立案若干问题的规定》(法释〔2015〕8 号,20150501)

第十一条　登记立案后,当事人未在法定期限内交纳诉讼费的,按撤诉处理,但符合法律规定的缓、减、免交诉讼费条件的除外。

【法院参考案例】

上诉人经法院传票传唤,无正当理由拒不到庭接受询问,可否按自动撤回上诉处理[范某与北京怡昌投资有限公司合

资、合作开发房地产合同纠纷案,最高人民法院(2020)最高法民终194号]

上诉人经法院传票传唤,无正当理由拒不到庭接受询问,可以按自动撤回上诉处理。

第一百四十七条 【缺席判决】被告经传票传唤,无正当理由拒不到庭的,或者未经法庭许可中途退庭的,可以缺席判决。

【立法·要点注释】

1.被告确有不能按时到庭的事由的,应当及早向人民法院提出。人民法院经审查,认为被告提出的理由正当,确实不能到庭的,可以决定延期审理,并将延期审理的情况及时通知原告。人民法院经审理,认为被告提出的理由不正当,可以决定不延期审理,并将不延期审理的决定通知被告。被告接到人民法院的通知后,应当按时出庭。如果被告经人民法院传票传唤,无正当理由拒不到庭,或者被告虽然到庭,但在审理过程中,未经法庭许可中途退庭,人民法院可以缺席判决。

2.必须到庭的被告经人民法院两次传票传唤,无正当理由拒不到庭的,人民法院可以根据本法的有关规定,对其采取拘传的强制措施。必须到庭的被告,一般是指追索赡养费、扶养费、抚养费、抚恤金、劳动报酬案件和离婚案

件的被告,以及其他不到庭就无法查清案情的被告。两次传票传唤,指人民法院两次送达传票,并由受送达人或者代收人在送达回证上签名或者盖章。无正当理由,一般指没有不可抗力、意外事件等使被告无法到庭的特殊情况。

3.缺席判决是一种对缺席当事人的权益保护非常不利的处理方式,为了正确判决,确保司法公正,本法对其适用规定了必须经传票传唤的前提条件。

【司法解释】

《**最高人民法院关于适用〈中华人民共和国民事诉讼法〉的解释**》(法释〔2015〕5号,20150204;经法释〔2022〕11号修正,20220410)

第二百三十四条 无民事行为能力人的离婚诉讼,当事人的法定代理人应当到庭;法定代理人不能到庭的,人民法院应当在查清事实的基础上,依法作出判决。

第二百三十五条 无民事行为能力的当事人的法定代理人,经传票传唤无正当理由拒不到庭,属于原告方的,比照民事诉讼法第一百四十六条的规定,按撤诉处理;属于被告方的,比照民事诉讼法第一百四十七条的规定,缺席判决。必要时,人民法院可以拘传其到庭。

第二百四十一条 被告经传票传唤无正当理由拒不到庭,或者未经法庭许可中途退庭的,人民法院应当按期开

庭或者继续开庭审理,对到庭的当事人诉讼请求、双方的诉辩理由以及已经提交的证据及其他诉讼材料进行审理后,可以依法缺席判决。

【重点解读】我国的缺席判决制度可以从两个方面加以把握:首先,缺席的主体为被告和被裁定不准撤诉的原告;其次,缺席的形式主要指的是在庭审中的缺席,而不考虑庭审前的情况。也就是说,在我国只能是开庭审理期间的被告和被裁定不准撤诉的原告没有到庭,或两者未经允许中途退庭,才按缺席判决处理,而没有明确地说明在答辩期间和证据交换期间原、被告是否可以按缺席判决处理。

审判实践中,应尽量避免在缺席判决的判决书中有"被告经传票传唤无正当理由未到庭,放弃质证的权利,应视为对原告起诉的认可""因被告未到庭,放弃质证权利,法院对原告提供的证据应予以认定"等类似内容的表述。这种表述是不正确的。被告经传票传唤无正当理由未到庭,可以视为其放弃了当庭陈述、举证和质证的权利,但并不能视为其对原告的诉讼请求或主张的事实的承认,也不能视为对自己实体权利的处分,法院不能当然地据此对原告提供的证据予以认定,完全按照原告的主张来判决,仍要结合到庭当事人和双方已经提交的证据及其他诉讼材料进行审理。

第一百四十八条　【撤诉】宣判前,原告申请撤诉的,是否准许,由人民法院裁定。

人民法院裁定不准许撤诉的,原告经传票传唤,无正当理由拒不到庭的,可以缺席判决。

【立法·要点注释】

1. 撤诉,是指原告向人民法院起诉后,在判决宣告前,全部放弃自己诉讼请求的行为。撤诉是原告的一项诉讼权利。本法第 13 条第 2 款规定,当事人有权在法律规定的范围内处分自己的民事权利和诉讼权利。

2. 一般而言,原告撤诉仅处分自己的诉讼权利,没有处分自己的实体权利,在一定条件下,原告还可以起诉,再次要求通过司法程序保护自己的实体权利。比如,在诉讼过程中,由于证据不足,人民法院无法查清案情,原告也无法胜诉,同时原告在短期内不可能提供认定事实的证据,人民法院也不可能在短期内获取该证据,为了避免案件久拖不决,造成人力、物力的浪费,原告可以向人民法院申请撤诉。原告在撤诉后,如果在诉讼时效期间内获取了能够证明案件真实情况的新的证据,可以就同一诉讼请求向人民法院重新提起诉讼。

【司法解释】

1.《最高人民法院关于适用〈中华人民共和国民事诉讼法〉的解释》（法释〔2015〕5号，20150204；经法释〔2022〕11号修正，20220410）

第二百三十七条 有独立请求权的第三人参加诉讼后，原告申请撤诉，人民法院在准许原告撤诉后，有独立请求权的第三人作为另案原告，原案原告、被告作为另案被告，诉讼继续进行。

【重点解读】有独立请求权的第三人的诉讼地位相当于原告，与原告的诉讼权利义务相同。其对案涉诉讼标的有独立的请求权，参加到原告与被告已经开始的诉讼中。有独立请求权的第三人参加诉讼后，形成了两个单纯之诉的合并，属于诉的主客观合并。原告可以申请撤诉，法院经审查符合撤诉条件的，应裁定准许原告撤诉。原告撤诉后，不影响有独立请求权的第三人的参加之诉继续进行，但是应另行立案，继续审理，实质上形成诉的分离。法院和当事人已经进行的诉讼行为，在诉讼分离后仍然有约束力。

有独立请求权的第三人的案件另行立案，系对已经进行的诉讼的继续审理。如果原告在法庭辩论终结后申请撤诉且符合撤诉条件，而有独立请求权第三人已经参与了全部诉讼活动的，法院无须在另立的案件中重复审理，可以直接作出裁判。

第二百三十八条 当事人申请撤诉或者依法可以按撤诉处理的案件，如果当事人有违反法律的行为需要依法处理的，人民法院可以不准许撤诉或者不按撤诉处理。

法庭辩论终结后原告申请撤诉，被告不同意的，人民法院可以不予准许。

第二百三十九条 人民法院准许本诉原告撤诉的，应当对反诉继续审理；被告申请撤回反诉的，人民法院应予准许。

【重点解读】

1. 本诉原告未撤诉，被告申请撤回反诉的处理

实践中，除原告申请撤诉，被告申请撤回反诉的情形外，还有本诉原告不撤诉而反诉原告撤回反诉的情形。对于被告撤回反诉的申请，人民法院不能直接准许，仍然应当按照本司法解释第238条的规定审查被告撤回反诉是否存在违反法律的行为而不应准许撤诉的情形。如果不存在违反法律的行为，则应当准许被告撤回反诉；如果经审查存在违反法律的行为，则应当裁定不予准许撤诉。此外，被告（反诉原告）在反诉法庭辩论终结后申请撤回反诉，原告（反诉被告）不同意的，人民法院也可以裁定不予准许。人民法院裁定不准撤回反诉的，原告（反诉被告）经传票传唤，无正当理由拒不到庭的，可以缺席判决。

2. 反诉继续审理的案号问题

法院审理案件，当事人及其律师查

询案件,最主要的识别依据即为该案的案号,故我国法院的案号编制规则极为重要。司法实践中案号编制的规则主要是"四个一"的编制规则,即一个案件一个法院一个程序一个编号,具体而言,就是每一个民事案件在同一个受理的法院在一个特定的诉讼程序(一审、二审、再审)中会编制一个唯一的案号。案号一般由受理年份、受理法院简称、具体办案部门(或案件类型)、所处诉讼程序、年内编号共五个部分组成。本诉立案后,人民法院即给该案编制一个案号,因反诉并没有经过起诉程序,法院也没有给反诉编一个案号。反诉后,本诉与反诉合并审理,本诉与反诉共同使用一个案号,共同使用一个案由,双方互为原、被告,本诉与反诉在程序上相互牵连。本诉撤诉后,人民法院应当以该案号作出撤诉裁定。由于本诉的撤回不影响反诉的审理,而反诉又没有独立的案号,这时反诉继续审理仍然使用本诉的案号,并作出判决,不必另行更换案号。

第二百八十八条 公益诉讼案件的原告在法庭辩论终结后申请撤诉的,人民法院不予准许。

2.《最高人民法院关于适用〈中华人民共和国民法典〉婚姻家庭编的解释(一)》(法释〔2020〕22号,20210101)

第十一条 人民法院受理请求确认婚姻无效案件后,原告申请撤诉的,不予准许。

对婚姻效力的审理不适用调解,应当依法作出判决。

涉及财产分割和子女抚养的,可以调解。调解达成协议的,另行制作调解书;未达成调解协议的,应当一并作出判决。

3.《最高人民法院关于审理劳动争议案件适用法律问题的解释(一)》(法释〔2020〕26号,20210101)

第四条 劳动者与用人单位均不服劳动争议仲裁机构的同一裁决,向同一人民法院起诉的,人民法院应当并案审理,双方当事人互为原告和被告,对双方的诉讼请求,人民法院应当一并作出裁决。在诉讼过程中,一方当事人撤诉的,人民法院应当根据另一方当事人的诉讼请求继续审理。双方当事人就同一仲裁裁决分别向有管辖权的人民法院起诉的,后受理的人民法院应当将案件移送给先受理的人民法院。

4.《最高人民法院关于审理民间借贷案件适用法律若干问题的规定》(法释〔2015〕18号,20150901;经法释〔2020〕17号修正,20210101)

第十九条 经查明属于虚假民间借贷诉讼,原告申请撤诉的,人民法院不予准许,并应当依据民事诉讼法第一百一十二条之规定,判决驳回其请求。

诉讼参与人或者其他人恶意制造、参与虚假诉讼,人民法院应当依据民事诉讼法第一百一十一条、第一百一十二条和第一百一十三条①之规定,依法予以罚款、拘留;构成犯罪的,应当移送有管辖权的司法机关追究刑事责任。

单位恶意制造、参与虚假诉讼的,人民法院应当对该单位进行罚款,并可以对其主要负责人或者直接责任人员予以罚款、拘留;构成犯罪的,应当移送有管辖权的司法机关追究刑事责任。

5.《最高人民法院关于证券纠纷代表人诉讼若干问题的规定》(法释〔2020〕5号,20200731)

第十条　权利登记公告前已就同一证券违法事实提起诉讼且符合权利人范围的投资者,申请撤诉并加入代表人诉讼的,人民法院应当予以准许。

投资者申请撤诉并加入代表人诉讼的,列为代表人诉讼的原告,已经收取的诉讼费予以退还;不申请撤诉的,人民法院不准许其加入代表人诉讼,原诉讼继续进行。

第二十二条　代表人变更或者放弃诉讼请求、承认对方当事人诉讼请求、决定撤诉的,应当向人民法院提交书面申请,并通知全体原告。人民法院收到申请后,应当根据原告所提异议情况,依法裁定是否准许。

对于代表人依据前款规定提交的书面申请,原告自收到通知之日起十日内未提出异议的,人民法院可以裁定准许。

6.《最高人民法院关于审理民事级

别管辖异议案件若干问题的规定》(法释〔2009〕17号,20100101;经法释〔2020〕20号修正,20210101)

第二条　在管辖权异议裁定作出前,原告申请撤回起诉,受诉人民法院作出准予撤回起诉裁定的,对管辖权异议不再审查,并在裁定书中一并写明。

7.《最高人民法院关于审理环境民事公益诉讼案件适用法律若干问题的解释》(法释〔2015〕1号,20150107;经法释〔2020〕20号修正,20210101)

第二十五条　环境民事公益诉讼当事人达成调解协议或者自行达成和解协议后,人民法院应当将协议内容公告,公告期间不少于三十日。

公告期满后,人民法院审查认为调解协议或者和解协议的内容不损害社会公共利益的,应当出具调解书。当事人以达成和解协议为由申请撤诉的,不予准许。

调解书应当写明诉讼请求、案件的基本事实和协议内容,并应当公开。

第二十六条　负有环境资源保护监督管理职责的部门依法履行监管职责而使原告诉讼请求全部实现,原告申请撤诉的,人民法院应予准许。

第二十七条　法庭辩论终结后,原告申请撤诉的,人民法院不予准许,但本解释第二十六条规定的情形除外。

―――――――

① 对应2023年《民事诉讼法》第114条、第115条、第116条。——编者注

8.《最高人民法院、最高人民检察院关于检察公益诉讼案件适用法律若干问题的解释》(法释〔2018〕6 号,20180302;经法释〔2020〕20 号修正,20210101)

第十九条　民事公益诉讼案件审理过程中,人民检察院诉讼请求全部实现而撤回起诉,人民法院应予准许。

9.《人民检察院公益诉讼办案规则》(高检发释字〔2021〕2 号,20210701)

第九十九条　民事公益诉讼案件可以依法在人民法院主持下进行调解。调解协议不得减免诉讼请求载明的民事责任,不得损害社会公共利益。

诉讼请求全部实现的,人民检察院可以撤回起诉。人民检察院决定撤回起诉的,应当经检察长决定后制作《撤回起诉决定书》,并在三日内提交人民法院。

【司法文件】

1.《最高人民法院关于防范和制裁虚假诉讼的指导意见》(法发〔2016〕13 号,20160620)

11. 经查明属于虚假诉讼,原告申请撤诉的,不予准许,并应当根据民事诉讼法第一百一十二条①的规定,驳回其请求。

2.《最高人民法院关于深入开展虚假诉讼整治工作的意见》(法〔2021〕281 号,20211110)

五、坚持分类施策,提高整治实效。人民法院认定为虚假诉讼的案件,原告申请撤诉的,不予准许,应当根据民事诉讼法第一百一十二条②规定,驳回其诉讼请求。虚假诉讼行为情节恶劣、后果严重或者多次参与虚假诉讼、制造系列虚假诉讼案件的,要加大处罚力度。虚假诉讼侵害他人民事权益的,行为人应当承担赔偿责任。人民法院在办理案件过程中发现虚假诉讼涉嫌犯罪的,应当依法及时将相关材料移送刑事侦查机关;公职人员或者国有企事业单位人员制造、参与虚假诉讼的,应当通报所在单位或者监察机关;律师、基层法律服务工作者、鉴定人、公证人等制造、参与虚假诉讼的,可以向有关行政主管部门、行业协会发出司法建议,督促及时予以行政处罚或者行业惩戒。司法工作人员利用职权参与虚假诉讼的,应当依法从严惩处,构成犯罪的,应当依法从严追究刑事责任。

【法院参考案例】

1. 对环境民事公益诉讼中原告的撤诉申请如何进行审查[北京市丰台区某环境研究所诉江苏某集团有限公司环境污染民事公益诉讼案,江苏省苏州

---

① 对应 2023 年《民事诉讼法》第 115 条。——编者注
② 对应 2023 年《民事诉讼法》第 115 条。——编者注

市中级人民法院（2019）苏05民初299号，入库编号：2023-11-2-466-017］

环境民事公益诉讼中，原告诉讼请求除涉及其自身利益外，还包括清除污染、修复生态环境、赔偿损失等涉及公共利益的内容。原告申请撤诉的，人民法院应对其撤诉申请进行审查。如负有环境资源保护监督管理职责的部门依法履行监管职责，而使原告关于被告承担生态环境修复、赔偿责任等涉及公共利益的诉讼请求已经全部实现，符合《环境公益诉讼解释》第26条规定的，应准许原告撤诉；对于被告承担律师费及为诉讼支出的其他合理费用等仅涉及原告自身利益的诉讼请求，则应按照普通民事诉讼撤诉审查标准审查。

2. 对于认定为虚假诉讼的，是否可以作出不准撤诉及驳回起诉的裁定，并对相关当事人进行民事制裁［上海某物流有限公司诉上海某汽车修理服务有限公司房屋租赁合同纠纷案，上海市普陀区人民法院（2011）普民四（民）再初字第1号］

虚假诉讼行为是一种严重妨害司法公信、具有严重社会危害性的违法行为。对于存在实际控制关系的诉讼主体，虚构、伪造证据材料，提起无实质性对抗的民事诉讼，通过自愿达成调解协议或放弃抗辩，经由法院判定，侵害第三人利益的，法院可依照《民事诉讼法》第112条（现为第115条）之规定认定为虚假诉讼，依法作出不准撤诉及驳回起诉的裁定，并对相关当事人进行民事制裁。

第一百四十九条 【延期审理】 有下列情形之一的，可以延期开庭审理：

（一）必须到庭的当事人和其他诉讼参与人有正当理由没有到庭的；

（二）当事人临时提出回避申请的；

（三）需要通知新的证人到庭，调取新的证据，重新鉴定、勘验，或者需要补充调查的；

（四）其他应当延期的情形。

【立法·要点注释】

1. 必须到庭的当事人主要有：负有赡养、抚育、扶养义务的被告以及不到庭就无法查清案情的被告等。必须到庭的其他诉讼参与人，是指其不到庭案件事实就无法查清或庭审就无法进行的诉讼参与人，如无诉讼行为能力当事人的法定代理人。必须到庭的当事人和其他诉讼参与人，如果确因突然患病等正当理由无法到庭，人民法院就难以正常审查核实证据、认定事实，在这种情况下，可以延期审理。

2. 当事人临时申请回避。根据本法第四章的相关规定，当事人提出回避申请，应当说明理由，在案件开始审理时提出,回避事由在案件开始审理后知道的,也可以在法庭辩论终结前提出。人民法院对当事人提出的回避申请,应当在申请提出的3日内,以口头或者书面形式作出决定。被申请回避的人员,在人民法院作出回避决定前,应当暂停参与本案的工作。如果当事人临时申请回避,而被申请回避的人员不参加本案的工作,使案件审理一时无法进行,可以延期审理。

【司法解释】

1.《最高人民法院关于严格规范民商事案件延长审限和延期开庭问题的规定》(法释〔2018〕9号,20180426;经法释〔2019〕4号修正,20190328)

第二条 民事诉讼法第一百四十六条①第四项规定的"其他应当延期的情形",是指因不可抗力或者意外事件导致庭审无法正常进行的情形。

第三条 人民法院应当严格限制延期开庭审理次数。适用普通程序审理民商事案件,延期开庭审理次数不超过两次;适用简易程序以及小额速裁程序审理民商事案件,延期开庭审理次数不超过一次。

第五条 人民法院开庭审理民商事案件后,认为需要延期开庭审理的,应当依法告知当事人下次开庭的时间。两次开庭间隔时间不得超过一个月,但因不可抗力或当事人同意的除外。

第六条 独任审判员或者合议庭

适用民事诉讼法第一百四十六条第四项规定决定延期开庭的,应当报本院院长批准。

第七条 人民法院应当将案件的立案时间、审理期限,扣除、延长、重新计算审限,延期开庭审理的情况及事由,按照《最高人民法院关于人民法院通过互联网公开审判流程信息的规定》及时向当事人及其法定代理人、诉讼代理人公开。当事人及其法定代理人、诉讼代理人有异议的,可以依法向受理案件的法院申请监督。

2.《最高人民法院关于审理医疗损害责任纠纷案件适用法律若干问题的解释》(法释〔2017〕20号,20171214;经法释〔2020〕17号修正,20210101)

第十三条 鉴定意见应当经当事人质证。

当事人申请鉴定人出庭作证,经人民法院审查同意,或者人民法院认为鉴定人有必要出庭的,应当通知鉴定人出庭作证。双方当事人同意鉴定人通过书面说明、视听传输技术或者视听资料等方式作证的,可以准许。

鉴定人因健康原因、自然灾害等不可抗力或者其他正当理由不能按期出庭的,可以延期开庭;经人民法院许可,也可以通过书面说明、视听传输技术或者视听资料等方式作证。

_____

① 对应2023年《民事诉讼法》第149条。——编者注

无前款规定理由,鉴定人拒绝出庭作证,当事人对鉴定意见又不认可的,对该鉴定意见不予采信。

第一百五十条 【法庭笔录】书记员应当将法庭审理的全部活动记入笔录,由审判人员和书记员签名。

法庭笔录应当当庭宣读,也可以告知当事人和其他诉讼参与人当庭或者在五日内阅读。当事人和其他诉讼参与人认为对自己的陈述记录有遗漏或者差错的,有权申请补正。如果不予补正,应当将申请记录在案。

法庭笔录由当事人和其他诉讼参与人签名或者盖章。拒绝签名盖章的,记明情况附卷。

【立法·要点注释】

法庭笔录应当主要记明下列内容:(1)笔录名称,如开庭笔录、宣判笔录等。(2)案由,开庭时间和地点,审判人员、书记员的姓名。(3)原告、被告、第三人、诉讼代理人的姓名、性别、年龄等。若有未到庭的,应当记明未到庭的情况。(4)审判长或者独任审判员告知当事人其诉讼权利和义务,以及是否要求审判人员或者其他出庭人员回避的情况。(5)当事人陈述。(6)法庭调查的全部情况;法庭对所有证据进行的调查,当事人对各种证据的辨认和提出的意见和要求,在审理过程中提出的新证据。(7)原告、被告、第三人、诉讼代理人法庭辩论的发言。(8)原告增加、变更、撤回的诉讼请求,被告提出的反诉,第三人提出的诉讼请求等,以及审判人员对这些情况的处理。(9)审判人员、书记员、当事人和其他诉讼参与人的签名或盖章,或者当事人和其他诉讼参与人拒绝签名或盖章的情况。

【司法解释】

1.《最高人民法院关于人民法院庭审录音录像的若干规定》(法释〔2017〕5号,20170301)

第一条 人民法院开庭审判案件,应当对庭审活动进行全程录音录像。

第二条 人民法院应当在法庭内配备固定或者移动的录音录像设备。

有条件的人民法院可以在法庭安装使用智能语音识别同步转换文字系统。

第三条 庭审录音录像应当自宣布开庭时开始,至闭庭时结束。除下列情形外,庭审录音录像不得人为中断:

(一)休庭;

(二)公开庭审中的不公开举证、质证活动;

(三)不宜录制的调解活动。

负责录音录像的人员应当对录音录像的起止时间、有无中断等情况进行记录并附卷。

第四条　人民法院应当采取叠加同步录制时间或者其他措施保证庭审录音录像的真实和完整。

因设备故障或技术原因导致录音录像不真实、不完整的，负责录音录像的人员应当作出书面说明，经审判长或独任审判员审核签字后附卷。

第五条　人民法院应当使用专门设备在线或离线存储、备份庭审录音录像。因设备故障等原因导致不符合技术标准的录音录像，应当一并存储。

庭审录音录像的归档，按照人民法院电子诉讼档案管理规定执行。

第六条　人民法院通过使用智能语音识别系统同步转换生成的庭审文字记录，经审判人员、书记员、诉讼参与人核对签字后，作为法庭笔录管理和使用。

第七条　诉讼参与人对法庭笔录有异议并申请补正的，书记员可以播放庭审录音录像进行核对、补正；不予补正的，应当将申请记录在案。

第八条　适用简易程序审理民事案件的庭审录音录像，经当事人同意的，可以替代法庭笔录。

第九条　人民法院应当将替代法庭笔录的庭审录音录像同步保存在服务器或者刻录成光盘，并由当事人和其他诉讼参与人对其完整性校验值签字或者采取其他方法进行确认。

第十条　人民法院应当通过审判流程信息公开平台、诉讼服务平台以及其他便民诉讼服务平台，为当事人、辩护律师、诉讼代理人等依法查阅庭审录音录像提供便利。

对提供查阅的录音录像，人民法院应当设置必要的安全防范措施。

第十一条　当事人、辩护律师、诉讼代理人等可以依照规定复制录音或者誊录庭审录音录像，必要时人民法院应当配备相应设施。

第十二条　人民法院可以播放依法公开审理案件的庭审录音录像。

第十三条　诉讼参与人、旁听人员违反法庭纪律或者有关法律规定，危害法庭安全、扰乱法庭秩序的，人民法院可以通过庭审录音录像进行调查核实，并将其作为追究法律责任的证据。

第十四条　人民检察院、诉讼参与人认为庭审活动不规范或者违反法律规定的，人民法院应当结合庭审录音录像进行调查核实。

第十五条　未经人民法院许可，任何人不得对庭审活动进行录音录像，不得对庭审录音录像进行拍录、复制、删除和迁移。

行为人实施前款行为的，依照规定追究其相应责任。

第十六条　涉及国家秘密、商业秘密、个人隐私等庭审活动的录制，以及对庭审录音录像的存储、查阅、复制、誊录等，应当符合保密管理等相关规定。

第十七条　庭审录音录像涉及的相关技术保障、技术标准和技术规范，由最高人民法院另行制定。

第十八条　人民法院从事其他审

判活动或者进行执行、听证、接访等活动需要进行录音录像的,参照本规定执行。

2.《最高人民法院关于互联网法院审理案件若干问题的规定》(法释〔2018〕16号,20180907)

第十九条 互联网法院在线审理的案件,审判人员、法官助理、书记员、当事人及其他诉讼参与人等通过在线确认、电子签章等在线方式对调解协议、笔录、电子送达凭证及其他诉讼材料予以确认的,视为符合《中华人民共和国民事诉讼法》有关"签名"的要求。

第二十条 互联网法院在线审理的案件,可以在调解、证据交换、庭审、合议等诉讼环节运用语音识别技术同步生成电子笔录。电子笔录以在线方式核对确认后,与书面笔录具有同等法律效力。

3.《最高人民法院关于诉讼代理人查阅民事案件材料的规定》(法释〔2002〕39号,20021207;经法释〔2020〕20号修正,20210101)

第五条 诉讼代理人在诉讼中查阅案件材料限于案件审判卷和执行卷的正卷,包括起诉书、答辩书、庭审笔录及各种证据材料等。

案件审理终结后,可以查阅案件审判卷的正卷。

4.《人民法院在线诉讼规则》(法

释〔2021〕12号,20210801)

第三十四条 适用在线诉讼的案件,人民法院应当在调解、证据交换、庭审、合议等诉讼环节同步形成电子笔录。电子笔录以在线方式核对确认后,与书面笔录具有同等法律效力。

5.《最高人民法院关于人民法院通过互联网公开审判流程信息的规定》(法释〔2018〕7号,20180901)

第十条 庭审、质证、证据交换、庭前会议、调查取证、勘验、询问、宣判等诉讼活动的笔录,应当通过互联网向当事人及其法定代理人、诉讼代理人、辩护人公开。

【司法文件】

《法官行为规范》(最高人民法院,法发〔2010〕54号,20101206)

第三十五条 当事人在庭审笔录上签字

(一)应当告知当事人庭审笔录的法律效力,将庭审笔录交其阅读;无阅读能力的,应当向其宣读,确认无误后再签字、捺印;

(二)当事人指出记录有遗漏或者差错的,经核实后要当场补正并要求当事人在补正处签字、捺印;无遗漏或者差错不应当补正的,应当将其申请记录在案;

(三)未经当事人阅读核对,不得要求其签字、捺印;

(四)当事人放弃阅读核对的,应当要求其签字、捺印;当事人不阅读又不签字、捺印的,应当将情况记录在案。

第一百五十一条 【宣判】人民法院对公开审理或者不公开审理的案件,一律公开宣告判决。

当庭宣判的,应当在十日内发送判决书;定期宣判的,宣判后立即发给判决书。

宣告判决时,必须告知当事人上诉权利、上诉期限和上诉的法院。

宣告离婚判决,必须告知当事人在判决发生法律效力前不得另行结婚。

【立法·要点注释】

人民法院宣告第一审判决时,必须告知当事人上诉权利、上诉期限和上诉审法院,即告知当事人如果不服本判决,可于接到判决书之日起15日内,向本院提交上诉状及副本,上诉于第二审人民法院。人民法院在宣告第二审判决时,应当告知当事人本判决为终审判决,不准上诉,并说明判决在宣判后即发生法律效力,当事人必须按照判决的内容履行义务。

宣告一审离婚判决,必须告知当事人在判决发生法律效力前不得另行结婚。

【司法解释】

《最高人民法院关于适用〈中华人民共和国民事诉讼法〉的解释》(法释〔2015〕5 号,20150204;经法释〔2022〕11号修正,20220410)

第二百四十二条 一审宣判后,原审人民法院发现判决有错误,当事人在上诉期内提出上诉的,原审人民法院可以提出原判决有错误的意见,报送第二审人民法院,由第二审人民法院按照第二审程序进行审理;当事人不上诉的,按照审判监督程序处理。

【重点解读】一审宣判后,原审法院发现判决存在错误,存在两种解决途径:一是原审法院发现判决错误时,当事人在上诉期限内提起上诉,启动二审程序,原审法院应当提出原判决有错误的意见,报送二审法院,由二审法院在二审程序中与当事人的上诉请求一并处理;二是一审判决后,当事人并未提起上诉,一审判决生效,此时原审法院虽然发现判决有错误,但无法通过提报二审法院在二审程序中解决,只能按照审判监督程序处理。通常情况是,由原审法院以"院长发现"形式提交本院审判委员会讨论决定再审,纠正错误。

第二百五十三条 当庭宣判的案件,除当事人当庭要求邮寄发送裁判文书的外,人民法院应当告知当事人或者诉讼代理人领取裁判文书的时间和地点以及逾期不领取的法律后果。上述情况,应当记入笔录。

【重点解读】1. 人民法院应将逾期不领取的法律后果明确告知当事人

从本条规定的目的即解决送达难的角度来看,该逾期不领取的法律后果应是裁判文书视为送达。也就是说,人民法院应主动告知当事人,在指定期间内未领取的,指定领取裁判文书期间届满之日即为送达之日,当事人的上诉期限从人民法院指定领取裁判文书期间届满之日的次日起开始计算。

2. 人民法院可以通过电子送达方式送达裁判文书

《民事诉讼法》第90条规定:"经受送达人同意,人民法院可以采用能够确认其收悉的电子方式送达诉讼文书。通过电子方式送达的判决书、裁定书、调解书,受送达人提出需要纸质文书的,人民法院应当提供。采用前款方式送达的,以送达信息到达受送达人特定系统的日期为送达日期。"《民事诉讼法》2021年修正以前,人民法院不能通过电子方式送达裁判文书。随着科技的不断进步和人员流动性的增强,以及法院受理案件数量的快速增长,传统的送达方式已经无法满足提高司法效率的要求。因此,2021年修正《民事诉讼法》时,完善了电子送达的条件,至此,满足法律规定的条件时,人民法院可以通过电子方式送达裁判文书。

【司法文件】

1.《法官行为规范》(最高人民法院,法发〔2010〕54号,20101206)

第三十六条　宣判时注意事项

(一)宣告判决,一律公开进行;

(二)宣判时,合议庭成员或者独任法官应当起立,宣读裁判文书声音要洪亮、清晰、准确无误;

(三)当庭宣判的,应当宣告裁判事项,简要说明裁判理由并告知裁判文书送达的法定期限;

(四)定期宣判的,应当在宣判后立即送达裁判文书;

(五)宣判后,对诉讼各方不能赞赏或者指责,对诉讼各方提出的质疑,应当耐心做好解释工作。

2.《最高人民法院关于加强人民法院审判公开工作的若干意见》(法发〔2007〕20号,20070604)

14. 要逐步提高当庭宣判比率,规范定期宣判、委托宣判。人民法院审理案件,能够当庭宣判的,应当当庭宣判。定期宣判、委托宣判的,应当在裁判文书签发或者收到委托函后及时进行,宣判前应当通知当事人和其他诉讼参与人。宣判时允许旁听,宣判后应当立即送达法律文书。

3.《最高人民法院关于进一步推进案件繁简分流优化司法资源配置的若

干意见》(法发〔2016〕21 号,20160912)

14. 促进当庭宣判。对于适用小额诉讼程序审理的民事案件、适用速裁程序审理的刑事案件,原则上应当当庭宣判。对于适用民事、刑事、行政简易程序审理的案件,一般应当当庭宣判。对于适用普通程序审理的民事、刑事、行政案件,逐步提高当庭宣判率。

15. 推行裁判文书繁简分流。根据法院审级、案件类型、庭审情况等对裁判文书的体例结构及说理进行繁简分流。复杂案件的裁判文书应当围绕争议焦点进行有针对性的说理。新类型、具有指导意义的简单案件,加强说理;其他简单案件可以使用令状式、要素式、表格式等简式裁判文书,简化说理。当庭宣判的案件,裁判文书可以适当简化。当庭即时履行的民事案件,经征得各方当事人同意,可以在法庭笔录中记录相关情况后不再出具裁判文书。

第一百五十二条 【审限】人民法院适用普通程序审理的案件,应当在立案之日起六个月内审结。有特殊情况需要延长的,经本院院长批准,可以延长六个月;还需要延长的,报请上级人民法院批准。

【立法·要点注释】

本条根据人民法院按第一审普通程序审结民事案件所需时间的情况,规定人民法院适用普通程序审理案件的期限为自立案之日起 6 个月。考虑到有的案件可能在 6 个月内无法及时审结,本法作出了可以延长期限的规定。为了避免任意延长期限,将本院院长批准延长期限的权限限制在 6 个月内,如还需要延长,由上级人民法院批准。

【司法解释】

1.《最高人民法院关于适用〈中华人民共和国民事诉讼法〉的解释》(法释〔2015〕5 号,20150204;经法释〔2022〕11 号修正,20220410)

第一百二十八条 再审案件按照第一审程序或者第二审程序审理的,适用民事诉讼法第一百五十二条、第一百八十三条规定的审限。审限自再审立案的次日起算。

第二百四十三条 民事诉讼法第一百五十二条规定的审限,是指从立案之日起至裁判宣告、调解书送达之日止的期间,但公告期间、鉴定期间、双方当事人和解期间、审理当事人提出的管辖异议以及处理人民法院之间的管辖争议期间不应计算在内。

2.《最高人民法院关于严格规范民商事案件延长审限和延期开庭问题的规定》(法释〔2018〕9 号,20180426;经法释〔2019〕4 号修正,20190328)

第一条 人民法院审理民商事案件时,应当严格遵守法律及司法解释有关审限的规定。适用普通程序审理的第一审案件，审限为六个月；适用简易程序审理的第一审案件，审限为三个月。审理对判决的上诉案件，审限为三个月；审理对裁定的上诉案件，审限为三十日。

法律规定有特殊情况需要延长审限的，独任审判员或合议庭应当在期限届满十五日前向本院院长提出申请，并说明详细情况和理由。院长应当在期限届满五日前作出决定。

经本院院长批准延长审限后尚不能结案，需要再次延长的，应当在期限届满十五日前报请上级人民法院批准。上级人民法院应当在审限届满五日前作出决定。

第七条 人民法院应当将案件的立案时间、审理期限、扣除、延长、重新计算审限、延期开庭审理的情况及事由，按照《最高人民法院关于人民法院通过互联网公开审判流程信息的规定》及时向当事人及其法定代理人、诉讼代理人公开。当事人及其法定代理人、诉讼代理人有异议的，可以依法向受理案件的法院申请监督。

第八条 故意违反法律、审判纪律、审判管理规定拖延办案，或者因过失延误办案，造成严重后果的，依照《人民法院工作人员处分条例》第四十七条的规定予以处分。

3.《最高人民法院关于人民法院民事调解工作若干问题的规定》（法释〔2004〕12 号,20041101;经法释〔2020〕20 号修正,20210101）

第二条 当事人在诉讼过程中自行达成和解协议的，人民法院可以根据当事人的申请依法确认和解协议制作调解书。双方当事人申请庭外和解的期间，不计入审限。

当事人在和解过程中申请人民法院对和解活动进行协调的，人民法院可以委派审判辅助人员或者邀请、委托有关单位和个人从事协调活动。

第四条 在答辩期满前人民法院对案件进行调解，适用普通程序的案件在当事人同意调解之日起 15 天内，适用简易程序的案件在当事人同意调解之日起 7 天内未达成调解协议的，经各方当事人同意，可以继续调解。延长的调解期间不计入审限。

4.《人民法院在线调解规则》（法释〔2021〕23 号,20220101）

第二十四条 立案前在线调解期限为三十日。各方当事人同意延长的，不受此限。立案后在线调解，适用普通程序的调解期限为十五日，适用简易程序的调解期限为七日，各方当事人同意延长的，不受此限。立案后延长的调解期限不计入审理期限。

委派委托调解或者当事人申请调解的调解期限，自调解组织或者调解员在人民法院调解平台确认接受委派委托或者确认接受当事人申请之日起算。审判人员主持调解的，自各方当事人同意之日起算。

5.《最高人民法院关于严格执行案件审理期限制度的若干规定》（法释〔2000〕29 号，20000928）

第二条第一款 适用普通程序审理的第一审民事案件，期限为六个月；有特殊情况需要延长的，经本院院长批准，可以延长六个月，还需延长的，报请上一级人民法院批准，可以再延长三个月。

第八条 案件的审理期限从立案次日起计算。

由简易程序转为普通程序审理的第一审刑事案件的期限，从决定转为普通程序次日起计算；由简易程序转为普通程序审理的第一审民事案件的期限，从立案次日起连续计算。

第九条 下列期间不计入审理、执行期限：

……

（五）因当事人、诉讼代理人、辩护人申请通知新的证人到庭、调取新的证据、申请重新鉴定或者勘验，法院决定延期审理一个月之内的期间；

（六）民事、行政案件公告、鉴定的期间；

（七）审理当事人提出的管辖权异议和处理法院之间的管辖争议的期间；

（八）民事、行政、执行案件由有关专业机构进行审计、评估、资产清理的期间；

（九）中止诉讼（审理）或执行至恢复诉讼（审理）或执行的期间；

（十）当事人达成执行和解或者提供执行担保后，执行法院决定暂缓执行的期间；

（十一）上级人民法院通知暂缓执行的期间；

（十二）执行中拍卖、变卖被查封、扣押财产的期间。

第十条 人民法院判决书宣判、裁定书宣告或者调解书送达最后一名当事人的日期为结案时间。如需委托宣判、送达的，委托宣判、送达的人民法院应当在审限届满前将判决书、裁定书、调解书送达受托人民法院。受托人民法院应当在收到委托书后七日内送达。

人民法院判决书宣判、裁定书宣告或者调解书送达有下列情形之一的，结案时间遵守以下规定：

（一）留置送达的，以裁判文书留在受送达人的住所日为结案时间；

（二）公告送达的，以公告刊登之日为结案时间；

（三）邮寄送达的，以交邮日期为结案时间；

（四）通过有关单位转交送达的，以送达回证上当事人签收的日期为结案时间。

第十二条 民事案件应当在审理期限届满十日前向本院院长提出申请；还需延长的，应当在审理期限届满十日前向上一级人民法院提出申请。

第十四条 对于下级人民法院申请延长办案期限的报告，上级人民法院应当在审理期限届满三日前作出决定,并通知提出申请延长审理期限的人民法院。

需要本院院长批准延长办案期限的,院长应当在审限届满前批准或者决定。

【司法文件】

《最高人民法院关于民商事案件繁简分流和调解速裁操作规程(试行)》

(法发〔2017〕14号,20170508)

第十一条 人民法院调解或者委托调解的,应当在十五日内完成。各方当事人同意的,可以适当延长,延长期限不超过十五日。调解期间不计入审理期限。

当事人选择委托调解的,人民法院应当在三日内移交相关材料。

第四节 诉讼中止和终结

第一百五十三条 【中止诉讼】 有下列情形之一的,中止诉讼:

(一)一方当事人死亡,需要等待继承人表明是否参加诉讼的;

(二)一方当事人丧失诉讼行为能力,尚未确定法定代理人的;

(三)作为一方当事人的法人或者其他组织终止,尚未确定权利义务承受人的;

(四)一方当事人因不可抗拒的事由,不能参加诉讼的;

(五)本案必须以另一案的审理结果为依据,而另一案尚未审结的;

(六)其他应当中止诉讼的情形。

中止诉讼的原因消除后,恢复诉讼。

【立法·要点注释】

1. 不可抗拒的事由是指不能预见、不能避免、无法克服的客观情况,如地震、洪水等自然灾害或者战争等依靠个人力量无法避免的情况。当事人因为这种重大变故,在较长的时间内不能参加诉讼的,应中止诉讼。

2. 审判实践中,有些民事案件比较复杂,案件之间的法律关系或者事实情况相互牵连。一个案件的事实认定或者法律适用,要以另一案件的审理结果为依据,如果不等另一案件审结而急于裁判,就有可能出现两案件事实矛盾、适用法律失当、裁判矛盾的情况。这不仅不利于保护当事人的合法权益,也会使已有纠纷更加复杂,还有损法院判决、裁定的严肃性。因此,遇到这种情况就应当中止诉讼。例如,他人对作为主要遗产的房屋的所有权的诉讼正在进行中,继承遗产的诉讼就不能审理下去,需要等待该房屋所有权确定。在这种情况下,继承案件应中止,待房屋所有权案件审结后,再恢复诉讼。

【相关立法】

《中华人民共和国企业破产法》

（20070601）

第二十条　人民法院受理破产申请后,已经开始而尚未终结的有关债务人的民事诉讼或者仲裁应当中止;在管理人接管债务人的财产后,该诉讼或者仲裁继续进行。

第一百三十四条　商业银行、证券公司、保险公司等金融机构有本法第二条规定情形的,国务院金融监督管理机构可以向人民法院提出对该金融机构进行重整或者破产清算的申请。国务院金融监督管理机构依法对出现重大经营风险的金融机构采取接管、托管等措施的,可以向人民法院申请中止以该金融机构为被告或者被执行人的民事诉讼程序或者执行程序。

金融机构实施破产的,国务院可以依据本法和其他有关法律的规定制定实施办法。

【司法解释】

1.《最高人民法院关于适用〈中华人民共和国民事诉讼法〉的解释》（法释〔2015〕5号,20150204;经法释〔2022〕11号修正,20220410）

第二百四十六条　裁定中止诉讼的原因消除,恢复诉讼程序时,不必撤销原裁定,从人民法院通知或者准许当事人双方继续进行诉讼时起,中止诉讼的裁定即失去效力。

2.《最高人民法院关于审理民间借贷案件适用法律若干问题的规定》（法释〔2015〕18号,20150901;经法释〔2020〕17号修正,20210101）

第七条　民间借贷纠纷的基本案件事实必须以刑事案件的审理结果为依据,而该刑事案件尚未审结的,人民法院应当裁定中止诉讼。

3.《最高人民法院关于审理技术合同纠纷案件适用法律若干问题的解释》（法释〔2004〕20号,20050101;经法释〔2020〕19号修正,20210101）

第四十五条　第三人向受理技术合同纠纷案件的人民法院就合同标的技术提出权属或者侵权请求时,受诉人民法院对此也有管辖权的,可以将权属或者侵权纠纷与合同纠纷合并审理;受诉人民法院对此没有管辖权的,应当告知其向有管辖权的人民法院另行起诉或者将已经受理的权属或者侵权纠纷案件移送有管辖权的人民法院。权属或者侵权纠纷另案受理后,合同纠纷应当中止诉讼。

专利实施许可合同诉讼中,被许可人或者第三人向国家知识产权局请求宣告专利权无效的,人民法院可以不中止诉讼。在案件审理过程中专利权被宣告无效的,按照专利法第四十七条第二款和第三款的规定处理。

4.《最高人民法院关于审理企业破产案件若干问题的规定》(法释〔2002〕23号,20020901)

第二十条 人民法院受理企业破产案件后,对债务人财产的其他民事执行程序应当中止。

以债务人为被告的其他债务纠纷案件,根据下列不同情况分别处理:

(一)已经审结但未执行完毕的,应当中止执行,由债权人凭生效的法律文书向受理破产案件的人民法院申报债权。

(二)尚未审结且无其他被告和无独立请求权的第三人的,应当中止诉讼,由债权人向受理破产案件的人民法院申报债权。在企业被宣告破产后,终结诉讼。

(三)尚未审结并有其他被告或者无独立请求权的第三人的,应当中止诉讼,由债权人向受理破产案件的人民法院申报债权。待破产程序终结后,恢复审理。

(四)债务人系从债务人的债务纠纷案件继续审理。

5.《最高人民法院关于审理专利纠纷案件适用法律问题的若干规定》(法释〔2001〕21号,20010701;经法释〔2020〕19号修正,20210101)

第四条 对申请日在2009年10月1日前(不含该日)的实用新型专利提起侵犯专利权诉讼,原告可以出具由国务院专利行政部门作出的检索报告;对申请日在2009年10月1日以后的实用新型或者外观设计专利提起侵犯专利权诉讼,原告可以出具由国务院专利行政部门作出的专利权评价报告。根据案件审理需要,人民法院可以要求原告提交检索报告或者专利权评价报告。原告无正当理由不提交的,人民法院可以裁定中止诉讼或者判令原告承担可能的不利后果。

侵犯实用新型、外观设计专利权纠纷案件的被告请求中止诉讼的,应当在答辩期内对原告的专利权提出宣告无效的请求。

第五条 人民法院受理的侵犯实用新型、外观设计专利权纠纷案件,被告在答辩期间内请求宣告该项专利权无效的,人民法院应当中止诉讼,但具备下列情形之一的,可以不中止诉讼:

(一)原告出具的检索报告或者专利权评价报告未发现导致实用新型或者外观设计专利权无效的事由的;

(二)被告提供的证据足以证明其使用的技术已经公知的;

(三)被告请求宣告该项专利权无效所提供的证据或者依据的理由明显不充分的;

(四)人民法院认为不应当中止诉讼的其他情形。

第六条 人民法院受理的侵犯实用新型、外观设计专利权纠纷案件,被告在答辩期间届满后请求宣告该项专利权无效的，人民法院不应当中止诉讼，但经审查认为有必要中止诉讼的除外。

第七条 人民法院受理的侵犯发明专利权纠纷案件或者经国务院专利行政部门审查维持专利权的侵犯实用新型、外观设计专利权纠纷案件，被告在答辩期间内请求宣告该项专利权无效的，人民法院可以不中止诉讼。

第八条 人民法院决定中止诉讼，专利权人或者利害关系人请求责令被告停止有关行为或者采取其他制止侵权损害继续扩大的措施，并提供了担保，人民法院经审查符合有关法律规定的，可以在裁定中止诉讼的同时一并作出有关裁定。

6.《最高人民法院关于审理侵犯专利权纠纷案件应用法律若干问题的解释（二）》（法释〔2016〕1 号，20160401；经法释〔2020〕19 号修正，20210101）

第三条 因明显违反专利法第二十六条第三款、第四款导致说明书无法用于解释权利要求，且不属于本解释第四条规定的情形，专利权因此被请求宣告无效的，审理侵犯专利权纠纷案件的人民法院一般应当裁定中止诉讼；在合理期限内专利权未被请求宣告无效的，人民法院可以根据权利要求的记载确定专利权的保护范围。

7.《最高人民法院关于审理植物新品种纠纷案件若干问题的解释》（法释〔2001〕5 号，20010214；经法释〔2020〕19 号修正，20210101）

第六条 人民法院审理侵害植物新品种权纠纷案件，被告在答辩期间内向植物新品种审批机关请求宣告该植物新品种权无效的，人民法院一般不中止诉讼。

8.《最高人民法院关于审理侵犯商业秘密民事案件适用法律若干问题的规定》（法释〔2020〕7 号，20200912）

第二十五条 当事人以涉及同一被诉侵犯商业秘密行为的刑事案件尚未审结为由，请求中止审理侵犯商业秘密民事案件，人民法院在听取当事人意见后认为必须以该刑事案件的审理结果为依据的，应予支持。

9.《最高人民法院关于审理垄断民事纠纷案件适用法律若干问题的解释》（法释〔2024〕6 号，20240701）

第十三条 反垄断执法机构对被诉垄断行为已经立案调查的，人民法院可以根据案件具体情况，裁定中止诉讼。

【司法文件】

《全国法院民商事审判工作会议纪要》（最高人民法院，法〔2019〕254 号，20191108）

101.【民间贴现行为的效力】票据

贴现属于国家特许经营业务，合法持票人向不具有法定贴现资质的当事人进行"贴现"的，该行为应当认定无效，贴现款和票据应当相互返还。当事人不能返还票据的，原合法持票人可以拒绝返还贴现款。人民法院在民商事案件审理过程中，发现不具有法定资质的当事人以"贴现"为业，因该行为涉嫌犯罪，应当将有关材料移送公安机关。民商事案件的审理必须以相关刑事案件的审理结果为依据的，应当中止诉讼，待刑事案件审结后，再恢复案件的审理。案件的基本事实无须以相关刑事案件的审理结果为依据的，人民法院应当继续审理。

根据票据行为无因性原理，在合法持票人向不具有贴现资质的主体进行"贴现"，该"贴现"人给付贴现款后直接将票据交付其后手，其后手支付对价并记载自己为被背书人后，又基于真实的交易关系和债权债务关系将票据进行背书转让的情形下，应当认定最后持票人为合法持票人。

105.【票据清单交易、封包交易案件中的民刑交叉问题】人民法院在案件审理过程中，如果发现公安机关已经就实际用资人、直贴行、出资银行的工作人员涉嫌骗取票据承兑罪、伪造印章罪等立案侦查，一方当事人根据《最高人民法院关于在审理经济纠纷案件中涉及经济犯罪嫌疑若干问题的规定》第11条的规定申请将案件移送公安机关的，因该节事实对于查明出资银行是否

为正当持票人，以及参与交易的其他金融机构的抗辩理由能否成立存在重要关联，人民法院应当将有关材料移送公安机关。民商事案件的审理必须以相关刑事案件的审理结果为依据的，应当中止诉讼，待刑事案件审结后，再恢复案件的审理。案件的基本事实无须以相关刑事案件的审理结果为依据的，人民法院应当继续案件的审理。

参与交易的其他商业银行以公安机关已经对其工作人员涉嫌受贿、伪造印章等犯罪立案侦查为由请求将案件移送公安机关的，因该节事实并不影响相关当事人民事责任的承担，人民法院应当根据《最高人民法院关于在审理经济纠纷案件中涉及经济犯罪嫌疑若干问题的规定》第10条的规定继续审理。

130.【刑民交叉案件中民商事案件中止审理的条件】人民法院在审理民商事案件时，如果民商事案件必须以相关刑事案件的审理结果为依据，而刑事案件尚未审结的，应当根据《民事诉讼法》第150条①第5项的规定裁定中止诉讼。待刑事案件审结后，再恢复民商事案件的审理。如果民商事案件不是必须以相关的刑事案件的审理结果为依据，则民商事案件应当继续审理。

---

① 对应2023年《民事诉讼法》第153条。——编者注

【法院参考案例】

民事案件与刑事案件分别审理时民事案件中止审理标准[永登县某社安宁分社诉兰州某公司借款合同纠纷案,最高人民法院(2021)最高法民终 874 号]

同一当事人因不同法律事实分别产生民商事纠纷和涉嫌刑事犯罪,人民法院应分别审理。如果刑事案件的审理结果可能对相关民事法律行为的性质和效力以及各方当事人的过错责任产生影响,必须以相关刑事案件的审理结果为依据的,可以先行裁定中止审理,待相关刑事案件审结后再行恢复审理,并就民事案件所涉的法律行为的性质、效力以及当事人过错责任等方面,结合刑事案件的审理情况作出判断。

第一百五十四条　【诉讼终结】 有下列情形之一的,终结诉讼:

(一)原告死亡,没有继承人,或者继承人放弃诉讼权利的;

(二)被告死亡,没有遗产,也没有应当承担义务的人的;

(三)离婚案件一方当事人死亡的;

(四)追索赡养费、扶养费、抚养费以及解除收养关系案件的一方当事人死亡的。

【立法·要点注释】

1. 诉讼终结,案件就不再审理,当事人不得再就同一诉讼标的提起诉讼。诉讼终结关系另一方当事人的民事权益能否得到保护的问题,本法明确规定了可以终结诉讼的四种情况,而没有作类似诉讼中止的兜底性条款的规定,其意义在于对诉讼终结的适用严格掌握,依法进行。人民法院决定案件诉讼终结,应当作出书面裁定。诉讼终结的裁定,一经作出即发生法律效力,当事人对该裁定,不得提起上诉。

2. 掌握本法有关诉讼终结的规定,应当注意以下两点:(1)诉讼终结是诉讼程序的终结,终结诉讼的裁定,不能确定死亡一方当事人的财产归属。(2)诉讼终结将从法律上排除当事人诉讼权利的行使,适用必须严格限制,对于本条规定之外的情形,即便其对诉讼的进行构成严重障碍,也不得扩张适用诉讼终结。例如,民事案件的原告起诉时提供的被告住址不准确,往往导致诉讼文书无法送达,案件也无法进行,但是对于这种情况应当要求原告补充材料。因有关部门不准许当事人自行查询其他当事人的住址信息,原告向人民法院申请查询的,人民法院应当依原告的申请予以查询。因客观原因原告不能补充或者依据原告补充的材料仍不能确定被告住址的,人民法院可以依法向被告公告送达诉讼文书。人民法院不能仅以原告不能提供真实、准确的被告住址为由裁定终结诉讼。

【司法解释】

1.《最高人民法院关于适用〈中华人民共和国民事诉讼法〉的解释》（法释〔2015〕5 号，20150204；经法释〔2022〕11 号修正，20220410）

第三百二十条 上诉案件的当事人死亡或者终止的，人民法院依法通知其权利义务承继者参加诉讼。需要终结诉讼的，适用民事诉讼法第一百五十四条规定。

2.《最高人民法院关于依据原告起诉时提供的被告住址无法送达应如何处理问题的批复》（法释〔2004〕17 号，20041202）

人民法院依据原告起诉时所提供的被告住址无法直接送达或者留置送达，应当要求原告补充材料。原告因客观原因不能补充或者依据原告补充的材料仍不能确定被告住址的，人民法院应当依法向被告公告送达诉讼文书。人民法院不得仅以原告不能提供真实、准确的被告住址为由裁定驳回起诉或者裁定终结诉讼。

因有关部门不准许当事人自行查询其他当事人的住址信息，原告向人民法院申请查询的，人民法院应当依原告的申请予以查询。

第五节 判决和裁定

第一百五十五条 【判决书】判决书应当写明判决结果和作出该判决的理由。判决书内容包括：

（一）案由、诉讼请求、争议的事实和理由；

（二）判决认定的事实和理由、适用的法律和理由；

（三）判决结果和诉讼费用的负担；

（四）上诉期间和上诉的法院。

判决书由审判人员、书记员署名，加盖人民法院印章。

【立法·要点注释】

1. 人民法院的民事判决可以从不同角度作出不同的分类，按照判决所解决的案件的性质，可以分为确认判决、给付判决和变更判决；按照案件审理的结果，可以分为全部判决和部分判决；按照当事人是否出庭，可以分为对席判决和缺席判决。

2. 一般来说，制作民事判决书应当符合以下要求：（1）要依照本条规定的民事判决书的基本框架制作，不应随意变动。（2）对于案件审理的重要程序事项和诉讼活动要明确表述，包括原告起诉时间，重要的诉讼文件和证据提交、转递情况，因管辖异议、中止诉讼、委托鉴定等导致审理时间延长的程序事实,采取的诉前或诉讼保全措施等。(3)突出对重点争议证据的认证说理以及对当事人诉讼请求的辨法析理,对相关证据的分析和认证要围绕当事人争议的焦点进行;对事实中当事人无争议的部分要直接陈述,防止证据的简单罗列和重复。(4)要增强判案的说理,努力做到"辨法析理、胜败皆明"。针对当事人争议的焦点,要详尽地阐述裁判的理由,不仅应当对实体判决的理由进行阐述,而且要对诉讼证据的采信和法律的适用阐述理由,这样才能让当事人信服。(5)要强调案件事实的公开性和完整性、证据认定的逻辑性以及文字语言的准确性;要根据案件的具体情况区别对待,做到简繁得当;对于难以通过文字表述的内容,可以通过附图、附表等适当方式予以表达;对于涉及个人隐私、商业秘密等的不宜直接公开的内容,可以采用附件等形式予以表述,对外不宜公开。

【相关立法】

《中华人民共和国人民法院组织法》(19800101;20190101)

第三十二条 合议庭或者法官独任审理案件形成的裁判文书,经合议庭组成人员或者独任法官签署,由人民法院发布。

第三十九条 合议庭认为案件需要提交审判委员会讨论决定的,由审判长提出申请,院长批准。

审判委员会讨论案件,合议庭对其汇报的事实负责,审判委员会委员对本人发表的意见和表决负责。审判委员会的决定,合议庭应当执行。

审判委员会讨论案件的决定及其理由应当在裁判文书中公开,法律规定不公开的除外。

【司法解释】

1.《最高人民法院关于适用〈中华人民共和国民事诉讼法〉的解释》(法释〔2015〕5 号,20150204;经法释〔2022〕11 号修正,20220410)

第二百六十二条 人民法庭制作的判决书、裁定书、调解书,必须加盖基层人民法院印章,不得用人民法庭的印章代替基层人民法院的印章。

第五百二十八条 涉外民事诉讼中,经调解双方达成协议,应当制发调解书。当事人要求发给判决书的,可以依协议的内容制作判决书送达当事人。

2.《最高人民法院关于民事诉讼证据的若干规定》(法释〔2001〕33 号,20020401;经法释〔2019〕19 号修正,20200501)

第九十七条 人民法院应当在裁判文书中阐明证据是否采纳的理由。

对当事人无争议的证据,是否采纳的理由可以不在裁判文书中表述。

3.《最高人民法院关于裁判文书引

用法律、法规等规范性法律文件的规定》(法释〔2009〕14 号,20091104)

第一条 人民法院的裁判文书应当依法引用相关法律、法规等规范性法律文件作为裁判依据。引用时应当准确完整写明规范性法律文件的名称、条款序号,需要引用具体条文的,应当整条引用。

第二条 并列引用多个规范性法律文件的,引用顺序如下:法律及法律解释、行政法规、地方性法规、自治条例或者单行条例、司法解释。同时引用两部以上法律的,应当先引用基本法律,后引用其他法律。引用包括实体法和程序法的,先引用实体法,后引用程序法。

第四条 民事裁判文书应当引用法律、法律解释或者司法解释。对于应当适用的行政法规、地方性法规或者自治条例和单行条例,可以直接引用。

第六条 对于本规定第三条、第四条、第五条规定之外的规范性文件,根据审理案件的需要,经审查认定为合法有效的,可以作为裁判说理的依据。

第七条 人民法院制作裁判文书确需引用的规范性法律文件之间存在冲突,根据立法法等有关法律规定无法选择适用的,应当依法提请有决定权的机关做出裁决,不得自行在裁判文书中认定相关规范性法律文件的效力。

4.《最高人民法院关于技术调查官参与知识产权案件诉讼活动的若干规定》(法释〔2019〕2 号,20190501)

第十二条 技术调查官参与知识产权案件诉讼活动的,应当在裁判文书上署名。技术调查官的署名位于法官助理之下、书记员之上。

【司法文件】

1.《最高人民法院关于加强和规范裁判文书释法说理的指导意见》(法发〔2018〕10 号,20180613)

一、裁判文书释法说理的目的是通过阐明裁判结论的形成过程和正当性理由,提高裁判的可接受性,实现法律效果和社会效果的有机统一;其主要价值体现在增强裁判行为公正度、透明度,规范审判权行使,提升司法公信力和司法权威,发挥裁判的定分止争和价值引领作用,弘扬社会主义核心价值观,努力让人民群众在每一个司法案件中感受到公平正义,切实维护诉讼当事人合法权益,促进社会和谐稳定。

二、裁判文书释法说理,要阐明事理,说明裁判所认定的案件事实及其根据和理由,展示案件事实认定的客观性、公正性和准确性;要释明法理,说明裁判所依据的法律规范以及适用法律规范的理由;要讲明情理,体现法理情相协调,符合社会主流价值观;要讲究文理,语言规范,表达准确,逻辑清晰,合理运用说理技巧,增强说理效果。

三、裁判文书释法说理,要立场正确、内容合法、程序正当,符合社会主义核心价值观的精神和要求;要围绕证据审查判断、事实认定、法律适用进行说理,反映推理过程,做到层次分明;要针对诉讼主张和诉讼争点,结合庭审情况进行说理,做到有的放矢;要根据案件社会影响、审判程序、诉讼阶段等不同情况进行繁简适度的说理,简案略说,繁案精说,力求恰到好处。

四、裁判文书中对证据的认定,应当结合诉讼各方举证质证以及法庭调查核实证据等情况,根据证据规则,运用逻辑推理和经验法则,必要时使用推定和司法认知等方法,围绕证据的关联性、合法性和真实性进行全面、客观、公正的审查判断,阐明证据采纳和采信的理由。

五、刑事被告人及其辩护人提出排除非法证据申请的,裁判文书应当说明是否对证据收集的合法性进行调查、证据是否排除及其理由。民事、行政案件涉及举证责任分配或者证明标准争议的,裁判文书应当说明理由。

六、裁判文书应当结合庭审举证、质证、法庭辩论以及法庭调查核实证据等情况,重点针对裁判认定的事实或者事实争点进行释法说理。依据间接证据认定事实时,应当围绕间接证据之间是否存在印证关系、是否能够形成完整的证明体系等进行说理。采用推定方法认定事实时,应当说明推定启动的原因、反驳的事实和理由,阐释裁断的形成过程。

七、诉讼各方对案件法律适用无争议且法律含义不需要阐明的,裁判文书应当集中围绕裁判内容和尺度进行释法说理。诉讼各方对案件法律适用存有争议或者法律含义需要阐明的,法官应当逐项回应法律争议焦点并说明理由。法律适用存在法律规范竞合或者冲突的,裁判文书应当说明选择的理由。民事案件没有明确的法律规定作为裁判直接依据的,法官应当首先寻找最相类似的法律规定作出裁判;如果没有最相类似的法律规定,法官可以依据习惯、法律原则、立法目的等作出裁判,并合理运用法律方法对裁判依据进行充分论证和说理。法官行使自由裁量权处理案件时,应当坚持合法、合理、公正和审慎的原则,充分论证运用自由裁量权的依据,并阐明自由裁量所考虑的相关因素。

八、下列案件裁判文书,应当强化释法说理:疑难、复杂案件;诉讼各方争议较大的案件;社会关注度较高、影响较大的案件;宣告无罪、判处法定刑以下刑罚、判处死刑的案件;行政诉讼中对被诉行政行为所依据的规范性文件一并进行审查的案件;判决变更行政行为的案件;新类型或者可能成为指导性案例的案件;抗诉案件;二审改判或者发回重审的案件;重审案件;再审案件;其他需要强化说理的案件。

九、下列案件裁判文书,可以简化释法说理:适用民事简易程序、小额诉讼程序审理的案件;适用民事特别程序、督促程序及公示催告程序审理的案件;适用刑事速裁程序、简易程序审理的案件;当事人达成和解协议的轻微刑事案件;适用行政简易程序审理的案件;适用普通程序审理但是诉讼各方争议不大的案件;其他适宜简化说理的案件。

十、二审或者再审裁判文书应当针对上诉、抗诉、申请再审的主张和理由强化释法说理。二审或者再审裁判文书认定的事实与一审或者原审不同的,或者认为一审、原审认定事实不清、适用法律错误的,应当在查清事实、纠正法律适用错误的基础上进行有针对性的说理;针对一审或者原审已经详尽阐述理由且诉讼各方无争议或者无新证据、新理由的事项,可以简化释法说理。

十一、制作裁判文书应当遵循《人民法院民事裁判文书制作规范》《民事申请再审诉讼文书样式》《涉外商事海事裁判文书写作规范》《人民法院破产程序法律文书样式(试行)》《民事简易程序诉讼文书样式(试行)》《人民法院刑事诉讼文书样式》《行政诉讼文书样式(试行)》《人民法院国家赔偿案件文书样式》等规定的技术规范标准,但是可以根据案件情况合理调整事实认定和说理部分的体例结构。

十二、裁判文书引用规范性法律文件进行释法说理,应当适用《最高人民法院关于裁判文书引用法律、法规等规范性法律文件的规定》等相关规定,准确、完整地写明规范性法律文件的名称、条款项序号;需要加注引号引用条

文内容的,应当表述准确和完整。

十三、除依据法律法规、司法解释的规定外,法官可以运用下列论据论证裁判理由,以提高裁判结论的正当性和可接受性:最高人民法院发布的指导性案例;最高人民法院发布的非司法解释类审判业务规范性文件;公理、情理、经验法则、交易惯例、民间规约、职业伦理;立法说明等立法材料;采取历史、体系、比较等法律解释方法时使用的材料;法理及通行学术观点;与法律、司法解释等规范性法律文件不相冲突的其他论据。

十四、为便于释法说理,裁判文书可以选择采用下列适当的表达方式:案情复杂的,采用列明裁判要点的方式;案件事实或数额计算复杂的,采用附表的方式;裁判内容用附图的方式更容易表达清楚的,采用附图的方式;证据过多的,采用附录的方式呈现构成证据链的全案证据或证据目录;采用其他附件方式。

十五、裁判文书行文应当规范、准确、清楚、朴实、庄重、凝炼,一般不得使用方言、俚语、土语、生僻词语、古旧词语、外语;特殊情形必须使用的,应当注明实际含义。裁判文书释法说理应当避免使用主观臆断的表达方式、不恰当的修辞方法和学术化的写作风格,不得使用贬损人格尊严、具有强烈感情色彩、明显有违常识常理常情的用语,不能未经分析论证而直接使用"没有事实及法律依据,本院不予支持"之类的表

述作为结论性论断。

2.《最高人民法院关于在同一案件多个裁判文书上规范使用案号有关事项的通知》(法〔2016〕27号,20160201)

为规范案号在同一案件多个裁判文书上的使用,便于区分、识别,以满足审判执行工作实际需要,现就有关事项通知如下:

一、同一案件的案号具有唯一性,各级法院应规范案号在案件裁判文书上的使用。对同一案件出现的多个同类裁判文书,首份裁判文书直接使用案号,第二份开始可在案号后缀"之一""之二"……,以示区别。

二、在同一案件的多个不同类型裁判文书之间,无需通过上述案号后缀方法进行区分。

三、同一案件不同类型的裁判文书均出现两个以上时,每一类型裁判文书从其第二份开始均可采用上述案号后缀方法加以区分。

四、上述所称裁判文书的类型包括判决书、裁定书、调解书、决定书以及通知书等。

3.《最高人民法院关于规范人民法院裁判文书相关表述及依法收转当事人诉讼材料的通知》(法〔2015〕57号,20150306)

为方便人民群众行使诉讼权利,确保当事人的诉求得到及时妥善处理,现对人民法院民事、行政和国家赔偿裁判文书中"上诉、复议、国家赔偿申请"内容的表述、及时收转当事人诉讼材料工作予以统一规范,通知如下:

一、人民法院审理一审民事、行政案件,做出的可以上诉的判决书、裁定书中涉及"上诉期间和上诉法院"的内容统一表述为:"如不服本判决(裁定),可以在判决书(裁定书)送达之日起十五日(十日)内,向本院递交上诉状,并按对方当事人的人数或者代表人的人数提出副本,上诉于××××人民法院"。

二、人民法院做出的可以向上一级法院申请复议的决定书、裁定书中涉及"申请复议"的内容统一表述为:"如不服本决定(裁定),可以在收到决定书(裁定书)之日起××日内(依据法律、司法解释规定的期限),通过本院向××××人民法院申请复议,也可以直接向××××人民法院申请复议"。

三、人民法院做出的不予受理案件决定书、国家赔偿决定书以及因程序性驳回国家赔偿申请的决定书涉及"申请上一级人民法院赔偿委员会作出赔偿决定"的内容统一表述为:"如不服本决定,可以在决定书送达之日起三十日内通过本院向××××人民法院赔偿委员会申请做出赔偿决定,也可以直接向××××人民法院赔偿委员会申请做出赔偿决定"。

4.《最高人民法院关于深入推进社会主义核心价值观融入裁判文书释法

说理的指导意见》（法〔2021〕21 号，20210301）

一、深入推进社会主义核心价值观融入裁判文书释法说理，应当坚持以下基本原则：

（一）法治与德治相结合。以习近平新时代中国特色社会主义思想为指导，贯彻落实习近平法治思想，忠于宪法法律，将法律评价与道德评价有机结合，深入阐释法律法规所体现的国家价值目标、社会价值取向和公民价值准则，实现法治和德治相辅相成、相得益彰。

（二）以人民为中心。裁判文书释法说理应积极回应人民群众对公正司法的新要求和新期待，准确阐明事理，详细释明法理，积极讲明情理，力求讲究文理，不断提升人民群众对司法裁判的满意度，以司法公正引领社会公平正义。

（三）政治效果、法律效果和社会效果的有机统一。立足时代、国情、文化，综合考量法、理、情等因素，加强社会主义核心价值观的导向作用，不断提升司法裁判的法律认同、社会认同和情理认同。

二、各级人民法院应当深入推进社会主义核心价值观融入裁判文书释法说理，将社会主义核心价值观作为理解立法目的和法律原则的重要指引，作为检验自由裁量权是否合理行使的重要标准，确保准确认定事实，正确适用法律。对于裁判结果有价值引领导向、行为规范意义的案件，法官应当强化运用社会主义核心价值观释法说理，切实发挥司法裁判在国家治理、社会治理中的规范、评价、教育、引领等功能，以公正裁判树立行为规则，培育和弘扬社会主义核心价值观。

三、各级人民法院应当坚持以事实为根据，以法律为准绳。在释法说理时，应当针对争议焦点，根据庭审举证、质证、法庭辩论以及法律调查等情况，结合社会主义核心价值观，重点说明裁判事实认定和法律适用的过程和理由。

四、下列案件的裁判文书，应当强化运用社会主义核心价值观释法说理：

（一）涉及国家利益、重大公共利益，社会广泛关注的案件；

（二）涉及疫情防控、抢险救灾、英烈保护、见义勇为、正当防卫、紧急避险、助人为乐等，可能引发社会道德评价的案件；

（三）涉及老年人、妇女、儿童、残疾人等弱势群体以及特殊群体保护，诉讼各方存在较大争议且可能引发社会广泛关注的案件；

（四）涉及公序良俗、风俗习惯、权利平等、民族宗教等，诉讼各方存在较大争议且可能引发社会广泛关注的案件；

（五）涉及新情况、新问题，需要对法律规定、司法政策等进行深入阐释，引领社会风尚、树立价值导向的案件；

（六）其他应当强化运用社会主义核心价值观释法说理的案件。

五、有规范性法律文件作为裁判依据的,法官应当结合案情,先行释明规范性法律文件的相关规定,再结合法律原意,运用社会主义核心价值观进一步明晰法律内涵、阐明立法目的、论述裁判理由。

六、民商事案件无规范性法律文件作为裁判直接依据的,除了可以适用习惯以外,法官还应当以社会主义核心价值观为指引,以最相类似的法律规定作为裁判依据;如无最相类似的法律规定,法官应当根据立法精神、立法目的和法律原则等作出司法裁判,并在裁判文书中充分运用社会主义核心价值观阐述裁判依据和裁判理由。

七、案件涉及多种价值取向的,法官应当依据立法精神、法律原则、法律规定以及社会主义核心价值观进行判断、权衡和选择,确定适用于个案的价值取向,并在裁判文书中详细阐明依据及其理由。

……

九、深入推进社会主义核心价值观融入裁判文书释法说理应当正确运用解释方法:

(一)运用文义解释的方法,准确解读法律规定所蕴含的社会主义核心价值观的精神内涵,充分说明社会主义核心价值观在个案中的内在要求和具体语境。

(二)运用体系解释的方法,将法律规定与中国特色社会主义法律体系、社会主义核心价值体系联系起来,全面系统分析法律规定的内涵,正确理解和适用法律。

(三)运用目的解释的方法,以社会发展方向及立法目的为出发点,发挥目的解释的价值作用,使释法说理与立法目的、法律精神保持一致。

(四)运用历史解释的方法,结合现阶段社会发展水平,合理判断、有效平衡司法裁判的政治效果、法律效果和社会效果,推动社会稳定、可持续发展。

十、裁判文书释法说理应当使用简洁明快、通俗易懂的语言,讲求繁简得当,丰富修辞论证,提升语言表达和释法说理的接受度和认可度。

十一、人民法院应当探索建立强化运用社会主义核心价值观释法说理的案件识别机制,立案部门、审判部门以及院长、庭长等应当加强对案件诉讼主体、诉讼请求等要素的审查,及时识别强化运用社会主义核心价值观释法说理的重点案件,并与审判权力制约监督机制有机衔接。

十二、人民法院应当认真落实《最高人民法院关于统一法律适用加强类案检索的指导意见(试行)》《最高人民法院关于完善统一法律适用标准工作机制的意见》等相关要求,统一法律适用,确保同类案件运用社会主义核心价值观释法说理的一致性。

十三、对于本意见第四条规定的案件,根据审判管理相关规定,需要提交专业法官会议或审判委员讨论的,法官应当重点说明运用社会主义核心价值观释法说理的意见。

5.《涉外商事海事裁判文书写作规范》（最高人民法院，法〔2015〕67号，20150316）

裁判文书应当全面、准确地记载案件的审理过程和裁判的依据、理由与结果。撰写裁判文书应当做到要素齐全、结构完整、逻辑严谨、条理清晰、语句规范、繁简得当。为进一步规范和统一涉外商事海事裁判文书的写作标准，提高文书质量，现就涉外商事海事裁判文书的写作提出如下规范意见。

一、裁判文书的首部应当分别写明文书标题、案号、当事人及其法定代表人（或代表人）和委托代理人的基本情况以及案件由来、案由和审理过程等。

（一）裁判文书标题一般表述为"中华人民共和国××××人民法院民事判决书（调解书、裁定书）"。海事法院裁判文书标题中法院前不需冠以"人民"字样。

（二）案件当事人中如果没有外国人、无国籍人、外国企业或组织的，除最高人民法院制作的裁判文书外，其他各级人民法院制作的裁判文书标题中的法院名称无需冠以"中华人民共和国"字样。

（三）法院名称应当与院印文字一致。除海事法院外，基层人民法院、中级人民法院的裁判文书标题应当冠以省、自治区、直辖市的名称。

二、裁判文书应当准确列明当事人的诉讼地位、姓名或名称及其住所地。

（一）二审裁判文书在列明当事人二审诉讼地位的同时，亦应用括号注明其一审诉讼地位（例如一审原告、一审被告）。既非上诉人、亦非被上诉人的二审当事人，直接列明其一审诉讼地位。

（二）申请再审或再审案件的裁判文书应当分别列明当事人在申请再审过程中或再审诉讼中的地位，同时用括号注明其一、二审诉讼地位。既非再审申请人、亦非被申请人的，直接列明其一、二审诉讼地位。抗诉案件应当列明抗诉机关。

（三）当事人是自然人的，写明其姓名、性别、民族、出生日期、职业、住所地，职业不明确的，可以不表述；对于其身份证件号码一般应予注明，提交中华人民共和国居民身份证的应注明其公民身份号码。

自然人的住所地以其提交的合法有效的身份证件载明的地址为准；住所地与经常居住地不一致，且根据案件审理的需要需明确当事人经常居住地的，写明经依法查明的经常居住地。

（四）自然人为证明其身份提交的护照、往来港澳通行证、台湾居民来往大陆通行证等证件，无需再办理公证认证等证明手续。

（五）外国自然人，应当写明其国籍，无国籍人亦应予以注明。

港澳台地区的居民亦应予以注明。

（六）法人或其他组织的名称、住

所地等,以其注册登记文件记载的内容为准。

(七)境外企业、组织提交的证明其主体资格的注册登记文件,需依法办理公证认证等证明手续;证明文件是外文的,应当附有中文译本。

(八)对于外国当事人,在裁判文书首部应当写明其经过翻译的中文姓名或名称和住所地,并在中文姓名或名称和住所地后括号中注明其外文姓名或名称和住所地。

(九)当事人姓名或名称变更的,裁判文书首部应当列明变更后的姓名或名称,变更前姓名或名称无需在此处列明。对于姓名或名称变更的事实可根据需要在案件由来或者查明事实部分写明。

(十)当事人诉讼地位的称谓后面使用冒号。当事人为公司、企业、其他组织的,其名称后面使用句号,"住所地"后面使用冒号。当事人为自然人的,其姓名后均使用逗号,基本信息阐述完毕后使用句号。

(十一)当事人中有外国当事人或无国籍人的,表述住所地时应当分别写明中外当事人的国别名称或无国籍情况。当事人国别名称应当使用全称。

没有外国当事人或无国籍人的,表述国内当事人住所地时省略"中华人民共和国"字样。

(十二)表述港澳地区当事人住所地时,应当使用香港特别行政区、澳门特别行政区的全称。

表述台湾地区当事人住所地时,应当写明"台湾地区××市……",不应使用"台湾省"或"台湾"等表述。

(十三)当事人住所地、代理人情况相同的,应当各自列明,不应当使用"情况同上"进行表述。

三、法人或其他组织作为当事人的,应当写明其法定代表人或代表人及其身份信息。

(一)法定代表人后面使用冒号,写明法定代表人的姓名及其职务。

(二)当事人为不具备法人资格的其他组织的,应当写明其"代表人",不应表述为"负责人"或"授权代表人"。

(三)外国或者港澳台地区的企业、组织作为当事人的,亦应使用"代表人"的表述。

四、裁判文书中应当写明代理人的姓名及其身份信息。

(一)当事人委托本单位工作人员担任代理人的应当列在第一位,其委托外单位的人员或者律师担任代理人的列在第二位。

(二)当事人委托本单位人员作为代理人的,其身份信息可表述为"该公司(或该机构如该委员会、该厂等)工作人员"。

(三)律师、基层法律服务工作者担任代理人的,其身份信息表述为"××律师事务所律师"或"××法律服务所法律工作者"。

(四)当事人的近亲属或者其所在社区、单位以及有关社会团体推荐的公民担任代理人的,写明代理人的姓名、性别、出生日期、民族、职业、住所地。代理人是当事人近亲属的,还应当在住所地之后注明其与当事人的关系。

(五)代理人变更的,裁判文书首部只列写变更后的代理人。对于代理人变更的事实可根据需要在案件由来或者查明事实部分写明。

五、案由应当准确反映案件所涉及的民事法律关系的性质,并应当与最高人民法院《民事案件案由规定》中所列案由相一致。

二审法院或再审法院经审理认为原审裁判文书所列案由不当的,二审或再审裁判文书中应当写明经审理后最终确定的案由,并在裁判理由部分予以说明。

六、裁判文书应当写明案件的由来以及开庭审理过程。

(一)根据一审、二审或再审程序的不同,在案件由来部分简要写明当事人起诉、上诉、发回重审或者申请再审、指令再审、提审等情况。一审裁判文书应当写明当事人起诉的时间。

(二)此部分叙述时可在当事人全称后面括号注明其简称。简称要清楚、得当,避免引起歧义,不应以当事人诉讼地位的称谓(如原告、上诉人、答辩人等)或甲方、乙方等作为其简称。

(三)合议庭组成成员的情况不必具体表述,但如果合议庭成员有回避、变更情况的,应当在此部分写明。

(四)经过多次开庭审理的,应当分别简述开庭情况,以充分体现开庭审理的经过。开庭审理前组织证据交换、召集庭前会议的,亦应将相关情况予以阐述。

(五)当事人未到庭应诉或者中途退庭的,写明"经本院传票传唤,无正当理由拒不到庭"或者"未经法庭许可中途退庭"的情况。

(六)存在中止诉讼后又恢复审理等情况的,应当在此部分写明过程。

七、裁判文书应当依次写明当事人的起诉(包括诉讼请求)、答辩、第三人陈述等情况,写明当事人的诉讼主张及其所依据的事实、理由。

(一)转述当事人起诉、答辩的事实、理由时,应当对较长的起诉状、答辩状进行提炼、归纳,对其病句、错字进行修正,同时注意准确全面,忠实原意,不得遗漏要点。

(二)原告庭审时变更诉讼请求、提出新的诉讼请求,被告未作书面答辩或第三人未提交书面意见,但在庭审中进行口头答辩或陈述以及对原书面答辩或陈述意见予以补充的,应当在此节中予以表述。

(三)被告提出反诉的,亦应在此部分概述其反诉请求、依据的事实、理由以及对方的答辩情况。

(四)二审当事人的上诉、答辩等情况,在转述一审判决结果后进行概述,并应当按照前述第(一)、(二)项的要求进行提炼、归纳和表述。

八、一审裁判文书应当写明当事人

提交证据的名称、证明目的、各方当事人的质证意见，人民法院同时应当结合当事人举证、质证的意见，依照相关法律、司法解释的规定，对当事人提交证据的真实性、关联性、合法性进行分析，最终对证据是否应予采信及其证明力作出认定，明确阐明人民法院的认证意见。

九、根据质证认证情况，对业经查明认定的基本事实进行综合陈述。

（一）本部分以"本院查明"作为引言，其后用冒号，另起一行写明查明的事实。

（二）综述所查明的事实时，可以划分段落层次，亦可根据情况以"另查明"为引语表述其他相关事实，该另查明的事实可以多项；避免使用"还查明""再查明""又查明"等引语。

（三）在适用外国法的情况下，对于外国法查明的客观事实可在此部分予以表述。

十、二审裁判文书应当在"案件由来"部分之后，写明一审审理情况，包括原告的诉讼请求、一审法院认定的事实、裁判的理由和最终的裁判结果。

（一）简要概括一审原告起诉的事实、理由及其具体的诉讼请求、一审被告的答辩意见、第三人的陈述，以明确案件争议的焦点。一审被告提起反诉的，亦应写明。

（二）写明一审查明的事实，该部分以"一审法院查明"为引语开始，"一审法院查明"后面使用冒号。对一审查明的事实原则上予以照抄，有错字、漏字或者语法错误的，可适当修改。

（三）对于一审裁判文书中表述的当事人为支持自己主张提供的证据、当事人的质证意见及一审法院对证据的认证意见等内容，在二审裁判文书中可以省略，不再援引。当事人有争议的除外。

（四）写明一审裁判文书理由和结果，该部分以"一审法院认为"为引语开始，一审法院认为后面使用冒号。对一审认为部分原则上予以照抄，有错字、漏字或者语法错误的，可适当修改。

（五）一审裁判文书主文即裁判结果应当全文照抄，不得遗漏和更改，此前部分当事人名称使用简称的，此部分表述时仍使用简称，注意不得遗漏当事人负担的诉讼费及保全费、鉴定费等内容的表述。

十一、二审裁判文书应当根据上诉审的特点，结合相关证据材料，依据相关法律规定，针对当事人对一审认定事实提出的异议，重点予以分析、阐述。

（一）对于二审中当事人提交的新证据的名称、证明目的、各方当事人的质证意见等详细写明。

（二）结合当事人举证、质证的意见，依照相关法律、司法解释的规定，对有关证据的真实性、关联性、合法性进行分析，最终对证据是否应予采信及其证明力作出认定。

（三）根据不同情况，二审查明事实部分可分四种表述方式：

1. 当事人未提交新的证据,对一审查明的事实无异议,二审中也没有新查明的事实的,可写明:"一审查明的事实,有相关证据予以佐证,各方当事人均未提出异议,亦未提交新的证据,本院对一审查明的事实予以确认。"

2. 当事人对一审查明的事实无异议,但提交新证据或者二审法院根据自行调查收集的证据,有新查明的事实的,可写明:"一审查明的事实,有相关证据予以佐证,各方当事人均未提出异议,本院对一审查明的事实予以确认。本院另查明:……(在综合列举当事人提交的新证据或法院调查收集的证据、阐述各方当事人的质证意见及本院对证据的认证意见的基础上,对另查明的事实作出认定。)"

3. 当事人对部分事实提出异议,并提交新的证据,但经审查其异议不能成立的。

首先,对于当事人无异议部分的事实,可写明:"一审查明的××部分的事实,有相关证据予以佐证,各方当事人均未提出异议,本院对一审判决查明的××部分的事实予以确认。"

其次,对于当事人提出异议部分的事实,可写明:"上诉人××对一审查明的××部分的事实提出异议……(写明当事人对相关事实提出异议的具体意见及对方的反驳意见,并列举当事人为支持其主张提交的新证据,各方当事人对证据的质证意见以及本院对各证据的认证意见,在此基础上写明本院最终

意见,最后可总结性写明:'上诉人××虽然对一审查明的××部分的事实提出异议,但其不能提供充分的证据予以证明,其异议不能成立,本院不予支持,对于一审查明的××部分的事实,本院予以确认。')。"

4. 当事人对部分事实提出异议,根据当事人提交的新证据或者本院调查收集的证据,经审理发现一审查明的事实确实存在部分错误的。

首先,对于当事人无异议的正确部分的事实,可写明:"一审查明的××部分的事实,有相关证据予以佐证,各方当事人均未提出异议,本院对一审查明的××部分的事实予以确认。"

其次,对于一审认定错误的事实,可写明:"上诉人××对一审查明的××部分的事实提出异议……(写明当事人对相关事实提出异议的具体意见及对方的反驳意见,并列举当事人为支持其主张提交的新证据或本院调查收集的证据,各方当事人对证据的质证意见以及本院对各证据的最终认证意见,在此基础上写明本院查明的事实,最后可总结性写明'一审对××部分的事实认定有误,应予纠正,上诉人××对此提出的异议成立,本院予以支持。')。"

上述部分具体措辞可由承办人视案件情况灵活掌握。

十二、再审裁判文书应当在"案件由来"部分之后,写明原一、二审审理情况以及申请再审及答辩情况。

上述两部分的具体书写分别参照

适用二审裁判文书"一审审理情况"和一审裁判文书关于"当事人起诉及答辩情况"部分的要求。

十三、再审裁判文书应当根据再审案件特点,结合相关证据材料,依据相关法律规定,针对当事人提出的对原一、二审认定事实的异议,重点予以分析、阐述。

该部分的具体书写参照适用二审裁判文书关于"二审认定的事实"部分的要求。

十四、裁判理由是裁判文书的核心部分,要有针对性和说服力,二审及再审裁判文书要防止照抄原判理由或者公式化的套话。

(一)本部分以"本院认为"作为引言,其后用冒号,另起一行写明具体意见。

(二)应明确纠纷的性质、案由。原审确定案由错误,二审或者再审予以改正的,应在此部分首先进行叙述并阐明理由。

(三)涉外、涉港澳台民商事案件,应当依照《中华人民共和国涉外民事关系法律适用法》及《最高人民法院关于适用〈中华人民共和国涉外民事关系法律适用法〉若干问题的解释(一)》《最高人民法院关于审理涉台民商事案件法律适用问题的规定》等司法解释的规定,对解决纠纷应当适用的法律作出分析认定。涉外涉港澳台海事案件,应当依照《中华人民共和国海商法》的相关规定对法律适用问题作出分析认定,

《中华人民共和国海商法》没有规定的,适用《中华人民共和国涉外民事关系法律适用法》及其司法解释的相关规定。

(四)涉外案件应当适用我国法律的,表述为"适用中华人民共和国法律"。

涉港澳案件,应当适用内地法律的,表述为"适用内地法律",应适用港澳地区法律的,表述为"适用香港特别行政区(澳门特别行政区)法律"。

涉台案件,应当适用大陆法律的,表述为"适用大陆法律"(大陆后面不能加"地区"二字),应当适用台湾地区法律的,表述为"适用台湾地区法律"。

案件中既有港澳地区当事人,也有台湾地区当事人的,如果应当适用内地(大陆)法律,表述为"适用内地法律"即可。

(五)一审裁判文书应当围绕当事人争议的焦点问题及原告的最终诉讼请求能否成立进行论述。

(六)二审或再审裁判文书应当围绕当事人争议的焦点问题及上诉或再审请求能否成立进行论述。原审裁判正确,上诉或申请再审无理的,指出其理由的不当之处;原审裁判不当,上诉或申请再审理由成立的,应当阐明原判错之处、上诉或申请再审请求和理由成立的事实和法律依据、改判的理由等等。

(七)人民法院审理合同纠纷案件,对于合同是否成立、效力等问题应

当主动予以审查,即使当事人未就此提出异议,亦应予以分析阐述。

(八)对于案件复杂,当事人争议问题较多的,可以根据庭审时归纳的当事人争议焦点,分别逐项予以阐述。

(九)在该部分引用法律法规、司法解释时,应当严格适用《最高人民法院关于裁判文书引用法律、法规等规范性法律文件的规定》。并列引用多个法律文件的,引用顺序如下:法律及法律解释、行政法规、地方性法规、自治条例或者单行条例、司法解释;同时引用两部以上法律的,应当先引用基本法律,后引用其他法律;引用包括实体法和程序法的,先引用实体法,后引用程序法。

引用最高人民法院的司法解释时,应当按照公告公布的格式书写。

适用公约时,应当援引适用的公约具体条款。引用公约条款的顺序应置于法律、司法解释之前。

(十)二审或再审改判的,对于改判所依据的实体法应当予以援引。

(十一)如果案件因为涉及商业秘密或者隐私等问题不公开开庭审理,裁判文书中应当援引《中华人民共和国民事诉讼法》第一百三十四条①的规定。如果是缺席判决的,应当根据具体情况援引《中华人民共和国民事诉讼法》第一百四十三条②或者第一百四十四条③的规定。

(十二)指导性案例及非司法解释性的规范性文件,如各种指导性意见、会议纪要、个案答复等不得作为法律依据予以援引,但其体现的原则和精神可在说理部分予以阐述。

(十三)案件经审判委员会讨论决定的,应予以写明。

(十四)案件管辖权问题在判决书理由部分不需要予以阐述。

十五、裁判主文即裁判结果,是对案件实体问题作出的处理决定,裁判结果要明确、具体、完整。裁判结果应对当事人争议的实体问题作出终审结论。二审或再审裁判文书要对原审裁判作出明确表态,写明维持原裁判或者撤销原裁判,或者维持哪几项、撤销哪几项;对改判或加判的内容,要区别确认之诉、变更之诉、给付之诉等不同情况,作出明确、具体的处理决定。

(一)裁判文书主文部分中当事人名称应当用全称,主文的各项之间统一用分号。

(二)裁判文书主文内容必须明确具体、便于执行。如原审判决中未明确履行期限的,二审或再审裁判文书应写明判项的履行日期。

(三)对于金钱给付的利息,当事人要求计算至判决执行之日止,而原审裁判计算出绝对数的,二审或再审应当以纠正,应当明确利息计算的起止点。

---

① 对应 2023 年《民事诉讼法》第 137 条。——编者注

② 对应 2023 年《民事诉讼法》第 146 条。——编者注

③ 对应 2023 年《民事诉讼法》第 147 条。——编者注

（四）根据最高人民法院法〔2007〕19 号通知的要求，1. 一审判决中具有金钱给付义务的，应当在所有判项之后另起一行写明：如果未按本判决指定的期间履行给付金钱的义务，应当依照《中华人民共和国民事诉讼法》第二百五十三条①的规定，加倍支付迟延履行期间的债务利息。2. 二审判决作出改判的案件，无论一审判决是否写入了上述告知内容，均应在所有判项之后另起一行写明第一条的告知内容。3. 如一审判决已经写明上述告知内容，二审维持原判的判决，可不再重复告知。

十六、裁判文书尾部应写明诉讼费用的负担，合议庭成员署名和判决日期等。

（一）诉讼费用是人民法院根据《诉讼费用交纳办法》的有关规定来决定的，不属于诉讼争议的问题，不应列为判决结果的一项内容，应在判决结果后另起一行写明。

根据《诉讼费用交纳办法》第五十五条的规定，诉讼费用应以人民币为计算单位。

（二）一、二审诉讼费用应当分别表述。按照《诉讼费用交纳办法》第十七条的规定："对财产案件提起上诉的，按照不服一审判决部分的上诉请求数额交纳案件受理费。"二审要根据当事人上诉请求的数额重新计算诉讼费，不能完全按照一审的标准收取。根据《诉讼费用交纳办法》第二十九条的规定，共同诉讼当事人败诉的，应明确当事人各自负担的诉讼费用数额。

如果一审诉讼费用不作调整，可表述为："一审案件受理费××元人民币，财产保全费（或其他费用）××元人民币，按一审判决承担。"

（三）裁判文书尾部由合议庭成员共同署名。助理审判员参加合议的，署代理审判员。院长、庭长参加庭审的案件，院长、庭长担任审判长。

（四）"本件与原本核对无异"字样的印戳，应加盖在年月日与书记员署名之间空行的左边。

十七、其他注意问题。

（一）为避免引起混淆，裁判文书中当事人的名称应当统一，只使用其名称或简称，除以引号转引相关书证原文的情形外，若当事人之间的合同、协议中有"甲方""乙方"等表述时，应统一变换为当事人的名称。

二审、再审裁判文书使用当事人简称时，应当确保与所引用原审文书对应简称表述一致。

二审、再审裁判文书在表述原审法院名称时，可视情况使用"一审法院""二审法院"的表述，亦可使用法院简称。

（二）在援引一审裁判文书相关内容时，应当将其中的"本院"修改为"一审法院（或其简称）"。

（三）裁判文书中表述阿拉伯数字

---

① 对应 2023 年《民事诉讼法》第 264 条。——编者注

时,数字之间不使用逗号。

(四)涉台案件裁判文书的书写,适用《最高人民法院关于贯彻执行〈关于审理涉台民商事案件法律适用问题的规定〉的通知》(法〔2011〕180号)的要求。

6.《最高人民法院关于进一步推进案件繁简分流优化司法资源配置的若干意见》(法发〔2016〕21号,20160912)

15. 推行裁判文书繁简分流。根据法院审级、案件类型、庭审情况等对裁判文书的体例结构及说理进行繁简分流。复杂案件的裁判文书应当围绕争议焦点进行有针对性的说理。新类型、具有指导意义的简单案件,加强说理;其他简单案件可以使用令状式、要素式、表格式等简式裁判文书,简化说理。当庭宣判的案件,裁判文书可以适当简化。当庭即时履行的民事案件,经征得各方当事人同意,可以在法庭笔录中记录相关情况后不再出具裁判文书。

16. 完善二审案件衔接机制。积极引导当事人、律师等提交电子诉讼材料,推进智慧法院建设和诉讼档案电子化,运用电子卷宗移送方式,加快案卷在上下级法院之间的移送。优化二审审理方式,围绕诉讼各方争议问题进行审理,避免二审与一审在庭审和裁判文书方面的不必要重复。强化二审统一裁判尺度、明确裁判规则等功能。

【法院参考案例】

1. 保证人上诉主张应在判决主文中列明承担保证责任后享有追偿权的,应否在判项中予以明确[某乙公司、某丙总公司、某丙西南分公司等诉成都某某公司借款合同纠纷案,最高人民法院(2020)最高法民终1177号]

人民法院判决保证人承担保证责任或者赔偿责任的,应当在判决书主文中明确保证人享有法律规定的追偿权利。

2. 在判决主文中是否可直接判决停止制造、销售带有药品批准文号的侵权产品[成都某公司诉江苏某公司、四川某公司侵害发明专利权纠纷案,最高人民法院(2010)民提字第158号]

药品批准文号是国家药品监督管理部门给予药品生产企业依照药品标准生产药品的许可,药品监管部门依据该企业的药品批准文号载明的药品注册标准检验、监督该企业的产品。如果生产企业的药品批准文号对应的产品系侵犯他人专利权的产品,为了禁止继续制造、销售侵犯他人专利权的药品,作为停止侵权的一项具体手段,人民法院可以判决侵权企业停止制造、销售带有该药品批准文号的侵权产品。

第一百五十六条　【先行判决】 人民法院审理案件,其中一部分事实已经清楚,可以就该部分先行判决。

【立法·要点注释】

1.部分先行判决是为了及时保护当事人的民事权益。可以进行先行判决的部分,主要是指在诉讼请求中可以独立分出的部分,或者是几个合并审理的诉中的一个相对独立部分;而且先行判决部分事实必须已经查清楚。如果该部分诉讼请求与整个诉讼请求不可分,对该部分先行判决将会使其余的诉讼请求难以确定,就不能对该部分先行判决。

2.依据本条规定进行的先行判决并不是对全案作出的判决。没有判决的部分不是不管,而是仍然在审理中。所以就部分事实先作出判决的,不会构成本法第 211 条第 11 项所说的遗漏诉讼请求的情况。对于全案判决中出现的遗漏当事人诉讼请求的情况必须予以纠正。在就部分已查清的事实进行先行判决时,也要向当事人说明案件的其他部分仍然在审理中,以免发生误解,造成不必要的纠纷。

【司法解释】

1.《最高人民法院关于审理侵害植物新品种权纠纷案件具体应用法律问题的若干规定(二)》(法释〔2021〕14 号,20210707)

第十四条　人民法院根据已经查明侵害品种权的事实,认定侵权行为成立的,可以先行判决停止侵害,并可以依据当事人的请求和具体案情,责令采取消灭活性等阻止被诉侵权物扩散、繁殖的措施。

2.《最高人民法院关于审理船舶油污损害赔偿纠纷案件若干问题的规定》(法释〔2011〕14 号,20110711;经法释〔2020〕18 号修正,20210101)

第二十五条　对油轮装载持久性油类造成的油污损害,受损害人提起诉讼时主张船舶所有人无权限制赔偿责任的,海事法院对船舶所有人是否有权限制赔偿责任的争议,可以先行审理并作出判决。

【最高法指导性案例】

指导案例 115 号:瓦莱奥清洗系统公司诉厦门卢卡斯汽车配件有限公司等侵害发明专利权纠纷案(20191224)

【裁判要点】

1.如果专利权利要求的某个技术特征已经限定或者隐含了特定结构、组分、步骤、条件或其相互之间的关系等,即使该技术特征同时还限定了其所实现的功能或者效果,亦不属于《专利权纠纷解释(二)》第 8 条所称的功能性特征。

2. 在专利侵权诉讼程序中,责令停止被诉侵权行为的行为保全具有独立价值。当事人既申请责令停止被诉侵权行为,又申请先行判决停止侵害,人民法院认为需要作出停止侵害先行判决的,应当同时对行为保全申请予以审查;符合行为保全条件的,应当及时作出裁定。

【基本案情】

瓦莱奥清洗系统公司(以下简称瓦莱奥公司)是涉案"机动车辆的刮水器的连接器及相应的连接装置"发明专利的专利权人,该专利仍在保护期内。瓦莱奥公司于 2016 年向上海知识产权法院提起诉讼称,厦门卢卡斯汽车配件有限公司(以下简称卢卡斯公司)、厦门富可汽车配件有限公司(以下简称富可公司)未经许可制造、销售、许诺销售,陈少强未经许可制造、销售的雨刮器产品落入其专利权保护范围。瓦莱奥公司请求判令卢卡斯公司、富可公司和陈少强停止侵权,赔偿损失及制止侵权的合理开支暂计 600 万元,并请求人民法院先行判决卢卡斯公司、富可公司和陈少强立即停止侵害涉案专利权的行为。此外,瓦莱奥公司还提出了临时行为保全申请,请求法院裁定卢卡斯公司、富可公司、陈少强立即停止侵权行为。

【裁判结果】

上海知识产权法院于 2019 年 1 月 22 日作出先行判决,判令厦门卢卡斯汽车配件有限公司、厦门富可汽车配件有

限公司于判决生效之日起立即停止对涉案发明专利权的侵害。厦门卢卡斯汽车配件有限公司、厦门富可汽车配件有限公司不服上述判决,向最高人民法院提起上诉。最高人民法院于 2019 年 3 月 27 日公开开庭审理本案,作出(2019)最高法知终 2 号民事判决,并当庭宣判,判决驳回上诉,维持原判。

【裁判理由】

最高人民法院认为:

一、关于"在所述关闭位置,所述安全搭扣面对所述锁定元件延伸,用于防止所述锁定元件的弹性变形,并锁定所述连接器"的技术特征是否属于功能性特征以及被诉侵权产品是否具备上述特征的问题

第一,关于上述技术特征是否属于功能性特征的问题。功能性特征是指不直接限定发明技术方案的结构、组分、步骤、条件或其之间的关系等,而是通过其在发明创造中所起的功能或者效果对结构、组分、步骤、条件或其之间的关系等进行限定的技术特征。如果某个技术特征已经限定或者隐含了发明技术方案的特定结构、组分、步骤、条件或其之间的关系等,即使该技术特征还同时限定了其所实现的功能或者效果,原则上亦不属于《专利权纠纷解释(二)》第 8 条所称的功能性特征,不应作为功能性特征进行侵权比对。前述技术特征实际上限定了安全搭扣与锁定元件之间的方位关系并隐含了特定结构——"安全搭扣面对所述锁定元件

延伸"，该方位和结构所起到的作用是"防止所述锁定元件的弹性变形，并锁定所述连接器"。根据这一方位和结构关系，结合涉案专利说明书及其附图，特别是说明书第【0056】段关于"连接器的锁定由搭扣的垂直侧壁的内表面保证，内表面沿爪外侧表面延伸，因此，搭扣阻止爪向连接器外横向变形，因此连接器不能从钩形端解脱出来"的记载，本领域普通技术人员可以理解，"安全搭扣面对所述锁定元件延伸"，在延伸部分与锁定元件外表面的距离足够小的情况下，就可以起到防止锁定元件弹性变形并锁定连接器的效果。可见，前述技术特征的特点是，既限定了特定的方位和结构，又限定了该方位和结构的功能，且只有将该方位和结构及其所起到的功能结合起来理解，才能清晰地确定该方位和结构的具体内容。这种"方位或者结构+功能性描述"的技术特征虽有对功能的描述，但是本质上仍是方位或者结构特征，不是《专利权纠纷解释（二）》第8条意义上的功能性特征。

第二，关于被诉侵权产品是否具备前述技术特征的问题。涉案专利权利要求1的前述技术特征既限定了安全搭扣与锁定元件的方位和结构关系，又描述了安全搭扣所起到的功能，该功能对于确定安全搭扣与锁定元件的方位和结构关系具有限定作用。前述技术特征并非功能性特征，其方位、结构关系的限定和功能限定在侵权判定时均

应予以考虑。本案中，被诉侵权产品的安全搭扣两侧壁内表面设有一对垂直于侧壁的凸起，当安全搭扣处于关闭位置时，其侧壁内的凸起朝向弹性元件的外表面，可以起到限制弹性元件变形张开、锁定弹性元件并防止刮水器臂从弹性元件中脱出的效果。被诉侵权产品在安全搭扣处于关闭位置时，安全搭扣两侧壁内表面垂直于侧壁的凸起朝向弹性元件的外表面，属于涉案专利权利要求1所称的"所述安全搭扣面对所述锁定元件延伸"的一种形式，且同样能够实现"防止所述锁定元件的弹性变形，并锁定所述连接器"的功能。因此，被诉侵权产品具备前述技术特征，落入涉案专利权利要求1的保护范围。原审法院在认定上述特征属于功能性特征的基础上，认定被诉侵权产品具有与上述特征等同的技术特征，比对方法及结论虽有偏差，但并未影响本案侵权判定结果。

二、关于本案诉中行为保全申请的具体处理问题

本案需要考虑的特殊情况是，原审法院虽已作出关于责令停止侵害涉案专利权的先行判决，但并未生效，专利权人继续坚持其在一审程序中的行为保全申请。此时，第二审人民法院对于停止侵害专利权的行为保全申请，可以考虑如下情况，分别予以处理：如果情况紧急或者可能造成其他损害，专利权人提出行为保全申请，而第二审人民法院无法在行为保全申请处理期限内作

出终审判决的,应当对行为保全申请单独处理,依法及时作出裁定;符合行为保全条件的,应当及时采取保全措施。此时,由于原审判决已经认定侵权成立,第二审人民法院可根据案情对该行为保全申请进行审查,且不要求必须提供担保。如果第二审人民法院能够在行为保全申请处理期限内作出终审判决的,可以及时作出判决并驳回行为保全申请。本案中,瓦莱奥公司坚持其责令卢卡斯公司、富可公司停止侵害涉案专利权的诉中行为保全申请,但是其所提交的证据并不足以证明发生了给其造成损害的紧急情况,且最高人民法院已经当庭作出判决,本案判决已经发生法律效力,另行作出责令停止侵害涉案专利权的行为保全裁定已无必要。对于瓦莱奥公司的诉中行为保全申请,不予支持。

【法院参考案例】

涉家庭暴力离婚纠纷案件的先行判决及抚养费支付方式的确定[谢某梅诉贺某阳离婚纠纷案,四川省成都市武侯区人民法院(2023)川 0107 民初 15248 号,入库编号:2024-07-2-014-001]

对于在离婚纠纷中涉及的准予离婚、子女抚养、财产分割、债务处理等事项,短时间内难以全部查清,而一方当事人又遭受家庭暴力,人民法院认定夫妻感情确已破裂的,可以依据《民事诉讼法》第 156 条的规定,先行判决解除双方夫妻关系和处理其他已经查明的相关诉讼请求;待查明全部事实后,再对其他诉讼请求进行判决。

在审理涉家庭暴力离婚纠纷案件中,应当综合考虑当地实际生活水平、子女成长开支、双方当事人的经济条件、收入情况及定期给付抚养费对被家暴当事人身心健康的影响,妥当确定抚养费支付方式。对于不直接抚养子女一方具备一次性给付的经济基础,且存在危害对方身心健康风险的,人民法院对一次性支付抚养费用的请求依法予以支持。

第一百五十七条 【裁定】裁定适用于下列范围:

(一)不予受理;

(二)对管辖权有异议的;

(三)驳回起诉;

(四)保全和先予执行;

(五)准许或者不准许撤诉;

(六)中止或者终结诉讼;

(七)补正判决书中的笔误;

(八)中止或者终结执行;

(九)撤销或者不予执行仲裁裁决;

(十)不予执行公证机关赋予强制执行效力的债权文书;

(十一)其他需要裁定解决的事项。

对前款第一项至第三项裁定,可以上诉。

裁定书应当写明裁定结果和作出该裁定的理由。裁定书由审判人员、书记员署名，加盖人民法院印章。口头裁定的,记入笔录。

【立法·要点注释】

1.除本条前10种情形外,为解决某些程序问题,对于其他需要裁定的事项,人民法院也应当作出裁定。例如,依特别程序审理案件的过程中,发现本案存在民事权利义务争议,应当裁定终结特别程序;第二审人民法院对于不服第一审人民法院裁定的上诉案件的处理,一律使用裁定;人民法院按照审判监督程序决定再审的,裁定中止原判决、调解书的执行;人民法院还可以依法裁定返还已被执行的财产等。2023年修改《民事诉讼法》,在涉外民事诉讼程序的特别规定一编增加规定了当事人对承认和执行或者不予承认和执行外国法院作出的发生法律效力的判决、裁定的救济方式,即本法第303条的规定:"当事人对承认和执行或者不予承认和执行的裁定不服,可以自裁定送达之日起十日内向上一级人民法院申请复议。"

2.对本条第1款第1项至第3项的裁定,当事人不服的,可以上诉;对第4项的裁定不服的,可以申请复议一次。对于可以上诉的裁定,在上诉期间原裁定不发生法律效力;对于可以申请

复议的裁定,当事人申请复议的,在作出新的裁定之前,原裁定不停止执行。

3.裁定按其形式,可分为口头裁定和书面裁定。口头裁定指审判人员不制作裁定书,而是将裁定的内容口头向当事人宣布。口头裁定一般适用于比较简单的程序问题,如准予撤诉等,口头裁定的内容以及宣布的情况应当记入笔录。书面裁定是以书面形式作出的法律文书,适用于关系到当事人权利的比较重大的程序问题,如允许上诉的裁定以及终结诉讼、终结执行、不予执行等裁定,都应当采用书面裁定形式。书面裁定应当按照本法的有关规定送达当事人。

【司法解释】

《最高人民法院关于适用〈中华人民共和国民事诉讼法〉的解释》(法释〔2015〕5号,20150204;经法释〔2022〕11号修正,20220410)

第二百四十五条　民事诉讼法第一百五十七条第一款第七项规定的笔误是指法律文书误写、误算,诉讼费用漏写、误算和其他笔误。

第二百六十二条　人民法庭制作的判决书、裁定书、调解书,必须加盖基层人民法院印章,不得用人民法庭的印章代替基层人民法院的印章。

【最高法指导性案例】

指导案例 7 号：牡丹江市宏阁建筑安装有限责任公司诉牡丹江市华隆房地产开发有限责任公司、张继增建设工程施工合同纠纷案（20120409）

【裁判要点】

人民法院接到民事抗诉书后，经审查发现案件纠纷已经解决，当事人申请撤诉，且不损害国家利益、社会公共利益或第三人利益的，应当依法作出对抗诉案终结审查的裁定；如果已裁定再审，应当依法作出终结再审诉讼的裁定。

【基本案情】

2009 年 6 月 15 日，黑龙江省牡丹江市华隆房地产开发有限责任公司（简称华隆公司）因与牡丹江市宏阁建筑安装有限责任公司（简称宏阁公司）、张继增建设工程施工合同纠纷一案，不服黑龙江省高级人民法院同年 2 月 11 日作出的（2008）黑民一终字第 173 号民事判决，向最高人民法院申请再审。最高人民法院于同年 12 月 8 日作出（2009）民申字第 1164 号民事裁定，按照审判监督程序提审本案。在最高人民法院民事审判第一庭提审期间，华隆公司鉴于当事人之间已达成和解且已履行完毕，提交了撤回再审申请书。最高人民法院经审查，于 2010 年 12 月 15 日以（2010）民提字第 63 号民事裁定准许其撤回再审申请。

申诉人华隆公司在向法院申请再审的同时，也向检察院申请抗诉。2010 年 11 月 12 日，最高人民检察院受理后决定对本案按照审判监督程序提出抗诉。2011 年 3 月 9 日，最高人民法院立案一庭收到最高人民检察院高检民抗（2010）58 号民事抗诉书后进行立案登记，同月 11 日移送审判监督庭审理。最高人民法院审判监督庭经审查发现，华隆公司曾向本院申请再审，其纠纷已解决，且申请检察院抗诉的理由与申请再审的理由基本相同，遂与最高人民检察院沟通并建议其撤回抗诉，最高人民检察院不同意撤回抗诉。再与华隆公司联系，华隆公司称当事人之间已就抗诉案达成和解且已履行完毕，纠纷已经解决，并于同年 4 月 13 日再次向最高人民法院提交了撤诉申请书。

【裁判结果】

最高人民法院于 2011 年 7 月 6 日以（2011）民抗字第 29 号民事裁定书，裁定本案终结审查。

【裁判理由】

最高人民法院认为：对于人民检察院抗诉再审的案件，或者人民法院依据当事人申请或依据职权裁定再审的案件，如果再审期间当事人达成和解并履行完毕，或者撤回申诉，且不损害国家利益、社会公共利益的，为了尊重和保障当事人在法定范围内对本人合法权利的自由处分权，实现诉讼法律效果与社会效果的统一，促进社会和谐，人民法院应当根据《审判监督程序解释》第

34 条的规定,裁定终结再审诉讼。

本案中,申诉人华隆公司不服原审法院民事判决,在向最高人民法院申请再审的同时,也向检察机关申请抗诉。在本院提审期间,当事人达成和解,华隆公司向本院申请撤诉。由于当事人有权在法律规定的范围内自由处分自己的民事权益和诉讼权利,其撤诉申请意思表示真实,已裁定准许其撤回再审申请,本案当事人之间的纠纷已得到解决,且本案并不涉及国家利益、社会公共利益或第三人利益,故检察机关抗诉的基础已不存在,本案已无按抗诉程序裁定进入再审的必要,应当依法裁定本案终结审查。

第一百五十八条　【生效裁判】最高人民法院的判决、裁定,以及依法不准上诉或者超过上诉期没有上诉的判决、裁定,是发生法律效力的判决、裁定。

【立法·要点注释】

1. 判决法律效力的发生。不同级别的法院和适用不同程序作出的判决,发生法律效力的时间也不同,主要有以下几种情况:(1)最高人民法院作出的判决,一经宣判即发生法律效力。最高人民法院无论是作为第一审人民法院,还是作为第二审人民法院,抑或依照审判监督程序审理再审案件,其作出的判决都是终审的判决。(2)各级人民法院适用第二审程序作出的判决,一经宣判即发生法律效力。(3)实行一审终审不准上诉的判决,一经宣告即发生法律效力。依法不准上诉的判决包括:依照特别程序审理的案件,即选民资格案件,宣告失踪、宣告死亡案件,指定遗产管理人案件,认定公民无民事行为能力、限制民事行为能力案件,认定财产无主案件,确认调解协议案件,实现担保物权案件;适用小额诉讼的程序审理的案件。(4)实行两审终审的案件中,对于适用第一审程序作出的判决,当事人在收到判决书后的 15 日内未提出上诉,又无延长期限的正当理由的,该判决即发生法律效力。

2. 对判决已经发生法律效力的案件,当事人又起诉的,人民法院不予受理。如果当事人认为生效判决确有错误,只能按审判监督程序申请再审。

3. 裁定的法律效力。由于作出裁定的法院级别不同以及是否准许上诉的情况不同,裁定生效的时间也不同。(1)最高人民法院作出的所有裁定,都是具有法律效力的裁定。最高人民法院无论是作为一审法院还是二审法院,抑或依照审判监督程序审理再审案件,其作出的裁定都是发生终局效力的裁定。(2)不准上诉的裁定,一经宣布,即具有法律效力。依法不准上诉的裁定是指不予受理、决定管辖权异议、驳回起诉裁定之外的各种裁定,这些裁定有的可以复议,但复议不停止执行,裁定作出后就发生法律效力。(3)第二审人民法院对提起上诉的裁定作出的裁定是终审裁定,一经宣布,即发生法律效力。(4)对于可以上诉的裁定,超过法定期限当事人未提出上诉,又没有延长期限的正当理由的,上诉期届满后,裁定即发生法律效力。对于不予受理、决定管辖权异议、驳回起诉的裁定,当事人不服的,应当在裁定作出之日起10日内向上一级人民法院提起上诉。当事人在规定期间不提起上诉,又无正当理由延长上诉期间的,裁定即发生法律效力。

第一百五十九条 【裁判文书公开】公众可以查阅发生法律效力的判决书、裁定书,但涉及国家秘密、商业秘密和个人隐私的内容除外。

【立法·要点注释】

1. 本条规定的公众查阅权,与本法第52条、第64条的区别有以下几点:一是查阅主体不同,本条规定的公众,主要是指当事人及其诉讼代理人以外的人。由于本条主要是从司法公开和社会公众监督人民法院司法活动的角度出发所作的规定,因此,无论与本案是否有利害关系,公众均可根据本条的规定依法查阅生效的判决书、裁定书。二是查阅范围不同。根据本条的规定,

公众查阅的对象为发生法律效力的判决书、裁定书,判决书、裁定书以外的法律文书不属于本条规定的公众查阅的范围,法院已经作出但尚未发生法律效力的判决书、裁定书,也不属于本条规定的公众查阅的范围;而当事人则可以查阅、复制起诉状、答辩状、法庭笔录、法庭上出示的有关证据等有关材料和法律文书,诉讼代理人在诉讼中可以查阅、摘抄和复印起诉状、答辩状、庭审笔录及各种证据材料等。三是对于涉密内容的查阅存在区别。根据本条的规定,公众无权查阅涉及国家秘密、商业秘密和个人隐私的内容。而相关规定并未禁止当事人及其诉讼代理人查阅本案中涉及国家秘密、商业秘密和个人隐私的内容。例如,《最高人民法院关于诉讼代理人查阅民事案件材料的规定》第8条规定:"查阅案件材料中涉及国家秘密、商业秘密和个人隐私的,诉讼代理人应当保密。"

2. 裁判文书公开应当是人民法院必须遵守的法律规定,人民法院可以根据实际情况依法采取多种方式公开裁判文书,但前提是应当依法保障公民的查阅权,不能设置不合理的条件,限制公众依法查阅生效的裁判文书。

【相关立法】

《中华人民共和国外商投资法》(20200101)

第十条 制定与外商投资有关的

法律、法规、规章，应当采取适当方式征求外商投资企业的意见和建议。

与外商投资有关的规范性文件、裁判文书等，应当依法及时公布。

【司法解释】

1.《最高人民法院关于适用〈中华人民共和国民事诉讼法〉的解释》（法释〔2015〕5号，20150204；经法释〔2022〕11号修正，20220410）

第二百二十条　民事诉讼法第七十一条、第一百三十七条、第一百五十九条规定的商业秘密，是指生产工艺、配方、贸易联系、购销渠道等当事人不愿公开的技术秘密、商业情报及信息。

第二百五十四条　公民、法人或者其他组织申请查阅发生法律效力的判决书、裁定书的，应当向作出该生效裁判的人民法院提出。申请应当以书面形式提出，并提供具体的案号或者当事人姓名、名称。

【重点解读】查阅发生法律效力的判决书、裁定书，是公众享有的权利。裁判文书公开是人民法院必须遵守的法律规定，人民法院可以根据实际情况依法采取多种方式公开裁判文书，但前提是应当依法保障公民的查阅权，不能设置不合理的条件，限制公众依法查阅生效的裁判文书。因此，只要申请人依据《民事诉讼法》第159条通过书面形式提出了查阅请求，并提供了具体的案号或者当事人姓名、名称，人民法院就

应当提供查阅。

第二百五十五条　对于查阅判决书、裁定书的申请，人民法院根据下列情形分别处理：

（一）判决书、裁定书已经通过信息网络向社会公开的，应当引导申请人自行查阅；

（二）判决书、裁定书未通过信息网络向社会公开，且申请符合要求的，应当及时提供便捷的查阅服务；

（三）判决书、裁定书尚未发生法律效力，或者已失去法律效力的，不提供查阅并告知申请人；

（四）发生法律效力的判决书、裁定书不是本院作出的，应当告知申请人向作出生效裁判的人民法院申请查阅；

（五）申请查阅的内容涉及国家秘密、商业秘密、个人隐私的，不予准许并告知申请人。

【重点解读】对于国家秘密、商业秘密和个人隐私的理解是准确适用本条的关键。

第一，国家秘密是指某些涉及重大国家安全、经济以及政治利益的信息，应当严格按照《保守国家秘密法》及《保守国家秘密法实施条例》予以认定。

第二，商业秘密是指不为公众所知悉、具有商业价值并经权利人采取保密措施的技术信息和经营信息，应当根据《反不正当竞争法》第9条、《反不正当竞争法解释》等规范性法律文件予以认定。

第三，目前法律关于个人隐私的概念尚无明确规定。一般认为，个人隐私是指公民个人生活中不愿向他人公开或为他人知悉的秘密，应当根据各相关民事法律法规及司法解释予以认定。有些地方法院认为，对于个人隐私的判断应当以当事人的主观认识为准，我们认为，这种观点是不可取的。个人隐私的判断有其客观标准，并不以当事人的认识为转移。需要明确的是，以国家秘密、商业秘密和个人隐私为由拒绝公众查阅生效判决书、裁定书的申请，是一种极其例外的情形，应当适用非常严格的标准，并经过严格的内部审批程序。此外，公开审理的案件，既然庭审允许社会公众旁听，其生效判决书、裁定书原则上也应允许社会公众查阅。

2.《最高人民法院关于人民法院在互联网公布裁判文书的规定》（法释〔2016〕19号，20161001）

第一条 人民法院在互联网公布裁判文书，应当依法、全面、及时、规范。

第二条 中国裁判文书网是全国法院公布裁判文书的统一平台。各级人民法院在本院政务网站及司法公开平台设置中国裁判文书网的链接。

第三条 人民法院作出的下列裁判文书应当在互联网公布：

（一）刑事、民事、行政判决书；

（二）刑事、民事、行政、执行裁定书；

（三）支付令；

（四）刑事、民事、行政、执行驳回申诉通知书；

（五）国家赔偿决定书；

（六）强制医疗决定书或者驳回强制医疗申请的决定书；

（七）刑罚执行与变更决定书；

（八）对妨害诉讼行为、执行行为作出的拘留、罚款决定书，提前解除拘留决定书，因对不服拘留、罚款等制裁决定申请复议而作出的复议决定书；

（九）行政调解书、民事公益诉讼调解书；

（十）其他有中止、终结诉讼程序作用或者对当事人实体权益有影响、对当事人程序权益有重大影响的裁判文书。

第四条 人民法院作出的裁判文书有下列情形之一的，不在互联网公布：

（一）涉及国家秘密的；

（二）未成年人犯罪的；

（三）以调解方式结案或者确认人民调解协议效力的，但为保护国家利益、社会公共利益、他人合法权益确有必要公开的除外；

（四）离婚诉讼或者涉及未成年子女抚养、监护的；

（五）人民法院认为不宜在互联网公布的其他情形。

第五条 人民法院应当在受理案件通知书、应诉通知书中告知当事人在互联网公布裁判文书的范围，并通过政务网站、电子触摸屏、诉讼指南等多种方式,向公众告知人民法院在互联网公布裁判文书的相关规定。

第六条　不在互联网公布的裁判文书,应当公布案号、审理法院、裁判日期及不公开理由,但公布上述信息可能泄露国家秘密的除外。

第七条　发生法律效力的裁判文书,应当在裁判文书生效之日起七个工作日内在互联网公布。依法提起抗诉或者上诉的一审判决书、裁定书,应当在二审裁判生效后七个工作日内在互联网公布。

第八条　人民法院在互联网公布裁判文书时,应当对下列人员的姓名进行隐名处理:

(一)婚姻家庭、继承纠纷案件中的当事人及其法定代理人;

(二)刑事案件被害人及其法定代理人、附带民事诉讼原告人及其法定代理人、证人、鉴定人;

(三)未成年人及其法定代理人。

第九条　根据本规定第八条进行隐名处理时,应当按以下情形处理:

(一)保留姓氏,名字以"某"替代;

(二)对于少数民族姓名,保留第一个字,其余内容以"某"替代;

(三)对于外国人、无国籍人姓名的中文译文,保留第一个字,其余内容以"某"替代;对于外国人、无国籍人的英文姓名,保留第一个英文字母,删除其他内容。

对不同姓名隐名处理后发生重复的,通过在姓名后增加阿拉伯数字进行区分。

第十条　人民法院在互联网公布裁判文书时,应当删除下列信息:

(一)自然人的家庭住址、通讯方式、身份证号码、银行账号、健康状况、车牌号码、动产或不动产权属证书编号等个人信息;

(二)法人以及其他组织的银行账号、车牌号码、动产或不动产权属证书编号等信息;

(三)涉及商业秘密的信息;

(四)家事、人格权益等纠纷中涉及个人隐私的信息;

(五)涉及技术侦查措施的信息;

(六)人民法院认为不宜公开的其他信息。

按照本条第一款删除信息影响对裁判文书正确理解的,用符号"×"作部分替代。

第十一条　人民法院在互联网公布裁判文书,应当保留当事人、法定代理人、委托代理人、辩护人的下列信息:

(一)除根据本规定第八条进行隐名处理的以外,当事人及其法定代理人是自然人的,保留姓名、出生日期、性别、住所地所属县、区;当事人及其法定代理人是法人或其他组织的,保留名称、住所地、组织机构代码,以及法定代表人或主要负责人的姓名、职务;

(二)委托代理人、辩护人是律师或者基层法律服务工作者的,保留姓名、执业证号和律师事务所、基层法律服务机构名称;委托代理人、辩护人是其他人员的,保留姓名、出生日期、性别、住所地所属县、区,以及与当事人的关系。

第十二条 办案法官认为裁判文书具有本规定第四条第五项不宜在互联网公布情形的,应当提出书面意见及理由,由部门负责人审查后报主管副院长审定。

第十三条 最高人民法院监督指导全国法院在互联网公布裁判文书的工作。高级、中级人民法院监督指导辖区法院在互联网公布裁判文书的工作。

各级人民法院审判管理办公室或者承担审判管理职能的其他机构负责本院在互联网公布裁判文书的管理工作,履行以下职责:

(一)组织、指导在互联网公布裁判文书;

(二)监督、考核在互联网公布裁判文书的工作;

(三)协调处理社会公众对裁判文书公开的投诉和意见;

(四)协调技术部门做好技术支持和保障;

(五)其他相关管理工作。

第十四条 各级人民法院应当依托信息技术将裁判文书公开纳入审判流程管理,减轻裁判文书公开的工作量,实现裁判文书及时、全面、便捷公布。

第十五条 在互联网公布的裁判文书,除依照本规定要求进行技术处理的以外,应当与裁判文书的原本一致。

人民法院对裁判文书中的笔误进行补正的,应当及时在互联网公布补正笔误的裁定书。

办案法官对在互联网公布的裁判文书与裁判文书原本的一致性,以及技术处理的规范性负责。

第十六条 在互联网公布的裁判文书与裁判文书原本不一致或者技术处理不当的,应当及时撤回并在纠正后重新公布。

在互联网公布的裁判文书,经审查存在本规定第四条列明情形的,应当及时撤回,并按照本规定第六条处理。

第十七条 人民法院信息技术服务中心负责中国裁判文书网的运行维护和升级完善,为社会各界合法利用在该网站公开的裁判文书提供便利。

中国裁判文书网根据案件适用不同审判程序的案号,实现裁判文书的相互关联。

第十三章　简易程序

第一百六十条　【适用范围】 基层人民法院和它派出的法庭审理事实清楚、权利义务关系明确、争议不大的简单的民事案件,适用本章规定。

基层人民法院和它派出的法庭审理前款规定以外的民事案件,当事人双方也可以约定适用简易程序。

【立法·要点注释】

1. 本条第 1 款对简易程序强制适用的条件和范围作了规定。简易程序只能适用于基层人民法院和它派出的法庭,中级以上人民法院不得适用简易程序。

2. 本条第 2 款有以下几层含义:一是本条规定中的当事人的程序选择权只适用于基层人民法院和它派出的法庭审理的民事案件,中级以上人民法院审理的民事案件不适用当事人的程序选择权。依据本法的规定,简易程序只适用于基层人民法院和它派出的法庭,中级以上人民法院审理民事案件不适

用简易程序。二是当事人行使程序选择权适用简易程序,以当事人双方共同约定为前提。仅原告或者被告一方选择适用简易程序,不能适用简易程序,必须双方达成合意。当事人双方对适用简易程序达成合意即可,至于约定适用简易程序的方式,既可以是口头,也可以是书面。三是当事人的程序选择权,限于依据本法规定适用普通程序的民事案件。需要说明的是,当事人不能对依据本法规定适用简易程序的民事案件约定选择适用普通程序。四是一旦当事人双方约定适用简易程序,人民法院应当适用简易程序。《简易程序规定》第 2 条第 1 款规定:“基层人民法院适用第一审普通程序审理的民事案件,当事人各方自愿选择适用简易程序,经人民法院审查同意的,可以适用简易程序进行审理。”第 2 款规定:“人民法院不得违反当事人自愿原则,将普通程序转为简易程序。”

【相关立法】

《中华人民共和国海事诉讼特别程序法》(20000701)

第九十八条 海事法院审理事实清楚、权利义务关系明确、争议不大的简单的海事案件，可以适用《中华人民共和国民事诉讼法》简易程序的规定。

【司法解释】

1.《最高人民法院关于适用〈中华人民共和国民事诉讼法〉的解释》（法释〔2015〕5号，20150204；经法释〔2022〕11号修正，20220410）

第二百五十六条 民事诉讼法第一百六十条规定的简单民事案件中的事实清楚，是指当事人对争议的事实陈述基本一致，并能提供相应的证据，无须人民法院调查收集证据即可查明事实；权利义务关系明确是指能明确区分谁是责任的承担者，谁是权利的享有者；争议不大是指当事人对案件的是非、责任承担以及诉讼标的争执无原则分歧。

【重点解读】第一，人民法院在决定案件是否适用简易程序审理时，只要当事人对争议事实的陈述基本相同，就不应过多地审查当事人所提交证据的真实性、合法性和关联性。

第二，人民法院适用简易程序审理案件，仍可调查收集证据。本条中虽有"无须人民法院调查收集证据即可查明事实"的表述，但这仅指人民法院在立案阶段确定审理程序时的判断，该判断是依据当时对案件情况的了解而作出的，并不意味着案件适用简易程序审理

后，人民法院就不能调查收集证据。调查收集证据是人民法院查明事实的手段之一，仍可适用于适用简易程序审理的案件，以帮助人民法院查明案件事实。

第三，在理解本条中规定的"责任承担"时，应注意这里所指对责任承担争议不大强调的是当事人对谁是责任承担者不存在根本性、原则性分歧，而不仅指对责任的性质争议不大。

第二百五十七条 下列案件，不适用简易程序：

（一）起诉时被告下落不明的；

（二）发回重审的；

（三）当事人一方人数众多的；

（四）适用审判监督程序的；

（五）涉及国家利益、社会公共利益的；

（六）第三人起诉请求改变或者撤销生效判决、裁定、调解书的；

（七）其他不宜适用简易程序的案件。

【重点解读】第一，对于简单的民事案件并非必须适用简易程序。对于新类型案件、辖区内类似案件较多需要统一裁量标准的案件等，即便案情简单，人民法院也可以依据本条第7项之规定，适用普通程序进行审理。

第二，起诉后原告下落不明的，一般可适用简易程序审理。本条并未对起诉后原告下落不明是否仍可适用简易程序作出规定。司法实践中，原告向人民法院起诉，都会填写送达地址确认

书。该确认书通常明确如果提供的地址不确切，或不及时告知变更后的地址，使诉讼文书无法送达或未及时送达，原告将自行承担由此可能产生的法律后果。因此，原告起诉后下落不明时，一般不需要进行公告送达，不会因此造成诉讼迟延，可以适用简易程序进行审理。

第三，被告收到开庭传票后下落不明的，可以适用简易程序。本条规定了起诉时被告下落不明的，不应适用简易程序。其理由是被告下落不明需要公告送达会造成审理拖延，不符合简易程序快审快结特点。但被告收到了开庭传票后下落不明的，已不存在公告送达开庭传票的问题，人民法院可以适用简易程序进行审理。

第二百六十四条 当事人双方根据民事诉讼法第一百六十条第二款规定约定适用简易程序的，应当在开庭前提出。口头提出的，记入笔录，由双方当事人签名或者捺印确认。本解释第二百五十七条规定的案件，当事人约定适用简易程序的，人民法院不予准许。

【重点解读】第一，当事人不能合意将简易程序转为普通程序。司法实践中简易程序转为普通程序主要有两种情况：(1)法院在适用简易程序审理案件过程中，发现案件不适宜适用简易程序，可以将其转为普通程序审理。由于案件是否适宜适用简易程序，在立案阶段不能完全加以区分，故不排除适用简易程序的案件事实上却很复杂的情

形。从确保当事人的程序利益出发，受理法院应将案件转入普通程序进行审理。具体可细分两种情况：第一种情况是，人民法院主动将案件转为普通程序。根据《民事诉讼法》第170条的规定，人民法院在审理过程中，发现案件不宜适用简易程序的，裁定转为普通程序。第二种情况是，当事人异议成立，将案件转为普通程序。根据《简易程序规定》第3条和第13条及本司法解释第269条的规定，当事人就适用简易程序提出异议，人民法院认为异议成立的，应当裁定将案件转入普通程序审理，并将审判人员及相关事项以书面形式通知双方当事人。(2)人民法院适用简易程序审理的案件，在3个月的审理期限内不能结案的，转为普通程序继续审理。这种情况并无法律条文规定，却是基层人民法院一种较为普遍的做法。上述两种简易程序转为普通程序的情形都不是当事人约定选择的结果。我们认为，当事人不能对应适用简易程序审理的案件约定选择适用普通程序审理。其主要理由在于当事人的程序选择权不能违反强制性规定，《民事诉讼法》第160条第1款属于强制性规定，只要符合该款规定的案件，就应适用简易程序审理。因此，人民法院依据该款规定适用简易程序审理的案件，当事人不能选择适用普通程序审理。

第二，关于发回重审的案件和适用审判监督程序审理的案件是否可由双方当事人选择适用简易程序的问题。

一种观点认为，既然民事诉讼法没有限制当事人选择适用简易程序的案件类型，那么法无禁止即自由，故应允许当事人对符合上述情形的案件选择适用简易程序。我们认为，依据本条第2款的规定，本解释第257条规定的案件，当事人约定适用简易程序的，人民法院不予准许。第257条第2项、第4项规定发回重审的及适用审判监督程序的案件不适用简易程序。究其原因，主要在于一旦对上述案件适用简易程序，就应实行法官独任制审理。而根据《民事诉讼法》第41条的规定，人民法院审理发回重审的案件和适用审判监督程序审理的案件应另行组成合议庭。这显然与民事简易程序的独任审判要求不一致。

第三，人民法院对当事人的申请应作出准许或不准许的裁定。由于当事人提出适用简易程序的申请，涉及审判程序的转化，属于程序性事项范畴，故人民法院应以裁定形式及时作出回应。

2.《最高人民法院关于适用简易程序审理民事案件的若干规定》（法释〔2003〕15号，20031201；经法释〔2020〕20号修正，20210101）

第一条 基层人民法院根据民事诉讼法第一百五十七条①规定审理简单的民事案件，适用本规定，但有下列情形之一的案件除外：

（一）起诉时被告下落不明的；

（二）发回重审的；

（三）共同诉讼中一方或者双方当事人人数众多的；

（四）法律规定应当适用特别程序、审判监督程序、督促程序、公示催告程序和企业法人破产还债程序的；

（五）人民法院认为不宜适用简易程序进行审理的。

第二条 基层人民法院适用第一审普通程序审理的民事案件，当事人各方自愿选择适用简易程序，经人民法院审查同意的，可以适用简易程序进行审理。

人民法院不得违反当事人自愿原则，将普通程序转为简易程序。

第三条 当事人就适用简易程序提出异议，人民法院认为异议成立的，或者人民法院在审理过程中发现不宜适用简易程序的，应当将案件转入普通程序审理。

3.《最高人民法院关于严格规范民商事案件延长审限和延期开庭问题的规定》（法释〔2018〕9号，20180426；经法释〔2019〕4号修正，20190328）

第四条 基层人民法院及其派出的法庭审理事实清楚、权利义务关系明确、争议不大的简单民商事案件，适用简易程序。

基层人民法院及其派出的法庭审理符合前款规定且标的额为各省、自治区、直辖市上年度就业人员年平均工资

---

① 对应2023年《民事诉讼法》第160条。——编者注

两倍以下的民商事案件,应当适用简易程序,法律及司法解释规定不适用简易程序的案件除外。

适用简易程序审理的民商事案件,证据交换、庭前会议等庭前准备程序与开庭程序一并进行,不再另行组织。

适用简易程序的案件,不适用公告送达。

4.《最高人民法院关于互联网法院审理案件若干问题的规定》(法释〔2018〕16 号,20180907)

第十八条 对需要进行公告送达的事实清楚、权利义务关系明确的简单民事案件,互联网法院可以适用简易程序审理。

【司法文件】

1.《最高人民法院关于全面加强人民法庭工作的决定》(法发〔2005〕16 号,20050923)

10. 人民法庭审理案件,一般适用简易程序。

2.《最高人民法院关于民商事案件繁简分流和调解速裁操作规程(试行)》(法发〔2017〕14 号,20170508)

第一条 民商事简易纠纷解决方式主要有先行调解、和解、速裁、简易程序、简易程序中的小额诉讼、督促程序等。

人民法院对当事人起诉的民商事纠纷,在依法登记立案后,应当告知双方当事人可供选择的简易纠纷解决方式,释明各项程序的特点。

先行调解包括人民法院调解和委托第三方调解。

第一百六十一条 【起诉方式】对简单的民事案件,原告可以口头起诉。

当事人双方可以同时到基层人民法院或者它派出的法庭,请求解决纠纷。基层人民法院或者它派出的法庭可以当即审理,也可以另定日期审理。

【立法·要点注释】

1. 适用普通程序审理的案件,是以书面起诉为原则,以口头方式为例外。而适用简易程序起诉的案件,原告可以用口头方式起诉,法律上没有附加任何条件。但是对口头起诉的案件,人民法院在审理时应当记入笔录,决定受理的,还应通知另一方当事人。

2. 根据本法关于一审普通程序的有关规定,原告起诉后,人民法院受理的,应当在立案之日起 5 日内将起诉状副本发送被告,被告应当在收到之日起 15 日内提出答辩状。这种方式在简易程序中可以使用,但不是必须使用。

【司法解释】

1.《最高人民法院关于适用〈中华人民共和国民事诉讼法〉的解释》（法释〔2015〕5号,20150204;经法释〔2022〕11号修正,20220410)

第二百六十五条 原告口头起诉的,人民法院应当将当事人的姓名、性别、工作单位、住所、联系方式等基本信息,诉讼请求,事实及理由等准确记入笔录,由原告核对无误后签名或者捺印。对当事人提交的证据材料,应当出具收据。

【重点解读】司法实践中,关于本条的理解与适用,还应注意平等保护被告等当事人的口头答辩权。《民事诉讼法》对被告等当事人的口头答辩没有作出规定,只在该法第128条第2款规定了"被告不提出答辩状,不影响人民法院审理"。这是因为我国尚不承认答辩失权制度和律师强制代理制度,但并不能因此得出被告等当事人没有口头答辩的权利的结论。从简易程序简易特点、适用简易程序案件的性质以及当事人自身法律素养等情况来看,允许被告等当事人提出口头答辩既有其现实合理性,又符合人民法院对当事人的诉讼权利平等保护的要求。而且,2003年《简易程序规定》第7条规定:"双方当事人到庭后,被告同意口头答辩的,人民法院可以当即开庭审理;被告要求书面答辩的,人民法院应当将提交答辩状的期限和开庭的具体日期告知各方当事人,并向当事人说明逾期举证以及拒不到庭的法律后果,由各方当事人在笔录和开庭传票的送达回证上签名或者捺印。"2020年《简易程序规定》修改时仅对该条的个别文字进行了修改,基本精神未变化。本解释第263条规定:"适用简易程序审理案件,案卷中应当具备以下材料:……(二)答辩状或者口头答辩笔录;……"这些司法解释事实上已经间接允许被告进行口头答辩。

2.《最高人民法院关于适用简易程序审理民事案件的若干规定》（法释〔2003〕15号,20031201;经法释〔2020〕20号修正,20210101）

第四条 原告本人不能书写起诉状,委托他人代写起诉状确有困难的,可以口头起诉。

原告口头起诉的,人民法院应当将当事人的基本情况、联系方式、诉讼请求、事实及理由予以准确记录,将相关证据予以登记。人民法院应当将上述记录和登记的内容向原告当面宣读,原告认为无误后应当签名或者按指印。

第五条 当事人应当在起诉或者答辩时向人民法院提供自己准确的送达地址、收件人、电话号码等其他联系方式,并签名或者按指印确认。

送达地址应当写明受送达人住所地的邮政编码和详细地址;受送达人是有固定职业的自然人的,其从业的场所可以视为送达地址。

第一百六十二条 【简便方式传唤、送达和审理】基层人民法院和它派出的法庭审理简单的民事案件,可以用简便方式传唤当事人和证人、送达诉讼文书、审理案件,但应当保障当事人陈述意见的权利。

【立法·要点注释】

1.适用简易程序审理民事案件,传唤当事人、证人到庭可以采用发传票的方式,也可以采用简便方式随时传唤。简便方式,是指可以采用电话通知、口头通知、有线广播通知(在农村)等灵活方式传唤当事人、证人。至于传唤的时间,可以根据审理案件的需要"随时"传唤,不受本法第139条"人民法院审理民事案件,应当在开庭三日前通知当事人和其他诉讼参与人"规定的限制。例如,在原告口头起诉后,随即用有线广播传唤被告和证人,当即审理。《简易程序规定》第6条规定,原告起诉后,人民法院可以采取捎口信、电话、传真、电子邮件等简便方式随时传唤双方当事人、证人。但是,任何方式的传唤,都应当以通知到被传唤人本人为准,未通知到本人的传唤,不能视为合法传唤。第18条规定,以捎口信、电话、传真、电子邮件等形式发送的开庭通知,未经当事人确认或者没有其他证据足以证明当事人已经收到的,人民法院不

得缺席判决。

2.适用简易程序审理民事案件,人民法院可以用简便方式送达诉讼文书。

3.适用简易程序审理的案件,不受普通程序中审理程序的严格限制,可以用简便方式审理案件。适用简易程序的案件可以随到随审,不是必须经过审理前的准备阶段,不受开庭3日前通知当事人和其他诉讼参与人的限制。适用简易程序的案件,审理中法庭调查、法庭辩论两大步骤不必严格划分,也不受法庭调查、法庭辩论先后顺序的限制,法官可根据案件情况,结合进行,灵活掌握审理程序。

【司法解释】

1.《最高人民法院关于适用〈中华人民共和国民事诉讼法〉的解释》(法释〔2015〕5号,20150204;经法释〔2022〕11号修正,20220410)

第二百六十一条　适用简易程序审理案件,人民法院可以依照民事诉讼法第九十条、第一百六十二条的规定采取捎口信、电话、短信、传真、电子邮件等简便方式传唤双方当事人、通知证人和送达诉讼文书。

以简便方式送达的开庭通知,未经当事人确认或者没有其他证据证明当事人已经收到的,人民法院不得缺席判决。

适用简易程序审理案件,由审判员独任审判,书记员担任记录。

2.《最高人民法院关于适用简易程序审理民事案件的若干规定》（法释〔2003〕15号，20031201；经法释〔2020〕20号修正，20210101）

第六条 原告起诉后，人民法院可以采取捎口信、电话、传真、电子邮件等简便方式随时传唤双方当事人、证人。

第七条 双方当事人到庭后，被告同意口头答辩的，人民法院可以当即开庭审理；被告要求书面答辩的，人民法院应当将提交答辩状的期限和开庭的具体日期告知各方当事人，并向当事人说明逾期举证以及拒不到庭的法律后果，由各方当事人在笔录和开庭传票的送达回证上签名或者按指印。

第八条 人民法院按照原告提供的被告的送达地址或者其他联系方式无法通知被告应诉的，应当按以下情况分别处理：

（一）原告提供了被告准确的送达地址，但人民法院无法向被告直接送达或者留置送达应诉通知书的，应当将案件转入普通程序审理；

（二）原告不能提供被告准确的送达地址，人民法院经查证后仍不能确定被告送达地址的，可以被告不明确为由裁定驳回原告起诉。

第九条 被告到庭后拒绝提供自己的送达地址和联系方式的，人民法院应当告知其拒不提供送达地址的后果；经人民法院告知后被告仍然拒不提供的，按下列方式处理：

（一）被告是自然人的，以其户籍登记中的住所或者经常居所为送达地址；

（二）被告是法人或者非法人组织的，应当以其在登记机关登记、备案中的住所为送达地址。

人民法院应当将上述告知的内容记入笔录。

第十条 因当事人自己提供的送达地址不准确、送达地址变更未及时告知人民法院，或者当事人拒不提供自己的送达地址而导致诉讼文书未能被当事人实际接收的，按下列方式处理：

（一）邮寄送达的，以邮件回执上注明的退回之日视为送达之日；

（二）直接送达的，送达人当场在送达回证上记明情况之日视为送达之日。

上述内容，人民法院应当在原告起诉和被告答辩时以书面或者口头方式告知当事人。

第十一条 受送达的自然人以及他的同住成年家属拒绝签收诉讼文书的，或者法人、非法人组织负责收件的人拒绝签收诉讼文书的，送达人应当依据民事诉讼法第八十六条①的规定邀请有关基层组织或者所在单位的代表到场见证，被邀请的人不愿到场见证的，送达人应当在送达回证上记明拒收事由、时间和地点以及被邀请人不愿到场见证的情形，将诉讼文书留在受送达

———————
① 对应2023年《民事诉讼法》第89条。——编者注

人的住所或者从业场所,即视为送达。

受送达人的同住成年家属或者法人、非法人组织负责收件的人是同一案件中另一方当事人的,不适用前款规定。

第一百六十三条 【独任审理】简单的民事案件由审判员一人独任审理,并不受本法第一百三十九条、第一百四十一条、第一百四十四条规定的限制。

【立法·要点注释】

1. 独任审判是审判组织的简化,但也要遵守有关回避的规定。独任审判同样要告知当事人审判员、书记员等的名单,询问当事人是否提出回避申请,当事人如果提出,应按本法关于回避的有关规定办理。

2. 简易程序相比普通程序,还可以不受本法第139条(开庭通知及公告)、第141条(法庭调查顺序)、第144条(法庭辩论顺序)规定的限制。

【司法解释】

1.《最高人民法院关于适用〈中华人民共和国民事诉讼法〉的解释》(法释〔2015〕5号,20150204;经法释〔2022〕11号修正,20220410)

第二百五十九条　当事人双方可

就开庭方式向人民法院提出申请,由人民法院决定是否准许。经当事人双方同意,可以采用视听传输技术等方式开庭。

【重点解读】第一,作为新型开庭审理方式的视听传输技术,不宜由审判人员依职权直接决定,而应当由当事人选择。为了防止审判人员强迫当事人采用视听传输技术开庭,应严格限定仅在双方当事人同意的情况下,人民法院才考虑是否适用。人民法院适用这种庭审方式,应该向双方当事人释明优劣所在,方便当事人在充分了解这种庭审方式的情况下自行选择。

第二,如果双方当事人同意采用视听传输技术方式进行庭审,人民法院应在相关笔录中对该同意意思表示作出记录或由当事人及其诉讼代理人出具相关同意函后入卷备查。另外,考虑到不是所有当事人对视听传输技术都熟悉,故在利用视听传输技术开庭前,应对当事人做好庭审注意事项辅导工作,即对采用这种方式进行庭审应当注意的问题诸如无正当理由不得随意切断通信信号等进行告知。

第三,严格依照相关规定,对特定案件不得采用视听传输技术方式开庭。对此,《人民法院在线诉讼规则》第21条规定:"人民法院开庭审理的案件,应当根据当事人意愿、案件情况、社会影响、技术条件等因素,决定是否采取视频方式在线庭审,但具有下列情形之一的,不得适用在线庭审:(一)各方当事人均明确表示不同意，或者一方当事人表示不同意且有正当理由的；（二）各方当事人均不具备参与在线庭审的技术条件和能力的；（三）需要通过庭审现场查明身份、核对原件、查验实物的；（四）案件疑难复杂、证据繁多，适用在线庭审不利于查明事实和适用法律的；（五）案件涉及国家安全、国家秘密的；（六）案件具有重大社会影响，受到广泛关注的；（七）人民法院认为存在其他不宜适用在线庭审情形的。采取在线庭审方式审理的案件，审理过程中发现存在上述情形之一的，人民法院应当及时转为线下审判。已完成的在线庭审活动具有法律效力。在线询问的适用范围和条件参照在线庭审的相关规则。"因此，对具有该条规定情形的案件，不得适用在线庭审即视听传输技术开庭。

第四，人民法院对当事人提出的关于采用视听传输技术进行开庭的申请，不予准许的，应用决定形式，而非裁定形式。这是因为是否采用视听传输技术方式开庭只是开庭方式的选择，不属于重大程序性事项，故不需用裁定形式。

第五，妥善处理庭审突发情况。当庭审中出现视听传输技术障碍导致庭审不能进行时，法官应休庭并请技术人员重新调试设备，待障碍消除后继续开庭；若障碍无法排除或审理中发现本案不适宜采用视听传输技术方式开庭的，应立即终止视听传输技术开庭，将庭审转换为传统审理模式，并另行通知当事人开庭时间、开庭地点。有必要强调的是，终止视听传输技术开庭前，双方当事人已确认的事实及已承认的对方诉讼请求，在后续庭审中无须再进行举证、质证。

第二百六十二条 人民法庭制作的判决书、裁定书、调解书，必须加盖基层人民法院印章，不得用人民法庭的印章代替基层人民法院的印章。

第二百六十三条 适用简易程序审理案件，卷宗中应当具备以下材料：

（一）起诉状或者口头起诉笔录；

（二）答辩状或者口头答辩笔录；

（三）当事人身份证明材料；

（四）委托他人代理诉讼的授权委托书或者口头委托笔录；

（五）证据；

（六）询问当事人笔录；

（七）审理（包括调解）笔录；

（八）判决书、裁定书、调解书或者调解协议；

（九）送达和宣判笔录；

（十）执行情况；

（十一）诉讼费收据；

（十二）适用民事诉讼法第一百六十五条规定审理的，有关程序适用的书面告知。

第二百六十六条 适用简易程序案件的举证期限由人民法院确定，也可以由当事人协商一致并经人民法院准许，但不得超过十五日。被告要求书面答辩的，人民法院可在征得其同意的基础上，合理确定答辩期间。

人民法院应当将举证期限和开庭日期告知双方当事人，并向当事人说明逾期举证以及拒不到庭的法律后果，由双方当事人在笔录和开庭传票的送达回证上签名或者捺印。

当事人双方均表示不需要举证期限、答辩期间的，人民法院可以立即开庭审理或者确定开庭日期。

【重点解读】第一，除被告明确表示不需要时间准备书面答辩之外，被告的书面答辩权应当受到保护。原告是做好了充分准备才来法院提起诉讼的，但被告却不一定已经做好口头答辩的准备。此时，审判人员不能为了迅速解决纠纷，提高结案率而要求被告立即口头答辩。

第二，被告要求书面答辩的，人民法院应该确定合理的答辩期间。具体而言，人民法院应该根据案件的性质、案情的复杂程度、被告的文化水平及是否有诉讼代理人参与等具体情况，确定合理的答辩期间，但是不能超过15日，这是因为《民事诉讼法》第128条已经规定了第一审普通程序被告提交答辩状的期间为15日。显然，简易程序的简易特点决定了人民法院能确定的答辩期间应不超过15日。

第三，当事人当庭举证确有困难的，举证期限由人民法院指定，也可以由当事人协商一致并经人民法院准许，但不得超过15日，小额诉讼案件的举证期限一般不得超过7日。

第二百六十七条　适用简易程序审理案件，可以简便方式进行审理前的准备。

第二百六十八条　对没有委托律师、基层法律服务工作者代理诉讼的当事人，人民法院在庭审过程中可以对回避、自认、举证证明责任等相关内容向其作必要的解释或者说明，并在庭审过程中适当提示当事人正确行使诉讼权利、履行诉讼义务。

【重点解读】第一，解释及说明限于回避、自认、举证证明责任概念及其相关内容。不能随意扩大解释或说明的范围，使简易程序丧失简易的特征。解释或说明应以肯定的语气提出，使当事人明确了解解释、说明的内容，不能以疑问或提问的方式进行解释或说明，否则，达不到审判人员通过解释、说明使当事人明确了解解释、说明内容的效果，即当事人不至于因为文化知识、诉讼技巧和法律常识的欠缺而承担不利的裁判结果。

第二，审判人员的提示义务应当适度。审判人员的提示义务不是代替当事人进行诉讼。当事人的陈述没有某种意思表示，审判人员就不能予以提示，例如，当事人在借款纠纷中没有要求给付借款利息的诉讼请求，审判人员则不能提示其享有主张借款利息的请求权，因该种权利属于当事人自行处分的范畴，审判人员不能干预。

第二百七十条　适用简易程序审理的案件，有下列情形之一的，人民法

院在制作判决书、裁定书、调解书时,对认定事实或者裁判理由部分可以适当简化:

（一）当事人达成调解协议并需要制作民事调解书的;

（二）一方当事人明确表示承认对方全部或者部分诉讼请求的;

（三）涉及商业秘密、个人隐私的案件,当事人一方要求简化裁判文书中的相关内容,人民法院认为理由正当的;

（四）当事人双方同意简化的。

2.《最高人民法院关于适用简易程序审理民事案件的若干规定》（法释〔2003〕15号,20031201;经法释〔2020〕20号修正,20210101）

第十二条　适用简易程序审理的民事案件,当事人及其诉讼代理人申请证人出庭作证,应当在举证期限届满前提出。

第十三条　当事人一方或者双方就适用简易程序提出异议后,人民法院应当进行审查,并按下列情形分别处理:

（一）异议成立的,应当将案件转入普通程序审理,并将合议庭的组成人员及相关事项以书面形式通知双方当事人;

（二）异议不成立的,口头告知双方当事人,并将上述内容记入笔录。

转入普通程序审理的民事案件的审理期限自人民法院立案的次日起开始计算。

第十四条　下列民事案件,人民法院在开庭审理时应当先行调解:

（一）婚姻家庭纠纷和继承纠纷;

（二）劳务合同纠纷;

（三）交通事故和工伤事故引起的权利义务关系较为明确的损害赔偿纠纷;

（四）宅基地和相邻关系纠纷;

（五）合伙合同纠纷;

（六）诉讼标的额较小的纠纷。

但是根据案件的性质和当事人的实际情况不能调解或者显然没有调解必要的除外。

第十五条　调解达成协议并经审判人员审核后,双方当事人同意该调解协议经双方签名或者按指印生效的,该调解协议自双方签名或者按指印之日起发生法律效力。当事人要求摘录或者复制该调解协议的,应予准许。

调解协议符合前款规定,且不属于不需要制作调解书的,人民法院应当另行制作民事调解书。调解协议生效后一方拒不履行的,另一方可以持民事调解书申请强制执行。

第十六条　人民法院可以当庭告知当事人到人民法院领取民事调解书的具体日期,也可以在当事人达成调解协议的次日起十日内将民事调解书发送给当事人。

第十七条　当事人以民事调解书与调解协议的原意不一致为由提出异议,人民法院审查后认为异议成立的,应当根据调解协议裁定补正民事调解书的相关内容。

第十八条　以捎口信、电话、传真、电子邮件等形式发送的开庭通知，未经当事人确认或者没有其他证据足以证明当事人已经收到的，人民法院不得将其作为按撤诉处理和缺席判决的根据。

第十九条　开庭前已经书面或者口头告知当事人诉讼权利义务，或者当事人各方均委托律师代理诉讼的，审判人员除告知当事人申请回避的权利外，可以不再告知当事人其他的诉讼权利义务。

第二十条　对没有委托律师代理诉讼的当事人，审判人员应当对回避、自认、举证责任等相关内容向其作必要的解释或者说明，并在庭审过程中适当提示当事人正确行使诉讼权利、履行诉讼义务，指导当事人进行正常的诉讼活动。

第二十一条　开庭时，审判人员可以根据当事人的诉讼请求和答辩意见归纳出争议焦点，经当事人确认后，由当事人围绕争议焦点举证、质证和辩论。

当事人对案件事实无争议的，审判人员可以在听取当事人就适用法律方面的辩论意见后径行判决、裁定。

第二十二条　当事人双方同时到基层人民法院请求解决简单的民事纠纷，但未协商举证期限，或者被告一方经简便方式传唤到庭的，当事人在开庭审理时要求当庭举证的，应予准许；当

事人当庭举证有困难的，举证的期限由当事人协商决定，但最长不得超过十五日；协商不成的，由人民法院决定。

第二十三条　适用简易程序审理的民事案件，应当一次开庭审结，但人民法院认为确有必要再次开庭的除外。

第二十四条　书记员应当将适用简易程序审理民事案件的全部活动记入笔录。对于下列事项，应当详细记载：

（一）审判人员关于当事人诉讼权利义务的告知、争议焦点的概括、证据的认定和裁判的宣告等重大事项；

（二）当事人申请回避、自认、撤诉、和解等重大事项；

（三）当事人当庭陈述的与其诉讼权利直接相关的其他事项。

第二十五条　庭审结束时，审判人员可以根据案件的审理情况对争议焦点和当事人各方举证、质证和辩论的情况进行简要总结，并就是否同意调解征询当事人的意见。

第二十六条　审判人员在审理过程中发现案情复杂需要转为普通程序的，应当在审限届满前及时作出决定，并书面通知当事人。

第二十七条　适用简易程序审理的民事案件，除人民法院认为不宜当庭宣判的以外，应当当庭宣判。

第二十八条　当庭宣判的案件，除当事人当庭要求邮寄送达的以外，人民法院应当告知当事人或者诉讼代理人领取裁判文书的期间和地点以及逾期

不领取的法律后果。上述情况,应当记入笔录。

人民法院已经告知当事人领取裁判文书的期间和地点的,当事人在指定期间内领取裁判文书之日即为送达之日;当事人在指定期间内未领取的,指定领取裁判文书期间届满之日即为送达之日,当事人的上诉期从人民法院指定领取裁判文书期间届满之日的次日起开始计算。

第二十九条 当事人因交通不便或者其他原因要求邮寄送达裁判文书的,人民法院可以按照当事人自己提供的送达地址邮寄送达。

人民法院根据当事人自己提供的送达地址邮寄送达的,邮件回执上注明收到或者退回之日即为送达之日,当事人的上诉期从邮件回执上注明收到或者退回之日的次日起开始计算。

第三十条 原告经传票传唤,无正当理由拒不到庭或者未经法庭许可中途退庭的,可以按撤诉处理;被告经传票传唤,无正当理由拒不到庭或者未经法庭许可中途退庭的,人民法院可以根据原告的诉讼请求及双方已经提交给法庭的证据材料缺席判决。

按撤诉处理或者缺席判决的,人民法院可以按照当事人自己提供的送达地址将裁判文书送达给未到庭的当事人。

第三十一条 定期宣判的案件,定期宣判之日即为送达之日,当事人的上诉期自定期宣判的次日起开始计算。

当事人在定期宣判的日期无正当理由未到庭的,不影响该裁判上诉期间的计算。

当事人确有正当理由不能到庭,并在定期宣判前已经告知人民法院的,人民法院可以按照当事人自己提供的送达地址将裁判文书送达给未到庭的当事人。

第三十二条 适用简易程序审理的民事案件,有下列情形之一的,人民法院在制作裁判文书时对认定事实或者判决理由部分可以适当简化:

(一)当事人达成调解协议并需要制作民事调解书的;

(二)一方当事人在诉讼过程中明确表示承认对方全部诉讼请求或者部分诉讼请求的;

(三)当事人对案件事实没有争议或者争议不大的;

(四)涉及自然人的隐私、个人信息,或者商业秘密的案件,当事人一方要求简化裁判文书中的相关内容,人民法院认为理由正当的;

(五)当事人双方一致同意简化裁判文书的。

3.《最高人民法院关于严格规范民商事案件延长审限和延期开庭问题的规定》(法释〔2018〕9号,20180426;经法释〔2019〕4号修正,20190328)

第四条 基层人民法院及其派出的法庭审理事实清楚、权利义务关系明确、争议不大的简单民商事案件,适用简易程序。

基层人民法院及其派出的法庭审理符合前款规定且标的额为各省、自治区、直辖市上年度就业人员年平均工资两倍以下的民商事案件,应当适用简易程序,法律及司法解释规定不适用简易程序的案件除外。

适用简易程序审理的民商事案件,证据交换、庭前会议等庭前准备程序与开庭程序一并进行,不再另行组织。

适用简易程序的案件,不适用公告送达。

4.《最高人民法院关于人民法院庭审录音录像的若干规定》(法释〔2017〕5 号,20170301)

第八条　适用简易程序审理民事案件的庭审录音录像,经当事人同意的,可以替代法庭笔录。

5.《人民法院在线诉讼规则》(法释〔2021〕12 号,20210801)

第二十条　经各方当事人同意,人民法院可以指定当事人在一定期限内,分别登录诉讼平台,以非同步的方式开展调解、证据交换、调查询问、庭审等诉讼活动。

适用小额诉讼程序或者民事、行政简易程序审理的案件,同时符合下列情形的,人民法院和当事人可以在指定期限内,按照庭审程序环节分别录制参与庭审视频并上传至诉讼平台,非同步完成庭审活动:

(一)各方当事人同时在线参与庭审确有困难;

(二)一方当事人提出书面申请,各方当事人均表示同意;

(三)案件经过在线证据交换或者调查询问,各方当事人对案件主要事实和证据不存在争议。

第一百六十四条　【审限】人民法院适用简易程序审理案件,应当在立案之日起三个月内审结。有特殊情况需要延长的,经本院院长批准,可以延长一个月。

【立法·要点注释】

1. 2021 年修改《民事诉讼法》时,对本条作了修改,增加了延长简易程序审理期限的规定,明确了在案件审理过程中有特殊情况需要延长的,经本院院长批准,可以延长 1 个月。修改之后,简易程序的审理期限最长不超过 4 个月。

2. 延长简易程序的审理期限,需满足"有特殊情况"的前提条件。"特殊情况"是指案件审理过程中,因出现客观上无法预见或者无法避免的情形,虽然不会增加认定案件事实或者适用法律的难度,但直接导致案件难以在 3 个月的审限内审结,而必须延长审理期限的情况。例如,出现不可抗力事件导致法院的审理进度延误、需要等待关联案件的裁判结果等。是否延长审理期限，主要由法院来判断案件是否存在特殊情况，而无须征得当事人同意。

3.本条关于简易程序延长审理期限的时间和次数的规定均为刚性规定，在审判实践中不得扩张适用。根据本条规定，延长审理期限的时间为1个月，且延长审理期限后，不得再次延长。

【司法解释】

1.《最高人民法院关于适用〈中华人民共和国民事诉讼法〉的解释》（法释〔2015〕5号，20150204；经法释〔2022〕11号修正，20220410）

第二百五十八条　适用简易程序审理的案件，审理期限到期后，有特殊情况需要延长的，经本院院长批准，可以延长审理期限。延长后的审理期限累计不得超过四个月。

人民法院发现案件不宜适用简易程序，需要转为普通程序审理的，应当在审理期限届满前作出裁定并将审判人员及相关事项书面通知双方当事人。

案件转为普通程序审理的，审理期限自人民法院立案之日计算。

【重点解读】第一，根据《民事诉讼法》第170条及本解释第269条的规定，人民法院将案件由适用简易程序审理转为适用普通程序审理的，必须作出裁定。裁定可以是书面的或者口头的，口头裁定的，应当记入笔录。

第二，人民法院转换审理程序时应

向当事人书面告知相关事项。这些事项包括:《民事诉讼证据规定》第50条、第51条中要求向当事人告知的举证责任的分配原则与要求、可以向人民法院申请调查取证的情形、人民法院根据案件情况指定的举证期限以及逾期提供证据的法律后果。通知必须以书面形式进行。这是因为案件转换为普通程序审理，对当事人而言，意味着案件审理期限将会延长，诉讼成本将会增加，涉及当事人的程序利益。因此，有必要以书面形式通知以显示其正式性，而且客观上能使当事人的诉讼权利和义务得到更好保障。

2.《最高人民法院关于严格规范民商事案件延长审限和延期开庭问题的规定》（法释〔2018〕9号，20180426；经法释〔2019〕4号修正，20190328）

第一条　人民法院审理民商事案件时，应当严格遵守法律及司法解释有关审限的规定。适用普通程序审理的第一审案件，审限为六个月；适用简易程序审理的第一审案件，审限为三个月。审理对判决的上诉案件，审限为三个月；审理对裁定的上诉案件，审限为三十日。

法律规定有特殊情况需要延长审限的，独任审判员或合议庭应当在期限届满十五日前向本院院长提出申请，并说明详细情况和理由。院长应当在期限届满五日前作出决定。

经本院院长批准延长审限后尚不

能结案,需要再次延长的,应当在期限届满十五日前报请上级人民法院批准。上级人民法院应当在审限届满五日前作出决定。

　　第三条　人民法院应当严格限制延期开庭审理次数。适用普通程序审理民商事案件,延期开庭审理次数不超过两次;适用简易程序以及小额速裁程序审理民商事案件,延期开庭审理次数不超过一次。

　　3.《最高人民法院关于严格执行案件审理期限制度的若干规定》(法释〔2000〕29 号,20000928)

　　第二条第二款　适用简易程序审理的民事案件,期限为三个月。

　　第八条　案件的审理期限从立案次日起计算。

　　由简易程序转为普通程序审理的第一审刑事案件的期限,从决定转为普通程序次日起计算;由简易程序转为普通程序审理的第一审民事案件的期限,从立案次日起连续计算。

　　4.《最高人民法院关于人民法院民事调解工作若干问题的规定》(法释〔2004〕12 号,20041101;经法释〔2020〕20 号修正,20210101)

　　第四条　在答辩期满前人民法院对案件进行调解,适用普通程序的案件在当事人同意调解之日起 15 天内,适用简易程序的案件在当事人同意调解之日起 7 天内未达成调解协议的,经各

方当事人同意,可以继续调解。延长的调解期间不计入审限。

　　5.《最高人民法院关于人民法院特邀调解的规定》(法释〔2016〕14 号,20160701)

　　第二十七条　人民法院委派调解的案件,调解期限为 30 日。但是双方当事人同意延长调解期限的,不受此限。

　　人民法院委托调解的案件,适用普通程序的调解期限为 15 日,适用简易程序的调解期限为 7 日。但是双方当事人同意延长调解期限的,不受此限。延长的调解期限不计入审理期限。

　　委派调解和委托调解的期限自特邀调解组织或者特邀调解员签字接收法院移交材料之日起计算。

　　6.《人民法院在线调解规则》(法释〔2021〕23 号,20220101)

　　第二十四条　立案前在线调解期限为三十日。各方当事人同意延长的,不受此限。立案后在线调解,适用普通程序的调解期限为十五日,适用简易程序的调解期限为七日,各方当事人同意延长的,不受此限。立案后延长的调解期限不计入审理期限。

　　委派委托调解或者当事人申请调解的调解期限,自调解组织或者调解员在人民法院调解平台确认接受委派委托或者确认接受当事人申请之日起算。审判人员主持调解的,自各方当事人同意之日起算。

第一百六十五条 【小额诉讼程序】基层人民法院和它派出的法庭审理事实清楚、权利义务关系明确、争议不大的简单金钱给付民事案件，标的额为各省、自治区、直辖市上年度就业人员年平均工资百分之五十以下的，适用小额诉讼的程序审理，实行一审终审。

基层人民法院和它派出的法庭审理前款规定的民事案件，标的额超过各省、自治区、直辖市上年度就业人员年平均工资百分之五十但在二倍以下的，当事人双方也可以约定适用小额诉讼的程序。

【立法·要点注释】

1. 小额诉讼程序只能在基层人民法院和它派出的法庭审理的民事案件中适用。中级以上人民法院审理的民事案件标的额较大，案情较为复杂，不能适用小额诉讼程序。

2. 小额诉讼程序仅适用于简单金钱给付民事案件。"简单金钱给付民事案件"是指当事人提出的以给付金钱或者有价证券为诉讼请求，事实清楚、权利义务关系明确、争议不大、给付金额确定的民事案件。由于简单金钱给付民事案件诉讼请求单一，案件涉及的财产利益的范围也较为确定，当事人之间争议不大，因此也容易判断该案件是否满足适用小额诉讼程序的标的额标准。

根据本条规定，当事人除给付金钱的诉讼请求外，还提出其他诉讼请求的，原则上不得适用小额诉讼程序。

3. 适用小额诉讼程序的标的额为各省、自治区、直辖市上年度就业人员年平均工资50%以下。该标的额是指当事人起诉时确定的诉讼请求数额，对于持续发生的违约金、利息等，应当以当事人起诉之日确定的金额总额来判断能否适用小额诉讼程序。

4. 小额诉讼程序实行一审终审。小额诉讼涉案标的额较小，为迅速解决民事争议、减少案多人少的矛盾，没有必要再实行二审终审。

5. 小额诉讼程序的约定适用。至于当事人双方约定适用小额诉讼的程序的方式，既可以是当事人双方诉前约定适用，也可以是立案后当事人双方达成一致意见适用。人民法院也可以在开庭审理前，充分告知小额诉讼的程序实行一审终审等相关事项后，征询当事人双方的意见，当事人双方一致同意适用小额诉讼程序审理的，可以适用。当事人双方约定适用小额诉讼程序后，原则上不得反悔，以保证诉讼的有序性和程序的稳定性。但是，当事人认为适用小额诉讼程序不当的，可以依法提出异议，由人民法院审查后决定是否继续适用小额诉讼程序审理。

6. 对小额诉讼的救济。小额诉讼实行一审终审，当事人不服一审判决、裁定的，可以依法申请再审。

7. 简易程序其他体现简易的规定

也适用于小额诉讼程序。小额诉讼程序是规定在简易程序一章中的，因此，除了该章中对小额诉讼程序相对于简易程序更为方便快捷的规定以外，该章中的一些规定，如可以口头起诉、当即审理，用简便方式传唤当事人和证人、送达诉讼文书、审理案件，由审判员一人独任审理以及不受法庭调查、法庭辩论程序的限制等在小额诉讼程序中同样适用。

【司法解释】

1.《最高人民法院关于适用〈中华人民共和国民事诉讼法〉的解释》（法释〔2015〕5 号，20150204；经法释〔2022〕11 号修正，20220410）

第二百七十一条　人民法院审理小额诉讼案件，适用民事诉讼法第一百六十五条的规定，实行一审终审。

第二百七十二条　民事诉讼法第一百六十五条规定的各省、自治区、直辖市上年度就业人员年平均工资，是指已经公布的各省、自治区、直辖市上一年度就业人员年平均工资。在上一年度就业人员年平均工资公布前，以已经公布的最近年度就业人员年平均工资为准。

【重点解读】1. 关于"就业人员年平均工资"统计口径的选用

目前国家统计局和各地发布的统计口径中并无"就业人员年平均工资"的专门统计项，与之对应的有"城镇非

私营单位就业人员年平均工资""城镇私营单位就业人员年平均工资""全口径城镇单位就业人员年平均工资"三类统计口径。实践中，各省份对统计口径的选用有所不同，不同统计口径所对应的"就业人员年平均工资"数额差异明显。为避免因统计口径不一导致各地小额诉讼案件标的额标准差异过大，未来有必要统一相关统计口径和政策标准。在此之前，各地可以继续沿用之前的统计口径和方式。

2. 关于适用"就业人员年平均工资"确定审理程序的时间点

实践中，是否以已公布的最近年度就业人员年平均工资为标准，取决于人民法院在决定适用何种程序审理案件时，所在省、自治区、直辖市上一年度就业人员年平均工资数额是否已经公布。如果人民法院在决定案件适用程序的时间点，所在省、自治区、直辖市上一年度就业人员年平均工资尚未公布，只能以已公布的最近年度就业人员年平均工资作为标准判断案件标的金额是否符合适用小额诉讼程序的条件。一旦根据已公布的最近年度就业人员年平均工资标准决定案件适用小额诉讼程序审理后，即便在案件审理过程中，所在省、自治区、直辖市公布了上一年度就业人员年平均工资数额且该数额的 50%低于案件标的金额，也不宜再将案件裁定转为普通程序或简易程序审理。

第二百七十三条　海事法院可以适用小额诉讼的程序审理海事、海商案

件。案件标的额应当以实际受理案件的海事法院或者其派出法庭所在的省、自治区、直辖市上年度就业人员年平均工资为基数计算。

【重点解读】司法实践中，关于本条的适用需要注意关于派出法庭受理的案件，如何确定"上年度就业人员年平均工资百分之五十"标准的问题。由于目前我国海事法院实行跨行政区划管辖模式，部分海事法院在不同的省级行政区内设有派出法庭，例如，武汉海事法院负责审理发生在四川省宜宾市合江门至江苏省太仓市浏河口之间长江干线及支流的海事、海商案件，管辖区域跨越四川、重庆、湖北、湖南、江西、安徽、江苏等七省市；设有重庆、宜昌、南京、南通、常熟五个派出法庭，分别位于重庆、湖北、江苏三个省（直辖市）范围内。此时，派出法庭审理案件的小额标准是按照海事法院所在地的省级标准还是派出法庭所在地的省级标准，存在一定争议。我们认为，民事诉讼法立法之所以对适用小额诉讼程序审理的民事案件不规定全国统一标准，而以各省、自治区、直辖市为标准，就是要让适用小额诉讼程序的案件因地制宜，符合各地实际情况。因此，本条明确案件的标的额应当以实际受理案件的派出法庭所在的省、自治区、直辖市上年度就业人员年平均工资50%为限。

2.《最高人民法院关于海事法院可否适用小额诉讼程序问题的批复》（法释〔2013〕16号，20130626）

2012年修订的《中华人民共和国民事诉讼法》简易程序一章规定了小额诉讼程序，《中华人民共和国海事诉讼特别程序法》第九十八条规定海事法院可以适用简易程序。因此，海事法院可以适用小额诉讼程序审理简单的海事、海商案件。

适用小额诉讼程序的标的额应以实际受理案件的海事法院或其派出法庭所在的省、自治区、直辖市上年度就业人员年平均工资百分之三十为限。

【法院参考案例】

人民法院对符合约定适用小额诉讼程序情形的案件应如何处理[程某甲诉焦某某、程某乙、程某丙法定继承纠纷案，重庆市长寿区人民法院（2023）渝0115民初3510号]

人民法院对符合约定适用小额诉讼程序情形的案件，应当充分释明小额诉讼程序便捷高效的制度优势，告知当事人降低诉讼成本的价值所在，力促双方达成约定适用小额诉讼程序的合意，实现快速维护当事人权利的目的。

第一百六十六条　【不适用小额诉讼程序的情形】 人民法院审理下列民事案件，不适用小额诉讼的程序：

（一）人身关系、财产确权案件；

（二）涉外案件；

（三）需要评估、鉴定或者对诉前评估、鉴定结果有异议的案件；

（四）一方当事人下落不明的案件；

（五）当事人提出反诉的案件；

（六）其他不宜适用小额诉讼的程序审理的案件。

【立法·要点注释】

1. 本条明确了不得适用小额诉讼程序的案件范围，为小额诉讼程序的适用设置了负面清单，避免实践中小额诉讼程序的滥用或者不当适用，推动小额诉讼案件类型与"事实清楚、权利义务关系明确、争议不大的简单金钱给付民事案件"的适用标准有效对应，从而保障当事人的诉权，统筹兼顾效率与公平。

2. 由于小额诉讼程序并不是一个独立的程序，属于简易程序的特殊类型，适用独任制审理，因此不得适用简易程序和独任制审理的案件，也不能适用小额诉讼的程序审理。如存在起诉时被告下落不明，发回重审，当事人一方人数众多，涉及国家利益、社会公共利益，以及法律规定应当适用特别程序、审判监督程序、督促程序和公示催告程序等情形的民事案件不能适用简易程序审理，自然也不能适用小额诉讼程序审理。此外，本法第42条规定了

不得由审判员一人独任审理的民事案件，这类案件也不得适用小额诉讼程序审理。对于劳动关系、劳务关系纠纷，如果双方当事人就是否存在劳动关系、劳务关系存在争议，因案件已经超出一般金钱给付纠纷范畴，一般审理难度较大，审理周期也较长，也不宜适用小额诉讼程序审理。

第一百六十七条 【一次开庭和当庭宣判】 人民法院适用小额诉讼的程序审理案件，可以一次开庭审结并且当庭宣判。

【立法·要点注释】

本条规定人民法院在适用小额诉讼程序审理案件时"可以一次开庭审结并且当庭宣判"，虽然用了"可以"的表述，但实际上在倡导小额诉讼的审理方式以"一次开庭审结并且当庭宣判"为原则。除非出现特殊情况，如需要追加当事人、更换案件承办法官、补充提交证据等确有必要再次开庭，且未因上述情况而明显增加案件的复杂程度和办理难度，一般不再二次开庭。

【司法解释】

1.《最高人民法院关于适用〈中华人民共和国民事诉讼法〉的解释》（法释〔2015〕5号，20150204；经法释〔2022〕11

号修正,20220410)

第二百七十四条　人民法院受理小额诉讼案件,应当向当事人告知该类案件的审判组织、一审终审、审理期限、诉讼费用交纳标准等相关事项。

【重点解读】 1.人民法院告知义务与人民法院释明权的区别

释明一般是指法院对当事人进行发问、提醒、启发,让当事人把不明确的予以澄清,把不充足的予以补充,把不当的予以排除、修正。应该说,人民法院告知与人民法院释明具有很多相近之处。但两者也有很多区别:首先,两者方式不同。告知多为书面形式,少见口头形式。而释明则一般为口头形式,通过发问、提示等方式进行。其次,两者立法层次不同。告知义务已为《民事诉讼法》明确规定,而释明问题则多出自司法解释的规定。再次,告知的范围是否确定不同。告知的范围一般由法律、司法解释规定,比较明确具体;而释明的范围则有模糊性。由于个案情形差别很大,法律很难通过完全列举方式穷尽人民法院应释明的范围。最后,两者实施阶段不同。本条所指告知义务,人民法院应在适用小额诉讼程序审理的案件开庭前,向当事人告知;而人民法院的释明行为则原则上可以在裁判作出前的任何阶段实施。

2.人民法院未尽到告知义务的后果

本条司法解释实施后,可能会出现当事人以人民法院未按本条规定对相关事项进行告知为由,主张程序违法,申请再审。我们认为,对于适用小额诉讼程序审结的案件申请再审的事由是否成立,仍应严格依据2021年《民事诉讼法》第207条以及相应司法解释作出认定。从现有规定来看,即便人民法院适用小额诉讼程序审理案件时,未向当事人履行本条规定的告知义务,也不能仅以此为由启动再审。

第二百七十五条　小额诉讼案件的举证期限由人民法院确定,也可以由当事人协商一致并经人民法院准许,但一般不超过七日。

被告要求书面答辩的,人民法院可以在征得其同意的基础上合理确定答辩期间,但最长不得超过十五日。

当事人到庭后表示不需要举证期限和答辩期间的,人民法院可立即开庭审理。

【重点解读】 第一,特殊情形下,当事人协商确定的举证期限可以超过7日,但不得超过15日。从尊重当事人程序的主体性角度和小额诉讼程序高效、简便特性出发,本条对当事人协商确定举证期限作了一般不超过7日的规定。有一般即不排除特殊,这意味着人民法院在特殊情形下可以对个案中当事人协商确定举证期限超过7日的情形予以准许。至于本条中举证期限的上限,本司法解释简易程序部分规定了当事人对适用简易程序的案件,可以在协商一致并经人民法院准许后约定不超过15日的举证期限。由于小额诉讼程序目前仍属于简易程序范畴,故以此类推,小额诉讼案件当事人协商一致确定的举证期限也不得超过 15 日。

第二,本条第 3 款规定了当事人到庭后表示放弃答辩期间的,人民法院可立即开庭审理。对本款不能狭义理解为只有当事人到庭后表示放弃答辩期间的,人民法院才可以立即开庭审理。事实上,早在 1998 年,《审判方式改革规定》第 7 条就规定了当事人明确表示不提交答辩状、在答辩期届满前已经答辩、同意在答辩期间开庭等三种情形下可以在答辩期间届满前开庭。这三种情形均未要求到庭才发生。事实上,即便当事人未到庭也可以在收到起诉状后,通过电话、传真、电子邮件等方式向人民法院表示不需要答辩期间。这里的表示不需要答辩期间也可通过明确表示不提交答辩状、在答辩期届满前已答辩、同意在答辩期间开庭等形式间接作出。

第二百七十六条　当事人对小额诉讼案件提出管辖异议的,人民法院应当作出裁定。裁定一经作出即生效。

【重点解读】第一,关于当事人提出管辖权异议后的举证期限问题。依照 2019 年修正的《民事诉讼证据规定》,当事人在一审答辩期间提出管辖权异议的,举证期限中止,自驳回管辖权异议的裁定生效之日起恢复计算。这一规定改变了《举证时限规定通知》中关于重新指定举证期限的规定,将管辖权异议从举证时限的"中断事由"修

改为"中止事由",实践中需加以注意。

第二,关于驳回管辖权异议裁定作出后但生效判决尚未作出前,发现原审法院确无管辖权的处理问题。一种观点认为,应根据 2021 年《民事诉讼法》第 205 条第 1 款的规定,并参照《最高人民法院关于上级法院对下级法院就当事人管辖权异议的终审裁定确有错误时能否纠正问题的复函》[法(经)〔1993〕14 号]的精神,在原审法院驳回当事人管辖权异议裁定已发生法律效力但未作出生效判决前,发现原审法院确无地域管辖权,原审法院可以依职权裁定撤销该错误裁定并将案件移送有管辖权的人民法院审理。我们认为,在《民事诉讼法》已经不再将管辖错误作为再审事由的情形下,不宜再对该管辖权异议裁定通过再审方式撤销。

第二百七十七条　人民法院受理小额诉讼案件后,发现起诉不符合民事诉讼法第一百二十二条规定的起诉条件的,裁定驳回起诉。裁定一经作出即生效。

【重点解读】虽然本条司法解释规定驳回起诉的裁定,一经作出即生效,但并未限制当事人就该裁定申请再审。本司法解释已经规定,当事人认为发生法律效力的驳回起诉的裁定错误的,可以申请再审。申请再审自然需要有原审裁定书作为依据,且本司法解释在再审部分已有条文对此作出明确要求。显然,如果允许人民法院通过口头裁定形式驳回起诉,那么当事人申请再审时

就只能提交记载口头裁定的笔录复印件,这显然是不妥当的,也是不严肃的。

第二百八十条 小额诉讼案件的裁判文书可以简化,主要记载当事人基本信息、诉讼请求、裁判主文等内容。

第二百八十一条 人民法院审理小额诉讼案件,本解释没有规定的,适用简易程序的其他规定。

2.《最高人民法院关于适用简易程序审理民事案件的若干规定》(法释〔2003〕15号,20031201;经法释〔2020〕20号修正,20210101)

第二十三条 适用简易程序审理的民事案件,应当一次开庭审结,但人民法院认为确有必要再次开庭的除外。

第一百六十八条 【审限】 人民法院适用小额诉讼的程序审理案件,应当在立案之日起两个月内审结。有特殊情况需要延长的,经本院院长批准,可以延长一个月。

【立法·要点注释】

本条规定适用小额诉讼程序审理案件,应当在立案之日起2个月内审结。有特殊情况需要延长的,经本院院长批准,可以延长1个月。根据本条规定,小额诉讼程序的审理期限最长不超过3个月。本条关于小额诉讼程序延长审理期限的时间和次数的规定均为

刚性规定,在审判实践中不得扩张适用。

第一百六十九条 【小额诉讼程序向其他诉讼程序的转换】 人民法院在审理过程中,发现案件不宜适用小额诉讼的程序的,应当适用简易程序的其他规定审理或者裁定转为普通程序。

当事人认为案件适用小额诉讼的程序审理违反法律规定的,可以向人民法院提出异议。人民法院对当事人提出的异议应当审查,异议成立的,应当适用简易程序的其他规定审理或者裁定转为普通程序;异议不成立的,裁定驳回。

【立法·要点注释】

1. 本条规定了法院在审理案件的过程中,发现案件不宜适用小额诉讼的程序时,可以依职权对小额诉讼程序进行转换,也可以根据对当事人异议的审查成立而对小额诉讼程序进行转换。转换的方式主要有两种:一种是将该案件适用简易程序的其他规定审理,另一种是裁定转为普通程序。

2. 小额诉讼程序实际上属于简易程序的一种特殊类型,原则上与简易程序之间并不存在程序转换的问题,但是小额诉讼的程序与简易程序之间在适用标准、适用范围、审理期限、生效规则

等方面都存在不同，因此也确实存在适用简易程序其他规定的问题。当案件审理过程中出现不得适用小额诉讼的程序的情形，或者因案情、诉讼请求的变化等原因，案件不符合适用小额诉讼的程序条件时，如果该案件仍符合简易程序的适用条件，人民法院应当将该案件适用简易程序的其他规定审理。同时，法院应当向当事人发送书面通知，告知其案件在适用程序、审理期限、生效规则等方面的变化。

3.小额诉讼程序转为普通程序独任制，应满足以下条件：一是案件中出现增加诉讼请求、诉讼请求金额变化、需要评估鉴定、提出反诉等情形，使案件不再符合适用小额诉讼的程序条件；二是案件不符合适用简易程序的标准，或者查明事实的程序较为烦琐、审理周期较长，不宜适用简易程序；三是案件符合普通程序独任制"基本事实清楚、权利义务关系明确"的适用标准。除了满足上述条件外，如果在案件审理过程中发现案件涉及国家利益、社会公共利益、群体性纠纷或社会影响较大等，或者存在案情疑难复杂、类型新颖等不宜适用审判员一人独任审理的情形，小额诉讼程序应当转为普通程序合议制。小额诉讼程序向普通程序转换的，应当以裁定的方式作出，裁定可以采用口头或者书面的方式。小额诉讼案件转换为普通程序的，适用普通程序审理前，对于双方当事人已确认的事实，可以不再进行举证、质证；开庭后转换为普通

程序的，一般应当再次开庭审理。

4.当事人认为案件适用小额诉讼程序审理违反法律规定而向法院提出异议时，应当注意以下几点：一是关于异议的事由。本条第2款明确了异议的事由为"案件适用小额诉讼的程序审理违反法律规定"。根据小额诉讼程序的有关规定，案件适用小额诉讼程序审理违反法律规定主要有以下3种情形：（1）案件不符合适用小额诉讼的程序的主客观标准，即不符合"事实清楚、权利义务关系明确、争议不大"的标准或者适用小额诉讼的标的额标准。（2）案件并非"金钱给付"案件或者属于不得适用小额诉讼程序的情形。（3）案件属于不得适用独任制审理的情形。二是关于提出异议的时间。根据有关司法解释规定，当事人对按照小额诉讼程序审理有异议的，应当在开庭前提出。三是关于对异议的处理。对于当事人提出的异议，人民法院应当审查。人民法院经审查，认为异议成立的，应当适用简易程序的其他规定审理或者裁定转为普通程序；认为异议不成立的，裁定驳回。裁定以口头方式作出的，应当记入笔录。此类裁定属于不可上诉的裁定，一经作出即产生法律效力。

【司法解释】

《最高人民法院关于适用〈中华人民共和国民事诉讼法〉的解释》（法释〔2015〕5号，20150204；经法释〔2022〕11

号修正,20220410)

第二百七十八条 因当事人申请增加或者变更诉讼请求、提出反诉、追加当事人等,致使案件不符合小额诉讼案件条件的,应当适用简易程序的其他规定审理。

前款规定案件,应当适用普通程序审理的,裁定转为普通程序。

适用简易程序的其他规定或者普通程序审理前,双方当事人已确认的事实,可以不再进行举证、质证。

【重点解读】第一,人民法院依据本条将案件转化为普通程序审理时,应采用裁定形式,以合议庭名义作出,口头或书面在所不限,但采用口头形式的,应以笔录或录音录像的方式记录,对于合议庭组成人员及其他相关事项应当同时书面通知双方当事人。小额诉讼程序案件转为适用简易程序的其他规定审理的,属于简易程序内部的调整,不属于程序变更,因此不必以裁定形式作出,故本条表述为"应当适用简易程序的其他规定审理",但应当充分告知适用规则变化的相关事项,充分保障当事人诉讼权利。同时,实践中应当注意防止程序多次转换,影响诉讼的安定性和连续性,对于由小额诉讼程序转为适用简易程序其他规定审理的案件,一般不得再转为普通程序,院庭长对此类程序转换事项应当严格把关审批。

第二,无论是将小额诉讼案件转为简易程序的其他规定审理,还是转为普通程序审理,都是案件的继续审理,而不是案件重新开始审理。因此,在之前适用小额诉讼程序审理过程中,双方当事人经过举证、质证确认的事实,可以不再进行举证、质证。注意,这里用的是"可以"而不是必须。这意味着如果当事人认为其确有新证据足以推翻之前确认的事实,人民法院也可再组织进行质证。需要注意的是,小额诉讼案件开庭后转换为普通程序的,合议庭一般应当再次开庭审理,以确保司法的亲历性。

第二百七十九条 当事人对按照小额诉讼案件审理有异议的,应当在开庭前提出。人民法院经审查,异议成立的,适用简易程序的其他规定审理或者裁定转为普通程序;异议不成立的,裁定驳回。裁定以口头方式作出的,应当记入笔录。

【重点解读】为充分保障当事人诉讼权利,增加对异议审查的审慎性和规范性,避免随意驳回当事人异议申请,2021年《民事诉讼法》明确规定,"异议不成立的,裁定驳回"。即是说当事人提出一旦提出异议,无论是认为应当适用简易程序的其他规定审理,还是认为应当适用普通程序审理,人民法院审查后认为异议不成立的,都应当通过裁定形式予以驳回,以确保人民法院依法审慎审查当事人异议。此类裁定属于不可上诉的裁定,一经作出即产生法律效力。同时考虑到小额诉讼案件的自身特点,本条明确了裁定可以通过口头形式作出,但需要记入笔录。

审判实践中应当注意：第一，在裁定将案件转为普通程序后，人民法院应当向当事人书面告知合议庭成员及"相关事项"。告知当事人合议庭成员是为了保障当事人申请回避的权利。而"相关事项"则包括：举证责任的分配原则与要求、可以向人民法院申请调查取证的情形、人民法院根据案件情况指定的举证期限以及逾期提供证据的法律后果。之所以要用书面形式，是为了督促人民法院提高对当事人程序异议权的重视程度，保障程序转化后当事人的诉讼权利义务能落到实处。第二，因当事人异议导致适用简易程序其他规定或转为普通程序审理不是程序的重新开始，而是程序的继续。因此，之前双方当事人已经确认的事实，可以不再进行举证、质证。第三，本条所指"当事人"包括各方当事人在内。因此，人民法院不能因为已经对一方当事人的异议进行审查并作出处理，就对另一方提出的异议不予处理，而应当对所有当事人的异议权一体保护。

第一百七十条　【简易程序转普通程序】 人民法院在审理过程中，发现案件不宜适用简易程序的，裁定转为普通程序。

【立法·要点注释】

司法实践中，简易程序转为普通程序主要有以下几种情况：一是当事人改变或增加诉讼请求，导致案情复杂化；二是因当事人依法申请人民法院调取证据、申请证人出庭等原因致使案件在规定的简易程序审限内难以审结；三是无法直接或者留置送达应诉通知书，需公告送达；四是虽然案件较为简单，标的额不大，但代表一类案件，可能影响大量相同或类似案件审理；五是虽然案件较为简单，但关系到基本的生产生活，可能引发群体性事件。

【司法解释】

1.《最高人民法院关于适用〈中华人民共和国民事诉讼法〉的解释》（法释〔2015〕5 号，20150204；经法释〔2022〕11 号修正，20220410）

第二百五十八条　适用简易程序审理的案件，审理期限到期后，有特殊情况需要延长的，经本院院长批准，可以延长审理期限。延长后的审理期限累计不得超过四个月。

人民法院发现案件不宜适用简易程序，需要转为普通程序审理的，应当在审理期限届满前作出裁定并将审判人员及相关事项书面通知双方当事人。

案件转为普通程序审理的，审理期限自人民法院立案之日计算。

第二百六十条　已经按照普通程序审理的案件，在开庭后不得转为简易程序审理。

【重点解读】 第一，人民法院不宜主动将已适用普通程序审理的案件裁定转为简易程序审理。本条司法解释是以《民事诉讼法》第160条第2款规定的当事人约定选择简易程序的规定为依据的。也即人民法院裁定程序转化一般应以当事人双方有约定为前提。人民法院在审理民事案件时，应当特别尊重当事人的程序选择权，尊重当事人的意愿，不得通过自行决定方式强迫当事人适用简易程序。而且基于程序不可逆性原则，人民法院在当事人双方对此没有约定的前提下，也不宜主动进行程序转化。对此，《简易程序规定》第2条第2款"人民法院不得违反当事人自愿原则，将普通程序转为简易程序"即为例证。

第二，人民法院进行程序转化必须以口头或书面裁定形式作出，而不能以决定、通知等形式告知当事人。这是因为程序转化涉及当事人重大程序利益，如果以决定、通知等形式告知程序转化，一是过于随意，不够严谨，二是可能会变相剥夺当事人寻求救济的权利。

第三，人民法院应对当事人转化程序的选择进行审查。只有符合法律和司法解释规定可以适用简易程序的案件才能裁定转化为简易程序。对发回重审的案件、第三人撤销之诉案件等本司法解释规定不能适用简易程序的案件均不能裁定转为简易程序。

第四，对按第一审普通程序审理的案件，转为小额诉讼程序审理应慎重。相较2012年《民事诉讼法》，2021年《民事诉讼法》通过五个条文对小额诉讼程序作了如下规定：一是完善小额诉讼程序适用范围和方式；二是明确不得适用小额诉讼程序的案件类型；三是简化小额诉讼案件的审理方式；四是明确小额诉讼的审理期限；五是明确了程序转化并赋予当事人程序异议权。其中，2021年《民事诉讼法》第165条增加了当事人合意选择适用小额诉讼的程序的规定，该条规定："基层人民法院和它派出的法庭审理事实清楚、权利义务关系明确、争议不大的简单金钱给付民事案件，标的额为各省、自治区、直辖市上年度就业人员年平均工资百分之五十以下的，适用小额诉讼的程序审理，实行一审终审。基层人民法院和它派出的法庭审理前款规定的民事案件，标的额超过各省、自治区、直辖市上年度就业人员年平均工资百分之五十但在二倍以下的，当事人双方也可以约定适用小额诉讼的程序。"根据该条规定，适用简易程序审理的简单金钱给付案件，如果标的额符合一定条件，当事人可以约定适用小额诉讼程序。可见，2021年《民事诉讼法》依然没有直接规定适用普通程序审理的案件当事人是否可以约定适用小额诉讼程序。因此，基层人民法院对按第一审普通程序审理的案件转为小额诉讼程序审理仍应慎重。

第二百六十九条 当事人就案件适用简易程序提出异议，人民法院经审查，异议成立的，裁定转为普通程序；异议不成立的，裁定驳回。裁定以口头方式作出的,应当记入笔录。

转为普通程序的,人民法院应当将审判人员及相关事项以书面形式通知双方当事人。

转为普通程序前,双方当事人已确认的事实,可以不再进行举证、质证。

【重点解读】第一,人民法院应严格审查当事人异议是否成立。司法实践中,部分当事人为了拖延诉讼可能会通过增加或变更诉讼请求、申请追加当事人、提出反诉等方式营造案件复杂、争议较大的假象以达到转化程序拖延诉讼的目的。因此,如果当事人一方实施上述行为后又以该行为作为案情复杂、争议较大的理由,人民法院在具体审查异议是否成立时,应结合案件已查明其他事实综合进行判断,而不应拘泥于当事人的陈述。

第二,案件转为普通程序前,双方当事人已确认的事实不再举证、质证的例外情况。本条司法解释对案件转为普通程序前,双方当事人已确认的事实,规定的是"可以"不再进行举证、质证。也即,不排除在特别情形下,案件转为普通程序审理后,双方当事人确定的事实还有举证、质证的必要。例如,《民事诉讼证据规定》第3条规定:"在诉讼过程中,一方当事人陈述的于己不利的事实,或者对于己不利的事实明确表示承认的,另一方当事人无须举证证明。在证据交换、询问、调查过程中,或者在起诉状、答辩状、代理词等书面材料中,当事人明确承认于己不利的事实

的,适用前款规定。"但《民事诉讼证据规定》第9条规定了当事人可以撤销自认,该条规定:"有下列情形之一,当事人在法庭辩论终结前撤销自认的,人民法院应当准许:(一)经对方当事人同意的;(二)自认是在受胁迫或者重大误解情况下作出的。人民法院准许当事人撤销自认的,应当作出口头或者书面裁定。"因此,当事人撤销自认并且人民法院准许的,不能免除对方的举证责任,对相关事实,还应当进行举证、质证。

2.《最高人民法院关于适用简易程序审理民事案件的若干规定》(法释〔2003〕15号,20031201;经法释〔2020〕20号修正,20210101)

第三条　当事人就适用简易程序提出异议,人民法院认为异议成立的,或者人民法院在审理过程中发现不宜适用简易程序的,应当将案件转入普通程序审理。

第八条　人民法院按照原告提供的被告的送达地址或者其他联系方式无法通知被告应诉的,应当按以下情况分别处理:

(一)原告提供了被告准确的送达地址,但人民法院无法向被告直接送达或者留置送达应诉通知书的,应当将案件转入普通程序审理;

(二)原告不能提供被告准确的送达地址,人民法院经查证后仍不能确定被告送达地址的,可以被告不明确为由

裁定驳回原告起诉。

第十三条 当事人一方或者双方就适用简易程序提出异议后,人民法院应当进行审查,并按下列情形分别处理:

(一)异议成立的,应当将案件转入普通程序审理,并将合议庭的组成人员及相关事项以书面形式通知双方当事人;

(二)异议不成立的,口头告知双方当事人,并将上述内容记入笔录。

转入普通程序审理的民事案件的审理期限自人民法院立案的次日起开始计算。

第二十六条 审判人员在审理过程中发现案情复杂需要转为普通程序的,应当在审限届满前及时作出决定,并书面通知当事人。

第十四章　第二审程序

第一百七十一条　【上诉】当事人不服地方人民法院第一审判决的,有权在判决书送达之日起十五日内向上一级人民法院提起上诉。

当事人不服地方人民法院第一审裁定的,有权在裁定书送达之日起十日内向上一级人民法院提起上诉。

【立法·要点注释】

1. 有权提起上诉的公民如果死亡,其继承人可以提起上诉。有权提起上诉的法人或者其他组织终止,承受其权利的法人或者其他组织可以提起上诉。

2. 有独立请求权的第三人在一审中相当于原告的地位,具有实体权利义务,因此可以提起上诉。无独立请求权的第三人既非原告,也非被告,只是因为原告与被告之间的诉讼涉及其利益才参加到诉讼中辅助当事人一方进行诉讼,不享有独立的上诉权。但是,如果一审法院判决其承担实体权利义务,即享有上诉权。

3. 第一审程序中的共同诉讼人享有上诉权。共同诉讼人分为两类。第一类是有共同权利或者共同义务的,即必要的共同诉讼人。如果其中一人提起上诉,其上诉效力及于其他共同诉讼人,即应视为全体共同诉讼人行使上诉权。如果其中有的共同诉讼人声明不上诉,上诉审人民法院应作具体分析,认为上诉案件能成为可分之诉的,对声明不上诉的共同诉讼人可以不列为上诉人;认为上诉案件不能成为可分之诉的,其他共同诉讼人都应列为上诉人。第二类是没有共同权利义务的,即普通的共同诉讼人。他们是因为所诉标的为同一种类由法院合并审理而成为共同诉讼人的。他们各自享有上诉权,可以独立提起上诉。一个人上诉不对其他人产生上诉效力,只对该提起上诉的人有效。

4. 上诉期限应在每个有上诉权的诉讼参加人各自收到判决书、裁定书后分别计算,任何一方均可在自己的上诉期内上诉,只有在所有有上诉权的诉讼参加人的上诉期限都届满而没有人提起上诉的情况下,判决和裁定才发生法律效力。因此,在其他有上诉权的诉讼参加人的上诉期限未满之时，一方诉讼参加人的上诉期限虽已满，但判决、裁定对其亦不生效。在共同诉讼中，有两种情况：其一，在必要的共同诉讼中以最后一个共同诉讼人的上诉期限为全体共同诉讼人的上诉期限。其二，普通的共同诉讼中共同诉讼人的上诉期，以各自的起算日期计算。谁超过上诉期限便丧失上诉权，一审判决、裁定对其即发生法律效力，其他共同诉讼人上诉以后，二审法院的判决、裁定对其不发生效力。

【相关立法】

1.《中华人民共和国企业破产法》（20070601）

第十二条 人民法院裁定不受理破产申请的，应当自裁定作出之日起五日内送达申请人并说明理由。申请人对裁定不服的，可以自裁定送达之日起十日内向上一级人民法院提起上诉。

人民法院受理破产申请后至破产宣告前，经审查发现债务人不符合本法第二条规定情形的，可以裁定驳回申请。申请人对裁定不服的，可以自裁定送达之日起十日内向上一级人民法院提起上诉。

2.《全国人民代表大会常务委员会关于专利等知识产权案件诉讼程序若干问题的决定》（20190101）

一、当事人对发明专利、实用新型专利、植物新品种、集成电路布图设计、技术秘密、计算机软件、垄断等专业技术性较强的知识产权民事案件第一审判决、裁定不服，提起上诉的，由最高人民法院审理。

3.《中华人民共和国海事诉讼特别程序法》（20000701）

第一百零六条 利害关系人对申请人申请设立海事赔偿责任限制基金有异议的，应当在收到通知之日起七日内或者未收到通知的在公告之日起三十日内，以书面形式向海事法院提出。

海事法院收到利害关系人提出的书面异议后，应当进行审查，在十五日内作出裁定。异议成立的，裁定驳回申请人的申请；异议不成立的，裁定准予申请人设立海事赔偿责任限制基金。

当事人对裁定不服的，可以在收到裁定书之日起七日内提起上诉。第二审人民法院应当在收到上诉状之日起十五日内作出裁定。

第一百一十六条 债权人提供其他海事请求证据的，应当在办理债权登记以后，在受理债权登记的海事法院提起确权诉讼。

当事人之间有仲裁协议的，应当及时申请仲裁。

海事法院对确权诉讼作出的判决、裁定具有法律效力，当事人不得提起上诉。

【司法解释】

1.《最高人民法院关于适用〈中华人民共和国民事诉讼法〉的解释》（法释〔2015〕5 号,20150204;经法释〔2022〕11 号修正,20220410）

第二百四十四条　可以上诉的判决书、裁定书不能同时送达双方当事人的,上诉期从各自收到判决书、裁定书之日计算。

第三百一十五条　双方当事人和第三人都提起上诉的,均列为上诉人。人民法院可以依职权确定第二审程序中当事人的诉讼地位。

【重点解读】 在双方当事人和第三人都提起上诉的情况下,由于上诉请求既可能针对一审裁判的全部判项提出,也可能仅针对所涉部分权利义务关系提出,因此,各方当事人并不一定互为被上诉人,而是可能存在复杂的对应关系,难以在诉讼程序和在裁判文书中一一列明,故为了诉讼便利和文书简洁,作出本条规定。此外,由于人民法院没有判决承担民事责任的无独立请求权第三人并无上诉的权利,如果其他当事人都提起上诉,则除该无独立请求权第三人以外的当事人亦均应列为上诉人。

诉讼实践中经常发生上诉状列明的当事人诉讼地位不准确的情况。而当事人诉讼地位的确定关涉人民法院对当事人权利义务关系的正确判定,对于裁判具有重要意义。故基于上述规范依据和纠正当事人错列诉讼地位的需要,人民法院可以依职权确定第二审程序中当事人诉讼地位。人民法院在依职权确定第二审程序中当事人的诉讼地位时,应注意:第一,要充分尊重当事人的诉讼权利。由于我国《民事诉讼法》并未就上诉利益或者上诉权作出原则性规定,因此,不应依据本条规定剥夺上诉人的诉讼地位。即使按照法律或者司法解释明确规定认为上诉人不适格,亦应裁定驳回其上诉,而不能直接剥夺其上诉人地位。第二,在确定被上诉人诉讼地位时,要以是否为上诉请求提出的权利义务分担异议所指向的对象为判断的基本依据。

第五百三十六条　不服第一审人民法院判决、裁定的上诉期,对在中华人民共和国领域内有住所的当事人,适用民事诉讼法第一百七十一条规定的期限;对在中华人民共和国领域内没有住所的当事人,适用民事诉讼法第二百七十六条①规定的期限。当事人的上诉期均已届满没有上诉的,第一审人民法院的判决、裁定即发生法律效力。

第三百一十七条　必要共同诉讼人的一人或者部分人提起上诉的,按下列情形分别处理:

(一)上诉仅对与对方当事人之间权利义务分担有意见,不涉及其他共同诉讼人利益的,对方当事人为被上诉

---

①　对应 2023 年《民事诉讼法》第 286 条。——编者注

人,未上诉的同一方当事人依原审诉讼地位列明;

(二)上诉仅对共同诉讼人之间权利义务分担有意见,不涉及对方当事人利益的,未上诉的同一方当事人为被上诉人,对方当事人依原审诉讼地位列明;

(三)上诉对双方当事人之间以及共同诉讼人之间权利义务承担有意见的,未提起上诉的其他当事人均为被上诉人。

【重点解读】必要的共同诉讼是指《民事诉讼法》第55条规定的当事人一方或者双方为二人以上,其诉讼标的是共同的民事诉讼。根据本条规定,必要共同诉讼人的一人或者部分人提起上诉时,判断上诉人以外的原审其他当事人诉讼地位是否为被上诉人的标准在于上诉是否对其提出了权利义务分担的异议。上诉列明的当事人诉讼地位与本条规定不符的,人民法院应当依职权确定。

必要共同诉讼中出现多个上诉时,应综合适用本条规定确定当事人诉讼地位。如对于双方均为二人以上的必要共同诉讼,双方均有一人或者部分人就共同诉讼人之间的权利义务分担提起上诉,未提起上诉的其他当事人均为被上诉人。

第三百一十九条　无民事行为能力人、限制民事行为能力人的法定代理人,可以代理当事人提起上诉。

第三百二十条　上诉案件的当事

人死亡或者终止的,人民法院依法通知其权利义务承继者参加诉讼。

需要终结诉讼的,适用民事诉讼法第一百五十四条规定。

第三百三十四条　在第二审程序中,作为当事人的法人或者其他组织分立的,人民法院可以直接将分立后的法人或者其他组织列为共同诉讼人;合并的,将合并后的法人或者其他组织列为当事人。

第三百四十条　当事人在第一审程序中实施的诉讼行为,在第二审程序中对该当事人仍具有拘束力。

当事人推翻其在第一审程序中实施的诉讼行为时,人民法院应当责令其说明理由。理由不成立的,不予支持。

2.《最高人民法院关于证券纠纷代表人诉讼若干问题的规定》(法释〔2020〕5号,20200731)

第二十七条　一审判决送达后,代表人决定放弃上诉的,应当在上诉期间届满前通知全体原告。

原告自收到通知之日起十五日内未上诉,被告在上诉期间内亦未上诉的,一审判决在全体原告与被告之间生效。

原告自收到通知之日起十五日内上诉的,应当同时提交上诉状,人民法院收到上诉状后,对上诉的原告按上诉处理。被告在上诉期间内未上诉的,一审判决在未上诉的原告与被告之间生效,二审裁判的效力不及于未上诉的原告。

第二十八条　一审判决送达后,代表人决定上诉的,应当在上诉期间届满前通知全体原告。

原告自收到通知之日起十五日内决定放弃上诉的,应当通知一审法院。被告在上诉期间内未上诉,一审判决在放弃上诉的原告与被告之间生效,二审裁判的效力不及于放弃上诉的原告。

3.《最高人民法院关于审理海事赔偿责任限制相关纠纷案件的若干规定》（法释〔2010〕11 号,20100915;经法释〔2020〕18 号修正,20210101）

第十条　债权人提起确权诉讼时,依据海商法第二百零九条的规定主张责任人无权限制赔偿责任的,应当以书面形式提出。案件的审理不适用海事诉讼特别程序法规定的确权诉讼程序,当事人对海事法院作出的判决、裁定可以依法提起上诉。

两个以上债权人主张责任人无权限制赔偿责任的,海事法院可以将相关案件合并审理。

第十一条　债权人依据海事诉讼特别程序法第一百一十六条第一款的规定提起确权诉讼后,需要判定碰撞船舶过失程度比例的,案件的审理不适用海事诉讼特别程序法规定的确权诉讼程序,当事人对海事法院作出的判决、裁定可以依法提起上诉。

4.《最高人民法院关于扣押与拍卖船舶适用法律若干问题的规定》（法释〔2015〕6 号,20150301）

第二十条　当事人在债权登记前已经就有关债权提起诉讼的,不适用海事诉讼特别程序法第一百一十六条第二款的规定,当事人对海事法院作出的判决、裁定可以依法提起上诉。

第二十一条　债权人依照海事诉讼特别程序法第一百一十六条第一款的规定提起确权诉讼后,需要判定碰撞船舶过失程度比例的,当事人对海事法院作出的判决、裁定可以依法提起上诉。

【司法文件】

《最高人民法院关于涉及发明专利等知识产权合同纠纷案件上诉管辖问题的通知》（法〔2022〕127 号,20220501）

《最高人民法院关于第一审知识产权民事、行政案件管辖的若干规定》（法释〔2022〕13 号）已于 2022 年 4 月 21 日公布,将自 2022 年 5 月 1 日起施行。根据该司法解释有关规定,现就涉及发明专利等知识产权合同纠纷案件上诉管辖事宜进一步明确如下:

地方各级人民法院（含各知识产权法院）自 2022 年 5 月 1 日起作出的涉及发明专利、实用新型专利、植物新品种、集成电路布图设计、技术秘密、计算机软件的知识产权合同纠纷第一审裁判,应当在裁判文书中告知当事人,如不服裁判,上诉于上一级人民法院。

【法院参考案例】

1. 一审判决未认定当事人承担责任的情况下，当事人是否还具有上诉的诉的利益[李某虎、江苏盛谐建设集团有限公司与齐齐哈尔市汇博房地产开发有限责任公司建设工程施工合同纠纷案，最高人民法院（2020）最高法民终1321号]

在一审判决未认定当事人承担责任的情况下，当事人不具有上诉的诉的利益。本案中，在一审判决未判令当事人承担责任的情况下，其提出的上诉请求缺乏诉的利益，法院予以驳回。

2. 当事人对裁判理由有异议的是否可以提起上诉[武汉市武昌城市环境建设有限公司与国通信托有限责任公司等申请执行人执行异议之诉案，最高人民法院（2020）最高法民终934号]

裁判主文是人民法院就当事人的诉讼请求作出的结论，裁判理由是人民法院在认定案件事实的基础上就裁判主文如何作出进行的阐述，本身不构成判项内容，故原则上，如果当事人对裁判主文认可，不会因为裁判理由遭受不利益，但其若对于裁判理由的相关认定具有法律上的利害关系，具有上诉利益时可以提起上诉。本案中，一审判决驳回国通信托公司的诉讼请求主要是基于武汉缤购城置业公司已经进入破产程序，需要解除现有保全措施。武昌城

环公司作为武汉缤购城置业公司的债权人，其是否为消费者购房人，是否具有消费者期待权，会影响到其之后在破产程序中权利顺位的认定，故其对于一审判决就"武昌城环公司是否具有消费者期待权"作出的认定具有法律上的利害关系，这种情形下，应当认定其具有上诉利益，可以提起上诉。

3. 变更追加被执行人异议之诉中是否应赋予被执行人上诉权[唐山某某公司与沈阳某某公司等变更、追加被执行人执行异议之诉纠纷案，河北省高级人民法院（2021）冀民终724号]

《民事诉讼法》及相关司法解释未规定被执行人有提起执行异议之诉的权利，但规定了其在诉讼中可以作为被告或第三人参加诉讼。至于被执行人是否享有上诉权，当前没有明确规定。因被执行人作为一审被告或第三人，依法享有抗辩和发表意见的权利，在其认为一审判决侵害其权利时，其上诉权利不应被剥夺。故在当前未有禁止性规定的情形下，应依据民事诉讼法的一般原则，允许被执行人提起上诉。追加被执行人股东或出资人为被执行人的，法院应先予审查被执行人财产是否不足以清偿生效法律文书确定的债务。如果被执行人或追加的被执行人提交证据证明债务足以清偿或者已经清偿完毕的，应依法不予追加。

第一百七十二条　【上诉状】 上诉应当递交上诉状。上诉状的内容,应当包括当事人的姓名,法人的名称及其法定代表人的姓名或者其他组织的名称及其主要负责人的姓名;原审人民法院名称、案件的编号和案由;上诉的请求和理由。

【立法·要点注释】

上诉人要提出上诉必须提出上诉状,不能口头提出。这与起诉不同,起诉可以口头提出。当事人在一审法院宣告判决、裁定时,当庭表示不服要上诉的,法庭应记入法庭笔录,承认其上诉的意思表示,但不能以此代替上诉状的提出,当事人仍应在法定上诉期内向人民法院提出上诉状,这样才能引起上诉审程序。即使当事人当庭声明不上诉,在法定上诉期内仍然有上诉权。

【司法解释】

《最高人民法院关于适用〈中华人民共和国民事诉讼法〉的解释》(法释〔2015〕5 号,20150204;经法释〔2022〕11 号修正,20220410)

第三百一十八条　一审宣判时或者判决书、裁定书送达时,当事人口头表示上诉的,人民法院应告知其必须在法定上诉期间内递交上诉状。未在法定上诉期间内递交上诉状的,视为未提起上诉。虽递交上诉状,但未在指定的期限内交纳上诉费的,按自动撤回上诉处理。

【重点解读】 虽递交上诉状,但未在指定的期限内交纳上诉费的,按自动撤回上诉处理。指定的期限应当根据《诉讼费用交纳办法》的规定确定。交纳上诉费应指按照《诉讼费用交纳办法》规定的收费标准足额预交。没有足额预交上诉费,又未获批准减缓免交的,其对上诉效力的影响应与未交纳的后果相同,但已预交的上诉费应予退还。

《民事诉讼法》第 172 条对上诉状的内容作了明确规定,原审人民法院应当对上诉状内容进行审查,对不符合规定要求的上诉状,应指定合理期限要求当事人进行完善。但无论上诉状是否规范,均应将当事人第一次递交书面上诉状的日期作为其提起上诉的日期。

第一百七十三条　【上诉方式】 上诉状应当通过原审人民法院提出,并按照对方当事人或者代表人的人数提出副本。

当事人直接向第二审人民法院上诉的,第二审人民法院应当在五日内将上诉状移交原审人民法院。

【立法·要点注释】

本条规定了两种上诉方式。一种方式是通过原审人民法院提出，另一种方式是直接向第二审人民法院上诉。2023年《民事诉讼法》修改过程中，修正草案曾规定，上诉状可以向第二审人民法院直接提出，也可以通过原审人民法院提出。当事人上诉的，应当按照对方当事人或者代表人的人数提出副本。在修正草案征求意见的过程中，不少意见提出，规定当事人可以向第二审人民法院直接提交上诉状，第二审人民法院无须再将上诉状移交原审人民法院，在电子卷宗尚未全面施行的情况下，并不能真正提升送达效率，还可能产生原审人民法院和第二审人民法院因沟通不畅而影响送达效率的问题，损害当事人的诉讼权利，建议维持上诉状应当通过原审人民法院提出的规定。经研究，最终采纳了上述意见，对本条未作修改。

【司法解释】

1.《最高人民法院关于适用〈中华人民共和国民事诉讼法〉的解释》（法释〔2015〕5号，20150204；经法释〔2022〕11号修正，20220410）

第三百一十六条　民事诉讼法第一百七十三条、第一百七十四条规定的对方当事人包括被上诉人和原审其他当事人。

【重点解读】本条规定明确了上诉状送达的当事人范围，对被上诉人以外的原审其他当事人送达上诉状成为原审人民法院的法定职责，原审人民法院应当按照《民事诉讼法》的规定予以送达。

2.《最高人民法院关于巡回法庭审理案件若干问题的规定》（法释〔2015〕3号，20150201；经法释〔2016〕30号修正，20161228）

第六条　当事人不服巡回区内高级人民法院作出的第一审行政或者民商事判决、裁定提起上诉的，上诉状应当通过原审人民法院向巡回法庭提出。当事人直接向巡回法庭上诉的，巡回法庭应当在五日内将上诉状移交原审人民法院。原审人民法院收到上诉状、答辩状，应当在五日内连同全部案卷和证据，报送巡回法庭。

第一百七十四条　【受理上诉】原审人民法院收到上诉状，应当在五日内将上诉状副本送达对方当事人，对方当事人在收到之日起十五日内提出答辩状。人民法院应当在收到答辩状之日起五日内将副本送达上诉人。对方当事人不提出答辩状的，不影响人民法院审理。

原审人民法院收到上诉状、答辩状，应当在五日内连同全部案卷和证据，报送第二审人民法院。

【立法·要点注释】

原审人民法院收到上诉人直接提交的或者由上级人民法院移交的上诉状后,应当在5日内将副本送达被上诉人,这是原审人民法院的义务。原审人民法院在接到上诉状后,首先要对上诉状的内容进行审查,如发现上诉状内容不符合本法第172条的有关规定、存在欠缺,人民法院应限定期限,通知上诉人补正,上诉人逾期不补正的,应当裁定驳回上诉;上诉人在限定期限内补正交到法院的,该5日从此起算。

人民法院将副本送达被上诉人后,被上诉人应于15日内提交答辩状。如果提出答辩状,人民法院应当在收到答辩状之日起5日内,将副本送达上诉人。被上诉人提出答辩状为诉讼权利,如果不愿提出,也是可以的,并不影响将来口头答辩或者以后再提交书面材料。15日的规定是指如果被上诉人愿意提出答辩状,应在15日内提出,15日内不提出,原审人民法院就不再等待答辩状的提交,而直接将案卷材料报送第二审人民法院。

【司法解释】

1.《最高人民法院关于适用〈中华人民共和国民事诉讼法〉的解释》(法释〔2015〕5号,20150204;经法释〔2022〕11号修正,20220410)

第三百一十六条　民事诉讼法第一百七十三条、第一百七十四条规定的对方当事人包括被上诉人和原审其他当事人。

2.《最高人民法院关于严格执行案件审理期限制度的若干规定》(法释〔2000〕29号,20000928)

第十七条　当事人提出上诉的二审民事、行政案件,第一审人民法院收到上诉状,应当在五日内将上诉状副本送达对方当事人。人民法院收到答辩状,应当在五日内将副本送达上诉人。

人民法院受理人民检察院抗诉的民事、行政案件的移送期限,比照前款规定办理。

第十八条　二审人民法院立案时发现上诉案件材料不齐全的,应当在两日内通知第一审人民法院。第一审人民法院应当在接到第二审人民法院的通知后五日内补齐。

第十九条　下级人民法院接到上级人民法院调卷通知后,应当在五日内将全部案卷和证据移送,至迟不超过十日。

第一百七十五条　【审理范围】第二审人民法院应当对上诉请求的有关事实和适用法律进行审查。

【立法·要点注释】

1. 第二审人民法院审理上诉案件，应当对上诉请求的有关事实和适用法律进行审查。这一规定要求，第二审人民法院在审理上诉案件时应当对以下两个方面进行审查：第一，上诉请求涉及的有关事实，即针对上诉人提出的原判决、裁定中需要撤销或者变更的部分，以及其主张的民事权利有无事实根据进行审查。如果上诉请求涉及整个案件事实的认定，即应当全面审查第一审人民法院对案件的全部事实是否查明、证据是否充分、是非是否分清。当事人在二审中提出了新的事实和证据的，第二审人民法院应当一并审查核实。第二，对当事人提出的上诉请求中涉及的一审判决、裁定的内容在适用法律上是否正确进行审查。如果上诉请求涉及一审判决、裁定的所有内容，则对一审判决、裁定所有适用法律的事项都要进行审查。

2. 按照本条的规定，二审的审查限于当事人上诉请求的范围，不一般性地作全面审查。但是，本条规定的第二审程序限于对诉讼请求事项进行审查的原则在解释和适用上都不能绝对化。当事人的处分权要得到充分的尊重，同时，也要保证法律原则的贯彻执行，纠正违法行为。两者都不可偏废，必须进行综合平衡，以求最大限度地尊重当事人的权利，最大限度地保障法律的正确实施，维护社会公共秩序和整体利益。在域外，这一审查原则也不是绝对的。

3. 如果一审案件中存在当事人违法或者法官违法的问题，第二审人民法院应当依法进行判断以确定审查的范围。法律尊重当事人的处分权，但要看当事人处分的是不是他可以处分的权利。如果当事人或者一审的裁判行为既损害了另一方当事人的利益，同时又损害了国家利益、社会公共利益，即使受损害的当事人在上诉请求中不主张权利，第二审人民法院也应当纠正。比如，我国《民法典》第 132 条规定，民事主体不得滥用民事权利损害国家利益、社会公共利益或者他人合法权益。第 154 条规定，行为人与相对人恶意串通，损害他人合法权益的民事法律行为无效。当事人恶意串通损害他人合法权益的合同纠纷中，当事人对有些事项在上诉请求中虽未涉及，但第二审人民法院也不能以"不告不理"为由不予审查。因为这些上诉请求未涉及事项虽然有些可以认定为当事人放弃权利，但是这些事项损害了国家利益、社会公共利益或者他人合法权益，这是当事人无法处分的。第二审人民法院应当进行审查。

【司法解释】

《最高人民法院关于适用〈中华人民共和国民事诉讼法〉的解释》（法释〔2015〕5 号，20150204；经法释〔2022〕11

号修正,20220410)

第三百二十一条　第二审人民法院应当围绕当事人的上诉请求进行审理。

当事人没有提出请求的,不予审理,但一审判决违反法律禁止性规定,或者损害国家利益、社会公共利益、他人合法权益的除外。

【重点解读】第一,二审审理范围应限制在一审诉讼请求和审理范围之内,在一审中没有提出的诉讼请求或者虽提出但一审法院未予审理的诉讼请求,不属于二审审理范围,有本解释第324条至第327条规定情形的,按照相应规定处理。

第二,在对上诉请求的有关事实和适用法律进行审查时,如果发现一审法院对非上诉部分审理有错误,应区别情况予以处理:如果非上诉部分的错误属于违反法律禁止性规定,或者损害国家利益、社会公共利益、他人合法权益,二审应当直接予以纠正;如果非上诉部分的错误并非上述情形,二审一般不予干预。

【司法文件】

《最高人民法院关于原审法院确认合同效力有错误而上诉人未对合同效力提出异议的案件第二审法院可否变更问题的复函》[法(经)函〔1991〕85号,19910814]

《中华人民共和国民事诉讼法》第一百五十一条①规定:"第二审人民法院应当对上诉请求的有关事实和适用法律进行审查。"这一规定并不排斥人民法院在审理上诉案件时,对上诉人在上诉请求中未提出的问题进行审查。如果第二审人民法院发现原判对上诉请求未涉及的问题的处理确有错误,应当在二审中予以纠正。

【法院参考案例】

当事人超出上诉期限后新增加的上诉请求是否属于二审法院受理范围[张某莉与天风证券股份有限公司借款合同纠纷案,最高人民法院(2020)最高法民终767号]

根据《民事诉讼法》第164条(现为第171条)第1款的规定,当事人不服人民法院第一审判决的,有权在判决书送达之日起15日内向上一级人民法院提起上诉。本案当事人变更上诉请求,不在上诉期限之内的,其超出上诉期限后新增加的上诉请求不属于本案受理范围。

第一百七十六条　【二审审理方式】第二审人民法院对上诉案件应当开庭审理。经过阅卷、调查和询问当事人,对没有提出新的事实、证据或者理由,人民法院认为不需要开庭审理的,可以不开庭审理。

---

① 对应2023年《民事诉讼法》第175条。——编者注

第二审人民法院审理上诉案件,可以在本院进行,也可以到案件发生地或者原审人民法院所在地进行。

【立法·要点注释】

第二审人民法院对上诉案件原则上应当开庭审理。根据本条规定,无论第二审案件审判组织形式采取合议制还是独任制,原则上均应当开庭审理。坚持以开庭审理为基本原则,有利于充分保障当事人举证、质证、陈述、辩论等诉讼权利,增强二审裁判结果的公正性和权威性。特别是对二审独任制案件而言,审判组织的形式已经简化,为确保案件质量,保障当事人的诉讼权益,不宜再简化审理方式和程序,应当更加强调通过开庭方式审理。

不开庭审理是第二审案件审理中的例外情况,实践中应当严格把握适用条件。第二审人民法院对上诉案件,决定不开庭审理的,须以当事人没有提出新的事实、证据或者理由为前提,在此前提下,经过阅卷、调查和询问当事人,认为不需要开庭审理的,才可以不开庭审理,这两个条件缺一不可。如果当事人上诉时提出了新的事实、证据或者理由,则第二审人民法院必须开庭审理。

【司法解释】

1.《最高人民法院关于适用〈中华人民共和国民事诉讼法〉的解释》(法释〔2015〕5号,20150204;经法释〔2022〕11号修正,20220410)

第三百二十二条 开庭审理的上诉案件,第二审人民法院可以依照民事诉讼法第一百三十六条第四项规定进行审理前的准备。

【重点解读】第一,庭前证据交换应当针对证据较多或者复杂疑难案件采用,而并非所有二审开庭案件的必经程序,就个案而言,是否采用证据交换,既可由一方当事人提出申请,也可由法院依职权决定;第二,在审前准备程序中,除了对事实上的争议焦点加以固定之外,还应对诉讼请求与事实主张加以固定;第三,涉及国家秘密、商业秘密、个人隐私或者法律规定应当保密的证据,人民法院应当根据具体情况决定是否在证据交换中出示,需要出示的,不应进行公开质证。

第三百三十一条 第二审人民法院对下列上诉案件,依照民事诉讼法第一百七十六条规定可以不开庭审理:

(一)不服不予受理、管辖权异议和驳回起诉裁定的;

(二)当事人提出的上诉请求明显不能成立的;

(三)原判决、裁定认定事实清楚,但适用法律错误的;

(四)原判决严重违反法定程序,需要发回重审的;

【重点解读】不开庭审理案件四种情形的共同点是:二审审理所依据的事

实清楚，没有出现新的事实、证据或者理由，不需要通过开庭审理查证；同时，人民法院不开庭审理案件，不妨碍和影响当事人依法行使诉权。因此，合议庭不能在没有进行必要的调查和询问工作之前就决定不开庭审理，更不能在事实不清的情况下作出裁判。

二审法院审理上诉案件，应当组成合议庭进行审理，即使决定不开庭审理，合议庭也应通过阅卷、调查和询问当事人，将案件事实调查清楚之后作出决定。开庭审理是上诉案件审理的基本方式，对当事人而言能直观地体现言词原则、辩论原则，有利于增强当事人对裁判结果的信服感。因此，二审法院不得自行扩大不开庭审理的适用范围，应当严格把握不开庭审理的情形，根据《民事诉讼法》第176条的规定，决定不开庭审理的，须以当事人没有提出新的事实、证据或者理由为前提。

2.《最高人民法院关于进一步加强合议庭职责的若干规定》（法释〔2010〕1号，20100201）

第四条 依法不开庭审理的案件，合议庭全体成员均应当阅卷，必要时提交书面阅卷意见。

3.《最高人民法院关于适用〈中华人民共和国民事诉讼法〉审判监督程序若干问题的解释》（法释〔2008〕14号，20081201；经法释〔2020〕20号修正，20210101）

第二十二条 人民法院应当依照民事诉讼法第二百零七条的规定，按照第一审程序或者第二审程序审理再审案件。

人民法院审理再审案件应当开庭审理。但按照第二审程序审理的，双方当事人已经其他方式充分表达意见，且书面同意不开庭审理的除外。

第一百七十七条 【二审裁判】第二审人民法院对上诉案件，经过审理，按照下列情形，分别处理：

（一）原判决、裁定认定事实清楚，适用法律正确的，以判决、裁定方式驳回上诉，维持原判决、裁定；

（二）原判决、裁定认定事实错误或者适用法律错误的，以判决、裁定方式依法改判、撤销或者变更；

（三）原判决认定基本事实不清的，裁定撤销原判决，发回原审人民法院重审，或者查清事实后改判；

（四）原判决遗漏当事人或者违法缺席判决等严重违反法定程序的，裁定撤销原判决，发回原审人民法院重审。

原审人民法院对发回重审的案件作出判决后，当事人提起上诉的，第二审人民法院不得再次发回重审。

【立法·要点注释】

1. 本条以减少第二审人民法院将案件发回原审人民法院重审为原则进行规定。过多地将案件发回原审人民法院重审，既增加了当事人的诉讼成本，又影响了审判效率。在第二审人民法院能查清事实改判的情况下，由第二审人民法院直接查清事实后改判；在基本事实不清，第二审人民法院查清事实又有困难，发回原审人民法院查清更有利的情况下，才发回原审人民法院重审。因此，本条对事实错误区分了情况进行规定，如果原判决、裁定认定事实错误或者适用法律错误，以判决、裁定方式依法改判、撤销或者变更；如果原判决认定基本事实不清，裁定撤销原判决，发回原审人民法院重审，或者查清事实后改判。

2. 本条对违反法定程序发回重审的情形进行了限定，必须是遗漏当事人或者违法缺席判决等严重违反法定程序的情况。本条规定，原判决遗漏当事人或者违法缺席判决等严重违反法定程序的，裁定撤销原判决，发回原审人民法院重审。作出该限定，是为了尽量减少在发回重审上的裁量空间，减少不必要的发回重审。原审人民法院对发回重审的案件作出判决后，当事人提起上诉，第二审人民法院不得再次发回重审。

【司法解释】

1.《最高人民法院关于适用〈中华人民共和国民事诉讼法〉的解释》（法释〔2015〕5号，20150204；经法释〔2022〕11号修正，20220410）

第三百二十三条 下列情形，可以认定为民事诉讼法第一百七十七条第一款第四项规定的严重违反法定程序：

（一）审判组织的组成不合法的；

（二）应当回避的审判人员未回避的；

（三）无诉讼行为能力人未经法定代理人代为诉讼的；

（四）违法剥夺当事人辩论权利的。

【重点解读】第一，本条规定与《民事诉讼法意见》第181条规定的情形有所不同，尤其是删除了原来的兜底条款；第二，严格适用发回重审的条件，即只有符合法律规定的"原判决遗漏当事人或者违法缺席判决"两种情形以及本条规定的4种情形的前提下，才可以发回重审，以依法保护当事人的辩论权利和审级利益，防止无原则、无条件发回重审，浪费司法资源。

第三百二十四条 对当事人在第一审程序中已经提出的诉讼请求，原审人民法院未作审理、判决的，第二审人民法院可以根据当事人自愿的原则进行调解；调解不成的，发回重审。

【重点解读】第一，只有对当事人

在一审中已经提出而原审法院未作处理的诉讼请求，才适用本条规定的处理方式，当事人在二审期间增加的诉讼请求不属于这一范畴；第二，这里的自愿是指双方当事人同意就原审中漏判的诉讼请求进行调解，而调解协议的达成，不仅要双方当事人自愿，还应合法。

第三百二十五条　必须参加诉讼的当事人或者有独立请求权的第三人，在第一审程序中未参加诉讼，第二审人民法院可以根据当事人自愿的原则予以调解；调解不成的，发回重审。

【重点解读】第一，无论当事人还是人民法院在二审期间发现了这一问题，都应当按照本条规定处理；第二，调解必须根据当事人的自愿，当事人不仅指原审中的原告、被告和被判决承担民事责任的第三人，还包括应当追加的当事人，调解情况应当制作笔录入卷；第三，发回原审法院重审的裁定书不列追加的当事人，但裁定书应当写明发回重审的理由。

第三百二十六条　在第二审程序中，原审原告增加独立的诉讼请求或者原审被告提出反诉的，第二审人民法院可以根据当事人自愿的原则就新增加的诉讼请求或者反诉进行调解；调解不成的，告知当事人另行起诉。

双方当事人同意由第二审人民法院一并审理的，第二审人民法院可以一并裁判。

【重点解读】第一，二审法院进行调解必须根据当事人的自愿，并将调解

的相关情况制作笔录入卷；第二，对当事人在二审中新提出的诉讼请求进行一并审理是基于当事人放弃上诉权和审级利益这一前提，因此必须在征得各方当事人明确同意的情况下，才可依本条规定处理。

第三百二十七条　一审判决不准离婚的案件，上诉后，第二审人民法院认为应当判决离婚的，可以根据当事人自愿的原则，与子女抚养、财产问题一并调解；调解不成的，发回重审。

双方当事人同意由第二审人民法院一并审理的，第二审人民法院可以一并裁判。

第三百二十八条　人民法院依照第二审程序审理案件，认为依法不应由人民法院受理的，可以由第二审人民法院直接裁定撤销原裁判，驳回起诉。

【重点解读】二审法院作出的不予受理裁定是生效裁定，如出现错误，只能通过审判监督程序纠正。为避免影响当事人的诉讼权利，应当严格依据《民事诉讼法》第127条的规定，慎重作出认定。本条的表述是"依照第二审程序审理案件"，而不仅仅是"审理二审案件"，因此，依照审判监督程序提审或者再审时依照二审程序审理的案件，也应当适用本条。

第三百二十九条　人民法院依照第二审程序审理案件，认为第一审人民法院受理案件违反专属管辖规定的，应当裁定撤销原裁判并移送有管辖权的人民法院。

【重点解读】本条的表述是"依照第二审程序审理案件",而不仅仅是"审理二审案件",因此,依照审判监督程序提审或者再审时依照二审程序审理的案件,也应当适用此条。尽管2012年《民事诉讼法》删去了2007年《民事诉讼法》中"违反法律规定,管辖错误"这一再审申请事由,但考虑到专属管辖的特殊性,二审法院依照审判监督程序提审或者再审时,依照二审程序审理案件,发现一审法院违反专属管辖的,也应当撤销原判,移送有管辖权的法院。

从本条的文义分析,移送的主体是二审法院。二审法院裁定撤销原裁判后,应当直接移送有管辖权的法院,无须发回一审法院并由一审法院移送。

第三百三十条 第二审人民法院查明第一审人民法院作出的不予受理裁定有错误的,应当在撤销原裁定的同时,指令第一审人民法院立案受理;查明第一审人民法院作出的驳回起诉裁定有错误的,应当在撤销原裁定的同时,指令第一审人民法院审理。

第三百三十二条 原判决、裁定认定事实或者适用法律虽有瑕疵,但裁判结果正确的,第二审人民法院可以在判决、裁定中纠正瑕疵后,依照民事诉讼法第一百七十七条第一款第一项规定予以维持。

【重点解读】对于司法实践中大量存在的维持一审判决的二审案件而言,并不要求二审判决的理由阐述完全与一审相同,二审判决所维持的"原判",实际是判决结果。此外,一审判决事实认定和适用法律有瑕疵,既不影响一审法院作出正确的判决,也未影响二审法院纠正瑕疵并作出正确判决,说明该部分事实和适用法律的瑕疵仅仅是削弱了判决结果正当性的基础,而不能推翻判决结果的正当性,故二审法院认为一审判决结果正确,对事实和理由阐述部分的瑕疵予以纠正,依据《民事诉讼法》第177条第1款第1项的规定维持原判,不违反法律的规定。

在审判监督程序中,对于判决结果正确,但认定事实、适用法律、阐述理由方面有瑕疵的案件,也适用维持判决。《审判监督程序解释》第26条规定:"人民法院经再审审理认为,原判决、裁定认定事实清楚、适用法律正确的,应予维持;原判决、裁定在认定事实、适用法律、阐述理由方面虽有瑕疵,但裁判结果正确的,人民法院应在再审判决、裁定中纠正上述瑕疵后予以维持。"该条第二种情形与本条规定的情形极为类似,该情形下再审维持判决在纠正瑕疵后,需要同时引用该司法解释和《民事诉讼法》第177条第1款第1项的规定。从该司法解释的规定以及实际运行情况看,已有司法解释对维持"原判"的实际含义是维持"原判决结果"这一观点进行了阐述,该观点也得到了广泛的理解和赞同。

本条中的"瑕疵"是指较小的错误、缺陷,但这种错误、缺陷不属于文字性缺陷,无法通过裁定补正的办法予以纠正。同时,存在瑕疵的部分仅限于认定事实、适用法律以及阐述理由部分,即裁判三段论中的大、小前提部分。裁判结果有错误的,无论错误大小,都不能适用本条的规定。

尽管二审法院对于一审法院存在瑕疵的判决、裁定,可以适用《民事诉讼法》第 177 条第 1 款第 1 项的规定维持原判,但由于生效裁判文书确认的事实是无须证明的事实,为了避免影响当事人、案外人在其他案件中的权利,二审法院对于发现的瑕疵和缺陷,必须在二审判决、裁定阐述理由部分予以纠正,不能置之不理。

第三百三十三条　民事诉讼法第一百七十七条第一款第三项规定的基本事实,是指用以确定当事人主体资格、案件性质、民事权利义务等对原判决、裁定的结果有实质性影响的事实。

【重点解读】对于一审法院认定基本事实不清的,二审法院应当“查清事实后改判”还是“发回重审”的问题,是长期困扰司法实践的难题。从诉讼经济的原则看来,如果二审法院能查清的,则宜依法直接改判。因为二审法院在审理上诉案件后直接行使审判权调整一审裁判内容,其所花费的成本相对而言要比发回重审的成本要低,符合诉讼经济的原则,有助于提高诉讼效率。正是因为依法改判相对于发回重审有较多优势,二审法院难以“查清事实”或者“查清事实”的诉讼成本较大的,

才可以将案件发回原审法院重审。因为按照诉讼法法理和人对客观事物的认识原理,离案件发生的事实时点越近,其查证的准确度就会越高。按此原理,二审法院对案件事实的调查比一审法院的调查更加远离事实发生的时点,故二审法院重新认定事实的结果未必较一审法院所认定查证的事实更加正确可靠,所以对于一些基于基本实施方面的原因而提出上诉的,如果存在由一审法院调查核实该证据或者事实更有效率和经济等情形,才应当将案件发回重审,否则二审法院应在自行查清事实的基础上进行改判。

本条于“基本事实”的解释,还涉及对《民事诉讼法》其他条文的理解,例如,《民事诉讼法》第 207 条规定,“当事人的申请符合下列情形之一的,人民法院应当再审:……(二)原判决、裁定认定的基本事实缺乏证据证明的”,但本条解释与《审判监督程序解释》的规定有所不同,应当加以注意。

2.《最高人民法院关于民事审判监督程序严格依法适用指令再审和发回重审若干问题的规定》(法释〔2015〕7 号,20150315)

第四条　人民法院按照第二审程序审理再审案件,发现原判决认定基本事实不清的,一般应当通过庭审认定事实后依法作出判决。但原审人民法院未对基本事实进行过审理的,可以裁定撤销原判决,发回重审。原判决认定事

实错误的，上级人民法院不得以基本事实不清为由裁定发回重审。

第五条 人民法院按照第二审程序审理再审案件，发现第一审人民法院有下列严重违反法定程序情形之一的，可以依照民事诉讼法第一百七十条①第一款第（四）项的规定，裁定撤销原判决，发回第一审人民法院重审：

（一）原判决遗漏必须参加诉讼的当事人的；

（二）无诉讼行为能力人未经法定代理人代为诉讼，或者应当参加诉讼的当事人，因不能归责于本人或者其诉讼代理人的事由，未参加诉讼的；

（三）未经合法传唤缺席判决，或者违反法律规定剥夺当事人辩论权利的；

（四）审判组织的组成不合法或者依法应当回避的审判人员没有回避的；

（五）原判决、裁定遗漏诉讼请求的。

3.《最高人民法院关于适用〈中华人民共和国民事诉讼法〉审判监督程序若干问题的解释》（法释〔2008〕14号，20081201；经法释〔2020〕20号修正，20210101）

第二十七条 人民法院按照第二审程序审理再审案件，发现原判决认定事实错误或者认定事实不清的，应当在查清事实后改判。但原审人民法院便于查清事实，化解纠纷的，可以裁定撤销原判决，发回重审；原审程序遗漏必

须参加诉讼的当事人且无法达成调解协议，以及其他违反法定程序不宜在再审程序中直接作出实体处理的，应当裁定撤销原判决，发回重审。

【司法文件】

《最高人民法院关于规范上下级人民法院审判业务关系的若干意见》（法发〔2010〕61号，20101228）

第六条 第一审人民法院已经查清事实的案件，第二审人民法院原则上不得以事实不清、证据不足为由发回重审。

第二审人民法院作出发回重审裁定时，应当在裁定书中详细阐明发回重审的理由及法律依据。

第七条 第二审人民法院因原审判决事实不清、证据不足将案件发回重审的，原则上只能发回重审一次。

【法院参考案例】

1. 当事人增加、变更诉讼请求时，法院未重新指定举证期限，是否属于《民事诉讼法》第177条第1款第4项规定的严重违反法定程序的情形〔西藏中瑞矿业发展有限责任公司与刘某俊借款合同纠纷案，最高人民法院（2020）最高法民终340号〕

当事人增加、变更诉讼请求或者提

———————

① 对应2023年《民事诉讼法》第177条。——编者注

出反诉,人民法院可以根据案件具体情况重新指定举证期限。但当事人增加、变更诉讼请求时,法院未重新指定举证期限并不属于《民事诉讼法》第 170 条(现为第 177 条)第 1 款第 4 项以及《民事诉讼法解释》第 325 条(现为第 323 条)规定的严重违反法定程序的情形。

2. 法院超审限结案、未及时送达起诉状副本或民事判决书等,是否属于《民事诉讼法》第 177 条第 1 款第 4 项规定的严重违反法定程序的情形[江苏南通二建集团有限公司与东营市万方置业有限公司建设工程施工合同纠纷案,最高人民法院(2020)最高法民终 738 号]

根据《民事诉讼法解释》第 325 条(现为第 323 条)规定,下列情形,可以认定为《民事诉讼法》第 170 条(现为第 177 条)第 1 款第 4 项规定的严重违反法定程序:(1)审判组织的组成不合法的;(2)应当回避的审判人员未回避的;(3)无诉讼行为能力人未经法定代理人代为诉讼的;(4)违法剥夺当事人辩论权利的。据此,当事人主张法院未及时送达起诉状副本及民事判决书,审理期限过长等问题,均不属于严重程序问题,不足以导致案件发回重审。

第一百七十八条 【裁定上诉处理】第二审人民法院对不服第一审人民法院裁定的上诉案件的处理,一律使用裁定。

【立法·要点注释】

按照本法第 157 条的规定,一审当事人对一审人民法院关于"不予受理""对管辖权有异议的""驳回起诉"的裁定不服的,可以上诉。二审人民法院在对不服一审裁定的上诉案件的审查中,应当查明作出原审裁定所依据的事实,判断原审裁定是否正确。如果原审裁定依据的事实清楚、适用法律正确,则裁定驳回上诉,维持原裁定;原审裁定依据的事实错误或者适用法律错误的,应当撤销原审裁定,自行裁定。除上述裁定外,二审人民法院亦可对准许或者不准许撤回上诉、中止或者终结诉讼、补正判决书中的笔误等作出裁定。

第一百七十九条 【二审调解】第二审人民法院审理上诉案件,可以进行调解。调解达成协议,应当制作调解书,由审判人员、书记员署名,加盖人民法院印章。调解书送达后,原审人民法院的判决即视为撤销。

【立法·要点注释】

一审程序中可以调解,二审程序中也可以调解。二审的调解书送达后,原审人民法院的判决即视为撤销。如果在调解书送达前当事人反悔或者调解不成的,应当及时判决,不应久调不决。

【司法文件】

《最高人民法院关于民商事案件繁简分流和调解速裁操作规程(试行)》(法发〔2017〕14号,20170508)

第十五条 第二审人民法院在征得当事人同意后,可以在立案后移送审理前由专职调解员或者合议庭进行调解,法律规定不予调解的情形除外。

二审审理前的调解应当在十日内完成。各方当事人同意的,可以适当延长,延长期限不超过十日。调解期间不计入审理期限。

【最高法公报案例】

部分当事人对一审民事判决中的**部分判项提起上诉,法院调解后,对于其余一审判项,经审查与调解书不相冲突也未损害各方当事人合法权益的,能否在二审判决中予以确认**〔江西银行股份有限公司南昌洪城支行与上海神州数码有限公司等借款合同纠纷案(2022-7)〕

部分当事人对一审民事判决中的部分判项提起上诉的,人民法院在二审程序中可以就当事人的上诉请求开展调解工作,对当事人达成的调解协议依法审查后,予以确认并制作调解书。调解书送达后,一审判决即视为撤销。

对于上诉请求和调解书中并未涉及的其余一审判项,经审查与调解书不相冲突也未损害各方当事人合法权益的,可以在二审判决中予以确认。

第一百八十条 【撤回上诉】第二审人民法院判决宣告前,上诉人申请撤回上诉的,是否准许,由第二审人民法院裁定。

【立法·要点注释】

有权申请撤回上诉的主体限于上诉人、上诉人的法定代理人,被上诉人无此权限。当事人提起上诉后,在判决或者裁定宣告之前可以撤回上诉。撤回上诉虽然是当事人的权利,但仍需经人民法院审查,是否准许,由人民法院裁定。在第二审程序中,当事人申请撤回上诉,人民法院经审查认为一审判决确有错误,或者当事人之间恶意串通损害国家利益、社会公共利益、他人合法权益的,不应准许。撤回上诉的请求可以口头提出,但无论以何种方式提出,都需要在判决或者裁定宣告之前提出。因为判决或者裁定一经人民法院宣告,上诉人便丧失撤回上诉的权利。

【司法解释】

《最高人民法院关于适用〈中华人民共和国民事诉讼法〉的解释》(法释〔2015〕5号,20150204;经法释〔2022〕11号修正,20220410)

第三百三十五条　在第二审程序中,当事人申请撤回上诉,人民法院经审查认为一审判决确有错误,或者当事人之间恶意串通损害国家利益、社会公共利益、他人合法权益的,不应准许。

【重点解读】二审程序中当事人申请撤回上诉系其行使处分权的表现,故首先应确认系当事人真实意思表示,在此基础上人民法院应依据本条规定对其申请作出审查,实践中较为常见的一审法院在认定事实和适用法律方面确实存在错误的情形包括基本事实认定不清、适用的法律与案件性质明显不符、确定民事责任明显违背当事人约定或者法律规定、适用已经失效或尚未施行的法律、违反法律溯及力规定、违反法律适用规则及明显违背立法本意等。对于当事人之间恶意串通损害国家利益、社会公共利益及他人合法权益情形的审查则需结合当事人申请撤回上诉的动机、各方当事人之间的利益关联、可能产生的诉讼结果及诉讼利益分配、对其他相关权益主体的影响等各方因素综合考量。人民法院对是否准许撤回上诉的处理是对程序问题的确定,应采用裁定方式,且该裁定一经作出即产生法律效力。经人民法院审查准许当事人撤回上诉后,二审程序即告终结,当事人不得再行上诉。

第三百三十六条　在第二审程序中,原审原告申请撤回起诉,经其他当事人同意,且不损害国家利益、社会公共利益、他人合法权益的,人民法院可以准许。准许撤诉的,应当一并裁定撤销一审裁判。

原审原告在第二审程序中撤回起诉后重复起诉的,人民法院不予受理。

【重点解读】1. 须区分撤回起诉与撤回上诉之异同

撤回上诉和撤回起诉不仅名称有别,在实质上亦存有不同。其一,主体不同。撤回上诉的主体为在法定期限内依法定条件提起上诉的上诉人,可为原审原告,亦可为原审被告,而狭义的撤回起诉在一审程序中只能由诉讼发起者原告提起,二审程序中则只能由原审原告提起。其二,撤回后产生的法律效果不同。撤回起诉使诉讼系属整体发生消灭,将导致诉讼程序的终结,即便在二审程序中撤回起诉,一审裁判也将因此失效。而撤回上诉则系撤回要求二审法院对案件进行重新审理、裁判的请求,因而仅导致二审的系属溯及性地发生消灭,即二审程序终结,原审裁判生效。其三,当事人的权利处分有所不同。撤回起诉仅表明当事人处分其自身的诉讼权利,而并非放弃其实体权利,因此通常原告撤回起诉以后即被视为自始未起诉(诉讼系属视为自始不存在),其仍有权再次提起诉讼。但在二审程序中,出于诉讼效益原则的考虑,我们作出了撤回起诉后禁止再诉的规定。然而上诉人撤回上诉后,通说认为该上诉人即丧失了上诉权,即使其上诉期间尚未届满,亦不得再行上诉。同时,两者之间亦存在共通之处,如均为向法院提出撤回审判的要求,均需人民法院审查裁定。另需注意的是,在权利的行使时间上,按照此前狭义的一审程序中撤回起诉,依照《民事诉讼法》第148条第1款之规定,应在宣判前提出,而撤回上诉则依据《民事诉讼法》第180条的规定,在二审法院判决宣告前提出申请,本条中并未明确限制二审程序中撤回起诉的权利行使时限,依据《民事诉讼法》第181条之规定,在权利行使的具体方式上,亦应按照一审程序中撤回起诉的相关规定执行。

2. 须明确一审程序中撤回起诉与二审程序中撤回起诉之异同

撤回起诉的基本原理适用于任何审级,只是在二审程序中撤回的制度设计上更多考量各方利益权衡及诉讼效益原则,具体表现为:其一,一审程序中撤回起诉仅为原告对自身权利的处分,而案件进入二审程序,已经一审法院作出审理和裁判,势必对案涉相关当事人的权利义务产生影响,若相关当事人只能对原告的起诉、撤诉被动接受而无任何提出异议的权利,双方权益显然有所失衡,故在二审程序中原审原告申请撤回起诉应经其他当事人同意。其二,一审程序中人民法院准许原告撤回起诉仅就该申请作出裁定即可,二审程序则需一并裁定撤销一审裁判。其三,一审程序中原告撤回起诉后可再行起诉,而在第二审程序中,一审法院已经进行审理及裁判,若允许当事人自由地因撤诉而使该判决无效,进而使此前所有程序

归于无效,无疑有悖于诉讼效益原则,故在尊重当事人撤诉自由的前提下,亦应对其撤诉后的再诉权利作出必要的限制,原审原告在二审程序中撤回起诉后重复起诉的,人民法院不予受理。值得注意的是,在原告无正当理由撤回起诉其后又提起的再诉显然在本条第2款的规制范围之内,但同时为保障当事人的诉权,避免不当剥夺当事人接受裁判的权利,必须对重复起诉作出更为明确的解释,一般而言,该重复系指诉的同一性,即当事人及作为诉讼标的的权利关系是相同的,且诉的利益也应当相同。

第三百三十七条　当事人在第二审程序中达成和解协议的,人民法院可以根据当事人的请求,对双方达成的和解协议进行审查并制作调解书送达当事人;因和解而申请撤诉,经审查符合撤诉条件的,人民法院应予准许。

【重点解读】适用本条应注意的问题有:其一,对和解协议进行审查并制作调解书送达当事人,应当根据当事人的请求;其二,需让当事人明确系撤回起诉还是撤回上诉,撤回上诉可由上诉人(原审原告或原审被告)提出,撤回起诉只能由原审原告提出;其三,应根据当事人提出的撤回上诉或撤回起诉申请分别予以审查并作出相应裁定;其四,应明确当事人撤回起诉或撤回上诉后的不同法律后果。若当事人因达成和解协议申请撤回上诉,引发的法律后果为二审程序终结。若因达成和解协

议原审原告申请撤回起诉,其法律后果为诉讼系属自始溯及消灭,诉讼程序终结,当事人应依约履行其自行达成的和解协议,但若一方不履行和解协议,当事人不能就原争议事项再行提起诉讼,因依据本解释第336条之规定,原审原告在第二审程序中撤回起诉后重复起诉的,人民法院不予受理。因此,在此意义上,原审原告为保障自身权益,通常不会选择撤回起诉。

【司法文件】

1.《最高人民法院研究室关于第二审法院裁定按自动撤回上诉处理的案件,二审裁定确有错误,如何适用程序问题的答复》(法研〔2000〕39号,20000529)

第二审法院裁定按自动撤回上诉处理的案件,二审裁定确有错误的,应当依照审判监督程序再审。

2.《最高人民法院关于裁定准许撤回上诉后,第二审人民法院的同级人民检察院能否对一审判决提出抗诉问题的复函》(〔2004〕民立他字第59号,20041222)

原则同意你院审判委员会第二种意见。武汉市中级人民法院裁定准许撤回上诉后,武汉市洪山区人民法院作出的第一审判决即发生法律效力。根据《中华人民共和国民事诉讼法》第一百八十五条①的规定,武汉市人民检察院对武汉市洪山区人民法院已经发生

法律效力的判决,发现有法律规定的情形的,有权按照审判监督程序提出抗诉。

3.《最高人民法院关于人民法院在再审程序中应当如何处理当事人撤回原抗诉申请问题的复函》(法函〔2004〕25号,20040420)

人民法院对于人民检察院提起抗诉的民事案件作出再审裁定后,当事人正式提出撤回原抗诉申请,人民检察院没有撤回抗诉的,人民法院应当裁定终止审理,但原判决、裁定可能违反社会公共利益的除外。

4.《全国法院民商事审判工作会议纪要》(最高人民法院,法〔2019〕254号,20191108)

44.【履行期届满后达成的以物抵债协议】当事人在债务履行期限届满后达成以物抵债协议,抵债物尚未交付债权人,债权人请求债务人交付的,人民法院要着重审查以物抵债协议是否存在恶意损害第三人合法权益等情形,避免虚假诉讼的发生。经审查,不存在以上情况,且无其他无效事由的,人民法院依法予以支持。

当事人在一审程序中因达成以物抵债协议申请撤回起诉的,人民法院可予准许。当事人在二审程序中申请撤

---

① 对应2023年《民事诉讼法》第219条。——编者注

回上诉的,人民法院应当告知其申请撤回起诉。当事人申请撤回起诉,经审查不损害国家利益、社会公共利益、他人合法权益的,人民法院可予准许。当事人不申请撤回起诉,请求人民法院出具调解书对以物抵债协议予以确认的,因债务人完全可以立即履行该协议,没有必要由人民法院出具调解书,故人民法院不应准许,同时应当继续对原债权债务关系进行审理。

第一百八十一条 【二审适用程序】第二审人民法院审理上诉案件,除依照本章规定外,适用第一审普通程序。

【立法·要点注释】

二审开庭审理,也要进行审理前准备、审理开始、法庭调查、法庭辩论、法庭评议和裁判等,适用第一审程序的规定。

第一百八十二条 【二审裁判效力】第二审人民法院的判决、裁定,是终审的判决、裁定。

【立法·要点注释】

二审判决、裁定是终审的判决、裁定,一经送达即生效,当事人不能对二审的判决、裁定再上诉。终审判决如果是对当事人实体权利义务的裁判,争议自当结束,判决一经作出,任何一方当事人不得再以此民事争议为由提起新的诉讼。但如果发生新的事实,当事人再次提起诉讼的,法院应当依法受理。终审判决具有给付内容,享有权利的一方有权要求对方履行义务,如果对方拒绝履行,享有权利的一方有权申请人民法院强制执行。

【司法解释】

《最高人民法院关于适用〈中华人民共和国民事诉讼法〉的解释》(法释〔2015〕5号,20150204;经法释〔2022〕11号修正,20220410)

第三百三十八条 第二审人民法院宣告判决可以自行宣判,也可以委托原审人民法院或者当事人所在地人民法院代行宣判。

第一百八十三条 【二审审限】人民法院审理对判决的上诉案件,应当在第二审立案之日起三个月内审结。有特殊情况需要延长的,由本院院长批准。

人民法院审理对裁定的上诉案件,应当在第二审立案之日起三十日内作出终审裁定。

【立法·要点注释】

本条对判决与裁定作出了不同审限的规定，即对判决的上诉案件审限为3个月，而对裁定的上诉案件审限为30日。第二审案件的审理是在第一审的基础上进行的，大量审查核实和调查取证工作已由第一审人民法院进行，第二审人民法院的重点是对上诉请求的有关事实和适用法律进行审查。第二审人民法院审理事实清楚的民事案件，在认真审阅诉讼材料和询问当事人后，即可进行判决。相对第一审程序而言，适用第二审程序审理上诉案件的工作量要少。因此，本条规定，第二审人民法院审理对判决的上诉案件的期限为3个月。同时，考虑到部分上诉案件调查、核实证据等的工作量也较大，或者有其他疑难问题导致案件不能在3个月内审结，本条规定有特殊情况需要延长审限的，由第二审人民法院院长批准。

【司法解释】

《最高人民法院关于适用〈中华人民共和国民事诉讼法〉的解释》（法释〔2015〕5号，20150204；经法释〔2022〕11号修正，20220410）

第一百二十八条 再审案件按照第一审程序或者第二审程序审理的，适用民事诉讼法第一百五十二条、第一百八十三条规定的审限。审限自再审立

案的次日起算。

第三百三十九条 人民法院审理对裁定的上诉案件，应当在第二审立案之日起三十日内作出终审裁定。有特殊情况需要延长审限的，由本院院长批准。

【司法文件】

《最高人民法院对"关于民事诉讼法第一百七十六条①延长期限"问题的答复》（2014年12月12日）

根据民事诉讼法第82条②"期间以时、日、月、年计算。期间开始的时和日，不计算在内。期间届满的最后一日是节假日的，以节假日后的第一日为期间届满的日期"的规定，期间以月计算的，不分大月、小月，期间届满的日期，应当是届满那个月对应于开始月份的那一天，没有对应于开始月份的那一天的，应当为届满那个月的最后一天。例如二审立案之日为2014年5月28日，审限为三个月，人民法院审理期限届满日期在2014年8月28日。期间届满的最后一日是法定节假日的，如星期六、星期日、"五一"、"十一"、元旦、春节等，以节假日后的第一日为期间届满的日期。如果节假日在期间中间，则节假日不予扣除。

---

① 对应2023年《民事诉讼法》第183条。——编者注

② 对应2023年《民事诉讼法》第85条。——编者注

第十五章 特别程序

第一节 一般规定

第一百八十四条 【适用范围】人民法院审理选民资格案件、宣告失踪或者宣告死亡案件、指定遗产管理人案件、认定公民无民事行为能力或者限制民事行为能力案件、认定财产无主案件、确认调解协议案件和实现担保物权案件，适用本章规定。本章没有规定的，适用本法和其他法律的有关规定。

【立法·要点注释】

1. 特别程序是指人民法院依照民事诉讼法审理特殊类型案件的一种程序，是为了解决现实生活中存在的问题而进行的一种法律拟制。与普通程序不同，人民法院审理的对象不是解决双方当事人之间存在的民事权利义务争议，而是确认某种法律事实是否存在，确认某种权利的实际状态。

2. 特别程序属于非诉程序的范围，适用特别程序审理的案件范围为选民资格案件、宣告失踪或者宣告死亡案件、指定遗产管理人案件、认定公民无民事行为能力或者限制民事行为能力案件、认定财产无主案件、确认调解协议案件和实现担保物权案件。需要注意的是，确认调解协议案件和实现担保物权案件是 2012 年《民事诉讼法》修改后对特别程序新增加的适用范围。遗产管理人制度是《民法典》继承编新增的制度，为与《民法典》的规定保持衔接，指定遗产管理人案件是本次修改《民事诉讼法》对特别程序适用范围新增加的规定。

3. 审理特别程序案件，主要是适用本章规定的共通规则，本章没有规定的，仍然可以适用《民事诉讼法》和其他法律规定的民事诉讼程序规则。

【法院参考案例】

特别程序案件中的当事人是否享有提出管辖权异议的权利[王某甲、王某乙申请宣告王某无民事行为能力案，

北京市第一中级人民法院(2014)一中民终字第 2350 号]

特别程序案件中的当事人不享有提出管辖权异议的权利。人民法院受理特别程序案件后,被申请人向法院提出管辖权异议的,人民法院应当告知当事人对其提出的异议不予审查。但人民法院应依职权对管辖权进行审查,如经审查发现受理的特别程序案件确实不属于本院管辖的,应当将案件移送有管辖权的人民法院。

第一百八十五条　【审级及审判组织】 依照本章程序审理的案件,实行一审终审。选民资格案件或者重大、疑难的案件,由审判员组成合议庭审理;其他案件由审判员一人独任审理。

【立法·要点注释】

1. 审级制度。适用特别程序审理的案件,实行一审终审制度,当事人不得上诉,不得申请再审。也就是说,这类案件经人民法院审理作出裁判后,自裁判文书送达之日起立即发生法律效力,有关人员不能再提起上诉或者申请再审。有关人员对适用特别程序作出的判决、裁定有异议,可以向原审人民法院提出异议,原审人民法院经审查异议成立或者部分成立,作出新的判决、裁定撤销或者改变原判决、裁定;异

议不成立的,裁定驳回。

2. 审判组织。适用特别程序审理的案件一般由审判员一人独任审理,例外情形是选民资格案件或者重大、疑难的案件需要由审判员组成合议庭审理。对于重大、疑难案件如何认定,目前《民事诉讼法》及司法解释未对此进行具体规定,需要由法官在审判实践中结合具体案情进行考虑和认定。

3. 审判人员。特别程序只能由审判员对案件进行审理,与适用普通程序审理案件不同,普通程序可以由审判员和人民陪审员组成合议庭,而特别程序的合议庭只能由审判员组成。

【司法解释】

1.《最高人民法院关于适用〈中华人民共和国民事诉讼法〉的解释》(法释〔2015〕5 号,20150204;经法释〔2022〕11 号修正,20220410)

第二百九十五条　对下列情形提起第三人撤销之诉的,人民法院不予受理:

(一)适用特别程序、督促程序、公示催告程序、破产程序等非讼程序处理的案件;

(二)婚姻无效、撤销或者解除婚姻关系等判决、裁定、调解书中涉及身份关系的内容;

(三)民事诉讼法第五十七条规定的未参加登记的权利人对代表人诉讼案件的生效裁判;

（四）民事诉讼法第五十八条规定的损害社会公共利益行为的受害人对公益诉讼案件的生效裁判。

【重点解读】本条是关于不适用第三人撤销之诉情形的规定。第三人撤销之诉属于最后救济程序，但并不是所有的民事案件都能适用该程序。特别程序等非诉程序处理的案件，判决、裁定、调解书中涉及身份关系的内容的案件，未参加登记的权利人对代表人诉讼案件的生效裁判，损害社会公共利益行为的受害人对公益诉讼案件的生效裁判都不能适用第三人撤销之诉。

特别程序不适用第三人撤销之诉的原因，是因该类案件是人民法院依照非讼程序进行审理的案件，所作的裁判不具有既判力，在其救济上无论是当事人还是有利害关系的第三人，都适用特别规定，不适用诉讼案件的审判监督程序，也不适用第三人撤销之诉程序。

第三百七十八条　适用特别程序、督促程序、公示催告程序、破产程序等非讼程序审理的案件，当事人不得申请再审。

第四百一十二条　人民检察院对已经发生法律效力的判决以及不予受理、驳回起诉的裁定依法提出抗诉的，人民法院应予受理，但适用特别程序、督促程序、公示催告程序、破产程序以及解除婚姻关系的判决、裁定等不适用审判监督程序的判决、裁定除外。

2.《最高人民法院关于适用〈中华人民共和国人民陪审员法〉若干问题的解释》**（法释〔2019〕5号，20190501）

第五条　人民陪审员不参加下列案件的审理：

（一）依照民事诉讼法适用特别程序、督促程序、公示催告程序审理的案件；

（二）申请承认外国法院离婚判决的案件；

（三）裁定不予受理或者不需要开庭审理的案件。

【司法文件】

《民事诉讼程序繁简分流改革试点问答口径（一）》（最高人民法院，法〔2020〕105号，20200415）

七、人民法院审查司法确认案件能否适用合议制？

答：可以。《民事诉讼法》第一百七十八条①规定了特别程序案件的审判组织，明确选民资格案件或者重大、疑难的案件，由审判员组成合议庭审查，其他案件由审判员一人独任审查。实践中，对于司法确认案件，总体上以适用独任制为原则，以合议制为例外。同时，试点法院应当加强对民间借贷等案件司法确认审查甄别工作，切实防范恶意串通调解、虚假诉讼等行为。对于待确认调解协议的标的额特别巨大，并存在虚假调解可能的，由合议庭审查更显慎

---

①　对应2023年《民事诉讼法》第185条。——编者注

重。按照级别管辖标准,一些司法确认案件虽然应当由中级人民法院、专门人民法院受理,但标的额不大,法律关系较为简单,也可以由审判员一人独任审查。

第一百八十六条　【特别程序转化】人民法院在依照本章程序审理案件的过程中,发现本案属于民事权益争议的,应当裁定终结特别程序,并告知利害关系人可以另行起诉。

【立法·要点注释】

1. 特别程序只适用于处理非民事权益争议,人民法院审理该类案件的目的只在于对一定的民事权利或者法律事实加以确认。

2. 在适用特别程序过程中发现审理的案件属于民事权益争议的,必须马上终结特别程序,并告知利害关系人可以另行起诉。

3. 因该类情形终结特别程序的,人民法院应当采用裁定的方式。

第一百八十七条　【特别程序审限】人民法院适用特别程序审理的案件,应当在立案之日起三十日内或者公告期满后三十日内审结。有特殊情况需要延长的,由本院院长批准。但审理选民资格的案件除外。

【立法·要点注释】

1. 一般审理期限。适用特别程序审理的案件,一般审理期限为 30 日,即人民法院一般应当在立案之日起 30 日内或者公告期满后 30 日内审结。特别程序的审限要比普通程序、简易程序短得多,这也是特别程序比较突出的一个特点。

2. 例外情形。可以不受 30 日审理期限规定限制的,只限于两种情形:一是选民资格案件,二是有特殊情况需要延长并经本院院长批准的。

3. 审批延长审限的主体及期限。有特殊情况需要延长的,由本院院长批准,可以延长 30 日。

4. 选民资格案件适用特殊的审理期限。选民资格案件必须在选举日前审结,不适用 30 日审理期限的规定,也不适用特殊情形经审批审限可延长的规定。

【司法解释】

《最高人民法院关于严格执行案件审理期限制度的若干规定》(法释〔2000〕29 号,20000928)

第二条第三款　适用特别程序审理的民事案件,期限为三十日;有特殊情况需要延长的,经本院院长批准,可以延长三十日,但审理选民资格案件必须在选举日前审结。

第二节 选民资格案件

第一百八十八条 【起诉与受理】公民不服选举委员会对选民资格的申诉所作的处理决定，可以在选举日的五日以前向选区所在地基层人民法院起诉。

【立法·要点注释】

1. 选民资格案件是指公民对选举委员会公布的选民名单有异议，向选举委员会提出申诉后，对选举委员会所作的申诉处理决定仍不服，从而向人民法院提起诉讼的案件。

2. 申诉前置。申诉是选民资格案件起诉前的必须程序，公民对选举委员会公布的选民名单不服，对公布的选民资格有异议的，必须先向选举委员会提出申诉，对选举委员会作出的申诉处理决定不服的，才能向人民法院提起确认选民资格之诉。

3. 起诉时间。选民资格案件的起诉时间为选举日的5日以前，这一期间为法定的不变期间，公民没有在这一法定期限内提起诉讼的，人民法院不予受理。

4. 管辖法院。选民资格案件由选区所在地基层人民法院管辖。之所以作出这样的规定，是便于选区公民提起诉讼和选举委员会派员参加诉讼，也便

于人民法院能更快查明案件事实，尽快解决问题和审结案件。

【相关立法】

1.《中华人民共和国宪法》(19540920；20180311)

第三十四条 中华人民共和国年满十八周岁的公民，不分民族、种族、性别、职业、家庭出身、宗教信仰、教育程度、财产状况、居住期限，都有选举权和被选举权；但是依照法律被剥夺政治权利的人除外。

2.《中华人民共和国全国人民代表大会和地方各级人民代表大会选举法》(19800101；20201018)

第四条 中华人民共和国年满十八周岁的公民，不分民族、种族、性别、职业、家庭出身、宗教信仰、教育程度、财产状况和居住期限，都有选举权和被选举权。

依照法律被剥夺政治权利的人没有选举权和被选举权。

第十一条 选举委员会履行下列职责：

(一)划分选举本级人民代表大会代表的选区，分配各选区应选代表的名额；

(二)进行选民登记，审查选民资格，公布选民名单；受理对于选民名单不同意见的申诉，并作出决定；

(三)确定选举日期；

（四）了解核实并组织介绍代表候选人的情况；根据较多数选民的意见，确定和公布正式代表候选人名单；

（五）主持投票选举；

（六）确定选举结果是否有效，公布当选代表名单；

（七）法律规定的其他职责。

选举委员会应当及时公布选举信息。

第二十七条　选民登记按选区进行，经登记确认的选民资格长期有效。每次选举前对上次选民登记以后新满十八周岁的、被剥夺政治权利期满后恢复政治权利的选民，予以登记。对选民经登记后迁出原选区的，列入新迁入的选区的选民名单；对死亡的和依照法律被剥夺政治权利的人，从选民名单上除名。

精神病患者不能行使选举权利的，经选举委员会确认，不列入选民名单。

第二十八条　选民名单应在选举日的二十日以前公布，实行凭选民证参加投票选举的，并应当发给选民证。

第二十九条　对于公布的选民名单有不同意见的，可以在选民名单公布之日起五日内向选举委员会提出申诉。选举委员会对申诉意见，应在三日内作出处理决定。申诉人如果对处理决定不服，可以在选举日的五日以前向人民法院起诉，人民法院应在选举日以前作出判决。人民法院的判决为最后决定。

3.《中国人民解放军选举全国人民

代表大会和县级以上地方各级人民代表大会代表的办法》（19961029；20210430）

第五条　人民解放军军人、文职人员，军队管理的离休、退休人员和其他人员，参加军队选举。

驻军的驻地距离当地居民的居住地较远，随军家属参加地方选举有困难的，经选举委员会或者军人委员会批准，可以参加军队选举。

第七条　本办法第五条所列人员，凡年满十八周岁，不分民族、种族、性别、职业、家庭出身、宗教信仰、教育程度、财产状况、居住期限，都具有选民资格，享有选举权和被选举权。

依照法律被剥夺政治权利的人没有选举权和被选举权。

精神病患者不能行使选举权利的，经选举委员会确认，不参加选举。

【司法解释】

1.《最高人民法院关于军事法院管辖民事案件若干问题的规定》（法释〔2025〕6 号，20250501）

第一条　下列民事案件，由军事法院管辖：

……

（七）军队设立选举委员会的选民资格案件；

……

2.《最高人民法院关于内地与香港特别行政区法院相互认可和执行民商

事案件判决的安排》(法释〔2024〕2号，20240129)

第三条 本安排暂不适用于就下列民商事案件作出的判决：

......

（六）确定选民资格、宣告自然人失踪或者死亡、认定自然人限制或者无民事行为能力的案件；

......

第一百八十九条 【审限与判决】人民法院受理选民资格案件后，必须在选举日前审结。

审理时，起诉人、选举委员会的代表和有关公民必须参加。

人民法院的判决书，应当在选举日前送达选举委员会和起诉人，并通知有关公民。

【立法·要点注释】

1. 审理期限。选民资格案件必须在选举日前审结，且不能延长审限。

2. 诉讼参加人。起诉人、选举委员会指派的代表、选举名单涉及的有关公民都必须作为诉讼参加人参加选民资格案件的审理。

3. 审判组织。选民资格案件由审判员组成合议庭进行审理，不适用审判员独任审判制度。

4. 判决的送达。人民法院对选民资格案件作出的判决必须在选举日前送达起诉人和选举委员会，并通知有关

公民。该判决是终审判决，一经送达即发生法律效力。

5. 选民资格案件不适用调解。选民资格案件涉及公民是否具有选民资格、涉及公民政治权利，公民是否具有选举权和被选举是只能由法律进行具体规定，不受主体意志影响和转移，该类案件不适用调解，不能以调解方式结案。

【相关立法】

《中华人民共和国全国人民代表大会和地方各级人民代表大会选举法》(19800101；20201018)

第二十九条 对于公布的选民名单有不同意见的，可以在选民名单公布之日起五日内向选举委员会提出申诉。选举委员会对申诉意见，应在三日内作出处理决定。申诉人如果对处理决定不服，可以在选举日的五日以前向人民法院起诉，人民法院应在选举日以前作出判决。人民法院的判决为最后决定。

【司法解释】

1.《最高人民法院关于适用〈中华人民共和国民事诉讼法〉的解释》(法释〔2015〕5号，20150204；经法释〔2022〕11号修正，20220410)

第一百四十三条 适用特别程序、督促程序、公示催告程序的案件，婚姻等身份关系确认案件以及其他根据案件性

质不能进行调解的案件,不得调解。

2.《最高人民法院关于严格执行案件审理期限制度的若干规定》(法释〔2000〕29号,20000928)

第二条第三款　适用特别程序审理的民事案件,期限为三十日;有特殊情况需要延长的,经本院院长批准,可以延长三十日,但审理选民资格案件必须在选举日前审结。

【最高法公报案例】

对选民依法直接提出的候选人或者依法确定的正式候选人是否可以取消、调整或者变更[吴某晖不服选民资格处理决定案(2003-6)]

选举村民委员会,由本村有选举权的村民直接提名候选人。村民委员会成员候选人,由有选举权的村民以单独或者联合的方式直接提名。每一选民提名的人数不得多于应选人数。对选民依法直接提出的候选人或者依法确定的正式候选人,任何组织或者个人非经法定程序不得取消、调整或者变更。

第三节　宣告失踪、宣告死亡案件

第一百九十条　【宣告失踪】公民下落不明满二年,利害关系人申请宣告其失踪的,向下落不明人住所地基层人民法院提出。

申请书应当写明失踪的事实、时间和请求,并附有公安机关或者其他有关机关关于该公民下落不明的书面证明。

【立法·要点注释】

1. 宣告失踪案件是指公民持续满两年离开自己的住所地或者经常居住地,且下落不明、去向不明、杳无音讯的,利害关系人向人民法院提出申请,人民法院经审理查证属实后宣告该公民为失踪人的案件。

2. 宣告公民失踪的条件。必须符合公民下落不明满2年,即公民离开住所地或者经常居住地,自下落不明、失去音讯之日起计算持续不断满两年;或战争期间下落不明,自战争结束之日或者有关机关确定的下落不明之日起计算持续不断满两年的,利害关系人才可以向人民法院提起宣告失踪之诉。

3. 申请主体。提起宣告失踪案件的申请人为下落不明公民的利害关系人,包括该公民的近亲属,依据《民法典》第1128条、第1129条规定对被申请人有继承权的亲属,债权人、债务人、合伙人等与被申请人有民事权利义务关系的民事主体,但是不申请宣告失踪不影响其权利行使、义务履行的除外。上述多个利害关系人同时提出宣告失踪、宣告死亡申请的,人民法院将其列为共同申请人。

4. 管辖法院。宣告公民失踪案件由利害关系人向下落不明人住所地基层人民法院提出申请,人民法院受理后认为申请符合法定条件的,应当在立案受理后及时发布寻找下落不明人的公告。

5. 申请的形式及内容。利害关系人应该通过书面的方式向人民法院提出宣告公民失踪申请,申请书要载明该公民失踪的事实、时间和请求,同时还应当要附有公安机关或者其他有关机关关于该公民下落不明的书面证明。

6. 宣告失踪的法律后果。宣告失踪案件,人民法院可以根据申请人的请求,清理下落不明人的财产,并指定案件审理期间的财产管理人。公告期满后,判决宣告失踪的,人民法院应当指定失踪人的财产代管人,财产代管人应当妥善管理失踪人的财产,维护其财产权益。对失踪人所欠税款、债务和应付的其他费用,由财产代管人从失踪人的财产中支付。财产代管人因故意或者重大过失造成失踪人财产损失的,应当承担赔偿责任。

【相关立法】

1.《中华人民共和国民法典》(20210101)

第四十条 自然人下落不明满二年的,利害关系人可以向人民法院申请宣告该自然人为失踪人。

第四十一条 自然人下落不明的时间自其失去音讯之日起计算。战争期间下落不明的,下落不明的时间自战争结束之日或者有关机关确定的下落不明之日起计算。

第四十二条 失踪人的财产由其配偶、成年子女、父母或者其他愿意担任财产代管人的人代管。

代管有争议,没有前款规定的人,或者前款规定的人无代管能力的,由人民法院指定的人代管。

第四十五条 失踪人重新出现,经本人或者利害关系人申请,人民法院应当撤销失踪宣告。

失踪人重新出现,有权请求财产代管人及时移交有关财产并报告财产代管情况。

第一千一百二十八条 被继承人的子女先于被继承人死亡的,由被继承人的子女的直系晚辈血亲代位继承。

被继承人的兄弟姐妹先于被继承人死亡的,由被继承人的兄弟姐妹的子女代位继承。

代位继承人一般只能继承被代位继承人有权继承的遗产份额。

第一千一百二十九条 丧偶儿媳对公婆,丧偶女婿对岳父母,尽了主要赡养义务的,作为第一顺序继承人。

2.《中华人民共和国涉外民事关系法律适用法》(20110401)

第十三条 宣告失踪或者宣告死亡,适用自然人经常居所地法律。

3.《中华人民共和国劳动合同法》(20080101;20130701)

第四十四条　有下列情形之一的，劳动合同终止：

……

（三）劳动者死亡，或者被人民法院宣告死亡或者宣告失踪的；

……

【司法解释】

1.《最高人民法院关于适用〈中华人民共和国民法典〉总则编若干问题的解释》（法释〔2022〕6号，20220301）

第十四条　人民法院审理宣告失踪案件时，下列人员应当认定为民法典第四十条规定的利害关系人：

（一）被申请人的近亲属；

（二）依据民法典第一千一百二十八条、第一千一百二十九条规定对被申请人有继承权的亲属；

（三）债权人、债务人、合伙人等与被申请人有民事权利义务关系的民事主体，但是不申请宣告失踪不影响其权利行使、义务履行的除外。

第十五条　失踪人的财产代管人向失踪人的债务人请求偿还债务的，人民法院应当将财产代管人列为原告。

债权人提起诉讼，请求失踪人的财产代管人支付失踪人所欠的债务和其他费用的，人民法院应当将财产代管人列为被告。经审理认为债权人的诉讼请求成立的，人民法院应当判决财产代管人从失踪人的财产中支付失踪人所欠的债务和其他费用。

2.《最高人民法院关于军事法院管辖民事案件若干问题的规定》（法释〔2025〕6号，20250501）

第一条　下列民事案件，由军事法院管辖：

……

（五）申请宣告军人失踪或者死亡的案件；

……

3.《最高人民法院关于海事法院受理案件范围的规定》（法释〔2016〕4号，20160301）

六、海事特别程序案件

91.因海上、通海可航水域活动或者事故申请宣告失踪、宣告死亡的案件；

4.《最高人民法院关于审理民事案件适用诉讼时效制度若干问题的规定》（法释〔2008〕11号，20080901；经法释〔2020〕17号修正，20210101）

第十一条　下列事项之一，人民法院应当认定与提起诉讼具有同等诉讼时效中断的效力：

……

（三）为主张权利而申请宣告义务人失踪或死亡；

……

【司法文件】

《全国法院贯彻实施民法典工作会

议纪要》(最高人民法院,法〔2021〕94号,20210406)

1. 申请宣告失踪或宣告死亡的利害关系人,包括被申请宣告失踪或宣告死亡人的配偶、父母、子女、兄弟姐妹、祖父母、外祖父母、孙子女、外孙子女以及其他与被申请人有民事权利义务关系的民事主体。宣告失踪不是宣告死亡的必经程序,利害关系人可以不经申请宣告失踪而直接申请宣告死亡。但是,为了确保各方当事人权益的平衡保护,对于配偶、父母、子女以外的其他利害关系人申请宣告死亡,人民法院审查后认为申请人通过申请宣告失踪足以保护其权利,其申请宣告死亡违背民法典第一百三十二条①关于不得滥用民事权利的规定的,不予支持。

第一百九十一条 【宣告死亡】公民下落不明满四年,或者因意外事件下落不明满二年,或者因意外事件下落不明,经有关机关证明该公民不可能生存,利害关系人申请宣告其死亡的,向下落不明人住所地基层人民法院提出。

申请书应当写明下落不明的事实、时间和请求,并附有公安机关或者其他有关机关关于该公民下落不明的书面证明。

【立法·要点注释】

1. 宣告死亡案件是指公民下落不明满4年,或者因意外事件下落不明满2年,或者因意外事件下落不明,经有关机关证明该公民不可能生存,由利害关系人向人民法院提出申请,人民法院经审理查证属实后依法宣告该公民死亡的案件。

2. 宣告公民死亡的条件。必须符合以下情形之一:一是公民离开住所地或者经常居住地,自下落不明、失去音讯之日起计算持续不断满4年;二是因意外事件,下落不明满2年;三是因意外事件下落不明,经有关机关证明该自然人不可能生存的。符合上述情形之一,利害关系人才可以向人民法院提起宣告公民死亡之诉。需要注意的是,第三种下落不明的情形,因已经有关机关作出证明该失踪公民不可能生存,所以可不受下落不明满2年的限制。

3. 申请主体。提起宣告死亡案件的申请人为被宣告死亡公民的利害关系人,包括以下几种类型:一是被申请人的配偶、父母、子女;二是依据《民法典》第1129条规定对其有继承权的亲属;三是被申请人的配偶、父母、子女均已死亡或者下落不明的,或者不申请宣

① 《民法典》第132条:"民事主体不得滥用民事权利损害国家利益、社会公共利益或者他人合法权益。"——编者注

告死亡不能保护其相应合法权益的,被申请人的其他近亲属,以及依据《民法典》第 1128 条规定对被申请人有继承权的亲属;四是不申请宣告死亡不能保护其相应合法权益的被申请人的债权人、债务人、合伙人等民事主体。符合法律规定的多个利害关系人提出宣告死亡申请的,人民法院将其列为共同申请人。对同一自然人,有的利害关系人申请宣告死亡,有的利害关系人申请宣告失踪,符合法律规定的宣告死亡条件的,人民法院应当宣告死亡。

4. 管辖法院。宣告公民死亡案件由利害关系人向下落不明人住所地基层人民法院提出申请,人民法院受理后认为申请符合法定条件的,应当在立案受理后及时发布寻找下落不明人的公告。

5. 申请的形式及内容。利害关系人应该通过书面的方式向人民法院提出宣告公民死亡申请,申请书要载明该公民失踪的事实、时间和请求,同时还应当附有公安机关或者其他有关机关关于该公民下落不明的书面证明。

6. 宣告死亡的法律后果。被宣告死亡的人,人民法院宣告死亡的判决作出之日视为其死亡的日期;因意外事件下落不明宣告死亡的,意外事件发生之日视为其死亡的日期,自然人被宣告死亡但是并未死亡的,不影响该自然人在被宣告死亡期间实施的民事法律行为的效力。被宣告死亡后,其财产、婚姻关系、人身关系都将产生与自然死亡一

样的法律后果。但需要注意的是被宣告死亡的人重新出现,经本人或者利害关系人申请,人民法院应当撤销死亡宣告,本人有权请求取得其财产的民事主体返还财产或就无法返还的部分请求给予适当补偿;婚姻关系除其配偶再婚或者向婚姻登记机关书面声明不愿意恢复的以外,自撤销死亡宣告之日起自行恢复;但其子女被他人依法收养的,在死亡宣告被撤销后,不得以未经本人同意为由主张收养行为无效。

【相关立法】

1.《中华人民共和国民法典》(20210101)

第四十六条 自然人有下列情形之一的,利害关系人可以向人民法院申请宣告该自然人死亡:

(一)下落不明满四年;

(二)因意外事件,下落不明满二年。

因意外事件下落不明,经有关机关证明该自然人不可能生存的,申请宣告死亡不受二年时间的限制。

第四十七条 对同一自然人,有的利害关系人申请宣告死亡,有的利害关系人申请宣告失踪,符合本法规定的宣告死亡条件的,人民法院应当宣告死亡。

第四十八条 被宣告死亡的人,人民法院宣告死亡的判决作出之日视为其死亡的日期;因意外事件下落不明宣告死亡的,意外事件发生之日视为其死

亡的日期。

第四十九条 自然人被宣告死亡但是并未死亡的,不影响该自然人在被宣告死亡期间实施的民事法律行为的效力。

第五十条 被宣告死亡的人重新出现,经本人或者利害关系人申请,人民法院应当撤销死亡宣告。

第五十一条 被宣告死亡的人的婚姻关系,自死亡宣告之日起消除。死亡宣告被撤销的,婚姻关系自撤销死亡宣告之日起自行恢复。但是,其配偶再婚或者向婚姻登记机关书面声明不愿意恢复的除外。

第五十二条 被宣告死亡的人在被宣告死亡期间,其子女被他人依法收养的,在死亡宣告被撤销后,不得以未经本人同意为由主张收养行为无效。

第五十三条 被撤销死亡宣告的人有权请求依照本法第六编取得其财产的民事主体返还财产;无法返还的,应当给予适当补偿。

利害关系人隐瞒真实情况,致使他人被宣告死亡而取得其财产的,除应当返还财产外,还应当对由此造成的损失承担赔偿责任。

第一千一百二十八条 被继承人的子女先于被继承人死亡的,由被继承人的子女的直系晚辈血亲代位继承。

被继承人的兄弟姐妹先于被继承人死亡的,由被继承人的兄弟姐妹的子女代位继承。

代位继承人一般只能继承被代位

继承人有权继承的遗产份额。

2.《中华人民共和国海事诉讼特别程序法》(20000701)

第九条 当事人申请认定海上财产无主的,向财产所在地海事法院提出;申请因海上事故宣告死亡的,向处理海事事故主管机关所在地或者受理相关海事案件的海事法院提出。

3.《中华人民共和国合伙企业法》(19970801;20070601)

第四十八条 合伙人有下列情形之一的,当然退伙:

(一)作为合伙人的自然人死亡或者被依法宣告死亡;

……

退伙事由实际发生之日为退伙生效日。

第五十条 合伙人死亡或者被依法宣告死亡的,对该合伙人在合伙企业中的财产份额享有合法继承权的继承人,按照合伙协议的约定或者经全体合伙人一致同意,从继承开始之日起,取得该合伙企业的合伙人资格。

有下列情形之一的,合伙企业应当向合伙人的继承人退还被继承合伙人的财产份额:

(一)继承人不愿意成为合伙人;

(二)法律规定或者合伙协议约定合伙人必须具有相关资格,而该继承人未取得该资格;

(三)合伙协议约定不能成为合伙

人的其他情形。

合伙人的继承人为无民事行为能力人或者限制民事行为能力人的，经全体合伙人一致同意，可以依法成为有限合伙人，普通合伙企业依法转为有限合伙企业。全体合伙人未能一致同意的，合伙企业应当将被继承合伙人的财产份额退还该继承人。

第八十条　作为有限合伙人的自然人死亡、被依法宣告死亡或者作为有限合伙人的法人及其他组织终止时，其继承人或者权利承受人可以依法取得该有限合伙人在有限合伙企业中的资格。

4.《中华人民共和国个人独资企业法》（20000101）

第二十六条　个人独资企业有下列情形之一时，应当解散：

……

（二）投资人死亡或者被宣告死亡，无继承人或者继承人决定放弃继承；

……

5.《中华人民共和国信托法》（20011001）

第三十九条　受托人有下列情形之一的，其职责终止：

（一）死亡或者被依法宣告死亡；

……

受托人职责终止时，其继承人或者遗产管理人、监护人、清算人应当妥善保管信托财产，协助新受托人接管信托事务。

【司法解释】

1.《最高人民法院关于适用〈中华人民共和国民事诉讼法〉的解释》（法释〔2015〕5号，20150204；经法释〔2022〕11号修正，20220410）

第三百四十一条　宣告失踪或者宣告死亡案件，人民法院可以根据申请人的请求，清理下落不明人的财产，并指定案件审理期间的财产管理人。公告期满后，人民法院判决宣告失踪的，应当同时依照民法典第四十二条的规定指定失踪人的财产代管人。

【重点解读】本条是关于宣告失踪、宣告死亡案件下落不明人财产管理以及指定财产管理人、代管人的规定。

宣告失踪、宣告死亡案件由于审理期间要经过公告，且该公告期限较长，为确定和保护下落不明人的财产，人民法院可以根据申请人的申请，清理下落不明人的财产，并指定案件审理期间的财产管理人。下落不明的公民被宣告失踪后，人民法院应当同时依照《民法典》第42条的规定指定财产代管人。

需要注意的是，下落不明的公民被宣告失踪后，此时人民法院指定的是财产代管人，而并非是财产管理人，二者有本质的区别，财产代管人是依据《民法典》第42条的规定设立的，失踪人的财产由其配偶、成年子女、父母或者其他愿意担任财产代管人的人代管，代管有争议，或者上述人员人无代管能力的，由人民法院指定的人代管，财产代管人具有处分一定财产的权利。根据《民法典》的规定，代管人应当妥善管理失踪人的财产，维护其财产权益，失踪人所欠税款、债务和应付的其他费用，由财产代管人从失踪人的财产中支付，财产代管人因故意或者重大过失造成失踪人财产损失的，应当承担赔偿责任。而财产管理人资格不受《民法典》第42条的限制，管理期间也仅限于特别程序审理期间，没有处分财产的权利。

第三百四十二条 失踪人的财产代管人经人民法院指定后，代管人申请变更代管的，比照民事诉讼法特别程序的有关规定进行审理。申请理由成立的，裁定撤销申请人的代管人身份，同时另行指定财产代管人；申请理由不成立的，裁定驳回申请。

失踪人的其他利害关系人申请变更代管的，人民法院应当告知其以原指定的代管人为被告起诉，并按普通程序进行审理。

【重点解读】本条是关于特别程序中宣告失踪、宣告死亡案件财产代管人变更的规定。这里需要注意的是根据申请主体的不同，人民法院适用的审理程序不同。

人民法院指定的失踪人的财产代管人提出申请，其实质是代管人经过一段时间的代管，认为自己不具有代管能力，或丧失代管能力，在此情形下，代管人可以向原作出指定的人民法院申请

变更，人民法院比照《民事诉讼法》特别程序的有关规定进行审理。经审查申请理由成立的，裁定撤销申请人的代管人身份，另行指定财产代管人；申请理由不成立的，裁定驳回申请。

而其他利害关系人申请变更代管，其实质是其他利害关系人与被指定的财产代管人就代管权发生了争议。因此，其他利害关系人申请变更是为了解决当事人之间的民事权利义务争议，不符合特别程序的适用条件，所以人民法院对失踪人的其他利害关系人申请变更代管的，应当告知其以原指定的代管人为被告起诉，并按普通程序进行审理。

第三百四十三条 人民法院判决宣告公民失踪后，利害关系人向人民法院申请宣告失踪人死亡，自失踪之日起满四年的，人民法院应当受理，宣告失踪的判决即是该公民失踪的证明，审理中仍应依照民事诉讼法第一百九十二条规定进行公告。

【重点解读】本条是关于特别程序宣告失踪和宣告死亡案件中二者程序衔接的规定。

在适用特别程序案件类型中，宣告公民失踪和宣告公民死亡是两个独立的程序，宣告失踪不是宣告死亡的必经程序，但在一定的条件下二者也存在某种程度的联系，即利害关系人向人民法院申请宣告公民死亡，该公民已经人民法院判决宣告失踪的，自失踪之日起满4年的，人民法院应当受理利害关系人的申请。在该程序中，因宣告失踪的判

决即是该公民失踪的证明,利害关系人不用再向人民法院提交公安机关或者其他有关机关关于该公民下落不明的书面证明,但为全面保护被申请人的权益,人民法院审理中仍应依照《民事诉讼法》第192条的规定进行公告。

第三百四十四条 符合法律规定的多个利害关系人提出宣告失踪、宣告死亡申请的,列为共同申请人。

【重点解读】 本条是关于在宣告失踪、宣告死亡案件中多个利害关系人同时提出申请人民法院应当如何处理的规定。

宣告失踪案件中多个利害关系人主要包括该公民的近亲属(配偶、父母、子女、兄弟姐妹、祖父母、外祖父母、孙子女、外孙子女),依据《民法典》第1128条、第1129条规定对该公民有继承权的亲属,债权人、债务人、合伙人等与被申请人有民事权利义务关系的民事主体,但是不申请宣告失踪不影响其权利行使、义务履行的除外。

宣告死亡案件中多个利害关系人主要包括被申请人的配偶、父母、子女;依据《民法典》第1129条规定对其有继承权的亲属;被申请人的配偶、父母、子女均已死亡或者下落不明的,或者不申请宣告死亡不能保护其相应合法权益的,被申请人的其他近亲属,以及依据《民法典》第1128条规定对被申请人有继承权的亲属;不申请宣告死亡不能保护其相应合法权益的被申请人的债权人、债务人、合伙人等民事主体。

上述个利害关系人并不存在申请顺序,对同时都提出申请的,列为共同申请人。

2.《最高人民法院关于适用〈中华人民共和国民法典〉总则编若干问题的解释》(法释〔2022〕6号,20220301)

第十六条 人民法院审理宣告死亡案件时,被申请人的配偶、父母、子女,以及依据民法典第一千一百二十九条规定对被申请人有继承权的亲属应当认定为民法典第四十六条规定的利害关系人。

符合下列情形之一的,被申请人的其他近亲属,以及依据民法典第一千一百二十八条规定对被申请人有继承权的亲属应当认定为民法典第四十六条规定的利害关系人:

(一)被申请人的配偶、父母、子女均已死亡或者下落不明的;

(二)不申请宣告死亡不能保护其相应合法权益的。

被申请人的债权人、债务人、合伙人等民事主体不能认定为民法典第四十六条规定的利害关系人,但是不申请宣告死亡不能保护其相应合法权益的除外。

第十七条 自然人在战争期间下落不明的,利害关系人申请宣告死亡的期间适用民法典第四十六条第一款第一项的规定,自战争结束之日或者有关机关确定的下落不明之日起计算。

3.《最高人民法院关于适用〈中华人民共和国保险法〉若干问题的解释

（三）》（法释〔2015〕21 号，20151201；经法释〔2020〕18 号修正，20210101）

第二十四条 投保人为被保险人订立以死亡为给付保险金条件的保险合同，被保险人被宣告死亡后，当事人要求保险人按照保险合同约定给付保险金的，人民法院应予支持。

被保险人被宣告死亡之日在保险责任期间之外，但有证据证明下落不明之日在保险责任期间之内，当事人要求保险人按照保险合同约定给付保险金的，人民法院应予支持。

4.《最高人民法院关于民事执行中变更、追加当事人若干问题的规定》（法释〔2016〕21 号，20161201；经法释〔2020〕21 号修正，20210101）

第二条 作为申请执行人的自然人死亡或被宣告死亡，该自然人的遗产管理人、继承人、受遗赠人或其他因该自然人死亡或被宣告死亡依法承受生效法律文书确定权利的主体，申请变更、追加其为申请执行人的，人民法院应予支持。

作为申请执行人的自然人被宣告失踪，该自然人的财产代管人申请变更、追加其为申请执行人的，人民法院应予支持。

第十条 作为被执行人的公民死亡或被宣告死亡，申请执行人申请变更、追加该公民的遗嘱执行人、继承人、受遗赠人或其他因该公民死亡或被宣告死亡取得遗产的主体为被执行人，在遗产范围内承担责任的，人民法院应予支持。继承人放弃继承或受遗赠人放弃受遗赠，又无遗嘱执行人的，人民法院可以直接执行遗产。

作为被执行人的公民被宣告失踪，申请执行人申请变更该公民的财产代管人为被执行人，在代管的财产范围内承担责任的，人民法院应予支持。

【司法文件】

《最高人民法院关于失踪人的工作单位能否向人民法院申请宣告失踪人死亡的批复》（19860218）

……《中华人民共和国民事诉讼法（试行）》第一百三十三条①所指的利害关系人，必须是与被申请宣告死亡的人存在一定的人身关系或者民事权利义务关系的人。宣恩县人大常委会为解决减员增补以及停发失踪人聂××的工资等问题不宜作为利害关系人向人民法院申请宣告失踪人死亡，应按《中华人民共和国地方各级人民人民代表大会和地方各级人民政府组织法》及我国劳动制度的有关规定处理。

第一百九十二条 【公告与判决】 人民法院受理宣告失踪、宣告死亡案件后，应当发出寻找下落不明人的公告。宣告失踪的公告期

---

① 对应 2023 年《民事诉讼法》第 191 条。——编者注

间为三个月，宣告死亡的公告期间为一年。因意外事件下落不明，经有关机关证明该公民不可能生存的，宣告死亡的公告期间为三个月。

公告期间届满，人民法院应当根据被宣告失踪、宣告死亡的事实是否得到确认，作出宣告失踪、宣告死亡的判决或者驳回申请的判决。

【立法·要点注释】

1. 公告的发布及方式。人民法院受理宣告失踪、宣告死亡案件后，必须发布寻找下落不明人的公告，这是法律的强制性规定。至于公告的方式，目前尚未有明确的规定，但可参考参照《民事诉讼法解释》第138条关于公告送达的规定，在人民法院的公告栏内张贴公告，或者是在报纸、刊物、网络媒体等刊登公告。

2. 公告的期间。宣告失踪的，公告期间为3个月；宣告死亡的，一般情况下的公告期间为1年，但因意外事件下落不明，经有关机关证明该公民不可能生存的，宣告死亡的公告期间为3个月。

3. 作出判决。在公告期间，如果被宣告失踪、宣告死亡的被申请人重新出现，或者确实有消息证明其已有相关下落的，人民法院应当作出驳回申请人申请的判决。宣告失踪、宣告死亡的公告期间届满后，如果被宣告失踪、宣告死亡的事实得到确认的，人民法院应当作出宣告失踪、宣告死亡的判决。上述判决均是终审判决，不能对其提起上诉。此外，人民法院受理宣告失踪、宣告死亡案件后，作出判决前，申请人撤回申请的，人民法院应当裁定终结案件，但其他符合法律规定的利害关系人加入程序要求继续审理的除外。

4. 关于宣告死亡需要注意的问题。宣告失踪不是宣告死亡的前置程序，只有公民下落不明满4年，或者因意外事件下落不明满2年，或者因意外事件下落不明，经有关机关证明该公民不可能生存，利害关系人就可以向下落不明人住所地基层人民法院提出申请宣告其死亡。人民法院受理后，公告期满，经确认上述事实，即可宣告死亡。需要注意的是，对同一自然人，有的利害关系人申请宣告死亡，有的利害关系人申请宣告失踪，符合法律规定的宣告死亡条件的，人民法院应当宣告死亡。被宣告死亡的人，人民法院宣告死亡的判决作出之日视为其死亡的日期；因意外事件下落不明宣告死亡的，意外事件发生之日视为其死亡的日期。

【相关立法】

《中华人民共和国民法典》(20210101)
第四十七条 对同一自然人，有的利害关系人申请宣告死亡，有的利害关系人申请宣告失踪,符合本法规定的宣告死亡条件的,人民法院应当宣告死亡。

第四十八条 被宣告死亡的人,人民法院宣告死亡的判决作出之日视为其死亡的日期;因意外事件下落不明宣告死亡的,意外事件发生之日视为其死亡的日期。

【司法解释】

《最高人民法院关于适用〈中华人民共和国民事诉讼法〉的解释》(法释〔2015〕5号,20150204;经法释〔2022〕11号修正,20220410)

第三百四十五条 寻找下落不明人的公告应当记载下列内容:

(一)被申请人应当在规定期间内向受理法院申报其具体地址及其联系方式。否则,被申请人将被宣告失踪、宣告死亡;

(二)凡知悉被申请人生存现状的人,应当在公告期间内将其所知道情况向受理法院报告。

【重点解读】本条是关于人民法院受理宣告失踪、宣告死亡案件后发布寻找下落不明人的公告规定。

人民法院审理宣告失踪、宣告死亡案件,必须发布寻找下落不明人的公告,该公告必须记载下列两项内容:一是对被申请人提出要求及告知法律后果,即被申请人看到公告后应当在规定期间内向受理法院申报其具体地址及

其联系方式,否则其将被宣告失踪、宣告死亡;二是对知悉被申请人情况的人提出要求,即凡知悉被申请人生存现状的人,应当在公告期间内将其所知道情况向受理法院报告。

需要注意的是,上述两项内容是发布寻找下落不明人公告的必要记载事项,但是该公告并不仅仅包含上述内容,还应当包括其他基础事项,例如下落不明人的基本情况、申请人与被申请人的关系、申请人的基本情况、下落不明的时间及事实、公告期间等。

第三百四十六条 人民法院受理宣告失踪、宣告死亡案件后,作出判决前,申请人撤回申请的,人民法院应当裁定终结案件,但其他符合法律规定的利害关系人加入程序要求继续审理的除外。

【重点解读】本条是关于人民法院受理宣告失踪、宣告死亡案件后,申请人撤回申请应当如何处理的规定。

人民法院在宣告失踪、宣告死亡案件的过程中,申请人撤回申请的,应当视不同情形作出不同处理。申请人撤回申请,且没有其他符合法律规定的利害关系人加入审理程序的,人民不需要进行审查申请理由,应当直接裁定终结案件;对有其他符合法律规定的利害关系人加入程序要求继续审理的,虽然原申请人申请撤回,但其他符合上述法律规定的利害关系人加入程序后已转变为申请人,人民法院对该案件应当继续审理。

【最高法公报案例】

利害关系人是否可以对符合条件的失踪人宣告死亡[张某英申请宣告陈炎死亡案(1996-3)]

1. 被申请人从家出走之日至今 10 年时间没有音讯,虽经申请人多方寻找,法院在报纸上公告查寻,仍下落不明。申请人系被申请人之妻,现申请宣告其死亡,符合法律关于宣告死亡的规定,宣告被申请人死亡。

2. 宣告死亡是指自然人离开住所,下落不明达到法定期限,经利害关系人申请,由人民法院宣告其死亡的法律制度。宣告失踪人死亡,必须由利害关系人向失踪人的住所地或最后居住地的基层人民法院提出宣告死亡的申请。人民法院应当发出寻找失踪人的公告,公告期间为 1 年。寻找失踪人公告期限届满仍无失踪人生存消息的,便可作出死亡宣告判决之日期为失踪人死亡的时间。

第一百九十三条　【判决撤销】被宣告失踪、宣告死亡的公民重新出现,经本人或者利害关系人申请,人民法院应当作出新判决,撤销原判决。

【立法·要点注释】

1. 申请人。被宣告失踪、宣告死亡的公民重新出现后,被宣告人或者利害关系人均可向人民法院提出撤销原判决的申请。

2. 作出判决。人民法院受理被宣告人或者利害关系人的撤销申请后,经查证确认被宣告失踪、宣告死亡的公民重新出现的,应当作出新判决,撤销原判决。

3. 原判决被撤销后相关法律关系的处理。宣告失踪和宣告死亡都仅是法律拟制的一种状态,如果被宣告失踪、宣告死亡的人重新出现,或者有确定的关于其下落的消息,经本人或者利害关系人申请,人民法院应当撤销失踪、死亡宣告,重新恢复以前的法律状态。

4. 关于财产关系的处理,失踪人出现后有权请求财产代管人及时移交有关财产并报告财产代管情况,失踪人向代管人支付因代管财产支出的必要费用;被撤销死亡宣告的人出现后,有权请求继承人将已继承的财产返还,或者要求对无法返还的财产给予适当补偿,对因利害关系人隐瞒真实情况,致使其被宣告死亡而取得其财产的,除应当返还财产外,还可以要求利害关系人对由此造成的损失承担赔偿责任。

5. 对婚姻关系和未成年子女的抚养关系的处理。死亡宣告被撤销的,被宣告人的婚姻关系自撤销死亡宣告之日起自行恢复,但如果其配偶已再婚或者向婚姻登记机关书面声明不愿意恢复的,婚姻关系则不自行恢复。其子女已被他人依法收养的,收养关系继续,在死亡宣告被撤销后,被宣告人不得以未经本人同意为由主张收养行为无效。

【相关立法】

《中华人民共和国民法典》(20210101)

第四十五条 失踪人重新出现,经本人或者利害关系人申请,人民法院应当撤销失踪宣告。

失踪人重新出现,有权请求财产代管人及时移交有关财产并报告财产代管情况。

第四十九条 自然人被宣告死亡但是并未死亡的,不影响该自然人在被宣告死亡期间实施的民事法律行为的效力。

第五十条 被宣告死亡的人重新出现,经本人或者利害关系人申请,人民法院应当撤销死亡宣告。

第五十一条 被宣告死亡的人的婚姻关系,自死亡宣告之日起消除。死亡宣告被撤销的,婚姻关系自撤销死亡宣告之日起自行恢复。但是,其配偶再婚或者向婚姻登记机关书面声明不愿意恢复的除外。

第五十二条 被宣告死亡的人在被宣告死亡期间,其子女被他人依法收养的,在死亡宣告被撤销后,不得以未经本人同意为由主张收养行为无效。

第五十三条 被撤销死亡宣告的人有权请求依照本法第六编取得其财产的民事主体返还财产;无法返还的,应当给予适当补偿。

利害关系人隐瞒真实情况,致使他人被宣告死亡而取得其财产的,除应当返还财产外,还应当对由此造成的损失承担赔偿责任。

第四节 指定遗产管理人案件

第一百九十四条 【管辖和申请】对遗产管理人的确定有争议,利害关系人申请指定遗产管理人的,向被继承人死亡时住所地或者主要遗产所在地基层人民法院提出。

申请书应当写明被继承人死亡的时间、申请事由和具体请求,并附有被继承人死亡的相关证据。

【立法·要点注释】

1. 本节的内容是本次《民事诉讼法》修改新增加的内容,是为实现与《民法典》新规定的遗产管理人制度相衔接而专门作出的规定。遗产管理人是指在继承开始后遗产分割前,负责管理遗产有关事务的人,其管理职责包括清理遗产并制作遗产清单,向继承人报告遗产情况,采取必要措施防止遗产毁损、灭失,处理被继承人的债权债务,按照遗嘱或者依照法律规定分割遗产以前其他实施与管理遗产有关的其他必要行为。遗产管理人制度是《民法典》

规定的新制度,第 1145 条至第 1149 条对该制度作了基本规定,主要包括遗产管理人的选任和指定,遗产管理人的职责、民事责任和报酬等内容。

2.提起指定遗产管理人案件的条件。利害关系人对遗产管理人的确定有争议,可以向人民法院申请指定遗产管理人。

3.申请主体。该类案件的申请主体为利害关系人,即与遗产的处理和继承有利害关系的人。关于利害关系人的范围,目前法律及司法解释并未进行明确,根据《民法典》第 1145 条的规定,利害关系人包括遗嘱执行人、继承人、被继承人生前住所地的民政部门或者村民委员会。同时,为保护受遗赠人的受遗赠权和遗产债权人的合法权益,利害关系人还应当包括受遗赠人及保护继承人的继承权、受遗赠人的受遗赠权,同时也平等保护遗产债权人的合法权益。需要注意的是,对债权人的申请应当从严进行审查,严格限制条件,比如仅在其若不提出申请则可能导致遗产存在毁损、灭失、侵占等风险,导致其合法权益被侵害的情况下,才可以作为利害关系人向法院提出申请。

4.管辖法院。指定遗产管理人案件的管辖法院有两类:一类是由利害关系人向被继承人死亡时住所地基层人民法院提出申请。住所地是指户籍登记地或者其他有效身份(包括居住证、外国人的有效居留证等)登记记载的居所地,经常居所与住所不一致的,经

常居所地视为住所地。由住所地基层人民法院管辖,有利于快速查清被继承人的生前社会关系和财产关系,也有利于查明继承人的相关情况。另外一类是由利害关系人向被继承人主要遗产所在地基层人民法院提出。主要遗产所在地应当根据遗产价值大小或者所占比重来确定,遗产价值大或所占比重大的遗产所在地,为该类案件的管辖地,由该地基层人民法院管辖该类案件,有利于快速查明被继承人财产相关情况,也方便指定遗产管理人后续开展遗产管理工作。

5.申请的形式及内容。利害关系人应该通过书面的方式向人民法院提出申请。申请书要载明被继承人死亡的时间、申请事由和具体请求,同时还应当附有被继承人死亡的相关证据。

6.被继承人死亡的相关证据。主要包括三类内容,一是被继承人死亡的证明材料,如死亡证明、火化证明、宣告死亡判决等;二是需要指定管理人的证据材料,比如遗嘱执行人难以胜任管理职责的证据、被推选的遗产管理人丧失行为能力的证据等;三是申请法院所指定遗产管理人具备相应能力的证据材料。

【相关立法】

1.《中华人民共和国民法典》(20210101)

第二十五条　自然人以户籍登记或者其他有效身份登记记载的居所为

住所;经常居所与住所不一致的,经常居所视为住所。

第五百七十二条　标的物提存后,债务人应当及时通知债权人或者债权人的继承人、遗产管理人、监护人、财产代管人。

第一千一百二十二条　遗产是自然人死亡时遗留的个人合法财产。

依照法律规定或者根据其性质不得继承的遗产,不得继承。

第一千一百四十五条　继承开始后,遗嘱执行人为遗产管理人;没有遗嘱执行人的,继承人应当及时推选遗产管理人;继承人未推选的,由继承人共同担任遗产管理人;没有继承人或者继承人均放弃继承的,由被继承人生前住所地的民政部门或者村民委员会担任遗产管理人。

第一千一百四十六条　对遗产管理人的确定有争议的,利害关系人可以向人民法院申请指定遗产管理人。

2.《中华人民共和国信托法》(20011001)

第十三条　设立遗嘱信托,应当遵守继承法关于遗嘱的规定。

遗嘱指定的人拒绝或者无能力担任受托人的,由受益人另行选任受托人;受益人为无民事行为能力人或者限制民事行为能力人的,依法由其监护人代行选任。遗嘱对选任受托人另有规定的,从其规定。

第三十九条　受托人有下列情形之一的,其职责终止:

(一)死亡或者被依法宣告死亡;

(二)被依法宣告为无民事行为能力人或者限制民事行为能力人;

(三)被依法撤销或者被宣告破产;

(四)依法解散或者法定资格丧失;

(五)辞任或者被解任;

(六)法律、行政法规规定的其他情形。

受托人职责终止时,其继承人或者遗产管理人、监护人、清算人应当妥善保管信托财产,协助新受托人接管信托事务。

【司法解释】

《最高人民法院关于适用〈中华人民共和国民法典〉继承编的解释(一)》(法释〔2020〕23号,20210101)

第三十条　人民法院在审理继承案件时,如果知道有继承人而无法通知的,分割遗产时,要保留其应继承的遗产,并确定该遗产的保管人或者保管单位。

【最高法公报案例】

继承开始后,没有继承人的,对被继承人没有法定扶养义务但事实上扶养较多的人是否有权向人民法院申请指定遗产管理人[顾某甲、顾某乙、顾某丙申请指定遗产管理人案(2023-12)]

继承开始后,没有继承人的,对被继承人没有法定扶养义务但事实上扶养较多的人,符合《民法典》第 1131 条规定"可以分给适当的遗产"的条件,遗产的妥善保管与其存在法律上的利害关系,其有权向人民法院申请指定遗产管理人。

【法院参考案例】

1. 因无继承人,照顾孤寡聋哑被继承人多年的人是否有权作为利害关系人申请指定遗产管理人[孙家三兄弟申请指定遗产管理人案,江苏省高级人民法院、江苏司法案例研究基地发布第九批弘扬中华优秀传统文化典型案例,20231220]

孤寡聋哑老人去世后因无继承人,照顾其多年的人有权作为利害关系人向人民法院申请指定民政部门为遗产管理人。

2. 死者遗产没有人继承的,被继承人生前住所地的民政部门或村委会是否可以担任遗产管理人[刘某申请指定天津市河北区民政局为徐某遗产管理人案,2021 年天津法院家事审判典型案例,20211104]

死者遗产没有人继承,死者遗产的债权人向法院申请指定遗产管理人的,法院应指定其死者生前民政部门或村委会为遗产管理人,避免"无人可诉"的局面。

第一百九十五条　【指定遗产管理人的原则】人民法院受理申请后,应当审查核实,并按照有利于遗产管理的原则,判决指定遗产管理人。

【立法·要点注释】

1. 审查程序。人民法院对于符合《民事诉讼法》第 194 条第 2 款规定的形式要件的申请应当立案受理并进行审查。审查的重点内容主要包括被继承人死亡的事实、遗产情况、遗产管理存在的争议、遗产管理人候选人情况。人民法院经审理后,应当在法定期限内以判决的方式指定遗产管理人,该判决为终审判决,不能提起上诉。

2. 指定遗产管理人的范围。根据《民法典》第 1154 条的规定,遗产管理人的范围仅包括遗嘱执行人、继承人、被继承人生前住所地的民政部门或者村民委员会,因此,人民法院只能在上述主体范围中指定遗产管理人。

3. 确定遗产管理人的原则。人民法院指定遗产管理人,应当遵循有利于遗产管理的原则,具体而言,遗产管理人首先要具备完全民事行为能力,能够以自己的名义独立处理各种民事法律关系,要具备管理遗产的能力、条件和公信力。人民法院在确定是否有利于遗产管理的原则时,可以参考候选人是否是被继承人内心意愿人选,是否具有相应的管理能力,是否具备管理遗产的条件,在继承人中间是否具备公信力等因素,综合各方面因素后再进行判决指定。

【相关立法】

《中华人民共和国民法典》(20210101)

第一千一百五十一条 存有遗产的人,应当妥善保管遗产,任何组织或者个人不得侵吞或者争抢。

【司法解释】

《最高人民法院关于适用〈中华人民共和国民法典〉继承编的解释(一)》(法释〔2020〕23号,20210101)

第四十一条 遗产因无人继承又无人受遗赠归国家或者集体所有制组织所有时,按照民法典第一千一百三十一条规定可以分给适当遗产的人提出取得遗产的诉讼请求,人民法院应当视情况适当分给遗产。

第四十二条 人民法院在分割遗产中的房屋、生产资料和特定职业所需要的财产时,应当依据有利于发挥其使用效益和继承人的实际需要,兼顾各继承人的利益进行处理。

第四十三条 人民法院对故意隐匿、侵吞或者争抢遗产的继承人,可以酌情减少其应继承的遗产。

【司法文件】

《最高人民法院关于为实施积极应对人口老龄化国家战略提供司法服务和保障的意见》(法发〔2022〕15号,20220329)

二、充分发挥审判职能作用,加强老年人权益保障

5.依法妥善审理涉老年人继承纠纷案件。落实民法典遗产管理人制度,依法确定遗产管理人,保障遗产妥善管理、顺利分割。要依法保护各类遗嘱形式,切实尊重老年人立遗嘱时的真实意愿,保障老年人遗产处分权。依法认定各类遗赠扶养协议效力,满足养老形式多样化需求。

【法院参考案例】

1.具有管养维护遗产房屋优势条件的继承人是否可以担任遗产管理人 [欧某士申请指定遗产管理人案,最高人民法院发布人民法院贯彻实施民法典典型案例(第一批),20220225]

魏姜氏遗产的多名继承人目前下落不明、信息不明,遗产房屋将在较长时间内不能明确所有权人,其管养维护责任可能长期无法得到有效落实,确有必要在析产分割条件成就前尽快依法确定管理责任人。而魏姜氏生前未留有遗嘱,未指定其遗嘱执行人或遗产管理人,在案各继承人之间就遗产管理问

题又分歧巨大、未能协商达成一致意见，故当秉承最有利于遗产保护、管理、债权债务清理的原则，在综合考虑被继承人内心意愿、各继承人与被继承人亲疏远近关系、各继承人管理保护遗产的能力水平等方面因素，确定案涉遗产房屋的合适管理人。次女魏某燕一支在魏姜氏生前尽到主要赡养义务，与产权人关系较为亲近，且历代长期居住在遗产房屋内并曾主持危房改造，与遗产房屋有更深的历史情感联系，对周边人居环境更为熟悉，更有实际能力履行管养维护职责，更有能力清理遗产上可能存在的债权债务；长女魏某静一支可查后人现均居住漳州市，客观上无法对房屋尽到充分、周到的管养维护责任。故，由魏某静一支继承人跨市管理案涉遗产房屋暂不具备客观条件；魏某燕一支继承人能够协商支持由陈某萍、陈某芬共同管理案涉遗产房屋，符合遗产效用最大化原则。因此判决指定陈某萍、陈某芬为魏姜氏房屋的遗产管理人。

2. 继承人难以确定和通知的情形下，是否可以适用遗产管理人制度[沈阳房地产置业融资担保集团有限公司诉张某兰追偿权纠纷案，辽宁省沈阳市大东区人民法院（2020）辽0104民初5156号]

被继承人去世，因继承人迟迟难以确定和通知，致使继承活动长期无法顺利开始。这样的局面，不但影响了继承人的合法权益，同时影响债权人的追偿

权的行使。为保障遗产债权人利益不受侵害，避免遗产因不必要的债务利息进一步贬损，造成继承人可继承遗产减少，法院在经征询遗产管理人意愿基础上，可以决定适用遗产管理人制度，解决目前继承上的困境。

3. 继承人放弃遗产继承权以规避承担债务清偿义务的情形下，是否应当将全部继承人认定为遗产实际管理人[曹某诉边某明、唐某香、袁某霞、边某媛、边某茜被继承人债务清偿纠纷案，山东省高级人民法院发布民法典适用典型案例，20230224]

民间借贷纠纷中，对于债务人死亡，其继承人放弃遗产继承权以规避承担债务清偿义务的情形，应坚持保护合法债权的原则，根据案件具体情况对继承人的清偿责任加以认定。在全部继承人未推选遗产管理人且未举证证明已将遗产管理权移交给被继承人生前住所地的民政部门或者村民委员会的情况下，应将全部继承人认定为实际管理人，判令其在所管理遗产的范围内协助清偿债务。

4. 继承人放弃继承权，民政部门是否可以担任遗产管理人[于某臣与济南市历城区民政局申请指定遗产管理人案，山东省高级人民法院发布民法典适用典型案例，20230526]

在继承人均明确表示放弃继承，被继承人的遗产事实上处于无人管理的

情形下,民政部门作为法律规定的遗产管理人,对于被继承人的工作生活、财产收入、债权债务等具体情况难以掌握,如仅对利害关系人提出的财产进行管理,有可能会造成履职的偏差。法院在指定民政部门担任遗产管理人的同时,还应当对潜在的继承人、遗产、债权债务等进行基本的查明,既明确现有纳入管理的遗产范围,也明确其他利害关系人,以便于遗产管理人履职。

第一百九十六条 【另行指定遗产管理人】被指定的遗产管理人死亡、终止、丧失民事行为能力或者存在其他无法继续履行遗产管理职责情形的,人民法院可以根据利害关系人或者本人的申请另行指定遗产管理人。

【立法·要点注释】

1. 启动的条件。必须要满足两个条件:一是已通过人民法院判决指定遗产管理人,二是被指定的遗产管理人无法继续履行遗产管理职责,且利害关系人就确定新的遗产管理人存在争议。

2. 另行指定遗产管理人的事由。主要包括三种情形:第一种情形是遗产管理人死亡、终止,死亡包括自然死亡或者被宣告死亡;第二种情形是遗产管理人丧失民事行为能力,不具备管理遗产的基本条件;第三种是遗产管理人存

在其他无法继续履行遗产管理职责的情形,包括生病需要长期治疗、出境后无条件管理遗产或者因违法犯罪被羁押等各种客观上已经不可能再履行遗产管理职责的情形。

3. 申请的主体。申请另行指定遗产管理人,包括利害关系人,也包括原被指定的遗产管理人。

4. 审查程序。人民法院在审查另行指定遗产管理人案件过程中,应当重点对申请人提出的另行指定遗产管理人的事由进行审查核实,对确实存在原指定遗产管理人已无法继续履行遗产管理职责情形的,应当判决另行指定他人担任遗产管理人。该判决为终审判决,当事人不能提起上诉。需要注意的是,如申请人提出申请的事由是因对遗产管理人提出的遗产分配方案存在争议从而认为其不具备履行遗产管理能力的,应裁定终结遗产管理指定程序,并告知当事人其提出的申请实质上属于对实体民事权益存在争议,应另行起诉。

第一百九十七条 【撤销遗产管理人资格】遗产管理人违反遗产管理职责,严重侵害继承人、受遗赠人或者债权人合法权益的,人民法院可以根据利害关系人的申请,撤销其遗产管理人资格,并依法指定新的遗产管理人。

【立法·要点注释】

1. 遗产管理人的职责。遗产管理人应当尽职尽责管理好被继承人遗留的财产。根据《民法典》第1147条的规定,遗产管理人的职责包括六个方面:一是清理遗产并制作遗产清单;二是向继承人报告遗产情况;三是采取必要措施防止遗产毁损、灭失;四是处理被继承人的债权债务;五是按照遗嘱或者依照法律规定分割遗产;六是实施与管理遗产有关的其他必要行为。第六个方面是兜底规定,为遗产管理人实施其他与管理遗产有关的必要行为提供明确的依据。

2. 本条遗产管理人的范围。既包括《民法典》第1145条所规定的选任遗产管理人(即遗嘱执行人,继承人推选的遗产管理人,继承人共同担任的遗产管理人,被继承人生前住所地的民政部门或者村民委员会担任的遗产管理人),也包括人民法院指定的遗产管理人。

3. 申请撤销的事由。利害关系人向人民法院提出撤销申请,应当要满足以下三个条件:第一是遗产管理人怠于履行或者不履行上述法律规定的某项或多项法定职责,遗产管理人未依法履行职责的情形,既包括故意或者重大过失,也包括积极的作为或者是消极的不作为方式;第二是遗产管理人未尽职责的行为严重侵害继承人、受遗赠人或者

债权人的合法权益,即不履行职责的行为必须达到一定的程度,利害关系人才能向人民法院提出申请撤销遗产管理人资格;第三是利害关系人的合法权益遭受严重侵害与遗产管理人违反遗产管理职责之间具有因果关系,即由于遗产管理人未依法履行遗产管理职责,导致利害关系人的合法权益遭受到重大的损失。

4. 申请主体。可以向人民法院申请撤销遗产管理人资格的申请主体为利害关系人,主要包括以下三类:第一类是接受继承的继承人,已经主动放弃继承的继承人无权申请撤销遗产管理人资格;第二类是接受遗赠的受遗赠人,已主动放弃接受遗赠的,与被遗赠的遗产没有直接的利害关系,不具有申请撤销遗产管理人的资格;第三类是与遗产管理人履职行为存在直接利害关系的债权人。

5. 审查程序。利害关系人向人民法院提出撤销遗产管理人资格申请的,应当以书面的方式提出,并载明相关当事人的基本信息、申请撤销的事由、利害关系人遭受的损失,同时还应附上遗产管理人未依法履行职责的证据材料。人民法院受理当事人的申请后,应当重点审查核实遗产管理人是否存在怠于履行或者不履行法定职责的行为,该行为是否严重侵害继承人、受遗赠人或者债权人的合法权益,该行为与损害结果之间是否存在因果关系。

6. 审查结果。人民法院经审查核

实后,确认遗产管理人存在未依法履行法定职责的情形或行为,且该情形或行为已严重侵害继承人、受遗赠人或者债权人的合法权益,人民法院应当判决撤销遗产管理人资格并重新指定遗产管理人。同时,需要注意的是,人民法院在审查过程中,如果发现利害关系人申请的目的在于认为遗产管理人的不依法履行职责的行为给自己的合法权益造成损害,仅要求遗产管理人承担赔偿责任,不要求重新指定新的遗产管理人的,应当裁定终结遗产管理指定程序,并告知当事人对此情形另行提起诉讼解决。

【相关立法】

《中华人民共和国民法典》(20210101)

第九百三十六条　因受托人死亡、丧失民事行为能力或者被宣告破产、解散,致使委托合同终止的,受托人的继承人、遗产管理人、法定代理人或者清算人应当及时通知委托人。因委托合同终止将损害委托人利益的,在委托人作出善后处理之前,受托人的继承人、遗产管理人、法定代理人或者清算人应当采取必要措施。

第一千一百二十四条　继承开始后,继承人放弃继承的,应当在遗产处理前,以书面形式作出放弃继承的表示;没有表示的,视为接受继承。

受遗赠人应当在知道受遗赠后六十日内,作出接受或者放弃受遗赠的表示;到期没有表示的,视为放弃受遗赠。

第一千一百四十七条　遗产管理人应当履行下列职责:

(一)清理遗产并制作遗产清单;

(二)向继承人报告遗产情况;

(三)采取必要措施防止遗产毁损、灭失;

(四)处理被继承人的债权债务;

(五)按照遗嘱或者依照法律规定分割遗产;

(六)实施与管理遗产有关的其他必要行为。

【重点解读】本条是遗产管理人应该履行哪些职责的规定。遗产管理人应当履行以下六项职责:

第一项职责是清理遗产并制作遗产清单。要完整、准确地确定被继承人的遗产范围,包括动产和不动产,有形财产和无形资产,现实财产和虚拟财产,债权和债务等;要区分清楚被继承人的个人财产和共有财产,将家庭共有财产、夫妻共同财产的他人共有部分剔除出遗产范围;要及时制作全面的书面遗产清单,详细列明被继承人的所有财产情况和债权债务情况等。

第二项职责是向继承人报告遗产情况。遗产管理人要采用书面形式,及时、全面、如实地向全体继承人报告遗产情况,包括遗产范围和现状。遗产管理人报告的对象一般为继承人,但如果债权人、受遗赠人向遗产管理人请求报告遗产情况的,遗产管理人也应向其报告与之利益相关的遗产情况。

第三项职责是采取必要措施防止遗产毁损、灭失。积极妥善保管被继承人的遗产是遗产管理人的基本职责。遗产毁损、灭失包括物理上的毁损、灭失，也包括法律上的毁损、灭失，无论是哪一种情形，遗产管理人都应当采取积极必要的措施来防止上述情形的发生。

第四项职责是处理被继承人的债权债务。遗产管理人在清理遗产过程中，要依法通过各种方式向债务人主张债权。在分割遗产前，要依法清偿被继承人生前应缴纳的税款和所负的债务。

第五项职责是按照遗嘱或者依照法律规定分割遗产。遗产管理人的最终任务是在清偿被继承人生前所欠税款和债务后，对剩余的遗产进行分割。在被继承人有遗嘱的情况下，按照遗嘱把被继承人的遗产向各继承人分配；留有遗赠扶养协议的，应当按照协议办理；没有遗嘱或者遗赠扶养协议的，按照法定继承相关规则进行分割。

第六项职责是实施与管理遗产有关的其他必要行为。遗产管理人为更好地保护继承人、受遗赠人或者债权人的合法权益，还可以实施除上述情形之外与管理遗产有关的其他必要行为。如参加涉及遗产的诉讼，参与遗产情况的调查等事项。

第一千一百四十八条　遗产管理人应当依法履行职责，因故意或者重大过失造成继承人、受遗赠人、债权人损害的，应当承担民事责任。

【重点解读】本条是关于遗产管理人未依法履行职责时应承担民事责任的规定。遗产管理人应当全面履行《民法典》第 1147 条规定的六项职责。在履行过程中，应当严格遵守有关法律、法规的规定，不得滥用权利，不得违背公序良俗。遗产管理人主观上故意不履行职责，或者因重大过失实施了不当的行为，造成了继承人、受遗赠人、债权人合法权益的损害，要承担返还财产、恢复原状、赔偿损失等民事责任。

第一千一百四十九条　遗产管理人可以依照法律规定或者按照约定获得报酬。

第一千一百五十条　继承开始后，知道被继承人死亡的继承人应当及时通知其他继承人和遗嘱执行人。继承人中无人知道被继承人死亡或者知道被继承人死亡而不能通知的，由被继承人生前所在单位或者住所地的居民委员会、村民委员会负责通知。

第一千一百五十九条　分割遗产，应当清偿被继承人依法应当缴纳的税款和债务；但是，应当为缺乏劳动能力又没有生活来源的继承人保留必要的遗产。

【司法解释】

《最高人民法院关于民事执行中变更、追加当事人若干问题的规定》（法释〔2016〕21 号，20161201；经法释〔2020〕21 号修正，20210101）

第二条　作为申请执行人的自然人死亡或被宣告死亡，该自然人的遗产管理人、继承人、受遗赠人或其他因该自然人死亡或被宣告死亡依法承受生效法律文书确定权利的主体，申请变更、追加其为申请执行人的，人民法院应予支持。

作为申请执行人的自然人被宣告失踪，该自然人的财产代管人申请变更、追加其为申请执行人的，人民法院应予支持。

第十条　作为被执行人的自然人死亡或被宣告死亡，申请执行人申请变更、追加该自然人的遗产管理人、继承人、受遗赠人或其他因该自然人死亡或被宣告死亡取得遗产的主体为被执行人，在遗产范围内承担责任的，人民法院应予支持。

作为被执行人的自然人被宣告失踪，申请执行人申请变更该自然人的财产代管人为被执行人，在代管的财产范围内承担责任的，人民法院应予支持。

第五节　认定公民无民事行为能力、限制民事行为能力案件

第一百九十八条　【管辖与申请】申请认定公民无民事行为能力或者限制民事行为能力，由利害关系人或者有关组织向该公民住所地基层人民法院提出。

申请书应当写明该公民无民事行为能力或者限制民事行为能力的事实和根据。

【立法·要点注释】

1. 无民事行为能力人，是指不满8周岁的未成年人，或8周岁以上不能辨认自己行为的未成年人，以及不能辨认自己行为的成年人。

2. 限制民事行为能力人，是指8周岁以上的未成年人，或是不能完全辨认自己行为的成年人。

3. 申请认定民事行为能力的对象，是不能辨认或者不能完全辨认自己行为的成年人。

4. 提起认定公民无民事行为能力、限制民事行为能力案件的条件。被申请认定人具有不能辨认自己行为或不能完全辨认自己行为的相关事实的存在，即被申请认定人不具有正常人从事民事交往活动所必需的智商和心理状态。

5. 申请主体。该类案件的申请主体为利害关系人或者有关组织。利害关系人是指该公民的近亲属和其他利害关系人，近亲属包括配偶、父母、子女、兄弟姐妹、祖父母、外祖父母、孙子女、外孙子女；其他利害关系人系指近亲属以外的亲属、朋友，或者是债权人、债务人。有关组织包括居民委员会、村民委员会、学校、医疗机构、妇女联合会、残疾人联合会、依法设立的老年人组织、民政部门等。

6. 管辖法院。该类案件由被申请认定人住所地的基层人民法院管辖。

7.申请的形式及内容。利害关系人或者有关组织应该通过书面的方式向人民法院提出申请。申请书要载明被申请认定人无民事行为能力或者限制民事行为能力的事实和根据,同时还应当附有相关证据。

8.申请认定无民事行为能力或者限制民事行为能力的相关证据。主要包括该公民丧失民事行为能力或者部分丧失民事行为的原因及其表现,该公民相关精神健康状况的证明材料,医疗机构或者医生对该公民作出的诊断情况等相关证据材料。

【相关立法】

1.《中华人民共和国民法典》(20210101)

第十三条　自然人从出生时起到死亡时止,具有民事权利能力,依法享有民事权利,承担民事义务。

第十四条　自然人的民事权利能力一律平等。

第十五条　自然人的出生时间和死亡时间,以出生证明、死亡证明记载的时间为准;没有出生证明、死亡证明的,以户籍登记或者其他有效身份登记记载的时间为准。有其他证据足以推翻以上记载时间的,以该证据证明的时间为准。

第十六条　涉及遗产继承、接受赠与等胎儿利益保护的,胎儿视为具有民事权利能力。但是,胎儿娩出时为死体的,其民事权利能力自始不存在。

第十七条　十八周岁以上的自然人为成年人。不满十八周岁的自然人为未成年人。

第十八条　成年人为完全民事行为能力人,可以独立实施民事法律行为。

十六周岁以上的未成年人,以自己的劳动收入为主要生活来源的,视为完全民事行为能力人。

第二十条　不满八周岁的未成年人为无民事行为能力人,由其法定代理人代理实施民事法律行为。

第二十一条　不能辨认自己行为的成年人为无民事行为能力人,由其法定代理人代理实施民事法律行为。

八周岁以上的未成年人不能辨认自己行为的,适用前款规定。

第二十二条　不能完全辨认自己行为的成年人为限制民事行为能力人,实施民事法律行为由其法定代理人代理或者经其法定代理人同意、追认;但是,可以独立实施纯获利益的民事法律行为或者与其智力、精神健康状况相适应的民事法律行为。

第二十三条　无民事行为能力人、限制民事行为能力人的监护人是其法定代理人。

第二十四条　不能辨认或者不能完全辨认自己行为的成年人,其利害关系人或者有关组织,可以向人民法院申请认定该成年人为无民事行为能力人或者限制民事行为能力人。

被人民法院认定为无民事行为能

力人或者限制民事行为能力人的,经本人、利害关系人或者有关组织申请,人民法院可以根据其智力、精神健康恢复的状况,认定该成年人恢复为限制民事行为能力人或者完全民事行为能力人。

本条规定的有关组织包括:居民委员会、村民委员会、学校、医疗机构、妇女联合会、残疾人联合会、依法设立的老年人组织、民政部门等。

2.《中华人民共和国公证法》(20060301;20180101)

第二十条 有下列情形之一的,不得担任公证员:

(一)无民事行为能力或者限制民事行为能力的;

……

第三十一条 有下列情形之一的,公证机构不予办理公证:

(一)无民事行为能力人或者限制民事行为能力人没有监护人代理申请办理公证的;

……

3.《中华人民共和国律师法》(19970101;20180101)

第七条 申请人有下列情形之一的,不予颁发律师执业证书:

(一)无民事行为能力或者限制民事行为能力的;

……

4.《中华人民共和国公司法》(19940701;20240701)

第一百七十八条 有下列情形之一的,不得担任公司的董事、监事、高级管理人员:

(一)无民事行为能力或者限制民事行为能力;

……

5.《中华人民共和国保险法》(19951001;20150424)

第三十三条 投保人不得为无民事行为能力人投保以死亡为给付保险金条件的人身保险,保险人也不得承保。

父母为其未成年子女投保的人身保险,不受前款规定限制。但是,因被保险人死亡给付的保险金总和不得超过国务院保险监督管理机构规定的限额。

6.《中华人民共和国仲裁法》(19950901;20180101)

第十七条 有下列情形之一的,仲裁协议无效:

……

(二)无民事行为能力人或者限制民事行为能力人订立的仲裁协议;

……

7.《中华人民共和国广告法》(19950201;20210429)

第三十三条 广告主或者广告经营者在广告中使用他人名义或者形象

的,应当事先取得其书面同意;使用无民事行为能力人、限制民事行为能力人的名义或者形象的,应当事先取得其监护人的书面同意。

【司法解释】

1.《最高人民法院关于适用〈中华人民共和国民事诉讼法〉的解释》(法释〔2015〕5 号,20150204;经法释〔2022〕11 号修正,20220410)

第三百四十七条　在诉讼中,当事人的利害关系人或者有关组织提出该当事人不能辨认或者不能完全辨认自己的行为,要求宣告该当事人无民事行为能力或者限制民事行为能力的,应由利害关系人或者有关组织向人民法院提出申请,由受诉人民法院按照特别程序立案审理,原诉讼中止。

【重点解读】本条是关于人民法院在适用普通程序审理民商事案件过程中,利害关系人或者有关组织要求宣告案件当事人为无民事行为能力或者限制民事行为能力的,应当如何处理的规定。

利害关系人是指该公民的近亲属和其他利害关系人,近亲属包括配偶、父母、子女、兄弟姐妹、祖父母、外祖父母、孙子女、外孙子女;其他利害关系人系指近亲属以外的亲属、朋友,或者是债权人、债务人。有关组织包括居民委员会、村民委员会、学校、医疗机构、妇女联合会、残疾人联合会、依法设立的

老年人组织、民政部门等。

上述利害关系人或者有关组织在人民法院适用普通程序审理民商事案件过程中认为案件当事人为无民事行为能力或者限制民事行为能力,要求宣告其为无民事行为能力或者限制民事行为能力的,受诉人民法院应当裁定中止原诉讼的审理,对利害关系人或者有关组织的申请按照特别程序立案审理。

2.《最高人民法院关于审理司法赔偿案件适用请求时效制度若干问题的解释》(法释〔2023〕2 号,20230601)

第七条　依照国家赔偿法第三十九条第二款①规定,在请求时效期间的最后六个月内,赔偿请求人因下列障碍之一,不能行使请求权的,请求时效中止:

(一)不可抗力;

(二)无民事行为能力人或者限制民事行为能力人没有法定代理人,或者法定代理人死亡、丧失民事行为能力、丧失代理权;

(三)其他导致不能行使请求权的障碍。

自中止时效的原因消除之日起满六个月,请求时效期间届满。

---

① 《国家赔偿法》第39条第2款:"赔偿请求人在赔偿请求时效的最后六个月内,因不可抗力或者其他障碍不能行使请求权的,时效中止。从中止时效的原因消除之日起,赔偿请求时效期间继续计算。"——编者注

3.《最高人民法院关于军事法院管辖民事案件若干问题的规定》（法释〔2025〕6 号，20250501）

第一条 下列民事案件，由军事法院管辖：

……

（六）申请认定军人无民事行为能力或者限制民事行为能力以及相应的指定监护人的案件；

……

4.《最高人民法院关于适用〈中华人民共和国民事诉讼法〉执行程序若干问题的解释》（法释〔2008〕13 号，20090101；经法释〔2020〕21 号修正，20210101）

第二十四条 被执行人为单位的，可以对其法定代表人、主要负责人或者影响债务履行的直接责任人员限制出境。

被执行人为无民事行为能力人或者限制民事行为能力人的，可以对其法定代理人限制出境。

5.《最高人民法院关于民事诉讼证据的若干规定》（法释〔2001〕33 号，20020401；经法释〔2019〕19 号修正，20200501）

第六十七条 不能正确表达意思的人，不能作为证人。

待证事实与其年龄、智力状况或者精神健康状况相适应的无民事行为能力人和限制民事行为能力人，可以作为证人。

6.《最高人民法院关于以法院专递方式邮寄送达民事诉讼文书的若干规定》（法释〔2004〕13 号，20050101）

第九条 有下列情形之一的，即为送达：

……

（二）受送达人是无民事行为能力或者限制民事行为能力的自然人，其法定代理人签收的；

……

7.《最高人民法院关于公证债权文书执行若干问题的规定》（法释〔2018〕18 号，20181001）

第十二条 有下列情形之一的，被执行人可以依照民事诉讼法第二百三十八条①第二款规定申请不予执行公证债权文书：

……

（二）无民事行为能力人或者限制民事行为能力人没有监护人代为办理公证的；

……

【司法文件】

1.《关于〈认定成年人为无民事行为能力人，经法院特别程序宣告是否为必要程序〉来信的回复》（最高人民法院院长信箱，20230619）

---

① 对应 2023 年《民事诉讼法》第 249 条。——编者注

将不能辨认或者不能完全辨认自己行为的成年人，认定为无民事行为能力人或者限制民事行为能力人，具有重要法律意义。一是可以依照法定程序为该成年人选任监护人，保护其人身权益、财产权益及其他合法权益。二是法定代理人可以通过主张该成年人所实施的民事法律行为无效，或者撤销该民事法律行为，避免该成年人的权益受到损害。三是有利于保护交易安全。交易相对人可以事先决定是否与该成年人进行交易。如果在不知情的情况下进行了交易，相对人也可以通过催告法定代理人及时予以追认或者依法撤销该民事法律行为，尽快确定民事法律行为的效力。

有关法律、司法解释对认定成年人为无（限制）行为能力人的法定程序作了规定。根据《民法典》第二十四条、《民事诉讼法》第一百九十四条①的规定，不能辨认或者不能完全辨认自己行为的成年人，其利害关系人或者有关组织，可以向人民法院申请认定该成年人为无民事行为能力人或者限制民事行为能力人。申请认定公民无民事行为能力或者限制民事行为能力，由利害关系人或者有关组织向该公民住所地基层人民法院提出。《最高人民法院关于〈适用中华人民共和国民事诉讼法〉的解释》对在诉讼中申请认定成年人为无（限制）行为能力人的情形作了规定。其第三百四十七条规定：“在诉讼中，当事人的利害关系人或者有关组织提出

该当事人不能辨认或者不能完全辨认自己的行为，要求宣告该当事人无民事行为能力或者限制民事行为能力的，应由利害关系人或者有关组织向人民法院提出申请，由受诉人民法院按照特别程序立案审理，原诉讼中止。”

而对于未经特别程序认定为无（限制）行为能力的成年人，如何判断其在某时间具体实施的民事法律行为的效力，实践中存在较大争议。有观点认为无（限制）行为能力的认定必须经特别程序认定；也有观点认为未经特别程序认定的情况下，可以对当事人实施具体法律行为时的行为能力进行个案判断，但需要当事人举证证明。成年人是否不能辨认或者不能完全辨认自己的行为，通常无法直观判断。为保护其民事权利和维护交易安全，且考虑到作为成年人被认定为无（限制）行为能力将对其本人产生重大影响，需要规范设置法定程序，借助专业手段加以辨别和确认。因民事行为能力欠缺的认定直接关乎自然人基本民事权利是否得到尊重、得以保障，故应持审慎态度。

综上，在机动车道路交通事故责任纠纷、医疗事故纠纷等纠纷案件中，受害人未经人民法院通过特别程序认定为无（限制）行为能力，直接由其法定代理人代为参加诉讼似缺乏法律依据。从保护当事人权利、维护程序公正、提

_____

① 对应 2023 年《民事诉讼法》第 198 条。——编者注

高诉讼效率的角度,根据上述法律、司法解释的规定精神,宜由利害关系人或者有关组织向人民法院提出申请,由受诉人民法院按照特别程序立案审理,原诉讼中止。

2.《最高人民法院关于为实施积极应对人口老龄化国家战略提供司法服务和保障的意见》(法发〔2022〕15 号,20220329)

7. 完善老年人监护制度。妥善审理监护权纠纷案件,最大程度尊重老年当事人的真实意愿。依法认定老年人通过意定监护协议确定的监护人,督促其依法履行监护责任。对于侵犯无民事行为能力、限制民事行为能力老年人合法权益的监护人,依法撤销其监护人资格,为老年人安排必要的临时监护措施,按照最有利于被监护人的原则依法指定监护人,保护老年人人身权利、财产权利及其他合法权益。

第一百九十九条 【医学鉴定】 人民法院受理申请后,必要时应当对被请求认定为无民事行为能力或者限制民事行为能力的公民进行鉴定。申请人已提供鉴定意见的,应当对鉴定意见进行审查。

【立法·要点注释】

1. 判断公民是否为无民事行为能力或者限制民事行为能力需要参照科学的客观的标准,一般应以医学鉴定为依据,不能由法官的主观想法或内心确信作出认定。人民法院在受理申请后,必要时应当通过鉴定机构对被请求认定为无民事行为能力或者限制民事行为能力的公民进行民事行为能力鉴定。

2. 申请人在提出申请时已提供鉴定意见的,人民法院可以不用再对该公民进行医学鉴定,但要对该鉴定意见进行重点审查,审查内容包括作出该鉴定意见的机构是否具有资质,作出程序是否符合法律规定,作出的内容是否客观公正。

3. 法院经审查认为申请人自行提交的鉴定意见鉴定内容不具备客观科学性或鉴定程序存在问题的,可指定鉴定机构重新进行鉴定。

4. 鉴定意见并非法院认定公民无民事行为能力或者限制民事行为能力的唯一标准,相关医疗机构或者医生诊断的证明材料或者周围群众的感知和认知等相关证据材料都可作为法院审查该类案件作出相关认定的参考依据。

【司法解释】

1.《最高人民法院关于适用〈中华人民共和国民事诉讼法〉的解释》(法释

〔2015〕5 号,20150204;经法释〔2022〕11 号修正,20220410)

第一百二十一条　当事人申请鉴定,可以在举证期限届满前提出。申请鉴定的事项与待证事实无关联,或者对证明待证事实无意义的,人民法院不予准许。

人民法院准许当事人鉴定申请的,应当组织双方当事人协商确定具备相应资格的鉴定人。当事人协商不成的,由人民法院指定。

符合依职权调查收集证据条件的,人民法院应当依职权委托鉴定,在询问当事人的意见后,指定具备相应资格的鉴定人。

2.《最高人民法院关于民事诉讼证据的若干规定》(法释〔2001〕33 号,20020401;经法释〔2019〕19 号修正,20200501)

第三十条　人民法院在审理案件过程中认为待证事实需要通过鉴定意见证明的,应当向当事人释明,并指定提出鉴定申请的期间。

符合《最高人民法院关于适用〈中华人民共和国民事诉讼法〉的解释》第九十六条①第一款规定情形的,人民法院应当依职权委托鉴定。

第三十一条　当事人申请鉴定,应当在人民法院指定期间内提出,并预交鉴定费用。逾期不提出申请或者不预交鉴定费用的,视为放弃申请。

对需要鉴定的待证事实负有举证

责任的当事人,在人民法院指定期间内无正当理由不提出鉴定申请或者不预交鉴定费用,或者拒不提供相关材料,致使待证事实无法查明的,应当承担举证不能的法律后果。

第三十二条　人民法院准许鉴定申请的,应当组织双方当事人协商确定具备相应资格的鉴定人。当事人协商不成的,由人民法院指定。

人民法院依职权委托鉴定的,可以在询问当事人的意见后,指定具备相应资格的鉴定人。

人民法院在确定鉴定人后应当出具委托书,委托书中应当载明鉴定事项、鉴定范围、鉴定目的和鉴定期限。

第三十三条　鉴定开始之前,人民法院应当要求鉴定人签署承诺书。承诺书中应当载明鉴定人保证客观、公正、诚实地进行鉴定,保证出庭作证,如作虚假鉴定应当承担法律责任等内容。

鉴定人故意作虚假鉴定的,人民法院应当责令其退还鉴定费用,并根据情节,依照民事诉讼法第一百一十一条②的规定进行处罚。

第三十四条　人民法院应当组织当事人对鉴定材料进行质证。未经质证的材料,不得作为鉴定的根据。

经人民法院准许,鉴定人可以调取

---

①　对应 2022 年《民事诉讼法解释》第96 条。——编者注

②　对应 2023 年《民事诉讼法》第 114条。——编者注

证据、勘验物证和现场、询问当事人或者证人。

第三十五条 鉴定人应当在人民法院确定的期限内完成鉴定，并提交鉴定书。

鉴定人无正当理由未按期提交鉴定书的，当事人可以申请人民法院另行委托鉴定人进行鉴定。人民法院准许的，原鉴定人已经收取的鉴定费用应当退还；拒不退还的，依照本规定第八十一条第二款的规定处理。

第三十六条 人民法院对鉴定人出具的鉴定书，应当审查是否具有下列内容：

（一）委托法院的名称；

（二）委托鉴定的内容、要求；

（三）鉴定材料；

（四）鉴定所依据的原理、方法；

（五）对鉴定过程的说明；

（六）鉴定意见；

（七）承诺书。

鉴定书应当由鉴定人签名或者盖章，并附鉴定人的相应资格证明。委托机构鉴定的，鉴定书应当由鉴定机构盖章，并由从事鉴定的人员签名。

第三十七条 人民法院收到鉴定书后，应当及时将副本送交当事人。

当事人对鉴定书的内容有异议的，应当在人民法院指定期间内以书面方式提出。

对于当事人的异议，人民法院应当要求鉴定人作出解释、说明或者补充。人民法院认为有必要的，可以要求鉴定人对当事人未提出异议的内容进行解释、说明或者补充。

第三十八条 当事人在收到鉴定人的书面答复后仍有异议的，人民法院应当根据《诉讼费用交纳办法》第十一条①的规定，通知有异议的当事人预交鉴定人出庭费用，并通知鉴定人出庭。有异议的当事人不预交鉴定人出庭费用的，视为放弃异议。

双方当事人对鉴定意见均有异议的，分摊预交鉴定人出庭费用。

第三十九条 鉴定人出庭费用按照证人出庭作证费用的标准计算，由败诉的当事人负担。因鉴定意见不明确或者有瑕疵需要鉴定人出庭的，出庭费用由其自行负担。

人民法院委托鉴定时已经确定鉴定人出庭费用包含在鉴定费用中的，不再通知当事人预交。

第四十条 当事人申请重新鉴定，存在下列情形之一的，人民法院应当准许：

（一）鉴定人不具备相应资格的；

（二）鉴定程序严重违法的；

（三）鉴定意见明显依据不足的；

（四）鉴定意见不能作为证据使用

---

① 《诉讼费用交纳办法》第11条："证人、鉴定人、翻译人员、理算人员在人民法院指定日期出庭发生的交通费、住宿费、生活费和误工补贴，由人民法院按照国家规定标准代为收取。当事人复制案件卷宗材料和法律文书应当按实际成本向人民法院交纳工本费。"——编者注

的其他情形。

存在前款第一项至第三项情形的，鉴定人已经收取的鉴定费用应当退还。拒不退还的，依照本规定第八十一条第二款的规定处理。

对鉴定意见的瑕疵，可以通过补正、补充鉴定或者补充质证、重新质证等方法解决的，人民法院不予准许重新鉴定的申请。

重新鉴定的，原鉴定意见不得作为认定案件事实的根据。

第四十一条　对于一方当事人就专门性问题自行委托有关机构或者人员出具的意见，另一方当事人有证据或者理由足以反驳并申请鉴定的，人民法院应予准许。

第四十二条　鉴定意见被采信后，鉴定人无正当理由撤销鉴定意见的，人民法院应当责令其退还鉴定费用，并可以根据情节，依照民事诉讼法第一百一十一条①的规定对鉴定人进行处罚。当事人主张鉴定人负担由此增加的合理费用的，人民法院应予支持。

人民法院采信鉴定意见后准许鉴定人撤销的，应当责令其退还鉴定费用。

第八十一条　鉴定人拒不出庭作证的，鉴定意见不得作为认定案件事实的根据。人民法院应当建议有关主管部门或者组织对拒不出庭作证的鉴定人予以处罚。

当事人要求退还鉴定费用的，人民法院应当在三日内作出裁定，责令鉴定人退还；拒不退还的，由人民法院依法执行。

当事人因鉴定人拒不出庭作证申请重新鉴定的，人民法院应当准许。

> **第二百条**　【代理人、审理与判决】人民法院审理认定公民无民事行为能力或者限制民事行为能力的案件，应当由该公民的近亲属为代理人，但申请人除外。近亲属互相推诿的，由人民法院指定其中一人为代理人。该公民健康情况许可的，还应当询问本人的意见。
>
> 人民法院经审理认定申请有事实根据的，判决该公民为无民事行为能力或者限制民事行为能力；认定申请没有事实根据的，应当判决予以驳回。

【立法·要点注释】

1. 关于代理人的选任。人民法院在审理认定公民无民事行为能力或者限制民事行为能力案件的过程中，应当由申请人以外的该公民的其他近亲属担任代理人。近亲属互相推诿都不愿担任代理人的，人民法院应在除申请人外的其他近亲属中指定其中一人为代理人，同时，在该公民健康情况允许的情况下，应当询问并尊重本人的意见。需要注意的

----

① 对应 2023 年《民事诉讼法》第 114 条。——编者注

是，该公民没有近亲属的，可以由其住所地的居民委员会、村民委员会或者民政部门担任代理人，也可以由人民法院指定经其住所地的居民委员会、村民委员会或者民政部门同意，且愿意担任代理人的个人或者组织为代理人。

2. 关于审理结果。人民法院审理该类案件，经审查确认相关事实后，作出的判决有两类：第一类是认定申请有事实根据，被申请认定的公民确实不能辨认或者不能完全辨认自己行为的，法院判决该公民为无民事行为能力或者限制民事行为能力人。第二类是认定申请没有事实根据，现有的证据材料不能证明该公民已丧失或者部分丧失民事行为能力的，不能认定该公民为无民事行为能力或者限制民事行为能力人，人民法院应当作出驳回申请的判决。需要注意的是，该类案件属于非诉案件，上述两类判决均为终审判决，均不能对此提起上诉。

3. 被认定为无民事行为能力或者限制民事行为能力人的法律后果。公民被认定为无民事行为能力或者限制民事行为能力人后，应当为其指定监护人来代理其实施民事法律行为。无民事行为能力或者限制民事行为能力的成年人，由有监护能力的人按顺序担任监护人。监护人的排列顺序为：配偶，父母、子女，其他近亲属，其他愿意担任监护人的个人或者组织（须经被监护人住所地的居民委员会、村民委员会或者民政部门同意）。监护人要依法履行监护职责，保护被监护人的人身权利、财产权利和其

他合法权益。监护人的职责是代理被监护人实施民事法律行为，保护被监护人的人身权利、财产权利以及其他合法权益等。监护人未依法履行监护职责或者侵害被监护人合法权益的，应当承担法律责任。

【相关立法】

《中华人民共和国民法典》(20210101)

第二十三条 无民事行为能力人、限制民事行为能力人的监护人是其法定代理人。

第二十八条 无民事行为能力或者限制民事行为能力的成年人，由下列有监护能力的人按顺序担任监护人：

（一）配偶；

（二）父母、子女；

（三）其他近亲属；

（四）其他愿意担任监护人的个人或者组织，但是须经被监护人住所地的居民委员会、村民委员会或者民政部门同意。

第三十条 依法具有监护资格的人之间可以协议确定监护人。协议确定监护人应当尊重被监护人的真实意愿。

第三十一条 对监护人的确定有争议的，由被监护人住所地的居民委员会、村民委员会或者民政部门指定监护人，有关当事人对指定不服的，可以向人民法院申请指定监护人；有关当事人也可以直接向人民法院申请指定监护人。

居民委员会、村民委员会、民政部

门或者人民法院应当尊重被监护人的真实意愿，按照最有利于被监护人的原则在依法具有监护资格的人中指定监护人。

依据本条第一款规定指定监护人前，被监护人的人身权利、财产权利以及其他合法权益处于无人保护状态的，由被监护人住所地的居民委员会、村民委员会、法律规定的有关组织或者民政部门担任临时监护人。

监护人被指定后，不得擅自变更；擅自变更的，不免除被指定的监护人的责任。

第三十四条　监护人的职责是代理被监护人实施民事法律行为，保护被监护人的人身权利、财产权利以及其他合法权益等。

监护人依法履行监护职责产生的权利，受法律保护。

监护人不履行监护职责或者侵害被监护人合法权益的，应当承担法律责任。

因发生突发事件等紧急情况，监护人暂时无法履行监护职责，被监护人的生活处于无人照料状态的，被监护人住所地的居民委员会、村民委员会或者民政部门应当为被监护人安排必要的临时生活照料措施。

第三十六条　监护人有下列情形之一的，人民法院根据有关个人或者组织的申请，撤销其监护人资格，安排必要的临时监护措施，并按照最有利于被监护人的原则依法指定监护人：

（一）实施严重损害被监护人身心健康的行为；

（二）怠于履行监护职责，或者无法履行监护职责且拒绝将监护职责部分或者全部委托给他人，导致被监护人处于危困状态；

（三）实施严重侵害被监护人合法权益的其他行为。

本条规定的有关个人、组织包括：其他依法具有监护资格的人，居民委员会、村民委员会、学校、医疗机构、妇女联合会、残疾人联合会、未成年人保护组织、依法设立的老年人组织、民政部门等。

前款规定的个人和民政部门以外的组织未及时向人民法院申请撤销监护人资格的，民政部门应当向人民法院申请。

【司法解释】

1.《最高人民法院关于适用〈中华人民共和国民事诉讼法〉的解释》（法释〔2015〕5号，20150204；经法释〔2022〕11号修正，20220410）

第八十三条　在诉讼中，无民事行为能力人、限制民事行为能力人的监护人是他的法定代理人。事先没有确定监护人的，可以由有监护资格的人协商确定；协商不成的，由人民法院在他们之中指定诉讼中的法定代理人。当事人没有民法典第二十七条、第二十八条规定的监护人的，可以指定民法典第三十二条规定的有关组织担任诉讼中的法定代理人。

第八十四条 无民事行为能力人、限制民事行为能力人以及其他依法不能作为诉讼代理人的,当事人不得委托其作为诉讼代理人。

第八十五条 根据民事诉讼法第六十一条第二款第二项规定,与当事人有夫妻、直系血亲、三代以内旁系血亲、近姻亲关系以及其他有抚养、赡养关系的亲属,可以当事人近亲属的名义作为诉讼代理人。

第三百四十九条 被指定的监护人不服居民委员会、村民委员会或者民政部门指定,应当自接到通知之日起三十日内向人民法院提出异议。经审理,认为指定并无不当的,裁定驳回异议;指定不当的,判决撤销指定,同时另行指定监护人。判决书应当送达异议人、原指定单位及判决指定的监护人。

有关当事人依照民法典第三十一条第一款规定直接向人民法院申请指定监护人的,适用特别程序审理,判决指定监护人。判决书应当送达申请人、判决指定的监护人。

【**重点解读**】本条是关于被指定的监护人不服指定应如何救济及人民法院应当如何处理的规定。

1. 由被监护人住所地的居民委员会、村民委员会或者民政部门指定监护人存在于以下情形:一是未成年人的监护人确定有争议的,二是无民事行为能力、限制民事行为能力的成年人的监护人有争议的。

2. 提出异议的时间。被指定的监护人对被指定不服的,认为自己不适宜担任监护人的,应当自接到通知之日起30日内向人民法院提出。

3. 适用的程序。由于被指定的监护人提出异议的目的是请求确认自己不适宜担任监护人,和有关当事人依照《民法典》第31条第1款规定直接向人民法院申请指定监护人的情形相类似,因此上述两种情形都应当适用特别程序审理。

4. 处理结果。人民法院基于申请主体的不同作出不同的处理决定。对于被指定的监护人不服提出异议的,人民法院经审理后认为指定正确的,裁定驳回异议;认为指定不当的,判决撤销指定,同时另行指定监护人。同时,判决书应当送达异议人、原指定单位及判决指定的监护人。对于有关当事人依照《民法典》第31条第1款规定直接向人民法院申请指定监护人的,人民法院应当判决指定监护人,判决书应当送达申请人、判决指定的监护人。

第三百五十条 申请认定公民无民事行为能力或者限制民事行为能力的案件,被申请人没有近亲属的,人民法院可以指定经被申请人住所地的居民委员会、村民委员会或者民政部门同意,且愿意担任代理人的个人或者组织为代理人。

没有前款规定的代理人的,由被申请人住所地的居民委员会、村民委员会或者民政部门担任代理人。

代理人可以是一人，也可以是同一顺序中的两人。

【重点解读】本条是关于人民法院审理认定公民无民事行为能力或者限制民事行为能力的案件过程中为被申请人指定代理人的规定。

关于代理人的顺序，认定公民无民事行为能力或者限制民事行为能力的案件，应当由申请人以外的该公民的近亲属担任代理人。但在申请人没有近亲属的情况下，人民法院在审理该类案件过程中，为保护被申请人的合法权益，可以指定经被申请人住所地的居民委员会、村民委员会或者民政部门同意，且愿意担任代理人的个人或者组织为代理人。

被申请人住所地的居民委员会、村民委员会或者民政部门担任代理人的情形仅限于没有近亲属，且也没有愿意经被申请人住所地的居民委员会、村民委员会或民政部门同意担任代理人的个人或者组织。

关于代理人的人数，可以是一人，也可以是同一顺序中的两人。

2.《最高人民法院关于适用〈中华人民共和国民法典〉总则编若干问题的解释》（法释〔2022〕6号，20220301）

第五条 限制民事行为能力人实施的民事法律行为是否与其年龄、智力、精神健康状况相适应，人民法院可以从行为与本人生活相关联的程度，本人的智力、精神健康状况能否理解其行为并预见相应的后果，以及标的、数量、价款或者报酬等方面认定。

第九条 人民法院依据民法典第三十一条第二款、第三十六条第一款的规定指定监护人时，应当尊重被监护人的真实意愿，按照最有利于被监护人的原则指定，具体参考以下因素：

（一）与被监护人生活、情感联系的密切程度；

（二）依法具有监护资格的人的监护顺序；

（三）是否有不利于履行监护职责的违法犯罪等情形；

（四）依法具有监护资格的人的监护能力、意愿、品行等。

人民法院依法指定的监护人一般应当是一人，由数人共同担任监护人更有利于保护被监护人利益的，也可以是数人。

第十条 有关当事人不服居民委员会、村民委员会或者民政部门的指定，在接到指定通知之日起三十日内向人民法院申请指定监护人的，人民法院经审理认为指定并无不当，依法裁定驳回申请；认为指定不当，依法判决撤销指定并另行指定监护人。

有关当事人在接到指定通知之日起三十日后提出申请的，人民法院应当按照变更监护关系处理。

【法院参考案例】

1.对失能老年人监护加强监督保

障其得到最有利监护[赵甲、赵乙、赵丙申请指定监护人纠纷案,最高人民法院发布老年人权益保护第三批典型案例,20230427]

人民法院应当尊重被监护人的真实意愿,按照最有利于被监护人的原则在依法具有监护资格的人中指定监护人。与老人长期共同生活的人为最便利履行监护职责的,结合照顾现状、交通条件等情况,判决指定该当事人担任监护人,其他相关人员可以对财产管理及监护情况负责。

2. 在没有依法具有监护资格的人时,民政部门是否可以承担未成年人的监护责任[广州市黄埔区民政局与陈某金申请变更监护人案,最高人民法院发布人民法院贯彻实施民法典典型案例(第一批),20220225]

在没有依法具有监护资格的人时,由民政部门承担未成年人的监护责任。法院以判决形式确定由民政部门担任监护人,为民政部门规范适用相关法律履行公职监护职责提供了司法实践样本,推动民法典确立的以家庭、社会和国家为一体的多元监护格局落实落地。

3. 在法定顺位监护人多年缺失,无人履行监护职责的情况下,已形成长期基本生活依赖且担负实际监护责任的社会福利机构是否可以依法申请作指定监护人[柳州市社会福利院申请作为无民事行为能力人指定监护人案,最高

人民法院发布人民法院老年人权益保护十大典型案例,20210224]

在法定顺位监护人多年缺失,无人履行监护职责的情况下,从充分保护和落实无民事行为能力人合法权益的角度出发,经法律程序指定,已形成长期基本生活依赖且担负实际监护责任的社会福利机构可作为监护人。

4. 无民事行为能力人的离婚诉讼,除其配偶外的其他监护人是否有权代为提起[陈某某诉吕某某离婚纠纷案,最高人民法院公布婚姻家庭纠纷典型案例,20151120]

夫妻关系存续期间,夫或妻一方因疾病或外力损伤而出现无民事行为能力或限制民事行为能力状态时,离婚只能通过诉讼来解决,虽然其第一顺序监护人系配偶,但为了保护无民事行为能力人的权益,应由除其配偶外的其他监护人代为提起离婚诉讼。

第二百零一条 【判决撤销】 人民法院根据被认定为无民事行为能力人、限制民事行为能力人本人、利害关系人或者有关组织的申请,证实该公民无民事行为能力或者限制民事行为能力的原因已经消除的,应当作出新判决,撤销原判决。

【立法·要点注释】

1. 本条是关于人民法院审理撤销认定公民无民事行为能力人、限制民事行为能力案件的相关规定。被认定为无民事行为能力或者限制民事行为能力人的公民在上述被认定的原因已经消除的情况下,如未及时撤销原认定的判决,则其将无法以自己名义独立实施民事行为,因此,需要法院撤销原认定其为无民事行为能力人或者是限制民事行为能力人的判决。

2. 申请主体。该类案件只能依申请才能启动,申请主体包括三类,即被认定为无民事行为能力人、限制民事行为能力人本人,利害关系人或者有关组织。关于利害关系人和有关组织范围的认定,与申请认定公民为无民事行为能力人、限制民事行为能力人的利害关系人和有关组织的范围一致。

3. 申请条件。确实有充足的证据证明该公民已恢复民事行为能力,原被认定为无民事行为能力或者限制民事行为能力的原因已经消除。

4. 审理结果。法院经审查,发现确实有证据证实原认定该公民为无民事行为能力或者限制民事行为能力人的原因已经消除的,应当撤销原判决,重新作出判决宣告该公民恢复民事行为能力或者为限制民事行为能力人。需要注意的是,法院作出新判决宣告该公民恢复为完全民事行为能力人的,原判决指定的监护人就不再继续作为该公民的监护人。

【相关立法】

《中华人民共和国民法典》(20210101)

第二十四条　不能辨认或者不能完全辨认自己行为的成年人,其利害关系人或者有关组织,可以向人民法院申请认定该成年人为无民事行为能力人或者限制民事行为能力人。

被人民法院认定为无民事行为能力人或者限制民事行为能力人的,经本人、利害关系人或者有关组织申请,人民法院可以根据其智力、精神健康恢复的状况,认定该成年人恢复为限制民事行为能力人或者完全民事行为能力人。

本条规定的有关组织包括:居民委员会、村民委员会、学校、医疗机构、妇女联合会、残疾人联合会、依法设立的老年人组织、民政部门等。

第二十八条　无民事行为能力或者限制民事行为能力的成年人,由下列有监护能力的人按顺序担任监护人:

(一)配偶;

(二)父母、子女;

(三)其他近亲属;

(四)其他愿意担任监护人的个人或者组织,但是须经被监护人住所地的居民委员会、村民委员会或者民政部门同意。

第三十八条　被监护人的父母或者子女被人民法院撤销监护人资格后,

除对被监护人实施故意犯罪的外,确有悔改表现的,经其申请,人民法院可以在尊重被监护人真实意愿的前提下,视情况恢复其监护人资格,人民法院指定的监护人与被监护人的监护关系同时终止。

第三十九条 有下列情形之一的,监护关系终止:

(一)被监护人取得或者恢复完全民事行为能力;

(二)监护人丧失监护能力;

(三)被监护人或者监护人死亡;

(四)人民法院认定监护关系终止的其他情形。

监护关系终止后,被监护人仍然需要监护的,应当依法另行确定监护人。

第六节 认定财产无主案件

第二百零二条 【**管辖与申请**】申请认定财产无主,由公民、法人或者其他组织向财产所在地基层人民法院提出。

申请书应当写明财产的种类、数量以及要求认定财产无主的根据。

【立法·要点注释】

1. 申请认定财产无主要满足三个条件:一是申请认定的财产是有形财产;二是该财产的所有人不明无法确定归属或者是所有人已消失;三是该财产处于无主状态已经超过一定的期限。财产无主的一般情形表现为所有人不明的埋藏物、隐藏物被发现,无人认领的遗失物,无人继承的财产等等。

2. 申请主体。有三类,公民、法人或者其他组织在发现确有无主财产,该财产所有人不明或已消失且无人继承的,都可以向人民法院提起认定财产无主申请。公民申请认定财产无主一般基于两种情况,一种是发现了所有人不明的无主财产,另外一种其对被继承人进行照料抚养,在被继承人死亡且无人继承财产时,请求法院认定遗产无主并判归其所有。

3. 申请形式。申请认定财产无主,应当以书面的方式提出,申请书应当载明财产的种类、数量以及要求认定财产无主的根据,并提交相关证据。

4. 管辖法院。申请认定财产无主,应当向财产所在地基层人民法院提出。由财产所在地基层人民法院,主要是为了便于法院了解无主财产的具体情况,寻找财产原所有人,及时快速作出裁判。

【相关立法】

1.《中华人民共和国民法典》(20210101)

第三百一十四条 拾得遗失物,应当返还权利人。拾得人应当及时通知权利人领取,或者送交公安等有关部门。

第三百一十五条　有关部门收到遗失物,知道权利人的,应当及时通知其领取;不知道的,应当及时发布招领公告。

第三百一十六条　拾得人在遗失物送交有关部门前,有关部门在遗失物被领取前,应当妥善保管遗失物。因故意或者重大过失致使遗失物毁损、灭失的,应当承担民事责任。

第三百一十七条　权利人领取遗失物时,应当向拾得人或者有关部门支付保管遗失物等支出的必要费用。

权利人悬赏寻找遗失物的,领取遗失物时应当按照承诺履行义务。

拾得人侵占遗失物的,无权请求保管遗失物等支出的费用,也无权请求权利人按照承诺履行义务。

第三百一十八条　遗失物自发布招领公告之日起一年内无人认领的,归国家所有。

第三百一十九条　拾得漂流物、发现埋藏物或者隐藏物的,参照适用拾得遗失物的有关规定。法律另有规定的,依照其规定。

第一千一百六十条　无人继承又无人受遗赠的遗产,归国家所有,用于公益事业;死者生前是集体所有制组织成员的,归所在集体所有制组织所有。

2.《中华人民共和国海事诉讼特别程序法》(20000701)

第九条　当事人申请认定海上财产无主的,向财产所在地海事法院提出;申请因海上事故宣告死亡的,向处理海事事故主管机关所在地或者受理相关海事案件的海事法院提出。

【司法解释】

《**最高人民法院关于海事法院受理案件范围的规定**》(法释〔2016〕4 号,20160301)

六、海事特别程序案件

89. 申请认定海上、通海可航水域财产无主的案件;

第二百零三条　【公告与判决】人民法院受理申请后,经审查核实,应当发出财产认领公告。公告满一年无人认领的,判决认定财产无主,收归国家或者集体所有。

【立法·要点注释】

1. 审查核实义务。人民法院受理认定财产无主案件的申请后,经审查核实发现申请的财产有所有人或者有继承人的,应判决驳回申请人的申请。

2. 公告义务及期限。人民法院受理申请后,经审查核实,发现现有证据确实无法确定财产所有人或继承人的,应当发出财产认领公告,寻找财产所有人或继承人,该公告的期限为 1 年。公告期间,有公民、法人或者其他组织提出主张认为其为财产所有权人或继承人的,人民法院应当裁定终结认定财产无主程序,申请人对上述主体提出的认领主张有异议的,人民法院应告知申请人另行起诉。

3. 被认定为财产无主的法律后果。人民法院发布公告满1年无人认领的,判决认定财产无主,并视财产性质和具体情况确定收归国家或者集体所有。需要注意的是,现实中存在一种特殊情形,即申请人对被继承人进行照料抚养,在被继承人死亡且无人继承财产时,请求法院认定遗产无主并判归其所有,此种情况下,人民法院将根据案件实际情况对遗产作出相应处理,而并非一概认定财产无主,将财产确定收归国家或者集体所有。

【司法解释】

1.《最高人民法院关于适用〈中华人民共和国民事诉讼法〉的解释》(法释〔2015〕5号,20150204;经法释〔2022〕11号修正,20220410)

第三百四十八条 认定财产无主案件,公告期间有人对财产提出请求的,人民法院应当裁定终结特别程序,告知申请人另行起诉,适用普通程序审理。

【重点解读】本条是关于人民法院在审理认定财产无主案件过程中,公告期间有人提出财产请求的,应当如何处理的规定。

在认定财产无主案件中,公告期间

有人对财产提出主张所有权请求的,实质上是其与申请人就被申请认定无主的财产所有权发生了争议,属于双方当事人之间存在民事权利义务争议,不属于特别程序的适用范围,而应当属于普通程序的适用范围,因此,受诉人民法院应当裁定终结特别程序,告知申请人另行起诉,适用普通程序审理。

第四百六十条 发生法律效力的实现担保物权裁定、确认调解协议裁定、支付令,由作出裁定、支付令的人民法院或者与其同级的被执行财产所在地的人民法院执行。

认定财产无主的判决,由作出判决的人民法院将无主财产收归国家或者集体所有。

2.《最高人民法院关于适用〈中华人民共和国民法典〉继承编的解释(一)》(法释〔2020〕23号,20210101)

第四十一条 遗产因无人继承又无人受遗赠归国家或者集体所有制组织所有时,按照民法典第一千一百三十一条规定可以分给适当遗产的人提出取得遗产的诉讼请求,人民法院应当视情况适当分给遗产。

【最高法公报案例】

申请人对无主房屋所有人生前尽了主要抚养义务,且该房屋财产价值不大的,是否可以将上述财产判归申请人所有〔陈某锡申请认定财产无主案

（1995-4）]

房屋确属无主财产的,依法应收归国家或集体所有。鉴于申请人对原房屋所有人生前尽了主要抚养义务且该房屋财产价值不大,收归国家或集体所有实际意义不大。因此,申请人要求将上述无主财产归其所有,法院应予以支持。

【法院参考案例】

在船舶及船载油品长期存放将持续发生保管费用,造成财产贬损,申请人是否可以申请提前拍卖无名船舶及船载油品,保留所得款项[温州海事局申请认定财产无主案,最高人民法院发布 2017 年度海事审判典型案例,20180808]

认定财产无主公告期为 1 年,船舶及船载油品长期存放,将持续发生保管费用,造成财产贬损,申请人可以申请提前拍卖无名船舶及船载油品,保留所得款项;公告期满后,无人认领,法院依法认定涉案船舶及船载油品为无主财产,拍卖所得价款在扣除公告、评估以及保存、拍卖费用后,余款收归国家所有。

第二百零四条 【判决撤销】判决认定财产无主后,原财产所有人或者继承人出现,在民法典规定的诉讼时效期间可以对财产提出请求,人民法院审查属实后,应当作出新判决,撤销原判决。

【立法·要点注释】

1. 申请主体。原财产所有人或者继承人对被人民法院判决认定无主的财产可以提出请求。

2. 申请期限。原财产所有人或者继承人应在民法典规定的诉讼时效期间对财产提出请求,即原财产所有人或者继承人应当自知道或者应当知道财产被法院判决认定为无主财产后的 3 年内向人民法院提出撤销申请。

3. 审查结果。对原财产所有人或者继承人提出的撤销请求,人民法院经重点审查其主张是否有事实依据,经审查确认其确实是财产原所有人或者继承人的,应当作出新判决,撤销原判决。经审查发现原财产所有人或者继承人提出的请求没有事实依据,不符合法律规定的,应裁定驳回其申请。

4. 原认定财产无主的判决被撤销后产生的法律后果。原判决将认定无主的财产收归国有或集体所有的,国家或集体应当向原财产所有人或者继承人返还原物,不能返还原物的,应当折价补偿。

【相关立法】

《中华人民共和国民法典》(20210101)

第一百八十八条 向人民法院请求保护民事权利的诉讼时效期间为三年。法律另有规定的,依照其规定。

诉讼时效期间自权利人知道或者应当知道权利受到损害以及义务人之日起计算。法律另有规定的，依照其规定。但是，自权利受到损害之日起超过二十年的，人民法院不予保护，有特殊情况的，人民法院可以根据权利人的申请决定延长。

第一百九十六条 下列请求权不适用诉讼时效的规定：

（一）请求停止侵害、排除妨碍、消除危险；

（二）不动产物权和登记的动产物权的权利人请求返还财产；

（三）请求支付抚养费、赡养费或者扶养费；

（四）依法不适用诉讼时效的其他请求权。

第七节 确认调解协议案件

第二百零五条 【申请与管辖】经依法设立的调解组织调解达成调解协议，申请司法确认的，由双方当事人自调解协议生效之日起三十日内，共同向下列人民法院提出：

（一）人民法院邀请调解组织开展先行调解的，向作出邀请的人民法院提出；

（二）调解组织自行开展调解的，向当事人住所地、标的物所在地、调解组织所在地的基层人民法院提出；调解协议所涉纠纷应当由中级人民法院管辖的，向相应的中级人民法院提出。

【立法·要点注释】

1. 关于申请司法确认调解协议的条件。双方当事人的争议经依法设立的调解组织调解，且已达成调解协议的，双方当事人可共同向人民法院提出申请对调解协议进行司法确认。

2. 申请主体。必须是由双方当事人（可以是本人也可以是符合民事诉讼法规定的代理人）共同向人民法院提出申请，不能由一方当事人单方面提出。其中一方当事人向人民法院提出申请，另外一方当事人表示同意的，也视为双方共同申请。需要注意的是，司法确认并不是调解协议生效的前提条件，对调解协议进行司法确认针对的是已生效的调解协议。根据《人民调解法》的第29条和第30条的规定，调解协议自各方当事人签名、盖章或者按指印，人民调解员签名并加盖人民调解委员会印章之日起生效，口头调解协议自各方当事人达成协议之日起生效。

3. 申请的期限及需提交的材料。双方当事人应当自调解协议生效之日起30日内向人民法院提出申请。当事人申请司法确认调解协议，可以采用书面形式或者口头形式，并需提交以下材料：调解协议、调解组织主持调解的证明,以及与调解协议相关的财产权利证明等材料,并提供双方当事人的身份、住所、联系方式等基本信息。

4.管辖的法院。管辖法院因调解启动主体的不同而不同。如调解的启动是因人民法院邀请调解组织开展先行调解的,双方当事人应当向作出邀请的人民法院提出。如调解的启动是由调解组织自行开展调解的,双方当事人应当向当事人住所地、标的物所在地、调解组织所在地的基层人民法院提出。同时,在第二种情况中,如果调解协议所涉纠纷应当由中级人民法院管辖的,双方当事人应当向当事人住所地、标的物所在地、调解组织所在地的中级人民法院提出。

【相关立法】

《中华人民共和国人民调解法》
（20110101）

第七条　人民调解委员会是依法设立的调解民间纠纷的群众性组织。

第八条　村民委员会、居民委员会设立人民调解委员会。企业事业单位根据需要设立人民调解委员会。

人民调解委员会由委员三至九人组成,设主任一人,必要时,可以设副主任若干人。

人民调解委员会应当有妇女成员,多民族居住的地区应当有人数较少民族的成员。

第九条　村民委员会、居民委员会

的人民调解委员会委员由村民会议或者村民代表会议、居民会议推选产生;企业事业单位设立的人民调解委员会委员由职工大会、职工代表大会或者工会组织推选产生。

人民调解委员会委员每届任期三年,可以连选连任。

第二十九条　调解协议书可以载明下列事项:

（一）当事人的基本情况;

（二）纠纷的主要事实、争议事项以及各方当事人的责任;

（三）当事人达成调解协议的内容,履行的方式、期限。

调解协议书自各方当事人签名、盖章或者按指印,人民调解员签名并加盖人民调解委员会印章之日起生效。调解协议书由当事人各执一份,人民调解委员会留存一份。

第三十条　口头调解协议自各方当事人达成协议之日起生效。

第三十三条　经人民调解委员会调解达成调解协议后,双方当事人认为有必要的,可以自调解协议生效之日起三十日内共同向人民法院申请司法确认,人民法院应当及时对调解协议进行审查,依法确认调解协议的效力。

人民法院依法确认调解协议有效,一方当事人拒绝履行或者未全部履行的,对方当事人可以向人民法院申请强制执行。

人民法院依法确认调解协议无效的,当事人可以通过人民调解方式变更原调解协议或者达成新的调解协议，也可以向人民法院提起诉讼。

【司法解释】

1.《最高人民法院关于适用〈中华人民共和国民事诉讼法〉的解释》（法释〔2015〕5号，20150204；经法释〔2022〕11号修正，20220410）

第三百五十一条 申请司法确认调解协议的，双方当事人应当本人或者由符合民事诉讼法第六十一条规定的代理人依照民事诉讼法第二百零一条①的规定提出申请。

【重点解读】本条是关于申请司法确认调解协议的主体、申请范围及管辖法院的规定。

申请主体，为双方当事人本人或者由符合《民事诉讼法》第61条规定的代理人。根据《民事诉讼法》第61条的规定，当事人、法定代理人可以委托一至二人作为诉讼代理人。诉讼代理人包括律师、基层法律服务工作者，当事人的近亲属或者工作人员，当事人所在社区、单位以及有关社会团体推荐的公民。

申请范围，经依法设立的调解组织调解达成调解协议，双方当事人申请司法确认的，自调解协议生效之日起30日内，共同向人民法院提出。

管辖法院，根据开展调解形式不同确定不同的管辖法院：一是人民法院邀请调解组织开展先行调解的，向作出邀请的人民法院提出；二是调解组织自行开展调解的，向当事人住所地、标的物所在地、调解组织所在地的基层人民法院提出，若调解协议所涉纠纷应当由中级人民法院管辖的，向相应的中级人民法院提出。

第三百五十二条 调解组织自行开展的调解，有两个以上调解组织参与的，符合民事诉讼法第二百零一条规定的各调解组织所在地人民法院均有管辖权。

双方当事人可以共同向符合民事诉讼法第二百零一条规定的其中一个有管辖权的人民法院提出申请；双方当事人共同向两个以上有管辖权的人民法院提出申请的，由最先立案的人民法院管辖。

【重点解读】本条是关于确认调解协议案件中具有共同管辖情形时如何确定管辖法院的规定。

根据《民事诉讼法》第205条第2项的规定，调解组织自行开展调解的，由双方当事人共同向当事人住所地、标的物所在地、调解组织所在地的基层人民法院提出，若调解协议所涉纠纷应当由中级人民法院管辖的，向相应的中级人民法院提出。

因此，调解组织自行开展调解的，若有两个以上调解组织参与的，各调解组织所在地人民法院均有管辖权。双

---

① 对应2023年《民事诉讼法》第205条。——编者注

方当事人可以共同向符合《民事诉讼法》第 205 条规定的其中一个有管辖权的人民法院提出申请;双方当事人共同向两个以上有管辖权的人民法院提出申请的,由最先立案的人民法院管辖。若有管辖权的法院立案先后时间无法区分的情形,由有管辖权的法院共同协商确定其中一个法院行使管辖权,若协商不成,则应当报请共同的上一级人民法院来指定管辖。

第三百五十三条　当事人申请司法确认调解协议,可以采用书面形式或者口头形式。当事人口头申请的,人民法院应当记入笔录,并由当事人签名、捺印或者盖章。

【重点解读】本条是关于当事人申请司法确认调解协议应采用何种形式的规定。

为便民利民,司法解释规定当事人申请司法确认调解协议有两种形式。当事人可以采用书面形式申请,也可以采用口头形式申请。同时,对当事人采用口头形式申请的,人民法院负有书面记录的义务,即应当要对当事人申请内容记入笔录,并由当事人签名、捺印或者盖章。

第三百五十四条　当事人申请司法确认调解协议,应当向人民法院提交调解协议、调解组织主持调解的证明,以及与调解协议相关的财产权利证明等材料,并提供双方当事人的身份、住所、联系方式等基本信息。

当事人未提交上述材料的,人民法

院应当要求当事人限期补交。

【重点解读】本条是关于当事人申请司法确认调解协议应提交哪些材料的规定。

根据该规定,当事人应当申请司法确认调解协议,应当向人民法院提交下列材料:一是证明材料,包括调解协议、调解组织主持调解的证明,以及与调解协议相关的财产权利证明等;二是基本信息,包括双方当事人的身份、住所、联系方式等基本信息材料。上述材料为必须提交的材料,若当事人未提交或提交不齐全的,人民法院应当要求当事人限期补交,当事人超过限期未补充提交的,应当对其按撤回申请处理。

第三百五十五条　当事人申请司法确认调解协议,有下列情形之一的,人民法院裁定不予受理:

(一)不属于人民法院受理范围的;

(二)不属于收到申请的人民法院管辖的;

(三)申请确认婚姻关系、亲子关系、收养关系等身份关系无效、有效或者解除的;

(四)涉及适用其他特别程序、公示催告程序、破产程序审理的;

(五)调解协议内容涉及物权、知识产权确权的。

人民法院受理申请后,发现有上述不予受理情形的,应当裁定驳回当事人的申请。

【重点解读】本条关于不符合司法

确认调解协议案件受理范围及人民法院应当如何处理的规定。

人民法院不予受理调解协议司法确认申请几种情形：一是不属于人民法院受理范围的，即不属于人民法院民事案件的受理范围的；二是不属于收到申请的人民法院管辖的，即不属于《民事诉讼法解释》第354条规定的管辖法院的；三是申请确认婚姻关系、亲子关系、收养关系等身份关系无效、有效或者解除的；四是涉及适用其他特别程序、公示催告程序、破产程序审理的；五是调解协议内容涉及物权、知识产权确权的，由于物权涉及当事人重大利益，知识产权涉及专业性强，都不适宜用司法确认程序。

处理形式及结果。人民受理司法确认调解协议申请后，发现有上述不予受理情形的，应当在3日内裁定驳回当事人的申请，并及时向当事人送达裁定书。

2.《最高人民法院关于人民法院民事调解工作若干问题的规定》（法释〔2004〕12号，20041101；经法释〔2020〕20号修正，20210101）

第一条 根据民事诉讼法第九十五条①的规定，人民法院可以邀请与当事人有特定关系或者与案件有一定联系的企业事业单位、社会团体或者其他组织，和具有专门知识、特定社会经验、与当事人有特定关系并有利于促成调解的个人协助调解工作。

经各方当事人同意，人民法院可以委托前款规定的单位或者个人对案件进行调解，达成调解协议后，人民法院应当依法予以确认。

3.《最高人民法院关于人民调解协议司法确认程序的若干规定》（法释〔2011〕5号，20110330）

第一条 当事人根据《中华人民共和国人民调解法》第三十三条的规定共同向人民法院申请确认调解协议的，人民法院应当依法受理。

第二条 当事人申请确认调解协议的，由主持调解的人民调解委员会所在地基层人民法院或者它派出的法庭管辖。

人民法院在立案前委派人民调解委员会调解并达成调解协议，当事人申请司法确认的，由委派的人民法院管辖。

第三条 当事人申请确认调解协议，应当向人民法院提交司法确认申请书、调解协议和身份证明、资格证明，以及与调解协议相关的财产权利证明等证明材料，并提供双方当事人的送达地址、电话号码等联系方式。委托他人代为申请的，必须向人民法院提交由委托人签名或者盖章的授权委托书。

第四条 人民法院收到当事人司法确认申请，应当在三日内决定是否受理。人民法院决定受理的，应当编立

---

① 对应2023年《民事诉讼法》第98条。——编者注

"调确字"案号,并及时向当事人送达受理通知书。双方当事人同时到法院申请司法确认的,人民法院可以当即受理并作出是否确认的决定。

有下列情形之一的,人民法院不予受理:

(一)不属于人民法院受理民事案件的范围或者不属于接受申请的人民法院管辖的;

(二)确认身份关系的;

(三)确认收养关系的;

(四)确认婚姻关系的。

第五条 人民法院应当自受理司法确认申请之日起十五日内作出是否确认的决定。因特殊情况需要延长的,经本院院长批准,可以延长十日。

在人民法院作出是否确认的决定前,一方或者双方当事人撤回司法确认申请的,人民法院应当准许。

第六条 人民法院受理司法确认申请后,应当指定一名审判人员对调解协议进行审查。人民法院在必要时可以通知双方当事人同时到场,当面询问当事人。当事人应当向人民法院如实陈述申请确认的调解协议的有关情况,保证提交的证明材料真实、合法。人民法院在审查中,认为当事人的陈述或者提供的证明材料不充分、不完备或者有疑义的,可以要求当事人补充陈述或者补充证明材料。当事人无正当理由未按时补充或者拒不接受询问的,可以按撤回司法确认申请处理。

第七条 具有下列情形之一的,人民法院不予确认调解协议效力:

(一)违反法律、行政法规强制性规定的;

(二)侵害国家利益、社会公共利益的;

(三)侵害案外人合法权益的;

(四)损害社会公序良俗的;

(五)内容不明确,无法确认的;

(六)其他不能进行司法确认的情形。

第八条 人民法院经审查认为调解协议符合确认条件的,应当作出确认决定书;决定不予确认调解协议效力的,应当作出不予确认决定书。

第九条 人民法院依法作出确认决定后,一方当事人拒绝履行或者未全部履行的,对方当事人可以向作出确认决定的人民法院申请强制执行。

第十条 案外人认为经人民法院确认的调解协议侵害其合法权益的,可以自知道或者应当知道权益被侵害之日起一年内,向作出确认决定的人民法院申请撤销确认决定。

第十一条 人民法院办理人民调解协议司法确认案件,不收取费用。

第十二条 人民法院可以将调解协议不予确认的情况定期或者不定期通报同级司法行政机关和相关人民调解委员会。

第十三条 经人民法院建立的调解员名册中的调解员调解达成协议后,当事人申请司法确认的,参照本规定办理。人民法院立案后委托他人调解达成的协议的司法确认，按照《最高人民法院关于人民法院民事调解工作若干问题的规定》(法释〔2004〕12号)的有关规定办理。

4.《最高人民法院关于海事法院受理案件范围的规定》(法释〔2016〕4号，20160301)

六、海事特别程序案件

104. 就海事纠纷申请司法确认调解协议案件；

【司法文件】

1.《民事诉讼程序繁简分流改革试点问答口径(一)》(最高人民法院，法〔2020〕105号，20200415)

四、人民法院能否委派特邀调解名册以外的调解组织或调解员调解？当事人对特邀调解名册以外的调解组织或调解员调解达成的调解协议，能否向人民法院申请司法确认？

答：不能。在现阶段，确保特邀调解和司法确认紧密衔接，是防范化解风险、发挥调解优势的重要保障，不能绕开名册搞"体外循环"。人民法院委派调解的对象，除人民调解组织外，应当是特邀调解名册之内的调解组织和调解员。实践中，当事人可以基于自愿、自主选择由名册之外的调解组织、调解员调解解决纠纷，达成调解协议后应当自动履行；这类情况申请司法确认的，人民法院不予受理。

五、人民法院受理司法确认案件是否以对纠纷具有诉讼管辖权为前提？

答：司法确认作为特别程序，不是对调解协议所涉纠纷事实的认定，而是对调解协议本身自愿性、合法性、可执行性的审查。根据《授权决定》，司法确认案件应当按照《实施办法》第四条确定管辖法院，不以对纠纷具有诉讼管辖权为前提，这样更有利于人民法院及时核实情况，提升调解协议审查的专业化、集约化水平。

六、当事人自行约定由特邀调解员调解，申请司法确认的，如何认定"调解协议签订地"？

答：当事人自行约定由特邀调解员调解的，可以分三种情形处理：第一，调解协议实际签订地与管理特邀调解名册的基层人民法院辖区一致的，由调解协议实际签订地的基层人民法院管辖；第二，调解协议实际签订地与管理特邀调解名册的基层人民法院辖区不一致的，以管理特邀调解名册的基层人民法院辖区为调解协议签订地；第三，因调解协议在线签订等情况，难以确定实际签订地的，由管理特邀调解名册的基层人民法院管辖。

七、人民法院审查司法确认案件能否适用合议制？

答：可以。《民事诉讼法》第一百七十八条①规定了特别程序案件的审

———————

① 对应2023年《民事诉讼法》第185条。——编者注

判组织,明确选民资格案件或者重大、疑难的案件,由审判员组成合议庭审查,其他案件由审判员一人独任审查。实践中,对于司法确认案件,总体上以适用独任制为原则,以合议制为例外。同时,试点法院应当加强对民间借贷等案件司法确认审查甄别工作,切实防范恶意串通调解、虚假诉讼等行为。对于待确认调解协议的标的额特别巨大,并存在虚假调解可能的,由合议庭审查更显慎重。按照级别管辖标准,一些司法确认案件虽然应当由中级人民法院、专门人民法院受理,但标的额不大,法律关系较为简单,也可以由审判员一人独任审查。

2.《最高人民法院关于人民法院进一步深化多元化纠纷解决机制改革的意见》(法发〔2016〕14号,2016年6月28日)

24. 探索无异议调解方案认可机制。经调解未能达成调解协议,但是对争议事实没有重大分歧的,调解员在征得各方当事人同意后,可以提出调解方案并书面送达双方当事人。当事人在七日内未提出书面异议的,调解方案即视为双方自愿达成的调解协议;提出书面异议的,视为调解不成立。当事人申请司法确认调解协议的,应当依照有关规定予以确认。

31. 完善司法确认程序。经行政机关、人民调解组织、商事调解组织、行业调解组织或者其他具有调解职能的组织调解达成的具有民事合同性质的协议,当事人可以向调解组织所在地基层人民法院或者人民法庭依法申请确认其效力。登记立案前委派给特邀调解组织或者特邀调解员调解达成的协议,当事人申请司法确认的,由调解组织所在地或者委派调解的基层人民法院管辖。

32. 加强调解与督促程序的衔接。以金钱或者有价证券给付为内容的和解协议、调解协议,债权人依据民事诉讼法及其司法解释的规定,向有管辖权的基层人民法院申请支付令的,人民法院应当依法发出支付令。债务人未在法定期限内提出书面异议且逾期不履行支付令的,人民法院可以强制执行。

【法院参考案例】

1. 生态环境损害赔偿协议司法确认案件如何确定管辖法院[四川省生态环境厅与彭州市某物流公司申请司法确认调解协议案,四川省成都市中级人民法院(2020)川01民特573号]

生态环境损害赔偿协议签订后,赔偿权利人指定的部门或者机构与赔偿义务人可依据《民事诉讼法》相关规定,到有管辖权的中级人民法院申请司法确认。

2. 生态环境纠纷人民调解委员会参与的生态环境损害赔偿协议是否可以申请司法确认[邯郸市生态环境局、邯郸市生态环境局丛台分局与邯郸某排水公司、邯郸某污水处理公司生态环境损害赔偿协议司法确认案，河北省邯郸市丛台区人民法院（2022）冀0403诉前调确1号，入库编号：2024-11-2-409-003]

生态环境纠纷人民调解委员作为依法设立的专门负责调解生态环境纠纷的调解组织，参与赔偿权利人与赔偿义务人磋商过程，促成各方达成调解协议，赔偿权利人、赔偿义务人共同申请司法确认的，人民法院应予准许。

3. 生态环境损害赔偿协议可以约定分期支付赔偿金[杭州市生态环境局、某陆生物化工公司生态环境损害赔偿司法确认案，浙江省杭州市临平区人民法院（2021）浙0113民特786号，入库编号：2024-11-2-409-001]

人民法院在确认生态损害赔偿协议时，可以综合赔偿义务人已发生火灾、赔偿能力受限等因素，在未损害国家利益、集体利益和他人合法权益的情况下，依法确认磋商协议约定的分期支付赔偿金的履行方式有效。

4. 内地法院首次诉前委派香港特邀调解组织主持香港当事人之间的调解并适用香港法律进行司法确认[某银行（亚洲）股份有限公司与赵某光申请司法确认调解协议案，广东省深圳前海合作区人民法院（2024）粤0391诉前调确25号，入库编号：2024-18-2-409-001]

根据《最高人民法院关于在粤港澳大湾区内地人民法院开展吸纳港澳调解组织为特邀调解组织试点工作的复函》，广东省高级人民法院在广州知识产权法院和深圳前海合作区人民法院开展试点，吸纳在香港特别行政区、澳门特别行政区设立的调解组织为人民法院特邀调解组织。按照试点方案明确的规则，深圳前海合作区人民法院可以在诉前阶段委派作为人民法院特邀调解组织的港澳调解机构负责调解涉港澳民商事案件，为有关域内外主体选择调解方式解决跨域争议拓宽空间、提供示范。作为人民法院特邀调解组织的港澳调解机构接受委派开展诉前调解，当事人就达成的调解协议向委派法院申请司法确认的，人民法院可以依据《民事诉讼法》第206条的规定进行审查。经审查符合法律规定的，可依法确认调解协议效力，实现诉讼与跨域调解的有效衔接。

第二百零六条【裁定与执行】人民法院受理申请后，经审查，符合法律规定的，裁定调解协议有效，一方当事人拒绝履行或者未全部履行的，对方当事人可以向人民法院申请执行；不符合法律规定的，裁定驳回申请，当事人可以通过调解方式变更原调解协议或者达成新的调解协议，也可以向人民法院提起诉讼。

【立法·要点注释】

1. 审查方式。人民法院受理双方当事人共同提出的申请后，应当进行认真审查，根据《民事诉讼法解释》第 356 条的规定，人民法院审查相关情况时，应当通知双方当事人共同到场对案件进行核实，认为当事人的陈述或者提供的证明材料不充分、不完备或者有疑义的，可以要求当事人限期补充陈述或者补充证明材料，必要时还可以向调解组织核实有关情况。

2. 审查结果。人民法院经审查后，作出以下两种处理结果：对调解协议符合法律规定的，裁定调解协议有效；认为调解协议不符合法律规定的，裁定驳回申请。如何判断是否符合法律规定，《民事诉讼法解释》第 358 条进行了规定，对具有违反法律强制性规定的、损害国家利益、社会公共利益、他人合法权益的、违背公序良俗的、违反自愿原则的、内容不明确的、其他不能进行司法确认的情形等任一情形，人民法院应当裁定驳回申请。对司法确认申请被裁定驳回的，当事人对驳回裁定没有异议，却又想继续解决纠纷，可以通过调解方式变更原调解协议或者达成新的调解协议，也可以向人民法院提起诉讼。

3. 司法确认的效力。对人民法院裁定调解协议有效的，该裁定经送达后立即生效，一方当事人拒绝履行或者未

全部履行的，对方当事人可以直接向人民法院申请执行。

【司法解释】

1.《最高人民法院关于适用〈中华人民共和国民事诉讼法〉的解释》（法释〔2015〕5 号，20150204；经法释〔2022〕11 号修正，20220410）

第三百五十六条 人民法院审查相关情况时，应当通知双方当事人共同到场对案件进行核实。

人民法院经审查，认为当事人的陈述或者提供的证明材料不充分、不完备或者有疑义的，可以要求当事人限期补充陈述或者补充证明材料。必要时，人民法院可以向调解组织核实有关情况。

【重点解读】本条是关于人民法院审理调解协议司法确认案件程序的规定。

一是通知和核实义务。人民法院审查案件相关情况时，应当通知双方当事人共同到场对案件进行核实。

二是对当事人陈述和提交材料的审查程度。人民法院经审查，认为当事人的陈述或者提供的证明材料不充分、不完备或者有疑义的，可以要求当事人限期补充陈述或者补充证明材料。

三是调查义务。人民法院审理调解协议司法确认案件过程中，认为有必要的，例如调解组织是否自行开展调解，当事人是否违背真实意思签订调解协议等情形，可以向调解组织核实有关

情况。

第三百五十七条 确认调解协议的裁定作出前,当事人撤回申请的,人民法院可以裁定准许。

当事人无正当理由未在限期内补充陈述、补充证明材料或者拒不接受询问的,人民法院可以按撤回申请处理。

【重点解读】本条是关于当事人撤回申请及当事人履行配合义务时人民法院应如何处理的规定。

当事人申请撤回的期限。人民法院受理确认调解协议案件后,在作出确认调解协议的裁定前,当事人可以向人民法院申请撤回申请。

处理方式及结果。对当事人申请撤回司法确认的,人民法院可以裁定准许,并出具终结确认程序通知书。

对当事人不履行配合义务的处理。人民法院在审理调解协议司法确认案件过程中,要求当事人限期补充陈述或者补充证明材料,当事人无正当理由未在限期内补充或者拒不接受询问的,人民法院可以按撤回申请处理。

第三百五十八条 经审查,调解协议有下列情形之一的,人民法院应当裁定驳回申请:

(一)违反法律强制性规定的;

(二)损害国家利益、社会公共利益、他人合法权益的;

(三)违背公序良俗的;

(四)违反自愿原则的;

(五)内容不明确的;

(六)其他不能进行司法确认的

情形。

【重点解读】本条是关于人民法院裁定驳回调解协议司法确认申请的规定。

对确认调解协议案件,人民法院经审查后,认为调解协议符合法律规定的,裁定调解协议有效,但调解协议有不符合法律规定情形的,应当裁定驳回申请。

应当裁定驳回申请的六种情形:一是调解协议内容违反法律强制性规定的;二是调解协议内容损害国家利益、社会公共利益、他人合法权益的;三是调解协议内容违背公序良俗的;四是调解协议内容违反自愿原则的,包括协议并非当事人真实意思表示也非当事人意愿签订;五是调解协议内容不明确的,即协议内容不明确导致无法执行的,不包括调解协议内容有轻微瑕疵或语言不规范,因这两种情形在诉讼程序中可经当事人同意进行补正且不影响原协议的本质内容及执行,因此不属于裁定范围;六是其他不能进行司法确认的情形。

2.《最高人民法院关于审理生态环境损害赔偿案件的若干规定(试行)》 (法释〔2019〕8号,20190605;经法释〔2020〕17号修正,20210101)

第二十条 经磋商达成生态环境损害赔偿协议的,当事人可以向人民法院申请司法确认。

人民法院受理申请后,应当公告协

议内容,公告期间不少于三十日。公告期满后,人民法院经审查认为协议的内容不违反法律法规强制性规定且不损害国家利益、社会公共利益的,裁定确认协议有效。裁定书应当写明案件的基本事实和协议内容,并向社会公开。

第二十一条 一方当事人在期限内未履行或者未全部履行发生法律效力的生态环境损害赔偿诉讼案件裁判或者经司法确认的生态环境损害赔偿协议的,对方当事人可以向人民法院申请强制执行。需要修复生态环境的,依法由省级、市地级人民政府及其指定的相关部门、机构组织实施。

3.《人民法院在线调解规则》(法释〔2021〕23号,20220101)

第二条 在线调解包括人民法院、当事人、调解组织或者调解员通过人民法院调解平台开展的在线申请、委派委托、音视频调解、制作调解协议、申请司法确认调解协议、制作调解书等全部或者部分调解活动。

第十九条 调解员组织当事人就所有或者部分调解请求达成一致意见的,应当在线制作或者上传调解协议,当事人和调解员应当在调解协议上进行电子签章;由调解组织主持达成调解协议的,还应当加盖调解组织电子印章,调解组织没有电子印章的,可以将加盖印章的调解协议上传至人民法院调解平台。

调解协议自各方当事人均完成电子签章之时起发生法律效力,并通过人民法院调解平台向当事人送达。调解协议有给付内容的,当事人应当按照调解协议约定内容主动履行。

第二十条 各方当事人在立案前达成调解协议的,调解员应当记入调解笔录并按诉讼外调解结案,引导当事人自动履行。依照法律和司法解释规定可以申请司法确认调解协议的,当事人可以在线提出申请,人民法院经审查符合法律规定的,裁定调解协议有效。

各方当事人在立案后达成调解协议的,可以请求人民法院制作调解书或者申请撤诉。人民法院经审查符合法律规定的,可以制作调解书或者裁定书结案。

第二十三条 人民法院在审查司法确认申请或者出具调解书过程中,发现当事人可能采取恶意串通、伪造证据、捏造事实、虚构法律关系等手段实施虚假调解行为,侵害他人合法权益的,可以要求当事人提供相关证据。当事人不提供相关证据的,人民法院不予确认调解协议效力或者出具调解书。

经审查认为构成虚假调解的,依照《中华人民共和国民事诉讼法》等相关法律规定处理。发现涉嫌刑事犯罪的,及时将线索和材料移送有管辖权的机关。

【法院参考案例】

1.对生态环境损害赔偿协议进行司法确认应遵循何种规则[贵州省人民

政府与息烽某劳务有限公司、贵阳某化肥有限公司申请司法确认调解协议案，贵州省清镇市人民法院（2017）黔0181民特6号]

人民法院应对生态环境损害赔偿协议进行实质性审查，具体方式为人民法院在受理磋商协议司法确认申请后，及时将《生态环境损害赔偿协议》、修复方案等内容通过互联网向社会公开，接受公众监督，保障公众的知情权和参与权。人民法院对生态环境损害赔偿协议的司法确认，赋予了赔偿协议强制执行效力。

2. 法院在审查生态环境损害赔偿协议时，如何促成申请人达成更有利于生态环境修复的协议[贵州省生态环境厅、云南省生态环境厅与贵州省某煤焦化公司生态环境损害赔偿协议司法确认案，贵州省六盘水市中级人民法院（2023）黔02民特69号]

对同一赔偿义务人的行为造成的跨区域生态环境损害，各赔偿权利人可以与赔偿义务人一并磋商达成生态环境损害赔偿协议，共同申请司法确认的，应予支持。

法院审查生态环境损害赔偿协议时，应将生态环境修复目标作为重要考量因素，综合审查生态环境损害赔偿协议是否符合司法确认的条件。经审查协议存在不符合确认的情形的，法院应秉持能动司法理念，积极为当事人创造重新磋商的机会，指导当事人通过磋商

使协议符合确认的条件，并予以确认，推动实现生态环境及时有效修复和矛盾纠纷的实质化解。

第八节　实现担保物权案件

第二百零七条 【申请与管辖】申请实现担保物权，由担保物权人以及其他有权请求实现担保物权的人依照民法典等法律，向担保财产所在地或者担保物权登记地基层人民法院提出。

【立法·要点注释】

1. 担保物权，是指债权人在借贷、买卖等民事活动中，为保障实现其债权，在债务人不履行到期债务或者发生当事人约定的实现担保物权的情形时，依照《民法典》和其他法律规定在债务人或者第三人的特定财产之上设定的，债权人依法享有就担保财产优先受偿的权利。担保物权包括抵押权、质权、留置权。

2. 申请实现担保物权的主体包括两类。一是担保物权人，包括抵押权人、质权人和留置权人。二是其他有权请求实现担保物权的人，包括抵押人、出质人、财产被留置的债务人或者所有权人等。第二类主体受一定条件的限制，即抵押权人、质权人、留置权人怠于行使权利，侵害抵押人、出质人、债务人

的合法权益,抵押人、出质人、财产被留置的债务人或者所有权人可在债务履行期限届满后申请人民法院实现担保物权。

3.法律依据。申请实现担保物权的法律依据是民法典等法律,这里的法律应指广义上的实体性法律规范,包括相关司法解释对担保物权的相关规定。

4.管辖法院。一是向担保财产所在地基层人民法院提出,主要是为了便于对担保财产的查封、扣押;二是向担保物权登记地基层人民法院提出,对于担保财产是财产权利的,由登记地法院管辖,更有利于了解财产状况和方便执行。财产权利是指以注册商标专用权、专利权等知识产权中的财产权和股权、应收账款等设立的权利质权。

【相关立法】

《中华人民共和国民法典》(20210101)

第三百八十六条　担保物权人在债务人不履行到期债务或者发生当事人约定的实现担保物权的情形,依法享有就担保财产优先受偿的权利,但是法律另有规定的除外。

第三百八十七条　债权人在借贷、买卖等民事活动中,为保障实现其债权,需要担保的,可以依照本法和其他法律的规定设立担保物权。

第三人为债务人向债权人提供担保的,可以要求债务人提供反担保。反担保适用本法和其他法律的规定。

第三百八十八条　设立担保物权,应当依照本法和其他法律的规定订立担保合同。担保合同包括抵押合同、质押合同和其他具有担保功能的合同。担保合同是主债权债务合同的从合同。主债权债务合同无效的,担保合同无效,但是法律另有规定的除外。

担保合同被确认无效后,债务人、担保人、债权人有过错的,应当根据其过错各自承担相应的民事责任。

第三百八十九条　担保物权的担保范围包括主债权及其利息、违约金、损害赔偿金、保管担保财产和实现担保物权的费用。当事人另有约定的,按照其约定。

第三百九十条　担保期间,担保财产毁损、灭失或者被征收等,担保物权人可以就获得的保险金、赔偿金或者补偿金等优先受偿。被担保债权的履行期限未届满的,也可以提存该保险金、赔偿金或者补偿金等。

第三百九十一条　第三人提供担保,未经其书面同意,债权人允许债务人转移全部或者部分债务的,担保人不再承担相应的担保责任。

第三百九十二条　被担保的债权既有物的担保又有人的担保的,债务人不履行到期债务或者发生当事人约定的实现担保物权的情形,债权人应当按照约定实现债权;没有约定或者约定不明确,债务人自己提供物的担保的,债权人应当先就该物的担保实现债权;第三人提供物的担保的,债权人可以就物的担保实现债权，也可以请求保证人承担保证责任。提供担保的第三人承担担保责任后，有权向债务人追偿。

第三百九十三条 有下列情形之一的，担保物权消灭：

（一）主债权消灭；

（二）担保物权实现；

（三）债权人放弃担保物权；

（四）法律规定担保物权消灭的其他情形。

第三百九十四条 为担保债务的履行，债务人或者第三人不转移财产的占有，将该财产抵押给债权人的，债务人不履行到期债务或者发生当事人约定的实现抵押权的情形，债权人有权就该财产优先受偿。

前款规定的债务人或者第三人为抵押人，债权人为抵押权人，提供担保的财产为抵押财产。

第三百九十五条 债务人或者第三人有权处分的下列财产可以抵押：

（一）建筑物和其他土地附着物；

（二）建设用地使用权；

（三）海域使用权；

（四）生产设备、原材料、半成品、产品；

（五）正在建造的建筑物、船舶、航空器；

（六）交通运输工具；

（七）法律、行政法规未禁止抵押的其他财产。

抵押人可以将前款所列财产一并抵押。

第四百一十条 债务人不履行到期债务或者发生当事人约定的实现抵押权的情形，抵押权人可以与抵押人协议以抵押财产折价或者以拍卖、变卖该抵押财产所得的价款优先受偿。协议损害其他债权人利益的，其他债权人可以请求人民法院撤销该协议。

抵押权人与抵押人未就抵押权实现方式达成协议的，抵押权人可以请求人民法院拍卖、变卖抵押财产。

抵押财产折价或者变卖的，应当参照市场价格。

第四百二十五条 为担保债务的履行，债务人或者第三人将其动产出质给债权人占有的，债务人不履行到期债务或者发生当事人约定的实现质权的情形，债权人有权就该动产优先受偿。

前款规定的债务人或者第三人为出质人，债权人为质权人，交付的动产为质押财产。

第四百二十六条 法律、行政法规禁止转让的动产不得出质。

第四百三十六条 债务人履行债务或者出质人提前清偿所担保的债权的，质权人应当返还质押财产。

债务人不履行到期债务或者发生当事人约定的实现质权的情形，质权人可以与出质人协议以质押财产折价，也可以就拍卖、变卖质押财产所得的价款优先受偿。

质押财产折价或者变卖的，应当参照市场价格。

第四百三十七条 出质人可以请

求质权人在债务履行期限届满后及时行使质权;质权人不行使的,出质人可以请求人民法院拍卖、变卖质押财产。

出质人请求质权人及时行使质权,因质权人怠于行使权利造成出质人损害的,由质权人承担赔偿责任。

第四百四十条 债务人或者第三人有权处分的下列权利可以出质:

(一)汇票、本票、支票;

(二)债券、存款单;

(三)仓单、提单;

(四)可以转让的基金份额、股权;

(五)可以转让的注册商标专用权、专利权、著作权等知识产权中的财产权;

(六)现有的以及将有的应收账款;

(七)法律、行政法规规定可以出质的其他财产权利。

第四百四十七条 债务人不履行到期债务,债权人可以留置已经合法占有的债务人的动产,并有权就该动产优先受偿。

前款规定的债权人为留置权人,占有的动产为留置财产。

第四百四十八条 债权人留置的动产,应当与债权属于同一法律关系,但是企业之间留置的除外。

第四百四十九条 法律规定或者当事人约定不得留置的动产,不得留置。

第四百五十条 留置财产为可分物的,留置财产的价值应当相当于债务

的金额。

第四百五十四条 债务人可以请求留置权人在债务履行期限届满后行使留置权;留置权人不行使的,债务人可以请求人民法院拍卖、变卖留置财产。

第四百五十三条 留置权人与债务人应当约定留置财产后的债务履行期限;没有约定或者约定不明确的,留置权人应当给债务人六十日以上履行债务的期限,但是鲜活易腐等不易保管的动产除外。债务人逾期未履行的,留置权人可以与债务人协议以留置财产折价,也可以就拍卖、变卖留置财产所得的价款优先受偿。

留置财产折价或者变卖的,应当参照市场价格。

第四百五十四条 债务人可以请求留置权人在债务履行期限届满后行使留置权;留置权人不行使的,债务人可以请求人民法院拍卖、变卖留置财产。

第六百四十二条 当事人约定出卖人保留合同标的物的所有权,在标的物所有权转移前,买受人有下列情形之一,造成出卖人损害的,除当事人另有约定外,出卖人有权取回标的物:

(一)未按照约定支付价款,经催告后在合理期限内仍未支付;

(二)未按照约定完成特定条件;

(三)将标的物出卖、出质或者作出其他不当处分。

出卖人可以与买受人协商取回标

的物;协商不成的,可以参照适用担保物权的实现程序。

【司法解释】

1.《最高人民法院关于适用〈中华人民共和国民事诉讼法〉的解释》(法释〔2015〕5号,20150204;经法释〔2022〕11号修正,20220410)

第三百五十九条 民事诉讼法第二百零三条①规定的担保物权人,包括抵押权人、质权人、留置权人;其他有权请求实现担保物权的人,包括抵押人、出质人、财产被留置的债务人或者所有权人等。

【重点解读】本条是关于特别程序实现担保物权案件中担保物权人的规定。

《民事诉讼法》对于"担保物权人"和"其他有权请求实现担保物权的人"的具体范围并没有作出明确规定,但哪些主体可以成为实现担保物权的申请主体是此类案件立案审查与审理中首先需要明确的问题,为此,该司法解释进行了明确,担保物权实现程序中的申请人主要包括"抵押权人""质权人""留置权人",以及特定情形下的"抵押人""出质人""财产被留置的债务人""所有权人"等。

因现实中可能会出现以下损害"抵押人""出质人""财产被留置的债务人""所有权人"合法权益的情形:一是若债务履行期届满后债务人无力清偿债务,抵押权人又不对抵押物进行变现,则可能导致债务人承担高额的逾期利息,而且抵押物的变现价格也受到市场影响;二是债务履行期满后债务人未履行债务,而质权人控制着质物又不及时行使质权,其结果可能是质物价格下跌,甚至发生毁损、灭失等情况;三是留置权人长期持续占有留置财产而不实现留置权,造成留置财产自然损耗或者贬值。为保障上述特定情形下的主体的合法权益不被损害,有必要将其纳入申请实现担保物权主体,赋予其通过该程序保障其权益的权利和目的。

第三百六十条 实现票据、仓单、提单等有权利凭证的权利质权案件,可以由权利凭证持有人住所地人民法院管辖;无权利凭证的权利质权,由出质登记地人民法院管辖。

【重点解读】本条是关于实现权利凭证的管辖法院的规定。

根据《民法典》的规定,担保物权包括抵押权、质权、留置权,质权又包括有权利凭证和无权利凭证的权利质权。

在实现担保物权案件中,对于质权的管辖法院,根据质权性质的不同,区分不同的管辖法院,即对票据、仓单、提单等有权利凭证的权利质权案件,由权利凭证持有人住所地人民法院管辖;对无权利凭证的权利质权,由出质登记地人民法院管辖。

----

① 对应2023年《民事诉讼法》第207条。——编者注

第三百六十一条　实现担保物权案件属于海事法院等专门人民法院管辖的，由专门人民法院管辖。

【重点解读】本条是实现担保物权案件中关于专门管辖法院的规定。

根据《海事法院受案范围规定》的相关规定，海事法院作为专门人民法院，审理涉及海事海商的案件，包括船舶抵押合同纠纷案、船舶租用合同纠纷案件、船舶融资租赁合同纠纷案件等。因此，担保物权涉及船舶抵押权等属于海事法院专属管辖的，由海事法院专门管辖。

第三百六十二条　同一债权的担保物有多个且所在地不同，申请人分别向有管辖权的人民法院申请实现担保物权的，人民法院应当依法受理。

【重点解读】本条是关于在实现担保物权案件中对于同一债权有多个担保物时如何确定管辖法院的规定。

在实践中，同一债权有多个担保物且所在地不同的情况比较常见，因此，有必要明确该种情形下的管辖法院。因此，对于上述情形，司法解释规定申请人可以分别向有管辖权的人民法院提出申请，申请人既可以向其中一个担保物所在地的基层人民法院申请，也可以向各个担保物所在地的基层人民法院分别提出申请，各人民法院不能以担保物有多个或者担保物分散在多地为借口拒绝受理，而应当是对申请人的申请都依法受理。

第三百六十三条　依照民法典第三百九十二条的规定，被担保的债权既有物的担保又有人的担保，当事人对实现担保物权的顺序有约定，实现担保物权的申请违反该约定的，人民法院裁定不予受理；没有约定或者约定不明的，人民法院应当受理。

【重点解读】本条是关于人保与物保并存时人民法院如何受理申请实现担保物权案件的规定。

根据《民法典》第392条的规定，被担保的债权既有物的担保又有人的担保的，债务人不履行到期债务或者发生当事人约定的实现担保物权的情形，债权人应当按照约定实现债权；没有约定或者约定不明确，债务人自己提供物的担保的，债权人应当先就该物的担保实现债权；第三人提供物的担保的，债权人可以就物的担保实现债权，也可以请求保证人承担保证责任。提供担保的第三人承担担保责任后，有权向债务人追偿。

因此，本条司法解释规定，被担保的债权既有物的担保又有人的担保，当事人对实现担保物权的顺序有约定，当事人向人民法院提出实现担保物权的申请违反该约定的，人民法院应当对该申请裁定不予受理；对没有约定或者约定不明的，人民法院应当受理。

需要注意的是，人保与物保并存时，当事人对担保范围及实现顺序等没有约定的，物保是由主债务人自己提供的，债权人应当先就该物的担保实现债权；物保是由第三人提供的，债权人可自由选择行使物保或人保。在上述情形中，债权人选择申请实现担保物权的，人民法院应适用实现担保物权程序。

第三百六十四条 同一财产上设立多个担保物权，登记在先的担保物权尚未实现的，不影响后顺位的担保物权人向人民法院申请实现担保物权。

【重点解读】本条是关于同一财产上设有多个担保物权的后顺位的担保物权人是否可以申请实现担保物权的规定。

在司法实践中，可能存在同一财产上设立多个担保物权，但登记在先的担保物权尚未实现，也未向人民法院申请实现担保物权的情形。为公平保护其他担保权人的合法权益，该条司法解释规定，对于上述情形，后顺位的担保物权人可以向人民法院申请实现担保物权，人民法院应予以受理。但需要注意的是，担保物权实现后，在执行过程中，法院应将拍卖、变卖价款按顺位给登记在先的担保物权人留存，再将剩余款项分配给后顺位担保物权人。

第三百六十五条 申请实现担保物权，应当提交下列材料：

（一）申请书。申请书应当记明申请人、被申请人的姓名或者名称、联系方式等基本信息，具体的请求和事实、理由；

（二）证明担保物权存在的材料；

（三）证明实现担保物权条件成就的材料；

（四）担保财产现状的说明；

（五）人民法院认为需要提交的其他材料。

【重点解读】本条是关于在申请实现担保物权案件中申请人应提交哪些材料的规定。

根据该条规定，申请人申请实现担保物权，应当提交以下五种材料：一是记载有申请人、被申请人的姓名或者名称、联系方式等基本信息，具体的请求和事实、理由的申请书；二是包括主合同、担保合同、抵押登记证明或者他项权利证书，权利质权的权利凭证或者质权出质登记证明等可以证明担保物权存在的材料；三是可以证明实现担保物权条件成就的材料，如债务人不履行到期债务，或者是发生了当事人约定的实现担保物权等情形；四是关于担保财产现状的相关说明材料，包括担保财产名称、所在地、数量、状态及相关产权情况等情况；五是人民法院认为需要提交的其他材料。

需要注意的是，上述材料是申请实现担保物权案件中当事人必须提交的材料，对于材料不齐或不符合规定的，经人民法院通知补充，而在规定期限内不补充或者仍补充不齐全的，人民法院对该申请可以裁定不予受理。

2.《最高人民法院关于审理矿业权纠纷案件适用法律若干问题的解释》（法释〔2017〕12号，20170727；经法释〔2020〕17号修正，20210101）

第十六条 债务人不履行到期债务或者发生当事人约定的实现抵押权的情形，抵押权人依据民事诉讼法第一百九十六条、第一百九十七条①规定申请实现抵押权的，人民法院可以拍卖、变卖矿业权或者裁定以矿业权抵债，但矿业权竞买人、受让人应具备相应的资质条件。

【司法文件】

《最高人民法院关于依法妥善审理涉新冠肺炎疫情民事案件若干问题的指导意见（二）》（法发〔2020〕17 号，20200515）

11. 防疫物资生产经营企业以其生产设备、原材料、半成品、产品等动产设定浮动抵押，抵押权人依照《中华人民共和国民事诉讼法》第一百九十六条②的规定申请实现担保物权的，人民法院受理申请后，被申请人或者利害关系人能够证明实现抵押权将危及企业防疫物资生产经营的，可待疫情或者疫情防控措施影响因素消除后再行处理。

【法院参考案例】

人民法院在实现担保物权非讼程序中作出准许拍卖、变卖担保财产的裁定后，当事人又就同一担保法律关系向人民法院提起担保物权纠纷之诉的，人民法院是否应予受理[宁安合作联社东京城信用社与天福利亨公司民间借贷纠纷上诉案，《民事审判指导与参考（2018 年卷）》]

《民事诉讼法》第 196 条（现为第 207 条）规定的申请实现担保物权程序属于非讼程序。当事人通过非讼程序申请实现担保物权，人民法院作出的准许拍卖、变卖担保财产的裁定，属于国家权力机关作出的许可性裁定，具有法律上的强制执行力，阻断了当事人通过其他民事诉讼程序再行争执的机会，使得申请人和被申请人均丧失了相应诉权。因此，人民法院在实现担保物权非讼程序中作出准许拍卖、变卖担保财产的裁定后，当事人又就同一担保法律关系向人民法院提起担保物权纠纷之诉的，人民法院不应受理。但是，通过实现担保物权非讼程序拍卖、变卖担保物后仍不足以清偿全部主债权的，债权人可就未实现的债权另行通过诉讼程序主张权利。

第二百零八条 【裁定与执行】 人民法院受理申请后，经审查，符合法律规定的，裁定拍卖、变卖担保财产，当事人依据该裁定可以向人民法院申请执行；不符合法律规定的，裁定驳回申请，当事人可以向人民法院提起诉讼。

---

① 分别对应 2023 年《民事诉讼法》第 207 条、第 208 条。——编者注

② 对应 2023 年《民事诉讼法》第 207 条。——编者注

【立法·要点注释】

1. 审查方式。人民法院受理申请人提出的实现担保物权申请后，应当对申请进行审查。根据《民事诉讼法解释》第366—368条的规定，人民法院受理申请后，应当在5日内向被申请人送达申请书副本、异议权利告知书等文书，被申请人有异议的，应当在收到人民法院通知后的5日内向人民法院提出，同时说明理由并提供相应的证据材料；人民法院审理实现担保物权案件，可以由审判员一人独任审查，担保财产标的额超过基层人民法院管辖范围的，应当组成合议庭进行审查；人民法院审查实现担保物权案件，可以询问申请人、被申请人、利害关系人，必要时可以依职权调查相关事实。

2. 判断标准。人民法院审查实现担保物权案件，审查过程中的判断标准是申请人提出的申请内容是否符合法律规定。关于如何判断是否符合判断标准，《民事诉讼法解释》第369条规定，人民法院审查实现担保物权案件，应当就主合同的效力、期限、履行情况、担保物权是否有效设立、担保财产的范围、被担保的债权范围、被担保的债权是否已届清偿期等担保物权实现的条件，以及是否损害他人合法权益等内容进行审查。被申请人或者利害关系人提出异议的，人民法院应当一并审查。

3. 审查结果。人民法院审查实现担保物权案件，根据案件具体情况的不同分成两种审查结果。一是经审查符合法律规定的，裁定拍卖、变卖担保财产，当事人依据该裁定可以向人民法院申请执行；另外一种是经审查不符合法律规定的，裁定驳回申请，当事人可以向人民法院提起诉讼。《民事诉讼法解释》第370条对审查结果细化成三种，分别是：当事人对实现担保物权无实质性争议且实现担保物权条件成就的，裁定准许拍卖、变卖担保财产；当事人对实现担保物权有部分实质性争议的，可以就无争议部分裁定准许拍卖、变卖担保财产；当事人对实现担保物权有实质性争议的，裁定驳回申请，并告知申请人向人民法院提起诉讼。需要注意的是，人民法院审查该类案件，最后作出的审查结果所用的文书样式均为裁定书。

4. 救济途径。本条文未规定当事人或利害关系人不服裁定的救济途径，但《民事诉讼法解释》第372条第2款对此进行了规定，对人民法院作出的准许实现担保物权的裁定，当事人有异议的，应当自收到裁定之日起15日内提出；利害关系人有异议的，自知道或者应当知道其民事权益受到侵害之日起6个月内提出。

【司法解释】

1.《最高人民法院关于适用〈中华人民共和国民事诉讼法〉的解释》(法释

〔2015〕5号,20150204;经法释〔2022〕11号修正,20220410)

第三百六十六条 人民法院受理申请后,应当在五日内向被申请人送达申请书副本、异议权利告知书等文书。

被申请人有异议的,应当在收到人民法院通知后的五日内向人民法院提出,同时说明理由并提供相应的证据材料。

【重点解读】本条是关于人民法院受理申请实现担保物权案件后相关程序性事项的规定。

一是送达文书义务,人民法院受理申请后,应当向被申请人送达包括申请书副本、异议权利告知书在内的相关文书。

二是送达时间的限制。人民法院应当在受理申请后5日内向被申请人送达相关案件文书。

三是被申请人的异议权利及时间限制。被申请人对申请人向人民法院申请实现担保物权有异议的,应当在收到人民法院通知后的5日内提出异议,同时应当说明理由并提供相应的证据材料。

第三百六十七条 实现担保物权案件可以由审判员一人独任审查。担保财产标的额超过基层人民法院管辖范围的,应当组成合议庭进行审查。

【重点解读】本条是关于人民法院受理申请实现担保物权案件后关于审判组织的规定。

人民法院依照特别程序审理的案件,除选民资格案件或者重大、疑难的案件由审判员组成合议庭审理以外,其他案件由审判员一人独任审理。因此,实现担保物权的案件,一般由审判员一人独任审查,但又有例外规定,即现实生活中,有些担保财产数额巨大,超过了基层人民法院管辖范围,因此,对担保财产标的额超过基层人民法院管辖范围的申请实现担保物权案件,人民法院应当组成合议庭进行审查。

第三百六十八条 人民法院审查实现担保物权案件,可以询问申请人、被申请人、利害关系人,必要时可以依职权调查相关事实。

【重点解读】本条是关于人民法院审查实现担保物权案件时的相关程序性规定。

在特别程序中设立实现担保物权程序,主要目的在于更快速和更高效地实现担保物权。因此,人民法院审查实现担保物权案件,一般采用书面审查原则,即对当事人提交的申请材料的合法性、真实性、关联性予以审查。但上述案件需要当事人配合调查,才能更好地了解案件事实和掌握案件真实情况的,人民法院可以询问申请人、被申请人、利害关系人,向他们核实案件相关事实,必要时也可以依职权调查相关事实。

第三百六十九条 人民法院应当就主合同的效力、期限、履行情况,担保物权是否有效设立、担保财产的范围、被担保的债权范围、被担保的债权是否已届清偿期等担保物权实现的条件，以及是否损害他人合法权益等内容进行审查。

被申请人或者利害关系人提出异议的，人民法院应当一并审查。

【重点解读】本条是关于人民法院审查实现担保物权案件时应当审查哪些内容的规定。

根据本条规定，在该类案件中，人民法院审查的内容包括主合同的效力、期限、履行情况，担保物权是否有效设立、担保财产的范围、被担保的债权范围、被担保的债权是否已届清偿期，担保物权实现的条件是否具备，是否损害他人合法权益等。审查的标准为上述内容是否符合法律规定。对于上述内容均符合法律规定的，人民法院裁定拍卖、变卖担保财产，当事人依据该裁定可以向人民法院申请执行。

同时，在案件审查过程中，被申请人或者利害关系人提出异议的，人民法院应当一并审查异议的内容是否成立。被申请人或者利害关系人提供相应证据证明其提出的异议成立，且经审查后发现确实属于对实现担保物权有实质性争议，人民法院应当裁定驳回实现担保物权的申请，并告知申请人向人民法院起诉；经审查异议不成立的，直接作出拍卖、变卖担保财产的裁定。

第三百七十条 人民法院审查后，按下列情形分别处理：

（一）当事人对实现担保物权无实质性争议且实现担保物权条件成就的，裁定准许拍卖、变卖担保财产；

（二）当事人对实现担保物权有部分实质性争议的，可以就无争议部分裁定准许拍卖、变卖担保财产；

（三）当事人对实现担保物权有实质性争议的，裁定驳回申请，并告知申请人向人民法院提起诉讼。

【重点解读】本条是关于人民法院对申请实现担保物权案件进行审查后应当作出何种处理的规定。

《民事诉讼法》第208条对实现担保物权案件的审查标准作了"人民法院受理申请后，经审查，符合法律规定的，裁定拍卖、变卖担保财产……"的规定。但对何种情形属于符合法律规定没有作出具体规定，因此本条司法解释对审查标准进行了明确。一是申请人与被申请人或利害关系人之间对实现担保物权无实质性争议且实现担保物权条件成就的，裁定准许拍卖、变卖担保财产；二是申请人与被申请人利害关系人对实现担保物权有部分实质性争议的，就无争议部分人民法院可以裁定准许拍卖、变卖担保财产；三是申请人与被申请人或利害关系人对实现担保物权有实质性争议的，因实质性争议不适用特别程序审理，人民法院应当裁定驳回申请，并告知申请人向人民法院提起诉讼。

第三百七十一条 人民法院受理申请后，申请人对担保财产提出保全申请的，可以按照民事诉讼法关于诉讼保全的规定办理。

【重点解读】本条是关于实现担保物权案件如何对担保财产提出保全的规定。

实现担保物权案件中，申请人可以对担保财产向人民法院提出保全申请，人民法院可以按照《民事诉讼法》第九章中关于诉讼保全的相关规定予以办理。即人民法院对于可能因当事人一方的行为或者其他原因，使判决难以执行或者造成当事人其他损害的案件，根据对方当事人的申请，可以裁定对其财产进行保全、责令其作出一定行为或者禁止其作出一定行为。人民法院采取保全措施，可以责令申请人提供担保，申请人不提供担保的，裁定驳回申请。人民法院接受申请后，对情况紧急的，必须在 48 小时内作出裁定；裁定采取保全措施的，应当立即开始执行。申请人应当提供担保，不提供担保的，裁定驳回申请。保全限于请求的范围，或者与本案有关的财物。财产保全采取查封、扣押、冻结或者法律规定的其他方法。人民法院保全财产后，应当立即通知被保全财产的人。财产已被查封、冻结的，不得重复查封、冻结。财产纠纷案件，被申请人提供担保的，人民法院应当裁定解除保全。申请有错误的，申请人应当赔偿被申请人因保全所遭受的损失。

第三百七十二条　适用特别程序作出的判决、裁定，当事人、利害关系人认为有错误的，可以向作出该判决、裁定的人民法院提出异议。人民法院经审查，异议成立或者部分成立的，作出新的判决、裁定撤销或者改变原判决、裁定；异议不成立的，裁定驳回。

对人民法院作出的确认调解协议、准许实现担保物权的裁定，当事人有异议的，应当自收到裁定之日起十五日内提出；利害关系人有异议的，自知道或者应当知道其民事权益受到侵害之日起六个月内提出。

【重点解读】本条是关于当事人、案外人认为适用特别程序所作出的判决、裁定有错误的该如何救济的规定。理解本条需要注意以下内容：

1. 提起异议的主体。当事人、利害关系人认为适用特别程序作出的判决、裁定有错误的，可以提出异议。

2. 受理异议的法院。向作出原判决、裁定的人民法院提出。

3. 提出异议的期限。选民资格案件、宣告失踪或者宣告死亡案件、认定公民无民事行为能力或者限制民事行为能力案件、认定财产无主案件，对当事人、利害关系人提出异议期限没有限制。但对于确认调解协议和实现担保物权的裁定，则对提出异议的期限进行了限制，并根据异议主体区分了提出期限：当事人是自收到判决、裁定之日起 15 日内提出；利害关系人是自知道或者应当知道其民事权益受到侵害之日起 6 个月内提出。

4. 异议的处理结果。人民法院经审查，异议成立或者部分成立的，作出新的判决、裁定撤销或者改变原判决、裁定;异议不成立的,裁定驳回。

2.《最高人民法院关于适用〈中华人民共和国民法典〉有关担保制度的解释》(法释〔2020〕28号,20210101)

第四十五条 当事人约定当债务人不履行到期债务或者发生当事人约定的实现担保物权的情形,担保物权人有权将担保财产自行拍卖、变卖并就所得的价款优先受偿的,该约定有效。因担保人的原因导致担保物权人无法自行对担保财产进行拍卖、变卖,担保物权人请求担保人承担因此增加的费用的,人民法院应予支持。

当事人依照民事诉讼法有关"实现担保物权案件"的规定,申请拍卖、变卖担保财产,被申请人以担保合同约定仲裁条款为由主张驳回申请的,人民法院经审查后,应当按照以下情形分别处理:

(一)当事人对担保物权无实质性争议且实现担保物权条件已经成就的,应当裁定准许拍卖、变卖担保财产;

(二)当事人对实现担保物权有部分实质性争议的,可以就无争议的部分裁定准许拍卖、变卖担保财产,并告知可以就有争议的部分申请仲裁;

(三)当事人对实现担保物权有实质性争议的,裁定驳回申请,并告知可以向仲裁机构申请仲裁。

债权人以诉讼方式行使担保物权的,应当以债务人和担保人作为共同被告。

3.《最高人民法院关于审理森林资源民事纠纷案件适用法律若干问题的解释》(法释〔2022〕16号,20220615)

第十五条 以林地经营权、林木所有权等法律、行政法规未禁止抵押的森林资源资产设定抵押,债务人不履行到期债务或者发生当事人约定的实现抵押权的情形,抵押权人与抵押人协议以抵押的森林资源资产折价,并据此请求接管经营抵押财产的,人民法院依法予以支持。

抵押权人与抵押人未就森林资源资产抵押权的实现方式达成协议,抵押权人依据民事诉讼法第二百零三条、第二百零四条①的规定申请实现抵押权的,人民法院依法裁定拍卖、变卖抵押财产。

第十六条 以森林生态效益补偿收益、林业碳汇等提供担保,债务人不履行到期债务或者发生当事人约定的实现担保物权的情形,担保物权人请求就担保财产优先受偿的,人民法院依法予以支持。

4.《最高人民法院关于审理矿业权纠纷案件适用法律若干问题的解释》(法释〔2017〕12号,20170727;经法释〔2020〕17号修正,20210101)

第十六条 债务人不履行到期债务或者发生当事人约定的实现抵押权

――――――

① 分别对应2023年《民事诉讼法》第207条、第208条。——编者注

的情形,抵押权人依据民事诉讼法第一百九十六条、第一百九十七条①规定申请实现抵押权的,人民法院可以拍卖、变卖矿业权或者裁定以矿业权抵债,但矿业权竞买人、受让人应具备相应的资质条件。

第十七条　矿业权抵押期间因抵押人被兼并重组或者矿床被压覆等原因导致矿业权全部或者部分灭失,抵押权人请求就抵押因此获得的保险金、赔偿金或者补偿金等款项优先受偿或者将该款项予以提存的,人民法院应予支持。

【司法文件】

1.《民事诉讼程序繁简分流改革试点问答口径(二)》(最高人民法院,法〔2020〕272 号,20201023)

十一、下列纠纷,当事人经调解达成调解协议的,可否申请司法确认:(一)涉及抵押权的优先受偿等准物权纠纷的;(二)离婚后财产纠纷、分家析产纠纷中涉及房屋所有权分割问题及分割后需办理房屋过户手续的;(三)代持股权权属认定的;(四)合同纠纷中双方当事人约定仲裁的?

答:《民事诉讼法司法解释》第三百五十七条②规定:调解协议内容涉及适用其他特别程序、物权确权以及不属于人民法院受理范围等情形,当事人申请司法确认的,人民法院应当裁定不予受理或驳回申请。根据上述规定,对于

第(一)类调解协议,当事人应当按照《中华人民共和国民事诉讼法》(以下简称《民事诉讼法》)第一百九十六条、第一百九十七条③的规定,通过实现担保物权程序解决;对于第(二)(三)类调解协议,由于房屋所有权分割、代持股权权属认定属于确权类纠纷,不宜由司法确认程序处理,应当通过诉讼程序解决;对于第(四)类调解协议,根据《中华人民共和国仲裁法》第五条和《民事诉讼法》第一百二十四条④的规定,当事人已经达成书面仲裁协议,约定通过仲裁方式解决纠纷的,不属于人民法院主管范围,应当按照约定提起仲裁。总之,上述调解协议均不符合司法确认程序的适用条件,当事人不能申请司法确认。

2.《全国法院审理债券纠纷案件座谈会纪要》(最高人民法院,法〔2020〕185 号,20200715)

18. 登记在受托管理人名下的担保物权行使。根据《最高人民法院关于〈国土资源部办公厅关于征求为公司债券持有人办理国有土地使用权抵押登

---

①　分别对应 2023 年《民事诉讼法》第207 条、第 208 条。——编者注

②　对应 2022 年《民事诉讼法解释》第355 条。——编者注

③　分别对应 2023 年《民事诉讼法》第207 条、第 208 条。——编者注

④　对应 2023 年《民事诉讼法》第127条。——编者注

记意见函〉的答复》精神,为债券设定的担保物权可登记在受托管理人名下,受托管理人根据民事诉讼法第一百九十六条、第一百九十七条①的规定或者通过普通程序主张担保物权的,人民法院应当予以支持,但应在裁判文书主文中明确由此所得权益归属于全体债券持有人。受托管理人仅代表部分债券持有人提起诉讼的,人民法院还应当根据其所代表的债券持有人份额占当期发行债券的比例明确其相应的份额。

---

① 分别对应 2023 年《民事诉讼法》第 207 条、第 208 条。——编者注

第十六章　审判监督程序

第二百零九条　【人民法院决定再审】各级人民法院院长对本院已经发生法律效力的判决、裁定、调解书,发现确有错误,认为需要再审的,应当提交审判委员会讨论决定。

最高人民法院对地方各级人民法院已经发生法律效力的判决、裁定、调解书,上级人民法院对下级人民法院已经发生法律效力的判决、裁定、调解书,发现确有错误的,有权提审或者指令下级人民法院再审。

【立法·要点注释】

1. 本条第 1 款是关于作出生效裁判的法院基于自我监督而对案件进行再审的规定。人民法院审理民事案件必须以事实为根据,以法律为准绳,这是我国《民事诉讼法》的重要原则,但法院的审判人员在认识能力和判断能力上也会有局限性,他们有可能在事实认定或者适用法律方面出现错误。按照有错必纠的原则,各级人民法院应当对本院作出的生效裁判负责。根据本条规定,各级人民法院院长发现本院的生效判决、裁定确有错误,在本院审判委员会确认并决定后,应当进入再审程序。

2. 本条第 2 款是基于最高人民法院对地方各级人民法院审判工作的监督,以及上级人民法院对下级人民法院审判工作的监督而引起案件再审的规定。按照《人民法院组织法》的规定,最高人民法院是国家的最高审判机关,有权监督地方各级人民法院和专门人民法院的审判工作。同时,上级人民法院有权监督下级人民法院的审判工作。上级人民法院对下级人民法院审判监督的主要内容之一,就是发现下级人民法院已经发生法律效力的判决、裁定确有错误的,有权提审或者指令下级人民法院再审。

3. 不管是对发生法律效力的判决、裁定还是调解书,提起再审的条件都是"确有错误"。"确有错误"主要是指有本法第 211 条和第 212 条规定的各种情形。本法第 211 条规定:"当事人的申请符合下列情形之一的,人民法院应当再审:(一)有新的证据,足以推翻原判决、裁定的;(二)原判决、裁定认定的基本事实缺乏证据证明的;(三)原判决、裁定认定事实的主要证据是伪造的;(四)原判决、裁定认定事实的主要证据未经质证的;(五)对审理案件需要的主要证据,当事人因客观原因不能自行收集,书面申请人民法院调查收集,人民法院未调查收集的;(六)原判决、裁定适用法律确有错误的;(七)审判组织的组成不合法或者依法应当回避的审判人员没有回避的;(八)无诉讼行为能力人未经法定代理人代为诉讼或者应当参加诉讼的当事人,因不能归责于本人或者其诉讼代理人的事由,未参加诉讼的;(九)违反法律规定,剥夺当事人辩论权利的;(十)未经传票传唤,缺席判决的;(十一)原判决、裁定遗漏或者超出诉讼请求的;(十二)据以作出原判决、裁定的法律文书被撤销或者变更的;(十三)审判人员审理该案件时有贪污受贿,徇私舞弊,枉法裁判行为的。"第212条规定:"当事人对已经发生法律效力的调解书,提出证据证明调解违反自愿原则或者调解协议的内容违反法律的,可以申请再审。经人民法院审查属实的,应当再审。"除具备相关再审事由外,还需要注意错误的确定性,即原审裁判文书中存在的错误是确定无疑的,而不仅仅是可能性;要注意错误的严重性,程序性的错误要足以影响实体裁判的正确性,事实认定、法律适用的错误要足以推翻原审裁判结果。不能因当事人反复申诉将依法不应当

再审的案件依职权裁定再审。

【司法解释】

1.《最高人民法院关于适用〈中华人民共和国民事诉讼法〉审判监督程序若干问题的解释》(法释〔2008〕14号,20081201;经法释〔2020〕20号修正,20210101)

第二十一条 当事人未申请再审、人民检察院未抗诉的案件,人民法院发现原判决、裁定、调解协议有损害国家利益、社会公共利益等确有错误情形的,应当依照民事诉讼法第一百九十八条①的规定提起再审。

【重点解读】本条并不是从对《民事诉讼法》第209条作限缩性解释的角度作出规定,而是设定了一个特殊情形,也就是在当事人和人民检察院都没有通过法定程序对生效裁判提起启动再审程序的情形下,强调人民法院应当主动依职权启动再审程序的情形。因此不能理解为本条将《民事诉讼法》第209条的错误情形仅仅限制在本条规定范围。即使理解为是对第209条的解释,因为存在"等确有错误情形"的兜底性条款规定,也没有将依职权启动再审限定在仅仅是损害国家利益、社会公共利益的错误情形。但是,在司法实

---

① 对应2023年《民事诉讼法》第209条。——编者注

践中适用《民事诉讼法》第209条时确应慎重，也应参照本条执行。首先是存在损害国家利益、社会公共利益情形的，人民法院负有主动介入的义务。同时，对纯属私权利领域的错误，一般应在当事人无救济渠道的情形下，原审裁判的错误又属于重大错误，不纠正有违司法正义要求的情形下，才考虑由人民法院依职权启动再审。在当事人享有申请再审权利的情形下，应告知当事人通过申请再审进行救济。

2.《最高人民法院关于民事审判监督程序严格依法适用指令再审和发回重审若干问题的规定》（法释〔2015〕7号，20150315）

第二条　因当事人申请裁定再审的案件一般应当由裁定再审的人民法院审理。有下列情形之一的，最高人民法院、高级人民法院可以指令原审人民法院再审：

（一）依据民事诉讼法第二百条①第（四）项、第（五）项或者第（九）项裁定再审的；

（二）发生法律效力的判决、裁定、调解书是由第一审法院作出的；

（三）当事人一方人数众多或者当事人双方为公民的；

（四）经审判委员会讨论决定的其他情形。

人民检察院提出抗诉的案件，由接受抗诉的人民法院审理，具有民事诉讼法第二百条第（一）至第（五）项规定情

形之一的，可以指令原审人民法院再审。

人民法院依据民事诉讼法第一百九十八条②第二款裁定再审的，应当提审。

【司法文件】

1.《最高人民法院关于加强和规范案件提级管辖和再审提审工作的指导意见》（法发〔2023〕13号，20230801）

第三条　本意见所称"再审提审"，是指根据《中华人民共和国民事诉讼法》第二百零五条③第二款、第二百一十一条④第二款，《中华人民共和国行政诉讼法》第九十一条、第九十二条第二款的规定，上级人民法院对下级人民法院已经发生法律效力的民事、行政判决、裁定，认为确有错误并有必要提审的，裁定由本院再审，包括上级人民法院依职权提审、上级人民法院依当事人再审申请提审、最高人民法院依高级人民法院报请提审。

第十五条　上级人民法院对下级人民法院已经发生法律效力的民事、行

---

① 对应2023年《民事诉讼法》第211条。——编者注

② 对应2023年《民事诉讼法》第209条。——编者注

③ 对应2023年《民事诉讼法》第209条。——编者注

④ 对应2023年《民事诉讼法》第215条。——编者注

政判决、裁定,认为符合再审条件的,一般应当提审。

对于符合再审条件的民事、行政判决、裁定,存在下列情形之一的,最高人民法院、高级人民法院可以指令原审人民法院再审,或者指定与原审人民法院同级的其他人民法院再审,但法律和司法解释另有规定的除外:

(一)原判决、裁定认定事实的主要证据未经质证的;

(二)对审理案件需要的主要证据,当事人因客观原因不能自行收集,书面申请人民法院调查收集,人民法院未调查收集的;

(三)违反法律规定,剥夺当事人辩论权利的;

(四)发生法律效力的判决、裁定是由第一审法院作出的;

(五)当事人一方人数众多或者当事人双方均为公民的民事案件;

(六)经审判委员会讨论决定的其他情形。

2.《第一次全国民事再审审查工作会议纪要》(最高人民法院,法〔2011〕159号,20110421)

29.上级人民法院裁定指令再审的案件,原审人民法院应当及时将再审结果反馈给上级人民法院。

上级人民法院裁定驳回再审申请后,原审人民法院依照民事诉讼法第一百七十七条①的规定决定再审的,应当报请上级人民法院同意。

30.上级人民法院应当充分发挥监督指导职能,及时总结民事再审审查工作中发现的法律适用等具有共性的问题,以适当形式予以公布,指导下级人民法院民事再审审查工作。

31.上级人民法院应当建立信息通报制度,定期公布申请再审案件审查结果,通报辖区内下级人民法院民事案件的申请再审率、裁定再审率、按期送卷率等工作指标,实现上下级人民法院和同级人民法院之间信息共享和良性互动。

32.人民法院再审审查机构应当加强与再审审理机构的沟通,建立再审案件审判结果跟踪制度,及时了解再审案件审判结果,认真查找工作中存在的问题,提升民事再审审查工作质效。

第二百一十条 【当事人申请再审】当事人对已经发生法律效力的判决、裁定,认为有错误的,可以向上一级人民法院申请再审;当事人一方人数众多或者当事人双方为公民的案件,也可以向原审人民法院申请再审。当事人申请再审的,不停止判决、裁定的执行。

---

① 对应2023年《民事诉讼法》第209条。——编者注

【立法·要点注释】

1. 当事人对判决、裁定申请再审的条件。首先是判决、裁定已经发生法律效力。如果判决、裁定尚未发生法律效力，当事人就不可以申请再审。其次是当事人认为生效判决、裁定有错误。

2. 当事人应当向哪一级人民法院申请再审。对此需要注意三点：第一，向上一级人民法院申请再审是一般原则；第二，向原审人民法院申请再审是例外规定，只能在当事人一方人数众多或者当事人双方为公民的案件中可以作为当事人的选择之一，其他案件还是要向上一级人民法院申请再审；第三，允许当事人在上一级人民法院和原审人民法院之中选择其一申请再审，并不意味着可以多头申诉、重复申请。如果当事人已经向原审人民法院提出再审申请，就不应当再向上一级人民法院提出；反之亦然。

3. 申请再审与执行程序的关系。当事人申请再审的，不停止判决、裁定的执行。根据本法第 215 条的规定，人民法院对再审申请的审查期间为 3 个月。在作出是否进入再审程序的裁定前，不停止该判决、裁定的执行。一旦裁定进入再审程序，依照本法第 217 条的规定，对于追索赡养费、扶养费、抚养费、抚恤金、医疗费用、劳动报酬等案件，决定再审的人民法院可以不中止执行；而对于其他案件，决定再审的人民法院应当裁定中止原判决、裁定的执行。

【司法解释】

1.《最高人民法院关于适用〈中华人民共和国民事诉讼法〉的解释》（法释〔2015〕5 号，20150204；经法释〔2022〕11 号修正，20220410）

第七十五条　民事诉讼法第五十六条、第五十七条和第二百零六条①规定的人数众多，一般指十人以上。

第三百七十三条　当事人死亡或者终止的，其权利义务承继者可以根据民事诉讼法第二百零六条、第二百零八条②的规定申请再审。

判决、调解书生效后，当事人将判决、调解书确认的债权转让，债权受让人对该判决、调解书不服申请再审的，人民法院不予受理。

第三百七十四条　民事诉讼法第二百零六条③规定的人数众多的一方当事人，包括公民、法人和其他组织。

民事诉讼法第二百零六条规定的当事人双方为公民的案件，是指原告和被告均为公民的案件。

【重点解读】《民事诉讼法》规定当

---

① 对应 2023 年《民事诉讼法》第 210 条。——编者注

② 分别对应 2023 年《民事诉讼法》第 210 条、第 212 条。——编者注

③ 对应 2023 年《民事诉讼法》第 210 条。——编者注

事人一方人数众多和当事人双方均为公民的案件也可以向原审人民法院申请再审,目的是赋予一定范围案件当事人选择向原审法院申请再审的权利,并非要求当事人只能向原审法院申请再审。当事人明确表示向上一级法院申请再审的,原审法院应当充分尊重当事人的意愿,及时将申请再审的材料和原审卷宗报送上一级法院。

第三百七十七条 当事人一方人数众多或者当事人双方为公民的案件,当事人分别向原审人民法院和上一级人民法院申请再审且不能协商一致的,由原审人民法院受理。

【重点解读】 这里的"分别",指的是在没有收到对方当事人的再审申请书副本的情况下,向有管辖权的人民法院申请再审。换言之,在一方当事人已经向有管辖权的法院之一申请再审,法院已经受理并向对方当事人发送再审申请书副本,对方当事人已经收到该副本的情况下,还向另一具有管辖权的法院申请再审,这种情况属于规避已经受理的法院管辖,不属于本条规定的情况,应由已经受理的法院审查。当事人分别向原审人民法院和上一级人民法院申请再审,两受理法院应及时征求双方当事人意见,由当事人协商确定管辖权。协商不成的,由原审人民法院受理。

第三百七十九条 当事人认为发生法律效力的不予受理、驳回起诉的裁定错误的,可以申请再审。

【重点解读】 不予受理、驳回起诉的裁定是终局性裁定,除非当事人通过另行起诉获得救济,裁定生效后即产生当事人不得再以同样的请求、事实理由起诉的效力。不予受理、驳回起诉的裁定存在错误,则可能损害当事人请求司法救济的诉权,涉及当事人的基本程序保障,当事人可以申请再审。发回重审、中止诉讼等其他针对诉讼程序问题作出的非终局性裁定,并未影响当事人基本诉讼权利和实体权利义务,不能申请再审。与此同时,对于按自动撤回上诉处理的裁定、管辖权异议裁定亦不能申请再审。

第三百八十条 当事人就离婚案件中的财产分割问题申请再审,如涉及判决中已分割的财产,人民法院应当依照民事诉讼法第二百零七条①的规定进行审查,符合再审条件的,应当裁定再审;如涉及判决中未作处理的夫妻共同财产,应当告知当事人另行起诉。

2.《最高人民法院关于适用〈中华人民共和国民事诉讼法〉审判监督程序若干问题的解释》(法释〔2008〕14 号,20081201;经法释〔2020〕20 号修正,20210101)

第一条 当事人在民事诉讼法第

---

① 对应 2023 年《民事诉讼法》第 211 条。——编者注

二百零五条①规定的期限内,以民事诉讼法第二百条②所列明的再审事由,向原审人民法院的上一级人民法院申请再审的,上一级人民法院应当依法受理。

第二十九条　民事再审案件的当事人应为原审案件的当事人。原审案件当事人死亡或者终止的,其权利义务承受人可以申请再审并参加再审诉讼。

【司法文件】

1.《最高人民法院民事申请再审指南》(20240430)

一、哪些民事案件可以向最高人民法院申请再审?

第一条　当事人对最高人民法院、高级人民法院已经发生法律效力的民事判决、裁定、调解书,可以向最高人民法院申请再审。

第二条　下列情形当事人申请再审的,最高人民法院不予受理:

(一)已经发生法律效力的解除婚姻关系的判决、调解书;

(二)当事人将生效判决、调解书确认的债权转让,债权受让人对该判决、调解书不服申请再审的案件;

(三)适用特别程序、督促程序、公示催告程序、破产程序等非讼程序审理的案件;

(四)再审申请被驳回的案件;

(五)再审判决、裁定;

(六)人民检察院对当事人的申请作出不予提出再审检察建议或者抗诉决定的案件。

二、当事人可以对哪些裁定申请再审?

第三条　当事人可以对最高人民法院、高级人民法院作出的符合本指南第一条规定的下列裁定向最高人民法院申请再审:

(一)不予受理的裁定;

(二)驳回起诉的裁定。

三、哪些人可以申请再审?

第四条　再审申请人应当符合下列情形之一:

(一)判决、裁定、调解书列明的当事人;

(二)认为原判决、裁定、调解书损害其民事权益,所提出的执行异议被裁定驳回的案外人;

(三)上述当事人或者案外人死亡或者终止的,其权利义务承继者。

七、涉外民事案件申请再审有没有特别规定?

第十二条　涉外民事案件中的外国当事人向最高人民法院申请再审,申请人为外国人的,应当提交护照等有效入境证件的复印件;申请人为外国企业或者组织的,应当提交经其所在国公证机关公证,并经中华人民共和国驻该国

---

① 对应 2023 年《民事诉讼法》第 216 条。——编者注

② 对应 2023 年《民事诉讼法》第 211 条。——编者注

使领馆认证的或者履行中华人民共和国与该国订立的有关条约中规定的证明手续的商业登记、代表人或者负责人身份证明等主体资格证明材料。

外国人、外国企业或者组织需要委托律师代理诉讼的，必须委托中华人民共和国的律师。从中华人民共和国领域外寄交或者托交的授权委托书等材料，应当经其所在国公证机关公证，并经中华人民共和国驻该国使领馆认证，或者履行中华人民共和国与该国订立的有关条约中规定的证明手续；我国在该国没有使领馆的，由与中华人民共和国有外交关系的第三国驻该国的使领馆证明，再转由中华人民共和国驻该第三国使领馆证明。侨居在国外的中华人民共和国公民从国外寄交或者托交的授权委托书，应当经中华人民共和国驻该国的使领馆证明；我国在该国没有使领馆的，由与中华人民共和国有外交关系的第三国驻该国的使领馆证明，再转由中华人民共和国驻该第三国使领馆证明，或者由当地的爱国华侨团体证明。外国人、外国企业或者组织的代表人在中华人民共和国境内签署授权委托书的，应当根据民事诉讼法司法解释第五百二十三条的规定，在人民法院法官见证下签署，或者根据民事诉讼法司法解释第五百二十四条的规定提交中华人民共和国公证机构的公证书。

2.《全国法院民事再审审查工作座谈会纪要》（最高人民法院，法办〔2013〕36号，20130329）

一、关于民事申请再审案件的受理

1. 当事人一方人数众多或者当事人双方为公民的案件，当事人申请再审的，应当向原人民法院提交申请再审材料，原审人民法院应当及时接收。当事人向原审人民法院提交申请再审材料时间为其申请再审时间。

原审人民法院接收上述案件材料后，区分下列情形处理：

（1）当事人选择向原审人民法院申请再审的，依法受理；

（2）当事人选择向上一级人民法院申请再审，经释明，当事人同意向原审人民法院申请再审的，依法受理；

（3）当事人选择向上一级人民法院申请再审，经释明，当事人不同意向原审人民法院申请再审的，在一个月内将申请再审材料、案件全部卷宗和释明情况一并报送上一级人民法院。

对于原审人民法院报送的申请再审案件材料，上一级人民法院认为符合法定条件的，应当及时受理。

3. 原告和被告均为公民的案件，为民事诉讼法第一百九十九条①规定的当事人双方为公民的案件。

3.《第一次全国民事再审审查工作会议纪要》（最高人民法院，法〔2011〕159号，20110421）

———————

① 对应2023年《民事诉讼法》第210条。——编者注

7. 人民法院在审查申请再审案件过程中，被申请人或者其他当事人提出符合条件的再审申请的，应当将其列为申请再审人，对于其再审事由一并审查，审查期限重新计算。经审查，其中一方申请再审人主张的再审事由成立的，人民法院即应裁定再审。部分当事人主张的再审事由成立，其余当事人主张的再审事由不成立的，在裁定书中载明部分当事人主张的再审事由成立，对于其余当事人主张的再审事由是否成立不作结论。各方申请再审人主张的再审事由均不成立的，一并裁定驳回。

一方当事人申请再审经人民法院裁定再审后，被申请人或其他当事人在再审审理期间提出再审申请的，不再进行审查，移送再审审理机构处理。被申请人或其他当事人在前案再审结束后对原裁判申请再审的，告知其可针对新作出的再审裁判主张权利。

8. 案外人对判决、裁定、调解书确定的执行标的物主张权利，且无法提起新的诉讼解决争议而申请再审的，应予受理。

判决生效后当事人将判决确认的债权转让，债权受让人对该判决不服申请再审的，不予受理。

9. 当事人向原审人民法院申请再审的，原审人民法院应当做好释明、和解工作。原审人民法院发现本院生效判决、裁定确有错误，认为需要再审的，依照民事诉讼法第一百七十七条①的规定处理。

10. 人民法院受理申请再审案件，应当依照《最高人民法院关于受理审查民事申请再审案件的若干意见》的规定，认真审查再审申请是否符合法定条件。有下列情形的，应当向申请再审人释明：

（1）申请再审人不是原审当事人、原审当事人的权利义务继受人或者《最高人民法院关于适用〈中华人民共和国民事诉讼法〉审判监督程序若干问题的解释》第五条规定的案外人；

（2）他人未经授权，以委托代理人名义代理当事人提出再审申请；

（3）再审申请不是向上一级人民法院提出；

（4）原审裁判系法律规定不得申请再审的裁判；

（5）申请再审的裁判尚未生效或已被再审撤销；

（6）再审申请书未列明再审事由或列明的再审事由不属于民事诉讼法第一百七十九条、第一百八十二条②规定的再审事由范围；

（7）再审申请不符合民事诉讼法第一百八十四条③规定的期间要求；

（8）其他不符合申请再审法定条件的情形。

人民法院受理再审申请后，发现当

---

① 对应2023年《民事诉讼法》第209条。——编者注

② 分别对应2023年《民事诉讼法》第211条、第212条。——编者注

③ 对应2023年《民事诉讼法》第216条。——编者注

事人申请再审不符合法定条件的,裁定驳回再审申请。

11. 案件受理后,应当依法向申请再审人发送受理通知书,向被申请人和其他当事人发送受理通知书、再审申请书副本和送达地址确认书。因通讯地址不详等原因,受理通知书、再审申请书副本等材料未发送至当事人的,不影响案件的审查。

4.《最高人民法院关于受理审查民事申请再审案件的若干意见》(法发〔2009〕26 号,20090427)

第七条 申请再审人向原审法院申请再审的,原审法院应针对申请再审事由并结合原裁判理由作好释明工作。申请再审人坚持申请再审的,告知其可以向上一级法院提出。

第八条 申请再审人越级申请再审的,有关上级法院应告知其向原审法院的上一级法院提出。

【法院参考案例】

1. 二审裁定按自动撤回上诉处理的案件,能否申请再审[青海新田房地产开发有限公司与万利建设有限公司等合资、合作开发房地产纠纷案,最高人民法院(2021)最高法民申 7905 号]

《民事诉讼法解释》第 381 条(现为第 379 条)规定"当事人认为发生法律效力的不予受理、驳回起诉的裁定错误的,可以申请再审",对可以申请再审的裁定类型仅限于不予受理和驳回起诉的裁定,按自动撤回上诉处理的裁定不能申请再审。但是鉴于按自动撤回上诉处理的裁定作出后一审判决即发生法律效力,如对一审判决不服,当事人可以通过直接针对一审判决申请再审获得救济。

2. 当事人在诉讼中将争议权利义务转让给第三人,受让人未替代原权利人参加诉讼的,转让人有无权利申请再审[中信银行股份有限公司成都分行与陕西龙门钢铁有限责任公司等金融借款纠纷案,最高人民法院(2019)最高法民再 308 号]

当事人在诉讼中将争议权利义务转让给第三人的,除受让人申请替代原权利人参加诉讼且被人民法院批准外,诉讼仍在原当事人之间进行,转让人的诉讼当事人资格和诉讼地位不受影响。申请再审作为一项基本诉讼权利,是当事人资格与诉讼地位的应有之义,自然为转让人所享有。因此,当事人在诉讼中将争议权利义务转让给第三人,受让人未替代转让人参加诉讼的,转让人仍然有权对该案生效判决申请再审。本案中,债权受让人书面确认同意转让人申请再审,不存在两者主张或利益相悖的情形。若在其他案件中出现受让人提出程序参与权受损且转让人未尽善意尽职的诉讼担当义务、作为无独立请求权第三人参与诉讼的受让人与转让人同时申请再审但主张不同等特殊情形的，还应当视情况区分处理。

3. 未被判令承担民事责任的无独立请求权的第三人，是否具有申请再审的权利[沭阳物流中心有限公司与卢某民间借贷纠纷案，最高人民法院（2019）最高法民申 406 号]

根据民诉法的规定，无独立请求权的第三人参加诉讼，对当事人双方的诉讼标的没有独立请求权，只是案件处理结果同他有法律上的利害关系，其在诉讼中的权利受到限制。在人民法院并未判决其承担民事责任的情形下，无独立请求权的第三人并无权提起上诉，亦不具有对该判决申请再审的权利。

4. 未被法院判决承担民事责任的第三人，是否有权提出再审申请[李某平与王某恩等委托合同纠纷案，最高人民法院（2021）最高法民申 5920 号，入库编号：2023-10-2-119-001]

根据《民事诉讼法》第 199 条（现为第 210 条）"当事人对已经发生法律效力的判决、裁定，认为有错误的，可以向上一级人民法院申请再审；当事人一方人数众多或者当事人双方为公民的案件，也可以向原审人民法院申请再审。当事人申请再审的，不停止判决、裁定的执行"之规定，案件当事人有权对已经发生法律效力的裁判提出再审申请。《民事诉讼法》第 56 条（现为第 59 条）第 1 款和第 2 款规定："对当事人双方的诉讼标的，第三人认为有独立

请求权的，有权提起诉讼。对当事人双方的诉讼标的，第三人虽然没有独立请求权，但案件处理结果同他有法律上的利害关系的，可以申请参加诉讼，或者由人民法院通知他参加诉讼。人民法院判决承担民事责任的第三人，有当事人的诉讼权利义务。"综合上述条款规定内容可知，未被人民法院判决承担民事责任的第三人，不享有当事人的诉讼权利，无权对已经发生法律效力的裁判提出再审申请。

5. 当事人故意规避法院的送达，其判决生效后申请再审是否具有再审利益[张某平与李某红等合资、合作开发房地产合同纠纷案，最高人民法院（2021）最高法民申 238 号]

《民事诉讼法》第 207 条（现为第 211 条）第 1 项规定中所指新的证据，是指相对于再审申请人在一审及二审诉讼中已经提交过的证据而言另行提交的不同的新证据，其隐含的前提是再审申请人应当在一审及二审普通诉讼程序中已经诚实信用地行使了民事诉讼法律赋予其积极主动提交证据证明自己主张的民事诉讼权利，这实际上也是当事人应当履行的民事诉讼义务。由于当事人一直回避人民法院的送达行为，拒不参加本案前序普通审判程序，于判决发生法律效力后再以新的证据为由申请再审，属于滥用诉讼权利的情形，亦不具有再审利益，并不属于前述法律规定保护当事人应有诉讼权利

的范围。

6. 在当事人认可原审判决结果的情况下，法院能否对其仅针对原审判决部分说理的异议启动再审程序[山东高速青岛西海岸港口有限公司与青岛奥维俊杉贸易有限公司买卖合同纠纷按，最高人民法院（2021）最高法民申 4509 号]

原审判决在"本院认为"部分作出的相关认定，并非判决主文，并不必然导致对当事人合法权益的损害及对另案判决结果的影响。《民事诉讼证据规定》第 10 条规定："下列事实，当事人无须举证证明：……（六）已为人民法院发生法律效力的裁判所确认的基本事实……前款……第六项、第七项事实，当事人有相反证据足以推翻的除外。"因此，若当事人有充分相反证据，仍可在另案诉讼中推翻本案原审判决的相关认定。在当事人认可原审判决结果的情况下，法院不应对其仅针对原审判决部分说理的异议启动再审程序。

7. 再审申请人对其他当事人的诉讼权利是否具有再审利益[福建省晋江市丽晶傢俬有限公司与福建晋江农村商业银行股份有限公司青阳支行、庄某洋、李某弘、庄某恋金融借款合同纠纷案，最高人民法院（2020）最高法民申 1898 号]

再审申请人称原审法院对于其他当事人的送达及缺席判决存在程序违法，但再审申请人与其他当事人并非同一民事主体，其他当事人没有就此提出异议。再审申请人的诉讼权利已得到充分保障，其对其他当事人的诉讼权利不具有再审利益。

8. 再审申请人在一、二审中均未就争议债务非系夫妻共同债务提出明确意见而在再审时就此提出的，法院应否支持[侯某、林某与被申请人施某民间借贷纠纷案，最高人民法院（2019）最高法民申 5567 号]

再审申请人在一审期间的答辩理由及二审上诉理由中均仅对债权人与债务人之间是否存在借贷关系提出异议，并未针对该借款是否为夫妻共同债务的问题发表不同意见。尤其在二审审理期间，对于一审法院已经认定的夫妻共同债务，再审申请人并未就此提出异议，亦无相应明确的上诉请求与理由，二审法院据此判令维持一审法院关于认定案涉债务系夫妻共同债务、共同偿还的判决符合本案实际情况。现再审申请人在再审时就此提出争议债务非系夫妻共同债务的，法院不予支持。

第二百一十一条　【再审事由】当事人的申请符合下列情形之一的，人民法院应当再审：

（一）有新的证据，足以推翻原判决、裁定的；

（二）原判决、裁定认定的基本事实缺乏证据证明的；

（三）原判决、裁定认定事实的主要证据是伪造的；

（四）原判决、裁定认定事实的主要证据未经质证的；

（五）对审理案件需要的主要证据，当事人因客观原因不能自行收集，书面申请人民法院调查收集，人民法院未调查收集的；

（六）原判决、裁定适用法律确有错误的；

（七）审判组织的组成不合法或者依法应当回避的审判人员没有回避的；

（八）无诉讼行为能力人未经法定代理人代为诉讼或者应当参加诉讼的当事人，因不能归责于本人或者其诉讼代理人的事由，未参加诉讼的；

（九）违反法律规定，剥夺当事人辩论权利的；

（十）未经传票传唤，缺席判决的；

（十一）原判决、裁定遗漏或者超出诉讼请求的；

（十二）据以作出原判决、裁定的法律文书被撤销或者变更的；

（十三）审判人员审理该案件时有贪污受贿，徇私舞弊，枉法裁判行为的。

【立法·要点注释】

本条是关于申请再审条件的规定。申请再审是当事人的一项权利，即当事人只要认为判决、裁定有错误，就可以申请再审，但决定进入再审程序，则需要符合严格的条件。因为发生法律效力的判决、裁定具有稳定性和公信力，非经法定的条件和程序是不能撤销和改判的。明确应当再审的具体情形，可以增强当事人申请再审的可操作性，减少进入再审的随意性，避免应当再审的不予再审，不应当再审的不当再审，切实保障当事人的申诉权利，维护正确判决、裁定已经发生的法律效力。

1. 有新的证据，足以推翻原判决、裁定的。

所谓新证据，主要指在过去的诉讼过程中没有发现的证据，而该证据又足以推翻原判决、裁定，因此可以申请再审。

2. 原判决、裁定认定的基本事实缺乏证据证明的。

保证案件审理正确的前提是查明案件事实，而案件事实是需要证据加以证明的。当事人对自己提出的主张有责任提供证据，否则将承担不利的诉讼后果。如果当事人不能提出证据证明自己所提出的诉讼请求有客观依据，或者所提供的证据不足以证明自己的诉讼请求符合客观事实，而法官却支持了当事人的诉讼请求，这个判决就属于缺乏证据的判决。本法第 67 条第 3 款明确要求人民法院应当按照法定程序,全面地、客观地审查核实证据。全面地收集证据是保证案件正确审理的前提条件。因此,"判决、裁定认定的基本事实缺乏证据证明"违反了本法对法院审理案件的基本要求,也就足以构成再审的条件。

3. 原判决、裁定认定事实的主要证据是伪造的。

伪造证据属于严重的妨害民事诉讼的行为,理应受到法律的惩罚。本法第 114 条对此有专门规定。审理案件的法官如果没有发现证据材料的虚假性,还将其作为认定事实的根据,对这样的判决、裁定应当进行再审。

4. 原判决、裁定认定事实的主要证据未经质证的。

按照本法的规定,无论是公开审理还是不公开审理的案件,证据都必须在法庭上出示,并由当事人互相质证。只有经过质证,才能查明证据的真伪,才能去伪存真。质证是查证证据属实的必要手段,按照本法第 66 条第 2 款的规定,证据只有查证属实之后,才能作为认定事实的根据。因此,未经质证的证据不能作为认定事实的根据。判决、裁定认定事实的主要证据未经质证,是进入再审程序的原因之一。没经过质证的证据,可能是真实的,但法律设立质证规则的目的是从程序上确保查明证据的真实性,违反了程序就有可能导致认定事实方面的错误,程序的价值就

在于此。因此,规定的程序必须遵守,程序的价值必须被尊重。

5. 对审理案件需要的主要证据,当事人因客观原因不能自行收集,书面申请人民法院调查收集,人民法院未调查收集的。

本法第 67 条第 2 款规定:"当事人及其诉讼代理人因客观原因不能自行收集的证据,或者人民法院认为审理案件需要的证据,人民法院应当调查收集。"某些案件中的证据,当事人因客观原因不能自行收集到,而且这些证据往往对于正确审理案件至关重要,一旦取得,将成为案件的主要证据。例如,某离婚案件涉及财产分割时,一方当事人主张对方当事人在某银行有一笔存款,但因不能向该银行进行查询而无法提供证据,只能请求法院向该银行进行查询。这笔存款的证据如果取得,将成为分割财产的主要依据。根据本法第 70 条和第 117 条的规定,人民法院有权向金融机构查询当事人的存款状况,而且金融机构必须协助人民法院进行查询。当人民法院接到当事人调查取证的申请后,查明该证据是当事人不能自行调查收集的,人民法院有权利也有义务进行调查收集。根据本法第 132 条的规定,审判人员在审理前的准备工作中,必须认真审核诉讼材料,调查收集必要的证据。如果人民法院没有调查收集主要证据,就支持或者驳回了当事人的诉讼请求,则该判决、裁定缺乏证据证明,可能导致判决、裁定的实体错误,因

此可以作为再审的原因之一。

与此同时，一个案件涉及的证据可能有许多，但对认定案件事实起决定性作用的证据可能只是其中的一部分。如果事无巨细都要求法院去调查收集，不仅会浪费司法资源，而且也无助于案件审理，因此，只有人民法院没有调查收集"主要证据"，从而影响正确认定当事人权利义务的，才能作为应当再审的情形。

6. 原判决、裁定适用法律确有错误的。

当事人认为原判决、裁定适用法律有错误的，可以申请再审，但原判决、裁定在适用法律方面是否真的存在错误，则需要法院通过审查予以确认。通过审查，如果原判决、裁定适用法律确有错误，应当予以再审。"适用法律错误"中的"适用错误"包括不同情形，比如：适用的法律与案件性质明显不符的；确定民事责任明显违背当事人约定或者法律规定的；适用已经失效或尚未施行的法律的；违反法律溯及力规定的；违反法律适用规则的；明显违背立法本意的；等等。把判决、裁定适用法律错误作为应当再审的情形之一，可以督促审判人员更加全面、准确、及时地掌握法律规定的内容，做到法律规定与案件实际情况的正确结合，提高司法水平，切实体现司法对当事人合法权益的维护。

7. 审判组织的组成不合法或者依法应当回避的审判人员没有回避的。

本法第三章对审判组织作了规定。如果审判组织的组成不合法，当事人可以申请再审，人民法院经查证属实后，应当裁定再审。比如，本法第42条规定："人民法院审理下列民事案件，不得由审判员一人独任审理：（一）涉及国家利益、社会公共利益的案件；（二）涉及群体性纠纷，可能影响社会稳定的案件；（三）人民群众广泛关注或者其他社会影响较大的案件；（四）属于新类型或者疑难复杂的案件；（五）法律规定应当组成合议庭审理的案件；（六）其他不宜由审判员一人独任审理的案件。"对于上述案件，如果人民法院未组成合议庭审理，而是由审判员一人独任审理，则构成本项规定的"审判组织的组成不合法"这一应当再审的情形。

本法第47条明确规定了审判人员应回避本案审理工作的情形。在法律规定的情形下，即使当事人没有提出回避申请，审判人员也应当主动回避，否则即使作出了发生法律效力的判决、裁定，也会面临再审。例如，在某一民事案件中，审判人员是当事人的近亲属。在对方当事人不知底细，没有申请该审判人员回避的情况下，该审判人员没有主动回避，而是继续审理了此案。在该案的判决生效后，对方当事人获知这一情况，就可以据此申请再审。人民法院对再审申请进行审查后，一旦确认确有其事，就要裁定进入再审。

8. 无诉讼行为能力人未经法定代理人代为诉讼或者应当参加诉讼的当

事人，因不能归责于本人或者其诉讼代理人的事由，未参加诉讼的。

本法第60条规定，无诉讼行为能力人由他的监护人作为法定代理人代为诉讼。法定代理是为了维护无诉讼行为能力人的合法权益，主要是无民事行为能力人或者限制民事行为能力人的合法权益。如果某一案件的当事人是无诉讼行为能力人，法官在未查明的情况下没有通知他的法定代理人代为诉讼就进行了审理，在判决、裁定作出并发生法律效力以后，该无诉讼行为能力的当事人有权通过法定代理人申请再审。人民法院经过审查发现情况属实的，应当裁定再审。从国外的规定来看，多数大陆法系国家的民事诉讼法对此项再审事由都有规定。

本法第135条规定："必须共同进行诉讼的当事人没有参加诉讼的，人民法院应当通知其参加诉讼。"如果人民法院没有按照该条规定进行通知或者非因应当通知的当事人的原因通知没有送达该当事人，就有可能导致应当参加诉讼的当事人对诉讼无从知晓，更无法通过参加诉讼维护其合法权益。这样的情况包括：人民法院应当通知却未作通知；人民法院虽然发出了通知，却有其他当事人从中隐匿、破坏甚至勾结其他人制造通知已经被收到的假象等。应当参加诉讼的当事人没有参加诉讼会直接造成诉讼主体缺失，即使已经作出了发生法律效力的判决、裁定，该判决、裁定也没有对相应权利义务关系作

出正确判断，因此有必要通过再审来纠正。需要注意的是，如果人民法院按照本法第135条的规定作出了通知，而接收通知的当事人因为其自身或者其诉讼代理人的故意或者过失，没有按照通知要求在诉讼中出现并主张自身权利，就要为自己的不当行为承担责任，不能以自己没有参加诉讼为由申请人民法院进行再审。

9. 违反法律规定，剥夺当事人辩论权利的。

本法把保障当事人的辩论权作为基本原则之一。本法第12条规定："人民法院审理民事案件时，当事人有权进行辩论。"剥夺当事人的辩论权利，在案件审理过程中一般有以下情形：第一，在案件审理前的准备阶段，没有给被告进行书面答辩的权利。被告提出答辩状是被告行使辩论权利的体现。根据本法第128条的规定，人民法院应当在立案之日起5日内将起诉状副本发送被告，被告应当在收到之日起15日内提出答辩状。被告不提出答辩状的，不影响人民法院审理。是否提交答辩状是当事人的诉讼权利，但如果法院没有按规定送达起诉状副本，给被告提供书面答辩的机会，则属于剥夺了被告的答辩权利。第二，人民法院在开庭审理阶段没有经过辩论程序，而是在法庭调查之后径行作出了判决。

10. 未经传票传唤，缺席判决的。

根据本法第139条的规定，人民法院审理民事案件，应当在开庭3日前通

知当事人和其他诉讼参与人。如果在第一审普通程序和第二审程序中,人民法院没有在开庭3日前通知当事人参加庭审,特别是未以传票的形式通知被告出庭应诉,就作出了缺席判决,则被告可以申请对此案进行再审,接受再审申请的人民法院在审查以后,查证属实的,应当裁定再审。

11. 原判决、裁定遗漏或者超出诉讼请求的。

按照本法规定,当事人提起民事诉讼必须有具体的诉讼请求和事实、理由,并且在起诉状中予以写明。当事人对自己的诉讼请求有责任提供证据。人民法院应当根据当事人提供的证据和法院调查收集的证据,判断当事人所提供的事实是否为客观事实,以对当事人的诉讼请求作出判决。如果人民法院没有对当事人提出的某项诉讼请求进行法庭调查和法庭辩论,在判决、裁定中遗漏了当事人的这一诉讼请求就草草结案,将构成审判工作的重大失误,当事人有权利对这一判决、裁定申请再审,人民法院查证属实之后,也应当进行再审。

当事人的处分原则是本法的基本原则之一。依照本法第13条第2款的规定,当事人有权在法律规定的范围内处分自己的民事权利和诉讼权利。因此,原告提出以及不提出哪些诉讼请求,是原告处分自己民事权利和诉讼权利的体现;被告是否反诉,也是被告处分自己民事权利和诉讼权利的体现。

原则上人民法院应当在当事人提出的诉讼请求的范围内审理案件,不能超出当事人的诉讼请求作出判决、裁定。如果判决、裁定超出诉讼请求,当事人有权申请再审,人民法院查证属实后,也应当裁定再审。

12. 据以作出原判决、裁定的法律文书被撤销或者变更的。

有些民事案件是以另一民事案件的审理结果作为依据而作出判决的。如果另一个民事案件的判决、裁定后来依照法定程序被撤销或者变更了,则之前以这些判决、裁定作为依据所作的判决、裁定也应当相应地被撤销或者变更。例如,甲钢铁厂向乙锅炉厂供应钢材,乙厂未按合同约定支付货款。乙厂将生产的锅炉卖给了丙。丙在使用过程中锅炉发生爆炸,丙起诉到法院要求乙厂给予赔偿。在案件审理过程中,乙厂提出是钢材的质量问题引起的爆炸,请求法院对钢材质量进行鉴定,明确是作为第三人的甲厂的责任。此时,甲厂因为乙厂欠付货款问题,将乙厂起诉到法院。乙厂提出抗辩,认为甲厂的钢材质量不合格,甲厂应当对此负责,因而拒绝支付货款;但是也提出需要等待乙厂与丙的案件结果出来以后,才能最终认定甲厂的钢材是否存在质量问题。于是法院中止了甲厂与乙厂的诉讼。乙厂与丙的案件判决结果是:乙厂所使用的钢材质量不存在问题,爆炸是因为乙厂生产的锅炉存在不合理的缺陷,责任在乙厂,乙厂应赔偿丙的损失。在该判决生效后，法院以这个判决为依据，判决乙厂支付甲厂货款并承担相应的违约责任。乙厂后来向法院申请对其与丙的侵权纠纷案件进行再审。法院经过再审，认定锅炉爆炸的原因是钢材质量有问题，虽然乙厂仍需首先向丙承担赔偿责任，但最终责任人应当是第三人甲厂。乙厂拿到这个再审判决后，可以申请对其与甲厂的合同纠纷案件进行再审，人民法院查证属实后，应当裁定再审。有些民事案件的判决、裁定是以其他的法律文书为依据作出的。如果据以作出判决、裁定的其他法律文书后来被撤销或者变更，那么，已经发生法律效力的判决、裁定也应当相应地被撤销或者变更。例如，某一民事案件是依据原告提供的经过公证的法律文书判决的。根据公证法第36条的规定，经公证的民事法律行为、有法律意义的事实和文书，应当作为认定事实的根据。法院根据公证书证明的法律关系，判决支持了原告的诉讼请求。在该判决生效后，被告认为该公证书存在错误，向出具该公证书的公证机构提出复查。公证机构经过复查，发现公证的内容违法或者与事实不符，撤销了该公证书。因此，被告可以据此向法院申请对该案进行再审，人民法院查证属实后，应当裁定对该案进行再审。

13.审判人员审理该案件时有贪污受贿，徇私舞弊，枉法裁判行为的。

根据本法第46条的规定，审判人员应当依法秉公办案，不得接受当事人及其诉讼代理人请客送礼。审判人员有贪污受贿，徇私舞弊，枉法裁判行为的，应当追究法律责任；构成犯罪的，依法追究刑事责任。因此，当事人认为审判人员审理该案件时有贪污受贿、徇私舞弊或者枉法裁判行为的，可以申请再审；人民法院查证属实的，应当裁定再审。

【司法解释】

1.《最高人民法院关于适用〈中华人民共和国民事诉讼法〉的解释》（法释〔2015〕5号，20150204；经法释〔2022〕11号修正，20220410）

第三百八十四条 人民法院受理申请再审案件后，应当依照民事诉讼法第二百零七条、第二百零八条、第二百一十一条①等规定，对当事人主张的再审事由进行审查。

第三百八十五条 再审申请人提供的新的证据，能够证明原判决、裁定认定基本事实或者裁判结果错误的，应当认定为民事诉讼法第二百零七条第一项规定的情形。

对于符合前款规定的证据，人民法院应当责令再审申请人说明其逾期提供该证据的理由；拒不说明理由或者理由不成立的，依照民事诉讼法第六十八条第二款和本解释第一百零二条的规

————————

① 分别对应2023年《民事诉讼法》第211条、第212条、第215条。——编者注

定处理。

【重点解读】根据本条规定，再审申请人提供的新证据能够证明原审判决、裁定认定的基本事实或者裁判结果错误的，该证据才可以被认为是"足以推翻原判决、裁定"。因此，再审申请人提供的新证据如果只是证明原判决、裁定存在一般瑕疵，就不应认定为足以推翻原判决、裁定。基本事实是指对原判决、裁定的结果有实质性影响，用以确定当事人主体资格、案件性质、具体权利义务和民事责任等主要内容所依据的事实。

对再审新证据实质性要件的判断，和对再审申请人未在原审提供证据所作理由的判断，孰先孰后？因再审新证据事由的实质要件为足以推翻原判决、裁定，只有符合这一实质要件，才有进一步判断当事人未在原审提供理由正当性的必要，因此，对于当事人申请再审阶段提交的证据，应当先判断其是否足以推翻原判决、裁定，然后对于足以推翻原判决、裁定的证据，再判断再审申请人未在原审提供证据的理由是否成立。

与此同时，在再审审查阶段中，对"足以推翻"标准的把握，宜以高度盖然性为标准，而不能要求新证据必须推翻原裁判，因为申请再审审查阶段的主要目的是审查生效裁判是否具备法定的再审事由，不能用再审审理的功能取代再审审查的功能，不能用再审审理的目的取代再审审查的目的。

第三百八十六条　再审申请人证明其提交的新的证据符合下列情形之一的，可以认定逾期提供证据的理由成立：

（一）在原审庭审结束前已经存在，因客观原因于庭审结束后才发现的；

（二）在原审庭审结束前已经发现，但因客观原因无法取得或者在规定的期限内不能提供的；

（三）在原审庭审结束后形成，无法据此另行提起诉讼的。

再审申请人提交的证据在原审中已经提供，原审人民法院未组织质证且未作为裁判根据的，视为逾期提供证据的理由成立，但原审人民法院依照民事诉讼法第六十八条规定不予采纳的除外。

第三百八十七条　当事人对原判决、裁定认定事实的主要证据在原审中拒绝发表质证意见或者质证中未对证据发表质证意见的，不属于民事诉讼法第二百零七条第四项规定的未经质证的情形。

第三百八十八条　有下列情形之一，导致判决、裁定结果错误的，应当认定为民事诉讼法第二百零七条第六项规定的原判决、裁定适用法律确有错误：

（一）适用的法律与案件性质明显不符的；

（二）确定民事责任明显违背当事人约定或者法律规定的；

（三）适用已经失效或者尚未施行的法律的；

（四）违反法律溯及力规定的；

（五）违反法律适用规则的；

（六）明显违背立法原意的。

第三百八十九条 原审开庭过程中有下列情形之一的，应当认定为民事诉讼法第二百零七条第九项规定的剥夺当事人辩论权利：

（一）不允许当事人发表辩论意见的；

（二）应当开庭审理而未开庭审理的；

（三）违反法律规定送达起诉状副本或者上诉状副本，致使当事人无法行使辩论权利的；

（四）违法剥夺当事人辩论权利的其他情形。

【重点解读】何谓应当开庭审理而未开庭审理？依据《民事诉讼法》第136条的规定，第一审程序中除转入督促程序以及开庭前能够调解结案的外，案件一律都要开庭审理。依据《民事诉讼法》第176条的规定，二审以开庭审理为原则，只有经过阅卷、调查和询问当事人，对没有提出新的事实、证据或理由，合议庭认为不需要开庭审理的案件，才可以不开庭审理。因此，原审如存在应当开庭审理而未开庭审理的情况，应当认定为剥夺当事人辩论权利。

第三百九十条 民事诉讼法第二百零七条第十一项规定的诉讼请求，包括一审诉讼请求、二审上诉请求，但当事人未对一审判决、裁定遗漏或者超出诉讼请求提起上诉的除外。

【重点解读】如果当事人在上诉中已经主张了一审判决、裁定存在遗漏或者超出诉讼请求的问题，二审经审理未予支持，当事人申请再审时再次提出该理由，经审查理由成立，一审判决、裁定确实遗漏或者超出诉讼请求的，应予裁定再审。与此同时，还应根据当事人诉讼请求的性质是确认之诉、给付之诉，还是变更（形成）之诉区别对待。对于单纯的确认之诉、给付之诉或变更（形成）之诉，原裁判没有在判项里裁判的，应视为遗漏了当事人的诉讼请求。而如果当事人同时提出确认之诉和给付之诉，且确认之诉是给付之诉的前提条件的，原裁判在判项里仅对给付之诉进行了裁判，但在裁判文书理由中对确认之诉进行了分析认定的，可视为没有遗漏诉讼请求。

第三百九十一条 民事诉讼法第二百零七条第十二项规定的法律文书包括：

（一）发生法律效力的判决书、裁定书、调解书；

（二）发生法律效力的仲裁裁决书；

（三）具有强制执行效力的公证债权文书。

第三百九十二条 民事诉讼法第二百零七条第十三项规定的审判人员审理该案件时有贪污受贿、徇私舞弊、枉法裁判行为，是指已经由生效刑事法律文书或者纪律处分决定所确认的行为。

第三百九十九条　人民法院准许撤回再审申请或者按撤回再审申请处理后,再审申请人再次申请再审的,不予受理,但有民事诉讼法第二百零七条第一项、第三项、第十二项、第十三项规定情形,自知道或者应当知道之日起六个月内提出的除外。

第四百一十六条　当事人的再审申请被上级人民法院裁定驳回后,人民检察院对原判决、裁定、调解书提出抗诉,抗诉事由符合民事诉讼法第二百零七条第一项至第五项规定情形之一的,受理抗诉的人民法院可以交由下一级人民法院再审。

第四百二十三条　本解释第三百三十八条规定适用于审判监督程序。

第四百二十四条　对小额诉讼案件的判决、裁定,当事人以民事诉讼法第二百零七条规定的事由向原审人民法院申请再审的,人民法院应当受理。申请再审事由成立的,应当裁定再审,组成合议庭进行审理。作出的再审判决、裁定,当事人不得上诉。

当事人以不应按小额诉讼案件审理为由向原审人民法院申请再审的,人民法院应当受理。理由成立的,应当裁定再审,组成合议庭审理。作出的再审判决、裁定,当事人可以上诉。

2.《最高人民法院关于适用〈中华人民共和国民事诉讼法〉审判监督程序若干问题的解释》(法释〔2008〕14 号,20081201;经法释〔2020〕20 号修正,20210101)

第一条　当事人在民事诉讼法第二百零五条①规定的期限内,以民事诉讼法第二百条②所列明的再审事由,向原审人民法院的上一级人民法院申请再审的,上一级人民法院应当依法受理。

第九条　民事诉讼法第二百条第(五)项规定的"对审理案件需要的主要证据",是指人民法院认定案件基本事实所必需的证据。

第十条　原判决、裁定对基本事实和案件性质的认定系根据其他法律文书作出,而上述其他法律文书被撤销或变更的,人民法院可以认定为民事诉讼法第二百条第(十二)项规定的情形。

第十一条　人民法院经审查再审申请书等材料,认为申请再审事由成立的,应当径行裁定再审。

当事人申请再审超过民事诉讼法第二百零五条规定的期限,或者超出民事诉讼法第二百条所列明的再审事由范围的,人民法院应当裁定驳回再审申请。

3.《人民检察院民事诉讼监督规

---

①　对应 2023 年《民事诉讼法》第 216 条。——编者注

②　对应 2023 年《民事诉讼法》第 211 条。——编者注

则》(高检发释字〔2021〕1 号,20210801)

第七十六条　当事人因故意或者重大过失逾期提供的证据,人民检察院不予采纳。但该证据与案件基本事实有关并且能够证明原判决、裁定确有错误的,应当认定为《中华人民共和国民事诉讼法》第二百条①第一项规定的情形。

人民检察院依照本规则第六十三条、第六十四条规定调查取得的证据,与案件基本事实有关并且能够证明原判决、裁定确有错误的,应当认定为《中华人民共和国民事诉讼法》第二百条第一项规定的情形。

第七十七条　有下列情形之一的,应当认定为《中华人民共和国民事诉讼法》第二百条第二项规定的"认定的基本事实缺乏证据证明":

(一)认定的基本事实没有证据支持,或者认定的基本事实所依据的证据虚假、缺乏证明力的;

(二)认定的基本事实所依据的证据不合法的;

(三)对基本事实的认定违反逻辑推理或者日常生活法则的;

(四)认定的基本事实缺乏证据证明的其他情形。

第七十八条　有下列情形之一,导致原判决、裁定结果错误的,应当认定为《中华人民共和国民事诉讼法》第二百条第六项规定的"适用法律确有错误":

(一)适用的法律与案件性质明显不符的;

(二)确定民事责任明显违背当事人约定或者法律规定的;

(三)适用已经失效或者尚未施行的法律的;

(四)违反法律溯及力规定的;

(五)违反法律适用规则的;

(六)明显违背立法原意的;

(七)适用法律错误的其他情形。

第七十九条　有下列情形之一的,应当认定为《中华人民共和国民事诉讼法》第二百条第七项规定的"审判组织的组成不合法":

(一)应当组成合议庭审理的案件独任审判的;

(二)人民陪审员参与第二审案件审理的;

(三)再审、发回重审的案件没有另行组成合议庭的;

(四)审理案件的人员不具有审判资格的;

(五)审判组织或者人员不合法的其他情形。

第八十条　有下列情形之一的,应当认定为《中华人民共和国民事诉讼法》第二百条第九项规定的"违反法律规定,剥夺当事人辩论权利":

(一)不允许或者严重限制当事人行使辩论权利的;

(二)应当开庭审理而未开庭审

① 对应 2023 年《民事诉讼法》第 211 条。——编者注

理的；

（三）违反法律规定送达起诉状副本或者上诉状副本，致使当事人无法行使辩论权利的；

（四）违法剥夺当事人辩论权利的其他情形。

【司法文件】

《第一次全国民事再审审查工作会议纪要》（最高人民法院，法〔2011〕159号，20110421）

20.人民法院审查民事申请再审案件，应当区分再审事由类型，结合案件具体情况，准确掌握再审事由成立的条件。

原判决、裁定存在民事诉讼法第一百七十九条①第一款第（七）项至第（十三）项以及该条第二款规定情形的，应当认定再审事由成立。

当事人依据民事诉讼法第一百七十九条第一款第（一）项至第（六）项申请再审的，人民法院判断再审事由是否成立，应当审查原判决、裁定在证据采信、事实认定、法律适用方面是否存在影响基本事实、案件性质、裁判结果等情形。

21.申请再审人申请人民法院委托鉴定、勘验，并请求以鉴定结论、勘验笔录作为新证据申请再审的，不予支持。

申请再审人在原审中依法申请鉴定、勘验，原人民法院应当准许而未予准许，且未经鉴定、勘验可能影响案件基本事实认定的，可以依据民事诉讼法第一百七十九条第一款第（二）项的规定审查处理。

22.民事诉讼法第一百七十九条第一款第（三）项、第（四）项规定的主要证据是指原判决、裁定认定基本事实的证据。

23.人民法院可以根据原审卷宗中的庭审笔录、证据交换笔录、答辩意见、代理词等材料判断原判决、裁定认定事实的主要证据是否未经质证。

申请再审人对原判决、裁定认定事实的主要证据在原审拒绝发表质证意见，又依照民事诉讼法第一百七十九条第一款第（四）项申请再审的，不予支持。

24.申请再审人能够在一审答辩期间提出管辖权异议而未提出，判决、裁定生效后又依照民事诉讼法第一百七十九条第一款第（七）项申请再审的，不予支持。但违反专属管辖规定的除外。

25.有下列情形之一的，应当认定为民事诉讼法第一百七十九条第一款第（八）项规定的审判组织的组成不合法的情形：

（1）人民陪审员独任审理的；

（2）应当组成合议庭审理的案件采用独任制审理的；

（3）合议庭成员曾参加同一案件

---

① 对应2023年《民事诉讼法》第211条。——编者注

一审、二审或者再审程序审理的；

（4）参加开庭的审判组织成员与参加合议、在判决书、裁定书上署名的审判组织成员不一致的，但依法变更审判组织成员的除外；

（5）变更审判组织成员未依法告知当事人的；

（6）其他属于审判组织不合法的情形。

26.民事诉讼法第一百七十九条第一款第（八）项、第二款规定的"审判人员"包括参加一审、二审、再审程序审理的审判人员。

27.民事诉讼法第一百七十九条第一款第（十二）项规定的原判决、裁定遗漏或超出诉讼请求的情形，包括遗漏或超出一审原告的诉讼请求、被告的反诉请求，二审上诉人的上诉请求，申请再审人的再审请求。

28.当事人同时提出确认之诉和给付之诉，且确认之诉是给付之诉前提条件的，原判决在主文里仅对给付之诉作出判定，但在判决理由中对确认之诉进行了分析认定的，不属于遗漏诉讼请求的情形。

【法院参考案例】

1.案由定性错误是否属于法律适用错误，能否申请再审［杨某山与深圳市佳家豪投资发展有限公司股权转让纠纷案，最高人民法院（2021）最高法民申4455号］

民事案件的案由应当依据当事人主张的法律关系的性质确定。案由是全案法律关系的总结与归纳，属于司法统计和审判管理范畴。案由定性准确与否，并非评价判决实体裁决结果及法律适用正确与否的直接依据。当事人申请再审认为原判决所确定的案由错误，不属于法定的再审事由，应当不予审查。

2.级别管辖和超审限问题，是否属于民事诉讼再审事由［兰州新区嘉伯文化发展有限责任公司与中冶建工集团有限公司及兰州鑫盛信用担保有限公司建设工程施工合同纠纷案，最高人民法院（2021）最高法民申2944号］

级别管辖不属于《民事诉讼法》第200条（现为第211条）规定的法定再审申请事由。双方当事人均申请鉴定，原审审理期限虽然超过法定审理期限，但已经审批。且原审是否存在超审限问题，不属于《民事诉讼法》第200条（现为第211条）规定的法定再审申请事由，当事人以此作为再审申请的事由不能成立。

3.诉讼费用承担问题是否属于法定再审事由［李某能与盈江阿诗玛文化产业开发有限公司建设工程施工合同纠纷案，最高人民法院（2020）最高法民申6914号］

依据《诉讼费用交纳办法》第6条规定，诉讼费用包括案件受理费和申请费;依据《诉讼费用交纳办法》第 10 条规定,申请费包括保全申请费;案件中的保全费用是指保全申请费。依据《诉讼费用交纳办法》第 43 条第 3 款规定,当事人对人民法院决定诉讼费用的计算有异议的,可以向作出决定的人民法院请求复核。诉讼费用的承担问题不属于再审事由,法院不予审查。

4. 鉴定费承担问题是否属于法定再审事由[陕西森茂阆博建设工程有限公司与李某柱等建设工程施工合同纠纷案,最高人民法院(2021)最高法民申 3649 号]

案件鉴定费用的负担系人民法院依照《诉讼费用交纳办法》依职权作出的决定事项,不属于《民事诉讼法》第 200 条(现为第 211 条)规定的再审申请事由,应当不予审查。《诉讼费用交纳办法》第 12 条第 1 款规定,诉讼过程中因鉴定、公告、勘验、翻译、评估、拍卖、变卖、仓储、保管、运输、船舶监管等发生的依法应当由当事人负担的费用,人民法院根据谁主张、谁负担的原则,决定由当事人直接支付给有关机构或者单位,人民法院不得代收代付。

5. 人民法院未就合同无效的法律后果向当事人释明而作出判决的,应否予以再审[富嘉融资租赁有限公司与四川升达林业产业股份有限公司保证合同纠纷案,最高人民法院(2021)最高法民申 4512 号]

在保证合同纠纷案件中,原告起诉请求继续履行合同,人民法院认为合同无效的,应当向原告释明变更诉讼请求。如未就保证合同无效的法律后果向当事人释明,机械适用"不告不理"原则而直接作出驳回当事人诉讼请求的判决,违反了《全国法院民商事审判工作会议纪要》第 36 条的规定,没有达到尽可能一次性解决纠纷的目的,增加了当事人的诉累,存在重大瑕疵,但并不属于《民事诉讼法》第 200 条(现为第 211 条)第 6 项关于"原判决、裁定适用法律确有错误的"规定之可申请再审的情形。

6. 人民法院在"中国裁判文书网"公布的裁判文书与原本不一致的,是否属于应当启动再审的事由[广西防城港市腾飞龙房地产开发有限公司与被申请人中建海峡建设发展有限公司建设工程施工合同纠纷案,最高人民法院(2020)最高法民申 3368 号]

根据相关规定,人民法院的裁判文书以原本为准,人民法院在互联网公布的裁判文书应与原本一致,若不一致,应当按照规定及时进行处理。但该问题并不影响案件处理结果,不属于应当启动再审的事由。

7. 当事人的代理人因另案开庭时间冲突申请延期开庭,法院不予准许并缺席审判是否构成程序违法[俊申商业管理(上海)有限公司与大庆市华峻房

地产开发有限公司房屋租赁合同纠纷案，最高人民法院（2018）最高法民申5398号]

《民事诉讼法》第146条（现为第149条）规定，法院对是否延期开庭具有决定权，对符合法定情形的，"可以"延期开庭，也"可以"不延期开庭。法院在开庭传票中确定的开庭时间与当事人委托诉讼代理人的另案开庭时间冲突，不必然导致当事人不能参加本案诉讼，其可委托或更换新的代理人到庭参加诉讼。法院在开庭3日前未就当事人提出的延期开庭申请作出回复，视为不同意延期开庭，则当事人应按时到庭，拒不到庭的，法院缺席判决符合民诉法的规定，不构成程序违法。

8. 申请人对不予受理破产申请的裁定可否申请再审[上海某投资公司与烟台某经贸公司申请破产清算案，最高人民法院（2019）最高法民申3125号，入库编号：2023-08-2-421-002]

申请人对不予受理破产申请的裁定，可以申请再审。经审查，虽不属于依据2017年《民事诉讼法》第200条（现为第211条）第4项、第5项或者第9项裁定再审的情形，但为做好受理破产申请后的衔接工作，可以指令原审人民法院再审。

9. 驳回起诉裁定生效后发生新的事实的，当事人可据此重新起诉，不能指令再审[哈尔滨某投资公司与哈尔滨

某创业公司企业债权转股权合同纠纷案，黑龙江省高级人民法院（2023）黑民申1624号，入库编号：2024-16-2-252-001]

当事人对以案涉纠纷涉嫌刑事犯罪为由裁定驳回起诉、移送公安机关处理不服申请再审，因公安机关撤销刑事立案决定为新发生的法律事实，当事人可据此重新起诉，依法不能裁定指令审理。

第二百一十二条 【调解书的再审】当事人对已经发生法律效力的调解书，提出证据证明调解违反自愿原则或者调解协议的内容违反法律的，可以申请再审。经人民法院审查属实的，应当再审。

【立法·要点注释】

1. 调解书是由人民法院制作的、记载当事人双方协商并达成协议的法律文书。按照本法第100条的规定，调解达成协议，人民法院应当制作调解书。调解书应当写明诉讼请求、案件的事实和调解结果，并由审判人员、书记员署名，加盖人民法院印章，送达双方当事人。需要强调的是，调解书经双方当事人签收后，即具有法律效力，对第一审程序中作出的调解书而言，调解书生效后，当事人不能上诉。但是，如果调解违反了自愿原则，或者调解协议的内容

违反了法律，对此种情形下达成的调解书，应当给予当事人救济。

2.本条规定了当事人对已经发生法律效力的调解书申请再审的条件，具体如下：第一，调解违反自愿原则。包括两种情形：一是按照本法第96条的规定，人民法院审理民事案件，根据当事人自愿的原则，进行调解。该条要求人民法院进行调解，必须在双方当事人自愿的基础上进行，不得强迫当事人进行调解。如果法院强迫当事人进行调解，就违反了调解自愿原则。二是按照本法第99条的规定，调解达成协议，必须双方自愿，不得强迫。该条明确双方当事人对调解协议的内容都应是自愿接受的，人民法院不得强迫一方当事人或者双方当事人接受。如果法官强迫当事人接受调解协议，则违反了调解自愿原则。本法第145条规定，法庭辩论终结，判决前能够调解的，还可以进行调解，调解不成的，应当及时判决。该条明确法官不能使案件久调不决，久调不决属于变相强迫当事人接受调解协议内容的行为，也是违反当事人自愿原则的。就以上两种情形而言，如果当事人能够证明调解是在非自愿的基础上进行的，或者调解协议是在非自愿的基础上达成的，人民法院经审查属实，应当再审。

第二，调解协议的内容违反法律。本法第96条规定，人民法院进行调解，应当在事实清楚、分清是非的基础上进行；第99条规定，调解协议的内容不得违反法律规定。从以上规定可以看出，

调解应当依法进行，调解协议的内容应当符合实体法的规定，不得违反法律强制性规定。如果调解协议的内容违反法律规定，当事人即使签收了法院制作的调解书，也可以向法院申请再审，提出证据证实违法情形，人民法院经审查属实的，应当再审。

【司法解释】

1.《最高人民法院关于适用〈中华人民共和国民事诉讼法〉的解释》（法释〔2015〕5号，20150204；经法释〔2022〕11号修正，20220410）

第一百二十七条　民事诉讼法第五十九条第三款、第二百一十二条①以及本解释第三百七十二条、第三百八十二条、第三百九十九条、第四百二十条、第四百二十一条规定的六个月，民事诉讼法第二百三十条②规定的一年，为不变期间，不适用诉讼时效中止、中断、延长的规定。

第三百七十三条　当事人死亡或者终止的，其权利义务承继者可以根据民事诉讼法第二百零六条、第二百零八条③的规定申请再审。

判决、调解书生效后，当事人将判

---

①　对应2023年《民事诉讼法》第216条。——编者注
②　对应2023年《民事诉讼法》第234条。——编者注
③　分别对应2023年《民事诉讼法》第210条、第212条。——编者注

决、调解书确认的债权转让,债权受让人对该判决、调解书不服申请再审的,人民法院不予受理。

第三百八十二条 当事人对已经发生法律效力的调解书申请再审,应当在调解书发生法律效力后六个月内提出。

2.《最高人民法院关于适用〈中华人民共和国民事诉讼法〉审判监督程序若干问题的解释》(法释〔2008〕14号,20081201;经法释〔2020〕20号修正,20210101)

第二十八条 人民法院以调解方式审结的案件裁定再审后,经审理发现申请再审人提出的调解违反自愿原则的事由不成立,且调解协议的内容不违反法律强制性规定的,应当裁定驳回再审申请,并恢复原调解书的执行。

第二百一十三条 【不得申请再审的案件】 当事人对已经发生法律效力的解除婚姻关系的判决、调解书,不得申请再审。

【立法·要点注释】

1. 实践中,许多离婚案件是通过调解解除婚姻关系的,根据本法的规定,调解书与判决书具有同等法律效力。婚姻关系属于人身关系,按照《民法典》的规定,婚姻关系基于男或女一方死亡或者双方离婚而终止。离婚分为登记离婚和判决离婚。依照《民法典》第1079条的规定,夫妻一方要求离婚的,可以由有关组织进行调解或者直接向人民法院提起离婚诉讼。人民法院审理离婚案件,应当进行调解;如果感情确已破裂,调解无效的,应当准予离婚。人民法院作出解除婚姻关系的判决或者调解书,一旦发生法律效力,男或女任何一方都可以与他人再婚。如果男方与他人再婚,女方以感情未破裂为由申请对离婚案件进行再审已失去任何意义,因为男方与他人的婚姻关系不可能强行解除,所以法律不允许对已经发生法律效力的解除婚姻关系的判决申请再审。解除婚姻关系的判决或者调解书发生法律效力后,男或女任何一方都没有与他人再婚的,如果双方感情确未完全破裂,法律也给双方提供了救济渠道。《民法典》第1083条规定,离婚后,男女双方自愿恢复婚姻关系的,应当到婚姻登记机关重新进行结婚登记。因此,一方以感情未破裂为由,申请对离婚判决进行再审也没有任何意义。

2. 当事人可以对离婚判决或者离婚调解书中的财产分割问题申请再审。例如,离婚判决将一方的婚前财产作为夫妻共同财产进行了分割,该当事人可以就该部分判决申请再审。

【司法解释】

《最高人民法院关于适用〈中华人

民共和国民事诉讼法〉的解释》(法释〔2015〕5 号,20150204;经法释〔2022〕11号修正,20220410)

第三百七十八条　适用特别程序、督促程序、公示催告程序、破产程序等非讼程序审理的案件,当事人不得申请再审。

第三百八十条　当事人就离婚案件中的财产分割问题申请再审,如涉及判决中已分割的财产,人民法院应当依照民事诉讼法第二百零七条①的规定进行审查,符合再审条件的,应当裁定再审;如涉及判决中未作处理的夫妻共同财产,应当告知当事人另行起诉。

第三百八十一条　当事人申请再审,有下列情形之一的,人民法院不予受理:

(一)再审申请被驳回后再次提出申请的;

(二)对再审判决、裁定提出申请的;

(三)在人民检察院对当事人的申请作出不予提出再审检察建议或者抗诉决定后又提出申请的。

前款第一项、第二项规定情形,人民法院应当告知当事人可以向人民检察院申请再审检察建议或者抗诉,但因人民检察院提出再审检察建议或者抗诉而再审作出的判决、裁定除外。

【重点解读】本条第 1 款第 1 项明确再审申请被人民法院驳回后,当事人再次向人民法院申请再审的不予受理。需要注意的是,被申请人及其他当事人

并未行使过申请再审权利,再审申请人的再审申请被裁定驳回,不影响被申请人及其他当事人依法申请再审。本条第 1 款第 2 项明确当事人不服再审判决、裁定申请再审的,人民法院不予受理,因《民事诉讼法》第 220 条第 1 款第 3 项并未区分再审程序的启动方式,应理解为再审判决、裁定均应适用该项规定,因此本项规定的再审判决、裁定包括了依据当事人再审申请、依据人民检察院再审检察建议或抗诉、人民法院依职权启动三种途径启动的再审程序作出的判决、裁定。与此同时,向人民法院申请再审是申请再审检察建议或者抗诉的前置程序,当事人在人民检察院未予支持其申请的情况下,既然不能再次向检察机关提出申请,当然不能再次向人民法院申请再审,本条第 1 款第 3 项对此予以明确规定。《民事诉讼法》第 220 条第 2 款明确规定在人民检察院作出提出或者不予提出再审检察建议或者抗诉的决定后,当事人不得再次向人民检察院申请再审检察建议或者抗诉,因此本条第 2 款将因人民检察院提出再审检察建议或者抗诉而再审作出的判决、裁定排除在告知当事人向人民检察院申请检察监督范围之外。

实践中,再审申请被裁定驳回后当事人发现新的事由,比如《民事诉讼法》第 211 条第 1 项、第 3 项、第 12 项、

_____

① 对应 2023 年《民事诉讼法》第 211 条。——编者注

第13项情形的,能否再次申请再审能否再次申请再审?鉴于《民事诉讼法》第220条第1款第1项并未规定例外情况,仅规定"人民法院驳回再审申请的",应当理解为法院审查驳回再审申请当事人后,当事人即应向人民检察院申请检察监督,若申请被驳回后当事人新发现再审事由,可以通过申请再审检察建议或者抗诉寻求救济。实务中对于当事人再审申请被裁定驳回后又向法院申请再审的,人民法院应当告知其向检察机关申请检察监督。关于再审判决、裁定的范围问题,针对实践中出现的几种类型,应当分类予以明确。其中三种类型是:(1)第一审人民法院对于生效第一审判决、裁定,由本院再审后作出的、当事人未在法定期间内上诉的判决、裁定;(2)第二审人民法院对于生效第二审判决、裁定,由本院再审后作出的判决、裁定;(3)上级人民法院对于生效判决、裁定提审后作出的判决、裁定。上述三种情形属于再审判决、裁定,不能申请再审。但还有两种类型:(1)再审发回重审的裁判;(2)按照一审程序再审上诉后的裁判。它们是否属于再审判决、裁定的问题,情况较为复杂,实践中多倾向于可以申请再审,《最高人民法院关于再审撤销一、二审裁判发回重审的案件当事人对重审的生效裁判是否有申请再审权利的答复》(〔2016〕最高法民他118号)中,就山东省高级人民法院请示作出答复,内容为"再审后将案件发回重审作出的生效裁判,当事人不服的,可以根据民事诉讼法第一百九十九条①的规定申请再审。"

【最高法公报案例】

1. 一审胜诉或部分胜诉的当事人在二审中肯定一审判决,二审维持原判后又申请再审的,法院应否支持[王某与卢某某、宁夏建工集团房地产开发有限公司、第三人宁夏恒昌盛房地产开发有限公司民间借贷纠纷案(2018-7)]

两审终审制是我国民事诉讼的基本制度。当事人如认为一审判决错误的,应当提起上诉,通过二审程序行使诉讼权利。即当事人首先应当选择民事诉讼审级制度设计内的常规救济程序,通过民事一审、二审程序寻求权利的救济。再审程序是针对生效判决可能出现的重要错误而赋予当事人的特别救济程序,如在穷尽了常规救济途径之后,当事人仍然认为生效裁判有错误的,其可以向人民法院申请再审。一审胜诉或部分胜诉的当事人未提起上诉,二审判决维持原判且该当事人在二审中明确表示一审判决正确应予维持的当事人,因为其缺乏再审利益,对其再审请求不应予以支持,否则将变相鼓励或放纵不守诚信的当事人滥用再审程序,特殊程序容易异化为普通程序。这

① 对应2023年《民事诉讼法》第210条。——编者注

不仅是对诉讼权利的滥用和对司法资源的浪费,也有违两审终审制的基本原则。

2. 当事人提出的诉求经判决生效后,又否认据以提起诉求的基本事实并申请再审的,法院应否支持[天津市滨海商贸大世界有限公司与天津市天益工贸有限公司、王某某财产权属纠纷申请再审案(2013-10)]

根据《民事诉讼法》第13条第1款的规定,民事诉讼应当遵循诚实信用原则。当事人提出诉讼请求并经人民法院作出生效判决后,又否认其据以提起诉讼请求的基本事实,并以此为由申请再审,违背诚实信用原则,人民法院不予支持。

【法院参考案例】

当事人未经上诉直接申请再审,是否属于滥用再审程序的情形[大庆市凯达物流有限公司与大庆市工商业融资担保有限公司、大庆市凯隆丰粮食贸易有限公司、大庆市通世新粮贸有限公司、王某春、张某兴、赵某丽追偿权纠纷案,最高人民法院(2020)最高法民申7058号]

当事人虽主张一审判决存在错误,但在法定上诉期限内未提起上诉,亦未提供客观上导致其不能行使诉权的合理理由,其放弃法律规定的常规性救济途径,即应当承担该处分行为所致的失权后果。故二审法院以其未提起上诉为由对其主张不予审查并无不当。当事人未经上诉直接向最高人民法院申请再审,属于滥用再审程序的情形,故对其关于原审法院适用法律错误的主张,法院从程序上直接予以驳回。

第二百一十四条 【再审申请以及审查】当事人申请再审的,应当提交再审申请书等材料。人民法院应当自收到再审申请书之日起五日内将再审申请书副本发送对方当事人。对方当事人应当自收到再审申请书副本之日起十五日内提交书面意见;不提交书面意见的,不影响人民法院审查。人民法院可以要求申请人和对方当事人补充有关材料,询问有关事项。

【立法·要点注释】

1. 申请再审是法律赋予当事人的一项诉讼权利,但当事人要启动再审程序,也有义务提交再审申请书等材料。再审申请书应当比照本法第124条和第172条的规定,记明下列事项:(1)申请人的姓名、性别、年龄、民族、职业、工作单位、住所、联系方式,法人或者其他组织的名称、住所和法定代表人或者主要负责人的姓名、职务、联系方式;(2)对方当事人的姓名、性别、工作单位、住所等信息,法人或者其他组织的名称、住所等信息;(3)作出发生法律效力的判决、裁定的原审人民法院的名称、案件编号和案由;(4)再审的法定情形、具体请求和所依据的事实与理由。人民法院应当自收到再审申请书之日起5日内将再审申请书副本发送对方当事人。对方当事人应当自收到再审申请书副本之日起15日内提交书面意见;不提交书面意见的,不影响人民法院审查。需要说明的是,第一,人民法院对再审申请的审查,是审查是否符合再审条件,是否应当再审,不是重新审理案件。这与起诉和上诉是有本质区别的。当事人起诉或者上诉后,人民法院正式立案审理,所以将起诉状副本或者上诉状副本发送给被告或者被上诉人,由被告或者被上诉人提出答辩状。而对再审申请进行审查时案件还没有进入重新审理阶段,所以对方当事人提交的是"书面意见",即表明是否同意对案件进行再审并提出相应的事实和理由,而不是"答辩状"。第二,在人民法院对再审申请进行审查的阶段,对方当事人可以提交书面意见,也可以不提交书面意见。决定提交书面意见,或者不提交书面意见,都是对方当事人行使法律所赋予的辩论权利的体现。不提交书面意见的,不影响人民法院对再审申请的审查。人民法院可以要求申请人和对方当事人补充有关材料,向他们询问有关事项。但询问不是听证,从某些国家或地区的规定来看,在再审申请的审查阶段,法院可以采用类似于听证的程

序,听证程序不是对案件正式进行再次审理的程序,而是证明原判决、裁定是否确实存在错误的程序。在这个阶段,法院可以向一方当事人也可以向双方当事人询问原判的有关情况。目前为止,民事诉讼法等相关法律中并没有将听证作为一项制度予以规定,有关民事诉讼法的司法解释中也没有对此作出规定。

2. 询问可以采取在线诉讼方式,各方当事人均同意适用在线诉讼的,相应诉讼环节可以在线进行。部分当事人同意适用在线诉讼,部分当事人不同意的,相应诉讼环节可以采取同意方当事人线上、不同意方当事人线下的方式进行。当事人已同意对相应诉讼环节适用在线诉讼,但诉讼过程中又反悔的,应当在开展相应诉讼活动前的合理期限内提出。经审查,人民法院认为不存在故意拖延诉讼等不当情形的,相应诉讼环节可以转为线下进行。在调解、证据交换、询问、听证、庭审等诉讼环节中,一方当事人要求其他当事人及诉讼参与人在线下参与诉讼的,应当提出具体理由。经审查,人民法院认为案件存在案情疑难复杂、需证人现场作证、有必要线下举证质证、陈述辩论等情形之一的,相应诉讼环节可以转为线下进行。

【司法解释】

1.《最高人民法院关于适用〈中华

人民共和国民事诉讼法〉的解释》（法释〔2015〕5号，20150204；经法释〔2022〕11号修正，20220410）

第三百七十五条 当事人申请再审，应当提交下列材料：

（一）再审申请书，并按照被申请人和原审其他当事人的人数提交副本；

（二）再审申请人是自然人的，应当提交身份证明；再审申请人是法人或者其他组织的，应当提交营业执照、组织机构代码证书、法定代表人或者主要负责人身份证明书。委托他人代为申请的，应当提交授权委托书和代理人身份证明；

（三）原审判决书、裁定书、调解书；

（四）反映案件基本事实的主要证据及其他材料。

前款第二项、第三项、第四项规定的材料可以是与原件核对无异的复印件。

第三百七十六条 再审申请书应当记明下列事项：

（一）再审申请人与被申请人及原审其他当事人的基本信息；

（二）原审人民法院的名称，原审裁判文书案号；

（三）具体的再审请求；

（四）申请再审的法定情形及具体事实、理由。

再审申请书应当明确申请再审的人民法院，并由再审申请人签名、捺印或者盖章。

第三百八十三条 人民法院应当自收到符合条件的再审申请书等材料之日起五日内向再审申请人发送受理通知书，并向被申请人及原审其他当事人发送应诉通知书、再审申请书副本等材料。

第三百九十五条 人民法院根据审查案件的需要决定是否询问当事人。新的证据可能推翻原判决、裁定的，人民法院应当询问当事人。

【重点解读】司法实践中，再审申请人所提交的"新证据"有很多是有利害关系人的证人证言，真实性、关联性、合法性存在严重瑕疵的材料复印件，含糊不清的录音资料以及已向原审法院提交的、依法不应采信的证据材料等，显然不能成立，对于上述显然不属于新证据，理由不能成立的再审申请，如果全部组织询问将显著增加对方当事人的诉累，浪费司法资源，故本条规定，新的证据可能推翻原判决、裁定的，人民法院应当询问当事人，适当限缩了询问的范围。

第三百九十六条 审查再审申请期间，被申请人及原审其他当事人依法提出再审申请的，人民法院应当将其列为再审申请人，对其再审事由一并审查，审查期限重新计算。经审查，其中一方再审申请人主张的再审事由成立的，应当裁定再审。各方再审申请人主张的再审事由均不成立的，一并裁定驳回再审申请。

第三百九十七条 审查再审申请

期间,再审申请人申请人民法院委托鉴定、勘验的,人民法院不予准许。

【重点解读】再审审查阶段的功能是审查再审事由是否成立,再审申请人应当承担证明再审事由成立的责任,当事人欲通过申请鉴定、勘验或者重新鉴定、勘验推翻原裁判的,应由当事人自行委托或者自作出原鉴定意见、勘验笔录者申请重新鉴定、勘验,由人民法院判断是否符合法定再审事由。在再审审查程序中,不应由人民法院委托鉴定、勘验以证明生效判决、裁定存在再审事由。因此再审申请人以有新证据为由申请再审,但未提交新证据,而是申请人民法院委托鉴定、勘验的,不予支持。但如果当事人在原审中依法申请鉴定、勘验,原审法院应当准许而未予准许,且未经鉴定、勘验可能影响案件基本事实认定的,说明原判决、裁定认定的基本事实缺乏证据证明,可以依据《民事诉讼法》第211条第2项的规定审查处理。

第三百九十八条 审查再审申请期间,再审申请人撤回再审申请的,是否准许,由人民法院裁定。

再审申请人经传票传唤,无正当理由拒不接受询问的,可以按撤回再审申请处理。

第三百九十九条 人民法院准许撤回再审申请或者按撤回再审申请处理后,再审申请人再次申请再审的,不予受理,但有民事诉讼法第二百零七条①第一项、第三项、第十二项、第十三项规定情形,自知道或者应当知道之日起六个月内提出的除外。

第四百条 再审申请审查期间,有下列情形之一的,裁定终结审查:

(一)再审申请人死亡或者终止,无权利义务承继者或者权利义务承继者声明放弃再审申请的;

(二)在给付之诉中,负有给付义务的被申请人死亡或者终止,无可供执行的财产,也没有应当承担义务的人的;

(三)当事人达成和解协议且已履行完毕的,但当事人在和解协议中声明不放弃申请再审权利的除外;

(四)他人未经授权以当事人名义申请再审的;

(五)原审或者上一级人民法院已经裁定再审的;

(六)有本解释第三百八十一条第一款规定情形的。

【重点解读】本条第2项的规定仅适用于给付之诉,在确认之诉中不适用。确认之诉是指原告请求法院确认其主张的法律关系或者法律事实存在或者不存在的诉讼。在确认之诉中,即使被申请人死亡或者终止,仍然可以通过启动再审纠正原审判决的错误,确认正确的法律关系或者法律事实。本条第3项规定的和解协议的范围,不仅包括当事人在执行程序中达成的执行和

————————

① 对应2023年《民事诉讼法》第211条。——编者注

解协议,也包括当事人在再审审查程序中达成的和解协议。

2.《最高人民法院关于适用〈中华人民共和国民事诉讼法〉审判监督程序若干问题的解释》(法释〔2008〕14 号,20081201;经法释〔2020〕20 号修正,20210101)

第三条　当事人申请再审,应当向人民法院提交再审申请书,并按照对方当事人人数提出副本。

人民法院应当审查再审申请书是否载明下列事项:

(一)申请再审人与对方当事人的姓名、住所及有效联系方式等基本情况;法人或其他组织的名称、住所和法定代表人或主要负责人的姓名、职务及有效联系方式等基本情况;

(二)原审人民法院的名称,原判决、裁定、调解文书案号;

(三)申请再审的法定情形及具体事实、理由;

(四)具体的再审请求。

第四条　当事人申请再审,应当向人民法院提交已经发生法律效力的判决书、裁定书、调解书、身份证明及相关证据材料。

第五条　申请再审人提交的再审申请书或者其他材料不符合本解释第三条、第四条的规定,或者有人身攻击等内容,可能引起矛盾激化的,人民法院应当要求申请再审人补充或改正。

第六条　人民法院应当自收到符合条件的再审申请书等材料后五日内完成向申请再审人发送受理通知书等受理登记手续,并向对方当事人发送受理通知书及再审申请书副本。

第七条　人民法院受理再审申请后,应当组成合议庭予以审查。

第八条　人民法院对再审申请的审查,应当围绕再审事由是否成立进行。

第十二条　人民法院认为仅审查再审申请书等材料难以作出裁定的,应当调阅原审卷宗予以审查。

第十三条　人民法院可以根据案情需要决定是否询问当事人。

以有新的证据足以推翻原判决、裁定为由申请再审的,人民法院应当询问当事人。

第十四条　在审查再审申请过程中,对方当事人也申请再审的,人民法院应当将其列为申请再审人,对其提出的再审申请一并审查。

第十五条　申请再审人在案件审查期间申请撤回再审申请的,是否准许,由人民法院裁定。

申请再审人经传票传唤,无正当理由拒不接受询问,可以裁定按撤回再审申请处理。

【司法文件】

1.《全国法院民事再审审查工作座谈会纪要》(最高人民法院,法办〔2013〕36 号,20130329)

二、关于民事申请再审案件的审查

8. 人民法院在审查申请再审案件过程中，再审申请人变更或者增加再审事由，符合《民事诉讼法》第二百零五条①规定的期间要求的，人民法院应当向被申请人及原审其他当事人发送变更后的再审申请书副本，审查期限重新计算，必要时可再次组织询问；不符合民事诉讼法第二百零五条规定的，不予审查。

9. 上一级人民法院审查并裁定再审的案件，一般应当提审。

10. 基层人民法院作出生效裁判的案件，当事人依据民事诉讼法第一百九十九条②的规定选择向基层人民法院申请再审，再审事由成立的，基层人民法院应裁定由本院再审；当事人选择向中级人民法院申请再审，再审事由成立的，中级人民法院应裁定由本院提审。

11. 对于追索赡养费、抚养费、抚育费、抚恤金、医疗费用、劳动报酬案件的裁判裁定再审的，可以不中止执行。对于不予受理、驳回起诉或者驳回当事人全部诉讼请求等没有执行内容的裁判裁定再审的，可以不中止执行。对于其他裁判裁定再审不中止执行的，应当从严把握。

12. 人民法院审查民事申请再审案件所作的裁定书由审判人员、书记员署名，加盖人民法院印章。

13. 2013年1月1日之前受理的未结案件，当事人申请再审所依据的再审

事由在民事诉讼法第二百条③和第二百零一条④中有相应再审事由的，在裁定书中引用该再审事由在民事诉讼法中的条文序号。上述案件当事人依据修改前民事诉讼法第一百七十九条第一款第七项"违反法律规定，管辖错误的"情形申请再审，区分下列情形处理：

（1）对生效判决申请再审且未主张其他再审事由的，可以该情形不属于法定再审事由为由，裁定驳回；

（2）对管辖权异议裁定申请再审，案件尚未作出生效判决且该裁定确有错误的，依照民事诉讼法第二百条第六项的规定裁定再审；

（3）对管辖权异议裁定申请再审，案件已经作出生效判决的，告知当事人依法对生效判决申请再审，裁定终结审查。

上述案件当事人依据修改前民事诉讼法第一百七十九条第二款"违反法定程序可能影响案件正确判决、裁定的情形"申请再审，其主张的违反法定程序情形在民事诉讼法第二百条和第二百零一条中有相应再审事由的，可以在裁定书中引用该再审事由在民事诉讼

① 对应2023年《民事诉讼法》第216条。——编者注
② 对应2023年《民事诉讼法》第210条。——编者注
③ 对应2023年《民事诉讼法》第211条。——编者注
④ 对应2023年《民事诉讼法》第212条。——编者注

法中的条文序号,事由成立的,裁定再审;不属于法定再审事由的,裁定驳回。

2.《第一次全国民事再审审查工作会议纪要》(最高人民法院,法〔2011〕159号,20110421)

12.人民法院审查民事申请再审案件,应当围绕当事人主张的再审事由是否成立进行,当事人未主张的事由不予审查。当事人主张的再审事由与其依据的事实和理由不一致的,可以向当事人释明。

13.人民法院审查申请再审案件,可以根据案件具体情况,在审查当事人提交的再审申请书、书面意见后直接作出裁定,或者在审阅原审卷宗、询问当事人后作出裁定。

14.人民法院审查申请再审案件可以根据审查工作需要调取相关卷宗,也可以要求原审人民法院以传真件、复印件、电子文档等方式及时报送相关卷宗材料。

上级人民法院决定调卷审查的,应当制发调卷函。调卷函应当载明案号、当事人名称、案由、送卷期限、调卷人及联系方式等内容,并写明需调取的卷宗案号。原审人民法院应当在收到调卷函后1个月内按要求调齐卷宗报送上级人民法院。各级人民法院应当确定专人负责调卷工作,提高调卷效率。

15.人民法院可以根据审查工作需要询问一方或者各方当事人。对以有足以推翻原审判决、裁定的新证据为由申请再审的案件,人民法院应当询问当事人。

询问由审判长或承办法官主持,围绕与再审事由相关的证据采信、事实认定、法律适用、裁判结果以及诉讼程序等问题和法院应当依职权查明的事项进行。

16.人民法院审查民事申请再审案件,可以根据案件情况组织当事人进行调解。当事人经调解达成协议或自行达成和解协议,需要出具调解书的,应当裁定提审。提审后,由审查该申请再审案件的合议庭制作调解书。

当事人经调解达成协议或自行达成和解协议,申请撤回再审申请,经审查不违反法律规定的,应当裁定准许。当事人经调解达成协议或自行达成和解协议且已履行完毕,未申请撤回再审申请的,可以裁定终结审查。

17.人民法院在审查过程中认为确有必要的,可以依职权调查核实案件事实,也可以向原审人民法院了解案件审理中的有关情况。

18.人民法院应当自受理申请再审案件之日起3个月内审查完毕,但公告期间、鉴定期间、双方当事人申请调解期间以及调卷期间等不计入审查期限。有特殊情况需要延长的,由本院院长批准。

19.审查过程中,出现下列情形之一的,裁定终结审查:

(1)申请再审人死亡或者终止,无权利义务承受人或者权利义务承受人声明放弃再审申请的；

（2）在给付之诉中，负有给付义务的被申请人死亡或者终止，无可供执行的财产，也没有应当承担义务的人的；

（3）当事人达成执行和解协议且已履行完毕的，但当事人在执行和解协议中声明不放弃申请再审权利的除外；

（4）他人未经授权，以委托代理人名义代理当事人提出再审申请的；

（5）人民检察院对该案提出抗诉的；

（6）原审人民法院对该案裁定再审的。

3.《最高人民法院关于受理审查民事申请再审案件的若干意见》（法发〔2009〕26 号，20090427）

一、民事申请再审案件的受理

第一条　当事人或案外人申请再审，应当提交再审申请书等材料，并按照被申请人及原审其他当事人人数提交再审申请书副本。

第二条　人民法院应当审查再审申请书是否载明下列事项：

（一）申请再审人、被申请人及原审其他当事人的基本情况。当事人是自然人的，应列明姓名、性别、年龄、民族、职业、工作单位、住所及有效联系电话、邮寄地址；当事人是法人或者其他组织的，应列明名称、住所和法定代表人或者主要负责人的姓名、职务及有效联系电话、邮寄地址；

（二）原审法院名称，原判决、裁定、调解文书案号；

（三）具体的再审请求；

（四）申请再审的法定事由及具体事实、理由；

（五）受理再审申请的法院名称；

（六）申请再审人的签名或者盖章。

第三条　申请再审人申请再审，除应提交符合前条规定的再审申请书外，还应当提交以下材料：

（一）申请再审人是自然人的，应提交身份证明复印件；申请再审人是法人或其他组织的，应提交营业执照复印件、法定代表人或主要负责人身份证明书。委托他人代为申请的，应提交授权委托书和代理人身份证明；

（二）申请再审的生效裁判文书原件，或者经核对无误的复印件；生效裁判系二审、再审裁判的，应同时提交一审、二审裁判文书原件，或者经核对无误的复印件；

（三）在原审诉讼过程中提交的主要证据复印件；

（四）支持申请再审事由和再审诉讼请求的证据材料。

第四条　申请再审人提交再审申请书等材料的同时，应提交材料清单一式两份，并可附申请再审材料的电子文本，同时填写送达地址确认书。

第五条　申请再审人提交的再审申请书等材料不符合上述要求，或者有人身攻击等内容，可能引起矛盾激化的，人民法院应将材料退回申请再审人并告知其补充或改正。

再审申请书等材料符合上述要求的,人民法院应在申请再审人提交的材料清单上注明收到日期,加盖收件章,并将其中一份清单返还申请再审人。

第六条　申请再审人提出的再审申请符合以下条件的,人民法院应当在5日内受理并向申请再审人发送受理通知书,同时向被申请人及原审其他当事人发送受理通知书、再审申请书副本及送达地址确认书:

(一)申请再审人是生效裁判文书列明的当事人,或者符合法律和司法解释规定的案外人;

(二)受理再审申请的法院是作出生效裁判法院的上一级法院;

(三)申请再审的裁判属于法律和司法解释允许申请再审的生效裁判;

(四)申请再审的事由属于民事诉讼法第一百七十九条①规定的情形。

再审申请不符合上述条件的,应当及时告知申请再审人。

第七条　申请再审人向原审法院申请再审的,原审法院应针对申请再审事由并结合原裁判理由作好释明工作。申请再审人坚持申请再审的,告知其可以向上一级法院提出。

第八条　申请再审人越级申请再审的,有关上级法院应告知其向原审法院的上一级法院提出。

第九条　人民法院认为再审申请不符合民事诉讼法第一百八十四条②规定的期间要求的,应告知申请再审

人。申请再审人认为未超过法定期间的,人民法院可以限期要求其提交生效裁判文书的送达回证复印件或其他能够证明裁判文书实际生效日期的相应证据材料。

二、民事申请再审案件的审查

第十条　人民法院受理申请再审案件后,应当组成合议庭进行审查。

第十一条　人民法院审查申请再审案件,应当围绕申请再审事由是否成立进行,申请再审人未主张的事由不予审查。

【重点解读】审查申请再审案件审查工作的中心任务是确定生效裁判是否存在当事人主张的法定再审事由,作出再审或者驳回申请的裁定。从尊重当事人处分权角度考虑,审查申请再审案件的范围一般应限于再审事由。如果发现当事人主张的事由不成立,但其他事由可能成立的,是否需要依职权审查?对此,应当认为主张何种事由是当事人处分权范围之内的事情,一般情况下,只要审查当事人主张的事由即可。如果在审查过程中发现生效裁判确有错误的,可以依据《民事诉讼法》的规定依职权启动再审。

第十二条　人民法院审查申请再审案件,应当审查当事人诉讼主体资格

---

①　对应2023年《民事诉讼法》第211条。——编者注

②　对应2023年《民事诉讼法》第216条。——编者注

的变化情况。

第十三条 人民法院审查申请再审案件,采取以下方式:

(一)审查当事人提交的再审申请书、书面意见等材料;

(二)审阅原审卷宗;

(三)询问当事人;

(四)组织当事人听证。

【重点解读】本条规定了四种审查方式:一是审查再审申请人提交的再审申请书等书面材料。对于再审事由明显缺乏证据支持,不能成立的,可以不经调卷径行裁定驳回。对于部分根据原审裁判和当事人提供的主要证据足以作出准确判断的再审事由,也可径行裁定再审。二是审阅原审卷宗。审阅原审卷宗是审查再审申请的基本形式,对于单纯审查书面材料不能确定的再审事由,应当调取原审卷宗进行审查。三是询问当事人。询问是《民事诉讼法》明确规定的审查方式,有利于当事人参与审查程序,陈述意见。其形式较为灵活,根据需要单方或者双方均可。四是组织听证。听证是介于开庭和询问之间的一种较为正式的诉讼活动,注重公开性、规范性,当事人也比较认同。并且有些再审事由采用听证方式审查处理更为妥当,如对需要质证的证据,使用询问形式进行质证显然不够正式,也不够严肃。实践证明,听证审查方式对于审查新证据,查明案件事实,正确判断申请再审是否符合再审条件,促使当事人和解或息诉发挥了非常好的作用。询问和听证既可以用传票通知当事人,也可以采用电话通知等方式。但是如果要依据本意见第21条裁定按照撤回申请处理的,则必须使用传票通知。需要注意的是:审查材料、审阅原审卷宗、询问、组织听证这四种方式为可选择性规定,并没有递进的关系,可以根据案件具体情况,选择一种或者几种结合运用。如可以将书面审查和询问结合使用,并不一定需要调阅卷宗。

第十四条 人民法院经审查申请再审人提交的再审申请书、对方当事人提交的书面意见、原审裁判文书和证据等材料,足以确定申请再审事由不能成立的,可以径行裁定驳回再审申请。

第十五条 对于以下列事由申请再审,且根据当事人提交的申请材料足以确定再审事由成立的案件,人民法院可以径行裁定再审:

(一)违反法律规定,管辖错误的;

(二)审判组织的组成不合法或者依法应当回避的审判人员没有回避的;

(三)无诉讼行为能力人未经法定代理人代为诉讼,或者应当参加诉讼的当事人因不能归责于本人或者其诉讼代理人的事由未参加诉讼的;

(四)据以作出原判决、裁定的法律文书被撤销或者变更的;

(五)审判人员在审理该案件时有贪污受贿、徇私舞弊、枉法裁判行为,并经相关刑事法律文书或者纪律处分决定确认的。

第十六条 人民法院决定调卷审

查的,原审法院应当在收到调卷函后15日内按要求报送卷宗。

调取原审卷宗的范围可根据审查工作需要决定。必要时,在保证真实的前提下,可要求原审法院以传真件、复印件、电子文档等方式及时报送相关卷宗材料。

第十七条　人民法院可根据审查工作需要询问一方或者双方当事人。

第十八条　人民法院对以下列事由申请再审的案件,可以组织当事人进行听证:

(一)有新的证据,足以推翻原判决、裁定的;

(二)原判决、裁定认定的基本事实缺乏证据证明的;

(三)原判决、裁定认定事实的主要证据是伪造的;

(四)原判决、裁定适用法律确有错误的。

第十九条　合议庭决定听证的案件,应在听证5日前通知当事人。

第二十条　听证由审判长主持,围绕申请再审事由是否成立进行。

第二十一条　申请再审人经传票传唤,无正当理由拒不参加询问、听证或未经许可中途退出的,裁定按撤回再审申请处理。被申请人及原审其他当事人不参加询问、听证或未经许可中途退出的,视为放弃在询问、听证过程中陈述意见的权利。

第二十二条　人民法院在审查申请再审案件过程中,被申请人或者原审其他当事人提出符合条件的再审申请的,应当将其列为申请再审人,对于其申请再审事由一并审查,审查期限重新计算。经审查,其中一方申请再审人主张的再审事由成立的,人民法院即应裁定再审。各方申请再审人主张的再审事由均不成立的,一并裁定驳回。

第二十三条　申请再审人在审查过程中撤回再审申请的,是否准许,由人民法院裁定。

第二十四条　审查过程中,申请再审人、被申请人及原审其他当事人自愿达成和解协议,当事人申请人民法院出具调解书且能够确定申请再审事由成立的,人民法院应当裁定再审并制作调解书。

第二十五条　审查过程中,申请再审人或者被申请人死亡或者终止的,按下列情形分别处理:

(一)申请再审人有权利义务继受人且该权利义务继受人申请参加审查程序的,变更其为申请再审人;

(二)被申请人有权利义务继受人的,变更其权利义务继受人为被申请人;

(三)申请再审人无权利义务继受人或其权利义务继受人未申请参加审查程序的,裁定终结审查程序;

(四)被申请人无权利义务继受人且无可供执行财产的,裁定终结审查程序。

4.《最高人民法院民事申请再审指

南》(20240430)

五、向最高人民法院申请再审都有哪些方式？

第六条 当事人向最高人民法院申请再审，可以通过下列方式提出：

(一)通过人民法院在线服务平台、人民法院律师服务平台、人民法院网上申诉信访平台、最高人民法院诉讼服务网在线提交申请再审案件材料；

(二)向最高人民法院邮寄提交申请再审案件材料；

(三)到最高人民法院本部、各巡回法庭诉讼服务中心设立的专门窗口提交申请再审案件材料。

六、民事申请再审应当提交哪些材料？

第七条 再审申请人应当提交再审申请书。通过窗口、邮寄方式提交的，还应当按照被申请人及原审其他当事人人数提交再审申请书副本。

第八条 再审申请书应当载明下列事项：

(一)再审申请人、被申请人及原审其他当事人的基本情况。当事人是自然人的，应当列明姓名、性别、出生日期、民族、职业(或工作单位及职务)、住所及有效联系电话、邮寄地址；当事人是法人或者其他组织，应当列明名称、住所和法定代表人或者主要负责人的姓名、职务及有效联系电话、邮寄地址；

(二)作出判决、裁定、调解书的人民法院名称，判决、裁定、调解书案号；

(三)具体的再审请求；

(四)申请再审所依据的法定情形(须列明所依据的民事诉讼法的具体条、款、项)及具体事实、理由；

(五)向最高人民法院申请再审的明确表述；

(六)再审申请人的签名或者盖章；

(七)递交再审申请书的日期。

第九条 再审申请人除应当提交符合规定的再审申请书外，还应当提交下列材料：

(一)再审申请人是自然人的，应当提交身份证明复印件；再审申请人是法人或其他组织的，应当提交加盖公章的营业执照复印件、组织机构代码证复印件、法定代表人或者主要负责人身份证明书；

(二)委托他人代为申请再审的，除提交授权委托书外，委托代理人是律师的，应当提交律师事务所函原件和律师执业证复印件；委托代理人是基层法律服务工作者的，应当提交基层法律服务所函原件和法律服务工作者执业证复印件，以及当事人一方位于执业区域内的证明材料；委托代理人是当事人的近亲属的，应当提交代理人身份证明复印件以及与当事人有近亲属关系的证明材料；委托代理人是当事人的工作人员的，应当提交代理人身份证明复印件以及与当事人有合法劳动人事关系的证明材料；委托代理人是当事人所在社区、单位以及有关社会团体推荐的公民

的,应当提交代理人身份证明复印件、推荐材料以及当事人隶属于该社区、单位的证明材料;

(三)申请再审的判决、裁定、调解书原件,或者经核对无误的复印件;判决、裁定、调解书系二审法院作出的,应当同时提交一审裁判文书原件,或者经核对无误的复印件;

(四)在原审诉讼过程中提交的主要证据复印件;

(五)支持申请再审所依据的法定情形和再审请求的证据材料;

(六)送达地址确认书;

(七)再审申请人有新证据的,应当提供证据材料,通过窗口、邮寄方式提交的,还应当按照被申请人及原审其他当事人人数提交相应份数的新证据副本;

(八)法律、法规规定需要提交的其他材料。

第十条　再审申请人提交再审申请书等材料应当使用 A4 型纸,并可以附与书面材料内容一致的可编辑的一审、二审裁判文书和再审申请书的电子文本(WORD 文本)、所有纸质文件的便携式格式文本(PDF 文本)。上述两种格式的电子文本刻录在同一张光盘中,与纸质材料一并提交。在线提交以上材料的,根据相应规定办理。

第十一条　再审申请人提交的再审申请书等材料不符合上述要求,或者有人身攻击等内容,可能引起矛盾激化的,应当补充或者改正。

第二百一十五条　【再审申请的审查期限以及再审案件管辖法院】人民法院应当自收到再审申请书之日起三个月内审查,符合本法规定的,裁定再审;不符合本法规定的,裁定驳回申请。有特殊情况需要延长的,由本院院长批准。

因当事人申请裁定再审的案件由中级人民法院以上的人民法院审理,但当事人依照本法第二百一十条的规定选择向基层人民法院申请再审的除外。最高人民法院、高级人民法院裁定再审的案件,由本院再审或者交其他人民法院再审,也可以交原审人民法院再审。

【立法·要点注释】

1. 人民法院应当自收到再审申请书之日起 3 个月内审查,作出是否进行再审的裁定。人民法院对再审申请,除了要审查再审申请书,还要审查对方当事人提交的书面意见,特别要结合原审人民法院的案卷进行审查。除进行书面审查外,人民法院根据实际情况,在审查过程中还可以当面询问当事人。经过审查,符合本法第 211 条规定的,裁定再审;不符合本法第 211 条规定的,裁定驳回申请。

2. 根据本法第 210 条的规定,当事人对已经发生法律效力的判决、裁定申请再审,一般应当向作出生效裁判的法院的上一级人民法院提出,即再审申请的审查法院一般是作出生效裁判的法院的上一级人民法院。作为该原则的例外,当事人一方人数众多或者当事人双方为公民的案件,也可以向原审人民法院申请再审。也就是说,在这两种例外情况下,如果当事人不向上一级人民法院申请,而向原审人民法院申请,原审人民法院就可以审查再审申请。

3. 审查当事人再审申请的法院原则上是作出生效裁判的法院的上一级人民法院。相应地,经审查裁定再审后审理再审案件的法院原则上也是作出生效裁判的法院的上一级人民法院,但也存在特殊规则。最高人民法院、高级人民法院裁定再审的案件,由本院再审或者交其他人民法院再审,也可以交原审人民法院再审。这里的原审人民法院应当是作出生效裁判的人民法院;这里的其他人民法院应当是和原审人民法院同级的人民法院。之所以允许高级人民法院和最高人民法院把自己裁定再审的案件交下一级人民法院进行审理,是因为:第一,高级人民法院和最高人民法院承担着大量的对下级人民法院的指导和监督工作。第二,高级人民法院和最高人民法院已经承担了较多的对再审申请的审查工作。第三,规定当事人向原审人民法院的上一级人民法院申请再审,已经充分考虑到了对再审申请人合法权益的保护。上一级人民法院经过审查,认定原审裁判存在

应当裁定再审的情形之一的,也就基本认定了生效裁判存在错误。即使将案件的再审审理任务交给下一级其他人民法院或者原审人民法院完成,原判决、裁定的错误一般也会得到纠正,当事人的合法权益能够得到维护。第四,符合方便当事人诉讼和方便人民法院审判的"两便"原则,在一些情况下既能减少当事人因为再审而向省会城市和首都奔波的劳累、行程开销,又能使重新审理案件的法院更接近纠纷发生地,便于查清事实,正确审判。

4. 对于基层人民法院作出的发生法律效力的判决、裁定,当事人依照本法第 210 条的规定选择向基层人民法院申请再审的,基层人民法院也可以在裁定再审后继续审理再审案件。

【司法解释】

1.《最高人民法院关于适用〈中华人民共和国民事诉讼法〉的解释》(法释〔2015〕5 号,20150204;经法释〔2022〕11 号修正,20220410)

第一百二十九条 对申请再审案件,人民法院应当自受理之日起三个月内审查完毕,但公告期间、当事人和解期间等不计入审查期限。有特殊情况需要延长的,由本院院长批准。

第三百七十七条 当事人一方人数众多或者当事人双方为公民的案件,当事人分别向原审人民法院和上一级人民法院申请再审且不能协商一致的,

由原审人民法院受理。

【重点解读】当事人分别向原审人民法院和上一级人民法院申请再审,这里的"分别",指的是在没有收到对方当事人的再审申请书副本的情况下,向有管辖权的人民法院申请再审。换言之,在一方当事人已经向有管辖权的法院之一申请再审,法院已经受理并向对方当事人发送再审申请书副本,对方当事人已经收到该副本的情况下,还向另一具有管辖权的法院申请再审,这种情况属于规避已经受理的法院管辖,不属于本条规定的情况,应由已经受理的法院审查。与此同时,当事人分别向原审人民法院和上一级人民法院申请再审,两受理法院应及时征求双方当事人意见,由当事人协商确定管辖权。协商不成的,由原审人民法院受理。

第三百九十三条　当事人主张的再审事由成立,且符合民事诉讼法和本解释规定的申请再审条件的,人民法院应当裁定再审。

当事人主张的再审事由不成立,或者当事人申请再审超过法定申请再审期限、超出法定再审事由范围等不符合民事诉讼法和本解释规定的申请再审条件的,人民法院应当裁定驳回再审申请。

【重点解读】依据《民事诉讼法》及其司法解释的规定,不符合申请再审条件的情形主要有以下六种:一是再审申请人主体不适格。有权申请再审的主体包括原审案件当事人、《民事诉讼法解释》第 373 条第 1 款规定的当事人的权利义务承继者、第 420 条规定的被遗漏的必要共同诉讼人、第 421 条规定的案外人,其他主体不享有申请再审的权利。二是不符合申请再审案件管辖的规定。即除《民事诉讼法》第 210 条规定的当事人一方人数众多以及当事人双方为公民的两类案件外,再审申请人未向上一级人民法院提出申请的。三是原审裁判系《民事诉讼法》及其司法解释规定不得申请再审的裁判,主要包括《民事诉讼法》第 213 条规定的已经发生法律效力的解除婚姻关系的判决、调解书,《民事诉讼法解释》第 378 条规定的适用特别程序、督促程序、公示催告程序、破产程序等非诉程序审理的案件,以及《民事诉讼法解释》第 381 条第 1 款规定的三种情形,即再审申请被驳回后再次提出申请的;对再审判决、裁定提出申请的;在人民检察院对当事人的申请作出不予提出再审检察建议或者抗诉决定后又提出申请的等情形。四是申请再审的裁判尚未生效或已被再审裁判撤销。五是再审申请书列明的再审事由超出《民事诉讼法》第 211 条、第 212 条规定的再审事由范围。需要注意的是,司法实践中有不少当事人囿于法律知识的局限,提交的再审申请书中未列明再审事由或者所列再审事由与具体理由不对应,对于上述情形,人民法院不宜直接裁定驳回,而是应向当事人进行释明,由其自行补正。六是再审申请不符合《民事诉讼法》第 216

条规定的申请再审期间要求。

2.《最高人民法院关于适用〈中华人民共和国民事诉讼法〉审判监督程序若干问题的解释》（法释〔2008〕14号，20081201；经法释〔2020〕20号修正，20210101）

第十一条 人民法院经审查再审申请书等材料，认为申请再审事由成立的，应当径行裁定再审。

当事人申请再审超过民事诉讼法第二百零五条①规定的期限，或者超出民事诉讼法第二百条②所列明的再审事由范围的，人民法院应当裁定驳回再审申请。

第十六条 人民法院经审查认为申请再审事由不成立的，应当裁定驳回再审申请。

驳回再审申请的裁定一经送达，即发生法律效力。

第十八条 上一级人民法院经审查认为申请再审事由成立的，一般由本院提审。最高人民法院、高级人民法院也可以指定与原审人民法院同级的其他人民法院再审，或者指令原审人民法院再审。

【重点解读】上一级人民法院将当事人申请再审案件交其他人民法院或原审人民法院审理的前提必须是该案已经上级人民法院审查终结并作出了再审裁定。即上级人民法院必须完成了对当事人再审申请的审查，认为当事人申请再审事由成立，并依法作出了再

审的裁定。未经上级人民法院审查终结并作出再审裁定，不能够将案件交其他人民法院或原审人民法院审理。换言之，上级人民法院必须在启动再审审理程序后，才有权将案件的再审审理交其他人民法院或原审人民法院。与此同时，最高人民法院、高级人民法院将裁定再审的案件交其他人民法院和原审人民法院再审的前提是该再审案件是基于当事人申请再审而裁定再审的。因此本条的适用不包括法院依职权决定再审和对检察院抗诉案件的再审。

人民法院依职权决定再审的案件，原审人民法院发现本院作出的生效裁判确有错误的，可以再审，上级人民法院发现下级人民法院作出的生效裁判确有错误的，最高人民法院发现全国各级人民法院生效裁判确有错误的，应当提审。对人民检察院抗诉的案件的审理，由接受抗诉的人民法院审理，只有原审判决存在《民事诉讼法》第211条第1款第1至5项情形，即主要是证据认定上和提取上的错误情形的，人民法院才可以在裁定再审时将该案交下一级人民法院审理。另外，对人民检察院抗诉的案件是交原审还是其他人民法院审理，由于《民事诉讼法》没有限制性规定，通常情况下应交原审法院

---

① 对应2023年《民事诉讼法》第216条。——编者注

② 对应2023年《民事诉讼法》第211条。——编者注

审理。

中级人民法院对当事人申请再审的案件裁定再审后只能提审,不能交基层人民法院审理。按照《民事诉讼法》第 222 条规定,有《民事诉讼法》第 211 条第 1 款前 5 项规定情形的,可以交下一级法院再审,并没有将基层人民法院排除在"下一级人民法院"之外。因此,对检察院抗诉案件,中级人民法院可以依法交基层人民法院再审。

第十九条　上一级人民法院可以根据案件的影响程度以及案件参与人等情况,决定是否指定再审。需要指定再审的,应当考虑便利当事人行使诉讼权利以及便利人民法院审理等因素。

接受指定再审的人民法院,应当按照民事诉讼法第二百零七条①第一款规定的程序审理。

第二十条　有下列情形之一的,不得指令原审人民法院再审:

(一)原审人民法院对该案无管辖权的;

(二)审判人员在审理该案件时有贪污受贿,徇私舞弊,枉法裁判行为的;

(三)原判决、裁定系经原审人民法院审判委员会讨论作出的;

(四)其他不宜指令原审人民法院再审的。

3.《最高人民法院关于民事审判监督程序严格依法适用指令再审和发回重审若干问题的规定》(法释〔2015〕7 号,20150315)

第一条　上级人民法院应当严格依照民事诉讼法第二百条②等规定审查当事人的再审申请,符合法定条件的,裁定再审。不得因指令再审而降低再审启动标准,也不得因当事人反复申诉将依法不应当再审的案件指令下级人民法院再审。

第二条　因当事人申请裁定再审的案件一般应当由裁定再审的人民法院审理。有下列情形之一的,最高人民法院、高级人民法院可以指令原审人民法院再审:

(一)依据民事诉讼法第二百条第(四)项、第(五)项或者第(九)项裁定再审的;

(二)发生法律效力的判决、裁定、调解书是由第一审法院作出的;

(三)当事人一方人数众多或者当事人双方为公民的;

(四)经审判委员会讨论决定的其他情形。

人民检察院提出抗诉的案件,由接受抗诉的人民法院审理,具有民事诉讼法第二百条第(一)至第(五)项规定情形之一的,可以指令原审人民法院再审。

人民法院依据民事诉讼法第一百

---

① 对应 2023 年《民事诉讼法》第 218 条。——编者注

② 对应 2023 年《民事诉讼法》第 211 条。——编者注

九十八条①第二款裁定再审的,应当提审。

【重点解读】本条在明确提审原则的前提下,综合启动再审方式、申请事由、原审程序、当事人情况以及程序限定等多种因素,规定了可以指令再审的情形。

首先,法院依职权裁定再审的案件一律提审。上级法院依据《民事诉讼法》第209条第2款裁定再审,需确认原生效裁判确有错误。既已审查确定错误的存在,提审可以更加及时、准确地纠错,并可避免不必要的重复劳动和可能的矛盾裁判,本条第2款要求依职权再审案件应当提审,没有任何例外规定。

其次,因抗诉裁定再审的案件,由接受抗诉的法院再审。检察院的抗诉是向同级法院提出的,而抗诉的对象是下级法院的生效裁判,由接受抗诉的法院再审,也体现了提审原则。因《民事诉讼法》第222条规定,有《民事诉讼法》第211条第1项至第5项规定情形之一的,可以指令再审,本条对此也予以明确(新证据、缺证据、伪造证据、未质证、未调查取证)。

再次,因当事人申请裁定再审案件以提审为原则,只有最高人民法院、高级人民法院在四种情形下可以指令再审。依据《民事诉讼法》第215条第2款,对当事人申请再审的案件,中级人民法院不能指令基层人民法院再审,故本条明确对当事人的申请可以指令再

审的法院只有最高人民法院和高级人民法院。可以指令再审有四种情形:一是依据《民事诉讼法》第211条第4项、第5项或第9项裁定再审的,即当事人申请再审事由中包含有这三项事由之一,且经人民法院审查认定相关事由成立,据此裁定再审。二是发生法律效力的判决、裁定、调解书是由第一审法院作出的,即原生效裁判文书是一审后即发生法律效力的。三是当事人一方人数众多或者当事人双方为公民的。依据《民事诉讼法》第210条,这类当事人可以向原审人民法院申请再审,为延续《民事诉讼法》这一规定方便自然人诉讼、方便原审法院化解矛盾的立法本意,本条将之作为可以指令再审的情形。其中,依据《民事诉讼法解释》的规定,当事人一方人数众多,一般指10人以上。四是经审判委员会讨论决定的其他情形,也即不具备前三种情形,则指令再审必须提交本院审委会讨论同意。前三种情形界定清晰且范围较小,第四种情形则作了极为严格的程序性限制,坚持了提审原则,也清楚地划定了可以指令再审的例外情形。②

第三条 虽然符合本规定第二条可以指令再审的条件,但有下列情形之

---

① 对应2023年《民事诉讼法》第209条。——编者注

② 高沈坚:《〈关于民事审判监督程序严格依法适用指令再审和发回重审若干问题的规定〉的理解与适用》,载《人民司法·应用》2015年第13期。

一的,应当提审:

（一）原判决、裁定系经原审人民法院再审审理后作出的;

（二）原判决、裁定系经原审人民法院审判委员会讨论作出的;

（三）原审审判人员在审理该案件时有贪污受贿,徇私舞弊,枉法裁判行为的;

（四）原审人民法院对该案无再审管辖权的;

（五）需要统一法律适用或裁量权行使标准的;

（六）其他不宜指令原审人民法院再审的情形。

【重点解读】本条第4项"无再审管辖权"与原审法院在原审时对案件有无管辖权无关,而是指原审法院不符合《民事诉讼法》对再审法院的限定。如《民事诉讼法》第215条第2款规定,"因当事人申请裁定再审的案件由中级人民法院以上的人民法院审理",如果当事人不符合向基层法院申请再审的条件,或者虽符合条件但未向基层法院申请再审,则基层法院对因当事人申请而裁定再审的案件就不具有再审管辖权。①

【司法文件】

1.《最高人民法院关于加强和规范案件提级管辖和再审提审工作的指导意见》（法发〔2023〕13号,20230801）

第三条　本意见所称"再审提审",是指根据《中华人民共和国民事诉讼法》第二百零五条②第二款、第二百一十一条③第二款,《中华人民共和国行政诉讼法》第九十一条、第九十二条第二款的规定,上级人民法院对下级人民法院已经发生法律效力的民事、行政判决、裁定,认为确有错误并有必要提审的,裁定由本院再审,包括上级人民法院依职权提审、上级人民法院依当事人再审申请提审、最高人民法院依高级人民法院报请提审。

第十五条　上级人民法院对下级人民法院已经发生法律效力的民事、行政判决、裁定,认为符合再审条件的,一般应当提审。

对于符合再审条件的民事、行政判决、裁定,存在下列情形之一的,最高人民法院、高级人民法院可以指令原审人民法院再审,或者指定与原审人民法院同级的其他人民法院再审,但法律和司法解释另有规定的除外:

（一）原判决、裁定认定事实的主要证据未经质证的;

（二）对审理案件需要的主要证据,当事人因客观原因不能自行收集,

---

①　高沈坚:《〈关于民事审判监督程序严格依法适用指令再审和发回重审若干问题的规定〉的理解与适用》,载《人民司法·应用》2015年第13期。

②　对应2023年《民事诉讼法》第209条。——编者注

③　对应2023年《民事诉讼法》第215条。——编者注

书面申请人民法院调查收集,人民法院未调查收集的;

(三)违反法律规定,剥夺当事人辩论权利的;

(四)发生法律效力的判决、裁定是由第一审法院作出的;

(五)当事人一方人数众多或者当事人双方均为公民的民事案件;

(六)经审判委员会讨论决定的其他情形。

第十六条 最高人民法院依法受理的民事、行政申请再审审查案件,除法律和司法解释规定应当提审的情形外,符合下列情形之一的,也应当裁定提审:

(一)在全国有重大影响的;

(二)具有普遍法律适用指导意义的;

(三)所涉法律适用问题在最高人民法院内部存在重大分歧的;

(四)所涉法律适用问题在不同高级人民法院之间裁判生效的同类案件存在重大分歧的;

(五)由最高人民法院提审更有利于案件公正审理的;

(六)最高人民法院认为应当提审的其他情形。

最高人民法院依职权主动发现地方各级人民法院已经发生法律效力的民事、行政判决、裁定确有错误,并且符合前款规定的,应当提审。

第十七条 高级人民法院对于本院和辖区内人民法院作出的已经发生法律效力的民事、行政判决、裁定,认为适用法律确有错误,且属于本意见第十六条第一款第一项至第五项所列情形之一的,经本院审判委员会讨论决定后,可以报请最高人民法院提审。

第十八条 高级人民法院报请最高人民法院再审提审的案件,应当向最高人民法院提交书面请示,请示应当包括以下内容:

(一)案件基本情况;

(二)本院再审申请审查情况;

(三)报请再审提审的理由;

(四)合议庭评议意见、审判委员会讨论意见;

(五)必要的案件材料。

第十九条 最高人民法院收到高级人民法院报送的再审提审请示及材料后,由立案庭编立"监"字号,转相关审判庭组成合议庭审查,并在三个月以内作出下述处理:

(一)符合提审条件的,作出提审裁定;

(二)不符合提审条件的,作出不同意提审的批复。

最高人民法院不同意提审的,应当在批复中说明意见和理由。

第二十条 案件报请最高人民法院再审提审的期间和最高人民法院审查处理期间,不计入申请再审审查案件办理期限。

对不同意再审提审的案件,自高级人民法院收到批复之日起,恢复申请再审查案件的办理期限计算。

第二十一条 上级人民法院应当

健全完善特殊类型案件的发现、监测、甄别机制，注重通过以下渠道，主动启动提级管辖或者再审提审程序：

（一）办理下级人民法院关于法律适用问题的请示；

（二）开展审务督察、司法巡查、案件评查；

（三）办理检察监督意见；

（四）办理人大代表、政协委员关注的事项或者问题；

（五）办理涉及具体案件的群众来信来访；

（六）处理当事人提出的提级管辖或者再审提审请求；

（七）开展案件舆情监测；

（八）办理有关国家机关、社会团体等移送的其他事项。

2.《全国法院民事再审审查工作座谈会纪要》（最高人民法院，法办〔2013〕36号，20130329）

二、关于民事申请再审案件的审查

14. 人民法院应当自受理申请再审案件之日起三个月内审查完毕，但公告期间、调卷期间、双方当事人申请调解期间等不计入审查期限。有特殊情况需要延长的，由本院院长批准。

3.《最高人民法院关于受理审查民事申请再审案件的若干意见》（法发〔2009〕26号，20090427）

第二十六条　人民法院经审查认为再审申请超过民事诉讼法第一百八十四条①规定期间的，裁定驳回申请。

第二十七条　人民法院经审查认为申请再审事由成立的，一般应由本院提审。

第二十八条　最高人民法院、高级人民法院审查的下列案件，可以指令原审法院再审：

（一）依据民事诉讼法第一百七十九条②第一款第（八）至第（十三）项事由提起再审的；

（二）因违反法定程序可能影响案件正确判决、裁定提起再审的；

（三）上一级法院认为其他应当指令原审法院再审的。

第二十九条　提审和指令再审的裁定书应当包括以下内容：

（一）申请再审人、被申请人及原审其他当事人基本情况；

（二）原审法院名称、申请再审的生效裁判文书名称、案号；

（三）裁定再审的法律依据；

（四）裁定结果。

裁定书由院长署名，加盖人民法院印章。

第三十条　驳回再审申请的裁定书，应当包括以下内容：

（一）申请再审人、被申请人及原审其他当事人基本情况；

---

①　对应2023年《民事诉讼法》第216条。——编者注

②　对应2023年《民事诉讼法》第211条。——编者注

（二）原审法院名称、申请再审的生效裁判文书名称、案号；

（三）申请再审人主张的再审事由、被申请人的意见；

（四）驳回再审申请的理由、法律依据；

（五）裁定结果。

裁定书由审判人员、书记员署名，加盖人民法院印章。

第三十一条 再审申请被裁定驳回后，申请再审人以相同理由再次申请再审的，不作为申请再审案件审查处理。

申请再审人不服驳回其再审申请的裁定，向作出驳回裁定法院的上一级法院申请再审的，不作为申请再审案件审查处理。

第三十二条 人民法院应当自受理再审申请之日起3个月内审查完毕，但鉴定期间等不计入审查期限。有特殊情况需要延长的，报经本院院长批准。

第三十三条 2008年4月1日之前受理，尚未审结的案件，符合申请再审条件的，由受理再审申请的人民法院继续审查处理并作出裁定。

第二百一十六条 【当事人申请再审的期限】 当事人申请再审，应当在判决、裁定发生法律效力后六个月内提出；有本法第二百一十一条第一项、第三项、第十二项、第十三项规定情形的，自知道或者应当知道之日起六个月内提出。

【立法·要点注释】

本条规定中申请再审的6个月期间为不变期间，不存在中断或中止的情况。一般而言，6个月的期间是从判决、裁定发生法律效力时才开始起算的，但存在以下四种例外情形：第一，判决、裁定发生法律效力后，发现有新的证据，足以推翻原判决、裁定的，当事人应当自知道或者应当知道之日起6个月内申请再审。第二，判决、裁定发生法律效力后，发现原判决、裁定认定事实的主要证据是伪造的，当事人应当自知道或者应当知道之日起6个月内申请再审。第三，判决、裁定发生法律效力后，据以作出原判决、裁定的法律文书被撤销或者变更的，当事人应当自知道或者应当知道之日起6个月内申请再审。第四，判决、裁定发生法律效力后，发现审判人员审理该案件时有贪污受贿，徇私舞弊，枉法裁判行为的，当事人应当自知道或者应当知道之日起6个月内申请再审。

【司法解释】

1.《最高人民法院关于适用〈中华人民共和国民事诉讼法〉的解释》（法释〔2015〕5号，20150204；经法释〔2022〕11号修正，20220410）

第一百二十七条 民事诉讼法第

五十九条第三款、第二百一十二条①以及本解释第三百七十二条、第三百八十二条、第三百九十九条、第四百二十条、第四百二十一条规定的六个月，民事诉讼法第二百三十条②规定的一年，为不变期间，不适用诉讼时效中止、中断、延长的规定。

第四百二十条　必须共同进行诉讼的当事人因不能归责于本人或者其诉讼代理人的事由未参加诉讼的，可以根据民事诉讼法第二百零七条③第八项规定，自知道或者应当知道之日起六个月内申请再审，但符合本解释第四百二十一条规定情形的除外。

人民法院因前款规定的当事人申请而裁定再审，按照第一审程序再审的，应当追加其为当事人，作出新的判决、裁定；按照第二审程序再审，经调解不能达成协议的，应当撤销原判决、裁定，发回重审，重审时应追加其为当事人。

【重点解读】本条明确未在执行程序中提出执行异议的被遗漏的必要共同诉讼人可以依据《民事诉讼法》第211条第8项的规定申请再审，解决第三人撤销之诉制度和案外人申请再审制度难以救济此类被遗漏的必要共同诉讼人的问题。如果被遗漏的必要共同诉讼人已经在执行程序中提出执行异议，则应按照《民事诉讼法》第238条和本司法解释第421条的规定申请再审。

被遗漏的必要共同诉讼人未在裁判文书上列为当事人，虽然从形式上看是案外人，但其系与一方当事人具有共同诉讼标的、必须共同进行诉讼的主体，本应作为当事人参加到诉讼中来。考虑到被遗漏的必要共同诉讼人并非第三人，不能通过第三人撤销之诉获得救济；在裁判未进入执行程序或者不需强制执行时，其也难以依据《民事诉讼法》第238条的规定申请再审。为解决被遗漏的必要共同诉讼人救济程序问题，本条将其作为实质意义上的当事人，规定其可以依据《民事诉讼法》第211条第8项的规定申请再审。

关于本条与案外人申请再审的区分。区分二者的依据是案件是否进入执行程序。根据《民事诉讼法》第238条和本司法解释第421条的规定，案外人申请再审的前置程序是其执行异议被裁定驳回；本条规定的被遗漏的必要共同诉讼人申请再审并不以执行异议被裁定驳回为前提；如果案件已经进入执行程序，被遗漏的必要共同诉讼人提出执行异议被裁定驳回的，应当依据《民事诉讼法》第238条和本司法解释第421条的规定，自执行异议裁定送达之日起6个月内，向作出原判决、裁定、调解书的人民法院申请再审。如果案

----

① 对应2023年《民事诉讼法》第216条。——编者注

② 对应2023年《民事诉讼法》第234条。——编者注

③ 对应2023年《民事诉讼法》第211条。——编者注

件未进入执行程序,被遗漏的必要共同诉讼人则可依据《民事诉讼法》第211条第8项以及本条的规定,自知道或者应当知道生效裁判之日起6个月内申请再审。实践中如果发现案件已经进入执行程序的,应当告知再审申请人依据案外人申请再审的有关规定行使权利。

关于本条与第三人撤销之诉的区分。区分二者的依据是提起主体是第三人还是被遗漏的必要共同诉讼人。依据《民事诉讼法》第59条第3款的规定,有权提起撤销之诉的是有独立请求权的第三人和无独立请求权的第三人。本条规定的申请再审主体是被遗漏的必要共同诉讼人。实践中应当根据提起撤销之诉或者再审申请主体诉讼地位的不同,指引其正确行使诉讼权利。

第四百二十一条 根据民事诉讼法第二百三十四条①规定,案外人对驳回其执行异议的裁定不服,认为原判决、裁定、调解书内容错误损害其民事权益的,可以自执行异议裁定送达之日起六个月内,向作出原判决、裁定、调解书的人民法院申请再审。

【重点解读】本条规定的案外人申请再审程序,是案外人认为执行行为依据的裁判文书主文错误,而不是认为执行行为本身错误,要求予以救济。案外第三人只能就第三人撤销之诉与案外人申请再审择一而行。该当事人不能一条救济途径结束后,再走另一条途径寻求救济。原审人民法院应当注意查

询。由于案外人申请再审和第三人撤销之诉均设定为由原审人民法院受理,为了避免重复立案处理,故应注意查询和识别。本条对案外人申请再审仅作了比较原则的规定,其他事项,如案外人提交再审申请书等材料、案外人申请再审的理由成立与否以及对案外人再审申请的审查处理等,依照人民法院对当事人申请再审的具体规定执行。至于案外人申请再审中的少数个性问题,应当运用民事诉讼的相应原则和原理,具体问题具体对待。

2.《最高人民法院关于适用〈中华人民共和国民事诉讼法〉审判监督程序若干问题的解释》(法释〔2008〕14号,20081201;经法释〔2020〕20号修正,20210101)

第一条 当事人在民事诉讼法第二百零五条②规定的期限内,以民事诉讼法第二百条③所列明的再审事由,向原审人民法院的上一级人民法院申请再审的,上一级人民法院应当依法受理。

第二条 民事诉讼法第二百零五条规定的申请再审期间不适用中止、中断和延长的规定。

---

① 对应2023年《民事诉讼法》第238条。——编者注
② 对应2023年《民事诉讼法》第216条。——编者注
③ 对应2023年《民事诉讼法》第211条。——编者注

第十一条 人民法院经审查再审申请书等材料,认为申请再审事由成立的,应当径行裁定再审。

当事人申请再审超过民事诉讼法第二百零五条规定的期限,或者超出民事诉讼法第二百条所列明的再审事由范围的,人民法院应当裁定驳回再审申请。

【司法文件】

1.《全国法院民事再审审查工作座谈会纪要》(最高人民法院,法办〔2013〕36 号,20130329)

6. 当事人在裁判文书发生法律效力六个月后申请再审,符合以下条件的,应予受理:

(1)依据民事诉讼法第二百条①第一项、第三项、第十二项或者第十三项申请再审;

(2)书面说明知道或者应当知道所依据再审事由的时间,并提交相应证据;

(3)提交支持再审事由的证据材料,并书面说明该证据材料证明再审事由成立的理由。

7. 2013 年 1 月 1 日之前生效的裁判,适用修改前民事诉讼法第一百八十四条②的规定计算申请再审期限。上述裁判申请再审期限在 2013 年 1 月 1 日前已届满,当事人在 2013 年 1 月 1 日后申请再审的,不予受理;申请再审期限在 2013 年 1 月 1 日至 6 月 30 日之

间届满的,计算至届满之日。

上述裁判申请再审期限在 2013 年 6 月 30 日后届满的,计算至 2013 年 6 月 30 日。但下列情形仍适用修改前民事诉讼法第一百八十四条的规定:

(1)当事人以有新的证据,足以推翻原判决、裁定为由申请再审的,应当在裁判生效后两年内提出;

(2)当事人以原判决、裁定认定事实的主要证据系伪造为由申请再审的,应当在裁判生效后两年内提出;

(3)裁判生效两年后,当事人以据以作出原裁判的法律文书被撤销或者变更为由申请再审的,应当自知道或者应当知道之日起三个月内提出;

(4)裁判生效两年后,当事人以审判人员在审理该案件时有贪污受贿,徇私舞弊,枉法裁判行为为由申请再审的,应当自知道或者应当知道之日起三个月内提出。

2.《最高人民法院关于受理审查民事申请再审案件的若干意见》(法发〔2009〕26 号,20090427)

第九条 人民法院认为再审申请不符合民事诉讼法第一百八十四条③规定的期间要求的,应告知申请再审

---

① 对应 2023 年《民事诉讼法》第 211 条。——编者注

② 对应 2023 年《民事诉讼法》第 216 条。——编者注

③ 对应 2023 年《民事诉讼法》第 216 条。——编者注

人。申请再审人认为未超过法定期间的,人民法院可以限期要求其提交生效裁判文书的送达回证复印件或其他能够证明裁判文书实际生效日期的相应证据材料。

3.《最高人民法院民事申请再审指南》(20240430)

四、民事申请再审应当在何时提出?

第五条　当事人申请再审,应当在判决、裁定、调解书发生法律效力后六个月内提出;有下列情形的,自知道或者应当知道之日起六个月内提出:

(一)有新的证据,足以推翻原判决、裁定的;

(二)原判决、裁定认定事实的主要证据是伪造的;

(三)据以作出原判决、裁定的法律文书被撤销或者变更的;

(四)审判人员审理该案件时有贪污受贿,徇私舞弊,枉法裁判行为的。

【最高法公报案例】

当事人在判决、裁定生效6个月后,依据《民事诉讼法》第211条第1项、第3项、第12项、第13项规定申请再审的同时,一并提起其他再审事由的,法院应否审查[江苏南通六建建设集团有限公司与衡水鸿泰房地产开发有限公司建设工程施工合同纠纷案(2019-10)]

《民事诉讼法》第205条(现为第216条)规定,当事人申请再审,应当在判决、裁定发生法律效力后6个月内提出;有本法第200条(现为第211条)第1项、第3项、第12项、第13项规定情形的,自知道或者应当知道之日起6个月内提出。本条是关于当事人申请再审期限的规定。法律之所以规定当事人申请再审期限,一方面是为了维护生效判决的既判力,避免经生效判决所确定的法律权利义务关系长期处于可能被提起再审的不安定状态,从而维护社会关系的稳定;另一方面是为了督促当事人及时行使申请再审的权利,避免影响对方当事人对生效判决稳定性的信赖利益。据此,当事人依据《民事诉讼法》第200条第1项、第3项、第12项、第13项以外的其他事由申请再审,应当在判决、裁定发生法律效力后6个月内提出;而当事人在判决、裁定发生法律效力6个月后,依据《民事诉讼法》第200条第1项、第3项、第12项、第13项规定申请再审的同时,一并提起其他再审事由的,人民法院不予审查。

【法院参考案例】

1.再审申请期限是否为诉讼时效期间[云南华森实业公司诉云南荣成兴业房地产有限公司不当得利纠纷案,最高人民法院(2014)民申字第1930号]

再审申请期限并非对实体权利中的请求权进行约束的期间,而系对当事人申请再审权进行约束的期间,其不是诉讼时效期间。其为不变期间,不适用诉讼时效中止、中断的规定。再审申请人以有再审新的证据为由申请再审,未在自知道或者应当知道之日起 6 个月内申请再审,申请期限经过,人民法院应裁定驳回再审申请。

2. 公司法定代表人被羁押的事实是否能引起申请再审期间的中止、中断、延长[重庆市璧山区友兴房地产开发有限公司与陈某位、重庆市兴璧建筑工程有限公司、重庆市桓大建设(集团)有限公司建设工程施工合同纠纷案,最高人民法院(2019)最高法民申 6380 号]

《民事诉讼法》第 205 条(现为第 216 条)规定的申请再审期限 6 个月为不变期间,不适用诉讼时效中止、中断、延长的规定。公司法定代表人被羁押的事实不能引起申请再审期间的中止、中断、延长。同时,再审申请人为公司,其法定代表人被羁押尚不足以妨碍该公司行使申请再审的权利。

第二百一十七条 【中止原判决的执行及例外】按照审判监督程序决定再审的案件,裁定中止原判决、裁定、调解书的执行,但追索赡养费、扶养费、抚养费、抚恤金、医疗费用、劳动报酬等案件,可以不中止执行。

【立法·要点注释】

1. 关于决定再审应当中止执行的原则。按照审判监督程序决定再审的案件,是判决、裁定、调解书发生法律效力的案件,当事人应当自觉履行发生法律效力的判决、裁定、调解书确定的义务。一方当事人拒绝履行的,对方当事人可以向人民法院申请强制执行。在当事人尚未自觉履行完毕的情况下,或者人民法院强制执行尚未终结的情况下,如果人民法院决定对该案进行再审,原则上应当裁定中止执行。这主要是因为决定对案件进行再审,前提是发生法律效力的判决、裁定、调解书存在错误。经过再审纠正错误,很可能会改变执行内容。通常情况下,如果继续执行,可能损害再审申请人的利益,并且造成司法资源的浪费。

2. 中止原判决、裁定、调解书的执行主要指以下几种情况:第一,人民法院依职权决定再审的案件。一是各级人民法院院长提交审判委员会讨论决定再审的案件。二是最高人民法院对地方各级人民法院已经发生法律效力的判决、裁定、调解书,上级人民法院对下级人民法院已经发生法律效力的判决、裁定、调解书,发现确有错误,决定提审或者指令下级人民法院再审的案件。决定再审后,作出决定的人民法院一般应当裁定中止原判决、裁定、调解书的执行。第二,根据当事人申请,人民法院裁定再审的案件。因当事人申请裁定再审的案件，无论是由本院再审，还是交其他人民法院再审，或者交原审人民法院再审，一般由作出裁定的人民法院在再审裁定中同时中止原判决、裁定、调解书的执行。第三，根据人民检察院的抗诉，人民法院裁定再审的案件。因人民检察院抗诉裁定再审的案件，无论该再审案件是由接受抗诉的人民法院审理，还是依法交其他人民法院审理，一般由接受抗诉的人民法院在再审裁定中同时中止原判决、裁定、调解书的执行。需要说明的是，如果原判决、裁定、调解书已经执行完毕，再裁定中止执行就没什么意义了。如果再审结果是撤销原判或者对原判进行改判，那就需要执行回转。根据本法第244条的规定，执行完毕后，据以执行的判决、裁定和其他法律文书确有错误，被人民法院撤销的，对已被执行的财产，人民法院应当作出裁定，责令取得财产的人返还；拒不返还的，强制执行。当事人对调解书申请再审，人民法院裁定再审的，如果原调解书尚未执行完毕，人民法院也会在同一裁定中中止原调解书的执行。

3.《民事诉讼法》在"特别程序"中规定有确认调解协议案件和实现担保物权案件，这两类案件作出的裁定都可能涉及实体执行内容，一旦进入再审，就需要对其有所规定，因此本条还规定了中止对原裁定的执行。

4. 关于不中止执行的例外情况。

法院决定再审的案件，原则上应当中止执行，否则不利于保护再审申请人合法的民事权益，但是对此也存在例外情况。再审原则上应当中止原判决、裁定、调解书的执行，但决定再审的案件有的不一定会最终改判，特别是对追索赡养费、扶养费、抚养费、抚恤金、医疗费用、劳动报酬的当事人，如果一律中止执行，可能会给这些当事人带来生活困难。对于追索赡养费、抚养费、医疗费用等影响当事人生计、涉及其生命健康的案件，不中止执行坚持以人为本原则，更有利于扶危济困。因此，《民事诉讼法》对此作出明确规定，对于上述案件，可以不中止执行。人民法院在适用时可以根据上述案件的具体实际，客观判断是否中止执行，并且作出相应的裁定。

【司法解释】

《最高人民法院关于适用〈中华人民共和国民事诉讼法〉的解释》（法释〔2015〕5号,20150204;经法释〔2022〕11号修正,20220410）

第三百九十四条 人民法院对已经发生法律效力的判决、裁定、调解书依法决定再审，依照民事诉讼法第二百一十三条①规定，需要中止执行的，应当在再审裁定中同时写明中止原判决、

---

① 对应2023年《民事诉讼法》第217条。——编者注

裁定、调解书的执行；情况紧急的，可以将中止执行裁定口头通知负责执行的人民法院，并在通知后十日内发出裁定书。

【重点解读】本条规定的适用范围扩张至所有再审案件，包括因当事人申请启动再审、因检察监督或者法院依职权启动再审的案件。再审裁定由从事再审审查或者依职权复查的合议庭署名，院长不再署名，避免经再审由合议庭署名维持原判，出现所谓"小法官改大法官意见"的弊端；对六类案件的再审一般情况下不中止对生效裁判的执行，但如有特殊情况，也可以中止执行。与此同时，关于再审中止执行的案件，还有两个有关加倍支付迟延履行期间的债务问题。

再审中止执行的，再审期间是否计入迟延履行期间的问题。《民事诉讼法》第264条规定："被执行人未按判决、裁定和其他法律文书指定的期间履行给付金钱义务的，应当加倍支付迟延履行期间的债务利息。"《最高人民法院关于执行程序中计算迟延履行期间的债务利息适用法律若干问题的解释》第3条第3款规定："非因被执行人的申请，对生效法律文书审查而中止或暂缓执行的期间及再审中止执行的期间，不计算加倍部分债务利息。"根据这一规定，包括因被执行人申请再审、申请检察监督、申诉等原因启动再审的案件，再审期间计入迟延履行期间。非因被执行人原因包括：一是执行人及其他

当事人申请再审的案件；二是无当事人申诉、人民法院单纯依职权再审的案件；三是无当事人申诉，人民检察院单纯依职权抗诉的案件；四是案外人申请再审的案件。以上四种情形下，再审期间不计入迟延履行期间。

生效再审判决的执行力起算时间。这一问题实质上是再审案件的执行依据是生效再审判决，还是原审判决或原审判决的部分内容，是对第一个问题的延续和深入。一般而言，无论再审判决再审维持原判还是改判，其自身生效后方能产生既判力等拘束力，但对执行力而言，应当根据区分两种情况。一是再审维持原判的，自原判确定的强制执行日产生执行力，开始计算迟延履行期间；如果再审是非因被执行人原因启动的，根据上述司法解释，在计算迟延履行期间时扣除再审期间。二是再审改判的，此时执行力与既判力等其他拘束力基本一致，即应自再审判决确定的强制执行日产生执行力。此种情形下，因为不存在再审期间扣除的问题，因此再审启动是否是被执行人的原因，对计算迟延履行期间已无意义。至于对再审部分改判的，对未改判部分判项的执行力产生时间是否要参照再审维持原判？倾向认为，无论从裁判效力的整体性而言，还是从司法实务操作性而言，不宜再细分。

第二百一十八条 【再审案件的审理程序】人民法院按照审判监督程序再审的案件,发生法律效力的判决、裁定是由第一审法院作出的,按照第一审程序审理,所作的判决、裁定,当事人可以上诉;发生法律效力的判决、裁定是由第二审法院作出的,按照第二审程序审理,所作的判决、裁定,是发生法律效力的判决、裁定;上级人民法院按照审判监督程序提审的,按照第二审程序审理,所作的判决、裁定是发生法律效力的判决、裁定。

人民法院审理再审案件,应当另行组成合议庭。

【立法·要点注释】

1. 第一审法院作出的判决、裁定发生法律效力后,该第一审法院依职权决定再审的,该再审案件适用第一审程序进行审理,所作的判决、裁定,当事人可以上诉。需要说明的是,如果发生法律效力的判决、裁定是适用简易程序作出的,则再审进行审理时应当适用第一审普通程序,由合议庭进行审理,且原审的独任审判员不得参加新组成的合议庭。

2. 最高人民法院或者上级人民法院对下级人民法院已经发生法律效力的判决、裁定决定再审并进行提审的,由进行提审的上级人民法院组成合议庭,按照第二审程序进行审理,所作的判决、裁定是发生法律效力的判决、裁定。

3. 最高人民法院或者上级人民法院对下级人民法院已经发生法律效力的判决、裁定决定再审并指令下级人民法院再审的,如果下级人民法院是第一审法院,则再审适用第一审程序;如果下级人民法院是第二审法院,则再审适用第二审程序。但是,都需另行组成合议庭。

4. 因当事人申请裁定再审的案件,如果由负责审查再审申请的人民法院再审,一般应当适用第二审程序,所作的判决、裁定是发生法律效力的判决、裁定;在例外情况下适用第一审程序,所作的判决、裁定,当事人可以上诉。这里的"例外情况",是当事人依照本法第210条的规定,选择向原审人民法院申请再审后可能面临的一种后续情况。当事人一方人数众多或者当事人双方为公民的案件,也可以向原审人民法院申请再审。如果上述案件发生法律效力的判决、裁定是第一审法院作出的,而且当事人也选择向该第一审法院申请再审,该第一审法院就可以在裁定再审后继续进行再审审理,在这种例外情况下,应当适用的程序是第一审程序。与发生法律效力的判决、裁定相对比,经过再审后作出的判决、裁定仍然是第一审人民法院作出的,当事人也仍然可以上诉。

5. 因当事人申请裁定再审的案件,

被最高人民法院、高级人民法院交与原审人民法院同级的其他人民法院再审或者交原审人民法院再审的，如果发生法律效力的判决、裁定是第一审程序作出的，则再审适用第一审程序；如果发生法律效力的判决、裁定是第二审程序作出的，则再审适用第二审程序。需要说明的是，交原审人民法院再审的，原审人民法院审理时应当另行组成合议庭。

6.人民检察院抗诉的案件，如果由接受抗诉的人民法院再审，则适用第二审程序，因为接受抗诉的人民法院肯定是作出生效判决、裁定的人民法院的上一级法院。

7.人民检察院抗诉的案件，交下一级人民法院再审的，如果原生效判决、裁定是第一审程序作出的，则再审适用第一审程序；如果原生效判决、裁定是第二审程序作出的，则再审适用第二审程序。

【司法解释】

1.《最高人民法院关于适用〈中华人民共和国民事诉讼法〉的解释》（法释〔2015〕5号，20150204；经法释〔2022〕11号修正，20220410）

第一百二十八条　再审案件按照第一审程序或者第二审程序审理的，适用民事诉讼法第一百五十二条、第一百八十三条规定的审限。审限自再审立案的次日起算。

第二百五十二条　再审裁定撤销原判决、裁定发回重审的案件，当事人申请变更、增加诉讼请求或者提出反诉，符合下列情形之一的，人民法院应当准许：

（一）原审未合法传唤缺席判决，影响当事人行使诉讼权利的；

（二）追加新的诉讼当事人的；

（三）诉讼标的物灭失或者发生变化致使原诉讼请求无法实现的；

（四）当事人申请变更、增加的诉讼请求或者提出的反诉，无法通过另诉解决的。

【重点解读】对按二审程序再审的案件何种情形下可以发回重审，《民事诉讼法》及其司法解释均没有规定，应当适用《审监程序再审重审规定》，该司法解释明确了再审发回重审的条件。

再审发回重审与按照一审程序再审不同。前者是法院对该案所作出的裁判已被全部撤销，当事人的诉讼争端回到原一审宣判前的状况，原审当事人诉讼地位恢复，由一审法院对当事人之间的争议重新进行审理；后者是在原生效裁判没有被撤销的情形下，对该案件再次审理。就审理范围而言，按一审程序再审案件的当事人的再审请求不能超出原审，而再审发回重审案件当事人的诉讼请求在一定条件下允许超出原审。

本条规定涉及裁定撤销原判决、发回一审法院重审案件的审理范围问题。关于发回重审案件的性质，有观点认为,案件虽然撤销了原一、二审判决,但毕竟是曾有过生效判决的,根据程序不可逆的基本原理,适用再审之后诉讼程序的都是再审案件;也有观点认为,发回重审的案件视同全新案件,适用普通一审程序。我们认为,发回重审案件的定性关系到对于相关程序问题的理解与适用,目前一般认为基本可参照适用普通一审程序审理,但也有特殊情形,例如,需另行组成合议庭,有限地允许当事人变更或者增加请求、提出反诉等。与此同时,实践中还应注意以下问题:第一,再审发回重审的情形与发回重审后准许当事人增加、变更诉讼请求、提出反诉的情形有重叠,但两者性质有别,并不完全相同。第二,根据诉讼诚信原则,再审发回重审案件的当事人在之前程序中的诉讼主张、质证及辩论意见等仍然有效;当事人反悔的,应说明理由并提交相应的证据,但因审判组织的组成不合法或者依法应当回避的审判人员没有回避而发回重审的案件除外。第三,按一审程序再审的案件和再审发回重审的案件作出裁判后,当事人有权对该裁判提起上诉,但按一审程序再审的案件为再审案件,当事人对此不再享有申请再审权,而发回重审案件可以被申请再审。第四,接受再审发回重审案件的人民法院,应当将重审后的结案裁判文书,在送达当事人的同时报送上级人民法院。第五,再审发回重审案件的重审结果可能与原审一致,但不能以维持原判形式下判,必须重新作

出判项。

第三百三十八条 第二审人民法院宣告判决可以自行宣判,也可以委托原审人民法院或者当事人所在地人民法院代行宣判。

第四百零一条 人民法院审理再审案件应当组成合议庭开庭审理,但按照第二审程序审理,有特殊情况或者双方当事人已经通过其他方式充分表达意见,且书面同意不开庭审理的除外。

符合缺席判决条件的,可以缺席判决。

第四百零二条 人民法院开庭审理再审案件,应当按照下列情形分别进行:

(一)因当事人申请再审的,先由再审申请人陈述再审请求及理由,后由被申请人答辩、其他原审当事人发表意见;

(二)因抗诉再审的,先由抗诉机关宣读抗诉书,再由申请抗诉的当事人陈述,后由被申请人答辩、其他原审当事人发表意见;

(三)人民法院依职权再审,有申诉人的,先由申诉人陈述再审请求及理由,后由被申诉人答辩、其他原审当事人发表意见;

(四)人民法院依职权再审,没有申诉人的,先由原审原告或者原审上诉人陈述,后由原审其他当事人发表意见。

对前款第一项至第三项规定的情形,人民法院应当要求当事人明确其再

审请求。

第四百零三条　人民法院审理再审案件应当围绕再审请求进行。当事人的再审请求超出原审诉讼请求的，不予审理；符合另案诉讼条件的，告知当事人可以另行起诉。

被申请人及原审其他当事人在庭审辩论结束前提出的再审请求，符合民事诉讼法第二百一十二条①规定的，人民法院应当一并审理。

人民法院经再审，发现已经发生法律效力的判决、裁定损害国家利益、社会公共利益、他人合法权益的，应当一并审理。

【**重点解读**】再审审理范围是一个相当复杂的问题，本条只作原则性规定。在再审审查中，由于再审事由是开启再审的"钥匙"，因而应当围绕当事人主张的再审事由进行；进入再审之后，原审裁判结果正确与否，当事人的再审请求能否得到支持，是再审裁判必须作出回应的问题。进入再审后，被申请人及其他当事人有可能提出再审请求或抗辩，法院也有职权审查原裁判是否损害国家利益、社会公共利益以及他人合法权益的情形。因此，相比原裁判，再审裁判并不必然对再审申请人更为有利。被申请人及其他当事人提出的再审请求也不能超出原审诉讼请求。允许被申请人及其他当事人在再审中提出再审请求，有时会与其单独申请再审的级别管辖不一致，但就再审审理的级别管辖而言，其与法律规定并不冲突。当事人在再审中提出原审遗漏审理的诉讼请求，并未超出原审请求。按一审程序再审发现原审遗漏诉讼请求的，直接作出实体判决；按二审程序再审发现原审遗漏诉讼请求的，可以进行调解，调解不成的，发回重审。再审不因双方当事人的同意而扩大审理范围，这与二审有所不同。再审不但解决双方原有的争议，还涉及对生效裁判的评价，即便双方当事人均同意一并解决新增加的争议问题，也不能因此扩大审理范围，并以此改变生效裁判。当然，如果是调解结案，那么可以将新的争议一并纳入。

关于被申请人被申请的再审请求有6个月申请再审期限的规定，《审监程序再审重审规定》第7条对该问题作了不同规定，即并不要求被申请人的再审请求满足6个月申请再审期限的规定。尽管《民事诉讼法解释》于2020年、2022年进行了两次修正，但由于这两次修正是专门针对《民事诉讼法》修正内容所作，并未涉及本解释的审判监督程序内容，故基于在后司法解释优先适用原则，也为了更好地平衡各方利益留有空间，实质化解矛盾，可不再对被申请人的再审请求进行期限限制。

第四百零四条　再审审理期间，有下列情形之一的，可以裁定终结再审程序：

---

① 对应2023年《民事诉讼法》第216条。——编者注

（一）再审申请人在再审期间撤回再审请求，人民法院准许的；

（二）再审申请人经传票传唤，无正当理由拒不到庭的，或者未经法庭许可中途退庭，按撤回再审请求处理的；

（三）人民检察院撤回抗诉的；

（四）有本解释第四百条第一项至第四项规定情形的。

因人民检察院提出抗诉裁定再审的案件，申请抗诉的当事人有前款规定的情形，且不损害国家利益、社会公共利益或者他人合法权益的，人民法院应当裁定终结再审程序。

再审程序终结后，人民法院裁定中止执行的原生效判决自动恢复执行。

第四百零五条　人民法院经再审审理认为，原判决、裁定认定事实清楚、适用法律正确的，应予维持；原判决、裁定认定事实、适用法律虽有瑕疵，但裁判结果正确的，应当在再审判决、裁定中纠正瑕疵后予以维持。

原判决、裁定认定事实、适用法律错误，导致裁判结果错误的，应当依法改判、撤销或者变更。

【重点解读】本条不涉及再审发回重审、调解等其他再审裁判方式，未涉及的裁判方式应适用《民事诉讼法解释》其他条文和《审监程序再审重审规定》。与此同时，立法已经明确规定了事实认定错误只能改判、撤销或者变更，因此不能为了达到发回重审的目的，将"事实错误"解释为"事实不清"，将一般事实解释为"基本事实"。因为

立法意在限制过多地以事实问题发回重审，即使事实不清，二审或再审法院能够查明的，也不应发回重审。所以，本条第2款除规定依法改判外，还重点强调：再审如能认定原审"事实错误"则不能发回，只能改判；即便原审"事实不清"，也只有在无法查清事实的前提下，才能发回重审。另外，经再审裁定发回重审的具体情形，准用《民事诉讼法》第177条第1款第3项、第4项以及本司法解释第323条关于二审程序发回重审的规定。

第四百零六条　按照第二审程序再审的案件，人民法院经审理认为不符合民事诉讼法规定的起诉条件或者符合民事诉讼法第一百二十七条规定不予受理情形的，应当裁定撤销一、二审判决，驳回起诉。

第四百零七条　人民法院对调解书裁定再审后，按照下列情形分别处理：

（一）当事人提出的调解违反自愿原则的事由不成立，且调解书的内容不违反法律强制性规定的，裁定驳回再审申请；

（二）人民检察院抗诉或者再审检察建议所主张的损害国家利益、社会公共利益的理由不成立的，裁定终结再审程序。

前款规定情形，人民法院裁定中止执行的调解书需要继续执行的，自动恢复执行。

【重点解读】理解本条应注意以下

几点：第一，"调解违反自愿原则"，通常是指调解协议的达成是受欺骗、重大误解或受强迫的结果，尤其是指法官强迫甚至恐吓调解，致使当事人违反本意作出让步的情形；第二，本条将《民事诉讼法》规定的"调解书内容违反法律规定"强调为"违反法律强制性规定"，包括违反法律管理性强制规定和效力性强制规定，这里的"法律"包括行政法规；第三，当事人对调解书申请再审，如果调解书损害"两益"的，即国家利益和社会公共利益，可以认为违反法律强制性规定；第四，本条第2款与《民事诉讼法解释》第404条关于终结再审程序恢复执行的表述略有差异，主要是考虑调解书的内容灵活多样，一概强调自动恢复执行显得不够精确；第五，发现调解书损害案外人合法权益的，可按照第三人撤销之诉或者案外人申请再审程序处理；第六，基于有限再审、再审终局理念，《民事诉讼法解释》较少涉及人民法院职权再审内容，但如人民法院依职权对调解书裁定再审后，发现该调解书不应被再审，应参照本条第1款第2项规定，终结再审程序。

第四百零八条　一审原告在再审审理程序中申请撤回起诉，经其他当事人同意，且不损害国家利益、社会公共利益、他人合法权益的，人民法院可以准许。裁定准许撤诉的，应当一并撤销原判决。

一审原告在再审审理程序中撤回起诉后重复起诉的，人民法院不予

受理。

【重点解读】本条是关于再审审理程序中一审原告撤回起诉如何处理的规定。《民事诉讼法》第148条及其司法解释相关条文对一审程序中原告撤诉作了规定。鉴于再审对象为生效判决，按一审程序再审原告撤回起诉不能完全适用一审，对此专门规定具有独立价值。《民事诉讼法解释》第336条对二审程序中一审原告撤回起诉作了不同于一审的规定，其条件较为严苛，可以准用于按二审程序再审的案件。与此同时，实践中要注意以下问题：第一，一审原告撤回起诉，即使符合本条规定的条件，人民法院也有权进行审查，不是必然裁定准许撤诉。其他当事人同意一审原告撤回起诉的，再审法院要向各方当事人释明裁定撤回起诉的法律效果。是否准许原告撤回起诉，再审法院要结合案情考虑撤诉的动机是否正当，动机不当，即使满足本条规定的条件，法院也可不予准许。第二，如果人民法院不准许一审原告撤回起诉，也应作出裁定。第三，撤诉后一审原告以有新的事实重新起诉的，要根据《民事诉讼法解释》第427条的规定审查是否构成重复起诉，如不构成，按新案件受理。第四，要注意再审申请人撤回再审请求和一审原告撤回起诉的区别，分别按不同程序处理。第五，本条没有规定对调解书启动再审后，如何对待原告撤诉的问题，实践中，这种情况较少，但也可以参照判决的情况处理。第六，再审发回

一审法院重审后，原告申请撤回起诉的，重审法院应当掌握比普通一审案件撤诉更严的标准。

第四百零九条 当事人提交新的证据致使再审改判，因再审申请人或者申请检察监督当事人的过错未能在原审程序中及时举证，被申请人等当事人请求补偿其增加的交通、住宿、就餐、误工等必要费用的，人民法院应予支持。

第四百一十条 部分当事人到庭并达成调解协议，其他当事人未作出书面表示的，人民法院应当在判决中对该事实作出表述；调解协议内容不违反法律规定，且不损害其他当事人合法权益的，可以在判决主文中予以确认。

【**重点解读**】《民事诉讼法解释》第148条第1款规定："当事人自行和解或者调解达成协议后，请求人民法院按照和解协议或者调解协议的内容制作判决书的，人民法院不予准许。"该条是指所有当事人都达成调解协议的情况，与本条只有部分当事人达成调解协议的适用条件不一致。本条强调的是部分再审案件的当事人达成调解协议，从一般性规范和特殊性规范的角度看，本条属审判监督程序中特殊规定，对再审案件优先适用。本条"可以在判决主文中予以确认"属授权性规范，是为再审提供一种较为特殊的结案方式。对于某些按一审程序再审的案件，有必要的，审判实践也可以尝试另行制作调解书，并在再审判决的判项中明确相关内容按调解书执行。实践中，还应注意以下问题：第一，如果法院需要以判决确认部分当事人达成调解协议内容的，应尽快制作判决书，撤销或变更原审相关判项，将调解协议内容增加为判项，维持原审其他判项；第二，如果是按一审程序再审的案件，根据《民事诉讼法解释》第244条的规定，达成调解协议的当事人签收了判决书，其发生法律效力的时间不会因为其他当事人的送达而受到影响；第三，按一审程序的再审中部分当事人达成调解协议并形成再审判决的，调解协议的当事人又提起上诉，如调解协议不违反法律规定和自愿原则的，二审应当以对该上诉请求不予支持。

第四百二十三条 本解释第三百三十八条规定适用于审判监督程序。

第四百二十四条 对小额诉讼案件的判决、裁定，当事人以民事诉讼法第二百零七条①规定的事由向原审人民法院申请再审的，人民法院应当受理。申请再审事由成立的，应当裁定再审，组成合议庭进行审理。作出的再审判决、裁定，当事人不得上诉。

当事人以不应按小额诉讼案件审理为由向原审人民法院申请再审的，人民法院应当受理。理由成立的，应当裁定再审，组成合议庭审理。作出的再审判决、裁定，当事人可以上诉。

---

① 对应2023年《民事诉讼法》第211条。——编者注

2.《最高人民法院关于适用〈中华人民共和国民事诉讼法〉审判监督程序若干问题的解释》（法释〔2008〕14号，20081201；经法释〔2020〕20号修正，20210101）

第十九条 上一级人民法院可以根据案件的影响程度以及案件参与人等情况，决定是否指定再审。需要指定再审的，应当考虑便利当事人行使诉讼权利以及便利人民法院审理等因素。

接受指定再审的人民法院，应当按照民事诉讼法第二百零七条①第一款规定的程序审理。

第二十二条 人民法院应当依照民事诉讼法第二百零七条的规定，按照第一审程序或者第二审程序审理再审案件。

人民法院审理再审案件应当开庭审理。但按照第二审程序审理的，双方当事人已经其他方式充分表达意见，且书面同意不开庭审理的除外。

第二十三条 申请再审人在再审期间撤回再审申请的，是否准许由人民法院裁定。裁定准许的，应终结再审程序。申请再审人经传票传唤，无正当理由拒不到庭，或者未经法庭许可中途退庭的，可以裁定按自动撤回再审申请处理。

人民检察院抗诉再审的案件，申请抗诉的当事人有前款规定的情形，且不损害国家利益、社会公共利益或第三人利益的，人民法院应当裁定终结再审程序；人民检察院撤回抗诉的，应当准予。

终结再审程序的，恢复原判决的执行。

第二十四条 按照第一审程序审理再审案件时，一审原告申请撤回起诉的，是否准许由人民法院裁定。裁定准许的，应当同时裁定撤销原判决、裁定、调解书。

第二十五条 当事人在再审审理中经调解达成协议的，人民法院应当制作调解书。调解书各方当事人签收后，即具有法律效力，原判决、裁定视为被撤销。

第二十六条 人民法院经再审审理认为，原判决、裁定认定事实清楚、适用法律正确的，应予维持；原判决、裁定在认定事实、适用法律、阐述理由方面虽有瑕疵，但裁判结果正确的，人民法院应在再审判决、裁定中纠正上述瑕疵后予以维持。

第二十七条 人民法院按照第二审程序审理再审案件，发现原判决认定事实错误或者认定事实不清的，应当在查清事实后改判。但原审人民法院便于查清事实，化解纠纷的，可以裁定撤销原判决，发回重审；原审程序遗漏必须参加诉讼的当事人且无法达成调解协议，以及其他违反法定程序不宜在再审程序中直接作出实体处理的，应当裁定撤销原判决，发回重审。

第二十八条 人民法院以调解方

---

① 对应2023年《民事诉讼法》第218条。——编者注

式审结的案件裁定再审后，经审理发现申请再审人提出的调解违反自愿原则的事由不成立，且调解协议的内容不违反法律强制性规定的，应当裁定驳回再审申请，并恢复原调解书的执行。

第二十九条 民事再审案件的当事人应为原审案件的当事人。原审案件当事人死亡或者终止的，其权利义务承受人可以申请再审并参加再审诉讼。

3.《最高人民法院关于民事审判监督程序严格依法适用指令再审和发回重审若干问题的规定》（法释〔2015〕7号，20150315）

第四条 人民法院按照第二审程序审理再审案件，发现原判决认定基本事实不清的，一般应当通过庭审认定事实后依法作出判决。但原审人民法院未对基本事实进行过审理的，可以裁定撤销原判决，发回重审。原判决认定事实错误的，上级人民法院不得以基本事实不清为由裁定发回重审。

【重点解读】为减少发回重审的随意性，必须对发回重审的事实性事由进行严格限定。本条从三个层次对此作了限定。首先，本规定明确规定："人民法院按照第二审程序审理再审案件，发现原判决认定基本事实不清的，一般应当通过庭审认定事实后依法作出判决。"《民事诉讼法》第177条第1款第3项规定："原判决认定基本事实不清的，裁定撤销原判决，发回原审人民法院重审，或者查清事实后改判。"这一规

定意味着，对基本事实可以在二审中直接审理认定，并非必须经过两级法院的两次审理。而再审案件，大多经过一审、二审、申请再审，如果再审再发回重审，则案件全部审理周期少则几年、多则十几年，将使法律秩序长期处于不稳定的状态。基于再审案件的特殊性，基于法律规定可以二审直接认定基本事实，本规定明确了"基本事实不清"以查清事实后依法判决为原则。其次，本规定明确规定："原判决认定事实错误的，上级人民法院不得以基本事实不清为由裁定发回重审。"依据原《民事诉讼法》，原判决认定事实错误，也可以发回原审人民法院重审，而2012年《民事诉讼法》修正后，原判决认定事实错误的应依法改判，未规定可以发回重审，本规定对此予以明确。再次，本规定对认定基本事实不清作了限制性解释。《民事诉讼法解释》已对基本事实作了专门解释，即"用以确定当事人主体资格、案件性质、民事权利义务等对原判决、裁定的结果有实质性影响的事实"，本规定只对"不清"进行了解释。民事诉讼是依据证据规则对证据进行审核认定后再据此认定事实，因此民事诉讼中对事实的认定只有三种情况：认定正确、认定错误、未作认定。而未作认定又分为两种情形：一是经过审理但因遗漏或认为没有必要而未作认定；二是未经审理，因而也没有认定。对经过审理而未作认定的情形，因相关证据已经过举证质证，各方当事人的意见已充分陈

述,相关诉讼权利已充分行使,故没有发回重审的必要。只有对基本事实未经过庭审审理,相关证据没有组织过举证质证,才需要听取当事人的意见,才有可能需要发回重审。因此,本条将"未对基本事实进行过审理",作为可以"认定基本事实不清"为由发回重审的情形。①

第五条 人民法院按照第二审程序审理再审案件,发现第一审人民法院有下列严重违反法定程序情形之一的,可以依照民事诉讼法第一百七十条②第一款第(四)项的规定,裁定撤销原判决,发回第一审人民法院重审:

(一)原判决遗漏必须参加诉讼的当事人的;

(二)无诉讼行为能力人未经法定代理人代为诉讼,或者应当参加诉讼的当事人,因不能归责于本人或其诉讼代理人的事由,未参加诉讼的;

(三)未经合法传唤缺席判决,或者违反法律规定剥夺当事人辩论权利的;

(四)审判组织的组成不合法或者依法应当回避的审判人员没有回避的;

(五)原判决、裁定遗漏诉讼请求的。

【重点解读】本规定对"严重违反法定程序"的界定主要从两方面着手:一是对程序的限定,明确只有一审程序严重违法,才是发回重审的理由。一审程序合法,二审程序存在严重违反法定程序情形的,因再审以二审程序审理,

可以弥补原二审程序中的程序问题,因而不得发回重审。二是对具体情形的限定,考虑到《民事诉讼法》第211条第7项至第10项,就是对严重违反法定程序的细化,本条结合《民事诉讼法》第170条第1款第4项及第211条第7项至第10项的规定,将可以发回重审的程序性事由限定为五种情形:原判决遗漏必须参加诉讼的当事人的;无诉讼行为能力人未经法定代理人代为诉讼,或者应当参加诉讼的当事人,因不能归责于本人或其诉讼代理人的事由,未参加诉讼的;未经合法传唤缺席判决,或者违反法律规定剥夺当事人辩论权利的;审判组织的组成不合法或者依法应当回避的审判人员没有回避的;原判决、裁定遗漏诉讼请求的。需要注意的是,因法律或其他司法解释已经有了规定,或者受制于体例,或者有其他原因,本规定没有重复或明确以下内容:一是对依据本规定可以发回重审的案件,都可以根据当事人自愿的原则进行调解,调解不成的再发回重审。二是二审终审后,再审提审的,因案件经过三级法院的审理,如果只是第一审程序存在严重违反法定程序的情形,而二审和提审程序没有问题,仍可以保障案件经过两

---

① 高沈坚:《〈关于民事审判监督程序严格依法适用指令再审和发回重审若干问题的规定〉的理解与适用》,载《人民司法·应用》2015年第13期。

② 对应2023年《民事诉讼法》第177条。——编者注

级法院的合法审理,当事人的审级利益等程序性权利也可以获得充分保障,不一定再发回重审。三是只能发回重审一次规定的适用问题。《民事诉讼法》第177条第2款规定:"原审人民法院对发回重审的案件作出判决后,当事人提起上诉的,第二审人民法院不得再次发回重审。"依据《民事诉讼法》第218条,原生效裁判是由第二审法院作出的,或是上级法院提审的,再审案件按照第二审程序审理,所以《民事诉讼法》第177条第2款的规定也完全适用于再审程序。原审程序中已经发回重审过的案件,再审中发现该案仍具有必须发回重审的法定情形的,不得再发回原第一审人民法院重审。可以考虑提级审理的方式,即由再审人民法院裁定撤销原所有判决,并由原第一审人民法院的上一级人民法院按照第一审程序审理。当事人对作出的该一审判决不服的,可以提起上诉。①

第六条　上级人民法院裁定指令再审、发回重审的,应当在裁定书中阐明指令再审或者发回重审的具体理由。

第七条　再审案件应当围绕申请人的再审请求进行审理和裁判。对方当事人在再审庭审辩论终结前也提出再审请求的,应一并审理和裁判。当事人的再审请求超出原审诉讼请求的不予审理,构成另案诉讼的应告知当事人可以提起新的诉讼。

【重点解读】首先,再审案件的审理范围一般是申请人的再审请求。对

此应从四个方面理解:一是所谓再审请求是指对原审裁判主文提出的具体的改判请求,即原审就诉讼请求作出的处理,申请人对部分或全部判项不服,提出应予改判以及如何改判的请求。二是因当事人申请或检察机关抗诉裁定指令再审的,再审人民法院应当要求申请人明确具体的再审请求。再审人民法院应当对再审请求的有关事实和适用法律进行审理,并就当事人的再审请求应当支持与否作出再审裁判。三是将再审审理范围限定为当事人的再审请求,可以进一步理顺再审审查和再审审理之间的关系。再审审查与再审审理两个阶段的功能有着较大区别,理念也应该有所不同。再审审查阶段的任务是,审查确定当事人的申请事由是否符合法律规定,这一阶段应严格依法限制审查的范围,符合法定事由的才裁定再审,以维护生效裁判的稳定性。再审审理阶段的任务是对当事人的再审请求依法裁判,这一阶段关注的对象是再审请求是否有事实和法律依据,应全面覆盖当事人的争议,确保再审裁判认定事实清楚、适用法律正确、程序合法,避免再审程序空转或不必要的反复。因此,再审审理阶段就是要审理确定改判请求依据是否充分,是否应该获得支

---

① 高洁坚:《〈关于民事审判监督程序严格依法适用指令再审和发回重审若干问题的规定〉的理解与适用》,载《人民司法·应用》2015年第13期。

持,并据此裁判,而不应该继续围绕申请再审事由是否成立作判断,并根据事由是否成立自行决定如何处理原判。四是将再审审理范围限定为当事人的再审请求,更符合抗诉的职能作用。依据《民事诉讼法》第 219 条,检察机关提起抗诉只是其认定原审裁判存在《民事诉讼法》第 211 条规定的再审事由,也即检察机关在审查决定是否抗诉时,只在意是否具有再审事由,并不关注具体的再审请求,更不在意再审请求是否应该获得,所以抗诉书中一般只表述请法院依法再审,而很少表述支持当事人的具体再审请求。在抗诉案件中,当事人可能有多个请求和理由,检察机关抗诉时可能会支持不成立的理由和请求,而对可以成立的请求和理由没有支持,适用原来的规定,可能会有错不纠、程序空转。

其次,对方当事人在再审庭审辩论终结前也提出再审请求的,应一并审理和裁判。对此可从三个方面来理解:一是本规定强调再审审理覆盖当事人在再审期间的全部争议。再审程序是特殊的补救程序,也是最后的审判程序,只有对当事人在再审期间存在的全部争议进行审理和裁判,对诉争的矛盾纠纷作最终、实质性的解决,才更可能实现"再审不再"。因当事人申请启动的再审案件中,被申请人因担心再审打破原判决各判项出入形成的利益平衡,也在再审中要求对其他判项作相应改判,如只对申请人的改判请求进行审判,则再

审判决作出后被申请人会因利益平衡状态被打破而对再审案件申请再审,可能导致反复再审、多次再审的出现。因此,在再审中,对各方当事人的再审请求一并审理和裁判,解决当事人在再审期间的全部争议,可以避免再审多次启动,损害司法权威。当然,当事人在再审期间的全部争议,不应超出原审争议的范围。二是对方当事人提出再审请求的时间为再审庭审辩论终结前。从提高再审庭审效率的角度出发,可将提出时间规定在再审答辩期限届满之前,以避免庭审活动行将结束之时再生反复。同时考虑到《民事诉讼法解释》第 232 条,将原告增加诉讼请求、被告提出反诉以及第三人提出相关请求的时间均限定在法庭辩论结束前,本规定与之统一,也限定为再审庭审辩论结束前。三是对方提出再审请求无其他限制。《民事诉讼法解释》第 403 条规定,对方当事人提出再审请求应符合《民事诉讼法》第 216 条关于申请再审期限的规定。本规定没有重申这一条件,也即并不要求对方当事人的再审请求满足申请再审期限的规定。按《民事诉讼法解释》的要求,对方当事人的再审请求如果超出申请再审期限,不予一并审理和裁判,则再审判决作出后,对方当事人被阻挡在再审之外的相关请求和理由,又可以通过申请检察监督来主张(按一审程序再审时则可通过上诉主张);其理由成立,请求应获支持,则可能再次启动再审程序,原再审裁判结果

也将变更。《民事诉讼法解释》的限制便没有意义，而且不利于纠纷快速解决、诉讼依法及时终结。

再次，当事人的再审请求超出原审诉讼请求的，不予审理。原告在一审中提出的诉讼请求、被告提出的反诉以及有独立请求权第三人提出的请求，都属于诉讼请求，法院一审、二审以及再审裁判对象实际都是针对当事人在一审中的诉讼请求。一审法院对当事人的诉讼请求作出裁判后，当事人不服的，其上诉请求实际是对一审法院就各方当事人诉讼请求作出的裁判请求部分或全部变更，所以二审最终的处理仍在一审诉讼请求的范围之内。同样的，因二审裁判（对一审就诉讼请求作出裁判的变更或维持）是在一审诉讼请求范围之内，二审裁判被裁定再审的，申请人的再审请求实质仍是要求对原审就一审中诉讼请求处理的部分或全部变更。换言之，无论是一审、二审还是再审，裁判的对象实质都是当事人在一审中的诉讼请求，而上诉请求和再审请求都是对法院就诉讼请求作出的裁判请求部分或全部变更。因此，所谓的再审请求超出原审诉讼请求，是指当事人的改判请求超出各方当事人在一审中的诉讼请求。无论哪方当事人的再审请求超出原审诉讼请求，再审都不予审理，构成另案诉讼的，告知当事人可以提起新的诉讼。①

第八条　再审发回重审的案件，应当围绕当事人原诉讼请求进行审理。

当事人申请变更、增加诉讼请求和提出反诉的，按照最高人民法院《关于适用〈中华人民共和国民事诉讼法〉的解释》第二百五十二条的规定审查决定是否准许。当事人变更其在原审中的诉讼主张、质证及辩论意见的，应说明理由并提交相应的证据，理由不成立或证据不充分的，人民法院不予支持。

【重点解读】再审发回重审案件，是否准许当事人增加诉讼请求和提出反诉，本条专门就此作了规定。对此可以从三方面进行理解。一是再审发回重审的案件，应当围绕当事人原诉讼请求进行审理。这涉及对再审发回重审案件性质的理解，对此有两种不同观点：一种意见认为，因原生效裁判文书已被撤销，再审发回重审后案件又回到原点，成为一个全新的普通一审案件；另一种意见则认为，再审发回重审是再审程序的延续，仍是纠错程序。应该说，案件经过再审审理，裁定撤销原判发回重审后，生效裁判被撤销，再审程序已经结束。《民事诉讼法》第13条第1款规定，"民事诉讼应当遵循诚信原则"。根据诚信原则，当事人在原一审、二审以及再审中的相关诉讼主张、质证及辩论意见，仍对其有约束力。从这个角度看，再审发回重审案件并非是"另

---

① 高沈坚：《〈关于民事审判监督程序严格依法适用指令再审和发回重审若干问题的规定〉的理解与适用》，载《人民司法·应用》2015年第13期。

"起炉灶重开张",而应该是原有诉讼程序的继续。基于这种理解,再考虑到司法实践中再审发回重审案件一般历时较长,为避免问题复杂化,及时解决相关纠纷,本条明确再审发回重审案件原则上仍应当围绕当事人原诉讼请求进行审理。二是当事人变更、增加诉讼请求和提出反诉的,应符合《民事诉讼法解释》规定的条件。《民事诉讼法解释》第 252 条规定:"再审裁定撤销原判决、裁定发回重审的案件,当事人申请变更、增加诉讼请求或者提出反诉,符合下列情形之一的,人民法院应当准许:(一)原审未合法传唤缺席判决,影响当事人行使诉讼权利的;(二)追加新的诉讼当事人的;(三)诉讼标的灭失或者发生变化致使原诉讼请求无法实现的;(四)当事人申请变更、增加的诉讼请求或者提出反诉,无法通过另诉解决的。"第一、二种情形,相关当事人非因自己原因,未能在原审中充分行使提出诉讼请求或反诉等基本诉讼权利,发回重审就是为给予其救济,故应准许其提出相应的请求。第三、四种情形,因情况特殊,只能准许当事人在再审中提出相关请求。三是当事人变更原审中的诉讼主张应具有充分的理由。根据诚信原则,当事人在原诉讼程序中的相关诉讼主张、质证及辩论意见,仍对其有约束力。再审案件撤销原判、发回重审后,当事人变更其原先主张需要有充分的理由和证据,理由不成立或证据不充分的,人民法院不予支持。[1]

第九条　各级人民法院对民事案件指令再审和再审发回重审的审判行为,应当严格遵守本规定。违反本规定的,应当依照相关规定追究有关人员的责任。

最高人民法院以前发布的司法解释与本规定不一致的,不再适用。

【司法文件】

《全国审判监督工作座谈会关于当前审判监督工作若干问题的纪要》(最高人民法院,法〔2001〕161 号,20011101)

一、关于再审程序中适用裁定或决定处理的几个问题

因违反法定程序、认定事实错误、适用法律错误进入再审程序的案件,应视情形分别处理。

1. 符合下列情形之一的,应裁定撤销原裁定:

(1)原不予受理裁定错误的,应予撤销并指令原审法院受理;

(2)原驳回起诉裁定错误的,应予撤销并指令原审法院审理;

(3)原管辖权异议裁定错误,且案件尚未作出生效判决的,应予撤销并将案件移送有管辖权的人民法院。

……

---

[1]　高沈坚:《〈关于民事审判监督程序严格依法适用指令再审和发回重审若干问题的规定〉的理解与适用》,载《人民司法·应用》2015 年第 13 期。

3.民事、行政再审案件符合下列情形之一的,可裁定撤销原判,驳回起诉:

(1)不属于法院受案范围的;

(2)法律规定必须经过前置程序,未经前置程序直接诉至法院的;

(3)当事人双方约定仲裁而一方直接诉至法院,对方在首次开庭前对人民法院受理该案提出异议,且不参加诉讼活动的,但人民法院终审裁定驳回其异议后,当事人参加诉讼活动的除外;

(4)诉讼主体错误的;

(5)其他不予受理的情形。

4.民事、行政再审案件符合下列情形之一,可能影响案件正确判决、裁定的,上级法院裁定撤销原判,发回原审人民法院重审:

(1)审判组织组成不合法的;

(2)审理本案的审判人员、书记员应当回避未回避的;

(3)依法应当开庭审理而未经开庭即作出判决的;

(4)适用普通程序审理的案件当事人未经传票传唤而缺席判决的;

(5)作为定案依据的主要证据未经当庭质证的;

(6)民事诉讼的原判遗漏了必须参加诉讼的当事人,且调解不成的;

(7)其他发回重审的情形。

5.上一级人民法院认为下级人民法院已经再审但确有必须改判的错误的,应当裁定提审,改判后应在一定范围内通报。

下级人民法院以驳回通知书复查结案的,或者以驳回起诉再审结案的,上级人民法院可以裁定指令再审。

二、关于再审程序中适用判决处理的几个问题

再审案件的改判必须慎重,既要维护法院判决的既判力和严肃性,又要准确纠正符合法定改判条件且必须纠正的生效判决。

6.符合下列情形的,应予改判:

(1)原判定性明显错误的

刑事案件罪与非罪认定明显错误导致错判的;

刑事案件此罪与彼罪认定明显错误,导致量刑过重的;

民事案件确定案由错误、认定合同效力错误、认定责任错误导致错判的;

行政案件行政行为性质认定错误导致错判的。

(2)违反法定责任种类和责任标准的

民事案件错判承担民事责任形式、错划承担民事责任致显失公正的;

行政案件违反法定处罚种类和处罚标准导致错判的。

(3)原判主文在数量方面确有错误且不属裁定补救范围的

刑事案件刑期或财产数额错误的;

民事案件执行期限或财产数额错误的;

行政案件处罚期限或财产数额错误的。

(4)调解案件严重违反自愿原则或者法律规定的

刑事自诉案件、民事案件、行政附带民事案件、行政赔偿案件的调解协议严重违反自愿原则或者违反法律的。

（5）其他应当改判的情形。

7. 符合下列情形的，一般不予改判：

（1）原判文书在事实认定、理由阐述、适用法律方面存在错误、疏漏，但原判文书主文正确或者基本正确的；

（2）原判结果的误差在法官自由裁量幅度范围内的；

（3）原判定性有部分错误，但即使定性问题纠正后，原判结果仍在可以维持范围内的；

（4）原判有漏证或错引、漏引法条情况，但原判结果仍在可以维持范围内的；

（5）原判应一并审理，但未审理部分可以另案解决的；

（6）原判有错误，但可以用其他方法补救，而不必进行再审改判的。

三、关于民事、行政再审案件庭审方式改革的几个问题

必须加快再审案件的审判方式改革，在审理中应严格执行公开审判，规范再审案件开庭审理程序。为此，在进行庭审改革时，应把握以下几点：

8. 送达再审开庭通知书时，应同时告知当事人的诉讼权利义务；明确当事人的举证时限及举证不能所应承担的法律后果。根据有关法院的司法实践，将举证时限限定在法庭辩论之前。

9. 开庭前的准备工作应当充分，保证当事人能够较好地行使诉讼权利及履行诉讼义务。开庭前可召集双方当事人及其诉讼代理人交换、核对证据，对双方无争议的原判事实和证据应当记录在卷，并由双方当事人签字确认，保证开庭时能够针对焦点问题进行充分的调查。

10. 再审程序虽然适用一审或二审程序，但应突出再审案件的特点，再审案件的审理范围应把握这样几个原则：

由当事人申请再审启动再审程序的案件，再审案件的审理范围应确定在原审范围内，申请人诉什么就审什么，不诉不审；

由上级法院或院长发现程序启动的案件，应在原审案件的范围内全案审查，但上级法院有明确审查范围意见的除外。

11. 经复查听证后进入再审程序的案件，或者开庭前已由书记员核对当事人身份，告知诉讼权利义务，出示、质证当事人认同的证据或事实等事项的案件，开庭后，不必再重复上述程序，但应重申关于申请回避的权利。

12. 再审案件当事人经法院传票传唤无正当理由拒不到庭的，由审判长宣布缺席审理，并说明传票送达合法及缺席审理的依据。

13. 当事人申请再审提出的新证据，必须当庭质证；出示的书证、物证等应当交由对方当事人当庭辨认，发表质证意见；审判长根据案件的具体情况，经征求合议庭成员意见后，可当庭认

证,或经合议庭评议后再行认证。

第二百一十九条 【人民检察院提起抗诉】最高人民检察院对各级人民法院已经发生法律效力的判决、裁定,上级人民检察院对下级人民法院已经发生法律效力的判决、裁定,发现有本法第二百一十一条规定情形之一的,或者发现调解书损害国家利益、社会公共利益的,应当提出抗诉。

地方各级人民检察院对同级人民法院已经发生法律效力的判决、裁定,发现有本法第二百一十一条规定情形之一的,或者发现调解书损害国家利益、社会公共利益的,可以向同级人民法院提出检察建议,并报上级人民检察院备案;也可以提请上级人民检察院向同级人民法院提出抗诉。

各级人民检察院对审判监督程序以外的其他审判程序中审判人员的违法行为,有权向同级人民法院提出检察建议。

【立法·要点注释】

1. 抗诉的监督方式。《宪法》第134条规定:"中华人民共和国人民检察院是国家的法律监督机关。"人民检察院对人民法院的审判活动进行监督是我国民事诉讼法律制度的一项原则。

本法第14条规定:"人民检察院有权对民事诉讼实行法律监督。"其中对人民法院作出的发生法律效力的民事判决、裁定、调解书进行抗诉属于事后监督,是对民事审判活动实行法律监督的重要内容。从来源上看,人民检察院提出抗诉,很多是由于当事人向人民检察院提出了申诉。人民检察院经过审查,发现发生法律效力的判决、裁定有本法第211条规定的情形之一的,或者发现发生法律效力的调解书损害国家利益、社会公共利益的,可以向人民法院提出抗诉。与此同时,因为人民检察院是国家的法律监督机关,有权对人民法院的审判活动实行法律监督。人民检察院可以依职权抗诉的主要是那些损害国家利益和社会公共利益的判决、裁定、调解书。

2. 根据本条规定,人民检察院提出抗诉的情况是:第一,最高人民检察院对各级人民法院已经发生法律效力的判决、裁定,发现确有错误的,即符合本法第211条规定的情形之一的,有权提出抗诉;最高人民检察院发现各级人民法院已经发生法律效力的调解书损害国家利益、社会公共利益的,有权提出抗诉。第二,上级人民检察院对下级人民法院已经发生法律效力的判决、裁定,发现确有错误的,即符合本法第211条规定的情形之一的,有权提出抗诉;上级人民检察院发现下级人民法院已经发生法律效力的调解书损害国家利益、社会公共利益的,有权提出抗诉。

关于抗诉的级别,根据本条第1款的规定,对生效民事判决、裁定、调解书的抗诉原则上实行"上级抗",即由上级人民检察院对下级人民法院生效的民事判决、裁定、调解书提出抗诉。地方各级人民检察院对同级人民法院的民事审判活动也有法律监督权,但不能提出抗诉,即不能"同级抗",如果发现同级人民法院已经发生法律效力的判决、裁定有本法第211条规定的情形之一,以及调解书损害国家利益、社会公共利益,只能提请上级人民检察院提出抗诉。

3. 最高人民检察院可以进行"同级抗",即最高人民检察院对最高人民法院已经发生法律效力的判决、裁定,发现确有错误的,即符合本法第211条规定的情形之一的,或者调解书损害国家利益、社会公共利益的,有权向最高人民法院提出抗诉。

4. 本条第2款规定了在审判监督程序中如何运用检察建议。检察建议不同于抗诉:其一,检察建议不能立刻引发对生效判决、裁定、调解书的再审,但检察建议可以加强人民法院和人民检察院在审判监督方面的合作和配合,能够促使人民法院发现错误、纠正错误。其二,检察建议不同于上级人民检察院提出的抗诉,检察建议是人民检察院向同级人民法院发出的监督建议。2012年修改《民事诉讼法》时,通过并行规定向上级人民检察院备案检察建议和提请抗诉,有利于上下级检察机关

之间更及时地沟通情况,从而更慎重地决定是否抗诉。

5. 本条第3款规定了对审判监督程序之外的问题进行检察监督,即一般检察建议,其针对的是审判程序中审判人员的违法行为。由于再审对象有限,很多以裁定书、决定书等作出的司法行为即使错误,也无法通过审判监督程序加以纠正,故再审检察建议不适用于上述违法行为的监督,其可通过一般检察建议的方式加以解决。尽管一般检察建议不属于审判监督程序内容,但立法时考虑到这一内容更不适合在其他章节规定,故只能在本条增加一款。审判程序中的违法行为包括:(1)判决、裁定确有错误,但不适用再审程序纠正的;(2)调解违反自愿原则或者调解协议的内容违反法律的;(3)符合法律规定的起诉和受理条件,应当立案而不立案的;(4)审理案件适用审判程序错误的;(5)保全和先予执行违反法律规定的;(6)支付令违反法律规定的;(7)诉讼中止或者诉讼终结违反法律规定的;(8)违反法定审理期限的;(9)对当事人采取罚款、拘留等妨害民事诉讼的强制措施违反法律规定的;(10)违反法律规定送达的;(11)其他违反法律规定的情形。另外,《人民检察院民事诉讼监督规则》还将审判人员有《法官法》第46条等规定的违法行为且有可能影响案件公正审判、执行的情形也纳入一般检察建议的范围。这涉及不同法律之间、检察机关与监察机关之间、

检察机关不同部门之间等复杂关系，实践中需谨慎把握。检察建议书的内容应当包括：发往单位、问题的来源或者提出建议的起因、提出建议所依据的事实、提出建议的内容、要求研究解决或者督促整改的内容和回复时间要求等。

【司法解释】

1.《最高人民法院关于适用〈中华人民共和国民事诉讼法〉的解释》（法释〔2015〕5号，20150204；经法释〔2022〕11号修正，20220410）

第四百一十一条 人民检察院依法对损害国家利益、社会公共利益的发生法律效力的判决、裁定、调解书提出抗诉，或者经人民检察院检察委员会讨论决定提出再审检察建议的，人民法院应予受理。

【重点解读】一般认为，国家利益就是指满足或者能够满足以国家生存发展为基础的各方面需要并且对国家在整体上具有好处的事物。比如，外交需要等。社会公共利益是指特定范围的广大公民所能享受的利益。但损害国家利益、社会公共利益不应理解为"违反法律"或者"适用法律错误"。生效调解书违反自愿原则、调解协议内容违法及损害第三人利益的事由，不属于可抗诉范围，相关当事人和案外第三人可以向人民法院申请再审，寻求救济。与此同时，本条的适用没有"法院纠错先行"的限制，即抗诉或再审检察建议

移送法院时，人民法院不必审查是否符合《民事诉讼法》第220条的要求。依照《民事诉讼法》第219条的规定，检察机关依职权监督的其他案件范围，还需根据实际在有限再审制度的方向上继续探索。

审查再审检察建议一般应在三个月内审查完毕，但可适用延长审限的规定；审查中可以调阅原审卷宗，可以书面审查，确有必要的（如有新证据的）也可以询问当事人；人民法院因采纳再审检察建议进行再审开庭审理的，可以参照抗诉案件，通知人民检察院派成员出庭。

有证据证明当事人通过虚假诉讼行为获得人民法院的调解书，因虚假诉讼破坏诉讼秩序和司法权威，可在一定意义上认为其损害社会公共利益，人民检察院对该调解书提出抗诉或再审检察建议的，人民法院应予受理。

第四百一十二条 人民检察院对已经发生法律效力的判决以及不予受理、驳回起诉的裁定依法提出抗诉的，人民法院应予受理，但适用特别程序、督促程序、公示催告程序、破产程序以及解除婚姻关系的判决、裁定等不适用审判监督程序的判决、裁定除外。

第四百一十三条 人民检察院依照民事诉讼法第二百一十六条①第一款第三项规定对有明显错误的再审判

---

① 对应2023年《民事诉讼法》第220条。——编者注

决、裁定提出抗诉或者再审检察建议的，人民法院应予受理。

第四百一十八条　人民法院审理因人民检察院抗诉或者检察建议裁定再审的案件，不受此前已经作出的驳回当事人再审申请裁定的影响。

2.《人民检察院民事诉讼监督规则》
（高检发释字〔2021〕1号，20210801）

第三条　人民检察院通过抗诉、检察建议等方式，对民事诉讼活动实行法律监督。

第四条　人民检察院办理民事诉讼监督案件，应当以事实为根据，以法律为准绳，坚持公开、公平、公正和诚实信用原则，尊重和保障当事人的诉讼权利，监督和支持人民法院依法行使审判权和执行权。

第五条　负责控告申诉检察、民事检察、案件管理的部门分别承担民事诉讼监督案件的受理、办理、管理工作，各部门互相配合，互相制约。

第十八条　民事诉讼监督案件的来源包括：

（一）当事人向人民检察院申请监督；

（二）当事人以外的自然人、法人和非法人组织向人民检察院控告；

（三）人民检察院在履行职责中发现。

第三十七条　人民检察院在履行职责中发现民事案件有下列情形之一的，应当依职权启动监督程序：

（一）损害国家利益或者社会公共利益的；

（二）审判、执行人员有贪污受贿，徇私舞弊，枉法裁判等违法行为的；

（三）当事人存在虚假诉讼等妨害司法秩序行为的；

（四）人民法院作出的已经发生法律效力的民事公益诉讼判决、裁定、调解书确有错误，审判程序中审判人员存在违法行为，或者执行活动存在违法情形的；

（五）依照有关规定需要人民检察院跟进监督的；

（六）具有重大社会影响等确有必要进行监督的情形。

人民检察院对民事案件依职权启动监督程序，不受当事人是否申请再审的限制。

第三十八条　下级人民检察院提请抗诉、提请其他监督等案件，由上一级人民检察院负责案件管理的部门受理。

依职权启动监督程序的民事诉讼监督案件，负责民事检察的部门应当到负责案件管理的部门登记受理。

第三十九条　负责案件管理的部门接收案件材料后，应当在三日内登记并将案件材料和案件登记表移送负责民事检察的部门；案件材料不符合规定的，应当要求补齐。

负责案件管理的部门登记受理后，需要通知当事人的，负责民事检察的部门应当制作《受理通知书》，并在三日内发送当事人。

第七十四条 人民检察院发现人民法院已经发生法律效力的民事判决、裁定有《中华人民共和国民事诉讼法》第二百条①规定情形之一的，依法向人民法院提出再审检察建议或者抗诉。

第七十五条 人民检察院发现民事调解书损害国家利益、社会公共利益的，依法向人民法院提出再审检察建议或者抗诉。

人民检察院对当事人通过虚假诉讼获得的民事调解书应当依照前款规定监督。

第八十一条 地方各级人民检察院发现同级人民法院已经发生法律效力的民事判决、裁定有下列情形之一的，可以向同级人民法院提出再审检察建议：

（一）有新的证据，足以推翻原判决、裁定的；

（二）原判决、裁定认定的基本事实缺乏证据证明的；

（三）原判决、裁定认定事实的主要证据是伪造的；

（四）原判决、裁定认定事实的主要证据未经质证的；

（五）对审理案件需要的主要证据，当事人因客观原因不能自行收集，书面申请人民法院调查收集，人民法院未调查收集的；

（六）审判组织的组成不合法或者依法应当回避的审判人员没有回避的；

（七）无诉讼行为能力人未经法定代理人代为诉讼或者应当参加诉讼的当事人，因不能归责于本人或者其诉讼代理人的事由，未参加诉讼的；

（八）违反法律规定，剥夺当事人辩论权利的；

（九）未经传票传唤，缺席判决的；

（十）原判决、裁定遗漏或者超出诉讼请求的；

（十一）据以作出原判决、裁定的法律文书被撤销或者变更的。

第八十二条 符合本规则第八十一条规定的案件有下列情形之一的，地方各级人民检察院一般应当提请上一级人民检察院抗诉：

（一）判决、裁定是经同级人民法院再审后作出的；

（二）判决、裁定是经同级人民法院审判委员会讨论作出的。

第八十三条 地方各级人民检察院发现同级人民法院已经发生法律效力的民事判决、裁定有下列情形之一的，一般应当提请上一级人民检察院抗诉：

（一）原判决、裁定适用法律确有错误的；

（二）审判人员在审理该案件时有贪污受贿，徇私舞弊，枉法裁判行为的。

第八十四条 符合本规则第八十二条、第八十三条规定的案件，适宜由同级人民法院再审纠正的，地方各级人

————

① 对应2023年《民事诉讼法》第211条。——编者注

民检察院可以向同级人民法院提出再审检察建议。

第八十五条　地方各级人民检察院发现民事调解书损害国家利益、社会公共利益的，可以向同级人民法院提出再审检察建议，也可以提请上一级人民检察院抗诉。

第八十六条　对人民法院已经采纳再审检察建议进行再审的案件，提出再审检察建议的人民检察院一般不得再向上一级人民检察院提请抗诉。

第八十七条　人民检察院提出再审检察建议，应当制作《再审检察建议书》，在决定提出再审检察建议之日起十五日内将《再审检察建议书》连同案件卷宗移送同级人民法院，并制作决定提出再审检察建议的《通知书》，发送当事人。

人民检察院提出再审检察建议，应当经本院检察委员会决定，并将《再审检察建议书》报上一级人民检察院备案。

第八十八条　人民检察院提请抗诉，应当制作《提请抗诉报告书》，在决定提请抗诉之日起十五日内将《提请抗诉报告书》连同案件卷宗报送上一级人民检察院，并制作决定提请抗诉的《通知书》，发送当事人。

第八十九条　人民检察院认为当事人的监督申请不符合提出再审检察建议或者提请抗诉条件的，应当作出不支持监督申请的决定，并在决定之日起十五日内制作《不支持监督申请决定

书》，发送当事人。

第九十条　最高人民检察院对各级人民法院已经发生法律效力的民事判决、裁定、调解书，上级人民检察院对下级人民法院已经发生法律效力的民事判决、裁定、调解书，发现有《中华人民共和国民事诉讼法》第二百条、第二百零八条①规定情形的，应当向同级人民法院提出抗诉。

第九十一条　人民检察院提出抗诉的案件，接受抗诉的人民法院将案件交下一级人民法院再审，下一级人民法院审理后作出的再审判决、裁定仍有明显错误的，原提出抗诉的人民检察院可以依职权再次提出抗诉。

第九十八条　《中华人民共和国民事诉讼法》第二百零八条第三款规定的审判程序包括：

（一）第一审普通程序；

（二）简易程序；

（三）第二审程序；

（四）特别程序；

（五）审判监督程序；

（六）督促程序；

（七）公示催告程序；

（八）海事诉讼特别程序；

（九）破产程序。

第九十九条　《中华人民共和国民事诉讼法》第二百零八条第三款的规定适用于法官、人民陪审员、法官助理、书

----

①　对应 2023 年《民事诉讼法》第 219条。——编者注

记员。

第一百条 人民检察院发现同级人民法院民事审判程序中有下列情形之一的,应当向同级人民法院提出检察建议:

(一)判决、裁定确有错误,但不适用再审程序纠正的;

(二)调解违反自愿原则或者调解协议的内容违反法律的;

(三)符合法律规定的起诉和受理条件,应当立案而不立案的;

(四)审理案件适用审判程序错误的;

(五)保全和先予执行违反法律规定的;

(六)支付令违反法律规定的;

(七)诉讼中止或者诉讼终结违反法律规定的;

(八)违反法定审理期限的;

(九)对当事人采取罚款、拘留等妨害民事诉讼的强制措施违反法律规定的;

(十)违反法律规定送达的;

(十一)其他违反法律规定的情形。

第一百零一条 人民检察院发现同级人民法院民事审判程序中审判人员有《中华人民共和国法官法》第四十六条等规定的违法行为且可能影响案件公正审判、执行的,应当向同级人民法院提出检察建议。

第一百零二条 人民检察院依照本章规定提出检察建议的,应当制作

《检察建议书》,在决定提出检察建议之日起十五日内将《检察建议书》连同案件卷宗移送同级人民法院,并制作决定提出检察建议的《通知书》,发送申请人。

第一百零三条 人民检察院认为当事人申请监督的审判程序中审判人员违法行为认定依据不足的,应当作出不支持监督申请的决定,并在决定之日起十五日内制作《不支持监督申请决定书》,发送申请人。

第一百一十七条 人民检察院发现人民法院在多起同一类型民事案件中有下列情形之一的,可以提出检察建议:

(一)同类问题适用法律不一致的;

(二)适用法律存在同类错误的;

(三)其他同类违法行为。

人民检察院发现有关单位的工作制度、管理方法、工作程序违法或者不当,需要改正、改进的,可以提出检察建议。

3.《人民检察院检察建议工作规定》

(高检发释字〔2019〕1号,20190226)

第二条 检察建议是人民检察院依法履行法律监督职责,参与社会治理,维护司法公正,促进依法行政,预防和减少违法犯罪,保护国家利益和社会公共利益,维护个人和组织合法权益,保障法律统一正确实施的重要方式。

第四条 提出检察建议,应当立足

检察职能,结合司法办案工作,坚持严格依法、准确及时、必要审慎、注重实效的原则。

第五条　检察建议主要包括以下类型:

(一)再审检察建议;

(二)纠正违法检察建议;

(三)公益诉讼检察建议;

(四)社会治理检察建议;

(五)其他检察建议。

第六条　检察建议应当由检察官办案组或者检察官办理。

第七条　制发检察建议应当在统一业务应用系统中进行,实行以院名义统一编号、统一签发、全程留痕、全程监督。

第八条　人民检察院发现同级人民法院已经发生法律效力的判决、裁定具有法律规定的应当再审情形的,或者发现调解书损害国家利益、社会公共利益的,可以向同级人民法院提出再审检察建议。

第九条　人民检察院在履行对诉讼活动的法律监督职责中发现有关执法、司法机关具有下列情形之一的,可以向有关执法、司法机关提出纠正违法检察建议:

(一)人民法院审判人员在民事、行政审判活动中存在违法行为的;

(二)人民法院在执行生效民事、行政判决、裁定、决定或者调解书、支付令、仲裁裁决书、公证债权文书等法律文书过程中存在违法执行、不执行、怠于执行等行为,或者有其他重大隐患的;

(三)人民检察院办理行政诉讼监督案件或者执行监督案件,发现行政机关有违反法律规定、可能影响人民法院公正审理和执行的行为的;

(四)公安机关、人民法院、监狱、社区矫正机构、强制医疗执行机构等在刑事诉讼活动中或者执行人民法院生效刑事判决、裁定、决定等法律文书过程中存在普遍性、倾向性违法问题,或者有其他重大隐患,需要引起重视予以解决的;

(五)诉讼活动中其他需要以检察建议形式纠正违法的情形。

4.《最高人民法院关于人民法院不予受理人民检察院单独就诉讼费负担裁定提出抗诉问题的批复》(法释〔1998〕22 号,19980905)

人民检察院对人民法院就诉讼费负担的裁定提出抗诉,没有法律依据,人民法院不予受理。

5.《最高人民法院关于人民检察院对不撤销仲裁裁决的民事裁定提出抗诉人民法院应否受理问题的批复》(法释〔2000〕46 号,20001219)

人民检察院对发生法律效力的不撤销仲裁裁决的民事裁定提出抗诉,没有法律依据,人民法院不予受理。

6.《最高人民法院关于人民检察院

提出抗诉按照审判监督程序再审维持原裁判的民事、经济、行政案件，人民检察院再次提出抗诉应否受理的问题批复》（法复〔1995〕7号，19951006）

上级人民检察院对下级人民法院已经发生法律效力的民事、经济、行政案件提出抗诉的，无论是同级人民法院再审还是指令下级人民法院再审，凡作出维持原裁判的判决、裁定后，原提出抗诉的人民检察院再次提出抗诉的，人民法院不予受理；原提出抗诉的人民检察院的上级人民检察院提出抗诉的，人民法院应当受理。

7.《最高人民法院关于人民法院发现本院作出的诉前保全裁定和在执行程序中作出的裁定确有错误以及人民检察院对人民法院作出的诉前保全裁定提出抗诉人民法院应当如何处理的批复》（法释〔1998〕17号，19980805）

一、人民法院院长对本院已经发生法律效力的诉前保全裁定和在执行程序中作出的裁定，发现确有错误，认为需要撤销的，应当提交审判委员会讨论决定后，裁定撤销原裁定。

二、人民检察院对人民法院作出的诉前保全裁定提出抗诉，没有法律依据，人民法院应当通知其不予受理。

8.《最高人民法院关于对执行程序中的裁定的抗诉不予受理的批复》（法复〔1995〕5号，19950810）

根据《中华人民共和国民事诉讼

法》的有关规定，人民法院为了保证已发生法律效力的判决、裁定或者其他法律文书的执行而在执行程序中作出的裁定，不属于抗诉的范围。因此，人民检察院针对人民法院在执行程序中作出的查封财产裁定提出抗诉，于法无据，人民法院不予受理。

【司法文件】

1.《最高人民法院、最高人民检察院关于规范办理民事再审检察建议案件若干问题的意见》（法发〔2023〕18号，20231124）

第一条　民事再审检察建议是人民检察院对生效民事判决、裁定、调解书实施法律监督的重要方式。人民法院、人民检察院应当严格按照《中华人民共和国民事诉讼法》有关再审检察建议的规定，依法规范履行审判和法律监督职责。人民检察院要坚持法定性与必要性相结合的监督标准，增强监督的及时性与实效性，规范适用再审检察建议；人民法院要坚持依法接受监督，增强接受监督的主动性与自觉性，及时办理民事再审检察建议案件，共同维护司法公正。

第二条　人民检察院发现同级人民法院生效民事判决、裁定有《中华人民共和国民事诉讼法》第二百零七条①

---

①　对应2023年《民事诉讼法》第211条。——编者注

规定情形之一的，或者民事调解书有损害国家利益、社会公共利益情形的，可以向同级人民法院提出再审检察建议；地方各级人民检察院提出再审检察建议的，应报上级人民检察院备案。

人民检察院发现生效民事判决、裁定、调解书系民事诉讼当事人通过虚假诉讼获得的，依照《最高人民法院、最高人民检察院、公安部、司法部关于进一步加强虚假诉讼犯罪惩治工作的意见》第十八条规定办理。

第三条　人民检察院对同级人民法院再审或者审判委员会讨论后作出的生效民事判决、裁定、调解书，一般不适用提出再审检察建议的方式进行监督。

人民法院生效民事判决、裁定、调解书存在的笔误或者表述瑕疵不属于提出再审检察建议的情形，人民检察院可以提出改进工作建议。

第四条　人民检察院提出再审检察建议，一般应当经检察委员会讨论决定。存在特殊情形的，人民检察院可与同级人民法院会商解决。

第五条　人民检察院提出再审检察建议，应当将再审检察建议书连同检察案件材料一并移送同级人民法院。

再审检察建议书应当载明案件相关情况、监督意见并列明原判决、裁定、调解书存在《中华人民共和国民事诉讼法》第二百一十五条、第二百一十六条①规定的情形。

人民检察院提出再审检察建议案件不符合前述规定的，人民法院依照《最高人民法院关于适用〈中华人民共和国民事诉讼法〉的解释》第四百一十四条规定处理。

第六条　人民法院应当自收到符合条件的再审检察建议书和相关检察案件材料之日起七日内编立案号，纳入案件流程管理，依法进行审查，并告知人民检察院。

本院或者上级人民法院已作出驳回再审申请裁定的，不影响人民法院受理同级人民检察院提出的再审检察建议。

人民检察院提出再审检察建议的案件已经同级人民法院裁定再审但尚未审结的，人民法院应当将再审检察建议并入再审案件一并审理，并函告人民检察院。案件已经上级人民法院裁定再审但尚未审结的，同级人民法院可以将再审检察建议书及检察案件材料报送上级人民法院并告知提出再审检察建议的人民检察院。

第十二条　人民法院、人民检察院应当建立民事再审检察建议案件共同调解机制，做好民事再审检察建议案件调解和矛盾化解工作。

第十三条　人民法院、人民检察院应当探索建立常态化工作联系机制。对涉及群体性纠纷或者引发社会广泛关注，可能影响社会稳定的案件，以及

_____

①　分别对应2023年《民事诉讼法》第219条、第220条。——编者注

重大、疑难、复杂、敏感等案件，人民法院、人民检察院在办理过程中，应当加强相互沟通，依法妥善处理。

第十四条 人民法院、人民检察院应当定期开展再审检察建议工作综合分析和通报，推动审判监督和检察监督工作良性互动，提升再审检察建议案件办理质效。

地方各级人民法院、人民检察院在实践中遇到新情况、新问题可先行会商，并将相关问题及应对措施及时层报最高人民法院、最高人民检察院。

2.《最高人民法院审判监督庭、最高人民检察院民事行政检察厅关于办理民事诉讼检察监督案件若干问题的会议纪要》（法审〔2016〕2号，20160901）

一、关于再审检察建议中的相关问题

民事诉讼法第二百零八条①第二款规定了再审检察建议，这一规定有利于完善法律监督方式、强化同级监督制约，加强人民法院和人民检察院在审判监督方面的协作配合，有助于人民法院发现和纠正错误，应给予高度重视。

落实再审检察建议制度的关键在于依法提出再审检察建议和采纳正确的再审检察建议，因此，人民检察院应当仅就能够通过再审程序纠正的生效判决、裁定和调解书发出再审检察建议。人民检察院向人民法院提出再审检察建议的，人民法院应组成合议庭依法进行审查。

三、关于对裁定的监督方式问题

民事诉讼法第一百五十四条②规定，当事人不服不予受理、驳回起诉、管辖权异议的裁定，可以上诉，但民事诉讼法第二百条③不再将管辖错误规定为再审事由。根据上述规定精神，人民检察院对不予受理和驳回起诉的裁定可以采用抗诉或者再审检察建议的方式进行监督，对其他裁定如确有必要进行监督的，可以采用一般检察建议。

3.《最高人民法院、最高人民检察院关于对民事审判活动与行政诉讼实行法律监督的若干意见（试行）》（高检会〔2011〕1号，20110310）

第五条 最高人民检察院对各级人民法院已经发生法律效力的民事判决、裁定，上级人民检察院对下级人民法院已经发生法律效力的民事判决、裁定，经过立案审查，发现有《中华人民共和国民事诉讼法》第一百七十九条④规定情形之一，符合抗诉条件的，应当依照《中华人民共和国民事诉讼法》第一

---

① 对应2023年《民事诉讼法》第219条。——编者注

② 对应2023年《民事诉讼法》第157条。——编者注

③ 对应2023年《民事诉讼法》第211条。——编者注

④ 对应2023年《民事诉讼法》第211条。——编者注

百八十七条①之规定,向同级人民法院提出抗诉。

人民检察院发现人民法院已经发生法律效力的行政判决和不予受理、驳回起诉、管辖权异议等行政裁定,有《中华人民共和国行政诉讼法》第六十四条②规定情形的,应当提出抗诉。

第六条　人民检察院发现人民法院已经发生法律效力的民事调解、行政赔偿调解损害国家利益、社会公共利益的,应当提出抗诉。

第七条　地方各级人民检察院对符合本意见第五条、第六条规定情形的判决、裁定、调解,经检察委员会决定,可以向同级人民法院提出再审检察建议。

人民法院收到再审检察建议后,应当在三个月内进行审查并将审查结果书面回复人民检察院。人民法院认为需要再审的,应当通知当事人。人民检察院认为人民法院不予再审的决定不当的,应当提请上级人民检察院提出抗诉。

第九条　人民法院的审判活动有本意见第五条、第六条以外违反法律规定情形,不适用再审程序的,人民检察院应当向人民法院提出检察建议。

当事人认为人民法院的审判活动存在前款规定情形,经提出异议人民法院未予纠正,向人民检察院申诉的,人民检察院应当受理。

4.《全国审判监督工作座谈会关于当前审判监督工作若干问题的纪要》(最高人民法院,法〔2001〕161号,20011101)

四、关于审理民事、行政抗诉案件的几个问题

14.人民法院依照民事诉讼法规定的特别程序、督促程序、公示催告程序、企业法人破产还债程序审理的案件;人民法院已经决定再审的案件;以调解方式审结的案件;涉及婚姻关系和收养的案件;当事人撤诉或者按撤诉处理的案件;执行和解的案件;原审案件当事人在原审裁判生效二年内无正当理由,未向人民法院或人民检察院提出申诉的案件;同一检察院提出过抗诉的案件和最高人民法院司法解释中明确不适用抗诉程序处理的案件,人民检察院提出抗诉的,人民法院不予受理。

对不予受理的案件,人民法院应先同人民检察院协商,请人民检察院收回抗诉书销案;检察院坚持抗诉的,裁定不予受理。

15.抗诉案件的审理范围应围绕抗诉内容进行审理。抗诉内容与当事人申请再审理由不一致的,原则上应以检察机关的抗诉书为准。

16.人民检察院根据审判监督程序提出抗诉的案件,一般应由作出生效判决、裁定的人民法院裁定进行再审;人

---

①　对应2023年《民事诉讼法》第219条。——编者注

②　对应2023年《行政诉讼法》第93条。——编者注

民检察院向作出生效判决、裁定的人民法院的上一级人民法院提出抗诉的，该上级人民法院可以交由作出生效判决、裁定的人民法院进行再审；人民检察院对生效的再审判决提出抗诉的，一般应由上级人民法院提审。

再审裁定书由审理抗诉案件的人民法院作出。

17. 人民检察院对人民法院的审判工作提出检察建议书的，人民法院应认真研究以改进工作；经与同级人民法院协商同意，对个案提出检察建议书的，如符合再审立案条件，可依职权启动再审程序。

5.《最高人民法院对山东省高级人民法院关于人民检察院对人民法院再审裁定终结诉讼的案件能否提出抗诉的请示的复函》（〔2001〕民立他字第19号，20030515）

你院请示涉及的山东省东阿县大李乡人民政府与东阿县水泵厂借款纠纷一案，属于再审中发现申请人主体不合格而裁定终结诉讼的案件，人民检察院对该裁定提起抗诉，缺乏法律依据，人民法院不予受理。

【法院参考案例】

生效调解书违反自愿原则、调解协议内容违法及损害第三人利益的事由，是否属于检察机关提出抗诉的范围[包头市某财税服务有限公司诉广西北海

某房地产开发有限公司借款合同纠纷案，内蒙古自治区高级人民法院（2015）内民抗一字第00107号]

生效调解书违反自愿原则、调解协议内容违法及损害第三人利益的事由，不属于检察机关提出抗诉的范围，相关当事人和案外人可以向人民法院申请再审寻求救济。检察机关仅对有损害国家利益、社会公共利益的民事调解书才能提出法律监督。人民法院对调解书裁定再审后，因人民检察院所主张的损害国家利益、社会公共利益的理由不能成立，应依法裁定终结再审程序。

第二百二十条 【当事人申请再审检察建议及抗诉的条件】有下列情形之一的，当事人可以向人民检察院申请检察建议或者抗诉：

（一）人民法院驳回再审申请的；

（二）人民法院逾期未对再审申请作出裁定的；

（三）再审判决、裁定有明显错误的。

人民检察院对当事人的申请应当在三个月内进行审查，作出提出或者不予提出检察建议或者抗诉的决定。当事人不得再次向人民检察院申请检察建议或者抗诉。

【立法·要点注释】

1. 申请条件。当事人对于已经发生法律效力的判决、裁定、调解书，应当首先依法向人民法院申请再审，在以下三种情况下才可以转而向人民检察院申请检察建议或者抗诉：一是人民法院驳回再审申请的；二是人民法院逾期未对再审申请作出裁定的；三是再审判决、裁定有明显错误的。在第一种情况下，向人民法院申请再审已经结束，此时向人民检察院申请检察建议或者抗诉不会造成重复工作。在第二种情况下，向人民法院申请再审的程序处于不正常的延宕中，此时向人民检察院申请检察建议或者抗诉有利于发挥监督效能，促进审判监督程序尽快进行。在第三种情况下，有必要迅速决定再审，及时纠正错误，向人民检察院申请检察建议或者抗诉有利于保障当事人的权利，实现公正和效率的兼顾。

2. 审查期限。本条第 2 款规定，人民检察院对当事人的申请应当在 3 个月内进行审查，作出提出或者不予提出检察建议或者抗诉的决定。这里的 3 个月审查期限应当严格遵守，以保证检察监督的及时性。这里的决定，是对当事人申请的明确回应。要么决定提出检察建议或者抗诉，要么不予提出，都应当按期给当事人以明确答复，以切实保障当事人的申请权。决定提出检察建议或者抗诉的，人民检察院应当及时

向人民法院依法提出；决定不予提出的，人民检察院也应当做好疏导工作，明法析理，使申请人尽早服判息诉。

3. 限制反复申请。司法实践中，一些当事人往往纠结于某一发生法律效力的判决、裁定、调解书，反复缠诉，"终审不终"。审判监督程序如果成为重复程序、反复程序，不仅会违背民事诉讼法律制度的目的，也不利于维护当事人的利益。对此本条第 2 款明确规定，当事人不得再次向人民检察院申请检察建议或者抗诉。当事人提出申请之后，如果人民检察院已经在审查处理，再次提出是没有必要的；如果人民检察院已经作出了提出检察建议或者抗诉的决定，再次提出也不具有价值；如果人民检察院已经作出了不予提出检察建议或者抗诉的决定，允许再次提出就可能导致反复纠缠，引发"终审不终"的不良后果。不管哪种情况，都是不符合法律规定的。

4. 本条是对当事人申请检察监督的要求，也是对检察机关受理监督申请的规定。基于本条规定，人民检察院通过《人民检察院民事诉讼监督规则》对其审查程序进行了"司法化"创新：向申请人及其他当事人发出《受理通知书》，各方当事人均可提供书面意见，不提供的，不影响审查；对部分案件进行检察听证，当面听取各方当事人意见，并可调查核实有关情况；规定了回避制度、审查期限等；经审查，认为原审不存在再审事由的，向申请人发出《不予支

持监督申请通知书》,认定应当再审的,作出抗诉书或再审检察建议书。

5.《民事诉讼法》只规定了当事人6个月的申请再审期间,但立法机关出于对"三加一"模式下"检察监督在后"应为最后救济程序的考虑,未规定当事人申请检察监督期间。《人民检察院民事诉讼监督规则》第20条规定,当事人申请检察监督期间为两年,并明确该期间为不变期间。这一规定实质上是参照了当事人向人民法院申请再审的期间设置,同时为打消立法机关的上述顾虑,明确人民检察院依职权监督的案件不受这一期限限制。

6.本条对当事人不服一审裁判和二审裁判申请检察监督的,仅规定了程序性条件,即经过了人民法院再审审查驳回或逾期未作出裁定的,但对当事人不服再审裁判申请监督则要求"有明显错误"。有观点认为,本条是对当事人的规定,不能约束检察机关,对再审裁判提出抗诉或再审检察建议标准仍然是第211条的13项再审事由。应当认为,此处"明显错误"与一般性再审事由即《民事诉讼法》第211条规定的13项事由以及人民法院依职权再审标准"确有错误"有一定的联系和区别,但"明显错误"又是一个相对主观的标准,难以明晰化,但对于再审裁判再次提起再审标准应严于一审、二审裁判,是本条内容的重要立法本意,当事人和司法机关都应当予以贯彻执行。

7.根据本条第2款规定,当事人申请检察监督的权利只能行使一次。检察机关经审查,作出不予提出检察建议或者抗诉决定,即不支持当事人监督申请的,当事人无权再次向检察机关申请监督,但本条并未规定上级检察院能否再次对案件进行复查。《人民检察院民事诉讼监督规则》第126条创设了复查制度:"当事人认为人民检察院对同级人民法院已经发生法律效力的民事判决、裁定、调解书作出的不支持监督申请决定存在明显错误的,可以在不支持监督申请决定作出之日起一年内向上一级人民检察院申请复查一次。"上级检察院复查后,可以撤销下级检察院的不支持监督申请决定,并提出抗诉,或者决定复查维持,并制作《复查决定书》发送申请人。上级检察院也可以依职权进行复查。

8.实践中,人民检察院的抗诉书或再审检察建议书所引法律一般不区分生效裁判为再审所作还是一审、二审所作,人民法院一般不能以此为由不予受理,但在抗诉案件实体裁判、再审检察建议是否采纳时要注意到上述区别。由于人民检察院遵循"居中监督、全案审查"原则,故一方当事人申请检察监督未获支持后,人民检察院已经对案件有了审查结果,其他当事人原则上亦无权再申请检察监督,特殊情况的可纳入职权监督范畴。根据本条立法目的,符合《民事诉讼法》第238条规定的案外人申请检察监督,其身份可视为案件当事人,也适用"法院纠错先行"的规定。

经人民法院再审审查作出驳回再审申请裁定的案件，人民检察院的监督对象仍然是原生效裁判、调解书，其受理和审查当事人的监督申请不受上级或本级人民法院所作驳回裁定影响，但可适度考虑驳回裁定的合法性和合理性。对于损害国家利益、社会公共利益及涉嫌虚假诉讼的案件，不受"法院纠错先行"的限制，即抗诉或再审检察建议案件移送法院时，人民法院不必审查是否符合"法院纠错先行"的规定。

【司法解释】

1.《最高人民法院关于适用〈中华人民共和国民事诉讼法〉的解释》（法释〔2015〕5号，20150204；经法释〔2022〕11号修正，20220410）

第四百一十一条　人民检察院依法对损害国家利益、社会公共利益的发生法律效力的判决、裁定、调解书提出抗诉，或者经人民检察院检察委员会讨论决定提出再审检察建议的，人民法院应予受理。

第四百一十三条　人民检察院依照民事诉讼法第二百一十六条①第一款第三项规定对有明显错误的再审判决、裁定提出抗诉或者再审检察建议的，人民法院应予受理。

第四百一十四条　地方各级人民检察院依当事人的申请对生效判决、裁定向同级人民法院提出再审检察建议，符合下列条件的，应予受理：

（一）再审检察建议书和原审当事人申请书及相关证据材料已经提交；

（二）建议再审的对象为依照民事诉讼法和本解释规定可以进行再审的判决、裁定；

（三）再审检察建议书列明该判决、裁定有民事诉讼法第二百一十五条②第二款规定情形；

（四）符合民事诉讼法第二百一十六条第一款第一项、第二项规定情形；

（五）再审检察建议经该人民检察院检察委员会讨论决定。

不符合前款规定的，人民法院可以建议人民检察院予以补正或者撤回；不予补正或者撤回的，应当函告人民检察院不予受理。

第四百一十五条　人民检察院依当事人的申请对生效判决、裁定提出抗诉，符合下列条件的，人民法院应当在三十日内裁定再审：

（一）抗诉书和原审当事人申请书及相关证据材料已经提交；

（二）抗诉对象为依照民事诉讼法和本解释规定可以进行再审的判决、裁定；

（三）抗诉书列明该判决、裁定有民事诉讼法第二百一十五条第一款规定情形；

---

①　对应2023年《民事诉讼法》第220条。——编者注

②　对应2023年《民事诉讼法》第219条。——编者注

（四）符合民事诉讼法第二百一十六条第一款第一项、第二项规定情形。

不符合前款规定的，人民法院可以建议人民检察院予以补正或者撤回；不予补正或者撤回的，人民法院可以裁定不予受理。

第四百一十七条 人民法院收到再审检察建议后，应当组成合议庭，在三个月内进行审查，发现原判决、裁定、调解书确有错误，需要再审的，依照民事诉讼法第二百零五条①规定裁定再审，并通知当事人；经审查，决定不予再审的，应当书面回复人民检察院。

【重点解读】人民法院应当对已经受理的再审检察建议进行实质审查，审查中可以调阅原审卷宗，可以书面审查，确有必要的（如有新证据的）也可以询问当事人。这一点可以参照审查当事人再审申请案件。人民法院办理的再审检察建议是针对本院已经发生法律效力的裁判，根据《民事诉讼法》第209条的规定，应当以法院依职权再审的"确有错误"为标准，并由院长提交审委会讨论决定再审。人民法院采纳再审检察建议的，将再审裁定发送当事人；不采纳的，以函等方式书面回复检察院。因为检察院提出再审检察建议后，法院依法对建议展开实质性审查，属于对本院裁判的内部复查。在不启动再审程序的情况下，只要书面回应检察院的监督即可，没有告知当事人的法定职责。

第四百一十八条 人民法院审理

因人民检察院抗诉或者检察建议裁定再审的案件，不受此前已经作出的驳回当事人再审申请裁定的影响。

【重点解读】当事人申请检察监督的前提条件是存在《民事诉讼法》第220条规定的情形之一。这实际上是从法律规定层面明确了驳回当事人再审申请裁定仅仅具有终结审查程序的效力，并不具有实体裁判效力；再审对象只能是原生效裁判，而不包括驳回当事人再审申请裁定。在审理具体案件时，特别是一方当事人也将驳回当事人再审申请裁定作为支持其主张的依据时，或者在再审改判原审裁判的情况下，应尽量引用本条，并作一定的说理释明。另外，由于《民事诉讼法解释》没有专门对人民法院依职权再审进行规定，故该条内容亦应适用于职权再审的情形。

2.《人民检察院民事诉讼监督规则》
（高检发释字〔2021〕1号，20210801）

第十八条 民事诉讼监督案件的来源包括：

（一）当事人向人民检察院申请监督；

（二）当事人以外的自然人、法人和非法人组织向人民检察院控告；

（三）人民检察院在履行职责中发现。

---

① 对应2023年《民事诉讼法》第209条。——编者注

第十九条　有下列情形之一的,当事人可以向人民检察院申请监督:

(一)已经发生法律效力的民事判决、裁定、调解书符合《中华人民共和国民事诉讼法》第二百零九条①第一款规定的;

(二)认为民事审判程序中审判人员存在违法行为的;

(三)认为民事执行活动存在违法情形的。

第二十条　当事人依照本规则第十九条第一项规定向人民检察院申请监督,应当在人民法院作出驳回再审申请裁定或者再审判决、裁定发生法律效力之日起两年内提出。

本条规定的期间为不变期间,不适用中止、中断、延长的规定。

人民检察院依职权启动监督程序的案件,不受本条第一款规定期限的限制。

第二十一条　当事人向人民检察院申请监督,应当提交监督申请书、身份证明、相关法律文书及证据材料。提交证据材料的,应当附证据清单。

申请监督材料不齐备的,人民检察院应当要求申请人限期补齐,并一次性明确告知应补齐的全部材料。申请人逾期未补齐的,视为撤回监督申请。

第二十二条　本规则第二十一条规定的监督申请书应当记明下列事项:

(一)申请人的姓名、性别、年龄、民族、职业、工作单位、住所、有效联系方式,法人或者非法人组织的名称、住所和法定代表人或者主要负责人的姓名、职务、有效联系方式;

(二)其他当事人的姓名、性别、工作单位、住所、有效联系方式等信息,法人或者非法人组织的名称、住所、负责人、有效联系方式等信息;

(三)申请监督请求;

(四)申请监督的具体法定情形及事实、理由。

申请人应当按照其他当事人的人数提交监督申请书副本。

第二十三条　本规则第二十一条规定的身份证明包括:

(一)自然人的居民身份证、军官证、士兵证、护照等能够证明本人身份的有效证件;

(二)法人或者非法人组织的统一社会信用代码证书或者营业执照副本、组织机构代码证书和法定代表人或者主要负责人的身份证明等有效证照。

对当事人提交的身份证明,人民检察院经核对无误留存复印件。

第二十四条　本规则第二十一条规定的相关法律文书是指人民法院在该案件诉讼过程中作出的全部判决书、裁定书、决定书、调解书等法律文书。

第二十五条　当事人申请监督,可以依照《中华人民共和国民事诉讼法》的规定委托诉讼代理人。

第二十六条　当事人申请监督符

————

① 对应2023年《民事诉讼法》第220条。——编者注

合下列条件的,人民检察院应当受理:

(一)符合本规则第十九条的规定;

(二)申请人提供的材料符合本规则第二十一条至第二十四条的规定;

(三)属于本院受理案件范围;

(四)不具有本规则规定的不予受理情形。

第二十七条 当事人根据《中华人民共和国民事诉讼法》第二百零九条第一款的规定向人民检察院申请监督,有下列情形之一的,人民检察院不予受理:

(一)当事人未向人民法院申请再审的;

(二)当事人申请再审超过法律规定的期限的,但不可归责于其自身原因的除外;

(三)人民法院在法定期限内正在对民事再审申请进行审查的;

(四)人民法院已经裁定再审且尚未审结的;

(五)判决、调解解除婚姻关系的,但对财产分割部分不服的除外;

(六)人民检察院已经审查终结作出决定的;

(七)民事判决、裁定、调解书是人民法院根据人民检察院的抗诉或者再审检察建议再审后作出的;

(八)申请监督超过本规则第二十条规定的期限的;

(九)其他不应受理的情形。

第二十八条 当事人认为民事审判程序或者执行活动存在违法情形,向人民检察院申请监督,有下列情形之一的,人民检察院不予受理:

(一)法律规定可以提出异议、申请复议或者提起诉讼,当事人没有提出异议、申请复议或者提起诉讼的,但有正当理由的除外;

(二)当事人提出异议、申请复议或者提起诉讼后,人民法院已经受理并正在审查处理的,但超过法定期限未作出处理的除外;

(三)其他不应受理的情形。

当事人对审判、执行人员违法行为申请监督的,不受前款规定的限制。

第二十九条 当事人根据《中华人民共和国民事诉讼法》第二百零九条第一款的规定向人民检察院申请检察建议或者抗诉,由作出生效民事判决、裁定、调解书的人民法院所在地同级人民检察院负责控告申诉检察的部门受理。

人民法院裁定驳回再审申请或者逾期未对再审申请作出裁定,当事人向人民检察院申请监督的,由作出原生效民事判决、裁定、调解书的人民法院所在地同级人民检察院受理。

第三十条 当事人认为民事审判程序中审判人员存在违法行为或者民事执行活动存在违法情形,向人民检察院申请监督的,由审理、执行案件的人民法院所在地同级人民检察院负责控告申诉检察的部门受理。

当事人不服上级人民法院作出的复议裁定、决定等,提出监督申请的,由上级人民法院所在地同级人民检察院受理。人民检察院受理后,可以根据需要依照本规则有关规定将案件交由原审理、执行案件的人民法院所在地同级人民检察院办理。

第三十一条 当事人认为人民检察院不依法受理其监督申请的,可以向上一级人民检察院申请监督。上一级人民检察院认为当事人监督申请符合受理条件的,应当指令下一级人民检察院受理,必要时也可以直接受理。

第三十二条 人民检察院负责控告申诉检察的部门对监督申请,应当根据以下情形作出处理:

(一)符合受理条件的,应当依照本规则规定作出受理决定;

(二)不属于本院受理案件范围的,应当告知申请人向有关人民检察院申请监督;

(三)不属于人民检察院主管范围的,应当告知申请人向有关机关反映;

(四)不符合受理条件,且申请人不撤回监督申请的,可以决定不予受理。

第三十三条 负责控告申诉检察的部门应当在决定受理之日起三日内制作《受理通知书》,发送申请人,并告知其权利义务;同时将《受理通知书》和监督申请书副本发送其他当事人,并告知其权利义务。其他当事人可以在收到监督申请书副本之日起十五日内提出书面意见,不提出意见的不影响人民检察院对案件的审查。

第三十四条 负责控告申诉检察的部门应当在决定受理之日起三日内将案件材料移送本院负责民事检察的部门,同时将《受理通知书》抄送本院负责案件管理的部门。负责控告申诉检察的部门收到其他当事人提交的书面意见等材料,应当及时移送负责民事检察的部门。

第三十五条 当事人以外的自然人、法人和非法人组织认为人民法院民事审判程序中审判人员存在违法行为或者民事执行活动存在违法情形等,可以向同级人民检察院控告。控告由人民检察院负责控告申诉检察的部门受理。

负责控告申诉检察的部门对收到的控告,应当依据《人民检察院信访工作规定》等办理。

第三十六条 负责控告申诉检察的部门可以依据《人民检察院信访工作规定》,向下级人民检察院交办涉及民事诉讼监督的信访案件。

【司法文件】

1.《全国法院民事再审审查工作座谈会纪要》(最高人民法院,法办〔2013〕36 号,20130329)

一、关于民事申请再审案件的受理

4. 有下列情形之一的,告知当事人依据民事诉讼法第二百零九条①向人

———————

① 对应 2023 年《民事诉讼法》第 220 条。——编者注

民检察院申请检察建议或者抗诉,不作为申请再审案件受理:

(1)再审申请人在人民法院驳回其再审申请后又向人民法院申请再审的;

(2)当事人认为再审判决、裁定有错误,向人民法院申请再审的。

5.有下列情形之一的,为民事诉讼法第二百零九条第三项规定的再审判决、裁定:

(1)第一审人民法院对于生效第一审判决、裁定,由本院再审后作出的、当事人未在法定期间内上诉的判决、裁定;

(2)第二审人民法院对于生效第二审判决、裁定,由本院再审后作出的判决、裁定;

(3)上级人民法院对于生效判决、裁定提审后作出的判决、裁定。

2.《最高人民法院、最高人民检察院关于对民事审判活动与行政诉讼实行法律监督的若干意见(试行)》(高检会〔2011〕1号,20110310)

第八条 人民法院裁定驳回再审申请后,当事人又向人民检察院申诉的,人民检察院对驳回再审申请的裁定不应当提出抗诉。人民检察院经审查认为原生效判决、裁定、调解符合抗诉条件的,应当提出抗诉。人民法院经审理查明,抗诉事由与被驳回的当事人申请再审事由实质相同的,可以判决维持原判。

第二百二十一条 【抗诉案件的调查】人民检察院因履行法律监督职责提出检察建议或者抗诉的需要,可以向当事人或者案外人调查核实有关情况。

【立法·要点注释】

1.本条是关于人民检察院调查权的规定。根据《人民检察院组织法》第6条的规定,人民检察院坚持司法公正,以事实为根据,以法律为准绳,遵守法定程序,尊重和保障人权。检察权是一项严肃的国家权力,应当在坚持实事求是的基础上行使。民事诉讼中主要体现当事人对自己诉讼权利和民事权利的自主掌控,国家权力的干预应当慎重。在审判监督程序中,人民检察院决定是否提出检察建议或者抗诉。

2.需要对有关情况进行调查核实。本条规定是建立在检察机关履行法律监督职责的基础之上的。对于案件的有关情况,首先是当事人掌握有关信息。案件之外,未卷入纠纷的其他人有时也可能了解情况。人民检察院为了正确履行法律监督职责,需要就相关情况向有关人员调查了解。当事人和案外人应当支持人民检察院依法履行职责,如实提供有关信息。人民检察院在行使调查权时还要注意严格遵守法律,注意根据提出检察建议或者抗诉的需要了解必要的信息。依照本条行使调查权主要是要了解与生效判决、裁定、调解书有关的特定信息，是为了决定是否提出检察建议或者抗诉。本条所规定的调查权，不应超出为了对生效判决、裁定、调解书提出检察建议或者抗诉而需要了解情况的范围，更不能理解为类似刑事诉讼中的侦查权。人民检察院行使相关职权、履行法律监督职责时应当明确这一区分，尊重并保护民事诉讼当事人的合法权益。特别是对涉及个人隐私、个人信息的问题，更要依法行事，严格遵守相关规定。

3. 人民检察院在民事诉讼中的调查核实权行使应当与公权力监督属性相适应，不宜超越监督职能。首先，关于调查核实的适用条件。《最高人民法院、最高人民检察院关于对民事审判活动和行政诉讼活动实行法律监督的若干意见(试行)》第3条规定："人民检察院对于已经发生法律效力的判决、裁定、调解，有下列情形之一的，可以向当事人或者案外人调查核实：(一)可能损害国家利益、社会公共利益的；(二)民事诉讼的当事人或行政诉讼的原告、第三人在原审中因客观原因不能自行收集证据，书面申请人民法院调查收集，人民法院应当调查收集而未调查收集的；(三)民事审判、行政诉讼活动违反法定程序，可能影响案件正确判决、裁定的。"上述规定将人民检察院调查收集证据的范围作了较大限定。2021年《人民检察院民事诉讼监督规则》第62条规定："人民检察院因履行法律监督

职责的需要，有下列情形之一的，可以向当事人或者案外人调查核实有关情况：(一)民事判决、裁定、调解书可能存在法律规定需要监督的情形，仅通过阅卷及审查现有材料难以认定的；……"比照以上两个规定，应当认为，当事人举证是民事诉讼的基本原则之一，司法机关调查收集证据的范围应当根据民事证据的不同属性和作用加以确定。《民事诉讼证据规定》将人民法院调查收集的证据分为两类：第一类是依职权调查收集的，其范围基本与上述试行意见第3条规定相同；第二类是依当事人申请调查收集的。人民检察院向当事人和案外人调查核实证据也不应超出这一范围。其次，关于调查核实措施。检察机关的民事调查核实措施不同于刑事措施，其对被当事人或案外人的强制力较弱。《人民检察院民事诉讼监督规则》第63条规定："人民检察院可以采取以下调查核实措施：(一)查询、调取、复制相关证据材料；(二)询问当事人或者案外人；(三)咨询专业人员、相关部门或者行业协会等对专门问题的意见；(四)委托鉴定、评估、审计；(五)勘验物证、现场；(六)查明案件事实所需要采取的其他措施。人民检察院调查核实，不得采取限制人身自由和查封、扣押、冻结财产等强制性措施。"需要说明的是，根据《民事诉讼法》第79条规定，作为民事证据的鉴定意见应当是人民法院委托的，检察机关委托鉴定的，不是严格意义上的"鉴定意

见",但其对专门性问题的证明力仍可作为认定事实依据。最后,关于调查核实所收集证据的质证与认证。《民事诉讼法》第71条规定:"证据应当在法庭上出示,并由当事人互相质证。"检察机关收集的证据也应经过质证和认证,才能作为定案依据。人民检察院应当派员出席检察监督再审案件的庭审,出庭人员应对其依职权调查收集的证据在庭审中予以出示、说明,但该行为不应视为检察机关参加法庭调查和质证,质证程序仍在各方当事人之间进行。

【司法解释】

1.《人民检察院民事诉讼监督规则》
(高检发释字〔2021〕1号,20210801)

第四十条　受理后的民事诉讼监督案件由负责民事检察的部门进行审查。

第四十一条　上级人民检察院认为确有必要的,可以办理下级人民检察院受理的民事诉讼监督案件。

下级人民检察院对受理的民事诉讼监督案件,认为需要由上级人民检察院办理的,可以报请上级人民检察院办理。

第四十二条　上级人民检察院可以将受理的民事诉讼监督案件交由下级人民检察院办理,并限定办理期限。交办的案件应当制作《交办通知书》,并将有关材料移送下级人民检察院。下级人民检察院应当依法办理,不得将

案件再行交办。除本规则第一百零七条规定外,下级人民检察院应当在规定期限内提出处理意见并报送上级人民检察院,上级人民检察院应当在法定期限内作出决定。

交办案件需要通知当事人的,应当制作《通知书》,并发送当事人。

第四十三条　人民检察院审查民事诉讼监督案件,应当围绕申请人的申请监督请求、争议焦点以及本规则第三十七条规定的情形,对人民法院民事诉讼活动是否合法进行全面审查。其他当事人在人民检察院作出决定前也申请监督的,应当将其列为申请人,对其申请监督请求一并审查。

第四十四条　申请人或者其他当事人对提出的主张,应当提供证据材料。人民检察院收到当事人提交的证据材料,应当出具收据。

第四十五条　人民检察院应当告知当事人有申请回避的权利,并告知办理案件的检察人员、书记员等的姓名、法律职务。

第四十六条　人民检察院审查案件,应当通过适当方式听取当事人意见,必要时可以听证或者调查核实有关情况,也可以依照有关规定组织专家咨询论证。

第四十七条　人民检察院审查案件,可以依照有关规定调阅人民法院的诉讼卷宗。

通过拷贝电子卷、查阅、复制、摘录等方式能够满足办案需要的,可以不调

阅诉讼卷宗。

人民检察院认为确有必要,可以依照有关规定调阅人民法院的诉讼卷宗副卷,并采取严格保密措施。

第四十八条 承办检察官审查终结后,应当制作审查终结报告。审查终结报告应当全面、客观、公正地叙述案件事实,依据法律提出处理建议或者意见。

承办检察官通过审查监督申请书等材料即可以认定案件事实的,可以直接制作审查终结报告,提出处理建议或者意见。

第四十九条 承办检察官办理案件过程中,可以提请部门负责人召集检察官联席会议讨论。检察长、部门负责人在审核或者决定案件时,也可以召集检察官联席会议讨论。

检察官联席会议讨论情况和意见应当如实记录,由参加会议的检察官签名后附卷保存。部门负责人或者承办检察官不同意检察官联席会议多数人意见的,部门负责人应当报请检察长决定。

检察长认为必要的,可以提请检察委员会讨论决定。检察长、检察委员会对案件作出的决定,承办检察官应当执行。

第五十条 人民检察院对审查终结的案件,应当区分情况作出下列决定:

(一)提出再审检察建议;

(二)提请抗诉或者提请其他

监督;

(三)提出抗诉;

(四)提出检察建议;

(五)终结审查;

(六)不支持监督申请;

(七)复查维持。

负责控告申诉检察的部门受理的案件,负责民事检察的部门应当将案件办理结果告知负责控告申诉检察的部门。

第五十一条 人民检察院在办理民事诉讼监督案件过程中,当事人有和解意愿的,可以引导当事人自行和解。

第五十二条 人民检察院受理当事人申请对人民法院已经发生法律效力的民事判决、裁定、调解书监督的案件,应当在三个月内审查终结并作出决定,但调卷、鉴定、评估、审计、专家咨询等期间不计入审查期限。

对民事审判程序中审判人员违法行为监督案件和对民事执行活动监督案件的审查期限,参照前款规定执行。

第五十三条 人民检察院办理民事诉讼监督案件,可以依照有关规定指派司法警察协助承办检察官履行调查核实、听证等职责。

第五十四条 人民检察院审查民事诉讼监督案件,认为确有必要的,可以组织有关当事人听证。

人民检察院审查民事诉讼监督案件,可以邀请与案件没有利害关系的人大代表、政协委员、人民监督员、特约检察员、专家咨询委员、人民调解员或者当事人所在单位、居住地的居民委员会、村民委员会成员以及专家、学者等其他社会人士参加公开听证，但该民事案件涉及国家秘密、个人隐私或者法律另有规定不得公开的除外。

第五十五条 人民检察院组织听证，由承办检察官主持，书记员负责记录。

听证一般在人民检察院专门听证场所内进行。

第五十六条 人民检察院组织听证，应当在听证三日前告知听证会参加人案由、听证时间和地点。

第五十七条 参加听证的当事人和其他相关人员应当按时参加听证，当事人无正当理由缺席或者未经许可中途退席的，不影响听证程序的进行。

第五十八条 听证应当围绕民事诉讼监督案件中的事实认定和法律适用等问题进行。

对当事人提交的证据材料和人民检察院调查取得的证据，应当充分听取各方当事人的意见。

第五十九条 听证会一般按照下列步骤进行：

（一）承办案件的检察官介绍案件情况和需要听证的问题；

（二）当事人及其他参加人就需要听证的问题分别说明情况；

（三）听证员向当事人或者其他参加人提问；

（四）主持人宣布休会，听证员就听证事项进行讨论；

（五）主持人宣布复会，根据案件情况，可以由听证员或者听证员代表发表意见；

（六）当事人发表最后陈述意见；

（七）主持人对听证会进行总结。

第六十条 听证应当制作笔录，经当事人校阅后，由当事人签名或者盖章。拒绝签名盖章的，应当记明情况。

第六十一条 参加听证的人员应当服从听证主持人指挥。

对违反听证秩序的，人民检察院可以予以批评教育，责令退出听证场所；对哄闹、冲击听证场所，侮辱、诽谤、威胁、殴打检察人员等严重扰乱听证秩序的，依法追究相应法律责任。

第六十二条 人民检察院因履行法律监督职责的需要，有下列情形之一的，可以向当事人或者案外人调查核实有关情况：

（一）民事判决、裁定、调解书可能存在法律规定需要监督的情形，仅通过阅卷及审查现有材料难以认定的；

（二）民事审判程序中审判人员可能存在违法行为的；

（三）民事执行活动可能存在违法情形的；

（四）其他需要调查核实的情形。

第六十三条 人民检察院可以采取以下调查核实措施：

（一）查询、调取、复制相关证据材料；

（二）询问当事人或者案外人；

（三）咨询专业人员、相关部门或

者行业协会等对专门问题的意见；

（四）委托鉴定、评估、审计；

（五）勘验物证、现场；

（六）查明案件事实所需要采取的其他措施。

人民检察院调查核实，不得采取限制人身自由和查封、扣押、冻结财产等强制性措施。

第六十四条　有下列情形之一的，人民检察院可以向银行业金融机构查询、调取、复制相关证据材料：

（一）可能损害国家利益、社会公共利益的；

（二）审判、执行人员可能存在违法行为的；

（三）涉及《中华人民共和国民事诉讼法》第五十五条①规定诉讼的；

（四）当事人有伪造证据、恶意串通损害他人合法权益可能的。

人民检察院可以依照有关规定指派具备相应资格的检察技术人员对民事诉讼监督案件中的鉴定意见等技术性证据进行专门审查，并出具审查意见。

第六十五条　人民检察院可以就专门性问题书面或者口头咨询有关专业人员、相关部门或者行业协会的意见。口头咨询的，应当制作笔录，由接受咨询的专业人员签名或者盖章。拒绝签名盖章的，应当记明情况。

第六十六条　人民检察院对专门性问题认为需要鉴定、评估、审计的，可以委托具备资格的机构进行鉴定、评估、审计。

在诉讼过程中已经进行过鉴定、评估、审计的，一般不再委托鉴定、评估、审计。

第六十七条　人民检察院认为确有必要的，可以勘验物证或者现场。勘验人应当出示人民检察院的证件，并邀请当地基层组织或者当事人所在单位派人参加。当事人或者当事人的成年家属应当到场，拒不到场的，不影响勘验的进行。

勘验人应当将勘验情况和结果制作笔录，由勘验人、当事人和被邀参加人签名或者盖章。

第六十八条　需要调查核实的，由承办检察官在职权范围内决定，或者报检察长决定。

第六十九条　人民检察院调查核实，应当由二人以上共同进行。

调查笔录经被调查人校阅后，由调查人、被调查人签名或者盖章。被调查人拒绝签名盖章的，应当记明情况。

第七十条　人民检察院可以指令下级人民检察院或者委托外地人民检察院调查核实。

人民检察院指令调查或者委托调查的，应当发送《指令调查通知书》或者《委托调查函》，载明调查核实事项、证据线索及要求。受指令或者受委托人民检察院收到《指令调查通知书》或

———————
① 对应2023年《民事诉讼法》第58条。——编者注

者《委托调查函》后,应当在十五日内完成调查核实工作并书面回复。因客观原因不能完成调查的,应当在上述期限内书面回复指令或者委托的人民检察院。

人民检察院到外地调查的,当地人民检察院应当配合。

第七十一条 人民检察院调查核实,有关单位和个人应当配合。拒绝或者妨碍人民检察院调查核实的,人民检察院可以向有关单位或者其上级主管部门提出检察建议,责令纠正;涉嫌违纪违法犯罪的,依照规定移送有关机关处理。

第七十二条 有下列情形之一的,人民检察院可以中止审查:

(一)申请监督的自然人死亡,需要等待继承人表明是否继续申请监督的;

(二)申请监督的法人或者非法人组织终止,尚未确定权利义务承受人的;

(三)本案必须以另一案的处理结果为依据,而另一案尚未审结的;

(四)其他可以中止审查的情形。

中止审查的,应当制作《中止审查决定书》,并发送当事人。中止审查的原因消除后,应当及时恢复审查。

第七十三条 有下列情形之一的,人民检察院应当终结审查:

(一)人民法院已经裁定再审或者已经纠正违法行为的;

(二)申请人撤回监督申请,且不

损害国家利益、社会公共利益或者他人合法权益的;

(三)申请人在与其他当事人达成的和解协议中声明放弃申请监督权利,且不损害国家利益、社会公共利益或者他人合法权益的;

(四)申请监督的自然人死亡,没有继承人或者继承人放弃申请,且没有发现其他应当监督的违法情形的;

(五)申请监督的法人或者非法人组织终止,没有权利义务承受人或者权利义务承受人放弃申请,且没有发现其他应当监督的违法情形的;

(六)发现已经受理的案件不符合受理条件的;

(七)人民检察院依职权启动监督程序的案件,经审查不需要采取监督措施的;

(八)其他应当终结审查的情形。

终结审查的,应当制作《终结审查决定书》,需要通知当事人的,发送当事人。

2.《人民检察院检察建议工作规定》

(高检发释字〔2019〕1号,20190226)

第十三条 检察官在履行职责中发现有应当依照本规定提出检察建议情形的,应当报经检察长决定,对相关事项进行调查核实,做到事实清楚、准确。

第十四条 检察官可以采取以下措施进行调查核实:

(一)查询、调取、复制相关证

材料；

（二）向当事人、有关知情人员或者其他相关人员了解情况；

（三）听取被建议单位意见；

（四）咨询专业人员、相关部门或者行业协会等对专门问题的意见；

（五）委托鉴定、评估、审计；

（六）现场走访、查验；

（七）查明事实所需要采取的其他措施。

进行调查核实，不得采取限制人身自由和查封、扣押、冻结财产等强制性措施。

第十五条　检察官一般应当在检察长作出决定后两个月以内完成检察建议事项的调查核实。情况紧急的，应当及时办结。

检察官调查核实完毕，应当制作调查终结报告，写明调查过程和认定的事实与证据，提出处理意见。认为需要提出检察建议的，应当起草检察建议书，一并报送检察长，由检察长或者检察委员会讨论决定是否提出检察建议。

经调查核实，查明相关单位不存在需要纠正或者整改的违法事实或者重大隐患，决定不提出检察建议的，检察官应当将调查终结报告连同相关材料订卷存档。

第十六条　检察建议书要阐明相关的事实和依据，提出的建议应当符合法律、法规及其他有关规定，明确具体、说理充分、论证严谨、语言简洁、有操作性。

检察建议书一般包括以下内容：

（一）案件或者问题的来源；

（二）依法认定的案件事实或者经调查核实的事实及其证据；

（三）存在的违法情形或者应当消除的隐患；

（四）建议的具体内容及所依据的法律、法规和有关文件等的规定；

（五）被建议单位提出异议的期限；

（六）被建议单位书面回复落实情况的期限；

（七）其他需要说明的事项。

【司法文件】

《最高人民法院、最高人民检察院关于对民事审判活动与行政诉讼实行法律监督的若干意见（试行）》（高检会〔2011〕1 号，20110310）

第三条　人民检察院对于已经发生法律效力的判决、裁定、调解，有下列情形之一的，可以向当事人或者案外人调查核实：

（一）可能损害国家利益、社会公共利益的；

（二）民事诉讼的当事人或者行政诉讼的原告、第三人在原审中因客观原因不能自行收集证据，书面申请人民法院调查收集，人民法院应当调查收集而未调查收集的；

（三）民事审判、行政诉讼活动违反法定程序，可能影响案件正确判决、裁定的。

> 第二百二十二条 【抗诉案件裁定再审的期限及审理法院】人民检察院提出抗诉的案件,接受抗诉的人民法院应当自收到抗诉书之日起三十日内作出再审的裁定;有本法第二百一十一条第一项至第五项规定情形之一的,可以交下一级人民法院再审,但经该下一级人民法院再审的除外。

【立法·要点注释】

人民检察院是国家的法律监督机关,人民检察院对人民法院生效的民事判决、裁定的抗诉必然引起再审程序的发生,这是其与当事人申请再审的重要区别。人民法院只要接到人民检察院的抗诉,就应当裁定案件进入再审。原则上,审理抗诉案件的人民法院也是接受抗诉的人民法院,同样还是原审人民法院的上级人民法院。在这一原则之下,也有例外情况:一是对于有新的证据,足以推翻原判决、裁定的抗诉,接受抗诉的人民法院可以交下一级人民法院再审;二是对于原判决、裁定认定的基本事实缺乏证据证明的抗诉,接受抗诉的人民法院可以交下一级人民法院再审;三是对于原判决、裁定认定事实的主要证据是伪造的抗诉,接受抗诉的人民法院可以交下一级人民法院再审;

四是对于原判决、裁定认定事实的主要证据未经质证的抗诉,接受抗诉的人民法院可以交下一级人民法院再审;五是对于审理件需要的主要证据,当事人因客观原因不能自行收集,书面申请人民法院调查收集,人民法院未调查收集的抗诉,接受抗诉的人民法院可以交下一级人民法院再审。这五方面的情况涉及第211条第1项至第5项规定的情形,主要是案件的事实问题,由下一级人民法院再审,有助于纠正事实认定方面的错误,便于进行对证据的调查。与此同时,人民检察院因有本法第211条第1项至第5项规定的情形之一提出抗诉的,接受抗诉的人民法院如果要交下一级人民法院审理,要看抗诉所针对的发生法律效力的判决、裁定、调解书是否是该下一级人民法院再审后作出的。如果发生法律效力的判决、裁定、调解书已经是该下一级人民法院再审之后作出的,就不能再交该下一级人民法院进行再审了。这样规定有利于保障当事人的合法权益,更好地发挥监督职能,有效纠正错误。

【司法解释】

1.《最高人民法院关于适用〈中华人民共和国民事诉讼法〉的解释》(法释〔2015〕5号,20150204;经法释〔2022〕11号修正,20220410)

第四百一十五条 人民检察院依当事人的申请对生效判决、裁定提出抗

诉,符合下列条件的,人民法院应当在三十日内裁定再审:

(一)抗诉书和原审当事人申请书及相关证据材料已经提交;

(二)抗诉对象为依照民事诉讼法和本解释规定可以进行再审的判决、裁定;

(三)抗诉书列明该判决、裁定有民事诉讼法第二百一十五条①第一款规定情形;

(四)符合民事诉讼法第二百一十六条②第一款第一项、第二项规定情形。

不符合前款规定的,人民法院可以建议人民检察院予以补正或者撤回;不予补正或者撤回的,人民法院可以裁定不予受理。

第四百一十六条　当事人的再审申请被上级人民法院裁定驳回后,人民检察院对原判决、裁定、调解书提出抗诉,抗诉事由符合民事诉讼法第二百零七条③第一项至第五项规定情形之一的,受理抗诉的人民法院可以交由下一级人民法院再审。

【重点解读】驳回当事人再审申请裁定不能成为抗诉对象。《民事诉讼法》规定能够成为抗诉对象的是发生法律效力的判决和裁定,这里的判决、裁定不包括驳回当事人再审申请的裁定。驳回当事人再审申请裁定既不是原审程序作出的生效裁判,也不是按原审程序进行审理作出的再审裁判。驳回当事人再审申请裁定最主要的功能是终结审查程序,其对当事人的实体民事权

利,并不产生既判力和执行力,不能成为抗诉对象。与此同时,《民事诉讼法》第215条规定最高人民法院和高级人民法院可以指定其他人民法院再审,第220条也没有限定"下一级法院"仅为原审法院,所以,如果确有必要,上级法院也可以指定其他与原审法院同级的人民法院再审;尽管驳回当事人再审申请裁定不是指令再审的法定障碍,但上级法院受理抗诉案件后,可以将此作为酌定情形,并结合其他因素,决定是否提审。

2.《最高人民法院关于适用〈中华人民共和国民事诉讼法〉审判监督程序若干问题的解释》(法释〔2008〕14号,20081201;经法释〔2020〕20号修正,20210101)

第十七条　人民法院审查再审申请期间,人民检察院对该案提出抗诉的,人民法院应依照民事诉讼法第二百一十一条④的规定裁定再审。申请再审人提出的具体再审请求应纳入审理范围。

---

①　对应2023年《民事诉讼法》第219条。——编者注

②　对应2023年《民事诉讼法》第220条。——编者注

③　对应2023年《民事诉讼法》第211条。——编者注

④　对应2023年《民事诉讼法》第222条。——编者注

3.《最高人民法院关于民事审判监督程序严格依法适用指令再审和发回重审若干问题的规定》（法释〔2015〕7号,20150315）

第二条 因当事人申请裁定再审的案件一般应当由裁定再审的人民法院审理。有下列情形之一的,最高人民法院、高级人民法院可以指令原审人民法院再审:

（一）依据民事诉讼法第二百条①第(四)项、第(五)项或者第(九)项裁定再审的;

（二）发生法律效力的判决、裁定、调解书是由第一审法院作出的;

（三）当事人一方人数众多或者当事人双方为公民的;

（四）经审判委员会讨论决定的其他情形。

人民检察院提出抗诉的案件,由接受抗诉的人民法院审理,具有民事诉讼法第二百条第(一)至第(五)项规定情形之一的,可以指令原审人民法院再审。

人民法院依据民事诉讼法第一百九十八条②第二款裁定再审的,应当提审。

第三条 虽然符合本规定第二条可以指令再审的条件,但有下列情形之一的,应当提审:

（一）原判决、裁定系经原审人民法院再审审理后作出的;

（二）原判决、裁定系经原审人民法院审判委员会讨论作出的;

（三）原审审判人员在审理该案件时有贪污受贿,徇私舞弊,枉法裁判行为的;

（四）原审人民法院对该案无再审管辖权的;

（五）需要统一法律适用或裁量权行使标准的;

（六）其他不宜指令原审人民法院再审的情形。

【司法文件】

1.《最高人民法院关于加强和规范案件提级管辖和再审提审工作的指导意见》（法发〔2023〕13号,20230801）

第三条 本意见所称"再审提审",是指根据《中华人民共和国民事诉讼法》第二百零五条③第二款、第二百一十一条④第二款,《中华人民共和国行政诉讼法》第九十一条、第九十二条第二款的规定,上级人民法院对下级人民法院已经发生法律效力的民事、行政判决、裁定,认为确有错误并有必要提审的,裁定由本院再审,包括上级人民法院依职权提审、上级人民法院依当

---

① 对应 2023 年《民事诉讼法》第 211 条。——编者注

② 对应 2023 年《民事诉讼法》第 209 条。——编者注

③ 对应 2023 年《民事诉讼法》第 209 条。——编者注

④ 对应 2023 年《民事诉讼法》第 215 条。——编者注

事人再审申请提审、最高人民法院依高级人民法院报请提审。

第十五条　上级人民法院对下级人民法院已经发生法律效力的民事、行政判决、裁定，认为符合再审条件的，一般应当提审。

对于符合再审条件的民事、行政判决、裁定，存在下列情形之一的，最高人民法院、高级人民法院可以指令原审人民法院再审，或者指定与原审人民法院同级的其他人民法院再审，但法律和司法解释另有规定的除外：

（一）原判决、裁定认定事实的主要证据未经质证的；

（二）对审理案件需要的主要证据，当事人因客观原因不能自行收集，书面申请人民法院调查收集，人民法院未调查收集的；

（三）违反法律规定，剥夺当事人辩论权利的；

（四）发生法律效力的判决、裁定是由第一审法院作出的；

（五）当事人一方人数众多或者当事人双方均为公民的民事案件；

（六）经审判委员会讨论决定的其他情形。

2.《最高人民法院、最高人民检察院关于规范办理民事再审检察建议案件若干问题的意见》（法发〔2023〕18号，20231124）

第七条　人民法院对民事再审检察建议案件，应当组成合议庭，在三个月内审查完毕。有特殊情况需要延长的，应当依照相关审批程序延长审查期限。

在原审判程序中参与过本案审判工作的审判人员，不得再参与该民事再审检察建议案件的办理。

第八条　人民法院对民事再审检察建议案件，一般采取审查人民检察院移交的案件材料、调阅原审案件卷宗等方式进行书面审查。经审查，案件可能启动再审或者存在其他确有必要情形的，应当询问当事人。

第九条　人民法院对民事再审检察建议案件经审查认为原判决、裁定、调解书确有错误，决定采纳检察建议启动再审的，再审裁定书应当载明监督机关及民事再审检察建议文号。裁定书应当送交同级人民检察院。

人民法院经审查决定不予再审的，应当书面回复人民检察院并述明理由。人民检察院可以适当方式将人民法院不予再审结果告知申请人。

第十一条　人民法院采纳再审检察建议启动再审的民事案件，应当将再审后作出的判决书、裁定书送交同级人民检察院。调解结案的，书面告知同级人民检察院。

3.《全国审判监督工作座谈会关于当前审判监督工作若干问题的纪要》（最高人民法院，法〔2001〕161号，20011101）

四、关于审理民事、行政抗诉案件的几个问题

19. 人民法院开庭审理抗诉案件，由抗诉机关出席法庭的人员按照再审案件的审判程序宣读抗诉书，不参与庭审中的其他诉讼活动，以避免抗诉机关成为一方当事人的"辩护人"或"代理人"，保证诉讼当事人平等的民事诉讼地位。

由于抗诉机关的特殊地位。对方当事人不得对不参与庭审的抗诉机关出席法庭的人员进行询问、质问或者发表过激言论。

人民检察院出席法庭的标牌和裁判文书的称谓统一为"抗诉机关"。

20. 人民法院开庭审理抗诉案件，向抗诉机关申诉的对方当事人经依法传唤，无正当理由不到庭或者未经法庭许可中途退庭的，依照民事诉讼法和行政诉讼法中的有关规定，缺席判决。经依法传唤，向抗诉机关申诉的一方当事人无正当理由不到庭或者表示撤回申请的，应建议检察机关撤回抗诉，抗诉机关同意的，按撤诉处理，作出裁定书；经依法传唤，当事人均不到庭，应当裁定终结再审程序，但原审判决严重损害国家利益或者社会公共利益的除外。

21. 在制作检察机关抗诉理由不能成立的裁判文书中，一般不使用"驳回抗诉"的表述。

22. 对一审生效裁判文书抗诉的，当事人要求二审法院直接审理的，二审法院可以参照我院《人民法院诉讼收费办法》补充规定第 28 条第 2 项规定，收费后提审；当事人拒交诉讼费用的，交由一审法院再审。

第二百二十三条 【抗诉书】人民检察院决定对人民法院的判决、裁定、调解书提出抗诉的，应当制作抗诉书。

【立法·要点注释】

人民检察院的抗诉是其行使法律赋予的监督权的体现，抗诉在形式上必须要严肃。也就是说，要采用抗诉书的方式提出抗诉，而不能以口头方式提出抗诉。本条规定，人民检察院决定对人民法院的判决、裁定、调解书提出抗诉的，应当制作抗诉书。抗诉书是人民检察院制作的诉讼文书，主要内容包括：(1) 提出抗诉的人民检察院的名称；(2) 案件来源，作出发生法律效力的判决、裁定、调解书的原审人民法院的名称、案件编号和案由；(3) 基本案情、人民法院审理情况、抗诉要求和所根据的事实与理由；(4) 证据和证据来源。抗诉书由检察长签发，加盖人民检察院印章。

【司法解释】

《人民检察院民事诉讼监督规则》(高检发释字〔2021〕1 号，20210801)

第九十二条 人民检察院提出抗诉，应当制作《抗诉书》，在决定抗诉之日起十五日内将《抗诉书》连同案件卷宗移送同级人民法院，并由接受抗诉的人民法院向当事人送达再审裁定时一并送达《抗诉书》。

人民检察院应当制作决定抗诉的《通知书》，发送当事人。上级人民检察院可以委托提请抗诉的人民检察院将决定抗诉的《通知书》发送当事人。

第九十三条　人民检察院认为当事人的监督申请不符合抗诉条件的，应当作出不支持监督申请的决定，并在决定之日起十五日内制作《不支持监督申请决定书》，发送当事人。上级人民检察院可以委托提请抗诉的人民检察院将《不支持监督申请决定书》发送当事人。

【司法文件】

《最高人民法院审判监督庭、最高人民检察院民事行政检察厅关于办理民事诉讼检察监督案件若干问题的会议纪要》(法审〔2016〕2 号，20160901)

四、关于法律条文引用问题

当事人依据民事诉讼法第二百零九条①规定向人民检察院申请抗诉或者检察建议，人民检察院经审查后依法向人民法院提出抗诉或者检察建议的，在抗诉书或再审检察建议书中引用《中华人民共和国民事诉讼法》第二百零九条第一款、第二百零八条②第×款、第二百条③第×项的规定。

五、关于法律文书的送达问题

人民检察院决定对人民法院的判决、裁定、调解书提出抗诉的，应当制作

抗诉书，连同案件卷宗移送同级人民法院；同时制作决定抗诉的通知书，发送当事人，并将发送情况记录于移送的案件卷宗。接受抗诉的人民法院应当自收到抗诉书之日起三十日内，依照有关规定作出再审裁定，在向当事人送达再审裁定时一并送达抗诉书，同时向提出抗诉的人民检察院抄送再审裁定。人民法院审结抗诉案件后，送达当事人的结案文书应当抄送人民检察院。

第二百二十四条 【人民检察院派员出庭】人民检察院提出抗诉的案件，人民法院再审时，应当通知人民检察院派员出席法庭。

【立法·要点注释】

1. 人民检察院对生效民事判决、裁定、调解书提出抗诉的，不仅要向法院提交抗诉书，还应当在案件审理时派员出席法庭。人民检察院派员出席法庭，检察员在法庭上既不处于原告的地位，也不处于被告的地位，即不影响原审当事人的诉讼地位，而是在法庭上陈述抗诉的要求和所依据的事实与理由，并监

---

① 对应 2023 年《民事诉讼法》第 220 条。——编者注

② 对应 2023 年《民事诉讼法》第 219 条。——编者注

③ 对应 2023 年《民事诉讼法》第 211 条。——编者注

督人民法院的审判活动是否合法。

2. 出庭检察人员应当全程参加庭审。在以往的司法实践中,人民法院开庭审理抗诉案件时,检察人员宣读完毕抗诉书后,认为人民检察院启动再审的职责已履行完毕,向法庭申请退庭,经法庭准许后即可提前退庭。但2021年8月1日施行的《人民检察院民事诉讼监督规则》第96条规定,出庭检察人员应当全程参加庭审,因此,出庭检察人员不得提前退庭。

【司法解释】

1.《最高人民法院关于适用〈中华人民共和国民事诉讼法〉的解释》(法释〔2015〕5号,20150204;经法释〔2022〕11号修正,20220410)

第四百一十九条 人民法院开庭审理抗诉案件,应当在开庭三日前通知人民检察院、当事人和其他诉讼参与人。同级人民检察院或者提出抗诉的人民检察院应当派员出庭。

人民检察院因履行法律监督职责向当事人或者案外人调查核实的情况,应当向法庭提交并予以说明,由双方当事人进行质证。

【重点解读】本条实际包含了三层含义,即人民法院的开庭通知、检察机关派员出庭以及提交证据并作说明。再审程序可以准用原审程序,通知原审当事人和其他诉讼参加人这层含义该已经包括在内。但是,由于抗诉案件还应有检察机关派员出席庭审,故本条对此特别予以明确:准备开庭的人民法院应当在开庭3日前一并通知检察机关。《人民检察院民事诉讼监督规则》第96条规定检察人员出席再审法庭的任务是:(1)宣读抗诉书;(2)对人民检察院调查取得的证据予以出示和说明;(3)庭审结束时,经审判长许可,可以发表法律监督意见;(4)对法庭审理中违反诉讼程序的情况予以记录。检察人员发现庭审活动违法的,应当待休庭或者庭审结束之后,以人民检察院的名义提出检察建议。出庭检察人员应当全程参加庭审。与此同时,人民检察院派员出庭,并不影响原审当事人的诉讼地位。出席法庭的检察人员既不代表原告,也不代表被告,只是作为提出抗诉的一方。其席位常常被安排在申诉人一侧。检察机关应对其依职权调查收集的证据在庭审中予以出示、说明,并交双方当事人质证。只有经过当事人质证的证据,才能作为定案根据,但相关行为属于检察机关对其抗诉监督正当性依据的展示和说明,不应视为检察机关参加法庭调查和质证。

2.《人民检察院民事诉讼监督规则》(高检发释字〔2021〕1号,20210801)

第九十四条 人民检察院提出抗诉的案件,人民法院再审时,人民检察院应当派员出席法庭。

必要时,人民检察院可以协调人民法院安排人民监督员旁听。

第九十五条 接受抗诉的人民法院将抗诉案件交下级人民法院再审的，提出抗诉的人民检察院可以指令再审人民法院的同级人民检察院派员出庭。

第九十六条 检察人员出席再审法庭的任务是：

（一）宣读抗诉书；

（二）对人民检察院调查取得的证据予以出示和说明；

（三）庭审结束时，经审判长许可，可以发表法律监督意见；

（四）对法庭审理中违反诉讼程序的情况予以记录。

检察人员发现庭审活动违法的，应当待休庭或者庭审结束之后，以人民检察院的名义提出检察建议。

出庭检察人员应当全程参加庭审。

第九十七条 当事人或者其他参加庭审人员在庭审中对检察机关或者出庭检察人员有侮辱、诽谤、威胁等不当言论或者行为的，出庭检察人员应当建议法庭即时予以制止；情节严重的，应当建议法庭依照规定予以处理，并在庭审结束后向检察长报告。

【司法文件】

1.《最高人民法院、最高人民检察院关于规范办理民事再审检察建议案件若干问题的意见》（法发〔2023〕18号，20231124）

第十条 人民法院采纳再审检察建议启动再审的民事案件，按照《最高

人民法院关于适用〈中华人民共和国民事诉讼法〉的解释》第四百零二条第一款第三项、第四项规定的程序开庭审理。有下列情形之一的，人民检察院可以派员出席法庭：

（一）人民检察院认为原案的处理损害国家利益或者社会公共利益的；

（二）人民检察院认为原案存在虚假诉讼的；

（三）人民检察院调查核实的证据需要向法庭出示的；

（四）具有重大社会影响等其他确有出庭必要的。

人民检察院派员出席法庭的，可以参照《最高人民法院关于适用〈中华人民共和国民事诉讼法〉的解释》第四百零二条第一款第二项规定的程序开庭审理。

2.《最高人民法院审判监督庭、最高人民检察院民事行政检察厅关于办理民事诉讼检察监督案件若干问题的会议纪要》（法审〔2016〕2号，20160901）

二、关于出席再审法庭的相关问题

民事诉讼法第二百一十三条①规定，人民检察院提出抗诉的案件，人民法院再审时，应当通知人民检察院派员出席法庭。人民检察院派员出席再审法庭，对有效履行法律监督职能、提高再审审判质量、维护司法权威具有十分

---

① 对应2023年《民事诉讼法》第224条。——编者注

重要的意义。

检察人员出席再审法庭应当宣读抗诉书；对于依职权向当事人和案外人调查取得的证据，应当向法庭提交和说明。检察人员认为庭审活动有违法情形的，应当待休庭或者庭审结束后，以人民检察院的名义提出检察建议。

人民法院采纳再审检察建议而裁定再审的案件，开庭审理程序可以参照适用上述规定。

3.《全国审判监督工作座谈会关于当前审判监督工作若干问题的纪要》（最高人民法院，法〔2001〕161号，20011101）

18. 人民法院开庭审理抗诉案件，经提前通知提出抗诉的人民检察院，检察院不派员出席法庭的，按撤回抗诉处理。

4.《最高人民法院、最高人民检察院关于对民事审判活动与行政诉讼实行法律监督的若干意见（试行）》（高检会〔2011〕1号，20110310）

第十三条 人民法院审理抗诉案件，应当通知人民检察院派员出席法庭。

检察人员出席再审法庭的任务是：

（一）宣读抗诉书；

（二）对人民检察院依职权调查收集的、包括有利于和不利于申诉人的证据予以出示，并对当事人提出的问题予以说明。

检察人员发现庭审活动违法的，应当待庭审结束或者休庭之后，向检察长报告，以人民检察院的名义提出检察建议。

第十七章　督促程序

第二百二十五条　【支付令的申请】债权人请求债务人给付金钱、有价证券，符合下列条件的，可以向有管辖权的基层人民法院申请支付令：

（一）债权人与债务人没有其他债务纠纷的；

（二）支付令能够送达债务人的。

申请书应当写明请求给付金钱或者有价证券的数量和所根据的事实、证据。

【立法·要点注释】

1.督促程序是专门针对社会生活中一些简单债务所设定的程序。申请支付令应当符合下列条件：一是债权人与债务人没有其他债务纠纷，申请人虽对债务人有债权，但也有债务，就不能申请支付令；二是支付令能够送达债务人，送达包括直接送达、邮寄送达、委托送达，如果债务人不在国内，或者因债务人下落不明需公告送达的，不能申请支付令。

2.除满足上述条件外，支付令应当根据当事人的申请，并符合下列程序要求：一是应当提交申请书。二是向有管辖权的基层人民法院申请。管辖法院取决于法律关系的性质和本法关于管辖的规定。实务中关于法院受理支付令申请的管辖权问题需要注意以下几点：第一，支付令申请不受级别管辖限制，标的无论多大，都向基层法院申请。终结督促程序后，当事人提起诉讼的，应按级别管辖原则，由有管辖权的人民法院对案件进行审理。第二，两个以上有管辖权的人民法院在受理支付令申请时，两个以上人民法院都有管辖权的诉讼，先立案的人民法院不得将案件移送给另一个有管辖权的人民法院。人民法院在立案前发现其他有管辖权的人民法院已先立案的，不得重复立案，立案后发现其他有管辖权的人民法院已先立案的，裁定将案件移送给先立案的人民法院。第三，当人民法院受理支付令申请后发现本法院无管辖权时，应依照《民事诉讼法》第 227 条第 1 款关于"人民法院受理申请后，经审查债权人提供的事实、证据，对债权债务关系明确、合法的，应当在受理之日起十五日内向债务人发出支付令；申请不成立的，裁定予以驳回"的规定，裁定驳回申请。

3. 督促程序一般都是书面审理，没有上诉程序。

【相关立法】

1.《中华人民共和国劳动合同法》（20080101；20130701）

第三十条　用人单位应当按照劳动合同约定和国家规定，向劳动者及时足额支付劳动报酬。

用人单位拖欠或者未足额支付劳动报酬的，劳动者可以依法向当地人民法院申请支付令，人民法院应当依法发出支付令。

2.《中华人民共和国海事诉讼特别程序法》（20000701）

第九十九条　债权人基于海事事由请求债务人给付金钱或者有价证券，符合《中华人民共和国民事诉讼法》有关规定的，可以向有管辖权的海事法院申请支付令。

债务人是外国人、无国籍人、外国企业或者组织，但在中华人民共和国领域内有住所、代表机构或者分支机构并能够送达支付令的，债权人可以向有管辖权的海事法院申请支付令。

【司法解释】

1.《最高人民法院关于适用〈中华人民共和国民事诉讼法〉的解释》（法释〔2015〕5号，20150204；经法释〔2022〕11号修正，20220410）

第四百二十五条　两个以上人民法院都有管辖权的，债权人可以向其中一个基层人民法院申请支付令。

债权人向两个以上有管辖权的基层人民法院申请支付令的，由最先立案的人民法院管辖。

第四百二十九条　向债务人本人送达支付令，债务人拒绝接收的，人民法院可以留置送达。

2.《最高人民法院关于审理劳动争议案件适用法律问题的解释（一）》（法释〔2020〕26号，20210101）

第十三条　劳动者依据劳动合同法第三十条第二款和调解仲裁法第十六条规定向人民法院申请支付令，符合民事诉讼法第十七章督促程序规定的，人民法院应予受理。

依据劳动合同法第三十条第二款规定申请支付令被人民法院裁定终结督促程序后，劳动者就劳动争议事项直接提起诉讼的，人民法院应当告知其先向劳动争议仲裁机构申请仲裁。

依据调解仲裁法第十六条规定申请支付令被人民法院裁定终结督促程序后，劳动者依据调解协议直接提起诉讼的,人民法院应予受理。

3.《最高人民法院关于在民事审判工作中适用〈中华人民共和国工会法〉若干问题的解释》(法释〔2003〕11 号,20030709;经法释〔2020〕17 号修正,20210101)

第三条 基层工会或者上级工会依照工会法第四十三条①规定向人民法院申请支付令的,由被申请人所在地的基层人民法院管辖。

第四条第一款 人民法院根据工会法第四十三条的规定受理工会提出的拨缴工会经费的支付令申请后,应当先行征询被申请人的意见。被申请人仅对应拨缴经费数额有异议的,人民法院应就无异议部分的工会经费数额发出支付令。

第五条 根据工会法第四十三条和民事诉讼法的有关规定,上级工会向人民法院申请支付令或者提起诉讼,要求企业、事业单位拨缴工会经费的,人民法院应当受理。基层工会要求参加诉讼的,人民法院可以准许其作为共同申请人或者共同原告参加诉讼。

第八条 工会组织就工会经费的拨缴向人民法院申请支付令的,应当按照《诉讼费用交纳办法》第十四条的规定交纳申请费;督促程序终结后,工会组织另行起诉的,按照《诉讼费用交纳办法》第十三条规定的财产案件受理费标准交纳诉讼费用。

【法院参考案例】

1. 欠薪纠纷,能否适用督促程序[尹某等 10 人诉某单位劳务合同纠纷案,最高人民法院、人力资源社会保障部、中华全国总工会发布涉欠薪纠纷典型案例,20240125]

法律规定督促程序的目的是简化程序,尽快稳定社会关系和经济关系。督促程序专门用于解决债权债务关系明确而债务人无正当理由拒不偿还债务的非讼案件。支付令是在督促程序中人民法院应债权人的申请作出的要求债务人向债权人给付一定的金钱或者有价证券的命令。债务人在法定期间内没有提出异议,支付令生效,债权人可申请人民法院强制执行;债务人在法定期间内提出书面异议,支付令则失效。本案中,人民法院通过发布支付令、"诉前调解+司法确认"等举措,发挥督促程序简便迅速、调解成本低、效果好的优势,以司法确认赋予调解协议法律强制执行效力,有力地维护了劳动者的合法权益,满足了人民群众多元司法需求。

2. 法院在受理支付令申请后,发现没有管辖权,应如何处理[潘某某与周某某支付令申请案,上海市松江区人民

① 对应 2021 年《工会法》第 44 条。——编者注

法院(2020)沪 0117 民督 2 号]

被申请人住所地不在法院辖区范围内,法院对该案没有管辖权,因移送管辖不适用于督促程序,故裁定驳回申请。

3. 在电商平台购物产生的纠纷,能否适用督促程序[重庆某创盟公司与张某某申请支付令案,重庆市巴南区人民法院(2022)渝 0113 民督 1578 号]

电商平台赊购产品纠纷数量多、金额低、争议小,债务人提出异议的情形少,较适合适用督促程序,人民法院应当通过支付令高效保护电商经营者合法权益。

第二百二十六条 【支付令申请的受理】债权人提出申请后,人民法院应当在五日内通知债权人是否受理。

【立法·要点注释】

债权人提出申请后,人民法院应当从以下两方面进行审查:一是形式审查,包括是否符合一般民事诉讼要件,是否符合支付令申请书的要件要求。二是实质审查,例如是否符合督促程序的要件,债权人的申请在法律上是否正当等。两个要件同时具备,才可签发支付令。

在收到申请后 5 日内,将是否受理

的决定通知债权人。

【司法解释】

《最高人民法院关于适用〈中华人民共和国民事诉讼法〉的解释》(法释〔2015〕5 号,20150204;经法释〔2022〕11 号修正,20220410)

第四百二十六条 人民法院收到债权人的支付令申请书后,认为申请书不符合要求的,可以通知债权人限期补正。人民法院应当自收到补正材料之日起五日内通知债权人是否受理。

第四百二十七条 债权人申请支付令,符合下列条件的,基层人民法院应当受理,并在收到支付令申请书后五日内通知债权人:

(一)请求给付金钱或者汇票、本票、支票、股票、债券、国库券、可转让的存款单等有价证券;

(二)请求给付的金钱或者有价证券已到期且数额确定,并写明了请求所根据的事实、证据;

(三)债权人没有对待给付义务;

(四)债务人在我国境内且未下落不明;

(五)支付令能够送达债务人;

(六)收到申请书的人民法院有管辖权;

(七)债权人未向人民法院申请诉前保全。

不符合前款规定的,人民法院应当在收到支付令申请书后五日内通知债权人不予受理。

基层人民法院受理申请支付令案件,不受债权金额的限制。

【司法文件】

《最高人民法院关于中国信托商业银行股份有限公司申请认可台湾地区法院支付令案的请示的复函》(〔2010〕民四他字第 68 号,20101215)

本案台湾当事人向大陆法院申请认可台湾地区桃园地方法院"(86)年促字第 22580 号"支付令,根据申请人在《支付命令申请认可书》中陈述的事实,台湾地区有关法院发出的上述支付令于 1997 年 11 月 11 日起具有强制执行的效力。申请人于 2010 年 2 月向大陆法院申请认可相关支付令的效力,因此,应适用《最高人民法院关于人民法院认可台湾地区有关法院民事判决的补充规定》确认申请人申请认可的期限。

《最高人民法院关于人民法院认可台湾地区有关法院民事判决的补充规定》第九条规定,"申请认可台湾地区有关法院民事判决的,应当在该判决效力确定后二年内提出"。本案当事人申请认可的"(86)年促字第 22580 号"支付令于 1997 年 11 月 11 日起具有强制执行的效力,在上述期日开始之日起二年内,申请人一直没有向大陆法院申请认可支付令的效力,已经超过了上述规定确定的申请认可的期限,申请人即丧

失就本案所涉支付令向大陆法院申请认可的权利。

至于申请人所称其在 2009 年之前赴大陆投资受到限制、此前未发现被申请人在大陆的财产情况等事由,并不妨碍其调查被申请人在大陆的财产情况并申请人民法院认可相关支付令,其所提出的理由既不属于不可抗拒事由,也不属于其他正当理由。

综上,同意你院的处理意见,应当裁定驳回申请人的申请。

第二百二十七条 【支付令的审理、异议和执行】人民法院受理申请后,经审查债权人提供的事实、证据,对债权债务关系明确、合法的,应当在受理之日起十五日内向债务人发出支付令;申请不成立的,裁定予以驳回。

债务人应当自收到支付令之日起十五日内清偿债务,或者向人民法院提出书面异议。

债务人在前款规定的期间不提出异议又不履行支付令的,债权人可以向人民法院申请执行。

【立法·要点注释】

1. 受理支付令申请后,应审查债权人提供的事实和证据,无须询问债务人,也无须开庭审理。人民法院经审查认为,债权债务关系明确、合法,应当在

受理之日起 15 日内向债务人发出支付令；申请不成立的，应当裁定驳回申请。

2. 债务人自收到支付令之日起 15 日内可以提出书面异议，提出书面异议的情形包括：一是债权人不适格；二是债权人申请的事项没有约定或超出约定范围；三是债权人申请的债权尚未到期；四是债权人申请支付债权的客体非金钱或有价债权；五是债权人申请支付令的债权债务关系依法不受法律保护；六是对债权人提出的给付金钱或者有价证券的数额有异议。债务人在收到人民法院发出的支付令后，如果没有异议，就应当在 15 日内向债权人清偿债务；如果债务人自收到支付令之日起 15 日内，既不履行支付令，又未提出异议的，申请人可以申请人民法院强制执行。

【司法解释】

《最高人民法院关于适用〈中华人民共和国民事诉讼法〉的解释》（法释〔2015〕5 号，20150204；经法释〔2022〕11 号修正，20220410）

第四百二十八条 人民法院受理申请后，由审判员一人进行审查。经审查，有下列情形之一的，裁定驳回申请：

（一）申请人不具备当事人资格的；

（二）给付金钱或者有价证券的证明文件没有约定逾期给付利息或者违约金、赔偿金，债权人坚持要求给付利息或者违约金、赔偿金的；

（三）要求给付的金钱或者有价证券属于违法所得的；

（四）要求给付的金钱或者有价证券尚未到期或者数额不确定的。

人民法院受理支付令申请后，发现不符合本解释规定的受理条件的，应当在受理之日起十五日内裁定驳回申请。

第四百三十一条 债务人在收到支付令后，未在法定期间提出书面异议，而向其他人民法院起诉的，不影响支付令的效力。

债务人超过法定期间提出异议的，视为未提出异议。

【司法文件】

《最高人民法院关于支付令生效后发现确有错误应当如何处理问题的复函》（法函〔1992〕98 号，19920713）

一、债务人未在法定期间提出书面异议，支付令即发生法律效力，债务人不得申请再审；超过法定期间债务人提出的异议，不影响支付令的效力。

二、人民法院院长对本院已经发生法律效力的支付令，发现确有错误，认为需要撤销的，应当提交审判委员会讨论通过后，裁定撤销原支付令，驳回债权人的申请。

【最高检指导性案例】

检例第 52 号：广州乙置业公司等骗取

支付令执行虚假诉讼监督案(20190521)

【要旨】

当事人恶意串通、虚构债务,骗取法院支付令,并在执行过程中通谋达成和解协议,通过以物抵债的方式侵占国有资产,损害司法秩序,构成虚假诉讼。检察机关对此类案件应当依法进行监督,充分发挥法律监督职能,维护司法秩序,保护国有资产。

【基本案情】

2003年起,国有企业甲农工商公司因未按期偿还银行贷款被诉至法院,银行账户被查封。为转移甲农工商公司及其下属公司的资产,甲农工商公司班子成员以个人名义出资,于2003年5月26日成立广州乙置业公司,甲农工商公司经理张某任乙置业公司董事长,其他班子成员任乙置业公司股东兼管理人员。

2004年6月23日和2005年2月20日,乙置业公司分别与借款人甲农工商公司下属丙实业公司和丁果园场签订金额为251.846万元和1600万元的借款协议,丙实业公司以自有房产为借款提供抵押担保。乙置业公司没有自有流动运营资金和自有业务,其出借的资金主要来源于甲农工商公司委托其代管的资金。

丙实业公司借款时,甲农工商公司在乙置业公司已经存放有13893401.67元理财资金可以调拨,但甲农工商公司未调拨理财资金,反而由下属的丙实业公司以房产抵押的方式借款。丁果园场借款时,在1600万元借款到账的1—3天内便以"往来款"名义划付到案外人账户,案外人又在5天内通过银行转账方式将等额资金划还给乙置业公司。

上述借款到期后,乙置业公司立即向广州市白云区人民法院申请支付令,要求偿还借款。2004年9月6日,法院作出(2004)云法民二督字第23号支付令,责令丙实业公司履行付款义务;2005年11月9日,法院作出(2005)云法民二督字第16号支付令,责令丁果园场履行付款义务。丙实业公司与丁果园场未提出异议,并在执行过程中迅速与乙置业公司达成以房抵债的和解协议。2004年10月11日,丙实业公司与乙置业公司签署和解协议,以自有房产抵偿251.846万元债务。丙实业公司还主动以自有的36栋房产为丁果园场借款提供执行担保。2006年2月、4月,法院先后裁定将丁果园场的房产作价611.7212万元、丙实业公司担保房产作价396.9387万元以物抵债给乙置业公司。

案发后,甲农工商公司的主管单位于2013年9月10日委托评估,评估报告显示,以法院裁定抵债日为评估基准日,涉案房产评估价值合计1.09亿余元,比法院裁定以物抵债的价格高出9640万余元,国有资产受到严重损害。

【检察机关监督情况】

线索发现:2016年4月,广东省人民检察院在办理甲农工商公司经理张某贪污、受贿刑事案件的过程中,发现乙置业公司可能存在骗取支付令、侵吞国有资产的行为，遂将案件线索交广州市人民检察院办理。广州市人民检察院依职权启动监督程序，与白云区人民检察院组成办案组共同办理该案。

调查核实：办案组调取法院支付令与执行案件卷宗，经审查发现，乙置业公司与丙实业公司、丁果园场在诉讼过程中对借款事实等问题的陈述高度一致；三方在执行过程中主动、迅速达成以物抵债的和解协议，而缺乏通常诉讼所具有的对抗性；经审查张某贪污、受贿案的刑事卷宗，发现甲农工商公司、乙置业公司的班子成员存在合谋串通、侵吞国有资产的主观故意；经审查工商登记资料，发现乙置业公司没有自有资金，其资金来源于代管的甲农工商公司资金；经调取银行流水清单，核实了借款资金流转情况。办案组沿涉案资金、房产的转移路径，逐步厘清案情脉络，并重新询问相关涉案人员，最终获取张某等人的证言，进一步夯实证据。

监督意见：2016年10月8日，白云区人民检察院就白云区人民法院前述两份支付令分别发出穗云检民（行）违监〔2016〕4号、5号检察建议书，指出乙置业公司与丙实业公司、丁果园场恶意串通、虚构债务，骗取法院支付令，借执行和解程序侵吞国有资产，损害了正常司法秩序，建议法院撤销涉案支付令。

监督结果：2018年5月15日，白云区人民法院作出〔2018〕粤0111民督监1号、2号民事裁定书，分别确认前述涉案支付令错误，裁定予以撤销，驳回乙置业公司的支付令申请。同年10月，白云区人民法院依据生效裁定执行回转，至此，1.09亿余元的国有资产损失得以挽回。甲农工商公司原班子成员张某等人因涉嫌犯贪污罪、受贿罪，已被广州市人民检察院提起公诉。

【指导意义】

1. 虚构债务骗取支付令成为民事虚假诉讼的一种表现形式，应当加强法律监督。民事诉讼法规定的督促程序，旨在使债权人便捷高效地获得强制执行依据，解决纠纷。司法实践中，有的当事人正是利用法院发出支付令以形式审查为主、实质问题不易被发现的特点，恶意串通、虚构债务骗取支付令并获得执行，侵害其他民事主体的合法权益。本案乙置业公司与丙实业公司、丁果园场恶意串通、虚构债务申请支付令，构成虚假诉讼。由于法院在发出支付令时无需经过诉讼程序，仅对当事人提供的事实、证据进行形式审查，因此，骗取支付令的虚假诉讼案件通常具有一定的隐蔽性，检察机关应当加强对此类案件的监督，充分发挥法律监督职能。

2. 办理虚假诉讼案件重点围绕捏造事实行为进行审查。虚假诉讼通常以捏造的事实启动民事诉讼程序，检察机关应当以此为重点内容开展调查核实工作。本案办理过程中，办案组通过调阅张某刑事案件卷宗材料掌握案情，以刑事案件中固定的证据作为本案办理的突破口;通过重点审查涉案公司的企业法人营业执照、公司章程、公司登记申请书、股东会决议等工商资料,确认丙实业公司和丁果园场均由甲农工商公司设立,均系全民所有制企业,名下房产属于国有财产,上述公司的主要班子成员存在交叉任职等事实;通过调取报税资料、会计账册、资金代管协议等档案材料发现,乙置业公司没有自有流动运营资金和业务,其资金来源于代管的甲农工商公司资金;通过调取银行流水清单,发现丁果园场在借款到账后即以"往来款"名义划付至案外人账户,案外人随即将等额资金划还至乙置业公司,查明了借款资金流转的情况。一系列事实和证据均指向当事人存在恶意串通、虚构债务骗取支付令的行为。

3. 发现和办理虚假诉讼案件,检察机关应当形成整体合力。虚假诉讼不仅侵害其他民事主体的合法权益,影响经济社会生活秩序,更对司法公信力、司法秩序造成严重侵害,检察机关应当形成整体合力,加大法律监督力度。检察机关各业务部门在履行职责过程中发现民事虚假诉讼线索的,均应及时向民事检察部门移送;并积极探索建立各业务部门之间的线索双向移送、反馈机制,线索共享、信息互联机制。本案即是检察机关在办理刑事案件过程中发现可能存在民事虚假诉讼线索,民事检察部门由此进行深入调查的典型案例。

第二百二十八条　【支付令失效的处理】 人民法院收到债务人提出的书面异议后,经审查,异议成立的,应当裁定终结督促程序,支付令自行失效。

支付令失效的,转入诉讼程序,但申请支付令的一方当事人不同意提起诉讼的除外。

【立法·要点注释】

1. 并非债务人一提起异议,支付令就失效,人民法院需要根据具体案情进行审查,异议成立的,支付令失效。

2. 支付令失效后,申请支付令一方的当事人不需要另行起诉,而直接转入普通诉讼程序,除非申请支付令一方不同意转入诉讼。

【司法解释】

《最高人民法院关于适用〈中华人民共和国民事诉讼法〉的解释》(法释〔2015〕5 号,20150204;经法释〔2022〕11 号修正,20220410)

第三百七十八条　适用特别程序、督促程序、公示催告程序、破产程序等非讼程序审理的案件,当事人不得申请再审。

第四百三十条　有下列情形之一的,人民法院应当裁定终结督促程序,已发出支付令的,支付令自行失效:

（一）人民法院受理支付令申请后，债权人就同一债权债务关系又提起诉讼的；

（二）人民法院发出支付令之日起三十日内无法送达债务人的；

（三）债务人收到支付令前，债权人撤回申请的。

第四百三十一条 债务人在收到支付令后，未在法定期间提出书面异议，而向其他人民法院起诉的，不影响支付令的效力。

债务人超过法定期间提出异议的，视为未提出异议。

【重点解读】本条第一款规定，债务人在收到支付令后未提异议，而向其他人民法院起诉的，不影响支付令的效力。但如果债务人向发出支付令的人民法院提出诉讼，是否影响支付令的效力呢？在此情形下，债务人的起诉应构成对支付令的书面异议，受诉法院应当按照支付令异议作出处理。

第四百三十二条 债权人基于同一债权债务关系，在同一支付令申请中向债务人提出多项支付请求，债务人仅就其中一项或者几项请求提出异议的，不影响其他各项请求的效力。

第四百三十三条 债权人基于同一债权债务关系，就可分之债向多个债务人提出支付请求，多个债务人中的一人或者几人提出异议的，不影响其他请求的效力。

第四百三十四条 对设有担保的债务的主债务人发出的支付令，对担保人没有拘束力。

债权人就担保关系单独提起诉讼的，支付令自人民法院受理案件之日起失效。

第四百三十五条 经形式审查，债务人提出的书面异议有下列情形之一的，应当认定异议成立，裁定终结督促程序，支付令自行失效：

（一）本解释规定的不予受理申请情形的；

（二）本解释规定的裁定驳回申请情形的；

（三）本解释规定的应当裁定终结督促程序情形的；

（四）人民法院对是否符合发出支付令条件产生合理怀疑的。

第四百三十六条 债务人对债务本身没有异议，只是提出缺乏清偿能力、延缓债务清偿期限、变更债务清偿方式等异议的，不影响支付令的效力。

人民法院经审查认为异议不成立的，裁定驳回。

债务人的口头异议无效。

第四百三十七条 人民法院作出终结督促程序或者驳回异议裁定前，债务人请求撤回异议的，应当裁定准许。

债务人对撤回异议反悔的，人民法院不予支持。

第四百三十八条 支付令失效后，申请支付令的一方当事人不同意提起诉讼的，应当自收到终结督促程序裁定之日起七日内向受理申请的人民法院提出。

申请支付令的一方当事人不同意提起诉讼的,不影响其向其他有管辖权的人民法院提起诉讼。

第四百三十九条　支付令失效后,申请支付令的一方当事人自收到终结督促程序裁定之日起七日内未向受理申请的人民法院表明不同意提起诉讼的,视为向受理申请的人民法院起诉。

债权人提出支付令申请的时间,即为向人民法院起诉的时间。

第四百四十条　债权人向人民法院申请执行支付令的期间,适用民事诉讼法第二百四十六条①的规定。

第四百四十一条　人民法院院长发现本院已经发生法律效力的支付令确有错误,认为需要撤销的,应当提交本院审判委员会讨论决定后,裁定撤销支付令,驳回债权人的申请。

---

① 对应 2023 年《民事诉讼法》第 250 条。——编者注

第十八章 公示催告程序

第二百二十九条 【公示催告程序的提起】 按照规定可以背书转让的票据持有人，因票据被盗、遗失或者灭失，可以向票据支付地的基层人民法院申请公示催告。依照法律规定可以申请公示催告的其他事项，适用本章规定。

申请人应当向人民法院递交申请书，写明票面金额、发票人、持票人、背书人等票据主要内容和申请的理由、事实。

【立法·要点注释】

1.适用本条时，需要注意以下几点：只有可以背书转让的票据被盗、遗失或者灭失，才能够申请公示催告，不可以背书转让的票据无须通过公示催告程序予以保护，但对于背书人在票据上记载"不得转让"字样的票据丧失的，可能存在利害关系人，也可以适用公示催告程序；公示催告的申请人是最后合法持票人，包括依法占有记名票据的收款人、占有无记名支票并将自己记载为收款人的人、通过有效背书取得票据的人、取得空白背书票据并将自己记载为被背书人的人、非经背书但依法院裁判或遗产继承等原因合法取得票据的人、因受追索而占有票据的人；从目前我国的相关规定看，可以背书转让的票据主要是汇票、本票和支票；公示催告程序只能依申请开始，利害关系人不能是明确的，公示催告程序不处理具体的权利义务纠纷；电子票据不存在被盗、遗失和灭失的可能，人民法院应避免当事人滥用公示催告程序。

2.法律规定可以申请公示催告的其他事项包括：继承人为限定继承人，申请公示催告被继承人的债权人在一定期间内申报债权；无人承认的继承，申请公示催告继承人在一定期间内承认继承；遗产管理人申请公示催告被继承人的债权人和受遗赠人在一定期间内申报债权和表明是否接受遗赠；申请宣告失踪人死亡的公示催告；对土地所有人、船舶所有人、抵押权人的公示催告；记名股票被盗、遗失或者灭失，股东公示催告股票失效；等等。

【相关立法】

1.《中华人民共和国公司法》（19940701；20240701）

第一百四十三条　记名股票被盗、遗失或者灭失，股东可以依照《中华人民共和国民事诉讼法》规定的公示催告程序，请求人民法院宣告该股票失效。人民法院宣告该股票失效后，股东可以向公司申请补发股票。

2.《中华人民共和国票据法》（19960101；20040828）

第十五条　票据丧失，失票人可以及时通知票据的付款人挂失止付，但是，未记载付款人或者无法确定付款人及其代理付款人的票据除外。

收到挂失止付通知的付款人，应当暂停支付。

失票人应当在通知挂失止付后三日内，也可以在票据丧失后，依法向人民法院申请公示催告，或者向人民法院提起诉讼。

3.《中华人民共和国海事诉讼特别程序法》（20000701）

第一百条　提单等提货凭证持有人，因提货凭证失控或者灭失，可以向货物所在地海事法院申请公示催告。

【行政法规】

《票据管理实施办法》（19971001；20110108）

第二十条　付款人或者代理付款人收到挂失止付通知书，应当立即暂停支付。付款人或者代理付款人自收到挂失止付通知书之日起 12 日内没有收到人民法院的止付通知书的，自第 13 日起，挂失止付通知书失效。

【司法解释】

1.《最高人民法院关于适用〈中华人民共和国民事诉讼法〉的解释》（法释〔2015〕5 号，20150204；经法释〔2022〕11 号修正，20220410）

第四百四十二条　民事诉讼法第二百二十五条①规定的票据持有人，是指票据被盗、遗失或者灭失前的最后持有人。

2.《最高人民法院关于审理票据纠纷案件若干问题的规定》（法释〔2000〕32 号，20001121；经法释〔2020〕18 号修正，20210101）

第二十七条　出票人已经签章但未记载代理付款人的银行汇票丧失后，失票人依法向付款人即出票银行所在

① 对应 2023 年《民事诉讼法》第 229 条。——编者注

地人民法院申请公示催告的,人民法院应当依法受理。

第四十八条 依照票据法第二十七条的规定,票据的出票人在票据上记载"不得转让"字样,票据持有人背书转让的,背书行为无效。背书转让后的受让人不得享有票据权利,票据的出票人、承兑人对受让人不承担票据责任。

【司法文件】

《最高人民法院关于对遗失金融债券可否按"公示催告"程序办理的复函》(法函〔1992〕60 号,19920508)

我国民事诉讼法第一百九十三条①规定:"按照规定可以背书转让的票据持有人,因票据被盗、遗失或者灭失,可以向票据支付地的基层人民法院申请公示催告。依照法律规定可以申请公示催告的其他事项,适用本章规定。"这里的票据是指汇票、本票和支票。你行发行的金融债券不属于以上几种票据,也不属于"依照法律规定可以申请公示催告的其他事项"。而且你行在"发行通知"中明确规定,此种金融债券"不记名、不挂失,可以转让和抵押"。因此,对你行发行的金融债券不能适用公示催告程序。

【法院参考案例】

1. 登报作废等方式能否产生对抗持票人的效力[昆明盘龙汇林工贸商行诉昆明五华云岭美术服务社等票据争议案,云南省昆明市中级人民法院(1998)昆民终字第 247 号]

失票人应当在通知挂失止付后 3 日内,也可以在票据丧失后,依法向人民法院申请公示催告,或者向人民法院提起诉讼。登报作废等方式不产生对抗持票人的效力。

2. 持票人因贴现行为处分票据而丧失对票据的占有,能否提起公示催告程序[利津县强盛塑料制品有限责任公司诉青州贝特化工有限公司票据返还请求权案,山东省济南市市中区人民法院(2012)市商初字第 229 号]

持票人因贴现行为处分票据而丧失对票据的占有,并非票据被盗、遗失或灭失,不具有申请公示催告的主体资格。

第二百三十条 【受理、止付通知与公告】人民法院决定受理申请,应当同时通知支付人停止支付,并在三日内发出公告,催促利害关系人申报权利。公示催告的期间,由人民法院根据情况决定,但不得少于六十日。

---

① 对应 2023 年《民事诉讼法》第 229 条。——编者注

【立法·要点注释】

当事人向法院申请公示催告,法院对该申请仍需要进行审查,审查公示催告的要件是否具备。但未规定对驳回申请裁定的救济。为了避免出现申请人获得除权判决早于付款期限的情况,导致申请人因失票实现票据权利优于未失票时实现票据权利这种不合理状况的发生,以及为了利害关系人更好地申报权利,公示催告期限应当与票据的付款期限挂钩。人民法院受理公示催告申请后发布公告的,应当在《人民法院报》上刊登,《人民法院报》电子版、中国法院网同步免费刊载。

【相关立法】

《中华人民共和国票据法》(19960101;20040828)

第一百零一条　票据丧失时,失票人请求保全票据权利的程序,适用付款地法律。

【司法解释】

1.《最高人民法院关于适用〈中华人民共和国民事诉讼法〉的解释》(法释〔2015〕5 号,20150204;经法释〔2022〕11 号修正,20220410)

第四百四十三条　人民法院收到公示催告的申请后,应当立即审查,并决定是否受理。经审查认为符合受理条件的,通知予以受理,并同时通知支付人停止支付;认为不符合受理条件的,七日内裁定驳回申请。

第四百四十四条　因票据丧失,申请公示催告的,人民法院应结合票据存根、丧失票据的复印件、出票人关于签发票据的证明、申请人合法取得票据的证明、银行挂失止付通知书、报案证明等证据,决定是否受理。

第四百四十五条　人民法院依照民事诉讼法第二百二十六条①规定发出的受理申请的公告,应当写明下列内容:

(一)公示催告申请人的姓名或者名称;

(二)票据的种类、号码、票面金额、出票人、背书人、持票人、付款期限等事项以及其他可以申请公示催告的权利凭证的种类、号码、权利范围、权利人、义务人、行权日期等事项;

(三)申报权利的期间;

(四)在公示催告期间转让票据等权利凭证,利害关系人不申报的法律后果。

第四百四十六条　公告应当在有关报纸或者其他媒体上刊登,并于同日公布于人民法院公告栏内。人民法院所在地有证券交易所的,还应当同日在该交易所公布。

---

①　对应 2023 年《民事诉讼法》第 230条。——编者注

第四百四十七条　公告期间不得少于六十日，且公示催告期间届满日不得早于票据付款日后十五日。

第四百五十二条　适用公示催告程序审理案件，可由审判员一人独任审理；判决宣告票据无效的，应当组成合议庭审理。

2.《最高人民法院关于审理票据纠纷案件若干问题的规定》（法释〔2000〕32 号，20001121；经法释〔2020〕18 号修正，20210101）

第三十二条　依照《中华人民共和国民事诉讼法》第二百一十九条①的规定，公告期间不得少于六十日，且公示催告期间届满日不得早于票据付款日后十五日。

【司法文件】

《最高人民法院关于人民法院发布公示催告程序中公告有关问题的通知》（法〔2016〕109 号，20160411）

为切实规范公示催告程序中公告的发布工作，解决风险票据发布公告平台不统一、不规范的问题，现通知如下：

依据《中华人民共和国民事诉讼法》第二百一十九条②、最高人民法院《关于适用〈中华人民共和国民事诉讼法〉的解释》第四百四十条③、最高人民法院《关于进一步规范法院公告发布工作的通知》等文件的规定，人民法院受理公示催告申请后发布公告的，应当在《人民法院报》上刊登，《人民法院报》电子版、中国法院网同步免费刊载。

第二百三十一条　【止付通知和公告的效力】支付人收到人民法院停止支付的通知，应当停止支付，至公示催告程序终结。

公示催告期间，转让票据权利的行为无效。

【立法·要点注释】

本条需要注意的是，如果支付人接到通知后支付了该票据款项，票据权利人的损失要由支付人赔偿。持有票据的人被拒绝支付的，可以及时向有管辖权的人民法院申报权利，由此可以查明票据权利，善意持票人的利益能够得到法律的保护。

在公示催告前合法转让票据的行为是有效的。在公示催告期间内转让票据权利，一般应属无效。在除权判决作出后，任何人受让失效票据，即便基于善意并支付了对价，也不能取得票据权利。

---

①　对应 2023 年《民事诉讼法》第 230 条。——编者注

②　对应 2023 年《民事诉讼法》第 230 条。——编者注

③　对应 2022 年《民事诉讼法解释》第 438 条。——编者注

【司法解释】

1.《最高人民法院关于适用〈中华人民共和国民事诉讼法〉的解释》(法释〔2015〕5号,20150204;经法释〔2022〕11号修正,20220410)

第四百五十四条　人民法院依照民事诉讼法第二百二十七条①规定通知支付人停止支付,应当符合有关财产保全的规定。支付人收到停止支付通知后拒不止付的,除可依照民事诉讼法第一百一十四条、第一百一十七条规定采取强制措施外,在判决后,支付人仍应承担付款义务。

2.《最高人民法院关于审理票据纠纷案件若干问题的规定》(法释〔2000〕32号,20001121;经法释〔2020〕18号修正,20210101)

第二十九条　人民法院决定受理公示催告申请,应当同时通知付款人及代理付款人停止支付,并自立案之日起三日内发出公告。

第三十三条　依照民事诉讼法第二百二十条②第二款的规定,在公示催告期间,以公示催告的票据质押、贴现,因质押、贴现而接受该票据的持票人主张票据权利的,人民法院不予支持,但公示催告期间届满以后人民法院作出除权判决以前取得该票据的除外。

【法院参考案例】

在公示催告期间转让票据权利是否有效[吴江市红诚企业管理服务有限公司诉绍兴滨洪贸易有限公司票据纠纷案,江苏省苏州市中级人民法院(2017)苏05民终1809号]

公示催告期间转让票据权利行为无效的认定,应建立在其后的除权判决由人民法院依法作出,且未被人民法院依据《民事诉讼法》第223条(现为第234条)之规定在利害关系人提起的诉讼中依法予以撤销的基础之上。在申请人提起的公示催告程序因利害关系人申报权利而被裁定终结情况下,在此公告期间发生的转让票据权利行为应为合法有效。

第二百三十二条　【利害关系人申报权利】利害关系人应当在公示催告期间向人民法院申报。

人民法院收到利害关系人的申报后,应当裁定终结公示催告程序,并通知申请人和支付人。

申请人或者申报人可以向人民法院起诉。

---

① 对应2023年《民事诉讼法》第231条。——编者注

② 对应2023年《民事诉讼法》第231条。——编者注

【立法·要点注释】

1. 公示催告程序并非确权程序,只要在公示催告期间有人申报权利,公示催告的目的就达到了,人民法院应当裁定终结公示催告程序,并将该情况通知申请人和支付人。

2. 申请人可以向人民法院撤回申请,此时人民法院可以裁定终结公示催告程序。

【司法解释】

《最高人民法院关于适用〈中华人民共和国民事诉讼法〉的解释》(法释〔2015〕5 号,20150204;经法释〔2022〕11 号修正,20220410)

第四百四十八条 在申报期届满后、判决作出之前,利害关系人申报权利的,应当适用民事诉讼法第二百二十八条①第二款、第三款规定处理。

第四百四十九条 利害关系人申报权利,人民法院应当通知其向法院出示票据,并通知公示催告申请人在指定的期间查看该票据。公示催告申请人申请公示催告的票据与利害关系人出示的票据不一致的,应当裁定驳回利害关系人的申报。

第四百五十五条 人民法院依照民事诉讼法第二百二十八条规定终结公示催告程序后,公示催告申请人或者申报人向人民法院提起诉讼,因票据权利纠纷提起的,由票据支付地或者被告住所地人民法院管辖;因非票据权利纠纷提起的,由被告住所地人民法院管辖。

第四百五十六条 依照民事诉讼法第二百二十八条规定制作的终结公示催告程序的裁定书,由审判员、书记员署名,加盖人民法院印章。

【法院参考案例】

公示催告期内,法院发现票据在申请公示催告前已被兑付的,应如何处理〔玉环拿但业机械厂申请公示催告案,浙江省慈溪市人民法院(2021)浙 0282 民催 52 号〕

公示催告期间内,法院查明票据在申请人申请公示催告前已被兑付的,应裁定终结公示催告程序。

第二百三十三条 【除权判决】 没有人申报的,人民法院应当根据申请人的申请,作出判决,宣告票据无效。判决应当公告,并通知支付人。自判决公告之日起,申请人有权向支付人请求支付。

---

① 对应 2023 年《民事诉讼法》第 232 条。——编者注

【立法·要点注释】

1. 法院作出除权判决应符合以下条件：第一，无人申报或者申报不合法被驳回；第二，必须依申请人申请；第三，申请人应当在公示催告期间届满后 1 个月内提出申请，申请人逾期未提出申请的，应视为申请人放弃除权，法院应裁定终结公示催告程序。

2. 宣告票据无效的除权判决应当公告，该判决具有两方面的法律后果：一是除申请人外，其他人失去了对票据的权利，今后其他任何持票人要求支付，票据支付人有权拒付；二是自公告之日起，申请人可以要求票据支付人支付票据上记载的金额。

【司法解释】

《最高人民法院关于适用〈中华人民共和国民事诉讼法〉的解释》（法释〔2015〕5 号，20150204；经法释〔2022〕11 号修正，20220410）

第四百五十条　在申报权利的期间无人申报权利，或者申报被驳回的，申请人应当自公示催告期间届满之日起一个月内申请作出判决。逾期不申请判决的，终结公示催告程序。

裁定终结公示催告程序的，应当通知申请人和支付人。

第四百五十一条　判决公告之日起，公示催告申请人有权依据判决向付款人请求付款。

付款人拒绝付款，申请人向人民法院起诉，符合民事诉讼法第一百二十二条规定的起诉条件的，人民法院应予受理。

【最高法公报案例】

持票人在丧失票据权利后，是否还有权依据作为票据基础关系的合同行使抵销权[长治市达洋电器有限公司诉博西家用电器（中国）有限公司买卖合同纠纷案（2011-11）]

人民法院就票据作出的除权判决系对权利的重新确认，票据自除权判决公告之日起即丧失效力，持票人即丧失票据权利，使原来结合于票据中的权利人从票据中分离出来，公示催告申请人即有权依据除权判决请求票据付款人付款。但是，持票人丧失票据权利，并不意味着基础民事权利丧失，其仍有权依据基础合同主张权利，行使基础合同履行中的债务抵销权，并不损害基础合同相对方的合法权益。

【法院参考案例】

1. 人民法院作出的除权判决是对票据权利的重新确定[上海华冠电子设备公司诉澳洋集团公司申请票据除权损害赔偿纠纷案，江苏省无锡市中级人民法院（2010）锡商终字第 007 号]

人民法院经公示催告程序对遗失

票据所作出的除权判决并非创设新的票据权利，而是对权利的重新确认，除权判决所确认的票据权利内容也与被宣告无效的票据权利相一致，不具有优于原票据上记载的权利。故除权判决不能作为失票申请人针对利害关系人按照普通程序起诉的抗辩依据。如果利害关系人能证明其在除权判决作出前享有票据权利，失票申请人应当将依据除权判决取得的汇票金额返还该利害关系人，并赔偿相应的利息损失。

2. 未在公示催告期间申报的票据合法持有人是否有权提起诉讼要求除权判决的申请人赔偿损失[江苏省常州可意空调销售有限公司诉江苏省无锡市致力科技有限公司公示催告案，江苏省泰州市中级人民法院（2013）泰中商再终字第 0004 号]

票据经公示催告程序被人民法院作出除权判决之后，未在公示催告期间申报的票据合法持有人，可以按照《民事诉讼法》第 223 条（现为第 234 条）的规定，向作出除权判决的人民法院提起诉讼，要求除权判决的申请人赔偿损失。

第二百三十四条 【除权判决的撤销】利害关系人因正当理由不能在判决前向人民法院申报的，自知道或者应当知道判决公告之日起一年内，可以向作出判决的人民法院起诉。

【立法·要点注释】

1. 除权判决作为一种法律推定，并非依据普通程序对权利义务作出的裁判。如该推定与客观事实不相符合，就需要对利害关系人进行必要的权利救济。利害关系人在除权判决作出后提起诉讼的，应向除权判决作出法院提出。

2. 实践中，除权判决作出后利害关系人既可以提出撤销除权判决的诉讼，也可以提出确认其为票据权利人的确认之诉，法院作出判决确认利害关系人为票据权利人的，除权判决即被撤销，无须法院再另行出具撤销除权判决的判决。一般在裁判理由中写明，除权判决视为撤销。利害关系人也可以主张公示催告程序的申请人承担侵权损害赔偿责任，此种诉讼隐含的前提是利害关系人为票据权利人。但并非需以利害关系人已经取得撤销除权判决的判决或者确定利害关系人为票据权利人的判决为前提。上述三种途径仅在于诉讼请求不同，但其结果均是除权判决被撤销。除权判决被撤销后，申请人依判决所得的行使票据权利的形式资格丧失，票据持有人的形式资格恢复，持票即可行使票据付款请求权与追索权。如果票款已被申请人取得，持票人有权要求返还。

【司法解释】

《最高人民法院关于适用〈中华人民共和国民事诉讼法〉的解释》（法释〔2015〕5 号，20150204；经法释〔2022〕11 号修正，20220410）

第四百五十七条　依照民事诉讼法第二百三十条①的规定，利害关系人向人民法院起诉的，人民法院可按票据纠纷适用普通程序审理。

第四百五十八条　民事诉讼法第二百三十条规定的正当理由，包括：

（一）因发生意外事件或者不可抗力致使利害关系人无法知道公告事实的；

（二）利害关系人因被限制人身自由而无法知道公告事实，或者虽然知道公告事实，但无法自己或者委托他人代为申报权利的；

（三）不属于法定申请公示催告情形的；

（四）未予公告或者未按法定方式公告的；

（五）其他导致利害关系人在判决作出前未能向人民法院申报权利的客观事由。

第四百五十九条　根据民事诉讼法第二百三十条的规定，利害关系人请求人民法院撤销除权判决的，应当将申请人列为被告。

利害关系人仅诉请确认其为合法持票人的，人民法院应当在裁判文书中写明，确认利害关系人为票据权利人的判决作出后，除权判决即被撤销。

【法院参考案例】

1. 出票人依据除权判决完成票据记载款项的支付后，在判令申请人赔偿票据权利人损失的情况下，应否再撤销除权判决［石家庄金谷运输有限公司与徐水县超达汽修厂、王某某票据纠纷案，安徽省芜湖市中级人民法院（2015）芜中民二终字第 00316 号］

未填写被背书人票据，交付给他人，持票人在被背书人栏中记载自己的名称，其法律效力等同于背书人记载。出票人依据除权判决完成票据记载款项的支付后，票据权利人诉请申请人赔偿其因之遭受损失的，在判令申请人赔偿票据权利人损失的情况下，不应再撤销除权判决。

2. 合法持票人与除权判决申请人不符的，应否撤销除权判决［江苏兴港进出口有限公司诉柳州市佳龙商贸有限公司票据纠纷案，广西壮族自治区桂林市中级人民法院（2014）桂市民二终字第 17 号］

除权判决仅仅是依据公示催告申请人的申请和无人申报权利的事实，未经诉讼程序而推定该申请人为票据权

———————

① 对应 2023 年《民事诉讼法》第 234 条。——编者注

利人,是一种法律上的推定,不一定反映票据关系的真实情况。鉴于此,一旦有经过连续背书取得票据的持票人提起撤销除权判决之诉,法院不需对票据关系进行实质审查,只需对票据背书情况进行形式上审查,若最后合法持票人可能与除权判决申请人不符,又符合《民事诉讼法》第 223 条(现为第 234条)的规定,则应撤销除权判决。

3.恶意运用公示催告程序获除权判决的,应否承担侵权赔偿责任[岚县鑫三顺洗煤有限公司诉程某某、岚县高家坡煤矿有限公司、第三人太原市晋源区新煌洗煤厂、苏某某票据损害责任纠纷案,最高人民法院(2014)民申字第1800 号]

票据前手在明知汇票贴现款被骗后,恶意伪报被盗,通过申请公示催告和申请法院作出除权判决,转嫁自身被骗损失的,应承担侵权损害赔偿责任。

4.撤销除权判决是否为利害关系人提起票据损害赔偿之诉的必要前置程序[深圳创维-RGB 电子有限公司山西分公司诉介休市华旗选煤有限公司票据损害责任纠纷案,广东省高级人民法院(2017)粤民再 137 号]

撤销除权判决不是利害关系人提起票据损害赔偿之诉的必要前置程序;审理实际持票人对公示催告申请人提起的票据损害责任纠纷案中,应当结合票据有价证券的属性,通过合理分配举证责任来确定票据权利人;当实际持票人完成其为票据权利人的证明责任后,其关于公示催告申请人应承担侵权赔偿责任的主张成立。

第四编 涉外民事诉讼程序的特别规定

第二十三章　一般原则

第二百七十条 【适用本法原则】在中华人民共和国领域内进行涉外民事诉讼，适用本编规定。本编没有规定的，适用本法其他有关规定。

【立法·要点注释】

1. 本条是关于在我国领域内进行涉外民事诉讼适用本法的规定。进行民事诉讼，在程序法上适用法源地国家法律是国际公认的一条准则，是国家主权原则的重要体现。适用我国的《民事诉讼法》主要体现在以下几个方面：(1)外国人、无国籍人、外国企业和组织在我国起诉、应诉，应当依照我国《民事诉讼法》规定的程序办理；(2)凡属我国人民法院管辖的案件，我国人民法院享有司法管辖权，凡由我国人民法院专属管辖的案件，任何外国法院均无权管辖；(3)外国法院的裁判只有经我国法院审查并裁定予以承认后，才可以在我国发生法律效力，需要在我国执行的，应当按照我国《民事诉讼法》规定的执行程序办理。

2. 涉外民事诉讼程序的特别规定属于适应涉外民事诉讼特点的特殊规定，而其他各编的规定属于适用于国内一般民事诉讼的一般规定，特殊规定优先于一般规定。对于涉外民事诉讼，首先要适用涉外民事诉讼程序的特别规定；涉外民事诉讼程序的特别规定中未作规定的，则适用本法其他各编的相关规定。在涉外民事诉讼中，仍应以本法的基本原则为准则，当事人诉讼权利平等原则、辩论原则、诚信原则都应得到适用。

【相关立法】

1.《中华人民共和国涉外民事关系法律适用法》(20110401)

第八条　涉外民事关系的定性，适用法院地法律。

2.《中华人民共和国反外国制裁法》(20210610)

第十二条　任何组织和个人均不得执行或者协助执行外国国家对我国公民、组织采取的歧视性限制措施。

组织和个人违反前款规定，侵害我

国公民、组织合法权益的,我国公民、组织可以依法向人民法院提起诉讼,要求其停止侵害、赔偿损失。

【司法解释】

1.《最高人民法院关于适用〈中华人民共和国民事诉讼法〉的解释》（法释〔2015〕5号,20150204;经法释〔2022〕11号修正,20220410）

第五百二十条 有下列情形之一,人民法院可以认定为涉外民事案件:

（一）当事人一方或者双方是外国人、无国籍人、外国企业或者组织的;

（二）当事人一方或者双方的经常居所地在中华人民共和国领域外的;

（三）标的物在中华人民共和国领域外的;

（四）产生、变更或者消灭民事关系的法律事实发生在中华人民共和国领域外的;

（五）可以认定为涉外民事案件的其他情形。

【重点解读】只有案件属于涉外民事案件,审理案件应当适用的程序法才会适用"涉外编"的规定。如果是纯国内案件,则没有"涉外编"适用的余地。当然,《民事诉讼法》"涉外编"与"前编"的规定是特别规定与一般规定的关系。审理涉外民事案件时,应当首先适用"涉外编"的规定,"涉外编"没有规定的,才适用"前编"的规定。因此,司法实践中如何界定"涉外民事案件",

至关重要。司法实践中,仅以当事人是否为外国人认定案件是否涉外案件的做法非常普遍,特别是在立案部门。对此,应当予以注意。司法解释对认定涉外民事案件的标准规定是宽泛的,但司法实践中操作起来却被窄化了。除当事人的国籍,还应当从当事人的经常所在地、系争的标的物、法律事实等角度进行考察,只要其中之一具有涉外因素,即应当认定是涉外民事案件。

如何理解"经常居所地"?《涉外民事关系法律适用法解释（一）》第13条规定了如何认定自然人的经常居所地,即"自然人在涉外民事关系产生或者变更、终止时已经连续居住一年以上且作为其生活中心的地方,人民法院可以认定为涉外民事关系法律适用法规定的自然人的经常居所地,但就医、劳务派遣、公务等情形除外"。《涉外民事关系法律适用法》第14条第2款明确规定了法人的经常居所地,即"法人的经常居所地,为其主营业地"。

第五百二十八条 涉外民事诉讼中,经调解双方达成协议,应当制发调解书。当事人要求发给判决书的,可以依协议的内容制作判决书送达当事人。

【重点解读】因为不同国家对法院作出的法律文书的样式要求不同,我国裁判文书中包括调解书,其他国家有可能不认可调解书的形式,为了便于当事人到外国法院申请承认和执行我国法院作出的裁判文书,我国法院可以根据当事人申请,依调解协议的内容制作判决书,替代调解书,送达当事人。

第五百四十九条　人民法院审理涉及香港、澳门特别行政区和台湾地区的民事诉讼案件,可以参照适用涉外民事诉讼程序的特别规定。

【重点解读】审理涉我国港、澳、台地区案件时,对于涉我国港、澳、台地区案件程序方面另有司法解释特别规定的,例如,关于送达的《最高人民法院关于涉港澳民商事案件司法文书送达问题若干规定》《最高人民法院关于涉台民事诉讼文书送达的若干规定》,可以优先适用这些特别规定。在裁判文书表述时,应当首先认定案件系涉我国港、澳、台地区民事案件,再说明参照适用涉外民事诉讼程序的特别规定。

2.《最高人民法院关于适用〈中华人民共和国涉外民事关系法律适用法〉若干问题的解释(一)》(法释〔2012〕24号,20130107;经法释〔2020〕18 号修正,20210101)

第一条　民事关系具有下列情形之一的,人民法院可以认定为涉外民事关系:

(一)当事人一方或双方是外国公民、外国法人或者其他组织、无国籍人;

(二)当事人一方或双方的经常居所地在中华人民共和国领域外;

(三)标的物在中华人民共和国领域外;

(四)产生、变更或者消灭民事关系的法律事实发生在中华人民共和国领域外;

(五)可以认定为涉外民事关系的其他情形。

【司法文件】

1.《全国法院涉外商事海事审判工作座谈会会议纪要》[最高人民法院民事审判第四庭,法(民四)明传〔2021〕60 号,20211231]

111.【涉港澳台案件参照适用本纪要】涉及香港特别行政区、澳门特别行政区和台湾地区的商事海事纠纷案件,相关司法解释未作规定的,参照本纪要关于涉外商事海事纠纷案件的规定处理。

2.《第二次全国涉外商事海事审判工作会议纪要》(最高人民法院,法发〔2005〕26 号,20051226)

153.涉及香港特别行政区、澳门特别行政区以及台湾地区的商事海事纠纷案件,本纪要没有特别规定的,参照适用本纪要关于涉外商事海事纠纷案件的有关规定。

3.《全国法院涉港澳商事审判工作座谈会纪要》(最高人民法院,法发〔2008〕8 号,20080121)

33.本纪要中所称涉港澳商事案件是指当事人一方或者双方是香港特别行政区、澳门特别行政区的自然人或者企业、组织,或者当事人之间商事法律关系的设立、变更、终止的法律事实发生在香港特别行政区、澳门特别行政区,或者诉讼标的物在香港特别行政区、澳门特别行政区的商事案件。

第二百七十一条 【适用国际条约原则】 中华人民共和国缔结或者参加的国际条约同本法有不同规定的,适用该国际条约的规定,但中华人民共和国声明保留的条款除外。

【立法·要点注释】

人民法院在审理涉外民事诉讼案件时,应当承认我国缔结或者参加的国际条约在涉外民事诉讼中的效力,即使国际条约的规定与本法的规定有所不同,也应当适用国际条约的规定。同时,本法没有规定但国际条约有规定的,也应当依照国际条约的规定办理。人民法院适用国际条约,必须是我国缔结或者参加的国际条约。如果不是我国缔结或者参加的,对我国无任何拘束力。即使是我国缔结或者参加的国际条约,但我国在缔结或者参加时声明保留的条款,即未予承认和接受的条款,对我国也不发生效力,在审理涉外案件时不予适用。例如,我国加入的《关于向国外送达民事或商事司法文书和司法外文书公约》,对公约第10条规定的采用邮寄、直接通过负责送达的官员进

行送达的方式在中国境内进行送达等条款作了保留。

【司法解释】

1.《最高人民法院关于适用〈中华人民共和国涉外民事关系法律适用法〉若干问题的解释(一)》(法释〔2012〕24号,20130107;经法释〔2020〕18号修正,20210101)

第三条 涉外民事关系法律适用法与其他法律对同一涉外民事关系法律适用规定不一致的,适用涉外民事关系法律适用法的规定,但《中华人民共和国票据法》《中华人民共和国海商法》《中华人民共和国民用航空法》等商事领域法律的特别规定以及知识产权领域法律的特别规定除外。

第四条 中华人民共和国法律没有明确规定当事人可以选择涉外民事关系适用的法律,当事人选择适用法律的,人民法院应认定该选择无效。

2.《最高人民法院关于审理涉外民商事案件适用国际条约和国际惯例若干问题的解释》(法释〔2023〕15号,20240101)

第一条 人民法院审理《中华人民共和国海商法》、《中华人民共和国票据法》、《中华人民共和国民用航空法》、《中华人民共和国海上交通安全法》调整的涉外民商事案件,涉及适用国际条约的,分别按照《中华人民共和

国海商法》第二百六十八条、《中华人民共和国票据法》第九十五条、《中华人民共和国民用航空法》第一百八十四条、《中华人民共和国海上交通安全法》第一百二十一条的规定予以适用。

人民法院审理上述法律调整范围之外的其他涉外民商事案件，涉及适用国际条约的，参照上述法律的规定。国际条约与中华人民共和国法律有不同规定的，适用国际条约的规定，但中华人民共和国声明保留的条款除外。

第二条　涉外民商事案件涉及两项或多项国际条约的适用时，人民法院应当根据国际条约中的适用关系条款确定应当适用的国际条约。

第三条　国际条约规定当事人可以约定排除或部分排除国际条约的适用，当事人主张依据其约定排除或部分排除国际条约适用的，人民法院予以支持。国际条约限制当事人排除或部分排除国际条约的适用，当事人主张依据其约定排除或部分排除国际条约适用的，人民法院不予支持。

第四条　当事人在合同中援引尚未对中华人民共和国生效的国际条约的，人民法院可以根据该国际条约的内容确定当事人之间的权利义务，但违反中华人民共和国法律、行政法规强制性规定或者损害中华人民共和国主权、安全和社会公共利益的除外。

第五条　涉外民商事合同当事人明示选择适用国际惯例，当事人主张根据国际惯例确定合同当事人之间的权利义务的，人民法院应予支持。

第六条　中华人民共和国法律和中华人民共和国缔结或者参加的国际条约没有规定的，人民法院可以适用国际惯例。当事人仅以未明示选择为由主张排除适用国际惯例的，人民法院不予支持。

第七条　适用国际条约和国际惯例损害中华人民共和国主权、安全和社会公共利益的，人民法院不予适用。

【司法文件】

《全国法院涉外商事海事审判工作座谈会会议纪要》[最高人民法院民事审判第四庭，法（民四）明传〔2021〕60号，20211231]

18.【**国际条约未规定事项和保留事项的法律适用**】中华人民共和国缔结或者参加的国际条约对涉外民商事案件中的具体争议没有规定，或者案件的具体争议涉及保留事项的，人民法院根据涉外民事关系法律适用法等法律的规定确定应当适用的法律。

19.【**《联合国国际货物销售合同公约》的适用**】营业地位于《联合国国际货物销售合同公约》不同缔约国的当事人缔结的国际货物销售合同应当自动适用该公约的规定，但当事人明确约定排除适用该公约的除外。人民法院应当在法庭辩论终结前向当事人询问关于适用该公约的具体意见。

20.【**法律与国际条约的一致解**

释】人民法院审理涉外商事案件所适用的中华人民共和国法律、行政法规的规定存在两种以上合理解释的，人民法院应当选择与中华人民共和国缔结或者参加的国际条约相一致的解释，但中华人民共和国声明保留的条款除外。

第二百七十二条 【外交特权与豁免原则】 对享有外交特权与豁免的外国人、外国组织或者国际组织提起的民事诉讼，应当依照中华人民共和国有关法律和中华人民共和国缔结或者参加的国际条约的规定办理。

【立法·要点注释】

1. 民事上的司法豁免权，即外交代表和有特殊身份的外交官员的民事行为及其财产免受驻在国法院管辖。例如，不受驻在国法院的审判，不受强制执行，以及没有以证人身份作证的义务等。此外，某些外国组织和国际组织也享有司法管辖豁免权。

2. 对享有司法管辖豁免权的外国人提起民事诉讼，一般情况下人民法院不予受理，但是民事管辖豁免不是绝对的，上述人员只能在我国法律和我国缔结或者参加的国际条约规定的范围内享有民事上的司法管辖豁免权。对享有司法管辖豁免权的外国人、外国组织或者国际组织提起的民事诉讼，除了依

照我国法律的规定办理外，在与我国共同缔结或者参加的有关国际条约的缔约国之间，则应当首先依照国际条约的规定办理。

【相关立法】

1.《中华人民共和国外交特权与豁免条例》(19860905)

第十二条 外交代表人身不受侵犯，不受逮捕或者拘留。中国有关机关应当采取适当措施，防止外交代表的人身自由和尊严受到侵犯。

第十三条 外交代表的寓所不受侵犯，并受保护。

外交代表的文书和信件不受侵犯。外交代表的财产不受侵犯，但第十四条另有规定的除外。

第十四条 外交代表享有刑事管辖豁免。

外交代表享有民事管辖豁免和行政管辖豁免，但下列各项除外：

(一)外交代表以私人身份进行的遗产继承的诉讼；

(二)外交代表违反第二十五条第三项规定在中国境内从事公务范围以外的职业或者商业活动的诉讼。

外交代表免受强制执行，但对前款所列情况，强制执行对其人身和寓所不构成侵犯的，不在此限。

外交代表没有以证人身份作证的义务。

第十五条 外交代表和第二十

规定享有豁免的人员的管辖豁免可以由派遣国政府明确表示放弃。

外交代表和第二十条规定享有豁免的人员如果主动提起诉讼，对与本诉直接有关的反诉，不得援用管辖豁免。

放弃民事管辖豁免或者行政管辖豁免，不包括对判决的执行也放弃豁免。放弃对判决执行的豁免须另作明确表示。

第二十条　与外交代表共同生活的配偶及未成年子女，如果不是中国公民，享有第十二条至第十八条所规定的特权与豁免。

使馆行政技术人员和与其共同生活的配偶及未成年子女，如果不是中国公民并且不是在中国永久居留的，享有第十二条至第十七条所规定的特权与豁免，但民事管辖豁免和行政管辖豁免，仅限于执行公务的行为。使馆行政技术人员到任后半年内运进的安家物品享有第十八条第一款所规定的免税的特权。

使馆服务人员如果不是中国公民并且不是在中国永久居留的，其执行公务的行为享有豁免，其受雇所得报酬免纳所得税。其到任后半年内运进的安家物品享有第十八条第一款所规定的免税的特权。

使馆人员的私人服务员如果不是中国公民并且不是在中国永久居留的，其受雇所得的报酬免纳所得税。

第二十一条　外交代表如果是中国公民或者获得在中国永久居留资格的外国人，仅就其执行公务的行为，享有管辖豁免和不受侵犯。

第二十二条　下列人员享有在中国过境或者逗留期间所必需的豁免和不受侵犯：

（一）途经中国的外国驻第三国的外交代表和与其共同生活的配偶及未成年子女；

（二）持有中国外交签证或者持有外交护照（仅限互免签证的国家）来中国的外国官员；

（三）经中国政府同意给予本条所规定的特权与豁免的其他来中国访问的外国人士。

对途经中国的第三国外交信使及其所携带的外交邮袋，参照第十条、第十一条的规定办理。

第二十三条　来中国访问的外国国家元首、政府首脑、外交部长及其他具有同等身份的官员，享有本条例所规定的特权与豁免。

第二十四条　来中国参加联合国及其专门机构召开的国际会议的外国代表、临时来中国的联合国及其专门机构的官员和专家、联合国及其专门机构驻中国的代表机构和人员的待遇，按中国已加入的有关国际公约和中国与有关国际组织签订的协议办理。

第二十五条　享有外交特权与豁免的人员：

（一）应当尊重中国的法律、法规；

（二）不得干涉中国的内政；

（三）不得在中国境内为私人利益

从事任何职业或者商业活动；

（四）不得将使馆馆舍和使馆工作人员寓所充作与使馆职务不相符合的用途。

第二十六条 如果外国给予中国驻该国使馆、使馆人员以及临时去该国的有关人员的外交特权与豁免，低于中国按本条例给予该国驻中国使馆、使馆人员以及临时来中国的有关人员的外交特权与豁免，中国政府根据对等原则，可以给予该国驻中国使馆、使馆人员以及临时来中国的有关人员以相应的外交特权与豁免。

第二十七条 中国缔结或者参加的国际条约另有规定的，按照国际条约的规定办理，但中国声明保留的条款除外。

中国与外国签订的外交特权与豁免协议另有规定的，按照协议的规定执行。

2.《中华人民共和国领事特权与豁免条例》（19901030）

第十一条 领事信使必须是具有派遣国国籍的人，并且不得是在中国永久居留的。领事信使必须持有派遣国主管机关出具的信使证明书。领事信使人身不受侵犯，不受逮捕或者拘留。

临时领事信使必须持有派遣国主管机关出具的临时信使证明书，在其负责携带领事邮袋期间享有与领事信使同等的豁免。

商业飞机机长或者商业船舶船长受委托可以转递领事邮袋，但机长或者船长必须持有委托国官方证明文件，注明所携带的领事邮袋件数。机长或者船长不得视为领事信使。经与中国地方人民政府主管机关商定，领馆可以派领馆成员与机长或者船长接交领事邮袋。

第十二条 领事官员人身不受侵犯。中国有关机关应当采取适当措施，防止领事官员的人身自由和尊严受到侵犯。

领事官员不受逮捕或者拘留，但有严重犯罪情形，依照法定程序予以逮捕或者拘留的不在此限。

领事官员不受监禁，但为执行已经发生法律效力的判决的不在此限。

第十三条 领事官员的寓所不受侵犯。

领事官员的文书和信件不受侵犯。

领事官员的财产不受侵犯，但本条例第十四条另有规定的除外。

第十四条 领事官员和领馆行政技术人员执行职务的行为享有司法和行政管辖豁免。领事官员执行职务以外的行为的管辖豁免，按照中国与外国签订的双边条约、协定或者根据对等原则办理。

领事官员和领馆行政技术人员享有的司法管辖豁免不适用于下列各项民事诉讼：

（一）涉及未明示以派遣国代表身份所订的契约的诉讼；

（二）涉及在中国境内的私有不动

产的诉讼,但以派遣国代表身份所拥有的为领馆使用的不动产不在此限;

(三)以私人身份进行的遗产继承的诉讼;

(四)因车辆、船舶或者航空器在中国境内造成的事故涉及损害赔偿的诉讼。

第十五条　领馆成员可以被要求在司法或者行政程序中到场作证,但没有义务就其执行职务所涉及事项作证。领馆成员有权拒绝以鉴定人身份就派遣国的法律提出证词。

领事官员拒绝作证,不得对其采取强制措施或者给予处罚。

领馆行政技术人员和领馆服务人员除执行职务所涉及事项外,不得拒绝作证。

第十六条　本条例规定的有关人员所享有的管辖豁免可以由派遣国政府明确表示放弃。

依照本条例规定享有管辖豁免的人员如果主动提起诉讼,对与本诉直接有关的反诉,不得援用管辖豁免。

放弃民事管辖豁免或者行政管辖豁免,不包括对判决的执行也放弃豁免。放弃对判决执行的豁免须由派遣国政府另作明确表示。

第二十一条　与领事官员、领馆行政技术人员、领馆服务人员共同生活的配偶及未成年子女,分别享有领事官员、领馆行政技术人员、领馆服务人员根据本条例第七条、第十七条、第十八条、第十九条的规定所享有的特权与豁

免,但身为中国公民或者在中国永久居留的外国人除外。

第二十二条　领事官员如果是中国公民或者在中国永久居留的外国人,仅就其执行职务的行为,享有本条例规定的特权与豁免。

领馆行政技术人员或者领馆服务人员如果是中国公民或者在中国永久居留的外国人,除没有义务就其执行职务所涉及事项作证外,不享有本条例规定的特权与豁免。

私人服务人员不享有本条例规定的特权与豁免。

第二十三条　下列人员在中国过境或者逗留期间享有所必需的豁免和不受侵犯:

(一)途经中国的外国驻第三国的领事官员和与其共同生活的配偶及未成年子女;

(二)持有中国外交签证或者持有与中国互免签证国家外交护照的外国领事官员。

第二十四条　享有领事特权与豁免的人员:

(一)应当尊重中国的法律、法规;

(二)不得干涉中国的内政;

(三)不得将领馆馆舍和领馆成员的寓所充作与执行领事职务不相符合的用途。

第二十五条　领事官员不得在中国境内为私人利益从事任何职务范围以外的职业或者商业活动。

第二十六条　如果外国给予中国

驻该国领馆、领馆成员以及途经或者临时去该国的中国驻第三国领事官员的领事特权与豁免，不同于中国给予该国驻中国领馆、领馆成员以及途经或者临时来中国的该国驻第三国领事官员的领事特权与豁免，中国政府根据对等原则，可以给予该国驻中国领馆、领馆成员以及途经或者临时来中国的该国驻第三国领事官员以相应的领事特权与豁免。

第二十七条 中国缔结或者参加的国际条约对领事特权与豁免另有规定的，按照国际条约的规定办理，但中国声明保留的条款除外。

中国与外国签订的双边条约或者协定对领事特权与豁免另有规定的，按照条约或者协定的规定执行。

【司法文件】

1.《最高人民法院关于人民法院受理涉及特权与豁免的民事案件有关问题的通知》（法〔2007〕69号，20070522）

凡以下列在中国享有特权与豁免的主体为被告、第三人向人民法院起诉的民事案件，人民法院应在决定受理之前，报请本辖区高级人民法院审查；高级人民法院同意受理的，应当将其审查意见报最高人民法院。在最高人民法院答复前，一律暂不受理。

一、外国国家；

二、外国驻中国使馆和使馆人员；

三、外国驻中国领馆和领馆成员；

四、途经中国的外国驻第三国的外交代表和与其共同生活的配偶及未成年子女；

五、途经中国的外国驻第三国的领事官员和与其共同生活的配偶及未成年子女；

六、持有中国外交签证或者持有外交护照（仅限互免签证的国家）来中国的外国官员；

七、持有中国外交签证或者持有与中国互免签证国家外交护照的领事官员；

八、来中国访问的外国国家元首、政府首脑、外交部长及其他具有同等身份的官员；

九、来中国参加联合国及其专门机构召开的国际会议的外国代表；

十、临时来中国的联合国及其专门机构的官员和专家；

十一、联合国系统组织驻中国的代表机构和人员；

十二、其他在中国享有特权与豁免的主体。

2.《最高人民法院关于李晓波诉红十字国际委员会东亚地区代表处房屋租赁合同纠纷一案豁免问题的请示的复函》（〔2009〕民四他字第25号，20091014）

中国公民李晓波因与红十字国际委员会东亚地区代表处（以下简称东亚地区代表处）就房屋租赁合同产生纠纷，以东亚地区代表处为被告向北京市朝阳区人民法院提起诉讼，东亚地区代表处向人民法院提出豁免申请。《中华人民共和国政府和红十字国际委员会协议》第四条第一款规定，红十字国际委员会及其财产和资产享有法律程序豁免，包括免受搜查、征用、没收、征收。在特殊情况下，经红十字国际委员会明示放弃其豁免时，不在此限。东亚地区代表处作为红十字国际委员会在我国境内设立的代表机构，享有该条规定的法律程序豁免。双方当事人在租赁合同第十条中的约定系对准据法的约定，并不构成东亚地区代表处对豁免权的放弃，也没有其他证据证实该会愿意接受我国法院的管辖。同意你院请示报告的处理意见。

3.《涉外商事海事审判实务问题解答(一)》（最高人民法院民事审判第四庭，20040408）

13. 外国驻华使、领馆官员能否在国内代理诉讼？

答：受其本国公民或者企业的委托，外国驻华使、领馆官员可以其个人名义担任诉讼代理人参加有关诉讼，但在诉讼中不享有外交特权和豁免权。

第二百七十三条 【使用我国通用语言、文字原则】人民法院审理涉外民事案件，应当使用中华人民共和国通用的语言、文字。当事人要求提供翻译的，可以提供，费用由当事人承担。

【立法·要点注释】

人民法院在审理涉外民事案件时，必须使用我国通用的语言、文字，这是国家主权的体现，不能有任何变通。即使审判人员通晓外语，也不能使用外语对外国当事人进行询问、审判。

【司法解释】

1.《最高人民法院关于适用〈中华人民共和国民事诉讼法〉的解释》（法释〔2015〕5号，20150204；经法释〔2022〕11号修正，20220410）

第五百二十五条 当事人向人民法院提交的书面材料是外文的，应当同时向人民法院提交中文翻译件。

当事人对中文翻译件有异议的，应当共同委托翻译机构提供翻译文本；当事人对翻译机构的选择不能达成一致的，由人民法院确定。

【重点解读】关于哪些材料需要翻译，本条没有详细列举，只是笼统指出"当事人向人民法院提交的书面材料是外文的"，应当向我国法院提交中文翻译件。司法实践中，当事人提交的用于证明自己身份的材料，原文是外文的，必须全部翻译成中文；用于证明案件事实的相关材料，当事人认为需要向我国法院提交的，原文是外文的，也应当翻译成中文。

关于如何翻译的问题，本条作出了

具体规定。我国法院并未确立翻译机构的名单供当事人选择,一般而言,由当事人自行决定,可以自己翻译,也可以委托自己信任的翻译机构翻译。但如果双方当事人对翻译的内容有分歧,且对案件的审理有影响的情况下,则应当由当事人共同委托一家合法设立的翻译机构,提供翻译文本;如果双方当事人就翻译机构的选择不能达成一致的,则由法院确定一家翻译机构进行翻译。

2.《最高人民法院关于涉外民事或商事案件司法文书送达问题若干规定》(法释〔2006〕5 号,20060822;经法释〔2020〕20 号修正,20210101)

第十五条　人民法院送达司法文书,根据有关规定需要提供翻译件的,应由受理案件的人民法院委托中华人民共和国领域内的翻译机构进行翻译。

翻译件不加盖人民法院印章,但应由翻译机构或翻译人员签名或盖章证明译文与原文一致。

3.《最高人民法院关于依据国际公约和双边司法协助条约办理民商事案件司法文书送达和调查取证司法协助请求的规定》(法释〔2013〕11 号,20130502;经法释〔2020〕20 号修正,20210101)

第五条　人民法院委托外国送达民商事案件司法文书和进行民商事案件调查取证,需要提供译文的,应当委托中华人民共和国领域内的翻译机构进行翻译。

翻译件不加盖人民法院印章,但应由翻译机构或翻译人员签名或盖章证明译文与原文一致。

4.《最高人民法院关于设立国际商事法庭若干问题的规定》(法释〔2018〕11 号,20180701;经法释〔2023〕14 号修正,20240101)

第九条　当事人向国际商事法庭提交的证据材料系在中华人民共和国领域外形成的,不论是否已办理公证、认证或者其他证明手续,均应当在法庭上质证。

当事人提交的证据材料系英文且经对方当事人同意的,可以不提交中文翻译件。

【司法文件】

1.《最高人民法院关于为跨境诉讼当事人提供网上立案服务的若干规定》(法发〔2021〕7 号,20210203)

第七条　跨境诉讼当事人申请网上立案应当在线提交以下材料:

(一)起诉状;

(二)当事人的身份证明及相应的公证、认证、转递、寄送核验等材料;

(三)证据材料。

上述材料应当使用中华人民共和国通用文字或者有相应资质翻译公司翻译的译本。

2.《第二次全国涉外商事海事审判工作会议纪要》（最高人民法院，法发〔2005〕26号，20051226）

32. 人民法院送达司法文书，根据有关规定需提供翻译件的，应由受理案件的人民法院委托我国境内的翻译机构进行翻译。翻译件不加盖人民法院印章，但应由翻译机构或翻译人员签名或盖章证明译文与原文一致。

41. 当事人向人民法院提供外文视听资料的，应附有视听资料中所用语言的记录文本及中文译本。

3.《全国法院涉外商事海事审判工作座谈会会议纪要》〔最高人民法院民事审判第四庭，法（民四）明传〔2021〕60号，20211231〕

35.【申请材料】申请人申请承认和执行外国法院判决、裁定，应当提交申请书并附下列文件：

（1）判决书正本或者经证明无误的副本；

（2）证明判决已经发生法律效力的文件；

（3）缺席判决的，证明外国法院合法传唤缺席方的文件。

判决、裁定对前款第2项、第3项的情形已经予以说明的，无需提交其他证明文件。

申请人提交的判决及其他文件为外文的，应当附有加盖翻译机构印章的中文译本。

申请人提交的文件如果是在我国

领域外形成的，应当办理公证认证手续，或者履行中华人民共和国与该所在国订立的有关国际条约规定的证明手续。

第二百七十四条　【委托中国律师代理诉讼原则】外国人、无国籍人、外国企业和组织在人民法院起诉、应诉，需要委托律师代理诉讼的，必须委托中华人民共和国的律师。

【立法·要点注释】

律师制度是国家司法制度的组成部分，外国律师参与非本国法院的诉讼活动，关系一个国家的司法主权。本条规定仅指在需要委托律师代理诉讼的情况下，必须委托中国律师。外国当事人委托本国律师以非律师身份担任诉讼代理人，外国当事人委托其本国公民或者其他国家的公民作为诉讼代理人，外国驻华使领馆官员受本国公民的委托以个人名义而非官方名义担任该国当事人的诉讼代理人以及外国当事人委托中国公民作为诉讼代理人都是可以的。

【司法解释】

《最高人民法院关于适用〈中华人民共和国民事诉讼法〉的解释》（法释

〔2015〕5 号,20150204;经法释〔2022〕11号修正,20220410)

第五百二十六条 涉外民事诉讼中的外籍当事人,可以委托本国人为诉讼代理人,也可以委托本国律师以非律师身份担任诉讼代理人;外国驻华使领馆官员,受本国公民的委托,可以以个人名义担任诉讼代理人,但在诉讼中不享有外交或者领事特权和豁免。

【重点解读】外籍当事人委托本国人为其诉讼代理人,或者委托本国律师以非律师身份担任其诉讼代理人的情况下,也应当受到我国《民事诉讼法》第 61 条的限制。《民事诉讼法》第 61 条对委托诉讼代理人作出了明确规定,其中第 2 款对公民代理的情形作出了限制性规定,即"下列人员可以被委托为诉讼代理人:(一)律师、基层法律服务工作者;(二)当事人的近亲属或者工作人员;(三)当事人所在社区、单位以及有关社会团体推荐的公民"。也就是说,公民代理的情况下,该公民应当是"当事人的近亲属或者工作人员"或者是"当事人所在社区、单位以及有关社会团体推荐的公民"。在外籍当事人委托本国人为其诉讼代理人或者委托本国律师以非律师身份担任其诉讼代理人的情况下,也应当符合《民事诉讼法》第 61 条规定的关于公民代理的条件。

根据《维也纳外交关系公约》第 3 条第 1 款规定,外国驻华使领馆官员,可以受其本国公民的委托,以个人名义

在我国的民事诉讼中担任诉讼代理人,但根据《外交特权与豁免条例》《领事特权与豁免条例》的相关规定,该外国驻华使领馆官员就此不能享有外交或者领事特权和豁免。

第五百二十七条 涉外民事诉讼中,外国驻华使领馆授权其本馆官员,在作为当事人的本国国民不在中华人民共和国领域内的情况下,可以以外交代表身份为其本国国民在中华人民共和国聘请中华人民共和国律师或者中华人民共和国公民代理民事诉讼。

【司法文件】

《最高人民法院关于为跨境诉讼当事人提供网上立案服务的若干规定》(法发〔2021〕7 号,20210203)

第六条 通过身份验证的跨境诉讼当事人委托我国内地律师代理诉讼,可以向受诉法院申请线上视频见证。

线上视频见证由法官在线发起,法官、跨境诉讼当事人和受委托律师三方同时视频在线。跨境诉讼当事人应当使用中华人民共和国通用语言或者配备翻译人员,法官应当确认受委托律师和其所在律师事务所以及委托行为是否确为跨境诉讼当事人真实意思表示。在法官视频见证下,跨境诉讼当事人、受委托律师签署有关委托代理文件,无需再办理公证、认证、转递等手续。线上视频见证后,受委托律师可以代为开展网上立案、网上交费等事项。

线上视频见证的过程将由系统自动保存。

第二百七十五条 【授权委托书的公证与认证】 在中华人民共和国领域内没有住所的外国人、无国籍人、外国企业和组织委托中华人民共和国律师或者其他人代理诉讼,从中华人民共和国领域外寄交或者托交的授权委托书,应当经所在国公证机关证明,并经中华人民共和国驻该国使领馆认证,或者履行中华人民共和国与该所在国订立的有关条约中规定的证明手续后,才具有效力。

【立法·要点注释】

1. 在我国领域内没有住所的外国当事人从我国领域外寄交或者托交的授权委托书,只有在经过所在国的公证机关证明寄我国使领馆认证后,其效力才会得到人民法院的认可,委托代理关系才告成立,诉讼代理人才能根据授权委托书中所设定的范围代理诉讼。当然,本条所规定的授权委托书需要履行的公证、认证手续,是在一般情况下的必经程序。如果我国与该当事人所在国缔结或者共同参加了有关条约,该外国当事人履行了条约中规定的证明手续后,其授权委托书也同样具有效力。例如,在我国与一些国家签订的司法协助协定中就有免除认证的规定,即由缔约一方法院或者其他主管机关制作或者证明的并加盖印章的文件,不必经过认证,便可在缔约另一方境内使用。如果缔约另一方国家的当事人完成了上述证明手续,其授权委托书便产生了效力。

2. 2023 年 3 月 8 日,我国加入《取消外国公文书认证要求的公约》,该公约于 2023 年 11 月 7 日在我国生效实施。《取消外国公文书认证要求的公约》是海牙国际私法会议框架下适用范围最广、缔约成员最多的国际条约,旨在简化公文书跨国流转程序。根据该公约的规定,自 2023 年 11 月 7 日起,中国送往其他缔约国使用的公文书,仅需办理公约规定的附加证明书(Apostille),即可送其他缔约国使用,无须办理中国和缔约国驻华使领馆的领事认证。其他缔约国公文书送中国内地使用,只需办理该国附加证明书,无须办理该国和中国驻当地使领馆的领事认证。

3. 对于在我国领域内有住所的外国当事人递交的授权委托书,以及外国当事人在我国领域内里无住所,但在我国领域内作短期停留,如旅行、探亲、讲学、经商时,在人民法院法官的见证下签署授权委托书,或者在我国领域内签署并递交的授权委托书,一般无须履行本条规定的公证、认证手续。

【司法解释】

1.《最高人民法院关于适用〈中华人民共和国民事诉讼法〉的解释》（法释〔2015〕5号，20150204；经法释〔2022〕11号修正，20220410）

第五百二十一条 外国人参加诉讼，应当向人民法院提交护照等用以证明自己身份的证件。

外国企业或者组织参加诉讼，向人民法院提交的身份证明文件，应当经所在国公证机关公证，并经中华人民共和国驻该国使领馆认证，或者履行中华人民共和国与该所在国订立的有关条约中规定的证明手续。

代表外国企业或者组织参加诉讼的人，应当向人民法院提交其有权作为代表人参加诉讼的证明，该证明应当经所在国公证机关公证，并经中华人民共和国驻该国使领馆认证，或者履行中华人民共和国与该所在国订立的有关条约中规定的证明手续。

本条所称的"所在国"，是指外国企业或者组织的设立登记地国，也可以是办理了营业登记手续的第三国。

【重点解读】本条结合审判实践与2021年《民事诉讼法》第271条规定的精神，明确规定作为一方当事人的外国自然人参加诉讼时，应当向人民法院提交护照等用以证明自己身份的证件；外国企业或组织的身份证明材料，应当在其设立登记地国办理公证、认证手续，

如果其在其他国家或者地区办理了营业登记的，也可以提交在该国家或地区办理的公证、认证手续。这主要是指司法实践中在英属维尔京群岛或开曼群岛等地注册的公司，其主要营业地在香港，并在香港办理了营业登记，如果其提交在香港办理的有关公司情况的公证、认证手续，人民法院也是可以接受的；外国企业或组织的代表人代表该外国企业或组织参加诉讼，亦应当就证明其能够代表该外国企业或组织参加诉讼的材料办理公证、认证手续。

目前的司法实践中，当事人如果在香港特别行政区办理上述手续，由司法部考核后委托的香港律师作为委托公证人，出具有关公证文书，再经司法部在香港设立的中国法律服务（香港）有限公司审核并加章转递即可；当事人如果在澳门特别行政区办理上述手续，由澳门当地公证员公证即可；当事人如果在我国台湾地区办理上述手续，由我国台湾地区当地公证员公证即可。

第五百二十二条 依照民事诉讼法第二百七十一条①以及本解释第五百二十一条规定，需要办理公证、认证手续，而外国当事人所在国与中华人民共和国没有建立外交关系的，可以经该国公证机关公证，经与中华人民共和国有外交关系的第三国驻该国使领馆认证，再转由中华人民共和国驻该第三国

----

① 对应2023年《民事诉讼法》第275条。——编者注

使领馆认证。

【重点解读】司法实践中遇到本条规定的情况比较少,但有规定的必要。需要注意的是,公证手续仍需要在所在国办理,只是认证手续由于所在国与我国未建交而有所不同,可以转由我国与该国均建立了外交关系的第三国办理,先由第三国驻该国使领馆认证,再转由我国驻该第三国使领馆认证即可

第五百二十三条　外国人、外国企业或者组织的代表人在人民法院法官的见证下签署授权委托书,委托代理人进行民事诉讼的,人民法院应予认可。

【重点解读】司法实践中,如果当事人是外国自然人,其持护照等可以证明自己身份的证件,到人民法院办案法官的面前,签署授权委托书,该授权委托即是合法的,无须再办理公证、认证手续;当事人如果是外国企业或者组织有权代表该企业或者组织参加在我国进行的诉讼的人,即"代表人",其持符合本解释第521条规定的经公证、认证的材料,表明其本人身份的合法性,在此前提下,该代表人在人民法院办案法官面前,签署授权委托书,该授权委托也是合法的,无须再办理公证、认证手续。

第五百二十四条　外国人、外国企业或者组织的代表人在中华人民共和国境内签署授权委托书,委托代理人进行民事诉讼,经中华人民共和国公证机构公证的,人民法院应予认可。

【重点解读】司法实践中,外国自然人作为当事人参加在我国境内进行的民事诉讼活动,其可以亲自到我国境内任一合法设立的公证机关,出具授权委托书,由该公证机关对其授权委托行为进行公证,该授权委托手续即是合法的;如果外国当事人是法人或者组织,则有权代表其参加诉讼的"代表人",可以亲自到我国境内任一合法设立的公证机关,出具授权委托书,由该公证机关对其授权委托行为进行公证,该授权委托手续也是合法的。外国当事人完全可以根据自己的具体情况,选择本条或者本解释第523条的规定办理。这样处理,并不违反2021年《民事诉讼法》第271条规定的精神。

2.《最高人民法院关于民事诉讼证据的若干规定》(法释〔2001〕33号,20020401;经法释〔2019〕19号修正,20200501)

第十六条　当事人提供的公文书证系在中华人民共和国领域外形成的,该证据应当经所在国公证机关证明,或者履行中华人民共和国与该所在国订立的有关条约中规定的证明手续。

中华人民共和国领域外形成的涉及身份关系的证据,应当经所在国公证机关证明并经中华人民共和国驻该国使领馆认证,或者履行中华人民共和国与该所在国订立的有关条约中规定的证明手续。

当事人向人民法院提供的证据是在香港、澳门、台湾地区形成的,应当履

行相关的证明手续。

【重点解读】本条规定是在 2001 年《民事诉讼证据规定》第 11 条规定的基础上修改形成。修改的主要内容在于，将原来所有域外形成证据一概均由所在国公证机关予以证明，并经我国驻该国使领馆予以认证或履行条约规定手续，修改为将域外形成证据区分为无需经公证、认证的证据和需要经公证、认证的证据。需要经公证、认证的证据包括公文书证和涉及身份关系的证据，其中，公文书证经所在国公证机关证明或者履行条约手续即可，而不再需要同时经我国驻该国使领馆认证，限缩了使领馆认证的范围；需要同时经所在国公证机关证明并经我国驻该国使领馆认证的仅限于涉及身份关系的证据。其原因在于有关身份关系的裁判则具有对世效力，且有关事实查明并不依赖于当事人的举证，法院有广泛调查收集证据的职权，更为慎重是必要的。无须经公证、认证的证据，指普通的民商事法律关系的证据，原则上仅涉及当事人之间的权利义务的确定，其真实性通过质证检验即可，如要求经所在国公证机关证明即能够满足形式上的要求。驻在国使领馆认证的环节既增加了程序的复杂性，也加重当事人和使领馆的工作负担。

3.《最高人民法院关于认可和执行台湾地区仲裁裁决的规定》（法释〔2015〕14 号，20150701）

第六条　申请人委托他人代理申请认可台湾地区仲裁裁决的，应当向人民法院提交由委托人签名或者盖章的授权委托书。

台湾地区、香港特别行政区、澳门特别行政区或者外国当事人签名或者盖章的授权委托书应当履行相关的公证、认证或者其他证明手续，但授权委托书在人民法院法官的见证下签署或者经中国大陆公证机关公证证明是在中国大陆签署的除外。

4.《最高人民法院关于认可和执行台湾地区法院民事判决的规定》（法释〔2015〕13 号，20150701；经法释〔2024〕14 号修正，20250101）

第五条　申请人委托他人代理申请认可台湾地区法院民事判决的，应当向人民法院提交由委托人签名或者盖章的授权委托书。

台湾地区当事人签名或者盖章的授权委托书应当履行相关公证或者查明手续，但授权委托书经人民法院法官线上视频或者线下见证签署，或者经中国大陆公证机关公证证明是在中国大陆签署的除外。

持有台湾居民居住证的台湾地区当事人委托中国大陆执业律师或者其他人代理的，代理人向人民法院转交的授权委托书无需公证或者履行相关查明手续。

【司法文件】

1.《最高人民法院关于人民法院做好〈取消外国公文书认证要求的公约〉对我国生效后相关工作的通知》（法〔2023〕185号，20231028）

经国务院核准，我国已于2023年3月8日加入《取消外国公文书认证要求的公约》（以下简称《公约》），《公约》将于2023年11月7日对我国生效。根据《公约》规定，缔约国对适用《公约》、且需在其领土内出示的公文书应免除认证要求，而仅要求附有文书出具国主管机关签发的符合《公约》规定的附加证明书。

为在审判执行工作中切实履行《公约》义务，便利当事人，做好在境外形成的公证文书、外国法院裁判文书以及其他公交书的审查工作，现就《公约》生效后有关事项通知如下：

一、《公约》在我国与对我国加入不持异议的缔约国之间生效（缔约国名单附后，截至2023年10月23日），对于来自此外国家和地区的公文书，继续适用原有证明制度。

二、在对我国加入《公约》不持异议的缔约国领土内形成的公文书，包括对授权委托书等进行公证的文书、法院裁判文书以及其他公文书，在2023年11月7日前需经我驻外使领馆认证的，在2023年11月7日后人民法院不应再要求认证，当事人仅需提交符合《公约》要求的附加证明书；2023年11月7日前按相关规定无需认证的，不受《公约》影响，人民法院不得要求当事人提供附加证明书。

三、如各级人民法院在案件审判执行工作中对当事人提交的附加证明书真实性无法确认的，可层报最高人民法院国际合作局。如有必要，我院将请主管机关协助予以核实。

四、附加证明书的作用仅在于证明有关公文书签名、印鉴的真实性，或文件签署人签署时的身份。

五、各级人民法院需根据《公约》要求，并按民事诉讼法第二百七十五条的措辞修改应诉通知书、举证通知书等司法文书中关于传统领事认证的要求。

在《公约》生效后，各级人民法院执行前述通知要求的过程中如遇任何问题，特别是对《公约》适用把握不准或认为与国内法规定存在冲突等情况，可层报最高人民法院国际合作局。

附件1

取消外国公文书认证要求的公约
（中译本）

（订于一九六一年十月五日）

本公约签署国，

希望取消对外国公文书进行外交或领事认证的要求，

决定为此目的缔结本公约，并议定以下条款：

第一条

本公约适用于在一缔约国领土内制作，且需要在另一缔约国领土内出示的公文书。

在适用本公约时，下列文书被认为是公文书：

（一）与一国法院或法庭相关的机关或官员出具的文书，包括由检察官、法院书记员或司法执行员（"执达员"）出具的文书；

（二）行政文书；

（三）公证文书；

（四）对以私人身份签署的文件的官方证明，如对文件的登记或在特定日期存在的事实进行记录的官方证明，以及对签名的官方和公证证明。

但本公约不适用于：

（一）外交或领事人员制作的文书；

（二）直接处理商业或海关运作的行政文书。

第二条

缔约国对适用本公约且需在其领土内出示的文书应免除认证要求。就本公约而言，认证仅指文书出示地国的外交或领事人员为证明签名的真实性、文书签署人签署时的身份，以及在需要时为确认文书上的印鉴属实而履行的手续。

第三条

为证明签名的真实性、文书签署人签署时的身份，以及在需要时为确认文书上的印鉴属实，仅可能需要办理的手续是文书出具国主管机关签发第四条规定的附加证明书。

如根据文书出示地国现行法律、法规或惯例，或者根据两个或多个缔约国间的协定，前款所指手续已被取消或简化，或者已免除对文书的认证，则不得要求履行前款所规定的手续。

第四条

第三条第一款所指的附加证明书应附于文书本身或附页上，其样式应与本公约所附样本一致。

附加证明书可用签发它的主管机关使用的官方语言填写。附加证明书中标准事项亦可用另一种语言书写。附加证明书的标题"附加证明书（1961年 10 月 5 日海牙公约）"应用法文书写。

第五条

附加证明书应根据文书签署人或任何文书持有人的申请签发。

正确填写的附加证明书可以证明签名的真实性、文书签署人签署时的身份，以及在需要时确认文书上的印鉴属实。

附加证明书上的签名及印鉴无需任何证明。

第六条

缔约国应根据其机关的官方职责，指定有权签发第三条第一款所指附加证明书的主管机关。

缔约国应在交存批准书、加入书或扩展适用范围声明时将上述指定通知荷兰外交部。对指定的主管机关的任何变更也应予以通知。

第七条

根据第六条所指定的主管机关,应备有登记册或卡片索引以记录所签发的附加证明书,并详细列明:

(一)附加证明书的编号和日期;

(二)公文书签署人的姓名及其签署时的身份;无签名文书上印鉴机关的名称。

应任何利害关系人的申请,签发附加证明书的主管机关应核实附加证明书上的事项是否与登记册或卡片索引的记录一致。

第八条

如果两个或多个缔约国间的条约、公约或协定规定对签名或印鉴应履行某种证明手续,则本公约仅在这些手续较第三条、第四条规定的手续更严格的情况下优先适用。

第九条

缔约国应采取必要措施,以避免本国外交或领事人员在依本公约规定应予免除的情况下进行认证。

第十条

本公约对出席海牙国际私法会议第九届会议的国家及爱尔兰、冰岛、列支敦士登和土耳其开放签署。

本公约须经批准,批准书应交存荷兰外交部。

第十一条

本公约应于第三份批准书按第十条第二款规定交存后第 60 日起生效。

对于此后批准本公约的签署国,公约自其交存批准书后第 60 日起对其生效。

第十二条

第十条未提及的任何国家可在公约根据第十一条第一款生效后加入本公约。加入书应交存荷兰外交部。

此类加入仅应在加入国与那些在收到第十五条第(四)项规定的通知后 6 个月内对其加入未提出异议的缔约国之间生效。任何此类异议应通知荷兰外交部。

公约应自前款规定的 6 个月期限届满后的第 60 日起在加入国与对其加入不持异议的国家之间生效。

第十三条

任何国家可在签署、批准或加入本公约时声明,本公约应扩展适用于由其负责国际关系的全部领土,或者其中一处或几处。此类声明应自本公约对有关国家生效之日起发生效力。

此后任何时候,此类扩展适用事项应通知荷兰外交部。

如公约的签署和批准国作出此类扩展适用声明,公约应根据第十一条的规定对声明所提及的领土生效。如公约的加入国作出此类扩展适用声明,公约应根据第十二条的规定对声明所提及的领土生效。

第十四条

本公约自第十一条第一款规定的生效之日起 5 年内有效,对后来批准或加入本公约的国家同样适用。

如未经废止,本公约每 5 年自动展

期一次。

废止应至少在 5 年期届满的 6 个月前通知荷兰外交部。

废止可仅限于本公约适用的某些领土。

废止仅对发出废止通知的国家有效。本公约对其他缔约国仍然有效。

第十五条

荷兰外交部应将下列事项通知第十条所指的国家和根据第十二条加入本公约的国家：

（一）第六条第二款所述的通知；

（二）第十条所述的签署和批准；

（三）本公约根据第十一条第一款生效的日期；

（四）第十二条所述的加入和异议，及加入的生效日期；

（五）第十三条所述的扩展适用范围及其生效日期；

（六）第十四条第三款所述的废止。

下列经正式授权的签署人签署本公约，以昭信守。

本公约于一九六一年十月五日订于海牙，用法文和英文写成。两种文本如发生分歧，以法文本为准。正本一份，交由荷兰政府存档，其经证明无误的副本应通过外交途径送交出席海牙国际私法会议第九届会议的国家以及爱尔兰、冰岛、列支敦士登和土耳其。

公约附件：

附加证明书样式

附加证明书应为边长至少 9 厘米的正方形

```
┌─────────────────────────────────┐
│         附加证明书               │
│   （1961年10月5日海牙公约）       │
│ 1.文书出具国：_____    │
│ 本公文书                         │
│ 2.签署人 _____     │
│ 3.签署人身份_____     │
│ 4.印鉴名称_____       │
│            证明                  │
│ 5.签发地        6.签发日期       │
│ 7.签发人 _____     │
│ 8.附加证明书编号 _____    │
│ 9.签发机关印鉴：_____ 10.签名：__│
└─────────────────────────────────┘
```

附件 2

缔约国名单

（截至 2023 年 10 月 23 日）

亚洲（22 个）：中国、亚美尼亚、阿塞拜疆、巴林、文莱、格鲁吉亚、印度、印尼、以色列、日本、哈萨克斯坦、吉尔吉斯斯坦、蒙古国、阿曼、巴基斯坦、菲律宾、韩国、沙特、新加坡、塔吉克斯坦、土耳其、乌兹别克斯坦

非洲（16 个）：博茨瓦纳、布隆迪、佛得角、斯威士兰、莱索托、利比里亚、马拉维、毛里求斯、摩洛哥、纳米比亚、卢旺达、圣多美和普林西比、塞内加尔、

塞舌尔、南非、突尼斯

欧洲（44个）：阿尔巴尼亚、安道尔、奥地利、白俄罗斯、比利时、波黑、保加利亚、克罗地亚、塞浦路斯、捷克、丹麦、爱沙尼亚、芬兰、法国、德国、希腊、匈牙利、冰岛、爱尔兰、意大利、拉脱维亚、列支敦士登、立陶宛、卢森堡、马耳他、摩纳哥、黑山、荷兰、北马其顿、挪威、波兰、葡萄牙、摩尔多瓦、罗马尼亚、俄罗斯、圣马力诺、塞尔维亚、斯洛伐克、斯洛文尼亚、西班牙、瑞典、瑞士、乌克兰、英国

北美洲（21个）：安提瓜和巴布达、巴哈马、巴巴多斯、伯利兹、加拿大、哥斯达黎加、多米尼克、多米尼加、萨尔瓦多、格林纳达、危地马拉、洪都拉斯、牙买加、墨西哥、尼加拉瓜、巴拿马、圣基茨和尼维斯、圣卢西亚、圣文森特和格林纳丁斯、特立尼达和多巴哥、美国

南美洲（12个）：阿根廷、玻利维亚、巴西、智利、哥伦比亚、厄瓜多尔、圭亚那、巴拉圭、秘鲁、苏里南、乌拉圭、委内瑞拉

大洋洲（10个）：澳大利亚、库克群岛、斐济、马绍尔群岛、新西兰、纽埃、帕劳、萨摩亚、汤加、瓦努阿图

注1：2024年1月11日，《公约》将对加拿大生效，中加之间将于当日开始适用《公约》。2024年6月5日，《公约》将对卢旺达生效，中卢之间将于当日开始适用《公约》。

注2：中国与其不承认具有主权国家地位的《公约》成员间不适用《公约》。

注3：中国与印度之间不适用《公约》。

2.《全国法院涉外商事海事审判工作座谈会会议纪要》［最高人民法院民事审判第四庭，法（民四）明传〔2021〕60号，20211231］

5.【"有明确被告"的认定】原告对住所地在中华人民共和国领域外的被告提起诉讼，能够提供该被告存在的证明的，即符合民事诉讼法第一百二十二条第二项规定的"有明确的被告"。被告存在的证明可以是处于有效期内的被告商业登记证、身份证明、合同书等文件材料，不应强制要求原告就上述证明办理公证认证手续。

6.【境外公司的诉讼代表人资格认定】在中华人民共和国领域外登记设立的公司因出现公司僵局、解散、重整、破产等原因，已经由登记地国法院指定司法管理人、清算管理人、破产管理人的，该管理人可以代该公司参加诉讼。

管理人应当提交登记地国法院作出的判决、裁定及其公证认证手续等相关文件证明其诉讼代表资格。人民法院应当对上述证据组织质证，另一方当事人仅以登记地国法院作出的判决、裁定未经我国法院承认为由，否认管理人诉讼代表资格的，人民法院不予支持。

7.【外籍当事人委托公民代理的手续审查】根据民事诉讼法司法解释第五

百二十八条、第五百二十九条①的规定，涉外民事诉讼中的外籍当事人委托本国人为诉讼代理人或者委托本国律师以非律师身份担任诉讼代理人、外国驻华使领馆官员受本国公民委托担任诉讼代理人的，不适用民事诉讼法第六十一条第二款第三项的规定，无须提交当事人所在社区、单位或者有关社会团体的推荐函。

8.【外国当事人一次性授权的手续审查】外国当事人一次性授权诉讼代理人代理多个案件或者一个案件的多个程序，该授权办理了公证认证或者司法协助协定规定的相关证明手续，诉讼代理人有权在授权委托书的授权范围和有效期内从事诉讼代理行为。对方当事人以该诉讼代理人的授权未就单个案件或者程序办理公证认证或者证明手续为由提出异议的，人民法院不予支持。

16.【域外公文书证】《最高人民法院关于民事诉讼证据的若干规定》第十六条规定的公文书证包括外国法院作出的判决、裁定，外国行政机关出具的文件，外国公共机构出具的商事登记、出生及死亡证明、婚姻状况证明等文件，但不包括外国鉴定机构等私人机构出具的文件。

公文书证在中华人民共和国领域外形成的，应当经所在国公证机关证明，或者履行相应的证明手续，但是可以通过互联网方式核查公文书证的真实性或者双方当事人对公文书证的真实性均无异议的除外。

3.《最高人民法院关于为跨境诉讼当事人提供网上立案服务的若干规定》（法发〔2021〕7号，20210203）

第四条 跨境诉讼当事人首次申请网上立案的，应当由受诉法院先行开展身份验证。身份验证主要依托国家移民管理局出入境证件身份认证平台等进行线上验证；无法线上验证的，由受诉法院在线对当事人身份证件以及公证、认证、转递、寄送核验等身份证明材料进行人工验证。

身份验证结果应当在3个工作日内在线告知跨境诉讼当事人。

第五条 跨境诉讼当事人进行身份验证应当向受诉法院在线提交以下材料：

（一）外国人应当提交护照等用以证明自己身份的证件；企业和组织应当提交身份证明文件和代表该企业和组织参加诉讼的人有权作为代表人参加诉讼的证明文件，证明文件应当经所在国公证机关公证，并经我国驻该国使领馆认证。外国人、外国企业和组织所在国与我国没有建立外交关系的，可以经过该国公证机关公证，经与我国有外交关系的第三国驻该国使领馆认证，再转由我国驻第三国使领馆认证。如我国与外国人、外国企业和组织所在国订

① 对应2022年《民事诉讼法解释》第526条、第527条。——编者注

立、缔结或者参加的国际条约、公约中对证明手续有具体规定，从其规定，但我国声明保留的条款除外；

（二）港澳特区居民应当提交港澳特区身份证件或者港澳居民居住证、港澳居民来往内地通行证等用以证明自己身份的证件；企业和组织应当提交身份证明文件和代表该企业和组织参加诉讼的人有权作为代表人参加诉讼的证明文件，证明文件应当经过内地认可的公证人公证，并经中国法律服务（香港）有限公司或者中国法律服务（澳门）有限公司加章转递；

（三）台湾地区居民应当提交台湾地区身份证件或者台湾居民居住证、台湾居民来往大陆通行证等用以证明自己身份的证件；企业和组织应当提交身份证明文件和代表该企业和组织参加诉讼的人有权作为代表人参加诉讼的证明。证明文件应当通过两岸公证书使用查证渠道办理；

（四）经常居所地位于国外或者港澳台地区的我国内地公民应当提交我国公安机关制发的居民身份证、户口簿或者普通护照等用以证明自己身份的证件，并提供工作签证、常居证等证明其在国外或者港澳台地区合法连续居住超过一年的证明材料。

第七条　跨境诉讼当事人申请网上立案应当在线提交以下材料：

（一）起诉状；

（二）当事人的身份证明及相应的公证、认证、转递、寄送核验等材料；

（三）证据材料。

上述材料应当使用中华人民共和国通用文字或者有相应资质翻译公司翻译的译本。

第八条　跨境诉讼当事人委托代理人进行诉讼的授权委托材料包括：

（一）外国人、外国企业和组织的代表人在我国境外签署授权委托书，应当经所在国公证机关公证，并经我国驻该国使领馆认证；所在国与我国没有建立外交关系的，可以经过该国公证机关公证，经与我国有外交关系的第三国驻该国使领馆认证，再转由我国驻第三国使领馆认证；在我国境内签署授权委托书，应当在法官见证下签署或者经内地公证机构公证；如我国与外国人、外国企业和组织所在国订立、缔结或者参加的国际条约、公约中对证明手续有具体规定，从其规定，但我国声明保留的条款除外；

（二）港澳特区居民、港澳特区企业和组织的代表人在我国内地以外签署授权委托书，应当经过内地认可的公证人公证，并经中国法律服务（香港）有限公司或者中国法律服务（澳门）有限公司加章转递；在我国内地签署授权委托书，应当在法官见证下签署或者经内地公证机构公证；

（三）台湾地区居民在我国大陆以外签署授权委托书，应当通过两岸公证书使用查证渠道办理；在我国大陆签署授权委托书，应当在法官见证下签署或者经大陆公证机构公证；

(四)经常居所地位于国外的我国内地公民从国外寄交或者托交授权委托书,必须经我国驻该国的使领馆证明;没有使领馆的,由与我国有外交关系的第三国驻该国的使领馆证明,再转由我国驻该第三国使领馆证明,或者由当地爱国华侨团体证明。

4.《第二次全国涉外商事海事审判工作会议纪要》(最高人民法院,法发〔2005〕26 号,20051226)

13. 外国企业在我国境内依法设立并领取营业执照的分支机构,具有民事诉讼主体资格,可以作为当事人参加诉讼。因分支机构不能独立承担民事责任,其作为被告时,人民法院可以根据原告的申请追加设立该分支机构的外国企业为共同被告。

外国企业在我国境内设立的代表机构不具有诉讼主体资格的,涉及代表机构的纠纷案件应由外国企业作为当事人参加诉讼。

14. 根据《中华人民共和国民事诉讼法》第四十九条①和《最高人民法院关于适用〈中华人民共和国民事诉讼法〉若干问题的意见》第 40 条②的规定,外国企业、自然人在我国境内设立的"三来一补"企业具有民事诉讼主体资格,可以作为当事人参加诉讼。因"三来一补"企业不能独立承担民事责任,其作为被告时,人民法院可以根据原告的申请追加设立该"三来一补"企业的外国企业、自然人为共同被告。

15. 人民法院在审理案件过程中查明外国当事人被宣告破产或者进入清算程序的,应通知外国当事人的破产财产管理人或者清算人参加诉讼。

16. 外国当事人作为原告时,应根据《中华人民共和国民事诉讼法》第一百一十条第(一)项③的规定,向人民法院提供身份证明,证明材料应符合我国法律要求的形式。拒不提供的,应裁定不予受理。案件已经受理的,可要求原告在指定期限内补充提供相关资料,期满无正当理由仍未提供的,可以裁定驳回起诉。

17. 外国当事人作为被告时,应针对不同情况分别作如下处理:(1)原告起诉时提供了被告存在的证明,但未提供被告的明确住址或者依据原告所提供的被告住址无法送达(公告送达除外)的,应要求原告补充提供被告的明确住址。依据原告补充的材料仍不能确定被告住址的,应依法向被告公告送达相关司法文书;(2)原告起诉时没有提供被告存在的证明,但根据起诉状所列明的被告的姓名、名称、住所、法定代表人的姓名等情况对被告按照法定的送达途径(公告送达除外)能够送达的,送达后被告不在法定的期限内应诉

---

①　对应 2023 年《民事诉讼法》第 51 条。——编者注

②　对应 2022 年《民事诉讼法解释》第 52 条。——编者注

③　对应 2023 年《民事诉讼法》第 124 条第 1 项和第 2 项。——编者注

答辩,又拒不到庭的,可以依法缺席审判;(3)原告在起诉时没有提供被告存在的证明,根据起诉状所列明的情况对被告按照法定的送达途径(公告送达除外)无法送达的,应要求原告补充提供被告存在的证明,原告拒不提供或者补充提供后仍无法确定被告真实存在的,可以认定为没有明确的被告,应根据《中华人民共和国民事诉讼法》第一百零八条①第(二)项的规定裁定驳回原告的起诉。

18. 外国当事人在我国境外出具的授权委托书,应当履行相关的公证、认证或者其他证明手续。对于未履行相关手续的诉讼代理人,人民法院对其代理资格不予认可。

19. 外国自然人在人民法院办案人员面前签署的授权委托书无需办理公证、认证或者其他证明手续,但在签署授权委托书时应出示身份证明和入境证明,人民法院办案人员应在授权委托书上注明相关情况并要求该外国自然人予以确认。

20. 外国自然人在我国境内签署的授权委托书,经我国公证机关公证,证明该委托书是在我国境内签署的,无需在其所在国再办理公证、认证或者其他证明手续。

21. 外国法人、其他组织的法定代表人或者负责人代表该法人、其他组织在人民法院办案人员面前签署的授权委托书,无需办理公证、认证或者其他证明手续,但在签署授权委托书时,外

国法人、其他组织的法定代表人或者负责人除了向人民法院办案人员出示自然人身份证明和入境证明外,还必须提供该法人或者其他组织出具的能够证明其有权签署授权委托书的证明文件,且该证明文件必须办理公证、认证或者其他证明手续。人民法院办案人员应在授权委托书上注明相关情况并要求该法定代表人或者负责人予以确认。

22. 外国法人、其他组织的法定代表人或者负责人代表该法人、其他组织在我国境内签署的授权委托书,经我国公证机关公证,证明该委托书是在我国境内签署,且该法定代表人或者负责人向人民法院提供了外国法人、其他组织出具的办理了公证、认证或者其他证明手续的能够证明其有权签署授权委托书的证明文件的,该授权委托书无需在外国当事人的所在国办理公证、认证或者其他证明手续。

23. 外国当事人将其在特定时期内发生的或者将特定范围的案件一次性委托他人代理,人民法院经审查可以予以认可。该一次性委托在一审程序中已办理公证、认证或者其他证明手续的,二审或者再审程序中无需再办理公证、认证或者其他证明手续。

39. 对当事人提供的在我国境外形成的证据,人民法院应根据不同情况分别作如下处理:(1)对证明诉讼主体

———————
①　对应2023年《民事诉讼法》第122条。——编者注

资格的证据,应履行相关的公证、认证或者其他证明手续;(2)对其他证据,由提供证据的一方当事人选择是否办理相关的公证、认证或者其他证明手续,但人民法院认为确需办理的除外。

对在我国境外形成的证据,不论是否已办理公证、认证或者其他证明手续,人民法院均应组织当事人进行质证,并结合当事人的质证意见进行审核认定。

40. 对当事人提供的在我国境外形成的、应履行相关公证、认证或者其他证明手续的证据,应当经所在国公证机关公证,并经我国驻该国使领馆认证,或者履行我国与该所在国订立的有关条约中规定的证明手续。如果其所在国与我国没有外交关系,则该证据应经与我国有外交关系的第三国驻该国使领馆认证,再转由我国驻该第三国使领馆认证。

5.《全国法院涉港澳商事审判工作座谈会纪要》(最高人民法院,法发〔2008〕8 号,20080121)

8. 香港特别行政区、澳门特别行政区的当事人参加诉讼,应提供经注册地公证、认证机构公证、认证的商业登记等身份证明材料。

9. 人民法院受理香港特别行政区、澳门特别行政区的当事人作为被告的案件的,该当事人在内地设立"三资企业"时向"三资企业"的审批机构提交并经审批的商业登记等身份证明材料

可以作为证明其存在的证据,但有相反证据的除外。

10. 原告起诉时提供了作为被告的香港特别行政区、澳门特别行政区的当事人存在的证明,香港特别行政区、澳门特别行政区的当事人拒绝提供证明其身份的公证材料的,不影响人民法院对案件的审理。

6.《最高人民法院关于为深化两岸融合发展提供司法服务的若干措施》(法发〔2019〕9 号,20190325)

17. 持有台湾居民居住证的台湾当事人委托大陆律师或者其他人代理诉讼,代理人向人民法院转交的授权委托书无需公证认证或者履行其他证明手续。

【法院参考案例】

1. 原告是否有义务提供被告真实存在且具备适格被告相关公证、认证手续[连云港鸿旺达木业有限公司与 Composite Technology Internationl(CTI)、先复材料技术咨询(上海)有限公司国际货物买卖合同纠纷案,江苏省高级人民法院民事裁定书(2018)苏民终16 号]

一审法院受理本案后,多次通知鸿旺达公司要求其提交美国 CTI 公司现真实存在且具备适格被告的相关公证、认证手续和确凿的住所地,以及涉案诉讼文书等翻译文本,但鸿旺达公司一直

不予提交。一审法院经审查认为,鸿旺达公司以美国 CTI 公司为被告向一审法院递交起诉材料,一审法院立案受理后,鸿旺达公司应当依照涉外诉讼要求,补充提交美国 CTI 公司现真实存在的证明及具备资格被告的相关公证、认证手续和确凿的住所地,以及涉案诉讼文书等翻译文本,鸿旺达公司经一审法院多次释明及通知一直不予补充提交,至今仍不符合起诉条件,故驳回鸿旺达公司对美国 CTI 公司的起诉。

二审法院认为,依据查明的事实,鸿旺达公司在本案中已提供被告美国 CTI 公司的具体地址,该地址来源于先复公司在工商行政管理机关登记备案的章程,具有一定的公信力。此外,远泰公司就涉案货物的《装箱单》所载明的收货地址与鸿旺达公司提供的美国 CTI 公司注册地址一致。另根据一审法院与先复公司工作人员的谈话笔录,美国 CTI 公司经营正常,其股东变化不影响公司诉讼主体的存续。一审法院未经涉外送达程序,即以鸿旺达公司未补充提交美国 CTI 公司真实存在的证明及相关公证、认证手续和确凿的住所地等为由,裁定驳回鸿旺达公司对美国 CTI 公司的起诉不当,应予纠正。鸿旺达公司提起本案诉讼有明确的被告,且有具体的诉讼请求,符合《民事诉讼法》第 119 条(现为第 122 条)规定的起诉条件,应由一审法院继续审理。

2. 外国当事人一次性授权后的转委托是否有效[东莞市百康家纺用品有限公司与保罗弗兰克实业有限责任公司、东莞市大朗富家百货商店侵害商标权纠纷案,广东省东莞市中级人民法院(2020)粤 19 民终 1750 号]

保罗弗兰克公司授权宏联公司在中华人民共和国内地等对其包括案涉注册商标专用权在内的知识产权进行维权,授权范围包括代为签署起诉状等法律文书等,并确认可以转委托,对此依法办理了公证认证手续。宏联公司后授权博睿思公司在前述授权范围内对保罗弗兰克公司的相关知识产权进行维权,亦确认可以转委托,并办理了证明手续。故博睿思公司有权代表保罗弗兰克公司签署案涉起诉状等法律文书,亦有权委托律师作为保罗弗兰克公司的委托诉讼代理人。百康公司主张宏联公司或博睿思公司无权代为签署案涉起诉状,亦不能在接受当事人委托后指派律师参与诉讼,起诉状因没有保罗弗兰克公司的盖章及签字而不是保罗弗兰克公司的真实意思表示,缺乏事实和法律依据,法院不予支持。

第二十四章 管　辖

第二百七十六条 【特殊地域管辖】因涉外民事纠纷,对在中华人民共和国领域内没有住所的被告提起除身份关系以外的诉讼,如果合同签订地、合同履行地、诉讼标的物所在地、可供扣押财产所在地、侵权行为地、代表机构住所地位于中华人民共和国领域内的,可以由合同签订地、合同履行地、诉讼标的物所在地、可供扣押财产所在地、侵权行为地、代表机构住所地人民法院管辖。

除前款规定外,涉外民事纠纷与中华人民共和国存在其他适当联系的,可以由人民法院管辖。

【立法·要点注释】

1.本条的适用前提为因涉外民事纠纷,对在我国领域内没有住所的被告提起除身份关系以外的诉讼。在涉外民事案件中,被告一方在我国领域内没有住所是经常出现的情况,如果被告在我国境内有住所,不论其国籍如何,我国人民法院均有管辖权,被告住所地与经常居住地不一致的,只要其经常居住地在我国领域内,我国人民法院也可以行使管辖权。本条涉及的纠纷种类限于除身份关系以外的涉外民事纠纷,涉及身份关系的涉外民事案件的管辖应当按照《民事诉讼法》第二章的规定确定。根据《民事诉讼法》第23条第1项的规定,对不在中华人民共和国领域内居住的人提起的有关身份关系的诉讼,由原告住所地人民法院管辖;原告住所地与经常居住地不一致的,由原告经常居住地人民法院管辖。

2.适用本条的管辖依据有合同签订地、合同履行地、诉讼标的物所在地、可供扣押财产所在地、侵权行为地、代表机构住所地。其中的外国企业常驻代表机构,是指根据《外国企业常驻代表机构登记管理条例》的规定,在中国境内设立的从事与该外国企业业务有关的非营利性活动的办事机构,代表机构不具有法人资格。

3.除了本条第1款规定的管辖依据以外,涉外民事纠纷与我国存在其他适当联系的,可以由人民法院管辖。这是2023年《民事诉讼法》修改新增加的一款规定,增加"其他适当联系"这一管辖依据，作为人民法院行使涉外民事案件管辖权的兜底条款。对于确需人民法院行使保护性管辖权的案件，可以适用该款行使管辖权，坚定维护我国主权、安全、发展利益。确立"适当联系"，这一管辖依据，将为适当扩大我国法院的管辖权提供具有一定弹性的管辖依据。

【司法解释】

1.《最高人民法院关于涉外民商事案件管辖若干问题的规定》（法释〔2022〕18 号，20230101）

第一条　基层人民法院管辖第一审涉外民商事案件，法律、司法解释另有规定的除外。

第二条　中级人民法院管辖下列第一审涉外民商事案件：

（一）争议标的额大的涉外民商事案件。

北京、天津、上海、江苏、浙江、福建、山东、广东、重庆辖区中级人民法院，管辖诉讼标的额人民币 4000 万元以上（包含本数）的涉外民商事案件；

河北、山西、内蒙古、辽宁、吉林、黑龙江、安徽、江西、河南、湖北、湖南、广西、海南、四川、贵州、云南、西藏、陕西、甘肃、青海、宁夏、新疆辖区中级人民法院，解放军各战区、总直属军事法院，新疆维吾尔自治区高级人民法院生产建设兵团分院所辖各中级人民法院，管辖诉讼标的额人民币 2000 万元以上（包

含本数）的涉外民商事案件。

（二）案情复杂或者一方当事人人数众多的涉外民商事案件。

（三）其他在本辖区有重大影响的涉外民商事案件。

法律、司法解释对中级人民法院管辖第一审涉外民商事案件另有规定的，依照相关规定办理。

第三条　高级人民法院管辖诉讼标的额人民币 50 亿元以上（包含本数）或者其他在本辖区有重大影响的第一审涉外民商事案件。

第四条　高级人民法院根据本辖区的实际情况，认为确有必要的，经报最高人民法院批准，可以指定一个或数个基层人民法院、中级人民法院分别对本规定第一条、第二条规定的第一审涉外民商事案件实行跨区域集中管辖。

依据前款规定实行跨区域集中管辖的，高级人民法院应及时向社会公布该基层人民法院、中级人民法院相应的管辖区域。

第五条　涉外民商事案件由专门的审判庭或合议庭审理。

第六条　涉外海事海商纠纷案件、涉外知识产权纠纷案件、涉外生态环境损害赔偿纠纷案件以及涉外环境民事公益诉讼案件，不适用本规定。

第七条　涉及香港、澳门特别行政区和台湾地区的民商事案件参照适用本规定。

2.《最高人民法院关于审理涉及计

算机网络域名民事纠纷案件适用法律若干问题的解释》(法释〔2001〕24号,20010724;经法释〔2020〕19号修正,20210101)

第二条　涉及域名的侵权纠纷案件,由侵权行为地或者被告住所地的中级人民法院管辖。对难以确定侵权行为地和被告住所地的,原告发现该域名的计算机终端等设备所在地可以视为侵权行为地。

涉外域名纠纷案件包括当事人一方或者双方是外国人、无国籍人、外国企业或组织、国际组织,或者域名注册地在外国的域名纠纷案件。在中华人民共和国领域内发生的涉外域名纠纷案件,依照民事诉讼法第四编的规定确定管辖。

3.《最高人民法院关于审理垄断民事纠纷案件适用法律若干问题的解释》(法释〔2024〕6号,20240701)

第六条　原告依据反垄断法对在中华人民共和国境内没有住所的被告提起民事诉讼,主张被告在中华人民共和国境外的垄断行为对境内市场竞争产生排除、限制影响的,根据民事诉讼法第二百七十六条的规定确定管辖法院。

【司法文件】

1.《第二次全国涉外商事海事审判工作会议纪要》(最高人民法院,法发〔2005〕26号,20051226)

1. 人民法院在审理国内商事纠纷案件过程中,因追加当事人而使得案件具有涉外因素的,属于涉外商事纠纷案件,应当按照《最高人民法院关于涉外民商事案件诉讼管辖若干问题的规定》确定案件的管辖。当事人协议管辖不得违反前述规定。

无管辖权的人民法院不得受理涉外商事纠纷案件;已经受理的,应将案件移送有管辖权的人民法院审理。

2. 涉及外资金融机构(包括外国独资银行、独资财务公司、合资银行、合资财务公司、外国银行分行)的商事纠纷案件,其诉讼管辖按照《最高人民法院关于涉外民商事案件诉讼管辖若干问题的规定》办理。

3. 一方当事人以外国当事人为被告向人民法院提起诉讼,该外国当事人在我国境内设有来料加工、来样加工、来件装配或者补偿贸易企业(以下简称"三来一补"企业)的,应认定其在我国境内有可供扣押的财产,该"三来一补"企业所在地有涉外商事案件管辖权的人民法院可以对纠纷行使管辖权。

2.《涉外商事海事审判实务问题解答(一)》(最高人民法院民事审判第四庭,20040408)

8. 人民法院在审理国内民商事案件过程中,因追加当事人而使得案件具有涉外因素的,如何处理?

答:人民法院在审理国内民商事案

件过程中,因追加当事人而使得案件具有涉外因素的,属于涉外民商事案件。符合集中管辖规定的,有关人民法院应当按照《最高人民法院关于涉外民商事案件诉讼管辖若干问题的规定》的规定,将案件移送有管辖权的人民法院审理。

3.《全国法院涉港澳商事审判工作座谈会纪要》(最高人民法院,法发〔2008〕8号,20080121)

1. 人民法院受理涉港澳商事案件,应当参照《中华人民共和国民事诉讼法》第四编和《最高人民法院关于涉外民商事案件诉讼管辖若干问题的规定》确定案件的管辖。

4. 下级人民法院违反《最高人民法院关于涉外民商事案件诉讼管辖若干问题的规定》受理涉港澳商事案件并作出实体判决的,上级人民法院可以程序违法为由撤销下级人民法院的判决,将案件移送有管辖权的人民法院审理。

5. 人民法院受理破产申请后,即使该人民法院不享有涉外民商事案件管辖权,但根据《中华人民共和国企业破产法》第二十一条的规定,有关债务人的涉港澳商事诉讼仍应由该人民法院管辖。

31. 有管辖权的基层人民法院审理事实清楚、权利义务关系明确、争议不大的涉港澳商事案件,可以适用《中华人民共和国民事诉讼法》规定的简易程序。

【审判业务答疑】

《法答网精选答问(第十批)》(20241031)

问题3:外国航空承运人订立合同的营业地如何确定?

答疑意见:《蒙特利尔公约》第33条第1款规定:"损害赔偿诉讼必须在一个当事国的领土内,由原告选择,向承运人住所地、主要营业地或者订立合同的营业地的法院,或者向目的地点的法院提起。"其中,"承运人订立合同的营业地"如何确定,宜按照以下思路处理:

其一,根据《外国航空运输企业常驻代表机构审批管理办法》设立的代表机构可以认定为该航空运输企业的营业地。通过该代表机构购票(办理货物托运)的,该代表机构所在地可以认定为承运人订立合同的营业地。

其二,通过销售代理企业购票的情况下,销售代理企业的营业地能否认定为承运人订立合同的营业地,需要根据个案进行分析。满足下列条件之一的,可以综合考量是否将销售代理企业所在地认定为承运人订立合同的营业地:一是销售代理企业与承运人签订永久性或者长期协议,并具备持续稳定的代理关系。二是销售代理企业与航空公司之间的代理关系被本行业及第三方认可。三是其他可以证明销售代理企业属于航空公司销售组织机构一部分的情况。

【法院参考案例】

中国法院可以基于中国与案件存在"适当联系"而行使管辖权[浙江省某旅行社公司与某邮轮公司、上海某旅行社公司合同纠纷案，最高人民法院(2023)最高法民辖115号，入库编号：2024-10-2-483-004]

因涉外民事纠纷，对在我国领域内没有住所的被告提起除身份关系以外的诉讼，首先应当依据《民事诉讼法》第276条第1款确定管辖法院。不具有第1款规定的情形，但案件与我国存在其他适当联系的，人民法院可以依据该条第2款行使管辖权。判断是否存在《民事诉讼法》第276条第2款规定的"适当联系"，可以根据合同磋商地、一方当事人履行合同义务所在地、关联纠纷处理所在地等可能与法院地存在适当联系的因素进行判断。

案涉合同的履行既包含旅游合同的内容，也包含海上旅客运输合同的内容。根据《海事法院受案范围规定》(法释〔2016〕4号)第7条第110项规定，案涉纠纷应当由海事法院专门管辖。

第二百七十七条 【涉外协议管辖】涉外民事纠纷的当事人书面协议选择人民法院管辖的，可以由人民法院管辖。

【立法·要点注释】

1. 协议管辖，又称合意管辖或者约定管辖，是指双方当事人在纠纷发生之前或发生之后，以合意方式约定解决他们之间纠纷的管辖法院。协议选择管辖法院是意思自治原则在民事诉讼领域的延伸和体现，有助于实现当事人双方诉讼机会的均等。协议选择管辖，已为当今世界许多国家和地区在立法上和司法实践中所肯定。

2. 涉外民事诉讼的协议管辖与国内民事诉讼的协议管辖存在以下不同之处：一是在适用范围上，国内民事诉讼的协议管辖仅限于合同或者其他财产权益纠纷，而涉外民事诉讼的协议管辖就没有适用范围上的限制，不仅合同或者其他财产权益纠纷的当事人可以协议选择管辖法院，其他类型的涉外民事纠纷的当事人也可以协议选择管辖法院。二是在选择管辖法院的连结点上，国内民事诉讼中的当事人可以协议选择的法院应当是被告住所地、合同履行地、合同签订地、原告住所地、标的物所在地等与争议有实际联系的地点的人民法院，而涉外民事诉讼中的当事人在协议选择法院时没有这方面的限制。尊重当事人协议选择法院的意思自治，弱化实际联系的要求是国际民事诉讼的发展趋势。本条规定涉外民事纠纷的当事人书面协议选择我国法院管辖的，可以由我国法院行使管辖权，不受

"实际联系"原则对协议管辖的限制性要求,以鼓励外国当事人选择我国法院管辖,充分体现我国尊重当事人意思自治、平等保护、宽容、自信、开放的司法态度。

3. 本条未规定所协议选择的法院不能违反级别管辖和专属管辖的规定,并不意味着涉外民事诉讼的当事人在协议选择管辖法院时可以不适用《民事诉讼法》有关级别管辖和专属管辖的规定,而是首先尊重当事人选择我国法院进行管辖的意愿,将管辖权先"拿进来",至于确定我国法院的涉外民事管辖权后,由国内哪一法院具体行使管辖权,应再依据《民事诉讼法》有关级别管辖、专属管辖等规定来确定具体的管辖法院。如果涉外民事诉讼的当事人协议选择了我国国内的某个具体的法院,而这一法院在受理后发现根据争议标的的性质和标的额,由其受理案件不符合《民事诉讼法》或者其他法律关于级别管辖或者专门管辖的规定,可以依据《民事诉讼法》有关移送管辖和指定管辖的规则确定具体的管辖法院。

4. 涉外民事纠纷的当事人在协议选择法院管辖时,应当采用书面形式,这与国内民事诉讼协议管辖的要求一致。这是协议管辖的形式要件,要求当事人双方必须以书面合同的形式选择管辖法院,口头协议无效。从形式上,书面协议可以采取合同书的形式,包括书面合同中的协议管辖条款,也可以采取信件和数据电文(包括电报、电传、传真、电子数据交换和电子邮件)等可以有形地表现当事人双方协议选择管辖法院意思表示并可以随时调取查用的形式。

【司法解释】

1.《最高人民法院关于适用〈中华人民共和国民事诉讼法〉的解释》(法释〔2015〕5 号,20150204;经法释〔2022〕11 号修正,20220410)

第五百二十九条　涉外合同或者其他财产权益纠纷的当事人,可以书面协议选择被告住所地、合同履行地、合同签订地、原告住所地、标的物所在地、侵权行为地等与争议有实际联系地点的外国法院管辖。

根据民事诉讼法第三十四条和第二百七十三条①规定,属于中华人民共和国法院专属管辖的案件,当事人不得协议选择外国法院管辖,但协议选择仲裁的除外。②

【重点解读】涉外民事案件的当事人可以协议选择法院管辖。司法实践中应当注意以下事项:一是可以选择法院的案件范围,应当是涉外合同或者其他财产权益纠纷案件;二是选择法院的

---

①　对应 2023 年《民事诉讼法》第 279 条。——编者注

②　对该条的理解与适用应依据 2023 年修正的《民事诉讼法》第 277 条的规定妥当把握。——编者注

形式要求，应当是以书面协议的方式选择，该选择可以在争议发生前，也可以在争议发生后作出；三是协议选择的法院的范围是有限制的，可以是被告住所地、合同履行地、合同签订地、原告住所地、标的物所在地、侵权行为地等与争议有实际联系地点的外国法院，如果当事人仅仅是选择了解决争议所应当适用的法律，而并无其他连结点，不能以此认定为有实际联系，即仅仅是被选择适用法律的地点的外国法院不能被认定为与争议有实际联系地点的外国法院；四是协议选择法院不得违反我国法律专属管辖的规定，换言之，就诉讼方式解决纠纷而言，对于我国法院专属管辖的案件，当事人不得协议选择外国法院管辖，但当事人选择通过仲裁方式解决纠纷的，不受我国法院专属管辖规定的限制。

2.《最高人民法院关于设立国际商事法庭若干问题的规定》（法释〔2018〕11号，20180701；经法释〔2023〕14号修正，20240101）

第一条 最高人民法院设立国际商事法庭。国际商事法庭是最高人民法院的常设审判机构。

第二条 国际商事法庭受理下列案件：

（一）当事人依照民事诉讼法第二百七十七条的规定协议选择最高人民法院管辖且标的额为人民币3亿元以上的第一审国际商事案件；

……

第三条 具有下列情形之一的商事案件，可以认定为本规定所称的国际商事案件：

（一）当事人一方或者双方是外国人、无国籍人、外国企业或者组织的；

（二）当事人一方或者双方的经常居所地在中华人民共和国领域外的；

（三）标的物在中华人民共和国领域外的；

（四）产生、变更或者消灭商事关系的法律事实发生在中华人民共和国领域外的。

【司法文件】

1.《全国法院涉外商事海事审判工作座谈会会议纪要》〔最高人民法院民事审判第四庭，法（民四）明传〔2021〕60号，20211231〕

1.【排他性管辖协议的推定】涉外合同或者其他财产权益纠纷的当事人签订的管辖协议明确约定由一国法院管辖，但未约定该管辖协议为非排他性管辖协议的，应推定该管辖协议为排他性管辖协议。

【重点解读】1.本条规定的是管辖协议明确约定由"一国法院"管辖，而非"某个法院"管辖。

2.当事人如果在管辖协议中明确载明了"排他"，则该条款无疑为排他性管辖条款。如当事人用的是"可以""有权"等措辞，或完全没有说明是"排他"还是"非排他"时,可能会产生不同的观点从尊重当事人意思自治、减少平行诉讼的角度出发,对于使用"可以""有权"等措辞,没有进一步约定当事人可以向其他国家法院起诉的,尚不构成非排他管辖协议,应推定仍属于排他性管辖协议。

3. 如果一方当事人向法院提交证据证明双方真实意思并非排除其他法院管辖案涉争议的,则协议管辖条款是"排他性"的推定可以被推翻。

2.【非对称管辖协议的效力认定】涉外合同或者其他财产权益纠纷的当事人签订的管辖协议明确约定一方当事人可以从一个以上国家的法院中选择某国法院提起诉讼,而另一方当事人仅能向一个特定国家的法院提起诉讼,当事人以显失公平为由主张该管辖协议无效的,人民法院不予支持;但管辖协议涉及消费者、劳动者权益或者违反民事诉讼法专属管辖规定的除外。

【重点解读】实践中还存在一种将排他性和非排他性同时纳入一个管辖约定的混合性的管辖协议。例如,在国际性银行贷款合同中约定各方应将争议提交某一具体国家或地区的法院解决,但不限制银行将诉讼提交到任何其他司法辖区的权利。在这种类型的协议中,一方诉权受限,如借款人只能向约定的法院提起诉讼,而贷款银行享有单边选择法院起诉的权利,其既可以向协议约定的法院起诉,也可向协议约定的法院以外的其他法院起诉。这种特殊的混合协议又被称为非对称管辖协议(asymmetric jurisdictional agreement)或是单边管辖协议(one-sided or one-way or unilateral agreement)。非对称管辖权条款的具体表现形式各有不同,但都表现为合同一方当事人拥有比另一方当事人更大的选择权。这种管辖权条款在国际金融市场中被广泛采用,其有效性在审判实践中存在较大争议。虽然非对称管辖条款的效力从当事人意思自治角度应当得到认可,但更多地运用在缔约地位平等的商事主体之间。在特定领域,当事人缔约地位显著不平等的,出于保护弱者利益的考虑,有必要从格式合同的角度审查该类管辖权条款的效力。会议纪要也规定了非对称管辖协议的限制适用,即管辖协议涉及消费者、劳动者权益或者违反民事诉讼法专属管辖规定的除外。

3.【跨境消费者网购合同管辖协议的效力】网络电商平台使用格式条款与消费者订立跨境网购合同,未采取合理方式提示消费者注意合同中包含的管辖条款,消费者根据民法典第四百九十六条的规定主张该管辖条款不成为合同内容的,人民法院应予支持。

网络电商平台虽已尽到合理提示消费者注意的义务,但该管辖条款约定在消费者住所地国以外的国家法院诉讼,不合理加重消费者寻求救济的成本,消费者根据民法典第四百九十七条的规定主张该管辖条款无效的,人民法院应予支持。

【重点解读】在具体判断合理性时应注意三点。第一,对于通过互联网订立管辖条款的情形,《民事诉讼法解释》第20条规定:"以信息网络方式订立的买卖合同,通过信息网络交付标的的,以买受人住所地为合同履行地;通过其他方式交付标的的,收货地为合同履行地。合同对履行地有约定的,从其约定。"根据该规定,网购合同管辖条款本身就以有利于消费者的原则解释和规定管辖事项,因此在判断合理性时,应适度从保护消费者合法权益的角度出发。第二,判断具体的格式管辖条款是否合理时,应结合格式条款的具体约定和合同性质判断该约定是否导致双方当事人权利义务关系过于失衡,违反了格式条款提供方公平确定双方权利义务的原则。第三,审判实践中应当注意本条两款在适用上的区别。关于第1款规定的格式管辖条款能否成为合同内容,需要当事人主张后由法院进行审查。但是格式管辖条款的效力问题,由人民法院依职权进行审查和认定,无须当事人主张。我国是全球最大的消费品市场,亦是全球跨境网购消费大国,保护消费者利益尤为重要。司法实践中我们发现,部分跨境电子商务的经营者有意设置障碍,增加消费者的维权难度,通过格式管辖条款约定管辖权在经营者所在的境外法院来规避消费者所在国法院的管辖。在对合同效力进行合理性判断时,人民法院可依职权了解跨境网购平台同类案件的相关审理情况,平台是否存在针对不同国家消费者给予差别待遇等,作为判断管辖格式条款合理性的考量因素。

4.【主从合同约定不同管辖法院的处理】主合同和担保合同分别约定不同国家或者地区的法院管辖,且约定不违反民事诉讼法专属管辖规定的,应当依据管辖协议的约定分别确定管辖法院。当事人主张根据《最高人民法院关于适用〈中华人民共和国民法典〉有关担保制度的解释》第二十一条第二款的规定,根据主合同确定管辖法院的,人民法院不予支持。

【重点解读】第一,在主从合同均选择我国法院管辖或者主从合同分别约定不同国家法院非排他性管辖,而根据我国法定管辖的规定人民法院享有对案件的管辖权,我国法院对案件具有管辖权,其依照主合同确定管辖法院即可,此时适用"从随主"的规则。

第二,在主合同选择我国法院管辖,从合同协议选择外国法院排他性管辖时,该从合同产生的争议应交由享有排他性管辖权的外国法院审理,此时适用"分离主义"规则。

第三,若从合同选择我国法院管辖,主合同协议选择外国法院排他管辖时,此时按照2005年《第二次涉外商事海事纪要》第9条办理,即依据担保合同的准据法,担保人享有先诉抗辩权或者该案需要先确定主合同债权额的,裁定中止审理,并指定一定的期限,告知债权人对主债务人提起诉讼或者以其他方式确定主债权额。债权人在指定的期限内对主债务人提起诉讼或者经其他方式可以明确主债权额的,人民法院应在债权人提交相应的生效裁判文书或者其他证明文件后恢复审理。债权人在指定的期限内未对主债务人提起诉讼或者经其他方式仍未能明确主债权额,且人民法院调解不成的,裁定驳回原告的起诉。

需要注意的是,如从合同选择我国法院管辖,而主合同约定仅享有非排他性管辖权时,我国法院从便利诉讼的角度也可以对主从合同一并管辖,此时实际发生了"主随从"的情形。最高人民法院审理的中国诚通煤业投资有限公司与阿尔法杜奥国际有限公司、国际西南煤业投资控股有限公司等管辖权异议案即是解决香港特别行政区和内地之间涉及主从合同管辖权争议的"主随从"情形。

由此可见,在具体运用规则上,主从合同选择法院管辖协议是否具有排他性,是判断管辖权的一项重要因素。

司法实践中还应注意:(1)本条规定针对的是债权人一并起诉债务人和担保人的情形。债权人依法可以单独起诉担保人的情形主要有连带责任、一般保证中保证人丧失先诉抗辩权、担保人提供物的担保等。(2)本条规定仅适用于主从合同约定不同国家和地区法院的情形。如在涉外争议中当事人在主从合同中约定是我国国内的不同法院时,仍应按照《民法典担保制度解

释》第 21 条第 2 款及我国《民事诉讼法》关于级别管辖和地域管辖的规定,依法根据主合同确定从合同的案件管辖。(3)应当注意适用本条时,当事人之间达成选择法院管辖协议不得违反我国法律关于专属管辖的规定。我国《民事诉讼法》第 34 条规定,因不动产纠纷提起的诉讼由不动产所在地人民法院管辖,因港口作业中发生纠纷提起的诉讼由港口所在地人民法院管辖,因继承遗产纠纷提起的诉讼由被继承人死亡时住所地或者主要遗产所在地人民法院管辖。

2.《涉外商事海事审判实务问题解答(一)》(最高人民法院民事审判第四庭,20040408)

2. 当事人的协议管辖违反我国法律关于级别管辖的规定如何处理?

答:……如果当事人协议选择的法院不符合我国法律关于级别管辖的规定,人民法院应当按照我国法律关于级别管辖的规定办理。有关案件已经由有关人民法院受理的,受理案件的法院应当按照级别管辖的规定移送有管辖权的人民法院审理。

5. 当事人协议约定其他国家或者地区的法院非排他性管辖的,人民法院如何办理?

答:当事人在涉外合同中约定其他国家或者地区的法院对其争议具有非排他性管辖权的,只要一方当事人起诉到人民法院且该人民法院对该案具有

管辖权,则人民法院可以受理有关案件。

6. 境外当事人就发生在我国境外的商事纠纷起诉到我国法院的如何办理?

答:对于发生在我国境外的商事纠纷,除涉及不动产物权的纠纷外,当事人书面协议选择到我国法院进行诉讼的,我国法院就取得对该案的管辖权。如果当事人间没有书面协议,只要一方当事人起诉到人民法院,对方当事人应诉并就实体问题答辩的,亦视为当事人承认人民法院的管辖权。

3.《最高人民法院国际商事法庭程序规则(试行)》(法办发〔2018〕13 号,20181205)

第八条 原告根据《规定》①第二条第一项向国际商事法庭提起诉讼,应当提交以下材料:

(一)起诉状;

(二)选择最高人民法院或第一国际商事法庭、第二国际商事法庭管辖的书面协议;

(三)原告是自然人的,应当提交身份证明。原告是法人或者非法人组织的,应当提交营业执照或者其他登记证明、法定代表人或者负责人身份证明;

(四)委托律师或者其他人代理诉讼的,应当提交授权委托书、代理人身份证明;

(五)支持诉讼请求的相关证据材料;

(六)填妥的《送达地址确认书》;

(七)填妥的《审前分流程序征询意见表》。

前款第三项、第四项规定的证明文件,在中华人民共和国领域外形成的,应当办理公证、认证等证明手续。

【法院参考案例】

1. 管辖协议约定的法院是否必须明确到特定法院[国泰世华商业银行股份有限公司与高某保证合同纠纷案,最高人民法院(2017)最高法民申 4205 号]

《民事诉讼法解释》第 531 条(现为第 529 条)规定,涉外合同或者其他财产权益纠纷的当事人,可以书面协议选择被告住所地、合同履行地、合同签订地、原告住所地、标的物所在地、侵权行为地等与争议有实际联系地点的外国法院管辖,但不得违反《民事诉讼法》关于专属管辖的规定。本案中,高某因国泰世华银行与主债务人 AUDITECHNOLOGYLIMITED 进行衍生性金融商品及结构性商品等相关交易,向国泰世华银行出具《保证书》,承诺就主债务人对国泰世华银行所负一切债务在 500 万美元限额内承担连带清偿责任。《保证书》第 13 条约定:"保证人同意以中华民国法律为准据法,因

_____

① 即《最高人民法院关于设立国际商事法庭若干问题的规定》。——编者注

本保证书涉讼时,合意以台湾__地方法院为第一审管辖法院。但法律有专属管辖之特别规定者,从其规定。"原审中,双方当事人对案涉《保证书》中"台湾__地方法院为第一审管辖法院"的理解发生争议。高某认为根据该表述,双方已约定台湾地区地方法院为本案管辖法院;国泰世华银行认为该条款中横线为空白,双方当事人未对空白处内容进行约定,该条款中的表述是不完整、没有确定意思的表述。本院认为,对于合同条款中部分内容的理解发生争议的,可以结合争议内容上下文的表述,以及按照通常理解进行解释。首先,争议的"台湾__地方法院为第一审管辖法院"的前半句是"保证人同意以中华民国法律为准据法",因而,综合全句,既然双方就案涉保证书涉讼时,先约定了适用的准据法是台湾地区法律,则相应的对管辖法院亦约定为台湾地区法院,符合一般常理。其次,"台湾__地方法院为第一审管辖法院"的表述中,虽台湾与地方法院之间为横杠,横杠之上为空白,但对这一表述的理解,按通常理解,应指的是台湾地区的某一地方法院,即双方首先确定了本案诉讼管辖由台湾地区法院管辖,只是对于具体在台湾地区内的某个法院双方尚未明确。同时,案涉《保证书》系国泰世华银行提供,其中的条款为格式条款。对于格式条款的理解发生争议时,亦应作出不利于提供格式条款一方的解释。据此,原审裁定认定案涉《保证书》第13条的

约定虽未具体约定由台湾地区的哪一个地方法院管辖,但当事人可以根据台湾地区的法律规定向台湾地区某一法院起诉,同样具有确定性,以及该条约定排除了大陆法院对本案的管辖权,并无不当。由于大陆法院对本案无管辖权,国泰世华银行以原审法院审理本案更为方便为由,主张本案应由原审法院管辖,没有法律依据。

2. 管辖条款的"排他性"如何确定

[徐某明与张某华股权转让纠纷案,最高人民法院(2015)民申字第471号]

《民事诉讼法》第34条(现为第35条)规定:"合同或者其他财产权益纠纷的当事人可以书面协议选择被告住所地、合同履行地、合同签订地、原告住所地、标的物所在地等与争议有实际联系的地点的人民法院管辖,但不得违反本法对级别管辖和专属管辖的规定。"涉案股权转让合同第7条约定:"协议一经签订,双方不得反悔,如违约则可向蒙古国法院起诉,并有权申请查封RICHFORTUNE相关财产。"该管辖条款约定的管辖法院即蒙古国法院系合同签订地、股权转让义务的履行地法院,与本案争议有实际联系。至于双方当事人没有具体约定纠纷由蒙古国哪一个法院管辖,当事人可以根据蒙古国法律的规定向该国某一具体法院起诉,同样具有确定性。徐某明以协议选择的法院不唯一为由主张该管辖条款无效,缺乏事实和法律依据。双方当事人

约定其有权申请查封 RICHFORTUNE 公司的财产，该项约定是否因损害第三人利益而无效，属于实体问题，不影响双方当事人约定蒙古国法院管辖的效力。涉案管辖条款没有违反《民事诉讼法》对专属管辖的规定，符合该法第34条规定的精神。一、二审法院认定涉案管辖条款合法有效，并无不当。

涉案管辖条款中的"可"字符合起诉系当事人的一项权利而非义务的实际。涉案管辖条款表明在当事人行使诉讼权利时可以向蒙古国法院起诉，但并没有表明当事人有权选择向蒙古国以外的其他国家法院起诉，涉案股权转让合同没有载明蒙古国法院对有关纠纷享有非排他性管辖权。双方当事人签订涉案股权转让合同时，徐某明持有 RICHFORTUNE 公司100%的股权，其拟将该股权全部转让给张某华，双方当事人在约定蒙古国法院管辖的同时，进一步约定"有权申请查封位于蒙古国的 RICHFORTUNE 相关财产"，虽然在该两项约定中后者不影响前者的效力，但如果当事人依法可以申请法院查封 RICHFORTUNE 公司相关财产，约定蒙古国法院管辖显然是该项查封的一个重要便利条件，由此可以推断双方当事人当时具有选择蒙古国法院管辖的真实意思和特定意图，而难以推断双方当事人还具有可以向其他国家法院起诉的意思。在这种情况下，徐某明认为当事人还可以向其他国家法院起诉，没有合同依据。一、二审法院认定涉案管辖

条款具有排他性，具有充分事实依据。

3. 非对称性的管辖条款约定是否有效［甲银行诉乙公司、林某某保证合同纠纷案，上海市高级人民法院（2021）沪民终743号］

案涉林某某2016年出具的《担保函》约定的条款属于非对称管辖条款，即允许债权人在多个司法管辖区提起诉讼，但另一方只可以在一个特定司法管辖区内提起诉讼。该约定不违反《民事诉讼法》的规定，应认定有效。甲银行有权选择香港特别行政区之外的法院即上海金融法院提起诉讼。根据相关法律规定，在有平行诉讼的情形下，法院仍可对本案行使管辖权。本案当事人约定的非对称管辖条款以及非排他管辖条款均有效，而且均未明确排除香港法院以外法院对于原告甲银行提起诉讼案件的管辖，上海金融法院作为被告乙公司的住所地法院及被告林某某的可供扣押财产所在地法院享有本案管辖权，原告甲银行与被告林某某之间的同一纠纷已由香港法院作出部分裁决亦并不影响上海金融法院审理案件。

第二百七十八条 【涉外应诉管辖】当事人未提出管辖异议，并应诉答辩或者提出反诉的，视为人民法院有管辖权。

【立法·要点注释】

1. 应诉管辖，学理上也称为默示或者拟制的合意管辖，是指根据国际条约或者国内立法，民事案件的被告不抗辩法院无管辖权而出庭应诉并进行答辩或者提出反诉，因而确定法院管辖权的制度。

2. 在适用本条时需要注意，即便涉外民事案件的当事人在我国法院起诉时，我国法院无管辖权，如果案件当事人未提出管辖异议，并应诉答辩或者提出反诉的，那么我国法院便享有管辖权。在确定我国法院的涉外民事管辖权后，如果发现该受理案件的法院不符合《民事诉讼法》中有关级别管辖、专属管辖等的规定，那么就应再依据《民事诉讼法》中的有关规定来确定具体的管辖法院并进行移送。

【司法文件】

《全国法院涉外商事海事审判工作座谈会会议纪要》〔最高人民法院民事审判第四庭，法（民四）明传〔2021〕60号，20211231〕

9.【境外寄交管辖权异议申请的审查】当事人从中华人民共和国领域外寄交或者托交管辖权异议申请的，应当提交其主体资格证明以及有效联系方式；未提交的，人民法院对其提出的管辖权异议不予审查。

【重点解读】该规定并未强制外国自然人对主体资格证明材料履行公证、认证手续。外国企业或者组织在法定期限内来不及办理公证认证手续的，人民法院可以要求其在指定期限内补足手续。不强制要求外国企业或者组织在提出管辖权异议申请时提交主体资格证明材料必须附随公证认证手续。理由是：管辖权异议申请时限较短，要求当事人在规定期限内办理完公证认证手续再提出异议申请，可能会导致超期主张。从保障当事人诉权的角度出发，管辖权异议申请人只需要提供一定的资格证明以及联系方式，即可向法院提出管辖权异议申请。人民法院在受理后，可以要求当事人在指定期限内补齐公证认证手续。

14.【管辖权异议文书的送达】对涉外商事案件管辖权异议程序的管辖权异议申请书、答辩书等司法文书，人民法院可以仅在相对方当事人之间进行送达，但管辖权异议裁定书应当列明并送达所有当事人。

【重点解读】在讨论能否只在相对方当事人之间送达管辖权异议诉讼的司法文书时，不可避免地还涉及关于其他未提出管辖权异议的当事人是否可以就管辖权异议裁定提出上诉的问题。实践中，有的法院不仅已经实施了只在申请人与被申请人之间送达管辖权异议诉讼司法文书的做法，并且在上诉权的赋予方面采取了更加严苛的态度。例如，有的法院对部分被告提出管辖权异议申请的，申请书只送达给原告而不向其他未提出管辖权异议的被告送达；管辖权异议裁定作出后，裁定书送达给全部当事人，但只赋予原告和管辖权异议申请人上诉权。其理念在于，该管辖权异议裁定并未对其他没有提出管辖权异议的被告之权益进行处分，无关乎其权利义务，因此其对该裁定不具有上诉权。对限制其他当事人上诉权这一做法持反对意见的观点则认为，一方面，限制同样具有当事人地位的其他被告的上诉权缺乏充分的法律依据；另一方面，尤其是在人民法院经过审查，并未裁定驳回申请人的异议申请，而是认为管辖权异议成立，并由此裁定改变案件管辖的情形下，由于案件的管辖法院随着裁定的作出而产生变动，事实上对其他没有提出管辖权异议的被告而言，其权益亦不可避免地受到重大影响——其接受这一法院的管辖，不代表认可管辖权变更后的法院对该案有管辖权，若不赋予其上诉权，就会导致其对并不认同结果且对其实际利益确实存在巨大影响的裁判缺乏救济途径，显然对其并不公平。正是考虑到以上因素，最高人民法院对限制其他未提出管辖权异议的被告就管辖权异议裁定提出上诉的做法持保留态度，认为对这一做法的合法性和实践中存在的问题尚需进一步调研论证，因此并未在本纪要中对上诉权问题予以明确，待时机成熟时再另行出台有关规定。

第二百七十九条 【涉外专属管辖】下列民事案件，由人民法院专属管辖：

（一）因在中华人民共和国领域内设立的法人或者其他组织的设立、解散、清算，以及该法人或者其他组织作出的决议的效力等纠纷提起的诉讼；

（二）因与在中华人民共和国领域内审查授予的知识产权的有效性有关的纠纷提起的诉讼；

（三）因在中华人民共和国领域内履行中外合资经营企业合同、中外合作经营企业合同、中外合作勘探开发自然资源合同发生纠纷提起的诉讼。

【立法·要点注释】

1. 2023 年修改《民事诉讼法》，对涉外专属管辖的案件范围作了扩张，除因在中华人民共和国领域内履行中外合资经营企业合同、中外合作经营企业合同、中外合作勘探开发自然资源合同发生纠纷提起的诉讼外，新增两类涉外专属管辖的案件类型：一是因在中华人民共和国领域内设立的法人或者其他组织的设立、解散、清算，以及该法人或者其他组织作出的决议的效力等纠纷提起的诉讼；二是因在中华人民共和国领域内审查授予的知识产权的有效性有关的纠纷提起的诉讼。

2. 涉外专属管辖,是指对某些特定类型的涉外民事案件,法律强制规定只能由某国法院行使独占的管辖权。凡是属于我国法律专属管辖的涉外民事案件,只能由我国人民法院行使管辖权,外国法院没有管辖权。当事人双方也无权以协议或者约定的方式变更管辖法院。

【司法文件】

《第二次全国涉外商事海事审判工作会议纪要》(最高人民法院,法发〔2005〕26号,20051226)

5. 中外合资经营企业合同、中外合作经营企业合同,合资、合作企业的注册登记地为合同履行地;涉及转让在我国境内依法设立的中外合资经营企业、中外合作经营企业、外商独资企业股份的合同,上述外商投资企业的注册登记地为合同履行地。根据《中华人民共和国民事诉讼法》的规定,合同履行地的人民法院对上述合同纠纷享有管辖权。

第二百八十条 【平行诉讼的法院管辖】当事人之间的同一纠纷,一方当事人向外国法院起诉,另一方当事人向人民法院起诉,或者一方当事人既向外国法院起诉,又向人民法院起诉,人民法院依照本法有管辖权的,可以受理。当事人订立排他性管辖协议选择外国法院管辖且不违反本法对专属管辖的规定,不涉及中华人民共和国主权、安全或者社会公共利益的,人民法院可以裁定不予受理;已经受理的,裁定驳回起诉。

【立法·要点注释】

1. 所谓平行诉讼,是指相同当事人就同一争议,基于相同事实以及相同目的,在两个以上国家或地区的法院进行诉讼的现象。平行诉讼的产生与平行管辖紧密相连,平行管辖是指国家在主张对某些种类的涉外民事案件具有管辖权的同时,并不否认外国法院对此类案件的管辖权,由此,就会导致平行诉讼的产生。在涉外民事诉讼中,因各国涉外民事管辖权的扩展和延伸,当事人出于自身利益挑选法院以及国际社会缺乏民事诉讼管辖权协调机制等原因,平行诉讼现象呈高发态势。

2. 本条明确规范了平行诉讼的一般规则。主要是以下三个方面:一是对于什么是平行诉讼,本条明确规定有两种情形。一种为当事人之间的同一纠纷,一方当事人向外国法院起诉,另一方当事人向我国法院起诉;另一种为当事人之间的同一纠纷,一方当事人既向外国法院起诉,又向我国法院起诉。二是对于平行诉讼的立场,本条规定如果我国法院依据我国法律有管辖权的,我国法院可予受理,不因外国法院已受理而让渡我国的司法管辖权。三是充分尊重当事人的意思自治，承认当事人协议管辖的效力。对于当事人订立排他性管辖协议选择外国法院且不违反本法专属管辖规定，不涉及我国主权、安全或者社会公共利益的，我国法院可以不行使管辖权。

3. 在涉外民事诉讼中，管辖协议分为排他性和非排他性两类。排他性管辖协议兼具授权和排他双重功能，授予当事人协议选择法院管辖权的同时，排除其他未选择法院的管辖。非排他性管辖协议不具有排他功能，是在充分尊重当事人自由处分权的基础上授予多个国家法院管辖权，最后管辖权的确定还需根据其他限制性条件判定。根据本条规定，在平行诉讼中，只有当事人订立排他性管辖协议选择外国法院，我国法院才可以不行使管辖权。如果当事人订立了非排他性管辖协议，未排除我国法院的管辖权，那么对于这种情况中的平行诉讼，我国法院仍可以行使管辖权。这里需要强调的是，当事人尽管可以通过订立排他性管辖协议选择外国法院管辖，但这种排他性的管辖协议不能违反本法对专属管辖的规定，不能涉及我国的主权、安全或者社会公共利益，否则这种管辖协议将被认定为无效。

【司法解释】

《最高人民法院关于适用〈中华人民共和国民事诉讼法〉的解释》(法释〔2015〕5号，20150204；经法释〔2022〕11号修正，20220410)

第五百三十一条 中华人民共和国法院和外国法院都有管辖权的案件，一方当事人向外国法院起诉，而另一方当事人向中华人民共和国法院起诉的，人民法院可予受理。判决后，外国法院申请或者当事人请求人民法院承认和执行外国法院对本案作出的判决、裁定的，不予准许；但双方共同缔结或者参加的国际条约另有规定的除外。

外国法院判决、裁定已经被人民法院承认，当事人就同一争议向人民法院起诉的，人民法院不予受理。

【重点解读】我国法院和外国法院对同一争议都享有管辖权。当事人向我国法院起诉、我国法院受理案件的时间无论是否先于外国法院受理案件的时间，只要我国法院判决在先，我国法院均可以拒绝受理外国法院申请或者当事人关于请求人民法院承认和执行外国法院裁判的申请；如果外国法院作出判决在先，且该裁判已经得到我国法院的承认，则对同一争议，我国法院不得再行使管辖权。然而，如何理解"同一争议"是个难题。司法实践中，可以从当事人、诉讼请求、事实和理由等多个因素进行综合考量。

【司法文件】

1.《涉外商事海事审判实务问题解

答(一)》(最高人民法院民事审判第四庭,20040408)

3. 当事人就同一争议已经在外国法院起诉后,又向人民法院起诉的,如何办理?

答:对于我国法院和外国法院都有管辖权的涉外商事案件,一方当事人已经向外国法院起诉,而另一方当事人向我国法院起诉的,人民法院可予受理。

4. 当事人就同一争议已经在外国法院起诉,在该外国法院作出判决后又向人民法院起诉的,如何办理?

答:当事人就同一争议已经在外国法院起诉,在该外国法院作出终局判决后又向人民法院起诉的,人民法院应当根据具体情况办理。如果当事人向人民法院申请承认和执行该外国法院判决的,按照《最高人民法院关于适用〈中华人民共和国民事诉讼法〉若干问题的意见》①第三百一十八条的规定处理;在当事人未向人民法院申请承认和执行该外国法院判决的情况下,向人民法院起诉的,人民法院应当受理。

2.《第二次全国涉外商事海事审判工作会议纪要》(最高人民法院,法发〔2005〕26 号,20051226)

9. 担保合同的主债务人在我国境外,债权人在我国仅起诉担保人的,人民法院应根据《中华人民共和国民事诉讼法》的相关规定行使管辖权。在审理过程中,如发现依据担保合同的准据法,担保人享有先诉抗辩权或者该案需

要先确定主合同债权额的,可以根据不同情况分别作如下处理:(1)人民法院对主合同纠纷享有管辖权的,可以要求原告在一定期限内追加主债务人为共同被告;(2)人民法院对主合同纠纷不享有管辖权的,应裁定中止审理,并指定一定的期限,告知债权人对主债务人提起诉讼或仲裁,或者以其他方式确定主债权额。债权人在指定的期限内对主债务人提起诉讼或仲裁,或者经其他方式可以明确主债权额的,人民法院应在债权人提交相应的生效裁判文书或者其他证明文件后恢复审理。

债权人在指定的期限内拒绝申请追加主债务人为共同被告,或者未对主债务人提起诉讼或仲裁,或者经其他方式仍未能明确主债权额,且人民法院调解不成的,裁定驳回债权人的起诉。

10. 我国法院和外国法院都享有管辖权的涉外商事纠纷案件,一方当事人向外国法院起诉且被受理后又就同一争议向我国法院提起诉讼,或者对方当事人就同一争议向我国法院提起诉讼的,外国法院是否已经受理案件或者作出判决,不影响我国法院行使管辖权,但是否受理,由我国法院根据案件具体情况决定。外国法院判决已经被我国法院承认和执行的,人民法院不应受理。我国缔结或者参加的国际条约另有规定的,按规定办理。

---

① 已失效。相关内容见《民事诉讼法解释》第 542 条的规定。——编者注

12. 涉外商事纠纷案件的当事人协议约定外国法院对其争议享有非排他性管辖权时，可以认定该协议并没有排除其他国家有管辖权法院的管辖权。如果一方当事人向我国法院提起诉讼，我国法院依照《中华人民共和国民事诉讼法》的有关规定对案件享有管辖权的，可以受理。

3.《全国法院涉港澳商事审判工作座谈会纪要》（最高人民法院，法发〔2008〕8 号，20080121）

6. 内地人民法院和香港特别行政区法院或者澳门特别行政区法院都享有管辖权的涉港澳商事案件，一方当事人向香港特别行政区法院或者澳门特别行政区法院起诉被受理后，当事人又向内地人民法院提起相同诉讼，香港特别行政区法院或者澳门特别行政区法院是否已经受理案件或作出判决，不影响内地人民法院行使管辖权，但是否受理由人民法院根据案件具体情况决定。

内地人民法院已经受理当事人申请认可或执行香港特别行政区法院或者澳门特别行政区法院就相同诉讼作出的判决的，或者香港特别行政区法院、澳门特别行政区法院的判决已获内地人民法院认可和执行的，内地人民法院不应再受理相同诉讼。

第二百八十一条 【平行诉讼的处理措施】 人民法院依据前条规定受理案件后，当事人以外国法院已经先于人民法院受理为由，书面申请人民法院中止诉讼的，人民法院可以裁定中止诉讼，但是存在下列情形之一的除外：

（一）当事人协议选择人民法院管辖，或者纠纷属于人民法院专属管辖；

（二）由人民法院审理明显更为方便。

外国法院未采取必要措施审理案件，或者未在合理期限内审结的，依当事人的书面申请，人民法院应当恢复诉讼。

外国法院作出的发生法律效力的判决、裁定，已经被人民法院全部或者部分承认，当事人对已经获得承认的部分又向人民法院起诉的，裁定不予受理；已经受理的，裁定驳回起诉。

【立法·要点注释】

1. 本条借鉴国际条约和各国立法所采取的模式，规定在平行诉讼中，如果外国法院先于人民法院受理案件，并且当事人以此为由向人民法院申请中止诉讼的，人民法院可以裁定中止诉讼。但是在下列情况下，人民法院不能裁定中止诉讼，而应当继续审理：第一种情况为当事人协议选择人民法院管辖，在这种情况下，人民法院应当充分尊重当事人的意思自治，根据管辖协议的约定行使管辖权;第二种情况为纠纷属于人民法院专属管辖,在这种情况下我国法律排除了其他外国法院对此类纠纷的管辖权;第三种情况为由人民法院审理明显更为方便。相同当事人的同一纠纷起诉至我国法院或外国法院时,如果相比而言,诉讼与我国联系更密切、证据在我国的可获得性更大、判决在我国的可执行性更大等由我国人民法院审理明显更方便时,法院不应中止诉讼,而应继续审理。

2. 根据本条第 2 款、第 3 款规定,人民法院中止诉讼后,应根据外国法院受理案件后的不同情况采取不同的措施:如果外国法院未采取必要措施审理案件,或者未在合理期限内审结的,那么为了保护当事人的利益,依当事人的书面申请,人民法院应当恢复诉讼,及时解决纠纷,如果外国法院受理案件后作出了发生法律效力的判决、裁定,并已经被我国法院全都或者部分承认,相关争议我国法院不再受理,已经受理的,驳回起诉。

第二百八十二条　【不方便法院原则】人民法院受理的涉外民事案件,被告提出管辖异议,且同时有下列情形的,可以裁定驳回起诉,告知原告向更为方便的外国法院提起诉讼:

(一)案件争议的基本事实不是发生在中华人民共和国领域内,

人民法院审理案件和当事人参加诉讼均明显不方便;

(二)当事人之间不存在选择人民法院管辖的协议;

(三)案件不属于人民法院专属管辖;

(四)案件不涉及中华人民共和国主权、安全或者社会公共利益;

(五)外国法院审理案件更为方便。

裁定驳回起诉后,外国法院对纠纷拒绝行使管辖权,或者未采取必要措施审理案件,或者未在合理期限内审结,当事人又向人民法院起诉的,人民法院应当受理。

【立法·要点注释】

1. 不方便法院原则是解决平行诉讼管辖冲突的手段之一,是指在被告提出管辖异议的情况下,一国受理案件的法院认为该案件由其审理以及当事人参加诉讼均存在不方便的情形,而外国法院审理更为方便时,可以拒绝行使管辖权,并告知当事人向更为方便的外国法院提起诉讼。不方便法院原则已被不少国际条约和国家立法所采纳,体现了一国注重国际礼让的司法立场,有助于涉外案件审判执行效率的提升。

2. 适用本条,需要注意把握以下几个方面:

（1）在被告提出管辖异议的情况下，法院经审查，认为案件同时具备第一款所列五种情形的，可以适用不方便法院原则。

（2）案件争议的基本事实不是发生在我国领域内，人民法院审理案件和当事人参加诉讼均明显不方便。在这种情形下，如果仍由我国法院审理，不仅会增加法院的工作负担，造成司法资源浪费，还会给当事人带来不便，加重当事人的负担。

（3）案件由外国法院审理不损害国家利益、不违反法律规定。案件不涉及我国主权、安全或者社会公共利益，案件不属于人民法院专属管辖，当事人之间不存在选择人民法院管辖的协议时，人民法院适用不方便法院原则，告知原告向更为方便的法院起诉的，才不会损害国家利益，才不会违反我国法律关于专属管辖和协议管辖的规定。

（4）外国法院审理案件更为方便。法律上没有对"审理案件更为方便"的标准作出规定，一般而言，法官可以根据当事人参加诉讼是否方便、证据的可获得性、判决的可执行性、争议发生地在何处、语言因素、法律适用方面等来综合考量由哪个法院审理更加方便。在被告提出管辖异议，法院根据不方便法院原则裁定驳回起诉，告知原告向更为方便的法院起诉以后，如果外国法院对纠纷拒绝行使管辖权，或者未采取必要措施审理案件，或者未在合理期限内审结，在此情况下，如果当事人又向人

民法院起诉的，人民法院应当受理。这意味着，如果人民法院适用不方便法院原则驳回起诉后且纠纷未在外国法院得到适当解决时，当事人可以通过在国内法院起诉得到救济。

【司法解释】

《最高人民法院关于适用〈中华人民共和国民事诉讼法〉的解释》（法释〔2015〕5号，20150204；经法释〔2022〕11号修正，20220410）

第五百三十条 涉外民事案件同时符合下列情形的，人民法院可以裁定驳回原告的起诉，告知其向更方便的外国法院提起诉讼：

（一）被告提出案件应由更方便外国法院管辖的请求，或者提出管辖异议；

（二）当事人之间不存在选择中华人民共和国法院管辖的协议；

（三）案件不属于中华人民共和国法院专属管辖；

（四）案件不涉及中华人民共和国国家、公民、法人或者其他组织的利益；

（五）案件争议的主要事实不是发生在中华人民共和国境内，且案件不适用中华人民共和国法律，人民法院审理案件在认定事实和适用法律方面存在重大困难；

（六）外国法院对案件享有管辖权，且审理该案件更加方便。

【重点解读】一是本条适用的前提

是,我国法院对案件本身享有管辖权;二是本条规定的条件必须同时满足,我国法院才可以拒绝行使管辖权,不能滥用本条规定。

【司法文件】

1.《第二次全国涉外商事海事审判工作会议纪要》(最高人民法院,法发〔2005〕26号,20051226)

11. 我国法院在审理涉外商事纠纷案件过程中,如发现案件存在不方便管辖的因素,可以根据"不方便法院原则"裁定驳回原告的起诉。"不方便法院原则"的适用应符合下列条件:(1)被告提出适用"不方便法院原则"的请求,或者提出管辖异议而受诉法院认为可以考虑适用"不方便法院原则";(2)受理案件的我国法院对案件享有管辖权;(3)当事人之间不存在选择我国法院管辖的协议;(4)案件不属于我国法院专属管辖;(5)案件不涉及我国公民、法人或者其他组织的利益;(6)案件争议发生的主要事实不在我国境内且不适用我国法律,我国法院若受理案件在认定事实和适用法律方面存在重大困难;(7)外国法院对案件享有管辖权且审理该案件更加方便。

2.《涉外商事海事审判实务问题解答(一)》(最高人民法院民事审判第四庭,20040408)

7. 如何理解和掌握"不方便法院原则"?

答:……在审判实践中,一方当事人就其争议向人民法院提起诉讼时,另一方当事人往往以我国法院为不方便法院为由要求我国法院不行使管辖权。如果人民法院依据我国法律规定对某涉外商事案件具有管辖权,但由于双方当事人均为外国当事人,主要案件事实与我国没有任何联系,人民法院在认定案件事实和适用法律方面存在重大困难且需要到外国执行的,人民法院不必一定行使管辖权,可适用"不方便法院原则"放弃行使司法管辖权。

3.《全国法院涉港澳商事审判工作座谈会纪要》(最高人民法院,法发〔2008〕8号,20080121)

7. 人民法院受理的涉港澳商事案件,如果被告未到庭应诉,即使案件存在不方便管辖的因素,在被告未提出管辖权异议的情况下,人民法院不应依职权主动适用不方便法院原则放弃对案件的管辖权。

【法院参考案例】

适用"不方便法院原则"有哪些考量因素[尚德电力控股有限公司诉尚德电力投资有限公司企业借贷纠纷管辖权异议案,上海市高级人民法院发布涉外、涉港澳台商事审判典型案例,20220913]

尚德电力控股有限公司(以下简称尚德控股公司)、尚德电力投资有限公司(以下简称尚德投资公司)的注册地均位于中国境外,尚德投资公司因增资事宜向尚德控股公司借款,后因尚德投资公司未能按期归还涉诉。尚德投资公司在答辩期内对本案管辖权提出异议,认为双方未约定由中国法院管辖,也未选择适用中国法律,发生争议的主要事实在境外,相关的证据材料也需要在境外收集,甚至案件的执行结果涉及多个境外企业,且关联案件已在新加坡法院起诉和受理。故认为一审法院对本案无管辖权或不方便管辖,要求驳回尚德控股公司的诉请。

上海市第一中级人民法院认为:首先,本案系争借款关系履行的主要事实均发生在中国境外,且双方就本案准据法的确定无法达成一致意见,本案纠纷将适用香港法律或新加坡法律,如继续审理将在认定事实和适用法律方面存在重大困难。本案存在不方便管辖因素。其次,双方均为外国企业,根据系争借款的汇付情况,香港法院或新加坡法院对双方争议有管辖权,且审理更加方便。最后,双方未约定纠纷由中国法院管辖,且尚德投资公司在本案中已经提出适用"不方便法院原则"请求,故一审法院对于审理本案借款纠纷为不方便法院,裁定驳回尚德控股公司的起诉。尚德控股公司向上海市高级人民法院提起上诉,上海市高级人民法院二审认为:第一,本案涉及中国国家、公民、法人或其他组织的利益。本案双方当事人虽然为境外注册公司,但本案并

非与中国国家、公民、法人或其他组织的利益无涉,一审法院将本案当事人作为普通的外国企业对待,而未能充分考虑其作为离岸公司注册地和实际经营地相分离的特点,不妥。第二,中国法院审理本案在认定事实和适用法律方面并不存在重大困难。双方的实际经营地和办事机构均位于中国,原告的付款指令是在中国作出,银行完成划款后是向双方在无锡的办公地进行通知,借款亦是用于被告在境内的增资,因此,本案争议的主要事实并非与中国无涉。第三,外国法院审理本案并非更加方便。对于是否"更方便外国法院",应当根据案件的具体情况,从及时、有效和最大限度保护当事人合法权益出发,综合考量各种因素予以确定。本案中,被告可供执行财产在中国境内并被采取保全措施,由中国法院审理案件最有利于判决的执行。一审法院以自身是不方便法院为由拒绝对本案纠纷行使管辖权依据不足。

随着改革开放的深化和"一带一路"倡议、自贸区战略的推进,对于涉及中国国家、公民、法人或者其他组织利益的涉外民商事案件,人民法院应当积极行使管辖权,以更好地维护国家利益和司法主权。本案主要涉及对实际经营地在中国境内的离岸公司的管辖问题,从具体案例出发,进一步阐释了适用"不方便法院原则"的考量因素,确立了对实际经营地在中国境内的离岸公司积极行使管辖权的管辖原则,对于法院处理

类似案件具有导向作用。双方当事人虽然为境外注册公司，但双方的实际经营活动和办公场所均位于中国境内，双方的多名董事和工作人员也居住于境内，系争借款也是用于中国境内子公司的增资，且尚德投资公司可供执行的财产亦在中国境内，因此，本案争议并非与中国国家和其他组织的利益无涉，相反，系争合同与中国有着十分密切的联系，本案不符合"不方便法院原则"的适用条件，而应由中国法院进行审理和判决，这不仅有利于案件的执行，也能更好地维护当事人的合法权益。

第二十五章　送达、调查取证、期间

第二百八十三条　【涉外送达方式】人民法院对在中华人民共和国领域内没有住所的当事人送达诉讼文书,可以采用下列方式:

(一)依照受送达人所在国与中华人民共和国缔结或者共同参加的国际条约中规定的方式送达;

(二)通过外交途径送达;

(三)对具有中华人民共和国国籍的受送达人,可以委托中华人民共和国驻受送达人所在国的使领馆代为送达;

(四)向受送达人在本案中委托的诉讼代理人送达;

(五)向受送达人在中华人民共和国领域内设立的独资企业、代表机构、分支机构或者有权接受送达的业务代办人送达;

(六)受送达人为外国人、无国籍人,其在中华人民共和国领域内设立的法人或者其他组织担任法定代表人或者主要负责人,且与该法人或者其他组织为共同被告的,向该法人或者其他组织送达;

(七)受送达人为外国法人或者其他组织,其法定代表人或者主要负责人在中华人民共和国领域内的,向其法定代表人或者主要负责人送达;

(八)受送达人所在国的法律允许邮寄送达的,可以邮寄送达,自邮寄之日起满三个月,送达回证没有退回,但根据各种情况足以认定已经送达的,期间届满之日视为送达;

(九)采用能够确认受送达人收悉的电子方式送达,但是受送达人所在国法律禁止的除外;

(十)以受送达人同意的其他方式送达,但是受送达人所在国法律禁止的除外。

不能用上述方式送达的,公告送达,自发出公告之日起,经过六十日,即视为送达。

【立法·要点注释】

本条规定的送达方式,只是在当事

人在我国领域内没有住所的情况下采用。如果当事人在我国领域内有住所，即使是外国当事人，也仍应按照《民事诉讼法》第七章所规定的送达方式进行送达。反之，如果当事人在我国领域内没有住所而居住在国外，即使该当事人是中国国籍，也需要采用本条关于涉外送达所规定的方式进行送达。

1. 依照受送达人所在国与我国缔结或者共同参加的国际条约中规定的方式送达。这一方式是人民法院向在我国领域内没有住所的当事人送达诉讼文书时首先应当考虑采用的方式。按照国际条约规定的方式送达诉讼文书，在手续上往往比通过外交途径送达简单。例如，我国于1991年加入的1965年《海牙送达公约》，对缔约国之间相互送达诉讼文书规定了以下主要方式：(1) 由文书发出国的主管机关或者司法协理员将文书直接送交文书发往国的中央机关，请予协助送达；(2) 由文书发出国的主管机关直接请求文书发往国的主管机关协助送达；(3) 由文书发出国的驻外领事机构将文书送交驻在国的中央机关，请求协助送达。人民法院在向缔约另一方领域内送达公证文书时，即可采用该公约所规定的送达方式。

2. 通过外交途径送达。这是国际公认的一种最为正规的送达方式。在两国之间没有国际条约关系的情况下，即可采用这种方式。这一方式在人民法院的审判实践中经常使用。一般的做法是，需要送达的诉讼文书，经高级人民法院审查后，交由外交部转递受送达人所在国驻我国的外交机构，再由其转交该国外交机关，该国外交机关再转交该国司法机关，由该国司法机关送交受送达人。

3. 对具有中国国籍的受送达人，可以委托我国驻受送达人所在国的使领馆代为送达。采用这种送达方式，须该中国籍受送达人驻在国允许我国使领馆直接送达，人民法院才可以委托我国驻该国使领馆送达。由使领馆向居住在国外的本国人送达诉讼文书，是通常使用的方法。不少国家的立法和国际条约中都有明文规定。我国与有关国家签订的司法协助协定，以及我国加入的《海牙送达公约》《维也纳领事关系公约》，都允许缔约国之间采用这种方式。

4. 向受送达人在本案中委托的诉讼代理人送达。在一般情况下，人民法院将需要送达的诉讼文书交给受送达人委托的诉讼代理人，即为送达完成。接受法院送达的司法文书是受送达人委托诉讼代理人的当然义务。2023年修改《民事诉讼法》过程中，有的意见提出，实践中出现了委托诉讼代理人提交的授权委托书载明"不包括接受司法文书"以逃避送达的情形，故此次修改将其修改为"向受送达人在本案中委托的诉讼代理人送达"。

5. 向受送达人在我国领域内设立的独资企业、代表机构、分支机构或者有权接受送达的业务代办人送达。此次修改删除了"分支机构"前"有权接受送达的"表述，主要是考虑到外国法人在我国领域内设立的分支机构并非独立法人，其有义务接受向外国法人送达的司法文书。此次修改还增加了"受送达人在中华人民共和国领域内设立的独资企业"。比如，外国法人在我国领域内设立的独资企业，因其股东和日常经营管理人员全部来自外国法人的委派，因此规定可以向其独资企业送达，以提高送达效率。如果受送达人在我国领域内设有独资企业、代表机构、分支机构或者其业务代办人有权接受送达，人民法院将诉讼文书送至该受送达人在我国领域内设立的独资企业、代表机构、分支机构或者有权接受送达的业务代办人，即为送达完成。

6. 受送达人为外国人、无国籍人，其在中华人民共和国领域内设立的法人或者其他组织担任法定代表人或者主要负责人，且与该法人或者其他组织为共同被告的，向该法人或者其他组织送达。

7. 受送达人为外国法人或者其他组织，其法定代表人或者主要负责人在我国领域内的，向其法定代表人或者主要负责人送达。

8. 受送达人所在国的法律允许邮寄送达的，可以邮寄送达，自邮寄之日起满3个月，送达回证没有退回，但根据各种情况足以认定已经送达的，期间届满之日视为送达。采用这种方式的前提条件是，受送达人所在国不反对邮寄送达。如果受送达人所在国不允许邮寄送达，则不能采用这种方式。

9. 采用能够确认受送达人收悉的电子方式送达，但是受送达人所在国法律禁止的除外。本条不再列举"传真、电子邮件"等具体方式，而是直接概括为"能够确认受送达人收悉的电子方式送达"，以拓展电子送达的途径。同时，增加规定使用电子方式送达，以不违反受送达人所在国禁止性法律规定为限。

10. 以受送达人同意的其他方式送达，但是受送达人所在国法律禁止的除外。

本条第2款规定，不能用上述方式送达的，公告送达，自发出公告之日起，经过60日，即视为送达。这种送达方式在其他方式都不能采用时才予适用。一般的做法是，将需送达的诉讼文书制成公告内容，在人民法院的公告栏内张贴，并在我国对外发行的报纸上登载。待公告60日的法定期间届满，即视为该诉讼文书的内容已经送达到受送达人。此次修改缩短了公告送达期限，优化了涉外公告送达规则。

【相关立法】

《全国人大常委会关于批准加入〈关于向国外送达民事或商事司法文书和司法外文书公约〉的决定》(19910302)

第七届全国人民代表大会常务委员会第十八次会议决定：批准加入

1965 年 11 月 15 日订于海牙的《关于向国外送达民事或商事司法文书和司法外文书公约》，同时：

一、根据公约第二条和第九条规定，指定中华人民共和国司法部为中央机关和有权接收外国通过领事途径转递的文书的机关。

二、根据公约第八条第二款声明，只在文书须送达给文书发出国国民时，才能采用该条第一款所规定的方式在中华人民共和国境内进行送达。

三、反对采用公约第十条所规定的方式在中华人民共和国境内进行送达。

四、根据公约第十五条第二款声明，在符合该款规定的各项条件的情况下，即使未收到任何送达或交付的证明书，法官仍可不顾该条第一款的规定，作出判决。

五、根据第十六条第三款声明，被告要求免除丧失上诉权效果的申请只能在自判决之日起的一年内提出，否则不予受理。

【司法解释】①

1.《最高人民法院关于适用〈中华人民共和国民事诉讼法〉的解释》（法释〔2015〕5 号，20150204；经法释〔2022〕11 号修正，20220410）

第五百三十二条 对在中华人民共和国领域内没有住所的当事人，经用公告方式送达诉讼文书，公告期满不应诉，人民法院缺席判决后，仍应当将裁判文书依照民事诉讼法第二百七十四条第八项②规定公告送达。自公告送达裁判文书满三个月③之日起，经过三十日的上诉期当事人没有上诉的，一审判决即发生法律效力。

第五百三十三条 外国人或者外国企业、组织的代表人、主要负责人在中华人民共和国领域内的，人民法院可以向该自然人或者外国企业、组织的代表人、主要负责人送达。

外国企业、组织的主要负责人包括该企业、组织的董事、监事、高级管理人员等。

【重点解读】 首先，在受送达人为企业、组织时，必须根据该企业、组织注册登记等的相关资料，对具体接受送达的人员身份加以查明，以确定其是否有权代表企业、组织接受送达。本条第 2 款进一步明确外国企业、组织的主要负责人不仅包括该企业、组织的董事还包括监事、高级管理人员等，即基于上述人员在企业、组织中的特殊地位，其可以被视为是有权代表企业、组织签收相关诉讼文书的主要负责人，人民法院可以向其直接送达。其次，必须是外国自

---

① 本栏目下司法解释的规定与 2023 年修正的《民事诉讼法》的规定不一致的，以法律的规定为准。——编者注

② 对应 2023 年《民事诉讼法》第 283 条第 2 款。——编者注

③ 2023 年《民事诉讼法》第 283 条第 2 款缩短了公告送达期限，为 60 日。——编者注

然人或者外国企业、组织的代表人、主要负责人出现在我国境内的,人民法院方可以对其进行直接送达。

第五百三十四条　受送达人所在国允许邮寄送达的,人民法院可以邮寄送达。

邮寄送达时应当附有送达回证。受送达人未在送达回证上签收但在邮件回执上签收的,视为送达,签收日期为送达日期。

自邮寄之日起满三个月,如果未收到送达的证明文件,且根据各种情况不足以认定已经送达的,视为不能用邮寄方式送达。

【重点解读】第一,对域外当事人适用邮寄方式送达的,应当首先确定该受送达人所在国是否允许邮寄送达。第二,对于认定不能适用邮寄方式送达的期限为自邮寄之日起满3个月。第三,受送达人在邮件回执上签收的视为送达,且送达日期为签收邮件的日期。

第五百三十五条　人民法院一审时采取公告方式向当事人送达诉讼文书的,二审时可径行采取公告方式向其送达诉讼文书,但人民法院能够采取公告方式之外的其他方式送达的除外。

【重点解读】司法实践中,一审法院作出裁判后,当事人不服提出上诉,二审法院仍然要根据《民事诉讼法》关于送达问题的相关规定,对当事人送达二审诉讼文书。根据规定,同样首先要穷尽除公告送达外的其他所有送达方式,例如,公约、协定规定的方式,外交

途径等,然后才能进行公告送达,而这一送达过程又要花费大量的时间。对于一审程序中已经采取公告方式向其送达的当事人而言,一审法院尝试了公告之外的其他方式送达不能成功,二审法院即使再采取这些方式重新向当事人送达,同样亦不能成功送达,反而会耗费大量的时间。为了进一步提高送达效率,避免无效送达,本条确立了二审法院在二审程序中对于一审法院采取公告方式送达的当事人可以径行采取公告方式送达的基本原则。当然如果二审法院发现可以适用公告之外的其他方式送达,例如,当事人在二审程序中委托了代理人或者二审法院发现该当事人在其他关联案件中的有效送达地址等,则应当适用公告之外的其他方式进行送达,而不能直接进行公告送达,以充分保护当事人的合法权益。

审判实践中应当注意:第一,在一审法院已经在一审程序中对当事人进行了公告送达,二审法院原则上可以直接在二审程序中对该当事人进行公告送达。第二,上述原则亦存在例外情形:一是该条规定中的除外规定,即二审法院发现可以适用公告之外的其他方式对该当事人进行有效送达,则应当首先适用其他有效送达方式,而不是直接适用公告方式送达;二是这里强调的一审法院采取的公告送达方式的应有之义是合法的公告送达方式,即一审法院是在穷尽其他送达方式后才进行的公告送达。如果二审法院发现一审法

院的公告送达是在没有穷尽其他送达方式的情况下进行的，即一审公告送达存在问题或者瑕疵可能侵害当事人的诉讼权利的，二审法院则不能直接对该当事人适用公告方式送达。

2.《最高人民法院关于涉外民事或商事案件司法文书送达问题若干规定》（法释〔2006〕5 号，20060822；经法释〔2020〕20 号修正，20210101）

第一条　人民法院审理涉外民事或商事案件时，向在中华人民共和国领域内没有住所的受送达人送达司法文书，适用本规定。

第二条　本规定所称司法文书，是指起诉状副本、上诉状副本、反诉状副本、答辩状副本、传票、判决书、调解书、裁定书、支付令、决定书、通知书、证明书、送达回证以及其他司法文书。

第三条　作为受送达人的自然人或者企业、其他组织的法定代表人、主要负责人在中华人民共和国领域内的，人民法院可以向该自然人或者法定代表人、主要负责人送达。

第四条　除受送达人在授权委托书中明确表明其诉讼代理人无权代为接收有关司法文书外，其委托的诉讼代理人为民事诉讼法第二百六十七条第（四）项①规定的有权代其接受送达的诉讼代理人，人民法院可以向该诉讼代理人送达。

第五条　人民法院向受送达人送达司法文书，可以送达给其在中华人民共和国领域内设立的代表机构。

受送达人在中华人民共和国领域内有分支机构或者业务代办人的，经该受送达人授权，人民法院可以向其分支机构或者业务代办人送达。

第六条　人民法院向在中华人民共和国领域内没有住所的受送达人送达司法文书时，若该受送达人所在国与中华人民共和国签订有司法协助协定，可以依照司法协助协定规定的方式送达；若该受送达人所在国是《关于向国外送达民事或商事司法文书和司法外文书公约》的成员国，可以依照该公约规定的方式送达。

依照受送达人所在国与中华人民共和国缔结或者共同参加的国际条约中规定的方式送达的，根据《最高人民法院关于依据国际公约和双边司法协助条约办理民商事案件司法文书送达和调查取证司法协助请求的规定》办理。

第七条　按照司法协助协定、《关于向国外送达民事或商事司法文书和司法外文书公约》或者外交途径送达司法文书，自我国有关机关将司法文书转递受送达人所在国有关机关之日起满六个月，如果未能收到送达与否的证明文件，且根据各种情况不足以认定已经送达的，视为不能用该种方式送达。

第八条　受送达人所在国允许邮

---

①　对应 2023 年《民事诉讼法》第 283 条第 1 款第 4 项。——编者注

寄送达的,人民法院可以邮寄送达。

邮寄送达时应附有送达回证。受送达人未在送达回证上签收但在邮件回执上签收的,视为送达,签收日期为送达日期。

自邮寄之日起满三个月,如果未能收到送达与否的证明文件,且根据各种情况不足以认定已经送达的,视为不能用邮寄方式送达。

第九条 人民法院依照民事诉讼法第二百六十七条第(八)项①规定的公告方式送达时,公告内容应在国内外公开发行的报刊上刊登。

第十条 除本规定上述送达方式外,人民法院可以通过传真、电子邮件等能够确认收悉的其他适当方式向受送达人送达。

第十一条 除公告送达方式外,人民法院可以同时采取多种方式向受送达人进行送达,但应根据最先实现送达的方式确定送达日期。

第十二条 人民法院向受送达人在中华人民共和国领域内的法定代表人、主要负责人、诉讼代理人、代表机构以及有权接受送达的分支机构、业务代办人送达司法文书,可以适用留置送达的方式。

第十三条 受送达人未对人民法院送达的司法文书履行签收手续,但存在以下情形之一的,视为送达:

(一)受送达人书面向人民法院提及了所送达司法文书的内容;

(二)受送达人已经按照所送达司法文书的内容履行;

(三)其他可以视为已经送达的情形。

第十四条 人民法院送达司法文书,根据有关规定需要通过上级人民法院转递的,应附申请转递函。

上级人民法院收到下级人民法院申请转递的司法文书,应在七个工作日内予以转递。

上级人民法院认为下级人民法院申请转递的司法文书不符合有关规定需要补正的,应在七个工作日内退回申请转递的人民法院。

第十五条 人民法院送达司法文书,根据有关规定需要提供翻译件的,应由受理案件的人民法院委托中华人民共和国领域内的翻译机构进行翻译。

翻译件不加盖人民法院印章,但应由翻译机构或翻译人员签名或盖章证明译文与原文一致。

3.《最高人民法院关于涉港澳民商事案件司法文书送达问题若干规定》
(法释〔2009〕2号,20090316)

第一条 人民法院审理涉及香港特别行政区、澳门特别行政区的民商事案件时,向住所地在香港特别行政区、澳门特别行政区的受送达人送达司法文书,适用本规定。

第二条 本规定所称司法文书,是

----

① 对应2023年《民事诉讼法》第283条第2款。——编者注

指起诉状副本、上诉状副本、反诉状副本、答辩状副本、传票、判决书、调解书、裁定书、支付令、决定书、通知书、证明书、送达回证等与诉讼相关的文书。

第三条　作为受送达人的自然人或者企业、其他组织的法定代表人、主要负责人在内地的，人民法院可以直接向该自然人或者法定代表人、主要负责人送达。

第四条　除受送达人在授权委托书中明确表明其诉讼代理人无权代为接收有关司法文书外，其委托的诉讼代理人为有权代其接受送达的诉讼代理人，人民法院可以向该诉讼代理人送达。

第五条　受送达人在内地设立有代表机构的，人民法院可以直接向该代表机构送达。

受送达人在内地设立有分支机构或者业务代办人并授权其接受送达的，人民法院可以直接向该分支机构或者业务代办人送达。

第六条　人民法院向在内地没有住所的受送达人送达司法文书，可以按照《最高人民法院关于内地与香港特别行政区法院相互委托送达民商事司法文书的安排》或者《最高人民法院关于内地与澳门特别行政区法院就民商事案件相互委托送达司法文书和调取证据的安排》送达。

按照前款规定方式送达的，自内地的高级人民法院或者最高人民法院将有关司法文书递送香港特别行政区高等法院或者澳门特别行政区终审法院之日起满三个月，如果未能收到送达与否的证明文件且不存在本规定第十二条规定情形的，视为不能适用上述安排中规定的方式送达。

第七条　人民法院向受送达人送达司法文书，可以邮寄送达。

邮寄送达时应附有送达回证。受送达人未在送达回证上签收但在邮件回执上签收的，视为送达，签收日期为送达日期。

自邮寄之日起满三个月，虽未收到送达与否的证明文件，但存在本规定第十二条规定情形的，期间届满之日视为送达。

自邮寄之日起满三个月，如果未能收到送达与否的证明文件，且不存在本规定第十二条规定情形的，视为未送达。

第八条　人民法院可以通过传真、电子邮件等能够确认收悉的其他适当方式向受送达人送达。

第九条　人民法院不能依照本规定上述方式送达的，可以公告送达。公告内容应当在内地和受送达人住所地公开发行的报刊上刊登，自公告之日起满三个月即视为送达。

第十条　除公告送达方式外，人民法院可以同时采取多种法定方式向受送达人送达。

采取多种方式送达的，应当根据最先实现送达的方式确定送达日期。

第十一条　人民法院向在内地的

受送达人或者受送达人的法定代表人、主要负责人、诉讼代理人、代表机构以及有权接受送达的分支机构、业务代办人送达司法文书，可以适用留置送达的方式。

第十二条　受送达人未对人民法院送达的司法文书履行签收手续，但存在以下情形之一的，视为送达：

（一）受送达人向人民法院提及了所送达司法文书的内容；

（二）受送达人已经按照所送达司法文书的内容履行；

（三）其他可以确认已经送达的情形。

第十三条　下级人民法院送达司法文书，根据有关规定需要通过上级人民法院转递的，应当附申请转递函。

上级人民法院收到下级人民法院申请转递的司法文书，应当在七个工作日内予以转递。

上级人民法院认为下级人民法院申请转递的司法文书不符合有关规定需要补正的，应当在七个工作日内退回申请转递的人民法院。

4.《最高人民法院关于内地与香港特别行政区法院相互委托送达民商事司法文书的安排》（法释〔1999〕9号，19990330）

根据《中华人民共和国香港特别行政区基本法》第九十五条的规定，经最高人民法院与香港特别行政区代表协商，现就内地与香港特别行政区法院相互委托送达民商事司法文书问题规定如下：

一、内地法院和香港特别行政区法院可以相互委托送达民商事司法文书。

二、双方委托送达司法文书，均须通过各高级人民法院和香港特别行政区高等法院进行。最高人民法院司法文书可以直接委托香港特别行政区高等法院送达。

三、委托方请求送达司法文书，须出具盖有其印章的委托书，并须在委托书中说明委托机关的名称、受送达人的姓名或者名称、详细地址及案件的性质。

委托书应当以中文文本提出。所附司法文书没有中文文本的，应当提供中文译本。以上文件一式两份。受送达人为两人以上的，每人一式两份。

受委托方如果认为委托书与本安排的规定不符，应当通知委托方，并说明对委托书的异议。必要时可以要求委托方补充材料。

四、不论司法文书中确定的出庭日期或者期限是否已过，受委托方均应送达。委托方应当尽量在合理期限内提出委托请求。

受委托方接到委托书后，应当及时完成送达，最迟不得超过自收到委托书之日起两个月。

五、送达司法文书后，内地人民法院应当出具送达回证；香港特别行政区法院应当出具送达证明书。出具送达回证和证明书，应当加盖法院印章。

受委托方无法送达的,应当在送达回证或者证明书上注明妨碍送达的原因、拒收事由和日期,并及时退回委托书及所附全部文书。

六、送达司法文书,应当依照受委托方所在地法律规定的程序进行。

七、受委托方对委托方委托送达的司法文书的内容和后果不负法律责任。

八、委托送达司法文书费用互免。但委托方在委托书中请求以特定送达方式送达所产生的费用,由委托方负担。

九、本安排中的司法文书在内地包括:起诉状副本、上诉状副本、授权委托书、传票、判决书、调解书、裁定书、决定书、通知书、证明书、送达回证;在香港特别行政区包括:起诉状副本、上诉状副本、传票、状词、誓章、判案书、判决书、裁决书、通知书、法庭命令、送达证明。

上述委托送达的司法文书以互换司法文书样本为准。

十、本安排在执行过程中遇有问题和修改,应当通过最高人民法院与香港特别行政区高等法院协商解决。

5.《最高人民法院关于涉台民事诉讼文书送达的若干规定》(法释〔2008〕4 号,20080423)

第一条　人民法院审理涉台民事案件向住所地在台湾地区的当事人送达民事诉讼文书,以及人民法院接受台湾地区有关法院的委托代为向住所地在大陆的当事人送达民事诉讼文书,适用本规定。

涉台民事诉讼文书送达事务的处理,应当遵守一个中国原则和法律的基本原则,不违反社会公共利益。

第二条　人民法院送达或者代为送达的民事诉讼文书包括:起诉状副本、上诉状副本、反诉状副本、答辩状副本、授权委托书、传票、判决书、调解书、裁定书、支付令、决定书、通知书、证明书、送达回证以及与民事诉讼有关的其他文书。

第三条　人民法院向住所地在台湾地区的当事人送达民事诉讼文书,可以采用下列方式:

(一)受送达人居住在大陆的,直接送达。受送达人是自然人,本人不在的,可以交其同住成年家属签收;受送达人是法人或者其他组织的,应当由法人的法定代表人、其他组织的主要负责人或者该法人、组织负责收件的人签收;

受送达人不在大陆居住,但送达时在大陆的,可以直接送达;

(二)受送达人在大陆有诉讼代理人的,向诉讼代理人送达。受送达人在授权委托书中明确表明其诉讼代理人无权代为接收的除外;

(三)受送达人有指定代收人的,向代收人送达;

(四)受送达人在大陆有代表机构、分支机构、业务代办人的,向其代表机构或者经受送达人明确授权接受送达的分支机构、业务代办人送达；

（五）受送达人在台湾地区的地址明确的，可以邮寄送达；

（六）有明确的传真号码、电子信箱地址的，可以通过传真、电子邮件方式向受送达人送达；

（七）按照两岸认可的其他途径送达。

采用上述方式不能送达或者台湾地区的当事人下落不明的，公告送达。

第四条 采用本规定第三条第一款第（一）、（二）、（三）、（四）项方式送达的，由受送达人、诉讼代理人或者有权接受送达的人在送达回证上签收或者盖章，即为送达；拒绝签收或者盖章的，可以依法留置送达。

第五条 采用本规定第三条第一款第（五）项方式送达的，应当附有送达回证。受送达人未在送达回证上签收但在邮件回执上签收的，视为送达，签收日期为送达日期。

自邮寄之日起满三个月，如果未能收到送达与否的证明文件，且根据各种情况不足以认定已经送达的，视为未送达。

第六条 采用本规定第三条第一款第（六）项方式送达的，应当注明人民法院的传真号码或者电子信箱地址，并要求受送达人在收到传真件或者电子邮件后及时予以回复。以能够确认受送达人收悉的日期为送达日期。

第七条 采用本规定第三条第一款第（七）项方式送达的，应当由有关的高级人民法院出具盖有本院印章的委托函。委托函应当写明案件各方当事人的姓名或者名称、案由、案号；受送达人姓名或者名称、受送达人的详细地址以及需送达的文书种类。

第八条 采用公告方式送达的，公告内容应当在境内外公开发行的报刊或者权威网站上刊登。

公告送达的，自公告之日起满三个月，即视为送达。

第九条 人民法院按照两岸认可的有关途径代为送达台湾地区法院的民事诉讼文书的，应当有台湾地区有关法院的委托函。

人民法院收到台湾地区有关法院的委托函后，经审查符合条件的，应当在收到委托函之日起两个月内完成送达。

民事诉讼文书中确定的出庭日期或者其他期限逾期的，受委托的人民法院亦应予送达。

第十条 人民法院按照委托函中的受送达人姓名或者名称、地址不能送达的，应当附函写明情况，将委托送达的民事诉讼文书退回。

完成送达的送达回证以及未完成送达的委托材料，可以按照原途径退回。

第十一条 受委托的人民法院对台湾地区有关法院委托送达的民事诉讼文书的内容和后果不负法律责任。

6.《最高人民法院关于人民法院办

理海峡两岸送达文书和调查取证司法互助案件的规定》(法释〔2011〕15号,20110625)

第七条 人民法院向住所地在台湾地区的当事人送达民事和行政诉讼司法文书,可以采用下列方式:

(一)受送达人居住在大陆的,直接送达。受送达人是自然人,本人不在的,可以交其同住成年家属签收;受送达人是法人或者其他组织的,应当由法人的法定代表人、其他组织的主要负责人或者该法人、其他组织负责收件的人签收。

受送达人不在大陆居住,但送达时在大陆的,可以直接送达。

(二)受送达人在大陆有诉讼代理人的,向诉讼代理人送达。但受送达人在授权委托书中明确表明其诉讼代理人无权代为接收的除外。

(三)受送达人有指定代收人的,向代收人送达。

(四)受送达人在大陆有代表机构、分支机构、业务代办人的,向其代表机构或者经受送达人明确授权接受送达的分支机构、业务代办人送达。

(五)通过协议确定的海峡两岸司法互助方式,请求台湾地区送达。

(六)受送达人在台湾地区的地址明确的,可以邮寄送达。

(七)有明确的传真号码、电子信箱地址的,可以通过传真、电子邮件方式向受送达人送达。

采用上述方式均不能送达或者台湾地区当事人下落不明的,可以公告送达。

人民法院需要向住所地在台湾地区的当事人送达刑事司法文书,可以通过协议确定的海峡两岸司法互助方式,请求台湾地区送达。

【司法文件】①

1.《全国法院涉外商事海事审判工作座谈会会议纪要》[最高人民法院民事审判第四庭,法(民四)明传〔2021〕60号,20211231]

10.【邮寄送达退件的处理】人民法院向中华人民共和国领域内没有住所的受送达人邮寄送达司法文书,如邮件被退回,且注明原因为"该地址查无此人""该地址无人居住"等情形的,视为不能用邮寄方式送达。

【重点解读】实践中,有法院提出向境外邮寄司法文书如被退件,是否可以直接公告送达。通常情况下,人民法院向外国或港澳台当事人邮寄司法文书,退件原因分为"查无此人""无人居住""拒收""不到收"四种情况。其中,被以"查无此人"为由退件的,说明该地址并非受送达人能够成功收取邮件的有效地址,如再以同一地址司法协助送达或委托送达,实质是针对一个无效

① 本栏目下司法文件的规定与2023年修正的《民事诉讼法》的规定不一致的,以法律的规定为准。——编者注

地址进行送达，不仅无法有效送达司法文书，也不利于提高诉讼效率。在该种情形下，应当视为不能用邮寄方式送达，可以继续适用公告方式送达。至于"无人居住"，是指地址真实但该地址的物业处于空置状态，受送达人因此未能真正接收到司法文书，并且送达地址线索就此中断。如果原告无法提供其他送达地址，由此可以在邮件被退回时考虑采用公告方式送达。但除了以"查无此人""无人居住"为由退件的情形以外，如果是因为拒绝接收、不明原因而被退件的情况下，则不能视为通过邮寄送达无法送达情形。此时仍应通过《民事诉讼法》以及《涉外送达规定》规定的其他法定送达途径进行送达，如未能成功送达时，方可进行公告送达。例如，(2020)最高法知民申6号案中，原审法院邮寄送达回单未显示签收，仅手写标注"电话无人接听"，后予以公告送达。最高人民法院认为，原审法院通过邮寄送达被退回后，未采取法律规定的其他送达方式，直接公告送达前述应诉材料及传票，违反了2017年《民事诉讼法》第92条第1款的规定，构成违反法定程序并裁定指令再审。

根据2021年《民事诉讼法》第274条第6项的规定，受送达人所在国的法律允许邮寄送达的，可以邮寄送达。因此，我国法院在决定采用邮寄方式送达司法文书前，首先应当搞清楚受送达国是否允许。但实践中，人民法院无法掌握各国及地区法律是否允许邮寄送达

的情况，且在送达阶段就此查明外国法的相关规定无疑影响送达效率。我们认为，关于对外邮寄送达应注意以下几点：(1)审查是否有证据表明受送达人所在国不允许邮寄送达，例如，查询海牙国际私法会议有关《海牙送达公约》成员的情况。声明反对邮寄送达的《海牙送达公约》成员包括我国以及阿根廷、奥地利、巴西、保加利亚、克罗地亚、捷克、埃及、德国、希腊、匈牙利、印度、日本、韩国、科威特、立陶宛、马耳他、马绍尔群岛、墨西哥、摩纳哥、黑山、尼加拉瓜、挪威、波兰、摩尔多瓦、俄罗斯、圣马力诺、塞尔维亚、斯洛伐克、斯里兰卡、瑞士、北马其顿、土耳其、乌克兰、委内瑞拉等。对于反对使用邮寄送达方式的这些国家，就不能采用邮寄送达的方式将司法文书直接邮寄给住所地在这些国家领域内的受送达人。(2)阿尔巴尼亚、安道尔、安提瓜和巴布达、亚美尼亚、巴哈马、巴巴多斯、白俄罗斯、比利时、伯利兹、波黑、博茨瓦纳、加拿大、哥伦比亚、哥斯达黎加、塞浦路斯、丹麦、爱沙尼亚、芬兰、法国、冰岛、爱尔兰、以色列、意大利、哈萨克斯坦、卢森堡、马拉维、摩洛哥、荷兰、巴基斯坦、葡萄牙、罗马尼亚、圣文森特和格林纳丁斯、塞舌尔、西班牙、瑞典、突尼斯、英国、美国等未对邮寄送达作出保留，表明其并不反对这种方式送达，并且不要求互惠。因此，可以推定这些国家和地区允许邮寄送达。(3)部分国家则对邮寄送达持有条件的保留态度，比如要

求特定邮寄方式等,如澳大利亚、拉脱维亚、斯洛文尼亚、越南等国,其中,越南和澳大利亚要求通过挂号信方式邮寄送达并附有收讫回执,拉脱维亚和斯洛文尼亚则除了要满足上述条件还需要被送达的司法文件以受送达国本国文字(即拉脱维亚语或斯洛文尼亚语)书写或附有译本,邮寄送达时应注意符合这些国家的特定要求。(4)至于非《海牙送达公约》成员,如果没有相反证据证明其法律不允许邮寄送达的,从便利诉讼、提高效率的角度,亦可推定该国接受邮寄送达方式。

11.【电子送达】人民法院向在中华人民共和国领域内没有住所的受送达人送达司法文书,如受送达人所在国法律未禁止电子送达方式的,人民法院可以依据民事诉讼法第二百七十四条①的规定采用电子送达方式,但违反我国缔结或参加的国际条约规定的除外。

受送达人所在国系《海牙送达公约》成员国,并在公约项下声明反对邮寄方式送达的,应推定其不允许电子送达方式,人民法院不能采用电子送达方式。

【重点解读】《海牙送达公约》于1965年开始开放签字,1969年生效,当时电子信息技术尚不发达,电子送达远未走上历史舞台,因此在该公约中并未涉及关于适用电子送达的一系列相关问题。实践中不少法院存在疑惑:如果受送达国的国内法未明确反对电子送达的,是否可以向该国当事人进行电子送达? 我们认为,传真、电子邮件、即时通信软件、特定电子系统等均属于广义上的信件,和邮寄送达相类似,实质均为发出文书的法院不经目的地国主管机关直接向位于目的地国的当事人送达,可以类推适用邮寄送达的立场。因此,本条第2款规定,对于在《海牙送达公约》中明确排除邮寄送达的国家,亦应视为其不认可电子送达,不能向该国通过电子方式送达司法文书。对未作《海牙送达公约》项下的邮寄保留,亦未明确禁止电子送达的国家,则在不违反我国缔结或参加的国际条约相关义务的情况下,可以选择电子送达方式。

《海牙送达公约》并未禁止成员使用公约规定的送达方式以外的其他方式进行送达,2021年《民事诉讼法》第274条也没有规定送达方式的先后顺序。因此,对外电子送达需要考虑的只是司法礼让原则,即尊重受送达人所在国司法主权、不违反受送达人所在国禁止性法律即可。故在本条纪要中,我们本着开放的态度,并未将"使用传统方式送达不能成功"作为适用电子送达的限制性前提条件。

12.【外国自然人的境内送达】人民法院对外国自然人采用下列方式送达,能够确认受送达人收悉的,为有效送达:

---

① 对应2023年《民事诉讼法》第283条。——编者注

（一）向其在境内设立的外商独资企业转交送达；

（二）向其在境内担任法定代表人、公司董事、监事和高级管理人员的企业转交送达；

（三）向其同住成年家属转交送达；

（四）通过能够确认受送达人收悉的其他方式送达。

【重点解读】1.对于同一案件中国内与境外当事人的法定代表人相同的，是否可以向其国内当事人公司地址送达的问题

本纪要除了以列举方式明确了可以选择的三种送达途径，还借鉴了《海事诉讼特别程序法》第80条的写法，将"能够确认受送达人收悉的其他方式"作为兜底性条款，允许各地法院在司法实践中探索创新多种可以确认受送达人能够收悉的途径进行送达，多措并举破解"送达难"问题。有法院提出，对于一个案件中，某方当事人在我国领域内没有住所地且没有可供送达的代表机构或分支机构，但同案中有另一当事人住所地在我国领域内，系在我国国内登记注册的公司，且两个公司的法定代表人同一，此时是否可以将向域外当事人送达的司法文书转由向境内同一法定代表人的那一方当事人送达，并视为向境外当事人送达。对于这一问题，如果有充分证据证明境内公司系境外公司的业务代办人，则可以根据2021年《民事诉讼法》第274条第5项的规定

选择这种送达方式，但若并无证据证明境内公司与境外公司存在代办关系，尽管二者的法定代表人同一，若无境外公司的确认，仍应采取审慎的态度进行送达，因此本纪要中对该种情形并未作出明确规定。

2.通过本条中列举的途径送达，受送达人应当如何列明以及送达日期认定的问题

应当明确的是，通过本条方式送达的，接收司法文书的自然人或者企业只是代为转交司法文书的主体，并非送达人本身，因此，送达手续中列明的收件人即受送达人仍然为该外国自然人或公司，而不是接收司法文书的境内企业或外国自然人的家属。具体操作上可以将以上接收司法文书的地址列为送达地址，但应写明收件人为受送达人本人。

关于如何确认受送达人已经收悉的问题，可以通过电话或者书面询问收件人是否已经成功转交送达。受送达人向人民法院提及了所送达司法文书的内容，受送达人已经按照所送达司法文书的内容履行，受送达人提交委托代理手续、答辩状、管辖权异议、申请延期开庭以及具有其他可以确认受送达人收悉情形的，均可以确认完成转交送达。

在送达日期的认定问题上，由于纪要本条中规定的是转交送达，并非2021年《民事诉讼法》第88条规定的直接送达，也非第92条、第93条和第

94 条专指的转交送达,考虑到涉外案件中受送达人不在我国领域内的特点,送达过程中可能确实存在由境内自然人或企业向受送达人通知并转交司法文书的过程,因此对送达时间需适当宽限把握:对于受送达人提出其在接收司法文书的境内自然人或企业签收后的某个时间点方才知晓并收悉司法文书,并且确有证据证明的,将其能够举证证明的收悉时间作为送达时间。

3. 关于可否留置送达的问题

人民法院直接向在我国领域内出现的受送达人的法定代表人、主要负责人等进行送达,并对其进行留置送达,其法理依据之一在于"偶遇送达"。所谓"偶遇送达",是指在受送达人住所地以外的地方,送达法院能够明确该主体即为法定受送达人的,可以向其直接送达。但本条规定的是转交送达,并非直接送达,在《民事诉讼法》未作扩张修改之前,也不能适用"偶遇送达"的原理,对本条规定的转交人进行留置送达。

13.【送达地址的认定】在中华人民共和国领域内没有住所的当事人未填写送达地址确认书,但在诉讼过程中提交的书面材料明确载明地址的,可以认定该地址为送达地址。

【重点解读】1. 如按照该地址送达不能,是否应当由受送达人承担送达不能的不利后果

在本条规定的情形下,如果该方当事人在诉讼过程中已经提交过书面材料,意味着其已经在前期诉讼中有过相当程度的参与度,但却未能及时按照法院规定和诉讼流程填写送达地址确认书,说明其参与诉讼存在一定瑕疵,因此应当承担法院按照其在前期诉讼过程中提交的书面材料载明的地址送达却送达不能的不利后果,即邮寄送达而邮件被退回的,邮件回执上注明的退回之日视为送达之日。

2. 域外当事人未填写送达地址确认书,但对方当事人或其他诉讼当事人在诉讼过程中提交的书面材料明确载明其地址的,是否可以认定该地址为送达地址

鉴于该地址并非由送达地址不明确的域外当事人自身提供,且未经其确认,不能以该地址作为域外当事人的送达地址。即便在前期参与诉讼过程中,该域外当事人并未对其他当事人提交的书面材料中载明的其地址明确表示异议,亦不能认为其以默示的方式认可了该地址,并由此将该地址作为未填写送达地址确认书的域外当事人的送达地址。

14.【管辖权异议文书的送达】对涉外商事案件管辖权异议程序的管辖权异议申请书、答辩书等司法文书,人民法院可以仅在相对方当事人之间进行送达,但管辖权异议裁定书应当列明并送达所有当事人。

2.《第二次全国涉外商事海事审判工作会议纪要》(最高人民法院,法发

〔2005〕26 号,20051226)

三、关于司法文书送达

(一)涉外商事纠纷案件司法文书的送达

24. 人民法院向在我国境内没有住所的当事人送达司法文书,可以直接送达给其在我国境内委托的诉讼代理人或者其在我国境内设立的代表机构。外国人、无国籍人或者外国公司、企业、其他组织的法定代表人或者负责人在我国境内的,人民法院可直接向其送达。当事人在我国境内有分支机构或者业务代办人的,经该当事人授权,人民法院可以向其分支机构或者业务代办人送达相关司法文书。人民法院向当事人的诉讼代理人、法定代表人或者负责人、代表机构以及有权接受的分支机构、业务代办人送达司法文书,适用留置送达。

25. 外国当事人如果在我国境内没有可以代其接受送达的代理人或者相关机构,若该当事人所在国与我国签订有司法协助协定或者其所在国是1965 年海牙《关于向国外送达民事或商事司法文书和司法外文书公约》(以下简称《海牙送达公约》)的成员国,向该当事人送达司法文书依照司法协助协定或者公约的规定执行。具体程序可以分别按照最高人民法院发布的法(办)发〔1988〕3 号《关于执行中外司法协助协定的通知》,最高人民法院、外交部、司法部联合发布的外发〔1992〕8 号《关于执行〈关于向国外送达民事或

商事司法文书和司法外文书公约〉有关程序的通知》、司发通〔1992〕093 号《关于执行海牙送达公约的实施办法》的规定办理。如果当事人所在国既与我国签订有司法协助协定,又是《海牙送达公约》的成员国,送达司法文书依照司法协助协定的规定办理。

对在我国境内没有住所的当事人,如果不能适用前述方式送达,可以通过外交途径送达。具体程序可以按照最高人民法院、外交部、司法部联合发布的外发〔1986〕47 号《关于我国法院和外国法院通过外交途径相互委托送达法律文书若干问题的通知》的规定办理。

26. 按照司法协助协定、《海牙送达公约》或者外交途径送达司法文书,自我国有关机关将司法文书转递受送达当事人所在国有关机关之日起满六个月,如果未能收到送达与否的证明文件,且根据其他情况也不足以认定已经送达的,视为不能适用该种方式送达。

27. 在我国境内没有住所的当事人,其所在国允许邮寄送达的,可以邮寄送达。邮寄送达时应附有送达回证,如果当事人未在送达回证上签收,但在邮件回执上签收,视为已经送达。自邮寄之日起满六个月,如无法得到送达与否的证明文件,且根据其他情况也不足以认定已经送达的,视为不能适用邮寄方式送达。

28. 人民法院通过公告方式送达司法文书,公告内容应该在国内外公开

发行的报纸上刊登,同时可以在中国涉外商事海事审判网(http://www.ccmt.org.cn)上公布。

29.传真、电子邮件等送达方式,如果不违反受送达人住所地法律禁止性规定,人民法院在送达司法文书时可以采用。通过传真,电子邮件方式送达的,应当要求当事人在收到后七日内予以回复,当事人回复时确认收到的时间为送达的时间;若当事人回复时未确认收到的时间,其回复的时间为送达的时间。当事人未回复的,视为未送达。

30.除公告送达方式外,人民法院可以同时采取多种方式对当事人进行送达,但应根据最先实现送达的送达方式确定送达时间。

31.人民法院送达司法文书,根据有关规定须通过上级人民法院转递的,应附申请转递函。上级人民法院收到下级人民法院申请转递的司法文书,应当在七个工作日内予以转递。上级人民法院认为下级人民法院申请转递的司法文书不符合有关规定需要补正的,亦应在七个工作日内退回申请转递的人民法院。

32.人民法院送达司法文书,根据有关规定需提供翻译件的,应由受理案件的人民法院委托我国境内的翻译机构进行翻译。翻译件不加盖人民法院印章,但应由翻译机构或翻译人员签名或盖章证明译文与原文一致。

33.当事人虽未对人民法院送达的司法文书履行签收手续,但存在以下

情形的,视为已经送达:(1)当事人通过口头或者书面形式向人民法院提及了所送达的司法文书的内容;(2)当事人已经按照所送达司法文书的内容履行。

(二)涉港澳台案件司法文书的送达

34.住所地在香港特别行政区、澳门特别行政区的当事人如果在内地没有可以代其接受送达的代理人或者相关机构,需要向其送达司法文书时,分别按《最高人民法院关于内地与香港特别行政区法院相互委托送达民商事司法文书的安排》或者《最高人民法院关于内地与澳门特别行政区法院就民商事案件相互委托送达司法文书和调查取证的安排》办理。按照上述两个安排送达司法文书,自内地的高级人民法院或者最高人民法院将有关司法文书递送香港特别行政区高等法院或者澳门特别行政区终审法院之日起满三个月,如未收到送达与否的证明文件,且根据其他情况不足以认定已经送达的,视为不能适用上述安排中规定的方式送达。

35.人民法院向住所地在香港特别行政区、澳门特别行政区、台湾地区的当事人送达司法文书,可以邮寄送达。邮寄送达时应附有送达回证,如果当事人未在送达回证上签收,但在邮件回执上签收,视为已经送达。自邮寄之日起满二个月,虽未得到送达与否的证明文件,但根据其他情况足以认定已经

送达的,期间届满之日视为送达。自邮寄之日起满二个月,未得到送达与否的证明文件,且根据其他情况不足以认定已经送达的,视为不能适用邮寄方式送达。

36. 住所地在香港特别行政区、澳门特别行政区的当事人如果在内地没有可以代其接受送达的代理人或者相关机构,人民法院也不能通过两个安排规定的方式或者邮寄方式送达的,可以通过公告方式送达。

37. 住所地在台湾地区的当事人如果在大陆没有可以代其接受送达的代理人或者相关机构,人民法院也不能通过邮寄方式送达的,可以通过公告方式送达。

38. 通过公告方式向住所地在香港特别行政区、澳门特别行政区、台湾地区的当事人送达司法文书,自公告之日起满六十日,即视为送达。

3.《全国法院涉港澳商事审判工作座谈会纪要》(最高人民法院,法发〔2008〕8号,20080121)

三、关于司法文书送达

11. 作为受送达人的香港特别行政区、澳门特别行政区的自然人或者企业、组织的法定代表人、主要负责人在内地的,人民法院可以向该自然人或者法定代表人、主要负责人送达。

12. 除受送达人在授权委托书中明确表明其诉讼代理人无权代为接收有关司法文书外,其委托的诉讼代理人为有权代其接受送达的诉讼代理人,人民法院可以向该诉讼代理人送达。

13. 人民法院向香港特别行政区、澳门特别行政区的受送达人送达司法文书,可以送达给其在内地依法设立的代表机构。

受送达人在内地有分支机构或者业务代办人的,经该受送达人授权,人民法院可以向其分支机构或者业务代办人送达。

14. 人民法院向香港特别行政区、澳门特别行政区受送达人送达司法文书,可以分别按照《最高人民法院关于内地与香港特别行政区法院相互委托送达民商事司法文书的安排》或者《最高人民法院关于内地与澳门特别行政区法院就民商事案件相互委托送达司法文书和调取证据的安排》送达。

按照前款规定方式送达的,自内地的高级人民法院或者最高人民法院将有关司法文书递送香港特别行政区高等法院或者澳门特别行政区终审法院之日起满三个月,如果未能收到送达与否的证明文件且根据各种情况不足以认定已经送达的,视为不能适用上述安排中规定的方式送达。

15. 人民法院向香港特别行政区、澳门特别行政区受送达人送达司法文书,可以邮寄送达。

邮寄送达时应附有送达回证。受送达人未在送达回证上签收但在邮件回执上签收的,视为送达,签收日期为送达日期。

自邮寄之日起满三个月,虽未收到送达与否的证明文件,但根据各种情况足以认定已经送达的,期间届满之日视为送达。

自邮寄之日起满三个月,如果未能收到送达与否的证明文件,且根据各种情况不足以认定已经送达的,视为不能适用邮寄方式送达。

16. 除上述送达方式外,人民法院可以通过传真、电子邮件等能够确认收悉的其他适当方式向受送达人送达。

17. 人民法院不能依照上述方式送达的,可以公告送达。公告内容应当在境内外公开发行的报刊上刊登,自公告之日起满三个月即视为送达。

18. 除公告送达方式外,人民法院可以同时采取多种方式向香港特别行政区、澳门特别行政区的受送达人进行送达,但应当根据最先实现送达的送达方式确定送达时间。

19. 人民法院向在内地的香港特别行政区、澳门特别行政区的自然人或者企业、组织的法定代表人、主要负责人、诉讼代理人、代表机构以及有权接受送达的分支机构、业务代办人送达司法文书,可以适用留置送达的方式。

20. 香港特别行政区、澳门特别行政区的受送达人未对人民法院送达的司法文书履行签收手续,但存在以下情形之一的,视为送达:

(1)受送达人向人民法院提及了所送达司法文书的内容;

(2)受送达人已经按照所送达司法文书的内容履行;

(3)其他可以视为已经送达的情形。

21. 人民法院送达司法文书,根据有关规定需通过上级人民法院转递的,应附申请转递函。

上级人民法院收到下级人民法院申请转递的司法文书,应在七个工作日内予以转递。

上级人民法院认为下级人民法院申请转递的司法文书不符合有关规定需要补正的,应说明需补正的事由并在七个工作日内退回申请转递的人民法院。

4.《最高人民法院关于为深化两岸融合发展提供司法服务的若干措施》(法发〔2019〕9号,20190325)

8. 向台湾居民送达司法文书,应当采取直接送达、两岸司法互助送达等有利于其实际知悉送达内容、更好行使诉讼权利的送达方式;未采取过直接送达、两岸司法互助送达方式的,不适用公告送达。

5.《最高人民法院、外交部、司法部关于执行〈关于向国外送达民事或商事司法文书和司法外文书公约〉有关程序的通知》(外发〔1992〕8号,19920304)

一、凡公约成员国驻华使、领馆转送我国法院或其他机关请求我国送达的民事或商事司法文书,应直接送交司法部,由司法部转递给最高人民法院,再由最高人民法院交有关人民法院送达给当事人。送达证明由有关人民法院交最高人民法院退司法部，再由司法部送交该国驻华使、领馆。

二、凡公约成员国有权送交文书的主管当局或司法助理人员直接送交司法部请求我国送达的民事或商事司法文书，由司法部转递给最高人民法院，再由最高人民法院交有关人民法院送达给当事人。送达证明由有关人民法院交最高人民法院退司法部，再由司法部送交该国主管当局或司法助理人员。

三、对公约成员国驻华使、领馆直接向其在华的本国公民送达民事或商事司法文书，如不违反我国法律，可不表示异议。

四、我国法院若请求公约成员国向该国公民或第三国公民或无国籍人送达民事或商事司法文书，有关中级人民法院或专门人民法院将请求书和所送达司法文书送有关高级人民法院转最高人民法院，由最高人民法院送司法部转送给该国指定的中央机关；必要时，也可由最高人民法院送我国驻该国使馆转送给该国指定的中央机关。

五、我国法院欲向在公约成员国的中国公民送达民事或商事司法文书，可委托我国驻该国的使、领馆代为送达。委托书和所送司法文书应由有关中级人民法院或专门人民法院送有关高级人民法院转最高人民法院，由最高人民法院径送或经司法部转送我国驻该国使、领馆送达给当事人。送达证明按原

途径退有关法院。

六、非公约成员国通过外交途径委托我国法院送达的司法文书按最高人民法院、外交部、司法部1986年6月14日联名颁发的外发（1986）47号《关于我国法院和外国法院通过外交途径相互委托送达法律文书若干问题的通知》办理。公约成员国在特殊情况下通过外交途径请求我国法院送达的司法文书，也按上述文件办理。

七、我国与公约成员国签订有司法协助协定的，按协定的规定办理。

八、执行公约中需同公约成员国交涉的事项由外交部办理。

九、执行公约的其他事项由司法部商有关部门办理。

6.《司法部、最高人民法院、外交部关于执行海牙送达公约的实施办法》（司发通〔1992〕093号，19920919）

为了正确、及时、有效地按照《关于向国外送达民事或商事司法文书和司法外文书公约》（下称《公约》）向在《公约》成员国的当事人送达文书和执行成员国提出的送达请求，根据最高人民法院、外交部和司法部"外发〔1992〕8号"《关于执行〈关于向国外送达民事或商事司法文书和司法外文书公约〉有关程序的通知》（下称《通知》），制定本实施办法。

一、司法部收到国外的请求书后，对于有中文译本的文书，应于五日内转给最高人民法院；对于用英文或法文写

成,或者附有英文或法文译本的文书,应于七日内转给最高人民法院;对于不符合《公约》规定的文书,司法部将予以退回或要求请求方补充、修正材料。

二、最高人民法院应于五日内将文书转给送达执行地高级人民法院;高级人民法院收文后,应于三日内转有关的中级人民法院或者专门人民法院;中级人民法院或者专门人民法院收文后,应于十日内完成送达,并将送达回证尽快交最高人民法院转司法部。

三、执行送达的法院不管文书中确定的出庭日期或期限是否已过,均应送达。如受送达人拒收,应在送达回证上注明。

四、对于国外按《公约》提交的未附中文译本而附英、法文译本的文书,法院仍应予以送达。除双边条约中规定英、法文译本为可接受文字者外,受送达人有权以未附中文译本为由拒收。凡当事人拒收的,送达法院应在送达回证上注明。

五、司法部接到送达回证后,按《公约》的要求填写证明书,并将其转回国外请求方。

六、司法部在转递国外文书时,应说明收到请求书的日期、被送达的文书是否附有中文译本、出庭日期是否已过等情况。

七、我国法院需要向在公约成员国居住的该国公民、第三国公民、无国籍人送达文书时,应将文书及相应文字的译本各一式三份(无需致外国法院的送达委托书及空白送达回证)按《通知》规定的途径送最高人民法院转司法部。译文应由译者签名或翻译单位盖章证明无误。

八、司法部收到最高人民法院转来向国外送达的文书后,应按《公约》附录中的格式制作请求书、被送达文书概要和空白证明书,与文书一并送交被请求国的中央机关;必要时,也可由最高人民法院将文书通过我国驻该国的使馆转交该国指定的机关。

九、我国法院如果需要通过我驻公约成员国的使领馆向居住在该国的中国公民送达文书,应将被送达的文书、致使领馆的送达委托书及空白送达回证按《通知》规定的途径转最高人民法院,由最高人民法院径送或经司法部转送我驻该国使领馆送达当事人。

十、司法部将国内文书转往公约成员国中央机关两个半月后,如果未收到证明书,将发函催办;请求法院如果直接收到国外寄回的证明书,应尽快通报最高人民法院告知司法部。

十一、本办法中的"文书"兼指司法文书和司法外文书。

十二、本办法自下发之日起施行。

7.《最高人民法院关于向居住在外国的我国公民送达司法文书问题的复函》
(法民字〔1993〕第34号,19931119)

一、关于我国人民法院向海牙送达公约成员国送达民、商事司法文书的程序问题,最高人民法院、外交部、司法部外发〔1992〕8号《关于执行〈关于向国外送达民事或商事司法文书和司法外文书公约〉有关程序的通知》和司发通〔1992〕093号《关于印发〈关于执行海牙送达公约〉的实施办法的通知》中已有明确规定，即我国法院若请求公约成员国向该国公民或第三国公民或无国籍人送达民事或商事司法文书，有关中级人民法院或专门人民法院应将请求书和所送司法文书送有关高级人民法院转最高人民法院，由最高人民法院送司法部转送给该国指定的中央机关；必要时也可由最高人民法院送我国驻该国使馆转送给该国指定的中央机关。我国法院向在公约成员国的中国公民送达民事或商事司法文书，可委托我国驻该国的使、领馆代为送达。委托书和所送司法文书应由有关中级人民法院或专门人民法院送有关高级人民法院转最高人民法院，由最高人民法院径送或经司法部转送我国驻该国使领馆送达给当事人。送达证明按原途径退委托法院。

二、接到我国法院委托送达司法文书的使、领馆发现委托法院有违反规定的送达程序或者司法文书的格式不规范、地址不详细等情况以致不能完成送达时，应备函说明原因，将司法文书及时退回原委托法院。

三、一方或双方居住在外国的中国公民就同一案件，不论其起诉案由如何，分别向我国法院和外国法院起诉，我国法院已经受理，或者正在审理，或

者已经判决的案件，不发生人民法院承认和执行外国法院判决的问题。在我国领域内，我国法院发生法律效力的判决，或者我国法院裁定承认的外国法院判决，对当事人具有拘束力。

四、关于我驻纽约总领事馆请示函所提司法文书邮寄给当事人后，当事人未及时退回送达回证，应如何回复原委托法院问题，我们意见仍按外交部领事司领五函〔1991〕12号《关于送达司法文书若干问题的说明》第三、四、五的规定办理。对使、领馆在驻在国通过邮寄方式送达的诉讼文书，经过一定时间（由使领馆根据具体情况掌握，如一个月内），送达回证、回执等没有退回，但根据各种情况足以认定已经送达的，可以将情况写明函复委托法院，由委托法院依法确定送达日期。

8.《最高人民法院、外交部、司法部关于我国法院和外国法院通过外交途径相互委托送达法律文书若干问题的通知》（外发〔1986〕47号，19860814）

一、凡已同我国建交国家的法院，通过外交途径委托我国法院向我国公民或法人以及在华的第三国或无国籍当事人送达法律文书，除该国同我国已订有协议的按协议处理外，一般根据互惠原则按下列程序和要求办理：

1. 由该国驻华使馆将法律文书交外交部领事司转递给有关高级人民法院，再由该高级人民法院指定有关中级人民法院送达给当事人。当事人在所

附送达回证上签字后,中级人民法院将送达回证退高级人民法院,再通过外交部领事司转退给对方;如未附送达回证,则由有关中级人民法院出具送达证明交有关高级人民法院,再通过外交部领事司转给对方。

2.委托送达法律文书须用委托书。委托书和所送法律文书须附有中文译本。

3.法律文书的内容有损我国主权和安全的,予以驳回;如受送达人享有外交特权和豁免,一般不予送达;不属于我国法院职权范围或因地址不明或其他原因不能送达的,由有关高级人民法院提出处理意见或注明妨碍送达的原因,由外交部领事司向对方说明理由,予以退回。

二、外国驻华使、领馆可以直接向其在华的本国国民送达法律文书,但不得损害我国主权和安全,不得采取强制措施。如对方通过外交途径委托我方向其在华的该国国民送达法律文书,亦可按第一条的规定予以送达。

三、对拒绝转递我国法院通过外交途径委托送达法律文书的国家或有特殊限制的国家,我国可根据情况采取相应措施。

四、我国法院通过外交途径向国外当事人送达法律文书,应按下列程序和要求办理:

1.要求送达的法律文书须经省、自治区、直辖市高级人民法院审查,由外交部领事司负责转递。

2.须准确注明受送达人姓名、性别、年龄、国籍及其在国外的详细外文地址,并将该案的基本情况函告外交部领事司,以便转递。

3.须附有送达委托书。如对方法院名称不明,可委托当事人所在地区主管法院。委托书和所送法律文书还须附有该国文字或该国同意使用的第三国文字译本。如该国对委托书及法律文书有公证、认证等特殊要求,将由外交部领事司逐案通知。

五、我国法院向在外国领域内的中国籍当事人送达法律文书,如该国允许我使、领馆直接送达,可委托我驻该国使、领馆送达。此类法律文书可不必附有外文译本。

六、我国法院和外国法院通过外交途径相互委托送达法律文书的收费,一般按对等原则办理。外国法院支付我国法院代为送达法律文书的费用,由外交部领事司转交有关高级人民法院;我国法院支付外国法院代为送达法律文书的费用,由有关高级人民法院交外部领事司转递。但应委托一方要求用特殊方式送达法律文书引起的费用,由委托一方负担。

七、中、日(本)双方法院委托对方法院代为送达法律文书,除按上述有关原则办理外,还应依照最高人民法院一九八二年十月十二日《关于中、日两国之间委托送达法律文书使用送达回证问题的通知》办理。

八、我国法院和外国法院通过外交

途径相互委托代为调查或取证,参照以上有关规定办理。

本通知自发出之日起实行。执行中有何问题,请报有关单位。

9.《最高人民法院办公厅关于墨西哥对其加入〈海牙送达公约〉时作出的声明进行修改并指定中央机关的通知》（法办〔2012〕18 号,20120119）

一、根据《海牙送达公约》第二条,墨西哥指定 Directorate－General for Legal Affairs of the Ministry of Foreign Affairs 为该国的中央机关,负责根据该公约第三条至第六条的规定,接收来自其他缔约国的送达请求书,并予以转递。

二、我国法院委托墨西哥主管当局向在该国的法人和非中国籍公民送达的民商事司法文书,应当附有西班牙文译文。

三、经我院授权依据《海牙送达公约》直接对外发出请求的高级人民法院,在向墨西哥中央机关提出或转递民商事司法文书送达请求时,应当用西班牙文填写该公约所附的请求书、被送达文书概要等格式函的空白栏目。

四、当墨西哥司法助理人员或法律主管人员参与送达,或按照请求方要求采取的特定方法送达时,墨西哥要求申请者支付由此产生的费用。

五、请求书、被送达文书概要等格式函的西班牙文文本及墨西哥声明的详细信息请查阅以下网址 www.hcch.net。

六、墨西哥反对采用公约第十条所规定的方式在其境内进行送达,其中包括反对通过邮寄途径向其境内直接送交司法文书。

【法院参考案例】

对于境外当事人可否向其在中国领域内设立的代表机构、分支机构或业务代办人送达,在何种情况下适用留置送达[东山县启昌冷冻加工有限公司与中远集运东南亚有限公司、厦门中远国际货运有限公司海上、通海水域货物运输合同纠纷案,最高人民法院（2016）最高法民申 2329 号]

中远公司为新加坡注册的境外当事人。中货公司为中远公司提供揽货服务,中远公司认可双方之间存在货物承揽代理关系。涉案货损事故发生后,中货公司代表中远公司与启昌公司交涉索赔事宜,达成《谅解备忘录》。就涉案货物运输事宜,原审判决认定中货公司系中远公司在中华人民共和国领域内的业务代办人,并无不当。本案中,中货公司在收到一审法院向中远公司送达的诉讼法律文书后,电话告知中远公司,中远公司表示拒收,故中远公司对一审诉讼活动系知情而拒绝参加诉讼,并不存在被一审法院剥夺合法诉讼权利的情形。根据《海事诉讼特别程序法》第 80 条第 1 款第 2 项的规定,海事诉讼法律文书的送达,可以向受送达人在中国领域内设立的代表机构、分支机构或者业务代办人送达。二审法院认定一审法院的送达程序合法，并无明显不当。

第二百八十四条 【域外调查取证】当事人申请人民法院调查收集的证据位于中华人民共和国领域外，人民法院可以依照证据所在国与中华人民共和国缔结或者共同参加的国际条约中规定的方式，或者通过外交途径调查收集。

在所在国法律不禁止的情况下，人民法院可以采用下列方式调查收集：

（一）对具有中华人民共和国国籍的当事人、证人，可以委托中华人民共和国驻当事人、证人所在国的使领馆代为取证；

（二）经双方当事人同意，通过即时通讯工具取证；

（三）以双方当事人同意的其他方式取证。

【立法·要点注释】

1. 域外调查取证，是我国涉外民事案件司法协助制度的重要组成部分，其与域外送达、外国法院判决、裁定及外国仲裁裁决的承认与执行，共同构成涉外民事案件司法协助制度的主要内容。

2. 作为《海牙取证公约》的加入国，在当事人申请人民法院调查收集的证据位于中华人民共和国领域外时，如果证据所在国也加入了《海牙取证公约》，则可以根据公约规定的具体程序和方式来进行调查取证。在实践层面，最高人民法院办公厅于2003年9月23日发布《关于指定北京市、上海市、广东省、浙江省、江苏省高级人民法院依据海牙送达公约和海牙取证公约直接向外国中央机关提出和转递司法协助请求和相关材料的通知》，指定部分高级人民法院就涉及《海牙取证公约》等的司法协助工作进行试点，由高级人民法院直接对公约成员国中央机关提出和转递司法协助请求书和相关材料。最高人民法院还通过《最高人民法院关于依据国际公约和双边司法协助条约办理民商事案件司法文书送达和调查取证司法协助请求的规定》，对人民法院依据国际公约和双边司法协助条约办理民商事案件司法文书送达及调查取证司法协助请求的具体规则予以明确。如果中华人民共和国与证据所在国并未就调查取证的相关事项缔结双边条约，也未共同参加相关的国际条约，此时两国之间就涉外民事案件的调查取证问题，可以通过外交途径解决。

3. 本条第2款规定了人民法院域外调查取证的方式。第1项为"对具有中华人民共和国国籍的当事人、证人，可以委托中华人民共和国驻当事人、证人所在国的使领馆代为取证"。理解本项规定，需要注意以下几点：第一，采取委托使领馆代为取证方式的前提，必须是使领馆的驻在国法律未明确禁止此类取证方式。如果使领馆的驻在国法律明确禁止使领馆代为取证，则人民法院不得进行此类委托。否则，通过此方式获取的证据将可能会被使领馆驻在国认定为非法证据，进而影响人民法院判决在驻在国的承认与执行。第二，使领馆受托代为取证的对象既包括证人，也包括当事人。本法第66条规定，证据包括当事人的陈述、书证、物证、视听资料、电子数据、证人证言、鉴定意见、勘验笔录。因此，使领馆既可以通过向身处驻在国的证人调取证人证言的方式获得证据，还可以通过向身处驻在国的当事人调取当事人陈述作为案件审理的证据。这种方式因其操作的便捷，将大大提升调查取证的效率。第三，采取此种方式调查取证，对象必须是具有我国国籍的当事人、证人，如果当事人、证人不具有我国国籍，则不能采用，这也与《海牙取证公约》等国际公约的做法保持了一致。本款第2项要求通过即时通讯工具调查取证的，必须经过双方当事人的同意。本款第3项为兜底条款。本款第2项、第3项所规定的调查取证方式，同样应当尊重所在国的法律规定，不能为所在国法律所禁止，这也是尊重他国司法主权的必然要求。

第二百八十五条 【答辩期间】 被告在中华人民共和国领域内没有住所的，人民法院应当将起诉状副本送达被告，并通知被告在收到起诉状副本后三十日内提出答辩状。被告申请延期的，是否准许，由人民法院决定。

【立法·要点注释】

本法参照国际通行做法，对涉外民事诉讼的答辩期间作出了特别规定。本条所规定的关于在我国领域内没有住所的被告提出答辩的期间，相较于本法在第二编审判程序中的一般规定，主要有两点不同：一是二者所规定的提出答辩状的期间不同，本条所规定的期间更长；二是如果涉外民事诉讼的当事人在法定期间未能提出答辩状，还可以向人民法院申请延期。这里需要说明的是，被告申请延长答辩期间，必须在法定期间届满前提出，并具体说明申请延期的理由，明确希望延长的具体期间，以便于受诉人民法院审查决定。

【司法文件】

《全国法院涉港澳商事审判工作座谈会纪要》（最高人民法院，法发〔2008〕8号，20080121）

31. 有管辖权的基层人民法院审理事实清楚、权利义务关系明确、争议不大的涉港澳商事案件，可以适用《中华人民共和国民事诉讼法》规定的简易程序。

32. 人民法院审理涉港澳商事案

件,在内地无住所的香港特别行政区、澳门特别行政区当事人的答辩、上诉期限,参照适用《中华人民共和国民事诉讼法》第二百四十八条、第二百四十九条①的规定。

第二百八十六条 【上诉期间】在中华人民共和国领域内没有住所的当事人,不服第一审人民法院判决、裁定的,有权在判决书、裁定书送达之日起三十日内提起上诉。被上诉人在收到上诉状副本后,应当在三十日内提出答辩状。当事人不能在法定期间提起上诉或者提出答辩状,申请延期的,是否准许,由人民法院决定。

【立法·要点注释】

本法对于在我国领域内没有住所的当事人提起上诉及对上诉进行答辩的期间作出了不同于国内民事诉讼的特别规定。涉外民事诉讼的当事人可在上诉或答辩期届满前提出延期申请,并具体说明申请延期的理由,明确希望延长的具体期间,以便于受诉人民法院审查决定。

【司法解释】

《最高人民法院关于适用〈中华人民共和国民事诉讼法〉的解释》(法释

〔2015〕5号,20150204;经法释〔2022〕11号修正,20220410)

第五百三十六条 不服第一审人民法院判决、裁定的上诉期,对在中华人民共和国领域内有住所的当事人,适用民事诉讼法第一百七十一条规定的期限;对在中华人民共和国领域内没有住所的当事人,适用民事诉讼法第二百七十六条②规定的期限。当事人的上诉期均已届满没有上诉的,第一审人民法院的判决、裁定即发生法律效力。

【重点解读】审判实践中应当注意:第一,审理涉外民商事案件时应注意区分不同当事人的上诉期限。当事人在我国领域内是否有住所,其享有的上诉期是不同的,不能一概而论。第二,应注意区分对判决和裁定不服的上诉期限。根据2021年《民事诉讼法》第171条的规定,在我国领域内有住所的当事人对于一审判决和裁定不服的上诉期限是不同的,分别为15日和10日;根据第276条的规定,在我国领域内没有住所的当事人对于一审判决和裁定不服的上诉期限是相同的,均为30日。

【司法文件】

《全国法院涉港澳商事审判工作座

---

① 分别对应2023年《民事诉讼法》第285条、第286条。——编者注

② 对应2023年《民事诉讼法》第286条。——编者注

谈会纪要》(最高人民法院,法发〔2008〕8号,20080121)

32. 人民法院审理涉港澳商事案件,在内地无住所的香港特别行政区、澳门特别行政区当事人的答辩、上诉期限,参照适用《中华人民共和国民事诉讼法》第二百四十八条、第二百四十九条①的规定。

> 第二百八十七条 【审理期限】人民法院审理涉外民事案件的期间,不受本法第一百五十二条、第一百八十三条规定的限制。

【立法·要点注释】

对涉外民事案件,《民事诉讼法》没有对人民法院审理的期限作出限制。这主要是考虑到在涉外民事案件中,往往当事人一方或者双方身在国外,无论是人民法院还是当事人,都不大可能在短时间内处理完涉及诉讼的诸多事项。

【司法解释】

1.《最高人民法院关于适用〈中华人民共和国民事诉讼法〉的解释》(法释〔2015〕5号,20150204;经法释〔2022〕11号修正,20220410)

第五百三十七条 人民法院对涉外民事案件的当事人申请再审进行审查的期间,不受民事诉讼法第二百一十

一条②规定的限制。

【重点解读】《民事诉讼法》仅明确了审理涉外商事案件时不受一审、二审程序中关于审限的限制,并未规定不受审判监督程序中审查期限的限制。故参照2021年《民事诉讼法》第277条的规定,本条规定了人民法院对涉外民商事案件的再审申请进行审查时,亦不受2021年《民事诉讼法》审判监督程序中第211条有关审限规定的限制,即不受《民事诉讼法》关于3个月审限的限制。

2.《最高人民法院关于严格执行案件审理期限制度的若干规定》(法释〔2000〕29号,20000928)

第二条 适用普通程序审理的第一审民事案件,期限为六个月;有特殊情况需要延长的,经本院院长批准,可以延长六个月,还需延长的,报请上一级人民法院批准,可以再延长三个月。

适用简易程序审理的民事案件,期限为三个月。

适用特别程序审理的民事案件,期限为三十日;有特殊情况需要延长的,经本院院长批准,可以延长三十日,但审理选民资格案件必须在选举日前审结。

---

① 分别对应2023年《民事诉讼法》第285条、第286条。——编者注

② 对应2023年《民事诉讼法》第215条。——编者注

审理第一审船舶碰撞、共同海损案件的期限为一年；有特殊情况需要延长的，经本院院长批准，可以延长六个月。

审理对民事判决的上诉案件，审理期限为三个月；有特殊情况需要延长的，经本院院长批准，可以延长三个月。

审理对民事裁定的上诉案件，审理期限为三十日。

对罚款、拘留民事决定不服申请复议的，审理期限为五日。

审理涉外民事案件，根据民事诉讼法第二百四十八条①的规定，不受上述案件审理期限的限制。

审理涉港、澳、台的民事案件的期限，参照涉外审理民事案件的规定办理。

① 对应 2023 年《民事诉讼法》第 287 条。——编者注

第二十六章 仲 裁

第二百八十八条 【或裁或诉原则】涉外经济贸易、运输和海事中发生的纠纷，当事人在合同中订有仲裁条款或者事后达成书面仲裁协议，提交中华人民共和国涉外仲裁机构或者其他仲裁机构仲裁的，当事人不得向人民法院起诉。

当事人在合同中没有订有仲裁条款或者事后没有达成书面仲裁协议的，可以向人民法院起诉。

【立法·要点注释】

这一规定是仲裁法"或裁或诉"原则的体现。该条中的"中华人民共和国涉外仲裁机构"，长期以来是指两家，一家是中国国际经济贸易仲裁委员会，另一家是中国海事仲裁委员会。"其他仲裁机构"是指在我国涉外仲裁机构之外，能够承担涉外经济贸易、运输和海事纠纷仲裁职能的其他仲裁机构。理解本款还需要注意，当事人就有关涉外纠纷提交仲裁的，必须在合同中订有仲裁条款或者事后达成书面仲裁协议。所谓仲裁协议，是指纠纷当事人之间所达成的同意将双方发生的争议提交仲裁的意思表示。仲裁协议必须采用书面形式，至于书面形式的具体含义，根据《民法典》第469条的规定，一般可以理解为合同书、信件、电报、电传、传真等可以有形地表现所载内容的形式。同时，以电子数据交换、电子邮件等方式能够有形地表现所载内容，并可以随时调取查用的数据电文，视为书面形式。双方当事人如果采取仲裁的方式解决争议，则意味着他自愿放弃了司法解决的途径；但如果当事人并未在合同中订有仲裁条款或者事后也没有达成书面仲裁协议的，可以向人民法院起诉，人民法院应当受理。

【相关立法】

《中华人民共和国仲裁法》(19950901；20180101)

第九条 仲裁实行一裁终局的制度。裁决作出后，当事人就同一纠纷再申请仲裁或者向人民法院起诉的，仲裁委员会或者人民法院不予受理。

裁决被人民法院依法裁定撤销或者不予执行的，当事人就该纠纷可以根据双方重新达成的仲裁协议申请仲裁，也可以向人民法院起诉。

【司法文件】

1.《第二次全国涉外商事海事审判工作会议纪要》（最高人民法院，法发〔2005〕26号，20051226）

7. 涉外商事合同的当事人之间签订的有效仲裁协议约定了因合同发生的或与合同有关的一切争议均应通过仲裁方式解决，原告就当事人在签订和履行合同过程中发生的纠纷以侵权为由向人民法院提起诉讼的，人民法院不享有管辖权。

8. 人民法院根据《中华人民共和国民事诉讼法》的规定仅对主合同纠纷或者担保合同纠纷享有管辖权，原告以主债务人和担保人为共同被告向人民法院提起诉讼的，人民法院可以对主合同纠纷和担保合同纠纷一并管辖，但主合同或者担保合同当事人订有仲裁协议或者管辖协议，约定纠纷由仲裁机构仲裁或者外国法院排他性管辖的，人民法院对订有此类协议的主合同纠纷或者担保合同纠纷不享有管辖权。

2.《全国法院涉港澳商事审判工作座谈会纪要》（最高人民法院，法发〔2008〕8号，20080121）

2. 有管辖权的人民法院受理的涉港澳商事案件，如果被告以存在有效仲裁协议为由对人民法院的管辖权提出异议，受理案件的人民法院可以对案件管辖问题作出裁定。如果认定仲裁协议无效、失效或者内容不明确无法执行的，在作出裁定前应当按照《最高人民法院关于人民法院处理与涉外仲裁及外国仲裁事项有关问题的通知》（法发〔1995〕18号）逐级上报。

3. 人民法院受理涉港澳商事案件后，被告以存在有效仲裁协议为由对人民法院的管辖权提出异议，且在人民法院受理商事案件的前后或者同时向另一人民法院提起确认仲裁协议效力之诉的，应分别以下情况处理：

（1）确认仲裁协议效力之诉受理在先或者两案同时受理的，受理商事案件的人民法院应中止对管辖权异议的审理，待确认仲裁协议效力之诉审结后，再恢复审理并就管辖权问题作出裁定；

（2）商事案件受理在先且管辖权异议尚未审结的，对于被告另行提起的确认仲裁协议效力之诉，人民法院应不予受理；受理后发现其他人民法院已经先予受理当事人间的商事案件并正在就管辖权异议进行审理的，应当将案件移送受理商事案件的人民法院在管辖权异议程序中一并解决。

（3）商事案件受理在先且人民法院已经就案件管辖权问题作出裁定，确认仲裁协议无效的，被告又向其他人民法院提起确认仲裁协议效力之诉，人民法院应不予受理；受理后发现上述情况的，应裁定驳回当事人的起诉。

【法院参考案例】

约定的仲裁机构不明确时,是否应根据约定条款的关键信息来判断仲裁机构的名称[天津南港奥德费尔码头仓储有限公司与天津市特种设备工程建设监理公司海洋工程建设监理合同纠纷主管异议案,最高人民法院(2021)最高法民申 2639 号]

选定仲裁委员会是仲裁协议的必备内容之一,当事人在仲裁协议中选定的仲裁委员会的名称与现实存在的仲裁委员会不一致,但通过当事人所选定的仲裁机构的关键信息能合理推导出系指向某一确定的仲裁机构的,应认定当事人有效选定了仲裁机构。一、二审法院经查,在天津市司法局登记的仲裁委员会共有三家,即天津仲裁委员会、中国国际经济贸易仲裁委员会天津国际经济金融仲裁中心以及中国海事仲裁委员会天津海事仲裁中心。2012 年监理合同约定的仲裁机构是中国国际经济贸易仲裁委员会天津国际经济金融仲裁中心,所约定的机构具体、明确,该仲裁条款有效。虽然双方当事人在2013 年、2014 年监理合同仲裁条款约定的仲裁机构为"天津国际仲裁中心仲裁委员会",但从文字表述来看,包含了"天津""国际""中心"等关键信息,而天津仲裁委员会和中国海事仲裁委员会天津海事仲裁中心的名称均与之差距较大。因此,一、二审法院认为,即使

按照 2013 年、2014 年监理合同仲裁条款,仍可确定双方当事人选定的仲裁机构为中国国际经济贸易仲裁委员会天津国际经济金融仲裁中心,该认定亦无不当。

> **第二百八十九条 【涉外仲裁保全】** 当事人申请采取保全的,中华人民共和国的涉外仲裁机构应当将当事人的申请,提交被申请人住所地或者财产所在地的中级人民法院裁定。

【立法·要点注释】

1. 当事人在涉外仲裁中提出保全申请的,涉外仲裁机构本身不作具体审查,而是交由人民法院进行审查,并对是否采取保全措施作出裁定。

2. 仲裁当事人保全申请的管辖法院为被申请人住所地或者财产所在地的中级人民法院。之所以选择被申请人住所地或者财产所在地的法院作为保全的管辖法院,主要是考虑申请保全事项与被申请人住所地或者财产所在地法院的关联度更高,由其作为保全管辖法院更有助于对保全申请的审查以及保全裁定的作出。如果经过审查,人民法院裁定采取保全措施的,依照本法第九章有关保全措施的程序的规定执行。此外,需要指出的是,仲裁机关将当事人的保全申请提交人民法院,人民

法院裁定保全后,如果发生保全错误,依法应由保全申请人赔偿被申请人的相应损失。

【司法解释】

1.《最高人民法院关于适用〈中华人民共和国民事诉讼法〉的解释》(法释〔2015〕5 号,20150204;经法释〔2022〕11号修正,20220410)

第五百四十条　依照民事诉讼法第二百七十九条①规定,中华人民共和国涉外仲裁机构将当事人的保全申请提交人民法院裁定的,人民法院可以进行审查,裁定是否进行保全。裁定保全的,应当责令申请人提供担保,申请人不提供担保的,裁定驳回申请。

当事人申请证据保全,人民法院经审查认为无需提供担保的,申请人可以不提供担保。

【重点解读】第一,保全申请应由仲裁机构提交人民法院,不能由当事人直接交由人民法院。《仲裁法》第 68 条规定:"涉外仲裁的当事人申请证据保全的,涉外仲裁委员会应当将当事人的申请提交证据所在地的中级人民法院。"与此不同的是,根据《最高人民法院关于内地与澳门特别行政区就仲裁程序相互协助保全的安排》《最高人民法院关于内地与香港特别行政区法院就仲裁程序相互协助保全的安排》规定,香港、澳门特别行政区仲裁程序的当事人,在仲裁裁决作出前,可以参照

《民事诉讼法》《仲裁法》以及相关司法解释的规定,直接向被申请人住所地、财产所在地或者证据所在地的内地中级人民法院申请保全。

第二,与普通诉讼的保全程序不同,涉外仲裁程序中,人民法院采取保全措施,只能基于当事人的申请,不能主动依职权进行;人民法院裁定进行财产或行为保全的,申请人应当提供担保,此亦不同于普通诉讼的保全。

第三,因当事人申请原因发生保全错误,应当由申请人赔偿被申请人的损失。《民事诉讼法》第 108 条规定:"申请有错误的,申请人应当赔偿被申请人因保全所遭受的损失。"保全是紧急情况下采取的措施,当事人应当对保全申请负责,人民法院对申请错误造成的损失不负有赔偿责任。

第四,涉外仲裁程序中财产保全措施的解除等相关问题,亦当适用《财产保全规定》。

2.《最高人民法院关于人民法院执行工作若干问题的规定(试行)》(法释〔1998〕15 号,19980708;经法释〔2020〕21 号修正,20210101)

10. 在涉外仲裁过程中,当事人申请财产保全,经仲裁机构提交人民法院的,由被申请人住所地或被申请保全的财产所在地的中级人民法院裁定并执

---

①　对应 2023 年《民事诉讼法》第 289条。——编者注

行;申请证据保全的,由证据所在地的中级人民法院裁定并执行。

第二百九十条 【涉外仲裁裁决的执行】经中华人民共和国涉外仲裁机构裁决的,当事人不得向人民法院起诉。一方当事人不履行仲裁裁决的,对方当事人可以向被申请人住所地或者财产所在地的中级人民法院申请执行。

【立法·要点注释】

1. 当事人选择通过仲裁解决争议的,在仲裁机构作出裁决后,不得再向人民法院起诉。这是仲裁法"或裁或诉"原则的必然要求。

2. 如果一方当事人不按照仲裁裁决履行义务,对方当事人为确保自身权益得到实现,可以向被申请人住所地或者财产所在地的中级人民法院申请执行。换言之,由于涉外仲裁是基于纠纷双方当事人自愿接受仲裁协议约束并将纠纷提交仲裁而产生的,因此对于具有终局效力的仲裁裁决,双方当事人均应自觉履行。但是,如果一方当事人不履行仲裁裁决所确定的义务,就会涉及仲裁裁决的执行问题。涉外仲裁机构不是国家的审判机关,其非官方的性质决定了它对仲裁裁决这一法律文书没有执行的权力,裁决的执行只能由人民法院具体实施。因此,在一方当事人不

履行裁决时,对方当事人只能向被申请人住所地或者财产所在地的中级人民法院提出按照裁决所确定的内容予以执行的申请,并由受理的法院作出是否予以执行的裁定。在仲裁裁决执行法院的确定方面,本条与保全管辖法院的确定原则保持一致,明确将被申请人住所地或者财产所在地的中级人民法院作为仲裁裁决的执行法院。

【相关立法】

《中华人民共和国仲裁法》(19950901;20180101)

第七十二条 涉外仲裁委员会作出的发生法律效力的仲裁裁决,当事人请求执行的,如果被执行人或者其财产不在中华人民共和国领域内,应当由当事人直接向有管辖权的外国法院申请承认和执行。

【司法解释】

《最高人民法院关于适用〈中华人民共和国民事诉讼法〉的解释》(法释〔2015〕5号,20150204;经法释〔2022〕11号修正,20220410)

第五百三十八条 申请人向人民法院申请执行中华人民共和国涉外仲裁机构的裁决,应当提出书面申请,并附裁决书正本。如申请人为外国当事人,其申请书应当用中文文本提出。

【重点解读】中华人民共和国涉外

仲裁机构指专门受理涉外纠纷案件的常设仲裁机构。中国国际经济贸易仲裁委员会和中国海事仲裁委员会是我国的常设涉外仲裁机构。但是自从我国《仲裁法》颁布实施以来，依照《仲裁法》的规定在省、自治区、直辖市人民政府所在地的市和其他设区的市又设立或重新组建了一批常设仲裁机构，对这些仲裁机构能否受理涉外仲裁案件，《仲裁法》并没有明确规定。1996年6月8日，国务院办公厅发布了《关于贯彻实施〈中华人民共和国仲裁法〉需要明确的几个问题的通知》。该通知规定："新组建的仲裁委员会的主要职责是受理国内仲裁案件；涉外仲裁案件的当事人自愿选择新组建的仲裁委员会仲裁的，新组建的仲裁委员会可以受理。"据此，依照《仲裁法》设立或重新组建的仲裁机构，如北京仲裁委员会、上海仲裁委员会等在涉外仲裁案件的当事人自愿选择其进行仲裁时，对该涉外仲裁案件具有管辖权。因此，在我国实际上已不存在专门的涉外仲裁机构。

因我国仲裁机构作出的涉外仲裁裁决的执行和保全等问题，亦属于涉外民事诉讼程序的范畴，故本条及本解释第539条、第540条的规定均可适用该类裁决的执行和保全等程序。根据《仲裁司法审查规定》第12条之规定，仲裁协议或者仲裁裁决具有《涉外民事关系法律适用法解释（一）》第1条规定情形的，为涉外仲裁协议或者涉外仲裁裁决。据此，我国仲裁机构作出的仲裁裁决符合下列情形之一的，可以认定为涉外仲裁裁决：(1)当事人一方或双方是外国公民、外国法人或其他组织、无国籍人；(2)当事人一方或双方的经常居所地在中华人民共和国领域外；(3)标的物在中华人民共和国领域外；(4)产生、变更或者消灭民事关系的法律事实发生在中华人民共和国领域外；(5)可以认定为涉外民事关系的其他情形。

第二百九十一条 【涉外仲裁裁决不予执行的情形】 对中华人民共和国涉外仲裁机构作出的裁决，被申请人提出证据证明仲裁裁决有下列情形之一的，经人民法院组成合议庭审查核实，裁定不予执行：

（一）当事人在合同中没有订有仲裁条款或者事后没有达成书面仲裁协议的；

（二）被申请人没有得到指定仲裁员或者进行仲裁程序的通知，或者由于其他不属于被申请人负责的原因未能陈述意见的；

（三）仲裁庭的组成或者仲裁的程序与仲裁规则不符的；

（四）裁决的事项不属于仲裁协议的范围或者仲裁机构无权仲裁的。

人民法院认定执行该裁决违背社会公共利益的，裁定不予执行。

【立法·要点注释】

1. 人民法院对涉外仲裁机构的司法审查监督范围，主要限于仲裁程序方面的问题，不涉及实体方面的问题，即对裁决在认定事实和适用法律上是否有错误不作审查。根据本条第2款规定，除第1款所列四种具体情形外，如果人民法院认定执行仲裁裁决违背社会公共利益的，也应裁定不予执行。接受执行申请的人民法院对涉外仲裁机构作出的裁决，应当依法审查其是否违背社会公共利益，经审查认为不违背社会公共利益的，应当按照本法第三编规定的执行程序予以执行；经审查认为违背社会公共利益的，则应当裁定不予执行。

2. 需要注意与国内仲裁裁决不予执行情形的比较。本法第248条对依法设立的仲裁机构所作裁决的不予执行作了规定。根据该条第2款规定，被申请人提出证据证明仲裁裁决有下列情形之一的，经人民法院组成合议庭审查核实，裁定不予执行：(1)当事人在合同中没有订有仲裁条款或者事后没有达成书面仲裁协议的；(2)裁决的事项不属于仲裁协议的范围或者仲裁机构无权仲裁的；(3)仲裁庭的组成或者仲裁的程序违反法定程序的；(4)裁决所根据的证据是伪造的；(5)对方当事人向仲裁机构隐瞒了足以影响公正裁决的证据的；(6)仲裁员在仲裁该案时有贪污受贿，徇私舞弊，枉法裁决行为的。该条第3款规定，人民法院认定执行

该裁决违背社会公共利益的，裁定不予执行。相比而言，对国内仲裁裁决不予执行的审查除程序事项外，还包括第4项、第5项实体事项的审查；在程序事项的审查方面，国内仲裁裁决还需审查仲裁员在仲裁该案时是否存在贪污受贿、徇私舞弊、枉法裁决行为，从而决定是否裁定不予执行。

【相关立法】

《中华人民共和国仲裁法》(19950901；20180101)

第七十一条 被申请人提出证据证明涉外仲裁裁决有民事诉讼法第二百五十八条①第一款规定的情形之一的，经人民法院组成合议庭审查核实，裁定不予执行。②

【司法解释】

《最高人民法院关于适用〈中华人民共和国民事诉讼法〉的解释》(法释〔2015〕5号，20150204；经法释〔2022〕11号修正，20220410)

第五百三十九条 人民法院强制执行涉外仲裁机构的仲裁裁决时，被执

---

① 对应2023年《民事诉讼法》第291条。——编者注

② 本条引用的《民事诉讼法》(2017年修正)"第二百五十八条第一款"应为"第二百七十四条第一款"。——编者注

行人以有民事诉讼法第二百八十一条①第一款规定的情形为由提出抗辩的，人民法院应当对被执行人的抗辩进行审查，并根据审查结果裁定执行或者不予执行。

【重点解读】第一，2021 年《民事诉讼法》第 281 条第 1 款所列情形均属程序性问题，人民法院对涉外仲裁机构裁决（即我国仲裁机构作出的涉外仲裁裁决）的司法审查监督范围，限于仲裁程序方面的问题，不涉及实体问题，即对裁决在认定事实和适用法律上是否有错误不作审查。

第二，根据《仲裁司法审查规定》第 17 条之规定，人民法院对申请执行我国仲裁机构作出的非涉外仲裁裁决案件的审查，适用《民事诉讼法》第 244 条的规定；对申请执行我国仲裁机构作出的涉外仲裁裁决案件的审查，适用《民事诉讼法》第 281 条的规定。对于非涉外仲裁裁决，被执行人申请不予执行的法定情形，规定在《民事诉讼法》第 244 条第 2 款，包括以下六种情形：（1）当事人在合同中没有订有仲裁条款或者事后没有达成书面仲裁协议的；（2）裁决的事项不属于仲裁协议的范围或者仲裁机构无权仲裁的；（3）仲裁庭的组成或者仲裁的程序违反法定程序的；（4）裁决所根据的证据是伪造的；（5）对方当事人向仲裁机构隐瞒了足以影响公正裁决的证据的；（6）仲裁员在仲裁该案时有贪污受贿，徇私舞弊，枉法裁决行为的。对于涉外仲裁裁

决，被执行人申请不予执行的法定情形，规定在《民事诉讼法》第 281 条第 1 款，包括以下四种情形：（1）当事人在合同中没有订有仲裁条款或者事后没有达成书面仲裁协议的；（2）被申请人没有得到指定仲裁员或者进行仲裁程序的通知，或者由于其他不属于被申请人负责的原因未能陈述意见的；（3）仲裁庭的组成或者仲裁的程序与仲裁规则不符的；（4）裁决的事项不属于仲裁协议的范围或者仲裁机构无权仲裁的。

第三，根据《仲裁法》第 70 条之规定，当事人申请撤销涉外仲裁裁决与申请不予执行涉外仲裁裁决，均应适用《民事诉讼法》第 281 条第 1 款之规定。

第四，根据《仲裁司法审查规定》第 21 条之规定，就我国内地仲裁机构作出的涉及香港特别行政区、澳门特别行政区、我国台湾地区的仲裁裁决，被执行人申请不予执行的，参照适用涉外仲裁司法审查案件的规定审查。

第五，根据《仲裁司法审查报核规定》，人民法院经审查拟不予执行我国内地仲裁机构作出的涉外涉港澳台仲裁裁决的，应当向本辖区所属高级人民法院报核；高级人民法院经审查拟同意的，应当向最高人民法院报核。待最高人民法院审核后，方可依最高人民法院的审核意见作出裁定。

第六，当事人申请执行我国仲裁机

———————

① 对应 2023 年《民事诉讼法》第 291 条。——编者注

构作出的涉外仲裁裁决,其申请、管辖、报核等具体问题亦当适用《仲裁裁决执行规定》《仲裁司法审查规定》《仲裁司法审查报核规定》等。

【法院参考案例】

公共政策的界定标准[某国际有限公司申请承认和执行外国仲裁裁决案,山东省淄博市中级人民法院(2015)淄民特字第1号,入库编号:2024-10-2-463-001]

人民法院在处理申请承认和执行外国仲裁裁决纠纷案时,应严格依照《承认及执行外国仲裁裁决公约》(即1958年《纽约公约》)的规定审慎界定违反公共政策的标准,限于承认和执行外国仲裁裁决将严重违反中国法律基本原则、侵犯中国国家主权、危害社会公共安全、违反善良风俗以及危及中国根本社会公共利益的情形。

第二百九十二条 【涉外仲裁裁决不予执行的救济】仲裁裁决被人民法院裁定不予执行的,当事人可以根据双方达成的书面仲裁协议重新申请仲裁,也可以向人民法院起诉。

【立法·要点注释】

1. 当事人重新申请仲裁所依据的

书面仲裁协议是重新达成的,协议对于仲裁事项的确定、仲裁机构及仲裁规则的确定等内容均重作安排。考虑到这些约定事项的复杂性,重新达成的仲裁协议在形式上依然要求必须采用书面形式。

2. 当事人最开始选择采用仲裁的方式解决争议,而裁决因为存在本法第291条所规定的情形被裁定不予执行后,当事人很可能不愿再次采用这一方式解决争议,转而采用诉讼的方式解决争议。此时,当事人的这种选择是可以的,即当事人可以就争议向人民法院提起诉讼。

【司法解释】

《最高人民法院关于适用〈中华人民共和国民事诉讼法〉的解释》(法释〔2015〕5号,20150204;经法释〔2022〕11号修正,20220410)

第四百七十五条 仲裁机构裁决的事项,部分有民事诉讼法第二百四十四条①第二款、第三款规定情形的,人民法院应当裁定对该部分不予执行。

应当不予执行部分与其他部分不可分的,人民法院应当裁定不予执行仲裁裁决。

【重点解读】在司法实务中,适用本条解释时应当注意正确判断仲裁事

① 对应2023年《民事诉讼法》第248条。——编者注

项是否具备可分性。所谓可分性，是指将无效部分分离出来，还能使一项可以想象为有效的行为继续存在，而且这项行为也不得与当事人的愿望相违背。仲裁裁决仅裁定错误部分不予执行的前提条件之一即为该裁决各裁项之间具有可分性，仲裁裁决部分不予执行不影响其他部分的效力，即去掉错误部分后还能构成一个独立的仲裁裁决且这一继续存在的裁决不会成为一个新的裁决。一份仲裁裁决实质上由若干要素组成或在内容上可以分为若干部分，有效部分和无效部分可以相对独立地存在，一部分无效不影响另一部分的效力，符合这一特点的仲裁裁决，才具有可分性。需要强调的是，辨别裁项可分性时不能脱离当事人的意思表示，如果将存在应当不予执行情形的部分分割出去，尽管其他部分还能构成一个独立的仲裁裁决，却违背了当事人行为之初的意思，则该仲裁裁决就不具有可分性，应当裁定该仲裁裁决全案不予执行

第四百七十六条　依照民事诉讼法第二百四十四条第二款、第三款规定，人民法院裁定不予执行仲裁裁决后，当事人对该裁定提出执行异议或者复议的，人民法院不予受理。当事人可以就该民事纠纷重新达成书面仲裁协议申请仲裁，也可以向人民法院起诉。

【重点解读】仲裁裁决作为一种方便快捷的纠纷解决方式，一裁终局是其基本特征之一，当事人自愿选择了仲裁程序，享受制度优势的同时也不可避免

地要承受仲裁制度本身的固有缺陷。人民法院对仲裁制度应予支持，不予执行仲裁裁决只能作为例外的情况。当事人提出不予执行的抗辩，法院裁定驳回，审查中已经对仲裁裁决进行了司法监督，无须再提供救济途径。因此，对驳回不予执行仲裁裁决申请的，当事人也无权提出执行异议或复议。

法院启动执行监督程序则不受限制。虽然有观点认为，法律对不予执行仲裁裁决的案件已经规定了相应的救济途径，因此没有必要再通过执行监督程序进行救济。然而，根据《执行工作规定》中关于"执行监督"部分的规定，上级人民法院依法监督下级人民法院的执行工作，最高人民法院依法监督地方各级人民法院和专门法院的执行工作，而裁定不予执行仲裁裁决无疑也是人民法院执行工作的一部分，上级人民法院有权进行监督。司法实践中，最高人民法院在数起案件中也均认为上级人民法院对下级人民法院不予执行或驳回不予执行申请的裁定有权提起执行监督。

第四百七十七条　在执行中，被执行人通过仲裁程序将人民法院查封、扣押、冻结的财产确权或者分割给案外人的，不影响人民法院执行程序的进行。

案外人不服的，可以根据民事诉讼法第二百三十四条①规定提出异议。

---

①　对应 2023 年《民事诉讼法》第 238 条。——编者注

第二十七章　司法协助

第二百九十三条①　【司法协助的原则】根据中华人民共和国缔结或者参加的国际条约，或者按照互惠原则，人民法院和外国法院可以相互请求，代为送达文书、调查取证以及进行其他诉讼行为。

外国法院请求协助的事项有损于中华人民共和国的主权、安全或者社会公共利益的，人民法院不予执行。

【立法·要点注释】

1. 司法协助发生的基础，主要有以下三种：第一，国家之间缔结双边协定或者协议，这是当今各国普通采取的方式。双边协定或者协议一旦生效，两国法院便负有互为对方提供司法协助的义务。两国司法协助的范围、途径、程序由协定或者协议确定。第二，两国共同参加的有关司法协助的多边国际条约。主权国家一旦参加条约即应遵守该国际条约，本国对该条约其他参加国便负有司法协助的义务，但声明保留的条款除外。第三，互惠关系。主权国家之间既未缔结司法协助协定，又未共同参加有司法协助内容的有关国际条约时，按理双方不能进行司法协助，但是，建有外交关系的国家根据国际惯例，可以按互惠关系形成事实上的司法协助关系，方便两国法院互为对方进行一定的诉讼行为，诉讼行为的范围按对等原则确定。

2. 请求代为进行的诉讼行为通常限定在一定的范围之内，主要包括代为送达文书和调查取证，如询问当事人、证人、调取证据、进行鉴定、勘验等。我国人民法院对外国法院请求协助的事项，并非无条件地予以协助，外国法院请求的事项如有损于我国的主权、安全和社会公共利益，人民法院将不予执

---

①　司法协助是国际间基于条约或互惠原则，由一国法院协助另一国法院完成特定司法行为或承认其裁决效力的制度，涉及的内容较多，主要包括：代为履行基础性诉讼程序的协助行为，如代为送达诉讼文书、代为调查取证等；对域外法院判决、仲裁裁决效力承认与执行的特殊司法协助。为方便查询，本书将司法协助的有关司法解释、司法文件等较为完整地列于本条之下。——编者注。

行。例如,外国法院就由我国法院专属管辖的案件请求协助送达文书和调查取证;请求将涉及我国国家秘密的事项作为调查内容等。此外,如果外国法院请求协助的事项不属于人民法院的职权范围,人民法院也不予协助。

【司法解释】

1.《最高人民法院关于依据国际公约和双边司法协助条约办理民商事案件司法文书送达和调查取证司法协助请求的规定》(法释〔2013〕11号,20130502;经法释〔2020〕20号修正,20210101)

为正确适用有关国际公约和双边司法协助条约,依法办理民商事案件司法文书送达和调查取证请求,根据《中华人民共和国民事诉讼法》《关于向国外送达民事或商事司法文书和司法外文书的公约》(海牙送达公约)、《关于从国外调取民事或商事证据的公约》(海牙取证公约)和双边民事司法协助条约的规定,结合我国的司法实践,制定本规定。

第一条 人民法院应当根据便捷、高效的原则确定依据海牙送达公约、海牙取证公约,或者双边民事司法协助条约,对外提出民商事案件司法文书送达和调查取证请求。

第二条 人民法院协助外国办理民商事案件司法文书送达和调查取证请求,适用对等原则。

第三条 人民法院协助外国办理民商事案件司法文书送达和调查取证请求,应当进行审查。外国提出的司法协助请求,具有海牙送达公约、海牙取证公约或双边民事司法协助条约规定的拒绝提供协助的情形的,人民法院应当拒绝提供协助。

第四条 人民法院协助外国办理民商事案件司法文书送达和调查取证请求,应当按照民事诉讼法和相关司法解释规定的方式办理。

请求方要求按照请求书中列明的特殊方式办理的,如果该方式与我国法律不相抵触,且在实践中不存在无法办理或者办理困难的情形,应当按照该特殊方式办理。

第五条 人民法院委托外国送达民商事案件司法文书和进行民商事案件调查取证,需要提供译文的,应当委托中华人民共和国领域内的翻译机构进行翻译。

翻译件不加盖人民法院印章,但应由翻译机构或翻译人员签名或盖章证明译文与原文一致。

第六条 最高人民法院统一管理全国各级人民法院的国际司法协助工作。高级人民法院应当确定一个部门统一管理本辖区各级人民法院的国际司法协助工作并指定专人负责。中级人民法院、基层人民法院和有权受理涉外案件的专门法院,应当指定专人管理国际司法协助工作;有条件的,可以同时确定一个部门管理国际司法协助工作。

第七条　人民法院应当建立独立的国际司法协助登记制度。

第八条　人民法院应当建立国际司法协助档案制度。办理民商事案件司法文书送达的送达回证、送达证明在各个转递环节应当以适当方式保存。办理民商事案件调查取证的材料应当作为档案保存。

第九条　经最高人民法院授权的高级人民法院，可以依据海牙送达公约、海牙取证公约直接对外发出本辖区各级人民法院提出的民商事案件司法文书送达和调查取证请求。

第十条　通过外交途径办理民商事案件司法文书送达和调查取证，不适用本规定。

第十一条　最高人民法院国际司法协助统一管理部门根据本规定制定实施细则。

第十二条　最高人民法院以前所作的司法解释及规范性文件，凡与本规定不一致的，按本规定办理。

2.《最高人民法院关于涉外民事或商事案件司法文书送达问题若干规定》

（法释〔2006〕5号，20060822；经法释〔2020〕20号修正，20210101）

第六条　人民法院向在中华人民共和国领域内没有住所的受送达人送达司法文书时，若该受送达人所在国与中华人民共和国签订有司法协助协定，可以依照司法协助协定规定的方式送达；若该受送达人所在国是《关于向国外送达民事或商事司法文书和司法外文书公约》的成员国，可以依照该公约规定的方式送达。依照受送达人所在国与中华人民共和国缔结或者共同参加的国际条约中规定的方式送达的，根据《最高人民法院关于依据国际公约和双边司法协助条约办理民商事案件司法文书送达和调查取证司法协助请求的规定》办理。

第七条　按照司法协助协定、《关于向国外送达民事或商事司法文书和司法外文书公约》或者外交途径送达司法文书，自我国有关机关将司法文书转递受送达人所在国有关机关之日起满六个月，如果未能收到送达与否的证明文件，且根据各种情况不足以认定已经送达的，视为不能用该种方式送达。

3.《最高人民法院关于内地与香港特别行政区相互执行仲裁裁决的安排》

（法释〔2000〕3号，20000201）

根据《中华人民共和国香港特别行政区基本法》第九十五条的规定，经最高人民法院与香港特别行政区（以下简称香港特区）政府协商，现就仲裁裁决的相互执行问题作出如下安排：

一、内地人民法院执行按香港特区《仲裁条例》作出的仲裁裁决，香港特区法院执行按《中华人民共和国仲裁法》作出的仲裁裁决，适用本安排。

二、上条所述的有关法院，在内地指被申请人住所地或者财产所在地的中级人民法院，在香港特区指香港特区高等法院。

被申请人住所地或者财产所在地在内地不同的中级人民法院辖区内的，申请人可以选择其中一个人民法院申请执行裁决，不得分别向两个或者两个以上人民法院提出申请。

被申请人在内地和香港特区均有住所地或者可供执行财产的，申请人可以分别向两地法院申请执行。应对方法院要求，两地法院应当相互提供本方执行仲裁裁决的情况。两地法院执行财产的总额，不得超过裁决确定的数额。

三、申请人向有关法院申请执行在内地或者香港特区作出的仲裁裁决的，应当提交以下文书：

（一）执行申请书；

（二）仲裁裁决书；

（三）仲裁协议。

四、执行申请书的内容应当载明下列事项：

（一）申请人为自然人的情况下，该人的姓名、地址；申请人为法人或者其他组织的情况下，该法人或其他组织的名称、地址及法定代表人姓名；

（二）被申请人为自然人的情况下，该人的姓名、地址；被申请人为法人或者其他组织的情况下，该法人或者其他组织的名称、地址及法定代表人姓名；

（三）申请人为法人或者其他组织的，应当提交企业注册登记的副本。申请人是外国籍法人或者其他组织的，应当提交相应的公证和认证材料；

（四）申请执行的理由与请求的内容，被申请人的财产所在地及财产状况；

执行申请书应当以中文文本提出，裁决书或者仲裁协议没有中文文本的，申请人应当提交正式证明的中文译本。

五、申请人向有关法院申请执行内地或者香港特区仲裁裁决的期限依据执行地法律有关时限的规定。

六、有关法院接到申请人申请后，应当按执行地法律程序处理及执行。

有关法院在受理执行仲裁裁决申请之前或者之后，可以依申请并按照执行地法律规定采取保全或者强制措施。

七、在内地或者香港特区申请执行的仲裁裁决，被申请人接到通知后，提出证据证明有下列情形之一的，经审查核实，有关法院可裁定不予执行：

（一）仲裁协议当事人依对其适用的法律属于某种无行为能力的情形；或者该项仲裁协议依约定的准据法无效；或者未指明以何种法律为准时，依仲裁裁决地的法律是无效的；

（二）被申请人未接到指派仲裁员的适当通知，或者因他故未能陈述意见的；

（三）裁决所处理的争议不是交付仲裁的标的或者不在仲裁协议条款之内，或者裁决载有关于交付仲裁范围以外事项的决定；但交付仲裁事项的决定可与未交付仲裁的事项划分时，裁决中关于交付仲裁事项的决定部分应当予以执行；

（四）仲裁庭的组成或者仲裁庭程序与当事人之间的协议不符，或者在有关当事人没有这种协议时与仲裁地的法律不符的；

（五）裁决对当事人尚无约束力，或者业经仲裁地的法院或者按仲裁地的法律撤销或者停止执行的。

有关法院认定依执行地法律，争议事项不能以仲裁解决的，则可不予执行该裁决。

内地法院认定在内地执行该仲裁裁决违反内地社会公共利益，或者香港特区法院决定在香港特区执行该仲裁裁决违反香港特区的公共政策，则可不予执行该裁决。

八、申请人向有关法院申请执行在内地或者香港特区作出的仲裁裁决，应当根据执行地法院有关诉讼收费的办法交纳执行费用。

九、1997 年 7 月 1 日以后申请执行在内地或者香港特区作出的仲裁裁决按本安排执行。

十、对 1997 年 7 月 1 日至本安排生效之日的裁决申请问题，双方同意：

1997 年 7 月 1 日至本安排生效之日因故未能向内地或者香港特区法院申请执行，申请人为法人或者其他组织的，可以在本安排生效后六个月内提出；如申请人为自然人的，可以在本安排生效后一年内提出。

对于内地或香港特区法院在 1997 年 7 月 1 日至本安排生效之日拒绝受理或者拒绝执行仲裁裁决的案件，应允许当事人重新申请。

十一、本安排在执行过程中遇有问题和修改，应当通过最高人民法院和香港特区政府协商解决。

4.《最高人民法院关于内地与香港特别行政区相互执行仲裁裁决的补充安排》（法释〔2020〕13 号，20201127，20210519）①

依据《最高人民法院关于内地与香港特别行政区相互执行仲裁裁决的安排》（以下简称《安排》）第十一条的规定，最高人民法院与香港特别行政区政府经协商，作出如下补充安排：

一、《安排》所指执行内地或者香港特别行政区仲裁裁决的程序，应解释为包括认可和执行内地或者香港特别行政区仲裁裁决的程序。

二、将《安排》序言及第一条修改为："根据《中华人民共和国香港特别行政区基本法》第九十五条的规定，经最高人民法院与香港特别行政区（以下简称香港特区）政府协商，现就仲裁裁决的相互执行问题作出如下安排：

---

① 该补充安排于 2020 年 11 月 9 日由最高人民法院审判委员会第 1815 次会议通过，并于 2020 年 11 月 26 日公告：本司法解释第一条、第四条自 2020 年 11 月 27 日起施行，第二条、第三条在香港特别行政区完成有关程序后，由最高人民法院公布施行日期。现香港特别行政区已完成有关程序，本司法解释第二条、第三条自 2021 年 5 月 19 日起施行。——编者注

"一、内地人民法院执行按香港特区《仲裁条例》作出的仲裁裁决,香港特区法院执行按《中华人民共和国仲裁法》作出的仲裁裁决,适用本安排。"

三、将《安排》第二条第三款修改为:"被申请人在内地和香港特区均有住所地或者可供执行财产的,申请人可以分别向两地法院申请执行。应对方法院要求,两地法院应当相互提供本方执行仲裁裁决的情况。两地法院执行财产的总额,不得超过裁决确定的数额。"

四、在《安排》第六条中增加一款作为第二款:"有关法院在受理执行仲裁裁决申请之前或者之后,可以依申请并按照执行地法律规定采取保全或者强制措施。"

五、本补充安排第一条、第四条自2020 年 11 月 27 日起施行,第二条、第三条在香港特别行政区完成有关程序后,由最高人民法院公布施行日期。

5.《最高人民法院关于内地与香港特别行政区法院就仲裁程序相互协助保全的安排》(法释〔2019〕14 号,20191001)

根据《中华人民共和国香港特别行政区基本法》第九十五条的规定,最高人民法院与香港特别行政区政府经协商,现就内地与香港特别行政区法院关于仲裁程序相互协助保全作出如下安排:

第一条　本安排所称"保全",在内地包括财产保全、证据保全、行为保全;在香港特别行政区包括强制令以及其他临时措施,以在争议得以裁决之前维持现状或者恢复原状、采取行动防止目前或者即将对仲裁程序发生的危害或者损害,或者不采取可能造成这种危害或者损害的行动、保全资产或者保全对解决争议可能具有相关性和重要性的证据。

第二条　本安排所称"香港仲裁程序",应当以香港特别行政区为仲裁地,并且由以下机构或者常设办事处管理:

(一)在香港特别行政区设立或者总部设于香港特别行政区,并以香港特别行政区为主要管理地的仲裁机构;

(二)中华人民共和国加入的政府间国际组织在香港特别行政区设立的争议解决机构或者常设办事处;

(三)其他仲裁机构在香港特别行政区设立的争议解决机构或者常设办事处,且该争议解决机构或者常设办事处满足香港特别行政区政府订立的有关仲裁案件宗数以及标的金额等标准。

以上机构或者常设办事处的名单由香港特别行政区政府向最高人民法院提供,并经双方确认。

第三条　香港仲裁程序的当事人,在仲裁裁决作出前,可以参照《中华人民共和国民事诉讼法》《中华人民共和国仲裁法》以及相关司法解释的规定,向被申请人住所地、财产所在地或者证据所在地的内地中级人民法院申请保全。被申请人住所地、财产所在地或者证据所在地在不同人民法院辖区的,应当选择向其中一个人民法院提出申请,不得分别向两个或者两个以上人民法院提出申请。

当事人在有关机构或者常设办事处受理仲裁申请后提出保全申请的,应当由该机构或者常设办事处转递其申请。

在有关机构或者常设办事处受理仲裁申请前提出保全申请,内地人民法院采取保全措施后三十日内未收到有关机构或者常设办事处提交的已受理仲裁案件的证明函件的,内地人民法院应当解除保全。

第四条 向内地人民法院申请保全的,应当提交下列材料:

(一)保全申请书;

(二)仲裁协议;

(三)身份证明材料:申请人为自然人的,应当提交身份证件复印件;申请人为法人或者非法人组织的,应当提交注册登记证书的复印件以及法定代表人或者负责人的身份证件复印件;

(四)在有关机构或者常设办事处受理仲裁案件后申请保全的,应当提交包含主要仲裁请求和所根据的事实与理由的仲裁申请文件以及相关证据材料、该机构或者常设办事处出具的已受理有关仲裁案件的证明函件;

(五)内地人民法院要求的其他材料。

身份证明材料系在内地以外形成的,应当依据内地相关法律规定办理证明手续。

向内地人民法院提交的文件没有中文文本的,应当提交准确的中文译本。

第五条 保全申请书应当载明下列事项:

(一)当事人的基本情况:当事人为自然人的,包括姓名、住所、身份证件信息、通讯方式等;当事人为法人或者非法人组织的,包括法人或者非法人组织的名称、住所以及法定代表人或者主要负责人的姓名、职务、住所、身份证件信息、通讯方式等;

(二)请求事项,包括申请保全财产的数额、申请行为保全的内容和期限等;

(三)请求所依据的事实、理由和相关证据,包括关于情况紧急,如不立即保全将会使申请人合法权益受到难以弥补的损害或者将使仲裁裁决难以执行的说明等;

(四)申请保全的财产、证据的明确信息或者具体线索;

(五)用于提供担保的内地财产信息或者资信证明;

(六)是否已在其他法院、有关机构或者常设办事处提出本安排所规定的申请和申请情况;

(七)其他需要载明的事项。

第六条 内地仲裁机构管理的仲裁程序的当事人,在仲裁裁决作出前,可以依据香港特别行政区《仲裁条例》《高等法院条例》,向香港特别行政区高等法院申请保全。

第七条　向香港特别行政区法院申请保全的,应当依据香港特别行政区相关法律规定,提交申请、支持申请的誓章、附同的证物、论点纲要以及法庭命令的草拟本,并应当载明下列事项:

(一)当事人的基本情况:当事人为自然人的,包括姓名、地址;当事人为法人或者非法人组织的,包括法人或者非法人组织的名称、地址以及法定代表人或者主要负责人的姓名、职务、通讯方式等;

(二)申请的事项和理由;

(三)申请标的所在地以及情况;

(四)被申请人就申请作出或者可能作出的回应以及说法;

(五)可能会导致法庭不批准所寻求的保全,或者不在单方面申请的情况下批准该保全的事实;

(六)申请人向香港特别行政区法院作出的承诺;

(七)其他需要载明的事项。

第八条　被请求方法院应当尽快审查当事人的保全申请。内地人民法院可以要求申请人提供担保等,香港特别行政区法院可以要求申请人作出承诺、就费用提供保证等。

经审查,当事人的保全申请符合被请求方法律规定的,被请求方法院应当作出保全裁定或者命令等。

第九条　当事人对被请求方法院的裁定或者命令等不服的,按被请求方相关法律规定处理。

第十条　当事人申请保全的,应当依据被请求方有关诉讼收费的法律和规定交纳费用。

第十一条　本安排不减损内地和香港特别行政区的仲裁机构、仲裁庭、当事人依据对方法律享有的权利。

6.《最高人民法院关于内地与香港特别行政区法院就民商事案件相互委托提取证据的安排》(法释〔2017〕4 号,20170301)

根据《中华人民共和国香港特别行政区基本法》第九十五条的规定,最高人民法院与香港特别行政区经协商,就民商事案件相互委托提取证据问题作出如下安排:

第一条　内地人民法院与香港特别行政区法院就民商事案件相互委托提取证据,适用本安排。

第二条　双方相互委托提取证据,须通过各自指定的联络机关进行。其中,内地指定各高级人民法院为联络机关;香港特别行政区指定香港特别行政区政府政务司司长办公室辖下行政署为联络机关。

最高人民法院可以直接通过香港特别行政区指定的联络机关委托提取证据。

第三条　受委托方的联络机关收到对方的委托书后,应当及时将委托书及所附相关材料转送相关法院或者其他机关办理,或者自行办理。

如果受委托方认为委托材料不符合本辖区相关法律规定,影响其完成受托事项,应当及时通知委托方修改、补充。委托方应当按照受委托方的要求予以修改、补充,或者重新出具委托书。

如果受委托方认为受托事项不属于本安排规定的委托事项范围,可以予以退回并说明原因。

第四条 委托书及所附相关材料应当以中文文本提出。没有中文文本的,应当提供中文译本。

第五条 委托方获得的证据材料只能用于委托书所述的相关诉讼。

第六条 内地人民法院根据本安排委托香港特别行政区法院提取证据的,请求协助的范围包括:

(一)讯问证人;

(二)取得文件;

(三)检查、拍摄、保存、保管或扣留财产;

(四)取得财产样品或对财产进行试验;

(五)对人进行身体检验。

香港特别行政区法院根据本安排委托内地人民法院提取证据的,请求协助的范围包括:

(一)取得当事人的陈述及证人证言;

(二)提供书证、物证、视听资料及电子数据;

(三)勘验、鉴定。

第七条 受委托方应当根据本辖区法律规定安排取证。

委托方请求按照特殊方式提取证据的,如果受委托方认为不违反本辖区的法律规定,可以按照委托方请求的方式执行。

如果委托方请求其司法人员、有关当事人及其诉讼代理人(法律代表)在受委托方取证时到场,以及参与录取证言的程序,受委托方可以按照其辖区内相关法律规定予以考虑批准。批准同意的,受委托方应当将取证时间、地点通知委托方联络机关。

第八条 内地人民法院委托香港特别行政区法院提取证据,应当提供加盖最高人民法院或者高级人民法院印章的委托书。香港特别行政区法院委托内地人民法院提取证据,应当提供加盖香港特别行政区高等法院印章的委托书。

委托书或者所附相关材料应当写明:

(一)出具委托书的法院名称和审理相关案件的法院名称;

(二)与委托事项有关的当事人或者证人的姓名或者名称、地址及其他一切有助于联络及辨别其身份的信息;

(三)要求提供的协助详情,包括但不限于:与委托事项有关的案件基本情况(包括案情摘要、涉及诉讼的性质及正在进行的审理程序等);需向当事人或者证人取得的指明文件、物品及询(讯)问的事项或问题清单;需要委托提取有关证据的原因等;必要时,需陈明有关证据对诉讼的重要性及用来证实的事实及论点等;

(四)是否需要采用特殊方式提取

证据以及具体要求；

（五）委托方的联络人及其联络信息；

（六）有助执行委托事项的其他一切信息。

第九条 受委托方因执行受托事项产生的一般性开支，由受委托方承担。

受委托方因执行受托事项产生的翻译费用、专家费用、鉴定费用、应委托方要求的特殊方式取证所产生的额外费用等非一般性开支，由委托方承担。

如果受委托方认为执行受托事项或会引起非一般性开支，应先与委托方协商，以决定是否继续执行受托事项。

第十条 受委托方应当尽量自收到委托书之日起六个月内完成受托事项。受委托方完成受托事项后，应当及时书面回复委托方。

如果受委托方未能按委托方的请求完成受托事项，或者只能部分完成受托事项，应当向委托方书面说明原因，并按委托方指示及时退回委托书所附全部或者部分材料。

如果证人根据受委托方的法律规定，拒绝提供证言时，受委托方应当以书面通知委托方，并按委托方指示退回委托书所附全部材料。

第十一条 本安排在执行过程中遇有问题，或本安排需要修改，应当通过最高人民法院与香港特别行政区政府协商解决。

第十二条 本安排在内地由最高

人民法院发布司法解释和香港特别行政区完成有关内部程序后，由双方公布生效日期。

本安排适用于受委托方在本安排生效后收到的委托事项，但不影响双方根据现行法律考虑及执行在本安排生效前收到的委托事项。

7.《最高人民法院关于内地与香港特别行政区法院相互认可和执行婚姻家庭民事案件判决的安排》（法释〔2022〕4号，20220215）

根据《中华人民共和国香港特别行政区基本法》第九十五条的规定，最高人民法院与香港特别行政区政府经协商，现就婚姻家庭民事案件判决的认可和执行问题作出如下安排。

第一条 当事人向香港特别行政区法院申请认可和执行内地人民法院就婚姻家庭民事案件作出的生效判决，或者向内地人民法院申请认可和执行香港特别行政区法院就婚姻家庭民事案件作出的生效判决的，适用本安排。

当事人向香港特别行政区法院申请认可内地民政部门所发的离婚证，或者向内地人民法院申请认可依据《婚姻制度改革条例》（香港法例第178章）第V部、第VA部规定解除婚姻的协议书、备忘录的，参照适用本安排。

第二条 本安排所称生效判决：

（一）在内地，是指第二审判决，依法不准上诉或者超过法定期限没有上诉的第一审判决，以及依照审判监督程序作出的上述判决；

（二）在香港特别行政区，是指终审法院、高等法院上诉法庭及原讼法庭和区域法院作出的已经发生法律效力的判决，包括依据香港法律可以在生效后作出更改的命令。

前款所称判决，在内地包括判决、裁定、调解书，在香港特别行政区包括判决、命令、判令、讼费评定证明书、定额讼费证明书，但不包括双方依据其法律承认的其他国家和地区法院作出的判决。

第三条 本安排所称婚姻家庭民事案件：

（一）在内地是指：

1. 婚内夫妻财产分割纠纷案件；

2. 离婚纠纷案件；

3. 离婚后财产纠纷案件；

4. 婚姻无效纠纷案件；

5. 撤销婚姻纠纷案件；

6. 夫妻财产约定纠纷案件；

7. 同居关系子女抚养纠纷案件；

8. 亲子关系确认纠纷案件；

9. 抚养纠纷案件；

10. 扶养纠纷案件（限于夫妻之间扶养纠纷）；

11. 确认收养关系纠纷案件；

12. 监护权纠纷案件（限于未成年子女监护权纠纷）；

13. 探望权纠纷案件；

14. 申请人身安全保护令案件。

（二）在香港特别行政区是指：

1. 依据香港法例第 179 章《婚姻诉讼条例》第 III 部作出的离婚绝对判令；

2. 依据香港法例第 179 章《婚姻诉讼条例》第 IV 部作出的婚姻无效绝对判令；

3. 依据香港法例第 192 章《婚姻法律程序与财产条例》作出的在讼案待决期间提供赡养费令；

4. 依据香港法例第 13 章《未成年人监护条例》、第 16 章《分居令及赡养令条例》、第 192 章《婚姻法律程序与财产条例》第 II 部、第 IIA 部作出的赡养令；

5. 依据香港法例第 13 章《未成年人监护条例》、第 192 章《婚姻法律程序与财产条例》第 II 部、第 IIA 部作出的财产转让及出售财产令；

6. 依据香港法例第 182 章《已婚者地位条例》作出的有关财产的命令；

7. 依据香港法例第 192 章《婚姻法律程序与财产条例》在双方在生时作出的修改赡养协议的命令；

8. 依据香港法例第 290 章《领养条例》作出的领养令；

9. 依据香港法例第 179 章《婚姻诉讼条例》、第 429 章《父母与子女条例》作出的父母身份、婚生地位或者确立婚生地位的宣告；

10. 依据香港法例第 13 章《未成年人监护条例》、第 16 章《分居令及赡养令条例》、第 192 章《婚姻法律程序与财产条例》作出的管养令；

11. 就受香港法院监护的未成年子女作出的管养令；

12. 依据香港法例第 189 章《家庭及同居关系暴力条例》作出的禁制骚扰令、驱逐令、重返令或者更改、暂停执行就未成年子女的管养令、探视令。

第四条　申请认可和执行本安排规定的判决：

（一）在内地向申请人住所地、经常居住地或者被申请人住所地、经常居住地、财产所在地的中级人民法院提出；

（二）在香港特别行政区向区域法院提出。

申请人应当向符合前款第一项规定的其中一个人民法院提出申请。向两个以上有管辖权的人民法院提出申请的，由最先立案的人民法院管辖。

第五条　申请认可和执行本安排第一条第一款规定的判决的，应当提交下列材料：

（一）申请书；

（二）经作出生效判决的法院盖章的判决副本；

（三）作出生效判决的法院出具的证明书，证明该判决属于本安排规定的婚姻家庭民事案件生效判决；

（四）判决为缺席判决的，应当提交法院已经合法传唤当事人的证明文件，但判决已经对此予以明确说明或者缺席方提出申请的除外；

（五）经公证的身份证件复印件。

申请认可本安排第一条第二款规定的离婚证或者协议书、备忘录的，应当提交下列材料：

（一）申请书；

（二）经公证的离婚证复印件，或者经公证的协议书、备忘录复印件；

（三）经公证的身份证件复印件。

向内地人民法院提交的文件没有中文文本的，应当提交准确的中文译本。

第六条　申请书应当载明下列事项：

（一）当事人的基本情况，包括姓名、住所、身份证件信息、通讯方式等；

（二）请求事项和理由，申请执行的，还需提供被申请人的财产状况和财产所在地；

（三）判决是否已在其他法院申请执行和执行情况。

第七条　申请认可和执行判决的期间、程序和方式，应当依据被请求方法律的规定。

第八条　法院应当尽快审查认可和执行的请求，并作出裁定或者命令。

第九条　申请认可和执行的判决，被申请人提供证据证明有下列情形之一的，法院审查核实后，不予认可和执行：

（一）根据原审法院地法律，被申请人未经合法传唤，或者虽经合法传唤但未获得合理的陈述、辩论机会的；

（二）判决是以欺诈方法取得的；

（三）被请求方法院受理相关诉讼后，请求方法院又受理就同一争议提起的诉讼并作出判决的；

（四）被请求方法院已经就同一争

议作出判决，或者已经认可和执行其他国家和地区法院就同一争议所作出的判决的。

内地人民法院认为认可和执行香港特别行政区法院判决明显违反内地法律的基本原则或者社会公共利益，香港特别行政区法院认为认可和执行内地人民法院判决明显违反香港特别行政区法律的基本原则或者公共政策的，不予认可和执行。

申请认可和执行的判决涉及未成年子女的，在根据前款规定审查决定是否认可和执行时，应当充分考虑未成年子女的最佳利益。

第十条 被请求方法院不能对判决的全部判项予以认可和执行时，可以认可和执行其中的部分判项。

第十一条 对于香港特别行政区法院作出的判决，一方当事人已经提出上诉，内地人民法院审查核实后，可以中止认可和执行程序。经上诉，维持全部或者部分原判决的，恢复认可和执行程序；完全改变原判决的，终止认可和执行程序。

内地人民法院就已经作出的判决裁定再审的，香港特别行政区法院审查核实后，可以中止认可和执行程序。经再审，维持全部或者部分原判决的，恢复认可和执行程序；完全改变原判决的，终止认可和执行程序。

第十二条 在本安排下，内地人民法院作出的有关财产归一方所有的判项，在香港特别行政区将被视为命令一方向另一方转让该财产。

第十三条 被申请人在内地和香港特别行政区均有可供执行财产的，申请人可以分别向两地法院申请执行。

两地法院执行财产的总额不得超过判决确定的数额。应对方法院要求，两地法院应当相互提供本院执行判决的情况。

第十四条 内地与香港特别行政区法院相互认可和执行的财产给付范围，包括判决确定的给付财产和相应的利息、迟延履行金、诉讼费，不包括税收、罚款。

前款所称诉讼费，在香港特别行政区是指讼费评定证明书、定额讼费证明书核定或者命令支付的费用。

第十五条 被请求方法院就认可和执行的申请作出裁定或者命令后，当事人不服的，在内地可以于裁定送达之日起十日内向上一级人民法院申请复议，在香港特别行政区可以依据其法律规定提出上诉。

第十六条 在审理婚姻家庭民事案件期间，当事人申请认可和执行另一地法院就同一争议作出的判决的，应当受理。受理后，有关诉讼应当中止，待就认可和执行的申请作出裁定或者命令后，再视情终止或者恢复诉讼。

第十七条 审查认可和执行判决申请期间，当事人就同一争议提起诉讼的，不予受理；已经受理的，驳回起诉。

判决获得认可和执行后，当事人又就同一争议提起诉讼的，不予受理。

判决未获认可和执行的，申请人不得再次申请认可和执行，但可以就同一争议向被请求方法院提起诉讼。

第十八条　被请求方法院在受理认可和执行判决的申请之前或者之后，可以依据其法律规定采取保全或者强制措施。

第十九条　申请认可和执行判决的，应当依据被请求方有关诉讼收费的法律和规定交纳费用。

第二十条　内地与香港特别行政区法院自本安排生效之日起作出的判决，适用本安排。

第二十一条　本安排在执行过程中遇有问题或者需要修改的，由最高人民法院和香港特别行政区政府协商解决。

第二十二条　本安排自 2022 年 2 月 15 日起施行。

8.《最高人民法院关于内地与香港特别行政区法院相互认可和执行民商事案件判决的安排》（法释〔2024〕2 号，20240129）

根据《中华人民共和国香港特别行政区基本法》第九十五条的规定，最高人民法院与香港特别行政区政府经协商，现就民商事案件判决的相互认可和执行问题作出如下安排。

第一条　内地与香港特别行政区法院民商事案件生效判决的相互认可和执行，适用本安排。

刑事案件中有关民事赔偿的生效判决的相互认可和执行，亦适用本安排。

第二条　本安排所称"民商事案件"是指根据内地和香港特别行政区法律均属于民商事性质的案件，不包括香港特别行政区法院审理的司法复核案件以及其他因行使行政权力直接引发的案件。

第三条　本安排暂不适用于就下列民商事案件作出的判决：

（一）内地人民法院审理的赡养、兄弟姐妹之间扶养、解除收养关系、成年人监护权、离婚后损害责任、同居关系析产案件，香港特别行政区法院审理的应否裁判分居的案件；

（二）继承案件、遗产管理或者分配的案件；

（三）内地人民法院审理的有关发明专利、实用新型专利侵权的案件，香港特别行政区法院审理的有关标准专利（包括原授专利）、短期专利侵权的案件，内地与香港特别行政区法院审理的有关确认标准必要专利许可费率的案件，以及有关本安排第五条未规定的知识产权案件；

（四）海洋环境污染、海事索赔责任限制、共同海损、紧急拖航和救助、船舶优先权、海上旅客运输案件；

（五）破产（清盘）案件；

（六）确定选民资格、宣告自然人失踪或者死亡、认定自然人限制或者无民事行为能力的案件；

（七）确认仲裁协议效力、撤销仲

裁裁决案件；

（八）认可和执行其他国家和地区判决、仲裁裁决的案件。

第四条 本安排所称"判决"，在内地包括判决、裁定、调解书、支付令，不包括保全裁定；在香港特别行政区包括判决、命令、判令、讼费评定证明书，不包括禁诉令、临时济助命令。

本安排所称"生效判决"：

（一）在内地，是指第二审判决，依法不准上诉或者超过法定期限没有上诉的第一审判决，以及依照审判监督程序作出的上述判决；

（二）在香港特别行政区，是指终审法院、高等法院上诉法庭及原讼法庭、区域法院以及劳资审裁处、土地审裁处、小额钱债审裁处、竞争事务审裁处作出的已经发生法律效力的判决。

第五条 本安排所称"知识产权"是指《与贸易有关的知识产权协定》第一条第二款规定的知识产权，以及《中华人民共和国民法典》第一百二十三条第二款第七项、香港《植物品种保护条例》规定的权利人就植物新品种享有的知识产权。

第六条 本安排所称"住所地"，当事人为自然人的，是指户籍所在地或者永久性居民身份所在地、经常居住地；当事人为法人或者其他组织的，是指注册地或者登记地、主要办事机构所在地、主要营业地、主要管理地。

第七条 申请认可和执行本安排规定的判决：

（一）在内地，向申请人住所地或者被申请人住所地、财产所在地的中级人民法院提出；

（二）在香港特别行政区，向高等法院提出。

申请人应当向符合前款第一项规定的其中一个人民法院提出申请。向两个以上有管辖权的人民法院提出申请的，由最先立案的人民法院管辖。

第八条 申请认可和执行本安排规定的判决，应当提交下列材料：

（一）申请书；

（二）经作出生效判决的法院盖章的判决副本；

（三）作出生效判决的法院出具的证明书，证明该判决属于生效判决，判决有执行内容的，还应当证明在原审法院地可以执行；

（四）判决为缺席判决的，应当提交已经合法传唤当事人的证明文件，但判决已经对此予以明确说明或者缺席方提出认可和执行申请的除外；

（五）身份证明材料：

1. 申请人为自然人的，应当提交身份证件复印件；

2. 申请人为法人或者其他组织的，应当提交注册登记证书的复印件以及法定代表人或者主要负责人的身份证件复印件。

上述身份证明材料，在被请求方境外形成的，应当依据被请求方法律规定办理证明手续。

向内地人民法院提交的文件没有

中文文本的,应当提交准确的中文译本。

第九条　申请书应当载明下列事项:

(一)当事人的基本情况:当事人为自然人的,包括姓名、住所、身份证件信息、通讯方式等;当事人为法人或者其他组织的,包括名称、住所及其法定代表人或者主要负责人的姓名、职务、住所、身份证件信息、通讯方式等;

(二)请求事项和理由;申请执行的,还需提供被申请人的财产状况和财产所在地;

(三)判决是否已在其他法院申请执行以及执行情况。

第十条　申请认可和执行判决的期间、程序和方式,应当依据被请求方法律的规定。

第十一条　符合下列情形之一,且依据被请求方法律有关诉讼不属于被请求方法院专属管辖的,被请求方法院应当认定原审法院具有管辖权:

(一)原审法院受理案件时,被告住所地在该方境内;

(二)原审法院受理案件时,被告在该方境内设有代表机构、分支机构、办事处、营业所等不属于独立法人的机构,且诉讼请求是基于该机构的活动;

(三)因合同纠纷提起的诉讼,合同履行地在该方境内;

(四)因侵权行为提起的诉讼,侵权行为实施地在该方境内;

(五)合同纠纷或者其他财产权益纠纷的当事人以书面形式约定由原审法院地管辖,但各方当事人住所地均在被请求方境内的,原审法院地应系合同履行地、合同签订地、标的物所在地等与争议有实际联系地;

(六)当事人未对原审法院提出管辖权异议并应诉答辩,但各方当事人住所地均在被请求方境内的,原审法院地应系合同履行地、合同签订地、标的物所在地等与争议有实际联系地。

前款所称“书面形式”是指合同书、信件和数据电文(包括电报、电传、传真、电子数据交换和电子邮件)等可以有形地表现所载内容的形式。

知识产权侵权纠纷案件以及内地人民法院审理的《中华人民共和国反不正当竞争法》第六条规定的不正当竞争纠纷民事案件、香港特别行政区法院审理的假冒纠纷案件,侵权、不正当竞争、假冒行为实施地在原审法院地境内,且涉案知识产权权利、权益在该方境内依法应予保护的,才应当认定原审法院具有管辖权。

除第一款、第三款规定外,被请求方法院认为原审法院对于有关诉讼的管辖符合被请求方法律规定的,可以认定原审法院具有管辖权。

第十二条　申请认可和执行的判决,被申请人提供证据证明有下列情形之一的,被请求方法院审查核实后,应当不予认可和执行:

(一)原审法院对有关诉讼的管辖不符合本安排第十一条规定的;

（二）依据原审法院地法律，被申请人未经合法传唤，或者虽经合法传唤但未获得合理的陈述、辩论机会的；

（三）判决是以欺诈方法取得的；

（四）被请求方法院受理相关诉讼后，原审法院又受理就同一争议提起的诉讼并作出判决的；

（五）被请求方法院已经就同一争议作出判决，或者已经认可其他国家和地区就同一争议作出的判决的；

（六）被请求方已经就同一争议作出仲裁裁决，或者已经认可其他国家和地区就同一争议作出的仲裁裁决的。

内地人民法院认为认可和执行香港特别行政区法院判决明显违反内地法律的基本原则或者社会公共利益，香港特别行政区法院认为认可和执行内地人民法院判决明显违反香港特别行政区法律的基本原则或者公共政策的，应当不予认可和执行。

第十三条 申请认可和执行的判决，被申请人提供证据证明在原审法院进行的诉讼违反了当事人就同一争议订立的有效仲裁协议或者管辖协议的，被请求方法院审查核实后，可以不予认可和执行。

第十四条 被请求方法院不能仅因判决的先决问题不属于本安排适用范围，而拒绝认可和执行该判决。

第十五条 对于原审法院就知识产权有效性、是否成立或者存在作出的判项，不予认可和执行，但基于该判项作出的有关责任承担的判项符合本安

排规定的，应当认可和执行。

第十六条 相互认可和执行的判决内容包括金钱判项、非金钱判项。

判决包括惩罚性赔偿的，不予认可和执行惩罚性赔偿部分，但本安排第十七条规定的除外。

第十七条 知识产权侵权纠纷案件以及内地人民法院审理的《中华人民共和国反不正当竞争法》第六条规定的不正当竞争纠纷民事案件、香港特别行政区法院审理的假冒纠纷案件，内地与香港特别行政区法院相互认可和执行判决的，限于根据原审法院地发生的侵权行为所确定的金钱判项，包括惩罚性赔偿部分。

有关商业秘密侵权纠纷案件判决的相互认可和执行，包括金钱判项（含惩罚性赔偿）、非金钱判项。

第十八条 内地与香港特别行政区法院相互认可和执行的财产给付范围，包括判决确定的给付财产和相应的利息、诉讼费、迟延履行金、迟延履行利息，不包括税收、罚款。

前款所称"诉讼费"，在香港特别行政区是指讼费评定证明书核定或者命令支付的费用。

第十九条 被请求方法院不能认可和执行判决全部判项的，可以认可和执行其中的部分判项。

第二十条 对于香港特别行政区法院作出的判决，一方当事人已经提出上诉，内地人民法院审查核实后，中止认可和执行程序。经上诉，维持全部或

者部分原判决的,恢复认可和执行程序;完全改变原判决的,终止认可和执行程序。

内地人民法院就已经作出的判决裁定再审的,香港特别行政区法院审查核实后,中止认可和执行程序。经再审,维持全部或者部分原判决的,恢复认可和执行程序;完全改变原判决的,终止认可和执行程序。

第二十一条　被申请人在内地和香港特别行政区均有可供执行财产的,申请人可以分别向两地法院申请执行。

应对方法院要求,两地法院应当相互提供本方执行判决的情况。

两地法院执行财产的总额不得超过判决确定的数额。

第二十二条　在审理民商事案件期间,当事人申请认可和执行另一地法院就同一争议作出的判决,应当受理。受理后,有关诉讼应当中止,待就认可和执行的申请作出裁定或者命令后,再视情终止或者恢复诉讼。

第二十三条　审查认可和执行判决申请期间,当事人就同一争议提起诉讼的,不予受理;已经受理的,驳回起诉。

判决全部获得认可和执行后,当事人又就同一争议提起诉讼的,不予受理。

判决未获得或者未全部获得认可和执行的,申请人不得再次申请认可和执行,但可以就同一争议向被请求方法院提起诉讼。

第二十四条　申请认可和执行判决的,被请求方法院在受理申请之前或者之后,可以依据被请求方法律规定采取保全或者强制措施。

第二十五条　法院应当尽快审查认可和执行的申请,并作出裁定或者命令。

第二十六条　被请求方法院就认可和执行的申请作出裁定或者命令后,当事人不服的,在内地可以于裁定送达之日起十日内向上一级人民法院申请复议,在香港特别行政区可以依据其法律规定提出上诉。

第二十七条　申请认可和执行判决的,应当依据被请求方有关诉讼收费的法律和规定交纳费用。

第二十八条　本安排签署后,最高人民法院和香港特别行政区政府经协商,可以就第三条所列案件判决的认可和执行以及第四条所涉保全、临时济助的协助问题签署补充文件。

本安排在执行过程中遇有问题或者需要修改的,由最高人民法院和香港特别行政区政府协商解决。

第二十九条　内地与香港特别行政区法院自本安排生效之日起作出的判决,适用本安排。

第三十条　本安排生效之日,《最高人民法院关于内地与香港特别行政区法院相互认可和执行当事人协议管辖的民商事案件判决的安排》同时废止。

本安排生效前,当事人已签署《最

高人民法院关于内地与香港特别行政区法院相互认可和执行当事人协议管辖的民商事案件判决的安排》所称"书面管辖协议"的,仍适用该安排。

第三十一条　本安排生效后,《最高人民法院关于内地与香港特别行政区法院相互认可和执行婚姻家庭民事案件判决的安排》继续施行。

第三十二条　本安排自 2024 年 1 月 29 日起施行。

9.《最高人民法院关于内地与澳门特别行政区就仲裁程序相互协助保全的安排》(法释〔2022〕7 号,20220325)

根据《中华人民共和国澳门特别行政区基本法》第九十三条的规定,经最高人民法院与澳门特别行政区协商,现就内地与澳门特别行政区关于仲裁程序相互协助保全作出如下安排。

第一条　本安排所称"保全",在内地包括财产保全、证据保全、行为保全;在澳门特别行政区包括为确保受威胁的权利得以实现而采取的保存或者预行措施。

第二条　按照澳门特别行政区仲裁法规向澳门特别行政区仲裁机构提起民商事仲裁程序的当事人,在仲裁裁决作出前,可以参照《中华人民共和国民事诉讼法》《中华人民共和国仲裁法》以及相关司法解释的规定,向被申请人住所地、财产所在地或者证据所在地的内地中级人民法院申请保全。被申请人住所地、财产所在地或者证据所

在地在不同人民法院辖区的,应当选择向其中一个人民法院提出申请,不得分别向两个或者两个以上人民法院提出申请。

在仲裁机构受理仲裁案件前申请保全,内地人民法院采取保全措施后三十日内未收到仲裁机构已受理仲裁案件的证明函件的,内地人民法院应当解除保全。

第三条　向内地人民法院申请保全的,应当提交下列材料:

(一)保全申请书;

(二)仲裁协议;

(三)身份证明材料:申请人为自然人的,应当提交身份证件复印件;申请人为法人或者非法人组织的,应当提交注册登记证书的复印件以及法定代表人或者负责人的身份证件复印件;

(四)在仲裁机构受理仲裁案件后申请保全的,应当提交包含主要仲裁请求和所根据的事实与理由的仲裁申请文件以及相关证据材料、仲裁机构出具的已受理有关仲裁案件的证明函件;

(五)内地人民法院要求的其他材料。

身份证明材料系在内地以外形成的,应当依据内地相关法律规定办理证明手续。

向内地人民法院提交的文件没有中文文本的,应当提交中文译本。

第四条　向内地人民法院提交的保全申请书应当载明下列事项:

(一)当事人的基本情况:当事人

为自然人的，包括姓名、住所、身份证件信息、通讯方式等；当事人为法人或者非法人组织的，包括法人或者非法人组织的名称、住所以及法定代表人或者主要负责人的姓名、职务、住所、身份证件信息、通讯方式等；

（二）请求事项，包括申请保全财产的数额、申请行为保全的内容和期限等；

（三）请求所依据的事实、理由和相关证据，包括关于情况紧急，如不立即保全将会使申请人合法权益受到难以弥补的损害或者将使仲裁裁决难以执行的说明等；

（四）申请保全的财产、证据的明确信息或者具体线索；

（五）用于提供担保的内地财产信息或者资信证明；

（六）是否已提出其他保全申请以及保全情况；

（七）其他需要载明的事项。

第五条　依据《中华人民共和国仲裁法》向内地仲裁机构提起民商事仲裁程序的当事人，在仲裁裁决作出前，可以根据澳门特别行政区法律规定，向澳门特别行政区初级法院申请保全。

在仲裁机构受理仲裁案件前申请保全的，申请人应当在澳门特别行政区法律规定的期间内，采取开展仲裁程序的必要措施，否则该保全措施失效。申请人应当将已作出必要措施及作出日期的证明送交澳门特别行政区法院。

第六条　向澳门特别行政区法院

申请保全的，须附同下列资料：

（一）仲裁协议；

（二）申请人或者被申请人为自然人的，应当载明其姓名以及住所；为法人或者非法人组织的，应当载明其名称、住所以及法定代表人或者主要负责人的姓名、职务和住所；

（三）请求的详细资料，尤其包括请求所依据的事实和法律理由、申请标的的情况、财产的详细资料、须保全的金额、申请行为保全的详细内容和期限以及附同相关证据，证明权利受威胁以及解释恐防受侵害的理由；

（四）在仲裁机构受理仲裁案件后申请保全的，应当提交该仲裁机构出具的已受理有关仲裁案件的证明；

（五）是否已提出其他保全申请以及保全情况；

（六）法院要求的其他资料。

如向法院提交的文件并非使用澳门特别行政区的其中一种正式语文，则申请人应当提交其中一种正式语文的译本。

第七条　被请求方法院应当尽快审查当事人的保全申请，可以按照被请求方法律规定要求申请人提供担保。

经审查，当事人的保全申请符合被请求方法律规定的，被请求方法院应当作出保全裁定。

第八条　当事人对被请求方法院的裁定不服，按被请求方相关法律规定处理。

第九条　当事人申请保全的，应当

根据被请求方法律的规定交纳费用。

第十条 本安排不减损内地和澳门特别行政区的仲裁机构、仲裁庭、仲裁员、当事人依据对方法律享有的权利。

第十一条 本安排在执行过程中遇有问题或者需要修改的，由最高人民法院和澳门特别行政区协商解决。

第十二条 本安排自 2022 年 3 月 25 日起施行。

10.《最高人民法院关于内地与澳门特别行政区相互认可和执行仲裁裁决的安排》（法释〔2007〕17 号，20080101）

根据《中华人民共和国澳门特别行政区基本法》第九十三条的规定，经最高人民法院与澳门特别行政区协商，现就内地与澳门特别行政区相互认可和执行仲裁裁决的有关事宜达成如下安排：

第一条 内地人民法院认可和执行澳门特别行政区仲裁机构及仲裁员按照澳门特别行政区仲裁法规在澳门作出的民商事仲裁裁决，澳门特别行政区法院认可和执行内地仲裁机构依据《中华人民共和国仲裁法》在内地作出的民商事仲裁裁决，适用本安排。

本安排没有规定的，适用认可和执行地的程序法律规定。

第二条 在内地或者澳门特别行政区作出的仲裁裁决，一方当事人不履行的，另一方当事人可以向被申请人住所地、经常居住地或者财产所在地的有关法院申请认可和执行。

内地有权受理认可和执行仲裁裁决申请的法院为中级人民法院。两个或者两个以上中级人民法院均有管辖权的，当事人应当选择向其中一个中级人民法院提出申请。

澳门特别行政区有权受理认可仲裁裁决申请的法院为中级法院，有权执行的法院为初级法院。

第三条 被申请人的住所地、经常居住地或者财产所在地分别在内地和澳门特别行政区的，申请人可以向一地法院提出认可和执行申请，也可以分别向两地法院提出申请。

当事人分别向两地法院提出申请的，两地法院都应当依法进行审查。予以认可的，采取查封、扣押或者冻结被执行人财产等执行措施。仲裁地法院应当先进行执行清偿；另一地法院在收到仲裁地法院关于经执行债权未获清偿情况的证明后，可以对申请人未获清偿的部分进行执行清偿。两地法院执行财产的总额，不得超过依据裁决和法律规定所确定的数额。

第四条 申请人向有关法院申请认可和执行仲裁裁决的，应当提交以下文件或者经公证的副本：

（一）申请书；

（二）申请人身份证明；

（三）仲裁协议；

（四）仲裁裁决书或者仲裁调解书。

上述文件没有中文文本的，申请人

应当提交经正式证明的中文译本。

第五条　申请书应当包括下列内容：

（一）申请人或者被申请人为自然人的，应当载明其姓名及住所；为法人或者其他组织的，应当载明其名称及住所，以及其法定代表人或者主要负责人的姓名、职务和住所；申请人是外国籍法人或者其他组织的，应当提交相应的公证和认证材料；

（二）请求认可和执行的仲裁裁决书或者仲裁调解书的案号或识别资料和生效日期；

（三）申请认可和执行仲裁裁决的理由及具体请求，以及被申请人财产所在地、财产状况及该仲裁裁决的执行情况。

第六条　申请人向有关法院申请认可和执行内地或者澳门特别行政区仲裁裁决的期限，依据认可和执行地的法律确定。

第七条　对申请认可和执行的仲裁裁决，被申请人提出证据证明有下列情形之一的，经审查核实，有关法院可以裁定不予认可：

（一）仲裁协议一方当事人依对其适用的法律在订立仲裁协议时属于无行为能力的；或者依当事人约定的准据法，或当事人没有约定适用的准据法而依仲裁地法律，该仲裁协议无效的；

（二）被申请人未接到选任仲裁员或者进行仲裁程序的适当通知，或者因他故未能陈述意见的；

（三）裁决所处理的争议不是提交仲裁的争议，或者不在仲裁协议范围之内；或者裁决载有超出当事人提交仲裁范围的事项的决定，但裁决中超出提交仲裁范围的事项的决定与提交仲裁事项的决定可以分开的，裁决中关于提交仲裁事项的决定部分可以予以认可；

（四）仲裁庭的组成或者仲裁程序违反了当事人的约定，或者在当事人没有约定时与仲裁地的法律不符的；

（五）裁决对当事人尚无约束力，或者业经仲裁地的法院撤销或者拒绝执行的。

有关法院认定，依执行地法律，争议事项不能以仲裁解决的，不予认可和执行该裁决。

内地法院认定在内地认可和执行该仲裁裁决违反内地法律的基本原则或者社会公共利益，澳门特别行政区法院认定在澳门特别行政区认可和执行该仲裁裁决违反澳门特别行政区法律的基本原则或者公共秩序，不予认可和执行该裁决。

第八条　申请人依据本安排申请认可和执行仲裁裁决的，应当根据执行地法律的规定，交纳诉讼费用。

第九条　一方当事人向一地法院申请执行仲裁裁决，另一方当事人向另一地法院申请撤销该仲裁裁决，被执行人申请中止执行且提供充分担保的，执行法院应当中止执行。

根据经认可的撤销仲裁裁决的判决、裁定，执行法院应当终结执行程序；

撤销仲裁裁决申请被驳回的,执行法院应当恢复执行。

当事人申请中止执行的,应当向执行法院提供其他法院已经受理申请撤销仲裁裁决案件的法律文书。

第十条 受理申请的法院应当尽快审查认可和执行的请求,并作出裁定。

第十一条 法院在受理认可和执行仲裁裁决申请之前或者之后,可以依当事人的申请,按照法院地法律规定,对被申请人的财产采取保全措施。

第十二条 由一方有权限公共机构(包括公证员)作成的文书正本或者经公证的文书副本及译本,在适用本安排时,可以免除认证手续在对方使用。

第十三条 本安排实施前,当事人提出的认可和执行仲裁裁决的请求,不适用本安排。

自 1999 年 12 月 20 日至本安排实施前,澳门特别行政区仲裁机构及仲裁员作出的仲裁裁决,当事人向内地申请认可和执行的期限,自本安排实施之日起算。

第十四条 为执行本安排,最高人民法院和澳门特别行政区终审法院应当相互提供相关法律资料。

最高人民法院和澳门特别行政区终审法院每年相互通报执行本安排的情况。

第十五条 本安排在执行过程中遇有问题或者需要修改的,由最高人民法院和澳门特别行政区协商解决。

第十六条 本安排自 2008 年 1 月 1 日起实施。

11.《最高人民法院关于内地与澳门特别行政区相互认可和执行民商事判决的安排》(法释〔2006〕2 号,20060401)

根据《中华人民共和国澳门特别行政区基本法》第九十三条的规定,最高人民法院与澳门特别行政区经协商,就内地与澳门特别行政区法院相互认可和执行民商事判决事宜,达成如下安排:

第一条 内地与澳门特别行政区民商事案件(在内地包括劳动争议案件,在澳门特别行政区包括劳动民事案件)判决的相互认可和执行,适用本安排。

本安排亦适用于刑事案件中有关民事损害赔偿的判决、裁定。

本安排不适用于行政案件。

第二条 本安排所称"判决",在内地包括:判决、裁定、决定、调解书、支付令;在澳门特别行政区包括:裁判、判决、确认和解的裁定、法官的决定或者批示。

本安排所称"被请求方",指内地或者澳门特别行政区双方中,受理认可和执行判决申请的一方。

第三条 一方法院作出的具有给付内容的生效判决,当事人可以向对方有管辖权的法院申请认可和执行。

没有给付内容,或者不需要执行,但需要通过司法程序予以认可的判决,当事人可以向对方法院单独申请认可，也可以直接以该判决作为证据在对方法院的诉讼程序中使用。

第四条　内地有权受理认可和执行判决申请的法院为被申请人住所地、经常居住地或者财产所在地的中级人民法院。两个或者两个以上中级人民法院均有管辖权的，申请人应当选择向其中一个中级人民法院提出申请。

澳门特别行政区有权受理认可判决申请的法院为中级法院，有权执行的法院为初级法院。

第五条　被申请人在内地和澳门特别行政区均有可供执行财产的，申请人可以向一地法院提出执行申请。

申请人向一地法院提出执行申请的同时，可以向另一地法院申请查封、扣押或者冻结被执行人的财产。待一地法院执行完毕后，可以根据该地法院出具的执行情况证明，就不足部分向另一地法院申请采取处分财产的执行措施。

两地法院执行财产的总额，不得超过依据判决和法律规定所确定的数额。

第六条　请求认可和执行判决的申请书，应当载明下列事项：

（一）申请人或者被申请人为自然人的，应当载明其姓名及住所；为法人或者其它组织的，应当载明其名称及住所，以及其法定代表人或者主要负责人的姓名、职务和住所；

（二）请求认可和执行的判决的案号和判决日期；

（三）请求认可和执行判决的理由、标的，以及该判决在判决作出地法院的执行情况。

第七条　申请书应当附生效判决书副本，或者经作出生效判决的法院盖章的证明书，同时应当附作出生效判决的法院或者有权限机构出具的证明下列事项的相关文件：

（一）传唤属依法作出，但判决书已经证明的除外；

（二）无诉讼行为能力人依法得到代理，但判决书已经证明的除外；

（三）根据判决作出地的法律，判决已经送达当事人，并已生效；

（四）申请人为法人的，应当提供法人营业执照副本或者法人登记证明书；

（五）判决作出地法院发出的执行情况证明。

如被请求方法院认为已充分了解有关事项时，可以免除提交相关文件。

被请求方法院对当事人提供的判决书的真实性有疑问时，可以请求作出生效判决的法院予以确认。

第八条　申请书应当用中文制作。所附司法文书及其相关文件未用中文制作的，应当提供中文译本。其中法院判决书未用中文制作的，应当提供由法院出具的中文译本。

第九条　法院收到申请人请求认可和执行判决的申请后，应当将申请书送达被申请人。

被申请人有权提出答辩。

第十条 被请求方法院应当尽快审查认可和执行的请求,并作出裁定。

第十一条 被请求方法院经审查核实存在下列情形之一的,裁定不予认可:

(一)根据被请求方的法律,判决所确认的事项属被请求方法院专属管辖;

(二)在被请求方法院已存在相同诉讼,该诉讼先于待认可判决的诉讼提起,且被请求方法院具有管辖权;

(三)被请求方法院已认可或者执行被请求方法院以外的法院或仲裁机构就相同诉讼作出的判决或仲裁裁决;

(四)根据判决作出地的法律规定,败诉的当事人未得到合法传唤,或者无诉讼行为能力人未依法得到代理;

(五)根据判决作出地的法律规定,申请认可和执行的判决尚未发生法律效力,或者因再审被裁定中止执行;

(六)在内地认可和执行判决将违反内地法律的基本原则或者社会公共利益;在澳门特别行政区认可和执行判决将违反澳门特别行政区法律的基本原则或者公共秩序。

第十二条 法院就认可和执行判决的请求作出裁定后,应当及时送达。

当事人对认可与否的裁定不服的,在内地可以向上一级人民法院提请复议,在澳门特别行政区可以根据其法律规定提起上诉;对执行中作出的裁定不服的,可以根据被请求方法律的规定,向上级法院寻求救济。

第十三条 经裁定予以认可的判决,与被请求方法院的判决具有同等效力。判决有给付内容的,当事人可以向该方有管辖权的法院申请执行。

第十四条 被请求方法院不能对判决所确认的所有请求予以认可和执行时,可以认可和执行其中的部分请求。

第十五条 法院受理认可和执行判决的申请之前或者之后,可以按照被请求方法律关于财产保全的规定,根据申请人的申请,对被申请人的财产采取保全措施。

第十六条 在被请求方法院受理认可和执行判决的申请期间,或者判决已获认可和执行,当事人再行提起相同诉讼的,被请求方法院不予受理。

第十七条 对于根据本安排第十一条(一)、(四)、(六)项不予认可的判决,申请人不得再行提起认可和执行的申请。但根据被请求方的法律,被请求方法院有管辖权的,当事人可以就相同案件事实向当地法院另行提起诉讼。

本安排第十一条(五)项所指的判决,在不予认可的情形消除后,申请人可以再行提起认可和执行的申请。

第十八条 为适用本安排,由一方有权限公共机构(包括公证员)作成或者公证的文书正本、副本及译本,免除任何认证手续而可以在对方使用。

第十九条 申请人依本安排申请认可和执行判决,应当根据被请求方法律规定,交纳诉讼费用、执行费用。

申请人在生效判决作出地获准缓交、减交、免交诉讼费用的,在被请求方法院申请认可和执行判决时,应当享有同等待遇。

第二十条　对民商事判决的认可和执行,除本安排有规定的以外,适用被请求方的法律规定。

第二十一条　本安排生效前提出的认可和执行请求,不适用本安排。

两地法院自1999年12月20日以后至本安排生效前作出的判决,当事人未向对方法院申请认可和执行,或者对方法院拒绝受理的,仍可以于本安排生效后提出申请。

澳门特别行政区法院在上述期间内作出的判决,当事人向内地人民法院申请认可和执行的期限,自本安排生效之日起重新计算。

第二十二条　本安排在执行过程中遇有问题或者需要修改,应当由最高人民法院与澳门特别行政区协商解决。

第二十三条　为执行本安排,最高人民法院和澳门特别行政区终审法院应当相互提供相关法律资料。

最高人民法院和澳门特别行政区终审法院每年相互通报执行本安排的情况。

第二十四条　本安排自2006年4月1日起生效。

12.《最高人民法院关于内地与澳门特别行政区法院就民商事案件相互委托送达司法文书和调取证据的安排》

(法释〔2001〕26号,20010915;经法释〔2020〕1号修正,20200301)

根据《中华人民共和国澳门特别行政区基本法》第九十三条的规定,最高人民法院与澳门特别行政区经协商,现就内地与澳门特别行政区法院就民商事案件相互委托送达司法文书和调取证据问题规定如下:

一、一般规定

第一条　内地人民法院与澳门特别行政区法院就民商事案件(在内地包括劳动争议案件,在澳门特别行政区包括民事劳工案件)相互委托送达司法文书和调取证据,均适用本安排。

第二条　双方相互委托送达司法文书和调取证据,通过各高级人民法院和澳门特别行政区终审法院进行。最高人民法院与澳门特别行政区终审法院可以直接相互委托送达和调取证据。

经与澳门特别行政区终审法院协商,最高人民法院可以授权部分中级人民法院、基层人民法院与澳门特别行政区终审法院相互委托送达和调取证据。

第三条　双方相互委托送达司法文书和调取证据,通过内地与澳门司法协助网络平台以电子方式转递;不能通过司法协助网络平台以电子方式转递的,采用邮寄方式。

通过司法协助网络平台以电子方式转递的司法文书、证据材料等文件,应当确保其完整性、真实性和不可修改性。

通过司法协助网络平台以电子方

式转递的司法文书、证据材料等文件与原件具有同等效力。

第四条　各高级人民法院和澳门特别行政区终审法院收到对方法院的委托书后，应当立即将委托书及所附司法文书和相关文件转送根据其本辖区法律规定有权完成该受托事项的法院。

受委托方法院发现委托事项存在材料不齐全、信息不完整等问题，影响其完成受托事项的，应当及时通知委托方法院补充材料或者作出说明。

经授权的中级人民法院、基层人民法院收到澳门特别行政区终审法院委托书后，认为不属于本院管辖的，应当报请高级人民法院处理。

第五条　委托书应当以中文文本提出。所附司法文书及其他相关文件没有中文文本的，应当提供中文译本。

第六条　委托方法院应当在合理的期限内提出委托请求，以保证受委托方法院收到委托书后，及时完成受托事项。

受委托方法院应当优先处理受托事项。完成受托事项的期限，送达文书最迟不得超过自收到委托书之日起两个月，调取证据最迟不得超过自收到委托书之日起三个月。

第七条　受委托方法院应当根据本辖区法律规定执行受托事项。委托方法院请求按照特殊方式执行委托事项的，受委托方法院认为不违反本辖区的法律规定的，可以按照特殊方式执行。

第八条　委托方法院无须支付受委托方法院在送达司法文书、调取证据时发生的费用、税项。但受委托方法院根据其本辖区法律规定，有权在调取证据时，要求委托方法院预付鉴定人、证人、翻译人员的费用，以及因采用委托方法院在委托书中请求以特殊方式送达司法文书、调取证据所产生的费用。

第九条　受委托方法院收到委托书后，不得以其本辖区法律规定对委托方法院审理的该民商事案件享有专属管辖权或者不承认对该请求事项提起诉讼的权利为由，不予执行受托事项。

受委托方法院在执行受托事项时，发现该事项不属于法院职权范围，或者内地人民法院认为在内地执行该受托事项将违反其基本法律原则或社会公共利益，或者澳门特别行政区法院认为在澳门特别行政区执行该受托事项将违反其基本法律原则或公共秩序的，可以不予执行，但应当及时向委托方法院书面说明不予执行的原因。

二、司法文书的送达

第十条　委托方法院请求送达司法文书，须出具盖有其印章或者法官签名的委托书，并在委托书中说明委托机关的名称、受送达人的姓名或者名称、详细地址以及案件性质。委托方法院请求按特殊方式送达或者有特别注意的事项的，应当在委托书中注明。

第十一条　采取邮寄方式委托的，委托书及所附司法文书和其他相关文件一式两份，受送达人为两人以上的，每人一式两份。

第十二条　完成司法文书送达事项后,内地人民法院应当出具送达回证;澳门特别行政区法院应当出具送达证明书。出具的送达回证和送达证明书,应当注明送达的方法、地点和日期以及司法文书接收人的身份,并加盖法院印章。

受委托方法院无法送达的,应当在送达回证或者送达证明书上注明妨碍送达的原因、拒收事由和日期,并及时书面回复委托方法院。

第十三条　不论委托方法院司法文书中确定的出庭日期或者期限是否已过,受委托方法院均应当送达。

第十四条　受委托方法院对委托方法院委托送达的司法文书和所附相关文件的内容和后果不负法律责任。

第十五条　本安排中的司法文书在内地包括:起诉状副本、上诉状副本、反诉状副本、答辩状副本、授权委托书、传票、判决书、调解书、裁定书、支付令、决定书、通知书、证明书、送达回证以及其他司法文书和所附相关文件;在澳门特别行政区包括:起诉状复本、答辩状复本、反诉状复本、上诉状复本、陈述书、申辩书、声明异议书、反驳书、申请书、撤诉书、认诺书、和解书、财产目录、财产分割表、和解建议书、债权人协议书、传唤书、通知书、法官批示、命令状、法庭许可令状、判决书、合议庭裁判书、送达证明书以及其他司法文书和所附相关文件。

三、调取证据

第十六条　委托方法院请求调取的证据只能是用于与诉讼有关的证据。

第十七条　双方相互委托代为调取证据的委托书应当写明:

(一)委托法院的名称;

(二)当事人及其诉讼代理人的姓名、地址和其他一切有助于辨别其身份的情况;

(三)委托调取证据的原因,以及委托调取证据的具体事项;

(四)被调查人的姓名、地址和其他一切有助于辨别其身份的情况,以及需要向其提出的问题;

(五)调取证据需采用的特殊方式;

(六)有助于执行该委托的其他一切情况。

第十八条　代为调取证据的范围包括:代为询问当事人、证人和鉴定人,代为进行鉴定和司法勘验,调取其他与诉讼有关的证据。

第十九条　委托方法院提出要求的,受委托方法院应当将取证的时间、地点通知委托方法院,以便有关当事人及其诉讼代理人能够出席。

第二十条　受委托方法院在执行委托调取证据时,根据委托方法院的请求,可以允许委托方法院派司法人员出席。必要时,经受委托方允许,委托方法院的司法人员可以向证人、鉴定人等发问。

第二十一条　受委托方法院完成

委托调取证据的事项后,应当向委托方法院书面说明。

未能按委托方法院的请求全部或者部分完成调取证据事项的,受委托方法院应当向委托方法院书面说明妨碍调取证据的原因,采取邮寄方式委托的,应及时退回委托书及所附文件。

当事人、证人根据受委托方的法律规定,拒绝作证或者推辞提供证言的,受委托方法院应当书面通知委托方法院,采取邮寄方式委托的,应及时退回委托书及所附文件。

第二十二条 受委托方法院可以根据委托方法院的请求,并经证人、鉴定人同意,协助安排其辖区的证人、鉴定人到对方辖区出庭作证。

证人、鉴定人在委托方地域内逗留期间,不得因在其离开受委托方地域之前,在委托方境内所实施的行为或者针对他所作的裁决而被刑事起诉、羁押,不得为履行刑罚或者其他处罚而被剥夺财产或者扣留身份证件,不得以任何方式对其人身自由加以限制。

证人、鉴定人完成所需诉讼行为,且可自由离开委托方地域后,在委托方境内逗留超过七天,或者已离开委托方地域又自行返回时,前款规定的豁免即行终止。

证人、鉴定人到委托方法院出庭而致的费用及补偿,由委托方法院预付。

本条规定的出庭作证人员,在澳门特别行政区还包括当事人。

第二十三条 受委托方法院可以根据委托方法院的请求,并经证人、鉴定人同意,协助安排其辖区的证人、鉴定人通过视频、音频作证。

第二十四条 受委托方法院取证时,被调查的当事人、证人、鉴定人等的代理人可以出席。

四、附则

第二十五条 受委托方法院可以根据委托方法院的请求代为查询并提供本辖区的有关法律。

第二十六条 本安排在执行过程中遇有问题的,由最高人民法院与澳门特别行政区终审法院协商解决。

本安排需要修改的,由最高人民法院与澳门特别行政区协商解决。

第二十七条 本安排自2001年9月15日起生效。本安排的修改文本自2020年3月1日起生效。

13.《最高人民法院关于人民法院办理海峡两岸送达文书和调查取证司法互助案件的规定》(法释〔2011〕15号,20110625)

为落实《海峡两岸共同打击犯罪及司法互助协议》(以下简称协议),进一步推动海峡两岸司法互助业务的开展,确保协议中涉及人民法院有关送达文书和调查取证司法互助工作事项的顺利实施,结合各级人民法院开展海峡两岸司法互助工作实践,制定本规定。

一、总则

第一条 人民法院依照协议,办理海峡两岸民事、刑事、行政诉讼案件中的送达文书和调查取证司法互助业务，适用本规定。

第二条 人民法院应当在法定职权范围内办理海峡两岸司法互助业务。

人民法院办理海峡两岸司法互助业务，应当遵循一个中国原则，遵守国家法律的基本原则，不得违反社会公共利益。

二、职责分工

第三条 人民法院和台湾地区业务主管部门通过各自指定的协议联络人，建立办理海峡两岸司法互助业务的直接联络渠道。

第四条 最高人民法院是与台湾地区业务主管部门就海峡两岸司法互助业务进行联络的一级窗口。最高人民法院台湾司法事务办公室主任是最高人民法院指定的协议联络人。

最高人民法院负责：就协议中涉及人民法院的工作事项与台湾地区业务主管部门开展磋商、协调和交流；指导、监督、组织、协调地方各级人民法院办理海峡两岸司法互助业务；就海峡两岸调查取证司法互助业务与台湾地区业务主管部门直接联络，并在必要时具体办理调查取证司法互助案件；及时将本院和台湾地区业务主管部门指定的协议联络人的姓名、联络方式及变动情况等工作信息通报高级人民法院。

第五条 最高人民法院授权高级人民法院就办理海峡两岸送达文书司法互助案件，建立与台湾地区业务主管部门联络的二级窗口。高级人民法院应当指定专人作为经最高人民法院授权的二级联络窗口联络人。

高级人民法院负责：指导、监督、组织、协调本辖区人民法院办理海峡两岸送达文书和调查取证司法互助业务；就办理海峡两岸送达文书司法互助案件与台湾地区业务主管部门直接联络，并在必要时具体办理送达文书和调查取证司法互助案件；登记、统计本辖区人民法院办理的海峡两岸送达文书司法互助案件；定期向最高人民法院报告本辖区人民法院办理海峡两岸送达文书司法互助业务情况；及时将本院联络人的姓名、联络方式及变动情况报告最高人民法院，同时通报台湾地区联络人和下级人民法院。

第六条 中级人民法院和基层人民法院应当指定专人负责海峡两岸司法互助业务。

中级人民法院和基层人民法院负责：具体办理海峡两岸送达文书和调查取证司法互助案件；定期向高级人民法院层报本院办理海峡两岸送达文书司法互助业务情况；及时将本院海峡两岸司法互助业务负责人员的姓名、联络方式及变动情况层报高级人民法院。

三、送达文书司法互助

第七条 人民法院向住所地在台湾地区的当事人送达民事和行政诉讼司法文书，可以采用下列方式：

（一）受送达人居住在大陆的，直接送达。受送达人是自然人，本人不在的，可以交其同住成年家属签收；受送达人是法人或者其他组织的,应当由法人的法定代表人、其他组织的主要负责人或者该法人、其他组织负责收件的人签收。

受送达人不在大陆居住,但送达时在大陆的,可以直接送达。

(二)受送达人在大陆有诉讼代理人的,向诉讼代理人送达。但受送达人在授权委托书中明确表明其诉讼代理人无权代为接收的除外。

(三)受送达人有指定代收人的,向代收人送达。

(四)受送达人在大陆有代表机构、分支机构、业务代办人的,向其代表机构或者经受送达人明确授权接受送达的分支机构、业务代办人送达。

(五)通过协议确定的海峡两岸司法互助方式,请求台湾地区送达。

(六)受送达人在台湾地区的地址明确的,可以邮寄送达。

(七)有明确的传真号码、电子信箱地址的,可以通过传真、电子邮件方式向受送达人送达。

采用上述方式均不能送达或者台湾地区当事人下落不明的,可以公告送达。

人民法院需要向住所地在台湾地区的当事人送达刑事司法文书,可以通过协议确定的海峡两岸司法互助方式,请求台湾地区送达。

第八条　人民法院协助台湾地区法院送达司法文书,应当采用民事诉讼法、刑事诉讼法、行政诉讼法等法律和相关司法解释规定的送达方式,并应当尽可能采用直接送达方式,但不采用公告送达方式。

第九条　人民法院协助台湾地区送达司法文书,应当充分负责,及时努力送达。

第十条　审理案件的人民法院需要台湾地区协助送达司法文书的,应当填写《〈海峡两岸共同打击犯罪及司法互助协议〉送达文书请求书》附录部分,连同需要送达的司法文书,一式二份,及时送交高级人民法院。

需要台湾地区协助送达的司法文书中有指定开庭日期等类似期限的,一般应当为协助送达程序预留不少于六个月的时间。

第十一条　高级人民法院收到本院或者下级人民法院《〈海峡两岸共同打击犯罪及司法互助协议〉送达文书请求书》附录部分和需要送达的司法文书后,应当在七个工作日内完成审查。经审查认为可以请求台湾地区协助送达的,高级人民法院联络人应当填写《〈海峡两岸共同打击犯罪及司法互助协议〉送达文书请求书》正文部分,连同附录部分和需要送达的司法文书,立即寄送台湾地区联络人;经审查认为欠缺相关材料、内容或者认为不需要请求台湾地区协助送达的,应当立即告知提出请求的人民法院补充相关材料、内容或者在说明理由后将材料退回。

第十二条　台湾地区成功送达并将送达证明材料寄送高级人民法院联

络人，或者未能成功送达并将相关材料送还，同时出具理由说明给高级人民法院联络人的，高级人民法院应当在收到之日起七个工作日内，完成审查并转送提出请求的人民法院。经审查认为欠缺相关材料或者内容的，高级人民法院联络人应当立即与台湾地区联络人联络并请求补充相关材料或者内容。

自高级人民法院联络人向台湾地区寄送有关司法文书之日起满四个月，如果未能收到送达证明材料或者说明文件，且根据各种情况不足以认定已经送达，视为不能按照协议确定的海峡两岸司法互助方式送达。

第十三条 台湾地区请求人民法院协助送达台湾地区法院的司法文书并通过其联络人将请求书和相关司法文书寄送高级人民法院联络人的，高级人民法院应当在七个工作日内完成审查。经审查认为可以协助送达的，应当立即转送有关下级人民法院送达或者由本院送达；经审查认为欠缺相关材料、内容或者认为不宜协助送达的，高级人民法院联络人应当立即向台湾地区联络人说明情况并告知其补充相关材料、内容或者将材料送还。

具体办理送达文书司法互助案件的人民法院应当在收到高级人民法院转送的材料之日起五个工作日内，以"协助台湾地区送达民事（刑事、行政诉讼）司法文书"案由立案，指定专人办理，并应当自立案之日起十五日内完成协助送达，最迟不得超过两个月。

收到台湾地区送达文书请求时，司法文书中指定的开庭日期或者其他期限逾期的，人民法院亦应予以送达，同时高级人民法院联络人应当及时向台湾地区联络人说明情况。

第十四条 具体办理送达文书司法互助案件的人民法院成功送达的，应当由送达人在《〈海峡两岸共同打击犯罪及司法互助协议〉送达回证》上签名或者盖章，并在成功送达之日起七个工作日内将送达回证送交高级人民法院；未能成功送达的，应当由送达人在《〈海峡两岸共同打击犯罪及司法互助协议〉送达回证》上注明未能成功送达的原因并签名或者盖章，在确认不能送达之日起七个工作日内，将该送达回证和未能成功送达的司法文书送交高级人民法院。

高级人民法院应当在收到前款所述送达回证之日起七个工作日内完成审查，由高级人民法院联络人在前述送达回证上签名或者盖章，同时出具《〈海峡两岸共同打击犯罪及司法互助协议〉送达文书回复书》，连同该送达回证和未能成功送达的司法文书，立即寄送台湾地区联络人。

四、调查取证司法互助

第十五条 人民法院办理海峡两岸调查取证司法互助业务，限于与台湾地区法院相互协助调取与诉讼有关的证据，包括取得证言及陈述；提供书证、物证及视听资料；确定关系人所在地或者确认其身份、前科等情况；进行勘验、检查、扣押、鉴定和查询等。

第十六条 人民法院协助台湾地区法院调查取证，应当采用民事诉讼法、刑事诉讼法、行政诉讼法等法律和相关司法解释规定的方式。

在不违反法律和相关规定、不损害社会公共利益、不妨碍正在进行的诉讼程序的前提下，人民法院应当尽力协助调查取证，并尽可能依照台湾地区请求的内容和形式予以协助。

台湾地区调查取证请求书所述的犯罪事实，依照大陆法律规定不认为涉嫌犯罪的，人民法院不予协助，但有重大社会危害并经双方业务主管部门同意予以个案协助的除外。台湾地区请求促使大陆居民至台湾地区作证，但未作出非经大陆主管部门同意不得追诉其进入台湾地区之前任何行为的书面声明的，人民法院可以不予协助。

第十七条 审理案件的人民法院需要台湾地区协助调查取证的，应当填写《〈海峡两岸共同打击犯罪及司法互助协议〉调查取证请求书》附录部分，连同相关材料，一式三份，及时送交高级人民法院。

高级人民法院应当在收到前款所述材料之日起七个工作日内完成初步审查，并将审查意见和《〈海峡两岸共同打击犯罪及司法互助协议〉调查取证请求书》附录部分及相关材料，一式二份，立即转送最高人民法院。

第十八条 最高人民法院收到高级人民法院转送的《〈海峡两岸共同打击犯罪及司法互助协议〉调查取证请求书》附录部分和相关材料以及高级人民法院审查意见后，应当在七个工作日内完成最终审查。经审查认为可以请求台湾地区协助调查取证的，最高人民法院联络人应当填写《〈海峡两岸共同打击犯罪及司法互助协议〉调查取证请求书》正文部分，连同附录部分和相关材料，立即寄送台湾地区联络人；经审查认为欠缺相关材料、内容或者认为不需要请求台湾地区协助调查取证的，应当立即通过高级人民法院告知提出请求的人民法院补充相关材料、内容或者在说明理由后将材料退回。

第十九条 台湾地区成功调查取证并将取得的证据材料寄送最高人民法院联络人，或者未能成功调查取证并将相关材料送还，同时出具理由说明给最高人民法院联络人的，最高人民法院应当在收到之日起七个工作日内完成审查并转送高级人民法院，高级人民法院应当在收到之日起七个工作日内转送提出请求的人民法院。经审查认为欠缺相关材料或者内容的，最高人民法院联络人应当立即与台湾地区联络人联络并请求补充相关材料或者内容。

第二十条 台湾地区请求人民法院协助台湾地区法院调查取证并通过其联络人将请求书和相关材料寄送最高人民法院联络人的，最高人民法院应当在收到之日起七个工作日内完成审查。经审查认为可以协助调查取证的，应当立即转送有关高级人民法院或者由本院办理,高级人民法院应当在收到之日起七个工作日内转送有关下级人民法院办理或者由本院办理;经审查认为欠缺相关材料、内容或者认为不宜协助调查取证的,最高人民法院联络人应当立即向台湾地区联络人说明情况并告知其补充相关材料、内容或者将材料送还。

具体办理调查取证司法互助案件的人民法院应当在收到高级人民法院转送的材料之日起五个工作日内,以"协助台湾地区民事(刑事、行政诉讼)调查取证"案由立案,指定专人办理,并应当自立案之日起一个月内完成协助调查取证,最迟不得超过三个月。因故不能在期限届满前完成的,应当提前函告高级人民法院,并由高级人民法院转报最高人民法院。

第二十一条　具体办理调查取证司法互助案件的人民法院成功调查取证的,应当在完成调查取证之日起七个工作日内将取得的证据材料一式三份,连同台湾地区提供的材料,并在必要时附具情况说明,送交高级人民法院;未能成功调查取证的,应当出具说明函一式三份,连同台湾地区提供的材料,在确认不能成功调查取证之日起七个工作日内送交高级人民法院。

高级人民法院应当在收到前款所述材料之日起七个工作日内完成初步审查,并将审查意见和前述取得的证据材料或者说明函等,一式二份,连同台湾地区提供的材料,立即转送最高人民法院。

最高人民法院应当在收到之日起七个工作日内完成最终审查,由最高人民法院联络人出具《〈海峡两岸共同打击犯罪及司法互助协议〉调查取证回复书》,必要时连同相关材料,立即寄送台湾地区联络人。

证据材料不适宜复制或者难以取得备份的,可不按本条第一款和第二款的规定提供备份材料。

五、附则

第二十二条　人民法院对于台湾地区请求协助所提供的和执行请求所取得的相关资料应当予以保密。但依据请求目的使用的除外。

第二十三条　人民法院应当依据请求书载明的目的使用台湾地区协助提供的资料。但最高人民法院和台湾地区业务主管部门另有商定的除外。

第二十四条　对于依照协议和本规定从台湾地区获得的证据和司法文书等材料,不需要办理公证、认证等形式证明。

第二十五条　人民法院办理海峡两岸司法互助业务,应当使用统一、规范的文书样式。

第二十六条　对于执行台湾地区的请求所发生的费用,由有关人民法院负担。但下列费用应当由台湾地区业务主管部门负责支付:

(一)鉴定费用;

(二)翻译费用和誊写费用;

(三)为台湾地区提供协助的证人

和鉴定人，因前往、停留、离开台湾地区所发生的费用；

（四）其他经最高人民法院和台湾地区业务主管部门商定的费用。

第二十七条 人民法院在办理海峡两岸司法互助案件中收到、取得、制作的各种文件和材料，应当以原件或者复制件形式，作为诉讼档案保存。

第二十八条 最高人民法院审理的案件需要请求台湾地区协助送达司法文书和调查取证的，参照本规定由本院自行办理。

专门人民法院办理海峡两岸送达文书和调查取证司法互助业务，参照本规定执行。

第二十九条 办理海峡两岸司法互助案件和执行本规定的情况，应当纳入对有关人民法院及相关工作人员的工作绩效考核和案件质量评查范围。

第三十条 此前发布的司法解释与本规定不一致的，以本规定为准。

【司法文件】

1.《最高人民法院关于依据国际公约和双边司法协助条约办理民商事案件司法文书送达和调查取证司法协助请求的规定实施细则（试行）》（法发〔2013〕6号，20130502）

第一章 总 则

第一条 根据最高人民法院《关于依据国际公约和双边司法协助条约办理民商事案件司法文书送达和调查取证司法协助请求的规定》，制定本实施细则。

第二条 本实施细则适用于人民法院依据海牙送达公约、海牙取证公约和双边民事、民商事、民刑事和民商刑事司法协助条约、协定（以下简称双边民事司法协助条约）办理民商事案件司法文书送达和调查取证请求。

第三条 人民法院应当根据便捷、高效的原则，优先依据海牙取证公约提出民商事案件调查取证请求。

第四条 有权依据海牙送达公约、海牙取证公约直接对外发出司法协助请求的高级人民法院，应当根据便捷、高效的原则，优先依据海牙送达公约和海牙取证公约提出、转递本辖区各级人民法院提出的民商事案件司法文书送达和调查取证请求。

第五条 人民法院国际司法协助统一管理部门和专门负责国际司法协助工作的人员（国际司法协助专办员）负责国际司法协助请求的审查、转递、督办和登记、统计、指导、调研等工作。

第二章 我国法院委托外国协助送达民商事案件司法文书

第六条 人民法院审判、执行部门向国际司法协助专办员、国际司法协助统一管理部门报送民商事案件司法文书送达请求时，应当制作给国际司法协助专办员或者国际司法协助统一管理部门的转递函，并按照下列要求办理：

（一）向在国外的法人和非中国籍公民送达

1.所送达的各项文书应当附有被请求国官方文字的译文,对于不同地区使用不同官方文字的国家,如加拿大、瑞士等,应当附有该地区所使用的官方文字的译文。翻译为被请求国官方文字确有困难的,可以依据双边民事司法协助条约提出司法文书送达请求,并附双边民事司法协助条约中规定的第三方文字的译文。被请求国不接受双边民事司法协助条约中规定的第三方文字译文的,所送达的各项文书应当附有被请求国官方文字的译文。

2.所送达的文书应当一式两份,分别装订为两套文书。

每套文书应当独立成册,参照下列顺序装订:

(1)起诉状中文及译文;

(2)应诉通知书中文及译文;

(3)传票中文及译文;

(4)合议庭组成人员通知书中文及译文;

(5)举证通知书中文及译文;

(6)其他材料之一中文及译文(其他材料之二、三依此类推);

(7)证据一中文及译文(证据二、三依此类推);

(8)翻译证明。

人民法院向在国外的法人和非中国籍公民送达民商事案件司法文书无需附送达回证及译文。但是,所送达的文书不能反映准确送达地址的,应当通过附送达回证及译文的方式说明准确的送达地址。

3.被请求国协助送达要求支付费用的,送达费用由当事人负担。被请求国要求预付费的,应当将送达费用汇票与所送文书一并转递,并在转递函上注明汇票编号。

4.所送达的各项文书中,受送达人的姓名、名称和送达地址应当一致、完整、准确。送达地址应当打印,不便打印的,手写地址应当清晰、可明确辨认;受送达人姓名、名称和送达地址不一致的,应当修改一致;送达地址不便修改的,应当在转递函中列明准确的送达地址,并注明"已核对,以此送达地址为准"。

5.确定开庭日期时应当预留足够的送达时间。

(二)向在国外的中国籍公民送达

1.转递函中列明受送达人为中国国籍。

2.所送达的文书应当一式两份,无需译文,分别装订为两套文书。

每套文书应当独立成册,参照下列顺序装订:

(1)起诉状;

(2)应诉通知书:

(3)传票;

(4)合议庭组成人员通知书;

(5)举证通知书;

(6)其他材料之一(其他材料之二、三依此类推);

(7)证据一(证据二、三依此类推);

(8)送达回证(送达回证中应当列

明上述文书各一份)。

3.送达回证中应当打印受送达人准确的外文(所在国官方文字)送达地址;不便打印的,手写地址应当清晰、可明确辨认;受送达人如有外文姓名的,亦应当在送达回证中注明外文姓名。

4.确定开庭日期时应当预留足够的送达时间。

5.我国驻外使、领馆要求出具委托书的,应当附提出送达请求的法院致我国驻该国使、领馆的委托书。委托书随文书一并转递。

第七条 国际司法协助专办员收到本院审判、执行部门或者下级法院报送的民商事案件司法文书送达请求后,应当按照下列标准进行审查:

(一)有审判、执行部门或者下级法院的转递函;

(二)被请求国是海牙送达公约缔约国,或者被请求国与我国签订的双边民事司法协助条约已经生效;

(三)审判、执行部门或者下级法院转来的文书与转递函中所列的文书清单在名称和份数上一致;

(四)所送达的文书按照第六条的相关规定分别装订成两套,两套文书的装订顺序一致;

(五)应当附译文的,译文文字符合海牙送达公约或者双边民事司法协助条约的规定;

(六)所送达的各项文书中载明的受送达人姓名、名称、送达地址应当一致;受送达人姓名、名称前后不一致的,

应当退回审判、执行部门修改;送达地址不一致的,审判、执行部门或者下级法院应当在转递函中列明最终确认的送达地址并注明"已核对,以此送达地址为准";

(七)如果受送达人是外国国家、外国政府、外国政府组成机构以及享有外交特权和豁免权的主体,最高人民法院已经批准受理该案件;

(八)需要受送达人出庭的,确定开庭日期时预留了足够的送达时间;

(九)被请求国要求预付送达费用的,附有送达费用汇票;汇票中所列的收款机构、币种、数额符合被请求国的要求;汇票在有效期内;

(十)向在国外的中国籍公民送达民商事案件司法文书,附有送达回证;送达回证中列明受送达人所在国官方文字的送达地址;送达回证中所列明的文书清单与实际送达的文书的名称、份数一致;

(十一)向在国外的中国籍公民送达民商事案件司法文书,我国驻外使、领馆要求出具委托书的,附有提出送达请求的法院致我国驻该国使、领馆的委托书;

(十二)送达的民商事案件司法文书,特别是证据材料中,不含有明确标注密级的材料;

(十三)所送达的文书中,不存在应当填写而未填写的内容的情形;

(十四)翻译证明符合被请求国的要求;

（十五）其他应当审查的事项。

第八条 国际司法协助专办员对审判、执行部门报送的民商事案件司法文书送达请求审查合格的，应当制作转递函，及时报送高级人民法院国际司法协助统一管理部门。高级人民法院审查合格的，应当制作转递函，及时报送最高人民法院国际司法协助统一管理部门。文书中受送达人地址前后不一致的，高级人民法院应当在转递函中说明已核对无误的送达地址。最高人民法院审查合格的，应当制作转递函，及时转递中央机关。

除另有规定外，有权依据海牙送达公约直接对外发出民商事案件司法文书送达请求的高级人民法院国际司法协助统一管理部门收到下级法院或者本院审判、执行部门报送的民商事案件司法文书送达请求并审查合格的，应当填写符合海牙送达公约所附范本格式的请求书并加盖该高级人民法院国际司法协助专用章后邮寄被请求国中央机关。

第九条 最高人民法院国际司法协助统一管理部门收到中央机关转回的送达证明和被请求国事后要求支付送达费用的通知后，应当及时登记并转递有关高级人民法院国际司法协助统一管理部门。

高级人民法院收到最高人民法院转回的送达证明和付费通知后，或者有权依据海牙送达公约直接对外发出送达请求的高级人民法院收到外国中央机关转回的送达证明和付费通知后，应当及时登记并转递提出送达请求的人民法院。

第十条 提出送达请求的人民法院收到付费通知后，应当及时向当事人代收。当事人根据被请求国要求支付的费用，应当以汇票等形式支付并通过原途径转交被请求国相关机构。

第三章 外国委托我国法院协助送达民商事案件司法文书

第十一条 最高人民法院国际司法协助统一管理部门收到中央机关转来的外国委托我国法院协助送达的民商事案件司法文书后，应当按照下列标准进行审查：

（一）有中央机关的转递函或者请求书；

（二）请求国是海牙送达公约缔约国或者与我国签订的双边民事司法协助条约已经生效；

（三）属于海牙送达公约或者双边民事司法协助条约规定的范围；

（四）属于人民法院的办理范围；

（五）不具有海牙送达公约或者双边民事司法协助条约中规定的拒绝提供协助的情形；

（六）请求方要求采取特殊方式送达的，所要求的特殊方式与我国法律不相抵触，且在实践中不存在无法办理或者办理困难的情形；

（七）实际送达的文书与请求书中列明的文书在名称、份数上一致；

（八）依据海牙送达公约委托我国

协助送达的文书，应当附有中文译文，但请求方仅要求按照海牙送达公约第五条第二款规定的方式予以送达的除外；

（九）依据双边民事司法协助条约委托我国协助送达的司法文书，附有中文译文或者双边民事司法协助条约中规定的第三方文字译文；

（十）其他应当审查的事项。

第十二条 我国法院委托外国协助送达的司法文书附有双边民事司法协助条约规定的第三方文字译文，但被请求国依然要求必须附有该国官方文字译文的，按照对等原则，该国委托我国协助送达的司法文书应当附有中文译文。

第十三条 最高人民法院国际司法协助统一管理部门审查合格的，应当制作转递函，与所送达的文书一并转递受送达人所在地高级人民法院国际司法协助统一管理部门。

第十四条 高级人民法院收到最高人民法院转来的转递函和所送达的文书后，应当参照第十一条的规定进行审查。审查合格的，应当制作转递函，与所送达的文书一并转递受送达人所在地中级或者基层人民法院国际司法协助专办员。高级人民法院国际司法协助统一管理部门认为由本院办理更为适宜的，可以直接移交本院负责民商事案件司法文书送达工作的部门办理。

第十五条 中级或者基层人民法院国际司法协助专办员收到高级人民法院转来的转递函和所送达的文书后，亦应当参照第十一条的规定进行审查。审查合格的，及时移交本院负责民商事案件司法文书送达工作的部门办理。

第十六条 人民法院送达司法文书时，应当使用本院的送达回证。

第十七条 依据海牙送达公约委托我国法院协助送达的司法文书，无论文书中确定的开庭日期或者期限是否已过，办理送达的人民法院均应当予以送达。但是，请求方另有明确表示的除外。

第十八条 受送达人是自然人的，应当由其本人签收司法文书；受送达人是法人或者其他组织的，应当由法人的法定代表人、其他组织的主要负责人或者该法人、组织负责收件的人签收司法文书。他人代收的，应当符合民事诉讼法和相关司法解释的规定。

第十九条 请求方要求采取海牙送达公约第五条第二款规定的方式送达的，办理送达的人民法院应当告知受送达人享有自愿接收的权利。受送达人拒收的，应当在送达回证上注明。

第二十条 送达成功的，办理送达的部门应当将送达回证转递本院国际司法协助专办员。送达不成功的，办理送达的部门应当将送达回证和未能送达的文书一并转递本院国际司法协助专办员。

第二十一条 国际司法协助专办员收到送达回证后，应当按照下列标准进行审查：

（一）送达回证加盖人民法院院章；

（二）送达回证填写规范、完整。包括：逐一列明所送达的文书的名称和份数、送达日期、代收人与受送达人的关系以及受送达人、代收人、送达人的签字或者盖章。如果未能成功送达，送达人还应当在送达回证中说明未能成功送达的原因。

第二十二条　通过邮寄方式送达的，国际司法协助专办员收到邮政机构出具的邮寄送达证明后，应当参照第二十一条的规定进行审查。

第二十三条　国际司法协助专办员审查合格后，应当制作送达结果转递函，与送达回证、邮寄送达证明、未能送达的文书一并转递高级人民法院国际司法协助统一管理部门。

第二十四条　高级人民法院收到送达回证、邮寄送达证明、未能成功送达的文书后，应当参照第二十一条的规定进行审查。审查合格的，应当制作给最高人民法院国际司法协助统一管理部门的转递函，并在转递函和送达回证右上角注明最高人民法院原始转递函的函号，然后将高级人民法院转递函、送达回证、邮寄送达证明、未能送达的文书转递最高人民法院国际司法协助统一管理部门。

第二十五条　最高人民法院收到高级人民法院转来的转递函、送达回证、邮寄送达证明、未能送达的文书后，应当进行审查。审查合格的，应当及时退回中央机关。

第四章　我国法院委托外国法院协助进行民商事案件调查取证

第二十六条　人民法院审判、执行部门依据海牙取证公约提出调查取证请求时，应当按照下列要求办理：

（一）制作符合海牙取证公约规定的调查取证请求书。

被请求国对请求书及其附件文字未作出声明或者保留的，请求书及其附件应当附有被请求国官方文字、英文或者法文译文。

被请求国对请求书及其附件文字作出声明或者保留的，请求书及其附件应当附有被请求国官方文字的译文。

被请求国不同地区使用不同官方文字的，请求书及其附件应当附有该地区官方文字的译文。

请求书有附件的，附件译文的语种应当与请求书译文的语种一致。

（二）请求书、附件及其译文应当一式两份，参照下列顺序装订成两套：

1. 请求书原文及译文；

2. 附件一原文及译文（附件二、三依此类推）；

3. 证明请求书及其附件的译文与原文一致的翻译证明。

（三）请求书在最终向外国中央机关发出之前，不填写签发日期、地点，也不加盖任一经手法院或者部门的印章。

（四）制作转递函，与请求书及其附件等一并报送国际司法协助专办员或者国际司法协助统一管理部门。

第二十七条 国际司法协助专办员收到本院审判、执行部门或者下级法院报送的依据海牙取证公约提出的调查取证请求后,应当按照下列标准进行审查:

(一)有审判、执行部门或者下级法院的转递函;

(二)被请求国是海牙取证公约缔约国且该公约已经在我国和该国之间生效;

(三)请求书及其附件的译文符合海牙取证公约的规定和被请求国对此所作的声明和保留;附件译文的语种与请求书的语种一致;

(四)请求书的各项内容填写规范、完整;

(五)附件中不含有明确标注密级的材料;

(六)其他应当审查的事项。

第二十八条 国际司法协助专办员对审判、执行部门报送的依据海牙取证公约提出的调查取证请求审查合格的,应当制作转递函,及时报送高级人民法院国际司法协助统一管理部门。高级人民法院审查合格的,应当制作转递函,及时报送最高人民法院国际司法协助统一管理部门。最高人民法院审查合格的,应当在请求书及其译文上填写签发日期、地点并加盖最高人民法院国际司法协助专用章后邮寄被请求国中央机关。

除另有规定外,有权依据海牙取证公约直接对外发出调查取证请求的高级人民法院国际司法协助统一管理部门收到下级法院或者本院审判、执行部门报送的调查取证请求并审查合格的,应当在请求书及其译文上填写签发日期、地点并加盖该高级人民法院国际司法协助专用章后邮寄被请求国中央机关。

第二十九条 人民法院审判、执行部门依据双边民事司法协助条约提出调查取证请求时,应当按照下列要求办理:

(一)制作符合双边民事司法协助条约规定的调查取证请求书。

请求书及其附件应当附有被请求国官方文字的译文。翻译为被请求国官方文字确有困难的,可以翻译为双边民事司法协助条约中规定的第三方文字。被请求国不接受双边民事司法协助条约中规定的第三方文字译文的,请求书及其附件应当附有被请求国官方文字的译文。

(二)请求书、附件及其译文应当一式两份,按照下列顺序装订成两套:

1. 请求书原文及译文;

2. 附件一原文及译文(附件二、三依此类推);

3. 证明请求书及其附件的译文与原文一致的翻译证明。

(三)请求书加盖提出调查取证请求的人民法院院章。

(四)制作转递函,与请求书及其附件等一并报送国际司法协助专办员或者国际司法协助统一管理部门。

第三十条 国际司法协助专办员收到本院审判、执行部门或者下级法院报送的依据双边民事司法协助条约提出的调查取证请求后，应当按照下列标准进行审查：

（一）有审判、执行部门或者下级法院的转递函；

（二）被请求国与我国签订双边民事司法协助条约且已经生效；

（三）请求书及其附件的译文符合双边民事司法协助条约的规定；附件译文的语种与请求书的语种一致；

（四）请求书的各项内容符合双边民事司法协助条约的具体规定，填写规范、完整；

（五）附件中不含有明确标注密级的材料；

（六）其他应当审查的事项。

第三十一条 国际司法协助专办员对审判、执行部门报送的依据双边民事司法协助条约提出的调查取证请求审查合格的，应当制作转递函，及时报送高级人民法院国际司法协助统一管理部门。高级人民法院审查合格的，应当制作转递函，及时报送最高人民法院国际司法协助统一管理部门。最高人民法院审查合格的，应当制作转递函，及时转递中央机关。

第三十二条 最高人民法院国际司法协助统一管理部门收到中央机关转回的调查取证结果和被请求国事后要求支付相关费用的通知后，应当及时登记并转递有关高级人民法院国际司法协助统一管理部门。

高级人民法院收到最高人民法院转回的调查取证结果、付费通知后，或者有权依据海牙取证公约直接对外发出调查取证请求的高级人民法院收到外国中央机关转回的调查取证结果、付费通知后，应当及时登记并转递提出调查取证请求的人民法院。

第三十三条 被请求国要求支付调查取证费用，符合海牙取证公约或者双边民事司法协助条约规定的，提出调查取证请求的人民法院应当及时向当事人代收，当事人根据被请求国要求支付的费用，应当以汇票等形式支付并通过原途径转交被请求国相关机构。

第五章 外国法院委托我国法院协助进行民商事案件调查取证

第三十四条 最高人民法院国际司法协助统一管理部门收到中央机关转来的外国法院依据海牙取证公约或者双边民事司法协助条约提出的民商事案件调查取证请求后，应当按照下列标准进行审查：

（一）有中央机关的转递函或者请求书；

（二）依据海牙取证公约提出调查取证请求的，该公约在我国与请求国之间已经生效；依据双边民事司法协助条约提出调查取证请求的，该条约已经生效；

（三）属于海牙取证公约或者双边民事司法协助条约规定的范围；

（四）属于人民法院的办理范围；

（五）不具有海牙取证公约或者双边民事司法协助条约中规定的拒绝提供协助的情形；

（六）请求方要求采取特殊方式调查取证的，所要求的特殊方式与我国法律不相抵触，且在实践中不存在无法办理或者办理困难的情形；

（七）请求书及其附件有中文译文或者符合海牙取证公约、双边民事司法协助条约规定的语种译文；

（八）其他应当审查的事项。

第三十五条 我国法院委托外国协助调查取证，请求书及其附件附有双边民事司法协助条约规定的第三方文字译文，但被请求国依然要求必须附有该国官方文字译文的，按照对等原则，该国委托我国协助调查取证的请求书及其附件应当附有中文译文。

第三十六条 最高人民法院国际司法协助统一管理部门审查合格的，应当制作转递函，与请求书及其附件一并转递证据或者证人所在地高级人民法院国际司法协助统一管理部门。同一调查取证请求中的证人或者证据位于不同高级人民法院辖区的，最高人民法院可以指定其中一个高级人民法院统一办理。如有需要，相关高级人民法院应当给予必要的协助。

第三十七条 高级人民法院国际司法协助统一管理部门收到最高人民法院转来的调查取证请求后，应当会同本院审判部门进一步审查。审查后认为可以提供协助的，应当制作转递函，与请求书及其附件一并转递证据或者证人所在地中级或者基层人民法院审查、办理。高级人民法院认为本院办理更为适宜的，可以直接办理。

第三十八条 调查取证请求应当由相应的审判部门的法官办理。

第三十九条 调查取证完毕后，办理调查取证的法官应当对调查取证结果按照下列标准进行审查：

（一）调查取证的内容符合请求书的要求；

（二）不含有明确标注密级的材料；

（三）调查取证结果对外提供后不存在损害国家主权、安全、泄露国家秘密、侵犯商业秘密等情形；

（四）提供的证据材料符合民事诉讼法和相关司法解释规定的形式要件；

（五）其他应当审查的事项。

第四十条 办理调查取证的法官审查合格后，应当将调查取证结果转递本院国际司法协助专办员。国际司法协助专办员应当参照第三十九条的规定对调查取证结果进行审查。审查合格的，应当制作转递函，与调查取证结果一并转递高级人民法院国际司法协助统一管理部门。

第四十一条 高级人民法院收到调查取证结果后，应当参照第三十九条的规定进行审查。审查合格的，应当制作转递函，与调查取证结果一并转递最高人民法院国际司法协助统一管理部门。

第四十二条　对于存在第三十九条第(三)项情形的证据材料,各级人民法院应当在转递函中注明,并将该材料按照第四十条、第四十一条的规定与其他材料一并转递。

第四十三条　最高人民法院收到高级人民法院转来的转递函和调查取证结果后,应当进行审查,认为可以转交请求方的,应当及时转交中央机关。

第四十四条　我国法院协助外国法院调查取证产生的费用,根据海牙取证公约或者双边民事司法协助条约应当由请求方支付的,由办理调查取证的法院提出收费依据和费用清单,通过高级人民法院国际司法协助统一管理部门报请最高人民法院国际司法协助统一管理部门审核。最高人民法院认为应当收取的,通过中央机关要求请求方支付。请求方支付的费用,通过原途径转交办理调查取证的法院。

第六章　附　　则

第四十五条　人民法院办理民商事案件司法文书送达的送达回证、送达证明在各个转递环节均应当扫描为 PDF 文件以电子文档的形式保存,保存期限为三年;人民法院办理民商事案件调查取证的材料应当作为档案保存。

第四十六条　通过外交途径办理民商事案件司法文书送达、调查取证,以及向在国外的中国籍公民进行简单询问形式的调查取证,不适用本实施细则。

第四十七条　本实施细则自 2013 年 5 月 2 日起试行。

2.《第二次全国涉外商事海事审判工作会议纪要》(最高人民法院,法发〔2005〕26 号,20051226)

25. 外国当事人如果在我国境内没有可以代其接受送达的代理人或者相关机构,若该当事人所在国与我国签订有司法协助协定或者其所在国是 1965 年海牙《关于向国外送达民事或商事司法文书和司法外文书公约》(以下简称《海牙送达公约》)的成员国,向该当事人送达司法文书依照司法协助协定或者公约的规定执行。具体程序可以分别按照最高人民法院发布的法(办)发〔1988〕3 号《关于执行中外司法协助协定的通知》,最高人民法院、外交部、司法部联合发布的外发〔1992〕8 号《关于执行〈关于向国外送达民事或商事司法文书和司法外文书公约〉有关程序的通知》、司法通〔1992〕093 号《关于执行海牙送达公约的实施办法》的规定办理。如果当事人所在国既与我国签订有司法协助协定,又是《海牙送达公约》的成员国,送达司法文书依照司法协助协定的规定办理。对在我国境内没有住所的当事人,如果不能适用前述方式送达,可以通过外交途径送达。具体程序可以按照最高人民法院、外交部、司法部联合发布的外发〔1986〕47 号《关于我国法院和外国法院通过外交途径相互委托送达法律文书若干问题的通知》的规定办理。

26. 按照司法协助协定、《海牙送达公约》或者外交途径送达司法文书，自我国有关机关将司法文书转递受送达当事人所在国有关机关之日起满六个月，如果未能收到送达与否的证明文件，且根据其他情况也不足以认定已经送达的，视为不能适用该种方式送达。

3.《外交部、最高人民法院、最高人民检察院、公安部、安全部、司法部关于处理涉外案件若干问题的规定》（外发〔1995〕17号，19950620）

六、旁听、新闻报道、司法协助、扣留护照等问题

（一）外国驻华使、领馆官员要求旁听涉外案件的公开审理，应向各省、自治区、直辖市高级人民法院提出申请，有关法院应予安排。旁听者应遵守人民法院的法庭规则。

对于依法不公开审理的涉外案件，外国驻华使、领馆官员要求旁听的，如有关国家与我国已签订的领事条约中明确承担有关义务的，应履行义务；未明确承担有关义务的，应根据我国法律规定，由主管部门商同级外事部门解决。

（二）主管部门就重大涉外案件发布新闻或者新闻单位对于上述案件进行报道，要从严掌握，应当事先报请省级主管机关审核，征求外事部门的意见。对危害国家安全的涉外案件的新闻报道，由主管部门商外交部后定。对于应通知外国驻华使、领馆的案件，应当在按规定通知有关外国驻华使、领馆后，再公开报道。

（三）对与我国订有双边司法协助协定、条约或者我与其共同参加载有司法协助条款的公约的国家，我中央机关和各主管部门应按照协定、条约或者公约的有关规定办理。未签订上述协定或条约、也未共同参加上述公约的，在对等互惠的基础上通过外交途径解决。

（四）扣留外国人护照问题

根据《中华人民共和国外国人入境出境管理法》和最高人民法院、最高人民检察院、公安部、国家安全部《关于依法限制外国人和中国公民出境问题的若干规定》（〔87〕公发16号），除我公安机关、国家安全机关、司法机关以及法律明确授权的机关外，其他任何单位或个人都无权扣留外国人护照，也不得以任何方式限制外国人的人身自由；公安机关、国家安全机关、司法机关以及法律明确授权的机关扣留外国人护照，必须按照规定的权限报批，履行必要的手续，发给本人扣留护照的证明，并把有关情况及时上报上级主管部门，通报同级人民政府外事办公室，有关外事办公室应当及时报告外交部。

本规定自发文之日起生效。以前有关规定凡与本规定相抵的，一律以本规定为准。1987年《关于处理涉外案件若干问题的规定》（外发〔1987〕54号）同时废止。

4.《最高人民法院关于涉外商事海

事案件中法律文书外交送达费用人民币1000元以上的性质应如何认定的请示的复函》（〔2005〕民四他字第15号，20050606）

你院请示的问题实际上是对人民币1000元以上的外交送达费用如何列支的问题，即该笔送达费用是从"案件受理费"中列支，还是作为"其他诉讼费用"由有关当事人另行向委托法院缴纳。对此，《人民法院诉讼收费办法》及其《补充规定》均未明确规定人民法院可以向当事人收取法律文书的外交送达费用。因此，你院不应再就涉外案件法律文书的外交送达费用向当事人另行收取。至于具体如何列支，应由你院自行决定。

5.《最高人民法院关于进一步做好边境地区涉外民商事案件审判工作的指导意见》（法发〔2010〕57号，20101208）

六、边境地区受理案件的人民法院应当及时、准确地掌握我国缔结或者参加的民商事司法协助国际条约，在涉外民商事审判工作中更好地履行国际条约义务，充分运用已经生效的国际条约，特别是我国与周边国家缔结的双边民商事司法协助条约，必要时，根据条约的相关规定请求该周边国家协助送达司法文书、协助调查取证或者提供相关的法律资料。

十、人民法院在审理边境地区涉外民商事纠纷案件的过程中，应当加强对当事人的诉讼指导。对在我国没有住所又没有可供执行的财产的被告提起诉讼，人民法院应当给予原告必要的诉讼指导，充分告知其诉讼风险，特别是无法有效送达的风险和生效判决在我国境内无法执行的风险。败诉一方当事人在我国境内没有财产或者其财产不足以执行生效判决时，人民法院应当告知胜诉一方当事人可以根据我国与其他国家缔结的民商事司法协助国际条约的相关规定，向可供执行财产所在地国家的法院申请承认和执行我国法院的民商事判决。

6.《最高人民法院与香港特别行政区政府关于内地与香港特别行政区法院相互认可和协助破产程序的会谈纪要》（20210514）

一、最高人民法院指定若干试点地区有关中级人民法院与香港特别行政区法院依法开展相互认可和协助破产程序工作。

二、香港特别行政区破产程序的清盘人或者临时清盘人可以向内地试点地区的有关中级人民法院申请认可依据香港特别行政区法律进行的公司强制清盘、公司债权人自动清盘以及由清盘人或者临时清盘人提出并经香港特别行政区法院批准的公司债务重组程序，申请认可其清盘人或者临时清盘人身份，以及申请提供履职协助。

三、内地破产程序的管理人可以向香港特别行政区高等法院申请认可依据《中华人民共和国企业破产法》进行的破产清算、重整以及和解程序，申请认可其管理人身份，以及申请提供履职协助。

四、申请认可和协助的程序、方式等，应当依据被请求方的规定。

五、最高人民法院和香港特别行政区政府分别就两地开展相互认可和协助破产程序工作发布指导意见和实用指南。双方就相互认可和协助破产程序的司法实践保持沟通，协商解决有关问题，持续完善有关机制，逐步扩大试点范围。

第二百九十四条　【司法协助的途径】请求和提供司法协助，应当依照中华人民共和国缔结或者参加的国际条约所规定的途径进行；没有条约关系的，通过外交途径进行。

外国驻中华人民共和国的使领馆可以向该国公民送达文书和调查取证，但不得违反中华人民共和国的法律，并不得采取强制措施。

除前款规定的情况外，未经中华人民共和国主管机关准许，任何外国机关或者个人不得在中华人民共和国领域内送达文书、调查取证。

【立法·要点注释】

1. 请求和提供司法协助的途径，是国家间进行司法协助联系的通道，是司法协助的基本问题之一，也是《民事诉讼法》有关司法协助规定中不可缺少的内容。根据本条规定，请求和提供司法协助，应当依照我国缔结或者参加的国际条约所规定的途径进行；没有条约关系的，通过外交途径进行。

2. 根据本条第 2 款、第 3 款的规定，外国驻华使领馆在不违反我国法律的前提下，可以向该国公民送达文书和调查取证。理解这两款，需要注意以下三点：第一，外国驻华使领馆只能向其本国公民送达文书和调查取证，不得向我国公民或者第三国公民送达文书或者调查取证；第二，其他任何外国机关、组织以及个人，未经主管机关准许，均不得擅自在我国领域内送达文书和调查取证；第三，外国驻华使领馆在我国领域内向其本国公民送达文书或者调查取证的行为，除不得违反我国法律外，还不得通过采取强制措施的方式完成。

【司法解释】

《最高人民法院关于适用〈中华人民共和国民事诉讼法〉的解释》（法释〔2015〕5 号，20150204；经法释〔2022〕11 号修正，20220410）

第五百四十七条 与中华人民共和国没有司法协助条约又无互惠关系的国家的法院，未通过外交途径，直接请求人民法院提供司法协助的，人民法院应予退回，并说明理由。

【重点解读】第一，人民法院协助外国办理民商事案件司法文书送达和调查取证请求，适用对等原则。

第二，人民法院协助外国办理民商事案件司法文书送达和调查取证请求，应当进行审查。外国提出的司法协助请求，具有《海牙送达公约》《海牙取证公约》或双边民事司法协助条约规定的拒绝提供协助的情形的，人民法院应当拒绝提供协助。

第三，人民法院收到外国法院提出的司法协助请求，经审查发现该外国与我国没有司法协助条约又无互惠关系，依据本规定应予退回的，应当注明理由，报经有关高级人民法院和最高人民法院后，通过外交途径退回。

第二百九十五条 【司法协助请求使用的文字】外国法院请求人民法院提供司法协助的请求书及其所附文件，应当附有中文译本或者国际条约规定的其他文字文本。

人民法院请求外国法院提供司法协助的请求书及其所附文件，应当附有该国文字译本或者国际条约规定的其他文字文本。

【立法·要点注释】

1. 无论是外国法院请求我国人民法院提供司法协助，还是我国人民法院请求外国法院提供司法协助，均应当采用请求书的形式提出。请求书的内容一般包括：(1) 请求机关和被请求机关的名称、地址；(2) 案件的名称；(3) 执行请求所涉及的人的姓名、性别、国籍、出生日期、职业、住所或者居所，以及其在诉讼中的身份、法人的名称和地址；(4) 当事人的代理人的姓名和地址；(5) 请求所涉及的案件的案情摘要；(6) 执行请求所需附具的其他材料；(7) 请求的内容。

2. 根据本条规定，外国法院请求我国人民法院提供司法协助的请求书及其所附文件，应当附有中文译本或者国际条约规定的其他文字文本；我国人民法院请求外国法院提供司法协助的请求书及其所附文件，应当附有该国文字译本或者国际条约规定的其他文字文本。例外的情况是，如果双方缔结或者共同参加的国际条约中允许使用第三国文字文本，则可以采用该第三国文字正式译本。例如，我国同蒙古国、波兰签订的司法协助条约中，就允许使用第三国文字的译本，即允许缔约双方使用英文文本。

第二百九十六条 【司法协助程序】人民法院提供司法协助,依照中华人民共和国法律规定的程序进行。外国法院请求采用特殊方式的,也可以按照其请求的特殊方式进行,但请求采用的特殊方式不得违反中华人民共和国法律。

【立法·要点注释】

一般而言,执行外国法院的司法协助请求,应适用被请求国的法定程序,这是一国主权原则的必然要求。但在特殊情况下,如果应请求国的请求,适用该请求国法律所规定的程序有助于执行司法协助,同时又不违反被请求国法律的基本原则,则被请求国也可以适用请求国的法律程序进行司法协助,这是国际上通行的做法。由于适用请求国法律程序进行司法协助须以不违背被请求国法律为限,因而也不会同国家主权原则相抵触。

第二百九十七条 【申请外国承认和执行】人民法院作出的发生法律效力的判决、裁定,如果被执行人或者其财产不在中华人民共和国领域内,当事人请求执行的,可以由当事人直接向有管辖权的外国法院申请承认和执行,也可以由人民法院依照中华人民共和国缔结或者参加的国际条约的规定,或者按照互惠原则,请求外国法院承认和执行。

在中华人民共和国领域内依法作出的发生法律效力的仲裁裁决,当事人请求执行的,如果被执行人或者其财产不在中华人民共和国领域内,当事人可以直接向有管辖权的外国法院申请承认和执行。

【立法·要点注释】

1. 根据本条第一款规定,我国法院作出的生效判决、裁定需要请求外国法院的承认与执行,应具备下列条件并通过以下方式提出:一是人民法院作出的判决、裁定必须是已经发生法律效力的判决、裁定;二是必须是被执行人或者其财产不在我国领域内;三是申请承认和执行判决、裁定,可以由当事人直接向有管辖权的外国法院提出;四是在我国与有关国家存在条约或者互惠关系的基础上,也可以由人民法院请求外国法院承认和执行。

2. 与判决、裁定的承认和执行相比,仲裁裁决的承认和执行问题又有不同。当事人针对生效仲裁裁决请求外国法院承认和执行的,直接由当事人向有管辖权的外国法院申请承认和执行,而不再通过人民法院请求外国法院承认和执行。

【相关立法】

《中华人民共和国仲裁法》（19950901；20180101）

第七十二条　涉外仲裁委员会作出的发生法律效力的仲裁裁决，当事人请求执行的，如果被执行人或者其财产不在中华人民共和国领域内，应当由当事人直接向有管辖权的外国法院申请承认和执行。

【司法解释】

《最高人民法院关于适用〈中华人民共和国民事诉讼法〉的解释》（法释〔2015〕5 号，20150204；经法释〔2022〕11号修正，20220410）

第五百四十八条　当事人在中华人民共和国领域外使用中华人民共和国法院的判决书、裁定书，要求中华人民共和国法院证明其法律效力的，或者外国法院要求中华人民共和国法院证明判决书、裁定书的法律效力的，作出判决、裁定的中华人民共和国法院，可以本法院的名义出具证明。

【重点解读】证明书一般应当包括申请人或请求法院名称、判决文号、当事人名称及案由、判决生效时间，加盖人民法院印章，并附具判决书副本。关于判决生效时间，超过上诉期没有上诉的判决、裁定，上诉期届满之次日为判决生效日期；其余生效判决应以宣告日为生效时间，以送达方式宣告判决的，应以判决送达最后一方当事人之日为判决生效日。

第二百九十八条　【外国申请承认和执行】外国法院作出的发生法律效力的判决、裁定，需要人民法院承认和执行的，可以由当事人直接向有管辖权的中级人民法院申请承认和执行，也可以由外国法院依照该国与中华人民共和国缔结或者参加的国际条约的规定，或者按照互惠原则，请求人民法院承认和执行。

【立法·要点注释】

1. 无论是当事人申请，还是外国法院请求，人民法院均须根据我国法律或者我国缔结或参加的国际条约的规定，或者按照互惠原则进行形式审查。如果经过审查，判决或裁定符合承认和执行条件的，裁定承认其效力，需要执行的，发出执行令，依照《民事诉讼法》第三编执行程序的规定予以执行；不符合承认和执行条件的，裁定不予承认和执行。

2. 就我国而言，目前尚未加入任何关于外国法院民商事判决承认与执行的公约。对于外国法院的生效判决、裁定，我国法院目前承认与执行的依据仅有两种：一是通过我国与其他国家签订的双边司法协助条约;二是依据互惠原则。就前者而言,我国目前与30多个国家签署了包含承认与执行法院判决的双边条约;就后者而言,目前司法实践对于互惠原则的认定标准主要采"事实互惠"标准,即只有在请求国法院曾经承认和执行过中国法院判决的情况下才可考虑同意相关判决在我国的承认与执行请求。

3.对于外国法院生效判决、裁定的承认与执行,应当严格按照本条确定的程序和原则把握。当事人向中华人民共和国有管辖权的中级人民法院申请承认和执行外国法院作出的发生法律效力的判决、裁定的,如果该法院所在国与中华人民共和国没有缔结或者共同参加国际条约,也没有互惠关系,人民法院应当裁定驳回申请,但当事人向人民法院申请承认外国法院作出的发生法律效力的离婚判决的除外。承认和执行申请被裁定驳回的,当事人可以向人民法院起诉。与我国没有司法协助条约又无互惠关系的国家的法院,未通过外交途径,直接请求我国法院司法协助的,我国法院应予退回,并说明理由。

【司法解释】

《最高人民法院关于适用〈中华人民共和国民事诉讼法〉的解释》(法释〔2015〕5号,20150204;经法释〔2022〕11号修正,20220410)

第五百四十一条　申请人向人民法院申请承认和执行外国法院作出的发生法律效力的判决、裁定,应当提交申请书,并附外国法院作出的发生法律效力的判决、裁定正本或者经证明无误的副本以及中文译本。外国法院判决、裁定为缺席判决、裁定的,申请人应当同时提交该外国法院已经合法传唤的证明文件,但判决、裁定已经对此予以明确说明的除外。

中华人民共和国缔结或者参加的国际条约对提交文件有规定的,按照规定办理。

【重点解读】1.申请承认和执行外国法院生效裁决应提交的材料

(1)申请书。申请书应当记载申请人和被申请人的姓名、出生年月、住址、国籍、职业;如系法人,应记载该法人的名称和地址。申请书还应记载请求事项及所依据的理由,包括被请求承认和执行的外国法院裁决文号、作出法院、作出时间与生效时间、被申请人的财产所在地和财产状况等。

(2)外国法院作出的生效裁决正本或经证明无误的副本。如果一项判决、裁定在作出国尚未生效,显然在其他国家也不会得到承认或执行。因此,请求我国法院承认与执行的法院裁决,必须是依裁决作出国的法律是已经生效的。换而言之,该法院裁决在作出国是已经获得确定力的终局裁决,当事人已穷尽了通常的不服裁决的救济途径。如果法院裁决明确载明生效时间或者说明裁决是具有确定力的终局裁决，则法院裁决书本身就是证明裁决终局性的有效文件。如无此说明，申请人还应当提交由作出法院出具的证明该裁决生效的文件。

（3）缺席当事人的传唤证明。各国立法和有关国际条约一般都规定，内国法院在承认和执行外国法院判决、裁定时，如该判决、裁定所依据的程序没有为当事人的诉讼权利提供正当程序保护，可以认定有关的诉讼因缺乏公正性而可以拒绝承认和执行。当事人的程序权利是否得到保障，首先表现为其是否得到了合法的送达并获得合理的表述意见的机会。故本条规定外国法院判决、裁定为缺席判决、裁定的，申请人应当提交该外国法院已经合法传唤缺席当事人的证明文件，但裁决中已对此予以明确说明的除外。

（4）外文材料应当附有中文译本。2021 年《民事诉讼法》第 269 条规定："人民法院审理涉外民事案件，应当使用中华人民共和国通用的语言、文字。"第 73 条第 2 款规定："提交外文书证，必须附有中文译本。"因此，申请人提交的材料是以外文形成的，应当附有中文译本。

2. 国际司法协助条约对提交申请材料的规定

国际条约是国家间就相互权利义务关系所作的书面形式的约定。2021 年《民事诉讼法》第 267 条规定："中华人民共和国缔结或者参加的国际条约

同本法有不同规定的，适用该国际条约的规定，但中华人民共和国声明保留的条款除外。"根据该条规定，我国缔结或参加的国际条约对当事人申请承认和执行外国法院判决、裁定应当提交的材料有具体规定的，按照国际条约的规定执行。

目前，我国已与比利时、保加利亚、埃及、法国、匈牙利、韩国等多个国家签订了双边民商事或者民商事和刑事司法协助协定，其中不少协定包含了法院民事裁决的相互承认和执行，并对当事人提出承认和执行申请时应附的文件有具体规定。例如，《中华人民共和国和摩洛哥王国关于民事和商事司法协助的协定》第 18 条规定："承认与执行裁决的请求，应附下列文件：（一）经证明无误的裁决书的副本；（二）告知裁决的文书的正本；（三）证明法院裁决是终结的和可以执行的文件；（四）已向被缺席审判的当事人送达的经核实无误的传票的副本；（五）证明无诉讼行为能力的人已得到合法代理的文件，除非裁决中对此已予明确说明……"又如，《中华人民共和国和希腊共和国关于民事和刑事司法协助的协定》第 22 条规定："承认与执行裁决的请求书应附下列文件：（一）裁决书或经证明无误的裁决副本；（二）证明裁决已经生效和可以执行的文件，除非裁决中对此已予以说明；（三）证明在缺席判决的情况下，败诉一方当事人已经以适当方式得到合法传唤，无诉讼行为能力的当

事人已得到合法代理的文件,除非裁决中对此已予以说明;(四)证明诉讼程序开始的日期的文件……"人民法院在审核申请人提交的材料时,应当注意是否和应适用的司法协助条约的规定相一致,如材料不全的,要求申请人及时补充材料。

第五百四十二条 当事人向中华人民共和国有管辖权的中级人民法院申请承认和执行外国法院作出的发生法律效力的判决、裁定的,如果该法院所在国与中华人民共和国没有缔结或者共同参加国际条约,也没有互惠关系的,裁定驳回申请,但当事人向人民法院申请承认外国法院作出的发生法律效力的离婚判决的除外。

承认和执行申请被裁定驳回的,当事人可以向人民法院起诉。

【重点解读】第一,审判实践中应当注意本条第2款与本解释第531条的关系。本条第2款不影响人民法院未受理承认和执行申请前,当事人就同一争议享有的向人民法院起诉的权利。根据本解释第531条的规定,我国法院和外国法院对同一争议都享有管辖权,只要当事人向我国法院起诉,无论外国法院是否先于我国受理案件,都不影响我国法院受理起诉。此外,本解释第531条还规定,外国法院判决、裁定已经得到我国法院承认的,则对同一争议的起诉,我国法院不予受理。

第二,审判实践中应当注意把握好互惠关系的认定原则。有下列情形之

一的,可以认定存在互惠关系:(1)根据该法院所在国的法律,人民法院作出的民商事判决可以得到该国法院的承认和执行;(2)我国与该法院所在国达成了互惠的谅解或者共识;(3)该法院所在国通过外交途径对我国作出互惠承诺或者我国通过外交途径对该法院所在国作出互惠承诺,且没有证据证明该法院所在国曾以不存在互惠关系为由拒绝承认和执行人民法院作出的判决、裁定。人民法院对于是否存在互惠关系应当逐案审查确定。同时还要注意,人民法院根据互惠原则进行审查的案件,在作出裁定前,应当将拟处理意见报本辖区所属高级人民法院进行审查;高级人民法院同意拟处理意见的,应将其审查意见报最高人民法院审核,待最高人民法院答复后,方可作出裁定。

第五百四十四条 对外国法院作出的发生法律效力的判决、裁定或者外国仲裁裁决,需要中华人民共和国法院执行的,当事人应当先向人民法院申请承认。人民法院经审查,裁定承认后,再根据民事诉讼法第三编的规定予以执行。

当事人仅申请承认而未同时申请执行的,人民法院仅对应否承认进行审查并作出裁定。

【重点解读】第一,申请承认和执行外国法院判决、外国仲裁裁决案件,应由审判部门负责审查,裁定予以承认和执行的,审判部门直接移交执行部

门。人民法院裁定承认和执行的,应当在裁决项中同时写明承认和执行外国法院判决或裁定、承认和执行外国仲裁裁决的内容。第二,2021 年《民事诉讼法》第 244 条关于仲裁裁决不予执行的程序,仅适用于国内仲裁裁决的执行,不能适用于外国仲裁裁决。

第五百四十五条　当事人申请承认和执行外国法院作出的发生法律效力的判决、裁定或者外国仲裁裁决的期间,适用民事诉讼法第二百四十六条①的规定。

当事人仅申请承认而未同时申请执行的,申请执行的期间自人民法院对承认申请作出的裁定生效之日起重新计算。

【重点解读】我国《民事诉讼法》没有对当事人申请承认和执行外国法院判决以及外国仲裁裁决的期限作出规定,但根据 2021 年《民事诉讼法》第 266 条"在中华人民共和国领域内进行涉外民事诉讼,适用本编规定。本编没有规定的,适用本法其他有关规定"的规定,涉外民事诉讼程序的特别规定编没有规定的,适用《民事诉讼法》的其他有关规定。因此,本条第 1 款对当事人申请承认和执行外国法院判决、外国仲裁裁决的期间,作出统一规定,即均适用 2021 年《民事诉讼法》第 246 条的两年申请期间的规定,有利于当事人明确知晓其行使权利的有效期间。

司法实践中,有的当事人仅提出外国法院判决、裁定或外国仲裁裁决的承认申请,在人民法院经审查裁定予以承认后,当事人又申请人民法院执行该外国法院判决、裁定或外国仲裁裁决。此时容易产生申请执行期间方面的计算争议。最高人民法院在〔2013〕民四他字第 43 号《关于对国外仲裁机构的裁决申请承认和申请执行是否应一并提出问题的请示的复函》中认为,西安市中级人民法院于 2009 年 12 月 7 日裁定承认涉案外国仲裁裁决,泰普克公司于 2010 年 1 月 27 日申请执行该仲裁裁决,泰普克公司申请执行该仲裁裁决的期限从西安市中级人民法院承认裁定生效之日起重新计算。我们认为,这种观点是正确的。根据本条第 2 款的规定,当事人仅申请承认而未同时申请执行的,承认程序构成申请执行时效的中断,申请执行的期间自人民法院就承认程序作出的裁定书生效之日起重新计算,体现了便利执行的开放态度。本条第 2 款吸收了该种观点,规定当事人仅申请承认而未同时申请执行的,申请执行的期间自人民法院对承认申请作出的裁定生效之日起重新计算。

审判实践中应当注意:第一,对于身份、婚姻关系等外国法院确权判决或判项,不存在执行问题,当事人申请承认的,不应受本条规定的申请执行期间的限制。第二,两年申请期间的起始点应如何计算? 根据本条第 1 款指向的

①　对应 2023 年《民事诉讼法》第 250 条。——编者注

《民事诉讼法》第246条的规定,该期间应从法律文书规定的履行期间的最后一日起计算;法律文书未规定履行期间的,从法律文书生效之日起计算。值得注意的是,最高人民法院在《关于麦考·奈浦敦有限公司申请承认和执行仲裁裁决一案请示的复函》中认为应给当事人一个合理的履行期限,故从仲裁裁决送达当事人第2日起计算较为合理,不应从仲裁裁决作出之日起计算申请承认及执行的期限。但该复函作出的背景为当时申请承认及执行的期间仅为6个月,很容易产生超过申请期间的问题。目前,《民事诉讼法》的申请期间已经延长至两年,并且明确了起算期间以及中止和中断事由,故应严格依照本条规定执行,仲裁裁决未规定履行期间,且根据仲裁地法律及仲裁规则系裁决作出日生效,则仍应以裁决生效日来起算。第三,实践中存在当事人在法定期间内提出了申请,但提供的材料不够完备或不完全符合有关规定,此时人民法院应当通知其补充,当事人补充提交的材料符合要求的,人民法院不应以当事人未在法定期间提出申请为由驳回其申请。

第五百四十六条 承认和执行外国法院作出的发生法律效力的判决、裁定或者外国仲裁裁决的案件,人民法院应当组成合议庭进行审查。

人民法院应当将申请书送达被申请人。被申请人可以陈述意见。

人民法院经审查作出的裁定,一经送达即发生法律效力。

【重点解读】我国对民事司法协助采取广义观点,承认与执行外国法院判决、裁定或外国仲裁裁决,也被列入民事司法协助。但显然这两类案件与其他类型的民事司法协助不同,它们涉及一国法院依据国际条约或互惠原则对其他机关(外国法院或仲裁庭)所作的现行法律判断的司法审查,同时,也是当事人在一国境内实现外国法院判决、裁定或仲裁裁决所赋予的权利义务的途径,与当事人利益密切攸关。故本条规定,承认和执行外国法院作出的发生法律效力的判决、裁定或者外国仲裁裁决的案件,人民法院应当组成合议庭进行审查。为保障当事人的正当程序权利,承认和执行申请书应当送达被申请人,确保被申请人有陈述意见的机会,人民法院一般应当组织听证,询问当事人。

针对在申请承认和执行外国法院判决、裁定案件当事人的地位如何具体列明的问题,《全国法院涉外商事海事审判工作座谈会会议纪要》作了进一步规定,第37条规定:"当事人申请承认和执行外国法院判决、裁定,人民法院应当在裁判文书中将对方当事人列为被申请人。双方当事人都提出申请的,均列为申请人。人民法院应当将申请书副本送达被申请人。被申请人应当在收到申请书副本之日起十五日内提交意见;被申请人在中华人民共和国领域内没有住所的,应当在收到申请书副本之日起三十日内提交意见。被申请人在上述期限内不提交意见的，不影响人民法院审查。"

关于申请承认和执行外国法院判决、裁定或外国仲裁裁决的案件，人民法院经审查作出的裁定，是否为终局裁定的问题，《民事诉讼法》没有作出规定。2021年《民事诉讼法》第157条第1款、第2款规定："裁定适用于下列范围：（一）不予受理；（二）对管辖权有异议的；（三）驳回起诉；（四）保全和先予执行；（五）准许或者不准许撤诉；（六）中止或者终结诉讼；（七）补正判决书中的笔误；（八）中止或者终结执行；（九）撤销或者不予执行仲裁裁决；（十）不予执行公证机关赋予强制执行效力的债权文书；（十一）其他需要裁定解决的事项。对前款第一项至第三项裁定，可以上诉。"第158条规定："最高人民法院的判决、裁定，以及依法不准上诉或者超过上诉期没有上诉的判决、裁定，是发生法律效力的判决、裁定。"根据上述规定，人民法院就申请承认和执行外国法院判决案件以及申请承认和执行外国仲裁裁决的案件，经审查后作出的裁定，属于依法不准上诉的裁定，是发生法律效力的裁定。故本条第3款规定，人民法院经审查作出的裁定，一经送达即发生法律效力。在最高人民法院关于承认外国判决的部分司法解释中也有相同规定，例如，《最高人民法院关于中国公民申请承认外国法院离婚判决程序问题的规定》第7条规

定："人民法院审查承认外国法院离婚判决的申请，由三名审判员组成合议庭进行，作出的裁定不得上诉。"第15条规定："裁定书一经送达，即发生法律效力。"我国签订的部分司法协助条约也有类似的规定，例如，《中华人民共和国和意大利共和国关于民事司法协助的条约》规定，法院裁决一经承认并被宣告可予执行，即在被请求承认的缔约一方境内与该缔约一方法院作出的裁决具有同等效力。

需要注意的是，本条第3款规定的"人民法院经审查作出的裁定"，并不包括人民法院针对当事人提交材料不符合受理条件、当事人提出的管辖权异议等情形作出的程序类裁定。此类裁定根据《民事诉讼法》第157条的规定，当事人可以上诉。《仲裁司法审查规定》第7条规定："申请人提交的文件不符合第五条、第六条的规定，经人民法院释明后提交的文件仍然不符合规定的，裁定不予受理。申请人向对案件不具有管辖权的人民法院提出申请，人民法院应当告知其向有管辖权的人民法院提出申请，申请人仍不变更申请的，裁定不予受理。申请人对不予受理的裁定不服的，可以提起上诉。"第8条规定："人民法院立案后发现不符合受理条件的，裁定驳回申请。前款规定的裁定驳回申请的案件，申请人再次申请并符合受理条件的，人民法院应予受理。当事人对驳回申请的裁定不服的，可以提起上诉。"第10条第1款规定："人民

法院受理仲裁司法审查案件后，被申请人对管辖权有异议的，应当自收到人民法院通知之日起十五日内提出。人民法院对被申请人提出的异议，应当审查并作出裁定。当事人对裁定不服的，可以提起上诉。"上述规定首次明确了申请承认和执行外国仲裁裁决案件中不予受理、管辖权异议、驳回申请三种程序类裁定根据《民事诉讼法》第157条的规定，当事人享有上诉权利。我们认为，对申请承认和执行外国法院判决、裁定案件的程序类裁定，当事人是否有上诉权利，应当作相同的理解。据此，《全国法院涉外商事海事审判工作座谈会会议纪要》第38条明确："人民法院受理申请承认和执行外国法院判决、裁定案件后，被申请人对管辖权有异议的，应当自收到申请书副本之日起十五日内提出；被申请人在中华人民共和国领域内没有住所的，应当自收到申请书副本之日起三十日内提出。人民法院对被申请人提出的管辖权异议，应当审查并作出裁定。当事人对管辖权异议裁定不服的，可以提起上诉。"第40条规定："申请人的申请不符合立案条件的，人民法院应当裁定不予受理，同时说明不予受理的理由。已经受理的，裁定驳回申请。当事人不服的，可以提起上诉。人民法院裁定不予受理或者驳回申请后，申请人再次申请且符合受理条件的，人民法院应予受理。"

审判实践中应当注意：第一，最高人民法院对申请承认和执行外国仲裁裁决的案件设立了报核制度。中级人民法院或专门人民法院经审查，拟不予承认和执行外国仲裁裁决的，应当依照《仲裁司法审查报核规定》第2条的规定，向本辖区所属高级人民法院报核；高级人民法院经审查拟同意的，应当向最高人民法院报核；待最高人民法院审核后，方可依照最高人民法院的审核意见作出裁定。第二，《全国法院涉外商事海事审判工作座谈会会议纪要》第49条建立了承认和执行外国法院判决的报备及通报机制。根据该条规定，各级人民法院审结当事人申请承认和执行外国法院判决案件的，应当在作出裁定后15日内逐级报至最高人民法院备案。备案材料包括申请人提交的申请书、外国法院判决及其中文译本、人民法院作出的裁定。人民法院根据互惠原则进行审查的案件，在作出裁定前，应当将拟处理意见报本辖区所属高级人民法院进行审查；高级人民法院同意拟处理意见的，应将其审查意见报最高人民法院审核。待最高人民法院答复后，方可作出裁定。第三，认可和执行区际民事判决的司法解释，对人民法院作出的审查裁定的终局性作了不同的规定，与本条的规定存在区别，需要引起注意。《最高人民法院关于内地与香港特别行政区法院相互认可和执行婚姻家庭民事案件判决的安排》第15条规定："被请求方法院就认可和执行的申请作出裁定或者命令后，当事人不服的，在内地可以于裁定送达之日起十日内向上一级人民法院申请复议,在香港特别行政区可以依据其法律规定提出上诉。"《最高人民法院关于内地与香港特别行政区法院相互认可和执行当事人协议管辖的民商事案件判决的安排》(已废止)第 12 条规定:"当事人对认可和执行与否的裁定不服的,在内地可以向上一级人民法院申请复议,在香港特别行政区可以根据其法律规定提出上诉。"《最高人民法院关于内地与澳门特别行政区相互认可和执行民商事判决的安排》第 12 条规定:"法院就认可和执行判决的请求作出裁定后,应当及时送达。当事人对认可与否的裁定不服的,在内地可以向上一级人民法院提请复议,在澳门特别行政区可以根据其法律规定提起上诉;对执行中作出的裁定不服的,可以根据被请求方法律的规定,向上级法院寻求救济。"《最高人民法院关于认可和执行台湾地区法院民事判决的规定》第 19 条规定:"人民法院依据本规定第十六条、第十七条作出的裁定,一经送达即发生法律效力。申请人或者被申请人对裁定不服的,可以自裁定送达之日起十日内向上一级人民法院申请复议。"但在认可和执行区际仲裁裁决的三项司法解释,即《最高人民法院关于内地与香港特别行政区相互执行仲裁裁决的安排》《最高人民法院关于内地与澳门特别行政区相互认可和执行仲裁裁决的安排》《最高人民法院关于认可和执行台湾地区仲裁裁决的规定》中,则没有对人民法

院审查作出的裁定可以申请复议的规定。

【司法文件】

《全国法院涉外商事海事审判工作座谈会会议纪要》[最高人民法院民事审判第四庭,法(民四)明传〔2021〕60号,20211231]

33.【审查标准及适用范围】人民法院在审理申请承认和执行外国法院判决、裁定案件时,应当根据民事诉讼法第二百八十九条①以及民事诉讼法司法解释第五百四十四条②第一款的规定,首先审查该国与我国是否缔结或者共同参加了国际条约。有国际条约的,依照国际条约办理;没有国际条约,或者虽然有国际条约但国际条约对相关事项未作规定的,具体审查标准可以适用本纪要。

破产案件、知识产权案件、不正当竞争案件以及垄断案件因具有较强的地域性、特殊性,相关判决的承认和执行不适用本纪要。

【重点解读】1.离婚判决的承认和执行

1991 年 8 月 13 日,最高人民法院发布了《关于中国公民申请承认外国法

---

① 对应 2023 年《民事诉讼法》第 299条。——编者注
② 对应 2022 年《民事诉讼法解释》第 542 条。——编者注

院离婚判决程序问题的规定》，该规定共22条，其适用范围是与我国没有订立司法协助协议的外国法院作出的离婚判决，中国籍当事人申请承认的案件。该规定明确了此类案件的管辖法院、提交文件、审查程序、不予承认的情形等内容。2000年2月29日，最高人民法院公布了《关于人民法院受理申请承认外国法院离婚判决案件有关问题的规定》，针对人民法院受理申请承认外国法院离婚判决案件的有关问题重新作了三项规定。人民法院在审理当事人申请承认外国法院离婚判决的案件时，应适用前述两个司法解释。对于司法解释未作规定而本纪要有规定的具体审查程序等问题，可以适用本纪要。

2. 两国之间存在承认和执行备忘录的情形

中国与新加坡于2018年8月31日签订了《中华人民共和国最高人民法院和新加坡共和国最高法院关于承认与执行商事案件金钱判决的指导备忘录》。中新备忘录就双方相互承认与执行商事金钱判决的先决条件和程序作出规定，能为两国当事人到对方国家申请承认和执行法院民商事判决提供司法指引，增强当事人对本国判决被对方法院承认和执行的可预期性，也能增进两国法院彼此之间司法制度的交流，具有积极的意义。由于中新备忘录不是中新两国签署的双边司法协助条约，不具有任何法律约束力，故人民法院在办

理新加坡法院民商事判决的承认和执行案件时，仍应以国内法的规定为审查依据。

34.【申请人住所地法院管辖的情形】申请人申请承认外国法院判决、裁定，但被申请人在我国境内没有住所地，且其财产也不在我国境内的，可以由申请人住所地的中级人民法院管辖。

【重点解读】1. 住所地的认定

住所，是各国确定属人法的重要连结点，尤其对涉外民商事案件管辖权具有重要意义。在认定当事人的住所地时，应当根据《民事诉讼法》第22条、第23条的规定，对当事人住所地与经常居住地进行相应的区分与查明。

2. 举证与查明

本条规定适用的前提是被申请人在我国境内没有住所地，且财产也不在我国境内。司法实践中，对于上述事实的证明责任法律亦未予明确。我们认为，根据《民事诉讼法》"谁主张、谁举证"的原则，从公平角度出发，理应由申请人在提交申请时，一并提交关于"被申请人在我国境内没有住所地，且其财产也不在我国境内"的初步证据，再由受理法院对该事实进行查明。

35.【申请材料】申请人申请承认和执行外国法院判决、裁定，应当提交申请书并附下列文件：

（1）判决书正本或者经证明无误的副本；

（2）证明判决已经发生法律效力的文件；

（3）缺席判决的，证明外国法院合法传唤缺席方的文件。

判决、裁定对前款第 2 项、第 3 项的情形已经予以说明的，无需提交其他证明文件。

申请人提交的判决及其他文件为外文的，应当附有加盖翻译机构印章的中文译本。

申请人提交的文件如果是在我国领域外形成的，应当办理公证认证手续，或者履行中华人民共和国与该所在国订立的有关国际条约规定的证明手续。

36.【申请书】申请书应当载明下列事项：

（1）申请人、被申请人。申请人或者被申请人为自然人的，应当载明其姓名、性别、出生年月、国籍、住所及身份证件号码；为法人或者非法人组织的，应当载明其名称、住所地，以及法定代表人或者代表人的姓名和职务；

（2）作出判决的外国法院名称、裁判文书案号、诉讼程序开始日期和判决日期；

（3）具体的请求和理由；

（4）申请执行判决的，应当提供被申请人的财产状况和财产所在地，并说明该判决在我国领域外的执行情况；

（5）其他需要说明的情况。

37.【送达被申请人】当事人申请承认和执行外国法院判决、裁定，人民法院应当在裁判文书中将对方当事人列为被申请人。双方当事人都提出申请的，均列为申请人。

人民法院应当将申请书副本送达被申请人。被申请人应当在收到申请书副本之日起十五日内提交意见；被申请人在中华人民共和国领域内没有住所的，应当在收到申请书副本之日起三十日内提交意见。被申请人在上述期限内不提交意见的，不影响人民法院审查。

38.【管辖权异议的处理】人民法院受理申请承认和执行外国法院判决、裁定案件后，被申请人对管辖权有异议的，应当自收到申请书副本之日起十五日内提出；被申请人在中华人民共和国领域内没有住所的，应当自收到申请书副本之日起三十日内提出。

人民法院对被申请人提出的管辖权异议，应当审查并作出裁定。当事人对管辖权异议裁定不服的，可以提起上诉。

【重点解读】申请承认和执行外国法院判决、裁定案件虽然属于司法协助类案件，但 2021 年《民事诉讼法》第 288 条等也对此类案件的法院管辖作出了明确规定，并且本纪要在前面的条文中也在被申请人在我国境内没有住所地，且财产也不在我国境内的情形下，增加了"申请人住所地"作为法院行使管辖权的连结点，适当扩大了法院的管辖权。基于民事诉讼程序的完整性和周延性考虑，法律理应对是否允许当事人提出管辖权异议以及对该异议如何处理表明态度并作出相应规定，但现行法律对此并未有明文规定。因法律规定不明确,针对当事人在此类案件中提出的管辖权异议如何处理,各地法院认识与做法各异。为充分保障当事人的诉讼权利,进一步完善此类案件的诉讼程序并统一法律适用,同时考虑到《民事诉讼法》已经对此类案件的管辖法院作出了规定,故纪要在本条中对被申请人在此类案件中提出的管辖权异议如何处理,参考类似规定进行了明确。

39.【保全措施】当事人向人民法院申请承认和执行外国法院判决、裁定,人民法院受理申请后,当事人申请财产保全的,人民法院可以参照民事诉讼法及相关司法解释的规定执行。申请人应当提供担保,不提供担保的,裁定驳回申请。

【重点解读】第一,关于申请和审查程序。此类案件的申请和审查程序,适用《民事诉讼法》等关于国内案件的保全审查程序的相关规定。但是,为充分保障被申请人的合法权益,以及与《民事诉讼法解释》第540条第1款"依照民事诉讼法第二百七十九条规定,中华人民共和国涉外仲裁机构将当事人的保全申请提交人民法院裁定的,人民法院可以进行审查,裁定是否进行保全。裁定保全的,应当责令申请人提供担保,申请人不提供担保的,裁定驳回申请"规定中有关涉外仲裁司法审查案件课以申请人担保义务的思路保持一致,本条明确申请人应当提供担保,不

提供担保的,裁定驳回申请。此与《民事诉讼法》第103条"人民法院对于可能因当事人一方的行为或者其他原因,使判决难以执行或者造成当事人其他损害的案件,根据对方当事人的申请,可以裁定对其财产进行保全、责令其作出一定行为或者禁止其作出一定行为;当事人没有提出申请的,人民法院在必要时也可以裁定采取保全措施。人民法院采取保全措施,可以责令申请人提供担保,申请人不提供担保的,裁定驳回申请"规定中人民法院可以责令申请人提供担保的内容,存在差异。

第二,本条规定保全措施仅限于外国判决、裁定作出后的申请承认和执行案件,不应理解为对外国法院正在进行的诉讼提供保全之司法协助。现阶段对司法裁判以及仲裁程序临时措施的司法协助,主要依赖于国内法的规定。而我国《民事诉讼法》对于支持外国诉讼及仲裁均未规定相关的保全措施,故原则上不受理该类申请。例外情形是当事人提出的海事请求保全申请,依据《海事诉讼特别程序法解释》第21条"诉讼或者仲裁前申请海事请求保全适用海事诉讼特别程序法第十四条的规定。外国法院已受理相关海事案件或者有关纠纷已经提交仲裁,但涉案财产在中华人民共和国领域内,当事人向财产所在地的海事法院提出海事请求保全申请的,海事法院应当受理"的规定,海事法院应当予以受理。

40.【立案审查】申请人的申请不

符合立案条件的,人民法院应当裁定不予受理,同时说明不予受理的理由。已经受理的,裁定驳回申请。当事人不服的,可以提起上诉。人民法院裁定不予受理或者驳回申请后,申请人再次申请且符合受理条件的,人民法院应予受理。

【重点解读】1.注意区分"不予受理"与"驳回申请"

通常情况下,裁定"不予受理"与"驳回申请"在适用对象、功能及后果等方面,存在明显区别:(1)在适用对象上,裁定不予受理,主要是针对申请人的申请不符合法律规定的资格要件或形式要件的情形,如申请人不具备申请人资格,申请人提交的申请材料不符合法律规定等;裁定驳回申请,则是受理法院经审查后对申请人提出的申请内容作出的实质性评价。(2)在功能与后果上,裁定不予受理主要是针对案件的程序性事项进行否定性评价,并不对申请内容本身进行实质性评价,待申请人再次申请并符合法律规定的受理条件,法院仍应受理;裁定驳回申请则是法院对申请内容本身即是否承认和准予执行外国法院判决、裁定作出的实质性的否定性评价,根据"一裁终局"原则,法院一旦作出驳回申请的裁定,当事人不得就相同的申请事项再次提交申请或者提起上诉,否则法院将不予受理。

2.注意本条规定与个别规定的冲突与协调

需要特别说明的是,司法解释对于特殊种类的承认外国法院民事判决案件在立案受理阶段有特别规定的,该特别规定应当优先适用。如《最高人民法院关于中国公民申请承认外国法院离婚判决程序问题的规定》第6条规定:"人民法院接到申请书,经审查,符合本规定的受理条件的,应当在7日内立案;不符合的,应当在7日内通知申请人不予受理,并说明理由。"根据该规定,在当事人申请承认外国法院离婚判决的案件中,人民法院认为申请不符合受理条件的,应当采用通知不予受理的方式处理,而非作出不予受理的裁定。

【法院参考案例】

1.承认外国法院作出的发生法律效力的判决、裁定如何适用条约[肖莱公司、特力股份有限公司、道明光学股份有限公司申请承认与执行法院判决、仲裁裁决案,浙江省金华市中级人民法院(2016)浙07协外认1号]

中华人民共和国和法兰西共和国已签订《中华人民共和国和法兰西共和国关于民事、商事司法协助的协定》,该协定第2条司法协助的范围规定,本协定中的民事、商事方面的司法协助包括:(一)转递和送达司法文书和司法外文书;(二)代为调查取证;(三)承认和执行已经确定的民事、商事裁决以及仲裁裁决;(四)根据请求提供本国的民事、商事法律、法规文本以及本国在民事、商事诉讼程序方面司法实践的情报资料。该协定第 22 条拒绝承认和执行规定,对有下列情形之一的裁决,不予承认和执行:(一)按照被请求一方法律有关管辖权的原则,裁决是由无管辖权的法院作出的;(二)在自然人的身份或能力方面,请求一方法院没有适用按照被请求一方国际私法规则应适用的法律,但其所适用的法律可以得到相同结果的除外;(三)根据作出裁决一方的法律,该裁决尚未确定或不具有执行力;(四)败诉一方当事人未经合法传唤,因而没有出庭参加诉讼;(五)裁决的强制执行有损于请求一方的主权、安全或公共秩序;(六)被请求一方法院对于相同的当事人之间就同一事实和要求的案件已经作出确定的裁决;或者被请求一方法院已经承认了第三国法院对于相同的当事人之间就同一事实和要求的案件所作的确定裁决。第 23 条程序规定,一、裁决的承认和执行,由被请求一方法院依照本国法律规定的程序决定;二、被请求一方法院应审核请求执行的裁决是否符合本章规定,但不得对该裁决作任何实质性审查。根据上述规定,我国法院在审核法兰西共和国法院作出的裁决时不得对裁决作任何实质性审查。因此本院对道明光学股份有限公司提出的波比尼商事法院对于特力股份有限公司与道明光学股份有限公司之间的合同关系未作认真审查,导致判决显失公平的主张,不予审查。对于道明光学股份有限公司主张的本案纠纷的管辖权问题,《民事诉讼法》第 34 条(现为第 35 条)规定,合同或者其他财产权益纠纷的当事人可以书面协议选择被告住所地、合同履行地、合同签订地、原告住所地、标的物所在地等与争议有实际联系的地点的人民法院管辖,但不得违反本法对级别管辖和专属管辖的规定。该法第 127 条(现为第 130 条)规定,人民法院受理案件后,当事人对管辖权有异议的,应当在提交答辩状期间提出。人民法院对当事人提出的异议,应当审查。异议成立的,裁定将案件移送有管辖权的人民法院;异议不成立的,裁定驳回。当事人未提出管辖异议,并应诉答辩的,视为受诉人民法院有管辖权,但违反级别管辖和专属管辖规定的除外。道明光学股份有限公司委托律师应诉,在诉讼过程中也未向波比尼商事法院提出管辖权异议,波比尼商事法院受理本案纠纷也不违背我国《民事诉讼法》有关级别管辖和专属管辖的强制性规定,因此道明光学股份有限公司认为波比尼商事法院受理对本案无管辖权,我国法院不应承认和执行波比尼商事法院裁决的理由不能成立,法院不予支持。

2. 承认和执行外国法院判决案件的司法审查[李某明与田某申请承认和执行外国法院民事判决案,宁夏回族自治区银川市中级人民法院(2017)宁 01 协外认 1 号]

本案系申请承认和执行外国法院判决纠纷案件。《民事诉讼法》第 281

条（现为第 298 条）规定，外国法院作出的发生法律效力的判决、裁定，需要中华人民共和国人民法院承认和执行的，可以由当事人直接向中华人民共和国有管辖权的中级人民法院申请承认和执行，也可以由外国法院依照该国与中华人民共和国缔结或者参加的国际条约的规定，或者按照互惠原则，请求人民法院承认和执行。第 282 条（现为第 299 条）规定，人民法院对申请或者请求承认和执行的外国法院作出的发生法律效力的判决、裁定，依照中华人民共和国缔结或者参加的国际条约，或者按照互惠原则进行审查后，认为不违反中华人民共和国法律的基本原则或者国家主权、安全、社会公共利益的，裁定承认其效力，需要执行的，发出执行令，依照本法的有关规定执行。违反中华人民共和国法律的基本原则或者国家主权、安全、社会公共利益的，不予承认和执行。本案中，被申请人田某住所地在贺兰县，本院作为被申请人财产所在地和住所地（经常居住地）法院，对本案依法享有管辖权。

申请人李某明在向本院递交申请承认和执行申请书时，已向本院提交经证明无误的阿联酋迪拜初级法院作出的编号为 417/2016（2016 年 417 号）民事判决副本及中文译本，符合申请承认和执行外国法院判决的形式要件。因阿联酋同我国之间缔结相互承认和执行民事判决的国际条约，申请人的申请应予以支持。同时，上述阿联酋迪拜初

级法院判决系对申请人与被申请人之间有关委托合同关系作出，承认该民事判决并不违反我国法律的基本原则或者国家主权、安全、社会公共利益。因此，对申请人提出承认和执行阿联酋法院判决的请求，本院予以支持，但其中的律师费 1000 迪拉姆，以执行时迪拉姆与人民币的实际汇率为准。

3. 承认外国法院作出的发生法律效力的判决、裁定是否要求提供经证明无误的中文译本［熊某某申请承认法国法院民事判决案，湖北省孝感市中级人民法院（2021）鄂 09 协外认 1 号］

熊某某向湖北省孝感市中级人民法院申请承认法国 Hérault 省 Montpellier 市大审法庭家事法官于 2017 年 10 月 24 日下达的离婚判决书。该院经审查认为，根据《最高人民法院关于中国公民申请承认外国法院离婚判决程序问题的规定》第 1 条第 2 款、《中华人民共和国和法兰西共和国关于民事、商事司法协助的协定》第 21 条的相关规定，法国法院的离婚裁判副本是申请人必须提交的材料之一。申请人经该院电话和书面通知，均无法提交其已申请的法国 Hérault 省 Montpellier 市大审法庭家事法官下达的离婚判决书副本及经证明无误的中文译本，其提交的结婚证副本和中华人民共和国驻法兰西共和国大使馆认证的翻译件，虽然载明双方当事人的婚姻关系解除，并载明 2017 年 10 月 24 日 Hérault 省 Montpellier 市

大审法庭家事法官下达离婚判决书,但仅提供该证据不符合《最高人民法院关于中国公民申请承认外国法院离婚判决程序问题的规定》第 3 条和《中华人民共和国和法兰西共和国关于民事、商事司法协助的协定》第 21 条的规定。据此,该院裁定:对申请人的申请,不予受理。

4. 中国法院应当按照中国的相关法律对当事人提交的外国鉴定机构出具的鉴定结论进行审查[某某株式会社、上海某某公司诉辛某某、某某有限公司、广州某某中心、某某音像出版社著作权侵权纠纷案,最高人民法院(2011)民申字第 259 号,入库编号:2023-09-2-158-023]

中国法院对当事人提交的外国鉴定机构出具的鉴定结论能否采信,应当按照中国的相关法律进行审查。

第二百九十九条　【外国法院裁判的承认与执行】 人民法院对申请或者请求承认和执行的外国法院作出的发生法律效力的判决、裁定,依照中华人民共和国缔结或者参加的国际条约,或者按照互惠原则进行审查后,认为不违反中华人民共和国法律的基本原则且不损害国家主权、安全、社会公共利益的,裁定承认其效力;需要执行的,发出执行令,依照本法的有关规定执行。

【立法·要点注释】

1. 我国人民法院对外国法院判决、裁定的审查,仅限于审查外国法院生效判决、裁定是否符合我国法律规定的承认和执行外国法院判决、裁定的条件,对判决、裁定中的事实认定和法律适用问题不予审查。

2. 承认外国法院的判决、裁定和执行外国法院的判决、裁定,是一个既有联系又有区别的问题。承认外国法院判决、裁定是认可外国法院判决、裁定在确定当事人权利义务方面与本国法院判决、裁定具有同等效力,是执行该判决、裁定的前提条件。但是,承认外国法院的判决、裁定并不意味着必然执行这一判决、裁定,只有具有执行内容的判决、裁定才发生执行的问题。例如,外国法院单纯准许离婚的判决(不涉及财产分割、确认收养关系的判决等有关身份关系的判决),就只存在承认的问题,而不发生执行的问题。

【司法解释】

1.《最高人民法院关于中国公民申请承认外国法院离婚判决程序问题的规定》[法(民)发〔1991〕21 号,19910813;经法释〔2020〕20 号修正,20210101]

第一条　对与我国没有订立司法协助协议的外国法院作出的离婚判决,中国籍当事人可以根据本规定向人民法院申请承认该外国法院的离婚判决。

对与我国有司法协助协议的外国法院作出的离婚判决，按照协议的规定申请承认。

第二条　外国法院离婚判决中的夫妻财产分割、生活费负担、子女抚养方面判决的承认执行，不适用本规定。

第三条　向人民法院申请承认外国法院的离婚判决，申请人应提出书面申请书，并须附有外国法院离婚判决书正本及经证明无误的中文译本。否则，不予受理。

第四条　申请书应记明以下事项：

（一）申请人姓名、性别、年龄、工作单位和住址；

（二）判决由何国法院作出，判决结果、时间；

（三）受传唤及应诉的情况；

（四）申请理由及请求；

（五）其他需要说明的情况。

第五条　申请由申请人住所地中级人民法院受理。申请人住所地与经常居住地不一致的，由经常居住地中级人民法院受理。

申请人不在国内的，由申请人原国内住所地中级人民法院受理。

第六条　人民法院接到申请书，经审查，符合本规定的受理条件的，应当在 7 日内立案；不符合的，应当在 7 日内通知申请人不予受理，并说明理由。

第七条　人民法院审查承认外国法院离婚判决的申请，由三名审判员组成合议庭进行，作出的裁定不得上诉。

第八条　人民法院受理申请后，对于外国法院离婚判决书没有指明已生效或生效时间的，应责令申请人提交作出判决的法院出具的判决已生效的证明文件。

第九条　外国法院作出离婚判决的原告为申请人的，人民法院应责令其提交作出判决的外国法院已合法传唤被告出庭的有关证明文件。

第十条　按照第八条、第九条要求提供的证明文件，应经该外国公证部门公证和我国驻该国使、领馆认证，或者履行中华人民共和国与该所在国订立的有关条约中规定的证明手续。同时应由申请人提供经证明无误的中文译本。

第十一条　居住在我国境内的外国法院离婚判决的被告为申请人，提交第八条、第十条所要求的证明文件和公证、认证有困难的，如能提交外国法院的应诉通知或出庭传票的，可推定外国法院离婚判决书为真实和已经生效。

第十二条　经审查，外国法院的离婚判决具有下列情形之一的，不予承认：

（一）判决尚未发生法律效力；

（二）作出判决的外国法院对案件没有管辖权；

（三）判决是在被告缺席且未得到合法传唤情况下作出的；

（四）该当事人之间的离婚案件，我国法院正在审理或已作出判决，或者第三国法院对该当事人之间作出的离婚案件判决已为我国法院所承认；

（五）判决违反我国法律的基本原则或者危害我国国家主权、安全和社会公共利益。

第十三条 对外国法院的离婚判决的承认，以裁定方式作出。没有第十二条规定的情形的，裁定承认其法律效力；具有第十二条规定的情形之一的，裁定驳回申请人的申请。

第十四条 裁定书以"中华人民共和国××中级人民法院"名义作出，由合议庭成员署名，加盖人民法院印章。

第十五条 裁定书一经送达，即发生法律效力。

第十六条 申请承认外国法院的离婚判决，申请人应向人民法院交纳案件受理费人民币100元。

第十七条 申请承认外国法院的离婚判决，委托他人代理的，必须向人民法院提交由委托人签名或盖章的授权委托书。委托人在国外出具的委托书，必须经我国驻该国的使、领馆证明，或者履行中华人民共和国与该所在国订立的有关条约中规定的证明手续。

第十八条 人民法院受理离婚诉讼后，原告一方变更请求申请承认外国法院离婚判决，或者被告一方另提出承认外国法院离婚判决申请的，其申请均不受理。

第十九条 人民法院受理承认外国法院离婚判决的申请后，对方当事人向人民法院起诉离婚的，人民法院不予受理。

第二十条 当事人之间的婚姻虽经外国法院判决，但未向人民法院申请承认的，不妨碍当事人一方另行向人民法院提出离婚诉讼。

第二十一条 申请人的申请为人民法院受理后，申请人可以撤回申请，人民法院以裁定准予撤回。申请人撤回申请后，不得再提出申请，但可以另向人民法院起诉离婚。

第二十二条 申请人的申请被驳回后，不得再提出申请，但可以另行向人民法院起诉离婚。

2.《最高人民法院关于人民法院受理申请承认外国法院离婚判决案件有关问题的规定》（法释〔2000〕6号，20000301；经法释〔2020〕20号修正，20210101）

1998年9月17日，我院以法〔1998〕86号通知印发了《关于人民法院受理申请承认外国法院离婚判决案件几个问题的意见》，现根据新的情况，对人民法院受理申请承认外国法院离婚判决案件的有关问题重新作如下规定：

一、中国公民向人民法院申请承认外国法院离婚判决，人民法院不应以其未在国内缔结婚姻关系而拒绝受理；中国公民申请承认外国法院在其缺席情况下作出的离婚判决，应同时向人民法院提交作出该判决的外国法院已合法传唤其出庭的有关证明文件。

二、外国公民向人民法院申请承认

外国法院离婚判决,如果其离婚的原配偶是中国公民的,人民法院应予受理;如果其离婚的原配偶是外国公民的,人民法院不予受理,但可告知其直接向婚姻登记机关申请结婚登记。

三、当事人向人民法院申请承认外国法院离婚调解书效力的,人民法院应予受理,并根据《关于中国公民申请承认外国法院离婚判决程序问题的规定》进行审查,作出承认或不予承认的裁定。

自本规定公布之日起,我院法〔1998〕86 号通知印发的《关于人民法院受理申请承认外国法院离婚判决案件几个问题的意见》同时废止。

3.《最高人民法院关于认可和执行台湾地区法院民事判决的规定》(法释〔2015〕13 号,20150701;经法释〔2024〕14 号修正,20250101)

第一条 台湾地区法院民事判决的当事人以及当事人的继承人、权利承受人可以根据本规定,作为申请人向人民法院申请认可和执行该判决,该判决中的对方当事人为被申请人。双方当事人都提出认可和执行申请的,均列为申请人。

第二条 本规定所称台湾地区法院民事判决,包括台湾地区法院作出的生效民事判决、裁定、和解笔录、调解笔录、支付命令等。

申请认可台湾地区法院在刑事案件中作出的有关民事损害赔偿的生效判决、裁定、和解笔录的,适用本规定。

申请认可由台湾地区乡镇市调解委员会等出具并经台湾地区法院核定,与台湾地区法院生效民事判决具有同等效力的调解文书的,参照适用本规定。

第三条 申请人同时提出认可和执行台湾地区法院民事判决申请的,人民法院先按照认可程序进行审查,裁定认可后,由人民法院执行机构执行。

申请人仅提出认可台湾地区法院民事判决申请,人民法院对应否认可进行审查并作出裁定;台湾地区法院民事判决具有给付内容的,人民法院在受理认可申请及作出认可裁定时,应当向申请人释明其可以向人民法院申请执行。

申请人直接申请执行的,人民法院应当告知其一并提交认可申请;坚持不申请认可的,裁定驳回其申请。

第四条 申请认可台湾地区法院民事判决的案件,由申请人住所地、经常居住地或者被申请人住所地、经常居住地、财产所在地中级人民法院或者专门人民法院受理。

申请人向两个以上有管辖权的人民法院申请认可的,由最先立案的人民法院管辖。

申请人向被申请人财产所在地人民法院申请认可的,应当提供财产存在的相关证据。

第五条 申请人委托他人代理申请认可台湾地区法院民事判决的,应当向人民法院提交由委托人签名或者盖章的授权委托书。

台湾地区当事人签名或者盖章的授权委托书应当履行相关公证或者查明手续，但授权委托书经人民法院法官线上视频或者线下见证签署，或者经中国大陆公证机关公证证明是在中国大陆签署的除外。

持有台湾居民居住证的台湾地区当事人委托中国大陆执业律师或者其他人代理的，代理人向人民法院转交的授权委托书无需公证或者履行相关查明手续。

第六条 申请认可台湾地区法院民事判决，应当提交下列材料：

（一）申请书，并按照被申请人人数提交副本；

（二）判决正本或者经证明无误的副本；

（三）判决确定证明书正本或者经证明无误的副本，依据台湾地区有关规定不需另行出具证明书的调解笔录等除外；

（四）身份证明材料（申请人为自然人的，应当提交居民身份证、台湾居民居住证、台湾居民来往大陆通行证等身份证件复印件；申请人为法人或者非法人组织的，应当提交注册登记证书的复印件以及法定代表人或者主要负责人的身份证件复印件；申请人为当事人的继承人、权利承受人的，应当提交证明其继承人、权利承受人身份的证明材料）。

身份证明材料在中国大陆以外形成的，申请人应当依据民事诉讼法及相关司法解释的规定履行证明手续。

第七条 申请书应当载明下列事项：

（一）申请人和被申请人的基本情况：申请人或者被申请人为自然人的，包括姓名、住所、身份证件信息、通讯方式等；申请人或者被申请人为法人或者非法人组织的，包括名称、住所及其法定代表人或者主要负责人的姓名、职务、住所、身份证件信息、通讯方式等；

（二）作出判决的台湾地区法院名称、裁判文书案号、诉讼程序开始日期和判决日期；

（三）请求事项和理由；

（四）申请认可的判决的执行情况；

（五）其他需要说明的情况。

第八条 对于符合本规定第四条至第七条规定条件的申请，人民法院应当在收到申请后七日内立案，并通知申请人和被申请人。对于不符合上述规定的申请，人民法院应当在七日内裁定不予受理，同时说明不予受理的理由。已经受理的，裁定驳回申请。申请人对裁定不服的，可以提起上诉。

申请人提交的材料不符合要求的，人民法院应当一次性书面告知在指定期限内补正。在指定期限内补正的，人民法院决定是否立案的期间，自收到补正材料之日起计算。在指定期限内没有补正的，退回申请并记录在册；坚持提出申请的，裁定不予受理。经补正仍不符合要求的，裁定不予受理。

人民法院裁定不予受理或者驳回申请后,申请人再次申请并符合受理条件的,人民法院应予受理。

第九条　人民法院应当在立案之日起五日内将申请书副本送达被申请人。被申请人应当在收到申请书副本之日起十五日内提交意见;被申请人在中国大陆没有住所的,应当在收到申请书副本之日起三十日内提交意见。被申请人在上述期限内不提交意见的,不影响人民法院审查。被申请人申请延期的,是否准许,由人民法院决定。

第十条　对申请认可台湾地区法院民事判决的案件,人民法院应当组成合议庭进行审查。

第十一条　申请人申请认可台湾地区法院民事判决,应当提供相关证明文件,以证明该判决真实并且已经生效。台湾地区法院民事判决为缺席判决的,申请人应当同时提交台湾地区法院已经合法传唤当事人的证明文件,但判决已经对此予以明确说明的除外。

申请人可以申请人民法院通过海峡两岸调查取证司法互助途径查明台湾地区法院民事判决的真实性和是否生效以及当事人得到合法传唤的证明文件;人民法院认为必要时,也可以就有关事项依职权通过海峡两岸司法互助途径向台湾地区请求调查取证。

第十二条　申请人提供的台湾地区法院民事判决以及相关证明文件等证据,系通过海峡两岸公证书使用查证渠道转递的,人民法院应当确认其真实

性,但有相反证据足以推翻的除外。

第十三条　人民法院受理认可台湾地区法院民事判决的申请之前或者之后,可以依据民事诉讼法及相关司法解释的规定,根据申请人的申请,裁定采取保全措施。

第十四条　人民法院受理认可台湾地区法院民事判决的申请后,作出裁定前,申请人请求撤回申请的,可以裁定准许。

第十五条　人民法院受理认可台湾地区法院民事判决的申请后,应当在立案之日起六个月内审结。有特殊情况需要延长的,报请上一级人民法院批准。

通过海峡两岸司法互助途径送达文书和调查取证的期间,不计入审查期限。

第十六条　台湾地区法院民事判决具有下列情形之一的,裁定不予认可:

(一)申请认可的民事判决,是在被申请人缺席且未经合法传唤,或者在被申请人无诉讼行为能力且未得到适当代理的情况下作出的;

(二)案件系人民法院专属管辖的;

(三)案件双方当事人订有有效仲裁协议,且无放弃仲裁管辖情形的;

(四)判决是通过欺诈方式取得的;

(五)人民法院已经就同一纠纷作出裁判,或者已经承认或认可其他国家或地区就同一纠纷作出的裁判的;

(六)仲裁庭在中国大陆已经就同

一纠纷作出仲裁裁决,或者人民法院已经承认或认可仲裁庭在其他国家或地区就同一纠纷作出的仲裁裁决的。

认可该民事判决将违反一个中国原则等国家法律的基本原则或者损害国家主权、安全、社会公共利益的,人民法院应当裁定不予认可。

第十七条 人民法院经审查能够确认台湾地区法院民事判决真实并且已经生效,而且不具有本规定第十六条所列情形的,裁定认可其效力。不能认可判决全部判项的,可以认可其中的部分判项。不能确认该民事判决的真实性或已经生效的,裁定驳回申请人的申请。

裁定驳回申请的案件,申请人再次申请并符合受理条件的,人民法院应予受理。

第十八条 经人民法院裁定认可的台湾地区法院民事判决,与人民法院作出的生效判决具有同等效力。

第十九条 人民法院依据本规定第十六条、第十七条作出的裁定,一经送达即发生法律效力。

申请人或者被申请人对裁定不服的,可以自裁定送达之日起十日内向上一级人民法院申请复议。

第二十条 申请人向人民法院申请认可台湾地区法院民事判决,该判决涉及的纠纷与人民法院正在审理的纠纷属于同一纠纷的,人民法院可以裁定中止诉讼。

经审查,裁定不予认可台湾地区法院民事判决的,恢复已经中止的诉讼;裁定认可的,对已经中止的诉讼,裁定驳回起诉。

第二十一条 审查认可台湾地区法院民事判决申请期间,申请人或者被申请人就同一纠纷向人民法院起诉的,裁定不予受理;已经受理的,裁定中止诉讼。

第二十二条 台湾地区法院民事判决已经被人民法院裁定全部或者部分认可,申请人或者被申请人对已经获得认可的部分又向人民法院起诉的,裁定不予受理;已经受理的,裁定驳回起诉。

台湾地区法院民事判决已经被人民法院裁定不予认可或者部分不予认可的,申请人对不予认可部分再次申请认可的,裁定不予受理;已经受理的,裁定驳回申请。但申请人可以对不予认可部分向人民法院起诉。

第二十三条 台湾地区法院民事判决被人民法院裁定全部或者部分认可后,申请人对认可部分申请执行的,依据民事诉讼法关于执行程序的规定予以执行。

第二十四条 申请人申请认可和执行台湾地区法院民事判决的期间,适用民事诉讼法第二百五十条的规定,但申请认可台湾地区法院有关身份关系的判决除外。

申请人仅申请认可而未同时申请执行的,申请执行的期间自人民法院对认可申请作出的裁定生效之日起重新计算。

第二十五条　人民法院在办理申请认可和执行台湾地区法院民事判决案件中作出的法律文书,应当依法送达申请人和被申请人。

第二十六条　申请认可和执行台湾地区法院民事判决,应当参照《诉讼费用交纳办法》的规定,交纳相关费用。

第二十七条　本规定自 2015 年 7 月 1 日起施行。《最高人民法院关于人民法院认可台湾地区有关法院民事判决的规定》(法释〔1998〕11 号)、《最高人民法院关于当事人持台湾地区有关法院民事调解书或者有关机构出具或确认的调解协议书向人民法院申请认可人民法院应否受理的批复》(法释〔1999〕10 号)、《最高人民法院关于当事人持台湾地区有关法院支付命令向人民法院申请认可人民法院应否受理的批复》(法释〔2001〕13 号)和《最高人民法院关于人民法院认可台湾地区有关法院民事判决的补充规定》(法释〔2009〕4 号)同时废止。

【司法文件】

1.《全国法院涉外商事海事审判工作座谈会会议纪要》〔最高人民法院民事审判第四庭,法(民四)明传〔2021〕60 号,20211231〕

15.【外国法院判决、仲裁裁决等作为证据的认定】一方当事人将外国法院作出的发生法律效力的判决、裁定或者外国仲裁机构作出的仲裁裁决作为证据提交,人民法院应当组织双方当事人质证后进行审查认定,但该判决、裁定或者仲裁裁决认定的事实,不属于民事诉讼法司法解释第九十三条第一款规定的当事人无须举证证明的事实。一方当事人仅以该判决、裁定或者仲裁裁决未经人民法院承认为由主张不能作为证据使用的,人民法院不予支持。

【重点解读】外国法院判决、仲裁裁决作为证据提交,应属于证据中的一般证据。《民事诉讼证据规定》第 85 条第 2 款以及第 88 条规定,审判人员应当依照法定程序,全面、客观地审核证据,依据法律的规定,遵循法官职业道德,运用逻辑推理和日常生活经验,对证据有无证明力和证明力大小独立进行判断,并公开判断的理由和结果。对案件的全部证据,应当从各证据与案件事实的关联程度、各证据之间的联系等方面进行综合审查判断。外国法院民事判决、裁定和外国仲裁机构仲裁裁决与其他一般证据是相同的,在实践中避免将域外民事判决的内容作为免证事实使用,而是必须经过质证、认证,对其有无证明力和证明力大小,具体分析,区别对待,结合其他与案件事实有关的证据进行综合考虑其在整个证据链条中的证明力决定是否予以采信。

41.【外国法院判决的认定标准】人民法院应当根据外国法院判决、裁定的实质内容,审查认定该判决、裁定是否属于民事诉讼法第二百八十九条①规定的"判决、裁定"。

外国法院对民商事案件实体争议作出的判决、裁定、决定、命令等法律文书，以及在刑事案件中就民事损害赔偿作出的法律文书，应认定属于民事诉讼法第二百八十九条规定的"判决、裁定"，但不包括外国法院作出的保全裁定以及其他程序性法律文书。

【重点解读】1.关于"外国"的认定

"外国法院"中的"外国"应当理解为国际法上承认的主权国家以及主权国家的法域。征求意见时外交部认为，"外国"通常不包括国际组织。共同法院(一些国家会共同设立一个法院，如欧洲统一专利法院)、国际法院是类似于国际组织的机构，共同法院判决的承认和执行问题在海牙公约谈判中争议较大，此类机构的判决能否承认和执行的问题尚待研究。

2.关于"法院"的认定

对"法院"宜作广义理解。因各国的法律制度不同，其他国家的法院可能包括普通法院、特别法院、行政法院、宪法法院，甚至可能是被一国赋予了一定司法权的公共机构、教会法院等。某些情况下，行政机关对处理民商事案件亦有管辖权，如波兰等国，公证处也有权处理小额财产纠纷以及有关遗嘱的有效性、遗产保护的纠纷。

3.关于"民商事"的认定

对"民商事"的含义，由人民法院根据我国法律规定进行解释。民事和商业事项的特征应该取决于索赔的性质，而不取决于提起诉讼的法院性质，无论该法院是民商事、刑事或行政性质的法院。

4.关于"承认"程序和"执行"程序

理论上，承认程序、执行程序为两个相互区别又密切联系的程序。"承认"主要是指一国法院承认外国法院判决所确认的当事人之间的权利与义务及其他事项在本国境内具有约束力。通常来说，承认外国法院判决，就意味着外国法院判决取得了与国内法院判决同等的法律效力，外国法院判决中所确定的权利义务关系在内国法院得到了确认。当判决一方当事人在该国就相同事实提起不同之诉时，另一方当事人可以用该被承认了的判决作为对抗他人的理由。"执行"则是在当事人不主动履行判决中确定的义务时，一国法院运用强制力使外国法院判决能够在该国获得强制履行，从而使涉及给付性质的判决能够得到实现。因此，承认是执行的前提和基础，执行是承认的结果。

《民事诉讼法解释》第544条规定："对外国法院作出的发生法律效力的判决、裁定或者外国仲裁裁决，需要中华人民共和国法院执行的，当事人应当先向人民法院申请承认。人民法院经审查，裁定承认后，再根据民事诉讼法第

---

① 对应 2023 年《民事诉讼法》第 299 条。——编者注

三编的规定予以执行。当事人仅申请承认而未同时申请执行的,人民法院仅对应否承认进行审查并作出裁定。"第545 条第 2 款规定:"当事人仅申请承认而未同时申请执行的,申请执行的期间自人民法院对承认申请作出的裁定生效之日起重新计算。"《最高人民法院关于执行权合理配置和科学运行的若干意见》第 19 条规定:"境外法院、仲裁机构作出的生效法律文书的执行申请,由审判机构负责审查;依法裁定准予执行或者发出执行令的,移交执行局执行。"

实践中,当事人可能提出申请的情形一般有三种:仅申请承认、同时申请承认和执行、仅申请执行。当事人仅申请承认一般有两个原因,一是外国法院的判决并无执行内容,比如就离婚、婚姻无效、分居、认知、准禁治产宣告、失踪或死亡宣告、亲子关系的认定、监护、收养等涉及人的身份和能力等事项所作出的确认性质的判决,该种判决的目的在于确认当事人之间法律关系的存在与变更,不涉及给付内容,故不存在执行的问题;二是当事人请求承认外国法院判决的目的仅在于阻止另一方当事人就同一诉讼标的再行提起诉讼。当事人同时申请承认和执行的情况下,人民法院应当根据当事人的申请进行审查并就是否承认和执行一并作出裁定。当事人仅申请执行的情况下,区分当事人此前是否申请过承认。如果当事人没有申请承认就申请执行,人民法院根据《民事诉讼法解释》第 544 条的规定处理;如果当事人之前已经申请过承认,在人民法院对申请承认作出的裁定生效之日两年内,当事人再申请执行的,人民法院根据《民事诉讼法》关于执行的规定处理。

42.【判决生效的认定】人民法院应当根据判决作出国的法律审查该判决、裁定是否已经发生法律效力。有待上诉或者处于上诉过程中的判决、裁定不属于民事诉讼法第二百八十九条规定的"发生法律效力的判决、裁定"。

【重点解读】关于举证责任。由于各国法律制度的差异,人民法院在适用域外法的过程中需要了解判决作出国的法律规定和司法实践,这对办理案件的法官提出了较高的要求。根据我国《民事诉讼法》的证据规则,当事人对自己提出的主张,有责任提供证据。因此,外国法院判决真实性和终局性、确定性的举证责任在申请人,由被申请人提出抗辩。人民法院基于申请人的举证和被申请人的抗辩,运用证据规则和域外法知识进行综合判断。如果申请人的举证已经达到证明标准而被申请人不能提供充分的反驳证据否定,一般可认定判决已经"发生法律效力"。

关于可执行性。在一些国家的法律语境下,判决"生效"不等于"具有可执行性",比如判决有可能在判决作出国生效而不能在该国强制执行,包括判决因为在上诉期间(自动地或通过法院的命令)中止了可执行性,或者在上诉中被推翻,或者在原审国执行的时效期限已经届满。各国的规定均有不同,人民法院在审查时应注意辨别。

43.【不能确认判决真实性和终局性的情形】人民法院在审理申请承认和执行外国法院判决、裁定案件时,经审查,不能够确认外国法院判决、裁定的真实性,或者该判决、裁定尚未发生法律效力的,应当裁定驳回申请。驳回申请后,申请人再次申请且符合受理条件的,人民法院应予受理。

【重点解读】1. 本条适用的前提是外国判决的真实性和确定性无法确认。

关于无法确认判决的真实性。《民事诉讼法解释》第 541 条规定:“申请人向人民法院申请承认和执行外国法院作出的发生法律效力的判决、裁定,应当提交申请书,并附外国法院作出的发生法律效力的判决、裁定正本或者经证明无误的副本以及中文译本……”本纪要第 35 条就申请承认和执行外国法院判决所需要提交的资料进行了细化。上述规定都要求提交外国法院判决书正本或者经证明无误的副本,即要求申请人证明外国法院判决的真实性。在申请人承担举证责任的同时,被申请人可以对判决的真实性提出抗辩。在此过程中,可能出现申请人提交的材料不足以证明判决的真实性,或者人民法院经审查无法确认判决真实性的情况。

关于无法确认判决的终局性、确定性。本纪要第 42 条规定了如何认定外国法院判决具有确定性。该条所采用

的“判决作出国法律＋最低标准”立场要求人民法院在认定判决的终局性、确定性时结合判决作出国法律以及我国《民事诉讼法》规定的最低标准进行综合判断。在此过程中,可能出现人民法院无法认定判决终局性和确定性的情况。

2. 除了上诉程序这一普通的审查程序外,有些国家还有类似“复审”等特别的审查程序。比如,我国的审判监督程序,处于再审审查期间并不影响判决的终局性,但仍有被推翻的可能。其他国家也有此种类似的审查程序,人民法院在认定此种处于特别审查程序的判决是否具有终局性时,有自由裁量的权力。实践中,比较稳妥的做法是不确认该判决已经发生法律效力,并裁定驳回申请。当然,此种处理方式不利于债权人权利的实现,也容易导致我国法院作出的判决处于再审审查期间时不被他国承认和执行。对此如何处理更适宜,仍需要进一步研究。

44.【互惠关系的认定】人民法院在审理申请承认和执行外国法院判决、裁定案件时,有下列情形之一的,可以认定存在互惠关系:

(1)根据该法院所在国的法律,人民法院作出的民商事判决可以得到该国法院的承认和执行;

(2)我国与该法院所在国达成了互惠的谅解或者共识;

(3)该法院所在国通过外交途径对我国作出互惠承诺或者我国通过外

交途径对该法院所在国作出互惠承诺，且没有证据证明该法院所在国曾以不存在互惠关系为由拒绝承认和执行人民法院作出的判决、裁定。

人民法院对于是否存在互惠关系应当逐案审查确定。

【重点解读】理论上，法律互惠要求人民法院在查明判决作出国关于承认和执行方面的法律规定（包括司法判例）的基础上，审查与我国的法律规定是否大体一致，我国判决在同等情形下能否得到该外国法院的承认和执行，如果答案肯定，即可认定存在这方面的互惠关系。但实践中具体如何适用，仍有待进一步明确。

另外，本条采用"法律互惠"标准是否就意味着实践中彻底放弃了"事实互惠"标准？对于某些已经存在承认和执行我国法院民商事判决先例的国家，人民法院能否不查明法律而直接认定存在互惠关系？对此，我们倾向于认为，原则上应当适用"法律互惠"标准进行审查，判决作出国是否存在承认或不予承认我国法院判决的先例，更适宜作为认定互惠关系的综合参考因素。具体而言，如果符合"法律互惠"标准，又存在外国法院承认和执行我国法院判决的先例，则有充分的依据认定两国间存在互惠关系。如果符合法律互惠的标准，却存在不予承认和执行的先例，则不能轻易认定存在互惠关系，需要综合其他因素慎重考量，但是也不宜仅因存在拒绝的先例就认定不存在互

惠。2012年"以色列特拉维夫地方法院承认俄罗斯判决案"中，以色列法院认为虽然存在俄罗斯法院拒绝承认以色列的判决先例，但该先例并不具有决定性作用，根据俄罗斯判例法的发展情况，若以色列能提供互惠证明，则以色列的判决今后很可能在俄罗斯得到承认和执行。这一做法是值得我们借鉴的。有观点认为，在符合"事实互惠"标准的情况下，即便不查明外国法律，也可以推定依据该国法律我国法院的判决能够得到承认和执行，同样符合"法律互惠"的要求。该观点是有道理的，但毕竟法律和实践都在不断发展，所以我们建议最好能查明相关法律，按照"法律互惠"的标准进行认定，辅以先例进行论述，由此得出的结论依据更为充分。

45.【惩罚性赔偿判决】外国法院判决的判项为损害赔偿金且明显超出实际损失的，人民法院可以对超出部分裁定不予承认和执行。

【重点解读】在适用本纪要时，只有在判决明显超出实际损失或损害时进行审查，在判断是否可以分割的问题上主要依据我国法律；在判断是否为惩罚性损害赔偿时，如在判决中明确惩罚性赔偿判项的，依据该判决的判项确定；如判决中未明确，则需要法官根据判决所确定的事实识别赔偿是否超过判决所确定的损失。该条同样也不允许对案件的是非曲直进行其他任何审查。

48.【对申请人撤回申请的处理】人民法院受理申请承认和执行外国法院判决、裁定案件后,作出裁定前,申请人请求撤回申请的,可以裁定准许。

人民法院裁定准许撤回申请后,申请人再次申请且符合受理条件的,人民法院应予受理。

申请人无正当理由拒不参加询问程序的,按申请人自动撤回申请处理。

【重点解读】在申请承认和执行外国法院判决案件中,经人民法院传唤,申请人有义务按时到庭,以保证诉讼活动及时、顺利地进行,明确当事人的权利义务关系,保护当事人的合法权益,也使法律的严肃性和人民法院的权威得到维护。尤其作为要求解决纠纷、维护其权益而行使诉权的申请人,更应当配合人民法院的工作,使案件得到及时、正确的处理。如果申请人经人民法院传唤,没有正当理由拒不参加询问的,可以视为放弃自身的诉讼请求,也是一种对自己诉讼权利的消极处分,应当按照撤回申请处理。

49.【承认和执行外国法院判决的报备及通报机制】各级人民法院审结当事人申请承认和执行外国法院判决案件的,应当在作出裁定后十五日内逐级报至最高人民法院备案。备案材料包括申请人提交的申请书、外国法院判决及其中文译本、人民法院作出的裁定。

人民法院根据互惠原则进行审查的案件,在作出裁定前,应当将拟处理意见报本辖区所属高级人民法院进行审查;高级人民法院同意拟处理意见的,应将其审查意见报最高人民法院审核。待最高人民法院答复后,方可作出裁定。

2.《最高人民法院关于中国公民申请承认外国法院和解权告决定书等法律文书的请示的复函》(〔2010〕民四他字第56号,20100929)

同意你院的处理意见。中国公民郑成花向铁岭市中级人民法院申请承认大韩民国首尔家庭法院2008DEDAN111209离婚和解权告决定书,我国与大韩民国虽然签订有《关于民事和商事司法协助的条约》,但该条约并未涉及相关判决的承认问题,中国籍当事人可以根据《关于中国公民申请承认外国法院离婚判决程序问题的规定》向人民法院申请承认大韩民国法院的离婚判决。

大韩民国首尔家庭法院2008DEDAN111209离婚和解权告决定书是解决当事人之间婚姻存续问题的法律文书,在当事人未提出异议的情况下,具有与判决相同的法律效力。根据《最高人民法院关于中国公民黄爱京申请承认外国法院离婚确认书受理问题的复函》的精神,离婚和解权告决定书应当视为大韩民国法院出具的解除当事人之间婚姻关系的法律文书,人民法院可以比照最高人民法院《关于中国公民申请承认外国法院离婚判决程序问题的规定》《关于人民法院受理申请承认外国法院离婚判决案件有关问题的规定》受理并进行审查,如果不存在《关于中国公民申请承认外国法院离婚判决程序问题的规定》第十二条规定的情形的,应予裁定承认其法律效力。

【最高法指导性案例】

指导案例 235 号:S 航运有限公司申请承认外国法院民事判决案(20241125)

【裁判要点】

人民法院对申请或者请求承认和执行外国法院民事判决、裁定进行审查,认定是否存在互惠关系时,不以相关外国法院对人民法院民事判决、裁定先行给予承认和执行为必要条件。如果根据相关国家的法律,人民法院作出的民事判决、裁定可以得到该国法院承认和执行,且该国没有以不存在互惠关系为由拒绝承认和执行人民法院判决、裁定先例的,可以认定我国与该国存在承认和执行民事判决、裁定的互惠关系。

【基本案情】

2010 年 3 月 5 日,S 航运有限公司与某华(香港)轮船公司签订 3 份定期租船合同,将 3 艘船舶出租给某华(香港)轮船公司。2010 年 3 月 25 日,某华物流控股(集团)有限公司(以下简称某华物流公司)向 S 航运有限公司出具 3 份保函,为某华(香港)轮船公司履行上述租船合同提供担保。3 份保函均约定适用英国法,诉讼提交位于伦敦的英国高等法院审理。因某华(香港)

轮船公司迟延支付租金,S 航运有限公司依据保函约定向英国高等法院对某华物流公司提起诉讼。某华物流公司到庭应诉。2015 年 3 月 18 日,英国高等法院作出〔2015〕EWHC 718(Comm)号判决,支持 S 航运有限公司的诉求。此后英国高等法院又对债权数额和诉讼费用等作出核定,分别于 2015 年 4 月 27 日和 2016 年 10 月 3 日作出命令、2016 年 11 月 1 日作出最终费用证书、2018 年 5 月 17 日作出修正命令。某华物流公司不服,向英国上诉法院提出上诉。2016 年 10 月 7 日,英国上诉法院作出〔2016〕EWCA Civ 982 号判决,对某华物流公司的上诉予以驳回。此后英国上诉法院又于 2016 年 10 月 7 日和 2017 年 5 月 8 日作出命令。某华物流公司未履行生效裁判确定的义务。S 航运有限公司遂请求我国法院裁定承认英国高等法院、英国上诉法院的上述判决,以及相关一系列法院命令。某华物流公司辩称:我国与英国未缔结或参加相互承认和执行法院判决、裁定的国际条约,也未建立相应的互惠关系。

【裁判结果】

上海海事法院于 2022 年 3 月 17 日作出(2018)沪 72 协外认 1 号民事裁定:承认英国高等法院于 2015 年 3 月 18 日作出的〔2015〕EWHC 718(Comm)号判决及其在该案下于 2015 年 4 月 27 日、2016 年 10 月 3 日作出的命令、2016 年 11 月 1 日作出的最终费用证书和 2018 年 5 月 17 日作出的修正命令;承认英国上诉法院于 2016 年 10 月 7 日作出的〔2016〕EWCA Civ 982 号判决及其在该案下于 2016 年 10 月 7 日、2017 年 5 月 8 日作出的命令。

【裁判理由】

本案系申请承认外国法院民事判决案。根据《民事诉讼法》第 289 条（现为第 299 条）的规定，人民法院对申请或者请求承认和执行的外国法院作出的发生法律效力的判决、裁定，依照中华人民共和国缔结或者参加的国际条约，或者按照互惠原则进行审查。由于我国与英国之间尚没有缔结或者参加相互承认和执行法院民事判决、裁定的国际条约，故应当以互惠原则作为是否承认英国法院判决的审查依据。

互惠原则是国际私法中平等互利原则的具体体现。我国《民事诉讼法》并未将互惠原则限定为必须是相关外国法院对我国法院民事判决、裁定先行承认和执行。当然，如果相关外国法院已有对我国法院民事判决、裁定予以承认和执行的先例，自然可以认定我国与该国存在承认和执行民事判决、裁定的事实互惠关系。然而，即便没有承认和执行我国民事判决、裁定的先例，但如果根据作出判决的外国法院所在国的法律，其承认和执行他国法院判决、裁定的条件与我国法律规定的条件实质相同或者更为宽松，则可以认定我国法院作出的民事判决、裁定在同等情形下可以得到该国法院的承认和执行。在此前提下，如果该国法院没有以不存在

互惠关系为由拒绝承认和执行我国法院民事判决、裁定先例的，可以认定我国与该国存在法律上的互惠关系。

就本案而言，申请人 S 航运有限公司未举证英国法院有承认和执行我国法院民事判决、裁定的先例，不能证明我国与英国存在承认和执行民事判决、裁定的事实互惠关系。但是，从英国法院具体操作来看，外国法院的判决、裁定在英国寻求承认和执行时，需按英国的普通法规则，以外国法院的判决、裁定为依据，在英国法院重新提起诉讼；如果符合承认和执行的条件，英国法院将作出一个与原判决基本一致的判决，再按英国法规定的执行程序予以执行。这也是英美法系国家的惯常做法。根据英国法律，其并不以存在相关条约作为承认和执行外国法院判决、裁定的必要条件，并无证据证明我国法院判决、裁定在英国法院承认和执行存在法律障碍，亦未发现英国法院曾以不存在互惠关系为由不予承认和执行我国法院判决、裁定，故可以认定我国与英国存在法律上的互惠关系。案涉英国法院判决并不存在违反我国法律基本原则或者损害我国国家主权、安全、社会公共利益的情形。

综上，尽管我国与英国没有缔结或者参加相互承认和执行法院民事判决、裁定的国际条约，但本案可以根据互惠原则对案涉英国法院判决予以承认。

本案裁定承认英国法院判决后，英国高等法院于 2022 年 12 月对我国浙

江杭州法院的两起判决予以承认。

【法院参考案例】

1.《遗嘱认证书》是否属于可承认和执行的裁判文书[麦某1、麦某2申请承认新加坡共和国初级法院作出的《遗嘱认证书》案,广东省江门市中级人民法院(2017)粤07协外认20号]

新加坡共和国初级法院对麦某了立下的《最后遗嘱》作出的遗嘱认证(编号为2003年DCP4号)不属于具有法院裁判性质的法律文书,且根据《中华人民共和国和新加坡共和国关于民事和商事司法协助的条约》第2条司法协助的范围"缔约双方根据本条约在民事和商事方面相互提供的司法协助包括:(一)送达司法文书;(二)调查取证;(三)承认与执行仲裁裁决;(四)相互提供缔约双方有关民事和商事的法律及民事和商事诉讼方面司法实践的资料"的规定,案涉《遗嘱认证书》也不符合上述条约的规定,故驳回申请人的申请。

2.申请人是否有义务提交证据证明判决系终局的确定的判决[无锡洛社印染有限公司、黄某某申请承认和执行美国法院民事判决纠纷案,江苏省无锡市中级人民法院(2017)苏02协外认1号]

根据2012年《民事诉讼法》第281条(现为第298条)的规定,向人民法院申请承认和执行的外国法院判决须已

经发生法律效力,即外国法院判决应当是终局、确定、可执行的判决。据此,外国法院判决除依据原审国即判决作出国的法律已经生效并具有可执行性外,还必须具备终局性和确定性。有待上诉或者处于上诉过程中的判决不属于终局、确定的判决。涉案美国法院民事判决尽管依据美国加利福尼亚州法律已经生效并进入执行程序,但同时该判决又因李某某等提起上诉而进入上诉程序,在审理法院向上级法院请示过程中,该案正在美国加利福尼亚州上诉法院审理,尚不具备终局性和确定性。洛社公司、黄某某作为判决承认和执行的申请人,有义务提交证据证明涉案美国法院判决系终局、确定的判决,故涉案美国法院民事判决尚不构成《民事诉讼法》第281条规定的"发生法律效力的判决"。

因外国法院判决发生法律效力是申请人依据《民事诉讼法》第281条规定向人民法院提起承认和执行申请的程序性条件,人民法院受理后发现该程序性条件未满足的,一般应当裁定驳回申请。因此,本案应驳回洛社公司、黄某某的申请。需要指出的是,如涉案美国法院判决在美国加利福尼亚州法院的上诉程序结束,该外国法院判决具备终局性、确定性的,洛社公司、黄某某可以再次向有管辖权的人民法院申请承认和执行。

3.所申请的判决、裁定来源及真实

性无法确认时如何处理［李某立申请承认和执行外国法院民事判决、裁定案，浙江省丽水市中级人民法院（2018）浙11民再10号］

申请人李某立向本院申请承认和执行意大利共和国米兰法院作出的第53116/110113R.G号民事裁决书，根据《中华人民共和国和意大利共和国关于民事司法协助的条约》第24条"申请承认与执行须提出的文件"规定的"申请承认与执行裁决的当事人应当提交下列文件：（一）裁决的真实和完整的副本"，李某立应当提交具有合法来源并经证明真实的民事裁决书副本，如意大利共和国米兰法院出具的副本证明或者生效证明等。但是根据李某立所提交的申请材料显示，其提交的第53116/110113R.G号民事裁决书系复印件，虽然经过公证认证手续，但是公证机关仅对于该复印件与李某立出示的原件一致进行了公证，并未对原件本身的真实性和效力进行证明，而根据原审被申请人董某珍在审理期间向意大利共和国米兰法院民事纠纷案件统一登记局查核的证明显示，该局没有任何涉及主体为李某立和董某珍的裁判文书登记在案。据此，李某立本案所提交的第53116/110113R.G号民事裁决书的来源及真实性无法确认，不符合《中华人民共和国和意大利共和国关于民事司法协助的条约》关于申请材料形式要求的规定。

4. 互惠原则如何适用［SPAR航运有限公司诉大新华物流控股（集团）有限公司申请承认外国法院判决案，上海海事法院（2018）沪72协外认1号］

本案系申请承认外国法院民商事判决案。根据我国《民事诉讼法》第289条（现为第299条）的规定，我国与英国之间尚没有缔结或者参加相互承认和执行法院民商事判决、裁定的国际条约，故应以互惠原则作为承认英国法院判决的审查依据。

我国《民事诉讼法》在规定互惠原则时并没有将之限定为必须是相关外国法院对我国法院民商事判决先行承认和执行，故如果根据作出判决的外国法院所在国的法律，我国法院作出的民商事判决可以得到该国法院的承认和执行，即可认定我国与该国存在承认和执行民商事判决的互惠关系。当然，若已有该外国法院对我国法院民商事判决予以承认和执行的先例，自是可以成为我国法院作出的民商事判决可以得到该国法院承认和执行的有力证明。关于此节，（2015）EWHC999（Comm）号案中虽有对西霞口公司在中国诉讼中获得的判决及其保全裁定予以"承认"的表述，但SPAR公司并未举证证明，在英国法下，针对某一抗辩事由而对外国法院判决、裁定所表达的承认或引用，同样具有"承认和执行外国法院判决"意义上的"承认"效果。

尽管SPAR公司未能通过举证英国法院有承认和执行我国法院民商事

判决的先例来证明我国法院作出的民商事判决可以得到英国法院的承认和执行,但根据英国法律,其并不以存在相关条约作为承认和执行外国法院民商事判决的必要条件,故审理法院认为我国法院作出的民商事判决可以得到英国法院的承认和执行。对此,大新华控股也没能举证证明我国法院作出的民商事判决在英国法院承认和执行存在何种法律上或事实上的障碍,其仅以英国法下有禁诉令制度而主张我国法院作出的民商事判决在英国法院得不到承认和执行,该理由难以采纳。

在对互惠关系进行审查时,审理法院还考虑了英国法院有没有曾以不存在互惠关系为由拒绝承认和执行我国法院民商事判决的情形。大新华控股认为(2015)EWHC999(Comm)号案驳回中国银行关于中止执行的申请,实质上否定了我国法院的判决、裁定。但如前已述,(2015)EWHC999(Comm)号案不是承认和执行外国法院判决之诉,英高等法院更不是以中英之间不存在司法互惠关系为由驳回中国银行的中止执行申请。故此,将(2015)EWHC999(Comm)号案驳回中国银行关于中止执行的申请视为英国法院不予承认我国法院民商事判决的先例,进而作为不存在司法互惠关系的例证,而拒绝承认英国法院判决,并不妥当。

在按互惠原则进行审查后,还需进一步审查是否存在其他不予承认和执行的事由。对此,大新华控股仍以禁诉令问题作为其主张的理由。审理法院认为,英国法院对案涉纠纷并不是通过禁止当事人在我国法院诉讼的方式而获得管辖并作出裁判。本案中,保函约定适用英国法在英国法院诉讼,大新华控股也参加了在英国法院进行的诉讼活动,期间从未就英国法院的管辖权问题提出过异议。该些事实使得本案不宜将管辖问题作为不予承认和执行的充分事由。

关于大新华控股提出 SPAR 公司申请承认的英国判决在适用我国法律时存在错误一节,审理法院认为,当事人之间的实体权利义务关系,不属于承认和执行外国法院判决之诉的审查范畴。即使适用法律错误问题确实成立,也只有在违反我国法律的基本原则或者国家主权、安全、社会公共利益时,才构成拒绝承认和执行的事由。大新华控股提出的判决中涉及的利息及罚金,系因大新华控股未履行支付义务所产生,不属于惩罚性损害赔偿,故大新华控股要求将利息和罚金排除在可承认事项之外的抗辩也不能成立。

5. 依据互惠原则对韩国民商事判决的承认和执行[崔某某申请承认和执行外国法院民事判决、裁定案,山东省青岛市中级人民法院(2018)鲁 02 协外认 6 号,入库编号:2024 - 10 - 2 - 462 - 002]

对外国判决的承认和执行是涉外审判中的一项难点工作,根据我国《民事诉讼法》的规定，承认和执行外国法院的判决主要是依据相关国际条约、双边条约或者互惠原则进行。由于韩国首尔地方法院曾经在其案件审理中对我国山东省潍坊市中级人民法院的一份判决予以认可，根据互惠原则，我国法院可以对符合条件的韩国法院的民事判决予以承认和执行。

第三百条 【外国法院裁判的不予承认和执行】 对申请或者请求承认和执行的外国法院作出的发生法律效力的判决、裁定，人民法院经审查，有下列情形之一的，裁定不予承认和执行：

（一）依据本法第三百零一条的规定，外国法院对案件无管辖权；

（二）被申请人未得到合法传唤或者虽经合法传唤但未获得合理的陈述、辩论机会，或者无诉讼行为能力的当事人未得到适当代理；

（三）判决、裁定是通过欺诈方式取得；

（四）人民法院已对同一纠纷作出判决、裁定，或者已经承认第三国法院对同一纠纷作出的判决、裁定；

（五）违反中华人民共和国法律的基本原则或者损害国家主权、安全、社会公共利益。

【立法·要点注释】

参照有关国际公约、我国签订的双边司法协助协定及各国立法实践的规定，本条对于我国法院审查认定不予承认和执行外国法院判决、裁定的情形作了具体规定：

1. 第1项是外国法院对案件无管辖权。外国法院如对案件无权行使管辖，其作出的判决、裁定不应得到承认与执行应为当然之理。问题在于，外国法院对于案件有无管辖权的判断标准应该如何确定？一种观点认为，应以判决作出国法律作为判断标准；另一种观点认为，完全依据判决作出国法律判断案件有无管辖权，有可能出现外国法院通过"长臂管辖"滥用管辖权的情况，因此应以执行地国法律作为判断标准。对此问题，本法在第301条专门作出规定，明确了应当认定外国法院对案件无管辖权的具体情形。

2. 第2项是被申请人未得到合法传唤或者虽经合法传唤但未获得合理的陈述、辩论机会，或者无诉讼行为能力的当事人未得到适当代理。人民法院在审查外国法院发生法律效力的判决、裁定时，如果发现存在上述情形，意味着被申请人的诉讼权利没有得到充分保障，在此基础上作出的生效判决、裁定无疑损害了被申请人的合法权益，不应得到承认和执行。

3. 第3项是判决、裁定是通过欺诈

方式取得。该项也是国际上较为公认的应当不予承认和执行判决、裁定的情形。判决、裁定如果是通过欺诈方式取得，不仅可能损害对方当事人的合法权益，更是对司法秩序和司法权威的损害。本法第 115 条规定，当事人之间恶意串通，企图通过诉讼、调解等方式侵害国家利益、社会公共利益或者他人合法权益的，人民法院应当驳回其请求，并根据情节轻重予以罚款、拘留；构成犯罪的，依法追究刑事责任。当事人单方捏造民事案件基本事实，向人民法院提起诉讼，企图侵害国家利益、社会公共利益或者他人合法权益的，适用前款规定。如果外国法院作出的发生法律效力的判决、裁定是通过欺诈方式取得，我国法院可以通过裁定不予承认和执行的方式表达对其否定的立场。

4. 第 4 项是人民法院已对同一纠纷作出判决、裁定，或者已经承认第三国法院对同一纠纷作出的判决、裁定。在前一种情形下，因我国法院已对纠纷作出裁判，当事人可以依据本法有关规定申请执行；在后一种情况下，我国法院通过承认第三国法院的判决、裁定，即已认可第三国对纠纷作出的裁判，无须再对申请或者请求承认和执行的外国法院作出的生效判决、裁定予以承认和执行。

5. 第 5 项是违反中华人民共和国法律的基本原则或者损害国家主权、安全、社会公共利益。该项也是国际上各国对于外国判决、裁定不予承认和执行

的通行规定。如果外国法院作出的发生法律效力的判决、裁定与我国法律的基本原则相悖，或者判决、裁定损害了我国的国家安全、主权、社会公共利益，显然不应得到承认和执行，否则会极大冲击我国法律的基本原则，损害我国的国家利益。在 2023 年《民事诉讼法》修改前，该项实际上是判断外国法院生效判决、裁定是否应予承认和执行的实质标准。法律修改后，该项规定仍然发挥着判断外国法院发生法律效力的判决、裁定是否应予承认和执行的"安全阀"作用。

【司法文件】

《全国法院涉外商事海事审判工作座谈会会议纪要》[最高人民法院民事审判第四庭，法（民四）明传〔2021〕60号，20211231]

46.**【不予承认和执行的事由】**对外国法院作出的发生法律效力的判决、裁定，人民法院按照互惠原则进行审查后，认定有下列情形之一的，裁定不予承认和执行：

（一）根据中华人民共和国法律，判决作出国法院对案件无管辖权；

（二）被申请人未得到合法传唤或者虽经合法传唤但未获得合理的陈述、辩论机会，或者无诉讼能力的当事人未得到适当代理；

（三）判决通过欺诈方式取得；

（四）人民法院已对同一纠纷作出判决，或者已经承认和执行第三国就同

一纠纷做出的判决或者仲裁裁决。

外国法院作出的发生法律效力的判决、裁定违反中华人民共和国法律的基本原则或者国家主权、安全、社会公共利益的，不予承认和执行。

【重点解读】1.诉讼程序正当性的判断

关于诉讼程序正当性的判断，需要说明以下几个问题：第一，程序是否正当主要依据判决作出国法律进行审查，但是在极端情况下（如不符合我国法律的最低要求）也要适用我国法律审查。此外，审查诉讼程序是否公正时并不涉及对案件实体内容的审查，包括对于一个国家整体司法制度公正性的审查。第二，作出判决的法院已经依照正常的程序向当事人进行了合法传唤，但因当事人自身原因拒绝或自动放弃出庭而作出的缺席判决不能视为审理过程中适用程序的不公正。第三，未得到合理通知的主体限定为被申请人（败诉方当事人）。而且，如果作出判决的法院对当事人的传唤是不合法的，但当事人已经出庭应诉，则不应以传票未合法送达为由拒绝承认和执行该外国法院判决。在此种情况下，当事人既然已经出庭应诉，就有了充分答辩的机会，不能因此认为作出判决的法院没有对败诉方当事人的合法权益进行保障。在我国签订的双边司法协助条约中，都规定"在缺席判决的情况下，败诉方当事人未经合法传唤"是不予承认和执行外国法院判决的条件，此种规定排除了未经合法

传唤但当事人已经出庭的情形，也即败诉方当事人缺席与未经合法传唤的情形必须同时具备，方能视为诉讼权利未得到保障。

2.欺诈的认定

关于如何认定欺诈，需要说明两个问题：第一，本规定没有明确应适用哪一个国家的法律来识别某一欺诈行为，一般而言是根据我国法律。大多数国家的法律也是基于内国法来进行识别的，如某国法院通常基于某国法对欺诈行为所下的定义去审查外国法院判决，而不考虑对该判决的欺诈手段在判决作出国是否也能构成抗辩有关判决的合法性的基础，只有在判决作出国立法中有关欺诈的范围比某国法所规定的范围更广时，才考虑适用该外国法的规定。这一做法值得借鉴。第二，本规定并未细化"欺诈"的认定标准，需要在实践中不断探索总结。理论上认为欺诈主要是指程序上的不正当行为，包括原告故意让他人向被告提供的错误地址发传票，原告故意向被告提供开庭的时间和地点方面的错误信息，诉讼一方贿赂法官、陪审员、证人，与证人恶意串通、假宣誓，或者胜诉方向败诉方假意允诺诱使败诉方不进行争辩或没有机会争辩等。这里所说的欺诈不只是诉讼任何一方的行为，也可以是法院所为，此外还包括一方冒充另一方签署选择法院的协议。

3."同一纠纷"的认定

本条第1款第4项的"同一纠纷"

具体如何理解，可以参照《民事诉讼法解释》第247条的规定，该条规定了判断重复起诉的标准，即相同当事人、相同诉讼标的、相同诉讼请求。因此，"同一纠纷"可以理解为相同当事人之间就相同诉讼标的提出的相同诉讼请求。

此外，结合《民事诉讼法解释》第531条的规定，人民法院允许当事人进行平行诉讼，即便外国法院受理在先，也不妨碍人民法院受理同一案件。只要人民法院作出了相关判决，或已经承认和执行了第三国判决，就得以拒绝承认和执行外国判决。

4. 关于公共政策的含义与范围

公共政策至今仍是一个抽象模糊的概念，对于其具体含义无法达成一个统一的界定。对公共政策予以保留，但加以一定程度的限制是必然趋势，这在各国实践中已十分明显。

我国法院在多年的司法实践中，已经逐渐形成两点共识：一是在适用公共政策对外国法院判决进行审查时，采取"客观说"的标准，只有在承认和执行外国法院判决时将导致违反中国法律的基本原则或者国家主权、安全、社会公共利益的，才能援引公共政策事由予以拒绝承认和执行。二是对公共秩序应该严格解释和适用。通常只有严重违反我国法律基本原则、侵犯我国国家主权、危害社会公共安全、违反善良风俗以及危及我国根本社会公共利益的情形才构成违反公共政策。此外，在对外国仲裁裁决的司法审查中，最高人民法院通过案例已经明确，至少以下情况不一定构成对我国社会公共利益的违反：(1)仅仅涉及部门或者地方利益；(2)违反我国法律的强制性规定。该标准在外国判决承认和执行案件中同样适用。

作为保护性条款，公共政策赋予了人民法院一种在特定情况下按照具体情况进行自由裁量的权力，如何理解与运用公共政策，仍需在司法实践中不断探索完善。此外，人民法院还应从公共政策的时代性、发展性出发，坚持对具体案件的不同情况进行分析，不僵化适用。

5. 不予承认和执行的事由是否属于法院依职权审查的事项

在本条所规定的五项事由中，公共政策属于人民法院依职权审查的内容是显而易见的，亦有《民事诉讼法》的明确规定作为依据。但是，对于本条第1款规定的四项事由，除当事人主张之外，是否还应当由人民法院依据职权进行审查，实践中尚无统一的做法。

我们倾向于认为：首先，我国签订的双边司法协助条约没有对证明责任作出规定，最高人民法院出台的承认离婚判决的司法解释、认可和执行我国台湾地区法院判决的司法解释、内地与澳门特别行政区相互认可和执行民商事判决的安排也是如此，可见，上述规定并没有排除人民法院依据职权进行审查。适用互惠原则审查的条件，不应较国际条约等规定的条件更为宽松，因此人民法院可以依据职权审查是不言自明的。其次，外国法院判决的承认和执行与外国仲裁裁决的承认和执行有所不同。仲裁强调当事人意思自治，从提交仲裁、仲裁庭组成、仲裁程序、仲裁实体法等都充分体现了当事人的合意，因此，《纽约公约》第5条就明确分为两款，第1款的情形由被申请人举证证明，法院不能依据职权审查；第2款涉及公共政策，可以由法院依据职权审查。但是诉讼更多地体现了一国司法主权，在外国法院判决承认和执行的案件中，该外国法院是否有管辖权、是否合法传唤，都是需要法院主动审查的事项。因此，本条所规定的事由无论被申请人有无主张，人民法院均需要主动审查，特别是在未送达被申请人的情况下，主动审查就更显得有必要。

47.【违反仲裁协议作出的外国判决的承认】外国法院作出缺席判决后，当事人向人民法院申请承认和执行该判决，人民法院经审查发现纠纷当事人存在有效仲裁协议，且缺席当事人未明示放弃仲裁协议的，应当裁定不予承认和执行该外国法院判决。

【重点解读】1. 对仲裁协议的效力应当依据何种法律进行审查

根据本纪要第47条采用的标准，应当依照我国法律来判断外国法院的间接管辖权。因此，应当依照我国法律对当事人之间的仲裁协议效力进行认定。

在申请承认和执行外国法院判决的案件中，当事人签订的仲裁协议普遍具有涉外因素，属于涉外仲裁协议。《涉外民事关系法律适用法》第18条规定："当事人可以协议选择仲裁协议适用的法律。当事人没有选择的，适用仲裁机构所在地法律或者仲裁地法律"。《仲裁司法审查规定》第14条规定："人民法院根据《中华人民共和国涉外民事关系法律适用法》第十八条的规定，确定确认涉外仲裁协议效力适用的法律时，当事人没有选择适用的法律，适用仲裁机构所在地的法律与适用仲裁地的法律将对仲裁协议的效力作出不同认定的，人民法院应当适用确认仲裁协议有效的法律。"

2. 对仲裁协议效力的审查内容

人民法院如果获知仲裁协议的存在，则需要在承认和执行的审查程序中先行对仲裁协议的效力进行审查。具体审查内容包括仲裁协议是否存在、是否有效、是否失效、是否能够执行。

"仲裁协议是否存在"是人民法院对当事人之间是否达成过仲裁协议作出的一种事实判断。一般包括两种情形：一是当事人之间是否就仲裁达成合意；二是非仲裁协议的当事人是否受协议的约束，也即其与仲裁协议当事人之间是否存在仲裁协议。

"仲裁协议是否有效"是一种法律评价，只有满足仲裁协议要件规定的仲裁协议才有效。如果仲裁协议具有涉外因素，则需要依据仲裁的相关规则先确定认定仲裁协议效力的准据法，此处不赘述。

"仲裁协议失效"是指协议曾一度有

效但已不再有效,包括免除、撤销、废除或终止仲裁协议。仲裁协议也是一种合同,合同失效的情形包括当事人之间明示的合意解除、协议约定的有效期届满、协议已经履行完毕,上述情形对仲裁协议同样适用。比如,"缺席方明示放弃仲裁协议"即属于仲裁协议失效的情形。

"仲裁协议不能执行"是指仲裁协议由于某些障碍导致仲裁不能继续,比较多见的是法律障碍,一般是仲裁协议设计不完善导致仲裁协议存在"瑕疵"。"瑕疵"仲裁协议能否执行,很多时候取决于认定仲裁协议效力的准据法的具体规定或人民法院对当事人真实意思表示的探究。

【法院参考案例】

外国法院的缺席判决系在对案件缺乏管辖权基础上作出的,能否承认与执行[申请人太阳谷太阳能有限公司与被申请人保定天威薄膜光伏有限公司申请承认和执行美国法院民事判决案,河北省石家庄市中级人民法院(2019)冀01协外认3号]

申请人太阳谷太阳能有限公司(SUNVALLEY SOLAR,INC)(以下简称太阳谷公司)向河北省石家庄市中级人民法院申请承认和执行美国加利福尼亚州洛杉矶高等法院对其与保定天威薄膜光伏有限公司(以下简称天威公司)的合同违约赔偿诉讼作出的KC066342号民事判决。

法院经审查认为,一国法院对民事诉讼案件具有管辖权,是其进行诉讼活动的前提,也是民事判决发生既判力并可以向他国法院承认和执行的基础。就本案而言,当事人双方在合同中就争议解决订立的仲裁条款是否有效排除美国加利福尼亚州洛杉矶高等法院对案件的管辖权是确定案涉判决能否得到我国法院承认和执行的前提。第一,关于案涉仲裁条款的效力问题。本案中,双方当事人在案涉《采购合同》第15条第1款中仅约定合同准据法为美国加州法律,未约定仲裁协议准据法,故仲裁协议准据法为仲裁地法律即中华人民共和国法律。《采购合同》第15条第2款表明仲裁条款的当事人具有明确的仲裁意思表示,即合同争议由中国国际经济贸易仲裁委员会仲裁,符合《仲裁法》第16条的规定,仲裁条款是有效的。第二,关于天威公司缺席美国加利福尼亚州洛杉矶高等法院诉讼程序是否构成放弃仲裁协议的问题。根据《纽约公约》第2条第1项的规定,各公约缔约国有义务尊重仲裁协议,仲裁协议不仅对当事人具有法律约束力,同时具有排除法院行使管辖权的法律效果。《仲裁法》第5条、《民事诉讼法》第278条(现为第288条)均明确规定了有效仲裁协议排除法院管辖权原则,与《纽约公约》的精神是完全一致的。如当事人事后选择放弃仲裁协议,则依照合同变更理论,必须以明确清晰的方式达成一致。不能将当事人缺席法院诉讼程序的行为视为当事人放弃仲裁协议并承认法院的管辖权。本案中,双方当事人订有仲裁协议,虽然天威公司收到美国加利福尼亚州洛杉矶高等法院传票后未答辩应诉,但并不代表其愿意放弃仲裁协议,不能单纯以天威公司的沉默行为推定其有放弃仲裁协议的意思表示,美国加利福尼亚州洛杉矶高等法院对案件不具有有效管辖权。第三,关于本案的处理。《民事诉讼法》第289条(现为第299条)规定的"外国法院作出的发生法律效力的判决、裁定"指的是外国法院基于有效管辖权作出的生效判决,不包括外国法院针对其无管辖权而应由仲裁解决的案件作出的判决。美国加利福尼亚州洛杉矶高等法院作出的缺席判决系在对案件缺乏管辖权的基础上作出的,依法不应承认和执行。综上,根据《民事诉讼法》第289条(现为第299条)之规定,裁定不予承认和执行美国加利福尼亚州洛杉矶高等法院东部法庭KC066342号民事判决。

第三百零一条 【外国法院无管辖权的认定】 有下列情形之一的,人民法院应当认定该外国法院对案件无管辖权:

(一)外国法院依照其法律对案件没有管辖权,或者虽然依照其法律有管辖权但与案件所涉纠纷无适当联系;

(二)违反本法对专属管辖的规定;

(三)违反当事人排他性选择法院管辖的协议。

【立法·要点注释】

一国法院依据某种标准,对原审国法院是否对案件具有管辖权作出审查,这是外国法院民商事判决得到承认与执行的基础,学理上称之为"间接管辖权"制度。间接管辖权是外国法院判决承认与执行的基本条件之一,被请求国法院可以通过判断原审国法院的管辖权是否合理来避免承认与执行原审国法院不合理的判决。

1. 本条第1项,原则上应依照判决作出国法律来判断外国法院对案件是否具有管辖权,但如果外国法院与案件所涉纠纷没有适当联系,则即使依照其法律有管辖权也应被判定为该外国法院对案件无管辖权。理解本项,需要注意以下几点:一是审查外国法院间接管辖权的准据法,原则上是判决作出国的法律,即如果依照判决作出国法律认定外国法院对案件有管辖权,则我国法院在对外国法院作出的生效判决、裁定进行审查时应当首先认可外国法院的管辖权;反之,如果依照判决作出国法律外国法院对案件无管辖权,则不应当认可其管辖权。二是即使依照判决作出国法律外国法院对案件有管辖权,我国法院也未必一定认可这种管辖权的有效性。如果我国法院经过对外国法院生效判决、裁定的审查,发现该外国法院与案件所涉纠纷不存在适当联系,我国法院最终也不认可其管辖权。这意味着,在外国法院间接管辖权的判定问题上,我国采取的是一种既积极又稳妥的方案:一方面认可外国法院可依照其自身法律判定对案件有无管辖权,另一方面又以维护国家主权、安全和社会公共利益的角度,对此设置了"安全阀",通过规定"适当联系"原则,将间接管辖权的最终判定权把握在我国自己手中。本项中所规定的"适当联系"原则,与本法第 276 条第 2 款中的"适当联系"应作同样理解,由法院在进行审查时具体把握。

2. 本条第 2 项,专属管辖体现了一国法院在诉讼管辖方面的主权立场,如果外国法院违反了我国民事诉讼法对专属管辖的规定,对于本应由我国法院专属管辖的案件进行了管辖,则我国法院应当认定该外国法院对于案件无管辖权。

3. 本条第 3 项,规定人民法院应当认定外国法院对案件无管辖权的情形是"违反当事人排他性选择法院管辖的协议"。涉外民事纠纷的当事人可以协议选择人民法院进行管辖,并且不受案件所涉纠纷须与选择法院具有实际联系的限制。当事人在协议选择管辖法院时,既可以作排他性的选择,也可以作非排他性的选择;无论是前者还是后者,这种选择均是当事人之间合意的结果,体现了双方共同的意思表示,应当予以尊重。不同之处在于,如果当事人协议选择的法院是排他性的,则意味着一旦选定我国法院,外国法院便不能再对案件行使管辖权了。如果违反了这一选择法院的协议,我国法院即可认定该外国法院对案件没有管辖权。

> **第三百零二条 【同一纠纷的处理】**当事人向人民法院申请承认和执行外国法院作出的发生法律效力的判决、裁定,该判决、裁定涉及的纠纷与人民法院正在审理的纠纷属于同一纠纷的,人民法院可以裁定中止诉讼。
>
> 外国法院作出的发生法律效力的判决、裁定不符合本法规定的承认条件的,人民法院裁定不予承认和执行,并恢复已经中止的诉讼;符合本法规定的承认条件的,人民法院裁定承认其效力;需要执行的,发出执行令,依照本法的有关规定执行;对已经中止的诉讼,裁定驳回起诉。

【立法·要点注释】

1. 根据本条第 1 款的规定,在平行诉讼的情形下,外国法院可能在先对纠纷作出生效判决、裁定,而该生效判决、裁定的承认和执行又需要由当事人向我国法院进行申请。此时,如果我国法院对该纠纷尚处于审理阶段,就需要对申请承认和执行外国法院生效判决、裁定的程序与我国法院正在进行的诉讼进行协调。在当事人就外国法院生效判决、裁定向我国法院申请承认和执行时，对于我国法院正在审理的纠纷作中止诉讼的处理较为妥当，为我国法院根据承认和执行审查程序的不同走向作出分别处理保留了空间。

2. 本条第 2 款，需要明确以下几点：一是关于"本法规定的承认条件"。根据本法第 299 条的规定，能够得到承认和执行的外国法院作出的发生法律效力的判决、裁定必须不能违反我国法律的基本原则且不损害我国的国家主权、安全、社会公共利益。同时，本法第 300 条还规定了裁定不予承认和执行外国法院生效判决、裁定的情形。如果外国法院生效判决、裁定存在这些情形，当然应当被认定为不具备"本法规定的承认条件"，从而不应得到承认和执行。二是在外国法院生效判决、裁定因不符合本法规定的承认条件而被裁定不予承认和执行后，应当恢复我国法院之前中止的诉讼。三是如果经过审查，外国法院的生效判决、裁定符合本法规定的承认条件，既不存在违反我国法律的基本原则或者损害我国国家主权、安全、社会公共利益的情形，也不存在本法第 300 条所列举的各种情形，则我国法院应当裁定承认该生效判决、裁定的效力。如果需要执行，则由我国法院发出执行令，根据民事诉讼法有关执行程序的规定执行。在裁定承认和执

行外国法院生效判决、裁定后，该生效判决、裁定所涉纠纷已经得到了实体处理，且该处理结果也得到了我国法院的认同，此时，对我国法院此前中止的诉讼也应作出终局性的处置，即裁定驳回起诉。

> **第三百零三条 【承认和执行的救济】**当事人对承认和执行或者不予承认和执行的裁定不服的，可以自裁定送达之日起十日内向上一级人民法院申请复议。

【立法·要点注释】

理解本条，可以从以下几点把握：一是当事人可以申请复议的裁定范围，既包括承认和执行外国法院生效判决、裁定的裁定，也包括不予承认和执行外国法院生效判决、裁定的裁定。申请人申请承认和执行外国法院生效判决、裁定的，如果法院裁定承认和执行，则申请人的诉请得到了认可，但被申请人可能认为该生效判决、裁定不应得到承认和执行，进而申请复议；反之，如果法院裁定不予承认和执行，则申请人可能会因其诉请未获认可而申请复议。二是当事人就承认和执行或者不予承认和执行的裁定申请复议的，应当向上一级人民法院提出。当事人向上一级人民法院提出复议，便于发挥上级法院对下级法院的监督作用，更有助于对裁定的

公正审查，从而保护当事人的合法权益。三是就裁定申请复议的期限为自裁定送达之日起 10 日内，这一期限与可上诉裁定的上诉期保持了一致。

第三百零四条①　【外国仲裁裁决的承认与执行】 在中华人民共和国领域外作出的发生法律效力的仲裁裁决，需要人民法院承认和执行的，当事人可以直接向被执行人住所地或者其财产所在地的中级人民法院申请。被执行人住所地或者其财产不在中华人民共和国领域内的，当事人可以向申请人住所地或者与裁决的纠纷有适当联系的地点的中级人民法院申请。人民法院应当依照中华人民共和国缔结或者参加的国际条约，或者按照互惠原则办理。

【立法·要点注释】

1. 在"契约性和非契约性商事法律关系"的前提下，在中华人民共和国领域外作出的发生法律效力的仲裁裁决需要由我国法院承认和执行的，如果仲裁地所在国是《纽约公约》的缔约国，则应当按照该公约的规定办理；如果仲裁地所在国不是《纽约公约》的缔约国，但同我国订有双边司法协助协定，则应当按照相关协定的规定办理；如果仲裁地所在国既不是该公约的缔约国，又与我国设有签订双边司法协助协定则应按照互惠原则办理。

2. 在申请承认和执行的具体程序方面，当事人可以直接向被执行人住所地或者其财产所在地的中级人民法院申请。《最高人民法院关于执行我国加入的〈承认及执行外国仲裁裁决公约〉的通知》规定："根据《1958 年纽约公约》第四条的规定，申请我国法院承认和执行在另一缔约国领土内作出的仲裁裁决，是由仲裁裁决的一方当事人提出的。对于当事人的申请应由我国下列地点的中级人民法院受理：1. 被执行人为自然人的，为其户籍所在地或者居所地；2. 被执行人为法人的，为其主要办事机构所在地；3. 被执行人在我国无住所、居所或者主要办事机构，但有财产在我国境内的，为其财产所在地。""我国有管辖权的人民法院接到一方当事人的申请后，应对申请承认及执行的仲裁裁决进行审查，如果认为不具有《1958 年纽约公约》第五条第一、二两项所列的情形，应当裁定承认其效力，并且依照民事诉讼法（试行）规定的程

---

①　仲裁司法审查案件是人民法院依法对仲裁协议效力、仲裁裁决执行或撤销等问题进行监督和审查的独立的案件类型，主要包括：申请确认仲裁协议效力案件、申请执行或撤销我国内地仲裁机构的仲裁裁决案件、申请认可和执行港澳台仲裁裁决案件、申请承认和执行外国仲裁裁决案件等。为方便查询，本书将仲裁司法审查案件的有关规定、案例集中列于本条之下。——编者注。

序执行；如果认定具有第五条第二项所列的情形之一的，或者根据被执行人提供的证据证明具有第五条第一项所列的情形之一的，应当裁定驳回申请，拒绝承认及执行。"

3. 在被执行人住所地或者其财产不在中华人民共和国领域内的情形下，当事人可以向申请人住所地或者与裁决的纠纷有适当联系的地点的中级人民法院申请。这里的"申请人住所地"，根据《最高人民法院关于执行我国加入的〈承认及执行外国仲裁裁决公约〉的通知》的规定，申请人为自然人的，为其户籍所在地或者居所地；申请人为法人的，为其主要办事机构所在地。这里的"与裁决的纠纷有适当联系的地点的中级人民法院"，在认定时应与本法第276条、第301条中的"适当联系"作相同处理，由人民法院结合具体的案件事实、法院自身与纠纷联系的紧密度等因素综合认定。

【相关立法】

《全国人民代表大会常务委员会关于我国加入〈承认及执行外国仲裁裁决公约〉的决定》（19861202）

第六届全国人民代表大会常务委员会第十八次会议决定：中华人民共和国加入《承认及执行外国仲裁裁决公约》，并同时声明：

（一）中华人民共和国只在互惠的基础上对在另一缔约国领土内作出的仲裁裁决的承认和执行适用该公约；

（二）中华人民共和国只对根据中华人民共和国法律认定为属于契约性和非契约性商事法律关系所引起的争议适用该公约。

附件：

承认及执行外国仲裁裁决公约
（1958年6月10日订立，
1986年12月2日我国加入）

第一条

一、仲裁裁决，因自然人或法人间之争议而产生且在声请承认及执行地所在国以外之国家领土内作成者，其承认及执行适用本公约。本公约对于仲裁裁决经声请承认及执行地所在国认为非内国裁决者，亦适用之。

二、"仲裁裁决"一词不仅指专案选派之仲裁员所作裁决，亦指当事人提请仲裁之常设仲裁机关所作裁决。

三、任何国家得于签署、批准或加入本公约时，或于本公约第十条通知推广适用时，本交互原则声明该国适用本公约，以承认及执行在另一缔约国领土内作成之裁决为限。任何国家亦得声明，该国唯于争议起于法律关系，不论其为契约性质与否，而依提出声明国家之国内法认为系属商事关系者，始适用本公约。

第二条

一、当事人以书面协定承允彼此间

所发生或可能发生之一切或任何争议，如关涉可以仲裁解决事项之确定法律关系，不论为契约性质与否，应提交仲裁时，各缔约国应承认此项协定。

二、称"书面协定"者，谓当事人所签订或在互换函电中所载明之契约仲裁条款或仲裁协定。

三、当事人就诉讼事项订有本条所称之协定者，缔约国法院受理诉讼时应依当事人一造之请求，命当事人提交仲裁，但前述协定经法院认定无效、失效或不能实行者不在此限。

第三条

各缔约国应承认仲裁裁决具有拘束力，并依援引裁决地之程序规则及下列各条所载条件执行之。承认或执行适用本公约之仲裁裁决时，不得较承认或执行内国仲裁裁决附加过苛之条件或征收过多之费用。

第四条

一、声请承认及执行之一造，为取得前条所称之承认及执行，应于声请时提具：

（甲）原裁决之正本或其正式副本；

（乙）第二条所称协定之原本或其正式副本。

二、倘前述裁决或协定所用文字非为援引裁决地所在国之正式文字，声请承认及执行裁决之一造应备具各该文件之此项文字译本。译本应由公设或宣誓之翻译员或外交或领事人员认证之。

第五条

一、裁决唯有于受裁决援用之一造向声请承认及执行地之主管机关提具证据证明有下列情形之一时，始得依该造之请求拒予承认及执行：

（甲）第二条所称协定之当事人依对其适用之法律有某种无行为能力情形者，或该项协定依当事人作为协定准据之法律属无效，或未指明以何法律为准时，依裁决地所在国法律系属无效者；

（乙）受裁决援用之一造未接获关于指派仲裁员或仲裁程序之适当通知，或因他故，致未能申辩者；

（丙）裁决所处理之争议非为交付仲裁之标的或不在其条款之列，或裁决载有关于交付仲裁范围以外事项之决定者，但交付仲裁事项之决定可与未交付仲裁之事项划分时，裁决中关于交付仲裁事项之决定部分得予承认及执行；

（丁）仲裁机关之组成或仲裁程序与各造间之协议不符，或无协议而与仲裁地所在国法律不符者；

（戊）裁决对各造尚无拘束力，或业经裁决地所在国或裁决所依据法律之国家之主管机关撤销或停止执行者。

二、倘声请承认及执行地所在国之主管机关认定有下列情形之一，亦得拒不承认及执行仲裁裁决：

（甲）依该国法律，争议事项系不能以仲裁解决者；

（乙）承认或执行裁决有违该国公共政策者。

第六条

倘裁决业经向第五条第一项（戊）款所称之主管机关声请撤销或停止执行，受理援引裁决案件之机关得于其认为适当时延缓关于执行裁决之决定，并得依请求执行一造之声请，命他造提供妥适之担保。

第七条

一、本公约之规定不影响缔约国间所订关于承认及执行仲裁裁决之多边或双边协定之效力，亦不剥夺任何利害关系人可依援引裁决地所在国之法律或条约所认许之方式，在其许可范围内，援用仲裁裁决之任何权利。

二、1923 年日内瓦仲裁条款议定书及 1927 年日内瓦执行外国仲裁裁决公约在缔约国间，于其受本公约拘束后，在其受拘束之范围内不再生效。

第八条

一、本公约在 1958 年 12 月 31 日以前听由任何联合国会员国及现为或嗣后成为任何联合国专门机关会员国或国际法院规约当事国之任何其他国家，或经联合国大会邀请之任何其他国家签署。

二、本公约应予批准。批准文件应送交联合国秘书长存放。

第九条

一、本公约听由第八条所称各国加入。

二、加入应以加入文件送交联合国秘书长存放为之。

第十条

一、任何国家得于签署、批准或加入时声明将本公约推广适用于由其负责国际关系之一切或任何领土。此项声明于本公约对关系国家生效时发生效力。

二、嗣后关于推广适用之声明应向联合国秘书长提出通知为之，自联合国秘书长收到此项通知之日后第九十日起，或自本公约对关系国家生效之日起发生效力，此两日期以较迟者为准。

三、关于在签署、批准或加入时未经将本公约推广适用之领土，各关系国家应考虑可否采取必要步骤将本公约推广适用于此等领土，但因宪政关系确有必要时，自须征得此等领土政府之同意。

第十一条　下列规定对联邦制或非单一制国家适用之：

（甲）关于本公约内属于联邦机关立法权限之条款，联邦政府之义务在此范围内与非联邦制缔约国之义务同；

（乙）关于本公约内属于组成联邦各州或各省之立法权限之条款，如各州或各省依联邦宪法制度并无采取立法行动之义务，联邦政府应尽速将此等条款提请各州或各省主管机关注意，并附有利之建议；

（丙）参加本公约之联邦国家遇任何其他缔约国经由联合国秘书长转达请求时，应提供叙述联邦及其组成单位关于本公约特定规定之法律及惯例之情报，说明以立法或其他行动实施此项规定之程度。

第十二条

一、本公约应自第三件批准或加入

文件存放之日后第九十日起发生效力。

二、对于第三件批准或加入文件存放后批准或加入本公约之国家，本公约应自各该国存放批准或加入文件后第九十日起发生效力。

第十三条

一、任何缔约国得以书面通知联合国秘书长宣告退出本公约。退约应于秘书长收到通知之日一年后发生效力。

二、依第十条规定提出声明或通知之国家，嗣后得随时通知联合国秘书长声明本公约自秘书长收到通知之日一年后停止适用于关系领土。

三、在退约生效前已进行承认或执行程序之仲裁裁决，应继续适用本公约。

第十四条　缔约国除在本国负有适用本公约义务之范围外，无权对其他缔约国援用本公约。

第十五条　联合国秘书长应将下列事项通知第八条所称各国：

（甲）依第八条所为之签署及批准；

（乙）依第九条所为之加入；

（丙）依第一条、第十条及第十一条所为之声明及通知；

（丁）依第十二条本公约发生效力之日期；

（戊）依第十三条所为之退约及通知。

第十六条

一、本公约应存放联合国档库，其中文、英文、法文、俄文及西班牙文各本

同一作准。

二、联合国秘书长应将本公约正式副本分送第八条所称各国。

【司法解释】

1.《最高人民法院关于适用〈中华人民共和国民事诉讼法〉的解释》（法释〔2015〕5 号,20150204;经法释〔2022〕11号修正,20220410）

第五百四十三条　对临时仲裁庭在中华人民共和国领域外作出的仲裁裁决，一方当事人向人民法院申请承认和执行的，人民法院应当依照民事诉讼法第二百九十条①规定处理。

【重点解读】临时仲裁，是指当事人协商一致确定由某一临时组成的仲裁庭又专设仲裁庭进行争议解决，待解决后该仲裁庭即告解散的仲裁方式。临时仲裁具有比机构仲裁更加悠久的发展历史，因当事人可以根据争议情况确定更合适的规则和程序，且不需要向仲裁机构支付管理费用，更具灵活性，也更能体现当事人的意思自治，故迄今在国际上仍普遍使用。本条规定申请承认和执行临时仲裁庭在中华人民共和国领域外作出的仲裁裁决，适用2021 年《民事诉讼法》第 290 条的规定，即依照我国缔结或者参加的国际条约，或者按照互惠原则办理。我国《仲

① 对应 2023 年《民事诉讼法》第 304条。——编者注

裁法》第16条第2款规定："仲裁协议应当具有下列内容：(一)请求仲裁的意思表示；(二)仲裁事项；(三)选定的仲裁委员会。"第18条规定："仲裁协议对仲裁事项或者仲裁委员会没有约定或约定不明确的，当事人可以补充协议；达不成补充协议的，仲裁协议无效。"因此，我国法律不承认在我国境内进行的临时仲裁。但是，我国加入的《纽约公约》第1条第2款规定，"仲裁裁决"一词不仅指专案选派之仲裁员所作裁决，亦指当事人提请仲裁之常设仲裁机关所作裁决。依据《纽约公约》，我国负有承认和执行在他国作出的临时仲裁裁决的义务，即使我国并不认可在我国境内的临时仲裁。因此，本条规定申请承认和执行临时仲裁庭在中华人民共和国领域外作出的仲裁裁决，适用《民事诉讼法》第290条的规定，即依照我国缔结或者参加的国际条约，或者按照互惠原则办理。

虽然我国法律和《纽约公约》均没有对"裁决作出地"这一概念作出明确规定，但包括我国在内的公约缔约国司法实践普遍认为仲裁裁决是在仲裁地作出的，且仲裁裁决一般也会明确记载仲裁地或直接写明裁决于某地作出。例如，《联合国国际贸易法委员会国际商事仲裁示范法》第31(3)条规定："裁决应具名其日期和按照第20(1)条确定的仲裁地点。该裁决应视为是在该地点作出的。"仲裁地是仲裁制度中一个重要的法律概念，由当事人协商确定，或者根据仲裁规则由仲裁庭或仲裁机构决定。司法实践中要注意仲裁地和常设仲裁机构的登记地并不是同一概念。

本条规定的中华人民共和国领域外，不包括我国的港澳台地区。对于临时仲裁庭在我国香港、澳门、台湾地区作出的裁决，根据相应的区际仲裁裁决认可和执行安排处理。例如，根据《最高人民法院关于内地与香港特别行政区相互执行仲裁裁决的安排》的规定，"内地人民法院同意执行在香港特区《仲裁条例》所作出的仲裁裁决"，即包括在香港作出的临时仲裁裁决。又如，《最高人民法院关于认可和执行台湾地区仲裁裁决的规定》第2条规定："本规定所称台湾地区仲裁裁决是指，有关常设仲裁机构及临时仲裁庭在台湾地区按照台湾地区仲裁规定就有关民商事争议作出的仲裁裁决，包括仲裁判断、仲裁和解和仲裁调解。"

为服务保障自由贸易试验区推进改革，最高人民法院于2016年12月发布《最高人民法院关于为自由贸易试验区建设提供司法保障的意见》，其第9条第3款规定："在自贸试验区内注册的企业相互之间约定在内地特定地点、按照特定仲裁规则、由特定人员对有关争议进行仲裁的，可以认定该仲裁协议有效。人民法院认为该仲裁协议无效的，应请上一级法院进行审查。上级法院同意下级法院意见的，应将其审查意见层报最高人民法院，待最高人民法院答复后作出裁定。"该项规定尝试性地认可自由贸易试验区内以特定方式开展的临时仲裁,但施加了"在内地特定地点、按照特定仲裁规则、由特定人员对有关争议进行仲裁"的"三特定"条件要求,可以视是为对仲裁法对于有效仲裁协议应当包括明确约定的仲裁委员会的要求的一种突破。但临时仲裁能否在中国有真正的发展空间,还是取决于《仲裁法》在未来的修改。

2.《最高人民法院关于审理仲裁司法审查案件若干问题的规定》(法释〔2017〕22 号,20180101)

第一条　本规定所称仲裁司法审查案件,包括下列案件:

(一)申请确认仲裁协议效力案件;

(二)申请执行我国内地仲裁机构的仲裁裁决案件;

(三)申请撤销我国内地仲裁机构的仲裁裁决案件;

(四)申请认可和执行香港特别行政区、澳门特别行政区、台湾地区仲裁裁决案件;

(五)申请承认和执行外国仲裁裁决案件;

(六)其他仲裁司法审查案件。

第二条　申请确认仲裁协议效力的案件,由仲裁协议约定的仲裁机构所在地、仲裁协议签订地、申请人住所地、被申请人住所地的中级人民法院或者专门人民法院管辖。

涉及海事海商纠纷仲裁协议效力的案件,由仲裁协议约定的仲裁机构所在地、仲裁协议签订地、申请人住所地、被申请人住所地的海事法院管辖;上述地点没有海事法院的,由就近的海事法院管辖。

第三条　外国仲裁裁决与人民法院审理的案件存在关联,被申请人住所地、被申请人财产所在地均不在我国内地,申请人申请承认外国仲裁裁决的,由受理关联案件的人民法院管辖。受理关联案件的人民法院为基层人民法院的,申请承认外国仲裁裁决的案件应当由该基层人民法院的上一级人民法院管辖。受理关联案件的人民法院是高级人民法院或者最高人民法院的,由上述法院决定自行审查或者指定中级人民法院审查。

外国仲裁裁决与我国内地仲裁机构审理的案件存在关联,被申请人住所地、被申请人财产所在地均不在我国内地,申请人申请承认外国仲裁裁决的,由受理关联案件的仲裁机构所在地的中级人民法院管辖。

第四条　申请人向两个以上有管辖权的人民法院提出申请的,由最先立案的人民法院管辖。

第五条　申请人向人民法院申请确认仲裁协议效力的,应当提交申请书及仲裁协议正本或者经证明无误的副本。

申请书应当载明下列事项:

(一)申请人或者被申请人为自然

人的,应当载明其姓名、性别、出生日期、国籍及住所;为法人或者其他组织的,应当载明其名称、住所以及法定代表人或者代表人的姓名和职务;

(二)仲裁协议的内容;

(三)具体的请求和理由。

当事人提交的外文申请书、仲裁协议及其他文件,应当附有中文译本。

第六条 申请人向人民法院申请执行或者撤销我国内地仲裁机构的仲裁裁决、申请承认和执行外国仲裁裁决的,应当提交申请书及裁决书正本或者经证明无误的副本。

申请书应当载明下列事项:

(一)申请人或者被申请人为自然人的,应当载明其姓名、性别、出生日期、国籍及住所;为法人或者其他组织的,应当载明其名称、住所以及法定代表人或者代表人的姓名和职务;

(二)裁决书的主要内容及生效日期;

(三)具体的请求和理由。

当事人提交的外文申请书、裁决书及其他文件,应当附有中文译本。

第七条 申请人提交的文件不符合第五条、第六条的规定,经人民法院释明后提交的文件仍然不符合规定的,裁定不予受理。

申请人向对案件不具有管辖权的人民法院提出申请,人民法院应当告知其向有管辖权的人民法院提出申请,申请人仍不变更申请的,裁定不予受理。

申请人对不予受理的裁定不服的,可以提起上诉。

第八条 人民法院立案后发现不符合受理条件的,裁定驳回申请。

前款规定的裁定驳回申请的案件,申请人再次申请并符合受理条件的,人民法院应予受理。

当事人对驳回申请的裁定不服的,可以提起上诉。

第九条 对于申请人的申请,人民法院应当在七日内审查决定是否受理。

人民法院受理仲裁司法审查案件后,应当在五日内向申请人和被申请人发出通知书,告知其受理情况及相关的权利义务。

第十条 人民法院受理仲裁司法审查案件后,被申请人对管辖权有异议的,应当自收到人民法院通知之日起十五日内提出。人民法院对被申请人提出的异议,应当审查并作出裁定。当事人对裁定不服的,可以提起上诉。

在中华人民共和国领域内没有住所的被申请人对人民法院的管辖权有异议的,应当自收到人民法院通知之日起三十日内提出。

第十一条 人民法院审查仲裁司法审查案件,应当组成合议庭并询问当事人。

第十二条 仲裁协议或者仲裁裁决具有《最高人民法院关于适用〈中华人民共和国涉外民事关系法律适用法〉若干问题的解释(一)》第一条规定情形的,为涉外仲裁协议或者涉外仲裁裁决。

第十三条　当事人协议选择确认涉外仲裁协议效力适用的法律，应当作出明确的意思表示，仅约定合同适用的法律，不能作为确认合同中仲裁条款效力适用的法律。

第十四条　人民法院根据《中华人民共和国涉外民事关系法律适用法》第十八条的规定，确定确认涉外仲裁协议效力适用的法律时，当事人没有选择适用的法律，适用仲裁机构所在地的法律与适用仲裁地的法律将对仲裁协议的效力作出不同认定的，人民法院应当适用确认仲裁协议有效的法律。

第十五条　仲裁协议未约定仲裁机构和仲裁地，但根据仲裁协议约定适用的仲裁规则可以确定仲裁机构或者仲裁地的，应当认定其为《中华人民共和国涉外民事关系法律适用法》第十八条中规定的仲裁机构或者仲裁地。

第十六条　人民法院适用《承认及执行外国仲裁裁决公约》审查当事人申请承认和执行外国仲裁裁决案件时，被申请人以仲裁协议无效为由提出抗辩的，人民法院应当依照该公约第五条第一款（甲）项的规定，确定确认仲裁协议效力应当适用的法律。

第十七条　人民法院对申请执行我国内地仲裁机构作出的非涉外仲裁裁决案件的审查，适用《中华人民共和国民事诉讼法》第二百三十七条①的规定。

人民法院对申请执行我国内地仲裁机构作出的涉外仲裁裁决案件的审查，适用《中华人民共和国民事诉讼法》第二百七十四条②的规定。

第十八条　《中华人民共和国仲裁法》第五十八条第一款第六项和《中华人民共和国民事诉讼法》第二百三十七条第二款第六项规定的仲裁员在仲裁该案时有索贿受贿，徇私舞弊，枉法裁决行为，是指已经由生效刑事法律文书或者纪律处分决定所确认的行为。

第十九条　人民法院受理仲裁司法审查案件后，作出裁定前，申请人请求撤回申请的，裁定准许。

第二十条　人民法院在仲裁司法审查案件中作出的裁定，除不予受理、驳回申请、管辖权异议的裁定外，一经送达即发生法律效力。当事人申请复议、提出上诉或者申请再审的，人民法院不予受理，但法律和司法解释另有规定的除外。

第二十一条　人民法院受理的申请确认涉及香港特别行政区、澳门特别行政区、台湾地区仲裁协议效力的案件，申请执行或者撤销我国内地仲裁机构作出的涉及香港特别行政区、澳门特别行政区、台湾地区仲裁裁决的案件，参照适用涉外仲裁司法审查案件的规定审查。

第二十二条　本规定自 2018 年 1

---

①　对应 2023 年《民事诉讼法》第 248 条。——编者注

②　对应 2023 年《民事诉讼法》第 291 条。——编者注

月 1 日起施行,本院以前发布的司法解释与本规定不一致的,以本规定为准。

3.《最高人民法院关于仲裁司法审查案件报核问题的有关规定》(法释〔2017〕21 号,20180101;经法释〔2021〕21 号修正,20220101)

第一条 本规定所称仲裁司法审查案件,包括下列案件:

(一)申请确认仲裁协议效力案件;

(二)申请撤销我国内地仲裁机构的仲裁裁决案件;

(三)申请执行我国内地仲裁机构的仲裁裁决案件;

(四)申请认可和执行香港特别行政区、澳门特别行政区、台湾地区仲裁裁决案件;

(五)申请承认和执行外国仲裁裁决案件;

(六)其他仲裁司法审查案件。

第二条 各中级人民法院或者专门人民法院办理涉外涉港澳台仲裁司法审查案件,经审查拟认定仲裁协议无效、不予执行或者撤销我国内地仲裁机构的仲裁裁决,不予认可和执行香港特别行政区、澳门特别行政区、台湾地区仲裁裁决,不予承认和执行外国仲裁裁决,应当向本辖区所属高级人民法院报核;高级人民法院经审查拟同意的,应当向最高人民法院报核。待最高人民法院审核后,方可依最高人民法院的审核意见作出裁定。

各中级人民法院或者专门人民法院办理非涉外涉港澳台仲裁司法审查案件,经审查拟认定仲裁协议无效,不予执行或者撤销我国内地仲裁机构的仲裁裁决,应当向本辖区所属高级人民法院报核;待高级人民法院审核后,方可依高级人民法院的审核意见作出裁定。

第三条 本规定第二条第二款规定的非涉外涉港澳台仲裁司法审查案件,高级人民法院经审查,拟同意中级人民法院或者专门人民法院以违背社会公共利益为由不予执行或者撤销我国内地仲裁机构的仲裁裁决的,应当向最高人民法院报核,待最高人民法院审核后,方可依最高人民法院的审核意见作出裁定。

第四条 依据本规定第二条第二款由高级人民法院审核的案件,高级人民法院应当在作出审核意见之日起十五日内向最高人民法院报备。

第五条 下级人民法院报请上级人民法院审核的案件,应当将书面报告和案件卷宗材料一并上报。书面报告应当写明审查意见及具体理由。

第六条 上级人民法院收到下级人民法院的报核申请后,认为案件相关事实不清的,可以询问当事人或者退回下级人民法院补充查明事实后再报。

第七条 上级人民法院应当以复函的形式将审核意见答复下级人民法院。

第八条 在民事诉讼案件中,对于

人民法院因涉及仲裁协议效力而作出的不予受理、驳回起诉、管辖权异议的裁定，当事人不服提起上诉，第二审人民法院经审查拟认定仲裁协议不成立、无效、失效、内容不明确无法执行的，须按照本规定第二条的规定逐级报核，待上级人民法院审核后，方可依上级人民法院的审核意见作出裁定。

第九条　本规定自 2018 年 1 月 1 日起施行，本院以前发布的司法解释与本规定不一致的，以本规定为准。

4.《最高人民法院关于认可和执行台湾地区仲裁裁决的规定》（法释〔2015〕14 号，20150701）

第一条　台湾地区仲裁裁决的当事人可以根据本规定，作为申请人向人民法院申请认可和执行台湾地区仲裁裁决。

第二条　本规定所称台湾地区仲裁裁决是指，有关常设仲裁机构及临时仲裁庭在台湾地区按照台湾地区仲裁规定就有关民商事争议作出的仲裁裁决，包括仲裁判断、仲裁和解和仲裁调解。

第三条　申请人同时提出认可和执行台湾地区仲裁裁决申请的，人民法院先按照认可程序进行审查，裁定认可后，由人民法院执行机构执行。

申请人直接申请执行的，人民法院应当告知其一并提交认可申请；坚持不申请认可的，裁定驳回其申请。

第四条　申请认可台湾地区仲裁裁决的案件，由申请人住所地、经常居住地或者被申请人住所地、经常居住地、财产所在地中级人民法院或者专门人民法院受理。

申请人向两个以上有管辖权的人民法院申请认可的，由最先立案的人民法院管辖。

申请人向被申请人财产所在地人民法院申请认可的，应当提供财产存在的相关证据。

第五条　对申请认可台湾地区仲裁裁决的案件，人民法院应当组成合议庭进行审查。

第六条　申请人委托他人代理申请认可台湾地区仲裁裁决的，应当向人民法院提交由委托人签名或者盖章的授权委托书。

台湾地区、香港特别行政区、澳门特别行政区或者外国当事人签名或者盖章的授权委托书应当履行相关的公证、认证或者其他证明手续，但授权委托书在人民法院法官的见证下签署或者经中国大陆公证机关公证证明是在中国大陆签署的除外。

第七条　申请人申请认可台湾地区仲裁裁决，应当提交以下文件或者经证明无误的副本：

（一）申请书；

（二）仲裁协议；

（三）仲裁判断书、仲裁和解书或者仲裁调解书。

申请书应当记明以下事项：

（一）申请人和被申请人姓名、性

别、年龄、职业、身份证件号码、住址（申请人或者被申请人为法人或者其他组织的，应当记明法人或者其他组织的名称、地址、法定代表人或者主要负责人姓名、职务）和通讯方式；

（二）申请认可的仲裁判断书、仲裁和解书或者仲裁调解书的案号或者识别资料和生效日期；

（三）请求和理由；

（四）被申请人财产所在地、财产状况及申请认可的仲裁裁决的执行情况；

（五）其他需要说明的情况。

第八条 对于符合本规定第四条和第七条规定条件的申请，人民法院应当在收到申请后七日内立案，并通知申请人和被申请人，同时将申请书送达被申请人；不符合本规定第四条和第七条规定条件的，应当在七日内裁定不予受理，同时说明不予受理的理由；申请人对裁定不服的，可以提起上诉。

第九条 申请人申请认可台湾地区仲裁裁决，应当提供相关证明文件，以证明该仲裁裁决的真实性。

申请人可以申请人民法院通过海峡两岸调查取证司法互助途径查明台湾地区仲裁裁决的真实性；人民法院认为必要时，也可以就有关事项依职权通过海峡两岸司法互助途径向台湾地区请求调查取证。

第十条 人民法院受理认可台湾地区仲裁裁决的申请之前或者之后，可以按照民事诉讼法及相关司法解释的

规定，根据申请人的申请，裁定采取保全措施。

第十一条 人民法院受理认可台湾地区仲裁裁决的申请后，当事人就同一争议起诉的，不予受理。

当事人未申请认可，而是就同一争议向人民法院起诉的，亦不予受理，但仲裁协议无效的除外。

第十二条 人民法院受理认可台湾地区仲裁裁决的申请后，作出裁定前，申请人请求撤回申请的，可以裁定准许。

第十三条 人民法院应当尽快审查认可台湾地区仲裁裁决的申请，决定予以认可的，应当在立案之日起两个月内作出裁定；决定不予认可或者驳回申请的，应当在作出决定前按有关规定自立案之日起两个月内上报最高人民法院。

通过海峡两岸司法互助途径送达文书和调查取证的期间，不计入审查期限。

第十四条 对申请认可和执行的仲裁裁决，被申请人提出证据证明有下列情形之一的，经审查核实，人民法院裁定不予认可：

（一）仲裁协议一方当事人依对其适用的法律在订立仲裁协议时属于无行为能力的；或者依当事人约定的准据法，或当事人没有约定适用的准据法而依台湾地区仲裁规定，该仲裁协议无效的；或者当事人之间没有达成书面仲裁协议的，但申请认可台湾地区仲裁调解

的除外；

（二）被申请人未接到选任仲裁员或进行仲裁程序的适当通知，或者由于其他不可归责于被申请人的原因而未能陈述意见的；

（三）裁决所处理的争议不是提交仲裁的争议，或者不在仲裁协议范围之内；或者裁决载有超出当事人提交仲裁范围的事项的决定，但裁决中超出提交仲裁范围的事项的决定与提交仲裁事项的决定可以分开的，裁决中关于提交仲裁事项的决定部分可以予以认可；

（四）仲裁庭的组成或者仲裁程序违反当事人的约定，或者在当事人没有约定时与台湾地区仲裁规定不符的；

（五）裁决对当事人尚无约束力，或者业经台湾地区法院撤销或者驳回执行申请的。

依据国家法律，该争议事项不能以仲裁解决的，或者认可该仲裁裁决将违反一个中国原则等国家法律的基本原则或损害社会公共利益的，人民法院应当裁定不予认可。

第十五条　人民法院经审查能够确认台湾地区仲裁裁决真实，而且不具有本规定第十四条所列情形的，裁定认可其效力；不能确认该仲裁裁决真实性的，裁定驳回申请。

裁定驳回申请的案件，申请人再次申请并符合受理条件的，人民法院应予受理。

第十六条　人民法院依据本规定第十四条和第十五条作出的裁定，一经

送达即发生法律效力。

第十七条　一方当事人向人民法院申请认可或者执行台湾地区仲裁裁决，另一方当事人向台湾地区法院起诉撤销该仲裁裁决，被申请人申请中止认可或者执行并且提供充分担保的，人民法院应当中止认可或者执行程序。

申请中止认可或者执行的，应当向人民法院提供台湾地区法院已经受理撤销仲裁裁决案件的法律文书。

台湾地区法院撤销该仲裁裁决的，人民法院应当裁定不予认可或者裁定终结执行；台湾地区法院驳回撤销仲裁裁决请求的，人民法院应当恢复认可或者执行程序。

第十八条　对人民法院裁定不予认可的台湾地区仲裁裁决，申请人再次提出申请的，人民法院不予受理。但当事人可以根据双方重新达成的仲裁协议申请仲裁，也可以就同一争议向人民法院起诉。

第十九条　申请人申请认可和执行台湾地区仲裁裁决的期间，适用民事诉讼法第二百三十九条①的规定。

申请人仅申请认可而未同时申请执行的，申请执行的期间自人民法院对认可申请作出的裁定生效之日起重新计算。

第二十条　人民法院在办理申请认可和执行台湾地区仲裁裁决案件中

---

① 对应 2023 年《民事诉讼法》第 250 条。——编者注

所作出的法律文书,应当依法送达案件当事人。

第二十一条 申请认可和执行台湾地区仲裁裁决,应当参照《诉讼费用交纳办法》的规定,交纳相关费用。

第二十二条 本规定自 2015 年 7 月 1 日起施行。

本规定施行前,根据《最高人民法院关于人民法院认可台湾地区有关法院民事判决的规定》(法释〔1998〕11 号),人民法院已经受理但尚未审结的申请认可和执行台湾地区仲裁裁决的案件,适用本规定。

【司法文件】

1.《最高人民法院关于仲裁司法审查案件归口办理有关问题的通知》(法〔2017〕152 号,20170522)

一、各级人民法院审理涉外商事案件的审判庭(合议庭)作为专门业务庭(以下简称专门业务庭)负责办理本通知规定的仲裁司法审查案件。

二、当事人申请确认仲裁协议效力的案件,申请撤销我国内地仲裁机构仲裁裁决的案件,申请认可和执行香港特别行政区、澳门特别行政区、台湾地区仲裁裁决的案件,申请承认和执行外国仲裁裁决等仲裁司法审查案件,由各级人民法院专门业务庭办理。

专门业务庭经审查裁定认可和执行香港特别行政区、澳门特别行政区、台湾地区仲裁裁决,承认和执行外国仲

裁裁决的,交由执行部门执行。

三、一审法院作出的不予受理、驳回起诉、管辖权异议裁定涉及仲裁协议效力的,当事人不服该裁定提起上诉的案件,由二审人民法院专门业务庭办理。

四、各级人民法院应当建立仲裁司法审查案件的数据信息集中管理平台,加强对申请确认仲裁协议效力的案件,申请撤销或者执行我国内地仲裁机构仲裁裁决的案件,申请认可和执行香港特别行政区、澳门特别行政区、台湾地区仲裁裁决的案件,申请承认和执行外国仲裁裁决的案件,以及涉及确认仲裁协议效力的不予受理、驳回起诉、管辖权异议等仲裁司法审查案件的信息化管理和数据分析,有效保证法律适用的正确性和裁判尺度的统一性。此项工作由最高人民法院民事审判第四庭与人民法院信息技术服务中心具体负责。

2.《最高人民法院关于执行我国加入的〈承认及执行外国仲裁裁决公约〉的通知》〔法(经)发〔1987〕5 号,19870410〕

第六届全国人民代表大会常务委员会第十八次会议于 1986 年 12 月 2 日决定我国加入 1958 年在纽约通过的《承认及执行外国仲裁裁决公约》(以下简称《1958 年纽约公约》),该公约将于 1987 年 4 月 22 日对我国生效。各高、中级人民法院都应立即组织经济、民事审判人员、执行人员以及其他有关人员认真学习这一重要的国际公约,并

且切实依照执行。现就执行该公约的几个问题通知如下：

一、根据我国加入该公约时所作的互惠保留声明，我国对在另一缔约国领土内作出的仲裁裁决的承认和执行适用该公约。该公约与我国民事诉讼法（试行）有不同规定的，按该公约的规定办理。

对于在非缔约国领土内作出的仲裁裁决，需要我国法院承认和执行的，应按民事诉讼法（试行）第二百零四条①的规定办理。

二、根据我国加入该公约时所作的商事保留声明，我国仅对按照我国法律属于契约性和非契约性商事法律关系所引起的争议适用该公约。所谓"契约性和非契约性商事法律关系"，具体的是指由于合同、侵权或者根据有关法律规定而产生的经济上的权利义务关系，例如货物买卖、财产租赁、工程承包、加工承揽、技术转让、合资经营、合作经营、勘探开发自然资源、保险、信贷、劳务、代理、咨询服务和海上、民用航空、铁路、公路的客货运输以及产品责任、环境污染、海上事故和所有权争议等，但不包括外国投资者与东道国政府之间的争端。

三、根据《1958 年纽约公约》第四条的规定，申请我国法院承认和执行在另一缔约国领土内作出的仲裁裁决，是由仲裁裁决的一方当事人提出的。对于当事人的申请应由我国下列地点的中级人民法院受理：

1. 被执行人为自然人的，为其户籍所在地或者居所地；

2. 被执行人为法人的，为其主要办事机构所在地；

3. 被执行人在我国无住所、居所或者主要办事机构，但有财产在我国境内的，为其财产所在地。

四、我国有管辖权的人民法院接到一方当事人的申请后，应对申请承认及执行的仲裁裁决进行审查，如果认为不具有《1958 年纽约公约》第五条第一、二两项所列的情形，应当裁定承认其效力，并且依照民事诉讼法（试行）规定的程序执行；如果认定具有第五条第二项所列的情形之一的，或者根据被执行人提供的证据证明具有第五条第一项所列的情形之一的，应当裁定驳回申请，拒绝承认及执行。

五、申请我国法院承认及执行的仲裁裁决，仅限于《1958 年纽约公约》对我国生效后在另一缔约国领土内作出的仲裁裁决。该项申请应当在民事诉讼法（试行）第一百六十九条②规定的申请执行期限内提出。

3.《全国法院涉外商事海事审判工作座谈会会议纪要》[最高人民法院民事审判第四庭，法（民四）明传〔2021〕

---

①　对应 2023 年《民事诉讼法》第 304 条。——编者注

②　对应 2023 年《民事诉讼法》第 250 条。——编者注

60号,20211231]

十六、关于申请确认仲裁协议效力案件的审查

90.【申请确认仲裁协议效力之诉案件的范围】当事人之间就仲裁协议是否成立、生效、失效以及是否约束特定当事人等产生争议,当事人申请人民法院予以确认,人民法院应当作为申请确认仲裁协议效力案件予以受理,并针对当事人的请求作出裁定。

91.【申请确认仲裁协议效力之诉与仲裁管辖权决定的冲突】根据《最高人民法院关于确认仲裁协议效力几个问题的批复》第三条的规定,仲裁机构先于人民法院受理当事人请求确认仲裁协议效力的申请并已经作出决定,当事人向人民法院提起申请确认仲裁协议效力之诉的,人民法院不予受理。

【重点解读】1.当事人提出仲裁协议效力异议时应注意法律和司法解释规定的时间节点,即应在仲裁庭首次开庭前提出。

当事人对仲裁协议的效力的异议应在仲裁庭首次开庭以前提出,以便该问题首先得到解决。在具体实践中,当事人提出仲裁协议效力异议的时间应当在仲裁程序开始后,仲裁庭首次开庭前的这段时间之内。如果当事人没有在这段时间内提出仲裁协议效力的异议,而后才向人民法院申请确认仲裁协议无效的,结果就是人民法院不予受理。这种时间上的要求,目的是督促当事人尽早提交仲裁协议效力争议,如果在仲裁庭首次开庭前还没有提出,我们可以理解为当事人对仲裁协议的效力予以认可,基于禁止反言的原则,其在仲裁庭开庭后不能再提出仲裁协议效力异议的请求。

2.当事人在仲裁庭首次开庭前提出仲裁协议效力异议,但仲裁机构认定仲裁协议有效并作出裁决,当事人仍可以仲裁协议无效为由主张撤销仲裁裁决或者申请不予执行仲裁裁决。

92.【放弃仲裁协议的认定】原告向人民法院起诉时未声明有仲裁协议,被告在首次开庭前未以存在仲裁协议为由提出异议的,视为其放弃仲裁协议。原告其后撤回起诉,不影响人民法院认定双方当事人已经通过诉讼行为放弃了仲裁协议。

被告未应诉答辩且缺席审理的,不应视为其放弃仲裁协议。人民法院在审理过程中发现存在有效仲裁协议的,应当裁定驳回原告起诉。

【重点解读】1.本条规定的"首次开庭前"是指答辩期满后人民法院组织的第一次开庭审理,不包括审前程序中的各项活动。

2.原告其后撤回起诉,不影响人民法院认定双方当事人已经通过诉讼行为放弃了仲裁协议。根据禁止反言原则,不允许一方当事人通过违背其先前所作出的已经得到对方承认或者信任的允诺或行为而造成对方权益的损害。这样规定有利于当事人尽快解决争议,亦有助于维护司法权威。

3. 被告未应诉答辩且缺席审理的，不应视为其放弃仲裁协议。在此情况下，人民法院在审理过程中发现存在有效仲裁协议的，应当裁定驳回原告起诉。

4. 人民法院在首次开庭前各环节发现当事人之间存在合法有效仲裁协议的，应当裁定驳回起诉。

93.【仲裁协议效力的认定】根据仲裁法司法解释第三条的规定，人民法院在审查仲裁协议是否约定了明确的仲裁机构时，应当按照有利于仲裁协议有效的原则予以认定。

【重点解读】1. 人民法院在审查仲裁协议约定仲裁机构名称不准确时，按照有利于仲裁协议有效的原则予以认定的几种主要情形：（1）援引了仲裁机构的旧称。如中国国际经济贸易仲裁委员会曾多次更名，1956 年成立时名称为"对外贸易仲裁委员会"，1980 年改名为"对外经济贸易仲裁委员会"，1988 年正式更名为"中国国际经济贸易仲裁委员会"，2000 年同时启用"中国国际商会仲裁院"名称。由于名称多次更迭，当事人在仲裁协议中仍使用旧称的情况仍不鲜见。（2）个别字词的增减或笔误。如将"杭州市仲裁委员会"写成"杭州市贸易仲裁委员会"；又如当事人约定的是"中国国际经济贸易仲裁委员会"的英文名称，缩写 CIETAC 是对的，但英文全称中将 commission 写成了 centre。（3）带地名的仲裁机构。带地名的仲裁机构名称不准确的情况

尤其值得关注，如当事人将"北京仲裁委员会"写成"北京市仲裁委员会"等。虽然北京不止北京仲裁委员会一家仲裁机构，但约定"北京市仲裁委员会"与"北京市的仲裁委员会"或者"北京市仲裁机构"的意思明显是不同的，指向性更加明确。（4）指定的机构无仲裁职能，但该机构下设有仲裁机构。如仲裁协议约定由中国国际经济贸易促进委员会或者国际商会进行仲裁。虽然中国国际经济贸易促进委员会或者国际商会并不具体履行仲裁职能，但分别下辖有中国国际经济贸易仲裁委员会、国际商会仲裁院，因此，应认定当事人选择了中国国际经济贸易仲裁委员会或者国际商会仲裁院仲裁案件。人民法院在审理上述仲裁机构瑕疵的仲裁协议效力案件时，应充分遵循本会议纪要第93条的精神，按照有利于仲裁协议有效的原则予以认定。

2. 若当事人仅约定提交某地仲裁机构仲裁，而当地既有当地仲裁机构又有其他仲裁机构的分支机构时，需要审查后者是不是依法设立的独立仲裁机构；但若当事人仅约定该仲裁机构分支机构时，不能以该分支机构不是独立仲裁机构为由认定仲裁协议无效。

实践中，当事人在仲裁协议中仅约定在某地仲裁机构仲裁，但该地不止一家仲裁机构，除当地的仲裁机构，同时还有其他仲裁机构的分支机构时，需要审查后者是不是依法设立的独立仲裁机构。比较常见的是中国国际经济贸

易仲裁委员会(以下简称贸仲)的分支机构。贸仲是我国主要常设的商事仲裁机构之一,总部设在北京,分别于1989年和1990年在深圳和上海设立了贸仲华南分会和贸仲上海分会。此后,在重庆、杭州、武汉等城市也设有西南分会、浙江分会、湖北分会等,在我国香港特别行政区设立香港仲裁中心,在加拿大温哥华设立北美分会。根据贸仲章程规定,分会/仲裁中心是贸仲的派出机构,经贸仲授权,根据仲裁规则规定,负责仲裁案件的程序管理。贸仲及其分会、仲裁中心是一个统一的仲裁机构,适用相同的仲裁规则和仲裁员名册。

如当事人仅约定在武汉市的仲裁机构仲裁,而武汉市既有武汉仲裁委员会,又有贸仲湖北分会。此时,应审查贸仲湖北分会是否是依法设立的独立的仲裁机构,这直接涉及合同约定的仲裁机构是否唯一。因贸仲湖北分会未依法经司法行政部门登记,不是独立的仲裁机构,故应认定武汉仲裁委员会就是上述合同约定的仲裁机构。当然,在此特别强调,若当事人明确约定提交贸仲湖北分会仲裁时,不能以该机构不是独立仲裁机构为由认定仲裁协议无效。此时仲裁协议是有效的,不能以仲裁机构的分会没有依法办理登记为由认定仲裁协议没有约定明确的仲裁机构。

94.【"先裁后诉"争议解决条款的效力认定】当事人在仲裁协议中约定争议发生后"先仲裁、后诉讼"的,不属于仲裁法司法解释第七条规定的仲裁协议无效的情形。根据仲裁法第九条第一款关于仲裁裁决作出后当事人不得就同一纠纷向人民法院起诉的规定,"先仲裁、后诉讼"关于诉讼的约定无效,但不影响仲裁协议的效力。

【重点解读】1. 仲裁协议中既有仲裁又有诉讼时,应注意区分和识别案涉协议属于"或裁或审"的协议还是"先仲裁、后诉讼"的协议

人民法院审查申请确认仲裁协议效力案件,遇到仲裁协议中既有仲裁又有诉讼的案件时,如果不加以区分,一概认定属于"或裁或审"的协议而无效,则可能失之偏颇。约定"或裁或审"的仲裁协议之所以被认定无效,是因为仲裁协议具有排斥诉讼管辖、通过司法途径解决争议的效力,当事人在仲裁和诉讼这两种纠纷解决途径中只能选择其一。但是,仲裁实践中,当事人的约定并非一定都将仲裁和诉讼作为并列和选择关系,而是约定类似"先仲裁、后诉讼"这种具有先后顺序的关系。根据仲裁一裁终局的法律规定和基本法理,此种协议的性质属于仲裁终局性不确定的仲裁协议。

根据现有案例,常见的"先仲裁、后诉讼"的仲裁协议主要有以下几种情形:(1)约定如有争议可以申请某某仲裁委员会仲裁解决,对仲裁裁决不服,可以向人民法院提起诉讼;(2)约定如有争议可以申请某某仲裁委员会仲裁解决,对仲裁裁决不服,可以提起上诉;

（3）约定可以向法院提出对仲裁裁决书的复审。上述情形均是当事人约定先通过仲裁方式解决争议，对仲裁裁决不服再通过司法途径解决的模式，实质上是当事人就仲裁裁决的效力作出的约定。此类仲裁协议最终将导致仲裁终局性不确定，故有的学者将此类仲裁协议概括为"仲裁终局性不确定的协议"，具有一定的理论和实践依据。为方便理解和适用，按照约定俗成的规则，会议纪要第 94 条仍然简称为"先仲裁、后诉讼"的仲裁协议，强调先后顺序尤其是仲裁的优先性。

因此，人民法院在审查申请确认仲裁协议效力案件时，如遇仲裁协议中既有仲裁又有诉讼的情形，不宜不加区分，一概认定为无效，而应区分和识别案涉协议属于"或裁或审"的协议还是"先仲裁、后诉讼"的协议。两种协议中虽然都涉及有关诉讼的约定，但两者存在本质的区别。"或裁或审"的协议中，当事人约定既可以选择仲裁也可以选择诉讼作为纠纷解决方式，依据《仲裁法解释》第 7 条应认定无效；"先仲裁、后诉讼"的协议则不存在仲裁和诉讼并列、可选择的问题，仲裁与诉讼是先后顺序，强调的是仲裁具有优先性，故而会议纪要第 94 条明确规定此类协议不属于《仲裁法解释》第 7 条规定的仲裁协议无效的情形。

在识别仲裁协议为"先仲裁、后诉讼"协议后，还应注意，由于仲裁实行一裁终局制度，仲裁裁决作出即依法具有

终局效力，当事人亦无权就仲裁裁决的效力作出约定，故不能再向人民法院提起诉讼。因此，按照会议纪要第 94 条的规定，"先仲裁、后诉讼"关于诉讼的约定是无效的，但该约定不影响对仲裁协议效力的独立判断。换言之，只要关于仲裁协议的约定符合《仲裁法》和司法解释的相关规定，即可以认定仲裁协议有效。

2. 仲裁协议中既有仲裁又有诉讼时，应注重分析当事人约定将争议交由仲裁解决的意思表示是否明确

在理解与适用会议纪要第 94 条规定时，可以参考如下裁判规则：（1）案涉仲裁协议是否可识别为"先仲裁、后诉讼"的协议；（2）当事人之间就争议提交仲裁解决的共同意思表示是否明确，是否具有仲裁优先的意思表示；（3）关于"仲裁"的约定是否符合《仲裁法》及相关司法解释关于仲裁协议有效性的规定；（4）关于"诉讼"的约定应属无效，但不影响仲裁协议的效力。

95.【仅约定仲裁规则时仲裁协议效力的认定】当事人在仲裁协议中未约定明确的仲裁机构，但约定了适用某仲裁机构的仲裁规则，视为当事人约定该仲裁机构仲裁，但仲裁规则有相反规定的除外。

【重点解读】1. 实践中，多次出现仲裁协议中约定适用某仲裁规则，但根据该仲裁规则，不能确定唯一的仲裁机构，导致该仲裁协议因未明确约定仲裁机构而无效。

2.对仲裁协议中约定适用仲裁规则应进行实体审查。

仲裁规则是由仲裁机构自行制定并公布的,是当事人及仲裁员在该仲裁机构参与仲裁的行为准则与程序规范。仲裁机构在制定仲裁规则时,要符合法律的强制性规定,同时还可以根据案件类型与自身定位在仲裁规则中赋予当事人独特的自治范围。目前,我国各仲裁委员会均有自己的仲裁规则,有的还区分案件类型制定公布了多部仲裁规则,如中国国际经济贸易仲裁委员会制定公布了《中国国际经济贸易仲裁委员会仲裁规则》《中国国际经济贸易仲裁委员会金融争议仲裁规则》《中国国际经济贸易仲裁委员会国际投资争端仲裁规则》。因此,在对仲裁协议中仅约定适用某仲裁规则进行仲裁时,应当对该仲裁规则进行实体审查。第一,审查仲裁规则是否为当前适用的有效规则。仲裁机构对于仲裁规则不断修订,不同时期可能存在不同的仲裁规则,要审查当事人约定适用的仲裁规则是否为当前生效版本。第二,审查仲裁规则应当核对其中的具体条款内容。在某些仲裁规则中,可能会存在明确指向仲裁机构的条款及当事人协议选择该仲裁规则所产生的法律后果,这就需要对仲裁规则中的条款进行认真分析。第三,按照会议纪要本条规定,审查仲裁协议中约定适用的仲裁规则是否明确约定了仲裁机构,需要看该仲裁规则是否明确为某仲裁机构适用的仲裁规则。

96.【约定的仲裁机构和仲裁规则不一致时的仲裁协议效力认定】当事人在仲裁协议中约定内地仲裁机构适用《联合国国际贸易法委员会仲裁规则》仲裁的,一方当事人以该约定系关于临时仲裁的约定为由主张仲裁协议无效的,人民法院不予支持。

【重点解读】在当事人约定仲裁机构应当适用《联合国国际贸易法委员会仲裁规则》进行仲裁时,《联合国国际贸易法委员会仲裁规则》更多是对仲裁程序进行管理,本质上需要由约定的仲裁机构来进行裁决,但仲裁机构在仲裁过程中,同时也应当遵守《联合国国际贸易法委员会仲裁规则》。因此,该仲裁协议中约定的仲裁并不是临时性的,有关仲裁庭的组成、仲裁地点、仲裁适用的规则、仲裁适用的语言等事项,也不需要当事人在仲裁协议中作出特别约定,该仲裁协议并不属于临时仲裁协议。当事人约定的仲裁方式是有明确仲裁机构的机构仲裁。当事人以该仲裁协议条款为临时仲裁为由要求确认仲裁协议无效,人民法院不应予以支持。

97.【主合同与从合同争议解决方式的认定】当事人在主合同和从合同中分别约定诉讼和仲裁两种不同的争议解决方式,应当分别按照主从合同的约定确定争议解决方式。

当事人在主合同中约定争议解决方式为仲裁,从合同未约定争议解决方式的,主合同中的仲裁协议不能约束从合同的当事人,但主从合同当事人相同的除外。

十七、关于申请撤销或不予执行仲裁裁决案件的审查

98.【申请执行仲裁裁决案件的审查依据】人民法院对申请执行我国内地仲裁机构作出的非涉外仲裁裁决案件的审查,适用民事诉讼法第二百四十四条①的规定。人民法院对申请执行我国内地仲裁机构作出的涉外仲裁裁决案件的审查,适用民事诉讼法第二百八十一条②的规定。

人民法院根据前款规定,对被申请人主张的不予执行仲裁裁决事由进行审查。对被申请人未主张的事由或其主张事由超出民事诉讼法第二百四十四条第二款、第二百八十一条第一款规定的法定事由范围的,人民法院不予审查。

人民法院应当根据民事诉讼法第二百四十四条第三款、第二百八十一条第二款的规定,依职权审查执行裁决是否违反社会公共利益。

【重点解读】人民法院裁定不予执行仲裁裁决,是对该仲裁裁决执行力作出的否定性评价。根据《仲裁法》《民事诉讼法》等法律及相关司法解释的规定,在下列三种情况下,人民法院不得支持当事人的不予执行申请。

一是以相同理由先申请撤销仲裁裁决,被驳回后再申请不予执行的限制。根据《仲裁法》第58条和第70条的规定可知,申请撤销国内仲裁和

涉外仲裁裁决的法定事由,与申请不予执行国内仲裁裁决和涉外仲裁裁决的法定事由相同。因此,当事人已经以相同理由申请撤销仲裁裁决且被人民法院驳回的情况下,人民法院已经对仲裁裁决是否存在法定的可予撤销(同时也是不予执行)的事由作出审查认定,其在执行阶段再次以相同理由提出不予执行的申请,人民法院不予支持。对此,《仲裁法解释》第26条明确规定:"当事人向人民法院申请撤销仲裁裁决被驳回后,又在执行程序中以相同理由提出不予执行抗辩的,人民法院不予支持。"

二是当事人以仲裁协议无效为由申请撤销或不予执行的限制。《仲裁法解释》第27条第1款规定,当事人在仲裁程序中未对仲裁协议的效力提出异议,在仲裁裁决作出后以仲裁协议无效为由主张撤销或者提出不予执行抗辩的,人民法院不予支持。仲裁协议是仲裁机构取得管辖权的依据,也是整个仲裁程序赖以进行的基础。仲裁协议的效力采取默示有效原则,即当事人未依照法律规定主张仲裁协议无效的,视为其认可仲裁协议的效力。《仲裁法》及司法解释规定,当事人在仲裁庭首次开庭前没有对仲裁协议的效力提出异议,

① 对应2023年《民事诉讼法》第248条。——编者注
② 对应2023年《民事诉讼法》第291条。——编者注

而后向人民法院申请确认仲裁协议无效的,人民法院不予支持。

三是对仲裁调解书申请不予执行的限制。《仲裁法解释》第 28 条规定,当事人请求不予执行仲裁调解书或者根据当事人之间的和解协议作出的仲裁裁决书的,人民法院不予支持。仲裁中的调解与和解,是当事人意思自治的体现。《仲裁法》规定了当事人在仲裁中进行和解的权利,并为当事人在意思失真的情况提供了补救机会,如规定当事人在签订仲裁调解书前可以反悔等。仲裁调解书或基于和解协议作出的仲裁裁决所确认的债权债务关系,反映了当事人的真实意思表示。当事人在执行程序中提出不予执行的抗辩,有悖于诚信原则,亦缺乏法律依据。应当注意的是,上述司法解释限制了仲裁当事人申请不予执行仲裁调解书的权利。但根据《仲裁裁决执行规定》第 9 条关于"案外人向人民法院申请不予执行仲裁裁决或者仲裁调解书的,应当提交申请书以及证明其请求成立的证据材料,并符合下列条件:(一)有证据证明仲裁案件当事人恶意申请仲裁或者虚假仲裁,损害其合法权益;(二)案外人主张的合法权益所涉及的执行标的尚未执行终结;(三)自知道或者应当知道人民法院对该标的采取执行措施之日起三十日内提出"的规定,在满足上述司法解释规定的特定情形下,案外人仍有权向人民法院申请不予执行仲裁调解书。

99.【申请撤销仲裁调解书】仲裁调解书与仲裁裁决书具有同等法律效力。当事人申请撤销仲裁调解书的,人民法院应予受理。人民法院应当根据仲裁法第五十八条的规定,对当事人提出的撤销仲裁调解书的申请进行审查。当事人申请撤销涉外仲裁调解书的,根据仲裁法第七十条的规定进行审查。

【重点解读】对于仲裁调解书应否撤销的审查标准,一方面,《仲裁法》及相关司法解释仅对撤销仲裁裁决的事由作出规定,并未对撤销仲裁调解书的事由作出规定。另一方面,因《仲裁法》第 51 条已经明确,仲裁调解书与仲裁裁决书具有同等法律效力。因此,我们认为,可以将《仲裁法》第 58 条和第 70 条的规定,作为撤销国内仲裁调解书和涉外仲裁调解书的依据。

100.【境外仲裁机构在我国内地作出的裁决的执行】境外仲裁机构以我国内地为仲裁地作出的仲裁裁决,应当视为我国内地的涉外仲裁裁决。当事人向仲裁地中级人民法院申请撤销仲裁裁决的,人民法院应当根据仲裁法第七十条的规定进行审查;当事人申请执行的,根据民事诉讼法第二百八十一条的规定进行审查。

【重点解读】1. 对仲裁地标准的谨慎适用

一般认为,仲裁地包括三种情况:一是仲裁裁决地,即当事人在仲裁条款中约定的地点,或者当事人没有约定时,由仲裁庭确定的地点;二是仲裁开庭地,通常会在仲裁裁决地,但有时也会在当事人、证人或仲裁庭方便的其他地方,包括线上开庭;三是仲裁庭合议地,可能会在仲裁开庭地,也可能在仲裁员住所所在地,还可能采取电话、邮件或其他线上方式合议。大部分仲裁机构会在仲裁规则中明确规定仲裁地的概念,并与仲裁庭开庭地等其他地点作明确区分,如我国香港特别行政区国际仲裁中心、新加坡国际仲裁中心、国际商会国际仲裁院等。

在布兰特伍德公司申请承认国际商会仲裁院在广州开庭作出的仲裁裁决案中,案涉仲裁裁决为国际商会国际仲裁院根据布兰特伍德公司的申请,由独任仲裁员在广州开庭作出的。如果在其他个案中,外国仲裁机构并非在我国内地作出仲裁裁决,而只是仲裁程序的某一个环节如合议在我国内地,同时也不能依据仲裁规则确定是否符合其所称仲裁地时,能否也将其仲裁地认定为我国内地还应谨慎考虑。另外,还涉及境内仲裁机构在境外作出仲裁裁决的性质认定等问题。

2. 对当事人申请的释明

司法实践中,当事人就外国仲裁机构作出的裁决提出申请时,出于某些考虑,有时会将审查所应适用的法律也列为申请内容,如申请依据《纽约公约》予以审查。如果受理的法院认为不应适用其所申请的法律作为审查依据时,应向当事人释明,不应简单以申请理由不成立而予以驳回,以免给当事人造成诉累。

101.【违反法定程序的认定】违反仲裁法规定的仲裁程序、当事人选择的仲裁规则或者当事人对仲裁程序的特别约定,可能影响案件公正裁决,经人民法院审查属实的,应当认定为仲裁法第五十八条第一款第三项规定的情形。

【重点解读】1. 仲裁送达违反法定程序问题

当事人以仲裁送达违反法定程序为由申请撤销仲裁裁决,法官应依据《仲裁法》或仲裁规则及当事人约定的方式审查仲裁送达程序是否合乎规定,而不应依据《民事诉讼法》进行判断。实践中,司法送达和仲裁送达的要求不尽相同。根据《民事诉讼法》的相关规定,送达诉讼文书,一般应当直接送交受送达人。送达诉讼文书必须有送达回证,由受送达人在送达回证上记明收到日期,签名或者盖章。故《民事诉讼法》对司法送达的要求强调了"达",要求司法文书要送到受送达人手上。而仲裁实践中,很多仲裁规则对仲裁送达的要求更多地强调了"送"。大部分仲裁规则规定,仲裁委向受送达人正确的地址发送了仲裁文书,便履行了送达义务。不能简单地按照《民事诉讼法》规定的司法送达的标准衡量仲裁送达程序是否违法,也不能想当然地认为仲裁送达均只需向正确的地址发送了仲裁文书即履行了送达义务。而应该在个案中,具体审查《仲裁法》、当事人约定的仲裁规则及当事人之间的特殊约定来判断仲裁送达是否违反了法定程序。

2. 仲裁员应当回避而未回避的问题

仲裁回避制度是通过消除当事人对仲裁独立公正性的怀疑，剔除案外因素干扰，保证仲裁案件公正审理的一项制度。根据《仲裁法》或仲裁规则的规定，仲裁员有应当回避的情形，没有自行回避，或经当事人申请后仍未回避的，经审查属实，属于违反法定程序的情形。

102.【超裁的认定】仲裁裁决的事项超出当事人仲裁请求或者仲裁协议约定的范围，经人民法院审查属实的，应当认定构成仲裁法第五十八条第一款第二项、民事诉讼法第二百四十四条第二款第二项规定的"裁决的事项不属于仲裁协议的范围"的情形。

仲裁裁决在查明事实和说理部分涉及仲裁请求或者仲裁协议约定的仲裁事项范围以外的内容，但裁决项未超出仲裁请求或者仲裁协议约定的仲裁事项范围，当事人以构成仲裁法第五十八条第一款第二项、民事诉讼法第二百四十四条第二款第二项规定的情形为由，请求撤销或者不予执行仲裁裁决的，人民法院不予支持。

【重点解读】当事人概括约定仲裁事项时如何认定超裁。实践中，当事人通常不会非常精确地约定仲裁事项，而是概括约定仲裁事项，如"与本合同有关的一切争议提交某仲裁机构仲裁"。《仲裁法解释》第2条明确规定："当事人概括约定仲裁事项为合同争议的，基于合同成立、效力、变更、转让、履行、违约责任、解释、解除等产生的纠纷都可以认定为仲裁事项。"仲裁司法审查中，法院应对与合同有关的争议尽量作宽松理解，只要当事人的争议与仲裁条款所涉的合同密切相关，属于合同成立、效力、变更、转让、履行、违约责任、解释、解除等产生的纠纷，均可依据仲裁条款提交仲裁。如当事人在合同主要条款外，还签订了一些附加文件，这些附件文件构成合同不可分割的部分，则由于这些附加文件产生的纠纷可以通过仲裁解决。又如合同除争议解决条款之外的部分条款进行了变更，因该变更条款引起的争议也可依据仲裁协议提交仲裁。仲裁庭所作的裁决不属于超裁。但并非所有与合同有关的争议均可以根据仲裁协议提交仲裁。仲裁协议是签订协议各方当事人之间的合意，仅约束签订协议的当事人。如果与合同有关的争议涉及对第三人实体权利义务的处分，在这种情况下，仲裁协议不约束该第三人，相关争议不具有提交仲裁的基础。

103.【无权仲裁的认定】作出仲裁裁决的仲裁机构非仲裁协议约定的仲裁机构、裁决事项系法律规定或者当事人选择的仲裁规则规定的不可仲裁事项，经人民法院审查属实的，应当认定构成仲裁法第五十八条第一款第二项、民事诉讼法第二百四十四条第二款第二项规定的"仲裁机构无权仲裁"的情形。

104.【重新仲裁的适用】申请人申请撤销仲裁裁决，人民法院经审查认为存在应予撤销的情形，但可以通过重新仲裁予以弥补的，人民法院可以通知仲裁庭重新仲裁。

人民法院决定由仲裁庭重新仲裁的，通知仲裁庭在一定期限内重新仲裁并在通知中说明要求重新仲裁的具体理由，同时裁定中止撤销程序。仲裁庭在人民法院指定的期限内开始重新仲裁的，人民法院应当裁定终结撤销程序。

仲裁庭拒绝重新仲裁或者在人民法院指定期限内未开始重新仲裁的，人民法院应当裁定恢复撤销程序。

【重点解读】重新仲裁程序的适用，应当注意以下几点：

1. 重新仲裁必须在申请撤销仲裁裁决的程序中启动，不能在执行仲裁裁决程序中启动。

2. 重新仲裁并非仅适用于国内仲裁案件，同样也适用于涉外仲裁案件。1996 年，北京市第二中级人民法院通知中国国际经济贸易仲裁委员会对 Minmentals Germany Gmbh v. Ferco Steel Ltd. 案重新仲裁，仲裁庭对法院的意见表示同意，并依照法院的通知对该案件重新仲裁。这是我国第一起涉外仲裁重新仲裁案。

3. 在民事诉讼中，对于发回重审的案件，《民事诉讼法》规定原审法院应当另行组成合议庭进行审理。与民事诉讼不同的是，重新仲裁的"仲裁庭"是指原仲裁庭，不存在组成新的仲裁庭的问题。由原仲裁庭重新仲裁，既尊重了当事人的意愿，也给仲裁庭自我纠正错误的机会，从而有利于仲裁庭作出公正裁决。当然，重新仲裁程序开始后，如果仲裁员由于某种原因不能履行职责的，则应当依照《仲裁法》和仲裁规则的规定指定替换的仲裁员。

4. 当事人在重新仲裁中原则上不得增加仲裁请求、放弃部分仲裁请求和提出反请求，除非当事人对新增的请求能够达成和解或者一致；当事人也不得撤回原仲裁申请，除非当事人就此达成一致或者当事人撤回申请不损害他人的利益。这样规定主要是出于以下几方面考虑：(1)仲裁庭已就当事人的仲裁请求作出了裁决书，在重新仲裁过程中，该裁决书仍是有效的，当事人对已裁决的请求若能撤销，与理相悖。(2)如果允许当事人撤回仲裁申请，有可能导致无论重新仲裁的结论如何，当事人都可以利用重新仲裁程序否定仲裁裁决的后果。(3)重新仲裁是一项特别程序，应对申请人撤回仲裁申请的权利进行一定的限制。

5. 重新仲裁制度旨在有针对性地、公平而又经济地消除仲裁程序中的瑕疵，并非无视原裁决认定的事实和作出的结论，一切推倒重来。因此，重新仲裁审理的范围应有一定的限制。仲裁庭应在多大的范围内重新仲裁，取决于法院认定的仲裁裁决存在的瑕疵，仲裁庭应围绕法院认定的仲裁程序中的缺陷进行审理。例如，如果法院以仲裁庭对当事人在规定的期限内提交的某份材料未进行客观论述为由通知重新仲裁，在重新仲裁程序中，仲裁庭应围绕该材料所涉及的问题进行审理，双方当事人不得另行提出与此无关的新问题，除非当事人对此达成一致。当然，在重新仲裁中，有可能需要对所有的问题重新审理。例如，由于被申请人没有得到进行仲裁的通知或因其他不能归责于被申请人的原因未能陈述意见而重新仲裁的案件。

十八、关于申请承认和执行外国仲裁裁决案件的审查

105.【《纽约公约》第四条的理解】申请人向人民法院申请承认和执行外国仲裁裁决，应当根据《纽约公约》第四条的规定提交相应的材料，提交的材料不符合《纽约公约》第四条规定的，人民法院应当认定其申请不符合受理条件，裁定不予受理。已经受理的，裁定驳回申请。

【重点解读】实践中需要注意的问题是，提交文件的期限与申请执行期间之间的关系。《纽约公约》没有对生效裁决申请外国司法机关承认并执行的期限作出规定。同时，《纽约公约》第5条并未将"承认和执行的申请超过法定期限"作为拒绝承认与执行外国仲裁裁决的理由，所以，从理论上讲，以承认和执行的申请超过法定期限为由从实体上拒绝承认和执行外国仲裁裁决是违

反《纽约公约》的。但是，司法审查实践中，由于对公约没有涉及的承认及执行程序问题适用承认及执行地国法律解决，因此，无论申请人在申请执行时提交文件还是在随后的程序中补正，都面临着可能与申请执行期间的冲突问题。

实践中可能遇到的问题是，如果当事人在申请执行期间内提出申请，而在申请执行期间届满之前并未补齐应提交的文件，是否还允许其在期间届满后继续补充文件？一般而言，国内法规定了较长的申请执行期间的，一般不会发生申请执行期限届满而当事人未能补齐有关文件的情形。但个别国家的实践表明，申请执行期间届满后，当事人补交文件应被禁止。

我国法院按照《民事诉讼法》关于申请执行期间的规定审查外国仲裁裁决的承认及执行。根据《最高人民法院关于执行我国加入的〈承认及执行外国仲裁裁决公约〉的通知》第5条的规定："申请我国法院承认及执行的仲裁裁决，仅限于《1958年纽约公约》对我国生效后在另一缔约国领土内作出的仲裁裁决。该项申请应当在民事诉讼法（试行）第一百六十九条规定的申请执行期限内提出。特此通知，希遵照执行。"由于1991年《民事诉讼法》规定的申请执行期限相对较短，双方或者一方当事人是个人的为1年，双方为法人或其他组织的为6个月。因此，在《最高人民法院关于裁定不予承认和执行

英国伦敦仲裁庭作出的塞浦路斯瓦赛斯航运有限公司与中国粮油饲料有限公司、中国人民财产保险股份有限公司河北省分公司、中国人保控股公司仲裁裁决一案的请示的复函》《最高人民法院关于彼得·舒德申请承认及执行美国仲裁委员会裁决一案的请示的复函》等案件的复函中，均因当事人超过了6个月的申请期间提起申请而裁定驳回。2007年修正的《民事诉讼法》延长了执行申请期间。根据《民事诉讼法》第246条的规定，申请执行的期间为两年，申请执行时效的中止、中断，适用法律有关诉讼时效中止、中断的规定。《民事诉讼法》关于申请执行期间的延长以及适用诉讼时效的规定，为执行外国仲裁裁决提供了更大的便利。实践中，如果申请人申请承认和执行仲裁裁决的时间超出了上述法定期限，则应视为当事人放弃权利。如果申请人在申请执行期间内提出申请，形式要件齐备的，人民法院应当立案受理。形式要件欠缺的，人民法院不予受理，但应认定申请执行时效中断。形式要件欠缺但人民法院已经受理的，如果裁定驳回请求，亦应认定申请执行时效中断。

关于申请执行期间的起算问题。根据《民事诉讼法》第246条的规定：申请执行的期间，从法律文书规定履行期间的最后一日起计算；法律文书规定分期履行的，从最后一期履行期限届满之日起计算；法律文书未规定履行期间的，从法律文书生效之日起计算。最高

人民法院在涉及申请执行期间的多件复函中对期间的起算均持较为宽松的态度，认为仲裁裁决没有载明履行期限的，应给当事人一个合理的履行期限，从仲裁裁决送达当事人第二日起计算较为合理，不应从仲裁裁决作出之日起计算申请承认及执行的期限。

106.【《纽约公约》第五条的理解】人民法院适用《纽约公约》审理申请承认和执行外国仲裁裁决案件时，应当根据《纽约公约》第五条的规定，对被申请人主张的不予承认和执行仲裁裁决事由进行审查。对被申请人未主张的事由或其主张事由超出《纽约公约》第五条第一款规定的法定事由范围的，人民法院不予审查。

人民法院应当根据《纽约公约》第五条第二款的规定，依职权审查仲裁裁决是否存在裁决事项依我国法律不可仲裁，以及承认和执行仲裁裁决是否违反我国公共政策。

【重点解读】实践中应当注意的是，关于可仲裁性问题是否纳入法院主动审查事项，《民事诉讼法》《仲裁法》与《纽约公约》存在差异。2021年《民事诉讼法》第281条第1款规定："对中华人民共和国涉外仲裁机构作出的裁决，被申请人提出证据证明仲裁裁决有下列情形之一的，经人民法院组成合议庭审查核实，裁定不予执行：（一）当事人在合同中没有订有仲裁条款或者事后没有达成书面仲裁协议的；（二）被申请人没有得到指定仲裁员或者进行

仲裁程序的通知，或者由于其他不属于被申请人负责的原因未能陈述意见的；（三）仲裁庭的组成或者仲裁的程序与仲裁规则不符的；（四）裁决的事项不属于仲裁协议的范围或者仲裁机构无权仲裁的。"其中，第4项的规定虽然与《纽约公约》第5条第1款第3项的内容较为近似，但仍有所差别。公约将可仲裁性问题纳入由被申请承认与执行仲裁裁决的国家法院主动审查的情况之中，而《民事诉讼法》选择了将可仲裁性问题放在被申请人提出证据证明的情形之中，在第281条第2款中将社会公共利益问题纳入法院主动审查的事项

107.【未履行协商前置程序不违反约定程序】人民法院适用《纽约公约》审理申请承认和执行外国仲裁裁决案件时，当事人在仲裁协议中约定"先协商解决，协商不成再提请仲裁"的，一方当事人未经协商即申请仲裁，另一方当事人以对方违反协商前置程序的行为构成《纽约公约》第五条第一款丁项规定的仲裁程序与各方之间的协议不符为由主张不予承认和执行仲裁裁决的，人民法院不予支持。

【重点解读】本条主要限定的是已经作出的外国仲裁裁决在承认及执行审查程序中，如何正确判断当事人提出的"协商前置条款"抗辩的问题。本条仅涉及"协商前置条款"与仲裁程序的关系。在当事人提请人民法院承认及执行的外国仲裁裁决的程序中，仲裁庭

已经行使了管辖权，我们认为，《纽约公约》第5条第1款丁项规定的"仲裁程序"这一术语包含从提交仲裁至作出裁决的整个时期。在当事人约定"先协商解决，协商不成再提请仲裁"的情况下，当事人约定的协商前置程序在一方当事人提交仲裁申请之前。那么，是否按照约定进行了协商前置程序或者进行协商前置是否达到双方约定的要求均不构成"仲裁程序与各方之间的协议不符"。仲裁庭作出裁决后，一方当事人以《纽约公约》第5条第1款丁项规定的仲裁程序与协议不符为由主张裁决应当不予承认和执行的，该项主张将无法得到支持。

108.【违反公共政策的情形】人民法院根据《纽约公约》审理承认和执行外国仲裁裁决案件时，如人民法院生效裁定已经认定当事人之间的仲裁协议不成立、无效、失效或者不可执行，承认和执行该裁决将与人民法院生效裁定相冲突的，应当认定构成《纽约公约》第五条第二款乙项规定的违反我国公共政策的情形。

【重点解读】1. 严格区分仲裁裁决与法院对仲裁条款效力以及实体内容认定冲突时的不同情况

应当严格区分仲裁管辖与法院生效裁定（关于仲裁条款效力）发生冲突以及仲裁裁决实体内容与法院生效判决（裁定）发生冲突的情形，并根据不同的细节要素综合考量。在仲裁裁决对于争议法律关系的性质、基本事实认

定甚至相同或类似争议的处理结果等方面与法院涉及相关争议的生效判决(裁定)存在不同时,应当根据案件的具体情况进行判断,除非涉及管辖方面的冲突,在仅仅涉及实体问题判断的情况下,"公共政策"的适用并不是绝对的。

2.正确判断人民法院对仲裁条款作出无效认定与外法域裁决承认与执行时公共政策的适用问题

对于以上述两案为代表的法院依据法院地法已经认定仲裁条款无效但外法域仲裁裁决仍然作出,在适用"公共政策"时,应当特别注意以下观点:

有的观点认为,既然我国内地法院已经作出生效裁定认定仲裁条款无效,那么,可以《纽约公约》或者《最高人民法院关于内地与香港特别行政区相互执行仲裁裁决的安排》中有关"仲裁协议无效"的内容,直接判断应当拒绝承认(认可)及执行该裁决,无须适用"公共政策"。

我们认为,这种观点极易引发外界对我国内地法院根据公约进行裁决以及对我国香港特别行政区裁决司法审查实践的误读。上述观点忽视了人民法院裁定作出时以及仲裁裁决作出时这两个不同的时间点之间出现的一个重要的变量——仲裁地点。这个重要变量的出现直接导致判断仲裁条款效力的准据法发生根本变化,准据法的不同导致对仲裁条款效力判断的根本差异,公共政策的适用被迫成为唯一的选择。按照公约和我国国内法确定的准据法确定原则,我国内地法院严格依照当事人约定的法律或者仲裁地法律判断仲裁条款效力,在我国内地法院根据公约进行裁决及对我国香港特别行政区裁决司法审查的长期实践中,法院对于约定"仲裁条款效力适用英国法""仲裁地点在我国香港特别行政区"的类似仲裁协议效力的判断,均与仲裁庭基于"自裁管辖"的判断高度一致。在本条讨论的范畴内,人民法院生效裁定之所以会对当事人之间仲裁条款的存在及效力作出否定性判断,根本原因在于,在仲裁裁决作出之前,并不存在确定无疑的"仲裁地"。如果当事人没有专门约定仲裁条款准据法(专门约定的情况极为罕见)的话,在一方申请确认仲裁条款效力时,人民法院只能依照法院地法判断仲裁条款的效力。

109.【承认和执行程序中的仲裁保全】当事人向人民法院申请承认和执行外国仲裁裁决,人民法院受理申请后,当事人申请财产保全的,人民法院可以参照民事诉讼法及相关司法解释的规定执行。申请人应当提供担保,不提供担保的,裁定驳回申请。

【重点解读】在本条规定的情形之下,当事人已经获得终局裁决且已经通过申请承认及执行程序完成了在被申请人住所地法院、财产所在地法院之间的选择。在符合《最高人民法院关于涉外民商事案件诉讼管辖若干问题的规定》的前提下,如果申请人选择向被申请人的财产所在地法院提出承认及执行申请,申请人提出的审查程序中财产保全亦应由上述相关法院处理。在存在多个财产所在地的情况下,由受理承认及执行申请的财产所在地法院一并处理审查程序中财产保全事项不仅更为便利,也有利于仲裁司法审查权的统一行使。如果申请人选择向被申请人的住所、居所或者主要办事机构所在地法院提出承认及执行申请,即使另外存在财产所在地,鉴于采取仲裁保全措施的目的是保障终局性仲裁裁决的顺利执行,实践中亦应由受理承认及执行申请的被申请人的住所、居所或者主要办事机构所在地法院处理审查程序中财产保全事项更为适宜。

十九、仲裁司法审查程序的其他问题

110.【仲裁司法审查裁定的上诉和再审申请】人民法院根据《最高人民法院关于仲裁司法审查若干问题的规定》第七条、第八条、第十条的规定,因申请人的申请不符合受理条件作出的不予受理裁定、立案后发现不符合受理条件作出的驳回申请裁定、对管辖权异议作出的裁定,当事人不服的,可以提出上诉。对不予受理、驳回起诉的裁定,当事人可以依法申请再审。

除上述三类裁定外,人民法院在审理仲裁司法审查案件中作出的其他裁定,一经送达即发生法律效力。当事人申请复议、提出上诉或者申请再审的,人民法院不予受理,但法律、司法解释

另有规定的除外。

4.《第二次全国涉外商事海事审判工作会议纪要》(最高人民法院,法发〔2005〕26号,20051226)

一、关于案件管辖

6. 当事人申请确认涉外仲裁协议效力的案件,由申请人住所地、被申请人住所地或者仲裁协议签订地有权受理涉外商事案件的中级人民法院管辖;申请执行我国涉外仲裁裁决的案件,由被申请人住所地、财产所在地有权受理涉外商事案件的中级人民法院管辖;申请撤销我国涉外仲裁裁决的案件,由仲裁机构所在地有权受理涉外商事案件的中级人民法院管辖;申请承认与执行外国仲裁裁决的案件,由被申请人住所地或者财产所在地有权受理涉外商事案件的中级人民法院管辖。

六、关于国际商事海事仲裁的司法审查

(一)涉外仲裁协议效力的审查

58. 当事人在合同中约定的适用于解决合同争议的准据法,不能用来确定涉外仲裁条款的效力。当事人在合同中明确约定了仲裁条款效力的准据法的,应当适用当事人明确约定的法律;未约定仲裁条款效力的准据法但约定了仲裁地的,应当适用仲裁地国家或者地区的法律。只有在当事人未约定仲裁条款效力的准据法亦未约定仲裁地或者仲裁地约定不明的情况下,才能适用法院地法即我国法律作为确认仲

裁条款效力的准据法。

59. 当事人达成的仲裁协议对仲裁事项或者仲裁机构没有约定或者约定不明,应认定仲裁协议无效,但当事人达成补充协议的除外。

60. 当事人在订立仲裁协议后合并、分立或者死亡的,该仲裁协议对承受仲裁事项所涉权利义务的人具有约束力,但当事人在订立仲裁协议时另有约定的除外。

61. 当事人在订立仲裁协议后转让全部或部分债权债务的,仲裁协议对受让人有效,但当事人另有约定、明确反对或者受让人在受让债权债务时不知有单独仲裁协议的除外。

62. 仲裁协议仅约定纠纷适用的仲裁规则的,视为未约定仲裁机构,但当事人达成补充协议或者按照约定的仲裁规则能够确定仲裁机构的除外。

63. 仲裁协议明确约定两个以上仲裁机构的,当事人可以协议选择其中的一个仲裁机构申请仲裁;当事人无法就仲裁机构达成一致的,仲裁协议无效。

64. 仲裁协议约定由某地的仲裁机构仲裁且该地仅有一个仲裁机构的,该仲裁机构为约定的仲裁机构。该地有两个以上仲裁机构的,当事人可以协议选择其中的一个仲裁机构申请仲裁;当事人无法就仲裁机构达成一致的,仲裁协议无效。

65. 仲裁条款独立于合同中的其他条款。当事人在订立合同时就争议

达成仲裁协议的,合同未成立不影响仲裁协议的效力;合同成立后未生效以及生效后变更、解除、终止或者被撤销、被认定无效的,不影响合同中仲裁条款的效力。

66. 仲裁协议应当采用书面形式。是否具有书面形式,按照《中华人民共和国合同法》第十一条的规定办理。当事人在订立的涉外合同中援引适用其他合同、文件中的有效仲裁条款的,是书面形式的仲裁协议。

67. 一方当事人向仲裁机构或者仲裁庭申请仲裁,对方当事人未提出管辖异议且按照仲裁规则的要求指定仲裁员并进行实体答辩的,视为当事人同意接受仲裁。

68. 当事人约定争议可以向仲裁机构申请仲裁也可以向人民法院起诉的,仲裁协议无效。但一方向仲裁机构申请仲裁,另一方未在《中华人民共和国仲裁法》第二十条第二款规定的期间内提出异议的除外。

69. 仲裁协议中约定的仲裁机构名称不准确,但能够确定受理纠纷的具体仲裁机构的,应当认定选定了仲裁机构。

70. 涉外合同应当适用的有关国际条约中有仲裁规定的,发生合同争议时,当事人应当按照国际条约中的仲裁规定提请仲裁。

(二)涉外仲裁裁决的审查

71. 对在我国境内依法成立的仲裁委员会作出的仲裁裁决,人民法院应当根据案件是否具有涉外因素而适用

不同的法律条款进行审查。上述仲裁委员会作出的不具有涉外因素的仲裁裁决,按照《中华人民共和国仲裁法》第五章、第六章和《中华人民共和国民事诉讼法》第二百一十七条①的规定审查;上述仲裁委员会作出的具有涉外因素的仲裁裁决,按照《中华人民共和国仲裁法》第七章和《中华人民共和国民事诉讼法》第二十八章②的规定进行审查。是否具有涉外因素,应按照《最高人民法院关于贯彻执行〈中华人民共和国民法通则〉若干问题的意见(试行)》③第178条的规定确定。

72. 人民法院对在香港特别行政区作出的仲裁裁决或者台湾地区仲裁机构作出的仲裁裁决,应当按照《最高人民法院关于内地与香港特别行政区相互执行仲裁裁决的安排》或《最高人民法院关于人民法院认可台湾地区有关法院民事判决的规定》办理。

73. 涉及执行香港特别行政区、澳门特别行政区、台湾地区仲裁裁决的收费及审查期限问题,参照法释〔1998〕28号《最高人民法院关于承认和执行外国仲裁裁决收费及审查期限问题的规定》办理。

74. 人民法院受理当事人撤销涉外仲裁裁决的申请后,另一方当事人又申请执行同一仲裁裁决的,受理申请执行仲裁裁决案件的人民法院应在受理后裁定中止执行。

75. 当事人在仲裁程序中未对仲裁庭的管辖权提出异议,在仲裁裁决作出后以仲裁庭无管辖权为由主张撤销或者提出不予执行抗辩的,人民法院不予支持。

76. 当事人向人民法院申请撤销仲裁裁决被驳回后,又在执行程序中提出不予执行抗辩的,人民法院不予支持。

77. 当事人主张不予执行仲裁调解书或者根据当事人之间的和解协议作出的仲裁裁决书的,人民法院不予支持。

78. 涉外仲裁裁决超出仲裁协议范围的,可以撤销超裁部分的裁决;超裁部分与其他裁项不可分的,应撤销该仲裁裁决。

79. 对存在《中华人民共和国民事诉讼法》第二百六十条④规定情形的涉外仲裁裁决,人民法院可以视情况通知仲裁庭在一定期限内重新仲裁。通知仲裁庭重新仲裁的,应裁定中止撤销程序;仲裁庭在指定的期限内开始重新仲裁的,应裁定终止撤销程序;仲裁庭拒绝重新仲裁或者未在指定的期限内重新仲裁的,应通知或裁定恢复撤销程序。对仲裁庭重新仲裁作出的裁决有异议的,有关当事人可以依法申请

---

① 对应2023年《民事诉讼法》第248条。——编者注

② 对应2023年《民事诉讼法》第26章。——编者注

③ 已废止。——编者注

④ 对应2023年《民事诉讼法》第291条。——编者注

撤销。

80. 人民法院根据案件的实际情况，可以向相关仲裁机构调阅案件卷宗或者要求仲裁机构作出说明，人民法院作出的有关裁定也可以抄送相关的仲裁机构。

（三）外国仲裁裁决的审查

81. 外国仲裁机构或者临时仲裁庭在我国境外作出的仲裁裁决，一方当事人向人民法院申请承认与执行的，人民法院应当依照《中华人民共和国民事诉讼法》第二百六十九条①的规定办理。

82. 对具有执行内容的外国仲裁裁决，当事人仅申请承认而未同时申请执行的，人民法院仅对应否承认进行审查。承认后当事人申请执行的，人民法院应予受理并对是否执行进行审查。

83. 经当事人提供证据证明外国仲裁裁决尚未生效、被撤销或者停止执行的，人民法院应当拒绝承认与执行。外国仲裁裁决在国外被提起撤销或者停止执行程序尚未结案的，人民法院可以中止承认与执行程序；外国法院在相同情况下不中止承认与执行程序的，人民法院采取对等原则。

84. 外国仲裁裁决裁决当事人向仲裁员支付仲裁员费用的，因仲裁员不是仲裁裁决的当事人，其无权申请承认与执行该裁决中有关仲裁员费用的部分，但有关仲裁员可以单独就仲裁员费用以仲裁裁决为依据向有管辖权的人民法院提起诉讼。

5.《全国法院涉港澳商事审判工作座谈会纪要》（最高人民法院，法发〔2008〕8 号，20080121）

五、关于仲裁司法审查

25. 人民法院审理当事人申请撤销、执行内地仲裁机构作出的涉港澳仲裁裁决案件，申请认可和执行香港特别行政区、澳门特别行政区仲裁机构作出的仲裁裁决或者临时仲裁庭在香港特别行政区、澳门特别行政区作出的仲裁裁决案件，对于事实清楚、争议不大的，可以经过书面审理后径行作出裁定；对于事实不清、争议较大的，可以在询问当事人、查清事实后再作出裁定。

26. 当事人向人民法院申请执行涉港澳仲裁裁决，应当在《中华人民共和国民事诉讼法》第二百一十九条②规定的期限内提出申请。如果裁决书未明确履行期限，应从申请人收到裁决书正本或者正式副本之日起计算申请人申请执行的期限。

27. 当事人对内地仲裁机构作出的涉港澳仲裁裁决分别向不同人民法院申请撤销及执行的，受理执行申请的人民法院应当按照《最高人民法院关于适用〈中华人民共和国仲裁法〉若干问题的解释》第二十五条的规定中止执行。受理执行申请的人民法院如果对于受

---

①　对应 2023 年《民事诉讼法》第 304 条。——编者注

②　对应 2023 年《民事诉讼法》第 250 条。——编者注

理撤销申请的人民法院作出的决定撤销或者不予撤销的裁定存在异议,亦不能直接作出与该裁定相矛盾的执行或者不予执行的裁定,而应报请它们的共同上级人民法院解决。

当事人对内地仲裁机构作出的涉港澳仲裁裁决向人民法院申请执行且人民法院已经作出应予执行的裁定后,如果一方当事人向人民法院申请撤销该裁决,受理撤销申请的人民法院认为裁决应予撤销且该人民法院与受理执行申请的人民法院非同一人民法院时,不应直接作出撤销仲裁裁决的裁定,而应报请它们的共同上级人民法院解决。

28. 当事人向人民法院申请执行内地仲裁机构作出的涉港澳仲裁裁决或者申请认可和执行香港特别行政区、澳门特别行政区仲裁机构作出的仲裁裁决或者临时仲裁庭在香港特别行政区、澳门特别行政区作出的仲裁裁决,人民法院经审查认为裁决存在依法不予执行或者不予认可和执行的情形,在作出裁定前,应当报请本辖区所属高级人民法院进行审查;如果高级人民法院同意不予执行或者不予认可和执行,应将其审查意见报最高人民法院,待最高人民法院答复后,方可作出裁定。

29. 当事人向人民法院申请撤销内地仲裁机构作出的涉港澳仲裁裁决,人民法院经审查认为裁决存在依法应予撤销或者可以重新仲裁的情形,在裁定撤销裁决或者通知仲裁庭重新仲裁之前,应当报请本辖区所属高级人民法院

进行审查;如果高级人民法院同意撤销或者通知仲裁庭重新仲裁,应将其审查意见报最高人民法院,待最高人民法院答复后,方可裁定撤销或者通知仲裁庭重新仲裁。

30. 当事人申请内地人民法院撤销香港特别行政区、澳门特别行政区仲裁机构作出的仲裁裁决或者临时仲裁庭在香港特别行政区、澳门特别行政区作出的仲裁裁决的,人民法院应不予受理。

【审判业务答疑】

《法答网精选答问(第十四批)——仲裁司法审查专题》(20241226)

问题1:人民法院受理民事诉讼案件后,被告以当事人之间有书面仲裁协议为由提出异议申请,人民法院审查认为异议理由不能成立,应以何种形式处理当事人的异议申请?是否需要书面通知当事人?

答疑意见:有效仲裁协议排除人民法院管辖是我国《民事诉讼法》和《仲裁法》确立的一项基本原则。依据《民事诉讼法》和《仲裁法》的规定,当事人有权以双方存在仲裁协议为由向受诉人民法院提出异议。需要注意的是,此异议是关于纠纷由仲裁处理还是由法院受理而产生的争议,不同于《民事诉讼法》规定的管辖权异议。对此异议的处理,有两种结果:一是异议成立,即仲裁机构或者仲裁庭有管辖权,法院应当

裁定驳回起诉。对此,《仲裁法》第 26 条和《民事诉讼法解释》第 216 条第 2 款均有明确规定。二是异议不成立,即仲裁机构或者仲裁庭无管辖权,该民事案件属于人民法院受理民事案件的范围。对此,人民法院应当以何种形式处理当事人的异议申请,是裁定驳回异议申请还是通知当事人,法律并未明确规定,实践中也存在争议。考虑到异议的处理是确定民事案件是否属于人民法院主管的先决问题,为充分保障当事人的诉权,在异议不成立的情形下,应当参照适用管辖权异议不成立的规定处理,即裁定驳回当事人的异议,而不能以通知方式进行处理。另需注意的是,就仲裁协议效力提出异议的期限为人民法院首次开庭前,而不是《民事诉讼法》第 130 条规定的提交答辩状期间。

问题 2:人民法院以当事人超过申请撤销仲裁裁决的期限为由作出驳回申请的裁定,该类裁定能否上诉、能否申请再审?如允许上诉、申请再审,该类裁定同时包括撤裁事由审查内容的,应如何处理?

答疑意见:根据《仲裁法》第 59 条的规定,当事人申请撤销裁决的,应当自收到裁决书之日起 6 个月内提出。当事人超过 6 个月期限提出撤销仲裁裁决申请的,由于不符合人民法院受理申请撤销仲裁裁决案件的条件,应当裁定不予受理,已经受理的,应当裁定驳回申请。此类裁定属于程序性驳回的裁定,不同于进入仲裁司法审查程序后

人民法院根据《仲裁法》规定的应予撤销仲裁裁决的法定事由进行审查作出的裁定。根据《仲裁司法审查规定》第 7 条、第 8 条、第 20 条的规定,对于不予受理的裁定、因不符合受理条件而驳回申请的裁定,申请人可以上诉,也可以申请再审。据此,对于因当事人超出申请撤裁期限而不予受理或者被驳回申请的裁定,当事人均可以上诉,也可以申请再审。

申请人申请撤销仲裁裁决,人民法院受理后认为已经超过 6 个月期限的,应当直接裁定驳回申请,无须对当事人提出的撤裁事由进行审查。如果人民法院同时进行了审查并裁定驳回申请的,人民法院在上诉、再审审查程序中仅限于审查原裁定对超出撤裁申请期限的认定是否正确,对申请撤销仲裁裁决理由是否成立等问题不需予以审查。

问题 3:申请承认和执行外国仲裁裁决的期间,是诉讼时效还是除斥期间?人民法院是否应当主动依职权审查?当事人仅申请承认而未同时申请执行,申请执行期间是否重新起算?

答疑意见:首先,申请承认和执行外国仲裁裁决的期间,适用诉讼时效的规定。根据《民事诉讼法解释》第 545 条第 1 款的规定,当事人申请承认和执行外国仲裁裁决的期间,适用《民事诉讼法》第 250 条的规定,即申请执行的期间为 2 年。申请执行时效的中止、中断,适用法律有关诉讼时效中止、中断的规定。

其次，人民法院不应依职权主动审查当事人是否超过申请承认和执行的期间。《民法典》第193条规定，人民法院不得主动适用诉讼时效的规定。《诉讼时效规定》第2条规定，当事人未提出诉讼时效抗辩，人民法院不应对诉讼时效问题进行释明。因此，被申请人未以超期为由提出抗辩的，人民法院不应主动审查申请承认和执行期间是否届满。

最后，关于申请人仅申请承认而未同时申请执行，申请执行期间是否重新起算的问题。根据《民事诉讼法解释》第545条第2款的规定，申请执行的期间自人民法院对承认申请作出的裁定生效之日重新计算。因为承认和执行外国仲裁裁决，是一个既有联系又有区别的问题，承认是执行的前提，但是承认并不一定必然伴随执行，当事人可以仅申请承认而不申请执行。如当事人先申请承认，其后又申请执行的，就会产生两个期间：一是申请承认外国仲裁裁决的期间；二是裁定承认后申请执行的期间。这两个期间应该按照诉讼时效的规定分别计算。

问题4：当事人约定争议提交"某方所在地仲裁委员会"或者"当地仲裁委员会"，其中"所在地"或"当地"的范围应如何理解？如果"所在地"或"当地"所在区（县）没有仲裁委员会，或者"所在地"或"当地"既有本地设立的仲裁委员会又有其他仲裁委员会设立的分会等分支机构，该仲裁协议是否有效？

答疑意见：关于"所在地""当地"的理解问题。依据《仲裁法》第16条、第18条的规定，仲裁协议应当约定明确的仲裁机构，没有约定仲裁机构或约定不明确，且达不成补充协议的，仲裁协议无效。实践中，经常遇到当事人在约定仲裁协议时对仲裁机构表述不准确、约定过于简单的瑕疵仲裁协议。对此，《全国法院涉外商事海事审判工作座谈会会议纪要》第93条规定："根据仲裁法司法解释第三条的规定，在人民法院在审查仲裁协议是否约定了明确的仲裁机构时，应当按照有利于仲裁协议有效的原则予以认定。"因此，在判断双方约定的"所在地""当地"仲裁委员会时，不应拘泥于所使用的文字，而应当按照有利于仲裁协议有效的原则进行解释。如结合当事人陈述以及合同的签订和履行情况等，足以明确"所在地""当地"所指向地点的，则可以据此认定当事人约定的仲裁机构为指向地点的仲裁委员会。例如，所涉合同纠纷为建设工程承包合同纠纷，一般可以认定约定的"当地"仲裁委员会为工程所在地仲裁委员会。又如，纠纷双方住所地在同一地的，一般可以认定约定的"所在地"仲裁委员会为双方共同住所地的仲裁委员会。

关于第二个问题。根据《仲裁法》的规定，仲裁机构不按行政区划层层设立。因此，实践中经常出现合同约定的"所在地"或"当地"没有设立仲裁委员会。在这种情况下,一方面,应当根据尽量有利于认定仲裁协议有效的原则予以解释,如果合同约定的区、县、未设区的市的上一级市设有仲裁委员会,则可以认定双方约定的仲裁机构为该上一级市设立的仲裁委员;如果上一级市也未设立仲裁委员会,但所在省有且仅有一个仲裁委员的,亦可以认定双方约定的仲裁机构为该省仲裁委员会,此有利于尊重并实现当事人的仲裁意愿。另一方面,如果当事人约定的"所在地"或"当地"指向的市有两家仲裁委员会,或者当事人"所在地"或"当地"所在区、县、市的上一级市没有设立仲裁委员会,而所在省设有多家仲裁委员会,且当事人不能就选择其中一家仲裁委员会补充达成一致意见,则应当根据《仲裁法》第 18 条的规定认定案涉仲裁协议无效。

实践中,还存在"当地"登记设立有一家仲裁委员会,但另有其他仲裁委员会在该地设立分会等分支机构的情形。当事人以该"当地"存在两家仲裁机构为由主张案涉仲裁协议无效的,考虑到仲裁委员会分会等分支机构受理案件、开展仲裁程序以及出具裁决书系以其所归属的仲裁机构的名义进行,故仲裁委员会分支机构一般不应认定为"当地"的仲裁机构。在没有其他证据足以证明当事人合意约定将争议提交某仲裁委员会分会仲裁的情况下,应当认定当事人的真实意思表示是将争议提交当地的仲裁委员会仲裁,案涉仲裁

协议有效。

【最高法指导性案例】

1. 指导案例 201 号:德拉甘·可可托维奇诉上海恩渥餐饮管理有限公司、吕恩劳务合同纠纷案(20221227)

【裁判要点】

1. 国际单项体育组织内部纠纷解决机构作出的纠纷处理决定不属于《承认及执行外国仲裁裁决公约》项下的外国仲裁裁决。

2. 当事人约定,发生纠纷后提交国际单项体育组织解决,如果国际单项体育组织没有管辖权则提交国际体育仲裁院仲裁,该约定不存在准据法规定的无效情形的,应认定该约定有效。国际单项体育组织实际行使了管辖权,涉案争议不符合当事人约定的提起仲裁条件的,人民法院对涉案争议依法享有司法管辖权。

【基本案情】

2017 年 1 月 23 日,上海聚运动足球俱乐部有限公司(以下简称聚运动公司)与原告塞尔维亚籍教练员 DraganKokotovic(中文名:德拉甘·可可托维奇)签订《职业教练工作合同》,约定德拉甘·可可托维奇作为职业教练为聚运动公司名下的足球俱乐部提供教练方面的劳务。2017 年 7 月 1 日,双方签订《解除合同协议》,约定《职业教练工作合同》自当日终止,聚运动公司向德拉甘·可可托维奇支付剩余工

资等款项。关于争议解决，《解除合同协议》第5.1条约定："与本解除合同协议相关，或由此产生的任何争议或诉讼，应当受限于国际足联球员身份委员（FIFA Players' Status Committee，以下简称球员身份委员会）或任何其他国际足联有权机构的管理。"第5.2条约定："如果国际足联对于任何争议不享有司法管辖权的，协议方应当将上述争议提交至国际体育仲裁院，根据《与体育相关的仲裁规则》予以受理。相关仲裁程序应当在瑞士洛桑举行。"

因聚运动公司未按照约定支付相应款项，德拉甘·可可托维奇向球员身份委员会申请解决案涉争议。球员身份委员会于2018年6月5日作出《单一法官裁决》，要求聚运动公司自收到该裁决通知之日起30日内向德拉甘·可可托维奇支付剩余工资等款项。《单一法官裁决》另载明，如果当事人对裁决结果有异议，应当按照规定程序向国际体育仲裁院提起上诉，否则《单一法官裁决》将成为终局性、具有约束力的裁决。后双方均未就《单一法官裁决》向国际体育仲裁院提起上诉。

之后，聚运动公司变更为上海恩渥餐饮管理有限公司（以下简称恩渥公司），吕恩为其独资股东及法定代表人。因恩渥公司未按照《单一法官裁决》支付款项，且因聚运动俱乐部已解散并不再在中国足球协会注册，上述裁决无法通过足球行业自治机制获得执行，德拉甘·可可托维奇向上海市徐汇区人民法院提起诉讼，请求法院判令：一、恩渥公司向德拉甘·可可托维奇支付剩余工资等款项；二、吕恩就上述债务承担连带责任。恩渥公司和吕恩在提交答辩状期间对人民法院受理该案提出异议，认为根据《解除合同协议》第5.2条约定，案涉争议应当提交国际体育仲裁院仲裁，人民法院无管辖权，请求裁定对德拉甘·可可托维奇的起诉不予受理。

【裁判结果】

上海市徐汇区人民法院于2020年1月21日作出（2020）沪0104民初1814号民事裁定，驳回德拉甘·可可托维奇的起诉。德拉甘·可可托维奇不服一审裁定，提起上诉。上海市第一中级人民法院经审理，并依据《仲裁司法审查报核规定》第8条规定层报上海市高级人民法院、最高人民法院审核，于2022年6月29日作出（2020）沪01民终3346号民事裁定：（1）撤销上海市徐汇区人民法院（2020）沪0104民初1814号民事裁定；（2）本案指令上海市徐汇区人民法院审理。

【裁判理由】

法院生效裁判认为：本案争议焦点包括两个方面：第一，球员身份委员会作出的《单一法官裁决》是否属于《承认及执行外国仲裁裁决公约》规定的外国仲裁裁决；第二，案涉仲裁条款是否可以排除人民法院的管辖权。

首先，球员身份委员会作出的涉案《单一法官裁决》不属于《承认及执行外国仲裁裁决公约》项下的外国仲裁裁决。根据《承认及执行外国仲裁裁决公约》的目的、宗旨及规定,《承认及执行外国仲裁裁决公约》项下的仲裁裁决是指常设仲裁机关或专案仲裁庭基于当事人的仲裁协议,对当事人提交的争议作出的终局性、有约束力的裁决,而球员身份委员会作出的《单一法官裁决》与上述界定并不相符。国际足联球员身份委员会的决定程序并非仲裁程序,而是行业自治解决纠纷的内部程序。第一,球员身份委员会系依据内部条例和规则受理并处理争议的国际单项体育组织内设的自治纠纷解决机构,并非具有独立性的仲裁机构;第二,球员身份委员会仅就其会员单位和成员之间的争议进行调处,其作出的《单一法官裁决》,系国际单项体育组织的内部决定,主要依靠行业内部自治机制获得执行,不具有普遍、严格的约束力,故不符合仲裁裁决的本质特征;第三,依据国际足联《球员身份和转会管理条例》第 22 条、第 23 条第 4 款之规定,国际足联处理相关争议并不影响球员或俱乐部就该争议向法院寻求救济的权利,当事人亦可就球员身份委员会作出的处理决定向国际体育仲裁院提起上诉。上述规定明确了国际足联的处理决定不具有终局性,不排除当事人寻求司法救济的权利。综上,球员身份委员会作出的《单一法官裁决》与《承认及执行外国仲裁裁决公约》项下"仲裁裁决"的界定不符,不宜认定为外国仲裁裁决。

其次,案涉仲裁条款不能排除人民法院对本案行使管辖权。案涉当事人在《解除合同协议》第 5 条约定,发生纠纷后应当首先提交球员身份委员会或者国际足联的其他内设机构解决,如果国际足联没有管辖权则提交国际体育仲裁院仲裁。既已明确球员身份委员会及国际足联其他内设机构的纠纷解决程序不属于仲裁程序,则相关约定不影响人民法院对本案行使管辖权。但当事人约定应将争议提交至国际体育仲裁院进行仲裁,本质系有关仲裁主管的约定,故需进一步审查仲裁协议的效力及其是否排除人民法院的管辖权。

因案涉协议中的仲裁条款并未明确约定相应的准据法,根据《涉外民事法律关系适用法》第 18 条之规定,有关案涉仲裁条款效力的准据法应为瑞士法。最高人民法院在依据《仲裁司法审查报核规定》第 8 条规定审核案涉仲裁协议效力问题期间查明,瑞士关于仲裁协议效力的法律规定为《瑞士联邦国际私法》第 178 条。该条就仲裁协议效力规定如下:"(一)在形式上,仲裁协议如果是通过书写、电报、电传、传真或其他可构成书面证明的通讯方式作出,即为有效。(二)在实质上,仲裁协议如果符合当事人所选择的法律或支配争议标的的法律尤其是适用于主合同的法律或瑞士的法律所规定的条件,即为有效。(三)对仲裁协议的有效性不得以主合同可能无效或仲裁协议是针对尚未发生的争议为理由而提出异议。"

结合查明的事实分析,《解除合同协议》第 5.2 条的约定符合上述瑞士法律的规定,故该仲裁条款合法有效。但依据该仲裁条款约定,只有在满足"国际足联不享有司法管辖权"的情形下,才可将案涉争议提交国际体育仲裁院进行仲裁。现球员身份委员会已经受理案涉争议并作出《单一法官裁决》,即本案争议已由国际足联行使了管辖权。因此,本案不符合案涉仲裁条款所约定的将争议提交国际体育仲裁院进行仲裁的条件,该仲裁条款不适用于本案,不能排除一审法院作为被告住所地人民法院行使管辖权。

2. 指导案例 200 号:斯万斯克蜂蜜加工公司申请承认和执行外国仲裁裁决案(20221227)

【裁判要点】

仲裁协议仅约定通过快速仲裁解决争议,未明确约定仲裁机构的,由临时仲裁庭作出裁决,不属于《承认及执行外国仲裁裁决公约》第五条第一款规定的情形,被申请人以采用临时仲裁不符合仲裁协议约定为由,主张不予承认和执行该临时仲裁裁决的,人民法院不予支持。

【基本案情】

2013 年 5 月 17 日,卖方南京常力蜂业有限公司(以下简称常力蜂业公司)与买方斯万斯克蜂蜜加工公司(SvenskHonungsfora－－dlingAB)(以下简称斯万斯克公司)签订了编号为

NJRS13001 的英文版蜂蜜销售《合同》,约定的争议解决条款为"in case of disputes governed by Swedish law and that disputes should be settled by Expedited Arbitration in Sweden."(中文直译为:"在受瑞典法律管辖的情况下,争议应在瑞典通过快速仲裁解决。")。另《合同》约定了相应的质量标准:蜂蜜其他参数符合欧洲(2001/112/EC,2001 年 12 月 20 日),无美国污仔病、微粒子虫、瓦螨病等。

在合同履行过程中,双方因蜂蜜品质问题发生纠纷。2015 年 2 月 23 日,斯万斯克公司以常力蜂业公司为被申请人就案涉《合同》向瑞典斯德哥尔摩商会仲裁院申请仲裁,请求常力蜂业公司赔偿。该仲裁于 2015 年 12 月 18 日以其无管辖权为由作出 SCCF2015/023 仲裁裁决,驳回了斯万斯克公司的申请。

2016 年 3 月 22 日,斯万斯克公司再次以常力蜂业公司为被申请人就案涉《合同》在瑞典申请临时仲裁。在仲裁审查期间,临时仲裁庭及斯德哥尔摩地方法院向常力蜂业公司及该公司法定代表人邮寄了相应材料,但截至 2017 年 5 月 4 日,临时仲裁庭除收到常力蜂业公司关于陈述《合同》没有约定仲裁条款、不应适用瑞典法的两份电子邮件外,未收到其他任何意见。此后临时仲裁庭收到常力蜂业公司代理律师提交的关于反对仲裁庭管辖权及延长提交答辩书的意见书。2018 年 3 月 5

日、6 日,临时仲裁庭组织双方当事人进行了听证。听证中,常力蜂业公司的代理人对仲裁庭的管辖权不再持异议,常力蜂业公司的法定代表人赵上生也未提出相应异议。该临时仲裁庭于 2018 年 6 月 9 日依据瑞典仲裁法作出仲裁裁决:1. 常力蜂业公司违反了《合同》约定,应向斯万斯克公司支付 286230 美元及相应利息;2. 常力蜂业公司应向斯万斯克公司赔偿 781614 瑞典克朗、1021718.45 港元。

2018 年 11 月 22 日,斯万斯克公司向江苏省南京市中级人民法院申请承认和执行上述仲裁裁决。

法院审查期间,双方均认为应当按照瑞典法律来理解《合同》中的仲裁条款。斯万斯克公司认为争议解决条款的中文意思是"如发生任何争议,应适用瑞典法律并在瑞典通过快速仲裁解决"。而常力蜂业公司则认为上述条款的中文意思是"为瑞典法律管辖下的争议在瑞典进行快速仲裁解决"。

【裁判结果】

江苏省南京市中级人民法院于 2019 年 7 月 15 日作出(2018)苏 01 协外认 8 号民事裁定,承认和执行由 PeterThorp、StureLarsson 和 NilsEliasson 组成的临时仲裁庭于 2018 年 6 月 9 日针对斯万斯克公司与常力蜂业公司关于 NJRS13001《合同》作出的仲裁裁决。

【裁判理由】

法院生效裁判认为:依据查明及认定的事实,由 PeterThorp、StureLarsson 和 NilsEliasson 组成的临时仲裁庭作出的案涉仲裁裁决不具有《承认及执行外国仲裁裁决公约》第 5 条第 1 款乙、丙、丁项规定的不予承认和执行的情形,也不违反我国加入该公约时所作出的保留性声明条款,或违反我国公共政策或争议事项不能以仲裁解决的情形,故对该裁决应当予以承认和执行。

关于临时仲裁裁决的程序是否存在与仲裁协议不符的情形。该项争议系双方对《合同》约定的争议解决条款"in case of disputes governed by Swedish law and that disputes should be settled by Expedited Arbitration in Sweden." 的理解问题。从双方对该条款中文意思的表述看,双方对在瑞典通过快速仲裁解决争端并无异议,仅对快速仲裁是否可以通过临时仲裁解决发生争议。快速仲裁相对于普通仲裁而言,更加高效、便捷、经济,其核心在于简化了仲裁程序、缩短了仲裁时间、降低了仲裁费用等,从而使当事人的争议以较为高效和经济的方式得到解决。而临时仲裁庭相对于常设的仲裁机构而言,也具有高效、便捷、经济的特点。具体到本案,双方同意通过快速仲裁的方式解决争议,但该快速仲裁并未排除通过临时仲裁的方式解决,当事人在仲裁听证过程中也没有对临时仲裁提出异议,在此情形下,由临时仲裁庭作出裁决,符合双方当事人的合意。故应认定案涉争议通过临时仲裁庭处理,并不存在与仲裁协议不符的情形。

3. 指导案例 199 号：高哲宇与深圳市云丝路创新发展基金企业、李斌申请撤销仲裁裁决案（20221227）

【裁判要点】

仲裁裁决裁定被申请人赔偿与比特币等值的美元，再将美元折算成人民币，属于变相支持比特币与法定货币之间的兑付交易，违反了国家对虚拟货币金融监管的规定，违背了社会公共利益，人民法院应当裁定撤销仲裁裁决。

【基本案情】

2017 年 12 月 2 日，深圳市云丝路创新发展基金企业（以下简称云丝路企业）、高哲宇、李斌签订了《股权转让协议》，根据该协议约定，云丝路企业将其持有的深圳极驱科技有限公司（以下简称极驱公司）5%股权以 55 万元转让给高哲宇；李斌同意代替高哲宇向云丝路企业支付 30 万元股权转让款，高哲宇直接向云丝路企业支付 25 万元股权转让款，同时高哲宇将李斌委托其进行理财的比特币全部归还至李斌的电子钱包。该协议签订后，高哲宇未履行合同义务。

云丝路企业、李斌向深圳仲裁委员会申请仲裁，主要请求为：变更云丝路企业持有的极驱公司 5%股权到高哲宇名下，高哲宇向云丝路企业支付股权款 25 万元，高哲宇向李斌归还与比特币资产相等价值的美金 493158.40 美元及利息，高哲宇支付李斌违约金 10 万元。

仲裁庭经审理认为，高哲宇未依照

案涉合同的约定交付双方共同约定并视为有财产意义的比特币等，构成违约，应予赔偿。仲裁庭参考李斌提供的 okcoin.com 网站公布的合同约定履行时点有关比特币收盘价的公开信息，估算应赔偿的财产损失为 401780 美元。仲裁庭裁决，变更云丝路企业持有的极驱公司 5%股权至高哲宇名下；高哲宇向云丝路企业支付股权转让款 25 万元；高哲宇向李斌支付 401780 美元（按裁决作出之日的美元兑人民币汇率结算为人民币）；高哲宇向李斌支付违约金 10 万元。

高哲宇认为该仲裁裁决违背社会公共利益，请求人民法院予以撤销。

【裁判结果】

广东省深圳市中级人民法院于 2020 年 4 月 26 日作出（2018）粤 03 民特 719 号民事裁定，撤销深圳仲裁委员会（2018）深仲裁字第 64 号仲裁裁决。

【裁判理由】

法院生效裁判认为：《中国人民银行、工业和信息化部、中国银行业监督管理委员会、中国证券监督管理委员会、中国保险监督管理委员会关于防范比特币风险的通知》（银发〔2013〕289 号）明确规定，比特币不具有与货币等同的法律地位，不能且不应作为货币在市场上流通使用。2017 年中国人民银行等七部门联合发布关于防范代币发行融资风险的公告，重申了上述规定，同时从防范金融风险的角度，进一步提出任何所谓的代币融资交易平台不得从事法定货币与代币、虚拟货币相互之间的兑换业务，不得买卖或作为中央对手方买卖代币或虚拟货币，不得为代币或虚拟货币提供定价、信息中介等服务。上述文件实质上禁止了比特币的兑付、交易及流通，炒作比特币等行为涉嫌从事非法金融活动，扰乱金融秩序，影响金融稳定。涉案仲裁裁决高哲宇赔偿李斌与比特币等值的美元，再将美元折算成人民币，实质上是变相支持了比特币与法定货币之间的兑付、交易，与上述文件精神不符，违背了社会公共利益，该仲裁裁决应予撤销。

4. 指导案例 198 号：中国工商银行股份有限公司岳阳分行与刘友良申请撤销仲裁裁决案（20221227）

【裁判要点】

实际施工人并非发包人与承包人签订的施工合同的当事人，亦未与发包人、承包人订立有效仲裁协议，不应受发包人与承包人的仲裁协议约束。实际施工人依据发包人与承包人的仲裁协议申请仲裁，仲裁机构作出仲裁裁决后，发包人请求撤销仲裁裁决的，人民法院应予支持。

【基本案情】

2012 年 8 月 30 日，中国工商银行股份有限公司岳阳分行（以下简称工行岳阳分行）与湖南巴陵建设有限公司（以下简称巴陵公司）签订《装修工程施工合同》，工行岳阳分行将其办公大楼整体装修改造内部装饰项目发包给

巴陵公司，同时在合同第 15.11 条约定"本合同发生争议时，先由双方协商解决，协商不成时，向岳阳仲裁委员会申请仲裁解决"。2012 年 9 月 10 日，巴陵公司与刘友良签订《内部项目责任承包合同书》，巴陵公司将工行岳阳分行办公大楼整体装修改造内部装饰项目的工程内容及保修以大包干方式承包给刘友良，并收取一定的管理费及相关保证金。2013 年 7 月 23 日，工行岳阳分行与巴陵公司又签订了《装饰安装工程施工补充合同》，工行岳阳分行将其八楼主机房碳纤维加固、防水、基层装饰、外屏管道整修、室内拆旧及未进入决算的相关工程发包给巴陵公司。由于工行岳阳分行未能按照约定支付工程款，2017 年 7 月 4 日，刘友良以工行岳阳分行为被申请人向岳阳仲裁委员会申请仲裁。2017 年 8 月 7 日，工行岳阳分行以其与刘友良未达成仲裁协议为由提出仲裁管辖异议。2017 年 8 月 8 日，岳阳仲裁委员会以岳仲决字〔2017〕8 号决定驳回了工行岳阳分行的仲裁管辖异议。2017 年 12 月 22 日，岳阳仲裁委员会作出岳仲决字〔2017〕696 号裁决，裁定工行岳阳分行向刘友良支付到期应付工程价款及违约金。工行岳阳分行遂向湖南省岳阳市中级人民法院申请撤销该仲裁裁决。

【裁判结果】

湖南省岳阳市中级人民法院于 2018 年 11 月 12 日作出（2018）湘 06 民特 1 号民事裁定，撤销岳阳仲裁委员会

岳仲决字〔2017〕696号裁决。

【裁判理由】

法院生效裁判认为,仲裁协议是当事人达成的自愿将他们之间业已产生或可能产生的有关特定的无论是契约性还是非契约性的法律争议的全部或特定争议提交仲裁的合意。仲裁协议是仲裁机构取得管辖权的依据,是仲裁合法性、正当性的基础,其集中体现了仲裁自愿原则和协议仲裁制度。本案中,工行岳阳分行与巴陵公司签订的《装修工程施工合同》第15.11条约定"本合同发生争议时,先由双方协商解决,协商不成时,向岳阳仲裁委员会申请仲裁",故工行岳阳分行与巴陵公司之间因工程款结算及支付引起的争议应当通过仲裁解决。但刘友良作为实际施工人,其并非工行岳阳分行与巴陵公司签订的《装修工程施工合同》的当事人,刘友良与工行岳阳分行及巴陵公司之间均未达成仲裁合意,不受该合同中仲裁条款的约束。除非另有约定,刘友良无权援引工行岳阳分行与巴陵公司之间《装修工程施工合同》中的仲裁条款向合同当事方主张权利。刘友良以巴陵公司的名义施工,巴陵公司作为《装修工程施工合同》的主体仍然存在并承担相应的权利义务,案件当事人之间并未构成《仲裁法解释》第8条规定的合同仲裁条款"承继"情形,亦不构成上述解释第9条规定的合同主体变更情形。2004年《最高人民法院关于审理建设工程施工合同纠纷案件适用法律问题的解释》(已失效)第26条虽然规定实际施工人可以发包人为被告主张权利且发包人只在欠付工程款的范围内对实际施工人承担责任,但上述内容仅规定了实际施工人对发包人的诉权以及发包人承担责任的范围,不应视为实际施工人援引《装修工程施工合同》中仲裁条款的依据。综上,工行岳阳分行与刘友良之间不存在仲裁协议,岳阳仲裁委员会基于刘友良的申请以仲裁方式解决工行岳阳分行与刘友良之间的工程款争议无法律依据。实际施工人依据发包人与承包人的仲裁协议申请仲裁,仲裁机构作出仲裁裁决后,发包人请求撤销仲裁裁决的,人民法院应予支持。

5. 指导案例197号:深圳市实正共盈投资控股有限公司与深圳市交通运输局申请确认仲裁协议效力案(20221227)

【裁判要点】

当事人未在仲裁庭首次开庭前对仲裁协议的效力提出异议的,应当认定当事人接受仲裁庭对案件的管辖权。虽然案件重新进入仲裁程序,但仍是对同一纠纷进行的仲裁程序,当事人在重新仲裁开庭前对仲裁协议效力提出异议的,不属于《仲裁法》第20条第2款规定的"在仲裁庭首次开庭前提出"的情形。

【基本案情】

深圳市实正共盈投资控股有限公司(以下简称实正共盈公司)诉称:实

正共盈公司与深圳市交通运输局的纠纷由深圳国际仲裁院于 2020 年 2 月 20 日作出重新裁决的决定,该案目前尚未重新组庭,处于首次开庭前的阶段。两个案件程序相互独立,现在提起确认仲裁协议的效力时间应当被认定为首次开庭前,一审裁定依据《仲裁法解释》第 13 条规定属于法律适用错误。

广东省深圳市交通运输局辩称:案涉仲裁案件于 2017 年 8 月 18 日首次开庭审理,庭审过程中,实正共盈公司当庭确认其对仲裁庭已经进行的程序没有异议,实正共盈公司已认可深圳国际仲裁院对案涉仲裁案件的管辖,其无权因案件进入重新仲裁程序而获得之前放弃的权利。一审裁定适用法律正确。

法院经审理查明:华南国际经济贸易仲裁委员会(又名深圳国际仲裁院,曾名中国国际经济贸易仲裁委员会华南分会、中国国际经济贸易仲裁委员会深圳分会)于 2016 年受理本案所涉仲裁案件。2017 年 8 月 18 日,仲裁庭进行开庭审理,在仲裁申请人陈述和固定仲裁请求依据的事实和理由前,仲裁庭询问"双方当事人对本案已经进行的程序,是否有异议",本案申请人回答"没有异议";在庭审结束时,本案申请人表示,"截止到目前为止对于已经进行的仲裁程序"没有异议。2018 年 3 月 29 日,华南国际经济贸易仲裁委员会作出裁决书。该裁决作出后,实正共盈公司向深圳市中级人民法院申请不予执行该仲裁裁决。法院经审查认为,可以由仲裁庭重新仲裁,由于仲裁庭在法院指定的期限内已同意重新仲裁,故不予执行仲裁裁决的审查程序应予终结。2020 年 2 月 26 日,法院裁定终结该案审查程序。

【裁判结果】

广东省深圳市中级人民法院于 2020 年 6 月 3 日作出(2020)粤 03 民特 249 号民事裁定,驳回申请人实正共盈公司的申请。实正共盈公司不服,向广东省高级人民法院提起上诉。广东省高级人民法院于 2020 年 9 月 18 日作出(2020)粤民终 2212 号民事裁定,驳回上诉,维持原裁定。

【裁判理由】

法院生效裁判认为:《仲裁法》第 20 条第 2 款规定:"当事人对仲裁协议的效力有异议,应当在仲裁庭首次开庭前提出",当事人未在仲裁庭首次开庭前对仲裁协议的效力提出异议的,视为当事人接受仲裁庭对案件的管辖权。本案虽然进入重新仲裁程序,但仍为同一纠纷,实正共盈公司在仲裁过程中未对仲裁协议效力提出异议并确认对仲裁程序无异议,其行为在重新仲裁过程中仍具有效力。根据《仲裁法解释》第 13 条"依照仲裁法第二十条第二款的规定,当事人在仲裁庭首次开庭前没有对仲裁协议的效力提出异议,而后向人民法院申请确认仲裁协议无效的,人民法院不予受理"的规定,一审法院不应受理实正共盈公司提出的确认仲裁协议效力申请。一审法院受理本案后,根据《仲裁司法审查规定》第 8 条第 1 款"人民法院立案后发现不符合受理条件的,裁定驳回申请"的规定,裁定驳回实正共盈公司的申请,并无不当。

6. 指导案例 196 号:运裕有限公司与深圳市中苑城商业投资控股有限公司申请确认仲裁协议效力案(20221227)

【裁判要点】

1. 当事人以仲裁条款未成立为由请求确认仲裁协议不存在的,人民法院应当按照申请确认仲裁协议效力案件予以审查。

2. 仲裁条款独立存在,其成立、效力与合同其他条款是独立、可分的。当事人在订立合同时对仲裁条款进行磋商并就提交仲裁达成合意的,合同成立与否不影响仲裁条款的成立、效力。

【基本案情】

中国旅游集团有限公司(以下简称中旅公司),原名为中国旅游集团公司、中国港中旅集团公司,是国有独资公司。香港中旅(集团)有限公司(以下简称香港中旅公司)是中旅公司的全资子公司,注册于香港。运裕有限公司(以下简称运裕公司)是香港中旅公司的全资子公司,注册于英属维尔京群岛。新劲公司是运裕公司的全资子公司,亦注册于英属维尔京群岛。

2016 年 3 月 24 日,中旅公司作出《关于同意挂牌转让 NEWPOWER-ENTERPRISESINC. 100% 股权的批复》,同意运裕公司依法合规转让其所持有的新劲公司 100% 的股权。2017 年 3 月 29 日,运裕公司通过北交所公开挂牌转让其持有的新劲公司 100% 的股权。深圳市中苑城商业投资控股有限公司(以下简称中苑城公司)作为意向受让人与运裕公司等就签订案涉项目的产权交易合同等事宜开展磋商。

2017 年 5 月 9 日,港中旅酒店有限公司(中旅公司的全资子公司)投资管理部经理张欣发送电子邮件给深圳市泰隆金融控股集团有限公司(中苑城公司的上级集团公司)风控法务张瑞瑞。电子邮件的附件《产权交易合同》,系北交所提供的标准文本,载明甲方为运裕公司,乙方为中苑城公司,双方根据合同法和《企业国有产权转让管理暂行办法》等相关法律、法规、规章的规定,就运裕公司向中苑城公司转让其拥有的新劲公司 100% 股权签订《产权交易合同》。合同第 16 条管辖及争议解决方式:16.1 本合同及产权交易中的行为均适用中华人民共和国法律;16.2 有关本合同的解释或履行,当事人之间发生争议的,应由双方协商解决;协商解决不成的,提交北京仲裁委员会仲裁。上述电子邮件的附件《债权清偿协议》第 12 条约定:本协议适用中华人民共和国法律。有关本协议的解释或履行,当事人之间发生争议的,应由各方协商解决;协商解决不成的,任何一方均有权提交北京仲裁委员会以仲裁方式解决。

2017 年 5 月 10 日,张瑞瑞发送电子邮件给张欣、刘祯,内容为:"附件为我们公司对合同的一个修改意见,请贵公司在基于平等、公平的原则及合同签订后的有效原则慎重考虑加以确认。"在该邮件的附件中,《产权交易合同》文本第 16 条"管辖及争议解决方式"修改为"16.1 本合同及产权交易中的行为均适用中华人民共和国法律。16.2 有关本合同的解释或履行,当事人之间发生争议的,应由双方协商解决;协商解决不成的,提交深圳国际仲裁院仲裁";《债权清偿协议》文本第 12 条修改为"本协议适用中华人民共和国法律。有关本协议的解释或履行,当事人之间发生争议的,应由各方协商解决;协商解决不成的,任何一方均有权提交深圳国际仲裁院以仲裁方式解决"。

2017 年 5 月 11 日 13 时 42 分,张欣发送电子邮件给张瑞瑞和中苑城公司高级管理人员李俊,针对中苑城公司对两个合同文本提出的修改意见进行了回应,并表示"现将修订后的合同草签版发送给贵司,请接到附件内容后尽快回复意见。贵方与我司确认后的合同将被提交至北交所及我司内部审批流程,经北交所及我司集团公司最终确认后方可签署(如有修改我会再与贵司确认)"。该邮件附件《产权交易合同》(草签版)第 16 条"管辖及争议解决方式"与《债权清偿协议》(草签版)第 12 条和上述 5 月 10 日张瑞瑞发送给张欣、刘祯的电子邮件附件中的有关

内容相同。同日 18 时 39 分,张瑞瑞发送电子邮件给张欣,内容为"附件为我司签署完毕的《产权交易合同》(草签版)及《债权清偿协议》(草签版)、项目签约说明函等扫描件,请查收并回复"。该邮件附件《产权交易合同》(草签版)和《债权清偿协议》(草签版)的管辖及争议解决方式的内容与张欣在同日发送电子邮件附件中的有关内容相同。中苑城公司在合同上盖章,并将该文本送达运裕公司。

2017 年 5 月 17 日,张欣发送电子邮件给李俊,载明:"深圳项目我司集团最终审批流程目前正进行中,如审批顺利计划可在本周五上午在北京维景国际大酒店举办签约仪式,具体情况待我司确认后通知贵司。现将《产权交易合同》及《债权清偿协议》拟签署版本提前发送给贵司以便核对。"该邮件附件 1 为《股权转让项目产权交易合同》(拟签署版),附件 2 为《股权转让项目债权清偿协议》(拟签署版)。上述两个合同文本中的仲裁条款仍与草签版相同。

2017 年 10 月 27 日,运裕公司发函中苑城公司取消交易。2018 年 4 月 4 日,中苑城公司根据《产权交易合同》(草签版)第 16.2 条及《债权清偿协议》(草签版)第 12 条的约定,向深圳国际仲裁院提出仲裁申请,将运裕公司等列为共同被申请人。在仲裁庭开庭前,运裕公司等分别向广东省深圳市中级人民法院提起诉讼,申请确认仲裁协议不存在。该院于 2018 年 9 月 11 日

立案,形成了本案和另外两个关联案件。在该院审查期间,最高人民法院认为,本案及关联案件有重大法律意义,由国际商事法庭审查有利于统一适用法律,且有利于提高纠纷解决效率,故依照《民事诉讼法》第38条第1款、《最高人民法院关于设立国际商事法庭若干问题的规定》第2条第5项之规定,裁定本案由最高人民法院第一国际商事法庭审查。

【裁判结果】

最高人民法院于2019年9月18日作出(2019)最高法民特1号民事裁定,驳回运裕有限公司的申请。

【裁判理由】

最高人民法院认为:运裕公司在中苑城公司申请仲裁后,以仲裁条款未成立为由,向人民法院申请确认双方之间不存在有效的仲裁条款。虽然这不同于要求确认仲裁协议无效,但是仲裁协议是否存在与是否有效同样直接影响到纠纷解决方式,同样属于需要解决的先决问题,因而要求确认当事人之间不存在仲裁协议也属于广义的对仲裁协议效力的异议。《仲裁法》第20条第1款规定:“当事人对仲裁协议的效力有异议的,可以请求仲裁委员会作出决定或者请求人民法院作出裁定。据此,当事人以仲裁条款未成立为由要求确认仲裁协议不存在的,属于申请确认仲裁协议效力案件,人民法院应予立案审查。”

在确认仲裁协议效力时,首先要确

定准据法。《涉外民事关系法律适用法》第18条规定:“当事人可以协议选择仲裁协议适用的法律。当事人没有选择的,适用仲裁机构所在地法律或者仲裁地法律。”在法庭询问时,各方当事人均明确表示同意适用中华人民共和国法律确定案涉仲裁协议效力。因此,本案仲裁协议适用中华人民共和国法律。

《仲裁法》第16条第1款规定:“仲裁协议包括合同中订立的仲裁条款和以其他书面方式在纠纷发生前或者纠纷发生后达成的请求仲裁的协议。”可见,合同中的仲裁条款和独立的仲裁协议这两种类型,都属于仲裁协议,仲裁条款的成立和效力的认定也适用关于仲裁协议的法律规定。

仲裁协议独立性是广泛认可的一项基本法律原则,是指仲裁协议与主合同是可分的,互相独立,它们的存在与效力,以及适用于它们的准据法都是可分的。由于仲裁条款是仲裁协议的主要类型,仲裁条款与合同其他条款出现在同一文件中,赋予仲裁条款独立性,比强调独立的仲裁协议具有独立性更有实践意义,甚至可以说仲裁协议独立性主要是指仲裁条款和主合同是可分的。对于仲裁协议的独立性,中华人民共和国法律和司法解释均有规定。《仲裁法》第19条第1款规定:“仲裁协议独立存在,合同的变更、解除、终止或者无效,不影响仲裁协议的效力。”从上下文关系看,该条是在《仲裁法》第16条明确了仲裁条款属于仲裁协议之后,规定了仲裁协议的独立性。因此,仲裁条款独立于合同。对于仲裁条款能否完全独立于合同而成立,《仲裁法》的规定似乎不是特别清晰,不如已成立合同的变更、解除、终止或者无效不影响仲裁协议效力的规定那么明确。在司法实践中,合同是否成立与其中的仲裁条款是否成立这两个问题常常纠缠不清。但是,《仲裁法》第 19 条第 1 款开头部分"仲裁协议独立存在",是概括性、总领性的表述,应当涵盖仲裁协议是否存在即是否成立的问题,之后的表述则是进一步强调列举的几类情形也不能影响仲裁协议的效力。《仲裁法解释》第 10 条第 2 款进一步明确:"当事人在订立合同时就争议达成仲裁协议的,合同未成立不影响仲裁协议的效力。"因此,在确定仲裁条款效力包括仲裁条款是否成立时,可以先行确定仲裁条款本身的效力;在确有必要时,才考虑对整个合同的效力包括合同是否成立进行认定。本案亦依此规则,先根据本案具体情况来确定仲裁条款是否成立。

仲裁条款是否成立,主要是指当事人双方是否有将争议提交仲裁的合意,即是否达成了仲裁协议。仲裁协议是一种合同,判断双方是否就仲裁达成合意,应适用合同法关于要约、承诺的规定。从本案磋商情况看,当事人双方一直共同认可将争议提交仲裁解决。本案最早的《产权交易合同》,系北交所提供的标准文本,连同《债权清偿协议》由运裕公司等一方发给中苑城公司,两份合同均包含将争议提交北京仲裁委员会仲裁的条款。之后,当事人就仲裁机构进行了磋商。运裕公司等一方发出的合同草签版的仲裁条款,已将仲裁机构确定为深圳国际仲裁院。就仲裁条款而言,这是运裕公司等发出的要约。中苑城公司在合同草签版上盖章,表示同意,并于 2017 年 5 月 11 日将盖章合同文本送达运裕公司,这是中苑城公司的承诺。根据《合同法》(已失效)第 25 条、第 26 条相关规定,承诺通知到达要约人时生效,承诺生效时合同成立。因此,《产权交易合同》《债权清偿协议》中的仲裁条款于 2017 年 5 月 11 日分别在两个合同的各方当事人之间成立。之后,当事人就合同某些其他事项进行交涉,但从未对仲裁条款有过争议。鉴于运裕公司等并未主张仲裁条款存在法定无效情形,故应当认定双方当事人之间存在有效的仲裁条款,双方争议应由深圳国际仲裁院进行仲裁。虽然运裕公司等没有在最后的合同文本上盖章,其法定代表人也未在文本上签字,不符合合同经双方法定代表人或授权代表签字并盖章后生效的要求,但根据《仲裁法解释》第 10 条第 2 款的规定,即使合同未成立,仲裁条款的效力也不受影响。在当事人已达成仲裁协议的情况下,对于本案合同是否成立的问题无需再行认定,该问题应在仲裁中解决。综上,运裕公司的理由和请求不能成立,人民法院驳回其申请。

【最高法公报案例】

"先裁后审"协议效力如何认定

[BY.O诉豫商集团有限公司服务合同纠纷管辖权异议案(2021-11)]

当事人虽就同一争议约定仲裁和诉讼两种争议解决方式,但协议明确约定,或者协议内容表明应首先适用仲裁方式、然后适用诉讼方式的,属于"先裁后审"协议。在涉外民事案件中,应准确认定"先裁后审"协议效力适用的法律。先仲裁条款依据其应当适用的法律认定为合法有效的,鉴于后诉讼条款因违反法院地即我国的仲裁一裁终局法律制度而无效,后诉讼条款无效不影响先仲裁条款效力,故应认定涉外"先裁后审"协议中仲裁条款有效、诉讼条款无效。

【法院参考案例】

1. 仲裁协议是否成立是否属于确认仲裁协议效力案件的审查范围

[新劲企业公司与深圳市中苑城商业投资控股有限公司申请确认仲裁协议效力案,最高人民法院(2019)最高法民特2号民事裁定书]

申请确认当事人间不存在仲裁协议虽然"不同于要求确认仲裁协议无效,但是仲裁协议是否存在与是否有效同样直接影响到纠纷解决方式,同样属于需要解决的先决问题",故确认仲裁协议不存在属于广义的效力异议。当事人以仲裁条款未成立为由要求确认仲裁协议不存在的,属于申请确认仲裁协议效力案件,人民法院应予立案审查。在确认仲裁协议效力时,首先要确定准据法。在确定仲裁条款效力包括仲裁条款是否成立时,可以先行确定仲裁条款本身的效力;在确有必要时,才考虑对整个合同的效力包括合同是否成立进行认定。仲裁条款是否成立,主要是指当事人双方是否有将争议提交仲裁的合意,即是否达成了仲裁协议。仲裁协议是一种合同,判断双方是否就仲裁达成合意,应适用《合同法》关于要约、承诺的规定。

2. 仲裁协议对合同权利义务的承继人是否有约束力

[天威公司与毕马威华振特殊普通合伙委托合同纠纷管辖权异议上诉案,最高人民法院(2015)民二终字第381号]

债权债务全部或者部分转让的,仲裁协议对受让人有效,但当事人另有约定、在受让债权债务时受让人明确反对或者不知有单独仲裁协议的除外。毕马威华振特殊普通合伙承继了毕马威华振的权利义务,既包含实体权利也包含有关争议解决方式的程序性条款。在无相反约定的情况下,天威公司与毕马威华振之间的仲裁条款在天威公司与毕马威华振特殊普通合伙之间具有约束力。天威公司以侵权赔偿之诉回避仲裁条款的适用理由不能成立。

3.仲裁协议的独立性如何理解[运裕有限公司与深圳市中苑城商业投资控股有限公司申请确认仲裁协议效力案,最高人民法院(2019)最高法民特1号]

仲裁协议独立性是广泛认可的一项基本法律原则,是指仲裁协议与主合同是可分的,互相独立,它们的存在与效力,以及适用于它们的准据法都是可分的。由于仲裁条款是仲裁协议的主要类型,仲裁条款与合同其他条款出现在同一文件中,赋予仲裁条款独立性,比强调独立的仲裁协议具有独立性更有实践意义,甚至可以说仲裁协议独立性主要是指仲裁条款和主合同是可分的。对于仲裁协议的独立性,中华人民共和国法律和本院司法解释均有规定。《仲裁法》第19条第1款规定:"仲裁协议独立存在,合同的变更、解除、终止或者无效,不影响仲裁协议的效力。"从上下文关系看,该条是在第16条明确了仲裁条款属于仲裁协议之后,规定了仲裁协议的独立性。因此,仲裁条款独立于合同。对于仲裁条款能否完全独立于合同而成立,《仲裁法》的规定似乎不是特别清晰,不如已成立合同的变更、解除、终止或者无效不影响仲裁协议效力的规定那么明确。在司法实践中,合同是否成立与其中的仲裁条款是否成立这两个问题常常纠缠不清。但是,《仲裁法》第19条第1款开头部分"仲裁协议独立存在",是概括性、总领性的表述,应当涵盖仲裁协议是否存在即是否成立的问题,之后的表述则是进一步强调列举的几类情形也不能影响仲裁协议的效力。《仲裁法解释》第10条第2款进一步明确:"当事人在订立合同时就争议达成仲裁协议的,合同未成立不影响仲裁协议的效力。"因此,在确定仲裁条款效力包括仲裁条款是否成立时,可以先行确定仲裁条款本身的效力;在确有必要时,才考虑对整个合同的效力包括合同是否成立进行认定。本案亦依此规则:先根据本案具体情况来确定仲裁条款是否成立。

4.未经最高人民法院审核,可否以违背公共利益为由裁定不予执行仲裁裁决[阿克苏顺隆物资有限责任公司与阿克苏地区通程房地产开发有限公司买卖合同纠纷案,最高人民法院(2018)最高法执监177号]

人民法院一般不能以仲裁裁决认定事实或适用法律错误等实体事由作出不予执行的裁定,除非存在裁决所根据的证据是伪造的,对方当事人向仲裁机构隐瞒了足以影响公正裁决的证据或者裁决违背社会公共利益的情形。地方各级法院对于非涉外涉港澳台仲裁司法审查案件,如果要以违背社会公共利益为由不予执行或者撤销我国内地仲裁机构的仲裁裁决应当向最高人民法院报核,待最高人民法院审核后,方可依最高人民法院的审核意见作出裁定。

5.申请人在首次开庭前已经向仲

裁庭提出仲裁管辖异议,仲裁庭未对仲裁协议效力作出决定,申请人向人民法院申请确认仲裁协议无效应否受理[湖南宇达电力工程有限公司、湖南九都科技有限公司申请确认仲裁协议效力案,湖南省娄底市中级人民法院(2019)湘13民特90号]

被申请人认为申请人已经以仲裁协议无效为由向仲裁庭提出了仲裁管辖异议,申请人再向人民法院起诉要求确认仲裁协议效力程序不合法。本院认为,根据《仲裁法解释》第13条规定:"依照仲裁法第二十条第二款的规定,当事人在仲裁庭首次开庭前没有对仲裁协议的效力提出异议,而后向人民法院申请确认仲裁协议无效的,人民法院不予受理。仲裁机构对仲裁协议的效力作出决定后,当事人向人民法院申请确认仲裁协议效力或者申请撤销仲裁机构的决定的,人民法院不予受理。"因此,申请人在首次开庭前已经向仲裁庭提出异议的情况下,向人民法院起诉要求确认仲裁协议效力,符合法律规定。同时至申请人起诉时,仲裁庭并未对仲裁协议效力作出决定,故人民法院可以受理本案。

6. 仲裁协议约定的仲裁机构与实际不一致时如何审查[北京信力筑正新能源技术股份有限公司与天津坤诚子科技有限公司申请确认仲裁协议效力案,北京市第四中级人民法院(2018)京04民特83号]

仲裁协议(仲裁条款)系合同当事人约定将争议提交仲裁解决的意思表示,其效力与否决定了争端解决方式的选择。虽然在合同中,存在当事人对于仲裁委员会名称表述有瑕疵的情形,但应当作出合理解释,以维护当事人意思自治原则。本案中,当事人约定的仲裁委员会为"北京市仲裁委员会",结合将仲裁地点设置在北京的仲裁委员会的实际情况,仅"北京仲裁委员会"与约定仲裁机构在表述上相似,其余仲裁机构与约定仲裁机构在表述上均有较大区别。结合立约本意及文字措辞,当事人选择将争议提交仲裁解决的意愿是明显的,虽然"北京市仲裁委员会"的名称不完全准确,但经综合对比分析文字表述、当事人真实意思、仲裁机构名称,可以确定北京仲裁委员会系唯一对涉合同争议具有管辖权的仲裁机构。除此之外,在以往审判实践中,法院对于"北京市仲裁委员会"的司法审查均认为,其与"北京仲裁委员会"相差一"市"字,并不会因此产生歧义,故"北京市仲裁委员会"的约定应属明确,仲裁协议应为有效。综上,结合尊重当事人选择将争议解决提交仲裁的意思自治与维护仲裁协议效力司法审查的法律适用尺度统一,应认定购销合同中的仲裁条款有效,信力公司的申请理由不能成立,法院不予采纳。

7."或裁或审"的约定是否有效[安徽省高速公路实验检测科研中心有

限公司、安徽新雨其木业有限公司申请确认仲裁协议效力案,安徽省合肥市中级人民法院(2017)皖 01 民特 317 号]

《仲裁法》第 16 条规定:仲裁协议包括合同中订立的仲裁条款和以其他书面方式在纠纷发生前或者纠纷发生后达成的请求仲裁的协议。仲裁协议应当具有下列内容:(一)请求仲裁的意思表示;(二)仲裁事项;(三)选定的仲裁委员会。本案中,新雨其木业与高速科研中心在双方签订的《租房协议》第五项约定的内容具有请求仲裁的意思表示,至于该条约定"仲裁解决不成可上诉至合肥市中级人民法院"的表述,具有仲裁优先的意思表示,并非或仲裁或诉讼的选择性约定,不能以此认定仲裁协议无效。"仲裁解决不成可上诉至合肥市中级人民法院"的表述违反了法律关于仲裁终局性的规定,应属无效,但不属仲裁协议内容,不影响仲裁协议的效力。仲裁条款约定的仲裁事项应理解为该合同项下争议,并选定合肥仲裁委员会作为仲裁机构,故双方就该合同产生纠纷已形成有效的仲裁协议。高速科研中心请求确认双方签订的《租房协议》中仲裁协议有效的申请理由成立,法院予以支持。

8. 约定的仲裁机构和仲裁规则不一致时如何处理[北京首信股份有限公司申请撤销仲裁裁决,北京市第二中级人民法院(2015)二中民特字第 13516 号]

《仲裁法》第 20 条第 2 款规定,当事人对仲裁协议的效力有异议,应当在仲裁庭首次开庭前提出。《仲裁法解释》第 27 条规定,当事人在仲裁程序中未对仲裁协议的效力提出异议,在仲裁裁决作出后以仲裁协议无效为由主张撤销仲裁裁决或者提出不予执行抗辩的,人民法院不予支持。本案中,首信公司在仲裁庭首次开庭前及仲裁程序中均未对仲裁协议效力提出异议,其在仲裁裁决作出后要求以仲裁协议无效为由申请撤销仲裁裁决,本院不予支持。

《中国国际经济贸易仲裁委员会仲裁规则(2005 版)》第 4 条第 2 款规定,凡当事人同意将争议提交贸仲仲裁的,均视为同意按照本规则进行仲裁。当事人约定适用其他仲裁规则,或约定对本规则有关内容进行变更的,从其约定,但其约定无法实施或与仲裁地强制性法律规定相抵触者除外。本案中,首信公司及诺基亚公司在《股权转让协议》第 10.2 条中约定,双方争议由贸仲仲裁,适用"国际商会的调解仲裁规则"。在贸仲依据首信公司的申请及上述仲裁协议受理仲裁案件后,首信公司与诺基亚公司就其约定的仲裁规则的理解与适用问题产生了争议,原因在于:双方均认可 1988 年《国际商会调解和仲裁规则》在《股权转让协议》签订时已经失效,国际商会现行有效的仲裁规则为 1998 年《国际商会仲裁规则》。但首信公司认为在此情形下贸仲不应当适用 1998 年《国际商会仲裁规则》，应当适用贸仲的仲裁规则；而诺基亚公司则认为应当适用 1998 年《国际商会仲裁规则》或 1988 年《国际商会调解和仲裁规则》。此后，贸仲针对双方当事人的上述争议作出决定，决定适用 1998 年《国际商会仲裁规则》审理案件。首信公司认为，贸仲的这一决定违背了当事人意思自治及贸仲仲裁规则的规定，违反了法定程序。

法院认为，首信公司与诺基亚公司就其约定的仲裁规则的理解与适用问题产生争议后，如果双方在仲裁程序中能够对仲裁规则的适用达成新的一致意见，那么则应当依据《中国国际经济贸易仲裁委员会仲裁规则（2005 版）》第 4 条第 2 款的规定，适用双方一致选择的仲裁规则；如果双方在仲裁程序中不能对仲裁规则的适用达成新的一致意见，那么由于仲裁规则的确定是仲裁案件继续审理的必要前提且双方当事人已经一致认可由贸仲行使仲裁案件的管辖权，因此贸仲有权对当事人在仲裁条款中约定的仲裁规则应当如何理解与适用问题作出决定。本案中，首信公司与诺基亚公司在仲裁程序中未对仲裁规则适用问题达成新的一致意见，贸仲针对双方有关争议作出了适用 1998 年《国际商会仲裁规则》的决定，并将决定内容及其原因告知双方当事人，双方当事人亦在 2012 年 11 月 6 日的会议后及 2013 年 9 月 13 日签订《审理范围书》时对适用 1998 年《国际商会仲裁规则》予以确认。结合以上论述，本院认为，本案中贸仲对双方当事人有关仲裁规则适用产生的分歧意见行使决定权并未违反法定程序。至于贸仲决定适用 1998 年《国际商会仲裁规则》是否妥当，只要其不违反《仲裁法》第 58 条的规定，则不属本院司法干预的范围。本案中，首信公司没有证据证明贸仲的上述决定违反《仲裁法》第 58 条的规定；且贸仲决定适用 1998 年《国际商会仲裁规则》后，首信公司与诺基亚公司均曾予以确认。因此，首信公司关于贸仲决定适用 1998 年《国际商会仲裁规则》系违反法定程序的主张，法院不予认可。

首信公司认为，依据"选择仲裁规则等于选择仲裁机构"的原则，贸仲选择适用 1998 年《国际商会仲裁规则》审理案件即意味着案件的审理需要接受国际商会仲裁院的管理。对此，本院认为，"选择仲裁规则等于选择仲裁机构"的原则一般适用于当事人仅对仲裁规则作出约定而未约定仲裁机构的情形。而本案中，双方当事人在仲裁协议中明确约定了贸仲作为解决双方争议的仲裁机构；且依据我国有关法律法规的规定，仲裁规则的适用并非影响仲裁协议效力的因素。因此，适用何种仲裁规则审理仲裁案件并不影响当事人对仲裁机构的约定。本案中，贸仲决定适用 1998 年《国际商会仲裁规则》审理案件，不影响贸仲作为该仲裁案件唯一的仲裁机构行使对案件的管理权。贸仲履行收取仲裁费、核阅裁决书等管理职能未违反法定程序，并无不当。

第三百零五条 【外国国家豁免】涉及外国国家的民事诉讼，适用中华人民共和国有关外国国家豁免的法律规定；有关法律没有规定的，适用本法。

【立法·要点注释】

1. 在外国国家参与民事诉讼时，首先应当适用有关外国国家豁免的法律规定。这里的"有关外国国家豁免的法律规定"，既包括《外国国家豁免法》的规定，具体涉及外国国家参与民事诉讼是否享有管辖豁免、向外国国家送达诉讼文书的方式、缺席判决的具体程序等规定，也包括其他涉及外国国家及其财产豁免的有关法律规定，如 2005 年 10 月 25 日第十届全国人大常委会第十八次会议通过的《外国中央银行财产司法强制措施豁免法》。

2. 有关外国国家豁免的法律没有规定的，应当适用作为诉讼程序基本法的《民事诉讼法》。比如《外国国家豁免法》等有关法律并未对涉及外国国家参与民事诉讼的具体审理程序、裁判文书的作出及相应救济等作出特别规定，则就此应当适用《民事诉讼法》的规定。

【相关立法】

《中华人民共和国外国国家豁免法》（20240101）

第一条　为了健全外国国家豁免制度，明确中华人民共和国的法院对涉及外国国家及其财产民事案件的管辖，保护当事人合法权益，维护国家主权平等，促进对外友好交往，根据宪法，制定本法。

第二条　本法所称的外国国家包括：

（一）外国主权国家；

（二）外国主权国家的国家机关或者组成部分；

（三）外国主权国家授权行使主权权力且基于该项授权从事活动的组织或者个人。

第三条　外国国家及其财产在中华人民共和国的法院享有管辖豁免，本法另有规定的除外。

第四条　外国国家通过下列方式之一明示就特定事项或者案件接受中华人民共和国的法院管辖的，对于就该事项或者案件提起的诉讼，该外国国家在中华人民共和国的法院不享有管辖豁免：

（一）国际条约；

（二）书面协议；

（三）向处理案件的中华人民共和国的法院提交书面文件；

（四）通过外交渠道等方式向中华

人民共和国提交书面文件；

（五）其他明示接受中华人民共和国的法院管辖的方式。

第五条 外国国家有下列情形之一的，视为就特定事项或者案件接受中华人民共和国的法院管辖：

（一）作为原告向中华人民共和国的法院提起诉讼；

（二）作为被告参加中华人民共和国的法院受理的诉讼，并就案件实体问题答辩或者提出反诉；

（三）作为第三人参加中华人民共和国的法院受理的诉讼；

（四）在中华人民共和国的法院作为原告提起诉讼或者作为第三人提出诉讼请求时，由于与该起诉或者该诉讼请求相同的法律关系或者事实被提起反诉。

外国国家有前款第二项规定的情形，但能够证明其作出上述答辩之前不可能知道有可主张豁免的事实的，可以在知道或者应当知道该事实后的合理时间内主张管辖豁免。

第六条 外国国家有下列情形之一的，不视为接受中华人民共和国的法院管辖：

（一）仅为主张豁免而应诉答辩；

（二）外国国家的代表在中华人民共和国的法院出庭作证；

（三）同意在特定事项或者案件中适用中华人民共和国的法律。

第七条 外国国家与包括中华人民共和国在内的其他国家的组织或者个人进行的商业活动，在中华人民共和国领域内发生，或者虽然发生在中华人民共和国领域外但在中华人民共和国领域内产生直接影响的，对于该商业活动引起的诉讼，该外国国家在中华人民共和国的法院不享有管辖豁免。

本法所称商业活动是指非行使主权权力的关于货物或者服务的交易、投资、借贷以及其他商业性质的行为。中华人民共和国的法院在认定一项行为是否属于商业活动时，应当综合考虑该行为的性质和目的。

第八条 外国国家为获得个人提供的劳动或者劳务而签订的合同全部或者部分在中华人民共和国领域内履行的，对于因该合同引起的诉讼，该外国国家在中华人民共和国的法院不享有管辖豁免，但有下列情形之一的除外：

（一）获得个人提供的劳动或者劳务是为了履行该外国国家行使主权权力的特定职能；

（二）提供劳动或者劳务的个人是外交代表、领事官员、享有豁免的国际组织驻华代表机构工作人员或者其他享有相关豁免的人员；

（三）提供劳动或者劳务的个人在提起诉讼时具有该外国国家的国籍，并且在中华人民共和国领域内没有经常居所；

（四）该外国国家与中华人民共和国另有协议。

第九条 对于外国国家在中华人

民共和国领域内的相关行为造成人身伤害、死亡或者造成动产、不动产损失引起的赔偿诉讼，该外国国家在中华人民共和国的法院不享有管辖豁免。

第十条　对于下列财产事项的诉讼，外国国家在中华人民共和国的法院不享有管辖豁免：

（一）该外国国家对位于中华人民共和国领域内的不动产的任何权益或者义务；

（二）该外国国家对动产、不动产的赠与、遗赠、继承或者因无人继承而产生的任何权益或者义务；

（三）在管理信托财产、破产财产或者进行法人、非法人组织清算时涉及该外国国家的权益或者义务。

第十一条　对于下列知识产权事项的诉讼，外国国家在中华人民共和国的法院不享有管辖豁免：

（一）确定该外国国家受中华人民共和国法律保护的知识产权归属及相关权益；

（二）该外国国家在中华人民共和国领域内侵害受中华人民共和国法律保护的知识产权及相关权益。

第十二条　外国国家与包括中华人民共和国在内的其他国家的组织或者个人之间的商业活动产生的争议，根据书面协议被提交仲裁的，或者外国国家通过国际投资条约等书面形式同意将其与包括中华人民共和国在内的其他国家的组织或者个人产生的投资争端提交仲裁的，对于需要法院审查的下列事项，该外国国家在中华人民共和国的法院不享有管辖豁免：

（一）仲裁协议的效力；

（二）仲裁裁决的承认和执行；

（三）仲裁裁决的撤销；

（四）法律规定的其他由中华人民共和国的法院对仲裁进行审查的事项。

第十三条　外国国家的财产在中华人民共和国的法院享有司法强制措施豁免。

外国国家接受中华人民共和国的法院管辖，不视为放弃司法强制措施豁免。

第十四条　有下列情形之一的，外国国家的财产在中华人民共和国的法院不享有司法强制措施豁免：

（一）外国国家以国际条约、书面协议或者向中华人民共和国的法院提交书面文件等方式明示放弃司法强制措施豁免；

（二）外国国家已经拨出或者专门指定财产用于司法强制措施执行；

（三）为执行中华人民共和国的法院的生效判决、裁定，对外国国家位于中华人民共和国领域内、用于商业活动且与诉讼有联系的财产采取司法强制措施。

第十五条　下列外国国家的财产不视为本法第十四条第三项规定的用于商业活动的财产：

（一）外交代表机构、领事机构、特别使团、驻国际组织代表团或者派往国际会议的代表团用于、意图用于公务的

财产,包括银行账户款项;

(二)属于军事性质的财产,或者用于、意图用于军事的财产;

(三)外国和区域经济一体化组织的中央银行或者履行中央银行职能的金融管理机构的财产,包括现金、票据、银行存款、有价证券、外汇储备、黄金储备以及该中央银行或者该履行中央银行职能的金融管理机构的不动产和其他财产;

(四)构成该国文化遗产或者档案的一部分,且非供出售或者意图出售的财产;

(五)用于展览的具有科学、文化、历史价值的物品,且非供出售或者意图出售的财产;

(六)中华人民共和国的法院认为不视为用于商业活动的其他财产。

第十六条 对于外国国家及其财产民事案件的审判和执行程序,本法没有规定的,适用中华人民共和国的民事诉讼法律以及其他相关法律的规定。

第十七条 中华人民共和国的法院向外国国家送达传票或者其他诉讼文书,应当按照下列方式进行:

(一)该外国国家与中华人民共和国缔结或者共同参加的国际条约规定的方式;

(二)该外国国家接受且中华人民共和国法律不禁止的其他方式。

通过前款方式无法完成送达的,可以通过外交照会方式送交该外国国家外交部门,外交照会发出之日视为完成送达。

按照本条第一款、第二款规定的方式进行送达的诉讼文书,应当依照该外国国家与中华人民共和国缔结或者共同参加的国际条约的规定附上有关语言的译本,没有相关国际条约的,附上该外国国家官方语言的译本。

向外国国家送达起诉状副本时,应当一并通知该外国国家在收到起诉状副本后三个月内提出答辩状。

外国国家在对其提起的诉讼中就实体问题答辩后,不得再就诉讼文书的送达方式提出异议。

第十八条 经送达完成,外国国家未在中华人民共和国的法院指定期限内出庭的,法院应当主动查明该外国国家是否享有管辖豁免。对于外国国家在中华人民共和国的法院不享有管辖豁免的案件,法院可以缺席判决,但应当在诉讼文书送达之日的六个月以后。

中华人民共和国的法院对外国国家作出的缺席判决,应当按照本法第十七条的规定送达。

外国国家对中华人民共和国的法院缺席判决提起上诉的期限为六个月,从判决书送达之日起计算。

第十九条 中华人民共和国外交部就以下有关国家行为的事实问题出具的证明文件,中华人民共和国的法院应当采信:

(一)案件中的相关国家是否构成本法第二条第一项中的外国主权国家;

(二)本法第十七条规定的外交照

会是否送达以及何时送达；

（三）其他有关国家行为的事实问题。

对于前款以外其他涉及外交事务等重大国家利益的问题，中华人民共和国外交部可以向中华人民共和国的法院出具意见。

第二十条　本法规定不影响外国的外交代表机构、领事机构、特别使团、驻国际组织代表团、派往国际会议的代表团及上述机构的相关人员根据中华人民共和国的法律、中华人民共和国缔结或者参加的国际条约享有的特权与豁免。

本法规定不影响外国国家元首、政府首脑、外交部长及其他具有同等身份的官员根据中华人民共和国的法律、中华人民共和国缔结或者参加的国际条约以及国际习惯享有的特权与豁免。

第二十一条　外国给予中华人民共和国国家及其财产的豁免待遇低于本法规定的，中华人民共和国实行对等原则。

第二十二条　中华人民共和国缔结或者参加的国际条约同本法有不同规定的，适用该国际条约的规定，但中华人民共和国声明保留的条款除外。

第二十三条　本法自 2024 年 1 月 1 日起施行。

【司法文件】

《最高人民法院关于涉外国国家豁免民事案件相关程序事项的通知》（法〔2025〕39 号，20250326）

一、外国国家及其财产在我国法院享有管辖豁免，但外国国家豁免法另有规定的除外。对于以外国国家豁免法第二条规定的外国国家为被告或者第三人提起的诉讼，人民法院应当审查起诉状是否载明该案存在外国国家豁免法规定的豁免例外情形。起诉状未予明确的，人民法院应当向起诉人释明。经释明仍未明确的，人民法院不予受理。

二、以外国国家豁免法第二条规定的外国国家为被告或者第三人的第一审民事案件，由省、自治区、直辖市人民政府所在地具有涉外民商事案件管辖权的中级人民法院（详见附件）以及海事法院、金融法院、知识产权法院管辖。

前款规定以外的人民法院不予受理以外国国家为被告或者第三人的起诉；已经受理的，应当裁定将案件移送有管辖权的人民法院。

三、人民法院向外国国家送达传票或者其他诉讼文书，应当按照该外国家与我国缔结或者共同参加的国际条约规定的方式，或者该外国国家接受且我国法律不禁止的其他方式进行送达。前述两种送达方式无先后适用顺序的要求。

通过前述两种送达方式均无法完成送达的，可以由最高人民法院通过外交部以外交照会的方式送达。

以前款规定的外交照会方式送达

的，人民法院应当将拟送达的传票或者其他诉讼文书逐级报最高人民法院。

人民法院向外国国家送达传票或者其他诉讼文书，不适用公告送达。

四、人民法院向外国国家送达传票或者其他诉讼文书，应当依照该外国国家与我国缔结或者共同参加的国际条约的规定附上有关语言的译本，没有相关国际条约的，附上该外国国家官方语言的译本。

向外国国家送达起诉状副本时，应当一并送达应诉通知书、举证通知书等诉讼文书，通知该外国国家在收到起诉状副本后三个月内提出答辩状。该外国国家申请延期答辩的，由人民法院审查决定是否准许。

五、外国国家在答辩期内以其享有管辖豁免为由提出管辖异议的，人民法院应当根据外国国家豁免法对该外国国家是否享有管辖豁免进行全面审查，视情可以听取当事人意见。

外国国家仅为参与管辖异议审查程序而陈述意见的，不视为接受人民法院管辖。

六、外国国家在答辩期内未以享有管辖豁免为由提出管辖异议，也未到庭参加诉讼的，人民法院应当依职权主动审查该外国国家是否享有管辖豁免，视情可以听取当事人意见。

七、人民法院在办理涉外国国家豁免民事案件过程中，需要外交部就有关国家行为的事实问题出具证明文件的，应当依照外国国家豁免法第十九条的规定，逐级报最高人民法院商请外交部出具证明文件。

八、人民法院在审理案件过程中，外国国家因被追加为当事人、反诉等情形成为被告或者第三人的，依照本通知办理。

本通知执行过程中遇到的问题，及时报告最高人民法院。

附件：

具有涉外国国家豁免民事案件管辖权的中级人民法院

北京市第四中级人民法院

天津市第三中级人民法院

河北省石家庄市中级人民法院

山西省太原市中级人民法院

内蒙古自治区呼和浩特市中级人民法院

辽宁省沈阳市中级人民法院

吉林省长春市中级人民法院

黑龙江省哈尔滨市中级人民法院

上海市第一中级人民法院

江苏省南京市中级人民法院

浙江省杭州市中级人民法院

安徽省合肥市中级人民法院

福建省福州市中级人民法院

江西省南昌市中级人民法院

山东省济南市中级人民法院

河南省郑州市中级人民法院

湖北省武汉市中级人民法院

湖南省长沙市中级人民法院

广东省广州市中级人民法院

广西壮族自治区南宁市中级人民法院

海南省第一中级人民法院

重庆市第一中级人民法院

四川省成都市中级人民法院

贵州省贵阳市中级人民法院

云南省昆明市中级人民法院

西藏自治区拉萨市中级人民法院

陕西省西安市中级人民法院

甘肃省兰州市中级人民法院

青海省西宁市中级人民法院

宁夏回族自治区银川市中级人民法院

新疆维吾尔自治区乌鲁木齐市中级人民法院

第三百零六条　【施行时间】本法自公布之日起施行,《中华人民共和国民事诉讼法（试行）》同时废止。

【立法·要点注释】

本条中的"本法"即指 1991 年通过的《民事诉讼法》。随着 1991 年《民事诉讼法》的施行,《民事诉讼法（试行）》同时废止。2023 年 9 月 1 日,第十四届全国人大常委会第五次会议审议通过了《全国人民代表大会常务委员会关于修改〈中华人民共和国民事诉讼法〉的决定》规定:"本决定自 2024 年 1 月 1 日起施行。"根据这一规定,经修正后的《民事诉讼法》中修改的条文包括新增加的条文,生效时间为 2024 年 1 月 1 日。

图书在版编目（CIP）数据

民事诉讼法注释书 / 田朗亮，李超主编. -- 北京：
中国民主法制出版社，2025. 4. -- ISBN 978-7-5162
-3925-4

Ⅰ. D925. 105

中国国家版本馆 CIP 数据核字第 20257JB852 号

图书出品人：刘海涛
图书策划：麦 读
责任编辑：陈 曦 贾萌萌
文字编辑：孙振宇 张 亮 靳振国
书名/民事诉讼法注释书
作者/田朗亮 李 超 主编

出版·发行/中国民主法制出版社
地址/北京市丰台区右安门外玉林里 7 号 （100069）
电话/（010）63055259（总编室） 63058068 63057714（营销中心）
传真/（010）63055259
http：//www. npcpub. com
E-mail：mzfz@ npcpub. com
经销/新华书店
开本/32 开 850 毫米×1168 毫米
印张/43. 5 **字数/**1519 千字
版本/2025 年 6 月第 1 版 2025 年 6 月第 1 次印刷
印刷/北京天宇万达印刷有限公司

书号/ISBN 978-7-5162-3925-4
定价/139. 00 元
出版声明/版权所有，侵权必究